Duden Band 2

Der Duden in zwölf Bänden
Das Standardwerk zur deutschen Sprache

Herausgegeben vom Wissenschaftlichen Rat
der Dudenredaktion:
Dr. Matthias Wermke (Vorsitzender)
Dr. Annette Klosa
Dr. Kathrin Kunkel-Razum
Dr. Werner Scholze-Stubenrecht

1. Rechtschreibung
2. **Stilwörterbuch**
3. Bildwörterbuch
4. Grammatik
5. Fremdwörterbuch
6. Aussprachewörterbuch
7. Herkunftswörterbuch
8. Sinn- und sachverwandte Wörter
9. Richtiges und gutes Deutsch
10. Bedeutungswörterbuch
11. Redewendungen und sprichwörtliche Redensarten
12. Zitate und Aussprüche

Duden

Das Stilwörterbuch

8., völlig neu bearbeitete Auflage

Herausgegeben von der Dudenredaktion

Duden Band 2

Dudenverlag

Mannheim · Leipzig · Wien · Zürich

Redaktionelle Bearbeitung
Maria Grazia Chiaro M. A.

Herstellung Monika Schoch
Typographisches Konzept Iris Farnschläder, Hamburg
Umschlaggestaltung Bender + Büwendt, Berlin

Die Duden-Sprachberatung beantwortet Ihre
Fragen zur Rechtschreibung, Zeichensetzung, Grammatik
u. Ä. montags bis freitags zwischen 9.00 und 17.00 Uhr
unter der Telefonnummer (01 90) 87 00 98
(3,63 DM pro Minute, deutschlandweit).

Die Deutsche Bibliothek – CIP-Einheitsaufnahme
Ein Titeldatensatz für diese Publikation ist bei der Deutschen Bibliothek erhältlich.

Das Wort Duden ist für den Verlag
Bibliographisches Institut & F. A. Brockhaus AG
als Marke geschützt.

© Bibliographisches Institut & F. A. Brockhaus AG, Mannheim 2001
Satz Bibliographisches Institut & F. A. Brockhaus Setzerei GmbH
(PageOne, alfa Media Partner GmbH)
Druck und Bindearbeit Graphische Betriebe Langenscheidt, Berchtesgaden
Printed in Germany
ISBN 3-411-04028-9

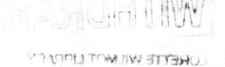

Vorwort

Idiomatischer Sprachgebrauch ergibt sich nicht allein aus dem Wissen heraus, was Wörter bedeuten, sondern daraus, wie sie in einem Satz inhaltlich sinnvoll und grammatisch korrekt miteinander verbunden werden. Das Stilwörterbuch zeigt auf, welche Verbindungen die Wörter des allgemeinen Wortschatzes im Satz eingehen können. Es verzeichnet daneben die wichtigsten formelhaften Wendungen, Redensarten und Sprichwörter und führt so den ganzen Reichtum der Ausdrucksmöglichkeiten der deutschen Sprache vor.

Alle Stichwörter sind mit detaillierten grammatischen und stilistischen Angaben ergänzt, die zu einem idiomatisch korrekten und angemessenen Sprachgebrauch hinführen. In der vorliegenden 8. Auflage wurden insbesondere die Strukturformeln bei den Verben ausgebaut. Zahlreiche Beispiele veranschaulichen den konkreten und den übertragenen, bildlichen Gebrauch der verzeichneten Wörter und Wendungen. Sie führen das Zusammenspiel der einzelnen Wörter im Satzganzen vor, dessen Kenntnis eine wichtige Voraussetzung für einen guten Stil ist.

Für die Neuauflage wurde der gesamte Stichwortbestand gründlich überarbeitet. Vor allem wurden zahlreiche neue Wörter, Wendungen u. Ä. ergänzt, wie zum Beispiel Homepage, abchecken und andere. Selbstverständlich folgt das Duden-Stilwörterbuch den Regeln der neuen Rechtschreibung. Durch ein Griffregister, Zweifarbigkeit und eine neue Typographie wird die Wörterbuchbenutzung deutlich erleichtert.

Mit mehr als 100 000 Fügungen und aktuellen Satzbeispielen bietet das Stilwörterbuch Muttersprachlern und Nichtmuttersprachlern, auch stilgewandten Schreiberinnen und Schreibern, eine Fülle von Anregungen für die sprachliche Gestaltung ihrer Texte.

Mannheim, im März 2001
Die Dudenredaktion

Inhalt

Zur Wörterbuchbenutzung

I. Zeichen von besonderer Bedeutung

. Ein untergesetzter Punkt kennzeichnet die kurze betonte Silbe,
z. B. durchziehen.

_ Ein untergesetzter Strich kennzeichnet die lange betonte Silbe,
z. B. durchziehen.

( ) Die runden Klammern schließen stilistische Bewertungen und
Zuordnungen zu Sondersprachen ein. Ferner stehen erläuternde Zusätze
und Ergänzungen bei einzelnen Beispielen sowie Kasusangaben in runden
Klammern.

[ ] In eckige Klammern sind vor allem fakultative Präpositionalobjekte in den
grammatischen Angaben, Zusätze zu Erklärungen in runden Klammern
sowie beliebige Auslassungen (Buchstaben und Silben) eingeschlossen,
z. B. Neugier[de], nah[e].

⟨⟩ Winkelklammern enthalten grammatische Angaben.

// Im Druck abgehoben und in der Regel in Schrägstrichen gesetzt, stehen
Angaben, die im strengen Sinne keine Bedeutungsangaben sind, z. B.
Angaben zur grammatischen Bedeutung (Funktion) der Pronomen,
Partikeln usw., Hinweise auf Nebenvorstellungen, die Kennzeichnung als
Gruß-, Dankesformeln, Flüche o. Ä.

· Der »auf Mitte« stehende Punkt wird als Gliederungszeichen verwendet,
z. B. bei der Aneinanderreihung der festen Verbindungen und Wendungen.

Ⓡ Unter diesem Zeichen werden sprichwörtliche Redensarten und
Sprichwörter angeführt.

* Das Sternchen kündigt am Schluss der Artikel zugehörige feste
Verbindungen und Wendungen an.

↑ Der Pfeil nach oben verweist auf die Stelle, an der das Stichwort abgehandelt
wird. (Die Abkürzung vgl. zielt auf verwandte Stichwörter.)

II. Behandlung der Stichwörter und Aufbau der Wörterbuchartikel

Die Artikel sind systematisch und für die einzelnen Wortarten einheitlich aufgebaut. Auf das Stichwort folgen die stilistischen, grammatischen und sonstigen Angaben, die das Stichwort generell betreffen. Beziehen sich diese Angaben nur auf eine bestimmte Bedeutung des Stichwortes, dann stehen sie bei der betreffenden Bedeutungsangabe.

Stichwörter, feste Verbindungen und Wendungen sind **fett gedruckt,** die Bedeutungsangaben *kursiv,* die Beispiele erscheinen in Normalschrift. Hochgestellte Zahlen beim Stichwort kennzeichnen gleich lautende Stichwörter (Homonyme).

Inhaltlich unterscheidet das Stilwörterbuch im Artikelaufbau zwischen freien Fügungen und Verknüpfungen und festen Verbindungen und Wendungen. Letztere stehen jeweils am Schluss des Artikels.

Mond, der: a) *die Erde umkreisender Himmelskörper:* zunehmender, abnehmender, wechselnder M.; der M. ist aufgegangen, ist voll, nimmt zu/ab, scheint, steht am Himmel, verdunkelt sich; der M. hat einen Hof; die Rakete umkreist den M.; das Licht, der Schein, der Schimmer des Mondes; die Scheibe, die Sichel des Mondes; die erdabgewandte, die der Erde abgewandte Seite des Mondes; das erste, letzte Drittel des Mondes; die Oberfläche, die Krater des Mondes; eine Rakete auf den M. schießen; das Raumschiff ist sicher auf dem M. gelandet, setzt auf dem M. auf, startet zum M.; zum M. fliegen; b) (Astron.) *einen Planeten umkreisender Himmelskörper:* der Mars hat zwei Monde;
* **den Mond anbellen** (ugs.; *heftig schimpfen, ohne damit etwas zu erreichen*) · **auf/hinter dem Mond leben** (ugs.; *nicht wissen, was in der Welt vorgeht*) · **in den Mond gucken** (ugs.; *das Nachsehen haben*) · **etw. in den Mond schreiben** (ugs.; *etw. als verloren betrachten*).

Wo die Rechtschreibregeln mehrere Schreibungen eines Stichwortes zulassen, wird das Stichwort zunächst in bevorzugter oder empfohlener Schreibweise angesetzt; die Schreibvariante erscheint unmittelbar nach dem Stichwort. In diesen Fällen bezieht sich in der Regel das Beispiel bzw. die Abkürzung des Stichworts in Normalschrift nur auf die erstgenannte Schreibvariante.

Fantasie, Phantasie, die: eine krankhafte F.

Die Schreibvariante erscheint gegebenenfalls zusätzlich als Verweiseintrag an
der entsprechenden Alphabetstelle.

Phantasie: ↑ Fantasie.

Schreibvarianten in festen Verbindungen und Wendungen werden grundsätzlich wiederholt:

Glacéhandschuh, Glaceehandschuh, der: **jmdn.,**
etw. mit Glacéhandschuhen, Glaceehandschu-
hen anfassen.

III. Bedeutungsangaben

Die verschiedenen Bedeutungen eines Stichwortes werden gewöhnlich mit arabischen Ziffern gekennzeichnet. Bedeutungen, die sich enger berühren, werden
durch Kleinbuchstaben gegliedert. Mithilfe römischer Ziffern wird gegliedert,
wenn ein Wort verschiedenen Wortarten angehört. Die Anordnung der Bedeutungen folgt nicht historischen, sondern synchronischen Gesichtspunkten.
Das Stilwörterbuch ist kein Bedeutungswörterbuch; es enthält daher keine ausführlichen Bedeutungsangaben. Die knapp gehaltenen Bedeutungsangaben
sollen den Benutzerinnen und Benutzern eine schnelle Orientierung innerhalb
eines Stichworts ermöglichen.
Ist das Stichwort nicht in mehrere Bedeutungen unterteilt oder hat das Stichwort in der betreffenden Verwendung eine konkrete, allgemein verständliche
und umittelbar erfassbare Bedeutung, dann entfällt gewöhnlich die Bedeutungsangabe. Dagegen sind gleich lautende Stichwörter (Homonyme) immer,
ähnlich lautende Stichwörter häufig mit einer Bedeutungsangabe versehen.

¹albern: *töricht; kindisch:* ein alberner Kerl; albernes Benehmen, Getue, Geschwätz; alberne Witze;
albernes Zeug reden; sei nicht so a.!; sich a. aufführen, benehmen.
²albern: *sich albern benehmen, Unfug treiben:* die
Schüler albern auf dem Schulhof; die Ärzte und
Schwestern alberten miteinander.
kindisch: *albern, unreif:* ein kindisches Benehmen,
Verhalten, Spiel; ein kindisches Vergnügen an
etw. haben; sei nicht so k.!; sich k. benehmen.
kindlich: *in der Art eines Kindes:* ein kindliches
Gesicht; sie hat ein kindliches *(naives)* Wesen,
Gemüt; mit kindlicher Neugier, Naivität; in
kindlichem Alter *(als Kind);* eine kindliche
Handschrift haben; sie sieht noch etwas, recht k.
aus; sich k. über etw. freuen.

IV. Anordnung der Beispiele

Die Beispiele sind im Allgemeinen so angeordnet, wie es die Darstellung der Bedeutungsverhältnisse erfordert. Einfache Beispiele und Beispielsätze wechseln sich dabei ab. Beim Adjektiv und beim Substantiv wird die Reihenfolge der Beispiele in der Regel von grammatischen Gesichtspunkten bestimmt:

Adjektiv:
1. als Attribut (die müden Wanderer).
2. als Artangabe:
   a) prädikativ, d. h. in Verbindung mit den kopulativen Verben *sein, werden* usw. (er war, wurde müde);
   b) adverbial, d. h. in Verbindung mit anderen Verben (sie wirkte müde).

Substantiv:
1. mit Attributen (ein schnittiges Boot).
2. als Subjekt (das Boot kentert).
3. als Objekt (Akkusativ-, Dativ-, Genitiv-, Präpositionalobjekt; ein Boot bauen).
4. in Verbindung mit Präpositionen als Teil einer Umstandsangabe usw. (mit einem Boot den Fluss überqueren).

V. Anordnung der festen Verbindungen und Wendungen

Die festen Verbindungen und Wendungen (Phraseologismen) stehen im Druck abgehoben (fett gedruckt) am Ende des Artikels. Es handelt sich dabei im Wesentlichen um folgende Arten:
1. feste Attribuierungen: **schwarzer Markt** *(illegaler Handel mit verbotenen oder rationierten Waren).*
2. feste Verbindungen: **einen zwitschern** *(Alkohol trinken).*
3. Funktionsverbgefüge: **in Erwägung ziehen** *(erwägen);* **zur Verteilung gelangen** *(verteilt werden).*
4. Wortpaare (Zwillingsformeln): **ab und zu** *(manchmal, von Zeit zu Zeit);* **bei Nacht und Nebel** *(heimlich* [bei Nacht]).
5. feste Wendungen: **etw. auf die lange Bank schieben** *(etwas Unangenehmes nicht gleich erledigen; etw. aufschieben).*

Die jeweilige Verbindung oder Wendung ist beim [ersten] Substantiv oder, wenn kein Substantiv vorkommt, beim ersten sinntragenden Wort aufgeführt.

VI. Angaben zum Stil und zum Gebrauch

Nicht besonders gekennzeichnet werden die normalsprachlichen Wörter, d. h.
die Wörter, die in ihrem Stilwert neutral sind und die den größten Teil des Wortschatzes ausmachen. Wörter, Wendungen und Verwendungsweisen, die nicht
der Normalsprache angehören, die einer Sonder- oder Fachsprache zuzurech-
nen sind, nur in einem Teil des deutschen Sprachgebiets gebräuchlich sind usw.,
werden gekennzeichnet. Sprachgebräuche, die als hochsprachlich nicht korrekt
gelten, werden ebenfalls gekennzeichnet. Alle diese Kennzeichnungen sollen zu
einem korrekten, stilistisch einwandfreien Sprachgebrauch hinführen.

gehoben (geh.): gewählte, nicht alltägliche Ausdrucksweise, die in der gespro-
chenen Sprache gelegentlich feierlich oder gespreizt wirkt: Bürde.

umgangssprachlich (ugs.): ungezwungene, anschauliche und gefühlsbetonte
Ausdrucksweise: flitzen, Knüller.

familiär (fam.): vertrauliche Ausdrucksweise: ein Schläfchen machen, wie ein
Spatz essen.

salopp: burschikose und zum Teil recht nachlässige Ausdrucksweise: kotzen,
eine Meise haben, die Schnauze halten.

derb: ungepflegte, grobe und gewöhnliche Ausdrucksweise: krepieren (für:
sterben).

Papierdeutsch (Papierdt.): unlebendige, umständliche [behördliche] Ausdrucksweise: unter Bezugnahme auf, in Verlust geraten, in Wegfall
kommen.

abwertend: kennzeichnet eine Aussage, die ein ablehnendes Urteil enthält:
sich anbiedern, Almosen (für: *geringes Entgelt*).

nachdrücklich: kennzeichnet vor allem die Fügungen, die eine Aussage verstärken oder stärker abstufen: in Angriff nehmen, in Erwägung ziehen,
zum Abschluss bringen.

verhüllend (verhüll.): kennzeichnet eine Aussage, die dazu dient, eine als
anstößig oder unangenehm empfundene direkte Aussage zu vermeiden und zu umschreiben oder einen Sachverhalt zu beschönigen: heimgehen
(für: *sterben*); in anderen Umständen sein (für: *schwanger sein*).

scherzhaft (scherzh.): die Fische füttern (für: *seekrank sein*).

ironisch (iron.): eine reife Leistung.

spöttisch (spött.): in Ungnade fallen.

VII. Kennzeichnung des sonder- und fachsprachlichen Wortguts

Wörter und Verwendungsweisen, die einer Sonder- oder Fachsprache angehören, werden entsprechend gekennzeichnet: einen Auftrag stornieren (Kaufmannsspr.), ein Pferd versammeln (Reitsport).

VIII. Kennzeichnung der zeitlichen und räumlichen Zuordnung

veraltend: nur noch selten, aber noch in landschaftlicher, altertümelnder, scherzhafter oder ironischer Ausdrucksweise vorkommend: abschinden (für: *abschürfen*), gemein (für: *gewöhnlich*), Herrschaft (für: *der Dienstherr und seine Angehörigen*).

veraltet: nicht mehr Bestandteil des Wortschatzes der Gegenwartssprache, noch in älteren literarischen Texten vorkommend: der Dampfer hat Schiffbruch erlitten.

landschaftlich (landsch.): steht häufig in Verbindung mit (ugs.) und kennzeichnet die Zugehörigkeit zur lokalen Umgangssprache: geschwind, Messe (für: *Jahrmarkt*).

norddeutsch, süddeutsch, österreichisch, schweizerisch usw. (nordd., südd., österr., schweiz.): kennzeichnen die Zugehörigkeit zu dem entsprechenden Sprachraum: kehren, fegen, Knödel.

IX. Grammatische Angaben

1. Zuordnung der Stichwörter zu Wortarten

Die Wortart der Stichwörter wird im Allgemeinen bei Zahlen und Präpositionen angegeben. Gehört ein Stichwort mehreren Wortarten an, dann werden alle Wortarten genannt:

westlich: I. ⟨Adj.⟩. II. ⟨Präp. mit Gen.⟩. III. ⟨Adverb⟩.

2. Angabe der begrenzten Verwendungsfähigkeit

Wörter, die nur in einer festen Verbindung oder in bestimmten Wendungen vorkommen, werden in der ihnen eigenen Form der Verwendung vorgeführt:

ausfindig: ⟨in der Verbindung⟩ jmdn., etw. ausfindig machen.

Kreuzfeuer, das: ⟨in den Wendungen⟩ ins Kreuzfeuer geraten; im Kreuzfeuer stehen.

3. Angaben zu Art und Zahl der Ergänzungen (Distribution und Valenz) bei den Verben

Angaben zu Art und Zahl der Ergänzungen bei den Verben stehen in spitzen Klammern hinter dem jeweiligen Stichwort bzw. bei den einzelnen Bedeutungspunkten des Stichwortes. Die Angaben zeigen in verkürzter Form das Muster, nach dem sich der Satz aufbaut.

Bei den Ergänzungen wird lediglich eine Unterscheidung zwischen »belebt« und »unbelebt« vorgenommen in der Weise, dass Menschen und Tiere als »jemand« (jmd.) gelten, Pflanzen, Dinge und Abstrakta als »etwas« (etw.). Die abgekürzten Formen von »jemand« sind folgendermaßen unterschieden:

Nominativ	jemand	jmd.
Akkusativ	jemanden	jmdn.
Dativ	jemandem	jmdm.
Genitiv	jemandes	jmds.

Wenn »etwas« bzw. »etw.« zu einer Form von »jemand« hinzutritt, dann gilt der Kasus der Form von »jemand« auch für die Ergänzung »etw.«. Da bei transitiven Verben die Ergänzung immer im Akkusativ steht, wird die in diesen Fällen gegebenenfalls allein vorkommende Abkürzung »etw.« nicht näher bezeichnet. Regiert ein Verb ein Dativ- oder Genitivobjekt, so wird der Kasus eigens angegeben:

> **schlagen:** ⟨jmdn. s.⟩ *prügeln:* ein Kind, ein Tier s.
> ⟨etw. s.⟩ *fällen:* Bäume s.
> **anpfeifen:** ⟨etw. a.⟩ *durch Pfeifen beginnen lassen:*
> das Spiel, die erste Halbzeit a. ⟨jmdn. a.⟩ *in schar-*
> *fem Ton zurechtweisen:* einen Untergebenen a.
> **stattgeben** ⟨etw. (Dat.) s.⟩: man hat der Klage statt-
> gegeben.

Um Missverständnisse auszuschließen, wurde gelegentlich genauer unterschieden, z. B. **erlegen** ⟨ein Tier e.⟩ *töten,* weil die Angabe ⟨jmdn. e.⟩ dazu verleiten könnte, einen Satz *Er hat einen Menschen erlegt* zu bilden.
Fakultative Ergänzungen stehen in eckigen Klammern; ein Komma oder ein Schrägstrich bedeutet, dass beide Alternativen möglich sind.

> **schreiben** ⟨etw. [von jmdm., etw./über jmdn., etw.]
> s.⟩: *eine Nachricht senden.*

In Zweifelsfällen wird bei Wechselpräpositionen der Kasus angegeben:

> **erinnern** ⟨jmdn. an etw. (Akk.) e.⟩: *wieder an jmdn.,*
> *etw. denken.*
> **gewinnen** ⟨an etw. (Dat.) g.⟩: *zunehmen.*

Bei Präpositionen, die nur einen Kasus mit sich führen, entfällt die Angabe des Kasus; dieser kann bei der Präposition nachgeschlagen werden.
Die Umstandsangaben werden wie folgt unterschieden und angegeben:

Raumangabe:	irgendwo	an einem bestimmten Ort
	irgendwohin	an einen bestimmten Ort, in eine bestimmte Richtung
	irgendwoher	von einem bestimmten Ort
Artangabe:	irgendwie	in einer bestimmten Art und Weise, in einem bestimmten Zustand
Zeitangabe:	irgendwann	zu einer bestimmten Zeit

Wenn nicht nur eine Art der Angabe möglich ist, wird nur allgemein »mit Umstandsangabe« eingesetzt:

> **schießen** ⟨jmdn., etw. s.; mit Umstandsangabe⟩: er
> schoss ihn zum Krüppel; eine Festung sturmreif s.

Die Angaben im Einzelnen:

Ohne Ergänzung (ohne Objekt)
Mit unpersönlichem Subjekt (Satzgegenstand):

> **regnen** ⟨es regnet⟩: es regnet schon seit Tagen.

Mit einem Reflexivpronomen (einem rückbezüglichen Fürwort):

> **schämen** ⟨sich s.⟩: er schämt sich.

Mit Akkusativobjekt (direktes Objekt)

> **missverstehen** ⟨jmdn., etw. m.⟩: du hast mich,
> meine Frage missverstanden.
> **waschen** ⟨jmdn., sich, etw. w.⟩: das Kind, sich, die
> Haare waschen.

Als Akkusativobjekte gelten in der Regel auch Akkusative des Inhalts oder der Menge:

> **enthalten** ⟨etw. e.⟩: das Fass enthält 100 Liter.
> **fassen** ⟨etw. f.⟩: der Saal fasst 1 000 Menschen.
> **wiegen** ⟨etw. w.⟩: er wiegt 80 Kilo; die Kiste wiegt viel, wenig.

Auch die Verben »laufen, springen, schwimmen« usw. haben in bestimmten Verwendungsweisen ein Akkusativobjekt:

> **laufen** ⟨etw. l.⟩: er läuft 10,2 Sekunden.
> **springen** ⟨etw. s.⟩: er springt 7,80 m.
> **schwimmen** ⟨etw. s.⟩: sie schwimmt Weltrekord.

»Akkusativobjekte 2. Grades« werden dagegen nicht angegeben: er springt [7,80 m] weit; der Schnee liegt [2 m] hoch; der Fluss ist [2 m] tief.

Elliptisch:

> **enttäuschen** ⟨jmdn., etw. e.⟩: er enttäuschte mich, meine Erwartungen; ⟨auch ohne Akk.⟩ die Nationalmannschaft enttäuschte.

Nebensatz oder Infinitiv anstelle des Akkusativobjekts:

> **verlangen** ⟨etw. v.⟩: er verlangte Anerkennung; du kannst von ihm nicht gut v., dass er alles bezahlt; sie verlangt, vorgelassen zu werden.

Mit einer Umstandsangabe, z. B. Raumangabe:

> **treten** ⟨jmdn. irgendwohin t.⟩: er hat ihn auf den Fuß getreten.

Mit einer Umstandsangabe, z. B. Raumangabe, und einem Dativobjekt:

> **legen** ⟨jmdm., sich etw. irgendwohin l.⟩: er legt ihm die Hand auf die Schulter.

Mit einem zweiten Objekt im Akkusativ, Dativ oder Genitiv oder mit einer Präposition:

schenken ⟨jmdm. etw. s.⟩: jmdm. Blumen, Schokolade, Geld s.; jmdm. etw. als Andenken, zur Hochzeit s.

abfragen ⟨jmdn. etw. a.⟩: die Schüler die Vokabeln, das Einmaleins a.; ⟨etw. a.⟩ der Lehrer fragt das Einmaleins, die Geschichtszahlen ab; ⟨jmdn. a.⟩ die Lehrerin hat die Schüler, die Klasse abgefragt.

abbürsten ⟨etw. [von etw.] a.⟩: den Staub von der Couch a.; ⟨jmdm., sich etw. [von etw.] a.⟩ sie bürstete ihm, sich die Flusen, Fusseln von der Jacke ab.

unterziehen ⟨jmdn., sich, etw. etw. (Dat.) u.⟩: er unterzog sich dieser Aufgabe nur ungern.

bringen ⟨jmdn., etw. irgendwohin b.⟩: die Ware ins Haus, den Koffer zum Bahnhof b.

beschuldigen ⟨jmdn., sich etw. (Gen.) b.⟩: jmdn., sich eines Vergehens, des Mordes, des Landesverrats b.; man beschuldigte ihn, einen Diebstahl begangen zu haben; ⟨auch ohne Gen.⟩ sich selbst b.; ich will niemanden b.

nötigen ⟨jmdn. zu etw. n.⟩: jmdn. zum Essen n.

überreden ⟨jmdn. [zu etw.] ü.⟩: jmdn. zum Mitkommen, zum Kauf, zu einem Konzertbesuch ü.

Mit Gleichsetzungsakkusativ:

nennen ⟨jmdn., etw. n.; mit Gleichsetzungsakkusativ⟩: er nannte ihn einen Verräter.

Dativobjekt (indirektes Objekt)

danken ⟨jmdm. d.⟩: er dankte ihm überschwänglich.

ähneln ⟨jmdm., sich, etw. ä.⟩: er ähnelt seinem Vater; sie ähneln sich sehr; das ähnelt einem Komplott.

Elliptisch:

kondolieren ⟨jmdm. k.⟩: sie kondolierte ihm; ⟨auch ohne Dat.⟩ er hat nicht kondoliert.

Nicht angegeben werden »freie Dative«, d. h. der Dativus commodi bzw. incommodi und der Dativus ethicus: Er trägt mir (= für mich) den Koffer. Träumt mir nicht!

Mit einer Umstandsangabe, z. B. Artangabe:

> **gehen** ⟨es geht jmdm. irgendwie⟩: es geht ihr ausgezeichnet.
> **stehen** ⟨jmdm. [irgendwie] s.⟩: das Kleid steht dir gut; das Kleid steht dir.

Mit einem Präpositionalobjekt:

> **verhelfen** ⟨jmdm. zu etw. v.⟩: er hat seinem Freund zu einer Stellung verholfen.
> **liegen** ⟨jmdm. liegt an jmdm., etw.⟩: ihm liegt an ihr, an ihrer Freundschaft.

Mit Genitivobjekt

> **gedenken** ⟨jmds., etw. g.⟩: seines alten Lehrers, der schönen Tage g.
> **harren** ⟨jmds., etw. h.⟩: er harrt seiner, der kommenden Dinge.

Mit Gleichsetzungsnominativ

> **sein** ⟨mit Gleichsetzungsnominativ⟩: er ist Bäcker.
> **bleiben** ⟨mit Gleichsetzungsnominativ⟩: wir wollen Freunde bleiben.

Mit Präpositionalobjekt

> **achten** ⟨jmdn., etw. a.⟩: das Gesetz, das Alter, die Gefühle anderer a.; [die] Vorfahrt a.; er wird von allen [als Forscher] geachtet.
> **wissen** ⟨etw. w.⟩: etw. genau, sicher, mit Sicherheit, bestimmt, nur ungefähr, im Voraus, in allen Einzelheiten w.

Elliptisch:

> **einwilligen** ⟨in etw. (Akk.) e.⟩: sie hat in seine Vorschläge eingewilligt; ⟨auch ohne Präpositionalobjekt⟩ er wird kaum einwilligen.

Mit einer Umstandsangabe, z. B. Artangabe:

> **umgehen** ⟨mit jmdm., etw. irgendwie u.⟩: sie geht behutsam mit dem Kind um.

Mit einem zweiten Präpositionalobjekt:

> **übereinstimmen** ⟨mit jmdm. in etw. (Dat.) ü.⟩: in diesem Punkt stimmt sie mit mir überein.

Mit Umstandsangaben (Raum-, Zeit-, Artangabe)

> **hausen** ⟨irgendwo h.⟩: sie müssen in einem Keller h.
> **stattfinden** ⟨irgendwann s.⟩: die Sitzung findet morgen statt.
> **aussehen** ⟨irgendwie a.⟩: sie sieht schick aus.
> **fühlen** ⟨sich irgendwie f.⟩: sie fühlt sich geehrt.

Mit Nebensatz

> **zusehen** ⟨mit Nebensatz⟩: du musst z., dass nichts passiert.

Mit Infinitiv

> **können** ⟨Modalverb; mit Infinitiv⟩: sie kann [gut] reden.
> **weigern** ⟨sich w.; mit Infinitiv mit *zu*⟩: sich beharrlich w., einen Befehl auszuführen; ⟨auch ohne Infinitiv mit *zu*⟩ du kannst dich nicht länger w.

X. Verzeichnis der verwendeten Abkürzungen

Adj.	Adjektiv	Forstw.	Forstwirtschaft
adj. Part.	adjektivisches Partizip	Funkw.	Funkwesen
Akk.	Akkusativ[objekt]	Fot.	Fotografie
Amtsspr.	Amtssprache		
Archäol.	Archäologie	Gaunerspr.	Gaunersprache
		geh.	gehoben
Bauw.	Bauwesen	Geldw.	Geldwesen
bayr.	bayrisch	Gen.	Genitiv[objekt]
Berg-		Geogr.	Geographie
mannsspr.	Bergmannssprache	Geom.	Geometrie
berlin.	berlinisch	Geschäftsspr.	Geschäftssprache
bes.	besonders	griech.	griechisch
bibl.	biblisch		
bildl.	bildlich	Handw.	Handwerk
bildungsspr.	bildungssprachlich	Hochschulw.	Hochschulwesen
Biol.	Biologie	hochsprachl.	hochsprachlich
Börsenw.	Börsenwesen	Hotelw.	Hotelwesen
Buchw.	Buchwesen	Hüttenw.	Hüttenwesen
Bürow.	Bürowesen		
bzw.	beziehungsweise	Imkerspr.	Imkersprache
		Inf.	Infinitiv
Dat.	Dativ[objekt]	Interj.	Interjektion
dgl.	dergleichen	iron.	ironisch
d. h.	das heißt		
Druckerspr.	Druckersprache	Jägerspr.	Jägersprache
		jmd.	jemand
EDV	elektronische Daten-	jmdm.	jemandem
	verarbeitung	jmdn.	jemanden
Eisenbahnw.	Eisenbahnwesen	jmds.	jemandes
ev.	evangelisch	Jugendspr.	Jugendsprache
fachspr.	fachsprachlich	kath.	katholisch
Fachspr.	Fachsprache	Kaufmannsspr.	Kaufmannssprache
fam.	familiär	Kinderspr.	Kindersprache
Ferns.	Fernsehen	Kochk.	Kochkunst
Fernsprechw.	Fernsprechwesen	Konj.	Konjunktion
Filmw.	Filmwesen	Kunstw.	Kunstwissenschaft
Fliegerspr.	Fliegersprache	Kurzw.	Kurzwort
Flugw.	Flugwesen		

landsch.	landschaftlich
Landw.	Landwirtschaft
Literaturw.	Literaturwissenschaft
Math.	Mathematik
Med.	Medizin
Meteor.	Meteorologie
Milit.	Militär
Min.	Mineralogie
Myth.	Mythologie
Nachrichtent.	Nachrichtentechnik
Nom.	Nominativ
nord.	norddeutsch
o. ä.	oder ähnlich
o. Ä.	oder Ähnliche[s]
o. dgl.	oder dergleichen
österr.	österreichisch
ostmd.	ostmitteldeutsch
Päd.	Pädagogik
Papierdt.	Papierdeutsch
Part.	Partizip
Pers.	Person
Phil.	Philologie
Philat.	Philatelie
Philos.	Philosophie
Postw.	Postwesen
Präp.	Präposition
Psych.	Psychologie
Ⓡ	sprichwörtliche Redensart, Sprichwort
Rechtsw.	Rechtswesen
Rel.	Religion
Rundf.	Rundfunk
s.	siehe
S.	Seite
scherzh.	scherzhaft

Schülerspr.	Schülersprache
schweiz.	schweizerisch
Seew.	Seewesen
Seemannsspr.	Seemannssprache
Sing.	Singular
Soldatenspr.	Soldatensprache
spött.	spöttisch
Sprachw.	Sprachwissenschaft
Studentenspr.	Studentensprache
subst.	substantivisch oder substantiviert
Subst.	Substantiv
südd.	süddeutsch
u. a.	und andere[s]
u. Ä.	und Ähnliche[s]
übertr.	übertragen
u. dgl.	und dergleichen
ugs.	umgangssprachlich
usw.	und so weiter
verhüll.	verhüllend
Verkehrsw.	Verkehrswesen
Versicherungsw.	Versicherungswesen
vgl.	vergleiche
volkst.	volkstümlich
westmd.	westmitteldeutsch
Winzerspr.	Winzersprache
Wirtsch.	Wirtschaft
Wissensch.	Wissenschaft
z. B.	zum Beispiel
Zeitungsw.	Zeitungswesen
z. T.	zum Teil

A*a*

a, A, das: **1.** /*ein Buchstabe*/: ein großes, verschnörkeltes A; ein kleines a; a/A sagen; das Wort wird mit einem a geschrieben; Waage schreibt man mit zwei a; /beim Buchstabieren/: A wie Anton; Ⓡ wer A sagt, muss auch B sagen *(wer etw. anfängt, muss es auch fortsetzen).* **2.** /*eine Tonbezeichnung*/: ein hohes, tiefes, eingestrichenes A; der Kammerton a; ein a singen; auf dem Klavier das A anschlagen; ∗ **das A und O** *(die Hauptsache, das Wesentliche):* Disziplin ist das A und O · **von A bis Z** (ugs.; *von Anfang bis Ende*): die Geschichte ist von A bis Z erfunden; etw. von A bis Z lesen.

à (Kaufmannsspr., ugs.): /zur Angabe des Stückpreises, der Stückzahl o. Ä./: fünf Briefmarken à 30 Pfennig; zehn Kisten à 50 Zigarren; das Lexikon hat acht Bände à 1000 Seiten; ein Karton à 20 Teebeutel.

Aal, der: ein dicker, fetter, armlanger A.; Aale fangen; einen A. stechen, räuchern, kochen; er ist dünn wie ein A.; (Kochk.:) A. grün, A. blau.

aalen (ugs.) ⟨sich a.⟩: sich im Liegestuhl, am Strand, in der Sonne a.; ÜBERTR.: sich in Schadenfreude a.

Aas, das: **1.** *Tierleiche:* faulendes, stinkendes A.; A. wittern, fressen; Hyänen leben von A.; Ⓡ wo ein A. ist, da sammeln sich die Geier. **2.** (ugs. abwertend) *niederträchtiger Mensch* /oft als Schimpfwort/: ein gemeines, faules A.; so ein raffiniertes A.!; diese verkommenen Äser/(seltener:) Aase; /oft mit dem Unterton der [widerstrebenden] Anerkennung/: so ein schlaues A.!; ∗ **kein Aas** (salopp; *niemand*): diesen Ort kennt kein A.; es ist noch kein A. da.

aasen (ugs.) ⟨mit etw. a.⟩: mit dem Geld, mit seiner Gesundheit, mit seinen Kräften a.

ab: **I.** ⟨Präp.⟩ **1.** (Kaufmannsspr., Verkehrsw.) ⟨bei Raumangaben; mit Dat.⟩ *von ... an, von:* ab Werk, ab Fabrik, ab unserem Lager; frei ab Hamburg; ab Autobahnausfahrt; der Bus fährt ab Hauptbahnhof; ab Frankfurt, ab allen deutschen Flughäfen. **2.** ⟨bei Zeitangaben, Angaben der Reihenfolge o. Ä.; mit Dat. und Akk.⟩ *von ... an:* ab sofort, ab morgen, ab Ostern; ab da (ugs.; *von diesem Zeitpunkt an*) ging alles viel leichter; ab erstem/ersten April; ab kommenden/kommenden Montag; ab Montag, dem/den 5. Mai; bei Bestellung ab 50 Exemplaren/Exemplare wird Rabatt gewährt; jugendfrei ab vierzehn Jahren/Jahre; /geht ein Artikel, Pronomen voran, dann steht nur der Dat./: ab dem

15. Mai; ab seinem 18. Lebensjahr; ab diesem Zeitpunkt. **II.** ⟨Adverb; häufig imperativisch oder elliptisch⟩ **1.** *weg; fort; entfernt:* keine drei Schritte ab; rechts ab von der Station; ab nach Hause; weit vom Weg ab; /in Bühnenanweisungen/: Hamlet ab *(geht ab),* ab durch die Mitte; (Filmw.:) Film ab!, Ton ab! **2. a)** *herunter, hinunter* /bes. in militärischen Kommandos/: Gewehr ab!; Mützen ab! ÜBERTR.: ich weiß nicht, warum ich so ab (ugs.; *müde, erschöpft*) bin; **b)** (ugs.) *abgetrennt, los:* der Knopf wird bald ab sein; die Farbe ist fast ganz ab; ∗ **ab und an** (bes. nordd.; *manchmal, von Zeit zu Zeit*) · **ab und zu** *(manchmal, von Zeit zu Zeit):* sich ab und zu treffen; jmdn. ab und zu besuchen.

abändern ⟨etw. a.⟩: eine Hose, einen Rock a.; ein Programm, sein Testament a.; er hat den Entwurf auf unseren Vorschlag hin abgeändert.

abarbeiten: 1. ⟨etw. a.⟩ *durch Arbeit tilgen:* eine Summe, Schulden a. **2.** ⟨sich a.⟩ *sich abplagen:* ich arbeite mich ab, und du schaust zu; sie hat sich für ihre Kinder abgearbeitet; sich an einem Projekt, an einem Problem a. *(sich damit abmühen);* abgearbeitet sein, aussehen, nach Hause kommen; ADJ. PART.: ein abgearbeiteter *(durch Arbeit erschöpfter)* Mensch; sie hat raue, abgearbeitete *(von schwerer körperlicher Arbeit stark beanspruchte)* Hände. **3.** (ugs.) ⟨etw. a.⟩ *erledigen:* ein Arbeitspensum, einen Auftrag a.; im Büro seine acht Stunden a.

Abbau, der: **1.** *das Abbauen:* der A. der Gerüste, Tribünen, Baracken. **2. a)** *Senkung; Beseitigung:* ein kontinuierlicher, stufenweiser A.; der A. der Handelsschranken, Zölle; der A. von Ängsten, von Vorurteilen; dem sozialen A. entgegenwirken; **b)** *Verringerung:* der A. der Verwaltung, des Personals; der fortschreitende A. von Arbeitsplätzen, von Stellen; den A. von Beamten fordern. **3.** (Bergmannsspr.) *Förderung, Gewinnung:* ein lohnender A.; der A. von Kohle, des Erzes; dem A. unterliegen *(abgebaut werden);* Kali in A. nehmen *(abbauen).* **4.** (Chemie, Biol.) *Zerlegung in niedere Aufbauelemente:* der A. von Eiweiß, von Stärke, von Hämoglobin; der A. des Alkohols im Blut, der Fettsäuren in der Leber. **5.** *Schwund, Rückgang:* ein biologischer A. findet statt; der A. der Kräfte im Alter.

abbauen: 1. ⟨etw. a.⟩ *in seine Teile zerlegen:* Gerüste, Kulissen, Maschinen a.; eine Anlage a.; wir haben das Lager, die Zelte abgebaut; den Markt a. *(die Marktbuden abbrechen).* **2. a)** ⟨etw. a.⟩ *verringern; beseitigen:* Schulden, ein Defizit a.; die Bestände, die Vorräte müssen abgebaut werden; es werden immer mehr Arbeitsplätze, Stellen abgebaut; die Arbeitslosigkeit konnte in den letzten Jahren nur geringfügig abgebaut werden; Aggressionen, Ängste, Feind-

abbeißen

bilder, Misstrauen a.; Vorurteile sind nur schwer abzubauen; Überstunden a.; **b)** ⟨jmdn. a.⟩ *vorzeitig in den Ruhestand versetzen, entlassen:* Beamte, Verwaltungskräfte, Personal nach und nach, systematisch a.
3. *in seiner Leistung, seinem Leistungsvermögen nachlassen:* im Alter a.; sie hat in letzter Zeit ziemlich abgebaut; von der zehnten Runde an baute der Europameister [körperlich] stark ab.
4. (Bergmannsspr.) ⟨etw. a.⟩ *fördern, gewinnen:* Kohle, Erze a.
5. (Chemie, Biol.) **a)** ⟨etw. a.⟩ *in niedere Aufbauelemente zerlegen:* Enzyme, Schadstoffe a.; der Alkohol wird im Blut, in der Leber abgebaut; **b)** ⟨sich a.⟩ *in niedere Aufbauelemente zerfallen:* die chemische Verbindung, Substanz baut sich schlecht ab, hat sich noch nicht abgebaut.
abbeißen: ⟨etw. a.⟩ den Faden, die Spitze, das Ende der Zigarre a.; ein großes Stück Schokolade, von dem Kuchen a.; ⟨auch ohne Akk.:⟩ lass mich mal a.!; ⟨jmdm., sich etw. a.⟩ jmdm. ein Ohr a.
abbekommen: 1. ⟨etw. [von etw.] a.⟩ *(ein Teil von etw.) bekommen:* ein Stück, die Hälfte, nichts von dem Kuchen a.; keine Angst, du bekommst auch etwas ab.
2. ⟨etw. a.⟩ *hinnehmen müssen:* der Fahrer, das Auto bekam nur eine Beule, eine Schramme ab; beim Unfall hat das Motorrad nur ein paar Kratzer abbekommen; ÜBERTR.: ich habe etwas abbekommen *(bin in Mitleidenschaft gezogen worden).*
3. ⟨etw. [von etw.] a.⟩ *loslösen, entfernen können:* ich habe den Flecken von der Decke nicht abbekommen; etw. ist schwer abzubekommen; den Deckel nicht a.
abberufen ⟨jmdn. a.⟩: den Botschafter [von seinem Posten, aus Moskau] a.; ÜBERTR.: er wurde aus dem Leben, in die Ewigkeit abberufen (geh. verhüll.; *er ist gestorben).*
abbestellen: a) ⟨etw. a.⟩ *eine Bestellung rückgängig machen:* eine Ware, die Zeitung, ein Taxi a.; das Zimmer im Hotel ist nicht abbestellt worden; **b)** ⟨jmdn. a.⟩ *nicht kommen lassen:* den Installateur, die Maler, den Elektriker a.
abbezahlen ⟨etw. a.⟩: **a)** *in Teilbeträgen zurückzahlen:* eine Summe, die letzte Rate a.; seine Schulden a.; **b)** *in Teilbeträgen bezahlen:* die Waschmaschine, das Auto a.
abbiegen: 1. **a)** *eine andere Richtung nehmen:* falsch, [nach] links, nach Norden, in einen Seitenweg, von der Autobahn, in scharfem Winkel, plötzlich a.; an der nächsten Kreuzung rechts a.; das Auto, der Fahrer ist abgebogen; SUBST.: vor dem Abbiegen sollte man sich vergewissern, dass die Straße frei ist; **b)** *eine Biegung in eine andere Richtung machen:* die Straße, der Weg biegt [hier nach rechts] ab, ist abgebogen.
2. (ugs.) ⟨etw. a.⟩ *verhindern:* die Ausführung eines Plans a.; wir konnten das Vorhaben gerade noch abbiegen; er hat das Gespräch, lästige Fragen abgebogen.

abbilden ⟨jmdn., etw. a.⟩: etw. naturgetreu a.; sie war auf der Titelseite, in der Zeitung abgebildet.
Abbildung, die: 1. *das Abbilden:* diese Vorlage eignet sich nicht gut für eine A.; die A. der Gegenstände wurde verboten.
2. *bildliche Darstellung:* eine künstlerische, ganzseitige, farbige A.; die A. zeigt eine Winterlandschaft; das Buch enthält viele Abbildungen; ein Lexikon mit zahlreichen Abbildungen.
abbinden: 1. ⟨etw. a.⟩ *losbinden, abnehmen:* die Schürze, den Schlips a.; ⟨jmdm., sich etw. a.⟩ darf ich mir die Krawatte a.?; er band ihr das Kopftuch ab.
2. ⟨etw. a.⟩ *mit einem Band o. Ä. fest umwickeln:* die Schlagader, das verletzte Bein a.; ⟨jmdm., sich etw. a.⟩ sie banden dem Verletzten den Arm mit einem Taschentuch ab.
3. (Fachspr.) *hart werden:* der Mörtel, Gips, Kalk bindet gut, schlecht ab; der Zement hat noch nicht abgebunden.
4. (Kochk.) ⟨etw. a.⟩ *mit einem Bindemittel verdicken:* eine Soße mit Mehl a.
Abbitte (geh.): jmdn. Abbitte leisten, schulden; öffentlich A. tun.
abblasen: 1. **a)** ⟨etw. [von etw.] a.⟩ **a)** *durch Blasen entfernen:* den Staub von den Büchern, den Möbeln a.; **b)** ⟨etw. a.⟩ *durch Blasen vom Staub o. Ä. reinigen:* die Bücher a.
2. (Technik) ⟨etw. a.⟩ **a)** *(unter Druck Stehendes) entweichen lassen:* Dampf, Gas a.; **b)** *eine Feuerungsanlage stilllegen:* einen Dampfkessel, Hochofen a.
3. (Jägerspr.) ⟨etw. a.⟩ *das Ende der Jagd anzeigen:* die Jagd wurde abgeblasen.
4. (ugs.) ⟨etw. a.⟩ *absagen, abbrechen:* eine Feier, eine Party, eine Veranstaltung a.; er hat die ganze Sache einfach abgeblasen; das Unternehmen musste wegen des schlechten Wetters abgeblasen werden.
abblenden: 1. **a)** ⟨etw. a.⟩ *abdunkeln:* die Taschenlampe, grelles Licht [mit einem Tuch] a.; die Scheinwerfer am Auto a. *(ihnen die Blendwirkung nehmen);* mit abgeblendeten Scheinwerfern fahren; ⟨ohne Akk.⟩ der Fahrer, das entgegenkommende Auto blendet ab; **b)** *verlöschen:* die Scheinwerfer blenden ab.
2. (Fot.) ⟨[etw.] a.⟩ *den Eintritt des Lichtes verringern:* das Objektiv, auf Blende 16 a.; ich habe bei dieser Aufnahme nicht genug abgeblendet.
3. (Film) *eine Aufnahme, eine Einstellung beenden:* bitte abblenden!; nach dem Happy End blenden wir ab.
abblitzen (ugs.) ⟨bei jmdm. [mit etw.] a.⟩: mit diesem Vorschlag ist sie beim Chef abgeblitzt; er ist bei ihr abgeblitzt; das Mädchen ließ ihn a. *(wies ihn ab).*
abbrausen: 1. ↑abduschen.
2. (ugs.) *geräuschvoll und mit hoher Geschwindigkeit davonfahren:* das Auto, der Motorradfahrer braust ab; er ist mit Vollgas abgebraust.

abbrechen: 1. ⟨etw. a.⟩ *(einen Teil von etw.)* *brechend loslösen:* einen Zweig, ein Stück Brot a.; ich habe mir einen Riegel Schokolade abgebrochen; /mit der Nebenvorstellung des Unabsichtlichen/: die Spitze des Bleistifts [beim Schreiben] a.; abgebrochene Buntstifte; ⟨jmdm., sich etw. a.⟩ ich habe mir den Fingernagel abgebrochen; der Zahnarzt hat mir den Zahn abgebrochen.
2. *sich brechend loslösen:* leicht a; die Spitze des Messers, des Regenschirms, das Stuhlbein brach ab; der Henkel der Kanne war abgebrochen; [mir] ist der Absatz abgebrochen.
3. ⟨etw. a.⟩ a) *nieder-, abreißen:* eine Laube, ein baufälliges Haus, eine alte Brücke a.; b) *abbauen:* das Lager a.; die Zelte a.
4. ⟨etw. a.⟩ *unvermittelt beenden:* die Unterhaltung, ein Gespräch, das Verhör, die Verhandlungen, ein Spiel, ein Experiment, die Vorstellung, den Unterricht a.; die Ausbildung, die Schule, das Studium a.; er hat seinen Urlaub abgebrochen; eine Schwangerschaft a.; der Kampf musste in der dritten Runde abgebrochen werden; den Gang mit jmdm. a.; die diplomatischen Beziehungen zu diesem Staat sind abgebrochen worden.
5. a) *unvermittelt, vorzeitig aufhören:* plötzlich, angeekelt, nach ein paar Worten a.; er brach mitten im Satz ab; der Klavierspieler brach nach ein paar Akkorden ab; b) *unvermittelt, vorzeitig enden:* eine Unterhaltung, die Musik bricht ab; hier bricht der Bericht ab; die Funkverbindung mit dem Flugzeug ist abgebrochen.
* **sich** (Dat.) **einen/keinen abbrechen** (ugs.: 1. *sich bei einer Tätigkeit [nicht] übermäßig anstrengen.* 2. *[nicht] übertrieben vornehm tun).*
abbrennen: 1. *in Flammen aufgehen und niederbrennen:* das Haus, der Schuppen, das Gehöft brannte ab; mehrere Gebäude sind bis auf den Grund, bis auf die Grundmauern abgebrannt.
2. *herunterbrennen:* das Feuer brennt allmählich ab; die Kerzen sind [fast] abgebrannt; ein abgebranntes Streichholz; abgebrannte (Kerntechnik; *verbrauchte*) Brennstäbe, Brennelemente.
3. ⟨etw. a.⟩ *durch Feuer zerstören:* Gehöfte, ganze Dörfer a.
4. ⟨etw. a.⟩ a) *durch Feuer entfernen, beseitigen:* Borsten, Unkraut, alten Lack [mit der Lötlampe] a.; b) *durch Feuer von etw. befreien, reinigen:* Felder, Wiesen a.; das Moor wird abgebrannt; Messing, Metalle a. (Technik; *durch chemische Mittel abbeizen*).
5. ⟨etw. a.⟩ *anzünden und explodieren lassen:* Raketen, ein Feuerwerk a.;
* **abgebrannt sein** (ugs.; *kein Geld haben*): restlos, total, völlig a. sein; ⟨auch attributiv⟩ abgebrannte Studenten, Urlauber.
abbringen ⟨jmdn. von etw. a.⟩: einen Menschen vom rechten Weg, von seinem Glauben, von einem Plan, von seiner Lebensweise a.; nichts in der Welt kann mich davon a.; er lässt sich von seiner Meinung nicht a.; sie ist nicht von diesem

Mann abzubringen; diese Frage bringt uns zu weit vom Thema ab.
abbröckeln ⟨[von etw.] a.⟩: Kalk, Mörtel, Putz bröckelt von der Wand ab; ÜBERTR.: die Anhänger, Mitglieder bröckeln von der Partei ab; die Aktienkurse bröckeln ab (Wirtsch.; *verlieren an Wert*).
Abbruch, der: 1. *das Abbrechen, Niederreißen:* der A. des Hauses, der Brücke, der alten Kapelle; reif für den/zum A. sein.
2. *vorzeitige Beendigung:* der A. des Gesprächs, der Verhandlungen, des Spiels; es kam zum A. der diplomatischen Beziehungen; durch A. unterliegen (Boxen; *den Kampf wegen Kampfunfähigkeit beenden).*
3. *Beeinträchtigung, Schaden* ⟨in Verbindung mit bestimmten Verben⟩: der Zwischenfall tat der Fröhlichkeit keinen A. *(beeinträchtigte sie nicht);* unser gutes Verhältnis erfährt, erleidet durch diese kleine Meinungsverschiedenheit keinen A.;
* **etw. auf Abbruch verkaufen** *(ein Gebäude zum Abbruch verkaufen).*
abbürsten: a) ⟨etw. [von etw.] a.⟩ *mit einer Bürste entfernen:* den Staub von der Couch a.; ⟨jmdm., sich etw. [von etw.] a.⟩ sie bürstete ihm, sich die Flusen, Fusseln von der Jacke ab; b) ⟨jmdn., sich, etw. a.⟩ *mit der Bürste säubern:* den Mantel, die Schuhe a.; würden Sie mich bitte a.?; ⟨jmdm., sich etw. a.⟩ der Friseur bürstete ihm die Jacke ab.
Abc, Abece, das: 1. *A. lernen, aufsagen; den Schülern das A. beibringen; Namen nach dem A. ordnen;* ÜBERTR.: das gehört zum A. *(zu den Anfangsgründen)* der Philosophie.
abchecken: 1. a) ⟨etw. a.⟩ *kontrollieren:* Funktionen a.; b) ⟨jmdn.⟩ *auf einer Liste abhaken:* die Passagiere a.
2. (ugs.) ⟨etw. a.⟩ *klären:* ich möchte erst a., ob alle zu dem genannten Termin Zeit haben; das muss erst alles noch abgecheckt werden.
abdanken: der Minister, der General hat abgedankt; der König dankt ab; SUBST.: die Königin denkt keineswegs ans Abdanken.
abdecken: 1. ⟨etw. a.⟩ a) *weg-, herunternehmen:* die Bettdecke, die Schutzfolie a.; er deckte die Zweige vorsichtig von den jungen Pflanzen ab; b) *von etw. Bedeckendem frei machen:* das Bett a.; den Tisch a. *(abräumen);* der Orkan deckte die Häuser, die Dächer ab *(riss die Ziegel o. Ä. von den Dächern).*
2. ⟨etw. [mit etw.] a.⟩ *zudecken:* ein Beet mit Tannenzweigen, einen Schacht mit Brettern a.; eine Mauer a. *(mit Deckplatten abschließen);* er deckte den oberen Teil des Fotos mit der Hand ab.
3. ⟨jmdn., etw. a.⟩ *schützen, abschirmen:* den Turm mit der Dame (beim Schachspiel) a.; die Spieler deckten das Tor ab.
4. ⟨etw. a.⟩ *ausgleichen, tilgen:* die Unkosten werden durch die Einnahmen nicht abgedeckt; die Ausgaben, Schulden müssen mit Steuergeldern abgedeckt werden; die Prämie deckt das Risiko

nicht ab; sie bekommt für die Arbeit rund 5000 DM, damit sind Steuern, Abgaben und sonstige Kosten abgedeckt.

abdichten: a) ⟨etw. [mit etw.] a.⟩: die Leitung, das Dach, ein Leck a.; etw. mit Filz, mit Kitt, mit Hanf a.; die Fugen sind schlecht abgedichtet; **b)** ⟨irgendwie a.⟩ *als Mittel zum Abdichten geeignet sein:* der Kitt dichtet gut ab.

abdrängen ⟨jmdn., etw. [von etw.] a.⟩: sich nicht von seinem Platz abdrängen lassen; der Verteidiger konnte den Linksaußen abdrängen und am Torschuss hindern; es wurde versucht, den Abgeordneten nach Brüssel abzudrängen; sozial abgedrängte *(am Rand der Gesellschaft lebende)* Bevölkerungsgruppen.

abdrehen: 1. ⟨etw. a.⟩ **a)** *ab-, ausschalten:* den Haupthahn, das Radio, die Heizung a.; **b)** *die Zufuhr von etw. unterbinden:* das Gas, das Wasser, den Strom a. **2.** ⟨etw. a.⟩ *von etw. abtrennen:* den Schlüsselbart, den Schlüssel [im Schloss], einen Knopf a. **3. a)** ⟨sich, etw. a.⟩ *abwenden:* er drehte sich, das Gesicht ab; **b)** *eine andere Richtung einschlagen:* der Eisläufer dreht in einem großen Bogen ab; das Flugzeug, der Dampfer hat/ist abgedreht. **4.** (Film) ⟨[etw.] a.⟩ *(zu Ende) drehen:* eine Szene, eine Sequenz im Atelier a.; ein Video a.; der Regisseur hat [seinen Film] abgedreht.

abdriften: das Boot, das Schiff driftet ab; ÜBERTR.: in Theorien a.; in eine Scheinwelt a.; ein großer Teil der Jugendlichen ist bereits in eine rechtsextremistische Orientierung abgedriftet.

¹Abdruck, der: *das Abdrucken, Wiedergabe im Druck:* der A. des Artikels in der Zeitschrift; der A. des Romans beginnt im nächsten Heft; den, mit dem A. beginnen; von etw. mehrere Abdrucke herstellen.

²Abdruck, der: *(durch Eindrücken entstandene) plastische Nachformung; hinterlassene Spur:* ein sauberer, [un]brauchbarer A.; der A. eines Gebisses in Gips, eines Fußes im Sand, eines Fingers auf dem Glas; Abdrücke von Pflanzen, von Insekten in Kohle; einen A. [ab]nehmen, machen, ausgießen.

abdrucken ⟨etw. a.⟩: ein Gedicht, einen Roman [in Fortsetzungen], eine Erklärung, einen Artikel in der Zeitung a.; die Rede, der Vortrag wurde auszugsweise, ungekürzt, wörtlich, mit geringfügigen Änderungen abgedruckt.

abdrücken: 1. ⟨sich, etw. [von etw.] a.⟩ *wegdrücken, abstoßen:* ein Boot vom Landungssteg a.; Wagen beim Rangieren vom Ablaufberg a.; der Schwimmer drückt sich vom Startblock ab. **2. a)** ⟨[jmdm., sich] etw. a.⟩ *abpressen:* dem Verletzten die Ader a.; er drückte mir fast die Finger ab; **b)** ⟨jmdm., sich etw. a.⟩ *den Zustrom von etw. hemmen:* die Erregung drückte ihr fast die Luft ab. **3.** ⟨[etw.] a.⟩ *[mit etw.] einen Schuss abgeben:* den Revolver, das Gewehr a.; man muss völlig ruhig

sein, bevor man abdrückt; er hat auf den Dieb abgedrückt. **4. a)** ⟨etw. [in etw. (Dat.)] a.⟩ *(durch Eindrücken in eine weiche Masse) nachbilden:* einen Schlüssel in Wachs a.; **b)** ⟨sich a.⟩ *sich plastisch abzeichnen:* die Kufen, die Reifen drücken sich im Schnee ab. **5.** (ugs.) ⟨jmdn. a.⟩ *an sich drücken und küssen:* jmdn. stürmisch a.

abduschen ⟨jmdn., sich, etw. a.⟩: die Kinder in der Wanne a.; sich, die Beine kalt, heiß a.; ⟨jmdm., sich etw. a.⟩ sich, den Kindern den Rücken a.

abebben: die Erregung, der Streit, die Unruhe ebbte langsam ab; der Lärm ist abgeebbt; das Interesse an diesem Thema ist in der Öffentlichkeit mittlerweile abgeebbt.

Abece: ↑ Abc.

Abend, der: **1.** *Ende des Tages:* ein lauer, sommerlicher, kühler A.; es ist A.; im Winter wird es früh A.; den A. zu Hause, in Gesellschaft verbringen; die Glocken läuten den A. ein; die Abende der Familie widmen; der Kellner hat heute seinen freien A.; /Grußformel/: guten A.!; [zu] jmdn. Guten A. sagen; [jmdm.] einen Guten A. wünschen; heute, gestern A. war ich im Kino; können wir morgen A. essen gehen?; das Fernsehprogramm von heute, morgen A.; ⟨Akk. als Zeitangabe⟩ einen, diesen, manchen A.; er ist fast jeden A. zu Hause; sie wartete viele Abende; ⟨Gen. als Zeitangabe⟩ des Abends (geh.; *abends*); eines [schönen] Abends brachen sie auf; während, im Lauf[e], im Verlaufe des Abends; sich für den A. umziehen; seine Erzählung zog sich über mehrere Abende hin; am späten, frühen A.; am A. des 1. Januar[s]; am A. vorher; vom Morgen bis zum A.; bis gegen A.; A. für A.; ℝ je später der A., desto schöner die Gäste (Kompliment für verspätete Gäste). **2.** *[geselliges] Beisammensein, Unterhaltung am Abend:* ein netter, reizender, anregender, gemütlicher, langweiliger A.; der A. war sehr interessant; sich einen vergnügten A. machen; jmdm. den A. verderben; einen A. retten; einen literarischen A. absagen. **3.** (geh.) *Ende, Spätzeit:* am A. des Lebens, des Jahrhunderts; ★ **bunter Abend** *(Abendveranstaltung mit heiterem, abwechslungsreichem Programm)* · **der Heilige Abend** *([Tag u.] Abend vor dem ersten Weihnachtsfeiertag)* · **zu Abend essen** *(die Abendmahlzeit einnehmen).*

Abendbrot, das (nordd. u. ostmd.): ↑ Abendessen.

Abendessen, das: das A. machen, richten; das A. steht auf dem Tisch, ist fertig; ein A. geben *(ein festliches Abendessen veranstalten);* bleib doch zum A.!; jmdn. zum A. einladen; zum A.

A.

abendlich: a) *in die Abendzeit fallend:* abendliches Training, abendlicher Skat; seinen abendlichen Spaziergang machen; **b)** *für den Abend charakteristisch:* abendliche Kühle, Stille; der abendliche

Himmel; das abendliche Treiben auf den Straßen; es ist fast a. kühl.
Abendmahl, das (ev. Rel.): das A. nehmen, empfangen; jmdm. das A. reichen; am A. teilnehmen; zum A. gehen.
abends: a. um 8 Uhr; um 8 Uhr a.; spät a.; a. spät; morgens und a.; der Kurs, die Veranstaltung findet a. statt; dienstags a.; von morgens bis a.; a. kann man in dieser Stadt viel unternehmen; sie geht a. häufig aus.
Abenteuer, das: 1. a) *außergewöhnliche, gefahrvolle Situation:* das A. lockt; das große A. suchen; ein A. erleben, bestehen; auf A. aus sein, ausgehen; sich in ein A. stürzen; b) *außergewöhnliches Erlebnis:* ein einmaliges, unvergessliches, seltsames, romantisches A.; die Fahrt, die Reise war ein A.; seine A. schildern, erzählen; A. unter Wasser, im Urwald; c) *gewagtes, gefahrvolles Unternehmen:* ein militärisches, politisches A.; das A. scheiterte; jemanden vor einem A. warnen; ÜBERTR.: das A. des Geistes. 2. *Liebeserlebnis:* ein galantes A.; im Urlaub A. suchen; sie war sein erstes A.
abenteuerlich: a) *außergewöhnlich:* eine abenteuerliche Reise, Flucht; ein abenteuerliches Leben führen; abenteuerliche Kunststücke; b) *ungewöhnlich und seltsam:* abenteuerliche Gestalten, Verkleidungen; einen abenteuerlichen Eindruck machen; das klingt höchst a.; der Plan war sehr a.; das Land ist eine abenteuerliche Mischung aus Bergwiesen, Wäldern, endlosen Stränden und vulkanischen Kratern; ÜBERTR.: im Kleiderschrank, im Zimmer herrscht ein abenteuerliches *(großes)* Durcheinander.
aber: I. ⟨Konj.⟩ 1. /gibt den Gegensatz an; drückt aus, dass etw. der Erwartung widerspricht/ *dagegen, jedoch, doch:* ihre Schwester war groß und schlank, sie a. war klein und dick; ich habe davon gehört, a. ich glaube es nicht; es wurde dunkel, a. sie machten kein Licht; er ging zur Tür, kehrte a. plötzlich um. 2. /gibt eine Einschränkung, Ergänzung an/ *jedoch, allerdings:* gut, a. teuer; streng, a. gerecht; nicht schön, a. selten; klein, a. mein; wir machen jetzt Pause, nachher wird a. auch gearbeitet; es ist nicht ganz korrekt, a. man kann ja mal ein Auge zudrücken. 3. /leitet einen Widerspruch, eine Entgegnung ein/: a. das stimmt doch gar nicht!; a. warum soll ich mich denn entschuldigen?; ich habe a. nicht gelogen!; SUBST.: ich möchte kein Aber hören! II. ⟨Partikel⟩ *wirklich* /verstärkend/: a. ja. natürlich; a. gern; a. jederzeit; verschwinde, a. schnell!; das ist a. fein!; das ist a. ein schönes Auto!; das dauert a.!; aber, aber! *(nicht doch!, was soll das?)*; a., meine Herrschaften, beruhigen Sie sich doch!;
∗ **aber und abermals** *(immer wieder).*
Aberglaube, (selten auch:) **Aberglauben,** der: ein heidnischer, verbreiteter, finsterer Aberglaube;

einem Aberglauben anhängen; im Aberglauben befangen sein; einen Hang zum Aberglauben haben; etw. aus Aberglauben tun.
abergläubisch: abergläubische Furcht, Scheu; er ist ein abergläubischer Mensch; ich bin nicht a.; a. an etw. festhalten; sich a. vor etw. hüten.
aberkennen ⟨jmdm. etw. a.⟩: das Gericht erkannte ihm die bürgerlichen Ehrenrechte ab/(selten:) aberkannte ihm die bürgerlichen Ehrenrechte; jmdm. einen Titel, ein Recht, einen Anspruch a.
abermals: er verlor a.; a. kam er zu spät.
abfahren: 1. *weg-, davonfahren:* ich fahre gleich, in wenigen Minuten mit dem Zug [vom Hauptbahnhof] ab; der Bus ist pünktlich, mit Verspätung abgefahren. 2. *[auf Skiern] abwärts fahren:* einen steilen Hang a.; im Schuss a.; er ist glänzend abgefahren. 3. (ugs.) ⟨auf jmdn., etw. a.⟩ *sehr angetan, begeistert sein:* auf jmdn., etw. voll a.; auf die ist er total abgefahren. 4. (ugs.) *abgewiesen werden:* er fuhr mit seiner Werbung übel ab; sie hat ihn kühl abfahren lassen. 5. ⟨jmdn., etw. [aus, von etw.] a.⟩ *abtransportieren:* Müll, Schutt a.; er hat Holz aus dem Wald, Heu von der Wiese abgefahren; die Verletzten wurden im Krankenwagen abgefahren. 6. ⟨etw. a.⟩ *entlangfahren und kontrollierend besichtigen:* die Grenze, die Baustellen a.; eine Teststrecke a.; in seinem Urlaub hat, ist er ganz Dänemark abgefahren. 7. ⟨etw. a.⟩ *durch An-, Überfahren abtrennen:* einen Mauervorsprung a.; ⟨jmdm. etw. a.⟩ dem Arbeiter wurde bei dem Unfall ein Arm abgefahren. 8. ⟨etw. a.⟩ *durch Fahren abnutzen:* er hat die Reifen schnell abgefahren; die Skier sind stark abgefahren. 9. (ugs.) ⟨etw. a.⟩ *zum Fahren verwenden:* hast du deine Mehrfahrtenkarte schon abgefahren? 10. (Film, Ferns., Rundf.) *beginnen* /in Aufforderungen/: Kamera, Eurovision, bitte a.!
Abfahrt, die: 1. *das Abfahren:* eine pünktliche A.; die A. des Zuges erfolgt um 8 Uhr, wie vorgesehen; die A. verzögert sich [um einige Minuten]; die A. abwarten, hinauszögern; Vorsicht bei A. des Zuges!; das Zeichen zur A. geben; alles klar zur A.? 2. a) *Abwärtsfahrt:* die A. auf der Passstraße war sehr gefährlich (Skisport:) eine herrliche, gemütliche A.; eine A. durchstehen, gewinnen; bei der A. stürzen; b) *Abfahrtsstrecke:* eine steile, gefährliche, anspruchsvolle A.; eine A. abstecken, sperren. 3. *Ausfahrt von einer Autobahn:* A. Frankfurter Kreuz; die A. [in Richtung Wiesbaden] ist wieder frei; die Abfahrt verpassen; an der Abfahrt ereignete sich ein Unfall.
Abfall, der: 1. *unbrauchbarer Überrest:* wertloser, industrieller, stinkender A.; radioaktive Abfälle; es entsteht viel A.; der A. häuft sich, wächst an;

an den Straßenrändern türmt sich der A.; den A. wegwerfen, sammeln, beseitigen, entsorgen, [wieder] verwerten; in den A. kommen *(weggeworfen werden)*. **2.** (bes. Rel., Politik) *Lossagung:* der A. vom Glauben, von Gott; der A. der Niederlande, der Niederländer von Spanien. **3.** *Abnahme, Rückgang:* der A. des Drucks, der Temperatur; der A. in der Leistung, seiner Leistungen ist unverkennbar; das ist ein A. gegen früher. **4.** *Neigung eines Geländes:* ein steiler, allmählicher A.; die Wiese erstreckt sich in sanftem A. bis zum Weg.

abfallen: 1. *sich loslösen und herunterfallen:* die Blätter, Blüten, Früchte fallen ab; der Mörtel ist von der Wand abgefallen; ÜBERTR.: die Scheu, die Unsicherheit, alle Angst fiel von ihr ab *(wich von ihr)*. **2. a)** *als Rest übrig bleiben:* etw. fällt als Nebenprodukt ab; in der Küche fällt immer eine Menge ab; beim Zuschneiden ist viel Stoff abgefallen; **b)** (ugs.) ⟨für jmdn. a.⟩ *nebenher als Anteil, als Gewinn zufallen:* was fällt dabei für mich ab?; für ihn sind bei dem Geschäft 1 000 Mark abgefallen. **3.** (bes. Rel., Politik) ⟨von jmdm., etw. a.⟩ *sich lossagen:* er ist vom Glauben, von Gott, von der Partei abgefallen; die Freunde fielen von ihm ab; die Verbündeten sind nacheinander von ihm abgefallen. **4.** *sich neigen, nach unten verlaufen:* das Gebirge, der Berg, der Weg fällt sanft, schroff, stufenförmig, nach Osten [hin], gegen den Fluss [hin] ab; abfallende Dächer, Schultern. **5.** ⟨gegen jmdn., etw. a.; gegenüber jmdm., etw. a.⟩ *hinter einer Erwartung zurückbleiben, schlechter sein:* der zweite Band des Romans fällt gegen den ersten, gegenüber dem ersten stark ab; gegen seine Mitstreiter fällt er deutlich ab; **6.** *abnehmen, nachlassen:* der Druck, die Leistung des Motors fällt ab; das Segelflugzeug ist abgefallen *(hat an Höhe verloren)*.

abfällig: ein abfälliges Urteil; abfällige Bemerkungen; a. reden; von jmdm. a. sprechen; sich über jmdn., etw. a. äußern.

abfangen: 1. ⟨jmdn., etw. a.⟩ *nicht zum Ziel gelangen lassen:* einen Brief, eine Nachricht, einen Transport, einen Agenten a.; die in den Luftraum eingedrungenen Flugzeuge wurden abgefangen; (Sport:) der Verteidiger konnte den Ball, die Vorlage gerade noch a.; ⟨jmdm. jmdn. a.⟩ er fängt mir die Kunden ab *(macht sie mir abspenstig)*. **2.** ⟨jmdn. a.⟩ **a)** *abpassen:* den Briefträger, die Zeitungsfrau a.; er fing seinen Freund nach Arbeitsschluss, kurz vor dem Bahnhof ab; es gelang der Polizei, die Hulligans abzufangen; **b)** (Sport) *jmds. Sieg verhindern:* auf den letzten Metern, kurz vor dem Ziel fing sie die finnische Läuferin ab. **3.** ⟨jmdn., etw. a.⟩ *abwehren:* einen Stoß, Schlag,

die Wucht des Aufpralls a.; (Boxen:) den Gegner, einen Angriff a. **4.** ⟨etw., sich a.⟩ *wieder unter Kontrolle bringen:* einen schleudernden Wagen, ein Flugzeug a.; der Skispringer fing sich ab und stand den Sprung. **5.** (Bauw., Technik) ⟨etw. a.⟩ *abstützen:* ein baufälliges Haus, loses Gestein a.

abfärben ⟨[auf etw. (Akk.)] a.⟩: die Wand färbt ab; das blaue Hemd hat auf die andere Wäsche, beim Waschen abgefärbt; ÜBERTR.: der schlechte Umgang färbt auf den Jungen ab *(übt auf ihn einen schlechten Einfluss aus)*.

abfassen: 1. ⟨etw. a.⟩ *schriftlich formulieren:* einen Brief, ein Gesuch, ein Testament, eine Rede a.; das Schreiben ist höflich, im Geschäftsstil, in englischer Sprache abgefasst. **2.** (ugs.) ⟨jmdn. a.⟩ *abpassen:* ich versuchte, ihn vor der Abfahrt des Zuges abzufassen.

abfedern: 1. a) ⟨etw. a.⟩ *federnd abfangen:* jede Bodenwelle a.; ÜBERTR.: den Arbeitsplatzverlust a.; aufkeimende Kritik a.; es ist notwendig, Rückstellungen zu bilden, um drohende Verluste abzufedern; **b)** *(mit Armen, Beinen) federn:* mit den Beinen vom niederen Holm a. **2.** ⟨etw. a.⟩ *mit einer Federung versehen:* man hat die Achsen gut, schlecht abgefedert.

abfertigen: 1. ⟨etw. a.⟩ *zum Versand fertig machen:* Pakete, Waren, Gepäck a.; die Güter sind zollamtlich abgefertigt worden; einen Zug a. *(zur Abfahrt fertig machen, abfahren lassen)*. **2.** ⟨jmdn. a.⟩ *bedienen; jmds. Formalitäten erledigen:* Fluggäste, Reisende, Besucher a.; ⟨irgendwie a.⟩ die Zollbeamten fertigten zügig, nur schleppend ab. **3.** (ugs.) ⟨jmdn. a.⟩ *unfreundlich behandeln, abweisen:* einen Bettler, einen Vertreter a.; er hat ihn an der Tür, barsch, kurz, schroff abgefertigt; sie wollte den Handwerker mit 50 Mark abfertigen *(ihm nur 50 Mark geben)*. **4.** (Sport) *überlegen schlagen:* er hat ihn in drei Sätzen abgefertigt; die deutsche Mannschaft wurde klar mit 6 : 0 abgefertigt.

abfinden: 1. ⟨jmdn. [mit etw. a.]⟩ *[teilweise] entschädigen:* seine Geschwister, die Geschädigten a.; die Gläubiger wurden mit einer lächerlichen, großzügigen Summe abgefunden; ÜBERTR.: er wollte ihn mit neuen Versprechungen a. *(zufrieden stellen)*. **2.** ⟨sich [mit jmdm., etw.] a.⟩ *sich zufrieden geben:* sich mit seinem Schicksal, mit den schlechten Bezahlung a.; ich kann mich nicht damit a.; sie hat sich abgefunden, dass sie dieses Jahr keinen Urlaub machen kann; er hat sich schließlich abgefunden. **3.** (selten) ⟨sich mit jmdm. a.⟩ *sich einigen:* sie hat sich mit seinem Prozessgegner gütlich a.

Abfindung, die: eine hohe, großzügige, einmalige, lächerliche A.; die A. der Gläubiger; jmdm. eine A. bieten, zahlen, geben; sie bekam keine A. für das entgangene Geschäft.

abflauen: der Wind, der Sturm flaute ab; ÜBERTR.: die Erregung, Spannung flaute ab; nach Weihnachten ist das Geschäft abgeflaut.

abfliegen: 1. *weg-, losfliegen:* die Maschine fliegt gleich, pünktlich, mit Verspätung ab; mein Freund ist gestern in die Karibik, nach London, von Berlin abgeflogen. **2.** ⟨jmdn. a.; gewöhnlich im Passiv⟩ *mit dem Flugzeug fortschaffen:* die Verletzten wurden aus dem Unglücksgebiet abgeflogen. **3.** ⟨etw. a.⟩ *überfliegen und absuchen, vom Flugzeug aus besichtigen:* die Autobahn a.; sie haben/ sind die Strecke abgeflogen. **4.** (ugs.) *fortgeschleudert werden:* die Radkappe flog [mir] ab.

abfließen: a) *wegfließen:* das Wasser fließt gut, langsam, aus der Wanne, in den Gully ab; das Hochwasser ist schnell abgeflossen *(zurückgegangen);* der Regen ist nicht abgeflossen *(im Erdreich versickert);* ÜBERTR.: das Geld, das Kapital fließt ins Ausland ab; **b)** *sich entleeren:* die Wanne fließt schlecht ab; der Ausguss floss nicht ab *(war verstopft).*

Abflug, der: **1.** *das Ab-, Wegfliegen:* der weiche A. einer Eule; der A. der Schwalben in den Süden. **2.** *Start eines Flugzeuges:* ein glatter, pünktlicher A.; der A. erfolgt um 12 Uhr, verzögert sich; fertig machen zum A.!; Duty-free-Einkäufe sind nur beim A. *(bei der Ausreise)* gestattet.

Abfluss, der: **1.** *das Ab-, Wegfließen:* der A. des Wassers stockt; ÜBERTR.: der A. des Verkehrs; den A. des Geldes ins Ausland verhindern. **2.** *Stelle, wo etw. abfließt:* ein unterirdischer A.; der A. der Badewanne ist verstopft, muss repariert werden; der See hat keinen A.

abfragen: ⟨jmdn. etw. a.⟩ die Schüler die Vokabeln, das Einmaleins a.; ⟨etw. a.⟩ der Lehrer fragt das Einmaleins, die Geschichtszahlen ab; ⟨jmdn. a.⟩ die Lehrerin hat die Schüler, die Klasse abgefragt.

Abfuhr, die: **1.** (selten) *Abtransport:* die A. des Mülls, der Waren, von Holz, von Schutt. **2.** *entschiedene Abweisung:* jmdm. eine A. erteilen; eine A. bekommen, erhalten; sich [bei jmdm.] eine A. holen *(von jmdm. abgewiesen werden).* **3.** (Sport) *Niederlage:* die Kölner Elf holte sich bei ihrem letzten Spiel eine schwere A.

abführen: 1. ⟨jmdn. a.⟩ *wegführen, in polizeilichen Gewahrsam bringen:* man führte ihn aus dem Gerichtssaal ab; von Polizisten, in Handschellen, wie ein Verbrecher abgeführt werden; der Richter ließ ihn a.; er ließ sich widerstandslos a. **2.** ⟨von etw. a.⟩ *abbringen:* dieser Weg führt [uns] vom Ziel ab; ÜBERTR.: dieser Gedankengang führt [uns] vom Thema ab; ⟨auch ohne Präpositionalobjekt⟩ das führt zu weit ab. **3.** *abzweigen:* der Weg führt an dieser Stelle von der Hauptstraße ab. **4.** ⟨etw. [an jmdn., etw.] a.⟩ *Gelder zahlen:* Steuern an das Finanzamt a.; die Arbeitnehmer müs-

sen im Monat bis zu 100 Mark mehr abführen; ein gewisser Prozentsatz wird an den Verband abgeführt. **5. a)** *den Stuhlgang fördern:* Rhabarber führt ab, wirkt abführend; dieses Mittel hat eine abführende Wirkung; **b)** (Fachspr.) *für die Entleerung des Darmes sorgen:* vor der Operation muss der Patient a. **6.** ⟨etw. a.⟩ *ableiten:* Abwasser, Abgase a.

Abgabe, die: **1.** *Ablieferung, Aushändigung:* die Frist für die A. der Prüfungsarbeiten, der Stimmzettel, der Bestellscheine verlängern; gegen A. der Bescheinigung; ÜBERTR.: bei der A. der Stimmen *(bei der Abstimmung);* die A. *(Bekanntgabe)* einer Regierungserklärung. **2.** (Wirtsch.) *Verkauf:* größere Abgaben [an der Börse] drückten auf den Kurs. **3.** (Sport) *Ab-, Zuspiel:* eine schlechte, ungenaue A.; seine Abgaben kamen nicht an, erreichten die Stürmer; mit der A. des Balles zu lange zögern. **4.** *das Abfeuern:* bei der A. des Schusses. **5.** ⟨meist Plural⟩ *Geldleistung (an ein Gemeinwesen), Steuer:* eine einmalige A.; niedrige, hohe, laufende, monatliche, jährliche Abgaben; die Abgaben [an den Staat, auf Tabak, für die Benutzung] steigen, erhöhen sich, ermäßigen sich, fallen weg; Abgaben erheben, senken, einziehen, eintreiben, entrichten, zahlen, leisten; jmdn. von Abgaben befreien.

Abgang, der: **1. a)** *Weggang, das Verlassen eines Schauplatzes:* ein dramatischer, glanzvoller, sensationeller, theatralischer A.; (Theater:) ein guter, von Beifall umrauschter A.; **b)** *Abfahrt:* kurz vor A. der Fähre, des Flugzeugs ankommen; auf den A. des Zuges warten; **c)** (Turnen) *das Verlassen eines Gerätes:* ein leichter, schwieriger, missglückter A.; Riesenwelle mit gegrätschtem A.; sich beim A. vom Gerät verletzen; **d)** *Absendung:* etw. noch vor dem A. der Post erledigen; den A. der Waren überwachen; **e)** (Med.) *Ausscheidung:* der A. von Blut im Kot; das Mittel fördert den A. der Steine, der Blähungen; **f)** (Med.) *Fehlgeburt:* die Frau hat durch den Unfall einen A. gehabt. **2. a)** *das Verlassen eines Wirkungskreises, das Ausscheiden:* nach dem A. von der Schule, aus der 7. Klasse; der A. des Ministers aus seinem Amt wurde tief bedauert; einen derartigen A. hatte niemand erwartet; **b)** *jmd., der einen Wirkungskreis verlässt, ausscheidet:* an unserer Schule haben wir 5 Abgänge; 50 Abgängen stehen 80 Neuzugänge gegenüber. **3.** (bes. Milit., Med.) *Tod:* es gab viele Abgänge; ∗ **sich einen guten, glänzenden** o. ä. **Abgang verschaffen** *(sich zum Schluss einen guten, einen guten, glänzenden o. ä. Eindruck machen).*

abgeben: 1. ⟨etw. [bei jmdm., irgendwo] a.⟩ *übergeben, aushändigen:* einen Brief, ein Geschenk, seine Visitenkarte, ein Empfehlungsschreiben; die Hefte a.; etw. eigenhändig, beim Nachbarn,

A

auf dem Fundbüro, am Schalter, an der Kasse a.; sie hat die Kündigung beim Vermieter persönlich abgegeben; den Koffer an, bei der Gepäckaufbewahrung a.; ich habe meinen Mantel an der Garderobe abgegeben; er braucht zu Hause kein Geld abzugeben. **2. a)** ⟨jmdm. [von etw.] etw. a.⟩ *einen Teil von etw. überlassen:* er hat mir nichts, die Hälfte abgegeben; er gibt seinem Freund von den Bonbons etwas ab; ⟨auch ohne Dat.⟩ er will von seinem Grundstück nichts a.; [an jmdn.] a.⟩ *überlassen, abtreten:* die Leitung, den Vorsitz, ein Amt a.; der Bauer hat den Hof an seinen Sohn abgegeben; der Fußballmeister gab beide Punkte ab (Sport; *er überließ sie dem Gegner*); **c)** ⟨etw. a.⟩ *zu einem niedrigen Preis überlassen:* Obst, Eier a.; wir geben einen Gebrauchtwagen billig ab; ein Zimmer, einen Laden a. *(vermieten).* **3.** (Sport) ⟨[etw.] a.⟩ *abspielen:* den Ball, die Scheibe an den Verteidiger a.; er muss schneller a.; der Spieler hat zu spät abgegeben. **4.** ⟨etw [auf jmdn.] a.⟩ *abfeuern:* einen Warnschuss auf einen flüchtenden Täter a.; der Amokläufer gab mehrere Schüsse auf die Passanten ab. **5.** ⟨etw. a.⟩ *ausströmen:* der Ofen gibt nur mäßig Wärme an die Umgebung ab; Pflanzen geben bei der Assimilation Sauerstoff ab. **6.** ⟨etw. a.⟩ *verlauten lassen, äußern:* ein Versprechen, eine Erklärung, ein Gutachten, seine Stimme bei der Wahl a.; sein Urteil a.; einen Funkspruch a. **7.** (ugs.) ⟨jmdn., etw. a.⟩ *als jmd., etw. fungieren:* eine perfekte Hausfrau, einen guten Familienvater, einen glänzenden Redner a.; den Prügelknaben, den Sündenbock a.; den Hintergrund, den Rahmen, einen Stoff für einen Film a.; eine komische Figur a. *(einen komischen Eindruck machen).* **8.** (ugs.) ⟨sich mit jmdm., etw. a.⟩ *sich befassen; Umgang pflegen:* sich mit Gartenarbeit a.; mit solchen Kleinigkeiten gebe ich mich nicht ab; sich viel mit Kindern a.

abgebrüht (ugs.): ein abgebrühter Bursche; er ist ziemlich a.

abgedroschen (ugs.): abgedroschene Phrasen, abgedroschene Redensarten, Witze; der Schlager ist schon völlig a.

abgegriffen: ein abgegriffenes Foto; ein abgegriffener Mützenschirm; die Kanten, die Spielkarten sind schon sehr a.; ÜBERTR.: abgegriffene *(nichts sagende)* Argumente, Schlagworte.

abgehen: 1. a) *einen Ort verlassen, abfahren:* das Schiff, der Zug, der Transport geht ab; wann geht die Maschine nach London ab?; ab gehts! (ugs.); *es geht los);* **b)** (Theater) *die Bühne nach einem Auftritt verlassen, abtreten:* Hamlet geht ab; **c)** (Turnen) *ein Gerät mit einem Sprung o. Ä. verlassen:* elegant, mit einer Grätsche ging er [vom Barren] ab; **d)** *geschickt werden:* die Benachrichtigung, die Vorladung, der Brief ist gestern abge-

gangen; die Waren werden mit dem Schiff a.; einen Funkspruch a. lassen; **e)** (Med.) *vom Körper ausgeschieden, abgesondert werden:* Steine, Blähungen gehen ab; die Würmer gehen mit dem Kot ab; **f)** *sich lösen:* plötzlich, unversehens ging ein Schuss ab; eine Lawine war abgegangen. **2.** *einen Wirkungskreis, eine Ausbildungsstätte verlassen:* von der Schule, vor dem Abitur, nach der 10. Klasse a. **3.** ⟨von etw. a.⟩ *ablassen; aufgeben:* von einer Gewohnheit, einem Grundsatz a.; er ging von seiner Forderung nicht ab; sie ist von ihrer Meinung nicht im Geringsten, etwas, kein bisschen abgegangen. **4.** ⟨irgendwo[hin] a.⟩ *abzweigen:* dort, neben dem Bahnhof geht der Weg nach rechts, in die Innenstadt ab; die Straße geht *(verläuft)* dann links, nach Norden ab. **5.** ⟨von etw. a.⟩ *abgezogen, abgerechnet werden:* wie viel Prozent gehen von dieser Summe ab?; von dem Geld, dem Honorar gehen noch ungefähr 20 Prozent Steuern ab; von dem Gewicht geht noch die Verpackung ab. **6.** *sich lösen:* der Knopf, ein Rad, der Absatz geht ab; der Putz, die Farbe geht ab *(blättert ab);* der Fleck ging nicht ab; das Etikett ist nicht abgegangen *(ließ sich nicht entfernen);* ⟨jmdm. a.⟩ mir ist der Fingernagel abgegangen. **7.** ⟨irgendwie a.⟩ *verlaufen, enden:* es ist noch einmal gut abgegangen; alles ging glatt, glimpflich ab; es ist nicht ohne Aufregung, Lärm, Streit, Ärger, Tränen abgegangen. **8.** (salopp) *sich ereignen:* hier gehts aber ab!; man weiß nicht, was geht denn hier eigentlich ab?; man weiß nicht, was zwischen den beiden abgeht *(wie ihr Verhältnis zueinander ist).* **9.** ⟨jmdm., etw. a.⟩ *fehlen:* ihm geht jedes Taktgefühl, jeder Humor ab; für dieses Benehmen geht ihr jedes Verständnis ab; dafür geht ihm das Verständnis ab; was geht dir da ab? *(woran fehlt es dir?);* den Kindern geht nichts ab *(es fehlt ihnen an nichts).* **10.** ⟨etw. a.⟩ *an etw. zur Besichtigung, Kontrolle entlanggehen:* wir sind die Strecke abgegangen.

abgekämpft: einen abgekämpften Eindruck machen; die Sportler sind völlig a.

abgeklärt: ein abgeklärter Mensch; ein abgeklärtes Urteil; mit abgeklärtem Lächeln; a. sein; die Situation a. beurteilen.

abgelegen: ein abgelegenes Dorf, Haus, Tal; sie wohnen sehr, ziemlich a.

abgelten ⟨etw. a.⟩: etw. gleichwertig, durch Bezahlung, in Dollar a.; mit der Zahlung sind alle Ansprüche, alle weiteren Forderungen abgegolten.

abgeneigt ⟨gewöhnlich verneint in der Verbindung⟩ etw., (seltener:) jmdm. [nicht] abgeneigt sein *([nicht] ablehnend gegenüberstehen):* dem Plan, dem Vorhaben [nicht] a. sein; jmdm. persönlich [nicht] a. sein; ich bin nicht a., ein Glas

Wein zu trinken; ⟨auch attributiv⟩ die der modernen Musik abgeneigten Zuhörer.

Abgeordnete, der und die: ein neuer Abgeordneter; zwei weibliche Abgeordnete meldeten sich gleichzeitig zu Wort; die Abgeordneten beraten, vertagen sich; einen Abgeordneten wählen; er wurde als Abgeordneter ins Landesparlament gewählt; ihm als Abgeordneten/Abgeordnetem; ihr als Abgeordneten/Abgeordneter, die Versorgung ausscheidender Abgeordneter; mit genanntem Abgeordneten.

abgerissen: 1. *in zerrissener Kleidung, zerlumpt:* ein abgerissener Häftling; abgerissene Kleidung; er sah völlig a. aus. **2.** *unzusammenhängend:* abgerissene Worte, Sätze, Gedanken.

abgesagt: ⟨nur in der Fügung⟩ **ein abgesagter Feind** (geh.; *ein erklärter Feind*): er ist ein abgesagter Feind des Alkohols.

abgeschieden (geh.): **1.** *einsam gelegen; einsam:* ein abgeschiedenes Dorf; ein abgeschiedenes Leben führen. **2.** *verstorben, tot:* abgeschiedene Seelen; SUBST.: die Abgeschiedenen.

abgeschlossen: 1. *abgesondert:* ein streng abgeschlossenes Leben; a. leben, arbeiten. **2.** *abgerundet, in sich vollendet:* der neue Roman macht einen abgeschlossenen Eindruck, wirkt sehr a. **3.** *in sich geschlossen:* eine abgeschlossene Wohnung.

abgespannt: einen abgespannten Eindruck machen; a. aussehen, sein; abends fühlt er sich oft a.; sie kam immer völlig a. nach Hause.

abgestanden: abgestandenes Bier; der Wein ist, schmeckt a.; ÜBERTR.: abgestandene *(nichts sagende)* Reden, Phrasen.

abgetakelt: eine abgetakelte Person, Schauspielerin; a. aussehen, wirken.

abgewinnen: 1. ⟨jmdm. etw. a.⟩ *als Gewinner, Sieger im Spiel, Wettkampf abnehmen:* er hat ihm im Kartenspiel viel Geld abgewonnen. **2.** ⟨jmdm., etw. etw. a.⟩ *abringen, abnötigen:* dem Meer Land a.; der Mann hat mir Achtung, Anerkennung, Bewunderung abgewonnen; er versuchte, der Frau ein Lächeln abzugewinnen. **3.** ⟨etw. (Dat.) etw. a.⟩ *an einer Sache, Situation o. Ä. finden:* der Arbeit, dem Leben die schönen Seiten a.; ich habe der Sache nichts, keinen Geschmack, keinen Reiz abgewinnen können; er vermochte seiner Lage nichts Positives abzugewinnen.

abgewöhnen ⟨jmdm., sich etw. a.⟩: dem Kind seine Unarten, die schlechten Manieren a.; das musst du dir a.; ich will mir das Rauchen a.; SUBST. (ugs. scherzh.): noch einen, noch ein [letztes] Glas zum Abgewöhnen.

abgießen: 1. ⟨etw. a.⟩ a) *weggießen:* das Wasser von den Kartoffeln, von den Nudeln a.; **b)** *das*

Kochwasser von etw. weggießen: die Kartoffeln a.; das Gemüse muss abgegossen werden. **2.** ⟨etw. a.⟩ **a)** *einen Teil einer Flüssigkeit aus einem Gefäß weggießen:* etwas Wasser, Milch [aus der Kanne] a.; **b)** *durch Weggießen eines Teils der Flüssigkeit den Inhalt eines Gefäßes verringern:* der Topf ist zu voll, gieße ihn ab!

abgleiten (geh.): **1.** *nach unten gleiten, abrutschen:* **a)** ⟨von etw.⟩ a.⟩ er glitt vom Beckenrand ab und fiel ins Wasser; ÜBERTR.: ihre Gedanken, Blicke waren immer wieder abgeglitten *(abgeschweift)*; **b)** ⟨an etw. (Dat.)] a.⟩ die Klinge, die Kugel glitt an ihm ab und verletzte ihn nur leicht; an den Hängen sind zahlreiche Schneemassen bereits abgeglitten; ÜBERTR.: die Beleidigungen, Ermahnungen, Vorwürfe glitten an ihm ab *(sie blieben wirkungslos).* **2. a)** *nachlassen, schwächer werden:* der Schüler ist [in seinen Leistungen] abgeglitten; ihre Leistungen gleiten ab; **b)** *geistig, moralisch o. ä. an Niveau verlieren:* er ist in letzter Zeit immer mehr, völlig abgeglitten; kriminell, sozial a.; SUBST.: Wissenschaftler stellen ein progressives Abgleiten der Gesellschaft fest; **c)** ⟨[in etw. (Akk.)] a.⟩ *absinken:* ins Emotionale, ins Kitschige, ins Ordinäre a.; die Diskussion glitt oft ins Unsachliche ab; in die Kriminalität, in den Alkohol, in die Welt der Drogen a. *(kriminell, alkoholabhängig, drogenabhängig werden);* (Wirtsch.: es besteht die Gefahr, dass das Land in eine Rezession abgleitet.

Abgott, der: der Junge ist der A. seiner Eltern; Geld ist sein A.; jmdn. zu seinem A. machen.

abgöttisch: mit abgöttischer Liebe an jmdm. hängen; sie liebte, verehrte ihn a.

abgrasen: 1. ⟨etw. a.⟩ *abweiden:* das Vieh grast die Wiese, die Berghänge ab; ÜBERTR.: dieses Gebiet, dieser Themenkreis ist abgegrast (ugs.; *bietet keine Möglichkeiten mehr für eine Bearbeitung).* **2.** (ugs.) ⟨etw. [nach etw. (Dat.)] a.⟩ *absuchen, in bestimmter Absicht aufsuchen:* alle Geschäfte, die ganze Stadt nach einem Kostüm a.; er hat die ganze Gegend abgegrast, ohne etwas Passendes zu finden.

abgrenzen: 1. *abtrennen:* **a)** ⟨etw. a.⟩ eine breite Hecke grenzt das Biotop ab; **b)** ⟨etw. [mit etw.] a.⟩ ein Gebiet a.; einen Teil des Strandes für Hotelgäste a.; das Gelände, den Platz mit einer Hecke, mit einem Zaun a.; **c)** ⟨etw. [von etw.] a.⟩ den Garten durch eine Mauer vom Nachbargrundstück a.; die Spielwiese ist vom Badesee durch dichtes Buschwerk abgegrenzt; im Bebauungsplan sind Gewerbegebiet und Wohnsiedlung deutlich voneinander abgegrenzt; ÜBERTR.: die Aufgabenbereiche der Mitarbeiter sind klar abgegrenzt; Begriffe, Befugnisse scharf, genau voneinander a. **2.** ⟨sich [von jmdm., etw./(seltener:) gegen jmdn., etw.] a.⟩ *sich absetzen, distanzieren:* er versucht immer, sich von anderen abzugrenzen; von Terror und Gewalt a.; sich kulturell a.;

A

sich gegen fremde Einflüsse a.; der Minister hat sich in seiner Rede deutlich gegen rechtsextremistische Positionen abgegrenzt.

Abgrund, der: 1. *steil abstürzende Tiefe:* ein gähnender A.; vor ihnen klafft, öffnete sich ein A.; in den A. stürzen; mit dem Auto in einen A. rasen; jmdn. mit sich in den A. reißen; er stieß ihn in den A.
2. a) *unergründlicher Bereich:* in die Abgründe der Seele blicken, hineinleuchten; **b)** *unvorstellbares Ausmaß:* ein [wahrer] A. von Gemeinheit, Verworfenheit; **c)** *Untergang, Verderben:* die Völker in den A. führen, treiben; das Land geriet an den Rand, war am Rande des Abgrunds, stand vor dem A.; **d)** *unüberbrückbare Kluft:* uns trennen Abgründe; zwischen ihren Ansichten lag ein tiefer A.; (geh.:) zwischen der offiziellen Kirche und den Gläubigen tun sich Abgründe auf.

abgucken: 1. ⟨jmdm. etw. a.⟩ *durch Zuschauen von jmdm. lernen:* jmdm. ein Kunststück, eine Fertigkeit, einen Handgriff, einen Trick a.; ⟨[bei jmdm.] etw. a.⟩ bei wem hast du dir denn das abgeguckt?
2. ⟨[bei, von jmdm.] etw. a.⟩ *abschreiben:* er hat bei, von seinem Nachbarn abgeguckt; sie ließ ihre Freundin a.

abhaben (ugs.) ⟨etw. a.⟩: **1.** ⟨gewöhnlich im Infinitiv⟩ *einen Teil von etw. erhalten:* willst du etwas a.?; ich möchte auch ein Stück von dem Kuchen a.; er hat sein[en] Teil ab *(seine Strafe bekommen)*.
2. *abgenommen haben:* den Hut, die Brille, den Schlips a.
3. *(Haftendes) entfernt haben:* den Flecken, das Pflaster a.

abhacken: ⟨etw. a.⟩ Äste [vom Baum], Zweige a.; ⟨jmdm., sich, etw. etw. a.⟩ einem Huhn den Kopf a.; sich beinahe den Daumen a.; ADJ. PART.: abgehackt, in abgehackten Sätzen *(stockend)* sprechen.

abhaken: 1. ⟨etw. [von etw.] a.⟩ *loshaken:* das Bild von der Wand a.
2. ⟨etw. a.⟩: *mit einem Häkchen kennzeichnen:* die Namen der Anwesenden, die Posten einer Rechnung a.; ÜBERTR.: ein Thema, eine Frage, einen Tagesordnungspunkt a. *(für erledigt erklären).*

abhalten: 1. ⟨jmdn., etw. irgendwie a.⟩ *entfernt halten:* die Zeitung weit [von sich] a.; sie hielt den strampelnden Säugling ein Stück von sich ab.
2. ⟨ein Kind a.⟩ *so halten, dass es seine Notdurft verrichten kann:* die Mutter hielt das Kleine ab.
3. ⟨etw. a.⟩ *fernhalten, abwehren:* der Vorhang soll die Fliegen a.; der Schutzanzug hält die Hitze ab.
4. ⟨jmdn. von etw. a.⟩ *zurückhalten:* jmdn. von unüberlegten Handlungen a.; eine dringende Angelegenheit hielt mich davon ab, ihn zu besuchen; sie hielt ihn davon ab, noch mehr zu trinken; halt mich nicht von der Arbeit ab! *(stör mich nicht!);* ⟨auch ohne Präpositionalobjekt⟩ ich bin

abgehalten worden; lassen Sie sich von mir nicht a.!
5. ⟨etw. a.⟩ *veranstalten, durchführen:* freie Wahlen, eine Sitzung, eine Versammlung, eine Versteigerung a.; Kurse, Prüfungen a.; sie hielten ein Strafgericht ab.

¹abhandeln: 1. ⟨jmdm. etw. a.⟩ *nach längerem Handeln abkaufen:* er hat ihm den Pelz billig abgehandelt; ÜBERTR.: jmdm. ein Zugeständnis, einen Kompromiss a.
2. ⟨etw. [von etw.] a.⟩ *durch Handeln erreichen, dass der Preis herabgesetzt wird:* ich habe nicht viel, nichts, nur 10 Mark von dem Preis a. können; ÜBERTR.: ich lasse mir von meinen Bedingungen, von meinem Recht nichts a.

²abhandeln ⟨etw. a.⟩: *[wissenschaftlich] behandeln:* ein Thema ausführlich, gründlich, oberflächlich, trocken a.; dieses Problem ist bereits abgehandelt worden.

abhanden ⟨nur in der Fügung⟩ **[jmdm.] abhanden kommen** (geh.; *verloren gehen):* mir ist meine Brieftasche a. gekommen; in der Firma soll Geld a. gekommen sein; ⟨auch attributiv⟩ die abhanden gekommenen Bücher.

Abhandlung, die: *längerer [wissenschaftlicher] Aufsatz:* eine geistreiche, grundlegende, verfehlte A. über ein Thema; eine A. schreiben, verfassen, veröffentlichen.

¹abhängen, hing ab, abgehangen: **1.** *durch längeres Hängen mürbe werden:* der Hase hat noch nicht lange abgehangen; das Fleisch muss noch einige Tage a.; gut abgehangenes Wild.
2. a) ⟨von jmdm., etw. a.⟩ *abhängig sein:* er hing finanziell von seinen Eltern ab; von jmds. Gnade a.; **b)** ⟨von jmdm., etw. a.⟩ *durch etw. bedingt sein:* das hängt nur, letztlich von etw. a.; es hängt von dir ab, ob du das tust; das hängt davon ab, wie viel Zeit wir haben; von diesem Entschluss hatte die Zukunft seiner Familie abgehangen; es hängt viel davon für mich ab *(es ist für mich Zukunft sehr wichtig).*

²abhängen, hängte ab, abgehängt: **1.** ⟨etw. [von etw.] a.⟩ *abnehmen:* ein Bild, ein Plakat, ein Poster von der Wand a.
2. ⟨etw. a.⟩ *abkuppeln:* einen Anhänger, einen Wohnwagen a.; der Schlafwagen wird in München abgehängt.
3. (ugs.) ⟨jmdn., etw. a.⟩ *hinter sich lassen:* er hängte den Verfolger, die anderen Läufer, seine Gegner klar ab; wir haben den Sportwagen abgehängt; er versuchte, die Konkurrenz abzuhängen; sie wollten ihn nicht mitkommen lassen und haben ihn unterwegs einfach abgehängt *(mit einem Trick abgeschüttelt).*

abhängig: 1. a) ⟨a. von etw.⟩ *bestimmt, beeinflusst:* sein Kommen ist von den Umständen a.; die Wahl ist vom Preis a.; die Erträge in der Landwirtschaft sind stark vom Wetter a.; das Kindergeld ist nicht von der Höhe des Einkommens der Eltern a.; sie haben ihr Kommen vom Wetter a.

gemacht; sie macht ihre Zustimmung davon abhängig, wie sich der Bewerber im Gespräch verhält; ⟨auch attributiv⟩ die vom Zufall abhängige Entwicklung; b) ⟨a. von jmdm., etw.⟩ *auf jmdn., etw. angewiesen:* der Mensch ist von seiner Umwelt a.; von jmds. Wohlwollen a. sein; er ist [finanziell] noch von seinen Eltern a.; politisch, wirtschaftlich von einem Land a. sein; sich von jmdm. a. machen; ⟨auch attributiv⟩ viele vom Export abhängige Firmen; die von Braunkohle abhängigen Energieversorgungsunternehmen. **2.** (Med.) ⟨a. [von etw.]⟩ *an einer krankhaften Abhängigkeit von einem Genuss-, Rauschmittel o. Ä. leidend:* abhängiges Verhalten; ein [vom Alkohol] völlig abhängiger Mensch; das Therapiezentrum bietet 50 Plätze für abhängige Menschen; von Alkohol, von Drogen, von Tabletten a. sein; schwer a. sein, werden; die Auffassung, dass Haschisch nicht abhängig macht, ist umstritten; auf das extrem abhängig machende Heroin umsteigen; SUBST.: Hilfe für Abhängige; die Einrichtung wird von ungefähr 40 Abhängigen genutzt. **3.** (Wirtsch.) *nicht selbstständig:* ein abhängiges Beschäftigungsverhältnis; die Arbeitslosenquote wird auf der Basis aller abhängigen zivilen Erwerbspersonen berechnet; in abhängiger Stellung arbeiten; die a. Beschäftigten; a. beschäftigt sein.

abhärten ⟨jmdn., sich, etw. a.⟩: seinen Körper frühzeitig, durch Sport, gegen Erkältungen a.; die Kinder härten sich durch kaltes Duschen ab; ÜBERTR.: er war ein abgehärteter Journalist.

abhauen: **1.** a) ⟨etw. a.⟩ *abschlagen:* er haute/ (geh.:) hieb die Äste, die Zweige [vom Baum] ab; die Maurer haben den Putz abgehauen; einen Baum a. (ugs.; *fällen*); b) ⟨jmdm., sich etw. a.⟩ *abhacken:* ich hätte mir beinahe mein Holzhacken einen Finger abgehauen; er hieb/(ugs.:) haute dem Huhn den Kopf ab. **2.** (salopp) *sich [heimlich] entfernen:* er haute rechtzeitig ab; er ist gestern Abend, bei Nacht und Nebel, mit dem gestohlenen Wagen, über die Grenze, aus dem Gefängnis abgehauen; Mensch, hau ab! *(mach, dass du fortkommst!).*

abheben: **1.** *ab-, herunternehmen:* a) ⟨etw. a.⟩ den Deckel [vom Topf] a.; Maschen a. (Stricken; *von der Nadel nehmen*); b) ⟨[etw.] a.⟩ er hob den Hörer [von der Gabel] ab; das Telefon klingelte, aber sie hob nicht ab; es hebt keiner ab; keiner hebt ab; (Kartenspiel:) die Karten a.; du musst noch abheben. **2.** ⟨etw. a.⟩ *sich auszahlen lassen:* eine Summe, Geld [von seinem Konto] a.; er hat sein gesamtes Bankguthaben abgehoben. **3.** a) *sich in die Luft erheben:* um 12 Uhr hoben wir ab; die Maschine hebt schnell, elegant ab; die Rakete hebt von der Plattform ab; b) ⟨sich a.⟩ *sich ablösen:* das Sperrholz, der Belag hat sich abgehoben. **4.** a) ⟨sich a.⟩ *sich abzeichnen:* sich schwach,

scharf, deutlich vom Hintergrund a.; die Türme hoben sich gegen den Abendhimmel ab; die Dächer heben sich aus dem Blättergewirr, im Dunst kaum ab; b) ⟨sich [von jmdm., etw.] a.⟩ *sich unterscheiden:* er hob sich von den anderen durch seine freundliche und zuvorkommende Art ab. **5.** ⟨auf etw. a.⟩ *besonders hinweisen:* auf die noch offenen Fragen, Probleme a.; sie hob darauf ab, dass sich Vieles bereits geändert habe.

abheften ⟨etw. a.⟩: Rechnungen a.; Durchschläge in einem Ordner a.

abhelfen ⟨etw. (Dat.) a.⟩: einem Übel, der Not, berechtigten Beschwerden a.; diesem Missstand, diesem Bedürfnis muss schnell abgeholfen werden; dem ist leicht abzuhelfen.

abhetzen: **1.** ⟨ein Tier a.⟩ *bis zur Erschöpfung antreiben:* die Pferde a. **2.** ⟨sich a.⟩ *sich übermäßig, bis zur Erschöpfung beeilen:* wir haben uns fürchterlich abgehetzt; sie hat sich a. müssen, um den Zug noch zu erreichen; abgehetzt aussehen.

Abhilfe, die: schnelle A. fordern, versprechen, schaffen; er hat unverzüglich für A. gesorgt.

abhold, die: ⟨in der Verbindung⟩ **jmdm., etw. abhold sein** (geh.; *nicht geneigt sein*): der Gewalt, großen Worten a. sein; sie war ihm a.; dem Alkohol nicht a. sein *(ganz gern trinken);* ⟨auch attributiv⟩ der jedem Streit abholde Ehemann gab nach.

abholen: 1. ⟨etw. a.⟩ *sich geben lassen und mitnehmen:* Briefe, ein Paket von, bei/auf der Post a.; er holte die Theaterkarten von, an der Kasse ab. **2.** ⟨jmdn.⟩ *kommen, um jmdn. mitzunehmen:* holt ihr mich ab?; die Tochter von der Schule a.; den Freund von der Bahn, an der Haltestelle, in der Wohnung, zum Spaziergang, mit dem Auto a.; wir werden Vater vom Flughafen a.; ÜBERTR.: man muss die Jugendlichen dort abholen, wo sie stehen *(dialogisch auf die tatsächlichen Motivationen, Bedürfnisse o. Ä. der Jugendlichen eingehen).* **3.** (ugs. verhüll.) *verhaften:* sie haben ihn heute abgeholt.

abhorchen ⟨jmdn., etw. [mit etw.] a.⟩: den Patienten, das Herz, die Lunge mit dem Stethoskop a.

abhören: 1. *abfragen:* ⟨jmdn./jmdm. etw. a.⟩ den Schüler/dem Schüler die Vokabeln, das Einmaleins a.; einander, sich [gegenseitig] das Gedicht a.; der Lehrer hört das Einmaleins, die Geschichtszahlen ab; ⟨jmdn. a.⟩ der Lehrer hört die Schüler, die Klasse ab. **2.** ⟨jmdn., etw. a.⟩ *abhorchen:* der Arzt hörte den Kranken, das Herz, die Lunge ab. **3.** ⟨jmdn., etw. a.⟩ *heimlich überwachen; mit anhören:* Telefone, Leitungen a.; sie haben das Gespräch abgehört; über Lauschanlagen sind hohe Offiziere abgehört worden. **4.** ⟨etw. a.⟩ *zur Überprüfung von etw. anhören:* eine Aufnahme [auf die Tonqualität], ein Band a. **5.** ⟨etw. a.⟩ *heimlich hören, um sich zu informie-*

A

ren: einen ausländischen Sender, den Polizei-
funk, Nachrichten a.
abjagen: 1. ⟨ein Tier a.⟩ *abhetzen:* die Pferde a.
2. (ugs.) ⟨jmdm. etw. a.⟩ *nach längerer Verfolgung
abnehmen:* sie haben dem Dieb die Beute abgejagt; der Stürmer konnte seinem Gegenspieler
den Ball wieder a.; ÜBERTR.: jmdm. Kunden a.;
der Regierungspartei Stimmen a.; die Mannschaft hat gute Chancen, dem amtierenden Meister den Titel abzujagen.
abkanzeln (ugs.) ⟨jmdn. a.⟩: der Chef kanzelte ihn
scharf, gehörig, nach Strich und Faden, öffentlich, mit harten Worten, vor allen Leuten ab.
abkarten (ugs.) ⟨etw. a.⟩: sie haben die Sache unter
sich abgekartet; ein abgekartetes Spiel treiben.
abkaufen: 1. ⟨jmdm. etw. a.⟩ *von jmdm. kaufen:*
jmdm. die Urheberrechte a.; er kaufte seinem
Freund das Buch, das Fahrrad ab; ÜBERTR.: lass
dir nicht jedes Wort a. *(sei nicht so wortkarg).*
2. (ugs.) ⟨jmdm. etw. a.⟩ *glauben:* das sollen wir
dir a.?; diese Ausrede kauft ihm niemand ab.
Abkehr, die: in bewusster A. von der Welt, von der
bisherigen Politik; eine A. vollziehen.
abkehren ⟨etw., sich [von jmdm., etw.] a.⟩: den
Blick a.; sie kehrte ihr Gesicht ab; er kehrte sich
von ihr ab und trat ans Fenster; die uns abge-
kehrte Seite des Mondes; ÜBERTR.: sich vom
Glauben, von Gott, von der Welt a.
abklappern (ugs.) ⟨jmdn., etw. [nach etw.] a.⟩: Kunden, die ganze Gegend a.; sie klapperten alle Geschäfte ab, um das richtige Geschenk zu finden;
er hat die halbe Stadt nach einem Zimmer abge-
klappert.
abklären ⟨etw. a.⟩: eine Flüssigkeit, Wein a.;
ÜBERTR.: einen Sachverhalt, Tatbestand a.; etw.
durch einen Fachmann a. lassen; es wurden weitere Untersuchungen eingeleitet, um abzuklären,
ob die Verhafteten als Täter infrage kommen; aus
nicht abgeklärter Ursache.
Abklatsch, der: 1. (Kunst) *Nachbildung, Negativ einer Vorlage:* ein sauberer A. eines Reliefs.
2. (abwertend) *schlechte Nachahmung:* ein
schwacher A.; die Landschule darf kein A. der
Stadtschule sein.
abklingen: a) *leiser werden:* der Ton, der Lärm
klingt ab; **b)** *nachlassen:* das Unwetter, der
Sturm, die Erregung, der Schmerz, das Fieber
klingt ab; die Begeisterung, das Interesse ist abgeklungen; SUBST.: die Grippe ist im Abklingen.
abklopfen: 1. a) ⟨etw. a.⟩ *durch Klopfen entfernen:*
Schnee vom Mantel, die Asche der Zigarre, den
Putz von den Wänden a.; ⟨jmdm., sich etw. a.⟩
klopfte sich den Staub, den Schnee ab; **b)** ⟨jmdn.,
etw. a.⟩ *durch Klopfen säubern:* die Couch, den
Sessel a.; der Kellner klopfte die Tische mit einer
Serviette ab; kannst du mich mal a.?; ⟨jmdm.,
sich etw. a.⟩ er klopfte seinem Freund den Mantel
ab.
2. ⟨ein Tier, etw. a.⟩ *mit leichten Schlägen liebko-*

sen: das Pferd a.; ⟨einem Tier etw. a.⟩ er klopfte
dem Pferd liebevoll den Hals ab.
3. ⟨jmdn., etw. [nach etw.] a.⟩ *durch Klopfen untersuchen:* die Wand nach Hohlräumen a.; der
Arzt klopfte den Kranken, Rücken und Brust ab;
man klopfte ihn, seine Jacke nach Waffen ab.
4. ⟨jmdn., etw. [auf etw. (Akk.) hin] a.⟩ *prüfen:* ein
Verfahren auf seine Brauchbarkeit hin a.; die
Zeugen wurden auf ihre Glaubwürdigkeit abgeklopft; das Ergebnis muss kritisch abgeklopft
werden.
5. (Musik) ⟨[etw.] a.⟩ *durch Klopfen mit dem Taktstock unterbrechen:* der Dirigent klopfte die
Probe ab, klopfte nach den ersten Takten ab.
abknöpfen: 1. ⟨etw. a.⟩ *aufknöpfen und abnehmen:*
die Kapuze vom Mantel a.
2. (ugs.) ⟨jmdm. etw. a.⟩ *einen Geldbetrag ablis-
ten:* er hat mir beim Kartenspielen 10 Mark abge-
knöpft; der Anwalt knöpfte ihm ein hohes Honorar ab; ÜBERTR.: der Aufsteiger konnte dem deutschen Meister einen Punkt a.
abkochen: 1. (seltener) ⟨etw. a.⟩ *gar kochen:* Eier
für den Salat a.
2. ⟨etw. a.⟩ *durch Kochen keimfrei machen:* Trinkwasser, Milch a.
3. *im Freien kochen:* die Wanderer, die Pfadfinder
kochen ab.
4. (salopp) ⟨jmdn. a.⟩ *zermürben, fertig machen:*
jmdn. in einer Einzelzelle abzukochen versuchen; er ließ sich hier a.
5. (salopp) ⟨jmdn. a.⟩ *schröpfen:* jmdn. beim Skat
ganz schön a.
6. (Sport Jargon) ⟨etw. a.⟩ *das Körpergewicht
verringern:* der Boxer musste vor dem Kampf
noch 5 Pfund a.
abkommen ⟨von etw. a.⟩: **1. a)** *von einer eingeschlagenen Richtung abweichen:* vom Weg, vom Kurs
a.; der Wagen kam von der Fahrbahn ab; **b)** *abschweifen:* vom Wesentlichen auf Nebensächliches a.; er ist vom Thema abgekommen.
2. *aufgeben:* von einer Ansicht, von seinen
Grundsätzen, von einem Plan, von einer Überzeugung a.; von dieser Meinung bin ich inzwischen ganz abgekommen; er ist ganz von seinen
Gewohnheiten abgekommen.
Abkommen, das: ein langfristiges, politisches, kulturelles, geheimes A.; ein A. zur gegenseitigen
Unterstützung, über die Verringerung der Ein-
fuhrzölle; das A. kommt zustande, tritt in Kraft;
ein A. mit der Konkurrenz treffen, schließen; das
A. unterzeichnen, einhalten, verletzen, brechen;
diese Handlungen verstoßen gegen das A.; sich
an ein A. halten.
abkoppeln: 1. ⟨etw. [von etw.] a.⟩ *abkuppeln:* den
Anhänger vom Wagen a.; die Weltraumkapsel
von der Zielrakete a.; ⟨auch ohne Akk.⟩ können
wir a.?; ÜBERTR.: Renten von der Entwicklung
der Arbeitnehmereinkommen a.; den Dollar vom
Gold a.; die Sicherheit Europas darf von der Sicherheit Amerikas nicht abgekoppelt werden.

2. ⟨ein Tier a.⟩ *losbinden; loslassen:* Pferde, Hunde a.

abkratzen: 1. ⟨etw. [von etw.] a.⟩ *durch Kratzen entfernen:* den Schmutz von den Schuhen a.; die Tapete von der Wand a.; den Rost a.; ich habe das Preisschild mit dem Messer abgekratzt. **2.** (derb) *sterben:* die werden noch an Drogen a.; er ist abgekratzt.

abkriegen (ugs.): **1.** ⟨etw. a.⟩ *abbekommen:* viel, nichts, ein Stück a.; du kriegst von dem Geld etwas ab. **2.** ⟨etw. a.⟩ *hinnehmen müssen, erleiden:* im Gewühl einen Schlag a.; das Schiff hat zwei Treffer abgekriegt; ÜBERTR.: ich habe etwas abgekriegt (ugs.; *ich bin in Mitleidenschaft gezogen worden).* **3.** ⟨etw. [von etw.] a.⟩ *entfernen:* den Fleck von der Hose nicht a.; kriegst du den Deckel, das Etikett, den Verschluss ab?

abkühlen: 1. ⟨etw. a.⟩ *kühl machen:* die Milch [durch Pusten, Umrühren] a.; er kühlte sein brennendes Gesicht ab; ÜBERTR.: dieser Vorfall kühlte ihre Zuneigung, das Verhältnis, die Beziehung, die Gemüter, merklich ab. **2.** ⟨sich a.⟩ *kühl[er] werden:* nach dem Regen hat es sich stark abgekühlt; die Luft hat sich abgekühlt; ⟨auch ohne *sich*⟩ der Kaffee, die Suppe muss noch a.; der Motor ist noch nicht abgekühlt; ÜBERTR.: die Begeisterung kühlte ab; ihre Beziehung hat sich abgekühlt. **3.** ⟨sich a.⟩ *sich erfrischen:* ins Wasser springen, um sich abzukühlen.

Abkunft, die: ein Amerikaner deutscher A.; von hoher, niedriger, bürgerlicher, vornehmer A.; ihrer A. nach; ÜBERTR.: die slawische A. dieses Wortes.

abkuppeln: ↑abkoppeln (1).

abkürzen ⟨etw. a.⟩: ein Wort, einen Namen a.; einen Weg a. *(einen kürzeren Weg nehmen);* ein Verfahren a. *(verkürzen und dadurch vereinfachen);* ein abgekürztes *(vereinfachtes)* Verfahren; eine Rede, Verhandlung, einen Besuch, eine Reise a. *(früher als vorgesehen beenden).*

Abkürzung, die: **1.** *abgekürztes Wort:* Verzeichnis der verwendeten Abkürzungen; die Abkürzung LKW bedeutet Lastkraftwagen; eine A. nicht kennen, nicht auflösen können. **2.** *Verkürzung:* die A. des Besuches, der Rede, des Verfahrens. **3.** *abkürzender Weg:* eine A. nehmen, gehen; gibt es hier keine A.?

abladen: 1. a) ⟨etw. [von etw.] a.⟩ *von einem Transportmittel herunternehmen:* Holz, Sand, Steine, Fässer von einem Wagen a.; etw. vorsichtig, schnell a.; **b)** ⟨etw. a.⟩ *durch Herunternehmen der Ladung leeren:* den Lastwagen a.; ⟨auch ohne Akk.⟩ wir müssen noch a. **2.** (ugs.) **a)** ⟨etw. [bei jmdm., irgendwo] a.⟩ *sich von etw. befreien:* seinen Ärger, seine schlechte Laune, seine Sorgen bei anderen a.; er lädt seinen Kummer im Wirtshaus ab; **b)** ⟨etw. auf jmdn. a.⟩

jmdm. aufbürden: sie möchte die Verantwortung, die Schuld auf andere a.

ablagern: 1. a) ⟨etw. a.⟩ *anschwemmen:* der Fluss lagert Sand am Ufer ab; **b)** ⟨sich a.⟩ *sich absetzen:* an der Mündung lagert sich Schlamm ab; Staub hat sich in der Lunge, Kalk an den Arterienwänden abgelagert. **2.** *durch Lagern besser werden:* das Holz muss noch a.; der Tabak ist/hat gut abgelagert; abgelagerte Weine. **3.** ⟨etw. a.⟩ *lagern, deponieren:* Chemieabfälle, Fässer nach Vorschrift a.

ablassen: 1. ⟨etw. a.⟩ **a)** *abfließen, entweichen lassen:* das Wasser aus der Wanne, verbrauchtes Öl aus dem Motor, Luft aus den Reifen a.; Chemikalien in einen Fluss a.; die Lokomotive lässt Dampf ab; ÜBERTR.: seinen Ärger, seinen Frust a. (ugs.; *abreagieren);* Sprüche a. (ugs.; *äußern);* **b)** *leeren:* die Wanne, einen Teich a.; vor der Reparatur muss der Kessel abgelassen werden. **2.** (geh.) **a)** ⟨von etw. a.⟩ *etw. nicht weiterverfolgen:* von der Verfolgung, von einem Vorhaben a.; sie ließen vom Gesetz nicht ab *(hielten daran fest);* ohne von der Arbeit abzulassen *(ohne sie zu unterbrechen);* er lässt nicht [davon] ab *(hört nicht auf),* sein Recht zu fordern; **b)** ⟨von jmdm., einem Tier a.⟩ *sich nicht mehr mit jmdm. befassen:* von den Fliehenden, Unterlegenen a.; er ließ von dem wehrlosen Tier nicht ab. **3.** (ugs.) ⟨etw. a.⟩ *nicht [wieder] befestigen, aufsetzen o. Ä.:* wir lassen das Schild ab; darf ich den Schlips a.?

Ablauf, der: **1.** *Verlauf:* ein schneller, reibungsloser A. des Programms; der genaue zeitliche A. des Festivals steht noch nicht fest; der äußere A. der Befragung; der A. der Ereignisse zeigt, dass ...; etw. bestimmt, ändert, verkleinert den A.; für einen glatten A. sorgen. **2.** *Beendigung, Abschluss:* nach A. der Frist; vor A. der Lehrzeit; gegen A. seiner Dienstzeit; nach A. *(Erlöschen der Gültigkeit)* des Visums.

ablaufen: 1. (Sport) *loslaufen:* wenn die eine Gruppe ankommt, läuft die nächste ab; das Feld [der Marathonläufer] ist abgelaufen. **2. a)** *abfließen:* das Wasser läuft nicht ab; er ließ das Wasser aus der Wanne ablaufen; **b)** *sich leeren:* die Badewanne läuft nicht ab; der Ausfluss läuft nicht ab *(er ist verstopft).* **3.** ⟨von etw. a.⟩ *herunterfließen:* der Regen läuft von den Ölmänteln, vom Regenschirm ab; das Wasser ist vom Geschirr abgelaufen; BILDL.: an ihm läuft alles ab *(alles lässt ihn gleichgültig).* **4. a)** ⟨etw. a.⟩ *etw. prüfend, besichtigend entlanggehen:* er hat/ist die Strecke, den Weg abgelaufen; **b)** (ugs.) ⟨jmdn., etw. [nach etw.] a.⟩ *der Reihe nach aufsuchen:* die Läden einer Stadt nach einer passenden Jacke a.; ich habe/bin die ganze Gegend abgelaufen; alle Kunden, Ämter a. **5.** ⟨etw. a.⟩ *durch vieles Gehen abnutzen:* ich habe die Spitzen (der Schuhe), die Absätze schon wieder abgelaufen; die Schuhsohlen sind abgelaufen; abgelaufene Teppiche.

6. *sich abspulen:* das Kabel läuft von der Trommel ab; das Tonband läuft ab; einen Film ablaufen lassen *(ihn vorführen);* er ließ die Szene in Zeitlupe a. *(führte sie in Zeitlupe vor).*

7. *verlaufen:* die Tagung, die Veranstaltung lief ruhig, nach Plan ab; Veränderungen laufen ab; alles ist gut, glücklich, glimpflich, reibungslos, planmäßig abgelaufen.

8. *(von einem Mechanismus) zu Ende laufen:* die Uhr läuft ab; das Spielzeug ist abgelaufen.

9. *zu Ende gehen:* die Frist, das Trauerjahr, die Amtszeit, der Vertrag läuft am 30. Mai ab; der Pass ist abgelaufen *(er ist ungültig geworden);* ein abgelaufener Ausweis, Reisepass; ein abgelaufenes Visum; abgelaufene Blutkonserven.

Ableben, das (geh.): das unerwartete, frühe A. eines Mitarbeiters beklagen; nach dem A. des Vaters übernahm der Sohn die Firma.

ablegen: **1.** ⟨etw. a.⟩ *niederlegen:* eine Last a.; Frösche legen ihre Eier oft in seichten Gewässern ab; (Bürow.:) die Post, den Schriftwechsel, die Unterlagen a.; (Kartenspiel:) eine Karte, den König a. *(beiseite legen).*

2. ⟨[etw.] a.⟩ *abnehmen, ausziehen:* Mantel, Hut und Schirm an der Garderobe a.; sie legte die Kleider ab; legen Sie bitte ab!; möchtest du nicht a.?; SUBST.: kann ich Ihnen beim Ablegen behilflich sein?

3. ⟨etw. a.⟩ *nicht mehr tragen:* die Trauerkleidung, den Verlobungsring, die Auszeichnungen a.; er hat den alten Anzug abgelegt; abgelegte Schuhe, Sachen; ÜBERTR.: seinen Namen a.; die Scheu, den Stolz a. *(sich davon frei machen);* sie hat ihre Nervosität, ihre Gewohnheiten, ihre Untugenden, ihre Zurückhaltung abgelegt.

4. ⟨etw. a.; in bestimmten nominalen Fügungen⟩ *vollziehen, leisten, machen:* eine Beichte a. *(beichten);* ein Geständnis a. *(gestehen);* ein Bekenntnis [über etw.] a. *([etw.] bekennen);* ein Gelübde a. *(geloben);* einen Eid [auf etw.] a. *(einen Eid leisten);* Rechenschaft [über etw.] a. *(Rechenschaft geben);* Zeugnis [für jmdn., etw.] a. *([für jmdn.] zeugen; [etw.] bezeugen);* einen Beweis [für etw.] a. *([etw.] beweisen);* eine Prüfung a. *(eine Prüfung machen).*

5. (Seemannsspr.) *vom Kai o. Ä. ab-, wegfahren:* die Fähre hat eben abgelegt; wir legen gleich ab.

ablehnen: **a)** ⟨etw. a.⟩ *nicht annehmen:* eine Einladung, ein Geschenk, ein Angebot, eine Wahl, ein Amt a.; sie lehnen den Heiratsantrag entschieden ab; ein Gesuch höflich, unfreundlich, unbegründet a.; der Antrag wurde abgelehnt *(nicht genehmigt);* ein ablehnender Bescheid; **b)** ⟨jmdn., etw. a.⟩ *missbilligen:* die Politik der Regierung, die Regierung a.; Bluttransfusionen aus Glaubensgründen a.; er lehnte das Buch ab; das Publikum verhielt sich ablehnend; sie machte ein ablehnendes Gesicht; er lehnt seinen Schwiegersohn, die mo-

dernen Maler ab; **c)** ⟨jmdn., etw. a.⟩ *zurückweisen:* einen Vorwurf, eine Beschuldigung strikt a.; ich lehne jede Verantwortung für diesen Vorfall glatt, rundweg ab; die Richterin [als befangen], Zeugen [wegen Befangenheit] a.; **d)** ⟨etw. a.⟩ *verweigern:* die Behandlung eines Patienten, die Zahlung von Kosten a.; sie lehnte es ab, darüber zu sprechen; ablehnend antworten.

Ablehnung, die: die A. des Gesuchs, der Verantwortung; [bei jmdm., mit etw.] auf höfliche, kühle, scharfe, schroffe, entschiedene A. stoßen.

ableiten: **1.** ⟨etw. [irgendwohin] a.⟩ *in eine andere Richtung leiten:* Wasser, Dampf, Wärme, Hitze a.; einen Fluss, einen Bach a.; den Rauch durch den Schacht a.; der Blitz wurde abgeleitet; entlang der Straße wurden Gräben angelegt, sodass der Regen schnell in den Erdboden abgeleitet wird; die Polizei leitete den Verkehr über die Bundesstraße ab.

2. a) ⟨etw. aus etw. a.⟩ *herleiten:* ein Vorrecht aus einer Stellung a.; aus dieser Studie lassen sich keine sinnvollen Aussagen ableiten; das Recht auf eine menschenwürdige Behandlung wird aus den Menschenrechten abgeleitet; ein Wort a. (Sprachw.; *zu einem anderen Wort bilden);* eine mathematische Formel a. (Math.; *ermitteln);* eine Gleichung a. (Math.; *entwickeln);* **b)** (bes. Sprachw.) ⟨etw. von etw. a.⟩ *auf etw. als seinen Ursprung zurückführen:* das Wort leitet man vom Griechischen ab; »kräftig« ist von »Kraft« abgeleitet; **c)** ⟨sich aus/von etw. a.⟩ *sich in der Abstammung auf etw. zurückführen lassen:* dieser Anspruch leitet sich aus ererbten Privilegien ab; Warfarin leitet sich chemisch von dem natürlichen Gift Cumarin ab; (Sprachw.:) das Wort »Ökologie« leitet sich vom griechischen »eukos« ab; der Name der Stadt Köln leitet sich vom lateinischen »Colonia« ab; wahrscheinlich leitet sich der Begriff aus dem Mittelhochdeutschen, aus einem mittelhochdeutschen Wort ab.

ablenken: **1.** ⟨etw. a.⟩ *in eine andere Richtung lenken:* der Torwart lenkte den Ball (zur Ecke) ab; die Lichtstrahlen werden durch das Prisma abgelenkt.

2. ⟨jmdn., etw. [von jmdn., etw.] a.⟩ *weglenken, abbringen:* jmdn. von der Arbeit a.; die Aufmerksamkeit der Schüler, das Interesse der Zuschauer a.; den Verdacht von sich a.; lenk mich nicht ab! *(stör mich nicht!);* ⟨auch ohne Akk.⟩ vom Thema a.; sie lenkte schnell ab und sprach über anderes a.

3. ⟨jmdn., sich [von etw., a.]⟩ *auf andere Gedanken bringen; zerstreuen:* ich möchte sie ein bisschen von ihren Sorgen a.; ins Kino gehen, um sich abzulenken.

ablesen: **1.** ⟨etw. [von etw.] a.⟩ *Geschriebenes laut lesen:* der Präsident las die Rede vom Manuskript ab; es gelang dem Zeugen, das Kennzeichen vom Nummernschild abzulesen *(zu identifizieren);* ⟨auch ohne Akk.⟩ der Redner liest vom Blatt ab *(er spricht nicht frei).*

2. a) ⟨etw. a.⟩ *den Stand eines Messgerätes feststellen:* den Stromzähler, die Gasuhr, das Thermometer a.; SUBST.: die Gebühren für das Ablesen der Wasseruhr sind gestiegen; **b)** ⟨etw. [irgendwo] a.⟩ *anhand eines Messgerätes feststellen:* er las den Strom, die Temperatur vom Thermometer ab; das Gewicht an der [Digital]anzeige a.; an den Stellwänden können·die Ergebnisse der Wahl abgelesen werden. **3. a)** ⟨etw. von/an etw. a.⟩ *erkennen:* die Vorfreude auf die Geschenke konnte man ihr vom Gesicht ablesen; er suchte den Eindruck seiner Worte von ihrem Gesicht abzulesen; ein gelungenes Fest, wie an den zufriedenen Gesichtern der Gäste abzulesen war; ⟨jmdm. etw. von/an etw. a.⟩ seinen Kindern hat er schon immer alle Wünsche von den Augen abgelesen; jmdm. die Worte von den Lippen a.; **b)** ⟨etw. an etw. a.⟩ *ersehen:* den Erfolg an den Besucherzahlen, Verkaufszahlen a.; die Beliebtheit dieser Veranstaltung ist allein schon deutlich an einer stetig steigenden Teilnehmerzahl abzulesen; die Bedeutung dieses Autors lässt sich nicht nur an den Auflagen seiner Werke ablesen; **c)** ⟨etw. aus etw. a.⟩ *erfassen und einschätzen:* aus dieser Entwicklung lässt sich der grundlegende Wandel ethischer Prinzipien anschaulich ablesen; aus der Statistik lässt sich ablesen, dass die Unfälle im letzten Jahr insgesamt keineswegs zugenommen haben.

abliefern: **a)** ⟨etw. [bei jmdm./irgendwo] a.⟩ *pflichtgemäß abgeben:* die bestellte Ware pünktlich, rechtzeitig, beim Kunden a.; den Schlüssel beim Pförtner a.; ⟨jmdm. etw. a.⟩ den Rest des Geldes lieferte sie der Mutter a.; BILDL.: eine ordentliche Arbeit a.; **b)** (ugs.) ⟨etw. [bei jmdm./irgendwo] a.⟩ *pflichtgemäß irgendwohin bringen:* die Tochter nach der Party wieder bei den Eltern a.; den Einbrecher auf der Wache a.

abliegen /vgl. abgelegen/: **1.** *entfernt sein:* der Bahnhof liegt sehr weit [von der Stadt] ab; ÜBERTR.: das liegt vom eigentlichen Thema ab. **2.** (südd., österr.) *durch längeres Liegen mürbe werden:* das Fleisch muss noch a., ist gut abgelegen.

ablösen: **1. a)** ⟨etw. [von etw.] a.⟩ *loslösen und entfernen:* eine Briefmarke vorsichtig, behutsam, geschickt vom Umschlag a.; er löste das Fleisch von den Knochen ab; ⟨jmdm. etw. a.⟩ der Arzt löste ihm das Pflaster ab; **b)** ⟨sich [von etw.] a.⟩ *sich loslösen:* die Farbe, der Lack löst sich vom Holz ab; die Haut löst sich abgelöst. **2. a)** ⟨jmdn. a.⟩ *die Tätigkeit, die Stellung von jmdm. übernehmen:* einen Posten a.; eine Kollegin bei der Arbeit a.; einen Läufer in der Führung a.; er hat den Direktor abgelöst; der Kanzler muss abgelöst (verhüll.; *abgesetzt*) werden; ÜBERTR.: der Frühling löst den Winter ab; **b)** ⟨sich/(geh.:) einander a.⟩ *sich abwechseln:* sich beim Nachtdienst a.; ÜBERTR.: Sonne und Regen lösen sich ab.

3. (Geldw.) ⟨etw. a.⟩ *tilgen:* das Haus a.; eine Hypothek a.

Ablösung, die: **1.** *das Ablösen; das Sichablösen:* der Arzt stellte eine A. der Netzhaut fest. **2. a)** *Übernahme einer Tätigkeit, einer Stellung; Wechsel:* die A. der Posten, der Wache findet um 8 Uhr statt; bei, vor, nach der A. des Staatssekretärs; ÜBERTR.: die A. der herkömmlichen Technik durch neue Technologien; **b)** *Person[engruppe], die jmdn. ablöst:* wann kommt deine, unsere A.?; die A. ist unterwegs.

abmachen: **1.** (ugs.) ⟨etw. [von etw.] a.⟩ *entfernen:* das Schild von der Tür a.; den Schmutz von den Schuhen a.; den Rost a.; ⟨jmdm., sich etw. a.⟩ der Arzt machte ihm den Verband ab; dem Hund die Leine a. **2. a)** ⟨etw. [mit jmdm.] a.⟩ *vereinbaren:* einen Termin, eine dreimonatige Kündigungsfrist, ein Erkennungszeichen mit jmdm. a.; wir haben abgemacht, dass wir den Termin um eine Woche verschieben; 14 Uhr war abgemacht; es ist in dieser Sache noch nichts abgemacht worden; so war das aber, war das ja nun nicht abgemacht! *(wir hatten eine andere Vereinbarung getroffen!);* abgemacht! *(einverstanden!);* **b)** ⟨etw. a.⟩ *klären:* eine Sache im Guten, gütlich, unter sich a.; du musst diese Angelegenheit mit dir selbst a. *(selbst bewältigen);* das ist so gut wie abgemacht *(beschlossen).*

Abmachung, die: eine geheime, bindende, feste, rechtsgültige, freundschaftliche A.; eine A., Abmachungen [über etw.] treffen; eine A. nicht als/ für bindend ansehen; eine A. halten, nicht einhalten; das entspricht nicht unserer A.; sich nicht an die Abmachungen halten; es bleibt bei unserer A.; das verstößt gegen unsere A.

abmagern: bis auf die Knochen, bis zum Skelett a.; ein abgemagerter Körper.

Abmarsch, der: der A. der Soldaten erfolgte pünktlich; der A. der Demonstranten vollzog sich schweigend.

abmarschieren: **a)** *wegmarschieren, abrücken:* die Soldaten marschieren ab; die Sportler sind geschlossen abmarschiert; **b)** ⟨etw. a.⟩ *zur Kontrolle abgehen:* er ist/hat die ganze Gegend abmarschiert.

abmelden: **1.** ⟨jmdn., sich [bei jmdm., etw./von etw.] a.⟩ *die Änderung des Wohnsitzes der zuständigen Behörde mitteilen:* sich, seine Familie auf dem Einwohnermeldeamt a. **2. a)** ⟨jmdn., sich [bei jmdm., etw./von etw.] a.⟩ *das Ausscheiden o. Ä. melden:* sich vor dem Verlassen des Betriebs beim Meister a.; der Vater hat seinen Sohn von der Schule abgemeldet; sie meldete sich vom Lehrgang, bei ihrem Verein ab; **b)** ⟨etw. a.⟩ *melden, dass etw. nicht mehr benutzt wird:* das Telefon a.; ich habe das Motorrad während der Wintermonate abgemeldet. **3.** (Sport Jargon) ⟨jmdn. a.⟩ *ausschalten, beherr-*

A

schen: der Verteidiger hatte den Linksaußen völlig abgemeldet;
∗ **[bei jmdm.] abgemeldet sein** (ugs.; *[von jmdm.] nicht mehr beachtet werden).*
abmessen ⟨etw. a.⟩: a) *genau messen:* eine Strecke, den Abstand [mit dem Zirkel] a.; streng, genau abgemessene Bewegungen; b) *messend abteilen:* die Verkäuferin maß einen Meter Stoff [vom Ballen] ab.
abmühen ⟨sich [mit jmdm./etw.] a.⟩: er mühte sich mit der Kiste, mit dem Schüler, mit der Aufgabe ab; sie hat sich abgemüht, die Familie zu ernähren.
abnagen: a) ⟨etw. [von etw.] a.⟩ *durch Nagen entfernen:* das Fleisch vom Knochen a.; die Maus hat ein Stück vom Käse abgenagt; b) ⟨etw. a.⟩ *durch Nagen frei machen:* er nagte die Knochen ab.
Abnahme, die: **1.** *das Abnehmen; Entfernung:* die A. des Kronleuchters, des Verbandes.
2. *Entgegennahme:* nach A. des Versprechens.
3. *Begutachtung, Überprüfung:* die A. eines Neubaues obliegt der Behörde; die A. der Parade erfolgt durch den General; die A. der Fahrzeuge wird vom Werk durchgeführt, vorgenommen.
4. *Verminderung, Rückgang:* eine plötzliche, merkliche, starke, leichte A. des Gewichts; die A. der Geburten.
5. (Kaufmannsspr.) *Kauf:* der Käufer muss sich zur A. des ganzen Werkes verpflichten; bei A. größerer Mengen gewähren wir Rabatt, einen Preisnachlass;
∗ **Abnahme finden** *(sich verkaufen lassen):* die Ware findet gute, reißende, keine A.
abnehmen: 1. a) ⟨etw. [von etw.] a.⟩ *herunternehmen; entfernen:* den Deckel, das Tischtuch, die Bettdecke, das Bild, die Wäsche von der Leine a.; er nahm die Brille, den Hut, die Krawatte ab; den Bart a. *(abrasieren);* das Bein, die erfrorenen Finger a. *(amputieren);* die Beeren, das Obst a. *(abpflücken, ernten);* die Raupen vom Kohl a.; ⟨jmdm., sich etw. a.⟩ ich lasse mir den Bart a.; dem Verunglückten mussten beide Beine abgenommen *(amputiert)* werden; dem Patienten Blut a. *(entnehmen);* einem Hund Leine und Halsband a.; b) ⟨[etw.] a.⟩ *abheben und ein Gespräch entgegennehmen:* den Hörer a. da nimmt niemand ab.
2. ⟨jmdm. etw. a.⟩ *aus der Hand nehmen und selbst halten, tragen:* einer alten Frau ein Paket, die Einkaufstasche a.; kannst du mir mal den Hammer, die Flasche a.?; er nahm seiner Frau den Mantel ab *(half ihr aus dem Mantel);* ÜBERTR.: der Mutter eine Arbeit, einen Weg a.; sie nahm ihm die Verantwortung nicht ab; ⟨in bestimmten nominalen Fügungen⟩ jmdm. die Beichte, einem Zeugen den Eid a. *(ablegen lassen);* er nahm seinem Freund das Versprechen ab *(er ließ sich das Versprechen geben),* nicht darüber zu sprechen.
3. ⟨etw. a.⟩ *prüfend begutachten [und genehmi-*

gen]: technische Geräte, einen Neubau, ein Fahrzeug a.; er nahm die Parade ab; eine Prüfung a. *(abhalten).*
4. ⟨jmdm. etw. a.⟩ *fort-, wegnehmen:* einem Jungen die Streichhölzer a.; der Mann nahm ihm die Uhr, die Brieftasche ab *(raubte sie ihm);* der Polizist hat ihr den Führerschein abgenommen *(er hat ihn beschlagnahmt);* sie hat mir alle Trümpfe, viel Geld abgenommen *(abgewonnen);* in jeder Kurve konnte er dem führenden Wagen ein paar Meter, eine Sekunde a. (Sport; *konnte er näher an den führenden Wagen herankommen);* er nahm seinem Gegner den Aufschlag ab (Tennis; *er gewann dessen Aufschlagspiel).*
5. ⟨jmdm. etw. a.⟩ *abkaufen:* der Händler will uns die alten Sachen a.; er hat uns die Ware für 100 Mark abgenommen.
6. ⟨jmdm. etw. a.⟩ *abverlangen:* wie viel, was hat er dir dafür abgenommen?; die Werkstatt will mir für die Reparatur 300 Mark a.
7. (ugs.) ⟨jmdm. etw. a.⟩ *glauben:* das nimmt dir keiner ab; sie hat uns die Geschichte nicht abgenommen.
8. ⟨[jmdm.] etw. a.⟩ *von einem Original übertragen:* die Totenmaske a.; der Polizist nahm ihm die Fingerabdrücke ab.
9. a) ⟨[etw.] a.⟩ *an Gewicht verlieren:* du musst noch ein paar Pfunde a.; der Kranke hat drei Kilo, viel, wenig abgenommen; sie hat sehr, stark abgenommen; hast du abgenommen?; b) *nachlassen:* die Geschwindigkeit, die Stärke, die Helligkeit nimmt ab; die Zuschauerzahlen haben stark abgenommen; die Zahl der Geburten nimmt ab; das Fieber nimmt ab; jmds. Aufmerksamkeit, jmds. Interesse, jmds. Begeisterung nimmt ab; die Tage nehmen ab *(werden kürzer);* der Mond nimmt ab *(seine Lichtscheibe wird kleiner);* abnehmende Geburtenraten; wir haben abnehmenden Mond; einer abnehmenden Zahl von Erwerbstätigen steht einen wachsende Zahl von Rentnern gegenüber.
Abneigung, die: eine große, heftige, krankhafte, unüberwindliche, ganz natürliche A. gegen etw.; eine A. gegen einen Menschen haben, hegen, empfinden; mich überfiel eine leichte A.; er hat eine A. dagegen, über diese Dinge zu sprechen.
abnötigen (geh.) ⟨jmdm., sich etw. a.⟩: jmdm. Respekt, Achtung a.; sie hat mir das Geständnis abgenötigt; sich ein Lächeln a.
abnutzen, (bes. südd., österr.:) **abnützen:** a) ⟨etw. a.⟩ *durch Gebrauch in Wert und Brauchbarkeit mindern:* den Teppich, die Autoreifen a.; er hat die Sachen schnell abgenutzt; b) ⟨sich a.⟩ *durch Benutzung an Wert und Brauchbarkeit verlieren:* die Autoreifen haben sich schnell, stark, mit der Zeit abgenutzt.
Abonnement, das: das A. beginnt, erlischt, endet am 1. Juli; das A. für die Zeitschrift/(bes. schweiz.:) auf die Zeitschrift ist abgelaufen; ein A. haben, erneuern, beziehen, verlängern, abbe-

stellen; etw. im A. haben; das A. für die Oper, für das Theater erneuern, verlängern.

abonnieren ⟨etw. a.⟩: eine Zeitung, eine Zeitschrift [ab 1. Januar, für ein Jahr] a.;
* **[auf etw.** (Akk.)] **abonniert sein** *(etw. wiederholt haben, bekommen):* auf Skandale, auf Erfolg, auf Sieg abonniert sein.

abordnen ⟨jmdn. a.⟩: einen Vertreter [nach Berlin, zu einer Tagung] a.

Abordnung, die: **1.** *das Abordnen:* die A. eines Bevollmächtigten war zu erwarten. **2.** *Delegation:* eine A. schicken, entsenden, empfangen.

abpassen: a) ⟨etw. a.⟩ *den passenden Zeitpunkt abwarten:* den richtigen Zeitpunkt, eine günstige Gelegenheit a.; **b)** ⟨jmdn. a.⟩ *erwarten und aufhalten:* den Briefträger a.; er hat mich abgepasst.

abpfeifen (Sport) ⟨[etw.] a.⟩: **a)** *durch einen Pfiff unterbrechen:* das Spiel wegen Abseitsstellung a.; der Schiedsrichter hatte schon vorher abgepfiffen; **b)** *durch einen Pfiff beenden:* die erste Halbzeit, ein Spiel a.

abpflücken ⟨etw. a.⟩: **a)** *pflückend abmachen:* die Äpfel, ein paar Blumen a.; **b)** *leer pflücken:* den Kirschbaum, die Stachelbeersträucher a.

abplagen ⟨sich [mit jmdm./etw.] a.⟩: sich mit der Arbeit, mit den ungezogenen Kindern a.; sich a., um die Familie zu ernähren; er hat sich redlich, sein ganzes Leben lang abgeplagt.

abprallen ⟨[irgendwo] a.⟩: die Kugel prallt von, an der Mauer ab; der Ball ist vom Pfosten, von der Latte abgeprallt; ÜBERTR.: die Vorwürfe prallten an ihm ab *(berührten ihn nicht).*

abputzen ⟨etw. [von etw.] a.⟩ *wischend, bürstend entfernen:* die Erde von den Schuhen a.; **b)** ⟨jmdn., sich, etw. a.⟩ *reinigen, säubern:* die Schuhe, den Tisch, die Rüben a.; ⟨jmdn., sich etw. a.⟩ er putzte sich den Mund ab.

abquälen: 1. ⟨sich [mit etw.] a.⟩ *sich abplagen:* sich lange, sehr mit einer Arbeit a.; er quälte sich vergeblich damit ab, den Motor in Gang zu bringen. **2.** ⟨sich (Dat.) etw. a.⟩ *sich abzwingen:* ich quälte mir eine Antwort, ein Lächeln ab.

abqualifizieren: a) ⟨jmdn., etw. a.⟩ *abfällig beurteilen:* einen Bewerber, eine Kandidatin, ein Buch, einen Film, eine politische Überzeugung a.; jmdn. als Dilettanten a.; **b)** ⟨sich [durch etw.] a.⟩ *sich in der Qualifizierung herabsetzen:* sich durch oberflächliche, falsche, unüberlegte Antworten a.; sie hat sich durch ungeschicktes Verhalten, Vorgehen abqualifiziert.

abquetschen ⟨etw. a.⟩: mein Finger wäre beinahe abgequetscht worden; ⟨jmdm., sich etw. a.⟩ sich den Daumen a.; die Maschine quetschte ihm beide Beine ab.

abraten *raten, etw. nicht zu tun:* **a)** ⟨[jmdm.] von etw. a.⟩ er riet mir entschieden, dringend, ernstlich, energisch davon ab; seinem Freund vom Kauf einer Eigentumswohnung a.; davon würde ich a.; von einer solchen Entscheidung kann ich

nur a.; **b)** (seltener) ⟨jmdn. etw. a.⟩ das rate ich dir ab; sie riet ihm ab, die Stellung anzunehmen.

abräumen ⟨[etw.] a.⟩: **a)** *wegräumen; fortschaffen:* die Teller, das Frühstück a.; alle Kegel a. *(umwerfen);* einige Millionen, drei der vier Titel a. *(gewinnen);* **b)** *durch Abräumen leer machen:* den Tisch a.; die Kellnerin räumt bereits ab.

abreagieren: 1. ⟨etw. [an jmdm., etw.] a.⟩ *zum Abklingen bringen:* seine schlechte Laune, seinen Ärger, seine Enttäuschung, seine Aggressionen a.; er hat seine Wut an seinen Mitarbeitern abreagiert *(ausgelassen).* **2.** ⟨sich [an jmdm./etw.] a.⟩ *sich beruhigen:* ich muss mich erst a.; sich beim Sport, mit Musik a.

abrechnen: 1. ⟨etw. [von etw.] a.⟩ *abziehen:* die eigenen Unkosten a.; von einer Summe die Steuer a. **2.** ⟨etw. a.⟩ *die Schlussrechnung aufstellen:* die Kasse a.; ⟨auch ohne Akk.⟩ bitte zahlen Sie an der Sammelkasse, wir haben schon abgerechnet. **3.** *Geldangelegenheiten in Ordnung bringen:* wann können wir [über unsere Ausgaben] a.?; er rechnet mit den Arbeitern genau ab. **4.** ⟨mit jmdm. a.⟩ *jmdn. zur Rechenschaft ziehen:* mit dem Kerl werde ich a.; wir beide rechnen noch miteinander ab.

Abrechnung, die: **1.** *Abzug:* nach A. der Unkosten. **2.** *Schlussrechnung:* eine spezifizierte, endgültige A.; die A. der Konten erfolgt halbjährlich; seine Frau macht die A.; eine A. unterschreiben. **3.** *Vergeltung, Rache:* der Tag der A. wird kommen; mit jmdm. A. halten *(an jmdm. Rache üben);*
* **in Abrechnung kommen** (Papierdt.; *abgerechnet werden)* · **etw. in Abrechnung bringen** (Papierdt.; *etw. abrechnen).*

abreiben: 1. ⟨etw. [von etw.] a.⟩ *durch Reiben entfernen:* den Schmutz, den Rost vom Metall a.; **b)** ⟨[jmdm., sich] etw. a.⟩ *durch Reiben säubern:* die Fensterscheiben a.; er rieb sich die Hände mit dem Taschentuch, an den Hosen ab. **2.** ⟨jmdn., sich etw. a.⟩ *trockenreiben:* sich nach dem Baden a.; das Pferd wurde mit Stroh abgerieben; ⟨jmdn., sich etw. a.⟩ kannst du mir mal den Rücken a.? **3.** ⟨etw. a.⟩ *[die Schale von etw.] mit der Reibe entfernen:* eine Zitrone, eine Muskatnuss a.; abgeriebene Zitronenschale.

Abreibung, die: **1.** *das Abreiben, Frottieren:* der Arzt verordnete ihm kalte, trockene Abreibungen. **2.** (ugs.) **a)** *Prügel:* der Vater gab, verabreichte dem Sohn eine anständige, tüchtige, gehörige A.; eine A. bekommen; **b)** *Zurechtweisung:* wortlos nahm er die A. hin.

Abreise, die: eine plötzliche, schnelle, überstürzte, heimliche A.; die A. erfolgt wie vorgesehen, vollzog sich fluchtartig; die A. hinauszögern, auf den nächsten Tag verschieben; die A. um eine Woche

abreisen

A

verschieben; meine A. hat sich verzögert; fertig zur A. sein; kurz vor der A. stehen.

abreisen: plötzlich, überstürzt, heimlich, in aller Frühe, mit dem Auto a.; sie sind nach München abgereist; unser Besuch reist morgen wieder ab *(reist zurück).*

abreißen /vgl. abgerissen/: 1. ⟨etw. [von etw.] a.⟩ *los-, herunterreißen:* ein Kalenderblatt, ein Stück Schnur, alte Plakate von der Hauswand a.; ⟨jmdm., sich, etw. etw. a.⟩ sie riss ihm den Kopfhörer, den falschen Bart ab; dem Auto wurde ein Kotflügel abgerissen.
2. ⟨etw. a.⟩ *niederreißen:* ein Gebäude, eine Brücke, eine Mauer a.; sie haben das baufällige Haus abgerissen.
3. *sich loslösen, entzweigehen:* der Aufhänger am Mantel, der Faden, der Schnürsenkel riss ab.
4. *plötzlich aufhören, unterbrochen werden:* das Gespräch ist plötzlich abgerissen; wir dürfen die Funkverbindung, den Kontakt nicht a. lassen; die Arbeit, der Strom der Flüchtlinge reißt nicht ab *(nimmt keine Ende);* die Unruhen rissen nicht ab *(nahmen kein Ende);* der Trend zum Eigenheim reißt nicht ab.
5. (salopp) ⟨etw. a.⟩ *ableisten:* seine Lehre, den Militärdienst, Überstunden a.; er hat ein Jahr im Knast abgerissen *(verbüßt).*

abrichten ⟨ein Tier a.⟩: einen Hund [auf den Mann, richtig, falsch] a.

abriegeln ⟨etw. a.⟩: a) *mit einem Riegel versperren:* die Tür, den Schuppen, den Stall a.; b) *absperren:* eine Straße, die Unfallstelle a.; die Polizei hat alle Zugänge zum Tatort hermetisch abgeriegelt.

abringen ⟨sich, jmdm., etw. etw. a.⟩: dem Meer neues Land, dem Boden eine nur karge Ernte a.; sie hat ihrem Freund die Zusage, das Versprechen abgerungen; dem Körper mehr Leistung a.; der Aufsteiger hat dem deutschen Meister ein Unentschieden abgerungen; sich ein Lächeln a.

abrollen: 1. a) ⟨etw. [von etw.] a.⟩ *abwickeln:* ein Kabel von einer Trommel, ein Seil, ein Tau a.; b) *von einer Rolle ablaufen:* das Kabel, die Leine, der Film rollt ab; c) ⟨sich a.⟩ *sich von einer Rolle abwickeln:* der Faden, der Film hat sich abgerollt.
2. (Sport) a) *eine rollende Bewegung von der Ferse zu den Zehen ausführen:* der Läufer rollt über den ganzen Fuß ab; b) *eine Rolle machen:* auf der Matte a.; sie ist langsam nach vorn, über den rechten Arm, über die Schulter abgerollt.
3. (Fachspr.) ⟨etw. a.⟩ *abtransportieren:* Bierfässer a.; der Spediteur hat die Kisten bereits von der Bahn abgerollt.
4. *sich rollend entfernen:* Tag und Nacht rollen die Güterzüge ab; das Flugzeug ist zum Start, zum Kontrollturm abgerollt.
5. *ablaufen:* das Programm rollt pausenlos ab; die Veranstaltung ist reibungslos abgerollt; kurze Szenen rollen vor ihren Augen ab; ⟨auch: sich a.⟩ ihr Leben, das Geschehen rollte sich noch einmal vor ihren Augen ab.

abrücken: 1. ⟨etw. [von etw.] a.⟩ *fortschieben:* den Schrank von der Wand a.; wir haben das Bett ein Stück vom Schrank abgerückt.
2. ⟨von jmdm., etw. a.⟩ a) *sich entfernen:* sie rückte vorsichtig, ein wenig von ihm ab; b) *sich distanzieren:* von seinen Äußerungen, von seinen Anschauungen, von einer Forderung a.; die Forschung rückt von dieser Meinung immer mehr ab.
3. *abmarschieren:* die Truppen sind abgerückt; die Soldaten rücken in die Kaserne, in die Quartiere ab.

Abruf, der: ⟨gewöhnlich nur noch in der Verbindung⟩ **auf Abruf** (1. *bis zur Abberufung:* sich auf Abruf bereithalten; ich muss dort bis auf Abruf bleiben. 2. Kaufmannsspr.; *bis zur Anweisung zur Lieferung:* eine Ware auf Abruf bestellen, kaufen, bereithalten; A. nach Bedarf, aus Lagerbeständen).

abrufen: 1. ⟨jmdn. a.⟩ a) *weg-, herausrufen:* jmdn. aus einer Sitzung, von der Arbeit a.; b) *abberufen:* einen Funktionär, den Minister [von seinem Posten] a.
2. ⟨etw. a.⟩ a) (Kaufmannsspr.) *anfordern, liefern lassen:* einen weiteren Posten, den Rest der Ware a.; b) (EDV) *abfragen:* Daten [vom Speicher] a.; Belegmaterial jederzeit am Bildschirm a. können; c) (Geldw.) *abheben:* Geld von einem Konto, eine bestimmte Summe a.

abrunden: 1. ⟨etw. a.⟩ *rund machen, eine Rundung geben:* Ecken durch Schleifen, mit der Feile a.; scharfe Kanten sorgfältig a.
2. ⟨etw. [auf etw. (Akk.)] a.⟩ *(bes. durch Abziehen) auf die nächste runde Zahl bringen:* einen Zahlenwert a.; 80,4 auf 80 a.; $5^3/_4$ auf 5 a.; runden Sie die Summe, den Betrag bitte ab!
3. a) ⟨etw. a.⟩ *vervollkommnen, die abschließende Form geben:* einen Roman [stilistisch] a.; das rundet unser Angebot, meinen Eindruck ab; mit etwas Sahne den Geschmack, ein Gericht im Geschmack a.; die musikalischen Darbietungen rundeten das Programm ab; eine gut abgerundete Mischung; b) ⟨sich a.⟩ *eine abschließende, wohl abgewogene Form bekommen:* mein Eindruck rundet sich allmählich, langsam ab.

abrüsten: unter Kontrolle a.; wir fordern die Großmächte auf abzurüsten; ⟨auch mit Akk.⟩ wir wollen die Atomwaffen a.

Abrüstung, die: eine allgemeine, kontrollierte A. fordern, vereinbaren; Fragen der A. besprechen.

absacken: 1. ⟨etw. a.⟩ *in Säcke füllen:* Getreide, Kartoffeln, Kohlen a.
2. (ugs.) *absinken; sinken, untergehen:* das gerammte Schiff sackt ab; der Schwimmer ist plötzlich abgesackt; das Flugzeug sackt ab *(es verliert plötzlich an Höhe);* der Boden ist abgesackt *(er hat sich gesenkt).*
3. a) ⟨[auf etw. (Akk.)] a.⟩ *geringer werden:* der Blutdruck sackt ab; der Dollarkurs sackte auf 1,68 DM ab; der Umsatz sackte um 14 Prozent gegenüber dem Vorjahresmonat ab; die Partei ist auf

9,3 Prozent abgesackt; **b)** *nachlassen, schlechter werden:* die Leistung des Schülers ist abgesackt; sie ist in Latein völlig abgesackt; **c)** *geistig, moralisch o. ä. sinken:* der Mann sackte völlig ab.

Absage, die: **1.** *ablehnender Bescheid:* eine unerwartete, briefliche, telefonische A.; seine A. kam überraschend; eine A. geben, erhalten. **2.** *Ablehnung, Zurückweisung:* jmdm. eine A. erteilen; das ist eine radikale A. an die totalitäre Politik. **3.** (Rundf.; Ferns.) *abschließende Worte am Schluss einer Sendung:* die A. geben, sprechen, machen.

absagen: 1. ⟨etw. a.⟩ *nicht stattfinden lassen:* eine Veranstaltung, ein Konzert a. **2.** ⟨etw. a.⟩ *eine Zusage rückgängig machen:* seinen Besuch, seine Teilnahme a.; ⟨auch ohne Akk.⟩ wir müssen leider a.; ⟨jmdm. a.⟩ jmdm. brieflich a.; sie hat uns gestern telefonisch abgesagt. **3.** (geh.) ⟨etw. (Dat.) a.⟩ *entsagen:* dem Alkohol a.; er hat der alten Lehre abgesagt. **4.** (Rundf.; Ferns.) ⟨etw. a.⟩ *die Absage machen:* eine Sendung, Darbietung a.

absägen: 1. ⟨etw. [von etw.] a.⟩ *mit einer Säge abtrennen:* ein Stück von einem Brett, einen Ast a. **2.** (ugs.) ⟨jmdn. a.⟩ *von einem Posten entfernen:* einen Beamten, den Trainer a.; sie haben den Minister überraschend abgesägt.

Absatz, der: **1.** *erhöhter Teil der Schuhsohle:* hohe, flache, spitze Absätze; [sich (Dat.)] einen A. abbrechen; einen A. verlieren; die Absätze ablaufen, schief treten; mit den Absätzen klappern. **2.** *Treppenpodest:* er stand auf dem zweiten A. **3.** *Textabschnitt:* ein kurzer, langer, neuer A.; einen A. machen *(mit einer neuen Zeile beginnen);* einen Text in Absätze gliedern; einen A. aus einem Buch vorlesen. **4.** (Kaufmannsspr.) *Verkauf:* ein guter, geringer, mäßiger A.; der A. stockt, ist rückläufig; den A. steigern; die Ware findet, hat keinen A. *(sie wird nicht verkauft);* die Ware findet großen, reißenden A. *(sie wird sehr gut verkauft);* ∗ **sich auf dem Absatz umdrehen/umwenden; auf dem Absatz kehrtmachen** *(spontan umkehren).*

abschaffen: ⟨etw. a.⟩ **1.** *nicht länger [be]halten:* den Hund a.; wir haben das Auto a. müssen. **2.** *außer Kraft setzen, aufheben:* ein Gesetz, eine Steuer a.; die Monarchie, den Lateinunterricht a.; die Todesstrafe ist noch nicht in allen Ländern abgeschafft worden.

abschalten: 1. ⟨etw. a.⟩ **a)** *die Zufuhr unterbrechen:* der Strom wird von 9 bis 12 Uhr abgeschaltet; **b)** *abstellen:* das Radio, das Fernsehgerät, den Motor, eine Maschine a.; nach wie vor wird die Forderung erhoben, sämtliche Kernkraftwerke abzuschalten *(außer Betrieb zu setzen).* **2.** (ugs.) **a)** *sich nicht mehr mit etw. konzentriert beschäftigen:* vorübergehend a.; einige Zuhörer

schalteten bei dem Vortrag ab; **b)** *sich entspannen:* im Urlaub mal a. können; wir wollen über Weihnachten einmal richtig a.

abschätzen: a) ⟨etw. a.⟩ *taxieren:* etw. genau, fachmännisch, mit einem Blick a.; die Entfernung, das Alter, den Schaden, die Kosten, das Risiko, die Situation a.; das lässt sich nicht so leicht a.; **b)** ⟨jmdn. a.⟩ *kritisch prüfen:* der Ober schätzte ihn a.; eine abschätzende Miene.

abschätzig: eine abschätzige Bemerkung, Äußerung; jmdn. mit abschätzigen Blicken mustern; jmdn. a. anschauen, beurteilen, behandeln; man nennt ihn a.»Dicker«; er bezeichnet sie a. als Emanze.

abscheiden /vgl. abgeschieden/: **1. a)** ⟨etw. a.⟩ *absondern:* die Drüsen scheiden Sekrete ab; die Lösung hat Salz abgeschieden; **b)** ⟨sich a.⟩ *sich absondern:* in der Lösung scheidet sich Kupfer ab. **2.** (geh. verhüll.) *sterben:* er schied nach langer Krankheit [aus der Welt] ab, ist früh abgeschieden; SUBST.: vor, nach seinem Abscheiden.

Abscheu, der (seltener auch: die): starker, tiefer, heftiger A.; das flößte ihr A. ein; vor, gegenüber einem Menschen A. empfinden, (geh.:) hegen; jmds. A. erregen; bei/in jmdm. A. erregen; ein Abscheu erregender Anblick, Geruch; eine Abscheu erregende Szene; die Szene war äußerst abscheuerregend; das erfüllt mich mit A.; seinen A. zeigen, verbergen; sie blickte ihn voller, mit A. an.

abscheuern: 1. a) ⟨etw. [von etw.] a.⟩ *durch Scheuern entfernen:* Schmutz, Farbe a.; **b)** ⟨etw.⟩ *durch Scheuern reinigen:* den Fußboden, den Tisch a. **2.** ⟨jmdn., sich etw. a.⟩ *durch Reiben ablösen:* ich habe mir die Haut am Arm abgescheuert. **3. a)** ⟨etw.⟩ *durch Scheuern abnutzen:* er hat mit der Tasche den Stoff abgescheuert; eine abgescheuerte Stelle im Mantel; eine Jacke mit abgescheuerten Ärmeln; **b)** ⟨sich a.⟩ *sich durch Scheuern abnutzen:* der Kragen hat sich abgescheuert.

abscheulich: a) *Abscheu erregend, schändlich:* eine abscheuliche Tat; ein abscheulicher Mord, Vorfall; dieser Gedanke ist geradezu a.; **b)** *widerwärtig:* ein abscheulicher Geruch, Anblick; a. aussehen; das schmeckt a.; er hat sich a. benommen; **c)** (ugs.) ⟨verstärkend bei Adjektiven und Verben⟩ *sehr:* es ist a. kalt; mein Hals tut a. weh.

abschicken ⟨etw. a.⟩: einen Brief, Geld, Waren a.; sie hat das Paket rechtzeitig, schon längst abgeschickt.

abschieben: 1. ⟨etw. [von etw.] a.⟩ *wegschieben:* den Schrank, die Couch von der Wand a.; ÜBERTR.: die Verantwortung von sich a. *(abwälzen);* sie hat die Schuld [von sich] auf andere abgeschoben. **2.** ⟨jmdn. irgendwohin a.⟩ *einen unerwünschten Menschen wegschicken:* sie haben die alte Frau ins Altersheim, das Kind auf die Sonderschule abgeschoben; Asylbewerber, Ausländer über die

Grenze, in ein anderes Land, nach Spanien a. (ausweisen).
3. (ugs.) *davongehen:* er ist vergnügt, verärgert abgeschoben; komm, schieb ab! *(verschwinde!).*
Abschied, der: **1.** *Trennung:* ein bewegender, kurzer, förmlicher, feierlicher, fröhlicher, schwerer, tränenreicher, zärtlicher, eiliger A.; ein A. für immer, fürs Leben; der A. [von meinen Freunden] fällt mir schwer; das macht ihr den A. leicht; beim A. weinen; ohne A. fortgehen; jmdm. zum A. winken, einen Kuss geben; Abschiede auf Bahnhöfen hassen; ÜBERTR.: der A. vom Leben, vom Theater, von der Kindheit.
2. (geh.) *Entlassung aus dem Dienst:* den A. erteilen, bewilligen, bekommen; der Offizier erhielt einen ehrenvollen, schlichten A.; er nahm seinen A.; seinen A. einreichen; um den A. ersuchen, nachsuchen, einkommen;
★ **Abschied nehmen** (geh.; 1. *sich vor einer längeren Trennung verabschieden:* er nahm von seinen Eltern A. 2. *einem Toten den letzten Gruß entbieten:* die Aufbahrung erfolgt in der Kapelle, damit die Bevölkerung von dem Verstorbenen A. nehmen kann).
abschießen: 1. ⟨etw. a.⟩ **a)** *losschießen:* einen Pfeil, ein Torpedo, eine Rakete a.; eine Ladung Schrot auf jmdn. a.; BILDL.: sie schoss wütende Blicke auf ihn ab; **b)** *abfeuern:* ein Gewehr a.; er hat den Revolver aus kürzester Entfernung auf ihn abgeschossen.
2. ⟨jmdn., ein Tier, etw. a.⟩ *mit einem Schuss töten, zerstören:* Vögel, krankes Wild a.; sie haben den Mann aus dem Hinterhalt, von hinten, kaltblütig abgeschossen; ein Flugzeug, einen Panzer a.; ⟨jmdn. etw. a.⟩ im Krieg wurden ihm beide Beine abgeschossen *(weggerissen).*
3. (salopp) ⟨jmdn. a.⟩ *aus der Stellung verdrängen:* einen Politiker a.; man versuchte, den Minister abzuschießen.
abschirmen: a) ⟨jmdn., etw. [vor jmdm./gegen etw.] a.⟩ *schützen, absichern:* einen Kranken, eine Unfallstelle a.; er schirmte seine Augen mit der Hand ab; sein Privatleben vor den Journalisten a.; ein Zimmer gegen Lärm a.; jmdn. gegen schädliche Einflüsse, gegen Außenkontakte, gegen Gefahren a.; gegen Kontrolle weitgehend abgeschirmt sein; **b)** ⟨etw. a.⟩ *zurückhalten:* das Licht mit einem Tuch a.; den Lärm, radioaktive Strahlen a.; **c)** ⟨etw. a.⟩ *(eine Lichtquelle) verdecken:* er schirmte die Lampe mit einem Tuch ab.
Abschlag, der: **1.** (Sport) *das Abschlagen:* die weiten, kräftigen Abschläge des Tormannes; den A. *(den abgeschlagenen Ball)* abfangen, aufnehmen.
2. (Kaufmannsspr.) *Preisrückgang:* bei verschiedenen Waren ist ein A. [des Preises] festzustellen; ein A. von 5 Prozent; einen Artikel, eine Ware mit A. verkaufen.
3. (Kaufmannsspr.) *Teilbetrag, Rate:* etw. auf A. kaufen, liefern; einen A. auf den Lohn erhalten, gewähren.

abschlagen: 1. ⟨etw. [von etw.] a.⟩ *durch Schlagen abtrennen:* einen Ast a.; den Putz von der Wand a.; ich habe ein Stück von dem Teller abgeschlagen; ⟨jmdm., sich etw. a.⟩ dem Huhn mit dem Beil den Kopf a.
2. (Sport) ⟨[etw.] a.⟩ *den Ball vom Torraum aus wieder ins Spiel schlagen:* der Torwart, der Verteidiger schlägt den Ball ab; das Leder weit und genau a.
3. ⟨jmdm. etw. a.⟩ *nicht gewähren:* seinem Nachbarn eine Bitte, eine Gefälligkeit a.; ich kann es ihr schlecht, nicht gut a.; er hat meinen Antrag, rundweg, (ugs.:) glatt abgeschlagen.
4. (bes. Milit.) ⟨jmdn., etw. a.⟩ *abwehren:* den Feind, einen Angriff a.; ÜBERTR.: nach der Wahl war die Partei völlig abgeschlagen *(hatte sie große Verluste erlitten).*
5. ⟨sich a.⟩ *sich niederschlagen:* die Feuchtigkeit hat sich an den Scheiben abgeschlagen.
abschlägig (Amtsspr.): ein abschlägiger Bescheid; jmdm. eine abschlägige Antwort erteilen; von jmdm. eine abschlägige Antwort erhalten; eine Bitte a. beantworten; auf mein Gesuch bin ich a. beschieden worden.
abschleifen: 1. ⟨etw. [von etw.] a.⟩ **a)** *durch Schleifen entfernen:* Unebenheiten, den Rost von der Klinge a.; den Lack, die alte Farbe von der Kommode a.; **b)** *durch Schleifen glätten:* scharfe Kanten, ein Brett, den Marmorboden, den Parkettboden a.
2. ⟨sich a.⟩ *sich durch Reibung abnutzen:* der Bremsbelag schleift sich allmählich ab; ÜBERTR.: seine rauen Seiten werden sich schon noch a. *(mildern);* das Thema hat sich abgeschliffen *(hat seine Brisanz verloren).*
abschleppen: 1. a) ⟨jmdn., etw. a.⟩ *wegen Fahruntüchtigkeit fortbringen:* ein Schiff, ein Auto a.; ich musste mich *(meinen Wagen)* auf der Autobahn a. lassen; **b)** (salopp, häufig scherzh.) ⟨jmdn. a.⟩ *irgendwohin bringen:* einen Betrunkenen a.; jmdn. noch für ein Bier, in eine Kneipe a.; er wollte sie auf sein Zimmer a. *(mitnehmen, um mit ihr sexuell zu verkehren).*
2. (ugs.) ⟨sich [mit etw.] a.⟩ *sich beim Tragen abplagen:* sich mit den Einkaufstüten, dem Gepäck, dem Koffer a.
abschließen /vgl. abgeschlossen/: **1. a)** ⟨etw. a.⟩ *mit einem Schlüssel zu-, verschließen:* den Schrank, die Wohnung, das Zimmer, das Haus, das Auto a.; die Tür war von innen abgeschlossen; das Fahrrad, das Telefon a.; ⟨auch ohne Akk.⟩ sie schloss hinter sich ab; hast du abgeschlossen?; **b)** ⟨jmdn., etw. [von etw.] a.⟩ /meist im Passiv/ *(von der Umgebung) trennen, absondern:* etw. luftdicht, hermetisch a.; durch die Überschwemmung, nach dem Erdbeben, nach dem Erdrutsch war das Dorf von der Umwelt, vom umliegenden Gebiet völlig abgeschlossen; **c)** ⟨sich [von jmdm. etw./gegen jmdn., etw.] a.⟩ *sich absondern:* sich gegen alle Einflüsse a.; er

schloss sich immer mehr von der Gesellschaft, von der Außenwelt, von seinen Kollegen ab. **2. a)** ⟨etw. a.⟩ *beenden:* eine Verhandlung, eine Untersuchung, eine Arbeit, eine Versuchsserie, einen Roman a.; ein Dribbling mit einem Tor a.; diese Angelegenheit ist für mich abgeschlossen *(erledigt);* ein abgeschlossenes *(ordnungsgemäß zu Ende geführtes)* Studium; für diese Stelle benötigt man eine abgeschlossene Berufsausbildung; etw. abschließend *(zum Abschluss)* sagen, feststellen; sie kann noch kein abschließendes *(endgültiges)* Urteil abgeben; **b)** ⟨mit jmdm., etw. a.⟩ *zu einem Ende kommen:* ich habe mit ihr abgeschlossen; mit der Welt, mit dem Leben a. *(nichts mehr von der Welt, vom Leben erhoffen);* **c)** ⟨mit etw. a.⟩ *enden:* das Geschäftsjahr schließt mit einem Gewinn von 10 000 Mark, mit einem Fehlbetrag ab; die Veranstaltung schloss mit einem Feuerwerk ab. **3.** ⟨etw. a.⟩ *abmachen, vereinbaren:* ein Bündnis, einen Kauf, ein Geschäft a.; eine Wette a. *(wetten);* er hat mit der Gesellschaft eine Versicherung abgeschlossen; ⟨auch ohne Akk.⟩ mit jmdm. a. *(einen Vertrag schließen);* der Schauspieler hat für die neue Spielzeit, für eine Deutschlandtournee abgeschlossen.

Abschluss, der: **1.** *Verschluss:* ein luftdichter A. **2.** *abschließender Teil:* der obere, seitliche A. der Mauer. **3.** *Beendigung, Schluss:* ein endgültiger, befriedigender, schneller A.; der A. der Arbeiten; ein Feuerwerk bildet den glanzvollen A. des Festes; die Verhandlungen nähern sich dem A., stehen kurz vor dem A.; nach A. der Untersuchung, des Studiums, der Verhandlungen; seit A. des Vertrages; zum A. hören Sie Musik; zum A. kommen (nachdrücklich; *abgeschlossen werden);* etw. zum Abschluss bringen (nachdrücklich; *abschließen);* keinen/einen A. *(kein/ein abschließendes Schulzeugnis)* haben; der A. der Bücher, der Konten (Kaufmannsspr.; *die Bilanz);* beim A. (Ballspiele; *Torschuss)* Pech haben. **4. a)** *das Vereinbaren:* der A. des Friedens, des Bündnisses; bei A. des Vertrages; nach A. der Versicherung; **b)** (Kaufmannsspr.) *Geschäft[sabschluss]:* ein A. über 200 t Getreide; einen vorteilhaften A. machen, tätigen; gute Abschlüsse erzielen.

abschmecken ⟨etw. a.⟩: die Suppe, die Soße [mit Wein] a.; das Essen ist gut abgeschmeckt; er hat den Wein abgeschmeckt *(seinen Geschmack geprüft).*

abschnallen: 1. a) ⟨etw. a.⟩ *losschnallen:* die Schlittschuhe, das Koppel a.; ⟨jmdm., sich etw. a.⟩ er schnallte sich die Skier ab; **b)** ⟨sich a.⟩ *sich aus einem Gurt lösen:* die Passagiere dürfen sich jetzt, nach der Landung a. **2.** (ugs.)**a)** *nicht mehr mitmachen, folgen können:* restlos, völlig a.; **b)** *fassungslos sein:* wenn man so etwas sieht, schnallt man doch ab; ich wäre

fast abgeschnallt, als ich davon erfuhr; ⟨R⟩ da schnallst du ab!

abschneiden: 1. a) ⟨etw. a.⟩ *durch Schneiden abtrennen:* Stoff vom Ballen, Blumen, ein Stück Brot, ein Stück Kuchen a.; die Mutter schnitt ihm/für ihn eine Scheibe Brot ab; ⟨jmdm., sich etw. a.⟩ ich habe mir mit dem Messer fast die Fingerkuppe abgeschnitten; **b)** ⟨etw. a.⟩ *kürzer schneiden:* die Haare, den Rock [ein Stück] a. **2.** ⟨etw. a.⟩ *unterbinden; [ver]sperren:* mit einer Bemerkung ein Gespräch a.; den Flüchtlingsstrom a.; die Möglichkeit zu Auslandsreisen war abgeschnitten; er schnitt alle Einwände einfach ab; ⟨jmdm. etw. a.⟩ sie schnitt ihm das Wort, einem Täter den Weg, die Flucht a.; sie schnitten ihnen die Zufuhr von der See ab. **3.** ⟨jmdn., etw. von jmdm., etw. a.⟩ *trennen, isolieren:* eine Stadt von der Stromversorgung a.; die Bewohner waren durch die Lawine, durch das Hochwasser tagelang von der Umwelt abgeschnitten. **4.** (ugs.) ⟨[bei etw.] irgendwie a.⟩ *ein bestimmtes Ergebnis erzielen:* bei einer Prüfung gut, glänzend, hervorragend, schlecht, kläglich, nur mäßig a.; sie hat erfolgreich, enttäuschend abgeschnitten. **5.** ⟨[etw.] a.⟩ *einen Weg abkürzen:* wir schneiden hier ein Stück ab; der Pfad schneidet [den Bogen der Straße] ab.

Abschnitt, der: **1.** *Teilstück, Teilbereich:* der erste A. eines Textes; der Text ist in mehrere Abschnitte gegliedert; der Text gliedert sich in drei Abschnitte; ein A. aus einem Lehrbuch; einen A. machen a. *(eine Epoche)* der Geschichte; es beginnt ein neuer, bedeutungsvoller A. *(Zeitabschnitt)* in seinem Leben. **2.** *abtrennbarer Teil:* der A. der Zahlkarte, der Postanweisung; den A. abtrennen; der A. ist gut aufzubewahren.

abschnüren ⟨jmdm., sich etw. a.⟩: der Kragen schnürt mir die Luft ab; das Gummiband hat ihm das Blut abgeschnürt; ÜBERTR.: jmdm. die Luft a. *(in wirtschaftlich ruinieren).*

abschöpfen: a) ⟨etw. a.⟩: *herunterschöpfen:* Fett, den Schaum, den Rahm von der Milch a.; ÜBERTR.: Gewinne, Kaufkraft a. (Wirtsch.; *aus dem Verkehr ziehen);***b)** ⟨etw. a.⟩ *durch Schöpfen von etw. befreien:* die Milch, die Brühe a.

abschotten ⟨jmdn., sich, etw. [von/(seltener:) gegen jmdn., etw. a.⟩: sich von der Gesellschaft a.; ein Land gegen Einflüsse von außen a.; der Manager hat den Spitzensportler von der Presse abgeschottet.

abschrecken: 1. ⟨jmdn. [von etw.] a.⟩ *von etw. abhalten; abbringen:* der Preis, die Kälte, der weite Weg schreckte sie ab; ich lasse mich nicht von meinem Vorhaben a.; sie ist durch nichts abzuschrecken; seine Art hat schon viele abge-

schreckt *(zurückschrecken lassen)*: ⟨auch ohne Akk.⟩ die Strafe soll a.
2. ⟨etw. a.⟩ **a)** (Technik) *(mit Wasser) abkühlen:* Eisen, Stahl a.; danach wird die Legierung mit Wasser abgeschreckt; **b)** (Kochk.) *mit kaltem Wasser übergießen:* die Eier a.
abschreckend: a) *als Warnung dienend:* ein abschreckendes Beispiel; die Maßnahmen, die Strafen sollen a. wirken; **b)** *abstoßend:* ein abschreckendes Äußeres; sie ist a. *(sehr, überaus)* hässlich; ÜBERTR.: abschreckend hohe Steuertarife.
Abschreckung, die: Möglichkeiten der atomaren A.; die Strafe soll zur A. vor weiteren derartigen Handlungen dienen.
abschreiben: 1. a) ⟨etw. [aus etw.] a.⟩ *eine Abschrift machen:* [sich] eine Stelle aus einem Buch a.; ich habe alles [fein] säuberlich abgeschrieben; ich möchte das Ganze noch einmal sauber abschreiben; **b)** ⟨etw. [von jmdm./aus etw.] a.⟩ *unerlaubt übernehmen:* die Aufgaben a.; etw. wörtlich a.; sie hat den Satz von ihrem Nachbarn, aus einem Buch abgeschrieben; ⟨auch ohne Akk.⟩ voneinander a.; er lässt alle anderen Schüler a.
2. ⟨jmdm. a.⟩ *schriftlich absagen:* ich musste ihm leider a.; sie hat uns abgeschrieben.
3. (Kaufmannsspr.) ⟨etw. a.⟩ *absetzen:* einen Betrag von einer Rechnung a.; die Werbungskosten können [von der Steuer] abgeschrieben werden; er hat 5 000 Mark für die Abnutzung der Maschinen abgeschrieben.
4. (ugs.) ⟨jmdn., etw. a.⟩ **a)** *verloren geben; aufgeben:* seine Frau hatte den gestohlenen Schmuck längst abgeschrieben; die Rettungsmannschaft schrieb die beiden Bergsteiger ab; ÜBERTR.: diesen Mann kannst du als Freund a.; trotz der Niederlage sollte man die Mannschaft nicht a.; **b)** *mit etw. nicht mehr rechnen:* einen Plan, ein Projekt a.
5. a) ⟨etw. a.⟩ *durch Schreiben abnutzen:* einen Bleistift, eine Feder a.; **b)** ⟨sich a.⟩ *sich beim Schreiben abnutzen:* das Farbband, der Bleistift hat sich schnell abgeschrieben.
abschreiten ⟨etw. a.⟩: **1.** *an etw. besichtigend, kontrollierend entlangschreiten:* der Präsident hat/ ist die Front der Ehrenkompanie abgeschritten.
2. *mit Schritten ausmessen:* ein Feld, die Entfernung a.
Abschrift, die: eine beglaubigte A. von etw. anfertigen, machen lassen, einreichen, beifügen, vorlegen.
abschüssig: eine abschüssige Straße, Strecke, Fahrbahn; ein abschüssiger Tunnel; ein abschüssiges Ufer; an einer abschüssigen Stelle im Gelände; das Gelände ist a.
abschütteln: 1. a) ⟨etw. [von sich, etw.] a.⟩ *durch Schütteln entfernen:* den Schnee von sich a.; Krümel vom Tischtuch a.; **b)** ⟨etw. a.⟩ *durch Schütteln säubern:* das Tischtuch, das Laken a.; ÜBERTR.: ein Joch, die Knechtschaft a.

2. a) ⟨etw. a.⟩ *sich von etw. frei machen, sich entledigen:* die Müdigkeit, den Ärger, seine Sorgen, traurige Erinnerungen [von sich] a.; so etwas lässt sich nicht so leicht, so einfach a.; **b)** ⟨jmdn. a.⟩ *loswerden; jmdn. entkommen:* er wollte den aufdringlichen Menschen a.; er hat die Polizei abgeschüttelt; (Sport:) der Linksaußen konnte seinen Bewacher a.
abschwächen: a) ⟨etw. a.⟩ *schwächer machen, mildern:* einen Eindruck, die Wirkung [von etw.], eine Aussage, eine zu harte Formulierung a.; in einer Stellungnahme bemühte sich die Regierung, die Äußerungen des Botschafters abzuschwächen; etw. in abgeschwächter Form wiederholen, wiedergeben; **b)** ⟨sich a.⟩ *nachlassen:* das Interesse, der Lärm schwächt sich ab; (Meteor.:) das Hoch, der Sturm, der Wind hat sich leicht abgeschwächt.
abschweifen ⟨[von etw.] a.⟩: ihre Blicke schweiften in die Ferne ab; der Redner ist vom Thema abgeschweift; seine Gedanken schweifen immer wieder ab.
abschwellen: a) *in der Schwellung zurückgehen:* die entzündete Stelle, die Hand schwillt ab; **b)** *abklingen, nachlassen:* der Sturm, der Lärm schwillt ab.
abschwenken: die Kolonne schwenkt von der Straße, nach rechts, in Richtung Norden ab; die Filmkamera schwenkt ab; ÜBERTR.: von der Parteilinie, vom Parteikurs a.
abschwören ⟨jmdm., etw. a.⟩: dem Glauben, einer Lehre, einem Programm a.; ÜBERTR.: er hat dem Alkohol abgeschworen *(den Alkohol aufgegeben).*
absehbar: eine absehbare Entwicklung; absehbare Verbesserungen; die Schäden, die Folgen sind kaum, nicht a.; das Ende der Diskussion, der Krise, der Unruhen ist noch nicht a. *(voraussehbar);* in absehbarer *(nächster)* Zeit.
absehen: 1. ⟨jmdm. etw. a.⟩ *von jmdm. durch Zuschauen lernen, übernehmen:* er hat ihm dieses Kunststück abgesehen.
2. ⟨[etw.] a.⟩ *unerlaubt übernehmen:* du darfst nicht a.; er hat die Lösung der Aufgaben von seinem Nachbarn abgesehen.
3. (selten) ⟨jmdm. etw. a.⟩ *ablesen:* sie sieht ihm alles an den Augen ab; man konnte ihm seine Verärgerung am Gesicht, (ugs.:) an der Nase a.
4. ⟨etw. a.⟩ *erkennen, voraussehen:* das Ende der Kämpfe ist nicht abzusehen; die Folgen lassen sich nicht a.; man kann ungefähr a., wohin die Entwicklung führt.
5. ⟨von etw. a.⟩ *Abstand nehmen:* von einer Anzeige, von einer Bestrafung, von weiteren Maßnahmen a.; wir bitten Sie, von einem Besuch abzusehen.
6. ⟨von etw. a.⟩ *etw. beiseite lassen:* sehen wir einmal davon ab, dass ...; wenn man davon absieht, dass ...; abgesehen davon/davon abgesehen *(außerdem, im Übrigen)* ist das Auto zu teuer; abge-

sehen von dieser Tatsache *(außer dieser Tatsache)* ...; von einzelnen Störaktionen abgesehen, verlief die Tagung ruhig.
7. ⟨[etw.] a.⟩ *durch Beobachtung der Mundbewegung des Sprechers verstehen:* das taubstumme Kind lernt a.; er kann Gesprochenes vom Munde a.;
∗ **es auf jmdn., etw. absehen/**(häufiger:) **abgesehen haben** (1. *auf etw. abzielen:* als ob sie es darauf absähen, ihn zu kränken; sie hat es darauf abgesehen, die Wahl zu verhindern; die Frau hat es auf ihn, nur auf sein Geld abgesehen. 2. *jmdn. kritisieren, schikanieren:* der Abteilungsleiter hat es auf ihn abgesehen).
abseits: I. ⟨Präp. mit Gen.⟩ *entfernt von etw.:* a. des Weges, des Verkehrs, der Straßen, der Pisten. II. ⟨Adverb⟩ a) *fern:* a. von der Stadt; a. vom Großstadtlärm; ein a. gelegenes Gehöft; ÜBERTR.: sich a. halten, a. stehen *(nicht mitmachen, sich nicht beteiligen);* b) (Sport) *in Abseitsstellung:* a. laufen, sein; der Stürmer stand a.
Abseits, das (Sport): 1. *regelwidrige Stellung eines Spielers:* im A. stehen; ins A. laufen; ÜBERTR.: im technologischen A. stehen; jmdn. politisch ins A. schieben.
2. *Verstoß gegen die Abseitsregel:* ein klares A.; der Schiedsrichter pfiff A.
absenden: a) ⟨etw. a.⟩ *abschicken:* einen Brief, ein Päckchen a.; er sandte/sendete sofort das Geld ab; er hat das Telegramm rechtzeitig abgesandt/abgesendet; b) ⟨jmdn. a.⟩ *losschicken:* einen Kurier, einen Boten a.
Absender, der: 1. *Absendender:* wer ist der A. dieses Briefes?; der A. war nicht zu ermitteln.
2. *Name und Anschrift des Absendenden:* A. nicht vergessen!; falls Adressat verzogen, zurück an A.; auf dem Brief, Paket fehlt der A.
abservieren: 1. (geh.) ⟨etw. a.⟩ *abräumen:* das Geschirr nach dem Essen a.; ⟨auch ohne Akk.⟩ würden Sie bitte a.!
2. (ugs.) ⟨jmdn. a.⟩ *aus einer Stellung verdrängen:* sie haben ihn kurzerhand abserviert.
absetzen: 1. ⟨etw. a.⟩ *abnehmen:* den Hut, die Brille a.
2. ⟨etw. a.⟩ *auf den Boden stellen:* das Gepäck, den Koffer a.; die Träger hatten die Bahre vorsichtig abgesetzt.
3. ⟨etw. a.⟩ *von einer Stelle wegnehmen und dadurch etw. unterbrechen oder beenden:* die Feder a.; nach dem Schuss das Gewehr a.; der Geiger setzte den Bogen ab; sie setzte das Glas [vom Mund] ab; er setzte das Glas nach einem kleinen Schluck ab; mitten im Singen setzte sie ab; er trank, ohne abzusetzen.
4. a) ⟨etw. a.⟩ *ablagern:* der Fluss setzt Schlamm, Sand ab; b) ⟨sich a.⟩ *sich niederschlagen:* Schlamm, Geröll setzt sich ab; in der Lunge setzt sich Staub ab; an den Wänden hatte sich Feuchtigkeit abgesetzt.
5. ⟨jmdn. a.⟩ *aus einer Stellung entfernen:* einen

Minister a.; der Rektor wurde wegen seiner Verfehlungen abgesetzt; sie haben die Regierung abgesetzt *(gestürzt).*
6. (Wirtsch.) ⟨etw. a.⟩ *verkaufen:* eine Ware leicht, schwer, nicht a.; wir haben alle Exemplare a. können.
7. ⟨etw. [von etw.] a.⟩ a) *nicht stattfinden lassen:* eine Versammlung, ein Konzert a.; einen Punkt von der Tagesordnung a. *(gestrichen);* der umstrittene Film wurde abgesetzt; der Spielleiter hat die Oper vom Spielplan abgesetzt. das Spiel ist abgesetzt worden; b) *abbrechen:* die Therapie, die Behandlung a.; c) *nicht weiter einnehmen:* ein Medikament, das Schlafmittel, die Tabletten, die Pille a.
8. ⟨etw. a.⟩ *abziehen, abschreiben:* einen Betrag [für Abnutzung] a.; Sie können diese Kosten von der Steuer a.
9. (ugs.) ⟨jmdn. irgendwo a.⟩ *aussteigen lassen:* jmdn. am Bahnhof, am Flughafen a.; du kannst mich jetzt, dort vorne a.; ⟨auch ohne Raumangabe⟩ die Alliierten setzten Fallschirmjäger ab *(brachten sie zum Einsatz).*
10. ⟨sich a.⟩ a) *sich entfernen:* sich rechtzeitig, heimlich, mit dem ganzen Geld a.; er hat sich in den Westen, über die Grenze, nach Österreich, zur Fremdenlegion abgesetzt; b) (milit.) *sich zurückziehen:* die Truppen mussten sich a.
11. ⟨etw. mit etw. a.⟩ *besetzen; abschließen:* einen Saum mit einer Borte, eine Täfelung mit einer Leiste a.; mit Samt abgesetzte Ärmel.
12. a) ⟨etw. [von etw.] a.⟩ *abheben, trennen:* Farben voneinander a.; eine Zeile beim Schreiben a. *(einrücken);* b) ⟨sich von jmdm., etw./(seltener:) gegen jmdn., etw. a.⟩ *sich abheben:* die Berge setzen sich gegen den hellen Nachthimmel ab; er wollte sich von den anderen a.
absichern: 1. ⟨etw. [mit etw./durch etw.] a.⟩ *[gegen mögliche Unfälle] sichern:* einen Weg (im Hochgebirge), eine Baustelle a.; die Unfallstelle mit einem Warndreieck a.; b) *nachweisen:* das Versuchsergebnis wissenschaftlich a.; mit abgesicherten Methoden.
2. a) ⟨sich, etw. [gegen etw.] a.⟩ *sichern, schützen:* sich vertraglich a.; ich habe mich nach allen Seiten abgesichert; die Truppen sollen die Evakuierung absichern; gut verdienende, abgesicherte Arbeitskräfte; tariflich abgesicherte Löhne; b) ⟨jmdn. a.⟩ *beschützen:* alle in den Fall verwickelten Personen müssen sofort abgesichert werden; der Wahlkreiskandidat ist auf der Landesliste abgesichert *(er steht so weit oben auf der Liste, dass er mit Sicherheit ins Parlament kommt).*
Absicht, die: eine gute, edle, böse, eindeutig, unzweideutige A.; das sind löbliche Absichten; meine A. ist es, das Geld zurückzugewinnen; da steckt doch A. dahinter!; er hat klare, feste, geheime, die besten Absichten; sie hat ernstlich die A. gehabt, diesen Mann zu heiraten; besondere

A

Absichten mit etw. verfolgen; eine A. erreichen, verbergen, erkennen lassen, durchschauen; er hat meine Absichten durchkreuzt, vereitelt; etw. nicht ohne A. tun, erzählen; wir zweifeln nicht an der Ehrlichkeit seiner Absichten; das war nie meine A.; es war nicht meine A., sie zu informieren; das geschieht gegen meine A. *(gegen meinen Willen);* das geschah in der A., mit der A., uns zu schaden; das lag nicht in meiner A. *(das wollte ich nicht, habe ich nicht beabsichtigt);* sie tat das in der A., uns zu täuschen/ihr zu schaden; er hat mich mit A. *(absichtlich)* herausgefordert; ohne A. *(absichtslos);* er kam ohne jede böse A.; von einer A. weit entfernt sein;

∗ **sich mit der Absicht tragen** (geh.; *beabsichtigen*): ich trage mich mit der A., ein Haus zu kaufen · **Absichten [auf jmdn.] haben** (ugs.; *[jmdn.] heiraten wollen*): er hat ernste Absichten auf sie.

absichtlich: eine absichtliche Täuschung, Kränkung; sie hat das alles absichtlich getan; etw. a. verschweigen.

absinken: 1. *in die Tiefe sinken:* das Schiff sinkt ab; der Boden, der Wasserspiegel sinkt ab *(senkt sich).* **2. a)** *fallen:* die Temperatur, der Druck sinkt ab; der Dollarkurs ist stark abgesunken; die Erntererträge sanken auf ein Drittel ab; der Außenhandel ist auf 42 Prozent abgesunken; **b)** *nachlassen, schlechter werden:* der Schüler ist in seinen Leistungen abgesunken; **c)** (ugs.) *[geistig, moralisch o. ä.]* abgleiten: sie sinkt immer mehr, völlig ab.

absitzen: 1. *vom Pferd steigen:* die Schwadron sitzt ab, ist abgesessen; /Reiterkommando/ abgesessen! **2.** (ugs.) ⟨etw. a.⟩ *durch Daraufsitzen abnutzen:* die Sessel sind sehr abgesessen; abgesessene Samtstühle. **3.** (ugs.) ⟨etw. a.⟩ **a)** *[sitzend] ableisten, zubringen:* acht Stunden, den halben Tag im Büro a.; **b)** *verbüßen:* eine Gefängnisstrafe a.; er hat seine 3 Jahre abgesessen.

absolut: 1. *unumschränkt:* ein absoluter Herrscher; die absolute Monarchie; Ludwig XIV. regierte a. **2.** *unbedingt, uneingeschränkt:* die absolute Geltung; von absolutem Wert sein; die Gültigkeit dieses Lehrsatzes ist a. **3.** *äußerst, höchst:* eine absolute Grenze erreichen; der absolute Höhepunkt. **4. a)** *völlig* /verstärkend/: absolute Zuverlässigkeit; es herrscht absolute Windstille; der Patient braucht absolute Ruhe; das Mittel ist a. ungefährlich; **b)** *ganz und gar, überhaupt* /verstärkend bei Verneinungen/: das ist a. unmöglich; ich habe a. keine Lust; er kann a. nichts damit anfangen. **5.** *durchaus, um jeden Preis:* er will das a. haben, wissen; es ist a. nötig.

absolvieren ⟨etw. a.⟩: **1.** *bis zum Abschluss durchlaufen:* die Schule, das Studium, einen Lehrgang a.

2. *hinter sich bringen:* eine Aufgabe, ein Pensum, das Training, seinen Achtstundentag, seinen Auftritt, einen Wettkampf a.; er hat das Examen mit Auszeichnung, glänzend absolviert *(bestanden).*

absondern: 1. ⟨etw. a.⟩ *etw. ausscheiden:* Gift a.; die Drüsen sondern Schweiß, Speichel ab; die Bäume haben Harz abgesondert. **2.** ⟨jmdn., etw. a.⟩ *isolieren:* die kranken Tiere a.; ⟨sich a.⟩ *sich fernhalten:* er sondert sich immer mehr von den Mitschülern ab.

absparen ⟨sich (Dat.) etw. a.⟩: ich habe mir das Radio vom Taschengeld abgespart.

abspeisen: 1. (selten) ⟨jmdn. a.⟩ *beköstigen:* den Rest der Gäste in einem Nebenraum a.; die Kinder wurden in der Küche abgespeist; **2.** ⟨jmdn. [mit etw.] a.⟩ *abfertigen:* er wollte ihn mit 50 Mark a.; sie speiste ihn mit einer lapidaren Antwort, mit leeren Versprechungen, mit Redensarten, mit Vertröstungen ab; ich lasse mich nicht so einfach a.

abspenstig ⟨in der Verbindung⟩ **jmdm. jmdn., etw. abspenstig machen** *(jmdn. dazu bringen, sich von jmdm., etw. zu trennen):* er hat ihm seine Freundin a. gemacht; er hat der Konkurrenz die Kunden a. gemacht.

absperren: 1. ⟨etw. a.⟩ *durch eine Sperre unzugänglich machen:* einen Bauplatz, eine Unglücksstelle a.; die Polizei hat das Hafenviertel abgesperrt. **2.** ⟨etw. a.⟩ *unterbrechen, sperren:* die Ölzufuhr, das Wasser, den Strom a. **3.** (südd., österr.) ⟨[etw.] a.⟩ *abschließen:* die Tür, das Haus a.; ich habe vergessen abzusperren.

abspielen: 1. ⟨etw. a.⟩ **a)** *ablaufen lassen:* einen Film, eine CD, eine alte Schallplatte a.; er spielte das Tonband bis zur Hälfte ab; **b)** *durch häufiges Spielen abnutzen:* die Tennisbälle schnell a.; ⟨meist im 2. Part.⟩ abgespielte Schallplatten, Spielkarten, Filme. **2.** ⟨etw. a.⟩ *von Anfang bis Ende spielen:* die Nationalhymnen wurden abgespielt. **3.** ⟨etw. a.⟩ *spielen, ohne geübt zu haben:* eine Sonate vom Blatt a.; ⟨auch ohne Akk.⟩ der Schüler kann noch nicht a. **4.** (Sport) ⟨[etw.] a.⟩ *an einen Mitspieler der eigenen Mannschaft abgeben:* den Ball, die Scheibe an den Verteidiger a.; er muss schneller, früher, genauer a. **5.** ⟨sich a.⟩ *sich ereignen, geschehen, vor sich gehen:* der Vorfall, die Szene, das Verbrechen hat sich hier abgespielt; die Ereignisse spielten sich vor zwei Jahren ab; manches spielt sich hinter den Kulissen ab; wer weiß, was sich zwischen den beiden abgespielt; es spielte sich alles in rasender Eile, vor unseren Augen ab; Ⓡ da/hier spielt sich nichts ab; *(das kommt nicht in Frage!; da raus wird nichts!).*

Absprache, die: eine geheime, interne A.; aufgrund unserer A.; ohne vorherige A.; sich [nicht] an die

Absprachen halten; [mit jmdm.] eine A. treffen; zwischen ihnen gibt es keine Absprachen.

absprechen: 1. *vereinbaren:* **a)** ⟨etw. [mit jmdm.]⟩ einen Termin, eine Reise, neue Maßnahmen a.; sie haben ihre Aussagen offensichtlich miteinander abgesprochen; das war abgesprochen!; ist das nicht abgesprochen worden?; **b)** ⟨sich [mit jmdm.] a.⟩ ich werde mich mit ihm absprechen; ⟨auch ohne Präpositionalobjekt⟩ sie hatten sich abgesprochen, die Unterlagen nicht herauszugeben. **2.** ⟨jmdm. etw. a.⟩ **a)** *aberkennen, nicht belassen:* den Ständen die Privilegien a.; (Rechtsw.:) jmdm. die bürgerlichen Ehrenrechte a.; wir lassen uns nicht das Recht auf Selbstbestimmung a.; **b)** *abstreiten:* einem Schüler die Begabung a.; jmdm. den guten Willen a.; dem Kanzlerkandidaten die Regierungsfähigkeit a.; er spricht mir alles Verständnis, jegliche Sachkenntnis ab; ihr ist ein gewisser Hang zur Bequemlichkeit nicht abzusprechen; einen gewissen Charme kann man ihm nicht absprechen.

abspringen ⟨von etw.] a:⟩: **1. a)** *herunterspringen:* vom Fahrrad, vom Pferd a.; er ist in der Kurve von der Straßenbahn, vom fahrenden Zug, vom Trittbrett abgesprungen; die Fallschirmjäger springen über dem Einsatzgebiet ab; der Pilot ist mit dem Fallschirm abgesprungen; **b)** (Sport) *los-, wegspringen:* er ist gut, schlecht, mit dem linken Bein vom Sprungbalken abgesprungen. **2.** *sich loslösen und wegspringen; abplatzen:* die Farbe, der Lack springt ab; der Verschluss ist von der Flasche abgesprungen. **3.** (ugs.) *sich von etw. zurückziehen:* vor Unterzeichnung des Vertrages a.; er ist plötzlich abgesprungen; er will von diesem Plan, vom Studium, von der Partei a.; ein Teil der Kundschaft springt ab *(die geht zur Konkurrenz).*

abspülen ⟨etw. a.⟩: **a)** *wegspülen:* den Schaum mit Wasser a.; sie spült die Speisereste vom Geschirr ab; **b)** *reinigen:* das Geschirr mit heißem Wasser a.

abstammen ⟨von jmdm., etw. a.⟩: der Mensch stammt vom Affen ab; er stammt in direkter Linie von Karl dem Großen ab.

Abstammung, die: von vornehmer, adliger A. sein; sie ist indischer A.; der A. nach ist er Russe.

Abstand, der: **1. a)** *Entfernung:* ein großer, weiter, geringer, erheblicher A.; jmdm. in 50 m A., im A. von 50 Meter[n] folgen; der A. zwischen den Bäumen ist nicht groß; der A. der beiden Wagen hat sich zusehends vergrößert, verringert; der A. zum führenden Läufer beträgt nur noch 20 m; der A. schrumpft [zusammen]; den A. verkleinern; A. von seinem Vordermann halten; jmdm. in gemessenem A. folgen; sie stand mit weitem A. um ihn herum; ÜBERTR.: die Mannschaft stellte mit diesem Tor den alten A. (Sport; *die Differenz der erzielten Tore*) wieder her; **b)** *Zeitspanne, zeitliche Folge:* ein A. von 14 Sekunden;

der A. beträgt jetzt schon 2 Minuten; die Fahrer starten in kurzen Abständen; er schreibt in regelmäßigen Abständen nach Hause; jmdn. in regelmäßigen Abständen besuchen. **2. a)** *Reserviertheit, Zurückhaltung:* den gebührenden A. wahren; A. von seinem Bruder halten; **b)** *innere Distanz:* sie hatte nicht den nötigen A., um ruhig und überlegt zu sprechen; es fehlt ihr noch der innere A. zu den Ereignissen; ich muss endlich von diesen Vorfällen A. gewinnen. **3.** (ugs.) *Abfindung:* wie hoch ist der A.?; er müsste eine bestimmte Summe als A. zahlen; **∗ mit Abstand** *(bei weitem):* das ist mit A. der beste Wagen · **von etw. Abstand nehmen** (geh.; *auf etw. verzichten).*

abstatten (geh.) ⟨jmdm. etw. a.⟩: jmdm. Dank a. *(danken);* jmdm. einen Besuch a. *(jmdn. besuchen);* jmdm. [einen] Bericht a. *(berichten).*

abstauben: 1. ⟨etw. a.⟩ *vom Staub befreien:* die Möbel, die Bilder a.; ⟨auch ohne Akk.⟩ sie staubt nicht gründlich genug ab. **2.** (ugs.) ⟨etw. a.⟩ *in seinen Besitz bringen:* er versucht überall, etw. abzustauben; er hat ein Päckchen Zigaretten abgestaubt. **3.** (bes. Fußball) ⟨etw. a.⟩ *durch Ausnutzen eines glücklichen Zufalls ein Tor erzielen:* er staubt fast in jedem Spiel ein Tor a.

abstechen ⟨ein Tier a.⟩ *töten:* ein Schwein, einen Hammel a.; ich stech dich ab, du Schwein! (derb; von Personen). **2.** ⟨etw. a.⟩ *abtrennen, ablösen:* die Grasnarbe mit dem Spaten a.; der Torf wurde abgestochen; Teig, Klöße mit einem Löffel a. **3.** ⟨etw. a.⟩ *ausfließen lassen; ablaufen lassen:* **a)** (Hüttenw.) das flüssige Metall, Stahl a.; den Hochofen a.; **b)** (Winzerspr.) den Wein a. *(von der Hefe abziehen).* **4.** ⟨von jmdm., etw. a./(seltener:) gegen jmdn., etw. a.⟩ *sich abheben, sich unterscheiden:* sie stach durch ihr gepflegtes Äußeres von den anderen ab; die dunklen Häuser stechen gegen den hellen Hintergrund ab.

abstecken ⟨etw. a.⟩: **1.** *markieren:* einen Bauplatz im Grundriss, einen Zeltplatz, den Kurs für ein Rennen, die Grenzen a.; ÜBERTR.: die Delegationen steckten ihre Ausgangsposition ab; sie haben ihr Programm abgesteckt *(festgelegt).* **2.** *mithilfe von Stecknadeln in die passende Form bringen:* einen Saum, die Ärmel a.; ein Kleid a.

abstehen /vgl. abgestanden/: **a)** ⟨[von etw.] a.⟩ *entfernt stehen:* ich stand ziemlich weit ab; der Schrank steht zu weit von der Wand ab; **b)** *von etw. wegstehen, nicht anliegen:* das struppige Haar steht ab; abstehende Ohren haben.

absteigen: 1. a) ⟨[von etw.] a.⟩ *heruntersteigen:* Radfahrer müssen a. und das Fahrrad schieben; sie vom Pferd abgestiegen; **b)** *nach unten steigen:* ins Tal a.; die Bergsteiger wollen noch am gleichen Tag a.; ÜBERTR.: die absteigende Linie *(Nachkommenschaft).*

2. ⟨irgendwo a.⟩ *Quartier nehmen:* in einem Hotel, bei einem Freund a.; wir sind dort schon oft abgestiegen.

3. (Sport) *in die nächstniedrigere Klasse zurückgestuft werden:* zwei Mannschaften müssen a.; der Verein ist in der vorigen Saison abgestiegen.
abstellen: 1. ⟨etw. [irgendwo] a.⟩ a) *niedersetzen, hinstellen:* seinen Koffer, einen Korb, ein Tablett a.; sie stellte das Glas ab; b) *vorübergehend hinstellen:* das Fahrrad im Hof, das Auto in der Garage a.; die Schlafwagen werden auf dem Nebengleis abgestellt.
2. ⟨etw. bei jmdm./irgendwo a.⟩ *unterstellen, aufbewahren:* die alten Möbel bei Freunden, bei den Eltern, im Keller, auf dem Speicher, in der Dachkammer a.; abgestellte Sachen.
3. ⟨etw. a.⟩ a) *ab-, ausschalten:* das Radio, den Fernsehapparat, die Klingel, das Telefon, die Heizung a.; sie hatten den Motor abgestellt; den Haupthahn a. *(zudrehen);* b) *sperren:* das Gas, das Wasser, den Strom a.
4. ⟨etw. a.⟩ *unterbinden; beheben:* eine Unsitte, einen Übelstand, Störungen, Missstände a.; wir haben die Mängel abgestellt.
5. (Amtsspr.) ⟨jmdn. [für etw.] a.⟩ *beordern, abkommandieren:* einen Mann für Außenarbeiten a.; für diese Aufgabe stellte die Polizei einen Beamten ab; sie wurden an die Front abgestellt; (Sport:) der Verein wollte den Spieler nicht für das Länderspiel a.
6. ⟨etw. auf etw. (Akk.) a.⟩ *ausrichten, einstellen:* die Produktion auf den Publikumsgeschmack a.; alles war nur auf den äußeren Eindruck abgestellt.
abstempeln ⟨etw. a.⟩: einen Ausweis, Briefe a.; ÜBERTR.: man hat ihn bereits [als Betrüger, Lügner] abgestempelt *(festgelegt, gekennzeichnet);* die Partei war als reaktionär abgestempelt.
absterben: 1. *aufhören zu wachsen:* die Blätter, Äste, Pflanzen sterben ab; ein abgestorbener Baum; ÜBERTR.: das Brauchtum stirbt allmählich ab.
2. *gefühllos werden:* meine Füße sind wie abgestorben, sind vor Kälte ganz abgestorben.
Abstieg, der: 1. a) *das Absteigen:* ein leichter, beschwerlicher A.; der A. vom Gipfel war sehr ermüdend; b) *talwärts führender Weg:* ein steiler, gefährlicher A.
2. *Niedergang:* ein beruflicher, gesellschaftlicher, sozialer A.; einen wirtschaftlichen A. erleben; die Elf, die Mannschaft musste gegen den A. (Sport; *die Zurückstufung in die niedrigere Spielklasse)* kämpfen.
abstimmen: 1. ⟨über jmdn., etw. a.⟩ *durch Abgeben der Stimme entscheiden:* über jmdn., über einen Antrag namentlich, öffentlich, offen, geheim, durch Stimmzettel, mit Ja/Nein, durch Handzeichen a.; wir haben über den Antrag ohne Aussprache abgestimmt.
2. ⟨etw. auf jmdn., etw. a.⟩ *mit etw. in Einklang

bringen:* Farben, Muster, Termine, Interessen aufeinander a.; seine Rede auf die Zuhörer a.; eine fein abgestimmte Mischung.
3. ⟨sich [mit jmdm.] a.⟩ *absprechen:* ich habe mich mit ihm abgestimmt; wir müssen uns in dieser Angelegenheit, in dieser Frage miteinander a.
Abstimmung, die: 1. *das Abstimmen:* eine geheime, namentliche A.; A. durch Handzeichen, Erheben [von den Plätzen]; die A. im Parlament ergab, brachte eine geringe Mehrheit; eine A. [über etw.] vornehmen, durchführen; zur A. schreiten (geh.; *mit der Abstimmung beginnen*); einen Antrag zur A. bringen (Papierdt.; *darüber abstimmen*).
2. *das In-Einklang-Bringen:* die A. der Farben; eine A. der Interessen; sich für eine A. der Reformen, der Maßnahmen aussprechen.
abstoßen: 1. a) ⟨sich, etw. [von etw.] a.⟩ *mit einem Stoß fortbewegen:* den Kahn vom Ufer a.; sie hat sich mit den Füßen vom Beckenrand, vom Boden abgestoßen; b) ⟨[von etw.] a.⟩ *sich durch einen Stoß entfernen:* die Segler stoßen ab; die Fähre ist/hat vom Land abgestoßen; die Stelle, von der das Boot abgestoßen ist/hat.
2. ⟨etw. a.⟩ *durch Stoß abschlagen, abbrechen:* Kalk, Mörtel von der Wand a.; Kanten, Spitzen, Ränder a.; abgestoßene *(durch Anstoßen beschädigte)* Möbel; die Jacke ist an den Ellbogen abgestoßen *(abgenutzt).*
3. ⟨etw. a.⟩ *von sich wegstoßen, abwerfen:* die Schlange stößt ihre alte Haut ab; es besteht die Gefahr, dass der Organismus das Spenderherz abstößt; Transplantate werden oft vom Organismus abgestoßen *(verwachsen nicht damit);* (Physik:) Pole, Protonen stoßen sich [gegenseitig] ab.
4. (Kaufmannsspr.) ⟨etw. a.⟩ *billig verkaufen:* Waren, einen Posten schnell, billig, mit Verlust a.
5. ⟨jmdn. a.⟩ *jmdm. widerwärtig sein:* dieser Mensch, sein Benehmen stößt mich ab; ⟨auch ohne Akk.⟩ dieser Geruch stößt ab; etw. abstoßend finden; sie fühlte sich von seinem Wesen abgestoßen; ein abstoßendes Äußeres; ein abstoßender Geschmack.
abstottern (ugs.) ⟨etw. a.⟩: a) *in Raten bezahlen:* sie stottern einen Fernseher, das Auto ab; b) *abbezahlen:* er muss drei Raten, 3000 DM a.
abstrakt: a) *rein begrifflich:* abstraktes Denken; Dinge ganz a. sehen, betrachten; abstrakte (bildende Kunst; *nicht gegenständliche)* Malerei, Kunst; er malt a.; b) *nur gedacht; unanschaulich:* ein abstraktes Ziel; seine Antwort war zu a.; sich viel zu a. ausdrücken.
abstreichen: 1. ⟨etw. [von etw.] a.⟩ *weg-, herunterstreichen:* den Schaum vom Bier a.
2. ⟨etw. von etw. a.⟩ *abziehen:* von einer Forderung 100 Mark a.; von dem, was er sagt, muss man die Hälfte a. *(darf man nur die Hälfte glauben).*
abstreifen: 1. ⟨etw. [von etw.] a.⟩ a) *durch Herun-

terstreifen von etw. entfernen: die Asche von der Zigarre a.; die Strümpfe, die Handschuhe, den Rock, den Ring a.; *Beeren von den Rispen a.;* die abgestreifte Haut einer Schlange; BILDL.: *Unarten, Vorurteile, Hemmungen a.;* **b)** *säubern:* die Schuhsohlen a.; ⟨sich (Dat.)⟩ etw. a.⟩ sie streifte sich die Füße, die Schuhe an der Matte ab. **2.** ⟨etw. a.⟩ *suchend durchstreifen:* die Polizei hat das Gelände nach dem Vermissten abgestreift.

abstreiten: a) ⟨etw. a.⟩ *zurückweisen, leugnen:* seine Mittäterschaft a.; er hat vor Gericht alles abgestritten; er streitet ab, die Tat begangen zu haben; **b)** ⟨jmdm. etw. a.⟩ *absprechen:* das lasse ich mir nicht a.; ein gewisses diplomatisches Geschick kann ihm gewiss niemand abstreiten.

Abstrich, der: **1.** *Streichung:* am Etat geringe, erhebliche, unbedeutende Abstriche machen, vornehmen; mit weiteren Abstrichen nicht einverstanden sein; ÜBERTR.: man muss oft Abstriche machen *(zurückstecken).* **2.** (Med.) *Entnahme zur bakteriologischen Untersuchung:* der Arzt nahm, machte einen A.; ⋆ **mit Abstrichen** *(mit Einschränkungen).*

abstufen: 1. ⟨etw. a.⟩ *stufenförmig anlegen:* einen Hang in Terrassen a.; ein abgestuftes Gelände; ÜBERTR.: Farben a. *(nuancieren);* Gehälter, eine Steuer a. *(nach der Höhe staffeln);* eine reich abgestufte Skala von Farbtönen; ein hierarchisch abgestuftes System. **2.** ⟨jmdn. a.⟩ *(im Lohn) herabsetzen:* Arbeiter a.

abstumpfen: 1. a) ⟨etw. a.⟩ *stumpf machen:* Kanten, Spitzen a.; **b)** (selten) *stumpf werden:* die Klinge stumpft allmählich ab. **2. a)** *teilnahmslos werden:* der alte Mann stumpft immer mehr ab; er ist in der Gefangenschaft völlig abgestumpft; sie ist abgestumpft gegen alles Schöne; **b)** ⟨jmdn., etw. a.⟩ *teilnahmslos machen:* die Not, die Zeit im Gefängnis hatte ihn abgestumpft.

abstürzen: 1. *aus großer Höhe herunterstürzen:* der Bergsteiger stürzte tödlich ab; das Flugzeug ist abgestürzt. **2.** *stark abfallen:* nach Norden zu stürzt der Berg steil, jäh, fast senkrecht ab. **3.** (EDV) *auf keine Eingabe mehr reagieren:* der Computer stürzt leicht, gelegentlich ab; das Programm ist abgestürzt.

abstützen: 1. ⟨etw. [mit etw.] a.⟩ *durch Stützen sichern:* eine Mauer, eine Decke, einen Stollen mit einem Balken a.; ÜBERTR.: seine Behauptung durch Belege a. **2.** ⟨sich a.⟩ *einen festen Halt finden:* ich kann mich mit der Hand, mit einem Bein a.; sich vom Boden, von der Wand a.

absuchen: 1. ⟨etw. a.⟩ **a)** *absammeln:* die Raupen vom Kohl, die Beeren von den Sträuchern a.; **b)** *leer pflücken:* die Sträucher waren alle abgesucht. **2.** ⟨etw. [nach jmdm., etw.] a.⟩ *gründlich durchsuchen:* er suchte nervös alle Taschen ab; die Polizei

suchte mit Hunden das Gelände ab; die Schießplätze wurden nach Blindgängern abgesucht; ÜBERTR.: sie suchte mit den Augen den Horizont ab *(sie ließ den Blick suchend über den Horizont gleiten).*

absurd: ein absurder Gedanke, Wunsch; eine absurde Idee, Vorstellung; ein absurdes Vorhaben, Verlangen; das ist einfach, völlig a.; der Plan ist für mich völlig a.; er fand die Situation a.; a. klingen.

abtasten ⟨jmdn., etw. a.⟩: der Polizist tastete den Mann nach Waffen ab; der Arzt tastet vorsichtig den Bauch des Patienten ab; mit einem besonderen Scanner kann man die Zellprobe optisch a. (EDV; *erfassen*); (Technik:) die Maschine hat die Lochstreifen abgetastet.

abtauen: 1. ⟨etw. a.⟩ *von einer Eisschicht befreien:* die Windschutzscheibe, den Kühlschrank a. **2. a)** *wegschmelzen:* der Schnee, das Eis taut ab; **b)** *frei von Eis und Schnee werden:* die Straßen tauen allmählich ab; die Scheiben sind abgetaut.

Abteil, das: ein volles, überfülltes, leeres A.; ein A. erster, zweiter Klasse, für Schwerbeschädigte, für Mutter und Kind; dieses A. ist besetzt; ein A. reservieren.

abteilen ⟨etw. a.⟩: einen Raum durch eine Trennwand a.; in einer abgeteilten Ecke der Wohnung.

Abteilung, die: **1.** *selbstständiger Teil eines Ganzen:* die chirurgische A.; A. für Haushaltswaren; durch die Abteilungen eines Kaufhauses schlendern. **2.** */eine Truppeneinheit/:* die A. rückt vorwärts; /Kommando/: A., marsch!

abtragen ⟨etw. a.⟩: **1.** *einebnen:* das Wasser trägt das Erdreich ab; einen Erdhaufen, Hügel a. **2.** *abbrechen, abreißen:* eine Mauer, die Ruine a.; die Ruine wurde abgetragen. **3.** (geh.) *abräumen:* die Speisen, die Teller a.; ⟨auch ohne Akk.⟩ Herr Ober, würden Sie bitte a.! **4.** (geh.) *abbezahlen:* eine Schuld, Zinsen a. **5.** *durch Tragen abnutzen:* die Schuhe schnell a.; ihre Sachen sind sehr abgetragen; abgetragene Kleider.

abträglich (geh.): eine abträgliche Bemerkung, Äußerung; über jmdn., von jmdm. a. sprechen; ⟨jmdm., etw. a. sein⟩ das ist seinem Ansehen a.; der Alkohol ist ihrer Gesundheit a.

abtreiben: 1. a) ⟨jmdn., etw. a.⟩ *vom Weg, vom Kurs wegbringen:* die Strömung trieb das Schiff ab; der Schwimmer wurde [vom Land] abgetrieben; der Sturm, der Wind hat den Ballon weit nach Osten abgetrieben; **b)** *vom Kurs abkommen:* der Schwimmer, das Boot treibt immer schneller ab; der Ballon ist nach Westen abgetrieben. **2. a)** ⟨[jmdn., etw.] a.⟩ *eine Schwangerschaft abbrechen:* sie hat abgetrieben; ein Kind a. *(nicht austragen);* **b)** ⟨etw. a.⟩ *abgehen lassen:* Gallensteine, Würmer a. **3.** (landsch.) ⟨Vieh a.⟩ *von der Hochweide zu Tal*

A

treiben:** im Herbst treiben die Sennen die Kühe, die Herde [von der Alm] ab.

Abtreibung, die: eine missglückte A.; eine A. vornehmen, (ugs.:) machen.

abtrennen: 1. ⟨etw.⟩ a.⟩ *ab-, lostrennen:* den Ärmel, die Borte, die Knöpfe vom Kleid a.; er trennte die Quittung vom Block, den Kassenzettel ab; (geh.:) ⟨jmdm. etw. a.⟩ bei dem Unfall wurde ihm das Bein oberhalb des Knies abgetrennt; ÜBERTR.: das Verfahren gegen den erkrankten Angeklagten wurde abgetrennt (Rechtsspr.; *gesondert behandelt*). **2.** ⟨jmdn., etw. a.⟩ *absondern, abteilen:* ein Seil trennte die Zuhörer ab; ein Vorhang trennt einen Teil des Raumes ab.

abtreten: 1. *eine bestimmte Stelle verlassen:* die Soldaten traten ab; die Wache ist abgetreten; vom Beifall umrauscht, trat er ab (Theater; *verließ er die Bühne*); ÜBERTR.: der Minister trat sang- und klanglos von der politischen Bühne ab *(zog sich vom politischen Leben zurück);* sie ist abgetreten (ugs.; *gestorben).* **3.** a) ⟨etw. a.⟩ *abnutzen:* den Teppich a.; er hat die Schuhe schnell abgetreten; abgetretene Absätze; b) ⟨sich a.⟩ *abnutzen:* der Teppich hat sich schnell abgetreten; die Absätze traten sich innerhalb weniger Wochen ab. **4.** ⟨etw. a.⟩ a) *(von den Schuhen) entfernen:* den Schmutz, den Schnee a.; ⟨sich (Dat.) etw. a.⟩ ich habe mir vor der Hütte den Schnee abgetreten; b) *säubern:* die Schuhe, die Füße a.; ⟨sich (Dat.) etw. a.⟩ ich habe mir nicht die Schuhe abgetreten. **5.** *überlassen, auf jmdn. übertragen:* a) ⟨jmdm. etw. a.⟩ jmdm. seinen Platz, seine Eintrittskarte, etwas vom Vorrat a.; ich habe ihm meine Ansprüche, meine Rechte abgetreten; b) ⟨etw. an jmdn., etw. a.⟩ sie hat ihre Ansprüche, ihre Rechte an ihn abgetreten; das Gebiet musste an das Nachbarland abgetreten werden.

abtrocknen: 1. a) ⟨jmdn., sich, etw. a.⟩ *mit einem Tuch trockenreiben:* das Geschirr, die Gläser vorsichtig a.; er hat sich noch nicht abgetrocknet; ⟨auch ohne Akk.⟩ ich muss noch a.; ⟨jmdm., sich etw. a.⟩ trocknest du mir den Rücken ab?; sie trocknete sich die Hände mit einem Handtuch ab; b) ⟨jmdm., sich etw. a.⟩ *ab-, wegwischen:* sie trocknete sich die Tränen ab; ich habe ihr den Schweiß mit dem Taschentuch abgetrocknet. **2.** *trocken werden:* die Fahrbahn, die Wäsche hat/ist schnell abgetrocknet; nach dem Regen ist/hat es schnell wieder abgetrocknet.

abtrünnig (geh.): ein abtrünniger Vasall; ⟨jmdm., etw. a. werden⟩ er ist dem König a. geworden *(ist von ihm abgefallen);* dem Glauben, der Partei a. werden.

abtun: 1. (ugs.) ⟨etw. a.⟩ *von sich tun, ablegen:* den Hut, die Brille a. **2.** a) ⟨etw. a.⟩ *beiseite schieben:* etw. kurz, rasch, als unwichtig a.; er tat meine Einwände mit einer Handbewegung ab; sie haben meinen Plan als

Hirngespinst, als undurchführbar abgetan; b) ⟨jmdn. a.⟩ *geringschätzig behandeln, übergehen:* sie hat mich arrogant abgetan; wer gute Noten hat, wird sofort [als Streber] abgetan. **3.** (selten) *erledigen:* eine Sache so schnell wie möglich a.; ⟨meist 2. Part. in Verbindung mit *sein*⟩ die Angelegenheit war in 10 Minuten abgetan; damit ist es noch nicht abgetan.

abverlangen ⟨jmdm., sich, etw. etw. a.⟩: jmdm. ein Opfer, einen hohen Preis a.; dem Motor, dem Wagen alles a.; der Kurs verlangt den Teilnehmern viel ab; das Ausfüllen der Fragebogen wird Ihnen einige Mühe a.

abwägen ⟨etw. a.⟩: einen Plan sorgfältig a.; er wägte/wog das Für und Wider, die Vorteile ab; wir haben die Gründe sorgfältig gegeneinander abgewogen/abgewägt; sorgsam abgewogene Worte.

abwählen: a) ⟨jmdn. a.⟩ *jmds. Wahl rückgängig machen:* einen Vorsitzenden a.; b) ⟨etw. a.⟩ *(ein Schulfach) nicht mehr belegen:* er hat Chemie abgewählt; Physik wird oft zugunsten von Biologie abgewählt.

abwälzen ⟨etw. auf jmdn., etw. a.⟩: die Schuld, die Verantwortung, die Arbeit auf einen anderen a.; du hast alle Kosten [von dir] auf mich abgewälzt.

abwandeln ⟨etw. a.⟩: ein Thema, ein Motiv [in immer neuen Variationen] a.; eine Aussage in abgewandelter Form wiederholen, wiedergeben.

abwandern: 1. ⟨etw. a.⟩ *durchwandern:* wir haben/ sind den ganzen Schwarzwald abgewandert. **2.** *an einen anderen Ort, in einen anderen Bereich überwechseln:* viele Menschen wandern vom Land, aus den ländlichen Gebieten in die Stadt ab; in die Industrie, zur Konkurrenz a.; bereits nach der Pause wanderten viele Zuschauer ab *(verließen viele Zuschauer das Theater, das Stadion o. Ä.);* einige Spieler sind zu anderen Klubs abgewandert (Sport; *haben den Verein gewechselt);* das Tief, der Hochdruckkeil wandert nach Osten ab (Meteor.; *zieht in Richtung Osten ab).*

abwarten ⟨etw. a.⟩: **1.** *auf jmdn., etw. warten:* etw. geduldig, ruhig, tatenlos a.; jmds. Antwort a.; den Briefträger a.; er wartete einen günstigen Augenblick ab; das Ende der Probezeit a.; wir haben das Ende des Spiels nicht abgewartet; eine abwartende Haltung einnehmen; ⟨auch ohne Akk.⟩ wir wollen noch a. (uns gedulden); warten wir noch ab, ob es tatsächlich kommt; ich wartete mit der Entscheidung noch ab. **2.** *auf das Ende von etw. warten:* den Regen, das Unwetter a.; das Ende der Unruhen a.

abwärts: a. fahren, klettern, steigen; der Weg führt a.; a. geneigt; BILDL.: vom Hauptmann [an] a.; ÜBERTR.: mit ihr ist es a. gegangen *(schlechter geworden).*

abwaschen: 1. ⟨jmdn., sich, etw. a.⟩ *reinigen:* das Gesicht a.; sie wuschen das Geschirr ab; ⟨auch ohne Akk.⟩ wir müssen noch a. *(Geschirr spülen);*

⟨jmdn., sich etw. a.⟩ die Mutter wusch dem Kind das Gesicht ab.
2. ⟨etw. [von etw.] a.⟩ *wegwaschen:* den Schmutz, die Farbe von der Kleidung a.

abwechseln ⟨sich, einander a.⟩: a) *sich bei etw. ablösen:* sich bei der Arbeit, in der Pflege des Kranken a.; die Fahrer wechseln sich ab; b) *im Wechsel aufeinander folgen:* Regen und Sonne, Freud und Leid wechseln sich ab; abwechselnd lachen und weinen.

Abwechslung, (seltener:) Abwechselung, die: eine willkommene, erfreuliche, angenehme A.; A. in etw. bringen; das Leben hier bietet keine, wenig, kaum Abwechslung; keine A. haben; zur A. mal allein verreisen; für A. sorgen; ⋆ die Abwechslung lieben (ugs.; *häufig den Partner, die Partnerin wechseln*).

Abweg: ⟨meist in der Wendung⟩ auf Abwege geraten *(in sittlicher Hinsicht auf falschem Wege sein).*

abwegig: ein abwegiger Gedanke; eine abwegige Vorstellung; dieser Verdacht ist einfach a.; diese These ist keineswegs a.; sie hielt den Vorschlag für a.

Abwehr, die: 1. a) *innerer Widerstand, Ablehnung:* sie spürte seine stumme, feindliche A.; bei vielen, überall auf A. stoßen; mit innerer A. reagieren; b) *das Abwehren:* die A. staatlicher Eingriffe; die rechtzeitige A. der Gefahr; c) *Verteidigung:* die feindliche A. war gering; sich in der A. befinden.
2. (Sport) a) *die verteidigenden Spieler einer Mannschaft:* eine stabile A.; die A. war erschreckend unsicher; die A. organisieren; b) *Abwehraktion:* eine glänzende, riskante, (ugs.:) verunglückte A.

abwehren: a) ⟨jmdn., etw. a.⟩ *abschlagen, zurückschlagen:* den Feind, den Angreifer a.; der Angriff wurde erfolgreich abgewehrt; (Sport:) einen Elfmeter, einen Eckball, einen Satzball a.; ⟨auch ohne Akk.⟩ der Torhüter hat gut abgewehrt; b) ⟨etw. a.⟩ *abwenden:* Unheil, eine Gefahr a.; das Schlimmste konnte gerade noch abgewehrt werden; c) ⟨etw. a.⟩ *abweisen, von sich weisen:* einen Gedanken, eine Forderung, einen Vorwurf, einen Verdacht a.; er wehrte den Dank kühl ab; ⟨auch ohne Akk.⟩ bescheiden, höflich, entschieden wehrte sie ab; abwehrend hob er die Hand; d) ⟨jmdn., etw. a.⟩ *fernhalten:* Besucher, neugierige Zuschauer, Fliegen [von jmdn.] a.

¹abweichen: a) ⟨etw. [von etw.] a.⟩ *aufweichen und ablösen:* ein Etikett von der Flasche, die Briefmarke a.; b) *aufweichen und sich ablösen:* das Plakat ist abgeweicht.

²abweichen: a) ⟨von etw. a.⟩ *sich von etw. entfernen:* das Flugzeug wich vom vorgeschriebenen Kurs ab; BILDL.: vom rechten Weg a.; ÜBERTR.: von seinen Grundsätzen, von seinen Vorstellungen a.; er ist in keinem Punkt von seinem Plan abgewichen *(abgegangen);* b) ⟨von jmdn., etw. a.⟩ *sich unterscheiden:* ihre Ansich-

ten weichen voneinander ab; diese Fassung weicht im Wortlaut von der anderen ab; ihr Geschmack weicht stark von dem der Mutter ab; abweichende Ansichten, Meinungen vertreten.

abweisen: a) ⟨jmdn. a.⟩: *nicht vorlassen:* einen Bettler [an der Tür] a.; die Sekretärin wies die Besucher ab; er wurde höflich; schroff abgewiesen; sich nicht a. lassen; jmdn. abweisend behandeln; b) ⟨etw. a.⟩ *ablehnen:* ein Anerbieten höflich, kühl, entschieden a.; das Gesuch wurde abgewiesen; das Gericht hat die Klage abgewiesen; jede Hilfe a.; c) ⟨jmdn., etw. a.⟩ *abwehren:* die Angreifer, einen Angriff a.

abwenden: 1. ⟨sich, etw. a.⟩ *nach einer anderen Seite wenden:* den Blick, die Augen, den Kopf a.; sie wandte/wendete sich rasch, schweigend, angewidert, entsetzt ab; ÜBERTR.: er hat sich innerlich von seinen Freunden abgewendet/abgewandt *(abgekehrt).*
2. ⟨etw. a.⟩ *abwehren:* eine Niederlage, Katastrophe, einen drohenden Schaden, ein drohendes Unheil a.; er wendete die Gefahr von seinem Land ab; den Krieg a. *(verhindern).*

abwerfen: 1. ⟨etw. a.⟩ *aus der Höhe herunterwerfen:* Bomben, Flugblätter a.; die Ballonfahrer werfen Ballast ab.
2. ⟨jmdn., etw. a.⟩ *von sich werfen:* den Mantel a.; der Rehbock wirft das Geweih ab; das Pferd hat den Reiter abgeworfen; eine Karte, den König a. (Kartenspiel; *ablegen*); BILDL.: Zwänge, eine Bürde a.; (geh.:) das Joch der Unfreiheit, die Schmach a.
3. ⟨etw. a.⟩ *einen Gewinn bringen:* Ertrag, Zinsen, Gewinne a.; die Sache wirft nicht viel ab.

abwerten ⟨etw. a.⟩: a) *die Kaufkraft von etw. herabsetzen:* den Dollar a.; der Franc wurde um 10% abgewertet; ⟨auch ohne Akk.⟩ das Pfunde wertete ab *(die Kaufkraft des Pfundes ist gefallen);* b) *herabsetzen:* Ideale a.; sein Vortrag wurde als zu unwissenschaftlich abgewertet; eine abwertende Bemerkung, Kritik.

abwesend: 1. *nicht anwesend:* der abwesende Geschäftsführer; er ist dienstlich, in Geschäften a.; SUBST.: die Abwesenden benachrichtigen.
2. *in Gedanken verloren:* ein abwesender Gesichtsausdruck; mit abwesenden Blicken; er war ganz a.; a. lächeln.

Abwesenheit, die: 1. *das Abwesendsein:* nach langer, kurzer A.; während, in meiner A.; für die Dauer seiner A.; einen Vertreter bestellen; in A. des Chefs, des Meisters, von Herrn Krause; ÜBERTR.: die A. *(das Fehlen)* störender Einflüsse.
2. *geistiges Abwesendsein:* aus seiner A. aufschrecken, wieder zu sich kommen; sie saß in völliger A. da; ⋆ durch Abwesenheit glänzen (iron.; *nicht anwesend sein).*

abwickeln: 1. ⟨etw. [von etw.] a.⟩ *herunterwickeln, wickelnd abnehmen:* Garn, einen Faden, ein Ka-

A

bel von der Rolle a.; ⟨jmdm., sich etw. a.⟩ sie wickelte sich den Verband ab.
2. **a)** ⟨etw. a.⟩ *erledigen:* Geschäfte, einen Auftrag a.; die Veranstaltung konnte ohne Störungen abgewickelt *(durchgeführt)* werden; **b)** (selten) ⟨sich a.⟩ *ablaufen:* das Programm wickelte sich reibungslos ab; der Berufsverkehr wickelt sich flüssig ab. **3.** (Wirtsch.) ⟨etw. a.⟩ *liquidieren:* einen Betrieb, eine Firma a.
abwinken: 1. *seine Ablehnung zum Ausdruck bringen:* höflich, ärgerlich, ungeduldig a.; er hat gleich abgewinkt. **2.** (Sport) **a)** ⟨etw. a.⟩ *durch Winken beenden:* ein Rennen a.; **b)** ⟨jmdn., etw. a.⟩ *durch Winken zum Anhalten bewegen:* die Fahrer, die Wagen *(die Fahrer der Wagen)* werden abgewinkt; * **bis zum Abwinken** (ugs.; *bis zum Überdruß*).
abwischen ⟨etw. [von etw.] a.⟩: **a)** ⟨etw. a.⟩ *durch Wischen entfernen:* den Staub vom Regal, das Blut a.; ⟨jmdm., sich etw. [von etw.] a.⟩ sie wischte ihm den Schweiß von der Stirn ab; **b)** *durch Wischen säubern:* den Tisch a.; die Hände an der Hose a.; ⟨jmdm., sich etw. a.⟩ sich die Nase mit einem Taschentuch a.
abwürgen (ugs.) ⟨etw. a.⟩: ein Gespräch, einen Streik, die Diskussion, die Opposition a.; er hat den Motor abgewürgt *(durch unsachgemäßes Bedienen zum Stillstand gebracht).*
abzahlen ⟨etw. a.⟩: **a)** *in kleinen Beträgen zurückzahlen:* seine Schulden, ein Darlehen a.; er zahlt monatlich 200 Mark ab; **b)** *in Raten bezahlen:* das Auto, den Kühlschrank a.
abzählen: a) ⟨jmdn., etw. a.⟩ *zählen, die Anzahl feststellen:* Schrauben, Knöpfe a.; die Anwesenden a.; **b)** *Gruppen bilden, indem bis zu einer bestimmten Anzahl gezählt wird:* zu zweien a.; die Schüler mussten a.; /militärisches Kommando/: abzählen!; **c)** ⟨etw. a.⟩ *zählend wegnehmen:* 10 Zigarren a.; Knöpfe, Nägel, Schrauben a.; das Fahrgeld ist abgezählt *(passend)* bereitzuhalten.
Abzahlung, die: **a)** *Zurückzahlung:* sich mit der A. des Darlehens Zeit lassen; **b)** *Ratenzahlung:* ein Auto auf A. kaufen.
abzapfen ⟨etw. a.⟩: Wein, Bier a.; ⟨jmdm. etw. a.⟩ jmdm. Blut a. (ugs.; *abnehmen*); ÜBERTR.: jmdm. Geld a. (ugs.; *abnehmen*).
Abzeichen, das: **a)** *Plakette, Anstecknadel:* ein A. des Vereins; ein A. kaufen, anstecken, tragen, verlieren; sich mit einem A. als Delegierter ausweisen; **b)** (geh.) *Erkennungszeichen, Attribut:* er trug die A. der Abtswürde.
abzeichnen: 1. ⟨etw. [von etw.] a.⟩ *zeichnend nachbilden:* ein Haus, eine Blume, ein Muster von einer Vorlage a. **2.** ⟨etw. a.⟩ *mit seinem Namenszeichen versehen, als gesehen kennzeichnen:* ein Schreiben, eine Mitteilung a.; er zeichnete den Brief ab, ohne ihn zu lesen. **3.** ⟨sich a.⟩ *sich abheben, in Umrissen erkennbar*

werden: der Baum zeichnet sich gegen den Himmel, vom Himmel ab; die Gestalt zeichnete sich vor den erleuchteten Fenstern ab; auf seiner Backe zeichneten sich zwei Striemen ab; ÜBERTR.: eine Tendenz, eine Entwicklung, das Ende begann sich abzuzeichnen.
abziehen: 1. ⟨etw. [von etw.] a.⟩ **a)** *weg-, herunterziehen:* den Ring vom Finger a.; er zog den [Zünd]schlüssel ab; die Mutter zieht das Bettzeug ab; die Haut von den Tomaten a.; den Hut, das Kopftuch a. (landsch.; *abnehmen, ablegen*); **b)** *die äußere Schicht, Hülle o. Ä. von etw. entfernen:* Tomaten, Pfirsiche a. ⟨die Bohnen müssen abgezogen *(von den Fäden befreit werden);* die Betten a. *(die Bettwäsche von den Betten nehmen);* ⟨einem Tier etw. a.⟩ sie haben dem Hasen das Fell abgezogen *(haben ihn abgebalgt);* **c)** (Milit.) ⟨jmdn., etw. a.⟩ *zurückziehen:* Truppen aus einem Frontabschnitt in einen anderen a.; die Regierung wurde aufgefordert, die Panzer, die Raketen aus dem Land abzuziehen. **2.** ⟨[etw.] a.⟩ *den Abzug einer Schusswaffe betätigen:* die Handgranaten a.; sie luden durch und zogen ab. **3.** ⟨etw. a.⟩ **a)** *herausziehen, [saugend] entnehmen:* Wasser a.; der Ventilator zieht den Rauch ab; BILDL.: Geld, Kapital [aus einem Land] a.; **b)** *abfüllen:* Wein, Most [auf Flaschen] a. **4.** ⟨etw. [von etw.] a.⟩ *subtrahieren:* zieh einmal 20 von 100 ab!; diese Summe muss noch vom Lohn abgezogen werden; die Unkosten vom Gewinn, vom Honorar a.; ÜBERTR.: von dem ganzen Gerede kann man die Hälfte, neunzig Prozent a.; ⟨jmdm. etw. a.⟩ wir ziehen ihnen den Vorschuss ab. **5.** ⟨etw. a.⟩ *schärfen:* ein Messer auf einem Stein, eine Rasierklinge a. **6.** (Handw.) ⟨etw. a.⟩ *glätten, abhobeln:* ein Brett a.; das Parkett, den Fußboden mit Stahlspänen a. **7.** (Fot.) ⟨etw. a.⟩ *einen Abzug machen:* Bilder vom Negativ a. **8.** (Druckw.) *einen Abdruck machen; vervielfältigen:* einen Druckstock a.; einen Text 100-mal a. und verteilen; das Plakat soll [in 50 Exemplaren] abgezogen werden. **9.** (Kochk.) ⟨etw. mit etw. a.⟩ *legieren:* die Suppe mit einem Ei a. **10.** (salopp) ⟨etw. a.⟩ *routinemäßig durchführen:* ein Programm, eine Party a.; der Schauspieler hat seine Rolle abgezogen. **12. a)** *abrücken, abmarschieren:* die Wache zieht ab; die Truppen aus den Stellungen, an die Front abgezogen; die Demonstranten konnten ungehindert a.; **b)** (ugs.) *weg-, davongehen:* der Mann zieht missmutig, enttäuscht, mit leeren Händen, unverrichteter Dinge ab; das kleine Mädchen zog strahlend ab; zieh ab! (salopp; *verschwinde!*). **13.** *wegziehen:* der Rauch zieht in Schwaden,

durch den Schornstein ab; das Wasser kann nicht a. *(abfließen, absickern);* die Wolke, das Gewitter, das Tief, der Nebel zieht ab. **14.** (Sport Jargon) *voller Wucht schießen:* der Torjäger zog entschlossen ab. **abzielen** ⟨auf jmdn., etw. a.⟩: er zielte mit seiner Rede auf die Missstände in der Partei ab; seine Worte zielten darauf ab, ihr Mitgefühl zu erregen; ihre Andeutungen zielten eindeutig auf ihn ab. **Abzug,** der: **1.** *Hebel zum Auslösen des Schusses:* sein Finger berührte den A., lag am A. des Gewehrs; er hatte den Finger am A., spielte mit dem A. **2.** (Fot.) *das von einem Negativ entwickelte Bild:* einen A. machen; wie viele Abzüge wünschen Sie? **3.** (Druckw.) *Abdruck:* die Abzüge korrigieren. **4.** a) *Abrechnung:* bei Barzahlung wird ein A. von 5 v. H. gewährt; die Preise verstehen sich bar, ohne A.; nach A. der Unkosten blieb kaum ein Gewinn; b) *Steuer, Abgabe:* einmalige, monatliche Abzüge; meine Abzüge sind sehr hoch; die Abzüge errechnen. **5.** a) *das Abziehen:* es muss für eine ausreichenden A. [der Gase] gesorgt werden; b) *Vorrichtung, Öffnung, durch die etw. abziehen kann:* über dem Herd befindet sich ein A. für den Rauch. **6.** (bes. Milit.) *Abmarsch; Rückzug:* der A. der Truppen erfolgt im Herbst; jmdm. freien A. zusichern, gewähren; den A. der Besatzung fordern. **7.** *das Wegziehen:* nach [dem] A. der Gewitterfront, des Tiefs; ★ etw. **in Abzug bringen** (Papierdt.; *abziehen*): die Unkosten in A. bringen. **abzüglich** (Kaufmannsspr.) ⟨Präp. mit Gen.⟩: a. der Unkosten, der gesetzlichen Mehrwertsteuer, des gewährten Rabatts; ⟨ein folgendes allein stehendes, stark gebeugtes Substantiv im Singular bleibt gewöhnlich ungebeugt⟩ a. Rabatt. **abzweigen: 1.** ⟨[irgendwohin] a.⟩ *seitlich abgehen, in eine andere Richtung führen:* die Straße zweigt am Ortsausgang nach links, zum Dorf, vor dem Wald in Richtung Norden ab; von diesem Weg zweigte ein schmaler Pfad ab. **2.** ⟨etw. a.⟩ *beiseite bringen:* einen Teil des Geldes zweigt er [für Neuanschaffungen, zur Schuldentilgung] ab; ich habe ein paar Flaschen für uns abgezweigt. **abzwingen** ⟨jmdn., sich, etw. etw. a.⟩: dem Gegner Bewunderung, Respekt a.; jmdm. ein Versprechen, ein Zugeständnis a.; sie zwang sich ein Lächeln ab. **ach:** I. ⟨Interj.⟩: ach nein!; ach ja!; ach, das tut mir Leid!; ach Gott!; ach, du lieber Gott!; ach, du lieber Himmel!; ach, wie schade!; ach, das freut mich aber; ach, das ist mir ega; ach, du bists; ach, sagen Sie mal!; ach, lass mich doch in Ruhe!; ach was!; ach wo!; ach so!

II. ⟨Partikel⟩ /verstärkend/: die ach so schnell vergangene Ferienzeit; das ach so beliebte Thema. **Ach,** das: ein Ach des Bedauerns; ★ **Ach und Weh schreien** *(jammern und klagen)* · **mit Ach und Krach** *(nur unter großen Schwierigkeiten):* er hat die Prüfung mit Ach und Krach bestanden. **Achse,** die: **1.** *Teil, das zwei nebeneinander liegende Räder eines Fahrzeugs verbindet:* eine feste, starre A.; die A. hat sich heißgelaufen, ist gebrochen; der Wagen sinkt bis an die Achsen im Schlamm ein; ein Zug von 80 Achsen *(Radpaaren).* **2.** *gedachte Mittellinie, um die eine Drehbewegung stattfindet:* die Erde dreht sich um ihre A.; der Mann drehte sich um seine eigene A. und brach zusammen; ★ **auf [der] Achse sein** (ugs.; *unterwegs sein):* als Vertreter ist er ständig auf A. **Achsel,** die: a) *Schulter[gelenk]:* die Achseln hochziehen, fallen lassen; etw. unter die A. klemmen; b) *Achselhöhle:* die Achseln ausrasieren; in/unter der A. Fieber messen; ★ **jmdn., etw. über die Achsel ansehen** *(auf jmdn., etw. herabsehen)* · **die Achsel[n], mit den Achseln zucken** *(mit einem Hochziehen der Schultern zu verstehen geben, dass man etw. nicht weiß, nicht versteht).* **acht** ⟨Kardinalzahl; als Ziffer: 8⟩: a. und eins ist, gibt, macht neun; Seite, Gleis a.; es sind/wir sind a. Mann; es waren a. Personen da; wir sind zu achten *(zu acht),* (geh.:) unser acht; es ist a. [Uhr]; es schlägt eben a.; halb a.; sie kommt gegen a.; er wird heute, ist a. [Jahre alt]; alle a. Tage; seit a. Tagen; im Jahre a. nach Christus; die Mannschaft gewann a. zu vier; subst.: die Zahl, Ziffer Acht; eine arabische, römische Acht; eine A. schreiben, auf dem Eis laufen; die A. (ugs.; *Straßenbahn-, Buslinie 8)* fährt zum Hauptbahnhof; eine Acht *(Spielkarte)* ausspielen; er hat eine A. im Hinterrad (ugs.; *es ist in Form einer Acht verbogen).* **¹Acht,** die: *(im Mittelalter) Ausschluss einer Person vom Rechtsschutz:* über jmdn. die A. verhängen, aussprechen; der König belegte ihn mit der A.; ★ **jmdn. in Acht und Bann tun** (1. *[im Mittelalter] aus der weltlichen und kirchlichen Gemeinschaft ausschließen.* 2. geh.; *aus der Gemeinschaft ausschließen).* **²Acht,** die: ⟨nur in bestimmten Wendungen⟩ **Acht geben** *(vorsichtig sein):* man muss im Verkehr sehr A. geben · **auf jmdn., etw. Acht geben** *(auf jmdn., etw. aufpassen):* auf die Kinder, auf das Gepäck A. geben; man muss genau, gut A. geben, dass nichts passiert; ⟨auch ohne Präpositionalobjekt⟩ wenn er nicht A. gibt, wird er sich erkälten; gib A.! *(Vorsicht!; pass auf!)* · **auf jmdn., etw. Acht haben** (geh.; *auf jmdn., etw. achten):* auf die Kinder, auf die Sachen A. haben · **etw. außer Acht/**(selten:) **aus der Acht/aus aller Acht** lassen *(nicht beachten):* er hat alle Warnungen außer A. gelassen · **sich in Acht nehmen** *(vorsichtig sein, aufpassen):* bei dem feuchten Wetter muss man sich sehr in A. nehmen.

achtbar (geh.): a) *geachtet, ehrbar:* ein Kind achtbarer Eltern; ein achtbarer Geschäftsmann; er befindet sich in achtbarer Stellung; b) *beachtlich:* 2 : 3 ist ein achtbares Resultat; sie hat sich a. geschlagen, ihre Rolle a. gespielt.

achte ⟨Ordinalzahl; als Ziffer: 8.⟩: das a. Schuljahr; der a. Januar; SUBST.: er ist der Achte [von rechts]; jeder Achte; heute ist der Achte *(8. Tag des Monats);* sie spielten die Achte *(8. Sinfonie).*

achten: 1. ⟨jmdn., etw. a.⟩ *respektieren:* das Gesetz, das Alter, die Gefühle anderer a.; [die] Vorfahrt a.; er wird von allen [als Forscher] geachtet; die Politikerin ist wegen ihrer Gesinnung bei allen sehr geachtet.
2. ⟨auf jmdn., etw. a.⟩ *jmdn., etw. beachten:* sie achtete nicht auf die Passanten; wir hatten nicht auf das heranziehende Gewitter geachtet; sie sprach weiter, ohne auf die Zwischenrufe zu a.; achten Sie nicht auf ihn!; sie achtet sehr auf ihr Äußeres, auf ihre Kleidung.
3. ⟨auf jmdn., etw. a.⟩ *aufpassen:* sie achtet genau, streng, scharf darauf, dass ihre Anordnungen befolgt werden; die Chefin achtet sehr auf Pünktlichkeit; würden Sie einmal auf das Kind a.?

ächten: a) ⟨jmdn. ä.⟩ *(im Mittelalter) aus einer Gemeinschaft ausstoßen:* die Abtrünnigen wurden geächtet; b) ⟨jmdn., etw. ä.⟩ *verdammen:* die Todesstrafe ä.; das Land wurde wegen seiner Rassenpolitik geächtet.

Achtung, die: 1. *Respekt:* die gegenseitige A.; jmdm. A. (geh.:) einflößen, erweisen; sie brachte ihr nicht die nötige A. entgegen; [sich] die besondere A. der Kollegen erwerben, ihre A. genießen; sich A. zu verschaffen suchen; [eine] hohe A. vor dem Richterstand haben; sie hat die A. vor dem Leben verloren; keine A. für jmdn. empfinden, (geh.:) hegen; er erfreut sich allgemeiner A.; die Tochter tat dies aus A. vor ihren, gegen ihre Eltern; bei aller A. vor den Ärzten ...; er ist in unserer A. gestiegen, gefallen, gesunken; mit A. von jmdm. sprechen; eine A. gebietende Persönlichkeit.
2. a) /Warnung/: A., Hochspannung!; b) /Aufforderung, auf etw. zu achten/: A. *(aufpassen!),* Aufnahme!; c) /militärisches Ankündigungskommando/: A., präsentiert das Gewehr!;
★ **alle Achtung!** (ugs.; *das verdient Anerkennung!;* Ausruf der Bewunderung).

achtzig ⟨Kardinalzahl; als Ziffer 80⟩: es waren nur a. [Personen] anwesend; er ist a. [Jahre alt]; a., mit a. (ugs.; *80 Stundenkilometern)* fahren;
★ **auf achtzig kommen** (ugs.; *wütend werden)* · **auf achtzig sein** (ugs.; *wütend sein)* · **jmdn. auf achtzig bringen** (ugs.; *wütend machen).*

ächzen: laut, unter einer schweren Last, vor Anstrengung ä.; ächzend richtete er sich auf;

ÜBERTR.: die Dielen ächzten unter seinen Schritten.

Acker, der: 1. *Feld:* ein fruchtbarer, ertragreicher, lehmiger A.; die Äcker liegen brach, dampfen; einen A. bebauen, bestellen, bewirtschaften, pflügen, eggen, düngen.
2. /altes Feldmaß/: 10 Acker Land.

ad acta: ⟨in der Wendung⟩ **etw. ad acta legen** (1. *etw. zu den Akten legen:* ein Schriftstück, einen Vorgang ad acta legen. 2. *etw. als erledigt betrachten:* wir können die Sache ad acta legen).

Adam: ⟨in den Wendungen⟩ **seit Adams Zeiten, Tagen** (ugs.; *seit je, von jeher)* · **bei Adam und Eva anfangen/beginnen** (ugs.; *bei seinen Ausführungen ganz weit ausholen)* · **von Adam und Eva abstammen** (ugs.; *[von Sachen] uralt sein).*

Adam Riese: ⟨in der Wendung⟩ **nach Adam Riese** (ugs. scherzh.; *richtig gerechnet):* nach Adam Riese macht das 100 Mark.

Ade, das (veraltet, noch landsch.): sie sagte ihm A.; wir mussten uns A. sagen; jmdm. ein A. zurufen;
★ **etw.** (Dat.) **Ade sagen** *(etw. aufgeben):* wir haben dieser Politik A. gesagt.

Adel, der: 1. a) *aristokratische Oberschicht:* der A. stand auf der Seite der Krone; die Söhne des englischen Adels; dem hohen, niedrigen A. angehören; Ⓡ A. verpflichtet; b) *Adelsfamilie:* verarmter A.; sie stammt aus altem A.
2. *Adelstitel:* erblicher, persönlicher A.; den A. verlieren, anerkennen, erwerben, ablegen; auf den A. verzichten.
3. (geh.) *Vornehmheit, Würde:* innerer, geistiger, menschlicher A.; der A. des Herzens.

adeln: 1. ⟨jmdn. a.⟩ *in den Adelsstand erheben:* er wurde für seine Verdienste geadelt.
2. (geh.) ⟨jmdn., etw. a.⟩ *jmdm., etw. Würde, Vornehmheit verleihen:* diese Gesinnung adelt ihn.

Ader, die: 1. *Blutgefäß:* blaue Adern; die Adern schwellen, treten an den Schläfen hervor, klopfen; eine A. abbinden; bei der Operation abklemmen, unterbinden.
2. a) *Anlage, Begabung:* eine künstlerische, poetische, musikalische A. haben; b) *Veranlagung, Wesensart:* er hat eine großzügige, masochistische A.; seine Tochter hat eine A. *(neigt zum Leichtsinn);* er hat keine A. *(keinen Sinn)* für ... .
3. a) (Bergmannsspr.) *Erzgang:* sie stießen auf eine [ergiebige] A.; b) (Biol.) *Blattrippe:* die Adern des Blattes; c) (Technik) *Strom führender Teil eines Kabels:* dieses Kabel hat zehn Adern;
★ **sich** (Dat) **die Adern öffnen** (geh.; *durch Öffnen der Pulsader Selbstmord begehen).*

adlig: 1. *dem Adel angehörend:* eine adlige Dame, Familie; von adliger Abstammung sein; er ist a.
2. (geh.) *vornehm, edel:* eine adlige Gesinnung, Haltung.

Adresse, die: 1. *Anschrift:* die A. ist, lautet ...; die A. ist unleserlich; die A. angeben, schreiben, [auf einem Zettel] notieren, erfragen, erfahren, nicht kennen, wissen; er hinterließ seine A.; ich

wechsle oft meine A. *(meinen Aufenthaltsort);* jmdm. seine A. geben; eine A. im Telefonbuch suchen, nachsehen; an welche A. ist der Brief gerichtet, soll ich den Brief schicken?; ein Paket mit einer A. versehen; ÜBERTR.: die Drohung ist an die A. der Aggressoren gerichtet *(richtet sich an diese);* das Viertel ist eine gute, teure A. *(Wohngegend);* das Unternehmen gehört zu den ersten Adressen *(führenden Firmen)* auf diesem Sektor, in diesem Bereich.
2. (geh.) a) *schriftliche Willenskundgebung:* die Regierung lehnte es ab, diese A. entgegenzunehmen; b) *offizielles Gruß-, Dankschreiben:* eine A. an einen Parteitag richten; der Leiter des Kongresses verlas die A. der Regierung;
* **sich an die richtige Adresse wenden** (ugs.; *sich an die zuständige Stelle wenden)* · **an der falschen/verkehrten Adresse sein** (ugs.; *sich an den Falschen gewendet haben).*
Affäre, die: a) *unangenehme] Angelegenheit, peinlicher Zwischenfall:* eine dunkle, peinliche, ärgerliche, schlimme, üble A.; die A. um den Vorsitzenden; die A. Jürgen H.; eine A. beilegen, aus der Welt schaffen; jmdn. in eine A. hineinziehen, verwickeln; b) *Liebschaft, Verhältnis:* er hat eine A. mit ihr gehabt; seine Affären waren allgemein bekannt; c) *Angelegenheit, Sache:* das ist eine A. von höchstens zwei Stunden, von tausend Mark;
* **sich aus der Affäre ziehen** *(mit Geschick aus einer unangenehmen Situation herausgelangen):* der Minister hat sich [klug, geschickt, noch rechtzeitig] aus der A. gezogen.
Affe, der: **1.** */ein Tier/:* die Affen klettern auf den Bäumen herum; sich wie ein wild gewordener A. benehmen; im Zoo die Affen füttern; Ⓡ [ich denk,] mich laust der A.! (salopp; *das überrascht mich sehr).*
2. (derb) *dummer, eitler Mensch* /oft als Schimpfwort/: so ein eingebildeter A.!; mit dem Affen wollen wir nichts zu tun haben;
* **einen Affen [sitzen] haben** (salopp; *betrunken sein)* · **sich** (Dat.) **einen Affen kaufen/antrinken** (salopp; *sich betrinken)* · **seinem Affen Zucker geben** (ugs.; *immer wieder über sein Lieblingsthema sprechen)* · **[da]sitzen wie ein Affe auf dem Schleifstein** (ugs. scherzh.; *krumm sitzen)* · **nicht um einen Wald voll/von Affen** (salopp; *auf gar keinen Fall)* · **wie vom wilden Affen gebissen** (salopp; *verrückt, von Sinnen).*
Affekt, der: Affekte auslösen, hervorrufen; im A. handeln; eine im A. begangene Straftat; Mord im A.
affektiert: ein affektierter Mensch; ein affektiertes Benehmen; mit affektierten Bewegungen; sehr a. sein; a. sprechen; sich a. geben.
Agent, der: **1.** *Spion:* er ist, arbeitet als A.; die Tätigkeit der Agenten; Agenten einschleusen, überführen, entlarven, enttarnen, unschädlich machen, verhaften; einen Agenten auf jmdn. ansetzen.

2. *Vermittler für Künstlerengagements:* wenn Sie die Künstlerin interviewen wollen, wenden Sie sich an ihren Agenten!
Aggression, die: **1.** (Psych.) a) *aggressives Verhalten:* zu Aggressionen neigen; b) *Wut, Ablehnung:* [gegen jmdn., etw./jmdm., etw. gegenüber] Aggressionen haben; voller Aggressionen sein; angestaute Aggressionen abbauen; mit seinen Aggressionen nicht umgehen können; seine Aggressionen an jmdm. abreagieren.
2. *militärischer Angriff:* feindliche, militärische Aggressionen gegen Nachbarstaaten.
aggressiv: **1.** *angriffslustig, streitsüchtig:* ein aggressiver Mensch; eine aggressive Stimmung; ein aggressives Verhalten; eine aggressive *(auf militärische Aggressionen abzielende)* Politik betreiben; seine Frau ist sehr, ziemlich aggressiv; a. reagieren; sich a. verhalten; ein aggressiver Spieler; eine aggressive Spielweise; a. spielen.
2. a) *herausfordernd; aufdringlich:* ein aggressiver Tonfall; aggressive Songs; aggressive Farben; ein aggressiver Duft; eine aggressive Werbung betreiben; b) *schädigend; zerstörend:* aggressive Stoffe, Strahlen, Substanzen; das Sonnenlicht war aggressiver als angenommen.
3. *rücksichtslos:* eine aggressive Fahrweise; a. fahren.
agieren: **1.** ⟨irgendwie a.⟩ *handeln, tätig sein:* behutsam, selbstständig, opportunistisch, vorsichtig a.; das Unternehmen agiert europaweit; ein professionell agierender Gegner.
2. *als Schauspieler auftreten:* auf der Bühne a.
ahnden (geh.) ⟨etw. [mit etw.] a.⟩: eine Tat, ein Unrecht streng a.; ein Verbrechen mit der Todesstrafe, mit dem Exil a.; alle Vergehen wurden mit schweren Strafen geahndet.
ähneln ⟨jmdm., etw. [in etw. (Dat.)] ä.⟩: er ähnelt sehr, kaum, mehr, nur ein wenig seiner Mutter; in ihren Begabungen, Neigungen ähnelt sie dem Vater; das Gebäude ähnelt eher einem Bauernhaus als einer Pension; ⟨sich ä./(geh.:) einander:) die beiden Kinder ähneln sich/(geh.:) einander; in dieser Hinsicht ähnelten sich ihre Erlebnisse in bemerkenswerter Weise.
ahnen: **1.** *ein Vorgefühl von etw. haben:* a) ⟨etw. a.⟩ ein Unglück, die Nähe des Todes a.; etw. ahnte nicht das Mindeste; dunkle Wolken am Himmel ließen nichts Gutes a.; b) (geh., selten) ⟨jmdm. a.⟩: ihm ahnte Böses.
2. a) ⟨etw. a.⟩ *vermuten:* etw. dunkel, dumpf a.; die Wahrheit, ein Geheimnis a.; ... als ob er es geahnt hätte; das konnte ich wirklich nicht a.; dass er in seiner Freizeit illegalen Geschäften nachging, ahnte niemand/konnte niemand ahnen; ein nichts ahnender Besucher; nichts ahnend, liefen sie in ihr Unglück; Ⓡ [ach,] du ahnst es nicht! (ugs.; Ausruf der Überraschung); b) ⟨mit Infinitiv in Verbindung mit zu⟩ *schwach zu erkennen:* die Gestalt war in der Dunkelheit mehr zu a. als zu sehen.
ähnlich: **1.** *in gleichartig, vergleichbar:* ähnliche In-

A

teressen, Gedanken; ein sehr ähnliches Porträt; ein inhaltlich ähnlicher Vortrag; auf ähnliche Weise; das Porträt ist sehr ä.; er ist seinem Bruder sehr ähnlich; er wird ihm immer ähnlicher *(er ähnelt ihm sehr, zunehmend)*; sie sieht ihrer Schwester täuschend, zum Verwechseln, nicht, kaum ä.; ganz ä. empfinden; ein ä. großer Erfolg; … ä. wie er es versucht hatte; SUBST.: man erlebt Ähnliches *(so etwas)*, wenn …; Bücher, Zeitschriften und Ähnliches (Abk.: u. Ä.). **2.** ⟨in der Funktion einer Präp. mit Dat.⟩ *wie, vergleichbar:* sie schritt ä. einer Walküre/einer Walküre ä. einher; ∗ **etw. sieht jmdm. ähnlich** (ugs.; *etw. passt zu jmdm., ist jmdm. zuzutrauen*).

Ähnlichkeit, die: eine große, starke, verblüffende, geringe, auffallende, entfernte Ä.; die Ä. drängt sich mir auf; zwischen ihnen besteht keine Ä.; sie hat [in ihrem Wesen] viel Ä. mit ihr; eine gewisse Ä. feststellen.

Ahnung, die: a) *Vorgefühl:* eine dunkle, düstere, böse A.; eine A. von dem kommenden Unheil haben; eine A. von etw. bekommen; eine A. steigt in mir auf, befällt mich, überkommt mich; seine Ahnungen haben sich erfüllt, sich bestätigt, haben ihn nicht getrogen; ich habe da so eine A., dass man uns hereinlegen will; b) *Vermutung, Vorstellung:* haben Sie eine A. *(wissen Sie)*, wo er ist?; [ich habe] keine A.! *(ich weiß es nicht)*; hast du eine A.! (ugs.; *wenn du wüsstest!*); sie hat keine A., wie das passieren konnte; er hat kaum eine, [absolut] keine, keine blasse, nicht die geringste/leiseste/mindeste/entfernteste A. von Mathematik *(er versteht kaum etwas, nichts, überhaupt nichts von Mathematik).*

ahnungslos: der ahnungslose Besucher; er war a.; stellte sich a.; sie kam ganz a. herein.

akklimatisieren ⟨sich a.⟩: die Sportler mussten sich in Mexiko erst a.; ÜBERTR.: der Neue hat sich bei uns leicht, schnell akklimatisiert.

¹Akkord, der (Musik): *Zusammenklang:* ein voller, sanfter A.; einen A. [auf dem Klavier] anschlagen, greifen.

²Akkord, der: *Stück-, Leistungslohn:* einen schlechten A. haben; die Akkorde herabsetzen; Arbeit im A. übernehmen; im/(selten auch:) in, auf A. arbeiten.

Akt, der: **1.** *Handlung, Tat:* ein symbolischer A.; rechtswidrige Akte; ein A. der Vernunft, der Gerechtigkeit, der Menschenliebe, der Verzweiflung; etw. als einen feindseligen A. ansehen, als einen unfreundlichen A. betrachten. **2.** *Feierlichkeit, Zeremonie:* ein feierlicher, festlicher A.; der A. der Preisverleihung; er hatte diesem denkwürdigen A. beigewohnt. **3.** (Theater) *Aufzug:* es folgt der letzte A.; das Drama hat drei Akte; eine Tragödie in fünf Akten; [mitten] im zweiten A. **4.** *Darstellung des nackten menschlichen Kör-*

pers: ein männlicher, weiblicher A.; einen A. malen; in seinem Schlafzimmer hängt ein A. **5.** *Koitus:* der eheliche A.; während des Aktes, nach dem A. **6.** (bes. südd., österr.) *Akte:* einen A. anlegen; geben Sie mir mal bitte den A.!

Akte, die: eine wichtige, vertrauliche, geheime A.; unerledigte Akten; die A. zu diesem Fall; die Akten über einen Prozess, eines Prozesses; die Akten häufen, türmen, stapeln sich; eine A. anlegen, anfordern, bearbeiten; Akten einsehen, ordnen, studieren, abschließen, einstampfen; hinter, über einer A. sitzen; der Richter blätterte in den Akten; das kommt in die Akten *(wird eingetragen)*; etw. zu den Akten nehmen; wir können dieses Schreiben zu den Akten legen; ∗ **etw. zu den Akten legen** (ugs.; *etw. als erledigt betrachten*): wollen wir nicht die ganze Angelegenheit zu den Akten legen? · **über etw.** (Akk.) **die Akten schließen** *(etw. beenden, über etw. nicht mehr verhandeln).*

Aktie, die: alte, junge Aktien; eine A. über, zu 100 Mark; die Aktien steigen, fallen, stehen gut, sind stabil; das Unternehmen gibt neue Aktien aus; Aktien abstoßen, besitzen; er legte sein Vermögen in Aktien an; ÜBERTR.: wie stehen die Aktien? (ugs. scherzh.; *wie gehts?*); die Aktien stehen gut, schlecht (ugs. scherzh.; *es geht gut, schlecht*); ∗ **jmds. Aktien steigen** (ugs.; *jmds. Aussichten auf Erfolg werden besser).*

Aktion, die: **1.** *Unternehmung:* eine gemeinsame, gewaltfreie, groß angelegte A.; eine konzertierte *(gemeinsame)* A.; eine A. zugunsten krebskranker Kinder; die A. kommt nicht in Gang, wird eingestellt; sie starteten eine militärische A. gegen die Aufständischen; eine A. [für den Frieden] planen, einleiten, durchführen, abbrechen; /in Namen von Verbänden u. Ä./: A. Sühnezeichen. **2.** *Handlung, Tätigkeit:* sie beobachtete seine Aktionen; tagelang ging von ihr keine A. aus; ∗ **in Aktion** *(in Tätigkeit):* [voll] in A. sein; in A. treten *(tätig werden);* er ist, befindet sich in voller A. *(ist gerade intensiv mit etw. beschäftigt).*

aktiv: 1. a) *tatkräftig:* eine sehr aktive Dame; aktive Mitarbeit gewünscht!; der alte Herr ist noch sehr a.; b) *selbst in einer Sache tätig, sie ausübend:* ein aktiver Teilnehmer; aktives Wahlrecht *(das Recht, selbst zu wählen);* aktiver *(vom Sprecher, Schreiber tatsächlich verwendeter)* Wortschatz; aktive Handelsbilanz; das Unternehmen ist in mehr als 50 Ländern a.; politisch, sexuell a. sein; dessen Vorfällen muss die Regierung a. werden *(eingreifen);* ⟨in etw. (Dat.) a. werden⟩ wir sollten endlich in der Sache a. werden *(die Initiative ergreifen);* sich a. für etw. einsetzen; etw. a. unterstützen; a. daran beteiligt sein; c) (Med., Biol.) *wirksam:* biologisch aktives Insulin; die Kur wirkt a. auf Haar und Kopfhaut; aktiver (Chemie; *besonders reaktionsfähiger)*

Sauerstoff; aktive Festkörper; aktive entzündliche Prozesse.
2. a) *mit Aktivitäten verbunden:* aktive Erholung, Entspannung, Solidarität, Nachbarschaftshilfe; aktive Verbrechensvorbeugung; aktiver Umweltschutz; ein aktiver Beitrag zum Jahr der Jugend; **b)** *die geforderten Tätigkeiten regelmäßig ausübend:* aktives Mitglied; aktiver Sportler, Offizier; er war früher einmal a. *(hat an Wettkämpfen teilgenommen);* im Gesangverein a. sein; er spielt noch a., hat a. gedient.
aktivieren: 1. ⟨jmdn., etw. a.⟩ *zu einer [verstärkten] Tätigkeit bewegen:* die Arbeit an einem Projekt a.; die Mitglieder, die Jugend, die Massen politisch a.; durch das Mittel wird die Drüsentätigkeit aktiviert; das Immunsystem a.; Kohle, einen Katalysator a. (Chemie; *besonders reaktionsfähig machen).* **2.** (Wirtsch.) ⟨etw. a.⟩ *durch buchhalterische Belastung ausgleichen:* eine Werterhöhung, Kosten a.; Rücklagen a.
Aktivität, die: 1. *aktives Verhalten; Wirksamkeit:* die politische A. der Partei hat sich verstärkt; Aktivitäten entfalten. **2.** *Handlung, Tätigkeit:* illegale Aktivitäten; jede A. ist hier verboten; seine Aktivitäten auf weitere Bereiche ausdehnen; ein Unternehmen mit weltweiten Aktivitäten.
Aktualität, die: 1. *Gegenwartsbezogenheit:* der Film, der Vortrag ist von besonderer, außerordentlicher, brennender A.; ein Buch von großer A.; etw. gewinnt, verliert an A., büßt seine A. ein. **2.** ⟨Plural⟩ *Tagesereignisse, jüngste Geschehnisse:* auf die Aktualitäten neugierig sein.
aktuell: ein aktuelles Thema, aktuelle Ereignisse; eine aktuelle Pressemeldung; die aktuelle Entwicklung; die aktuelle Agrarpolitik; aus aktuellem Anlass; modisch a.; diese Fragen werden wieder a.; das ist nicht mehr a.; die aktuellen Sommerfarben; Langhaarfrisuren sind nicht mehr a.
akut: 1. *vordringlich:* eine akute Frage; das bildet eine akute Bedrohung für den Weltfrieden; der Patient schwebt in akuter Lebensgefahr; dieses Problem wird jetzt a.; die Gefahr ist nicht a.; a. gefährdete Patienten; durch die Reform sind mehrere Arbeitsplätze a. bedroht. **2.** (Med.) *plötzlich auftretend und heftig verlaufend:* eine akute Blinddarmentzündung; die Krankheit ist a.
Akzent, der: 1. *Betonungszeichen:* auf dem é ist ein A.; einen A. richtig, falsch setzen; einen Buchstaben mit einem A. versehen. **2.** *Betonung:* der A. liegt auf der zweiten Silbe; die Stammsilbe trägt den A. **3.** *Tonfall, Färbung, Aussprache:* sein französischer A. war unverkennbar; mit hartem, starkem, leichtem, fremdem, ausländischem A. sprechen; er sprach ohne jeden A.; sie ist durch ihren A. aufgefallen, hat sich durch ihren A. verraten.

4. *Schwerpunkt, Nachdruck; Gewicht:* die Akzente haben sich verschoben; [neue] Akzente setzen ⟨[neue] Hinweise, Anregungen geben⟩; einem Gespräch einen scharfen A. geben; die Sache bekommt dadurch einen anderen A.
akzeptabel: eine akzeptable Alternative, Leistung; ein akzeptabler Vorschlag; ein akzeptables Angebot; akzeptable Preise; das Essen war a.; die Mannschaft hat ganz a. gespielt.
akzeptieren 1. *annehmen, billigen:* einen Vorschlag, eine Entscheidung, einen Preis, ein Angebot, Bedingungen [als Verhandlungsgrundlage] a.; eine Entschuldigung a.; Kreditkarten werden fast überall akzeptiert; ⟨auch ohne Akk.⟩ sie hat akzeptiert; dankend, widerwillig, nur ungern a. **2.** ⟨jmdn. [als jmdn.] a.⟩ *anerkennen:* sie wurde von der Gruppe nicht akzeptiert; sie wurde nicht nur als Frau, sondern auch als Vorgesetzte akzeptiert.
Alarm, der: 1. *Warnung bei Gefahr:* ein voreiliger, falscher A.; der A. kam zu spät; A. auslösen, geben. **2.** *Alarmzustand:* es ist noch A.; der A. dauert an; den A. aufheben;
⋆ **blinder Alarm** *(versehentlich ausgelöster Alarm; grundlose Aufregung)* · **Alarm schlagen** *(jmdn. alarmieren).*
alarmieren 1. ⟨jmdn., etw. a.⟩ *bei Gefahr herbeirufen, zu Hilfe rufen:* die Feuerwehr, die Bergwacht, die Polizei a.; einen Truppenteil a. (Milit.; *in Gefechtsbereitschaft versetzen).* **2.** ⟨jmdn., etw. a.⟩ *beunruhigen, aufschrecken:* der Summer alarmierte das ganze Haus; eine alarmierende Arbeitsmarktsituation; alarmierende Meldungen; diese Entwicklung ist alarmierend.
Alb, der: ein A. lag ihm auf der Brust; A. wich von ihr; von einem A. befreit sein.
¹albern: *töricht; kindisch:* ein alberner Kerl; albernes Benehmen, Getue, Geschwätz; alberne Witze; albernes Zeug reden; sei nicht so a.!; sich a. aufführen, benehmen.
²albern: *sich albern benehmen, Unfug treiben:* die Schüler albern auf dem Schulhof; die Ärzte und Schwestern alberten miteinander.
Alibi, das: ein lückenloses, stichhaltiges, hieb- und stichfestes, sicheres, glaubhaftes, falsches A.; er hat ein, kein A.; ein A. beibringen, überprüfen; ich habe mir, dem Freund ein A. verschafft; ÜBERTR.: sie suchen nach einem A. *(einer Rechtfertigung)* für ihr Vorgehen.
Alkohol, der: 1. *Weingeist, Spiritus:* reiner A.; Weinbrand enthält mindestens 38 % A.; der Arzt tupfte die Stelle mit A. ab. **2.** *Weingeist enthaltendes Getränk:* der A. wirkt, tut seine Wirkung, (geh.:) löste ihm die Zunge; keinen A. trinken, vertragen; wir haben keinen Tropfen A. im Haus; den A. meiden; sich nichts aus A. machen; der Fahrer roch nach A.;
⋆ **etw. in/im Alkohol ertränken** *(etw. beim Genuss von Alkohol zu vergessen suchen):* er er-

A

tränkte seinen Kummer in A. · jmdn., sich unter Alkohol setzen *(jmdn., sich betrunken machen)* · unter Alkohol stehen *(betrunken sein)*.

alkoholisch: alkoholisches *(alkoholhaltiges)* Getränk; alkoholischer Exzess *(übermäßiger Alkoholgenuss)*; alkoholische Gärung (Chemie; *Gärung, bei der Alkohol entsteht*); etw. a. vergären; SUBST.: sie trinkt nichts Alkoholisches *(keine alkoholischen Getränke)*.

all: 1. ⟨Singular: aller, alle, alles; unflektiert: all⟩ a) *ganz, gesamt:* alles oder nichts; alles in Ordnung; alles [auf einmal] haben wollen; es ist alles bezahlt; es ist alles aus *(das ist das Ende);* das geht mir über alles *(ist mir das Höchste);* das ist noch nicht alles *(es geht noch weiter, gibt noch mehr);* er bekam alles, was er sich gewünscht hatte; nach allem, was man hört, läuft das Geschäft gut; das, dies[es] alles; was soll das alles?; alles Übrige; alles Glück, alles Leid der Erde; bei aller Bewunderung, Liebe; mit allem Nachdruck; in aller Deutlichkeit; in aller Frühe *(ganz früh);* in aller Regel *(gewöhnlich);* zu allem Unglück wurde er noch krank; die Wurzel allen/(selten:) alles Übels ist ...; trotz allen/(selten:) alles Fleißes; allen Ernstes *(tatsächlich);* aller heimliche/(selten:) heimlicher Groll entlud sich; trotz allen/ (selten:) alles guten Willens; sie war allem gesunden Fortschritt aufgeschlossen; all der Fleiß war vergebens; all ihr Zureden half nichts; er hatte von all dem Lärm nichts gehört; all[e] meine Mühe war umsonst; b) *jeder, jeglich:* alles hat seine zwei Seiten, braucht seine Zeit; wen alles hast du eingeladen?; was hast du alles *(im Einzelnen)* gesehen?; wem alles *(welchen Leuten)* hat er wohl diese Geschichte erzählt?; ohne allen *(irgendeinen)* Grund; jmdm. alles Gute, Liebe, Schöne wünschen; Bücher aller Art; alles Mögliche tun; alles [andere], nur nicht das; man sieht alles (ugs.; *nur)* Wagen erster Klasse; Ⓡ /Ausruf der Verwunderung/: was es nicht alles gibt!; da hört sich doch alles auf! (ugs.; *das ist unerhört!).* 2. ⟨Plural; unflektiert: all⟩ a) *sämtliche, die gesamten:* alle sind dagegen; alle, die eingeladen waren, sind gekommen; alle (betont) haben wir versagt; das geht uns alle an; auf euer aller Wohl!; diese alle/alle diese/all diese kenne ich bereits; all die Jahre über; alle Personen, Tiere, Sachen; alle Reisenden/(selten:) Reisende mussten aussteigen; alle schönen/(selten:) schöne Mädchen; in allen Farben schimmern; mit allen Kräften; für alle Fälle; all meine Freunde; all[e] seine Hoffnungen; er will all[en] diesen Kranken helfen; b) *jeder [von dien]:* alle beide; wir haben mit allen deinen gesprochen; nach allen vier Himmelsrichtungen; c) ⟨mit Zeit- und Maßangaben⟩ *im Abstand von ... :* der Bus fährt alle fünf Minuten; alle halbe[n] Stunden/alle halbe Stunde; (ugs.:) alle paar Jahre; alle Jahre wieder *(jedes Jahr);* alle drei Schritte; sie besuchte uns alle vier Wochen.

3. (ugs.) ⟨Singular: alles⟩ *alle, alle Anwesenden:* alles aussteigen!; alles [mal] herhören!; alles hört auf mein Kommando!; alles wartet jetzt auf die Marathonläufer; ∗ vor allem *(in erster Linie, hauptsächlich)* · alles und jedes *(jegliches ohne Ausnahme)* · alles in allem *(im Ganzen gesehen).*

All, das: das weite, unermessliche A.; das A. erforschen; Spaziergang im A. *(Schwebes des Astronauten außerhalb der Raumkapsel im All während des Fluges);* sie stießen ins A. vor.

alledem ⟨nach Präposition mit dem Dat.⟩: trotz, bei, aus, mit a.; es ist nichts von a. wahr.

allein: I. ⟨Adj.⟩ (ugs. auch:) alleine: a) *ohne einen anderen, ohne Gesellschaft, für sich:* a. leben, in Urlaub fahren; sie ist gerne a.; heute Abend bin ich a. zu Hause; lass mich nicht a.!; b) *einsam, vereinsamt:* sich sehr, ganz a. fühlen; ich bin unvorstellbar a.; c) *ohne fremde Hilfe:* a. mit etw. fertig werden; etw. a. machen, tragen; das erledige ich [ganz] a.; (bes. Amtsspr.:) eine a. erziehende Mutter. II. ⟨Adverb⟩ a) (geh.) *nur, einzig, ausschließlich:* sie a. ist daran schuld; a. bei ihr liegt die Entscheidung; diese Kosten trägt a. der Patient; b) ⟨häufig in Verbindung mit *schon*⟩ *von allem anderen abgesehen:* a. der Gedanke ist schrecklich; schon a. bis zum Wald/a. schon bis zum Wald sind es 2 km; die Baukosten a. betragen [schon] 34 Millionen Mark. III. (geh.) ⟨Konj.⟩ *aber, jedoch:* ich hoffte auf ihn, a. ich wurde bitter enttäuscht; ∗ allein stehen *(nicht verheiratet, ohne Lebenspartner, ohne Familie sein):* er steht jetzt a.; eine a. stehende Frau; a. stehend sein · einzig und allein (verstärkend; *nur):* das verdanken wir einzig und a. ihm · von allein[e] (ugs.; *von sich aus):* das weiß ich von a.; die Tür schließt sich von a. *(automatisch).*

allemal: 1. *immer, jedes Mal:* a. hat er recht a. versagt. 2. (ugs.) *ganz bestimmt, gewiss:* a.; schwierig wird es a.; ∗ ein für allemal *(verstärkend; für alle Zeit):* ich verbiete es dir ein für a.

allenfalls: 1. es kann a. noch zwei Stunden dauern; ich weiß, wie weit ich a. gehen darf; wir warten ab, aus, mit a. 2. *(gegebenenfalls, möglicherweise)* noch zu tun ist.

allerdings: 1. /einschränkend/: *freilich, jedoch:* ich muss a. zugeben, dass ...; sie bestreitet das a.; er ist sehr stark, a. wenig geschickt. 2. /bejahend/: *aber gewiss, natürlich:* »Hast du das gewusst?« – »Allerdings!« 3. ⟨vor Adjektiven od. Adverben⟩ *in der Tat:* das ist a. wahr.

allergisch (Med.): a) *auf einer Allergie beruhend:* eine allergische Krankheit; die Reaktion ist a.; auf Fremdstoffe a. reagieren; ÜBERTR.: auf jede Kritik a. reagieren; b) ⟨a. [gegen etw.]⟩ *an einer*

Allergie leidend: sie, ihre Haut ist a.; er ist a. gegen Erdbeeren; a. veranlagt sein; ÜBERTR.: ich bin gegen Propaganda, gegen rücksichtslose Autofahrer a.;

allerhand (ugs.): a. Ärger, Schwierigkeiten, Schaulustige; er weiß a. [Neues]; sie hat a. durchgemacht; ich bin auf a. vorbereitet; 100 Mark ist/sind a.; das ist [ja, doch, schon] a.! (ugs.; Ausruf der Entrüstung).

allerlei: a. Gutes, Schwierigkeiten; sich a. zu erzählen haben.

allgemein: 1. a) *allen gemeinsam, allseitig:* ein allgemeiner Brauch; allgemeine Zustimmung; die Tat erregte allgemeines Aufsehen; auf allgemeinen Wunsch; im allgemeinen Sprachgebrauch; zur allgemeinen Überraschung, Verwunderung; die Verwirrung, die Nervosität war a.; b) *überall, allerseits:* a. bekannt, beliebt sein; diese Geschichte wird a. erzählt; etw. a. gültig festlegen; a. verbindliche Entschlüsse; etw. a. verbindlich regeln; a. verständlich sein.
2. *alle betreffend:* das allgemeine Wahlrecht; die allgemeine Wehrpflicht; das liegt im allgemeinen Interesse.
3. a) *generell:* allgemeine Probleme, Grundsätze; was kann man ganz a. dazu sagen?; wir sprachen darüber, aber nur a.; eine a. bildende *(Allgemeinbildung vermittelnde)* Schule; SUBST: sie bewegt sich stets im Allgemeinen; b) *unbestimmt, unklar:* allgemeine Redensarten; seine Ausführungen waren, blieben viel zu a.;
* **im Allgemeinen** *(meistens, gewöhnlich).*

Allgemeinheit, die: 1. *Öffentlichkeit, alle:* der A. dienen; sich an die A. wenden; auf Kosten der A.; etw. für die A. tun; das ist nicht für die A. bestimmt.
2. (selten) *Unbestimmtheit:* Ausführungen von zu großer A.
3. *Phrase:* seine Rede erschöpfte sich in Allgemeinheiten.

allmählich: das allmähliche Nachlassen der Kräfte; a. dunkler werden; sich a. beruhigen; der Schnaps zeigte a. seine Wirkung; ich habe es a. satt!; es wird a. Zeit.

allseits: sie war a. beliebt; es herrschte a. Zufriedenheit.

Alltag, der: 1. *Werktag:* mitten im A.
2. *tägliches Einerlei:* der freudlose, trübe, graue A.; der A. eines Landarztes; jetzt beginnt wieder der A.; den A. verschönern; dem A. entfliehen; das wird bald zum A. gehören.

alltäglich: 1. *üblich; ohne außergewöhnliche Kennzeichen:* eine ganz alltägliche Geschichte, Szene; kein alltäglicher Fall, Vorgang; ein alltäglicher Mensch; die alltäglich[st]en Dinge des Lebens; die Geschichte kommt mir recht a. vor.
2. *[tag]täglich:* sein alltäglicher Spaziergang; unser alltäglicher Energieverbrauch; er war beinahe a. Gast bei ihnen.

Almosen, das: 1. *kleinere Spende:* einem Bettler ein A. geben; um ein A. bitten; von A. leben.
2. (abwertend) *geringes Entgelt:* sie will eine angemessene Bezahlung und kein A.; er arbeitet für ein A.

als: I. ⟨temporale Konj.⟩: a. wir das Haus erreicht hatten, fing es an zu regnen; a. er die Wohnung verlässt, klingelt das Telefon; sie wird, a. sie die Zeitung kauft, von dem Herrn angesprochen; kaum hatte er sich umgezogen, a. der Besuch eintraf; damals, als er noch jung war, hatte er sich vieles anders vorgestellt.
II. ⟨modale Konj.⟩ 1. ich bin älter als er; sie ist schöner a. ihre Schwester; besser etwas a. gar nichts; eher heute a. morgen; lieber sterben a. unfrei sein; mehr aus Mitleid a. aus Liebe; das ist alles andere a. schön *(ist gar nicht schön);* er hat nichts a. Unfug im Sinn *(nur Unfug im Sinn);* mit keinem Menschen a. ihm *(nur mit ihm);* es war so, a. spräche sie eine fremde Sprache; mir kam es vor, a. ob ich schon Stunden gewartet hätte; er tat, a. wenn er zur Arbeit ginge.
2. ⟨in einigen Verbindungen⟩: sowohl der Vater a. auch die Mutter; sie ist sowohl schön a. [auch] klug; so bald, so wenig a. möglich.
3. ⟨in bestimmten Verbindungen, Korrelaten⟩ a) /gibt die Folge an/ zu ..., als dass ...: die Aufgabe ist viel zu schwierig, a. dass man sie auf Anhieb lösen könnte; b) /einschränkend/ insofern, insoweit ..., als ...: ich bin insoweit dazu bereit, a. meine Interessen davon nicht berührt werden; ... insofern nämlich, a. kein Tatzeuge zu finden war; c) /gibt den Grund an/ umso ..., als ...: was umso peinlicher war, a. *(weil)* die Vorstellung abgebrochen werden musste; der Vorfall ist bedauerlich, umso mehr, a. er unserem Ansehen schadet; der Vorfall ist umso bedauerlicher, a. er unserem Ansehen schadet.
4. /leitet eine nähere Erläuterung [Apposition, Umstandsangabe] ein/: ich a. Künstler *(in meiner Eigenschaft als Künstler);* ihm a. leitendem Arzt; ihre Aufgabe a. Lehrerin ist es, ...; sein Urteil a. das eines der größten Gelehrten; sie erschien a. Zeugin vor Gericht; 20 000 Mark a. Entschädigung zahlen; das soll mir a. *(zur)* Warnung dienen; er fühlt sich a. Held; die Geschichte erwies sich als wahr; sie hat a. Mädchen *(in ihrer Mädchenzeit)* davon geträumt.

also: I. ⟨Adverb⟩ a) *folglich, demnach:* ein Beamter, ein gewissenhafter Mensch a.; er schickte ihr Blumen, a. liebte er sie; b) *das heißt:* bestimmte Bevölkerungsteile, a. Rentner, Studenten, Ausländer ...; Laufvögel, a. Strauße, Nandus, Emus, sind flugunfähig.
II. ⟨Partikel⟩ /[einleitend] bei gefühlsbetonten Aussagen, Ausrufen, Grußworten/: a. schön, a. gut, a. meinetwegen; a., kommst du jetzt oder nicht?; a. doch!; a., auf Wiedersehen!; a. los!; na a.! *(siehst du! warum nicht gleich!).*

alt /vgl. Alte/: 1. a) *bejahrt, nicht jung:* ein alter

Mann; eine alte Frau; alte Leute; ein altes, krankes Pferd; ein altes Mütterchen; das Haus stand unter alten Bäumen; unser Hund ist schon sehr a.; er ist so a. wie Methusalem (ugs.; *sehr alt*); sie ist nicht sehr a. geworden; der Vater fühlt sich a. und schwach; ein älterer *(nicht mehr ganz junger)* Herr; ein Kleid für eine ältere *(nicht mehr ganz junge)* Dame; sie waren schon älter *(im vorgerückten Alter)*, als sie heirateten; b) *Merkmale des Alters aufweisend:* sie hat ein altes Gesicht; mit alten, zittrigen Händen. **2.** *ein bestimmtes Alter habend:* ein drei Wochen alter Säugling; der ältere Bruder; ihre älteste Tochter; sie ist erst 17, schon 30 Jahre a.; er ist [doppelt] so a. wie ich; wie a. sind Sie?; [für] wie a. schätzen Sie diesen Baum?; sie sieht älter aus, als sie ist; diese Frisur macht sie älter; Ⓡ man ist so a., wie man sich fühlt. **3.** *gebraucht, abgenutzt:* alte Schuhe; das alte Auto verkaufen; die alten *(baufälligen)* Häuser werden abgerissen; der Kühlschrank ist schon sehr a.; ein drei Jahre altes *(vorhandenes, in Gebrauch befindliches)* Fahrrad; Ⓡ aus alt mach neu. **4.** a) *nicht [mehr] frisch:* altes Brot; die alte Wunde platzte wieder auf; eine alte und eine frische Spur im Schnee; der Kuchen ist a., schmeckt schon a.; b) *vorjährig:* das alte Laub vermodert; die alten Kartoffeln aufbrauchen; das alte *(vergangene)* Jahr macht einem neuen Platz. **5.** a) *seit langem vorhanden, bestehend:* eine alte Tradition, Erfahrung, Weisheit; alte Rechte; das ist sein alter Fehler; sie tat das aus alter Anhänglichkeit; dieses Gewerbe ist schon sehr a.; b) *langjährig:* ein altes Mitglied; er ist ein alter Soldat; wir sind alte Freunde; die alten Leser unserer Zeitschrift wissen, dass ...; c) *längst bekannt, überholt:* ein alter Witz; (ugs.:) seine alte Masche; (ugs.:) die alte Platte; dieser Trick ist a. **6.** a) *einer früheren Zeit entstammend; eine vergangene Zeit betreffend:* alte deutsche Sagen; alte Meister; er kannte noch das alte Russland; die alten Griechen, Römer *(Griechen, Römer der Antike)*; er studiert alte *(klassische)* Sprachen; die ältere Kolonialzeit; b) *durch Alter wertvoll geworden:* alte Münzen, Drucke, Stiche; sie liebt altes Porzellan; alter *(abgelagerter)* Wein. **7.** *von früher her bekannt, vertraut:* es bot sich ihnen das alte Bild; es geht alles seinen alten Gang; SUBST.: wir lassen alles, es bleibt alles beim Alten *(wie es bisher war)*; sie ist immer noch die Alte *(hat sich nicht verändert)*; wir bleiben die Alten *(es ändert sich nichts zwischen uns)*. **8.** *vorherig, ehemalig:* wir haben noch den alten Preise; die alten Plätze wieder einnehmen; seine alten Schüler, Kollegen besuchen ihn noch; der alte Pfarrer war beliebter als der neue. **9.** a) (fam.) /in vertraulicher Anrede/: na, alter Freund, alter Junge, alter Knabe, altes Haus *(alter Freund)*, wie gehts?; b) (ugs. abwertend) /verstärkend bei negativ charakterisierenden Personenbezeich-

nungen, Schimpfwörtern/ ein alter Geizhals, Schwätzer; sie ist eine alte Hexe, ein alter Drachen; (derb:) du altes Schwein! ∗ **[bei etw.] alt und grau werden** (ugs.; *[bei etw.] sehr lange warten müssen*): bei dieser Arbeit kannst du a. und grau werden, bevor du die erste Gehaltserhöhung bekommst · **nicht alt werden** (ugs.; *nicht lange bleiben, es nicht lange aushalten*): hier werden wir nicht alt · **alt aussehen** (ugs.; *das Nachsehen haben*): weil wir den neuen Trend verschlafen haben, sehen wir jetzt ganz schön a. aus · **Alt und Jung** (*jedermann*).
Alt, der (Musik): **1.** *tiefe Frauen-, Knabenstimme:* ein klarer, schöner A.; die Sängerin hat einen tiefen A.; sie singt A. **2.** *Chorstimme:* sie singt im A. [mit]. **3.** (seltener) *Altistin:* der A. war indisponiert.
Altar, der: a) *Aufbau für gottesdienstliche Handlungen:* ein einfacher, hoher, geschnitzter, reich verzierter A.; an den, vor den, zum A. treten; b) *heidnische Opferstätte:* der A. des Zeus in Pergamon; BILDL.: : jmdn., etw. auf dem A. der Gerechtigkeit, der Liebe, des Vaterlandes (geh.; *für die Gerechtigkeit, Liebe, für das Vaterland*) opfern.
¹Alte, der: a) *alter Mann:* ein verhutzelter Alter; er beobachtete die beiden Alten; b) (salopp) *Vater:* mein Alter erlaubt das nicht; c) (salopp) *Ehemann:* ihr Alter ist sehr eifersüchtig; d) (salopp) *Vorgesetzter:* der Alte hat schlechte Laune; unser Alter ist verreist.
²Alte, die: **1.** a) *alte Frau:* eine gutmütige A.; sie spielt in dem Stück die komische A.; b) (salopp) *Mutter:* meine A. gibt mir kein Geld; c) (salopp) *Ehefrau:* er hat Krach mit seiner Alten; d) (salopp) *Vorgesetzte:* die Lehrmädchen arbeiten nur, wenn die A. da ist. **2.** *Muttertier:* die A. leckt die Jungen ab.
Alten, die: **1.** a) *alte Leute:* die Alten hatten am meisten darunter zu leiden; b) (ugs.) *Eltern:* seine Alten sind nicht zu Hause. **2.** *Tiereltern:* bei der Fütterung der jungen Vögel wechseln sich die Alten ab.
Alter, das: **1.** a) *hohe Anzahl von Lebensjahren; letzter Lebensabschnitt:* ein biblisches, ehrwürdiges, gesegnetes A.; das A. macht sich langsam bemerkbar; 50 ist noch kein A. *(mit 50 Jahren ist man noch nicht alt)*; ein geruhsames, sorgenfreies A. haben; die Würde, Weisheit des Alters; die ist sehr rüstig für ihr A.; für das A. vorsorgen; b) *lange Zeit des Bestehens, des Vorhandenseins:* das A. hat die Handschriften brüchig gemacht. **2.** a) *Lebenszeit, Anzahl der Lebensjahre:* jugendliches, blühendes A.; im kindlichen, zarten, mittleren, fortgeschrittenen A.; das richtige, beste, vorgeschriebene, gesetzliche A. haben; ein hohes A. erlangen, erreichen; ins schulpflichtige, wehrpflichtige, heiratsfähige A. kommen; trotz seines gesetzten, würdigen, reifen Alters; eine Frau unbestimmten Alters; diesem A. ist er ent-

wachsen; sie ist groß für ihr A.; sie sind im gleichen A.; ich bin in seinem A.; sie starb im A. von 70 Jahren; mit zunehmendem A.; **b)** *Zeit des Bestehens, Vorhandenseins:* das A. eines Gemäldes schätzen, bestimmen. **3. a)** *alte Menschen:* das A. geht voran; das A. ehren; **b)** *Personen, die ein bestimmtes Lebensalter vertreten:* jedes A. war vertreten; er gab dem reiferen A. den Vorzug.

altern: rasch, zusehends, merklich, stark, frühzeitig, vorzeitig a.; sie ist in letzter Zeit sehr, um Jahre gealtert; der alternde Rockstar.

alternativ: 1. *eine Alternative bietend, darstellend:* ein alternativer Entwurf, Plan; a. zwei Vorschläge zur Wahl anbieten. **2.** *im Gegensatz zum Herkömmlichen:* eine alternative Lebensweise, Politik; alternative Medizin; alternative Lebensformen. **3.** *anders im Hinblick auf die ökologische Vertretbarkeit:* alternative Medizin, Landwirtschaft; alternative Energiequellen, Gruppen; a. leben, wohnen.

Alternative, die: **1.** *Entscheidung, Wahl zwischen zwei Möglichkeiten:* vor der A. stehen; vor die A. gestellt sein, werden; sich vor die A. gestellt sehen. **2.** *zweite, andere Möglichkeit:* eine echte, klare A.; das ist keine A.; es gibt keine A. zu Europa; es gibt verschiedene Alternativen zur Lösung dieses Problems; wir haben keine andere A.; ich habe eine A. anzubieten.

alters: ⟨in festen Verbindungen⟩ **von alters her** (geh.; *seit langer Zeit, von jeher*): das war von a. her so; das ist ein Brauch von a. her · **seit alters** (geh.; *seit langer Zeit, von jeher*): seit a. wird dieses Fest im Herbst gefeiert. Beachte: Nicht korrekt ist die Verbindung *seit alters her.*

altertümlich: ein altertümliches Bauwerk; altertümliche *(altmodische)* Vorstellungen, die Straßen waren a. und idyllisch.

altklug: ein altkluges kleines Mädchen; ein altkluges Gesichtchen; altkluge Bemerkungen; a. antworten

altmodisch: altmodische Kleidung; ein altmodischer Name; sie hat altmodische Ansichten, Ideen; er war a. gekleidet; seine Eltern sind ein bisschen a.; die Schriftzüge wirkten a.

am: 1. *an dem:* am Fuß des Berges; die Straße führt am See entlang; der Anschlag hängt am schwarzen Brett; am Abend, am Sonntag, dem/ den 7. Januar; am 22. Juli; der Dienst am Kranken. **2.** ⟨mit folgendem Superlativ⟩ er läuft am schnellsten; es wäre am besten, wenn er gleich käme. **3.** (ugs.) ⟨bildet in Verbindung mit *sein* und einem substantivierten Infinitiv die Verlaufsform⟩ ich bin am Überlegen; das Essen ist am Kochen; er ist am Arbeiten.

Ambition, die: künstlerische, politische, sportliche, persönliche Ambitionen haben; Ambitionen auf den Parteivorsitz; er hat keine Ambitionen *(ist mit seinem Rang, Status zufrieden);* die eigenen Ambitionen aufgeben; er konnte seine Ambitionen nicht restlos befriedigen.

ambulant: 1. *umherziehend:* ambulante Händler, Dienste; ein Gewerbe a. betreiben. **2.** (Med.) *nicht stationär:* eine ambulante Behandlung; ein ambulanter Eingriff; der Patient konnte a. versorgt werden.

amen (Rel.): Herr, wir danken dir, a.; SUBST.: die Gemeinde sang das Amen; Ⓡ das ist so sicher wie das Amen in der Kirche *(das ist ganz gewiss);* ★ sein Amen [zu etw.] geben *(seine Zustimmung geben)* · zu allem Ja und Amen/ja und amen sagen (ugs.; *mit allem einverstanden sein).*

Amnestie, die (Rechtsw.): eine A. verkünden, erlassen; A. für politische Gefangene fordern; er fällt nicht unter die A.

amnestieren ⟨jmdn. a.⟩: *Straferlass gewähren:* die politischen Gefangenen a.

Amok: ⟨meist in den Verbindungen⟩ **Amok laufen** *(umherlaufen und blindwütig töten):* der Matrose hat/ist A. gelaufen · **Amok fahren** *(in wilder Zerstörungswut durch die Gegend rasen).*

Ampel, die: **1.** *Hängelampe:* in der Diele hängt, brennt eine A. **2.** *Lichtanlage zur Regelung des Straßenverkehrs:* die A. zeigt Grün, ist außer Betrieb; die A. springt [auf Rot] um; über eine [rote] A. fahren *(weiterfahren, obwohl eine Ampel Rot zeigt);* der Verkehr wird hier durch Ampeln geregelt. **3.** *hängendes Gefäß für Topfpflanzen:* eine A. am Fenster anbringen.

Amt, das: **1. a)** *offizielle Stellung:* ein ehrenvolles, verantwortungsvolles, weltliches, geistliches A.; das höchste A. im Staat; das A. eines Wahlleiters; ein A. annehmen, übernehmen, antreten, bekleiden, verwalten, versehen, innehaben; viele Ämter haben; das A. behalten, quittieren, zur Verfügung stellen, niederlegen; jmdm. ein A. übertragen, geben, anvertrauen, (geh.:) antragen; (geh.:) jmdn. eines Amtes entheben; kraft meines Amtes (Papierdt.; *aufgrund meiner Stellung);* aus seinem Amt ausscheiden; sie mussten ihn aus seinem A. entfernen, entlassen; für ein A. kandidieren; jmdn. in ein A. einführen, einweisen, einsetzen; jmdn. in seinem A. bestätigen; [noch] im A. sein, bleiben; sich um ein A. bewerben; **b)** *Aufgabe, Verpflichtung:* er versieht, übt das A. des Kassierers aus; ihm wurde das schwere A. zuteil, diese Nachricht zu überbringen. **2. a)** *Dienststelle, Behörde:* A. für Statistik, für Gesundheitswesen; ein A. einschalten; auf ein A. gehen; in einem A. vorsprechen; der Ärger mit den Ämtern; (Papierdt.:) auf einem A. vorstellig werden; **b)** *Sitz einer Behörde:* ein A. betreten, verlassen; **c)** *Telefonamt:* das A. anrufen; bitte [ein] A.! *(eine Amtsleitung).* **3.** (kath. Rel.) *Messe mit Gesang:* ein A. singen,

A

bestellen, halten, besuchen; er wohnte dem A. bei;

★ **in Amt und Würden sein** (oft iron.; *eine feste, gesicherte Position innehaben*) · *seines Amtes walten* (geh.; *eine Handlung, die in jmds. Aufgabenbereich liegt, ausführen*) · **von Amts wegen** (1. *dienstlich, aus beruflichen Gründen:* er ist von Amts wegen hier. 2. *auf behördliche Anordnung:* etw. von Amts wegen verkünden).

amtlich: a) *behördlich:* eine amtliche Genehmigung, Verfügung, Bekanntmachung, Entscheidung; ein amtlicher Vermerk; das amtliche Kennzeichen *(die Zulassungsnummer an Kraftfahrzeugen);* etw. a. bekannt machen; das Schriftstück muss a. beglaubigt, bestätigt werden; etw. aus amtlicher *(behördlicher und deshalb zuverlässiger)* Quelle erfahren; wie von amtlicher Seite verlautet; SUBST.: das ist etwas Amtliches; ÜBERTR.: das ist a. (ugs.; *ganz sicher, wirklich wahr);* ich habe es [ganz] a. (ugs.; *aus sicherer Quelle);* b) *dienstlich, von Amts wegen:* er ist in amtlicher Eigenschaft, im amtlichen Auftrag hier; jmdn. a. beauftragen, verpflichten; c) *wichtig, ernst:* eine amtliche Miene aufsetzen; seine Haltung wurde immer amtlicher.

amüsant: ein amüsanter Film; er ist ein amüsanter Gesprächspartner; der Abend war sehr a.; ich finde sie a.; sie kann a. plaudern.

amüsieren: 1. ⟨sich a.⟩ *sich vergnügen, seinen Spaß haben:* sich gut, köstlich, königlich a.; wir haben uns großartig dabei amüsiert.

2. a) ⟨jmdn. a.⟩ *belustigen, erheitern:* der Gedanke amüsierte sie; er amüsierte die Gesellschaft mit seinen witzigen Bonmots, durch seine Tollpatschigkeit; mit amüsiertem Gesicht zusehen; b) ⟨sich über jmdn., etw. a.⟩ *sich lustig machen:* die Leute amüsierten sich über ihn, über seinen Aufzug.

an: /vgl. am; ans/ I. ⟨Präp. mit Dat. und Akk.⟩ 1. /räumlich/ a) ⟨mit Akk. zur Angabe der Richtung⟩: den Ball an die Mauer werfen; bis an den Boden reichen; der Brief ist an mich gerichtet; ich habe eine Bitte an Sie; er wurde an eine andere Schule versetzt; sie nahm das Kind an die Hand; b) ⟨mit Dat.; zur Angabe der Lage, der Nähe, der Berührung o. Ä.⟩: an der Mauer stehen; nahe an der Tür; Trier liegt an der Mosel; Millionen sitzen an ihren Fernsehgeräten; er ist Lehrer an dieser Schule; sie wischte die Hände an der Schürze ab; das Auto fuhr an ihm vorbei; der Blumentopf steht an (bes. österr., schweiz.; *auf*) der Fensterbank; c) /koppelt gleiche Substantive/: sie gingen Seite an Seite *([dicht] nebeneinander);* sie standen Kopf an Kopf *(dicht gedrängt);* sie wohnen Tür an Tür *(in unmittelbarer Nachbarschaft).*

2. ⟨mit Dat.⟩ /zeitlich/: an einem trüben Novembertag; an diesem Abend geschah es; nicht am Ende der Ferien, sondern an ihrem Beginn; (bes. südd.:) an Ostern, Pfingsten, Weihnachten.

3. ⟨mit Akk. mit vorausgehendem *bis*⟩ /zur Angabe

einer räumlichen, zeitlichen Erstreckung/: das Wasser reichte ihr bis an die Knie; er war gesund bis an sein Ende.

4. ⟨mit Dat. und Akk.; stellt eine Beziehung zu einem Objekt, Attribut her⟩ /unabhängig von räumlichen, zeitlichen Vorstellungen/: an Krebs erkranken; sie erkannte ihn an seiner Stimme; er schreibt an einem Roman; an jmdn., etw. glauben; sie ist noch jung an Jahren, aber reich an Erfahrungen; sich an jmdn. entsinnen, erinnern; er ist schuld an dem Unglück; an dem Buch ist nicht viel *(es taugt nicht viel);* an der Meldung ist nichts *(sie ist nicht wahr);* das Schönste an der Sache ist, dass ...; die Kritik an dieser Entscheidung ist berechtigt; Mangel, Überfluss an Lebensmitteln haben; was steht uns an Mitteln zur Verfügung?

II. ⟨Adverb⟩ 1. a) ⟨Verkehrsw.⟩ /zur Angabe der Ankunft/ Frankfurt an: 17⁵⁰ Uhr; b) ⟨in Verbindung mit der Präp. *von* räumlich und zeitlich⟩ von dort an; von der zehnten Reihe an; von München an; von jetzt, heute an, von Kindheit an.

2. *ungefähr, etwa; annähernd:* die Strecke war an [die] 30 Kilometer lang; er ist an die 80 Jahre alt; sie half an die 50 Kindern.

3. a) *eingeschaltet, angedreht:* die Heizung, das Radio war an; das Gas soll an bleiben; ⟨häufig elliptisch⟩ /bes. in Aufforderungen/: Licht an!; Scheinwerfer an!; b) (ugs.) ⟨elliptisch⟩ *anziehen:* nur rasch den Mantel an und weg von hier!; mit nur wenig an *(wenig bekleidet);* ohne etwas an *(unbekleidet);*

★ **an [und für] sich** *(eigentlich, im Grunde genommen):* eine an [und für] sich gute Idee; dagegen ist an sich nichts einzuwenden · **etw. an sich** *(als solches):* die Natur, das Ding an sich · **etwas an sich haben** (ugs.; *eine besondere Eigenart haben):* sie hat etwas Rührendes an sich · **an sich halten** *(sich mit großer Mühe beherrschen):* ich musste an mich halten · **es ist an dem** *(es ist so, verhält sich so)* · **es ist an jmdm., etw. zu tun** (geh.; *es ist jmds. Aufgabe, etw. zu tun):* es ist an dem Minister, mit den Studenten zu sprechen; nun ist es an mir *(nun bin ich an der Reihe)* zu antworten.

analog: eine analoge Erscheinung; a. [zu] diesem Fall.

Analyse, die: eine genaue, sorgfältige, wissenschaftliche A.; die A. der Marktlage; eine A. machen, vornehmen, durchführen; etw. einer A. unterziehen.

analysieren ⟨etw. a.⟩: Probleme, die Wirtschaftslage, einen Text, eine Sonate, einen Satz a.

anbahnen: a) ⟨etw. a.⟩ *in die Wege leiten, anknüpfen:* eine Verbindung, Handelsbeziehungen, Gespräche a. b) ⟨sich a.⟩ *sich zu entwickeln beginnen:* eine Freundschaft bahnt sich zwischen beiden an; eine Möglichkeit hat sich angebahnt; langsam bahnt sich eine Wende in den Beziehungen an.

anbändeln (ugs.) ⟨mit jmdm. a.⟩: a) *eine Liebesbe-*

ziehung anknüpfen: er versuchte mit der Stewardess anzubändeln; **b)** *Streit anfangen:* sie bändelt mit allen Leuten an.

Anbau, der: **1. a)** *das Anbauen:* der A. eines Stalles war nötig geworden; **b)** *angebauter Gebäudeteil:* ein stilwidriger, störender A.; ein Hauptgebäude und zwei Anbauten. **2.** *das Anpflanzen:* der A. von Kartoffeln, Getreide, Tabak; Gemüse aus ökologischem Anbau.

anbauen: 1. ⟨[etw.] a.⟩ *hinzubauen, anfügen:* eine Garage, eine Veranda a.; sie bauten einen Seitenflügel an das/(seltener:) an dem Hauptgebäude an; im nächsten Jahr wollen wir a.; ÜBERTR.: Dominosteine a. *(ansetzen);* wenn wir anbauen (ugs.; *einen zusätzlichen Tisch an die Tafel heranrücken*), haben alle Gäste Platz. **2.** ⟨etw. a.⟩ *anpflanzen:* Getreide, Kohl, Tabak, Wein a.

anbei (Papierdt.): a. senden, schicken wir Ihnen das gewünschte Informationsmaterial, die gewünschten Unterlagen; Porto a.

anbeißen: 1. ⟨etw. a.⟩ *das erste Stück von etw. abbeißen:* einen Apfel a.; ein angebissenes Stück Brot. **2.** *den Köder anfressen, verschlucken:* der Fisch hat angebissen; ÜBERTR.: der Mann wollte nicht recht a. (ugs.; *auf das Angebot nicht eingehen*); ⋆ **zum Anbeißen sein, aussehen** (ugs.; *überaus anziehend sein, aussehen*).

anbelangen: ⟨in der Verbindung⟩ **was jmdn., etw. anbelangt** *(was jmdn., etw. betrifft):* was mich anbelangt, [so] bin ich einverstanden.

anberaumen (Amtsspr.) ⟨etw. a.⟩: eine Sitzung, eine Verhandlung a.; die Konferenz auf Mittwoch a.; der [für das Treffen] anberaumte Termin.

anbeten ⟨jmdn., etw. a.⟩: **a)** *betend verehren:* Götzen a.; lasst uns den Herrn a.!; **b)** *bewundern, vergöttern:* er betet seine Frau an; ÜBERTR.: eine Gesellschaft, die das Geld anbetet.

Anbetracht: ⟨in der Verbindung⟩ **in Anbetracht** *(im Hinblick auf):* in A. ihrer Verdienste, seines hohen Alters; in A. *(angesichts)* der Verhältnisse; in A. dessen/der Tatsache, dass er sich große Verdienste erworben hat.

anbiedern (abwertend) ⟨sich [bei jmdn.] a.⟩: er biedert sich dauernd, ständig beim Chef, bei den Professoren an.

anbieten: 1. ⟨jmdm. etw. a.⟩ **a)** *wissen lassen, dass man jmdm. etw. geben will:* jmdm. seine Hilfe, seine Dienste, seinen Schutz, seine Begleitung a.; er bot der Frau seinen Platz, seinen Stuhl an; ÜBERTR.: jmdm. Prügel, eine Ohrfeige a. (iron.; *androhen*); **b)** *reichen, vorsetzen:* den Gästen Getränke a.; er bot ihm von seinem Essen an; jmdm. eine Zigarette a.; ⟨auch ohne Dat.⟩ Erfrischungen, etwas zu essen/zu trinken a.; wir haben nichts anzubieten; ⟨zur Wahl stellen:⟩ jmdm. etw. als Gegengabe, als Ersatz a. **2. a)** ⟨jmdm. etw. a.⟩ *vorschlagen, antragen:* jmdm. einen Vertrag, einen Tausch a.; er hat mir

das Du angeboten; ⟨auch ohne Dat.⟩ Verhandlungen a.; der Minister hat seinen Rücktritt angeboten *(hat sein Amt zur Verfügung gestellt);* **b)** *offerieren:* ⟨etw. a.⟩ Waren zum Verkauf a.; Elektrogeräte [zu einem günstigen Preis] a.; die Gesellschaft bietet täglich Flüge zu den Balearen an; die Volkshochschule bietet Kurse in autogenem Training an; einem Verlag ein Manuskript a. **3.** ⟨sich a.⟩ **a)** *sich zu etw. bereit erklären:* sich als Begleiter, als Dolmetscherin, als Vermittler a.; sie bietet sich freiwillig zum Vorlesen an; er bot sich an, das Geld zu besorgen; **b)** *nahe liegen:* eine andere Möglichkeit, Lösung bietet sich nicht an; **c)** *geeignet sein:* für das Treffen bietet sich Genf an; der Ort bietet sich für die Tagung geradezu an; als Ausweg [aus der Krise] bietet sich eine radikale Reform an.

anbinden: 1. ⟨jmdn., etw. [an etw. (Akk./Dat.)] a.⟩ *festbinden:* einen Hund an einen/einem Pfahl a.; das Boot am Ufer a.; ÜBERTR.: man kann Kinder nicht a. *(nicht ständig beaufsichtigen).* **2.** (geh.) ⟨mit jmdn. a.⟩ **a)** *Streit anfangen:* er wagte nicht, mit ihr anzubinden; **b)** *ein Liebesverhältnis anfangen:* er versuchte mit der Stewardess anzubinden. **3.** (Verkehrsw.) ⟨etw. an etw. (Dat.) a.⟩ *eine Verkehrsverbindung herstellen:* eine Region an das Autobahnnetz a.; der Flugplatz ist gut an die Stadt angebunden; ⋆ **angebunden sein** *(an Pflichten gebunden sein)* · **kurz angebunden [sein]** *(unfreundlich und abweisend [sein]):* sie war, antwortete kurz angebunden.

Anblick, der: **a)** *das Anblicken, Betrachten:* beim A. des Fremden erschrak sie; in den A. eines Bildes versunken sein; **b)** *Bild:* ein erfreulicher, trostloser A. oder A. war überwältigend, begeisterte ihn; es bot sich ihm ein grässlicher A.; einen A. nicht ertragen, nicht vergessen können; erspare mir diesen A.!; Ⓡ es war ein A. für Götter (ugs.; *ein lustiger, komischer Anblick*).

anblicken ⟨jmdn., etw. a.⟩: sie blickte ihn fassungslos, lächelnd, fragend, wütend, mit großen Augen, von oben herab, von unten her an; ihre Augen blickten ihn unverwandt an.

anbrechen: 1. ⟨etw. a.⟩ *nicht ganz [durch]brechen:* einen Ast, den Henkel einer Tasse a.; ⟨jmdm., sich etw. a.⟩ bei dem Sturz hat er sich zwei Rippen angebrochen. **2.** ⟨etw. a.⟩ *zu verbrauchen beginnen:* noch eine Flasche Wein, eine neue Kiste Zigarren a.; dieses Geld brechе ich nicht an; eine angebrochene Tafel Schokolade; BILDL.: ein angebrochener Abend *(noch verbleibender Teil des Abends).* **3.** (geh.) *anfangen, eintreten:* der Tag, die Dämmerung bricht an; eine neue Ära, das Computerzeitalter ist angebrochen.

anbrennen: 1. a) ⟨etw. a.⟩ *anstecken, anzünden:* eine Kerze, eine Lunte, einen Holzstoß a.; sie brannten ein Feuerchen an; ⟨jmdm., sich etw. a.⟩ ich brannte mir eine Zigarre an; **b)** *zu brennen beginnen:* das Holz brennt gut, nur langsam an. **2.** *sich beim Kochen, Braten im Topf ansetzen:* die Milch, das Essen ist angebrannt; es riecht, schmeckt angebrannt; * **nichts anbrennen lassen** (1. ugs.; *sich nichts entgehen lassen.* **2.** Sport Jargon; *keinen Fehler machen:* die Mannschaft, der Torwart ließ nichts a.)

anbringen /vgl. angebracht/: **1.** (ugs.) ⟨jmdn., etw. a.⟩ *herbeibringen:* was bringst du da an?; sie brachten ihn in betrunkenem Zustand an. **2.** ⟨etw. a.⟩ *festmachen, befestigen:* am Rathaus eine Gedenktafel a.; eine Lampe an der/(seltener:) an die Decke a.; ÜBERTR.: in einem Text, einem Manuskript Änderungen, Verbesserungen a. **3.** ⟨etw. a.⟩ *vorbringen:* eine Bitte, eine Beschwerde, eine Bemerkung a.; er konnte sein Wissen nicht a. *(nicht zeigen).* **4. a)** (ugs.) ⟨jmdn., etw. a.⟩ *unterbringen:* sie hat ihren Sohn [in einer Lehrstelle, als Lehrling] angebracht; ich kann dich bei der Zeitung a.; **b)** ⟨etw. a.⟩ *absetzen, verkaufen:* die Ware ist schwer anzubringen. **5.** (ugs.) ⟨etw. a.⟩ *anbekommen:* die Schuhe habe ich kaum angebracht.

Anbruch, der (geh.): der A. einer neuen Zeit; vor, bei, mit A. des Tages, der Dunkelheit, der Nacht.

Andacht, die: **1. a)** *Besinnung auf Gott:* in frommer, tiefer A. vor dem Altar knien; **b)** *kurzer [Gebets]gottesdienst:* eine kurze, feierliche A.; eine A. halten; sie nahm an der abendlichen A. teil. **2.** *innere Sammlung, innere Anteilnahme:* voller A. vor einem Gemälde stehen; er war in [tiefe] A. versunken; sie hörte mit A. zu; etw. mit A. (scherzh.; *bedächtig und mit Genuss)* essen, verspeisen.

andächtig: eine andächtige Gemeinde, Zuhörerschaft; es herrschte eine andächtige *(feierliche)* Stille; a. lauschen, beten.

andauern /vgl. andauernd/: der Regen, das Schweigen dauert an; die Verhandlungen dauern noch an.

andauernd: immer diese andauernden Störungen, Belästigungen!; es regnet a.; er unterbrach mich a.; sie muss a. an den gestrigen Vorfall denken.

Andenken, das: **1.** *Erinnerung:* das A. eines Verstorbenen in Ehren halten; (geh.:) wir werden ihm ein ehrendes, liebevolles A. bewahren; jmdn. in freundlichem, treuem, bleibendem A. behalten; er steht bei uns in gutem A.; zum A. an den Toten; wir werden ihm zum A. ein Buch schenken. **2.** *Gegenstand, Geschenk mit Erinnerungswert:* ein hübsches, kleines A.; jmdm. ein A. von der Reise mitbringen; ich möchte das Buch als A. behalten.

andere: **1. a)** *nicht die bereits erwähnte Person, Sa-*

che, *sondern eine zweite, eine weitere:* der eine kommt, der andere geht; von einer Seite auf die andere; der eine oder der andere *(dieser oder jener)* kaufte etwas; weder das eine noch das andere *(keins von beiden);* eins tun und das andere nicht lassen *(beides tun);* **b)** *der nächste, folgende, vorhergehende:* von einem Tag zum ander[e]n; ein Jahr um das andere *(die Jahre hindurch);* er kam einen Tag um den ander[e]n *(jeden zweiten Tag);* am ander[e]n *(folgenden)* Morgen; ein Wort gab das andere *(sie gerieten in Streit);* einen Brief über den ander[e]n, nach dem ander[e]n *(in rascher Folge)* schreiben; ein Bild ist schöner als das andere; er durfte bleiben, die beiden anderen mussten den Saal verlassen; sie kamen einer nach dem andern *(nacheinander);* eins nach dem andern *(der Reihe nach).* **2.** *andersartig:* das ist eine andere Welt; andere wertvolle Gegenstände; ein anderer Abgeordneter; andere Maßstäbe anlegen; die Forderung anderer Betroffener; ich bin anderer Meinung als Sie; sie ist ein ganz anderer Mensch geworden *(hat sich völlig verändert);* hier herrscht ein anderer *(strengerer)* Ton; in diesem Betrieb weht ein anderer Wind *(geht es strenger zu);* aus anderem besseren/(auch:) besserem Stoff; bei anderer seelischer Verfassung; in ganz anderer Weise; mit anderen Worten ...; etw. in einem anderen Licht, mit anderen Augen sehen; das ist etwas anderes; man hat mich eines anderen (geh.; *Besseren)* belehrt; er konnte nichts anderes tun als ...; ich habe schon etwas anderes vor; das kannst du einem anderen *(einem Dümmeren)* erzählen; ich hätte beinahe etwas anderes (ugs.; *Unangebrachtes)* gesagt; das ist alles andere als *(ist genau das Gegenteil von)* leicht; das ist alles andere als die Wahrheit *(ist keineswegs die Wahrheit).* Beachte: Bei qualifizierendem Gebrauch wird *andere* auch großgeschrieben: die Suche nach dem Anderen *(nach einer anderen Welt);* * **unter anderem** *(darunter auch; außerdem).*

ander[e]nfalls: sonst, im anderen Fall: ich musste ihm helfen, weil er a. zu spät gekommen wäre; dies muss befolgt werden, a. wird die Veranstaltung abgebrochen.

and[e]rerseits, anderseits: *zum anderen, auf der anderen Seite:* ich möchte ihn nicht kränken, aber a. muss ich ihm die Wahrheit sagen; /oft im Korrelat/ einerseits ... und and[e]rerseits ...: einerseits macht es Spaß, a. Angst.

andermal: ⟨in der Verbindung⟩ **ein andermal** *(bei einer anderen Gelegenheit):* heute nicht mehr, vielleicht ein a.; wir befassen uns damit ein a.

ändern: **1.** ⟨jmdn., etw. a.⟩ *anders machen, umgestalten:* den Mantel, den Kragen am Kleid ä.; die Ansicht, einen Entschluss, das Programm ä.; ä. kann er nichts an der Sache; ich kann es nicht ä.; er hat das Testament ä. lassen; die Richtung, seine Strategie, seine Taktik, den Ton [seiner Stimme] ä. *(wechseln);* das Flugzeug ändert seinen Kurs um 30 Grad; daran ist nichts zu ä., daran lässt sich nichts mehr ä.; alte Menschen kann man nicht mehr ä. *(von ihren Gewohnheiten abbringen)*. 2. ⟨sich ä.⟩ *anders werden, sich wandeln:* das Wetter, die Lage ändert sich; die Zeiten haben sich geändert; daran wird sich nichts ä.; er hat sich in der letzten Zeit sehr zum Vorteil, zu seinem Nachteil geändert.

anders: 1. *verschieden; abweichend:* a. denken, reden, handeln; eine a. denkende Minderheit; a. geartete Probleme; a. lautende Berichte, Meldungen; die Sache ist/verhält sich a., als du denkst; ich habe mich a. besonnen, es mir a. überlegt; a. gesinnt sein; es geht nicht a.; a. ausgedrückt ...; es kam ganz a.; es war nicht a. zu erwarten; ich kann nicht a. *(nur so [handeln]);* so und nicht a. *(nur so);* a. tut er es nicht (ugs.; *nur unter dieser Bedingung tut er es*); mit etwas Sahne schmeckt die Suppe gleich ganz a. *(wesentlich besser).* 2. ⟨in Verbindung mit Pronomen und Adverbien⟩ *sonst:* wer a. käme in Frage?; niemand a. als er *(kein anderer)* hat es getan; wie sollte, könnte es a. sein?

anderthalb: a. Wochen später; ich habe a. Stunden gewartet.

Änderung, die: eine teilweise, geringfügige, gründliche, einschneidende Ä.; eine Ä. der Verfassung; die Änderung des Kleides; eine Ä. [zum Besseren, zum Schlechteren] ist eingetreten; eine Ä. der Arbeitsverhältnisse fordern, herbeiführen, vornehmen; Änderungen vorbehalten.

andeuten: 1. ⟨etw. a.⟩ a) *zu verstehen geben:* etw. verschämt, vorsichtig, mit einem Blick, im Gespräch a.; einen Wunsch, ein Vorhaben a.; ihr Blick deutete an *(zeigte),* dass sie sich bereits vorher darüber verständigt hatten; ⟨jmdm. etw. a.⟩ er deutete ihm an, dass er gehen könne; b) *nicht vollständig ausführen, nur flüchtig angeben:* das Wichtigste, einen Gedankengang, eine Verbeugung, ein Lächeln a.; eine Figur mit ein paar Strichen a.; der Pianist deutete die Melodie nur an. 2. ⟨sich a.⟩ *sich abzeichnen:* eine günstige Wendung, das Neue deutet sich an.

Andeutung, die: 1. *flüchtiger Hinweis, Anspielung:* vage, geheimnisvolle Andeutungen; eine A. machen, fallen lassen; (geh.:) sich in Andeutungen ergehen. 2. *schwache Spur von etw.:* die A. eines Lächelns, einer Verbeugung.

andichten ⟨jmdm./etw. etw. a.⟩: er dichtete ihm unlautere Absichten, übernatürliche Fähigkeiten an.

Andrang, der: ein starker, heftiger, unerwarteter A.; der A. der Massen war groß; an der Kasse, an den Schaltern herrschte großer A.

andrehen: 1. (ugs.) ⟨etw. a.⟩ a) *durch Betätigen eines Schalters, Knopfes o. Ä. die Zufuhr von etw. ermöglichen:* das Licht, das Wasser, das Gas a.;

b) *in Betrieb setzen:* eine Maschine a.; er drehte im Zimmer das Radio an. 2. ⟨etw. a.⟩ *durch Drehen befestigen:* einen Griff, die Schrauben a. 3. (ugs. abwertend) ⟨jmdm. etw. a.⟩ *dazu bringen, etw. zu kaufen;* er wollte ihm die alten Sachen a.; er ließ sich von dem Vertreter eine Versicherung a.

androhen ⟨jmdm. etw. a.⟩: er drohte ihm Schläge, schwere Bestrafung an; der Chef hat ihr angedroht, sie zu entlassen.

anecken (ugs.): 1. *an etw. stoßen:* ich bin mit dem Rad [am Bordstein] angeeckt. 2. *unangenehm auffallen:* er ist bei seinem Chef angeeckt; wenn Sie so weitermachen, werden Sie schwer anecken.

aneignen ⟨sich (Dat.) etw. a.⟩: 1. *sich in etw. üben, bis man darüber verfügt:* sich eine fremde Sprache a.; du hast dir viele Kenntnisse angeeignet. 2. *sich unrechtmäßig in den Besitz einer Sache setzen:* sich jmds. Vermögen a.; du hast dir das Buch einfach angeeignet.

aneinander: a. vorbeireden; sie denken viel, hängen a. *(sie haben die Gefangenen a. gebunden;* in der Kälte, vor Angst drängten sich die Menschen dicht a.; die einzelnen Teile des Bildes fügen sich harmonisch a.; er geriet mit ihm, die beiden gerieten a. *(in Streit);* die beiden Äffchen haben sich fest a. geklammert; die Minuten, die Stunden reihten sich a.; an dieser Nahtstelle stoßen Ost und West a. Beachte: Nach neuer Rechtschreibung wird *aneinander* vom folgenden Verb immer getrennt geschrieben.

anekeln ⟨jmdn. a.⟩: der Anblick, diese Person, das ganze Leben ekelte ihn an; angeekelt wandte sie sich ab; er schaute angeekelt auf das dreckige Wasser; sie fühlte sich, war davon angeekelt.

anerkannt: ein anerkannter Forscher, Wissenschaftler; er ist eine [international] anerkannte Größe; ihre anerkannte Zuverlässigkeit.

anerkennen: 1. ⟨jmdn., etw. a.⟩ *für gültig erklären, bestätigen:* etw. offiziell, amtlich, behördlich a.; einen Staat diplomatisch a.; eine Unterschrift, ein Testament a.; wir erkennen seine Forderungen als zu Recht bestehend an; ein Kind nicht als sein eigenes a.; ich erkenne das an. 2. ⟨etw. a.⟩ *würdigen, loben;* etw. dankbar, hoch, voll a.; wir erkennen seine Verdienste an; jmdm. anerkennend zunicken; ADJ. PART.: er ist eine [international] anerkannte *(allgemein geschätzte)* Größe; seine anerkannte *(unbestritten)* Zuverlässigkeit.

Anerkennung, die: 1. *Bestätigung der Gültigkeit, Rechtmäßigkeit:* die A. eines Staates; jmdm. die A. als politischer Flüchtling verweigern; diese Schule hat die staatliche A. erhalten. 2. *Würdigung, Lob:* seine Leistung verdient volle A., erhielt, fand keine A.; jmdm. seine A. ausdrücken, aussprechen; (geh.:) sie zollten, spendeten

A

seinen Taten hohe A.; als A. für seine Verdienste, in A. seiner Verdienste ...; mit A. von jmdm. sprechen.

anfahren: 1. *losfahren:* das Auto fährt langsam, sanft an; der Wagen ist ruckartig angefahren; er gab Gas und fuhr vorsichtig an; SUBST.: das Anfahren am Berg. 2. ⟨gewöhnlich im 2. Part. in Verbindung mit *kommen*⟩ *heranfahren:* er kam mit seinem Sportwagen, das Motorrad kam in rasendem Tempo angefahren. 3. ⟨etw. a.⟩ *mitbringen:* Steine, Holz, Kohlen a.; er will mir die Kartoffeln selbst a. 4. ⟨jmdn. a.⟩ *streifen; verletzen:* er hat eine alte Frau angefahren; das Kind wurde vom Bus angefahren. 5. ⟨etw. a.⟩ *ansteuern; auf etw. zufahren:* diesen Ort fahren wir auf unserer Reise nicht, zuerst an; er hat die Kurve falsch, zu schnell angefahren. 6. ⟨jmdn. a.⟩ *in heftigem Ton zurechtweisen:* einen Untergebenen barsch, gereizt, wütend, grob a.

Anfall, der: 1. *plötzliches Auftreten einer Krankheit:* ein schwerer, leichter A.; ein epileptischer A.; ein A. von Fieber; der A. lässt nach, geht vorüber, wiederholt sich; einen A. bekommen, haben, erleiden; er tötete sich in einem A. von Schwermut; ÜBERTR.: in einem A. *(einer Anwandlung)* von Wut, von Eifersucht; (ugs. scherzh.:) in einem A. von Großzügigkeit hat er mir 100 Mark gegeben. 2. *Ausbeute, Ertrag:* der A. an Roheisen, an Getreide ist sehr gering;
⋆ **einen Anfall bekommen/kriegen** (ugs.; *außer sich geraten*).

anfallen: 1. ⟨jmdn., etw. a.⟩ *plötzlich angreifen:* jmdn. im Dunkeln, hinterrücks a.; der Hund hat die Frau angefallen; ÜBERTR.: er hat mich mit groben Worten angefallen. 2. (geh.) ⟨jmdn. a.⟩ *jmdn. befallen:* Wut, Verzweiflung hat ihn angefallen. 3. a) ⟨bei etw. a.⟩ *nebenher, als Folge von etw. entstehen:* bei diesem Verfahren sind viele Nebenprodukte angefallen; b) *sich ergeben:* viel Arbeit ist angefallen; alle anfallenden *(vorkommenden)* Arbeiten.

anfällig ⟨a. [für/(seltener:) gegen etw.]⟩: ein schwaches, anfälliges Kind; sie war schon immer sehr a.; er ist sehr a. für/(seltener:) gegen Erkältungen; ÜBERTR.: der wirtschaftlich anfällige Mittelstand.

Anfang, der: ein neuer, guter, verheißungsvoller, schwerer A.; der A. des Buches, des Films; sich aus kleinen Anfängen emporarbeiten; man muss nur den richtigen A. finden; den A. verpassen; mit etw. einen neuen Anfang machen *(etw. [unter anderen Voraussetzungen] noch einmal beginnen);* am A. der Woche; am/zu A. *(anfangs, zuerst)* war er mit allem zufrieden; am/(seltener:) im A. des Jahrhunderts; am, gegen, seit A. unserer Zeitrechnung; für den A. reicht es; er war von

[allem] A. an *(gleich)* dagegen; A. Oktober, des Monats; es geschah A. 1960; sie ist jetzt A. fünfzig *(etwas älter als fünfzig);* der A. *(Ursprung)* aller Dinge, des Lebens; die Anfänge *(das Entstehen)* des Tonfilms; noch am A. stehen *(mit etw. erst begonnen haben);* über die Anfänge *(ersten Versuche)* nicht hinauskommen; in den Anfängen *(Ansätzen)* stecken bleiben; Ⓡ das ist der A. vom Ende *(das schlimme Ende ist nicht mehr fern);* aller A. ist schwer;
⋆ **den Anfang machen** *(anfangen, der Erste sein)* · **seinen Anfang nehmen** (geh.; *anfangen)* · **von Anfang bis Ende** *(vollständig, ohne etw. auszulassen):* ich habe das Buch von A. bis Ende gelesen.

anfangen: 1. *mit etw. beginnen:* a) ⟨etw. a.⟩ eine Arbeit, [mit jmdm.] ein Gespräch, einen Brief, ein neues Leben a.; er fing mit ihm Streit an; (ugs.:) ein Verhältnis, etwas mit jmdm. a.; wir fingen ein Haus zu bauen an/wir fingen an, ein Haus zu bauen; wenn wir anfangen zu bauen, .../wenn wir zu bauen anfangen, ...; ⟨auch ohne Akk.⟩ wer fängt an?; du hast angefangen (ugs.; *du hast den Streit begonnen*); wieder von vorn a. [müssen]; b) ⟨mit etw. a.⟩ mit der Ernte a.; wir können jetzt mit dem Essen a.; ⟨auch ohne Präpositionalobjekt⟩ fangt nur schon an, ich komme auch gleich. 2. ⟨mit Umstandsangabe⟩ *eine Ausbildung, berufliche Tätigkeit beginnen:* am 1. August können Sie [bei uns] a.; er hat klein, mit nichts, von unten angefangen; er fing als Vertreter an. 3. (ugs.) ⟨mit/von etw. a.⟩ *zu sprechen beginnen:* er fing mit diesen Worten an; mein Vater fing wieder an, von Politik zu reden; musst du immer wieder damit/davon a.? 4. *einsetzen, seinen Anfang nehmen:* hier fängt das Sperrgebiet an; das Konzert fängt um 20 Uhr an; wann hat das Spiel angefangen?; (iron.:) das fängt ja gut, schön, heiter an! 5. a) ⟨etw. a.⟩ *machen:* was soll ich nun a.?; eine Sache richtig, verkehrt, falsch a.; du musst es anders a.; b) ⟨etw. mit jmdm., sich, etw. a.⟩ *anstellen:* was soll ich damit a.?; ich kann mit dieser Meldung, mit dem Theaterstück nichts a.; sie weiß mit sich nichts anzufangen; mit ihm ist nichts anzufangen.

Anfänger, der: Anfänger und Fortgeschrittene; Kurse für Anfänger; er ist kein A. mehr; (ugs.:) er ist ein blutiger A.

anfangs: I. ⟨Adverb⟩ *am Anfang, zuerst:* a. ging alles gut; sie war a. sehr zurückhaltend. II. (ugs.) ⟨Präp. mit Gen.⟩ *am Anfang:* a. des Jahres.

anfassen: 1. a) ⟨jmdn., etw. a.⟩ *mit der Hand berühren; ergreifen:* den warmen Ofen a.; sie lässt sich nicht gerne a.; etw. vorsichtig, mit spitzen Fingern a.; sie fasste das Tuch an einem Zipfel an; ÜBERTR.: der Kritiker hat den jungen Komponisten zart, grob angefasst; b) (ugs. landsch.)

⟨jmdn. a.⟩ *bei der Hand nehmen:* sie fasst das Kind an.

2. *helfen:* der Korb ist schwer, fass mal [mit] an!

3. ⟨sich irgendwie a.⟩ *sich anfühlen:* der Stoff fasst sich rau, zart, glatt an.

4. ⟨etw. irgendwie a.⟩ *in Angriff nehmen; anfangen:* eine Sache, ein Problem klug, geschickt a.; du musst es nur am/beim rechten Ende a.

5. (geh.) ⟨jmdn. a.⟩ *befallen, ergreifen:* Mitleid, ein Schauder fasste ihn an.

anfauchen ⟨jmdn. a.⟩: die Katze fauchte mich, den Hund an; ÜBERTR.: sie hat ihn ganz schön angefaucht *(heftig angefahren).*

anfechten: 1. ⟨etw. a.⟩ *gegen etw. angehen:* das Testament, eine Entscheidung, ein Urteil a.; der Vertrag ist angefochten worden.

2. (geh.) ⟨jmdn. a.⟩ *beunruhigen, bekümmern:* Sorgen, Versuchungen haben ihn angefochten; das ficht mich nicht an; sie ließ es sich nicht a. *(ließ sich nicht beirren).*

Anfechtung, die: 1. *Einspruch gegen etw.:* die A. des Urteils, eines Testaments.

2. (geh.) *Versuchung:* der Glaube hält allen Anfechtungen stand; Anfechtungen erleiden, überwinden, überstehen; schweren Anfechtungen ausgesetzt sein; einer A. erliegen.

anfeinden ⟨jmdn. a.⟩: sie wurde von vielen angefeindet; sie feindeten sich [gegenseitig] heftig an.

anfertigen ⟨etw. a.⟩: eine Übersetzung a.; sie hatte ein Protokoll, eine Liste [mit Sorgfalt] angefertigt; sich beim Schneider ein Kleid a. lassen; diese Fabrik fertigt Waren fürs Ausland an.

anfeuchten ⟨etw. a.⟩: eine Briefmarke, einen Schwamm a.; ⟨jmdm., sich etw. a.⟩ ich feuchtete mir den Finger, die Lippen [mit der Zunge] an.

anfeuern: 1. ⟨etw. a.⟩ *anheizen:* den Ofen, den Kessel a.

2. ⟨jmdn., etw. a.⟩ *anspornen:* sie feuerten die Mannschaft lautstark, durch Zurufe, mit Zurufen an; jmds. Mut, die Spieler zu immer größeren Leistungen a.

anflehen (geh.) ⟨jmdn. a.⟩: jmdn. weinend, auf den Knien [um Hilfe] a.; er flehte die Bürger an, nichts zu unternehmen.

anfliegen: 1. ⟨gewöhnlich im 2. Part. in Verbindung mit *kommen*⟩ *heranfliegen:* anfliegende Maschinen; ein Vogel, ein Ball kam angeflogen.

2. ⟨etw. a.⟩ *auf etw. zufliegen:* eine Stadt, einen Flughafen a.; die Lufthansa fliegt Moskau an *(hat eine Fluglinie nach Moskau).*

3. a) ⟨jmdm. a.⟩ *jmdm. zufallen:* die Kenntnisse sind ihm nur so angeflogen; b) (geh.) ⟨jmdn. a.⟩ *jmdn befallen:* Angst, Sehnsucht flog sie an; eine gewisse Ahnung hatte ihn angeflogen.

Anflug, der: 1. a) *das Zufliegen auf ein Ziel:* beim A.; die Maschine ist, befindet sich bereits im A. [auf Frankfurt]; b) *Flugweg:* einen zu weiten A. haben.

2. *Hauch, Spur:* ein A. von Spott, von Traurigkeit

lag in ihrer Stimme; in/mit einem A. von Verlegenheit kratzte er sich am Ohr.

anfordern ⟨jmdn., etw. a.⟩: Ersatzteile [für eine Reparatur], einen Bericht, ein Gutachten a.; über Funk Hilfe a.; wir haben zwei Monteure angefordert.

Anforderung, die: 1. *das Anfordern:* eine schriftliche, telefonische A. von Ersatzteilen, von Arbeitskräften.

2. *Anspruch:* harte, strenge Anforderungen; die Rallye stellt hohe Anforderungen an Mensch und Material; die Aufgabe stellt hohe Anforderungen an Kraft und Ausdauer; einer A. genügen, gewachsen sein, gerecht werden; seine Leistungen entsprechen nicht den Anforderungen.

Anfrage, die: eine schriftliche, telegrafische A.; Ihre A. bei unserer Firma wegen/(Kaufmannsspr.:) bezüglich der Reparatur ...; eine A. an jmdn. richten; Anfragen beantworten, bearbeiten; eine kleine *(schriftlich gestellte und beantwortete),* große *(in einer Bundestagssitzung zu behandelnde)* A. an die Regierung (im Parlament) einbringen; Näheres, Preise auf A.

anfragen ⟨[bei jmdm., etw.] a.⟩: brieflich, telefonisch, höflich [wegen etw.] a.; bei jmdm. anfragen lassen, ob ....

anfreunden: 1. ⟨sich mit jmdm. a.⟩ *sich befreunden:* er freundete sich mit den anderen Schülern schnell an; ⟨auch ohne Präpositionalobjekt⟩ die beiden haben sich schnell angefreundet.

2. ⟨sich mit etw. a.⟩ *sich an etw. gewöhnen:* ich muss mich erst mit diesem Gedanken, mit der neuen Mode a.

anfühlen: 1. ⟨etw. a.⟩ *prüfend betasten:* einen Stoff a.; fühl einmal meine Hände an, wie kalt sie sind.

2. ⟨sich irgendwie a.⟩ *ein bestimmtes Gefühl vermitteln:* seine Hände fühlten sich feucht, rau an; der Stoff fühlt sich an wie Leder.

anführen: 1. ⟨jmdn., etw. a.⟩ *leiten:* einen Festzug eine Demonstration, die Polonaise a.; ÜBERTR.: ein Produkt, das den Markt anführt.

2. a) ⟨etw. a.⟩ *vorbringen:* Beispiele, Gründe, Tatsachen a.; ein Argument für etw. a.; ich habe das als Entschuldigung, zu meiner Entschuldigung angeführt; die oben angeführten Thesen; b) ⟨jmdn. als jmdn.⟩ *benennen:* er führt ihn als Gewährsmann, als Zeugen an; c) ⟨jmdn., etw. a.⟩ *zitieren:* eine Textstelle, einen Autor a.; er führte seinen Vorredner an.

3. ⟨jmdn. a.⟩ *[zum Scherz] irreführen:* ich lasse mich nicht a.; man hat uns [mit dieser Nachricht] gründlich angeführt.

Anführungszeichen, das ⟨meist Plural⟩: A. oben, unten; ein Wort, einen Satz in A. setzen; ein Wort mit A. versehen; Zitate schreibt man in A.; ÜBERTR.: etw. in A. sagen *(nicht ganz wörtlich meinen).*

Angabe, die: 1. *Aussage, Auskunft:* eine zuverlässige, falsche, sachdienliche, genaue A.; Angaben zur Person; widersprechende Angaben [zum Her-

A

gang, über den Hergang] machen; die Polizei erbittet, bittet um nähere Angaben; eine A. nachprüfen; die Richtigkeit der A. überprüfen; nach A. der Zeugen; etw. nach Angaben eines Kunden anfertigen; ohne A. der Adresse verzogen; unter A. des Kennwortes, des Aktenzeichens schreiben; ich halte mich an seine Angaben *(Anweisungen)*. **2.** *Prahlerei:* das ist ja alles bloß A. **3.** (Sport) *eröffnender Schlag:* wer hat die A.?; um die A. spielen; die A. *(der bei der Angabe gespielte Ball)* ging ins Aus.

angeben: 1. ⟨etw. a.⟩ a) *nennen, Auskunft über etw. geben:* Ort und Zeit [für ein Treffen], seinen Namen, die Personalien, den Grund [für etw.], den Preis, die genauen Maße [von etw.] a.; das hat er bei der Steuererklärung falsch, ungenau angegeben; der Wert des Grundstücks, der Umsatz wurde mit 500 000 Mark angegeben; ⟨jmdm. etw. a.⟩ Sie müssen mir Ihre Adresse a.; b) *bestimmen, festsetzen:* das Tempo, den Takt a.; der Kommandant gab einen neuen Kurs an. **2.** ⟨jmdn., etw. [als jmdn., etw.] a.⟩ *anzeigen, melden:* er hat ihn [bei der Polizei] als Komplizen, als Täter, als Zeugen angegeben; er hat das Landhaus als Versteck angegeben; einen Mitschüler [beim Direktor] a. **3.** (ugs.) ⟨[mit etw.] a.⟩ *prahlen:* der gibt ganz schön mit seinem neuen Auto an. **4.** *ein Spiel eröffnen:* wer gibt an?; im ersten Satz habe ich angegeben.

angeblich: ihr angeblicher Onkel; ein angeblicher Augenzeuge; a. krank, verreist sein.

angeboren: eine angeborene Sehschwäche; die Krankheit ist a.; ⟨jmdm. a. sein⟩ ihr ist die Schlagfertigkeit a.

Angebot, das: **1.** *das Anbieten, Vorschlag:* ein günstiges, verlockendes, großzügiges, vorteilhaftes, unverbindliches, billiges A.; das ist mein letztes, äußerstes A.; das A. *(das erste Gebot bei einer Versteigerung)* beträgt 500 Mark; [jmdm.] ein A. machen; der Künstler erhielt, bekam, hat ein A. [aus Amerika, nach England, in die Schweiz, an das Burgtheater]; ein A. aufrechterhalten, ablehnen, annehmen; er ging auf meine Angebote nicht ein; wir bitten Sie um Ihr A. über/für [die] Lieferung von ... **2.** *angebotene Ware:* ein breit gefächertes, großes, reichhaltiges, preiswertes A.; das A. an/von Kleidern, an/von Gemüse ist gering; wir haben heute Rindfleisch im A.; die Preise richten sich nach A. und Nachfrage.

angebracht: eine keineswegs angebrachte Bemerkung; unser Vertrauen ist [wegen seiner Leistungen] durchaus a.; Schmeicheleien sind bei ihr nicht a.; sie hielt es für a., sofort abzureisen.

angebunden: ↑ anbinden.

angedeihen: ⟨in der Verbindung⟩ **jmdm. etw. angedeihen lassen** (geh. od. iron.; *zukommen lassen, zuteil werden lassen*): der Staat lässt uns Schutz a.; sie lässt ihren Kindern eine gute Erzie-

hung a.; er ließ sich dazu bewegen, uns seine Aufmerksamkeit a. zu lassen.

angegriffen: ↑ angreifen.

angeheitert (ugs.): angeheiterte Gäste; in angeheitertem Zustand; er ist leicht, ziemlich a.

angehen /vgl. angehend/: **1.** (ugs.) *anfangen:* morgen geht die Schule an; die Vorstellung ist schon angegangen. **2.** *zu brennen, zu leuchten beginnen:* das Feuer geht nicht an; im Saal gingen die Lampen an. **3.** (ugs.) *anwachsen, festwachsen:* die Pflanzen, Ableger sind [nicht] alle angegangen. **4.** ⟨jmdn., etw. a.⟩ *angreifen:* einen Gegner a.; (Sport:) der Verteidiger ging den Stürmer hart, von hinten an. **5.** ⟨jmdn., etw. a.⟩ *zu bewältigen suchen:* die Bergsteiger haben⟨(südd., österr., schweiz. auch:)⟩ sind den Gipfel angegangen; das Pferd geht das Hindernis im Galopp an *(reitet im Galopp darauf zu);* die Mannschaft hat das Spiel zu schnell angegangen; eine Aufgabe, Schwierigkeiten professionell, zielstrebig a.; man muss beide Probleme gleichzeitig angehen. **6.** ⟨gegen jmdn., etw. a.⟩ *vorgehen, ankämpfen:* die Feuerwehr ging mit Schaumlöschern gegen die Flammen an; gegen Missstände, gegen die Umweltverschmutzung, gegen ein Gerichtsurteil a.; gegen jmds. Absicht, Willen a.; ich bin dagegen angegangen. **7.** ⟨jmdn., etw. [um etw.] a.⟩ *um etw. bitten:* den Freund um Rat, um Unterstützung, um Geld a.; er hat die Bank [um ein Darlehen] angegangen. **8.** ⟨jmdn., etw. a.⟩ *betreffen:* dieser Fall geht mich unmittelbar, am meisten, persönlich an; das geht dich nichts, (derb:) einen Dreck an *(ist nicht deine Sache).* **9.** *möglich, vertretbar sein:* das geht gerade noch, kaum an; ⟨es geht an⟩ ich würde, wenn es anginge, absagen; es geht nicht an, dass sie ständig zu spät kommt; mit der Hitze ging es noch an *(sie war noch erträglich);* ★ **was jmdn., etw. angeht** *(was jmdn., etw. betrifft, anlangt):* was mich angeht, so erkläre ich mich prinzipiell dazu bereit; was die Bezahlung angeht, so können wir nach sechs Monaten neu darüber verhandeln.

angehend: ein angehender Arzt; ein angehender Vierziger *(Mann, der bald vierzig Jahre alt wird).*

angehören ⟨jmdn., etw. a.⟩: einer Partei, einem Verein [als aktives Mitglied], einer anderen Nation a.

Angehörige, der und die: **1.** *jmd., der einer bestimmten Gruppe angehört:* Angehörige/die Angehörigen des Betriebes; Angehöriger einer anderen Nation sein; männliche und weibliche Angehörige; die Teilnahme ehemaliger Angehöriger. **2.** *nächster Verwandter:* seine Angehörigen besuchen; er hat keine Angehörigen mehr.

Angeklagte, der und die: der A., die A. hat das

Wort; Angeklagter, treten Sie vor!; ihm als Angeklagten/Angeklagtem; ihr als Angeklagten/Angeklagter.

¹Angel, die: *Gerät zum Fischfang:* die A. auswerfen, einziehen; die Fische gehen nicht an die A.; einen dicken Fisch an der A. haben.

²Angel, die: *Tür-, Fensterzapfen:* verrostete Angeln; die Angeln ölen; die Tür kreischt, hängt schief in den Angeln; einen Fensterflügel aus den Angeln heben;

∗ **etw. aus den Angeln heben** *(etw. grundlegend ändern):* sie wollte die Welt aus den Angeln heben.

angelegen: ⟨in der Verbindung⟩ **sich** (Dat.) **etw. angelegen sein lassen** (geh.; *sich um etw. bemühen, kümmern*): er ließ sich die Erziehung der Kinder sehr a. sein; ich will es mir a. sein lassen, ihr Vertrauen zu gewinnen.

Angelegenheit, die: eine dringliche, nebensächliche, ernste, ganz vertrackte, peinliche, private, geschäftliche A.; kulturelle, politische Angelegenheiten *(Belange);* das ist meine A. *(geht nur mich an);* wichtige Angelegenheiten hielten ihn fern; eine A. regeln, erledigen, klären, besprechen, bearbeiten, weiterleiten; um was für eine A. handelt es sich?; kümmere dich um deine Angelegenheiten!; ich komme in einer dienstlichen A. zu Ihnen; er wird sich nicht in fremde Angelegenheiten mischen.

angeln: 1. a) *Fische mit der Angel fangen:* er angelt mit Begeisterung, im Urlaub; nach/(fachspr.:) auf Forellen a.; wir gehen a.; b) ⟨etw. a.⟩: *mit der Angel fangen:* er angelt Forellen, ÜBERTR.: Fleisch aus der Suppe a.

2. (ugs.) a) ⟨nach etw. a.⟩ *etw. zu ergreifen suchen:* er angelte mit den Füßen nach dem Hausschuh; b) ⟨sich (Dat.) etw. a.⟩ *ergreifen:* er angelte sich eine Zeitschrift vom Tisch, mit ausgestreckter Hand das Glas; ÜBERTR.: sie hat sich einen Millionär geangelt (leicht abwertend; *hat ihn geheiratet*).

angemessen: eine [der Arbeit] angemessene Bezahlung, Vergütung; ein angemessener Preis; das ist wohl kaum eine angemessene Entschuldigung; etw. in angemessener Form sagen; der Lohn war [der Leistung] a.; ich halte das Honorar für a.

angenehm: ein angenehmer Geruch; eine angenehme Abwechslung; ein Spätsommertag mit angenehmen Temperaturen um die 25 Grad; [ich wünsche dir eine] angenehme Reise!; er ist ein angenehmer *(liebenswerter)* Mensch; ihre Stimme ist sehr a.; a. träumen; sich a. unterhalten; von etw. a. überrascht, berührt sein; es wäre mir a. *(lieb),* wenn Sie ...

angeregt: eine angeregte Unterhaltung; in angeregter Stimmung; sich a. unterhalten.

angesagt: ⟨in der Verbindung⟩ **angesagt sein** (ugs.; *1. in Mode, sehr gefragt sein:* die beiden Liedermacher, ihre Lieder sind zur Zeit a.; Gefühl ist

wieder a. *2. anstehen:* heute ist bei ihnen ein Ausflug a.; jetzt ist Frühstück a.).

angeschlagen: einen angeschlagenen Eindruck machen: der Boxer ist a.; er kam nach dem Verhör a. nach Hause.

angesehen: ein angesehener Autor, Verlag; sie stammt aus einer angesehenen Familie; er ist überall a.

angesichts (geh.) ⟨Präp. mit Gen.⟩: a) *im, beim Anblick:* a. der Bergwelt, der Gefahr; b) *im Hinblick auf:* a. der Tatsache, dass...

angespannt: a) *angestrengt:* mit angespannter Aufmerksamkeit; a. lauschen; b) *kritisch, bedenklich:* ein angespanntes Verhältnis; die angespannte Finanzlage; der Markt, die Situation ist ziemlich a.

Angestellte, der und die: ein höherer, leitender, kaufmännischer Angestellter; weibliche Angestellte; Angestellte/die Angestellten unserer Firma; einige Angestellte entlassen.

angestrengt: mit angestrengter Aufmerksamkeit; a. arbeiten, nachdenken, zuhören.

angetan: ⟨in den Wendungen⟩ **von jmdm., etw. angetan sein** *(angenehm berührt sein):* er war von ihr, von ihrer Idee, von ihrem Vorschlag sehr a. · **danach/dazu angetan sein** *(geeignet sein):* die Lage ist nicht dazu/danach a., Feste zu feiern.

angewandt: ↑ anwenden.

angewiesen: ⟨in der Verbindung⟩ **auf jmdn., etw. angewiesen sein** *(von jmdm., etw. abhängig sein):* er ist auf dich, auf deine Hilfe, auf sein Wohlwollen a.; die Regierung ist bei ihren Reformplänen auf die Mehrheit im Bundesrat a.; wir sind aufeinander a.

angewöhnen ⟨jmdm., sich etw. a.⟩: sich Pünktlichkeit, das Rauchen a.; gewöhn dir an, früher aufzustehen.

Angewohnheit, die: eine schlechte, seltsame, üble A.; eine A. annehmen, ablegen; er hat die A., beim Essen, während des Essens zu lesen.

angezeigt (geh.): er hielt es für a., früher zu kommen; in diesem Falle wäre eine Badekur a.

angleichen ⟨sich; jmdm., etw./an jmdn., etw. a.⟩: die Löhne den Preisen/an die Preise a.; sie haben sich [einander] angeglichen; die Steuersysteme der einzelnen Mitgliedstaaten sollen aneinander angeglichen werden.

angliedern ⟨etw. (Dat.) a.⟩: die Jugendabteilungen sind dem Verein angegliedert.

angreifen: 1. a) ⟨[jmdn., etw.] a.⟩ *gegen jmdn., etw. vorgehen:* die Stadt mit Geschützen, Panzern a.; eine Stellung im Tiefflug a.; im Morgengrauen a.; der Betrunkene griff die Gäste an *(wurde tätlich);* b) (Sport) *die Initiative ergreifen:* die Stürmer griffen frühzeitig, heftig, zu hektisch, planlos an; c) ⟨jmdn. a.⟩ *heftig kritisieren:* die Rede des Ministers, seine Politik a.; er wurde in den Zeitungen scharf, heftig angegriffen.

2. (landsch.) a) ⟨jmdn., etw. a.⟩ *anfassen:* die Kin-

A

der greifen alles an; b) ⟨sich irgendwie a.⟩ *sich an-fühlen:* der Stoff greift sich rau, weich an. 3. ⟨etw. a.⟩ *anbrechen:* Vorräte nicht a. wollen, a. müssen; ich habe das Guthaben noch nicht angegriffen. 4. ⟨etw. a.⟩ *in Angriff nehmen:* eine Aufgabe richtig, entschlossen a.; wir müssen die Sache anders, an der richtigen Stelle a. 5. a) ⟨jmdn., etw. a.⟩ *schaden; schwächen:* das Licht greift die Augen an; die Krankheit hat ihn sehr angegriffen; er sieht sehr angegriffen *(erschöpft)* aus; b) ⟨etw. a.⟩ *beschädigen, zersetzen:* der Rost greift das Eisen an.

angrenzen ⟨[an etw. (Akk.)] a.⟩: das Grundstück grenzt unmittelbar an den Garten an; die angrenzenden Gebäude.

Angriff, der: 1. *das Angreifen; Offensive:* heftige, schwere, pausenlose Angriffe; ein atomarer A.; der A. auf die feindlichen Stellungen; der A. brach zusammen; einen A. einleiten, [gegen etw.] vortragen, abschlagen, abwehren, [blutig] zurückweisen; die Bomber flogen einen A. gegen die Nachschubwege; zum A. ansetzen, übergehen, vorgehen. 2. (Sport) a) *Initiative:* einen A. starten, parieren; der A. über die Flügel; b) *Gesamtheit der Angriffsspieler:* der A. ist schlecht, hat versagt, war nicht zu bremsen. 3. *heftige Kritik:* ein offener, massiver, versteckter Angriff; massive Angriffe gegen das Fernsehen richten; der Minister sah sich heftigen Angriffen ausgesetzt; ★ *etw. in Angriff nehmen* (nachdrücklich; *mit etw. beginnen)*: wir haben das Projekt endlich in A. genommen.

Angst, die: eine große, schreckliche, grundlose A.; panische A. ergriff, schüttelte, befiel, quälte ihn; eine unerklärliche A. steigt in ihr auf, erfasst, überkommt, beschleicht ihn; die A. weicht, sitzt ihr in den Gliedern, im Nacken, in der Kehle; er kennt keine A.; A. bekommen, ausstehen, (geh.:) leiden; Ängste entwickeln; die A. [in sich] überwinden; sie hat Angst *(fürchtet sich);* er hat Angst, dass ... *(befürchtet, dass ...);* das Kind hat A. vor dir, vor Strafe; sie hatte A., ihn wiederzusehen; A. um jmdn. haben *(sich um jmdn. sorgen);* jmdm. [durch, mit etw.] A. bereiten, einjagen, einflößen; [in, bei jmdm.] A. erwecken, hervorrufen; der Truppen verbreiteten A. und Schrecken; etw. aus A. tun, verschweigen; in A. geraten; sie versetzten das Land in A. und Schrecken; in A. *(Sorge)* um jmdn. sein; sie war, schwebte in tausend Ängsten; vor A. vergehen, zittern, blass werden, fast sterben, umkommen; ★ *jmdm. Angst [und Bange] machen (in Angst versetzen)* · es mit der Angst zu tun bekommen/kriegen *(ängstlich werden)* · jmdm. ist, wird [es] angst [und bange] *(jmd. hat, bekommt Angst).*

ängstigen: a) ⟨jmdn. ä.⟩ *in Angst versetzen:* ein bö-

ser Traum hatte ihn geängstigt; b) ⟨sich ä.⟩ *Angst haben:* sich unnötig, vor der Zukunft ä.; die Mutter ängstigte sich um ihr Kind.

ängstlich: 1. a) *voller Angst, besorgt:* ein ängstlicher Blick; sie machte ein ängstliches Gesicht; ä. antworten, aufblicken; sich ä. umblicken; ihm wurde ä. zumute; b) *furchtsam:* ein ängstliches Kind; sei nicht so ä.! 2. *sorgfältig, peinlich:* mit ängstlicher Genauigkeit; ihr ä. gehütetes Geheimnis; er war ä. bemüht, nicht gesehen zu werden.

angucken (ugs.): 1. ⟨jmdn. a.⟩ *ansehen:* jmdn. treuherzig, lächelnd, mit großen Augen a. 2. ⟨sich (Dat.) jmdn., etw. a.⟩ *betrachten:* ich gucke mir die Schaufenster, die Auslagen a; sich etw. genau a.

anhaben: 1. (ugs.) ⟨etw. a.⟩ *ein Kleidungsstück tragen:* ein Kleid, neue Schuhe a.; sie hatte nichts, wenig an. 2. ⟨jmdm., etw. etw. a.⟩ *gewöhnlich verneint in Verbindung mit bestimmten Modalverben⟩ Schaden zufügen:* niemand konnte ihm etwas a.; die Kälte schien ihm nichts anzuhaben; der Sturm konnte dem Boot nichts a. 3. (ugs.) ⟨etw. a.⟩ *eingeschaltet haben:* das Radio, den Fernsehapparat a.; ich hatte die Heizung nicht an; von weitem sah ich, dass sie das Licht an hatte.

anhaften: 1. ⟨an jmdm., etw. a.⟩: *hängen bleiben, sich festsetzen:* Schmutz haftet an dieser Stelle an; anhaftende Farbreste entfernen. 2. (geh.) ⟨jmdm., etw. a.⟩ *zu jmdm., etw. gehören; jmdm., etw. eigen sein:* dieser Ruf, diese Schmach wird ihm immer a.; dem Golfsport haftet immer noch etwas Elitäres an; jedem Kompromiss haften Mängel an.

anhalten: 1. a) ⟨jmdn., etw. a.⟩ *zum Halten, zum Stillstand bringen:* ein Auto, die Pferde, die Drehtür a.; er wurde von einer Streife angehalten; er hielt einige Sekunden den Atem an *(atmete nicht);* den Schritt a. (geh.; *stehen bleiben);* b) *stehen bleiben, zum Stillstand kommen:* das Auto hielt vor dem Haus an; er hielt mitten in der Rede, bei der Arbeit, mit dem Lesen an *(hielt inne).* 2. ⟨jmdn. zu etw. a.⟩ *zu etw. anleiten:* die Kinder zur Ordnung a.; sie wurde von ihrem Vater dazu angehalten, selbstständig zu arbeiten. 3. *andauern:* das schöne Wetter, der Frost, das Fieber hält an; wie lange soll dieser Zustand noch a.?; anhaltender Beifall; es hat anhaltend geregnet.

Anhalter, der: an der Auffahrt stand ein Anhalter; ★ *per Anhalter fahren, reisen* (ugs.; *trampen).*

Anhaltspunkt, der: es gibt, es bieten sich keine neuen Anhaltspunkte für seine Schuld; jemandem A. geben, liefern, suchen, finden.

anhand: *mithilfe:* I. ⟨Präp. mit Gen.⟩ a. des Zeugnisses; a. der Indizien.

II. ⟨Adverb in Verbindung mit *von*⟩ a. von Indizien, Gewebeproben.

Anhang, der: **1.** *Nachtrag:* der A. zu dem Vertrag; im A. des Buches finden sich die Anmerkungen. **2.** ⟨ohne Plural⟩ a) *Anhängerschaft:* diese Bewegung hat keinen großen A.; damit kann die Partei keinen Anhang gewinnen; b) *Verwandtschaft, Angehörige:* eine Witwe ohne A.; ihr Bruder kam mit seinem ganzen A. zu Besuch.

¹anhängen, hing an, angehangen (geh.): **1.** ⟨jmdm., etw. a.⟩ *anhaften, mit jmdm., etw. verknüpft sein:* die Krankheit hängt mir noch an; die Gefängnisstrafe wird ihm immer a.; Schwierigkeiten hängen jeder Reform an. **2.** ⟨jmdm., etw. a.⟩ *ergeben sein; sich verschrieben haben:* einer Lehre, einem Glauben a.; das Volk hat ihm angehangen.

²anhängen, hängte an, angehängt: **1.** a) ⟨etw. [an etw. (Akk.)] a.⟩ *an etw. hängen:* einen Zettel an ein Paket a.; ⟨jmdm., sich etw. a.⟩ sie hatte sich Ohrringe angehängt; b) ⟨etw. a.⟩ *ankuppeln:* den Wohnwagen a.; der Schlafwagen wird hinten am Zug, an den Zug angehängt. **2.** ⟨sich [an etw. (Akk.)] a.⟩ a) *sich an etw. hängen:* sie liefen, fuhren mit den Rädern dem Wagen nach und hängten sich an; b) *jmdm., sich, etw. unmittelbar anschließen:* der Sportwagen hängte sich an; er hängte sich an den führenden Läufer, an den Vordermann, an die Autoschlange an. **3.** ⟨etw. [an etw. (Akk.)] a.⟩ *anfügen, hinzusetzen:* ein Kapitel, eine Nachschrift an einen Brief a.; er hängte noch drei Tage Urlaub an die Tagung an. **4.** (ugs. abwertend) ⟨jmdm. etw. a.⟩ a) *etwas Übles zuschreiben, aufbürden:* sie hat ihrer Nachbarin allerhand angehängt; jmdm. einen Prozess a.; b) *verkaufen; andrehen:* er hat ihm eine ganze Ladung verdorbener Ware angehängt; ÜBERTR.: jmdm. den Tripper a. *(auf jmdn. übertragen).*

Anhänger, der: **1.** *angehängter Wagen:* ein Lastkraftwagen mit A.; sie stiegen in den A. der Straßenbahn. **2.** *Schmuckstück, das an einer Kette o. Ä. getragen wird:* ein wertvoller A. aus Bernstein. **3.** *angehängtes Namens-, Nummernschildchen:* einen A. ausfüllen, am Koffer befestigen. **4.** *jmd., der einer Person, Sache anhängt:* er ist ein treuer, gläubiger, überzeugter A. dieser Lehre; sie hat nicht viele A.

anhängig (Rechtsw.): ⟨in den Wendungen⟩ **anhängiges Verfahren** *(schwebendes Verfahren)* · **anhängig sein** *(bei Gericht zur Entscheidung stehen):* die Sache, der Fall ist schon länger bei Gericht a. · **etw. anhängig machen** *(vor Gericht bringen):* eine Klage [vor Gericht] a. machen.

anhänglich: *treu:* ein anhänglicher Freund; der Hund ist sehr a.

Anhänglichkeit, die: Hunde entwickeln eine große A.; er tat es aus [alter] A.

anhauchen: 1. ⟨jmdn., etw. a.⟩ *gegen jmdn., etw.*

hauchen: den Spiegel a.; hauch mich mal an!; BILDL.: ihre Wangen waren rosig angehaucht; ÜBERTR.: er ist kommunistisch angehaucht. **2.** (salopp) *zurechtweisen:* der Chef hat ihn ordentlich angehaucht.

anhauen (salopp): **1.** a) ⟨jmdn. [um etw./wegen etw.] a.⟩ *um etw. bitten, angehen:* er haute seinen Freund um 50 Mark, um einen Schnaps an; mich hat er auch angehauen; b) ⟨jmdn. a.⟩ *plumpvertraulich ansprechen:* ein Mädchen a. **2.** ⟨sich etw. [an etw.] a.⟩ *anstoßen:* sich den Kopf an der Tür a.; sich das Knie am Stuhlbein anhauen.

anhäufen: a) ⟨etw. a.⟩ *sammeln und aufbewahren:* Vorräte, Geld a.; b) ⟨sich a.⟩ *sich ansammeln:* die Arbeit hat sich immer mehr angehäuft.

anheben: 1. ⟨etw. a.⟩: a) *hochheben:* den Schrank, den Teppich a.; sie hob den Mantel ein wenig an; b) *erhöhen:* die Gebühren, die Gebühren a.; die Preise sind wieder angehoben worden; die Löhne um 3 % a.; die Mehrwertsteuer ist von 15 % auf 16 % angehoben worden; **2.** (geh.) *anfangen:* zu sprechen, zu singen a.; die Glocken hoben an zu läuten; ... danach hob der Geistliche an *(begann zu sprechen);* der Gesang hob an.

anheften: ⟨etw. [an etw. (Akk./Dat.)] a.⟩ *den Saum a.;* eine Schleife an das/an dem Kleid a.; sie heftete einen Zettel an die/an der Tür an; ⟨jmdm., etw. etw. a.⟩ er heftete ihm einen Orden an.

anheim (geh.): ⟨in den Verbindungen⟩ **jmdm. anheim fallen** *(jmdm. als Eigentum zufallen):* die Güter der Flüchtlinge fielen dem Staat a. · **etw. (Dat.) anheim fallen** *(einer Sache zufallen):* nach seinem Tod fiel sein Besitz dem Staat a.; der Vergessenheit a. *(vergessen werden);* der Zerstörung a. *(zerstört werden)* · **jmdm./etw. jmdm./sich/ etw. anheim geben** *(jmdm./etw. jmdm./sich/etw. übergeben, anvertrauen):* sich dem leichten Schaukeln des Bootes a. geben · **etw. jmdm. anheim stellen** *(etw. jmdm. überlassen):* ich stelle das Ihrem Belieben, Ihrer Entscheidung a.

anheizen: 1. ⟨etw. a.⟩ *zu heizen beginnen:* den Ofen a. **2.** (ugs.) ⟨etw. a.⟩ *steigern:* die Stimmung, die Diskussion, die Konjunktur, die Inflation a.

anheuern (Seemannsspr.): a) ⟨jmdn. a.⟩ *anwerben:* Seeleute a.; ÜBERTR.: Statisten, Arbeitskräfte a.; b) *in den Schiffsdienst treten:* auf einem Dampfer a.

Anhieb, der: ⟨in der Verbindung⟩ **auf [den ersten] Anhieb** *(ugs.; sofort):* etw. auf A. erreichen; alles glückte, klappte auf A.; sie wusste, schaffte es auf [den ersten] A.; sie verstand sich auf A. mit ihm.

anhimmeln (ugs.) ⟨jmdn. a.⟩: a) *schwärmerisch ansehen:* sie himmelte ihn den ganzen Abend an; b) *schwärmerisch verehren:* einen Filmstar a.; er wurde von Millionen jungen und älteren Frauen angehimmelt.

anhören: 1. ⟨jmdn., etw. a.⟩ *aufmerksam zuhören:*

einen Antragsteller schweigend, geduldig, freundlich a.; das Anliegen, die Beschwerden des Nachbarn a.; ⟨sich (Dat.) jmdn., etw. a.⟩ ich habe mir seine Klagen, seine Pläne, die Rede, das Konzert, den Sänger angehört; sie wollte sich den Vortrag bis zu Ende anhören.
2. ⟨etw. mit a.⟩ *mithören:* ein Gespräch am Nachbartisch [mit] a.; ich kann das nicht mehr mit a. *(es ist nicht mehr zu ertragen).*
3. ⟨jmdm./etw. etw. a.⟩ *anmerken:* man hört [es] ihn an, dass sie erkältet ist; er hörte ihr, ihrer Stimme die Erleichterung, die Verzweiflung an; man hört ihm immer noch den Engländer an.
4. ⟨sich irgendwie a.⟩ *einen bestimmten Eindruck vermitteln:* der Vorschlag hört sich ganz gut, nicht schlecht an; das hört sich nach Streit an; es hört sich an, als ob es regnet.
ankämpfen ⟨gegen jmdn., etw. a.⟩: gegen den Sturm a.; gegen die Müdigkeit, die Tränen, alte Vorurteile a.
Ankauf, der: der A. von Wertpapieren; Ankäufe tätigen, machen.
ankaufen: 1. ⟨etw. a.⟩ *erwerben:* Grundstücke, Aktien a.; die Galerie hat mehrere Gemälde angekauft.
2. ⟨sich irgendwo a.⟩ *ein Grundstück, Haus erwerben, um sich dort niederzulassen:* sich in der Nähe von Hamburg a.
Anker, der: der A. fasst nicht, rutscht durch den Schlamm; den A. auswerfen, einholen, aufwinden, hieven (Seemannsspr.; *hochziehen),* lichten (Seemannsspr.; *einholen);* BILDL.: sein Glaube war ihm ein fester A. *(Halt, Stütze);*
★ **sich vor Anker legen** (Seemannsspr.; *den Anker auswerfen)* · **vor Anker liegen/treiben** (Seemannsspr.; *mit dem Anker am Grund festgemacht sein)* · **Anker werfen; vor Anker gehen** (1. Seemannsspr.; *den Anker auswerfen.* 2. ugs.; *Rast machen, sich niederlassen:* in diesem Lokal können wir A. werfen, vor A. gehen).
ankern: das Schiff ankert in der Bucht, vor der Reede; morgen a. wir in Hamburg.
Anklage, die: **1.** a) *Klage vor Gericht:* die A. gründet/stützt sich auf Indizien; die A. lautet auf Widerstand gegen die Staatsgewalt; eine A. einreichen, vorbringen, zurückziehen; der Staatsanwalt erhob A. wegen Betrugs, wegen Körperverletzung; jmdn. unter A. stellen *(vor Gericht anklagen);* unter A. stehen *(vor Gericht angeklagt sein);* b) *Anklagevertretung:* Zeugin der A.; die Plädoyers der A. und der Verteidigung.
2. (geh.) *Beschuldigung, Vorwurf:* soziale Anklagen; massive, schwer wiegende Anklagen; der Redner erhob leidenschaftliche A. gegen die Regierung.
anklagen: 1. ⟨jmdn. a.⟩ *vor Gericht Klage erheben:* er wurde [vor der ersten Kammer] angeklagt; ⟨jmdn. etw. (Gen.)/wegen etw. a.⟩ er wurde des Mordes an dem Juwelier angeklagt; einen Mann wegen Diebstahls, wegen Hochverrats, wegen

Körperverletzung a.; man hatte ihn wegen der Verschwörung angeklagt.
2. ⟨jmdn., sich, etw. a.⟩ *beschuldigen:* er klagte sich als der/(seltener:) als den Mörder des Kindes an; der Film klagt die sozialen Missstände an.
anklammern: 1. ⟨etw. a.⟩ *mit einer Klammer befestigen:* die Wäsche a.; er klammerte eine Fotokopie an das/an dem Schreiben an.
2. ⟨sich an jmdn., etw. a.⟩ *sich krampfhaft festhalten:* das Kind klammerte sich an die/an der Mutter an; ⟨auch ohne Präpositionalobjekt⟩ der kleine Affe klammerte sich ängstlich an.
Anklang, der (geh.): der A. an Bach ist unverkennbar; in seinen Dramen finden sich viele Anklänge an Brecht;
★ **Anklang finden** *(mit Zustimmung, Beifall aufgenommen werden):* sein Plan, die Musik fand viel, wenig, keinen A.
ankleben: ⟨etw. [an etw. (Akk./Dat.)] a.⟩ Plakate, Tapeten a.; einen Zettel an die/an der Tür a.; ⟨jmdm., sich etw. a.⟩ er hat sich einen falschen Bart angeklebt.
ankleiden (geh.) ⟨jmdn., sich etw. a.⟩: er kleidet die Kinder an; sich schnell, sorgfältig, für den Abend a.; ich bin noch nicht angekleidet.
anklingen: 1. *spürbar, hörbar werden:* immer wieder klingt das Leitmotiv an; in ihren Worten klang so etwas wie Wehmut an; viele Erinnerungen klingen an *(werden wach).*
2. (geh.) *leicht übereinstimmen:* die Melodie klang an ein altes Volkslied an.
anklopfen: 1. *(an die Tür) klopfen:* leise, zaghaft, laut, energisch a.; an die/an der Tür a.; er trat ein, ohne anzuklopfen.
2. (ugs.) *anfragen:* ich habe überall umsonst angeklopft; er klopfte bei seinem Freund um 500 Mark an.
anknabbern ⟨etw. a.⟩: die Tiere hatten im Winter die Knospen der Bäume angeknabbert; die Nüsse, den Speck a.
anknüpfen: 1. ⟨etw. a.⟩ *an etw. befestigen:* eine abgerissene Schnur wieder a.; das eine Ende des Seils an das andere/an dem anderen Ende a.
2. ⟨an etw. a.⟩ *anschließen:* an einen Gedankengang, an eine Entwicklung, an alte Traditionen, an langjährige Erfahrungen a.; er knüpfte an die Worte des Vorredners an.
3. ⟨etw. [mit jmdm.] a.⟩ *anfangen:* mit jmdm. ein Gespräch, ein [Liebes]verhältnis, eine Beziehung a.; erste Geschäftskontakte a.
Anknüpfungspunkt, der: es bestanden, boten sich keine Anknüpfungspunkte für neue Verhandlungen; einen A. suchen, finden.
ankommen: 1. *an einem Ort eintreffen, ihn erreichen:* pünktlich, völlig unerwartet, glücklich zu Hause, um 8 Uhr, in Hamburg, auf dem Gipfel, in der Heimat, mit der Bahn a.; ein Brief, ein Päckchen ist angekommen; der Wagen kam mit hoher Geschwindigkeit an *(näherte sich);* ÜBERTR.: wir waren schon bei der Nachspeise angekommen

(angelangt); bei unseren Nachbarn ist ein kleiner Junge angekommen *(geboren worden).*
2. (ugs.) *sich an jmdn. wenden:* kommst du schon wieder an!; die Zuhörer kamen mit immer neuen Fragen an.
3. (ugs.) *angestellt werden:* ich möchte in dieser Firma gerne a.; er ist bei dem Unternehmen als Werbefachmann angekommen.
4. (ugs.) ⟨[bei jmdm.] a.⟩ *Anklang finden:* der Schlager, die Sendung, das Stück ist angekommen; die junge Schauspielerin kam beim Publikum gut, schlecht, nicht an; mit seinem Vorschlag kam er übel bei ihm an; da kam ich schön an! (iron.; *hatte keinen Erfolg*).
5. ⟨gegen jmdn., etw. a.⟩ *sich durchsetzen:* man kann gegen ihn, gegen alte Vorurteile nicht a.; sie suchte [vergeblich], dagegen anzukommen.
6. (geh.) ⟨jmdn. a.⟩ *überkommen:* Angst, Entsetzen, Ekel kam ihn an; ein seltsames Verlangen war sie angekommen; ⟨irgendwie a.⟩ der Dienst kam ihn hart, schwer, sauer an *(wurde ihm hart, schwer, sauer).*
7. ⟨auf jmdn., etw. a.⟩ *abhängen:* es kommt auf ihn an, ob wir reisen dürfen; es käme auf einen Versuch an; darauf kommt es hier gar nicht an; auf die paar Mark kommt es [mir] nun wirklich nicht an *(sie sind mir nicht wichtig);* ihr kommt es mehr auf ein gutes Arbeitsverhältnis als auf hohe Bezahlung an *(sie legt mehr Wert auf ...);*
∗ **es auf etw. ankommen lassen** *(etw. riskieren):* es auf einen Versuch a. lassen; sie werden es nicht auf einen Prozess a. lassen; ich lasse es darauf a. *(warte es ab).*
ankönnen (ugs.) ⟨gegen jmdn., etw. a.; gewöhnlich verneint⟩: er kann gegen mich nicht an; gegen so viel Missgunst, Misstrauen hat sie nicht angekonnt.
ankoppeln: a) ⟨etw. [an etw. (Akk.)] a.⟩ *anhängen:* einen Waggon an den Zug, einen Anhänger a.; die Astronauten koppelten die Landefähre an das Raumschiff an; **b)** ⟨[an etw. (Akk.)] a.⟩ *angehängt werden:* die Raumfähre koppelte an das Mutterschiff an.
ankreiden (ugs.) ⟨jmdm. etw. a.⟩: jmdm. einen Fehler, eine Bemerkung [als Bosheit] a.
ankreuzen ⟨etw. a.⟩: eine Stelle, Namen in einer Liste [mit dem Bleistift] a.
ankündigen: a) ⟨jmdn., sich, etw. a.⟩: *mitteilen:* etw. amtlich, öffentlich, feierlich, rechtzeitig a.; eine Veranstaltung in der Zeitung, auf Plakaten a.; er kündigte sich [für das Wochenende] an; ⟨jmdm. etw. a.⟩ er hat mir seinen Besuch angekündigt; ÜBERTR.: Morgennebel soll schönes Wetter a. *(darauf hindeuten);* **b)** ⟨sich a.⟩ *erkennbar werden:* ein Verhängnis kündigt sich an; die Krankheit kündigte sich durch starke Kopfschmerzen an.
Ankunft, die: die A. des Präsidenten verzögert sich; können Sie mir die genaue A. des Zuges sagen?; jmds. A. mitteilen, ankündigen, erwarten;

sie zog es vor, sich bis zur A. des Zuges im Warteraum aufzuhalten.
ankuppeln ⟨etw. [an etw. (Akk.)] a.⟩: einen Waggon an den Zug a.
ankurbeln ⟨etw. a.⟩: **1.** *in Gang bringen:* den Motor, den Wagen a.
2. *in Schwung bringen:* die Wirtschaft, die Produktion, ein Geschäft a.
anlächeln ⟨jmdn. a.⟩: jmdn. freundlich, zaghaft, verlegen, glücklich a.; sie lächelten sich/(geh.:) einander an.
anlachen: 1. ⟨jmdn. a.⟩ *lachend anblicken:* sie lachte ihn fröhlich an; BILDL.: blauer Himmel lachte uns an.
2. (ugs.) ⟨sich (Dat.) jmdn. a.⟩ *ein Liebesverhältnis beginnen:* er überlegte, ob er sich nicht eine Freundin anlachen sollte.
Anlage, die: **1.** *das Anlegen:* die A. eines Stausees; sie beauftragten einen jungen Architekten mit der A. des Parks.
2. *das Anlegen von Geld:* eine vorteilhafte, prämienbegünstigte A.; Pfandbriefe sind eine sichere A.
3. *für einen bestimmten Zweck gestaltete Flächen, Bauten o. Ä.:* militärische Anlagen; Anlagen für den Sport; städtische, öffentliche Anlagen *(Grünflächen, Parks);* der Kurort hat schöne Anlagen; sich in den Anlagen erholen.
4. *Vorrichtung; Einrichtung:* eine komplizierte A.; er konstruierte eine elektrische A.; sanitäre Anlagen *(Toiletten).*
5. *Entwurf, Aufbau:* die A. eines Romans, einer Komposition; das Theaterstück ist bereits in der A. verfehlt.
6. *Veranlagung:* eine erbliche, krankhafte A.; eine A. zur Kurzsichtigkeit; der Junge hat, zeigt gute Anlagen; eine A. ausbilden, verkümmern lassen.
7. (Bürow.) *Beilage:* als A./in der A. sende ich eine Probe; Anlagen: 2 Lichtbilder, 3 Zeugnisabschriften.
anlangen: 1. (geh.) *ankommen:* endlich, glücklich zu Hause, am Ziel a.; die Nachricht war noch nicht angelangt; ÜBERTR.: auf der Höhe des Ruhms angelangt sein; die Verhandlungen sind an einem toten Punkt angelangt; wir sind schon beim zweiten Kapitel des Buches angelangt.
2. *betreffen, angehen:* was mich, deine Pläne, diese Frage anlangt, so bin ich einverstanden.
Anlass, der: **1.** *Ausgangspunkt, Ursache:* der A. des Streites war ...; A. meiner Anfrage ist ...; das ist ein doppelter A. zum Feiern; das war der A. für seine Beschwerde; es besteht kein unmittelbarer A. zur Besorgnis; einen A. suchen, finden; sie boten, gaben den Polizisten keinen A. einzugreifen; er hat mir nie einen, den geringsten A. zur Klage gegeben; aus einem geringfügigen A. in Wut geraten; beim geringsten A. weinen; ohne besonderen, jeden, allen A. etw. tun; er nahm das Ge-

A

A

spräch, die Tagung, den Besuch zum A., Verbindungen anzuknüpfen. **2.** *Gelegenheit:* ein besonderer, willkommener, trauriger, feierlicher A.; einen A. ergreifen, benutzen, nicht vorübergehen lassen; bei diesem A. teilte er mit, dass ...; bei festlichen Anlässen; er nahm die Feier zum A. *(nutzte die Gelegenheit bei der Feier),* ihnen mitzuteilen, dass ...

anlassen: 1. ⟨etw. a.⟩ *in Gang setzen:* den Motor, den Wagen a. **2.** (ugs.) ⟨etw. a.⟩ *anbehalten, nicht auszuziehen:* den Mantel a.; er hatte die Handschuhe angelassen. **3.** ⟨etw. a.⟩ **a)** *angestellt, eingeschaltet lassen:* das Radio, den Motor a.; wir ließen die Scheinwerfer an; **b)** *brennen lassen:* den Ofen, die Kerze, das Feuer a. **4.** (ugs.) ⟨sich irgendwie a.⟩ *einen bestimmten Anfang nehmen:* die Ernte, das Wetter, der erste Tag lässt sich gut an; wie hat sich das Geschäft angelassen?; der Auszubildende hat sich gut angelassen *(bislang gute Leistungen gezeigt).*

anlässlich ⟨Präp. mit Gen.⟩: a. des Geburtstages; eine Feier a. seines Besuches.

anlasten ⟨jmdm. etw. a.⟩: **a)** *als Schuld zuschreiben:* sie wollten ihm die Schuld an der Tat, das Verbrechen a.; **b)** (veraltend) *aufbürden:* die Kosten wurden den Veranstaltern angelastet.

Anlauf, der: **1.** (Sport) **a)** *das Anlaufen:* viel, wenig A. nehmen *(lang, kurz anlaufen);* ohne A. *(aus dem Stand)* springen; beim A. war er zu langsam; **b)** *Strecke für das Anlaufen:* ein langer, guter A.; den A. um 10 Meter verkürzen. **2.** *Beginn:* auf den A. der Produktion warten. **3.** *Versuch:* der A. zur Reform ist stecken geblieben; er machte immer neue Anläufe, ihn umzustimmen; sie schafften es beim, mit dem ersten A. *(beim ersten Versuch);* die Stellungen wurden im ersten A. *(beim ersten Versuch)* genommen; ∗ **einen [neuen] Anlauf nehmen** *([neu] ansetzen):* sie nahm einen neuen A. und diktierte weiter.

anlaufen: 1. (Sport) **a)** *durch Laufen Schwung holen:* du musst [für den Hoch-, Weitsprung] kräftiger a.; der Mittelstürmer lief an, um den Strafstoß auszuführen; **b)** ⟨etw. irgendwie a.⟩ *ein Rennen angehen:* er ließ den Hundertmeterlauf, die ersten 50 m zu schnell, viel zu langsam angelaufen. **2.** ⟨im 2. Part. in Verbindung mit *kommen*⟩ *herbeilaufen:* der Junge kam weinend angelaufen. **3. a)** ⟨gegen jmdn., etw. a.⟩ *im Lauf gegen jmdn., etw. prallen:* er lief im Dunkeln gegen die Parkuhr an; **b)** ⟨gegen etw. a.⟩ *angehen:* gegen Vorurteile, gegen eine Entscheidung a. **4.** ⟨etw. a.⟩ *ansteuern:* wir laufen zuerst London an; das Schiff hat diesen Hafen nicht angelaufen. **5. a)** *in Gang kommen:* der Motor, die Maschine läuft an; **b)** *beginnen:* die Produktion des neuen Modells läuft an; die Fahndung ist bereits angelaufen; der Film läuft am 10. Oktober an *(wird vom 10. Oktober an gezeigt).*

6. ⟨irgendwie a.⟩ *eine bestimmte Farbe annehmen:* sie, ihr Gesicht lief [vor Wut] rot, blau an. **7.** *beschlagen, glanzlos werden:* Metalle laufen mit der Zeit an; die Scheiben sind angelaufen. **8.** *ansteigen:* die Kosten, Schulden, Zinsen sind [auf eine beträchtliche Summe] angelaufen.

anlegen: 1. ⟨jmdn., etw. a.⟩ *an jmdn., etw. legen:* das Lineal a.; den Säugling a. *(zum Stillen an die Brust legen);* das Pferd legt die Ohren an; die Leiter an den Baum a. *(dagegen stellen);* eine Karte, einen Dominostein a. *(anfügen);* Schneeketten a.; SUBST.: das Anlegen der Schneeketten ist denkbar einfach; ⟨jmdm., einem Tier etw. a.⟩ dem Verwundeten einen Verband a.; dem Täter wurden Handschellen angelegt; dem Pferd das Zaumzeug, dem Hund den Maulkorb a.; BILDL.: einen strengen Maßstab a. *(etw. streng beurteilen).* **2.** ⟨[etw.] a.⟩ *Brennmaterial aufs Feuer legen:* Holz, Kohlen, noch etw. a.; wir müssen neu anlegen. **3. a)** ⟨[etw.] a.⟩ *das Gewehr in Anschlag bringen:* er legte [das Gewehr] an und schoß; legt an! Feuer!; **b)** ⟨auf jmdn. a.⟩ *mit dem Gewehr zielen:* er legte auf den Flüchtenden an. **4.** (geh.) ⟨etw. a.⟩ *anziehen, antun, umlegen:* ein Gewand, die Uniform, Trauerkleidung a. Schmuck a.; er legte *(steckte)* seine Orden an; **5.** ⟨etw. a.⟩ *erstellen; gestalten:* einen Spielplatz, einen Vorrat a.; Statistiken, ein Verzeichnis, eine Akte a.; der Roman ist sehr breit angelegt; (EDV:) eine Datei, eine Datenbank a. **6.** ⟨etw. a.⟩ **a)** *investieren:* sein Geld gut, vorteilhaft, sicher, nutzbringend, zu 5 %, für 5 Jahre, in Wertpapieren a.; sie wollte ihre Ersparnisse a.; **b)** *zahlen, ausgeben:* wie viel, was wollen Sie für das Bild a.?; für die Waschmaschine haben wir viel Geld angelegt. **7.** ⟨etw. auf etw., etw. a.⟩ *absehen, abzielen:* er hat es auf dich angelegt; ⟨auch mit Indefinitpronomen⟩ sie legte alles darauf an, ihn zu täuschen; alles war auf Betrug, auf eine Demonstration der Stärke angelegt. **8.** ⟨sich mit jmdm. a.⟩ *Streit suchen:* der Betrunkene wollte sich mit ihm a. **9.** *landen:* wir legen gegen Mittag an; das Schiff hat an Kai angelegt.

anlehnen: 1. a) ⟨etw. [an etw. (Dat./Akk.)] a.⟩ *an jmdn., etw. lehnen:* sie lehnte die Gitarre an der Wand/(seltener:) die Wand an; er hatte das Fahrrad an der Mauer angelehnt; **b)** ⟨sich [an jmdn., etw.] a.⟩ er lehnte sich mit dem Rücken an den Türpfosten an; BILDL.: die kleinen Länder müssen sich an die Großmacht a. *(sind von ihr abhängig).* **2.** ⟨sich an jmdn., etw. a.⟩ *als Vorlage, zum Vorbild nehmen:* er lehnte sich mit seinen Ideen an Marx an; das Vertragswerk lehnt sich an frühere Verträge a. **3.** ⟨etw. a.⟩ *ein wenig offen lassen:* die Tür, Fenster a.; er trat durch das angelehnte Tor.

Anlehnung, die: 1. *Halt:* das kleine Land sucht A. und Unterstützung im Ausland. 2. *Orientierung:* die A. an Brecht, an Brechts »Kreidekreis« ist unverkennbar; der Vertrag wurde in/unter A. an frühere Verträge formuliert.

Anleihe, die: öffentliche, staatliche Anleihen; die A. ist bis 2009 unkündbar; eine A. auflegen, aufgeben, ausgeben, überzeichnen; der Staat nahm eine A. von 100 Millionen Mark auf; bei jmdm. eine A. machen *(Geld borgen);* ÜBERTR.: er hat einige Anleihen bei Mozart gemacht *(hat einige Elemente von Mozart übernommen).*

anleimen ⟨etw. [an etw. (Akk./Dat.)] a.⟩: ein Stuhlbein a.; ein abgeplatztes Stück an das/(seltener:) an dem Brett wieder a.

anleiten a) ⟨jmdn. a.⟩: *unterweisen:* die Schüler [bei der Arbeit] a.; b) ⟨jmdn. zu etw. a.⟩ *anhalten:* sie leitete die Kinder zur Selbstständigkeit, zur Ordnung an.

Anleitung, die: a) *Anweisung:* eine A. geben, befolgen, beachten; er musste unter [der] A. des Meisters arbeiten; b) *Zettel mit einer aufgedruckten Anweisung:* eine A. zur Herstellung, zum Gebrauch liegt bei.

anlernen 1. ⟨jmdn. a.⟩ *einarbeiten:* der Meister lernt ihn als Lackierer an; ein angelernter Arbeiter. 2. (ugs.) ⟨sich (Dat.) etw. a.⟩ *sich oberflächlich aneignen:* das hast du dir wohl als Kellner angelernt; eine angelernte Bildung.

anlesen 1. ⟨etw. a.⟩ *die ersten Seiten von etw. lesen:* ein Buch a.; der Lektor hat den Roman nur angelesen. 2. ⟨sich (Dat.) etw. a.⟩ *sich etw. nur durch Lesen aneignen:* sich Kenntnisse, Wissen a.

anliefern ⟨etw. a.⟩ Waren fristgerecht, rechtzeitig, vereinbarungsgemäß, zu einem späteren Termin a.; die Möbel wurden zu spät angeliefert; ⟨auch ohne Akk.⟩ die Firma hat noch nicht angeliefert.

anliegen /vgl. anliegend/: 1. *sich anschmiegen:* das Trikot lag eng [am Körper] an. 2. (ugs.) *noch zu erledigen sein:* was liegt an?; es liegt nichts Besonderes an.

Anliegen, das: das zentrale A. seiner Politik ist es, den Frieden zu stärken; ich habe ein A. an Sie; ein dringendes A. vorbringen, vortragen, formulieren; ein A. erfüllen, abweisen; auf ein A. eingehen; mit einem A. kommen.

anliegend 1. *angrenzend:* die anliegenden Grundstücke. 2. (Bürow.) *beigefügt:* die anliegende Kopie; a. übersenden wir Ihnen den Brief unseres Kunden. 3. a) *nicht abstehend:* anliegende Ohren; b) *den Körper berührend:* ein eng anliegendes Kleid.

anlocken ⟨jmdn., etw. a.⟩: Käufer, Touristen a.; die Kunden mit günstigen Angeboten, Preisen a.; der Lärm hatte uns angelockt; durch den Geruch wurden viele Insekten angelockt.

anlügen ⟨jmdn. a.⟩: jmdn. frech, dreist, unverschämt a.

anmachen: 1. (ugs.) ⟨etw. [irgendwo] a.⟩ *befestigen, anbringen:* Gardinen a.; er machte ein Schild, einen Zettel an die/an der Tür an. 2. (ugs.) ⟨etw. a.⟩ *anschalten:* die Heizung, das Radio, das Licht a.; b) *anzünden:* Feuer, die Kerzen a.; den Ofen *(das Feuer im Ofen)* a. 3. ⟨etw. a.⟩ *anrühren, mischend bereiten:* Kalk, Mörtel a.; sie machte den Salat mit Essig und Öl an. 4. (salopp) ⟨jmdn. a.⟩ a) *herausfordernd ansprechen:* er macht alle Mädchen in der Disco an; b) *zum Mitmachen anregen:* der Sänger versuchte, [durch Klatschen] das Publikum anzumachen; c) *reizen:* das macht mich nicht an; mach mich nicht an *(lass mir meine Ruhe)!*; d) *jmdn. zusetzen:* er hat nichts Besseres zu tun, als mich mit seinen ständigen Forderungen anzumachen.

anmahnen: a) ⟨etw. a.⟩ *in Erinnerung bringen:* eine Ratenzahlung, ein ausgeliehenes Buch a.; einen Bericht mehrfach, wiederholt a.; b) ⟨jmdn. a.⟩ *zur Erfüllung einer Verpflichtung o. Ä. auffordern:* jmdn. schriftlich a.; er ist schon zum zweiten Mal angemahnt worden.

anmaßen /vgl. anmaßend/ ⟨sich (Dat.) etw. a.⟩: sich Vorrechte, Befugnisse, Autorität a.; ich möchte mir kein Urteil a.; sie hatte sich angemaßt, darüber zu entscheiden.

anmaßend: ein anmaßender Mensch; in anmaßendem Ton; er ist sehr a., tritt sehr a. auf.

Anmaßung, die: a) *Überheblichkeit:* eine freche, unglaubliche A.; diese A. weisen wir zurück; b) *unberechtigter Anspruch:* die A. von Rechten, Befugnissen; die A. eines Amtes.

anmelden: 1. ⟨jmdn., sich, etw. a.⟩ *ankündigen:* einen Besuch a.; er ließ sich telefonisch anmelden; der Mann ließ sich durch die Sekretärin beim Direktor a. 2. a) ⟨jmdn., sich a.⟩ *den neuen Wohnsitz, den Beginn eines Aufenthalts der zuständigen Stelle melden:* eine Familie polizeilich a.; innerhalb von drei Tagen muss man sich auf dem Einwohnermeldeamt a.; b) ⟨jmdn., sich [irgendwo] a.⟩ *den Eintritt, die Teilnahme melden:* sich bei einem Verein, zu einem Kursus, zu einem Besuch a.; er meldete sein Kind im Kindergarten, in der Schule an; c) ⟨etw. a.⟩ *registrieren lassen:* ein Rundfunkgerät [bei der Post], ein Gewerbe a.; er meldete ein Patent, eine Erfindung zum Patent an. 3. ⟨etw. [bei jmdm.] a.⟩ *geltend machen:* Bedenken, Wünsche, Forderungen, Zweifel a.; Protest a.

Anmeldung, die: 1. *Ankündigung:* ohne vorherige A. können Sie den Direktor nicht sprechen. 2. *das Anmelden bei der zuständigen Stelle:* polizeiliche A.; die A. auf dem Einwohnermeldeamt erledigen; ein Kind zur A. in die Schule bringen. 3. *Geltendmachen:* die A. eines Protestes; auf die A. von Ansprüchen verzichten.

anmerken ⟨jmdn., etw., etw. a.⟩ *an jmdm., etw.*

bemerken: jmdm. den Ärger, die Anstrengung a.; man merkt ihm, seiner Stimme nichts an; sie hat sich nichts a. lassen. **2.** ⟨etw. a.⟩ *notieren:* einen Tag im Kalender a.; ⟨sich (Dat.) etw. a.⟩ ich habe mir die Stelle rot angemerkt *(angestrichen).* **3.** (geh.) ⟨etw. [zu etw.] a.⟩ *zu einer Sache äußern:* dazu möchte ich a., ist Folgendes anzumerken.
anmontieren ⟨etw. [an etw. (Akk./Dat.)] a.⟩: eine Klingel a.; er montierte eine Steckdose an die/an der Wand an.
Anmut, die: ihre reine, natürliche, kindliche, mädchenhafte A.; die A. der Erscheinung, der Bewegung; ihr fehlte jede A.; A. haben, besitzen; sie tanzte mit, voller A.; ÜBERTR.: die A. einer Landschaft.
anmuten (geh.) ⟨jmdn. irgendwie a.⟩: sein Benehmen mutet mich seltsam, wie im Märchen an; die Menschen muteten ihn fremd an; ⟨auch ohne Akk.⟩ diese Fragestellung mutet absurd an; seine Rede mutete höchst merkwürdig an.
anmutig: eine anmutige Frau; ihre Bewegungen sind a.; sie plauderte a.; a. tanzen.
annageln ⟨etw. [an etw. (Akk./Dat.)] a.⟩: ein Brett a.; er nagelte das Schild an die/an der Tür an; wie angenagelt (ugs.; unbeweglich) sitzen bleiben.
annähen ⟨etw. [an etw. (Dat./Akk.)] a.⟩: das Futter, einen Knopf am/an den Mantel a.
annähern /vgl. annähernd/: **1.** ⟨etw. etw. (Dat.) a.⟩ *angleichen:* eine Kopie dem Original a.; verschiedene Standpunkte einander a. **2.** ⟨sich jmdm., etw. a.⟩ a) *sich nähern:* die Sonde wird Bilder zur Erde senden, sobald sie sich wieder dem Planeten annähert; ÜBERTR.: eine Biografie, die sich literarischen Vorbildern annähert; b) *versuchen, mit jmdm. in Kontakt zu treten:* er versuchte, sich der Gastgeberin anzunähern.
annähernd ⟨Adverb; vereinzelt auch adjektivisch als Attribut⟩: etw. a. errechnen; ein a. klares, deutliches Bild von etw. bekommen; a. 90 Stundenkilometer; das Kleid ist nicht a. *(bei weitem nicht)* so schön wie das andere; mit annähernder Sicherheit.
Annäherung, die: a) *Herankommen:* bei der A. feindlicher Flugzeuge; b) *Angleichung:* eine A. an die Wirtschaftsgemeinschaft erstreben; es kam zu keiner A. der Standpunkte; c) *Anknüpfung menschlicher Beziehungen:* die A. zwischen den beiden macht Fortschritte.
Annäherungsversuch, der: ein plumper A.; Annäherungsversuche machen.
Annahme, die: **1.** a) *das An-, Entgegennehmen:* die A. eines Briefes, einer Sendung verweigern; b) *Billigung:* die A. eines Plans, einer Gesetzesvorlage, einer Dissertation; die A. der Resolution gilt als sicher; c) *Übernahme:* die A. einer Gewohnheit; sich zu der A. eines anderen Namens entschließen; d) *Einstellung:* die A. einiger Bewerber ist noch fraglich.

2. *Annahmestelle:* die A. ist geschlossen; das Paket ist noch in der A. **3.** *Vermutung, Ansicht:* eine irrige, falsche, richtige A.; diese A. erwies sich als trügerisch, als Irrtum; ihre A. stützte sich auf haltlose Behauptungen; seine A. hat sich bewahrheitet; das ist eine weit verbreitete A.; sie war der A. *(nahm an),* dass er krank sei; in der A., dass ...; ich habe mich in meiner A. nicht getäuscht; sie gehen von der A. aus, dass ...; gehe ich recht in der Annahme, dass ...?; ich habe Grund zur A., dass ...
annehmbar: a) *akzeptabel:* ein annehmbarer Preis; diese Bedingungen sind a.; b) *ziemlich gut:* annehmbares Wetter; sie spielt ganz a. Klavier.
annehmen: 1. ⟨etw. a.⟩ a) *entgegennehmen:* ein Geschenk, Trinkgeld a.; er hat den Brief für mich angenommen; ausländische Zahlungsmittel, Reiseschecks a. (Geldw.; *umwechseln*); einen Wechsel a. (Geldw.; *einlösen*); einen Ball, die Scheibe, eine Flanke a. (Sport; *unter Kontrolle bringen*); b) *mit etw. einverstanden sein:* eine Wahl, eine Einladung, jmds. Hilfe a.; der Angeklagte nahm die Strafe ohne Murren an; ich werde die Arbeit annehmen; eine Wette, eine Herausforderung, den Kampf a. *(darauf eingehen).*
2. ⟨etw. a.⟩ *billigen:* ein Gesetz, eine Resolution, eine Doktorarbeit a.; derAntrag wurde einstimmig angenommen; der Roman ist [vom Verlag] angenommen worden *(zur Veröffentlichung akzeptiert worden).*
3. ⟨etw. a.⟩ *übernehmen, sich aneignen:* die Lebensgewohnheiten seines Partners a.; eine schlechte Gewohnheit a.; Starallüren a.; er nahm einen anderen Namen an; /häufig verblasst/: ihre Stimme nahm eine gewisse Feierlichkeit an *(wurde feierlich);* die Katastrophe nimmt unvorstellbare Ausmaße an *(wird unvorstellbar groß);* der Arbeitskampf nimmt immer schärfere Formen an.
4. ⟨jmdn. a.⟩ a) *aufnehmen:* im Gymnasium nicht angenommen werden; wir können die Bewerber, neue Arbeitskräfte a. *(einstellen);* der Arzt nimmt keine Patienten mehr an *(empfängt sie nicht mehr zur Behandlung);* b) (ugs.) *adoptieren:* sie haben ein kleines Mädchen angenommen.
5. ⟨etw. a.⟩ *etw. eindringen, haften lassen:* das Papier nimmt kein Fett an; diese Stoffe nehmen Farben gut an.
6. ⟨etw. a.⟩ *vermuten, glauben:* etw. mit Recht a.; niemand nahm ernstlich an etw. ...; sie ist nicht, wie fälschlich angenommen wird, die Autorin; b) *voraussetzen:* eine Situation als gegeben a.; wir nehmen die Existenz anderer Spionageorganisationen als Tatsache an; angenommen, dass ...
7. ⟨sich jmds., etw. kümmern:⟩ sich der Armen und Kranken a.; ich werde mich der Angelegenheit annehmen; die Stadt will sich verstärkt der Obdachlosen annehmen.

8. (Jägerspr.) ⟨etw. a.⟩ **a)** *(eine Fährte) aufnehmen:* der Hund hat die Fährte angenommen; **b)** *(einen Wechsel) betreten:* das Wild nimmt den Wechsel an; **c)** *fressen:* die Hirsche wollten das ausgelegte Futter zunächst nicht a.;
★ **jmdn.** [hart] **annehmen** (ugs.; *attackieren*): anschließend nahm der Minister in seiner Rede die Unternehmer hart an.
Annehmlichkeit, die: die Annehmlichkeiten des Lebens; auf manche Annehmlichkeiten, auf eine A. verzichten müssen; der Campingplatz bietet manche A.
Annonce, die: eine A. aufgeben, in die Zeitung setzen, schalten; sich auf eine A. melden; auf eine A. antworten.
annoncieren: **a)** *eine Annonce aufgeben:* in der Zeitung a.; wir haben bereits annonciert; **b)** ⟨etw. a.⟩ *durch Annonce ankündigen:* die neuen Modelle, das Erscheinen eines aktuellen Buches a.
anöden (ugs.) ⟨jmdn. a.⟩: das Leben, die Feier ödete sie an; er hat mich mit seinen Urlaubsschilderungen angeödet.
anonym: **a)** *ohne Namensnennung:* ein anonymer Verfasser; ein anonymer Anruf, Brief, Absender; eine Schrift a. herausgeben; der Spender wollte a. bleiben; **b)** *unpersönlich:* anonyme Wohnblocks; eine anonyme Predigt halten; sie wohnt in einem anonymen Hochhaus; a. leben.
anordnen: **1.** ⟨etw. irgendwie a.⟩ *ordnen, aufstellen:* die Tischdekoration neu, geschmackvoll a.; das Verzeichnis ist nach Sachgebieten angeordnet.
2. ⟨etw. a.⟩ *veranlassen, verfügen:* etw. ausdrücklich, strikt, dienstlich a.; die Verhaftung, die Beschlagnahme a.; er ordnete an, die Gefangenen zu entlassen; der Arzt hat für den Kranken Bettruhe angeordnet.
Anordnung, die: **1.** *Gruppierung:* eine übersichtliche, zweckmäßige A.; die A. ist streng alphabetisch; die Anordnung vornehmen, überprüfen.
2. *Verordnung:* eine amtliche, polizeiliche, dienstliche A.; eine A. erlassen, treffen; er gab A., die Lebensmittel zu verteilen; den Anordnungen des Personals folgen, nachkommen, sich fügen, sich widersetzen; das geschah auf meine A.; er hat gegen seine Anordnungen gehandelt.
anpacken: **1.** ⟨jmdn., etw. a.⟩ *fest anfassen:* das Steuer fest a.; er packte ihn grob, am Arm, von hinten an.
2. *zupacken:* wenn alle [mit] a., sind wir bald mit der Arbeit fertig.
3. ⟨etw. irgendwie a.⟩ *in Angriff nehmen:* ein Problem richtig, energisch, völlig verkehrt a.; wie sollen wir die Sache a.?
4. ⟨jmdn. irgendwie a.⟩ *mit jmdm. umgehen:* der Lehrer packt die Schüler hart an.
anpassen: **1.** **a)** ⟨jmdn., etw. etw. a.⟩ *passend machen:* Bauteile einander a.; der Schneider hat mir einen neuen Anzug angepasst; **b)** ⟨etw. a.⟩ *anprobieren:* Schuhe, Kleidungsstücke a.
2. ⟨etw. etw. (Dat.) a.⟩ *angleichen:* sein Leben den

veränderten Verhältnissen a.; er passte seine Kleidung der Jahreszeit an; ⟨auch ohne Dat.⟩ die Renten wurden angepasst *(den Lebenshaltungskosten angeglichen).*
3. ⟨sich jmdm., etw. a.⟩ *sich nach jmdm., etw. richten:* sich der Zeit, der Umgebung, jeder Lebenslage a.; er passte sich den anderen an; ⟨auch ohne Dat.⟩ Kinder passen sich schnell an; ADJ. PART.: der angepasste Mensch; er ist, lebt sehr angepasst.
anpeilen ⟨etw. a.⟩: den Flugplatz, einen Geheimsender a.; ÜBERTR.: die Mannschaft peilt die Meisterschaft an; die Partei peilt bei dieser Wahl eine zweistellige Prozentzahl an.
anpfeifen: **1.** (Sport) ⟨etw. a.⟩: das erste Halbzeit a.; der Schiedsrichter pfiff das Spiel wieder an; ⟨auch ohne Akk.⟩ er hat mit drei Minuten Verspätung angepfiffen.
2. (ugs.) ⟨jmdn. a.⟩ *in scharfem Ton zurechtweisen:* der Chef hat sie angepfiffen.
Anpfiff, der: **1.** (Sport) *Zeichen für den Spielbeginn:* der A. ist erfolgt; gleich nach dem A. schoss er ein Tor.
2. (ugs.) *Zurechtweisung:* einen A. bekommen.
anpflanzen ⟨etw. a.⟩: **a)** *pflanzen:* Sträucher, Obstbäume a.; **b)** *anbauen:* Tee, Tabak a.; **c)** *bepflanzen:* Blumenbeete, einen Garten a.
anprangern ⟨etw. a.⟩: die sozialen Missstände, die korrupte Verwaltung a.; jmdn. als Betrüger a.
anpreisen ⟨jmdn., sich, etw. a.⟩: eine Ware, ein Land als Reiseziel, einen Schlagersänger a.; ⟨jmdm. etw. a.⟩ der Händler pries den Kunden seine Stoffe an.
Anprobe, die: eine weitere A. ist nicht nötig; bei der ersten A.; zur A. kommen; ich bin für heute zur A. bestellt.
anprobieren ⟨etw. a.⟩: Schuhe, Kleider a.; ⟨jmdm. etw. a.⟩ der Schneider probierte ihm den Anzug an.
anpumpen (ugs.) ⟨jmdn. [um etw.] a.⟩: er hat mich um 100 Mark angepumpt.
anquatschen (ugs.) ⟨jmdn. a.⟩: die Leute in der Straßenbahn a.; ich lass mich doch nicht von jedem anq.!
anraten ⟨jmdm. etw. a.⟩: der Arzt riet ihm den Spaziergänge, Ruhe an; sie hat mir angeraten, das Grundstück zu verkaufen; ⟨auch ohne Dat.⟩ der Lehrer riet die Zurückstellung vom Schulbesuch an; SUBST.: auf Anraten der Ärztin unterzog sie sich der Kur.
anrechnen: **1.** ⟨etw. a.⟩ **a)** *berechnen:* er hat einen hohen Preis, nur 3 Mark, zu viel angerechnet; ⟨jmdm. etw. a.⟩ wir werden ihm die Ware billig anrechnen; **b)** *mit der Gesamtsumme verrechnen:* das alte Auto rechnen wir an; die Überstunden werden als Arbeitszeit angerechnet; ⟨jmdm. etw. a.⟩ die Untersuchungshaft wurde ihm [auf die Gefängnisstrafe] angerechnet.
2. ⟨jmdm., sich, etw. etw. irgendwie a.⟩ *zu jmds. Gunsten bewerten:* sie rechnete es sich zur Ehre

an, dass ...; die Stabilisierung der Währung wurde ihm als Verdienst angerechnet; wir können ihr das als strafmildernd a.; dass er nicht nachgegeben hat, rechne ich ihm hoch an *(erkenne ich besonders an)*.

Anrechnung, die: eine A. *(Berechnung)* der Transportkosten erfolgt nicht; unter A. *(Einbeziehung)* der Untersuchungshaft; er wurde in A. *(Anerkennung)* seiner Verdienste befördert; ⋆ in **Anrechnung bringen** (nachdrücklich; *anrechnen*).

Anrecht, das: ein altes, verbrieftes A.; ein A. geltend machen, verlieren, preisgeben; ein A. auf Unterstützung haben.

Anrede, die: eine korrekte, passende, steife, vertrauliche A.; wie lautet die A. für einen Kardinal?

anreden: 1. ⟨jmdn.⟩ *ansprechen:* der Nachbar redete ihn im Treppenhaus an; er hat mich darauf, auf diese Bemerkung hin angeredet; ⟨jmdn. irgendwie a.⟩ jmdn. feierlich, höflich, vertraulich, mit Sie, Du a.; er redete den Fremden mit seinem Titel, mit»Genosse« an.
2. ⟨gegen etw. a.⟩ *gegen etw. angehen:* er musste gegen den Lärm, den Krach a.

anregen /vgl. angeregt/: 1. a) ⟨jmdn. zu etw. a.⟩ *inspirieren:* das Buch, das Ereignis regte ihn zum Nachdenken an; die Begegnung hatte sie angeregt, einen neuen Roman zu schreiben; b) ⟨etw. a.⟩ *den Anstoß zu etw. geben:* einen Betriebsausflug, ein neues Projekt a.; ich werde das einmal a. *(vorschlagen)*.
2. ⟨jmdn., etw. a.⟩ *beleben, aufmuntern:* Bewegung regt den Appetit an; das Wachstum, die Fantasie a.; Kaffee und Tee regen die Lebensgeister an; ⟨auch ohne Akk.⟩ Tee regt an; ein anregendes Mittel.

Anregung, die: 1. *Belebung:* ein Präparat zur A. des Blutkreislaufs.
2. *Impuls:* neue, wertvolle, wichtige Anregungen bekommen; die A. zu der Sammlung ging von der Kirche aus; ihr Professor gab ihr die A. zu dieser Arbeit; sie verdankt ihm viele Anregungen; sich irgendwo Anregungen holen; er hat das Bild auf A. seiner Lehrerin gemalt.

anreichern: 1. a) ⟨etw. in etw. (Dat.) a.⟩ *ansammeln:* die giftigen Stoffe werden im Körpergewebe angereichert; bestimmte Pflanzen reichern Stickstoff im Boden an; b) ⟨sich in etw. (Dat.) a.⟩ *sich ansammeln:* die Giftstoffe reichern sich in der Luft an; diese Stoffe können sich auch im Nervensystem anreichern; Schlämme, in denen sich Schwermetalle a.
2. *den Gehalt an bestimmten Bestandteilen steigern:* a) ⟨etw. [mit etw.] a.⟩ mit Rauch, Gas, Staub und Dämpfen angereicherte Luft; Fruchtsäfte, Lebensmittel mit Vitaminen a.; (Kfz-T.:) ein angereichertes Gemisch; (Kerntechnik:) angereichertes Uran; b) ⟨sich mit etw. a.⟩ das Grundwasser reichert sich immer mehr mit Chemikalien an.

anreihen: a) ⟨etw. a.⟩ *aufreihen:* Perlen a.; b) (geh.) ⟨sich a.⟩ *sich anschließen:* er reihte (stellte) sich hinten an; hier reiht sich noch ein weiterer Bericht an.

anreisen: a) *an ein bestimmtes Ziel gelangen:* mit dem Zug, mit der Bahn, mit dem Auto a.; zur Arbeit reist er täglich aus dem nahe gelegenen Elsass an; b) *eintreffen:* er ist für diese Tagung extra aus Hamburg angereist; die Teilnehmer reisen aus allen Himmelsrichtungen an; aus Frankreich angereist kommen.

anreißen ⟨etw. a.⟩: 1. *einreißen:* Stoff, Papier a.; das Buch hat schon angerissene Ecken.
2. (ugs.) *anbrechen:* die letzte Schachtel Zigaretten, seine Vorräte a.
3. (landsch.) *anzünden:* ein Streichholz a.; er riss das Feuerzeug an.
4. *in Gang bringen:* er riss den Außenbordmotor an und das Boot schoss los.
5. *zur Sprache bringen:* soziale Probleme, eine Frage a.; ein Thema nur kurz anreißen können.
6. (Technik) *mit einem spitzen Gerät auf etw. Linien zur Bearbeitung andeuten:* Metallplatten, ein Werkstück a.

Anreiz, der: ein finanzieller, materieller A.; ein A. zum Sparen, (bes. Wirtsch.:) Anreize schaffen; etw. erhöht den A., nimmt einer Sache den A.; das Preisausschreiben bietet keinen A.; der Sache fehlt der letzte A.

anreizen: 1. ⟨etw. a.⟩ *erregen:* die Neugier, die Sensationslust a.
2. ⟨jmdn. zu etw. a.⟩ *anregen:* jmdn. zu besonderen Leistungen a.; Steuerermäßigungen sollen zum Sparen a.; unsere Erfolge reizten uns zu immer neuen Wagnissen an.

anrempeln (ugs.) ⟨jmdn. a.⟩: 1. *im Vorübergehen anstoßen:* sie wurde von einem Betrunkenen angerempelt.
2. *beschimpfen:* er hat sie so lange angerempelt, bis sie ihm eine geklebt hat.

anrennen: 1. a) ⟨im 2. Part. in Verbindung mit *kommen*⟩ *angelaufen kommen:* die Kinder kamen schreiend angerannt; b) ⟨gegen etw. (Akk.) a.⟩ *anlaufen:* sie rannte gegen den Sturm an.
2. a) (landsch.) ⟨jmdn., etw. a.⟩ *gegen jmdn., etw. laufen:* er rannte mehrere Passanten an; er hat mich mit dem Ellbogen angerannt *(im Laufen mit dem Ellbogen angestoßen)*; b) (ugs.) ⟨etw. (Akk.) a.⟩ *sich einen Körperteil an etw. stoßen:* ich habe mir den Kopf angerannt; an dieser Ecke rennt man sich immer das Knie an.
3. a) ⟨an etw. (Akk.) /gegen etw. a.⟩ *rennend anstoßen:* mit dem Ellbogen ist er an/gegen die Fensterecke angerannt; b) ⟨gegen jmdn., etw. a.⟩ *anstürmen:* gegen die feindlichen Stellungen a.; ÜBERTR.: gegen die Zeit, gegen die alten Vorurteile a. *(angehen)*.

anrichten ⟨etw. a.⟩: 1. *bereitstellen:* ein kaltes Buffet, die Salatplatten a.; die Hausfrau richtet das Essen an; es ist angerichtet *(wir können essen)*.

2. *verursachen:* ein Unheil, Schaden, große Verwirrung, ein Blutbad a.; der Sturm richtete große Verheerungen an; (iron.:) da hast du etwas Schönes angerichtet!

anrollen: 1. a) *zu rollen beginnen:* der Zug rollte an; ÜBERTR.: die Produktion rollte nur langsam an; **b)** *heranrollen:* mit Gütern beladene Waggons rollen an; SUBST.: die Maschine war beim Anrollen zur Piste von der Startbahn abgekommen. **2.** ⟨etw. a.⟩ *rollend heranschaffen:* Fässer a.; ÜBERTR.: sie haben ein tolles Menü anrollen lassen (ugs.; *bestellt*).

anrüchig: a) *von zweifelhaftem Ruf:* ein anrüchiges Lokal, anrüchige Geschäfte, eine anrüchige Person; b) *leicht anstößig:* ein anrüchiges Lied; er erzählte anrüchige Witze.

anrücken: die Feuerwehr rückt an; die anrückenden Truppen; ÜBERTR.: gestern sind meine Verwandten angerückt (salopp; *gekommen*).

Anruf, der: **1.** *auffordernder Zuruf:* auf einen A. nicht reagieren; ohne A. schießen. **2.** *Telefongespräch:* einen A. erwarten, entgegennehmen; dein A. erreichte mich nicht; viele Anrufe erhalten; (geh.:) einen A. tätigen; stundenlang, tagelang auf einen A. warten.

anrufen: 1. ⟨jmdn. a.⟩ *durch Zuruf auffordern:* der Wachposten rief ihn [halblaut, leise] an. **2.** ⟨jmdn., etw. a.⟩ *ersuchen:* jmdn. als Zeugen, um Hilfe a.; eine Schiedsstelle a.; Gott [um Gnade] a.; sie wollen die Gerichte a. *(wollen vor Gericht gehen).* **3.** *sich telefonisch mit jmdm. in Verbindung setzen:* **a)** ⟨jmdn., etw. a.⟩ seinen Freund, die Auskunft, die Bank a.; ich werde dich im Laufe des Tages anrufen; ⟨auch ohne Akk.⟩ hat jemand angerufen?; **b)** ⟨irgendwo a.⟩ bei seinen Eltern, im Klub, beim Arbeitsamt, die Bank a.; ich muss noch zu Hause a.; ⟨auch ohne Raumangabe⟩ ich werde später a. Beachte: Die Verbindung mit dem Dat. *(ich rufe ihm an)* ist ugs. landsch., bes. südd. und schweiz.; sie gilt hochsprachlich als nicht korrekt.

anrühren: 1. ⟨etw. [mit etw.] a.⟩ *rührend zubereiten:* Gips, eine Farbe mit Wasser a.; einen Teig a.; frisch angerührter Kleister. **2.** ⟨jmdn., etw. a.⟩ *berühren:* wenn du das Kartenhaus anrührst, fällt es zusammen; vor dem Eintreffen der Polizei nichts a. *(anfassen);* rühr mich nicht an!; ÜBERTR.: kaum einen Bissen a. *(fast nichts essen);* das Klavier nicht a. *(nicht darauf spielen);* kein Buch a. *(nicht lesen);* ich habe das Geld auf der Sparkasse nicht angerührt *(nichts abgehoben).* **3.** (geh.) ⟨jmdn. a.⟩ *seelisch berühren:* die Leiden der Mitmenschen, die Flüchtlinge in ihrer Not rührten ihn an.

ans: *an das:* sich ans Steuer setzen; /nicht auflösbar in festen Verbindungen und in Verbindung mit einem sub-

stantivierten Infinitiv/: bis ans Ende der Welt; ans Aufstehen denken.

ansagen /vgl. angesagt/: **1.** ⟨etw. a.⟩ *bekannt geben:* eine Versammlung, seinen Besuch a.; das Programm, die Zeit a.; (Skat:) Schneider a. **2.** ⟨sich a.⟩ *seinen Besuch ankündigen:* sich bei seinen Verwandten, bei seinem Freund [zu Besuch] a.; er hat sich im Ministerium, für heute Abend angesagt.

ansammeln: 1. ⟨etw. a.⟩ *zusammentragen:* Reichtümer, Kunstschätze a. **2.** ⟨sich [irgendwo] a.⟩ *sich anhäufen:* im Bindegewebe sammelte sich Flüssigkeit an; überall sammelt sich Staub an; immer mehr Neugierige sammelten sich an *(fanden sich in wachsender Zahl ein);* ÜBERTR.: es hatte sich wieder viel Arbeit angesammelt; Zorn, Empörung hatte sich in ihm angesammelt.

ansässig: die ansässige Bevölkerung; die in diesem Raum ansässigen Firmen, Unternehmen; in München a. sein; er ist seit vielen Jahren dort a.

Ansatz, der: **1.** *Verlängerungsstück:* das Rohr wurde mit einem A. versehen. **2.** a) *das Sichansetzen:* das Mittel verhindert den A. von Kalk; **b)** *Schicht, die sich angesetzt hat:* den A. von Kalkstein entfernen. **3.** *Ansatzstelle:* am A. des Halses hat er eine kleine Narbe. **4.** *erstes Zeichen:* der A. einer Knospe, eines neuen Blattes an einer Pflanze; er hat schon den A. eines Bauches; das Befinden des Kranken zeigt Ansätze zur Besserung. **5.** *Beginn, Anlauf:* der hoffnungsvolle A. ist gescheitert; in den [ersten, zaghaften] Ansätzen stecken bleiben; nicht über die ersten Ansätze hinauskommen. **6.** (Musik) *das Einsetzen:* der A. des Trompeters ist schlecht; der Sänger hat einen harten, weichen A. **7.** (Wirtsch.) *Veranschlagung:* ein hoher, falscher A. [für die Kosten]; der ursprüngliche A. im Bundeshaushalt für die Verteidigung ist überschritten worden; für den Wohnungsbau sind 187 Millionen Mark in A. gebracht worden (Papierddt.; *veranschlagt worden*); die Sonderausgaben bleiben außer A. (Papierddt.; *werden nicht mit eingerechnet*). **8.** (Math.) *Umsetzung einer Textaufgabe:* dein A. ist falsch!; der Schüler konnte den A. zu dieser Aufgabe nicht finden.

anschaffen: 1. ⟨jmdm.; sich etw. a.⟩: *erwerben:* sich Bücher, neue Möbel, ein Auto a.; ich habe mir einen neuen Hund angeschafft; ⟨auch ohne Dat.⟩ neue Maschinen [für das Werk] a. **2.** (salopp) *Prostitution betreiben:* sie schaffen beide an; sie geht [für ihn] an.

anschalten ⟨etw. a.⟩: das Radio, den Fernseher, die Alarmanlage a.; sie hatte das Licht nicht angeschaltet.

anschauen (bes. südd., österr., schweiz., sonst

geh.): **1.** ⟨jmdn. a.⟩ *ansehen:* einen Menschen aufmerksam, nachdenklich, forschend, traurig, mitleidig, prüfend, vorwurfsvoll, erstaunt a.; sie hatten sich/(geh.:) einander unverwandt angeschaut. **2.** ⟨sich (Dat.) jmdn., etw. a.⟩ *aufmerksam betrachten:* sich eine Stadt, die alten Bauwerke a.; der Arzt schaute sich den Kranken an; ich schaue mir das gar nicht an *(beachte das gar nicht).*

anschaulich: eine anschauliche Darstellung; einen Sachverhalt, den Unterrichtsstoff a. darstellen; a. informieren; sie versteht a. zu erzählen; jmdm. etw. [durch etw.] a. machen.

Anschauung, die: **1.** *Auffassung:* moderne, fortschrittliche, veraltete Anschauungen; das ist die herrschende A.; er hat rückständige Anschauungen darüber; eine A. vertreten, nicht teilen; seine Anschauungen ändern; er hält an dieser A. fest; nach neuerer A.; zur A. gelangen, dass ... **2. a)** *Betrachtung:* er stand vor dem Bild, ganz in A. versunken; **b)** *Vorstellung:* sie weiß, kennt es aus eigener A.

Anschein, der: es entsteht der A., als ob die Scheibe sich drehte; aller A. spricht dafür, dass der Versuch gelingt; es hat den A. *(sieht so aus),* als wollte es regnen; es bekommt den A. *(sieht allmählich so aus),* als wollte sie uns nur hinhalten/als ob sie uns nur hinhalten wollte; er erweckt, gibt sich (Dat.) den A., als wäre er reich/als ob er reich wäre;

⋆ dem/allem Anschein nach *(anscheinend, vermutlich).*

anscheinend: *offenbar:* er ist a. krank; a. ist niemand zu Hause; bei dem Umzug sind a. einige Möbelstücke abhanden gekommen; sie hat a. Schweres erlebt.

anschicken (geh.) ⟨sich zu etw. a.⟩: sie schickte sich zum Gehen an; die Stadt schickte sich an, die Sportler zu empfangen.

anschieben ⟨etw. a.⟩: ein Auto, einen Wagen a.; SUBST.: würden Sie mir bitte beim Anschieben helfen?

anschießen: 1. ⟨jmdn. a.⟩ *durch einen Schuss verletzen:* der Jäger hat den Hirsch nur angeschossen; der flüchtende Einbrecher wurde von dem Polizisten angeschossen. **2.** ⟨gewöhnlich im 2. Part. in Verbindung mit *kommen*⟩ *sehr schnell herankommen:* das Wasser kam plötzlich angeschossen; er kam angeschossen wie ein Pfeil.

Anschlag, der: **1.** *öffentliche Bekanntmachung:* am schwarzen Brett hängt ein neuer A.; einen A. machen, aushängen; die Anschläge lesen; etw. durch A. bekannt machen. **2.** *Attentat:* ein verbrecherischer, heimtückischer A.; der A. ist gelungen, missglückt; einen A. [auf das Staatsoberhaupt, auf eine Fabrik, auf jmds. Leben] planen, vorbereiten, verüben, ausführen, verhindern, vereiteln; er fiel einem A. zum Opfer; hinter den Anschlägen stecken offenbar extremistische Gruppen; ÜBERTR.: einen A. auf jmdn.

vorhaben (ugs., oft scherzh.; *etw. von jmdm. wollen).* **3.** *das Anschlagen, Auftreffen:* den gleichmäßigen A. der Wellen an die Schiffswand hören; der A. des Schwimmers *(das Berühren des Beckenrandes bei der Wende, am Ziel).* **4. a)** *Art des Anschlagens:* der Klavierspieler hat einen guten, kräftigen, weichen, harten A.; **b)** *Art, in der sich etwas anschlagen lässt:* eine Tastatur mit leichtem A.; das Klavier hat einen guten, weichen A. **5. a)** *das Niederdrücken einer Taste auf der Schreibmaschine o. Ä.:* sie schreibt schon 250 Anschläge in der Minute; **b)** ⟨meist Plural⟩ *Maß für ein Zeichen, einen Buchstaben, Zwischenraum:* die Zeilenlänge auf 55 Anschläge einstellen. **6.** (Technik) *Stelle, bis zu der ein Maschinen-, Geräteteil bewegt werden kann:* einen Verschluss bis zum A. aufdrehen; er zog den Steuerknüppel bis zum A. durch. **7.** ⟨häufig in Verbindung mit *in, im*⟩ *Schussstellung:* A. liegend, stehend freihändig; das Gewehr im A. haben, halten, in A. bringen; die Soldaten gingen, lagen in A. **8.** (Kaufmannsspr.) *Schätzung der Kosten:* machen Sie mir einen A.

anschlagen /vgl. angeschlagen/: **1.** ⟨etw. [an etw. (Dat./Akk.)] a.⟩ *öffentlich anbringen:* eine Bekanntmachung, eine Mitteilung a.; das Programm, den Termin a.; der Aufruf ist, steht am schwarzen Brett angeschlagen. **2. a)** ⟨[an etw. (Akk.)] a.⟩ *an etw. schlagen:* die Wellen schlagen kaum hörbar an das Ufer an; **b)** ⟨mit etw. [an etw. (Akk.)] a.⟩ *gegen etw. stoßen:* ich bin mit dem Knie an das Tischbein angeschlagen; **c)** ⟨sich (Dat.) etw. [an etw. (Dat.)] a.⟩ *mit einem Körperteil an etw. stoßen:* ich habe mir den Kopf an der Tür angeschlagen; ⟨auch ohne Dat.⟩ sie hat ihr Knie am Stuhl angeschlagen. **3.** (Schwimmen) ⟨[an etw. (Dat.)] a.⟩ *den Beckenrand berühren:* der Schwimmer auf Bahn 6 hat als Erster angeschlagen. **4.** ⟨etw. a.⟩ *leicht beschädigen:* sie hat beim Geschirrspülen einen Teller angeschlagen; angeschlagene Tassen, Biergläser. **5.** ⟨[etw.] a.⟩ *(die Taste) niederdrücken:* die Tasten lassen sich ziemlich schwer a.; bei vier Durchschlägen musste man kräftiger a. **6.** ⟨etw. a.⟩ *durch Anschlagen zum Tönen bringen:* eine Saite, das Klavier a.; er schlug die Stimmgabel an; **b)** *erklingen lassen:* einen Akkord [auf dem Klavier] a.; sie schlug einige Töne der Melodie an. **7.** ⟨etw. a.⟩ *in anderer Weise mit etw. beginnen, fortfahren:* sie schlug ein anderes Tempo, einen schnelleren Schritt an; der Reiter schlug scharfen Galopp an; ein [Gesprächs]thema an. **8. a)** *ertönen:* die Klingel, die Alarmglocke schlägt an; die Turmuhr hat zwölfmal angeschlagen; **b)** *warnend bellen:* der Hofhund schlug plötzlich, kurz, wütend an.

9. ⟨etw. [an etw. (Dat./Akk.)] a.⟩ *befestigen:* ein Brett, eine Leiste a.; ⟨Seemannsspr.:⟩ die Segel am Großbaum a.
10. ⟨geh.⟩ ⟨etw. irgendwie a.⟩ *veranschlagen:* man darf seine Verdienste nicht zu gering a.; er hat es hoch angeschlagen, dass die Waren pünktlich geliefert worden sind.
11. a) *wirken:* das Mittel schlägt nicht an; die Kur hat bei ihm gut angeschlagen; **b)** (ugs.) *dick machen:* Kuchen schlägt an; bei ihr schlägt alles, nichts an.
anschleichen: 1. *sich schleichend nähern:* **a)** ⟨jmdn., etw. a.⟩ ein Lager a.; der Jäger schleicht das Wild an; **b)** ⟨sich [an jmdn., etw.] a.⟩ wir haben uns ganz leise an das Lager angeschlichen. **2.** ⟨gewöhnlich im 2. Part. in Verbindung mit kommen⟩ *sich langsam nähern:* er kam bedrückt angeschlichen.
anschließen /vgl. anschließend/: **1.** ⟨etw. [an etw. (Dat./Akk.)] a.⟩ *mittels eines Schlosses [gegen Diebstahl] sichern:* das Fahrrad am/(seltener:) an den Zaun a. **2.** ⟨etw. [an etw. (Akk./Dat.)] a.⟩ *an etw. anbringen:* den Schlauch an die/(seltener:) an der Leitung a.; einen Kühlschrank, ein Mikrofon a.; die Häuser sind an die Fernheizung angeschlossen; angeschlossen sind *(die Sendung übernehmen)* alle deutschen Sender; die angeschlossenen Sender kommen mit eigenem Programm wieder. **3.** ⟨etw. [an etw. (Akk.)] a.⟩ *folgen lassen:* eine Frage eine weitere a.; ⟨etw. etw. (Dat.) a.⟩ er schloss seinen Ausführungen eine Bitte an. **4.** ⟨sich [an etw. (Akk.)] a.⟩ *unmittelbar folgen:* an die Wiese schließt sich ein Wald an; Stallungen und Wirtschaftsgebäude schlossen *(reihten)* sich an; an den Vortrag hat sich eine Aussprache angeschlossen; ⟨auch ohne *sich*⟩ die Sportreportage schließt unmittelbar an die Nachrichten an; die anschließende Diskussion brachte nichts Neues. **5.** ⟨sich jmdm., etw. a.⟩ *sich zugesellen:* sich den Demonstranten a.; er schloss sich uns an; sich einem Streik, einer Besichtigung a. *(daran teilnehmen);* sich einer Ansicht, einem Vorschlag, einem Urteil a. *(zustimmen);* er hat sich dieser Partei angeschlossen *(ist ihr beigetreten);* der Junge schließt sich den anderen Kindern [leicht, schwer, nicht] an *(findet Kontakt);* ⟨auch ohne Dat.⟩ darf ich mich a.?; ich schließe mich an *(bin der gleichen Ansicht, Meinung);* sie hat sich an die anderen angeschlossen. **6.** ⟨irgendwie a.⟩ *in einer bestimmten Weise anliegen:* das Kleid schließt [am Hals] eng an.
anschließend /vgl. anschließend/: wir werden a. verreisen; das Team plant, bis Herbst 2001 erste Prototypen fertig zu haben, die a. in einer einjährigen Testphase erprobt werden.
Anschluss, der: **1. a)** *Verbindung mit einem Leitungsnetz:* A. an die städtische Strom- und Wasserversorgung haben; das Haus erhält elektrischen A.; **b)** *Telefonanlage:* der A. ist gestört; das

Haus hat mehrere Anschlüsse; mein Freund hat keinen A. *(kein Telefon);* **c)** *gewünschte telefonische Verbindung:* keinen A. haben, bekommen; er wartet auf den A. **2.** *anschließende Verkehrsverbindung:* dieser Zug hat keinen A.; Sie haben sofort A. an die Fähre, nach Berlin, an den Zug nach Hamburg; einen A. erreichen, [nicht] bekommen, verpassen. **3.** *Kontakt:* A. suchen, finden; wir haben keinen A. *(mit niemandem Umgang);* er hat A. bei ihnen gefunden; A. *(Verbindung nach vorn)* halten; unsere Sportler haben den A. an die Spitze erreicht, halten den A. zur Spitze; wir sollen den Flüchtlingen den A. erleichtern. **4.** *Angliederung, politische Vereinigung:* der A. des Saargebietes; den A. eines Gebietes [an ein Land] betreiben; ∗ **den Anschluss verpasst haben** (ugs.; 1. *beruflich nicht vorwärts gekommen sein.* 2. *keinen Ehepartner gefunden haben)* · **im Anschluss an etw.** (Akk.; *unmittelbar nach etw.; unter Bezugnahme auf etw.):* im A. an den Vortrag, an meinen letzten Brief.
anschmiegen ⟨sich, etw. an jmdn., etw. a.⟩: das Kind schmiegte sich, sein Gesicht zärtlich an die Mutter an; ⟨auch ohne Präpositionalobjekt⟩ sie schmiegte sich eng an; ⟨auch:⟩ das Kleid schmiegt sich an den Körper/(auch:) dem Körper an.
anschmieren: 1. ⟨sich a.⟩ *sich beschmieren:* wo hast du dich nur so angeschmiert? **2.** (salopp) ⟨jmdn. a.⟩ *täuschen, betrügen:* sie hat mich ganz schön angeschmiert; der Verkäufer hat ihn mit dem Gebrauchtwagen angeschmiert. **3.** (salopp abwertend) ⟨sich bei jmdm. a.⟩ *sich beliebt machen:* er versuchte sich beim Chef anzuschmieren.
anschnallen ⟨jmdn., sich, etw. a.⟩: *festschnallen:* das Kind a.; die Steigeisen a.; sich a. *(den Gurt anlegen);* während der Fahrt schnallen uns an; die Passagiere werden gebeten, sich anzuschnallen; ⟨jmdm., sich a.⟩ er hat sich die Rollschuhe angeschnallt.
anschneiden: 1. ⟨etw. a.⟩ **a)** *durch Abschneiden zu verbrauchen beginnen:* das Brot, den Kuchen a.; ein frisch angeschnittener Schinken; **b)** *ein wenig kürzen:* die Tulpen a., bevor sie in die Vase gestellt werden. **2.** ⟨etw. a.⟩ *zur Sprache bringen:* eine Frage, ein Thema a. **3.** ⟨Schneiderei⟩ ⟨etw. a.⟩ *mit einem anderen Teil in einem Stück zuschneiden:* sie hat die Ärmel angeschnitten; eine angeschnittene Kapuze. **4.** *nicht voll ausfahren:* eine Kurve eng, scharf a.; ⟨Skisport:⟩ beim Slalom die Tore geschickt a. *(sie sehr dicht an den Torstangen durchfahren).* **5.** (Sport) ⟨etw. a.⟩ *einen bestimmten Drall geben:* einen Ball (im Tischtennis) a.; der Rechtsaußen hat den Ball raffiniert angeschnitten. **6.** (Fot.) ⟨jmdn., etw. a.⟩ *durch den Bildrand einen*

Teil von jmdm., etw. abschneiden: einen Darsteller [mit der Kamera] a.; im Hintergrund, seitlich angeschnitten, die Rückfront des Schlosses.

anschrauben ⟨etw. [an etw. (Akk./Dat.)] a.⟩: das Namensschild an die/(seltener:) an der Tür a.; er hat die lose Türklinke angeschraubt (festgeschraubt).

anschreiben: 1. ⟨etw. [an etw. (Akk./Dat.)] a.⟩ an etw. schreiben: ein Wort, einen Satz an die Tafel a.; an den Wänden waren, standen Parolen angeschrieben. 2. ⟨[etw.] a.⟩ bis zur Bezahlung notieren: wer lässt heute noch beim Kaufmann a.?; würden Sie bitte die acht Mark, die Summe a.? 3. (Papierdt.) ⟨jmdn., etw. a.⟩ sich schriftlich an jmdn., an eine Stelle wenden: den Oberbürgermeister, den Senat a.; 40 Prozent aller angeschriebenen Personen bejahten die Frage; ★ bei jmdm. gut, schlecht angeschrieben sein (ugs.; bei jmdm. in gutem, schlechtem Ansehen stehen).

anschreien ⟨jmdn. a.⟩: jmdn. wegen der geringsten Kleinigkeit a.; sie schrien sich [gegenseitig]/(geh.:) einander fürchterlich an; er schrie seine Frau aufgeregt, wütend an; schrei mich nicht so an!

Anschrift, die: meine A. lautet ...; die A. angeben; er hat mir seine neue A. mitgeteilt, zugefaxt; seine A. nennen.

anschuldigen (geh.) ⟨jmdn. a.⟩: einen Menschen unbegründet a.; ⟨jmdn. etw. (Gen.)/wegen etw. (Gen.) a.⟩ man hat ihn des Diebstahls, wegen eines Vergehens angeschuldigt; er wurde angeschuldigt, den Mord begangen zu haben.

anschwärzen 1. (selten) ⟨etw. a.⟩ ein wenig schwärzen: das Gesicht mit Ruß a. 2. (ugs. abwertend) ⟨jmdn. a.⟩ in Misskredit bringen: er versucht seine Kollegen beim Chef anzuschwärzen.

anschwellen: der Fluss schwillt zu einem reißenden Strom an; das Hochwasser schwoll immer mehr an; die Adern auf seiner Stirn schwollen an; ihre Beine, die Lymphdrüsen sind stark angeschwollen (krankhaft geschwollen); ÜBERTR.: der Lärm, die Musik, der Gesang schwillt an (wird lauter); der Beifall schwoll zum Orkan an.

anschwemmen ⟨etw. a.⟩: die Flut schwemmt Wrackteile, die Ertrunkenen an; angeschwemmtes Land.

ansehen /vgl. angesehen/: 1. ⟨jmdn., etw. a.⟩ den Blick auf jmdn., etw. richten: einen Menschen aufmerksam, scharf, offen, mit großen Augen, nachdenklich, misstrauisch, vorwurfsvoll, entgeistert, verwundert, spöttisch, zärtlich, liebevoll, ängstlich, ratlos, von der Seite a.; jmdn. mit hoch gezogenen Augenbrauen a.; sieh mich nicht so an!; sie sehen sich/(geh.:) einander unverwandt an; er sah seine Hände an; BILDL.: jmdn. von oben a. (herablassend behandeln); jmdn. scheel, über die Schulter a. (auf jmdn. herabse-

hen); jmdn. nicht mehr a. (keinen Umgang mehr mit jmdm. wünschen). 2. ⟨sich (Dat.) jmdn., etw. a.⟩ aufmerksam, prüfend betrachten: sich einen Film, eine Vorstellung a.; ich habe mir die Ausstellung angesehen; der Arzt sah sich die Verbände, die Verletzten an; ich werde mir die Sache mal ansehen (mich damit befassen); ⟨auch ohne Dat.⟩ wenn du die Bilder angesehen hast, kannst du sie weitergeben; ℝ sieh mal [einer] an! (wer hätte das gedacht!). 3. ⟨irgendwie anzusehen sein⟩ einen bestimmten Anblick bieten: das Wiedersehen war rührend anzusehen; das Verhör ist abscheulich anzusehen; das junge Paar war reizend anzusehen. 4. ⟨sich irgendwie a.⟩ aussehen: das sieht sich ganz hübsch an, das sieht nicht viel wert; das sieht sich an wie ...; es sah sich an, als würde er untergehen. 5. ⟨jmdm./etw. etw. a.⟩ (an der äußeren Erscheinung) erkennen: einem Menschen sein Alter, seine schlechte Laune a.; man sah ihm seinen Kummer [an den Augen] an; ich habe ihm angesehen, dass er krank ist. 6. a) ⟨etw. irgendwie a.⟩ beurteilen: wir sehen die Sache ganz anders, mit anderen Augen an; wenn man die Lage richtig ansieht, kann für Abhilfe gesorgt werden; b) ⟨jmdn., etw. als/für jmdn., als/für etw. a.⟩ für jmdn., etw. halten: ich habe ihn als meinen Freund angesehen; ich sehe das als/(seltener:) für ein Verbrechen an; etw. als/(seltener:) für seine Pflicht, als einen Mangel, als vordringlich, als gesichert, als wahr, als/(seltener:) für echt a.; ⟨sich als jmd., etw./(seltener:) als jmdn., etw. a.⟩ er sieht sich als Held/(seltener:) Helden an. 7. ⟨etw. [mit] a.; gewöhnlich verneint⟩ dulden: ich kann das nicht mehr mit a.; die Regierung wird die Übergriffe nicht länger, nicht ruhig mit a.; ⟨sich (Dat.) etw. a.⟩ ich habe mir seine Unhöflichkeiten lange genug [mit] angesehen; ★ jmdn. für voll ansehen (jmdn. nicht ganz ernst nehmen) · [nur] von/vom Ansehen ([nur] vom Sehen, nicht mit den Namen): ich kenne ihn nur vom A. · ohne Ansehen der Person (ganz gleich, um wen es sich handelt): wir werden bei den Ermittlungen ohne A. der Person vorgehen.

Ansehen, das: 1. Wertschätzung: jmds. A. sinkt, leidet unter etw.; ein großes, hohes A. [bei jmdm.] genießen; [durch etw.] sein A. verlieren, einbüßen, heben, erhöhen; A. erlangen; er hat sich dadurch A. verschafft, dass ...; das schadet dem A. des Kunstziehers als des beliebtesten Lehrers/als beliebtester Lehrer; das A. von Kunstzieher Müller als dem beliebtesten Lehrer/als beliebtester Lehrer; er hat es durch seine Forschungen zu internationalem A. gebracht; bei jmdm. in hohem A. stehen; sie ist in meinem A. gestiegen; zu A. kommen. 2. (geh.) Aussehen: ein Greis von ehrwürdigem

A.; dadurch bekommt, erhält, gewinnt die Sache ein anderes A. *(muss anders beurteilt werden);* sie gab sich gern ein vornehmes A. *(den Anschein von Vornehmheit).* **ansehnlich:** 1. *gut aussehend:* ein ansehnlicher Mann; sie fand die Dekorationen ganz a. 2. *beachtlich:* eine ansehnliche Summe; ansehnliche Mengen, Modelle; die Ausbeute war a. **ansetzen:** 1. ⟨etw. a.⟩ *an eine bestimmte Stelle setzen, bringen, führen:* die Flasche [zum Trinken], die Trompete, die Feder, den Hobel, den Bohrer a.; ÜBERTR.: wenn wir sie für uns gewinnen wollen, müssen wir [mit unseren Argumenten] woanders a.; den Hebel an der richtigen Stelle a. *(etwas richtig anpacken).* 2. ⟨etw. [an etw. (Akk./Dat.)] a.⟩ *anfügen:* ein Verlängerungsstück an ein Rohr a.; fünf Zentimeter, ein Stück, einen Saum an das/am Kleid a.; ein Kleid mit tief angesetztem Rock; ⟨jmdm., etw. etw. a.⟩ er setzte dem Engelchen Flügel an. 3. ⟨etw. a.⟩ *festsetzen:* einen Termin, eine Besprechung a.; die Veranstaltung ist für den/auf den 10. Mai angesetzt; für eine Arbeit eine bestimmte Zeit a.; wir haben die Kosten, den Wert mit 20 000 Mark zu niedrig angesetzt *(veranschlagt).* 4. ⟨jmdn., etw. [auf jmdn, etw.] a.⟩ *einsetzen:* Polizeihunde auf eine Spur a.; er setzte die Frau als Lockvogel auf ihn an; (Sport Jargon:) der Trainer setzte gleich zwei Spieler auf den Torjäger an. 5. ⟨[etw./mit etw.] irgendwo a.⟩ *beginnen:* an diesem Punkt, an diesem Problem werde ich a.; sie setzte ihre Kritik, mit ihrer Kritik an der schlechten Bildqualität an; hier, an dieser Stelle muss die Kritik a. 6. a) ⟨etw. a.⟩ *hervorbringen:* die Bäume setzen Blätter, Blüten, Frucht an; er hat in letzter Zeit Fett, einen Bauch angesetzt; ⟨auch ohne Akk.⟩ die Obstbäume haben gut angesetzt *(Fruchtknospen hervorgebracht);* sie setzt schnell an *(wird schnell dick);* b) ⟨etw. a.⟩ *schichtförmig bilden:* das Eisen setzt Rost an; meine Zähne setzen schnell Zahnstein an. 7. a) ⟨[an etw. (Dat./Akk.)] a.⟩ *hervorkommen:* Knospen setzen bereits an; an der Pflanze hat ein neuer Trieb angesetzt; b) ⟨sich a.⟩ *sich schichtförmig bilden:* an den Rohren setzt sich Rost, Grünspan an; im Boiler hat sich Kalkstein angesetzt. 8. *seinen Ausgang haben:* die Haare setzen bei ihm sehr tief, über einer hohen Stirn an. 9. ⟨zu etw. a.⟩ *im Begriff sein, etw. zu tun:* zum Sprung, zum Endspurt, zum Überholen, zur Landung a.; sie setzte mehrmals zum Sprechen an; ⟨auch ohne Präpositionalobjekt⟩ er setzte immer wieder an *(begann immer wieder zu sprechen),* brachte aber keinen Satz heraus. 10. ⟨etw. a.⟩ *mischen:* eine Bowle, einen Kuchenteig a.; der Tischler setzte zunächst den Leim an. 11. (ugs. landsch.) ⟨etw. a.⟩ *zum Kochen auf den Herd setzen:* Kartoffeln, das Essen a.

12. *sich am Boden des Topfes festsetzen:* a) ⟨sich a.⟩ die Suppe hat sich angesetzt; b) Milch setzt nach kurzer Zeit an. **Ansicht,** die: 1. *Meinung, Überzeugung:* eine irrige, vernünftige, gegenteilige, weit verbreitete A.; feste, revolutionäre, verworrene, altmodische Ansichten; das ist meine ganz private A.; was ist Ihre A.?; keine eigenen Ansichten haben; eine A. äußern, vertreten, verfechten, ändern; das bestärkt nur meine A.; ich teile seine A., lasse seine A. gelten; sich jmds. A. zu Eigen machen; ich bin darüber anderer A. als du; ich bin der gleichen A. wie du; er ist der A. *(er glaubt),* dass ...; in einer A. bestärkt werden; mit einer A. zurückhalten, brechen; nach meiner A., meiner A. nach hat er Unrecht; nach A. von Experten. 2. *Abbildung:* einige Ansichten von Köln. 3. *sichtbarer Teil:* die vordere, seitliche A. eines Schlosses; ★ **zur Ansicht** *(zum Ansehen):* den Kunden Bücher, Waren zur A. schicken. **ansichtig** ⟨nur in der Verbindung⟩ **jmds., etw. ansichtig werden** (geh.; *erblicken):* er erschrak, als er seiner, ihrer, des Mannes, der Frau, des Feuerscheins a. wurde. **Ansichtskarte:** ↑ Karte. **Ansichtssache,** ist Ansichtssache *(darüber kann man verschiedene Ansichten haben):* ob es gut ist oder schlecht, [das] ist A. **ansiedeln:** a) ⟨sich irgendwo a.⟩ *sich niederlassen:* sich auf dem Land, in der Stadt a.; ÜBERTR.: Keime siedeln sich auf der verderblichen Lebensmitteln an; b) ⟨jmdn., etw. irgendwo a.⟩ *ansässig, sesshaft machen:* Flüchtlinge auf dem Land, eine Tierart in Europa a.; die in den umliegenden Gebieten neu angesiedelte Bevölkerung; c) ⟨etw. irgendwo a.⟩ *zeitlich, rangmäßig o. ä. einordnen:* das Bild ist in der Renaissance anzusiedeln; ein Jahresgehalt, das etwa 300 000 Mark anzusiedeln ist; eine Angelegenheit sehr hoch a. *(ihr eine große Bedeutung beimessen).* **Ansinnen,** das (geh.): ein ungeheuerliches, seltsames, ungehöriges A.; ein A. ablehnen, zurückweisen; an jmdn. ein A. stellen, richten; er ging auf mein A. nicht ein. **ansonsten:** a) (ugs.) *sonst, im Übrigen:* a. gibt es nichts Neues zu berichten; er gab mir Tipps, die ansonsten nur Einheimische kennen; b) (Papierdt.) *im anderen Falle:* zur Vermeidung von Steuererhöhungen, die a. notwendig wären. **anspannen** /vgl. angespannt/: 1. a) ⟨[ein Tier] a.⟩ *vor etw. spannen:* ein Pferd, einen Ochsen a.; der Kutscher hatte angespannt; b) ⟨[etw.] a.⟩ *mit einem Zugtier, Gespann versehen:* den Wagen a.; er ließ a. 2. ⟨etw. a.⟩ *straffer spannen:* ein Seil, die Zügel a. 3. a) ⟨etw. a.⟩ *anstrengen:* seine Muskeln a.; er

musste alle Kräfte a.; **b**) ⟨sich a.⟩ *sich spannen:* er spürte, wie sich seine Muskeln anspannten.
Anspannung, die: eine übermenschliche, seelische A.; mit, trotz äußerster A.; unter A. aller Kräfte.
anspielen: 1. (Sport) ⟨jmdn. a.⟩ *jmdm. den Ball, die Scheibe zuspielen:* der Verteidiger spielte den Linksaußen an. **2. a**) (Kartenspiel) ⟨etw. a.⟩ *zur Eröffnung des Spiels hinlegen:* Trumpf a.; er hat Kreuz, den Buben angespielt; **b**) (Sport, Spiel) *das Spiel beginnen:* wer spielt an? **3.** ⟨auf jmdn., etw. a.⟩ *versteckt hinweisen:* auf Missstände, auf jmds. Alter a.; er spielte in seiner Rede auf den Minister an.
Anspielung, die: eine scherzhafte, boshafte A.; soll das [etwa] eine A. auf mein Alter sein?; eine A. machen; er verstand, überhörte ihre A., ging auf ihre A. ein.
anspinnen ⟨etw. a.⟩: *anbahnen:* [mit jmdm.] Verhandlungen, ein Liebesverhältnis, eine Unterhaltung a.; ⟨sich a.⟩ da, zwischen den beiden spinnt sich etwas an; neue Beziehungen spannen sich zwischen den beiden Ländern an.
anspitzen: 1. ⟨etw. a.⟩ *spitz machen:* den Bleistift a. **2.** (ugs.) ⟨jmdn. a.⟩ **a**) *antreiben:* der Chef hat den Azubi ordentlich angespitzt; **b**) ⟨jmdn. [zu etw.] a.⟩ *verleiten:* sie hat es zwar getan, aber er hat sie dazu angespitzt; er hat sie angespitzt, die Akten verschwinden zu lassen.
Ansporn, der: einen A. erhalten; ich brauche einen A. für das Training.
anspornen: 1. ⟨ein Tier a.⟩ *die Sporen geben:* der Reiter spornt das Pferd an. **2.** ⟨jmdn., etw. [zu etw.] a.⟩ *einen Ansporn geben:* die Schüler zu besseren Leistungen a.; etw. spornt jmds. Ehrgeiz an.
Ansprache, die: **1.** *kurze Rede:* eine kurze A.; eine A. an den Kongress; der Vorsitzende hielt eine A. **2.** (bes. südd., österr.) *Aussprache, Gespräch:* er suchte die persönliche A.; sie hat wenig A. *(Unterhaltung, Umgang).*
ansprechen: 1. ⟨jmdn. a.⟩ *einige Worte an jmdn. richten:* jmdn. höflich, auf der Straße, im Park a.; sie wird dauernd von fremden Männern angesprochen *(belästigt);* ÜBERTR.: sich von etw. angesprochen fühlen *(glauben, dass eine Äußerung, Kritik o. Ä. an einen selbst gerichtet ist).* **2.** ⟨jmdn. irgendwie a.⟩ *anreden:* jmdn. mit seinem Vornamen, mit einem Titel a.; wie spricht man einen Minister an? **3.** ⟨jmdn. [auf etw. (Akk.)/wegen etw.] a.⟩ *sich an jmdn. wenden:* alle Bürger der Stadt, die Betriebsangehörigen a.; er sprach die Massen direkt an; ich habe ihn wegen dieser Sache, auf diese Angelegenheit, darauf angesprochen. **4.** ⟨etw. a.⟩ *zur Sprache bringen:* die Frage, das Thema a.; anschließend sprach er die Produktionsschwierigkeiten an; das Problem wurde in einer der darauf folgenden Sitzungen angesprochen.

5. (seltener) ⟨jmdn., etw. als jmdn., etw. a.⟩ *als etw. ansehen; bezeichnen:* eine Gruppe als Extremisten a.; das Ergebnis muss als günstig angesprochen werden; Fieber ist nicht als Krankheit anzusprechen. **6.** ⟨jmdn., etw. a.⟩ *positiv berühren:* das Bild, das Lied sprach ihr Innerstes an; der Vortrag hat viele Menschen angesprochen; ihr Wesen spricht ihn an *(gefällt ihm);* ADJ. PART.: eine ansprechende *(reizvolle)* Mode; sein Äußeres ist nicht sehr a. **7. a**) ⟨auf etw. (Akk.) a.⟩ *eine Reaktion zeigen, in positiver Form reagieren:* der Patient spricht auf diese Behandlung, dieses Mittel nicht an; das Messgerät spricht auf die kleinsten Schwankungen an; gut ansprechende Bremsen; **b**) ⟨bei jmdm. [irgendwie] a.⟩ *wirken:* das Medikament spricht bei ihr nicht, gut, schlecht an; die Aufführung sprach beim Publikum nicht besonders an *(fand wenig Anklang).*
anspringen: 1. ⟨jmdn., etw. a.⟩ *sich auf jmdn., etw. stürzen:* der Hund springt den Fremden an; der Luchs hat sein Opfer angesprungen. **2.** ⟨im 2. Part.⟩ *in Verbindung mit kommen⟩ herbeilaufen:* die Kinder kommen angesprungen. **3.** *in Gang kommen:* der Motor springt leicht, schwer an; der Wagen ist heute Morgen erneut nicht angesprungen. **4.** (ugs.) ⟨auf etw. (Akk.) a.⟩ *eingehen:* ich machte ihm ein Angebot, aber er sprang nicht darauf an; er ist auf die Sticheleien nicht angesprungen.
Anspruch, der: **1.** *Forderung:* ein berechtigter A.; Ansprüche haben; Ansprüche anmelden, [gegen jmdn.] durchsetzen, anerkennen, befriedigen, erfüllen; A. auf ein Gebiet erheben *(es beanspruchen);* das Buch erhebt keinen A. auf Vollständigkeit *(will nicht vollständig sein);* die Ansprüche seiner Kunden kennen; die Ansprüche zu hoch schrauben, herabsetzen; den Ansprüchen genügen; einem hohen A. gerecht werden. **2.** *[An]recht:* ein alter, verbürgter A.; jeder Arbeitnehmer hat A. auf Krankengeld; keinen A. auf Schadenersatz haben; ihr A. ist erloschen; er hat A. darauf, in dieser Sache gehört zu werden; ★ **jmdn., etw. in Anspruch nehmen** *(1. jmdn., etw. beanspruchen:* die Arbeit, den Beruf nimmt mich ganz, sehr in A.; das Projekt wird viele Monate in A. nehmen. *2. von etw. Gebrauch machen:* sie haben unsere Gastfreundschaft, seine Hilfe gern in A. genommen; eine Dienstleistung in A. nehmen; ich nehme dieses Recht [für mich] in A.) · *etw. für sich in Anspruch nehmen (etw. von sich behaupten).*
anstacheln ⟨jmdn., etw. [zu etw.] a.⟩: den Eifer, den Ehrgeiz der Schüler [durch Lob] a.; der Erfolg stachelte ihn zu neuen Taten an.
Anstalt, die: **a**) *Einrichtung:* wegen dieser Sache mussten zwei Gymnasiasten die A. verlassen; **b**) (oft verhüll.) *Heilstätte:* jmdn. in eine geschlossene A. einliefern; eine A. zur Lehrerfortbildung; er wurde in der A. gegeben, eingewie-

sen; sie konnte nach einigen Monaten aus der A. entlassen werden; c) *Betrieb, Institut:* eine kartographische A.; eine A. des öffentlichen Rechts (Rechtsw.; *Verwaltungseinrichtung mit einem bestimmten Nutzungszweck*); **＊ Anstalten machen/**(Papierdt.:) **treffen** *(sich anschicken, etw. zu tun):* sie machte [keine, keinerlei] A. aufzubrechen; die Regierung hatte alle A. getroffen, den Putsch zu verhindern.

Anstand, der (nur Singular): **1.** *gute Sitte, gutes Benehmen:* das fordert, verlangt, verbietet schon allein der A.; das erlaubt der A. nicht; er hat, besitzt keinen A.; den A. wahren, verletzen; Sitte und A. lernen; (ugs.:) jmdm. A. beibringen; die Regeln des Anstands beachten; etw. aus A. unterlassen; ihm fehlt jedes Gefühl für A.; das ist gegen allen A.; man muss auch mit A. *(mit Würde)* verlieren können; er hat sich mit A. *(gut)* aus der Affäre gezogen; er ist ein Mann von A. **2.** (südd., österr.) *Schwierigkeit, Ärger:* ich will keine Anstände bei der Kontrolle, mit den Zollbeamten haben; es hat keinen A. gegeben.

anständig: 1. *sittlich einwandfrei, ordentlich:* ein anständiger Mensch; sie ist ein anständiger Kerl; er hat eine anständige Gesinnung; sie haben a. gehandelt, sich a. benommen; sich a. kleiden. **2.** (ugs.) *zufrieden stellend, korrekt:* eine anständige Bezahlung; wir suchen eine halbwegs anständige Unterkunft; das Essen war ganz a.; a. leben können *(sein Auskommen haben).* **3.** (ugs.) *beträchtlich, ziemlich:* eine anständige Summe, Portion; wir mussten a. draufzahlen; ich habe mich a. gestoßen; es regnet ganz a. *(ziemlich stark).*

anstandslos: eine Summe a. zahlen; die Ware a. zurücknehmen.

anstarren ⟨jmdn., etw. a.⟩: die Wände a.; jmdn. entsetzt, ungläubig, fassungslos, schweigend, aus großen Augen, wie einen Geist a.; sie starrten sich/(ugs.:) einander feindselig an.

anstatt: I. ⟨Präp. mit Gen.⟩ *anstelle:* er nahm mich a. seines Bruders mit; ⟨mit Dat., wenn der Gen. nicht erkennbar ist⟩ a. Worten will ich Taten sehen. **II.** ⟨Konj.⟩ *anstelle:* er schoss in die Luft a. auf den Flüchtenden; a. zu grüßen, blickte er weg; er trieb sich herum, a. zu arbeiten; ↑ statt.

anstechen: 1. ⟨etw. a.⟩ **a)** *durch einen Stich verletzen:* die Randalierer stachen die Autoreifen an; er brüllt wie ein angestochenes Schwein, rennt herum wie angestochen (ugs.; *wild, wütend*); die Birnen sind alle angestochen *(madig);* **b)** *ein wenig in etw. hineinstechen:* die Kartoffeln prüfend a.; den Braten [mit der Gabel] a. **2.** ⟨[etw.] a.⟩ *anzapfen:* ein Fass Bier a.; wir haben eben frisch angestochen.

anstecken: 1. ⟨etw. a.⟩ *an etw. stecken:* ein Abzeichen, eine Brosche [an das/(auch:) am Kleid] a.; ⟨jmdm., sich etw. a.⟩ er steckte seiner Braut den Ring an *(an den Finger);* sie steckte sich die Rose an.

2. (ugs.) ⟨etw. a.⟩ *anzünden:* das Licht, das Gas, die Kerzen, die Laternen a.; eine Scheune a. *(in Brand stecken);* ⟨jmdm., sich etw. a.⟩ er steckte sich eine Zigarette an; Unbekannte haben ihm das Haus angesteckt. **3. a)** ⟨jmdn. [mit etw.] a.⟩ *infizieren:* er hat sie mit seiner Grippe, mit seinem Schnupfen, mit Windpocken angesteckt; ÜBERTR.: jmdn. mit seiner Angst, mit seiner Unsicherheit a.; **b)** ⟨[jmdn.] a.⟩ *sich übertragen:* Grippe steckt an; von Masern wird man nur einmal angesteckt; ansteckende Krankheiten; diese Entzündung ist nicht ansteckend; ÜBERTR.: Gähnen, Lachen steckt an; seine Heiterkeit steckte alle an; sich von der allgemeinen Hektik nicht anstecken lassen; ⟨sich bei jmdm./irgendwo [mit etw.] a.⟩ *sich infizieren:* ich habe mich bei ihm, im Betrieb, im Büro mit Grippe angesteckt.

anstehen: 1. *warten, bis man an die Reihe kommt:* stundenlang, in einer langen Schlange, am Schalter, an der Kasse, auf dem Arbeitsamt, bei einer Behörde a.; wir haben nach Eintrittskarten um unsere Brotration angestanden. **2.** (geh.) *auf Erledigung warten:* viel Arbeit steht an; es steht noch an *(es bleibt noch zu tun übrig),* glaubhaft zu machen, dass ...; er lässt die Angelegenheit, die Entscheidung a. *(schiebt sie hinaus).* **3.** (Rechtsspr.) *festgesetzt sein:* ein Termin steht noch nicht an; die Verhandlung steht auf Mittwoch an. **4.** (geh.) ⟨jmdn., etw. irgendwie a.⟩ *zu jmdm., etw. passen:* die Begeisterung steht ihm gut an; es steht mir nicht an *(es kommt mir nicht zu),* darüber zu richten; **＊ nicht anstehen, etw. zu tun** (geh.; *etw. ohne weiteres tun*): er stand nicht an zu behaupten, dass ...

ansteigen: 1. *aufwärts führen:* der Weg steigt sanft, allmählich an; das Gelände, der Berg stieg steil an. **2.** *steigen:* das Wasser steigt an; der Blutdruck steigt unter Stress stark an; die Temperaturen sind angestiegen; ÜBERTR.: die Preise steigen an; die Zahl der Teilnehmer stieg auf das Doppelte an; die Inflationsrate ist um 0,1 Prozent angestiegen; SUBST.: ein Ansteigen der indirekten Steuern um etwa 45 Prozent.

anstelle, an Stelle: *statt, stellvertretend für:* **I.** ⟨Präp. mit Gen.⟩ a. des Leiters kam sein Vertreter. **II.** ⟨Adverb in Verbindung mit *von*⟩ a. von Klagen hörte man nur Gutes.

anstellen: 1. ⟨etw. [an etw. (Akk./seltener: Dat)] a.⟩ *an etw. anstellen:* eine Leiter an den/(seltener:) am Baum a. **2.** ⟨sich a.⟩ *sich einer Reihe von Wartenden anschließen:* sich an der Kasse, am Schalter a.; Sie müssen sich hinten a.; sie hatte sich nach Karten angestellt. **3.** ⟨etw. a.⟩ *einschalten, in Betrieb setzen:* das

Radio, den Fernsehapparat, das Bügeleisen, den Motor a.; er stellte die Nachrichten an (ugs.; *stellte wegen der Nachrichten das Radio-, Fernsehgerät an*); b) *die Zufuhr ermöglichen:* das Gas, das Wasser a.; c) *aufdrehen:* den Haupthahn, die Dusche a.; er hatte die Heizung nicht angestellt. **4.** ⟨jmdn. a.⟩ a) *einstellen:* jmdn. aushilfsweise, fest, als Verkäufer a.; wir mussten Aushilfskräfte a.; bei der Behörde, im Ministerium angestellt sein; b) (ugs.) *mit einer Arbeit beauftragen:* sie wollte mich zum Kartoffelschälen a.; er sucht immer Leute, die er a. kann. **5.** a) ⟨etw. a.; in Verbindung mit bestimmten Substantiven⟩ /häufig verblasst/ *vornehmen:* mit jmdn. ein Verhör a. *(jmdn. verhören);* Experimente a. *(experimentieren);* Beobachtungen a. *(beobachten);* Nachforschungen a. *(nachforschen);* Berechnungen a. *(etw. berechnen);* über etw. Vergleiche a. *(etw. vergleichen);* Überlegungen über etw. a. *(etw. überlegen);* b) (ugs.) ⟨etw. a.⟩ *tun, machen:* ich habe alles nur Erdenkliche angestellt, um das Geld zurückzubekommen; der Arzt hat mit ihm alles Mögliche angestellt; Unfug, Unsinn, etwas Schlimmes a.; was haben die Kinder nun schon wieder angestellt *(angerichtet)?;* c) (ugs.) irgendwie a.⟩ *aus-, durchführen:* ich weiß nicht, wie ich es a. soll; wie hast du es angestellt, hier wieder herauszukommen?; er hat die Sache schlau, geschickt, dumm angestellt. **6.** (ugs.) ⟨sich irgendwie a.⟩ *sich verhalten:* sich ungeschickt, dumm a.; er stellt sich so an, als ob ...; stell dich nicht so an! *(zier dich nicht so!).*
Anstellung, die: 1. *Einstellung:* zur Zeit erfolgt keine A.
2. *Stellung:* eine A. bei einer Behörde, in einer Firma suchen, finden, erhalten; er hat keine feste A.
ansteuern: eine Bucht, den Flughafen a.; den nächsten Parkplatz a.; ich entdeckte einen freien Tisch und steuerte ihn an; ÜBERTR.: ehrgeizige Ziele a.; für die Neuauflage sollten wir eine höhere Seitenzahl a.
Anstieg, der: 1. *Steigung:* der A. der Straße.
2. *Erhöhung, Zunahme:* der A. der Temperatur, der Kosten; auch im letzten Quartal wurde ein erneuter A. der Preise verzeichnet; der A. des Rentenbetrages auf 21 Prozent.
3. a) *Aufstieg:* ein mühsamer A.; der steile A. zum Kraterrand dauert 20 Minuten; b) *Weg zum Gipfel:* der Berg hat drei Anstiege.
anstiften: 1. ⟨etw. a.⟩ *etwas Unheilvolles ins Werk setzen:* ein Unheil a.; Unfug, Verschwörungen a.
2. ⟨jmdn. zu etw. a.⟩ *verleiten:* jmdn. zum Verrat, zum Mord a.; *(auch ohne Präpositionalobjekt)* er stiftete die anderen an und blieb selbst im Hintergrund.
anstimmen ⟨etw. a.⟩: **1.** *zu singen, spielen beginnen:* ein Lied, die Nationalhymne a.

2. *in etw. ausbrechen:* ein Gelächter, ein Geschrei a.; Klagen a.
Anstoß, der: 1. (Sport) *erstes, spieleröffnendes Spielen des Balles:* der A. erfolgt um 15 Uhr; die deutsche Mannschaft hat A.; der A. ist bereits ausgeführt.
2. *Impuls:* der erste A. zu dieser Aktion ging von ihm aus; dieses Ereignis gab den A. zur Revolution; es bedurfte eines neuen Anstoßes;
∗ **Anstoß erregen** (geh.; *Missbilligung hervorrufen*): seine Rede hat A. erregt · **an etw.** (Dat.) **Anstoß nehmen** *(etw. missbilligen):* sie nahm an seinem Benehmen [keinen] A.
anstoßen: 1. a) ⟨jmdn., etw. a.⟩ *einen kleinen Stoß geben:* das Pendel an Uhr, eine Kugel a. *(in Bewegung setzen);* jmdn. heimlich, verstohlen, mit dem Fuß [unter dem Tisch] a. *(durch einen Stoß auf etw. aufmerksam machen);* er hat mich beim Schreiben angestoßen *(mir versehentlich einen Stoß gegeben);* ⟨sich a.⟩ sich gegenseitig a.; b) (Sport) *den Anstoß ausführen:* die deutsche Mannschaft stößt an, hat bereits angestoßen.
2. ⟨[an etw. (Dat./Akk.)] a.⟩ *an etw. stoßen:* mit dem Tablett a.; das Kind ist mit dem Kopf an der/an die Wand angestoßen.
3. *lispeln:* er stößt leicht an; das Kind stößt beim Sprechen mit der Zunge an.
4. *die gefüllten Gläser leicht aneinander stoßen:* sie stießen an und ließen das Paar hochleben; auf jmds. Wohl, auf jmds. Gesundheit, auf die Zukunft a.; sie hob das Glas und stieß mit allen Mitarbeitern und Mitarbeiterinnen auf das Gelingen des Projekts an.
5. ⟨[bei jmdm.] a.⟩ *jmds. Unwillen hervorrufen:* beim Chef a.; er ist mit seiner Bemerkung angestoßen.
6. ⟨[an etw. (Akk.)] a.⟩ *angrenzen:* unser Grundstück stößt unmittelbar an den Wald an; die anstoßenden Räume.
anstößig: anstößige Lieder, Witze; eine Filmszene a. finden; er benahm sich a.; etw. als a. empfinden.
anstrahlen: 1. ⟨jmdn., etw. a.⟩ *auf jmdn., etw. strahlen:* eine Häuserfront, einen Springbrunnen mit Scheinwerfern a.; von der Sonne angestrahlte Berggipfel.
2. ⟨jmdn. a.⟩ *strahlend anblicken:* er strahlte sie dankbar an; ihre Augen strahlten ihn an.
anstreben (geh.) ⟨etw. a.⟩: eine neue soziale Ordnung, die Teilnahme an der Weltmeisterschaft a.; sie strebte eine bessere Stellung, ihre Versetzung in eine andere Abteilung an.
anstreichen: 1. ⟨etw. a.⟩ *Farbe auf etw. streichen:* ein Haus weiß a.; die Gartenmöbel [bunt] a.
2. ⟨etw. a.⟩ *markieren:* einen Fehler [rot] a.; er hat einen Satz, eine Stelle mit Bleistift angestrichen; ⟨sich (Dat.) etw. a.⟩ ich habe mir einige Buchtitel angestrichen *(angemerkt).*
anstrengen: 1. a) ⟨sich a.⟩ *seine körperlichen, geistigen Kräfte zu besonderer Leistung steigern:* sich

sehr, bis zur Erschöpfung, körperlich, nicht sonderlich a.; du musst dich in der Schule mehr a.; streng dich mal [ruhig] etwas an *(gib dir mal etwas Mühe);* unsere Gastgeber haben sich sehr angestrengt *(haben keine Mühe und keine Kosten gescheut);* angestrengt nachdenken, arbeiten; b) ⟨etw. a.⟩ *zu einer besonderen Leistung steigern:* seinen Geist, sein Gedächtnis, seine Kräfte, sein Gehör, seine Augen a.; streng mal deinen Verstand ein bisschen an! *(überleg mal ein bisschen!).* **2.** ⟨jmdn., etw. a.⟩ *strapazieren:* das Licht strengt die Augen an; ihr Besuch, das Sprechen strengte den Patienten an; ein anstrengender Beruf; eine anstrengende Arbeit verrichten; die Fahrt war anstrengend. **3.** (Rechtsw.) ⟨etw. [gegen jmdn.] a.⟩ *ein Verfahren o. Ä. einleiten:* einen Prozess, eine Klage gegen jmdn. a.

Anstrengung, die: **1.** alle Anstrengungen waren vergeblich; seine Anstrengungen verdoppeln, vervielfachen; [gemeinsame, verzweifelte, verstärkte] Anstrengungen machen/(geh.:) unternehmen *(sich [gemeinsam, verzweifelt, verstärkt] anstrengen);* mit äußerster A. etw. erreichen; sie ließ in ihren Anstrengungen nach; trotz aller Anstrengungen schaffte er es nicht; eine Aufgabe nur unter großen Anstrengungen bewältigen. **2.** *Strapaze:* unser Ausflug war eine einzige A.; mit großen körperlichen Anstrengungen verbunden sein; sich von den Anstrengungen erholen.

Anstrich, der: **1.** a) *das Anstreichen:* ein neuer A.; das Boot bekommt einen hellen A. *(wird hell angestrichen);* b) *aufgetragene Farbe:* der A. des Hauses gefällt mir. **2.** *Aussehen, Note:* sich einen gelehrten, vornehmen A. geben; das verleiht der Sache einen persönlichen A.

Ansturm, der: a) *das Heranstürmen:* den A. des Feindes auffangen; dem gegnerischen A. standhalten; dem A. des Gegners nicht gewachsen sein; ÜBERTR.: ein A. der Gefühle; b) *großer Andrang:* der A. von Autogrammjägern; A. nach Karten; einen gewaltigen A. erleben; er konnte sich des Ansturms der Interessenten kaum erwehren.

antasten: 1. ⟨etw. a.⟩ *verletzen:* jmds. Ehre, Würde, guten Namen [nicht] a.; der Staat darf die Freiheit des Individuums nicht a. **2.** ⟨etw. a.; gewöhnlich verneint⟩ *zu verbrauchen beginnen:* das Geld, die Vorräte nicht a. **3.** (selten) ⟨jmdn., etw. a.⟩ *berühren:* einen ausgestellten Gegenstand a.

Anteil, der: **1.** *Teil, der jmdm. gehört, zukommt:* der prozentuale A. beträgt …; den A. der Arbeiter am Sozialprodukt erhöhen; seinen A. an der Beute fordern; er hat auf seinen A. verzichtet; ich lasse mir meinen A. am Gewinn auszahlen. **2.** (selten) *Teilnahme:* ohne inneren A.; er war voller A. *(Interesse)* für alles, was ihn um ihn geschah;

★ **Anteil an etw.** (Dat.) **haben** *(an etw. beteiligt sein):* er hat an diesem Erfolg tätigen A., keinen A. · [tätigen] **Anteil an etw.** (Dat.) **nehmen** *(sich an etw. beteiligen):* er nahm an dem Gespräch keinen A. mehr · **Anteil an jmdm., etw. nehmen/** zeigen/(geh.:) **bekunden** (1. *sich für jmdn., etw. interessieren:* auch im Alter nahm, zeigte er lebhaften A. an der Politik. 2. *Anteilnahme für jmdn., etw. zeigen:* ich nehme [aufrichtigen, herzlichen] A. an Ihrem schweren Verlust; er zeigte keinerlei A. an ihr, an ihrem Schicksal).

Anteilnahme, die: **1.** *Beteiligung:* die Beisetzung fand unter starker A. der Bevölkerung statt. **2.** *Mitgefühl:* er zeigte aufrichtige, innige, starke A. an ihrem Unglück; jmdm. seine A. *(sein Beileid)* aussprechen; sie verfolgten das Geschehen mit lebhafter A.; er war voller A.

Antenne, die: eine A. auf dem Dach haben; die A. erden;

★ **für etw. eine A. haben** (ugs.; *für etw. Gespür haben).*

Antrag, der: **1.** a) *Forderung, Gesuch:* ein formloser, offizieller, schriftlicher A.; einen A. auf (nicht: um oder nach) Fahrpreisermäßigung stellen; einen A. einreichen, billigen, ablehnen; (Papierdt.:) dem A. wurde nicht stattgegeben; b) (ugs.) *Antragsformular:* ich muss mir einen A. besorgen; Anträge gibt es am Schalter 4. **2.** *zur Abstimmung eingereichter Entwurf, Vorschlag:* der A. geht durch; einen A. einbringen, zurückziehen, unterstützen, fallen lassen, zum Beschluss erheben; auf A. des Senats …; für, gegen einen A. stimmen; über einen A. abstimmen. **3.** (veraltend) *Heiratsantrag:* einem Mädchen einen A. machen; viele Anträge bekommen; sie nahm seinen A. an.

antragen (geh.) ⟨jmdm. etw. a.⟩: jmdm. ein Amt, den Vorsitz a.; er hat mir seine Dienste, seine Hilfe, das Du angetragen.

antreffen ⟨jmdn., etw. [irgendwo] a.⟩: jmdn. nicht an seinem Platz, zu Hause, in seinem Zimmer a.; ich habe ihn ganz verändert angetroffen; die Situation, die ich antraf, …

antreiben: 1. a) ⟨ein Tier a.⟩ *vorwärts treiben:* die Pferde [mit der Peitsche] a.; b) ⟨jmdn. [zu etw.] a.⟩ *anstacheln:* jmdn. zur Arbeit, zu immer größerer Eile, zum Training a.; c) ⟨jmdn. [zu etw.] a.⟩ *jmdn. beflügeln:* die Neugier trieb ihn an, den Raum zu betreten. **2.** ⟨etw. a.⟩ *in Bewegung setzen und halten:* das Wasser treibt die Turbine an; die Drehbank wird elektrisch, durch einen Motor angetrieben. **3.** a) ⟨jmdn., etw. a.⟩ *anschwemmen:* die Wellen treiben die Quallen, den Tang, die Leiche [ans/am Ufer] an; b) *angeschwemmt werden, herantreiben:* Wolken sind von Westen angetrieben; Eisschollen treiben ans Ufer an; eine Leiche ist angetrieben.

antreten: 1. ⟨etw. a.⟩ *festtreten:* die Erde, den Sand um die Pflanzen herum a.

A

2. ⟨etw. a.⟩ *in Gang bringen:* das Motorrad a.; er
hat die Maschine angetreten.
3. (Sport) *zu spurten beginnen:* rasch, plötzlich,
kraftvoll a.; der Europameister trat an und lief
dem Feld davon.
4. a) *sich aufstellen:* in einer Reihe, zum Appell
a.; die Rekruten a. lassen; die Schüler sind/ste-
hen der Größe nach angetreten; b) (Sport) ⟨[ge-
gen jmdn.] a.⟩ *sich zum Wettkampf stellen:* die
Sportler aus Südafrika treten nicht an; die deutsche Fußballmannschaft muss gegen den Weltmeister, gegen die englische Mannschaft a.;
c) ⟨zu etw. a.⟩ *sich einfinden:* zur Schicht a.; wir
sind pünktlich zum Dienst angetreten; d) *den
Dienst aufnehmen:* wann tritt der Neue an?; der
neue Koch war erst vor einem halben Jahr angetreten.
5. ⟨etw. a.⟩ *mit etw. beginnen:* eine Reise, einen
Flug, die Rückfahrt, den Heimweg, den Urlaub a.;
(geh.:) er hat sein fünfzigstes Lebensjahr angetreten; die Regierung, jmds. Nachfolge, ein Erbe,
ein Vermächtnis, ein Amt a. *(übernehmen);* eine
Strafe a. *(abzubüßen beginnen);* einen Dienst,
eine Stellung, seine Lehrzeit a.; den Beweis für
etw. a. *(etw. beweisen).*
6. (Sprachw.) ⟨an etw. (Akk.) a.⟩ *zu etw. hinzutre-
ten:* die Endung tritt an den Stamm an.
Antrieb, der: 1. *Triebkraft:* diese Maschine hat
elektrischen A.; den A. [durch Riemen] übertragen; den A. *(Antriebsmotor)* drosseln, hemmen.
2. *Anlass, Impuls:* ich fühle nicht den geringsten
A., mich zu rechtfertigen; der Erfolg gab ihm
neuen A.; das wird den Verhandlungen neuen A.
geben; aus eigenem A. *(von sich aus)* handeln,
etw. tun.
antrinken: 1. ⟨gewöhnlich im 2. Part.⟩ *nicht austrinken:* den Wein nur a.; angetrunkene Bierflaschen, Gläser.
2. ⟨sich (Dat.) etw. a.⟩ *sich durch Trinken verschaffen:* sich einen Rausch a.; er hat sich Mut angetrunken; ADJ. PART.: in angetrunkenem *(leicht
betrunkenem)* Zustand; der Fahrer war angetrunken;
⋆ **sich** (Dat.) **einen antrinken** (ugs.; *sich betrinken).*
antun /vgl. angetan/: 1. ⟨jmdm., sich etw. a.⟩ a) *erweisen:* einem Menschen Gutes, eine Wohltat a.;
ich möchte mir auch etwas Gutes a. *(mir etwas
gönnen);* sie taten ihm die Ehre an und salutier-
ten; tu mir die Liebe an *(sei so lieb)* und komm
nicht so spät nach Hause!; b) *zufügen:* einem
Menschen Böses, Schande, Unrecht, ein Leid a.;
das wirst du mir doch nicht a.! (ugs.; *das wirst du
doch wohl nicht tun!*); tu dir keinen Zwang an!
(ugs.; *sei ganz ungeniert, mach es dir bequem!*).
2. ⟨es jmdm.; gewöhnlich im 2. Part.⟩ *jmdn. anziehen, bezaubern:* seine Sprache, sein Klavierspiel, sein Aussehen hat es ihr angetan; sie hat es
ihm mit ihren Liedern angetan.
3. a) (ugs. landsch.) ⟨etw. a.⟩ *anziehen:* sie hatte

einen seidenen Hausanzug angetan; ⟨jmdm.,
sich etw. a.⟩ ich tu mir noch schnell die Jacke an;
b) (geh.) ⟨jmdn., sich irgendwie a.⟩ *in bestimmter
Weise kleiden:* sie hatte sich festlich, mit einem
neuen Kleid angetan;
⋆ **sich** (Dat.) **etwas antun** (verhüll.; *sich das Leben nehmen).*
Antwort, die: eine höfliche, scharfe, bissige, freche, witzige, schlagfertige, kurze, falsche,
dumme, kluge, ausweichende, ablehnende, unverschämte A.; das ist keine A. auf meine Frage!;
diese A. genügt mir nicht, befriedigt mich nicht;
die A. blieb aus; die A. lautet folgendermaßen ...;
es sind viele Antworten *(Lösungen)* auf die Preis-
frage eingegangen; jmdm. keine A. geben; jmdm.
eine abschlägige A. erteilen; eine A. fordern, erwarten, von jmdm. bekommen, erhalten; die passende A. finden; auf alles eine A. wissen, haben;
die A. auf eine Frage schuldig bleiben, verweigern; seine A. bei sich behalten; sich (Dat.) eine
A. überlegen, zurechtlegen; es bedarf keiner A.;
auf A. warten; sich mit einer A. begnügen; nach
einer A. suchen; er ist um eine A. nie verlegen;
Ⓡ keine A. ist auch eine A.;
⋆ **[jmdm.] keine Antwort schuldig bleiben**
(nicht um eine Antwort verlegen sein).
antworten: auf eine Anfrage umgehend, unverzüglich, schriftlich, zustimmend, ablehnend, nicht
a.; der Wahrheit gemäß, mit Ja oder Nein a.; ich
kann darauf nicht a.; ⟨jmdm. a.⟩ er hat ihm
freundlich, bereitwillig, unbefangen, verlegen,
barsch geantwortet; antworte mir auf meine
Frage!; ⟨etw. a.⟩ was hat er [auf deine Frage] geantwortet?; sie antwortete etwas Unverständliches; ÜBERTR.: sie antwortete darauf mit einem
viel sagenden Blick, mit Achselzucken.
anvertrauen: 1. ⟨jmdm., etw. jmdn., sich, etw.⟩
einer Persönlichkeit die Leitung des Unternehmens a.; ich habe ihm meine ganze Barschaft anvertraut; sein Leben, sein Schicksal Gott a.; wir
haben uns ihrer Führung anvertraut; BILDL.: sie
vertrauten seine sterbliche Hülle der Erde an
(geh.; *setzten ihn bei).*
2. a) ⟨jmdm. etw. a.⟩ *vertrauensvoll mitteilen:*
jmdm. ein Geheimnis, seine Pläne [unter dem
Siegel der Verschwiegenheit] a.; ich vertraue dir
meine Entdeckung an/(selten:) ich anvertraue
dir meine Entdeckung a.; b) ⟨sich jmdm. a.⟩ *sich
vertrauensvoll offenbaren:* sich den Eltern, dem
Pfarrer a.
anwachsen: 1. a) *festwachsen:* die transplantierte
Haut ist angewachsen; b) *Wurzeln schlagen:* die
Bäume sind gut angewachsen.
2. *stetig zunehmen:* die Bevölkerung, der Verkehr
wächst an; seine Schulden wuchsen sehr an; die
Anzahl der Mitglieder ist um 10 %, [von 800] auf
[ungefähr] 1000 angewachsen; SUBST.: das rasche Anwachsen der Produktivität.
Anwalt, der: 1. zwei bekannte Anwälte; sich als A.
niederlassen; ich habe mir einen A. genommen;

sie hat sich bei der Verhandlung von ihrem A., durch ihren A. vertreten lassen. **2.** *Verfechter, Fürsprecher:* ein glühender A. sozialer Reformen; als A. einer guten Sache auftreten; er machte sich zum A. der Armen.

anwandeln (geh.) ⟨jmdn. a.⟩: Ekel, Langeweile, eine Laune wandelte ihn an; ein Gefühl der Entmutigung hatte sie angewandelt.

Anwandlung, die: eine sentimentale A.; eine A. von Furcht, Heimweh überkam ihn; ihn befiel eine A. von Reue; sonderbare Anwandlungen haben *(sich merkwürdig benehmen);* einer plötzlichen A. folgend ...

anwehen: 1. (geh.) ⟨jmdn. a.⟩ *gegen jmdn. wehen:* ein kühler Hauch wehte ihn an; BILDL.: eine Todesahnung wehte sie an. **2. a)** ⟨etw. a.⟩ *auftürmend zusammenwehen:* der Wind hat den Sand, viel Schnee angeweht; **b)** *heranwehen:* Sand, Schnee weht an.

anweisen /vgl. angewiesen/: **1.** ⟨jmdn. etw. a.⟩ *zuweisen:* jmdm. einen Platz, sein Quartier a.; er wies mir eine Arbeit an. **2.** ⟨jmdn. a.; mit Infinitiv mit *zu*⟩ *beauftragen:* ich habe ihn angewiesen, die Sache sofort zu erledigen; sie ist angewiesen, uns sofort zu verständigen. **3.** ⟨jmdn. a.⟩ *anleiten:* den Lehrling bei der Arbeit, den Schüler im Unterricht a.; er weist den Neuen an. **4.** ⟨[jmdm.] etw. a.⟩ **a)** *überweisen:* weisen Sie das Geld bitte durch die Post an; wir haben Ihnen die gewünschte Summe angewiesen; **b)** *die Auszahlung veranlassen:* das Gehalt, ein Honorar a.

Anweisung, die: **1.** *Zuweisung:* auf die A. eines Bettes in der Klinik warten. **2.** *Anordnung:* eine strenge A.; die letzten, nötigen Anweisungen geben, erteilen; eine A. genau befolgen; sie haben A., uns gut zu behandeln; auf A. des Ministeriums ... **3.** *Anleitung:* eine A. ist dem Gerät beigefügt; die ausführliche A. lesen, studieren. **4. a)** *Überweisung:* um A. des Geldes auf das Bankkonto bitten; **b)** *Anordnung zur Auszahlung:* die A. des Honorars, des Gehalts erfolgt fünf Tage vor Monatsende; **c)** (Bank) *Anweisungsauftrag:* eine A. auf/über 3 000 Mark ausstellen, ausschreiben.

anwenden: **1.** ⟨etw. a.⟩ *einsetzen; gebrauchen:* eine Technik richtig, falsch, verkehrt, geschickt a.; eine Therapie, ein [Heil]mittel, ein vereinfachtes Verfahren a.; die Polizei musste Gewalt a.; sie wandten/(auch:) wendeten eine List an; er/wir haben viel Fleiß, Mühe angewandt/(seltener) angewendet; ADJ. PART.: angewandte *(in der Praxis nutzbar gemachte)* Mathematik, Chemie. **2.** ⟨etw. auf jmdn., etw. a.⟩ *übertragen:* ein Zitat auf einen Menschen a.; einen Paragraphen auf einen Fall a.; wir haben diese Prinzipien auf die Wirtschaft angewandt/(seltener:) angewendet.

Anwendung, die: **1.** *Einsatz, Gebrauch:* bei richti-

ger A. dieses Verfahrens ...; auf die A. von Gewalt verzichten; etw. in/zur A. bringen (Papierdt.; *anwenden);* zur A. kommen, gelangen (Papierdt.; *angewendet werden).* **2.** *Übertragung:* die A. dieser Bestimmung auf Ausländer ist nicht möglich. **3.** *Heilbehandlung:* Sie bekommen noch drei Anwendungen, haben morgen Ihre letzte A.; der Arzt verschrieb ihr noch einmal sechs Anwendungen.

anwesend: alle anwesenden Personen; persönlich, selbst a. sein; bei einer Sitzung nicht a. sein; der Chef ist nicht a.; SUBST.: alle Anwesenden/(seltener:) Anwesende; Anwesende ausgenommen; /Begrüßungsanrede/: verehrte Anwesende (nicht korrekt: Anwesenden!)

Anwesenheit, die: **1.** *das Zugegensein:* jmds. A. vermissen; die A. aller Teilnehmer feststellen; jmdn. mit seiner A. erfreuen, beehren; bei, während meiner A. in Berlin; in A. der Königin. **2.** *Vorhandensein:* die A. eines Metalls, von Sauerstoff in einem Gas feststellen.

anwidern ⟨jmdn. a.⟩: dieser Mensch, sein Anblick widert mich an; sie fühlte sich von dem Treiben angewidert.

Anzahl, die: **a)** *gewisse Zahl, gewisse Menge:* eine beträchtliche, große, unbedeutende A.; er hat mit einer A. Abgeordneter/Abgeordneten gesprochen; eine A. kostbarer Gegenstände/kostbare Gegenstände; eine A. Schrauben lag/(seltener:) lagen im Kasten; **b)** *[Gesamt]zahl:* der Teilnehmer war nicht ausreichend; die A. der Tage, Stunden.

anzahlen ⟨etw. a.⟩: **a)** *als ersten Teilbetrag zahlen:* die Hälfte, 100 Mark a.; wie viel hat der Kunde angezahlt?; **b)** *den ersten Teilbetrag zahlen:* die neuen Möbel, den Wagen a.

Anzahlung, die: eine A. [von 500 Mark] leisten; etw. gegen eine kleine A., ohne A. kaufen, bekommen.

anzapfen: **a)** ⟨etw. a.⟩ *eine Flüssigkeit entnehmen:* ein Fass a.; *(Bäume zur Harzgewinnung a.; (auch ohne Akk.)* der Wirt hat frisch angezapft *(angestochen);* **b)** (ugs.) ⟨etw. a.⟩ *sich zum Abhören einschalten:* eine Leitung, einen Draht a.; **c)** (ugs.) ⟨jmdn. a.⟩ *von jmdm. Geld leihen:* er wollte mich wieder a., hat mich [um 50 Mark] angezapft.

Anzeichen, das: **a)** *Vorzeichen:* A. eines nahenden Gewitters, eines drohenden Krieges; erste A. für eine Krise; den ersten A. *(Symptomen)* zum Arzt gehen; wenn nicht alle A. täuschen, trügen, so wird bald eine Besserung eintreten; **b)** *Zeichen, Merkmal:* A. von Reue erkennen lassen; bei dem geringsten A. des Widerstands ... **Anzeige,** die: **1.** *Meldung:* eine anonyme A.; bei der Staatsanwaltschaft ist eine A. eingegangen; eine A. verfolgen, niederschlagen; A. [wegen einer Sache] machen *(jmdn. anzeigen);* wir haben gegen ihn bei der Polizei A. erstattet *(ihn angezeigt);* er drohte mir mit einer A.; jmdn., etw. zur A. bringen (Papierdt.; *anzeigen).*

A

2. a) *gedruckte Bekanntgabe eines privaten Ereignisses:* jmdm. eine A. schicken; wir haben die A. ihrer Vermählung erhalten; **b)** *Annonce:* eine A. aufgeben, (Fachspr.:) schalten, in die Zeitung setzen [lassen]; es hat sich niemand auf die A. gemeldet. **3. a)** *ablesbarer Stand:* die A. eines Messinstruments; auf die A. der Ergebnisse warten; **b)** *Anlage, die etw. anzeigt:* die elektrische A. funktioniert nicht, ist ausgefallen; die Zeiten des Endlaufs erscheinen auf der A.

anzeigen /vgl. angezeigt/: **1.** ⟨etw. a.⟩ *den Stand angeben:* die Uhr zeigt fünf Minuten nach neun an; das Barometer zeigte schönes Wetter an; der Zähler zeigt den Stromverbrauch an. **2.** ⟨jmdn., etw. a.⟩ *Strafanzeige erstatten:* einen rücksichtslosen Autofahrer a.; sie haben den Diebstahl bei der Polizei angezeigt. **3.** ⟨etw. a.⟩ **a)** *durch Anzeige bekannt geben:* seine Verlobung, die Geburt eines Kindes a.; der Verlag hat die neuen Bücher angezeigt; **b)** *mitteilen, ankündigen:* die Sprengung durch ein Signal a.; ⟨jmdn. etw. a.⟩ der Trainer zeigt der Mannschaft an, dass noch zehn Minuten zu spielen sind; er hat uns seinen Besuch angezeigt (geh.; *sich zu einem Besuch angemeldet*).

anzetteln ⟨etw. a.⟩: eine Schlägerei, eine Verschwörung, einen Putsch a.

anziehen: 1. a) ⟨etw. a.⟩ *an sich, an den Körper heranziehen:* ein Bein, die Knie a.; mit fest angezogenem Kinn; **b)** ⟨etw. a.⟩ *an sich ziehen:* der Magnetstab zieht Eisenspäne an; Metall zieht den Blitz an; Salz zieht Feuchtigkeit an *(nimmt sie auf);* die Butter hat den Geruch von Seife angezogen *(angenommen);* ⟨auch ohne Akk.⟩ die Lebensmittel ziehen an *(nehmen den Geschmack, den Geruch von etw. an);* **c)** ⟨jmdn., etw. a.⟩ *anlocken:* er fühlte sich von den Fremden angezogen; die Ausstellung, der Wettkampf hat viele Besucher angezogen; ADJ. PART.: ein anziehendes *(reizendes)* Äußeres; das Mädchen ist sehr anziehend. **2.** ⟨etw. a.⟩ **a)** *straffer spannen:* die Zügel a.; er zog zwei Saiten leicht an; **b)** *festziehen:* eine Schraube a.; ich habe vergessen, die Handbremse anzuziehen; BILDL.: der Staat hat die Steuerschraube angezogen *(hat höhere Steuern erhoben).* **3.** (ugs. landsch.) ⟨etw. a.⟩ *bis auf einen Spalt schließen:* die Tür a.; er hatte das Gartentor nur angezogen. **4. a)** *zu ziehen beginnen, sich in Bewegung setzen:* die Pferde ziehen an; der Zug zog an und verließ langsam die Station; **b)** (veraltend) *anrücken:* das feindliche Heer zog an; **c)** (Brettspiele) *das Spiel beginnen:* Weiß zieht an, hat angezogen. **5. a)** ⟨jmdn., sich a.⟩ *die Kleidung anlegen:* sich warm, ordentlich, sportlich, sommerlich a.; die Mutter zog das Kind an; ich bin schon fertig angezogen; sauber, altmodisch, zu leicht angezogen sein *(gekleidet sein);* eine elegant angezogene (ge-*

kleidete) Frau; **b)** ⟨etw. a.⟩ *anlegen:* den Mantel, das Kleid, die Hosen, die Schuhe a.; die Mütze, den Hut a. (ugs. landsch.; *aufsetzen);* ich habe nichts anzuziehen; ⟨jmdm., sich etw. a.⟩ dem Kind frische Wäsche a. **6.** (Kaufmannsspr.) *(im Kaufwert) steigen:* die Preise, die Aktien ziehen an; Baumwolle hat angezogen; die Nachfrage zieht an. **7.** ⟨irgendwie a.⟩ *das Tempo beschleunigen:* der Wagen zieht gut, schlecht an; der Europameister zog gleich vom Start weg energisch an; ⟨etw. a.⟩ einen Spurt a. *(zu spurten beginnen).*

Anzug, der: **1.** *Kleidungsstück:* ein eleganter, schäbiger, flotter, sportlicher, zweireihiger, einfarbiger, karierter A.; der neue A. sitzt gut, steht mir gut; einen A. von der Stange *(einen Konfektionsanzug)* kaufen; ich habe mir einen A. bestellt, nach Maß anfertigen lassen; einen A. anprobieren, ändern lassen; den besten A. anziehen, tragen; er hat, besitzt mehrere Anzüge; er kam im dunklen A. **2.** *Beschleunigungsvermögen:* der Sportwagen hat einen kraftvollen A.; das Auto ist schlecht im A.;

★ **im Anzug sein** *(sich nähern):* der Feind ist im A.; ein Gewitter war im A.; Gefahr ist im A. *(droht).*

anzüglich: 1. *auf etw. Unangenehmes anspielend:* anzügliche Bemerkungen machen; werde nur nicht a.!; er lächelte a. **2.** *anstößig:* er erzählte anzügliche Witze, Geschichten.

anzünden ⟨etw. a.⟩: ein Streichholz, eine Kerze, das Gas a.; sie zündeten ein Feuer an; ein Haus a. *(in Brand stecken);* ⟨jmdm., sich etw. a.⟩ sich eine Zigarette a.

anzweifeln ⟨etw. a.⟩: die Glaubwürdigkeit eines Zeugen a.; sie hat die Echtheit des Bildes angezweifelt; eine nicht anzuzweifelnde Tatsache.

apart: ein apartes Aussehen, Gesicht; das Kleid ist sehr a.; das Mädchen sieht a. aus; sich a. kleiden.

Apfel, der: **a)** *Frucht:* ein grüner, [un]reifer, rotbackiger, saurer, wurmstichiger, kandierter A.; dieser A. schmeckt gut; Äpfel pflücken, [vom Baum] schütteln; einen A. schälen; mit der Schale essen, reiben; BILDL.: ihm ist der Erfolg wie ein reifer A. in den Schoß gefallen; ℝ der Apfel fällt nicht weit vom Stamm/(ugs. scherzh.:) nicht weit vom Pferd *(jmd. ist in den [negativen] Anlagen, im Verhalten den Eltern sehr ähnlich);* **b)** *Apfelbaum:* die Äpfel blühen bereits;

★ **Äpfel mit Birnen vergleichen; Äpfel mit Birnen zusammenzählen/addieren** *(Unvereinbares zusammenbringen)* · **für einen Apfel und ein Ei** (ugs.; *sehr billig):* sie hat das Auto für einen A. und ein Ei gekauft, verkauft · **in den sauren Apfel beißen [müssen]** *(etwas Unangenehmes notgedrungen tun [müssen]).*

Apparat, der: **1. a)** *Gerät:* ein komplizierter A.; der A. läuft; Apparate bauen, konstruieren, einschalten, abschalten, ausschalten; b) *Telefonapparat:* der A. klingelt, bleibt stumm; jmdn. am A. verlangen, an den A. holen; an den A. kommen, gehen; am A. sein; bleiben Sie bitte am A.!; c) *Radio:* der A. spielt nicht mehr; den A. einschalten, andrehen, auf Zimmerlautstärke stellen; d) *Rasierapparat:* mein A. ist kaputt; den A. nach der Rasur säubern; eine neue Klinge in den A. einlegen; e) *Fotoapparat:* ein guter, teurer A.; er macht mit seinem einfachen A. die schönsten Bilder. **2.** a) *Menschen und Hilfsmittel, die für eine größere Aufgabe benötigt werden:* den ganzen A. der Verwaltung, des Gerichts, der Diplomatie in Bewegung setzen; Wagners Opern erfordern einen umständlichen szenischen A.; b) (Fachspr.) *Bücher als Hilfsmittel für eine wissenschaftliche Arbeit:* einen A. im Seminar aufbauen; der kritische A. *(Lesarten und Verbesserungen eines Textes).* **3.** (ugs.) *etwas, was durch seine Größe oder Ausgefallenheit Staunen erregt:* ist das ein A.!; diese Birnen sind tolle Apparate!

Appell, der: **1.** a) *auffordernde Mahnung:* ein A. an die Vernunft; einen dringenden A. an die Öffentlichkeit richten; der A. darf nicht ungehört verhallen; b) *Aufruf, Aufforderung:* ein beschwörender A. zur Einheit, zum Frieden, zur Zusammenarbeit. **2.** (Milit.) *Antreten:* der morgendliche A.; einen A. ansetzen, abhalten; zum A. antreten.

appellieren ⟨an jmdn., etw. a.⟩: an die Bevölkerung, an jeden Einzelnen, an das Gewissen der ganzen Welt, an jmds. Ehrgefühl, an die Vernunft a.

Appetit, der: der A. ist mir vergangen; der A. des Kranken ist schlecht; A. [auf etw.] bekommen, haben; einen guten, gesunden, kräftigen, unbändigen A. haben; den A. anregen, reizen, wecken, stillen, befriedigen; den A. verlieren; die Gäste brachten einen gesegneten A. mit; jmdm. den A. verderben; die Süßigkeiten haben mir den A. verdorben; [etw.] mit A. essen; er aß ohne rechten A.; /Wunschformel vor dem Essen/: guten Appetit!; Ⓡ der A. kommt beim Essen; ÜBERTR.: damit hat er uns auf eine solche Reise A. gemacht.

appetitlich: a) *appetitanregend:* a. angerichtete Speisen; die Wurst sieht nicht sehr a. aus; b) *sauber:* etw. a. verpacken; ÜBERTR.: eine nicht sehr a. aussehende Person; eine appetitliches (ugs.; *adrett u. frisch aussehendes)* junges Mädchen.

applaudieren: lebhaft, begeistert a.; das Publikum applaudierte dankbar für die Zugabe; ⟨jmdm., etw. a.⟩ man applaudierte ihm freundlich.

Applaus, der: ein stürmischer, donnernder, frenetischer, stehender *(im Stehen dargebrachter)* A.; der A. setzt ein, bricht los, verebbt, verrauscht; A. bekommen, erhalten; es gab begeisterten A. für die Künstler.

April, der: der unbeständige, wetterwendische, launische A.; heute ist der erste A.; veränderlich wie der A.; Anfang, Ende A.; im Laufe des Monats A., des April[s]; er ist im A., am 3. A. geboren; /Ausruf, wenn man jemanden in den April geschickt hat/: A., A.!; ✶ **jmdn. in den April schicken** *(jmdn. am 1. April mit etw. zum Besten halten).*

Äquivalent, das (bildungsspr.): das war ein ungenügendes, angemessenes, kein Ä. für seine große Mühe; ein Ä. finden, fordern; es gibt für dieses englische Wort kein Ä. im Deutschen.

Ära, die: eine neue Ä. beginnt; die Wilhelminische Ä. *(die Regierungszeit Kaiser Wilhelms II.);* die Ä. Kohl, de Gaulle ist vorbei; eine Ä. einleiten.

Arbeit, die: **1.** *Tätigkeit, Ausführung von etw.:* eine leichte, schwere, anstrengende, mühsame, interessante, qualifizierte, niedere, grobe, zeitraubende, langweilige, undankbare, notwendige, unnötige A.; die Arbeiten ruhen, stocken, können beginnen; die A. am Staudamm geht voran, vorwärts; diese A. geht mir gut, leicht, schwer von Hand; diese A. erfüllt ihn, gefällt ihm, sagt ihm zu, macht ihm Spaß, passt ihm nicht, (ugs.:) schmeckt ihm nicht; die A. wächst uns über den Kopf, kommt nicht von Fleck, bleibt liegen; die A. läuft uns nicht davon (scherzh.; *wir brauchen uns nicht damit zu beeilen);* das ist keine A. für eine Frau; diese A. erfordert einen ganzen Mann; eine A. planen, anordnen, verteilen, vergeben, überwachen, beaufsichtigen, leiten, organisieren, übernehmen, fortführen, fortsetzen, ausführen, verrichten, bewältigen, beenden, abschließen, ablehnen, abbrechen, unterbrechen, auf-, hinausschieben; sie scheut keine A.; wir erledigen alle vorkommenden Arbeiten; er hat seine A. geschafft, liederlich gemacht; ich kann noch A. abgeben *(ich habe viel zu tun);* man muss sich (Dat.) die A. einteilen; das Gerät erleichtert mir sehr die A.; jmdm. eine A. geben, anvertrauen, übertragen, zuweisen, abnehmen; sich einer A. widmen, er setzt den A. aus dem Wege *(arbeitet nicht gern);* die Früchte der A. genießen; zu Hause liegt noch ein ganzer Berg [mit] A.; an die A. gehen; er machte sich an die A.; Freude an der A. haben; jmdn. aus der A. herausreißen; bei einer A. sein; sich in die A. stürzen, hineinknien; er vertieft sich in seine A., flüchtet sich in seine A.; mit einer A. beginnen, gut vorankommen, im Rückstand sein, fertig sein; ich bin mit A. überhäuft, eingedeckt; sich nicht nach einer A. drängen, (ugs.:) reißen; über einer A. sitzen, (ugs.:) schwitzen *(mit einer Arbeit beschäftigt sein);* von der A. aufblicken, ausruhen; ich bin von dieser A. freigestellt; sich vor A. nicht retten können; (ugs.:) sie drückte sich vor der A. **2.** *das Arbeiten, Schaffen:* die körperliche, geistige A.; eine entsagungsvolle, harte, schöpferische A.; die A. fällt ihm schwer, wird ihm sauer; die Maschinen ersetzen oft die menschliche A.; das Parlament hat gute A. geleistet; sie hat viel A. *(muss viel arbeiten);* seine A. tun, machen *(so ar-*

beiten, *wie es sich gehört);* sich (Dat.) die A. leicht machen; der hat die A. auch nicht erfunden *(scherzh.;* er *faulenzt gern);* die Arbeiter gingen wieder an die A.; jmdm. bei der A. helfen; sie musste mit der A. aufhören; Ⓡ nach getaner A. ist gut ruh[e]n; kein Freund von [der] A. sein (ugs.; *nicht gern arbeiten);* ÜBERTR.: das Herz nimmt seine A. wieder auf. **3.** *Mühe:* das war eine ziemliche A.; sich [mit, durch etw.] A. machen; Gäste machen, bereiten, verursachen immer A.; mit jmdm., einer Sache viel A. haben; damit haben wir nur die halbe A. **4.** *Berufsausübung, Erwerbstätigkeit:* eine erträgliche, unterbezahlte A.; A. suchen, finden, bekommen, sich (Dat.) verschaffen; seine A. aufgeben, (ugs.:) hinschmeißen, verlieren; die A. wurde eingestellt, niedergelegt, wieder aufgenommen; A. haben *(berufstätig sein);* keine A. haben *(arbeitslos sein);* unsere Firma hat A. *(hat Aufträge);* das Arbeitsamt vermittelt Arbeitssuchenden A.; der Meister gab ihm A. in seinem Betrieb; er nahm A. bei ihm; sie will sich (Dat.) wieder eine A. suchen; einer [geregelten] A. nachgehen *(berufstätig sein);* jeder Mensch hat das Recht auf A.; (ugs.:) auf A. gehen; er geht in seiner A. ganz auf; sich nach A. erkundigen, umsehen (ugs.); ohne A. sein *(arbeitslos sein);* sie kam von der A.; zur A. gehen, fahren; Ⓡ erst die A., dann das Vergnügen. **5.** (Sport) *Training:* die A. am Sandsack, mit der Hantel; er beobachtete die A. an den Geräten. **6. a)** *Werk, Erzeugnis:* eine schöne, ausgezeichnete, gewissenhafte, sorgfältige, fleißige, grundlegende, bahnbrechende A.; eine frühe A. dieses Künstlers; ihre A. zeigt viele Schwächen, enthält viele Fehler; ihre Arbeiten erregten Aufsehen; diese A. kann sich sehen lassen; die jungen Künstler stellen ihre Arbeiten aus; eine wissenschaftliche A. schreiben, abschließen, veröffentlichen; eine keramische A.; das Tablett ist eine venezianische A.; eine edle A. aus Bronze, in Marmor, **b)** *Klassenarbeit:* der Lehrer lässt eine A. schreiben; der Lehrer sammelte die Arbeiten ein, gab uns die Arbeiten zurück; die schriftlichen Arbeiten korrigieren; Petra hat die A. in Mathematik nicht mitgeschrieben; ∗ **Arbeit und Brot** *(Erwerbsmöglichkeit)* · **ganze/ gründliche** o. ä. **Arbeit leisten, tun,** (ugs.:) **machen** *(etw. so gründlich tun, dass nichts mehr zu tun übrig bleibt;* oft im negativen Sinn): die Einbrecher hatten ganze A. geleistet · **nur halbe Arbeit machen** *(etw. nur unvollkommen ausführen)* · **etw. in Arbeit geben** *(etw. anfertigen lassen)* · **etw. in Arbeit nehmen** *(mit der Anfertigung beginnen)* · **in Arbeit sein** *(gerade hergestellt werden)* · **etw. in Arbeit haben** *(an etw. zurzeit arbeiten)* · **jmdn. in Arbeit nehmen** *(jmdn. einstellen)* · **[bei jmdm.] in Arbeit sein, stehen** *([bei jmdm.] beschäftigt, angestellt sein)* · **von seiner**

Hände Arbeit leben (geh.; *sich seinen Lebensunterhalt selbst verdienen).*
arbeiten: 1. a) fleißig, emsig, flink, zügig, zielstrebig, angestrengt, konzentriert, unermüdlich, hart, fieberhaft, mit Hochdruck, verbissen, lange, sorgfältig, gewissenhaft, sauber, gut, nachlässig, liederlich, ehrenamtlich, körperlich, geistig, gern a.; er hat den ganzen Tag bis in die Nacht hinein, zeitlebens gearbeitet; seine Frau arbeitet nicht (ugs.; *sie übt keinen Beruf aus);* als Kellner, als Schweißer a.; er arbeitet am Schreibtisch, am Fließband, auf dem Bau, bei der Bahn, in einer Fabrik a.; wir arbeiten in drei Schichten, im Akkord, acht Stunden am Tag; er arbeitet für zwei *(sehr viel);* ich arbeite nur für/gegen gute Bezahlung; sie arbeitet für den Rundfunk; mit den Händen, mit dem Kopf a.; er arbeitet mit meinem Geld; nach einem bestimmten System a.; um Lohn a.; unter Tarif *(zu billig)* a.; er arbeitet unter ihm *(ist ihm unterstellt);* (ugs.:) er arbeitet wie ein Pferd, wie ein Wilder; das Ministerium arbeitet von ... bis ...; das Büro, die Börse arbeitet heute nicht; die [nicht] arbeitende Bevölkerung; SUBST.: an selbstständiges Arbeiten gewöhnt sein; jmdn. am Arbeiten hindern; ÜBERTR.: sein Geld a. lassen *(es gewinnbringend anlegen)* ⟨an etw. a.⟩ *mit [der Herstellung von] etw. beschäftigt sein:* an einem Roman, an einer Erfindung a.; an seiner Karriere a. *(etwas für seine Karriere tun);* ⟨an sich (Dat.) a.⟩ *sich weiterentwickeln:* er muss noch viel an sich a.; die Sportler haben an sich gearbeitet; ⟨für etw. a.⟩ *sich engagieren:* für eine bessere Zukunft, für den Frieden a.; ⟨für jmdn., etw. a.⟩ *die Zeit arbeitet für uns, für die Sache (die verstreichende Zeit bewirkt eine günstige Entwicklung);* ⟨gegen jmdn., etw. a.⟩ *zu schaden suchen:* gegen seinen Vorgesetzten a.; er hat gegen das Regime gearbeitet; ⟨mit etw. a.⟩ *zur Erreichung eines Zieles anwenden:* mit unlauteren Mitteln, mit allen Tricks a.; ⟨über jmdn., etw. a.⟩ *sich mit jmdm., etw. befassen [und darüber schreiben]:* er arbeitet über Brecht, über den Expressionismus; ⟨zu etw. a.⟩ *einen Beitrag liefern:* er arbeitet zum Wohle der Menschheit; **b)** ⟨es arbeitet sich irgendwie; zusätzlich mit Umstandsangabe⟩ *man kann in bestimmter Weise arbeiten:* es arbeitet sich gut in diesem Betrieb, mit diesem Gerät; am Abend arbeitet es sich ungestörter. **2.** ⟨irgendwie a.⟩ *alle Kräfte aufbieten:* er arbeitet mächtig, um über die Mauer zu kommen; ÜBERTR.: das Schiff arbeitet schwer in der Dünnung. **3.** *in Betrieb, in Funktion sein:* der Motor arbeitet leise, ruhig, gleichmäßig; die Anlage, die Maschine arbeitet vollautomatisch; das Herz des Patienten arbeitet normal; ÜBERTR.: der Teig arbeitet *(geht auf);* der Wein arbeitet *(gärt);* das Holz arbeitet noch *(ist noch nicht trocken, verzieht sich).*

4. ⟨in jmdm. a.⟩ *jmdn. beschäftigen, jmdm. zu schaffen machen:* die Kränkung arbeitete heftig in ihr; er beobachtete, wie es in ihm arbeitete.

5. (Sport) *trainieren, die Leistungsfähigkeit steigern:* mit den Hanteln, am Sandsack a.; Spitzensportler müssen hart a.

6. a) ⟨sich irgendwie a.⟩ *durch Arbeit in einen bestimmten Zustand gelangen:* sich warm, müde a.; seine Mutter hat sich krank gearbeitet; **b)** ⟨sich (Dat.) etw. irgendwie a.⟩ *so arbeiten, dass ein Körperteil in einen bestimmten Zustand gerät:* sich die Hände wund a.; ich habe mir den Rücken krumm, lahm gearbeitet.

7. ⟨sich irgendwohin a.⟩ *einen Weg zurücklegen:* sich durch das Gebüsch a.; sie arbeiten sich immer tiefer in den Schacht; ÜBERTR.: sich in die Höhe, nach oben a. *(sich wirtschaftlich, sozial hocharbeiten).*

8. (bes. Handw.) ⟨etw. a.⟩ *herstellen, anfertigen:* ein Kostüm nach Maß, auf Taille a.; ein Gefäß in Ton, in Silber a.

Arbeiter, der:a) *jmd., der tätig ist:* er ist ein gewissenhafter, langsamer, schneller A.;b) *Arbeitnehmer, der überwiegend körperliche Arbeit leistet:* ein ungelernter, qualifizierter A.; die Arbeiter streiken; neue Arbeiter einstellen; die Arbeiter am Gewinn beteiligen; Arbeiter freistellen, entlassen; er vertritt die Interessen der Arbeiter.

arbeitslos: arbeitslose Jugendliche: a. werden, sein; die Stilllegung der Zeche machte viele a.

arg: 1. (geh.) *schlimm:* es war eine arge Zeit; das ist dann doch zu a.!; das Schicksal hat ihm a. mitgespielt; etw. noch ärger machen, als es schon ist; sein ärgster Feind; SUBST.: ich sehe nichts Arges darin, dabei; an nichts Arges denken; nichts Arges im Sinn haben; wir haben das Ärgste verhüten können.

2. (südd., österr., schweiz.) a) *unangenehm groß, stark, heftig:* eine arge Enttäuschung; ein arger Spötter; ein arges Gedränge; **b)** *sehr:* es ist a. warm; er ist noch a. jung; es sind a. viele Fehler; a. schwitzen; er hat sich a. gefreut.

★ **im Argen liegen** *(sich in Unordnung befinden):* unsere Politik liegt im a.

Ärger, der: a) *Verdruss:* berechtigter, aufgespeicherter Ä.; ihr Ä. ließ nach, verflog; das ist sein stiller, ständiger Ä.; über etw. Ä. empfinden; seinen Ä. unterdrücken, verbergen, hinunterschlucken, an jmdm./etw. auslassen, (ugs.:) in sich hineinfressen; er machte seinem Ä. Luft, [bei jmdm., mit etw.] Ä. erregen; etw. aus Ä. tun; in Ä. geraten; vor Ä. krank, (ugs.:) schwarz werden; (ugs.:) vor Ä. platzen; zu seinem Ä. war alles umsonst;b) *Unannehmlichkeit:* der tägliche, häusliche, berufliche Ä.; [mit jmdm./etw., wegen etw.] viel Ä. haben, bekommen, kriegen; das gibt unnötigen Ä.; den Ä. hättest du dir ersparen können; mach [bloß] keinen Ä.!

ärgerlich: 1. ⟨ä. [auf/über jmdn., etw.]⟩ *voll Verdruss:* ein ärgerlicher Blick, Zuruf; er war, wurde

sehr ä.; sie ist ä. auf mich; sie war über den Misserfolg ä. *(deswegen verärgert);* ä. antworten, fortgehen.

2. *unerfreulich:* ein ärgerlicher Vorfall; das ist eine ganz ärgerliche Sache, Geschichte; es ist ä., dass ...; SUBST.: das Ärgerliche an/bei der Sache ist, dass ...

ärgern: 1. ⟨jmdn. ä.⟩ *ärgerlich machen:* er hat mich mit seiner Bemerkung, mit seinem Verhalten sehr geärgert; das hat sie nur getan, um mich zu ä.; es ärgert mich, dass er nicht kam; jmdn. krank, zu Tode, ins Grab ä.; ihn ärgert die Fliege an der Wand *(jede Kleinigkeit);* die Jungen ärgerten *(reizten, neckten)* den Hund.

2. ⟨sich ä.⟩ *ärgerlich sein:* sich furchtbar, maßlos, sehr ä.; sich krank, zu Tode ä.; ich ärgere mich, dass ...; ich habe mich über ihn, über mich selbst, über den Fehler geärgert;

★ **sich schwarz/sich grün und blau/sich gelb und grün ärgern** (ugs.; *sich sehr ärgern).*

Ärgernis, das:a) *etwas Ärgerliches:* dieser ständige Lärm ist ein Ä. für die Anwohner; sein Verhalten erregt bei vielen Ä.; dieses Bauwerk ist ein öffentliches Ä. *(es ärgert die Betrachter);* Erregung öffentlichen Ärgernisses (Rechtsw.); *Verletzung des sittlichen Gefühls);* **b)** *Unannehmlichkeit:* die kleinen Ärgernisse des Alltags; berufliche, private Ärgernisse.

arglos (geh.): a) *harmlos, ohne Arg:* eine arglose Bemerkung; er fragte ihn völlig a. nach seiner Frau; a. lächeln; sich a. geben;b) *nichts Böses ahnend:* das Kind folgte a. dem Fremden.

Argument, das: ein schwerwiegendes, [durch]schlagendes, scharfsinniges A.; gewichtige, politische Argumente; dieses A. überzeugt mich nicht, leuchtet mir nicht ein; das A. ist unwiderleglich, unhaltbar; das ist doch kein A.! *(das ist keine stichhaltige Entgegnung!);* Argumente für/gegen etw. finden, anführen, vorbringen, geltend machen, (geh.:) ins Feld führen; etw. als A. gebrauchen; jmds. Argumente gelten lassen, widerlegen, entkräften; ich machte mir Argumente zu Eigen.

argumentieren ⟨[für/gegen jmdn., etw.]⟩: sachlich, schlagend für/gegen ein militärisches Eingreifen, für/gegen eine Verkürzung der Arbeitszeit a.; gegen jmdn. *(gegen jmds. Argumente)* a.; dahin argumentieren, dass er eine andere Lösung nicht möglich ist; SUBST.: das Argumentieren fiel ihm nicht leicht.

Argusaugen ⟨Plural⟩ (bildungsspr.): ihren Argusaugen entging nichts; eine Entwicklung mit A. verfolgen, beobachten; mit A. über etw. wachen.

Argwohn, der (geh.): in jmdm. steigt A. auf; A. schöpfen; [gegen jmdn.] A. hegen, haben; jmds. A. zerstreuen; etw. [er]weckt A. bei jmdm.; er betrachtete sie mit A., voller A.

argwöhnen (geh.) ⟨etw. a.⟩: er argwöhnte eine Falle; sie hatte zunächst geargwöhnt, dass ...

argwöhnisch (geh.): argwöhnischer Blick; etw.

A

a. beobachten; jmdn. a. mustern; er wurde a. gegen ihn; seine schlechten Erfahrungen hatten ihn a. gemacht.

arm: 1. *mittellos:* eine arme Familie; (ugs.:) ein armer Schlucker; ein armes Land *(ohne Ressourcen);* sie waren a., aber glücklich; sie war damals arm wie eine Kirchenmaus (ugs. scherzh.; *hatte kein Geld*); ihre Verschwendungssucht hat sie a. gemacht.; SUBST.: der Gegensatz zwischen Arm und Reich, zwischen Armen und Reichen; die Ärmsten der Armen; Ⓡ es trifft ja keinen Armen (ugs.; *er/sie hat genug Geld, sodass es ihn/sie nicht so hart trifft).* 2. (geh.) *kümmerlich, unbefriedigend:* ein armer Boden; um das auszudrücken, ist unsere Sprache zu a. 3. *bedauernswert:* das arme Kind; er ist ein armes Schwein (salopp; *bedauernswerter Mensch);* quäl doch nicht das arme Tier!; seit seine Frau nicht mehr da ist, ist er a. dran (ugs.; *geht es ihm schlecht*); SUBST.: du Armer!; der Ärmste, was hat er [nicht] alles erdulden müssen!; ∗ **arm an etw.** (Dat.) **sein** *(wenig von etw. haben):* die Früchte sind a. an Vitaminen; sein Dasein war a. an Freude *(war freudlos)* · **um jmdn., etw. ärmer sein/werden** *(jmdn., etw. verloren haben, verlieren):* nach diesem Vorfall war sie um eine Illusion ärmer · **Arm und Reich** (veraltet; *alle Menschen ohne Unterschied).*

Arm, der: a) *Gliedmaße:* kräftige, starke, dicke, runde, fleischige, behaarte, sehnige, muskulöse, lange Arme; sein linker A. ist steif; die Arme erlahmen [vom Tragen], sinken, fallen [schlaff, müde] herab; die Arme aufstützen, ausstrecken, hochhalten, heben, hochreißen, fallen lassen, (geh.:) öffnen, weit aufhalten, ausbreiten, verschränken, [über der Brust] kreuzen, anwinkeln; sie stemmte die Arme in die Hüften; jmds. A. nehmen *(jmdn. unterhaken);* (geh.) jmdm. den A. geben, reichen, bieten *(als Stütze bieten);* sie nahm seinen A. *(hakte sich bei ihm unter);* er schob seinen A. unter ihren; er legte seinen A. um ihre Schulter; sie schlang ihre Arme um seinen Hals; keinen A. frei haben *(sehr bepackt sein);* beide Arme voll haben *(sehr bepackt sein);* (ugs.:) jmdm. den A. umdrehen; er hat sich (Dat.) den A. gebrochen, verrenkt, ausgekugelt; dem Verunglückten musste der rechte A. abgenommen werden; den A. bandagieren, schienen, abbinden; den A. in der Schlinge tragen; an jmds. A. gehen *(untergehakt bei jmdm. gehen);* sie hing an seinem Arm; er nahm ihn am/beim A. und zog ihn beiseite; das Kind auf den A. nehmen, auf dem A. haben, tragen; sie riss, (geh.:) löste sich aus seinen Armen und lief fort; jmdn. im A., in den Armen halten; jmdn. in die Arme nehmen, (geh.:) schließen; sie sanken sich in die Arme, lagen sich gerührt in den Armen; sie gingen A. in A. *(eingehakt);* (ugs.:) mit den Armen in der Luft herumfuchteln; er ruderte mit den Armen; sie kam mit einem A. voll Holz he-

rein; den Mantel über den A. nehmen, über dem A. tragen; er presste die Mappe unter den Arm; BILDL.: der Baum breitet seine Arme (geh.; *Äste)* aus; der A. *(die Reichweite)* des Gesetzes; ÜBERTR.: ein Kronleuchter mit acht Armen; der A. des Wegweisers zeigt in die falsche Richtung; die Arme *(Fangarme)* des Polypen; b) *Nebenlauf eines Flusses:* ein toter *(nicht weiterführender)* A. des Rheins; c) (Fachspr.) *Ärmel:* ein Kleid mit kurzem, halbem, angeschnittenem, weitem A.; ∗ **einen langen Arm haben** *(weit reichenden Einfluss haben)* · **jmds. verlängerter A. sein** *(im Auftrag u. anstelle von jmdm. handeln)* · **jmdn. am steifen/ausgestreckten Arm verhungern lassen** (ugs.; *mit jmdm. unnachgiebig sein)* · **jmdn. auf den Arm nehmen** (ugs.; *zum Besten haben)* · **jmdn. in den Arm fallen** *(jmdn. an etw. hindern)* · **sich jmdm., etw. in die Arme werfen** *(oft abwertend; sich jmdm., etw. ganz ergeben)* · **jmdm. in die Arme laufen** (ugs.; *jmdm. zufällig begegnen)* · **jmd. jmdm., etw. in die Arme treiben** *(bewirken, dass jmd. auf die Gegenseite tritt, sich einer Sache ergibt)* · **jmdn. mit offenen Armen aufnehmen/empfangen** *(gern bei sich aufnehmen, freudig willkommen heißen)* · **jmdn. [mit etw.] unter die Arme greifen** (ugs.; *in einer Notlage helfen).*

Armee, die: 1. a) *Heer, Streitkräfte:* eine starke, schlagkräftige A.; eine A. aufstellen; die Mobilmachung der A. anordnen; der A. angehören; in die A. eintreten; bei der A. sein; b) *Heereseinheit:* die siegreiche A.; eine A. einkesseln, aufreiben, vernichten. 2. *große Anzahl:* eine A. eifriger/(selten:) eifrige Helfer stand/standen bereit; eine A. von Obern.

Ärmel, der: ein langer, kurzer, weiter, angeschnittener Ä.; die Ärmel einsetzen, kürzen, einen Zentimeter auslassen; die Ärmel hochstreifen, hochschieben, umschlagen, hoch-, aufkrempeln; er zupfte, packte ihn am Ärmel; ein Kleid mit Ärmeln, ohne Ärmel; ∗ **[sich** (Dat.)] **etw. aus dem Ärmel, aus den Ärmeln schütteln** (ugs.; *etw. mit Leichtigkeit schaffen)* · **[sich** (Dat.)] **die Ärmel hochkrempeln** (ugs.; *sich anschicken, eine Arbeit tüchtig zuzupacken).*

ärmlich: ärmliche Kleidung; in ärmlichen Verhältnissen leben; sie waren ä. gekleidet; ä. wohnen.

armselig: 1. *sehr arm:* eine armselige Mahlzeit; ein armseliges Hotel; a. wirken, aussehen, leben. 2. *als unzureichend empfunden:* armselige Ausflüchte (die armseligen paar Mark).

Armut, die: 1. *das Armsein:* tiefe, drückende A.; es herrschte bittere A. im Land; es gibt eine neue *(es gibt wieder)* A.; in A. geraten; sie lebten, starben in bitterer A. 2. *Kümmerlichkeit:* diese Schrift *(Abhandlung)* verrät A. an Gedanken, zeigt A. des Ausdrucks; die A. *(der Mangel)* eines Landes an Bodenschätzen.

Armutszeugnis, das: 〈nur in bestimmten Wendungen⟩ ein Armutszeugnis für jmdn. sein *(als Nachweis für jmds. Unfähigkeit dienen)* · jmdm., sich (Dat.), etw. mit etw. ein Armutszeugnis ausstellen *(jmdn., sich, etw. als unfähig in Bezug auf etw. hinstellen):* eine Regierung, die zu solchen Mitteln greift, stellt sich ein A. aus; damit stellst du dir ein A. aus.

arrangieren: 1. ⟨etw. a.⟩ *organisieren:* ein Fest, ein Treffen a.; er hatte eine Begegnung arrangiert; die Sache wird sich a. lassen. 2. ⟨etw. a.⟩ *künstlerisch anordnen, zusammenstellen, gestalten:* Blumen, den Tischschmuck geschmackvoll, wirkungsvoll a. 3. ⟨sich [mit jmdm., etw.] a.⟩ *sich einigen:* wir haben uns mit den Vertretern der Gewerkschaften arrangiert; die beiden haben sich [miteinander] arrangiert; du musst dich [mit den Verhältnissen] a. *([damit] abfinden).* 4. (Musik) ⟨etw. a.⟩ *instrumentieren:* ein Stück [für eine Bigband] a.; Lieder a.

Arrest, der: 1. *Haft:* leichter, mittlerer, strenger, verschärfter A.; der Schüler bekam eine Stunde A. *(er musste eine Stunde nachsitzen);* in A. sein, sitzen. 2. (Rechtsw.) *Beschlagnahme:* auf jmds. Vermögen A. legen; etw. unter A. stellen, mit A. belegen.

Art, die: 1. *Eigenart, Wesen:* das ist so seine A., nun einmal seine A.; sie hat eine frische, lebhafte, vornehme A.; ein Mensch dieser A., von solcher A. wird das gar nicht empfinden; das liegt in seiner A. 2. *Verfahrens-, Handlungs-, Verhaltensweise:* eine höfliche, aufreizende, nette, merkwürdige A.; diese A. stößt mich ab; das ist die beste, billigste, einfachste A., sein Ziel zu erreichen; es gibt verschiedene Arten, darauf zu reagieren; das ist nicht gerade die feine [englische] Art *(das ist nicht fair);* seine A. zu leben gefiel ihr; er hat eine unangenehme A., Fragen zu stellen; auf geheimnisvolle A. verschwinden; sie hat es auf die richtige A. *(richtig)* angefangen; auf die eine oder andere A. [und Weise] *(so oder so);* auf diese, irgendeine, keine A.; er schimpfte, dass es [nur so] eine A. hatte (ugs.; *tüchtig*). 3. (ugs.) *Benehmen:* er hat keine A.; das ist doch keine A.!; was ist denn das für eine A.? *(was soll das?);* ist das [vielleicht] eine A.? *(gehört sich das?).* 4. *Gattung, Sorte:* alle Arten von Tulpen; diese A. stirbt bald aus; Antiquitäten aller A.; er ist eine Verbrecher übelster A.; jede A. von Gewaltanwendung ablehnen; einzig in seiner A. dastehen, sein; Ⓡ A. lässt nicht von A. *(besondere Charaktereigenschaften der Eltern werden weitervererbt);* ★ **eine Art [von]** *(etwas Ähnliches wie):* eine A. italienischer Salat/(geh.:) italienischen Salats/ von italienischem Salat · **aus der Art schlagen** *(anders als die übrigen Familienangehörigen sein)* ·

in der Art [von] *(im Stil wie):* er malt in der A. von Picasso/in der A. Picassos · **in jmds. Art schlagen** *(einem seiner Verwandten ähneln)* · **nach Art** *(jmdm. entsprechend, wie es bei jmdm. üblich ist):* nach Schweizer A.; Eintopf nach A. des Hauses.

artig: 1. *folgsam:* artige Kinder; die Mutter ermahnt die Kinder, a. zu sein; sich a. verhalten. 2. (geh. veraltend) *höflich, galant:* mit artiger Verbeugung; jmdn. a. begrüßen.

Artikel, der: 1. *schriftlicher Beitrag:* ein langer, interessanter A.; über jmdn., etw. einen A. schreiben; ich habe einen A. abgefasst; in dem A. steht, dass ... 2. *Abschnitt in einem Gesetz, Vertrag o. Ä.:* A. 1 der Verfassung; dieser A. besagt, dass ...; nach A. 4 des Grundgesetzes. 3. (Sprachw.) *Geschlechtswort:* der bestimmte, unbestimmte A.; dieses Substantiv steht immer ohne A. 4. *Ware:* ein gängiger, billiger, beliebter, preiswerter A.; dieser A. ist sehr gefragt, ist ausverkauft, ist nicht am Lager, geht nicht.

Arzt, der: ein praktischer A.; der leitende, Dienst habende, behandelnde A.; der A. hat einen Infarkt festgestellt, diagnostiziert; er arbeitet als A.; den A. aufsuchen, holen, rufen [lassen], fragen, zurate ziehen, (bildungsspr.:) konsultieren; sich an einen A. wenden; er verlangte nach dem A.; zum A. gehen.

ärztlich: eine ärztliche Untersuchung, Verordnung; ein ärztliches Attest; er musste sich in ärztliche Behandlung begeben; er ist in ärztlicher Behandlung; ein ärztliches Gutachten; die ärztliche Schweigepflicht; ärztliche Hilfe in Anspruch nehmen müssen; ärztlichen Rat einholen; der ärztliche Beruf; für ärztliche Bemühungen liquidiere ich ...; alle ärztliche Kunst war vergebens; sich ä. behandeln, untersuchen lassen; das Präparat wird ä. empfohlen.

Asche, die: graue, weiße, heiße, kalte A.; die A. glüht noch; die A. [der Zigarre/von der Zigarre] abstreifen; das Feuer glimmt unter der A.; etw. zerfällt zu A.; ★ **sich** (Dat.) **Asche aufs Haupt streuen** (meist scherzh.; *demütig bereuen*) · **wie ein Phönix aus der Asche [auf]steigen/emporsteigen/sich erheben** (geh.; *verjüngt, neu belebt wieder erstehen*).

Aspekt, der: den finanziellen, religiösen, wirtschaftlichen A. des Problems betonen; den sozialen A. des Themas herausarbeiten; etw. unter einem bestimmten A. sehen, betrachten, untersuchen.

Ass, das: 1. */eine Spielkarte/:* alle Asse haben; den König mit dem A. nehmen. 2. (ugs.) *der Beste, Spitzenkönner:* er ist das A. unter den Modefotografen; der Mittelstürmer ist A. seiner Mannschaft; sie ist ein A. in Mathematik.

A

3. (Tennis) *unerreichbar platzierter Aufschlag:* ein A. schlagen; er servierte ihm ein A.; ∗ **ein Ass auf der Bassgeige sein** (salopp; *clever sein*).

Assoziation: **1.** (bildungsspr.) *Verknüpfung von Vorstellungen:* eine bestimmte A. haben; positive, negative Assoziationen wecken, hervorrufen; das Wort Macht kann verschiedenartige Assoziationen erzeugen. **2.** (bes. Politik) *Zusammenschluss:* die A. afrikanischer Staaten.

Ast, der: **1.** *stärkerer Zweig:* ein dicker, knorriger A.; den A. eines Obstbaums abstützen; ein Eichhörnchen hüpft von A. zu A.; ÜBERTR.: die Äste (Med.; *Verzweigungen)* einer Arterie; (Math.:) die Äste einer Parabel. **2.** *Stelle im Holz, an der früher ein Ast gewachsen ist:* dieses Brett hat viele Äste. **3.** (landsch.) a) *Rücken:* den Rucksack auf den A. nehmen; b) *krummer, verwachsener Rücken:* einen A. haben, bekommen; ∗ **einen Ast durchsägen** (ugs. scherzh.; *laut schnarchen)* · **auf dem absteigenden Ast sein** (1. *in seinen Leistungen nachlassen.* 2. *in schlechtere Lebensverhältnisse geraten)* · **sich einen Ast lachen** (salopp; *sehr lachen)* · **den Ast absägen, auf dem man sitzt** (ugs.; *sich selbst schaden, sich seiner Lebensgrundlage berauben).*

Asyl, das: **1.** *Unterkunft für Obdachlose:* in einem A. übernachten. **2.** *Aufnahme und Schutz (für Verfolgte):* er bat um politisches A.; jmdm. A. geben, bieten, gewähren; A. beantragen, erhalten; um A. nachsuchen.

Atem, der: **1.** *Atmung:* kurzer, schneller, schwacher, keuchender A.; mit angehaltenem A.; der A. setzt aus, steht still, geht stoßweise, pfeifend, rasselnd; ihm stockte der A. **2.** *ein- und ausgeatmete Luft:* warmer, dampfender, frischer A.; ihr A. riecht übel; [tief] A. holen; (geh.:) A. schöpfen; er hielt einige Augenblicke den A. an; die Angst presste, schnürte ihr den A. ab; das Tempo verschlug, raubte ihr den A.; außer A. kommen, geraten, sein; die Frau rang nach A.; er kam allmählich wieder zu A.; (ugs.:) da bleibt einem der A. weg! *(da wundert man sich!);* ∗ **Atem holen/**(geh.:) **schöpfen** *(eine Pause machen, um neue Kraft zu schöpfen)* · **einen langen Atem haben; den längeren Atem haben** *(es lange, länger als der Gegner aushalten)* · **jmdm. den Atem verschlagen** *(jmdn. sprachlos machen)* · **jmdm. geht der Atem aus** *(jmd. ist mit seiner Kraft, ist wirtschaftlich am Ende)* · **jmdn., etw. in Atem halten** *(in Spannung halten, nicht zur Ruhe kommen lassen)* · **in einem/im selben/im gleichen Atem** *([fast] gleichzeitig):* diese beiden Dinge kannst du doch nicht in einem A. nennen · **wieder zu Atem kommen** *(wieder zur Ruhe kommen).*

atemberaubend: eine atemberaubende Spannung;

ein atemberaubendes *(sehr großes)* Tempo; atemberaubende *(sehr große)* Gewinne; die Kunststücke der Artisten waren a.

atemlos: **1.** *außer Atem:* sie kamen a. auf dem Bahnhof an. **2.** *voller Spannung, Erregung:* eine atemlose Stille; a. lauschen. **3.** *schnell:* ein atemloses Tempo; in atemloser Folge.

atemraubend, der: tiefe, ruhige Atemzüge; er zögerte einen A. lang; ∗ **bis zum letzten Atemzug** (geh.; *bis zum Tod)* · **im nächsten Atemzug** *(gleich danach)* · **in einem/im selben/im gleichen Atemzug** *([fast] gleichzeitig).*

atemraubend, der: ↑atemberaubend.

Atemzug, der: tiefe, ruhige Atemzüge; er zögerte einen A. lang; ∗ **bis zum letzten Atemzug** (geh.; *bis zum Tod)* · **im nächsten Atemzug** *(gleich danach)* · **in einem/im selben/im gleichen Atemzug** *([fast] gleichzeitig).*

atmen: **1.** *Luft einziehen und ausstoßen:* leicht, tief, schwer, mühsam, stoßweise a.; der Kranke hatte unregelmäßig geatmet; durch den Mund, durch die Nase a.; wir wagten vor Angst kaum zu a.; der Verunglückte atmet *(lebt)* noch; solange ich [noch] atme (geh.; *lebe)*, ...; ÜBERTR.: [wieder] frei atmen können (geh.; *sich nicht [mehr] unterdrückt fühlen).* **2.** ⟨etw. a.⟩ *einatmen:* Gestank und Abgase a. müssen; er atmete gierig die frische Nachtluft. **3.** ⟨sich irgendwie a.⟩ *sich atmen lassen:* die Luft atmet sich schwer; ⟨es atmet sich irgendwie; mit zusätzlicher Umstandsangabe⟩ in dieser Luft, im Gebirge atmet es sich viel leichter. **4.** (geh.) ⟨etw. a.⟩ *ausströmen, von etw. erfüllt sein:* alles ringsum atmet Freude; das Buch atmet den Geist der Vergangenheit.

Atmosphäre, die: **1.** *Lufthülle der Erde:* die A. war mit Elektrizität geladen; das Gewitter hat die A. gereinigt; Kohlendioxid an die A. abgeben; das Raumschiff tritt wieder in die A. ein. **2.** *Stimmung:* eine angenehme, gespannte, vergiftete, feindliche A.; es herrschte eine frostige A.; eine A. des Vertrauens; die A. vergiften, auflockern. **3.** *Fluidum:* dem Fest fehlte jede A.; eine A. von Behaglichkeit; die Kerzen verbreiten A.; die Stadt hat keine A. **4.** (Technik) /*Maßeinheit für den Druck/:* ein Druck von 40 Atmosphären.

Attacke, die: a) *Reiterangriff:* [auf, gegen den Feind] reiten; zur A. blasen; zur A. [gegen den Feind] übergehen; ÜBERTR.: eine A. gegen unsere Gesundheit; b) *scharfe Kritik:* eine A. gegen die Regierung; ∗ **eine Attacke gegen jmdn., etw. reiten** *(sich scharf gegen jmdn., etw. wenden).*

attackieren ⟨jmdn., etw. a.⟩: a) *angreifen:* er wurde plötzlich von hinten attackiert; b) *heftig kritisieren:* jmdn. [wegen seines Verhaltens], jmds. Verhalten a.; die Regierung wurde von der Opposition scharf attackiert.

Attentat, das: ein politisches A.; ein A. vorbereiten, planen; auf den Präsidenten wurde ein A.

verübt; ein A. verhindern, vereiteln; der Diktator fiel einem A. zum Opfer; * **ein Attentat auf jmdn. vorhaben** (ugs. scherzh.; *jmdm. um einen Gefallen bitten wollen*). **Attest,** das: [jmdm.] ein A. ausstellen, [aus]schreiben; ein A. benötigen, vorlegen; **attraktiv: a)** *reizvoll:* ein attraktives Äußeres; sie ist eine ausgesprochen attraktive Frau; sie ist sehr a., sieht sehr a. aus; ÜBERTR.: sie spielen attraktiven Fußball; **b)** *einen Anreiz bietend:* attraktive Bezahlung; ein Angebot nicht a. finden; das Gehalt ist wenig, nicht besonders a.; etw. für jmdm. a., attraktiver machen. **ätzen: 1.** ⟨etw. ä.⟩ *durch Säure o.Ä. entfernen:* Wundränder mit Höllenstein ä. **2.** *(von Säuren o.Ä.) zerstörend wirken:* die Salzsäure ätzt; ätzende Chemikalien; ÜBERTR.: ätzender *(beißender)* Rauch; ätzender *(verletzender)* Spott. **3.** ⟨etw. irgendwohin ä.⟩ *einätzen:* etw. in, auf die Kupferplatte ä. **auch: I.** ⟨Adverb⟩ **1.** *ebenfalls:* du bist a. so, a. einer von denen; ich bin a. nur ein Mensch *(mehr kann ich auch nicht tun);* das wird ihm a. nichts helfen; a. gut *(damit bin ich ebenfalls einverstanden);* alle schwiegen, a. der Fahrer sprach kein Wort. **2.** *außerdem:* ich kann nicht, ich will a. nicht; ich hatte a. [noch] die Kosten zu zahlen. **3.** *selbst, sogar:* a. die kleinste Freude wird einem verdorben; das habe ich mir a. im Traum nicht einfallen lassen; er lebte bescheiden, a. als er Geld hatte; er gab mir a. nicht *(nicht einmal)* einen Pfennig. **II.** ⟨Partikel⟩ **1.** /drückt gefühlsmäßige Anteilnahme, Ärger, Verwunderung o.Ä. aus/: du bist aber a. dumm!; warum stehst du a. hier herum?; der ist a. überall dabei! **2.** *tatsächlich, wirklich:* sie sah krank aus, und sie war es a.; er wartete auf einen Brief, der dann a. am Vormittag eintraf. **3.** /drückt in einem Fragesatz Zweifel, Unsicherheit o.Ä. aus/: darf ich es a. glauben?; ist es a. warm genug? **4. a)** ⟨in Verbindung mit Interrogativ- und Relativpronomen⟩ /verallgemeinernd/: war a. immer ... *(jeder, der ...);* was a. geschieht, ... *(alles, was geschieht, ...);* wo er a. *(überall, wo er)* hinkommt, wird er jubelnd begrüßt; wie dem a. sei, ... *(ob es falsch oder richtig ist, ...);* **b)** ⟨in Verbindung mit *wenn* und *so* oder *wie*⟩ /einräumend/: er hat Angst, wenn er auch das Gegenteil behauptet; sie war, wenn a. nicht krank, so doch völlig abgespannt; es meldete sich niemand, sooft ich a. anrief; wenn a.!; (ugs.; *das macht doch nichts!*). **auf** /vgl. aufs/: **I.** ⟨Präp. mit Dat. und Akk.⟩ **1.** /räumlich/ **a)** ⟨mit Dat.; zur Angabe der Lage⟩ a. der Couch, a. dem Boden liegen; a. einer Bank sitzen; die Vase steht oben a. dem Schrank; die Wäsche hängt a. der Leine; der Zug fährt a. Gleis 6 ein, hält a. einer kleinen Station; a. dem Mond landen; a. dem Feld, a. dem Bau arbeiten; er lebt

a. dem Lande; jmdm. a. der Straße, a. dem Markt begegnen; er wurde auf den letzten Metern überholt; /gibt den Aufenthalt in einem Raum, den Seins-, Geschehens-, Tätigkeitsbereich an/: er ist a. *(in)* seinem Zimmer; er ist a. der Universität *(ist Student),* noch a. der Schule *(ist noch Schüler);* die Anträge gibt es a. *(in, bei)* der Post, a. dem Einwohnermeldeamt; er hat sein Geld a. *(bei)* der Sparkasse angelegt; /gibt die Teilnahme an/: a. einer Hochzeit, a. einem Empfang, a. einem Fest sein; a. Patrouille sein; a. [der] Wanderschaft sein; er ist a. Urlaub, a. Besuch bei uns; er wurde a. *(bei, während)* der Jagd erschossen; der Dirigent starb a. *(bei, während)* der Probe; **b)** ⟨mit Akk.; zur Angabe der Richtung⟩ a. die Couch, auf den Boden legen; sich a. eine Bank setzen; die Vase a. den Schrank stellen; sie hängt die Wäsche a. die Leine; jmdm. a. die Füße treten; a. den Markt gehen; aufs Land ziehen; die Fischer fahren aufs Meer hinaus; er geht a. die Wand zu; der Läufer schiebt sich auf den 3. Platz vor; der Abstand hat sich a. 10 Meter verringert; der Umsatz ist a. das Dreifache gestiegen; /gibt die Richtung in einem Raum, in einem Seins-, Geschehens-, Tätigkeitsbereich an/: er geht a. *(in)* sein Zimmer; seine Tochter geht a. die Universität, noch a. die Schule; jmdn. a. die *(zur)* Wache schleppen; jmdn. a. die *(zur)* Post schicken; er hat sein Geld a. die *(zur)* Bank gebracht; /gibt die Hinwendung zur Teilnahme, den Antritt an/: a. eine Hochzeit, a. einen Ball gehen; a. eine Tagung fahren; er geht morgen a. Urlaub, a. Jagd; **c)** ⟨mit Akk.; zur Angabe der Entfernung⟩ a. 100 Meter *(in einer Entfernung von 100 Metern);* die Explosion war a. 2 Kilometer Entfernung zu hören. **2.** /zeitlich/ **a)** (ugs. landsch.) ⟨mit Akk.; zur Angabe des Zeitpunkts⟩ a. den Abend *(am Abend)* Gäste bekommen; a. Weihnachten *(Weihnachten)* verreisen wir; das Taxi ist a. *(für)* 16 Uhr bestellt; die Sitzung ist auf *(für)* Freitag, den 2. Mai, anberaumt; /Grußformeln/: a. bald!, a. morgen!; **b)** ⟨mit Akk.; zur Angabe der Zeitspanne⟩ a. drei Jahre *(drei Jahre lang);* a. Jahre [hinaus] versorgt sein; a. Lebenszeit; a. ein paar Tage verreisen; /in Verbindung mit einem Zweck/: zu jmdm. a. eine Tasse Kaffee gehen; er brachte zwei Kollegen a. ein Glas Bier mit; **c)** ⟨mit Akk.; zur Angabe des Übergangs, des Nacheinanders, der Aufeinanderfolge⟩ von einem Tag auf den anderen ändert sich das Bild; in der Nacht vom 4. auf den 5. September; a. *(nach)* Regen folgt Sonne; **d)** ⟨mit Akk.; zwischen zwei gleichen Substantiven zur Angabe der Wiederholung⟩ Welle a. Welle; es folgte Schlag a. Schlag. **3.** ⟨mit Akk.; zur Angabe der Art und Weise⟩ auf solche, diese Weise; a. brutale Art; sich a. deutsch unterhalten; a. Marken essen; a. leeren Magen Schnaps trinken; /vor dem Superlativ/: jmdn. a. das/aufs Herzlichste *(sehr herzlich)* begrüßen. **4.** ⟨mit Akk.; zur Angabe des Ziels, des Zwecks oder Wunsches⟩ die Mannschaft spielt a. Zeit; a.

A

jmds. Wohl, a. gute Zusammenarbeit anstoßen; einen Aufsatz a. Fehler [hin] *(im Hinblick auf Fehler)* durchlesen; (fachspr.:) a. Hechte angeln.
5. ⟨mit Akk.; zur Angabe des Grundes, der Voraussetzung⟩ a. Veranlassung, Initiative von ...; sich a. ein Inserat melden; er ist a. meine Bitte [hin] zum Arzt gegangen.
6. ⟨mit Akk.; zur Angabe der bei der Aufteilung einer Menge zugrunde gelegten Einheit⟩ a. jeden entfallen 100 Mark; 3 Eier auf 1 Pfund Mehl; der Wagen verbraucht 10 Liter auf 100 Kilometer.
7. ⟨mit Akk.; zur Herstellung einer Beziehung⟩ a. etw. achten, sich a. etw. freuen; er ist böse a. mich; jeder hat das Recht a. Arbeit.
II. ⟨Adverb; gewöhnlich imperativisch oder elliptisch⟩ **1.** a) *in die Höhe, nach oben:* a.! *(aufstehen!)*; /militärisches Kommando/: Sprung a., marsch, marsch!; **b)** *los!, vorwärts!:* a. zur nächsten Stelle!; a., an die Arbeit!; a. gehts!
2. (ugs.) **a)** *geöffnet, aufgemacht:* die Tür, der Schrank ist auf; Fenster a.!; Augen a. im Straßenverkehr!; **b)** *nicht verschlossen, nicht abgeschlossen:* das Türschloss, der Koffer ist auf; die Tür wird auf sein; **c)** *(für den Verkauf o. Ä.) geöffnet, offen:* die Geschäfte sind heute nur vormittags, nur bis 14 Uhr auf.
3. (ugs.) *[nicht mehr od. noch] nicht im Bett:* früh a. sein?; ob die Kinder schon auf sind?; der Patient darf schon ein paar Stunden a. sein.
4. /in Wortpaaren/: a. und ab, a. und nieder: **a)** *nach oben und nach unten, hinauf u. hinab:* die Schaukel wippte a. und ab, a. und nieder; SUBST.: das Auf und Ab des Lebens; **b)** *hin und her:* sie ging im Garten a. und ab, (veraltet:) a. und nieder;
★ **auf einmal** (1. *plötzlich:* auf einmal hatte er keine Lust mehr. 2. *zugleich, in einem Zug:* sie hat alles a. einmal gegessen) · **auf und davon** (ugs.; *[schnell] fort*).
aufarbeiten ⟨etw. a.⟩: **1.** *(Liegengebliebenes) erledigen:* einen Stoß Briefe, Akten, die Korrespondenz, die Rückstände a.; hast du alles aufgearbeitet?
2. *zusammenfassend betrachten, bearbeiten:* sie hat die jüngsten Forschungsergebnisse [kritisch] aufgearbeitet.
3. *kritisch verarbeiten:* einen Konflikt, die Vergangenheit a.; dieses heikle Thema muss noch aufgearbeitet werden.
4. *erneuern, auffrischen:* alte Kleider, Möbel, Polster a.
aufatmen: 1. *tief hörbar atmen:* merklich, befreit, laut, tief a.
2. *erleichtert sein:* erleichtert a.; ich werde a., wenn alles vorüber ist; nach diesem Sieg kann die Mannschaft erst einmal a.
Aufbau, der: **1.** *das Aufbauen:* der A. der Tribünen; der A. der durch Bomber zerstörten Innenstadt; der A. von Mannheim nach dem Krieg; den wirtschaftlichen A., den A. der Wirtschaft beschleu-

nigen; am, beim A. mitarbeiten; etw. ist noch im A. begriffen.
2. *das Aufgebaute:* ein turmartiger, kastenförmiger A. (Bauw.; *aufgestockter Gebäudeteil*); die weißen Aufbauten (Schiffbau; *sich über dem Hauptdeck befindenden Gebäudeteile*) des Schiffes glänzten in der Sonne.
3. *Struktur:* der A. der Erzählung, des Dramas; der musikalische, dramaturgische A.; der A. der Gesellschaft, des Staates; man kann den [inneren] A. eines Atoms durch ein Modell darstellen.
aufbauen: 1. ⟨etw. a.⟩ **a)** *zusammenfügen, errichten:* Zelte, Baracken a.; Buden auf dem Marktplatz a.; die Kameras wurden für die Übertragung aufgebaut; **b)** *von neuem errichten:* die zerstörten Gebäude, Städte wurden wieder aufgebaut; **c)** *aufstellen, arrangieren:* Geschenke [auf dem Tisch] a.; ein kaltes Büfett a.; den Gabentisch a. *(die Geschenke darauf anordnen).*
2. ⟨etw. a.⟩ *schaffen, organisieren:* ein Spionagenetz, eine Armee, eine Beziehung a.; ⟨sich (Dat.) etw. a.⟩ ich habe mir eine neue Existenz aufgebaut.
3. ⟨jmdn. a.⟩ *auf eine Aufgabe vorbereiten:* einen Sänger, einen Sportler, ein Talent, Sänger a.; die Partei will ihn als Regierungschef a.
4. ⟨etw. irgendwie a.⟩ *gliedern:* einen Vortrag übersichtlich a.; das Musikstück ist kunstvoll aufgebaut.
5. a) ⟨etw. auf etw. (Dat.) a.⟩ *als Grundlage, Voraussetzung für etw. nehmen:* eine Theorie auf einer Annahme a.; die Anklage wurde auf diesem Gutachten aufgebaut; alles ist auf Schwindel aufgebaut; **b)** ⟨auf etw. (Dat.) a.⟩ *fußen, gründen:* diese Lehre baut auf der Beobachtung auf, dass ...; seine Darstellung der Epoche baut auf ganz neuen Quellen auf; auf diesen Grundkenntnissen kannst du a.; ⟨sich auf etw. (Dat.) a.⟩ mein Plan baut sich auf folgenden Erwägungen auf.
6. ⟨sich a.⟩ *entstehen, sich bilden:* ein neues Hochdruckgebiet baut sich auf; dieser Stoff baut sich aus folgenden Elementen auf *(setzt sich aus ihnen zusammen).*
7. (ugs.) ⟨sich irgendwo/irgendwie a.⟩ *sich aufstellen:* er baute sich drohend vor ihr auf; er baute sich der Größe nach a.
aufbäumen: 1. ⟨sich a.⟩ *sich ruckartig hoch aufrichten:* die Pferde bäumten sich auf; sein Stolz bäumte sich dagegen auf; das Volk bäumte sich gegen sein Schicksal auf; du bäumst dich vergebens gegen ihn auf.
aufbauschen: 1. a) ⟨etw. a.⟩ *aufblähen:* der Wind bauscht die Segel auf; **b)** ⟨sich a.⟩ *sich aufblähen:* die Segel, die Röcke bauschten sich auf.
2. a) ⟨etw. [zu etw.].⟩ *übertreiben:* etw. unnötig a.; den Vorfall zu einem Skandal a.; **b)** ⟨sich [zu etw.] a.⟩ *unvorhergesehene Ausmaße annehmen:* die Sache bauscht sich zu einer Krise auf.

aufbegehren (geh.) ⟨[gegen etw.] a.⟩: dumpf a.; er begehrte gegen sein Schicksal a.; niemand wagte dagegen aufzubegehren.

aufbehalten (ugs.) ⟨etw. a.⟩: den Hut, die Brille a.; er behielt seine Mütze auf.

aufbekommen (ugs.) ⟨etw. a.⟩: 1. *öffnen:* die Tür, eine Konservendose nicht a. 2. *(Hausaufgaben) zur Erledigung bekommen:* die Schüler haben für morgen nichts aufbekommen.

aufbereiten ⟨etw. a.⟩: 1. *für eine [weitere] Verwendung vorbereiten:* ein Material für die Wiederverwendung a.; Trinkwasser a.; die Erze, Salze werden aufbereitet (Hüttenw., Bergbau; *von unerwünschten Bestandteilen geschieden*). 2. *auswerten:* eine Erhebung statistisch a.; Zahlenwerte, Belege a. 3. *durch Bearbeitung erschließen:* einen alten Text, alte Quellen a.

aufbessern ⟨etw. a.⟩: den Lohn, die Renten, die Verpflegung a.; seine Kenntnisse a.; sein Taschengeld, die Haushaltskasse durch, mit Gelegenheitsarbeiten a.

aufbewahren ⟨etw. a.⟩: die Papiere, Dokumente sorgfältig, in einem Safe, unter Verschluss a., etw. zum Andenken, für die Nachwelt a.; Wertsachen, Geld a.; würdest du meine Uhr [für mich] a.?; die Medikamente sind kühl aufzubewahren *(zu lagern); ÜBERTR.:* etw. in seinem Gedächtnis a.

aufbieten: 1. ⟨etw. a.⟩ *aufwenden:* alle Kräfte, seinen ganzen Verstand, seinen Einfluss a.; ich habe meine ganze Überredungskunst aufgeboten, um ihn zu überzeugen. 2. ⟨jmdn., etw. a.⟩ *einsetzen:* Militär, Polizei a.; ein Heer von Bediensteten war aufgeboten worden. 3. ⟨etw. a.⟩ *(bei Versteigerungen) den Ausgangspreis ausrufen:* ein Bild mit 400 DM a.

Aufbietung, die ⟨in Verbindung mit bestimmten Präp.⟩: unter, (seltener:) mit, bei A. aller Kräfte, ihrer ganzen Energie gelang es.

aufbinden: 1. ⟨etw. a.⟩ *Zugebundenes lösen:* die Schnürsenkel, eine Schleife, die Schürze a.; die Frau band ihr Haar auf; ⟨jmdm., sich etw. a.⟩ ich musste mir die Krawatte a. 2. ⟨etw. a.⟩ *hochbinden:* die Reben, die Heckenrosen a.; ein Mädchen mit aufgebundenem *(hochgestecktem)* Haar. 3. (ugs.) ⟨jmdm. etw. a.⟩ *weismachen:* er hat ihm eine Lüge aufgebunden; ich lasse mir diese Geschichte nicht a.

aufblähen: 1. ⟨etw. a.⟩ *auftreiben, prall machen:* Hülsenfrüchte blähen den Leib auf; der Wind bläht die Segel auf; ÜBERTR.: ein aufgeblähter *(in unangemessener Weise vergrößerter)* Beamtenapparat. 2. ⟨sich a.⟩ *prall werden:* das Segel bläht sich auf. 3. (abwertend) ⟨sich a.⟩ *sich wichtig tun:* sie bläht sich auf mit ihrem Wissen.

aufblasen: 1. ⟨etw. a.⟩ *durch Hineinblasen prall*

machen; anschwellen lassen: eine Tüte, einen Luftballon, die Backen a. 2. (ugs. abwertend) ⟨sich a.⟩ *sich wichtig tun:* blas dich nicht so auf!; ein aufgeblasener *(eingebildeter)* Kerl.

aufbleiben: 1. (ugs.) *offen bleiben:* das Fenster soll nicht so lange a.; die Tür ist die ganze Nacht über aufgeblieben. 2. *nicht zu Bett gehen:* die halbe Nacht, bis 12 Uhr a.; die Kinder durften noch a. *(brauchten noch nicht ins Bett zu gehen).*

aufblenden: 1. *mit voller Lichtstärke scheinen:* die Scheinwerfer blenden auf. 2. ⟨etw. a.⟩ *auf volle Lichtstärke einstellen:* der Fahrer blendete das Fernlicht, die Scheinwerfer auf, raste mit aufgeblendeten Scheinwerfern durch die Stadt; ⟨ohne Akk.⟩ der Wagen blendete auf *(schaltete das Fernlicht ein).* 3. (Fot.) ⟨etw. a.⟩ *durch Größerstellen der Blende den Eintritt des Lichtes vergrößern:* stärker, auf Blende 4 a. 4. (Film) a) ⟨[etw.] a.⟩ *eine Einstellung beginnen:* eine Szene a.; bitte a.!; b) *abzulaufen beginnen:* eine Szene aus dem alten Film blendete auf.

aufblicken: 1. *nach oben blicken:* erstaunt, verwirrt, erschrocken a.; sie blickte besorgt zum Himmel auf; er blickte von seiner Arbeit auf; die Schüler wagten es nicht, aufzublicken. 2. ⟨zu jmdm. a.⟩ *bewundernd verehren:* ehrfürchtig, gläubig, in Verehrung zu jmdm. a.

aufblitzen: a) *kurz aufleuchten:* eine Taschenlampe, Mündungsfeuer blitzt auf; die Chromteile blitzten in der Sonne auf; b) ⟨in jmdm. a.⟩ *plötzlich in jmds. Bewusstsein auftauchen:* eine Idee, eine Erinnerung blitzte in ihr auf.

aufblühen: 1. *(von einer Blüte) sich entfalten, aufgehen:* die Rosen fangen gerade an aufzublühen. 2. a) *einen Aufschwung nehmen:* das Land, der Handel blühte auf; eine aufblühende Branche; ÜBERTR.: das Mädchen ist eine voll aufgeblühte Schönheit; b) *aufleben:* sie blühte richtig auf, als sie von der Last der Verantwortung befreit war.

aufbrauchen ⟨etw. a.⟩: alle Ersparnisse a.; wir haben alle Vorräte aufgebraucht; ÜBERTR.: meine Kräfte sind aufgebraucht.

aufbrausen: 1. *schäumend nach oben steigen:* Natron braust im Wasser auf; ÜBERTR.: Beifall, Jubel braust auf. 2. *plötzlich in Zorn geraten:* schnell, leicht a.; er ist immer gleich aufgebraust; ein aufbrausendes Wesen haben.

aufbrechen: 1. ⟨etw. a.⟩ a) *gewaltsam öffnen:* ein Schloss, die Tür, ein Auto, einen Verkaufsstand a.; er brach die Kiste mit einem Stemmeisen auf; den Asphalt, den Straßenbelag mit dem Pressluftbohrer a. *(auseinander brechen);* b) ⟨öffnen:⟩ einen Brief, ein Telegramm a. 2. a) *auseinander brechen, sich öffnen:* die Knospen brechen auf; die Wunde, das Geschwür ist wieder aufgebrochen; die Straßendecke war an

verschiedenen Stellen aufgebrochen; **b)** (geh.) *plötzlich hervortreten:* ein Gegensatz war zwischen ihnen aufgebrochen; in ihr brach eine Erinnerung, eine Sehnsucht auf. **3.** ⟨[zu etw.] a.⟩ *sich auf den Weg machen:* in aller Frühe, heimlich, pünktlich, überstürzt a.; sie sind zu einer Expedition nach Afrika aufgebrochen; SUBST.: es ist Zeit zum Aufbrechen.
aufbringen: 1. ⟨etw. [für jmdn., etw.] a.⟩ *beschaffen:* das erforderliche Geld, die notwendigen Mittel für den Unterhalt, für die Reparaturen a.; sie kann die Miete nicht mehr a.; ÜBERTR.: Kraft, Energie, den nötigen Humor a.; dafür hat er das Verständnis nicht aufgebracht; sie hat sehr viel Zeit für ihren Sport aufgebracht. **2.** (ugs.) ⟨etw. a.⟩ *öffnen [können]:* ich bringe die Tür, das Schloss nicht auf. **3.** ⟨etw. a.⟩ *in Umlauf setzen:* ein Gerücht, eine Mode a.; wer hat denn nur diesen Schwindel aufgebracht? **4. a)** ⟨jmdn. a.⟩ *wütend machen:* der geringste Anlass bringt ihn auf; er war darüber, wegen dieses Vorfalls sehr aufgebracht; **b)** ⟨jmdn. gegen jmdn. a.⟩ *aufwiegeln:* man brachte die Massen gegen die Regierung auf. **5.** (Seemannsspr.) ⟨etw. a.⟩ *kapern:* feindliche Schiffe a.; der Tanker wurde auf hoher See aufgebracht. **6.** ⟨etw. a.⟩ *auftragen:* Farben a.; Creme auf das Gesicht a.
Aufbruch, der: **1.** *das Aufbrechen:* ein eiliger, verspäteter A.; der A. zur Jagd; den A. verschieben; im A. begriffen sein; sie waren gerade im A.; zum A. rüsten, drängen, mahnen; er gab das Zeichen zum A. **2.** *aufgebrochene Stelle:* die durch Frost entstandenen Aufbrüche auf der Autobahn beseitigen. **3.** (geh.) *geistiges Erwachen:* der A. der Völker Afrikas.
aufbrummen (ugs.) ⟨jmdm. etw. a.⟩: der Lehrer brummte den Schülern eine Strafarbeit auf; sie haben ihm 2 Jahre [Gefängnis] aufgebrummt; jmdm. die Kosten für etw. a.
aufbürden (geh.) ⟨jmdm., sich etw. a.⟩: jmdm. eine Schuld, die ganze Last der Verantwortung a.; ich habe mir zu viel aufgebürdet.
aufdecken: 1. ⟨jmdn., etw. a.⟩ *die Decke o. Ä. wegnehmen:* den Kranken, den Vogelkäfig a.; das Bett a. *(die Bettdecke zurückschlagen);* das Kind hatte im Schlaf aufgedeckt *(seine Bettdecke zurückgeschoben);* das Beet a. *(die Schutzplane entfernen).* **2.** ⟨etw. a.⟩ *offen hinlegen:* die Karten a.; BILDL.: er hat seine Karten noch nicht aufgedeckt *(seine Absichten noch nicht erkennen lassen).* **3. a)** ⟨etw. a.⟩ *auflegen:* ein frisches Tischtuch a.; **b)** ⟨[etw.] a.⟩ *decken:* den Tisch a.; die Mutter hat schon aufgedeckt. **4.** ⟨etw. a.⟩ *enthüllen:* Missstände, eine Verschwörung, ein Verbrechen a.; wir haben den Be-

trug aufgedeckt; Schwächen, Lücken, Zusammenhänge a.
aufdonnern (salopp abwertend) ⟨sich a.⟩: *sich auffällig zurechtmachen:* sie hatte sich fürchterlich aufgedonnert; eine aufgedonnerte Person.
aufdrängen: 1. ⟨jmdm. etw. a.⟩ *aufnötigen:* jmdm. eine Ware, etwas zu essen a.; jmdm. seine Ansichten a.; er hat mir seine Begleitung förmlich aufgedrängt. **2.** ⟨sich jmdm. a.⟩ *sich in aufdringlicher Weise zugesellen:* er drängt sich uns auf; allen Leuten hat er sich als Ratgeber aufgedrängt; ⟨auch ohne Dat.⟩ ich will nicht a. **3.** ⟨sich jmdm. a.⟩ *sich zwangsläufig ergeben:* ein Gedanke, eine Ahnung drängte sich ihm auf; mir drängte sich die Frage auf, ob er nur wegen des Geldes gekommen war; ⟨häufig auch ohne Dat.⟩ der Verdacht drängt sich auf, dass ...
aufdrehen: 1. ⟨etw. a.⟩ **a)** *durch Drehen öffnen:* einen Verschluss, den Wasserhahn, die Ventile a.; **b)** *zuströmen lassen:* das Gas, das Wasser a.; **c)** *durch Drehen lockern:* eine Schraube a.; **d)** (ugs.) *lauter stellen:* das Radio, den Fernseher [voll] a. **c)** (südd., österr.) *anschalten:* das Licht, die Lampe a.; **e)** (landsch.) *aufziehen:* eine Spieldose, ein Spielzeugauto, den Wecker a. **2.** ⟨jmdm., sich etw. a.⟩ **a)** *aufwickeln:* sie dreht sich die Haare auf; **b)** *aufzwirbeln:* den Schnurrbart a. **3.** (ugs.) *Gas geben:* auf der Autobahn mächtig, ordentlich, anständig a.; der Taxifahrer drehte auf; ÜBERTR.: der Europameister drehte im Endspurt voll auf *(steigerte das Tempo, die Leistung)* in der zweiten Halbzeit drehte die Mannschaft noch einmal auf. **4.** (ugs.) *in Stimmung kommen:* nach dem dritten Glas dreht er mächtig auf; ADJ. PART.: sie ist heute sehr aufgedreht *(in sehr angeregter Stimmung).*
aufdringlich: eine aufdringliche Person; ein aufdringlicher Vertreter; die Musik ist sehr a.; die Reklame wirkt a.; ÜBERTR.: ein aufdringliches *(sehr starkes)* Parfüm; a. *(übertrieben auffällig)* geschminkt sein.
aufdrücken: 1. ⟨etw. a.⟩ *durch Druck öffnen:* die Tür, das Fenster a.; ⟨auch ohne Akk.⟩ auf ihr Klingeln hin wurde aufgedrückt (ugs.: *die Tür durch Knopfdruck geöffnet);* einen Pickel, ein Geschwür a. (ugs.; *durch Drücken aufplatzen lassen).* **2. a)** ⟨etw. auf etw. (Akk.) a.⟩ *auf etw. drücken, aufprägen:* das Amtssiegel auf das Schriftstück a.; **b)** ⟨[etw.] a.⟩ *fest, mit starkem Druck aufsetzen:* den Bleistift, die Feder, mit der Feder beim Schreiben zu sehr a.; du musst härter, stärker a. **3.** (ugs.) ⟨jmdm. etw. a.⟩ *aufzwingen:* die Diskussion wurde den Teilnehmern regelrecht aufgedrückt;
★ jmdm. einen aufdrücken (salopp; *einen Kuss geben).*
aufeinander: a) *eines auf dem anderen, den an-*

deren: die Zähne fest a. beißen; die mit Klebstoff bestrichenen Stellen fest a. drücken; die beiden Autos prallten a.; die Meinungen prallten hart a. *(es gab heftige Meinungsverschiedenheiten);* die Reisenden mussten dicht a. *(gedrängt)* sitzen; **b)** *einer auf den anderen:* a. angewiesen sein; a. losgehen; a. warten; sich a. einstellen. Beachte: Nach neuer Rechtschreibung wird *aufeinander* vom folgenden Verb immer getrennt geschrieben.

Aufenthalt, der: **1.** *das Sichaufhalten:* der A. im Depot ist verboten; das war ein angenehmer A.; jmdm. den A. verschönern; den A. ausdehnen, beenden; bei meinem A. in München; nach längerem A. im Ausland kehrte er zurück; während meines Aufenthalts in München. **2. a)** *Unterbrechung:* ich habe in Frankfurt zwei Stunden A.; wie lange hat der Zug hier A.?; ohne A. *(Halt)* durchfahren; **b)** (geh.) *Verzögerung:* im Hotel gab es einen kleinen A. **3.** (geh.) *Aufenthaltsort:* Venedig ist ein schöner A.; ich kenne nicht seinen A.; sie ist ohne festen A.;
* **irgendwo Aufenthalt nehmen** (geh.; *eine gewisse Zeit an einem bestimmten Ort verweilen*): er nahm vorübergehend in Berlin A.

auferlegen (geh.) ⟨jmdm., sich etw. a.⟩: jmdm. Lasten, eine Buße, eine Strafe, ein Opfer a.; dem Volk wurden neue Steuern auferlegt; er erlegte ihm einen Eid auf/(selten:) er auferlegte ihm einen Eid; sich keinen Zwang a. *(sich zwanglos geben).*

auffahren: 1. ⟨auf etw. (Akk.) a.⟩ *gegen etw. fahren:* der Lastwagen fuhr auf den Pkw auf; das Schiff ist auf ein Riff aufgefahren. **2.** *an den Davorfahrenden heranfahren:* der Fahrer des Pkw war [zu] dicht aufgefahren. **3.** *an eine bestimmte Stelle heranfahren, vorfahren:* ständig fuhren Taxis vor dem Portal auf; auf dem Platz sind Polizisten mit Wasserwerfern aufgefahren; Panzer, Geschütze fahren auf (Milit.; *gehen in Stellung).* **4.** (Milit.) ⟨etw. a.⟩ *in Stellung bringen:* Geschütze a.; die Regierung ließ Panzer auffahren. **5.** ⟨auf etw. a.⟩ *hinauffahren:* auf Autobahnen darf nur an den Anschlussstellen aufgefahren werden. **6.** *aufschrecken:* verstört, erschreckt, (ugs.:) wie von der Tarantel gestochen a.; er fuhr aus dem Schlaf auf. **7.** *aufbrausen:* verärgert a.; er hat ein auffahrendes Naturell, Wesen.

auffallen: 1. *die Aufmerksamkeit auf sich lenken:* sein Benehmen, seine Kleidung fiel auf; unangenehm, übel a.; nur nicht a.!; in der Schule fiel sie durch ihren Fleiß auf; er fiel durch seine hohe Stimme/mit seiner hohen Stimme überall auf; es fällt allgemein auf, dass ...; auf fällt, dass .... **2.** ⟨jmdm. a.⟩ *von jmdm. bemerkt werden:* die Ähnlichkeit ist mir gleich aufgefallen; es fiel mir

auf, dass der Motor nicht gleichmäßig lief; ist Ihnen nichts aufgefallen? **3.** ⟨irgendwo a.⟩ *auftreffen:* das Licht fiel schräg auf die Wasserfläche auf; auffallende Strahlen.

auffallend: **1.** *bemerkenswert:* eine auffallende Erscheinung; eine Frau von auffallender Schönheit. **2.** *auffällig:* das Kleid ist zu a.; sie ist zu a. gekleidet; SUBST.: das Auffallendste an ihm war die Stimme. **3.** /intensivierend bei Adjektiven/: *sehr, überaus:* ein a. ernstes Kind; er ist auffallend blass.

auffällig: ein auffälliges Benehmen; in auffälliger Weise; es ist a., dass ...; er ist schon mit 14 Jahren a. geworden *(durch gesetzwidriges o. ä. Verhalten aufgefallen);* er ist a. *(ungewöhnlich)* oft bei ihr; sich a. kleiden.

auffangen: 1. ⟨jmdn., etw. a.⟩ *im Fallen fassen:* den Ball a.; der Hund fängt den Bissen auf; er konnte den Mann a. *(vor dem Sturz bewahren).* **2.** ⟨etw. a.⟩ *in einem Gefäß o. Ä. sammeln:* Regenwasser [in einer Wanne] a.; der Brennspiegel fängt die einfallenden Strahlen auf; ÜBERTR.: die Flüchtenden in Lagern a. *(vorläufig unterbringen).* **3.** ⟨etw. a.⟩ *abfangen:* einen Sturz gerade noch a. können; die abtrudelnde Maschine noch a. können. **4.** ⟨etw. a.⟩ *abwehren, abstoppen:* er fing den Hieb [mit dem Arm] auf; die Polsterung soll die Erschütterungen auffangen; ÜBERTR.: den feindlichen Vorstoß a. *(aufhalten).* **5.** ⟨etw. a.⟩ *mildern:* den Konjunkturrückgang, Preissteigerungen, drohende Umsatzrückgänge a. **6.** ⟨etw. a.⟩ *durch Zufall wahrnehmen:* jmds. Blick, einen Blick von jmdm. a.; ein Amateur hat den Funkspruch aufgefangen (Funkt.; *zufällig abgehört).*

auffassen ⟨etw. irgendwie a.⟩: **a)** *in einer bestimmten Weise verstehen:* eine Bemerkung falsch, wörtlich a.; er hat alles persönlich aufgefasst; etw. als Vorwurf, als Beleidigung a.; sie fasste alles richtig auf. **b)** *begreifen, verstehen:* einen Text schnell, leicht a.; sie fasste alles richtig auf.

Auffassung, die: **1.** *Vorstellung von etw., Meinung:* eine herkömmliche, [weit] verbreitete A.; das ist eine irrige A.; diese A. geht auf Kant zurück; diese A. wird nicht durchdringen; eine strenge, hohe A. von der Arbeit haben; eine A. vertreten; ich kann diese A. nicht teilen; eine A. bestätigt finden; eine A. erhärten; seine A. von einer Sache/über eine Sache vortragen, überprüfen, ändern; er entsprach meiner A.; an einer A. festhalten; ich bin der A., dass ...; nach meiner A., meiner A. nach; zu der A. kommen, dass ...; was hat Sie zu dieser A. gebracht? **2.** (selten) *Auffassungsgabe:* er hat eine schwerfällige A.

auffinden ⟨jmdn., etw. a.⟩: die Toten, die Überreste wurden erst nach Jahren aufgefunden; er wurde tot, verletzt a.; der Schlüssel war nirgendwo aufzufinden.

aufflackern: das Feuer, die Kerze flackert auf; ÜBERTR.: der Hass, Streit, Widerstand, eine schwache Hoffnung flackert wieder auf.

auffliegen: 1. *hochfliegen:* die Tauben fliegen auf; Staubwolken flogen *(wirbelten)* auf. 2. *sich schnell und heftig öffnen:* die Tür, das Fenster flog auf. 3. (ugs.) *ein jähes Ende nehmen:* die Versammlung ist aufgeflogen; eine Konferenz a. lassen; der Betrug, der Schwindel flog auf; willst du, dass alles auffliegt?; los, weg hier, wir sind aufgeflogen.

auffordern: 1. ⟨jmdn. zu etw. a.⟩ *ersuchen, etw. zu tun:* jmdn. zur Teilnahme, zur Mitarbeit, zum Verlassen des Saals a.; sie forderte ihn wiederholt, dringend zur Zahlung des Betrages auf; die Männer sind aufgefordert, sich zu ergeben. 2. ⟨jmdn. a.⟩ *zum Tanz bitten:* eine Dame zum Tanz a.; er forderte die Tochter seines Chefs auf.

Aufforderung, die: eine energische, versteckte, offizielle A.; an die Bevölkerung erging die A., sich ruhig zu verhalten; eine A. zur Zahlung von 100 Mark erhalten; einer A. folgen, (geh.:) nachkommen; es geschah auf seine A. hin; er half ohne A. *(von sich aus);* ∗ **Aufforderung zum Tanz** (ugs.; *Herausforderung).*

auffressen: 1. ⟨jmdn., etw. a.⟩ *bis auf den letzten Rest fressen:* die Katze hat das Futter aufgefressen; (derb /von Personen/:) der Kerl hat doch wirklich alles aufgefressen!; ÜBERTR.: er fraß sie mit Blicken fast auf; jmdn. vor Liebe a. können; wenn die Sache schief geht, frisst er mich auf (ugs.; *ist er sehr ärgerlich auf mich);* der Umzug hatte seine Ersparnisse aufgefressen *(aufgebraucht).* 2. (ugs.) ⟨jmdn. a.⟩ *jmdn. völlig beanspruchen:* die Arbeit, der Ärger, die Langeweile frisst sie auf.

auffrischen: 1. ⟨etw. a.⟩ *erneuern:* die Politur, die verblichenen Farben a.; ÜBERTR.: Erinnerungen, sein Gedächtnis a.; er hat seine Englischkenntnisse aufgefrischt *(aktiviert).* 2. *stärker werden:* die Brise hatte/war aufgefrischt; stark auffrischender Wind.

aufführen: 1. ⟨etw. a.⟩ *vor einem Publikum darbieten:* ein Schauspiel, eine Oper, ein Ballett a.; auf unserer Bühne, in unserem Theater werden auch moderne Dramatiker *(ihre Stücke)* aufgeführt; einen Ringkampf a. 2. ⟨sich irgendwie a.⟩ *sich benehmen:* sich gut, übel, schlecht, anständig a.; er hat sich wie ein Verrückter, wie ein dummer Junge aufgeführt; ⟨sich a.⟩ sie hat sich wieder einmal aufgeführt! *(unpassend benommen).* 3. ⟨jmdn., etw. a.⟩ *nennen:* jmdn. namentlich, als Zeugen a.; weitere Beispiele [für etw.] a.; die in der Rechnung aufgeführten Posten prüfen.

Aufführung, die: 1. *Darbietung eines Stückes:* eine gute, gelungene, mittelmäßige, schlechte A.; die

A. dieser Oper ist für den Winter vorgesehen, fällt aus; eine A. einstudieren, wiederholen, absagen; bei einer A. mitwirken; die Aufführungen waren nur schwach besucht; zur A. bringen (Papierdt.; *aufführen);* zur A. gelangen, kommen (Papierdt.; *aufgeführt werden).* 2. *das Nennen:* die A. der Ausgaben im Jahresbericht.

Aufgabe, die: 1. *das Aufgeben:* die A. des Gepäcks am Gepäckschalter; die A. einer Annonce, eines Telegramms. 2. *Auftrag; Verpflichtung:* eine leichte, schwere, schwierige A.; das ist eine dankbare, reizvolle, interessante, sinnvolle, verantwortungsvolle A.; das ist nicht meine A. *(Pflicht);* wichtige Aufgaben stehen ihm bevor; auf ihn warten große Aufgaben; meine A. als Lehrer ist es, …; das ist nicht die A. *(Sinn)* dieser Darstellung; ich sehe es als meine A. an, die Öffentlichkeit zu unterrichten; eine A. übernehmen, bewältigen; sie bekam, erhielt die A., das Geld zu beschaffen; dieses Instrument hat die A. *(Funktion),* …; er ist dieser A. nicht gewachsen; vor einer A. stehen; ich halte es für meine A., das Amt zu übernehmen; vor eine A. gestellt werden; sie ist von ihrer A. ganz erfüllt; ihr fällt die A. zu, den Schaden zu beseitigen *(sie soll den Schaden beseitigen);* ich habe es mir zur A. gemacht *(als Ziel gesetzt),* Vorurteile abzubauen. 3. a) ⟨meist Plural⟩ *Schulaufgabe:* mündliche, schriftliche Aufgaben; Aufgaben [für/zum Montag, für den/zum 7. Februar] aufbekommen, (ugs.:) aufkriegen, (ugs.:) aufhaben; die Kinder müssen noch ihre Aufgaben machen, erledigen; b) *Rechenaufgabe:* eine komplizierte A.; in der letzten Mathematikarbeit hatte sie von fünf Aufgaben zwei nicht lösen können. 4. a) *vorzeitiges Beenden:* die A. des Widerstands, der Karriere; Sport: eine Verletzung zwang sie zur A.; b) *Verzicht, Niederlegung:* die A. von Plänen, Forderungen, Gewohnheiten, persönlichen Zielen; nach der A. seiner verschiedenen Ehrenämter; sich zur A. *(Schließung)* des Geschäftes, der Wohnung entschließen.

Aufgang, der: 1. *das Aufgehen:* der A. der Gestirne, der Sonne beobachten. 2. a) *aufwärts führende Treppe:* das Theater hat zwei Aufgänge; bitte den A. am anderen Ende benutzen!; b) (selten) *aufwärts führender Weg:* wir nahmen den bequemeren A. zum Gipfel.

aufgeben: 1. ⟨etw. [bei jmdm./irgendwo] a.⟩ *zur Weiterbeförderung o. Ä. jmdm. übergeben:* einen Brief, ein Telegramm [am Schalter, bei/auf der Post], ein Gepäckstück a.; er gab eine Annonce, ein Inserat auf; wir gaben unsere Koffer bei der Bahn, am/auf dem Bahnhof auf; der Gast gab beim Ober seine Bestellung auf. 2. ⟨jmdm. etw. a.⟩ *als Aufgabe stellen:* den Schülern Schularbeiten, ein Gedicht [zum Lernen] a.; die Sphinx gab den Vorübergehenden ein Rätsel auf; sein voreiliges Handeln hat uns große Probleme aufgegeben; das Gericht hatte uns aufgegeben (geh.; *auferlegt*), die Wohnung zu räumen. 3. a) ⟨etw. a.⟩ *nicht fortsetzen:* das Rauchen a. *(nicht mehr rauchen);* die Verfolgung, seinen Widerstand a.; sie hat die Hoffnung noch nicht aufgegeben; ich habe es aufgegeben, ständig darüber nachzudenken; den Kampf, das Rennen, das Studium a. *(vorzeitig beenden);* b) ⟨jmdn., etw. a.⟩ *auf etw. verzichten:* Ansprüche, Grundsätze, liebe Gewohnheiten, einen Plan, eine Laufbahn a.; er gab sein Amt auf *(legte es nieder);* sie hat ihren Beruf als Schauspielerin aufgegeben; man legte ihm nahe, das Mädchen aufzugeben *(seine Beziehung zu ihr abzubrechen);* der Arzt hat seine Praxis aufgegeben; ein Geschäft, eine Wohnung a. *(auflösen);* c) ⟨jmdn., sich, etw. a.⟩ *als verloren, tot ansehen:* Bergsteiger, ein Schiff, ein Flugzeug a.; die Ärzte hatten die Patientin schon aufgegeben; man darf sich nicht selbst a.; d) *nicht weitermachen, aufhören:* wir werden trotz aller Schwierigkeiten nicht a.; (Sport:) der Boxer gab auf; nach dem Sturz musste sie a.

Aufgebot, das: **1.** *aufgebotene Anzahl:* ein starkes A. von Polizeikräften riegelte den Platz ab; das deutsche A. wurde von den Kunstturnern angeführt; mit einem gewaltigen A. an Menschen und Material. **2.** (früher) *öffentliche Bekanntmachung einer beabsichtigten Eheschließung:* das standesamtliche A.; das A. hängt aus; das A. bestellen.

aufgehen: 1. *am Horizont erscheinen:* die Sonne, der Mond geht auf, das Land der aufgehenden Sonne *(Japan).* **2. a)** *sich öffnen:* die Tür geht immer wieder auf; das Fenster geht schwer auf *(lässt sich schwer öffnen);* der Vorhang ging auf und die Vorstellung begann; b) *aufplatzen:* das Geschwür, die Unterlippe ist aufgegangen; c) *nicht zubleiben:* der Verband, der Reißverschluss, der Schnürsenkel geht immer wieder auf; das Einmachglas ist aufgegangen *(ist nicht mehr dicht);* d) *sich entfalten:* der Fallschirm ging nicht auf; die Knospen, die Blüten gehen auf. **3.** *aufkeimen, hervorkommen:* die Saat geht auf; die Radieschen sind nicht aufgegangen; die Pocken gehen auf *(die Impfung verläuft positiv).* **4.** *(vom Teig) aufgetrieben werden:* der Teig, der Kuchen ist nicht aufgegangen; ÜBERTR.: sie ist aufgegangen wie ein Hefekloß/Pfannkuchen (ugs.; *sie ist sehr dick geworden).* **5.** ⟨jmdm. a.⟩ *klar werden:* der Sinn seiner Worte ging ihr nicht auf; mir war noch nicht aufgegangen, was es bedeuten sollte. **6.** (Math.) *keinen Rest lassen:* alle geraden Zahlen gehen durch 2 geteilt auf; diese Aufgabe geht nicht, ohne Rest auf; die Patience geht auf. **7. a)** ⟨in jmdm., etw. a.⟩ *sich ganz widmen:* in der Familie, in seinem Beruf a.; **b)** ⟨in etw. (Dat.) aufgehen⟩ *sich in etw. auflösen:* in blauen Dunst a.;

die kleineren Betriebe gingen in den größeren auf *(wurden von ihnen geschluckt);* er wollte nicht in der Masse a. *(darin verschwinden).*

aufgeklärt: er ist ein aufgeklärter Geist; im aufgeklärten 20. Jahrhundert.

aufgelegt: er war gut, schlecht a.; sie fühlte sich heute glänzend a.; ⟨auch attributiv⟩ der gut aufgelegte Lehrer hat uns heute keine Aufgaben aufgegeben; die glänzend aufgelegte (Sport; *sich in glänzender Form befindende*) Tennisspielerin gewann den ersten Satz;
* zu etw. **aufgelegt sein** *(in der Stimmung sein, etw. zu tun):* zum Feiern a. sein; sie war nicht [dazu] a., Besuch zu empfangen; sie ist immer zu einem Scherz aufgelegt.

aufgelöst: a) *außer sich, durcheinander:* vor Schmerz, Freude ganz a. sein; sie war durch diesen Vorfall, über diese Nachricht völlig a.; **b)** *erschöpft:* ich bin ganz aufgelöst bei dieser Hitze.

aufgeschlossen: sie machte einen aufgeschlossenen Eindruck; für politische, religiöse Fragen, für unkonventionelle Lösungen a. sein; er ist jetzt dieser Frage gegenüber aufgeschlossener als vorher.

aufgeschossen: ↑ aufschießen.

aufgießen ⟨etw. a.⟩: **a)** *aufbrühen:* Kaffee, Tee a.; **b)** *(Wasser o. Ä.) auf, über etwas gießen:* sie goss langsam das kochende Wasser auf; **c)** (Kochk.) *[mit etw.] auffüllen:* eine Mehlschwitze a.; Gin mit Tonic a.

aufgliedern ⟨etw. a.⟩: die Gesellschaft soziologisch, in bestimmte Gruppen a.; etw. nach Alter, nach Sachgruppen a.; die Verben sind aufgegliedert in starke, schwache und unregelmäßige.

aufgreifen: 1. ⟨jmdn. a.⟩ *festnehmen:* die Polizei hat den entsprungenen Häftling, den jugendlichen Ausreißer, den flüchtigen Täter bei einer Razzia aufgegriffen. **2.** ⟨etw. a.⟩ *sich mit etw. befassen:* einen Gedanken, einen Plan, einen Vorschlag, den Faden der Erzählung a.; die Presse hat den Fall aufgegriffen.

aufgrund, auf Grund: *veranlasst durch; wegen:* I. ⟨Präp. mit Gen.⟩ a. einer Aussage, des Befundes; a. der schwierigen Marktverhältnisse. II. ⟨Adverb⟩ in Verbindung mit *von*⟩ a. von Armut.

aufhaben (ugs.): **1.** ⟨etw. a.⟩ *aufgesetzt haben:* den Hut, den Helm a.; sie hatte ihre Brille auf. **2. a)** ⟨etw. a.⟩ *geöffnet haben:* die Augen, den Mund a.; das Fenster, die Tür ein wenig a. *(offen stehen haben);* **b)** ⟨etw. a.⟩ *aufbekommen haben:* endlich einen Knoten a.; hast du den Koffer, die Kette immer noch nicht auf?; **c)** ⟨etw. a.⟩ *geöffnet haben:* wir haben unser Geschäft samstags nicht auf; der Bäcker hat seinen Laden noch auf; ⟨auch ohne Akk.⟩ der Bäcker hat ab 7 Uhr auf; **d)** *geöffnet sein:* die Bäckerei hat bis 18 Uhr auf; die Hauptpost hat auch abends auf. **3.** ⟨etw. a.⟩ *Hausaufgaben haben:* viel, wenig a.; haben wir etwas in Latein auf?

A

aufhalten: 1. (ugs.) ⟨etw. a.⟩ *geöffnet halten; offen halten:* die Hände a.; die Augen kaum noch a. können; einen Sack a.; könnten Sie bitte die Tüte a.?; ⟨jmdm. etw. a.⟩ er hielt ihm die Tür auf. **2.** ⟨sich irgendwo a.⟩ *irgendwo sein, vorübergehend leben:* sich zu Hause, bei Freunden, im Ausland a.; wo hält er sich zur Zeit auf? **3. a)** ⟨jmdn., etw. a.⟩ *am Vorankommen hindern:* einen Fliehenden, die scheuenden Pferde a.; ich bin im Büro aufgehalten worden; den Vormarsch der feindlichen Truppen a.; den ganzen Verkehr a.; ÜBERTR.: die Katastrophe, eine Entwicklung, den Fortschritt nicht mehr a. können; er hält nur den ganzen Betrieb auf *(er wirkt nur hemmend auf alles);* **b)** ⟨jmdn. a.⟩ *von etw. abhalten:* sie wollte ihn [mit ihren Fragen] nicht unnötig a.; lassen Sie sich [durch mich] nicht a.; **c)** ⟨sich mit jmdm., mit/bei etw. a.⟩ *zu ausführlich befassen:* die Lehrerin kann sich nicht mit jedem schwachen Schüler a.; wir wollen uns nicht länger bei diesen Fragen, mit solchen Nebensächlichkeiten a. **4.** ⟨sich über jmdn., etw. a.⟩ *sich aufregen:* sich über jmdn., über jmds. Benehmen a.

aufhängen: 1. a) ⟨etw. [an etw. (Dat.)] a.⟩ *auf, an etw. hängen:* den Hut, den Mantel an einem Haken a.; er hat das Bild aufgehängt; **b)** ⟨etw. a.⟩ *hängend befestigen:* Gardinen a.; er hängte die Wäsche zum Trocknen auf; den Hörer a. *(auflegen)* ⟨auch ohne Akk.⟩ sie hat aufgehängt *(das Telefongespräch beendet).* **2.** ⟨jmdn., sich a.⟩ *erhängen:* sie hängten die Mörder [an einem Baum] auf; er hat sich auf dem Dachboden, mit der Wäscheleine aufgehängt. **3.** (ugs. abwertend) ⟨jmdm. etw. a.⟩ **a)** *aufschwatzen:* man hat ihm eine viel zu teure Stereoanlage aufgehängt; **b)** *weismachen:* wer hat dir diese Geschichte aufgehängt?; **c)** *aufbürden:* der Chef hat ihm eine langweilige, neue Arbeit aufgehängt. **4.** ⟨etw. an etw. (Dat.)⟩ a.⟩ *(von etw. ausgehend) entwickeln:* sie hat ihre Kritik an der Regierung, an dem Schmiergeldskandal aufgehängt.

aufheben: 1. ⟨jmdn., etw. a.⟩ *[vom Boden] aufnehmen:* einen Stein, den Handschuh [vom Boden] a.; sie hoben den reglosen Körper auf. **2.** ⟨etw. a.⟩ *aufbewahren:* einen Gegenstand sicher, gut, sorgfältig, im Schreibtisch a.; Briefe zur Erinnerung a.; sie hebt immer alles auf *(wirft nie etwas weg);* der Bäcker hat mir/für mich ein Brot aufgehoben *(zurückgelegt);* du hebst dir das Beste immer bis zum Schluss auf; diese Besichtigung hebe ich mir für später auf *(behalte ich mir für später vor).* **3. a)** ⟨etw. a.⟩ die Sitzung, die Belagerung a. *(beenden);* die Absperrung, die Zensur, den Visumzwang a. *(beseitigen);* die Todesstrafe a. *(abschaffen);* ein Gesetz, ein Urteil, einen Haftbefehl, die Verlobung a. *(für ungültig erklären);* die Schwerkraft a. *(außer Kraft setzen);* dadurch wird der Widerspruch aufgehoben *(aufgelöst);* **b)** ⟨etw. a.⟩

etw. ausgleichen: der Verlust hebt den Gewinn in anderen Bereichen wieder auf; +2 und −2 heben sich gegenseitig auf; * **bei jmdm., irgendwo gut/schlecht** o. ä. **aufgehoben sein** (1. *in guter Obhut sein:* dort ist das Kind gut aufgehoben; in diesem Krankenhaus fühle ich mich gut aufgehoben. **2.** *[nicht] sicher geschützt sein:* Geheimnisse sind bei ihm schlecht aufgehoben. **3.** Sport; *gut/schlecht gedeckt werden:* der Stürmerstar war bei dem kleinen Verteidiger gut aufgehoben).

Aufheben, das: ⟨meist in den Wendungen⟩ **viel Aufheben[s] von etw., jmdm. machen** *(etw., jmdm. übertrieben große Bedeutung beimessen)* · **kein Aufheben von etw., jmdm. machen** *(etw., jmdm. nicht wichtig nehmen)* · **ohne [jedes, großes** o. ä.**] Aufheben** *(ohne Aufsehen zu erregen, ohne große Umstände).*

aufheitern: 1. ⟨jmdn. a.⟩ *in eine heitere Stimmung versetzen:* es gelang ihm nicht, sie aufzuheitern. **2.** ⟨sich a.⟩ **a)** *heiter werden:* die Stimmung heiterte sich auf; sein Gesicht hatte sich aufgeheitert; **b)** *aufklaren:* das Wetter, der Himmel heitert sich auf; ⟨es heitert [sich] auf⟩ es heitert sich etwas auf; der Himmel, es heitert auf; (Vorhersage:) gegen Nachmittag allmählich aufheiternd.

aufheizen: a) ⟨etw. a.⟩ *allmählich erwärmen:* Luft, Gas, Wasser a.; ÜBERTR.: das Misstrauen a. *(verschärfen);* Aussperrungen heizen Emotionen auf *(schüren sie);* eine aufgeheizte Stimmung; **b)** ⟨sich a.⟩ *sich allmählich erhitzen:* der Raum, das Wasser heizt sich auf; sich kräftig a.

aufhellen: 1. ⟨etw. a.⟩ **a)** *heller machen:* ein Bild, das Haar a.; ÜBERTR.: die Reise hatte ihr Gemüt etw. aufgehellt *(aufgeheitert);* **b)** *erhellen:* jmds. Vergangenheit a.; die Hintergründe, die Motive eines Verbrechens a. **2.** ⟨sich a.⟩ **a)** *sich erhellen:* der Himmel, das Wetter hellt sich auf; ÜBERTR.: seine Miene, sein Gesicht hatte sich aufgehellt; **b)** *klar, durchschaubar werden:* das Rätsel hellt sich auf.

aufhetzen: ⟨jmdn. a.⟩ *aufwiegeln:* das Volk, die Parteien gegeneinander a.; er hat meine Kinder gegen mich aufgehetzt; **b)** ⟨jmdn. zu etw. a.⟩ *durch Hetze zu etw. bewegen:* er hat die Matrosen zur Meuterei, die Masse zu Gewalttaten aufgehetzt.

aufholen: 1. a) ⟨etw. a.⟩ *wieder einbringen:* der Dampfer, der Zug hat die Verspätung aufgeholt; wir müssen den Zeitverlust, den Rückstand a.; die Schülerin hat den versäumten Lehrstoff wieder aufgeholt; **b)** *den Vorsprung eines anderen verringern:* der finnische Läufer holt [zusehends, mächtig, noch ein paar Meter] auf. **2.** (Seemannsspr.) ⟨etw. a.⟩ *nach oben holen, in die Höhe ziehen:* den Anker, die Segel a.

aufhorchen: argwöhnisch, misstrauisch a.; sie horchte auf, als sie die Summe hörte; ÜBERTR.: das Ergebnis, ihr Erstlingswerk ließ a. *(erregte Aufmerksamkeit).*

aufhören: a) *enden:* der Regen hört auf; plötzlich hörte der Wind auf; an dieser Stelle hört der Weg auf; da hört die Gemütlichkeit auf (ugs.; *jetzt wird es ernst*); das muss a.! (ugs.: *so kann es nicht weitergehen!*); Ⓡ da hört [sich] doch alles auf! (ugs.; *das ist ja unerhört!*); da hörts bei mir auf (ugs.; *das dulde ich nicht länger!*); **b)** *eine Tätigkeit einstellen, beenden:* am nächsten Ersten [mit der Arbeit, in der Firma] a.; hör doch endlich mit dem Rauchen, dem Alkohol, dem Geschrei auf!; das Herz hat zu schlagen aufgehört; er hört auf zu spielen; aufhören! *(Schluss machen!);* ⟨es hört auf⟩ es hat aufgehört zu schneien.
aufklaren: 1. *klar, sonnig werden:* es klart auf; der Himmel, das Wetter hat aufgeklart; örtlich aufklarend; SUBST.: bei Aufklaren Frostgefahr. **2.** (Seemannsspr.) ⟨etw. a.⟩ *aufräumen:* das Deck, die Kombüse a.
aufklären /vgl. aufgeklärt/: **1.** ⟨sich a.⟩ *klar, sonnig werden:* das Wetter klärt sich auf; nach dem Gewitter hatte sich der Himmel wieder aufgeklärt; ÜBERTR.: seine Miene, sein Gesicht klärte sich auf. **2. a)** ⟨etw. a.⟩ *Klarheit in* etw. *bringen:* ein Flugzeugunglück, ein Verbrechen, einen Fall a.; er klärte den Widerspruch, den Irrtum auf; **b)** ⟨sich a.⟩ *klar werden, sich auflösen:* ein Missverständnis klärt sich auf; es hat sich alles aufgeklärt. **3.** ⟨jmdn. [über etw./irgendwie] a.⟩ **a)** *jmdn. über* etw. *unterrichten:* jmdn. über den wahren Sachverhalt, über seine Rechte a.; die Bevölkerung [politisch] a.; **b)** *über geschlechtliche Vorgänge unterrichten:* wer hat dich aufgeklärt?; Kinder über geschlechtliche Fragen, sexuell a.; sie ist noch nicht aufgeklärt. **4.** (Milit.) ⟨etw. a.⟩ *erkunden:* Truppenansammlungen, feindliche Stellungen a.
Aufklärung, die: **1.** *Klärung, Auflösung:* die A. eines Flugzeugabsturzes; das Verbrechen steht kurz vor der A., harrt noch der restlosen A., hat noch keine A. gefunden (Papierdt.; *ist noch nicht aufgeklärt worden*); das trägt nicht gerade zur A. des Missverständnisses bei. **2. a)** *Aufschluss, Auskunft:* A. von jmdm. verlangen; jmdm. A. [über etw., in bestimmten Fragen] geben; die gewünschte A. erhalten; ich werde mir A. verschaffen; ich bitte um sofortige A.; die A. (*Information*) der Bevölkerung über Möglichkeiten der Geburtenregelung; A. durch die Medien; **b)** *Unterrichtung über geschlechtliche Vorgänge:* sexuelle A.; wer übernimmt die A. der Jugendlichen? **3.** *geistige Bewegung des 18. Jahrhunderts:* das Zeitalter der A.; in der A.; während der A. **4.** (Milit.) *Erkundung:* die A. ergab starke Truppenkonzentrationen.
aufkleben ⟨etw. [auf etw. (Akk.)] a.⟩: ein Etikett a.; du musst noch die Briefmarke auf den Brief a.
aufknöpfen ⟨etw. a.⟩: das Hemd, den Mantel a.; ⟨jmdm., sich etw. a.⟩ ich knöpfe mir die Bluse auf.
aufkommen: 1. *entstehen:* Wind kommt auf; tags-

über aufkommende Niederschläge; SUBST.: die Wetterlage begünstigt das Aufkommen von Nebel; ÜBERTR.: keiner wusste, wie das Gerücht aufgekommen war; Zweifel, Wünsche kamen in ihr auf; es wollte keine rechte Stimmung, Freude a.; ich sage das, um keine Missverständnisse a. zu lassen; er ließ keine Vertraulichkeit a.; in diesem Jahr kam das Fernsehen, die Minimode auf (*wurde Mode*). **2.** ⟨für jmdn., etw. a.⟩ *einstehen, bürgen:* für den entstandenen Sachschaden a.; wir mussten für alles selbst a.; ich komme für alles, für die Unkosten auf; die Firma muss für den Verlust a.; ⟨die Eltern kommen für ihre Kinder, für den Unterhalt auf. **3. a)** ⟨gegen jmdn., etw. a.⟩ *sich durchsetzen:* gegen die japanische Konkurrenz nicht a. können; mit Argumenten war dagegen nicht aufzukommen; sie konnte gegen ihn nicht a.; **b)** ⟨neben jmdm. a.; meist verneint⟩ *jmdm. gleichkommen:* neben ihm kommt so leicht keiner auf. **4.** (landsch.) *entdeckt werden:* der Schwindel kommt bestimmt auf; es ist alles aufgekommen. **5.** (Sport) *aufholen:* der dänische Marathonläufer kam auf den letzten Kilometern stark auf; die Mannschaft kam in den Schlussminuten noch einmal auf. **6.** ⟨irgendwo, irgendwie a.⟩ *beim Sprung, Fall auftreffen:* der Akrobat kam auf das/auf dem Netz auf; beim Doppelaxel ist sie schlecht aufgekommen; die Maschine kam weich auf und rollte aus. **7.** (Seemannsspr.) *sichtbar werden:* das Schiff kommt schnell auf.
aufkrempeln ⟨etw. a.⟩: die Ärmel a.; ⟨jmdm., sich etw. a.⟩ ich habe mir bei der Arbeit das Hemd aufgekrempelt.
aufkriegen (ugs.): ↑ aufbekommen.
aufkündigen ⟨etw. a.⟩ **a)** *kündigen:* ein Arbeitsverhältnis, Mietsverhältnis, Tarifabkommen a.; ⟨jmdm. etw. a.⟩ jmdm. den Dienst a.; **b)** (geh.) ⟨jmdm. etw. a.⟩ *für beendet erklären:* sie hat ihm die Freundschaft aufgekündigt.
aufladen: 1. a) ⟨etw. [auf etw. (Akk.)] a.⟩ *auf* etw. *laden:* Waren, Holz, Gepäck auf einen Wagen a.; SUBST.: beim Aufladen helfen; ⟨jmdm., sich etw. a.⟩ *auf den Rücken packen:* er lud sich einen Koffer auf; ÜBERTR.: er hat mir alle Schuld, die Sorge für die Kinder aufgeladen; sie hat sich zu viel Arbeit aufgeladen. **2. a)** ⟨etw. a.⟩ *elektrisch laden:* eine Batterie a.; ÜBERTR.: eine emotional, ideologisch aufgeladene Diskussion; **b)** ⟨sich a.⟩ *sich elektrisch laden:* die Zellen laden sich durch die Sonnenenergie auf.
Auflage, die: **1. a)** *etw., was man auf* etw. *legt:* eine A. aus Schaumgummi für die Matratzen; **b)** *Schicht, Überzug:* die Bestecke haben eine A. aus Silber. **2. a)** (Buchw.) *Gesamtzahl der auf einmal gedruckten Exemplare:* wie hoch ist die A.?; die

erste A. des Werkes ist vergriffen; die Zeitung hat eine hohe A., eine A. von über einer Million; eine zweite, verbesserte, neu bearbeitete, erweiterte A. vorbereiten; das Buch ist in riesigen Auflagen erschienen; Vorwort zur dritten A.; ÜBERTR.: bei der vierten A. des Bergrennens, des Boxturniers; **b)** (Wirtsch.) *Fertigungsmenge:* dieses Modell ist in einer A. von 7 000 Stück zu haben. **3.** (Amtsspr.) *auferlegte Verpflichtung, Bedingung:* jmdm. eine A. erteilen; er erhielt, hat die A., 500 Mark an das Rote Kreuz zu zahlen; die Mittel wurden mit der A. bereitgestellt, dass …; wir konnten ohne irgendwelche Auflagen filmen; die Strafaussetzung ist mit Auflagen verbunden; man machte ihm dies zur A. **auflassen: 1.** (ugs.) ⟨etw. a.⟩ *offen lassen:* die Tür, das Fenster, die Schublade a.; er ließ den Mantel auf. **2.** (ugs.) ⟨etw. a.⟩ *aufbehalten:* den Hut, die Brille a. **3.** ⟨etw. a.⟩ *in die Höhe steigen lassen:* einen Drachen, Raketen a. **4.** (Rechtsw.) ⟨etw. a.⟩ *übereignen, übertragen:* ein Grundstück, ein Eigentumsrecht a.; die Erbengemeinschaft hat den Bauplatz aufgelassen. **auflauern** ⟨jmdm. a.⟩: er lauerte mir auf; er hat ihr an der Straßenkreuzung aufgelauert. **auflaufen: 1. a)** (Seemannsspr.) ⟨[auf etw. (Akk)] a.⟩ *sich festfahren:* der Dampfer ist [auf ein Riff, auf eine Sandbank] aufgelaufen; **b)** ⟨[auf jmdn., etw. (Akk)] a.⟩ *gegen jmdn., etw. prallen:* er lief auf seinen Vordermann auf; der Wagen lief auf die Fahrbahnbegrenzung auf; er ließ seinen Gegenspieler a. (Sport; *veranlasste durch Stehenbleiben einen Zusammenstoß*); **c)** (ugs.) *sich nicht durchsetzen; auf Widerstand stoßen:* mit seinen Ideen lief er bei den Parteigenossen auf; wir haben unsere Lehrerin ganz schön a. lassen. **2.** *anwachsen:* das Guthaben, das Sparkonto ist durch die Zinsen auf 20 000 Mark aufgelaufen; während ihrer Abwesenheit ist die eingegangene Post ziemlich aufgelaufen. **3.** (Seemannsspr.) *[mit der Flut] steigen:* das Wasser läuft auf; auflaufendes Wasser. **4.** ⟨zu etw. a.⟩ *aufrücken:* in Endspurt lief er zur Spitzengruppe auf; er ist zu großer Form, zu Hochform aufgelaufen *(hat sich zu einer starken Leistung gesteigert)*. **5.** ⟨sich (Dat.) etw. a.⟩ *wund laufen:* ich habe mir bei der langen Wanderung die Füße aufgelaufen. **6.** (Sport) *einlaufen:* nur zehn Spieler sind aufgelaufen; ins Stadion, zum Training, in neuen Trikots a. **aufleben: a)** *neue Lebenskraft bekommen:* die Pflanzen leben nach dem Regen auf; der Kranke lebte durch den Besuch sichtlich auf; beim Anblick der Flasche Korn lebte er plötzlich auf *(wurde er munter);* **b)** *von neuem beginnen:* das Gespräch, die Diskussion lebte auf; ich ließ die-

ses Kapitel meines Lebens noch einmal in meiner Erinnerung a. **auflegen** /vgl. aufgelegt/: **1.** ⟨etw. a.⟩ *auf etw. legen:* den Sattel, eine Decke a.; ein neues Tischtuch a. *(aufdecken);* bitte legen Sie noch ein Gedeck auf!; eine Schallplatte a. *(zum Abspielen auf den Plattenteller legen);* Rouge, Make-up a. *(auftragen);* Holz, Kohlen a. *(aufs Feuer legen),* ⟨auch ohne Akk.⟩ den Telefonhörer a. *(auf die Gabel legen),* ⟨auch ohne Akk.⟩ er hat aufgelegt *(das Telefongespräch beendet);* ⟨jmdm., einem Tier, sich etw. a.⟩ dem Pferd den Sattel a.; der Priester legte ihm segnend die Hand auf. **2.** ⟨etw. a.⟩ *zur Einsichtnahme o. Ä. auslegen:* die Liste für die Gemeinderatswahl wird erst morgen aufgelegt; einen Bericht öffentlich a. **3.** ⟨etw. a.⟩ **a)** *herausgeben:* einen Roman neu a.; **b)** *mit der Herstellung eines Fabrikats beginnen:* eine neue Serie von etw. a. **3.** (Geldw.) ⟨etw. a.⟩ *ausschreiben:* eine Anleihe, neue Aktien a. **auflehnen: 1.** ⟨sich gegen jmdn., etw. a.⟩ *sich widersetzen:* sich gegen die Eltern, den Staat, die bestehende Ordnung, das Unabänderliche a.; sie lehnte sich gegen ihr Schicksal auf. **2.** (landsch.) ⟨sich, etw. [auf etw. (Akk.)] a.⟩ *aufstützen:* er lehnte sich auf das/auf dem Fensterbrett auf. **aufleuchten:** das Objekt leuchtete auf der Radarschirm auf; die Lampe hat/ist aufgeleuchtet; BILDL.: ihre Augen leuchteten vor Freude auf; ein Gedanke leuchtete in ihr auf. **auflockern: 1.** ⟨etw. a.⟩ *locker machen:* den vertrockneten Boden [mit einer Hacke] a.; aufgelockerte *(leichte)* Bewölkung. **2.** ⟨etw. a.⟩ **a)** *abwechslungsreicher machen:* einen Text durch Illustrationen a.; den Unterricht durch Gruppenarbeit a.; ein Wohngebiet durch Grünanlagen a.; eine aufgelockerte Bauweise; **b)** *gelöster, unbeschwerter machen:* der Alkohol hatte die Stimmung aufgelockert; er versuchte, durch einen Witz die gespannte Atmosphäre aufzulockern; sie war aufgelockerter als sonst. **3.** ⟨sich a.⟩ *seine Muskeln lockern:* die Läufer lockern sich vor dem Start auf. **auflösen** /vgl. aufgelöst/: **1.** ⟨etw. [in etw. (Dat.)] a.⟩ *zergehen lassen:* eine Tablette in Wasser a.; **b)** ⟨sich [in etw. (Dat.)] a.⟩ *zergehen:* das Pulver, der Zucker löst sich in der Flüssigkeit auf; der Nebel löst sich noch nicht auf *(gelichtet);* **c)** ⟨sich in etw. (Akk) a.⟩ *sich in etw. verwandeln:* die Gestalt schien sich in Luft aufgelöst zu haben; alles löste sich in eitel Freude auf; ÜBERTR.: sich in seine Bestandteile a. (ugs.; *auseinander fallen).* **2.** (geh.) ⟨etw. a.⟩ *aufbinden, aufmachen:* eine Verschnürung, das Haar a.; sie saß da mit aufgelösten Haaren; **b)** ⟨sich a.⟩ *aufgehen:* die Schleife, ihre Frisur, der Haarknoten löste sich auf.

3. a) ⟨etw. a.⟩ *nicht länger bestehen lassen:* einen Haushalt, den Landtag a.; eine Verlobung a. *(aufheben);* einen Vertrag a. *(für ungültig erklären);* er hat sein Geschäft aufgelöst *(aufgegeben);* Menschenansammlungen a. *(zerstreuen);* **b)** ⟨sich a.⟩ *nicht länger bestehen:* die alten Ordnungen lösten sich auf; die Band hat sich aufgelöst; die Menschenmassen hatten sich aufgelöst *(zerstreut).*
4. a) ⟨etw. a.⟩ *aufklären:* ein Rätsel, eine Gleichung a.; **b)** ⟨sich a.⟩ *sich aufklären:* Missverständnisse lösen sich auf.
aufmachen: 1. (ugs.) a) ⟨etw. a.⟩ *öffnen:* die Tür, das Fenster, den Koffer, ein Päckchen, einen Brief, eine Flasche a.; er musste beim Zahnarzt den Mund weit a.; den obersten Knopf, den Gürtel, den Mantel a.; das Haar a. *(lösen);* ⟨jmdm., sich etw. a.⟩ darf ich mir den Kragen a.?; ⟨jmdm. a.⟩ er hat uns nicht aufgemacht *(uns nicht eingelassen);* **b)** *die Geschäftszeit beginnen:* wann machen die Geschäfte auf?; wir machen morgens um 8 Uhr auf.
2. (ugs.) a) ⟨etw. a.⟩ *eröffnen, gründen:* ein Geschäft, eine neue Filiale a.; er hat ein Transportunternehmen aufgemacht; **b)** *eröffnet, gegründet werden:* in letzter Zeit haben hier viele neue Geschäfte aufgemacht.
3. ⟨etw. a.⟩ *effektvoll gestalten:* Auslagen, ein Buch hübsch a.; der Artikel war mit folgender Schlagzeile aufgemacht (Zeitungsw.; *als Blickfang versehen):* ...; der Prozess wurde von der Parteipresse groß aufgemacht; sie hatte sich auf jung aufgemacht (ugs.; *zurechtgemacht);* eine ordinär aufgemachte Bardame.
4. ⟨sich a.⟩ *aufbrechen:* sie machten sich in aller Frühe auf; er hatte sich zu einem Spaziergang aufgemacht; sie machten sich endlich auf *(schickten sich an),* uns zu besuchen.
5. (ugs.) ⟨etw. a.⟩ *anbringen, aufhängen:* ein Plakat im Fenster a.; die Mutter macht die Gardinen auf.
Aufmachung, die: eine geschmackvolle, teure A.; sie erschien in eleganter A.; die Blätter berichteten darüber in großer A.
aufmerksam: 1. *mit Interesse [folgend]:* aufmerksame Zuhörer, Beobachter; ein aufmerksames Publikum; die Schülerin ist immer sehr a.; a. zuhören; einer Darbietung a. folgen.
2. *höflich, zuvorkommend:* ein aufmerksamer junger Mann; das ist sehr a. von Ihnen.
★ **[jmdn.] auf jmdn., etw. aufmerksam machen** *(hinweisen):* ich mache [Sie] darauf a., dass ... ·
[auf jmdn., etw.] aufmerksam werden *(jmdn., etw. bemerken, wahrnehmen):* ich bin auf ihn a. geworden, als er ...
Aufmerksamkeit, die: 1. *das Aufmerksamsein:* die A. der Zuhörer lässt nach; A. für etw. zeigen, (geh.:) bekunden; der Vorfall erweckte, erregte ihre A.; die A. auf etw. richten; jmds. A. fesseln, auf sich ziehen, auf etw. lenken, ablenken; einer Entwicklung A. schenken, seine A. zuwenden.

die Angelegenheit fordert, verlangt, verdient unsere volle, ganze A.; es scheint Ihrer A. entgangen zu sein, dass ...; etw. mit besonderer, wachsender, erhöhter, gespannter, gesteigerter A. verfolgen.
2. *Höflichkeit, Zuvorkommenheit:* er umgab sie mit A.
3. *kleines Geschenk:* ich habe Ihnen eine kleine A. mitgebracht.
aufmöbeln (ugs.): 1. ⟨etw. a.⟩ *instand setzen:* einen alten Kahn a.; ÜBERTR.: seine Italienischkenntnisse wieder a.; die Mannschaft muss ihren Ruf a.
2. ⟨jmdn., sich a.⟩ *aufmuntern:* er versuchte, die anderen mit Späßen ein bisschen aufzumöbeln; der Besuch, die Reise hat sie aufgemöbelt.
3. ⟨jmdn., sich a.⟩ *beleben:* der Kaffee hat mich aufgemöbelt.
aufmuntern: 1. ⟨jmdn., etw. a.⟩ a) *aufheitern:* er wollte die anderen mit lustigen Geschichten a.; **b)** *beleben:* der Alkohol munterte sie, die Stimmung ein bisschen auf.
2. ⟨jmdn. a.⟩ *ermutigen:* jmdn. [mit Zurufen] zum Weitermachen a.; jmdm. aufmunternd zunicken.
Aufnahme, die: 1. *Beginn:* die A. von Verhandlungen, von diplomatischen Beziehungen; nach A. *(Einführung)* des Fernsprechverkehrs.
2. a) *Unterbringung:* die A. von Flüchtlingen; jmds. A. in ein Krankenhaus einleiten; die sofortige A. ins Krankenhaus veranlassen; **b)** *Art, in der jmd. aufgenommen wird:* die A. [in der Familie] war überaus herzlich; er fand kühle A. *(wurde kühl aufgenommen);* sie bereiteten ihm eine begeisterte A. *(nahmen ihn begeistert auf);* er bedankte sich für die freundliche A.; **c)** *Empfangsraum:* die Kranken mussten in der A. warten.
3. *Erteilung der Mitgliedschaft, Eintritt:* die A. in einen Verein beantragen; er bemühte sich um A.; er seines Sohnes in das Internat.
4. *das Leihen; Inspruchnahme:* die A. von Geldern; die A. einer Anleihe beschließen.
5. *Übernahme:* die A. eines Wortes in eine Sprache; die A. *(das Eintragen)* eines Wortes ins Wörterbuch.
6. *Aufzeichnung, Niederschrift:* die A. eines Protokolls, eines Diktats, eines Telegramms; zwei Polizisten waren mit der A. des Unfalls beschäftigt; die A. *(kartographische Vermessung)* eines Geländes.
7. a) *das Fotografieren, Filmen:* Achtung, A.!; bei der A. mit dem Apparat wackeln; **b)** *Fotografie:* eine schöne, [un]scharfe, verwackelte, künstlerische A.; der Fotograf machte eine A. von dem Paar.
8. a) *Übertragung auf Tonband, CD o. Ä.:* eine A. machen; die Aufnahmen dauerten drei Stunden; bei der A. muss absolute Ruhe herrschen; **b)** *Ton-, Musikaufzeichnung:* der Hörbericht wurde als A. gesendet; eine A. eines Konzerts noch einmal anhören.
9. *Reaktion:* wie war die A. beim Publikum?; die

Sendung fand eine begeisterte A. *(wurde begeistert aufgenommen).*
10. *das Zu-sich-Nehmen:* die A. der Nahrung.
aufnehmen: 1. a) ⟨jmdn., etw. a.⟩ *hochnehmen, aufheben:* den Handschuh a.; die Träger hatten den Sarg vom Boden aufgenommen; den Rucksack a. *(auf den Rücken nehmen);* die Mutter nahm das Kind auf *(nahm es auf den Arm);* **b)** (bes. Fußball) ⟨etw. a.⟩ *an sich nehmen:* eine Flanke von links direkt a.; der Torwart konnte die Rückgabe ungehindert a.; **c)** (nordd.) ⟨etw. a.⟩ *aufwischen:* das Wasser mit dem Lappen a.
2. ⟨etw. a.⟩ *mit etw. beginnen:* den Kampf, die Verfolgung, die Suche a.; die Spur, eine Fährte a. *(zu verfolgen beginnen);* Verhandlungen mit jmdm. a.; diplomatische Beziehungen zu einem Staat, mit einem Land a.; er will mit uns Kontakt, Fühlung a.; die Arbeit, das Training, den Betrieb, ein Studium, Gespräche a.; ein Thema *(eines Musikstücks),* einen Gedanken, eine Anregung a. *(aufgreifen und weiterführen).*
3. ⟨jmdn. a.⟩ *empfangen, unterbringen:* jmdn. freundlich, höflich, liebenswürdig, kühl a.; Flüchtlinge [bei sich, in seinem Haus] a.; in ein/in einem Krankenhaus aufgenommen werden; er konnte in dem Hotel nicht mehr aufgenommen werden.
4. a) ⟨jmdn. a.⟩ *jmdm. die Mitgliedschaft gewähren:* jmdn. als Teilhaber in sein Geschäft a.; sein Sohn wurde in die Schule, in den Sportverein aufgenommen; **b)** ⟨jmdn., etw. in etw. (Akk.) a.⟩ *mit hineinnehmen, mit einbeziehen:* ein Stück in den Spielplan a.; dieser Punkt ist in die Tagesordnung aufgenommen worden; der Pfarrer nahm sie in sein Gebet mit auf.
5. ⟨jmdn., etw. a.⟩ *Platz bieten; fassen:* eine Gondel der Seilbahn nimmt 40 Personen auf; ÜBERTR.: der Arbeitsmarkt nimmt noch Arbeitskräfte auf.
6. ⟨etw. a.⟩ *erfassen:* ich wollte neue Eindrücke, die Atmosphäre [in mich/(selten:) in mir] a.; das Gedächtnis der Kinder kann das alles so rasch gar nicht a.; (auch ohne Akk.) der Schüler nimmt leicht, schwer, schnell auf.
7. ⟨etw. a.⟩ *etw. in sich hineinnehmen:* der Rasen hat das Wasser aufgenommen; die Zellen nehmen aus der Gewebsflüssigkeit Sauerstoff auf; der Körper nimmt wieder Nahrung auf.
8. ⟨etw. a.⟩ *(Geld) von jmdm. leihen:* Geld, eine Anleihe, ein Darlehen a.; eine Hypothek auf das Haus a.
9. ⟨etw. irgendwie a.⟩ *Stellung nehmen, reagieren:* einen Vorschlag freundlich, kühl, beifällig, mit Zurückhaltung a.; die Rede wurde übel aufgenommen; wie hat er es, die Nachricht, das Ganze aufgenommen?; das Publikum nahm das Stück wohlwollend auf.
10. a) ⟨etw. a.⟩ *aufzeichnen, niederschreiben:* ein Protokoll, ein Diktat, ein Telegramm, eine Bestellung a.; der Polizist nahm die Personalien,

den Unfall auf; Warenbestände a.; ein Gelände [in einer genauen Karte] a. *(kartographisch festhalten);* **b)** ⟨jmdn., etw. a.⟩ *fotografieren:* das junge Paar, die Mannschaft [für die Zeitung] a.; ein Motiv a.; ich habe mehrere Bilder aufgenommen; **c)** ⟨etw. a.⟩ *auf einer Schallplatte, auf Tonband o. Ä. festhalten:* ein Konzert a.; eine neue CD a.; die Telefongespräche sind auf Band aufgenommen worden; ∗ es mit jmdm. aufnehmen [können] *(sich mit jmdm. messen können):* mit dem nehme ich es [im Trinken] noch allemal auf.
aufoktroyieren (geh.) ⟨jmdn., etw. etw. a.⟩: dem Staat eine neue Verfassung a.; sie wollte mir ihre Meinung a.
aufopfern: 1. ⟨sich a.⟩: *sich ohne Rücksicht auf die eigene Person einsetzen:* die Mutter opfert sich für die Familie auf; aufopfernde Liebe, Freundschaft; aufopfernd für jmdn. sorgen.
2. (geh.) ⟨jmdn., etw. a.⟩ *opfern, hingeben:* Tausende hat er für sein Machtstreben, hat er den Zielen der Revolution aufgeopfert.
aufpassen: 1. a) *aufmerksam sein, Acht geben:* in der Schule, beim Unterricht, an der Straßenkreuzung a.; auf der Straße, im Straßenverkehr scharf, (ugs.:) höllisch, wie ein Luchs, (ugs.:) wie ein Schießhund a.; auf die Verkehrszeichen a.; er passte genau auf, dass alles klappte; aufgepasst! *(Achtung, Vorsicht!);* pass auf (ugs.; *du wirst sehen),* das ändert sich; **b)** ⟨auf jmdn., etw. a.⟩ *Acht haben:* auf die Kinder a.; er sollte auf die Gans im Ofen a.
2. (landsch.) ⟨jmdn. a.⟩ *auflauern:* er passte ihm an der Ecke auf.
aufpeitschen: 1. ⟨etw. a.⟩ *aufwühlen:* der Sturm peitscht das Meer, die Wellen auf.
2. ⟨jmdn., sich, etw. a.⟩ *stark erregen:* die Musik peitschte die Sinne auf; sich mit/durch Kaffee a.; ⟨ohne Akk.⟩ der harte Beat peitscht auf; aufpeitschende Reden.
aufplustern: 1. a) ⟨etw. a.⟩ *aufblähen:* die Henne plustert ihre Federn auf; **b)** ⟨sich a.⟩ *die Federn aufblähen:* die Vögel plustern sich auf.
2. (ugs. abwertend) ⟨sich a.⟩ *sich wichtig tun:* wie der sich wieder aufplustert.
aufprallen ⟨[auf etw. (Akk./Dat.)] a.⟩: das Auto prallte an den parkenden LKW auf; das Flugzeug war auf das/(seltener:) auf dem Wasser aufgeprallt und zerschellt.
aufquellen: 1. *quellend größer werden:* der Teig quillt auf; Erbsen a. lassen; aufgequollene *(geschwollene)* Augen; ein aufgequollenes *(aufgedunsenes)* Gesicht.
2. (geh.) *quellend aufsteigen:* Rauch quoll aus den Hütten auf; aufquellendes Blut; ÜBERTR.: Sehnsucht quillt in ihr auf; aufquellender Zorn.
aufraffen: 1. ⟨etw. a.⟩ *raffend aufnehmen:* Papiere, Geldstücke [vom Boden] a.; den Rock a. *(hochraffen).*
2. ⟨sich a.⟩ *mühsam aufstehen:* obwohl schwer

verwundet, raffte er sich wieder auf und flüchtete; ÜBERTR.: er raffte sich aus seinen Träumen auf *(kehrte mit Anstrengung in die Realität zurück).* **3.** ⟨sich [zu etw.] a.⟩ *sich überwinden:* er kann sich zu keiner Antwort, zu keiner Entscheidung a.; schließlich raffte sie sich dazu auf, doch noch ans Telefon zu gehen; wir müssen uns endlich a. und zu einem Entschluss kommen.

aufragen: die Türme der Stadt ragten [in den, zum Himmel] auf.

aufräumen: 1. ⟨etw. a.⟩ **a)** *Ordnung in etw. bringen:* ein Zimmer, den Keller a.; er räumte seinen Schreibtisch auf; ⟨auch ohne Akk.⟩ ich muss noch a. *(Ordnung machen);* **b)** *wegräumen:* die Kinder müssen noch die Spielsachen a. **2.** (emotional) *Opfer fordern:* die Seuche, die Epidemie hat unter der Bevölkerung furchtbar aufgeräumt. **3.** ⟨mit jmdm., etw. a.⟩ *Schluss machen:* mit der Vergangenheit, mit überholten Begriffen, mit einer weit verbreiteten Meinung a.; wir wollen mit diesem Vorurteil a.; der Staat hat mit den Verbrechern aufgeräumt.

aufrecht: 1. *gerade aufgerichtet:* ein aufrechter Gang; in aufrechter Haltung; a. sitzen, stehen; er hielt sich trotz seines hohen Alters sehr a. **2.** *rechtschaffen:* ein aufrechter Charakter, ein aufrechter Demokrat; eine aufrechte Gesinnung; ★ *sich nicht mehr/kaum noch aufrecht halten können (zum Umsinken müde, erschöpft sein).*

aufrechterhalten ⟨etw. a.⟩: die [öffentliche] Ordnung a.; Kontakte a.; er erhielt sein Angebot, seinen Entschluss, seine Behauptung aufrecht.

aufregen: 1. ⟨jmdn. a.⟩ *in Erregung versetzen:* der Lärm, die Nachricht, dieser Kerl regt mich auf; das braucht dich nicht weiter aufzuregen *(zu beunruhigen);* ein aufregendes Erlebnis; vor der Prüfung war sie sehr aufgeregt. **2.** ⟨sich [über jmdn., etw.] a.⟩ *in Erregung geraten:* sich entsetzlich, furchtbar, grundlos a.; der Kranke darf sich nicht a. **3.** ⟨sich über jmdn., etw. a.⟩ *sich entrüsten:* die ganze Nachbarschaft regt sich über diesen Hausmeister, über diese Ruhestörungen auf.

Aufregung, die: **a)** *heftige Gefühlsbewegung:* die Aufregungen der letzten Wochen haben mich krank gemacht; (ugs.:) nur keine A.!; A. verursachen; Aufregungen durchmachen, überstehen; alle Aufregungen von dem Patienten fernhalten; in A. versetzen, geraten; in der A. hatte ich alles vergessen; in großer, ängstlicher, fieberhafter A. sein, sich befinden; vor A. stottern; kein Grund zur A.; **b)** *Unruhe, Durcheinander:* es herrschte große A.; alles war in heller A.

aufreiben: 1. ⟨sich (Dat.) etw. a.⟩ *sich wund reiben:* sich die Hände [beim Waschen], die Hacken a. **2.** ⟨jmdn., etw. a.⟩ *vernichten, kampfunfähig machen:* die Truppen wurden in der Schlacht völlig aufgerieben.

3. a) ⟨jmdn., etw. a.⟩ *zermürben:* die Arbeit reibt ihn, seine Kräfte, seine Gesundheit völlig auf; eine aufreibende Tätigkeit; **b)** ⟨sich a.⟩ *seine Kräfte völlig verbrauchen:* die Mutter reibt sich mit der Sorge für die Kinder auf; du reibst dich [bei dieser Arbeit, in einem Beruf] auf.

aufreißen: 1. ⟨etw. a.⟩ *durch Zerreißen öffnen:* einen Brief, eine neue Schachtel Zigaretten a. **2.** ⟨etw. a.⟩ **a)** *ruckartig öffnen:* das Fenster, die Schublade, die Wagentür a.; den Mund, die Augen a. (ugs.; *vor Staunen, vor Schreck o. Ä. weit öffnen);* **b)** *aufbrechen:* die Arbeiter rissen den Straßenbelag auf; **c)** *auseinander reißen:* der Rumpf des Schiffes wurde aufgerissen; der Wind reißt die Wolkendecke auf; ⟨jmdm., sich etw. a.⟩ er hat den Anorak aufgerissen. **3.** *auseinander reißen:* die Wunde, die Naht ist aufgerissen; die Wolkendecke reißt auf. **4.** (Sport Jargon) ⟨etw. a.⟩ *die gegnerische Deckung auseinander ziehen:* die Stürmer rissen mit Direktpässen die Abwehr auf. **5.** (Technik) ⟨etw. a.⟩ *einen Aufriss von etw. anfertigen:* ein Konstruktionsteil, ein Haus a. **6.** ⟨etw. a.⟩ *in großen Zügen darstellen:* ein Thema, ein Problem, eine Geschichte a. **6.** (salopp) **a)** ⟨jmdn. a.⟩ *jmds. Bekanntschaft suchen, mit ihm/ihr geschlechtlich zu verkehren:* wo können wir heute Abend hingehen, um jemanden aufzureißen?; in der Disco hat er sich die letzte Tussi aufgerissen; **b)** ⟨etw. a.⟩ *sich verschaffen:* einen Job, eine neue Wohnung a.

aufreizen: 1. ⟨jmdn. a.⟩ *aufwiegeln:* zum Widerstand, zur Opposition a.; die Belegschaft a. **2.** *erregen:* sie reizt mit ihrem Benehmen die Männer auf; ein aufreizender Gang, Anblick.

aufrichten: 1. ⟨jmdn., sich, etw. a.⟩ *in die Höhe richten:* einen Gestürzten a.; den Oberkörper a.; der Hund richtete die Ohren auf; sich mühsam, aus seiner gebückten Haltung, hoch, zu voller Größe, an jmds. Arm, mit fremder Hilfe a.; der Kranke richtete sich im Bett auf. **2.** ⟨etw. a.⟩ *errichten:* einen Wall a. **3. a)** ⟨jmdn. a.⟩ *trösten:* einen Verzweifelten [durch Zuspruch] a.; diese Hoffnung richtete ihn auf; **b)** ⟨sich a.⟩ *wieder Mut schöpfen:* ich habe mich an ihm, seinem Zuspruch aufgerichtet.

aufrichtig ⟨a. [gegen jmdn., gegenüber/zu jmdn.]⟩ ein aufrichtiger Mensch; aufrichtige Anteilnahme, Bewunderung; dieses Ja war a.; ich bin nicht immer ganz a.; es zu ihm a. freuen; etw. a. bedauern; es mit jmdm. meinen; es tut mir a. leid; a. gesprochen; mir gegenüber, zu mir war er immer a.

aufrollen: 1. a) ⟨etw. a.⟩ *auf eine Rolle, zu einer Rolle wickeln:* ein Seil, ein Kabel a.; sie rollten den Teppich auf und trugen ihn weg; die Ärmel, Hosenbeine a. *(aufkrempeln);* ⟨jmdm., sich etw. a.⟩ ich habe mir die Haare aufgerollt *(auf Lockenwickler aufgedreht);* **b)** ⟨sich a.⟩ *sich zusammenrollen:* der Läufer, das Papier hat sich aufgerollt.

A

2. a) ⟨etw. a.⟩ *auseinander rollen:* einen Stoffballen, einen Teppich a.; b) ⟨sich a.⟩ *auseinander rollen, sich entfalten:* der Film, das Transparent hat sich aufgerollt.

3. ⟨etw. a.⟩ *in aufgreifen:* ein Problem, eine Frage a.; der Prozess wurde vor dem Schwurgericht noch einmal aufgerollt.

4. (Milit.) ⟨jmdn., etw. a.⟩ *von der Seite her nehmen:* die feindlichen Stellungen a.; ÜBERTR.: das Teilnehmerfeld von hinten a. (Sport; *den Gegner aus einer hinteren Position heraus angreifen*).

aufrücken: 1. *nachrücken, aufschließen:* bitte a.!; die anderen Wartenden rückten näher auf.

2. *aufsteigen:* in eine höhere Klasse, zum Abteilungsleiter a.; sie ist rasch aufgerückt.

Aufruf, der: 1. *das Aufrufen:* Eintritt nur nach A.; beim nächsten A. war sie an der Reihe.

2. *öffentliche Aufforderung:* einen A. an die Bevölkerung erlassen, richten; an den Mauern waren Aufrufe angeschlagen.

aufrufen: 1. ⟨jmdn., etw. a.⟩ *laut nennen, aus einer Menge herausrufen:* die Schüler dem Alphabet nach, einzeln, in Gruppen a.; jmds. Name, Nummer wurde aufgerufen; endlich wird unser Flug nach New York aufgerufen.

2. a) ⟨jmdn. zu etw. a.⟩ *zu etw. öffentlich auffordern:* die Bevölkerung zu Spenden, zum Widerstand a.; er rief sie auf, die Aktion zu unterstützen; b) (geh.) ⟨etw. a.⟩ *wachrufen:* jmds. Rechtsempfinden, Hilfsbereitschaft a.

3. (Rechtsw.) ⟨jmdn. a.⟩ *öffentlich auffordern, sich zu melden:* Zeugen, unbekannte Erben a.

4. (EDV) ⟨etw. a.⟩ *abrufen:* ein Programm a.

Aufruhr, der: 1. *Auflehnung gegen die Staatsgewalt:* der A. bricht los; den A. unterdrücken, ersticken; das ganze Land kam, geriet in A.; das Land steht in offenem A.

2. *heftige Erregung:* jmdn. in A. versetzen, bringen; in einem A. der Leidenschaften; seine Gefühle gerieten in A.; ÜBERTR.: ein A. der Elemente (geh.; *Unwetter*) brach los.

aufrühren: 1. ⟨etw. a.⟩ *rührend hochwirbeln:* Teeblätter, Schlamm a.

2. (geh.) a) ⟨etw. a.⟩ *hervorrufen, wecken:* das Erlebnis rührte Leidenschaften, Gefühle auf; b) ⟨jmdn. a.⟩ *stark bewegen:* der Bericht hat ihn im Innersten aufgerührt.

3. ⟨etw. a.⟩ *erneut zur Sprache bringen:* die Vergangenheit, eine längst vergessene Geschichte a.

aufrührerisch: a) *zum Aufruhr anstachelnd:* ein aufrührerischer Geist; aufrührerische Ideen; er hielt aufrührerische Reden; b) *in Aufruhr befindlich:* aufrührerische Studenten, Volksmassen.

aufrüsten: a) *die Rüstung verstärken:* in vielen Ländern wird wieder aufgerüstet; statt abgerüstet wurde weiter aufgerüstet; b) ⟨etw. a.⟩ *mit einer Streitmacht, bestimmten Waffen versehen:* ein Land, Streitkräfte atomar a.; ÜBERTR.: der Wagen wurde mit wenigen Extras aufgerüstet (*verstärkt*); die Ampeln mussten für etwa 100 Millio-

nen Mark aufgerüstet (*technisch verbessert*) werden.

aufrütteln ⟨jmdn. a.⟩: sie rüttelte ihn [aus dem Schlaf] auf; ÜBERTR.: seinen Freund aus der Gleichgültigkeit a.; er rüttelte mit seinen Worten das Gewissen der Welt auf; aufrüttelnde Worte finden.

aufs: a./auf das Siegerpodest steigen; /häufig unauflösbar in festen Fügungen/: a. Äußerste; a. Neue; das a. Blut.

aufsagen: 1. ⟨etw. a.⟩ *auswendig Gelerntes vortragen:* das Vaterunser, ein Gedicht, das Einmaleins a.

2. (geh.) ⟨jmdm. etw. a.⟩ *für beendet erklären:* er hat mir die Freundschaft aufgesagt; sie haben ihm den Gehorsam aufgesagt (*verweigert*).

aufsammeln: 1. ⟨etw. a.⟩ *einzeln aufheben:* Papierfetzen, Geldstücke a.; er sammelte die Stummel vom Boden auf.

2. (ugs.) ⟨jmdn. a.⟩ *[irgendwo] a.⟩ aufgreifen:* die Ausreißer wurden im Hafenviertel aufgesammelt; die Polizei hat einige Betrunkene auf der Straße aufgesammelt.

aufsässig: a) *trotzig:* ein aufsässiges Kind; sich a. gegen jmdn. verhalten; b) *rebellisch:* aufsässige Reden führen; das Volk war a. geworden.

Aufsatz, der: 1. *Aufbau:* der A. des Büfetts.

2. a) *Schulaufsatz:* der A. hat das Thema ...; einen A. [zum Thema ...] schreiben; der Lehrer korrigiert die Aufsätze; b) *[wissenschaftliche] Abhandlung:* ein wissenschaftlicher A. über die Jugendkriminalität; für eine Fachzeitschrift A. schreiben, abfassen; einen A. in einer Zeitschrift unterbringen, veröffentlichen.

aufsaugen: 1. ⟨etw. a.⟩ *[saugend] in sich aufnehmen:* der Schwamm saugte die Flüssigkeit auf; ÜBERTR.: die Kleinbetriebe wurden von den Großbetrieben aufgesogen/aufgesaugt; sie saugte den Wissensstoff begierig in sich auf.

2. (geh.) ⟨jmdn. a.⟩ *ganz in Anspruch nehmen:* die Arbeit sog/saugte mich auf.

aufschauen: 1. (bes. südd., österr., schweiz.) *aufblicken:* erstaunt, gedankenverloren a.; zum Himmel a.; er schaute von seinem Buch auf.

2. ⟨zu jmdm. a.⟩ *bewundernd verehren:* er hatte immer zu seinem Vater aufgeschaut.

aufschieben ⟨etw. a.⟩: 1. a) *durch Schieben öffnen:* eine Tür, eine Luke a.; b) *zurückschieben:* den Riegel a.

2. *hinausschieben:* eine Reise a.; eine Entscheidung auf den Gehorsam bis zum nächsten Tag a.; die Sache lässt sich nicht länger a.; ℝ aufgeschoben ist nicht aufgehoben.

aufschießen: 1. a) *sich rasch nach oben bewegen:* Flammen schossen aus dem brennenden Dach auf; ein Wasserstrahl schießt auf; b) *schnell in die Höhe wachsen:* nach dem Regen ist die Saat aufgeschossen; ein lang, hoch aufgeschossener Junge; c) *hochfahren:* wütend schoss er von seinem Stuhl auf.

2. (geh.) ⟨in jmdn. a.⟩ *plötzlich entstehen:* Angst schoß in ihm auf.

Aufschlag, der: **1.** *das Aufschlagen, Aufprall:* ein dumpfer, harter A.; die Maschine explodierte, zerschellte beim A. **2.** (Sport) *das Spiel eröffnender Schlag:* ein harter, weicher, angeschnittener A.; der A. ging ins Aus; A. haben; den A. abgeben, verlieren. **3.** *Verteuerung eines Preises:* Aufschläge für Luxusartikel; der A. beträgt 50%; einen A. von 10% erheben; bei Teilzahlung muss ein A. gezahlt werden. **4.** *umgeschlagener [aufgesetzter] Teil an Kleidungsstücken:* eine Uniform mit grünen Aufschlägen; Hosen ohne A.; die Aufschläge ausbürsten.

aufschlagen: 1. ⟨[auf etw. (Akk./Dat.)] a.⟩ *im Fall hart, heftig auftreffen:* auf das/auf dem Wasser a.; er ist mit dem Hinterkopf auf die/auf der Kante aufgeschlagen. **2. a)** ⟨etw. a.⟩ *schlagend öffnen:* ein Ei am Tellerrand, mit dem Löffel a.; die Kinder schlugen das Eis auf *(schlugen ein Loch in die Eisdecke);* **b)** ⟨jmdm., sich etw. a.⟩ *[durch einen Schlag] verletzen:* ich habe mir das Knie aufgeschlagen; er schlug seinem Gegner die Augenbraue auf. **3.** (Sport) *mit einem Schlag das Spiel einleiten:* hart, platziert a.; unsere Mannschaft schlägt auf. **4.** ⟨etw. a.⟩ **a)** *öffnen:* eine Zeitung, ein Buch a.; eine Stelle in einem Buch a. *(aufblättern);* das Bett a. *(aufdecken);* das Klavier a. *(den Klavierdeckel aufklappen);* die Augen a.; den Blick a. *(nach oben richten);* **b)** *mit einer heftigen Bewegung öffnen:* der Wind schlug die Fensterläden auf. **5.** ⟨etw. a.⟩ *hoch-, umschlagen:* bei der Arbeit die Ärmel a.; mit aufgeschlagenem Kragen. **6. a)** ⟨etw. a.⟩ *aufstellen, aufbauen:* ein Bett, einen Liegestuhl, ein Zelt, Gerüste a.; **b)** ⟨etw. irgendwo a.⟩ *sich niederlassen:* er hat seinen Wohnsitz in Berlin aufgeschlagen. **7.** *in die Höhe schlagen:* Flammen schlugen aus dem Dach auf. **8.** (Kaufmannsspr.) **a)** ⟨[etw.] a.⟩ *(den Preis) erhöhen:* die Händler haben [die Preise/mit den Preisen] wieder aufgeschlagen; **b)** ⟨etw. auf etw. a.⟩ *als Aufschlag hinzurechnen:* die Lagergebühren werden auf diese Summe aufgeschlagen; **c)** *sich verteuern, teurer werden:* die Butter schlägt [um 10 Prozent] auf; die Preise haben/(seltener:) sind aufgeschlagen. **9.** (Stricken) ⟨etw. a.⟩ *eine Anzahl Maschen als erste Reihe auf die Nadel nehmen:* für den Rücken einer Strickjacke 120 Maschen a. **10.** ⟨etw. a.⟩ (Kochk.) *mit einem Gerät bearbeiten:* die Sahne [leicht] a.; das Eigelb zu einer Creme a.

aufschließen */vgl.* aufgeschlossen/: **1. a)** ⟨etw. [mit etw.] a.⟩ *etw. Verschlossenes öffnen, zugänglich machen:* die Tür, den Schrank, die Kassette a.; er schloss das Zimmer mit einem Nachschlüssel auf; ⟨jmdm. etw. a.⟩ sie schloss ihrer Nachbarin

die Tür auf; ÜBERTR.: der Lehrer hat den Schülern den Sinn des Gedichts aufgeschlossen (geh.; *erklärt);* **b)** ⟨sich jmdm. a.⟩ *sich erschließen:* eine neue Welt schloss sich ihm auf. **2.** (geh.) ⟨jmdm. etw. a.⟩ *offenbaren:* einem Menschen sein Herz, sein Inneres a.; er hat mir seine geheimsten Gedanken aufgeschlossen; **3.** (Bergmannspr.) ⟨etw. a.⟩ *erschließen:* Erdgas, Uranvorkommen a. **4.** *an jmdn. heranrücken:* bitte a.!; die Truppenabteilung schloss auf; (Sport:) der Europameister hat zu der Spitzengruppe aufgeschlossen; ÜBERTR.: wir bemühen uns, in der Hochtechnologie zu den Japanern und Amerikanern aufzuschließen.

Aufschluss, der: A. über jmdn., über jmds. Vorleben verlangen, erlangen, bekommen, erhalten; sich A. über etw. (Akk.) verschaffen; er gab ihm A. über seine Vermögensverhältnisse.

aufschlüsseln ⟨jmdn., etw. a.⟩: Produktionskosten a.; wir haben die Wähler nach Alters- und Berufsgruppen aufgeschlüsselt.

aufschlussreich: eine aufschlussreiche Aufstellung, Statistik; ihr Bericht war für uns sehr a.

aufschnappen: 1. *aufspringen:* die Tür schnappt auf; das Kofferschloss ist aufgeschnappt. **2.** ⟨etw. a.⟩ *mit dem Maul auffangen:* der Hund schnappte das Stück Wurst auf. **3.** (ugs.) ⟨etw. a.⟩ *zufällig hören, erfahren:* Neuigkeit a.

aufschneiden: 1. ⟨jmdn., etw. a.⟩ *durch einen Schnitt öffnen:* einen Knoten [mit der Schere], einen Gipsverband, ein Geschwür a.; ⟨jmdm., sich etw. a.⟩ einem Tier den Bauch a.; er hat sich mit der Scherbe den Fuß aufgeschnitten *(verletzt).* **2.** ⟨etw. a.⟩ *in Scheiben, in Stücke schneiden:* Wurst, Schinken, Kuchen a.; aufgeschnittener Braten. **3.** (ugs. abwertend) *prahlen:* die Matrosen schnitten mächtig auf; der hat aber aufgeschnitten!

aufschrauben: 1. ⟨etw. a.⟩ **a)** *etwas Zugeschraubtes öffnen:* das Marmeladenglas, die Thermosflasche a.; **b)** *durch Schrauben lösen:* den Deckel a. **2.** ⟨etw. [auf etw. (Akk.)] a.⟩ **a)** *schraubend schließen:* den Deckel auf das Glas, einen Verschluss a.; **b)** *mithilfe von Schrauben befestigen:* der Tischler hat eine Leiste auf das Brett aufgeschraubt.

aufschreiben: a) ⟨etw. a.⟩ *niederschreiben:* ich habe alles, was ich erfahren habe, aufgeschrieben; ⟨jmdm., sich etw. a.⟩ sie nahm einen Namen, eine Telefonnummer a.; ich habe dir die Abfahrtzeiten aufgeschrieben; **b)** (ugs.) ⟨jmdm. etw. a.⟩ *verschreiben:* »Ich werde Ihnen mal etwas aufschreiben«, sagte der Arzt; der Doktor hat mir ein neues Mittel aufgeschrieben; **c)** (landsch.) ⟨[etw.] a.⟩ *anschreiben:* er ließ das Brot a.; sie lässt häufig a.

Aufschub, der: ein A. ist nicht möglich; A. der Wahl

A

beantragen; A. beim Gericht erwirken; die Sache duldet, verträgt keinen A.; einem Schuldner A. geben, bewilligen, gewähren; um einen A. von 4 Wochen/um 4 Wochen A. bitten; wir mussten ihn ohne A. *(unverzüglich)* bezahlen.

aufschwatzen (ugs.) ⟨jmdm. etw. a.⟩: sich nichts a. lassen; der Vertreter hat mir einen Staubsauger aufgeschwatzt.

aufschwingen: 1. ⟨sich a.⟩ *sich in die Höhe schwingen:* der Bussard schwingt sich [in die Luft] auf. **2.** ⟨sich zu etw. a.⟩ **a)** *sich hocharbeiten:* er hat sich zum Klassenbesten, zur Weltklasse aufgeschwungen; **b)** *sich eigenmächtig zu etw. machen:* er will sich hier zum Richter a.; er hat sich zum Wortführer aufgeschwungen; **c)** *sich aufraffen:* sich zu einem Entschluss a.; meine Freundin hat sich endlich zu einem Besuch der Eltern aufgeschwungen. **3.** *sich schwingend öffnen:* die Tür zur Halle schwang weit auf.

Aufschwung, der: 1. (Sport) *das Sichaufschwingen:* einen A. am Reck machen. **2.** (geh.) *innerer Auftrieb:* ein A. der seelischen Kräfte; die Anerkennung gab ihm [einen] neuen A. **3.** (Wirtsch.) *Aufwärtsentwicklung:* ein lebhafter, ungeahnter A. der Wirtschaft; der A. blieb aus; die Naturwissenschaften nahmen, erlebten, (geh.:) erfuhren einen rapiden, stürmischen A.

aufsehen: 1. *aufblicken:* ärgerlich [zu jmdm.], verstohlen, verwundert a.; er sah von der Zeitung auf; sie sieht nicht von der Arbeit auf *(lässt sich nicht stören).* **2.** ⟨zu jmdm. a.⟩ *bewundernd verehren:* er ist doch noch tatsächlich der Meinung, die Frau müsste zu ihrem Mann a.; voll Dankbarkeit, bewundernd zu seinem Lehrer a.

Aufsehen, das: es entstand ein unliebsames A.; jedes A. scheuen, vermeiden; er hat mit seinem Buch ungeheures A. erregt; ein [großes] A. erregendes Ereignis; der Prozess machte einiges A., ging ohne A. über die Bühne; seine Rede verursachte viel A.

aufseiten, auf Seiten ⟨Präp. mit Gen.⟩: das Ergebnis der Verhandlungen wurde auch a. der Arbeitnehmer begrüßt.

aufsetzen: 1. ⟨etw. a.⟩ *auf den Kopf, die Nase setzen:* den Hut, die Brille, eine Maske a.; ⟨jmdm., sich etw. a.⟩ er hatte sich eine Maske aufgesetzt; ÜBERTR.: ein Lächeln, eine strenge/feierliche Miene. *(bewusst zeigen);* eine aufgesetzte *(unechte)* Fröhlichkeit. **2.** ⟨etw. a.⟩ *zum Kochen auf den Herd stellen:* Milch, das Essen, einen Topf mit Kartoffeln a. **3.** ⟨jmdn., sich, etw. a.⟩ *hinstellen; aufrecht hinsetzen:* die Kegel a.; der Kranke setzte sich im Bett auf; die Mutter hatte das Kind aufgesetzt. **4.** ⟨etw. [auf etw. (Akk.)] a.⟩ *aufnähen:* einen Flicken a.; ein Mantel mit aufgesetzten Taschen. **5. a)** ⟨etw. [auf etw. (Dat./Akk.)] a.⟩ *niedersetzen:*

den Tonarm [auf die Schallplatte] a.; den Fuß vorsichtig, fest [auf den Boden] a.; der Pilot setzte die Maschine hart, weich, sicher auf der/ (seltener:) auf die Piste auf; **b)** ⟨[auf etw. (Dat./ Akk.)] a.⟩ *auf dem Boden auftreffen:* das Auto setzte mit der Hinterachse auf; das Flugzeug hatte elegant auf der/(seltener:) auf die Landebahn aufgesetzt; **c)** *an Land bringen:* ein Boot a. (Seemannsspr.; *auf den Strand o. Ä. setzen).* **6.** ⟨etw. a.⟩ *schriftlich formulieren:* einen Brief, einen Vertrag, den Text für eine Annonce a.; der Rechtsanwalt hatte das Testament aufgesetzt.

Aufsicht, die: 1. *Beaufsichtigung, Kontrolle:* die A. über jmdn., etw. haben; zwei Lehrer haben, führen [die] A. auf dem Schulhof; die A. übernehmen; die Kinder sind tagsüber ohne A.; unter polizeilicher A. stehen, sein; jmdn. unter ärztliche A. stellen. **2.** *Aufsicht führende Person, Stelle:* die A. auf dem Bahnsteig um Auskunft bitten; Leihscheine gibt es bei der A. im Lesesaal.

aufsitzen: 1. a) *sich auf ein Reittier setzen:* er saß auf und ritt los; die Abteilung war aufgesessen; **b)** *sich auf ein Fahrzeug setzen:* auf dem Rücksitz [des Motorrads] a.; er hat seinen Freund hinten a. lassen. **2.** (ugs.) *nicht zu Bett gehen, wach bleiben:* über einer Arbeit nächtelang, die ganze Nacht, bis zum Morgen a. **3.** (ugs.) *aufgerichtet sitzen:* der Patient hat [im Bett] aufgesessen. **4.** (Seemannsspr.) *auf Grund geraten:* das Schiff saß [auf einer Sandbank] auf. **5.** ⟨jmdm., etw. a.⟩ *sich täuschen lassen:* einer Lüge, einem Irrtum, Schwindel, einer Fälschung, einem Gerücht a.; ich bin diesem Schwindler, Betrüger aufgesessen. **6.** (ugs.) ⟨jmdn. a. lassen⟩ *im Stich lassen:* der Handwerker hat uns a. lassen; seine Freundin ließ ihn gehörig a.

aufspalten: a) ⟨etw. a.⟩ *durch Spalten zerlegen:* ein Stück Holz a.; Eiweiß wird durch Enzyme aufgespalten (Chemie; *in seine Bestandteile zerlegt);* **b)** ⟨sich [in etw. (Akk.)] a.⟩ *sich spalten:* die Partei riskiert, sich in mehrere Gruppen aufzuspalten.

aufspannen ⟨etw. a.⟩: **a)** *ausbreiten und spannen:* den Regenschirm a.; die Feuerwehrleute spannten ein Sprungtuch auf; **b)** *festspannen:* ein Blatt Papier [zum Zeichnen, auf das Zeichenbrett] a.; Leinwand [auf einen Rahmen] a.

aufsparen ⟨etw. a.⟩: *aufheben für den Winter* a.; ⟨sich (Dat.) etw. a.⟩ ich spare mir die Reise für später auf; diese Flasche haben wir uns bis zum Schluss der Feier aufgespart.

aufsperren ⟨etw. a.⟩: **a)** *aufreißen:* den Schnabel a.; das Krokodil sperrte den Rachen auf; **b)** (bes. südd., österr.) *aufschließen, öffnen:* die Tür, die Wohnung a.; ⟨auch ohne Akk.⟩ hast du aufgesperrt?

aufspielen: 1. *zum Tanz, zur Unterhaltung Musik machen:* die Kapelle spielte [zum Tanz] auf. **2.** (Sport) ⟨irgendwie a.⟩ *in einer bestimmten Weise spielen:* die deutsche Mannschaft spielt groß, stark, glänzend auf. **3.** (ugs. abwertend) **a)** ⟨sich a.⟩ *sich wichtig tun:* sie spielt sich gern auf; spiel dich doch nicht auf!; **b)** ⟨sich als jmd. a.⟩ *so tun, als ob man jmd. wäre:* er spielt sich als Held auf.

aufspießen: 1. a) ⟨jmdn., etw. a.⟩ *durchbohren:* ein Stück Fleisch mit der Gabel a.; der Stier hätte den Torero beinahe aufgespießt; **b)** ⟨etw. a.⟩ *auf etwas Spitzes stecken:* Schmetterlinge, Kassenzettel a. **2.** ⟨etw. a.⟩ (ugs.) *anprangern:* in einem Artikel Missstände in den Krankenhäusern a.

aufspringen: 1. *hochspringen:* erregt, entsetzt, jubelnd, vor Freude a.; sie sprang plötzlich von ihrem Stuhl auf. **2.** *auf ein Fahrzeug o. Ä. springen:* auf die Straßenbahn a.; als der Zug anruckte, sprang er auf. **3. a)** *sich öffnen:* die Tür, das Schloss ist aufgesprungen; ein Rock mit aufspringenden *(aufklaffenden)* Falten; **b)** *sich entfalten:* die Knospen springen auf; **c)** *rissig werden, aufplatzen:* die Haut springt von der Kälte auf; ⟨jmdm. a.⟩ die Hände sind ihm aufgesprungen; aufgesprungene Lippen. **4.** *auf den Boden springen, auftreffen:* der Ball sprang vor ihr, hinter der Torlinie auf; der finnische Skispringer sprang weich, sicher, bei der 80-m-Marke auf.

aufspüren ⟨jmdn., etw. a.⟩: der Hund spürt das Wild, die Fährte, das versteckte Rauschgift auf; die Polizisten hatten den Flüchtigen aufgespürt; unsere Reporterin hat den Star in Paris aufgespürt; ÜBERTR.: Missstände, die Geheimnisse der Natur a.

aufstacheln: a) ⟨jmdn. zu etw. a.⟩ *aufwiegeln:* jmdn. zum Widerspruch a.; er stachelte die Leute zum Widerstand, zur Rebellion, gegen die fremden Truppen [mit Hetzreden] auf; **b)** ⟨etw. a.⟩ *anspornen:* den Ehrgeiz, den Eifer der Schüler a.

Aufstand, der: ein bewaffneter, organisierter A. des Volkes; ein A. droht, bricht aus, bricht los, scheitert; einen A. planen, vorbereiten, niederschlagen; er gab das Signal zum A. den König; ÜBERTR.: wenn der Chef das erfährt, macht er einen A. (ugs.; *wird er sich aufregen*).

aufstechen ⟨etw. a.⟩: **a)** *durch einen Stich öffnen:* ein Geschwür, eine Blase a.; ⟨jmdm., sich etw. a.⟩ jmdm. die Reifen a.; **b)** (ugs.) *aufdecken:* Betrügereien a.; er hat einen Fehler in der Abrechnung aufgestochen.

aufstecken: 1. ⟨etw. a.⟩ *hochstecken:* sie steckte ihr Haar [im Nacken, zu einem lockeren Knoten] auf; ⟨jmdm., sich etw. a.⟩ sie steckte der Kleinen die Zöpfe auf. **2.** ⟨etw. [auf etw. (Akk.)] a.⟩ *auf etw. stecken:* Kerzen [auf den Leuchter, auf den Weihnachtsbaum] a.

3. (ugs.) ⟨[etw.] a.⟩ *aufgeben:* einen Plan, ein Vorhaben a.; er hat das Studium aufgesteckt; auch nach schweren Schicksalsschlägen steckte sie nicht auf.

aufstehen: 1. a) *sich erheben:* nach einem Sturz nicht mehr a. können; der Mittelstürmer stand auf und spielte weiter; wütend von seinem Platz, vom Tisch, vom Essen a.; ehrerbietig vor jmdm. a.; **b)** *das Bett verlassen:* spät, früh, vor Sonnenaufgang, um 7 Uhr, müde, völlig zerschlagen a.; der Kranke darf noch nicht a., ist heute zum ersten Mal aufgestanden (vom Krankenlager); SUBST.: das frühe Aufstehen fällt ihr schwer; ⟨R⟩ da musst du früher/eher aufstehen (salopp; *da musst du dir schon mehr Mühe geben*). **2.** *auf etw. stehen:* der Tisch steht nicht fest, nur mit drei Beinen [auf dem Boden] auf. **3.** *offen stehen:* die Tür, der Schrank, die Schublade steht auf; das Fenster hatte die ganze Nacht aufgestanden; ✶ nicht mehr, nicht wieder aufstehen (verhüll.; *nicht mehr genesen und sterben*).

aufsteigen: 1. a) *auf etw. steigen:* auf das Trittbrett, das Fahrrad, das Pferd, den Traktor a.; er stieg von links auf; **b)** *nach oben steigen:* zur Hütte, zum Gipfel a.; ÜBERTR.: die aufsteigende Linie *(Vorfahren).* **2. a)** *hochsteigen:* der Rauch, die warme Luft steigt auf; der Nebel steigt [aus den Wiesen] auf; die Sonne stieg am Horizont auf *(ging auf);* **b)** *sich in die Höhe bewegen:* Raketen steigen in den Himmel auf; mit einem/in einem Ballon a.; der Pilot steigt [zur Beobachtung] auf. **3.** (geh.) *aufragen:* ein Bergmassiv steigt gewaltig auf; vor ihnen stieg die Fassade der Kathedrale auf. **4.** (geh.) *in jmdm. aufkommen:* Wünsche, Träume steigen auf; die schrecklichen Erlebnisse stiegen wieder vor ihr auf; in ihm stieg Hass, Ekel auf; Tränen steigen in ihr auf; ⟨jmdm. a.⟩ ihm stieg der Verdacht auf, dass ... **5. a)** *eine höhere Stellung erreichen:* beruflich a.; aus der Arbeiterklasse a.; er ist zum Abteilungsleiter, in ein hohes Amt aufgestiegen; er ist zu Macht und Einfluss aufgestiegen; **b)** (Sport) *in die nächsthöhere Spielklasse eingestuft werden:* zwei Vereine, Mannschaften steigen [in die Bundesliga] auf.

aufstellen: 1. a) ⟨etw. a.⟩ *hinstellen:* Tische und Stühle [auf der Terrasse], die Kegel, eine Falle a.; **b)** ⟨etw. a.⟩ *aufbauen:* ein Gerüst, eine Baracke, Verkaufsstände a.; **c)** ⟨jmdn., sich a.⟩ *postieren:* sich paarweise, in Reih und Glied, der Größe nach a.; er hatte sich mit seiner Frau vor dem Eingang aufgestellt; Wachen, Posten a. **2. a)** ⟨etw. a.⟩ *hochstellen, aufrichten:* den Mantelkragen a.; der Hund stellte die Ohren auf; **b)** ⟨sich a.⟩ *sich aufrichten:* die Borsten stellten sich auf. **3.** ⟨etw. a.⟩ *formieren:* ein Heer, eine schlagkräftige Truppe a.; der Trainer stellt die Mannschaft auf.

4. ⟨jmdn. a.⟩ *nominieren:* einen Kandidaten, jmdn. als Kandidaten a.; 14 Personen sind für die Betriebsratswahl aufgestellt worden.

5. ⟨etw. a.⟩ *ausarbeiten* /häufig verblasst/: eine Rechnung, eine Liste, eine Statistik a.; er hat einen Plan aufgestellt; eine Regel, eine Theorie, einen Lehrsatz a.; einen Rekord a. *(erzielen);* eine Behauptung a. *(behaupten);* eine Forderung a. *(fordern);* eine Vermutung a. *(vermuten).*

Aufstellung, die: **1.** *das Aufstellen:* die A. einer Verkehrsampel, von Baracken, der Wachtposten.

2. *Formierung:* die A. einer Armee, eines Chors; die A. *(Zusammensetzung)* der Mannschaft bekannt geben; die englische Mannschaft spielt in folgender A.: ...

3. *Nominierung:* sich für die A. eines Kandidaten aussprechen.

4. *Ausarbeitung:* die A. eines Lehrsatzes, einer Theorie, einer Hypothese; an der A. einer Statistik arbeiten;

* **Aufstellung nehmen** *(sich aufstellen):* die Paare nahmen in der Mitte A.

aufstemmen: 1. ⟨etw. a.⟩ *durch Stemmen öffnen:* eine Kiste [mit dem Stemmeisen] a.

2. ⟨etw., sich a.⟩ *aufstützen:* er stemmte die Ellbogen, sich mit den Ellbogen [auf die/(selten:) der Unterlage] auf.

Aufstieg, der: **1.** *das Aufsteigen:* ein beschwerlicher A.; der A. auf den Berg, zum Gipfel war sehr anstrengend.

2. a) *das Vorwärtskommen, Aufwärtsentwicklung:* ein wirtschaftlicher, beruflicher, gesellschaftlicher, sozialer A.; der A. eines Landes zur Weltmacht; die Produktion befindet sich in einem ständigen A., ist im A. begriffen; **b)** (Sport) *Qualifikation für die nächsthöhere Spielklasse:* wir wollen den A. schaffen; der Mannschaft gelang der A. in die Bundesliga.

3. *aufwärts führender Weg:* ein steiler, gefährlicher A.; auf den Berg führen zwei Aufstiege.

aufstöbern ⟨jmdn., etw. a.⟩: der Hund hat einen Igel aufgestöbert; eine Handschrift, seltene Briefmarken a.; Detektive stöberten den Gesuchten in Panama auf.

aufstocken ⟨[etw.] a.⟩: **1.** *um ein od. mehrere Stockwerke erhöhen:* ein Gebäude a.; wir haben aufgestockt.

2. *vermehren, erweitern:* einen Betrag, einen Etat, einen Kredit [um 10 Millionen, auf 50 Millionen] a.; der Betrieb wird die Belegschaft um weitere 50 Mitarbeiter aufstocken; die Gesellschaft stockt auf *(erhöht ihr Kapital).*

aufstoßen: 1. ⟨etw. a.⟩ *durch einen Stoß, ruckartig öffnen:* die Tür mit dem Fuß, die Fensterläden a.

2. a) ⟨[sich (Dat.)] etw. a.⟩ *durch einen Stoß verletzen:* sein Knie a.; sich den Ellenbogen a.; **b)** ⟨auf etw. (Dat./Akk.) a.⟩ *hart auftreffen:* mit der Stirn auf der /(seltener:) auf die Tischkante a.

3. a) *aus dem Magen hochgestiegenes Gas hörbar entweichen lassen:* laut, kräftig a.; das Baby muss noch a.; er hat nach dem Essen aufgestoßen; **b)** ⟨jmdm. a.⟩ *aus dem Magen hochsteigen:* Bier stößt mir leicht auf; der billige Sekt hat/ist mir dauernd aufgestoßen.

5. (ugs.) ⟨jmdm. a.⟩ *negativ auffallen:* in dem Vortrag ist mir einiges aufgestoßen; sein freches Benehmen ist ihr übel aufgestoßen.

aufstreben: 1. (geh.) *in die Höhe steigen:* überall strebten neue Bauten auf; ein steil aufstrebendes Bergmassiv.

2. ⟨gewöhnlich im 1. Part.⟩ *vorwärts kommen:* ein aufstrebendes Entwicklungsland; eine aufstrebende Stadt; aufstrebende Talente.

aufstützen ⟨etw. a.⟩: die Arme, sich [mit den Ellbogen] a.; sie hatte den Kopf auf die/(selten:) auf der Tischkante aufgestützt.

aufsuchen: 1. ⟨jmdn., etw. a.⟩ *sich hinbegeben:* einen Bekannten a.; einen Arzt a. *(konsultieren);* den Friseur, die Toilette a.; Freunde in der fremden Stadt a.

2. ⟨etw. a.⟩ *suchen, ausfindig machen:* er hatte meine Adresse im Telefonbuch aufgesucht.

auftakeln: 1. (Seemannsspr.) ⟨[etw.] a.⟩ *mit Takelwerk versehen:* die Segelboote nach dem Winter a.; wenn wir aufgetakelt haben, legen wir ab.

2. (ugs. abwertend) ⟨sich a.⟩ *sich auffällig zurechtmachen:* sie hat sich mächtig aufgetakelt; zu sehr aufgetakelt sein; eine aufgetakelte Bardame.

Auftakt, der: **1.** (Musik) *ein Musikstück eröffnender unvollständiger Takt:* das Lied beginnt mit einem A.

2. *Beginn, Eröffnung:* ein viel versprechender A. des Turniers; die Rede war der A., bildete den A. zum Wahlkampf.

auftauchen: a) *an die Wasseroberfläche kommen:* wieder, nach einer Weile, nicht mehr a.; das U-Boot ist aufgetaucht; ÜBERTR.: Erinnerungen tauchten in ihr auf; **b)** *erscheinen, sich zeigen:* in der Ferne, am Horizont tauchten Berge auf; plötzlich tauchte ein Mann aus dem Dunkel auf; nach langer Abwesenheit war er auf einmal wieder aufgetaucht; ÜBERTR.: der Verdacht tauchte auf; Zweifel, Gerüchte, Schwierigkeiten tauchten auf.

auftauen: 1. ⟨etw. a.⟩ **a)** *zum Tauen bringen:* Lebensmittel aus der Tiefkühltruhe, ein Hähnchen a.; die Sonne hat den Schnee, das Eis aufgetaut; **b)** *vom Eis befreien:* die Sonne hat die Fensterscheiben aufgetaut; wir mussten die eingefrorene Wasserleitung a.

2. a) *sich tauend auflösen:* die Eisschicht taut auf; **b)** *frei von Eis werden:* die Windschutzscheibe ist noch nicht aufgetaut.

3. *die Befangenheit verlieren:* es dauert eine Weile, bis er auftaut.

aufteilen: 1. ⟨etw. a.⟩ *verteilen:* das Land [an die Bauern] a.; die Männer teilten den Gewinn unter sich auf.

2. ⟨jmdm., etw. a.⟩ *aufgliedern:* einen Raum a.; ein Gelände in Parzellen a.; die Teilnehmer wurden in Gruppen aufgeteilt.

auftischen ⟨jmdm. etw. a.⟩: er tischte seinen Gästen die leckersten Speisen auf; ⟨auch ohne Dat. und ohne Akk.⟩ sie hatten reichlich aufgetischt; ÜBERTR.: [den Leuten] Lügen, Märchen a.

Auftrag, der: 1. *Weisung, Aufgabe:* ein geheimer, wichtiger, schwieriger A.; unser A. lautet, mit ihnen Verbindung aufzunehmen; jmdm. einen A. geben, erteilen; einen A. bekommen, erhalten, übernehmen, ausführen, erledigen, erfüllen; ich habe den ehrenvollen A., Sie willkommen zu heißen; sich eines Auftrages entledigen; in höherem A.; ich handle im A. des Ministers; ich komme im A. meiner Firma; jmdn. mit einem A. betrauen. 2. *Bestellung:* ein umfangreicher, großer A.; ein A. in Höhe von 1,2 Millionen Euro; ein A. über/ (seltener:) auf 30 Kühltruhen; zahlreiche Aufträge sind bei uns eingegangen; die Firma ist mit Aufträgen überhäuft; einen A. erhalten, annehmen, ablehnen, zurückziehen, einbringen, (Kaufmannsspr.:) stornieren, (Kaufmannsspr.:) hereinholen; jmdm. einen A. geben, (ugs.:) wegschnappen; (Kaufmannsspr.:) wir sehen Ihren weiteren Aufträgen gern entgegen. 3. *Verpflichtung, Mission:* einen geschichtlichen A. erfüllen; seinem gesellschaftlichen A. gerecht werden;
* etw. in Auftrag geben (Kaufmannsspr.; *bestellen*).

auftragen: 1. (geh.) ⟨[etw.] a.⟩ *zum Essen auf den Tisch bringen:* die Speisen a.; es ist aufgetragen! 2. ⟨etw. [auf etw. (Akk.)] a.⟩ *anbringen:* Farbe, Make-up, Schminke a.; sie trug die Salbe leicht auf die Wunde auf. 3. ⟨jmdm. etw. a.⟩ *mit etw. beauftragen:* sie trug ihm auf, die Fenster zu putzen; man hat mir einen Gruß an dich aufgetragen. 4. ⟨etw. a.⟩ *durch Tragen völlig abnutzen:* eine Hose zu Hause a.; er musste die Sachen seines Bruders a. 5. *dicker erscheinen lassen:* die Wolljacke trägt nicht, kaum, stark auf;
* dick/stark auftragen (ugs. abwertend; *übertreiben*).

auftreiben: 1. a) (geh.) ⟨etw. a.⟩ *in die Höhe treiben:* der Wind treibt Staub, Blätter, die Wellen auf; b) ⟨etw. a.⟩ *aufblähen:* die Hefe treibt den Teig auf; die Krankheit hat seinen Körper aufgetrieben; c) *aufgebläht werden:* der Teig treibt auf; sein Leib war aufgetrieben. 2. (ugs.) ⟨jmdn., etw. a.⟩ *ausfindig machen, beschaffen:* ein Taxi, einen Arzt a.; das Buch war schwer aufzutreiben; wo hast du das Geld aufgetrieben?

auftreten: 1. ⟨irgendwie a.⟩ *den Fuß aufsetzen:* leise, vorsichtig, fest, laut, mit der ganzen Sohle a.; er konnte [mit dem verstauchten Fuß] nicht a.

2. ⟨etw. a.⟩ *durch einen Tritt öffnen:* er trat die Stalltür auf. 3. a) ⟨irgendwie a.⟩ *sich benehmen, verhalten:* sicher, selbstbewusst, forsch, zaghaft a.; er wusste nicht, wie er ihr gegenüber a. sollte; SUBST.: sie hat ein sicheres, gewandtes Auftreten; b) *in Erscheinung treten, sich zeigen:* als Sachverständiger, als Zeuge [vor Gericht], als Redner [in einer Versammlung] a.; sie tritt nicht gern öffentlich auf; wir werden gemeinsam, geschlossen auftreten; ⟨gegen etw. a.⟩ gegen eine Meinung, gegen die veraltete Hochschulordnung a. *(sich dagegen wenden);* ⟨mit etw. a.⟩ die Gegenpartei ist mit neuen Forderungen aufgetreten *(hat sie geltend gemacht);* c) *(als Schauspieler o. Ä.)* spielen: als Hamlet, in einer großen Rolle, in einer Revue a.; der Sänger will nicht mehr a.; sie ist zum ersten Mal aufgetreten *(hat debütiert);* SUBST.: ihr erstes Auftreten in Berlin war ein großer Erfolg. 4. *vorkommen:* die Schädlinge treten in großen Massen auf; diese Krankheit tritt nur selten auf; falls Blutungen auftreten *(einsetzen),* muss der Arzt verständigt werden; Widersprüche, neue Schwierigkeiten, Spannungen sind aufgetreten *(haben sich ergeben).*

Auftrieb, der: 1. (Physik) *Aufwärtsdruck:* den A. [eines Körpers im Wasser] messen; der Ballon hat, bekommt starken A. 2. *Elan:* keinen A. haben; etw. gibt jmdm. A.; durch den Sieg bekam die Mannschaft neuen A.; die Industrie erhielt starken A. *(nahm Aufschwung).* 3. *das Hinauftreiben des Viehs auf die Bergweide:* der A. ist im Frühjahr, wird mit einem Fest gefeiert. 4. (Kaufmannsspr.) *Menge der zum Verkauf auf den Markt gebrachten Schlachttiere:* der A. von an Kälbern, Schweinen, Rindern; zum A. kommen.

Auftritt, der: 1. (Theater) *das Auftreten:* jetzt kam ihr A.; den A. verpassen; sie wartete auf ihren A., auf das Zeichen zum A.; ÜBERTR.: ein glänzender, theatralischer A.; der Minister hatte, verschaffte sich einen großen A. 2. *Szene:* der dritte Akt hat, umfasst vier Auftritte. 3. *Auseinandersetzung:* ein hässlicher, heftiger A.; es gab einen A. [mit dem Chef]; es kam zu einem peinlichen A.

auftrumpfen: 1. *seine Überlegenheit deutlich zeigen:* ordentlich, tüchtig a.; er wollte mit seinem Wissen a.; er hat gegen ihn ganz schön aufgetrumpft; der deutsche Meister trumpfte gleich zu Beginn des Spiels auf. 2. *seinen Willen, seine Forderung durchzusetzen versuchen:* sie trumpfte auf und forderte eine bessere Bezahlung.

auftun: 1. (geh.) ⟨sich a.⟩ a) *sich öffnen:* die Pforte tat sich auf; BILDL.: ein Abgrund hatte sich vor ihm aufgetan; b) *sich erschließen:* ein Weg, ein

A

Tal tat sich vor uns auf; neue Möglichkeiten haben sich aufgetan; ⟨sich jmdm. a.⟩ eine neue Welt tat sich ihm auf.
2. ⟨sich a.⟩ *eröffnet, gegründet werden:* viele Geschäfte, neue Firmen haben sich aufgetan.
3. (ugs.) ⟨jmdn., etw. a.⟩ *ausfindig machen:* ich habe einen guten Friseur, ein nettes Lokal aufgetan.

auftürmen: a) ⟨etw. a.⟩ *hoch aufschichten:* der Wind türmte den Schnee zu hohen Wällen auf; **b)** ⟨sich a.⟩ *sich aufhäufen:* Wolken türmen sich auf; das schmutzige Geschirr türmte sich in der Küche auf; Aktenberge türmen sich auf dem Schreibtisch auf; BILDL.: neue Schwierigkeiten haben sich aufgetürmt.

aufwachen: früh, spät, plötzlich, aus einem Traum, durch ein Geräusch, von selbst, mitten in der Nacht, mit schwerem Kopf a.; sie wachte aus der Narkose auf; ÜBERTR.: es wird Zeit, dass ihr aufwacht *(beginnt, die Verhältnisse richtig zu sehen).*

aufwachsen:1. *groß werden:* auf dem Lande, in der Großstadt, in kleinbürgerlichen Verhältnissen, als einziges Kind a.; wir sind zusammen aufgewachsen.
2. (geh.) ⟨irgendwo a.⟩ *sich erheben, aufragen:* aus dem Dunst wuchsen die Masten der Schiffe auf.

Aufwand, der: **1. a)** *das Aufwenden:* ein großer A. an Kraft, an Geld, an Menschen; der A. lohnt sich nicht; das erfordert einen A. von 2 Millionen Mark; etw. mit geringem A., ohne großen A. an Kosten erreichen; **b)** *aufgewendete Mittel, Kosten:* der finanzielle A. war beträchtlich; der A. hat sich bezahlt gemacht.
2. *übertrieben hohe Ausgaben, Prunk:* unnötigen A. [mit etw.] treiben; ohne A. leben.

aufwärmen:1. ⟨etw. a.⟩: *(von Speisen) wieder warm machen:* die Suppe, das Essen a.; ÜBERTR.: ein alte Geschichte, einen Streit a. (ugs. abwertend; *erneut zur Sprache bringen).*
2. a) ⟨sich wieder wärmen:* sich am Ofen, mit einem Grog a.; die Läufer wärmten sich vor dem Start auf (Sport; *bereiteten sich durch Lockerungsübungen vor);* **b)** ⟨sich (Dat.) etw. a.⟩ *wärmen:* sich die Füße a.

aufwarten:a) (geh.) ⟨jmdm. mit etw. a.⟩ *etw. anbieten, reichen:* er wartete den Gästen mit einer Flasche Champagner, mit einem fünfgängigen Menü a.; **b)** ⟨mit etw. a.⟩ *etw. zu bieten haben:* mit einem Sonderangebot, mit einer Neuigkeit a.; die Sportler warteten mit guten Leistungen auf; damit kann ich nicht a. *(nicht dienen).*

aufwärts: der Weg führt a.; die Enden haben sich a. gebogen; ÜBERTR.: vom Leutnant [an] a.; Preise von 100 Mark a.;
★ **mit jmdm., etw. geht es aufwärts** *(jmds. Situation o. Ä. verbessert sich):* mit ihrer Gesundheit geht es a.

Aufwasch, der (landsch.): **1.** *Abwasch:* wer macht heute den A.?; Ⓡ das ist ein A.; das geht, das ma-

chen/erledigen wir in einem A. (ugs.; *das lässt sich alles zusammen erledigen).*
2. *abzuwaschendes Geschirr:* in der Küche steht der ganze A.

aufwecken ⟨jmdn. a.⟩: die Kinder nicht a.; das ist ja ein Lärm, um Tote aufzuwecken; ADJ. PART.: ein aufgewecktes Kind *(ein Kind von rascher Auffassungsgabe);* der Schüler ist sehr a.

aufweichen: 1. ⟨etw. a.⟩ *durch Feuchtigkeit weich machen:* ein Brötchen in Milch a.; der Regen hatte den Boden aufgeweicht; ÜBERTR.: die starren Fronten a.; ein System a. *(von innen her zerstören).*
2. *weich werden:* der Boden weichte auf.

aufweisen ⟨etw. a.⟩:**a)** *auf etw. hinweisen:* der Redner wies neue Möglichkeiten auf; **b)** *erkennen lassen:* keinerlei Beschädigung, keinerlei Mängel a.; dieses Verfahren weist viele Vorzüge auf;
★ **etw. aufzuweisen haben** *(über etw. verfügen):* haben Sie Referenzen aufzuweisen?

aufwenden ⟨etw. a.⟩: Kräfte, Mühe, Fleiß, Geld, Kosten [für einen Plan] a.; er wendete/wandte seine ganze Beredsamkeit auf, ihn zu überzeugen; wir haben alles aufgewendet/aufgewandt, ihm zu helfen.

aufwerfen: 1. ⟨etw. a.⟩ **a)** *in die Höhe werfen:* die Schiffsschraube warf das Wasser auf; den Kopf a. *(ruckartig heben);* **b)** *auf etw. werfen:* noch ein paar Kohlen, Scheite a. *(aufs Feuer werfen);* die Karten a. *(auf den Tisch werfen);* **c)** *aufhäufen, aufschütten:* Erde, einen Damm, einen Wall a.
2. ⟨etw. a.⟩ *zur Sprache bringen:* ein Problem a.; es wurde die Frage aufgeworfen, ob ...
3. ⟨sich zu jmdm. a.⟩ *sich eigenmächtig zu jmdm. machen:* sich zum Richter a.; er hatte sich zu ihrem Beschützer aufgeworfen.
4. *schürzen:* die Lippen a.; ein aufgeworfener Mund.

aufwerten ⟨etw. a.⟩: den Dollar a.; ÜBERTR.: die Familie im Bewusstsein der Menschen a.; einen Stadtteil durch Baumaßnahmen a.; sein Ansehen in der Partei wurde aufgewertet.

aufwiegeln ⟨jmdn. [gegen etw./zu etw.] a.⟩: die Kollegen a.; er wiegelte das Volk gegen die Regierung, zum Widerstand auf.

aufwiegen ⟨etw. a.⟩: *ausgleichen:* die Vorteile wogen die Nachteile nicht auf; der Erfolg hatte die langen Entbehrungen aufgewogen.

aufwirbeln: *hochwirbeln:* **a)** ⟨etw. a.⟩ der Wind wirbelt die dürren Blätter, Schmutz auf; **b)** Schnee, Sand wirbelte auf.

aufwischen ⟨etw. a.⟩: **a)** *wischend aufnehmen:* Wasser, verschüttetes Bier a.; **b)** *mit einem feuchten Lappen säubern:* den Fußboden [feucht] a.; sie hatte die ganze Wohnung aufgewischt; ⟨auch ohne Akk.⟩ ich muss noch a.

aufwühlen: 1. ⟨etw. a.⟩ **a)** *wühlend an die Oberfläche bringen:* Steine, Wurzeln a.; **b)** *wühlend aufreißen:* die Ketten der Panzer hatten den Boden aufgewühlt.

2. ⟨etw. a.⟩ *aufrühren:* der Sturm wühlte die See auf; aufgewühlter Schlamm verdunkelt das Wasser; ÜBERTR.: die Musik wühlte ihn bis ins Innerste auf *(erregte ihn stark);* ein aufwühlendes *(erregendes)* Erlebnis.

aufzählen ⟨etw. a.⟩: Namen, Daten, alle Möglichkeiten a.; seine Verdienste, jmds. Schandtaten a.; ⟨jmdm., sich etw. a.⟩ jmdm. das Geld genau a.; der Richter zählte ihm seine Vorstrafen auf.

aufzäumen ⟨ein Tier a.⟩: ein Pferd a.; ÜBERTR.: er hat die Sache falsch, verkehrt aufgezäumt *(nicht richtig angepackt).*

aufzehren (geh): **a)** ⟨etw. a.⟩ *aufbrauchen:* alle Vorräte, Ersparnisse a.; der Marsch hatte seine Kräfte völlig aufgezehrt; **b)** ⟨sich a.⟩ *sich verbrauchen:* seine Frau hatte sich [innerlich] aufgezehrt.

aufzeichnen ⟨etw. a.⟩: **1.** *auf etw. zeichnen:* ein Muster, einen Plan [auf ein Blatt] a.; ⟨jmdm. etw. a.⟩ jmdm. den Weg a. **2.** *schriftlich, auf Tonträger, Film od. Magnetband festhalten:* etw. gewissenhaft, aus der Erinnerung, wortwörtlich a.; er hatte seine Gedanken, diese Ereignisse, diese Vorfälle wahrheitsgetreu aufgezeichnet; eine Sendung a.

aufzeigen ⟨etw. a.⟩: Alternativen, Zusammenhänge, Fehler, Widersprüche, neue Wege a.; er zeigte an vielen Beispielen auf, wie schädlich Alkohol ist; in einer Studie wird das wahre Ausmaß der Umweltbelastungen aufgezeigt.

aufziehen: **1.** ⟨etw. a.⟩ *in die Höhe ziehen:* den Schlagbaum, die Zugbrücke a.; eine Fahne [am Mast], die Segel a. *(hissen).* **2.** ⟨etw. a.⟩ *ziehend öffnen:* die Vorhänge, einen Reißverschluss a.; er zog vorsichtig die Schublade auf; sie hatten schon einige Flaschen aufgezogen *(entkorkt).* **3.** ⟨etw. [auf etw. (Akk.)] a.⟩ *spannen, befestigen:* neue Saiten auf die Geige a.; Landkarten, Fotos auf Leinwand, auf Pappe a. **4.** ⟨etw. a.⟩ **a)** *(eine Feder) spannen:* die Feder einer Spieldose a.; **b)** *durch Spannen der Feder in Gang setzen:* das Spielzeugauto a.; er zog seine Uhr auf; ⟨sich irgendwie a.⟩ das Werk zieht sich leicht, schwer auf; die Uhr zieht sich selbsttätig auf. **5.** ⟨jmdn., ein Tier a.⟩ *großziehen:* ein fremdes Kind [wie sein eigenes], ein Tier mit der Flasche a.; ein Kind im christlichen Glauben a. **6.** (ugs.) ⟨etw. a.⟩ *ins Werk setzen:* ein Fest, eine Veranstaltung, eine Unternehmung a.; die Sache war groß, geschickt, falsch aufgezogen *(arrangiert);* einen Prozess politisch a. **7.** (ugs.) ⟨jmdn. a.⟩ *necken:* jmdn. wegen seiner kurzen Hosen/mit seinen kurzen Hosen a.; sie haben den neuen Schüler aufgezogen, weil er so schüchtern war. **8. a)** *aufmarschieren:* die Wache, die Posten ziehen auf; die Ablösung ist aufgezogen; **b)** *sich nähern, aufkommen:* ein Sturm, ein Gewitter zieht auf; schwarze Wolken waren aufgezogen.

9. (Med.) ⟨etw. a.⟩: **a)** *eine Flüssigkeit in eine Spritze einsaugen:* eine Traubenzuckerlösung a.; **b)** *eine Spritze vorbereiten:* eine Spritze a.

Aufzug, der: **1.** *Fahrstuhl:* ein elektrischer, hydraulischer, automatischer A.; wir benutzen den A.; ein A. für Personen, für Lasten; mit dem A. fahren, stecken bleiben. **2.** *das Aufmarschieren:* den A. der Wache beobachten, fotografieren; der A. *(das Herankommen)* größerer Wolkenfelder. **3.** (abwertend) *Aufmachung:* ein seltsamer, lächerlicher, ärmlicher, verwahrloster A.; er zeigte sich in einem ungewohnten A.; in dem A. konnte ich mich vor ihr nicht sehen lassen. **4.** (Theater) *Akt:* das Drama hat fünf Aufzüge.

aufzwingen: **1.** ⟨jmdm. etw. a.⟩ *zwingen, etw. anzunehmen:* einem Volk eine Staatsform a.; er wollte mir seinen Willen a. **2.** (geh.) ⟨sich jmdm. a.⟩ *sich aufdrängen:* ihm zwang sich der Gedanke auf, dass ...

Auge, das: **1.** *Sehorgan:* das rechte, linke A.; große, mandelförmige, tief liegende Augen; entzündete, verweinte, rote, blutunterlaufene, verquollene Augen; blaue Augen; eng beieinander stehende, listige, zornige, sanfte, gutmütige, lustige Augen; Augen voll Trauer, voller Schwermut; die Augen strahlen, glänzen, leuchten auf, brennen, tränen, füllen sich mit Tränen; vor Müdigkeit fielen ihr die Augen zu; das A. gewöhnt sich an die Dunkelheit; die Augen öffnen, aufschlagen, aufmachen, entsetzt aufreißen, schließen, zu[sammen]kneifen; jmdm. die Augen verbinden; er drückte dem Toten die Augen zu; sie rieb sich erstaunt die Augen; das Lesen bei schlechtem Licht, langes Arbeiten am Bildschirm strengt, greift die Augen an; ich habe mir die Augen verdorben; erstaunte Augen machen; gute, schlechte Augen haben *(gut, schlecht sehen können);* etw. an jmds. Augen ablesen können; auf einem A. blind sein; er rieb sich den Schlaf aus den Augen; sie konnte vor Müdigkeit nicht mehr aus den Augen sehen; das ist etwas fürs A. *(es befriedigt das ästhetische Empfinden);* sie schauten sich/(geh.:) einander in die Augen; jmdm. fest ins A. sehen, blicken; ihm standen die Tränen in den Augen; einen Fremdkörper im A. haben; jmdm. nicht in die Augen sehen können *(jmdm. gegenüber ein schlechtes Gewissen haben);* mir ist etwas ins A. gekommen, geflogen; der Rauch beißt mir/mich in die Augen; mit den Augen zwinkern; ich habe es mit eigenen Augen gesehen; etw. mit bloßem A. sehen können; jmdm. mit den Augen durchbohren (ugs.; *scharf und durchdringend ansehen*); dunkle Ringe um die Augen haben; vor aller Augen *(vor allen, öffentlich);* es war so dunkel, dass man die Hand nicht vor den Augen sehen konnte. die Augen *(den Blick)* zu Boden senken, erheben, abwenden; er richtete sein A. auf ihn; nichts entging seinen Augen; er folgte dem Wärter mit den Augen; /militärische Kommandos/: Augen links!; Augen geradeaus! Ⓡ vier Augen sehen mehr als zwei; die, jmds. Augen sind größer als der Magen *(jmd. häuft sich mehr auf den Teller, als er essen kann);* die Augen essen mit *(es schmeckt besonders gut, wenn etwas schön angerichtet ist);* aus den Augen, aus dem Sinn! *(wer abwesend ist, wird leicht vergessen).* 2. a) *Keim; Knospenansatz:* die Augen [der Kartoffel] ausschälen, ausschneiden; einen Zweig mit Augen zum Veredeln auswählen; b) *Punkt (auf dem Würfel), Zählwert beim Spielen:* er hat vier Augen geworfen; wie viel Augen haben wir?; c) *Fetttropfen auf einer Flüssigkeit:* auf der Brühe schwimmen viele Augen; * magisches Auge *(elektronische Röhre am Rundfunkempfänger zur Regelung der Abstimmschärfe)* · das Auge des Gesetzes (scherzh.; *die Polizei)* · so weit das Auge reicht (geh.; *so weit man sehen kann)* · da bleibt kein Auge trocken (1. ugs.; *alle weinen vor Rührung.* 2. *alle lachen Tränen.* 3. *keiner bleibt davon verschont)* · ganz Auge und Ohr sein (ugs.; *genau aufpassen)* · jmds. Augen brechen (geh.; *jmd. stirbt)* · jmdm. gehen die Augen auf (ugs.; *jmd. durchschaut plötzlich etwas)* · jmdm. gehen die Augen über (1. ugs.; *jmd. ist durch einen Anblick überwältigt.* 2. geh.; *jmd. beginnt zu weinen)* · seinen [eigenen] Augen nicht trauen (ugs.; *vor Überraschung etwas nicht fassen):* ich traute meinen Augen nicht, als ich ihn plötzlich daherkommen sah · das Auge beleidigen *(sehr unschön, unharmonisch sein)* · Augen wie ein Luchs haben *(sehr scharf sehen können)* · hinten keine Augen haben (ugs.; *nicht sehen können, was hinter einem vor sich geht)* · seine Augen überall haben (ugs.; *alles sehen)* · [große] Augen machen (ugs.; *staunen, sich wundern):* der hat Augen gemacht, als ich mit meiner Luxuskarosse vorfuhr · jmdm. [schöne] Augen machen (ugs.; *mit jmdm. einen Flirt beginnen)* · die Augen offen haben/halten *(Acht geben, aufpassen)* · die Augen schließen/ zumachen (verhüll.; *sterben)* · die Augen vor etw. verschließen *(etw. nicht wahrhaben wollen):* verschließt nicht vor dem sozialen Problem der Augen! · sich die Augen ausweinen/aus dem Kopf weinen *(sehr weinen)* · sich (Dativ) [nach jmdm., etw.] die Augen aus dem Kopf sehen/ schauen (ugs.; *erwartend Ausschau halten)* · jmdm. am liebsten die Augen auskratzen mögen (ugs.; *so wütend auf jmdn. sein, dass man ihm am liebsten etwas Böses antäte)* · ein Auge/beide Augen zudrücken (ugs.; *etw. nachsichtig, wohlwollend übersehen)* · ein Auge riskieren (ugs.; *einen verstohlenen Blick auf jmdn. oder etw. werfen)* · ein Auge auf jmdn., etw. werfen (ugs.; *Gefallen an jmdn., etw. finden)* · ein Auge auf jmdn., etw. haben (1. *auf jmdn., etw. achten, aufpassen.* 2. *an jmdn., etw. Gefallen finden, etw. gerne haben wollen)* · die Augen auf null gestellt haben (salopp; *tot sein)* · nur Augen für jmdn., etw. haben

(ugs.; *jmdn., etw. ganz allein beachten)* · ein Auge für etw. haben *(das richtige Verständnis, das nötige Urteilsvermögen haben)* · kein Auge zutun (ugs.; *nicht schlafen [können]):* ich habe die ganze Nacht kein A. zugetan · Augen im Kopf haben (ugs.; *etw. durchschauen, beurteilen können):* ich weiß, was los ist, ich habe doch Augen im Kopf · keine Augen im Kopf haben (ugs.; *nicht aufpassen):* haben Sie denn keine Augen im Kopf? · kein Auge von jmdm., etw. lassen/wenden *(unablässig ansehen, beobachten)* · jmdm. die Augen öffnen *(jmdn. darüber aufklären, wie unerfreulich etwas in Wirklichkeit ist):* ich muss dir einmal über deinen Freund die Augen öffnen · jmdn., etw. nicht aus den Augen lassen *(scharf beobachten)* · jmdm. jmdn., etw. aus den Augen schaffen *(wegschaffen, fortbringen):* schafft mir den Kerl, das Zeug aus den Augen! · jmdn., etw. aus dem Auge/aus den Augen verlieren *(die Verbindung mit jmdm. verlieren; etw. nicht verfolgen)* · geh mir aus den Augen! *(lass dich hier nicht mehr blicken!)* · etw. im Auge haben *(etw. im Sinn haben, vorhaben, anstreben):* er hat nur seinen Vorteil im A., hat ein Ziel fest im A. · jmdn., etw. im Auge behalten *(beobachten, verfolgen)* · in jmds. Augen *(nach jmds. Ansicht):* in den Augen der Polizei ist er der Täter · jmdm., einander Auge in Auge gegenüberstehen *(ganz nah gegenüberstehen)* · jmdm. ins Auge/in die Augen fallen, springen *(auffallen, jmds. Aufmerksamkeit auf sich lenken)* · jmdm. ins Auge/in die Augen stechen (ugs.; *jmds. Wunsch wecken, es zu besitzen)* · jmdm. zu tief in die Augen gesehen haben *(sich in jmdn. verliebt haben)* · etw. ins Auge fassen *(erwägen; sich vornehmen)* · einer Gefahr (Dat.) ins Auge sehen *(mutig entgegentreten):* er sah der Gefahr gelassen ins A. · ins Auge gehen (ugs.; *übel ausgehen, schlimme Folgen haben)* · mit einem lachenden und einem weinenden Auge *(teils erfreut, teils betrübt)* · mit offenen Augen/sehenden Auges ins Unglück rennen *(eine deutlich erkennbare Gefahr nicht erkennen wollen)* · mit offenen Augen durch die Welt gehen *(alles unvoreingenommen betrachten, um daraus zu lernen)* · mit offenen Augen schlafen (ugs.; *nicht aufpassen)* · mit einem blauen Auge davonkommen (ugs.; *glimpflich davonkommen)* · jmdn., etw. mit anderen/mit neuen Augen [an]sehen/ betrachten *(zu einem neuen Verständnis gelangen, eine neue Einstellung gewinnen)* · jmdn., etw. mit den Augen verschlingen *(mit begehrlichen Blicken ansehen)* · jmdn. mit den Augen ausziehen *(jmdn. voll sexueller Begierde ansehen)* · jmdn., etw. mit scheelen Augen ansehen (ugs.; *voll Neid betrachten)* · etw. nicht nur um jmds. schöner, blauer Augen willen tun *(nicht aus reiner Gefälligkeit tun)* · Auge um Auge, Zahn um Zahn *(Gleiches wird mit Gleichem vergolten)* · unter vier Augen *(ohne*

Zeugen): ich möchte die Angelegenheit mit Ihnen unter vier Augen besprechen · **unter jmds. Augen** *(unter jmds. Aufsicht)* · **jmdm. nicht [wieder] unter die Augen kommen/treten dürfen** *(bei jmdm. unerwünscht sein)* · **jmdm. wird [es] schwarz vor [den] Augen** *(jmd. wird ohnmächtig)* · **jmdm. etw. vor Augen führen/halten/ stellen** *(jmdm. etw. deutlich zeigen, klarmachen):* der Film führt uns die furchtbaren Folgen eines Atomkrieges vor Augen · **sich** (Dativ) **etw. vor Augen führen/halten/stellen** *(sich über etw. klar werden)* · **jmdm. vor Augen schweben** *(jmdm. deutlich in Erinnerung sein):* das Bild steht, schwebt mir noch immer vor Augen.

Augenblick, der: a) *Moment:* ein winziger, erhebender, einzigartiger, geschichtlicher A.; es waren aufregende Augenblicke; ein A. des Schweigens; keinen A. warten, zögern; wir dürfen keinen A. verlieren; es dauert nur noch einen A.; einen A. bitte!; bitte gedulden Sie sich noch einen A.!; haben Sie einen A. Zeit für mich?; er verstand, den A. zu nutzen; **b)** *Zeitpunkt:* im entscheidenden, unpassenden, rechten, nächsten A.; sie erreichte den Zug im letzten A.; er hat den richtigen A. erwischt, verpasst; für den A. sind wir noch versorgt; von diesem A. an ...; ⋆ **alle Augenblicke** (ugs.; *andauernd, immer wieder)* · **jeden Augenblick** *(schon im nächsten Augenblick, sofort):* die Vorstellung muss jeden A. beginnen · **im Augenblick** *(jetzt, momentan)* · **einen lichten Augenblick haben** (1. *vorübergehend bei klarem Verstand sein.* 2. scherzh.; *einen guten Einfall haben).*

augenblicklich: **1.** *unverzüglich, sofort:* eine augenblickliche Entscheidung fordern; ich werde das a. erledigen.

2. *momentan:* die augenblickliche Lage; eine augenblickliche Notlage; er folgte einer augenblicklichen *(plötzlichen)* Eingebung; wo ist er a. beschäftigt?

Augenmerk, das: wir werden das, unser A. mehr auf Wirtschaftsfragen richten, lenken; ihr A. galt den spielenden Kindern; er hatte ein A. auf ihn, auf die Vorgänge.

Augenschein, der: der A. kann trügen, spricht dagegen; wie der A. zeigt, lehrt; der A. widerlegt das; der bloße A. genügt; (bes. Rechtsw.:) einen A. vornehmen; dem A. nach ...; du kannst dich durch den A. davon überzeugen;

⋆ **jmdn., etw. in Augenschein nehmen** *(genau und kritisch betrachten).*

augenscheinlich (geh.): das ist ein augenscheinlicher Mangel, Nachteil; es war a., dass ...; der Fahrer war a. betrunken.

August, der: ein heißer, sonniger, verregneter A.; Anfang, Ende A.; im Laufe des Monats A., des August[s]; er ist im A., am 3. A. geboren.

aus: **I.** ⟨Präp. mit Dat.⟩ **1.** /räumlich; zur Angabe der Richtung von innen nach außen/: a. dem Hause gehen; a. dem Keller holen; a. der Nase bluten; a. der Fla-

sche trinken; sie nahm ihm den Revolver a. der Hand; a. ihm spricht der Neid; /ohne räumliche Vorstellung/: a. einem Traum erwachen; a. einer Laune heraus; a. der Mode; er kam a. dem Gleichgewicht. **2.** /zur Angabe der Herkunft, des Ursprungs in räumlicher und zeitlicher Hinsicht/: sie ist a. Berlin; a. weiter Ferne kommen; a. großer Höhe abstürzen; a. aller Herren Länder; a. der Kindheit, a. den Tagen, da ...; das Bild stammt a. dem 15. Jahrhundert, a. dem Jahr 1980; a. der Nähe; a. 100 m Entfernung; sie stammt aus guter Familie; er las a. seinen Werken; a. Erfahrung sprechen. **3.** a) /zur Angabe des Materials/: ein Kleid a. Seide; eine Figur a. Holz schnitzen; sie bereitete ein Gericht a. Fleisch und Zwiebeln; **b)** /zur Angabe des Ausgangspunkts, der ursprünglichen Beschaffenheit/: a. einer Tüte einen Papierhelm machen; a. dieser Sache wird nichts; a. ihr wird nie ein ordentlicher Mensch werden; a. der Raupe wird ein Schmetterling. **4.** /zur Angabe des Grundes/: a. Mangel an Geld; er tat es a. Überzeugung; sie hat es nur a. Spaß gesagt; er handelte a. einer Notlage heraus. **II.** ⟨Adverb; gewöhnlich imperativisch oder elliptisch; od. in Verbindung mit *sein*⟩ **1.** a) (ugs.) *vorbei, zu Ende:* die Schule, das Kino, der Krieg ist aus; der Motor blieb stehen, a.; a. der Traum von einem Sieg; (Boxen:)... sieben, acht, neun – a.!; ⟨es ist a. mit etw.⟩ es ist aus mit den schönen Leben; subst.: in der fünften Runde kam das Aus; übertr.: mit ihm, mit der Firma ist es a. *(er, die Firma ist ruiniert);* ihr ist es a. *(sie stirbt; sie ist am Ende ihrer Kraft o. Ä.);* b) *erloschen, nicht mehr brennend, ausgeschaltet:* das Feuer, die Kerze, die Lampe, das Radio ist a.; der Ofen ist schon a. gewesen; /in Aufforderungen/: Licht, Scheinwerfer a.! *(ausdrehen!);* Motor a. und aussteigen! **2.** ⟨in Verbindung mit *sein*⟩ *ausgegangen:* wir waren gestern a.; sonntags sind sie immer a. *(sind nie zu Hause);* ⋆ **auf etw., jmdn. aus sein** *(etw. haben wollen; auf etw., jmdn. versessen sein):* auf Abenteuer a. sein; er war auf diesen Posten a.; sie war darauf a., ...; er ist nur auf Sex a.; ich weiß nicht, ob sie auf eine Belohnung a. ist · **bei jmdm. aus und ein und aus gehen** *(bei jmdm. oft sein, mit jmdm. verkehren)* · **nicht aus noch ein/nicht ein noch aus wissen; nicht aus und ein/nicht ein und aus wissen; weder aus noch ein/weder ein noch aus wissen** *(völlig ratlos sein)* · **aus und vorbei sein** (ugs.; *endgültig vorbei sein).*

ausarbeiten: 1. ⟨etw. a.⟩ *erarbeiten, erstellen:* einen Plan, einen Vortrag a.; ich habe ein Gutachten ausgearbeitet; etw. sorgfältig, im Detail a. *(in den Einzelheiten ausführen).*

2. ⟨sich a.⟩ *sich durch körperliche Arbeit Bewegung, einen Ausgleich verschaffen:* in den Ferien, nach Feierabend arbeite ich mich gern ein bisschen aus.

A

ausarten: a) *sich ins Negative steigern:* das Spiel artete aus; ⟨[in etw. (Akk.)/zu etw. a.⟩ *sich zu etw. Negativem entwickeln:* das Fest begann in eine Sauferei, in eine/zu einer Orgie auszuarten; die Proteste arteten in/zu Straßenschlachten aus; **b)** *sich ungehörig benehmen:* wenn er getrunken hat, artet er immer aus.

ausatmen ⟨[etw.] a.⟩: kräftig, laut a.; die Luft durch den Mund, durch die Nase a.

ausbaden (ugs.) ⟨etw. a.; gewöhnlich in Verbindung mit einem Modalverb, bes. *müssen*⟩: ihr habt das angerichtet, und ich muss die Sache jetzt a./habe die Sache jetzt auszubaden.

ausbauen: 1. ⟨etw. a.⟩ *herausnehmen, ausmontieren:* den Motor, die Batterie, ein Türschloss a.; er baute den Zünder der Bombe aus; ausgebaute Maschinenteile. **2.** ⟨etw. a.⟩ *erweitern, vergrößern:* den Hafen, das Eisenbahnnetz a.; ein gut ausgebautes Verkehrssystem; die Straße ist nicht ausgebaut *(nicht mit einem festen Belag versehen);* ÜBERTR.: das Land baute seine Machtstellung weiter aus; den Handel a.; einen Vorsprung, eine Mehrheit a. **3.** ⟨etw. [zu etw.] a.⟩ *umbauen:* das Dachgeschoss zu Wohnungen a.; einen Fluss zu einer Schifffahrtsstraße a.; der Hafen war für den Überseehandel ausgebaut worden.

ausbessern ⟨etw. a.⟩: **a)** *(schadhaft Gewordenes) in Ordnung bringen, instand setzen:* das Dach, die Straße a.; Kleidungsstücke, Wäsche a. *(flicken);* **b)** *(eine schadhafte Stelle) beseitigen:* die schadhaften Stellen a.

Ausbeute, die: eine große, geringe, magere A. an Uran; die wissenschaftliche A. war bescheiden; die Grabungen lieferten, brachten keine A.

ausbeuten: 1. ⟨etw. a.⟩ *nutzen:* eine Grube, ein Erzvorkommen, die Bodenschätze eines Landes a.; alle historischen Quellen a. **2.** (abwertend) ⟨jmdn., etw. a.⟩ *skrupellos ausnutzen:* jmdn., jmds. Arbeitskraft a.; ein besetztes Land a.; er beutet seine Angestellten systematisch aus.

ausbezahlen: a) ⟨[jmdm.] etw. a.⟩ *eine Geldsumme auszahlen:* jmdm. das Gehalt a.; einen Betrag ausbezahlt bekommen; das Darlehen wird sofort ausbezahlt; **b)** *mit Geld abfinden:* die Erben, den Teilhaber a.; er hat seine Geschwister nach dem Tode des Vaters ausbezahlt.

ausbilden: 1. a) ⟨jmdn. a.⟩ *auf einen Beruf vorbereiten:* Lehrlinge, Krankenschwestern, Rekruten a.; jmdn. in einem Fach, an der Drehbank a.; sie ließ sich als/zur Kindergärtnerin a.; ich bin als Sanitäter ausgebildet; ⟨auch ohne Akk.⟩ in dieser Einrichtung wird in verschiedenen Berufen ausgebildet; **b)** ⟨etw. a.⟩ *entwickeln:* seine Stimme a. lassen; er hatte seinen Verstand, seine Fähigkeiten, seine Anlagen ausgebildet. **2. a)** ⟨etw. a.⟩ *hervorbringen:* die Pflanze bildet schmale und breitere Blätter aus; **b)** ⟨sich a.⟩ *sich entwickeln, entstehen:* die Blüten bilden sich sehr

langsam aus; dieser Industriezweig hat sich erst nach dem Krieg ausgebildet. **3.** ⟨etw. irgendwie a.⟩ *gestalten:* Kolbenstangen hohl a.; die Mundpartie ist stark ausgebildet.

Ausbildung, die: **1.** *das Ausbilden:* eine gründliche, umfassende, mangelhafte, technische, abgeschlossene A.; eine gute A. erhalten, (geh.:) genießen, besitzen, haben; er hat seine A. abgeschlossen, beendet; sie ist, steht noch in der A. **2.** *Entwicklung, Entfaltung:* die A. des politischen Bewusstseins.

ausbitten ⟨sich etw. a.⟩: **a)** (geh.) *um etw. bitten:* sich von seinem Nachbarn die Zeitung a.; sie hatte sich Bedenkzeit ausgebeten; **b)** *etw. fordern:* ich bitte mir Ruhe aus; das will ich, möchte ich mir ausgebeten haben.

ausblasen ⟨etw. a.⟩: **1.** *auslöschen bringen:* die Kerzen a. **2. a)** *herausblasen:* den Rauch a.; **b)** *leer blasen:* ein Ei a.; die Tanks des U-Bootes werden beim Auftauchen ausgeblasen; **c)** *durch Blasen säubern:* den Kamm, den Hobel a.

ausbleiben: a) *nicht kommen:* der Nachschub, die Post bleibt aus; der Erfolg, die Katastrophe, die erhoffte Wirkung blieb aus *(trat nicht ein);* die Kunden, die Besucher bleiben aus *(bleiben fern, kommen nicht mehr);* das bleibt ja nicht aus, wenn …; es konnte nicht a. *(es musste so kommen),* dass sie sich erkältete; der Folgen werden nicht a. *(zwangsläufig kommen);* **b)** *fortbleiben:* er ist lange, über Nacht ausgeblieben.

Ausblick, der: ein schöner, herrlicher A. [über das Tal]; den A. versperren; der Turm bietet einen weiten A. auf die Stadt; von diesem Platz hat, genießt man einen schönen A.; ÜBERTR.: der Raumfahrt eröffnen sich grandiose Ausblicke; er gab in seinem Referat einen A. auf die weitere Entwicklung.

ausbooten: 1. (Seew.) **a)** *mit einem Boot das Schiff verlassen und an Land gehen:* vor der Insel mussten sie a.; **b)** ⟨jmdn. a.⟩ *ausschiffen:* die Passagiere wurden ausgebootet. **2.** (ugs.) ⟨jmdn. a.⟩ *aus seiner Stellung entfernen:* der Finanzminister wurde aus dem Kabinett ausgebootet.

ausbrechen: 1. ⟨etw. [aus etw.] a.⟩ **a)** *herausbrechen:* Steine aus der Mauer a.; ⟨jmdm., etw. a.⟩ ich habe mir bei dem Sturz einen Zahn ausgebrochen; **b)** *durch das Herausbrechen von etw. schaffen:* ein Fenster, einen Notausgang a. **2.** ⟨etw. a.⟩ *erbrechen:* der Kranke hat den Tee, alles [wieder] ausgebrochen. **3. a)** ⟨[aus etw.] a.⟩ *aus einem Gewahrsam entkommen:* der Verbrecher ist aus dem Gefängnis ausgebrochen; die Löwen brachen aus dem Käfig aus; ÜBERTR.: aus dem Alltag, aus der Ehe, aus der Gemeinschaft, aus einem Teufelskreis a.; **b)** (Reiten) *die vorgegebene Richtung plötzlich verlassen:* vor dem Hindernis brach das Pferd aus; **c)** *aus der Spur geraten:* der Wagen bricht beim Bremsen leicht aus; in der Kurve brach das Auto seitlich, mit dem Heck aus. **4.** ⟨[aus etw.] a.⟩ *sich aus einer Verankerung lösen:* der Haken ist aus der Wand ausgebrochen. **5.** *plötzlich beginnen, mit Heftigkeit einsetzen:* Krieg, eine Panik, ein Aufstand, eine Krise bricht aus; lauter Jubel brach aus; ein Feuer ist ausgebrochen; eine Krankheit bricht aus *(kommt zum Ausbruch);* Seuchen brechen aus *(treten auf);* der Vesuv ist ausgebrochen *(in Tätigkeit getreten);* ⟨jmdm. a.⟩ dem Kranken brach der Schweiß aus *(trat ihm aus den Poren);* ÜBERTR. (scherzh.:) bei euch ist wohl der Wohlstand ausgebrochen. **6.** ⟨in etw. (Akk.) a.⟩ *(in Bezug auf eine Gefühlsäußerung) plötzlich verfallen:* in Weinen, in Tränen, in Wut, in Klagen a.; er brach in Jubel, in einen Ruf des Entzückens aus.

ausbreiten: 1. ⟨etw. a.⟩ **a)** *auseinander breiten:* ein Tuch, einen Stadtplan auf dem Tisch a.; sie hatte ihren Bademantel auf dem Rasen ausgebreitet; ÜBERTR.: er breitete seine Ansichten, seine Lebensgeschichte, sein Wissen, seinen Plan vor uns aus; **b)** *nebeneinander hinlegen:* die Verkäufer breiten ihre Waren vor den Fremden aus; sie breitete die Karten auf dem Tisch aus. **2.** ⟨etw. a.⟩ *seitwärts ausstrecken:* die Flügel a.; er kam mit ausgebreiteten Armen auf sie zu; die Bäume breiten ihre Äste, Zweige aus. **3.** ⟨sich a.⟩ **a)** *sich verbreiten:* der Nebel breitet sich über dem/über das Land aus; dieses Unkraut hat sich sehr ausgebreitet; der Wohlstand hat sich ausgebreitet; das Feuer, die Seuche breitet sich aus *(greift um sich);* **b)** *sich erstrecken:* eine weite Ebene breitete sich vor uns aus. **4.** (geh.) ⟨sich über etw. (Akk.) a.⟩ *weitschweifig erörtern:* er hat sich stundenlang über sein Lieblingsthema ausgebreitet. **5.** (ugs.) ⟨sich a.⟩ *allen Platz beanspruchen:* breite dich nicht so sehr aus!; sie hat sich auf dem Sofa ausgebreitet.

ausbringen ⟨etw. a.⟩: **1. a)** *darbringen:* Trinksprüche a.; er brachte ein Hoch, einen Toast auf den Jubilar aus; **b)** (selten) *hochleben lassen:* er brachte das Wohl, die Gesundheit des Paares aus. **2.** (Seemannsspr.) *zu Wasser lassen:* die Rettungsboote a. **3.** (ugs.) *nur mit Mühe ausziehen können:* ich bringe die Schuhe nicht aus.

Ausbruch, der: **1.** *das Ausbrechen, Flucht:* der A. der Gefangenen; der A. glückte, misslang; einen A. vorbereiten, entdecken, verhindern; ihr A. aus der Ehe, aus der bürgerlichen Gesellschaft. **2.** *plötzliches Einsetzen:* der A. der Revolution, der Krankheit, des Unwetters; bei, vor A. des Krieges; der A. *(die einsetzende Tätigkeit)* des Vulkans; der Konflikt, die Krankheit kam ganz plötzlich zum A.; sie kannte seine Ausbrüche der Begeisterung, von Verzweiflung. **3.** *Gefühlsentladung:* einen A. haben; sie fürch-

tete sich vor seinen unbeherrschten Ausbrüchen; (ugs.:) sich in, mit einem A. Luft machen.
ausbrüten: 1. a) ⟨etw. a.⟩ *bebrüten, bis die Jungen aus den Eiern ausschlüpfen:* Eier a.; **b)** ⟨einen Vogel a.⟩ *(junge Vögel) durch Bebrüten der Eier zum Ausschlüpfen bringen:* Enten a. **2.** ⟨etw. a.⟩ **a)** (ugs.) *ausdenken, ersinnen:* einen Racheplan a.; was habt ihr da wieder ausgebrütet?; **b)** (ugs. scherzh.) *im Begriff sein, krank zu werden:* ich brüte einen Schnupfen aus.
ausbügeln ⟨etw. a.⟩: **1. a)** *durch Bügeln entfernen:* Falten, Knicke, einen Stearinfleck [aus einem Kleidungsstück] a.; **b)** *durch Bügeln glätten:* den Rock a. **2.** (ugs.) *bereinigen:* einen Fehler a.; ich habe die . Sache wieder ausgebügelt.
Ausbund, der (oft abwertend od. iron.): ein A. an/ von Temperament; er ist ein [wahrer] A. von Gelehrsamkeit, ein A. von einem *(ein großer)* Filou.
Ausdauer, die: viel, wenig, große A. bei der Arbeit haben; er besitzt keine A.; einen Plan mit A. verfolgen; mit A. arbeiten.
ausdehnen: 1. a) ⟨etw. a.⟩ *ausweiten:* die Wärme dehnt das Metall aus; die Grenzen eines Staates a.; **b)** ⟨sich a.⟩ *an Umfang, Volumen zunehmen:* Wasser dehnt sich beim Erhitzen aus; das Gummiband dehnt sich ausgedehnt; c) ⟨etw. auf jmdn., etw. a.⟩ *sich auf jmdn., etw. erstrecken:* die Nachforschungen auf die ganze Stadt, die ganze Umgebung a. **2. a)** ⟨etw. [irgendwo(hin)] a.⟩ *über einen bestimmten Bereich erweitern:* seine Macht, seine Herrschaft a.; das Hochdruckgebiet hat seinen Einfluss bis nach Mitteleuropa ausgedehnt; **b)** ⟨sich [irgendwo(hin)] a.⟩ *sich ausbreiten, verbreiten:* das Schlechtwettergebiet dehnt sich rasch über Norddeutschland aus; der Krieg hatte sich über das ganze Land ausgedehnt; der Handel dehnte sich bis nach Indien aus. **3. a)** ⟨etw. a.⟩ *verlängern:* seinen Besuch, Urlaub [über die geplante Zeit hinaus] a.; er hatte den Aufenthalt bis zum folgenden Tag, über Gebühr ausgedehnt; sie machten ausgedehnte *(lange)* Spaziergänge; ein ausgedehntes Frühstück; **b)** ⟨sich irgendwann a.⟩ *sich hinziehen:* die Besprechung, die Sitzung hat sich bis nach Mitternacht, über mehrere Stunden ausgedehnt. **4.** ⟨sich a.; mit Umstandsangabe⟩ *sich (räumlich) erstrecken:* weites Land dehnt sich vor unseren Augen aus; sie besitzt ausgedehnte *(große)* Ländereien.
Ausdehnung, die: **1. a)** *Vergrößerung, Ausweitung:* durch die A. des Gesteins;. **b)** *Verlängerung:* die A. der Besprechungen. **2.** *Größe, Umfang:* eine gewaltige A.; durch die A. von einem (Papierdt.; *ist größer geworden).*
ausdenken ⟨sich (Dat.) etw. a.⟩: **a)** *ersinnen:* sich einen Scherz, ein Spiel, etw. als Überraschung a.; ⟨auch mit Dat.⟩ neue Methoden, Systeme a.;

A ® da musst du dir schon etwas anderes a. (ugs.; *das musst du klüger anstellen*); **b)** *sich etw. ausmalen, vorstellen:* ich hatte mir die Sache so schön ausgedacht; sie hatte sich alles ganz anders ausgedacht; * **nicht auszudenken sein** *(unvorstellbar sein):* die Folgen sind nicht auszudenken; ⟨elliptisch:⟩ nicht auszudenken, was alles hätte passieren können!
ausdienen (ugs.) ⟨nur im 2. Part. u. in den mit *haben* gebildeten Zeiten⟩: der Mantel, der Plattenspieler hat ausgedient; ausgediente Glühbirnen, Schuhe.
Ausdruck, der: 1. *Bezeichnung:* ein falscher, treffender, veralteter, moderner, ordinärer, gewählter, fachsprachlicher, umgangssprachlicher A.; ein A. für etw.; der A. ist ironisch gemeint; den passenden A. suchen, nicht finden; Unflätigkeit, das ist der richtige A. dafür; sie gebrauchte einen hässlichen A.; Ausdrücke gebrauchen, an sich haben, im Munde führen *(derbe Wörter, Schimpfwörter gebrauchen)*; er hat sich im A. vergriffen *(hat in unangemessenem Ton gesprochen)*; ® das ist gar kein A.! *(das ist noch viel zu schwach ausgedrückt!).*
2. **a)** *Ausdrucksweise, Stil:* einen schlechten, guten A. haben; Gewandtheit im A.; **b)** *Aussagekraft:* seinem Gesang fehlt es an A.; sie spielt mit viel, ohne A.
3. *Kennzeichen:* Tempo ist der A. unserer Zeit; Monumentalität ist der A. für diese Epoche; etw. mit dem A. (geh.) *der Bekundung)* tiefen Bedauerns zurücknehmen; er gab seinem Wunsch, der Hoffnung A., sie bald wiederzusehen; er brachte seine Dankbarkeit, seine Glückwünsche zum A.; in ihren Worten kam das Bedauern zum A. *(drückte sich darin aus).*
4. *Gesichtsausdruck:* ein schmerzlicher, sorgenvoller, ärgerlicher, erwartungsvoller A. erschien auf ihrem Gesicht; ihr Gesicht hatte einen gespannten A., nahm einen entsetzten A. an.
ausdrücken: 1. **a)** ⟨etw. [aus etw.] a.⟩ *herauspressen:* den Saft aus einer Zitrone a.; sie drückte das Wasser aus dem Schwamm aus; **b)** ⟨etw. a.⟩ *auspressen:* Trauben, eine Zitrone, den Schwamm a.; sie hat sich, dem Kind eine Apfelsine ausgedrückt.
2. ⟨etw. a.⟩ *ausmachen:* eine Fackel a.; er drückte die Zigarette, die Glut [im Aschenbecher] aus.
3. **a)** ⟨etw. irgendwie a.⟩ *formulieren:* einen Gedanken richtig, knapp, treffend a.; er konnte es in seiner Sprache schwer a.; ⟨etw. in etw. (Dat.) a.⟩ einen Betrag in Mark, in Prozenten a. *(angeben);*
b) ⟨sich irgendwie a.⟩ *sich äußern:* sich gewählt, klar, deutlich, verständlich a.; so ähnlich, so etwa hatte sie sich ausgedrückt; ... wenn ich mich so a. darf; einfach ausgedrückt, heißt das ...
4. **a)** ⟨etw. a.⟩ *aussprechen:* seinen Dank, seine Verwunderung, sein Missfallen a.; ich möchte mein Bedauern a., dass ...; ⟨jmdm. etw. a.⟩ er

drückte ihm sein Mitgefühl, seine Anerkennung aus; **b)** ⟨etw. a.⟩ *sich erkennen lassen, zeigen:* seine Worte drücken Besorgnis, Schadenfreude aus; ihre Augen drückten unendliche Trauer aus; **c)** ⟨sich in etw. (Dat.) a.⟩ *zum Ausdruck kommen:* in seinem Verhalten drückte sich große Freude, seine berechtigte Verärgerung aus.
ausdrücklich: ein ausdrückliches Verbot; sein ausdrücklicher Wunsch war es, ...; etw. a. mitteilen, sagen; er wies a. auf die hohen Kosten hin.
auseinander: 1. **a)** *voneinander weg, getrennt:* der Lehrer setzt die Schüler a.; die beiden Schwestern sind altersmäßig fast sieben Jahre a.; der Vorhang ging a. *(ging auf);* das schreibt man a.; sie wohnen sehr weit a.; die Gardinen a. ziehen; wir sind schon lange a. (ugs.; *nicht mehr befreundet o. ä.*); die Versammlung ging spät in die Nacht a. *(löste sich spät in der Nacht auf);* sie sind in bestem Einvernehmen, im Zorn a. gegangen; die Wege gehen an dieser Stelle a. *(verlaufen in verschiedenen Richtungen);* die Studienfreunde, die Partner haben sich immer mehr a. entwickelt, a. gelebt; **b)** *in einzelne Teile, entzwei:* einen Motor a. bauen, nehmen, schrauben; das Spielzeug, der Stuhl ist a. gegangen; die Koalition ist a. gebrochen; die Gruppe fiel a.
2. *eins aus dem anderen heraus:* Theorien a. entwickeln; Formeln a. ableiten. Beachte: Nach neuer Rechtschreibung wird *auseinander* vom folgenden Verb immer getrennt geschrieben;
* **auseinander sein** (ugs.; *[von menschlichen Bindungen] nicht mehr bestehen*): die Ehe ist a. · **auseinander gehen** (1. *[von menschlichen Bindungen] sich wieder [auf]lösen:* ein Bündnis, ihre Verlobung ging a. 2. *sich unterscheiden, divergieren:* darüber gehen die Meinungen weit a.; die Ansichten der Kritiker gehen in vielen Punkten a. 3. ugs.; *dick werden:* sie ist sehr, ziemlich a. gegangen) · jmdn., etw. **auseinander halten** *(jmdn., etw. voneinander unterscheiden):* er kann die beiden Zwillinge nicht a. halten ·
jmdm. etw. auseinander setzen *(jmdm. etw. darlegen, erläutern):* jmdm. seine Pläne, seine Absichten a. setzen; jmdm. die Gründe für etw. a. setzen · **sich mit etw. auseinander setzen** *(sich mit etw. eingehend beschäftigen, etw. kritisch durchdenken):* sich mit einem Problem, mit der Vergangenheit, mit dem Werk eines Dichters a. setzen; er hat sich lange mit diesem Philosophen *(mit dem Werk des Philosophen)* a. gesetzt · **sich mit jmdm. auseinander setzen** *(mit jmdm. strittige Fragen, unterschiedliche Standpunkte im Gespräch klären):* mit ihm muss ich mich wegen dieser Sache, über diese Sache a. setzen.
Auseinandersetzung, die: 1. *eingehende Beschäftigung:* eine wissenschaftliche A.; die A. mit dem Nationalsozialismus; wir kommen um eine A. mit diesen Ideen, mit dieser Lehre nicht herum.
2. *Diskussion:* eine angeregte, leidenschaftliche,

politische A.; es gab eine A. über die Verleihung des Preises.

3. *Streit:* eine heftige, scharfe A.; militärische, kriegerische Auseinandersetzungen *(Kriegshandlungen)* zwischen zwei Ländern; wir hatten eine A.; es kam zu einer heftigen A. zwischen den Parteien.

auserlesen (geh.): a) *hervorragend:* auserlesene Weine, Speisen; von auserlesener Eleganz; b) *überaus:* er kaufte einige a. schöne Stücke.

ausfahren: 1. *hinausfahren:* das Boot fährt zum Fang aus *(fährt aufs Meer hinaus);* die Leute winkten, als der Zug aus dem Bahnhof ausfuhr; die erste Schicht fährt aus (Bergmannsspr.; *verlässt den Schacht);* der Dämon war aus dem Kranken ausgefahren (Rel.; *hatte den Körper des Besessenen verlassen).*
2. a) *spazieren fahren:* am Wochenende fährt die ganze Familie aus; der Vater ist mit den Kindern ausgefahren; b) ⟨jmdn. a.⟩ *spazieren fahren:* einen Kranken im Rollstuhl a.; sie hat das Baby ausgefahren.
3. ⟨etw. a.⟩ *mit dem Fahrzeug ausliefern:* Heizöl, Getränke, Pizzas a.; als Junge hatte er mit dem Fahrrad Zeitungen ausgefahren.
4. ⟨etw. a.; gewöhnlich im 2. Part.⟩ *durch Befahren abnutzen:* die schweren Panzer haben die Wege ausgefahren; ausgefahrene Straßen; die Piste ist sehr ausgefahren.
5. ⟨etw. a.⟩ *auf der äußeren Seite durchfahren:* eine Kurve voll a.
6. ⟨etw. a.⟩ *austragen:* ein Rennen, eine Meisterschaft a.; am kommenden Sonntag wird der Große Preis von Europa ausgefahren.
7. ⟨etw. a.⟩ *die Leistungsfähigkeit voll ausnutzen:* den Motor, den Wagen voll a.
8. ⟨etw. a.⟩ *ganz durchfahren:* eine Strecke a.
9. (Technik) a) ⟨etw. a.⟩ *nach außen bringen:* die Landeklappen, das Fahrgestell, eine Antenne a.; b) *sich nach außen bewegen:* die Gangway fährt aus.

Ausfahrt, die: 1. *das Ausfahren:* die Boote bei der A. beobachten; der Zug hat keine A. *(darf noch nicht aus dem Bahnhof ausfahren).*
2. (geh.) *Spazierfahrt:* eine kleine A. machen, unternehmen.
3. a) *Stelle, an der man die Autobahn verlässt:* die A. Frankfurt Nord nehmen; wir haben die A. nach Mannheim verpasst; b) *Stelle, an der ein Fahrzeug einen umgrenzten Raum verlässt:* die A. des Hofes, des Hafens; bitte [die] A. freihalten.

Ausfall, der: 1. *das Ausfallen:* der A. der Federn, der Haare, der Zähne.
2. a) *Wegfall:* der A. der Einnahmen, des Verdienstes; der A. des Unterrichts; mit einem mehrwöchigen A. *(Fehlen)* des Erkrankten muss gerechnet werden; es gab Ausfälle durch Krankheit; der A. *(das Nicht-mehr-Funktionieren)* des Triebwerkes; das Rennen wurde nach dem A. *(Ausscheiden)* der italienischen Rennwagen un-

interessant; b) *Verlust:* große, beträchtliche Ausfälle erleiden, zu verzeichnen haben; ein A. von mehreren Tausend Mark; Ausfälle in der Produktion vermeiden; ÜBERTR.: der Mittelstürmer war ein glatter A. (ugs.; *versagte völlig).*
3. (Milit.) *Ausbruch aus einer Umklammerung:* ein verzweifelter A.; einen A. wagen, unternehmen, vereiteln; die Belagerten machten einen A. aus der Festung.
4. (Fechten) *Angriff:* einen A. parieren; er machte einen A. auf den Gegner.
5. (geh.) *ausfällige Äußerung, Attacke:* ein unbeherrschter, bissiger A.; seine Ausfälle ließen sie kalt; es kam zu einem A. gegen das Komitee.

ausfallen /vgl. ausfallend; ausgefallen/: 1. *herausfallen:* die Samenkörner fallen bereits aus *(aus der Samenkapsel heraus);* ⟨jmdm. a.⟩ ihm sind die Haare, die Zähne ausgefallen.
2. (ugs.) ⟨sich (Dat.) etw. a.⟩ *bei einem Sturz ausbrechen:* er hat sich bei dem Sturz zwei Zähne ausgefallen.
3. a) *wegfallen:* die Einnahmen fallen in dieser Zeit aus; b) *nicht stattfinden:* die Schule, der Unterricht, die Sitzung fällt aus; die beiden ersten Schulstunden sind ausgefallen; er musste den Vortrag wegen einer Erkältung a. lassen; dieses Jahr ist der Winter ausgefallen (scherzh.; *es ist nicht sehr kalt geworden);* c) *plötzlich nicht mehr funktionieren, aussetzen:* das Licht, der Strom, die Anlage, die Heizung fällt aus; der Motor, das Triebwerk ist ausgefallen; d) *ausscheiden:* zwei Rennwagen sind bereits durch Motorschaden ausgefallen; der Mittelstürmer fällt wegen einer Verletzung für die nächsten Spiele aus; e) *nicht verfügbar sein:* er ist [wegen Krankheit] wochenlang ausgefallen.
4. ⟨irgendwie a.⟩ *ein bestimmtes Ergebnis haben:* die Arbeit, Prüfung fiel gut aus; die Wahl ist ungünstig ausgefallen; mein Anteil ist recht klein, nach Wunsch, zu meiner Zufriedenheit ausgefallen; das Kleid fällt ein bisschen zu eng aus.

ausfallend: ausfallende Äußerungen; er wird leicht a.; er war sehr a. gegen ihn, ihm gegenüber.

ausfechten ⟨etw. a.⟩: einen Streit, einen Prozess, einen Kampf a.; er soll die Angelegenheit mit seinem Kontrahenten selbst a.; einen Strauß mit jmdm. a. *(sich mit jmdm. heftig auseinander setzen).*

ausfegen (bes. nordd.) ⟨etw. a.⟩: a) *durch Fegen entfernen:* den Schmutz a.; b) *durch Fegen säubern:* die Stube, die Küche, den Flur a.

ausfeilen ⟨etw. a.⟩: 1. a) *zurechtfeilen:* einen Schlüssel[bart] a.; b) *ausarbeiten, vervollkommnen:* einen Aufsatz, eine Rede, eine Skizze a.; der Hochspringer hat eine ausgefeilte Technik.
2. *durch Feilen herstellen:* ein Loch a.

ausfertigen (Amtsspr.) ⟨etw. a.⟩: eine Urkunde, ein Protokoll a.; der Reisepass ist am 15. Mai ausgefertigt worden.

A

Ausfertigung, die: 1. (Amtsspr.) *das Ausfertigen:* die A. eines Dokuments, eines Testaments. 2. *ausgefertigtes Schriftstück:* einen Lebenslauf in einfacher, in doppelter A. einreichen.

ausfindig: ⟨in der Verbindung⟩ **jmdn., etw. ausfindig machen** *(nach langem Suchen finden):* jmds. Adresse, jmds. Aufenthaltsort, ein nettes Urlaubsquartier a. machen.

ausfliegen: 1. *das Nest verlassen:* die Jungen werden bald a.; die Alten sind ausgeflogen, um Futter zu holen; ÜBERTR.: die ganze Familie war ausgeflogen (ugs.; *war nicht zu Hause*). 2. a) *aus einem Gebiet hinausfliegen:* aus einer Gefahrenzone a.; b) ⟨jmdn., etw. a.⟩ *mit dem Flugzeug wegbringen:* die Verletzten wurden aus dem Erdbebengebiet ausgeflogen.

Ausflucht, die: das ist nur eine A.; Ausflüchte machen; er beschwichtigte mich mit leeren, billigen Ausflüchten.

Ausflug, der: 1. *Wanderung, Fahrt durch die Natur:* ein gemeinsamer, kleiner, weiter A.; ein A. zu Fuß, mit dem Dampfer, ins Grüne; einen A. machen, unternehmen; ein weiter A. (Sport Jargon; *ein Vordringen*) in die gegnerische Hälfte; BILDL.: es war ein A. in die Vergangenheit. 2. *das Ausfliegen:* der A. der Bienen; der erste A. der Jungvögel.

Ausfluss, der: 1. *das Ausfließen, Ausströmen:* den A. des Öls stoppen. 2. *Stelle, an der etw. ausfließt:* der A. eines Sees; der A. des Beckens ist verstopft. 3. (Med.) *ausfließende Absonderung:* ein grünlicher, übel riechender A.; A. haben; an A. leiden. 4. (geh.) *Auswirkung, Folge:* es war nur ein A. seiner schlechten Laune, seiner überhitzten Fantasie.

ausfragen ⟨jmdn. a.⟩: jmdn. nach einem Sachverhalt, wegen einer Angelegenheit, über eine Person a.; ich lasse mich nicht [von dir] a.; ℝ so fragt man die Leute aus (*ich lasse mich nicht ausfragen;* als Antwort auf jmds. als zu dreist empfundene Fragen).

ausfressen ⟨etw. a.⟩: 1. *leer fressen:* der Hund hat seinen Napf ausgefressen. 2. *(von Wasser) auswaschen:* das Wasser hat die Ufer über weite Strecken ausgefressen. 3. (ugs.) *Unrechtes, Strafbares o. Ä. tun:* er scheint schon wieder etwas ausgefressen zu haben. 4. (salopp) *die Folgen tragen:* wir sollen die Sache jetzt a.

Ausfuhr, die: ↑ Export.

ausführen: 1. ⟨jmdn. a.⟩ a) *spazieren führen:* einen Kranken, Blinden a.; er muss den Hund morgens und abends a.; b) *mit jmdm. ausgehen [und ihn freihalten]:* jeden Sonntag führt er seine Freundin aus; wir müssen den Besuch einmal a.; ÜBERTR.: sie führt heute ihr neues Kleid aus (ugs. scherzh.; *trägt es in der Öffentlichkeit*). 2. ⟨etw. a.⟩ *exportieren:* Waren, Südfrüchte a.; unser Land führt hauptsächlich Maschinen aus.

3. ⟨etw. a.⟩ a) *verwirklichen:* einen Plan, eine Idee, einen Beschluss a.; er wollte seinen Vorsatz unbedingt a.; b) *auftragsgemäß erledigen:* er hat die ihm übertragene Aufgabe, seine Anordnung, den Auftrag wunschgemäß ausgeführt; die ausführende Gewalt *(Exekutive);* Reparaturen, Untersuchungen, eine Arbeit, eine Bestellung, eine Operation a.; eine Bewegung, eine Drehung a. *(vollführen, machen);* (Sport:) einen Strafstoß, einen Freistoß, einen Eckstoß a. 4. ⟨etw. irgendwie a.⟩ *gestalten, herstellen:* ein Bild in Öl, in Wasserfarben a.; eine stromlinienförmig ausgeführte Karosserie. 5. ⟨etw. a.⟩ *erläutern:* der Redner führte aus, dass ...; etw. an zahlreichen Beispielen a.; er hatte umständlich, weitschweifig seine Gedanken ausgeführt.

ausführlich: ein ausführlicher Brief, Bericht; ausführliche Gespräche; die Beschreibung ist sehr a.; etw. a. darstellen, schildern, beantworten, sich a. einem Thema widmen.

Ausführung, die: 1. *das Ausführen, Verwirklichen:* die A. des Plans, des Vorhabens scheiterte; die A. *(der Vollzug)* eines Befehls, eines Auftrags; die A. aller anfallenden Arbeiten, Reparaturen übernehmen; etw. zur A. bringen (nachdrücklich; *ausführen);* zur A. kommen/gelangen (nachdrücklich; *ausgeführt werden).* 2. *Machart; Qualität:* dieses Geschäft führt Anzüge in jeder, verschiedener, eleganter A.; Lederwaren, Textilien in bester A. 3. *Erläuterung:* langweilige, fesselnde Ausführungen; die Studenten folgten den Ausführungen des Vortragenden; er schloss seine Ausführungen mit den Worten ...

ausfüllen: 1. a) ⟨etw. [mit etw.] a.⟩ *ganz füllen:* ein Loch mit Sand und Steinen a.; BILDL.: die Lücke, die er hinterlassen hat, wird schwer auszufüllen sein; b) ⟨etw. a.⟩ *einnehmen:* der Schrank füllt die Ecke fast ganz aus. 2. ⟨etw. a.⟩ *mit den erforderlichen Eintragungen versehen:* ein Formular, einen Fragebogen a.; füllen Sie bitte die Anmeldung aus! 3. ⟨etw. a.⟩ *verbringen:* die Stunden mit unnützen Spielereien a.; die Zeit bis zur Abfahrt a. 4. ⟨etw. [irgendwie] a.⟩ *einer Sache gewachsen sein:* eine Stellung gewissenhaft, gut a.; er füllt seinen Posten aus. 5. ⟨jmdn. a.⟩ *jmdn. ganz in Anspruch nehmen:* sein Beruf füllt ihn ganz aus; diese Aufgabe hat mich nicht ausgefüllt.

Ausgabe, die: 1. a) *das Ausgeben:* die A. der Pässe, der Gutscheine erfolgt in der Zeit von ...; die A. von Proviant; (Geldw.:) die A. von neuen Fünfmarkstücken, von neuen Banknoten; ÜBERTR.: die A. *(das Bekanntgeben)* eines Befehls; b) *Ausgabestelle:* die A. für Berechtigungsscheine befindet sich im 2. Stock, ist geschlossen. 2. *Kosten:* sie scheuen diese große A.; eine ein-

malige A.; abzugsfähige, ungewöhnliche, laufende Ausgaben; Ausgaben haben, (geh.:) bestreiten; er hält die Ausgaben für den Lebensunterhalt niedrig.
3. a) *Edition:* eine broschierte, gebundene, gekürzte, verbesserte, erweiterte, dreibändige A.; eine vollständige A. der Werke Brechts; eine A. erster, letzter Hand *(die erste, letzte vom Autor selbst besorgte Ausgabe);* die Weimarer *(in Weimar herausgebrachte)* A. der Werke Goethes; **b)** *Nummer einer Zeitung, Zeitschrift:* die heutige, gestrige A. des Lokalanzeigers; die A. wurde beschlagnahmt, war sofort vergriffen; das steht in der letzten A.; **c)** *zu einer bestimmten Tageszeit regelmäßig gebrachte Sendung:* eine A. der Nachrichten, der Tagesschau.
4. *Ausführung:* eine viertürige A. dieses Modells; das ist eine verkleinerte A. des Originals.
Ausgang, der: **1. a)** *das Ausgehen:* einen A. machen; vom A. zurückkehren; jmdn. zum A. abholen; **b)** *Erlaubnis zum Ausgehen:* den Soldaten den A. sperren; die Rekruten haben, bekommen keinen A.
2. a) *Ausgangstür:* der hintere, seitliche A.; der Raum hat zwei Ausgänge; wir benutzen, nehmen den anderen A.; die Polizei bewachte, besetzte, schloss alle Ausgänge; (geh.:) er strebte dem A. zu; er wartete am A. auf sie; ÜBERTR.: der A. des Magens; bei der Operation wurde ein künstlicher A. (Med.; *Darmausgang)* geschaffen; **b)** *Ende eines [Orts]bereichs:* am A. des Dorfes, des Waldes; das Restaurant lag am A. der Ortschaft.
3. *Ende:* der A. des Verses, der Zeile; Spannungen traten erst am A., gegen A. dieser Epoche auf; eine Krankheit mit tödlichem A.; der A. *(Ergebnis)* des Kampfes ist ungewiss; auf den A. *(Ergebnis)* der Wahlen warten.
4. *Ausgangspunkt:* zum A. seines Gespräches, seiner Gedanken zurückkehren; von etw. seinen A. nehmen *(von etw. ausgehen).*
5. (Bürow.) **a)** *das Abschicken:* die Post zum A. fertig machen; **b)** *zum Abschicken vorbereitete Post:* die Ausgänge erledigen.
Ausgangspunkt, der: **a)** *Stelle, Ort, wo etw. beginnt:* der A. einer Reise, einer Wanderung, einer Rede; zum A. zurückkehren; **b)** *Grundlage für die Entstehung:* der A. eines Gesprächs, einer Überlegung; seinen A. in etw. haben; den A. für etw. bilden.
ausgeben: 1. ⟨etw.⟩ **a)** *austeilen:* Verpflegung, warme Kleidung an die Flüchtlinge a.; die Spielkarten a.; Aktien a. (Geldw.: *zum Kauf anbieten);* neue Banknoten a. (Geldw.; *in Umlauf bringen);* **b)** (bes. Milit.) *bekannt geben, verkünden:* eine Parole, einen Befehl, Direktiven a.; von wem sind diese Instruktionen ausgegeben worden?
2. (ugs.) ⟨etw. a.⟩ *spendieren:* eine Runde, einen Schnaps a.
3. ⟨etw. a.⟩ *Geld verbrauchen:* viel [Geld] für ein Liebhaberei a.; er hat in kurzer Zeit alles, den

letzten Pfennig, ein Vermögen ausgegeben; er gibt sein Geld mit vollen Händen aus *(vergeudet es);* sie gibt gerne Geld aus *(ist verschwenderisch);* wie viel hast du für das Bild ausgegeben *(bezahlt)?*
4. ⟨sich a.⟩ *sich verausgaben:* die Läufer haben sich völlig, restlos ausgegeben; der Europameister brauchte sich nicht voll auszugeben.
5. ⟨jmdn., sich, etw. als/für jmdn., etw. a.⟩ *fälschlich bezeichnen:* jmdn. als/für seinen Bruder a.; er wollte das Gerät als seine Erfindung, die Kopie als Original a.
6. (landsch.) ⟨etw. a.⟩ *zur Bearbeitung weggeben:* die Wäsche a.;
∗ **einen ausgeben** (ugs.; *eine Runde spendieren):* gib mal einen aus!
ausgebucht: ein restlos ausgebuchtes Hotel; alle Flüge, die Fähren sind auf Wochen a.; die Maschine ist bereits a.; ÜBERTR.: der Künstler ist voll ausgebucht (ugs.; *hat keinen freien Termin mehr).*
ausgefallen: ein ausgefallenes Muster; ihre Ideen sind sehr a.; das klingt ausgefallener, als es wirklich ist.
ausgeglichen: a) *gleich bleibend, ohne Schwankungen:* ein ausgeglichenes Klima; ein ausgeglichener Haushalt; der Markt ist a.; ein ausgeglichenes *(in allen Positionen gleich gut besetztes)* Team; die ersten beiden Runden waren a. (Sport; *brachten keinem der Spieler bzw. keiner Mannschaft Vorteile);* **b)** *harmonisch, nicht von Stimmungen abhängig:* ein ausgeglichener Mensch; er ist jetzt ausgeglichener als früher.
ausgehen: 1. a) *die Wohnung verlassen, einen Gang machen:* die Mutter ist ausgegangen, um einzukaufen; meine Nachbarin ist eben ausgegangen; **b)** *zu Vergnügungen gehen:* häufig, selten, mit Freunden a.; heute gehen wir mal nett, (ugs.:) ganz groß aus; SUBST.: sich zum Ausgehen anziehen.
2. a) ⟨von etw. a.⟩ *seinen Ausgang nehmen, wegführen:* von dem Platz gehen mehrere Straßen aus; **b)** ⟨von etw. a.⟩ *etw. zugrunde legen:* von der Tatsache, der Annahme, der Voraussetzung a., dass ...; gehen wir davon aus, wir könnten mit dem Umsatz steigern; **c)** ⟨von jmdm., etw. a.⟩ *herrühren:* die Anregung, der Gedanke, die Einladung von jmdm. oder Minister aus; ich weiß nicht, der Wunsch von ihm ausging; **d)** ⟨von jmdm., etw. a.⟩ *ausgestrahlt werden:* von dem Künstler geht ein ungewöhnliches Fluidum aus; von jmdm. geht Ruhe, Sicherheit aus; vom Ofen ging eine behagliche Wärme aus; die Schmerzen waren von der Wirbelsäule ausgegangen.
3. *abgeschickt werden:* er hatte die Einladungen bereits a. lassen; die ausgegangene Post.
4. ⟨auf etw. (Akk.) a.⟩ *es auf etw. absehen:* auf Abenteuer a.; er geht nur auf Gewinn, auf Betrug aus; sein Plan ging nur darauf aus, die Produktion zu steigern.

A

5. enden: a) ⟨irgendwie a.⟩ die Sache ging gut, schlecht, unentschieden, mit einem Patt, wie das Hornberger Schießen (ergebnislos) aus; es hätte schlimmer a. können; wie ist das Spiel, die Unterredung ausgegangen?; b) (Sprachw.) ⟨auf etw.⟩ (Akk.) a.⟩ das Wort geht auf einen Vokal aus. 6. erlöschen: das Feuer, der Ofen (das Feuer im Ofen), die Kerze, die Zigarre geht aus; plötzlich ging im Saal das Licht aus. 7. zu Ende gehen: die Vorräte, die Kohlen sind ausgegangen; der Treibstoff geht allmählich aus; ⟨jmdm., etw. a.⟩; ihr ist das Geld, die Geduld ausgegangen; ihm gehen die Haare, die Zähne aus (er verliert sie); im ausgehenden Mittelalter. 8. (landsch.) a) herausgehen: die Farbe ist beim Waschen [aus der Decke] ausgegangen; b) verblassen: die Decke, der Stoff geht beim Waschen aus. 9. (ugs.) ⟨irgendwie a.⟩ sich ausziehen lassen: die Gummihandschuhe gehen schwer, leicht, gut aus.

ausgelassen: ausgelassene Schüler; in ausgelassener Stimmung sein; das Fest war sehr a.; sie sangen laut und a.

ausgemacht: 1. sicher, gewiss: das ist eine ausgemachte Sache; es ist noch nicht a., ob es wirklich so war; es galt doch als a., dass wir abreisen. 2. a) ausgesprochen, besonders groß: ein ausgemachter Dummkopf; das war ein ausgemachter Betrug; b) ⟨verstärkend vor Adjektiven⟩ sehr, überaus: ein a. schäbiges Verhalten; sie war ihr a. unheimlich.

ausgenommen: ich muss dem ganzen Buch widersprechen, a. dem Schluss/den Schluss a.; es waren alle da, a. er/er a.; er kommt bestimmt, a. es gibt Glatteis.

ausgerechnet (ugs.) /drückt Unwillen, Ärger aus/: a. jetzt kommt sie!; muss das a. heute sein?; das musste a. mir passieren!

ausgeschlossen: jeder Irrtum ist a.; es ist a., dass ...; ich halte das für ganz a.; a.! (das kommt nicht infrage!).

ausgesprochen: a) besonders groß; ausgeprägt: sie war eine ausgesprochene Schönheit; eine ausgesprochene Vorliebe, Begabung, Abneigung; er hatte ausgesprochenes Pech; b) ⟨verstärkend vor Adjektiven⟩ sehr, überaus: ein a. schöner Film; die Landschaft ist a. abwechslungsreich, a. reizvoll; das ist a. gemein.

ausgesucht: 1. a) besonders groß: er begrüßte ihn mit ausgesuchter Höflichkeit, Freundlichkeit; b) sehr, überaus: a. schöne Früchte; er ist ein a. höflicher Mensch. 2. erlesen, hervorragend: ausgesuchte Weine; es war eine ausgesuchte Gesellschaft. 3. nicht mehr viel Auswahl bietend: ausgesuchte Waren; die Stoffe sind schon sehr a.

ausgewachsen: ein ausgewachsener Bursche; ausgewachsene Bäume; die Tiere sind in wenigen Wochen a.; ÜBERTR.: ein ausgewachsener (ugs.;

riesiger) Skandal; ein ausgewachsener (ugs.; ausgesprochener) Blödsinn.

ausgewogen: ein ausgewogenes Programm, Urteil; der Rhythmus ist sehr a.; das Orchester ist klanglich a.

ausgezeichnet: ein ausgezeichneter Arzt, Autofahrer, Skiläufer; der Wein, der Film ist a.; sie machte einen ausgezeichneten Eindruck; er kann a. kochen, tanzen.

ausgiebig: ein ausgiebiges Frühstück; ein ausgiebiger Mittagsschlaf; er machte von dem Angebot ausgiebigen Gebrauch; a. essen, spazieren gehen; es hat a. geregnet.

ausgießen ⟨etw. a.⟩: 1. a) weggießen: das Wasser [aus dem Eimer] a.; den restlichen Kaffee können wir [in den Ausguss] a.; ÜBERTR.: sie gossen ihren Spott über ihn aus (geh.; verspotteten ihn); b) durch das Ausgießen einer Flüssigkeit leer machen: den Eimer, die Kanne a. 2. mit einer flüssigen, später erstarrenden Masse füllen: die Fugen, die Löcher, die Risse wurden [mit Zement, mit Teer] ausgegossen.

Ausgleich, der: 1. das Ausgleichen: ein geschickter, vernünftiger, sozialer, gerechter A.; ein A. kam nicht zustande; einen A. für etw. schaffen, herbeiführen; er sah einen A. darin, dass ...; auf [einen] A. bedacht sein; als A. für ...; er bemühte sich um einen A. der Gegensätze; es kam zu einem A. der Spannungen; als/zum A. für seine sitzende Lebensweise treibt er regelmäßig Sport; zum/als A. (Kaufmannsspr.; Begleichung, Verrechnung) Ihrer Rechnung überweisen wir Ihnen einen Betrag von 300 DM. 2. (Sport) Tor, das das Torverhältnis ausgleicht: der A. fiel kurz vor Spielschluss; der Mannschaft gelang der verdiente A.; den A. erzielen.

ausgleichen: 1. ⟨etw. a.⟩ a) durch Ausgleichen beseitigen: Unebenheiten, Höhenunterschiede, Niveauunterschiede a.; b) durch Vermitteln o. Ä. mildern, beseitigen: Spannungen, Differenzen, einen Konflikt, soziale Unterschiede a.; Mangel an Bewegung durch Gymnastik a. (wettmachen); eine Rechnung a. (Kaufmannsspr.; begleichen); ein Konto a.; (Geldw.; Soll- und Habenseite auf den gleichen Stand bringen). 2. ⟨sich a.⟩ nivelliert werden: dieser Nachteil gleicht sich dadurch aus, dass ... (Geldw.:) Einnahmen und Ausgaben gleichen sich aus. 3. (Sport) das gleiche Torverhältnis herstellen: kurz vor dem Schlusspfiff hat der Gegner ausgeglichen; er konnte zum 2:2 a.

ausgleiten (geh.): 1. ausrutschen: er glitt auf der feuchten Blättern aus. 2. ⟨jmdm. a.⟩ aus der Hand rutschen: der Hammer, das Messer glitt ihm aus.

ausgliedern ⟨etw. a.⟩: a) herauslösen: einzelne Gebiete wurden [aus dem Verwaltungsbereich] ausgegliedert; bestimmte Arbeitsfelder, Geschäftsbereiche, Kompetenzen, Dienstleistungen a.; b) nicht berücksichtigen: das Problem der Arbeitslosigkeit wurde bei den Gesprächen, bei den Verhandlungen ausgegliedert.

ausgraben: a) ⟨jmdn., etw. a.⟩: *durch Graben aus der Erde herausholen:* einen Toten wieder a.; sie gruben einige Kisten aus; Pflanzen [mit der Wurzel] a.; Tontafeln, eine Amphore a.; sie gruben Teile eines Tempels aus (Archäol.; *legten sie frei*); b) *(Vergessenes) wieder hervorholen:* eine alte Bestimmung a.; er grub eine Melodie aus den Zwanzigerjahren aus.

ausgrenzen ⟨jmdn., etw. a.⟩: eine politische Gruppierung, ein Land a.; jmdn. aus dem Arbeitsleben a.; Minderheiten dürfen nicht ausgegrenzt werden; jmdn. sozial, politisch a.; sich ausgegrenzt fühlen.

aushaken ⟨sich a.⟩: der Reißverschluss hat sich ausgehakt;
* **bei jmdm. hakt es aus** (ugs.; 1. *jmd. verliert die Nerven.* 2. *jmd. hat kein Verständnis für die Handlungsweise eines anderen*).

aushalten: 1. *ertragen:* a) ⟨etw. a.⟩ Strapazen leicht, schwer, mit Mühe a.; Hunger, Durst, Schmerzen, Spannungen a.; viel a. können; sie hielt seinen Blick aus *(hielt ihm stand);* diese Ware hält den Vergleich mit der anderen aus *(ist von gleicher Güte);* Ⓡ das hältst du nicht aus! (ugs.; *das ist unglaublich!*); b) ⟨es a.⟩ es vor Hitze nicht a. können; er hält es nirgends lange aus *(bleibt nirgendwo lange);* hier lässt es sich a./ kann man es a. *(hier ist es schön);* mit ihm ist es in letzter Zeit nicht mehr auszuhalten; SUBST.: es ist nicht zum Aushalten mit diesen Leuten. **2.** *durchhalten:* tapfer, bis zum letzten Mann a.; sie hat bei ihm ausgehalten, bis er starb. **3.** (ugs. abwertend) ⟨jmdn. a.⟩ *jmds. Lebensunterhalt bezahlen:* eine Geliebte a.; er lässt sich von der Witwe a.; er wird von seiner Freundin ausgehalten. **4.** ⟨etw. a.⟩ *eine bestimmte Zeit erklingen lassen:* einen Ton lange a. [können].

aushandeln ⟨etw. a.⟩: Bedingungen a.; den Preis, einen Vertrag, einen Kompromiss a.; neue Tarife wurden zwischen beiden Parteien ausgehandelt; die zwischen Gewerkschaften und Arbeitgeber ausgehandelten Löhne.

aushändigen ⟨jmdm. etw. a.⟩: er händigte mir das Geld, die Quittung, die Papiere aus; der Polizist ließ sich die Autoschlüssel a.; ⟨selten:⟩ ⟨etw. an jmdn. a.⟩ er händigte den Schlüssel an den Hausmeister aus.

Aushang, der: die neuen Aushänge lesen; einen A. machen; der genaue Termin wird durch A. bekannt gegeben.

¹aushängen, hing aus, ausgehangen: der Zeitplan hängt am schwarzen Brett aus; das Aufgebot hängt im Kasten aus.

²aushängen, hängte aus, ausgehängt: **1.** ⟨etw. a.⟩ *öffentlich, an einem Aushangbrett anbringen:* Verordnungen, Bilder, eine Zeitung a.; man hat den neuen Fahrplan ausgehängt; die

Kinder sind im Schaufenster des Fotografen ausgehängt *(ihre Fotografie ist dort ausgestellt).* **2.** a) ⟨etw. a.⟩ *aus der Haltevorrichtung herausnehmen:* die Tür a.; der Telefonhörer war ausgehängt; b) ⟨sich a.⟩ *sich aus einer Haltevorrichtung lösen:* der Fensterladen hat sich ausgehängt. **3.** (ugs.) ⟨jmdm., sich etw. a.⟩ *verrenken:* ich habe mir den Arm, das Kreuz ausgehängt. **4.** ⟨sich a.⟩ *sich wieder durch Hängen glätten:* das Kleid hängt sich wieder aus, hat sich nicht ausgehängt.

Aushängeschild, das: er dient nur als A. für dieses Unternehmen; wir können seinen Namen als A. benutzen; er ist das A. des Vereins.

ausheben: 1. ⟨etw. a.⟩ a) *grabend, schaufelnd aus der Erde holen:* Erde, Sand a.; sie hatten die Bäume mit den Wurzeln ausgehoben; b) *graben:* eine Baugrube, ein Grab a.; die Soldaten hoben neue Schützengräben aus. **2.** ⟨etw. a.⟩ a) *aus dem Nest nehmen:* Eier, Junge a.; b) *durch das Herausnehmen der Eier, Jungvögel leeren:* ein Nest a.; BILDL.: die Polizei hob das Verbrechernest aus; ÜBERTR.: die Polizisten haben die Gangster, die Bande ausgehoben *(unschädlich gemacht).* **3.** (ugs.) ⟨jmdm. etw. a.⟩ *verrenken:* ich habe mir beim Turnen den Arm, die Schulter ausgehoben. **4.** (ugs.) ⟨jmdm. etw. a.⟩ *auspumpen:* dem Kranken den Magen a.

aushelfen: ⟨jmdm. [mit etw.] a.⟩ *aus einer momentanen Notlage helfen:* können Sie mir mit 50 Mark a.?; b) ⟨meist mit Umstandsangabe⟩ *einspringen:* in der Erntezeit auf dem Lande, beim Bauern a.; er hilft zur Zeit im Ersatzteillager aus; die Leute halfen sich [gegenseitig]/(geh.:) einander kameradschaftlich aus.

Aushilfe, die: a) *das Aushelfen:* jmdn. um A. bitten; sie ist oft zur A. da.; b) *Aushilfskraft:* sie ist in einem Warenhaus als A. tätig; A. gesucht.

aushöhlen ⟨etw. a.⟩: a) *inwendig leer machen:* einen Baumstamm, einen Kürbis, eine Melone a.; b) *untergraben:* Gesetze, Kompetenzen Stück für Stück, nach und nach a.; die Basis eines Abkommens, einer Vereinbarung [durch weitreichendere Bestimmungen] a.; SUBST.: das Aushöhlen des Grundrechtes auf politisches Asyl.

ausholen: 1. a) *mit Schwung zu etw. ansetzen:* mit der Hand, zum Schlag, zum Wurf a.; die Pferde holen aus *(greifen aus);* ÜBERTR.: die Truppen holen zum Gegenschlag aus; b) *sich mit großen Schritten fortbewegen:* die Wanderer mussten jetzt kräftig ausholen; mit ausholenden Schritten, Bewegungen. **2.** *mit sehr Entferntem beginnen; mit langer Vorgeschichte erzählen:* der Professor holte weit aus.

auskennen ⟨sich a.; gewöhnlich mit Umstandsangabe⟩: sich gut, schlecht, kaum in einer Stadt a.; ich kenne mich hier, in dieser Branche, mit den Maschinen nicht aus; er kannte sich bei

A

Frauen gut aus *(wusste, wie man sie behandelt);* mit ihm kenne ich mich nicht mehr aus *(ich weiß nicht mehr, woran ich bei ihm bin);* wer soll sich da noch a.!
ausklammern: 1. (Math.) ⟨etw. a.⟩ *vor, hinter die eingeklammerte algebraische Summe stellen:* x, eine Zahl a. **2.** ⟨jmdn., etw. a.⟩ *unberücksichtigt lassen:* eine heikle Frage, ein Thema, ein Problem a.; die Person des Erzählers ist dabei bewusst ausgeklammert worden.
auskleiden: 1. (geh.) ⟨jmdn., sich a.⟩ *ausziehen:* einen Kranken a.; sie hatte sich bereits ausgekleidet. **2.** ⟨etw. a.⟩ *mit etw. versehen:* ein Zimmer mit einer Seidentapete a.; der Ofen ist mit feuerfesten Steinen ausgekleidet.
ausklingen: 1. *verklingen:* das Lied klingt aus; der Ton war/hatte ausgeklungen. **2.** *enden:* das Fest klang harmonisch, bei Einbruch der Dunkelheit aus; seine Rede klang aus in der Mahnung ...; sie ließen den Tag mit einer Serenade a.
ausklügeln ⟨etw. a.⟩: einen Plan genau, sorgfältig, fein a.; ein raffiniert ausgeklügeltes Verbrechen, System.
ausknobeln (ugs.) ⟨etw. a.⟩: **1.** *durch Knobeln, Würfeln entscheiden:* wir knobeln aus, wer bezahlen muss. **2. a)** *ersinnen:* einen Plan a.; ⟨sich (Dat.) etw. a.⟩ wer hat sich das bloß ausgeknobelt?; **b)** *lösen:* eine Aufgabe a.
auskochen ⟨etw. a.⟩: **1.** *kochen lassen, um daraus eine Brühe zu gewinnen:* Knochen, ein Stück Suppenfleisch a. **2. a)** (selten) *durch Kochen vom Schmutz befreien:* Hemden, ein Tischtuch a.; **b)** *durch Kochen steril machen:* die Instrumente, die Babyfläschchen müssen ausgekocht werden. **3.** (salopp abwertend) *etwas [Übles] ersinnen:* eine Betrügerei a.; ich bin gespannt, was die ausgekocht haben.
auskommen: a) ⟨mit etw. a.⟩ *so viel von etw. haben, dass es genügt:* mit den Vorräten gut a.; er ist mit seinem Geld nie ausgekommen; **b)** ⟨mit jmdm. a.⟩ *sich vertragen:* mit den Schülern gut, schlecht, gar nicht a.; wir kommen glänzend miteinander aus; mit ihm ist nicht auszukommen; **c)** ⟨ohne jmdn., etw. a.⟩ *nicht brauchen, unabhängig sein:* ohne fremde Hilfe a.; ich komme ohne dich nicht aus.
Auskommen, das: ein gutes, anständiges, reichliches A. haben; er hat sein A.; er fand ein sicheres A.;
★ **mit jmdm. ist kein Auskommen** *(jmd. ist unverträglich).*
auskosten (geh.) ⟨etw. a.⟩: **1.** *voll genießen:* die Urlaubstage, die Freuden des Lebens, jede Sekunde a.; er kostete seinen Sieg, seinen Triumph aus. **2.** ⟨gewöhnlich in Verbindung mit *müssen*⟩ *erleiden:* den Schmerz bis zur Neige a. müssen.

auskundschaften ⟨etw. a.⟩: ein Versteck, jmds. Vermögensverhältnisse, eine günstige Gelegenheit a.; wir werden seine Meinung zu diesem Projekt auskundschaften.
Auskunft, die: **a)** *Information:* eine ausführliche, zuverlässige, vertrauliche, ungenügende A.; eine ungenaue A. erhalten, bekommen, geben, (geh.:) erteilen; eine A. über eine Firma erbitten, einholen; er bat ihn um nähere Auskünfte; der Angeklagte verweigerte jede A.; **b)** *Auskunftsstelle:* wo ist hier die A.?; die A. ist geschlossen, nicht besetzt; er rief die A. an; sich bei/in der A. erkundigen.
auskurieren (ugs.) ⟨jmdn., sich, etw. a.⟩: einen Patienten, ein Leiden, eine Verletzung a.; der Arzt hat meinen Fuß wieder auskuriert; es dauerte einige Zeit, bis er sich wieder auskuriert hatte.
auslachen ⟨jmdn. a.⟩: jmdn. laut, gründlich [wegen etw.] a.; lass dich [mit deiner Ansicht] nicht a.! *(mach dich nicht lächerlich [damit]!);* lachen Sie mich an oder aus?
¹ausladen: a) ⟨jmdn., etw. a.⟩ *herausnehmen; abladen:* Kartoffeln, Kisten, Waren [aus dem Waggon] a.; die Möbel müssen vorsichtig ausgeladen werden; Truppen a. **b)** ⟨etw. a.⟩ *entladen:* das Auto, den Möbelwagen, das Schiff a.
²ausladen ⟨jmdn. a.⟩: *die Einladung rückgängig machen:* nach dem Vorfall haben wir die beiden wieder ausgeladen.
ausladend: a) *weit hervortretend:* ausladende Äste, Konsolen; **b)** *ausholend:* ausladende Gesten, Bewegungen.
Auslage, die: **1. a)** *ausgestellte Ware:* reichhaltige, prächtige Auslagen; seine Frau bewunderte die A. des Juweliers; **b)** *Schaufenster, Schaukasten:* sie haben ein schönes Kleid in der A.; ich werde Ihnen das Stück aus der A. herausnehmen. **2.** ⟨Plural⟩ *ausgelegtes Geld:* die Auslagen sind sehr hoch; sie vergütete, erstattete, ersetzte ihm seine Auslagen. **3.** (Sport) *typische Körperhaltung, Stellung:* in welcher A. boxt er?; der Fechter geht in die A. *(Ausgangsstellung).*
auslagern ⟨etw. a.⟩: **1.** *an einen sicheren Ort bringen:* Akten a.; während des Krieges wurden die Gemälde des Museums ausgelagert. **2.** *aus dem Lager herausnehmen und zum Verkauf bringen:* bisher wurden etwa 20 000 t Butterbestände ausgelagert. **3.** *an einen anderen Ort verlegen:* Fertigungsstätten, die Produktion, einzelne Bereiche ins Ausland a.; Jobs in ausgelagerten Bereichen.
Ausland, das: im A. arbeiten, leben; ins A. reisen; er musste ins A. gehen *(musste emigrieren);* fast jeder zweite Besucher kam aus dem A.; Waren aus dem A., für das A.; der Handel mit dem A.; das A. *(die ausländischen Regierungen)* verhält sich neutral.
ausländisch: ausländische Erzeugnisse, Waren,

Zeitungen; ausländische Arbeitnehmer, Mitbürger; er zahlte in ausländischer Währung.

auslassen /vgl. ausgelassen/: **1.** (selten) ⟨etw. [aus etw.] a.⟩ *herauslassen:* Wasser, den Dampf aus dem Kessel a. **2.** ⟨etw. a.⟩ *weglassen:* beim Abschreiben einen Satz versehentlich a.; er ließ keinen Schüler bei der Verteilung aus *(überging keinen);* eine gute Gelegenheit, eine Chance a. *(sich entgehen lassen).* **3.** ⟨etw. an jmdm. a.⟩ *abreagieren:* sie ließ ihre Launen an den Verkäuferinnen aus; er hat seine Wut, seinen Ärger darüber an den Mitarbeitern ausgelassen. **4.** ⟨sich irgendwie über jmdn., etw. a.⟩ *sich äußern:* sich wohlwollend, lobend, weitläufig, (ugs.:) lang und breit über jmds. Arbeit a.; er hat sich nicht näher über die Vorfälle ausgelassen. **5.** (Schneiderei) ⟨etw. a.⟩ *länger, weiter machen:* das Kleid, die Hose, die Ärmel a.; die Mutter ließ den Saum 5 Zentimeter aus. **6.** (Kochk.) ⟨etw. a.⟩ *zergehen lassen:* Butter, Speck a. **7.** (ugs.) ⟨etw. a.⟩ **a)** *(ein Kleidungsstück) nicht anziehen:* die Handschuhe, den Mantel a.; **b)** *nicht einschalten:* den Motor, das Radio a.; er ließ das Licht aus; den Ofen a.

auslasten: 1. ⟨etw. a.⟩ **a)** *voll belasten:* ein Fahrzeug a.; **b)** *voll nutzen:* die Produktion ist ausgelastet; mit gut, voll ausgelasteten Kapazitäten arbeiten. **2.** ⟨jmdn. a.⟩ *jmds. Kräfte voll beanspruchen:* die Hausarbeit lastete sie nicht aus; sich [nicht] ausgelastet fühlen.

auslaufen: 1. a) ⟨[aus etw.] a.⟩ *herausfließen:* das Benzin, die Kühlflüssigkeit läuft aus; das Wasser ist aus dem Fass ausgelaufen; **b)** *leer werden:* der Topf, das Fass läuft aus; die Flasche fiel um und lief aus; ⟨jmdm. a.⟩ mir ist der Parfümflasche ausgelaufen. **2.** *in See stechen:* wir laufen morgen, pünktlich, vom Überseehafen aus; das Schiff ist bereits ausgelaufen. **3.** *zum Stillstand kommen:* er wartete, bis das Schwungrad ausgelaufen war; den Motor, die Maschine a. lassen; er durchreißt als Erster das Zielband und läuft locker aus (Sport; *bremst nach dem Ziel ab).* **4. a)** *zu Ende gehen, enden:* die Produktion dieser Serie ist ausgelaufen; der Mietvertrag, seine Amtszeit läuft am 1. Mai, Ende April aus; ein auslaufendes Modell; **b)** ⟨irgendwie a.⟩ *einen bestimmten Ausgang nehmen:* das Gespräch lief in einen bösen Streit aus; die Sache ist gut, unglücklich ausgelaufen; **c)** ⟨irgendwie a.⟩ *in etw. übergehen:* die Spitze läuft spitz, in eine Spitze aus. **5.** ⟨sich a.⟩ *sich Bewegung verschaffen:* ich laufe mich abends, nach Dienstschluss gern ein wenig aus; wir haben uns ordentlich ausgelaufen. **6.** *verlaufen, sich verwischen:* die Farbe, die Schrift läuft aus.

auslegen: 1. ⟨etw. a.⟩ *hinlegen, in die notwendige Lage bringen:* Tücher als Markierung für eine Abwurfstelle a. *(ausgebreitet hinlegen);* neue Kabel, Leitungen a.; Schlingen, Reusen, einen Köder a.; er hatte auf seinem Grundstück Rattengift ausgelegt; Schmuckstücke in einer Vitrine a. *(zur Ansicht hinlegen, ausstellen);* eine Liste, eine Kondolenzliste a. **2.** ⟨etw. [mit etw.] a.⟩ **a)** *ganz bedecken:* eine Backform mit Pergamentpapier a.; den Schrank mit Papier a.; wir haben unsere Wohnung mit Teppichboden a. lassen; **b)** *durch Eingearbeitetes verzieren:* eine Tischplatte mit Elfenbein a.; das Schachbrett war reich ausgelegt. **3.** ⟨etw. a.⟩ *(eine Geldsumme) vorlegen:* einen Betrag, eine Summe a.; kannst du mir/für mich 50 Mark a.? **4.** ⟨etw. [irgendwie] a.⟩ *deuten, erklären:* eine Stelle falsch, richtig a.; die Bibel, ein Gesetz a.; ⟨jmdm. etw. als etw. a.⟩ jmdm. etw. als Feigheit a.; ⟨auch ohne Dat.⟩ er hat meine Nachgiebigkeit, meine Höflichkeit als Unsicherheit ausgelegt. **5.** (Technik) ⟨etw. irgendwie a.⟩ *anlegen:* die Federung ist straff ausgelegt; die Kapazität des Werks ist auf 20 000 Fahrzeuge ausgelegt; der Motor ist für 180 km/h Höchstgeschwindigkeit ausgelegt.

ausleihen: 1. ⟨jmdm./(selten:) an jmdn. etw. a.⟩ *leihen:* ich habe ihm den Plattenspieler, meine Luftmatratze ausgeliehen; er lieh seine Platten an seine Freunde aus; ⟨auch ohne Dat.⟩ sie leiht ihre Sachen nicht gern aus; der Verein hat einen Spieler ausgeliehen. **2.** ⟨sich (Dat.) etw. [bei, von jmdm.] a.⟩ *sich leihen:* ich werde mir das Zelt bei ihm, von ihm ausleihen.

auslernen: sie hat noch nicht ausgelernt; Ⓡ man lernt nie aus *(macht immer wieder neue Erfahrungen);* er ist ausgelernter Koch.

¹auslesen ⟨etw. a.⟩ **a)** *aussondern:* die faulen Kartoffeln a.; **b)** *auswählen:* die besten Früchte a.; **c)** *von den schlechten, unbrauchbaren Stücken befreien:* Erbsen, Bohnen a.

²auslesen ⟨etw. a.⟩ *zu Ende lesen:* einen Roman a.; hast du das Buch schon ausgelesen?; ausgelesene Zeitungen.

ausliefern: 1. (Kaufmannsspr.) ⟨[etw.] a.⟩ *zum Verkauf an den Handel liefern:* Bücher, Elektrogeräte a.; am 5. Mai liefern wir aus. **2.** ⟨jmdn., sich, etw. jmdm., etw./an jmdn., etw. a.⟩ *[auf eine Forderung hin] übergeben:* Unterlagen dem Geheimdienst, an den Geheimdienst a.; einen Mörder dem Gericht, der Justiz a. *(überantworten);* ⟨auch ohne Dat. oder Präpositionalobjekt⟩ dieses Land liefert politische Flüchtlinge nicht aus; ÜBERTR.: sie hatten sich ohne Bedenken dem Bergführer ausgeliefert *(ihm anvertraut);* sie waren dem Erpresser, der feindlichen Macht wehrlos ausgeliefert *(preisgegeben);* an dem verlassenen Ort waren sie ihrem Schicksal ausgeliefert.

ausliegen: im Schaufenster liegen kostbare Schmuckstücke aus; wo liegen die Wahllisten aus?

auslöschen: 1. ⟨etw. a.⟩ *löschen:* das Feuer a.; sie löschte die Kerzen, die Fackel aus; das Licht a. (geh.; *ausschalten*). **2.** ⟨etw. a.⟩ *wegwischen:* er löschte das Geschriebene, die Zeichnung [an der Tafel/mit einem Schwamm] wieder aus. **3.** (geh.) ⟨jmdn., etw. a.⟩ *verschwinden lassen, beseitigen:* alle Spuren a.; er wollte die Schmach a.; die Erinnerung an diesen Dichter ist ausgelöscht worden *(aus dem Bewusstsein gedrängt worden);* ein Menschenleben a. (geh.; *einen Menschen töten);* ganze Familien wurden im Krieg ausgelöscht (geh.; *getötet).*

auslosen ⟨jmdn., etw. a.⟩: die Reihenfolge, die Gewinner, die Teilnehmer a.; wir losen aus, wer beginnt.

auslösen: 1. a) ⟨etw. a.⟩ *in Gang setzen, betätigen:* das Schlagwerk einer Uhr, den Verschluss eines Fotoapparates a.; er löste durch Knopfdruck den Alarm aus; der Pilot hatte die Bomben ausgelöst; ÜBERTR.: Proteste, Angst, eine Kettenreaktion, ein Verkehrschaos a. *(hervorrufen);* **b)** ⟨sich a.⟩ *in Gang kommen:* die Alarmanlage löst sich automatisch aus. **2.** ⟨etw. a.⟩ *hervorrufen, bewirken:* die Begegnung löste in ihr Erinnerungen, seltsame Gefühle aus; er hatte mit seiner Rede Heiterkeit, Begeisterung, Entrüstung, Besorgnis, Beifall, Überraschung ausgelöst. **3.** (landsch.) ⟨etw. [aus etw.] a.⟩ *herauslösen:* die Knochen aus dem Fleisch a.

ausmachen /vgl. ausgemacht/: **1.** ⟨etw. a.⟩ **a)** *ausschalten, abstellen:* die Lampe, das Licht, den Ventilator, das Radio a.; ich habe vergessen, den Fernseher auszumachen; **b)** *auslöschen:* die Kerzen, das Feuer, die Zigarette a. **2.** (landsch.) ⟨etw. a.⟩ *aus der Erde herausholen:* Kartoffeln, Rüben a. **3. a)** ⟨etw. a.⟩ *vereinbaren:* einen Termin, einen Treffpunkt, ein Erkennungszeichen, einen Preis a.; das ist mit dem Betriebsrat, zwischen uns ausgemacht worden; **b)** ⟨etw. a.; gewöhnlich mit Umstandsangabe⟩ *austragen, klären:* einen Streit vor Gericht a.; wir haben die Sache mit ihm, unter uns/untereinander ausgemacht; etw. mit sich selbst, mit sich allein a. *(mit etw. allein fertig werden).* **4.** ⟨jmdn., etw. a.⟩ *erkennen:* einen Dampfer, ein Flugzeug, Heringsschwärme a.; es lässt sich nicht mehr a. *(feststellen),* warum das Triebwerk nicht zündete. **5. a)** ⟨jmdn., etw. a.⟩ *das Wesentliche an jmdm., etw. sein:* Seen und Wälder machen den Zauber dieser Landschaft aus; die Mieteinnahmen machen den Hauptanteil seines Einkommens aus;

ihm fehlte alles, was einen großen Künstler ausmacht; **b)** ⟨etw. a.⟩ *betragen:* der Unterschied in der Entfernung macht etwa 5 km aus; alles zusammen macht 300 Mark aus. **6.** (ugs.) ⟨etw. a.⟩ *eine Rolle spielen:* die neue Tapete macht viel aus *(ist sehr vorteilhaft);* es macht nichts aus, wenn Sie etwas später kommen; bei diesen Beträgen macht das kaum etwas aus; ⟨jmdm., etw. etw. a.⟩ würde es Ihnen etwas a., wenn Sie sofort zahlten?; das macht mir nichts aus. **7.** (salopp) ⟨sich a.⟩ *die Notdurft verrichten:* hinter dem Schuppen hatte sich jemand ausgemacht.

ausmalen: 1. ⟨etw. a.⟩ **a)** *mit Farbe ausfüllen:* die Figuren (in einem Malbuch) a.; **b)** *die Innenseiten von etw. bemalen:* einen Kirchenraum, das Theaterfoyer a. **2.** ⟨etw. a.⟩ *schildern:* die Folgen breit, bis ins Einzelne, anschaulich a.; ⟨jmdm. etw. a.⟩ er hatte ihm seine Erlebnisse in den grellsten Farben ausgemalt. **3.** ⟨sich (Dat.) etw. a.⟩ *sich etw. vorstellen:* ich hatte mir die Reise, den Urlaub, das Wiedersehen [in meiner Fantasie, in Gedanken] so schön ausgemalt; ich hatte mir schon ausgemalt, wie es werden würde.

Ausmaß, das: **1.** *Größe, Ausdehnung:* das gewaltige A. des Baugeländes; Berge von mächtigen Ausmaßen; die Ausmaße der Fläche sind gigantisch. **2.** *Maß, Grad:* das A. der Zerstörung ist noch nicht bekannt; erschreckende Ausmaße annehmen; bis zu einem gewissen A.; mit Wärmeverlust in diesem A. hatten wir nicht gerechnet; die Katastrophe grauenvollen Ausmaßes/von grauenvollem A.

ausmessen ⟨etw. a.⟩: eine Wand, den Balkon, Boden a.; ÜBERTR.: er maß mit schnellen Schritten das Zimmer aus *(durchquerte es).*

Ausnahme, die: das ist eine große A., muss eine A. bleiben; eine A. machen, zulassen, gelten lassen; wir machen bei ihm, mit ihm, für ihn eine A. *(behandeln ihn, seinen Fall anders);* die Anordnung gestattet keine A.; Sie bilden die Ausnahme A.!; mit A. des Sonntags *(Sonntag ausgenommen);* mit A. von Peter ...; alle Teilnehmer ohne A.; sie kamen ohne A. *(ausnahmslos);* von gelegentlichen, kleinen Ausnahmen abgesehen; sie gehört zu den wenigen Ausnahmen; ⟨Ⓡ⟩ Ausnahmen bestätigen die Regel.

ausnahmsweise: der Zug fährt a. von Bahnsteig 3 ab; ich werde es dir a. einmal erlauben ⟨mit Verbalsubstantiven auch attributiv⟩ eine ausnahmsweise Aufhebung des Verbots.

ausnehmen /vgl. ausnehmend und ausgenommen/: **1. a)** ⟨etw. a.⟩ *etw. aus etw. nehmen:* Eier a. *(aus dem Nest herausnehmen);* der Imker nimmt den Honig aus; **b)** ⟨etw. a.⟩ *durch Herausnehmen des Inhalts leeren:* Nester von Vögeln a.; **c)** ⟨ein Tier a.⟩ *die Eingeweide eines geschlachteten Tiers* *entfernen:* ein Huhn, eine Gans a.; der Fisch muss noch ausgenommen werden.

2. (ugs.) ⟨jmdn. a.⟩ *schröpfen:* sie nahm ihre Liebhaber tüchtig aus; die Kerle haben mich beim Pokern [wie eine Weihnachtsgans] ausgenommen.

3. ⟨jmdn., sich, etw. a.⟩ *ausschließen, gesondert behandeln:* alle haben Schuld, ich nehme mich nicht aus; Anlieger [sind von dem Durchfahrverbot] ausgenommen.

4. (geh.) ⟨sich irgendwie/als jmd. a.⟩ *wirken, einen bestimmten Eindruck machen:* das Bild nimmt sich hier gut, schlecht, prächtig aus; wie nimmt sie sich als Chefin aus?

ausnehmend (geh.): a) *besonders groß:* eine Frau von ausnehmender Höflichkeit, Schönheit; b) ⟨verstärkend bei Adjektiven u. Verben⟩ *überaus, sehr:* er, das Buch hat mir a. gut gefallen; sie ist a. klug.

ausnutzen, (bes. südd. u. österr.:) **ausnützen:** 1. ⟨etw. a.⟩ *voll nutzen:* die [günstige] Gelegenheit, die Konjunktur a.; er hat jeden Vorteil schamlos ausgenutzt; sie nutzte jede freie Minute für die Weiterbildung, zum Training aus *(verwendete sie dafür).*

2. ⟨jmdn., etw. a.⟩ *für seine Zwecke in Anspruch nehmen:* die Angestellten [rücksichtslos] a.; er nutzte/nützte seinen Freund tüchtig, gründlich, bedenkenlos aus; er hat ihre Gutmütigkeit, Leichtgläubigkeit, Schwäche ausgenutzt/ausgenützt.

auspacken: 1. ⟨etw. a.⟩ a) *aus der Verpackung o. Ä. herausnehmen:* die Sachen [aus dem Koffer] a.; er packte das Geschenk aus; ⟨auch ohne Akk.⟩ wir haben noch nicht ausgepackt; b) *durch Herausnehmen von etw. leeren:* Kisten, den Koffer a.; sie packte das Päckchen aus *(entfernte die Verpackung).*

2. (ugs.) a) ⟨[etw.] a.⟩ *berichten, erzählen:* seine Erlebnisse, viele Neuigkeiten a.; nun pack mal aus!; er drohte ihnen auszupacken *(Belastendes auszuplaudern); b) die Meinung sagen:* er hat ordentlich ausgepackt.

ausplaudern ⟨etw. a.⟩: einen Plan a.; er hat alles ausgeplaudert.

ausposaunen (ugs. abwertend) ⟨etw. a.⟩: eine Neuigkeit überall a.; sie hat die Sache gleich ausposaunt.

ausprägen: a) ⟨etw. a.⟩ *herausbilden:* beide Regierungsformen waren schon im Altertum ausgeprägt worden; ADJ. PART.: ein ausgeprägter *(großßer)* Familiensinn; scharf ausgeprägte Gegensätze; b) ⟨sich a.⟩ *sich herausbilden:* sein Organisationstalent prägte sich erst nach und nach aus; c) ⟨sich in etw. (Dat.) a.⟩ *sich ausdrücken:* sein Erstaunen prägte sich in seinem Gesicht aus.

auspressen: a) ⟨etw. [aus etw.] a.⟩ *herauspressen:* den Saft aus einer Apfelsine a.; b) ⟨etw. a.⟩ *durch Pressen den Saft entziehen:* Apfelsinen a.; ÜBERTR.: die Bevölkerung a. *(ausbeuten);* jmdn. a. *(ausfragen).*

auspumpen: a) ⟨etw. [aus etw.] a.⟩ *herauspum-*

pen: das Wasser aus dem Keller, aus der Baugrube a.; b) ⟨etw. a.⟩ *durch das Herauspumpen von etw. leeren:* den Keller a.; ⟨jmdm. etw. a.⟩ jmdm. den Magen a.

2. (ugs.) ⟨jmdn. a.; meist im 2. Part.⟩ *erschöpfen:* der Lauf hatte ihn völlig ausgepumpt; die Schwimmer waren ausgepumpt.

ausquetschen: 1. a) ⟨etw. [aus etw.] a.⟩ *herausquetschen:* den Saft aus den Früchten a.; b) ⟨etw. a.⟩ *durch Quetschen den Saft entziehen:* Früchte, Beeren a.

2. (ugs.) ⟨jmdn. a.⟩ *ausfragen:* sie haben mich in der Prüfung/nach allem, was sie interessierte/ stundenlang ausgequetscht.

ausräuchern: a) ⟨ein Tier a.⟩ *durch Rauch o. Ä. vertreiben, vernichten:* Ungeziefer a.; einen Dachs, einen Fuchs a.; ÜBERTR.: die Polizisten räucherten die Verbrecher in ihrem Versteck aus; b) ⟨etw. a.⟩ *durch Rauch o. Ä. von etw. befreien:* Brutstätten, eine verwanzte Wohnung, ein Wespennest a.; ÜBERTR.: das Versteck, den Schlupfwinkel der Verbrecher a. *(ausheben).*

ausräumen: 1. a) ⟨etw. [aus etw.] a.⟩ *herausschaffen:* die Möbel a.; er hat alle Sachen aus dem Schreibtisch ausgeräumt; b) ⟨etw. a.⟩ *durch das Ausräumen von etw. leeren:* die Regale, den Schrank, die Wohnung a.; c) (ugs.) ⟨etw. a.⟩ *ausrauben:* die Ladenkasse, den Tresor a.; ⟨jmdm. etw. a.⟩ die Einbrecher haben uns die Wohnung ausgeräumt.

2. ⟨etw. a.⟩ *beseitigen:* alle Missverständnisse sind nun endlich ausgeräumt; wir konnten seinen Verdacht, alle Bedenken, seine Zweifel a.

ausrechnen /vgl. ausgerechnet/: 1. ⟨etw. a.⟩ a) *durch Rechnen lösen:* ich habe alle Aufgaben ausgerechnet; b) *errechnen:* den Preis, die Kosten [mit der Rechenmaschine] a.; der Kellner rechnete aus, was ich zu zahlen hatte.

2. ⟨sich (Dat.) etw. a.⟩ *mit etw. rechnen:* sich Gewinnchancen, eine Medaille a.;

★ sich (Dat.) etw. ausrechnen können *(sich den Ausgang, die Folgen o. Ä. denken können):* du kannst dir a., was er sagen wird · auszurechnen sein (Sport; *als Gegner berechenbar sein*): die Mannschaft ist gut auszurechnen.

Ausrede, die: eine dumme, billige, lächerliche A.; (geh.:) diese A. verfängt nicht; mir fällt [k]eine gute A. ein; eine A. suchen, finden, erfinden, sich (Dat.) ausdenken (Dat.) zurechtlegen, gebrauchen; keine Ausreden! (ugs.; *versuche nicht, dich herauszureden!*); ich habe keine passende A.; das können wir als A. benutzen; auf eine A. verfallen; (ugs.:) komm mir nicht mit faulen Ausreden!; nach A. suchen; um eine A. nicht verlegen sein.

ausreden: 1. ⟨jmdn. etw. a.⟩ *jmdn. durch Reden von etw. abbringen:* seinem Freund einen Plan, Gedanken a.; das lasse ich mir nicht a.; /auch von Personen/: er versuchte seiner Tochter den Plan Mann auszureden.

A

2. *zu Ende reden:* darf ich erst einmal a.?; sie gehört zu denen, die niemanden a. lassen.

ausreichen: 1. *genügen:* das Geld, der Stoff, die Zeit reicht nicht aus; seine Kenntnisse reichten für diese Arbeit, zu dem Vorhaben kaum aus; ausreichende Rücklagen bilden; etw. ist in ausreichendem Maße vorhanden; das Essen ist ausreichend; sie wird ausreichend unterstützt; /als Zensur/: der Aufsatz ist »ausreichend«, wurde mit »ausreichend« bewertet. **2.** (ugs.) ⟨mit etw. a.⟩ *auskommen:* wir werden mit den Vorräten gut, nicht a.

ausreifen: die Früchte a. lassen; der Wein reift in den Fässern aus *(entwickelt sich zur vollen Reife);* ÜBERTR.: wir lassen den Plan erst a.; der Roman ist stilistisch ausgereift; diese Konstruktion ist technisch [noch nicht] ausgereift.

ausreißen: 1. a) ⟨etw. a.⟩ *herausreißen:* Blumen a.; ⟨jmdm., sich etw. a.⟩ er riss sich das erste graue Haar aus; **b)** *sich lösen und losreißen:* das Futter, der Aufhänger reißt aus; das Knopfloch ist ausgerissen *(eingerissen und größer geworden).* **2.** (ugs.) *heimlich verschwinden:* die Jungen wollten a.; er ist von zu Hause, vor der Prüfung, nach Berlin, aus dem Internat ausgerissen; ⟨jmdm. a.⟩ seinen Eltern a.

ausrenken ⟨jmdm., sich etw. a.⟩: sich den Kiefer, den Arm a.; ich habe mir fast den Hals ausgerenkt, um besser sehen zu können.

ausrichten: 1. a) ⟨etw. a.⟩ *übermitteln, bestellen:* einen Gruß, einen Auftrag, eine Botschaft [an einen Kongress] a.; ⟨jmdm. etw. a.⟩ richten Sie bitte Ihren Eltern herzliche Grüße von mir aus; er ließ ihm a., dass ... **2.** ⟨etw. a.⟩ *erreichen:* mit Geld kann man viel bei ihm a.; er hat nichts, einiges, viel [gegen ihn] a. können. **3.** ⟨etw. a.⟩ *in eine bestimmte [einheitliche] Richtung, Aufstellung bringen:* eine Fahrzeugkolonne a.; die Sportler standen schnurgerade ausgerichtet in einer Reihe. **4. a)** ⟨etw. a.⟩ *(auf jmdn., etw.) abstellen:* die Preise auf den zukünftigen Umsatz a.; das Angebot auf die/nach den Bedürfnissen der Kunden a.; **b)** ⟨sich, jmdn. a.⟩ *an einer bestimmten Ideologie o. Ä. orientieren:* eine kommunistisch ausgerichtete Studentengruppe; sich ideologisch nicht a. lassen. **5.** ⟨etw. a.⟩ *vorbereiten, arrangieren:* eine Hochzeit, einen Empfang, eineTagung a.; die Olympischen Spiele wurden von Deutschland ausgerichtet; der ausrichtende Verein ist ...

ausrollen: 1. ⟨etw. a.⟩ **a)** *flach auswalzen:* den Teig [zu einem Fladen] a.; **b)** *auseinander rollen:* einen Läufer, einen Schlafsack a.; für den Staatsbesuch den roten Teppich a. **2.** *bis zum Stillstand rollen:* das Flugzeug rollt auf der Piste aus; warten, bis der Wagen ausgerollt ist.

ausrotten ⟨jmdn., etw. a.⟩: Stechmücken, Tier- und Pflanzenarten a.; ÜBERTR.: den Militarismus mit Stumpf und Stiel a.; das Übel ist nicht mit der Wurzel ausgerottet worden; einen Aberglauben nicht a. können.

ausrücken: 1. *sich in geschlossener Formation irgendwohin begeben:* die Feuerwehr rückt [zum Großeinsatz] aus; die Truppen sind ins Manöver ausgerückt. **2.** (ugs.) *heimlich verschwinden:* er ist von zu Hause, mit unserem Geld, vor dem Polizisten ausgerückt; ⟨jmdm. a.⟩ er ist seinen Eltern ausgerückt. **3.** ⟨etw. a.⟩ *vor dem Zeilenbeginn, hinter den rechten Zeilenrand rücken:* ein Wort a.; ich habe den Betrag nach rechts ausgerückt.

Ausruf, der: ein A. der Freude, der Angst; er hörte einen unterdrückten A.; etw. durch A. (selten; *Ausrufen*) bekannt machen.

ausrufen: 1. ⟨jmdn., etw. a.⟩ **a)** *laut [rufend] nennen, mitteilen:* die Stationen a.; die Zeitungsverkäufer riefen die Schlagzeilen aus; vor dem Abflug ließ er seinen Namen, seinen Freund [über den Lautsprecher] a.; **b)** *öffentlich verkünden:* einen Streik, den Notstand, den Ausnahmezustand a.; die Republik wurde ausgerufen; man rief ihn zum/als Sieger aus. **2.** ⟨etw. a.⟩ *spontan äußern:* »Herrlich!« rief er aus.

ausruhen: 1. ⟨etw. a.⟩ *ruhen lassen, nicht beanspruchen:* die Augen, Beine a.; ADJ. PART.: nach dem Urlaub fühlen wir uns ausgeruht *(erholt).* **2.** ⟨sich a.⟩ *ruhen:* sich auf einer Bank, nach dem Essen, nach der Arbeit eine Weile a.; wir mussten uns von den Strapazen a.

ausrüsten ⟨jmdn., sich, etw. a.⟩: Wanderer zünftig a.; eine Expedition, ein Schiff a.; sie haben sich für den langen Marsch, mit den notwendigen Apparaten ausgerüstet; gut, komplett, modern ausgerüstet sein.

ausrutschen: 1. *den festen Halt mit den Füßen verlieren und beinahe hinfallen:* auf einer Bananenschale, mit dem linken Fuß a.; ÜBERTR.: er rutscht manchmal aus (ugs.; *benimmt sich schlecht).* **2.** ⟨jmdm. a.⟩ *aus der Hand rutschen:* beim Brotschneiden ist ihm das Messer ausgerutscht.

Aussage, die: **1.** *Feststellung:* die Aussagen der Fachleute sind widersprüchlich. **2.** *Äußerung zur Klärung eines Tatbestandes:* eine belastende, wichtige A.; seine A. war sachlich und klar; ihr steht A. gegen A.; die Verweigern; eine A. vor Gericht machen; eine A. erzwingen, bekräftigen, zurücknehmen; diese Aussagen gegen ihn benutzt werden; einer A. etwas hinzufügen; er blieb bei seiner A.; nach A. zweier Zeugen ... **3.** *geistiger Gehalt:* das Bild hat eine starke A.; seinem Frühwerk fehlt jede A.

aussagen: 1. ⟨etw. a.⟩ *eine Meinung äußern:* diese

Äußerung sagt einiges über ihre Einstellung aus; nichts Wesentliches a.
2. ⟨[etw.] a.⟩ *eine Aussage machen:* [wissentlich] falsch, vor der Polizei, als Zeuge, in einer Sache, unter Eid a.; er hat gegen ihn ausgesagt; über das Verbrechen selbst kann ich nichts, einiges a.; er sagte aus, dass ...
3. ⟨etw. a.⟩ *ausdrücken:* der Roman, das Bild sagt über seine Zeit nichts aus.

ausschalten: 1. a) ⟨etw. a.⟩ *durch Bedienen eines Schalters o. Ä. abstellen:* den Strom, das Licht, die Lampe, das Radio a.; er schaltete die Zündung aus; b) ⟨sich a.⟩ *außer Betrieb gesetzt werden:* die Maschine schaltet sich von selbst, automatisch aus.
2. ⟨jmdn., sich, etw. a.⟩ *ausschließen:* Fehlerquellen a.; die Konkurrenz a.; jmdn. bei Verhandlungen a. *(nicht teilnehmen lassen);* er schaltete den Konkurrenten in zwei Sätzen aus (Sport; *bewirkte dessen Ausscheiden aus dem Tennisturnier*); diesen Punkt wollen wir zunächst einmal a. *(beiseite lassen).*

Ausschau, die: ⟨in der Verbindung⟩ **nach jmdm., etw. Ausschau halten** (nachdrücklich; *nach jmdm., etw. ausschauen*): er hielt nach den Gästen, nach dem Schiff, nach einer passenden Gelegenheit A.

ausschauen: 1. a) ⟨nach jmdm., etw. a.⟩ *jmdn. zu erspähen suchen:* nach jmdm. lange, vergeblich, sehnsüchtig a.; ich habe lange nach dem Briefträger ausgeschaut; b) (landsch.) ⟨nach etw. a.⟩ *sich umsehen:* nach einer neuen Arbeit a.
2. (südd., österr.) ⟨irgendwie a.⟩ *aussehen:* sie schaute vergnügt, traurig aus; ⟨es schaut irgendwie aus⟩ es schaut nach Regen aus.
3. (südd., österr.) ⟨es schaut mit jmdm., etw. irgendwie aus⟩ *es verhält sich in bestimmter Weise:* es schaut gut, schlecht mit ihm, mit der Sache aus; ⟨auch ohne Präpositionalobjekt⟩ wie schauts aus? *(wie geht es dir/euch/Ihnen?);* es schaut gut aus.

ausscheiden: 1. ⟨etw. a.⟩ *von sich geben:* der Körper scheidet die Giftstoffe [mit dem Harn] aus; die Lösung hat Kristalle ausgeschieden.
2. a) ⟨etw. a.⟩ *aussondern:* Waren mit Fabrikationsfehlern a.; b) *nicht in Betracht kommen:* diese Möglichkeit scheidet aus; er scheidet dabei als Täter, als Bewerber, für diesen Posten aus.
3. a) ⟨aus etw. a.⟩ *eine Gemeinschaft verlassen, eine Tätigkeit aufgeben:* aus dem Dienst, aus einem Amt, aus dem Erwerbsleben, aus der Firma a.; ⟨auch ohne Präpositionalobjekt⟩ er ist im vorigen Jahr ausgeschieden; b) *die Teilnahme an einem Spiel, an einem Wettkampf aufgeben müssen:* nach einem Sturz, wegen Verletzung, zu Beginn der zweiten Halbzeit a.; der deutsche Teilnehmer ist ausgeschieden.

ausschlachten: 1. ⟨ein Tier a.⟩ *die Eingeweide von geschlachtetem Vieh herausnehmen:* ein Schwein a.

2. (ugs.) ⟨etw. a.⟩ *die noch brauchbaren Teile aus etw. ausbauen:* alte Autos a.; das Schiff wurde ausgeschlachtet und verschrottet.
3. (ugs. abwertend) ⟨etw. a.⟩ *ausnutzen:* etw. kommerziell a.; einen Fall politisch a.; der Skandal wird jetzt von der Presse ausgeschlachtet; der Roman wurde von ihm zu einem Film ausgeschlachtet.

ausschlafen: 1. *schlafen, bis man sich erholt fühlt:* a) ⟨sich a.⟩ sich ordentlich, gründlich, richtig a.; ich konnte mich nicht ausschlafen; b) einmal richtig a.; sie hat völlig ausgeschlafen; er ist nicht ausgeschlafen.
2. ⟨etw. a.⟩ *durch Schlafen überwinden:* seinen Rausch a.

Ausschlag, der: **1.** *Erkrankung der Haut:* A. bekommen, haben; sie leidet an einem A. im Gesicht, an den Händen.
2. *das Verlassen der Ruhe-, Gleichgewichtslage:* der A. des Pendels, der Magnetnadel; die Waage hat A. (Kaufmannsspr.; *Über-, Gutgewicht*);
★ **den Ausschlag geben** *(entscheidend sein):* seine bessere Kür gab den A. [für die Entscheidung der Jury].

ausschlagen: 1. *mit dem Hinterhuf stoßen, auskeilen:* das Pferd schlägt gern aus, hat vorn und hinten ausgeschlagen.
2. ⟨etw. [aus etw.] a.⟩ *herausschlagen:* ein Stück aus einer Platte a.; ⟨jmdm., sich etw. a.⟩ er hat ihm, sich einen Zahn ausgeschlagen.
3. (landsch.) ⟨etw. a.⟩ *durch Schlagen von etw. befreien:* die Mundharmonika a. *(vom Speichel befreien);* das Staubtuch a. *(ausschütteln).*
4. ⟨etw. a.⟩ *durch Schlagen ersticken:* ein Feuer a.; die Männer schlugen die Flammen mit nassen Decken aus.
5. ⟨etw. mit etw./irgendwie a.⟩ *auskleiden:* ein Zimmer, die Wände eines Zimmers mit Stoff a.; zur Trauerfeier wurde der Raum schwarz, mit schwarzem Samt ausgeschlagen; Schubladen mit Schrankpapier a.
6. ⟨jmdn., etw. a.⟩ *ablehnen, zurückweisen:* einen Bewerber, ein Geschenk, eine Erbschaft, ein Angebot, eine Stellung, eine Einladung a.
7. a) *aus der Ruhe-, Gleichgewichtslage geraten:* das Pendel, die Wünschelrute schlägt aus; die Magnetnadel hat/hat nach links, um zwei Striche ausgeschlagen; b) *einen Ausschlag anzeigen:* der Geigerzähler hat/ist ausgeschlagen.
8. *zu sprießen beginnen:* die Sträucher schlagen aus; die Birken haben/sind schon ausgeschlagen.
9. ⟨irgendwie a.⟩ *sich entwickeln:* die Sache schlägt gut, günstig, zu seinem Nachteil aus.
10. *aufhören zu schlagen:* die Turmuhr hatte ausgeschlagen.

ausschlaggebend: die Wahl war von ausschlaggebender Bedeutung; a. [bei der Sache, für seine Entscheidung] war der Umstand, dass ...

ausschließen /vgl. ausgeschlossen/: **1.** ⟨jmdn. a.⟩

durch Verschließen der Tür das Betreten unmöglich machen: er konnte nicht ins Haus, man hatte ihn ausgeschlossen. **2.** ⟨jmdn. aus etw. a.⟩ aus einer Gemeinschaft entfernen: sie schlossen ihn aus der Partei aus; er wurde aus dem Verein ausgeschlossen. **3. a)** ⟨jmdn., sich, etw. von etw. a.⟩ nicht teilhaben lassen: Arbeiter von der Vermögensbildung nicht a.; man hatte sie von der Feier ausgeschlossen; (Rel.:) von der Gnade, vom Heil ausgeschlossen sein; die Ausverkaufsware ist vom Umtausch ausgeschlossen *(kann nicht umgetauscht werden);* **b)** ⟨jmdn., sich, etw. a.⟩ ausnehmen: alle Spieler hatten schlecht gespielt, der Trainer schloss keinen aus; wir haben diese Möglichkeit ausgeschlossen. **4.** ⟨etw. a.⟩ ausschalten: jeden Zweifel, Irrtum a.; das eine schließt das andere nicht aus *(beides ist denkbar, möglich);* man kann nicht a., dass sie verunglückt ist.

ausschließlich: **I.** ⟨Adj.⟩ alleinig, uneingeschränkt: die Zeitung hat das ausschließliche Recht auf diese Veröffentlichung; sein Einfluss dominiert, wenn auch nicht mehr so a. wie früher. **II.** ⟨Adverb⟩ nur: das ist a. sein Verdienst; er lebt a. für seine Familie; das betrifft a. dich. **III.** ⟨Präp. mit Gen.⟩ ohne, außer: die Kosten a. des genannten Betrags; die Miete a. der Heizkosten; ⟨ein stark dekliniertes Substantiv im Singular bleibt im Allgemeinen ungebeugt, wenn es ohne Artikel oder Attribut steht⟩ die Kosten a. Porto; ⟨im Plural mit dem Dat., wenn der Gen. nicht erkennbar ist⟩ der Preis für die Mahlzeiten a. Getränken.

Ausschluss, der: den A. [aus der Partei] beantragen, beschließen; der Verein drohte ihm mit dem A.; das Verfahren fand unter A. der Öffentlichkeit statt; unter A. des Rechtsweges.

ausschmücken ⟨etw. a.⟩: einen Raum a.; die Kirche ist [mit Blumen] ausgeschmückt worden; ÜBERTR.: er hatte die Geschichte von seinem Unfall ein bisschen ausgeschmückt *(seiner Fantasie beim Erzählen freien Lauf gelassen).*

ausschneiden ⟨etw. [aus etw.] a.⟩ herausschneiden: eine Annonce aus der Zeitung a.; ich habe alle Kritiken, alle Bilder ausgeschnitten; faulige Stellen [aus den Äpfeln] a.; **b)** ⟨etw. a.⟩ mit der Schere herstellen: Figuren, Blumen aus Buntpapier a.; **c)** ⟨etw. a.⟩ durch das Herausschneiden von etw. frei machen: einen angefaulten Apfel a.; Bäume a. *(die überflüssigen Äste herausschneiden).*

Ausschnitt, der: **1. a)** das Ausgeschnittene: ein A. aus einer Zeitung; einen A. aufheben; **b)** Teilstück: ein A. aus einem Brief; einen A. aus einem Film zeigen; sie kannte nur einen A. des englischen Lebens; etw. nur in Ausschnitten kennen. **2.** Halsausschnitt: ein Kleid mit tiefem, rundem, spitzem A.

ausschöpfen: 1. a) ⟨etw. [aus etw.] a.⟩ durch Schöp-

fen herausholen: das Wasser aus der Tonne a.; **b)** ⟨etw. a.⟩ leer schöpfen: eine Tonne, einen Kahn a. **2.** ⟨etw. a.⟩ voll ausnutzen: alle Möglichkeiten, alle Mittel, alle Reserven, die Kapazität von etw. a.; wir haben den Geist des Werkes, das Werk noch längst nicht voll ausgeschöpft.

ausschreiben: 1. ⟨etw. a.⟩ nicht abgekürzt schreiben: seinen Vornamen, ein Wort a. **2.** ⟨etw. a.⟩ ausstellen: einen Scheck, eine Rechnung, ein Rezept, ein Attest a.; ⟨jmdm. etw. a.⟩ würden Sie mir bitte eine Quittung ausschreiben? **3.** ⟨etw. a.⟩ bekannt geben: einen Wettbewerb, eine Meisterschaft a.; neue Steuern wurden ausgeschrieben; sich um eine ausgeschriebene Stelle bewerben. **4.** ⟨etw. a.⟩ **a)** herausschreiben: eine Stelle [aus einem Buch] a.; die Rollen eines Theaterstücks, die Stimmen [für die einzelnen Instrumente] aus einer Partitur a.; **b)** für seine Zwecke ausschöpfen: eine wissenschaftliche Arbeit, einen Autor a.

ausschreiten (geh.): **1.** ⟨etw. a.⟩ mit Schritten ausmessen: eine Strecke, den Weg bis zum Tor a. **2.** sich mit großen Schritten vorwärts bewegen: eilig, forsch, tüchtig a.; der Wanderer schritt rascher aus.

Ausschreitung, die: Ausschreitungen verhindern; es kam zu Ausschreitungen.

Ausschuss, der: **1.** Austrittstelle eines Geschosses: der A. war sehr groß. **2.** Gremium: ein engerer, erweiterter, vorbereitender, ständiger A.; ein A. von Wissenschaftlern; ein A. konstituiert sich, tagt, tritt zusammen; der A. setzt sich aus 12 Vertretern zusammen; ein A. bilden, gründen, wählen; er wurde in den A. gewählt. **3.** minderwertige Ware: A. produzieren; das ist alles A.

ausschütteln ⟨etw. a.⟩: **a)** herausschütteln: den Staub a.; **b)** durch Schütteln von etw. befreien: ein Staubtuch a.; sie schüttelte die Decke aus dem Fenster aus.

ausschütten ⟨etw. a.⟩: **1. a)** wegschütten: Sand, schmutziges Wasser, das abgestandene Bier a.; das Kind hat die Milch ausgeschüttet *(verschüttet);* **b)** durch Ausschütten des Inhalts leeren: den Eimer, den Sack, den Aschenbecher a.; er schüttete den Kübel in den Rinnstein aus. **2. a)** auszahlen, verteilen: Dividende, Erträge, Prämien [an die Aktionäre] a.; im ersten Rang sind 320 000 Mark ausgeschüttet worden; **b)** abgeben: bestimmte Proteine werden von der Leber ausgeschüttet; ★ sich ausschütten vor Lachen (ugs.; sehr heftig und anhaltend lachen).

ausschweifend: ein ausschweifendes *(sittenloses)* Leben führen; sie hat eine ausschweifende Fantasie; a. leben.

ausschwemmen ⟨etw. a.⟩: **1.** aus etw. schwemmen:

das Meer schwemmt Seetiere a.; bestimmte Stoffwechselprodukte werden mit dem Urin über die Niere ausgeschwemmt. **2.** *durch Fließen aushöhlen:* der Boden ist vom letzten Gewitter gefährlich ausgeschwemmt. **3.** *durch Schwemmen, Spülen o. Ä. reinigen:* eine Wunde a.; Sand a.

ausschwitzen ⟨etw. a.⟩: eine Flüssigkeit a.; das Nikotin wird im Schlaf weitgehend ausgeschwitzt; ÜBERTR.: die Wände schwitzen Feuchtigkeit aus *(sondern sie ab);* eine Erkältung, eine Grippe a. *(durch Schwitzen heraustreiben).*

aussehen: 1. a) ⟨irgendwie a.⟩ *einen bestimmten Anblick bieten; wirken:* hübsch, gut, nicht übel, appetitlich, jung, gesund, wie das blühende Leben, krank, abgespannt, bleich, heruntergekommen, (ugs.:) verboten a.; im Zimmer sah es wie auf einem Schlachtfeld (ugs.; *unordentlich)* aus; sie sieht älter aus, als sie ist; er sah traurig, schuldbewusst, völlig unverändert aus; der Fremde sah zum Fürchten aus; die Verletzung sieht böse, gefährlich aus; das Kleid sieht nach etwas, nach nichts aus *(macht einen besonderen, keinen besonderen Eindruck);* in dem Lokal sah es wüst aus; ich kann mir denken, wie eine solche Maschine aussieht *(beschaffen ist);* es sieht wie Silber aus *(scheint Silber zu sein);* Ⓡ so siehst du aus! (ugs.; *da irrst du dich aber!*); sehe ich so/danach aus? (ugs.; *hält man mich dafür?*); ÜBERTR.: die Sache sieht gut, nicht schlecht, (ugs.:) nicht rosig, (ugs.:) faul, günstig aus *(scheint so zu sein);* für mich sieht die Sache so aus, ...; das sieht wie/nach Verrat aus *(scheint Verrat zu sein);* seine Reise sah nach Flucht aus *(deutete darauf hin);* gut, besser, schlecht a. (Sport; *ein gutes, besseres, schlechteres Spiel liefern);* der Meister hat gegen ihn schlecht ausgesehen; ⟨es sieht irgendwie aus⟩ wie sieht es bei dir aus?; wie siehts aus?; es sieht so aus, als ob ...; es sieht nach Regen aus *(es scheint Regen zu geben);* **b)** ⟨es sieht mit jmdm., etw. irgendwie aus⟩ *um jmdn., etw. ist es in bestimmter Weise bestellt:* mit unseren Vorräten sieht es nicht gut aus; mit ihm sah es schlimm aus. **2.** ⟨nach jmdm., etw. a.⟩ *ausschauen:* er sah nach den Gästen aus.

Aussehen, das: ein gesundes, blühendes, kränkliches, vertrauenswürdiges A.; ein Hund von drolligem Aussehen; einer Sache ein harmloses A. geben.

außen: der Becher ist a. und innen vergoldet; a. (Sport; *auf der Außenbahn)* laufen; die Tür geht nach a. auf; die Füße beim Gehen nach a. setzen; wir haben die Kirche nur von a. gesehen; etw. a. vor lassen (nordd.; *außer Betracht lassen);* etw. muss a. vor bleiben (nordd.; *kann zunächst nicht behandelt werden);* ÜBERTR.: hier muss Hilfe von a. *(von [einem] Außenstehenden)* kommen; von a. betrachtet, sieht die Sache ganz anders aus.

aussenden: 1. ⟨jmdn., etw. a.⟩ *zur Erledigung eines Auftrags wegschicken:* eine Patrouille [zur Erkun-

dung] a.; sie sendeten/sandten eine Expedition aus; Boten wurden nach ihm ausgesendet/ausgesandt. **2.** ⟨etw. a.⟩ *ausstrahlen, in die Weite senden:* radioaktive Stoffe senden Strahlen aus; das Gerät sendet Signale aus.

außer: I. ⟨Präp.⟩ **1.** ⟨mit Dat.⟩ *ausgenommen; abgesehen von:* a. dir habe ich keinen Freund; man hörte nichts a. dem Ticken der Uhr; niemand weiß es a. mir. **2.** *außerhalb, nicht [mehr] in:* **a)** ⟨mit Dat.⟩ a. Haus[e] sein, essen; a. Sicht, Hörweite, [aller] Gefahr sein; der Arzt nimmt keinen a. der Reihe *(gesondert)* dran; du kannst auch a. der Zeit kommen; sie startet a. Konkurrenz; a. Dienst sein; er ist Hauptmann außer Dienst (Abk.: a. D.); die Fabrik ist jetzt a. Betrieb *(arbeitet nicht mehr);* etw. a. Acht, a. Betracht lassen; ich bin a. Atem *(atemlos);* etw. ist a. Kurs *(ist nicht mehr gültig);* die Verfügung ist a. Kraft *(nicht mehr gültig, nicht mehr wirksam);* das steht a. Frage, a. [jedem] Zweifel *(gilt als sicher, steht fest);* **b)** ⟨mit Akk.⟩ etw. a. [jeden] Zweifel stellen; das Schiff wurde a. Dienst gestellt; a. Kurs setzen *(für ungültig erklären);* a. Gefecht setzen *(kampfunfähig machen).* **II.** ⟨Konj.⟩ *ausgenommen, es sei denn:* wir gehen täglich spazieren, a. wenn es neblig ist; ich habe nichts erfahren können, a. dass er abgereist ist; niemand weiß es a. ich; a. eines einzigen entsinne ich mich der Vorfälle nicht mehr; ich kenne hier niemanden a. ihn;

★ **außer sich** (Dat.) **sein** *(sich nicht zu fassen wissen):* ich bin ganz a. mir vor Freude · **außer sich** (Akk./auch: Dat.) **geraten** *(die Selbstbeherrschung verlieren):* ich geriet a. mich/mir vor Wut.

außerdem: der Angeklagte ist a. vorbestraft; ... und a. ist es gesünder; es gab Bier und a. [noch] Sekt.

äußere: a) *sich außen befindend:* die äußere Schicht ablösen; es ist nur eine äußere Verletzung; **b)** *von außen kommend:* ein äußerer Anlass; a. *unmittelbar in Erscheinung tretend:* der äußere Rahmen; die äußere Ähnlichkeit täuscht; **d)** *auswärtig:* die äußeren Angelegenheiten; SUBST.: er war Minister des Äußeren.

Äußere, das: *äußere Erscheinung:* ein gepflegtes, angenehmes, ansprechendes Äußeres; auf sein Äußeres halten; auf das Äußere Wert legen; nach dem Äußeren zu urteilen, ...; ein Herr von jugendlichem Äußerem/(seltener:) Äußeren.

außergewöhnlich: a) *nicht in der üblichen Art:* ein außergewöhnlicher Umstand; ein außergewöhnlicher Mensch; dieser Fall ist ganz a.; SUBST.: es gibt nichts Außergewöhnliches zu berichten; **b)** *das gewohnte Maß hinausgehend,* **b)** *außerordentlich:* eine außergewöhnliche Begabung; **c)** ⟨verstärkend bei Adjektiven⟩ *sehr, überaus:* es war a. heiß.

außerhalb: I. ⟨Präp. mit dem Gen.⟩ **a)** *nicht in einem bestimmten Raum:* a. der Stadt, des Bezirks,

A

der Landesgrenzen; a. Bayerns; a. Kölns; in und a. von Bayern/von Köln; ÜBERTR.: a. der Gemeinschaft; das ist a. *(nicht im Rahmen)* der Legalität; **b)** *nicht in einem bestimmten Zeitraum:* a. der Geschäftszeit, der Saison, der Sprechstunden. **II.** ⟨Adverb⟩ *nicht am Ort, nicht in der Stadt:* er hat sein Geschäft in der Stadt, wohnt aber a.; der Flugplatz liegt a.; er kommt von a.; etw. nach a. verlegen.

äußerlich: 1. a) *an der Außenseite, außen feststellbar:* eine Arznei für den äußerlichen Gebrauch *(nicht zum Einnehmen);* die Verletzungen waren nur ä.; **b)** *nach außen hin, dem Verhalten nach:* ä. war er gefasst, blieb er ganz ruhig. **2. a)** *von außen gesehen:* die beiden Gegenstände sind ä. betrachtet gleich; ä. gesehen war der Unterschied nicht allzu groß; **b)** *oberflächlich, nicht wesentlich:* das sind [nur] äußerliche Einzelheiten; ÜBERTR.: ein äußerlicher Mensch.

Äußerlichkeit, die: jede Ä. verachten; sie hängt sehr an, legt großen Wert auf Äußerlichkeiten.

äußern: 1. ⟨etw. ä.⟩ *kundtun:* seine Meinung, einen Wunsch, [wegen etw.] Bedenken, [an etw.] Zweifel ä.; er äußerte sein Befremden über ihr Verhalten; die Ansicht ä., dass ... **2.** ⟨sich irgendwie ä.⟩ *seine Meinung sagen:* sich freimütig, unumwunden, zurückhaltend, vorsichtig ä.; sie äußerte sich dahin [gehend], dass ...; der Angeklagte äußerte sich in diesem Sinne; sich über jmdn. abfällig, günstig, wohlwollend ä.; ich kann mich darüber, dazu nicht ä. **3.** ⟨sich irgendwie ä.⟩ *in Erscheinung treten:* die Krankheit äußert sich zunächst in, durch Schüttelfrost.

außerordentlich: a) *vom Gewohnten abweichend:* eine außerordentliche Situation, Begebenheit; **b)** *außerhalb der gewöhnlichen Ordnung stehend:* ein außerordentliches Gericht *(Sonder-, Ausnahmegericht);* eine außerordentliche Sitzung einberufen; **c)** *über das Gewöhnliche hinausgehend:* eine außerordentliche Begabung, Willenskraft; SUBST.: Außerordentliches leisten; **d)** ⟨verstärkend bei Adjektiven und Verben⟩ *sehr, überaus:* eine a. wichtige Angelegenheit; etw. a. schätzen.

äußerst: 1. *am weitesten entfernt:* aus den äußersten Bezirken; am äußersten Ende; sie leben im äußersten *(höchsten)* Norden. **2. a)** *stärkste, größte:* mit ä. äußerste Vorsicht geboten; ein Augenblick äußerster Spannung; es handelt sich um eine Sache von äußerster Wichtigkeit; mit äußerster Genauigkeit, Anstrengung; er war auf das/aufs äußerste *(sehr)* erschrocken; SUBST.: er war auf das/aufs Äußerste *(sehr)* erschrocken; **b)** ⟨verstärkend bei Adjektiven⟩ *im höchsten Maße, überaus:* ä. nervös, gesprächig, bescheiden sein; das ist eine ä. wertvolle Information. **3.** *noch als Letztes möglich:* der äußerste Termin ist der 30. August; das ist mein äußerstes Angebot; welches ist der äußerste Preis *(der Preis, auf*

den jmd. heruntergeht)?; SUBST.: das Äußerste wagen, tun, leisten; er geht bis zum Äußersten. **4.** *schlimmste:* im äußersten Fall; SUBST.: auf das Äußerste gefasst sein; er machte sich auf das Äußerste gefasst.

außerstand[e], außer Stand[e]: ⟨nur in Verbindung mit bestimmten Verben⟩ er ist a., sich zu verteidigen; sich a. erklären zu kommen; ich sehe mich, fühle mich leider a., ...; die Entscheidung hat ihn a. gesetzt, zu reisen.

Äußerung, die: **1.** *Bemerkung, Stellungnahme:* eine freimütige, unvorsichtige Ä.; politische Äußerungen; seine Äußerungen waren beleidigend; eine Ä. tun, fallen lassen; ich enthalte mich jeder Ä. **2.** *Ausdruck:* ihr Benehmen war eine Ä. des Trotzes.

aussetzen: 1. a) ⟨jmdn. a.⟩ *an einem bestimmten Ort absetzen [und sich selbst überlassen]:* ein neugeborenes Kind a.; die Gefangenen wurden auf einer einsamen Insel ausgesetzt; Fische [zu Zuchtzwecken] in einem Teich a.; Passagiere a. *(in Booten an Land bringen);* **b)** ⟨kath. Rel.⟩ ⟨etw. a.⟩ *zur Anbetung auf dem Altar aufstellen:* das Allerheiligste a.; **c)** ⟨Kaufmannsspr.⟩ ⟨etw. a.⟩ *zum Verpacken vorbereiten:* eine Sendung a.; **d)** ⟨Billard⟩ ⟨etw. a.⟩ *zum Anspielen hinsetzen:* die Kugel a. **2.** ⟨jmdn., sich, etw. etw. (Dat.)⟩ *preisgeben:* sich nicht den Blicken anderer a.; seinen Körper der Sonne a.; sich einer Gefahr, einem Verdacht a.; du setzt dich dem Gespött der Leute aus; der Motor ist höchsten Beanspruchungen ausgesetzt; Anfeindungen, Pressionen, Vorwürfen ausgesetzt sein; er sah sich heftigen Angriffen ausgesetzt. **3.** ⟨etw. a.⟩ *für etw. in Aussicht stellen, versprechen:* eine Belohnung von 5000 Mark für die Ergreifung des Täters a.; für das beste Fernsehspiel wurde ein Preis ausgesetzt; er hat seinem Sohn/ für seinen Sohn im Erbteil von 50 000 Mark ausgesetzt. **4.** ⟨etw. an jmdm., etw. a.; gewöhnlich mit Infinitiv mit *zu* in Verbindung mit bestimmten Verben⟩ *kritisieren:* an der Organisation der Veranstaltung haben wir nichts auszusetzen, gab es kaum etwas auszusetzen; es ist nichts daran auszusetzen; ⟨auch ohne Präpositionalobjekt⟩ es gab nichts auszusetzen. **5. a)** *in seinem Fortgang aufhören:* die Musik setzte aus; der Atem, der Puls setzte aus *(stockte);* der Motor hatte ausgesetzt *(war ausgefallen);* **b)** ⟨meist mit Umstandsangabe⟩ *für eine gewisse Zeit aufhören:* wegen Krankheit a. müssen; ich habe vierzehn Tage ausgesetzt; mit der Schule a.; beim Spiel einmal a. müssen *(einmal übersprungen werden).* **6.** ⟨etw. a.⟩ **a)** *unterbrechen:* die Kur auf einige Zeit a.; **b)** ⟨Rechtsspr.⟩ *hinausschieben:* die Urteilsverkündung, Strafe zur Bewährung a.

Aussicht, die: **1.** *weiter Blick nach allen Seiten:* die schöne A. genießen; von hier aus bietet sich, hat man eine herrliche Aussicht auf den See, über die Stadt; die A. aus dem Fenster, vom Turm; jmdm. die A. nehmen, versperren, verbauen; Zimmer mit A. *(Ausblick)* auf das Gebirge. **2.** *sich für die Zukunft zeigende Möglichkeit:* A. auf Erfolg, auf Gewinn, auf eine Anstellung; es besteht keinerlei A. für die Zukunft; die A., dass ...; begründete, gute, glänzende Aussichten haben, gewählt zu werden; das sind ja schöne (iron.; *keine guten*) Aussichten; ★ **etw. in Aussicht haben** *(mit etw. rechnen können)* · **jmdm. etw. in Aussicht stellen** *(jmdn. etw. versprechen)* · **jmdn., etw. für etw. in Aussicht nehmen** *(jmdn., etw. für etw. vorsehen)* · **in Aussicht stehen** *(zu erwarten sein).*

aussöhnen: **a)** ⟨sich [mit jmdm., etw.] a.⟩ *versöhnen:* sie söhnte sich mit ihren Eltern aus; unsere Völker haben sich ausgesöhnt; wir haben uns wieder ausgesöhnt; ÜBERTR.: er hatte sich mit seinem Schicksal ausgesöhnt; die besseren Verdienstmöglichkeiten söhnten ihn mit dem ungeliebten Ort aus; **b)** ⟨jmdn. a.⟩ *miteinander versöhnen:* die streitenden Parteien a.

aussondern ⟨ein Tier, etw. a.⟩: schlechte Kartoffeln, Früchte a.; die kranken Tiere wurden ausgesondert.

ausspannen: **1.** ⟨etw. a.⟩ *weit auseinander spannen:* ein Tuch, ein Netz a. **2. a)** ⟨[ein Tier] a.⟩ *vom Wagen losschirren:* die Pferde a.; der Kutscher hatte schon ausgespannt; **b)** ⟨[etw.] a.⟩ *von einem Gespann lösen:* die Kutsche, den Pflug a. **3.** ⟨etw. a.⟩ *etwas Eingespanntes herausnehmen:* den Bogen aus der Schreibmaschine a. **4.** (salopp) ⟨jmdm. jmdn., etw. a.⟩ *abnehmen:* den Schmuck hatte sie ihrer Tante ausgespannt; er hat mir meine Freundin ausgespannt *(abspenstig gemacht).* **5.** *für einige Zeit mit einer Arbeit aufhören, um sich zu erholen:* ein paar Tage a. müssen; der Arzt riet ihm, einmal gründlich auszuspannen.

aussparen ⟨etw. a.⟩: **1.** *einen Teil frei lassen; nicht mit einbeziehen:* einen Raum für die Zuhörer a.; eine ausgesparte Lücke in der Mauer. **2.** *ausnehmen; beiseite lassen:* eine Frage a.; das heikle Thema, das Problem blieb ausgespart.

aussperren: **1.** ⟨jmdn., sich a.⟩ *ausschließen:* sie hatte ihn einfach ausgesperrt; die Tür schlug zu, und ich war ausgesperrt. **2.** ⟨jmdn. a.⟩ *in Streikabwehr von der Arbeit ausschließen:* die Arbeiter der Werft wurden ausgesperrt.

ausspielen: **1.** (Kartenspiel) **a)** ⟨etw. a.⟩ *zur Eröffnung des Spiels hinlegen:* Pikass, einen Trumpf a.; **b)** *das Spiel beginnen:* klug, unüberlegt, schlecht a.; wer hat ausgespielt?; ich habe mit Pikass ausgespielt. **2.** ⟨etw. a.⟩ **a)** (Sport) *um etw. spielen:* einen Pokal a.; **b)** *als Spielgewinn festsetzen:* 20 Millionen

werden in der Lotterie ausgespielt; es wurden Geldpreise, Bücher und Schallplatten ausgespielt. **3.** (Sport) ⟨jmdn. a.⟩ *nicht an den Ball, zum Spiel kommen lassen:* beide Verteidiger a. und einschießen; in der zweiten Halbzeit wurde die deutsche Mannschaft völlig ausgespielt. **4.** (Theater) ⟨etw. a.⟩ *in allen Einzelheiten spielen:* eine Szene a.; er spielte seine Rolle breit, voll aus. **5.** ⟨etw. a.⟩ *zu seinen Gunsten ins Spiel bringen, einsetzen:* seine Erfahrung, seine große Routine a.; kurz vor dem Ziel spielte der Europameister seine Spurtstärke aus. **6.** ⟨jmdn. gegen jmdn. a.⟩ *zum eigenen Vorteil einsetzen:* sie versuchte, ihn gegen seinen Freund auszuspielen; sie hat die beiden Gruppen geschickt gegeneinander ausgespielt; ÜBERTR.: den Glauben gegen die Vernunft a.; ★ **ausgespielt haben** *(keine Macht, Bedeutung o. Ä. mehr haben):* als Politiker dürfte er ausgespielt haben; bei mir hat sie ausgespielt (ugs.; *ich will nichts mehr von ihr wissen*).

Aussprache, die: **1. a)** *Art des Aussprechens:* eine gute, schlechte, deutliche, reine, richtige, falsche, fehlerhafte A.; jmds. Herkunft, jmdn. an der A. erkennen; **b)** *das richtige Aussprechen; Artikulation eines Wortes:* die Aussprache des Polnischen machte ihm Schwierigkeiten. **2.** *klärendes Gespräch:* eine offene, geheime, vertrauliche A.; eine A. wünschen; eine längere A. mit jmdm. führen, haben; er hat mich um eine A. gebeten; ★ **eine feuchte Aussprache haben** (ugs. scherzh.; *beim Sprechen Speichel versprühen*).

aussprechen /vgl. ausgesprochen/: **1. a)** ⟨etw. irgendwie a.⟩ *in den Lauten einer Sprache wiedergeben:* ein Wort deutlich, richtig, unverständlich, falsch, mit fremdem Akzent a.; wie spricht man dieses Wort aus?; **b)** ⟨sich irgendwie a.⟩ *sich artikulieren lassen:* dieses Wort spricht sich leicht, gar nicht einfach, schwer aus. **2.** *zu Ende sprechen:* der Redner hatte kaum ausgesprochen, als ...; lass ihn doch a.! **3. a)** ⟨etw. a.⟩ *äußern:* einen Gedanken, einen Wunsch, seine Bedenken, einen Zweifel [an etw.], eine Verdächtigung, eine Warnung a.; ein Urteil, eine Strafe, eine Kündigung a. *(verkünden);* ⟨jmdm. etw. a.⟩ einem Menschen seinen Dank, seine Teilnahme, sein Bedauern a.; das Parlament sprach der Regierung das Vertrauen aus; **b)** ⟨sich über jmdn., etw. irgendwie a.⟩ *über jmdn., etw. sprechen:* sich anerkennend, lobend, befriedigt über den Ablauf des Festes a.; der Lehrer hatte sich über die Leistungen nicht näher ausgesprochen; **c)** (geh.) ⟨sich in jmdm., etw. a.⟩ *zum Ausdruck kommen:* in ihren Gesichtern sprach sich Besorgnis aus. **4.** ⟨sich für/gegen jmdn., etw. a.⟩ *Stellung nehmen:* sich für Reformen, für einen Antrag, gegen Atomwaffen a.; er hatte sich für diesen Kandida-

A

ten ausgesprochen; ich werde mich gegen seine Wiederwahl aussprechen.
5. ⟨sich a.⟩ *a) über das sprechen, was einen innerlich beschäftigt:* sich offen a.; das Bedürfnis haben, sich auszusprechen; sich bei jmdm. über seine Kümmernisse a.; **b)** *miteinander sprechen, um etw. zu klären:* wir müssen uns einmal in Ruhe a.; er hat sich mit ihm ausgesprochen und damit die Sache aus der Welt geschafft.
ausspucken: **a)** *Speichel aus dem Mund spucken:* verächtlich a.; die Gefangenen hatten vor ihm ausgespuckt; **b)** ⟨etw. a.⟩ *herausspucken:* Kirschkerne, den Kaugummi a.; ÜBERTR.: unser Werk spuckt täglich 3000 Wagen aus (ugs.; *produziert 3000 Wagen*); der Computer spuckt [in wenigen Minuten] die gewünschten Daten aus (ugs.; *liefert die Daten*); spuck aus (ugs.; *sag*), was du weißt!
ausspülen: **a)** ⟨etw. [aus etw.] a.⟩: *herausspülen:* die Rückstände a.; das Shampoo aus den Haaren a.; **b)** ⟨etw. a.⟩: *durch Spülen reinigen:* ein Glas, die Kaffeekanne a.; ⟨jmdm., sich etw. a.⟩ ich habe mir den Mund mit Wasser ausgespült.
ausstatten: **a)** ⟨jmdn., etw. mit etw. a.⟩ *versehen:* jmdn. mit Geldmitteln, mit besonderen Vollmachten a.; die Natur hatte ihn mit Humor ausgestattet; der Raum ist mit einer Klimaanlage ausgestattet; **b)** ⟨jmdn., etw. irgendwie a.⟩ *einrichten, zurechtmachen:* das Hotel ist modern, gemütlich ausgestattet; ein reich ausgestatteter Bildband.
Ausstattung, die: **1.** *das Ausstatten:* die A. der Räume übernehmen.
2. a) *Ausrüstung:* sich über die technische A. eines Autos informieren; **b)** *[Innen]einrichtung:* die A. der Räume ist modern, gemütlich; **c)** *Aufmachung:* die A. des Lexikons genügt höchsten Ansprüchen; Bücher in gediegener A.; die A. (Theater; *die verwendeten Bühnenbilder, Kostüme usw.*) der Revue ist hervorragend.
ausstechen: **1.** ⟨jmdn. etw. a.⟩ *durch einen Stich zerstören:* er hat ihm ein Auge ausgestochen.
2. ⟨etw. a.⟩ **a)** *herausstechen:* Rasen[stücke], Torf, junge Pflanzen a.; **b)** *durch Herausstechen herstellen:* einen Abzugsgraben a.; die Mutter stach mit der Form Plätzchen aus.
3. ⟨jmdn. a.⟩ *eindeutig übertreffen:* einen Konkurrenten a.; er hat ihn bei ihr ausgestochen.
ausstehen: **1.** *ausgestellt sein:* die neuen Modelle stehen im Schaufenster, auf der Messe aus.
2. *noch zu erwarten sein:* eine Antwort auf unser Schreiben steht noch aus; das Geld hatte noch ausgestanden *(war noch nicht eingegangen);* eine Lösung des Problems steht noch aus.
3. ⟨etw. a.⟩ *ertragen, aushalten:* Angst, Schmerz, Hunger, Durst a.; er wusste nicht, was sie um ihn ausgestanden hatte; sie steht viel aus mit ihrem Mann *(macht mit ihm viel durch);* ich stehe [bei ihm, in der Firma] nichts aus, habe nichts auszustehen *(mir geht es gut);*

★ jmdn., etw. **nicht ausstehen können** *(jmdn., etw. unerträglich finden):* ich kann diesen Menschen, den Lärm nicht a. · **ausgestanden sein** *(endlich vorbei sein):* damit ist die Sache, der Fall noch nicht ausgestanden.
aussteigen: **1.** ⟨[aus etw.] a.⟩ *(ein Fahrzeug) verlassen:* der Wagen hielt, und wir stiegen aus; aus dem Zug, aus der Straßenbahn a.; der Pilot der Maschine musste a. (Fliegerspr.; *sich mit dem Fallschirm retten).*
2. a) (ugs.) ⟨[aus etw.] a.⟩ *sich nicht mehr beteiligen:* sein Kompagnon ist aus dem Geschäft ausgestiegen; aus einem Bündnis, aus einem Vertrag, aus einer Partnerschaft a.; **b)** (Sport) ⟨[aus etw.] a.⟩ *nicht mehr mitmachen:* aus einem Wettkampf, aus einem Rennen a.; **c)** (Jargon) *seinen Beruf, seine gesellschaftlichen Bindungen o. Ä. aufgeben:* er ist ausgestiegen und lebt jetzt auf einem Bauernhof in der Toskana;
★ jmdn. **aussteigen lassen** (Fußball Jargon; *jmdn. ausspielen):* der Linksaußen ließ den Verteidiger a.
ausstellen: **1.** ⟨etw. a.⟩ *zur Ansicht, zum Verkauf hinstellen:* Waren im Schaufenster a.; die neuesten Modelle waren [zum Verkauf] ausgestellt.
2. ⟨jmdn., etw. a.⟩ *zu einem bestimmten Zweck aufstellen:* Warnschilder a.; es wurden Wachen, Posten ausgestellt.
3. ⟨etw. a.⟩ *ausschreiben, ausfertigen:* einen Pass, einen Ausweis, ein Visum, eine Arbeitserlaubnis, ein Zeugnis, ein Attest, eine Rechnung a.; ich werde den Scheck auf Sie, auf Ihre Firma ausstellen; ich habe [mir] die Bescheinigung selbst ausgestellt.
4. (ugs.) ⟨etw. a.⟩ *abstellen:* das Radio, die Dusche, den Motor, die Heizung a.
5. ⟨etw. a.⟩ *schräg nach außen stellen:* den Rollladen, das Fenster a.; ein ausgestellter Rock *(Rock, der nach unten weiter geschnitten ist).*
Ausstellung, die: **1. a)** *das Ausstellen:* gegen die A. der Bilder protestieren; **b)** *das Postieren:* die A. von Posten anordnen; **c)** *das Ausschreiben, Ausfertigung:* um die A. eines Visums bitten.
2. *Schau:* eine sehenswerte, landwirtschaftliche A.; eine A. moderner Kunst, von Schülerarbeiten, über Skandinavien; die A. findet in Berlin statt, geht morgen zu Ende; eine A. veranstalten, machen, eröffnen, besuchen, beschicken; auf, in einer A. vertreten sein.
aussterben: die Familie, das Geschlecht ist ausgestorben; SUBST.: diese Tiergattung vom Aussterben bedroht; ÜBERTR.: eine Sprache, ein Brauch stirbt aus *(verschwindet);* ein aussterbendes Handwerk; ADJ. PART.: die Stadt war wie ausgestorben *(menschenleer).*
aussteuern ⟨etw. a.⟩: **1.** *durch geschicktes Steuern unter Kontrolle bringen:* wenn ein Reifen platzt, muss den Wagen a.
2. (Elektronik) *so einstellen, dass Verzerrungen*

vermieden werden: einen Lautsprecher, ein Tonbandgerät, einen Verstärker a. **3.** ⟨jmdn. a.⟩ *jmdm. eine Aussteuer geben:* er musste drei Töchter a. **4.** (Versicherungsw.) ⟨jmdn. [aus etw.] a.⟩ *die Versicherungsleistungen an jmdn. beenden:* seine Kasse hat ihn ausgesteuert; aus der Arbeitslosenversicherung ausgesteuert werden.

ausstoßen: 1. ⟨etw. a.⟩ *durch Druck nach außen treiben:* der Vulkan stößt Rauchwolken aus. **2.** ⟨etw. a.⟩ *von sich geben:* Drohungen, einen Schrei, einen Seufzer, einen Fluch a.; er hat laute Verwünschungen ausgestoßen. **3.** ⟨jmdn. a.⟩ *ausschließen:* jmdn. aus einem Verein, aus der Partei a.; er wurde aus der Armee ausgestoßen; sich ausgestoßen fühlen. **4.** ⟨etw. a.⟩ *in einem bestimmten Zeitraum produzieren:* das Werk stößt täglich 400 Autos aus.

ausstrahlen: 1. a) ⟨etw. a.⟩ *strahlenförmig aussenden, verbreiten:* die Lampe strahlt gedämpftes Licht, der Ofen strahlt Wärme aus; ÜBERTR.: die Frau, ihr Gesicht strahlte sehr viel Wärme, eine eigenartige Faszination/Zufriedenheit aus; **b)** ⟨von etw. a.⟩ *sich verbreiten:* von dem Ofen strahlte gemütliche Wärme aus; ÜBERTR.: von seinem Wesen strahlte Ruhe aus; die Schmerzen strahlten vom Kopf in den Arm, in die Nierengegend aus. **2.** *ausleuchten:* die Straße, die Bühne a. **3.** ⟨auf jmdn., etw. a.⟩ *einwirken:* seine Ruhe strahlte auf die anderen aus. **4.** ⟨etw. a.⟩ *senden:* Nachrichten in alle Welt a.; dieses Programm wird von allen deutschen Sendern ausgestrahlt.

ausstrecken: 1. ⟨etw. a.⟩ *in seiner ganzen Länge strecken:* die Beine [unter dem Tisch] a.; mit ausgestrecktem Zeigefinger; das Kind streckt die Ärmchen nach der Mutter aus; die Schnecke hatte ihre Fühler ausgestreckt. **2.** ⟨sich a.⟩ *sich lang ausgestreckt hinlegen:* er streckte sich behaglich am Strand, auf dem Bett aus.

ausstreichen ⟨etw. a.⟩: **1.** *streichend auf einer Fläche verteilen:* Teig a.; einen Blutstropfen zum Mikroskopieren auf einer Glasplatte a. **2.** *auf den Innenflächen bestreichen:* eine Backform mit Butter a. **3.** *glatt streichen:* Falten, eine zerknitterte Stelle [mit dem Bügeleisen] a. **4.** *durchstreichen:* ein Wort, einen Satz a.; das Geschriebene wieder a.

ausströmen: a) ⟨etw. a.⟩ *verbreiten:* der Ofen strömt Wärme aus; die Blumen hatten einen betäubenden Duft ausgeströmt; ÜBERTR.: der Raum strömte Behaglichkeit aus; er strömte Zuversicht aus; **b)** ⟨[aus etw.] a.⟩ *herausströmen:* Wasser, Gas, Dampf strömt aus einer kaputten Leitung aus.

aussuchen /vgl. ausgesucht/ ⟨jmdn., etw. a.⟩: ein Kleid, ein Paar Schuhe a.; jmdn. für eine Arbeit,

als Begleiter a.; ich habe mir/für mich etwas ausgesucht.

Austausch, der: **a)** *das Austauschen:* der A. von Waren, von Informationen; den A. von Studenten, Gefangenen anregen; die Studenten kommen im A. hierher; Öl im A. gegen Stahlerzeugnisse erhalten; ÜBERTR.: ein kultureller A.; der A. von Erfahrungen, von Erinnerungen; die Wissenschaftler stehen in ständigem A. miteinander; **b)** *das Auswechseln, Ersatz:* der A. der Ventile; wir haben den A. von zwei Feldspielern vereinbart.

austauschen: 1. ⟨jmdn., etw. a.⟩ **a)** *sich wechselseitig übergeben:* Gefangene, Schüler a.; Geiseln gegen die Freilassung von Gefangenen a.; Botschafter a. *(diplomatische Beziehungen aufnehmen);* sie tauschten Geschenke aus; (EDV:) Daten a.; ÜBERTR.: Zärtlichkeiten a. *(zärtlich zueinander sein);* Höflichkeiten a. *(höflich zueinander sein);* sie tauschten bedeutungsvolle Blicke aus *(sahen sich bedeutungsvoll an);* Gedanken, Erfahrungen, Erinnerungen, Informationen a. *(sich gegenseitig mitteilen);* **b)** *auswechseln:* den Motor [gegen einen neuen] a.; einen verletzten Spieler gegen einen anderen a.; er war plötzlich wie ausgetauscht *(völlig verändert).* **2.** (geh.) ⟨sich a.⟩ *sich unterhalten:* sie haben sich [über die gemachten Erfahrungen] ausgetauscht; sich mit jmdm. a.

austeilen ⟨etw. a.⟩: die Post, die Hefte an die Schüler a.; Lebensmittel an die, unter die Flüchtlinge/ (selten:) unter den Flüchtlingen a.; die Karten zum Spiel a.; der Geistliche teilte das Abendmahl, das Sakrament aus; ÜBERTR.: Prügel, den Segen a.

austoben: 1. ⟨sich a.⟩ *ungezügelt toben:* Kinder müssen sich a. [können]; ÜBERTR.: der Sturm, das Unwetter, das Fieber tobt sich aus *(wütet bis zum Abklingen);* **b)** *überschüssige Kraft ungezügelt verausgaben:* Jugend will, muss sich a.; er hat sich vor der Ehe ausgetobt; sich auf dem Klavier, beim Tanzen, in der Turnhalle a. **2.** ⟨etw. a.⟩ *ungezügelt auslassen:* seinen Ärger, seine Wut a.; seine Launen an jmdm. a. **3.** ⟨meist in zusammengesetzten Zeiten⟩ *zu Ende toben:* der Kranke hat ausgetobt; jmdn. a. lassen.

austragen: 1. ⟨etw. a.⟩ *jmdm. zustellen:* Brötchen, Zeitungen a.; der Postbote trägt die Briefe aus. **2.** ⟨ein Kind a.⟩ *bis zur Niederkunft im Mutterleib tragen:* ein Kind nicht a. können. **3.** ⟨etw. a.⟩ **a)** *klärend zum Abschluss, zur Entscheidung bringen:* einen Streit, einen Konflikt, eine Meinungsverschiedenheit, ein Duell a.; eine Sache mit jmdm., vor Gericht a.; **b)** (Sport) *durchführen:* ein Turnier, ein Länderspiel a.; die Meisterschaften a. **4.** ⟨jmdn., sich, etw. a.⟩ *aus einer Liste o. Ä. streichen:* Daten, Zahlen a.; seinen Namen aus der Liste a.

A **austreiben:** 1. ⟨Vieh a.⟩ *auf die Weide treiben:* die Kühe a.
2. ⟨etw. a.⟩ *durch Beschwörung verbannen:* den Teufel, böse Geister a.; er wollte die Dämonen aus dem Körper des Besessenen a.
3. ⟨jmdm. etw. a.⟩ *jmdn. dazu bringen, von etw. abzulassen:* jmdm. seine Unarten, Launen, Frechheiten a.; man hatte ihnen ihren Hochmut ausgetrieben.
4. a) *zu sprießen beginnen:* Knospen, die Birken treiben aus; b) ⟨etw. a.⟩ *hervorbringen:* die Sträucher treiben Blüten aus.

austreten: 1. ⟨etw. a.⟩ *durch Darauftreten ersticken:* die Glut, ein Feuer a.; er trat den Zigarettenstummel mit dem Absatz aus.
2. ⟨etw. a.⟩ a) *festtreten:* eine Spur im Schnee a.; ausgetretene Pfade; b) *durch häufiges Darauftreten abnutzen:* ausgetretene Stufen, Dielen; c) *durch Tragen ausweiten:* ausgetretene Pantoffeln; er hat die neuen Schuhe schon wieder ausgetreten.
3. (ugs.) ⟨nur im Infinitiv gewöhnlich in Verbindung mit *müssen* oder *gehen*⟩ *seine Notdurft verrichten:* ich muss mal a.; ich gehe mal a.
4. ⟨aus etw. a.⟩ *freiwillig ausscheiden:* aus der Partei, aus der Kirche a.; ⟨auch ohne Präpositionalobjekt⟩ mein Schwager ist nicht mehr in dem Verein, und ich bin auch ausgetreten.
5. ⟨irgendwo[hin] a.⟩ *hervorkommen:* an dieser Stelle tritt Öl, Dampf aus; Blut tritt ins Gewebe aus.

austrinken ⟨etw. a.⟩: a) *bis zum letzten Tropfen trinken:* das Bier [in einem Zug] a.; ich habe meinen Kaffee nicht ausgetrunken; b) *leer trinken:* ein Glas, die Flasche a.; Eier a.; ⟨auch ohne Akk.⟩ habt Ihr ausgetrunken?

ausüben: 1. ⟨etw. a.⟩ *verrichten, tun:* ein Amt, einen Beruf, ein Gewerbe a.; ich weiß nicht, ob er seine Praxis noch ausübt *(praktiziert);* er ist ausübender Musiker *(ein Interpret von Musikwerken).*
2. ⟨etw. a.⟩ *innehaben und anwenden:* die Macht, die Herrschaft a.; er hat sein Wahlrecht nicht ausgeübt *(nicht davon Gebrauch gemacht).*
3. ⟨etw. auf jmdn., etw. a.⟩ *wirksam werden lassen:* einen Zwang, einen politischen Einfluss auf das Volk a.; sein Name übt eine magische Wirkung, eine starke Anziehungskraft auf die Menschen, auf die Massen aus.

Ausübung, die: er starb in A. seines Berufes; die A. *(die Anwendung)* von Gewalt.

Ausverkauf, der: A. wegen Geschäftsaufgabe; der A. beginnt morgen; etw. im A. billig erstehen; ÜBERTR.: die A. *(emotional; die immer geringere Berücksichtigung)* unserer Interessen.

ausverkauft: die Würstchen, die Brötchen, die Lose, die Eintrittskarten sind [restlos] a.; die Oper ist, die Vorstellungen sind a. *(es gibt keine Karten mehr);* wir sind ausverkauft *(haben alles*

verkauft); vor ausverkauftem *(voll besetztem)* Haus spielen.

auswachsen /vgl. ausgewachsen/: 1. *(von Getreide o. Ä.) auf dem Halm keimen:* das Getreide, das Korn wächst aus.
2. ⟨sich a.⟩ *sich beim Wachstum normalisieren:* die kleine Fehlbildung wird sich noch a.
3. ⟨etw. a.; meist im 2. Part.⟩ *aus einem Kleidungsstück herauswachsen:* er wird die Sachen bald a.; ihre Hosen sind schon alle ausgewachsen; ein ausgewachsener Pullover.
4. (geh.) a) ⟨sich a.⟩ *zunehmen, sich vergrößern:* die Unruhe, die Angst in der Bevölkerung wächst sich aus; b) ⟨sich zu etw. a.⟩ *sich entwickeln:* die Affäre wächst sich zu einem Skandal, die Unruhen wachsen sich zur Rebellion aus; er wächst sich zu einer Bedrohung, zu einer Gefahr für Europa aus.
5. (ugs.) *die Geduld verlieren:* ich wachse hier bald aus; SUBST.: das ist ja zum A.! *(das ist kaum zum Aushalten!).*

Auswahl, die: 1. *das Auswählen:* Richtlinien für die A. und Bewertung des Materials; die freie A.; die A. haben unter mehreren Bewerbern; eine A. treffen *(auswählen);* zur A. stehen; jmdm. etw. zur A. vorlegen.
2. a) *Zusammenstellung von ausgewählten Dingen:* eine einseitige, sorgfältige, repräsentative A.; eine A. aus Goethes Werken; b) (Sport) *aus mehreren Mannschaften zusammengestellte Mannschaft:* die Nationalelf spielte gegen eine Berliner A.
3. *Warenangebot, Sortiment:* eine große A. an/ von Gardinen, an Speisen und Getränken; der Einkaufsmarkt hat eine gute A., bietet wenig A.; in reicher A. vorhanden sein

auswählen ⟨jmdn., etw. a.⟩: ein paar Schuhe, einen Bauplatz a.; jmdn. aus einer großen Zahl von Bewerbern a.; jmdn., etw. für etw. a.; ich habe mir/für mich das Beste ausgewählt; ausgewählte Werke.

auswandern: nach Australien, in die Vereinigten Staaten, aus Irland a.

auswärtig: 1. *an einem anderen Ort befindlich:* ein auswärtiges Unternehmen; auswärtige Geschäftsstellen; b) *von auswärts kommend, stammend:* auswärtige Besucher, Gäste, Kunden, Schüler.
2. *das Ausland betreffend:* auswärtige Angelegenheiten; die auswärtige Politik eines Landes; im auswärtigen Dienst tätig sein; SUBST.: Bundesministerium des Auswärtigen.

auswärts: 1. *nach außen:* die Fußspitzen nach a. winkeln.
2. a) *nicht zu Hause:* einmal in der Woche essen wir a.; b) *nicht am Ort:* a. arbeiten; viele Schüler wohnen a., kommen von a.; etw. nach a. liefern; a. (Sport; *auf fremdem Platz o. Ä.*) spielen; eine Punkt holen; die Mannschaft ist a. sehr stark.

ausweisen: 1. a) ⟨etw. [aus etw.] a.⟩ *durch Wa-*

schen entfernen: den Schmutz, den Fleck aus dem Kleid a.; **b**) ⟨etw. a.⟩ *durch das Herauswaschen von etw. säubern:* die Wäsche kalt, in lauwarmem Wasser a.; ⟨jmdm., sich etw. a.⟩ jmdm. eine Wunde a.
2. ⟨etw. a.⟩ *durch Wassereinwirkung aushöhlen:* das Wasser wäscht das Ufer aus; der Fels war von Regen ganz ausgewaschen.

auswechseln ⟨jmdn., etw. a.⟩: die durchgebrannte Sicherung, Zündkerzen, Holzbalken gegen Stahlträger a.; der Torwart musste ausgewechselt werden; ein Teil gegen ein anderes a.; (Sport:) ⟨auch ohne Akk.⟩ der Trainer musste a.; ADJ. PART.: er war wie ausgewechselt *(völlig verändert).*

Ausweg, der: das ist ein glücklicher, rettender A.; Importbeschränkung bietet sich als letzter A. an; es gibt keinen A.; einen A. suchen, finden, wissen; ich sehe keinen anderen A. als ...; ich möchte mir einen A. offen halten, offen lassen; auf einen A. verfallen.

ausweichen: 1. a) *aus der Bahn eines anderen gehen:* der Fahrer versuchte auszuweichen; geschickt, zu spät, [nach] rechts, nach der/zur Seite a.; ⟨jmdm., etw. a.⟩ er ist dem Motorrad rechtzeitig ausgewichen; **b)** ⟨etw. (Dat.) a.⟩ *vor etw. zur Seite weichen:* einem Schlag, einem Stoß, einem Hieb a.; er versuchte, dem Stein auszuweichen, wurde aber am Kopf getroffen; **c)** ⟨jmdm., etw. a.⟩ *aus dem Weg gehen:* jmdm. [auf der Straße] a.; sie wich einer Begegnung aus; einer Frage, jmds. Blicken, einer Entscheidung a.; ⟨auch ohne Dat.⟩ sie fragte nach Einzelheiten, er wich jedoch höflich aus *(ging auf ihre Fragen nicht ein);* eine ausweichende Antwort geben.
2. a) ⟨auf etw. (Akk.) a.⟩ *etw. anderes wählen:* auf ein anderes Programm a.; er war auf eine andere Möglichkeit, auf eine andere Droge ausgewichen; **b)** (Sport) ⟨irgendwohin a.⟩ *einen anderen Platz einnehmen:* auf die Flügel a.

ausweinen: a) ⟨sich a.⟩ *sich durch Weinen erleichtern:* sich bei jmdm. a.; weine dich nur einmal aus!; **b)** *zu Ende weinen:* lass sie a.!; **c)** (geh.) ⟨etw. a.⟩ *sich von etw. durch Weinen befreien:* seinen Kummer a.; das Kind weinte seinen Schmerz bei der Mutter aus.

Ausweis, der: **1.** *Kennkarte:* ein ungültiger, gefälschter A.; der A. läuft ab; einen A. beantragen, ausstellen, [vor]zeigen, einbehalten; der Polizist nahm ihm den A. ab; etw. nur gegen Vorlage des Ausweises aushändigen; er war ohne A.
2. (Bankw.) *Übersicht über den Geschäftsstand:* sich anhand der Ausweise der Zentralbanken informieren;
⋆ **nach Ausweis** (Papierdt.; *wie zu erkennen ist*): nach A. der Statistik, des Berichtes.

ausweisen: 1. ⟨jmdn. a.⟩ *aus dem Land weisen:* einen Staatenlosen, einen Asylbewerber a.; jmdn. als unerwünschte Person a.
2. ⟨jmdn., sich a.⟩ *die Identität nachweisen:* bitte weisen Sie sich aus!; sie konnte sich nicht, durch

ihren Führerschein a.; die Dokumente haben ihn als Unterhändler ausgewiesen.
3. a) ⟨sich als etw. a.⟩ *sich erweisen:* sich als guter/(selten:) guten Geschäftsmann, als großer/ (selten:) großen Künstler a.; **b)** ⟨etw. a.⟩ *beweisen:* mit diesem Roman hat er sein Talent ausgewiesen; Kenntnisse, Erfahrungen a.
4. ⟨etw. a.⟩ *rechnerisch nachweisen, zeigen:* der Kontoauszug weist einen geringen Fehlbetrag aus; ..., wie die Statistik ausweist; ausgewiesene Überschüsse.
5. ⟨etw. a.⟩ **a)** *offiziell als etw. bezeichnen, zu etw. erklären:* ein Grundstück als Baugebiet a.; das Gutachten weist diese Gebäude als einsturzgefährdet aus; **b)** *kennzeichnen, angeben:* ein Datum a.; die Kosten für Eltern und Kinder sind separat ausgewiesen.

ausweiten: 1. a) ⟨etw. a.⟩ *dehnen:* du darfst meine Schuhe nicht anziehen, sonst weitest du sie aus; **b)** ⟨sich a.⟩ *sich dehnen:* das Gummiband hat sich ausgeweitet.
2. a) ⟨etw. a.⟩ *ausdehnen:* den Handel mit dem Ausland a.; die Firma zu einem multinationalen Konzern a.; **b)** ⟨sich a.⟩ *sich erweitern:* der Kreis der Teilnehmer hat sich ausgeweitet; ⟨sich zu etw. a.⟩ die Unruhen weiten sich zum Bürgerkrieg aus.

auswendig: ein Gedicht, ein Lied a. können; er konnte nach Noten und a. spielen; einen Text a. lernen; etw. a. hersagen;
⋆ **etw. schon auswendig können** (ugs. abwertend; *etw. bis zum Überdruss gehört, gesehen haben).*

auswerfen: 1. ⟨etw. a.⟩ *an eine vorgesehene Stelle werfen, legen:* Netze, eine Angel a.; das Schiff wirft die Anker aus.
2. ⟨etw. a.⟩ *nach außen schleudern:* der Vulkan wirft Asche aus; **b)** (geh.) *ausspucken:* der Kranke wirft Schleim aus.
3. (geh.) ⟨etw. a.⟩ **a)** *herausschaufeln:* Erde a.; **b)** *durch Herausschaufeln der Erde anlegen:* einen Abzugsgraben a.
4. ⟨etw. a.⟩ *zur Ausgabe bestimmen:* hohe Prämien, Dividenden a.; die Europäische Union will für dieses Projekt 3 Millionen Euro a.
5. ⟨etw. a.⟩ *in einem bestimmten Zeitraum produzieren:* die Anlage wirft täglich 20000 Behälter aus.
6. (Bürow.) *ausrücken, gesondert aufführen:* die einzelnen Posten der Aufstellung werden rechts ausgeworfen.

auswerten ⟨etw. a.⟩: Erfahrungen, Berichte, Filmaufnahmen, Material, eine Statistik a.; die Daten sind noch nicht ausgewertet.

auswickeln: a) ⟨etw. a.⟩ *aus einer Umhüllung herausholen:* ein Päckchen, ein Bonbon, ein Geschenk a.; **b)** ⟨jmdn., sich [aus etw.] a.⟩ *herauswickeln:* sie hat sich aus der Decke ausgewickelt; sie wickelte das Kind aus den Tüchern aus.

auswirken ⟨sich a.⟩: etw. wirkt sich für jmdn. nachteilig aus; das wirkt sich zu unserem Nachteil, in

A

den Wahlergebnissen aus; ⟨sich auf etw. (Akk.) a.⟩ dieser Umstand hat sich auf die weiteren Verhandlungen günstig, verhängnisvoll ausgewirkt; der Streik wirkt sich auf die Wirtschaft aus.

auswischen: a) ⟨etw. [aus etw.] a.⟩ *herauswischen:* den Staub aus dem Glas a.; er nahm den Helm ab und wischte den Schweiß aus; b) ⟨etw. a.⟩ *durch Wischen säubern:* das Glas a.; ich habe den Schrank feucht ausgewischt; ⟨jmdm., sich etw. a.⟩ ich musste mir die Augen a.; c) ⟨etw. a.⟩ *durch Wischen entfernen:* Kreidestriche a.; ★ **jmdm. eins auswischen** (ugs.; *jmdm. [aus Rache] übel mitspielen*).

auswringen ⟨etw. a.⟩: Wäsche a.; SUBST.: das Hemd war zum Auswringen (*ganz*) nass.

Auswuchs, der: **1.** *krankhafte Wucherung:* krankhafte Auswüchse an Obstbäumen. **2.** *ungesunde Entwicklung, Übersteigerung:* das sind Auswüchse seiner Fantasie; gegen die Auswüchse in der Verwaltung vorgehen.

auszahlen: 1. ⟨etw. a.⟩ *jmdm. zahlen, aushändigen:* Gehälter, Prämien, Gewinne a.; ⟨jmdm. etw. a.⟩ er ließ sich von ihm sein Erbteil a.; er zahlte ihm den Scheck anstandslos aus. **2.** ⟨jmdn. a.⟩ *entlohnen:* die Handwerker, die Arbeiter a.; er hat seine Teilhaber ausgezahlt (*abgefunden*). **3.** (ugs.) ⟨sich a.⟩ *sich lohnen:* die Investition zahlt sich für uns, für das Unternehmen, in größerem Umsatz aus; ihre Mühe zahlt sich nicht aus.

auszählen: 1. ⟨etw. a.⟩ *durch Zählen die genaue Zahl feststellen:* die Stimmen nach der Wahl a. **2.** (Boxen) ⟨jmdn. a.⟩ *die Niederlage durch Zählen bis zum Aus feststellen:* der Boxer wurde in der achten Runde ausgezählt.

auszeichnen /vgl. ausgezeichnet/: **1.** ⟨etw. a.⟩ *mit einem Preisschild versehen:* die ausgestellten Waren müssen ausgezeichnet werden. **2.** a) ⟨jmdn. a.; mit Umstandsangabe⟩ *mit Vorzug behandeln, ehren:* er zeichnete ihn dadurch aus, dass ...; der Minister hat ihn durch sein Vertrauen, mit seinem Vertrauen ausgezeichnet; b) ⟨jmdn., etw. a.⟩ *durch die Verleihung einer Auszeichnung ehren:* einen Forscher mit dem Nobelpreis a.; er ist für seinen Einsatz, wegen seiner guten Leistungen ausgezeichnet worden; der Film wurde mit drei Preisen ausgezeichnet. **3.** a) ⟨jmdn., etw. a.⟩ *aus einer Menge herausheben:* gute Fahreigenschaften zeichnen diesen Wagen aus; Klugheit und Fleiß zeichneten ihn vor allen anderen aus; b) ⟨sich a.⟩ *sich hervortun:* sich durch Fleiß, durch Ausdauer, durch Klugheit, durch Schönheit a.; er hat sich als erfolgreicher Politiker ausgezeichnet; der Kunststoff zeichnet sich durch große Härte aus (*unterscheidet sich dadurch von allen übrigen*). **4.** (Druckerspr.) ⟨etw. a.⟩ *durch eine besondere Schriftart hervorheben:* ein Zitat durch Sperrung

a.; der Lektor hat das Manuskript ausgezeichnet (*zum Satz fertig gemacht*).

Auszeichnung, die: **1.** *das Auszeichnen:* mit der A. der Waren beschäftigt sein. **2.** a) *Gunstbeweis, Ehrung:* er empfand diese Bemerkung als A.; b) *Ehrung durch einen Orden, Preis o. Ä.:* die A. der Sportler findet in einer Feierstunde statt; einige Soldaten zur A. vorschlagen. **3.** *Orden, Medaille, Preis:* das Silberne Lorbeerblatt ist eine hohe, die höchste A. für Sportler; er ist Inhaber zahlreicher Auszeichnungen; eine A. erringen, verdienen, erhalten, tragen, zurückgeben; man verlieh ihm die A. für seine Verdienste; ★ **mit Auszeichnung** (*mit dem Prädikat »ausgezeichnet«*): die Prüfung mit A. bestehen.

ausziehen: 1. ⟨etw. a.⟩ a) *herausziehen:* den Nagel mit der Zange a.; sie zog ein paar Radieschen aus; das Chlor hat die Farben ausgezogen (*ausgebleicht*); Pflanzenstoffe a. (*einen Extrakt herstellen*); ⟨jmdm., sich etw. a.⟩ ich habe ihm den Splitter ausgezogen; b) *durch [Heraus]ziehen verlängern:* ein Stativ, den Tisch a.; Metall [zu Draht] a. **2.** a) ⟨etw. a.⟩ *ablegen:* die Hosen, das Jackett, das Kleid, den Mantel a.; sie zog Schuhe und Strümpfe aus; ⟨jmdm., sich etw. a.⟩ er hatte sich das Hemd ausgezogen; b) ⟨jmdn., sich a.⟩ *entkleiden:* die Mutter zieht die Kleinen aus; sie hatte sich bereits ausgezogen; ganz ausgezogen sein; ÜBERTR.: er hat sie mit den Augen ausgezogen. **3.** *hinausziehen, ausrücken:* zur Jagd a.; er war ausgezogen, um die Welt kennen zu lernen; auf Raub, auf Abenteuer a. (*ausgehen*). **4.** ⟨[aus etw.] a.⟩ (*eine Wohnung, o. Ä.*) *aufgeben:* am Ersten müssen wir a.; ich bin aus dem Haus ausgezogen. **5.** (selten) ⟨[aus etw.] a.⟩ *schwinden, verloren gehen:* das Aroma ist aus dem Kaffee ausgezogen. **6.** ⟨etw. a.⟩ *herausschreiben, exzerpieren:* alle Wörter auf -ung aus einem Text a.; einen Roman, einen Schriftsteller a. (*das Werk des Schriftstellers*) a. **7.** ⟨etw. a.⟩ *zu einer Linie vervollständigen; nachzeichnen:* eine punktierte Linie, eine Kurve a.; die Schüler ziehen die Umrisse mit Tusche aus. ★ **jmdn. ausziehen** (ugs.; *jmdm. überdurchschnittlich viel Geld abverlangen*): er hat seine Kunden ganz schön ausgezogen.

Auszug, der: **1.** *das Ausziehen:* ein eiliger, überstürzter A.; der feierliche A. des Lehrkörpers aus der Aula. **2.** *das Aufgeben und Verlassen einer Wohnung o. Ä.:* der A. muss bis zum Ersten nächsten Monats erfolgen. **3.** *Extrakt:* Alkohol mit konzentriertem A. von Melisse; ein A. aus Heilkräutern. **4.** a) *Teilabschrift:* ein beglaubigter A. aus dem Grundbuch, aus dem Taufregister; die Bank schickt die Auszüge (*Kontoauszüge*) an die Kunden; b) *Textausschnitt:* Auszüge aus Büchern; einen A. aus einer Rede abdrucken; **c)** (Musik) *Be-arbeitung eines Orchesterwerks für Klavier:* einen A. [aus einer Oper] anfertigen.

Auto, das: ein neues, altes, gebrauchtes, schnelles A.; das A. steht vor dem Haus, parkt auf dem Grünstreifen, fährt an, zieht schlecht an, (ugs.:) zischt ab, hat gute Fahreigenschaften, gerät ins Schleudern, überschlägt sich, prallt gegen einen Baum, hat eine Panne; ein A. bestellen, kaufen, haben, besitzen, fahren; das Auto starten, parken, reparieren, überholen lassen, waschen, in die Garage fahren, zur Inspektion, zum TÜV bringen; ich kann nicht A. fahren; er fährt gut A.; aus dem A. steigen, klettern; im A., mit dem A. reisen; er ist viel mit dem A. unterwegs; jmdn. im A. mitnehmen; er ist mit dem A. verunglückt, im Schnee stecken geblieben; ins A. steigen; * **wie ein Auto gucken** (ugs.; *sehr erstaunt, verblüfft dreinschauen*).

Autobahn, die: die A. ist verstopft, ist gesperrt; die Autobahn benutzen, wegen mehrerer Unfälle meiden; auf der A. verunglücken; an der A. bauen; auf die A. [auf]fahren; von der A. abfahren; sie fahren weite Strecken über die A.

automatisch: 1. a) *mit einer selbsttätigen technischen Vorrichtung versehen:* eine automatische Kamera, Anlage; ein automatisches Getriebe; **b)** *durch Automatik erfolgend, ausgelöst; selbsttätig:* die automatische Zeitansage; das automatische Sortieren der Post; eine automatische Steuerung; ein automatisches Getriebe; ein automatischer Anrufbeantworter; automatische Türschließer; die Türen öffnen sich, schließen [sich] a.; die Temperatur regelt sich a. **2. a)** *unwillkürlich; zwangsläufig:* automatische Bewegungen; er nahm a. eine stramme Haltung an, größte u.; a. antworten; **b)** *ohne Zutun des Beteiligten:* diese Entwicklung führt a. zu Preissteigerungen; das erledigt sich a.

autoritär: a) *diktatorisch:* ein autoritäres Regime; extrem autoritäre Parteien; **b)** *unbedingten Gehorsam fordernd:* eine autoritäre Erziehung; ein autoritärer Charakter; eine autoritäre Persönlichkeit; ihre Mutter war sehr a.; a. erzogen worden sein.

Autorität, die: **1.** *gewichtiges Ansehen, anerkannt machtvolle Geltung:* die väterliche, elterliche, ärztliche A.; seine A. wankt, geht verloren; große, viel A. haben, besitzen, genießen; der Lehrer hat in der Klasse, gegenüber den Schülern keine A.; A. erhalten; er wahrt seine A.; sich (Dat.) A. verschaffen; sein Amt verlieh ihm A.; jmds. A. anerkennen; an A. gewinnen, verlieren, einbüßen. **2.** *Person mit maßgebendem Einfluss und hohem fachlichen Ansehen:* eine wissenschaftliche A.; sie ist eine A., gilt als eine A. auf diesem Gebiet, in der Medizin.

Aversion, die: er hatte eine starke A. gegen parfümierte Seife; Aversionen hegen, abbauen.

Axt, die: eine scharfe, stumpfe A.; die A. rutschte ab; die A. schwingen; mit der A. ausholen; Ⓡ die A. im Haus erspart den Zimmermann; * **wie eine/die Axt im Walde** (ugs.; *ungehobelt, rüpelhaft*): er hat ein Benehmen, benimmt sich wie die A. im Walde · etw. (Dat.) **die Axt an die Wurzel legen; an etw.** (Akk.) **die Axt anlegen** *(sich anschicken, etw. zu beseitigen):* sie haben die A. an diese Missstände gelegt.

Bach, der: ein klarer B.; der B. rauscht, murmelt, windet sich durch das Tal, schlängelt sich durch die Wiesen, trocknet im Sommer aus; BILDL.: Bäche von Schweiß flossen an ihm herunter; * **den Bach runtergehen** (ugs.; *zunichte werden*).

Backe, die: **1.** *Teil des Gesichts:* volle, rote, gerötete, runde, gesunde, eingefallene Backen; die linke B. ist dick [an]geschwollen; seine Backen hängen schlaff herab; die Backen aufblasen; er streichelte, tätschelte ihr die Backen; Backen wie ein Hamster *(dicke Backen)* haben; rote Flecken auf den Backen haben; ein Küsschen auf die B.; er kaute mit vollen Backen; Tränen liefen ihr über die Backen; über beide Backen strahlen *(sehr strahlen, überaus glücklich sein)*. **2.** *verstellbarer Seitenteil, bewegliche Seitenfläche:* die Backen des Schraubstocks.

¹backen: 1. a) ⟨[etw.] b.⟩ *einen Teig bereiten und unter Hitzeeinwirkung garen:* wir backen jede Woche, nur zu Weihnachten; bäckst/backst du gerne?; er steht in der Küche und bäckt/backt; Kuchen [aus Hefeteig], Brot b.; die Großmutter backte Plätzchen; die Brötchen wurden schön knusprig, zu scharf gebacken; BILDL.: ein frisch gebackener Ehemann, Referendar, Pilot; **b)** (landsch.) ⟨etw. b.⟩ *braten:* Eier, Fisch, ein Hähnchen b.; es gibt zum Mittagessen gebackene Leber. **2.** *im Backofen garen:* der Kuchen muss noch 10 Minuten b. **3.** (ugs.) ⟨irgendwie b.⟩ *zum Backen notwendige Eigenschaften haben:* der Herd, diese Form backt ganz hervorragend. **4.** (landsch.) ⟨etw. b.⟩ *dörren:* Pflaumen, Pilze b.; Dachziegel b. *(brennen)*.

²backen (landsch.): **a)** *sich zusammenballen:* der Schnee backt; **b)** ⟨an etw. (Dat.) b.⟩ *kleben, haften:* der Schnee backt an den Skiern.

Bad, das: **1.** *das Baden:* das tägliche B. [im Meer]; vom Arzt verordnete Bäder; ein B. nehmen *(ba-*

den); sich durch ein B. erfrischen; ÜBERTR.: ein B. im heißen Sand, in der prallen Sonne. **2.** *Wasser zum Baden:* ein kaltes, warmes, heißes B.; (geh.:) jmdm. ein B. richten; jmdm., sich ein B. einlaufen lassen; medizinische Bäder verabreichen; ich mache mir ein heißes B.; ins B. steigen. **3. a)** *Badezimmer:* ein sauberes, gekacheltes B.; das B. benutzen; die Ferienhäuser haben B. oder Dusche; das B. ist ständig besetzt; eine Wohnung mit Küche und B.; im B. sein; **b)** *Badeanstalt; Schwimmbad:* ein modernes B.; türkische Bäder; die öffentlichen Bäder sind ab 1. Mai geöffnet; die Bäder waren überfüllt; ins B. gehen; **c)** *Kurort mit Heilquellen:* ein teures, vornehmes B.; ein B. für Frauenleiden, für Rheumakranke; sie fährt, reist in ein B. an der See, im Gebirge. **4.** (Technik, Chemie) *Lösung, Flüssigkeit:* ein B. zum Entwickeln eines Films;
∗ **Bad in der Menge** *(unmittelbarer Kontakt mit einer [positiv eingestellten] Menschenmenge).*
baden: **1.** ⟨jmdn., sich, etw. b.⟩ *im Wasser reinigen, erfrischen:* das Neugeborene wird von der Hebamme gebadet; die Vögel baden sich in der Pfütze; ⟨jmdm., sich etw. b.⟩ sie hat sich die wunden Füße in Kamillenlösung gebadet; ÜBERTR.: in Schweiß gebadet *(schweißüberströmt)* aufwachen. **2.** *ein Bad nehmen; in einem Gewässer o. Ä. schwimmen:* kalt, warm, heiß, täglich b.; sie badeten nackt im See; b. gehen; SUBST.: er ist beim Baden ertrunken;
∗ **[bei, mit etw.] baden gehen** (salopp; *keinen Erfolg haben, hereinfallen*): er ist mit seinem Plan ganz schön b. gegangen.
Bahn, die: **1. a)** *ebene Strecke, Weg:* sich eine B. durch das Unterholz schaffen; schlagen; das Wasser hat sich eine B. gebrochen, eine neue B. gesucht; die Straße ist auf drei Bahnen *(Fahrbahnen)* erweitert worden; eine Bowlinganlage mit 12 Bahnen *(Bowlingbahnen);* von der B. *(Eisbahn)* den Schnee entfernen; die deutsche Staffel hat B. 3, läuft auf B. 3; eine schwere B. *(vom Regen nasse Aschenbahn);* die B. *(Anlage für die Läufer)* im Olympiastadion besteht aus Kunststoff, ist sehr schnell; der Rennwagen wurde in der Kurve aus der B. getragen, geschleudert; der Bob kam von der B. ab; Ⓡ freie B. dem Tüchtigen!; ÜBERTR.: sich auf/in neuen, gefährlichen, anderen Bahnen bewegen *(neue usw. Wege beschreiten);* ihr Leben verläuft in geregelten Bahnen; das Leben kehrte in die gewohnten Bahnen zurück; **b)** *Strecke, die ein Körper durchmisst:* die B. ist kreisförmige B.; die B. des Geschosses, der Gestirne; eine bestimmte B. beschreiben, durchlaufen; der Mond zieht still seine B.; er berechnet die B. der Rakete, des Satelliten; **c)** *breiter Streifen:* die einzelnen Bahnen der Tapeten. **2.** *Gleisweg, Schienenstrang:* eine mehrgleisige B.; die Straße wird von der B. gekreuzt. **3. a)** *Eisenbahn:* die Bahnen waren überfüllt; sich auf die B. setzen (ugs.; *einsteigen*) und wegfah-

ren; mit der B. reisen, fahren; unser Besuch kommt mit der B.; Gepäck per B. senden; **b)** *Straßen-, S- od. U-Bahn:* die B. fährt an der Haltestelle durch; ich habe meine B. verpasst, nehme die nächste B.; sich in die volle B. drängen; in die B. einsteigen. **4.** *Haltestelle einer Bahn; Bahnhof:* an die B. gehen, um jmdn. abzuholen; er brachte seinen Besuch zur B.; jmdn. von der B. abholen. **5.** (ugs.) *Bahnverwaltung:* die Bahn hat die Preise erhöht, setzt Entlastungszüge ein; er ist, arbeitet bei der B.;
∗ etw. (Dat.) **Bahn brechen** *(zum Durchbruch verhelfen):* er hat dieser Theorie B. gebrochen · **sich** (Dat.) **Bahn brechen** *(sich durchsetzen):* das Gute bricht sich B. · jmdm., etw. die Bahn **ebnen** (geh.; *jmds. Vorwärtskommen, die Entwicklung von etw. fördern)* · freie Bahn haben *(alle Schwierigkeiten beseitigt haben)* · auf die schiefe Bahn geraten/kommen *(auf Abwege geraten)* · jmdn. aus der Bahn bringen/werfen/schleudern *(jmdn. von seinem gewohnten Lebensgang abbringen)* · etw. in die richtige Bahn lenken *(dafür sorgen, dass sich etw. richtig entwickelt).*
bahnen ⟨jmdm., sich, etw. etw. b.⟩: sich einen Weg durch den Urwald, durch den Schnee, durch die Menge b.; man bahnte ihr einen Weg zum Saal, ins Freie.
Bahnhof, der: wo ist hier der B.?; der B. liegt außerhalb der Stadt; dieser Zug hält nicht auf allen Bahnhöfen; im Bahnhof gibt es eine Bäckerei; der Zug fährt/läuft in den B. ein; jmdn. vom B. abholen, zum B. bringen;
∗ **großer Bahnhof** (ugs.; *festlicher Empfang):* der Staatschef bekam einen großen B. · **[immer] nur Bahnhof verstehen** (ugs.; *nicht richtig, überhaupt nicht verstehen).*
Bahre, die: sie legten den Verletzten auf die B.; der Tote lag auf der B.
Balance, die: für [die] B. halten, verlieren; aus der B. kommen; sich nicht mehr in [der] B. halten können; ÜBERTR.: jmdn. aus der B. bringen; den Etat in der B. halten.
bald: **1. a)** *in kurzer Zeit:* ich komme b. wieder; bist du b. fertig?; er wird b. berühmt sein; ist Ostern; möglichst b.; so bald wie möglich/(seltener:) als möglich; b. *(kurz)* darauf; b. *(kurz)* nachdem er gegangen war; bist du jetzt b. (landsch. ugs.; *gleich*) still!; nun, wirds b.?; **b)** *schnell; leicht:* das kommt so b. nicht wieder; er konnte so nicht einschlafen; sie hatten das sehr b. erkannt; das ist b. getan. **2.** (ugs.) *fast:* ich hätte b. etwas gesagt; es ist b. keinem Menschen mehr zu trauen; wir warten b. 3 Stunden. **3.** ⟨nur in der Verbindung⟩ bald ... bald ... *(erst ... dann ..., teils ... teils ...):* b. hier, b. da; b. laut, b. leise; b. war er nah, b. schien er fern;
∗ **bis bald!; auf bald!** (ugs.; Abschiedsformeln).

baldig: wir bitten um baldige Antwort; er wünschte ihm baldige Genesung; auf baldiges Wiedersehen!

balgen ⟨sich [um etw.]⟩ b.⟩: die Jungen balgten sich; die Hunde hatten sich um das Fleisch gebalgt; ⟨sich mit jmdm. b.⟩ sie balgt sich mit ihrem jüngeren Bruder.

Balken, der: ein dicker, morscher B.; Balken aus Eichenholz; die Balken tragen die Decke; neue Balken einziehen; eine Wand mit Balken abstützen; am B. (Sport Jargon; *Schwebebalken*) turnen; ⋆ lügen, dass sich die Balken biegen *(maßlos lügen).*

Balkon, der: 1. *nicht überdachter Vorbau:* ein sonniger B.; die Balkons/Balkone gehen nach Süden; auf den B. treten; sich auf den B. legen, sich auf dem B. sonnen. 2. *erhöhter Teil des Zuschauerraums:* wir saßen im Theater, im Kino B., dritte Reihe.

¹Ball, der: *Spielball:* ein leichter, bunter B.; ein B. aus Leder; der Ball springt auf, rollt auf die Straße, dreht sich, prallt gegen den Pfosten, landet im Tor, (ugs.:) zappelt im Netz, wandert von Spieler zu Spieler, ist im Aus; einen B. aufpumpen; B. spielen; den B. werfen, schleudern, annehmen, abgeben, abschlagen, schießen, ins Tor befördern, köpfen, (ugs.:) an die Latte knallen, anschneiden, [am Fuß] führen, zum Außen passen; sich (Dat.) den B. vorlegen; den B. stoppen, fangen; der Torwart hält den B.; der Stürmer hat den B. verloren *(hat ihn sich abnehmen lassen);* sich den B. zuspielen; den B. verstolpern, verschlagen; einen B. *(Punkt)* machen; nach dem B. laufen; sich nicht vom B. trennen lassen; BILDL.: die Sonne war ein feuerroter B.; ⋆ den Ball flach halten (ugs.; *kein unnötiges Risiko eingehen)* · jmdm., einander/sich [gegenseitig] die Bälle zuspielen, zuwerfen *(jmdn., sich [im Gespräch] geschickt begünstigen, unterstützen)* · am Ball sein (ugs.; *aktiv sein, handeln [können])* · am Ball bleiben (ugs.; *sich nicht abbringen lassen; etw. mit Eifer weiterverfolgen).*

²Ball, der: *Tanzfest:* ein großer, festlicher, glanzvoller B.; der erste B. der Saison findet am ... statt; einen B. geben, veranstalten, besuchen; den B. eröffnen; auf einen B. gehen.

Ballast, der: Sand als B. mitführen; B. über Bord werfen, abwerfen; den Schiffsraum mit B. beschweren; (ÜBERTR.: das ist alles überflüssiger B.; den unnötigen B. abwerfen.

ballen: 1. ⟨etw. b.⟩ *in eine ballähnliche Form bringen:* die Hand zur Faust b.; Papier zu einer Kugel b.; mit geballten Fäusten. 2. ⟨sich b.⟩ *[durch Zusammenpressen] eine ballähnliche Form annehmen:* der Schnee ballt sich zu Klumpen, (ÜBERTR.: am Himmel hatten sich Wolkenberge geballt; am Bahnhof ballten sich die Demonstranten; eine geballte *(dicht zusammengedrängte)* Menschenmasse; die Schwierig-

keiten ballen *(häufen)* sich; mit geballter *(konzentrierter)* Kraft, Energie.

Ballen, der: 1. *rundlicher Packen:* einige B. Stroh; zwei B. Leder, Stoff kaufen. 2. *Hand-, Fußballen:* wunde B. haben; über den B. weich abrollen.

Ballon, der: 1. *mit Luft, Gas gefüllte ballförmige Hülle:* ein knallroter B.; ein B. für Werbezwecke; der B. platzt, fliegt weg, treibt ab; eine Bö erfasste den B.; Ballons/Ballone aufsteigen lassen; der B., im B. fliegen. 2. *bauchiger Glasbehälter:* ein B. Schwefelsäure; den Most in einem B. aufbewahren. 3. (ugs.) *Kopf:* jmdm. eins über den B. hauen; ⋆ jmdm. einen Ballon bekommen/kriegen (salopp; *einen roten Kopf bekommen).*

banal: eine banale Geschichte; eine banale Frage stellen; eine banale Antwort geben; der Film, der Vortrag, das Stück war b. und langweilig; das Bedürfnis nach banaler Zerstreuung.

¹Band, das: 1. a) *längerer schmaler Streifen:* ein seidenes, gesticktes B.; ein B. aus Stoff, aus Leder; sie trug ein B. im Haar; der Minister zerschnitt das B. bei der Einweihung; er trug ein B. *(Ordensband)* im Knopfloch, den Orden an einem B. um den Hals; eine Matrosenmütze mit langen, blauen Bändern; BILDL.: das leuchtende B. der Autobahn; b) *Fließband:* am B. stehen, arbeiten; im Frühjahr soll ein neues Modell auf B. gelegt werden; c) *Muskelband, Gewebestrang:* die Bänder am Knöchel überdehnen, zerren; d) *Tonband:* das B. läuft; ein B. einlegen, bespielen, besprechen, zurücklaufen lassen, ablaufen lassen, abspielen, löschen; etw. auf B. [auf]nehmen, sprechen, diktieren. 2. (geh.) *Bindung:* familiäre, verwandtschaftliche, freundschaftliche Bande; ein geistiges B.; die Bande des Bluts; langjährige Bande hielten ihn zurück; ⋆ zarte Bande knüpfen (oft scherzh.; *ein Liebesverhältnis anbahnen)* · am laufenden Band (ugs.; *unablässig, immer wieder):* er hat sich am laufenden B. beschwert.

²Band, der: *einzelnes Buch:* ein dünner, schmaler B.; er schenkte ihr einen B. Gedichte; Shakespeares Werke in einem B.; der erste B. des Lexikons ist soeben erschienen; wie viel Bände liegen bereits vor?; das Werk hat, umfasst drei, mehrere Bände; ÜBERTR.: ich könnte darüber Bände *(sehr viel)* erzählen, schreiben; ⋆ Bände sprechen (ugs.; *sehr aufschlussreich sein, alles sagen).*

³Band, die: *Gruppe von Musikern:* die B. spielt, tritt auf; in einer B. singen, spielen; der Sänger trat mit seiner B. auf.

¹Bande, die: 1. *Verbrecherbande:* eine gefährliche, berüchtigte B.; eine B. von Autodieben; diese B. terrorisiert die Stadt; er ist der Anführer der B. 2. (abwertend od. scherzh.) *Gruppe, Schar:* die ganze B. zog mit; ihr seid mir eine B.!

B

²Bande, die: *Einfassung, Umgrenzung einer Spielfläche, eines Spielfeldes:* die Billardkugel berührt die B.; der Puck prallt an/von der B. ab; Werbung an den Banden; mit B. spielen.

bändigen ⟨jmdn., ein Tier, etw. b.⟩: Löwen, Wildpferde b.; einen tobenden Elefanten, einen randalierenden Betrunkenen b.; die Kinder waren vor Freude kaum zu b.; ÜBERTR.: Naturgewalten, seine Triebe, seine Leidenschaften b. *(zügeln).*

bang[e]: eine bange [Vor]ahnung; bange Minuten; banges Warten; voll banger Erwartung sein; b. sein (landsch.; *ängstlich sein, Angst haben),* etw. zu tun; ich bin nicht b. (landsch.; *ich habe keine Angst)* vor dem Ergebnis; jmdm. wird bang und bänger; ihr wurde ganz b. zumute; b. lauschen; sie wartete b. auf seine Rückkehr; die Mutter ist b. (landsch.; *sorgt sich)* um ihr Kind; * **auf jmdn., etw. bang[e] sein** (landsch.; *ängstlich gespannt sein):* er ist b. auf ihre Antwort · **nach jmdm., etw. bang[e] sein** *(sich nach jmdm., etw. sehnen):* sie ist b. nach seiner Rückkehr.

Bange, die (landsch.): nur keine B.!; ohne [jede] B.; [große, keine] B. haben; wir haben keine B., dass es nicht klappen könnte; jmdm. B. machen; ⓇBangemachen/Bange machen gilt nicht! (fam.; *ich lasse mich nicht einschüchtern!).*

bangen (geh.): 1. ⟨um jmdn., etw. b.⟩ *Angst haben, in Sorge sein:* sie bangen um ihr Kind; die Ärzte hatten um sein Leben gebangt; man bangt um seine Sicherheit, seine Zukunft; (landsch.:) ⟨sich um jmdn., etw. b.⟩ sie bangen sich um ihr krankes Kind. **2.** (landsch.) ⟨nach jmdm., etw. b.⟩ *sich sehnen:* die Kinder bangten nach der Mutter; ⟨sich nach jmdm., etw. b.⟩ sie hatte sich nach einem Wiedersehen gebangt. **3.** ⟨jmdm. bangt vor etw.⟩ *jmd. fürchtet sich:* ihnen bangt vor der Zukunft; ⟨es bangt jmdm. vor etw.⟩ es hatte ihm vor dem Abend gebangt.

¹Bank, die: 1. a) *Sitzgelegenheit für mehrere Personen:* eine schmale, frisch gestrichene, sonnige B.; die vorderen Bänke; eine B. aus Holz; im Park stehen viele Bänke; sich auf eine B. setzen; auf der B. saß ein Mädchen; der Schüler tritt aus der B. heraus; er sitzt in der Klasse auf/in der ersten B.; in jeder B. sitzen drei Schüler; etw. unter der B. hervorholen; von einer B. aufstehen; b) (Sport) Auswechselbank: der Trainer ließ ihn auf der B.; der teure Neueinkauf saß auf der B. **2.** *auf einem Tippschein unverändert getippter Spieleinsatz:* eine B. tippen; dieses Spiel ist eine B. *(kann man als Bank tippen);* ÜBERTR.: der deutsche Meister ist natürlich eine B. in unserem Team (ugs.; *auf seinen Erfolg kann man sich verlassen);* dieses Geschenk ist eine B. *(ist ein sicherer Erfolg);* * etw. **auf die lange Bank schieben** (ugs.; *aufschieben)* · **durch die Bank** (ugs.; *durchweg, alle ohne Ausnahme):* die Spieler haben durch die B.

schlecht gespielt · **vor leeren Bänken** *(vor wenigen Zuhörern, Zuschauern).*

²Bank, die: 1. *Geldinstitut:* eine private B.; eine B. überfallen; wir haben die B. angewiesen, Gespräche zu führen; Geld auf der B. [liegen] haben; ein Konto bei der B. haben, eröffnen; Geld bei der B. einzahlen; sie ist *(arbeitet)* bei der B.; das Geld von der B. überweisen lassen; Geld zur B. bringen. **2.** *Geldeinsatz des Spielers, der gegen alle anderen spielt:* die B. übernehmen, halten, abgeben; er hat die B. gesprengt *(die Spielbank durch große Gewinne spielunfähig gemacht);* gegen die B. spielen.

bankrott: ein bankrotter Unternehmer; viele Geschäftsleute waren b.; der Betrieb ist b.; diese Investition hat die Firma b. gemacht; sich [für] b. erklären; du machst mich noch b.! (ugs. scherzh.; *arm);* ÜBERTR.: eine bankrotte *(gescheiterte)* Politik; er war innerlich b.

Bankrott, der: ein betrügerischer B.; der Kaufmann erklärte den B., sagte den B. an, meldete den B. an; vor dem B. stehen; das führte zum B.; ÜBERTR.: geistiger, moralischer, politischer B.; der B. *(das Scheitern)* dieser Politik; das führte zu seinem gesundheitlichen B. *(Zusammenbruch);* * **Bankrott gehen** *(zahlungsunfähig werden)* · **Bankrott machen** (1. *zahlungsunfähig werden.* 2. *scheitern).*

Bann, der: 1. *Ausschluss aus der mittelalterlichen Gemeinschaft:* über jmdn. den B. aussprechen, verhängen; von jmdm. den B. nehmen; der Papst belegte ihn mit dem B.; der Herzog wurde vom B. gelöst. **2.** (geh.) *beherrschender Einfluss:* ein übermächtiger B. lag auf ihnen; der B. wollte nicht von ihr weichen; den B. des Schweigens brechen; sich aus dem B. einer Musik lösen; sie waren ganz im Bann[e] des Geschehens, des Spiel hielt ihn im B., in seinem B.; in jmds. B. geraten; die Welt stand unter dem B. der Ereignisse; * **jmdn. in seinen Bann schlagen/ziehen** *(ganz gefangen nehmen, fesseln):* die Musik schlug alle in ihren B.

bannen: 1. ⟨jmdn. b.⟩ *mit dem Bann belegen:* Ketzer wurden vom Papst gebannt. **2.** (geh.) ⟨jmdn. b.⟩ *jmdn. in seinen Bann ziehen:* ihre Augen hatten ihn gebannt; er bannte die Zuhörer mit seiner Stimme; sie stand da, lauschte wie gebannt; ÜBERTR.: ein Geschehen auf die Leinwand, Musik auf Tonbänder b. *(darauf festhalten).* **3.** (geh.) ⟨jmdn., etw. b.⟩ *mit magischer Kraft abwehren, vertreiben:* den Teufel, böse Geister b.; ÜBERTR.: die Gefahr ist durch das Eingreifen der UNO vorläufig gebannt *(abgewendet).*

bar: 1. *in Münzen oder Geldscheinen [vorhanden]:* bares Geld; bare Auslagen betragen ...; etw. b. bezahlen; eine Summe b. auf den Tisch legen. **2.** *rein, nichts anderes als:* das ist ja barer Unsinn;

etw. als bare Realität nehmen; ihn packte bares Entsetzen;

⋆ etw. (Gen.) bar sein (geh.; *etw. nicht haben*): sie ist b. jeder Vernunft, jeglichen Gefühls · **gegen bar** *(gegen Geldscheine und Münzen)*: etw. **gegen b.** verkaufen · **in bar** *(mit Geldscheinen, Münzen)*: etw. in b. [be]zahlen; kann ich das Geld in b. bekommen?

Bär, der: 1. */ein Raubtier/*: ein brauner, zottiger B.; der B. brummt, richtet sich auf; einen Bären jagen, schießen, erlegen, abrichten. **2.** (ugs.) *plumper, ungeschickter Mensch:* er ist ein richtiger B.;

⋆ **jmdm. einen Bären aufbinden** (ugs.; *jmdm. etwas Unwahres so erzählen, dass er es glaubt*).

barbarisch: 1. *unmenschlich; grausam:* barbarische Maßnahmen, Strafen, Sitten; das Verhör war b. gewesen; Gefangene b. foltern. **2.** (ugs.) **a)** *sehr groß:* eine barbarische Kälte, Hitze; **b)** ⟨verstärkend bei Adjektiven und Verben⟩ *sehr:* es ist heute b. kalt; wir haben b. schuften müssen.

barfuß: die Kinder waren b.; b. laufen, gehen; b. bis an den Hals (ugs. scherzh.; *nackt*).

Barometer, das: das B. steigt, fällt, sinkt, steht auf Sturm, steht auf »veränderlich«, zeigt auf Regen; das B. kündigt, zeigt gutes Wetter an; ÜBERTR.: die Börse ist das B. der Konjunktur; Ⓡ das B. steht auf Sturm *(es herrscht ein Zustand der Gereiztheit).*

Barrikade, die: eine B. aus Sandsäcken; Barrikaden errichten, durchbrechen; sie starben auf den Barrikaden;

⋆ **auf die Barrikaden gehen/steigen** (ugs.; *gegen etw. angehen; durch Proteste etw. durchzusetzen versuchen*): wenn man das zulässt, gehen wir auf die Barrikaden; für die Gleichberechtigung auf die Barrikaden steigen.

barsch: ein barscher Unteroffizier; in barschem Ton sprechen; sie war recht b. zu ihm; jmdn. b. anfahren, zurechtweisen.

Bart, der: 1. *im Gesicht des Mannes auftretender starker Haarwuchs:* ein langer, schwarzer, dichter, dünner, struppiger, drei Tage alter B.; der B. sticht, kratzt; einen starken B. *(Bartwuchs)* haben; einen B. bekommen; er trägt ein Bärtchen auf der Oberlippe; sich (Dat.) einen B. wachsen, stehen lassen; jmdm. den B. stutzen, schneiden, rasieren; ich lasse mir den B. abrasieren, abnehmen; er strich sich (Dat.) befriedigt den B., durch den B.; sich (Dat.) vor Wut den B. raufen; er zupfte ihn am B.; er brummte etwas in seinen B.; ein Mann mit B.; beim Barte des Propheten! (scherzh.; Ausruf der Beteuerung); ÜBERTR.: die Katze hat von der Milch einen weißen B. *(weiße Schnurrhaare);* Ⓡ der Bart ist ab! (ugs.; *jetzt ist Schluss!*). **2.** *Schlüsselbart:* den B. abbrechen;

⋆ **[so] einen Bart haben** (ugs.; *altbekannt sein*): dieser Witz hat so einen Bart · **etw. in seinen**

Bart [hinein] brummen/murmeln (ugs.; *etw. unverständlich vor sich hin sagen*) · **jmdm. um den Bart gehen/streichen** *(jmdm. schmeicheln)*.

Basis, die: 1. *Grundlage:* eine breite, solide, gesunde B.; Vertrauen ist, bildet die B. für eine Zusammenarbeit; eine gemeinsame B. suchen; eine gute B. für den Wahlkampf haben; auf der B. gegenseitigen Vertrauens; er stellte das Unternehmen auf eine sichere B.; wir stehen, ruhen auf einer festen B.; auf dieser B. können wir nicht weiterarbeiten. **2.** (Archit., Technik) *Sockel, Unterbau:* die Säule hat eine große B. **3.** (Geom.) *Grundlinie, Grundfläche:* die B. eines Dreiecks. **4.** (Milit.) *Stützpunkt:* neue Basen schaffen; Basen im Südosten wurden aufgelöst. **5.** (Politik) **a)** *nicht zur Führung gehörende Mitglieder einer Partei, Bewegung o. Ä.:* die Zustimmung der B. einholen; den Konsens in der [eigenen] B. verlieren; **b)** *die breiten Volksmassen:* an der B. arbeiten; die Meinung der B.

Bass, der: 1. *tiefe Männerstimme:* er hat einen tiefen, sonoren B.; er sang das Lied mit vollem B.; ... antwortete sie im tiefsten B. **2.** *Sänger mit Bassstimme:* der B. ist indisponiert. **3.** *Bassgeige, Bassgitarre, Kontrabass:* [den] B. spielen.

Batterie, die: 1. */eine Artillerieeinheit/*: die B. geht in Stellung, feuert aus allen Rohren. **2.** *Stromspeicher:* eine B. von 12 Volt; die B. [der Taschenlampe, im Auto] ist verbraucht, ist leer; die B. anschließen, erneuern, aufladen; er ließ in der Tankstelle die B. prüfen. **3.** (ugs.) *größere Anzahl:* in der Baubude steht eine B. leerer Flaschen, von ausgetrunkenen Bierflaschen.

Bau, der: 1. *das Bauen:* der B. eines Hauses, einer Autobahn; der B. von Schulen, Straßen; der B. schreitet zügig voran; den B. beginnen, einstellen; das neue Düsenflugzeug ist, befindet sich im B./im B.; er ist mit dem B. eines Rennwagens beschäftigt. **2. a)** *Bauweise, Struktur:* der B. des Universums, der deutschen Sprache; der B. einer Turbine studieren; **b)** *Körperbau:* sie ist von schlankem, zartem, kräftigem B. **3.** *Baustelle:* auf dem B. arbeiten; im Bau gehen (ugs.; *auf einer Baustelle arbeiten*). **4.** *Bauwerk, Gebäude:* ein lang gestreckter B.; viele moderne Bauten prägen das Stadtbild; historische Bauten abreißen, restaurieren, vor dem Verfall bewahren; Mängel an öffentlichen Bauten. **5. a)** *Höhle von Tieren:* viele Tiere legen Baue an; der Dachs kriecht aus seinem B.; der Fuchs ist in seinem B. (ugs.; *aus seiner Wohnung*); **b)** (Bergmannsspr.) *ausgebauter Stollen:* einige Baue der Anlage sind verschüttet; **c)** (Solda-

B

tenspr.) *Arrest:* 3 Tage B. bekommen; er muss in den B. gehen, sitzt im B.;
∗ **vom Bau [sein]** (ugs.; *vom Fach [sein]*): wir sind Leute vom B.
Bauch, der: **1.** a) *Teil des Körpers zwischen Zwerchfell und Becken:* den B. herausstrecken, einziehen; der Arzt tastete seinen B. ab; auf dem B. schlafen, liegen, kriechen; mit nacktem B.; ÜBERTR.: diese Entscheidung kommt aus dem B. (ugs.; *ist vom Gefühl geleitet*); seine Lieder zielen auf den Kopf, nicht auf den B. (ugs.; *auf das Gefühl*); etw. sowohl mit dem Kopf als auch mit dem Bauch *(gefühlsmäßig)* verstehen; b) *der sich vorwölbende Teil des Bauches:* ein dicker, fetter, spitzer B.; einen B./(verhüll.:) ein Bäuchlein ansetzen, bekommen, haben; er hat keinen B. mehr, hat seinen B. verloren *(ist schlank geworden);* BILDL.: der B. des Kruges. **2.** (ugs.) *Magen:* einen leeren B. haben; ich habe mir den B. voll geschlagen; nichts im B. haben *(noch nichts gegessen haben);* ihr tut der Bauch weh; BILDL.: die Ladung wird in dem riesigen B. des Schiffes verstaut; ∗ **sich** (Dat.) **den Bauch [vor Lachen] halten** (ugs.; *sehr lachen müssen*) · **auf den Bauch fallen** (ugs.; *scheitern*) · **vor jmdm. auf den Bauch liegen/kriechen** (ugs.; *unterwürfig sein*) · **aus dem hohlen Bauch** (salopp; *ohne Vorbereitung*).
bauen: **1.** a) ⟨etw. b.⟩ *nach einem Plan errichten, anlegen:* neue Autobahnen, Straßen, Städte, eine Brücke [aus Stahl und Beton], einen Staudamm, eine Eisenbahnlinie b.; ich habe mir ein Häuschen gebaut; die Schwalben haben sich ein Nest gebaut; eine Schaukel für die Kinder, ein Boot, einen Tanker, Maschinen, Flugzeuge, Atombomben b.; ich habe mir selbst eine Alarmanlage gebaut; in diesem Ort werden Geigen gebaut; BILDL.: die Jugend will einen neuen Staat b. *(schaffen);* einen Satz b. *(bilden);* b) *ein Haus bauen:* wir haben im vorigen Jahr gebaut, wollen demnächst b.; im Schwarzwald, in der Nähe eines Sees b.; c) ⟨irgendwie b.⟩ *ein Bauvorhaben ausführen:* unsere Firma baut ganz solide; heute baut man besser als früher; ein großzügig, modern, stabil gebautes Haus; d) ⟨an etw. (Dat.) b.⟩ *mit Bauarbeiten beschäftigt sein:* mehrere Jahre an einer Kirche b.; wie viel Leute bauen an dem Haus? **2.** ⟨auf jmdn., etw. b.⟩ *fest vertrauen:* auf seine Erfahrungen, auf diesen Mann können wir bauen; sie hat auf ihr Glück gebaut. **3.** (ugs.) ⟨etw. b.⟩ a) *(eine Prüfung) ablegen:* sein Abitur, sein Examen, seinen Doktor, sein Diplom b.; b) *(etw. Negatives) verursachen:* er hat einen Unfall gebaut; wir haben Mist, Scheiße gebaut (salopp; *haben einen Fehler gemacht*). **4.** ⟨etw. b.⟩ (selten) *anbauen:* Kartoffeln, Weizen, Wein b.;
∗ **irgendwie gebaut sein** *(einen bestimmten Körperbau haben):* kräftig, schmächtig, gut gebaut sein; [so] wie wir gebaut sind! (ugs.; *mit unserer*

Figur, *mit unserer Kraft macht uns das keine Schwierigkeiten).*
¹Bauer, der: **1.** a) *Landwirt:* leibeigene, freie, arme Bauern; ein schlaues Bäuerlein; der B. arbeitet auf dem Feld; er benimmt sich wie ein B. *(grob, ungeschliffen);* die Klasse der Arbeiter und Bauern; b) (ugs. abwertend) *grober Kerl:* so ein B.!; dieser B. hat mir auf den Fuß getreten. **2.** a) */eine Figur im Schachspiel/:* den Bauern ziehen, opfern, verlieren; b) (ugs.) *Bube im Kartenspiel:* den Bauern ausspielen.
²Bauer, das (auch: der): *Vogelkäfig:* ↑ Käfig.
Baum, der: **1.** ein mächtiger, belaubter, blühender, verdorrter, knorriger, morscher, abgestorbener B.; einige Bäume und Sträucher sind erfroren, sind eingegangen; die Bäume rauschen, biegen sich [im Sturm], bekommen Blätter, werden grün, verlieren ihr Laub; er ist stark wie ein B. *(sehr stark);* einen B. [ver]pflanzen, veredeln, abernten; Bäume abhauen, fällen, schlagen *(fällen);* der Sturm hat viele Bäume entwurzelt; im Schatten der Bäume ausruhen; er klettert auf einen B., fährt gegen einen B., liegt unter einem B.; Ⓡ die Bäume wachsen nicht in den Himmel *(jeder Erfolg hat seine Grenzen);* einen alten Baum soll man nicht verpflanzen *(einen alten Menschen soll man nicht aus seiner gewohnten Umgebung herausreißen).* **2.** (ugs.) *Weihnachtsbaum:* der B. nadelte schon stark; den B. schmücken; den B. *(die Kerzen am Baum)* anzünden;
∗ **Bäume ausreißen [können]** (ugs.; *Kraft und Schwung haben; viel leisten [können]*) · **vom Baum der Erkenntnis essen** *(durch Erfahrung klug, wissend werden):* man kann kaum behaupten, dass er vom Baum der Erkenntnis gegessen hätte · **zwischen Baum und Borke sein/stecken/stehen/sitzen** *(in einer Zwickmühle sein).*
baumeln: a) ⟨irgendwo b.⟩ *hin und her schwingen:* der Fotoapparat baumelt von ihrer Schulter; zu beiden Seiten der Lenkstange baumeln Einkaufstaschen; er ließ die Beine im Wasser, die Hand aus dem Bett b.; ⟨jmdm. irgendwohin b.⟩ die Fransen und Troddeln baumelten ihm ins Gesicht; b) (derb) *am Galgen hängen:* er muss b.; ich möchte den Kerl b. sehen; er ⟨mit ⟨den B. baumeln *lassen:* mit den Beinen b.
Bausch, der: B. [aus] Watte, [aus] Zellstoff;
∗ **in Bausch und Bogen** *(ganz und gar, insgesamt):* er lehnt alle Reformpläne in B. und Bogen ab.
bauschen: ⟨etw. b.⟩ *blähen:* der Wind bauschte die Gardinen, die Segel; b) ⟨sich b.⟩ *sich blähen:* die Fahnen, die Vorhänge haben sich im Wind gebauscht.
beabsichtigen ⟨etw. b.⟩: er beabsichtigt zu verreisen; sie beabsichtigte, die Stadt zu verlassen; was beabsichtigst du mit dieser Maßnahme?; sie beabsichtigt eine Reise; das war nicht beabsichtigt; die beabsichtigte Wirkung blieb aus.

beachten: 1. ⟨etw. b.⟩: *berücksichtigen, befolgen:* die Vorschriften, die Sicherheitsmaßnahmen, ein Gebot, einen Hinweis, die Spielregeln b.; er beachtete nicht ihre Einwände. **2.** ⟨jmdn., etw. b.⟩ *jmdm., etw. Aufmerksamkeit schenken:* sie hat sein Geschenk kaum beachtet; er hat sie überhaupt nicht beachtet *(hat über sie hinweggesehen).*

beachtlich: a) *ziemlich groß, bedeutsam:* beachtliche Erfolge; das ist ein beachtlicher Fortschritt; seine Leistungen sind recht b.; **b)** *Beachtung verdienend:* ein beachtliches Resultat; sie hat einen beachtlichen dritten Platz belegt; **c)** ⟨verstärkend bei Adjektiven und Verben⟩ *in deutlich erkennbarer Weise, sehr:* sein Guthaben ist b. angewachsen; die Preise, die Zinsen sind b. gestiegen; eine b. große Strecke. **Beachtung,** die: die B. der Vorschriften; jmdm. B. schenken; sein Plan fand keine B. *(wurde nicht beachtet);* die Arbeiten des Künstlers verdienen B. *(sollten beachtet werden);* dem neuen Schüler wurde B. zuteil *(er wurde beachtet).*

Beamte, der: ein höherer, mittlerer Beamter; Beamte/die Beamten des gehobenen Dienstes, im Staatsdienst; er ist nur ein kleiner *(unbedeutender)* B.; einen Beamten ernennen, einstellen, pensionieren; einige Beamte wurden vorzeitig in den Ruhestand versetzt; ihm als Beamtem/Beamten hätte das nicht passieren dürfen; die Ernennung städtischer Beamter.

beängstigend: die Vorstellung ist b.; das Gedränge war b.; unsere Reserven nehmen b., in beängstigendem Maße ab.

beanspruchen: 1. ⟨etw. b.⟩ *auf etw. Anspruch erheben:* Schadenersatz, sein Erbteil, gleiches Recht für alle b.; er beanspruchte einen Sitzplatz, die Hälfte des Gewinns; der Zwischenfall beanspruchte seine Aufmerksamkeit; wer sich so verhält, kann nicht für sich b. *(für sich in Anspruch nehmen),* dass ...; wir wollen Ihre Gastfreundschaft nicht länger b. *(davon Gebrauch machen).* **2. a)** ⟨etw. b.⟩ *in Anspruch nehmen:* viel Raum, nur wenig Zeit b.; **b)** ⟨jmdn., etw. b.⟩ *Belastungen aussetzen:* der Beruf, der Sport beansprucht ihn stark, völlig, sehr; bei deiner Fahrweise werden die Reifen beansprucht; sie ist beruflich stark beansprucht.

beanstanden ⟨etw. b.⟩: eine Ware [wegen der schlechten Qualität], eine Rechnung b.; die Wahl wurde beanstandet; ich habe an seinem Stil nichts zu b.

beantragen ⟨etw. [bei jmdm., etw.] b.⟩: Urlaub beim Vorgesetzten, Kindergeld, seine Versetzung, eine Kur bei der Krankenkasse, ein Visum b.; für den Angeklagten eine Freiheitsstrafe b.; die Auslieferung der Tatverdächtigen b.; ich beantrage die Vertagung der Sitzung; ich beantrage, dass die Sitzung vertagt wird; die beantragte Unterstützung wurde bewilligt.

beantworten ⟨etw. b.⟩: eine Anfrage sofort, erst

nach Tagen, ausführlich, kurz, sachlich, exakt, mit Ja b.; einen Brief, ein Gesuch b.; diese Frage ist nicht leicht zu b.; ÜBERTR.: die Regierung beantwortet die Provokation mit einer Ausgangssperre. **Beantwortung,** die: die B. dieser Frage fällt mir schwer; ★ in Beantwortung (Papierdt.; *[als Antwort] auf etw.*): in B. Ihres Schreibens teilen wir Ihnen mit ...

bearbeiten: 1. ⟨etw. b.⟩ *für seine Zwecke herrichten:* Metall, Leder, den Boden, das Land b.; der Künstler bearbeitet den Marmor; das Material wird mit verschiedenen Chemikalien bearbeitet; das Schlagzeug, das Klavier b. *(wild darauf spielen);* **b)** *überarbeiten:* ein Manuskript, ein Buch, einen Text b.; ein Buch für den Film b.; eine Komposition für großes Orchester b.; **c)** *[wissenschaftlich] untersuchen:* ein Thema für eine Prüfung b.; **d)** *sich mit etw. beschäftigen:* wer hat meinen Antrag, meinen Fragebogen bearbeitet?; der Inspektor bearbeitet den Fall. **2.** (ugs.) ⟨jmdn. b.⟩ *hartnäckig zu überzeugen suchen:* die Wähler, die noch unentschiedenen Abgeordneten b.; ich habe ihn so lange bearbeitet *(auf ihn eingeredet),* bis er einwilligte. **3.** (ugs.) ⟨jmdn. mit etw. b.⟩ *schlagen, misshandeln:* einen Gefangenen mit Fußtritten, mit Faustschlägen b.

beauftragen ⟨jmdn. b.⟩: er beauftragte ihn mit der Ausführung des Plans; man hat sie beauftragt, die Konferenz vorzubereiten; die Rechtsanwälte sind beauftragt, seine Interessen wahrzunehmen.

bebauen ⟨etw. b.⟩: **1.** *Bauten auf etw. errichten:* ein Gelände [mit Mietshäusern] b.; dieses Gebiet darf nicht bebaut werden; eine dicht, weit, großzügig bebaute Fläche. **2.** *bestellen:* einen Acker [mit Korn] b.; bebautes Land.

beben ⟨etw. b.⟩: **1.** *[von Erdstößen] erschüttert werden:* minutenlang bebte die Erde; die Wände, die Mauern bebten; der Boden bebte unter ihren Füßen; die ganze Musikhalle bebte bei dieser Musik; **b)** (geh.) *heftig zittern:* seine Knie, Lippen bebten; sie bebte vor Kälte; er hatte am ganzen Leib vor Wut gebebt; mit [vor Empörung] bebender Stimme.

Becher, der: ein goldener B.; kreiste, ging um, machte die Runde; den B. füllen, leeren; einen B. [voll] Milch trinken; einen Becher Eis essen; er warf den leeren B. weg.

Becken, das: **1.** *Wasch-, Toilettenbecken:* B. aus Edelstahl, aus Marmor, aus Porzellan; das B. *(der Abfluss des [Wasch]beckens)* ist verstopft, stark verschmutzt; das Becken b. lassen. **2.** *Schwimmbecken:* ein B. zum Planschen für Kinder; das Schwimmbad hat zwei Becken; das Wasser im B. erneuern; nicht ins B. springen;

B

3. (Geol.) *Senke, Mulde:* die Erdschichten eines Beckens.
4. *Teil des Körpers von der Taille bis zum Ansatz der Oberschenkel:* ein breites, ausladendes, knabenhaftes B.; der Skispringer hat sich das B. gebrochen.
5. /ein Musikinstrument/: die Becken schlagen.
bedacht: b. handeln, vorgehen; ★ auf etw. (Akk.) **bedacht sein** *(auf etw. achten, sich um etw. bemühen):* auf seinen guten Ruf b. sein; sie war immer darauf b., mir eine Freude zu bereiten.
Bedacht, der: ⟨in bestimmten Verbindungen⟩ **mit/ voll Bedacht** *(mit/voll Überlegung):* mit B. seine Worte setzen; er wählte voll B. · **ohne Bedacht** *(ohne Überlegung)* · **auf etw.** (Akk.) **[keinen] Bedacht nehmen** *(auf etw. [nicht] bedacht sein).*
bedächtig: a) *langsam; gemessen:* mit bedächtigen Schritten; sein Vater war älter und bedächtiger geworden; er stopfte b. seine Pfeife; b) *besonnen, umsichtig:* bedächtige Worte.
bedanken ⟨sich b.⟩: sich höflich, herzlich, überschwänglich [bei jmdm.] b.; er bedankte sich bei ihr für die freundliche Einladung; ich bedanke mich *(danke sehr);* bedanke dich bei ihm (ugs. iron.; *er ist dafür verantwortlich);* für das schöne Geschenk bedanke ich mich; dafür bedanke ich mich [bestens]! (ugs. iron.; *damit will ich nichts zu tun haben!).*
Bedarf, der: es besteht ein dringender B. der Bevölkerung an Nahrungsmitteln; der B. des Organismus an Vitaminen; der B. der Industrie an Arbeitskräften nimmt ab; keinen B. an/(Kaufmannsspr.:) in Kohlen haben; die Wirtschaft kann den steigenden B. nicht mehr decken; Dinge des täglichen Bedarfs, Güter des gehobenen Bedarfs (Luxusgüter); bei B. *(im Bedarfsfall)* werde ich mich an Sie wenden; ein Taschengeld für den persönlichen B.; die Straßenbahn hält nach B. *(wie es nötig ist);* [je] nach B. *(je nachdem, wie es nötig ist);* wir sind schon über B. damit eingedeckt *(haben mehr als nötig);* ℝ mein B. ist gedeckt (ugs.; *mir reicht es, ich habe genug davon).*
bedauerlich: ein bedauerlicher Vor-, Zwischenfall, Irrtum, Verlust; es ist b., dass sie nicht anwesend ist; ich finde das im höchsten Maße b.
bedauern: 1. ⟨jmdn., sich b.⟩ *Mitgefühl mit jmdm., sich haben:* einen kranken alten Mann b.; sie bedauerte ihn wegen seiner Misserfolge; sie ist zu b.; sie hat sich selbst am meisten bedauert.
2. ⟨etw. b.⟩ *unerfreulich finden:* einen Vorfall, seine Worte tief, zutiefst, aufrichtig b.; ich bedauere, dass ich ihn nicht mehr gesehen habe; [ich] bedauere sehr *(es tut mir Leid).*
Bedauern, das: 1. *bedauernde Anteilnahme, Mitgefühl:* sein B. über den Vorfall äußern; er drückte ihr sein B. aus; er sprach der Regierung sein B. aus.
2. *Betrübnis:* mit B. habe ich davon gehört; dieses

Angebot muss ich mit B. *(leider)* ablehnen; zu meinem großen B.
bedecken: a) ⟨jmdn., sich, etw. [mit etw.] b.⟩ *zudecken, verhüllen:* den Leichnam mit einem Tuch b.; sie bedeckte ihr Gesicht mit den Händen; er bedeckte sich mit einer Zeltplane; der Himmel hatte sich bedeckt *(bewölkt);* ÜBERTR.: die Mutter bedeckte das Kind mit Küssen; ADJ. PART.: er war am ganzen Körper mit Narben bedeckt; sich bedeckt halten *(sich nicht äußern; keine Stellung beziehen);* b) ⟨etw. b.⟩ *sich über etw. ausbreiten:* Schnee bedeckt die Erde; weiche Teppiche bedecken den Boden; der Rock bedeckt *(reicht über)* das Knie.
bedenken /vgl. bedacht/: 1. ⟨etw. b.⟩ *genau überlegen:* die Folgen, die weitere Planung b.; wir müssen unsere Lage b.; sie bedenkt nicht, dass ...; ich gebe [es] zu b. *(ich bitte [es] zu erwägen),* dass er in Notwehr gehandelt hat; wir hatten nicht bedacht, wie gefährlich so ein Vorgehen war.
2. (geh.) ⟨jmdn. b.⟩ *mit etw. versehen, beschenken:* jmdn. reichlich bei der Erbteilung b.; sie ist in seinem Testament mit wertvollen Gemälden bedacht worden; er bedachte unsere Firma mit großen Aufträgen.
3. (geh.) ⟨sich b.⟩ *mit sich zurate gehen:* er bedachte sich einige Augenblicke und unterschrieb dann.
Bedenken, das: 1. *Überlegung:* erst nach reiflichem, gründlichem B. antworten.
2. *Zweifel, Einwand:* schwerwiegende, ernste, moralische B.; ihm kamen immer neue B. [hinsichtlich der Richtigkeit, der Aussagen]; große, mancherlei, keine B.; [wegen jmds. Teilnahme] haben; sie äußerte einige B. *(Einwände)* gegen meine Anwesenheit; B. *(Einwände)* gegen einen Plan anmelden; jmds. B. zerstreuen, beseitigen, entkräften; er teilt meine B. nicht; sie hegt B. (geh.; *sie zögert),* dies zu tun; B. tragen (nachdrücklich geh.; *Bedenken haben).*
bedenklich: 1. a) *Besorgnis erregend:* eine bedenkliche Wendung nehmen; sein Gesundheitszustand ist b.; die Zahl der Verbrechen hat b. zugenommen; der Himmel sah b. aus *(es sah nach Regen, Gewitter aus);* b) *fragwürdig:* bedenkliche Geschäfte machen; das wirft ein bedenkliches Licht auf seinen Charakter.
2. *skeptisch, besorgt:* ein bedenkliches Gesicht machen; der Vorfall stimmte mich b.
bedeuten: 1. ⟨etw. b.⟩ a) *einen bestimmten Sinn haben:* das Wort Monarch bedeutet eigentlich »alleiniger Herrscher«; das Zeichen bedeutet, dass wir aufbrechen müssen; was soll das b.?; b) *notwendig zur Folge haben:* handelspolitischer Protektionismus bedeutet Einschränkung des Verkehrs zwischen den Völkern; das bedeutet *(heißt, besagt),* dass man den Vertrag einhalten müssen; sie weiß nicht, was es bedeutet, allein zu sein; das bedeutet nichts Gutes; ℝ Perlen bedeuten Tränen; c) *darstellen, sein:* dieses Vorgehen

bedeutet einen Missbrauch der Befehlsgewalt; dieser Plan bedeutet ein Wagnis; das hatte einen Schritt vorwärts bedeutet; ⟨jmdm. etw. b.⟩ sie bedeutete ihm nur ein Abenteuer.
2. ⟨etw. b.⟩ *einen bestimmten Wert haben; gelten:* sie bedeutet schon etwas in diesem Gremium; sein Name bedeutet viel in der Fachwelt; das hat nichts zu b. *(ist nicht wichtig);* ⟨jmdm. etw. b.⟩ Geld bedeutet mir wenig; die Liebe zu ihr bedeutet ihm viel, nichts, alles; das bedeutet mir eine ganze Menge.
3. (geh.) ⟨jmdm. etw. b.⟩ *zu verstehen geben:* er bedeutete ihr zu schweigen; sie bedeutete ihm, dass man Großes mit ihm vorhabe.
bedeutend: 1. a) *wichtig:* ein bedeutender Schritt vorwärts; sie spielte bei dieser Verschwörung eine bedeutende Rolle; **b)** *berühmt:* ein bedeutender Wissenschaftler, Forscher, Maler; die Werke der bedeutendsten Meister des 17. Jahrhunderts; eine bedeutende Handelsstadt; **c)** *hervorragend:* ein bedeutendes Ereignis; ein bedeutender Film; seine Leistungen sind b.; **d)** *beachtlich:* eine bedeutende Summe; sein Anteil daran, sein Einfluss ist b.
2. ⟨verstärkend bei Komparativen und Verben⟩ *um vieles, sehr:* sein Zustand hat sich b. gebessert; das neue Gebäude ist b. besser als das alte; sie ist b. älter als er.
bedeutsam: 1. *von großer Bedeutung:* eine bedeutsame Entdeckung; das strategisch bedeutsame Rote Meer; volkswirtschaftlich sehr b. sein; diese Rede ist für alle b.
2. *viel sagend:* ein bedeutsames Lächeln; sie blickte ihn b. an.
Bedeutung, die: **1.** a) *Inhalt:* die eigentliche, ursprüngliche, übertragene B. eines Wortes; die B. vieler Wörter hat sich gewandelt; das Substantiv »Geist« hat mehrere Bedeutungen; **b)** *Sinn:* die B. eines Traums, eines Märchens erklären; die Fabel hat ihre tiefere B.; er erfasste nicht die B. ihrer Worte.
2. a) *Wichtigkeit:* die B. der Krebsvorsorge als sozialer Maßnahme/als einer sozialen Maßnahme; etw. erlangt, bekommt, hat plötzlich große B.; etw. (Dat.) keine B. beimessen *(nicht wichtig, ernst nehmen);* sie legt meiner Äußerung eine B. bei, die ihr nicht zukommt, die sie nicht hat; etw. ist von praktischer, wirtschaftlicher B.; nichts von B. *(nichts Besonderes);* dieser Vorfall ist von schwerwiegender, weit reichender, entscheidender, geschichtlicher B., ist ohne B.; **b)** *Geltung, Ansehen:* die B. Bismarcks als konservativer Politiker/als eines konservativen Politikers; sie ist eine Frau von B.; Schriftsteller von einiger B.
bedienen: 1. a) ⟨jmdn. b.⟩ *jmdm. Dienste leisten:* die Gäste b.; er lässt sich [gerne] hinten und vorne b. (ugs.; *er lässt gern jede Kleinigkeit für sich machen*); **b)** ⟨jmdn. b.⟩ *in einem Lokal o. Ä. mit Essen und Trinken versorgen:* ein mürrischer Kellner bediente mich; ⟨auch ohne Akk.⟩ welche

Kellnerin bedient hier?; **c)** ⟨jmdn. b.⟩ *(einen Kunden) beraten, ihm behilflich sein:* seine Kunden gut, aufmerksam, zuvorkommend, fachmännisch b.; werden Sie schon bedient?; **d)** ⟨sich b.⟩ *sich mit Speisen, Getränken versorgen:* bitte, bedienen Sie sich!; ich bediente mich mit Geflügelsalat und Toast.
2. ⟨jmdn., etw. b.⟩ *versorgen:* die Bevölkerung umfassend mit Informationen b.; die Sportfans werden am Wochenende von den Fernsehanstalten gut bedient; diese Firma bedient mit ihren Produkten den südostasiatischen Markt; das Gebiet wird von drei regionalen Zeitungen bedient; nur zwei Fluggesellschaften bedienen diese Strecke.
3. ⟨etw. b.⟩ *in Gang bringen, halten; handhaben:* eine Maschine, den Lift, eine Alarmanlage b.
4. (geh.) ⟨sich jmds., etw.⟩ *von jmdm., etw. Gebrauch machen:* sich eines Kompasses, eines Stadtplans b.; sich einer Wiese als Flugplatz, als eines Flugplatzes b.; sie bediente sich eines Vergleichs.
5. (Kartenspiel) ⟨etw. b.⟩ *die geforderte Karte spielen:* Herz b.; er hat nicht bedient.
6. (Fußball) ⟨jmdn. b.⟩ *anspielen, eine Vorlage geben:* den Mittelstürmer [mit einer Steilvorlage] b.;
∗ **bedient sein** (salopp, iron.; *genug haben*): wir sind bedient · **gut, schlecht o. ä. bedient sein** (ugs.; *gut, schlecht o. ä. beraten sein*).
bedingen /vgl. bedingt/ ⟨etw. b.⟩: **1.** *zur Folge haben, verursachen:* das eine bedingt das andere; der Aufenthalt in den Tropen hatte die Kreislaufschwäche bedingt; sein Leiden ist nicht organisch bedingt; der Produktionsrückstand ist durch den Streik bedingt.
2. (selten) *voraussetzen:* diese Aufgabe bedingt großes Geschick, Fleiß und Können.
bedingt: eine bedingte Zusage, Erlaubnis; ein bedingtes Lob; etw. b. gutheißen, bejahen; das ist nur b. richtig, tauglich; ein bedingter (Psych.; *nicht angeborener, sondern durch Konditionierung erworbener*) Reflex.
Bedingung, die: **1.** a) *Forderung:* wie sind, lauten Ihre Bedingungen?; jmdm. eine B. stellen; jmdm. Bedingungen *(Verpflichtungen)* auferlegen; eine B. annehmen, akzeptieren, anerkennen, einhalten; unsere Bedingungen sind nicht erfüllt worden; an keine B. gebunden sein, werden; daran knüpft sich die B., dass ...; sich auf keine Bedingungen einlassen; mit allen Bedingungen einverstanden sein; etw. zu den vereinbarten Bedingungen kaufen; etw. zur B. machen; **b)** *Voraussetzung:* das ist die B. dafür; ... ich beteilige mich daran unter der B., dass ...; unter keiner B. *(keinesfalls);* unter welchen Bedingungen?
2. ⟨Plural⟩ *Umstände, Verhältnisse:* gute, schlechte, [un]günstige Bedingungen; wie sind die hygienischen, klimatischen Bedingungen?; unter harten Bedingungen arbeiten.
bedrängen: a) ⟨jmdn. [mit etw.] b.⟩ *jmdm. zuset-*

B

zen: jmdn. mit Anrufen, mit Fragen b.; die Gläubiger bedrängten ihn sehr; von allen Seiten bedrängten ihn die Reporter; b) ⟨jmdn., etw. b.⟩ *in Bedrängnis bringen:* der Linksaußen wurde von zwei Abwehrspielern hart bedrängt; der Feind bedrängte die Stellungen; c) ⟨jmdn. b.⟩ *bedrücken, belasten:* Zweifel, Sorgen bedrängten ihn; ADJ. PART.: sich in einer bedrängten *(schwierigen)* Lage befinden; SUBST.: die Kirche als Hort der Bedrängten und Verfolgten.

Bedrängnis, die: in arger B. sein; in B. geraten; er hätte mich fast in B. gebracht.

bedrohen: 1. ⟨jmdn. b.⟩ *gegen jmdn.* angehen: einen Menschen tätlich, mit der Faust, mit dem Messer b.; sich bedroht fühlen. 2. ⟨jmdn., etw. b.⟩ *gefährden:* Hochwasser bedroht die Stadt; ausfließendes Öl bedroht die Trinkwasserversorgung; sein Haus war von Flammen bedroht; der Friede war bedroht; diese Vogelart ist vom Aussterben bedroht; ihr Leben, ihre Gesundheit ist bedroht.

bedrohlich: eine bedrohliche Situation; etw. nimmt bedrohliche Ausmaße an; die Lage wurde immer bedrohlicher; das Feuer kam b. nahe.

bedrücken ⟨jmdn. b.⟩: was bedrückt dich?; dieser Gedanke, die Sorge um die Kinder hat sie sehr bedrückt; ADJ. PART.: bedrückende Aussichten; ein bedrückendes Schweigen; die Stimmung war bedrückt; er saß bedrückt in einer Ecke, schlich bedrückt umher.

bedürfen (geh.) ⟨jmds., etw. b.⟩: des Trostes, der Schonung, der Zustimmung b.; der Kranke bedarf eines Arztes, eines guten Freundes; Tiere bedürfen der ständigen Pflege; es bedurfte nur eines Wortes, und die Sache wäre geregelt worden; es hat meiner ganzen Überredungskunst bedurft, um ...; das bedarf keiner [weiteren] Erklärung, keines Dankes.

Bedürfnis, das: 1. *Verlangen:* es ist mir ein B., Ihnen zu danken; es liegt für eine Erweiterung kein B. vor; dafür/dazu besteht kein wirkliches, echtes B.; ein dringendes B. nach Ruhe haben; er fühlte, verspürte das B., sich mit ihm auszusprechen. 2. ⟨meist Plural⟩ *Lebensnotwendigkeit:* elementare Bedürfnisse; die dringendsten Bedürfnisse des Lebens; seine geistigen, kulturellen, sexuellen Bedürfnisse befriedigen.

bedürftig: bedürftige Familien; b. sein; SUBST.: für die Bedürftigen sammeln;

* **jmds., etw. bedürftig sein** (geh.; *jmdn., etw. brauchen*): sie ist der Ruhe, der Liebe b.

beehren: 1. (geh.) ⟨jmdn. mit etw. b.⟩ *jmdm. eine Ehre erweisen:* er beehrte ihn mit seinem Besuch, seiner Anwesenheit. 2. (gespreizt) ⟨jmdn., etw. b.⟩ *besuchen:* bitte beehren Sie uns bald wieder! 3. ⟨sich b.⟩ *sich die Ehre geben, sich erlauben* /formelhaft in Briefen, Anzeigen o. Ä./: wir b. uns, unserer verehrten Kundschaft mitzuteilen, dass ...; die

Verlobung unserer Tochter mit Herrn ... beehren wir uns anzuzeigen/die Verlobung ihrer Tochter mit Herrn ... beehren sich anzuzeigen ...; wir beehren uns, die Geburt unseres Sohnes ..., eines gesunden Stammhalters anzuzeigen.

beeilen ⟨sich b.⟩: wir müssen uns b.; sie hatte sich mit der Abrechnung, bei den Vorbereitungen beeilt; er beeilte sich (geh.; *zögerte nicht*), mir zuzustimmen.

beeindrucken ⟨jmdn. b.⟩: das Gemälde, die Aufführung, die Begegnung mit diesem Menschen hatte ihn beeindruckt; sie beeindruckte ihn mit ihrem Wissen/durch ihr Wissen; er war tief von den Leistungen beeindruckt; die Lightshow war beeindruckend.

beeinflussen ⟨jmdn., etw. b.⟩: jmds. Urteil, Denken b.; dieser Zwischenfall beeinflusste die weiteren Verhandlungen; der Dichter ist von Bert Brecht nachhaltig beeinflusst; sie ist leicht, schwer zu b., er hat sich von ihr b. lassen.

beeinträchtigen: a) ⟨jmdn., etw. b.⟩ *behindern:* jmdn. in seiner Freiheit b.; das schlechte Wetter hatte die Veranstaltung sehr, stark, erheblich beeinträchtigt; sich durch etw. beeinträchtigt fühlen; b) ⟨etw. b.⟩ *verschlechtern, [in seinem Wert] mindern:* seine Leistungsfähigkeit wird durch die Krankheit beeinträchtigt; Alkohol beeinträchtigt das Reaktionsvermögen; der nasse Sommer hat die Ernte beeinträchtigt.

beenden, (selten auch:) **beendigen** ⟨etw. b.⟩: ein Gespräch, die Arbeit, eine Diskussion, einen Streik, den Krieg, sein Studium b.; einen Vortrag mit einem Zitat b.; ein Unfall hatte ihre Karriere beendet; sie beendete den Wettkampf auf dem dritten Platz, mit einem Sieg.

beerdigen ⟨jmdn. b.⟩: den Verstorbenen, die Toten b.; jmdn. kirchlich b.; ÜBERTR.: ein Thema, seine Pläne b. (ugs.; *fallen lassen*).

Beerdigung, die: die B. findet um ... statt; auf die/zur B. gehen.

Beere, die: rote, [un]reife, saftige, süße Beeren; Beeren suchen, sammeln, pflücken, lesen, vom Strauch abnehmen, abstreifen, einkochen.

befahren ⟨etw. b.⟩: a) *auf etw. fahren, als Fahrweg benutzen:* Tanker können diese Route nicht b.; der mittlere Fahrstreifen darf hier durchgängig befahren werden; diese Straße darf nur in einer Richtung befahren werden; die Strecke mit dem Fahrrad b.; die Autobahn Hamburg–Hannover ist stark befahren; b) (Bergmannsspr.) *zum Abbau fahren:* einen Schacht b.; die Grube wird nicht mehr befahren; c) *im Fahren bestreuen:* eine Straße mit Schotter, einen Weg mit Sand, den Acker mit Dung b.

befallen ⟨jmdn., etw. b.⟩: Furcht, Scheu, Ekel, Schwermut befiel ihn; hohes Fieber, eine tückische Krankheit hatte ihn befallen; von Übelkeit, von plötzlicher Schwäche, von Panik befallen werden; der Baum ist von Pilzen befallen.

befangen: 1. *verlegen:* einen befangenen Eindruck

machen; in Gesellschaft ist sie immer sehr b.; die vielen Menschen machten ihn b. **2.** (bes. Rechtspr.) *parteiisch, nicht objektiv:* ein befangener Sachverständiger; jmdn. für b. erklären; er lehnte den Richter als b. ab; *** in etw.** (Dat.) **befangen sein** *(in etw. verhaftet sein):* sie ist in einem fürchterlichen Irrtum befangen; er ist in dem Vorurteil, in dem Glauben b., dass ...

Befangenheit, die: **1.** *Verlegenheit:* seine B. schwand allmählich; seine B. ablegen, nicht loswerden. **2.** *Voreingenommenheit:* einem Zeugen B. vorwerfen; den Richter wegen [Besorgnis der] B. ablehnen.

befassen: 1. (sich mit jmdm., etw. b.) *sich beschäftigen:* sich mit einer Frage, mit einem Fall, mit einer Angelegenheit b.; ich habe mich bereits gründlich, intensiv mit diesen Problemen befasst; mit Kleinigkeiten hat er sich nie befasst; die Eltern befassen sich viel mit ihren Kindern. **2.** (bes. Amtsspr.) (jmdn., etw. mit etw. b.) *veranlassen, sich mit etw. zu beschäftigen:* einen Beamten mit einer Aufgabe befassen; (öfter im Passiv od. im 2. Part.) der Verteidigungsausschuss wurde mit der Angelegenheit befasst; das mit dem Fall befasste Ministerium.

Befehl, der: a) *Anordnung, Anweisung:* ein dienstlicher, geheimer, strenger, strikter B.; B. zum Rückzug; es ergeht der B. [an alle], das Feuer einzustellen; wir haben B., den Hafen anzulaufen; jmdm. einen B. geben, erteilen; einen B. erlassen, befolgen, empfangen, erhalten, ausführen, verweigern; einem B. gehorchen, sich widersetzen; es geschah auf meinen B.; /militärische Meldung/: B. ausgeführt!; zu B.! (Milit.; *jawohl, ich werde den Befehl ausführen!*); b) *Befehlsgewalt:* den B. [über eine Festung] haben, führen, übernehmen; unter jmds. B. stehen.

befehlen: 1. (jmdm. etw. b.) *einen Befehl geben:* er befahl ihm strengstes Stillschweigen; er hatte ihnen befohlen, das Werk zu verlassen; den Soldaten wurde befohlen, die Brücke zu sprengen; von Ihnen lasse ich mir nichts b.; (auch ohne Dat.) der General befahl den Rückzug/sich zurückzuziehen; (auch ohne Dat. und ohne Akk.) wie Sie b.! *(gespreizt; jawohl, wird erledigt).* **2.** (über jmdn., etw. b.) *die Befehlsgewalt haben:* er befiehlt über die 2. Armee. **3.** (jmdn., etw. irgendwohin/zu jmdm. b.) *beordern:* alle Abteilungsleiter zum Chef b.; er wurde an die Ostsee befohlen.

befestigen: 1. (etw. [an etw. (Dat.)] b.) *festmachen, anbringen:* einen Haken, ein Plakat, einen Anhänger, ein Schild an der Tür b.; er befestigte das Boot mit der Kette an einem Pfahl. **2.** (etw. b.) *widerstandsfähig, haltbar machen:* einen Damm b.; eine Straße mit Schotter b.; die Fahrbahn ist nicht befestigt; ÜBERTR.: diese Tat befestigte (geh.; *festigte, stärkte*) seinen Ruhm.

3. (etw. b.) *zur Verteidigung ausbauen, sichern:* eine Stadt, die Küste, die Landesgrenzen b.

befinden: 1. a) (sich irgendwo b.) *sich aufhalten:* sich im Urlaub, auf Reisen, im Ausland b.; er befindet sich in seinem Büro, im Lager; der Eingang befindet sich vorn, links neben der Kasse; unsere Wohnung befindet sich im 3. Stock; b) (geh., oft gespreizt) (sich in etw. (Dat.) b.) *in einem bestimmten Zustand sein:* sie befindet sich im Irrtum, in bester Laune b.; die beiden Länder hatten sich im Kriegszustand befunden; sich in guten Händen b. (*gut versorgt sein*); c) (geh.) (sich irgendwie b.) *sich fühlen:* sich wohl, unpässlich b. **2.** (geh.) a) (jmdn., etw. irgendwie b.) *für etw. halten:* einen Verräter [als/für] schuldig b.; eine Meldung [als/für] wahr, falsch b.; er wurde für tauglich befunden; der Vorschlag wurde für gut befunden; b) (etw. b.) *über etw. urteilen:* die Gutachter befanden: Die Verschmutzung geht von dieser Fabrik aus; der Arzt befand, dass die Frau ertrunken sei. **3.** (bes. Amtsspr.) (über jmdn., etw. b.) *entscheiden, bestimmen:* darüber haben wir nicht zu b.; über die Zahl der Teilnehmer, über den Kurs der Partei wird der Ausschuss befinden.

Befinden, das: **1.** *Gesundheitszustand:* wie ist das B. des Patienten?; sein B. hat sich leicht gebessert; er hat sich nach deinem B. erkundigt. **2.** (geh.) *Urteil, Ansicht:* nach eigenem B. entscheiden.

befindlich (Papierdt.): das in der Kasse befindliche Geld; er bediente den neben dem Kasten befindlichen Schalter; die im Bau befindlichen Häuser; die im Krieg befindlichen Länder.

beflecken (etw. b.): das Tischtuch b.; er hat seine Hände mit Blut befleckt; BILDL.: jmds. Andenken, jmds. Ehre, jmds. Ruf b.

beflügeln (geh.): a) (jmdn., etw. b.): *beleben, anregen:* diese Vorstellung beflügelte seine Fantasie, seinen Geist; das Lob hatte ihn beflügelt; sie beflügelte ihn zu neuen Taten; b) (etw. b.) *beschleunigen:* Angst, Hoffnung beflügelte ihre Schritte.

befolgen (etw. b.): einen Befehl, Vorschriften, den Rat eines Freundes, einen Wink, die Anschnallpflicht b.; er befolgte nicht die Politik seines Vorgängers.

befördern: 1. (jmdn., etw. b.) *von einem Ort an einen anderen bringen:* Güter, Waren, Gepäck b.; ein Paket mit der Post b.; die Teilnehmer werden mit/in Bussen zum Tagungsort befördert; ÜBERTR.: den Ball ins Netz b. *(ein Tor schießen);* der Türsteher beförderte ihn ins Freie/an die frische Luft *(warf ihn hinaus).* **2.** (jmdn. b.) *in eine höhere Stellung aufrücken lassen:* jmdn. zum Major b.; er ist zum Direktor befördert worden. **3.** (etw. b.) *fördern:* solche Maßnahme, Vorgehensweise kann den Widerstand allenfalls noch befördern.

befragen: 1. (jmdn. b.) *nach etw. fragen:* jmdn.

sehr genau b.; jmdn. nach seiner Meinung, um seinen Rat, über den wahren Sachverhalt, wegen seines Verhaltens b.; Studenten befragen die Politiker zu aktuellen Themen; SUBST.: auf Befragen der Verteidigung; b) (geh.) ⟨etw. b.⟩ *mithilfe von etw. zu erfahren suchen:* die Karten, das Orakel, ein kluges Buch, den Computer b.

befreien: 1. ⟨jmdn., sich, etw. b.⟩ *frei machen, jmdm. die Freiheit geben:* einen Gefangenen b.; das Kind konnte [mit/durch einen Trick] aus den Händen der Entführer befreit werden; ein Land [von der Fremdherrschaft] b.; das Volk vom Faschismus b.; sich aus einer schwierigen Lage, aus einer Umklammerung b.; er hat sich selbst befreit. **2.** ⟨jmdn., etw. von etw. b.⟩ **a)** *von etwas Störendem, Unangenehmem frei machen; erlösen:* jmdn. von Angst, von Hemmung, von Kummer b.; der Arzt hat ihn von seinem Leiden befreit *(hat ihn geheilt);* der Spieler ist endlich von Gipsverband und Krücken befreit; ein befreiendes Lachen; ⟨sich b.⟩ sich von Vorurteilen b.; **b)** *freistellen:* einen Schüler vom Sport b.; er ist von dieser Arbeit, vom Militärdienst befreit.

befremden ⟨jmdn. b.⟩: ihre Worte, ihre Antworten, ihr Verhalten, der Inhalt ihres Briefes hatte ihn befremdet; meine Schwester befremdete mich ein wenig; es befremdete uns, dass ...; ⟨auch ohne Akk.⟩ es befremdet, dass ...; der Vater sah seine Tochter befremdet an.

Befremden, das: ihr Benehmen erregte [einiges] B.; sein B. [über diese Entscheidung] äußern; jmdm. sein B. ausdrücken; sie gab ihrem B. Ausdruck; etw. mit B. sehen; zu meinem größten B. wollte er sich nicht dazu äußern.

befreunden: 1. ⟨sich mit jmdm. b.⟩ *Freundschaft schließen:* ich habe mich mit seinem Bruder befreundet; wir sind eng, fest miteinander befreundet; ⟨auch ohne Präpositionalobjekt⟩ die beiden haben sich schnell befreundet; wir sind schon lange befreundet; befreundete Staaten. **2.** ⟨sich mit etw. b.⟩ *sich an etw. gewöhnen:* sich mit einem Gedanken b.; mit der neuen Mode habe ich mich noch nicht b., befreunden können.

befriedigen: 1. a) ⟨jmdn., etw. b.⟩ *zufrieden stellen:* jmds. Ansprüche, Wünsche b.; die Gläubiger b.; sie wollte ihre Neugier b.; er ist schwer zu b. *(er stellt hohe Ansprüche);* ⟨auch ohne Akk.⟩ das Ergebnis befriedigt nicht; eine befriedigende Lösung; die Arbeit wurde mit »befriedigend« bewertet; **b)** ⟨jmdn. b.⟩ *innerlich ausfüllen:* mein Beruf befriedigt mich; die Hausarbeit befriedigt sie nicht. **2.** ⟨jmdn. b.⟩ *jmds. sexuelles Verlangen stillen:* er war nicht in der Lage, sie zu b.; sich [selbst] b. *(masturbieren).*

befriedigend: eine befriedigende Leistung, Lösung; das Ergebnis ist b., ist mehr als b.; /als Zensur/: die Klassenarbeit wurde mit »befriedigend« bewertet.

Befriedigung, die: **a)** *Zufriedenstellung:* die B. elementarer Bedürfnisse, von Wünschen; die B. aller Forderungen der Gläubiger ist nicht möglich; **b)** *Genugtuung, Zufriedenheit:* diese Arbeit gewährt, bereitet ihr [volle] B.; B. suchen, empfinden; sich B. verschaffen; mit einem Gefühl der inneren B.; dein Beruf erfüllt ihn mit B.; mit B. haben wir festgestellt, dass ...

befristen ⟨etw. b.; meist im 2. Part.⟩: die Bestimmungen befristen seine Tätigkeit auf zwei Jahre; ein befristetes Abkommen, Visum; ein auf drei Monate befristeter Arbeitsvertrag; eine zeitlich befristete Ausnahmegenehmigung; jmdn. befristet einstellen, einsetzen; sich befristet im Ausland aufhalten.

befruchten ⟨jmdn., etw. b.⟩: **1.** *die Befruchtung vollziehen:* ein Ei, Blüten b.; sie wollte sich künstlich b. lassen. **2.** (geh.) *wertvolle Anregungen geben:* seine Theorien haben auch Nietzsche befruchtet; seine Forschungen haben die moderne Physik befruchtet; befruchtende Ideen.

Befugnis, die: zu etw. keine B. haben; nur beschränkte Befugnisse haben; sie hat ihre Befugnisse überschritten.

befugt: ⟨in der Verbindung⟩ **zu etw. befugt sein** *(zu etw. berechtigt, ermächtigt sein):* zu einem Vorgehen nicht b. sein; er ist b., das Lager zu betreten, Anweisungen zu unterschreiben; ⟨auch attributiv⟩ er gehört zum Kreis der befugten Personen.

Befund, der: der amtliche, ärztliche B. liegt noch nicht vor; der B. hat ergeben, gezeigt, dass ...; der B. ist positiv, negativ [ausgefallen]; den B. des Arztes abwarten;

✶ **ohne Befund** (Med.; *ohne erkennbare Krankheit):* Lunge ohne B.

befürchten ⟨etw. b.⟩: das Schlimmste, eine Verschärfung der Lage b.; so etwas Ähnliches hatte ich befürchtet; du hast [von uns] nichts zu b.; er befürchtete, zurechtgewiesen zu werden; es ist/ (geh.:) steht zu b., dass etwas passiert.

Befürchtung, die: eine B. bewahrheitet sich; seine Befürchtung war unbegründet; in jmdm. die B. erwecken, dass ...; er hat/(geh.:) hegt, äußert die B., dass ...; jmds. Befürchtungen zerstreuen.

befürworten ⟨etw. b.⟩: einen Antrag, ein Gesuch, eine Beförderung b.; ich befürworte diese Politik; der Chef befürwortet ihre Versetzung.

begabt: ein begabter junger Autor; der Schüler ist ungewöhnlich, hervorragend, vielseitig, künstlerisch, musikalisch, nur durchschnittlich b.; für diese Aufgabe ist sie begabt.

begeben: 1. (Papierdt., oft auch geh.) ⟨sich irgendwohin b.⟩ *gehen, fahren:* sich in das Bad, in den Garten, auf den Marktplatz b.; sich zu Bett, zur Ruhe *(ging schlafen);* er hat sich nach Hause, auf den Heimweg begeben; sie begab sich zu Herrn Müller; er musste sich in ärztliche Behandlung b. *(sich behandeln lassen).*

2. (geh.) ⟨sich an etw. (Akk.) b.⟩ *mit etw. begin-nen:* die Angestellten begaben sich wieder an die Arbeit.
3. (geh.) ⟨sich etw. (Gen.) b.⟩ *sich um etw. bringen:* sich eines Rechts, einer Möglichkeit b.; er hat sich jedes politischen Einflusses begeben.
4. (Bankw.) ⟨etw. b.⟩ *in Umlauf setzen:* Wertpa-piere, einen Wechsel, eine Anleihe b.
Begebenheit, die: eine merkwürdige, seltsame, heitere, nicht alltägliche, unbedeutende B.; wann hat sich diese B. zugetragen?; dem Film liegt eine wahre B. zugrunde.
begegnen: 1. a) ⟨jmdm. b.⟩ *zufällig mit jmdm. zu-sammentreffen:* ich bin ihm erst kürzlich, zufäl-lig, auf einer Party, in der Straßenbahn, beim Ein-kaufen begegnet; ⟨sich/(geh.:) einander b.⟩ sie begegneten sich vor dem Gericht, auf der Straße; BILDL.: unsere Augen, Blicke begegneten sich; ÜBERTR.: wir begegneten uns/einander in dem Wunsch *(stimmten in dem Wunsch überein),* ihm zu helfen; **b)** ⟨etw. (Dat.) b.⟩ *auf etw. stoßen:* küh-ler Zurückhaltung b.; das ist eine Meinung, der man überall b. kann.
2. (geh.) **a)** ⟨irgendwo b.⟩ *vorkommen, sich fin-den:* diese Theorie begegnet auch in anderen Werken des Autors; **b)** ⟨jmdm. b.⟩ *widerfahren:* so etwas ist mir noch nie begegnet; hoffentlich ist ihnen nichts Schlimmes begegnet.
3. (geh.) ⟨jmdm. irgendwie b.⟩ *sich verhalten:* al-len Menschen freundlich, höflich b.; er war ihm misstrauisch, mit Spott, voller Hochachtung be-gegnet.
4. (geh.) ⟨etw. (Dat.) b.⟩ *entgegenwirken:* einer Gefahr, einem Angriff b.; Ängsten verständnis-voll b.; er ist allen Schwierigkeiten mit Umsicht begegnet.
begehen ⟨etw. b.⟩: **1.** *als Fußgänger benutzen:* im Winter ist der Weg oft nicht zu b.; ein häufig be-gangener Überweg.
2. *etwas Schlechtes tun:* einen Fehler, eine Dummheit, eine Sünde, einen Verrat, ein Verbre-chen b.; sie beging Selbstmord; irgendjemand hat eine Indiskretion begangen.
3. (geh.) *feiern:* ein Fest würdig b.; das 30-jährige Dienstjubiläum b.; wir haben ihren Geburtstag festlich begangen.
begehren (geh.): **a)** ⟨jmdn., etw. b.⟩ *gern haben wol-len:* sie hat alles, was das/ihr Herz begehrt; sie ist ein begehrter Star; dieser Preis, dieser Pokal ist sehr begehrt; schon lange hatte er sie begehrt *(hatte er sexuelles Verlangen nach ihr);* **b)** ⟨etw. b.⟩ *fordern:* sie begehrt zu sprechen; er begehrte Einlass.
begeistern: 1. a) ⟨jmdn. b.⟩ *in Begeisterung verset-zen:* die Menschen mit seiner Stimme, durch seine Vortragskunst b.; er verstand es, die Men-schen zu b.; das Spiel hatte die Zuschauer begeis-tert; eine begeisternde Rede; begeisterte Zuhö-rer, Zurufe; er war restlos, hellauf [von ihr] be-geistert; die Rede wurde begeistert aufgenom-

men; **b)** ⟨jmdn. für etw. b.⟩ *bei jmdm. Begeiste-rung erwecken:* er begeisterte uns alle für seinen Plan; fürs Skilaufen bin ich nicht zu b.
2. a) ⟨sich b.⟩ *in Begeisterung geraten:* es ist schön, dass sich die Jugend noch b. kann; ⟨sich an etw. (Dat.) b.⟩ er hat sich an der Natur begeistert; **b)** ⟨sich für etw. b.⟩ *Begeisterung entwickeln:* sie begeisterte sich für diese Ideen.
Begeisterung, die: eine große, grenzenlose, stür-mische, glühende, (geh.:) flammende, über-schwängliche B.; es herrschte helle B.; die B. flaute ab, ließ nach, verebbte, ebbte ab, ver-rauschte; die B. kannte keine Grenzen; B. hervor-rufen, auslösen, (geh.:) entfachen, dämpfen, er-sticken; seine B. über jmdn., etw. kundtun; die Wogen der B. gingen hoch, glätteten sich; ein Sturm der B. brach los; etw. aus B. [für den Sport] tun; jmdn. in B. versetzen; in B. geraten; mit ju-gendlicher B.; etw. ohne sonderliche B. tun; die Zuschauer brüllten vor B.
Begierde, die: heiße, wilde, fleischliche Begierden; seine B. nach Macht nicht zügeln können; er brennt vor B., sie zu sehen.
begierig: mit begierigen Blicken; ich bin b. zu er-fahren, wie es ihm geht; wir sind b. auf seinen Be-such; die würzige Luft b. einatmen.
begießen: 1. ⟨jmdn., etw. [mit etw.] b.⟩ *Flüssigkeit auf jmdn., etw. gießen:* der Braten wird mit dem heißen Fett begossen.
2. (ugs.) ⟨etw. b.⟩ *mit Alkohol feiern:* die Verlo-bung, ein Wiedersehen b.; das muss begossen werden.
Beginn, der: ein neuer, mutiger B.; [der] B. des Tur-niers: 20 Uhr; den B. einer Veranstaltung ver-schieben, hinauszögern; bei, nach, vor B. der Vor-stellung; seit B. der Unruhen; ich habe seit [dem] B./von B. an davor gewarnt; zu B. unserer Zeit-rechnung.
beginnen: 1. ⟨etw./mit etw. b.⟩ *einen Anfang ma-chen; anfangen:* eine Arbeit b.; zu reden b.; mit der Ernte b.; wir hatten gerade mit dem Bau, mit dem Training begonnen, als ...; ⟨etw. mit jmdm., etw. b.⟩ mit jmdm. ein Gespräch, einen Streit, ein neues Leben b.; die Mannschaft begann die Rückrunde mit einer Niederlage; ⟨auch ohne Akk. und ohne Präpositionalobjekt⟩ wer soll b.?; er hat als Laufbursche bei der Firma, als Teller-wäscher begonnen.
2. *seinen Anfang haben; anfangen:* hier beginnt das Hafenviertel; die Vorstellung begann um 20 Uhr; das Fest, das neue Jahr, eine neue Epoche hat begonnen; unsere Freundschaft begann in Berlin; es begann zu regnen.
3. ⟨etw. b.⟩ *unternehmen, anstellen:* wir müssen die Sache anders b.; er wusste nicht, was er b. sollte.
beglaubigen ⟨etw. b.⟩: eine Urkunde, die Abschrift eines Zeugnisses b.; er ließ das Testament nota-riell b.; eine beglaubigte Kopie; ein bei einem be-

nachbarten Staat beglaubigter *(in seinem Amt bestätigter)* Botschafter.

begleichen (geh.) ⟨etw. b.⟩: eine Rechnung, die Zeche, ein Strafmandat, die Spesen, den Schaden b.; die Verluste werden vom Steuerzahler beglichen; diese Schuld ist noch nicht beglichen.

begleiten: 1. a) ⟨jmdn. b.⟩ *mit jmdm. mitgehen:* den Freund bis ans Gartentor, zum Zug, ein Stück, nach Hause, ins Kino b.; jmdn. auf seiner Reise b.; darf ich Sie b.?; BILDL.: alle meine guten Wünsche begleiten dich; das Glück hat mich immer begleitet; das Gefühl der Angst hat sein Leben begleitet; b) ⟨etw. b.⟩ *mit etw. einhergehen:* sein Streben wurde von Erfolg begleitet; er begleitete seine Worte mit lebhaften Gesten; die Probleme mit einer begleitenden Familientherapie in den Griff bekommen. 2. ⟨jmdn., etw. b.⟩ *ein Solo auf einem, mehreren Instrumenten unterstützen:* den Gesang auf dem Klavier b.; am Flügel begleitet von ...

Begleitung, die: 1. a) *das Begleiten:* jmdn. seine B. anbieten; er bat um seine B.; b) *begleitende Person[en]:* die B. des Transportes besteht aus 20 Personen; jmdn. als B. mitnehmen; der König erschien mit großer B. *(Gefolge);* er kam in B. *(Gesellschaft)* einer Frau. 2. *musikalische Unterstützung:* ein Lied ohne B. singen; die B. hat er übernommen.

beglücken (geh.) ⟨jmdn. b.⟩: ihre Nähe beglückte ihn; es beglückt sie, dass er sich um sie kümmert; die Kinder mit schönen Geschenken/(selten:) durch schöne Geschenke b.; ein beglückendes Erlebnis; er lächelte beglückt; (ugs. iron.) er hat uns tagelang mit seiner Anwesenheit beglückt.

beglückwünschen ⟨jmdn. zu etw. b.⟩: ich habe ihn zu seinem Erfolg, zu seinem Entschluss, zu seiner Verlobung beglückwünscht; ⟨auch ohne Präpositionalobjekt⟩ die Spieler einer Mannschaft herzlich b.; du bist zu b.

begnügen ⟨sich mit etw. b.⟩: a) *zufrieden sein:* sich mit dem, was man hat, b.; ich begnüge mich mit meinem jetzigen Posten; b) *sich auf etw. beschränken:* er begnügte sich mit ein paar kurzen Worten; wir werden uns nicht damit begnügen, dass ...

begraben: 1. ⟨jmdn. b.⟩ *ins Grab legen:* die Toten in aller Stille, in ihren Heimatorten, würdig b.; sie fühlte sich lebendig begraben; Ⓡ dort möchte ich nicht begraben sein (ugs.; *unter keinen Umständen leben).* 2. ⟨etw. b.⟩ *aufgeben, als erledigt betrachten:* die Hoffnung, seine Ideale, seine Karriereträume b.; die Radikalen haben ihre Forderungen b.; sie wollen die Angelegenheit, den Streit b. 3. ⟨jmdn., etw. unter sich, etw. b.⟩ *verschütten:* das Mauerstück begrub zwei Arbeiter und einen LKW unter sich; lose Deckenteile fielen herab und begruben ihn unter Mörtel und Staub; die Skifahrer wurden unter einer, von einer Lawine begraben;

∗ sich begraben lassen können (salopp; *versagt haben):* unsere Mannschaft kann sich b. lassen.

Begräbnis, das: ein schlichtes, feierliches B.; das B. findet am 3. April um 14 Uhr statt; an einem B. teilnehmen.

begreifen /vgl. begriffen/: a) ⟨etw. b.⟩ *mit dem Verstand erfassen, verstehen:* den Sinn einer Sache, eine Rechenaufgabe b.; das Kind begreift das einfach nicht; ich habe nicht begriffen, was das bedeuten soll; ⟨auch ohne Akk.⟩ schon gut, ich habe begriffen; das ist schwer zu b.; b) ⟨irgendwie b.⟩ *eine bestimmte Auffassungsgabe haben:* das Kind begreift leicht, schnell, schwer; c) ⟨jmdn., sich, etw. b.⟩ *Verständnis für jmdn., etw. haben:* sich selbst nicht mehr b.; ich kann meinen Freund gut begreifen; ich begreife nicht, wie das passieren konnte; Ⓡ das begreife, wer will *(ich jedenfalls verstehe das nicht);* d) ⟨jmdn., sich, etw. als etw. b.⟩ *als jmdn., etw. betrachten:* er begreife sie als eine Frau voller Widersprüche; er begriff sich als Kosmopolit; alle diese Werke müssen wir als Einheit b.

begreiflich: ein begreiflicher Wunsch; er war in begreiflicher Erregung, Verlegenheit; es ist nicht b., wie man so etwas tun kann; du wirst es wohl b. finden, dass ...; sie konnte ihm die schwierige Lage nicht b. machen; er konnte ihr b. machen, dass ...

begrenzen: 1. ⟨etw. b.⟩ *die Grenze von etw. bilden:* ein Wald begrenzt das Feld. 2. ⟨etw. b.⟩ *beschränken:* die Geschwindigkeit in der Stadt b.; die Redezeit b.; sie versuchte, den Schaden zu b.; einen begrenzten Horizont haben; seine Anwälte hoffen auf eine zeitlich begrenzte Freiheitsstrafe; unser Wissen ist begrenzt.

Begriff, der: 1. *Sinngehalt:* ein fest umrissener, klarer, schillernder, leerer B.; ein dehnbarer B.; ein philosophischer B.; einen B. definieren; zwei Begriffe miteinander verwechseln, voneinander abgrenzen. 2. *Vorstellung:* einen [un]deutlichen, ungefähren B. von etw. machen; ich kann mir keinen rechten B. davon machen; die Schönheit des Landes übersteigt alle Begriffe; du hast ja einen sonderbaren B. von mir; damit verbinde ich keinen B.; für meine Begriffe ist alles für das Kind zu schwer; nach unseren, nach europäischen Begriffen ist ...; das geht über meine Begriffe;

∗ [jmdm.] ein Begriff sein *([jmdm.] bekannt sein):* der Firmenname ist mir kein B.; diese Sängerin ist in der ganzen Welt ein B. · schwer/langsam von Begriff sein (ugs. abwertend; *eine langsame Auffassungsgabe haben):* sei doch nicht so schwer von B.! · im Begriff sein/stehen *(gerade tun wollen):* sie stand im B., das Haus zu verlassen.

begriffen: ⟨in der Verbindung⟩ in etw. (Dat.) begriffen sein *(gerade etw. anfangen):* die Gäste waren im Aufbruch b.; ⟨auch attributiv⟩ das im Umbau begriffene Haus.

begründen ⟨etw. b.⟩: **1.** *gründen, den Grund zu etw. legen:* eine Richtung, eine Schule in den Sozialwissenschaften b.; einen Hausstand, einen Verein b. (besser: gründen); dieser Sieg begründete seinen Reichtum, seinen Ruhm. **2.** *Gründe für etw. angeben:* seine Ansichten wissenschaftlich, vernünftig b.; eine Forderung, einen Verdacht, sein Verhalten, ein Urteil mit etw. b.; sie wusste ihren Standpunkt geschickt zu begründen; das ist nicht zu b.; wie, womit willst du das b.?; ADJ. PART.: sachlich begründete Zweifel; es besteht begründete Hoffnung, Aussicht auf Erfolg, auf eine friedliche Lösung; ein begründeter Verdacht; begründete (berechtigte) Ansprüche. **3.** ⟨sich b.⟩ *sich aus etw. erklären:* wie begründet sich das?; **∗ in etw.** (Dat.) **begründet sein/liegen; durch etw. begründet sein** (*in etw. beschlossen sein, sich aus etw. herleiten lassen):* das ist/ liegt in seinem Charakter, im Wetter, in der Natur der Sache begründet.

begrüßen: 1. ⟨jmdn. b.⟩ *zu Beginn einer Begegnung, eines Gesprächs grüßen:* jmdn. freudig, stürmisch, feierlich, kühl, reserviert b.; der Hausherr begrüßte die Gäste; ich begrüße Sie im Namen des Vorstands; wir würden uns freuen, Sie bei uns b. zu dürfen; die beiden begrüßten sich/ (geh.:) einander mit Handschlag; BILDL.: die Kinder begrüßten den ersten Schnee mit großem Freudengeschrei. **2.** ⟨etw. b.⟩ *zustimmend aufnehmen:* einen Vorschlag, eine Entscheidung, jmds. Entschluss b.; wir begrüßen diese Regelung, diese Maßnahmen, diese Entwicklung; ich würde dies in unser aller Interesse b. *(gutheißen und wünschen);* es ist zu b., dass ...

Begrüßung, die: eine herzliche, freundliche, kühle B.; die feierliche, offizielle B. fand im Rathaus statt; bei, während der B. ...; sich zur B. erheben.

begünstigen ⟨jmdn., etw. b.⟩: der Schiedsrichter begünstigt mit seinen Entscheidungen die heimische Mannschaft; das feuchtwarme Klima begünstigt die Seuche, die Ausbreitung der Seuche; alle seine Unternehmungen waren vom Glück begünstigt; die Ausbreitung des Feuers wurde durch die große Trockenheit begünstigt; er hat bei der Besetzung wichtiger Stellen seine Parteifreunde begünstigt *(favorisiert).*

begutachten: a) ⟨etw. b.⟩: *fachmännisch beurteilen:* ein Bild, ein Baugelände, den Schaden b.; **b)** (ugs., oft scherzh.) ⟨jmdn., etw. b.⟩ *betrachten:* lass dich mal b.; vom Fenster aus begutachteten sie die Vorgänge auf der Straße.

behagen ⟨jmdm. b.⟩: diese Arbeit, diese Idee behagt mir sehr; irgendetwas an der Sache hatte mir von Anfang an nicht behagt.

behaglich: a) *gemütlich:* ein behagliches Wohnzimmer; eine behagliche Atmosphäre; es sich b. machen; eine b. eingerichtete Wohnung; **b)** *voller Behagen:* sich b. fühlen; b. in der Sonne sitzen.

behalten: 1. a) ⟨jmdn., etw. b.⟩ *nicht hergeben:* ein Geschenk b.; den Rest des Geldes können Sie b.; ich möchte das Bild als/zum Andenken b.; ich möchte dich gern als Freund b.; wir hätten unsere Eltern gern noch länger behalten (ugs.; *wir hätten gern, dass sie noch länger gelebt hätten);* **b)** ⟨jmdn., etw. bei jmdm./sich, irgendwo b.⟩ *dort lassen, wo jmd., etw. ist:* den Hut auf dem Kopf, den Schirm in der Hand, die Hände in den Taschen b.; der Patient hat das Essen nicht bei sich behalten *(hat erbrochen);* (Kaufmannsspr.:) wir behalten die Ware auf Lager; jmdn. [weiter] in seinem Amt b.; ÜBERTR.: etw. im Gedächtnis, im Kopf b. *(nicht vergessen);* **c)** ⟨jmdn. bei jmdm./ sich, irgendwo b.⟩ *nicht fortlassen, in seiner Obhut lassen:* jmdn. als Gast bei sich b.; wir haben die Flüchtlinge über Nacht in unserem Haus behalten. **2.** ⟨etw. b.⟩ *bewahren:* seine Fassung, die Nerven, einen klaren Kopf b.; er behält immer seine gute Laune; das Gold behält den Glanz; das Haus hat seinen Wert behalten; er hat von der Angina einen Herzschaden behalten *(sich für immer zugezogen).* **3.** ⟨etw. b.⟩ *sich merken:* eine Adresse, eine Telefonnummer b.; Zahlen gut, schlecht b. können; ich habe von dem Vortrag nichts behalten; **∗ etw. für sich behalten** *(etw. nicht weitererzählen):* du musst alles, was ich dir gesagt habe, für dich b.

behandeln: 1. ⟨jmdn., etw. irgendwie b.⟩ *mit jmdm., etw. verfahren, umgehen:* einen Menschen gut, schlecht, gemein, gerecht, stiefmütterlich, unwürdig, unfreundlich, verächtlich, herablassend, von oben herab, liebevoll, spöttisch, mit Nachsicht, wie ein rohes Ei *(sehr vorsichtig),* wie ein kleines Kind, (geh.:) nach Verdienst b.; sie weiß, wie man Männer b. muss; er behandelt das Gerät [un]sachgemäß; wir müssen die Angelegenheit diskret b. **2. a)** ⟨etw. irgendwie b.⟩ *bearbeiten:* den Boden mit Wachs, mit einem Reinigungsmittel b.; ein Material chemisch, mit Säure b.; **b)** ⟨etw. b.⟩ *darstellen, untersuchen:* ein Thema [ausführlich, oberflächlich, wissenschaftlich] b.; einen Stoff, eine Frage im Unterricht b.; in seinem neuesten Film wird das Problem der Jugendarbeitslosigkeit behandelt; der Roman behandelt den Aufstieg Napoleons; militärische Fragen wurden nur am Rande behandelt *(besprochen).* **3.** ⟨jmdn., etw. b.⟩ *zu heilen suchen:* einen Kranken b.; wer hat Sie behandelt?; sie wurde mit Penizillin, mit Strahlen, ambulant behandelt; eine Krankheit falsch, homöopathisch, medikamentös, ambulant b.; die Wunde muss schleunigst behandelt werden; ADJ. PART.: der behandelnde *(mit dem Fall beschäftigte)* Arzt.

B

Behandlung, die: **1.** *das Umgehen mit jmdm., etw.:*
eine gute, faire, freundliche, schlechte, stiefmütterliche, empörende, kränkende, ungerechte, unwürdige B. erfahren; sie verdient eine bessere B.;
diese B. lasse ich mir nicht länger gefallen; der
Fall erfordert eine diskrete B.; der Motor reagiert
empfindlich auf falsche, unsachgemäße B. **2. a)**
Bearbeitung: das Werkstück wird einer chemischen, mechanischen B. unterzogen, **b)** *Darstellung, Untersuchung:* die literarische B. eines
Stoffes, eines Themas; die B. soziologischer Fragen; das Problem findet hier eine eingehende B.
3. *ärztliche Betreuung:* die vorbeugende B.; die B.
einer Krankheit, von Diabetikern; eine ambulante, stationäre B.; die B. mit Insulin; die B. ist
langwierig, teuer; eine B. anwenden; sie musste
sich in ärztliche, psychiatrische, psychotherapeutische B. begeben; sie ist bei einem Facharzt
in B.; Elektroschockgeräte zur B. von akuten
Herzkranken.
behängen ⟨jmdn., sich, etw. mit etw. b.⟩: die
Wände mit Teppichen b.; sie hat den Weihnachtsbaum mit Süßigkeiten behängt (nicht
korrekt: behangen); sie behängt (ugs. abwertend; *schmückt*) sich gern mit Ohrringen und vielen Ketten.
beharren: **a)** ⟨auf etw. (Dat.)/bei etw. b.⟩ *an etw.
festhalten; nicht nachgeben:* auf seinem (nicht
korrekt: auf seinen) Standpunkt, Recht, Vorsatz,
Entschluss, Willen b.; auf einer Forderung, auf
konkreten Maßnahmen b.; auf einer Ansicht/
Meinung b.; die Partei beharrt auf einem Aus-
stieg aus der Atomenergie; er beharrte eigensinnig, stur, hartnäckig darauf, mitgenommen zu
werden; **b)** (selten) ⟨mit Umstandsangabe⟩ *bleiben:* in einem Zustand b.
beharrlich: beharrlicher Fleiß; beharrliches Werben, Zureden; er schwieg, leugnete, weigerte sich
b.; sie blieb b. bei ihrer Meinung.
behaupten: 1. ⟨etw. b.⟩ *mit Bestimmtheit aussprechen:* etw. steif und fest, im Ernst, kühn, dreist b.;
das Gegenteil b.; das habe ich nicht behauptet;
wie können Sie so etwas b.?; sie behauptet das,
ohne es beweisen zu können; sie behauptet, er sei
verreist; er behauptet, sie nicht zu kennen; man
behauptet von ihm/es wird von ihm behauptet
(erzählt), dass er ... **2.** (geh.) **a)** ⟨etw. b.⟩ *erfolgreich verteidigen:* seine
Stellung, seinen Platz b., die Tabellenführung b.;
seine Vorteile zu b. wissen; **b)** ⟨sich b.⟩ *sich
durchsetzen:* die Firma konnte sich nicht b.; du
musst dich in deiner neuen Stellung/Position,
gegen deine Gegner b.; hartnäckig behauptet
sich dieses Gerücht.
Behauptung, die: **1.** *Meinungsäußerung:* eine
kühne, gewagte, unverschämte, leere B.; das ist
eine unbewiesene, aus der Luft gegriffene B.; hier
steht B. gegen B.; eine B. aufstellen, vorbringen;
jmds. Behauptungen nachprüfen, widerlegen; er

blieb bei seiner B., ging nicht von seiner B. ab.;
wie kommen Sie zu diesen Behauptungen?
2. (geh.) *das [Sich]behaupten:* die Ergreifung und
B. der Macht.
beheben ⟨etw. b.⟩: einen Schaden, einen Mangel b.;
eine Panne selbst b. können; Missstände, Probleme b.; die Verkehrsstörung wurde rasch behoben.
behelfen: a) ⟨sich (Akk.) mit etw. b.⟩ *etw. als unzu-
reichenden Ersatz verwenden:* du musst dich
einstweilen hiermit b.; ich behalf mich notdürftig mit einem alten Mantel; **b)** ⟨sich b.⟩ *notdürftig
auskommen:* er musste sich ohne sein Auto b.;
kannst du dich solange b.?
beherrschen: 1. ⟨jmdn., etw. b.⟩ **a)** *über jmdn., etw.
herrschen:* eine Stadt, ein Land b.; damals wur-
de/war Gallien noch von den Römern beherrscht;
ÜBERTR.: die Türme beherrschen das Stadtbild;
er war ganz von dem Willen beherrscht, das Rennen zu gewinnen; **b)** *dominieren:* dieses Produkt
beherrscht den Markt; diese Vorstellung beherrscht sein ganzes Denken; beherrschendes
Thema in Bonn war heute ...
2. ⟨etw., sich b.⟩ *zügeln, zurückhalten:* seine Leidenschaft, seinen Trieb, seine Worte b.; ich
konnte mich nicht mehr b.; Ⓡ ich kann mich b.!
(ugs.; *ich werde das bestimmt nicht tun*), ADJ.
PART.: er tritt beherrscht, mit beherrschter
Miene auf.
3. ⟨etw. b.⟩ **a)** *sehr gut können:* ein Handwerk, ein
Instrument b.; die Rechtschreibregeln, die Spielregeln b.; sie beherrscht mehrere Sprachen;
b) *souverän handhaben:* sein Fahrzeug b.; er beherrscht jede Situation.
beherzigen ⟨etw. b.⟩: einen Rat, eine Bitte, eine Ermahnung, eine Warnung b.; beherzige meine
Worte!
behilflich: ⟨meist in der Verbindung⟩ **jmdm. behilflich sein** *(jmdm. helfen):* einer Dame beim
Aussteigen b. sein; kann ich dir b. sein?; ⟨auch at-
tributiv⟩ der Behinderte und ein ihm behilflicher
Begleiter.
behindern ⟨jmdn., etw. b.⟩: Schneefall behinderte
den Verkehr; Nebel behinderte die freie Sicht; der
Gurt behindert mich nicht; ein Spieler durch
Festhalten b.; die Arbeiter behinderten sich/
(geh.:) einander im kleinen Raum; der Flugverkehr war durch schlechtes Wetter stark behindert *(eingeschränkt)*; behinderndes Parken.
Behörde, die: **a)** *Dienststelle, Verwaltungsorgan:*
staatliche, städtische Behörden; nur mit ausdrücklicher Genehmigung der vorgesetzten B.;
einen Antrag bei der zuständigen B. einreichen;
auf Anordnung der Behörden; von B. zu B. laufen;
b) *Sitz der Behörde:* die B. befindet sich in der
Goethestraße.
behüten: a) ⟨jmdn., etw. b.⟩ *bewachen, beschützen:*
der Hund behütet das Haus; ein von seinen Eltern allzu behütetes Kind; eine sorgsam behütete
Kindheit; ein behütetes junges Mädchen;

b) ⟨jmdn., etw. vor jmdm., etw. b.⟩ *bewahren:* jmdn. vor Schaden, vor einer Gefahr b.; der Himmel behüte uns davor!, [Gott] behüte! *(nein, auf keinen Fall!;* Ausrufe des Erschreckens, der Abwehr).

bei /vgl. beim/: ⟨Präp. mit Dat.⟩ **1.** /räumlich/ **a)** *in der Nähe von:* Potsdam liegt b. Berlin; die Schlacht b. Waterloo; dicht b., nahe b. der Schule; b. jmdm. stehen, sitzen; sie standen Kopf b. Kopf, dicht b. dicht; **b)** *zwischen, unter:* dieser Brief lag b. seinen Papieren, b. der Morgenpost; er war auch b. den Demonstranten; **c)** *an:* ein Kind, ein Mädchen b. der Hand nehmen; jmdn. b. der Schulter packen; **d)** /gibt den Aufenthalt, den Seins-, Geschehens-, Tätigkeitsbereich an/: b. einer Firma arbeiten, angestellt sein; bei jmdm. Unterricht haben; er wohnt b. seiner Mutter; wir sind b. ihr eingeladen; hast du Geld, den Brief b. dir?; b. uns ist das nicht üblich; gedruckt, verlegt b. ...; er ist *(arbeitet)* b. der Post; er dient b. der Luftwaffe; das steht, findet sich schon b. Sokrates; ÜBERTR.: die Entscheidung liegt b. dir; was nun werden soll, das steht b. Gott *(das weiß nur Gott);* das gleiche war b. mir der Fall; **e)** /gibt die Teilnahme an/: b. einer Hochzeit, b. einem Gottesdienst sein; b. einer Aufführung mitwirken. **2.** /zeitlich/ **a)** /zur Angabe eines Zeitpunktes oder einer Zeitspanne/: b. der Ankunft des Zuges; b. Beginn, b. Ende der Vorstellung; b. Eintritt der Dämmerung; b. Tag und [bei] Nacht *(während des Tages und der Nacht);* Rom bei Nacht; beim Kochen sein; **b)** /zur Angabe zweier gleichzeitig verlaufender Handlungen od. Vorgänge/: wie können bei gleicher Arbeit und gleicher Produktion 10 Millionen Mark Lohnkosten eingespart werden? **3.** /zur Angabe der Begleitumstände/: b. der Arbeit *(beim Arbeiten)* sein; jmdm. b. der Arbeit helfen; b. Tisch sein *(essen);* sich b. einer Zigarette, b. einem Glas Bier unterhalten; b. Kräften, b. guter Laune sein; nicht b. Verstand, [nicht] b. Bewusstsein sein; b. Vollmond, Regen, Nebel fahren; b. Tageslicht arbeiten; etw. ist b. Strafe verboten; b. alledem musst du eins bedenken; /mit finalem Nebensinn/: bei langen Additionen *(für lange Additionen)* ist ein Taschenrechner schon eine große Hilfe; /mit konditionalem Nebensinn/: b. Glatteis muss gestreut werden; /mit kausalem Nebensinn/: b. solcher Hitze bleiben wir zu Hause; /mit konzessivem Nebensinn/: b. *(ungeachtet)* aller Freundschaft, das geht zu weit; **★ nicht [ganz] bei sich sein** (ugs.; *verschlafen, geistesabwesend sein*): nach der durchzechten Nacht war er noch nicht ganz bei sich.

beibringen: 1. ⟨jmdm. etw. b.⟩ **a)** *jmdn. etw. lehren:* wer bringt mir Italienisch bei?; du hast mir damals Schwimmen, Autofahren beigebracht; dem werde ichs schon noch b.! (ugs.; in Drohungen); ich will dir b., mich zu belügen!; **b)** *begreiflich machen:* man muss ihr die Wahrheit schonend b.; man versuchte vergeblich, ihm beizubringen, dass er nicht willkommen sei.

2. ⟨jmdm. etw. b.⟩ *zufügen:* jmdm. eine Wunde, einen Stich in die Brust b.; ÜBERTR.: sie haben dem Gegner eine Niederlage beigebracht. **3. a)** ⟨etw. b.⟩ *herbeischaffen:* Zeugen, Beweise, zwei Passbilder, ein Attest, eine Unterschrift b.; **b)** ⟨jmdn. b.⟩ *stellen:* er konnte keine Zeugen b.

Beichte, die (kath. Rel.): bei dem Priester die B. ablegen *(beichten);* jmdm. die B. abnehmen; der Geistliche hört, sitzt B. *(sitzt im Beichtstuhl und hört die Beichte der Gläubigen an);* er geht selten, häufig zur B.; ÜBERTR.: ich musste mir seine B. anhören.

beide: b. Kinder; b. jungen/(selten:) junge Mädchen; Angehörige beider politischen/(selten:) politischer Gruppen; b. Beamten/(selten:) Beamte; die ersten beiden, die beiden ersten Ankömmlinge; ein Mann und eine Frau, b. bewaffnet; zwei Gestalten, b. völlig verwahrlost; sie sind b. evangelisch; wir b./(seltener:) beiden werden das machen; alle b. wollen studieren; dies beides gehört dir; b. haben sich anders entschieden; die beiden gefallen mir am besten; [alles] beides ist möglich, in beidem hast du Recht; von beidem möchte ich etwas haben; einer von beiden muss gehen.

beiderseitig: a) *beide [Seiten] betreffend; gegenseitig:* beiderseitige Beziehungen; das Treffen kam auf beiderseitigem Wunsch zustande; die Ehe wurde in beiderseitigem Einverständnis geschieden; es müsste zu einem beiderseitigen Verständnis kommen; **b)** *auf beiden Seiten:* eine beiderseitige Lungenentzündung.

beidseitig: a) *auf beiden Seiten:* eine beidseitige Häuserfront; b. furnierte Bretter; **b)** *beide Seiten betreffend; gegenseitig:* beidseitige Skepsis; das beidseitige Einhalten der Vereinbarung.

Beifall, der: **a)** *Applaus:* starker, schwacher, [lang] anhaltender, stürmischer, nicht enden wollender, rauschender, brausender, tosender, frenetischer, spontaner, minutenlanger, herzlicher, verdienter B.; der B. der Menge setzt ein, bricht los, (geh.:) brandet auf, hält an, nimmt zu, verebbt, verklingt; der Redner erntete, erhielt, bekam viel B.; [jmdm.] B. klatschen; B. spenden; ihre Darbietungen lösten B. aus; die Vortragende wurde wiederholt durch B. unterbrochen; das Publikum sparte nicht mit B. auf offener Szene; **b)** *Zustimmung:* etw. findet allgemeinen B.; den ungeteilten B. aller; dieser Plan hat meinen B.; seine Worte wurden mit B. aufgenommen.

beigeben: a) ⟨etw. (Dat.) etw. b.⟩ *beimischen:* der Suppe noch etwas Salz, einige Gewürze b.; dem Waschpulver ein Bleichmittel b.; **b)** ⟨jmdm. jmdn. b.⟩ *zur Unterstützung zur Verfügung stellen:* man hat ihm zur Entlastung noch eine Sachbearbeiterin beigegeben. **★ klein beigeben** *(kleinlaut nachgeben).*

Beigeschmack, der: die Butter, der Wein hat einen [eigenartigen, unangenehmen] B.; ein B. von

Zimt; ÜBERTR.: die Angelegenheit hat einen bitteren, pikanten, üblen, negativen, faden B.
beikommen: a) ⟨jmdm., etw. b.⟩ *mit jmdm., etw. fertig werden:* diesem schlauen Burschen ist nicht [leicht], nur mit einer List beizukommen; sie wussten nicht, wie sie ihm b. sollten; dem Ungeziefer, der Feuersbrunst ist kaum beizukommen; **b)** ⟨etw. (Dat.) b.⟩ *etw. bewältigen:* man musste versuchen, den Schwierigkeiten, dem Problem auf andere Weise beizukommen; sie konnten ihren finanziellen Sorgen nicht b.; man versuchte, mit Eisbeuteln seinem blauen Auge beizukommen.
beilegen: 1. ⟨etw. (Dat.) etw. b.⟩ *beifügen:* einem Brief Rückporto, ein Foto b.; dem Blumenstrauß war eine Karte beigelegt; ⟨auch ohne Dat.⟩ Unterlagen, Zeugnisabschriften sind beizulegen. **2. a)** ⟨jmdm., sich etw. b.⟩ *zusätzlich geben, verleihen:* jmdm., sich einen Titel, einen Künstlernamen, eine Eigenschaft b.; **b)** ⟨etw. (Dat.) etw. b.⟩ *beimessen:* man sollte der Angelegenheit mehr Gewicht b.; wir haben der Äußerung keine besondere Bedeutung, keinen allzu großen Wert beigelegt. **3.** ⟨etw. b.⟩ *schlichten; beseitigen:* Differenzen, einen Konflikt, einen Streit b.
Beileid, das: [mein] herzliches, aufrichtiges B.!; jmdm. sein B. aussprechen, ausdrücken, bekunden, bezeigen, bezeugen.
beiliegen ⟨etw. (Dat.) b.⟩: der Sendung liegt die Rechnung bei; ihrer Bewerbung lagen Zeugnisabschriften bei; unsere Fragen finden Sie auf beiliegendem Formular; beiliegend (Papierdt.; *als Anlage*) finden Sie die gewünschten Unterlagen.
beim: 1. *bei dem:* der Garten liegt nahe b. Haus; ich habe mich b. Pförtner erkundigt; /nicht auflösbar in bestimmten Verbindungen/: es bleibt alles b. Alten. **2.** ⟨in Verbindung mit *sein* und einem substantivierten Infinitiv zur Bildung der Verlaufsform⟩: er war [gerade] b. Frühstücken, Lesen, Telefonieren *(er frühstückte gerade usw.).*
beimessen ⟨jmdm., etw. etw. b.⟩: jmdm. die Schuld an etw. b.; dieser Angelegenheit, diesem Vorfall, diesen Dingen wurde eine übermäßige Bedeutung, ein zu großes Gewicht beigemessen.
Bein, das: **1.** das linke, rechte B.; beide Beine, gerade, schlanke, krumme, lange, schöne, rassige, kräftige, dicke, geschwollene Beine; ein gestrecktes B.; die Beine waren ihm eingeschlafen; das gebrochene B. wurde geschient; das kranke, verletzte B. musste amputiert werden; die Beine spreizen, grätschen, anwinkeln, anziehen, hochheben, hochlegen, kreuzen, übereinander schlagen, ausstrecken, von sich strecken; er hatte ein steifes B.; sie hat ein offenes B. *(ein nicht heilendes Geschwür am Bein);* ich habe mir ein B. gebrochen; er hat im Krieg beide Beine verloren; sie ließen die Beine [ins Wasser] baumeln; der Hund hebt das B. *(lässt Wasser);* auf einem B. hüpfen;

der Hund hatte ihm ins B. gebissen; sich kräftig mit den Beinen abstoßen; das Baby strampelte mit den Beinen; sie wäre beinahe über ihre eigenen Beine gestolpert; vor Ungeduld trat er von einem B. aufs andere; das Kind ist ihr vor die Beine gelaufen; ⟨R⟩ auf einem B. kann man nicht stehen *(ein Glas Alkohol genügt nicht;* als Aufforderung, ein zweites Glas Alkohol zu trinken), ÜBERTR.: er möchte auch weiterhin ein B. im Zeitungsgeschäft behalten. **2.** *beinartiges Teil eines Möbelstücks oder Gerätes:* die Beine des Tisches, des Stativs; an dem Stuhl ist ein B. abgebrochen. **3.** *Hosenbein:* das rechte B. ist etwas kürzer; die Beine länger machen; eine Hose mit engen, weiten Beinen. **4.** (bes. nordd., md.) *Fuß:* vom Wandern tun ihr die Beine weh; er hat sie aufs B. getreten. **5.** (ugs. südd., österr., schweiz.) *Knochen:* der Hund nagte an einem B.; mir tun nach dem Marsch alle Beine weh;
∗ **ein Bein stehen lassen** (Sport; *einen den ballführenden Gegner über ein Bein fallen lassen)* · **die Beine breit machen** (salopp; *[von Frauen] geschlechtlich verkehren)* · **die Beine in die Hand/unter die Arme nehmen** (ugs.; *schnell [weg]laufen; sich beeilen)* · **alles, was Beine hat** (ugs.; *jedermann):* alles, was Beine hatte, war auf dem Sportplatz · **jüngere Beine haben** *(besser als ein Älterer laufen oder stehen können)* · **die Beine unter jmds. Tisch strecken** (ugs.; *sich von jmdm. ernähren lassen)* · **jmdm. [lange] Beine machen** (ugs.; 1. *jmdn. fortjagen.* 2. *jmdn. antreiben, sich schneller zu bewegen)* · **jmdm. ein Bein stellen** (1. *sich jmdm. so in den Weg stellen, dass er fällt oder stolpert.* 2. *jmdm. durch eine bestimmte Handlung Schaden zufügen)* · **sich** (Dat.) **kein Bein ausreißen** (ugs.; *sich nicht sonderlich anstrengen)* · **sich** (Dat.) **die Beine vertreten** (ugs.; *nach langem Sitzen hin und her gehen)* · **sich** (Dat.) **die Beine in den Leib/Bauch stehen** (ugs.; *sehr lange stehen und warten)* · **kein Bein auf die Erde kriegen** (ugs.; *nicht zum Zuge kommen)* · **Beine gekriegt/bekommen haben** (ugs.; *plötzlich abhanden gekommen, gestohlen worden sein)* · **etw. ans Bein binden** (ugs.; *etw. drangeben, einbüßen)* · **jmdm., sich etw. ans Bein hängen/binden** (ugs.; *jmdm., sich etw. aufbürden oder ihn, sich dadurch in der Aktivität hemmen)* · **immer wieder auf die Beine fallen** (ugs.; *aus allen Schwierigkeiten immer wieder ohne Schaden hervorgehen)* · **sich nicht mehr/ kaum noch auf den Beinen halten können** (vor Schwäche, Müdigkeit dem Umfallen nahe sein) · **auf eigenen Beinen stehen** (selbstständig, unabhängig sein) · **auf den Beinen sein** (ugs.; in Bewegung, unterwegs sein) · **auf schwachen Beinen stehen** (nicht sicher, nicht gut begründet sein) · **wieder auf den Beinen sein** (ugs.; wieder gesund sein) · **jmdm. auf die Beine helfen** (ugs.;

1. *einem Gestürzten wieder aufhelfen.* 2. *jmdm. helfen, eine Schwäche, Krankheit zu überwinden.* 3. *jmdm. wirtschaftlich wieder aufrichten)* · sich auf die Beine machen (ugs.; *[schnell] weggehen)* · [wieder] auf die Beine kommen (ugs.; 1. *sich aufrichten.* 2. *[wieder] gesund werden.* 3. *wirtschaftlich wieder festen Fuß fassen)* · etw. auf die Beine stellen (ugs.; *etw. in bewundernswerter Weise zustande bringen)* · in die Beine gehen (1. ugs.; *die Beine schwer machen.* 2. *einen Rhythmus haben, der zum Bewegen, Tanzen reizt)* · jmdm. in die Beine fahren (*jmdn. sehr erschrecken)* · mit einem Bein im Gefängnis stehen (ugs.; *in Gefahr sein, mit dem Gesetz in Konflikt zu kommen)* · mit einem Bein im Grab stehen (*schwer krank, in großer Gefahr sein)* · mit dem linken Bein zuerst aufgestanden sein (ugs.; *schlechte Laune haben)* · mit beiden Beinen im Leben/[fest] auf der Erde stehen (*die Dinge realistisch sehen; lebenstüchtig sein).*

beinah[e]: das Kind wäre b. verunglückt; das schient ein b. unmögliches Unterfangen zu sein; zu diesem Ergebnis kam man b. in allen/in b. allen Fällen.

beinhalten ⟨etw. b.⟩: was beinhaltet dieser Paragraph?; der Preis beinhaltet volle Verpflegung.

beipflichten ⟨jmdm., etw. b.⟩: sie pflichtete ihm bei; sie haben unserer Ansicht beigepflichtet; darin, in diesem Punkt muss ich Ihnen b.

beirren ⟨jmdn. b.⟩: du darfst dich durch andere, dadurch nicht b. lassen; nichts konnte ihn in seiner Ansicht b.

beisammen: wir sind morgen zum letzten Mal b.; endlich waren sie wieder einmal ein paar Tage b.

Beisein, das: ⟨in den Fügungen⟩ im Beisein von jmdm./in jmds. Beisein (*während jmds. Anwesenheit):* im B. der Kinder, im B. von Fremden sollte darüber nicht gesprochen werden · ohne Beisein von jmdm./ohne jmds. Beisein (*ohne jmds. Anwesenheit):* ohne sein B. hätte der Plan nicht beschlossen werden dürfen; die Feier fand ohne B. von Regierungsvertretern, ohne B. des Botschafters statt.

beiseite: a) *seitlich in gewisser Entfernung; abseits:* er hielt sich, stand b.; der Schauspieler sprach b. *(machte abgewandt von seinem Partner eine nur für das Publikum bestimmte Äußerung);* b) *zur Seite, auf die Seite:* b. springen, treten; ★ **beiseite stehen** (*zurückstehen, nicht berücksichtigt werden):* warum soll er immer b. stehen? · etw. **beiseite bringen** (*sich unerlaubt aneignen):* die Spenden hatte er für eigene Zwecke b. gebracht · etw. **beiseite lassen** (*unerwähnt, außer Betracht lassen):* lassen wir diese Frage zuerst b. · etw. **beiseite legen** (1. *Geld sparen:* sie versuchte, jeden Monat etwas [Geld] b. zu legen. 2. *etw. Angefangenes weglegen u. nicht mehr daran denken:* sie hat angefangen den Roman zu lesen, ihn aber bald wieder b. gelegt) · jmdn. **beiseite schaffen** (salopp; *jmdn. ermorden)* · etw.

beiseite schaffen *(etw. verstecken):* sie hatte das gestohlene Geld b. geschafft · jmdn., etw. **beiseite schieben** *(nicht berücksichtigen):* lass dich nicht b. schieben!; alle Bedenken b. schieben.

beisetzen (geh.) ⟨jmdn., etw. b.⟩: der Verstorbene wurde in der Familiengruft beigesetzt; sie ließen die Urne in der Heimat des Verstorbenen b.

Beispiel, das: a) *typischer Einzelfall:* ein gutes, anschauliches, konkretes, praktisches, treffendes, lehrreiches B.; etw. dient als B.; Beispiele nennen, aufzählen, anführen; etw. als B. angeben; etw. an einem Beispiel erklären, demonstrieren; b) *Vorbild:* er, sein Verhalten ist uns allen ein leuchtendes, warnendes B.; ein gutes, abschreckendes B.; sie folgte seinem B.; ★ ein Beispiel geben (*als Vorbild zur Nachahmung herausfordern)* · sich (Dat.) [an jmdm., etw.] ein Beispiel nehmen (*als Vorbild wählen)* · mit gutem Beispiel vorangehen (*etw. als Erste[r] tun, um andere durch das Vorbild zu gleichem Handeln anzuspornen)* · ohne Beispiel (*beispiellos sein):* dieser Vorgang ist ohne B. · [wie] zum Beispiel (*wie etwa):* bei ihren Besuchen brachte sie meist etwas für die Kinder mit, wie zum B. Bücher, Spielzeug oder Süßigkeiten.

beißen: 1. a) ⟨irgendwohin b.⟩: *mit den Zähnen eindringen:* ins Brot, in einen Apfel b.; beim Essen auf ein Pfefferkorn b.; b) ⟨etw. b.⟩ *kauen:* ich kann das harte Brot, die Rinde nicht b.; ⟨auch ohne Akk.⟩ mit seinen paar Zähnen kann er kaum noch b.; c) ⟨nach jmdm., etw. b.⟩ *schnappen:* der Hund biss nach dem Briefträger nach seinem Bein.

2. a) ⟨jmdn. b.⟩ *mit den Zähnen fassen und verletzen:* eine Schlange hat sie gebissen; die Tiere bissen sich im Käfig; ⟨jmdn./(seltener:) jmdn., sich irgendwohin b.⟩ der Hund hat mir/mich ins Bein gebissen; ich habe mir/mich auf die Zunge gebissen; ÜBERTR.: geh zu ihm, er wird dich schon nicht b. (ugs.; *er wird freundlich zu dir sein);* ⟨auch ohne Akk.⟩ komm doch, ich beiße nicht *(ich bin ganz verträglich);* b) *bissig sein:* der Hund beißt; Vorsicht, das Pferd beißt!; c) ⟨sich (Dat.) etw. irgendwie b.⟩ *durch Beißen in einen bestimmten Zustand bringen:* ich biss mir die Lippen wund, um nicht laut zu lachen, um keine unvorsichtige Bemerkung zu machen.

3. ⟨jmdn. b.⟩ *(von Insekten) stechen:* ein Floh, eine Wanze hat ihn gebissen.

4. (ugs.) ⟨sich b.⟩ *(farblich) nicht zueinander passen:* die Farben beißen sich; Rot und Violett, das beißt sich.

5. (Angelsport) *den Köder annehmen:* die Fische beißen nicht, haben heute gut gebissen.

6. *scharf sein, brennen:* die Kälte beißt; Pfeffer beißt auf der Zunge; der Rauch beißt in den/in die Augen; ⟨jmdn./(seltener:) jmdn. irgendwohin b.⟩ der Rauch beißt mir/mich in die Augen; ein beißender Geruch; beißende Kälte; ÜBERTR.: beißende Kritik; beißender Spott;

B

* **nichts zu beißen haben** (ugs.; *nichts zu essen haben, Hunger leiden).*

beistehen ⟨jmdm. b.⟩: jmdm. in einer schwierigen Lage, mit Rat und Tat, nach Kräften b.; die Freunde standen sich [gegenseitig]/(geh.:) einander bei; sie hat mir immer beigestanden, wenn ich in Not war.

Beitrag, der: **1.** *Arbeit, Leistung als Anteil, mit dem sich jmd. an etw. beteiligt:* einen wichtigen B. für die Zukunft leisten; er hat einen bedeutenden B. zur Entwicklung seines Landes geliefert. **2.** *Betrag, der regelmäßig an eine Organisation zu zahlen ist:* einen [hohen] B. entrichten, zahlen; die Beiträge für einen Verein kassieren, abführen; er überwies seine Beiträge per Dauerauftrag; etw. aus Beiträgen finanzieren. **3.** *Aufsatz, Artikel in einer Zeitung o. Ä.:* ein B. über etw., zu einem bestimmten Thema; wissenschaftliche, juristische Beiträge; einen B. für eine Zeitung, für den Rundfunk schreiben, verfassen, liefern, einschicken; die Beiträge eines Korrespondenten; Beiträge in einer Zeitschrift veröffentlichen.

beitragen: **a)** ⟨zu etw. b.⟩ *bei etw. mithelfen:* zum Gelingen eines Festes b.; zum Lebensunterhalt b.; dies trägt dazu bei, die Situation zu entlasten, zu verbessern; **b)** ⟨zu etw. b.⟩ *als seinen Beitrag beisteuern:* eigene Ideen zu etw. b.; er hat das Seine zu diesem Sieg beigetragen; jeder musste etwas/sein Teil dazu b., dass sich die Atmosphäre entspannte.

beitreten ⟨etw. (Dat.) b.⟩: einem Verein, einem Verband, einer Partei, einer Organisation b.; das Land ist der Europäischen Union beigetreten.

beiwohnen (geh.) ⟨etw. (Dat.) b.⟩: einer Veranstaltung, einem Fest, der Messe, einer Unterredung, einer [Gerichts]verhandlung b.; ausländische Regierungsvertreter wohnten dem Staatsakt bei.

bejahen ⟨etw. b.⟩: **a)** *mit Ja beantworten:* eine Frage b.; eine bejahende Antwort; **b)** *gutheißen, mit etw. einverstanden sein:* das Leben, ein Tat b.; er hat den Plan ohne weiteres bejaht; ADJ. PART.: eine bejahende *(positive)* Lebensauffassung.

bekämpfen: **a)** ⟨jmdn. b.⟩ *gegen jmdn. kämpfen:* einen Feind b.; die beiden Familien bekämpfen sich [gegenseitig]/(geh.:) einander auf Leben und Tod; **b)** ⟨etw. b.⟩ *gegen etw. ankämpfen:* Seuchen, ein Feuer b.; Vorurteile, eine Meinung, einen Plan b.; der Drogenmissbrauch, die Arbeitslosigkeit, die Fremdenfeindlichkeit, der Rechtsextremismus wurde durch gezielte Maßnahmen bekämpft.

bekannt: a) *von vielen gekannt:* eine bekannte Sache, Melodie; das bekannteste Beispiel; die Geschichte ist allgemein b.; der Grund für ihre Weigerung ist b.; es dürfte b. sein, dass ...; sie ist durch mehrere wichtige Publikationen b. geworden; dieses Restaurant ist b. für gutes Essen; sie ist b. dafür, dass sie geizig ist; er ist wegen seines Ehrgeizes b.; diese Einzelheiten, diese Theorie

setze ich als bekannt voraus; **b)** *namhaft:* ein bekannter Künstler, Arzt; sie ist in Wien b. *(hat in Wien einen Namen);* ⋆ **jmdm. bekannt sein** *(jmdm. nicht fremd, nicht neu sein):* die Einbrecher waren der Polizei schon b.; sein Fall ist mir b.; davon ist mir nichts b. *(davon weiß ich nichts);* ⟨attributiv auch ohne Dat.⟩ ich sah viele bekannte Gesichter *(viele Gesichter, die ich kannte)* · **bekannt werden** *(in die Öffentlichkeit dringen):* der Wortlaut darf nicht b. werden; es wurde b., ist b. geworden, dass ... · **mit jmdm., etw. bekannt sein/werden** *(mit jmdm., etw. vertraut sein/werden):* ich bin mit ihm, mit seinen Problemen seit langem b.; sie sind gestern miteinander b. geworden · **jmdn. mit jmdm. bekannt machen** *(jmdn. jmdm. vorstellen):* ich werde dich mit ihm, ich werde euch miteinander b. machen; ⟨auch ohne Präpositionalobjekt und ohne Akk.⟩ darf ich b. machen? · **jmdn., sich mit etw. bekannt machen** *(jmdn., sich mit etw. vertraut machen):* jmdn. mit einer Maßnahme b. machen; sie mussten sich erst mit der neuen Arbeit b. machen · **etw. bekannt geben** *(etw. öffentlich mitteilen):* die Namen der Gewinner werden durch Anschlag, über den Rundfunk b. gegeben; sie haben ihre Verlobung in der Zeitung b. gegeben; /Formel in Anzeigen/: ihre Verlobung, Vermählung geben b. ... · **etw. bekannt machen** *(etw. der Allgemeinheit zur Kenntnis bringen):* etw. in der Zeitung, durch Plakatanschlag, über die Medien b. machen; das Gesetz wurde b. gemacht *(veröffentlicht)* · **jmdm. bekannt vorkommen** *(jmdm. nicht fremd erscheinen):* ihre Stimme kam mir irgendwie b. vor.

Bekannte, der und die: **a)** *jmd., mit dem man bekannt ist:* gemeinsame, alte Bekannte; ein Bekannter meines Vaters; sie ist eine gute Bekannte von mir; er ist ein alter Bekannter der Polizei *(ist bereits polizeilich erfasst);* die Briefe inzwischen verstorbener Bekannter; besagtem Bekannten wurde gekündigt; dir als Bekannten/Bekanntem, ihr als Bekannten/Bekannter des Ministers; **b)** (ugs. verhüll.) ⟨meist in Verbindung mit einem Possessivpronomen⟩ *Freund einer Frau; Freundin eines Mannes:* ich habe sie mit ihrem Bekannten getroffen.

Bekanntschaft, die: **1.** *Kontakt, persönliche Beziehung:* eine B. anknüpfen, pflegen, beenden; das war schon in der ersten Zeit unserer B. so; bei näherer B. erhielt man ein völlig anderes Bild von ihm.
2. *Person[en], die jmd. näher kennt:* viele Bekanntschaften haben; sie brachte ihre B. mit; in seiner B. *(seinem Bekanntenkreis)* war niemand, den ich näher kennte; zu ihrer *(ihrem Bekanntenkreis)* gehören viele namhafte Künstler.
⋆ **jmds. Bekanntschaft machen** *(jmdn. kennen lernen)* · **mit etw. Bekanntschaft machen** (ugs., oft iron.; *mit etwas Unangenehmem in Berührung*

kommen): mit ihrer Unzuverlässigkeit, mit der Polizei B. machen.

bekehren: a) ⟨jmdn. zu etw. b.⟩ *für eine bestimmte Auffassung, einen Glauben gewinnen:* jmdn. zum christlichen Glauben b.; es gelang, ihn zu einer anderen Ansicht zu b.; ⟨auch ohne Präpositionalobjekt⟩ Andersgläubige b.; er ließ sich nicht b.; du hast mich bekehrt; sie sind inzwischen bekehrt; b) ⟨sich zu etw. b.⟩ *zu einer bestimmten Auffassung kommen, einen Glauben annehmen:* sich zum Christentum b.; er bekehrte sich zu meiner Auffassung; ⟨auch ohne Präpositionalobjekt⟩ hast du dich bekehrt?

bekennen: 1. ⟨etw. b.⟩ *eingestehen, offen aussprechen:* einen Irrtum, die Wahrheit, seine Schuld, seine Sünden b.; ich bekenne offen, es getan zu haben; ich bekenne, dass ich es getan habe; seinen Glauben b. *(Zeugnis für seinen Glauben ablegen).* 2. ⟨sich irgendwie b.⟩ *sich als, für etw. erklären:* er bekannte sich [als/für] schuldig, als eigentlicher Täter. 3. ⟨sich zu jmdm., etw. b.⟩ *für jmdn., etw. eintreten:* sich zum Christentum b.; er bekannte sich zu seinen Taten; nur wenige ihrer früheren Freunde bekannten sich zu ihr.

Bekenntnis, das: 1. a) *Eingeständnis:* das B. einer Schuld, seiner Sünden; sie legte ein offenes, ehrliches, freimütiges B. ab; b) ⟨Plural⟩ *Erinnerungen, Lebensbeichte:* die Bekenntnisse eines zum Tode Verurteilten, des hl. Augustin. 2. a) *das Sichbekennen:* ein B. zur demokratischen Rechtsordnung, zum Christentum ablegen; b) *Konfession:* evangelisches, katholisches B.; er hat sein B. gewechselt.

beklagen: 1. (geh.) ⟨etw. b.⟩ a) *über jmdn., etw. trauern:* einen Verlust, den Tod eines Freundes b.; bei dem Unglück waren Menschenleben nicht zu b. *(gab es keine Toten);* b) *über etw. klagen:* jmds. Los beklagen; die politischen, sozialen Missstände b. 2. ⟨sich über jmdn., etw./wegen etw. b.⟩ *Klage führen, sich beschweren:* sich über einen anderen, über den Lärm, über mangelnde Mitarbeit b.; er hat sich bei ihr über die/wegen der Ungerechtigkeit beklagt; ⟨auch ohne Präpositionalobjekt⟩ eigentlich könnt ihr euch doch nicht b. *(könnt ihr doch zufrieden sein);* ADJ. PART.: die beklagte (Rechtsw.; *beschuldigte)* Partei, Person.

bekleiden: 1. ⟨jmdn., sich b.; meist 2. Part.⟩ *mit Kleidung versehen:* in der Eile hatte sie sich nur notdürftig bekleidet; er war nur leicht, nur mit einer Hose bekleidet. 2. (geh.) ⟨etw. b.⟩ *innehaben:* einen hohen Posten, ein Amt, eine wichtige Stellung b.

beklemmen /vgl. beklommen/: ⟨jmdn., etw. b.⟩: Angst beklemmte ihn, seine Seele; ⟨jmdm. etw. b.⟩ eine bange Ahnung beklemmt ihr das Herz; ein beklemmendes Gefühl; sie schwiegen, die Luft war beklemmend.

beklommen: sie antwortete mit beklommener Stimme; sie war ganz b.; ihm war b. zumute.

bekommen: 1. ⟨etw. b.⟩ *erhalten:* ein Geschenk, einen Preis, eine Belohnung, 100 Mark Finderlohn, einen Brief, [keine] Antwort b.; Urlaub, Gehalt, Lohn, Sozialhilfe, Arbeitslosenhilfe, Ermäßigung b.; er bekommt 50 Mark für die Stunde *(verdient 50 Mark in der Stunde);* [keine] telefonische Verbindung b.; die Firma bekam keine Aufträge mehr; der Patient bekam eine Spritze *(ihm wurde eine Spritze verabreicht);* Sie bekommen von uns Nachricht; was bekommen Sie bitte? *(was darf ich Ihnen verkaufen; was bin ich Ihnen schuldig?);* ich bekomme ein Bier *(ich hätte gern ein Bier);* ich bekomme noch 10 Mark von dir *(du schuldest mir noch 10 Mark);* ihr könnt aber auch niemals genug b. *(wollt immer noch mehr haben);* · /verblasst/: einen Kuss b. *(geküsst werden);* Besuch b. *(besucht werden);* ein Lob b. *(gelobt werden);* eine Belohnung b. *(belohnt werden);* einen [elektrischen] Schlag b. *(von einem elektrischen Schlag getroffen werden);* etw. in die Hände, (ugs.:) Finger b. *(aus Versehen erhalten);* einen Stein an den Kopf b. *(von einem Stein getroffen werden).* 2. a) ⟨jmdn., etw. b.⟩ *finden:* kein Personal b.; er hat eine Stelle, [keine] Arbeit bekommen; ich bekam keinen Schlaf *(konnte nicht schlafen);* einen Mann, eine Frau b.; b) ⟨etw. b.⟩ *erlangen; gewinnen:* Einblick in etw., eine falsche Vorstellung von etw. b.; du sollst dein Recht b. *(haben);* das Kind darf nicht immer seinen Willen b. *(durchsetzen).* 3. a) ⟨etw. b.⟩ *eine physische, psychische Veränderung aufweisen:* Kopfschmerzen, Herzklopfen, Grippe, Fieber, Hunger, kalte Füße, graue Haare, einen Schlaganfall, eine Gänsehaut, eine Glatze, einen Wutanfall b.; er bekam Angst, Heimweh, Gewissensbisse; ihr Gesicht, ihre Haut bekam Falten; die Wand hat Risse bekommen; die Kranke hat schon wieder Farbe bekommen *(sieht schon wieder frischer aus);* er bekam plötzlich Lust zu verreisen *(wollte plötzlich gern verreisen);* man bekommt allmählich Übung *(wird allmählich erfahrener)* darin; b) ⟨etw. b.⟩ *hervorbringen:* der Baum hat Blätter, die Pflanze hat einen neuen Trieb bekommen; sie hat ein Kind bekommen *(geboren);* c) ⟨etw. b.⟩ *mit etw. rechnen müssen, können:* wir bekommen anderes, schönes Wetter; Schwierigkeiten, Unannehmlichkeiten b. 4. ⟨jmdn., etw. b.; mit Umstandsangabe⟩ *jmdn. dazu bewegen, etw. zu tun:* man konnte ihn nicht mehr ans Klavier b.; jmdn. dazu b., die Wahrheit zu sagen. 5. ⟨etw. b.; mit 2. Part. als Umschreibung des Passivs⟩ *etw. geliehen, geschickt, vorgesetzt, geliefert b.;* er hatte die Bücher [von seinem Vater] geschenkt bekommen *(die Bücher waren ihm [von seinem Vater] geschenkt worden).* 6. ⟨etw. b.; mit Infinitiv mit zu⟩ a) *die Möglichkeit*

B

haben, etw. zu tun: ihr bekommt heute nichts zu essen; wo bekommt man hier etwas zu trinken?; er bekam den Ast zu fassen; **b)** ertragen müssen: er bekam ihren Hass zu spüren; wenn er das tut, bekommt er [von mir] aber etwas zu hören (werde ich ihm gehörig die Meinung sagen). **7.** ⟨jmdm. irgendwie b.⟩ zuträglich sein: das Essen, die Kur, der Aufenthalt in den Bergen ist ihr gut, nicht bekommen; wohl bekomms!; ∗ **es nicht über sich bekommen** (sich nicht entschließen können): sie hatte es nicht über sich bekommen, ihm abzusagen.

bekräftigen: **1.** ⟨etw. b.⟩ mit Nachdruck bestätigen: den Verdacht, die Vermutung b.; eine Aussage durch einen/mit einem Eid b.; sie bekräftigten die Vereinbarung mit einem Handschlag; er bekräftigte noch einmal, dass er auch helfen wolle. **2.** (geh.) ⟨jmdn., etw. b.⟩ bestärken: jmds. Plan, Vorhaben b.; er, die Entwicklung der Dinge hat mich in meiner Ansicht, in meiner Überzeugung bekräftigt.

bekümmern ⟨jmdn. b.⟩: seine Lage, sein Zustand bekümmert mich; was andere von ihm denken, bekümmert ihn wenig; ADJ. PART.: er sah mich mit bekümmertem (traurigem) Blick an; sie war darüber sehr bekümmert (bedrückt).

bekunden: **1.** ⟨etw. b.⟩ **a)** (geh.) zum Ausdruck bringen: sein Interesse, seine Freude, seine Teilnahme, seine Sympathie, seine Abneigung b.; sie bekundete laut und deutlich ihr Missfallen; sie bekundeten durch Beifall ihre Zustimmung; **b)** (Rechtsw.) bezeugen: Augenzeugen bekundeten, dass der Beklagte die Vorfahrt nicht beachtet habe. **2.** (geh.) ⟨sich b.; mit Umstandsangabe⟩ deutlich zum Ausdruck kommen: dadurch, darin bekundete sich ihr ganzer Hass, ihre Abneigung, ihre Verschiedenheit.

beladen ⟨jmdn., sich, etw. mit etw. b.⟩: ein Schiff mit Holz, mit Kohle b.; er belud sich mit dem ganzen Gepäck; ein mit Autos beladener Güterzug; der Tisch war mit Geschenken beladen (bedeckt); jmd. ist mit Schmuck beladen (abwertend; trägt allzu viel Schmuck); ⟨auch ohne Präpositionalobjekt⟩ einen Wagen b.; schwer beladen kam sie vom Einkauf zurück; ÜBERTR.: sich nicht mit Verantwortung, mit Sorgen b. wollen.

belagern ⟨etw. b.⟩ **a)** (Milit.) umzingeln: eine Stadt, Festung, Burg b.; **b)** (ugs.) ⟨jmdn., etw. b.⟩ umlagern: Reporter belagerten das Hotel des Ministers; einen Verkaufsstand belagern; der Star wurde ständig von Fans belagert.

Belang, der: die sozialen, kulturellen Belange einer Stadt; die Belange des Mandanten wahrnehmen; der Verband wird Ihre Belange vertreten; ∗ **ohne Belang** (ohne Bedeutung, unwichtig): die Frage ist für uns ohne B. · **von Belang** (von einiger Bedeutung, wichtig): eine Frage, nichts von B.

belangen (Rechtsw.) ⟨jmdn. [für etw./wegen etw.] b.⟩: jmdn. gerichtlich b.; jmdn. wegen öffentli-

cher Ruhestörung mit einer Ordnungsstrafe b.; er wurde wegen seiner politischen Äußerung, wegen der Verbreitung von Unwahrheiten belangt.

belanglos: belanglose Dinge, Gespräche; diese Ergebnisse sind für die Gesamtbeurteilung völlig b.

belassen ⟨jmdn., etw. b.; mit Umstandsangabe⟩: man hat ihn in seiner Stellung belassen; Jungvögel im Nest b.; jmdn. in dem Glauben b., dass ...; wir wollen es dabei b. (bewenden lassen).

belasten: **1. a)** ⟨etw. b.⟩ mit einer Last versehen: ihr könnt den Wagen nicht noch mehr b.; der Fahrstuhl ist mit mehr als fünf Personen zu stark belastet; den linken Fuß stärker b. (das Körpergewicht stärker auf den linken Fuß verlagern); **b)** ⟨jmdn., etw. b.⟩ in seiner Existenz, Wirkung o. Ä. beeinträchtigen: Schadstoffe belasten die Atmosphäre; weite Teile der Waldfläche sind durch Schadstoffemissionen nachweislich belastet; es waren erblich belastet (hatten eine bestimmte Veranlagung geerbt); mit Schadstoffen belastete Lebensmittel.
2. a) ⟨jmdn., sich, etw. mit etw./durch etw. b.⟩ in starkem Maße beanspruchen: jmdn. mit Verantwortung, mit Arbeit b.; er belastet sich, sein Gedächtnis mit allen möglichen Kleinigkeiten; ich will dich nicht mit meinen Problemen b.; damit kann ich mich jetzt nicht auch noch b.; sie belastet sich mit unnötigen Dingen; man soll Kinder in diesem Alter noch nicht durch zu viele Aufgaben b.; **b)** ⟨jmdn., etw. b.⟩ schwer auf jmdm., etw. lasten: Erbsen, fettreiche Speisen belasten den Magen; die große Verantwortung belastet ihn sehr; diese Auseinandersetzungen haben ihr Verhältnis doch stark belastet; von Sorgen belastet; er ist mit schwerer Schuld belastet. **3.** (Rechtsw.) ⟨jmdn. b.⟩ als schuldig erscheinen lassen: mehrere Zeugen, ihre Aussagen, zahlreiche Indizien belasteten den Angeklagten; belastendes Material. **4.** (Geldw.) ⟨jmdn., etw. [mit etw.] b.⟩ jmdm., etw. eine finanzielle Belastung auferlegen: diese Gesetze belasten den Staatshaushalt; die Bevölkerung wurde mit zusätzlichen Steuern belastet; die Bank belastete sein Konto mit 200 DM (rechnete seinem Konto 200 DM als Soll an); das Haus war mit mehreren Hypotheken belastet (auf das Haus waren mehrere Hypotheken eingetragen).

belästigen **a)** ⟨jmdn. [mit etw.] b.⟩ jmdm. lästig werden: jmdn. mit seinen Fragen/Bitten b.; ich möchte Sie nicht belästigt (gestört) fühlen; **b)** ⟨jmdn. b.⟩: jmdm. gegenüber zudringlich werden: belästigen Sie mich nicht!; er belästigte die Frauen, die Passanten auf der Straße.

belaufen ⟨sich auf etw. (Akk.) b.⟩: seine Schulden belaufen sich auf 10 000 DM, auf mehrere Millionen Mark.

beleben **a)** ⟨jmdn., etw. b.⟩ anregen: die Wirtschaft, den Absatz, den Kulturaustausch b.; der Kaffee belebt ihn; das Getränk hatte eine belebende Wirkung; nach dem Bad fühlte er sich neu belebt *(erfrischt);* b) ⟨sich b.⟩ *lebendig werden, mit Leben erfüllt werden:* im Frühling, wenn sich die Natur wieder belebt; c) ⟨sich b.⟩ *lebhafter, lebendiger werden:* die Unterhaltung, der Verkehr, der Markt, die Konjunktur belebte sich; bei diesem Anblick belebten sich ihre Züge; ADJ. PART.: eine belebte *(verkehrsreiche, nicht menschenleere)* Straße; d) ⟨etw. [mit etw.] b.⟩ *lebendig[er] gestalten:* einen Text mit Bildern b.; die Landschaft wird durch einen Fluss belebt.

Beleg, der: a) *Quittung, Bescheinigung:* Belege abheften, beibringen, zusammenstellen; etw. als Beleg bekommen; b) *Nachweis, Zeugnis:* für dieses Wort gibt es in der Kartei keinen B.; es gibt in dieser Gegend mehrere Belege für die Existenz von Urnengräbern.

belegen: 1. ⟨etw. b.⟩ *mit einem Belag versehen:* den Boden mit einem Teppich, mit Linoleum b.; Brot mit Wurst, mit Käse, mit Schinken b.; belegte Brötchen; eine belegte Zunge *(eine Zunge mit Belag);* ÜBERTR.: ihre Stimme klang belegt *(etwas heiser).* 2. ⟨etw. b.⟩ a) *reservieren:* einen Platz im Zug b.; habt ihr schon Plätze [für uns] belegt?; sie belegte einen Abendkurs, mehrere Vorlesungen, einige Seminare *(hat sich dafür eingeschrieben);* b) *besetzen:* eine Stadt mit Truppen b.; im Krankenhaus, im Hotel sind alle Zimmer, Betten belegt; die [Telefon]leitung ist belegt; c) *in einer Rangordnung einnehmen:* nach dem dritten Wettkampftag belegten die Australier die Plätze 3 und 6, die ersten Ränge; unsere Läuferin belegte den 2. Platz. 3. ⟨etw. [mit, durch etw.] b.⟩ *mit einem Schriftstück beweisen:* einen Kauf, Ausgaben mit einer, durch eine Quittung b.; er konnte seine Behauptungen durch Urkunden, urkundlich b.; diese grammatische Form ist [schon im 17. Jahrhundert] belegt. 4. ⟨jmdm., etw. mit etw. b.⟩ *jmdm., etw. auferlegen:* jmdn. mit einer hohen Strafe, mit einer Geldbuße b.; Importwaren mit hohem Zoll b.

belehren: a) ⟨jmdn. über etw. (Akk.) b.⟩ *informieren, aufklären:* jmdn. über Vorschriften b.; er hat uns darüber belehrt, wie das Gerät funktioniert; b) ⟨jmdn.⟩ *von einer irrigen Ansicht abbringen:* ich brauche mich nicht von dir b. zu lassen; er ist nicht zu b.

beleidigen ⟨jmdn., etw. b.⟩: jmdn. durch sein Benehmen schwer, tief b.; mit dieser Äußerung hast du ihn [in seiner Ehre], seine Ehre beleidigt; eine beleidigende Antwort; beleidigte Kinder; sie machte ein beleidigtes Gesicht *(sah beleidigt aus);* er fühlte sich [tief] beleidigt; sie ist immer gleich beleidigt *(fasst immer gleich etwas als Beleidigung auf);* ÜBERTR.: dieser Anblick beleidigt das Auge, den guten Geschmack; solche Missklänge beleidigen das Ohr.

Beleidigung, die: a) *das Beleidigen:* B. durch Verleumdung; er wurde wegen B. eines Polizeibeam-

ten verklagt; b) *beleidigende Äußerung:* eine direkte, schwere B.; jmdm. eine B. zufügen; eine B. zurücknehmen; diese B. lasse ich mir nicht gefallen; ÜBERTR.: die schlechten Kostüme waren eine B. des Auges.

beleuchten ⟨etw. b.⟩: eine Bühne [mit Scheinwerfern], eine Straße b.; die Sitzecke wurde indirekt beleuchtet *(hatte indirekte Beleuchtung);* ein schwach, spärlich beleuchteter Platz; ÜBERTR.: der Redner beleuchtete *(behandelte, untersuchte)* das Problem, das Thema näher, von allen Seiten, unter verschiedenen Aspekten.

belieben /vgl. beliebt/ ⟨geh.⟩: a) ⟨jmdm. b.⟩ *Lust haben, etw. zu tun:* ihr könnt tun, was euch beliebt; selbstverständlich ganz, wie es dir beliebt!; b) (oft iron.) ⟨mit Infinitiv mit *zu*⟩ *etw. zu tun pflegen:* er beliebte lange zu schlafen; er beliebte, sich zu erinnern; Sie belieben zu scherzen! *(das ist wohl nicht Ihr Ernst!).*

Belieben, das: ⟨in den Verbindungen⟩ **in jmds. Belieben liegen/stehen** *(jmds. Entscheidung überlassen sein)* · **nach Belieben** *(nach eigenem Wunsch, Geschmack; wie man will)*

beliebig: ein Stoff von beliebiger Farbe; er griff ein beliebiges *(irgendein)* Beispiel heraus; die Reihenfolge ist b. *(das können Sie b. oft wiederholen; die Auswahl ist b. (ins freie Ermessen gestellt);* der Entwurf darf nicht b. *(nach Gutdünken)* geändert werden; SUBST.: alles Beliebige; etwas Beliebiges.

beliebt ⟨b. [bei jmdm.]⟩: ein beliebter Lehrer, Politiker, Ausflugsort; eine beliebte *(weit verbreitete)* Ausrede, Redensart; er war bei allen b.; dieses Thema war bei den Studierenden nicht sehr b.; ⋆ **sich [bei jmdm.] beliebt machen** *(es verstehen, jmds. Gunst zu gewinnen).*

Beliebtheit, die: die B. dieses Schriftstellers nahm mit jedem Roman zu; sie erfreute sich allgemein großer B. (geh.; *war allgemein sehr beliebt).*

bellen: 1. *bellende Laute von sich geben:* der Hund bellte, als ...; ÜBERTR.: man hörte die Geschütze b. 2. (ugs.) a) *laut husten:* er bellte so furchtbar, dass man es im ganzen Haus hören konnte; b) ⟨etw. b.⟩ *in lautem, heiserem Ton sagen:* er bellte seine Kommandos.

belohnen: a) ⟨jmdn. b.⟩ *zum Dank mit etw. beschenken:* jmdn. für seine Mühe, Hilfe b.; ich habe den ehrlichen Finder reichlich, mit einem Geschenk belohnt; starker Beifall belohnte den *(dankte dem)* Gast; b) ⟨etw. b.⟩ *mit etw. vergelten:* eine gute Tat, jmds. Treue, jmds. Fleiß b.; seine Ausdauer wurde durch den Erfolg aufs Schönste belohnt; so belohnst du mir mein Vertrauen! *(so schlecht vergiltst du es!).*

bemächtigen (geh.): a) ⟨sich jmds., etw. b.⟩ *jmdn., etw. in seinen Besitz bringen:* er bemächtigte sich [ganz einfach] des Geldes; die Armee bemächtigte sich der Hauptstadt *(besetzte die Hauptstadt);* die Entführer hatten sich eines Menschen bemächtigt; b) ⟨sich jmds. b.⟩ *jmdn. überkommen:* Angst, ein Gefühl der Verzweiflung/der Freude bemächtigte sich ihrer.

bemalen ⟨etw. b.⟩: Ostereier, Spielzeug, eine Truhe b.; die Wand mit Ölfarbe b. *(streichen);* schön bemaltes Geschirr; ⟨jmdm., sich etw. b.⟩: sie bemalte sich die Fingernägel mit rosa Nagellack.

bemängeln ⟨etw. b.⟩: den schlechten Service, die Qualität der Ware b.; ich habe an dem Wagen, an dem Design, an/bei Ihnen nichts zu b.

bemerkbar: ein kaum bemerkbarer Unterschied; eine leichte Besserung ist b.; ★ **sich bemerkbar machen** (1. *durch Gesten o. Ä. auf sich aufmerksam machen:* sich durch Husten, durch Winken b. machen. 2. *sich zeigen:* der französische Einfluss macht sich auch in der Kunst b.; die politische Tendenz dieser Zeitung macht sich dadurch b., dass ...).

bemerken: 1. ⟨jmdn., etw. b.⟩ *wahrnehmen, entdecken:* jmdn. nicht sogleich, zu spät b.; einen Fehler, eine Veränderung, jmds. Erstaunen b.; sie bemerkte an unseren Gesichtern, dass etwas vorgefallen war; zufällig bemerkte er ihn unter den Wartenden. 2. ⟨etw. b.⟩ *[ergänzend] äußern:* er hatte einiges zu den Worten des Redners zu b.; ich möchte, muss dazu b., dass ...; nebenbei bemerkt, die Wände sind sehr hellhörig; »Du musst es ja wissen!« bemerkte sie trocken, kurz, verärgert.

bemerkenswert: a) *beachtlich, ziemlich groß:* ein bemerkenswerter Unterschied; bemerkenswerte Fortschritte machen; bemerkenswerte Leistungen erbringen; b) *Aufmerksamkeit verdienend:* eine bemerkenswerte Sammlung; b. daran ist, dass ...; c) ⟨verstärkend bei Adjektiven⟩ *sehr, ungewöhnlich:* eine b. schöne Kollektion; er spielt b. gut Tennis.

Bemerkung, die: eine ironische, kritische, leichtfertige, treffende, abfällige, spitze, spöttische, hämische, unpassende, überflüssige B.; eine B. fallen lassen; eine B. über jmdn./etw., zum Thema machen; sich (Dat.) eine B. erlauben; gestatten Sie mir eine B.?; zunächst möchte ich einige Bemerkungen vorausschicken; sie schrieb eine B. *(Anmerkung, Notiz)* an den Rand; ich kann mich auf wenige Bemerkungen beschränken.

bemitleiden ⟨jmdn., sich b.⟩: der Kranke ist zu b.; er bemitleidet sich immer [selbst].

bemühen: 1. ⟨sich b.⟩ *sich Mühe geben:* sich redlich b.; sie hatten sich umsonst bemüht, die Verhältnisse zu ändern; bitte, bemühen Sie sich nicht!; wir sind stets bemüht, die Wünsche unserer Kunden zu erfüllen. 2. ⟨sich um jmdn., etw. b.⟩ a) *sich kümmern:* ein Arzt bemühte sich um den Verunglückten; sie war ständig um das kranke Kind bemüht; er war stets um ein gutes Arbeitsklima bemüht; b) *für sich zu gewinnen suchen:* sich um eine Stellung b.; mehrere Bühnen hatten sich um den Regis-

seur bemüht; ich bemühte mich erfolglos um ihr Vertrauen, um ihre Mitarbeit. 3. (geh.) ⟨sich irgendwohin b.⟩ *sich begeben:* sich aufs Gericht b.; er hatte sich zu ihm in die Wohnung bemüht; würden Sie sich bitte hierher b.? 4. (geh.) ⟨jmdn. b.⟩ *in Anspruch nehmen:* jmdn. wegen etw. b.; darf ich Sie noch einmal in dieser Angelegenheit b.?; für die Ausgestaltung der Räume wurden namhafte Künstler bemüht.

Bemühung, die ⟨meist Plural⟩: alle Bemühungen waren umsonst, vergeblich; ihre wiederholten, angestrengten, verzweifelten Bemühungen blieben ohne Erfolg; seine Bemühungen fortsetzen; trotz aller Bemühungen konnte er nicht gerettet werden; vielen Dank für Ihre Bemühungen!; der Arzt berechnete für seine Bemühungen *(für die Behandlung)* 100 DM.

benachteiligen ⟨jmdn. b.⟩: jmdn. zugunsten eines anderen b.; er hat den jüngeren Sohn immer benachteiligt; sie fühlt sich dabei, dadurch benachteiligt; eine wirtschaftlich benachteiligte Region.

benehmen /vgl. benommen/: 1. ⟨sich irgendwie b.⟩ *sich betragen:* sich [un]höflich, flegelhaft, ordinär, wie zu Hause, albern, kindisch b.; er benahm sich wie ein Elefant im Porzellanladen *(plump, taktlos);* sie hat sich gegen ihn/ihm gegenüber anständig, schlecht, gemein, unmöglich benommen; ich wusste nicht, wie ich mich dabei b. sollte; ⟨auch: sich b.⟩ sich nicht b. können; sie weiß sich zu b.; benimm dich! 2. (geh.) ⟨jmdm. etw. b.⟩ *nehmen, rauben:* der Schreck benahm mir den Atem; ihre Worte benahmen ihm den Mut, die Lust, mich weiter zu äußern.

Benehmen, das: ein höfliches, anständiges, ordentliches, anstößiges, freches, schlechtes, flegelhaftes, unmögliches, linkisches, kindisches, albernes B.; das ist kein [gutes] B.; (iron.:) das ist mir ein feines B.!; sie hat kein B. *(hat keine Manieren);* das entschuldigt sein seltsames B. *(Verhalten);* ★ **sich mit jmdm. ins Benehmen setzen** (Papierdt.; *sich mit jmdm. verständigen).*

beneiden ⟨jmdn. um jmdn., etw./wegen etw. (Gen.) b.⟩: jmdn. um seinen Reichtum, um sein Glück, um seine Kinder, wegen seiner Fähigkeiten b.; ⟨auch ohne Präpositionalobjekt⟩ er ist nicht zu b. *(er ist in einer schwierigen Lage).*

benennen: 1. a) ⟨etw. b.⟩ *bezeichnen:* etw. fachmännisch, laienhaft b.; eine Pflanze nicht b. können; die Gefahren, die Risiken können nicht genau benannt werden; b) ⟨jmdn., etw. nach jmdm., etw. b.⟩ *mit einem bestimmten Namen versehen:* den Sohn nach seinem Vater b.; eine Straße nach einem Dicher b. 2. ⟨jmdn. b.⟩ *namhaft machen; als geeignet erklären:* jmdn. als Kandidaten, als geeigneten Anwärter b.; sie wurde als Zeugin benannt.

benommen: im benommenem Zustand; sie war

von dem Sturz, von dem Medikament, durch den Schreck ganz b.; er lag b. auf der Couch.

benötigen ⟨jmdn., etw. b.⟩: Geld, Hilfe b.; wir benötigen einen weiteren Mitarbeiter; Sie benötigen für den Grenzübertritt nur den Personalausweis; die Lieferung wird dringend benötigt; das benötigte Geld.

benutzen, (bes. südd., österr.:) **benützen:** a) ⟨etw. b.⟩ *sich einer Sache bedienen:* etw. gemeinsam b.; ein Handtuch, keine Seife b.; den vorderen Eingang b.; die Bahn, das Auto, den Aufzug b.; das kann niemand mehr b. *(gebrauchen):* der Raum wird wenig benutzt; am Schluss der Arbeit wurde die benutzte Literatur angegeben; b) ⟨jmdn., etw. als/zu/für etw. b.⟩ *verwenden:* das alte Gebäude wird als Stall benutzt; dieser Raum wurde als Gästezimmer benutzt; er benutzte ihn als Alibi, als Werkzeug für seine Zwecke; ihre freie Zeit benutzte sie hauptsächlich zum Lesen; für die Biografie benutzte die Verfasserin authentisches Material; c) ⟨jmdn., etw. zu/als etw. b.⟩ *zu einem bestimmten Zweck, seinem persönlichen Vorteil ausnutzen:* sie benutzte die Kinder als Vorwand; sie benutzten die Gelegenheit zu einem Museumsbesuch; er benutzte den freien Tag, um endlich einmal auszuschlafen.

beobachten: 1. a) ⟨jmdn., etw. b.⟩ *aufmerksam, genau betrachten:* jmdn., etw. genau, scharf, lange, ängstlich, insgeheim, angespannt b.; sich im Spiegel b.; die Natur, die Vögel, die Sterne b.; Kinder beim Spielen b.; b) *überwachen:* einen Patienten b.; den Luftraum b.; jmdn. b. *(observieren)* lassen. 2. ⟨etw. [an jmdm., etw.] b.⟩ *feststellen, bemerken:* nichts Besonderes an jmdm., etw. b.; man konnte dabei b., dass .../wie ...; das ist gut beobachtet. 3. (geh.) ⟨etw. b.⟩ *beachten:* ein Verbot, die Gesetze b.

Beobachtung, die: 1. *das Beobachten:* eine genaue, scharfe, anhaltende B.; astronomische Beobachtungen; er steht unter polizeilicher B. *(wird polizeilich überwacht);* er wurde zur B. [seines Geisteszustandes] in eine Klinik eingewiesen. 2. *Ergebnis des Beobachtens, Feststellung:* das ist eine gute B.; er hat an diesem Tie eine interessante B. gemacht; Beobachtungen zum Sprachgebrauch; seine Beobachtungen aufzeichnen, für sich behalten.

bequem: 1. *angenehm; behaglich:* ein bequemer Sessel; ein bequemer Weg; bequeme *(nicht einengende)* Kleidung; die Schuhe sind, sitzen b. *(engen jmdn. nicht ein);* sitzen Sie b.?; machen Sie es sich (Dat.) b. 2. *keine Anstrengung verursachend:* ein bequemer Weg; ein bequemes Leben; einen bequemen Posten haben; diese Lösung, Ausrede ist sehr b. *(ist leicht gefunden).* 3. *leicht, ohne Schwierigkeiten:* man kann den Ort b. in einer Stunde, zu Fuß, mit dem Bus errei-

chen; an dem Tisch können b. zehn Personen sitzen.
4. (abwertend) *träge:* ein bequemer Mensch; er ist zu b. zum Laufen.

bequemen (geh.) ⟨sich zu etw. b.⟩: es dauerte einige Zeit, bis er sich zu einer Erklärung bequemte; nach einigen Wochen bequemte er sich, mir zu schreiben; ⟨auch ohne Präpositionalobjekt⟩ hoffentlich bequemst du dich bald *(tust du bald, was man dir aufgetragen hat).*

Bequemlichkeit, die: 1. *Komfort:* seine B. haben [wollen]; die gewohnte B. vermissen; die Zimmer des Hotels sind mit allen Bequemlichkeiten ausgestattet, versehen; zur größeren B. der Reisenden findet die Kontrolle im Zug statt. 2. *Trägheit:* er hat aus [reiner] B. nichts unternommen.

beraten: 1. ⟨jmdn. b.⟩ *durch Rat unterstützen:* einen Kunden gut, schlecht b.; sich [von jmdm.] b. lassen; wir beraten Sie beim Einkauf; diese Mitglieder haben wir beratende Stimme. 2. *gemeinsam besprechen:* a) ⟨etw. b.⟩: etw. b. eine Angelegenheit, ein Vorhaben, Gesetzesvorlage b.; b) ⟨über etw. (Akk.) b.⟩ sie haben lange über das Urteil und Strafmaß beraten. 3. *beratschlagen:* a) ⟨mit jmdm. b.⟩ sie haben miteinander [über die Sache, wegen der Angelegenheit] beraten; er beriet mit ihm, was zu tun sei; ⟨auch ohne Präpositionalobjekt⟩ wir haben lange beraten, aber leider ohne Ergebnis; b) ⟨sich mit jmdm. [über etw. (Akk.)/wegen etw.] b.⟩ er hat sich mit ihm, mit seiner Anwältin über die Sache, wegen der Angelegenheit beraten; wir berieten uns miteinander; ⟨auch ohne Präpositionalobjekte⟩ sie haben sich lange beraten;
★ **gut/schlecht beraten sein** (ugs.; *richtig, unklug handeln):* da bist du gut, schlecht, übel b.

berauben: *jmdn. etw. gewaltsam entwenden:* a) ⟨jmdn. b.⟩ er wurde überfallen und beraubt; ich möchte Sie nicht b. (oft scherzh.: *ich möchte von Ihnen nicht etwas annehmen, was Sie nur ungern hergeben);* b) (geh.) ⟨jmdn. etw. (Gen.) b.⟩ sie wurde ihres gesamten Schmuckes, ihrer Handtasche, Barschaft beraubt; ÜBERTR.: jmdn. seiner Freiheit, seiner Rechte b.

berauschen (geh.): 1. ⟨jmdn. b.⟩ *[be]trunken machen:* der starke Wein hatte sie berauscht; berauschende Getränke, Düfte, Mittel; er war wie berauscht [von der Frühlingsluft]; ÜBERTR.: sein Vortrag berauschte die Zuhörer; der Erfolg berauschte ihn; das berauschende Glücksgefühl; sie waren von Begeisterung berauscht; das war nicht gerade berauschend (ugs.: *war mittelmäßig).* 2. ⟨sich an etw. (Dat.) b.⟩ *sich betrinken:* sie berauschten sich an dem starken Wein, an Bier; ÜBERTR.: sich am Erfolg, an den neuen Ideen, an Schlagworten b.

berechnen: 1. ⟨etw. b.⟩ *durch Rechnen festsetzen, ermitteln:* Zinsen, den Preis, die Kosten, den Umfang eines Dreiecks, die Entfernung zwischen zwei Punkten b.; ÜBERTR.: die Wirkung von etw. b.; ein kalt berechnender Verstandesmensch; sie ist sehr berechnend (abwertend; *stets auf eigenen Vorteil, Gewinn bedacht*); bei ihr ist alles berechnet. **2.** ⟨jmdm. etw. b.⟩ *anrechnen, in Rechnung stellen:* jmdm. etw. zum Selbstkostenpreis b.; ich berechne Ihnen das leicht beschädigte Exemplar mit drei Mark; dafür berechne ich Ihnen weniger; ⟨auch ohne Dat.⟩ die Verpackung hat er nicht berechnet. **3.** ⟨etw. für jmdn., auf etw. (Akk)/für etw. b.⟩ *vorausberechnen, veranschlagen:* die Bauzeit auf drei Jahre b.; ein Lexikon auf zwanzig Bände b.; der Aufzug ist für fünf Personen berechnet; ÜBERTR.: alles war auf Wirkung, auf Gewinn berechnet; ⟨auch ohne Präpositionalobjekt⟩ so etwas lässt sich im Voraus nicht b.

Berechnung, die: **1.** *das Berechnen:* die B. der Kosten, Zinsen, des Umfangs; die Berechnungen waren falsch, stimmten [nicht]; genaue, exakte, sorgfältige Berechnungen anstellen; nach meiner B./meiner B. nach. **2. a)** (abwertend) *Eigennutz:* bei ihr war alles B.; sie tat es aus purer B.; **b)** *nüchterne Überlegung, Vorausberechnung:* er ging mit kühler B. vor.

berechtigen ⟨jmdn. zu etw. b.⟩: ihre Erfahrung berechtigt sie zu dieser Kritik; ⟨auch ohne Akk.⟩ die Karte berechtigt zum Eintritt; ich bin berechtigt *(habe das Recht)*, das zu verlangen; er ist dazu berechtigt *(befugt)*; sein Einwand war berechtigt *(bestand zu Recht)*; ein berechtigter Vorwurf, Stolz; berechtigtes Interesse, Misstrauen; berechtigte Forderungen.

bereden: **1.** ⟨etw. mit jmdm. b.⟩ *besprechen:* etw. miteinander b.; ich werde die Sache, die Angelegenheit mit ihm b.; ⟨auch ohne Präpositionalobjekt⟩ wir haben seinen Fall beredet. **2.** ⟨sich mit jmdm. b.⟩ *sich beraten; etw. mit jmdm. besprechen:* sie hat sich mit ihm beredet; ⟨auch ohne Präpositionalobjekt⟩ wir haben uns eingehend darüber beredet. **3.** (seltener) ⟨jmdn. zu etw. b.⟩ *überreden:* er hat mich beredet mitzukommen; sie hat mich zum Kauf beredet.

beredt: ein beredter Anwalt; er setzte sich mit beredten Worten für ihn, für die Sache ein; sie ist sehr b.; sie hat sich b. verteidigt; ÜBERTR.: eine beredte *(ausdrucksvolle)* Gestik; beredtes *(viel sagendes)* Schweigen.

Bereich, der, (selten:) das: **a)** *Gebiet:* der B. um den Äquator; diese Häuser liegen außerhalb des Bereichs, nicht mehr im B. der Stadt; **b)** *Sektor; Sphäre:* der private, öffentliche, politische, seelische B.; der B. der Kunst, der Wissenschaft; wichtige Neuerscheinungen aus dem B. der Technik; im B. der Familie; das ist nicht mein B. *(Aufgabengebiet)*; das liegt durchaus im B. des Möglichen *(ist durchaus möglich)*.

bereichern: **1. a)** ⟨etw. b.⟩ *reichhaltiger machen, vergrößern, erweitern:* sein Wissen, seine Kenntnisse b.; er konnte seine Sammlung um einige wertvolle Stücke b.; **b)** ⟨jmdn. b.⟩ *innerlich reicher machen:* die Reisen, die neuen Eindrücke, Erlebnisse haben ihn bereichert; durch diese Begegnung fühle ich mich bereichert. **2.** ⟨sich an jmdm., etw. b.⟩ *sich ohne Skrupel einen Gewinn verschaffen:* sie hat sich an seinen Ersparnissen, an anderen bereichert; ⟨auch ohne Präpositionalobjekt⟩ sich schamlos b.; auf diese Weise gedachten sie sich zu b.

bereinigen ⟨etw. b.⟩: Missverständnisse, eine Angelegenheit, einen Streitfall b.; ÜBERTR.: eine Statistik b. *(von verzerrenden Faktoren befreien)*; die bereinigte *(korrigierte)* Fassung eines Buches; ⟨sich b.⟩ manche Dinge, Missverständnisse bereinigen sich von selbst.

bereit: ⟨in den Verbindungen⟩ **bereit sein** *(fertig sein)*: bist du b.?; es ist alles b., wir können anfangen; sie sind zum Abmarsch b.; ⟨auch attributiv⟩ die zum Aufbruch bereiten Gäste · **zu etw. bereit sein** *(zu etw. entschlossen sein)*: zu Opfern b. sein; ich war b., meine Fehler einzugestehen · **sich [zu etw.] bereit erklären, finden, zeigen** *(zum Ausdruck bringen, dass man zu etw. bereit, entschlossen ist)*: sie fanden sich zu einer großzügigen Unterstützung, zu weiteren Verhandlungen b.; sie zeigt sich nicht b., die Verantwortung zu übernehmen; er erklärte sich b. mitzumachen.

bereiten: **1. a)** ⟨etw. b.⟩ *zubereiten:* eine Speise, ein Mahl, das Essen, aus Heilkräutern einen Tee b.; jmdm., sich/für jmdn. ein Bad b. *(einlaufen lassen)*; **b)** (geh.) ⟨sich zu etw. b.⟩ *sich auf etw. vorbereiten:* sich zum Sterben b. **2.** ⟨jmdm. etw. b.⟩ *zuteil werden lassen, zufügen:* jmdm. [durch etw.] Kummer, Schmerz, Vergnügen, [eine] Freude b.; jmdm. Angst, Sorge, Ärger, b.; sie haben dem Gast einen schönen Empfang bereitet; ⟨auch ohne Dat.⟩ das bereitet *(verursacht)* viele Schwierigkeiten.

bereithalten: a) ⟨etw. b.⟩ *[griff]bereit haben:* die Fahrkarte, seine Medizin b.; bitte das Geld abgezählt b.!; ÜBERTR.: eine Überraschung für jmdn. b.; **b)** ⟨sich b.⟩ *in Bereitschaft sein:* der Arzt hielt sich [auf Abruf, zum Einsatz] b.

bereits: er wusste es b.; sie sind b. abgefahren.

Bereitschaft, die: **1.** *das Bereitsein:* die B. zur Mitarbeit, zur Versöhnung; B. *(Bereitschaftsdienst)* haben; dazu fehlte es an innerer B.; etw. ist, liegt, steht in B. *(ist, liegt, steht bereit)*; etw. in B. *(verfügbar)* haben. **2.** *einsatzbereiter Verband:* eine B. der Polizei; mehrere Bereitschaften rückten an.

bereuen ⟨etw. b.⟩: seine Sünden, eine Schuld, einen Entschluss, eine Tat, seine Worte b.; das wirst du noch bitter b.; ich habe nichts zu b.; wir bereuen es nicht, das Konzert besucht zu haben; sie bereute, zugestimmt zu haben; sie bereute b.; sie sind nicht mitgegangen war.

Berg, der: 1. *größere Erhebung im Gelände:* ein hoher, steiler B.; bewaldete Berge; B. und Tal; die Berge ragen in die Höhe, tauchen in der Ferne, aus dem Nebel auf; einen B. besteigen, erklettern, hinaufklettern, bezwingen, hinunterlaufen; der Fuß, der Kamm, der Gipfel eines Berges; die Wand des Berges; auf einen B. steigen, klettern, (ugs.:) kraxeln; die Sonne verschwand hinter den Bergen; sie fahren in die Berge *(ins Gebirge);* die Fahrt ging über B. und Tal *(bergauf und bergab);* der Ort war von Bergen umgeben, eingekesselt. **2.** *sich auftürmende Menge:* ein B. schmutziger Wäsche; Berge von belegten Broten, von Abfall; ÜBERTR.: einen B. von Sorgen haben; Berge von Arbeit hatten sich aufgetürmt; ∗ mit etw. [nicht] hinter dem Berg halten (ugs.; *etwas Wesentliches [nicht] mitteilen)* · **[noch nicht] über den Berg sein** (ugs.; *die größte Schwierigkeit, die Krise [noch nicht] überstanden haben):* der Kranke ist über den B. · **[längst] über alle Berge sein** (ugs.; *auf und davon sein)* · **jmdm. goldene Berge versprechen** *(jmdm. große Versprechungen machen, die man nicht einhalten kann).*

bergab: b. laufen; die Straße geht b.; b. geht es [sich] leichter; BILDL.: mit ihr geht es immer mehr b. (ugs.; *ihr [Gesundheits]zustand, ihre [wirtschaftliche] Lage verschlechtert sich immer mehr).*

bergan (seltener), **bergauf:** langsam b. gehen; b. musste er das Fahrrad schieben; BILDL.: mit ihm geht es jetzt [wieder] b. (ugs.; *sein [Gesundheits]zustand, seine [wirtschaftliche] Lage bessert sich allmählich).*

bergen /vgl. geborgen/: 1. *(jmdn., etw. b.)* retten, *in Sicherheit bringen:* verunglückte Bergleute [lebend, nur noch tot] b.; eine Schiffsladung b.; die Rettungsmannschaft barg die Leiche des Abgestürzten; das Getreide wurde noch vor dem großen Unwetter geborgen (regional; *geerntet);* die Segel b. (Seemannsspr.; *einholen, einziehen).* **2.** (geh.) **a)** ⟨sich, etw. irgendwohin b.⟩ *verbergen:* das Gesicht in den Händen b.; sich, den Kopf an jmds. Schulter b.; **b)** *⟨jmdn. b.⟩ schützend verbergen:* die Hütte barg sie unter den Unwetter, vor ihren Verfolgern; eine bergende Hütte. **3.** (geh.) ⟨etw. b.⟩ *enthalten:* die städtische Kunstsammlung birgt viele kostbare Schätze; ÜBERTR.: diese Lösung birgt viele Gefahren, viele Vorteile in sich.

Bericht, der: ein schriftlicher, mündlicher, langer, ausführlicher, knapper, authentischer, wahrheitsgetreuer, interessanter, spannender B.; die ersten offiziellen Berichte vom Regierungswechsel; an dieser Stelle endet der B.; einen B. abfassen, anfordern, weiterleiten; [mündlich] B. erstatten *(berichten);* der Reporter gab einen B. über das/vom Derby; die Sendung brachte Berichte zum Tagesgeschehen.

berichten: *sachlich darstellen, mitteilen:* **a)** ⟨jmdm.

etw. b.⟩ jmdm. etw. schriftlich, mündlich b.; er hatte ihm alles berichtet; es ist uns berichtet worden, dass ...; ⟨auch ohne Dat.⟩ sie berichtete aufgeregt, dass in ihrer Wohnung eingebrochen worden sei; wie soeben berichtet wird, sind die Verhandlungen erneut gescheitert; **b)** ⟨über jmdn., etw./von jmdn., etw. b.⟩ sie berichteten über ihre Reise nach Portugal; die Zeitungen berichteten in großer Aufmachung von der Regierungskrise; ⟨jmdm. über jmdn., etw./von jmdn., etw. b.⟩ er hat uns vieles über die Ureinwohner, von seinem Aufenthalt in Afrika berichtet.

berichtigen ⟨jmdn., sich, etw. b.⟩: Irrtümer, einen Fehler b.; er berichtigte sich sofort; ich muss dich leider b.; berichtigende Zusätze.

berieseln: 1. ⟨etw. b.⟩ *mit Wasser besprühen:* Felder, Gärten b. 2. (ugs. abwertend) ⟨jmdn. mit etw. b.⟩ *ständig auf jmdn. einwirken:* die Käufer, die Kunden mit Musik, mit Werbung b.

bersten (geh.): 1. *plötzlich mit großer Gewalt auseinanderbrechen:* das Schiff, die Mauer, das Eis war geborsten; bei dem Erdbeben barst die Erde. 2. ⟨vor etw. b.⟩ *von etw. im Übermaß erfüllt sein:* vor Bosheit, vor Neid, vor Ungeduld, vor Wut b.; er barst förmlich vor Lachen *(lachte unmäßig);* ∗ **[bis] zum Bersten voll/gefüllt** *(übervoll; brechend voll):* der Omnibus, der Saal war bis zum Bersten voll.

berüchtigt: ein berüchtigter Betrüger; die Gegend, das Lokal ist b.; er war wegen seiner/für seine Rauflust b.

berücksichtigen: **a)** ⟨etw. b.⟩ *bei seinen Überlegungen, seinem Handeln beachten:* eine Sache, jmds. Verhältnisse, jmds. Gesundheitszustand b.; dieser Einwand ist zu b.; ich bitte, meine schwierige Lage zu b.; man muss b., dass er blind ist; **b)** ⟨jmdn., etw. b.⟩ *auf jmdn., jmds. Wünsche, Anliegen eingehen:* kinderreiche Familien wurden für diese Sozialwohnungen in erster Linie berücksichtigt; wir können Ihren Antrag leider nicht b.

Berücksichtigung, die: **a)** *Beachtung:* die B. der sozialen Umstände; bei, unter B. seines Gesundheitszustandes; in B. Ihrer Verdienste; nach, trotz, unter B. aller Einzelheiten sind wir zu keinem anderen Ergebnis gekommen; **b)** *das Nichtübergeben das Stattgeben:* eine B. Ihres Antrages ist zurzeit nicht möglich.

Beruf, der: ein interessanter, beliebter, schöner, schwerer, anstrengender, handwerklicher, akademischer, künstlerischer, freier B.; der B. des Arztes, Kaufmanns; dieser B. verlangt große Fähigkeiten; ihr B. nimmt sie völlig in Anspruch, befriedigt sie nicht, füllt sie [nicht] aus; was ist Ihr [erlernter, jetziger] B.?; einen B. wählen, ergreifen, [er]lernen, ausüben; den B. wechseln; keinen festen B. haben; du hast deinen B. verfehlt (auch scherzh.; *du hast besondere Fähigkeiten auf einem nicht zu deinem Beruf gehörenden Gebiet);*

B

sich auf einen B. vorbereiten; sich für einen B. entscheiden; er hielt es nicht länger in diesem B. aus; er steht seit zwanzig Jahren im B. *(ist seit zwanzig Jahren berufstätig);* er hat Erfolg in seinem B., geht in seinem B. auf; sie war ohne B. *(hatte keinen Beruf erlernt);* sie versteht etwas von ihrem B.; er ist Ingenieur von B. *(hat den B. eines Ingenieurs erlernt);* etw. von Berufs wegen tun.

berufen: 1. ⟨jmdn. b.; mit Umstandsangabe⟩ *in ein Amt einsetzen:* jmdn. in ein Amt, zum Nachfolger, auf einen Lehrstuhl b.; der Professor wurde, er wurde als Professor an die Universität Hamburg, nach Hamburg berufen; er wurde in diesen Ausschuss, ins Ministerium berufen; ADJ. PART.: er fühlte sich von Gott berufen, den Armen zu helfen; er schien dazu berufen *(besonders befähigt)* [zu sein], die Sache zu einem guten Ende zu bringen; er war zu Höherem, fühlte sich zum Dichter berufen; ein berufener Kritiker. **2.** ⟨sich auf jmdn., etw. b.⟩ *sich zur Rechtfertigung auf jmdn., etw. beziehen:* sich auf jmdn. als Zeugen, auf eine Vorschrift, auf das Gesetz, auf etw. als Rechtsgrundlage b.; du kannst dich bei ihm, in deinem Antrag auf mich b. **3.** (ugs.) ⟨etw. b.; gewöhnlich verneint⟩ *zu viel über etw.* sprechen und es *(nach abergläubischer Vorstellung)* dadurch gefährden: ich will/man soll es nicht b., aber die Lage scheint mir nicht mehr so aussichtslos.

beruflich: die berufliche Tätigkeit, Ausbildung; die beruflichen Pflichten; das berufliche Fortkommen; er war b./aus beruflichen Gründen verhindert; b. verreisen.

Berufung, die: 1. *Angebot für ein Amt:* eine B. [auf einen Lehrstuhl, an eine Universität, an ein Theater] erhalten; er hat die B. angenommen, abgelehnt, ausgeschlagen; ihre B. als Erste Vorsitzende. **2.** *besondere Befähigung, die man als Auftrag in sich fühlt:* es war seine B., den Menschen zu helfen; er fühlte, trug eine B. zum Arzt in sich. **3.** (Rechtsw.) *Einspruch gegen ein Urteil:* beim Oberlandesgericht B. einlegen; eine B. zurückweisen; der B. wurde nicht stattgegeben; in die B. gehen *(Berufung einlegen).* **4.** *das Sichberufen:* die B. auf seinen Vorgesetzten hat ihm eher geschadet; unter B. auf jmds. Aussage, auf sein Recht.

beruhen ⟨auf etw. (Dat.) b.⟩: das beruht auf alten Traditionen; seine Aussagen haben auf Wahrheit beruht; das beruhte auf einem Irrtum; die Sympathie, die Antipathie beruht auf Gegenseitigkeit *(ist auf beiden Seiten, bei beiden Partnern vorhanden);* ★ etw. auf sich beruhen lassen *(etw. nicht weiterverfolgen).*

beruhigen: a) ⟨jmdn., etw. b.⟩ *zur Ruhe bringen, besänftigen:* ein weinendes Kind, die aufgeregte Menge, sein Gewissen b.; ich konnte ihn nur

schwer b.; wir können Sie b., es ist alles in Ordnung; überzeugen Sie sich selbst, wenn Sie das beruhigt; diese Medizin beruhigt die Nerven; ein beruhigendes Gefühl der Sicherheit; diese Aussichten sind doch sehr beruhigend *(stimmen zuversichtlich);* es war beruhigend für mich, zu wissen, dass …; sie konnten beruhigt *(ohne sich Sorgen machen zu müssen)* in die Zukunft sehen; bist du jetzt beruhigt *(zufrieden)?*; **b)** ⟨sich b.⟩ *ruhig werden, sich besänftigen:* sie beruhigte sich nur langsam; ihre Nerven beruhigten sich mit der Zeit; das Meer beruhigte sich; er beruhigte sich bei dem Gedanken, dass …; ich konnte mich nicht darüber b.; nun beruhige dich doch! *(hör doch auf zu weinen, dich zu erregen!);* die Lage hat sich etwas beruhigt *(entspannt).*

Beruhigung, die: a) *das Beruhigen:* eine Medizin zur B. der Nerven; zur B. der Gemüter *(um alle zu beruhigen);* zu deiner B.; **b)** *das Ruhigwerden:* es ist mir eine große B. *(es gibt mir ein Gefühl der Sicherheit)* zu wissen, dass …; nach B. des Wetters.

berühmt: ein berühmter Mann, Arzt, Schriftsteller, Roman; sie ist eine berühmte Künstlerin, Wissenschaftlerin; dieses Land ist wegen seiner/ (auch:) für seine (nicht: durch seine) Weine b.; sie wird eines Tages b. werden; er ist durch dieses Buch plötzlich, über Nacht, mit einem Schlag b. geworden; ihr Talent hat sie b. gemacht; das war nicht gerade b. (ugs. iron.; *war nicht besonders gut, recht mittelmäßig).*

Berühmtheit, die: 1. *das Berühmtsein:* B. erlangen; er ist zu einer traurigen B. gelangt, hat es zu einer traurigen B. gebracht *(hat sich einen schlechten Ruf erworben).* **2.** *berühmte Persönlichkeit:* sie verkehrte früher mit vielen Berühmtheiten.

berühren: 1. ⟨jmdn., etw. b.⟩ *[mit der Hand] einen Kontakt herstellen; streifen:* jmdn. leicht, zufällig, aus Versehen, zärtlich b.; sie berührte ihn an der Schulter, um ihn zu wecken; ihre Hände berührten sich; er berührte das Essen nicht (geh.; *aß nicht);* der Punkt, wo die Tangente den Kreis berührt (Math.; *mit dem Kreis zusammentrifft)* ⟨auch ohne Akk.⟩ nicht b.!; SUBST.: Berühren [der Ware] verboten!; ÜBERTR.: die Eisenbahnlinie berührt den Ort [nicht]; diesen Ort haben wir auf unserer Reise nicht berührt *(durch diesen Ort sind wir auf unserer Reise nicht gekommen);* deine Pläne berühren sich mit meinen Vorstellungen *(kommen meinen Vorstellungen entgegen).* **2.** ⟨etw. b.⟩ *kurz erwähnen:* eine Frage, eine Angelegenheit im Gespräch b.; er hat diesen Punkt nicht berührt; das Thema wurde überhaupt nicht berührt. **3.** ⟨jmdn. irgendwie b.⟩ *auf jmdn. wirken:* seine Worte haben uns tief, im Innersten berührt; sein Hass berührt mich nicht *(ist mir gleichgültig);* ⟨auch ohne Akk.⟩ es berührt seltsam, schmerzlich, unangenehm, dass …; er fühlte sich peinlich berührt.

Berührung, die: **1.** *das Berühren:* eine zufällige, unmerkliche, leichte B.; die B. der Hände; jede körperliche B. meiden; bei jeder B. zuckte er zusammen; durch B. der beiden Drähte entstand Kurzschluss; mit etw. in B. kommen, sein. **2.** *Kontakt:* er vermied jede B. mit ihnen; sie stand mit vielen namhaften Autoren in B.; B. mit der Umwelt haben; die Reise brachte sie mit der Antike in B. **3.** *Erwähnung:* die B. dieser Angelegenheit war mir höchst peinlich.
Berührungspunkt, der: **1.** (Geom.) *Punkt, in dem sich zwei Figuren berühren:* der B. von Tangente und Kreis. **2.** *geistige Übereinstimmung, Gemeinsamkeit:* es bestehen, es gibt Berührungspunkte zwischen uns; ich habe keine Berührungspunkte mit ihm.
besagen /vgl. besagt/ 〈etw. b.〉: das besagt nichts, viel; das will gar nichts b.; das Schild besagt, dass man hier nicht halten darf; der englische Text besagt, dass ...
besagt (Papierdt.): *bereits erwähnt:* das ist das besagte Buch; um auf besagte Familie, Einrichtung zurückzukommen ...
besänftigen 〈jmdn., etw. b.〉: die erregte Menge, die Gemüter, jmds. Zorn zu b. versuchen.
beschädigen 〈etw. b.〉: das Haus wurde durch Bomben, durch Blitzschlag, durch das Hochwasser beschädigt; ein beschädigtes Exemplar; beschädigte Ware; das Buch war leicht beschädigt.
¹beschaffen 〈jmdm., sich etw. b.〉: *besorgen, herbeischaffen:* jmdm. Geld, Arbeit b.; er hat sich die Genehmigung beschafft; 〈auch ohne Dat.〉 etw. ist schwer zu b.; wir haben die Ware doch noch beschafft.
²beschaffen: *geartet:* ein [ganz] anders beschaffener Plan; er ist von Natur [nun mal] nicht anders b.; das Material ist so b., dass es Wasser abstößt; die Straße ist so schlecht beschaffen, dass sie erneuert werden müsste.
beschäftigen: 1. 〈sich mit jmdm., etw. b.〉 *sich befassen:* sich mit Handarbeiten, mit französischer Literatur, mit einer Frage b.; ich beschäftige mich viel mit den Kindern; die Polizei musste sich mit diesem Fall b.; sie war damit beschäftigt *(war dabei),* das Essen zuzubereiten; sie war viel zu sehr mit sich selbst, mit ihren Problemen beschäftigt, um noch an andere zu denken; 〈auch ohne Präpositionalobjekt〉 die Kinder können sich nicht [allein] b. **2.** 〈jmdn., etw. b.〉 *innerlich in Anspruch nehmen:* die politischen Ereignisse beschäftigten die Menschen auf der Straße; Märchen beschäftigen die Fantasie des Kindes; der Vorfall hat ihn tagelang beschäftigt. **3. a)** 〈jmdn. b.〉 *jmdm. Arbeit geben:* sie beschäftigt drei Mitarbeiter in ihrem Geschäft; das Unternehmen, die Firma, der Betrieb beschäftigt 500 Arbeiter; er ist bei der Bundesbahn beschäftigt *(tätig);* **b)** 〈jmdn., etw. b.〉 *jmdm. etw. zu tun*

geben: die Kinder mit einem Spiel b.; man muss die Fantasie des Kindes b.
Beschäftigung, die: **1. a)** *Tätigkeit:* eine langweilige, interessante, gesunde, sinnlose, reizvolle, Zeit raubende B.; jmdn. bei/in seiner B. stören; für B. ist gesorgt (scherzh.; *an Arbeit wird es nicht fehlen*); **b)** *berufliche Tätigkeit:* keine B. finden; einer B. nachgehen; er ist zurzeit ohne B. *(arbeitslos).* **2.** *das Sichbeschäftigen:* die B. mit diesen Fragen führte zu folgenden Überlegungen. **3.** *Anstellung:* die B. ausländischer Arbeitnehmer/von ausländischen Arbeitnehmern; die B. bei der Post brachte ihm manche Vorteile.
beschämen 〈jmdn. b.〉: er beschämte sie durch seine Großzügigkeit; seine Großmut beschämte uns; er will sich nicht [von mir] b. lassen; ADJ. PART.: ein beschämendes *(demütigendes)* Gefühl der Niederlage; seine Einstellung ist beschämend *(schändlich);* das war für ihn beschämend *(eine Schande);* das ist beschämend *(äußerst)* wenig; sie fühlte sich dadurch tief beschämt.
beschatten: 1. a) 〈jmdn., etw. b.〉 *heimlich überwachen:* einen Agenten b. [lassen]; der vermutliche Täter wurde von zwei Beamten beschattet; **b)** (Sport) 〈jmdn. b.〉 *einen Spieler der gegnerischen Mannschaft eng decken:* der Mannschaftskapitän sollte den gefährlichen Außen b. **2.** (geh.) 〈etw. b.〉 *vor der Sonne schützen:* belaubte Bäume beschatten den Weg; ein breitkrempiger Hut beschattete sein Gesicht; sie beschattete mit den Händen die Augen; ÜBERTR.: schlechte Nachrichten beschatteten *(beeinträchtigten)* das Fest.
beschaulich: seinen Lebensabend in beschaulicher Ruhe hinbringen; ihr Leben war, verlief sehr b.
Bescheid, der: **a)** *Mitteilung; Auskunft:* B. bringen, geben, erwarten; B. [über etw. von jmdm.] erhalten, bekommen, haben; er hat keinen B. hinterlassen; **b)** *behördliche Stellungnahme:* der schriftliche B. geht Ihnen zu; er musste den B. der Krankenkasse, des Finanzamts abwarten;
★ *Bescheid wissen* (1. *Kenntnis haben; unterrichtet sein:* ich weiß schon B. 2. *sich auskennen:* in einem Fach, überall, mit allem B. wissen) · *jmdm. Bescheid sagen* (1. *jmdn. benachrichtigen:* hast du schon allen B. gesagt? 2. ugs.; *jmdn. die Meinung sagen:* dem habe ich aber B. gesagt!) · *jmdm. Bescheid stoßen* (ugs.; *jmdm. gehörig die Meinung sagen).*
¹bescheiden: 1. (geh.) 〈sich mit etw. b.〉 *sich begnügen:* man muss sich mit wenigem b.; sie musste sich damit b., ihre Kinder einmal im Jahr zu sehen; 〈auch ohne Präpositionalobjekt〉 b. lernen, euch zu b. **2.** (geh.) 〈jmdm. etw. b.; gewöhnlich im 2. Part.〉 *zuteil werden lassen:* Gott hatte ihm ein langes Leben beschieden; ihnen war [vom Schicksal] wenig Glück beschieden *(zuteil geworden);* sei-

B

nen Bemühungen war kein Erfolg beschieden *(sie blieben ohne Erfolg).* **3.** (Papierdt.) ⟨jmdn., etw. irgendwie b.⟩ *jmdm. behördlicherseits eine Entscheidung mitteilen:* man hat mich dahin gehend beschieden, dass …; er, sein Antrag wurde abschlägig beschieden *(wurde abgelehnt).*

²bescheiden: 1. *genügsam, anspruchslos:* ein stilles, bescheidenes Kind; ein bescheidenes Benehmen; bescheidene Ansprüche, Forderungen; /Skepsis, Kritik o. Ä. ausdrückende Floskel/: eine bescheidene Frage: Wie lange dauert das denn noch?; b. sein, werden, bleiben; sie trat b. hinter den andern zurück; er fragte sehr b. *(höflich).* **2. a)** *einfach, schlicht:* ein bescheidenes Zimmer, Essen; er lebt in bescheidenen Verhältnissen; sie feierten in bescheidenem Rahmen; sie lebten b. von einer kleinen Pension; **b)** *gering, nicht genügend:* ein bescheidener Lohn; die Einkünfte, seine Leistungen waren sehr b.

Bescheidenheit, die: eine falsche *(unnötige)* B.; B. ist hier unangebracht, ist hier fehl am Platze; aus lauter B. sagte er nichts; bei aller B. solltest du doch …

bescheinigen ⟨jmdn. etw. b.⟩: der Arzt bescheinigte ihm seine Arbeitsunfähigkeit; sie ließen sich die Überstunden b.; ⟨auch ohne Dat.⟩ den Empfang des Geldes b.; ÜBERTR.: ihr wurde eine gute Leistung bescheinigt *(zuerkannt).*

Bescheinigung, die: eine B. [über etw. (Akk.)] vorlegen; jmdm. eine B. ausstellen; er hat von ihm eine B. über seinen Aufenthalt im Krankenhaus verlangt.

beschenken ⟨jmdn. b.⟩: jmdn. reich, fürstlich b.; sie haben die Kinder mit Spielzeug beschenkt.

bescheren: 1. *jmdm. zu Weihnachten etw. schenken:* **a)** ⟨jmdn. etw. b.⟩ den Kindern wurden viele schöne Dinge beschert; ⟨auch ohne Dat. und Akk.⟩ sie bescheren schon am Nachmittag; bei uns wird erst abends beschert; **b)** ⟨jmdn. b.⟩ der Verein bescherte Waisen und hilfsbedürftige alte Leute. **2.** ⟨jmdm. jmdn., etw. b.⟩ *zuteil werden lassen:* das Schicksal hat ihnen keine Kinder beschert; ihnen waren viele Jahre des Glücks beschert *(zuteil geworden); die Junioren bescherten ihrem Verein einen weiteren sportlichen Erfolg.

Bescherung, die: **1.** *Feier des weihnachtlichen Bescherens:* die B. fand bei uns am Morgen des ersten Weihnachtstages statt; wann ist bei euch B.? **2.** (ugs. iron.) *unangenehme Überraschung:* da haben wir die B.!; das ist [ja] eine [schöne, reizende] B.!; da liegt die ganze B.! *(alles liegt am Boden!).*

beschicken ⟨etw. b.⟩: **1. a)** *Dinge auf eine Ausstellung, Messe schicken:* eine Ausstellung [mit Gemälden] b.; zahlreiche Aussteller haben die Messe beschickt; ein reich beschickter Markt; **b)** *Vertreter zu einem Kongress o. Ä. entsenden:* der medizinische Kongress wurde auch von außereuropäischen Ländern beschickt.

2. (Technik) *mit Material zur Ver-, Bearbeitung füllen:* den Hochofen [mit Kohle, Erzen] b.

beschimpfen ⟨jmdn. b.⟩: er hat ihn mit unflätigen Ausdrücken, in aller Öffentlichkeit beschimpft; ich lasse mich nicht von dir b.; die beiden haben sich [gegenseitig]/(geh.:) einander entsetzlich beschimpft.

Beschlag, der: **a)** *auf etw. befestigtes Metallstück:* die Beschläge einer Tür, eines Koffers, einer Truhe; ein Sattel mit silbernen Beschlägen; **b)** *die Hufeisen eines Pferdes:* das Pferd braucht einen neuen B.;

★ **jmdn., etw. mit Beschlag belegen, in Beschlag nehmen, in Beschlag halten; auf jmdn., etw. Beschlag legen** *(jmdn., etw. ganz für sich beanspruchen).*

¹beschlagen: 1. ⟨ein Tier, etw. [mit etw.] b.⟩ *mit einem Beschlag versehen; mit Nägeln auf etw. befestigen:* die Hufe b.; er beschlug die Schuhe mit Eisenspitzen; das Pferd muss neu beschlagen werden. **2.** *sich mit einer dünnen Schicht überziehen, anlaufen:* **a)** das Fenster, der Spiegel beschlug sofort; **b)** ⟨sich b.⟩ die Brillengläser, die Silberlöffel haben sich beschlagen. **3.** *Schimmel ansetzen:* das Kompott, die Marmelade, die Wurst war schon beschlagen.

²beschlagen: *erfahren, versiert:* ein beschlagener Kunstliebhaber; gut b. sein; sie ist auf ihrem Gebiet sehr b.

beschlagnahmen ⟨etw. b.⟩: die Polizei beschlagnahmte die Schmuggelware, alle Akten; bestimmte Bücher wurden beschlagnahmt.

beschleichen: 1. ⟨jmdn., ein Tier b.⟩ *sich an jmdn., ein Tier heranschleichen:* der Jäger beschleicht das Wild. **2.** (geh.) ⟨jmdn. b.⟩ *jmdn. langsam und unmerklich erfassen:* ihn beschleicht ein schlechtes Gewissen; Angst vor der Zukunft, ein Gefühl der Niedergeschlagenheit, der Sorge beschlich sie.

beschleunigen: 1. a) ⟨etw. b.⟩ *schneller werden lassen:* den Schritt, die Geschwindigkeit b.; die Angst beschleunigte seine Schritte; der Puls war vom Laufen beschleunigt; **b)** ⟨irgendwie b.⟩ *ein bestimmtes Beschleunigungsvermögen haben:* das Auto beschleunigt gut, schlecht; **c)** ⟨sich b.⟩ *schneller werden:* durch die Aufregung beschleunigt sich ihr Puls; das Tempo beschleunigt sich. **2.** ⟨etw. b.⟩ *dafür sorgen, dass etw. früher geschieht, schneller vonstatten geht:* seine Abreise, die Arbeit b.; wir werden die Lieferung der Ware b.; Fieber kann den Heilungsprozess b.

beschließen: 1. ⟨etw. b.⟩ **a)** *einen bestimmten Entschluss fassen:* er beschloss abzureisen, den Besuch zu verschieben; sie beschlossen eine Vergrößerung des Betriebes; ADJ. PART.: es war beschlossen, den Ausflug bei schönem Wetter zu wiederholen; das ist beschlossene Sache *(das steht fest);* **b)** *sich für etw. entscheiden:* ein Gesetz, einen Antrag b.

2. ⟨über etw. (Akk.) ⟩ b.⟩ *abstimmen:* über einen Antrag, über eine Gesetzesvorlage b.; das Parlament, die Versammlung hat über diese Sache, über diese Angelegenheit noch nicht beschlossen. 3. ⟨etw. [mit etw.] b.⟩ *beenden:* eine Feier mit einem Lied b.; einen Festzug b. *(den Abschluss eines Festzuges bilden);* er beschloss die Rede, den Brief mit einem Wunsch; sie beschlossen ihre Tage, ihr Leben als Rentner.

Beschluss, der: ein einstimmiger B.; einen B. verwirklichen, ausführen, in die Tat umsetzen; einen B. fassen *(etw. beschließen);* auf, laut B. des Ausschusses; einen Antrag zum B. erheben *(über einen Antrag positiv abstimmen und einen entsprechenden Beschluss fassen);* sie konnten zu keinem B. kommen.

beschmieren: 1. ⟨etw. mit etw. b.⟩ *bestreichen:* Brot mit Butter, mit Leberwurst b. 2. ⟨jmdn., sich, etw. [mit etw.] b.⟩ *mit etwas Schmierigem beschmutzen:* die Tischdecke b.; er hat sich mit Farbe beschmiert; ⟨jmdn., sich etw. b.⟩ ich habe mir das Gesicht mit Ruß beschmiert. 3. ⟨etw. b.⟩ *unordentlich, unsauber beschreiben, bemalen:* Papier, die Wandtafel b.

beschmutzen ⟨jmdn., sich, etw. b.⟩: seine Kleider b.; du hast dich beschmutzt; ÜBERTR.: er hat unseren Namen, unser Ansehen beschmutzt; ⟨jmdn., sich etw. b.⟩ du hast dir das Gesicht beschmutzt.

beschneiden: 1. ⟨etw. b.⟩ a) *durch Schneiden in die richtige Form bringen:* Hecken, Bäume, Sträucher b.; ⟨einem Tier etw. b.⟩ einem Vogel die Flügel b. *(stutzen);* b) *am Rand gerade, glatt schneiden:* Papier, ein Heft, Bretter, Fotografien b.; der Buchbinder beschneidet die Bücher [in der Presse]. 2. (geh.) ⟨etw. b.⟩ *einschränken, kürzen:* ihre Rechte, Freiheiten, Privilegien durften dadurch nicht beschnitten werden; ⟨jmdm. etw. b.⟩ man hat ihnen das Einkommen, die Gehälter beschnitten. 3. ⟨jmdn. b.⟩ *jmdm. die Vorhaut, jmdm. die Klitoris od. die kleinen Schamlippen entfernen:* bei diesen Völkerstämmen werden die Knaben bald nach der Geburt beschnitten.

beschnuppern ⟨jmdn., sich, etw. b.⟩ /von Tieren/: die Hunde beschnupperten ihn, sich [gegenseitig]; ÜBERTR.: die neue Umgebung erst einmal b. (ugs.; *vorsichtig prüfend kennen zu lernen versuchen);* die Neuen mussten sich erst einmal b. (ugs.; *vorsichtig prüfend Kontakte herstellen).*

beschönigen ⟨etw. b.⟩: jmds. Fehler, jmds. Handlungen b.; es ist besser, du gibst dein Versehen zu, anstatt es zu b.; ich will nichts beschönigen; beschönigende Worte.

beschränken /vgl. beschränkt/: 1. *einschränken, begrenzen:* a) ⟨etw. b.⟩ jmds. Rechte, jmds. Freiheit b.; die Zahl der Abonnenten, den Import b.; eine beschränkte Redezeit; es steht nur eine beschränkte Anzahl zur Verfügung; das Unterneh-

men ist eine Gesellschaft mit beschränkter Haftung; wir haben dafür nur beschränkt Zeit zur Verfügung; sie leben in beschränkten *(ärmlichen)* Verhältnissen; die Zahl der Studienplätze ist beschränkt; wir sind räumlich ziemlich beschränkt *(haben wenig Platz);* b) ⟨jmdn. in etw. (Dat.) b.⟩ einen Menschen in seiner [Handlungs]freiheit, in seinen Rechten b.; c) ⟨etw. auf etw. (Akk.) b.⟩ seine Ausgaben auf das Notwendigste, auf ein Minimum b. 2. a) ⟨sich auf etw. (Akk.) b.⟩ *sich mit etw. begnügen:* sich auf die wichtigsten Dinge b.; in ihrer Rede hätte sie sich auf das Wesentliche, auf wenige Beispiele b. sollen; b) ⟨sich auf jmdn., etw. b.⟩ *nur für jmdn., etw. gelten:* die Verwendung des Wortes beschränkt sich auf den landschaftlichen Gebrauch; diese Regelung beschränkt sich auf die Rentner.

beschränkt: ein beschränkter Mensch; beschränkte Ansichten; einen beschränkten Gesichtskreis, Horizont haben; er ist etwas b.

Beschränkung, die: 1. a) *das Beschränken:* eine B. der Teilnehmerzahl, der Schülerzahl, der Ausgaben erwies sich als notwendig; b) *das Sichbeschränken:* die B. auf das Wesentliche fiel der Rednerin offenbar schwer. 2. *etw., was jmdn. einschränkt:* jmdm., sich Beschränkungen auferlegen.

beschreiben: 1. ⟨etw. b.⟩ *mit Schrift bedecken:* ein Blatt Papier einseitig b.; das Kind hatte die ganze Seite beschrieben; drei sehr eng beschriebene Bogen; eine CD b. (EDV; *mit Daten versehen).* 2. ⟨etw. b.⟩ *mit Worten in Einzelheiten darstellen:* etw. genau, ausführlich, zutreffend, anschaulich b.; einen Vorgang, jmds. Äußeres, den Täter, den Krankheitsverlauf, ein Erlebnis, ein Experiment, ein Phänomen b.; ihre Leiden waren nicht zu b. *(waren unbeschreiblich);* wer beschreibt ihre Freude *(ihre Freude war übergroß),* als der vermisste Sohn zurückkehrte!; ⟨jmdm. etw. b.⟩ jmdm. den Weg b. *(genau erklären, wie er an einen gewünschten Ort kommt);* ich kann dir meine Lage, Gefühle kaum b. 3. a) ⟨etw. b.⟩ *sich in einer bestimmten Bahn bewegen:* das Flugzeug beschrieb mehrere Kreise; die Himmelskörper beschreiben verschiedene Bahnen; b) ⟨etw. mit etw. b.⟩ *eine bestimmte Bewegung ausführen:* er beschrieb mit den Armen eine Acht [in der Luft].

Beschreibung, die: a) *das Beschreiben:* ich kenne ihn, die Stadt nur aus ihrer, durch ihre B.; b) *Darstellung von etw.:* eine gründliche, ausführliche B.; die B. trifft genau auf den Vermissten zu; sie gaben eine genaue B. des Täters, des Vorfalls; ★ jeder Beschreibung spotten *(so schlimm sein, dass man es mit Worten nicht wiedergeben kann):* solche Arroganz, Frechheit, Unverschämtheit spottet jeder B.

beschreiten (geh.) ⟨etw. b.⟩: einen Weg, eine schmale Brücke b.; BILDL.: den Rechtsweg, den

Instanzenweg b.; neue Wege b. *(eigene Gedanken entwickeln und anders vorgehen als bisher üblich).*

beschuldigen ⟨jmdn., sich etw. (Gen.) b.⟩: jmdn., sich eines Vergehens, des Mordes, des Landesverrats b.; man beschuldigte ihn, einen Diebstahl begangen zu haben; ⟨auch ohne Gen.⟩ sich selbst b.; ich will niemanden b.

beschützen ⟨jmdn., etw. [vor jmdm., etw.] b.⟩: jmdn. vor aufdringlichen Journalisten/Pressefotografen, vor einer Gefahr b.; sie beschützt ihren kleinen Bruder; Gott beschütze dich, deine Familie, dein Haus!; er legte den Arm beschützend um sie.

beschwatzen (ugs.): **1.** ⟨jmdn. zu etw. b.⟩ *überreden:* du hättest dich nie zu dieser Anschaffung, dazu b. lassen dürfen!; sie haben mich beschwatzt mitzugehen; ⟨auch ohne Präpositionalobjekt⟩ lass dich nicht b.! **2.** (selten) ⟨etw. [mit jmdm.] b.⟩ *bereden:* ich muss das noch mit dir b.; sie haben die Neuigkeit natürlich ausgiebig beschwatzt.

Beschwerde, die: **1.** *Klage, mit der man sich über jmdn., etw. beschwert:* ihre B. hat nichts genützt; bei der Behörde sind wiederholt Beschwerden eingegangen; B. [gegen jmdn., etw.] führen; die B. führende Partei; die B. Führende *(Beschwerdeführerin)*; B. [gegen jmdn., etw., über jmdn., etw.] vorbringen; eine B. an die zuständige Stelle richten; jmdm. liegt eine B. vor; (Rechtsw.:) B. einreichen/einlegen. **2.** *körperliches Leiden:* dauernde, plötzlich auftretende Beschwerden; die Beschwerden des Alters; das Gehen macht, verursacht ihr Beschwerden.

beschweren: 1. a) ⟨etw. [mit etw.] b.⟩ *[mit etw. Schwerem] belasten:* ein Fischernetz b.; Briefe, lose Papiere mit einem Stein b.; wir haben die Dachschindeln mit Steinen beschwert; **b)** (geh.) ⟨jmdn., etw. b.⟩ *jmdn., jmds. Gemüt, Seele belasten:* ich will dich, dein Herz nicht mit diesen Dingen b.; auch die neuesten Vorfälle scheinen die Regierung nicht sonderlich zu b. **2.** ⟨sich über jmdn., etw./wegen etw. b.⟩ *sich beklagen:* sie hat sich [bei mir] über ihn, über sein Verhalten, über die Zurücksetzung/wegen der Zurücksetzung beschwert; ich werde mich deswegen b.; ⟨auch ohne Präpositionalobjekt⟩ selbstverständlich können Sie sich b.!

beschwerlich: eine beschwerliche Reise, Fahrt; ein beschwerlicher Weg; die Arbeit war b.; ⟨jmdm. b. sein⟩ die große Hitze ist mir sehr b.

beschwichtigen (geh.) ⟨jmdn., etw. b.⟩: ein schreiendes Kind, jmds. Zorn, sein Gewissen b.; ⟨auch ohne Akk.⟩ er versuchte zu b.; beschwichtigende Gesten; sie hob beschwichtigend die Hände.

beschwingt: beschwingte Melodien; mit beschwingten Schritten verließ sie den Raum; die Stimmung war an diesem Abend sehr b.; sie waren vom Erfolg b.

beschwören: 1. ⟨etw. b.⟩ *beeiden:* seine Aussagen [vor Gericht] b.; kannst du das b.?; das hätte ich b. können *(dessen war ich ganz sicher).* **2.** ⟨jmdn. b.; mit Infinitiv mit zu oder mit Nebensatz⟩ *eindringlich bitten:* er beschwor ihn, nicht zu reisen; sie beschwor ihn, er solle doch bleiben; ich beschwöre dich, tu es nicht!; mit beschwörenden Blicken; sie blickte mich beschwörend an, hob beschwörend die Hände. **3.** ⟨etw. b.⟩ *bannen:* Schlangen, einen Geist, einen Verstorbenen b.; ÜBERTR.: Erinnerungen, die Vergangenheit b. *(lebendig werden lassen);* die viel beschworene *(immer wieder angeführte)* Teamfähigkeit.

beseelen (geh.): **1.** ⟨etw. b.⟩ *mit Seele, [Eigen]leben erfüllen:* die Natur b.; der Schauspieler hat diese Gestalt neu beseelt; ADJ. PART.: ein beseeltes Wesen; ein beseelter *(seelenvoller)* Blick. **2.** ⟨jmdn. b.⟩ *innerlich erfüllen:* ihn beseelte ein starkes Verlangen, ein neuer Glaube; beseelt vom Geist des Humanismus.

beseitigen: 1. ⟨etw. b.⟩ *entfernen:* Schmutz, Abfälle, Müll, [Farb]flecken b.; der Verbrecher hatte vergessen, die Spuren zu b.; Schwierigkeiten, Missstände, Hindernisse, Ungerechtigkeiten, alle Bedenken b. **2.** (verhüll.) ⟨jmdn. b.⟩ *ermorden:* einen Nebenbuhler, Rivalen, Gegner b.

Besen, der: ein harter, grober, weicher B.; B. binden; die Küche mit dem B. auskehren; Ⓡ ich fress[e] einen B./will einen B. fressen, wenn das stimmt *(salopp; ich glaube nicht, dass das stimmt);* neue B. kehren gut; ★ mit eisernem Besen [aus]kehren *(rücksichtslos Ordnung schaffen).*

besessen: 1. *von bösen Geistern beherrscht:* die Leute hielten ihn für b.; sie ist [wie] vom Teufel b.; wie b. brüllen, schreien; er rannte wie b. hinter ihm her. **2.** ⟨b. [von etw.]⟩ *heftig ergriffen, ganz erfüllt:* von einem Gedanken, von einer Leidenschaft, von einem Aberglauben b. sein; ein besessener *(fanatischer)* Fußballer; SUBST.: sie arbeitet wie eine Besessene.

besetzen: 1. ⟨etw. b.⟩ *belegen:* einen Platz, einen Stuhl b.; alle Tische sind besetzt; ist der Platz besetzt?; das Theater war gut, voll, bis auf den letzten Platz besetzt; das WC ist besetzt *(ist nicht frei);* es/die Leitung ist besetzt *(es wird gerade telefoniert);* die nächste Woche ist bei mir schon besetzt, bin ich schon besetzt *(habe ich keine Zeit mehr).* **2.** ⟨etw. b.⟩ *an jmdn. vergeben:* ein Amt, einen Posten b.; eine Rolle b.; das Stück war gut, mit ausgezeichneten Schauspielern besetzt; die besetzen. **3.** ⟨etw. b.⟩ *militärisch einnehmen; in Besitz nehmen:* ein Land, eine Stadt b.; die Aufständischen besetzten das Rathaus *(brachten es in ihre Gewalt);* ein Haus b. *(ein leer stehendes, für den Abbruch vorgesehenes Haus ohne Erlaubnis bezie-*

hen); die Demonstranten besetzten das Baugelände, das Waldstück *(zogen dorthin, um gegen die geplante Verwendung zu demonstrieren);* die Polizei hielt alle Zufahrtsstraßen besetzt. **4.** ⟨etw. mit etw. b.⟩ *etw. zur Verzierung auf etw. nähen:* einen Mantel mit Pelz, ein Kleid mit Spitze b.; der Kragen war mit Perlen besetzt. **5.** (bes. Fischereiw., Jagdw.) ⟨etw. mit Tieren b.⟩ *mit den entsprechenden Tieren versehen:* einen Teich mit Karpfen, mit Forellen b.; das Revier mit Rotwild b.

Besetzung, die: **1.** *das Besetzt-, Belegtsein:* der Bus fasst bei voller B. 50 Personen. **2. a)** *das Vergeben einer Stelle, Rolle:* die B. einer Stelle, eines Lehrstuhls, der einzelnen Rollen eines Theaterstücks; **b)** *Gesamtheit der Mitwirkenden bei einer Aufführung, Sportveranstaltung:* eine neue, die erste, zweite B.; in welcher B. wird die Oper gegeben?; die Mannschaft spielte [wieder] in derselben B. **3.** *das Besetzthalten, Belegen mit Truppen:* die B. des Landes durch feindliche Truppen; nach B. der Stadt; unter feindlicher B. stehen.

besichtigen ⟨jmdn., etw. b.⟩: die Stadt, eine Kirche, eine Ausstellung, eine Fabrik b.; Truppen, den Tatort b. *(inspizieren).*

besiedeln ⟨etw. b.⟩: **1. a)** *jmdn. irgendwo ansiedeln:* das Land mit Flüchtlingen b.; **b)** *in einem unbewohnten Gebiet ansässig werden:* Auswanderer besiedelten diese Gegend; das Land, der Landstrich ist dicht, wenig, dünn besiedelt *(bewohnt).* **2.** *(von Pflanzen, Tieren) heimisch sein:* Füchse besiedeln ganz Mitteleuropa; Flechten und Moose besiedeln den Fels.

besiegeln (geh.) ⟨etw. mit etw. b.⟩: **1.** *bekräftigen:* etw. mit einem Handschlag, mit einem Kuss b.; sie besiegelten ihre Freundschaft mit einem Händedruck. **2.** *endgültig, unabwendbar machen:* durch den Entschluss hat er unser Schicksal besiegelt; sein Untergang war bereits besiegelt.

besiegen ⟨jmdn., sich, etw. b.⟩: den Feind, einen Gegner [im Kampf] b.; die Mannschaft wurde mit 3:2 besiegt; seine Leidenschaften, seine Begierden b.; du hast dich selbst besiegt; ein besiegtes Land; sich besiegt geben, erklären; ÜBERTR.: Schwierigkeiten, jmds. Zweifel, eine Krankheit b.

besinnen /vgl. besonnen/: **1.** ⟨sich b.⟩ *nachdenken, überlegen:* sich kurz, eine Weile, nicht eine Sekunde b.; ohne sich lange zu b., ging er; erst wollte sie abreisen, doch dann besann sie sich anders *(änderte sie ihren Entschluss, ihre Meinung);* endlich hat er sich besonnen *(ist er zur Vernunft gekommen);* SUBST.: nach kurzem Besinnen, ohne langes Besinnen. **2. a)** ⟨sich auf jmdn., etw. b.⟩ *sich erinnern:* ich besinne mich kaum auf ihn, auf seinen Namen; sie konnte sich auf jede Einzelheit, auf nichts mehr b.; sie besann sich nicht [darauf], ihn hier

gesehen zu haben; ⟨auch ohne Präpositionalobjekt⟩ jetzt besinne ich mich wieder *(jetzt fällt es mir wieder ein);* wenn ich mich recht besinne, war sie schon einmal hier; **b)** ⟨sich auf sich, etw. (Akk.)/(geh.:) sich etw. (Gen.) b.⟩ *sich bewusst werden:* sie besann sich auf sich selbst, auf ihre eigentliche Aufgabe, auf die Würde des Ortes; (geh.:) schließlich besann sie sich ihrer Verantwortung.

besinnlich: *nachdenklich:* ein besinnlicher Mensch; eine besinnliche Stunde; ein besinnliches Lied; der Abend war still und b.; SUBST.: Besinnliches und Heiteres vortragen.

Besinnung, die: **1.** *Bewusstsein:* die B. verlieren; er hatte die B. noch nicht wiedererlangt; sie war ohne B., nicht bei B., kam endlich wieder zur B. **2.** *Nachdenken, ruhige Überlegung:* die Streitenden zur B. bringen; lass mich erst einmal zur B. kommen!; sie kam vor lauter Arbeit nicht zur B. **3.** (geh.) *das Sichbesinnen:* nur die B. auf das Notwendige kann uns helfen.

Besitz, der: **a)** *etw., was jmdm. gehört:* ein wertvoller, ererbter, mühsam erworbener B.; privater, staatlicher B.; das Haus ist sein einziger, rechtmäßiger B., ist ein alter B. seiner Familie; seinen B. vergrößern, verlieren; das ist ein Stück aus ihrem persönlichen B.; nach B. streben; ÜBERTR.: etw. zu seinem geistigen B. machen; **b)** *das Besitzen:* der B. eines Autos; der unerlaubte B. von Waffen; im B. eines Ausweises sein; der Hof ist schon lange im/in B. der Familie; etw. im/in B. haben *(etw. besitzen);* das Buch befindet sich in seinem B. *(gehört ihm);* das Haus kam, gelangte in ihren B., ging in ihren B. über; er gelangte in den B. eines Hauses, eines Hauses; in den B. nehmen, in seinen B. bringen, von etw. B. ergreifen *(sich etw. aneignen);* er setzte sich in B. der Waffe *(eignete sie sich an);* ÜBERTR.: Traurigkeit, ein Gefühl der Leere ergriff B. von ihm; im vollen B. seiner Kräfte sein.

besitzen /vgl. besessen/: **1.** ⟨etw. b.⟩ *als Besitz haben:* ein Haus, Geld, ein großes Vermögen, ein Auto, viele Bücher b.; sie besaß nicht die Mittel, große Reisen zu machen; er hat ein Landhaus am Tegernsee besessen; ÜBERTR.: sie besaß meine Zuneigung, mein unbedingtes Vertrauen; Talent, Fantasie, Mut, Geschmack b.; er besaß die Frechheit wiederzukommen; ADJ. PART.: die besitzende Klasse *(die Vermögenden).* **2.** (geh. verhüll.) ⟨jmdn. b.⟩ *(als Mann) Geschlechtsverkehr mit jmdm. haben:* er wollte sie b.; er hat viele Frauen besessen.

besondere: 1. *außergewöhnlich, nicht alltäglich:* das war eine besondere Freude; es gab keine besonderen Vorkommnisse; er hat sich besondere Mühe gemacht; eine besondere *(über das Übliche, Normale hinausgehende)* Leistung; von besonderer *(hervorragender)* Qualität; besondere *(spezielle)* Wünsche haben; dieses Kind ist ihr besonderer *(spezieller)* Liebling; besondere Kenn-

B

zeichen: keine; SUBST.: dieser Wein ist etwas ganz Besonderes; sie hält sich für etwas Besonderes; was gibt es denn dort Besonderes zu sehen? **2.** *abgesondert; zusätzlich:* ein besonderes *(separates)* Zimmer haben; für etw. einen besonderen Wahlgang durchführen; SUBST.: er hat sich weder im Allgemeinen, noch im Besonderen *(Einzelnen)* dazu geäußert; ★ im Besonderen *(vor allem, besonders):* er interessiert sich im Besonderen für alte Stiche.
besonders: 1. a) *ausdrücklich:* etw. b. betonen, erwähnen, hervorheben; ich habe b. darauf hingewiesen, dass ...; **b)** *vor allem, insbesondere:* b. heute; b. du solltest das wissen; b. wenn ...; b. im Frühling ist es dort sehr schön; es kommt b. darauf an, schnell zu reagieren; **c)** ⟨verstärkend bei Adjektiven und ugs. bei Verben⟩ *sehr; außerordentlich, sehr gut:* eine b. große, b. reichhaltige Auswahl; er ist dafür b. geeignet; das hat sie b. gefreut; /häufig verneint/: er ist nicht b. groß; der Film ist nicht b.; es geht ihr nicht b.; sie mag ihn nicht b.; er sieht nicht b. aus. **2.** *gesondert, für sich allein:* vom Gesetz b. aufgeführte Fälle; die Frage muss einmal b. behandelt werden.
besonnen: *vernünftig abwägend:* ein besonnener Mensch; ein besonnenes Urteil; durch ihr besonnenes Verhalten hat sie Schlimmeres verhütet; er ist sehr b.; sich b. verhalten; sie handelte b.
besorgen /vgl. besorgt/: **1.** ⟨jmdn., etw. b.⟩ *beschaffen, anschaffen:* er hat die Pässe, einen Platz, ein Zimmer besorgt; kannst du mir/für mich ein Taxi, Zigaretten b.?; sie hatte Geschenke für die Kinder besorgt *(gekauft);* ich werde [mir] etwas zu trinken besorgen; die Steine habe ich [mir] auf einer Baustelle besorgt (verhüll.; *heimlich mitgenommen, gestohlen).* **2.** a) ⟨etw. b.⟩ *ausführen, erledigen:* einen Auftrag, ein Geschäft b.; er besorgt die Auswahl der Texte für das Lesebuch; der Rechtsaußen besorgte (Sport; *erzielte)* den Ausgleich, das 2:1; **b)** ⟨jmdn., etw. b.⟩ *versorgen, betreuen:* das Haus, die Wirtschaft b.; wer besorgt dir/für dich den Haushalt, das Baby?; ★ es jmdm. besorgen (1. ugs.; *jmdm. etwas Schlechtes antun, jmdm. etw. heimzahlen:* dem hab ichs aber [gründlich] besorgt. 2. salopp; *jmdn. geschlechtlich befriedigen).*
Besorgnis, die: ein [große] erregender Zwischenfall; seine B. um das kranke Kind war sehr groß; etw. erregt B. [in jmdm.]/jmds. B.; sie empfand, hatte, zeigte echte B.; sie betrachtete ihr Vorgehen mit zunehmender B.; ich konnte seine ernsten Besorgnisse zerstreuen; etw. mit B./voller B. sehen; es gab keinen Grund zur B.; (Rechtsw.:) einen Richter wegen B. der Befangenheit ablehnen.
besorgt: mit besorgten Blicken; er war sehr b., weil sie nicht kam; sich b. nach jmdm., etw. erkundi-

gen; ⟨b. [um jmdn., etw.]⟩ die um ihr Kind besorgten Eltern; er ist sehr um sie, im ihre Gesundheit b.; ⟨b. [über etw.]⟩ sie war über sein langes Ausbleiben b.
Besorgung, die: **1.** *das Besorgen:* er überließ mir die B. der Fahrkarten. **2.** *Einkauf:* eine B., Besorgungen machen, erledigen; der Nachmittag blieb frei für Besorgungen.
bespannen ⟨mit etw.] b.⟩: **1.** *überziehen:* eine Wand mit Stoff b.; einen Tennisschläger neu b. *(mit einer neuen Bespannung versehen);* die Geige ist neu bespannt *(mit neuen Saiten versehen)* worden. **2.** *Zugtiere vorspannen:* einen Wagen mit zwei Pferden b.
besprechen: 1. a) ⟨etw. b.⟩ *gemeinsam beratend, erörternd über etw. sprechen:* ich muss die Sache mit dir, wir müssen die Sache gründlich b.; wir haben noch etwas zu b.; sie haben die Frage eingehend besprochen; wir müssen noch b., wie wir vorgehen wollen; **b)** ⟨sich mit jmdm. b.⟩ *sich beraten:* er besprach sich [deswegen, in dieser Sache] mit seinem Anwalt; ⟨auch ohne Präpositionalobjekt⟩ sie besprachen sich eingehend [über das Angebot]. **2.** ⟨etw. b.⟩ *rezensieren:* ein Buch, eine Aufführung b.; er hat den jungen Schriftsteller *(ein Werk, Werke des jungen Schriftstellers)* [in der Zeitung] besprochen. **3.** ⟨etw. b.⟩ *einen Text sprechen und auf einen Tonträger aufnehmen lassen:* ein Tonband, eine Schallplatte b. **4.** ⟨jmdn., etw. b.⟩ *durch Zaubersprüche zu beeinflussen, bes. zu heilen suchen:* einen Kranken b.; sie kann Warzen b.
Besprechung, die: **1.** *Unterredung:* die B. findet um 9 Uhr statt; eine B. [über etw.] abhalten, anberaumen, ansetzen; um 18 Uhr habe ich eine B. **2.** *Rezension:* das Buch hatte eine lobende, wohlwollende, kritische, ziemlich ablehnende B. in der Fachpresse.
bespritzen ⟨jmdn., sich, etw. [mit etw.] b.⟩: das Auto bespritzte mich von unten bis oben; er hat sich mit Farbe bespritzt; sein Anzug war mit Blut bespritzt.
besser: I. ⟨Adj.⟩ /Komparativ von *gut*/: das ist das bessere Stück, das bessere Mittel; eine bessere Ernte als voriges Jahr; sie hat bessere Tage gekannt *(in besseren Verhältnissen gelebt als heute);* bessere (ugs.; *sozial höher gestellte)* Kreise, Leute; der Saal ist eine bessere (abwertend; *nicht viel mehr als eine)* Scheune; die Anstrengung wäre einer besseren Sache würdig gewesen; sein besseres Ich *(die positiven Seiten seines Charakters);* das ist b. als [gar] nichts; heute ist das Wetter b.; sie ist b. als ihr Ruf; er fühlt sich/es geht ihm heute b.; du siehst heute schon viel b. aus; sie weiß immer alles b. *(man kann sie nicht überzeugen, nicht mit ihr reden);* jmdn. b. stellen *(in eine [finanziell] bessere Lage versetzen);* damals ist er in der Branche b.

gegangen; es wäre b., wenn du geschwiegen hättest; die Sache ist bedenklich oder, b. *(treffender)* gesagt, aussichtslos; Ⓡ b. *(sicher ist sicher)*; SUBST.: ich habe Besseres zu tun *(ich kann mich damit nicht abgeben)*; in Ermangelung eines Besseren; eine Wendung zum Besseren. **II.** ⟨Adverb⟩ *lieber, zweckmäßigerweise:* du hättest b. geschwiegen; lass das b. bleiben; das solltest du b. nicht tun; dann geh ich b.; ∗ **jmdn. eines Besseren belehren** *(jmdm. zeigen, dass er im Irrtum ist)* · **sich eines Besseren besinnen** *(seinen Entschluss ändern).* **bessern:** a) ⟨jmdn., etw. b.⟩ *besser machen:* damit besserst du nicht die Verhältnisse; b) ⟨sich b.⟩ *besser werden:* du musst dich b., wenn du versetzt werden willst; ihr Zustand, ihre Laune, ihr Befinden bessert sich allmählich; das Wetter hat sich gebessert. **Besserung,** die: eine B. der Verhältnisse zeichnet sich ab, ist [nicht] in Aussicht, ist zu erwarten; der Kranke befindet sich auf dem Weg der B.; einem Kranken gute B. wünschen; sich für eine B. der Zustände einsetzen. **Bestand,** der: **1.** *das Bestehen; Fortdauer:* den B. der Firma sichern; sein Eifer hat keinen B., ist nicht von B. **2.** *vorhandene Menge, Anzahl, Vorrat:* wie ist der B.?; den B. aufnehmen, erfassen, prüfen; die Bestände [an Waren] auffüllen, ergänzen, erneuern; den lebenden B., den B. an Vieh, an Rotwild schätzen, überprüfen, vergrößern. **3.** (Forstw.) *Waldteil mit gleichartiger Bepflanzung:* ein B. von Fichten; zwei Bestände wurden abgeholzt; ∗ **der eiserne Bestand** *(Vorrat für den Notfall, der nicht angegriffen werden darf)* · **zum eisernen Bestand gehören** *(fester Bestandteil von etw. sein):* dieses Stück gehört zum eisernen B. des Spielplans. **beständig:** a) *dauernd, ständig:* in beständiger Unruhe, Sorge, Gefahr leben; sie klagt b. über Kopfschmerzen; b) *gleich bleibend:* ein beständiger *(treuer)* Freund; das Wetter ist heute b.; nichts auf der Welt ist b.; c) ⟨b. [gegen etw. (Akk.)/gegenüber etw. (Dat.)]⟩ *widerstandsfähig:* eine beständige Verbindung; dieses Material ist b. gegen/gegenüber Hitze, gegen Korrosion. **bestärken:** a) ⟨jmdn. in etw. (Dat.) b.⟩ *unterstützen, bekräftigen:* er hat ihn in seiner Meinung, in seinem Irrtum, in seinem Vorhaben [noch] bestärkt; dieses Ereignis bestärkte ihn in dem Vorsatz, nicht zurückzutreten; b) ⟨etw. b.⟩ *fördern, verstärken:* diese Entdeckung bestärkte meinen Verdacht, dass ... **bestätigen:** **1.** a) ⟨etw. b.⟩ *für richtig, zutreffend erklären:* etw. ausdrücklich, schriftlich b.; die Meldung ist bisher amtlich, offiziell nicht bestätigt worden; das Berufungsgericht hat das erste Urteil bestätigt *(für gültig erklärt);* ⟨jmdm. etw. b.⟩ er bestätigt mir, dass sie einverstanden sei/ist;

b) ⟨etw. b.⟩ *als richtig erweisen:* dies bestätigt meinen Verdacht; er fand/sah seine Ansicht aufs Neue, immer wieder bestätigt; c) ⟨jmdn. in etw. (Dat.) b.⟩ *jmds. Annahme o. Ä. erhärten:* ihr Verhalten bestätigte ihn in seinem Verdacht; ⟨auch ohne Präpositionalobjekt⟩ das bestätigt mich; er fühlte sich bestätigt; d) ⟨sich b.⟩ *sich als wahr, richtig erweisen:* die Nachricht, seine Befürchtung hat sich leider bestätigt. **2.** (Kaufmannsspr.) ⟨etw. b.⟩ *den Eingang einer Sendung o. Ä. mitteilen:* einen Brief, ein Paket b.; hiermit bestätige ich den Empfang Ihres Schreibens vom ...; ich bitte, den Auftrag zu b. *(anzuerkennen).* **3.** ⟨jmdn. als jmdn., in etw. (Dat.) b.⟩ *als Inhaber eines Amtes o. Ä. anerkennen:* die Regierung hat sie im Amt bestätigt; er wurde als Bürgermeister bestätigt. **Bestätigung,** die: das ist eine B. deiner Ansicht, für deine Auffassung; eine amtliche B. der Meldung war nicht zu erhalten; diese Befürchtungen fanden leider bald ihre B. **beste** ⟨Superlativ von *gut*⟩: b. Qualität; mein bestes Kleid; sein bester Freund; das b. meiner Bücher; bei bester Laune sein; ich hatte nicht das b. *(kein gutes)* Gewissen dabei; die Sache ist in besten Händen; ein Kavalier im besten Sinne des Wortes; er handelte, antwortete nach bestem Wissen und Gewissen; sie konnte uns beim besten Willen *(so sehr sie sich auch mühte)* nicht helfen; im besten *(günstigsten)* Falle; sie zeigt sich heute von ihrer besten *(angenehmsten)* Seite; ein Mann in den besten *(mittleren)* Jahren; du hast im besten *(tiefsten)* Schlaf gestört; ein junger Mann aus bestem *(sozial hoch gestelltem)* Hause; es ist am besten, wenn ...; Sie fahren am besten *(günstigsten)* mit dem Frühzug; das musst du selbst am besten wissen; /Briefschlussformel/: mit den besten Grüßen Ihr ...; /Wunschformel/: mit den besten Wünschen für ...; SUBST.: es ist das Beste, wenn ...; ich halte es für das Beste, du schweigst; es ist alles aufs Beste *(bestens)* versorgt; mit seinem Geschäft steht es nicht zum Besten *(ziemlich schlecht);* er ist der Beste *(der beste Schüler)* in der Klasse; die Mannschaft gab ihr Bestes; er versucht aus allem das Beste zu machen *(es so günstig wie möglich zu gestalten);* wir wollen das Beste hoffen; fast hätte ich das Beste *(das Wichtigste)* vergessen; ich tue mein Bestes; ich nur dein Bestes *(dein Wohlergehen);* es geschieht nur zu deinem Besten; es hat sich alles zum Besten gewendet, gekehrt; Herr Wirt, ein Glas vom Besten *(vom besten Wein)!;* das Beste ist für sie gerade gut genug (iron.; *sie stellt hohe Ansprüche);* ∗ **etw. zum Besten geben** *(etw. zur Unterhaltung vortragen)* · **jmdn. zum Besten haben/halten** *(jmdn. necken).* **bestechen:** **1.** ⟨jmdn. b.⟩ *durch unerlaubte Geschenke, Geldzuwendungen o. Ä. für sich gewin-*

B

nen: einen Beamten b.; er hat die Zeugen mit Geld bestochen. **2.** ⟨durch etw. b.⟩ *großen Eindruck auf jmdn. machen:* die Abhandlung besticht durch Klarheit, durch Gründlichkeit, durch Logik; sie besticht durch ihre Schönheit; ein bestechendes Äußeres; ein bestechender Eindruck; in bestechender Form sein; SUBST.: dieser Gedanke hat etwas Bestechendes.

Bestechung, die: einfache, schwere B.; die B. eines Zeugen; (Rechtsw.:) aktive, passive B.

Besteck, das: **1. a)** *Satz von Löffel, Gabel, Messer:* silberne Bestecke; hier fehlt noch ein B.; noch ein B. auflegen; Bestecke putzen; **b)** (ugs.) *Gesamtheit der zum Essen benutzten Geräte:* wir haben nicht genug B.; das ganze B. abwaschen, putzen, polieren. **2.** *Satz von medizinischen Instrumenten:* das ärztliche B.; das B. desinfizieren, steril machen.

bestehen: 1. *existieren, vorhanden sein:* der Verein besteht schon lange; das Geschäft besteht 50 Jahre, seit 50 Jahren; bei dieser Konkurrenz kann der kleine Laden kaum b.; es besteht keine Vorschrift, wonach ...; es bestand die Aussicht, die Hoffnung, dass ...; etw. besteht zu Recht; es besteht der dringende Verdacht, dass ...; darüber besteht kein Zweifel; zur Zeit besteht große Nachfrage nach diesem Artikel; zwischen beidem besteht ein großer Unterschied. **2. a)** ⟨aus etw. b.⟩ *hergestellt sein:* aus Metall, aus Kunststoff b.; der Roman besteht aus drei Teilen; ÜBERTR.: du bestehst nur noch aus Arbeit (ugs.; *du arbeitest nur noch*); **b)** ⟨in etw. (Dat.) b.⟩ *seinen Inhalt, sein Wesen haben:* seine Aufgabe besteht im Wesentlichen darin, die Arbeit zu planen; sein ganzes Leben bestand nur in Arbeiten und Dienen; der Unterschied, die Chance bestand darin, dass ... **3. a)** ⟨etw. b.⟩ *erfolgreich absolvieren:* einen Kampf b.; sie hat das Examen mit »sehr gut«, gerade noch bestanden; er hat schon manche Abenteuer, manche Gefahren bestanden (geh.; *durchgestanden, ertragen*); **b)** ⟨in etw. (Dat.) b.⟩ *sich bewähren:* er hat im Kampf, in der Gefahr, in der Auseinandersetzung großartig bestanden; **c)** ⟨mit Umstandsangabe; gewöhnlich in Verbindung mit *können*⟩ *sich behaupten; standhalten:* er konnte gegen ihn, neben ihm nicht b.; diese Marke kann neben unseren kaum b.; er kann [mit seiner Arbeit] vor jeder Kritik, vor den kritischsten Augen b.; diese Arbeit kann vor jedem Prüfer, vor jeder Prüfung b. **4.** ⟨auf etw. (Dat./selten: Akk.) b.⟩ *auf etw. beharren:* auf seinem/(selten:) auf sein Recht, auf der/(selten:) auf die Erfüllung des Vertrages b.; sie besteht darauf, dass ...; auf seinem Willen, auf seinem Standpunkt b.

bestehlen ⟨jmdn. b.⟩: die Arbeitskollegen b.; ich bin [um 50 Mark] bestohlen worden.

besteigen: a) ⟨ein Tier, etw. b.⟩ *auf etw. steigen:* das

Pferd, das Fahrrad, die Kanzel, einen Turm, einen Berg b.; BILDL.: den Thron b. *(die Herrschaft übernehmen);* **b)** ⟨etw. b.⟩ *über Stufen in etw. hineinsteigen:* den Zug, das Flugzeug b.

bestellen: 1. ⟨etw. b.⟩ **a)** *veranlassen, dass etw. geliefert, gebracht wird:* Waren, Ersatzteile [bei der Firma] b.; das Gerät ist bestellt; die bestellten Sachen abholen; ein Bier, eine Flasche Sekt b.; ich habe [mir/für mich] ein Schnitzel bestellt; das Aufgebot b. *(beantragen);* ÜBERTR.: sie hat sich etwas Kleines bestellt (scherzh.; *sie ist schwanger);* (auch ohne Akk.) ich habe schon bestellt *(dem Kellner meine Wünsche mitgeteilt);* **b)** *reservieren lassen:* Karten b.; ich habe [im Restaurant] einen Tisch bestellt; sie hat ihm/für ihn ein Hotelzimmer bestellt. **2.** ⟨jmdn. b.; mit Umstandsangabe⟩ *Ort, Zeitpunkt für jmds. Erscheinen festlegen:* jmdn. in seine Praxis, zu sich [nach Hause] b.; ich bin auf, für, um 11 Uhr [zu ihm] bestellt; ⟨auch ohne Umstandsangabe⟩ sind Sie bestellt?; er kam wie bestellt; sie steht da wie bestellt und nicht abgeholt (ugs. scherzh.; *steht verloren und ein wenig ratlos da).* **3.** ⟨jmdm. etw. b.⟩ *ausrichten:* jmdm. Grüße [von jmdm.] b.; er lässt Ihnen [durch mich] b., dass ...; ⟨auch ohne Dat.⟩ kann, soll ich etwas b.? **4. a)** ⟨jmdn. b.⟩ *einsetzen:* einen Vertreter, einen Sonderbotschafter, einen Vikar b.; **b)** ⟨jmdn. zu/ als etw. b.⟩ *zu etw. ernennen:* jmdn. zu seinem Nachfolger, zu seinem persönlichen Referenten, zum Verteidiger b.; er ist in dem Prozess als Gutachter bestellt. **5.** ⟨etw. b.⟩ *bearbeiten:* einen Acker, das Land b. *★ um jmdn., etw./mit jmdm., etw. irgendwie bestellt sein (sich in einem bestimmten Zustand befinden):* mit ihm, um seine Gesundheit ist es schlecht bestellt · **nichts/nicht viel zu bestellen haben** *(eine untergeordnete Rolle spielen).*

Bestellung, die: **1. a)** *Lieferauftrag:* eine große, umfangreiche B.; eine B. auf/über/von/(selten:) für 10 Tonnen Zement; die B. läuft *(wurde weitergeleitet);* heute gingen, liefen viele Bestellungen ein; eine B. aufgeben, entgegennehmen; alle Bestellungen wurden sofort erledigt; etw. nur auf B. anfertigen, liefern; **b)** *bestellte Ware:* Ihre B. ist eingetroffen. **2.** *jmd., der [zum Arzt] bestellt ist:* der Arzt hatte noch zwei Bestellungen. **3.** *Berufung:* die B. der Richter, eines Verteidigers, Gutachters, Stellvertreters. **4.** *Botschaft, Nachricht:* eine B. [von jmdm.] ausrichten. **5.** *Bearbeitung:* die B. des Ackers, des Bodens, der Felder.

bestens: etw. hat sich b. bewährt; es ist alles b. vorbereitet; ich danke Ihnen b. *(vielmals, herzlichst)* dafür.

bestimmen: 1. ⟨etw. b.⟩ *festsetzen, entscheiden:* etw. allein, sofort, willkürlich, nach Gutdünken

b.; einen Termin, den Preis b.; was gemacht wird, bestimme ich; es wurde bestimmt, dass ...; er hat hier nichts zu b.; das Gesetz, das Testament bestimmt, dass ...
2. ⟨etw. b.⟩ *ermitteln; definieren:* die Bedeutung eines Wortes b.; etw. genau, wissenschaftlich, durch chemische Analyse b.; eine Pflanze, die Zusammensetzung eines Stoffes b.
3. ⟨jmdn., etw. für jmdn., etw./als jmdn., etw./zu jmdm., etw. b.⟩ *vorsehen; ausersehen:* das Geld ist für Anschaffungen, für den Haushalt, zum Bezahlen der Versicherung bestimmt; jmdn. zu seinem/als Nachfolger b.; er ist zu Höherem/für Höheres bestimmt.
4. ⟨über jmdn., etw. b.⟩ *verfügen:* er allein bestimmt über das Geld, über die Verwendung des Geldes; über etw. frei b. [können].
5. a) ⟨jmdn., etw. b.⟩ *prägen:* das Christentum hat das mittelalterliche Weltbild bestimmt; das Gebirge bestimmt die Menschen dieser Gegend; sich sehr von seinen Gefühlen b. lassen; b) ⟨sich b.; mit Umstandsangabe⟩ *von etw. beeinflusst werden:* die Investitionen bestimmen sich jetzt anders, nach Konjunkturlage.
6. ⟨jmdn. zu etw. b.⟩ *drängen:* jmdn. zum Bleiben, zur Annahme des Vergleichs b.
bestimmt: I. ⟨Adj.⟩ 1. *speziell; gewiss:* das ist ein ganz bestimmtes Buch, nicht irgendeins; ein bestimmter Betrag, Termin; an einem noch nicht bestimmten *(festgelegten)* Ort zusammentreffen; von etw. eine bestimmte Vorstellung haben; du musst dich bestimmter ausdrücken; SUBST.: etwas, nichts Bestimmtes vorhaben.
2. *entschieden:* jmdn. höflich, aber b. hinausweisen; etw. in bestimmtem Ton, sehr b. sagen.
II. ⟨Adverb⟩ *gewiss, sicher:* etw. b. wissen, nicht b. sagen können; ich glaube b., dass dies möglich ist; das ist ganz b. so.
Bestimmtheit, die: a) *Entschiedenheit:* die B. seines Auftretens beeindruckte; das muss ich mit aller B. ablehnen; etw. mit [großer] B. sagen, erklären; b) *Gewissheit:* etw. [nicht] mit B. sagen können, wissen; mit B. auf etw. rechnen.
Bestimmung, die: 1. a) *Festsetzung:* die B. eines Termins, der Preise; b) *Vorschrift:* gesetzliche Bestimmungen; eine B. erlassen, beachten, verletzen, umgehen, übergehen; die Bestimmungen genau kennen; nach den Bestimmungen ist dies unzulässig.
2. *Ziel, [Verwendungs]zweck:* eine Brücke ihrer B. übergeben *(für den Verkehr freigeben);* etw. seiner [eigentlichen] B. zuführen.
3. *das Bestimmtsein; Berufung:* eine höhere, göttliche B.; jmds. B. zum/als Gutachter gutheißen, kritisieren; das Recht des Individuums, sich seiner natürlichen B. gemäß zu entfalten.
4. a) *das Ermitteln; Klärung:* die B. der Echtheit eines Dokumentes, der Position eines Schiffes; die B. einer Pflanze, eines Begriffs; die B. des Schwerpunktes; b) (Sprachw.) *Satzteil in Form ei-*

ner freien genaueren Angabe: eine adverbiale, nähere B.
bestrafen: a) ⟨jmdn. b.⟩ *jmdm. eine Strafe auferlegen:* jmdn. hart, schwer, streng, milde, mit Gefängnis b.; dafür ist er genug bestraft worden; b) ⟨etw. b.⟩ *mit einer Strafe belegen; ahnden:* den Ungehorsam b.; dieses Vergehen wird mit Gefängnis nicht unter drei Monaten bestraft.
bestrahlen: a) ⟨etw. [mit etw.] b.⟩ *hell erleuchten:* die Berge werden von der Sonne bestrahlt; die Bühne war von Scheinwerfern hell bestrahlt; b) (Med.) ⟨jmdn., etw. [mit etw.] b.⟩ *mit Strahlen behandeln:* jmdn., eine Entzündung mit Rotlicht, mit Ultrakurzwellen b.; eine Geschwulst mit Radium b.
bestreben (geh.) ⟨sich b.⟩: er bestrebt sich eifrig, immer alles recht zu machen; ⟨meist im 2. Part. in Verbindung mit *sein*⟩ sie ist bestrebt, die Kunden zufrieden zu stellen.
Bestrebung, die ⟨meist Plural⟩: revolutionäre Bestrebungen; es sind Bestrebungen im Gange, eine Partei zu gründen, ein Gesetz zu ändern.
bestreichen ⟨etw. mit etw. b.⟩: etw. mit Salbe, mit Isolierfarbe b.; das Brot mit Butter bestrichen.
bestreiten: 1. a) ⟨etw. b.⟩ *für nicht zutreffend erklären:* eine Behauptung entschieden, energisch, mit allem Nachdruck b.; das hat noch nie jemand bestritten; es/die Tatsache lässt sich nicht b., dass ...; b) ⟨jmdm. etw. b.⟩ *streitig machen:* jmdm. das Recht auf Freiheit b.
2. a) *finanzieren:* etw. allein b.; den Aufwand, die Kosten b.; seinen Lebensunterhalt [selbst] b.; sein Studium bestreiten die Eltern; b) *gestalten:* er bestreitet das Programm, den ganzen Abend [allein]; die Mannschaft hat ein schweres Spiel zu b. *(absolvieren).*
bestürmen ⟨etw. b.⟩ *gegen etw. anstürmen:* eine Stadt, Festung b.; (Sport:) die Mannschaft bestürmte pausenlos das gegnerische Tor.
2. ⟨jmdn. mit etw. b.⟩ *bedrängen:* jmdn. mit einer Bitte, mit einem Anliegen, mit Fragen b.
bestürzen ⟨jmdn. b.⟩: diese Nachricht, seine Krankheit hat uns alle bestürzt; bestürzende Nachrichten; sich über etw. b. zeigen; man sah überall bestürzte Gesichter.
Bestürzung, die: die B. war groß; etw. erregt allgemeine B., ruft B. hervor; etw. mit B. aufnehmen, feststellen.
Besuch, der: 1. a) *das Besuchen:* ein eintägiger, längerer, offizieller B.; sein B. galt der Tochter; das war der erste B. seit drei Jahren; jmdm. einen B. abstatten; [bei jmdm.] einen B. machen; er erwartet den B. *(Hausbesuch)* des Arztes; seinen B. ankündigen; (geh.:) jmdn. mit seinem B. beehren; auf/zu B. kommen; [bei jmdm.] auf/zu B. sein; b) *das Teilnehmen:* der regelmäßige B. des Gottesdienstes, der Messe, der Vorlesungen; der B. der Schule ist Pflicht; c) *das Aufsuchen, Besichtigen:* der B. eines Restaurants, des Museums, des Botanischen Gartens, des Theaters; auf

B

B

dem Programm steht ein B. alter Schlösser; ÜBERTR.: der B. der Homepage.
2. *Gast, Gäste:* hoher, gern gesehener, ausländischer B.; der B. wartet in der Diele, ist wieder abgereist; wir bekommen, erwarten heute Abend B.; den B. [an]melden, empfangen, zum Flughafen bringen.

besuchen: a) ⟨jmdn. b.⟩ *jmdn. aufsuchen und dort einige Zeit verweilen:* jmdn. im Krankenhaus, zu Hause, kurz, öfter b.; seinen Freund, einen Kranken, die Kunden b.; der Arzt besucht seine Patienten *(macht bei ihnen Hausbesuche);* b) ⟨etw. b.⟩ *an etw. als Zuhörer[in], Zuschauer[in] teilnehmen:* ein Konzert, einen Vortrag, eine Aufführung b.; Vorlesungen, den Gottesdienst b.; die Veranstaltung war gut, schlecht besucht; c) ⟨etw. b.⟩ *aufsuchen:* Kirchen, Schlösser, Ausstellungen, den Zoo b.; die Bibliothek, das Schwimmbad, das Theater b.; er besucht häufig dieses Restaurant; den Unterricht b.; ÜBERTR.: die Homepage b.; d) ⟨etw. b.⟩ *eine Ausbildung absolvieren:* das Gymnasium, die Grundschule, eine Universität, eine Kunstakademie mehrere Jahre b.

betätigen: 1. ⟨sich b.; mit Umstandsangabe⟩ *sich beschäftigen:* sich eifrig, künstlerisch, politisch, als Vermittler, in der Partei, bei den Vorbereitungen b.; du kannst dich hier, gleich b. (ugs.; *hier, gleich mithelfen*).
2. ⟨etw. b.⟩ *bedienen:* einen Hebel, einen Schalter, die Bremse b.; etw. wird automatisch, mit der Hand betätigt.

betäuben: a) ⟨jmdn., etw. b.⟩ *schmerzunempfindlich machen:* jmdn., einen Nerv örtlich b.; der Arzt hat ihn vor der Operation [durch eine Narkose, mit einer Narkose] betäubt; BILDL.: seinen Kummer, sein Gewissen durch/(auch:) mit Alkohol b.; sie versuchte sich durch Arbeit zu b.; b) ⟨jmdn. b.⟩ *bewusstlos machen:* jmdn. mit einem Schlag, mit Äther b.; sich wie betäubt fühlen; BILDL.: ein betäubender *(berauschender)* Duft.

beteiligen: a) ⟨sich an etw. (Dat.) b.⟩ *teilnehmen:* sich an einem Spiel, an einem Preisausschreiben b.; sich rege, lebhaft an der Diskussion b.; er soll an dem Überfall beteiligt gewesen sein; die Firma hat sich mit einer halben Million Mark an dem Auftrag beteiligt; direkt, finanziell, innerlich an etw. beteiligt sein; er ist an dem Unternehmen, an der Firma beteiligt *(ist Teilhaber);* SUBST.: eine für alle Beteiligten *(Betroffenen)* befriedigende Lösung; b) ⟨jmdn. an etw. (Dat.) b.⟩ *teilhaben lassen:* jmdn. am Gewinn, am Umsatz b.; er ist an der Erbschaft [mit] beteiligt.

Beteiligung, die: a) *das Teilnehmen, Sichbeteiligen:* die B. war schwach, gering; seine B. an einer Tagung zusagen; eine B. *(einen Anteil)* an dem Unternehmen erwerben; die Veranstaltung fand unter großer B. der Bevölkerung statt; b) *das Beteiligtwerden:* eine B. am Gewinn, Umsatz zusichern.

beten: *(ein Gebet) sprechen:* a) laut, andächtig b.; zu Gott, für den Frieden, um eine gute Ernte b.; lasst uns b.!; b) ⟨etw. b.⟩ das Vaterunser, den Rosenkranz b.

beteuern ⟨etw. b.⟩: seine Unschuld b.; sie beteuerte unter Tränen, dass sie mit dem Diebstahl nichts zu tun habe; ⟨jmdm. etw. b.⟩ er beteuerte ihr seine Liebe.

betiteln: a) ⟨etw. b.⟩ *mit einem Titel versehen:* einen Aufsatz, ein Buch b.; wie ist die Schrift betitelt?; b) ⟨jmdn. b.⟩ *mit einem Titel anreden:* jmdn. [mit] Professor, Herr Rat b.; c) (ugs.) *nennen, beschimpfen:* er betitelte ihn [mit] Saukerl.

betonen ⟨etw. b.⟩: a) *auf etw. den Akzent setzen, legen:* ein Wort richtig, falsch b.; eine betonte Silbe; ein [schwach] betonter Taktteil; b) *hervorheben:* seinen Standpunkt, seine großen Erfahrungen b.; einen Aspekt zu stark b.; diese Schule betont *(legt den Schwerpunkt auf)* die musische Erziehung; ich habe wiederholt betont, dass ich so etwas nicht dulde; es kann nicht genug betont werden, dass ...; ADJ. PART.: sich mit betonter *(bewusster)* Einfachheit, sich betont *(bewusst)* einfach kleiden.

Betracht, der: ⟨in den Verbindungen⟩ **jmdn., etw. außer Betracht lassen** *(jmdn., etw. unbeachtet lassen)* · **außer Betracht bleiben** *(unberücksichtigt bleiben)* · **[nicht] in Betracht kommen** *(als Möglichkeit [nicht] beachtet, berücksichtigt werden)* · **jmdn., etw. in Betracht ziehen** *(etw. berücksichtigen, jmdn., etw. in Erwägung ziehen).*

betrachten: a) ⟨jmdn., sich, etw. b.⟩ *längere Zeit ansehen:* jmdn. lange, neugierig, ungeniert, genau, aufmerksam, schweigend, staunend, misstrauisch, mitleidig, von oben bis unten, mit Kennermiene b.; ein Bild, eine Bauwerk eingehend b.; jmdn. unauffällig, von der Seite, aus nächster Nähe b.; sich im Spiegel b.; b) ⟨jmdn., sich, etw. als etw. b.⟩ *für etw. halten:* er betrachtet sich als mein/(auch:) meinen Freund; jmdn. als Verbündeten, als einen Betrüger, als enterbt b.; c) ⟨etw. b.⟩ *genauer erörtern, beurteilen:* etw. einseitig, objektiv, von zwei Seiten, unter einem anderen Aspekt b.; die finanzielle Situation der Firma b.; genau betrachtet, so betrachtet ist die Sache etwas anders.

beträchtlich: eine beträchtliche Summe; der Schaden ist; er hat die Miete b. erhöht; sie fuhr b. schneller als ich; SUBST.: sie fuhr um ein Beträchtliches *(sehr viel)* schneller als ich.

Betrachtung, die: 1. *das Betrachten:* erst bei genauerer B. erkennt man die Struktur; in die B. eines Bildes versunken sein.
2. *Überlegung, Untersuchung:* politische, wissenschaftliche, kritische Betrachtungen; eine B. der sozialen Situation; über etw. Betrachtungen anstellen; b) sieht die Sache anders aus; sich in Betrachtungen verlieren.

Betrag, der: ein hoher, geringer, niedriger B.; ein B. [in Höhe] von 100 Mark; einen bestimmten B. bezahlen, von der Steuer absetzen; größere Beträge werden überwiesen; ein Scheck über einen B. von 100 DM ausschreiben.

betragen: 1. ⟨etw. b.⟩ *sich auf etw.* **belaufen:** die Kosten dafür betragen nur den zehnten Teil der Summe; die Rechnung, das Gehalt, der Schaden beträgt [etwa] 10 000 Mark; die Preise betragen ein Vielfaches von dem, was sonst üblich ist; die Entfernung beträgt zwei Kilometer; die Differenz betrug nur wenige Zentimeter. **2.** ⟨sich irgendwie b.⟩ *sich benehmen:* sich schlecht, ordentlich, vorbildlich b.; er hat sich ihr gegenüber ungebührlich betragen. **Betragen,** das: ein anständiges, schlechtes, ungehöriges B.; ihr B. war unmöglich; jmds. B. lässt zu wünschen übrig; er hatte als Schüler in B. immer eine Eins; jmdn. wegen seines Betragens rügen.

betrauen ⟨jmdn. mit etw. b.⟩: jmdn. mit einem Amt, mit der Leitung eines Unternehmens, mit der Lösung einer Aufgabe b.; er wurde mit neuen Aufgaben betraut; man hat sie damit betraut, den Verband neu zu organisieren.

betreffen /vgl. betroffen/: 1. ⟨jmdn., etw. b.⟩ *jmdn. angehen; sich auf etw. beziehen:* diese Angelegenheit, die neue Verordnung betrifft jeden; diese Vorwürfe betreffen mich nicht; jmds. *part.:* der betreffende *(zuständige)* Sachbearbeiter; die diesen Fall betreffende *(in diesem Fall geltende)* Regel; ⟨vereinzelt auch als Präp. mit Akk.⟩ unser Schreiben betreffend den Bruch des Vertrages. **2.** (geh.) a) ⟨jmdn., etw. b.⟩ *jmdm., etw. widerfahren:* ein Unglück, ein Schicksalsschlag hat die Familie betroffen; das Land wurde von einem schweren Erdbeben betroffen *(heimgesucht);* subst. part.: das ist für die Betroffenen sehr schmerzlich; b) ⟨jmdn. irgendwie b.⟩ *seelisch treffen:* diese Äußerung hat ihn schmerzlich, tief betroffen.

betreffs (Amtsspr., Kaufmannsspr.) ⟨Präp. mit Gen.⟩: einen Antrag b. [eines] Zuschusses; Ihr Schreiben b. Steuerermäßigung.

betreiben ⟨etw. b.⟩: a) *[beruflich] ausüben:* einen schwungvollen Handel, ein Gewerbe b.; ein Geschäft, ein Lokal b. *(führen);* den Sport als Beruf b.; b) *vorantreiben:* etw. ernsthaft, energisch, mit Hochdruck b.; den Abschluss einer Arbeit, einen Prozess, den Umbau b.; c) (Technik) ⟨mit Umstandsangabe⟩ *antreiben:* etw. elektrisch, mit Dampf b.; ein atomar betriebenes Schiff; ∗ **auf jmds. Betreiben [hin]** *(auf jmds. Veranlassung [hin]).*

¹betreten ⟨etw. b.⟩: a) *auf etw. treten:* den Rasen, das Spielfeld nicht b.; ein zweiter Schauspieler betrat die Bühne; übertr.: damit betreten wir ein noch unerforschtes Gebiet; b) *hineingehen:* das Zimmer, den Saal, das Geschäft b.; ich werde dieses Haus nie mehr betreten; subst.: [das] Betreten der Baustelle [ist] verboten!

²betreten: *verlegen, peinlich berührt:* ein betretenes Gesicht machen; es herrschte betretenes

Schweigen; über diese Äußerung waren einige sehr b.; jmdn. b. ansehen.

betreuen ⟨jmdn., etw. b.⟩: a) *in Obhut nehmen; für jmdn., etw. sorgen:* Kinder, alte Leute, Tiere b.; sie hatte als Reiseleiterin schon mehrere Gruppen betreut; die Mannschaft wird von einem bekannten Trainer betreut; adj. part.: betreutes *(mit der Betreuung der betreffenden Person[en] verbundenes)* Wohnen; b) *ein Sachgebiet o. Ä. fortlaufend bearbeiten; die Verantwortung für den Ablauf haben:* eine Abteilung, den Umbau, ein Projekt b.; wer betreut dieses Arbeitsgebiet?

Betrieb, der: 1. a) *industrielles, gewerbliches o. ä. Unternehmen:* ein privater, staatlicher, mittelständischer, bäuerlicher, landwirtschaftlicher, chemischer, Holz verarbeitender B.; der B. beschäftigt 500 Leute, arbeitet mit Gewinn; einen B. eröffnen, erweitern, stilllegen, verlagern, rationalisieren, an einen anderen Standort verlegen; in einem kleineren B. arbeiten; b) *Belegschaft eines Unternehmens:* der ganze B. gratulierte ihm, war versammelt. **2.** *das In-Funktion-Sein:* der B. war eine Stunde lang unterbrochen; den B. stören, aufnehmen, einstellen; eine Anlage, ein Kraftwerk dem B. übergeben; auf vollautomatischen B. umstellen; etw. in B. nehmen *(mit etw. zu arbeiten beginnen);* etw. in/außer B. setzen; etw. ist in/außer B. **3.** (ugs.) *Betriebsamkeit:* in dem Lokal war viel, großer B.; auf dem Bahnhof herrschte ein furchtbarer B.; bei diesem B. kann ich nicht arbeiten.

betrinken ⟨sich b.⟩: sich sinnlos, aus Kummer b.; ein betrunkener Fahrer; er war [völlig] betrunken, torkelte betrunken nach Hause.

betroffen: ein betroffenes Gesicht machen; sie war sehr b., als sie das hörte; jmdn. b. ansehen, anblicken.

betrüben ⟨jmdn. b.⟩: jmdn. mit einer Nachricht, durch sein Verhalten b.; der Brief hat sie sehr betrübt; ein betrübtes Gesicht machen; über einen Zwischenfall betrübt sein; betrübt dreinblicken.

betrüblich: eine betrübliche Entwicklung, Nachricht; etw. ist b., sieht b. aus.

Betrug, der: ein raffiniert angelegter, ausgeführter B.; das ist B.; B. begehen; jmds. B. aufdecken, durchschauen; auf jmds. B. hereinfallen; etw. durch B. gewinnen; er ist wegen mehrfachen Betruges angeklagt; ∗ **ein frommer Betrug** (1. *in der Beschönigung eines unangenehmen Umstands bestehende Selbsttäuschung.* 2. *Täuschung eines anderen in guter Absicht).*

betrügen: a) ⟨jmdn., etw. b.⟩ *täuschen, hintergehen:* einen Kunden, einen Geschäftspartner, eine Firma b.; sie hat ihren Mann [mit einem anderen] betrogen *(ist ein außereheliches Verhältnis eingegangen);* den Staat b. (ugs.; *Steuern hinterziehen);* sich selbst b. *(sich Selbsttäuschungen hingeben);* sich in seinem Glauben, in seinen Hoffnungen betrogen sehen; ⟨auch ohne Akk.⟩ er betrügt öfter; **b)** ⟨jmdn. um etw. b.⟩ *jmdn. um etw. bringen:* jmdn. um 100 Mark, um sein ganzes Geld, um sein Recht b.

Bett, das: **1.** *Möbelstück zum Schlafen:* ein langes, breites, flaches, französisches B.; Betten *(Bettgestelle)* aus Eiche, aus Eisen; das B. ist breit, zu kurz für mich; ein B. aufstellen, aufschlagen; jmdm. das Frühstück ans B. bringen; auf dem B. sitzen; aus dem B. springen, steigen, klettern; nur schwer aus dem B. kommen *(ungern aufstehen);* jmdn. [nachts] aus dem B. holen, klingeln; die Kinder ins B. bringen, schicken; marsch ins B.!; sich ins B. legen; ins/zu B. gehen; sich im B. aufrichten, umdrehen, herumwälzen; er liegt schon fünf Tage im B. (ugs.; *ist schon fünf Tage lang krank*); ein Hotel mit 60 Betten. **2.** *Federbett:* ein leichtes, schweres, dickes B.; die Betten sind frisch bezogen, überzogen, sind mit echten Federn gefüllt, gestopft; die Betten [auf]schütteln, sonnen, lüften, abziehen; die Betten machen, bauen (ugs.; *machen*). **3.** *Flussbett:* ein enges, breites, tiefes B.; der Fluss hat sein B. verlassen, sich ein neues B. gebaut. ⋆ **das Bett hüten [müssen]** *(wegen Krankheit im Bett bleiben [müssen])* · **ans Bett gefesselt sein** *(wegen schwerer Krankheit o. Ä. das Bett nicht verlassen können)* · **mit jmdm. ins Bett gehen/ steigen** (ugs.; *mit jmdm. Geschlechtsverkehr haben)* · **sich ins gemachte Bett legen** *(seine Existenz auf etwas bereits Bestehendes gründen u. somit sich die eigenen Anstrengungen ersparen).*

betteln: **1.** *um eine Gabe bitten:* **a)** auf der Straße, an den Türen b.; er geht b.; **b)** ⟨um etw. b.⟩ um Geld, um ein Almosen, um ein Stück Brot b.; SUBST.: Betteln verboten! **2.** ⟨[bei jmdm.] um etw. b.⟩ *jmdn. um etw. inständig bitten:* um Gnade, um Verzeihung b.; die Kinder bettelten darum, mitgehen zu dürfen.

Bettelstab, der: ⟨in den Wendungen⟩ **jmdn. an den Bettelstab bringen** *(jmdn. finanziell ruinieren):* seine Spekulationen haben ihn an den B. gebracht · **an den Bettelstab kommen** *(völlig verarmen).*

betten (jmdn., sich, etw. b.; mit Umstandsangabe): den Kranken in die Kissen b., weich b.; jmdn. auf das Sofa/(seltener:) auf dem Sofa b.; sie bettete ihren Kopf an seine/(seltener:) an seiner Schulter; sie betteten ihn in die Erde *(begruben ihn);* Ⓡ wie man sich bettet, so liegt/schläft man; ÜBERTR.: das Dorf ist in grüne Wiesen gebettet (geh.; *von grünen Wiesen umgeben);* ⋆ **sich weich betten** *(sich ein angenehmes Leben verschaffen)* · **weich gebettet sein** *(ein angenehmes Leben haben).*

beugen: **1. a)** ⟨jmdn., sich, etw. b.⟩ *biegen, krümmen:* den Arm, den Nacken, den Kopf, die Knie b.; das Alter hat ihn, hat seinen Rücken gebeugt; eine vom Alter gebeugte Gestalt; /Kommando beim Turnen/: Rumpf beugt!; **b)** ⟨sich, etw. irgendwohin b.⟩ *neigen:* sich nach vorn, aus dem Fenster, über

das Geländer, über den Tisch b.; sie beugte den Kopf über das Buch. **2.** ⟨sich jmdm., etw. b.⟩ *sich fügen:* sich jmds. Willen, Urteil b.; sich der Gewalt b.; er wird sich dir nicht b. **3.** (Rechtsw.) ⟨etw. b.⟩ *willkürlich auslegen:* das Recht, das Gesetz b.

Beule, die: **a)** *Anschwellung des Gewebes:* er hat eine schmerzhafte B. an der Stirn; sie bekam eine B., (ugs.:) hat sich beim Sturz eine B. geholt; **b)** *durch Stoß oder Schlag entstandene Vorwölbung, Vertiefung:* eine B. im Kotflügel ausklopfen; die Kanne war voller Beulen, hatte mehrere Beulen.

beunruhigen: a) ⟨jmdn. b.⟩ *in Unruhe, Sorge versetzen:* ihr Ausbleiben beunruhigt mich; allein der Gedanke daran beunruhigte ihn sehr; sie war über ihn, wegen dieser Sache tief beunruhigt; lass dich davon nicht b.! beunruhigende Meldungen, Vorfälle; es ist beunruhigend, dass ...; **b)** ⟨sich b.⟩ *unruhig werden, sich Sorgen machen:* du brauchst dich deswegen, ihretwegen nicht zu b.

beurlauben ⟨jmdn. b.⟩: **a)** *jmdm. Urlaub geben:* einen Schüler [für ein paar Tage] b.; ich muss mich für den Umzug b. lassen; **b)** *vorläufig von seinen Dienstpflichten entbinden:* der Beamte wurde bis zur Klärung der Angelegenheit beurlaubt.

beurteilen ⟨jmdn., etw. b.⟩: jmds. Arbeit, jmds. Leistung b.; einen Menschen nach seinem Äußeren, nach seiner Kleidung b.; er hat die Angelegenheit klar, richtig, gerecht, [zu] günstig, sachlich, streng, falsch beurteilt; das ist schwer, kaum zu b.; ob er Recht hat, kann ich nicht b.

Beute, die: **a)** *Erbeutetes:* die kranken Tiere waren eine leichte, sichere B. für ihre Verfolger; die B. in Sicherheit bringen, verteilen; sie teilten die B. unter sich; der Polizei konnte den Dieben ihre Beute wieder abnehmen, abjagen; B. machen *(etw. erbeuten);* die Jäger machten reiche Beute; fette (ugs.; *reiche*) B. machen; auf B. ausgehen; der Täter entkamen mit der B., kehrten, mit B. beladen, heim; **b)** *Opfer:* das Raubtier stürzte sich auf seine B.; ÜBERTR.: das Haus wurde eine Beute der Flammen (geh.; *verbrannte);* sie wurden eine B. ihres Leichtsinns (geh.; *brachten sich aufgrund ihres Leichtsinns in eine unangenehme Situation).*

Beutel, der: ein voller, leerer, lederner B.; ein B. mit Mehl; ein B. *(Plastikbeutel)* Milch; Tabak in den B. tun, stopfen; die Wäsche in den B. stecken.

bevölkern: 1. *besiedeln:* **a)** ⟨etw. b.⟩ die Erde, ein Land, ein Gebiet b.; damals bevölkerten noch die Kelten das Land; ein sehr dicht, schwach, nur wenig bevölkertes Land; ein von Einwanderern bevölkerter Landstrich; **b)** ⟨etw. mit jmdm. b.⟩ ein Land mit Ansiedlern b. **2. a)** ⟨etw. b.⟩ *in großer Zahl füllen:* Ausflügler bevölkerten alle Lokale; im Sommer ist der Strand, die Insel von Touristen bevölkert;

b) ⟨sich b.⟩ *sich mit Menschen füllen:* nach dem Kriege bevölkerte sich das Land allmählich wieder; das Schwimmbad bevölkerte sich [mit Besuchern].

Bevölkerung, die: die einheimische, städtische, ländliche, arbeitende, männliche, überwiegend katholische B.; die B. nahm zu, ab, ist stark gewachsen; aus allen Kreisen der B.; er wurde unter starker Anteilnahme der B. beigesetzt.

bevor: b. wir abreisen, müssen wir noch viel erledigen; kurz b. er starb, habe ich ihn noch besucht; b. *(solange)* du nicht unterschrieben hast, lasse ich dich nicht gehen; sie darf keinen Urlaub nehmen, bevor *(solange)* ihre Probezeit nicht abgelaufen ist.

bevormunden ⟨jmdn. b.⟩: sie meint, sie könne andere b.; ich lasse mich von niemandem b.

bevorstehen: seine Abreise, das Fest stand [unmittelbar, nahe] bevor; bevorstehende Wahlen; ⟨jmdm. b.⟩ mir steht einiges, Schlimmes bevor; er wusste nicht, was ihm noch bevorstand.

bevorzugen ⟨jmdn., etw. b.⟩: er bevorzugt Pfälzer Weine; das jüngste Kind wurde [vor den anderen] bevorzugt; ADJ. PART.: eine bevorzugte Stellung; bevorzugt *(vorzugsweise)* bleifreies Benzin tanken; bevorzugt Anwendung finden; jmdn. bevorzugt *(vorrangig)* bedienen.

bewachen ⟨jmdn., etw. b.⟩: die Ausgänge, die Grenze b.; der Hund bewacht das Haus; die Gefangenen werden scharf, streng bewacht, von Aufsehern bewacht; ein bewachter Parkplatz.

bewaffnen ⟨jmdn., sich, etw. b.⟩: die Entführer, die Täter hatten sich mit Maschinenpistolen bewaffnet; die Rebellen waren bewaffnet; ADJ. PART.: bewaffneter *(unter Einsatz von Waffen geleisteter)* Widerstand; ein bewaffneter Angriff; ÜBERTR.: die Touristen waren mit Kameras bewaffnet (scherzh.; *ausgestattet*); die bewaffnete (scherzh.; *versah*) mich mit einem Regenschirm, mit einem Löffel.

bewahren **1.** ⟨jmdn., etw. vor etw. b.⟩ *behüten, schützen:* jmdn. vor Schaden, vor Krankheit, vor einem Verlust, vor Enttäuschungen b.; er bewahrte ihn davor, eine Dummheit zu machen; Gott bewahre mich davor, so etwas zu tun!; (geh.:) mögest du vor allem Unglück bewahrt bleiben! **2.** (geh.) ⟨etw. irgendwo b.⟩ *aufbewahren:* Schmuck in einem Kasten bewahren; ÜBERTR.: etw. im Gedächtnis b. *(nicht vergessen).* **3.** *erhalten, [bei]behalten:* **a)** ⟨etw. b.⟩ Ruhe, Haltung, die Fassung b.; ruhig Blut b.; einen klaren Kopf b.; Diskretion b.; Stillschweigen über etw. b.; **b)** ⟨jmdm. etw. b.⟩ dem Freund die Treue b. *(halten);* wir werden ihm ein ehrendes Andenken b.; **c)** ⟨sich (Dat.) etw. b.⟩ sie hat sich ihre Frische, ihren Humor bewahrt; er konnte sich eine gewisse Selbstständigkeit gegenüber seinem Vorgesetzten b.

bewähren ⟨sich b.⟩: ihre Beziehung, diese Maß-

nahme, das Medikament muss sich erst noch b.; er hat sich als treuer Freund bewährt; diese Einrichtung bewährte sich [gut], hat sich nicht bewährt; ADJ. PART.: ein bewährter Mitarbeiter, Parteigenosse; ein [seit langem] bewährtes Mittel, Rezept, System; das Orchester stand unter der bewährten Leitung seines Dirigenten; SUBST.: auf Bewährtes zurückgreifen.

bewahrheiten ⟨sich b.⟩: das Gerücht, unsere Vermutung, unser Verdacht scheint sich zu b., hat sich bewahrheitet.

Bewährung, die: er muss eine Möglichkeit zur B. erhalten; drei Monate Gefängnis mit, auf, ohne B. (Rechtsw.; *Bewährungsfrist*); die Strafe zur B. aussetzen.

bewältigen ⟨etw. b.⟩: Schwierigkeiten, Probleme, eine Arbeit, ein Pensum, ein Trauma b.; er hat die schwere Aufgabe, den Lernstoff spielend bewältigt; der Zug bewältigt die Strecke in 5 Stunden; ÜBERTR.: die Vergangenheit b. *(aufarbeiten);* die große Portion war kaum zu b. *(aufzuessen).*

bewandert er ist in Geschichte, auf dem Gebiet der Literatur gut b.; ⟨auch ohne Präpositionalobjekt⟩ er ist sehr bewandert; ⟨auch attributiv⟩ ein in allen einschlägigen Arbeiten bewanderter Fachmann.

Bewandtnis, die: mit diesem Mann, mit diesem Brief hat es [s]eine eigene/besondere, hat es folgende B. *(hat es Besonderes/Folgendes auf sich);* mit ihrer Herkunft hat es folgende B.; was hat es damit für eine B.?

¹bewegen, bewegte, bewegt: **1. a)** ⟨etw. b.⟩ *in Bewegung versetzen:* einen Arm, ein Bein b.; der Wind bewegte die Fahnen, die Blätter, die Wellen, das Meer; sie bewegte beim Sprechen kaum die Lippen; die See war leicht, stark bewegt; ÜBERTR.: bewegte *(ereignisreiche)* Zeiten; ein bewegtes *(unruhiges)* Leben; sie hat eine bewegte (verhüll.; *moralisch nicht einwandfreie)* Vergangenheit; **b)** ⟨sich b.⟩ *in Bewegung sein:* sich schnell, langsam, heftig, träge, ungeschickt, mit Mühe b.; die Blätter bewegen sich im Wind; er konnte sich [vor Schmerzen] kaum b.; der Schlafende hat sich bewegt; etw. b.; **c)** ⟨etw. b.⟩ *von einer Stelle wegschaffen:* sie konnte die Kiste kaum [von der Stelle] b.; bei den Bauarbeiten wurden viele Tausend Kubikmeter Erde bewegt; die Pferde müssen unbedingt bewegt werden *(sie müssen Bewegung haben).* **2. a)** ⟨sich b.⟩ *Bewegungen, eine Bewegung ausführen:* sich auf und ab, hin und her b.; sich im Kreis b.; it muss mich noch ein bisschen b. (ugs.; *an die Luft gehen);* du musst dich mehr b. *(mehr spazieren gehen, laufen o. ä);* **b)** ⟨sich irgendwohin b.⟩ *sich begeben:* in langer Zug von Menschen bewegt sich zum Friedhof; die Erde bewegt sich um die Sonne; ÜBERTR.: die Ausführungen des zweiten Redners bewegten sich in der gleichen Richtung; der Preis bewegt sich *(schwankt)* zwischen zehn und zwanzig Mark.

3. ⟨sich irgendwie b.⟩ *sich verhalten:* sie wusste nicht, wie sie sich in diesen Kreisen b. sollte; er bewegte sich völlig ungezwungen, mit großer Sicherheit auf dem diplomatischen Parkett; er durfte sich [innerhalb des Bezirks, der Stadt] frei bewegen. **4. a)** ⟨jmdn. b.⟩ *anrühren:* seine Worte haben uns tief bewegt; wir wissen nicht, was ihn so heftig bewegt hat; er dankte mit bewegten Worten *(gerührt);* **b)** ⟨jmdn. b.⟩ *beschäftigen:* dieser Gedanke bewegt mich seit langem; wir sprachen über Fragen, die uns alle bewegen; **c)** (geh.) ⟨etw. irgendwo b.⟩ *bei sich bedenken:* er bewegte die Worte, das Gehörte, Erfahrene in seinem Innern, (dichter.:) in seinem Herzen. **5. a)** ⟨sich b.⟩ *in Bewegung kommen, sich verändern:* in der Sache hat sich bis jetzt nichts, kaum etwas bewegt; es bewegt sich etwas; **b)** ⟨etw. b.⟩ *verändern:* der neue Mann hat schon einiges bewegt.

²bewegen, bewog, bewogen ⟨jmdn., etw. zu etw. b.⟩: *veranlassen:* jmdn. zur Umkehr, zum Einlenken b.; sie ließ sich nicht b. zu bleiben; was hat ihn wohl zur Abreise bewogen?; der Brief bewog sie dazu, zurückzukehren.

beweglich: 1. *[leicht] bewegbar:* ein beweglicher Griff; die Puppe hat bewegliche Glieder. **2.** *wendig, schnell reagierend:* ein beweglicher Verstand; er ist [geistig] sehr b.

Bewegung, die: **1. a)** *Veränderung der Lage, Haltung:* eine plötzliche, ruckartige, lebhafte, blitzschnelle, ruhige, gemessene, langsame, müde B.; ihre Bewegungen sind anmutig, elegant, geschmeidig, ungeschickt, plump; sie machte eine ungeduldige, abwehrende B. [mit der Hand]; eine Maschine in B. *(in Gang)* setzen; sie zog ihren Arm mit einer unwilligen B. zurück; er wischte alle Schwierigkeiten mit einer lässigen B. beiseite; ÜBERTR.: er hat alles in B. gesetzt *(unternommen),* um den Auftrag zu bekommen; **b)** *das [Sich]bewegen:* eine gleichmäßig beschleunigte B.; sich B. machen *(spazieren gehen);* der Kranke hat zu wenig B.; der Arzt verordnete ihm viel B. in frischer Luft; die ganze Stadt war in B. *(viele Menschen waren auf der Straße);* der Zug setzte sich in B.; die Erdmassen gerieten in B. **2.** *Ergriffenheit:* er konnte seine [innere] B. nicht verbergen, unterdrücken; sein Spiel löste große B. unter den Zuschauern aus; ihre Stimme zitterte vor B. **3. a)** *gemeinsames Bestreben einer Gruppe:* die liberale B. des 19. Jahrhunderts; **b)** *Gruppe mit gemeinsamem Ziel:* eine B. ins Leben rufen; sich einer revolutionären B. anschließen.

Beweis, der: **a)** *Nachweis der [Un]richtigkeit:* ein schlüssiger, untrüglicher unwiderlegbarer, sprechender, schlagender B.; die Beweise sprechen gegen ihn; das ist der B. seiner Schuld/für seine Schuld; Beweise für etw. haben; einen B. antreten, beibringen, führen; den B. für etw. liefern,

erbringen; einen B. entkräften; Beweise aufnehmen, erheben; die Angeklagte wurde aus Mangel an Beweisen/(Rechtsw.:) mangels Beweisen freigesprochen; als/zum B. seiner Aussage legte sie Briefe vor; etw. unter B. stellen (Papierdt.; *etw. beweisen);* **b)** *Ausdruck, Zeichen:* diese Äußerung ist ein B. seiner Schwäche; die Ausstellung ist ein sprechender B. für die Leistungsfähigkeit des Landes; sie schwieg – ein B., dass sie sich schuldig fühlte; er gab ihr viele Beweise seines Vertrauens, seiner Zuneigung, Dankbarkeit; er gab Beweise seines Könnens; wir danken für die vielen Beweise der Anteilnahme; zum B. seiner Verehrung ...

beweisen ⟨etw. b.⟩: **a)** *nachweisen:* seine Unschuld, die Richtigkeit einer Behauptung b.; dieser Brief beweist gar nichts; etw. wissenschaftlich b.; es lässt sich [nicht mehr] b., dass er dort war (nicht korrekt: ..., ob er dort war); einen Lehrsatz b. (Math.; *ableiten);* ⟨jmdm. etw. b.⟩ man hat ihm [dadurch, damit] bewiesen, dass er Unrecht hat; /bekräftigende Schlussformel/: was zu b. war; **b)** *zeigen; erkennen lassen:* ihre Ablehnung beweist nur ihre mangelnde Einsicht; er hat bei dem Unglück große Umsicht, viel Mut bewiesen; ihre Kleidung beweist, dass sie Geschmack hat; dieser Tatbestand beweist zur Genüge, dass ...

bewenden: ⟨in den Verbindungen⟩ **es bei**/(seltener:) **mit etw. bewenden lassen** *(es mit etw. genug sein lassen):* wir wollen es diesmal noch bei einer leichten Strafe b. lassen · **mit/bei etw. sein Bewenden haben** *(auf etw. beschränkt bleiben):* mit diesem Hinweis mag es sein B. haben.

bewerben: 1. a) ⟨sich um etw. b.⟩ *sich bemühen, etw. zu erhalten:* sich um ein Stipendium b.; um den Auftrag haben sich mehrere Firmen beworben; er bewarb sich darum, in den Klub aufgenommen zu werden; **b)** ⟨sich b.; mit Umstandsangabe⟩ *sich um eine Position bemühen:* sich schriftlich, spontan, wiederholt, vergebens, bei einem großen Unternehmen, um einen Job, um eine Position, um die Stellung eines Hausmeisters, als Ingenieur b.; ⟨auch ohne Umstandsangabe⟩ er hat sich beworben. **2.** (Kaufmannsspr.) ⟨etw. b.⟩ *Werbung für etw. treiben:* ein Produkt b.; potenzielle Kunden sollen gezielt beworben werden.

Bewerbung, die: **1.** *das Bewerben:* ihre B. um die ausgeschriebene Position hatte Erfolg, wurde [nicht] berücksichtigt; er hat seine B. zurückgezogen. **2.** *Bewerbungsschreiben:* Ihre B. liegt uns vor; eine B. schreiben, einreichen; auf unsere Anzeige sind mehrere Bewerbungen eingegangen.

bewerfen: **a)** ⟨jmdn., etw. mit etw. b.⟩ *etw. auf jmdn., etw. werfen:* sich/(geh.:) einander mit Schneebällen b.; man bewarf den Politiker mit faulen Eiern; ÜBERTR.: jmdn., jmds. Namen mit Schmutz b. (geh.; *jmdn. verleumden);* **b)** (Bauw.)

⟨etw. mit etw. b.⟩ *verputzen:* eine Mauer mit Mörtel, mit Lehm b.

bewerkstelligen (Papierdt.) ⟨etw. b.⟩: er wird den Verkauf schon b.; wir müssen es irgendwie b., dass ...; etw. ist leicht, schwer zu b.; ich weiß nicht, wie ich das b. soll.

bewerten: a) ⟨jmdn., etw. irgendwie b.⟩ *einschätzen, beurteilen:* etw. positiv, negativ, kritisch b., das Grundstück wurde mit 800 000 Mark viel zu hoch bewertet; man muss diese Äußerungen richtig b.; einen Menschen nach seiner Gesinnung b.; den Verlust auf 1000 Mark, mit 1000 Mark b. *(beziffern);* etw. als Großtat b.; b) ⟨etw. mit etw. b.⟩ *mit einer Note o. Ä. versehen:* der Aufsatz wurde mit »gut« bewertet; (Sport:) die Kampfrichter bewerteten ihre Kür mit Noten zwischen 5,6 und 5,9; die Mannschaft, der Sprung wurde mit 10 Punkten bewertet.

bewilligen ⟨jmdm. jmdn., etw. b.⟩: jmdm. Urlaub, einen Kredit b.; man hat ihm zwei Mitarbeiter bewilligt; ⟨auch ohne Dat.⟩ die Steuern müssen vom Parlament bewilligt werden; die geforderte Summe wurde anstandslos bewilligt.

bewirten ⟨jmdn. b.⟩: er bewirtete uns mit Tee und Gebäck; wir wurden gut, fürstlich bewirtet.

bewirtschaften ⟨etw. b.⟩: 1. *wirtschaftend leiten, versorgen:* einen Bauernhof rentabel b.; einen Laden b.; eine [nur im Sommer] bewirtschaftete Hütte. 2. *landwirtschaftlich bestellen:* ein Stück Land b.; etw. kollektiv, familiär b. 3. *Verbrauch, Zuteilung, Verkauf o. Ä. staatlich kontrollieren:* Nahrungsmittel, Wohnraum, Devisen b.

bewogen: ↑ ²bewegen.

bewohnen ⟨etw. b.⟩: ein ganzes Haus, das obere Stockwerk b.; die Burg, die Insel ist bewohnt; die von uns bewohnte Etage.

bewölken ⟨sich etw.⟩: der Himmel bewölkt sich, ist bewölkt; ein bewölkter Himmel; tagsüber leicht, stark bewölkt; BILDL.: seine Stirn bewölkte sich *(ließ seinen Unmut erkennen).*

bewundern ⟨jmdn., etw. b.⟩: jmdn. glühend, neidlos, heimlich, im Stillen [wegen seiner Leistungen] b.; etw. aufrichtig b.; man bewundert an ihr ihre Unabhängigkeit; ein Gemälde b.; ich bewunderte ihren Geist, ihre Zähigkeit; ihre Schönheit wurde viel bewundert; er lässt sich gern b., möchte bewundert werden; seine Geduld ist zu b.; (iron.:) wir mussten zuerst sein neues Auto b.; bewundernde Blicke; er war sein bewundertes Vorbild.

bewusst: 1. a) *absichtlich:* das war die bewusste Lüge, Irreführung, Täuschung; er war ein bewusster *(überzeugter)* Anhänger der Reformbewegung; sie hat das ganz b. gesagt, getan; b) *klar erkennend, geistig wach:* b. leben; etw. b. wahrnehmen; er hat den Krieg noch nicht b. erlebt; wir waren alle b. oder unbewusst daran schuld; c) *ins klare, wache Bewusstsein gedrungen:* be-

wusste und unbewusste Vorstellungen; jmdm., sich etw. b. machen; die Folgen meines Tuns waren mir durchaus b.; es ist mir nicht mehr b., wann das geschah. **2.** *bereits erwähnt, bekannt:* wir treffen uns in dem bewussten Haus, zu der bewussten Stunde; * **sich** (Dat.) **etw.** (Gen.) **bewusst sein, werden** *(sich über etw. im Klaren sein, klar werden):* ich bin mir dessen nicht b.

bewusstlos: in bewusstlosem Zustand sein; der Kranke war tagelang b.; jmdn. b. schlagen; sie brach b. zusammen.

Bewusstlosigkeit, die: sie versank in B., lag in tiefer, langer B.; er erwachte aus seiner B.; * **bis zur Bewusstlosigkeit** (ugs.): *unaufhörlich, bis zum Überdruss):* er übte das Stück bis zur B.

Bewusstsein, das: **1.** a) *Wissen von etw., Gewissheit:* das B. seiner Kraft erfüllte ihn; sie hatte das bedrückende B., versagt zu haben; jmds. B. verändern, erweitern; ein waches B. für etw. haben; in dem B., seine Pflicht getan zu haben, ging er heim; etw. ins allgemeine B. bringen; er rief sich den Vorgang in sein B. zurück; plötzlich trat alles wieder in ihr B.; etw. mit vollem B. tun; den Menschen etw. zum B. bringen *(bewusst machen);* b) *Überzeugung, für die jmd. bewusst eintritt:* das soziale, politische B. eines Menschen; c) (Psychol.) *Gesamtheit der sinnlichen und geistigen Eindrücke:* eine Spaltung des Bewusstseins; etw. tritt über die Schwelle des Bewusstseins. **2.** *Zustand geistiger Klarheit:* auf einmal verlor er das B. *(wurde er ohnmächtig);* der Kranke war nicht mehr, war wieder bei [vollem] B.; nach einer halbstündigen Ohnmacht kam sie wieder zu[m] B.; er starb, ohne das B. wiedererlangt zu haben; * **jmdm. zu[m] Bewusstsein kommen** *(jmdm. klar werden):* allmählich kam ihr zu[m] B., dass ihre Methode falsch war;

bezahlen: 1. a) ⟨etw. b.⟩ *für etw. Geld zahlen:* eine Ware, das Essen, ein Zimmer b.; ich habe die Möbel noch nicht bezahlt; er hat mir/für mich die Übernachtung b.; er [in] bar, mit einem/durch einen Scheck, in ausländischer Währung, in/mit Schweizer Franken, in Raten b.; die Arbeit wird gut, schlecht bezahlt; sie lässt sich ihre Arbeit gut, teuer b.; bezahlter Urlaub; ⟨auch ohne Akk.⟩ Herr Ober, ich möchte b.; sie bezahlte mit einem Hundertmarkschein; ÜBERTR.: er musste seinen Leichtsinn/für seinen Leichtsinn [teuer], mit dem Leben, mit seiner Gesundheit b.; b) ⟨jmdn. b.⟩ *entlohnen:* den Friseur, den Schneider b.; ich kann den Arzt nicht b.; jmdn. schlecht, gut, hoch, nach Tarif, über, unter Tarif b.; er wird dafür bezahlt, dass er ... **2.** ⟨etw. b.⟩ *Geld als Gegenleistung geben:* 100 Mark, einen hohen Betrag, eine beträchtliche Summe b.; diese Preise sind nicht mehr zu b.; sie bezahlt jeden Preis; dafür habe ich viel [Geld] b. müssen; er brauchte keinen Pfennig zu b.;

⟨jmdm./an jmdn. etw. b.⟩ sie hat ihm/(selten:) an ihn 10 Mark für die Bücher bezahlt.
3. ⟨etw. b.⟩ *eine Schuld tilgen:* die Miete, eine Rechnung, die Zeche, seine Schulden b.; seine Steuern b.; der Beitrag ist jährlich im Voraus zu b.; er hat für die Waren [keinen] Zoll bezahlt; **∗ sich bezahlt machen** *(den Aufwand lohnen):* der Kauf, die Anschaffung, die Mühe hat sich bezahlt gemacht.

Bezahlung, die: **a)** *das Bezahlen:* er verlangt sofortige B.; **b)** *Entgelt, Lohn:* sie nahm keine B. an; er arbeitet ohne B., nur gegen B.

bezaubern ⟨jmdn. b.⟩: sie bezaubert alle durch ihre Liebenswürdigkeit; diese Musik, ihre Stimme bezaubert das Publikum; ein bezauberndes junges Mädchen; eine bezaubernd schöne Frau; sie ist bezaubernd; ich war bezaubert von ihrem Anblick.

bezeichnen /vgl. bezeichnend/: **1. a)** ⟨etw. b.⟩ *durch ein Zeichen kenntlich machen; markieren:* zu fällende Bäume b.; der Wanderweg ist mit einem blauen Dreieck bezeichnet; ein Kreuz bezeichnet die Stelle, wo er verunglückt ist; **b)** ⟨jmdm. etw. b.⟩ *genau angeben, beschreiben:* er bezeichnete mir die Ecke, an der ich abbiegen sollte. **2. a)** ⟨jmdn., sich, etw. mit etw./als etw. b.⟩ *[be]nennen:* mit dem Wort »Blazer« bezeichnet man eine Art Klubjacke; er bezeichnet sich als freier Architekt; **b)** ⟨jmdn., etw. b.⟩ *benennen:* das Wort »Pony« bezeichnet ein kleines Pferd; dieser Ausdruck kann sehr verschiedene Tätigkeiten b. **3.** ⟨jmdn., sich, etw. als jmdn., etw. b.⟩ *hinstellen, charakterisieren:* er bezeichnete ihn als seinen Freund, als Verräter; er bezeichnete sich als der/ (seltener:) den Verfasser des Buches; ich muss sein Verhalten als Feigheit, als anmaßend b.

bezeichnend: ein bezeichnendes Merkmal; die Äußerung, dieses Verhalten ist b. für ihn.

Bezeichnung, die: **1.** *Kennzeichnung, Markierung:* die B. der Wanderwege lässt zu wünschen übrig; die Akzente dienen zur B. der Aussprache. **2.** *Benennung:* eine treffende, charakteristische, [un]genaue B.; ich finde keine bessere B. dafür; dieses Medikament ist unter verschiedenen Bezeichnungen *(Namen)* im Handel erhältlich.

bezeugen ⟨etw. b.⟩: er hat den Tatbestand unter Eid bezeugt; ich kann b., dass sie die Wahrheit sagt; der Ort ist schon im 8. Jh. bezeugt *(urkundlich nachgewiesen);* ⟨jmdm. etw. b.⟩ er kann dir b., dass die PKW-Fahrerin an dem Unfall keine Schuld trifft.

bezichtigen ⟨jmdn. etw. (Gen.) b.⟩: jmdn. des Verrats, des Diebstahls b.; er wurde bezichtigt, gelogen zu haben.

beziehen: 1. a) ⟨etw. b.⟩ *bespannen, überziehen:* die Betten frisch b.; einen Schirm, einen Tennisschläger neu b.; das Sofa ist mit Leder bezogen; **b)** ⟨sich b.⟩ *sich bewölken:* der Himmel bezieht sich, hat sich mit schwarzen Wolken bezogen; es ist bezogen, hat sich bezogen.

2. ⟨etw. b.⟩ **a)** *in etw. einziehen:* ein Haus, eine neue Wohnung b.; **b)** (Milit.) *einnehmen, besetzen:* einen Posten, eine günstige Stellung b.; ÜBERTR.: einen festen, klaren Standpunkt b. **3.** ⟨etw. b.⟩ *regelmäßig erhalten:* eine Zeitung im Abonnement, durch die Post b.; er bezog ein gutes Gehalt, nur eine kleine Rente; wir beziehen die Ware aus Köln, von einer Berliner Firma, über den Fachhandel; sein Wissen bezog er aus Illustrierten; für diese Antwort bezog er (ugs.; *bekam er)* eine Ohrfeige, Prügel. **4. a)** ⟨sich auf etw. (Akk.) b.⟩ *sich berufen:* wir beziehen uns auf Ihr Schreiben vom ..., auf unser Telefongespräch vom/am Donnerstag und teilen Ihnen mit, ...; er bezog sich auf eine Rede des Bundeskanzlers; **b)** ⟨sich auf jmdn., etw. b.⟩ *jmdn., etw. betreffen:* diese Kritik bezog sich nicht auf dich, auf deine Arbeit; **c)** ⟨etw. auf jmdn., sich, etw. b.⟩ *in Zusammenhang bringen:* er bezieht immer alles [,was er hört,] auf sich.

Beziehung, die: **1.** *Verbindung:* gute, freundschaftliche, intime Beziehungen zu jmdm. haben; wirtschaftliche, diplomatische Beziehungen anbahnen, aufnehmen, abbrechen, mit/zu einem Land unterhalten; er hat überall Beziehungen *(Verbindung zu Leuten, die etw. für ihn tun können);* diese Wohnung hat er nur durch Beziehungen bekommen; seine Beziehungen spielen lassen (ugs.; *nutzbar machen);* ein Mann von weit reichenden Beziehungen. **2.** *innerer Zusammenhang, wechselseitiges Verhältnis:* die B. zwischen Angebot und Nachfrage; die B. zwischen den Geschlechtern; zwischen diesen Ereignissen besteht keine B.; er hat keine B. *(kein inneres Verhältnis)* zur Kunst; zwei Dinge zueinander in B. setzen, bringen; ihre Abreise steht in keiner B. zum Rücktritt des Ministers *(hat nichts damit zu tun).* **3.** (ugs.) *Liebesbeziehung:* eine B. haben, abbrechen; sich auf eine B. lösen; sich B. einbringen; **∗ in ... Beziehung** *(in bestimmter Hinsicht):* in dieser B. *(was dies betrifft)* hat er Recht; das Buch ist in mancher, in jeder B. zu empfehlen.

beziehungsweise: 1. *oder; oder vielmehr, genauer gesagt:* ich war mit ihm bekannt b. befreundet; er wohnt in Frankfurt b. in einem Vorort von Frankfurt. **2.** *und im anderen Fall:* die beiden Angeklagten bekamen 12 b. 14 Monate Gefängnis. (Abk.: bzw.).

beziffern: 1. ⟨etw. b.⟩ *mit Ziffern versehen:* die Seiten eines Buches b. **2. a)** ⟨etw. auf etw. (Akk.) b.⟩ *schätzen:* man beziffert den Sachschaden auf 30 000 Mark; **b)** ⟨sich auf etw. (Akk.) b.⟩ *betragen:* die Verluste beziffern sich auf zwei Millionen Mark.

Bezug, der: **1.** *Überzug:* die B. des Kissens, der Sessel ist schadhaft; den B. wechseln; den B. *(die Bespannung)* einer Geige, des Bogens erneuern. **2.** *Erwerb:* der B. von Zeitschriften; der B. von

Waren aus dem Ausland unterliegt den Zollbe-
stimmungen.
3. ⟨Plural⟩ *Gehalt, Einkommen:* er erhält die Bezüge eines Beamten.
4. *Beziehung, Zusammenhang:* den B. zu etw.,
Bezüge zu etw. herstellen; dieser Film vermeidet
jeden B., war ohne jeden B. zur Gegenwart;
★ **auf etw.** (Akk.) **Bezug nehmen** (Amtsspr.,
Kaufmannsspr.; *sich auf etw. beziehen*): wir nehmen B., B. nehmend auf unser Schreiben vom ... ·
in Bezug auf jmdn., etw. *(was jmdn., etw. betrifft)* · **mit/unter Bezug auf etw.** (Akk.;
Amtsspr., Kaufmannsspr.; *Bezug nehmend auf
etw.*): mit/unter B. auf Ihr letztes Schreiben teilen
wir Ihnen mit, ...
bezüglich (Papierdt.): **I.** ⟨Präp. mit Gen.⟩ *in Bezug
auf; wegen; über:* b. seiner Pläne (besser: über
seine Pläne) hat er sich nicht geäußert; Ihre Anfrage b. (besser: wegen) der Bücher; ⟨mit Dat.,
wenn der Gen. nicht erkennbar ist⟩ Ihre Anfrage
b. (besser: wegen) Büchern. **II.** ⟨Adj.⟩ *sich beziehend:* das darauf bezügliche
Schreiben.
Bezugnahme, die: ⟨in den Verbindungen⟩ **mit/un-
ter Bezugnahme auf etw.** (Akk.; Papierdt.; *mit
Bezug auf etw.*): unter B. auf Ihr letztes Schreiben
teilen wir Ihnen mit, dass ...
bezwecken ⟨etw. mit etw. b.⟩: was bezweckst du
mit diesem Verhalten, mit deiner Anfrage?;
⟨auch ohne Präpositionalobjekt⟩ was bezweckt
das Ganze?
bezweifeln ⟨etw. b.⟩: jmds. Angaben, jmds. Fähigkeiten b.; ich bezweifle, dass er das getan hat
(nicht korrekt: ob er das getan hat); das ist nicht
zu bezweifeln.
bezwingen ⟨jmdn., sich, etw. b.⟩: einen Gegner im
sportlichen Kampf b.; er konnte sich, seine Neugier kaum b. *(beherrschen);* er hat diese schwierige Strecke bezwungen *(bewältigt);* er hat diesen
Berg als Erster bezwungen *(unter schwierigen Bedingungen erstiegen).*
biegen: **1.** **a)** ⟨etw. b.⟩ *in eine gekrümmte Form
bringen:* einen Draht, ein Blech b.; einen Ast nach
unten, zur Seite, seitwärts b.; seine Nase ist stark
gebogen; **b)** ⟨sich b.⟩ *eine gekrümmte Haltung,
Form annehmen, krumm werden:* ich bog mich
zur Seite; die Bäume biegen sich im Wind, unter
der Last des Schnees; das Blech hat sich gebogen;
BILDL.: sie bogen sich vor Lachen (ugs.; *lachten
heftig).*
2. ⟨irgendwohin b.⟩ *einen Bogen beschreiben:* der
Weg biegt um den Berg; der Wagen ist eben um
die Ecke, in eine Toreinfahrt gebogen *(eingebogen);*
★ **auf Biegen und/(auch:) oder Brechen** (ugs.;
mit Gewalt, unter allen Umständen): er will auf
Biegen und Brechen morgen fahren · **es geht auf
Biegen oder Brechen** (ugs.; *es geht hart auf hart).*
Biene, die: **1.** */ein Insekt/:* emsige, summende Bie-

nen; die Bienen schwärmen, fliegen aus; von einer B. gestochen werden.
2. (salopp) *Mädchen:* eine kesse, flotte, muntere
B.
Bier, das: helles, dunkles, einfaches, starkes, alko-
holfreies B.; das ist hiesiges, auswärtiges B.;
Kulmbacher B.; B. in Flaschen, in Dosen; B. vom
Fass; das B. schäumt, ist frisch, gut, gepflegt, süf-
fig (ugs.), bitter, abgestanden, schal, sauer; das
ist ein Bierchen! (ugs.; *ein gutes Bier);* B. brauen,
zapfen, ausschenken, abfüllen; ein Fass B. auflegen, anzapfen; einen Kasten B. holen; ein [Glas]
B. trinken; er hat zehn [Glas/Gläser] B. getrunken; jmdn. auf ein B. einladen;
★ **etw. wie sauer/saures Bier anpreisen** (ugs.; *für
etw. werben, was niemand haben will)* · **das ist
[nicht] mein, dein** usw. **Bier** (ugs.; *das ist [nicht]
meine, deine usw. Angelegenheit).*
bieten: **1.** **a)** ⟨jmdm. etw. b.⟩ *anbieten, zur Verfügung, in Aussicht stellen:* jmdm. Geld, eine
Chance, Ersatz für etw. b.; was, wie viel, welchen
Preis bietest du mir dafür? *(was willst du mir zahlen?);* er hat mir mehr geboten als sonst ein Konkurrent; ⟨auch ohne Dat.⟩ wie viel hat er geboten?;
/verblasst/: etw. bietet jmdm. eine Handhabe, einen Anlass für, zu etw. *(etw. ermöglicht jmdm.
etw.);* diese Maßnahme bietet dir Gewähr *(gewährleistet),* dass ...; jmdm. die Möglichkeit b.,
zu tun; **b)** ⟨[etw.] b.⟩ *bei einer Versteigerung
o. Ä. ein Angebot machen:* er hat auf das Bild
50 000 Mark geboten; nur zwei Interessenten boten auf, für das Grundstück; **c)** ⟨sich jmdm. b.⟩
sich zeigen: hier bietet sich dir eine Chance;
⟨auch ohne Dat.⟩ endlich bot sich ein Ausweg,
eine günstige Gelegenheit.
2. (geh.) ⟨jmdm. etw. b.⟩ **a)** *[dar]reichen:* er bot
ihr den Arm; er bot mir Feuer; BILDL.: jmdm. die
Hand zur Versöhnung b. *(sich mit jmdm. versöhnen wollen);* **b)** *gewähren:* jmdm. Obdach, Unter-
schlupf b.
3. **a)** ⟨etw. b.⟩ *zeigen; darbieten:* die Mannschaft
bot ausgezeichnete Leistungen; es wurde guter
Fußball geboten; bei dem Fest wurde viel, wenig,
ein schönes Programm geboten; die Unfallstelle
bot ein schreckliches Bild; sie bot einen prächtigen Anblick *(sie war prächtig anzusehen);* er hat
etwas, nicht viel zu b. *(er ist [nicht besonders]
tüchtig; er hat wenig, kaum Geld);* jmdm. Trotz b.
(jmdm. trotzen); /verblasst/: diese Arbeit bietet
(bereitet) keine besonderen Schwierigkeiten;
b) ⟨sich jmdm. b.⟩ *sichtbar werden:* ein Bild des
Jammers bot sich uns, unseren Augen, unseren
Blicken.
4. ⟨jmdm. etw. b.⟩ *zumuten:* so etwas ist mir noch
nicht geboten worden; das lasse ich mir nicht b.
(nicht gefallen).
Bilanz, die: **a)** (Wirtsch.) *Kontenabschluss, Abschlussrechnung:* eine aktive, passive, positive,
negative B.; die gesunde, ausgeglichene B.; die
B. des Unternehmens weist einen Fehlbetrag aus;

eine B. aufstellen, vorlegen, prüfen; er hat die B. verschleiert, frisiert *(die Vermögenslage absichtlich falsch dargestellt);* b) *Fazit, Ergebnis:* die erfreuliche B. der deutschen Außenpolitik; zehn Tote und zahlreiche Verletzte sind die traurige, erschütternde B. des Wochenendes; ⋆ **Bilanz machen** (ugs.; *seine persönlich verfügbaren Mittel überprüfen)* · **[die] Bilanz [aus etw.] ziehen** *(das Ergebnis [von etw.] feststellen).*

Bild, das: **1.** *[künstlerische] Darstellung auf einer Fläche:* ein meisterhaftes, wertvolles, kitschiges, geschmackloses B.; Bilder alter Meister; ein kleines Bildchen; ein naturgetreues, realistisches, abstraktes B.; ein B. meiner Mutter; das B. ist sehr ähnlich, ist gut getroffen, stellt den Prinzen Eugen dar; ein B. [in Öl, in Wasserfarben] malen; ein B. zeichnen, entwerfen, skizzieren, ausführen; Bilder rahmen, aufhängen, hängen, ausstellen, verkaufen, betrachten; ein B. restaurieren, kopieren; jmdn., etw. im Bild darstellen, vorführen; etw. durch B. und Wort erklären; (Fot.:) ein gestochen scharfes, unscharfes, verwackeltes B.; dieses B. ist gestellt; Bilder abziehen, kopieren, vergrößern, retuschieren; sie nahmen den Fotoapparat mit, um ein paar Bilder zu machen; er hat aus dem Urlaub viele Bilder mitgebracht; (Ferns., Filmw.:) das B. ist unscharf, verschwommen, verzerrt, gestört; ÜBERTR.: in seinem Bericht malte, entwarf er ein anschauliches, fesselndes, düsteres, erschütterndes B. von den Zuständen in jenem Land. **2.** *Anblick, Ansicht:* das äußere B. der Stadt ist verändert; die Straße zeigte, bot ein freundliches B.; ein friedliches, schreckliches B. bot sich unseren Augen. **3.** *Vorstellung:* Bilder der Vergangenheit stiegen vor ihm auf, quälten, bedrängten ihn, verblassten; er beschwor das B. seiner Geliebten (geh.; *stellte sie sich lebhaft vor);* jmdm. ein richtiges, falsches, schiefes B. von etw. geben, vermitteln; ein genaues B. von etw. gewinnen. **4.** (Theater) *Abschnitt eines Bühnenstücks mit gleich bleibender Dekoration:* das erste, das zweite B.; Schauspiel in sieben Bildern; Pause nach dem dritten B. **5.** *bildlicher Ausdruck:* dieser Schriftsteller gebraucht kühne, dunkle, abgegriffene Bilder; er spricht gern in Bildern; um im Bilde zu bleiben, ... *(um es in gleicher Weise auszudrücken ...);* ⋆ **lebendes Bild** *(Darstellung einer Szene durch eine unbewegte Personengruppe)* · **ein Bild des Jammers sein** *(sehr elend aussehen)* · **ein Bild für [die] Götter sein** *(grotesk, komisch wirken)* · **sich** (Dat.) **ein Bild von jmdm., etw. machen** *(sich eine Meinung über jmdn., etw. bilden):* sie konnte sich von dieser Zeit, von diesen Vorgängen kein rechtes B. machen · **ein Bild von ... sein** *(sehr schön, wohlgestaltet sein):* er ist ein Bild von einem Mann · **jmdn., sich [über etw. (Akk.)] ins Bild setzen** *(jmdn., sich informieren)* · **[über**

etw. (Akk.)] **im Bilde sein** *([über etw.] Bescheid wissen).*

bilden /vgl. gebildet/: **1. a)** *⟨etw. b.⟩ hervorbringen, formen:* die Kinder bilden einen Kreis, eine bunte Reihe; die Straßen bilden einen Stern; der Kanzler bildet eine neue Regierung; die Pflanze bildet Wurzeln, neue Triebe; Laute, Wörter, Sätze b.; sich eine Meinung, ein eigenes Urteil b.; **b)** ⟨etw. b.⟩ *modellieren:* Figuren aus/in Wachs, Ton b.; die bildende Kunst *(Plastik, Malerei, Grafik, Baukunst [und Kunstgewerbe]);* **c)** ⟨sich b.⟩ *entstehen:* auf dem Boden hat sich eine Pfütze gebildet; auf gekochter Milch bildet sich leicht eine Haut; auf seiner Haut hatten sich Blasen gebildet. **2.** ⟨etw. b.⟩ *darstellen, sein:* sie bildeten die Spitze des Zuges, die Nachhut; der Fluss bildet hier die Grenze; etw. bildet die Regel, eine Ausnahme; sein Auftritt bildete den Höhepunkt des Abends. **3.** ⟨jmdn., sich, etw. b.⟩ *geistig-seelisch entwickeln, ausbilden:* diese Tätigkeit bildet den Verstand, den Charakter, den Geschmack; er bildete sich, seinen Geist durch Lesen ⟨auch ohne Akk.⟩ Reisen bildet.

Bildfläche, die: ⟨in den Wendungen⟩ **auf der Bildfläche erscheinen** (ugs.; *plötzlich auftreten, erscheinen)* · **von der Bildfläche verschwinden** (ugs.; 1. *verschwinden.* 2. *in Vergessenheit geraten).*

bildlich: 1. *im Bild, mithilfe von Bildern:* die bildliche Wiedergabe eines Gegenstandes, eines Vorgangs; etw. b. darstellen; sich ⟨Dat.⟩ etw. b. vorstellen. **2.** *als Bild gebraucht; anschaulich:* ein bildlicher Ausdruck, Vergleich; er war, b. gesprochen, der Motor des Ganzen.

Bildschirm, der (Ferns., EDV): ein großer, kleiner B.; ein flacher, strahlungsarmer B.; die richtige Höhe des Bildschirms; der B. ist nicht richtig eingestellt; der B. flimmert sehr stark; am, vor dem B. sitzen (ugs.; *fernsehen);* die Arbeit am B. *(am Computer)* auf dem B. erscheinen.

Bildung, die: **1. a)** *das Sichbilden; Entstehung:* die B. von Wolken, Schaum, Kristallen; die B. von Ruß unterbinden, verhindern; **b)** *das Bilden, Schaffen:* die B. eines Ausschusses; er wurde mit der B. einer neuen Regierung beauftragt; **c)** *Form:* die eigenartigen, fantastischen Bildungen der Wolken; die Bildungen (Sprachw.; *Wörter)* auf -ung, auf -lich. **2.** *Erziehung; Kenntnisse, Wissen:* wissenschaftliche, künstlerische B.; eine höhere, humanistische B. erwerben; seine B. vervollständigen, vertiefen; er hat eine vorzügliche B. genossen; sie hat keine B. (ugs.; *sie weiß nicht, was sich schickt);* er stand auf der Höhe der B. seiner Zeit; sie verfügt über eine umfassende, lückenlose B.; sein Verhalten zeigt einen Mangel an B.; er ist ein Mann von B. *(ein gebildeter Mann);* das gehört zur allgemeinen B. *(das muss man als gebildeter Mensch wissen).*

billig: 1. *niedrig im Preis:* billige Mieten; billige Arbeitskräfte; billiges Geld (Wirtsch.; *Geld, das zu einem niedrigen Zinssatz verliehen wird*); ein erstaunlich billiger (ugs.; *niedriger*) Preis; etw. für billiges Geld (ugs.; *sehr billig*) kaufen; die Wohnung, das Essen ist b., könnte billiger sein; dieses Buch ist nicht ganz b. *(ziemlich teuer);* b. *(günstig)* einkaufen; etw. b. herstellen; /in Zeitungsanzeigen/: gebrauchter Gasherd b. abzugeben. **2.** (abwertend) *vordergründig:* das ist ein billiger Trost, eine billige Ausrede, ein billiger *(primitiver)* Trick; es wäre zu b. *(zu einfach),* ihn einfach abzuweisen. **3.** (Rechtsw., sonst veraltend) *angemessen, berechtigt:* ein billiges Verlangen; man sollte sich nicht mehr als b. darüber aufregen. **billigen** ⟨etw. b.⟩: jmds. Pläne, jmds. Vorschläge b.; ich billige deinen Entschluss; ich kann es nicht b., dass …

Binde, die: a) *schmaler Streifen aus Stoff, Mull o. Ä. als Schutz-, Stützverband:* eine [elastische] B. anlegen, abnehmen, aufwickeln; er trägt eine schwarze B. über dem Auge; sie trug den Arm in der B.; b) *Stoffstreifen als Abzeichen, Armbinde:* die Ordner trugen eine weiße B. am Arm; * [sich (Dat.)] einen hinter die Binde gießen (ugs.; *Alkohol zu sich nehmen).*

binden: 1. a) ⟨etw. zu etw./in etw. (Dat.) b.⟩ *zusammenbinden:* Blumen zu einem Strauß b., [mit Draht] zu einem Kranz b.; das Korn in Garben b.; ⟨auch ohne Präpositionalobjekt⟩ Blumen b.; b) ⟨etw. b.⟩ *durch Zusammenbinden herstellen:* einen Kranz, Strauß b.; Garben b.; (Handw.:) Besen, Bürsten b.; ein Fass [aus Dauben] b. **2.** a) ⟨jmdn., etw. b.⟩ *fesseln:* einen Gefangenen [mit Stricken] b.; er wurde an Händen und Füßen gebunden; seine Hände waren auf dem Rücken gebunden; ÜBERTR.: gegnerische Truppen durch einen Entlastungsangriff b.; gebundene *(festgelegte)* Preise; ⟨jmdm. etw. b.⟩ sie banden ihm die Hände; BILDL.: mir sind die Hände gebunden *(ich kann nicht handeln, wie ich will);* b) ⟨jmdn., sich durch etw./mit etw. b.⟩ *verpflichten:* man hat ihn durch ein Versprechen, durch einen Vertrag, mit einem Eid gebunden; er hat sich durch seine Zusage gebunden; ⟨auch ohne Präpositionalobjekt⟩ ich wollte mich noch nicht b. *(noch keine dauerhafte Bindung eingehen);* er fühlte sich gebunden; c) ⟨jmdn. b.⟩ *für jmdn. verpflichtend sein:* mein Versprechen, der Befehl bindet mich; eine bindende Zusage machen. **3.** ⟨jmdn., sich, etw. irgendwohin b.⟩ *festbinden, befestigen:* das Pferd an den Zaun, den Kahn an einen Pflock b.; die Haare in die Höhe b.; Rosen in einen Kranz b. *(hineinbinden);* ein Band um die Blumen b.; ⟨jmdm., sich etw. irgendwohin b.⟩ sie band sich ein Tuch um den Kopf; ÜBERTR.: Arbeitskräfte langfristig an das Unternehmen b.; er hat sich zu früh an das Mädchen gebunden *(durch Ehe[versprechen] o. Ä. mit ihr verbunden);* er ist an Weisungen, an sein Versprechen gebun-

den; die Verhandlungen sind an keinen Ort, an keine Zeit gebunden. **4.** ⟨etw. b.⟩ *knüpfen, schlingen:* die Schuhbänder b.; einen Schal, eine Krawatte b.; eine Schleife b. **5.** ⟨etw. b.⟩ a) *zusammen-, festhalten:* der Regen bindet den Staub; die Grasnarbe bindet den Boden; eine Suppe, Soße b. (Kochk.; *sämig machen);* ⟨auch ohne Akk.⟩ der Leim, der Zement, das Mehl bindet gut; ADJ. PART.: bei diesem Vorgang wird die gebundene Wärme wieder frei; b) (Musik) *legato spielen oder singen:* die Töne, Akkorde b.; c) (Literatur) *durch Reim oder Rhythmus gestalten:* Wörter durch Reime b.; in gebundener Rede *(in Versen);* d) (Buchbinderei) *mit festem Rücken und Decke versehen:* ein Buch, eine Zeitschrift b.; die Blätter, Bogen müssen noch gebunden werden; ein Album in Leinen, in Leder b.; gebundene Bücher.

Bindfaden, der: der B. reißt; ein Stück, eine Rolle B.; den B. aufmachen, verknoten, abschneiden; ein Paket mit B. verschnüren; etw. mit B. umwickeln; * es regnet Bindfäden (ugs.; *es regnet sehr stark).*

Bindung, die: **1.** a) *bindende Beziehung, Verpflichtung:* zwischen den Partnern besteht keine vertragliche B.; er hat alle persönlichen Bindungen gelöst; sie will nach diesen Erfahrungen keine neue B. mehr eingehen; er ist ein Mensch ohne B., ohne religiöse B.; b) *innere Verbundenheit:* seine B. an die Heimat ist sehr stark; sie hat eine enge B. zu ihrer Familie. **2.** (Sport) *Skibindung:* die B. geht [nicht] auf, springt [nicht] auf; die B. schließen, zumachen. **3.** (Weberei) *Verbindung von Kett- und Schussfäden:* eine feste, haltbare B.; Gewebe in luftdurchlässiger B.

binnen ⟨Präp. mit Dat.⟩: b. drei Tagen; b. einem Jahr; b. Jahresfrist muss der Antrag gestellt werden; ⟨seltener, geh. mit Gen.⟩ b. dreier Tage; b. eines Jahres.

Birne, die: **1.** a) *Frucht des Birnbaums:* eine [un]reife, gelbe, saftige, mehlige B.; Birnen pflücken, [vom Baum] schütteln, schälen, einmachen; b) *Birnbaum:* die Birnen blühen. **2.** (ugs.) *Glühlampe:* eine starke, schwache, mattierte B.; die B. ist durchgebrannt, ist entzwei, (ugs.:) kaputt; die B. auswechseln, einschrauben. **3.** (ugs.) *Kopf:* er gab ihm eins auf die B.; * eine weiche Birne haben (salopp abwertend; *ein wenig beschränkt sein).*

bis: I. ⟨Präp. mit Akk. oder Adverb in Verbindung mit einer Präp.⟩ **1.** /zeitlich; gibt die Beendigung eines Zeitabschnittes an/: b. jetzt; b. morgen; b. wann brauchst du den Wagen?; b. nächste Woche, nächstes Jahr; b. 12 Uhr; von 16 b. 18 Uhr; der Park ist b. [einschließlich] Oktober geöffnet; Weihnachtsferien vom 22. Dezember bis [zum] *(bis einschließlich)* 5. Januar; ich bleibe b. Ostern hier; b. Montag, den 5. Mai; er arbeitet b. zum

Abend, bis in die Nacht [hinein], b. auf weiteres, b. gegen, b. nahe an, b. nach Mitternacht. **2.** /räumlich; gibt das Erreichen eines Endpunktes an/: b. hierher [und nicht weiter]; von unten b. oben; von Anfang b. Ende; b. an den Rhein; der Zug fährt b. München, von der Schweiz b. [nach] Dänemark; wir flogen b. [nach] Frankfurt; ich begleite dich b. an, b. zur, b. über die Grenze; b. ans Ende der Welt *(überallhin);* er wurde nass b. auf die Haut. **3.** ⟨in Verbindung mit *auf*⟩ **a)** *einschließlich:* der Saal war b. auf den letzten Platz *(vollständig)* besetzt; er hat alles b. auf den letzten Pfennig bezahlt; **b)** *mit Ausnahme [von]:* b. auf einen Mann kamen sie alle um; ich habe das Buch b. auf wenige Seiten gelesen. **4.** ⟨in Verbindung mit *zu*⟩ /vor Zahlen; gibt die obere Grenze an/: Gemeinden b. zu 10 000 Einwohnern; Jugendliche b. zu 18 Jahren haben keinen Zutritt; darauf steht Freiheitsstrafe b. zu 10 Jahren. **II.** ⟨Adverb; in Verbindung mit *zu* weglassbar und ohne Einfluss auf die Bedeutung⟩ /gibt die obere Grenze einer unbestimmten Zahl an/: b. zu 20 Mitglieder können berufen werden; wir können nur b. zu 10 Schülern Prämien geben; ⟨auch ohne *zu*⟩ Kinder b. zehn Jahre zahlen die Hälfte; in der Halle haben bis zu 500 Besucher Platz (nicht korrekt: haben b. zu 500 Besucher und mehr Platz (500 ist die obere Grenze!). **III.** ⟨Konj.⟩ **1.** /nebenordnend zwischen Zahlen; gibt einen ungefähren Wert an/: in drei b. vier Stunden; das sind wohl zwei b. drei Kilometer; ein Brunnen von 100 b. 120 Meter[n] Tiefe; deutsche Dichter des 10. b. 15. Jahrhunderts. **2.** /unterordnend; kennzeichnet die zeitliche Grenze, an der ein Vorgang endet/: warte, b. ich komme!; b. es dunkel wird, bin ich zurück; das Kind hörte nicht eher zu weinen auf, als b. es vor Müdigkeit einschlief; ⟨mit konditionaler Nebenbedeutung⟩ du darfst nicht gehen, b. [nicht] die Arbeit gemacht ist.

bisher: b. war alles in Ordnung; alle b. bekannten Fälle; er war b. in Kiel und ist jetzt in Bonn.

bisherig: seine bisherigen Erfolge; der bisherige Postminister trat zurück.

Biss, der: **1.** *das Beißen:* der B. dieser Schlange ist giftig; er bekam einen B. in die Hand. **2.** *gebissene Stelle:* der B. verheilte schnell. **3.** (ugs.) *bissige Art, Schärfe:* der Sendung fehlte der B.; etw. hat B., keinen B.; ist ohne B.; die Mannschaft spielte ohne B.

bisschen (ugs.): darf es ein b. mehr sein?; das ist ein b. viel verlangt; ich möchte ein b. schlafen; sollen wir ein b. spazieren gehen?; es schmerzt kein b. *(gar nicht);* ein b. Brot; nur ein [klein] b./kleines b. Geduld!; von dem b. Geld kann man nicht leben; er hat kein b. guten Willen;
⋆ [ach] du liebes bisschen! (ugs.; Ausruf der Überraschung, des Erschreckens).

Bissen, der: ein kleiner, großer B.; das war ein fei-

ner, guter, leckerer B. *(etwas, was sehr gut geschmeckt hat);* er wollte rasch einen B. *(ein wenig)* Brot essen; der Kranke hat keinen B. *(nichts vom Essen)* angerührt; einen B. auf die Gabel nehmen; er brachte vor Schreck keinen B. hinunter *(konnte nichts essen);* er ging aus dem Haus, ohne einen B. *(ohne irgendetwas)* gegessen zu haben; ⋆ **ein fetter Bissen** (ugs.; *ein gutes Geschäft)* · **jmdm. bleibt der Bissen im Hals stecken** (ugs.; *jmd. erschrickt sehr)* · **jmdm. keinen Bissen gönnen** (ugs.; *sehr missgünstig, neidisch sein)* · **sich** (Dat.) **jeden/den letzten Bissen am/vom Mund absparen** (ugs.; *sehr eingeschränkt, sparsam leben)* · **jmdm. jeden Bissen, die Bissen in den Mund/im Mund zählen** (ugs.; *jmdm. aus Sparsamkeit das Essen nicht gönnen).*

bissig: **1.** *zum Beißen neigend:* ein bissiger Köter; ein bissiges Pferd; /warnender Hinweis/: Vorsicht, bissiger Hund! **2.** *scharf, verletzend:* eine bissige Bemerkung, Kritik; bissige Worte, Reden; sie hat eine sehr bissige Art; er ist, wird leicht b.; etw. b. kommentieren; b. antworten, reagieren; b. (Sport, ugs.; *aggressiv)* spielen; eine bissige (Sport, ugs.; *aggressiv spielende)* Abwehr.

bitte /Höflichkeitsformel/: **a)** /bei einer Aufforderung/: b.[,] nehmen Sie Platz!; b.[,] gib mir das Buch [,] b.!; gib mir[,] b.[,] das Buch!; b. weitergehen!; b. wenden!; b. die Tür schließen!; b. kommen Sie herein!; grüßen Sie Ihre Frau [,] b.!; b.[,] sei so gut/b.[,] seien Sie so freundlich ...; der Nächste, b.! Herr Ober, b. einen Kaffee!; entschuldigen Sie b.!; **b)** /als bejahende Antwort auf eine Frage/: möchten Sie noch eine Tasse Kaffee? – B. [ja]!; b. [sehr]!; ich danke Ihnen für Ihre Hilfe! – B. [schön]!; Verzeihung! – B.!; b. sehr!; **c)** /als Antwort auf eine Dankesäußerung o. Ä./: Vielen Dank! – B. [sehr]!; ich danke Ihnen für Ihre Hilfe! – B. [schön]!; Verzeihung! – B.!; b. sehr!; **d)** /als Aufforderung einzutreten/: b. [treten Sie ein]!; **e)** /als Aufforderung, eine Äußerung, die man nicht [richtig] verstanden hat, zu wiederholen/: [wie] b.?; b.?;
⋆ **bitte, bitte machen** (fam.; *[von Kindern] durch mehrmaliges Zusammenschlagen der Hände eine Bitte ausdrücken)* · **na bitte** *(na also, das habe ich doch gleich gesagt;* Ausdruck der Genugtuung).

Bitte, die: eine kleine, große, herzliche, inständige, flehentliche, stumme, unausgesprochene, schüchterne, [un]bescheidene, höfliche, dringende, freundliche B.; eine B. um Hilfe, um Verzeihung; ich habe eine [große] an Sie (geh.; *möchte Sie um etwas bitten);* eine B. erfüllen, gewähren, (geh.:) erhören, zurückweisen, abweisen; eine B. vortragen, vorbringen, aussprechen, äußern, wiederholen; jmds. Bitten (geh.:) nachgeben, (geh.:) nachkommen; jmdm. eine B. (geh.:) versagen, verweigern; einer B. an jmdn. richten; (geh.:) einer B. stattgeben, entsprechen; er konnte den Bitten der Kinder nicht widerstehen; auf seine B. hin wurde der Termin verschoben; jmdn. mit Bitten bestürmen; (geh.:) sie ist mit einer B. an uns herangetreten; Ⓡ heiße B., kalter Dank.

bitten: 1. a) ⟨um jmdn., etw. b.⟩ *eine Bitte aussprechen:* ängstlich, dringend, flehentlich, auf den Knien, demütig, eindringlich, vergeblich, inständig, höflich um etw. b.; um Hilfe, Entschuldigung, Geduld, Nachsicht, Verständnis, Gnade b.; darf ich einen Augenblick um Aufmerksamkeit b.?; ich bitte ums Wort (geh.; *bitte darum, sprechen zu dürfen*); um eine Erklärung b.; um ein Gespräch b.; ich bitte dringend um Ruhe; der Flüchtling hat um Asyl gebeten; darf ich um den nächsten Tanz b.?; um vollzähliges Erscheinen wird gebeten; um zusätzliche Arbeitskräfte b.; sie hat dringend gebeten, nicht über die Angelegenheit zu sprechen; wir bitten[,] die Waren abzuholen; es wird gebeten, in den Räumen nicht zu rauchen; SUBST.: es half ihm kein Bitten; auf sein Bitten hin; **b)** ⟨jmdn. um etw. b.⟩ *sich mit einer Bitte an jmdn. wenden:* jmdn. um Geld, um ein Stück Brot b.; darf ich Sie um Rat, um Ihren Namen b.?; jmdn. um Verständnis für seine Situation b.; jmdn. um eine Gefälligkeit b.; ich muss Sie b., sich noch ein wenig zu gedulden; die Passagiere werden gebeten, sich anzuschnallen; ich bitte dich um alles in der Welt (ugs.; *bitte dich dringend*), das nicht zu tun; ⟨auch ohne Präpositionalobjekt⟩ er lässt es gerne b. *(es eilt ihm nicht mit etwas);* [aber] ich bitte Sie!; /Ausruf der Entrüstung/: ich muss doch sehr b.!; jmdn. bittend ansehen.
2. (geh.) ⟨für jmdn., etw. b.⟩ *Fürsprache einlegen:* er hat [bei den Vorgesetzten] für seinen Kollegen gebeten.
3. a) (geh.) ⟨jmdn. zu etw./auf etw. (Akk.) b.⟩ *einladen:* jmdn. zum Essen, zum Kaffee, zum Tee b.; jmdn. zum Tanz b. *(auffordern);* zu Tisch b.; sie bat die Bekannten auf ein Glas Wein; **b)** ⟨jmdn. irgendwohin b.⟩ *auffordern, an einen bestimmten Ort zu kommen:* jmdn. ins Zimmer, zu sich b.; ⟨auch ohne Präpositionalobjekt⟩ darf ich Sie b.?; wenn ich Sie b. darf!; Herr Direktor lässt b.;
★ **bitten und betteln** (ugs.; *inständig bitten*): er bat und bettelte, man möge ihn ansehen.

bitter: 1. *herb, ohne Süße:* bittere Schokolade; bittere Mandeln; einen bitteren Geschmack auf der Zunge, im Mund haben; die Marmelade hat einen bitteren Nachgeschmack; der Tee ist, schmeckt zu b.; die Medizin ist sehr b., ist b. wie Galle; SUBST.: einen Bitteren *(bitteren Likör)* trinken.
2. *schmerzlich:* eine bittere Enttäuschung, Erfahrung; bittere Gefühle; bittere Tränen weinen; bittere Stunden durchleben; ein bitteres Schicksal haben; das ist eine bittere Wahrheit, eine bittere Notwendigkeit; bitteres Leid erfahren; bittere Reue empfinden; er musste bis zum bitteren Ende ausharren; der plötzliche Tod des Mannes ist sehr b. (ugs.) für die Familie.
3. a) *verbittert:* ein bitterer Zug im Gesicht; bit

tere Worte; ein bitteres Lachen; er ist durch sein schweres Schicksal sehr b. geworden; die Enttäuschungen haben sie b. gemacht; **b)** *beißend, scharf:* bitterer Hohn, bittere Ironie.
4. a) *groß, schwer:* bittere Not leiden; bittere Unrecht; er macht sich bittere Vorwürfe; das ist bitterer *(völliger)* Ernst; bittere Kälte; **b)** ⟨verstärkend bei Adjektiven und Verben⟩ *sehr:* das ist b. wenig; etw. b. nötig haben, b. bereuen; b. enttäuscht sein; sich b. beschweren; der Leichtsinn hat sich b. gerächt.
bitterlich: 1. *leicht bitter:* ein leicht bitterlicher Geschmack; der Tee schmeckt [leicht] b.
2. *sehr heftig:* b. weinen, frieren; er hat sich b. beklagt.
blähen: 1. a) ⟨etw. b.⟩ *straffen, mit Luft füllen:* der Wind bläht die Segel; ein Luftzug blähte die Vorhänge; **b)** ⟨sich b.⟩ *prall werden, sich straffen:* die Segel, die Vorhänge, die Fahnen blähen sich [im Wind]; die Nüstern des Tieres blähten sich; mit geblähten Nüstern.
2. (geh.) ⟨sich b.⟩ *sich wichtig tun:* er blähte sich vor Stolz; was bläht du dich so?
3. *Blähungen verursachen:* Kohl bläht; blähende Speisen meiden.
Blamage, die; -, -n *große B.; etw. ist eine B.* [für jmdn.]; (geh.:) jmdm. eine B. bereiten; sie fürchtet die B.; er hatte Angst vor der B.
blamieren: a) ⟨sich b.⟩ *sich arg, furchtbar, (ugs.:) mächtig, unsterblich (ugs.; sehr) b.;* da hast du dich ja ganz schön blamiert; sich durch sein Benehmen, mit dieser Sache, vor allen Leuten b.; Ⓡ jeder blamiert sich, so gut er kann; **b)** ⟨jmdn. b.⟩ *in Verlegenheit bringen, bloßstellen:* jmdn. in aller Öffentlichkeit, (ugs.:) vor der ganzen Gesellschaft b.; er war, fühlte sich durch den Zwischenfall blamiert.
blank: 1. a) *glatt und glänzend:* blankes Metall; blanke Knöpfe, Geldstücke; blanke [Fenster]scheiben, Schuhe, Stiefel; eine blanke [Eis]fläche; die Kinder hatten blanke *(leuchtende)* Augen; der Fußboden ist b.; die Planken, Dielen, die Tischplatte b. scheuern; die Schuhe b. wichsen; das Metall b. reiben; ein b. geputztes Auto; **b)** (ugs.) *abgewetzt:* blanke Ärmel, ein blanker Hosenboden; die Ärmel b. *(glänzend)* scheuern.
2. a) (ugs.) *nackt, unverhüllt:* unter der Bluse sah man die blanke Haut; etw. auf der blanken Haut tragen; die Kinder laufen mit blanken Armen und Beinen umher; das blanke *(gezogene)* Schwert; etw. mit der blanken Hand anfassen; er ging mit blanker Waffe, mit dem blanken Messer auf den Polizisten los; die Herzdame hat sich b. (Kartenspiel; *habe ich als einzige Karte der Farbe Herz in der Hand*); SUBST.: der Blanke *(das nackte Gesäß);* **b)** *unbedeckt:* das blanke Holz; sie saßen auf der blanken Erde; auf dem blanken [Fuß]boden *(ohne irgendeine Unterlage)* schlafen.

B

3. (ugs.) *pur, absolut:* der blanke Unsinn, Hohn, Neid; blanker Egoismus; ∗ **blank sein** (ugs.; *kein Geld mehr haben*).

Blase, die: 1. a) *mit Luft gefüllter oder durch ein Gas gebildeter kugliger Hohlraum:* große, schillernde Blasen; kleine Bläschen von Kohlensäure; Blasen im Glas, im Metall, im Teig, im Wasser; Blasen steigen auf, bilden sich, entstehen, platzen; etw. wirft, zieht Blasen; b) *mit Flüssigkeit gefüllter Hohlraum unter der Oberhaut:* Blasen, Bläschen bilden sich; eine B. an der Ferse, an der Oberlippe haben; eine B. aufstechen; die B. ist aufgegangen, ist ausgetrocknet; sie hat sich (Dat.) eine B., Blasen gelaufen. 2. *Harnblase:* eine schwache B. haben (ugs.; *oft Wasser lassen müssen*); die B. entleeren; sich (Dat.) die B. erkälten; er hat es an der B., hat es mit der B. zu tun (ugs.; *hat ein Blasenleiden*). 3. (salopp abwertend) *Gruppe von Personen:* er wollte mit der ganzen B. nichts mehr zu tun haben; ∗ **Blasen werfen** (ugs.; *Aufsehen erregen*) · **Blasen ziehen** (ugs.; *unangenehme Folgen haben*).
blasen: 1. a) ⟨irgendwohin b.⟩ *Atem ausstoßen:* gegen die Scheibe, ins Feuer, in die Glut b.; er blies auf die schmerzende Stelle; ⟨jmdm. irgendwohin b.⟩ er blies ihm ins Gesicht; b) ⟨etw. irgendwohin b.⟩ *durch Ausstoßen von Atem befördern:* die Krümel auf die Erde, vom Tisch b.; Seifenblasen in die Luft, den Rauch [in Ringen] b.; ⟨jmdm., sich etw. irgendwohin b.⟩ er hat seinem Gegenüber den Rauch ins Gesicht geblasen; c) ⟨etw. b.⟩ *durch Blasen kühlen:* die heiße Suppe, den Tee b. 2. a) *auf einem Blasinstrument spielen:* der Trompeter, der Hornist bläst; der Posaunenchor bläst zu einem Choral; b) ⟨etw. b.⟩ *(ein Blasinstrument) spielen:* [die] Flöte, Trompete, Posaune, [das] Horn b.; c) ⟨etw. b.⟩ *auf einem Blasinstrument hervorbringen:* ein Signal, eine Melodie, ein Lied, ein Solo, das Halali, einen Blues [auf der Trompete] b. 3. ⟨zu etw. b.⟩ *das Signal geben:* zum Angriff, zum Sturm, zum Rückzug, zum Aufbruch b.; die Jäger bliesen zum Sammeln. 4. a) *wehen:* der Wind bläst kräftig; es bläst eine frische Brise; ein heftiger Wind bläst aus Norden; ⟨jmdm. irgendwohin b.⟩ der Wind blies ihm ins Gesicht; b) ⟨etw. irgendwohin b.⟩ *an eine bestimmte Stelle wehen:* der Wind blies den Schnee durch die Ritzen; ⟨jmdm. etw. irgendwohin b.⟩ der Wind blies ihm den Sand ins Gesicht; c) (ugs.) ⟨es bläst⟩ *es ist sehr windig:* draußen bläst es heute ganz schön. 5. ⟨etw. b.⟩ *in einem Blasverfahren formen:* Glas b.; geblasenes Glas; ∗ **jmdm. was blasen** (salopp; *jmds. Ansinnen ablehnen*).
blasiert: ein blasierter Kerl; ein blasiertes Benehmen; blasierte Selbstgefälligkeit; b. sein, lächeln.
blass: 1. a) *ohne die natürliche frische Farbe,*

bleich: ein blasses Kind; ein blasses Gesicht; blasse Lippen; eine blasse Haut, Gesichtsfarbe; du bist heute sehr b.; b. sein um die Nase; er war, wurde b. vor Schreck, vor Erregung; er war b. wie eine Wand; b. aussehen; das Kleid, die Farbe macht dich sehr b.; b) *hell, matt:* ein blasses Rot; blasse Farben; ein blasser Schein; dieser Farbton, diese Tapete ist zu b.; b. schimmern; die Schriftzüge sind b. geworden *(verblasst);* ÜBERTR.: er hat nur noch eine blasse *(schwache)* Erinnerung an die Vorgänge; nur eine blasse *(ungenaue)* Vorstellung von etw. haben; die Darstellung, Schilderung war etwas, blieb etwas b. *(farblos, unlebendig);* sie wirkt etwas b. *(hat keine ausgeprägten Züge oder Eigenschaften, die ins Auge fallen).* 2. *pur:* der blasse Neid sprach aus seinen Worten.
Blatt, das: 1. */ein Pflanzenteil/:* grüne, gelbe, welke, verdorrte, dürre, trockene, gelappte, gezackte, gefiederte Blätter; frische, saftige Blätter; die Blätter des Baumes, der Blüte, der Pflanze; die Blätter rauschen, rascheln, fallen [ab], welken, (geh.:) sprießen, werden gelb, färben sich bunt; die Blätter fallen *(es wird Herbst);* es regt sich kein B. *(es ist windstill);* der Gummibaum bekommt ein neues B.; Blätter abreißen, abfressen; der Baum treibt neue Blätter, wirft die Blätter ab. 2. a) *rechteckig zugeschnittenes Stück Papier:* ein großes, weißes, leeres, [un]beschriebenes, [un]bedrucktes, loses, fliegendes *(loses),* nummeriertes B.; ein kleines Blättchen; ein B. Papier; ein B. falten, knicken, voll schreiben; er beginnt ein neues B. *(fährt mit dem Schreiben auf einem neuen Blatt fort);* b. für B./B. um B. *(ein Blatt nach dem andern);* auf ein B. schreiben, zeichnen; /bei Mengenangaben/: 500 B. Schreibmaschinenpapier; b) *Buch-, Heftseite:* ein B. aus dem Heft, dem Buch herausreißen; das B. umwenden, umblättern; sie kann nicht vom B. spielen *(kann einen Notentext nicht spielen, ohne ihn vorher einstudiert zu haben);* BILDL.: das ist ein neues B. *(ein neuer Abschnitt)* in der Geschichte; c) *Kunstblatt:* grafische, farbige Blätter. 3. *Zeitung:* ein großes, bedeutendes, überregionales, [un]seriöses, liberales, viel gelesenes, regierungsfreundliches, unabhängiges B.; das B. berichtet, schreibt, meldet ...; das B. ist eingegangen (ugs.; *hat sein Erscheinen eingestellt);* ein B. lesen, abonnieren (ugs.:) halten, kaufen; die Nachricht stand im Blättchen (ugs.; *in der Lokalzeitung).* 4. *Spielkarte:* ein neues B. *(Spielkarten)* kaufen; er hat ein gutes B. *(günstige Zusammenstellung der Karten beim Spiel);* ein B. ausspielen. 5. *Werkzeugblatt:* das B. der Säge, der Axt, der Sense, der Schaufel; ∗ **kein Blatt vor den Mund nehmen** (ugs.; *offen seine Meinung sagen*) · **[noch] ein unbeschriebenes Blatt sein** (ugs.; 1. *[noch] unbekannt sein.* 2. *[noch] ohne Kenntnisse, Erfahrungen sein*) · **das Blatt/das Blättchen hat sich gewendet** (ugs.;

die Situation hat sich verändert) · **auf einem [ganz] anderen Blatt stehen** (1. *nicht in diesen Zusammenhang gehören, fallen.* 2. *zweifelhaft sein).*

blättern: 1. a) *in dünne Schichten zerfallen:* Schiefer blättert; **b)** *sich in dünnen Schichten ablösen:* die Farbe blättert schon, ist von der Wand geblättert. **2.** ⟨in etw. (Dat.) b.⟩ *die Seiten umblättern u. dabei den Text überfliegen, Bilder flüchtig betrachten:* in einem Buch, einer Zeitschrift, in den Akten b.; ÜBERTR.: in einer Homepage, im Web b. **3.** ⟨etw. irgendwohin b.⟩ *Geldscheine, Spielkarten o. Ä. einzeln hinlegen:* er blätterte das Geld, die Summe auf den Tisch; ⟨jmdm. etw. irgendwohin b.⟩ der Schalterbeamte blättert dem Kunden die Scheine auf den Tisch.

blau: 1. */eine Farbbezeichnung/:* blaue Augen, Blumen, Blüten; der blaue Himmel; blaue Farbe, Tinte; ein blaues Kleid; blaue Rauchwolken; die blaue Blume *(das Sinnbild der Sehnsucht in der romantischen Dichtung);* sie wanderten in die blaue (geh.; *weite)* Ferne; er hat blaue *(blutleere)* Lippen, ein blaues *(durch Blutandrang oder Kälteeinwirkung verfärbtes)* Gesicht, blaue *(durch Kälteeinwirkung verfärbte)* Hände, Finger; der Sturz vom Rad hatte ihm Abschürfungen und blaue *(blutunterlaufene)* Flecke eingebracht; ein blaues *(blutunterlaufenes)* Auge haben; (Kochk.:) Aal, Karpfen, Forelle b.; die Tapete, die Farbe der Tapete war b.; seine Hände waren b. vor Kälte; etw. b. anstreichen, färben; etw. schimmert, leuchtet b.; das Kleid war b. gestreift; das Metall war b. angelaufen; SUBST.: ein schönes, helles, dunkles Blau; die Farbe Blau; das Blau des Himmels; sie trägt gerne Blau; ihre Lieblingsfarbe ist Blau; ganz in Blau. **2.** (ugs.) *betrunken:* b. sein, werden; * **blau sein wie ein Veilchen/wie eine [Strand]haubitze** (ugs.; *[völlig] betrunken sein)* · **das Blaue vom Himmel [herunter]lügen** (ugs.; *ohne Hemmungen lügen)* · **das Blaue vom Himmel [herunter]reden** (ugs.; *sehr viel Nebensächliches reden)* · **jmdm. das Blaue vom Himmel [herunter] versprechen** (ugs.; *jmdm. ohne Hemmungen Unmögliches versprechen)* · **ins Blaue hinein** *(ohne genau umrissene Vorstellung):* ins B. hinein reden, fahren; etw. ins B. hinein behaupten.

blaumachen (ugs.): *ohne Grund der Arbeit fernbleiben:* häufig, zwei Tage b.

Blech, das: **1.** *zu Platten dünn ausgewalztes Metall:* dünnes, dickes, starkes, verrostetes, rostiges, verzinktes B.; das B. ist verbeult; B. walzen, formen, biegen, schneiden, hämmern; ein Kasten aus B. **2.** *Backblech, Kuchenblech:* das B. mit Butter bestreichen, in den Ofen schieben; den Kuchen auf einem B. backen, vom B. nehmen. **3.** *Gesamtheit der Blechblasinstrumente eines*

Orchesters: das B. war zu laut, trat zu stark hervor. **4.** (ugs.) *Orden, Ehrenzeichen:* er legt keinen Wert auf das B. **5.** (salopp) *Unsinn:* red doch kein B.!

Blei, das: **1.** */ein Schwermetall/:* reines B.; B. schmelzen; zu Silvester B. gießen; Rohre aus B.; Lettern wurden aus B. gegossen; etw. mit B. beschweren; die Füße waren ihm schwer wie B.; der Müdigkeit lag wie B. in seinen Gliedern; das Essen lag ihm wie B. (ugs.; *schwer)* im Magen. **2.** *Senkblei:* die Wassertiefe mit einem B. loten.

Bleibe, die (ugs.): keine B. haben; eine B. finden; jmdm. eine B. geben; sich eine andere B. suchen; sich nach einer neuen B. umsehen; ohne B. sein.

bleiben: 1. a) ⟨irgendwo b.⟩ *verharren:* am Strand, an seinem/auf seinem Platz b.; bleiben Sie bitte am Apparat!; es muss jemand bei den Kindern b.; im Haus, im Zimmer b.; der Kranke musste ein paar Tage im Bett b.; unter der Decke b.; zu Hause b.; draußen b.; bleib da, wo du jetzt bist; wo bleibst du so lange?; ⟨auch ohne Raumangabe⟩ sie blieben über Nacht, über Weihnachten; willst du nicht zum Essen b.? *(bei uns essen?);* SUBST.: jmdn. zum Bleiben einladen; ÜBERTR.: an der Macht b.; im Amt b.; im Hintergrund b.; im Verborgenen, im Dunkeln *(anonym)* b.; er blieb mit seinen Leistungen immer unter dem Durchschnitt; sie wollten für sich, unter sich b. *(keine Fremden in ihren Kreis aufnehmen);* ⟨jmdm. irgendwo b.⟩ er ist mir nicht in Erinnerung geblieben; der Vorfall blieb uns lange im Gedächtnis; ADJ. PART.: ein bleibender Gewinn; eine bleibende Erinnerung; das Geschenk ist von bleibendem Wert; **b)** ⟨in Verbindung mit einem Infinitiv⟩ *eine Haltung nicht verändern:* er ist auf dem Stuhl sitzen geblieben; du musst bei der Begrüßung stehen b.; du musst ganz ruhig liegen bleiben. **2. a)** ⟨irgendwie b.⟩ *eine bestimmte Eigenschaft bewahren:* ernst, gelassen, ruhig, sachlich, gefasst, nüchtern, gesund, wachsam, konsequent, standhaft, ungerührt, untätig, allein, unvergessen b.; das Land blieb neutral; unklar blieb, was er damit meinte; ledig b. *(nicht heiraten);* das Geschäft bleibt geöffnet, geschlossen; der Brief blieb unbeantwortet; er ist von der Grippe verschont geblieben; er ist lange wach geblieben; das Wetter blieb lange Zeit schön; der Schein sollte gewahrt bleiben; er ist bei seiner Forderung geblieben; es soll alles b., wie es ist; es bleibt alles beim Alten; am Leben b.; bei Kräften b.; in Kontakt, in Verbindung, in Übung, in Bewegung b.; im Plan, in der Zeit b. *(den Plan, die vorgesehene Zeit einhalten);* die Sache wird noch ohne Folgen bleiben; ⟨jmdm., etw. irgendwie b.⟩ seinen Freunden, seiner Überzeugung treu b.; die Angelegenheit blieb ihnen nicht verborgen; vieles ist ihm erspart geblieben; das muss dir überlassen bleiben; **b)** ⟨mit Gleichsetzungsnominativ⟩ *eine*

Eigenschaft behalten: wir wollen Freunde b.; das Werk blieb Fragment; du bist ganz der Alte geblieben; er ist und bleibt der Größte. **3. a)** ⟨jmdm. b.⟩ *übrig bleiben:* es blieb ihnen nur eine schwache Hoffnung; nur eines ihrer Kinder ist ihr geblieben; es blieb ihnen keine andere Wahl; nur wenig Zeit blieb uns für die Besorgungen; **b)** ⟨mit Infinitiv mit *zu* und abhängigem Nebensatz⟩ *(für die Zukunft) zu tun übrig bleiben:* es bleibt zu hoffen, zu wünschen, dass ...; es bleibt abzuwarten, ob die Methode wirklich funktioniert. **4.** ⟨bei etw. b.⟩ *etw. nicht ändern, nicht aufgeben:* bei seiner Meinung, Überzeugung, Entscheidung, bei seinem Entschluss, bei der Wahrheit b.; ich bleibe bei diesem Waschmittel; ich bleibe dabei, dass er lügt; es bleibt dabei *(es wird nichts geändert).* **5.** (geh. verhüll.) ⟨irgendwo b.⟩ *fallen, umkommen:* er ist auf See, im Krieg geblieben.
bleich: **a)** *sehr blass:* ein bleiches Gesicht; ein bleiches, kränkliches Kind; er war b. vor Schreck, Erregung; sie war b. wie Wachs, wie eine Wand, wie der Tod; **b)** (geh.) *fahl:* ein bleicher Schein, Schimmer; das bleiche Licht des Mondes; der bleiche Morgenhimmel; ÜBERTR.: das bleiche Grauen, Entsetzen hatte die Zuschauer befallen.
¹bleichen ⟨etw. b.⟩: *heller machen:* Wäsche b.; die Sonne hatte ihr Haar gebleicht; das Haar b. lassen; ⟨jmdm., sich etw. b.⟩ der Friseur hatte ihr das Haar gebleicht.
²bleichen (geh.): *heller werden; Farbe verlieren:* die Farbe, die Tapete bleichte innerhalb kurzer Zeit; ihr Haar war von der Sonne gebleicht.
bleiern: 1. a) *aus Blei hergestellt:* bleierne Rohre; er schwimmt wie eine bleierne Ente (ugs. scherzh.; *kann nicht, nur schlecht schwimmen);* **b)** *bleifarben:* ein bleiernes Grau; der Himmel hatte, bekam eine bleierne Färbung. **2.** *schwer lastend:* eine bleierne Schwere, Müdigkeit; bleierne Luft, Hitze; er erwachte aus einem bleiernen *(tiefen, keine Erholung bringenden)* Schlaf; ihre Füße, Beine, Glieder waren b.
blenden /vgl. blendend/: **1.** ⟨jmdn., etw. b.⟩ *durch übermäßige Helligkeit das Sehvermögen beeinträchtigen:* der Scheinwerfer, die Sonne, das grelle Licht, das entgegenkommende Auto blendet ihn; der Schnee blendete die Augen; der Verbrecher blendete ihn mit einer Taschenlampe; ⟨auch ohne Akk.⟩ das Licht, die Sonne blendet; blendende Helligkeit, (geh.:) Helle; ein blendendes *(strahlendes)* Weiß. **2.** ⟨jmdn. b.⟩ *beeindrucken, bezaubern:* Schönheit blendet jmdn.; er war von dem Anblick geblendet; sie lässt sich vom Geld, vom Reichtum dieser Leute b. **3.** ⟨jmdn. b.⟩ *täuschen:* er blendete die Menschen durch sein Auftreten; sich nicht durch den äußeren Schein b. lassen; ⟨auch ohne Akk.⟩ sie blendet gern.

4. ⟨jmdn. b.⟩ *jmdm. das Augenlicht nehmen:* die Gefangenen wurden geblendet; er war von dem grellen Licht wie geblendet *(konnte einen Augenblick lang nichts sehen).*
blendend (ugs.): *ein blendender Redner;* sie ist eine blendende Erscheinung; sie waren in blendender Stimmung, Laune; du siehst b. aus; es geht ihm b.; sie hat sich an dem Abend b. amüsiert, unterhalten.
Blick, der: **1. a)** *[kurzes] Blicken, Hinschauen:* ein kurzer, schneller, rascher, prüfender, misstrauischer, ängstlicher, sorgenvoller, trauriger, ärgerlicher, wehmütiger, nachdenklicher, strenger, mahnender, erstaunter, betroffener, scheuer, fragender, dankbarer, stummer, sprechender, viel sagender, lüsterner B.; ein B. aus dem Fenster, durchs Fenster, in den Spiegel, über den Gartenzaun, vom Turm; jmds. B. fällt auf etw.; ihre Blicke begegneten sich, trafen sich; ihre Blicke wanderten hin und her; ein B. genügte, um die Sache zu durchschauen; jmds. B. erwidern; sie wechselten heimlich Blicke; jmds. B. nicht aushalten, nicht ertragen können; einen B. auffangen, (geh.:) erhaschen; er warf einen B. ins Zimmer, auf den Brief; (geh.:) sie tauschten verliebte Blicke, (geh.:) warfen sich heimlich Blicke zu; er wandte keinen B. von dem Kind; sich den Blicken anderer entziehen; jmds. Blicken ausweichen; (geh.:) sie begegnete seinem B.; sie würdigte ihn keines Blickes *(beachtete ihn nicht);* er sah auf den ersten B. *(sofort),* dass mit der Sache etwas nicht stimmte; erst auf den zweiten B. *(erst nach längerem Hinsehen)* erkannte er ihn wieder; es war Liebe auf den ersten B.; sie verständigten sich durch Blicke; unter den Blicken der Menge; Ⓡ /Reaktion auf einen feindseligen Blick/: wenn Blicke töten könnten!; **b)** *irgendwohin blickende Augen:* den B. senken, niederschlagen, heben, abwenden; seine Blicke auf jmdn. richten, auf etw. lenken, heften; sie zog die Blicke auf sich; für jmdn., etw. keinen B. haben *(jmdn., etw. nicht beachten);* (geh.:) er wendete keinen B. von ihr; (geh.:) den B. auf jmdn. ruhen lassen; jmdn. mit Blicken durchbohren (geh.; *mit durchdringendem Blick ansehen);* (geh.:) er maß sie mit argwöhnischen Blicken; etw. mit kritischem B. prüfen, verfolgen, betrachten. **2.** *Ausdruck der Augen:* er hat einen klaren, offenen, sanften, stechenden, geraden, gutmütigen, verschlagenen, bösen, treuen, trotzigen, wilden, starren, strahlenden B. **3.** *Aussicht:* ein schöner, herrlicher, einmaliger B.; hier hat man einen wunderschönen B.; die Räume geben den B. auf Wiesen und Felder frei; ein Zimmer mit B. auf den Hafen, aufs Meer, zur Straße, ins Grüne. **4.** *Urteil:* ein geschärfter, geschulter, weiter, sicherer B.; sie hat einen weiten B. *(ein vorausschauendes Urteil);* einen B. für etw. haben, be-

kommen; er hat im Alter den richtigen B. für diese Dinge verloren; ✶ **einen Blick hinter die Kulissen werfen/tun** *(die Hintergründe einer Sache kennen lernen)* · **den bösen Blick haben** *(durch bloßes Ansehen angeblich Unheil bringen)*.

blicken: a) ⟨irgendwie b.⟩ *dreinschauen:* freundlich, traurig, finster, missmutig, heiter, starr, scheu, sorgenvoll, kühl, unsicher, misstrauisch, streng, herausfordernd, drohend, verstört b.; seine Augen blickten fragend; b) ⟨irgendwohin b.⟩ *seinen Blick irgendwohin richten:* beiseite, starr, geradeaus, von einem zum anderen, vor sich hin, weder nach rechts noch nach links, nach unten b.; auf die Uhr b.; er blickte gebannt aus dem Fenster, durch den Türspalt; ins Buch b.; sie blickte in die Ferne; in den Spiegel b.; in die Runde b.; das Baby blickte neugierig, mit großen Augen in die Welt; er blickte ungeduldig nach der Tür; er blickte ängstlich um sich; zur Seite, zu Boden b.; ⟨jmdm. irgendwohin b.⟩ jmdm. in die Augen, ins Gesicht b.; er blickte ihm neugierig über die Schulter; ÜBERTR.: sie blicken sorgenvoll in die Zukunft; die Sonne blickt durch die Wolken; Zorn, Verachtung blickte aus seinen Augen; Ⓡ das lässt tief b. (ugs.; *ist sehr aufschlussreich*); ✶ **sich [bei jmdm.] blicken lassen** (ugs.; *jmdn. besuchen*): wann lässt du dich wieder einmal b.?

blind: 1. *ohne Sehvermögen:* ein blinder Mann; ein blindes Tier; b. sein, werden; das Kind ist b. geboren; sein linkes Auge ist b.; er ist auf dem linken Auge b.; ihre Augen waren b. vor Tränen; bist du b.? (ugs.; *kannst du nicht aufpassen, siehst du nichts?*); er ist mit sehenden Augen b. (geh.; *durchschaut nicht die Dinge, die sich vor seinen Augen abspielen*); SUBST.: einen Blinden über die Straße führen; Ⓡ er redet davon wie der Blinde von der Farbe; unter den Blinden ist der Einäugige König; ÜBERTR.: das blinde Schicksal; der blinde (reine) Zufall; das Glück ist b. (verteilt seine Güter wahllos). 2. a) *maßlos, hemmungslos:* blinde Wut, Leidenschaft, Gier; blinder Hass; mit blinder Gewalt vorgehen; sie lief in blinder Angst davon; b. sein vor Zorn, vor Wut; b. drauflosschlagen; b) *kritiklos, ohne Überlegung:* blinder Gehorsam, Glaube; blindes Vertrauen; blinde Schwärmerei; BILDL.: er war ein blindes Werkzeug der Macht; jmdm. b. glauben, gehorchen, vertrauen; jmdm. b. ergeben sein; er hat die Befehle b. ausgeführt; das unterschreibe ich b. (ugs.; *damit erkläre ich mich ohne Zögern solidarisch*). 3. *trübe, angelaufen:* blinde [Fenster]scheiben; blindes Glas; ein blinder Spiegel; die Metallbeschläge sind b. geworden. 4. a) *vorgetäuscht:* blinde Fenster, Türen; ein blindes Knopfloch; eine blinde Tasche aufsetzen; b) *unsichtbar:* eine blinde Naht; der Mantel ist b. geknöpft; ✶ **für etw. blind sein** *(etw. nicht sehen [wollen])* ·

sich blind verstehen (Sport; *hervorragend aufeinander eingespielt sein*). **Blindheit,** die: eine angeborene B.; bei dem Patienten wurde völlige B. festgestellt; ÜBERTR.: eine gefährliche politische B.; seine B. gegenüber den Gefahren führte ihn ins Verderben; ✶ **[wie] mit Blindheit geschlagen sein** *(etwas Wichtiges nicht sehen, erkennen):* er muss mit B. geschlagen gewesen sein, als er das zuließ. **blindlings:** a) *ohne Bedenken:* jmdm. b. gehorchen, vertrauen; er folgte b. allen Befehlen; sie glaubte b. an ihn; sich b. auf etw. verlassen; b) *unbesonnen, ohne nachzudenken:* er schlug b. zu, um sich; b. davonlaufen; sich b. in sein Verderben stürzen. **blinken:** 1. *leuchten, glänzen:* die Sterne blinkten; ein Licht, ein Leuchtfeuer blinkt in der Ferne; das Metall, das Messer [in seiner Hand] blinkte; blinkende Beschläge, Spiegel. 2. a) *ein Blinkzeichen geben:* er hatte versäumt, vor dem Abbiegen zu b.; sie blinkte mit einer Lampe; (ugs.) ⟨jmdm. b.⟩ der Fahrer blinkte mir, dass ich einbiegen solle; b) ⟨etw. b.⟩ *durch Blinkzeichen zu erkennen geben:* SOS b.; die Leuchttürme blinken ihre Signale für die Schiffe. **blinzeln:** angestrengt, verschlafen b.; seine Augen blinzelten; sie blinzelte zum Zeichen des Einverständnisses; ⟨in etw. (Akk.) b.⟩ er blinzelte *(sah blinzelnd)* ins Licht; SUBST.: ein schnelles, leichtes Blinzeln. **Blitz,** der: starke, grelle, zuckende, kalte Blitze; B. und Donner folgten unmittelbar aufeinander; der B. hat in das Gebäude, in den Baum eingeschlagen; (dichter.:) Blitze durchzuckten den Nachthimmel; (dichter.:) Blitze flammen auf; Wasser zieht den B. an; die Scheune war von einem B. getroffen worden; der Bauer war auf dem Feld vom B. erschlagen *(durch einen Blitzschlag getötet)* worden; ✶ **[schnell] wie der Blitz; wie ein geölter Blitz** (ugs.; *sehr schnell*) · **wie ein Blitz aus heiterem Himmel** (ugs.; *plötzlich, völlig unerwartet*) · **einschlagen wie ein/wie der Blitz** *(völlig überraschend kommen und große Aufregung hervorrufen):* die Meldung vom Tod des Präsidenten schlug wie ein/wie der B. · **wie vom Blitz getroffen** *(vor Schreck o. Ä. völlig verstört):* er stand da wie vom B. getroffen. **blitzen:** 1. ⟨es blitzt⟩ *etw. tritt als Blitz in Erscheinung:* es blitzt und donnert; in der Ferne blitzt es; ÜBERTR.: bei dir blitzt es (ugs. scherzh.; *dein Unterrock guckt hervor*). 2. *glänzen:* das Silber, Metall, Kristall blitzt; seine weißen Zähne, seine Augen blitzten; die Fensterscheiben blitzten in der Sonne; eine Waffe blitzte in ihrer Hand; die ganze Wohnung blitzt [vor Sauberkeit]; blitzende Metallknöpfe; mit blitzenden Augen. 3. ⟨irgendwo b.⟩ *sichtbar werden:* Wut, Zorn blitzt aus seinen Augen.

B

4. (ugs.) a) ⟨jmdn., etw. b.⟩ (jmds. Autokennzeichen) mit elektronischer Kamera aufnehmen: sie war bei einer Tempoüberschreitung geblitzt worden; b) mit Blitzlicht fotografieren: bei den Aufnahmen im Zimmer hat er geblitzt.

Block, der: 1. Quader: ein riesiger, schwerer, unbehauener B.; ein erratischer B. (Findling); Blöcke von Marmor. 2. Häuserblock: hier sind große, neue Blocks gebaut, errichtet worden; sie wohnen in B. 5, im gleichen B.; um den B. gehen. 3. Gruppe: diese Parteien bilden einen geschlossenen B. in der Regierung; es gibt verschiedene Blöcke/(seltener:) Blocks. 4. Schreib-, Notizblock: ein B. Briefpapier; ein B. für Notizen; zwei Blocks/Blöcke mit 100 Blatt; etw. auf einen B. notieren.

blockieren: 1. ⟨etw. b.⟩ durch Abriegeln der Zufahrtswege sperren: ein Land, einen Hafen b. 2. ⟨etw. b.⟩ a) versperren: Streikposten blockieren die Eingangstore; die Straße, die Fahrbahn war stundenlang [durch einen Unfall] blockiert; Schneeverwehungen hatten vorübergehend die Strecke blockiert; b) unterbinden: die Stromzufuhr b.; der Verkehr auf dieser Straße war zeitweilig blockiert. 3. ⟨etw. b.⟩ außer Funktion setzen: die Bremse blockiert die Räder; die Lenkung des Fahrzeugs wird durch ein Schloss blockiert. 4. ⟨etw. b.⟩ verhindern, aufhalten: Verhandlungen, eine Entscheidung, Reformen, Maßnahmen, eine Entwicklung b. 5. (von einer Maschine, einem Gerät o. Ä.) nicht mehr arbeiten, funktionieren: die Räder blockieren; die Lenkung, das Gerät blockiert; ÜBERTR.: die Gewerkschaften machten mehrere Vorschläge, doch die Arbeitgeberverbände blockierten (ugs.; verhielten sich ablehnend).

blöd[e] (ugs.): 1. dumm, töricht: so ein blöder Kerl!; es war sehr, ganz schön b. von dir, dich so zu verhalten; du bist doch sonst nicht so b.!; sei doch nicht so b. und lass dich so ausnutzen!; sich [reichlich] b. benehmen, anstellen. 2. unsinnig, albern: der Schlager hat einen ganz blöden Text; lass die blöden Bemerkungen!; du mit deinen blöden Fragen; etw. klingt b. 3. ärgerlich, unangenehm: eine blöde Geschichte, Sache; ein blöder Fehler; zu b., dass ich das vergessen habe; SUBST.: so etwas Blödes!

Blödsinn, der (ugs. abwertend): das ist ja ausgemachter (ausgesprochener) B.!; das ist der größte B., den ich je gehört habe; [lauter, nur] B. verzapfen; nichts als B. reden; hör doch auf mit diesem B.!; mach keinen B.!; /Ausruf des Unmuts/: so ein B.!; ★ höherer Blödsinn (1. scherzh.; Nonsens. 2. ugs.; sehr großer Unsinn).

blond: 1. a) hell: blondes Haar; blonde Locken, Zöpfe; ein blonder Bart; ihre Haare sind b.; sie hat sich das Haar b. färben lassen; SUBST.: ein helles, dunkles Blond; b) blondhaarig: ein blondes Kind, Mädchen; er ist ein blonder Typ; sie ist b.; SUBST.: er tanzte mit einer hübschen Blonden (Blondine). 2. (ugs.) von heller, goldgelber Farbe: blonde Brötchen; blondes Bier; SUBST.: ein [kühles] Blondes/ eine [kühle] Blonde (helles Bier; Berliner Weißbier).

bloß: I. 1. ⟨Adj.⟩ nackt, unbedeckt: bloße Arme, Knie, Füße; ein Kleidungsstück auf der bloßen Haut tragen; er arbeitete mit bloßem Oberkörper; er geht mit bloßem Kopf (ohne Kopfbedeckung); etw. mit bloßen Händen anfassen; das Kind lag b. (war nicht zugedeckt); ÜBERTR.: der bloße (unbewachsene) Fels; sie schliefen auf der bloßen Erde (auf dem Erdboden); mit bloßem Auge (ohne optisches Hilfsmittel). 2. nichts weiter als: das ist bloßes Gerede, bloße Annahme, Vermutung; der bloße Gedanke (schon allein der Gedanke) erschreckte ihn; man hat sie auf bloßen Verdacht hin verhaftet; nach dem bloßen Augenschein urteilen; sie kam mit dem bloßen Schrecken davon; er lief mit bloßem Hemd umher. II. (ugs.) ⟨Adverb⟩ nur: das macht sie b., um dich zu ärgern; er hatte b. noch 5 Mark; sie hatte b. Angst; er bleibt b. bis morgen; da kann man b. staunen; sie denkt b. an sich; b. wegen dir sind wir zu spät gekommen. III. ⟨Partikel⟩ /verstärkend in einer Aufforderung oder Frage/: geh mir b. aus dem Weg!; [tu das] b. nicht!; was hat er b.?; was soll ich b. machen?; /Ausruf der Verwunderung/: sag b.! (ugs.; das ist ja kaum zu glauben!).

Blöße, die (geh.): sie hatten nichts, um ihre B. zu bedecken; ★ sich (Dat.) eine Blöße geben (sich bloßstellen, sich blamieren) · jmdm. eine Blöße bieten (jmdm. eine Gelegenheit zum Angriff, zum Tadel geben).

bloßstellen ⟨jmdn., sich b.⟩: mit diesem Wort hat sie sich bloßgestellt; er wollte seinen Kollegen nicht in aller Öffentlichkeit b.

blühen /vgl. blühend/: 1. in Blüte stehen: die Linden, die Rosen blühen; der Flieder blüht schon, blüht noch nicht; in diesem Jahr blühen die Obstbäume reich (haben sie viele Blüten); die Apfelbäume blühen rosa und weiß; die Wiesen, die Gärten blühen (sind voll von Blumen und blühenden Pflanzen); (geh.:) überall grünt und blüht es; die Heide blüht; blühende Sträucher, Wiesen; ÜBERTR.: sie blüht wie eine Rose (sieht rosig, blühend aus). 2. gedeihen, florieren: das Geschäft, der Handel, die Wirtschaft blüht; in diesen Jahrzehnten blühten Kunst und Wissenschaft; er hat einen blühenden Handel mit gebrauchten Autos. 3. (ugs.) ⟨jmdm. b.⟩ widerfahren: es kann ihm noch b., dass er für seine Fahrlässigkeit bestraft wird; das kann dir auch noch b.

blühend: 1. jung und frisch aussehend: ein blühen-

des Mädchen; sie ist eine blühende Schönheit; ein blühendes Aussehen haben; er starb in blühender Jugend, im blühenden Alter von 20 Jahren; sie sieht b. aus.
2. *ausschweifend:* er hat eine blühende Fantasie; das ist blühender *(maßloser)* Unsinn.
Blume, die: **1. a)** *blühende Pflanze:* eine seltene, exotische, reich blühende, dankbare *(anspruchslose, lange [und reich] blühende)* B.; diese Blumen wachsen, gedeihen nur auf feuchten Wiesen; die Blumen blühen, sind erfroren; eine B. geht ein; Blumen pflanzen, pflegen, ziehen, düngen, gießen, umtopfen; eine Rabatte mit Blumen bepflanzen; ein Garten voller Blumen; **b)** *Blüte mit Stiel:* frische, duftende, langstielige, teure, verblühte, welke, verwelkte, vertrocknete, getrocknete, künstliche Blumen; die blaue B. *(Sinnbild der Sehnsucht in der romantischen Dichtung);* die Blumen duften, lassen die Köpfe hängen, welken, vertrocknen, gehen auf, blättern, halten lange; Blumen pflücken, [ab]schneiden, binden, in eine Vase, auf den Tisch stellen; jmdm. Blumen schenken, schicken; auf einer Hochzeit Blumen streuen; eine B. ins Haar stecken; eine B. im Knopfloch tragen; sie gab den Blumen frisches Wasser; ein Kranz aus frischen Blumen; Ⓡ /ironische Dankesformel als Antwort auf Kritik/: vielen Dank für die Blumen.
2. a) *Bukett:* die B. des Weines, des Weinbrands; **b)** *Schaum auf dem gefüllten Bierglas:* die B. des Bieres; die B. [ab]trinken.
3. (Jägerspr.) *Schwanz von Hase und Kaninchen:* die B. des Hasen ist weiß;
★ etw. **durch die Blume sagen** *(etw. nur in Andeutungen zu verstehen geben).*
Bluse, die: eine weiße, bunte, seidene, durchsichtige, hochgeschlossene, ärmellose, kurzärm[e]lige, langärm[e]lige B.; eine B. aus Seide, aus Leinen, mit langen, kurzen Ärmeln; sie trägt am liebsten Blusen; sie war mit Rock und B. bekleidet.
Blut, das: rotes, dunkles, dünnes, dickes, krankes, gesundes, [un]reines, konserviertes B.; ein Tropfen Blut; das Blut fließt durch die Adern, pocht in den Schläfen; B. fließt, strömt, quillt, schießt, stürzt, sickert, tropft aus der Wunde; das B. gerinnt, trocknet, klebt an seinen Händen; das B. zirkuliert, strömt zum Herzen; bei der Anstrengung stieg ihm das B. in den Kopf, zu Kopf; vor Zorn, vor Scham schoss ihr das B. ins Gesicht *(sie wurde rot);* das B. sauste ihm in den Ohren; alles B. wich aus ihrem Gesicht *(sie wurde ganz blass);* bei den Kämpfen ist viel B. geflossen, viel [unschuldiges] B. vergossen worden *(sind viele Menschen getötet worden);* der Himmel war rot wie B.; B. spenden, übertragen, spucken, husten; sie versuchten vergebens, das B. zu stillen; jmdm. B. abnehmen; er hat bei dem Unfall viel B. verloren; er kann kein B. sehen; B. saugende Vampire; das Kind hat zu wenig B. *(ist blutarm);* der Zorn

trieb ihm das B. ins Gesicht; eine Vergiftung des Blutes; der verunglückte Fahrer hatte Alkohol im B.; der Alkohol geht ins B. *(wird vom Blut aufgenommen);* der Verletzte lag [auf der Straße] in seinem B. (geh.; *lag stark blutend auf der Straße);* seine Kleider waren mit B. befleckt, besudelt; ihre Hände waren voll B.; ÜBERTR.: das B. der Reben (geh.; *Wein);* dem Unternehmen muss neues, frisches B. zugeführt werden *(es braucht neue, frische Kräfte);* er hat feuriges, wildes B. *(ist sehr leidenschaftlich, temperamentvoll);* ihr kochte das B. in den Adern *(sie war sehr erregt, sehr zornig);* den Zuschauern stockte das B. in den Adern *(sie waren starr vor Schreck);* bäuerliches, adliges B. haben (geh.; *bäuerlicher, adliger Abkunft sein);* die Bande des Blutes (geh.; *die verwandtschaftlichen Bindungen);* die Stimme des Blutes *(das Zusammengehörigkeitsgefühl der Familie);*
★ **an jmds. Händen klebt Blut** (geh.; *jmd. ist ein Mörder, eine Mörderin)* · **heißes Blut haben** *(leidenschaftlich sein)* · **kaltes Blut bewahren** *(sich beherrschen, ruhig bleiben)* · **böses Blut machen, schaffen** *(Unwillen erregen)* · **Blut [und Wasser] schwitzen** (ugs.; 1. *große Angst haben.* 2. *sich übermäßig anstrengen müssen)* · **blaues Blut [in den Adern] haben** *(adliger Abkunft sein)* · **Blut geleckt haben** (ugs.; *Gefallen an etw. gefunden haben)* · **jmdm. im Blut liegen** *(für etw. eine angeborene Begabung haben)* · **etw. in [jmds.] Blut ersticken** (geh.; *etw. mit viel Blutvergießen unterdrücken)* · **einen Aufstand im Blut der Anführer ersticken** · **[nur] ruhig B.!** (ugs.; *nur keine Aufregung!)* · **jmdn. bis aufs Blut quälen/peinigen/reizen** *(jmdn. sehr quälen, peinigen, reizen).*
Blüte, die: **1.** */Teil der blühenden Pflanze/:* zarte, blaue, rote, unscheinbare, duftende, welke, verwelkte, (Biol.:) männliche, weibliche Blüten; eine B. entfaltet sich, entwickelt sich, öffnet sich, schließt sich wieder, fällt ab; der Kaktus hat eine wunderschöne B. bekommen; die Pflanze treibt Blüten, bringt zahlreiche Blüten hervor; der Hibiskus hat seine Blüten abgeworfen; die Sträucher sind voll[er] Blüten; die Bienen fliegen von B. zu B.
2. *das Blühen:* die B. der Obstbäume beginnt, ist vorüber; die Bäume sind, stehen in [voller] B.; es ist schwierig, diese Pflanze zur B. zu bringen; die exotischen Sträucher kommen hier nicht zur B.; sich zu voller B. entfalten; sie unternahmen eine Fahrt in die B. *(in die Baumblüte);* BILDL.: er starb in der B. der Jugend, in der B. seiner Jahre (geh.; *in jungen Jahren);* sie war über die erste B. hinaus (geh.; *nicht mehr ganz jung).*
3. (geh.) *hoher Entwicklungsstand:* das Land erlebte eine geistige, kulturelle, wirtschaftliche B.; die Malerei erreichte damals eine hohe B.; eine Zeit der B. begann; die Industrie entwickelte sich zu ungeahnter B.
4. (ugs.) *gefälschte Banknote:* Blüten drucken, in Umlauf bringen.

B

5. (ugs.) *Pickel:* sein Gesicht war voller Blüten; * seltsame/wunderliche Blüten treiben *(seltsame/wunderliche Formen annehmen):* seine Fantasie treibt manchmal wunderliche Blüten.
bluten: 1. *Blut verlieren:* stark, heftig, ein wenig b.; der Verletzte blutete fürchterlich, wie ein Schwein (salopp; *verlor äußerst viel Blut);* ihre Nase, die Wunde blutet; er blutete an der Hand, im Gesicht, aus der Nase; blutendes Zahnfleisch; BILDL.: der Baum, die Rebe blutet *(verliert Harz, Saft).* 2. (ugs.) *viel Geld aufwenden müssen:* für dieses Unternehmen hat er ganz schön geblutet; sie musste schwer b.
blutig: 1. a) *mit Blut befleckt:* blutige Hände; ein blutiger Verband; sein Hemd war b.; man hatte ihn b. geschlagen *(so sehr geschlagen, dass er blutete);* b) *mit Blutvergießen verbunden:* ein blutiger Kampf; eine blutige Schlacht; blutige Zwischenfälle; er hat blutige Rache genommen *(hat sich grausam gerächt);* ein Ort mit blutiger Vergangenheit; einen Aufstand b. unterdrücken. 2. (ugs.) /als Verstärkung/: das ist mir blutiger *(tiefer)* Ernst; er ist ein blutiger *(völliger, absoluter)* Laie, Anfänger; blutige Tränen weinen (geh.; *heftig weinen).*
Bock, der: 1. /*männliches Tier verschiedener Säugetiere/:* ein störrischer B. *(Ziegenbock);* ein kapitaler B. (Jägerspr.; *großer Rehbock);* der Mann stank wie ein B.; Ⓡ jetzt ist der B. fett! (ugs.; *jetzt reicht es aber!).* 2. (salopp abwertend) *Mann:* er ist ein sturer B.; so ein geiler, alter B.! 3. a) *Gestell, auf dem etw. aufgebockt wird:* ein hoher, niedriger B.; das Auto auf einen B. schieben; b) *Gestell zur Ablage von Büchern, Akten o. Ä.:* ein B. für die Akten; c) /*ein Turngerät/:* Übungen am B.; [über den] B. springen. 4. *Platz des Kutschers auf dem Pferdewagen:* auf den B. klettern; vom B. herunterspringen; er schwingt sich auf den B.; * einen Bock schießen (ugs.; *einen Fehler machen)* · den Bock zum Gärtner machen (ugs.; *einen völlig Ungeeigneten mit einer Aufgabe betrauen)* · einen Bock haben (fam.; *trotzig sein)* · [einen] Bock [auf etw. (Akk.)] haben (bes. Jugendspr.; *etw. mögen; Lust [zu etw.] haben):* auf Arbeit hab ich im Moment überhaupt keinen B.
bocken: 1. *(von Reit- und Zugtieren) störrisch stehen bleiben:* der Esel, das Pferd bockte; ÜBERTR.: der Junge bockte (ugs.; *reagierte widerspenstig),* als sie ihm seinen Willen nicht lassen wollte; der Motor, der Wagen bockt *(funktioniert nicht, bleibt stehen).* 2. (Landw.) *brünstig sein:* Schafe, Ziegen bocken.
Boden, der: 1. a) *Erde, Erdreich:* sandiger, lehmiger, [un]fruchtbarer, fetter, magerer, schwerer, leichter, lockerer, guter, schlechter, ertragreicher, jungfräulicher (geh.; *ungenützter),* ausgelaugter, aufgeweichter, nasser, trockener, [un]durchlässi-

ger B.; der B. ist aufgewühlt, hart gefroren; diese Böden sind für den Weinbau nicht geeignet; den B. festtreten; den B. *(den Acker, das Land)* bestellen, bebauen, bearbeiten, bewirtschaften; er besitzt 50 Morgen fruchtbaren B./(geh.:) Bodens; auf diesem B. wächst ein guter Wein; das Wasser versickert im B.; er wollte vor Scham in den B. [ver]sinken *(schämte sich über die Maßen);* er stand plötzlich da, wie aus dem B. gewachsen; b) *Erdoberfläche:* felsiger, steiniger, [un]ebener, rissiger B.; der B. bebte, schwankte unter seinen Füßen; die Reisenden waren froh, wieder festen B. *(Land)* zu betreten; die Flugzeuge wurden am B. zerstört; diese Vögel bauen ihre Nester auf dem B. 2. a) *Fußboden:* ein sauberer, gestrichener B.; der B. ist ausgelegt, mit Teppichen belegt; der B. glänzt vor Sauberkeit; den B. pflegen, bohnern, schrubben, fegen; er lag erschöpft am B.; sich auf den B. legen; auf den B. fallen; etw. vom B. aufheben; die Augen zu B. schlagen (geh.; *niederschlagen);* zu B. gehen (Boxen; *niederstürzen);* BILDL.: mit dieser Unternehmung begibt er sich auf unsicheren, schwankenden B.; die Schulden drücken ihn zu B. *(belasten ihn schwer);* b) *Bodenfläche eines Gefäßes, Behälters:* ein breiter, flacher B.; der B. des Topfes, der Kiste, des Korbes hat ein Loch; ein Koffer mit doppeltem Boden; der B. des Meeres *(Meeresboden);* der Satz setzt sich auf den B. des Gefäßes ab; BILDL.: eine Moral mit doppeltem B. *(eine zwielichtige Moral);* c) *Tortenboden:* der B. ist aus Mürbeteig; einen B. backen, mit Erdbeeren belegen. 3. a) *Terrain; Raum:* historischer, klassischer, geweihter B.; der Spion wurde auf schwedischem B. verhaftet; der Läufer hat B. gutgemacht, wettgemacht (Sport; *hat aufgeholt, wieder einen Vorsprung gewonnen);* der Läufer hat B. verloren (Sport; *ist zurückgefallen);* BILDL.: den B. für jmdn., etw. vorbereiten *(günstige Bedingungen, Voraussetzungen schaffen);* er fand günstigen B. *(günstige Voraussetzungen)* für sein Vorhaben; ÜBERTR.: den B. *(der Grundlage)* des Rechts, der Verfassung stehen; den B. der Wirklichkeit verlassen; sich auf den B. der Wirklichkeit stellen; b) (bes. nordd. und ostmd.) *Dachboden:* den B. ausbauen und entrümpeln; etw. auf dem B. abstellen; auf den B. steigen; die Wäsche auf dem B. aufhängen; etw. vom B. herunterholen; * jmdm. wird der Boden [unter den Füßen] zu heiß; jmdm. brennt der Boden unter den Füßen (ugs.; *jmdm. wird es an seinem Aufenthaltsort zu gefährlich)* · festen Boden unter den Füßen haben *(eine sichere wirtschaftliche Grundlage haben)* · Boden gutmachen/wettmachen (ugs.; *einen Vorsprung gewinnen, Fortschritte machen):* die Entwicklungsländer haben auf technischem Gebiet B. gutgemacht · etw. (Dat.) den Boden entziehen *(etw. entkräften)* · jmdm. den Boden unter den Füßen wegziehen *(jmdn.*

der Existenzgrundlage berauben) · den Boden unter den Füßen verlieren *(die [Existenz]grundlage verlieren)* · [an] Boden gewinnen *(sich ausbreiten; an Zustimmung, Anerkennung gewinnen):* die Ideen der politischen Splittergruppe gewinnen zunehmend an B. · [an] Boden verlieren *(Macht, Einfluss verlieren)* · am Boden zerstört [sein] (ugs.; 1. *völlig erschöpft [sein].* 2. *fassungslos, bestürzt [sein])* · auf fruchtbaren Boden fallen *(bereitwillig aufgenommen, wirksam werden)* · etw. aus dem Boden stampfen [können] *(etw. scheinbar aus dem Nichts hervorbringen [können]).*

Bogen, der: **1.** *gebogene Linie; Biegung:* ein weiter B.; mit dem Zirkel einen B. schlagen, beschreiben; B. fahren; auf dem Eis B. laufen; der Fluss, die Straße macht hier einen B. [nach Westen]; einen B. über das »u« machen; in einem B. um das Hindernis herumfahren; das Wasser spritzt in hohem B. aus der schadhaften Leitung; die Brücke spannt sich in einem eleganten B. über das Tal; BILDL.: jmdn. im hohen B. hinauswerfen (ugs.; *jmdn. sofort entlassen);* er ist im hohen B. hinausgeflogen *(entlassen worden).* **2.** (Bauw.) *gewölbtes Tragwerk:* spitze, runde, romanische, gotische B.; B. spannen sich zwischen den Pfeilern. **3.** */eine Schusswaffe/:* Pfeil und B.; den B. spannen; die Eingeborenen schießen mit B. **4.** *Stab zum Streichen der Saiten eines Streichinstrumentes:* den B. der Geige bespannen; den B. ansetzen, absetzen, führen. **5. a)** *rechteckig zugeschnittenes Schreibpapier, Packpapier:* ein [un]beschriebener B.; ein B. Packpapier; zwanzig B. weißes Papier; einen B. in die Schreibmaschine [ein]spannen, falten, knicken; **b)** *Druckbogen:* das Buch hat 20 B.; ein Band aus/von 20 B.; * einen [großen] Bogen um jmdn., etw. machen (ugs.; *jmdn., etw. [peinlich] meiden)* · den Bogen überspannen *(zu hohe Forderungen stellen)* · den Bogen heraushaben (ugs.; *wissen, wie man etwas machen muss)* · große Bogen spucken (ugs.; *sich aufspielen, sich wichtig machen).*

Bohne, die: **1. a)** */eine Gemüsepflanze/:* blühende Bohnen; die Bohnen ranken an Stangen; Bohnen legen, ziehen; **b)** *Schote und Samen der Bohnenpflanze:* grüne, weiße, gelbe Bohnen; Bohnen ernten, pflücken, schneiden, abziehen, [ab]fädeln; Bohnen einweichen, kochen; es gibt heute grüne Bohnen. **2.** *Kaffeebohne:* Bohnen rösten, mahlen; * nicht die Bohne (ugs.; *überhaupt nicht[s]):* er versteht nicht die B. von der Sache; das interessiert mich nicht die B.!

bohren: 1. a) ⟨etw. b.⟩ *durch drehende Bewegung herstellen:* ein Loch in das Holz, in die Wand, durch das Brett b.; er bohrte mit dem Absatz eine Vertiefung in den Boden; sie bohrten einen Brunnen, einen Schacht; **b)** ⟨[irgendwo] b.⟩ *eine Boh-*

rung vornehmen: der Zahnarzt bohrt an/in dem kranken Zahn; der Holzwurm bohrt im Gebälk; **c)** ⟨etw. b.⟩ *mit dem Bohrer bearbeiten:* Metall, Holz, Beton [mit einem elektrischen Bohrer] b.; **d)** ⟨etw. irgendwohin b.⟩ *bohrend an eine bestimmte Stelle bringen:* eine Stange in die Erde b.; ⟨jmdm., sich etw. irgendwohin b.⟩ er hat ihm das Messer in den Leib, durch die Brust gebohrt; **e)** ⟨sich irgendwohin b.⟩ *bohrend vordringen:* der Meißel bohrt sich durch den Asphalt; die Larve bohrt sich durch die Gefäßwand; ÜBERTR.: das abgestürzte Flugzeug hatte sich in den Acker gebohrt. **2.** ⟨nach etw./auf etw. (Akk.) b.⟩ *durch Bohren nach etw. suchen:* nach/auf Erdöl, Wasser, Kohle b. **3.** *peinigen:* der Schmerz bohrte [im Zahn]; ⟨jmdm. irgendwo b.⟩ der Schmerz bohrte ihm in der Brust; bohrender Schmerz; bohrender Zweifel; bohrende Fragen stellen. **4.** (ugs.) *drängen, bitten:* die Kinder bohrten so lange, bis die Mutter ihnen die Erlaubnis gab.

bombardieren: 1. ⟨jmdn., etw. b.⟩ *(Fliegerbomben) auf ein Ziel abwerfen:* eine Stadt, feindliche Stellungen b.; wir wurden von feindlichen Verbänden bombardiert; ÜBERTR.: die Demonstranten bombardierten (ugs.; *bewarfen)* die Polizisten mit Tomaten, mit Steinen. **2.** (ugs.) ⟨jmdn., etw. mit etw. b.⟩ *überschütten, bedrängen:* jmdn. mit Fragen, mit Vorwürfen, mit Beschimpfungen b.; er bombardierte die Behörde mit Eingaben.

Bombe, die: **1.** *Sprengkörper:* schwere, leichte Bomben; eine B. mit Zeitzünder; eine B. fällt, explodiert, detoniert, platzt, schlägt ein; eine B. hat das Haus zerstört; die Nachricht schlug wie eine B. *(rief große Verwirrung hervor);* Bomben [ab]werfen, abladen *(abwerfen),* entschärfen; Terroristen hatten die B. gelegt; die Stadt wurde durch Bomben zerstört; die Stellung wurde mit Bomben belegt, eingedeckt; mit der B. (verhüll.; *Atombombe)* leben. **2.** (Sport Jargon) *Torschuss:* eine B. [aufs Tor] schießen, knallen, abfeuern; * die Bombe ist geplatzt (ugs.; *das gefürchtete Ereignis ist eingetreten).*

Bonbon, das (auch: der): ein süßes, saures, gefülltes, klebriges, hartes B.; ein B. gegen Husten, Heiserkeit; ein B. lutschen; eine Tüte Bonbons; ÜBERTR.: das Programm bot einige Bonbons *(besondere Höhepunkte).*

Boot, das: ein schnelles, wendiges, schnittiges, leichtes, schweres, offenes, breites, schmales B.; die Boote der Fischer; (Seemannsspr.:) das B. sticht in See; B. treibt auf den Wellen, gleitet über das Wasser, sinkt, kentert, leckt, kippt um, schlägt um, geht unter, (geh.:) tanzt auf den Wellen, liegt tief im Wasser, läuft voll Wasser, liegt am Ufer, legt am Steg an, schaukelt, schwankt, zerschellt, bricht auseinander, liegt im Hafen,

B

geht vor Anker, läuft auf Grund; die Kinder fahren gerne B.; ein B. bauen, vom Stapel laufen lassen, (Seemannsspr.:) vertäuen, festmachen, ausrüsten; das B. (Seemannsspr.:) klarmachen, steuern, rudern, an Land ziehen; sie ließen die Boote aufs Wasser; aus dem B. steigen, klettern; in das B. steigen; in die Boote gehen; in einem B., mit einem B. den Fluss überqueren; mit einem B. fahren, segeln; die Fischer sind mit den Booten hinausgefahren; ✶ **in einem Boot/im gleichen Boot sitzen** (ugs.; *gemeinsam eine schwierige Situation bewältigen müssen*).

¹Bord, der: ⟨meist in den Verbindungen⟩ **an Bord** *(im Inneren/ins Innere eines Schiffes, eines Flugzeuges, eines Raumschiffes):* an B. eines Tankers, eines Flugzeugs, eines Raumschiffes gehen; Fracht an B. nehmen; /seemännisches Kommando/: alle Mann an B.! · **über Bord** *(vom Deck des Schiffes ins Wasser):* über B. gehen *(ins Wasser gespült werden);* er wurde über B. gespült; /Notruf/: Mann über B. · **etw. über Bord werfen** *(etw. aufgeben, fallen lassen):* alle Vorsicht, alle Sorgen über B. werfen · **von Bord gehen** *(das Schiff, das Flugzeug verlassen).*

²Bord, das: *Wandbrett:* ein hölzernes, schmales, breites B.; die Bücher, die Flaschen auf das B. stellen, vom B. nehmen.

borgen: 1. ⟨jmdm. etw. b.⟩ *an jmdn. verleihen:* jmdm. Geld, ein Buch, das Bügeleisen b.; sie hat dem Freund ihr Auto geborgt; ⟨auch ohne Akk. und ohne Dat.⟩ er borgt nicht gern. **2.** ⟨sich (Dat.) etw. b.⟩ *sich von jmdm. etw. ausleihen:* sich das Geld für etw. b.; ich habe mir ein Buch bei ihm/von ihm geborgt; ⟨auch ohne Dat.⟩ er hat den Frack nur geborgt; ÜBERTR.: diese Ideen hat er geborgt.

Börse, die (Wirtsch.): **a)** *Markt für Wertpapiere:* die Frankfurter B.; die B. ist, verläuft lebhaft, ruhig, freundlich, stürmisch, uneinheitlich; die B. schloss gut, schwach, flau; die B. behauptete sich, war bewegt; an die B. gehen; diese Papiere werden nicht an der B. gehandelt; an der B. spekulieren, kaufen, verkaufen; Wertpapiere an der B. notieren, umsetzen; **b)** *Börsengebäude:* die B. ist geschlossen.

Borste, die: weiche, harte Borsten; die Borsten des Pinsels, der Bürste; das Schwein hat Borsten; ✶ **seine Borsten zeigen, aufstellen, hervorkehren** *(sich widerspenstig gebärden).*

böse: 1. a) *sittlich schlecht:* eine böse Tat, Gesinnung; das war böse Absicht, böser Wille; ein böser Mensch; die böse Fee im Märchen; SUBST.: etwas Böses tun; Gutes mit Bösem vergelten; das Böse in ihm hat gesiegt; **b)** *schlimm, übel:* böse Zeiten; ein böser Traum; jmdm. einen bösen Streich spielen; eine böse Krankheit; eine böse Geschichte, Angelegenheit; eine böse Überraschung erleben; er hat einen bösen Husten; das wird bös[e] ausgehen; die Worte waren nicht

bös[e] gemeint; man hat ihr bös[e] mitgespielt; SUBST.: nichts Böses ahnen; ihr schwant Böses. **2.** *ärgerlich, verärgert:* ein böses Gesicht machen; er wird immer gleich, wird leicht bös[e]; ⟨auf jmdn. b. sein⟩ bist du noch b. auf mich?; ⟨[mit] jmdm. bös[e] sein⟩ sie ist bös[e] mit ihr (fam.; *hat Streit mit ihr*); die beiden sind sich bös[e]; sie sind bös[e] miteinander; ⟨über etw. (Akk.) b. sein⟩ sie war b. über sein langes Fortbleiben; SUBST.: die beiden Freunde sind im Bösen auseinander gegangen. **3.** (fam.) *(von Kindern) unartig:* du bist ein ganz böses Kind; wenn du so b. bist, darfst du nicht mitgehen. **4.** (ugs.) *entzündet:* einen bösen Finger, ein böses Auge haben. **5.** (ugs.) ⟨verstärkend bei Adjektiven und Verben⟩ *sehr, überaus:* die Krankheit hat ihn bös[e] mitgenommen; sie hat sich bös[e] blamiert.

boshaft: ein boshafter Mensch; eine boshafte Bemerkung; das war b. von der; sie grinste, lächelte b. *(sarkastisch).*

Bosheit, die: **a)** *böse Gesinnung:* das ist reine B. von ihr; die B. schaut ihm aus den Augen; er lässt seine B. an anderen aus; sie steckt voller B.; das hat er aus lauter B. gesagt, getan; **b)** *boshafte Handlung, Bemerkung:* eine versteckte B.; allerlei Bosheiten aushecken; jmdm. Bosheiten sagen; Bosheiten verspritzen; ✶ **mit konstanter Bosheit** *(immer wieder in gleicher Weise etwas Unerwünschtes tuend).*

böswillig: böswillige Beschädigung; er hat b. gehandelt; (Rechtsw.:) böswillige Verleumdung; böswilliges Verlassen der Familie, des Ehepartners.

Bote, der: ein zuverlässiger B.; als B. beschäftigt sein; einen Boten Böses schicken, (geh.:) entsenden; ÜBERTR.: Schneeglöckchen sind die Boten (geh.; *Anzeichen*) des Frühlings.

Botschaft, die: **1.** *Nachricht:* eine gute, frohe, schlimme, traurige, geheime B.; eine B. des Präsidenten an die Bevölkerung; eine B. hinterlassen, erhalten, bekommen, entgegennehmen; jmdm. eine B. bringen, senden; ich habe eine freudige B. für dich; sie warten auf eine B.; die [christliche] B. *(das Evangelium)* verkünden, predigen. **2. a)** *diplomatische Vertretung:* eine deutsche, englische B.; die amerikanische B. in Paris; eine B. errichten, einrichten; **b)** *Botschaftsgebäude:* die französische B. befindet sich im Zentrum der Stadt; sie flüchteten sich in die B.; ein Empfang in der B.; ✶ **die Frohe Botschaft** (christl. Rel.; *das Evangelium).*

brachliegen: die Felder liegen immer noch brach; der Acker hat mehrere Jahre brachgelegen; brachliegendes Land; ÜBERTR.: in diesem Amt liegen seine besten Kräfte brach *(werden sie nicht genutzt).*

Brand, der: **1.** *großes Feuer, Feuersbrunst:* ein verheerender, furchtbarer, riesiger B.; ein B. bricht aus, schwelt, wütet, greift um sich; einen B. verursachen, [an]legen, anfachen, verhüten; man versuchte vergebens, den B. zu löschen, einzudämmen; die Scheune ist in B. geraten; sie setzten, steckten den Holzstoß in B. *(zündeten ihn an);* beim B. *(dem Brennen)* der alten Scheune wurde niemand verletzt. **2.** (Handwerk) *das Brennen, Ausglühen (bei hoher Temperatur):* der B. der Ziegel, des Porzellans. **3.** (ugs.) *starker Durst:* seinen B. löschen; ich habe einen tüchtigen B.

branden (geh.) ⟨irgendwohin b.⟩: das Meer brandet an die Kaimauer, gegen die Felsen; BILDL.: die Wogen der Begeisterung brandeten um ihn; ÜBERTR.: brandender *(tosender)* Beifall.

Brandung, die: die tobende, tosende, rollende B.; die B. donnerte an die Küste; das Rauschen der B.; sie stürzten sich in die B.

braten: a) ⟨etw. b.⟩ *in Fett gar und an der Oberfläche braun werden lassen:* Fleisch braun, knusprig, dunkel, scharf b.; ein Spanferkel am Spieß b.; Kartoffeln in der heißen Asche b.; Fisch in Öl b.; Kartoffeln in einer Pfanne b.; ⟨jmdm., sich etw. b.⟩ er briet sich, ihr ein Schnitzel; **b)** ⟨[irgendwo] b.⟩ *in Fett gar und an der Oberfläche braun werden:* die Kartoffeln braten in der Pfanne; die Gans muss noch eine Stunde b.; auf dem Ofen brieten Äpfel; ÜBERTR.: sie braten in der Sonne, lassen sich in/von der Sonne b. (ugs.; *lassen sich in der prallen Sonne bräunen).*

Braten, der: ein großer, saftiger, knuspriger B.; der B. ist angebrannt; am Sonntag einen B. machen; den B. auf den Herd stellen, mit Fett begießen; es gab Brote mit kaltem B.; ÜBERTR.: das war ein fetter B. (ugs.; *ein großer Gewinn, ein guter Fang);* ⋆ **den Braten riechen** (ugs.; 1. *merken, was an Unangenehmem auf einen zukommt.* 2. *merken, wo sich eine günstige Gelegenheit bietet)* · **dem Braten nicht trauen** *(einer Sache mit Skepsis begegnen; Argwohn hegen).*

Brauch, der: ein schöner, überlieferter, religiöser, aus heidnischer Zeit überkommener B.; so will es der B.; es ist ein alter B.; das ist in dieser Gegend [so] B.; die alten Bräuche pflegen, wieder aufleben lassen; etw. nach altem B. tun, feiern.

brauchbar: brauchbare *(sinnvolle)* Ansätze zeigen, Vorschläge machen; das Material, der Gegenstand ist noch b.; sich als b. erweisen; SUBST.: alles Brauchbare aufheben.

brauchen: 1. *benötigen; jmds., etw. bedürfen:* **a)** ⟨jmdn., etw. b.⟩ etw. dringend, nötig, unbedingt, rasch, sofort b.; Ruhe, Schlaf, Bewegung, Erholung, Hilfe, Rat, Trost b.; die Kinder brauchen neue Schuhe; sie braucht [zum Lesen] eine Brille; sie braucht jemanden, der sich um die Kinder kümmert; ich brauche dich; ich kann dich jetzt nicht b. (ugs.; *habe jetzt keine Zeit für dich);* diese Arbeit braucht [ihre] Zeit *(lässt sich nicht schnell erledigen);* er braucht Geld für ein neues

Auto; dort gibt es alles, was man zum Leben braucht; **b)** ⟨mit Zeitangabe⟩ er hat für die Arbeit einen Tag, 4 Jahre gebraucht; sie brauchte lange, um sich zu entscheiden; **c)** (ugs.) es braucht keine große Anstrengung, um zu erkennen ...; es braucht nur einen Wink, und ... **2.** ⟨jmdn., etw. b.⟩ *gebrauchen, verwenden:* etw. häufig, selten, oft b.; das kann ich gut, nicht [mehr] b.; kannst du die Sachen noch b.? *(hast du noch Verwendung dafür?);* seinen Verstand, seine Ellenbogen b.; er ist zu allem zu b. (ugs.; *ist sehr anstellig);* sie war heute zu nichts zu b. (ugs.; *war zu keiner Arbeit imstande).* **3.** ⟨etw. b.⟩ *verbrauchen:* das Gerät braucht wenig Strom; sie haben alles Geld, Material gebraucht. **4.** ⟨mit Infinitiv mit *zu;* verneint oder eingeschränkt⟩ *müssen:* er braucht heute nicht zu arbeiten/(ugs. auch ohne *zu:*) braucht heute nicht arbeiten; du brauchst doch nicht gleich zu weinen; es braucht nicht besonders gesagt zu werden, dass ...; es braucht nicht sofort zu sein *(es hat Zeit);* du brauchst es [mir] nur zu sagen, wenn du mitfahren willst; das brauchst du dir nicht gefallen zu lassen; das brauchte nicht zu sein, hätte nicht zu sein b. *(wäre vermeidbar gewesen);* das hättest du nicht zu tun b. (nicht korrekt: gebraucht).

brauen ⟨etw. b.⟩: **a)** *Bier herstellen:* die Firma braut monatlich 20 000 Hektoliter [Bier]. **b)** (ugs.) *ein [alkoholisches] Getränk zubereiten:* wir wollen für heute Abend einen Punsch, eine Bowle b.; ich habe mir/dir/für Sie einen Kaffee gebraut.

braun: 1. /eine Farbbezeichnung/: braunes Haar; brauner Zucker; sie hat braune Augen; der Stoff, der Anzug ist b.; etw. b. färben; wir sind in Spanien schön b. geworden; wir sind b. aus dem Urlaub zurückgekommen; b. gebrannte Beine; SUBST.: ein kräftiges, tiefes Braun; sie kam in Braun. **2.** (abwertend) *nationalsozialistisch:* eine braune Gesinnung; die braunen Machthaber; braune Parolen; der Umgang mit brauner Vergangenheit.

bräunen: 1. ⟨etw. b.⟩ *durch Hitzeeinwirkung braun werden lassen:* das Fleisch, Mehl b.; Zwiebeln in Butter b. **2.** ⟨jmdn., etw. b.⟩ *braun machen:* sie ließen sich von der Sonne b.; die Sonne hat sie, ihr Gesicht, ihre Haut stark gebräunt; ⟨auch ohne Akk.⟩ die Sonne bräunt noch nicht. **3.** *braun werden:* **a)** der Braten bräunt schön, gleichmäßig; unter südlicher Sonne, im Solarium b.; **b)** ⟨sich b.⟩ meine Haut hat sich schnell gebräunt; im Herbst bräunen sich die Blätter.

brausen: 1. *ein starkes Rauschen hervorbringen:* das Meer, die Brandung, der Gebirgsbach, der Sturm braust; SUBST.: das Brausen des Windes; ÜBERTR.: die Orgel braust *(erklingt in voller Stärke);* großer Jubel braust *(dröhnt)* durch das Stadion; brausenden *(tosenden)* Beifall ernten.

2. ⟨irgendwohin b.⟩ *geräuschvoll, mit hoher Ge-schwindigkeit fahren:* um die Ecke, über die Autobahn, nach München b.; der Zug ist über die Brücke gebraust.

brav: **1.** *(von Kindern) gehorsam, artig:* ein braves Kind; der Junge war heute b.; sei b.!; b. bleiben, sitzen bleiben. **2.** *bieder, hausbacken:* das Kleid ist zu b. für den Anlass; in diesem Kleid sieht sie b. aus; es sind brave *(rechtschaffene, biedere)* Leute, Bürger; der Pianist hat die Sonate b. *(korrekt, aber ohne besonderes Format)* heruntergespielt.

brechen /vgl. gebrochen/: **1.** ⟨etw. b.⟩ *zerteilen:* etw. in Stücke b.; Flachs b. (Landw.; *mit der Breche zerkleinern*); bei der Vorspeise wird das Brot gebrochen; ⟨jmdm., sich etw. b.⟩ sich ein Bein b. **2.** *in [zwei] Teile zerfallen, durchbrechen:* das Brett bricht; die Äste brachen unter der Schneelast; das Leder, der Stoff beginnt zu b. *(wird rissig);* das Rohr, die Achse, die Feder, die Welle ist gebrochen. **3.** ⟨etw. b.⟩ *abbauen:* Marmor, Schiefer b. **4. a)** ⟨sich an/in etw. (Dat.) b.⟩ *auf etw. auftreffen und in eine andere Richtung abgelenkt werden:* die Brandung bricht sich an den steilen Felsen; der Schall bricht sich am Gewölbe; die Strahlen brechen sich im Glas; **b)** ⟨etw. b.⟩ *ablenken, abprallen lassen:* die Brückenpfeiler brechen die Wellen. **5.** ⟨etw. b.⟩ *überwinden, durchbrechen:* jmds. Widerstand, Trotz, Hartnäckigkeit b.; er hat endlich sein Schweigen gebrochen *(beendet);* eine Blockade b.; einen Rekord b. *(einen neuen Rekord aufstellen);* Bundesrecht bricht *(steht höher als)* Landesrecht. **6.** ⟨mit jmdm., etw. b.⟩ *die bisherige Verbindung, Beziehung aufgeben:* mit seinem Elternhaus, mit seinen Freunden b.; sie hat endgültig mit der Kirche, mit der Partei gebrochen; mit der Tradition, einer Gewohnheit, der Vergangenheit b. **7.** ⟨etw. b.⟩ *nicht mehr einhalten:* einen Vertrag, Eid, sein [Ehren]wort, Versprechen b.; er hat die Ehe gebrochen *(ist untreu geworden);* den Frieden b. *(Streit, Krieg beginnen);* mehrmals wurde der Waffenstillstand gebrochen; das Fasten b. *(beenden).* **8.** ⟨irgendwoher b.⟩ *hindurch-, hervorstoßen:* die Sonne, das Flugzeug bricht durch die Wolken; eine Quelle bricht aus dem Felsen; die Reiter brachen aus dem Hinterhalt; das Wild ist durch das Gebüsch gebrochen *(durchgelaufen);* (geh.) ⟨jmdm. irgendwoher b.⟩ Tränen brachen ihr aus den Augen. **9.** (ugs.) **a)** *erbrechen:* er musste mehrmals, heftig b., hat mehrmals gebrochen; **b)** ⟨etw. b.⟩ *von sich geben:* das ganze Essen, Blut, Galle, Schleim b.;

★ *nichts/nicht viel zu brechen und zu beißen haben (hungern müssen)* · *brechend/zum Brechen voll sein (überfüllt sein):* die Diskothek war brechend voll; ⟨auch attributiv⟩ ein brechend voller Saal.

Brei, der: **1.** *zähflüssige Speise:* dünner, dicker, steifer B.; ein B. aus Grieß, aus Haferflocken; einen B. kochen; das Baby mit B. füttern; etw. zu B. kochen. **2.** *unförmige Masse:* der aufgeweichte Boden war nur noch ein B.; etw. zu B. zerstampfen.;

★ jmdm. Brei um den Mund/ums Maul schmieren *(salopp; jmdm. zu Gefallen reden)* · um den [heißen] Brei herumreden *(ugs.; um etw. herumreden; nicht wagen, etwas Bestimmtes zur Sprache zu bringen)* · jmdn. zu Brei schlagen *(derb; jmdn. zusammenschlagen).*

breit: **1. a)** *von größerer Ausdehnung in seitlicher Richtung:* eine breite Straße; ein breiter Fluss; breite Fenster; sie hat ein breites Gesicht, breite Hüften; der junge Mann ist sehr b. *(breitschultrig);* eine Öffnung breiter machen; einen Nagel b. schlagen; er hat die Schuhe b. getreten; man muss es etw. breiter darstellen, erzählen; eine b. angelegte Studie; ein b. gefächertes Angebot; **b)** *von bestimmter Breite:* das Brett ist 10 cm b.; der Teppich ist 4,50 Meter b.; er ist so b. wie lang (ugs. scherzh.; *ist sehr dick*); das Band ist zwei Finger b. **2.** *größere Teile der Bevölkerung, Öffentlichkeit betreffend:* die breite Masse; eine breite Leserschaft; wir wollen damit breite Bevölkerungsschichten ansprechen; die Aktion fand ein breites *(großes)* Interesse, Echo [in, unter der Bevölkerung]; eine breite Streuung des Eigentums *(Verteilung von Eigentum an viele Bürger);* in der breiten Öffentlichkeit; b. gestreute Anzeigen; etw. auf breiter, auf breitester Grundlage diskutieren; die Aktien sollen b. gestreut werden *(in den Besitz vieler kommen).* **3.** *unangenehm wirkend:* ein breites Lachen; er hat eine breite *(plumpe)* Aussprache; sie lächelte, grinste b. *(aufdringlich);*

★ sich breit machen *(ugs.; 1. viel Platz einnehmen:* mach dich nicht so b.! *2. immer mehr Bereiche, Personen erfassen:* eine gewisse Geisteshaltung, eine gewisse Unzufriedenheit macht sich in der Bevölkerung b.; Unarten, die sich jetzt überall b. machen. *3. sich [häuslich] niederlassen:* sie wollte sich in meiner Wohnung b. machen).

Breite, die: **1.** *Ausdehnung in der Horizontale:* Länge, B. und Höhe eines Zimmers; ein Weg von drei Meter/(seltener auch:) Metern B.; die Brücke hat eine B. von dreißig Metern; etw. der B. nach *(entsprechend der Querachse)* legen, falten, durchsägen; wir liefern die Stücke in verschiedenen Breiten; ÜBERTR.: eine Darstellung in epischer B. *(von großer Ausführlichkeit);* der Aufsatz geht zu sehr in die B. *(behandelt zu viele Details, Nebensächlichkeiten).* **2.** *geographische Lage, Position:* die geographische Breite bestimmen; die Insel liegt [auf, unter] 50 Grad nördlicher B.; in diesen Breiten *(in dieser*

Gegend, in diesen Gegenden) herrscht feuchtwarmes Klima;
∗ in die Breite gehen (ugs.; *dick werden).*
breiten (geh.): **a)** ⟨etw. über/auf jmdn., etw. b.⟩ *ausbreiten:* ein frisches Tuch über den Tisch, auf den Boden b.; ⟨jmdm., sich etw. b.⟩ sie breitete ihm eine Decke über die Beine; **b)** ⟨etw. b.⟩ *ausstrecken:* der Vogel breitet die Flügel; **c)** ⟨sich über etw. b.⟩ *sich ausdehnen:* dichte Nebelschwaden breiten sich über das Tal; ein hämisches Grinsen breitete sich über sein Gesicht.
breitschlagen (ugs.) ⟨jmdn. zu etw. b.⟩: sie hatten ihn dazu breitgeschlagen, er hatte sich dazu b. lassen, mitzumachen.
breittreten (ugs.) ⟨etw. b.⟩: **1.** *ausgiebig, bis zum Überdruss erörtern:* ein Thema immer wieder b.; die Einzelheiten des Prozesses sind jetzt genügend breitgetreten [worden]. **2.** *ärgerlicherweise weiterverbreiten, an die Öffentlichkeit bringen:* musstest du die Sache unbedingt b.?
Bremse, die: eine automatische, hydraulische B.; die Bremsen quietschen, kreischen, laufen heiß, versagen, blockieren; neue Bremsen einbauen; die B. prüfen, betätigen, loslassen, durchtreten (ugs.; *das Bremspedal bis zum Anschlag treten*); die B. *(Handbremse)* anziehen, feststellen, lösen; auf die B. treten; [ständig] auf der B. stehen (ugs.; *bremsen).*
bremsen: a) *die Bremse betätigen:* rechtzeitig, zu spät b.; mit dem Motor b.; der Fahrer, das Auto hatte zu scharf gebremst; ÜBERTR.: wir müssen [mit den Ausgaben] b. *(zurückhaltend, sparsam sein);* **b)** ⟨etw. b.⟩ *zum Halten bringen:* einen Wagen b.; der Wagenführer konnte die Straßenbahn nicht mehr rechtzeitig b.; ÜBERTR.: man muss ihn dauernd b. (ugs.; *davon zurückhalten, zu weit zu gehen*); er war [in seinem Tatendrang] nicht/ kaum zu b.; sie konnte sich nicht [mehr] b. [in ihrem Zorn]; eine Entwicklung b. *(verlangsamen);* die Einfuhren b. *(einschränken);* die Ausgaben b. *(reduzieren);* mit solchen Gesetzen werden die Wachstumspotenziale des Handels gebremst; Ⓡich kann mich b.! (ugs.; *das werde ich nun ganz bestimmt nicht tun!).*
brennen /vgl. brennend/: **1. a)** *in Flammen stehen:* hell, lichterloh, wie Stroh *(sehr stark)* b.; das Haus, der Wald brennt; der Ofen brennt *(ist angezündet);* ⟨es brennt [irgendwo]⟩ es brannte an allen Ecken und Enden; BILDL.: Hass brannte in ihm; es brennt im Strafraum/vor dem Tor (Fußball Jargon; *es besteht höchste Gefahr, ein Tor hinnehmen zu müssen*); brennende Liebe; Ⓡ wo brennts denn? (ugs.; *was ist denn los?*); **b)** ⟨irgendwie b.⟩ *eine bestimmte Brenneigenschaft haben:* das brennt schnell, leicht, wie Zunder; dieser Ofen brennt gut *(heizt gut);* **c)** *sehr heiß scheinen:* die Sonne brennt [heute ungeheuer], brennt gnadenlos vom Himmel; sich in die brennende Sonne legen.

2. ⟨etw. b.⟩ *als Heizmaterial verwenden:* Holz, Öl b.; in diesen Öfen kann man nur Koks b.
3. a) *eingeschaltet, angezündet sein:* die Kerze, das Licht brennt [die ganze Nacht]; lass das Licht b.! *(mach es nicht aus!);* eine brennende Zigarette; brennende Kerzen; BILDL.: ein brennendes *(grelles, leuchtendes)* Rot; **b)** *eingeschaltet haben, leuchten lassen:* den ganzen Tag Licht b.; nur die Stehlampe b. lassen; nicht alle Birnen b. **4.** ⟨etw. irgendwohin b.⟩ *einbrennen:* ein Zeichen auf das Fell, in die Haut des Tieres b.; das Muster ist in das Porzellan gebrannt; ⟨jmdm., sich etw. irgendwohin b.⟩ ich habe mir ein Loch in den Anzug gebrannt. **5.** (selten) ⟨jmdn., sich b.⟩ *durch Hitze, Feuer verletzen:* jmdn. mit der Zigarette [am Arm] b.; ich habe mich [am Ofen] gebrannt. **6.** ⟨etw. b.⟩ **a)** *unter großer Hitzeeinwirkung härten lassen:* Ziegel, Porzellan, Ton b.; Kalk b. *(zum Zwecke seiner chemischen Veränderung großer Hitze aussetzen);* gebrannter Kalk; **b)** *destillieren:* Schnaps b.; kanadischer Whiskey wird aus Weizen gebrannt; ⟨auch ohne Akk.⟩ er brennt selbst, heimlich *(stellt selbst, heimlich Schnaps her);* **c)** *rösten:* Kaffee, Mehl, Zucker [braun] b.; gebrannte Mandeln. **7. a)** *schmerzen:* die Wunde brennt; die Fußsohlen, meine Füße brennen entsetzlich; ⟨jmdn. b.⟩ mir brennen die Augen [vor Müdigkeit, vom vielen Lesen]; ÜBERTR.: brennendes *(quälendes)* Heimweh; brennender Durst; ein brennender Ehrgeiz; **b)** *scharf sein, einen beißenden Reiz verursachen:* der Pfeffer brennt auf der Zunge, im Hals; ⟨jmdm. irgendwo b.⟩ der Schnaps brennt mir wie Feuer in der Kehle. **8. a)** ⟨auf etw. (Akk.) b.⟩ *heftig erstreben:* auf Rache b.; die Mannschaft brannte auf die Teilnahme am Wettbewerb; er brennt darauf, ihn zu sprechen; **b)** ⟨vor etw. b.⟩ *ganz ungeduldig sein:* sie brennt vor Neugier, vor Ungeduld, vor Ehrgeiz, vor Tatendrang. **9.** (EDV) *mit Daten beschreiben:* eine CD b.
brennend: a) *sehr wichtig, akut:* ein brennendes Problem; **b)** ⟨verstärkend bei Adjektiven und Verben⟩ *sehr:* etw. b. gern tun, haben wollen; sich b. für etw. interessieren.
Brennpunkt, der: **1.** (Optik): *Treffpunkt von Strahlen:* der B. einer Linse, eines Hohlspiegels; BILDL.: der Platz ist ein B. des Verkehrs. **2.** *Mittelpunkt:* in den B. rücken; im B. des allgemeinen Interesses, der öffentlichen Kritik stehen.
brenzlig (ugs.): eine brenzlige Situation; ein brenzliger Augenblick; die Sache ist, wird [mir] zu b.; es wurde langsam b. für sie.
Brett, das: **1.** *schmale, schwache, stabiles, schweres B.;* die Bretter sind morsch, verfault; ein B. schneiden, zurechtsägen, annageln; hier ist die Welt [wie]

B

mit Brettern vernagelt (ugs.; *hier geht es nicht weiter, kommt man nicht voran*).
2. *Spielbrett:* am ersten, zweiten B. des Turniers spielen; am B. sitzen; die Figuren auf das B. setzen.
3. ⟨Plural⟩ a) *Bühne:* nach langer Krankheit steht sie jetzt wieder auf den Brettern; das Stück ging hundertmal über die Bretter *(wurde hundertmal aufgeführt);* b) (Boxen) *Boden:* auf die Bretter müssen; er schickte seinen Gegner dreimal auf die Bretter; (ugs.:) der Typ versetzte ihm einen Schlag, der ihn für Stunden auf die Bretter legte.
4. ⟨Plural⟩ *Ski:* [sich (Dat.)] die Bretter anschnallen, abschnallen; die Bretter wachsen; (ugs.:) sich auf die Bretter stellen; er steht noch unsicher auf den Brettern;
★ **schwarzes Brett** *(Anschlagbrett):* eine Mitteilung am schwarzen B. aushängen, ans schwarze B. schlagen · **die Bretter, die die Welt bedeuten** *(Bühne)* · **ein Brett vor dem Kopf haben** (ugs.; *begriffsstutzig sein)* · **das Brett bohren, wo es am dünnsten ist** (ugs.; *sich eine Sache leicht machen).*

Brief, der: ein langer, ausführlicher, kurzer, handgeschriebener, dienstlicher, privater, anonymer, versiegelter B.; ein B. von zu Hause, an die Eltern, aus Japan, nach Amerika, zum Abschied, zum Geburtstag; der B. ist angekommen, verloren gegangen, erreichte mich zu spät; unsere Briefe haben sich gekreuzt; einen B. schreiben, adressieren, zukleben, frankieren, freimachen, einwerfen, öffnen, (ugs.:) aufmachen, persönlich überreichen, abfangen, beantworten; der Brief ist an den Direktor persönlich gerichtet; Briefe austragen, zustellen; einen B. als/per Einschreiben, mit Eilboten schicken; mit jmdm. Briefe wechseln; jmdm. etw. in einem B. mitteilen;
★ **blauer Brief** (ugs.; 1. *Kündigungsschreiben.* 2. *Mahnbrief an die Eltern eines Schülers, dessen Versetzung gefährdet ist)* · **offener Brief** *(in der Presse veröffentlichter Brief an eine Persönlichkeit, Institution o. Ä.)* · **jmdm. Brief und Siegel [auf etw. (Akk.)] geben** *(jmdm. etw. fest versichern, garantieren):* ich gebe Ihnen [darauf] B. und Siegel, dass ...

Briefkasten, der: ↑ Kasten.
Briefmarke, die: ↑ Marke.
Brieftasche, die: eine wohlgefüllte B.; eine B. aus Leder, mit allen Papieren; die B. einstecken; die B. zücken/seine B. ziehen *(Anstalten machen zu zahlen, für etw. Geld zu geben);* den Pass habe ich in der B.; ÜBERTR.: sich nur für jmds. B. (ugs.; *Geld)* interessieren; Urlaub für Leute mit dicker/ schmaler B. (ugs.; *für bemittelte/unbemittelte Leute);* über eine dicke B. verfügen, eine dicke B. haben (ugs.; *viel Geld besitzen).*
Briefwechsel, der: a) *Austausch von Briefen:* ein reger, ausgedehnter B.; [mit jmdm.] einen längeren B. über etw. haben, führen; mit jmdm. in B. stehen; b) *gesammelte Briefe über eine Sache, von*

bestimmten Personen: den ganzen B. einsehen, durchsehen, veröffentlichen; Goethes B. mit Schiller/den B. zwischen Goethe und Schiller herausgeben.
brillant: ein brillanter Redner, Fechter; eine brillante Leistung; brillante Einfälle haben; die Aufführung war b.; der Pianist spielt b.; b. aussehen; jmdm. geht es b.
Brille, die: 1. *Gestell mit Augengläsern:* eine moderne, schicke, goldene, dunkle B.; eine B. mit getönten Gläsern, für die Ferne, für die Nähe, zum Lesen; die B. ist [für meine Augen] zu schwach [geworden]; die B. passt, sitzt schlecht, rutscht, läuft an; eine B. tragen [müssen]; eine neue, schärfere, stärkere B. brauchen; sich vom Arzt eine neue B. verschreiben lassen; die B. aufsetzen, abnehmen, putzen, auf die Stirn schieben; ein Mann mit B.; etw. nur mit B., nicht ohne B. lesen können; das sieht man ja ohne B. (ugs.; *das ist leicht einzusehen).*
2. (ugs.) *Klosettbrille:* die B. hoch-, herunterklappen; sich auf die B. setzen;
★ **etw. durch eine gefärbte, durch seine eigene Brille sehen/betrachten** *(etw. voreingenommen, subjektiv beurteilen)* · **etw. durch eine rosa[rote] Brille [an]sehen/betrachten** *(etw. allzu positiv beurteilen)* · **alles durch die schwarze Brille sehen** *(allzu pessimistisch sein).*
bringen: 1. a) ⟨jmdn., etw. irgendwohin b.⟩: *tragen, befördern:* die Ware ins Haus, den Koffer zum Bahnhof b.; er lässt das Frühstück aufs Zimmer b.; die Kinder ins/zu Bett b.; Geschütze in Stellung b.; den Verletzten in die Klinik, den Wagen zum TÜV b.; was bringt dich denn hierher? *(welche Überraschung, dich hier zu sehen!);* ich muss die Pflanze heil nach Hause b.; ÜBERTR.: Leben, Stimmung in eine Gesellschaft b.; Unglück, Unheil [über jmdn., etw.] b.; ⟨etw. b.⟩ *zu jmdm.* tragen und übergeben: die Post, Geld b.; ⟨jmdm. etw. b.⟩ jmdm. Blumen, ein Geschenk, täglich das Essen b.; er brachte mir einen Stuhl; jmdm. Neuigkeiten, eine [gute] Nachricht b.; BILDL.: der letzte Winter brachte uns viel Schnee.
2. ⟨jmdn. irgendwohin b.⟩ *begleiten:* jmdn. an die Bahn, zum Flughafen b.; die Kinder zur Schule, in den Kindergarten b.; er hat das Mädchen nach Hause gebracht.
3. *etw. erreichen, schaffen:* a) ⟨es zu etw. b.⟩ es zu Ansehen, zu Vermögen, zu einer hohen Stellung, zu Ruhm, zu Ehren b.; er hat es [im Leben, auf diesem Gebiet] zu nichts gebracht; er hat es bis zum Direktor gebracht *(ist bis zum Direktor aufgestiegen);* b) ⟨es auf etw. (Akk.) b.⟩ er hat es auf 90 Jahre gebracht *(wurde 90 Jahre alt);* der Motor, der Wagen hat es auf 150 000 Kilometer gebracht; die Firma hat es auf mehrere Millionen Umsatz gebracht.
4. ⟨jmdn., etw. irgendwohin b.⟩ *dafür sorgen, dass jmd., etw. irgendwohin kommt, gerät:* jmdn. vor Gericht, vor den Richter, ins Gefängnis, auf

die Wache b.; das Produkt erfolgreich an den Mann, an die Frau b.; den Satelliten auf eine Umlaufbahn um die Erde b.; das Gespräch auf ein anderes Thema b. *(lenken);* er bringt 120 Kilo auf die Waage *(ist 120 Kilo schwer);* wir hoffen, dass wir viel von unserer kreativen Energie über den Sender b. können; ÜBERTR.: seine Mannschaft in Führung b.; den Gegner an den Rand einer Niederlage b.; jmdn. auf den rechten Weg b.; jmdn. in seine Gewalt, unter seine Herrschaft b.; er hat sich in Gefahr gebracht; jmdn. zum Reden, zum Lachen, zum Schweigen, zur Besinnung, zur Einsicht, zur Vernunft, zur Verzweiflung b.; jmdn. aus der Fassung b. *(jmdn. verwirren);* sich nicht aus der Ruhe b. lassen *(sich nicht nervös machen lassen);* so etwas bringt mich zum Wahnsinn *(macht mich noch krank);* /häufig verblasst/: jmdn. dazu b., dass er etw. tut; jmdn. auf andere, neue Gedanken, auf eine Idee b.; jmdn. in Verdacht, in Verruf, in Verlegenheit, in Wut b.; etw. in Umlauf b.; etw. auf den Markt b. *(produzieren, anbieten);* etw. auf die Bühne b. *(aufführen);* etw. zu Ende b. *(abschließen);* sich in Erinnerung b.; etw. nicht über die Lippen b. *(etw. nicht zu sagen wagen);* etw. zum Vorschein bringen *(unverhofft finden, hervorholen).* **5.** ⟨jmdn. um etw. b.⟩ *schuld sein, dass jmd. etw. verliert, Schaden erleidet:* jmdn. um seine Stellung, um sein Geld, um Haus und Hof, um seine Ehre b.; der Lärm auf der Straße hat mich um den Schlaf, um die Nachtruhe gebracht; so etwas bringt mich noch um den Verstand *(macht mich noch krank).* **6.** a) ⟨(ugs.) ⟨etw. b.⟩ *veröffentlichen; der Allgemeinheit darbieten:* etw. zu einem späteren Zeitpunkt b.; einen Aufsatz, Artikel [in der Zeitschrift] b.; die Zeitung brachte nichts, keinen Bericht darüber; das Zweite Deutsche Fernsehen bringt *(sendet)* zur gleichen Zeit ein Konzert; b) ⟨jmdm. etw. b.⟩ *darbieten:* den Göttern Opfer b.; jmdm. ein Ständchen b. **7.** a) ⟨etw. b.⟩ *erbringen, einbringen:* Zinsen, hohen Ertrag, großen Gewinn b.; auf der Auktion brachte das Gemälde 50 000 Mark; (ugs.:) alles, was viel Geld bringt; der Motor bringt (ugs.; *leistet)* 100 PS; das bringt einiges, viel *(das lohnt sich, lohnt sich sehr);* Ⓡdas bringt nichts (ugs.; *das hat keinen Zweck, das lohnt sich nicht);* b) ⟨jmdm. etw. b.⟩ *bescheren:* etw. bringt jmdm. Ärger, Verdruss, Freude, keinen Segen, keinen Vorteil, keinen Erfolg; das hat mir nur Nachteile gebracht; das bringt mir nichts mehr (ugs.; *befriedigt mich nicht mehr);* c) (bes. Jugendspr., salopp) ⟨etw. b.⟩ *zustande bringen; schaffen:* eine Leistung b.; sie will es unbedingt heute b. *(eine gute Leistung zeigen);* mir den Kopf kahl scheren zu lassen, das bring ich nicht; die neue CD bringts voll *(ist ausgezeichnet);* der, die, das bringts! *(der, die, das ist hervorragend!).* **8.** (ugs.) *etw. Bestimmtes erreichen:* jmdn. nicht

satt b.; ich bringe das Kleid nicht sauber; er konnte den Schrank nicht von der Stelle b.; ⋆ es weit bringen *(im Leben viel erreichen)* · etw. an sich bringen (ugs.; *sich etw. aneignen)* · etw. hinter sich bringen (ugs.; *etw. bewältigen)* · etw. mit sich bringen *(zur Folge, als Nebeneffekt haben):* der Arbeitsablauf bringt es mit sich, dass ... · es nicht über sich bringen *(zu etw. nicht fähig sein).*

brisant (Waffent.): ein brisanter Sprengstoff; diese Dynamitladung ist äußerst b.; ÜBERTR.: ein brisantes Unternehmen; ein brisanter Fall; eine brisante Rede halten; das Thema des Buches ist äußerst b.; das Vorgehen, der Streit ist politisch b.

Brisanz, die (Waffent.): die B. einer Bombe, einer Granate; die Sprengkörper haben unterschiedliche Brisanzen; ÜBERTR.: die ökonomische, soziale, emotionale B. eines Themas; ein Unterfangen von hoher politischer B.

Brise, die: eine leichte, kühle, kräftige, steife B.; hier weht [von See her] eine frische B.; eine B. kam auf.

Brocken, der: ein schwerer, dicker B. Lehm, Erde, Kohle; ein fetter B. Fleisch; dem Hund einen B. *(Bissen)* zuwerfen; ÜBERTR.: ein paar B. Englisch/ einige englische Brocken können; ein paar Brocken *(einige Sätze)* des Gesprächs mitbekommen; sich die besten Brocken *(das Beste)* nehmen; jmdm. einen fetten B. *(ein gutes Geschäft)* wegschnappen; mit dicken, schweren B. *(mit großkalibriger Munition)* schießen; das war ein harter B. *(das war eine schwierige Sache, ein schwerer Gegner);* ein B. von einem Mann *(ein kräftiger Mensch);* ein kleiner, süßer B. *(ein strammes, süßes Baby);* ⋆ die Brocken hinwerfen/hinschmeißen (ugs.; *alles aufgeben).*

brodeln ⟨[irgendwo] b.⟩: das Wasser, die Suppe brodelt [im Topf]; brodelnde Lava; brodelndes Wasser; brodelnde (dichter.: *dampfend aufsteigende)* Nebel; ÜBERTR.: es brodelt in den Betrieben, unter der Bevölkerung *(Unruhe breitet sich aus);* brodelnde Diskussionen, Leserbriefe, Bekenntnisse.

Brot, das: **1.** a) ein rundes, langes, weiches, frisch gebackenes, helles, schwarzes, grobes, trockenes, hartes, verschimmeltes, französisches B.; ein Laib B.; ein B. aus Roggenmehl; das B. ist von gestern, ist noch warm, ist ganz frisch, kommt gerade aus dem Ofen; nötig haben wie das tägliche B. *(etw. sehr nötig haben);* das B. in den Ofen schieben, (fachspr.:) schießen; ein B. kaufen, anschneiden, aufschneiden; sie bäckt ihr B. selbst; b) *vom Brotlaib abgeschnittene Scheibe:* eine Scheibe B.; belegte Brote; trockenes B. essen; ein B. mit Käse; B. in die Suppe brocken; [sich (Dat.)] ein paar Brote schneiden, schmieren; etw. aufs Brot legen, streichen, schmieren; jmdm. ein B. *(ein Frühstücksbrot)* mitgeben.

B

2. *Lebensunterhalt:* [sich (Dat.)] sein B. mit Zeitungsaustragen, als Gepäckträger verdienen; * Brot und Wein (christl. Rel.; *das heilige Abendmahl*) · ein hartes/schweres Brot *(eine schwere Arbeit, ein mühevoller Gelderwerb)* · mehr als Brot essen können (ugs.; *nicht dumm sein, etwas können*) · überall sein Brot finden (geh.; *fleißig, anstellig sein, sodass man überall seinen Lebensunterhalt finden kann*) · für ein Stück Brot *(ganz billig, viel zu billig).*

Brötchen, das: ofenfrische, knusprige, belegte B.; ein B. mit Honig; die B. sind noch warm, schon trocken, hart; der Bäcker bäckt täglich zweimal B.; B. holen gehen; es gibt frische B. zum Frühstück; die B. aufschneiden, belegen; * sich seine Brötchen verdienen (ugs.; *seinen Lebensunterhalt verdienen*) · kleine/kleinere Brötchen backen [müssen] (ugs.; *sich bescheiden [müssen]*).

Bruch, der: 1. a) *das Zerbrechen; das Durchgebrochensein:* der B. einer Achse, einer Welle, eines Dammes; b) *Knochenbruch:* ein doppelter, komplizierter, offener B.; ein glatter B.; der B. ist gut verheilt; den B. schienen, einrichten; c) *Eingeweidebruch:* ein eingeklemmter B.; einen B. operieren, einrichten; er hat sich (Dat.) einen B. gehoben, zugezogen; jmdm. am B. operieren; d) (Kaufmannsspr.) *zerbrochene, minderwertige Ware:* B. [von Schokolade] kaufen; etw. als B. verkaufen; ÜBERTR.: das ist alles B. *(minderwertig, wertlos);* e) (ugs.) *Einbruch:* den B. machen wir während der Nacht; er versuchte, den Kumpel von früher zu einem B. zu überreden. 2. *Knick, Falte:* ein scharfer B.; ein Tuch nach dem B. legen. 3. a) *das Nichteinhalten:* der B. eines Versprechens, des Vertrages, des Waffenstillstandes; b) *Abbruch einer Verbindung, Beziehung:* der B. mit den Elternhaus, mit der Tradition; dieser Schritt bedeutete den endgültigen B. mit der Partei; es kam zum offenen B. zwischen ihnen. 4. (Math.) *mit Bruchstrich geschriebene gebrochene Zahl:* ein [un]echter, uneigentlicher, abgeleiteter, gleichnamiger B.; einen B. kürzen, erweitern; mit Brüchen rechnen; * Bruch machen (Fliegerspr.; *eine Bruchlandung verursachen*) · sich (Dat.) einen Bruch lachen (salopp; *heftig lachen*) · in die Brüche gehen (1. *entzwei, in Trümmer gehen:* das neue Boot ist in die Brüche gegangen. 2. *nicht länger Bestand haben:* ihre Ehe, ihre Freundschaft ist in die Brüche gegangen) · zu Bruch gehen *(entzwei, in Trümmer gehen)* · zu Bruch fahren *(kaputtfahren).*

brüchig: brüchiges Leder, Material; leicht brüchige Fingernägel; der Stoff, das Mauerwerk, der Sandstein, das Seil ist b. [geworden]; ÜBERTR.: eine brüchige *(spröde, raue)* Stimme; eine brüchige *(schwankende)* Moral; ein brüchiger Konsens;

das Verhältnis zu China, der soziale Friede ist b. geworden; eine b. gewordene Ehe.

Bruchteil, der: etw. dauerte nur den B. einer Sekunde, geschah im B. einer Sekunde; nur einen B. der Kosten decken; ich kann dir nur einen B. dessen bieten, was er dir bietet; er verkaufte die Aktien zu einem B. von dem, was er dafür gezahlt hatte/zu einem B. des Kaufpreises.

Brücke, die: 1. *Überführungsbauwerk:* eine lange, schmale, breite, sechsspurige, moderne, zweistöckige, freitragende, bewegliche B.; eine B. über den Rhein; die B. verbindet den alten mit dem neuen Stadtteil; eine B. spannt sich, führt über die Schlucht; die B. hängt an zwei Pylonen, ruht auf drei Pfeilern; eine B. bauen, dem Verkehr übergeben, sperren, hochziehen, herablassen; eine B. über einen Fluss schlagen; auf der B. stehen; über eine B. gehen; unter der B. hindurchfahren; von der B. ins Wasser springen; BILDL.: eine B. von der Vergangenheit in die Zukunft schlagen; der Sport schlägt Brücken zwischen den Völkern. 2. *Kommandobrücke:* auf die B. gehen; auf der B. stehen; von der B. aus etw. beobachten, Befehle geben. 3. *kleiner Teppich:* echte Brücken; der Boden ist mit Brücken bedeckt. 4. *Zahnersatz:* die B. sitzt nicht fest, passt nicht; jmdm. eine B. einpassen. 5. */eine Turnübung/:* eine B. machen; in die B. gehen; * die/alle Brücken hinter sich (Dat.) abbrechen *(sich von allen bisherigen Bindungen lösen)* · jmdm. eine [goldene] Brücke/[goldene] Brücken bauen *(jmdm. ein Eingeständnis, das Nachgeben erleichtern).*

Bruder, der: 1. *männliches Geschwister:* mein älterer, jüngerer, großer *(älterer)*, kleiner *(jüngerer)* B.; ein leiblicher B.; feindliche Brüder; jmdm. wie ein B. sein; etw. wie unter Brüdern *(ehrlich)* teilen. 2. (geh.) *Mitmensch männlichen Geschlechts:* na, B., wie gehts?; das sozialistische Lager steht fest hinter seinen chinesischen Brüdern. 3. (kath. Rel.) *Mönch [ohne Priesterweihe]:* geistlicher, dienender B.; /in der Anrede/: B. Johannes. 4. (ugs. abwertend) *Bursche, Kerl:* ein falscher, gefährlicher, windiger, lustiger B.; die Brüder wollen nur unser Geld haben; den B. kenne ich; * warmer Bruder (salopp abwertend; *Homosexueller*) · der große Bruder: (1. *der größere, mächtigere Partner.* 2. *die allmächtige, alles überwachende Staatsgewalt)* · unter Brüdern (ugs. scherzh.; *offen und ehrlich; unter guten Bekannten [gesagt]*): was hast du unter Brüdern dafür bezahlt?

brüderlich: brüderliche Hilfe; etw. b. teilen; zusammenstehen.

Brüderschaft, die: jmdm. die B. anbieten, antragen; mit jmdm. B. schließen;

★ **Brüderschaft trinken** *(mit einem Schluck eines alkoholischen Getränks die Duzfreundschaft besiegeln).*

Brühe, die: **1.** a) *durch Kochen von Fleisch oder Knochen gewonnene Flüssigkeit:* eine klare, kräftige B. [von Rindsknochen]; eine Tasse B. mit Einlage, mit Ei; **b)** (landsch.) *Kochwasser:* die B. vom Spinat weiterverwenden, wegschütten, abgießen. **2.** (abwertend) *schmutziges, trübes Wasser:* eine braune, stinkige, trübe, schmutzige B.; die ganze Brühe lief über den Boden; in dieser B. kann man nicht mehr baden; diese dünne B. (ugs.; *diesen dünnen Kaffee)* kannst du alleine trinken; die B. (ugs.; *der Schweiß)* lief ihm über das Gesicht.

brüllen: 1. *einen brüllenden Laut von sich geben:* das Vieh brüllt auf der Weide, nach Futter; SUBST.: das dumpfe Brüllen der Rinder. **2.** (ugs.): a) *sehr laut sprechen, schreien:* die Kinder brüllen auf der Straße; er brüllte, dass man es im Nebenzimmer hörte; wie ein Stier b. *(schreiend schimpfen);* vor Schmerzen, vor Wut b.; brüllendes Gelächter; **b)** ⟨etw. b.⟩ *schreiend äußern:* die Zuschauer brüllten:»Tor!«; »Ich werde mich rächen!«, brüllte er durch den Saal; er brüllte ihm etwas ins Ohr; c) (ugs. abwertend) *laut weinen:* wie am Spieß, aus Leibeskräften b.; das Kind brüllte die ganze Nacht;
★ **zum Brüllen sein** (ugs.; *sehr lustig sein, sehr zum Lachen reizen).*

brummen: 1. a) *einen brummenden Laut von sich geben:* die Fliegen, Käfer brummen; der Bär hat böse gebrummt; der Motor brummt sehr stark; der Kühlschrank brummt; ⟨jmdm. b.⟩ mir brummt der Kopf, der Schädel *(ich habe Kopfschmerzen);* ÜBERTR.: die Wirtschaft, der Laden, die Börse, das Geschäft mit Gebrauchtwagen brummt (Wirtsch.; *geht gut);* **b)** ⟨irgendwo[hin] b.⟩ *brummend fahren, fliegen:* eine Hummel brummt durch das Zimmer; mehrere Flugzeuge waren über die Stadt gebrummt. **2.** a) *nörgeln, sich mürrisch äußern:* er brummt heute schon den ganzen Tag; vor sich hin b.; **b)** ⟨etw. b.⟩ *mürrisch und unverständlich sagen:* etwas Unverständliches, eine Antwort b.; er brummt etwas ins Telefon, vor sich hin; c) ⟨etw. b.⟩ *mit tiefer Stimme summen:* ein Lied, eine Melodie [vor sich hin] b.; **d)** *mit tiefer Stimme unmelodisch, falsch singen:* da hinten brummt doch jemand! **3.** (ugs.) *in Arrest, Haft sein:* er muss b., hat [für den Diebstahl] sechs Monate gebrummt; der Schüler hat zwei Stunden gebrummt *(nachgesessen).*

brummig (ugs.): ein brummiges Wesen haben; er ist heute so b.; b. antworten.

Brunnen, der: **1.** a) *Anlage mit ständig fließendem Wasser:* der B. auf dem Marktplatz; der barocke B. vor dem Schloss; der B. sprudelt, fließt, plätschert, rauscht die ganze Nacht; Wasser am/vom

B. holen; **b)** *technische Anlage zur Gewinnung von Grundwasser:* ein verseuchter, tiefer, natürlicher B.; artesischer B. *(natürlicher Brunnen, bei dem das Wasser durch Überdruck des Grundwassers selbsttätig aufsteigt);* der B. ist versiegt; einen B. graben, bohren, anlegen, bauen, zudecken; Wasser aus dem B. schöpfen, fördern; BILDL.: ein unversiegbarer, lebendiger B. der Freude, des Wissens. **2.** *Wasser einer Heilquelle:* ein heißer, salziger, salzreicher B.; B. trinken.

brüsk: ein brüskes Auftreten; eine brüske Abkehr; ein brüsker Ton; einen Vorschlag b. ablehnen; sich von jmdm., etw. b. abwenden.

Brust, die: **1.** a) *Vorderseite des Rumpfes:* eine breite, schmale, gewölbte, flache B.; seine B. ist stark behaart; die B. *(der Brustkorb)* hebt sich, senkt sich; die B. herausstrecken, dehnen; B. raus!; jmdn. an seine B. ziehen, drücken; er schlug sich (Dat.) an die B.; BILDL.: etw. in seiner B. verschließen (geh.; *etw. für sich behalten);* **b)** *Milch spendendes Organ der Frau:* eine spitze, runde, kleine, feste, volle, üppige, hängende, schlaffe, straffe B.; weiße, rosige, riesige Brüste; die linke B. ist entzündet; ihre B. ist flach wie ein Brett; sie hat schöne Brüste/eine schöne B.; die B. bedecken, entblößen; einer Frau die B. abnehmen *(operativ entfernen);* dem Kind die B. geben, reichen *(ein Kind stillen);* das Baby nimmt die B. *(trinkt);* den Säugling an die B. legen, von der B. nehmen. **2.** *Sitz der Atmungsorgane, der Lunge:* eine schwache, gesunde B.; die B. abhorchen; der Nebel legt sich mir auf die B.; jmd. hat es auf der B. (ugs.; *ist lungenkrank);*
★ **Brust an Brust** *(einander direkt gegenüber):* B. an B. stehen, kämpfen · **sich** (Dat.) **an die Brust schlagen** *(Reue empfinden, sich seine Fehler vorhalten)* · **schwach auf der Brust sein** (ugs.; 1. *anfällige Atmungsorgane haben.* 2. *wenig Geld haben.* 3. *in einem Bereich wenig Kenntnisse, Fähigkeiten haben)* · **sich in die Brust werfen** (ugs.; *sich mit etw. brüsten; prahlen)* · **mit geschwellter Brust** *(stolz)* · **einen zur Brust nehmen** (ugs.; *Alkohol trinken)* · **[sich** (Dat.)] **jmdn., etw. zur Brust nehmen** (ugs.; *sich jmdn., etw. gründlich vornehmen).*

Brut, die: **1.** a) *das Brüten:* die erste, zweite B.; künstliche B.; das Tier ist bei der B.; **b)** *ausgeschlüpfte Tiere:* die B. der Vögel, der Bienen, der Fische; die flügge, nackte B.; die B. schlüpft aus; die Schwalbe füttert ihre B. **2.** (salopp abwertend) *Gesindel:* eine üble, gefährliche, verhasste B.

brutal: a) *gewalttätig:* ein brutales Verbrechen, Vorgehen; brutaler Fußball; ein brutaler Mord, Terroranschlag; ein brutales Gesicht; die Rechte dieses Volkes sind lange Zeit in brutaler Weise unterdrückt worden; er ist b. [geworden]; die Kinofilme werden immer brutaler *(sind immer*

B

mehr mit Gewaltszenen durchsetzt); jmdn. b. behandeln, vergewaltigen, foltern; einen Aufstand
b. niederschlagen; **b)** *schonungslos:* brutale
Härte, Wirklichkeit; Sozialleistungen werden b.
gekürzt; jmdm. etw. b. ins Gesicht sagen; der
Sound klingt hart und b.; **c)** (Jugendspr.) *großartig:* die Band, die Fete war echt b.
brüten: 1. a) *auf den Eiern sitzen:* die Henne, der
Vogel brütet; **b)** (ugs.) ⟨über etw. (Dat.)⟩ b.⟩ *grübeln:* über einer Aufgabe, über der Lösung eines
Problems b.; ⟨auch ohne Präpositionalobjekt⟩ er
brütet schon seit Tagen und kommt nicht weiter;
SUBST.: in dumpfes Brüten versinken.
2. *auf etw. drückend lasten:* die Sonne brütet
[über dem Land]; es herrschte brütende Hitze in
allen Räumen; bei brütender Hitze arbeiten.
3. (ugs.) ⟨etw. b.⟩ *sich ausdenken:* Rache, etwas
Schlimmes, einen bösen Plan b.
Bub, der (südd., österr., schweiz.): *Junge:* er ist ein
frecher, lieber B.; ist es ein B. oder ein Mädchen?;
er hat zwei Buben.
Bube, der /*eine Spielkarte/:* den Buben ausspielen;
mit dem Buben stechen.
Buch, das: **1. a)** *größeres, gebundenes Druckwerk;
Band:* ein dickes, handliches, zerlesenes B.; ein B.
in Leder, in Leinen, mit Goldschnitt, in/im Lexi-
konformat, von 1 000 Seiten; das B. ist vergriffen;
ein B. aufschlagen, zuklappen, durchblättern,
[antiquarisch] kaufen, verschenken, ausleihen;
Bücher binden, einstampfen; kein B. in die Hand
nehmen *(nicht gerne lesen);* die Bücher wieder an
den Platz, ins Regal stellen; in einem B. blättern;
über den Büchern sitzen *(eifrig lernen);* **b)** *in
Buchform erscheinender, veröffentlichter Text:* ein
hochaktuelles, gutes, fesselndes, lesenswertes,
spannendes B.; das B. erscheint im März, ist ein
Bestseller [geworden], liest sich gut; ein B.
[aus]lesen, (ugs.:) verschlingen; er schreibt ein
neues B., an einem neuen B.; das B. *(Drehbuch)*
schrieb ...; ein B. *(Manuskript)* redigieren, in
Druck geben, drucken; ein B. verlegen, neu auflegen, herausgeben; ein B. zitieren/etw. aus einem
B. zitieren; Bücher wälzen *(in vielen Büchern
nachschlagen);* sein Wissen aus Büchern haben,
schöpfen; sich in ein B. vertiefen, versenken;
BILDL.: im Buch des Lebens lesen.
2. *Rechnungs-, Kassenbuch:* die Bücher stimmen,
sind in Ordnung; jmdm. die Bücher führen; die
Bücher prüfen; jmdm. Einblick in die Bücher gewähren; B. machen (Sport; *Wetten beim Pferderennen eintragen);*
★ *Goldenes Buch (Gästebuch einer Stadt)* · **das
Buch der Bücher** *(die Bibel)* · **ein aufgeschlage-
nes/offenes Buch für jmdn. sein** *(jmdm. ganz
vertraut sein, sodass man seine innersten Regungen kennt)* · **wie ein Buch reden** (ugs.; *sehr viel,
unaufhörlich reden)* · **jmdm., für jmdn. ein
Buch mit sieben Siegeln sein** *(jmdm. dunkel
und unverständlich bleiben)* · **über etw. (Akk.)
Buch führen** *(sich Notizen, Aufzeichnungen ma-*

chen): er führt über alles, jede Reise B. · **sich mit
etw. ins Buch der Geschichte eintragen** (geh.;
sich mit großen Taten unsterblich machen) · **sein,
wie jmd., etw. im Buch[e] steht** *(genauso sein,
wie man sich jmd., etw. vorstellt):* er ist ein Lehrer, wie er im B. steht · **zu Buch[e] schlagen**
(1. *sich im Etat niederschlagen.* 2. *ins Gewicht fallen)* · **mit etw. zu Buche stehen** *(mit einem bestimmten Betrag als Wert, Schuldsumme eingetragen sein):* das Grundstück steht mit 50 000
Mark zu B.
buchen ⟨etw. b.⟩: **1.** *eintragen:* Eingänge und Ausgänge b.; wir haben den Betrag, die Zinsen auf
Ihr Konto gebucht; ÜBERTR.: etw. als Erfolg, Fortschritt b.; die Mannschaft konnte einen Sieg,
zwei Punkte für sich b.
2. a) *reservieren lassen:* einen Platz auf dem
Schiff, im Flugzeug b.; ich habe den Flug nach
Rom gebucht; wir haben dieses Jahr Korsika *(Urlaub auf Korsika)* gebucht; ⟨auch ohne Akk.⟩ habt
ihr schon gebucht *(eure Reise festgemacht)?*;
b) *eine Vorbestellung entgegennehmen:* würden
Sie bitte zwei Plätze für uns b.?
Büchse, die: **1. a)** *Dose:* eine B. Milch; eine B. öffnen; aus Büchsen *(Speisen aus Dosen)* essen;
Fleisch in Büchsen; **b)** *Sammeldose:* etw. in die B.
werfen; mit der B. herumgehen, klappern, sammeln.
2. *Jagdgewehr:* die B. laden, anlegen, hochreißen
und schießen; ein Reh vor die B. bekommen; er
schoss, was ihm vor die B. kam.
Buchstabe, der: kleine, große, griechische, lateinische, kyrillische Buchstaben; der B. M; ein Plakat
mit schwarzen Buchstaben auf weißem Grund;
★ **am Buchstaben kleben; sich an den Buchstaben klammern/halten** *(etw. sehr, allzu wörtlich
nehmen, auslegen)* · **etw. bis auf den letzten
Buchstaben erfüllen** *(etw. voll und ganz erfüllen)* ·
sich auf seine vier Buchstaben setzen (ugs.
scherzh.; *sich hinsetzen)* · **nach dem Buchstaben des Gesetzes handeln** *(in der Befolgung des
Gesetzes peinlich genau sein).*
buchstabieren ⟨etw. b.⟩: ein Wort [vorwärts, rück-
wärts] b.; würden Sie bitte Ihren Namen b.?;
⟨auch ohne Akk.⟩ könnten Sie bitte buchstabieren?
buchstäblich: I. ⟨Adj.⟩ *sehr genau:* eine buchstäbli-
che Auslegung des Gesetzes; etw. b. *(dem Wort
nach)* nehmen.
II. ⟨Adverb⟩ *geradezu, im wahrsten Sinne des
Wortes:* die Eintrittskarten wurden ihm b. aus
der Hand gerissen; sie waren b. verhungert.
Buckel, der: **1.** (ugs.) *Rücken:* sich den B. kratzen,
bürsten; den B. voll bekommen, voll kriegen
(ugs.; *Schläge bekommen);* sich den Rucksack auf
den B. schnallen; ℝ rutsch mir den B. runter, steig
mir den B. rauf! *(lass mich in Ruhe!);* er kann mir
den B. runterrutschen, raufsteigen *(er soll mich in
Ruhe lassen).*
2. *höckerartige Verkrümmung zwischen den*

Schulterblättern: er hat einen B.; ÜBERTR.: die Katze macht einen B.; durch schlechte Haltung bekommt man allmählich einen B. **3.** (ugs.) *Hügel, kleiner Berg:* das Haus steht auf einem B.; über den B. laufen, fahren; ⋆ **den Buckel hinhalten** (ugs.; *die Verantwortung tragen)* · **einen breiten Buckel haben** (ugs.; *viel Kritik vertragen)* · **einen krummen Buckel machen** (ugs.; *sich unterwürfig zeigen)* · **sich** (Dat.) **den Buckel freihalten** (ugs.; *sich absichern)* · **den Buckel voll Schulden haben** (ugs.; *sehr verschuldet sein)* · **etw. auf dem Buckel haben** (ugs.; *etw. überlebt, überdauert haben; etw. hinter sich haben):* er hat schon 74 Jahre auf dem B.; der Mannschaftsführer hat 67 Länderspiele auf dem B. · **genug/viel auf dem Buckel haben** (ugs.; *viele Aufgaben zu erledigen haben).*
bücken: ⟨sich b.⟩ sich schnell, tief auf den Boden, zur Erde b.; sich nicht mehr b. können; er muss sich b., wenn er durch die Tür will; in gebückter Haltung; ⟨sich nach etw. b.⟩ sich nach dem heruntergefallenen Geld b.
Bude, die: **1.** *Bau-, Marktbude:* eine wacklige B., eine B. für das Baubüro aufstellen, zusammenzimmern; die Händler bauen, reißen ihre Buden ab. **2.** (ugs.) **a)** (abwertend) *Haus:* eine alte, baufällige B.; die B. ist abbruchreif; **b)** *Wohnung, Zimmer:* eine teure, ungeheizte, feuchte, muffige B.; eine sturmfreie B. *(Unterkunft, in der man unbehelligt Damen-, Herrenbesuch empfangen kann);* die B. aufräumen; sich eine B. suchen; er ist auf seiner B.; Leben in die B. bringen *(für Betriebsamkeit, Stimmung sorgen);* **c)** *Laden, Geschäft:* wann öffnet diese B.?; die Polizei hat ihm die B. zugemacht;
⋆ **jmdm. fällt die Bude auf den Kopf** (ugs.; *jmd. hält das Alleinsein zu Hause nicht mehr aus)* · **die Bude auf den Kopf stellen** (ugs.; *ausgelassen sein, feiern)* · **jmdm. die Bude einlaufen/einrennen** (ugs.; *jmdn. ständig wegen der gleichen Sache aufsuchen)* · **jmdm. auf die Bude rücken** (ugs.; *jmdn. unaufgefordert aufsuchen).*
Büfett, (bes. österr., schweiz.:) Buffet, das: **1.** *Anrichte, Geschirrschrank:* ein altes B.; ein B. aus Eiche, Nussbaum; die Gläser aus dem B. holen, ins B. stellen. **2.** *Theke, Ausschank:* am B. stehen; etw. am B. trinken; in der Theaterpause stürmt alles ans/zum B.; sich ein Glas Sekt am B. holen; den Kuchen am B. aussuchen, bestellen;
⋆ **kaltes Büfett** *(auf einem Tisch zur Selbstbedienung angerichtete kalte Speisen):* ein kaltes B. anrichten.
büffeln (ugs.): **a)** *intensiv lernen:* er büffelt für die Prüfung, für die Klassenarbeit; in den Ferien büffelte sie [fünf Stunden am Tag]; **b)** ⟨etw. b.⟩ *sich etw. intensiv geistig aneignen:* Vokabeln, Grammatik, Mathematik b.

Bügel, der: **1.** *Kleiderbügel:* den Mantel auf/über den B. hängen, vom B. nehmen. **2.** *Steigbügel:* jmdm. den B. halten, in den B. helfen; in den B. steigen. **3.** *Teil der Brille:* der B. ist [ab]gebrochen; die Bügel zusammenklappen. **4.** *Metalleinfassung am oberen Rand von Taschen:* ein goldfarbener B.; der B. ist verbogen.
bügeln ⟨[etw.] b.⟩: die Wäsche nur leicht, feucht, sehr heiß b.; die Hose ist frisch gebügelt, muss gebügelt werden; ich muss heute noch b.; sie hat drei Stunden gebügelt.
buhlen (geh. abwertend) ⟨um jmdn., etw. b.⟩: um Wähler, um die Stimmen der Wähler, um die Gunst des Publikums, um jmds. Sympathie b.
Bühne, die: **a)** *Podium für Aufführungen, Veranstaltungen:* eine breite, tiefe, drehbare, versenkbare B.; die B. ist weit in den Zuschauerraum vorgezogen; die B. betreten; eine B. dekorieren, erweitern; B. frei!; Beifall auf offener B.; ein Stück auf die B. bringen *(aufführen);* sie steht wieder [als Ophelia] auf der B. *(spielt wieder [die Ophelia]);* hinter die B. gehen; das Stück ging, lief über alle Bühnen *(wurde überall aufgeführt);* BILDL.: sie spielt keine Rolle mehr auf der politischen B.; die Vorgänge spielten sich hinter der B. *(im Hintergrund, heimlich)* ab; die B. der Weltgeschichte; **b)** *Theaterunternehmen:* eine kleine, gute, staatliche B.; die Städtischen Bühnen Frankfurt; sie ist an, bei der B.; auf der B. stehen *(Schauspieler[in] sein);* er will zur B. [gehen] *(Schauspieler werden);*
⋆ **etw. über die Bühne bringen** (ugs.; *etw. [erfolgreich] durchführen)* · **irgendwie über die Bühne gehen** *(irgendwie verlaufen, ablaufen):* die Sitzung ging gestern, ohne Zwischenfälle, schnell über die B. · **von der Bühne abtreten, verschwinden; von der Bühne verlassen** *(aus dem Blickpunkt der Öffentlichkeit verschwinden)* · **von der Bühne des Lebens abtreten** (geh. verhüll.; *sterben).*
Bummel, der: einen kleinen B. am Abend, während der Mittagspause machen; er war auf einem B. durch die City, durch die Stadt, durch Lokale der Altstadt.
bummeln (ugs.): **1. a)** *spazieren gehen:* durch Stadt, über den Broadway b.; wir sind über den Markt gebummelt; wir sind ein bisschen gebummelt; wir sind noch b. gegangen; **b)** ⟨in Verbindung mit *gehen)* *Lokale besuchen:* er geht jeden Abend, jede Nacht b. **2.** *trödeln:* bei der Arbeit, im ganzen Tag b.; er hat während des Studiums viel gebummelt.
¹**Bund,** der: **1. a)** *Zusammenschluss, Vereinigung:* ein enger, fester, dauerhafter, militärischer B.; alte Bünde; der B. der Steuerzahler; ein B. zwischen drei Staaten; einen B. schließen, erneuern, bekräftigen, erweitern, lösen, verlassen; einem B. beitreten; einem B. anschließen; ÜBERTR.: er ist der Dritte im Bunde *(der dritte Teilnehmer);*

B

b) *föderativer Gesamtstaat:* der B. und die Länder; der B. zahlt Zuschüsse; c) (ugs.) *Bundeswehr:* er muss zum B.; er ist seit kurzem beim B.; seine Entlassung vom B. **2.** *oberer, fester Rand bei Hosen und Röcken:* ein B. mit Gummizug; der B. [an der Hose] ist zu eng, ist 55 Zentimeter weit; den B. weiter machen/die Hose am B. weiter machen. **3.** *Querleiste auf dem Griffbrett von Zupfinstrumenten:* einen Ton auf dem ersten B. greifen; * **den Bund der Ehe eingehen, schließen; den Bund fürs Leben schließen** (geh.; *heiraten*) · **mit jmdm. im Bunde sein/stehen** *(mit jmdm. verbündet sein).*

²**Bund,** das: *Bündel:* ein B. Stroh; das B. kostet 1 Mark; mehrere Bunde, drei B. Dill kaufen.

Bündel, das: ein schweres, dickes B.; ein B. Stroh, Zeitungen, Banknoten; etw. zu einem B. zusammenpacken, zusammenschnüren; ÜBERTR.: das schreiende B. *(Baby)* im Arm; Ⓡ jeder hat sein B. zu tragen *(hat seine Sorgen);* * **sein Bündel packen/schnüren** (ugs.; 1. *sich reisefertig machen, aufbrechen.* 2. *seine Arbeitsstelle aufgeben).*

bündeln ⟨etw. b.⟩: Stroh, alte Zeitungen b.; gebündelte Banknoten; ÜBERTR.: unterschiedliche Interessen, Meinungen b.; gebündelte Energien.

bündig: ein bündiger Beweis, Schluss; eine bündige Erklärung abgeben.

Bündnis, das: ein militärisches, wirtschaftliches B.; ein B. zwischen drei Staaten; [mit jmdm.] ein B. eingehen, schließen; ein B. erneuern, erweitern, lösen; einem B. beitreten.

bunt: **1.** *vielfarbig:* bunte Muster, Blumen, Vögel; bunte *(farbige)* Wäsche; ein buntes Gefieder; ein bunter Blumenstrauß; eine bunte *(gefleckte),* b. gefleckte Kuh; der Stoff ist b., ist bunt gefärbt, gestreift, gemustert; ein b. bemaltes, gefärbtes Ei; b. gefiederte Vögel; b. schillerndes Herbstlaub. **2.** *vielgestaltig, abwechslungsreich:* ein bunter Nachmittag, Abend; ein buntes, b. gemischtes Programm; zu Weihnachten bekommt jedes Kind einen bunten *(mit Gebäck, Süßigkeiten, Nüssen o. Ä. gefüllten)* Teller; die Fußgängerzone bietet ein buntes Bild. **3.** *wirr; ungeordnet:* hier herrscht ein buntes Durcheinander; es sieht hier recht b. aus; es geht hier ziemlich b. zu; etw. liegt b. durcheinander; * **das/es wird jmdm. zu bunt** (ugs.; *jmds. Geduld ist zu Ende)* · **es zu bunt treiben** *(über das erträgliche Maß hinausgehen).*

Bürde, die (geh.): eine schwere, drückende B.; die B. des Alters; die B. des Amtes lastet auf ihm; eine B. tragen, abwerfen; jmdm. eine B. aufladen/auferlegen; mit etw. eine große B. auf sich nehmen.

Burg, die: **1.** *alte Festung:* eine B. aus dem 13. Jahrhundert; die B. liegt über der Stadt; eine B. verteidigen, belagern, [er]stürmen, zerstören; die Rui-

nen einer alten B.; ÜBERTR.: in einer alten B. (ugs. abwertend; *in einem alten Haus, in einer verwohnten Wohnung)* leben. **2.** *Sandwall am Strand:* [sich] eine B. bauen; in der B. liegen.

bürgen: a) ⟨für jmdn., etw. b.⟩ *sich verbürgen; eine Gewähr geben:* für die Richtigkeit der Angaben, für jmds. Zuverlässigkeit/Ehrlichkeit b.; ich kann für diesen Mann b.; der Name bürgt für Qualität; ⟨jmdm. für jmdn., etw. b.⟩ er bürgt mir dafür, dass er pünktlich zahlt?; b) (Kaufmannsspr.) ⟨für jmdn., etw. b.⟩ *haften:* er bürgt mit seinem gesamten Vermögen dafür.

Bürger, der: a) *Angehöriger eines Staates, einer Gemeinde:* ein angesehener, freier B.; die B. der Bundesrepublik; er ist B. dieses Landes, dieser Stadt; einen Aufruf an alle B. erlassen; Wohlstand für alle B.; der Unterschied zwischen B. und Untertan; b) *Angehöriger einer Gesellschaftsschicht:* ein biederer, behäbiger, gut situierter, satter, fleißiger B.; er gehört zu den wohlhabenden Bürgern der Stadt; * **Bürger in Uniform** *(Soldat der deutschen Bundeswehr).*

bürgerlich: **1.** (Rechtsw.) *den Staatsbürger betreffend:* das bürgerliche Recht *(Zivilrecht);* das Bürgerliche Gesetzbuch *(Gesetzbuch des bürgerlichen Rechts);* die bürgerliche *(vor dem Standesamten geschlossene)* Ehe; jmdm. die bürgerlichen Ehrenrechte aberkennen. **2.** a) *das Bürgertum, den Bürgerstand betreffend:* die bürgerliche Gesellschaft[sordnung]; eine bürgerliche Existenz; sein bürgerlicher *(richtiger)* Name ist ...; die bürgerlichen Parteien; das bürgerliche *(in Kreisen des Bürgertums spielende)* Trauerspiel; aus bürgerlichem Hause stammen; ein bürgerlicher Mittagstisch *(einfaches, aber gutes Essen);* gut bürgerliche Küche; sie haben schon immer b. *(eine bürgerliche Partei)* gewählt; b) (abwertend) *spießig, engherzig:* bürgerliche Vorurteile; er ist mir zu b.

Bürgschaft, die: a) *Garantie:* eine B. für jmdn., etw. übernehmen; eine B. nehmen, leisten; b) *Haftungsbetrag:* eine hohe B.; eine B. [in Höhe] von 50 000 Mark übernehmen, leisten, stellen.

Büro, das: **1.** *Diensträume; Geschäftsstelle:* unser B. befindet sich im ersten Stock; die Büros schließen um 16 Uhr; jeden Morgen ins B. gehen; ich bin im B. zu erreichen; habe noch im B. zu tun; sie arbeitet in einem B.; die Firma unterhält Büros *(Geschäftsstellen)* in verschiedenen Städten. **2.** *die zu einem Büro gehörenden Angestellten:* bitte wenden Sie sich an unser B.; unser B. erledigt das; das ganze B. gratulierte.

Bursche, der: **1.** a) *junger Mann:* ein junger, lustiger B.; er ist ein toller B. *(ein Draufgänger);* b) *Junge:* ein kleiner, hübscher, aufgeweckter, gesunder, kräftiger B.; c) (ugs. abwertend) *Kerl:* ein unverschämter, übler, dreister, ausgekochter, gerissener B.; der B. wird mir zu frech; du bist [mir]

ja ein sauberes Bürschchen; den Burschen werde ich mir noch kaufen, vorknöpfen (ugs.; *zur Rede stellen*).
2. (ugs.) *(von Tieren) besonders großes Exemplar:* er hat einen mächtigen, prächtigen Burschen gefangen, geangelt.

burschikos: sie hat ein burschikoses Wesen; das Mädchen ist recht b.; burschikose *(saloppe)* Äußerungen, Bemerkungen; sich b. benehmen.

Bus, der: ein überfüllter B.; der B. hält hier nicht; den B. verpassen, versäumen; auf den B. warten; eine Haltestelle für Busse; wir fahren, reisen mit dem B.

Busch, der: 1. *dichter Strauch:* ein blühender, dichter, dorniger B.; sich hinter einem B. verstecken; in den Büschen verschwinden; der Bach ist von Büschen gesäumt.
2. *Urwald:* der afrikanische B.; aus dem B. kommen; im B. leben.
3. *großer Strauß:* ein B. Flieder;
⋆ **[bei jmdm.] auf den Busch klopfen** (ugs.; *bei jmdm. gezielt auf etw. anspielen und etwas zu erfahren versuchen)* · **etwas ist im Busch** (ugs.; *etwas bereitet sich im Verborgenen vor)* · **sich [seitwärts] in die Büsche schlagen** (ugs.; *heimlich verschwinden).*

Busen, der: ein schöner, kleiner, zarter, voller, üppiger, wogender, straffer, schlaffer B.; viel B. zeigen; sie drückte ihn an ihren B.; sie steckte den Zettel in ihren B. *(Ausschnitt);* mit nacktem B.; BILDL.: am B. der Natur (geh.; *im Freien);* etw. in seinem B. verschließen, bewahren (dichter.; *für sich behalten).*

Buße, die: 1. *tätige Reue:* das Sakrament der B.; etw. als, zur B. beten; jmdn. zur B. ermahnen.
2. (Rechtsw.) *[Geld]strafe:* eine B. zahlen, entrichten; jmdm. eine geringe, wirksame B. auferlegen; jmdm. eine B. erlassen; jmdn. für etw. mit einer B. belegen.

büßen: 1. *eine Strafe für etw. auf sich nehmen:* a) ⟨etw. b.⟩ eine böse Tat, ein Vergehen b.; das musst du/sollst du [mir] b.; (Rel.:) seine Sünden b.; b) ⟨für etw. b.⟩ für diese Tat muss er b.; sie wird lange dafür b., dass sie so leichtsinnig war.
2. ⟨etw. mit etw. b.⟩ *bezahlen:* seinen Leichtsinn mit dem Tod b. [müssen].

Butter, die: frische, gesalzene B.; ein Stück, ein Pfund B.; etw. schmilzt wie B. an der Sonne *(vermindert sich rasch);* die B. ist ranzig; B. zerlassen, auslassen, formen; B. dick aufs Brot streichen, schmieren; etw. in [brauner] B. braten; mit B. braten; Toast mit B. bestreichen;
⋆ **jmdm. fällt die Butter vom Brot** (salopp; *jmd. ist enttäuscht, entsetzt)* · **sich** (Dat.) **nicht die Butter vom Brot nehmen lassen** (ugs.; *sich nichts gefallen, sich nicht benachteiligen lassen)* · **jmdm. nicht die Butter auf dem Brot gönnen** (ugs.; *jmdm. gegenüber missgünstig sein)* · **es ist alles in Butter** (salopp; *in bester Ordnung).*

Butterbrot, das: ein B. essen, zum Frühstück ins Büro mitnehmen; sich ein B. streichen, schmieren, machen;
⋆ **jmdm. etw. aufs Butterbrot schmieren/streichen** (salopp; *jmdm. etwas Zurückliegendes wieder vorwerfen)* · **etw. für/um ein Butterbrot bekommen, [ver]kaufen** (ugs.; *etw. sehr billig bekommen, [ver]kaufen)* · **für ein Butterbrot arbeiten** (ugs.; *gegen sehr geringe Bezahlung arbeiten).*

C

Café, das: ein kleines, gemütliches, schön gelegenes C.; in einem C. sitzen.

Chance, die: a) *Möglichkeit, günstige Gelegenheit:* es bietet sich eine günstige, große, reelle, einmalige C.; hierin liegt unsere C.; noch eine letzte, einzige C. haben; eine C. sehen, wittern, erhalten, bekommen, [aus]nutzen, verpassen, verschenken, vergeben, vorübergehen lassen; sie hat die C. zum Sieg verspielt; seine C. erkennen, wahrnehmen; sich (Dat.) eine C. nicht entgehen lassen; jmdm. eine [neue] C. *(die Möglichkeit zur Rehabilitierung oder Bewährung)* geben; er ließ die größte C. des ganzen Spiels aus; b) *Aussicht auf Erfolg:* die Chancen, den Wettbewerb zu gewinnen, verringern sich, stehen schlecht, sinken; die C. einer Lösung des Konflikts/für eine Lösung des Konflikts steigt; die C., dass sie gewinnt, steht eins zu tausend; sich alle Chancen verbauen; jede C. zunichte machen; keine, wenig, die besten, geringe Chancen auf den Sieg haben; sich (Dat.) eine C. bei, in etw. ausrechnen; dadurch hast du dir alle Chancen auf Beförderung verdorben; sie hat alle Chancen leichtsinnig vertan; jmdm. wenig Chancen einräumen; er hat bei ihr keine Chancen *(findet bei ihr keinen Anklang);* nicht die Spur einer C. haben; ein Beruf mit guten Chancen.

Chaos, das: ein wildes, heilloses, rettungsloses C.; jeden Morgen das gleiche C.; ein C. drohte, brach aus, brach über das Land herein; auf den Straßen herrschte ein ziemliches C.; der Verkehrsunfall löste auf der Autobahn ein C. aus; ein C. heraufbeschwören; Ordnung in das C. bringen; das musste zum C. führen.

chaotisch: ein chaotischer Typ; eine chaotische Wohnung; chaotische Zustände, Verhältnisse; es herrschten chaotische Zustände; die Zustände waren geradezu c.; unsere Beziehung wurde immer chaotischer; in seinem Innern ging es c. zu.

Charakter, der: **1.** a) *Gesamtheit der geistig-seelischen Eigenschaften eines Menschen, Wesensart:*

einen guten, anständigen, festen, schlechten, schwierigen, [un]aufrichtigen C. haben; seinen C. ändern; seinen wahren C. zeigen, offenbaren; [keinen, wenig] C. haben; C. zeigen, beweisen *(auch in einer schwierigen Situation zu seiner Überzeugung stehen);* solche Erlebnisse formen, prägen den C.; das liegt am C.; er ist ein Mann von C. *(ein charakterfester Mann);* b) *Mensch als Träger bestimmter Wesenszüge:* er ist ein schwieriger, übler C.; sie sind beide ganz gegensätzliche Charaktere. **2.** a) *charakteristische Eigenart; eigentümliche Merkmale, Wesenszüge:* der spezifische, unverwechselbare C. einer Landschaft, eines Volkes, einer Handschrift; der private, politische C. einer Veranstaltung; der vorläufige C. eines Vertragsentwurfs; die Besprechung hatte, trug vertraulichen C.; das Gespräch hatte, bekam den C. eines peinlichen Verhörs, nahm den C. eines peinlichen Verhörs an; b) *einer künstlerischen Äußerung eigentümliche Geschlossenheit der Aussage:* ihr Vortrag, ihr Spiel hatte C.; ein Bauwerk mit C.

charakterisieren: 1. ⟨jmdn., etw. c.⟩ *in seiner typischen Eigenart darstellen:* mit knappen Worten jmds. Lebensweise c.; der Schriftsteller hat die Personen in seinem Roman gut, genau, unzureichend charakterisiert; der Journalistin charakterisierte den Filmstar als alternden Playboy, als kleinlich und spießbürgerlich; wie könnte man diese Situation am besten c.? **2.** ⟨jmdn., etw. c.⟩ *kennzeichnend sein:* einfache und kurze Sätze charakterisieren die moderne Werbesprache; das Zeitalter des Barocks ist durch einen großen Formenreichtum charakterisiert *(gekennzeichnet).*

charakteristisch: eine charakteristische Form, Erscheinung, Handlungsweise; charakteristische Merkmale; etw. an seinem charakteristischen Geruch erkennen; ⟨c. [für jmdn., etw.]⟩ der Ausspruch ist c. *(bezeichnend)* für ihn.

charmant, scharmant: eine charmante Frau, Gastgeberin; ein charmanter Herr; ein charmantes Lächeln; sie hat eine charmante Art zu sprechen; sie ist nicht schön, aber sehr c.; c. lächeln.

Charme, Scharm, der: natürlicher, unwiderstehlicher, persönlicher, weiblicher C.; C. haben, entfalten, entwickeln, ausstrahlen; seinen ganzen C. aufbieten, spielen lassen; man konnte sich seinem C. nicht entziehen; lassen auch Sie sich von dem C. dieser Stadt einfangen!

Cheque (schweiz.): ↑ Scheck.

chic (nur ungebeugt): ↑ schick.

Chor, der: 1. a) *Gemeinschaft singender Personen:* ein berühmter, gemischter *(aus Frauen und Männern bestehender)* C.; es singt der C. der Wiener Staatsoper; einen C. dirigieren, leiten; einem C. angehören; sie singen im C. der städtischen Bühnen; b) *das Bühnengeschehen kommentierende Gruppe von Schauspielern:* der C. in der antiken Tragödie; c) *Gruppe gleichartiger Orchester-* *strumente:* der C. der Posaunen, der Holzbläser, der Streicher. **2.** *Komposition für gemeinsamen [mehrstimmigen] Gesang:* einen C. komponieren, einstudieren; mehrstimmige, vierstimmige Chöre singen. **3.** a) *erhöhter Kirchenraum mit [Haupt]altar:* der C. ist bei dem Brand zerstört worden; beim Bau der Kirche begann man mit dem C.; b) *Platz der Sänger auf der [Orgel]empore:* einige Besucher des Kirchenkonzerts gingen auf den C.; die Sänger nahmen im C. Aufstellung; ⋆ im Chor *(gemeinsam):* sie sprachen, brüllten im C.; sie sagten das Gedicht im C. auf.

Christ, der: ein gläubiger, frommer, überzeugter, wahrer, eifriger, echter C.; evangelische, katholische Christen; Christen und Heiden; er ist C. geworden; er hat als C. gehandelt; sie bekannten sich als Christen.

Christentum, das: a) *die auf Jesus Christus gründende Religion:* das C. annehmen, verbreiten; sich zum C. bekehren, bekennen; dem C. fern stehen; b) *individueller christlicher Glaube:* mit seinem C. ist es schlecht bestellt.

christlich: a) *auf Christus, dessen Lehre zurückgehend:* die christliche Lehre, Religion, Taufe; der christliche Glaube; b) *sich zum Christentum bekennend:* die christlichen Kirchen, Gemeinschaften, Sekten; der größere Teil der christlichen Bevölkerung ist katholisch; c) *im Christentum verwurzelt, verankert:* die christliche Tradition, Ethik, Kunst; das christliche Abendland; das christliche Erbe, Weltbild; die christliche Deutung des Lebens; die christliche Gesinnung, Güte, Nächstenliebe; seine Einstellung ist nicht sonderlich c.; c. handeln, denken, leben; ÜBERTR.: er hat die Schokolade c. geteilt *(hat dem anderen das größere Stück gegeben);* e) *kirchlich:* die christlichen Feste; ein christliches Begräbnis; sie wurde c. beerdigt.

chronisch: a) (Med.) *als dauerndes Leiden auftretend:* eine chronische Krankheit, Entzündung; ein chronisches Leiden; chronische Schmerzen; seine Stirnhöhlenentzündung ist c., droht c. zu werden; b) (ugs.) *ständig:* ein chronisches Übel; (scherzh.:) er leidet an chronischer Geldknappheit; (scherzh.:) deine Faulheit wird langsam c.; er ist c. erkältet; die Abteilung ist c. unterbesetzt.

circa, zirka: es entstand ein Sachschaden von circa/zirka 10 000 Mark; circa/zirka fünf Kilo; dafür braucht man circa/zirka zwei Stunden; ich komme in circa/zirka drei Wochen.

Clou, der (ugs.): der C. des Abends, des Festes; jetzt kommt der C. der Ganzen; das ist der C. der Sache.

Computer, der: ein C. überwacht, steuert den Verkehrsfluss; der C. speichert Daten, verarbeitet Informationen, führt logische Operationen durch, liefert Ergebnisse; jmdn. zeigen, wie der C. arbeitet; der C. ist abgestürzt; die C. sind vernetzt; den C. programmieren, (ugs.:) [mit Daten] füttern; stärkere, leistungsfähigere C. einsetzen; dem C. wurde ein bestimmtes Programm eingegeben; den ganzen Tag am C. arbeiten; das gesamte Rechnungswesen auf C. umstellen; auf dem C. wurde ein Textverarbeitungsprogramm installiert; spielend mit dem C. umzugehen lernen; Probleme mithilfe des C. lösen.

Coup, der: ein lohnender, gewagter, einträglicher, erfolgreicher C.; ein toller C., dieser Einbruch in das Museum!; einen großen C. vorhaben, planen, machen; einen C. [gegen jmdn., etw.] landen, starten; die an dem C. Beteiligten.

Courage, die; dafür fehlt ihm die [richtige, rechte] C.; dazu gehört schon einige C.; [keine, wenig, große] C. haben, zeigen; die C. verlieren; Angst vor der eigenen C. haben, bekommen *(unsicher werden und keinen Mut haben).*

Creme, Krem, Kreme, die: **1.** *Salbe zur Hautpflege:* eine fettende, pflegende, schützende, schnell einziehende C.; die c. zieht rasch ein, schützt gegen Sonnenbrand; C. [dünn, dick auf die Haut] auftragen, in die Haut einreiben, einmassieren; C. bitte leicht verreiben und 20 Minuten einwirken lassen!; die Hände mit C. einreiben. **2.** *schaumige Süßspeise:* eine süße C.; C. rühren, steif schlagen, zubereiten, aufkochen lassen, erkalten lassen, mit Butter anrühren; sie füllte die Torte mit C. **3.** (bildungsspr., häufig iron.) *gesellschaftliche Oberschicht:* die C. der Gesellschaft, der Musikwelt, der deutschen Fußballer; die C. von Hamburg.

da: I. ⟨Adverb⟩ **1.** a) *an dieser Stelle, dort:* da draußen, drüben, vorn; da herum; da hinein; da ist er; da kommt er ja; ich war schon um acht Uhr da; ich wohne da nicht mehr; ist jemand da?; der [Mann] da ist es gewesen; ich stand da und sie dort; von da aus fahre ich direkt zum Flugplatz; he, Sie da!; /Anruf eines Wachtpostens/: [halt] wer da?; ÜBERTR.: von den alten Leuten, die er gekannt hatte, waren viele nicht mehr da *(nicht mehr am Leben);* er war nur noch für sie da; langsam wachte sie auf, war aber noch nicht ganz da *(wach, bei Bewusstsein);* ein solcher Fall ist noch nie da gewesen; b) *hier:* da wären wir [nun endlich]; da nimm das Geld und verschwinde!; da haben wirs, haben wir den Salat! (ugs.; *nun ist das eingetreten,*

was zu befürchten war); /Ausruf der Überraschung/: sieh da!/(südd., österr.:) da schau her! **2.** *zu diesem Zeitpunkt; in diesem Augenblick:* kaum waren die Arbeiter auf dem Gerüst, da passierte das Unglück; ich weiß nicht, ob ich da (ugs.; *dann)* Zeit habe; er war da noch ein Kind; was haben wir da gelacht; als ich das sah, da ging ich sofort wieder; von da an herrschte Ruhe. **3.** *unter diesen Umständen:* die Situation war trostlos, was war da zu tun?; es ist nichts passiert, da haben wir noch einmal Glück gehabt; wenn ich schon gehen muss, da gehe ich lieber gleich; was soll man da noch sagen? II. ⟨Konj.⟩ **1.** ⟨meist in Satzanfangsstellung⟩ *weil:* da ich krank bin, kann ich nicht kommen; ich werde, da ich keine Nachricht habe, nochmals schreiben; sie hat das ohne großes Risiko tun können, zumal da sie wusste, dass ... **2.** (geh.) *als:* da er noch reich war, hatte er viele Freunde; es gab Zeiten, da viele nichts zu essen hatten. **3.** *nachdem:* jetzt, da es beschlossen ist, kommt dein Einwand zu spät; ★ **da und dort:** (1. *an einigen Orten, an manchen Stellen.* 2. *manchmal).*

dabei: a) *bei etw., nahe bei dieser Sache:* ich habe das Paket ausgepackt, eine Rechnung war nicht d.; b) *anwesend, beteiligt sein:* ich war zufällig dabei, als der Unfall geschah; bei dem Einbruch war noch ein dritter Mann dabei; ein wenig Angst ist immer d.; Ⓡ d. sein ist alles; c) *im Verlaufe von, währenddessen:* sie war verärgert, aber sie blieb d. dennoch höflich; er wollte den Streit schlichten und wurde d. selbst verprügelt; sie sah sich das Fernsehquiz an und strickte d.; d) *bei dieser Angelegenheit, hinsichtlich des eben Erwähnten:* sich d. nicht wohl fühlen; es kommt doch nichts d. heraus; wichtig d. ist, dass ...; ich finde nichts d. *(habe gegen etw. keine Bedenken);* es ist doch nichts d. *(es ist nicht schlimm, bedenklich),* wenn wir zusammen verreisen; es bleibt d. *(es wird nichts geändert);* er bleibt d. *(ändert nicht seine Meinung);* e) *obwohl, obgleich:* die Produktion des Wagens wurde eingestellt, d. fand er guten Absatz; sie hat alles weggeworfen, d. hätte ich vieles noch gut gebrauchen können; f) *im Begriffe sein:* er kam, als ich [gerade] dabei war, ihm zu schreiben.

Dach, das: ein flaches, steiles D.; die roten Dächer der Stadt; das D. ist mit Schiefer, mit Ziegeln gedeckt; das D. aufsetzen, (fachspr.:) eindecken; der Orkan hat viele Dächer abgedeckt; jmdm. das D. über dem Kopf *(während er sich im Haus aufhält)* anzünden; es regnet durch das D.; über den Dächern von Paris; den Neubau bis zum Herbst unter D. bringen, unter D. haben *(fertig stellen);* ein Zimmer unterm D. *(im obersten Stockwerk);* vom D. fallen, stürzen; ★ **das Dach der Welt** (1. *das Hochland von Pamir.* 2. *das Himalaja-Gebirge)* · **[k]ein Dach über dem**

D

Kopf haben (ugs.; *[k]eine Unterkunft haben*) · jmdm. aufs Dach steigen (ugs.; *jmdn. zurechtweisen, tadeln*) · jmdm. eins/etwas aufs Dach geben (ugs.; 1. *jmdm. einen Schlag auf den Kopf geben*. 2. *jmdm. einen Verweis, eine Rüge erteilen*) · eins aufs Dach bekommen/kriegen (ugs.; 1. *einen Schlag auf den Kopf bekommen*. 2. *einen Verweis, eine Rüge erhalten*) · unter einem Dach wohnen/leben/hausen (ugs.; *im gleichen Haus wohnen*) · etw. unter Dach und Fach bringen (1. *etw. in Sicherheit bringen*. 2. *etw. glücklich zum Abschluss bringen*) · unter Dach und Fach sein (1. *in Sicherheit, geschützt sein*. 2. *glücklich abgeschlossen sein*).

dadurch: 1. *durch etw. hindurch:* es gibt nur eine Tür, d. musst du gehen. 2. a) *durch dieses Mittel, Verfahren:* sie hat sich der Behandlung unterzogen und ist d. wieder gesund geworden; b) *auf diese Weise:* d. hat sie sich selbst geschadet; er hat das Problem d. gelöst, dass ...; d., dass *(weil)* er uns sein Auto zur Verfügung stellte, hat er uns sehr geholfen.

dafür: 1. *für diesen Zweck, für dieses Ziel:* Voraussetzung d. ist, dass ...; d. hat er sein letztes Geld ausgegeben; du kannst den Apparat reparieren, d. bist du ja Fachmann. 2. *statt dessen; als Gegenleistung:* was geben Sie mir d.?; ich brauchte d. nur 28 Mark zu zahlen; ich möchte mich d. bei Ihnen bedanken; /in Drohungen/: d. muss er noch büßen; (iron.:) das ist nun der Dank d.! 3. *zugunsten dieser Sache:* die Mehrheit ist d. *(bejaht es);* das ist noch kein Beweis d., dass er es getan hat; alles spricht d., dass ...; ich bin nicht d. zu haben (ugs.; *ich mag das nicht).* 4. *hinsichtlich dieser Sache, im Hinblick darauf:* d. habe ich kein Verständnis; d. bekannt sein, dass ...; das Kind ist erst zwölf Jahre alt, d. ist es schon sehr selbstständig. 5. (ugs.) *dagegen:* die Tabletten sind gerade d. sehr gut; d. gibt es [noch] kein Mittel *(dagegen kann man nichts machen);* ★ etwas/nichts dafür können (ugs.; *Schuld/keine Schuld haben):* was kann ich d., dass du dich ärgerst?; sie behauptet, nichts d. zu können.

dafürkönnen: 〈in der Wendung〉 etwas/nichts dafürkönnen (ugs.; *[keine] Schuld haben):* was kann ich dafür, dass du dich ärgerst?; sie behauptet, nichts dafürzukönnen.

dagegen: 1. a) *gegen etw., an etw. heran:* ein Brett, einen Blendschutz d. halten; wir können die Leiter jetzt d. stellen; b) /drückt eine Ablehnung aus/: [grundsätzlich] d. sein; hat jmd. etwas d.?; d. ist nichts zu sagen; sich entschieden d. verwahren, dass ...; d. sind wir machtlos; man muss endlich etwas d. tun; das ist ein sehr gutes Mittel d. 2. *im Vergleich, im Gegensatz dazu:* die Überschwemmungen im vergangenen Jahr waren furchtbar, d. sind diese noch harmlos. 3. *hingegen, jedoch:* die eine Arbeit ist gut, d. ist

die andere kaum zu gebrauchen; im Süden ist es schon warm, bei uns d. schneit es noch.

daheim (bes. südd., österr., schweiz.): a) *zu Hause:* d. sein, bleiben; d. ist es am schönsten; bei uns d.; sich wie d. fühlen; wie gehts d. *(der Familie)?;* er ist in Bayern d. *(stammt aus Bayern);* ich bin hier d. *(wohne hier);* d. ist d. *(es geht nichts über das Zuhause);* b) *in der Heimat:* er war lange nicht mehr d.; wer aus dem Dschungelkrieg zurückkam, hatte d. Schwierigkeiten.

daher: 1. *von dort:* ich komme gerade d.; bist *(stammst)* du auch d.?; von d. droht keine Gefahr. 2. *aus diesem Grund, deshalb:* er war krank und konnte d. nicht kommen. 3. *aus dieser Quelle, durch diesen Umstand:* d. hat sie ihre Informationen; d. also ihre Begeisterung!; die Krankheit kommt d., dass er immer den Staub einatmen muss.

dahin: 1. *an diesen Ort, an diese Stelle:* wir fahren oft d.; es ist noch weit bis d.?; mir gehts/stehts bis d. (ugs.; *ich habe es gründlich satt);* ÜBERTR.: lass es nicht d. *(soweit)* kommen, dass du enterbt wirst; d. hat ihn der Alkohol gebracht. 2. /drückt eine bestimmte [gedankliche] Richtung aus/: etw. d. [gehend] auslegen, dass ...; sich in einer Sache d. *(in dem Sinne)* äußern, aussprechen ...; die öffentliche Meinung geht d. ...; sich d. *(in der Weise)* einigen, dass ... 3. 〈in Verbindung mit *bis*〉 *zu diesem Zeitpunkt:* bis d. ist [es] noch Zeit; die Frist läuft am Jahresende ab, bis d. müssen alle Anträge gestellt sein; ★ dahin sein *(verloren, vorbei sein):* mein ganzes Geld ist d.; das Erste war schnell d.

dahingehen (geh.): a) *vergehen:* die Zeit geht dahin; wie schnell sind die schönen Tage dahingegangen; b) (verhüll.) *sterben:* er ist [früh] dahingegangen.

dahingestellt: 〈nur in den Verbindungen〉 etw. dahingestellt sein lassen *(etw. nicht weiter diskutieren):* lassen wir es d., ob er das Signal nicht bemerkt hat · dahingestellt sein/bleiben *(nicht sicher, nicht bewiesen, fraglich sein):* es sei d., ob er das Geld wirklich stehlen wollte.

dahinter: 1. *hinter diesem, diesen Gegenstand, Ort o. Ä.:* ein Haus mit einem Garten d.; er ging ans Pult und stellte sich d. 2. *hinter dieser Angelegenheit, hinter diese Angelegenheit:* ich weiß nicht, was sich bei ihm d. verbirgt, versteckt; da ist, steckt schon etwas d. (ugs.; *die Sache hat einen realen Kern);* viel Lärm und nichts d.!; wir müssen Dampf, Druck d. machen (ugs.; *die Erledigung beschleunigen);* d. kommen (ugs.; *herausfinden),* was jmd. vorhat; man ist d. gekommen, dass er Spionage treibt; wer steckt denn [bei der Sache] d. (ugs.; *ist denn der Urheber)?;* sicherlich steckt eine Frau d.; es steckt bei diesem Plan eigentlich d. (ugs.; *ist das eigentliche Ziel, der wahre Grund)?;* herausfinden, was d. steckt (ugs.; *was damit los ist);* sie re-

det viel, es steckt aber auch nicht viel d. (ugs.; *es ist unbedeutend*); die Sache kann nur durchgeführt werden, wenn alle d. stehen *(diese Sache für richtig halten und sich dafür einsetzen).*
daliegen: völlig erschöpft, leblos, wie tot, regungslos, mit einer Grippe, verletzt, ausgestreckt d.; ihre Sachen lagen fertig gepackt da; ÜBERTR.: die Stadt liegt in völliger Dunkelheit, wie ausgestorben da.
damals: so etwas gab es d. noch nicht; d., als meine Eltern noch lebten; d. und heute; d. wie heute/ heute wie d.; eine Erinnerung an d.; seit d. ist er gelähmt; ein Bild von d.
Dame, die: **1. a)** /üblich Bezeichnung im gesellschaftlichen Verkehr/ *Frau:* eine junge, reiche, vermögende, nette, ältere D.; eine D. in Schwarz; die D. des Hauses *(die Hausherrin, Gastgeberin);* die D. seines Herzens *(die Frau, die er liebt);* die erste D. des Staates/im Staat *(die Ehefrau des Staatsoberhauptes);* eine D. möchte Sie sprechen; das Mädchen ist schon eine richtige D.; solche Modelle sind bei den Damen sehr beliebt; (Sport:) bei den Damen siegte die deutsche Staffel; /in der Anrede/: meine [sehr geehrten/verehrten] Damen und Herren; guten Tag, die Damen!; **b)** *gebildete, gepflegte Frau:* eine elegante, vornehme D.; sie ist eine D.; als große D. auftreten.
2. a) /eine Schachfigur/: die D. austauschen, schlagen; mit der D. ziehen; **b)** /eine Spielkarte/: die D. ausspielen.
3. a) /ein Brettspiel/: die D. spielen; **b)** *Doppelstein im Damespiel:* eine D. bekommen; jmdm. die D. wegnehmen;
★ **eine Dame von Welt** *(eine weltgewandte Frau)* · **jmds. alte Dame** (ugs. scherzh.; *jmds. Mutter).*
damit: **I.** ⟨Adverb⟩: **a)** *mit dieser Sache, dieser Tätigkeit o. Ä.:* er nahm die Taschenlampe und leuchtete ihm d. ins Gesicht; sie hörte das Rufen, merkte aber nicht, dass sie d. gemeint war; d. kann ich nicht umgehen, nichts anfangen; musst du immer wieder d. [an]kommen, anfangen?; d. komme ich zum Schluss meiner Rede; ich will d. nichts zu tun haben; weg d.! (ugs.; *nimm, wirf das weg!);* heraus d.! (ugs.; *gib es her!, sag es endlich!);* d. basta! (ugs.; *jetzt ist aber Schluss);* **b)** *gleichzeitig mit diesem Geschehen:* er zitierte Goethe und beendete d. seine Rede; sie gewann das erste Spiel, und d. kehrte auch ihr Selbstvertrauen zurück; **c)** *somit, infolgedessen:* er hatte für die Tatzeit kein Alibi, und d. gehörte er auch zum Kreis der Verdächtigen.
II. ⟨Konj.⟩: *zu diesem Zweck, auf dass:* schreib es dir auf, d. du es nicht vergisst; ich nehme gleich zwei Tabletten, d. ich endlich schlafen kann.
Damm, der: **1.** *Deich:* ein hoher, steiler, stark befestigter D.; ein D. gegen Hochwasser; bei der Sturmflut sind die Dämme gebrochen; einen D. aufschütten, bauen, errichten; das Wasser hat die Dämme durchbrochen, unterspült; BILDL.: einen D. gegen die Willkür aufbauen.

2. a) *aufgeschütteter Unterbau eines Fahr-, Schienenwegs:* die Insel ist mit dem Festland durch einen D. verbunden; **b)** (nordd.) *Fahrbahn:* vorsichtig über den D. gehen.
3. (Med.) *Verbindung zwischen Geschlechtsteil und After:* der D. ist [ein]gerissen;
★ **wieder/nicht auf dem Damm sein** (ugs.; *wieder/nicht gesund sein).*
dämmern: 1. a) ⟨es dämmert⟩ *die Dämmerung beginnt:* es dämmerte, es begann bereits zu d., als wir aufbrachen; **b)** (geh.) *anbrechen:* der Morgen, der Abend dämmerte.
2. (ugs.) ⟨jmdm., bei jmdm. d.⟩ *jmdm. bewusst werden:* jetzt dämmert es ihm/bei ihm; langsam dämmerte ihr die Erinnerung, die Ahnung, die Vermutung; langsam, allmählich dämmerte ihm, dass …
3. *im Halbschlaf sein:* ein bisschen, eine Weile d.; sie hat nur gedämmert;
★ **vor sich hin dämmern** *(nicht klar bei Bewusstsein sein).*
Dämmerung, die: die D. bricht an/herein; bei/mit Einbruch der D.; in der D.; der Raum lag in tiefer D.
Dampf, der: **1.** *sichtbarer [weißlicher] Dunst:* D. quillt hoch, strömt aus; der D. löst sich auf, schlägt sich nieder; es bilden sich Dämpfe; die Küche war voller D.; (Physik, Technik:) schwefliger, chemischer, gesättigter, überhitzter D.; D. von hoher, niedriger Spannung; D. ablassen; eine Maschine mit D. treiben, betreiben, antreiben; mit D. kochen; etw. in, unter D. erhitzen.
2. (ugs.) *Wucht, Schwung:* hinter diesem Angriff steckt kein D.; dieser Boxer hat D. in den Fäusten;
★ **Dampf ablassen** (ugs.; *Ärger, Wut abreagieren)* · **Dampf machen** (ugs.; *für Schwung, Aufregung sorgen)* · **jmdm. Dampf machen** (ugs.; *jmdn. bei der Arbeit antreiben)* · **hinter etw. Dampf machen/setzen** (ugs.; *etw. energisch betreiben)* · **unter Dampf stehen** (ugs.; *voller Energie sein).*
dampfen: 1. *Dampf bilden, abgeben:* das Wasser, die Suppe dampft; die Erde hat [vor Feuchtigkeit] gedampft; die Pferde dampfen nach dem langen Galopp; eine dampfende Schüssel.
2. ⟨irgendwo[hin] d.⟩ **a)** *unter Dampfentwicklung fahren:* das Schiff dampft aus dem Hafen; über die Brücke dampfte ein Zug; **b)** (ugs.) *[mit einem dampfgetriebenen Fahrzeug] reisen:* er war nach Berlin gedampft.
dämpfen ⟨etw. d.⟩: **1.** *mit Dampf kochen:* Kartoffeln, Fleisch d.; gedämpftes Gemüse.
2. *mit Dampf glätten:* das Kleid, die Hose d.
3. *abschwächen, mildern:* die Stimme, den Ton, den Lärm d.; die Teppiche dämpfen den Schall; das hat den Stoß, den Aufprall gedämpft; ⟨häufig im 2. Part.⟩ gedämpfte *(nicht grelle)* Farben; sich bei gedämpftem Licht unterhalten; ÜBERTR.: seine Begierde, seine Leidenschaft,

seine Wut d.; diese Meldung hat seine Begeisterung, seine Zuversicht gewaltig gedämpft.
Dampfer, der: der D. legt an, fährt ab; einen Ausflug auf, mit einem D. machen;
∗ **auf dem falschen Dampfer sein/sitzen/sich befinden** (ugs.; *etwas Falsches annehmen, denken*).
Dämpfer, der (Musik): den D. aufsetzen; der zweite Satz wird mit D. gespielt; ÜBERTR.: nach diesem D. (ugs.; *Niederlage, Rückschlag o. Ä.*) konnte sich die Mannschaft wieder aufrappeln;
∗ **einen Dämpfer bekommen** (ugs.; *eine Rüge bekommen; eine Enttäuschung erfahren*) · **jmdm., etw. einen Dämpfer aufsetzen** (ugs.; *jmds. Überraschung mäßigen, etwas dämpfen*).
danach: 1. a) /zeitlich/ *nach etw., im Anschluss an etw.;* hinterher: kurz, unmittelbar, eine halbe Stunde d. rief er wieder an; zuerst spricht der Vorsitzende, d. hält ein Professor den Festvortrag; b) /räumlich/ *nach etw., auf jmdn., etw. folgend; dahinter:* voran gingen die Eltern, d. kamen die Kinder und Enkelkinder.
2. /drückt eine Zielrichtung aus/ *nach etw.:* er sah das Seil und wollte d. greifen; wir werden d. streben, trachten; mir ist nicht d. *(dazu habe ich keine Lust, fehlt mir die rechte Stimmung).*
3. *dieser Sache entsprechend:* das ist Vorschrift, richtet euch d.; die Ware ist billig, aber sie ist auch d. (ugs.; *entsprechend minderwertig*); er soll ein Betrüger sein – d. sieht er aber nicht aus *(diesen Eindruck macht er aber nicht).*
daneben: 1. *neben jmdm.; neben jmdm., etw.:* das Paket liegt auf dem Tisch, die Rechnung d.; im Haus d. wohnen; dicht d. war ein Abhang; der Wäschekorb ist voll, leg die gebrauchten Handtücher d.!; ÜBERTR.: er ist sehr berühmt, sein Bruder tritt d. ganz in den Hintergrund.
2. *im Vergleich dazu:* ihr Spiel war hervorragend, d. fiel das der übrigen Schauspieler stark ab.
3. *außerdem:* wir werden d. noch andere Dinge besprechen; sie ist berufstätig, d. hat sie noch ihren Haushalt zu besorgen;
∗ **daneben sein** *(verwirrt sein; sich unwohl fühlen).*
danebengehen: a) *das Ziel verfehlen:* der Schuss ging daneben; b) (ugs.) *misslingen:* der Saisonauftakt ging voll daneben; alle Experimente sind danebengegangen.
danebenhauen: 1. *nicht treffen:* er hat mit dem Hammer danebengehauen.
2. (ugs.) *sich irren:* mit seiner Antwort gewaltig d.
dank ⟨Präp. mit Gen. und Dat.; im Plural meist mit Gen.⟩: d. des Computers/dem Computer läuft hier alles bestens; d. der Fortschritte der Medizin; d. detaillierter Zeugenaussagen wurde er gefasst.
Dank, der: jmdm. seinen wärmsten, innigsten, aufrichtigsten D. aussprechen; jmdm. seinen D. abstatten, bezeigen, erweisen; jmdm. [für etw.] D.

sagen, schulden, (geh.:) zollen, schuldig sein; als/zum D. dafür …; mit etw. keinen D. ernten; kein Wort des Dankes sagen; nicht auf D. hoffen, mit D. rechnen; mit bestem, verbindlichstem D.; etw. mit D. annehmen, erhalten; jmdm. zu D. verpflichtet sein; der D. des Vaterlandes!; /Ausruf der Erleichterung/: dem Himmel sei D.!; /Ausruf der Enttäuschung/: das ist nun der D. dafür!; /Dankesformeln/: vielen D.!; hab[t] D.!; herzlichen D.!; besten D.!; schönen D.!; (ugs.:) tausend D.!
dankbar: 1. *dankerfüllt:* ein dankbarer Patient, ein dankbarer Blick; ein dankbares Publikum; sich d. zeigen, erweisen; d. lächeln; jmdm. d. anblicken; etw. d. anerkennen, annehmen; ⟨für etw. d. sein⟩ sie ist für jeden Hinweis d.; ⟨jmdm. d. sein⟩ ich werde Ihnen immer d. [dafür] sein.
2. *lohnend:* eine dankbare Arbeit, Aufgabe; eine dankbare *(haltbare)* Qualität; dieser Stoff ist sehr d. *(trägt sich gut und lange);* diese Pflanze ist sehr d. *(anspruchslos).*
Dankbarkeit, die: [jmdm.] seine D. [be]zeigen, beweisen; D. an den Tag legen; das ist der Ausdruck, das Zeichen meiner tiefen D. [ihm gegenüber]; etw. [für jmdn.] aus [reiner, bloßer] D. tun; /Dankesformel/: in/mit [tiefer, aufrichtiger] D. …
danke: /Höflichkeitsformel/: d. schön!; d. sehr!; d.!; nein, d.!; ich möchte ihm d. schön sagen; du musst d. sagen; SUBST.: ich möchte ihm Danke schön sagen; du musst Danke sagen.
danken: 1. a) ⟨jmdm. d.⟩ *seinen Dank aussprechen:* jmdm. [für ein Geschenk] herzlich, von ganzem Herzen, aufrichtig, überschwänglich, vielmals, tausendmal d.; ich kann Ihnen für ihre Hilfe nicht genug d.; wir danken Ihnen für dieses Gespräch; du kannst Gott auf Knien d., dass du noch lebst!; /Ausrufe der Erleichterung/: Gott/dem Himmel seis gedankt!; ⟨auch ohne Dat.⟩ er dankte kurz; na, ich danke! (ugs. iron.: *das möchte ich nicht*); etw. dankend entgegennehmen; Betrag dankend erhalten; b) ⟨jmdm. etw. d.⟩ *lohnen:* niemand wird dir deine Mühe d.; sie hat ihm seine Hilfe schlecht gedankt; wie soll ich Ihnen das jemals d.? *(wie kann ich mich je dafür revanchieren?);* c) *einen Gruß erwidern:* freundlich, kühl, flüchtig d.; ⟨jmdm. d.⟩ ich habe ihn gegrüßt, aber er hat mir nicht gedankt.
2. (geh.) ⟨jmdm., etw. jmdm., etw. d.⟩ *verdanken:* ich danke ihm mein Leben; diesen Sieg dankt er nur seinem unermüdlichen Einsatz.
dann: 1. a) *danach:* erst spielten sie friedlich zusammen, d. stritten sie sich; wenn die Vorräte zu Ende sind, was machen wir d., was soll d. werden?; b) *darauf folgend, dahinter:* an der Spitze des Zuges marschiert eine Blaskapelle, d. folgt eine Trachtengruppe; an die Schrebergärten schließt sich d. Ödland an.
2. *unter diesen Umständen, in diesem Falle:* lehnt die Firma ab, d. werden wir klagen; selbst d., wenn …; na, d. ist ja alles bestens; d. will ich nicht

weiter stören; d. bis morgen; (ugs.:) also d., machs gut!
3. *zu diesem [späteren] Zeitpunkt:* wenn Sie hier sind, d. kommen Sie mal vorbei; noch ein Jahr, d. ist er mit dem Studium fertig.
4. *außerdem, ferner:* d. kommt noch die Mehrwertsteuer hinzu; zuletzt fiel d. noch der Strom aus;
* **dann und dann** *(zu einem nicht näher bezeichneten Zeitpunkt):* er schrieb, dass er d. und d. ankommen würde · **dann und wann** *(ab und zu; zuweilen)* · **bis dann** (ugs.; Grußformel bei der Verabschiedung) · **von dann bis dann** *(in einem bestimmten Zeitraum).*
daran /vgl. dran/: **1. a)** /räumlich/ *an etw.:* da hängt, klebt etw. d.; lass mich mal d. riechen; du darfst dich nicht d. lehnen; **b)** *an diese[r] Sache, Angelegenheit o. Ä.; hinsichtlich dieser Sache:* d. ist nichts mehr zu ändern; d. ist zu erkennen, dass ...; mir liegt d., zu einer Einigung zu kommen; es liegt mir [viel, nichts] d. *(ich habe an etw. [viel, kein] Interesse);* kein Wort ist d. wahr; Sie werden viel Freude d. haben; viele Menschen sind d. erkrankt; er ist d. gestorben; sie denkt jetzt nicht mehr d. **2.** /zeitlich/ *an etw.; danach:* d. anschließend; im Anschluss d.; er hielt einen Vortrag, und d. schloss sich eine längere Diskussion.
daransetzen: 1. ⟨etw. d.⟩ *einsetzen:* alles, seine ganze Kraft, sein Vermögen d., ein Ziel zu erreichen. **2.** (ugs.) ⟨sich d.⟩ *etw. beginnen:* ich muss mich jetzt [endlich] d., meine Post zu erledigen.
darauf /vgl. drauf/: **1. a)** /räumlich/ *auf etw.:* d. stehen, sitzen, liegen; er hat ein Grundstück gekauft und will d. eine Tankstelle bauen; **b)** *auf diese[r] Sache, Angelegenheit o. Ä.:* er wies d. hin, dass ...; etw. beruht d., dass ...; alles deutet d. hin; ich bin d. angewiesen; das Gespräch kam nur kurz d.; wir kamen nur kurz d. zu sprechen; es [nicht] d. ankommen lassen *(es [nicht] so weit kommen lassen);* ich komme nicht d. *(es fällt mir nicht ein);* wir wollen d. *(auf diesen Wunsch, auf dieses Ziel)* anstoßen, trinken; ich bin nicht d. aus *(ich will das nicht).* **2. a)** /zeitlich/ *danach:* bald, am Tage, tags, ein Jahr d. starb er; erst ein Blitz, unmittelbar d. ein Donnerschlag; sie erfuhr es erst am d. folgenden Tag; **b)** /räumlich/ *dahinter:* erst kommt der Speisewagen, d. folgen die Kurswagen nach Ostende. **3.** *infolgedessen, daraufhin:* er stellte einen Antrag und bekam d. den Zuschuss.
daraus: 1. /räumlich/ *aus etw.:* sie öffnete den Koffer und holte ein Kleid d. hervor; das ist mein Glas, wer hat d. getrunken? **2. a)** *aus dieser Sache, Angelegenheit o. Ä.:* wir haben d. bereits unsere Konsequenzen gezogen; d. geht hervor, dass ...; wir wollen eigentlich verreisen, aber d. wird wohl nichts; **b)** *aus diesem Stoff:* d. wird Öl gewonnen; sie kaufte sich Stoff und nähte ein Kleid d.; **c)** *aus diesem Text, Werk:*

sie nahm ein Buch und las d. vor; hier ist das Protokoll, d. geht hervor ...
darbieten (geh.): **1.** ⟨etw. d.⟩ **a)** *aufführen:* Folklore, [Volks]tänze d.; was das Ensemble darbot, hatte gutes Niveau; **b)** *vortragen:* den Unterrichtsstoff anschaulich, verständlich d. **2.** ⟨sich jmdm. d.⟩ **a)** *sich zeigen:* eine herrliche Aussicht bot sich unseren Augen dar; in seiner ganzen körperlichen Fülle bot er sich dem Publikum dar; **b)** *sich anbieten, ergeben:* er ergriff die nächste Gelegenheit, die sich ihm darbot. **3.** (geh.) ⟨jmdm. etw. d.⟩ *reichen:* den Gästen wurden Getränke dargeboten; ÜBERTR.: er schlug die [ihm] dargebotene Hand *(das Angebot zur Versöhnung)* aus.
darin /vgl. drin/: **a)** /räumlich/ *in etw.:* ich habe d. nichts gefunden; wie viel Menschen wohnen d.?; wenn man das Pulver in diese Flüssigkeit schüttet, löst es sich d. auf; **b)** *in dieser Sache o. Ä.; hinsichtlich dieser Sache:* d. liegt ein Widerspruch; d. ist er mir überlegen; d. ist sie sehr sicher, unschlagbar, (ugs.:) ganz groß.
darlegen ⟨etw. d.⟩: etw. schriftlich, ausführlich, klar, überzeugend d.; den Sachverhalt d.; sie versuchte, vor der Kommission darzulegen, wie sich alles zugetragen hatte; ⟨jmdm. etw. d.⟩ jmdm. seine Gründe, seinen Standpunkt d.
darstellen: 1. ⟨jmdn., etw. d.⟩ *abbilden:* etw. grafisch, skizzenhaft, mit wenigen Strichen d.; was, wen stellt das Bild dar?; das Gemälde stellt eine Alpenlandschaft dar; die Städte sind auf der Karte als rote Punkte dargestellt; die darstellende Kunst *(Schauspiel- und Tanzkunst).* **2.** ⟨jmdn., etw. d.⟩ *eine Rolle spielen:* den Faust, den Othello, die komische Alte d.; ein darstellender Künstler *(Schauspieler, Tänzer).* **3.** ⟨etw. d.⟩ *schildern, beschreiben:* etw. einleuchtend, klar, überzeugend, ausführlich, genau, richtig, objektiv, sachlich, verzerrt, in einem günstigen Licht d.; den Hergang eines Geschehens d.; er hat die Sache so dargestellt, als wäre er unschuldig. **4.** ⟨etw. d.⟩ *bedeuten:* das stellt etwas Besonderes, eine großartige Leistung dar; dieser Sieg stellt den Höhepunkt in seiner Laufbahn dar; die Überstunden stellten eine zusätzliche Belastung für das d. Währungs-, Konjunktur- und Beschäftigungspolitik stellen eine Einheit dar. **5. a)** ⟨jmdn., etw. d.⟩ *erweisen:* die Sache stellt sich schwieriger als erwartet dar; er hat sich als hervorragender Kenner niederländischer Geschichte dargestellt; ⟨sich jmdm. irgendwie d.⟩ die Stadt stellt sich den Touristen als blühendes Handelszentrum dar; **b)** ⟨sich d.⟩ *sich herausstellen:* er hat den Hang, sich darzustellen. **6.** (Chemie) ⟨etw. d.⟩ *gewinnen:* rein, auf synthetischem Weg d.;
* **etwas/nichts darstellen** *(etwas/nichts Besonderes sein; großen/keinen Eindruck machen).*
darüber: 1. a) /räumlich/ *über etw.:* ich wohne im 2.

Stock und er d. *(ein Stockwerk höher);* sie packte die Wäsche unten in den Koffer, und d. legte sie die Anzüge; b) *über diese[r] Sache o. Ä.;* hinsichtlich dieser Sache: d. brauchst du dir keine Sorgen zu machen; d. müssen wir noch sprechen; das täuscht nicht d. hinweg, dass ...; sie war d. sehr ungehalten, hoch erfreut; er ist d. erhaben *(steht über der Sache);* diese Vorwürfe stören ihn nicht, er steht darüber. **2.** *über dieses Maß, diese Grenze o. Ä. hinaus:* das Alter liegt bei 30 Jahren und d.; das Gewicht ist etwas d.; es ist schon eine Viertelstunde d. *(später).* **3.** *währenddessen, dabei:* die Sitzung wird lange dauern, es kann d. Abend werden; sie war d. eingeschlafen; d. habe ich ganz vergessen ...; ★ **darüber hinaus** *(außerdem)* · **darüber hinaus sein** *(eine Enttäuschung o. Ä. überwunden haben).*

darum /vgl. drum/: **1.** **a)** /räumlich/ *um etw.:* der Strauß in der Mitte und die Geschenke d.; (ugs.:) ein Häuschen mit einem bisschen Grün d.; **b)** *um diese Sache, Angelegenheit o. Ä;* hinsichtlich dieser Sache: ich werde mich d. kümmern, bemühen; nicht d. herumkommen; ich würde etwas d. geben, wenn ...; d. geht es jetzt nicht; mir geht es d. *(ich habe vor, beabsichtige),* eine Einigung zu erzielen. **2.** *aus diesem Grunde, deshalb:* ach, d. ist er so schlecht gelaunt!; das Auto hatte zuletzt viele Mängel, d. hat sie es verkauft; sie ist zwar klein, aber d. *(trotzdem)* nicht schwach;»Warum hast du das getan?« –»Darum!« (ugs.; nichts sagende Antwort aus Trotz, Verärgerung).

darunter /vgl. drunter/: **1.** **a)** /räumlich/ *unter etw.:* oben im Koffer liegen die Hemden, d. die Anzüge; im Stockwerk d. befinden sich Büroräume; sie trug einen Morgenmantel und nichts d.; er las das Protokoll durch und setzte seine Unterschrift d.; **b)** *unter diese[r] Sache, Angelegenheit:* was habe ich d. zu verstehen?; sie hat sehr d. gelitten; das ist kein gutes Motto, d. können wir die Tagung nicht stellen. **2.** *unter diesem Maß, dieser Grenze o. Ä.:* die Temperatur blieb noch d.; d. *(billiger)* kann ich die Ware nicht verkaufen; d. (ugs.; *für weniger)* tut er es nicht. **3.** *dazwischen, innerhalb dieser Menge:* es waren vier Äpfel, einer d. war faul; es wurden mehrere Arbeiten ausgezeichnet, d. auch einige von deutschen Künstlern; mehreren Schülern, d. zwei Zehnjährigen/d. zwei Zehnjährige, wurden Preise verliehen; in vielen Ländern, d. der Bundesrepublik/d. die Bundesrepublik.

das: I. ⟨bestimmter Artikel⟩ /bezeichnet das neutrale Genus eines Substantivs/: d. Haus; d. Pferd; d. Böse. II. **1.** ⟨Demonstrativpronomen⟩ **a)** *dies, dasjenige:* d. ist die Lösung; d. *(so etwas)* soll ich gesagt haben?; d. weiß ich nicht; d. kommt davon/d. hast du jetzt davon (ugs.; *das passiert, wenn man*

etwas nicht befolgt); d. ist/d. heißt/d. bedeutet ...; /Ausruf des Überraschtseins/: hast du d. gehört?; **b)** *es:* d. regnet heute wieder!; wie d. schneit! **2.** ⟨Relativpronomen⟩ *welches:* das Buch, d. er sich geliehen hat.

Dasein, das: ein elendes, kümmerliches, freudloses D.; ein bescheidenes, menschen[un]würdiges D. führen; sich das D. erleichtern; sein D. fristen; der Kampf ums D.

dass ⟨Konj.⟩: **1.** /in Inhaltssätzen/: **a)** /leitet einen Subjekt-, Objekt-, Gleichsetzungssatz ein/: d. du mir geschrieben hast, hat mich sehr gefreut; sie weiß, d. du sie nicht leiden kannst; dafür sorgen, d. alles klappt; nicht damit rechnen, d. ... ; **b)** /leitet einen Attributsatz ein/: die Tatsache, d. er hier war, zeigt sein Interesse; gesetzt den Fall, d. ...; unter der Bedingung, d. ...; im Falle, d. ...; ungeachtet dessen, d. ...; ausgenommen, d. ... **2.** /in Adverbialsätzen/ **a)** (selten) /leitet einen Finalsatz ein/: gib ihr den Brief, d. sie ihn selbst liest; **b)** /leitet einen Konsekutivsatz ein/: die Sonne blendete ihn so, d. er nichts erkennen konnte; **c)** /leitet einen Kausalsatz ein/: das kommt davon, d. du nicht aufgepasst hast; das liegt daran, d. ... **d)** /leitet einen Instrumentalsatz ein/: er verdient seinen Unterhalt damit, d. er Zeitungen austrägt. **3.** /in Verbindung mit bestimmten Konjunktionen, Adverbien, Präpositionen/: das Projekt ist zu kostspielig, als d. es verwirklicht werden könnte; [an]statt d. sie selbst kam, schickte sie eine Vertreterin; ich habe nichts erfahren, außer d. er überraschend abgereist ist; kaum d. sie hier war, begann der Tumult; er kaufte den Wagen, ohne d. wir es wussten. **4.** /leitet Hauptsätze mit der Wortstellung von Nebensätzen ein, die meist einen Wunsch, eine Drohung, ein Bedauern o. Ä. ausdrücken/: d. mir keine Klagen kommen!; d. es mir nicht wieder passiert!; d. du nur vorsichtig bist!

dastehen: 1. *irgendwo stehen:* erstaunt, starr, fassungslos, wie versteinert, steif, unbeweglich, kerzengerade, hilflos, wie vor dem Kopf geschlagen, wie vom Donner gerührt, vom Blitz getroffen, (ugs.:) wie ein Ölgötze, (ugs.:) wie ein begossener Pudel d. **2.** ⟨irgendwie *sich in einer bestimmten Lage, Verfassung o. Ä. befinden:* [nach einem Sieg, nach einem Erfolg] großartig, glänzend, hervorragend d.; die Firma steht nicht schlecht da *(ist wirtschaftlich gesund);* ohne Mittel, mittellos d. *(kein Geld mehr haben);* ohne den Tod der Mutter ganz allein da; na, wie stehe ich jetzt da? (ugs.; *bin ich nicht großartig?);* wie ich jetzt wohl dastehe? (ugs.; *ob ich mich wohl blamiert habe?);* eine einzig dastehende *(unerreichbare)* Leistung.

Datei, die (bes. EDV): eine D. anlegen, erstellen, umbenennen, löschen, sichern, einfügen, verschieben, [auf Diskette, auf CD] kopieren, öffnen, schließen, entkomprimieren, ausdrucken; eine komprimierte, gezippte D.; eine D. *(den Da-*

teinamen, *das Icon der Datei* markieren, anklicken; jmdm. eine D. mailen; eine D. in einem Ordner, in einem Verzeichnis ablegen; Dateien verwalten; eine D. unter einem bestimmten Namen, als ASCII-Dokument, im RTF-Format [ab]speichern; einer D. einen Namen geben; die Titel sind in einer D. gespeichert; jmdn., etw. in einer D. erfassen; von einer D. eine Sicherungskopie erstellen.

Daten ⟨Plural⟩: statistische, wirtschaftliche, persönliche, exakte, genaue D.; die technischen D. eines Autos; D. verwerten, sammeln, gewinnen, in den Rechner eingeben, auswerten, geheimhalten, missbrauchen, weiterleiten; D. verarbeitende *(die Datenverarbeitung betreffende)* Maschinen.

datieren: 1. ⟨etw. d.⟩ a) *mit einem Datum versehen:* etw. falsch, nachträglich, im Voraus, auf den 10. Mai d.; eine Urkunde, einen Vertrag d.; der Brief ist vom 14. Mai datiert; b) *die Entstehungszeit bestimmen:* die Archäologen haben die Funde nicht d. können, in die Mitte des 3. Jahrhunderts datiert.
2. a) ⟨aus, von etw. d.⟩ *von etw. herrühren, aus etw. stammen:* das Schreiben, der Brief, die Urkunde datiert vom 10. Juli; dieser Fund datiert aus der spätrömischen Zeit; b) ⟨seit etw. d.⟩ *bestehen:* unsere Bekanntschaft datierte seit dem Jahr 1945, seit Kriegsende.

Datum, das: a) *Kalender-, Tagesangabe:* das D. angeben, eintragen, ändern; welches D. ist heute, haben wir heute?; (Kaufmannsspr.:) mit heutigem D. senden wir Ihnen ...; (Kaufmannsspr.:) der Brief ist unter heutigem D. eingegangen; b) *Zeitpunkt:* ein historisches D.; eine Entwicklung neueren, älteren Datums *(aus neuerer, älterer Zeit).*

Dauer, die: die D. des Krankenhausaufenthaltes ist noch unbestimmt; für die Dauer eines Jahres/von einem Jahr; eine Benutzung von [un]begrenzter, [un]beschränkter D.; während der D. unseres Aufenthaltes;
★ **auf Dauer** *(für unbegrenzte Zeit):* sie hat die Stelle auf D. · **auf [die] Dauer** *(eine längere Zeit lang):* auf [die] D. ist der Lärm nicht zu ertragen · **von Dauer sein** *(Bestand sein)* · **von kurzer/von begrenzter/nicht von langer Dauer sein** *(nicht lange bestehen).*

dauern: a) ⟨mit Zeitangabe⟩ *andauern:* die Sitzung dauert lange, zwei Stunden, von 9 bis 11 Uhr, nur kurz; das hat mir zu lange gedauert; es dauerte drei Wochen, bis wir das Visum hatten; ⟨auch ohne Zeitangabe⟩ sie frühstückt noch, und das kann d.; b) (geh.) *Bestand haben:* er glaubt, die Freundschaft wird d.

dauernd: diese dauernde Nörgelei geht mir auf die Nerven; er hat hier seinen dauernden Wohnsitz; d. unterwegs sein, fernsehen.

Daumen, der: der rechte D.; am D. lutschen; etw. zwischen D. und Zeigefinger halten;

★ **Daumen/Däumchen drehen** (ugs.; *nichts tun, sich langweilen)* · jmdm./für jmdn. den Daumen/die Daumen halten/drücken (ugs.; *jmdm. in einer schwierigen Sache Erfolg wünschen)* · jmdm. den Daumen aufs Auge drücken/setzen/halten (ugs.; *jmdn. zu etw. zwingen)* · den Daumen auf etw. (Akk.) drücken (ugs.; *auf etw. bestehen)* · auf etw. (Akk.) den Daumen halten (ugs.; *etw. nicht gerne hergeben)* · etw. über den Daumen peilen (ugs.; *etw. nur ungefähr schätzen).*

davon: 1. a) *von dieser Stelle, diesem Gegenstand entfernt:* nicht weit genug d. entfernt sein, liegen, stehen; ÜBERTR.: wir sind noch weit d. entfernt *(haben noch lange keine Lösung gefunden);* b) *von dieser Stelle als Ausgangspunkt, von diesem Gegenstand weg:* das Schild klebt so fest an dem Brett, dass es nicht mehr d. abzulösen ist; d. frei, befreit, geheilt sein.
2. *von dieser Sache, Angelegenheit [als Ausgangspunkt]; hinsichtlich dieser Sache, Angelegenheit:* wir gehen d. aus, dass ...; das kommt d., dass ...; das kommt d.! (ugs.; *die Folgen waren dir ja bekannt!);* genau das Gegenteil d. ist wahr!; er will d. nichts wissen; ein andermal mehr d.; nichts d. *(keinen Nutzen von etw.)* haben.
3. *von dieser Menge als [An]teil, von dieser Personen:* das ist ein Teil, die Hälfte d.; ich habe nichts d. bekommen; ich habe drei Exemplare, eines d. können Sie haben.
4. *von dieser Sache, diesem Material als Grundlage:* hier ist der Stoff, und d. mache ich mir ein Kleid; d. kann man nicht leben.

davonkommen: glücklich, glimpflich, heil, mit dem Schrecken d.; er ist noch einmal [mit dem Leben] davongekommen; mit einer Verwarnung, mit einer Geldstrafe d.

davonlaufen: 1. a) ⟨[vor jmdm., etw.] d.⟩ *weglaufen:* sie sind vor uns davongelaufen; kein Mensch kann vor sich selbst d.; b) ⟨jmdm. d.⟩ *jmdn. überraschend verlassen:* seine Frau ist ihm davongelaufen.
2. ⟨jmdm. d.⟩ *sich jmds. Kontrolle entziehen:* die Preise sind uns davongelaufen · die Konjunktur läuft der Regierung davon;
★ **zum Davonlaufen sein** (ugs.; *unerträglich sein).*

davontragen: 1. (selten) ⟨jmdn. d.⟩ *wegtragen:* einige brachen zusammen und wurden davongetragen.
2. ⟨etw. d.⟩ a) *erringen:* einen großen Sieg, mehrere Erfolge d.; b) *sich zuziehen, erleiden:* eine schwere Verletzung d.; er hat von dem Unfall dauernden Schaden davongetragen.

davor: 1. /räumlich/ *vor etw.:* ein Haus mit einem großen Garten d.
2. /zeitlich/ *vorher:* das Spiel beginnt um 16 Uhr, d. spielen zwei Jugendmannschaften; kurz d. hatte ich noch mit ihm gesprochen.
3. *vor dieser Sache, Angelegenheit o. Ä.:* wir haben

ihn d. gewarnt; sie hat keinen Respekt, keine Angst d.

dazu: 1. *zu dieser Sache, diesem Zustand; hinsichtlich dieser Angelegenheit:* ich habe d. keine Zeit, Lust; ich bin d. nicht in der Lage, nicht bereit; er arbeitet und singt d.; man gebe etwas Salz d.; d. isst man am besten Salat; sie ist ängstlich und d. *(überdies, außerdem)* ungeschickt; /Äußerung des Verwundertseins/: was soll man d. noch sagen? 2. *zu diesem Zweck, Ergebnis, Ziel; für diesen Zweck:* diese Entwicklung führte d., dass ...; d. wird es nicht kommen; wie komme ich d.? (ugs.; *warum soll ich das tun?*); ich eigne mich d. nicht; d. reicht das Geld nicht mehr.

dazwischen: 1. a) *zwischen diese[n] Personen, Sachen:* die Häuser stehen frei, d. liegen große Gärten; es ist kaum Platz d.; ÜBERTR.: das sind extreme Standpunkte, d. gibt es auch noch andere Möglichkeiten; b) *zwischen diesen Zeitpunkten; zwischen diese Zeitpunkte:* beide Vorträge finden am Vormittag statt, d. ist eine Stunde Pause/wir werden dazwischen eine Pause einschieben; drei Monate liegen d. 2. *darunter; in, unter dieser Menge:* wir haben alles durchgesehen, aber Ihr Antrag war nicht d.

dazwischenkommen: 1. *unvorhergesehen und störend auftreten:* ich nehme teil, wenn nichts dazwischenkommt; ⟨jmdm. d.⟩ ihm ist etwas dazwischengekommen. 2. *zwischen etw. geraten:* ich bin mit den Fingern dazwischengekommen.

Debatte, die: eine lange, lebhafte, erregte, stürmische, heftige, hitzige, öffentliche D.; die D. über die Regierungserklärung, um die Frage der Verwaltungsreform; die D. dauert an, ist noch in Gang; das Fernsehen überträgt die D. aus dem Bundestag; die D. eröffnen, leiten, unterbrechen; ein neues Argument in die D. werfen; in eine D. eintreten; in die D. eingreifen; * **etw. zur Debatte stellen** *(etw. als Thema vorschlagen)* · **zur Debatte stehen** *(Thema sein).*

Deck, das: a) *oberer betretbarer Abschluss des Schiffsrumpfes:* das D. reinigen, scheuern; auf D. sein; unter, von D. gehen; (Seemannsspr.) /ein Kommando/: alle Mann an D.!; b) *Stockwerk eines Schiffes:* der Salon befindet sich im mittleren D.; * **nicht, wieder auf Deck sein** (ugs.; *nicht recht, wieder gesund sein).*

Decke, die: 1. *Tuch zum Be-, Zudecken:* eine weiche, wollene, dünne, dicke, warme, gehäkelte, bunte D.; eine D. aus Seide; Decken für die Opfer des Erdbebens; eine D. auflegen, zusammenlegen, zurückschlagen, ausbreiten, zusammenrollen; sich (Dat.) die D. bis über den Kopf ziehen; jmdm. die D. wegziehen; dem Pferd eine D. überlegen; sich in eine D. wickeln; unter die D. *(Bettdecke)* kriechen, schlüpfen; BILDL.: das Land liegt unter einer weißen D. *(unter Schnee).* 2. *oberer Abschluss eines Raumes:* eine niedrige, hohe, getäfelte, schallisolierende, verkleidete D.;

die D. weißen, neu streichen; eine D. einziehen; die Nachbarin klopfte mit dem Besenstiel an die D.; von der D. herabhängende Spinnweben. 3. *Straßenoberfläche:* eine geteerte D.; die D. hat viele Schlaglöcher, ist völlig aufgebrochen; die D. erneuern; * **jmdm. fällt die Decke auf den Kopf** (ugs.; *1. jmd. fühlt sich in einem Raum beengt und niedergedrückt. 2. jmd. langweilt sich zu Hause)* · **vor Freude an die Decke springen** *(sich sehr freuen)* · **an die Decke gehen** (ugs.; *aufbrausen, sehr zornig, wütend werden)* · **sich nach der Decke strecken** (ugs.; *sich seinen bescheidenen Verhältnissen anpassen)* · **[mit jmdm.] unter einer Decke stecken** (ugs.; *[mit jmdm.] insgeheim die gleichen [schlechten] Ziele verfolgen).*

Deckel, der: 1. *Verschluss eines Gefäßes, Behälters:* ein abnehmbarer, emaillierter D.; der D. passt, schließt nicht; den D. öffnen, schließen, aufschrauben, abheben, hochheben, zurückklappen. 2. *Bucheinband:* ein D. aus Leder, Kunststoff, Pappe; der D. ist vergilbt, stark beschädigt. 3. (salopp) *Hut:* nimm doch deinen D. ab!; * **jmdm. eins auf den Deckel geben** (ugs.; *jmdn. zurechtweisen)* · **eins auf den Deckel bekommen/kriegen** (ugs.; *1. zurechtgewiesen werden:* wenn mein Chef davon hört, bekomme ich eins auf den D. *2. eine Niederlage erleiden).*

decken: 1. a) ⟨etw. über/auf jmdn., etw.⟩ *auf etw. legen; über jmdn. breiten:* ein Tuch über eine Leiche d.; die Hand über die Augen d.; b) ⟨etw. d.⟩ *bedecken:* das Dach [mit Ziegeln] d.; ein gedeckter *(überdachter)* Gang, Waggon; (geh.:) Schnee deckt die Flur; ihn deckt schon längst der grüne Rasen (geh. verhüll.; *er ist schon lange tot)*; gedeckter (Kochk.: *mit einer Teigschicht bedeckter)* Apfelkuchen; c) ⟨etw. d.⟩ *den Tisch für das Essen vorbereiten:* den Tisch d.; sie hat eine Tafel für sechs Personen gedeckt; es ist für vier Personen gedeckt. 2. *nichts mehr durchscheinen lassen:* die Farbe deckt [gut]; das Make-up deckt nicht; ⟨selten auch mit Akk.⟩ die Farbe deckt die Grundfarbe noch nicht. 3. ⟨etw. d.⟩ *befriedigen:* die Nachfrage, die Bedürfnisse der Bevölkerung, den Bedarf nicht [voll] d. können; die Versorgung ist für zwei Monate gedeckt *(gesichert);* Ⓡ mein Bedarf ist gedeckt (ugs.; *ich habe genug davon).* 4. (Kaufmannsspr.) ⟨etw. d.⟩ *finanziell absichern:* einen Wechsel, ein Defizit d.; der Scheck ist nicht gedeckt; das Darlehen wird durch eine Hypothek gedeckt; der Brandschaden ist durch die Versicherung voll gedeckt. 5. a) ⟨jmdn., sich, etw. d.⟩ *schützen:* die Mutter hat das Kind mit ihrem Körper gedeckt; (Schach:) der Turm wird vom Läufer gedeckt; (Boxen:) er deckt sich, das Gesicht mit der Linken; ⟨irgendwie d.⟩ er deckt nicht genügend, deckt schlecht; **b)** ⟨jmdn., etw. d.⟩ *schützend verbergen:* der Täter deckte seine Komplizen; sie versuchte, die Veruntreuungen ihres Freundes zu d.; **c)** (Sport) ⟨jmdn., etw. d.⟩ *abschirmen, bewachen:* den Gegenspieler, den freien Raum d.; der Mittelstürmer wurde von zwei Mann eng, hautnah, [messer]scharf gedeckt; ⟨auch ohne Akk.⟩ die Tore fielen, weil die Abwehr ungenau deckte. **6.** ⟨sich mit etw. d.⟩ *übereinstimmen:* meine Ansicht deckt sich mit Ihrer/mit der Ihrigen; die Aussagen der Frau deckten sich mit denen des Taxifahrers; diese Behauptungen decken sich nicht mit den Tatsachen; ⟨auch ohne Präpositionalobjekt⟩ in diesem Punkt decken sich unsere Standpunkte; die beiden Dreiecke decken sich (Geom.; *sind kongruent*). **7.** (Landw.) ⟨ein Tier d.⟩ *begatten:* der Hengst hat die Stute gedeckt.

Deckung, die: **1.** **a)** (Kaufmannsspr.) *[finanzielle] Absicherung:* die D. der Währung in Gold und Devisen; dem Darlehen fehlt die entsprechende D.; D. *(Sicherheit)* in Händen haben; der Scheck ist ohne D. **b)** *das Begleichen:* die Versicherung übernimmt die volle D. des Schadens; das Geld reicht nicht zur D. der Schulden, des Defizits. **2.** *Befriedigung, Erfüllung:* zur D. der Nachfrage fehlt eine Monatsproduktion. **3.** (Milit.) **a)** *das Sichern:* die D. des Rückzuges übernehmen; jmdm. D. *(Feuerschutz)* geben; **b)** *Schutz:* D. nehmen, suchen [in Gräben]; in D. gehen, bleiben; (Boxen:) die D. durchschlagen; die Linke benutzte er für die/zur D. **4.** (Sport): **a)** *das Abschirmen, das Bewachen:* die D. des Gegenspielers, des freien Raumes; er übernahm, vernachlässigte die D. des Linksaußen; **b)** *Abwehr:* eine sichere, stabile, gut organisierte D.; die gegnerische D. war nicht zu überwinden; die D. durchbrechen.

Defekt, der: **a)** *Fehler, Schaden:* ein leicht zu behebender D.; an dem Wagen ist, entstand ein D.; der Motor hat einen D.; **b)** *Fehlen, Ausfall einer körperlichen oder seelischen Funktion:* sie hat einen geistigen, psychischen, seelischen D.

definieren: a) ⟨etw. [irgendwie] d.⟩ *den Inhalt auseinander legen, erklären:* ein Wort exakt, [un]genau, klar, falsch d.; den Inhalt eines Begriffs d.; könnten Sie das bitte etwas genauer, näher d.?; **b)** ⟨etw. [irgendwie] d.⟩ *bestimmen, festlegen:* Aufgaben, Anforderungen, verbindliche Normen, Standards d.; das Drehmoment präzise d.; die Farbe des Kleides ist schwer zu d.; Geschwindigkeit ist definiert als ...; **c)** ⟨jmdn., sich, etw. über/durch jmdn., etw. d.⟩ *seine Stellung bestimmen; sein Selbstverständnis haben:* häufig werden Frauen noch über den Status des Ehemannes definiert; sich durch den Ehepartner, durch die Berufstätigkeit d.

Defizit, das: **1.** *Fehlbetrag:* ein D. in der Kasse, in der Außenhandelsbilanz haben; das D. decken; ein D. von rd. 2 Millionen Mark verzeichnen.

2. *Mangel:* geistige, körperliche Defizite; ein D. an Nährstoffen, an Informationen, an Kenntnissen, an Liebe.

defizitär: ein defizitärer Haushalt, Konzern; eine defizitäre *(zu einem Defizit führende)* Finanzpolitik; der Betrieb ist, arbeitet d.; ÜBERTR.: ein defizitärer Wissensstand.

dehnen: a) ⟨etw. d.⟩ *durch Ziehen länger, breiter machen:* das Gummi[band] d.; seine Glieder, Arme d. *(kräftig ausstrecken);* ÜBERTR.: die Wörter, Laute d. *(lang gezogen aussprechen);* **b)** ⟨sich d.⟩ *länger, breiter werden:* der Stoff dehnt sich [mit der Zeit]; in der Sonne liegen und sich wohlig d. *(ausstrecken)* und recken; ÜBERTR.: der Weg dehnt sich [in die Länge] *(zieht sich hin);* eine weite Ebene dehnte sich vor unseren Blicken; die Minuten dehnten sich zu Stunden.

dein: a) *[zu] dir gehörend; von dir ausgehend o. ä.:* d. Auto; ich trage heute deine *(die von dir geschenkte)* Krawatte; d. Schimpfen nutzt nichts; das Geschäft deines Vaters (nicht korrekt: deinem Vater sein Geschäft); ⟨ohne Substantiv⟩ sind das seine Handschuhe oder deine?; das ist nicht mein Heft, sondern deins/(geh.:) deines; /Schlussformel in Briefen/: mit herzlichen Grüßen dein Peter; herzlichst deine Monika; **b)** (geh.) SUBST.: es war nicht mein Wunsch, sondern der deine (geh.; *deiner*); das Deine/(auch:) deine *(das dir Gehörende);* die Deinen/(auch:) deine *(deine Angehörigen);* du sollst das Deine/(auch:) deine *(deinen Anteil)* dazu beitragen; /veraltend; Schlussformel in Briefen/: immer die Deine/(auch:) deine; **c)** *bei dir zur Gewohnheit, Regel geworden; von dir gewöhnlich benutzt o. ä.:* rauchst du noch deine 10 Zigaretten täglich?; nimm deine Tabletten; beinahe hättest du deine Bahn verpasst.

Delegation, die: eine kleine, starke, zehnköpfige, parlamentarische, deutsche D.; eine D. der Arbeiter von Experten, aus Frankreich; eine D. zusammenstellen, [an]führen, leiten, entsenden, empfangen, begrüßen; einer D. angehören.

delegieren: 1. ⟨jmdn. [zu etw./irgendwohin] d.⟩ *abordnen:* jmdn. zu einen Kongress, in einen Ausschuss d.; alle Mitarbeiter sind zu einer Tagung delegiert worden. **2.** ⟨etw. [an/(selten:) auf jmdn.] d.⟩ *auf eine andere Person übertragen:* die Abteilungsleiterin delegiert viele Aufgaben an/(selten:) auf ihre Mitarbeiter; er war nicht bereit, Aufgaben zu d.; es fällt ihm schwer zu d.; sie versteht es, Arbeit zu d. (iron.: *lästige Arbeit einem anderen aufzubürden).*

delikat: 1. *besonders fein schmeckend:* delikates Gemüse, Fleisch; ein delikater Salat; der Braten ist, schmeckt sehr d. **2.** (geh.) *behutsam, feinfühlig:* etw. d. andeuten, vorbringen; er hat das Thema d. behandelt; sich d. ausdrücken. **3.** *heikel:* eine delikate Sache, Frage; in eine delikate Situation geraten; dieses Thema ist äußerst d.

Demokratie, die: eine freie, freiheitliche, direkte, rechtsstaatliche D.; die parlamentarische D.; zu den Prinzipien der D. gehört die freie Meinungsäußerung; in einer D. *(einem Staat mit demokratischer Verfassung)* leben; die Zusammenarbeit mit den jungen Demokratien in Osteuropa; ÜBERTR.: D. *(freie Willensbildung und gleichberechtigte Mitbestimmung)* am Arbeitsplatz; in unserem Verein, Betrieb herrscht D.

demokratisch: ein demokratischer Staat; eine demokratische Verfassung; eine demokratische Entscheidung *(Mehrheitsentscheidung);* unsere freiheitliche demokratische Grundordnung; die demokratischen Parteien, Grundrechte, Freiheiten; eine d. gewählte Regierung; ÜBERTR.: d. denken, handeln *(freiheitlich);* hier geht es ganz d. *(nicht autoritär)* zu.

Demonstration, die: 1. *Massenkundgebung:* eine eindrucksvolle, friedliche D.; Demonstrationen gegen den Krieg, für freie Wahlen; morgen findet eine D. statt; die D. verlief ohne Zwischenfälle, löste sich allmählich auf; eine D. veranstalten, genehmigen, absagen, verbieten; die Polizei löste die D. auf; an einer D. teilnehmen; zu einer D. aufrufen; es kam überall zu Demonstrationen. 2. *eindringliche Bekundung; sichtbarer Ausdruck von etw.:* die Parade war eine D. der militärischen Stärke; die Veranstaltung wurde zu einer D. für den Frieden. 3. *anschauliche Darlegung:* Unterricht mit praktischer D.; etw. zur D. von etw. heranziehen.

demonstrieren: 1. *eine Demonstration veranstalten, an ihr teilnehmen:* für Frieden und Freiheit, gegen die Aufrüstung, aus Solidarität mit den Inhaftierten d.; wir demonstrieren morgen vor der Botschaft, in der Uni. 2. ⟨etw. d.⟩ *bekunden:* Entschlossenheit, Härte, seinen Willen, seine Absicht d.; ⟨jmdm. etw. d.⟩ der Staat demonstrierte der Welt den Stand seiner technischen Entwicklung. 3. ⟨etw. d.⟩ *anschaulich darlegen:* die Arbeitsweise des Motors, Zusammenhänge am Modell d.; ⟨jmdm. etw. d.⟩ er demonstrierte den Studenten seine Thesen anhand des Materials.

demütigen ⟨jmdn., sich d.⟩: ein Volk d.; diese Äußerung hat ihn aufs Tiefste gedemütigt; sich vor jmdm. d.; die Versetzung ist für ihn demütigend; sich [von etw., durch etw.] gedemütigt fühlen.

demzufolge: er fuhr früher weg, d. müsste er bereits hier sein; die Wohnung liegt auf der Schattenseite und ist d. immer kühl.

denkbar: 1. *vorstellbar, möglich:* alle nur denkbaren Sicherheitsvorkehrungen waren getroffen worden; etw. ist nicht, kaum d.; es ist durchaus d., dass ... 2. ⟨verstärkend bei Adjektiven⟩ *äußerst:* ein d. günstiges Angebot; die Sache ist d. einfach; es geht ihr d. schlecht; auf dem d. schnellsten *(allerschnellsten)* Weg.

denken: 1. a) *geistig arbeiten, überlegen:* angestrengt, scharf, schnell, nüchtern, kühl, logisch d.; sie denkt praktisch *(betrachtet etw. unter praktischem Aspekt);* laut d. (ugs.; *vor sich hin sprechen*); bei dieser Arbeit muss man viel d.; kann [vor Müdigkeit] nicht mehr klar d.; das gibt es, solange ich d. kann *(schon immer);* wo denkst du hin! (ugs.; *da irrst du dich aber sehr; das muss ich zurückweisen*); denk mal an! (ugs.; *Äußerung des Verwundertseins);* SUBST.: abstraktes, logisches, begriffliches Denken; Ⓡ erst d., dann handeln; Denken ist Glückssache!; b) ⟨irgendwie d.⟩ *eine bestimmte Gesinnung haben:* edel, kleinlich, spießbürgerlich, niederträchtig d.; c) ⟨von jmdm., etw./über jmdn., etw. irgendwie d.⟩ *jmdn., etw. beurteilen:* wie denken Sie darüber?; über diesen Plan denkt er ganz anders. 2. a) ⟨etw. d.⟩ *annehmen, vermuten:* nichts Böses, immer gleich Schlimmes, Schlechtes d.; ich weiß nicht, was du jetzt denkst; /Äußerung des Überraschtseins/: wer hätte das gedacht?; /Äußerung der Empörung/: wie können Sie so etwas d.!; das hätte ich nie gedacht!; was, wie viel haben Sie denn gedacht? *(welche Preisvorstellung haben Sie?);* ich denke, wir könnten uns einigen; so geht es nicht, dachte sie bei/für sich; er dachte mich hereinlegen zu können; wir dachten, dass Sie schon zu Hause seien; er denkt *(bildet sich ein),* Wunder was getan zu haben; ⟨auch ohne Akk.⟩ ich denke schon!; ich denke nicht/nein; Ⓡ denkste! (ugs.; *das glaubst du wohl!);* b) ⟨etw. von jmdm., etw./über jmdn., etw. d.⟩ *eine bestimmte Meinung haben:* ich weiß nicht, was man davon, von ihm d. soll; was werden die Leute über ihn d.?; er denkt nur Gutes über ihn; das hätte ich nicht von ihr gedacht *(ihr nicht zugetraut);* ⟨auch ohne Präpositionalobjekt⟩ was werden die Leute d.?; man weiß nicht, was man d. soll; ⟨auch ohne Akk.⟩ mach, wie du denkst! 3. a) ⟨sich (Dat.) etw. d.⟩ *erwarten:* das hättest du dir doch d. können; ich habe mir das gleich gedacht; /Ausdruck eines Vorwurfs/: was hast du dir eigentlich dabei gedacht?; das kann ich mir d. *(das weiß ich selbst);* das ist teurer, als ich mir dachte; b) ⟨sich (Dat.) jmdn., etw. [irgendwie] d.⟩ *sich vorstellen:* ich könnte es mir so d., dass ...; das kannst du dir doch d., dass ich müde bin; denkt euch (ugs.; *welche Überraschung),* wir haben gewonnen!; Ⓡ das hast du dir [so] gedacht! (ugs. *das könnte dir so gefallen).* 4. a) ⟨sich jmdn., etw. d.⟩ *sich erinnern, zurückdenken:* oft, mit Freude, mit Grauen, an etw. d.; ich muss immer daran d., wie sie die Jugend, an die Studienzeit d.; denke daran *(vergiss nicht),* die Rechnung zu bezahlen; b) ⟨an jmdn., sich, etw. d.⟩ *sein Interesse auf jmdn./etw. richten:* er denkt nur an sich [selbst], an seinen Vorteil, an seine Arbeit; bei diesem Posten, bei dieser Arbeit haben wir an Sie gedacht *(wir haben Sie dafür vorgesehen);* du musst an deine Gesundheit, an morgen, endlich an Schlaf d.; sie denkt ans Heiraten, an Scheidung *(erwägt zu heiraten, sich scheiden zu lassen);* ich denke gar nicht daran *(ich lehne es ab),* das zu unterschreiben; daran war nicht zu d. *(das war ausgeschlossen);* ∗ jmdn. zu denken geben *(jmdn. nachdenklich machen).*

Denkmal, das: 1. *Standbild:* ein D. zu Ehren der Gefallenen; ein D. errichten, enthüllen; einen Kranz am D. niederlegen; zu Lebzeiten war Picasso schon sein eigenes D. *(fest verankert im Bewusstsein der Menschen als Verkörperung von etw.).* 2. *Zeugnis aus alter Zeit:* ein D. römischer Kunst; diese Dichtung gehört zu den bedeutendsten Denkmälern des Mittelalters; ∗ sich (Dat.) ein Denkmal setzen *(eine Leistung vollbringen und dadurch in der Erinnerung anderer weiterleben).*

denn: I. 1. ⟨kausale Konj.⟩: wir blieben zu Hause, d. es regnete. 2. ⟨Vergleichspartikel; vereinzelt noch, um doppeltes *als* zu vermeiden, sonst geh. oder veraltet⟩: er ist als Wissenschaftler bedeutender d. als Künstler; ⟨häufig in Verbindung mit *je* nach Komparativ⟩ mehr, besser, öfter d. je; sie war schöner d. je. II. ⟨Adverb⟩ 1. ⟨selten⟩ /einräumend/: ich traue ihm nicht mehr, er müsste sich d. gründlich geändert haben. 2. (nordd.) *dann:* er hat es d. doch noch geschafft; na, d. prost! III. ⟨Partikel⟩ /verstärkend/: was soll d. das?; was ist d. los?; wieso d.?; wohlan d.!; /Äußerung der Entrüstung/: das ist d. doch die Höhe!; ∗ es sei denn *(ausgenommen):* sie wird gewinnen, es sei d., es passiert etwas Unvorhergesehenes/ dass etwas Unvorhergesehenes passiert.

dennoch: hässlich und d. schön; er will es d. versuchen; sie war krank, d. wollte sie die Reise nicht verschieben.

deprimieren ⟨jmdn. d.⟩: die Niederlage hat ihn deprimiert; es deprimiert mich, wenn ich dieses Elend sehe; es ist ganz, furchtbar deprimiert; eine deprimierende Entwicklung; das war für ihn sehr deprimierend.

der: I. ⟨bestimmter Artikel⟩ /bezeichnet das maskuline Genus eines Substantivs/: d. Mann; d. Schrank. II. 1. ⟨Demonstrativpronomen⟩ *dieser, derjenige:* d. Wagen soll mir gehören?; so etwas kann nur d. (ugs. oft abwertend) gesagt haben; d. und arbeiten, pünktlich sein (ugs. oft abwertend; *nie und nimmer arbeitet er, ist er pünktlich*). 2. ⟨Relativpronomen⟩ *welcher:* der Arzt, d. mir geholfen hat; ∗ der und der *(irgendjemand).*

derb: 1. a) *stabil:* derbes Schuhwerk; ein derber Stoff; derbes Leder; b) *voller Nährkraft:* derbe

Kost lieben; c) *grob, heftig:* jmdn. d. anrempeln; er fasste sie d. am Arm; d. zupacken. 2. *den Anstand, das Feingefühl verletzend:* derbe Witze, Reden; eine derbe Antwort; seine Späße sind sehr d.; sich d. ausdrücken; jmdn. d. anfahren.

dergleichen: d. Fälle hatten wir schon früher; er hat nichts d. gesagt; ... und d. mehr.

derselbe: er trägt denselben Anzug wie das letzte Mal; ich hatte dieselbe Idee; das ist ein und dasselbe; er ist immer noch d. *(hat sich nicht verändert).*

deshalb: sie ist krank und kann d. nicht kommen; d. brauchst du nicht gleich beleidigt zu sein; ich betone das d., weil ...; ach, d. also!

desto: Fußball schätze ich nicht sehr, d. lieber spiele ich Handball; je eher, d. besser; je älter sie wird, d. bescheidener wird sie.

deswegen: er wurde krank und musste d. den Vortrag absagen.

Detail, das: ein [un]wichtiges, wesentliches D.; die Details weglassen; erspare mir die Details!; nicht auf Details eingehen; etw. in allen Details, bis in das kleinste D. schildern; zu sehr ins D. gehen; sich in Details verlieren; sich über die Details nicht einigen können; die Liebe zum D.; ∗ im Detail *(im Einzelnen):* im D. wollte sie sich dazu nicht äußern.

Deut, der: ⟨in der Verbindung⟩ keinen/nicht einen Deut *(gar nicht, nichts):* [um] keinen/nicht einen D. besser sein; keinen/nicht einen D. für etw. geben; sich keinen D. um etw. kümmern.

deuteln ⟨an etw. (Dat.) d.⟩: an dieser Sache ist nichts zu d., gibt es nichts d.; daran lässt sich nicht deuteln.

deuten: 1. ⟨irgendwohin d.⟩ *deutlich auf jmdn., etw. zeigen:* [mit dem Finger] auf jmdn. d.; er deutete nach Süden, nach rechts, in die andere Richtung. 2. ⟨auf etw. (Akk.) d.⟩ *erkennen lassen:* alles deutet auf einen wirtschaftlichen Umschwung; die Beobachtungen deuten darauf, dass ... 3. ⟨etw. d.⟩ *auslegen:* etw. richtig, falsch, verkehrt, ganz anders d.; Träume, eine Dichtung d.; wir deuten es als Zeichen der Entspannung; etw. nicht d. wissen; ⟨jmdm. etw. d.⟩ jmdm. die Zukunft d. *(vorhersagen);* jmdm. etw. übel d. (geh.; *auslegen).*

deutlich: a) *scharf umrissen, klar; gut wahrnehmbar, verständlich:* eine deutliche Schrift, Aussprache; die Aufnahme ist nicht d.; d. sprechen; die Musik ist d. zu hören; bitte d. schreiben!; daraus wird d. *(klar erkenntlich),* dass ...; etw. d. erkennen; d. traten die Berge [aus dem Dunst] hervor; sich d. *(genau)* an eine Begegnung, an den Vorfall erinnern; jmdm. etw. d. machen *(verdeutlichen),* dass ...; jmdm. etw. d. vor Augen führen, halten, stellen *(eindringlich erklären);* b) *eindeutig, unmissverständlich:* deutliche Begriffe; das war ein deutlicher Hinweis, Wink; ein deutlicher *(hoher)*

Sieg; eine deutliche Sprache mit jmdm. reden (*jmdm. unmissverständlich seine Meinung sagen);* das war klar und d.; habe ich mich nicht d. ausgedrückt?; die Zahl der Unfälle ist d. zurückgegangen; ✶ **deutlich werden** *(Kritik [heftig und grob] äußern).*

Deutlichkeit, die: a) *Klarheit, gute Wahrnehmbarkeit, Verständlichkeit:* die D. einer Schrift, seiner Aussprache; etw. gewinnt an D.; b) *Eindeutigkeit, Unmissverständlichkeit:* etw. mit aller D. sagen; etw. tritt mit aller D. zutage; seine Antwort lässt nichts an D. *(Offenheit)* zu wünschen übrig; er hat ihm einige Deutlichkeiten *(Grobheiten)* gesagt.

deutsch: a) *die Deutschen, Deutschland betreffend:* das deutsche Volk, die deutsche Sprache, Nationalhymne; deutscher Abstammung sein; er hat, besitzt die deutsche Staatsangehörigkeit; sie fährt einen deutschen Wagen; das ist typisch d.; ein d. gesinnter Politiker; b) *in der Sprache der Bevölkerung Deutschlands:* der Redner spricht d.; sich d. unterhalten; etw. ist d. abgefasst; die deutsche Schweiz *(der Teil der Schweiz, in dem deutsch gesprochen wird);* am Nebentisch saß eine d. sprechende Gruppe von Geschäftsleuten aus Osteuropa; ✶ **mit jmdm. deutsch reden** (ugs.; *jmdm. unmissverständlich seine Meinung sagen).*

Deutsch, das: 1. *die deutsche Sprache:* gutes, gepflegtes, fehlerfreies, akzentfreies D.; sein D. ist nicht gerade gut; sie lernt, versteht, spricht fließend D.; eine D. *(die deutsche Sprache beherrschende)* sprechende Französin; etw. auf D. sagen; der Vertrag ist in D. abgefasst, geschrieben. 2. *die deutsche Sprache und Literatur als Unterrichtsfach:* wir haben D.; in D. eine Zwei haben; er unterrichtet [in] D., hat einen Lehrauftrag für D.; ✶ **nicht [mehr] Deutsch/kein Deutsch [mehr] verstehen** (ugs.; *etw. nicht verstehen wollen)* · **auf [gut] Deutsch** (ugs.; *unverblümt, ohne Beschönigung).*

¹**Deutsche,** das: *die deutsche Sprache:* das D. ist eine germanische Sprache; etw. aus dem Deutschen, vom Deutschen ins Englische übersetzen.

²**Deutsche,** der und die: *Angehörige[r] des deutschen Volkes:* ein typischer Deutscher; eine typische Deutsche; alle Deutschen; wir Deutschen/ (seltener:) D.; er ist [gebürtiger] Deutscher/ ist [eine] D.

Devise, die: 1. *Wahlspruch, Losung:* seine [erste, oberste] D. ist, heißt, lautet ...; das ist seine D.; sie lebt nach der D.»leben und leben lassen«; die Firma hat es sich zur D. gemacht, nur Qualitätsware zu produzieren. 2. (Geldw.) *Zahlungsanweisungen, Zahlungsmittel in fremder Währung:* Devisen kaufen, eintauschen; die Ausfuhr von Devisen kontrollieren; das Reisegeld in Devisen bei sich haben.

Dezember, der: ein kalter, schneereicher, unge-

wöhnlich milder D.; Anfang, Ende D.; im Laufe des Monats D., des Dezember[s]; er ist im D., am 3. D. geboren.

dezent: ein dezentes Parfüm; dezente Beleuchtung, Musik; ein dezentes Benehmen; dezente Muster; die Farben sind sehr d.; sich d. schminken, kleiden; jmdn. d. auf etw. aufmerksam machen.

Dialekt: ein süddeutscher D.; Elsässer D.; er sprich [einen breiten] D.; sie antwortete in unverfälschtem D.

Dialog, der: zwischen ihnen entspann sich ein D.; den D. aufrechterhalten; einen D. mit jmdm. führen; ein D. *(Gespräche)* zwischen den Vertretern beider Staaten; die Fortsetzung, der Abbruch des Dialogs mit Moskau.

Diamant, der: ein ungeschliffener D.; ein D. von 20 Karat; der D. strahlt, funkelt; Diamanten fördern, schleifen, fassen; BILDL.: schwarze Diamanten *(Steinkohle).*

Diät, die: eine salzarme D.; eine D. für Gallenleidende; eine D. abbrechen; eine strenge D. einhalten müssen; [streng] D. halten, kochen, essen, leben; in diesem Zustand soll man keine Diäten durchführen; der Arzt verordnete ihm eine D., (ugs.:) setzte ihn auf D.

dicht: 1. a) *zusammengedrängt, zusammenstehend ohne größere Zwischenräume:* dichtes Haar, Gefieder, Gewebe, Gebüsch; dichter Wald; dichte Hecken; dichter *(undurchdringlicher)* Nebel; eine dichte Zuschauermenge; mitten im dichtesten *(stärksten)* Verkehr, Gewühl; die Züge fahren in dichter Folge, d. hintereinander; die Wolken werden immer dichter; die Zuschauer standen sehr d.; die d. an d./d. bei d. *(sehr dicht beieinander)* stehenden Tulpen; ÜBERTR.: eine dichte (geh.; *gestraffte, das Wesentliche betonende)* Szene, Aufführung; ein dichtes *(voll ausgefülltes)* Programm; b) ⟨in Verbindung mit einem 2. Part.⟩ *sehr stark:* d. behaart sein; die Berge sind d. bewaldet; in einer sehr d. bevölkerten Gegend wohnen. 2. *undurchlässig:* ein dichtes Fass; das Dach, das Fenster, der Verschluss ist nicht mehr d.; neue Schuhe sind, halten nicht mehr d.; Ritzen d. machen, verschließen; die Vorhänge, die Fenster waren d. geschlossen. 3. ⟨in Verbindung mit einer Präposition⟩ a) *ganz nahe, unmittelbar bei:* er stand d. bei mir; bis d. an den Abgrund; d. davor, dahinter, daneben; b) *zeitlich sehr nahe:* Weihnachten stand d. bevor; d. daran sein, etw. zu tun; ✶ **nicht [mehr] ganz dicht sein** (ugs. abwertend; *nicht recht bei Verstand sein).*

dick: 1. *massig, von beträchtlichem Umfang:* ein dicker Baumstamm, Brocken; ein dicker Bauch; sie hat dicke Beine, Arme; ein dickes Buch; eine dicke Zigarre; jmd., etw. ist [sehr, zu] d.; das Baby ist d. und rund; (ugs.:) er ist d. und fett geworden; sich d. (ugs.; *satt)* essen; ÜBERTR.: ein dickes

(ugs.; *großes, teures*) Auto; eine dicke (ugs.; *enge*)
Freundschaft; sie sind dicke Freunde (ugs.; *sehr
eng befreundet*); ein dicker (ugs.; *schlimmer*) Fehler; ein dickes (ugs.; *sehr gutes*) Gehalt haben; ein
dickes *(großes)* Lob ernten; dicke Gelder (ugs.;
sehr viel Geld) haben; ein dickes (ugs.; *sehr gutes*)
Geschäft machen. **2.** **a)** ⟨in Verbindung mit Maßangaben⟩ *eine bestimmte Dicke habend:* das Brett ist zwei Finger,
fünf Zentimeter d.; die Mauer ist einen halben
Meter d.; **b)** *stark, nicht dünn:* eine dicke Eisdecke, Staubschicht; der Stoff, Teppich ist ziemlich
d. *(fest und dicht gewebt);* der Sitz ist d. gepolstert; die Maske, Salbe d. auftragen.
3. (ugs.) *geschwollen:* eine dicke Backe; dicke
Lippen; er hat dicke Mandeln; ihre Beine, Füße
sind d. [geworden].
4. *zähflüssig:* dicker Brei, Leim; dicke *(saure)*
Milch; die Suppe ist zu d.; den Saft d. einkochen.
5. (ugs.) *dicht, stark:* dicker Qualm; dicke Staubwolken; dickes Gestrüpp; im dicksten Verkehr;
der Nebel wird immer dicker; ihre Haare sind
sehr d. *(sie hat sehr volle Haare);*
* **dick auftragen** (ugs. abwertend; *übertreiben*) ·
sich [mit etw.] dick machen (ugs.; *sich [mit etw.]*
brüsten, angeben) · **es nicht so dick haben** (ugs.;
nicht über viel Geldmittel verfügen) · **jmdn., etw.**
dick[e] haben/kriegen (ugs.; *jmds., etw. überdrüssig sein*) · **mit jmdm. durch dick und dünn
gehen** *(jmdn. in allen Lebenslagen helfen).*
Dickicht, das: die Sträucher bilden ein undurch-
dringliches D.; das Reh floh ins D., verschwand
im D.; ÜBERTR.: sich durch das D. der Paragraphen hindurcharbeiten.
die: I. ⟨bestimmter Artikel⟩ **a)** ⟨Sing.⟩ /bezeichnet
das feminine Genus eines Substantivs/: d. Frau; d. Küche; sie ist d. Schönste; **b)** ⟨Plural⟩ /bezeichnet alle
drei Genera der Substantive/: d. Männer; d. Frauen; d.
Kinder; d. Häuser; d. Messer, Gabeln und Löffel;
seine Bilder waren d. schönsten.
II. **1.** ⟨Demonstrativpronomen⟩ **a)** ⟨Sing.⟩ *diese:*
d. Bluse da gefällt mir; d. (ugs., oft abwertend;
diese Frau, diese Person) hat gerade nötig; d.
(ugs., oft abwertend; *sie*) kommt immer zu spät;
b) ⟨Plural⟩ /bezeichnet eine nicht näher gekennzeichnete Anzahl von Personen, Sachen/: gerade d. mussten
es sein, andere wollte er nicht; (ugs. oft abwertend) /bezeichnet alle zuständigen, aber nicht bekannten
Personen/: jetzt reißen d. schon wieder die Straße
auf; warum wollen d. das wissen?
2. ⟨Relativpronomen⟩ *welche:* **a)** ⟨Sing.⟩: eine
Frage, die ich nicht beantworten kann; **b)** ⟨Plu-
ral⟩ es waren Bilder, d. er noch nie gesehen hatte.
Dieb, der: ein raffinierter, gemeiner D.; der D.
konnte entkommen, wurde gefasst, auf frischer
Tat ertappt; den D. verfolgen, festnehmen; haltet
den D.!
diebisch: ein diebisches Vergnügen; jmdm. diebische Freude machen; er hat sich d. gefreut.
Diebstahl, der: einfacher, schwerer D.; geistiger D.

(unerlaubte Übernahme fremden Gedankenguts);
einen D. begehen, entdecken, vertuschen; sich
gegen D. versichern; jmdn. wegen Diebstahls verurteilen.
Diele, die: **1.** *starkes Fußbodenbrett:* rohe, gestrichene Dielen; die Dielen knarren, sind ausgetreten; neue Dielen legen.
2. *geräumiger Flur:* eine geräumige D.; das Telefon befindet sich in der D.
dienen: **1.** **a)** *in jmds. Dienst stehen:* viele Ritter
dienten an seinem Hof; sie sollte als Magd, bei einer Familie in der Stadt d.; ⟨jmdm. d.⟩ er hatte
dem König treu gedient; er wollte nach Gott
d.; **b)** ⟨jmdm., etw. d.⟩ *für jmdn., etw. tätig sein,
sich einsetzen:* dem Staat, der Allgemeinheit, der
Gemeinschaft d.; er dient mit seiner Arbeit einer
guten Sache, der Wissenschaft, dem Fortschritt;
c) *den Militärdienst ableisten:* bei der Artillerie,
bei der Luftwaffe d.; 18 Monate d. müssen; er
hatte noch unter diesem Admiral gedient.
2. **a)** ⟨jmdm., etw. d.⟩ *jmdm., etw. dienlich, nützlich sein:* die Sammlung, die Veranstaltung dient
einer guten Sache, einem guten Zweck; sein Vorgehen hat nicht unseren Interessen, nicht gerade
der Wahrheit gedient; das Programm dient zur
Erforschung des Weltalls; **b)** ⟨jmdm. d.⟩ *zu Diensten sein, behilflich sein, helfen:* womit kann ich
Ihnen d.?; wäre Ihnen damit gedient?; es tut mir
Leid, dass ich Ihnen in dieser Angelegenheit
nicht d. konnte; mit 500 Mark wäre mir schon gedient.
3. ⟨als etw., zu etw. d.⟩ *als/zu etw. brauchbar sein,
verwendet werden:* das alte Schloss dient als Museum; etw. dient als Ersatz, Notlösung, Vorwand,
zur Illustration, zum Schutz gegen Erkältung;
⟨jmdm. als etw., zu etw. d.⟩ das möge dir zur Warnung d.; er hatte ihm nur als Prügelknabe gedient; der Wohnwagen dient [ihm] als/zur Unterkunft.
Diener, der: **1.** **a)** *jmd., der in jmds. Dienst steht:*
ein alter, treuer, herrschaftlicher D.; er war viele
Jahre D. bei einem Grafen gewesen; **b)** (geh.)
jmd., der [öffentliches] Amt bekleidet: ein D.
der Kirche, des Staates; ÜBERTR.: ein D. *(Förderer)* der Wissenschaft, der Kunst.
2. (fam.) *Verbeugung (bes. eines Jungen):* er
macht einen D., verabschiedet sich mit einem D.;
* **stummer Diener** *(Serviertisch).*
Dienst, der: **1.** **a)** *Erfüllung von [beruflichen]
Pflichten; [berufliche] Tätigkeit:* ein schwerer,
harter, interessanter, anstrengender, aufreiben-
der, eintöniger, langweiliger D.; D. beginnt um
um 8 Uhr; den D. antreten; zurzeit D. haben, machen, tun; welche Apotheke hat heute D.? *(ist
heute dienstbereit?);* D. nach Vorschrift machen
*(peinlich genau nach den Dienstvorschriften ar-
beiten);* seinen D. gewissenhaft versehen; den D.
verweigern, beenden, vernachlässigen, wieder
aufnehmen; außer D., außerhalb des Dienstes *(in
meiner Freizeit)* kann ich tun, was ich will; nicht

im D. sein *(dienstfrei haben); in den D. gehen;
vom D. sofort nach Hause kommen; jmdn. vom
D. beurlauben; zum D. gehen; zu spät zum D.
kommen; /als Teil von Dienstbezeichnungen/: Unteroffizier, Kommissar, Chef vom D. *(der Dienst habende Unteroffizier, Kommissar, Chef);* Ⓡ D. ist D.,
und Schnaps ist Schnaps *(Dienst und Privatver-
gnügen sind zweierlei);* **b)** *Arbeitsverhältnis:* seinen D. antreten; den D. quittieren; aus dem D.
ausscheiden; jmdn. in D. nehmen; in jmds.
Dienste treten *(jmdm. dienen, für ihn arbeiten);*
er hatte im D. des Königs, beim König in D., in
königlichen Diensten gestanden; sein Vater ist
nicht mehr im D. *(ist pensioniert);* sie wurde vom
D. suspendiert; **c)** *Tätigkeitsbereich:* er ist Beamter des mittleren Dienstes, im gehobenen D.; im
öffentlichen D. arbeiten; jmdn. in den diploma-
tischen D. übernehmen. **2.** *Dienstleistung:* jmdm. seinen D., seine Dienste
anbieten *(sich bereit erklären, jmdm. zu helfen);*
jmds. Dienste in Anspruch nehmen; jmdm. einen
großen D. erweisen *(ihm sehr helfen);*
⋆ **[das ist]** eine zusätzliche Leistung gegenüber dem
Kunden (ugs., oft scherzh.;
*[das ist] eine zusätzliche Leistung gegenüber dem
Kunden)* · **seinen Dienst/seine Dienste tun**
(taugen, zu gebrauchen sein): die alte Lokomotive tut immer noch ihre Dienste · **jmdm. gute
Dienste tun/leisten** *(jmdm. sehr nützlich sein):*
dieses Gerät hat mir bei der Arbeit gute Dienste
getan · **jmdm. den Dienst versagen** *(bei jmdm.
plötzlich nicht mehr seine Funktion erfüllen):* die
Stimme versagte/seine Beine versagten ihm den
D. · **jmdm. mit etw. einen schlechten Dienst
erweisen** *(jmdm. mit etw. schaden):* er hat mir
mit seiner Fürsprache einen schlechten D. erwiesen · **außer Dienst** (Abkürzung: a. D.; *im Ruhestand):* er ist Major, Minister a. D. · etw. au-
ßer Dienst stellen *(etw. außer Betrieb setzen)* ·
etw. in Dienst stellen *(in Betrieb nehmen):*
diese Lok, dieser Dampfer wurde 1929 in D. gestellt · **im Dienst von etw. stehen; sich in den
Dienst von etw. stellen** *(etw. fördern, sich für
etw. einsetzen)* · **zu jmds. Diensten/jmdm. zu
Diensten sein, stehen** *(jmdm. seine Hilfe anbieten):* ich bin, stehe immer zu Ihren Diensten;
was steht zu [Ihren] Diensten? *(was wünschen
Sie?).*
Dienstag, der: heute ist D., der 9. Juni; wir beginnen, eröffnen, schließen D., den 9. Juni; den ganzen D. [über] hat es geregnet; am D., dem/den
9. Juni; er kommt [am] nächsten D.; [am] D. vor
acht Tagen; D. früh; bis D. sind wir fertig; sie will
bis D. fertig sein; die Nacht von Montag auf/zu
D., vom Montag auf den/zum D.; von D. auf/zu
Mittwoch.
dienstbar: ⟨in der Wendung⟩ **sich** (Dat.) **jmdn.,
etw. dienstbar machen** *(jmdn., etw. in seinen
Dienst zwingen):* wir haben uns andere Menschen, die Naturkräfte d. gemacht.
dienstlich: **a)** *das Amt, den Dienst betreffend:* eine

[rein] dienstliche Angelegenheit; im dienstlichen
Verkehr; jmdn. mit etw. d. beauftragen; d. unterwegs, verhindert sein; **b)** *streng offiziell, amtlich:*
das ist ein dienstlicher Befehl; in streng dienstli-
chem Ton; d. werden *(vom persönlichen zum for-
mellen Ton übergehen).*
Dienstweg, der: den D. gehen, einhalten; etw. auf
dem D. erledigen.
dieser, diese, dieses ⟨Demonstrativpronomen⟩
/weist auf eine Person oder Sache besonders hin, hebt
etw. in der Nähe Befindliches, bereits Erwähntes, gerade
Vergangenes o. Ä. hervor/: **a)** ⟨attributiv⟩ dieser
Baum; diese Stadt; dieses/(seltener:) dies Buch;
dieses eine Mal; diese beiden; dies alles/alles
dies kann man kaufen; am Letzten dieses Monats; die Versammlung fand dieser Tage statt;
b) ⟨allein stehend⟩ dies[es] ist mein Exemplar;
gerade diese möchte ich haben; Mutter und
Tochter verließen den Raum, diese bestürzt, jene
belustigt;
⋆ **dies und das/dies[es] und jenes** *(einiges, mancherlei)* · **dieser und jener** *(einige)* · **dieser oder
jener** *(manch einer).*
diesseits: **I.** ⟨Präp. mit Gen.⟩ *auf dieser Seite:* d. des
Flusses.
II. ⟨Adverb⟩ *auf dieser Seite:* d. vom Rhein.
Differenz, die: **1. a)** *Unterschied:* eine beträchtliche, gravierende, unbedeutende D.; eine D. von
2 DM, von 20 Minuten; die D. zwischen Berechnung und Messung ist erheblich; **b)** (Math.) *Ergebnis der Subtraktion:* die D. bestimmen, ausrechnen; die D. von zehn minus acht ist zwei.
2. ⟨meist Plural⟩ *Meinungsverschiedenheit:* eine
kleine D. mit jmdm. haben; zwischen den beiden
bestehen dauernd Differenzen, kommt es oft zu
Differenzen; persönliche Differenzen haben; die
Differenzen konnten beigelegt werden.
differenzieren /vgl. differenziert/: **a)** (bildungsspr.) *bis ins Einzelne unterscheiden:* zwischen zwei Erscheinungen d.; bei dieser Frage
muss man d.; du solltest deine Urteile d.; er differenziert zu wenig; genauer differenzierende Methoden; **b)** ⟨sich d.⟩ *sich zu einer komplizierten
Struktur entwickeln:* die Bereiche der Technik differenzieren sich immer stärker.
differenziert: die Wissenschaft hat heute viel dif-
ferenziertere Methoden, Techniken; ihr Gefühlsleben ist wenig d.; er urteilt sehr d.; eine hoch dif-
ferenzierte Gesellschaft.
Diktat, das: **1. a)** *das Diktieren:* beim D. sein; nach
D. verreist; einen Brief nach D. des Chefs schreiben; die Sekretärin zum D. rufen; **b)** *das Diktierte:* ein D. aufnehmen; das D. in die Maschine
übertragen; **c)** *vom Lehrer als Rechtschreibübung
diktierter Text:* ein schwieriges D.; ein D. schreiben, korrigieren, zurückgeben; er hat drei Fehler im D.
2. (bildungsspr.) *etwas Aufgezwungenes:* das D.
der Siegermächte; der Vertrag kommt einem D.
gleich; sich einem D. beugen.

diktatorisch: 1. *einer Diktatur entsprechend:* eine diktatorische Staatsform; [ein Land] d. regieren. 2. *autoritär, keinen Widerspruch duldend:* ein diktatorischer Chef, Trainer; sein Vorgehen ist sehr d.; etw. d. entscheiden.

Diktatur, die: 1. *Staat, der diktatorisch regiert wird:* eine militärische, totale, gemäßigte D.; die D. des Proletariats; eine D. errichten, beenden, stürzen; in/unter einer D. leben. 2. *Zwang:* die D. einer Partei, des Chefs; unter jmds. D. zu leiden haben.

diktieren: 1. ⟨[etw.] d.⟩ *zum wörtlichen Niederschreiben vorsagen:* langsam, schnell, leise d.; einen Brief d.; etw. auf Band, direkt in die [Schreib]maschine d.; ⟨jmdm. etw. d.⟩ sie können mir den Entwurf jetzt d. 2. a) ⟨etw. d.⟩ *vorschreiben, aufzwingen:* die Konzerne diktieren die Preise; der Gegner hat von Anfang an den Kampf, das Tempo diktiert; ⟨jmdm. etw. d.⟩ den besiegten Staaten sind harte Reparationen diktiert worden; b) (geh.) ⟨etw. d.⟩ *bestimmen:* Hass diktierte sein Handeln; sein Denken und Handeln ist von der Vernunft diktiert.

Dilemma, das: ein großes, schweres D.; sie weiß nicht, wie sie aus dem D. herauskommen soll; sich in einem D. befinden; in ein D. geraten; jmdn. in ein D. bringen; vor einem [ziemlichen] D. stehen.

Dimension, die: 1. (Physik) *Ausdehnung eines Körpers nach Länge, Breite, Höhe:* die erste, zweite D.; ein Körper hat drei Dimensionen. 2. *Ausmaß:* die D. des Außerordentlichen; das Projekt nimmt gigantische, ungeheure, ungeahnte Dimensionen an.

Ding, das: 1. a) *Gegenstand, Sache:* teure, nützliche, neuartige, wertlose, ausgefallene, alltägliche, private Dinge; (Philos.:) das Wesen der Dinge; ⟨R⟩ aller guten Dinge sind drei; jedes D. hat zwei Seiten *(alles hat seine Vor- und Nachteile);* b) ⟨meist Plural⟩ *Angelegenheit, Vorgang, Ereignis:* persönliche, geschäftliche, interne Dinge besprechen; die Dinge sind noch im Fluss, ändern sich; es bereiten sich große Dinge vor; man muss die Dinge genauer betrachten, untersuchen; er hat andere Dinge im Kopf; tausend Dinge zu erledigen haben; nach Lage der Dinge; sich nach dem Stand der Dinge erkundigen; in diesen Dingen weiß er Bescheid; in politischen Dingen, in Dingen des Geschmacks kennt sie sich aus; in manchen Dingen sind wir gar nicht so verschieden; ⟨R⟩ gut D. will Weile haben. 2. (ugs.) a) *etw., was [absichtlich] nicht näher bezeichnet wird:* ein riesiges D.; es war so ein kleines, viereckiges D.; was ist das für ein D.?; die alten Dinger kannst du wegwerfen; mit diesen Dingern kann ich nichts anfangen; b) *Sache; Unternehmung; Tat:* das Haus ist ja ein tolles D.; was macht ihr bloß für Dinger? (ugs.: *was stellt ihr an?*); morgen Abend lassen wir das D. steigen

(ugs.: *führen wir das Geplante aus);* ⟨R⟩ das ist ein D. mit 'nem Pfiff (ugs.; *etwas ganz Besonderes).* 3. (ugs.) *Mädchen:* ein hübsches, fixes, albernes, naseweises, nettes, freches D.; die dummen Dinger; die jungen Dinger sind zu nichts zu gebrauchen; ∗ die letzten Dinge *(religiöse Vorstellungen von Tod, Gericht und Ewigkeit)* · das ist ja ein Ding! (ugs.; *Ausruf der Überraschung, Entrüstung)* · ein Ding der Unmöglichkeit sein *(nicht möglich, völlig ausgeschlossen sein)* · ein Ding drehen (ugs.; *etw. anstellen, Unrechtmäßiges tun)* · jmdm. ein Ding verpassen (ugs.; 1. *jmdm. einen gehörigen Schlag versetzen.* 2. *jmdn. hart anfahren, zurechtweisen)* · krumme Dinger machen (ugs.; *etw. Unerlaubtes, Rechtswidriges begehen)* · guter Dinge *(gut aufgelegt, fröhlich und munter; voller Optimismus)* · der Dinge harren, die da kommen sollen (geh.; *abwarten was geschehen wird)* · unverrichteter Dinge *(ohne etw. verwirklicht, erreicht zu haben)* · nicht mit rechten Dingen zugehen *(merkwürdig, unerklärlich sein; auf unredliche Weise geschehen)* · über den Dingen stehen *(sich nicht allzu sehr von etw. beeindrucken lassen)* · vor allen Dingen *(vor allem).*

dir: 1. /Personalpronomen; 2. Person Sing. Dat./: ich glaube d.; das liegt an/bei d.; ist d. übel? 2. /Dat. Sing. des Reflexivpronomens/: was stellst du d. eigentlich vor?

direkt: I. ⟨Adj.⟩ 1. *unmittelbar:* der direkte Weg; eine direkte Verbindung; ein direkter *(durchgehender)* Wagen [von Frankfurt] nach Rom; sein direkter Vorgesetzter; in direkter Linie von jmdm. abstammen; eine direkte Einflussnahme; an etw. ein direktes Interesse haben; der Raum hat kein direktes *(von außen einfallendes)* Licht; mit diesem Zug haben Sie d. Anschluss, direkten Anschluss; (Geldw.:) direkte Steuern; direkte (Sprachw.; *wörtliche)* Rede; (Sport:) direkter Freistoß; schicken Sie Post d. an mich; ein Fußballspiel d. *(live)* übertragen; er kam d. *(geradewegs)* auf mich zu; das Haus liegt d. am Wald; d. beim/vom Bauern kaufen; den Dienst d. *(sofort)* nach Hause gehen; d. miteinander verhandeln; ich komme d. vom Bahnhof. 2. (ugs.) *ganz offen, ohne Umschweife:* direkte Fragen stellen; sie ist in ihren Äußerungen immer sehr d.; jmdn. d. auf etw. ansprechen. II. ⟨Adverb⟩ (ugs.) *geradezu, ausgesprochen:* das war d. unverschämt, eine Beleidigung; die Farben stören d.; da hatt ihr d. Glück gehabt; das hat mich d. gefreut.

Direktive, die: neue Direktiven ab-, erwarten; wir haben strenge Direktiven [bekommen], wie wir uns zu verhalten haben; sich an die Direktiven des Ministeriums halten.

dirigieren: 1. (Musik) a) ⟨[jmdn., etw.] d.⟩ *als Dirigent leiten:* ein Orchester, einen Chor d.; er wird bei den Festspielen zwei Konzerte d.; straff, gestenreich, ohne Taktstock, präzise d.; heute

Diskrepanz

Abend dirigiert ...; b) ⟨etw. d.⟩ *dirigierend aufführen:* eine Oper, ein Chorwerk d.; er dirigierte die Sinfonie sehr pathetisch; **2. a)** ⟨jmdn., etw. d.⟩ *bestimmend leiten, steuern:* den Verkehr, ein Geschehen, die Wirtschaft d.; er dirigierte als Vorstopper den Angriff (Sport; *lenkte das Angriffsspiel*); **b)** ⟨jmdn., etw. irgendwohin d.⟩ *lenken, geleiten:* eine Wagenkolonne durch die Stadt d.; die Lokomotive auf ein Nebengleis d.

Diskrepanz, die: eine starke D.; die D. zwischen Theorie und Praxis; zwischen beiden Aussagen gibt es, bestehen erhebliche Diskrepanzen.

diskret: a) *vertraulich, geheim:* ein diskretes Gespräch; eine diskrete Angelegenheit; diskrete Spenden an die Parteien; jmdm. d. mitteilen, dass ...; alle Zuschriften werden d. behandelt; b) *unauffällig, unaufdringlich:* ein diskretes Parfüm, Muster; mit einer diskreten Geste gab er mir dies zu verstehen; die Farben des Kleides sind sehr d.; d. im Hintergrund bleiben; c) *taktvoll:* ein diskreter Mensch; ein diskretes Benehmen; d. sein; etw. d. übergehen, überhören, übersehen, regeln; d. schweigen, zur Seite sehen.

Diskretion, die: a) *Verschwiegenheit, Vertraulichkeit:* D. [ist] Ehrensache!; strengste D. wahren; jmdm. absolute D. zusichern; etw. mit D. behandeln; jmdn. um äußerste D. in einer Angelegenheit bitten; b) *taktvolle Zurückhaltung:* vornehme D.; D. üben.

Diskussion, die: eine sachliche, eingehende, offene, freimütige, erregte, endlose D.; eine D. zwischen Politikern und Journalisten; die D. ⟨das Diskutieren⟩ über aktuelle Fragen; die D. über den Haushaltsplan war sehr lebhaft, verlief stürmisch; die D. beginnt, kommt in Gang; es entbrannte, gab eine leidenschaftliche D. über/um diesen Paragraphen; die D. eröffnen, leiten, beenden; etw. löst eine lange D. aus; sich an der D. beteiligen; sich [mit jmdm.] auf keine D. einlassen; jmdn. in eine D. verwickeln, hineinziehen; in die D. eingreifen; etw. in die D. bringen, werfen; der Vorschlag wurde ohne lange D. akzeptiert; es kam zu einer längeren D.;
∗ etw. **zur Diskussion stellen** *(als Thema für eine Diskussion vorschlagen)* · **zur Diskussion stehen** *(Thema sein).*

diskutieren: a) *seine Meinungen über etw. austauschen:* ruhig, sachlich, lebhaft, leidenschaftlich, stundenlang [über ein Problem] d.; darüber lässt sich d. *(reden, verhandeln);* b) ⟨etw. d.⟩ *erörtern, durchsprechen:* einen Plan, ein Thema, ein Problem d.; wir müssen diese Frage noch ausführlich d.; etw. ist noch nicht zu Ende diskutiert.

disponieren /vgl. disponiert/ (bildungsspr.): a) ⟨über jmdn., etw. d.⟩ *verfügen:* über das Geld, über die notwendigen Mittel, über das Personal frei d. können; b) *im Voraus planen:* nicht d. können; gut, nicht weitsichtig genug d.; sie haben anders, besser disponiert.

disponiert (bildungsspr.): a) *(bes. für einen künstlerischen Vortrag) in einer bestimmten Verfassung:* der Sänger ist gut, ausgezeichnet, schlecht d.; ein glänzend disponiertes Orchester; b) ⟨d. [zu/für etw.]⟩ *(bes. im Hinblick auf Krankheiten o. Ä.) für etw. empfänglich, zu etw. neigend:* er ist für diese Krankheiten, zu Asthma besonders d.

Disposition, die (bildungsspr.): **1.** *Verfügungsgewalt, freie Verwendung:* volle, freie, uneingeschränkte D. über das Vermögen haben; etw. steht [jmdm.] zur D.; etw. zur D. stellen. **2. a)** *Anordnung, Planung:* [seine] Dispositionen treffen, ändern; b) *Gliederung:* eine klare D.; die D. des Aufsatzes ist übersichtlich, logisch; [zu etw.] eine D. machen, entwerfen. **3.** *(bes. im Hinblick auf Krankheiten o. Ä.) Veranlagung, Neigung:* eine angeborene D.; er hat eine starke D. für/zu Erkältungskrankheiten.

Distanz, die (bildungsspr.): **1. a)** *Abstand, räumliche Entfernung:* die D. zwischen den Markierungen beträgt nur wenige Meter; etw. auf eine D. von 300 Metern treffen; ÜBERTR.: zu einer Sache noch nicht die nötige D. *(den nötigen inneren Abstand)* haben; etw. aus der D. *(aus einem zeitlichen Abstand)* beurteilen; b) (Sport) *zurückzulegende Strecke; Dauer eines Wettkampfs:* die kurze D. *(Sprintstrecke);* die langen Distanzen *(Langstrecken);* er benötigte die ganze D. *(vorgesehene Wettkampfdauer, Rundenzahl),* um seinen Gegner zu besiegen; der Boxkampf ging über die volle D. *(Rundenzahl).* **2.** *respektvoller Abstand; Reserviertheit, Zurückhaltung:* [die] D. halten; die gebührende D. [zwischen sich und den anderen] wahren; auf D. bedacht sein; auf D. gehen.

distanzieren: 1. (bildungsspr.) ⟨sich von jmdm., etw. d.⟩ *abrücken; Abstand nehmen:* sich von einer Äußerung, von einer Veröffentlichung d.; er hat sich von seinen Parteifreunden distanziert; ADJ. PART.: eine distanzierte Haltung; er wirkte sehr distanziert *(zurückhaltend).* **2.** (Sport) ⟨jmdn. d.⟩ *klar überbieten, besiegen:* er hat seine Konkurrenten klar, um 30 Meter, um fast drei Sekunden distanziert.

Disziplin, die: **1.** *Ordnung; bewusstes Einhalten bestimmter Regeln:* freiwillige, eiserne D.; hier herrscht strenge D.; etw. verlangt äußerste D.; die D. [in der Klasse, bei den Schülern] ist denkbar schlecht; D. verlangen, fordern, halten, üben, wahren; die D. untergraben; Mangel an D.; für D. sorgen; etw. verstößt gegen die D. **2. a)** *Wissenschaftszweig, Fachbereich:* die naturwissenschaftlichen Disziplinen; b) *Teilbereich des Sports; Sportart:* die alpine D.; er beherrscht mehrere Disziplinen der Leichtathletik.

doch: I. ⟨Konj.⟩ *aber:* ich habe mehrmals angerufen, d. sie war nicht zu Hause; die Wohnung ist herrlich, d. [sie ist/ist sie] auch teuer. **II.** ⟨Adverb⟩ **1.** /immer betont/ *dennoch:* er sagte es

höflich und d. bestimmt; der Urlaub war d. [noch] schön.
2. /nicht betont und mit Inversion der vorausgehenden Verbform; schließt eine begründende Aussage an/: sie bot mir den Wagen gar nicht an, wusste sie d. *(weil sie wusste),* dass ich mir so ein teures Fahrzeug nicht leisten kann.
3. /immer betont; als widersprechende Antwort auf eine negativ formulierte Aussage oder Frage/:»Das stimmt nicht!« –»Doch!«;»Du willst wohl nicht!« –»Doch, d.«.
4. /stark betont/ *tatsächlich:* er hat d. Recht; es ist d. so, wie ich gesagt habe; also d.
III. ⟨Partikel⟩ /nicht betont/ **1.** /gibt einer Frage, Aussage eine bestimmte Nachdrücklichkeit/: das hast du d. gewusst; pass d. auf!; Sie kommen d. [oder nicht]?; es wird d. nichts passiert sein; sie ist d. kein Kind mehr; so hör d. mal!
2. /drückt in Ausrufesätzen Entrüstung, Unmut, Verwunderung aus/: du musst d. immer zu spät kommen!; was man d. alles so hört!
3. /drückt in Fragesätzen die Hoffnung des Sprechers auf eine Zustimmung aus/: ihr kommt d. heute Abend?; du betrügst sie d. nicht?
4. /drückt in Fragesätzen aus, dass der Sprecher nach etwas Bekanntem fragt, was ihm im Moment nicht einfällt/: wie heißt sie d. gleich?; wie war das d. noch?
Doktor, der: **1.** *akademischer Grad; Träger des Doktortitels* (Abkürzung: Dr.): er ist D. der Philosophie; D. ehrenhalber; sehr geehrte Frau Dr. Schulz!; sehr geehrte Frau Doktor!; die Herren Doktoren Schmitt und Krause; den medizinischen D. haben; seinen D. machen, (ugs.:) bauen; den Titel eines Doktors beider Rechte erwerben, führen; zum D. promovieren, promoviert werden.
2. (ugs.) *Arzt:* ein guter D.; einen D. rufen, holen, kommen lassen; keinen D. brauchen; beim D. sein; zum D. gehen.
Dokument, das: **1.** *Urkunde, amtliches Schriftstück:* ein echtes, versiegeltes, geheimes D.; das D. ist gefälscht; Dokumente sichern, aufbewahren, veröffentlichen, vernichten, jmdm. zugänglich machen; der Bericht stützt sich auf Dokumente.
2. *Beweisstück, Zeugnis:* ein wichtiges D. für etw.; ein erschütterndes D. des Krieges; etw. als historisches D. aufbewahren.
dokumentieren (bildungsspr.): **1. a)** ⟨etw. d.⟩ *deutlich zum Ausdruck bringen:* seine Unabhängigkeit, den Willen zum Frieden d.:**b)** ⟨sich d.⟩ *deutlich zum Ausdruck kommen:* durch ein solches Verhalten dokumentieren sich ihre Zweifel an der Sache.
2. a) ⟨etw. d.⟩ *belegen:* die Funde dokumentieren eindrucksvoll den Reichtum dieses Volkes; die Geschichte der Stadt ist nicht lückenlos dokumentiert; in dieser Gegend wurden mehrere Gräber dokumentiert *(nachgewiesen);* **b)** dokumen-

tarisch darstellen: etw. filmisch d.; einen Prozess, ein Verfahren Schritt für Schritt d.
dominieren: 1. *vorherrschen:* eine dominierende Figur; ein dominierendes Ereignis; in dieser Stadt dominiert die konservative Partei; Grau dominiert in der neuen Herbstmode; auf einem Gebiet eine dominierende *(beherrschende)* Rolle spielen.
2. ⟨jmdn., etw. d.⟩ *beherrschen:* die literarische, politische Szene d.; eine von Männern dominierte Politik; die Heimmannschaft dominierte die Gäste eindeutig *(war ihnen überlegen).*
Donner, der: ein heftiger, ferner, lang anhaltender D.; dem Blitz folgte unmittelbar der D.; der D. rollt, grollt, kracht, hallt wider; ÜBERTR.: der D. der Kanonen, des Wasserfalls;
★ wie vom Donner gerührt dastehen/sein *(erstarrt [und verstört] dastehen, sein).*
donnern: 1. ⟨es donnert⟩ *der Donner wird hörbar:* es blitzt und donnert.
2. a) *ein donnerähnliches Geräusch verursachen:* die Flugzeugmotoren donnern; mit donnernden Hufen; donnernder Applaus;**b)** ⟨irgendwohin d.⟩ *sich mit donnerndem Geräusch fortbewegen:* der Zug donnert über die Brücke; eine Lawine war zu Tal gedonnert.
3. a) (ugs.) ⟨etw. irgendwohin d.⟩ *mit Wucht schleudern, schießen, stoßen:* stoßen seine Mappe in die Ecke; der Mittelstürmer donnert den Ball an die Latte; die Tür ins Schloss d.; **b)** ⟨gegen etw. d.⟩ *mit Wucht prallen:* er war [mit dem Auto] gegen einen Baum gedonnert; **c)** *mit Wucht schlagen, sodass ein lautes Geräusch entsteht:* an die Tür, gegen die Scheiben d.; seine geballte Faust donnerte auf den Tisch.
4. (ugs.) *laut schimpfen:* gegen die Schlamperei d.; er donnerte furchtbar, weil wir zu spät kamen.
Donnerschlag, der: ein gewaltiger D. erschreckte uns alle; der Nachricht wirkte [auf uns] wie ein D.
Donnerstag, der: ↑ Dienstag.
Donnerwetter, das (ugs.): *heftiger Streit:* es gab zu Hause ein großes, fürchterliches D.; sich auf ein D. gefasst machen; /Ausruf der Verärgerung/: zum D. [noch einmal]!; /Ausruf des Erstaunens, der Bewunderung/: D.!
doppelt: 1. *zweifach:* die doppelte Länge; der Koffer hat einen doppelten Boden; doppeltes Gehalt beziehen; (Kaufmannsspr.:) doppelte Buchführung; einen doppelten Klaren trinken; eine doppelte *(zweifache, sich aufhebende)* Verneinung; ein doppelter *(zweifach gedrehter)* Sprung, Axel, Rittberger; die Fenster sind d. verglast; etw. zählt d.; du kannst ein Exemplar haben, ich habe es d.; der Stoff, das Papier liegt d.; d. *(noch einmal)* so alt, groß, schön, lange, teuer wie ⟨...⟩; d. gemoppelt (ugs.; *unnötigerweise zweifach ausgedrückt*); d. [genäht] hält besser; SUBST.: das Doppelte bezahlen; die Kosten sind auf das Doppelte gestiegen; einen Doppelten (ugs.; *ein doppeltes Maß Schnaps)* trinken.

D

2. *besonders groß, stark; ganz besonders:* etw. mit doppeltem Eifer betreiben; wir müssen uns jetzt d. vorsehen;
∗ **doppelt sehen** (ugs.; *betrunken sein*) · **doppelt und dreifach** *(über das Notwendige hinausgehend):* etw. d. und dreifach sichern.

Dorf, das: 1. *ländliche Ortschaft:* ein altes, verträumtes, abgelegenes D.; stille, heimatliche Dörfer; aufs D. ziehen; auf dem D. wohnen; vom D. in die Stadt ziehen.
2. *Gesamtheit der Dorfbewohner:* das ganze D. ist auf dem Feld;
∗ **das globale Dorf** *(durch die Verbreitung von Massenkommunikationsmitteln gekennzeichnete Welt)* · **das olympische Dorf** *(Wohngebiet der Olympiasportler)* · potemkinsche Dörfer *(Vorspiegelungen, Trugbilder)* · jmdm./für jmdn. böhmische Dörfer, ein böhmisches Dorf sein (ugs.; *für jmdn. nicht verständlich sein)* · auf die Dörfer gehen (Skat; *Farben statt Trumpf ausspielen)* · auf/über die Dörfer gehen (ugs.; *etw. umständlich tun, erzählen)* · nie aus seinem Dorf herausgekommen sein *(einen beschränkten Horizont haben).*

Dorn, der: Rosen haben Dornen; einen D. aus der Haut ziehen, entfernen; sich (Dat.) einen D. in den Fuß treten; sich an den Dornen reißen, ritzen, verletzen, stechen; ÜBERTR.: sein [Lebens]weg war voller Dornen (geh.; *Leiden)*;
∗ **jmdm. ein Dorn im Auge sein** *(für jmdn. ein Ärgernis sein).*

dort: d. oben, drüben, hinten; d. wohnt er; d., wo das Haus steht, ist die Post; d. an der Ecke; wer ist d.?; ich komme gerade von d. *(dorther);* von d. aus können Sie mich anrufen.

dorthin: stell dich d.!; wie komme ich am schnellsten d.?

Dose, die: 1. a) *kleiner Behälter mit Deckel:* eine D. aus Porzellan; Pralinen in eine D. tun; b) *Konservenbüchse:* eine D. grüne Bohnen/(geh.:) grüner Bohnen; eine D. Fisch öffnen, (ugs.:) aufmachen; Bier in Dosen.
2. *Steckdose:* den Stecker in die D. stecken, aus der D. ziehen.

dösen (ugs.): 1. *leicht, nicht tief schlafen:* ich habe im Liegestuhl gedöst.
2. *nicht aufmerksam sein:* die Schüler dösten; im Unterricht döste er [vor sich hin].

Dosis, die: die tägliche, eine schwache, zu starke, lebensgefährliche, tödliche D.; sie hat eine beträchtliche D. [an] Schlaftabletten zu sich genommen; ÜBERTR.: jmdm. in kleinen Dosen (ugs.; *nach und nach)* verabreichen, beibringen.

dotieren ⟨etw. [mit etw./irgendwie] d.⟩: wir werden die Position mit 7000 Mark d.; einen Preis mit 10000 Mark d.; ⟨meist im 2. Part.⟩ eine gut dotierte, mäßig dotierte Position; eine reich dotierte Stiftung.

Draht, der: a) *schnurförmig ausgezogenes Metall:* ein gedrehter, dicker, dünner, rostiger D.; ein

Stück D. aus Kupfer; Drähte [aus]ziehen *(herstellen);* den D. abklemmen; etw. mit D. umwickeln; über einen D. stolpern; b) *Telefonverbindung, telegrafische Verbindung:* die Drähte sind (ugs.:) durchgeschmort, schlecht isoliert; am anderen Ende des Drahtes *(der Telefonleitung)* meldete sich eine Frauenstimme; die Nachricht kam über D. *(telegrafisch);* ÜBERTR.: den D. nach Übersee, nach Moskau nicht abreißen lassen *(die Beziehungen aufrechterhalten);* einen [geheimen, verborgenen] D. *(eine Verbindung)* zu Widerstandsorganisationen haben;
∗ **heißer Draht** *(direkte telefonische Verbindung [zwischen den Regierungen der Großmächte], besonders für Krisensituationen)* · **auf Draht sein** (ugs.; *äußerst wachsam, wendig sein).*

Drahtzieher, der: die D. der Bewegung halten sich verborgen; der eigentliche D. ist nicht bekannt; offenbar gibt es mehrere D. im Staatsapparat; er gehört zu den Drahtziehern der Kunstmafia, des internationalen Waffengeschäfts.

drakonisch (geh.): drakonische Maßnahmen, Gesetze, Strafen; mit drakonischer Strenge vorgehen.

Drama, das: 1. *Schauspiel:* das bühnenwirksames, packendes D.; das deutsche, klassische, moderne D.; ein D. in fünf Akten; Brechts Dramen; ein D. von Shakespeare; ein D. schreiben, aufführen, inszenieren, spielen.
2. *aufregendes, erschütterndes od. trauriges Geschehen:* das D. der Geiselbefreiung; ihre Ehe war ein einziges D.; mit der Versorgung ist es ein D. *(die Versorgung ist schwierig);* man sollte kein D. daraus machen *(man sollte die Sache nicht übertreiben, nicht schlimmer hinstellen, als sie eigentlich ist);* die Flucht endete in einem D.

dramatisch: 1. *das Drama betreffend:* die dramatische Kunst, Literatur; der dramatische Konflikt; einen Stoff d. bearbeiten, gestalten.
2. *spannend:* ein dramatisches Rennen; eine dramatische Rettungsaktion; das Spiel war, verlief äußerst d.; die Situation spitzte sich d. zu.

dramatisieren ⟨etw. d.⟩: 1. *zu einem Drama verarbeiten:* einen Roman, einen Stoff d.
2. *etw. schlimmer darstellen, als es wirklich ist:* Ereignisse, Vorfälle, eine Situation, ein Missgeschick d.

dran (ugs.): lass mich mal d. riechen; mir liegt nichts d.; ich werde d. denken; ÜBERTR.: ⟨in Verbindung mit *sein* in bestimmten Fügungen⟩ nicht wissen, wie man bei jmdm. d. ist *(was man von jmdm. zu halten hat);* früh, spät d. sein *(recht früh, recht spät kommen, gehen);* gut, schlecht, übel d. sein *(es gut, schlecht, übel haben);* er ist mit seiner Frau gut d. *(hat eine gute Wahl mit ihr getroffen);* am Motor, an der Batterie ist etwas d. *(ist etwas nicht in Ordnung);* an dem Gerät ist nichts d. *(es ist in Ordnung, funktioniert);* an ihm ist nichts d. *(er hat keine äußeren oder inneren Vorzüge);* da ist alles d.! *(das hat alle Vorzüge,* ist großartig!); sie hatte eine Erkältung, da war alles d. (iron.; *sie hatte eine sehr schlimme Erkältung*); an der Geschichte ist schon [et]was Wahres d. *(sie ist nicht ganz erfunden);* ✶ **dran sein** (ugs.; 1. *an der Reihe sein.* 2. *zur Verantwortung gezogen werden:* jetzt bist du aber d. 3. *sterben müssen)* · **am dransten sein** (scherzh.; *an der Reihe sein)* · **dran glauben müssen** (ugs.; 1. *einer Gefahr, einer schwierigen Aufgabe nicht entgehen.* 2. *sterben müssen).* **Drang,** der: der D., sich zu betätigen; der unstillbare D. nach Freiheit, nach Abenteuer; einen starken, heftigen D. [in sich] fühlen, [ver]spüren; einen D. zum Lügen haben; einem inneren D. nachgeben; (Sport:) er hat einen starken D. zum Tor. **drängeln:** 1. a) *sich in einer Menge unablässig drückend vorschieben:* du brauchst nicht zu d., du kommst doch nicht eher an die Reihe; wer drängelt da so?; b) ⟨jmdn., sich irgendwohin d.⟩ *unablässig schiebend und drückend vorwärts bewegen:* sich nach vorn, durch die Menge, an jmds. Seite d. 2. ⟨[jmdn.] d.⟩ *ungeduldig zu etw. zu bewegen suchen:* so lange d., bis der andere nachgibt; sie drängelte zum Aufbruch, weil sie müde war; das Kind drängelte die Mutter, ein Eis zu kaufen. **drängen** /vgl. gedrängt/: 1. *in einer Menge schieben und drücken, um ein Ziel zu erreichen:* a) bitte nicht d.!; die Leute drängten so unvernünftig, dass die Tore nicht geöffnet werden konnten; vom Anpfiff an drängte die Heimmannschaft (Sport: *spielte sie stark offensiv*); b) ⟨sich irgendwo d.⟩ Tausende drängten sich vor den Eingängen zum Stadion; in den Ausstellungshallen hatten sich die Besucher gedrängt; die Bahn, der Saal war gedrängt voll. 2. ⟨jmdn., sich irgendwohin d.⟩ *schiebend und drückend vorwärts bewegen:* jmdn. zur Seite, in die Ecke, an die Wand d.; sich durch die Menge, zur Kasse, an jmds. Seite, nach vorn d.; alles drängte zum Ausgang, ÜBERTR.: jmdn. in den Hintergrund, in die Rolle des Außenseiters, aus seiner Position d.; ein Produkt vom Markt d. 3. a) ⟨jmdn. zu etw. d.⟩ *bewegen, etw. zu tun; ungeduldig antreiben:* jmdn. d., seine Schulden zu bezahlen; sein Freund hatte ihn zur Wiedergutmachung des Schadens gedrängt; ⟨es drängt jmdn. zu etw.⟩ es drängte sie, mich (*war ihr, mir ein Bedürfnis*), ihm für alles zu danken; ⟨auch ohne Präpositionalobjekt⟩ der Gläubiger drängten (*bedrängten*) ihn; ⟨auch ohne Akk.⟩ zum Aufbruch d.; SUBST.: jmds. Drängen nachgeben; ihr Drängen veranlasste ihn zu bleiben; auf D. des Vorstandes; auf sein Drängen hin blieb sie; b) ⟨auf etw. (Akk.) d.⟩ *etw. nachdrücklich fordern:* auf Reformen, auf [eine] Lösung der Probleme, auf [die] Wiederaufnahme der diplomatischen Beziehungen d.; seine Frau drängte auf Abreise.

4. *rasches Handeln verlangen:* die Zeit drängt; drängende Fragen, Probleme. **drankommen** (ugs.): als erster, nächster, letzter d.; wer kommt jetzt dran?; ich komme vor Ihnen dran; das kommt nachher dran; sie ist heute in Latein mehrmals drangekommen *(wurde mehrmals aufgerufen).* **drannehmen** (ugs.): a) ⟨jmdn. d.⟩ *aufrufen und behandeln, abfertigen:* die Kunden der Reihe nach d.; der Arzt hat mich zwischendurch drangenommen; die Lehrerin hat ihn heute nicht drangenommen *(nicht zur Beantwortung von Fragen aufgefordert);* b) ⟨etw. d.⟩ *durchnehmen:* die unregelmäßigen Verben d. **drastisch:** a) *äußerst wirksam:* drastische Maßnahmen ergreifen; eine drastische Erhöhung der Produktion; den Etat d. *(einschneidend)* kürzen; die Ausgaben, die Preise wurden d. *(sehr stark)* gesenkt; die Einnahmen haben sich d. reduziert, verringert; b) *unverblümt, derb:* eine drastische Schilderung; eine drastische Komik, Gestik; seine Ausdrucksweise ist immer recht d.; das Beispiel ist sehr d. *(deutlich);* etw. d. formulieren; sich d. ausdrücken. **drauf** (ugs.): er sitzt d.; ✶ gut, schlecht o. ä. **drauf sein** (ugs.; *in guter, schlechter o. ä. Verfassung sein)* · **drauf und dran sein,** etw. zu tun (ugs.; *im Begriff sein, etw. zu tun).* **draufgehen:** a) (ugs.) *verbraucht werden:* im Urlaub, für das Auto ist mein ganzes Geld draufgegangen; b) (ugs.) *entzweigehen:* bei der Arbeit ist mein Anzug draufgegangen; c) (salopp) *zugrunde gehen:* bei der Explosion wären wir alle beinahe draufgegangen. **draufhaben** (ugs.) ⟨etw. d.⟩: 1. *beherrschen:* er hat einiges, viele Lieder drauf; die neue Mitarbeiterin hat wirklich was drauf *(ist fähig).* 2. *mit einer bestimmten Geschwindigkeit fahren:* er hatte 120 Sachen d. **draußen** (ugs.) ⟨etw. d.⟩: noch ein paar Mark d. [müssen]; ich lege noch etwas drauf und kaufe den besseren Wagen; bei dem Geschäft hat er ganz schön draufgelegt *(hat er einen ziemlich großen Verlust gemacht).* **draußen:** a) *außerhalb eines Raumes:* d. vor der Tür, auf dem Flur, im Garten; bleib d.!; drinnen und d.; nach d. gehen; von d. hereinkommen. b) *irgendwo weit entfernt:* d. auf dem Meer, in der Welt. **Dreck,** der: 1. (ugs.) *Schmutz:* hier ist ein fürchterlicher D.; Handwerker machen viel D.; den D. zusammenkehren, entfernen; etw. ist voller D., ist voll von D.; in den D. fallen; im D. stecken bleiben; sich mit D. bespritzen; vor D. starren. 2. (salopp abwertend) *Angelegenheit:* mach euren D. alleine; den alten D. *(eine unangenehme Sache von früher)* wieder aufführen; sich über jeden D. *(Kleinigkeit)* aufregen; sich um jeden D. [selbst] kümmern müssen;

D

⋆ ein Dreck/der letzte Dreck sein (salopp abwertend; *sehr minderwertig, zu verachten sein*) · einen Dreck (salopp abwertend; *gar nichts*): sich einen D. daraus machen; das geht dich einen D. an; der hat uns einen D. zu befehlen; sie versteht einen D. davon · jmdn. wie [den letzten] Dreck behandeln (ugs.; *jmdn. sehr schlecht, entwürdigend behandeln*) · Dreck am Stecken haben (ugs.; *sich etw. haben zuschulden kommen lassen*) · jmdn. aus dem Dreck ziehen (ugs.; *jmdm. aus einer schwierigen Lage, Situation heraushelfen*) · aus dem [gröbsten] Dreck [heraus] sein (ugs.; *die größten Schwierigkeiten überwunden haben*) · jmdn., etw. durch den Dreck ziehen/in den Dreck ziehen/treten (salopp; *jmdn., etw. verunglimpfen*) · im Dreck sitzen/stecken (ugs.; *in Schwierigkeiten sein*) · in Dreck und Speck (ugs.; *von der Arbeit o. Ä. ganz verschmutzt*) · mit Dreck und Speck (ugs.; *mit allem noch anhaftenden Schmutz, ungewaschen*): er isst das Obst immer mit D. und Speck · jmdn., etw. mit Dreck bewerfen (*jmdn. verleumden*).

dreckig: 1. (ugs.) *schmutzig:* dreckige Wäsche, Schuhe, Hände; der Boden, die Wohnung ist [ganz] d.; jmd. ist d. (*pflegt sich nicht*); sich d. machen; sie macht sich nicht gerne d. (*scheut schmutzige Arbeit*). **2.** (salopp abwertend) *frech, gemein:* ein dreckiges Grinsen, Lachen; ein dreckiger (*unanständiger*) Witz; dreckige Bemerkungen machen; d. lachen; ⋆ jmdm. geht es dreckig (ugs.; *jmdm. geht es [finanziell] sehr schlecht*).

Dreh, der (ugs.): den richtigen D. herauskriegen, finden, weghaben, [noch nicht] heraushaben; er hat einen D. gefunden, wie man den Zoll umgehen kann; auf einen D. verfallen; auf diesen D. wäre ich nicht gekommen; hinter einen D. kommen; ⋆ um den Dreh [herum] (ugs.; *so ungefähr*): »Kommst du um 3 Uhr?« – »Ja, so um den D. [herum].«

drehen: 1. a) ⟨jmdn., sich, etw. d.⟩ *im Kreis, um die Achse bewegen;* den Schalter, Griff, Verschluss [nach links] d.; die Kaffeemühle d.; den Schlüssel im Schloss d.; der Sessel lässt sich d.; sich um sich selbst, um die eigene Achse d.; die Erde dreht sich um die Sonne; etw. dreht sich im Wind; die Tanzpaare drehten sich im Kreis; seine Runden, Runde um Runde d. (Sport: *einen [Rund]kurs absolvieren*); ÜBERTR.: man kann die Sache d. und wenden, wie man will, sie wird nicht besser; der Gedanken drehen sich in meinem Kopf; **b)** ⟨mit Umstandsangabe⟩ *einstellen:* den Apparat lauter d.; die Gasflamme klein, auf klein d.; die Heizung höher d.; **c)** ⟨an etw. (Dat.) d.⟩ *etw. mit einer Drehbewegung betätigen:* am Apparat, an der Kurbel, am Steuer d.; Ⓡ da hat doch jemand dran gedreht (ugs.; *da ist etwas nicht in Ordnung*). **2.** *wenden, umkehren:* **a)** das Flugzeug, der Om-

nibus, der Autofahrer dreht; das Schiff drehte nach Norden; der Wind hat gedreht (*hat seine Richtung geändert);* **b)** ⟨sich d.⟩ *sich wenden:* der Wind hat sich gedreht (*weht aus anderer Richtung);* sich seitwärts, nach rechts, hin und her, im Bett auf die andere Seite d.; **c)** ⟨etw. d.⟩ *wenden:* den Hals, den Kopf nicht mehr d. können; kaum hatte er den Rücken gedreht (*war er gegangen*), als ... **3.** ⟨etw. d.⟩ *mit Drehbewegungen o. Ä. [maschinell] formen, herstellen:* Pillen, Seile, Tüten d.; ich habe [mir, für meinen Freund] ein paar Zigaretten gedreht; einen Film d. (Filmw.; *Filmaufnahmen machen*); ⟨auch ohne Akk.⟩ in Italien d. (*Filmaufnahmen machen*). **4.** ⟨sich um jmdn., etw. d.⟩ *von jmdm., etw. handeln:* das Gespräch drehte sich um dieses eine Thema; alles dreht sich nur um ihn (*er ist die Hauptperson);* ⟨es dreht sich um jmdn., etw.⟩ bei/in dem Prozess dreht es sich um Betrügereien; ich weiß nicht, worum es sich hier dreht; es dreht sich (*geht*) darum, dass ... **5.** (ugs.) ⟨etw. irgendwie d.⟩ *beeinflussen:* das hat sie schlau gedreht; eine Sache so d., dass sie nicht anfechtbar ist; ⋆ jmdm. dreht sich alles (ugs.; *jmdm. ist schwindlig*) · an etw. (Dat.) ist nichts zu drehen und zu deuteln (*etw. ist ganz eindeutig, steht ganz fest*).

drei ⟨Kardinalzahl; als Ziffer: 3⟩: die D. Grazien, Nornen, Parzen; die d. Weisen aus dem Morgenlande; alle drei Minuten (*in kurzen Abständen);* die Aussagen dreier zuverlässiger Zeugen; er isst, arbeitet für d. (*überdurchschnittlich viel);* der Saal war zu d. viertel voll; es ist d. viertel acht; viele Grüße von dreien; sich zu d. und d. aufstellen; sie gingen immer zu dreien (*je drei und drei*) die Treppe hinauf; wir waren zu dreien (*zu dritt*); SUBST.: in Latein eine Drei (*die Note 3*) schreiben, haben; die Prüfung mit [der Note] »Drei« bestehen; eine Drei, zwei Dreien würfeln; ⋆ nicht bis drei zählen können (ugs.; *nicht sehr intelligent sein*). ↑ acht.

dreifach (als Ziffer: 3fach): ein dreifacher Sieg; ein dreifaches Hoch; ein Vertrag in dreifacher Ausfertigung; ein dreifacher (*dreifach gedrehter*) Rittberger; etw. ist d. isoliert; das Dreifache des Grundpreises; den Umfang auf, um das Dreifache vergrößern.

dreißig: ↑ achtzig.

dreist: ein dreister Bursche; ein dreistes Benehmen; eine dreiste Herausforderung, Verleumdung; sie wurde immer dreister; etw. d. (*unverfroren*) behaupten, fordern.

dreizehn ⟨Kardinalzahl; als Ziffer: 13⟩: der Spieler trägt die Nummer d.; Ⓡ jetzt schlägts [aber] d.! (ugs.; *das geht aber zu weit, jetzt ist Schluss damit!*); SUBST.: die Dreizehn ist für ihn eine Unglückszahl; ↑ acht.

dressieren: 1. a) ⟨ein Tier d.⟩ einem Tier bestimmte

Fertigkeiten beibringen: einen Hund, Pferde d.; der Hund ist auf den Mann dressiert; **b)** *(abwertend)* ⟨jmdn. d.⟩ *jmdn. durch strenge Erziehung zu bestimmten Verhaltensweisen bringen:* er hat seine Kinder [fürchterlich] dressiert.

2. (Kochk.) ⟨etw. d.⟩ *bes. Fleisch vor dem Braten kunstvoll herrichten:* den Braten d.

drin (ugs.): der Schlüssel steckt d.; es ist schon jmd. d.;

★ **drin sein** (ugs.; **1.** *möglich sein, sich machen lassen:* mehr ist in dem Gespräch nicht d.; dieser Preis ist bei mir nicht d.; in dem Spiel ist noch alles d. **2.** *mit einer Tätigkeit [wieder] ganz vertraut sein:* nach ihrer Krankheit/dem Urlaub war sie noch nicht richtig d. **3.** *Teilnehmer[in] des Internet sein; online sein).*

dringen: 1. a) ⟨irgendwohin d.⟩ *durch etw. hindurch gelangen:* Wasser ist durch die Decke, in den Keller gedrungen; die Sonne dringt langsam durch den Nebel, durch die Wolken; ÜBERTR.: das Gerücht drang in die Öffentlichkeit, bis zur höchsten Stelle; irgendwohin d. **b)** ⟨jmdm. irgendwohin d.⟩ der Splitter drang ihm in die Brust; **b)** ⟨aus etw. d.⟩ *hervordringen:* die Menschen drangen aus der Stadt; aus der Wunde drang Blut; ein Schrei drang aus dem Zimmer. **2.** (geh.) ⟨in jmdn. d.⟩ *heftig einwirken:* mit Bitten, Fragen in jmdn. d.; er drang mit seinem Anliegen in ihn; sie war [flehentlich] in ihn gedrungen, ihr alles zu gestehen. **3.** ⟨auf etw. (Akk.) d.⟩ *verlangen:* er drang darauf, dass die Angelegenheit so schnell wie möglich aufgeklärt werde; er hat darauf gedrungen, einen Spezialisten zu rufen; sie dringt auf sofortige Zahlung.

dringend: a) *sehr eilig, wichtig:* eine dringende Arbeit; ein dringendes *(sofort zu vermittelndes)* [Telefon]gespräch; die Angelegenheit ist sehr d.; ich habe einen Urlaub d. nötig; etw. d. benötigen; jmdn. d. *(unbedingt sofort)* sprechen müssen; **b)** *zwingend, nachdrücklich:* einen dringenden Appell an jmdn. richten; es besteht der dringende Verdacht, dass ...; jmd. ist einer Tat d. verdächtig; ich muss Sie d. bitten, ...; d. von etw. abraten.

drinnen: Ihr Besucher ist, wartet schon d.; sie ist dort d.; ÜBERTR.: darüber herrschte eine einhellige Meinung d. und draußen *(im In- und Ausland).*

dritte ⟨Ordinalzahl; als Ziffer: 3.⟩: die d. Dimension; der d. Fall *(Dativ)*; er schreibt in der dritten Person; ein Verwandter dritten Grades; im dritten Gang fahren; heute ist [Montag,] der d. Juli; SUBST.: der Dritte von rechts; beim Wettbewerb ist er Dritter geworden; er ist der Dritte im Bunde; es ist noch ein Drittes zu erwähnen; sie spielen die Dritte *(dritte Sinfonie)* von Beethoven; /Ausruf des Auktionators/: zum Ersten, zum Zweiten, zum Dritten [und Letzten]; ÜBERTR.: etw. von dritter Seite erfahren; SUBST.: etw. einem Dritten *(einem Unbeteiligten)* gegenüber erwähnen; jmdn. in den Augen Dritter herabsetzen; ★ **der lachende Dritte** *(jmd., der aus der Auseinandersetzung zweier Personen Nutzen zieht).*

Droge, die: **1.** *Rauschgift:* harte, weiche, bewusstseinserweiternde Drogen; illegale Drogen; Drogen nehmen; jmdn. unter Drogen setzen *(jmdn. mit Drogen willfährig, willenlos machen);* unter [dem Einfluss von] Drogen stehen; von Drogen abhängig sein. **2.** *Rohstoff für Heilmittel:* starke Schmerzen lindernde Drogen.

drohen: 1. *jmdn. nachdrücklich einzuschüchtern versuchen:* **a)** ⟨jmdm. d.⟩: jmdm. mit dem Finger, mit einem Stock d.; sie hatte den Anwesenden offen gedroht; eine drohende Handbewegung; eine drohende Haltung einnehmen; den Finger drohend erheben; **b)** ⟨jmdm., etw. mit etw. d.⟩ den Nachbarn, dem Nachbarvolk, einem Land mit Krieg d.; er drohte mir, mich anzuzeigen; sie drohte ihm mit Entlassung/drohte, ihn zu entlassen; drohte, dass sie ihn entlassen werde; ⟨ohne Dat.⟩ er drohte, den Saal räumen zu lassen; die Regierung hat mit dem Abbruch der diplomatischen Beziehungen gedroht/hat gedroht, die diplomatischen Beziehungen abzubrechen. **2.** ⟨mit Infinitiv mit zu⟩ *im Begriff sein, etw. zu tun:* er drohte zusammenzubrechen; das Haus droht einzustürzen. **3.** *bevorstehen, eintreffen können:* es droht ein Gewitter; eine Katastrophe hatte gedroht; eine drohende Gefahr; ⟨jmdm., etw. d.⟩ dem Land droht eine Wirtschaftskrise; der Firma drohen riesige Verluste; ihm droht Gefahr.

dröhnen: a) *hallend und durchdringend tönen:* die Motoren dröhnen; seine Stimme dröhnte durch das Haus; der Donner der Geschütze dröhnt aus der Ferne; dröhnendes Gelächter; ⟨jmdm. irgendwo d.⟩ der Lärm dröhnte uns allen in den Ohren, im Kopf; **b)** *von lautem, vibrierendem Schall erfüllt sein:* der ganze Saal dröhnte [vom Applaus]; der Erdboden dröhnte unter den Hufen; ÜBERTR.: mein Kopf dröhnt; ⟨jmdm. d.⟩ uns dröhnten die Ohren vom Lärm.

Drohung, die: eine offene, finstere, versteckte, schreckliche D.; das sind [alles] nur leere Drohungen; sind das eine D. sein?; eine D. aussprechen, ausstoßen, ernst nehmen, wahr machen; eine D. wegen etw. erhalten; jmdn. durch/mit Drohungen einschüchtern, einzuschüchtern versuchen.

drollig: a) *belustigend wirkend:* eine drollige Geschichte erzählen; sie hat drollige *(komische)* Einfälle; er hat eine drollige Art zu erzählen; ein drolliger *(komischer, seltsamer)* Kauz; das war so d., dass wir furchtbar lachen mussten; SUBST.: mir ist etwas Drolliges passiert; **b)** *niedlich, possierlich:* ein drolliges Kind, Kätzchen.

drosseln ⟨etw. d.⟩: **a)** *in der Leistung herabsetzen;*

kleiner stellen: den Motor, die Heizung d.; (Technik:) ein gedrosselter Motor; **b)** *die Zufuhr verringern:* den Dampf d.; **c)** *herabsetzen, einschränken:* das Tempo, die Einfuhr, die Ausgaben d.
drüben: da, dort d.; d. über dem Rhein; nach d. *(über den Ozean, über die Grenze)* fahren; von d. *(von jenseits der Grenze)* kommen.
drüber (ugs.): ↑ darüber.
¹Druck, der: **1.** (Physik) *auf eine Fläche wirkende Kraft:* großer, starker, geringer D.; ein D. von 10 bar; in der Leitung ist kein D.; in den Zylindern entstehen hohe Drücke; das Gas, das Wasser hat keinen D.; den D. messen, kontrollieren, erhöhen; unter hohem D. stehen; ÜBERTR.: einen D. *(ein drückendes Gefühl)* im Kopf, im Magen, in der Brust haben, verspüren. **2.** *das Drücken:* ein leichter D. auf den Knopf genügt; durch einen D./mit einem D. auf die Taste setzte der Minister die Anlage in Betrieb. **3.** *Zwang, Bedrängnis:* D. auf jmdn. ausüben; der militärische D. des Gegners wurde immer stärker; dem D. der öffentlichen Meinung nachgeben, weichen; einem ständigen D. vonseiten der Verbände ausgesetzt sein; in/im D. (ugs.; *in Zeitnot)* sein; in D. kommen, geraten; unter starkem innenpolitischem D. stehen; die Abwehr stand mächtig unter D. *(wurde hart bedrängt);* etw. nur unter D. tun; ★ **hinter etw.** (Dat.) **Druck machen** (ugs.; *dafür sorgen, dass etw. beschleunigt erledigt wird).*
²Druck, der: **a)** *das Drucken:* ein guter, sauberer, schlechter, unklarer, leserlicher D.; den D. überwachen, genehmigen; etw. in D. geben; etw. geht in D.; der Vortrag ist im D. erschienen, liegt im D. *(gedruckt)* vor; **b)** *gedrucktes Werk:* ein alter, wertvoller, seltener D.; **c)** *Art, Qualität, in der etw. gedruckt ist:* ein schlechter, kursiver D.
drucken ⟨etw. d.⟩: **a)** *Schriftzeichen, Bilder abbilden und vervielfältigen:* einen Text, farbige Bilder d.; etw. ist, wird auf mattem/(seltener:) mattes Papier, in Offset/im Offsetverfahren gedruckt; ⟨auch ohne Akk.⟩ die Maschine druckt sehr sauber; **b)** *als fertiges Druckwerk herstellen:* Bücher, Zeitungen, Formulare [in hoher Auflage] d.; die Dissertation wurde gedruckt, liegt gedruckt vor.
drücken: 1. a) ⟨irgendwo[hin] d.⟩ *einen Druck ausüben:* auf einen Knopf d.; auf die Hupe d. *(sie durch Druck betätigen);* du darfst nicht an dem Geschwür d.; die schwere Kiste drückte auf das schwache Brett, bis es durchbrach; ÜBERTR.: der Nebel drückt auf die Stadt *(lastet drückend über ihr);* eine drückende Hitze; etw. war drückend heiß; die Meldung drückte auf die Stimmung *(drückte sie herunter, beeinträchtigte sie);* der Film drückt auf die Tränendrüse (ugs.; *ist sehr rührselig);* der Gegner drückte ständig [auf das Tor] (Sport; *bedrängt den Gegner hart);* die englische Mannschaft war, spielte drückend überlegen; **b)** ⟨jmdn., etw. d.⟩ *pressen:* bei Alarm bitte Knopf

drücken; die Mutter drückt das Kind *(presst es an sich, umarmt es);* ⟨jmdm. etw. d.⟩ er drückte ihm fest die Hand; **c)** ⟨etw. aus etw. d.⟩ *herauspressen:* den Saft aus der Zitrone d.; er versuchte, den Eiter aus der Wunde zu d.; **d)** ⟨jmdm., sich, etw. irgendwohin d.⟩ *[unter Anwendung von Kraft] bewegen, hinbringen:* jmdn. zur Seite, auf einen Stuhl d.; den Stempel, das Siegel auf die Urkunde d.; die Nase an die Scheibe d.; sie drückte ihr Gesicht in die Kissen und weinte; jmdn. ans Herz, an seine Brust, an sich d.; er hatte den Hut tief in die Stirn gedrückt; er drückte sich verstohlen ins Dunkel der Toreinfahrt; ⟨jmdm. etw. irgendwohin d.⟩ jmdm. einen Kuss auf die Wange d. *(geben);* er drückte ihm einen Zehnmarkschein in die Hand. **2.** *[zu eng sein und]* ein Druckgefühl hervorrufen: **a)** der Rucksack, der Helm drückt; drücken diese Schuhe an den Zehen?; **b)** ⟨jmdn. d.⟩ die Brille drückt mich [an den Ohren, an der Nase]; die Schuhe haben mich schon immer gedrückt. **3.** (geh.) ⟨jmdn. d.⟩ *bedrücken:* seine schwere Schuld, das schlechte Gewissen drückt ihn; jahrelang hatten ihn die Sorgen gedrückt; drückende Schulden. **4. a)** (Fliegerspr.) ⟨etw. d.⟩ *nach unten steuern:* der Pilot drückte die Maschine; **b)** ⟨etw. d.⟩ *herabsetzen, verringern:* das Niveau d.; die Kosten, die Miete d.; die erhöhten Einfuhren drücken stark die Preise; er hat den Rekord, die Rekordzeit um zwei Sekunden gedrückt *(unterboten);* **c)** (ugs.) ⟨jmdn. d.⟩ *jmds. Entfaltung verhindern; jmdn. nicht hochkommen lassen:* der Lehrer drückt den Schüler ständig. **5.** (ugs.) ⟨sich irgendwohin d.⟩ *unauffällig verschwinden:* sich stillschweigend aus dem Saal, um die nächste Ecke d.; **b)** ⟨sich d.⟩ *eine Arbeit nicht machen wollen, einer Verpflichtung nicht nachkommen:* sich zu d. versuchen; er drückt sich vor/von der Arbeit, vor Verantwortung. **6.** (Kartenspiel) ⟨etw. d.⟩ *verdeckt ablegen:* sie hat zwei Asse, hat Herz gedrückt ⟨auch ohne Akk. und Dat.⟩: hast du schon gedrückt?; ich muss noch d. **7.** (Gewichtheben) ⟨etw. d.⟩ *in bestimmter Weise stemmen:* er drückt 280 kg, die Hantel zur Hochstrecke; SUBST.: er ist Meister im beidarmigen Drücken. **8.** (Jargon) ⟨[sich (Dat.)] etw. d.⟩ *fixen:* sich Heroin d.; eine Überdosis, einen Schuss d.; ⟨auch ohne Akk. und Dat.⟩ er hat seit 3 Monaten nicht mehr gedrückt.
drum (ugs.): **1.** *darum:* sich um etw. d. kümmern. **2.** *deshalb:* sie hat mehrmals abgesagt, d. lade ich sie schon gar nicht mehr ein.
★ **seis drum** *(sei es, wie es ist)* · **was drum und dran ist/hängt** *(alles, was dazugehört, was damit in Verbindung steht)* · **das [ganze]/alles Drum und Dran** *(alles, was dazugehört).*

drunter (ugs.): er wohnt ein Stockwerk d.; der Preis liegt etwas d.;
* **es/alles geht drunter und drüber** *(es herrscht heillose Unordnung, Verwirrung)* · **das Drunter und Drüber** *(die unruhige Zeit)*.

du: a) /vertraute Anrede/: du hast Recht; ich weiß nicht, was du willst; du alter Gauner; du zueinander sagen; [mit jmdm.] per du sein; /im Brief/: Lieber Max! Wann besuchst du uns einmal?; Ⓡ wie du mir, so ich dir; SUBST.: das vertraute Du; Du zueinander sagen; jmdm. das Du anbieten; mit jmdm. auf Du und Du stehen; beim Du bleiben; jmdn. mit Du anreden; [mit jmdm.] per Du sein; b) *man*: du kannst machen, was du willst, es wird nicht besser.

ducken: 1. a) ⟨sich d.⟩ *den Kopf einziehen und sich klein machen:* sich vor einem harten Schlag d.; sich hinter eine Mauer, in eine Ecke d.; in geduckter Haltung; b) (seltener) ⟨etw. d.⟩ *einziehen:* den Kopf d.
2. (ugs.) a) ⟨sich d.⟩ *sich unterwürfig verhalten:* sie widerspricht nie, sondern duckt sich immer; b) (abwertend) ⟨jmdn. d.⟩ *demütigen, einschüchtern:* er ist in seinem Leben immer nur geduckt worden; den Burschen werde ich noch gründlich d.

Duft, der: ein herber, feiner, süßer, zarter, lieblicher, würziger D.; der D. des Parfüms verfliegt rasch; einen angenehmen D. verbreiten, ausströmen, haben; ÜBERTR.: der D. *(die Atmosphäre)* der weiten Welt.

duften: a) *Duft verbreiten:* die Blumen duften stark; ein angenehm duftendes Parfüm; b) ⟨nach etw. d.⟩ *einen charakteristischen Duft haben, verbreiten:* die ganze Wohnung duftet nach frischem Gebäck; (iron.:) er duftet nach Schnaps; ⟨es duftet nach etw.⟩ es duftet nach Flieder.

dulden: 1. a) ⟨etw. d.⟩ *zulassen, gelten lassen:* etw. stillschweigend d.; keinen Widerspruch d.; Ausnahmen werden nicht geduldet; ich dulde [es] nicht, dass du weggehst; die Arbeit hat keinen Aufschub geduldet, b) ⟨jmdn., etw. irgendwo d.⟩ *die Anwesenheit, das Vorhandensein von jmdm., etw. gestatten:* sie duldet keinen Lärm in ihrem Haus; sie duldeten ihren Verwandten nicht in ihrer Mitte, in ihrem Haus; wir sind hier nur geduldet *(nicht gern gesehen)*.
2. (geh.) a) ⟨Schweres mit Gelassenheit ertragen:⟩ standhaft, still, ergeben d.; er duldet, ohne zu klagen; b) ⟨etw. d.⟩ *ertragen:* sie musste viel Leid d.; Not und Verfolgung d.

dumm: 1. *von schwacher Intelligenz:* ein dummer Mensch; jmdn. wie einen dummen Jungen behandeln; er ist [so] d. wie Bohnenstroh; so d., dass er brummt (ugs.; *sehr dumm*); sie ist nicht so d., wie sie aussieht; sich d. stellen (ugs.; *so tun, als ob man nichts wüsste, jmds. Anspielung o. Ä. nicht verstünde*); da müsste ich schon d. sein (ugs.; *darauf lasse ich mich nicht ein, da mach ich nicht mit*); jmdm. d. kommen (ugs.; *zu jmdm.*

frech, unverschämt werden); Ⓡ d. geboren, nichts dazugelernt (ugs.; *in hohem Maße dumm*); SUBST.: immer wieder einen Dummen *(jmdn., der sich für etw. hergibt, der auf etw. hereinfällt)* finden; nicht immer den Dummen *(denjenigen, der sich für etw. hergibt)* machen, spielen wollen; die Dummen werden nicht alle.
2. a) *in seinem Verhalten wenig Überlegung zeigend, unklug:* das war d. von dir, ihm das zu sagen; sei nicht so d., und nimm das Angebot an!; sie war d. *(naiv)* genug, darauf hereinzufallen; b) (ugs.) *töricht, albern:* dummes Gerede, Geschwätz; rede kein dummes Zeug!; dumme Bemerkungen, Witze; er machte ein dummes Gesicht; nur dumme Gedanken im Kopf haben; sie ist eine dumme Gans, Pute (salopp: *eine alberne Person*); das ist aber d.; zu d.!; wie d.!; jmdn. d. anstarren.
3. (ugs.) *in ärgerlicher Weise unangenehm:* eine dumme Angewohnheit; das ist eine dumme Geschichte; das hätte für dich ganz d. ausgehen können; wenn er nicht kommt, stehen wir [ganz schön] d. da (ugs.; *sind wir in einer ziemlich unangenehmen, peinlichen Lage*); SUBST.: so etwas Dummes; mir ist etwas Dummes passiert; etwas Dummes anstellen.
4. (ugs.) *benommen, schwindlig:* mir ist d. im Kopf; der Lärm machte uns ganz d.;
* **[immer] der/die Dumme sein** (ugs.; *der/die Benachteiligte sein, den Schaden tragen*) · **jmdm. ist, wird etw. zu dumm** (ugs.; *jmds. Geduld ist am Ende*) · **sich nicht für dumm verkaufen lassen** (ugs.; *sich nichts einreden, vormachen, sich nicht täuschen lassen*) · **dumm und dämlich** (ugs.; *sehr viel, bis an die Grenze des Erträglichen*): sich d. und dämlich suchen, reden, verdienen.

Dummheit, die: 1. seine D. ist schon sprichwörtlich; etw. aus D. verraten, sagen; (ugs.:) mit D. geschlagen sein; Ⓡ D. und Stolz wachsen auf einem Holz.
2. *unkluge Handlung:* das war eine große D. von dir; eine D. begehen; macht keine Dummheiten!; nur lauter Dummheiten im Kopf haben.

dumpf: 1. *dunkel und gedämpft klingend:* ein dumpfer Trommelwirbel; das dumpfe Rollen des Donners; dumpf aufprallen; etw. klingt d.
2. *muffig, moderig:* ein dumpfes Zimmer, Gewölbe; die Luft, der Keller ist ganz d.; das Mehl ist, schmeckt, riecht d.
3. *stumpfsinnig:* die dumpfe Atmosphäre der Kleinstadt, der Elendsviertel; in dumpfem Brüten, Schweigen, in dumpfer Gleichgültigkeit dasitzen; er blickte d. vor sich hin.
4. *nicht klar ausgeprägt, nur undeutlich [hervortretend]:* ein dumpfes Gefühl haben; einen dumpfen Schmerz verspüren; eine dumpfe Ahnung von etw. haben; sich nur d. an etw. erinnern; mein Kopf ist ganz d. *(benommen)*.

dunkel: 1. *fast ohne Licht:* eine dunkle Straße; in

D

dunkler Nacht; im dunklen Wald; das Zimmer ist [mir] zu d. *(es bekommt zu wenig Tageslicht)*; im Keller, in der Höhle ist es ganz d.; es wird d. *(es wird Abend)*; plötzlich wurde es d. *(ging das Licht aus)*; SUBST.: im Dunkeln sitzen; sich im Dunkeln *(in der Dunkelheit)* zurechtfinden; ⓡ im Dunkeln ist gut munkeln; ÜBERTR.: das war der dunkelste *(unerfreulichste)* Tag in seinem Leben; ein dunkles Kapitel der Geschichte.
2. *nicht hell; in der Farbe sich dem Schwarz nähernd:* dunkle Farben; ein dunkles Rot; dunkle Kleidung; einen dunklen Anzug tragen; dunkles Haar; von dunkler Hautfarbe; der dunkle Erdteil *(Afrika)*; dunkles Brot, Bier; die Tapete ist mir zu d.; die Brille ist d. getönt; SUBST.: Herr Ober, bitte ein Dunkles (ugs.; *dunkles Bier).*
3. *tief:* eine dunkle Stimme haben; ein dunkler Vokal; d. klingen, tönen.
4. *undeutlich; unklar:* eine dunkle Ahnung, Vorstellung von etw. haben; einen dunklen Verdacht haben; dunkle Andeutungen machen; sich d. an etw. erinnern; ÜBERTR.: jmdn. im Dunkeln *(im Ungewissen)* lassen; im Dunkeln *(anonym)* bleiben; etw. liegt noch im Dunkeln *(ist noch ungewiss).*
5. (abwertend) *undurchschaubar, zweifelhaft:* dunkle Gestalten; dunkle Geschäfte machen; das Geld kam aus dunklen Quellen, floss in dunkle Kanäle; es gibt einen dunklen Punkt in seinem Leben; etw. ist [von] dunkler Herkunft;
★ **im Dunkeln tappen** *(in einer aufzuklärenden Sache noch keinen Anhaltspunkt haben):* die Polizei tappt bei ihren Ermittlungen immer noch im Dunkeln.
Dunkelheit, die: eine tiefe, unheimliche D.; die D. überraschte uns; (dichter.:) die D. senkt sich herab; bei einbrechender D./bei/nach Einbruch der D.; der Dieb entkam im Schutze der D.
dünn: 1. *von geringem Umfang, von geringer Stärke, Dicke:* ein dünner Ast; ein dünnes Brett, Blech, Buch; sie hat dünne Beine; etw. in dünne Scheiben schneiden; die Wand, die Eisdecke, das Eis ist sehr d.; er ist d. geworden (ugs.; *abgemagert);* sich d. machen (scherzh.; *versuchen möglichst wenig Platz einzunehmen).*
2. a) *von geringer Dichte:* ein dünner Vorhang, Schleier; dünne Strümpfe, Hemden; ein dünnes *(nicht warmes)* Kleid; dünnes Haar haben; du bist zu d. *(nicht warm genug)* angezogen; ÜBERTR.: die Luft wird in großer Höhe immer dünner; **b)** ⟨in Verbindung mit einem 2. Part.⟩ *schwach; wenig:* das Land ist d. besiedelt, bevölkert, bewachsen; **c)** *nicht dick:* die Farbschicht ist sehr d.; die Farbe, Salbe, den Lack d. auftragen.
3. *nicht gehaltvoll, wässrig:* eine dünne Suppe; dünner Tee; der Kaffee ist ziemlich d.; ÜBERTR.: eine dünne Mehrheit; der Beifall, das Angebot war d. (ugs.; *mäßig);*
★ **dünn gesät** (ugs.; *spärlich vorhanden, selten).*

dünnmachen, (auch:) **dünnemachen** (ugs.) ⟨sich d.⟩: die Burschen haben sich längst dünngemacht.
Dunst, der: **a)** *getrübte Atmosphäre:* starker, bläulicher D.; ein feiner D. liegt über der Stadt; die Berge liegen im D., sind in D. gehüllt; **b)** *warme, schlechte Ausdünstung; starker Geruch:* gefährliche, giftige Dünste stiegen auf; der D. von Pferden; ein D. von Tabakrauch und Speisen erfüllte die Gaststube;
★ **jmdm. blauen Dunst vormachen** (ugs.; *jmdm. etw. vorgaukeln)* · **keinen [blassen] Dunst von etw. haben** (ugs.; *keine Ahnung von etw. haben).*
durch /vgl. durchs/: **I.** ⟨Präp. mit Akk.⟩ **1.** /räumlich/ **a)** /kennzeichnet eine Bewegung, die auf der einen Seite in etw. hinein- und auf der anderen Seite wieder hinausführt/: die Tür gehen; das Geschoss drang d. den rechten Oberarm; etw. d. ein Sieb gießen; d. die Nase atmen, sprechen; **b)** /kennzeichnet eine [Vorwärts]bewegung in ihrer ganzen räumlichen Ausdehnung/: d. das Wasser waten; d. die Straßen, d. den Park bummeln; er ist auf einem Rundgang d. das Werk; er ist auf einem Gedanke d. den Kopf.
2. a) *mittels:* etw. d. Boten, d. die Post schicken; etw. d. Lautsprecher bekannt geben; ein Land d. Deiche schützen; er hat das d. Fleiß erreicht; d. einen Freund habe ich noch drei Karten bekommen; etw. ist d. eine Bürgschaft gedeckt; etw. d. das Los entscheiden; (Math.:) eine Zahl d. eine andere dividieren; 6 d. 3 = 2; **b)** /in passivischen Sätzen/ *von:* das Haus wurde durch Bomben zerstört.
3. /zeitlich/ (meist nachgestellt) *hindurch, über einen gewissen Zeitraum hinweg:* den Winter, das ganze Jahr d.; er hat sich d. viele Jahre bewährt.
II. ⟨Adverb⟩ (ugs.) der Zug ist schon d. *(durchgefahren);* wir sind endlich durch das Gestrüpp durch *(hindurchgelangt);* mit dem Buch bin ich d. *(habe es durchgearbeitet);* die Schuhsohlen sind d. *(durchgelaufen);* ich hätte das Steak gerne d. *(durchgebraten);* /bei Zeitangaben/: es ist schon 3 Uhr d. *(vorbei);*
★ **durch und durch** (ugs.; *völlig; ganz und gar):* d. und d. nass sein · **jmdm. durch und durch gehen** (ugs.; *jmdm. weh tun):* der Schrei ging mir d. und d. · **bei jmdm. unten durch sein** (ugs.; *jmds. Wohlwollen verloren haben).*
durcharbeiten: 1. *ohne Pause arbeiten:* heute müssen wir d. wird durcharbeitet.
2. ⟨etw. d.⟩ **a)** *intensiv bearbeiten:* Teig d.; beim Massieren werden die Muskeln kräftig durchgearbeitet; **b)** *gründlich lesen und auswerten:* ein wissenschaftliches Werk, Akten d.
3. ⟨etw. d.⟩ *bis ins Detail ausarbeiten:* einen Aufsatz d.; ich muss das Manuskript noch einmal gründlich d.
4. (ugs.) ⟨sich [durch etw./bis zu etw.] d.⟩ *sich hindurchzwängen:* sich mühsam durch die Menge, bis zum Ausgang d.
durchaus: a) *unbedingt, unter allen Umständen:* er möchte d. mitkommen; **b)** *völlig; ganz und gar:*

das ist d. richtig, möglich; nein, d. nicht; ich bin d. Ihrer Meinung.

¹durchbeißen: **1.** ⟨etw. d.⟩ *durch Beißen zertrennen:* eine Schnur, einen Faden d.; er hat das Bonbon durchgebissen. **2.** (ugs.) ⟨sich d.⟩ *sich durchkämpfen:* sich durch den Lehrstoff d.; man muss sich einfach d.

²durchbeißen ⟨jmdm. etw. d.⟩: *mit den Zähnen zerbeißen:* der Iltis durchbiss den Hühnern die Hälse; mit durchbissener Kehle.

durchblättern, (auch:) **durchblättern** ⟨etw. d.⟩: eine Illustrierte d.; er hat die Akten durchgeblättert/ durchblättert.

durchblicken 1. ⟨durch etw. d.⟩: *hindurchsehen:* durch das Fernglas, das Mikroskop, durch ein Loch im Zaun d. **2.** (ugs.) *durchschauen:* sie blickt durch; das ist so wirr, da blickt keiner mehr durch; * **etw. durchblicken lassen** *(etw. andeuten):* er ließ d., ...

¹durchbohren: a) ⟨etw. d.⟩ *durch etw. hindurchbohren:* ein Brett d.; **b)** ⟨etw. [durch etw.] d.⟩ *durch Bohren herstellen:* ein Loch durch die Wand d.; **c)** ⟨sich [durch etw.] d.⟩ *sich durcharbeiten:* der Wurm hat sich durch das Holz durchgebohrt.

²durchbohren ⟨jmdn., etw. d.⟩ *durchdringen:* mehrere Kugeln durchbohrten das Brett; sie hatten ihn mit einem spitzen Pfahl durchbohrt; ÜBERTR.: jmdn. mit Blicken d.

¹durchbrechen: 1. a) ⟨etw. d.⟩ *in zwei Teile brechen:* ein Stück Brot, eine Tafel Schokolade [in der Mitte] d.; der Knochen ist durchgebrochen; **b)** *auseinander, in zwei Teile brechen:* das Brett bricht durch; der Sitz ist in der Mitte durchgebrochen; **c)** *einbrechen und nach unten sinken:* er ist durch die Eisdecke, durch den Bretterboden durchgebrochen. **2.** ⟨etw. d.⟩ **a)** *eine Öffnung durch etw. schlagen:* eine Wand d.; **b)** *(durchbrechend) hervorbringen:* wir haben eine Tür, ein Fenster durchgebrochen. **3.** *durch etw. dringen:* der erste Zahn ist bei dem Kind durchgebrochen; überall brachen die Knospen durch; die feindlichen Stellungen sind an drei Frontabschnitten durchgebrochen worden; das Magengeschwür ist durchgebrochen; der Mittelstürmer war plötzlich durchgebrochen und schoss das Führungstor; ÜBERTR.: seine wahre Natur ist jetzt durchgebrochen *(zutage getreten).*

²durchbrechen: ⟨etw. d.⟩ **a)** *[gewaltsam] überwinden:* die Fluten durchbrachen die Deiche; das Flugzeug hat die Schallmauer durchbrochen; eine Absperrung, eine Blockade d.; **b)** *sich von etw. frei machen:* alle Konventionen, ein Verbot, ein Tabu, ein Prinzip d.

durchbrennen: 1. a) *durch zu starke Hitze-, Strombelastung entzweigehen:* die Sicherung, die [Glüh]birne, das Kabel ist durchgebrannt; **b)** *vollständig brennen:* die Kohlen müssen erst

d.; c) *dauernd brennen:* wir lassen den Ofen, das Licht [Tag und Nacht] d. **2.** (ugs.) *sich heimlich davonmachen:* von zu Hause, mit einem Mädchen, mit den Tageseinnahmen d.; ⟨jmdm. d.⟩ seine Frau ist ihm [mit ihrem Liebhaber] durchgebrannt.

durchbringen: 1. a) ⟨jmdn., sich d.⟩ *dafür sorgen, dass das Lebensnotwendige vorhanden ist:* sich gut, ehrlich, schlecht und recht d.; sie hat die Kinder, die Familie mit Heimarbeit durchgebracht; **b)** ⟨jmdn. d.⟩ *erreichen, dass jmd. eine schwere Krankheit übersteht:* die Ärzte hoffen, den Kranken durchzubringen. **2.** (ugs.) ⟨jmdn., etw. d.⟩ *über die Grenze, durch die Kontrolle bringen:* bis jetzt haben sie [an der Grenze] alle Flüchtlinge, alle Waren durchgebracht. **3.** ⟨jmdn., etw. d.⟩ *durchsetzen:* einen Kandidaten d.; die Regierung hat im Parlament das Gesetz gegen die Stimmen der Opposition durchgebracht. **4.** (ugs.) ⟨etw. d.⟩ *verschwenden:* die Ersparnisse, sein ganzes Vermögen in kurzer Zeit d.

Durchbruch, der: **a)** *das Durchbrechen:* der D. der ersten Zähne; der D. durch die feindlichen Linien ist geglückt; einen D. wagen, erzwingen, vereiteln; ÜBERTR.: einen D. vornehmen, machen; mit diesem Lied hat die Sängerin den internationalen D. geschafft; ihm gelang der D. zur internationalen Spitzenklasse; einer Sache zum D. *(Erfolg)* verhelfen; eine Idee kommt zum D. *(setzt sich durch);* **b)** *Stelle des Durchbrechens:* der D. des Flusses durch das Gebirge; es wurden mehrere Durchbrüche im Deich entdeckt; ein D. in der Mauer.

¹durchdenken ⟨etw. d.⟩: *Schritt für Schritt bis zu Ende denken:* sie versuchte vor ihrer Entscheidung, den Vorfall, das Vorgefallene noch einmal ruhig, ohne Eile durchzudenken; er hat den Beweis bis zur letzten Klarheit durchgedacht.

²durchdenken ⟨etw. d.⟩: *vollständig überdenken:* eine Situation d.; er hat die Frage noch nicht genügend durchdacht; die Sache ist gut durchdacht; ein gut durchdachter Plan; eine klare, wohl durchdachte Politik.

durchdrehen: 1. ⟨etw. d.⟩ *durch eine Maschine drehen:* Fleisch, Gemüse [durch den Wolf] d. **2.** (ugs.) *die Nerven verlieren:* wenn sie so weitermacht, wird sie bald d.; vor dem Examen hat er/ (seltener:) ist er durchgedreht; völlig durchgedreht *(kopflos)* sein. **3.** *sich auf der Stelle drehen:* beim Start am vereisten Boden drehten die Räder durch.

¹durchdringen: 1. *durch etw. durchkommen:* der Regen drang durch die Decke, durch die Kleider durch; die Sonne ist heute kaum durchgedrungen; ÜBERTR.: das Gerücht ist bis zum Vorstand durchgedrungen. **2.** *in alle Teile eines Körpers, Raumes dringen:* seine Stimme drang nicht durch; ⟨meist im 1.

Part.) ein durchdringendes Geräusch; durchdringende Kälte; ein durchdringender Schrei, Schmerz; jmdn. durchdringend, mit durchdringenden Blicken ansehen; der Geruch war durchdringend *(in unangenehmer Weise intensiv).* **3.** ⟨mit etw. d.⟩ *sich durchsetzen:* mit diesem Plan wirst du nicht d.; er ist bei der Behörde damit durchgedrungen; mit seiner Klage nicht d.

²**durchdringen:** **1.** ⟨etw. d.⟩ *durch etw. hindurchdringen:* die Strahlen können dickste Wände d.; ein Feuerschein durchdrang die Finsternis. **2.** (geh.) ⟨jmdn. d.⟩ *erfüllen, ergreifen:* diese Idee hat ihn völlig durchdrungen; sie ist von der Überzeugung durchdrungen, dass ...

durchdrücken: **1.** ⟨etw. [durch etw.] d.⟩ *durchpressen:* Quark durch ein Tuch d.; gekochtes Obst durch ein Sieb d. **2.** ⟨etw. d.⟩ *so strecken, dass es eine Gerade bildet:* die Knie, den Ellbogen, das Kreuz d.; mit durchgedrückten Knien. **3.** (ugs.) ⟨etw. d.⟩ *gegen Widerstand durchsetzen:* seinen Willen d.; ein Gesetz im Parlament, eine Änderung [gegen starken Widerstand] d.; sie hat durchgedrückt, dass sie Urlaub bekommt.

durcheinander: **1.** *völlig ungeordnet:* hier ist alles völlig d.; du hast meine Bücher d. gebracht; alles d. *(wahllos)* essen; im Betrieb ging heute alles d.; d. laufen, rennen; eine bunt d. gewürfelte Gesellschaft. **2.** *verwirrt, konfus:* sie war nach dem Gespräch völlig d.; er hat mich mit seinen Worten ganz d. gebracht; ich bin d. gekommen. Beachte: Nach neuer Rechtschreibung wird *durcheinander* vom folgenden Verb immer getrennt geschrieben.

Durcheinander, das: **1.** *Unordnung:* in der Wohnung, im Schrank herrschte ein fürchterliches D. **2.** *Verwirrung:* es gab ein heilloses, wüstes, wildes D.; im allgemeinen D. konnte der Dieb entkommen.

¹**durchfahren:** **a)** ⟨[irgendwo(hin)] d.⟩ *sich mit einem Fahrzeug fortbewegen:* durch einen Tunnel, unter einer Brücke, zwischen zwei Markierungen d.; **b)** *ohne größere Unterbrechung direkt ans Ziel fahren:* wir sind [die Nacht, heute Nacht] durchgefahren; der Zug ist [bis Rom] durchgefahren, wir konnten mit dem Zug, mit dieser Verbindung d. *(brauchten nicht umzusteigen);* **c)** *vorbeifahren, passieren:* am Tage fahren hier zehn Züge durch; der Bus ist durchgefahren; wir sind durch die Ortschaft nur durchgefahren.

²**durchfahren:** **1.** ⟨etw. d.⟩ *eine Strecke fahrend zurücklegen:* die Strecke muss zwanzig Mal d. werden; er hat die Strecke in zwölf Minuten, in Rekordzeit durchfahren. **2.** ⟨etw. d.⟩ *im Fahrzeug durchqueren:* ein Gebiet, ein Tal d.; wir haben das Land kreuz und quer durchfahren. **3.** ⟨jmdn. d.⟩ *jmdm. bewusst werden und eine Reaktion hervorrufen:* ein Schreck, ein Gedanke durchfuhr ihn.

Durchfall, der: **1.** *Diarrhö:* D. haben, bekommen; ein Mittel gegen den D.; die Krankheit geht mit schweren Durchfällen einher. **2.** *Reinfall:* die Oper erlebte einen totalen D.

durchfallen: **1.** ⟨[durch etw.] d.⟩ *hindurchfallen:* die kleinen Steine fallen durch den Rost durch. **2.** (ugs.) **a)** *nicht bestehen:* er ist im Examen, in/bei der Prüfung durchgefallen; bei der Wahl d. *(nicht gewählt werden);* **b)** *keinen Erfolg haben:* das Stück ist [beim Publikum] durchgefallen.

¹**durchfliegen:** **1.** ⟨[durch etw.] d.⟩ *durch etw. fliegen:* ein Stein flog durch die Scheibe durch; das Segelflugzeug ist gerade durch die Wolke durchgeflogen. **2.** *ohne Unterbrechung bis zum Ziel fliegen:* die Maschine flog trotz des Zwischenfalls bis nach Madrid durch. **3.** (ugs.) *durchfallen:* er ist im Abitur, im Staatsexamen durchgeflogen.

²**durchfliegen** ⟨etw. d.⟩: **1. a)** *fliegend durchmessen:* die Rakete hat die vorgeschriebene Bahn durchflogen; die Maschine hat schon weite Strecken durchflogen; **b)** *fliegend durchstoßen:* das Flugzeug hat die Wolken durchflogen. **2.** *flüchtig lesen:* ich habe den Text, den Brief nur durchflogen.

durchführen: **1. a)** ⟨jmdn. [durch etw.] d.⟩ *durch etw. begleiten:* er hat uns durch das ganze Anwesen, durch die Räume, durch die Austellung durchgeführt; **b)** *durch etw. verlaufen:* die neue Autobahn führt mitten durch den Wald durch. **2.** ⟨etw. d.⟩ **a)** *verwirklichen:* ein Vorhaben, einen Plan, einen Beschluss d.; die Idee ist zwar faszinierend, lässt sich aber leider nicht d.; **b)** *ausführen:* Kontrollen, Messungen, eine Arbeit, eine Operation d.; wir haben die Untersuchung sorgfältig, mit aller Sorgfalt durchgeführt. **3.** ⟨etw. d.⟩ *veranstalten, stattfinden lassen:* ein Spiel, eine Abstimmung d.; die Veranstaltung konnte trotz der Störungen durchgeführt werden.

Durchgang, der: **1. a)** *das Durchgehen:* D. verboten, nicht gestattet; D. durch die Unterführung; der D. (Astron.; *das Vorbeiziehen*) des Planeten durch die Sonne; **b)** *Öffnung, Weg zum Durchgehen:* ein schmaler D.; kein öffentlicher D.; ein D. für Fußgänger und Radfahrer; der D. ist gesperrt, versperrt. **2.** *eine von mehreren Phasen eines Geschehens, Ablaufs:* der erste D. einer Versuchsreihe; der Kandidat unterlag im zweiten D. der Wahl; die Stürmer vergaben im zweiten D. (Sport.; *Spielabschnitt*) die besten Chancen.

durchgeben ⟨etw. d.⟩: einen Befehl d.; die Nachricht im/über Rundfunk, per/über Telefon d.; die Anweisung wurde an die Zentrale durchgegeben; ⟨jmdm. d.⟩ diese Entscheidung wurde uns erst am nächsten Morgen telefonisch durchgegeben.

durchgehen: **1.** ⟨[durch etw.] d.⟩ **a)** *durch etw. gehen:* der Bach ist so flach, dass man d. kann; vor

jmdm. durch die Tür d.; wir sind ohne Kontrolle durch die Sperre durchgegangen; **b)** *etw. durchdringen:* der Regen ist durch die Plane durchgegangen; **c)** (ugs.) *durch etw. hindurchkommen:* der Faden geht durch die Nadel durch; das Klavier ist nicht durch die Tür durchgegangen. **2. a)** *direkt bis zum Ziel fahren:* der Zug ist bis Rom durchgegangen; ein durchgehender Zug, Wagen; **b)** *ohne [größere] Pause [an]dauern:* die Sitzung ist bis zum Abend durchgegangen; wir haben durchgehend geöffnet; **c)** *von Anfang bis Ende durch etw. verlaufen:* der Weg geht [bis zum Flussufer] d.; der Streifen, Faden geht durch; ADJ. PART.: ein Kleid mit durchgehender Knopfleiste; an durchgehenden *(nicht unterbrochenen)* Linien darf nicht überholt werden; ÜBERTR.: dieses Motiv geht durch das ganze Werk durch. **3.** 〈etw. d.〉 *bis zu einem bestimmten Punkt auf dem eingeschlagenen Weg weitergehen:* bitte d.!; gehen Sie die Straße gerade durch bis zu der Kirche. **4.** *angenommen werden:* das Gesetz, der Antrag ist ohne Schwierigkeiten, (ugs.:) glatt [im Parlament] durchgegangen; die Sache ging ohne Beanstandungen durch; sie geht glatt für 30 durch *(man kann ihr Alter leicht auf 30 Jahre schätzen, obwohl sie älter ist).* **5.** 〈etw. d.〉 *in allen Einzelheiten durchsehen [u. besprechen]:* etw. Punkt für Punkt, Wort für Wort d.; wir wollen die Rechnung noch einmal [miteinander] d.; der Lehrer ist/(selten:) hat die Arbeit mit den Schülern durchgegangen. **6. a)** *(von Zug-, Reittieren) wild davonstürmen:* die Pferde sind [mit dem Wagen] durchgegangen; **b)** 〈jmdm./mit jmdm. d.〉 *sich jmds. Kontrolle entziehen:* ihm gingen die Nerven d.; seine Leidenschaft, sein Temperament ging mit ihm durch. **7.** (ugs.) **a)** 〈mit etw. d.〉 *sich davonmachen:* der Bote ist mit dem Geld, mit der Kasse durchgegangen; **b)** 〈jmdm. d.〉 *heimlich davonlaufen:* seine Frau ist ihm durchgegangen;
∗ **[jmdm.] etw. durchgehen lassen** *(etw. mit Nachsicht behandeln):* ich werde es nicht noch einmal d. lassen, dass du meine Sachen benutzt; der Schiedsrichter hat bei der Mannschaft viele Unsportlichkeiten d. lassen; sie hat ihm allerhand d. lassen.

durchgreifen: rücksichtslos, scharf d.; der Schiedsrichter hat energisch durchgegriffen; ADJ. PART.: durchgreifende *(einschneidende)* Maßnahmen, Änderungen; SUBST.: es wurde konsequentes Durchgreifen gefordert.

durchhalten: a) *einer Belastung standhalten:* wir müssen [bis zum Schluss] d.; die verschütteten Bergleute haben durchgehalten; **b)** 〈etw. d.〉 *aushalten, durchstehen:* einen Kampf, einen Streik d.; die Belastung halte ich [gesundheitlich] nicht durch.

durchhauen: 1. a) 〈etw. d.〉 *in zwei Teile hauen:* das

Seil d.; sie hieb/(ugs.:) haute den Ast durch; der Metzger hat den Knochen durchgehauen; **b)** 〈sich d.〉 *sich einen Weg bahnen:* wir hieben uns/(ugs.:) hauten uns, haben uns durch das Dickicht durchgehauen. **2.** (ugs.) 〈jmdn. d.〉 *verprügeln:* der Vater haute den Jungen durch; er hat den Jungen tüchtig durchgehauen. **3.** (ugs.) 〈etw. d.〉 *(in Bezug auf elektrische Leitungen) zerstören:* der Blitz haute die Leitungen durch; er hat die Sicherung durchgehauen.

¹durchkämmen 〈etw. d.〉 **1.** *kräftig kämmen:* das Haar, das Fell des Hundes d. **2.** *systematisch durchsuchen:* ein Gebiet [nach jmdm., etw.] d.; die Polizei hat das Gelände systematisch durchgekämmt.

²durchkämmen: *systematisch durchsuchen:* die Polizei durchkämmte den Wald, hat den Wald [mit Hundestaffeln, nach den Ausbrechern, ergebnislos] durchkämmt.

durchkommen: 1. a) 〈[durch etw./irgendwo] d.〉 *trotz räumlicher Behinderung an sein Ziel gelangen:* der Bus kommt hier, durch die enge Straße nicht durch; es war überfüllt und kaum durchzukommen; nur einer der Flüchtlinge war durch die Sperren durchgekommen; SUBST.: ein Durchkommen ist hier nicht möglich; **b)** 〈[irgendwo] d.〉 *vorbeikommen:* der Karnevalszug ist hier noch nicht durchgekommen. **2.** (ugs.) *eine telefonische Verbindung bekommen:* ich bin [mit meinem Anruf] nicht durchgekommen; heute ist nicht durchzukommen. **3.** (ugs.) *durchgesagt, bekannt gegeben werden:* die Meldung vom Putsch kam in den Nachrichten durch; die Lottoergebnisse sind noch nicht durchgekommen. **4.** (ugs.) **a)** *die Krise überstehen:* der Patient kann d.; sie ist bei der Operation nicht durchgekommen; **b)** *eine Prüfung bestehen:* alle Kandidaten kamen durch; sie ist beim Examen [gerade noch] durchgekommen. **5. a)** *sein Ziel erreichen, Erfolg haben, weiterkommen:* im Leben, mit seinen Sprachkenntnissen d.; sie ist bis jetzt überall gut durchgekommen; ich komme hier nicht durch *(weiß in dieser Arbeit nicht weiter);* mit dieser Methode kommt man immer, mit Englisch kommt man überall durch; mit dieser Entschuldigung kommst du bei ihm nicht durch *(er akzeptiert sie nicht);* **b)** (ugs.) 〈mit etw. d.〉 *auskommen:* mit dem Gehalt komme ich im Monat gerade durch. **6.** (ugs.) 〈durch etw. d.〉 *etw. durchdringen:* die Sonne kommt durch die Wolken durch; der Regen kommt durch die Zimmerdecke durchgekommen.

¹durchkreuzen 〈etw. d.〉 *kreuzförmig durchstreichen:* Zahlen auf dem Lottoschein d.; Nichtzutreffendes bitte d.

²durchkreuzen 〈etw. d.〉: **1.** *vereiteln:* jmds. Vorha-

D

ben, Absichten d.; der Vorfall hat alle meine Pläne durchkreuzt.
2. *kreuz und quer durchfahren o. ä.:* Länder, die Meere d.
durchlassen: 1. ⟨jmdn., etw. [durch etw.] d.⟩ *durchgehen, -fahren, passieren lassen:* jmdn. durch ein Tor lassen; würden Sie mich bitte d.?; der Posten hat ihn ohne Ausweis nicht durchgelassen. **2.** etw. *durchdringen lassen:* der Vorhang lässt kein Licht durch; die Schuhe haben das Wasser durchgelassen.
¹durchlaufen: 1. ⟨[durch etw.] d.⟩ a) *durch etw. laufen:* durch ein Tor, durch die Absperrung d.; **b)** *durchdringen, durchsickern:* Wasser lief durch die Zimmerdecke durch; der Kaffee ist noch nicht ganz durch den Filter durchgelaufen. **2.** ⟨etw. d.⟩ *durch Laufen verschleißen:* die Schuhe sind völlig durchgelaufen; durchgelaufene Sohlen; ⟨sich (Dat.) etw. d.⟩ ich habe mir die Hacken durchgelaufen *(wund gelaufen).* **3.** *ohne [größere] Unterbrechung laufen:* wir sind ohne Rast durchgelaufen. **4.** ⟨[irgendwo] d.⟩ *vorbei-, vorüberlaufen:* die Jogger sind hier durchgelaufen.
²durchlaufen: 1. ⟨etw. d.⟩ **a)** *laufend durchqueren:* wir haben den ganzen Wald, die Stadt [kreuz und quer] durchlaufen; **b)** *zurücklegen:* er hat die 800 m in weniger als zwei Minuten durchlaufen; (Astron.:) die Erde durchläuft die Sonnenbahn in einem Jahr. **2.** ⟨etw. d.⟩ *absolvieren:* die höhere Schule bis zum Abitur d.; er hat alle Abteilungen während der Ausbildung durchlaufen; verschiedene Entwicklungsstufen d.; das Produkt durchläuft mehrere Qualitätskontrollen. **3.** (geh.) ⟨jmdn. d.⟩ *erfassen:* uns durchlief ein Schauder, ein Grauen; mich hat es heiß und kalt durchlaufen.
durchlesen ⟨etw. d.⟩: einen Vertrag, eine Gebrauchsanweisung genau, sorgfältig d.; ich habe den Brief noch nicht, zweimal durchgelesen.
¹durchleuchten ⟨[durch etw.] d.⟩: der helle Untergrund leuchtet durch das Gewebe durch; die Sonne leuchtet durch die Vorhänge durch.
²durchleuchten ⟨jmdn., etw. d.⟩: **1.** *mit Röntgenstrahlen untersuchen:* Materialproben, den Kranken d.; vor dem Verkauf müssen die Eier durchleuchtet werden; bei den Sicherheitskontrollen wurde das Gepäck durchleuchtet; ⟨jmdm. etw. d.⟩ der Arzt hat ihm den Magen, die Lunge durchleuchtet. **2.** ⟨etw. d.⟩ *kritisch betrachten, untersuchen:* einen Fall, eine Angelegenheit kritisch, bis ins kleinste Detail, bis ins Kleinste d.; jmds. Charakter, Vergangenheit, politische Einstellung d.; ÜBERTR.: Personen, einen Bewerber für ein wichtiges Amt auf seine Vertrauenswürdigkeit hin d.
durchmachen: 1. ⟨etw. d.⟩ *erleiden, durchstehen:* viel, eine schwere Krankheit, schlechte Zeiten,

schwere Jahre d.; er hat im Leben allerhand durchgemacht, d. müssen. **2.** ⟨etw. d.⟩ *durchlaufen, absolvieren:* eine Lehre, eine gründliche Ausbildung, die Schule bis zu Ende d.; ÜBERTR.: eine Wandlung, bestimmte Entwicklung d. **3.** (ugs.) *über den üblichen Zeitpunkt hinaus tätig sein:* das Wochenende d. *(durcharbeiten):* wir haben die ganze Nacht durchgemacht *(durchgefeiert).*
Durchmesser, der: der D. eines Kreises, einer Kugel; der D. beträgt 50 cm; der Baumstamm hat einen D. von zwei Metern; den D. messen, berechnen; etw. misst drei Meter im D.
durchnehmen ⟨etw. d.⟩: einen Lehrstoff, einen Abschnitt gründlich, zum zweiten Mal[e] d.; die Lehrerin hat heute im Unterricht, mit den Schülern die unregelmäßigen Verben durchgenommen; wir haben diese Lektion noch nicht durchgenommen.
durchqueren ⟨etw. d.⟩: den Wald [auf dem kürzesten Wege], den Fluss, einen Erdteil d.; das Schiff hat den Ärmelkanal in einer halben Stunde durchquert.
durchreißen: 1. a) ⟨etw. d.⟩ *in zwei Teile reißen:* den Faden, das Papier d.; er hat das Heft in der Mitte durchgerissen; **b)** *reißen:* das Seil, der Schnürsenkel, der Film, das Tonband riss durch, ist durchgerissen. **2.** (Milit.) ⟨[etw.] d.⟩ *(eine Schusswaffe) vorzeitig abdrücken:* er hat [das Gewehr] durchgerissen.
durchringen ⟨sich zu etw. d.⟩: sich zu einem Entschluss, zu einer Entscheidung d.; sich zu der Überzeugung d., dass ...; sie hat sich schließlich doch dazu durchgerungen, an der Aktion teilzunehmen.
durchs: *durch das:* d. Haus rennen; /nicht auflösbar in festen Fügungen/: für jmdn. durchs Feuer gehen.
Durchsage, die: eine dringende telefonische D.; eine D. der Polizei; diese D. erfolgt ohne Gewähr; die D. bringen; Ende der D.
durchsagen ⟨etw. d.⟩: **1.** *über Lautsprecher, Rundfunk, Telefon mitteilen:* den Wetterbericht, die Sportergebnisse d. **2.** *eine Mitteilung von Person zu Person weitergeben:* das Stichwort, eine Parole d.
¹durchschauen ⟨jmdn., etw. d.⟩: *in seinen Zielsetzungen, Zusammenhängen erkennen:* jmds. Plan, jmds. Absicht, jmds. Spiel, jmds. Motive d.; sie hat die Hintergründe, die Intrige schnell durchschaut; jmdn. [nicht] leicht d. [können] *(seine Beweggründe erkennen);* du bist durchschaut *(deine Absichten sind erkannt).*
²durchschauen (bes. südd., österr., schweiz.) ⟨[durch etw.] d.⟩: *durchsehen:* lass mich auch einmal [durch das Fernglas] d.!
¹durchschlagen /vgl. durchschlagend/: **1.** a) ⟨etw. [mit etw.] d.⟩ *mit einem Schlag durchtrennen:* er hat das Brett mit einem Hieb durchgeschlagen; **b)** ⟨etw. [mit etw.] d.⟩ *hindurchschlagen:* einen

Nagel mit dem Hammer d.; hier muss ein Bolzen durchgeschlagen werden; **c)** ⟨etw. d.⟩ *durchbrechen:* wir haben die Wand durchgeschlagen, um eine Tür einzusetzen; **d)** ⟨etw. d.⟩ *durch ein Sieb streichen:* die gekochten Äpfel, Kartoffeln d.
2. a) ⟨sich [irgendwie] d.⟩ *mühsam seine Existenz behaupten:* sich allein, kümmerlich, mühsam, mehr schlecht als recht d.; irgendwie werden wir uns schon durchschlagen; **b)** ⟨sich [irgendwo(hin)] d.⟩ *unter Überwindung von Hindernissen o. Ä. ein Ziel erreichen:* sich zwischen den Fronten, durch das Kampfgebiet durchschlagen; wir haben uns bis zur Grenze durchgeschlagen.
3. ⟨[durch etw.] d.⟩ **a)** *durch etw. dringen:* Wasser, Feuchtigkeit schlägt durch die Wände durch; die Tinte ist durch das Papier durchgeschlagen; **b)** ⟨[bei jmdm.] d⟩ *abführend wirken:* dieses Obst, Mittel schlägt bei ihm sofort durch; **c)** ⟨bei jmdm. d⟩ *sichtbar werden, zutage treten:* bei ihr schlägt das Temperament ihres Vaters durch; **d)** ⟨auf jmdn., etw. d.⟩ *sich auswirken:* die Verteuerung der Rohstoffe ist voll auf die Preise durchgeschlagen.
²durchschlagen: *durch etw. dringen:* mehrere Geschosse durchschlugen die Wand, haben die Wand durchschlagen; ⟨jmdm. etw. d.⟩ der Schuss durchschlug ihm die Schulter.
durchschlagend: durchschlagende Beweise; der Erfolg war d.
¹durchschneiden ⟨etw. d.⟩: *in zwei Teile schneiden:* ein Brot in der Mitte d.; er hat das Blech glatt durchgeschnitten; mit durchgeschnittener Kehle.
²durchschneiden ⟨etw. [mit etw.] d.⟩: **1.** *schneidend durchtrennen:* er durchschnitt das Band; mit durchschnittener Kehle.
2. (geh.) ⟨etw. d.⟩ *teilend durchdringen:* das Schiff durchschneidet die hohen Wellen; ein von vielen Tälern durchschnittenes Gebirge.
Durchschnitt, der: 1. *Mittelwert in Bezug auf Qualität, Quantität:* ein guter D.; der D. der Bevölkerung; der D. liegt bei 10 Prozent; 70 Prozent Wahlbeteiligung ist der D.; der D. (Math.; *Durchschnittswert*) von 5 und 7 ist 6; etw. ist bestenfalls D., liegt über/unter dem D.; den D. ermitteln; nehmen wir den D., so ergibt sich ...; der Schüler gehört zum D., liegt unter/über dem D.; er ruft im D. *(gewöhnlich)* zweimal in der Woche an; dafür benötigen wir im D. fünf bis sechs Wochen.
2. (fachspr.) *Querschnitt:* einen D. der Brücke, von dem Gebäude zeichnen, anfertigen.
durchschnittlich: 1. *dem Durchschnitt entsprechend:* das durchschnittliche Einkommen, Alter; die durchschnittliche Lebenserwartung; die durchschnittliche Leistung liegt bei 100 Stück pro Tag; sie ruft d. dreimal in der Woche an; die Spieler sind d. nicht älter als 25 Jahre.
2. *mittelmäßig:* ein durchschnittliches Ergebnis; ein Mensch von durchschnittlicher Intelligenz; seine Leistung ist nur d.; sie ist d. begabt.

durchsehen: 1. ⟨[durch etw.] d.⟩ *hindurchschauen:* lass mich einmal durch das Fernglas d.!
2. ⟨etw. d.⟩ **a)** *prüfend lesen:* Akten, Rechnungen, Warenbestände, einen Brief, einen Text, die Post d.; die Lehrerin hat die Arbeiten noch nicht durchgesehen; **b)** *flüchtig einsehen:* alte Zeitungen, Kataloge d.
3. (ugs.) *klar sehen, überblicken:* in einer Sache noch nicht ganz d.; ich werde schon noch d.
¹durchsetzen: a) ⟨jmdn., etw. d.⟩ *zum Erfolg verhelfen, bringen:* den eigenen Kandidaten, Pläne, eine Reform d.; seinen Willen [gegen die anderen] d.; er hat seine Forderungen, seine Ansprüche durchgesetzt; **b)** ⟨sich d.⟩ *sich Geltung verschaffen:* er hat sich mit seiner Meinung nicht d. können; das Produkt konnte sich auf dem Markt nicht d.; diese Idee, Einsicht, Erkenntnis hat sich jetzt überall durchgesetzt.
²durchsetzen ⟨etw. d.; meist im 2. Part. in Verbindung mit *sein*⟩ *in etw. hineinbringen, verteilen:* die Nahrung mit Konservierungsstoffen d.; die Luft war mit Staubpartikeln durchsetzt; die Betriebe waren mit/von Spitzeln durchsetzt; das Gestein ist mit Erz durchsetzt.
Durchsicht, die: eine genaue D. der Akten; bei/nach D. unserer Bücher stellten wir fest, dass ...; jmdm. etw. zur D. vorlegen.
durchsichtig: a) *transparent:* ein durchsichtiges Gewebe; ihre Bluse ist d.; ÜBERTR.: sie hat eine durchsichtige *(sehr helle, blasse)* Haut; etw. d., durchsichtige *(verständlicher)* machen; **b)** *leicht durchschaubar:* ein durchsichtiger Plan; deine Absichten sind zu d.; (Sport:) das Spiel der Mannschaft war viel zu d. [angelegt].
durchsickern: a) ⟨[durch etw.] d.⟩: *durch etw. sickern:* der Regen sickert an mehreren Stellen durch die Zimmerdecke durch; Blut sickerte durch den Verband durch; ÜBERTR.: Agenten sind durch die Front durchgesickert; **b)** *allmählich bekannt werden:* Einzelheiten des Planes sind [aus dem Regierungslager, an die Öffentlichkeit] durchgesickert.
¹durchstoßen: 1. ⟨etw. [durch etw.] d.⟩ *durch etw. stoßen:* er hat die Eisenstange durch die Eisdecke durchgestoßen.
2. ⟨etw. d.⟩ *durchwetzen:* der Saum, der Kragen ist durchgestoßen; er hat die Hose an den Knien durchgestoßen.
3. (bes. Milit.) *vorstoßen:* der Gegner ist an verschiedenen Frontabschnitten, bis zur Stadtgrenze durchgestoßen.
²durchstoßen ⟨etw. d.⟩ *durchbrechen, mit Wucht überwinden:* bei dem Unfall durchstieß sein Kopf die Windschutzscheibe; das Flugzeug hat die Wolkendecke durchstoßen; Panzer haben die Front durchstoßen.
¹durchsuchen ⟨[etw.] d.⟩: wir haben alles, überall durchgesucht: Das Foto, der Schlüssel, die Brille bleibt verschwunden!
²durchsuchen, ⟨jmdn., etw. d.⟩: *gründlich untersu-*

chen, um jmdn., etw. zu finden: eine Wohnung, ein Auto, Gepäck, die Reisenden [nach/auf Waffen] d.; die Polizei hat die Disko nach Drogen durchsucht; ein Gebiet systematisch nach Bodenschätzen d.; wir haben alles ohne Erfolg durchsucht.

durchtrieben: ein durchtriebener Bursche; ein durchtriebenes Lächeln, Wesen; ein durchtriebener Blick.

durchwärmen, (selten:) **durchwärmen** ⟨jmdn., etw. d.⟩: der Tee hat uns richtig durchgewärmt/(selten:) durchwärmt; ein gut durchgewärmtes/(selten:) durchwärmtes Zimmer.

¹durchwühlen ⟨etw. d.⟩: **a)** völlig in Unordnung bringen: er durchwühlte hastig den Schrank; die Diebe haben alle Schubladen nach Geld und Schmuck durchwühlt; **b)** aufwühlen: Panzer durchwühlten das Gelände; **c)** (ugs.) eifrig durcharbeiten: er hat die Akten, das Archiv, die Fachliteratur durchwühlt.

²durchwühlen: 1. ⟨etw. d.⟩ völlig in Unordnung bringen: er hat die Schublade, seinen Rucksack durchgewühlt. **2.** ⟨sich [durch etw.] d.⟩ sich wühlend hindurcharbeiten: der Goldhamster hat sich durch das Sägemehl durchgewühlt; ÜBERTR.: ich habe mich endlich durch den Berg von Akten durchgewühlt.

¹durchziehen: 1. ⟨etw. [durch etw.] d.⟩ hindurchziehen: einen Faden d.; wir haben das Kabel durch die Röhre durchgezogen. **2.** ⟨etw. d.⟩ bis zum Anschlag betätigen: das Sägeblatt d.; er hat das Ruder gleichmäßig durchgezogen. **3.** (ugs.) ⟨etw. d.⟩ zügig ausführen, erledigen, abwickeln: den Etat, das Gesetz, ein Reformprogramm, ein Vorhaben, ein Projekt [innerhalb von drei Tagen] d.; sie hat ihr Studium in sehr kurzer Zeit durchgezogen; etw. kompromisslos d. **4.** durch ein Gebiet ziehen: tagelang sind hier Flüchtlinge, Truppen durchgezogen; ein Gewitter zieht durch. **5.** durch und durch würzig werden: der Salat muss noch d.; der eingelegte Sauerbraten ist schon gut durchgezogen.

²durchziehen: 1. ⟨etw. d.⟩ durchqueren: meuternde Soldaten haben die Gegend durchzogen; Karawanen durchziehen die Sahara. **2.** ⟨jmdn. d.⟩ durchdringen: ein plötzlicher Schmerz durchzog sie; ÜBERTR.: eine Welle von Dankbarkeit durchzog ihn. **3.** ⟨etw. d.; häufig im 2. Part. in Verbindung mit sein⟩ durch etw. verlaufen: viele Flüsse durchziehen das Land; der Stoff ist von/mit Metallfäden durchzogen; von blauen Adern durchzogener Marmor. **4.** ⟨etw. d.⟩ in etw. durchgängig enthalten sein: dieses Motiv durchzieht das Alterswerk des Dichters; diese Frage durchzieht das ganze Buch.

durchzucken ⟨etw. d.⟩: über etw. zucken: Blitze durchzuckten den Himmel; ÜBERTR.: ein retten-

der Gedanke durchzuckte (durchfuhr) mich; ihn durchzuckte die Erkenntnis, dass sie in großer Gefahr waren.

Durchzug, der: **1.** starker Luftzug: hier herrscht D.; zum Lüften D. machen (durch Öffnen von Fenstern und Türen einen Luftzug erzeugen); sich im D. erkälten; mitten im D. stehen. **2.** das Durchziehen: den D. der Vogelschwärme, der Truppen beobachten; ⟨mit D.⟩ es ist mit dem D. einer Gewitterfront zu rechnen; der D. eines Tiefs bringt vorübergehend schlechtes Wetter; ★ auf Durchzug schalten (ugs.; jmdm. nicht zuhören): wenn er anfängt zu reden, schalten alle auf D.

dürfen I. ⟨Modalverb; mit Infinitiv⟩ **1.** Erlaubnis haben, etw. zu tun: niemand darf den Raum verlassen; ich habe nicht fahren dürfen (nicht korrekt: gedurft); darf ich eintreten?; dürfen wir Sie kurz stören?; darf ich bitten?; wie viel hat das gekostet, wenn ich fragen darf?; man wird doch noch fragen dürfen; hier darf nicht geraucht werden; (iron.:) darf man einmal fragen, wie lange das noch dauert? **2. a)** ⟨verneint⟩ (moralisch) nicht berechtigt sein, etwas Bestimmtes zu tun: ich darf keinen vorziehen; du darfst jetzt nicht aufgeben; so etwas darfst du nicht sagen; das hättest du nicht tun dürfen; diese Katastrophe darf sich niemals wiederholen; das durfte [jetzt] nicht kommen/hätte nicht kommen d. (ugs.; das hättest du, hätte er/sie usw. nicht sagen sollen); Ⓡ das darf doch nicht wahr sein! (ugs.; das ist doch nicht zu fassen!); **b)** Veranlassung haben, etw. zu tun; können: man darf wohl hoffen, dass ...; Sie dürfen sich nicht wundern, wenn ...; das dürfen Sie mir ruhig glauben; darf ich mich auf Sie berufen, verlassen?; darauf dürfen Sie stolz sein. **3.** ⟨nur im 2. Konjunktiv in Verbindung mit einem Infinitiv⟩ es ist wahrscheinlich, dass ...: heute Abend dürfte es ein Gewitter geben; es dürfte nicht schwer sein, das zu beweisen; heute dürften wir gewinnen; sie dürfte vorläufig genug haben. II. ⟨Vollverb; etw. d.⟩ die Erlaubnis haben zu tun: das darf ich nicht, habe ich nie gedurft; ⟨auch ohne Akk.⟩ er wollte gerne mitgehen, aber er hat nicht [aus dem Haus] gedurft.

dürftig: a) ärmlich: seine Unterkunft ist d.; in dürftigen Verhältnissen leben; d. leben, gekleidet sein; **b)** unzureichend: eine dürftige Beleuchtung; ein dürftiges Ergebnis; die Leistung, Qualität ist d.; seine Kenntnisse waren d.; das Haus ist d. verputzt.

dürr: 1. verdorrt: dürres Gras, Laub; ein dürrer Ast; auf diesem dürren (ausgetrockneten) Boden wächst nichts; ÜBERTR.: es wären dürre (geistig unfruchtbare) Jahre; etw. in/mit dürren (knappen, nüchternen) Worten sagen.

2. *mager:* ein dürrer Mensch; ein dürrer Körper, Hals; er ist furchtbar d. [geworden].

Dürre, die: es herrscht eine große D.; eine D. *(Trockenperiode)* brach über das Land herein; dem Land droht eine D.; ÜBERTR.: eine geistige D. *(Unfruchtbarkeit).*

Durst, der: großer, übermäßiger, brennender, quälender D.; D. haben, bekommen, verspüren, fühlen; diese Arbeit macht D.; D. auf ein Bier, nach einem Bier haben; seinen D. mit etw. löschen, stillen; unter großem D. leiden; vor D. fast vergehen, (ugs.:) umkommen; ihm klebte vor D. die Zunge am Gaumen; ÜBERTR.: brennenden D. (geh.; *heftiges Verlangen)* nach Wahrheit, nach Wissen, nach Ruhm haben; * **eins/einen über den Durst trinken** (ugs. scherzh.; *zu viel von einem alkoholischen Getränk trinken).*

durstig: durstige Wanderer; durstige Tiere tränken; eine durstige Kehle haben (ugs. scherzh.; *gern Alkohol trinken);* sehr d. sein; ÜBERTR.: die durstige (geh.; *ausgetrocknete)* Erde verlangt nach Regen; er ist d. (geh.; *verlangt heftig)* nach Wissen, Wahrheit.

Dusche, die: **a)** Zimmer mit D.; unter die D. gehen; sich unter die D. stellen; unter der D. stehen; **b)** *das Duschen:* eine warme, kalte D.; die morgendliche, tägliche D.; eine D. nehmen *(sich duschen);* * **[für jmdn.] eine kalte Dusche sein; [auf jmdn.] wie eine kalte Dusche wirken** (ugs.; *[für jmdn.] eine Ernüchterung sein).*

duschen (jmdn., sich, etw. d.): sich, die Kinder, seinen Oberkörper warm und kalt d.; ⟨auch ohne Akk.⟩ nach der Arbeit hatte sie das Bedürfnis zu d.

Dusel, der: **1.** (ugs.) *unverdientes Glück:* so ein D.!; in/bei etw. großen, mächtigen D. haben. **2.** (landsch.) *Benommenheit:* im D./in seinem D. griff er daneben; oft im D. *(betrunken)* sein.

düster: a) *dunkel und unfreundlich:* eine düstere Wohnung; ein düsteres Haus; eine düstere Gegend; düstere Farben; die Wohnung ist d.; im Walde wurde es d.; ÜBERTR.: ein düsteres *(negatives)* Bild von etw. zeichnen; eine düstere *(dunkle)* Ahnung von etw. haben; eine düstere *(undurchsichtige)* Angelegenheit; **b)** *gedrückt, freudlos:* ein düsterer Mensch; ein düsteres Wesen haben; es herrschte düstere Stimmung; sein Gesicht, seine Miene wurde plötzlich d.; d. dreinschauen.

Dutzend, das: **a)** *Einheit von 12 Stück:* ein ganzes, halbes, knappes, gutes D.; ein ganzes, halbes, knappes, gutes D.; Handtücher, Servietten; viele D. Mal[e] *(sehr oft);* zwei D. frische Eier; ein D. Eier kostet/(auch:) kosten drei Mark; die Eier kosten drei Mark das D.; etw. im D. kaufen; etw. ist im D. billiger; ℝ davon gehen zwölf aufs/auf ein D. (ugs.; *das ist nichts Besonderes);* **b)** ⟨Plural⟩ *eine große Anzahl:* Dutzende [von] Fähnchen wurden geschwenkt; täglich erhielt er Dutzende von Briefen; der Protest Dutzender von Anwohnern; in/zu Dutzenden kamen die Käufer.

duzen: a) ⟨jmdn. d.⟩ *zu jmdm. Du sagen:* er hat mich, ihn geduzt; **b)** ⟨sich mit jmdm. d.⟩ *sich gegenseitig mit Du anreden:* sie duzt sich mit ihm; ⟨auch ohne Präpositionalobjekt⟩ die beiden duzen sich seit einiger Zeit.

dynamisch: eine dynamische Entwicklung der Wirtschaft; eine dynamische Politik; ein dynamischer *(energischer, tatkräftiger)* Mitarbeiter, Typ; eine dynamische Persönlichkeit; (Physik:) dynamische Gesetze; dynamische *(der Entwicklung des Sozialprodukts angepasste)* Rente.

E

Ebbe, die: es ist E.; wann tritt die E. ein?; E. und Flut *(die Gezeiten);* bei E. kann man hier weit draußen; die Schiffe laufen mit der E. aus; ÜBERTR.: in meinem Geldbeutel ist, herrscht [wieder mal] E. (ugs.; *er ist leer).*

¹eben ⟨Adj.⟩: **a)** *flach, ohne Erhebungen:* ebenes Land; eine ebene Fläche; das Gelände ist e.; sie wohnen zu ebener Erde *(im Erdgeschoss);* **b)** *glatt, ohne Hindernisse:* ein ebener Weg, Platz; die Bahn ist e.; den Boden e. machen *(glätten).*

²eben: I. ⟨Adverb⟩ **1. a)** (bes. südd.) *soeben, gerade jetzt:* e. tritt sie ein; **b)** *gerade vorhin:* er war e. noch hier; was hast du e. gesagt?; **c)** (bes. nordd.) *für kurze Zeit, schnell:* kommst du e. [einmal] mit? **2.** *gerade noch:* mit drei Mark komme ich [so] e. aus. **3.** /bestätigt – oft allein stehend oder am Satzanfang –, dass der Sprecher der gleichen Ansicht ist wie sein Vorredner/: »Wir haben nicht mehr viel Zeit.« – »E. [, e.]!« **II.** ⟨Partikel⟩ /unbetont/ **a)** /verstärkt eine [resignierte] Feststellung/ *nun einmal, einfach:* das ist e. so; ich weiß es e. nicht; du hättest ihm e. Geld geben sollen; er ist e. nicht zu gebrauchen; **b)** /verstärkt bzw. bestätigt eine Aussage/ *gerade, genau:* das wollte ich sagen; das ist es e.

ebenbürtig: a) *gleichwertig:* ein ebenbürtiger Gegner, Konkurrent; eine ebenbürtige Leistung; die beiden waren sich/(geh.:) einander e.; sie war im Geist, in allen Dingen e.; **b)** (früher) *von gleicher vornehmer Abkunft:* ebenbürtige Familien; die zweite Frau des Grafen war nicht e.

Ebene, die: **1.** *flaches Land:* eine fruchtbare, weite E.; der Fluss windet sich durch die E.; der Ort liegt in einer E. **2.** (Geom.; Physik) *unbegrenzte, nicht gekrümmte*

E

Fläche: drei Punkte in einer E.; eine schiefe *(geneigte)* E.

3. (Bauw.) *Gebäudefläche auf einem Niveau:* Küche und Wohnräume befinden sich, liegen auf einer E.; das Gebäude hat mehrere Ebenen.

4. *Stufe, Niveau:* ein Gespräch auf wissenschaftlicher E. führen; etw. liegt, bewegt sich auf einer anderen E.; Verhandlungen auf höherer, höchster, nationaler, europäischer, kommunaler E. *(im Kreis der höheren, höchsten usw. Vertreter);* ∗ auf die schiefe **Ebene** geraten/kommen *(auf Abwege geraten; herunterkommen).*

ebenfalls: er war e. anwesend; e. möchte ich sagen, dass ...; sein Bruder, e. Mitglied der Partei, ...; danke, e.! *(ich wünsche Ihnen das Gleiche).*

Echo, das: ein einfaches, mehrfaches E.; von der Felswand kam ein E. zurück, hallte ein E. wider; das E. antwortete uns; ein [Film]atelier mit, ohne E.; ÜBERTR.: er ist nur das E. seines Freundes *(er hat keine eigene Meinung);* das E. *(die Reaktion)* des Auslandes/aus dem Ausland/aus der Bevölkerung war gering, schwach; ihre Worte fanden bei den Zuhörern ein lebhaftes, starkes, großes E. *(großen usw. Anklang).*

echt: I. ⟨Adj.⟩ **1.** *nicht nachgemacht, nicht imitiert:* echtes Leder; ein echter Pelz; echte Perlen; ein echter *(handgeknüpfter)* Orientteppich; ein echter Dürer *(von Dürer selbst gemaltes Bild);* eine echte *(reinrassige)* Dogge; der Ring ist e. *(rein)* golden, e. Gold; der Schmuck ist e. *(aus Edelmetall, mit [Halb]edelsteinen hergestellt);* der Geldschein ist e.

2. *wahr, wirklich:* echte Freundschaft, Liebe, Freude, Leidenschaft; ihr Schmerz war e.; er ist nicht e. *(nicht aufrichtig);* ein echtes Anliegen, Problem, Bedürfnis; eine echte Lücke.

3. *typisch:* ein echter Berliner; das ist e. englisch, echt Hitchcock; (ugs.:) das war wieder einmal e.!

4. (Math.) *wirklich, eigentlich:* ein echter Bruch.

5. (Chemie) *beständig:* echte Farben; das Blau ist e.

II. (ugs.) ⟨Adverb⟩ *wirklich, tatsächlich:* also e.!; das ist e. gut; das kannst du e. vergessen!; das hat e. Spaß gemacht.

Ecke, die: **1.** *Stelle, wo zwei Seiten eines Raumes bzw. einer Fläche zusammenstoßen:* die vier Ecken des Zimmers; eine gemütliche, behagliche E. einrichten; etw. in die E. *(beiseite)* stellen; etw. in allen Ecken und Winkeln suchen; das gesuchte Buch stand in der hintersten E.; das Kind muss [zur Strafe] in die E. stehen; etw. in die linke obere E. [einer Postkarte] schreiben; sie hat ihre Arbeit in die E. geworfen (ugs.; *unwillig beiseite gelegt);* in einer E. des Gartens hat sie Kräuter gezogen; der Hund hat sich in eine E. verkrochen; den Ball in die kurze obere E. (Sport; *Torecke)* schießen.

2. *Spitze, hervorstehende Kante:* eine scharfe, stumpfe E.; die vier Ecken des Tisches, des Tischtuchs; die Ecken des Buches sind geknickt, abge-

stoßen, eingerissen; sich an einer E. stoßen; ein Kragen mit abgerundeten Ecken; ÜBERTR.: er ist ein Mensch ohne Ecken und Kanten *(ist nicht schwierig, nicht eigenwillig).*

3. a) *Stelle, an der zwei Straßen zusammenstoßen:* eine zugige E.; er wohnt E. Meyer- und Müllerstraße; hier ist eine unübersichtliche, gefährliche E.; die Kneipe an der E.; an der E. stehen; um die E. fahren, biegen, (ugs.:) gucken; ich wohne gleich um die E. (ugs.; *ganz in der Nähe);* Ⓡ das ist schon längst um die E. (ugs.; *das ist vorbei);* **b)** (ugs.) *Gegend:* in dieser E. Deutschlands; in einer idyllischen E.; in welcher E. [von Mannheim] wohnst du?; ÜBERTR.: aus welcher E. *(aus welchen Kreisen)* kommen die Angriffe, die Verleumdungen?

4. (ugs.) *spitz zulaufendes Stück:* eine E. Käse, Kuchen.

5. (ugs.) *Strecke:* bis dahin ist es noch eine ganze E. *(noch ziemlich weit);* ÜBERTR.: er ist eine ganze E. (ugs.; *um ein Beträchtliches)* besser, tüchtiger, jünger als die anderen.

6. (Sport) *Eckball:* die E. treten; eine E. verwandeln *(zu einem Tor nutzen);* die E. kurz spielen *(nicht direkt vors Tor treten);* den Ball zur E. *(über die Torauslinie)* schlagen.

∗ an allen Ecken [und Enden/Kanten] (ugs.; *überall):* es fehlt, hapert an allen Ecken und Enden · jmdn. um die Ecke bringen (ugs.; *jmdn. ermorden)* · mit jmdm. um ein paar/um sieben Ecken verwandt sein (ugs.; *mit jmdm. weitläufig verwandt sein).*

edel: I. **a)** *hochwertig, erlesen:* edles Material; edles Holz; edles Instrument; edle Weine; ein edler Tropfen; **b)** *reinrassig, hochgezüchtet:* ein edles Pferd, Tier; edle Rosen.

2. (geh.) *von vornehmer Gesinnung:* ein edle Gesinnung, Tat; ein edler Wettstreit; ein edler Spender; e. denken, handeln.

3. *schön geformt, harmonisch:* edler Wuchs; eine edle Gestalt; eine e. geformte Nase.

Effeff: ⟨in der Wendung⟩ etw. aus dem Effeff beherrschen, verstehen, können (ugs.; *etw. sehr gut können, verstehen).*

Effekt, der: **1.** *Wirkung:* der E. seiner Bemühungen war gleich null, war verblüffend; der Effekt des Bildes liegt allein in der Farbe; mit etw. einen [großen, unbeabsichtigten] E. erzielen, haben; mit etw. [keinen großen] E. machen; etw. ist auf E. berechnet; er ist immer auf E. aus; das ist im E. *(Endergebnis)* das Gleiche.

2. *etw., was Wirkung erreichen soll:* ein optischer, akustischer E.; er arbeitet mit billigen Effekten.

effektiv: a) *wirksam; nutzbringend:* ein effektiver Schutz; eine effektive Zusammenarbeit; eine sehr effektives Unternehmen; e. arbeiten; vorhandene Kapazitäten effektiver einsetzen; **b)** *tatsächlich:* der effektive Gewinn; die effektive Leistung; effektive Zinsen; eine effektive Steigerung des Sozialprodukts; feststellen, was e. geleistet wurde; c) (meist ugs.) ⟨verstärkend⟩ *wirklich; si-cher:* ich habe e. keine Zeit, keine Lust dazu; ich weiß e., dass ...

egal: 1. *gleich[artig]:* die beiden Teile sind nicht ganz e.; Bretter e. schneiden. **2.** (ugs.) *einerlei, gleichgültig:* das ist völlig e.; sie soll das erledigen, e. wie [sie das macht]; mir ist alles e.; die kann dir doch e. sein.

egoistisch: ein egoistischer Mensch; sie verfolgt nur egoistische Zwecke, Ziele; sein Verhalten war sehr e.; e. denken, handeln.

eh: ⟨in den Verbindungen⟩ **seit eh und je** *(solange man denken, sich erinnern kann)* · **wie eh und je** *(wie schon immer).*

ehe: es vergingen drei Stunden, e. wir landen konnten; e. wir das wagen können, muss sich noch vieles verändert haben; wir kamen noch nach Hause, e. das Unwetter losbrach; /mit konditionaler Nebenbedeutung nur verneint bei gleichfalls verneintem, nachgestelltem Hauptsatz/ e. ihr nicht *(wenn ihr nicht)* still seid, kann ich euch das Märchen nicht vorlesen.

Ehe, die: eine harmonische, glückliche, zerrüttete E.; die bürgerliche E.; ihre E. war, blieb kinderlos, ist gescheitert; nach kurzer Zeit wurde die E. wieder aufgelöst, geschieden; (geh.:) einer Frau die E. versprechen; eine E. stiften; die E. mit jmdm. eingehen, schließen; die E. brechen; der Pfarrer hat die E. eingesegnet; sie führen keine gute E.; einen Sohn aus erster E. haben; er ist aus der E. ausgebrochen; sie hat etwas Vermögen, zwei Kinder in die E. mitgebracht, war in zweiter E. mit einem Kaufmann verheiratet; Ⓡ Ehen werden im Himmel geschlossen und auf Erden geschieden;
★ **Ehe zur linken Hand/morganatische Ehe** *(nicht standesgemäße Ehe von Angehörigen des Hochadels)* · **Ehe ohne Trauschein,** (veraltend:) **wilde Ehe** *(Zusammenleben von Mann u. Frau ohne standesamtliche Trauung).*

ehemalig: ein ehemaliger Offizier; meine ehemalige Wohnung; SUBST.: ihr Ehemaliger, seine Ehemalige (ugs.; *früherer Partner, frühere Partnerin*); ein Treffen der Ehemaligen *(früheren Schüler einer bestimmten Schule).*

eher: a) *früher:* je e., desto besser; je e., je lieber; ich konnte nicht e. kommen; b) *lieber, leichter:* sie wird es umso e. tun, als es ja ihr Vorteil ist; e. *(wahrscheinlicher)* stürzt der Himmel ein, als dass er nachgibt; das ist schon e. möglich; so geht es am ehesten *(leichtesten)*; c) *mehr:* ein e. bescheidener Bungalow; Kontakte sind e. selten; er ist e. klein als groß; das ist e. eine Frage des Geschmacks; er ist alles e. als dumm, als ein Dummkopf *(er ist absolut nicht dumm);* die Farbe des Kleides ist e. grün als blau.

ehestens: er kann e. morgen früh hier sein.

ehrbar: ehrbare Leute; ein ehrbarer Bürger, Kaufmann; einen ehrbaren Beruf ausüben; e. handeln.

Ehre, die: **1.** a) *Ansehen durch andere Menschen:*

die E. einer Familie, eines Standes; seine E. wahren, verteidigen, preisgeben, verlieren; jmds. E. verletzen, kränken; diese Tat macht, bringt ihr [alle, wenig] E.; er macht seinen Eltern, seiner Vaterstadt E. *(fördert das Ansehen seiner Eltern, seiner Vaterstadt);* sein Wort in Ehren, aber ...; jmdn. um seine E. bringen; etw. nur um der E. willen *(nicht des Vorteils wegen)* tun; zu [hohen] Ehren gelangen; etw. wieder zu Ehren bringen, kommen lassen; zu seiner E. *(um ihm gerecht zu werden)* muss ich sagen, dass ...; /in Beteuerungsformeln/: auf E.!; bei meiner E.!; Ⓡ E. verloren, alles verloren; b) *Zeichen der Wertschätzung; Ehrung:* jmdm. militärische Ehren erweisen; jmdm. mit Ehren überschütten, mit militärischen Ehren bestatten; etw. zur E. Gottes tun; /in Höflichkeitsformeln/: es war mir eine [große] E.!; ich hatte schon die E., Sie kennen zu lernen; mit wem habe ich die E.? *(wie ist Ihr Name?);* (auch iron.:) was verschafft mir die E. [Ihres Besuches]?; Herr Hans und Frau Eva Müller geben sich die E. *(beehren sich),* die Verlobung ihrer Tochter ... anzuzeigen; Ⓡ E., wem E. gebührt. **2.** *innere Würde, Selbstachtung:* meine E. verbietet mir, ihn zu hintergehen; (geh.:) er setzt seine E. darein, ihr Vertrauen nicht zu enttäuschen; das bin ich meiner [persönlichen] E. schuldig; jmdn. bei seiner E. packen; er ist ein Mann von E.; ich habe die Ehre! (südd., österr.; Grußformel); ★ jmdm., etw. zu viel Ehre antun *(jmdn., etw. in einem bestimmten Zusammenhang überbewerten)* · mit jmdm., etw. [keine] Ehre einlegen *([keine] Anerkennung gewinnen)* · jmdm. die letzte Ehre erweisen (geh.; *zu jmds. Beerdigung gehen)* · keine Ehre im Leib haben *(kein Ehrgefühl besitzen)* · aller Ehren wert sein (geh.; *Anerkennung verdienen)* · etw. auf Ehre und Gewissen versichern *(nachdrücklich versichern)* · jmdn. bei seiner Ehre packen *(an jmds. Ehrgefühl appellieren)* · etw. in [allen] Ehren sagen, tun *(ohne hässliche Nebengedanken sagen, tun)* · etw. in Ehren halten *(etw. achten und bewahren):* wir werden sein Andenken, das Andenken unseres verstorbenen Kollegen in Ehren halten · wieder zu Ehren kommen (oft scherzh.; *wieder geachtet, benutzt werden)* · mit Ehren *(ehrenvoll).*

ehren: a) ⟨jmdn., etw. e.⟩ *jmdn., etw. Ehre, Hochachtung erweisen:* man soll das Alter e.; der Sieger wurde mit einem Lorbeerkranz, durch einen Empfang geehrt; die Toten e.; jmds. Andenken e.; er wurde [von seiner Firma] geehrt; jmdm. ein ehrendes Andenken bewahren; /Briefanreden/: sehr geehrter Herr Müller!; sehr geehrte Frau Schmidt!; b) ⟨jmdn. e.⟩ *für jmdn. eine Ehre bedeuten:* sein Vertrauen ehrt mich; ich fühle mich durch dieses Angebot geehrt; deine Großmut ehrt dich *(macht dir Ehre).*

Ehrensache, die: das ist für mich [eine] E.; »Machst du mit?« – »Ehrensache!« (ugs.; *natürlich!*); etw. als E. ansehen.

Ehrenwort, das: sein E. geben, verpfänden, brechen; der Gefangene erhielt Urlaub auf E. *(Urlaub mit der ehrenwörtlichen Verpflichtung zurückzukehren);* »Kommst du auch wirklich?« – »[Großes] E.!« (ugs.; *ganz bestimmt!);* ich gebe dir/du hast mein E. [darauf], dass ich es tun werde; sich auf E. verpflichten, etwas Bestimmtes zu tun.

Ehrfurcht, die: die E. vor dem Leben, vor allem Lebendigen, vor dem Alter; die E. gebietet Schweigen; ein E. gebietendes Schauspiel; vor etw. keine E. haben; er trat ihr in tiefer E. entgegen; sie verneigten sich in E. vor den Toten; er betrachtete das Bild mit scheuer E.; (iron.:) sie erstarben vor E.

Ehrgefühl, das: sie hat ein ausgeprägtes, übersteigertes E.; das verletzt mein E.; etw. aus falschem E. [heraus] tun, unterlassen; sie hat keinen Funken E. [im Leibe].

Ehrgeiz, der: ein gesunder, übertriebener, krankhafter E.; ihm fehlt jeder E.; sie besaß politischen, künstlerischen E.; die Belohnung spornte seinen E. an; sie hatte den E., als Erste fertig zu werden; sie war von brennendem E. besessen; (geh.:) er setzte seinen E. darein, dass ...

ehrgeizig: ein ehrgeiziger Mensch, Politiker; ein ehrgeiziges *(von Ehrgeiz zeugendes)* Projekt; sie haben ehrgeizige Pläne *(haben sich viel vorgenommen);* er ist sehr e.; e. auf ein Ziel hinarbeiten.

ehrlich: I. ⟨Adj.⟩ 1. *zuverlässig (bes. in Geldsachen):* ein ehrlicher Angestellter; der ehrliche Finder *(jmd., der Gefundenes abliefert);* sie ist e.; wir haben e. geteilt; e. verdientes Geld; Ⓡe. währt am längsten.

2. *aufrichtig:* ein ehrlicher Charakter, Freund; wir sind in ehrlicher Sorge; sie treibt kein ehrliches Spiel; er hat ehrliche Absichten *(er will das Mädchen heiraten);* sei e.!; seien wir doch e.!; um ganz e. zu sein, ich weiß es nicht; er hat offen und e. gesagt, was er vorhat; e. gesagt, ich glaube nicht daran; sie meint es e. [mit dir]; sie bemüht sich e., alles gewissenhaft zu erledigen; sie war e. davon überzeugt; wir bedauern e., dass ...; ich muss e. sagen, er ist ...; ⟨e. [gegen jmdn./jmdm. gegenüber/zu jmdm.]⟩ er ist immer e. gegen sie, zu ihr gewesen.

II. ⟨Adverb⟩ (ugs.) *wirklich:* das ist e. gut; e. *(ganz bestimmt),* ich weiß es nicht!; ich weiß es nicht, e.!; also e./aber e./mal e. *(das müssen Sie/das musst du doch zugeben),* das ist doch Blödsinn!

Ehrung, die: 1. *das Ehren:* die E. der Sieger.

2. *Ehrenerweis:* dem Jubilar wurden zahlreiche Ehrungen zuteil; man erwies ihm eine hohe, verdiente E.; er wurde mit Ehrungen überhäuft.

ehrwürdig: eine ehrwürdige alte Dame; ein ehrwürdiger Greis; eine ehrwürdige Gedenkstätte; ein Dokument von ehrwürdigem Alter; e. aussehen.

Ei, das: 1. a) ein weißes, gesprenkeltes, angebrütetes Ei; die Eier der Schlangen, Frösche; die Henne legt ein Ei, brütet ihre Eier aus, sitzt auf den Ei-

ern; Ⓡ das Ei will klüger sein als die Henne (abwertend; *die Jungen wollen klüger sein als die Alten);* b) *Hühnerei als Nahrungsmittel:* ein frisches, rohes, weiches, hartes *(weich, hart gekochtes)* Ei; verlorene, pochierte, gefüllte Eier; russische Eier; ein Ei kochen, abschrecken, braten, (südd.:) backen, schälen, pellen; ein Ei trennen (Kochk.; *Eiweiß und Dotter voneinander trennen);* sich (Dat.) zwei Eier in die Pfanne schlagen; mit faulen Eiern werfen; Brühe mit Ei; zu Ostern werden Eier gefärbt; jmdn., etw. wie ein rohes Ei (ugs.; *sehr vorsichtig)* behandeln.

2. *menschliche od. tierische weibliche Keimzelle:* das reife Ei wird befruchtet, entwickelt sich zum Embryo;

* das Ei des Kolumbus *(überraschend einfache Lösung)* · ungelegte Eier (ugs.; *Dinge, die noch nicht spruchreif sind):* kümmere dich nicht um ungelegte Eier!; das sind doch ungelegte Eier · sich/(geh.:) einander gleichen wie ein Ei dem anderen *(sich sehr ähnlich sein)* · wie auf Eiern gehen (ugs.; *die Füße vorsichtig aufsetzend gehen)* · wie aus dem Ei gepellt/(selten:) geschält sein (ugs.; *sehr sorgfältig gekleidet sein).*

eichen ⟨etw. e.⟩: Maße, Gewichte e.; die Waage muss noch geeicht werden; ein geeichtes Gefäß; * auf etw. (Akk.) geeicht sein (ugs.; *etw. besonders gut können).*

Eid, der: einen E. [auf die Bibel, auf die Verfassung] schwören, ablegen, leisten; ich kann einen E. darauf schwören *(ich weiß es ganz genau);* sie wollte tausend Eide schwören, dass ... *(sie versicherte hoch und heilig, dass ...);* einen E. brechen, halten; einen falschen E. *(Meineid)* schwören; der Richter nahm ihm den E. ab *(ließ ihn schwören);* ich nehme es auf meinen E. *(ich kann es beschwören),* dass ...; durch einen E. gebunden sein; eine Aussage durch E. bekräftigen; unter E. stehen; jmdn. unter E. nehmen; etw. unter Eid aussagen, bezeugen; jmdn. von einem E. entbinden; jmdn. zum E. zulassen;

* an Eides statt (Rechtsspr.; *anstatt eines gerichtlichen Eides):* etw. an Eides statt erklären, versichern; eine Versicherung an Eides statt abgeben.

eidlich: eine eidliche Erklärung; ein eidliches Versprechen; ich habe mich e. dazu verpflichtet; eine Aussage [vor Gericht] e. erhärten, bekräftigen.

Eifer, der: ein (geh.:) glühender, blinder, missionarischer E.; sein E. erlahmte, ließ bald nach; voller E. an die Arbeit gehen; sie zeigte einen unermüdlichen E.; er stachelte ihren E. an; im E. geraten; jmdn. in E. bringen; er machte sich mit E. ans Werk; Ⓡ blinder E. schadet nur;

* im Eifer des Gefechts *(in der Eile):* etw. im E. des Gefechts übersehen.

Eifersucht, die: eine krankhafte E.; E. empfinden; jmds. E. erregen; aus E. handeln; die Tat geschah

aus E.; voll E. auf jmdn., etw. sein; von E. geplagt
sein.
eifersüchtig ⟨e. [auf/gegen jmdn., etw.]⟩: ein eifer-
süchtiger Liebhaber, Ehemann; eifersüchtige Blicke; sie war e. auf ihre Schwester, auf ihre Erfolge;
er machte sie e.; er wacht e. über seine Rechte;
jmdn., etw. e. beobachten.
eifrig: er ist ein eifriger Zeitungsleser; eine eifrige
Schülerin; sie ist immer sehr e.; e. lernen; e. um
etw. bemüht sein; er war e. dabei, sein Auto zu
waschen.
eigen: 1. a) *jmdm. selbst gehörend; einer Sache zu-*
gehörig: er hat ein eigenes Haus, ein eigenes Zimmer; er verfügt nicht über eigenes Geld; sie hat
im Fernsehen eine eigene Sendung *(eine Sen-*
dung, die sie selbst gestaltet); ein Verlag mit eigener Druckerei; das Auto drehte sich um die eigene Achse; das sind ihre eigenen Worte; sie
konnte ihn mit seinen eigenen Worten widerlegen; es war so laut, dass man sein eigenes Wort
nicht verstehen konnte; etw. auf eigene Kosten
machen; im eigenen Namen *(nicht stellvertre-*
tend) handeln; etw. aus eigener Kraft zustande
bringen; das geschah zu deinem eigenen Vorteil,
Nutzen, Schaden; in seinen eigenen vier Wänden; über die eigenen Füße stolpern; das habe ich
mit meinen eigenen Augen gesehen; ihr eigener
Bruder hat sie verraten; ein Kind als e., als eigenes annehmen; SUBST.: sie möchten gerne etwas Eigenes haben *(etwas, was ihnen gehört);*
b) *selbstständig, unabhängig, ganz persönlich:*
eine eigene Meinung, einen eigenen Willen haben; eigene Wege suchen; seinem eigenen Kopf
folgen; etw. aus eigenem Entschluss, Antrieb tun;
etw. nach eigenem Befinden, Ermessen, Gutdünken entscheiden; Zubehör nach eigener Wahl;
der Autor schreibt seinen eigenen Stil; **c)** *geson-*
dert: jede Wohnung hat ihren eigenen Eingang;
für die Buchhaltung ist eine eigene Abteilung
eingerichtet worden. **2.** (geh.) *für jmdn. typisch, bezeichnend sein:* großer Charme war ihr e.; ⟨auch attributiv⟩ eine ihm
eigene Bewegung, Haltung. **3.** *penibel, genau:* sie ist in solchen Dingen sehr
e.; mit seinen Büchern war er schon immer ziem-
lich e.;
★ **etw. sein Eigen nennen** (geh.; *etw. haben, besit-*
zen) · **etw. zu Eigen haben** (geh.; *etw. besitzen)* ·
jmdm. etw. zu Eigen geben (geh.; *schenken)* ·
sich (Dat.) **etw. zu Eigen machen** (sich etw. an-
eignen; etw. erlernen, übernehmen): er machte
sich diese Grundsätze zu Eigen.
eigenartig: ein eigenartiger Mensch; eine eigenartige Form, Farbe; ein eigenartiges Gefühl; eine
Stimme von eigenartigem Reiz; er sieht e. aus.
eigenhändig: ein Bild mit eigenhändiger Unterschrift; sie schrieb e. ihr Testament; der Brief ist
e. *(persönlich)* abzugeben; etw. e. *(selbst)* ausführen.

eigenmächtig: ein eigenmächtiges Vorgehen; eine
eigenmächtige Entscheidung; er handelte e.
eigens: a) *besonders; ausdrücklich:* ich habe es
ihm e. gesagt; das muss nicht e. erwähnt, begründet werden; **b)** *nur; speziell:* er war e. zur Premiere aus Zürich gekommen; das Geld ist e. für
diesen Zweck bestimmt.
Eigenschaft, die: sie hat gute, hervorragende,
schlechte Eigenschaften; ein Kunststoff mit
idealen Eigenschaften; Silber hat die E., schwarz
anzulaufen; er ist in amtlicher, dienstlicher E.
(Funktion) hier; ich spreche hier in meiner Eigenschaft *(in meinem Amt, meiner Funktion)* als Vorsitzender, als gesetzlicher Vormund.
Eigensinn, der: sein E. verärgerte die andern; das
ist nur E. bei/von ihr; sich aus E. gegen etw. sperren.
eigensinnig: ein eigensinniger Mensch; e. auf seiner Meinung beharren; im Alter wurde sie immer
eigensinniger.
eigentlich: 1. ⟨Adj.⟩ *wirklich, tatsächlich:* der eigentliche Grund, Zweck meines Besuches ist ...;
sein eigentlicher Beruf ist Bäcker; ihr eigentlicher Name lautet anders; die eigentliche *(wörtli-*
che, nicht übertragene) Bedeutung eines Wortes.
II. ⟨Adverb⟩ **1.** *in Wirklichkeit:* sie heißt e. Meyer.
2. *genau genommen:* das Wort bedeutet e. etwas
anderes; e. hast du Recht; er ist [recht] e. der Ent-
decker dieses Landes; das ist nicht e. *(nicht ge-*
nau) das, was wir wollten; wir wollten e. *(ur-*
sprünglich) nach München, aber ...
III. ⟨Partikel⟩ *drückt verstärkte Anteilnahme, einen ver-*
stärkten Vorwurf aus/: wie heißt du e. *(überhaupt)?*;
was denkst du dir e.?
Eigentum, das: persönliches, privates, öffentliches, rechtmäßiges E.; das Haus ist mein E.; diese
Erfindungen sind sein geistiges E. *(er ist ihr allein*
verfügungsberechtigter Urheber); die Ware bleibt
bis zur Bezahlung unser E.; das E. an etw. erwerben, erlangen, haben; das E. achten, schützen,
garantieren; E. erwerben; der Schutz des Eigentums; sich an fremdem E. vergreifen *(stehlen);* das
Grundstück ist in unser E. übergegangen *(wir ha-*
ben es erworben, geerbt); in öffentlichem E. stehen; ein Unternehmen in staatlichem E.
eigentümlich: 1. *merkwürdig:* ein eigentümlicher
Geruch; sie ist doch eine eigentümliche Person;
ihr Verhalten hat mich e. berührt.
2. *für jmdn. typisch:* sie hat mit ihrer eigentümlichen
Stolz wies sie das Anerbieten zurück.
eigenwillig: a) *die eigene Art nachdrücklich zur*
Geltung bringend: eine eigenwillige Persönlichkeit; eine eigenwillige Auffassung; ein eigenwilliges Design; der Stil dieses Malers ist sehr e.; **b)** *ei-*
gensinnig: ein eigenwilliges Kind; ein eigenwilliges Verhalten; er beharrt e. auf seiner Meinung.
eignen ⟨vgl. geeignet/: **1.** ⟨sich zu etw./als etw./für
jmdn., etw. e.⟩ *tauglich, geeignet sein:* er eignet
sich nicht als/zum Lehrer; dieses Buch eignet
sich als Geschenk, zum Verschenken; sie hat sich

gut für diese Arbeit geeignet; dieser Film eignet sich nicht für Kinder; der Stoff eignet sich gut für einen Rock. **2.** (geh.) ⟨jmdm., etw. e.⟩ *ein Merkmal von jmdm., etw. sein:* dem Thema eignet eine gewisse Sprödigkeit.

Eile, die: ich habe [keine] E.; die Sache hat große E. *(ist sehr eilig);* es hat keine E. damit; er ist immer in E. *(hat es immer sehr eilig);* er fuhr in höchster E. davon; sie schrieb den Brief in größter E.; er teilte mir in aller E. *(schnell und kurz)* mit, dass ...; in der E. *(Hast)* hatte sie vergessen, die Fenster zu schließen; jmdn. zur E. antreiben.

eilen: 1. ⟨irgendwohin e.⟩ *sich schnell an einen Ort begeben:* an die Bahn, nach Hause, zur Polizei, zum Bahnhof e.; er ist sofort zu seiner Mutter geeilt; BILDL.: sie eilte von Erfolg zu Erfolg. **2.** *schnell erledigt werden müssen, dringend sein:* die Angelegenheit hat sehr geeilt; /Notiz auf Akten o. Ä./: ⟨[jmdm.] eilt es⟩ mir eilt es; eilt es denn damit so sehr?; es eilt mir nicht damit *(die Sache hat für mich keine Eile):* rufe ihn gleich an, es eilt! **3.** (ugs.) ⟨sich e.⟩ *sich beeilen:* du brauchst dich nicht so zu e.; ich habe mich sehr geeilt.

eilig: 1. *rasch, in Eile:* eilige Schritte; ein eiliger Blick ins Buch; e. davonlaufen; nur nicht so e. *(nicht so hastig)!;* sie ist immer, hat es immer e. *(ist immer in Eile).* **2.** *dringlich:* ein eiliger Auftrag; die Sache ist e.; du hast es wohl sehr eilig damit? *(es drängt wohl sehr?);* SUBST.: ich hatte etwas Eiliges zu besorgen; sie hatte nichts Eiligeres zu tun, als ... (iron.; *sie musste natürlich sofort ...*).

Eimer, der: ein voller E.; ein E. Wasser, voll Wasser, mit heißem Wasser; ein E. heißes Wasser/(geh.:) heißen Wassers; einen E. füllen, tragen, bereitstellen; es gießt, schüttet wie mit/aus Eimern (ugs.; *es regnet heftig);* ★ **im Eimer sein** (ugs.; *entzwei, verdorben sein):* die Uhr, die schöne Stimmung ist im E.

¹ein: I. ⟨unbestimmter Artikel⟩ /kennzeichnet ein Einzelwesen, Einzelding/: **a)** /kennzeichnet ein Einzelwesen, Einzelding/: e. Mann; eine Frau; e. kleines Haus; was für e. Lärm!; so eine Enttäuschung!; e. anderer, e. jeder; jmdm. eine Freude machen; **b)** /kennzeichnet einen allgemeinen Begriff/: e. Gletscher besteht aus Eis; e. Baby braucht besondere Pflege; **c)** /kennzeichnet die Zugehörigkeit zu einer Gattung/: unser Hund ist e. Dackel; dies ist e. [echter] Picasso *(ein Bild von Picasso).* **II.** ⟨Indefinitpronomen und unbestimmtes Zahlwort⟩ **1.** /allein stehend/: **a)** *jemand, irgendeine[r]; [irgend]etwas:* das war eine[r] von uns; er ist belesen wie selten einer; ein[e]s *(etwas)* fehlt ihm: Geduld; das ist der Rat eines, der die Lage kennt; der Besuch eines unserer Herren, /Ausrufe des Erstaunens/: sieh einer an!; so einer bist du also!; **b)** *jemand, man:* was (ugs.:) einer nicht kennt, das kann e. nicht beurteilen; dieses Wetter muss

einen ja melancholisch machen; das wird einem schnell klar; das kann einem alle Tage zustoßen; **c)** (ugs.) *mir:* das tut einem gut. **2.** /in [hinweisender] Gegenüberstellung/: der eine kommt, der andere geht; hier ist einer wie der andere; es kam so eins nach dem andern, eins zum andern; er wartete einen Tag um den andern; (ugs.:) mein eines Auge *(nicht das andere)* tränt. **III.** ⟨Kardinalzahl⟩ /vgl. eins; betont; bezeichnet den Zahlenwert 1/: das kostet eine Mark; es ist e. Uhr; er hat nur e. Bein; wir sind stets einer Meinung; er leerte das Glas auf einen Zug; ein[e]s der Kinder; nur einer war bereit; eins von beiden *(nicht beides);* das geht in einem (ugs.; *auf einmal)* hin; ℝ einer für alle, alle für einen; ★ **ein und dasselbe** (nachdrücklich; *genau das Gleiche)* · **in einem fort** *(ununterbrochen)* · jmds. **Ein und Alles sein** *(jmds. ganzes Glück sein).*

²ein: ⟨in den Verbindungen⟩ **bei jmdm. ein und aus gehen** *(oft bei jmdm. sein, mit jmdm. verkehren)* · **nicht/weder ein noch aus wissen; nicht ein und aus wissen** *(völlig ratlos sein).*

einander (geh.): wir, sie kennen e. nicht; e. die Hände reichen; e. widersprechende Aussagen, Behauptungen.

einarbeiten: 1. a) ⟨jmdn. e.⟩ *mit einer Arbeit vertraut machen:* seinen Nachfolger e.; er ist gründlich eingearbeitet worden;**b)** ⟨sich [in etw. (Akk./Dat.)] e.⟩ *mit einer Arbeit vertraut werden:* sie hatte sich schnell eingearbeitet; er muss sich in dieses/(seltener:) in diesem Gebiet noch e. **2.** ⟨etw. [in etw. (Akk./Dat.)] e.⟩ *einfügen:* Zusätze, Nachträge in einen/(seltener:) in einem Aufsatz e. **3.** ⟨etw. e.⟩ *durch vermehrte Arbeit ausgleichen:* einen Zeitverlust e.

einatmen: a) *Luft, Atem holen:* tief, ruhig, durch die Nase e.;**b)** ⟨etw. e.⟩ *in die Lunge einziehen:* er hat giftige Gase, Dämpfe eingeatmet.

einbauen ⟨etw. [in etw. (Akk./Dat.)] e.⟩: ein Ventil, einen Motor e.; einen Schrank e.; in die Tür/(selten:) in der Tür wurde ein zweites Schloss eingebaut; eine Kamera mit eingebautem Belichtungsmesser; ÜBERTR.: eine Szene in ein Schauspiel e. *(nachträglich einfügen).*

einberufen: a) ⟨jmdn., etw. e.⟩ *zu einer Tagung o. Ä. zusammenrufen:* den Bundestag, eine Versammlung e.; auf/für den 15. Mai eine Sitzung nach Berlin e.; die Abgeordneten wurden zu einer Sitzung einberufen;**b)** ⟨jmdn. e.⟩ *zum Wehrdienst heranziehen:* jmdn. zum Wehrdienst, Reservisten zu einer Wehrübung e.; er wurde gleich bei Kriegsbeginn, zur Luftwaffe einberufen.

einbeziehen ⟨jmdn., etw. in etw. (Akk.) e.⟩: einen Umstand in seinen Plan, in seine Berechnungen [mit] e.; dieser Personenkreis wurde in die Untersuchung mit einbezogen; sie bezog mich in die Unterhaltung, in die Beratung [mit] ein *(ließ mich daran teilnehmen);* ⟨auch ohne Präpositionalobjekt⟩ wir wurden nicht, viel zu wenig einbezogen *(beteiligt)*.

einbiegen: 1. ⟨etw. e.⟩ *nach innen biegen:* die Finger e.; er hat das überstehende Blech eingebogen. **2.** ⟨irgendwohin e.⟩ *um die Ecke gehen, fahren:* das Auto ist in einen Hof, in einen Feldweg, nach links eingebogen.

einbilden /vgl. eingebildet/: **a)** ⟨sich (Dat.) etw. e.⟩: *annehmen:* sich e., alles zu wissen; du bildest dir das nur ein; ich bilde mir ein *(ich meine)*, das schon einmal gehört zu haben; eine eingebildete *(nicht wirklich vorhandene)* Gefahr, Krankheit; **b)** ⟨sich (Dat.) etw. auf etw. (Akk.) e.⟩ *etw. als Grund für etw. ansehen:* was bildest du dir darauf ein?; **c)** ⟨sich (Dat.) etw. e.⟩ *(geh.; veraltend) meinen:* bilde dir nur nicht zu viel ein.

einbrechen: 1. a) ⟨[in etw. (Akk.)] e.⟩ *gewaltsam eindringen, um zu stehlen:* in ein Haus e.; die Täter sind nachts in die Werkstatt, in den Laden eingebrochen; **b)** ⟨[bei jmdm./in etw. (Dat.)] e.⟩ *einen Einbruch verüben:* Diebe haben in der Werkstatt eingebrochen; bei uns, in unserer Firma, in der Bank wurde gestern eingebrochen; **c)** ⟨[in etw. (Akk.)] e.⟩ *(von feindlichen Soldaten) in einen Bereich eindringen:* der Gegner ist in unsere Stellung eingebrochen. **2.** ⟨etw. e.⟩ *gewaltsam eindrücken:* eine Tür, eine Mauer e. **3.** *plötzlich beginnen:* der Winter brach ein; bei einbrechender Dunkelheit.

4. a) *einstürzen:* das Gewölbe, die Decke ist eingebrochen; ÜBERTR.: die Nachfrage nach Konsumgütern ist eingebrochen; die Aktienkurse drohten einzubrechen; **b)** *eine Oberfläche durchbrechen und einsinken:* der Junge brach [auf dem Eis, beim Eislaufen] ein und ertrank. **c)** ⟨[in etw. (Akk.)] e.⟩ *hindurchbrechend eindringen:* das Wasser ist in den Stollen eingebrochen. **5.** (salopp) *eine Niederlage erleiden:* bei den Wahlen, mit ihrem Vorhaben ist die Partei [schwer] eingebrochen; auf den letzten Metern brach die Läuferin völlig ein.

einbringen: 1. ⟨etw. [in etw. (Akk.)] e.⟩ *hineinbringen, hineinschaffen:* die Ernte, das Heu e.; ein Schiff [in den Hafen] e.; (Techn.:) ein Werkstück in die Maschine e. **2.** ⟨etw. e.⟩ *zur Beschlussfassung vorlegen:* einen Antrag auf etw. e.; im Bundestag ein Gesetz e.; eine Resolution e. **3.** (Amtsspr.) ⟨etw. in etw. (Akk.) e.⟩ *in eine Gemeinschaft mitbringen:* sie hat ein Haus in die Ehe eingebracht; sein Vermögen in eine Stiftung e. *(in eine Stiftung verwandeln);* ⟨auch ohne Akk.⟩ sie hatte ein großes Vermögen eingebracht; das eingebrachte Vermögen. **4.** ⟨etw. e.⟩ *Gewinn bringen:* diese Arbeit bringt viel, wenig, nichts ein; ⟨jmdm. etw. e.⟩ das Geschäft, das Unternehmen brachte ihm viel Geld ein; ÜBERTR.: die Tätigkeit hat ihm Anerkennung, den Ruf eines großen Pädagogen, viel Arbeit, [nur] Ärger eingebracht. **5.** ⟨etw. e.⟩ *wettmachen:* die verlorene Zeit, den Verlust wieder e. **6.** (ugs.) ⟨sich, etw. [bei etw./in etw. (Dat./Akk.)] e.⟩ *etw. von sich bei einer Arbeit, in der/die Diskussion beitragen:* sich bei einer Arbeit, in der/die Diskussion [voll] e.; sein Wissen, seine Erfahrungen, seine Kenntnisse in die Gruppe e.

einbrocken ⟨etw. [in etw. (Akk.)] e.⟩ *brockenweise hineintun:* Brot in die Suppe e.; **b)** (ugs.) ⟨jmdm., sich etw. e.⟩ *jmdn., sich in eine unangenehme Lage bringen:* wer hat uns das eingebrockt?; da habe ich mir etwas Schönes eingebrockt!

Einbruch, der: **1.** *gewaltsames Eindringen in ein Gebäude (um zu rauben):* einen E. verüben, ausführen, aufklären; er war an dem E. in die/(seltener:) in der Fabrik beteiligt; die Zahl der Einbrüche steigt; der Schmuck stammt von einem E. **2.** (Milit.) *erfolgreicher Vorstoß:* ein E. in die feindliche Front, Stellung; einen E. abriegeln. **3.** *gewaltsames Durchbrechen:* der E. des Wassers in den Schacht. **4.** *plötzlicher Beginn:* bei, vor, nach E. der Nacht, des Winters. **5.** *Zusammenbruch:* der E. des Gewölbes. E. (Wirtsch.; *ein plötzliches starkes Fallen)* der Kurse ist nicht zu befürchten; ein konjunktureller E. **6.** *schwere Niederlage, Scheitern:* bei dem ent-

E

Einbildung, die: **a)** *trügerische, falsche Vorstellung:* seine Krankheit ist reine E.; das ist alles nur E. *(Fantasie);* die Sache existiert nur in ihrer E.; sie leidet unter, an krankhaften Einbildungen; **b)** *Überheblichkeit:* seine E. ist unerträglich; Ⓡ E. ist auch eine Bildung (ugs. scherzh.).

einbläuen (ugs.) ⟨jmdm. etw. e.⟩: er hat den Schülern nur Formeln und Zahlen eingebläut; sie bläute den Kindern ein, von Fremden keine Geschenke anzunehmen.

einblenden: a) (Rundf., Ferns., Filmw.): ⟨etw. [in etw. (Akk./Dat.)] e.⟩ *in eine Sendung, einen Film einschalten, einfügen:* Musik e.; ein Interview in eine/in einer Reportage e.; das Foto des Gesuchten wurde kurz eingeblendet; **b)** (Rundf., Ferns.) ⟨sich [in etw. (Akk.)] e.⟩ *sich mit einer Sendung, in eine Sendung einschalten:* wir blenden uns in wenigen Minuten wieder in die zweite Halbzeit ein.

Einblick, der: **a)** *Blick in etw. hinein:* von ihrem Balkon hatte sie E. in die Büroräume des gegenüberliegenden Gebäudes, hatte sie E. in einen Park; **b)** *Kenntnis[nahme]:* überraschende, aufschlussreiche Einblicke; E. in die Akten haben, nehmen; jmdm. einen E. gewähren, geben; sich E. in etw. verschaffen; er gewann, bekam E., einen ersten E. in den Produktionsablauf.

E

scheidenden Spiel erlebte die Mannschaft einen schlimmen E.

einbürgern: 1. ⟨jmdn. e.⟩ *jmdm. eine Staatsangehörigkeit geben:* er ist [in die/in der Schweiz] eingebürgert worden; sich e. *(naturalisieren)* lassen. **2. a)** ⟨jmdn., etw. e.⟩ *heimisch machen:* eine Pflanzenart, Tierart, eine Sitte e.; man versucht jetzt, den Biber bei uns wieder einzubürgern; **b)** ⟨sich e.⟩ *heimisch, zur Gewohnheit werden:* diese Sportart hat sich bei uns eingebürgert.

Einbuße, die: eine empfindliche, schwere E.; finanzielle Einbußen; eine E. an Macht, Vermögen; eine E. von Arbeitsplätzen; sie hat nur geringe Einbußen erlitten, hinnehmen müssen.

einbüßen ⟨etw. e.⟩: sein ganzes Vermögen, seine Freiheit, das Vertrauen seiner Wähler, sein Leben e.; sie hat bei diesem Unternehmen viel Geld eingebüßt; an Ansehen eingebüßt haben; der Motor büßte schnell an Leistung ein.

eindämmen ⟨etw. e.⟩: das Hochwasser, einen Waldbrand e.; die Inflation, die Kriminalität einzudämmen versuchen; die Seuche konnte schnell eingedämmt werden.

eindecken: 1. ⟨sich mit etw. e.⟩ *sich mit Vorräten versorgen:* sich [für den Winter] mit Obst, Kartoffeln e.; ⟨auch ohne Präpositionalobjekt⟩ ich habe mich, ich bin gut eingedeckt. **2. a)** ⟨etw. e.⟩ *schützend bedecken:* die Rosen für den Winter e.; (Bauw.:) ein Dach [mit Ziegeln] e.; **b)** (ugs.) ⟨jmdn., etw. mit etw. e.⟩ *überhäufen, überschütten:* jmdn. mit Fragen, mit Aufträgen e.; ich bin mit Arbeit eingedeckt *(ich habe viel Arbeit);* (Milit.:) die Stellungen wurden mit einem Hagel von Granaten eingedeckt.

eindeutig: a) *unmissverständlich:* eine eindeutige Anordnung; ein eindeutiger Fall; er bekam eine eindeutige Absage; eine eindeutige Sprache sprechen; **b)** *klar und deutlich:* sie ist e. überlegen; die Sache lässt sich nicht e. klären; die Beweise sind e.; etw. e. zu verstehen geben; die Rechtslage ist e.

eindringen: 1. ⟨in etw. (Akk.) e.⟩ *in etw. dringen:* das Wasser drang [durch die Wände] in den Keller ein; die Salbe dringt schnell in die Haut ein *(zieht schnell ein);* die Täter konnten ungestört, unbeobachtet, leicht in die Wohnung e.; ⟨auch ohne Präpositionalobjekt⟩ die Salbe ist vollständig eingedrungen; ÜBERTR.: in die Geheimnisse einer Wissenschaft e.; diese Erkenntnis ist noch nicht ins Bewusstsein der Öffentlichkeit eingedrungen. **2.** ⟨auf jmdn. e.⟩ *jmdn. angreifen:* zwei Männer drangen [mit Messern] auf ihn ein; ÜBERTR.: sie drangen mit Fragen auf sie ein *(bedrängten sie damit).*

eindringlich: eindringliche Worte, Bitten; mit eindringlicher Stimme sprechen; seine Rede war sehr e.; jmdn. e., auf das/aufs Eindringlichste warnen.

Eindruck, der: **1.** *Vorstellung:* ein tiefer, nachhalti-

ger, bleibender, unauslöschlicher, oberflächlicher, frischer E.; ein E. von großer Traurigkeit; der erste E. war entscheidend; ein E. entsteht, haftet, bleibt [haften], dauert, verstärkt sich, vertieft sich; ein E. verblasst, verwischt sich, (geh.:) schwindet; sie versuchte E. zu schinden (ugs.; *zu beeindrucken);* das Spiel hat auf mich keinen E. gemacht; bei jmdm. den besten, einen guten, ausgezeichneten, [un]günstigen, schlechten, üblen, keinen E. machen; einen E. erwecken, hervorrufen, hinterlassen, vermitteln; ich habe den E. gewonnen, dass ...; neue Eindrücke gewinnen, (geh.:) empfangen; einen falschen, ungefähren E. von jmdm., etw. erhalten; er machte einen gedrückten E., den E. eines zerfahrenen Menschen *(er wirkte gedrückt, zerfahren);* die Rede hat ihren E. auf sie nicht verfehlt; ich habe den E., (geh.:) kann mich des Eindrucks nicht erwehren, dass ...; sie stand noch ganz unter dem E. dieses Erlebnisses. **2.** (selten) *Abdruck, Spur:* der E. eines Fußes im Boden, im Schnee; die Räder haben tiefe Eindrücke im Sand hinterlassen; die Eindrücke verwischen.

eindrücken: 1. ⟨etw. e.⟩ *nach innen drücken und dabei beschädigen, zerbrechen:* einen Kotflügel e.; der Dieb drückte die Fensterscheibe ein; ⟨jmdm. etw. e.⟩ eine einstürzende Mauer drückte ihm den Brustkorb ein; eine eingedrückte Nase. **2.** ⟨etw. [in etw. (Akk.)] e.⟩ *durch Hineindrücken entstehen lassen:* die Reifen hatten eine Spur in den Boden eingedrückt. **3.** ⟨sich [in etw. (Akk.)] e.⟩ *sich [hinein]drücken:* der Stiefelabsatz hatte sich in das Erdreich eingedrückt.

eindrucksvoll: eine eindrucksvolle Rede; eine eindrucksvolle Persönlichkeit; das Schloss war ein eindrucksvolles Bauwerk; was er sagte, war sehr e.; etw. e. darstellen.

einerlei: I. ⟨Adj.⟩ *gleichgültig:* denke immer daran, e., was du tust!; ⟨jmdm. e. sein⟩ ihr war alles e. **II.** ⟨Gattungszahlwort⟩ *[völlig] gleichartig:* Kleider von e. Farbe; SUBST.: das ewige, stumpfe Einerlei *(die Eintönigkeit)* des Alltags.

einerseits: ⟨in der Verbindung⟩ einerseits ..., and[er]erseits/anderseits ... *(auf der einen Seite ..., auf der anderen Seite ...;* setzt zwei Gesichtspunkte zueinander in Beziehung): e. freute er sich über den Brief, and[er]erseits aber machte er sich Sorgen.

einesteils: ⟨in der Verbindung⟩ einesteils ..., and[er]nteils ... *(zum einen ..., zum andern ...):* in den Regalen standen e. Fachbücher, andernteils Romane.

einfach: I. ⟨Adj.⟩ **1.** *nicht doppelt oder mehrfach:* ein einfacher Knoten; eine einfache Fahrt *(ohne Rückfahrt);* bitte Mannheim e. *(eine Fahrkarte nach Mannheim ohne Rückfahrt);* er braucht nur eine einfache Mehrheit *(von weniger als 50 Prozent der Stimmen);* in einfacher Ausfertigung; der

Brief ist nur e. gefaltet; der Stoff liegt e. breit; einfache Buchführung.

2. a) *unkompliziert:* ein einfaches Hilfsmittel; eine einfache Apparatur; (Rechtsw.:) einfacher Diebstahl; die Maschine ist ganz e. konstruiert; ⊞ warum e., wenns auch umständlich geht!; **b)** *leicht, mühelos:* eine einfache Aufgabe; das ist gar nicht so e.

3. *schlicht:* einfache Sitten; sie liebt das einfache Leben; eine einfache Mahlzeit; in einfachen Verhältnissen leben; er ist nur ein einfacher Mann *(ohne höhere Schulbildung);* einfache *(in bescheidenen Verhältnissen lebende)* Leute; e. leben, wohnen; sich e. kleiden.

II. ⟨Partikel⟩ /drückt eine [emotionale] Verstärkung aus/: das ist e. unmöglich, e. herrlich!; ich begreife Sie e. nicht; ich mache das e., ohne lange zu fragen; das hat er e. so (ugs.; *ohne Grund)* gemacht; die Sache ist e. *(kurzum)* die, dass ...; er lief e. *(ohne weiteres)* davon.

Einfachheit, die: **1.** *Schlichtheit:* größte, spartanische E.; sich mit betonter E. kleiden.

2. *Unkompliziertheit:* eine Konstruktion, ein Trick von verblüffender E.; der E. halber *(um es einfacher zu machen)* schicke ich gleich die quittierte Rechnung mit.

einfädeln: 1. ⟨etw. e.⟩ **a)** *durch ein Nadelöhr ziehen:* Garn, einen Faden e.; **b)** *mit einem Faden versehen:* die Nadel e.

2. (ugs.) ⟨etw. e.⟩ *geschickt bewerkstelligen:* ein Geschäft e.; eine Intrige e.; du hast die Sache fein, gut, schlau eingefädelt.

3. (Verkehrsw.) ⟨sich e.⟩ *sich in den fließenden Verkehr einreihen:* sich rechtzeitig e.; sie musste sich in eine Kolonne, in eine andere Fahrspur e.

4. (Skisport Jargon) *an einer Torstange hängen bleiben:* beim dritten Tor fädelte der Slalomläufer ein und stürzte.

einfahren: 1. *fahrend hineingelangen:* der Zug fährt auf Gleis 3, fährt pünktlich ein; das Schiff fährt in den Hafen ein; in die Autobahn, in die Kreuzung e.; er warf sich vor die einfahrenden Zug; die Bergleute sind eingefahren (Bergmannsspr.; *in den Schacht gefahren).*

2. ⟨etw. e.⟩ *durch heftiges Dagegenfahren beschädigen:* mit dem Auto das Tor, das Geländer e.

3. ⟨etw. e.⟩ *(als Ernte) in die Scheune bringen:* die Ernte, das Korn, das Heu e.

4. ⟨jmdn., sich, etw. e.⟩ *an das Fahren gewöhnen:* junge Pferde e.; das Auto muss erst eingefahren werden; ich muss mich erst e.; ÜBERTR.: sich in/ auf eingefahrenen Gleisen *(in konventionellen Bahnen)* bewegen; die Sache hat sich eingefahren *(eingespielt).*

5. (ugs.) *erwirtschaften:* die Firma hat große Gewinne, erhebliche Verluste, ein gutes Ergebnis, einen Rekord eingefahren.

6. *(ein Maschinenteil o. Ä.) mithilfe einer Mechanik einziehen:* eine Antenne, das Fahrwerk, die Landeklappen e.

Einfahrt, die: **1.** *das Hineinfahren:* die E. in das enge Tor war schwierig; der Zug hat noch keine E. *(darf noch nicht in den Bahnhof fahren).*

2. *Stelle, an der man hineinfährt:* das Haus hat eine breite E.; das Auto vor der E. parken; E. freihalten!

Einfall, der: **1.** *plötzliche Idee:* ein alberner, dummer, glücklicher, großartiger, guter, kluger, lustiger, merkwürdiger, seltsamer, sonderbarer, witziger E.; mir kam der E., sie zu fragen; es war ein bloßer E. von mir; jmdn. auf einen E. bringen; sie kam auf den E., mich zu besuchen; einem plötzlichen E. folgend.

2. *kriegerisches Eindringen:* der E. der Hunnen in Europa, der feindlichen Truppen.

3. a) *(von Lichtstrahlen) das Eindringen:* der E. des Lichts; **b)** (geh.) *plötzliches Einsetzen:* der E. des Winters, der Nacht.

einfallen: 1. *zusammenfallen:* das Haus, das alte Gemäuer ist eingefallen.

2. *herein-, hineinkommen:* das Sonnenlicht fiel durch ein Fenster ein; schräg einfallende Strahlen.

3. a) *einstimmen, einsetzen:* an dieser Stelle fielen die Bläser, die Geigen ein, fiel der Bass ein; ⟨in etw. (Akk.) e.⟩ einer nach dem anderen fiel in das Gelächter ein; in den Gesang der Gemeinde e.; **b)** (geh.) *sich plötzlich einstellen:* der Winter, dichter Nebel fiel ein; bei einfallender Nacht.

4. ⟨jmdm. e.⟩ **a)** *in den Sinn kommen:* sie macht, was ihr gerade einfällt; mir fiel allerlei, ein Ausweg, eine Ausrede ein; das würde mir nicht im Traum/nicht im Schlaf e. (ugs.; *das würde ich niemals tun);* ihm fiel nichts Passendes, nichts Besseres, nichts Neues ein; mir fiel ein, dass ...; es ist mir nie eingefallen zu glauben *(ich habe nie geglaubt),* dass ...; lass dir das ja nicht e.! *(tu das ja nicht!);* was fällt dir denn ein! *(was erlaubst du dir!);* das fällt mir gar nicht ein! (ugs.; *das mache ich nicht!);* zu dieser Frage, zu diesem Thema fällt mir nichts ein *(er hat keine Meinung dazu);* **b)** ⟨an jmdn., etw. erinnern:* der merkwürdige Gast fiel mir wieder ein; sein Name fällt ihr gerade nicht ein; halt, da fällt mir ein, dass ...

5. ⟨in etw. (Akk./Dat.) e.⟩ *gewaltsam eindringen:* der Feind fiel in unser/(selten:) unserem Land ein; die Truppen fielen in das Territorium ein; ÜBERTR.: die Scharen von Touristen, die alljährlich in Mallorca einfallen, ...

6. (Jägerspr.) *niedergehen:* die Rebhühner fallen ein; Enten fallen den/auf den See ein.

★ *sich etwas einfallen lassen* [müssen] *(eine Ausweg, eine Lösung finden [müssen]):* da muss sie sich schon etwas anderes, etwas Besseres e. lassen.

einfangen: 1. ⟨jmdn. e.⟩: *fangen:* einen Verbrecher, die Ausbrecher e.; wir haben den Vogel wieder eingefangen; ÜBERTR.: Strahlen in/mit einem Spiegel e.

2. (geh.) ⟨etw. e.⟩ *in seiner Eigenart festhalten und*

wiedergeben: er hat in seinen Bildern die Stimmung gut eingefangen.

einfinden: 1. ⟨sich e.; gewöhnlich mit Umstandsangabe⟩ *an einem bestimmten Ort erscheinen:* sich pünktlich, um 10 Uhr, bei uns, in der Hotelhalle e.; zum Abschied hatte sich auch mein Bruder eingefunden. 2. (seltener) ⟨sich in etw. (Akk.) e.⟩ *hineinfinden:* sie hat sich [leicht, schnell] in die neue Arbeit eingefunden.

einfliegen: 1. a) ⟨in etw. (Akk.) e.⟩ *(von Flugzeugen o. Ä.)* in *ein Gebiet hineinfliegen:* das Flugzeug ist in fremdes Hoheitsgebiet, nach Belgien eingeflogen; b) ⟨jmdn., etw. [in etw. (Akk.)] e.⟩ *(mit einem Flugzeug o. Ä.) an einen Ort bringen:* Lebensmittel, Medikamente in ein Erdbebengebiet e.; freiwillige Helfer wurden eingeflogen; die Früchte sind frisch aus Hawai eingeflogen; c) *mit dem Flugzeug in einen Ort [hinein]fliegen:* aus New York, mit einem Hubschrauber e.; die Passagiere sind erst am späten Abend eingeflogen. 2. a) ⟨sich e.⟩ *sich im Fliegen üben:* sie wollte sich wieder e.; b) ⟨etw. e.⟩ *in Flugübungen ausprobieren:* der Testpilot muss die neue Maschine erst e.; SUBST.: er ist beim Einfliegen verunglückt. 3. ⟨etw. e.⟩ *durch Flugtransporte erwirtschaften:* Gewinne, Profite e.; die Gesellschaft fliegt alljährlich Verluste in Millionenhöhe ein.

einfließen ⟨in etw. (Akk.) e.⟩: Abwässer fließen in den Kanal ein; Kaltluft ist von Nordosten eingeflossen (Meteor: *eingeströmt*); ★ etw. [in etw. (Akk.)] **einfließen lassen** *(beiläufig bemerken):* in seine Rede ließ er einige Andeutungen, Anspielungen e.; er ließ e., dass ...

einflößen ⟨jmdm. etw. e.⟩: 1. *(eine Flüssigkeit) langsam zuführen:* einem Kranken Wasser, ein Arzneimittel e. 2. *in jmdm. hervorrufen:* jmdm. Ehrfurcht, Mitleid, Mut, Furcht, Trost, Vertrauen, Zuversicht, Achtung, Bewunderung e.; seine Worte haben mir Angst eingeflößt.

Einfluss, der: ein großer, segensreicher, maßgeblicher, schädlicher, nachteiliger, unheilvoller, verderblicher E.; Einflüsse der Umwelt, des Wetters; sein E. auf die Massen wächst ständig, nimmt ab, schwindet; E. *(Geltung, Ansehen)* suchen; E./an E. gewinnen, verlieren; großen E. [bei jmdm., auf jmdn.] haben; seinen [persönlichen] E. geltend machen; auf jmdn., etw. starken E. haben, nehmen, ausüben; darauf hat er keinen E.; sich jmds. E. entziehen; sie bot ihren ganzen E. auf, um ...; jmds. E. brechen, unterschätzen, fürchten; sie weiß sich E. zu verschaffen; ohne [allen] E. sein, bleiben; unter jmds. E. stehen; unter E. von Alkohol, von Drogen; ein Mann von großem E.

einförmig: eine einförmige Landschaft; einförmige Musik; sein Leben ist, verläuft sehr e.

einfrieren: 1. a) *durch Frost unbenutzbar werden:* die Wasserleitung friert ein; eingefrorene Rohre

auftauen; b) *vom Eis festgehalten werden:* das Schiff ist im Packeis eingefroren. 2. ⟨etw. e.⟩ *mithilfe von Kälte konservieren:* Lebensmittel e.; wir haben das Fleisch eingefroren. 3. (ugs.) ⟨etw. e.⟩ *nicht weiterführen:* ein Projekt, die diplomatischen Beziehungen e.; Preise, Gehälter e. *(auf dem erreichten Stand halten);* SUBST.: das sofortige Einfrieren der Löhne, der Nuklearrüstung fordern.

einfügen: 1. ⟨etw. [in etw. (Akk.)] e.⟩ *einsetzen:* neue Steine in ein Mauerwerk e.; ein Zitat, einige Worte in einen Text, in ein Manuskript e.; in das Mosaik sind viele goldene Steine eingefügt. 2. ⟨sich e.⟩ *sich einordnen:* du willst dich nie e.; sie fügte sich rasch, leicht, nur schwer in die Gemeinschaft, in das Team, in die neue Umgebung ein.

Einfuhr, die: ↑ Import.

einführen: 1. ⟨etw. e.⟩ *importieren:* Erdöl, Getreide e.; Waren in ein Land, nach Deutschland e.; diese Rohstoffe werden aus Übersee eingeführt; Drogen, Waren illegal e. 2. ⟨etw. e.⟩ *als Neuerung verbreiten, in Gebrauch nehmen:* einen Brauch, neue Moden, eine neue Währung e.; an unserer Schule wurde ein neues Lehrbuch eingeführt; die Ware ist beim Publikum gut eingeführt *(allgemein bekannt).* 3. a) ⟨jmdn. bei jmdm., in etw. (Akk.) e.⟩ *mit jmdm., etw. bekannt machen:* jmdn. in ein Haus, in eine Familie e.; er hat seine Freundin bei seinen Eltern eingeführt; jmdn. in sein neues Amt, in einen neuen Wirkungskreis e.; ein gut eingeführtes Geschäft; sie ist bei den zuständigen Behörden gut eingeführt; b) ⟨sich irgendwie e.⟩ *sich vorstellen:* sie hat sich im Klub gut eingeführt; er führte sich mit einem Vortrag ein; c) ⟨jmdn. in etw. (Akk.) e.⟩ *jmdn. die Anfangsgründe von etw. erklären:* er führte uns in die Geschichte des Bergbaus ein; sie sprach einige einführende *(einleitende)* Worte; d) ⟨jmdn. [in etw. (Akk.)] e.⟩ *mit der zukünftigen Arbeit vertraut machen:* einen neuen Mitarbeiter in seine Arbeit e. 4. ⟨etw. [in etw. (Akk.)] e.⟩ *vorsichtig in eine Öffnung schieben:* eine Sonde e.; einen Schlauch [durch den Mund] in den Magen e.; den Penis in die Scheide e.

Eingabe, die: 1. *Gesuch, Beschwerde:* eine E. aufsetzen, an die Behörde richten; sie hat eine E. [beim Landrat] gemacht, eine E. an das Landratsamt gerichtet; eine E. prüfen, bearbeiten, beurteilen. 2. (EDV) *das Eingeben:* die E. von Daten, eines Textes.

Eingang, der: 1. *Tür, Öffnung nach innen:* verbotener E.!; kein E.!; der E. eines Parks; der E. der Kirche, zur Kirche; das Haus hat zwei Eingänge; den E. verschließen, öffnen, freihalten; am E., vor dem E. stehen; ÜBERTR.: der E. *(die Eintrittsöffnung)* des Magens.

2. *Zutritt, Aufnahme:* sie fand keinen E. in diese Kreise/in diesen Kreisen; das Gedicht fand E. in die Gesamtausgabe; er verschaffte sich E. in das Haus. **3.** (Kaufmannsspr.) **a)** *das Eintreffen:* den E. von Briefen, Waren bestätigen; den E. der Außenstände überwachen; nach E. des Betrages; **b)** *eingehende Post:* die Eingänge sortieren, weiterleiten, bearbeiten.
eingangs: I. ⟨Adverb⟩ *am Anfang:* ich habe e. darauf hingewiesen; das e. genannte, erwähnte Buch. **II.** ⟨Präp. mit Gen.⟩ (selten) *am Anfang* /räumlich und zeitlich/: e. der Kurve nahm er das Gas weg; e. des Jahres.
eingeben: 1. ⟨jmdm. etw. e.⟩ *verabreichen:* dem Kranken die Arznei e. **2.** (EDV) ⟨etw. [in etw. (Akk.)] e.⟩ *hineingeben:* Daten, Zahlen, Texte in den Computer e. **3.** (geh.) ⟨jmdm. etw. e.⟩ *in jmdm. einen Gedanken aufkommen lassen:* diesen Gedanken gab dir ein guter Geist ein; die Angst gab ihm den Wunsch ein zu fliehen.
eingebildet: ein eingebildeter Mensch; eine eingebildete Person; er war maßlos e. [auf seine gute Stellung].
Eingebung, die: eine E. haben; sie folgte einer höheren, einer richtigen E.; in einer plötzlichen E. änderte er seinen Entschluss.
eingefleischt: 1. *überzeugt:* ein eingefleischter Junggeselle, Optimist; ein eingefleischter Demokrat. **2.** *zur zweiten Natur geworden:* eingefleischte Vorurteile, Gewohnheiten.
eingehen /vgl. eingehend/: **1.** (geh.) ⟨in etw. (Akk.) e.⟩ *Eingang finden:* etw. ist in die Literatur eingegangen; sein Name, dieses Ereignis ist in die Geschichte eingegangen; ÜBERTR.: zur ewigen Ruhe, in die Unsterblichkeit, in den ewigen Frieden e. (verhüll.: *sterben*). **2.** (bes. Bürow.) *eintreffen:* es geht täglich viel Post ein; der Brief ist gestern [bei uns] eingegangen; Gelder, Außenstände gehen ein; der Betrag ist noch nicht auf dem Konto eingegangen; die ein- und ausgehende Post. **3.** (ugs.) ⟨jmdm. e.⟩ *von jmdm. verstanden werden:* ihm geht alles leicht, schnell ein; es geht mir nicht ein, will mir nicht e., dass ich darauf verzichten soll. **4.** *beim Waschen schrumpfen:* der Pullover ist bei, in der Wäsche eingegangen; dieser Stoff geht nicht ein. **5. a)** *(von Pflanzen, Tieren) [ab]sterben:* diese Pflanzen gehen im Schatten, bei Überwässerung ein; der Baum ist eingegangen; die Katze wird bald e.; er ist jämmerlich an seiner Krankheit eingegangen (ugs.; von Menschen); vor Langeweile sind wir fast eingegangen; bei dieser Hitze geht man ja ein; **b)** ⟨jmdm. e.⟩ die Topfpflanze ist mir

eingegangen; **b)** (ugs.) *nicht länger weitergeführt werden:* die Zeitung ist eingegangen. **6.** ⟨etw. e.⟩ *sich auf etw. einlassen:* ein Bündnis, einen Vertrag, einen Vergleich [mit jmdm.] e.; Verpflichtungen, Kompromisse e.; eine Verbindung, Beziehung e.; er wollte kein Risiko e.; eine Ehe e.; darauf gehe ich jede Wette ein. **7.** ⟨auf etw. (Akk.) e.⟩ *zu etw. Stellung nehmen:* auf eine Frage, auf einen Gedanken e.; er ging im Einzelnen auf unsere Lage ein; sie ging auf meine Vorschläge, auf meine Wünsche, auf meine Bedingungen ein (akzeptierte sie); ⟨auf jmdn. e.⟩ auf den Kunden e. *(seine Wünsche berücksichtigen).*
eingehend: eine eingehende Besprechung, Schilderung; die Untersuchung war sehr e.; sich e. mit etw. beschäftigen; über einen Vorfall e. berichten; etw. e. prüfen.
eingestehen ⟨etw. e.⟩: eine Schuld, einen Irrtum, seine Niederlage, einen Fehler e.; ⟨jmdm., sich etw. e.⟩ sie hat wir ihre Angst eingestanden; er will sich nicht e., dass er Unrecht hat.
Eingeweide, die ⟨Plural⟩: die E. sind verletzt, treten hervor; einem geschlachteten Huhn die E. herausnehmen; (geh.:) der Schmerz wühlt in den Eingeweiden.
eingießen ⟨etw. [in etw. (Akk.)] e.⟩: den Kaffee e.; den Wein in die Gläser e.; ⟨jmdm., sich etw. e.⟩ er goss sich einen Kognak, noch ein Gläschen ein; ⟨auch ohne Akk.⟩ er goss [mir] immer wieder ein.
eingliedern ⟨jmdn., sich in etw. (Akk.) e.⟩: ehemalige Straftäter wieder in die Gesellschaft e.; sich in einen Arbeitsprozess, in einen Betrieb, in eine Gemeinschaft e.; ⟨etw. etw. (Gen.)/in etw. (Akk.) e.⟩ das Dorf wurde der/in die Verbandsgemeinde eingegliedert.
eingreifen: 1. *sich entscheidend einschalten:* handelnd, fördernd, hemmend, vermittelnd e.; griff sofort ein; in eine Debatte, einen Vorgang e.; wir wollen nicht in ein schwebendes Verfahren e.; die Polizei musste [bei der Schlägerei] e.; ÜBERTR.: die Maßnahme greift tief in unsere Rechte ein (beschneidet sie); SUBST.: sein beherztes Eingreifen rettete die Lage. **2.** (Technik) ⟨in etw. (Akk.) e.⟩ *sich hineinschieben:* das Zahnrad greift in das Getriebe ein.
eingrenzen: 1. ⟨etw. e.⟩ *eine Grenze um etw. ziehen:* ein Gebiet e.; eine Hecke grenzt das Grundstück, den Garten ein. **2.** ⟨etw. [auf etw. (Akk)] e.⟩ *beschränken:* einen Begriff, einen Themenkreis e.; das Diskussionsthema wurde auf die wichtigste Frage eingegrenzt.
Eingriff, der: **1.** (Med.) *Operation:* ein ärztlicher, chirurgischer, operativer E.; ein kleiner, gefährlicher, harmloser E.; einen E. machen, an jmdm. vornehmen; sich einem E. unterziehen. **2.** *unrechtmäßiger Übergriff:* ein roher, gewaltsamer E.; ein E. in die private Sphäre; einen E. abwehren; sie erlaubte sich Eingriffe in fremdes Recht.

E

einhaken: 1. ⟨etw. e.⟩ *mit einem Haken befestigen:* das Fenster öffnen und e.; das Seil [in eine/(seltener:) in einer Öse] e. **2.** ⟨sich e.⟩ *seinen Arm in jmds. Arm schieben:* sie hakte sich bei ihm ein; sie hakten sich ein; die beiden gingen eingehakt *(Arm im Arm).* **3.** (ugs.) *energisch eingreifen:* an dieser Stelle hakte er ein; sie hakte sofort ein und sagte ...

Einhalt, der: ⟨nur in den Wendungen⟩ **jmdm., etw. Einhalt gebieten/tun** (geh.; *jmdm., etw. energisch entgegentreten):* einem Übel, den Übeltätern E. tun; jmds. Treiben E. gebieten.

einhalten: 1. ⟨etw. e.⟩ **a)** *sich an etw. halten:* sein Versprechen, einen Termin, die Lieferzeit, eine Frist e.; einen Vertrag, eine Abmachung e.; Normen, Vorschriften e.; sie hält die Mahlzeiten nicht ein *(isst nicht regelmäßig);* er muss eine strenge Diät e.; **b)** *beibehalten:* den Kurs, die Richtung, den Abstand, die vorgeschriebene Geschwindigkeit e. **2.** (geh.) ⟨in etw. (Dat.)/mit etw. e.⟩ *innehalten:* im/mit dem Lesen e.; in der/mit der Arbeit e.; halt ein! **3.** (Schneiderei) ⟨etw. e.⟩ *die Weite von etw. verringern:* einen Ärmel e.

einhämmern: 1. ⟨etw. [in etw. (Akk.)] e.⟩ *mit dem Hammer hineinschlagen:* den Zeltpflock in den Boden e. **2.** ⟨jmdm. etw. e.⟩ *durch ständige Wiederholung einprägen:* den Massen ein Schlagwort e.; den Schülern die Grammatikregeln e.

einhängen: a) ⟨etw. e.⟩ *in eine Haltevorrichtung hängen:* die Tür, den Fensterladen e.; den Hörer e.; ⟨auch ohne Akk.⟩ er hat einfach eingehängt (veraltend; *aufgelegt);* **b)** ⟨sich e.⟩ *sich einhaken:* sie hängte sich bei mir ein; sie gingen eingehängt.

einhauen: 1. a) ⟨etw. [in etw. (Akk./Dat.) e.⟩ *hineinschlagen:* eine Kerbe in das Holz e.; in den/ (seltener:) in dem Stein war eine Inschrift eingehauen; **b)** ⟨etw. e.⟩ *entzweischlagen:* eine Tür e.; ⟨jmdm., sich etw. e.⟩ jmdm. die Fenster e.; die Jugendlichen haben sich gegenseitig die Köpfe eingehauen. **2.** ⟨auf jmdn., ein Tier e.⟩ *wiederholt und kräftig schlagen:* er hieb/(ugs.:) haute auf die Pferde ein. **3.** (ugs.) ⟨[irgendwie] e.⟩ *schnell und viel essen:* sie hauten/hieben beim Frühstück ordentlich ein; sie haben kräftig eingehauen.

einheiraten ⟨in etw. e.⟩: in eine [angesehene] Familie e.; er hat in das Geschäft eingeheiratet; ⟨auch ohne Präpositionalobjekt⟩ er hatte eingeheiratet.

Einheit, die: **1.** *Ganzheit, Einheitlichkeit:* die nationale, staatliche, politische E. eines Volkes; die innere, künstlerische E. einer Dichtung; die E. wächst, zerfällt; alle Teile bilden eine E.; eine E. darstellen; die E. von Theorie und Praxis; zu einer E. verschmelzen. **2.** *Größe, die einem Maß-, Zählsystem zugrunde liegt:* eine statistische E.; das Präparat enthält tausend Einheiten Penizillin; der Kranke erhält täglich zehn Einheiten dieses Medikaments. **3.** *militärischer Verband:* eine motorisierte E.; feindliche Einheiten; er wurde zu einer neuen E. versetzt.

einheitlich: a) *eine Einheit erkennen lassend:* ein einheitliches Werk; die Struktur ist e.; e. vorgehen; etwas e. gestalten; **b)** *für alle in gleicher Weise geltend, gleich:* einheitliche Kleidung, Verpflegung; das muss e. geregelt werden.

einheizen: 1. a) *heizen:* bei solcher Kälte muss man tüchtig e.; ÜBERTR.: sie hatten tüchtig eingeheizt (scherzh.; *reichlich Alkohol getrunken);* **b)** (selten) ⟨etw. e.⟩ *durch Heizen warm machen:* den Ofen, ein Zimmer e. **2.** (ugs.) ⟨jmdm. e.⟩ *gehörig die Meinung sagen:* dem werde ich gehörig e., wenn er nicht spurt.

einhellig: der Vorschlag fand einhellige Anerkennung, wurde mit einhelligem Lob bedacht; wir waren e. der Meinung, dass ...; die Aktion wurde e. begrüßt, abgelehnt.

einholen: 1. a) ⟨jmdn. e.⟩ *trotz Vorsprungs erreichen:* einen flüchtigen Dieb e.; ich holte ihn gerade noch ein; **b)** ⟨jmdn., etw. e.⟩ *einen Rückstand aufholen:* er konnte das Versäumte, die verlorene Zeit nicht wieder e.; im Englischen hatte er seine Mitschüler bald eingeholt. **2.** ⟨etw. e.⟩ **a)** *einziehen:* die Fahne, die Segel e.; eine Leine, das Netz e. *(an Bord ziehen);* **b)** (nordd.) *einkaufen:* Brot, Gemüse e.; ⟨auch ohne Akk.⟩ die Mutter ist e. gegangen; SUBST.: zum Einholen gehen; **c)** *sich geben lassen:* eine Genehmigung, ein Gutachten, Referenzen e.; jmds. Rat, jmds. Befehle e.; die Erlaubnis für etw. e.; wir haben Auskünfte über sie eingeholt. **3.** ⟨jmdn., etw. e.⟩ *feierlich empfangen und geleiten:* die Olympiasieger, die neuen Glocken wurden feierlich eingeholt.

einhüllen ⟨jmdn., sich, etw. e.⟩: Kopf und Schultern, das Kind in einen Schal e.; er hüllte sich in eine Decke, in seinen Mantel ein; ÜBERTR.: das Land war in dichten Nebel eingehüllt.

einig: ein einiges Volk; wir müssen e. sein; ⟨sich (Dat.) e. sein⟩ wir sind uns [in allen Fragen, über die Angelegenheit, über den Preis] e. *(haben Übereinstimmung erzielt);* ich bin mir noch nicht e. *(schlüssig),* ob ich es machen soll oder nicht; Ⓡ darüber sind uns die Gelehrten noch nicht e.; ⟨sich (Dat.) mit jmdm. e. sein, werden⟩ ich bin mir mit ihm darüber [nicht] e. geworden *(wir konnten uns darüber nicht einigen).*

einige: 1. ⟨Singular⟩ *ein wenig, etwas:* einiger politischer Zündstoff; mit einigem guten/(selten:) gutem Willen hätte sie es geschafft; vor einiger Zeit; er erzählte einiges, was (nicht: das) wir noch nicht wussten; hier fehlt noch einiges. **2.** ⟨Plural⟩ *ein paar, mehrere:* einige gute Menschen; die Taten einiger guter/(selten:) guten Menschen; an einigen Stellen; es sind nur e. *(wenige)* Fehler zu verbessern; er hat e. *(mehrere)*

hundert Bücher; e. dreißig (ugs.; *dreißig und einige*) Leute; e. standen noch herum.
3. ⟨Singular und Plural⟩ *beträchtlich:* hierin hat er e. Erfahrung; das wird e. Überlegungen fordern; die Reparatur wird einiges kosten.
einigen: 1. ⟨jmdn., etw. e.⟩ *zu einer Einheit verbinden:* er hat sein Volk geeinigt.
2. ⟨sich mit jmdm. e.⟩ *zu einer Übereinstimmung kommen:* ich habe mich gütlich mit ihm geeinigt; die Parteien haben sich miteinander [auf einen Kandidaten] geeinigt; ⟨auch ohne Präpositionalobjekt⟩ sie konnten sich nicht e.; die Parteien einigten sich auf einen Vergleich, schnell über den Preis.
einigermaßen: 1. *leidlich:* sie hat sich e. erholt; »Wie geht es dir?« – »Einigermaßen!«; eine e. gelungene Arbeit; wir waren e. überrascht.
2. (ugs.) *sehr:* das ist schon e. grotesk, peinlich.
Einigkeit, die: es herrschte E. darüber, dass ...; die E. wiederherstellen; Ⓡ E. macht stark.
Einigung, die: **1.** *das Vereinigen:* die wirtschaftliche E. Europas; die E. schaffen, vollziehen.
2. *Übereinkunft:* eine E. kam nicht zustande; über diesen Punkt wurde zwischen den Partnern keine E. erzielt; eine außergerichtliche E. anstreben, herbeiführen; sie waren zu keiner E. gelangt.
einkalkulieren ⟨etw. e.⟩: die Verpackungskosten sind im Preis [mit] einkalkuliert; ein Risiko, Verzögerungen e.; für die Strecke, für den Weg muss mehr Zeit einkalkuliert werden.
Einkauf, der: **1.** *das Einkaufen:* beim E. von Lebensmitteln auf das Verfallsdatum achten; ich muss noch einige Einkäufe machen, erledigen, besorgen; einen E. tätigen.
2. *eingekaufte Ware:* sie packte ihre Einkäufe aus; das ist ein guter, schlechter E. *(Kauf).*
3. (Kaufmannsspr.) *Einkaufsabteilung:* er arbeitet beim/im E.
einkaufen: 1. a) ⟨etw. e.⟩ *kaufen:* etw. billig, preisgünstig, vorteilhaft, teuer e.; Lebensmittel, Fleisch e.; das Warenhaus kauft seine Produkte vorwiegend im Ausland ein; dieser Film wurde vom Fernsehen in den USA eingekauft *(von dort übernommen);* **b)** *Einkäufe machen, Waren beziehen:* er ist e. gegangen; sie kauft immer im Warenhaus ein; die Großhandelskette kann günstig e.; bargeldlos e.
2. ⟨jmdn., sich in etw. (Akk.) e.⟩ *durch Zahlung eine Anwartschaft, eine Berechtigung erwerben:* die Kinder in eine Versicherung e.; sie hat sich in ein Seniorenheim eingekauft.
3. (ugs.) ⟨jmdn. e.⟩ *durch Zahlung engagieren:* der Verein hat einen erfahrenen Torwart eingekauft; einen Spitzenstar e.
einkehren: 1. *eine Gaststätte besuchen:* bei einem Wirt e.; er ist auf seiner Wanderung in einem/ (seltener:) in ein Gasthaus eingekehrt.
2. (geh.) *sich einstellen:* nun ist endlich wieder Ruhe eingekehrt; Sorge, Not, das Unglück kehrte bei ihnen ein.
Einklang, der (geh.): der E. von Seele und Körper; mit jmdm., mit sich selbst im E. sein; sich mit jmdm., mit etw. im/in E. befinden; seine Worte und seine Taten stehen nicht miteinander im/in E. *(stimmen nicht überein);* wir versuchten unsere Wünsche und die des Partners in E. zu bringen *(aufeinander abzustimmen).*
einkleiden ⟨jmdn., sich e.⟩: seine Kinder neu e.; die Kinder durften sich völlig neu e.; die Rekruten wurden eingekleidet *(erhielten Uniformen);* die Novizen e.; ÜBERTR.: seine Gedanken in ein Gleichnis, in eine Metapher e. *(in die Form eines Gleichnisses, einer Metapher bringen).*
einklemmen: 1. ⟨jmdn., etw. e.⟩ *durch Quetschen verletzen:* das umgestürzte Regal klemmte seinen Fuß ein; der Fahrer wurde hinter/unter dem Lenkrad eingeklemmt; ⟨jmdm., sich etw. e.⟩ ich habe mir den Daumen, die Hand eingeklemmt; (Med.:) ein eingeklemmter Bruch.
2. ⟨etw. e.⟩ *fest in etw., zwischen etw. klemmen:* das Monokel ins Auge e.; der Hund klemmt den Schwanz ein; ein Werkstück in den Schraubstock e.
Einkommen, das: ein gutes, sicheres, geregeltes, geringes, kleines E.; sie hat ein hohes monatliches E.; sein jährliches E. beträgt ...; er muss sein E. versteuern; Personen mit [überdurchschnittlich] hohem E.
Einkünfte, die ⟨Plural⟩: gute, feste, [un]regelmäßige, niedrige E.; seine E. an Zinsen sind gering; er hat keinerlei E. aus Grundbesitz; die E. verbessern, versteuern; sie verfügt über große, hohe E.
¹einladen /vgl. einladend/ ⟨jmdn. e.⟩: **a)** *als Gast zu sich bitten:* seine Freunde, die Verwandten e.; jmdn. nach Berlin, in die Schweiz, zum Geburtstag, in sein Heim, für drei Wochen, zu einer Tasse Tee, auf ein Glas Wein e.; er lädt uns für heute Abend zum Essen ein; wir laden Sie zu einem Umtrunk in unseren neuen Geschäftsräumen/in unsere neuen Geschäftsräume ein; sie lud mich ein *(forderte mich auf),* Platz zu nehmen; ⟨auch ohne Akk.⟩ die Nachbarn haben eingeladen; ADJ. PART.: eine einladende Geste, Handbewegung, ÜBERTR.: das herrliche Wetter lud zu einem Spaziergang ein *(verlockte dazu);* **b)** *zur Teilnahme auffordern:* jmdn. ins Theater, zum Ball, zu einer Autofahrt e.; ⟨auch ohne Akk.⟩ zur Hundertjahrfeier lädt ein ...; alle Eltern sind herzlich eingeladen.
²einladen ⟨etw. [in etw. (Akk.)] e.⟩: *in ein Fahrzeug o. Ä. laden:* das Gepäck e.; Waren, Pakete, Kisten in den Waggon e.
einladend: *verlockend:* ein einladender Anblick; das Wetter ist wenig e.; die Kneipe sah nicht sehr e. aus.
Einladung, die: **a)** *Aufforderung zum Besuch, zur Teilnahme:* eine mündliche, schriftliche, formelle, herzliche E.; ⟨an jmdn.⟩ eine E. erge-

E

hen lassen; eine E. zum Tee bekommen; eine E. annehmen, ablehnen; einer E. folgen; wir werden Ihrer freundlichen E. gern Folge leisten; **b)** *Einladungsschreiben:* Einladungen drucken lassen, verschicken; jmdm. eine E. schicken.

Einlage, die: **1.** *Beilage:* eine E. in den Brief, in das Paket legen; etw. als E. verschicken; Suppe mit E. *(mit Nudeln o. Ä.);* die E. *(Versteifung)* in einem Kragen; der Zahnarzt macht eine E. *(provisorische Füllung).* **2.** *Fußstütze im Schuh:* Einlagen tragen; Einlagen *(Einlegesohlen)* aus Schaumgummi. **3.** *eingeschobener Teil des Programms:* ein Konzert mit tänzerischen Einlagen. **4.** *eingezahltes Geld:* die Einlagen bei den Sparkassen sind gestiegen. **5.** *in ein Unternehmen eingebrachtes Geld:* die Einlagen der verschiedenen Teilhaber.

Einlass, der: E. ab 18 Uhr; E. begehren, fordern, finden; jmdm. E. gewähren; er verschaffte mir E. in das Haus.

einlassen: 1. ⟨jmdn. e.⟩ *jmdm. Zutritt gewähren:* er ließ niemanden ein. **2.** ⟨etw. [in etw. (Akk.)] e.⟩ *einlaufen lassen:* Wasser in die Badewanne e.; ein Bad e. **3.** ⟨etw. [in etw. (Akk.)] e.⟩ *einsetzen:* über dem Torbogen war ein Wappen in die Mauer eingelassen. **4.** (ugs.) ⟨sich mit jmdm. e.⟩ *Umgang pflegen:* lass dich nicht mit diesem Menschen ein!; sie hat sich zu weit mit ihm eingelassen. **5.** ⟨sich auf etw. (Akk.)/in etw. (Akk.) e.⟩ *mitmachen; auf etw. eingehen:* sich auf ein Abenteuer, auf eine Diskussion, auf einen Streit e.; ich ließ mich nicht auf Unterhandlungen, in ein Gespräch mit ihm ein; darauf wollte sie sich nicht e.; er ließ sich auf nichts ein.

Einlauf, der: **1.** *Darmspülung:* die Schwester machte dem/bei dem Patienten einen E. **2.** (Kochk.) *gequirltes Ei:* Brühe mit E. **3.** (Kaufmannsspr.) *eingehende Post:* die Einläufe durchsehen. **4.** (Sport) *das Einlaufen:* der E. der Marathonläufer [in das Stadion]; der Skiläufer stürzte kurz vor dem E. [ins Ziel].

einlaufen: 1. (Sport) ⟨in etw. (Akk.) e.⟩ *hinein-, hereinlaufen:* die Mannschaften laufen in das Stadion ein; in die letzte Runde, in die Zielgerade e. *(sie erreichen).* **2.** *einfahren:* das Schiff ist [in den Hafen] eingelaufen; wir laufen um 8 Uhr ein; der Zug läuft gerade [auf Gleis 6] ein. **3. a)** *hineinfließen:* das Wasser läuft [in das Becken] ein; jmdm., sich ein Bad e. lassen; **b)** *eintreffen:* Briefe, Beschwerden laufen bei der Behörde, auf dem Rathaus ein; es sind viele Spenden eingelaufen. **4.** *schrumpfen:* der Pullover ist beim Waschen eingelaufen; dieser Stoff läuft nicht ein.

5. ⟨etw. e.⟩ *(Schuhe) durch Tragen ausweiten:* die neuen Schuhe e.; gut eingelaufenes Schuhwerk. **6.** ⟨sich e.⟩ *richtig in Gang kommen:* die Läufer müssen sich erst e.; ÜBERTR.: die Geschäfte haben sich gut eingelaufen, sind gut eingelaufen.

einleben ⟨sich e.⟩: sie hat sich bei uns, in unserer Stadt gut eingelebt; ÜBERTR.: der Schauspieler hat sich ganz in die Rolle eingelebt *(hineinversetzt).*

einlegen ⟨etw. e.⟩: **1.** *hineinlegen:* einen Film [in die Kamera] e.; Geld, Bilder [in einen Brief] e.; beim Einparken den Rückwärtsgang e. *(in den Rückwärtsgang schalten).* **2.** *in Flüssigkeit konservieren:* Gurken, Heringe e. **3.** *als Verzierung einfügen:* [ein Muster aus] Elfenbein, Perlmutter e.; edle Hölzer [in Holz, in Metall] e.; eingelegte Arbeit; die Tischplatte war mit Elfenbein eingelegt *(verziert).* **4.** *einfügen:* eine Pause e.; eine Arie [in eine Oper] e.; auf der Reise einen Zwischenaufenthalt e. **5.** *geltend machen:* Verwahrung, Protest, Beschwerde, ein Veto [gegen etw.] e.; der Anwalt legte Berufung, Revision [beim Oberlandesgericht] ein. **6.** *mit Lockenwicklern o. Ä. in eine bestimmte Form bringen:* die Haare e.; ⟨jmdm. etw. e.⟩ der Friseur legt mir die Haare ein.

einleiten ⟨etw. e.⟩ *in die Wege leiten:* Maßnahmen, eine Untersuchung e.; die Narkose, die Operation e.; die Geburt künstlich e.; diplomatische Schritte e.; man hat ein Verfahren gegen ihn eingeleitet. **2.** ⟨etw. e.⟩ *eröffnen:* eine Feier mit Musik e.; Orgelspiel leitete den Gottesdienst ein; er sprach einige einleitende *(einführende)* Worte. **3.** ⟨etw. in etw. (Akk.) e.⟩ *hineinfließen lassen:* Abwässer in den See e.

Einleitung, die: **1.** *das Einleiten:* die E. eines Verfahrens fordern. **2.** *einleitender Teil:* eine kurze, knappe, lange, umständliche E.; die E. eines Buches; sie trug zur E./als E. der Feier ein Gedicht vor. **3.** *das Hineinfließenlassen:* die E. von Abwässern in den See untersagen.

einlenken: 1. ⟨in etw. (Akk.) e.⟩ *einbiegen:* der Karnevalszug ist in eine Seitenstraße eingelenkt. **2.** ⟨etw. in etw. (Akk.) e.⟩ *einbiegen lassen:* eine Rakete in ihre Bahn e. **3.** *von seiner starren Haltung abgehen, nachgeben:* nach dieser scharfen Entgegnung lenkte sie sofort wieder ein; SUBST.: jmdn. zum Einlenken bewegen.

einleuchten ⟨jmdm. e.⟩: dieser Grund, dieses Verfahren leuchtet mir ein; es leuchtet ihm nicht ein, wollte ihm nicht e., dass ...; ADJ. PART.: das ist eine einleuchtende *(plausible)* Erklärung.

einliefern: a) ⟨jmdn. [in etw. (Akk.)] e.⟩: *an einen bestimmten Ort bringen:* jmdn. in eine Heilanstalt, ins Gefängnis e.; der Verletzte wurde heute in die Klinik eingeliefert; **b)** ⟨etw. [irgendwo] e.⟩: *abliefern:* die Pakete bei der Post e.; Waren e.

einlösen ⟨etw. e.⟩: **a)** *sich auszahlen lassen:* einen Scheck, Wechsel e.; **b)** *zurückkaufen:* ein Pfand, den versetzten Schmuck [im Pfandhaus] e.; **c)** *erfüllen, halten:* sein Versprechen, sein [Ehren]wort e.

einmal: I. ⟨Adverb⟩ **1. a)** *ein [einziges] Mal;* e. Berlin einfach; e. am Tag; e. in der Woche; e. und nicht wieder; er war erst e. da; (ugs.:) das gibts nur e.; ich versuche es noch e. *(ein letztes Mal);* ⓇR e. ist keinmal; **b)** /zählend/: e. sagt sie dies, e./ein andermal das; mein Buch ist noch e. *(doppelt)* so groß, so dick wie deines; ich versuche es noch e. *(wieder, aufs Neue);* das ist noch e. gut gegangen; es hat sich e. mehr *(wieder einmal)* gezeigt, dass ... **2.** (ugs. auch: mal) **a)** *eines Tages, später:* sie wird es [noch] e. bereuen; es wird e. eine Zeit kommen, da ...; **b)** *einst, früher:* es ging ihm e. besser als heute; das war e. (ugs.; *das gibts es heute nicht mehr*); /formelhafter Märchenanfang/: es war e. ...; **c)** *irgendwann:* kommen Sie doch e. zu mir!; /häufig verblasst/: lass mich e. versuchen!; wir wollen e. sehen; wenn du e. groß bist; **d)** *gerade:* da ich schon e. hier bin, ...; e. in Florenz, wollte sie kein Museum auslassen. **II.** ⟨Partikel⟩ **1.** (ugs. auch: mal) /verstärkend oder eingrenzend bei anderen Adverbien/: auch e. *(ebenfalls):* darf ich auch e. probieren?; nun e. *(eben):* das ist nun e. so; man kann nun e. nichts mit ihm anfangen; erst e. *(als Erstes):* komm erst e. mit!; hör erst e. zu!; wieder e. *(wieder):* er hat wieder e. Recht gehabt; nicht e. *(sogar ... nicht):* nicht e. lesen kann sie. **2.** (ugs. auch: mal) /verstärkend im Aufforderungssatz/: sag e.!; aber hör e., das ist ja ungeheuerlich!; **⋆ auf einmal** (1. *plötzlich:* auf e. brach die Sonne durch die Wolken. 2. *zugleich:* ich kann nicht alles auf e. tun).

einmalig: a) *nur einmal erforderlich:* eine einmalige Zahlung, Anschaffung, Abfindung; **b)** *nie wiederkehrend:* ein einmaliges Erlebnis; nutzen Sie diese einmalige Chance, Gelegenheit!; (ugs.:) dieser Film ist wirklich e.; der Bursche ist e. (ugs.; *ein Unikum);* **c)** *unvergleichlich:* das Wetter, die Aussicht war e. schön.

einmischen ⟨sich e.; gewöhnlich mit Umstandsangabe⟩: du mischst dich überall, immer, allzu gern, in alles ein; ich will mich [da] nicht e.

einmütig: einmütige Ablehnung, Zustimmung; etw. e. beschließen, verurteilen, begrüßen; e. protestieren.

Einmütigkeit, die: es herrschte volle E. [zwischen uns, in der Versammlung, unter den Delegierten] über die Angelegenheit, in dieser Sache.

Einnahme, die: **1.** *Verdienst:* eine unerwartete E.; hohe, ständige, steigende Einnahmen aus dem Verkauf von etw. erzielen; ihre monatlichen Einnahmen schwanken.

2. *das Einnehmen:* die E. von Tabletten einschränken.

3. *militärische Eroberung:* die E. der Stadt steht bevor.

einnehmen: 1. ⟨etw. e.⟩ *in Empfang nehmen, verdienen:* Geld, 1000 Mark e.; sie hat heute viel, wenig eingenommen; der Staat nimmt Steuern ein. **2.** ⟨etw. e.⟩ *zu sich nehmen:* Pillen, eine Medizin e.; (geh.:) eine Mahlzeit e.; wir nahmen das Frühstück auf der Terrasse ein. **3.** ⟨etw. e.⟩ *erobern:* eine Stadt, eine Festung e. **4.** ⟨etw. e.⟩ **a)** *besetzen:* bitte nehmen Sie Ihre Plätze wieder ein *(setzen Sie sich wieder!);* /häufig verblasst/: einen Posten, eine wichtige Stelle e. *(innehaben);* eine abwartende Haltung e. *(sich abwartend verhalten);* er nimmt in dieser Frage einen anderen, gegensätzlichen Standpunkt ein; **b)** *als Raum beanspruchen; ausfüllen:* der Schrank nimmt viel Platz, die ganze Wand ein; der Aufsatz nimmt drei Seiten ein; BILDL.: dieser Gedanke nimmt ihn völlig ein *(beschäftigt ihn stark).* **5. a)** ⟨jmdn. für jmdn., sich, etw. e.⟩ *günstig stimmen:* er nahm durch sein freundliches Wesen alle für sich ein; seine bescheidene Art nahm alle Kollegen für ihn ein; ein einnehmendes Lächeln, Äußeres; sie hat ein einnehmendes Wesen (auch scherzh.: *sie nimmt alles, was für sie erreichbar ist);* **b)** ⟨jmdn. gegen jmdn., sich, etw. e.⟩ *ungünstig beeinflussen:* mein Kollege hat sie gegen mich, gegen meine Pläne eingenommen; er ist gegen ihn eingenommen *(hat etwas gegen ihn);* **⋆ von sich eingenommen sein** (abwertend; *von sich überzeugt sein).*

einordnen: 1. ⟨etw. [in etw. (Akk.)] e.⟩ *in eine Ordnung einfügen:* Karteikarten [alphabetisch] e.; Zeitungen in eine Mappe e.; ÜBERTR.: ich weiß nicht, in welche Kategorie ich sie e. *(wie ich sie einschätzen)* soll; ein Kunstwerk zeitlich e. **2. a)** ⟨sich [in etw. (Akk.)] e.⟩ *sich einfügen:* du musst dich in die Gemeinschaft, in den Betrieb e.; **b)** ⟨sich e.⟩ *in die vorgeschriebene Fahrspur fahren:* der Fahrer muss sich rechtzeitig vor dem Abbiegen e.; bitte e.!

einpacken ⟨jmdn., etw. [in etw. (Akk./Dat.)] e.⟩: Waren e.; Geschenke in buntes Papier e.; einen Anzug für die Reise e. *(in den Koffer packen);* pack deine Sachen ein!; die Mutter packte das Kind in eine *(sicher auch:)* in einer Decke ein; ich lag warm eingepackt (ugs.; *in warme Decken o. Ä. eingehüllt)* auf dem Balkon; ⟨auch mit Akk.⟩ ihr müsst e., es ist Zeit; **⋆ einpacken können** (ugs.; *nichts erreichen; nichts ausrichten)* · **pack ein!** (salopp; *hör auf!; verschwinde!;* Ausruf der Verärgerung).

einpendeln: 1. ⟨in etw. (Akk.) e.⟩ *zur Arbeit in die Stadt fahren:* in die Stadt pendeln täglich etwa 10 000 Arbeitnehmer ein. **2.** ⟨sich auf etw. (Akk.)/bei etw. e.⟩ *einen weitgehend konstanten Wert erreichen:* die Tagesleis-

E

tung hat sich allmählich auf, bei 300 Stück eingependelt; ⟨auch ohne Präpositionalobjekt⟩ die Preise haben sich eingependelt *(stabilisiert).*

einpflanzen: 1. ⟨etw. [in etw. (Akk./Dat.)] e.⟩ Rosen, einen jungen Baum e.; Stecklinge in den/ (seltener:) im Topf e.; ÜBERTR.: den Kindern Ordnungsliebe e. 2. (Med.) ⟨jmdm. etw. e.⟩ *implantieren:* jmdm. einen Herzschrittmacher, eine Niere e.

einprägen: 1. ⟨etw. [in etw. (Akk./Dat.)] e.⟩ *in etw.* prägen: ein Bild, eine Inschrift in eine/(seltener:) in einer Münze e.; eingeprägte Zahlen. 2. a) ⟨jmdm., sich etw. e.⟩ *einschärfen:* sie prägte ihm ein, pünktlich zu sein; ich prägte mir, meinem Gedächtnis diese Worte fest ein; sich einen Namen e. *(genau merken);* b) ⟨sich jmdm. e.⟩ *jmdm. im Gedächtnis haften bleiben:* dieses Bild, jede Einzelheit hat sich mir unauslöschlich eingeprägt; ⟨auch ohne Dat.⟩ dieser Vers, diese Melodie prägt sich leicht ein.

einrahmen ⟨etw. e.⟩: ein Bild e.; BILDL.: bewaldete Höhen rahmen das Dorf ein; die Feier wurde von einem Kammerorchester musikalisch eingerahmt; (scherzh.:) eingerahmt von zwei jungen Damen saß er am Tisch; Ⓡ das kannst du dir e. lassen (ugs.; *das ist nicht viel wert; daraufleg e ich keinen Wert).*

einräumen: 1. a) ⟨etw. [in etw. (Akk.)] e.⟩ *in einer bestimmten Anordnung hineinstellen, -legen:* Bücher, Kleider, Wäsche in den Schrank e.; die Möbel [wieder] ins Zimmer e.; b) ⟨etw. e.⟩ *mit etw. füllen, ausstatten:* einen Schrank, ein Zimmer e. 2. a) ⟨jmdm. etw. e.⟩ *überlassen:* er räumte mir eins seiner Zimmer ein; jmdm. den Ehrenplatz e.; b) ⟨jmdm., etw. etw. e.⟩ *gewähren:* jmdm. Konzessionen, einen Preisnachlass, einen Kredit, einen Aufschub, eine Chance e.; dieser Angelegenheit muss Vorrang eingeräumt werden; jmdm. Befugnisse, Rechte, Freiheiten, Vorteile e.; c) ⟨etw. e.⟩ *zugeben:* er räumte ein, dass der Preis zu hoch sei.

einreden: 1. ⟨jmdm., sich etw. e.⟩ *jmdn. etw. glauben machen:* wer hat dir diesen Unsinn eingeredet?; er redete ihr ein, sie solle verzichten; das lasse ich mir nicht ein; das hast du dir nur eingeredet. 2. ⟨auf jmdn.⟩ *eindringlich zu jmdm. sprechen:* er redete unablässig, stundenlang auf mich ein.

einreichen: 1. ⟨etw. e.⟩ *zur Prüfung, Bearbeitung vorlegen:* ein Gesuch, einen Antrag, eine Examensarbeit e.; Rechnungen e.; er hat der/bei der Regierung seinen Abschied *(sein Entlassungsgesuch)* eingereicht; gegen jmdn. Beschwerde e.; eine Klage bei Gericht e. *(gegen jmdn. klagen);* die Scheidung e. 2. (ugs.) ⟨jmdn. für etw./zu etw. e.⟩ *vorschlagen:* jmdn. für einen Orden e.; einen Beamten zur Beförderung e.

einreihen ⟨jmdn., sich, etw. irgendwo e.⟩: er reihte

sich hinten, in den Zug, unter die Demonstranten ein; sich in den Verkehr e.

Einreise, die: eine illegale E.; die E. nach Deutschland, in die Schweiz, in die USA, mit dem Schiff, mit dem Auto; jmdm. die E. gestatten, verweigern.

einreißen: 1. ⟨etw. e.⟩ *ab-, niederreißen:* ein Haus, eine Mauer e.; die Flut hat die alten Dämme eingerissen. 2. a) ⟨etw. e.⟩ *einen Riss in etw. machen:* er hat das Tuch, den Geldschein eingerissen; b) *vom Rand her einen Riss bekommen:* der Stoff reißt überall ein; die Zeitung, das Titelblatt, der Fingernagel ist eingerissen. 3. ⟨sich (Dat.) etw. e.⟩ *unter die Haut dringen lassen:* wo hast du dir den Dorn, den Splitter eingerissen? 4. *zur schlechten Gewohnheit werden:* diese Unsitte reißt immer mehr ein, ist bei uns eingerissen; wir wollen hier keine Schlamperei e. lassen.

einrenken: 1. ⟨etw. e.⟩ *ein Glied wieder ins Gelenk drehen:* einen Arm, ein Bein e.; ⟨jmdm. etw. e.⟩ der Arzt hat ihm die Schulter wieder eingerenkt. 2. (ugs.) a) ⟨etw. e.⟩ *wieder in Ordnung bringen; bereinigen:* ich konnte die Sache wieder e.; b) ⟨sich e.⟩ *wieder in Ordnung kommen:* alles hat sich wieder eingerenkt.

einrennen: a) ⟨etw. e.⟩ *durch Dagegenrennen öffnen:* ein Tor mit einer Eisenstange e.; b) (ugs.) ⟨sich (Dat.) etw. e.⟩ *durch heftiges Anstoßen verletzen:* ich habe mir den Kopf, den Schädel an der Kante eingerannt.

einrichten: 1. a) ⟨etw. e.⟩ *mit Möbeln, Einrichtungsgegenständen ausstatten:* ein Zimmer [mit neuen Möbeln], einen Laden, ein Labor e.; ⟨sich (Dat.) etw. e.⟩ sich im Keller eine Werkstatt, einen Hobbyraum, einen Partyraum e.; eine modern eingerichtete Wohnung; b) ⟨sich e.⟩ *seinen Wohn-, Arbeitsraum gestalten:* sich behaglich, sparsam, neu, mit Stilmöbeln e.; sie hat sich im Gartenhaus häuslich, wohnlich eingerichtet; sie ist sehr hübsch, geschmackvoll, modern eingerichtet. 2. (Med.) ⟨etw. e.⟩ *wieder in die richtige Lage bringen:* einen Bruch, einen gebrochenen Arm e. 3. ⟨sich e.⟩ *sich den Umständen anpassen:* er muss sich e.; seine Frau weiß sich einzurichten *(kommt mit ihren Mitteln aus).* 4. ⟨etw. e.⟩ *neu schaffen, eröffnen:* in dem Neubau wurde eine Bankfiliale, ein Archiv, ein Dokumentationszentrum eingerichtet, eine Beratungsstelle, einen Pannendienst e. 5. a) ⟨etw. e.⟩ *umgestalten:* ein Orchesterstück für Klavier e. (Musik; *arrangieren);* etw. für die Bühne neu e.; b) *möglich machen:* wir müssen es so e., dass wir vor ihm ankommen; kannst du es e., heute mit mir zu essen?; es ließ sich leider nicht anders e.; ⟨sich (Dat.) etw. e.⟩ ich kann es mir/kann mir das e. 6. c) (ugs.) ⟨sich auf jmdn., etw. e.⟩ *sich vorbereiten:* sich auf Gäste, auf eine lange Wartezeit e.; darauf bin ich nicht eingerichtet.

Einrichtung, die: 1. *das Einrichten:* Überlegungen zur E. eines Betriebes; E. (Theater; *Arrangement*) und Ausstattung von ...; (Med.:) die E. eines gebrochenen Gliedes. 2. a) *Ausstattung:* eine nüchterne, funktionale, zweckmäßige E.; sie haben eine geschmackvolle, dürftige E.; b) *Vorrichtung:* eine automatische E.; die sanitären Einrichtungen *(Bad und Toilette).* 3. *Institution:* eine staatliche, öffentliche, soziale, private E.; das Rote Kreuz ist eine segensreiche E.; ÜBERTR.: unser jährliches Klassentreffen ist zu einer ständigen E. *(einer festen Gewohnheit)* geworden.

einrücken: 1. a) ⟨[in etw. (Akk.)] e.⟩ *einmarschieren:* die Truppen rücken in die Stadt ein; die Feuerwehr ist wieder eingerückt *(hat den Einsatz beendet);* er ist in den Stadtrat eingerückt (ugs.; *ist Stadtrat geworden);* b) *zum Wehrdienst eingezogen werden:* er muss übermorgen [zur Bundeswehr] e. 2. (Bürow.) ⟨etw. e.⟩ *eine Zeile mit Abstand vom Rand beginnen lassen:* eine Überschrift, die Anrede eines Briefes, eine Zeile, einen Absatz e. 3. (Zeitungsw.) ⟨etw. e.⟩ *in die Zeitung setzen:* eine Anzeige, ein Inserat e.; sie ließ den Artikel ins Morgenblatt e.

eins ⟨Kardinalzahl; als Ziffer: 1⟩: Seite, Gleis e.; es ist, schlägt e. *(ein Uhr);* um e.; Punkt e.; halb e.; sie kommt gegen e.; die Mannschaft gewann e. zu null; e. und e. ist, macht, gibt zwei; Ⓡ e. zu null für dich! (ugs.; *in diesem Punkt gebe ich mich geschlagen);* SUBST.: die Zahl, Ziffer Eins; eine arabische, römische Eins; sie hat in Latein eine Eins *(die Note 1)* geschrieben; sie hat die Prüfung mit [der Note] »Eins« bestanden; er würfelt eine Eins, zwei Einsen; er fährt mit der Eins (ugs.; *Straßenbahn-, Buslinie 1);* ✳ **eins, zwei, drei** (ugs.; *im Handumdrehen):* er war e., zwei, drei damit fertig · **jmdm. eins sein** (ugs.; *jmdm. gleichgültig sein)* · **mit jmdm. eins werden/sein** *([handels]einig werden/sein)* · **eins sein** (1. *ein und dasselbe sein:* das ist doch alles e. 2. *sich gleichzeitig ereignen:* Blitz und Donner waren e.; hinsetzen und zugreifen war e.).

einsam: a) *völlig allein; zurückgezogen:* ein einsamer Mensch; ein einsames Leben führen; e. und verlassen sein; ganz e. leben; ich fühle mich e. *(verlassen);* er liebt die einsamen Entschlüsse, Entscheidungen *(Entschlüsse, die er allein, ohne Absprache mit anderen fasst bzw. trifft);* es begegnete ihnen nur ein einsamer *(vereinzelter)* Wanderer; b) *abgelegen; menschenleer:* eine einsame Bucht, Gegend, Straße; ein einsamer Strand; ein e. gelegenes Wirtshaus; der Hof liegt e. in der Heide.

Einsamkeit, die: die E. lieben, suchen, fliehen, meiden, fürchen; er zog sich in die E. *(Abgeschieden-*

heit) eines Bergdorfes zurück; jmdn. in seiner E. trösten.

einsammeln ⟨etw. e.⟩: a) *auflesen:* Früchte [in einen Korb] e.; die herumliegenden Kleidungsstücke e.; ÜBERTR.: die letzte Bahn sammelt die Nachtschwärmer ein; b) *sich geben lassen:* die Ausweise, Schulhefte e.

Einsatz, der: 1. *eingesetztes Teil:* der E. eines Koffers; die Decke hat einen gehäkelten, geklöppelten E.; einen E. aus Spitze; ein Topf mit passendem E. 2. *eingesetzter Betrag:* der E. war niedrig, hoch; den E. zahlen, erhöhen; er hat nur seinen E. wiedergewonnen; mit hohem E. spielen. 3. *das Einsetzen:* der E. von Herbiziden ist hier nicht erlaubt; der E. von Flugzeugen; der E. beiden Spieler ist noch fraglich; dieser Beruf verlangt, fordert den vollen E. *(die ganze Arbeitskraft)* der Person; er rettete das Kind unter/(seltener:) mit E. seines Lebens; zum E. bringen *(einsetzen);* zum E. kommen, gelangen *(eingesetzt werden).* 4. (Milit.) *das Eingesetztwerden an der Front:* er hat schon mehrere Einsätze geflogen; die Truppe ist, steht im E. *(im Kampf);* er ist vom E. nicht zurückgekehrt (verhüll.; *er ist gefallen).* 5. (Musik) *das Beginnen, Einsetzen einer Stimme, eines Instruments:* die Einsätze waren ungenau; der Dirigent gab den E. *(das Zeichen zum Beginn)* zu spät; er hat den E. verpasst.

einschalten: 1. ⟨etw. e.⟩ a) *durch Schalten in Gang setzen:* eine Batterie, Maschine e.; den [elektrischen] Strom, das Licht e.; er hat einen anderen Sender eingeschaltet; den dritten Gang e.; b) ⟨sich e:⟩ *sich automatisch in Gang setzen:* das Licht, die Alarmanlage schaltet sich automatisch ein. 2. ⟨etw. e.⟩ *einfügen:* einige Worte zur Erklärung e.; wir schalten jetzt eine kurze Pause ein. 3. a) ⟨sich e.⟩ *eingreifen:* sich in die Diskussion e.; sie schaltete sich in die Verhandlungen ein; die Staatsanwaltschaft hat sich eingeschaltet; b) ⟨jmdn. e.⟩ *hinzuziehen:* Sachverständige e.; Interpol wurde [in die Ermittlungen] eingeschaltet.

einschärfen ⟨jmdm. etw. e.⟩: jmdm. ein Verbot, eine Verhaltensregel e.; sie schärfte ihm ein, vorsichtig zu sein.

einschätzen: 1. ⟨jmdn., etw. irgendwie e.⟩ *beurteilen:* eine Situation richtig, falsch e.; ich schätze ihn, seine Arbeit hoch ein; etw. noch nicht e. können; das ist schwer einzuschätzen. 2. ⟨jmdn. e.⟩ *jmds. Steuerkraft veranschlagen:* jmdn. zur Steuer e.; ich bin dieses Jahr höher eingeschätzt worden.

einschenken ⟨etw. e.⟩: Wein, Kaffee e.; ⟨jmdm., etw. e.⟩ er schenkte mir ein Glas Bier ein; sich noch eine Tasse e.; ⟨auch ohne Dat. und ohne Akk.⟩ der Wirt schenkte immer wieder ein.

einschicken ⟨etw. e.⟩: eine Uhr zur Reparatur e.;

eine Rechnung an die Versicherung e.; er hat die Probe einem Institut/an ein Institut eingeschickt.

einschießen: 1. ⟨etw. e.⟩ *durch Schießen zertrümmern:* die Mauern der Burg e.; mit dem Ball eine Fensterscheibe e. 2. a) ⟨etw. e.⟩ *durch Erproben treffsicher machen:* ein Gewehr e.; b) ⟨sich e.⟩ *treffsicher werden:* du musst dich erst e.; (Sport:) nach zwanzig Minuten hatte sich der gegnerische Sturm eingeschossen; ⟨sich auf jmdn., etw. e.⟩ der Gegner hatte sich auf uns, auf unsere Stellung eingeschossen; ÜBERTR.: die Medien haben sich auf die Ministerin eingeschossen *(attackieren sie).* 3. ⟨etw. e.⟩ *hineinschießen:* einen Dübel e.; (Sport:) der Linksaußen schoss den Ball zum 3:0 ein; den Faden e. (Weberei; *beim Weben quer durchstoßen*); das Brot in den Backofen e. (landsch.; *schieben*); leere Bogen e. (Druckw.; *zwischen die Druckbogen heften*); ⟨auch ohne Akk.⟩ (Sport:) er schoss zum 1:0 ein.

einschlafen: 1. *in Schlaf fallen:* nicht e. können; sie schlief schnell, nur schwer, erst spät ein; er ist beim/über dem Lesen, über seinem Buch eingeschlafen. 2. (verhüll.) *sanft sterben:* sie ist friedlich eingeschlafen. 3. *gefühllos werden:* das, mein Bein ist beim Sitzen eingeschlafen; ⟨jmdm. e.⟩ mir ist der linke Fuß eingeschlafen. 4. *nachlassen, aufhören:* unser Briefwechsel ist allmählich eingeschlafen; wir wollen die alten Beziehungen nicht e. lassen.

einschläfern: 1. ⟨jmdn. e.⟩ a) *in Schlaf versetzen:* diese Musik schläfert mich ein; die einschläfernde Eintönigkeit einer Bahnfahrt; die Hitze wirkt einschläfernd; b) *narkotisieren:* jmdn. vor einer Operation e.; c) ⟨ein Tier e.⟩ *schmerzlos töten:* der Hund musste eingeschläfert werden. 2. ⟨jmdn., etw. e.⟩ *sorglos machen, beruhigen:* jmds. Gewissen e.; wir lassen uns durch solche Parolen nicht e.

Einschlag, der: 1. *das Einschlagen:* der E. einer Granate; die Einschläge [der Gewehrkugeln] waren deutlich zu sehen. 2. *Anteil, Beimischung:* eine Familie mit französischem E.; eine Stadt mit stark ländlichem E.

einschlagen: 1. a) ⟨etw. [in etw. (Akk.)] e.⟩ *schlagend hineintreiben:* einen Nagel [in die Wand] e.; Pfähle in die Erde e.; b) ⟨etw. e.⟩ *durch Schlagen zertrümmern:* Schaufenster, eine Fensterscheibe e.; ⟨jmdm., sich etw. e.⟩ jmdm. den Schädel e.; er schlug sich [an der Bettkante] zwei Zähne ein; sie haben sich gegenseitig die Köpfe eingeschlagen. 2. (Forstw.) ⟨etw. e.⟩ *planmäßig fällen:* Brennholz e.; einen Baumbestand, Wald e. 3. ⟨auf jmdn. e.⟩ *jmdn. wiederholt schlagen:* mit der Peitsche auf die Pferde e.; er schlug wie von Sinnen auf das Kind ein. 4. *jmds. Hand zustimmend ergreifen:* in eine dar-

gebotene Hand e.; die Wette gilt, schlag ein!; ÜBERTR.: als man ihm die Stelle anbot, schlug er ein *(sagte er zu).* 5. ⟨etw. [in etw. (Akk.)] e.⟩ *einwickeln:* ein Geschenk in buntes Papier e.; das Kleid war in ein/ (selten auch:) in einem Tuch eingeschlagen; ein Buch e. *(mit einem Schutzumschlag versehen).* 6. (Schneiderei) ⟨etw. e.⟩ *nach innen legen:* einen Saum, die Ärmel e. 7. (Landw.) ⟨etw. e.⟩ *bis zum Auspflanzen mit Erde bedecken:* Stauden, Sträucher e. 8. ⟨etw. e.⟩ *einen Weg wählen:* einen Feldweg, den direkten Weg, die Straße nach Süden e.; eine neue, andere Richtung e.; den eingeschlagenen Kurs ändern; ÜBERTR.: eine Laufbahn, ein neues Verfahren e. *(beginnen).* 9. *auftreffen und dabei explodieren:* der Blitz hat [in die Scheune] eingeschlagen; die Granate schlug in den Turm ein; (ugs.:) diese Nachricht schlug wie eine Bombe ein; ⟨es schlägt ein⟩ im Nachbarhaus hat es *(hat der Blitz)* eingeschlagen. 10. (ugs.) a) *sich bewähren:* der neue Mitarbeiter schlägt [gut] ein; in der Schule hat er gut eingeschlagen; b) *Anklang finden:* der neue Artikel, die Idee hat [hervorragend] eingeschlagen. 11. *das Lenkrad drehen, sodass sich die Stellung der Vorderräder ändert:* mehr nach rechts e.!

einschlägig: die einschlägige Literatur; die einschlägigen Paragraphen des Gesetzes; einschlägige Kenntnisse, Erfahrungen haben, mitbringen; diese Ware ist in allen einschlägigen Geschäften erhältlich; etw. ist e. bekannt; er ist e. vorbestraft.

einschleichen: 1. ⟨sich [in etw. (Akk.)] e.⟩: *heimlich eindringen:* ein Dieb schlich sich in unser/(selten auch:) in unserem Haus ein; ÜBERTR.: in die Rechnung hat sich ein Fehler eingeschlichen, der Verdacht schleicht sich ein, dass ... 2. (Med.) ⟨etw. e.⟩ *(ein Medikament) in langsam steigender Dosis zuführen:* ein Medikament e.; eine einschleichende Therapie.

einschleppen ⟨etw. e.⟩: 1. *in den Hafen schleppen:* ein Schiff e. 2. *eine Krankheit o. Ä. mitbringen und auf andere übertragen:* Läuse e.; er hat aus Indien die Pocken eingeschleppt.

einschleusen ⟨jmdn., etw. e.⟩: *Agenten in ein Land, nach Polen e.; Falschgeld in den Verkehr e.; eingeschleuste Spione; ⟨auch: sich e.⟩ er hat sich unbemerkt in das Land eingeschleust.

einschließen: 1. a) ⟨jmdn. [in etw. (Akk./Dat.)] e.⟩ *durch Verschließen eines Raumes darin festhalten:* die Kinder e.; die Gefangenen in ihre/in ihren Zellen e.; der Hausmeister hatte uns versehentlich im Büro eingeschlossen; b) ⟨sich [in etw. (Akk./Dat.)] e.⟩ *durch Abschließen der Tür niemanden zu sich hereinlassen:* er hat sich in sein/in seinem Büro eingeschlossen; c) ⟨etw. [in etw. (Akk./Dat.)] e.⟩ *in einem Raum, Behältnis*

verschließen: sie schloss ihren Schmuck, ihre Wertsachen in einen/in einem Tresor ein.
2. ⟨jmdn., etw. e.⟩ *von allen Seiten umgeben:* hohe Mauern schlossen uns ein; die feindlichen Truppen schlossen die Festung ein *(umzingelten sie);* das Tal ist ringsum von Bergen eingeschlossen.
3. ⟨jmdn., sich, etw. e.⟩ *mit einbeziehen:* jmdn. in sein Gebet [mit] e.; die Bedienung ist im Preis eingeschlossen; das Klavier kostet 3000 Mark, [den] Transport eingeschlossen.
einschließlich: I. ⟨Präp. mit Gen.⟩ *mitsamt; unter Einschluss:* e. der Unkosten; e. aller Reparaturen; ⟨ein stark dekliniertes Substantiv im Singular bleibt ungebeugt, wenn es ohne Artikel oder Attribut steht; dies gilt auch für Personennamen⟩ e. Brigitte/Brigitte e.; die Kosten e. Porto; das Buch hat 700 Seiten e. Vorwort; ⟨im Plural üblicherweise mit dem Dat., wenn der Gen. nicht erkennbar ist⟩ der Saal e. Tischen und Stühlen kostet 200 Mark Miete. **II.** ⟨Adverb⟩ *das Letztgenannte eingeschlossen:* bis Freitag e.; bis zum 20. März e.; wir lasen bis S. 110 e.
Einschluss, der: **1.** *eingeschlossener Fremdkörper:* Einschlüsse im Harz; ein Bernsteinanhänger mit einem E. **2.** *Einbeziehung:* die ganze Familie mit E. der Großmutter; die weltpolitischen Probleme unter E. der Abrüstungsfrage. **3.** *das Eingeschlossenwerden von Strafgefangenen in ihre Zelle:* bei, nach, vor [dem] E.; um 6 Uhr ist E.
einschmeicheln ⟨sich e.⟩: sie will sich [damit] bei ihm, in seine Gunst e.; eine einschmeichelnde Musik; eine einschmeichelnde *(angenehm klingende)* Stimme.
einschmuggeln: 1. ⟨etw. e.⟩ *unter Umgehung des Zolls einführen:* Drogen, Tabak, Kaffee [in ein Land] e. **2.** (ugs.) ⟨jmdn., sich [in etw. (Akk.)] e.⟩ *unerlaubt Zutritt verschaffen:* sie hatte ihren Bruder ohne Eintrittskarte in den Saal eingeschmuggelt.
einschnappen: 1. *sich schließen:* die Tür schnappt ein; das Schloss ist eingeschnappt. **2.** (ugs. abwertend) *gekränkt sein:* bei, wegen jeder Kleinigkeit schnappt sie ein; ⟨meist im 2. Part.⟩ er ist ständig eingeschnappt; eine eingeschnappte Trine.
einschneiden /vgl. einschneidend/: **1.** ⟨[in etw. (Akk.)] e.⟩ *scharf eindringen:* das Gummiband schneidet in die Haut ein; übertr.: diese Maßnahme schneidet tief in das Wirtschaftsleben ein. **2.** ⟨etw. e.⟩ *einen Schnitt in etw. machen:* das Papier [an den Ecken] e.; die Stiele von Schnittblumen e. **3.** ⟨etw. [in etw. (Akk.)] e.⟩ **a)** *einkerben:* Namen in eine Baumrinde, in die Bänke e.; eingeschnittene Figuren; **b)** (Kochk.) *zerkleinern und in etw. hineintun:* Äpfel, Zwiebeln [in das Rotkraut] e.;

c) (Filmw.) *in einen Filmstreifen einsetzen:* Archivaufnahmen in eine Reportage e.
einschneidend: einschneidende Änderungen, Maßnahmen; dieses Gesetz ist von einschneidender Wirkung; seine Entscheidung war sehr e.
Einschnitt, der: **1.** *Schnitt:* der Arzt machte einen T-förmigen E. **2.** *eingeschnittene Stelle:* die Straße führt durch einen E. [im Gelände]. **3.** *einschneidendes Ereignis:* die Prüfung, der Tod des Vaters war ein bedeutender E. in ihrer Entwicklung.
einschränken: 1. a) ⟨etw. e.⟩ *reduzieren:* den Zugverkehr e.; seine Ausgaben [auf ein vernünftiges Maß, auf das Notwendigste] e.; er muss das Rauchen e.; die Macht, die Handlungsfreiheit des Parlaments wird durch dieses Gesetz stark eingeschränkt; eine eingeschränkte Vollmacht; **b)** ⟨jmdn. in etw. (Dat.) e.⟩ *einengen:* jmdn. in seinen Rechten, in seiner Bewegungsfreiheit e. **2.** ⟨sich e.⟩ *die Ausgaben klein halten:* als Student musste er sich sehr e.; sie lebten ziemlich eingeschränkt, in eingeschränkten Verhältnissen.
Einschränkung, die: **a)** *das Einschränken:* die E. des Verkehrs; ich musste mir manche E. auferlegen *(sehr sparsam sein);* **b)** *Vorbehalt:* ein Mittel nur mit E., ohne E. empfehlen; die Methode ist gut, mit der E., dass ...
einschreiben ⟨jmdn., sich, etw. [in etw. (Akk.)] e.⟩ *eintragen:* Einnahmen und Ausgaben in ein Buch e.; er wurde in die/(selten:) in der Liste der Teilnehmer eingeschrieben; sich bei einem Verein e. lassen; Studenten müssen sich e. *(immatrikulieren);* eingeschriebene Mitglieder. **2.** ⟨etw. e.⟩ *bei der Post sichern:* einen Brief e. lassen; ein eingeschriebener Brief.
Einschreiben, das: für Sie liegt ein E. zur Abholung bereit; ein Päckchen, einen Brief als E., per E. schicken.
einschreiten ⟨gegen jmdn., etw. e.⟩: die Polizei schritt energisch, mit Wasserwerfern gegen die Demonstranten ein, ist gegen den Rauschgifthandel eingeschritten; ⟨auch ohne Präpositionalobjekt⟩ die Staatsanwaltschaft ist eingeschritten; subst.: ein Vorwand zum Einschreiten.
einschüchtern ⟨jmdn. e.⟩: den Gegner e.; er versuchte, mich mit/durch Drohungen einzuschüchtern; wir ließen uns durch nichts e.; eine einschüchternde Wirkung haben; ein völlig eingeschüchtertes Kind; eingeschüchtert sein.
einsegnen: a) (ev. Rel.) ⟨jmdn. e.⟩ *konfirmieren:* **b)** (kath. Rel.) ⟨jmdn., etw. e.⟩ *segnen:* den Toten, ein Grab e.; ihre Ehe wurde kirchlich eingesegnet.
einsehen ⟨etw. e.⟩: **1. a)** *erkennen:* ein Unrecht, einen Irrtum e.; endlich hat sie eingesehen, dass sie so nicht weiterkommt; **b)** *verstehen:* ich sehe ein, dass man diesen Umständen nicht kommen kann. **2.** *einen Blick in, auf etw. werfen können:* der Bal-

E

kon kann von keiner Seite eingesehen werden; der Flieger konnte die Stellungen nicht e.

3. *prüfend nachlesen:* Briefe, Akten, die Abrechnung e.

Einsehen, das: ⟨nur in der Verbindung⟩ **[k]ein Einsehen haben** *(für jmdn., etw. [kein] Verständnis haben):* der Chef hatte ein E. und gab uns den Nachmittag frei.

einseifen: 1. ⟨jmdn., sich, etw. e.⟩ *mit Seifenschaum bedecken:* jmdn., sein Gesicht, sich vor dem Rasieren gut e.; ⟨jmdn., sich etw. e.⟩ sich beim Duschen den ganzen Körper e.; BILDL.: wir haben ihn tüchtig eingeseift *(zum Spaß mit Schnee das Gesicht eingerieben).*

2. (ugs.) ⟨jmdn. e.⟩ *betrügen:* dieser Bursche hat dich schön eingeseift; lass dich von ihm nicht e.!

einseitig: 1. a) *nur auf einer Seite [bestehend]:* eine einseitige *(nicht erwiderte)* Zuneigung; eine einseitige Willenserklärung; sie ist e. gelähmt; das Blatt darf nur e. beschrieben werden; der Stoff ist nur e. gemustert; **b)** *auf ein Gebiet beschränkt:* eine einseitige Ausbildung, Begabung; er ist nur e. interessiert; sich zu e. ernähren *(nur bestimmte Dinge essen).*

2. *nur einen Gesichtspunkt berücksichtigend:* eine einseitige Beurteilung, Auffassung; diese Maßnahmen sind sehr e.; sie hat den Vorfall zu e. dargestellt; jmdn. e. informieren.

einsenden ⟨etw. e.⟩: Unterlagen, Manuskripte e.; sie sandte das Gedicht einer Zeitung ein, hat es an eine Zeitung eingesandt; eingesandte Proben.

einsetzen: 1. ⟨etw. [in etw. (Akk.)] e.⟩ **a)** *in etw. setzen, einfügen:* eine Fensterscheibe e.; einen Flicken in die Hose, Pflanzen in Töpfe, Fische in den Teich e.; die Boote wurden ins Wasser eingesetzt; ⟨jmdm. etw. e.⟩ der Zahnarzt setzte ihm einen Stiftzahn ein; ÜBERTR.: in den/(auch:) in den Kostenvoranschlag wurde ein Betrag für Reparaturen eingesetzt; (Math.:) den gefundenen Wert in die Gleichung e.; **b)** (Verkehrsw.) *zusätzlich fahren lassen:* im Feiertagsverkehr zusätzlich Busse, Entlastungszüge e.

2. ⟨jmdn. in etw. (Akk.) e.⟩ *in eine Position setzen:* er wurde in das Bürgermeisteramt eingesetzt; man hat ihn wieder in seine Rechte eingesetzt.

3. ⟨jmdn., etw. e.⟩ **a)** *ernennen:* einen Kommissar e.; zur Untersuchung des Falles wurde ein Ausschuss eingesetzt; ⟨jmdn. zu jmdm./als jmdn. e.⟩ sein Onkel setzte ihn zu seinem Erben/als seinen Erben ein; **b)** *in Aktion treten lassen:* Truppen, Spezialeinheiten, freiwillige Helfer e.; jmdn. in einer anderen Abteilung e.; gegen die Demonstranten wurde Polizei, wurde Tränengas eingesetzt; wir müssen bessere Geräte, leistungsfähigere Computer e.; es ist fraglich, ab wann dieser Spieler wieder eingesetzt werden kann; ⟨sich für etw. e.⟩ sie setzte alle Kräfte, ihre ganze Kraft für diese Aufgabe ein.

4. a) ⟨etw. e.⟩ *als Spieleinsatz geben, riskieren:* [beim Glücksspiel] 10 Mark e.; etw. als/zum

Pfand e.; ÜBERTR.: sein Leben e., um anderen zu helfen; **b)** ⟨sich e.⟩ *sich persönlich um jmdn., etw. bemühen:* sie hat sich [in dieser Sache] voll, tatkräftig, selbstlos, vergeblich, eingesetzt; ⟨sich für jmdn., etw. e.⟩ als wir in Not waren, hat er sich für uns eingesetzt; er hat sich bei den Behörden für die Flüchtlinge eingesetzt.

5. ⟨[irgendwann] e.⟩ *beginnen:* im Oktober setzte die Kälte, die Regenzeit ein; abends hat das Fieber wieder stärker eingesetzt; der Sänger, der Chor setzte zu spät, zu früh, im/mit dem dritten Takt ein.

Einsicht, die: **1. a)** *Erkenntnis:* die E. kam spät; neue Einsichten gewinnen; ich kann mich dieser E. nicht länger verschließen; sie ist zu der E. gekommen, dass...; **b)** *Vernunft:* haben Sie doch E.! *(nehmen sie doch Vernunft an!);* jmdn. zur E. bringen; er scheint wirklich zur E. zu gelangen, zu kommen.

2. *Einblick:* die dichte Hecke verhindert die E. in den Garten; E. in die Akten haben; jmdm. E. gewähren; er nahm E. in den Briefwechsel.

einsilbig: 1. *nur eine Silbe habend:* ein einsilbiges Wort.

2. *wortkarg:* ein einsilbiger Mann; eine einsilbige Antwort; sie war heute sehr e. *(wenig gesprächig).*

einspannen: 1. ⟨ein Tier e.⟩ *vor den Wagen spannen:* die Pferde, den Schimmel e.

2. ⟨etw. e.⟩ *in eine Vorrichtung spannen:* einen Bogen [in die Schreibmaschine] e.; er spannte das Werkstück [in den Schraubstock] ein.

3. (ugs.) ⟨jmdn. e.⟩ *(für einen bestimmten Zweck) arbeiten lassen:* sie versuchte gleich, ihn [für ihre Pläne] einzuspannen; die ganze Familie e.; sich für die anderen, für fremde Ziele e. lassen; sie ist in ihrem Beruf sehr eingespannt *(sie hat beruflich sehr viel zu tun).*

einsparen: a) ⟨etw. e.⟩ *nicht [mehr] verwenden:* Kosten, Material, Arbeitsplätze, Rohstoffe e.; durch Rationalisierungsmaßnahmen, Umstrukturierungen in der Produktion konnten über 10 Prozent der Arbeitsstunden eingespart werden; **b)** ⟨jmdn. e.⟩ *nicht länger beschäftigen:* Personal, Angestellte e.

einsperren: a) ⟨jmdn., sich [in etw. (Akk./Dat.)] e.⟩ *einschließen:* den Hund in die/in der Wohnung e.; ich sperrte mich in meinem Zimmer ein; **b)** (ugs.) ⟨jmdn. e.⟩ *ins Gefängnis bringen:* einen Verbrecher e.; er war drei Monate, für drei Monate eingesperrt *(war drei Monate im Gefängnis).*

einspielen: 1. a) ⟨ein Instrument e.⟩ *durch längeres Spielen zur Entfaltung der Klangqualität bringen:* eine Flöte e.; **b)** ⟨sich e.⟩ *übend spielen:* das Orchester spielt sich ein; die Fußballmannschaft musste sich erst e.

2. ⟨sich auf jmdn., etw. einstellen:* die Partner müssen sich noch aufeinander e.; die Solisten waren gut aufeinander eingespielt; **b)** *geläufig werden:* die neue Regelung hat sich gut eingespielt.

3. ⟨etw. e.⟩ *einbringen:* dieser Film hat bis jetzt [insgesamt] 74 Millionen Mark eingespielt; die Herstellungskosten wurden in drei Monaten [wieder] eingespielt.

4. ⟨etw. e.⟩ **a)** (Rundf.) *aufnehmen:* sämtliche Sinfonien von Beethoven e.; eine Schallplatte *(Musik auf einer Schallplatte)* e.; **b)** (Rundf., Ferns., Film) *einfügen:* ein paar Takte Musik, ein Interview e.

einspringen: **1.** ⟨für jmdn. e.⟩ *jmdn.* vertreten: da ich verhindert war, sprang sie für mich ein; für einen erkrankten Kollegen e.; ⟨auch ohne Präpositionalobjekt⟩ er war kurzfristig eingesprungen. **2.** (Skisport) ⟨sich e.⟩ *sich durch Übungssprünge vorbereiten:* er springt sich auf der neuen Schanze ein.

Einspruch, der: bisher ist kein E. erfolgt; gegen etw. E. einlegen, erheben *(als Rechtsmittel geltend machen);* seinen E. zurückziehen.

Einstand, der: **1.** **a)** *Dienstantritt:* jmdm. zum E. Glück wünschen; seinen E. feiern; **b)** *kleine Feier zum Dienstantritt:* er hat seinen E. noch nicht gegeben. **2.** (Tennis) *gleiche Punktzahl:* das Spiel steht auf E.

einstecken: **1.** **a)** ⟨etw. [in etw. (Akk.)] e.⟩ *in etw.* stecken: den Stecker in die Steckdose e.; einen Brief e. (ugs.; *in den Briefkasten stecken*); das Bügeleisen (ugs.; *den Stecker des Bügeleisens in die Steckdose*); den Degen e. *(in die Scheide stecken);* **b)** ⟨etw. e.⟩ *mitnehmen:* ein Taschentuch, die Schlüssel, die Zigaretten, sein Frühstücksbrot e.; ich habe kein Geld eingesteckt/(ugs.:) e.; ⟨sich (Dat.) etw. e.⟩ hast du dir die Zeitung eingesteckt? **2.** (ugs. abwertend) ⟨etw. e.⟩ *für sich behalten:* den ganzen Gewinn, die Prämie e. **3.** (ugs.) ⟨etw. e.⟩ *hinnehmen:* Demütigungen, Kritik, eine Niederlage e. [müssen]; er muss hier viel e. **4.** (ugs.) ⟨jmdn. e.⟩ *übertreffen:* alle Konkurrenten e. **5.** (ugs.) ⟨jmdn. e.⟩ *ins Gefängnis bringen:* der Dieb ist für drei Monate eingesteckt worden.

einstehen ⟨für jmdn., etw. e.⟩: **a)** *sich verbürgen:* ich stehe gern, voll und ganz für sie ein; ich stehe dafür ein, dass er seine Sache gut macht; **b)** *aufkommen:* für einen Schaden e.; er musste für seinen Sohn e. *(die Schulden seines Sohnes bezahlen).*

einsteigen: **1.** ⟨[in etw. (Akk.)] e.⟩ *in ein Fahrzeug steigen:* bitte [hinten, vorn] e.!; in ein Auto, in den Zug e. **2.** ⟨[in etw. (Akk.)] e.⟩ *in einen Raum klettern:* der Dieb ist [durch ein Fenster, über den Balkon] in das Haus eingestiegen. **3.** (ugs.) ⟨[in etw. (Akk.)] e.⟩ *sich an etw. beteiligen:* in die hohe Politik, in das Projekt, ins Baugeschäft e.; [wieder] in das Berufsleben e. *(daran teilnehmen)* wollen; ⟨mit etw./als jmd. e.⟩ er ist

mit einer hohen Summe, als Kompagnon eingestiegen. **4.** (Bergsteigen) ⟨in etw. (Akk.) e.⟩ *hineinklettern:* in eine Wand e.; ⟨auch ohne Präpositionalobjekt⟩ die Seilschaft ist um 6 Uhr eingestiegen. **5.** (Sport) ⟨irgendwie e.⟩ *unfair attackieren:* hart e.; der Spieler steigt ganz schön ein.

einstellen: **1.** **a)** ⟨etw. [in etw. (Akk.)] e.⟩ *in etw.* stellen: ein Buch ins Regal e.; ⟨etw. [in etw. (Akk./Dat.)] e.⟩ *unterstellen:* den Wagen in eine/in einer Garage e.; können die Räder hier eingestellt werden? **2.** ⟨jmdn. e.⟩ *in ein Arbeitsverhältnis nehmen:* Arbeitskräfte e.; er wurde sofort, als Aushilfe eingestellt; die Firma will vorläufig keine neuen Mitarbeiter e. **3.** *regulieren:* **a)** ⟨etw. [auf etw. (Akk.)/irgendwie] e.⟩ ein Fernglas scharf, eine Kamera auf die richtige Entfernung, ein Radio auf Zimmerlautstärke e.; den Zeiger auf eine Marke e.; ÜBERTR.: er stellte seinen Vortrag auf Massenwirkung ein; **b)** ⟨etw. e.⟩ die richtige Entfernung, die Lautstärke, einen bestimmten Sender e.; die Musik war zu laut eingestellt (ugs.; *war laut zu hören*); die Scheinwerfer, die Zündung [neu] e. *(justieren).* **4.** ⟨etw. e.⟩ *mit etw. aufhören:* die Produktion e.; die Ermittlungen, die Zahlungen e.; das Verfahren gegen ihn wurde eingestellt; das Wettrüsten e.; die Zeitschrift stellt ihr Erscheinen e.; wegen des Nebels wurde der Flugverkehr eingestellt; die Belegschaft stellte die Arbeit ein *(streikte).* **5.** (geh.) ⟨sich e.⟩ *erscheinen, eintreten:* sie stellte sich pünktlich bei uns ein; am Abend hatte sie Fieber eingestellt; die ersten Blumen, Vögel haben sich eingestellt; endlich stellte sich der Frühling ein; allerlei Gebrechen stellten sich mit den Jahren bei ihr ein; der Erfolg wollte sich nicht e. **6.** ⟨sich auf jmdn., etw. e.⟩ *sich vorbereiten:* sich auf jmds. Besuch, auf die gegenwärtige Situation e.; wir haben uns bereits auf die gleitende Arbeitszeit eingestellt; wir müssen uns auf großen Andrang e. **7.** (Sport) ⟨etw. e.⟩ *(einen Rekord) nochmals erreichen:* damit stellte in das den Weltrekord ein. **8.** (Sport) ⟨jmdn. irgendwie e.⟩ *vorbereiten:* die Mannschaft gut, defensiv, auf Defensive e.;

★ **irgendwie eingestellt sein** *(eine bestimmte Einstellung haben, Haltung zeigen):* sie ist links, liberal eingestellt; er ist gegen mich eingestellt.

Einstellung, die: **1.** *Anstellung:* die E. neuer Mitarbeiter. **2.** *Beendigung, Unterbrechung:* die E. eines Gerichtsverfahrens beantragen; die E. der Kampfhandlungen. **3.** **a)** *technisches Richten:* die richtige, scharfe E. einer Kamera; **b)** (Filmw.) *Szene, die ohne Unterbrechung gefilmt wird:* eine lange, statische, bewegte E.; das Drehbuch verzeichnet 499 Einstellungen. **4.** *Ansicht, inneres Verhältnis:* eine positive, ne-

E

gative, kritische E. zu den Dingen; die richtige E. gewinnen; er hat eine falsche E. gegenüber seinen Vorgesetzten; jmds. politische E. nicht kennen; seine E. ändern. **einstimmen: 1.** a) ⟨in etw. (Akk.)] e.⟩ *in den Gesang, in das Spiel von Instrumenten einfallen:* der Tenor, das Fagott stimmt ein; alle stimmten in den Gesang [mit] ein; ÜBERTR.: in das Gelächter, in den allgemeinen Jubel e.; b) ⟨etw. e.⟩ *auf die gleiche Tonhöhe stimmen:* ein Instrument [auf den Kammerton] e. **2.** ⟨jmdn., sich auf etw. (Akk.) e.⟩ *innerlich vorbereiten:* das Publikum war durch einführende Worte auf die Aufführung, auf den Vortrag gut eingestimmt; wir haben uns auf das große Ereignis, auf den festlichen Abend eingestimmt. **einstimmig: 1.** *nicht mehrstimmig:* ein einstimmiges Lied; die Kinder haben bisher nur e. gesungen. **2.** *einmütig:* ein einstimmiger Beschluss; jmdn. e. loben, verurteilen, freisprechen; er wurde e. gewählt. **Einstimmigkeit,** die: es herrschte, bestand E. in der Beurteilung der Lage; wir konnten [eine] E. erzielen. **einstreichen: 1.** (ugs. oft abwertend) ⟨etw. e.⟩ *einstecken:* er hat bei dem Geschäft eine hohe Provision, dicke Gewinne eingestrichen. **2.** ⟨etw. irgendwie e.⟩ *vollständig bestreichen:* die Tapete mit Kleister, die Wände neu/weiß e. **einstufen** ⟨jmdn., etw. e.; mit Umstandsangabe⟩: jmdn. in eine höhere/niedrigere Steuerklasse, Lohngruppe e.; sie ist falsch, zu hoch eingestuft worden; er wurde als Erwerbsunfähiger, als gefährlich eingestuft. **einstürzen: 1.** *zusammenbrechen:* das Haus, die Mauer stürzte ein; die Decke droht einzustürzen; BILDL.: eine Welt ist für sie eingestürzt. **2.** ⟨auf jmdn. e.⟩ *über jmdn. hereinbrechen:* diese Ereignisse stürzten mit Gewalt auf ihn ein. **einstweilen: a)** *vorläufig, zunächst einmal:* e. arbeitet er in der Schlosserei; es bleibt uns e. nichts anderes übrig; b) *inzwischen:* ich muss noch den Salat machen, du kannst e. schon den Tisch decken. **einteilen: 1.** ⟨jmdn., etw. in etw. (Akk.)/nach etw. e.⟩ *aufteilen, untergliedern:* eine Stadt in Bezirke e.; eine Strecke in mehrere Abschnitte e.; die Schüler wurden in Jahrgänge, nach Begabung, nach Altersstufen eingeteilt; Pflanzen in/nach Gattungen e.; das Werk nach folgenden Gesichtspunkten eingeteilt: ... **2.** ⟨jmdn. e.; mit Umstandsangabe⟩ *jmdm. eine Aufgabe zuweisen:* die Leute zur Arbeit e.; sie ist für den/zum Nachtdienst eingeteilt. **3.** ⟨etw. e.⟩ *überlegt mit etw. umgehen:* sein Geld, seine Zeit [gut] e.; die Vorräte e.; ⟨sich (Dat.) etw. e.⟩ sich sein Taschengeld, seine freien Stunden e.; ich habe mir die Arbeit genau eingeteilt. **eintönig:** eine eintönige Gegend, Arbeit; ein eintö-

niger Gesang; sie sprach mit eintöniger Stimme; sein Leben verlief e.; der Redner sprach sehr e. **Eintracht,** die: brüderliche E.; E. stiften; die E. stören, wiederherstellen; sie lebten in [Frieden und] E. zusammen. **eintragen: 1.** ⟨jmdn., sich, etw. [in etw. (Akk./ Dat.)] e.⟩ *in etw. schreiben:* jmdn., sich, seinen Namen in eine/(seltener:) in einer Liste e.; einen Termin in den Kalender e.; er trug sich in das Gästebuch ein; das Auto ist auf meinen Namen eingetragen; ein Haus ins Grundbuch e.; eine Firma in das Handelsregister e.; ein eingetragener Verein; ein eingetragenes Warenzeichen; ⟨etw. [auf etw. (Dat.)] e.⟩ Punkte, Orte auf dem Messtischblatt e.; der Posten wurde auf dem falschen Konto eingetragen. **2.** (Biol.) ⟨etw. e.⟩ *sammeln:* die Bienen tragen Nektar ein. **3.** *einbringen:* **a)** ⟨jmdn. etw. e.⟩ sein Fleiß hat ihm viel Anerkennung eingetragen; ihre Bemühungen trugen ihr nur Undank ein; sein Verhalten trug ihm Sympathie, viel Kritik ein; **b)** ⟨etw. e.⟩ dieses Geschäft trägt viel, einiges, wenig, nichts ein. **einträglich** ⟨e. [für jmdn.]⟩: ein einträgliches Geschäft; diese Tätigkeit war für ihn sehr e. **eintreffen: 1.** *ankommen:* pünktlich, rechtzeitig, verspätet e.; in der Heimat, auf dem Fest e.; die Gäste treffen heute Mittag ein; das Paket, die neue Ware ist eingetroffen; Spargel, frisch eingetroffen! **2.** *Wirklichkeit werden:* die Prophezeiung ist eingetroffen; alles traf ein, wie er es vorausgesagt hatte. **eintreiben: 1.** ⟨Tiere e.⟩ *in den Stall treiben:* der Hirt treibt seine Herde ein. **2.** ⟨etw. [in etw. (Akk.)] e.⟩ *einschlagen:* Pfähle in die Erde e.; einen Stollen in den Berg e. **3.** ⟨etw. e.⟩ *einziehen:* Schulden, Außenstände, Steuern, Forderungen, Zinsen, Rechnungen, Gebühren e. **eintreten: 1.** ⟨[in etw. (Akk.)] e.⟩ *hineingehen:* durch die Seitentür e.; er ist in das Zimmer eingetreten; er ist leise, auf Zehenspitzen eingetreten; bitte, treten Sie ein!; SUBST. PART.: er begrüßte die Eintretenden. **2. a)** ⟨etw. e.⟩ *durch Tritte zerstören:* die Türfüllung, die Tür e.; er hat die Schaufensterscheibe eingetreten; **b)** ⟨auf jmdn., ein Tier e.⟩ *Fußtritte versetzen:* er hatte [wie wahnsinnig] auf den am Boden Liegenden, auf das wehrlose Tier eingetreten. **3.** ⟨sich (Dat.) etw. [in etw. (Akk.)] e.⟩ *auf etw. treten, sodass es in die Fußsohle eindringt:* ich habe mir einen Dorn in den Fuß eingetreten. **4.** ⟨etw. (Akk.) e.⟩ *in einer Organisation o. Ä.) Mitglied werden:* in einen Verein, in einen Orden, in eine Partei e.; er trat als Teilhaber in die Firma ein. **5.** ⟨in etw. (Akk.) e.⟩ *in einen bestimmten Bereich*

gelangen: das Raumschiff ist in seine Umlaufbahn eingetreten; die Kugel trat ins Herz ein. **6.** ⟨in etw. (Akk.) e.⟩ *mit etw. beginnen:* in das 50.
Lebensjahr e.; das Unternehmen trat ins dritte Jahrzehnt ein; die Verhandlungen sind in eine kritische Phase eingetreten; /häufig verblasst/: in ein Gespräch, in eine Diskussion, in Verhandlungen e.; (Rechtsw.:) in die Beweisaufnahme, in die Beratung e. **7.** *sich ereignen:* um 6 Uhr tritt die Flut ein; der Tod trat nach zwei Stunden ein; eine Krise ist eingetreten; /häufig verblasst/: es trat eine Besserung seines Befindens ein *(sein Befinden besserte sich).* **8.** ⟨für jmdn., etw. e.⟩ *sich einsetzen:* sie trat mutig für ihre Freunde, für Reformen ein.
eintrichtern (ugs.) ⟨jmdm. etw. e.⟩: einem Schüler die Vokabeln, die Formeln e.; man hat ihr eingetrichtert, nichts zu erzählen.
Eintritt, der: **1.** *das Eintreten:* E. verboten!; sich E. verschaffen; beim E. in die Erdatmosphäre kann die Raumkapsel verglühen. **2.** *Beginn einer Mitgliedschaft:* beim/mit E. in den Staatsdienst, in den Verein verpflichtet er sich, ... **3.** *Beginn eines Zustandes:* der E. der Pubertät verzögert sich; bei E. der Krise, der Dunkelheit. **4.** *Zugang:* der E. [zu der Veranstaltung] ist frei; sie hat freien E.; was kostet der E. ins Museum? **5.** (Sport) *Teilnahmeberechtigung:* den E. ins Viertelfinale schaffen.
Eintrittskarte, die: ↑ Karte.
einverleiben: 1. ⟨etw. (Dat.) etw. e.⟩ *einfügen:* seiner Sammlung ein wertvolles Stück e.; die eroberten Gebiete dem Staat e.; zwei Hotels auf Teneriffa wurden dem Konzernbesitz einverleibt. **2.** (ugs.) ⟨sich (Dat.) etw. e.⟩ *etw. essen, trinken:* sie verleibte sich drei Stück Kuchen ein; er hatte sich bereits mehrere Flaschen Bier einverleibt; ÜBERTR.: sich neue Erkenntnisse e. *(geistig aneignen).*
Einvernehmen, das: es besteht ein gutes, herzliches E. zwischen den Partnern; im E. mit jmdm. handeln; das Buch erscheint im E. mit der Akademie; wir leben in bestem/im besten E. miteinander; bitte setzten Sie sich diesbezüglich mit unserer Auslieferung ins E. (Papierdt.; *verständigen Sie sich mit ihr).*
einverstanden: sie ist mit den Bedingungen, mit allen Vorschlägen, mit allem e.; er wollte studieren, aber sein Vater war nicht e.; ich bin damit e., dass wir uns morgen treffen; sie ist mit ihm als Chef nicht e. *(akzeptiert ihn nicht);* sich mit etw. e. erklären; e. *(in Ordnung)* [ich komme mit]!
Einverständnis, das: **a)** *Übereinstimmung:* es herrscht völliges, voll[st]es, stillschweigendes E. zwischen uns; **b)** *Zustimmung:* sein E. erklären, zu etw. geben; ich habe Ihr E. vorausgesetzt; Ihr E. voraussetzend, bitten wir Sie ...; sie handelt im E. mit ihm; dies geschieht mit meinem E.

Einwand, der: ein berechtigter, entscheidender, [un]begründeter, nichtiger E.; meine Einwände kamen zu spät; ich habe keine Einwände; gegen etw. [keine] Einwände erheben, vorbringen, machen; einen E. gelten lassen, überhören, zurückweisen.
einwandfrei: 1. a) *ohne Fehler:* ein einwandfreies Deutsch; eine einwandfreie Arbeit, Ware liefern; sein Verhalten war e.; diese Wurst ist noch e. *(noch genießbar);* die Maschine arbeitet e.; **b)** *untadelig:* ein einwandfreier Leumund; sie hat sich absolut e. verhalten. **2.** *unzweifelhaft:* eine einwandfreie Beweisführung; sein Alibi war e.; es ist e. erwiesen, dass ...; das ist e. Betrug; die Zeugin hat den Täter e. identifiziert.
einwechseln: a) ⟨etw. [in etw. (Akk.)/(seltener:) gegen etw.] e.⟩ *umtauschen:* er hatte vergessen, das Geld einzuwechseln; sie wechselte 500 Deutsche Mark in/(seltener:) gegen Francs ein. **b)** (Sport) ⟨jmdn. e.⟩ *für jmdn. einsetzen:* ein weiterer Stürmer wurde eingewechselt.
einweihen: 1. ⟨etw. e.⟩ **a)** *seiner Bestimmung übergeben:* ein Theater, eine Kirche, eine neue Schule, ein Stadion e.; **b)** (ugs. scherzh.) *zum ersten Mal gebrauchen, tragen:* auf der Party wollte sie ihren neuen Overall e.; die neuen Turnschuhe, das neue Teeservice e. **2.** ⟨jmdn. in etw. (Akk.) e.⟩ *jmdn. mit etw. vertraut machen:* jmdn. in seine Pläne e.; er ist in die Verschwörung, in das Geheimnis nicht eingeweiht; ⟨auch ohne Präpositionalobjekt⟩ wir haben ihn schon eingeweiht.
einweisen: 1. ⟨jmdn. [in etw. (Akk.)] e.⟩ **a)** *unterbringen:* jmdn. ins Krankenhaus, in ein Pflegeheim e.; wer hat Sie hier eingewiesen?; **b)** *in eine neue Tätigkeit o. Ä. einführen:* der Chef hat ihn in seine neue Aufgabe eingewiesen; der Geistliche wurde in sein Amt, die Sekretärin wurde von ihrer Vorgängerin eingewiesen. **2.** (Verkehrsw.) ⟨jmdn., etw. [in etw. (Akk.)] e.⟩ *an einen Platz lenken:* das Auto, den Fahrer in eine Parklücke e.; die Polizei wies die ankommenden Wagen ein.
einwenden ⟨etw. e.⟩: gegen deinen Vorschlag ich nichts einzuwenden; dagegen ließe sich viel, manches e.; sie wandte/wendete ein, dass es zu spät sei; sie hat zwar einiges eingewandt/eingewendet, aber ...; dagegen ist nichts einzuwenden (ugs.; *das ist völlig in Ordnung);* gegen eine Tasse Kaffee hätte ich nichts einzuwenden (ugs.; *eine Tasse Kaffee würde ich gern trinken).*
Einwendung, die: seine Einwendungen waren begründet; er machte keine Einwendungen, brachte nur wenige Einwendungen vor.
einwerfen: 1. ⟨etw. [in etw. (Akk.)] e.⟩ *durch einen Wurf zertrümmern:* eine Scheibe e.; ⟨jmdm. etw. e.⟩ man hat ihm in der Nacht die Fenster eingeworfen. **2.** ⟨etw. [in etw. (Akk.)] e.⟩ *hineinwerfen:* Münzen

in einen Automaten e.; einen Brief e. *(in den Kasten werfen).* **3.** ⟨etw. [in etw. (Akk.)] e.⟩ *eine Zwischenbemerkung machen:* eine Bemerkung in die Diskussion e.; er warf ein, dass wir nicht alles bedacht hätten. **4.** (Sport) *[den Ball] ins Spielfeld werfen:* die deutsche Mannschaft wirft ein; der Spieler hat falsch eingeworfen; ⟨auch mit Akk.⟩ wer wirft den Ball ein?

einwickeln: 1. a) ⟨etw. [in etw. (Akk.)] e.⟩ *einpacken:* das Geschenk in Papier e.; **b)** ⟨jmdn., sich [in etw. (Akk.)] e.⟩ *in etw. hüllen:* das Kind in eine/(selten auch:) in einer Decke e.; sie wickelte sich fest in ihren Mantel ein. **2.** (salopp) ⟨jmdn. e.⟩ *für sich gewinnen:* sich von jmdm. e. lassen.

einwilligen ⟨in etw. (Akk.) e.⟩: in die Scheidung, in jmds. Vorschlag e.; ⟨auch ohne Präpositionalobjekt⟩ er wird kaum e.

Einwilligung, die: die E. des Vermieters einholen, erbitten; der Aufsichtsrat gab endlich seine E. zu dem Geschäft.

einwirken ⟨auf jmdn., etw. e.⟩: **a)** *Einfluss ausüben:* auf jmdn. erzieherisch, mäßigend e.; die Regierung muss auf die Preisentwicklung e.; **b)** *eine bestimmte Wirkung ausüben:* eine Kraft, eine Säure wirkt auf etw. ein; er wirkte durch seine Persönlichkeit stark auf die Zuhörer ein; ⟨auch ohne Präpositionalobjekt⟩ eine Salbe e. lassen.

Einwohner, der: die E. von Frankfurt, des Saarlandes; die E. einer Stadt; die Gemeinde hat 5000 E.

Einwurf, der: **1.** *kurzer Einwand:* ein zustimmender, kritischer E.; einen E. machen, widerlegen; auf einen E. eingehen. **2.** *Schlitz:* der E. am Briefkasten; ein E. für Zeitungen; etw. in/durch den E. stecken. **3.** (Sport) *das Einwerfen des Balles:* ein falscher *(regelwidriger)* E.; wer hat E.?

einzahlen ⟨etw. [auf etw. (Akk.)] e.⟩: einen Betrag auf ein Sparbuch e.; die Miete ist auf mein Konto bei der Sparkasse einzuzahlen.

Einzelheit, die: interessante, [un]wichtige Einzelheiten; nähere, weitere Einzelheiten erfahren Sie später; an alle Einzelheiten erinnern; auf Einzelheiten eingehen; etw. bis in alle Einzelheiten kennen, festlegen, beschreiben, schildern; sich in Einzelheiten verlieren; bis in die, zu den kleinsten Einzelheiten.

einzeln: 1. *einer für sich allein, von anderen getrennt:* ein einzelner Mensch; ein einzelner Baum; die einzelnen Teile des Geräts; die Gäste kamen e.; /Türaufschrift/: bitte e. eintreten!; jeder Band ist e. zu kaufen; SUBST.: jeder Einzelne; der Einzelne ist machtlos; im Einzelnen *(genauer)* kann ich darauf nicht eingehen; er ging bei seinem Bericht sehr ins Einzelne *(in die Einzelheiten).* **2.** *vereinzelt, einige[s], wenige[s]:* einzelne Regen-

schauer; es gab einzelne gute Bilder; SUBST.: Einzelnes will ich herausheben; es sind nur Einzelne, die dies behaupten.

einziehen: 1. ⟨etw. [in etw. (Akk.)] e.⟩ *hineinziehen, einfügen:* ein Gummiband in die Sporthose e.; einen Faden e. *(einfädeln);* ein Kabel e. *(verlegen);* **b)** *einbauen:* eine Zwischenwand in einen Raum e.; (Handw.:) Speichen e.; eine Scheibe in den Fensterrahmen e. **2.** ⟨etw. e.⟩ **a)** *nach innen, unten ziehen:* den Kopf, den Bauch, die Krallen, die Fühler e.; der Hund zieht den Schwanz ein *(klemmt ihn zwischen die Beine);* **b)** *einholen:* die Netze, die Segel, das Fahrgestell e.; eine Fahne e. **3.** *einatmen:* die Luft e.; den Duft einer Blume durch die Nase e. **4.** ⟨[in etw. (Akk.)] e.⟩ *eindringen:* die Creme zieht gut, schnell in die Haut ein; das Wasser ist schnell eingezogen. **5.** ⟨[in etw. (Akk.)] e.⟩ *[feierlich] einmarschieren; hineinkommen:* das Regiment zog in die Stadt ein; die Mannschaften ziehen in das Stadion ein; BILDL.: diese Partei ist mit 10 Abgeordneten in den Landtag eingezogen; (Sport:) die Mannschaft ist in die Endrunde eingezogen; (geh.:) bald zieht der Frühling ein; endlich zog wieder Gemütlichkeit in unser/(auch:) in unserem Haus ein. **6.** ⟨jmdn., etw. e.⟩ *zum Militärdienst einberufen:* man hat einen weiteren Jahrgang eingezogen; er wird im Herbst zur Marine eingezogen. **7.** ⟨[in etw. (Akk.)] e.⟩ *in eine Wohnung ziehen:* wir sind gestern in das neue Haus eingezogen; wann kannst du e.? **8.** ⟨etw. e.⟩ **a)** (Amtsspr.) *sich geben lassen:* Nachrichten, Erkundigungen [über jmdn., etw.] e.; **b)** *einfordern:* Gelder, Steuern e.; **c)** *beschlagnahmen, aus dem Verkehr ziehen:* jmds. Vermögen e.; man hat seinen Führerschein eingezogen; Münzen, Banknoten e.; **d)** *nicht mehr besetzen:* Ämter, Stellen e.

einzig: I. ⟨Adj.⟩ **a)** *nur einmal vorhanden; nur eine[r]* /oft verstärkend/: sie ist sein einziges Kind; ich habe nur einen einzigen Anzug; meine einzige Sorge ist, dass wir rechtzeitig nach Hause kommen; du bist mein einziger Trost; SUBST.: das ist das Einzige, was wir tun können; sie ist als Einzige gemeldet; er ist unser Einziger *(unser einziges Kind);* **b)** *einmalig, unvergleichlich:* sie ist e. in ihrer Art; diese Leistung steht e. da. **II.** ⟨Adverb⟩ *allein, nur, ausschließlich:* e. sie ist daran schuld; ★ **einzig und allein** (nachdrücklich; *nur*): unsere Rettung verdanken wir e. und allein dir.

Einzug, der: **1.** *das Beziehen:* der E. in die neue Wohnung. **2.** *feierlicher Einmarsch:* der E. der Gladiatoren, der Olympiamannschaften; BILDL.: der Frühling hält seinen E. (geh.; *beginnt*); die Spieler feierten die E. ins Halbfinale (Sport: *das Erreichen des Halbfinales).*

3. *das Einkassieren:* jmdn. mit dem E. von Beiträgen beauftragen.

Eis, das: **1.** *gefrorenes Wasser:* blankes, hartes, spiegelglattes, dickes, brüchiges E.; die [ant]arktische Zone des ewigen Eises; das E. kracht, bricht, schmilzt; das E. trägt noch nicht *(ist noch nicht fest genug);* nehmen Sie E. *(Eiswürfel)* in den Whisky?; eine Flasche Sekt auf E. legen; bei Schnee und E.; E. laufen *(Schlittschuh laufen);* morgen gehen wir aufs E. *(laufen wir Schlittschuh);* die Meisterin im Eiskunstlauf ist nun auf dem E. *(auf der Eisfläche);* auf fremdem, eigenem E. (Eissport; *im fremden, eigenen Eisstadion).* **2.** *gefrorene Süßspeise:* E. am Stiel; E. mit Früchten, mit Sahne; ein E. essen, lutschen; zum Nachtisch gibt es E.; wir wollen E. essen gehen; ich lade dich zu einem E. ein; ⋆ das Eis ist gebrochen *(die Stimmung hat sich gelockert; die ersten Hemmungen sind beseitigt):* mit dieser humorvollen Ansprache war das E. gebrochen; wenn einmal das E. gebrochen ist, werdet ihr sicher gute Freunde werden · **etw. auf Eis legen** (ugs.; 1. *vorläufig nicht weiter bearbeiten:* der Plan wurde auf E. gelegt. 2. *zurücklegen, sparen).*

Eisen, das: **1.** */ein Metall/:* rot glühendes, flüssiges, rostiges E.; E. glühen, schmieden, abschrecken, in Formen gießen; die E. schaffende, E. verarbeitende Industrie; etw. ist fest, hart wie E.; er ist wie von E. *(unverwüstlich);* sie soll mehr E. *(eisenhaltige Nahrung)* zu sich nehmen; ein Türschloss aus E.; Ⓡ man muss an E. schmieden, solange es heiß, warm ist *(man muss den rechten Augenblick nützen).* **2.** *Gegenstand aus Eisen:* Schlägel und E. *(Bergmannswerkzeuge);* das Pferd hat ein E. *(Hufeisen)* verloren, braucht neue E.; das E. (Golf; *den Eisenschläger)* führen lernen; eine Kiste mit E. *(Bändern, Beschlägen)* beschlagen; ⋆ **ein heißes Eisen** *(eine bedenkliche Sache)* · **ein heißes Eisen anfassen/anpacken/anrühren** *(eine heikle Sache aufgreifen)* · **zwei/mehrere/noch ein Eisen im Feuer haben** (ugs.; *mehr als eine Möglichkeit haben)* · **zum alten Eisen gehören/zählen** (ugs.; *aus Altersgründen nicht mehr gebraucht werden)* · jmdn., **etw. zum alten Eisen werfen/legen** (ugs.; *jmdn., etw. als überholt, unbrauchbar ansehen)* · **[bei jmdm.] auf Eisen beißen** (ugs.; *unüberwindlichen Widerstand finden)* · **in die Eisen steigen** (ugs.; *[beim Autofahren] scharf abbremsen).*

Eisenbahn, die: **1.** */ein Fernverkehrsmittel/:* nach dem Bombenangriff fuhr keine E., verkehrten keine Eisenbahnen; den Bau einer E. *(Eisenbahnstrecke)* planen; die Straße führt links an der E. *(an den Eisenbahnschienen)* vorbei; mit der E. fahren; etw. mit der/per E. befördern. **2.** *Spielzeug-, Modellbahn:* er hat zu Weihnachten eine elektrische E. bekommen; er baut seine E. auf, spielt mit der E.;

⋆ es ist [die] [aller]höchste Eisenbahn (ugs.; *es ist [aller]höchste Zeit).*

eisern: **1.** *aus Eisen bestehend:* ein eisernes Gitter, Geländer; eine eiserne Brücke; BILDL.: jmdn. mit eisernem *(ganz festem, hartem)* Griff festhalten. **2. a)** *unerschütterlich:* ein eiserner Fleiß; eine eiserne Gesundheit, Ruhe; eiserne Nerven; er bezwang seine Schmerzen mit eiserner Energie; e. schweigen; er blieb trotz aller Vorhaltungen e. bei seiner Behauptung; »Sie macht immer noch mit?« – »Eisern!« (ugs.; als Ausruf der Bekräftigung); **b)** *unnachgiebig, unerbittlich:* ein eiserner Wille; eine eiserne Strenge, Miene, Disziplin; mit eiserner Faust Ordnung schaffen; sie hielt sich e. an den Diätplan; e. sparen, trainieren; e. entschlossen sein; in dieser Sache, bei solchen Dingen ist der Chef e. (ugs.; *kompromisslos).*

eisig: **1.** *schneidend kalt:* ein eisiger Wind; eisige Temperaturen; das Zimmer, die Luft war e.; es ist e. kalt. **2. a)** *jäh packend:* ein eisiger Schreck; es durchfuhr, durchzuckte mich e.; **b)** *kalt ablehnend:* eisige Mienen; eine eisige Atmosphäre; es herrscht eisiges Schweigen; ihr Blick war, wurde e.; e. wurde e. empfangen.

eitel (abwertend): ein eitler Mensch; ein eitler Schauspieler; er ist e. wie ein Pfau; das junge Mädchen ist sehr e. geworden.

Eiter, der: in der Wunde hat sich E. gebildet, [an]gesammelt; aus der Narbe tritt E. aus; die Wunde sondert E. ab.

eitern: das Geschwür, der Finger eitert; eiternde Wunden.

¹Ekel, der: *Abscheu:* ein E. packte, erfüllte sie, stieg in ihr hoch; etw. erregt E. in ihm; sie empfand E. bei diesem Anblick; er hat einen E. vor fettem Fleisch; eine E. erregende Brühe; sie kämpfte mit dem E., wandte sich voll E. ab.

²Ekel, das (ugs. abwertend): *widerlicher Mensch:* er, sie ist ein E.; du altes E.!

ekelhaft: **1.** *widerlich:* ein ekelhaftes Tier; ekelhaftes Wetter; sein Benehmen war e.; e. schmecken, riechen; ⟨e. [zu jmdm.]⟩ er war sehr e. zu mir. **2.** ⟨verstärkend bei Adjektiven und Verben⟩ *[unangenehm] stark, sehr:* e. kalt; e. frieren; ich habe mich e. geschnitten.

ekeln: **1. a)** ⟨sich [vor jmdm., etw.] e.⟩ Ekel empfinden: sich, ich ekl[e]le mich vor Spinnen; **b)** ⟨jmdn. e.⟩ *jmds. Ekel erregen:* das Essen ekelte ihn; **c)** ⟨jmdn./jmdm. ekelt [es] vor jmdm., etw.⟩ *etw. flößt jmdm. Ekel ein:* mich/mir ekelt [es] vor ihm, vor diesem Anblick. **2.** (ugs.) ⟨jmdn. aus etw.⟩ *hinausdrängen:* sie hatte ihre Tochter aus dem Haus geekelt.

eklatant: **a)** *offensichtlich:* ein eklatanter Irrtum, Widerspruch; eklatante Mängel, Fehler; eklatante Unterschiede; **b)** *sensationell:* eklatante Erfolge, Gewinne; ein eklatanter Fall von Bestechung; sein Vorgehen ist ein eklatanter Verstoß gegen geltende Gesetze.

eklig: 1. *widerwärtig:* ein ekliges Reptil.
2. (ugs.) *unangenehm, gemein:* ein ekliger Bursche; der Chef kann sehr e. werden; ⟨e. [zu jmdm.]⟩ sei doch nicht so e. zu ihr!
3. ↑ekelhaft (2).

Elan, der: ihr E. schwand allmählich, ließ nach; viel E. zeigen, entwickeln; mit E. an eine Aufgabe herangehen; die Mannschaft spielte ohne E.

elastisch: 1. *dehnbar:* eine elastische Stahlfeder; eine elastische Binde um das Fußgelenk tragen; eine e. federnde Wand.
2. a) *geschmeidig:* ein elastischer Gang; elastische Bewegungen; mit elastischem Schritt; noch sehr e. sein; b) *anpassungsfähig:* eine elastische Organisation, Politik; ein elastisches Angebot an Arbeitskräften; e. sein, reagieren; ein Gesetz e. handhaben.

elegant: 1. *durch erlesenen Geschmack hervorstechend:* eine elegante Dame; ein eleganter Herrenmantel; ein Treffpunkt der eleganten Welt; er ist eine elegante Erscheinung; Möbel in eleganter Ausführung; ein Treffpunkt der eleganten Welt; das Kleid ist sehr e.; sie ist immer e. angezogen.
2. *gewandt:* eine elegante Verbeugung, Handbewegung; er spricht ein elegantes *(kultiviertes)* Französisch; das wäre sicher die eleganteste Lösung; mit einem eleganten Schwung; er weiß sich e. um unangenehme Arbeiten zu drücken, aus der Affäre zu ziehen.

Eleganz, die: 1. *geschmackvolle Vornehmheit:* modische, zeitlose, lässige, schlichte E.; ein Kleid von sportlicher E.
2. *Gewandtheit:* die E. seiner Bewegungen; sie tanzt mit unnachahmlicher E.

elektrisch: 1. *auf Elektrizität beruhend:* der elektrische Strom, Widerstand; die elektrische Spannung; er bekam einen elektrischen Schlag; der Zaun ist e. geladen.
2. *Elektrizität führend, habend:* eine elektrische Leitung.
3. *durch Elektrizität betrieben:* eine elektrische Zahnbürste, Schreibmaschine; elektrische Kerzen; eine elektrische Eisenbahn; das elektrische Licht; wir kochen, heizen e.; ein e. betriebener Rollstuhl.

Element, das: 1. a) *Bestandteil; Wesenszug:* ein konstruktives, belebendes, unentbehrliches, wesentliches E.; der Spitzbogen ist ein E. der gotischen Baukunst; die verschiedenen Elemente bilden ein harmonisches Ganzes; diese Musik enthält einige Elemente des Jazz; b) *Kraft, Faktor:* seine Anwesenheit brachte ein heiteres E. in die Gesellschaft; in den Sportsendungen will man das weibliche E. mehr betonen; im Mittelfeld fehlte das spielerische E.
2. ⟨meist Plural⟩ *Grundzüge, Anfangskenntnisse:* er ist nicht über die Elemente der Mathematik, dieser Fremdsprache hinausgekommen.
3. *[idealer] Lebensraum:* hier fühlt sie sich, ist sie in ihrem E.; der Fisch schwimmt in seinem E.
4. a) (Philos.) *Urstoff:* die vier Elemente Feuer, Wasser, Luft und Erde; b) ⟨meist Plural⟩ *Naturgewalt:* das Wüten der entfesselten Elemente; das gefräßige E. (geh.; *das Feuer*); das nasse E. (geh.; *das Wasser*).
5. (Chemie) *Grundstoff:* Sauerstoff ist ein chemisches E.; metallische, flüssige, gasförmige, radioaktive Elemente; das periodische System der Elemente.
6. (abwertend) ⟨meist Plural⟩ *Mensch als Bestandteil einer nicht geachteten Gruppe:* dunkle, kriminelle Elemente; dort halten sich asoziale, subversive, reaktionäre, arbeitsscheue Elemente auf.
7. *Einzelteil eines größeren Ganzen:* die Elemente einer Stahlkonstruktion, einer Anbauwand; die aus fünf Elementen bestehende Couch.

elementar: 1. *grundlegend; den Anfang bildend:* elementare Begriffe, Pflichten, Voraussetzungen, Bedürfnisse, Regeln; die elementare Stufe des Unterrichts; ihm fehlen selbst die elementarsten *(einfachsten)* Kenntnisse.
2. *ungestüm; urwüchsig:* elementare Kräfte, elementarer Gewalt; ihre Leidenschaft war e., brach e. hervor.

elend: 1. a) *jämmerlich:* ein elendes Leben führen; ein elender kleiner Angestellter; sie ist in einer elenden Lage; er ist e. zugrunde gegangen; b) *armselig:* eine elende Unterkunft; unter elenden Verhältnissen leben; c) *kränklich:* ein elendes Aussehen; ich fühle mich e.; ihr war e. zumute; mir ist ganz e. *(übel);* d) (abwertend) *gemein, niederträchtig:* ein elender Schurke, Lügner; dieses Buch ist ein elendes Machwerk.
2. (ugs.) ⟨verstärkend⟩ *sehr [groß]:* ich habe einen elenden Hunger; mir ist e. kalt; ich habe e. gefroren.

Elend, das: großes, bitteres, drückendes, menschliches E.; das ist vielleicht ein E. (ugs.; *ein trostloser Zustand*) [mit ihm]; er ist nichts als ein Häufchen E.; im E. leben; immer tiefer ins E. geraten; jmdn. ins E. bringen;
★ das heulende Elend haben/bekommen/kriegen (ugs., oft scherzh.; *sehr niedergeschlagen sein, verzweifeln*).

elf ⟨Kardinalzahl; als Ziffer: 11⟩: eine Fußballmannschaft besteht aus e. Spielern; wir sind zu elfen *(zu elft);* SUBST.: die gegnerische Elf *(Fußballmannschaft);* ↑ acht.

elitär: eine elitäre Gruppe, Minderheit; ein elitärer Kreis, Zirkel von Intellektuellen; ein elitärer Sport; ein elitäres Denken, Bewusstsein; elitäres (abwertend; *überhebliches*) Benehmen; er legt ein elitäres Verhalten an den Tag.

Elite, die: die gesellschaftliche, sportliche, akademische, politische, intellektuelle Elite; die E. eines Landes; zur E. gehören; sich als Teil einer E. fühlen.

Ellbogen, (auch:) **Ellenbogen,** der: 1. *Vorsprung der Elle am mittleren Armgelenk:* den E. aufstüt-

zen; sich auf die E. stützen; jmdn. mit dem E. anstoßen.
2. ⟨Plural⟩ *Rücksichtslosigkeit, Durchsetzungsvermögen:* keine E. haben; jmdn. E. gebrauchen; das schafft man nur mit E.; ohne E. kommt man hier nicht weiter.
Eltern, die ⟨Plural⟩: junge, alte, liebe, fürsorgliche, strenge, autoritäre E.; E. und Kinder; /Briefanrede/: liebe E.!; ihre E. sind geschieden; er hat seine E. verloren *(sie sind tot);* keine E. mehr haben; an seinen E. hängen; sie wohnt noch bei ihren E.; sie versteht sich gut mit ihren E.;
* **nicht von schlechten Eltern sein** (ugs.; *nicht schlecht sein*): die Ohrfeige war nicht von schlechten E.
E-Mail, die: eine verschlüsselte E.; eine E. mit Anhang; E. *(das Medium E-Mail)* ermöglicht eine rasche und kostengünstige Kommunikation; eine E. schreiben, versenden, empfangen, öffnen, lesen, löschen; jmdm. eine E. schicken, senden; eine E. weiterleiten, umleiten; eine E. gleichzeitig an mehrere Empfänger [ver]schicken; ich muss noch mehrere E-Mails beantworten; es sind verschiedene E-Mails eingetroffen; eine Datei an eine E. anhängen; per E. miteinander kommunizieren; der Austausch, der Versand von E-Mails.
eminent: a) *bedeutsam; hervorragend:* eine eminente Begabung; ein eminenter Unterschied; die Frage ist von eminenter Bedeutung; **b)** ⟨verstärkend bei Adjektiven und Verben⟩ *sehr; äußerst:* ein e. gefährlicher Gegner; er hat damit eine e. politische Entscheidung getroffen; das ist für sie e. wichtig; das Team hat sich, ihre Leistungen haben sich e. gesteigert.
Empfang, der: **1. a)** *Entgegennehmen:* den E. einer Ware, einer Geldsumme bestätigen, bescheinigen; gleich nach E. des Briefes brach sie auf; (Kaufmannsspr.:) zahlbar bei E. [der Ware]; **b)** (Rundf., Ferns., Funkw.) *das Hören, Sehen einer Sendung:* der E. ist gestört; wir wünschen Ihnen einen guten E.; ich gehe, bin auf E.
2. *Begrüßung:* ein herzlicher, kühler, frostiger E.; ihm wurde ein begeisterter E. zuteil; dem Feind wurde ein heißer E. bereitet *(er wurde unter Beschuss genommen).*
3. *offizielle festliche Veranstaltung:* die Stadt gab einen E. für ihre Gäste, für die Presse; an einem E. teilnehmen; auf/bei einem E. in der deutschen Botschaft; zu einem E. eingeladen werden, gehen.
4. *Rezeption:* wir treffen uns beim/am E.;
* **etw. in Empfang nehmen** *(etw. entgegennehmen)* · **jmdn. in Empfang nehmen** (ugs.; *jmdn. bei seiner Ankunft begrüßen).*
empfangen: 1. ⟨etw. e.⟩ **a)** (geh.) *entgegennehmen:* Briefe, Glückwünsche e.; einen Befehl e.; (christl. Rel.:) das Sakrament, die Taufe, die Krankensalbung e.; **b)** (geh.) *in sich aufnehmen:* neue Eindrücke, Anregungen e.; **c)** (Soldatenspr.) *zuge-*

teilt bekommen: Munition, Essen e.; **d)** (Rundf., Ferns., Funkw.) *eine Sendung hören oder sehen:* einen Funkspruch störungsfrei e.; wir können diesen Sender nur über UKW, auf Kanal 13 e.
2. ⟨jmdn. e.⟩ *als Gast begrüßen:* jmdn. herzlich, kühl, zurückhaltend, feierlich, mit freundlichen Worten e.; der Hausherr empfing die Gäste in der Halle; der Minister empfing den Botschafter zu einer Aussprache; sie wurde vom Papst in Audienz empfangen; ÜBERTR.: die Polizei empfing (iron.; *verprügelte)* die Demonstranten mit Gummiknüppeln.
empfänglich: ein empfängliches Gemüt; für alles Schöne, für Lob, für Schmeicheleien e. sein; sie ist sehr e. *(anfällig)* für Infektionen.
empfehlen: 1. a) ⟨jmdm. jmdn., etw. e.⟩ *zu jmdm., etw. raten:* ich kann dir dieses Geschäft, dieses Buch, diesen Film nur e., wärmstens e.; sie empfahl mir ihren Hausarzt; man hat Sie mir als guten Anwalt empfohlen; sein Entwurf wurde als Arbeitsgrundlage, zur Annahme empfohlen; ⟨auch ohne Dat.⟩ der Arzt empfahl eine Kur; diesen Weg möchte ich weniger e.; es wird empfohlen, sofort Zimmer zu bestellen; dieses Lokal ist sehr zu e.; **b)** ⟨es empfiehlt sich⟩ *es ist ratsam:* es empfiehlt sich zuzustimmen.
2. ⟨sich e.⟩ **a)** *sich als geeignet, vorteilhaft erweisen:* sie empfiehlt sich durch ihre Leistung [als geeignet]; Vorsichtsmaßnahmen würden sich durchaus e.; **b)** *seine Dienste anbieten:* er empfahl sich als geeigneter Mann.
3. (geh.) *sich verabschieden:* sie empfahl sich höflich, unauffällig; er hat sich bald wieder empfohlen; ich empfehle mich! *(auf Wiedersehen!).*
4. (geh.) ⟨etw. (Dat.) jmdn., sich, etw. e.⟩ *anvertrauen:* ich empfehle das Kind deiner Obhut; sich der Gnade des Herrn e.
Empfehlung, die: **1. a)** *Vorschlag, Rat:* auf E. des Arztes in den Süden reisen; **b)** *lobende Beurteilung, Fürsprache:* jmdm. eine E. schreiben, mitgeben; es gilt als E., dort studiert zu haben; aufgrund meiner E. wurde er befördert; auf die E. ihres Lehrers hin bekam sie die Stelle.
2. (geh.) *Gruß:* bitte eine freundliche E. an Ihre Gattin!; eine E. ausrichten, bestellen.
empfinden: a) ⟨etw. e.⟩ *spüren:* Hunger, Kälte, Schmerz e.; **b)** ⟨etw. e.⟩ *von etw. im Gemüt bewegt werden:* Abscheu, Furcht, Ekel, Angst vor etw. e.; Freude an der Musik, über ein Geschenk e.; Achtung vor jmdm., Freundschaft für jmdn. e.; Liebe für jmdn., zu jmdm. e.; sie empfand tiefe Reue über diese Tat; er empfindet nichts für sie *(liebt sie nicht);* **c)** ⟨jmdn., sich, etw. als jmd., etw./irgendwie e.⟩ *auffassen, für jmdn., etw. halten:* etw. als kränkend, als tröstlich, als verrückt, als ungerecht, als Wohltat, als Erleichterung, als Erlösung e.; ich empfand seine Worte wie Ironie; wir haben seinen Verlust tief empfunden; sie empfand dunkel, dass er sie betrogen habe; jmdn. als Störenfried e.; er empfand sich als Ausgestoßener.

E

empfindlich: **1.** **a)** *leicht auf Reize reagierend:* eine empfindliche Haut; sie hat eine empfindliche Stelle am Arm; seine Augen sind sehr e.; ÜBERTR.: ein empfindliches *(fein reagierendes)* Gerät; der Film ist sehr e.; **b)** *anfällig:* ein empfindliches Kind; gegen Hitze e. sein; ÜBERTR.: eine empfindliche *(leicht schmutzende)* Tapete, Bluse. **2.** *seelisch verletzbar, feinfühlig:* ein empfindlicher Mensch, Künstler; jmdn. an seiner empfindlichen Stelle, in seinem empfindlichsten Punkt treffen; e. reagieren; sei doch nicht so e. *(leicht beleidigt)!* **3.** *spürbar:* eine empfindliche Strafe, Niederlage; wir haben empfindliche Verluste erlitten; deine Kritik hat ihn e. getroffen. **4.** ⟨verstärkend bei Adjektiven und Verben⟩ *sehr:* es war e. kalt.

Empfindung, die: **1.** *sinnliche Wahrnehmung:* eine E. von Schmerz, von Kälte; der gelähmte Arm war ohne E. **2.** *seelische Regung:* eine reine, klare, echte, starke, lebhafte E.; eine schwache, unangenehme E.; die E. der Liebe, des Hasses; eine E. der Bitterkeit; die verschiedensten, widersprechendsten Empfindungen bestürmten ihn; diese E. lässt sich nicht beschreiben; sie kann ihre Empfindungen nicht verbergen; sie erwidert seine Empfindungen (geh.; *seine Liebe zu ihr*).

empor (geh.): zum Licht, zum Gipfel e.; e. zu den Sternen.

empören: **1.** ⟨sich gegen etw. e.⟩ *sich auflehnen:* sich gegen eine Diktatur, gegen ein Unrecht e. **2.** **a)** ⟨sich über etw. (Akk.) e.⟩ *sich entrüsten:* sie empörte sich über diese Ungerechtigkeit, über diese Vorgehensweise; er war empört über ihr Verhalten; **b)** ⟨jmdn. e.⟩ *wütend machen:* diese Behauptung empörte ihn; ein empörender Leichtsinn, Skandal; sein Benehmen war empörend; eine empörte *(aufgebrachte)* Menge.

Empörung, die: **1.** *Entrüstung:* ihn erfüllte eine tiefe, ehrliche E. über dieses Treiben; er war voll[er] E.; seiner E. [über etw.] Luft machen; sie bebte vor E. **2.** *Rebellion:* die E. des Volkes wurde niedergeschlagen.

Ende, das: **1.** *Stelle, wo etw. aufhört:* das spitze, das stumpfe E.; das E. der Straße, des Ganges; wir wohnen am E. der Stadt, am E. der Welt (scherzh.; *weit draußen*); jmdn. bis ans E. der Welt *(überallhin)* folgen; wir liefen von einem E. zum anderen; ÜBERTR.: er fasst die Sache am richtigen, falschen, verkehrten E. *(von der richtigen, falschen Seite her)* an. **2.** *Zeitpunkt, an dem etw. aufhört; letztes Stadium:* Anfang und E.; ein plötzliches, bitteres, böses, glückliches, schlimmes, schmähliches, tragisches, trauriges, blutiges, versöhnliches E.; das E. der Welt *(der Jüngste Tag)*; das E. *(der Schluss)* der Vorstellung, des Konzerts, der Sendung; E. (Funkw.; *Schluss)* der Durchsage; das E. naht, überrascht uns, ist nicht abzusehen; (geh.:) es war des Staunens kein E.; alles muss einmal ein E. haben; bei ihren Erzählungen findet sie kein E., kann sie kein E. finden; die Diskussion nahm kein E. *(wollte nicht aufhören)*; die Sache nahm doch noch ein gutes E. *(ging gut aus)*; dem Streit ein E. machen/setzen/bereiten *(den Streit beenden)*; seinem Leben ein E. machen/setzen (geh.; *sich das Leben nehmen)*; die Saison ging ihrem E. zu; am, zu[m], gegen, bis, seit E. des Jahres, des Jahrhunderts; er kommt E. *(am Ende)* der Woche, E. Oktober, E. 2002 zurück; sie ist E. fünfzig/der Fünfziger *(sie ist bald 60 Jahre alt)*; (ugs.:) das ist der Anfang vom E.; er muss den Kampf, den Prozess bis zum bitteren E. durchstehen; eine Vorstellung ist [gleich] zu E. *(ist aus, beendet)*; meine Geduld ist zu E.; mit ihm ist es aus und zu E. (ugs.; *völlig aus)*; mit ihr geht es zu E. (verhüll.; *sie stirbt)*; der Tag geht zu E. *(hört auf)*; unser Geld geht zu E.; eine Arbeit zu E. bringen, führen *(beenden)*; etw. zu E. denken; mit etw. zu E. kommen (geh.; *fertig werden)*; den Brief zu E. *(fertig)* lesen, bis zu E. *(vollständig)* lesen; Ⓡ E. gut, alles gut; (scherzh.:) alles hat ein E., nur die Wurst hat zwei. **3.** (verhüll.) *Tod:* das E. kam schnell; (geh.:) er fühlte sein E. nahen; sie hatte ein sanftes, schweres, qualvolles E.; eine Embolie führte das E. herbei; (geh.:) sein Leben neigte sich dem E. zu. **4.** **a)** *letztes, äußerstes Stück:* die beiden Enden der Schnur zusammenknüpfen; das E. *(der Zipfel)* der Wurst; ein Endchen Brot; dieses Geweih hat acht Enden (Jägerspr.; *Zacken)*; **b)** (ugs.) *kleines Stück:* ein E. Draht, Bindfaden; **c)** (ugs.) *Strecke:* es ist noch ein gutes E. bis zum Bahnhof; das letzte E. musste sie laufen. **5.** (Seemannsspr.) *Tau:* ein E. auswerfen, kappen; die Enden aufschießen; ★ **das dicke Ende** (ugs.; *die [unerwarteten] größten Schwierigkeiten)*: das dicke E. kommt noch, kommt nach · **das Ende der Fahnenstange** *(Punkt, an dem es nicht mehr weitergeht)* · **das Ende vom Lied** *(der [enttäuschende] Ausgang von etw.)*: das E. vom Lied war, dass alles beim Alten blieb · **ein Ende mit Schrecken** *(ein schreckliches, schlimmes Ende)* · **letzten Endes** *(schließlich)*: letzten Endes ist alles ganz gleichgültig · **am Ende** (1. *schließlich, im Grunde*: am E. dasselbe. 2. nordd.; *vielleicht*: am E. bist du es [gar] selbst gewesen) · **am Ende sein** (ugs.; *sehr müde, erschöpft sein)* · **mit etw. am Ende sein** *(nicht mehr weiterwissen, -können)*: mit seinem Wissen, mit seinen Nerven, mit seiner Geduld am E. sein.

enden: **1.** *aufhören:* **a)** ⟨irgendwo e.⟩ die Buslinie endet am Bahnhof, am Bismarckplatz; der Weg endete plötzlich [im Dickicht]; die Röcke enden knapp unter/über dem Knie; **b)** ⟨irgendwann e.⟩ der Vortrag endete um 22 Uhr; ⟨irgendwie e.⟩

Streit endete tragisch, mit einer Prügelei; das Spiel endete unentschieden, im Chaos; der Skiurlaub endete im Krankenhaus; ich weiß nicht, wie das e. soll, e. wird; nicht e. wollender Beifall dankte dem Sänger.
2. ⟨irgendwie e.⟩ **a)** *etw. beenden:* der Redner hatte mit einem Hoch auf den Jubilar geendet; **b)** *sterben:* am Galgen e.; wie hat/(seltener:) ist er geendet?
3. (Sprachw.) ⟨auf etw. (Akk.)/mit etw. e.⟩ *etw. als Auslaut, als Endung haben:* dieses Wort endet auf/mit k, endet auf -ung.
endgültig: eine endgültige Lösung; diese Entscheidung ist e.; nun ist e. Schluss; damit ist es e. aus, vorbei; sie hat sich e. entschlossen abzureisen; SUBST.: ich kann jetzt noch nichts Endgültiges sagen.
endlich: I. ⟨Adverb⟩ **a)** *nach einer langen Zeit des Wartens:* sie ist e. gekommen; wann bist du e. fertig?; (ugs.:) na e.!; **b)** *schließlich:* e. gab er doch nach; wir mussten e. erkennen, dass ...
II. ⟨Adj.⟩ (Fachspr.) *in Raum, Zahl, Zeit o. Ä. begrenzt:* eine endliche Zahl, Größe, Menge; die Welt ist e.
endlos: eine endlose Kolonne; endlose Strände; ein endloser Streit; endlose Qualen; der Weg schien e. zu sein; es dauerte e. *(unendlich)* lange, bis sie kam.
Energie, die: **1.** *Tatkraft, Schwung:* eine große, starke, gesammelte, geballte, nie erlahmende, produktive E.; viel, wenig, keine E. haben; nicht die nötige E. haben, besitzen, aufbringen; alle E. für etw. aufbieten, aufwenden; E. verschwenden; sie legt eine erstaunliche E. an den Tag; er arbeitet mit eiserner, ungeheurer, verbissener E.; sie steckt voller E., birst fast vor E.
2. (Physik) *Kraft, die Arbeit leisten kann:* mechanische, chemische, elektrische E.; alternative Energien; bei diesem Vorgang wird E. frei, geht E. verloren; E. erzeugen, zuführen, abgeben; Energien nutzen, speichern, umwandeln, verwerten; E. sparende Maßnahmen.
energisch: a) *tatkräftig, entschlossen:* ein energischer Mann; ein energisches Auftreten; ein energisches *(Energie verratendes)* Kinn; e. durchgreifen; sich e. zur Wehr setzen; jmdm. e. entgegentreten; **b)** *nachdrücklich:* energische Maßnahmen; etw. e. betonen, bestreiten; e. widersprechen; das musst du dir e. verbitten.
eng: 1. a) *schmal:* ein enges Zimmer; enge Straßen, Gassen; das Tal ist sehr e.; ÜBERTR.: in engen *(beschränkten)* Verhältnissen leben; **b)** *dicht gedrängt:* e. schreiben; die Bäume stehen e. [nebeneinander]; sich e. anschmiegen; die Schüler sitzen zu e.; **c)** *fest anliegend:* ein enges, e. anliegendes Kleid; der Rock wird mir zu e.; die Schuhe sind zu e.; ich will mir die Hose enger machen lassen.
2. *ohne Spielraum:* ihm sind enge Grenzen gesetzt; einen engen Gesichtskreis, Horizont ha-

ben; mir ist hier alles zu e. und provinziell; eine Vorschrift e. auslegen; die Zeit ist zu e. bemessen; für die deutsche Staffel wird es e. werden (ugs.; *der Erfolg ist ungewiss*); das wird e. (ugs.; *knapp*) werden, aber ich muss den Zug unbedingt noch erreichen; ⟨im Komparativ und Superlativ⟩ er kam in die engere Wahl *(er gehört zu den aussichtsreichen Bewerbern);* im engeren, engsten Sinn bedeutet das Wort ...; ein e. begrenztes, umgrenztes Aufgabengebiet.
3. *nah, vertraut:* enge Mitarbeiter; eine enge Freundschaft; wir stehen in enger Beziehung zueinander, in engem Kontakt miteinander; im engsten Kreise feiern; die engere Heimat; wir sind e. verwandt., e./aufs Engste befreundet;
★ etw. **nicht so/zu eng sehen** (ugs.; *etw. nicht so/zu eingeschränkt beurteilen, einschätzen; etw. tolerieren*): ich sehe es/das alles nicht so e.
engagieren: 1. ⟨jmdn. e.⟩ *verpflichten:* einen neuen Trainer e.; jmdn. als Privatlehrer e.; der Schauspieler wurde [für die nächste Spielzeit] an das Stadttheater, nach Berlin engagiert; an einer Bühne engagiert sein.
2. ⟨sich e.⟩ **a)** *sich einsetzen; einen geistigen Standort beziehen:* sich politisch, emotional e.; er ist bereit, sich voll für die Ziele der Partei, in der Partei zu e.; ein politisch engagierter Schriftsteller; ein engagierter *(sich für etw. einsetzender)* Film; **b)** *militärische, geschäftliche o. ä. Verpflichtungen eingehen:* sich finanziell, geschäftlich e.; die Amerikaner hatten sich in Vietnam zu sehr engagiert.
Enge, die: die E. der kleinen Wohnung, des Raumes; in bedrückender, drangvoller E. leben; ÜBERTR.: kleinbürgerliche, dogmatische E.; die E. seines Geistes, seiner Anschauungen;
★ in die **Enge geraten** *(keinen Ausweg mehr wissen)* · jmdn. **in die Enge treiben** *(durch Fragen in ausweglose Bedrängnis bringen).*
Engel, der: **1.** *überirdisches Wesen:* der E. der Verkündigung; die bösen, gefallenen Engel; sie ist schön wie ein E.; ein blonder E. *(junge, sanft wirkende Person mit längerem blondem Haar);* ⓡ /als Kommentar wenn die Unterhaltung plötzlich verstummt, große Stille eintritt/: ein E. fliegt, geht durchs Zimmer.
2. a) *Helfer[in], Retter[in]:* sie ist ein wahrer E., ein E. der Betrübten, der Gefangenen; sie ist mein guter E.; er kam als rettender E.; du bist ein E. (ugs.; *bist wirklich lieb*), dass du mir die Arbeit abnimmst; **b)** (ugs.) *unschuldiger Mensch:* er ist auch nicht gerade ein E.; ich habe drei Söhne, die alle keine Engel waren; (iron.:) du unschuldsvoller, ahnungsloser E.!;
★ die **Engel im Himmel singen/pfeifen hören** (ugs.; *starke Schmerzen haben).*
engherzig: ein engherziger Spießer; etw. zu e. beurteilen.
englisch: die englische Sprache; die feine/vornehme englische Art; er spricht [gut] e. *(in engli-*

*scher Sprache); subst.: etw. auf E. sagen; sie spricht [ein gutes, schlechtes, mittelmäßiges] Englisch; der Prospekt erscheint in Englisch; er unterrichtet Englisch *(als Unterrichtsfach)*.

engstirnig: ein engstirniger Pfarrer; eine engstirnige Haltung; er ist politisch sehr e.; sie denkt, handelt e.

Enkel, der: **1.** *Kind des Sohnes, der Tochter:* sie haben viele E.; der Großvater spielt mit seinen Enkeln. **2.** *Nachfahre:* noch unsere E. werden davon erzählen; nach dieser Wahlniederlage drängen die politischen E. an die Macht.

enorm: a) *außerordentlich; ungewöhnlich groß:* enorme Anstrengungen, Schwierigkeiten; eine enorme Belastung, Leistung; ein enormer Vorsprung, Einfluss; die Begeisterung war e.; seine Kräfte sind e.; die Preise sind e. gestiegen; die einheimische Mannschaft steigerte sich e.; das Einkommen konnte e. verbessert werden; **b)** (ugs.) /verstärkend bei Adjektiven/ *äußerst:* das neue Gerät ist e. praktisch; ein e. günstiger Preis; e. hoch, weit, wichtig sein.

entbehren: 1. a) (geh.) ⟨jmdn., etw. e.⟩ *vermissen:* sie entbehrt ihren Freund schmerzlich; **b)** ⟨jmdn., etw. e.; in Verbindung mit Modalverben⟩ *auf jmdn., etw. verzichten:* ich kann das Buch, meine Mitarbeiterin nicht länger e.; er hat in seiner Jugend viel[es] e. müssen. **2.** (geh.) ⟨etw. (Gen.) e.⟩ *ermangeln:* diese Behauptung entbehrt jeder Grundlage; sein Verhalten entbehrt nicht der Komik *(ist recht komisch)*.

Entbehrung, die: die E. hatte sein Gesicht gezeichnet; schmerzliche Entbehrungen auf sich nehmen, ertragen; ich musste mir große Entbehrungen auferlegen; unter großen Entbehrungen gelangten die Siedler in den Westen.

entbieten (geh.) ⟨jmdm. etw. e.⟩: der Minister entbietet Ihnen seine Grüße, ein Willkommen.

entbinden: 1. *befreien:* ⟨jmdn. von etw./(geh.:) etw. (Gen.) e.⟩: sie wurde von ihren dienstlichen Pflichten, von ihren Ämtern, von ihrem Eid/ (geh.:) ihrer dienstlichen Pflichten, ihrer Ämter, ihres Eides entbunden; das entbindet uns nicht von der Notwendigkeit der Selbstkritik. **2. a)** ⟨jmdn. e.⟩ *jmdm. Geburtshilfe leisten:* dieser Arzt hat meine Frau entbunden; sie ist [von einem gesunden Jungen] entbunden worden; **b)** *ein Kind gebären:* sie hat gestern, zu Hause, in der Klinik entbunden.

entblößen ⟨sich, etw. e.⟩: die Brust, den Oberkörper e.; er entblößte seine Zähne *(legte sie bloß)*; mit entblößtem Kopf stand er am Grabe; übertr.: ich habe mich, mein Innerstes vor dir entblößt *(dir alle meine geheimen Gedanken mitgeteilt)*.

entdecken: 1. ⟨etw. e.⟩ *bislang Unbekanntes finden:* eine Insel, einen neuen Stern e.; ein chemisches Element, ein Virus e.; Kolumbus hat Amerika entdeckt. **2.** ⟨jmdn., etw. e.⟩ **a)** *ausfindig machen:* einen

Fehler, eine Lücke im Gesetz; ein nettes Lokal e.; er entdeckte seinen Freund in der Menge; der Täter wurde endlich entdeckt und festgenommen; **b)** *auf jmdn., etw. stoßen:* eine Fähigkeit in sich e.; ich entdeckte ihn zufällig unter den Gästen; die Künstlerin, ihr Talent wurde schon mit 16 Jahren entdeckt.

Entdeckung, die: **1.** *das Entdecken:* die E. Amerikas; die E. eines Krankheitserregers, eines Betrugs, eines Verbrechens; eine wissenschaftliche E. von großer Tragweite; das war eine unerwartete, überraschende, peinliche E.; eine E. machen *(etw. entdecken)*; eine seltsame, grausige E. machen *(etwas Seltsames, Grausiges entdecken)*. **2.** *das Entdeckte:* eine bedeutsame E.; der junge Schauspieler ist eine großartige E.; er meldete seine E. der Polizei.

Ente, die: **1.** /ein Schwimmvogel/: eine braune, bunt gefiederte, junge, gefräßige E.; die Enten schnattern, schwimmen im/auf dem Wasser, gründeln, tauchen; sie watschelt (ugs.; *geht*) wie eine E.; er schwimmt wie eine bleierne E. (ugs.; *er kann nicht, nur schlecht schwimmen*). **2.** (Jargon) *falsche [Presse]meldung:* diese Nachricht war eine E., hat sich als E. erwiesen; die E. ist geplatzt (ugs.; *erkannt worden*); ★ **lahme Ente** (ugs. abwertend; 1. *eine schwerfällige, langweilige Person*. 2. *langsames Fahrzeug mit schwachem Motor*) · **kalte Ente** *(bowlenartiges Getränk)*: eine E. ansetzen, zubereiten.

entfachen (geh.) ⟨jmdm. e.⟩:**a)** *zum Brennen bringen:* die Glut e.; einen Funken zur Flamme e.; ein Feuer e.; der Wind entfachte einen Brand; **b)** *erregen, entfesseln:* einen Streit, eine Diskussion, einen Sturm der Entrüstung e.; der Anblick entfachte seine Begierde, Leidenschaft.

entfahren (geh.) ⟨jmdm. e.⟩: *von jmdm. ausgesprochen werden:* ein Seufzer entfuhr ihr; das Wort ist ihm im Zorn entfahren; »Mist!«, entfuhr es ihr.

entfallen: 1. ⟨jmdm., etw. e.⟩ **a)** (geh.) *aus der Hand fallen:* das Buch entfiel ihm, seinen Händen; **b)** *jmdm. aus dem Gedächtnis kommen:* ihr Name, diese Tatsache ist mir entfallen. **2.** ⟨auf jmdn., etw. e.⟩ *als Anteil auf jmdn., etw. kommen:* von dem gesamten Gewinn entfielen auf jeden Teilnehmer 100 DM; auf den ersten Rang entfallen drei Gewinne zu 100 000 DM; drei Mandate entfielen auf Frauen. **3.** (Papierdt.) *ausfallen, nicht in Betracht kommen:* dieser Punkt entfällt; die Fragestunde muss e.

entfalten: 1. a) ⟨etw. e.⟩ *auseinander falten:* eine Fahne, eine Landkarte, ein Taschentuch, eine Serviette e.; die Blume entfaltet ihre Blüte; **b)** ⟨sich e.⟩ *sich öffnen:* die Blüte entfaltet sich in voller Pracht; der Fallschirm entfaltet sich. **2. a)** ⟨etw. e.⟩ *zur Geltung bringen, zeigen:* sein Können, seine Fantasie, viel Geschmack e.; der Fürst entfaltete einen ungeheuren Prunk; **b)** ⟨sich e.⟩ *sich [voll] entwickeln:* ihre Schönheit hat sich voll entfaltet; hier wirst du dich beruflich nicht e. können; sie will sich frei, ihren Fähigkeiten gemäß e.; seine Begabung, seine Persönlichkeit, sein Talent kann sich hier e.

3. ⟨etw. e.⟩ *beginnen und intensiv betreiben:* eine fieberhafte, Frucht bringende Tätigkeit e.

entfernen /vgl. entfernt/:**1.** ⟨jmdn., etw. e.⟩ *beseitigen:* einen Flecken e.; das Schild wurde entfernt; der Schüler wurde von/aus der Schule entfernt *(ausgeschlossen);* er wurde aus seinem Amt entfernt *(seines Amtes enthoben);* ⟨jmdm. etw. e.⟩ ihr werden die Mandeln entfernt *(herausgenommen);* ÜBERTR.: das entfernt uns allzu sehr, allzu weit von unserem Thema *(bringt uns davon ab).* **2.** ⟨sich e.⟩ *weggehen, einen Ort verlassen:* sie entfernte sich heimlich aus der Stadt; die Schritte entfernten sich wieder; er hatte sich erst wenige Schritte vom Haus entfernt; ÜBERTR.: der Parteivorstand entfernt sich immer mehr von der Basis; sie hat sich von der Wahrheit [allzu sehr] entfernt *(ist nicht bei der Wahrheit geblieben).*

entfernt:1. **a)** *fern, weit abgelegen:* bis in die entferntesten Teile des Landes; der Hof liegt weit e. von der Straße/weit von der Straße e.; ÜBERTR.: der Spieler ist weit von seiner Bestform e.; ich bin weit davon e., dir zu glauben *(ich glaube dir auf keinen Fall);***b)** ⟨in Verbindung mit Maßangaben⟩ *in einer bestimmten Entfernung:* das Haus liegt 300 Meter, eine Stunde e. [von hier]; der Stich war nur zwei Zentimeter vom Herzen e. **2.** *weitläufig:* entfernte Verwandte, Bekannte; sie ist e. mit mir verwandt. **3.** *gering, schwach, undeutlich:* er hat eine entfernte Ähnlichkeit mit dir; sich e. an etw. erinnern;

⋆ **nicht entfernt/im Entferntesten** *(absolut nicht, überhaupt nicht).*

Entfernung, die: **1.** *[kürzester] Abstand, Strecke zwischen zwei Punkten:* die E. bis zur Mauer, zwischen den Häusern beträgt 100 Meter; die E. des Kometen von der Erde nimmt zu; eine E. messen, abschreiten, berechnen; weite Entfernungen überwinden; die Musik ist auf große E. [hin] *(weithin)* zu hören; auf eine E. von 50 Metern/ (auch:) Meter treffen; aus der E. *(aus der Ferne)* konnte man sie für einen Mann halten; er sah aus einiger E. zu; sie stand in gebührender, respektvoller, sicherer E.; bei der großen E. bin ich auf die Bahn angewiesen. **2. a)** *das Entfernen, Beseitigen:* die E. der Trümmer; die operative E. eines kranken Organs; man hat auf seine E. *(Entlassung)* aus dem Amt gedrungen; **b)** *das Sichentfernen:* er wurde wegen unerlaubter E. von der Truppe bestraft.

entfesseln ⟨etw. e.⟩: einen Aufruhr, einen Krieg e.; das Spiel der Mannschaft entfesselte Stürme der Begeisterung; entfesselte Naturgewalten, Leidenschaften.

entfliehen: 1. ⟨[aus etw.] e.⟩ *entkommen:* aus der Gefangenschaft, aus dem Gefängnis e.; drei Häft-

linge sind entflohen; ⟨jmdm., etw. e.⟩ der Gefangene konnte seinen Wächtern e.; ÜBERTR.: der Unruhe, dem Lärm e. (geh.; *sich davon zurückziehen);* dem Schicksal zu e. (geh.; *entrinnen)* suchen. **2.** (geh.) *vergehen:* die Zeit, die Jugend entflieht.

entführen ⟨jmdn., etw. e.⟩: ein Kind, ein Flugzeug e.; der Politiker wurde von seinen Gegnern ins Ausland entführt; ⟨jmdm. jmdn. e.⟩ man hat ihm seine Tochter entführt; ÜBERTR.: hast du [mir] mein Buch entführt *(weggenommen)?*

entgegen:I. ⟨Adverb; meist zusammengesetzt mit Verben⟩ **1.** *in Richtung auf jmdn., etw. hin:* dem Morgen, der Sonne e.; sie war schon unterwegs, neuen Abenteuern e. **2.** *entgegengesetzt, zuwider:* dieser Beschluss ist meinen Wünschen völlig e. **II.** ⟨Präp. mit Dat.⟩ *im Widerspruch, im Gegensatz zu:* e. allen Erwartungen; e. ihrer Gewohnheit tankte sie diesmal Super; e. einer weit verbreiteten Meinung, Auffassung; e. der bisher geübten Praxis; e. früheren Äußerungen; e. seiner vorherigen Ankündigung nahm er doch teil; e. meinem Wunsch/meinem Wunsch e. ist sie nicht abgereist.

entgegenbringen ⟨jmdm., etw. etw. e.⟩: jmdm. Wohlwollen, Achtung, großes Vertrauen, wenig Verständnis e.; er brachte dem Vorschlag nur wenig Interesse entgegen.

entgegengesetzt: **a)** *gegensätzlich, gegenteilig:* er war entgegengesetzter Meinung; ich denke genau e.; seine Auffassung ist meiner diametral e.; sich e. [zu] den Erwartungen verhalten;**b)** *umgekehrt, gegenüberliegend:* am entgegengesetzten Ende, in entgegengesetzter Richtung.

entgegenkommen:1. ⟨jmdm. e.⟩ *auf jmdn. zukommen:* sie kam mir auf der Treppe entgegen; der entgegenkommende Wagen, Fahrer blendete mich; ÜBERTR.: man kam ihr freundlich, mit Achtung e. **2.** ⟨jmdm., etw. e.⟩ **a)** *auf jmds. Wünsche eingehen:* wir sind gerne bereit, Ihnen entgegenzukommen; er kam meinen Wünschen auf halbem Wege entgegen; die Partner kamen einander entgegen *(einigten sich);* sie war, zeigte sich [nicht] sehr entgegenkommend; ⟨sich e.⟩ sich [gegenseitig] auf halbem Wege e.; SUBST.: wir danken Ihnen für Ihr freundliches Entgegenkommen; **b)** *entsprechen, gerecht werden:* diese Arbeit kommt meinen Neigungen sehr entgegen; wir müssen dieser Auffassung e.

entgegennehmen ⟨etw. e.⟩: einen Brief, eine Sendung e.; Aufträge, Bestellungen e.; unsere Vertreter sind nicht berechtigt, Zahlungen entgegenzunehmen; nehmen Sie bitte meinen Dank entgegen; er nahm die Glückwünsche der Kollegen freudig, gleichmütig entgegen.

entgegensehen ⟨etw. (Dat.) irgendwie e.⟩: einer Entscheidung gespannt, gelassen, mit Skepsis, mit gemischten Gefühlen e.; dem Winter mit

E

Sorge e.; /Briefschluss/: ich sehe Ihrer Antwort gern, mit Interesse entgegen.

entgegensetzen /vgl. entgegengesetzt/ ⟨jmdm., etw. etw. e.⟩: er setzte mir, meinen Forderungen Widerstand engegen; der Realität die Utopie e.; ihren Argumenten konnte er wenig e.; dieser Beschuldigung hatte sie nichts entgegenzusetzen; ⟨sich jmdm. e.⟩ er, starker Widerstand setzte sich mir entgegen.

entgegentreten: 1. a) ⟨jmdm., etw. [irgendwie] e.⟩: in den Weg treten: einem Einbrecher furchtlos e.; b) ⟨jmdm. [irgendwie] e.⟩ begegnen: diese Erscheinung tritt einem in der Natur häufig entgegen; c) ⟨etw. (Dat.) irgendwie e.⟩ gegenübertreten: allen Problemen tatkräftig, wirksam, mit Entschlossenheit, mit Elan e.; dem Tod gefasst e. 2. ⟨jmdm., etw. e.⟩ gegen jmdn., etw. angehen: einer Unsitte, einem Vorurteil e.; einer Behauptung e.; einem Kontrahenten, jmds. Forderungen energisch, mit Nachdruck e.

entgegnen ⟨etw. e.⟩: sie entgegnete liebenswürdig, heftig, kurz, scharf, nach kurzem Zögern, dass ...; er entgegnete, ich solle abwarten; »Er kommt erst morgen«, entgegnete sie; darauf wusste er nichts zu e.; ⟨jmdm. etw. e.⟩ sie entgegnete ihm, dass sie sich freue.

entgehen: 1. ⟨jmdm., etw. e.⟩ a) von jmdm., etw. verschont bleiben: seinen Verfolgern, einer Gefahr, der Strafe, dem Tadel e.; er ist dem Tode nur knapp entgangen; b) von jmdm. versäumt werden: dieser Vorteil, dieser Gewinn, diese gute Gelegenheit soll mir nicht e.; diesen Festzug, diese Premiere, einen solchen Film solltest du dir nicht e. lassen. 2. ⟨jmdm. e.⟩ von jmdm. unbemerkt bleiben: dieser Fehler ist mir leider entgangen; von der Rede ist ihm kein Wort entgangen; ihrer Mutter entging nichts; es ist ihr nicht entgangen, dass ...

entgeistert: entgeisterte Blicke; sie war völlig e., als sie das hörte; als ich das sagte, starrte er mich e. an.

Entgelt, das: ein höheres E. fordern; er musste gegen/(seltener:) für [ein] geringes E., ohne E. arbeiten; als/zum E. für diese Mühe; für unzureichend freigemachte Sendungen erhebt die Post ein zusätzliches E.

entgleisen: 1. aus dem Gleis springen: der Zug, die Straßenbahn ist entgleist. 2. sich taktlos benehmen: der Redner ist in peinlicher Weise entgleist; sie entgleist leicht.

entgleiten (geh.) ⟨jmdm., etw. e.⟩: das Glas, das Messer entglitt ihr, ihrer Hand; BILDL.: das Gespräch entglitt ins Banale; die Kontrolle darüber war ihm entglitten.

enthalten: 1. ⟨etw. e.⟩ zum Inhalt haben: die Flasche enthält Wasser, Petroleum; das Buch enthält 300 Abbildungen, politischen Zündstoff; frisches Obst enthält Vitamine; in diesem Getränk ist Kohlensäure enthalten; die Verpackung ist im

Preis [mit] enthalten (eingeschlossen); wie oft, wie viel Mal ist 4 in 12 enthalten? 2. (geh.) ⟨sich etw. (Gen.) e.⟩ auf etw. verzichten: sich des Alkohols e.; bei der Abstimmung enthielt sie sich der Stimme; sie konnte sich nicht e., ihn zu tadeln; ⟨auch ohne Gen.⟩ acht Abgeordnete enthielten sich; sich geschlechtlich e. (keinen Geschlechtsverkehr haben).

entheben (geh.) ⟨jmdn. etw. (Gen.) e.⟩: a) von etw. entbinden: er wurde wegen dieser Verfehlungen seines Amtes, seiner Stellung enthoben; b) von etw. befreien: deine Hilfe enthebt mich aller Sorgen (nicht korrekt: allen Sorgen); wir sind aller Verpflichtungen enthoben; das enthebt mich der Notwendigkeit, ...

enthüllen: 1. ⟨etw. e.⟩ von etw. die Verhüllung entfernen: die Verschleierte enthüllte ihr Gesicht; ÜBERTR.: ein Denkmal, eine Gedenktafel e. (der Öffentlichkeit übergeben). 2. (geh.) a) ⟨etw. e.⟩ offenbaren: die Zukunft, ein Geheimnis e.; dieser Bericht enthüllt die Hintergründe des Finanzskandals; ⟨jmdm. etw. e.⟩ jmdm. einen Plan e.; ihr Schreiben hat mir alles enthüllt; b) ⟨etw. e.⟩ offenkundig werden: die Wahrheit wird sich e.; ⟨sich jmdm. e.⟩ dabei enthüllte sich mir sein wahrer Charakter. 3. (geh.) ⟨jmdn. irgendwie e.⟩ entlarven, bloßstellen: dieser Brief enthüllt ihn als Schwindler, in seiner ganzen Armseligkeit.

entkleiden (geh.): 1. ⟨jmdn., sich e.⟩ ausziehen: einen Kranken e.; sie mussten sich bis aufs Hemd e.; sich vor jmdm. e. 2. ⟨jmdn., etw. (Gen.) e.⟩ jmdm., etw. etw. wegnehmen: jmdn. seines Amtes, seiner Macht, seiner Würde e.; eine Sache ihres Reizes e.

entkommen: der Täter konnte unbemerkt e.; er ist über die Grenze, aus dem Gefängnis, über die Mauer, mit dem Hubschrauber entkommen; ⟨jmdm., etw. e.⟩ er entkam seinen Verfolgern; entkam (entging) nur mit knapper Not einer Verhaftung.

entkräften: 1. ⟨jmdn. e.⟩ jmdm. die Kräfte rauben: die Krankheit, der Hunger hat ihn völlig entkräftet. 2. ⟨etw. e.⟩ widerlegen: einen Einwand e.; ich konnte seine Argumente nicht e.; der Verdacht wurde durch die Zeugenaussage entkräftet.

entladen: 1. ⟨etw. e.⟩ a) ausladen: einen Wagen, ein Schiff e.; b) die Munition herausnehmen: ein Gewehr e.; c) (Physik) elektrische Energie entnehmen: eine Batterie, einen Akkumulator e. 2. ⟨sich etw. e.⟩ a) (Physik) elektrische Energie abgeben: die Batterie entlädt sich; b) heftig zum Ausbruch kommen: das Gewitter entlud sich [über dem See]; seine Wut entlud sich auf/über die Kinder; die Begeisterung der Zuschauer hatte sich in stürmischem Beifall entladen.

entlang: I. ⟨Präp.; bei Nachstellung mit Akk., selten mit Dat.⟩ die Wand e.; den Fluss e. standen Bäume; ⟨bei Voranstellung mit Dat., selten mit

Gen.⟩ e. dem Weg/(selten:) des Weges läuft ein Zaun.
II. ⟨Adverb⟩ die Kinder stellten sich an den Fenstern e. auf; einen Weg am Ufer e. verfolgen.
entlarven ⟨jmdn., sich, etw. e.⟩: jmds. Pläne, jmds. falsches Spiel e.; sie entlarvte ihn als gemeinen Betrüger; damit hat er sich selbst entlarvt.
entlassen ⟨jmdn. e.⟩: 1. *jmdm. erlauben, etw. zu verlassen:* einen Gefangenen e.; er wurde vorzeitig aus der Haft, vom/aus dem Wehrdienst entlassen; der Patient ist als geheilt aus der Klinik entlassen worden; er entließ mich (geh.; *ließ mich gehen*) mit der Bitte, bald wiederzukommen; ÜBERTR.: jmdn. aus einer Verpflichtung, Verantwortung e. *(ihn davon entbinden).* 2. *jmdm. kündigen:* jmdn. [wegen einer Verfehlung] fristlos e.; die Fabrik musste zahlreiche Arbeiter e.
Entlassung, die: 1. *das Entlassen:* eine bedingte, vorläufige E.; eine E. auf Widerruf (aus einer Anstalt); nach ihrer E. aus dem Krankenhaus, aus dem Gefängnis ... 2. *Kündigung:* eine fristlose E.; die E. aus dem Staatsdienst; jmdm. mit der E. drohen; sie bat um ihre E.
entlasten: 1. a) ⟨jmdn., sich, etw. e.⟩ *die Beanspruchung von jmdm., etw. mindern:* seine Eltern im Geschäft e.; du musst dich von der Hausarbeit mehr e.; den Verkehr, die Umwelt e.; das Herz muss entlastet werden; b) ⟨etw. e.⟩ *von seelischer Belastung befreien:* er wollte sein Gewissen e., indem er mir alles erzählte. 2. a) (Rechtsw.) ⟨jmdn. e.⟩ *von einer Schuld befreien:* die Zeugen entlasteten den Angeklagten; entlastende Aussagen, Umstände; b) (Kaufmannsspr.) *jmds. Geschäftsführung gutheißen:* der Vorstand wurde für das abgelaufene Geschäftsjahr entlastet. 3. (Geldw.) ⟨jmdn., etw. e.⟩ *tilgen, ausgleichen:* wir haben Sie, Ihr Konto um/für diesen Betrag entlastet.
entlaufen ⟨[aus etw.] e.⟩: die Katze ist entlaufen; der Junge ist aus dem Heim entlaufen; ⟨jmdm. e.⟩ der Hund entlief seinem Herrn.
entledigen (geh.): a) ⟨jmdn., sich jmds./etw. e.⟩ *von jmdm., etw. befreien:* die Aussagen des Vorstands entledigen uns nicht unserer Sorgen; er entledigte sich seiner Kleidung *(er zog sich aus);* er hat sich all seiner Mitwisser entledigt *(er hat sie beseitigt);* b) ⟨sich etw. (Gen.) e.⟩ *einer Verpflichtung nachkommen:* sie entledigte sich ihres Auftrages mit viel Geschick; sie entledigte sich mit gegenüber ihres Auftrages.
entleihen ⟨etw. [aus etw.] e.⟩: ein Buch aus der Bibliothek e.; er hat Geld von mir entliehen; ein entliehenes Buch zurückbringen.
entlocken ⟨jmdm. etw. e.⟩: jmdm. ein Geheimnis, ein Geständnis, eine Zusage e.; die rührende Geschichte entlockte ihr Tränen; ÜBERTR.: er konnte dem Instrument keinen Ton e.

entmutigen ⟨jmdn. e.⟩: du hast ihn mit dieser Bemerkung völlig entmutigt; sie lässt sich durch nichts, nicht so leicht e.; der Eindruck war entmutigend; entmutigt gab sie auf; sich entmutigt fühlen.
entnehmen: 1. ⟨jmdm., etw./aus etw. etw. e.⟩ *heraus-, abnehmen:* [aus] der Kasse Geld e.; er entnahm dem Etui eine Brille; diese Zahlen entnehme ich [aus] der Statistik; dem Fahrer wurde eine Blutprobe entnommen; ⟨auch ohne Dat. oder Präpositionalobjekt⟩ an drei Stellen mussten Gewebeproben entnommen werden. 2. ⟨etw. (Dat.)/aus etw. e.⟩ *erkennen:* [aus] deiner Darstellung lässt sich nicht e., wen der Angreifer war; woraus entnehmen *(schließen)* Sie das?; [aus] Ihrem Schreiben haben wir entnommen, dass ...
entpuppen ⟨sich als jmd., etw. e.⟩: er entpuppte sich als Betrüger, als kleiner Tyrann, als großes Talent, als mein neuer Kollege; die Sache hat sich als Schwindel entpuppt; ⟨auch ohne Apposition mit *als*⟩ du hast dich ganz schön entpuppt (ugs. iron.; *dich überraschend zum Negativem hin verändert*).
entreißen ⟨jmdm. etw. e.⟩ *wegnehmen:* jmdm. eine Waffe, die Handtasche e.; ÜBERTR.: jmdm. die Macht e.; ich konnte ihr das Geheimnis e.; der Tod entriss ihm seine Kinder. 2. (geh.) ⟨jmdn. etw. (Dat.) e.⟩ *aus, vor etw. retten:* jmdn. dem Elend e.; ein Kind den Flammen, dem Tod e.
entrichten (bes. Amtsspr.) ⟨etw. [an jmdn., etw.] e.⟩: Steuern, Schulgeld, eine Kaution, eine Gebühr e.; sie muss die Raten monatlich an der Bank e.
entrinnen (geh.) ⟨jmdn., etw. e.⟩: sie entrann mit knapper Not der Gefahr, dem Tod; er ist dem Verderben entronnen; SUBST.: es gab kein Entrinnen mehr.
entrüsten ⟨sich e.⟩ *sich empören:* er hat sich über jmds. Verhalten, über diese Zustände [moralisch] entrüstet; warum entrüstest du dich so? 2. ⟨jmdn. e.⟩ *zornig machen:* diese Behandlung entrüstete ihn; ich war entrüstet über diese Ungerechtigkeit; ein entrüstetes Gesicht machen.
Entrüstung, die: eine ehrliche, geheuchelte, gespielte E.; sittliche, moralische E.; E. über ein Verbrechen; ihre E. war unbeschreiblich; ein Schrei der E. ging durch die Menge; es erhob sich ein Sturm der E.
entsagen (geh.) ⟨etw. (Dat.) e.⟩: dem Alkohol, den Freuden der Liebe, des Lebens e.; der Fürst entsagte freiwillig dem Thron; ⟨auch ohne Dat.⟩ sie hat früh zu e. gelernt.
entschädigen ⟨jmdn., etw. e.⟩: jmdn. angemessen, reichlich, großzügig e.; die Firma hatte ihn für seinen Verlust mit Geld entschädigt; ÜBERTR.: der Erfolg entschädigte uns für alle Mühen.
entscheiden ⟨vgl. entschieden/: 1. a) ⟨etw. e.⟩ *(ei-*

E

nen *Zweifelsfall) klären:* das Gericht wird den Fall, die Sache, den Streit e.; du kannst das von Fall zu Fall selbst e.; ich wage [es] nicht zu e., wer hier Recht hat; ⟨selten auch ohne Akk.⟩ er entschied ohne Ansehen der Person;**b)** ⟨etw. (Akk.)/ über etw. (Akk.) e.⟩ *bestimmen:* über den Einsatz von Truppen e.; sie soll [darüber] e., was zu tun ist; ist schon entschieden, wer hinfahren soll? **2.** ⟨etw. e.⟩ *in Bezug auf etw. den Ausschlag geben:* er entschied oftmals Spiele ganz alleine; sie entschied zwei Wettbewerbe für sich; ein umstrittener Elfmeter entschied die Meisterschaft zugunsten der Hamburger; dieser Zug entschied die Schachpartie; ⟨auch ohne Akk.⟩ das Los soll e.; er führte den entscheidenden Schlag gegen den Gegner; im entscheidenden Augenblick versagten ihre Nerven. **3.** ⟨sich für jmdn., etw./gegen jmdn., etw. e.⟩ *seine Wahl treffen:* sich für/gegen ein Verfahren, für eine Partei, für/gegen einen Bewerber e.; sie entschied sich dafür, sofort abzureisen; ⟨auch ohne Präpositionalobjekt⟩ sie konnte sich nur schwer e. **4.** ⟨sich e.⟩ *sich herausstellen:* morgen wird [es] sich entscheiden, wer Recht behält.

Entscheidung, die: **a)** *Lösung eines Zweifelsfalls:* eine gerichtliche, amtliche E.; eine klare, weit tragende, folgenschwere E.; die E. fiel zu seinen Gunsten aus, fiel durch die Los; eine E. erzwingen, herbeiführen, annehmen, ablehnen; es ist schwer, hier die richtige E. zu treffen; die Frage steht vor der E., kommt heute zur E.;**b)** *das Sichentscheiden:* die E. ist ihr schwer gefallen; die E. hinauszögern; einer E. ausweichen; wir müssen zu einer E. kommen *(uns entscheiden).*

entschieden: **1.** *fest entschlossen, eine eindeutige Meinung vertretend:* er ist ein entschiedener Gegner dieser Richtung; sie nimmt in dieser Sache eine entschiedene Haltung ein; etw. e., auf das Entschiedenste *(ganz energisch)* ablehnen. **2.** *klar ersichtlich:* das ist ein entschiedener Gewinn für unsere Sache; das geht e. zu weit.

entschließen /vgl. entschlossen/ ⟨sich zu etw. e.⟩: sich zum Aufbruch e.; sich e., ein Grundstück, ein Haus zu kaufen; er kann sich nicht dazu e.; in ihrer Verzweiflung war sie zu allem entschlossen; er ist fest entschlossen, nicht nachzugeben; ⟨auch ohne Präpositionalobjekt⟩ sich schnell, rasch, gleich, ohne langes Überlegen, nur schwer e.; entschließ dich endlich!; bis heute Abend muss ich mich entschlossen haben; kurz entschlossen fuhr er nach Hause.

entschlossen: *energisch:* ein entschlossener Gegner der Todesstrafe, Verfechter der Menschenrechte; e. handeln; e. für etw. kämpfen.

entschlüpfen: der Dieb ist durch das Fenster entschlüpft; ⟨jmdm., etw. e.⟩ das Kind entschlüpfte der Mutter; ÜBERTR.: ihm/seinen Lippen ist ein unbedachtes Wort entschlüpft *(entfahren).*

Entschluss, der; ein einsamer, plötzlicher, weiser,

löblicher E.; mein E. steht fest; ein E. reifte in ihr; es ist mein fester E., daran teilzunehmen; einen E. fassen; seinen E. ändern, bereuen; einen E. billigen, gutheißen, ausführen; ich bin kein Freund von raschen Entschlüssen; jmdn. von seinem E. abbringen; sie konnte zu keinem E. kommen; er musste sich schwer zu diesem E. durchringen.

entschuldigen:1. **a)** ⟨sich [für etw./wegen etw.] e.⟩ *um Verzeihung bitten:* sich bei jmdm. förmlich, in aller Form e.; er hat sich sofort bei mir entschuldigt; sich wegen seines Benehmens, wegen eines Versehens e.; er hat sich dafür, für seine Vergesslichkeit, für seine Faulheit entschuldigt; ein entschuldigendes Wort;**b)** ⟨jmdn., sich [mit etw.] e.⟩ *mitteilen, dass jmd., man selbst nicht anwesend sein, nicht teilnehmen kann:* ein Kind in der Schule, einen verhinderten Teilnehmer e.; er ließ sich beim Trainer e.; er entschuldigt sich mit Krankheit, mit Verpflichtungen im Familienkreis; der Schüler fehlte entschuldigt. **2.** ⟨jmdn., etw. e.⟩ *für jmdn., etw. Verständnis zeigen:* eine solche Unterlassung, ein solcher Vorfall ist nicht zu entschuldigen; entschuldigen Sie bitte die Störung!; entschuldige bitte, dass/wenn ich unterbreche; ⟨auch ohne Akk.⟩ /Höflichkeitsformel/: entschuldigen Sie bitte! **3.** ⟨etw. [mit etw.] e.⟩ *durch etw. rechtfertigen:* der Alkoholgenuss entschuldigt sein Betragen nicht; sie entschuldigte seine Verhalten mit Nervosität.

Entschuldigung, die:**1.** **a)** *Rechtfertigung:* eine ausreichende, triftige, leere, fade, nichtige, plausible E.; sie ließ keine E. gelten; er wusste keine E. für sein Fernbleiben vorzubringen; nach einer passenden E. suchen; etw. zu seiner E. anführen. **b)** *schriftliche Mitteilung über das Fehlen:* die Mutter schrieb dem Kind eine E.; er gab die E. beim Lehrer ab. **2.** **a)** *Verständnis:* ich bitte [vielmals] um E. wegen der/für die Störung; /Höflichkeitsformel/: E. [bitte]!;**b)** *Äußerung, mit der man sich entschuldigt:* eine E. hervorbringen, murmeln, stammeln.

entsenden (geh.) ⟨jmdn. [irgendwohin] e.⟩: jmdn. in ein Komitee e.; einen Delegierten zu einer Konferenz e.; wir haben Herrn ... als neutralen Beobachter nach Genf entsandt/entsendet.

entsetzen: **1.** **a)** ⟨sich e.⟩ *außer Fassung geraten:* alle entsetzten sich über diesen Anblick; ich habe mich sehr entsetzt;**b)** ⟨jmdn. e.⟩ *in Schrecken versetzen:* der Anblick entsetzte mich; ein entsetzter Blick; entsetzte Gesichter; ich bin ganz entsetzt über diese Nachricht. **2.** (Milit.) ⟨jmdn., etw. e.⟩ *aus der Umzingelung befreien:* eine Festung, eine Division e.

Entsetzen, das: lähmendes E. befiel sie; ein [großes] E. erregender Anblick; ein Schrei des Entsetzens; er bemerkte mit E., dass er seine Briefasche verloren hatte; ich habe mit E. davon gehört; sie war starr, bleich vor E.; (geh.:) zu aller E.

entsetzlich: **1.** *Entsetzen erregend:* ein entsetzliches Unglück, Verbrechen; der Anblick war e.

2. (ugs.) **a)** *sehr stark:* eine entsetzliche Kälte; er litt entsetzliche Schmerzen; **b)** ⟨verstärkend bei Adjektiven und Verben⟩ *sehr; überaus:* es war e. heiß; die Wunde blutete e.
entsinnen (geh.) ⟨sich jmds., etw./an jmdn., etw. e.⟩: er entsann sich seines alten Lehrers; sich an jmdn., an ein Gespräch e.; er entsann sich, dass er sie am Bahnhof gesehen hatte/sie am Bahnhof gesehen zu haben; ich entsinne mich noch genau, was damals passierte; ⟨auch ohne Gen. oder Präpositionalobjekt⟩ ich kann mich nicht e.; wenn ich mich recht entsinne, ...
entsorgen ⟨etw. e.⟩: **a)** *von Abfallstoffen befreien:* eine Fabrik, ein Fabrikgelände, ein Atomkraftwerk e.; **b)** *beseitigen:* Abfälle, Müll e.; Sondermüll muss umweltgerecht entsorgt werden; das Altöl wurde illegal entsorgt; etw. wird durch die Müllabfuhr entsorgt.
entspannen: 1. a) ⟨sich, etw. e.⟩ *lockern:* den Körper, die Muskeln e.; der Fechter entspannte sich; **b)** ⟨sich e.⟩ *sich glätten:* ihr Gesicht, ihre Stirn entspannte sich; seine Züge entspannten sich; **c)** ⟨sich e.⟩ *sich erholen:* sich im Urlaub, auf einem Spaziergang, bei leiser Musik e.; du solltest dich ein wenig e.; ⟨auch ohne *sich*⟩ ich konnte ruhen und e.; er war völlig entspannt; ein entspannendes *(erholsames)* Bad; **d)** ⟨etw. e.⟩ *von einer Spannung befreien:* einen Bogen e.; dieses Mittel entspannt das Wasser. **2. a)** ⟨etw. e.⟩ *beruhigen:* die Verhandlungen haben die politische Lage entspannt; sie hat zu ihm ein entspanntes *(von Spannung freies)* Verhältnis; **b)** ⟨sich e.⟩ *sich beruhigen:* die Lage, die Stimmung hat sich [weitgehend] entspannt.
Entspannung, die: **1.** *das Entspannen:* seine müden Glieder e.; bei seinem Hobby E. finden. **2.** (bes. Politik) *Beruhigung:* globale, weltweite E.; für militärische E. und den Ausbau der politischen Beziehungen eintreten; zur E. [der Atmosphäre] beitragen.
entspinnen ⟨sich e.⟩: ein Gespräch, ein Wortwechsel entspann sich; zwischen den beiden entspann sich eine Freundschaft.
entsprechen /vgl. entsprechend/: **a)** ⟨jmdm., etw. e.⟩ *angemessen, gemäß sein:* das Buch entspricht nicht meinen Erwartungen; der neue Mitarbeiter entspricht den Anforderungen; dieser Beruf entsprach ihren Neigungen; was du sagst, entspricht nicht den Tatsachen, der Wahrheit; dieser Kunststoff entspricht in seinen Eigenschaften dem Holz; **b)** ⟨etw. (Dat.) e.⟩ *etw. erfüllen:* einem Antrag, einer Bitte e.; ich kann Ihren Wünschen leider nicht e.
entsprechend: I. ⟨Adj.⟩ **a)** *angemessen:* eine entsprechende Belohnung, Entschädigung; sie fand es kalt und zog sich e. [warm] an; den Umständen, den Verhältnissen e.; **b)** *zuständig:* bei der entsprechenden Behörde anfragen. **II.** ⟨Präp. mit Dat.⟩ *gemäß:* e. seinem Auftrag, Vorschlag/seinem Auftrag, Vorschlag e. handeln.

entspringen: 1. ⟨irgendwo e.⟩: *als Quelle hervorkommen:* die Donau entspringt hier, im Schwarzwald; ⟨etw. (Dat.) e.⟩ Heilquellen entspringen dem erloschenen Vulkan. **2.** (geh.) ⟨etw. (Dat.) e.⟩ *in etw. seinen Ursprung haben:* alle diese Vorgänge entspringen ein und derselben Ursache; dieser Wunsch entsprang seiner Sorge um die Kinder; ihr Verhalten entspringt einer bloßen Laune; diese Gestalten sind seiner unerschöpflichen Fantasie entsprungen. **3.** ⟨etw. (Dat.) e.⟩ *entfliehen:* dem Gefängnis e.; ein entsprungener Sträfling.
entstehen: a) *geschaffen, hervorgerufen werden:* ein Buch entsteht; es entstand ein ganz neuer Stadtteil; unter seinen Händen entstand eine schöne Vase; es entstand große Aufregung, großer Lärm; über diese Frage entstand ein Streit unter den Fachleuten; es entstand großer Sachschaden; SUBST.: das Projekt ist erst im E. begriffen; **b)** ⟨jmdm./für jmdn. e.⟩ *sich für jmdn. ergeben:* daraus entstehen Ihnen/für Sie keine zusätzlichen Kosten, keine Unkosten.
entstellen: 1. ⟨jmdn., etw. e.⟩ *verunstalten:* diese Narbe entstellt ihn, sein Gesicht; der Verletzte war bis zur Unkenntlichkeit entstellt; ein durch Narben, vom Schmerz, vor Wut entstelltes Gesicht; eine entstellende Hautkrankheit. **2.** ⟨etw. e.⟩ *verfälschen:* durch diesen Druckfehler wird der Sinn des Satzes entstellt; die Tatsachen e.; das gekürzte Interview gab ihre Äußerungen entstellt wieder; eine Äußerung in entstellter Form wiedergeben.
enttäuschen ⟨jmdn., etw. e.⟩: er wird dich bestimmt enttäuschen; ihr Verhalten hat ihn schwer, grausam, schmerzlich enttäuscht; ich will dein Vertrauen nicht e.; der Film, die Rede hat mich enttäuscht; unsere Erwartungen wurden enttäuscht; ⟨auch ohne Akk.⟩ die Nationalmannschaft enttäuschte; ein enttäuschendes Spiel; man war enttäuscht [über ihn/von ihrem Verhalten, von ihr]; ich bin angenehm enttäuscht (ugs.; *angenehm überrascht*); sie fühlte sich, sah sich bitter enttäuscht.
Enttäuschung, die: eine harte, herbe, bittere, große, schmerzliche, schwere E.; das war eine grenzenlose E.; dieser Schauspieler war für mich eine E.; mit jmdm., etw. eine E. erleben; jmdm. eine E. bereiten; sie hat bald verschmerzt, überwunden; zu unserer E. regnete es.
entwaffnen ⟨jmdn. e.⟩: **1.** *jmdm. die Waffen abnehmen:* gefangene Soldaten e.; die Polizei entwaffnete die Einbrecher. **2.** *jmds. Antipathie überwinden:* sie entwaffnete ihn durch ihre geistreichen Bemerkungen; er ist von entwaffnender Unbekümmertheit; seine Naivität, Offenheit ist entwaffnend; SUBST.: sie/ihre Antwort hatte etwas Entwaffnendes.
entweder ⟨nur in der Verbindung⟩ **entweder ... oder ...** (*wenn nicht ,... dann ...;* betont nachdrücklich, dass von zwei oder mehreren Möglichkeiten nur je-

E

weils eine infrage kommt): e. kommt mein Vater oder mein Bruder; e. du nimmst dich zusammen, oder du wirst deine Stellung verlieren; e. strengst du/du strengst dich mehr an, oder du wirst nicht versetzt; SUBST.: hier gibt es nur ein Entweder-oder!

entweichen: 1. ⟨[etw. (Dat.)/aus etw.] e.⟩ *ausströmen:* das Gasgemisch kann nicht e.; die Luft entweicht dem Blasebalg; der Dampf entweicht aus dem Kessel [durch das Rohr, ins Freie]; aus seinem Gesicht entwich alles Blut (geh.; *sein Gesicht wurde blass*). 2. ⟨[aus etw.] e.⟩ *sich unbemerkt entfernen:* aus dem Gefängnis e.; der Dieb konnte unbemerkt e.

entwenden (geh.) ⟨etw. [aus etw.] e.⟩: Geld aus der Kasse e.; ⟨jmdm. etw. e.⟩ sie entwendete ihm die Brieftasche.

entwerfen ⟨etw. e.⟩: a) *skizzieren:* Kleider, Möbel, ein neues Modell, ein Gemälde, ein Plakat e.; sie entwarf Muster für Tapeten, für Stoffe; BILDL.: der Dichter entwirft in seinem Roman ein Sittenbild der Zeit; b) *konzipieren:* eine Rede, ein Schreiben, den Programmablauf, einen Text e.

entwerten ⟨etw. e.⟩: a) *ungültig machen:* eine Eintrittskarte, Fahrkarte e.; die Briefmarken sind entwertet (*gestempelt);* b) *den Wert von etw. mindern:* das Grundstück wird durch die neue Grenzziehung entwertet; das Geld ist entwertet.

entwickeln: 1. a) ⟨sich aus etw. e.⟩ *sich herausbilden:* aus der Raupe entwickelt sich der Schmetterling; das Werk hat sich aus bescheidenen Anfängen entwickelt; daraus entwickelte sich eine Diskussion; ⟨auch ohne Präpositionalobjekt⟩ eine Diskussion, ein Kampf um Leben und Tod hat sich entwickelt; b) ⟨sich e.⟩ *sich bilden:* Gase, Dämpfe entwickeln sich. 2. ⟨sich irgendwie e.⟩ *Fortschritte machen:* die Verhandlungen entwickeln sich zufriedenstellend; das Kind hat sich schnell, gut, erstaunlich, sehr zu seinem Vorteil entwickelt; du hast dich ganz schön entwickelt (ugs.; *herausgemacht);* das Mädchen ist körperlich voll entwickelt. 3. a) ⟨jmdn., etw. zu etw. e.⟩ *zu etwas anderem, Neuem machen:* einen Betrieb zur Fabrik e.; er hat ihn zum bühnenreifen Schauspieler entwickelt; b) ⟨sich zu etw. e.⟩ *zu etwas anderem, Neuem werden:* sich zu einer Persönlichkeit e.; der junge Spieler entwickelt sich immer mehr zum Leistungsträger; das Land hat sich zu einer Industriemacht entwickelt. 4. ⟨etw. e.⟩ *hervorbringen, entfalten:* eine fieberhafte Tätigkeit, Aktivitäten e.; Geschmack, Fantasie, Talent e.; eine unbeschreibliche Angst/unbeschreibliche Ängste vor etw. e; sie entwickelte einen großen Hass auf den Vater; er muss seine Fähigkeiten erst noch richtig e.; einen kräftigen Appetit entwickelt der Junge!; das Feuer entwickelte große Hitze; der Wagen entwickelte eine hohe Geschwindigkeit; er hat durch sein Training mehr Muskeln entwickelt.

5. ⟨etw. e.⟩ *erfinden, konstruieren:* neue Technologien, ein neues Verfahren, ein Heilmittel e.; einen Flugzeugtyp e. 6. ⟨etw. e.⟩ *auseinander setzen, darlegen:* eine Theorie, seine Gedanken zu einem Thema e.; eine mathematische Formel e. *(ableiten);* ⟨jmdm. etw. e.⟩ jmdm. seine Pläne e. 7. ⟨Fot.⟩ ⟨etw. e.⟩ *als Bild sichtbar werden lassen:* eine Aufnahme, einen Film, eine Platte e.

Entwicklung, die: 1. *das Sichentwickeln, Wachsen:* die körperliche, seelische, künstlerische E. eines Menschen; die E. des Umsatzes ist rückläufig; ganz sicher geht die E. dahin, ...; die politische E. beobachten, verfolgen, abwarten; die Dinge nahmen eine unerwartete, stürmische, verhängnisvolle, alarmierende E.; in die E. eingreifen; das Kind ist in seiner E. zurückgeblieben. 2. *das Ausbilden, Konstruieren:* die E. eines Verfahrens; das neue Modell ist noch in der E.

entwischen (ugs.): er ist [aus der Strafanstalt, ins Ausland, durch den Nebeneingang] entwischt; ⟨jmdm. e.⟩ das Huhn entwischte mir immer wieder; er ist uns durch die Hintertür entwischt.

Entwurf, der: a) *Skizze:* der E. eines Bildes/zu einem Bild; der E. zu einer, für eine Kongresshalle; die Entwürfe sind noch nicht fertig; einen E. anfertigen, ausarbeiten, vorlegen, annehmen, ablehnen, gutheißen; b) *Konzept:* der E. einer Verfassung, zu einem Roman; der Vertrag ist erst im E. fertig.

entwurzeln: 1. ⟨etw. e.⟩ *mit der Wurzel ausreißen:* der Sturm hat viele Bäume entwurzelt. 2. ⟨jmdn. e.⟩ *jmdm. den seelischen Halt nehmen:* die Flucht hat ihn entwurzelt; ein entwurzelter Mensch; entwurzelte Existenzen.

entziehen: 1. ⟨jmdm. etw. e.⟩ *wegziehen:* sie entzog mir ihre Hand. 2. ⟨jmdm./etw. etw. e.⟩ a) *nicht länger zuteil werden lassen:* jmdm. seine Hilfe, seine Freundschaft, seinen Rat e.; einem Verein/Institut die staatliche Unterstützung e.; sie hat ihrem Anwalt das Vertrauen entzogen; dem Kranken wurde der Alkohol entzogen *(verboten);* b) *wegnehmen:* jmdm. die Fahrerlaubnis, das Sorgerecht, die Konzession e.; der Vorsitzende entzog dem Redner das Wort *(hinderte ihn weiterzusprechen).* 3. ⟨sich jmdm., etw. e.⟩ a) *sich von jmdm., etw. befreien:* sie entzog sich seiner Umarmung, seinen Händen; ÜBERTR.: sie konnte sich seinem Charme e.; b) (geh.) *sich fern halten:* du entziehst dich unserer Gesellschaft, der staatlichen Kontrolle, ihren Blicken; c) *nicht nachkommen:* sie entzog sich ihren Verpflichtungen, ihrer Verantwortung, d) (geh.) *entkommen:* sie entzog sich der Verhaftung [durch die Flucht]; der Angeklagte hat sich seinen irdischen Richtern entzogen (verhüll.; *er hat sich das Leben genommen).* 4. ⟨sich etw. (Dat.) e.⟩: *nicht Gegenstand von etw. sein:* das entzieht sich der Berechnung, jeder

Kontrolle; das entzieht sich meiner Kenntnis *(das weiß ich nicht).*
5. (ugs.) *eine Entziehungskur machen:* er hat entzogen, will e.
entziffern ⟨etw. e.⟩: a) *mühsam lesen:* einen Brief e.; seine Handschrift ist kaum zu e.; eine Inschrift e.; **b)** *entschlüsseln:* einen Funkspruch, eine Geheimschrift e.; die Keilschrift wurde im 19. Jahrhundert entziffert.
Entzug, der: **1.** *das Entziehen:* der E. von Nährstoffen, des Stipendiums, des Führerscheins; der E. der Drogen.
2. (ugs.) *Entziehungskur:* sich freiwillig zum E. melden; einen E. machen; auf E. sein (Jargon; *eine Entziehungskur machen).*
entzünden: 1. a) (geh.) ⟨etw. e.⟩ *anzünden:* einen Holzstoß e.; eine Fackel, ein Streichholz, Kerzen e.; ein Feuer e. *(entfachen);* ÜBERTR.: Herz, Mut, Hass e. *(entstehen lassen);* ihre Schönheit entzündete seine Leidenschaft; **b)** ⟨sich e.⟩ *in Brand geraten:* das Holz, das Heu hat sich [von selbst] entzündet.
2. ⟨sich an jmdm., etw. e.⟩ *durch jmdn., etw. hervorgerufen werden:* an diesem Thema, an dieser These entzündete sich die Debatte, der Streit; seine Fantasie entzündete sich an diesem Bild *(wurde dadurch angeregt).*
3. ⟨sich e.⟩ *sich röten, anschwellen:* der Hals, die Wunde hat sich, ist entzündet; entzündete Augen.
Epoche, die: eine friedliche, verhängnisvolle, längst vergangene E.; eine neue E. der Geschichte; die E. der Weltraumfahrt; eine E. beginnt, geht zu Ende; diese Erfindung leitete eine neue E. ein, stand am Anfang der neuen E.;
⋆ **Epoche machen** *(einen neuen Zeitabschnitt einleiten, Aufsehen erregen):* dieses Werk wird E. machen; eine E. machende Entdeckung.
er: er ist mein bester Freund; er frühstückt gerade; ein toller Pullover – wie viel hat er gekostet?; er *(der [modebewusste] Mann)* trägt in diesem Sommer Blazer; SUBST.: ein Er (ugs.; *Person, Tier männlichen Geschlechts).*
erachten (geh.) ⟨jmdn., etw. für/als etw. e.⟩: etw. für/als gut, schlecht, nötig, überflüssig e.; ich erachte ihn dieser Ehrung für würdig; etw. als/für seine Pflicht e.; sie erachtete die Zeit für gekommen, um ...; ich erachte es als Zumutung/für eine Zumutung, wenn ...
Erachten, das: ⟨in der Verbindung⟩ meines Erachtens/meinem Erachtens nach/nach meinem Erachten *(meiner Meinung nach):* meines Erachtens/meinem E. nach/nach meinem E. ist dies nicht nötig.
erbarmen: 1. (geh.) ⟨sich jmds. e.⟩ *jmdm. aus Mitleid helfen:* er hat sich meiner, des Kindes erbarmt; /Gebet/: Herr, erbarme dich unser!; ⟨auch ohne Gen.⟩ die alte Frau musste warten, bis sich ein Passant erbarmte und sie über die Straße

führte; ÜBERTR.: will sich keiner [des letzten Brötchens] e. (scherzh.; *es essen)?*
2. ⟨jmdn. e.⟩ *jmds. Mitleid erregen:* die kranke Frau erbarmte ihn.
Erbarmen, das: E. mit jmdm. haben, fühlen; er kennt kein E.; [bei jmdm.] um E. flehen; jmdn. um E. anflehen;
⋆ **zum Erbarmen** (ugs.; *erbärmlich, sehr schlecht):* das ist zum E.; sie singt zum E.
erbärmlich: 1. *armselig:* ein erbärmlicher Zustand; er lebt in erbärmlichen Verhältnissen.
2. a) *miserabel:* eine erbärmliche Leistung; seine Rede war e.; **b)** *gemein:* er ist ein erbärmlicher Lump; du erbärmlicher Kerl!; er hat sich e. benommen.
3. a) *sehr groß, stark:* wir hatten erbärmlichen Hunger, erbärmliche Angst; **b)** ⟨verstärkend bei Adjektiven u. Verben⟩ *sehr:* ein e. kleines Stück; e. frieren; die Wunde tat e. weh.
erbauen: 1. ⟨etw. e.⟩ *ein Gebäude errichten:* die Stadt hat ein neues Theater erbaut; die Kirche wurde im 15. Jahrhundert erbaut.
2. (geh.) a) ⟨sich an etw. (Dat.) e.⟩ *sich durch etw. erfreuen:* er erbaut sich gern an klassischer Musik; **b)** ⟨jmdn. e.⟩ *erheben.:* die Predigt hat mich sehr erbaut;
⋆ **von etw./über etw.** (Akk.) **wenig, nicht erbaut sein** (ugs.; *von etw./über etw. wenig, nicht begeistert sein):* wir waren von diesem Plan, von dieser Entwicklung/über diese Entwicklung wenig, nicht erbaut.
¹Erbe, das (geh.): *hinterlassener Besitz:* das väterliche, mütterliche E.; das gesamte E. fiel an die Stadt; sie erwartet ein großes E.; ein E. hinterlassen; das E. antreten, ausschlagen, auf das E. verzichten; ÜBERTR.: das geistige E. *(die überkommenen Werke)* der Klassik pflegen, bewahren, fortentwickeln.
²Erbe, der: *jmd., der etw. erbt, erben wird:* er ist der einzige, natürliche, gesetzliche, rechtmäßige, mutmaßliche E. eines großen Vermögens; die lachenden (ugs.; *sich freuenden)* Erben; sie hatte keinen Erben, blieb ohne Erben; jmdn. zum Erben einsetzen.
erben ⟨etw. e.⟩: **1.** a) *jmds. Eigentum nach dessen Tod erhalten:* Geld, ein großes Vermögen e.; diesen Ring habe ich von meiner Mutter geerbt; ⟨auch ohne Akk.⟩ er hat geerbt *(ist Erbe geworden);* du hast wohl geerbt? (scherzh.; *Frage, wenn jmd., dessen Geldmittel beschränkt sind, plötzlich viel ausgibt);* **b)** (ugs.) *übernehmen:* die Hose hat er von seinem Bruder geerbt; hier ist, hier gibt es nichts zu e. *(hier ist nichts zu holen).*
2. *von den Eltern, Vorfahren als Veranlagung mitbekommen:* den Eigensinn, die musikalische Begabung, die blonden Haare hat er von seinem Vater geerbt.
erbitten ⟨etw. [von jmdm.] e.⟩ jmds. Aufmerksamkeit, jmds. Hilfe, jmds. Unterstützung, jmds. Zustimmung [für etw.], eine Gunst [für

E

erbittern

280

jmdn.], Einsicht [in etw.] e.; ⟨sich (Dat.) etw. [von jmdm.] e.⟩ sich Bedenkzeit e.; ich erbat mir von ihm seinen fachkundigen Rat.

erbittern /vgl. erbittert/ ⟨jmdn., sich e.⟩: diese Ungerechtigkeit erbitterte mich; erbitterte Mienen; die über den Elfmeter erbitterten Zuschauer stürmten das Spielfeld.

erbittert: *hartnäckig:* ein erbitterter Kampf; sie leisteten erbitterten Widerstand; sie kämpften, rangen e. um den Sieg.

erblich: a) *durch Erbfolge bestimmt:* erblicher Adel; dieser Titel ist nicht e.; **b)** *durch Vererbung übertragbar:* eine erbliche Krankheit, Eigenschaft; sie ist [von der Mutter her] e. belastet *(hat eine negative Erbanlage);* (scherzh. auch positiv:) er ist e. belastet, denn schon sein Großvater war Arzt.

erblicken ⟨geh.⟩: **1.** ⟨jmdn., etw. [irgendwo] e.⟩: *wahrnehmen:* ein Haus in der Ferne, ein Flugzeug am Himmel e.; ich konnte ihn nirgends e. **2.** ⟨jmdn., etw. in jmdm., etw. e.⟩ *zu erkennen glauben:* er erblickte in mir seinen Retter; hierin erblickte ich unsere Aufgabe, einen Fortschritt.

erbosen: a) ⟨jmdn. e.⟩ *wütend machen:* sein Verhalten hat alle sehr erbost; sie war über ihn, über dieses Vorgehen, über dieses Verhalten derartig erbost, dass ...; sie sah mich erbost an; **b)** ⟨sich über jmdn., etw. e.⟩ *wütend werden:* sich über jmds. Verhalten e.

erbrechen: 1. ⟨geh.⟩ ⟨etw. e.⟩ *aufbrechen:* die Tür, das Schloss e.; er erbrach das Siegel; der Brief war erbrochen worden. **2. a)** ⟨[etw.] e.⟩ *den Mageninhalt wieder von sich geben:* das Baby hat seinen Brei wieder erbrochen; der Kranke hat mehrmals erbrochen; **b)** ⟨sich e.⟩ *sich übergeben:* sich in das Klosettbecken e.; ich musste mich vor Übelkeit e.; **∗ bis zum Erbrechen** (ugs. abwertend; *bis zum Überdruss).*

erbringen ⟨etw. e.⟩: **a)** *liefern:* ein Ergebnis e.; die Versteigerung erbrachte über eine Million, einen großen Gewinn; bedeutende Leistungen auf kulturellem Gebiet e.; **b)** *aufbringen:* eine Kaution e.; die Summe für den Bau des Hauses e.; den Beweis, den Nachweis für etw. e. (nachdrücklich; *etw. beweisen, nachweisen).*

Erbschaft, die: ihr fiel eine reiche E. zu; sie hat eine große E. gemacht; er trat die E. an, schlug die E. aus.

Erdboden, der: auf dem E. liegen, sitzen; bei dieser Bemerkung wäre sie am liebsten in den E. versunken *(vor Scham schnell verschwunden);* **∗ dem Erdboden gleichmachen** *(völlig zerstören)* · **wie vom E. verschluckt, verschlungen sein** *(plötzlich verschwunden sein):* das Armband war wie vom E. verschluckt · **vom Erdboden verschwinden** *(vernichtet werden).*

Erde, die: **1. a)** *Stoff, aus dem das [fruchtbares] Land besteht:* gute, fruchtbare, harte, feste, sandige, feuchte, trockene, steinige, lehmige E.; ein Klumpen, Brocken E.; ihn deckt die kühle E. (geh.; *er*

ist *tot);* die E. lockern, umgraben, ausheben, aufwühlen, aufschütten; E. in einen Blumentopf füllen; /Worte beim Begräbnis/: E. zu E.!; in geweihter E. (geh.; *auf dem Friedhof)* begraben sein; in fremder E. (geh.; *im Ausland)* ruhen, begraben sein; **b)** (Chemie) */ein Metalloxid/:* seltene, alkalische Erden. **2.** *fester Boden; Grund, auf dem man steht:* die E. zitterte, bebte; auf die E. fallen; sie lagen, schliefen auf der bloßen, blanken E.; das Wasser quoll aus der E.; er stand plötzlich vor mir wie aus der E. gewachsen; ein Gang unter der E.; etwas von der E. aufheben; wir wohnen zu ebener E. *(parterre);* sie blickte betroffen zur E.; BILDL.: er hätte vor Scham in die E. versinken mögen. **3.** *die irdische Welt; der von Menschen bewohnte Planet:* die E. dreht sich um die Sonne, umkreist die Sonne, ist überbevölkert; die E. ausbeuten, in eine Wüste verwandeln, unbewohnbar machen; Satelliten umkreisen die E.; auf der ganzen E. bekannt sein, vorkommen; Raketen kreisen um die E. **4.** *Erdleitung einer elektrischen Anlage:* er benutzt die Wasserleitung als E.; **∗ auf der Erde bleiben** (ugs.; *sich keinen Illusionen hingeben)* · **auf Erden** (geh.; *in der irdischen Welt)* · **etw. aus der Erde stampfen** *(etw. auf schnellstem Weg [be]schaffen)* · **jmdn. unter die Erde bringen** (ugs.; 1. *jmds. vorzeitigen Tod verschulden.* 2. *beerdigen)* · **unter der Erde liegen** (geh. verhüll.; *tot und begraben sein).*

erdenklich: er gab sich alle erdenkliche Mühe; sie versuchte jedes erdenkliche Mittel; jmdm. alles nur e. Gute wünschen; SUBST.: er tat alles Erdenkliche, sie zu erfreuen.

erdrücken: 1. ⟨jmdn. e.⟩ *zu Tode drücken:* die Lawine erdrückte ihn; fünf Arbeiter wurden von den Erdmassen erdrückt; BILDL.: das Bild wird von den breiten Rahmen erdrückt. **2.** ⟨jmdn. e.⟩ *übermäßig belasten:* die Sorgen erdrückten ihn [fast]; die Schulden drohten sie zu e.; eine erdrückende *(sehr große)* Übermacht; erdrückende *(jeden Zweifel ausschließendes)* Beweismaterial; die Übermacht war erdrückend *(überwältigend).*

ereifern ⟨sich e.⟩: bei dem Gespräch, im Gespräch hat er sich unnötig ereifert; sie ereiferte sich über unwichtige Dinge, wegen einer Lappalie; was ereiferst du dich so?

ereignen ⟨sich e.⟩: etwas Seltsames hat sich ereignet; gestern ereigneten sich in der Stadt zahlreiche Unfälle; es hat sich nichts [Besonderes] ereignet; wo hat sich der Zwischenfall ereignet?

Ereignis, das: ein trauriges, schmerzliches E.; ein bedeutendes, sonderbares, merkwürdiges, unvorhergesehenes, historisches, großes, ungewöhnliches E.; einschneidende Ereignisse; es waren keine besonderen Ereignisse zu verzeichnen; das ist doch ein ganz alltägliches E.; das Gastspiel, Konzert war ein E. *(etwas ganz Besonderes)* für unsere Stadt; ein E. tritt ein, kündigt sich an; die Ereignisse überstürzen sich; der Gang der Ereignisse hat uns Recht gegeben; ® große Ereignisse werfen ihre Schatten voraus; ★ ein freudiges Ereignis (verhüll.; *die Geburt eines Kindes*): den Eltern zum freudigen E. gratulieren.

¹**erfahren: 1.** ⟨etw. e.⟩ *von etw. Kenntnis erhalten:* etw. frühzeitig, zu spät, unter der Hand e.; man konnte nichts Näheres, Genaueres e.; das erfuhr ich erst von dir, aus deinem Brief, durch Zufall; wir erfahren aus zuverlässiger Quelle, dass ...; als er von ihrem Unfall erfuhr, schrieb er ihr sofort; aus ihrer Umgebung war zu e., dass ...; es sollte keiner etwas davon e.; das darf niemand e.!; ⟨auch ohne Akk.⟩ wie wir erfahren haben, ... **2.** ⟨etw. e.⟩ *erleben:* er hat in seinem Leben viel Leid, viel Gutes, wenig Liebe, wenig Mitgefühl, nichts als Undank, manche Demütigung erfahren; Zuwendung e.; sie hat am eigenen Leib erfahren, was es bedeutet, ...; /häufig verblasst/: das Buch soll eine Überarbeitung e. *(es soll überarbeitet werden);* eine Verbesserung, eine Änderung, eine Steigerung e.

²**erfahren:** *Erfahrung habend:* ein erfahrener Arzt, Pilot; eine erfahrene Rechtsanwältin; sie ist auf ihrem Gebiet sehr e.; eine erfahrene Frau, ein erfahrener Mann *(sie, er ist mit Sexualität, Erotik vertraut).*

Erfahrung, die: **1.** *erworbene Kenntnisse, Routine:* sie hat viel, keine, zu wenig E. in diesen Dingen, auf diesem Gebiet; wir müssen uns seine große E. zunutze machen; ein Mann mit, von E.; sie hat noch keine E. *(hat noch keine sexuelle, erotische Erfahrung).* **2.** *lehrreiches Erlebnis:* die E. hat gezeigt, dass ...; die Erfahrungen der letzten Wochen lehren uns, dass ...; eine bittere, schmerzliche E.; ich habe schlechte, gute, nur die besten Erfahrungen mit ihm, mit diesem Gerät gemacht; sie tauschten Erfahrungen aus; wir haben jetzt genügend, hinreichend Erfahrungen gesammelt; ich habe da so meine Erfahrungen [gemacht] (ugs.; *bin durch Schaden klug geworden);* aller E. nach; aus Erfahrungen lernen; sie spricht aus [persönlicher] E.; das weiß ich aus eigener E.; durch E. klug werden; um eine E. reicher sein *(dazugelernt haben);* ® E. ist die beste Lehrmeisterin; ★ etw. in Erfahrung bringen *(etw. durch Nachforschen erfahren):* er versuchte in E. zu bringen, wo sie wohnte.

erfassen: 1. a) (selten) ⟨jmdn., etw. e.⟩ *ergreifen u. festhalten:* den Ertrinkenden am Arm e.; **b)** ⟨jmdn., etw. e.⟩ *mit sich reißen:* ein Zug hatte den Wagen erfasst und ihn vollständig zertrümmert; die Straßenbahn erfasste den Radfahrer und schleuderte ihn zur Seite; die Schwimmerin wurde von einem Strudel erfasst; **c)** ⟨jmdn. e.⟩ *überkommen:* Freude, Ekel, [die] Angst, ein Schrecken, ein heftiges Verlangen erfasste ihn.

2. ⟨etw. e.⟩ *begreifen:* etw. gefühlsmäßig, intuitiv, dem Sinne nach e.; sie hat den Zusammenhang, die Bedeutung des Geschehens noch nicht, sofort erfasst; er hat die Situation, die Lage erfasst *(hat den Überblick);* du hasts erfasst! (ugs.; *du hast es richtig verstanden!).* **3.** ⟨jmdn., etw. e.⟩ **a)** *registrieren:* eine Bevölkerungsschicht, einen Sachverhalt statistisch e.; jmdn. steuerlich e.; die Liste erfasst alle männlichen Personen über 65 Jahre; die Wehrpflichtigen wurden erfasst; **b)** *mit einbeziehen:* die Versicherung erfasst auch die Angestellten.

erfinden: 1. ⟨etw. e.⟩ *neu hervorbringen:* eine Maschine, eine Vorrichtung e.; er hat ein neues Verfahren erfunden; wenn es den/die/das nicht gäbe, müsste man ihn/sie/es e. **2.** ⟨jmdn., etw. e.⟩ *sich ausdenken:* eine Ausrede, eine Geschichte, eine Story e.; was er sagt, ist von A bis Z erfunden; das hat sie [frei] erfunden *(das ist nicht wahr);* der Dichter hat diese Gestalt erfunden; die Handlung des Romans ist frei erfunden *(beruht nicht auf Fakten).*

erfinderisch: er ist ein erfinderischer Kopf, Geist; man muss e. sein.

Erfolg, der: ein großer, durchschlagender, sensationeller, zweifelhafter E.; der berufliche E.; das war ein schöner E. für sie; die Aufführung war, wurde ein beispielloser E.; wissenschaftlicher E. war ihm versagt; der E. blieb aus, ließ auf sich warten, stellte sich erst später ein, war geradezu programmiert; der E. (ugs., iron.; *die Folge)* war, dass wir zu spät kamen; ein E. versprechender Plan; reichen, guten, schlechten, keinen E. haben; einen E. verbuchen; einen E., Erfolge bei etwas erzielen; einen glänzenden E., glänzende Erfolge feiern; sie konnte ihren E. nicht wiederholen *(nicht noch einmal erfolgreich sein);* er hat E. bei Frauen; den E. verdanke ich deiner Hilfe; er berauscht sich an dem E.; ihre Handlungsweise wurde durch den E. gerechtfertigt; sie hat sich mit E. beschwert; seine Bemühungen waren ohne E., [nicht] von E. begleitet, gekrönt; zum E. verdammt sein; darin liegt der Schlüssel zum E.

erfolgen: der Tod erfolgte wenige Stunden nach dem Unfall; auf mein Klingeln erfolgte zunächst gar nichts, dann hörte ich leise Schritte; /oft verblasst/: es ist noch keine Antwort, Zusage erfolgt *(es ist noch nicht geantwortet, zugesagt worden);* Ihr Eintritt kann sofort e. *(Sie können sofort eintreten);* die Preisverteilung erfolgt am Sonntag *(der Preis wird am Sonntag verliehen);* Lieferung erfolgt gegen Nachnahme; die Meldung muss umgehend e. *(vorgenommen werden);* nach erfolgter *(durchgeführter)* Montage fuhr er sofort nach Hause.

erforderlich: die erforderlichen Mittel, Gelder bereitstellen; er hat nicht die für einen Lehrer erforderliche Geduld; für die Teilnahme ist die Einwilligung der Eltern e.; **SUBST.:** wir werden alles Erforderliche veranlassen.

E

erfordern ⟨jmdn., etw. e.⟩: dieses Projekt erfordert viel Geld, viel Zeit; die Aufgabe erfordert Mut, Ausdauer; die Umstände erfordern [es], dass ...; diese Tour erfordert bergerfahrene Wanderer; der Übelstand erfordert Abhilfe (Papierdt.; *muss beseitigt werden*).

erforschen ⟨jmdn., etw. e.⟩: den Weltraum, das Verhalten von Tieren, den Menschen e.; die Antarktis wird jetzt planmäßig erforscht; die Hintergründe, die Zusammenhänge e.; sein Gewissen e. *(prüfen);* die Wahrheit über etw. e. *(zu ergründen suchen).*

erfreuen: 1. a) ⟨jmdn., etw. [mit etw.] e.⟩ *Freude bereiten:* jmdn. mit einem Geschenk e.; eure Karte, euer Besuch hat mich sehr erfreut; **b)** ⟨sich an etw. (Dat.) e.⟩ *bei etw. Freude empfinden:* ich erfreute mich am Anblick der Kinder, der Landschaft, an den Blumen. **2.** (geh.) ⟨sich etw. (Gen.) e.⟩ *etw. genießen:* er erfreut sich bester Gesundheit, großen Vertrauens, ungeteilter Aufmerkamkeit; sie erfreut sich großer Beliebtheit, eines gesegneten Appetits (scherzh.; *kann sehr viel essen*).

erfreulich: *angenehm:* eine erfreuliche Nachricht, Tatsache, Mitteilung; ein erfreulicher Anblick; das ist e. zu hören; das ist nicht gerade e.; SUBST.: er konnte leider wenig Erfreuliches berichten.

erfreut ⟨e. [über etw. (Akk.)]⟩: e. sagte er zu; er war sehr e., dass sie kam; ich bin e., Sie zu sehen; darüber bin ich sehr e.

erfrieren: 1. *durch Frost umkommen, absterben:* im Schnee e.; im Krieg sind viele Soldaten erfroren; der Baum ist bei der großen Kälte erfroren; erfrorene *(durch Frosteinwirkung verdorbene)* Kartoffeln; einen erfrorenen Finger abnehmen; sie war halb, ganz erfroren (ugs.; *vor Kälte erstarrt*); ⟨jmdm. e.⟩ dem Bergsteiger sind zwei Zehen erfroren. **2.** ⟨sich (Dat.) etw. e.⟩ *Frostschäden erleiden:* er hat sich auf der Expedition die Füße erfroren.

erfrischen: 1. ⟨jmdn., etw. e.⟩ *beleben:* die Ruhepause, der Kaffee hat mich sehr erfrischt; der Regen erfrischt den Garten; ⟨auch ohne Akk.⟩ dieses Obst erfrischt besonders an heißen Tagen; erfrischende Getränke; ein erfrischendes Bad; ÜBERTR.: er hat einen erfrischenden Humor; etw. mit erfrischender *(unverblümter)* Deutlichkeit sagen; ihre Offenheit, sein Humor war erfrischend. **2.** ⟨sich [mit etw.] e.⟩ *sich frisch machen:* sich nach einem Spiel e.; sich mit kühlen Getränken, mit einem Bad e.

Erfrischung, die: **1.** *das Erfrischen:* eine E. nötig haben; der kühle Wind war eine willkommene E. für die Wanderer; zur E. **2.** *erfrischendes Getränk, erfrischende Speise:* es wurden Erfrischungen gereicht; eine [kleine] E. anbieten.

erfüllen: 1. *[aus]füllen:* **a)** ⟨etw. e.⟩ der Qualm erfüllte das ganze Zimmer; Lärm erfüllte die Straße; Jubel, feierliche Stille erfüllte den Saal; das Zimmer war von/mit einem betäubenden Duft erfüllt; **b)** ⟨etw. mit etw. e.⟩ die Kinder erfüllen das Haus mit Leben, mit Lärm; ein mit Sorgen erfülltes Leben. **2. a)** ⟨jmdn. e.⟩ *in Anspruch nehmen:* Leidenschaft, Furcht, Stolz, Freude erfüllte ihn; der Beruf, die neue Aufgabe erfüllte ihn ganz; er ist ganz von dem Wunsch erfüllt, Rennfahrer zu werden; **b)** (geh.) ⟨jmdn. mit etw. e.⟩ *etw. in jmdm. entstehen lassen:* sein Verhalten erfüllt mich mit Sorge; deine Auszeichnung erfüllt mich mit Stolz und Freude; seine Worte erfüllten uns mit Trost. **3.** ⟨etw. e.⟩ *einer Sache nachkommen, völlig entsprechen:* einen Vertrag, ein Versprechen, Gelübde, eine Pflicht e.; der Bewerber erfüllt die Bedingungen, die Erwartungen nicht; das Gerät erfüllt seinen Zweck; (Rechtsw.:) damit ist der Tatbestand des Betruges erfüllt; ⟨jmdm. etw. e.⟩ die Großeltern erfüllten dem Enkel jeden Wunsch; erfüllte Hoffnungen; er sah jeden seiner Wünsche erfüllt; er blickt auf ein erfülltes (geh.; *ein in seinen Anlagen und Möglichkeiten verwirklichtes*) Leben zurück. **4.** ⟨sich e.⟩ *Wirklichkeit werden:* mein Wunsch, meine Prophezeiung hat sich erfüllt; die in den Kandidaten gesetzten Erwartungen haben sich nicht erfüllt.

Erfüllung, die: **1.** *das Erfülltsein:* in einer Aufgabe E. suchen, finden. **2.** *das Erfüllen:* die E. meines Wunsches ließ auf sich warten; das neue Gesetz bringt endlich die E. unserer Hoffnungen; ★ **in Erfüllung gehen** *(Wirklichkeit werden):* mein Traum, mein Wunsch ist in E. gegangen.

ergänzen: 1. ⟨etw. e.⟩ **a)** *vervollständigen:* seine Vorräte, einen Satz Briefmarken e.; sein Buch um/durch ein Vorwort e.; **b)** *vervollständigend hinzufügen:* bitte ergänzen Sie die fehlenden Wörter!; das Fehlende muss ergänzt werden; **c)** *zusätzlich äußern:* darf ich hierzu noch etwas e.?; ich möchte noch ergänzen, dass ...; eine ergänzende Bemerkung machen. **2.** ⟨etw. e.⟩ *zu etw. vervollständigend hinzukommen:* Anmerkungen ergänzen den Text; modische Accessoires ergänzen ihre neue Frühjahrsgarderobe. **3.** ⟨sich e.⟩ **a)** *sich vervollständigen:* der Vorstand ergänzt sich durch Zuwahl; **b)** *sich in den Eigenschaften ausgleichen:* die beiden Kollegen ergänzen sich/(geh.:) einander [aufs Beste].

ergattern (ugs.) ⟨etw. e.⟩: er hat noch eine Eintrittskarte, einen Parkplatz ergattert.

ergeben: 1. a) ⟨etw. e:⟩ *zum Resultat haben:* die Untersuchung ergab keinen Beweis seiner Schuld; die Ermittlungen ergaben, dass er unschuldig war; 60 geteilt durch 4 ergibt 15; die Sammlung ergab eine Summe von 3000 Mark; die Nachprüfung hat e., dass ...; **b)** ⟨sich aus etw. e.⟩ *aus etw. folgen:* das eine ergibt sich aus dem an-

deren; daraus ergaben sich viele Möglichkeiten; aus alledem ergibt sich, dass …; ⟨auch ohne Präpositionalobjekt⟩ es hat sich eben so ergeben *(es ist so gekommen); wenn es sich gerade ergibt (wenn es gerade passt),* …
2. a) ⟨sich jmdm., etw. e.⟩ *hingeben:* er hat sich dem Spiel, dem Alkohol, einer Leidenschaft ergeben; jmdm. bedingungslos ergeben sein; **b)** ⟨sich in etw. (Akk.) e.⟩ *sich widerstandslos fügen:* sich in sein Schicksal, in Gottes Willen e.; **c)** ⟨sich e.⟩ *kapitulieren:* die Festung hat sich [auf Gnade und Ungnade] ergeben; die eingeschlossene Division musste sich e.; ⟨sich jmdm. e.⟩ der Täter ergab sich nach heftigem Widerstand der Polizei.
Ergebnis, das: ein mageres, zwangsläufiges, logisches, [un]günstiges, positives E.; das E. der Rechenaufgabe, der Wahl, des Fußballspiels; das E. deiner Rechnung ist [nicht] richtig; die Untersuchung hatte, brachte kein [befriedigendes] E., führte zu keinem E.; wissenschaftliche Ergebnisse vorlegen; wir müssen endlich zu handgreiflichen Ergebnissen kommen; bei der Aussprache kamen, gelangten wir zu folgendem E.; im E. *(letztlich)* besteht kein Meinungsunterschied zwischen uns.
ergebnislos: eine ergebnislose Aussprache; die Verhandlungen waren/blieben e., wurden e. abgebrochen.
ergehen: 1. (geh.) *erlassen werden:* es ist eine Anordnung ergangen, dass …; es ergeht Haftbefehl gegen Clara T.; Einladungen ergehen an alle Schulen; das Gericht hat folgendes Urteil e. lassen; an den Professor ist ein Ruf an die Universität Berlin ergangen.
2. ⟨es ergeht jmdm. irgendwie⟩ *jmd. verlebt eine Zeit in bestimmter Weise:* es ist ihm [dort] schlecht, nicht besonders gut, nicht anders ergangen; wie ist es Ihnen ergangen?; SUBST.: sich nach jmds. Ergehen erkundigen.
3. (geh.) ⟨sich irgendwo e.⟩ *spazieren gehen:* die Damen ergingen sich im Park.
4. ⟨sich in etw. (Dat.) e.⟩ *sich langatmig äußern:* er erging sich in Dankesworten, in Lobreden, in Schmähungen gegen seinen Nachbarn; sie erging sich in Hypothesen, in Spekulationen, in Vermutungen;
★ **etw. über sich** (Akk.) **ergehen lassen** *(etw. [geduldig] hinnehmen):* er lässt alle Vorwürfe, alle Kritik ruhig, teilnahmslos über sich e.
ergiebig: ergiebige Lagerstätten, Regenfälle, Gewinne; ergiebige Quellen, Vorkommen an Kohle; der Kaffee ist e.; die Untersuchung war sehr e.; das Thema war nicht e.
ergießen ⟨sich irgendwohin e.⟩: der Fluss ergießt sich ins Meer; die Milch ergoss sich über den Fußboden; BILDL.: eine Flut von Schimpfworten ergoss sich über ihn.
ergötzen (geh.): **a)** ⟨jmdn. e.⟩ *jmdm. Vergnügen machen:* er ergötzte uns sehr mit seinem Bericht;

der Torwart ergötzte oftmals seine Fans mit seinen weiten Ausflügen bis in die gegnerische Hälfte; **b)** ⟨sich an etw. (Dat.) e.⟩ *Vergnügen haben:* sich an kindlichen Spielen e.; er ergötzte sich an unserer Angst; SUBST.: zum Ergötzen der Zuschauer verlor er die Perücke.
ergrauen: mein Vater, sein Haar begann zu ergrauen; ⟨meist im 2. Part.⟩ er ist schon leicht ergraut; leicht ergrautes Haar; ein im Dienst ergrauter *(alt gewordener)* Beamter; er ist in Ehren ergraut.
ergreifen: 1. ⟨jmdn., etw. e.⟩ *nach jmdm., etw. greifen und ihn/es festhalten:* ein Seil, den Hammer, einen Bleistift e.; jmds. Hand e.; BILDL.: die Flammen ergriffen das Haus; eine Woge ergriff ihn und riss ihn fort; ⟨jmdn. bei etw. e.⟩ ein Kind bei der Hand e.; er ergriff den Ertrinkenden beim Schopf; /häufig verblasst/: einen Beruf e. *(sich einen Beruf wählen);* eine Gelegenheit e. *(nutzen);* die Initiative e. *(zu handeln beginnen);* die Macht e. *(übernehmen);* Maßnahmen e. *(etwas in einer Sache unternehmen).*
2. ⟨jmdn. e.⟩ *festnehmen:* einen Dieb e.; der Täter konnte sofort ergriffen werden.
3. ⟨jmdn. e.⟩ **a)** *befallen:* von einer Krankheit ergriffen werden; die Revolution ergreift das ganze Volk; **b)** *in jmds. Bewusstsein dringen:* Angst, Schrecken, Unruhe, Begeisterung, Zorn, Reue, eine böse Ahnung, ein Gefühl der Freude ergriff sie; er wurde von Liebe zu ihr ergriffen.
4. ⟨jmdn. e.⟩ *jmdm. nahe gehen:* die Nachricht, sein Schicksal, die Musik hat mich tief ergriffen; die Zuhörer waren tief ergriffen, lauschten ergriffen; eine ergreifende Rede, Szene; das ist ergreifend (scherzh.; *sehr*) komisch.
erhaben: 1. *feierlich stimmend:* ein erhabener Anblick; ein erhabenes Gefühl; erhabene Gedanken; Ⓡ vom Erhabenen zum Lächerlichen ist nur ein Schritt.
2. (bes. Fachspr.) *aus einer Fläche hervortretend:* nur die erhabenen Stellen der Platte erscheinen beim Druck; Tapeten mit erhabenem Muster.
3. ⟨e. [über etw. (Akk.)]⟩ *überlegen:* über jeden Verdacht e. sein; über solche kleinliche Kritik muss man e. sein; seine Arbeit ist über alles Lob, über jeden Zweifel e.; sich über alles e. fühlen.
erhalten: 1. a) ⟨etw. e.⟩ *bekommen:* eine Prämie, Verpflegung, eine Nachricht, ein Paket e.; einen Orden e.; ich habe Ihren Brief erhalten; er erhielt das Buch als/zum Geschenk; er erhielt für seinen Auftritt 2000 Mark; ÜBERTR.: er hat den Lohn *(die Strafe)* für seine Untaten erhalten; **b)** ⟨etw. e.⟩ *erteilt bekommen:* [keine] Antwort, einen Befehl, einen Auftrag e.; einen Tadel, eine Strafe e.; fünf Jahre Gefängnis e.; sie erhielt keine Aufenthaltsgenehmigung, Beifall auf offener Szene; das Schiff erhielt einen neuen Namen; er erhielt einen Schlag auf den Kopf; nach diesem Foul erhielt der Vorstopper die gelbe Karte *(wurde verwarnt);* der Aufsatz erhielt eine neue Fassung *(er*

E

wurde umgearbeitet); BILDL.: durch diesen Vorfall erhielt das Gerücht neue Nahrung; **c)** ⟨etw. von jmdm., etw. e.⟩ *(eine bestimmte Vorstellung) gewinnen:* einen Eindruck, ein schiefes Bild von jmdm., etw. e.; **d)** ⟨etw. aus etw./durch etw. e.⟩ *als Endprodukt gewinnen:* Teer erhält man aus Kohle; durch das Einsetzen dieses Wertes erhalten wir die gesuchte Lösung.
2. ⟨jmdn., sich, etw. e.⟩ **a)** *in seinem Bestand, Zustand bewahren:* einen Patienten künstlich am Leben e.; ein Gebäude, die Altstadt, die Natur e.; Arbeitsplätze, den Frieden e. *(aufrechterhalten);* den natürlichen Lebensraum e.; die Vitamine bleiben bei diesem Verfahren e.; der Instinkt der Tiere, die Art zu e.; nur einige konstitutionelle Monarchien haben sich noch erhalten; ⟨sich (Dat.) etw. e.⟩ erhalte dir deine Gesundheit, deine gute Laune!; ein gut erhaltenes Auto; die Möbel sind gut erhalten; er ist [noch recht] gut erhalten (scherzh.; *sieht für sein Alter [noch] gut aus);* er soll uns weiterhin erhalten bleiben *(soll am Leben bleiben);* **b)** *versorgen, unterhalten:* er hat sechs Kinder zu e.; mit seinem Verdienst konnte er sich, seine Familie kaum e.; das Geschäft kann ihn gerade eben e.
3. ⟨etw. e.; in Verbindung mit einem 2. Part.; als Umschreibung des Passivs⟩ etw. bestätigt, zugesprochen e.

erhärten: ⟨etw. [durch jmdn., etw.] e.⟩ eine These, einen Zweifel e.; er konnte seine Behauptung, seine Vermutung durch Zeugen, durch gute Argumente e.; ⟨sich [durch jmdn., etw.] e.⟩ der Verdacht der Polizei erhärtet sich, wonach der Mann als Täter infrage kommen könnte.

erheben /vgl. erhebend/: **1.** ⟨etw. e.⟩ *hochheben:* den Arm, den Zeigefinger e.; die Hand zum Schwur e.; die Augen, den Blick zu jmdm. e. (geh.; *zu jmdm. aufsehen);* er erhob die Waffe gegen ihn *(bedrohte ihn);* ich erhebe mein Glas und trinke auf den Jubilar; BILDL.: die Kunst will uns e. *(andächtig stimmen);* erhobenen Hauptes *(stolz)* entfernte er sich; in seinem Stück spürt man den erhobenen Zeigefinger *(die moralisierende Belehrung);* er sprach mit erhobener *(lauter)* Stimme.
2. a) ⟨sich [von etw.] e.⟩ *aufstehen:* sich nicht mehr e. können; er erhob sich vom Stuhl, vom Platz; die Versammlung erhob sich zu Ehren des Verstorbenen; (geh.:) sie erhob sich gegen Mittag von ihrem Lager; **b)** ⟨sich e.⟩ *hochfliegen, aufsteigen:* der Vogel, das Flugzeug erhob sich in die Luft; **c)** ⟨sich e.⟩ *aufragen:* auf dem Platz erhebt sich ein Denkmal; das Gebirge erhebt sich bis zu 2000 Metern.
3. ⟨sich [gegen jmdn., etw.] e.⟩ *sich auflehnen:* das Volk erhob sich gegen die Regierung; die Gefangenen erhoben sich gegen ihre Bewacher.
4. ⟨sich über jmdn., etw. e.⟩ **a)** *sich für besser halten:* du erhebst dich zu gern über die anderen; **b)** *über jmdn., etw. hinauskommen:* sie erhebt

sich, ihre Leistungen erheben sich nie über den Durchschnitt.
5. (geh.) ⟨sich e.⟩ *aufkommen:* ein Wind hatte sich erhoben; ein Murren erhob sich unter der Menge; darüber hat sich ein Streit erhoben *(ist ausgebrochen);* nun erhebt sich die Frage, was geschehen soll.
6. ⟨etw. e.⟩ *als Zahlung verlangen:* Steuern, Gebühren, Beiträge e.; bei dieser, für diese Veranstaltung wird kein Eintritt erhoben; **b)** *zusammentragen, sammeln:* Daten e.; das vom Autor erhobene Wortmaterial.
7. ⟨jmdn., sich, etw. e.; mit Präpositionalobjekt⟩ *in einen höheren Rang einordnen:* jmdn. in den Adelsstand e.; jmdn. auf den Thron e. (geh.; *zum Herrscher, König machen);* eine Zahl ins Quadrat e. (Math; *quadrieren);* eine Gemeinde zur Stadt e.; Vereinbartes zum Beschluss e.
8. /verblasst/ ⟨etw. e.⟩ *vorbringen:* Klage, Anklage e.; Beweis e.; Einspruch gegen etw. e.; seine Stimme e. *(deutlich seine Meinung kundtun);* Anspruch auf sein Erbteil e.; sie erhoben ein großes Geschrei *(protestierten laut).*

erhebend: *in feierliche Stimmung versetzend:* das war ein erhebender Augenblick, eine erhebende Feier; ein erhebendes Gefühl erfüllte mich; der Anblick war wenig e. *(unerfreulich).*

erheblich: *beträchtlich:* erhebliche Verluste, Einschränkungen, Probleme; eine erhebliche Verteuerung; der Plan hat erhebliche Nachteile, Mängel; die Schäden sind e.; wir stellen uns jetzt ganz e. schlechter im Vorjahr; sie wurde e. verletzt; der Fahrer stand e. unter dem Einfluss von Alkohol/stand unter erheblichem Alkoholeinfluss.

Erhebung, die: **1.** *Anhöhe, Gipfel:* eine kleine, niedrige E.; der Brocken ist die höchste E. des Harzes.
2. *das Erheben:* die E. von Steuern, von Beiträgen; seine E. in den Adelsstand.
3. *Aufstand:* die E. des Volkes gegen die Diktatur gelang [nicht].
4. *Nachforschung, Umfrage:* eine amtliche, statistische E.; die E. ist abgeschlossen; es wurden Erhebungen über den Tabakkonsum gemacht, angestellt, durchgeführt.

erheitern: a) ⟨jmdn., etw. e.⟩ *lustig stimmen:* seine Späße erheiterten das Publikum; dieser Gedanke erheitert mich; SUBST.: sein Vorschlag hat etwas Erheiterndes *(er reizt zum Lachen);* **b)** (geh.) ⟨sich e.⟩ *sich aufheitern:* der Himmel erheiterte sich; sein Gesicht erheiterte sich.

erhellen: 1. a) ⟨etw. e.⟩ *beleuchten:* das Zimmer wird von einer/durch eine Lampe erhellt; die Fenster waren erhellt; BILDL.: ein Lächeln erhellte ihr Gesicht *(gab ihm einen heiteren Ausdruck);* **b)** ⟨sich e.⟩ *hell werden:* der Himmel erhellte sich; BILDL.: seine Miene erhellte sich *(wurde freundlich).*
2. a) ⟨etw. e.⟩ *deutlich machen:* die Hintergründe e.; diese Äußerung erhellt die ganze Situation;

der Vortrag war nicht sehr erhellend; **b)** (geh.)
⟨aus etw. e.⟩ *durch etw. klar werden:* aus dieser
Tatsache/daraus erhellt, dass unsere Vermutung
richtig war.
erhitzen: 1. a) ⟨etw. e.⟩ *heiß machen:* Wasser, eine
Klebemasse e.; die Milch wird kurz auf 80° erhitzt; **b)** ⟨jmdn. e.⟩ *ins Schwitzen kommen lassen:*
der scharfe Galopp hatte sie erhitzt; der Wein erhitzte ihn stark.
2. ⟨sich e.⟩ **a)** *heiß werden:* das Öl, der Freilauf,
die Bremse hat sich erhitzt; **b)** *ins Schwitzen
kommen:* die Kinder hatten sich beim Herumtollen erhitzt; er war erhitzt vom Tanzen; ein erhitz-
tes Gesicht; so erhitzt darfst du nicht ins Wasser.
3. a) ⟨jmdn., etw. e.⟩ *erregen:* dieser Gedanke erhitzte ihn, seine Fantasie; die tollsten Gerüchte
erhitzten die Gemüter; **b)** ⟨sich e.⟩ *in Erregung geraten:* wir erhitzten uns an dieser, über dieser/
(selten:) über diese Streitfrage.
erhöhen: 1. a) ⟨etw. e.⟩ *höher machen:* eine Mauer,
ein Hindernis e.; die Deiche sind [um] einen Meter erhöht worden; **b)** ⟨jmdn. e.; mit Umstands-
angabe⟩ *auf eine höhere Stufe stellen:* er ist im
Rang erhöht worden.
2. a) ⟨etw. e.⟩ *steigern, vermehren:* das Tempo e.;
die Steuern, den Beitragssatz, die Löhne e.; die
Produktion e.; die Mitgliederzahl e. können; den
Anreiz zum Kauf e.; der Preis ist auf das Doppelte, um die Hälfte, um fast 10 Prozent erhöht
worden; der Kranke hat erhöhten *(beschleunig-
ten)* Puls, erhöhte Temperatur *(leichtes Fieber);*
b) ⟨sich [auf etw. (Akk.)] e.⟩ *um etw. steigen:* die
Produktionskosten erhöhen sich; die Zahl der
Toten hat sich auf 34 erhöht.
3. (Musik) ⟨etw. e.⟩ *um einen Halbton heraufsetzen:* eine Note e.; c wird zu cis erhöht.
erholen: a) ⟨sich e.⟩ *seine Kraft wiedererlangen:*
sich gut e.; du musst dich einmal richtig e.; er erholt sich im Urlaub, an der See; sie sieht erholt
aus; sie ist noch nicht ganz erholt; ÜBERTR.: der
Rasen hat sich nach dem Regen schnell wieder erholt; die Kurse, die Preise erholen sich
(Wirtsch.; *steigen);* die Aktien waren auf 480 gefallen, erholten sich aber auf 510; **b)** ⟨sich von
etw. e.⟩ *eine Anstrengung o. Ä. überwinden:* sich
von einer Krankheit, von den Strapazen der Reise
e.; ich kann mich von dem Schreck, von meinem
Staunen noch gar nicht e.
Erholung, die: Feriengebiete für E. Suchende, für E.
suchende Großstädter; seine E. macht langsam
Fortschritte; E. suchen; [keine] E. finden; sie hat
dringend E. nötig; jmdn. in E. schicken; er ging
zur E. in ein Bad, an die See, ans Meer, ins Gebirge, aufs Land; ÜBERTR.: die allgemeine kon-
junkturelle E.
erinnern: 1. *wieder an jmdn., etw. denken:* **a)** ⟨sich
an jmdn., etw./(geh.:) jmds., etw. e.⟩ ich kann
mich noch gut an den Vorfall e.; ich erinnere
mich dunkel an die alte Dame; er erinnerte sich
an seinen alten Lehrer/(geh.:) seines alten Leh-

rers; daran kann ich mich beim besten Willen
nicht mehr e.; ⟨auch ohne Präpositionalobjekt/
ohne Gen.⟩ wenn ich mich recht erinnere, war er
vor fünf Jahren hier; **b)** (ugs., bes. nordd.) ⟨jmdn.,
etw. e.⟩ ich erinnere ihn gut; erinnerst du vergangene Ostern?
2. ⟨jmdn. an jmdn., etw. e.⟩ **a)** *die Erinnerung bei
jmdm. wachrufen:* diese Dame erinnert mich an
meine Tante; das erinnert mich an ein früheres
Erlebnis, an meine Kindheit; ich will nicht mehr
daran erinnert werden; ⟨auch ohne Akk.⟩ das alles erinnert an die Zeit, als ...; **b)** *veranlassen,
jmdn., etw. nicht zu vergessen:* jmdn. an ein Versprechen, an eine Pflicht, an einen Termin e.; ich
erinnerte ihn daran, dass er für die Reise noch
Geld umtauschen wollte; ⟨auch ohne Präpositio-
nalobjekt⟩ bitte erinnern Sie mich rechtzeitig!
Erinnerung, die: **1. a)** *Erinnerungsfähigkeit:* meine
E. setzt hier aus, lässt mich [hier] im Stich; **b)** *Gedächtnis:* wenn mich die/meine E. nicht täuscht,
war sie damals schwer krank; dieses Ereignis ist
meiner E. ganz entfallen; etw. aus seiner E. tilgen,
streichen; etw. in guter E. behalten; sich (Dat.)
etw. in die E. zurückrufen; sie wollte sich mit diesem Gruß in E. bringen *(sie wollte an sich erinnern).*
2. *Erlebtes, woran man sich erinnert:* liebe, flüchtige, traurige, schreckliche Erinnerungen werden
wach; seine Erinnerungen reichen tief in die Vergangenheit zurück; er hat keine, nur eine schwache E. an seine Kindheit; Erinnerungen wecken,
auffrischen, bewahren; seine Erinnerungen aufzeichnen; sie tauschten ihre Erinnerungen aus;
meiner E. nach/nach meiner E. war das ganz anders; ich gab mich meinen Erinnerungen hin,
hing meinen Erinnerungen nach; sie war ganz in
E. versunken; ich zehre noch von der E. an diese
Reise.
3. a) *Gedanken, Andenken:* er wollte jede E. an
den Krieg auslöschen; in dankbarer E. gedenken
wir des Mannes, der ...; es steht bei ihm in guter,
angenehmer E.; behalte mich in freundlicher E.;
/Widmung/: zur E. an die Schulzeit; **b)** *Gedenkzei-
chen:* nimm das als freundliche E. an meinen Vater; seine Erinnerungen aufbewahren.
erkälten: a) ⟨sich e.⟩: *sich eine Erkältung zuziehen:*
ich habe mich erkältet; sie ist sehr erkältet;
b) ⟨sich (Dat.) etw. e.⟩ *durch Verkühlung krank
machen:* sich den Magen, die Blase e.
Erkältung, die: eine leichte, schwere E.; die E.
klingt ab; sich (Dat.) eine E. zuziehen, (ugs.:) holen; eine E. haben, bekommen; sie leidet an einer
heftigen E.; sich vor Erkältung[en] schützen.
erkaufen (geh.) ⟨etw. e.⟩: der Sieg wurde mit viel
Blut erkauft; er musste diese Erfahrung teuer e.;
eine teuer erkaufte Freiheit.
erkennen: 1. ⟨jmdn., etw. e.⟩ *deutlich wahrnehmen:* in der Dunkelheit niemanden e. können;
nur Umrisse, eine Aufschrift e.; es waren noch
Reifenspuren zu e.; der Stern war gerade noch

mit bloßem Auge zu e.; kannst du e., ob dort jemand steht?; er erkannte die Gefahr noch rechtzeitig.
2. a) ⟨jmdn., etw. [an etw. (Dat.)] e.⟩ *identifizieren:* seinen Freund nicht [gleich] e.; jmdn. am Gang, an der Stimme e.; der Arzt erkannte die Krankheit sofort; er wurde als [der] Täter erkannt; sie gab sich zu e. *(nannte ihren Namen);* er gab sich als Deutscher zu e.; **b)** ⟨jmdn., etw. e.⟩ *durchschauen; etw. einsehen:* du bist erkannt; einen Fehler, einen Irrtum e.; jmds. Absichten zu spät e.; wir erkannten, dass es zu spät war; **c)** ⟨etw. als etw. e.⟩ *etw. als etw. ansehen:* ein Verhalten, eine Äußerung als Fehler, als falsch e.; ich erkenne dies als meine Pflicht.
3. (Rechtsspr.) ⟨auf etw. (Akk.) e.⟩ *entscheiden:* das Gericht erkannte auf Freispruch, auf 6 Monate Gefängnis; (Sport:) der Schiedsrichter erkannte auf Abseits.
erkenntlich: ⟨in den Verbindungen⟩ **sich erkenntlich zeigen, erkenntlich sein** *(seinen Dank durch eine Gabe od. Gefälligkeit ausdrücken):* mit ihrem Geschenk wollte sie sich für unsere Hilfe e. zeigen.
Erkenntnis, die: **1.** *Einsicht:* eine gesicherte, historische, weit reichende E.; diese wichtige E. setzt sich langsam durch; ihm kam die E., dass ...; neue Erkenntnisse gewinnen; ich durfte mich dieser E. nicht verschließen; nach den neuesten Erkenntnissen ist dieses Virus harmlos; sie kam, gelangte zur E., zu der traurigen E., dass ...
2. *Fähigkeit des Erkennens:* an die Grenzen der E. stoßen; (bibl.:) vom Baum der E. essen.
erklären /vgl. erklärt/: **1.** ⟨etw. e.⟩ **a)** *deutlich machen; erläutern:* etw. genau, gründlich, kurz, wissenschaftlich, allgemein verständlich e.; ein Wort, einen Text, einen Schriftsteller e.; das lässt sich leicht [an einem Beispiel] e.; ⟨auch ohne Akk.⟩ ein Lehrer muss e. können; ⟨jmdm. etw. e.⟩ er erklärte uns, was wir nun tun müssen; einige erklärende Worte sagen; **b)** *begründen, deuten:* ein Verhalten psychologisch e.; ⟨jmdm., sich etw. e.⟩ ich erkläre mir die Sache so ...; sie kann sich sein Versagen nicht e.; sie erklärte mir, warum sie nicht kommen könne; **c)** ⟨sich e.; mit Umstandsangabe⟩ *in etw. seine Begründung finden:* dieser Unfall erklärt sich leicht; das erklärt sich aus sich selbst; der hohe Preis des Grundstücks erklärt sich aus *(ist begründet in)* der guten Lage; ⟨es erklärt sich⟩ so erklärt es sich, dass daraus nichts wurde.
2. a) ⟨etw. e.⟩ *mitteilen:* etw. energisch, mit Bestimmtheit, mit aller Deutlichkeit e.; etw. an Eides statt e.; er erklärte, nicht mehr teilnehmen zu wollen; der Minister erklärte, dass die Verhandlungen fortgesetzt würden; sein Einverständnis, seinen Rücktritt, seinen Austritt aus der Partei e.; ⟨jmdm. etw. e.⟩ er erklärte mir, dass er einverstanden sei; einem Land den Krieg e.; **b)** ⟨sich e., mit Umstandsangabe⟩ *seine Haltung zum Aus-*

druck bringen: erkläre dich deutlicher!; /häufig verblasst/: sich bereit, einverstanden, solidarisch e. *(bereit, einverstanden, solidarisch sein);* sich für jmdn., gegen jmdn. e. *(für, gegen jmdn. sein);* sich zu einer Frage e.; ⟨auch ohne Umstandsangabe⟩ sie erwartete, dass er sich endlich erklärte *(ihr seine Liebe gestände).*
3. a) ⟨jmdn., sich, etw. für etw. e.⟩ *[amtlich] als etw. bezeichnen:* einen Vermissten für tot e. [lassen]; jmdn. für schuldig, bankrott e.; etw. für ungültig, null und nichtig e.; der Beamte erklärte sich für nicht zuständig; **b)** ⟨jmdn. zu jmdm. e.⟩ *jmdn. zu etw. bestimmen:* jmdn. zum Sieger, zu seinem Nachfolger e.
erklärt: **a)** *entschieden:* er ist ein erklärter Gegner der Atomenergie; **b)** *offenkundig:* dieser Sänger ist der erklärte Liebling des Publikums; das erklärte Ziel der Bewegung war der Umsturz.
Erklärung, die: **1.** *das Erklären; Begründung:* eine knappe, eingehende, unzureichende E.; für etw. eine E. haben, finden; ich weiß keine andere E. für diesen Vorfall; diese Antwort bedarf keiner weiteren E.; ich musste mich mit dieser E. zufrieden geben.
2. *Mitteilung:* eine bindende, feierliche, eidesstattliche E.; die Regierung hat zu dem Vorfall eine E. abgegeben.
erkranken ⟨[an etw. (Dat.)] e.⟩: plötzlich, leicht, schwer e.; er erkrankte an einer Grippe, an Krebs, an Malaria; sie vertritt eine erkrankten Kollegen.
erkundigen ⟨sich e.⟩: sich nach dem Weg, nach einem Zug e.; sie erkundigte sich [teilnehmend, höflich] nach ihrem Befinden; die Firma hat sich über ihn erkundigt; erkundige bitte, wann das Schiff ankommt; sie erkundigte sich, ob Post da sei.
Erkundigung, die: unsere Erkundigungen haben nichts ergeben; [bei jmdn. über jmdn., etw.] Erkundigungen einziehen (nachdrücklich); *sich erkundigen).*
erlangen ⟨etw. e.⟩: die Freiheit, die absolute Mehrheit, einen begehrten Posten e.; dieses Verfahren hat [für die Medizin] große Bedeutung erlangt; wir konnten endlich Gewissheit über sein Schicksal e.
Erlass, der: **1. a)** *behördliche Anordnung:* ein öffentlicher, amtlicher E.; ein E. des Ministers; einen E. herausgeben, befolgen; nach E. des Ministeriums ...; **b)** *das Verfügen:* er ist für den E. von Verordnungen zuständig.
2. *Befreiung von einer Verpflichtung:* den E. einer Schuld, einer Strafe beantragen.
erlassen: **1.** ⟨etw. e.⟩ *amtlich verkünden:* einen Befehl, ein Gesetz, eine Verordnung, eine Verfügung e.; einen Haftbefehl gegen jmdn. e.
2. ⟨jmdm. etw. e.⟩ *jmdn. von etw. entbinden:* ihm wurde seine Strafe, Schuld, die Steuer erlassen; (geh.:) es sei mir erlassen, darauf einzugehen.
erlauben: **1.** ⟨jmdm. etw. e.⟩ *gestatten:* man er-

laubte ihm zu gehen; dem Kranken das Aufstehen e.; die Eltern haben ihm erlaubt, die Reise mitzumachen; würden Sie mir eine Bemerkung e.?; ⟨auch ohne Dat.⟩ meine Eltern würden das niemals e.; erlauben Sie, dass ich rauche?; Fotografieren [ist hier] nicht erlaubt!; ⟨auch ohne Dat. und ohne Akk.⟩ erlauben Sie mal! (ugs.; *wie kommen Sie eigentlich dazu?*). **2. a)** ⟨etw. e.⟩ *zulassen:* der Stand der Arbeiten erlaubt keine Unterbrechung; ich werde kommen, wenn es meine Zeit, meine Gesundheit erlaubt; **b)** ⟨jmdm. etw. e.⟩ *ermöglichen:* meine Mittel erlauben mir, ein Auto zu halten; meine Zeit erlaubt mir nicht, euch zu besuchen; wenn es das Wetter erlaubt. **3.** ⟨sich (Dat.) etw. e.⟩ **a)** *sich gestatten:* sie hat sich einen Scherz mit dir erlaubt; hierüber kann ich mir kein Urteil e.; darf ich mir eine Bemerkung, einen Vorschlag e.?; **b)** *sich leisten:* sie erlaubte sich eine Zigarette; diese teure Anschaffung, eine größere Wohnung kann ich mir nicht e.

Erlaubnis, die: jmdm. die E. zu etw. erteilen, verweigern; er ist ohne E. weggegangen; er hat den Wagen ohne die/mit der E. des Chefs benutzt; um E. bitten; er bat um die E. zu rauchen; /Höflichkeitsfloskel/: mit Ihrer E.

erläutern ⟨etw. e.⟩: einen Text, einen Sachverhalt e.; das Folgende braucht nicht näher erläutert zu werden; ⟨jmdm. etw. e.⟩ sie erläuterte mir, was es damit auf sich hatte; er hat mir [im Einzelnen] erläutert, wie alles ablaufen soll; erläuternde Zusätze, Beispiele.

erleben: 1. a) ⟨etw. e.⟩ *mitmachen, durchmachen:* etwas Schreckliches, sehr Schönes, eine Überraschung, Enttäuschung e.; sie hat schon viel[es] erlebt, viel Schweres erlebt; SUBST.: ein tiefes, schmerzliches Erleben; **b)** ⟨jmdn., etw. [irgendwie] e.⟩ *auf sich wirken lassen:* er war, bewusst, intensiv e.; ein Konzert, ein Fußballspiel e.; eine Landschaft, ein Abenteuer e.; ich habe diesen Schauspieler in vielen großen Rollen erlebt; so [aufgeregt, wütend, freundlich] habe ich den Chef noch nie erlebt. **2.** ⟨etw. e.⟩ **a)** *an sich erfahren:* er hat einen glänzenden Aufstieg, eine Niederlage erlebt; sie hat es selbst am eigenen Leibe erlebt, was es heißt, arm zu sein; ich habe dort die tollsten Sachen erlebt; /oft verblasst/: das Stück erlebte die 50. Aufführung; das Land erlebte eine Zeit des Friedens; das Haus hat auch schon bessere Zeiten erlebt; hat man so was schon erlebt! (ugs.; entrüsteter Ausruf); der/die kann [von mir] etwas e.! (ugs.; Ausdruck der Drohung); **b)** *miterleben:* er wird sein Jubiläum noch erleben; ihren 90. Geburtstag hat sie nicht mehr erlebt; das möchte ich noch, nicht e.!

Erlebnis, das: ein nachhaltiges, aufregendes, trauriges, nettes E.; starke, tiefe Erlebnisse; das E. der ersten Liebe; dieses E. hat lange nachgewirkt; diese Reise war ein E. [für mich], ist zu einem gro-

ßen E. geworden; ein schreckliches E. haben, vergessen; von den Erlebnissen der Kindheit geprägt sein, werden.

erledigen /vgl. erledigt/: **1. a)** ⟨etw. e.⟩ *ausführen:* einen Auftrag, ein Geschäft, eine Arbeit e.; die Formalitäten für jmdn. e.; Ihre Bestellung wird sofort erledigt; ich habe noch einiges, viel, eine Menge zu e.; sie hat die Sache in einigen Sätzen erledigt *(kurz abgehandelt, abgetan);* der Fall, die Sache ist [für mich] erledigt! (ugs.; *darüber ist nicht mehr zu sprechen);* **b)** ⟨sich e.⟩ *zum Abschluss kommen:* die Sache erledigt sich hiermit, hat sich von selbst erledigt. **2.** (ugs.) ⟨jmdn. e.⟩ *besiegen, vernichten:* er hat den Gegner [mit einem Schlag] erledigt; ÜBERTR.: durch die Verleumdungskampagne wurde er politisch, gesellschaftlich erledigt.

erledigt (ugs.): *erschöpft:* ich bin völlig e.; sie kam ganz e. heim.

erlegen: 1. (geh.) ⟨ein Tier e.⟩ *töten:* zwei Hasen e.; das erlegte Wild wird aufgebrochen. **2.** (südd., österr., schweiz.) ⟨etw. e.⟩ *zahlen:* die Gebühr, das Eintrittsgeld e.

erleichtern: 1. (seltener) ⟨etw. [um etw.] e.⟩ *leicher machen:* das Gepäck um einige Sachen e. **2.** ⟨etw. e.⟩ *einfacher, bequemer machen:* dieser Hinweis erleichtert das Verständnis; dass er mitmacht, erleichtert die Sache erheblich; ⟨jmdm., sich etw. e.⟩ die Arbeit e.; ein Stipendium erleichterte ihm das Studium; du musst versuchen, dir das Leben zu e. **3.** ⟨jmdn., sich, etw. e.⟩ *von einer Belastung befreien:* diese Nachricht erleichterte ihn, sein Gewissen sehr; ich möchte mich, mein Gewissen e.; es hat sie erleichtert, dass ihr Versehen ohne Folgen blieb; erleichtertes Aufatmen; sich erleichtert fühlen; ⟨sich (Dat.) etw. e.⟩ ich will mir durch eine Aussprache, ein Geständnis das Herz, das Gewissen e.; (verhüll.; *um seine Notdurft zu verrichten).* **4.** (ugs. scherzh.) ⟨jmdn. [um etw.] e.⟩ *jmdm. Geld o. Ä. abnehmen:* sie erleichterten ihn um seine Brieftasche; der Betrüger hat mich um 100 Mark erleichtert; jmdn. beim Pokern e.

erleiden ⟨etw. e.⟩: **1.** (geh.) *erdulden:* er musste viel Böses, große Schmerzen e. **2.** *Schaden zugefügt bekommen:* eine Niederlage e.; den Tod e. *(sterben);* die Truppe erlitt schwere Verluste; er erlitt eine Einbuße an Ansehen, Vermögen, erlittenes Unrecht; /häufig verblasst/: die Verhandlungen erlitten eine Unterbrechung *(wurden unterbrochen);* einen Rückfall e. *(erneut krank werden);* der Dampfer erlitt Schiffbruch *(wurde durch die See zerstört, strandete, ging unter).*

erlesen (geh.): erlesene Kostbarkeiten, Genüsse; erlesene Delikatessen, Weine; eine erlesene Gesellschaft; eine Ausstattung von erlesenem Geschmack.

erliegen (geh.): **1.** ⟨jmdm., etw. e.⟩: *unterliegen:* ei-

ner Übermacht, den Verlockungen, Versuchungen des Lebens e.; /häufig verblasst/: einer Täuschung e. *(sich täuschen [lassen]);* einem Einfluss e. *(sich beeinflussen lassen).*
2. ⟨etw. (Dat.) e.⟩ *an etw.* **sterben:** er ist einem Herzschlag, seinen schweren Verletzungen erlegen; * **zum Erliegen kommen** *(zum Stillstand kommen):* durch den Schneefall kam der ganze Verkehr zum Erliegen · etw. **zum Erliegen bringen** *(zum Stillstand bringen):* der Nebel brachte die Schifffahrt zum Erliegen.

erlöschen: a) *aufhören zu brennen, zu leuchten:* die Kerze, das Feuer erlischt; die Lampe erlosch; der Vulkan ist erloschen; BILDL.: langsam erlosch das Lächeln wieder in ihrem Gesicht; **b)** *schwächer werden:* sein Hass, seine Liebe ist erloschen; mit erlöschender *(versagender)* Stimme sprechen; **c)** *zu bestehen aufhören:* die Firma ist erloschen; das Konto, das Mandat, die Mitgliedschaft ist erloschen; der Anspruch erlischt nach 30 Jahren; ein adliges Geschlecht, eine Familie erlischt *(stirbt aus).*

erlösen ⟨jmdn. e.⟩: jmdn. aus großer Not, aus einer gefahrvollen Lage, von seinen Schmerzen e.; die verzauberte Prinzessin wurde am Ende erlöst; er wurde von seinem schweren Leiden erlöst (geh. verhüll.; *er ist gestorben);* ich komme gleich zurück und erlöse dich (ugs. scherzh.; *löse dich ab);* sie sprach das erlösende *(klärende, befreiende)* Wort.

Erlösung, die: die E. aus schwerer Not, von seinen Qualen, von seinen Schmerzen; der Tod war für den Kranken eine E.; etw. als E. empfinden.

ermächtigen ⟨jmdn. zu etw. e.⟩: er ist nicht zur Unterschrift, zum Abschluss eines Vertrages ermächtigt; die Regierung ermächtigte ihn, die Verhandlungen zu führen; dazu ist sie nicht ermächtigt.

ermahnen ⟨jmdn. zu etw. e.⟩: jmdn. zur Pünktlichkeit, zur Vorsicht e.; ich ermahnte ihn, besonnen zu bleiben.

ermangeln (geh.) ⟨etw. (Gen.) e.⟩: sie ermangelte dieses Vorteils; der Vortrag ermangelte jeder Sachkenntnis.

Ermangelung, die: ⟨nur in der Fügung⟩ **in Ermangelung** (geh.; *mangels):* in E. eines Besseren, schönerer Exemplare müssen wir mit dem Vorhandenen vorlieb nehmen.

ermäßigen: a) ⟨etw. e.⟩ *herabsetzen:* Beiträge e.; für Gruppen wird das Fahrgeld auf die Hälfte, um ein Drittel ermäßigt; ein Angebot zu stark ermäßigten Preisen; **b)** ⟨sich e.⟩ *geringer werden:* bei Sammelbestellung ermäßigt sich der Preis um 5 %.

ermessen (geh.) ⟨etw. e.⟩: das lässt sich leicht e., wenn ...; du kannst daran e., wie wertvoll mir diese Kritik ist; wer ermisst die Bedeutung dieser Stunde!

Ermessen, das: freies, richterliches E.; nach einigenem E.; nach meinem E.; nach dem E. des Gerichts; * **etw. in jmds. Ermessen stellen** *(etw. jmds. Entscheidung überlassen):* ich stelle es in dein E., ob du die Reise machen willst · **nach menschlichem Ermessen** *(soweit man es beurteilen kann; aller Wahrscheinlichkeit nach).*

ermitteln: a) ⟨jmdn., etw. e.⟩ *herausfinden, feststellen:* den Täter e.; jmds. Aufenthaltsort, den Verbleib eines Gegenstandes e.; es lässt sich nicht e., ob und wann sie angekommen ist; **b)** *errechnen:* einen Wert, den Durchschnitt e.; den ermittelten Wert einsetzen; **c)** (Rechtsw.) ⟨gegen jmdn./in etw. (Dat.) e.⟩ *Untersuchungen durchführen:* der Staatsanwalt ermittelt bereits gegen ihn; es wird gegen Unbekannt wegen Sachbeschädigung ermittelt; in einer Mordsache e.

ermöglichen: a) ⟨jmdm. etw. e.⟩: jmdm. eine Reise, einen Urlaub e.; sein Onkel ermöglichte ihm das Studium; **b)** ⟨etw. e.⟩ *möglich machen:* die veränderte Situation ermöglichte die Aufnahme diplomatischer Beziehungen.

ermorden ⟨jmdn. e.⟩: jmdn. heimtückisch, brutal, aus Eifersucht e.; der Politiker ist von Fanatikern ermordet worden.

ermüden: 1. *schläfrig werden:* schnell e.; sie kann stundenlang arbeiten, ohne zu e.; er war ermüdet von der langen/durch die lange Reise; ermüdet sank er aufs Bett; bei dieser Beleuchtung ermüden die Augen schneller; ÜBERTR.: das Material, der Stahl ermüdet (Technik; *verliert seine Spannung, seine Härte).*
2. ⟨jmdn., etw. e.⟩ *schläfrig machen:* die Bahnfahrt, das viele Sprechen ermüdet mich; ⟨auch ohne Akk.⟩ langes Fahren ermüdet.

ermuntern: 1. ⟨jmdn. zu etw. e.⟩ *ermutigen:* jmdn. zur Arbeit, zu einem Entschluss e.; der Erfolg ermunterte ihn zu weiteren Taten; sie sprach einige ermunternde Worte; sie blickte ihn ermunternd an.
2. (selten) **a)** ⟨jmdn. e.⟩ *wach machen:* die frische Luft ermunterte ihn; **b)** ⟨sich e.⟩ *wach werden:* ich hatte Mühe, mich zu e.

ermutigen ⟨jmdn. e.⟩: er versuchte die Kinder durch Lob zu e.; die Bevölkerung zum Widerstand e.; man ermutigte sie, die Arbeit fortzusetzen; ermutigende Worte; sie sagte, klang nicht gerade ermutigend.

ernähren ⟨jmdn., sich e.⟩: **1.** *mit Nahrung versorgen:* ein Kind, ein Kalb mit der Flasche e.; der Kranke wurde künstlich ernährt; sie ernährt sich hauptsächlich von Obst *(ihr Hauptnahrungsmittel ist Obst);* er hat sich falsch, richtig, ausgewogen, [zu] einseitig, abwechslungsreich ernährt; das Kind ist schlecht ernährt.
2. *für jmds., für seinen Lebensunterhalt sorgen:* er hat eine große Familie zu e.; von diesem Gehalt kann sie sich kaum e.

Ernährung, die: **1. a)** *das Ernähren:* natürliche, künstliche E.; für vernünftige E. sorgen; **b)** *Nah-*

rung[smittel]: tierische, pflanzliche, vitaminreiche, abwechslungsreiche E.; die E. umstellen. **2.** *Versorgung:* für die E. der Familie sorgen; die E. der Hungernden in aller Welt.

ernennen: a) ⟨jmdn. zu etw. e.⟩ *für einen Posten, ein Amt bestimmen:* jmdn. zum Beamten, zum Botschafter e.; er hat ihn zu seinem Nachfolger ernannt; **b)** ⟨jmdn. e.⟩ *den Inhaber eines Postens, eines Amtes bestimmen:* einen Nachfolger e.; der Bundespräsident ernennt die Bundesminister; ein von ihr ernannter Vertreter.

erneuern ⟨etw. e.⟩: **1. a)** *auswechseln:* den Fußboden e.; die Reifen müssen erneuert werden; **b)** *renovieren, restaurieren:* das Gebäude musste von Grund auf erneuert werden; ein Gemälde, ein Bauwerk e.; **c)** ⟨sich e.⟩ *neue Kraft gewinnen, neu werden:* Körperzellen erneuern sich immer wieder. **2. a)** *wieder beleben:* eine Bekanntschaft, eine alte Freundschaft e.; eine erneuerte Sehnsucht nach Romantik; **b)** *für weiterhin gültig erklären:* einen Pass, einen Vertrag, sein Versprechen e.

erneut: ein erneuter Versuch; mit erneuter Kraft; es kam zu erneuten Kämpfen/e. zu Kämpfen zwischen den Parteien; wir weisen e. auf diese Gefahr hin.

erniedrigen: 1. ⟨jmdn., sich e.⟩ *herabwürdigen:* diese Arbeit erniedrigt ihn [zur Maschine]; dadurch würdest du dich selbst e.; eine erniedrigende Behandlung erfahren. **2.** (Musik) ⟨etw. e.⟩ *um einen Halbton herabsetzen:* einen Ton e.; a wurde zu as erniedrigt.

ernst: 1. *von Ernst, Nachdenklichkeit erfüllt:* ein ernstes Gesicht, eine ernste Miene machen; sie ist ein ernster Mensch; ein ernstes Buch, Stück; sie wurde plötzlich e.; er bemühte sich, e. zu bleiben; ernste *(klassische)* Musik. **2.** *eindringlich, gewichtig:* eine ernste Ermahnung; ernste Bedenken haben; ich muss einmal ein ernstes Wort mit dir reden; er nimmt seine Aufgabe, seinen Beruf e. **3.** *aufrichtig:* das ist seine ernste Absicht; ein e. gemeinter Rat; ⟨jmdm. ist es e. mit etw.⟩ es ist ihm e. mit diesem Vorschlag; ⟨es e. meinen⟩ er meint es e.; ⟨jmdn., etw. e. nehmen⟩ diese Behauptung, diese Drohung ist nicht e. zu nehmen; das Kind will e. genommen *(als eigene, selbstständige Persönlichkeit angesehen)* werden; ein e. zu nehmender Vorschlag. **4.** *Besorgnis erregend:* eine ernste Krankheit; ernste Verluste; die Lage ist sehr e.; sein Zustand ist e.; SUBST.: hoffentlich ist es nichts Ernstes.

Ernst, der: 1. *ernsthafte Gesinnung, Haltung:* ein feierlicher, ruhiger, strenger E.; der E. seiner Rede übertrug sich auf die Zuhörer; sie ging mit großem E. an ihre Aufgabe; er betreibt alles mit tierischem E. (ugs. abwertend; *ohne Humor).* **2.** *aufrichtige Meinung:* ist das dein E.?; das kann doch nicht dein E. sein!; es ist mir [völlig] E./völ-

liger E. damit; sie hat dies in/mit vollem E. behauptet; hast du das im E. gemeint? **3.** *[gewichtige] Wirklichkeit:* es wird E.; aus dem Spiel wurde [bitterer, blutiger] E.; den E. der Stunde fühlen. **4.** *Bedrohlichkeit:* jetzt erkannte er den E. der Lage; ★ **der Ernst des Lebens** *(die raue Wirklichkeit):* sie hat den E. des Lebens noch nicht kennen gelernt; nach der Schule beginnt der E. des Lebens · **[mit etw.] Ernst machen** *(etw. verwirklichen, in die Tat umsetzen):* er hat mit seiner Drohung E. gemacht · **allen Ernstes** *(ganz ernsthaft; tatsächlich):* er will allen Ernstes durch den Ärmelkanal schwimmen.

ernsthaft: 1. *von Sachlichkeit, Nachdenklichkeit zeugend:* ein ernsthafter Mann, Charakter; er brauchte eine ernsthafte *(seriöse)* Tätigkeit; e. mit jmdm. sprechen. **2.** *eindringlich, gewichtig:* eine ernsthafte Mahnung; ernsthafte Bedenken; die Arbeit zeigt ernsthafte Mängel. **3.** *aufrichtig:* ein ernsthaftes Angebot; auch ernsthafte *(ernst zu nehmende)* Forscher sind davon überzeugt; das hat niemand e. geglaubt; er hat es e. gemeint. **4.** *sehr [stark], gefährlich:* ernsthafte Verletzungen; eine ernsthafte Gefahr; sie ist e. krank, erkrankt.

ernstlich: 1. *gewichtig, eindringlich:* ernstliche Bedenken haben; jmdn. e. ermahnen, bitten. **2.** *wirklich so gemeint, aufrichtig:* das ist mein ernstlicher Wille; jmdm. e. böse sein; ich meine e., dass ...; sie hat die ernstliche Absicht/e. die Absicht zu verreisen. **3.** *nicht ungefährlich:* eine ernstliche Gefährdung; er ist e. krank, erkrankt; sein Plan kann uns nicht e. *(wirklich)* gefährden.

Ernte, die: 1. *das Ernten:* die E. hat begonnen; bei der E. helfen; die Bauern sind bei/[mitten] in der E. **2.** *[geerntete] reife Feld- und Gartenfrüchte:* die E. einbringen, einfahren, abliefern, verkaufen; es gab dieses Jahr eine gute, reiche, schlechte E.; wir hatten nur mittlere Ernten an Getreide und Obst; das Unwetter vernichtete die ganze E.; ★ **jmdm. ist die ganze Ernte verhagelt** (ugs.; *jmd. ist durch Misserfolg mutlos geworden)* · **furchtbare, schreckliche, reiche Ernte halten** (geh.; *Verderben, Tod bringen):* Krieg und Pest hielten furchtbare E.

ernten ⟨etw. e.⟩: Getreide, Obst, Kartoffeln e.; BILDL.: die Früchte seiner Arbeit e.; sie hat Anerkennung, Lob, Lorbeeren, großen Applaus geerntet; er hat nur Undank, Spott geerntet.

ernüchtern ⟨jmdn. e.⟩: **a)** *wieder nüchtern machen:* die frische Luft, der plötzliche Schreck ernüchterte ihn; **b)** *desillusionieren:* die kühle Begrüßung ernüchterte uns; ein ernüchterndes Erlebnis; die Rede wirkte ernüchternd.

E

erobern: 1. ⟨etw. e.⟩ *durch eine militärische Aktion an sich bringen:* eine Festung [im Sturm], ein Land e. **2.** ⟨jmdn., etw. e.⟩ *für sich gewinnen:* eine Frau e.; die Macht, ein Mandat e.; die Industrie eroberte neue Märkte; diese Melodie hat die Welt erobert; ⟨jmdm., etw., sich etw. e.⟩ das Produkt hat der Firma neue Märkte erobert; sich die Sympathien der Zuhörer, die Herzen im Sturm e.

Eroberung, die: **1. a)** *das Erobern:* die E. einer Festung; **b)** *das Erlangen, Erringen:* die E. neuer Absatzmärkte. **2.** *das Eroberte:* das besiegte Land musste alle Eroberungen herausgeben; (ugs. scherzh.:) dieses Mädchen ist seine neueste E.; ∗ **Eroberungen/eine Eroberung machen** *(jmdn., etw. für sich gewinnen)* · **auf Eroberungen ausgehen** (scherzh.; *Verehrer, Frauen für sich zu gewinnen suchen*).

eröffnen: 1. ⟨etw. e.⟩ *der Öffentlichkeit zugänglich machen:* ein Geschäft, eine Ausstellung e.; eine Straße für den Verkehr e. **2.** ⟨etw. e.⟩ **a)** (Med.) *freilegen:* eine Körperhöhle e.; **b)** (Amtsspr.) *amtlich öffnen:* ein Testament e. **3.** ⟨etw. e.⟩ *mit etw. beginnen:* eine Sitzung, eine Diskussion e.; der Präsident eröffnete den Kongress [um 10 Uhr]; der Ball wurde mit einem Walzer eröffnet; eine Schachpartie e. *(die ersten Züge einleiten);* das Feuer [auf eine Stellung] e. *(zu schießen beginnen);* (Kaufmannsspr.:) den Konkurs e.; ein Konto [bei der Bank] e. *(einrichten).* **4.** (geh.) **a)** ⟨jmdm. etw. e.⟩ *mitteilen:* sie eröffnete mir ihre Absicht, ihren Plan; er eröffnete ihr, dass er ausziehen wolle; **b)** ⟨sich jmdm. e.⟩ *sich jmdm. anvertrauen:* er eröffnete sich seinem älteren Freunde. **5. a)** ⟨[jmdm.] etw. e.⟩ *zugänglich machen:* das Angebot eröffnete ihm neue Möglichkeiten; **b)** ⟨sich jmdm. e.⟩ *jmdm. zugänglich werden:* in dieser Stellung eröffnen sich ihr glänzende Aussichten, Aufstiegsmöglichkeiten; eine völlig neue Welt eröffnete sich ihr.

erörtern ⟨etw. e.⟩: eine Frage, einen Fall mit jmdm. e.; sie erörterten umständlich das Für und Wider, alle Möglichkeiten des Plans; ein Problem wissenschaftlich e. *(abhandeln).*

Erörterung, die: gründliche, fruchtlose, theoretische Erörterungen über etw. anstellen; das bedarf keiner weiteren E.

erpicht: ⟨in der Verbindung⟩ **auf etw.** (Akk.) **erpicht sein** *(versessen, begierig sein):* er ist aufs Geld e.; sie ist darauf e., viel zu lernen.

erproben ⟨jmdn., etw. e.⟩: ein Gerät, Verfahren, die Fertigkeit eines Materials e.; das Mittel muss noch klinisch, an Patienten erprobt werden; die eigenen Kräfte e.; ADJ. PART.: ein erprobtes *(bewährtes)* Mittel; ein erprobter *(erfahrener)* Bergsteiger.

erquicken (geh.) ⟨jmdn., sich, etw. e.⟩: das Getränk

erquickte ihn; der Regen hat die Erde erquickt; sie erquickten sich durch ein kühles Bad; ein erquickender Schlaf.

erraten ⟨jmdn., etw. e.⟩: jmds. Wunsch, seine Gedanken, seine Absicht e.; du errätst es nicht; das war leicht, [nicht] schwer zu e.

errechnen: 1. ⟨etw. e.⟩ *ausrechnen:* den Verkaufspreis, eine Entfernung, die Durchschnittsgeschwindigkeit e.; das zulässige Gewicht war mit 3 kg errechnet worden; vom errechneten Kurs abweichen; ÜBERTR.: alles kam anders als errechnet *(erwartet).* **2.** (Papierdt.) ⟨sich e.⟩ *sich rechnerisch ermitteln lassen:* daraus errechnet sich folgender Gewinn; der Betrag, die genaue Menge errechnet sich mithilfe/aus einer Formel.

erregen: 1. a) ⟨jmdn., etw. e.⟩ *in Erregung bringen; aufregen:* dieser Brief erregte ihn, sein Gemüt, seine Fantasie; es erregte ihn, dass sie nicht antwortete; ihr Anblick erregte ihn *(versetzte ihn in geschlechtliche Erregung);* ein erregendes Schauspiel; eine erregte Diskussion; man versuchte die erregten Gemüter, die erregte Menge zu beruhigen; sie war freudig, leidenschaftlich erregt; **b)** ⟨sich e.⟩ *in Erregung geraten; sich aufregen:* ich habe mich sehr darüber erregt. **2.** ⟨etw. e.⟩ *hervorrufen:* etw. erregt Aufsehen, Staunen, Teilnahme, Mitleid, Bewunderung, Aufmerksamkeit, Missfallen, Zorn, Neid, Hass, Verdruss, Zweifel; sein Betragen erregte Anstoß, öffentliches Ärgernis; ihre Antwort erregte allgemeine Heiterkeit; sie wollte keinen Verdacht e.

Erregung, die: **1. a)** *Aufregung:* der Arzt verbot mir jede E.; **b)** *das Erregtsein:* eine heftige, starke, maßlose, furchtbare E.; er war, befand sich in einem Zustand höchster E.; sie geriet in E.; in größter E. trat er vor; sie zitterte, bebte, war rot vor E. **2.** *das Erregen, Hervorrufen:* jegliche E. eines Verdachts vermeiden; (Rechtsw.:) wegen E. öffentlichen Ärgernisses.

erreichen: 1. ⟨etw. e.⟩: *bis zu etw., an etw. reichen:* er konnte das oberste Fach gerade noch, nicht mehr e. **2.** ⟨jmdn., etw. e.⟩ **a)** *zu jmdm., etw. gelangen:* das Ufer, den Gipfel des Berges e.; ich erreichte den Zug nicht mehr; das Telegramm hat ihn noch rechtzeitig erreicht; den kleine Ort ist nur mit dem Auto zu e.; /oft verblasst/: in hohes Alter e. *(sehr alt werden);* das Klassenziel nicht e. *(nicht versetzt werden);* die Krankheit hat ein gefährliches Stadium erreicht; der Zug erreichte eine Geschwindigkeit von 200 km/h; der Sturm erreichte Windstärke 10; **b)** *mit jmdm., etw. in Verbindung treten:* wie kann ich Sie e.?; ich bin telefonisch unter dieser Nummer zu e.; ich habe die Firma, das Büro nicht erreicht. **3.** ⟨etw. e.⟩ *durchsetzen:* er hat erreicht, was er wollte; bei ihr wirst du [damit] nichts e.

erretten (geh.) ⟨jmdn. e.⟩: jmdn. aus großer Not e.; ein Reich von dem Untergang e.; er hat sie vor dem Ertrinken, er hat sie vom/vor dem Tode des Ertrinkens errettet.

errichten ⟨etw. e.⟩: **1.** *erbauen:* ein Gebäude, einen Turm, ein Denkmal e.; auf dem Marktplatz wurde eine Tribüne errichtet; (Geom.:) auf einer Geraden die Senkrechte, das Lot e. **2.** *begründen, einrichten:* ein Weltreich e.; eine neue Gesellschaft, eine Stiftung e.

erringen ⟨etw. e.⟩: einen Preis e.; Erfolge, einen Vorteil e.; jmds. Freundschaft, Vertrauen e.; diese Partei hat bei den Wahlen die Mehrheit errungen; im 100-m-Lauf errang er den 1. Platz; unser Klub will die Meisterschaft e.; ein hart errungener Sieg.

erröten: vor Freude, Scham, Verlegenheit e.; über eine Bemerkung e.; er errötet leicht; sie errötete tief, bis in die Haarwurzeln; SUBST.: jmdn. zum Erröten bringen.

Errungenschaft, die: eine E. der Forschung; die Fabrik ist mit den neuesten Errungenschaften der Technik ausgestattet; ÜBERTR.: der Mantel ist meine neueste E. (ugs. scherzh.; *Anschaffung*).

Ersatz, der: **1. a)** *Person oder Sache, die eine andere Person oder Sache ersetzt:* ein vollwertiger, guter, ausreichender, schlechter, kümmerlicher E.; für den erkrankten Sänger musste ein E. gefunden werden; wir brauchen E., müssen E. [be]schaffen; einen E. ausfindig machen; sie hat keinen brauchbaren, passenden E. zur Hand; sie bekam ein neues Exemplar als E. für das beschädigte; als E. für jmdn. einspringen; **b)** *Entschädigung:* für einen Schaden E. fordern, verlangen, leisten. **2.** (selten) *das Ersetzen:* der E. von Kohle durch Öl.

ersaufen: **1.** (derb) *ertrinken:* im Wasser e.; wenn der Damm bricht, müssen wir alle e. **2.** *von Wasser überschwemmt werden:* der Acker, die Wiese versäuft.

erscheinen: **1. a)** ⟨irgendwo e.⟩ *sichtbar werden:* auf dem Bildschirm, auf der Leinwand, in der Tür e.; die Küste erschien am Horizont; an den Obstbäumen erscheinen schon die ersten Blüten; **b)** ⟨jmdm. e.⟩ *sich jmdm. im Traum, als Vision o. Ä. zeigen:* sie glaubte, ein Engel sei ihr erschienen; im Traum erschien ihm der Geist seines Vaters; **c)** ⟨[bei jmdm./irgendwo] e.⟩ *sich einfinden:* er wurde gebeten, im Büro/beim Chef zu e.; nach und nach erschienen alle im Garten; als Zeuge vor Gericht e.; er erschien in Begleitung seiner Frau; er ist heute nicht zum Dienst erschienen; SUBST.: er dankte den Zuhörern für ihr zahlreiches Erscheinen. **2.** *veröffentlicht werden:* eine Rede im Druck e. lassen; die Zeitschrift erscheint monatlich; sein neuer Roman ist soeben erschienen; in/bei welchem Verlag ist das Buch erschienen?; SUBST.: das Buch war gleich nach [seinem] Erscheinen vergriffen. **3.** ⟨jmdm. irgendwie e.⟩ *sich jmdm. darstellen:*

seine Erklärung erscheint mir unverständlich, merkwürdig, sonderbar, seltsam; dies erscheint uns wünschenswert; alles erschien mir wie im Traum; (auch ohne Dat.) die Sache erscheint jetzt in anderem Licht *(stellt sich jetzt anders dar);* eine Besserung der Lage erscheint aussichtslos; sie bemüht sich, ruhig zu e. *(ruhig zu wirken).*

Erscheinung, die: **1.** *Phänomen:* eine meteorologische E.; das ist eine typische E. unserer Zeit; es ist eine bekannte, eigentümliche E., dass ...; eine E. beobachten, beschreiben, erklären; krankhafte Erscheinungen feststellen. **2.** *Gestalt:* er ist eine elegante, glänzende, stattliche E.; in ihrer äußeren E./ihrer äußeren E. nach ist sie eher unauffällig. **3.** *Vision:* sie hat Erscheinungen; er starrte mich an wie eine E.; * in Erscheinung treten *(erscheinen; sichtbar, erkennbar werden).*

erschießen ⟨jmdn., sich e.⟩: einen Spion e.; er wurde standrechtlich, auf der Flucht, von hinten erschossen; er hat sich [mit einer Pistole] erschossen *(hat sich das Leben genommen);* das verletzte Pferd musste erschossen werden; * erschossen sein (ugs.; 1. *völlig erschöpft sein.* 2. *äußerst überrascht sein).*

erschlagen: **a)** ⟨jmdn. [mit etw.] e.⟩ *töten:* er hat ihn mit einem Hammer erschlagen; der Vermisste wurde erschlagen aufgefunden; ÜBERTR.: man erschlug ihn förmlich mit Beweismaterial (ugs.; *erdrückte ihn damit, sodass er von seiner Meinung abrücken musste);* nach der langen Reise waren wir ganz, total erschlagen (ugs.; *erschöpft);* er war geradezu erschlagen (ugs.; *fassungslos),* als er das hörte; **b)** ⟨jmdn. e.⟩ *durch Herabstürzen töten:* herabfallende Dachziegel erschlugen einen Passanten; vom Blitz erschlagen *(getroffen)* werden.

erschleichen ⟨sich (Dat.) etw. e.⟩: sich ein Amt, einen Vorteil, das Vertrauen des Vorgesetzten, eine Erbschaft e.

erschließen: 1. ⟨etw. e.⟩ **a)** *zugänglich machen:* ein Reisegebiet durch Verkehrsmittel e.; ein Gelände für die Bebauung e.; ÜBERTR.: ⟨jmdm. etw. e.⟩ jmdm. das Verständnis für etw., den Sinn von etw., die Bedeutung von etw. e.; jmdm. sein Herz, ein Geheimnis e.; **b)** *nutzbar machen:* neue Einnahmequellen e.; Bodenschätze e.; ÜBERTR.: ausländische Märkte e.; neue Wählerschichten, Zielgruppen e. **2. a)** (geh.) ⟨sich e.⟩ *sich öffnen:* die Knospe, Blüte erschließt sich; ⟨sich [jmdm.] e.⟩ *verständlich werden:* diese Dichtung erschließt sich sehr schwer; das Buch erschließt sich nur dem geduldigen Leser; **c)** ⟨sich jmdm. e.⟩ *sich anvertrauen:* er hat sich mir ganz erschlossen; **3.** ⟨etw. [aus etw.] e.⟩ *durch logische Schlüsse ermitteln:* einen Urtext aus der Überlieferung e.; die Bedeutung eines Wortes aus dem Textzusam-

E

menhang e.; das kann ich aus seinen Andeutungen leicht e.

erschöpfen: 1. ⟨etw. e.⟩ **a)** *völlig verbrauchen:* seine Kräfte, Mittel, Reserven e.; die Batterie ist erschöpft; meine Kasse, mein Lager ist erschöpft; alle Vorräte, Mittel, Möglichkeiten sind erschöpft; meine Geduld ist nahezu erschöpft; **b)** *in allen Einzelheiten behandeln, erörtern:* das Thema, die Problematik, der Stoff lässt sich nicht so rasch e.; eine erschöpfende Antwort; ein Thema erschöpfend behandeln. **2. a)** (geh.) ⟨sich in etw. (Dat.) e.⟩ *sich auf etw. beschränken:* seine Ausführungen erschöpften sich in der Feststellung, dass ...; mein Auftrag erschöpft sich darin, die Briefe zu registrieren; **b)** ⟨sich e.⟩ *nachlassen:* die Spannung, das Interesse erschöpfte sich; meine Geduld erschöpft sich allmählich. **3.** ⟨jmdn., sich e.⟩ *ermüden:* der Marsch erschöpfte ihn völlig; sie erschöpfte sich in fruchtlosen Bemühungen; in völlig erschöpftem Zustand; er war vor Hunger, von der Hitze, durch die Strapazen ganz erschöpft; erschöpft zu Boden sinken.

¹erschrecken: *einen Schrecken bekommen:* heftig, furchtbar, zu Tode e.; warum erschrickst du davor?; erschrick bitte nicht, wenn ...; ich erschrak über sein Aussehen, bei dieser Nachricht; ein erschrockenes Gesicht machen; sie war ehrlich erschrocken, als sie das hörte; erschrocken sprang sie auf.

²erschrecken ⟨jmdn. e.⟩ *in Schrecken versetzen:* jmdn. heftig, zutiefst, furchtbar e.; lass das, du erschreckst ihn nur!; die Explosion erschreckte die Bevölkerung; sein Aussehen hat mich erschreckt; die Seuche nimmt erschreckende Ausmaße an; sie sieht erschreckend blass aus; die Tauben flogen erschreckt auf.

erschüttern: 1. ⟨etw. e.⟩ **a)** *in wankende Bewegung bringen:* das Erdbeben erschütterte die Stadt; die Luft wurde von einer Detonation erschüttert; BILDL.: schwere Unruhen erschütterten den Staat; **b)** *infrage stellen:* einen Beweis e.; dieser Vorfall hat sein Ansehen erschüttert; seine Überzeugung, ihr Glaube, ihr Vertrauen ist erschüttert. **2.** ⟨jmdn. e.⟩ *im Innersten ergreifen:* der Tod des Freundes erschütterte ihn tief; ihn kann so leicht nichts e. (ugs.; *aus der Fassung bringen);* ein erschütterndes Resultat; über etw. erschüttert sein.

Erschütterung, die: **1. a)** *rüttelnde Bewegung:* die E. des Erdbodens; durch die ständigen, schweren Erschütterungen haben sich Risse gebildet; BILDL.: der Staat hat eine schwere E. durchgemacht; **b)** *das Infragestellen:* die E. meines Vertrauens, Glaubens. **2.** *tiefe Ergriffenheit:* er konnte seine E. kaum verbergen; ihr Tod löste eine allgemeine, tiefe E. aus; stumm, weinend vor E.

erschweren: a) ⟨etw. e.⟩ *schwierig machen:* Glatteis erschwert das Fahren; seine starre Haltung erschwert die Verhandlungen; ⟨jmdm. etw. e.⟩ der Nebel erschwerte uns die Orientierung; dein Verhalten erschwert es mir, dir zu helfen; erschwerende Umstände; das kommt noch erschwerend hinzu *(das verschlimmert die Sache noch);* **b)** ⟨jmdm., sich etw. e.⟩ *Schwierigkeiten bei etw. bereiten:* jmdm. die Arbeit, den Überblick, das Zusammenleben e.; du erschwerst dir damit nur alles.

erschwinglich: kaum erschwingliche Preise; die Kosten für einen Urlaub sind dort noch e.

ersehen ⟨etw. aus etw. e.⟩: aus deinem Brief ersehe ich, dass du ...; aus den Akten lässt sich nichts e.

ersetzen: 1. ⟨jmdn., etw. e.⟩ **a)** *für jmdn., etw. Ersatz schaffen:* eine Glühbirne, die abgefahrenen Reifen e.; einen Spieler e.; Talent lässt sich nicht durch Fleiß e.; **b)** *an die Stelle von jmdm., etw. treten:* den Verstorbenen wird niemand leicht e. können; ⟨jmdm. jmdn. e.⟩ sie ersetzt dem Kind die Mutter. **2.** ⟨jmdm. etw. e.⟩ *erstatten:* jmdm. seine Auslagen, einen Schaden, einen Verlust e.; ⟨auch ohne Dat.⟩ die [Fahrt]kosten werden ersetzt.

ersichtlich: ohne ersichtlichen Grund; die Vorteile sind klar e.; es machte ihm e. Mühe zu schreiben; aus dem Brief ist e., dass ...; es ist [aus dem Text] nicht e., was sie gemeint hat.

ersinnen (geh.) ⟨etw. e.⟩: eine Geschichte e.; eine Ausrede, Lüge e.; der Plan ist raffiniert ersonnen.

erspähen (geh.) ⟨jmdn., etw. e.⟩: Wild, den Feind e.; ÜBERTR.: sie erspähte *(entdeckte)* eine günstige Gelegenheit.

ersparen: 1. ⟨[sich (Dat.)] etw. e.⟩ *durch Sparen zusammentragen, erwerben:* ein Vermögen, einen Notpfennig e.; ich habe mir etwas Geld erspart; erspartes Geld; SUBST.: er lebt von seinem Ersparten. **2.** ⟨jmdm., sich etw. e.⟩ *Unangenehmes von jmdm. fern halten:* ich möchte ihm die Aufregung, den Ärger, Vorwürfe e.; du hättest ihr diese Enttäuschung, diese Mühe e. können; ersparen Sie mir die Einzelheiten!; ihm ist nichts *(keine Mühe, kein Unglück)* erspart geblieben; es bleibt einem [aber auch] nichts erspart (ugs. iron.; *man muss auch das noch auf sich nehmen);* diese Vorrichtung erspart viel Arbeit.

Ersparnis, die: **1.** *Einsparung:* eine E. an Arbeit, an Kosten; eine E. von 15 Minuten; der neue Entwurf bringt eine E. von mehreren Tausend Mark. **2.** ⟨Plural⟩ *ersparte Summe:* er besitzt beträchtliche Ersparnisse; seine Ersparnisse angreifen, aufbrauchen, verlieren, abheben; er hat die alten Leute um ihre Ersparnisse gebracht.

erst: **I.** ⟨Adverb⟩ **1.** *zuerst:* e. kommt er an die Reihe, dann die anderen; sprich e. mit deinem Arzt; e. *(anfänglich)* ging alles gut, aber dann versagte er; /abgeschwächt/: das muss sich e. *(vorher noch)* zeigen; wenn du e. einmal so alt bist wie ich; wäre ich doch e. daheim!; der soll e. noch geboren werden, der das kann. **2. a)** *nicht eher, nicht früher als:* sie kam e. um 10 Uhr; sie kam e., als alles vorbei war; sie ist eben e. eingetreten; e. jetzt/jetzt e. begriff er; der Bus fährt e. in zehn Minuten; e. mit vierzig Jahren war er selbstständig; ich schreibe ihr e. nach dem Fest wieder; sie kommt e. morgen; ich habe ihn e. gestern gesehen; **b)** *nicht mehr als:* er ist e. 10 Jahre alt; es ist e. 9 Uhr; es sind e. wenige gekommen; ich habe e. 30 Seiten gelesen. **II.** ⟨Partikel⟩ **1.** /drückt eine Steigerung, Hervorhebung aus/: er ist schon frech, aber e. sein Bruder!; was wird er e. sagen, wenn er uns so sieht!; dann ging es e. richtig los; nun e. recht! *(nun gerade!).* **2.** /verstärkend, bes. in Wunschsätzen/: hätten wir e. unsere eigene Wohnung!; wären wir doch e. *(nur schon)* zu Hause!

erstarren: 1. a) *fest werden:* die glühende Masse erstarrt sehr schnell; das Wasser erstarrt zu Eis; erstarrte Lava; BILDL.: der grauenhafte Anblick ließ ihm das Blut in den Adern e.; **b)** (geh.) *jedes Leben verlieren:* ihre Unterhaltung erstarrte zu bloßen Höflichkeitsformeln; das gesellschaftliche Leben war in Konventionen erstarrt. **2.** *steif werden:* meine Finger sind ganz erstarrt [vor Kälte]; [vor Kälte] erstarrte Glieder. **3.** *plötzlich eine starre Haltung annehmen:* er erstarrte vor Entsetzen, vor Schreck; sie erstarrten in Ehrfurcht *(wurden von großer Ehrfurcht ergriffen);* sein Lächeln erstarrte.

erstatten ⟨etw. e.⟩: **1.** *ersetzen:* alle Auslagen, Unkosten werden erstattet; ⟨jmdm. etw. e.⟩ die Firma erstattete ihm das Fahrgeld. **2.** /verblasst/: Meldung e. (nachdrücklich); *etw. melden*); Anzeige gegen jmdn. e. (nachdrücklich; *jmdn. anzeigen*); ⟨jmdm. etw. e.⟩ der Minister erstattete dem Kanzler, dem Kabinett Bericht (nachdrücklich; *berichtete ihm*) über seine Verhandlungen.

erstaunen: 1. ⟨jmdn. e.⟩ *in Verwunderung versetzen:* ihr Verhalten hat mich sehr erstaunt; das erstaunt mich nicht weiter. **2.** ⟨gewöhnlich im 2. Part.⟩ *staunen:* sie erstaunte über diesen Bericht; erstaunte Blicke; ich war darüber erstaunt; er sah mich erstaunt an; bass erstaunt sein (scherzh.; *sehr verwundert sein*); SUBST.: jmdn. in Erstaunen versetzen; zu meinem [großen, größten] Erstaunen.

erstaunlich: 1. *Erstaunen erregend:* eine erstaunliche Begebenheit, Leistung; es ist e., wie sie das macht; SUBST.: er hat Erstaunliches geleistet. **2. a)** *sehr groß:* erstaunliche Ausmaße aufweisen; das Flugzeug hat eine erstaunliche Geschwindigkeit; **b)** ⟨verstärkend bei Adjektiven und Verben⟩ *sehr:* sie sieht e. jung aus; er läuft e. schnell; sie hat sich e. verbessert.

erste ⟨Ordinalzahl; als Ziffer: 1.⟩: **a)** *in einer Reihe, Folge den Anfang bildend:* die ersten beiden (einer Gruppe); die ersten Blumen; das e. Grün; er

hat immer das e. Wort; das Kind macht schon die ersten Schritte; er muss den ersten Schritt zur Versöhnung tun; sie spielt in der Gesellschaft die e. Rolle; sie war seine e. Liebe; am ersten (1.) Juli reist er ab; die Meldung steht auf der ersten Seite; ich komme bei erster/bei der ersten *(nächsten)* Gelegenheit vorbei; im ersten Stock wohnen; im ersten Rang gewinnen; einen Prozess in erster Instanz verlieren; zum ersten Mal[e]; SUBST.: der Erste von rechts; die beiden Ersten (von zwei Gruppen); du bist nicht der/die Erste, der/die das sagt; das ist das Erste, was ich höre; als Erstes *(zuerst)* möchte ich bemerken, dass ...; /Ruf des Auktionators/: zum Ersten, zum Zweiten, zum Dritten!; am Ersten [des Monats] trete ich meine Stelle an; **b)** *nach Rang, Qualität an der Spitze stehend:* er ist eine e. Kraft; das e. Haus, Hotel am Platze; die Strümpfe sind e. Wahl; erster Klasse fahren; (ugs.:) zur ersten Garnitur gehören; SUBST.: der Erste *(Beste)* der Klasse; sie ging als Erste *(als Siegerin)* durchs Ziel; ✶ der, die, das erste beste ... *(der, die, das zunächst sich anbietende ...)*: bei der ersten besten Gelegenheit; SUBST.: wir wollen nicht den ersten Besten mit dieser Aufgabe betrauen · fürs Erste *(zunächst, vorläufig).*

erstehen: 1. (geh.) *von neuem entstehen:* Verfallenes, Vergangenes ersteht zu neuem Leben; das zerstörte Schloss war in alter Pracht erstanden. **2.** (geh.) ⟨[jmdm.] aus etw. e.⟩ *entstehen:* aus diesem Vorfall sind Schwierigkeiten erstanden; daraus werden nur Unannehmlichkeiten e. **3.** ⟨etw. e.⟩ *käuflich erwerben:* ein Buch billig im Antiquariat e.; er hat noch drei Eintrittskarten erstanden.

erstellen (Papierdt.) ⟨etw. e.⟩: **1.** *bauen:* ein Gebäude, Wohnungen e.; das Stadion wurde aus Landesmitteln, mit Unterstützung des Bundes erstellt. **2.** *anfertigen:* ein Gutachten, einen Plan e.

erstens: e. möchte ich sagen, dass ..., dann ...; e. habe ich kein Geld, zweitens keine Zeit, drittens keine Lust.

erstere: er hat zwei Töchter, Elke und Silke, e. *(jene)* verheiratete sich, letztere blieb ledig; du kannst baden oder spazieren gehen, ich ziehe die e. Beschäftigung vor; SUBST.: Ersteres/das Erstere glaube ich nicht.

ersticken: 1. *(durch Mangel an Luft) sterben:* das Kind ist an einem Pfirsichkern erstickt; er erstickte dem an dem engen Behälter; sie wäre fast erstickt vor Lachen *(sie musste übermäßig lachen);* SUBST.: die Luft ist hier zum Ersticken; BILDL.: sie erstickt in Arbeit *(hat zu viel Arbeit);* sie erstickt noch im Geld (ugs.; *ist sehr reich);* er sprach mit erstickter *(vor Angst, Kummer kaum hörbarer)* Stimme. **2. a)** ⟨jmdn. e.⟩ *(durch Entzug der zum Atmen nötigen Luft) töten:* sie erstickten den Säugling mit einem Kissen; es ist erstickend heiß; ÜBERTR.: der

E

Aufstand, die Rebellion wurde im Blut erstickt *(blutig niedergeschlagen)*; eine von Tränen erstickte Stimme; **b)** ⟨etw. e.⟩ *löschen:* die Flammen mit einer Decke, mit Sand e.

erstklassig: eine erstklassige Arbeit; ein erstklassiger Koch; Unterkunft und Verpflegung waren e.; das Hemd ist e. gearbeitet.

erstrecken: **1. a)** ⟨sich irgendwo[hin] e.⟩ *eine bestimmte Ausdehnung haben:* der Wald erstreckt sich über ein riesiges Gebiet, bis zur Stadt; **b)** ⟨sich e.; mit Zeitangabe⟩ *eine bestimmte Dauer haben:* seine Forschungen erstreckten sich über mehrere, zehn Jahre; sein Einfluss erstreckte sich bis ins 20. Jahrhundert. **2.** ⟨sich auf jmdn., etw. e.⟩ *jmdn., etw. betreffen:* seine Kritik erstreckt sich auch auf Kollegen; das Gespräch erstreckte sich auf alle wichtigen Fragen; die neuen Vorschriften erstrecken sich auf alle Arbeitnehmer, auch auf Selbstständige, nicht nur auf die Angestellten.

ersuchen (geh.) ⟨jmdn. um etw. e.⟩: jmdn. um eine Gefälligkeit, um eine Aussprache e.; eine Behörde um eine Auskunft e.; ich ließ ihn dringend e. zu kommen; ich ersuche Sie, mir bald, unverzüglich Bescheid zu geben; SUBST.: ein Ersuchen [um Hilfe].

ertappen: **a)** ⟨jmdn. [bei etw.] e.⟩ *erwischen:* sie ertappte den Schüler beim Abschreiben; er ertappte sie, als sie seine Brieftasche durchsuchte; sie wurde in flagranti ertappt; (scherzh.:) ein ertappter Sünder; **b)** ⟨sich bei etw. e.⟩ *plötzlich etw. bei sich bemerken:* er ertappte sich bei dem Gedanken, bei dem Wunsch ...

erteilen ⟨jmdm. etw. e.⟩: jmdm. einen Rat, einen Befehl, eine Auskunft, eine Vollmacht, eine Genehmigung, (ugs.:) einen Denkzettel e.; dem Vorstand wurde Entlastung erteilt; dem Schüler wurde ein Verweis erteilt; ⟨auch ohne Dat.⟩ sie erteilten keinen Unterricht mehr *(unterrichtet nicht mehr).*

ertönen: **a)** *erklingen:* plötzlich ertönte ein Schuss; der Dampfer ließ seine Sirene e.; Musik ertönte; **b)** (geh.) ⟨von etw. e.⟩ *von Klängen, Lärm erfüllt werden:* das Haus ertönte von frohen Liedern, von Kindergeschrei.

Ertrag, der: **a)** *erzeugte Produkte:* die Erträge aus dem Getreideanbau steigen, nehmen ab; der Acker bringt, liefert gute, reiche, magere Erträge; wir müssen den E. steigern, höhere Erträge erzielen; **b)** *Gewinn:* der E. eines Geschäfts, Unternehmens; seine Häuser werfen gute Erträge ab; sie lebt vom E. ihres Kapitals, ihrer Bücher.

ertragen ⟨jmdn., etw. e.⟩: jmdn., jmds. Launen nicht mehr e.; Beschwerden, Leiden geduldig e.; sie ertrug tapfer alle Schmerzen; den Gedanken, die Ungewissheit, die Schande nicht e.; er erträgt es nicht, kritisiert zu werden.

erträglich: **a)** *sich ertragen lassend:* der Schmerz, die Hitze ist [gerade noch] e.; man muss versuchen, ihr Leben erträglicher zu gestalten; **b)** *mit-*telmäßig: ein erträgliches Auskommen haben; es ging ihm e.

ertränken ⟨jmdn., sich e.⟩ *durch Untertauchen im Wasser töten:* junge Katzen im Teich e.; er hat sich [aus Liebeskummer] ertränkt.

ertrinken: *im Wasser ums Leben kommen:* der Junge ertrank beim Baden; bei dem Hochwasser sind viele ertrunken; BILDL.: die Landschaft ertrank im Regen; wir ertrinken in einer Flut von Briefen; SUBST.: Tod durch Ertrinken.

erübrigen: **1.** ⟨etw. e.⟩ *übrig behalten:* Geld, Lebensmittel e.; einen größeren Betrag e.; können Sie etwas Zeit, eine Stunde für mich e.? *(haben Sie Zeit für mich?).* **2.** ⟨sich e.⟩ *überflüssig sein:* es erübrigt sich, näher darauf einzugehen; weitere Nachforschungen erübrigen sich; das hat sich jetzt alles erübrigt.

erwachen (geh.): **a)** *aufwachen:* aus dem Schlaf, aus einem Traum, aus einer tiefen Ohnmacht e.; ich bin von dem Lärm erwacht; als sie erwachte, war es heller Tag; BILDL.: aus seinen Träumen, aus seiner Gleichgültigkeit e.; die Natur, der Tag erwacht [zu neuem Leben]; **b)** *sich in jmdm. regen:* ihr Gewissen, ihr Ehrgeiz, ihre Neugier, ihr Interesse ist erwacht; SUBST.: es wird ein böses Erwachen geben.

¹erwachsen: **a)** ⟨aus etw. e.⟩ *entstehen:* aus dieser Erkenntnis erwuchs die Forderung nach Reformen; daraus konnte nichts Gutes erwachsen; zwischen ihnen war tiefes Misstrauen erwachsen; **b)** ⟨jmdm., etw. aus etw. e.⟩ *sich für jmdn., etw. ergeben:* daraus kann ihm Schaden, Nutzen e.; dem Staat erwachsen aus diesen Maßnahmen neue Ausgaben.

²erwachsen: *volljährig:* sie hat drei erwachsene Töchter; ihre Kinder sind bald e.; sie benimmt sich schon sehr e.; SUBST.: nur für Erwachsene!

erwägen ⟨etw. e.⟩: einen Vorschlag ernsthaft, reiflich, gründlich e.; der Plan wurde sorgfältig erwogen; sie erwog lange, ob sie ihm schreiben sollte; es bleibt zu e., ob ...; er erwog *(spielte mit dem Gedanken)* zu kündigen.

Erwägung, die: politische, militärische Erwägungen; Erwägungen über etw. anstellen; etw. aus gesundheitlichen Erwägungen nicht tun; in E., dass ...; in diese E. dessen, was er gesagt hat; etw. in E. ziehen (nachdrücklich; etw. erwägen).

erwähnen ⟨jmdn., etw. e.⟩: einen Vorfall mit keiner Silbe, mit keinem Wort, nur nebenbei e.; sie hat dich in ihrem Brief ausdrücklich, lobend erwähnt; davon hat er mir gegenüber nichts, kein Wort erwähnt; ich vergaß zu e., dass ...; der Ort wird im 9. Jahrhundert erstmals erwähnt *(urkundlich genannt);* die eben, schon, vorhin, erwähnten Personen; wie oben erwähnt, war er ...

Erwähnung, die: etw. findet, verdient [keine] E.; der Architekt erhielt bei dem Wettbewerb eine ehrende, ehrenvolle E.; (geh.:) die Sache, das ist nicht der E. wert.

erwärmen: 1. a) ⟨etw. e.⟩ *wärmer machen:* Wasser [auf 40 Grad] e.; die Heizung erwärmt das Zimmer [nicht genug]; ÜBERTR.: ⟨jmdm. etw. e.⟩ der Anblick erwärmte mir das Herz *(machte mich froh);* **b)** ⟨sich e.⟩ *warm werden:* die Luft, die Erde erwärmt sich allmählich. **2. a)** ⟨sich für jmdn., etw. e.⟩ *jmdn., etw. sympathisch finden:* sich für einen Gedanken, eine Idee e.; ich kann mich für ihn, für dieses Vorhaben nicht e.; **b)** ⟨jmdn., etw. für jmdn., etw. e.⟩ *für jmdn., etw. gewinnen:* er wollte ihn, die Partei für seine Ideen e.; er ist dafür nicht zu e.

erwarten: 1. ⟨jmdn., etw. e.⟩ *jmdm., etw. [mit Spannung] entgegensehen:* etw. ungeduldig, unruhig, sehnlich e.; Besuch, Gäste, einen Freund e.; Post e.; die Kinder können die Ferien kaum e. *(sind vor Vorfreude sehr ungeduldig);* wir erwarten jeden Tag seine Rückkehr; ich erwarte dich um 8 Uhr am Eingang; sie erwartet ein Kind [von ihm] *(sie ist schwanger).* **2. a)** ⟨etw. [von jmdm.] e.⟩ *erhoffen:* das war zu erwarten; von ihm ist nichts Besseres zu e.; (geh.:) es steht zu e., dass der Minister, die Regierung zurücktritt; das habe, hätte ich nicht erwartet; ich erwarte von ihm, dass er uns hilft; SUBST.: es ist wider Erwarten *(überraschenderweise)* gut abgelaufen; der Urlaub war über Erwarten schön *(schöner, als man erwarten durfte);* **b)** (geh.) ⟨sich (Dat.) etw. von jmdn., etw. e.⟩ *sich versprechen:* von diesem Nachwuchskünstler erwarten wir uns noch eine ganze Menge; ich erwarte mir viel, sehr wenig von diesem Unternehmen; ⟨auch ohne Dat.⟩ von ihr ist noch einiges zu e., sie lässt noch einiges e. *(berechtigt zu großen Hoffnungen).*

Erwartung, die: **1.** *Zustand des Wartens:* sie war voll[er] E.; sie verbrachte den Tag in gespannter, froher, freudiger, ängstlicher, banger E.; er lebt in E. des Todes. **2.** *Hoffnung:* falsche, übertriebene, hoch gespannte, allzu hoch gespannte Erwartungen hegen; Erwartungen auf etw. setzen; sei hat unsere, die in sie gesetzten Erwartungen erfüllt, enttäuscht, nicht gerechtfertigt, übertroffen; sie sah [alle] ihre Erwartungen erfüllt; das bestätigt, bestärkt meine Erwartungen, entspricht ganz meiner E.; der Minister gab der E. Ausdruck/sprach die E. aus, dass ...; er hat sich in seinen Erwartungen getäuscht; in der E., dass ...

erwecken: 1. ⟨jmdn. e.⟩ *ins Leben zurückrufen:* jmdn. vom Tode, von den Toten e.; ÜBERTR.: alte Bräuche wieder zum Leben e. *(wieder aufleben lassen).* **2.** ⟨[in jmdm.] etw. e.⟩ *hervorrufen:* Mitleid, Liebe, Sehnsucht, Furcht, Hass, Zweifel, Hoffnung e.; dieser Brief erweckte mein Misstrauen, meinen Argwohn; sein Besuch erweckte wehmütige Erinnerungen in mir; das erweckt den Anschein, als ob er Bescheid wüsste.

erwehren (geh.) ⟨sich jmds., etw. e.⟩: er musste sich

der beiden Angreifer, des Ansturms der Autogrammjäger e.; sie konnte sich der Tränen, eines Lächelns nicht e.; ich kann mich des Eindrucks, der Vorstellung nicht e., dass ...

erweisen: 1. ⟨etw. e.⟩ *nachweisen:* etw. als falsch, als richtig e.; der Prozess hat ihre Unschuld erwiesen; es ist noch nicht erwiesen, ob er Recht hat; er wurde wegen erwiesener Unschuld freigesprochen; das Gericht sah es als erwiesen an, dass ... **2.** ⟨sich als jmd., etw. e.⟩ *sich herausstellen:* er hat sich als guter Freund erwiesen; die Nachricht erwies sich als wahr, als richtig, als falsch, als Irrtum; es hat sich als Fehler erwiesen, dass ...; ⟨sich irgendwie e.⟩ er erweist sich dankbar gegen mich. **3.** ⟨jmdm., sich etw. e.⟩ *zuteil werden lassen:* jmdm. Achtung e.; jmdm. einen Gefallen, eine Gunst, viel Gutes, eine Wohltat e.; damit hast du dir selbst einen schlechten Dienst erwiesen; für eine erwiesene Freundschaft danken.

erweitern: a) ⟨etw. e.⟩ *vergrößern:* eine Durchfahrt, einen Flugplatz e.; die Sammlung wurde durch Leihgaben erweitert; man hat den Gebäudekomplex um einen weiteren Neubau erweitert; erweiterte Pupillen; ÜBERTR.: seine Kenntnisse, seinen Horizont e.; einen Bruch e. (Math.: *Zähler und Nenner mit der gleichen Zahl multiplizieren);* ein Wort im erweiterten Sinn gebrauchen; **b)** ⟨sich e.⟩ *größer werden:* der Tunnel erweitert sich zum Ausgang hin; die Pupillen, die Gefäße erweitern sich.

erwerben: 1. ⟨sich (Dat.) etw. e.⟩ **a)** *etw. erlangen:* damit kannst du dir keine Reichtümer e.; durch diese Tat hat sie sich großes Ansehen erworben; sich die Achtung, das Vertrauen seiner Mitmenschen e.; ⟨auch ohne Dat.⟩ einen akademischen Grad e.; er hat als Unternehmer ein beträchtliches Vermögen erworben; **b)** *sich aneignen:* Kenntnisse, Fertigkeiten e.; ⟨auch ohne Dat.⟩ er hat sein Wissen durch ausgedehnte Lektüre erworben; ADJ. PART.: erworbene (Med.; *nicht angeborene)* Körperfehler, Reflexe. **2.** ⟨etw. e.⟩ *durch Verhandlungen, Kauf gewinnen:* ein Grundstück, ein Haus käuflich e.; ein Aufführungsrecht e.; das Museum hat drei wertvolle Gemälde erworben.

erwidern ⟨etw. e.⟩: **1.** *antworten:* sie erwiderte kurz, scharf, liebenswürdig, nach einiger Überlegung, dass ...; »Er ist krank«, erwiderte sie; darauf konnte ich nichts e.; ⟨jmdm. etw. e.⟩ sie erwiderte mir, ich könne jederzeit kommen. **2.** *auf etw. in gleicher, entsprechender Weise reagieren:* einen Besuch, ein Kompliment, einen Blick e.; sie erwiderte unsere Grüße; seine Liebe wurde nicht erwidert; das Feuer e. (Milit.; *zurückschießen).*

erwischen (ugs.): **1.** ⟨jmdn. e.⟩ *ertappen:* jmdn. beim Stehlen e.; er wurde erwischt, als er gerade die Tür aufbrach; lass dich nicht e.!; die Polizei hat den Falschen, die Täter erwischt *(gefasst).*

2. ⟨jmdn., etw. e.⟩ **a)** *gerade noch fassen:* einen Zipfel e.; sie erwischte ihn am Mantel; ÜBERTR.: von der Grippe erwischt werden; **b)** *gerade noch erreichen:* wir haben den Bus, den Zug gerade noch erwischt; ich habe den Chef heute nicht erwischt; **c)** *zufällig bekommen:* das beste Stück, einen Sitzplatz, eine ruhige Arbeit e. **3.** (ugs.) ⟨es erwischt jmdn.⟩ *von etw. betroffen werden:* ausgerechnet einen Tag vor der Abreise muss es mich e. *(muss ich krank werden):* den Fahrer des PKW hat es schwer erwischt *(er ist schwer verletzt);* zwei Soldaten hat es erwischt *(wurden [tödlich] verwundet);* seinen Freund hat es schwer erwischt (1. *er ist schwer erkrankt;* 2. *er hat sich sehr verletzt;* 3. *ihm ist etwas Schlimmes zugestoßen;* 4. scherzh.; *er hat sich heftig verliebt);* den Motor hats erwischt *(er ist kaputt).*
erwünscht: das gab ihm die erwünschte Gelegenheit einzugreifen; sie ist hier nicht e.; persönliche Vorstellung e.; Englischkenntnisse e., aber nicht Bedingung.
Erz, das: **1.** *metallhaltiges Mineral:* E. gewinnen, abbauen, aufbereiten, waschen, verhütten; nach E. schürfen. **2.** (geh.) *Bronze:* eine Glocke aus E.; er stand da wie in/aus E. gegossen.
erzählen: a) ⟨etw. e.⟩ *schriftlich, mündlich darstellen:* einen Witz, eine Geschichte, eine Anekdote e.; erzähl keine Märchen! *(lüg nicht so!);* ⟨auch ohne Akk.⟩ er kann gut, spannend e.; ⟨jmdm. etw. e.⟩ den Kindern ein Märchen e.; dem werd ich was e.! (ugs.; *meine Meinung sagen!);* ÜBERTR.: der Film erzählt die Geschichte einer ungewöhnlichen Liebe; **b)** ⟨etw. e.⟩ *berichten:* einen Traum, den Hergang eines Unfalls e.; er erzählt, dass er eine Panne gehabt habe; er kann etwas e. *(er hat viel erlebt);* ⟨auch ohne Akk.⟩ aus seinem Leben, von einer Reise e.; sie hat von ihm, über ihn erzählt; ⟨jmdm. etw. e.⟩ erzähl mir, wie alles gekommen ist; wer hat dir denn das erzählt?; ich habe mir e. lassen, dass ...; (ugs.:) du kannst mir viel e.!; das kannst du einem anderen, deiner Großmutter e. (ugs.; *das glaube ich dir nicht);* **c)** ⟨jmdm. etw. e.⟩ *mitteilen:* sie erzählt alles ihrer Freundin; du darfst aber niemandem etwas davon e.!
Erzählung, die: **1.** *das Erzählen:* eine angefangene E. fortsetzen, vollenden; eine unterbrochene E. wieder aufnehmen; sie verlor den Faden ihrer E.; in seiner E. fortfahren, innehalten. **2.** *Werk der erzählenden Dichtung:* eine lange, kurze, spannende E. schreiben.
erzeugen ⟨etw. e.⟩: **1.** *produzieren:* Waren, Maschinen e.; elektrischen Strom e.; der Boden erzeugt alles, was wir brauchen. **2.** *entstehen lassen:* Reibung erzeugt Wärme; der Vortrag hat bei allen Langeweile erzeugt; er versteht es, Spannung zu e.
Erzeugnis, das: landwirtschaftliche, industrielle Erzeugnisse; ein deutsches, ausländisches E.;

seine Erzeugnisse auf dem Markt verkaufen; ÜBERTR.: literarische Erzeugnisse; diese Gestalt ist ein E. seiner Fantasie.
erziehen: a) ⟨jmdn. e.⟩ *jmds. Entwicklung fördern:* ein Kind e.; sie wurde in einem Internat erzogen; sie ist gut, streng, sehr frei, christlich erzogen worden; ein gut, schlecht erzogenes Kind; **b)** ⟨jmdn. zu jmdm., etw. e.⟩ *Verhalten anleiten:* jmdn. zur Sparsamkeit, zur Selbstständigkeit e.; er hat die Jugendlichen zu tüchtigen Menschen, zu selbstständigen Persönlichkeiten erzogen.
Erziehung, die: **a)** *das Erziehen:* sittliche, moralische, geistige, freie, autoritäre E.; seinen Kindern eine gute E. geben, zuteil werden lassen; er hat eine schlechte E. genossen; er hat ihre E. vernachlässigt; **b)** *Benehmen:* ihr fehlt jegliche E.; vergiss deine gute E. nicht!; man muss ihm Mangel an E. vorwerfen.
erzielen ⟨etw. e.⟩: hohe Erträge, einen Gewinn, einen Erfolg, einen Überschuss e.; das Produkt konnte einen guten Preis e.; über dieses Problem wurde keine Einigung, kein Konsens erzielt; er erzielt mit dem Fahrzeug hohe Geschwindigkeiten.
erzwingen ⟨etw. e.⟩: eine Entscheidung e.; den Rücktritt eines Ministers e.; das Geständnis ist erzwungen worden; Liebe lässt sich nicht e.; ein erzwungenes Geständnis.
es: 1. a) /vertritt ein neutrales Substantiv/: das Kind schläft, weck es nicht auf!; das Buch ist spannend, ich lese es gern; /dient zur Wiederaufnahme od. Vorwegnahme eines herausgehobenen neutralen Substantivs/: euer Haus, war es nicht zerstört?; da ist es wieder, dein Misstrauen; **b)** /bezieht sich auf ein oder mehrere vorangegangene nicht neutrale Substantive oder Adjektive (Partizipien), auf Verben oder einen ganzen Satzinhalt/: Paul war es, der das sagte; mein Vater war Arzt, ich bin es auch; er ist arm, du bist es auch; ist das nicht reizend?; ja, das ist es; sie kann schwimmen, ich kann es auch; er bat mich darum, und ich tat es; in der Klasse ist gestohlen worden, aber keiner will es getan haben. **2.** /bloßes formales Objekt/: sie bekommt es mit mir zu tun; sie hat es gut, schlecht, bequem; sie meint es gut mit dir; sie hat es weit gebracht; sie nimmt es jedem auf; sie hat es darauf abgesehen; ich bin es *(des Treibens)* müde, überdrüssig; ich bin es zufrieden. **3.** /bloßes formales Subjekt/ **a)** /bei Witterungsimpersonalien/: es regnet; es nieselt; es hagelt; es schneit; es donnert; es friert; **b)** /bei gelegentlichem unpersönlichem Gebrauch/: es grünt und blüht; es raschelt, knistert, klopft; es pocht an der Tür; es friert mich; **c)** /bei reflexiven Verben mit Artangabe und passivischer Konstruktion/: es trinkt sich gut aus diesem Glas; hier wohnt es sich herrlich; es darf nicht geraucht werden; es wurde viel gelacht, gegessen und getrunken; es wird auch getanzt; **d)** /bei der

etwas

Darstellung eines Zustandes oder Umstandes/: es ist Nacht; es war kalt, spät; es ist schon 12 Uhr. **4.** /bloßes Einleitewort, Vorläufer eines Satzgliedes/: es lebe die Freiheit!; /Märchenanfang/: es war einmal ein König ...; es ereignete sich ein Unglück; es meldete sich niemand; er liebt es, zu nörgeln; es ist unmöglich/sicher/wahrscheinlich, dass sie kommt; es freut mich, dass du gesund bist.

Esel, der: **1.** ein störrischer E.; er ist bepackt, beladen, dumm wie ein E.; Ⓡ wenn es dem E. zu wohl wird, geht er aufs Eis [und bricht sich ein Bein] /geht er aufs Eis tanzen (ugs.; *wenn es jmdm. zu gut geht, wird er übermütig [und fügt sich selbst Schaden zu]*). **2.** (salopp) /oft als Schimpfwort/ *Dummkopf:* so ein E.!; du bist ein richtiger E.; du alter E.!; Ⓡ der E. nennt sich zuerst.

essen: 1. *[feste] Nahrung zu sich nehmen:* gut e. und trinken; ordentlich, tüchtig, hastig, schnell, gierig, langsam, ausgiebig, genussvoll, mit Appetit, bei Kerzenlicht, viel, wenig, unmäßig e.; e. wie ein Spatz, Scheunendrescher (*sehr wenig, viel e.*); mit Messer und Gabel e.; wir werden um 12 Uhr e. *(die Mittagsmahlzeit einnehmen):* er isst in der Kantine, im Restaurant; heute Abend essen wir warm; morgen Abend gehen wir e.; der Braten ist gut, ich werde davon noch e.; sie hat genug, [nicht] satt zu e.; Ⓡ selber e. macht fett; SUBST.: Essen und Trinken hält Leib und Seele zusammen. **2.** (etw. e.) *verzehren:* Fleisch, Gemüse, ein Butterbrot, einen Apfel e.; seine Suppe e.; ich habe eine große Portion, (ugs.:) Berge von Kuchen, viel, kaum etwas gegessen; er isst keinen Fisch (*er lehnt Fisch als Nahrung ab*); wir essen gern etwas Kräftiges; chinesisch, griechisch, italienisch e.; ich mag nichts, kann nichts e.; was gibt es heute zu e.?; sie isst zu viel. **3.** (jmdn., sich, etw. irgendwie e.) *durch Essen in einen Zustand bringen:* seinen Teller leer e.; er isst mich noch arm; endlich konnte sie sich einmal satt e.

Essen, das: **1.** *Mahlzeit:* ein warmes E.; ein bescheidenes, kärgliches, schlechtes, gutes, reichliches, kräftiges, gutbürgerliches E.; das E. wird kalt; das E. schmeckte uns nicht; [das] E. machen, kochen; das E. warm stellen, halten; sein E. hinunterschlingen; zwanzig E. *(Portionen Essen)* vorbereiten; missmutig stocherte er im E. herum; sie fielen über das E. her; /soziale Einrichtung/: E. auf Rädern. **2. a)** *Einnahme einer Mahlzeit:* beim E. sitzen; mit dem E. pünktlich anfangen, auf die Kinder warten, schnell fertig sein; jmdn. zum E. einladen; **b)** *offizielle, festliche Mahlzeit:* im Anschluss an den Empfang findet ein E. statt; der Konsul gab ein E. für seine Gäste. **3.** *Verpflegung:* am E. sparen; für E. und Trinken sorgen.

Essig, der: ein scharfer, milder E.; [einen Schuss] E.

an den Salat tun; Fleisch in E. legen, einlegen; der Wein ist zu E. geworden *(sauer geworden);* ★ es ist Essig mit etw. (ugs.; *es ist vorbei/aus mit etw.; etw. kommt nicht zustande).*

etablieren 1. (etw. e.) *gründen, einrichten:* ein Geschäft, eine neue Ordnung, eine neue Wissenschaft, eine Steuer e.; etablierte (*fest gegründete*) Machtpositionen; zu den mittlerweile etablierten *(namhaften)* Verlagen gehören. **2.** (sich e.) *sich niederlassen; Anerkennung, Zustimmung finden:* sich als Steuerberater e.; diese Läden haben sich in den meisten Großstädten etabliert; diese Literatur, diese Gruppe, diese Musik hat sich längst etabliert; das System ist auf dem Markt noch nicht etabliert; die etablierten Parteien.

Etat, der: unser E. für Neuanschaffungen ist erschöpft; den E. aufstellen, erweitern, kürzen, überschreiten; ein E. von 500 Milliarden Euro; das ist im E. nicht vorgesehen; das Parlament berät über den E. [für das Jahr 2003]; das übersteigt meinen E. (ugs.; *das kann ich mir nicht leisten).*

etliche (ugs.) ⟨Sing. und Plural⟩ /verstärkend/ *einige:* es wird etlichen Ärger geben; wir hatten noch etliche Kilometer zu gehen; ⟨allein stehend:⟩ das hat mich etliches gekostet; er weiß etliches zu erzählen.

etwa: I. ⟨Adverb⟩ **1.** *ungefähr:* e. acht Tage; ich komme in e. einer Woche, vierzehn Tagen; der Turm ist e. 30 Meter hoch; so e./e. so könnte man das machen. **2.** *zum Beispiel:* wenn du dein Einkommen e. mit dem deines Freundes vergleichst; Lisa e. hätte anders reagiert; einige Städte, wie e. München, Köln, Hamburg. **II.** ⟨Partikel; unbetont⟩ **1.** /verstärkt den Ausdruck einer angenommenen Möglichkeit/ *möglicherweise, womöglich:* hast du e. kein Geld mehr?; ist er e. krank?; falls e. davon gesprochen werden sollte, so bitte ich Sie ...; allen, die e. Bedenken haben sollten, sei dies gesagt; wenn er e. glaubt, damit durchzukommen, so irrt er sich. **2.** ⟨verstärkt eine mit *nicht* ausgedrückte Verneinung⟩: er wollte das Rad nicht e. *(keineswegs)* stehlen, sondern nur ausleihen; nicht e. *(es ist durchaus nicht so),* dass ich dich vergessen hätte, aber du musst schon noch etwas warten; sie soll nicht e. *(ja nicht, nur nicht)* denken, ich sähe das nicht! ★ in etwa *(ungefähr):* die Angaben der Zeugen stimmten in e. überein; das ist in e., was ich auch sagen wollte. – Hochsprachlich nicht korrekt ist der Gebrauch von *in etwa* vor Zahlen; also nicht: es sind noch in e. 40 km.

etwaig: etwaige Mängel; etwaige verhängnisvolle Folgen; etwaige Beschwerden sind schriftlich einzureichen; bei etwaigem gemeinsamem/(selten:) gemeinsamen Handeln; wegen etwaiger größerer Fehler.

etwas: 1. /vgl. was/ **a)** /bezeichnet eine nicht näher be-

E

stimmte Sache, ein Ding, Wesen o. Ä./: da klappert doch e.; es lief e. *(ein Tier)* über den Weg; hat er e. gesagt?; ich will dir einmal e. sagen; sie hat e. (ugs.; *eine Antipathie*) gegen ihn; er hat ihr e. getan *(hat ihr ein Leid zugefügt);* der Gedanke hat e. für sich *(ist in gewisser Hinsicht beachtenswert);* das bringt e. ein; ich weiß e., was ihr Freude macht; ich habe e. von ihm gehört, was ich nicht glauben kann; sie findet an allem e. [zu tadeln]; das ist e. [ganz] anderes; e. Neues, e. Seltsames, e. Schönes sehen; niemand weiß e. Genaues; nun zu e. anderem!; so e. *(ausgerechnet das)* muss mir passieren! /Ausruf der Verärgerung/: so e. Dummes!; /Ausruf des Erstaunens/: nein so e.!; **b)** /bezeichnet eine nicht näher bestimmte Sache, die bedeutsam erscheint/: das ist doch wenigstens e. *(besser als nichts);* aus dem Jungen wird einmal e.; er wird es noch zu e. bringen; e. sein *(eine geachtete Stellung haben);* sein Wort gilt e. bei der Regierung; dieser Vorschlag hat e. für sich; das will schon e. heißen; **c)** /bezeichnet einen nicht näher bestimmten Teil von etw./: nimm dir e. von dem Geld; kann ich auch e. haben?; ÜBERTR.: er hat e. von einem Gelehrten *(wirkt ein wenig wie ein Gelehrter).* **2.** *ein wenig:* sie nahm e. Salz; ich brauche noch e. Geld; e. Musik machen; er spricht e. Englisch; sie war e. ungeschickt; das kommt mir e. überraschend; das ist aber e. stark!; ich will noch e. *(eine Weile)* lesen; e. *(ein kleines Stück)* darüber, höher; ★ [so] etwas wie ... *(etwas Ähnliches wie ...):* er ist so e. wie ein Dichter.

Etwas, das: *Wesen, Ding:* ein kleines, piependes E.; er stieß an ein spitzes, hartes E.; ★ das gewisse Etwas *(eine unbestimmbare, andere anziehende Eigenart).*

Eule, die: im Gemäuer nisten Eulen; sie sieht aus wie eine alte E.; ★ Eulen nach Athen tragen (bildungsspr.; *etwas Überflüssiges tun).*

Euro, der: die Miete beträgt 450 E.; die Einführung des E./Euros; die Wertpapiere lauten auf E.; die Firma hat bereits auf E. umgestellt; einen Artikel in E. auszeichnen; die Zahlung kann wahlweise in E. oder Dollar erfolgen; einen Betrag in E. umrechnen.

eventuell: **I.** ⟨Adj.⟩ *unter Umständen möglich:* eventuelle Mängel, Probleme; etw. für eventuelle Notfälle mitnehmen; bei eventuellen Schwierigkeiten können Sie sich an ihn wenden; das Land bereitet sich auf einen eventuellen Krieg vor. **II.** ⟨Adverb⟩ *möglicherweise:* sie wird e. auch mitkommen; e. fahre ich diesen Sommer nach Portugal.

evident: **a)** *unmittelbar einleuchtend:* eine evidente Aussage; ein evidenter Satz; **b)** *offenkundig:* ein evidenter Fall, Mangel, Zusammenhang; eine evidente Schwierigkeit, Tatsache; evidente Fortschritte machen; ihre Kompetenz ist e.; die zunehmende Umweltverschmutzung ist e.; es ist e., dass dem so ist; die Beispiele machen diesen Sachverhalt e.; sie ist e. benachteiligt.

ewig: 1. a) *unvergänglich:* der ewige Gott; die ewigen Naturgesetze; die ewige Seligkeit, Verdammnis; das ewige Leben *(Leben in der Ewigkeit);* SUBST.: der Ewige *(Gott);* das Ewige *(das Unvergängliche, Göttliche);* **b)** *immer bestehend:* ewige Liebe, Treue; ewiger Friede *(der auf immer gelten soll);* eine ewige *(nie abzulösende)* Rente; ewiges Schach *(Dauerschach);* der Blinde lebt in ewiger Nacht; zum ewigen Andenken, Gedächtnis; auf e.; für immer und e. **2.** (ugs.) *sich ständig wiederholend, endlos:* lass doch dein ewiges Jammern und Klagen!; ich habe das ewige Einerlei satt; sie lebte in ewiger Angst um ihre Kinder; er ist der ewige Verlierer; wir haben uns seit ewigen Zeiten nicht mehr gesehen; soll das e. *(immer nur)* so weitergehen?; das dauert ja wieder eine [halbe] E.; er bleibt eine E. aus; man hat sie seit einer E., seit Ewigkeiten nicht gesehen. ★ ewig und drei Tage (scherzh.; *sehr lange).*

Ewigkeit, die: **1.** *Unvergänglichkeit:* an die E. denken; die E. Gottes; nach dem Tode erwartet uns die E.; (bibl.:) von E. zu E.; in die E. eingehen/abberufen werden (geh. verhüll.; *sterben).* **2. a)** *sehr lange Dauer:* heute baut man nicht mehr für die E.; das soll in alle E. *(für immer)* so bleiben; die Minuten dehnten sich zu Ewigkeiten; **b)** (ugs.) *endlos scheinende Zeit:* das dauert ja wieder eine E.; er bleibt eine E. aus; man hat sie seit einer E., seit Ewigkeiten nicht gesehen.

exakt: eine exakte Definition, Berechnung, Methode; ein exakter Mensch; sie ist immer sehr e. [in ihren Angaben]; das war e. der falsche Zeitpunkt; e. arbeiten; eine Entfernung, einen Zeitpunkt e. bestimmen; diese Beobachtungen decken sich e. mit den Erkenntnissen der modernen Wissenschaft; sie kam e. um 12 Uhr an; die Vor- und Nachteile eines Systems, eines Verfahrens e. ermitteln.

Examen, das: ein leichtes, schweres E.; das mündliche, schriftliche E.; sein E. machen, bestehen, ablegen, (ugs.:) haben; sich aufs/auf das E. vorbereiten; er geht, (ugs.:) steigt ins E., steht im E.; (ugs.:) sie ist durchs E. gefallen, im E. durchgefallen, durchgerasselt.

Exemplar, das: ein seltenes, schönes E.; von dieser Tierart gibt es nur noch wenige Exemplare; das ist mein letztes E.; von dieser Briefmarke habe ich nur ein beschädigtes E.; der Gedichtband wurde in 3000 Exemplaren gedruckt.

Exil, das: während seines Exils; ins E. gehen; aus dem E. zurückkehren; er lebte dort seit Jahren im E.

Existenz, die: **1. a)** *Bestehen:* die E. eines Staates; er wusste nichts von der E. dieses Briefes; **b)** *Dasein, Leben:* eine armselige E.; die menschliche, geistige E.; seine nackte E. retten. **2.** *materielle Lebensgrundlage:* eine auskömmli-

che, keine sichere E. haben; sich (Dat.) eine E. gründen, aufbauen; jmdm. eine gesicherte E. bieten; sie fühlte sich in ihrer E. bedroht; der Krieg hat Tausende von Existenzen vernichtet; er ringt um seine E.
3. ⟨meist abwertend⟩ *Mensch:* in diesem Viertel treiben sich allerlei dunkle, zweifelhafte Existenzen herum; er ist eine gescheiterte, (ugs.:) verkrachte E.; eine faszinierende E.

existieren: 1. *bestehen:* das alte Haus existiert noch; diese Dinge existieren nur in deiner Fantasie; es existieren keine Aufzeichnungen mehr über diese Sitzung.
2. *leben, sein Auskommen haben:* sie hat das Nötigste, um e. zu können; von 500 Mark monatlich kann man kaum e.

exklusiv: a) *elitär:* ein exklusiver Klub, Kreis, Zirkel; eine exklusive *(vornehme)* Gesellschaft; e. leben; **b)** *anspruchsvoll:* ein exklusives Hotel, Restaurant; eine exklusive Ausstattung, Einrichtung; e. speisen, wohnen; **c)** *ausschließlich bestimmten Personen, Zwecken vorbehalten:* das sind die exklusiven *(einzigartigen)* Vorteile des neuen Systems; ein exklusives *(nur einmal vorhandenes)* Modell; ein exklusives Vorrecht genießen; wir liefern diesen Champagner e. an wenige Restaurants; einer Zeitung e. über etw. berichten; die Zeitung berichtet e. *(als einzige).*

Experiment, das: a) *wissenschaftlicher Versuch:* Experimente an, mit Tieren; chemische, psychologische Experimente; Experimente durchführen; das E. ist geglückt, gelungen, misslungen; etw. im E. in/an Experimenten zeigen; **b)** *gewagtes Unternehmen:* das ist ein gefährliches E.; das politische E. der Demokratisierung; wir wollen keine Experimente machen *(uns auf kein Risiko einlassen).*

explodieren: 1. *mit heftigem Knall [zer]platzen:* eine Mine, eine Bombe explodiert; der Kessel ist explodiert; ÜBERTR.: die Kosten, die Börsenkurse sind explodiert *(schlagartig angestiegen).*
2. (ugs.) *einen heftigen Gefühlsausbruch haben:* sie explodierte vor Zorn, vor Wut; als er das hörte, explodierte er *(wurde er zornig).*

Export, der: der E. überwiegt den Import; der E. an Kaffee ist gestiegen; den E. [von Kraftfahrzeugen] verstärken, fördern, ankurbeln, drosseln; diese Waren sind vorwiegend für den E. in die Schweiz, nach Übersee bestimmt; die Exporte *(Exportlieferungen)* nach Südafrika wurden eingestellt.

exportieren ⟨etw. e.⟩: Maschinen e.; ⟨auch ohne Akk.⟩ in alle Länder, vor allem nach Indien e.; ÜBERTR.: die Inflation e. *(ins Ausland übertragen).*

extra: 1. a) *gesondert:* etw. e. einpacken; das Frühstück müssen Sie e. bezahlen; ⟨auch attributiv⟩ du bekommst ein e. (ugs.; *eigenes)* Zimmer; **b)** *zusätzlich:* er gab ihm noch ein Trinkgeld e.; ich brauche jetzt ein e. (ugs.; *besonders)* star-

ken Kaffee; ⟨ugs. auch attributiv⟩ eine e. Belohnung.
2. *eigens:* ich habe e. einen Kuchen für dich gebacken; er ist e. deinetwegen, e. deswegen hierher gekommen; sie hat diesen Fehler e. (ugs.; *absichtlich)* gemacht.

extrem: extreme Temperaturen; extreme *(krasse)* Beispiele, Gegensätze; unter extremen Belastungen stehen; der Wagen ist e. sparsam im Verbrauch; er hat extreme *(radikale)* Ansichten; er steht [politisch] e. links, rechts; deine Meinung ist mir zu e.

Extrem, das: das entgegengesetzte E.; äußerste Extreme *(Gegensätze);* seine Stimmung kann sehr schnell ins andere E. umschlagen; sie fällt aus/ von einem E. *(einer Übertreibung)* ins andere.

Exzess, der: ein grober, wüster, hemmungsloser E.; alkoholische, sexuelle Exzesse; es kam zu wilden Exzessen; etw. bis zum E. treiben; er arbeitet bis zum E. *(bis zur Maßlosigkeit).*

Fabel, die: 1. *lehrhafte Erzählung:* eine hübsche, lehrreiche F.; die F. vom Fuchs und den Trauben; die äsopischen Fabeln; die Fabeln von La Fontaine.
2. *erfundene Geschichte:* er hat dir eine F. aufgetischt.
3. (Literaturw.) *zugrunde liegende Handlung:* die F. des Stückes ist nicht neu; der Roman hat eine recht dürftige F.

fabelhaft (ugs.): **1.** *großartig:* eine fabelhafte Leistung; ein fabelhafter Kerl; sie mixt fabelhafte Drinks; der Sänger war einfach f.; das ist ja f.!; er arbeitet f., sieht f. aus.
2. (ugs.) *unglaublich groß:* er besitzt ein fabelhaftes Vermögen; fabelhafte Gewinne erzielen; fabelhafte Erträge abwerfen.

Fabrik, die: 1. *Industriebetrieb:* eine große, moderne F.; eine chemische F.; eine F. gründen, übernehmen, haben, besitzen; einige Fabriken sind stillgelegt; sie geht in die F. (ugs.; *ist Fabrikarbeiterin);* eine F. *(Fabrikanlage)* bauen; die Arbeiter strömen aus der F., demonstrieren vor der F. *(aus, vor dem Fabrikgebäude).*
2. *Fabrikbelegschaft:* die F. macht einen Betriebsausflug.

Fach, das: 1. *abgeteilter Teil eines Behältnisses, Möbelstücks o. Ä.:* die Fächer im Schrank sind mit Papier ausgelegt; die Handtasche hat drei Fächer; das Glas gehört in das rechte, obere F.; der Schlüssel, die Post liegt im F. (z. B. im Hotel). **2. a)** *Arbeits-, Wissensgebiet:* das ist sein besonderes, spezielles F., schlägt [nicht] in sein F.; sie kennt, versteht, beherrscht ihr F.; sie unterrichtet die Fächer/in den Fächern Chemie und Biologie; er ist [ein Mann] vom F.; dieser Juwelier, dieser Sportler ist ein Meister seines Fachs; **b)** *spezielles Gebiet eines Schauspielers, Opernsängers:* vom lyrischen ins dramatische F. wechseln.

fachlich: fachliches Wissen; ihm fehlen die fachlichen Grundlagen, Voraussetzungen; sich f. qualifizieren; etw. f. *(vom Fach her)* beurteilen.

Fachmann, der: ein geschickter, bewährter F.; F. für etw. sein; es wurden Fachleute/(selten:) Fachmänner herangezogen; ein F. für Straßenbau; er ist F. auf diesem Gebiet; den F. fragen; etw. vom F. reparieren lassen.

Fackel, die: die F. brennt, lodert, flackert, geht aus, (geh.:) verlischt; eine F. anzünden, anstecken, tragen, weiterreichen; einen Raum mit Fackeln erleuchten; das Auto brannte wie eine F.; BILDL.: die F. (geh.; *den Wert)* der Freiheit, der Vernunft.

fackeln: ⟨in der Verbindung⟩ **nicht [lange] fackeln** (ugs.; *nicht zögern, keine Umstände machen):* hier wird nicht lange gefackelt.

fade, (bes. südd., österr.:) fad: **a)** *schal:* ein fades Gericht; einen faden Geschmack im Munde haben; die Suppe ist, schmeckt f.; **b)** (ugs.) *geistlos, langweilig:* ein fader Mensch, fade Witze, fades Geschwätz; er redet immer nur fades Zeug; das Fest war ziemlich f.; dort war es mir zu f.

Faden, der: **1. a)** ein dünner, grober, kurzer, langer, gezwirnter, seidener F.; der F. reißt, verwickelt sich, verknotet sich; die Fäden laufen zusammen; einen F. spinnen, einfädeln, abschneiden, abreißen (ugs.), das Ende des Fadens verstechen, verwahren *(gegen Herausrutschen sichern);* der Arzt wird morgen die Fäden ziehen; etw. mit Nadel und F. annähen, mit einem F. umwickeln; einen Knoten in den F. machen; die Marionetten hängen an Fäden; BILDL.: der F. des Gesprächs riss plötzlich ab; **b)** *etw. Fadenähnliches:* er hat schon silberne Fäden im Haar *(einzelne graue Haare);* die Fäden des Altweibersommers; ein dünner F. Blut rann aus seinem Mund; die Fäden von den Bohnen abziehen; der Leim, der Sirup zieht Fäden *(fließt zäh vom Löffel).* **2.** (Seemannspr.) */eine Maßeinheit/:* der Anker liegt sechs Faden tief;
⋆ **der rote Faden** *(der leitende Grundgedanke):* das Motiv zieht sich wie ein/als roter F. durch den Roman · **alle Fäden in der Hand haben/halten** *(alles überschauen und lenken)* · **alle Fäden laufen in jmds. Hand zusammen** *(jmd. überschaut und lenkt alles)* · **keinen trockenen Faden mehr am Leibe haben** (ugs.; *völlig durchnässt sein)* · **die Fäden ziehen** *(die eigentliche Macht ausüben)* · **keinen guten Faden an jmdm.**

lassen (ugs.; *jmdn. nur schlecht machen)* · **den Faden verlieren** *(beim Reden den gedanklichen Zusammenhang verlieren)* · **an einem [dünnen/ seidenen] Faden hängen** *(sehr gefährdet sein).*

fadenscheinig: 1. *abgetragen:* ein fadenscheiniger Mantel; das Gewebe wird schon f., sieht ziemlich f. aus. **2.** (abwertend) *nicht überzeugend:* ein fadenscheiniger Vorwand; eine fadenscheinige Moral; seine Ausrede war, klang recht f.

fähig: ein [überaus] fähiger junger Mann; die Wirtschaft braucht fähige Köpfe;
⋆ **zu etw./**(geh.:)**etw.** (Gen.) **fähig sein** *(zu etw. in der Lage sein):* sie ist zu keinem Gedanken/ (geh.:) keines Gedankens mehr f.; er ist zu großen Leistungen f.; diese Typen sind zu allem f.; sie war nicht f., ein Wort zu sprechen.

fahl: fahles Licht; ein fahler Himmel; fahle Lippen; im fahlen Schein der Laterne; sein Gesicht war f. vor Entsetzen; der Mond schimmert f.

fahnden ⟨nach jmdm., etw. f.⟩: die Polizei fahndet nach dem Täter, nach Rauschgift; ÜBERTR.: sie fahndete nach dem verschollenen Manuskript.

Fahne, die: **1.** eine seidene, gestickte, zerschlissene, verblichene F.; die schwarz-rot-goldene F., die F. Schwarz-Rot-Gold; die rote F.; die gelbe Fahne; die weiße F. (Milit.: *das Zeichen der Kapitulation);* die F. weht, flattert, knattert, bauscht sich im Wind; die Fahnen wehen auf halbmast; eine F. hissen, einholen, einziehen, auf halbmast setzen; die F. schwenken, senken, einrollen; Fähnchen auf eine Landkarte stecken; die Stadt war mit Fahnen geschmückt; BILDL.: die F. der Freiheit hochhalten (geh.; *für die Freiheit eintreten).* **2.** (ugs.) *Alkoholdunst:* eine F. haben *(nach Alkohol riechen);* man roch seine F. **3.** (Druckerspr.) *Probeabzug:* Fahnen lesen, korrigieren;
⋆ **die, seine Fahne/das, sein Fähnchen nach dem Wind drehen, hängen** (abwertend; *sich sehr schnell der jeweils herrschenden Meinung anschließen)* · **etw. auf seine Fahne schreiben** *(sich etw. zum Ziel setzen, etw. als Programm verkünden)* · **mit fliegenden Fahnen zu jmdm., etw. übergehen/überlaufen** *(ohne Bedenken zu der anderen Seite überwechseln)* · **mit fliegenden Fahnen untergehen** *(sehr schnell besiegt werden).*

Fähre, die: die F. legt [am Ufer] an, legt ab, fährt über den Strom, macht an der Anlegebrücke fest; wir setzten mit der F. über.

fahren: 1. a) *(von Fahrzeugen) sich fortbewegen:* der Zug fährt; unser Auto fährt nicht; das Schiff fuhr langsam [aus dem Hafen], fuhr mit Volldampf; die Lokomotive fährt elektrisch, mit Dampf; der Fahrstuhl ist heute Morgen nicht gefahren; der Bus fährt ein Stück rückwärts, über eine Brücke, durch den Tunnel, von Berlin nach Potsdam; fährt die Straßenbahn über den

Markt? *(hat sie am Markt eine Haltestelle?)*; dieser Intercity fährt nach München; wann fährt die nächste Fähre? *(wann fährt sie ab?)*; der Triebwagen fährt *(verkehrt)* fahrplanmäßig, täglich, auf der Strecke Mannheim–Heidelberg; **b)** ⟨sich irgendwie f.⟩ *bestimmte Fahreigenschaften haben:* der neue Wagen fährt sich gut, hervorragend.
2. a) *sich mit einem Fahrzeug o. Ä. fortbewegen:* gehen wir zu Fuß oder fahren wir?; schnell, mit großer Geschwindigkeit, (ugs.:) wie der Teufel f.; er ist 80 [km/h] gefahren; rechts, links, geradeaus f.; sie fährt gut, umsichtig *(ist eine gute, umsichtige [Auto]fahrerin);* wir fahren um 8 Uhr *(brechen um 8 Uhr auf);* man fährt *(braucht)* 2 Stunden bis Frankfurt; sie ist seit 20 Jahren unfallfrei gefahren; erster, zweiter Klasse f.; per Anhalter f.; mit dem Auto, mit dem Fahrrad, mit der Bahn f.; mit/in einem Freiballon f.; in einer Kutsche f.; die Kinder sind mit dem Kettenkarussell, auf dem Riesenrad gefahren; wir fahren mit dem Bus in die Schule; in die Garage, aus dem Hof f.; er ist gegen einen Baum gefahren; zur Arbeit f.; auf der Autobahn, in einer Schlange, Kolonne f.; ⟨jmdm., etw. irgendwohin f.⟩ er fuhr ihm [mit dem Vorderrad] über den Fuß; der PKW fuhr dem LKW in die Flanke; **b)** ⟨irgendwohin f.⟩ *reisen:* nach Berlin, nach England, in die Schweiz f.; in die Berge, ans Meer, an die See, aufs Land f.; ins Grüne, ins Blaue f.; wir fahren in/(seltener:) auf Urlaub, in die Ferien, zu den Großeltern; **c)** ⟨es fährt sich irgendwie; mit Umstandsangabe⟩ *es lässt sich in bestimmter Weise fahren:* es fährt sich gut auf der Autobahn, mit einem solchen Wagen; bei/im Nebel fährt es sich schlecht.
3. ⟨etw. f.⟩ **a)** *(ein Fahrzeug) benutzen:* Auto, Eisenbahn, Rad f.; Rollschuh, Ski, Schlitten f.; wir wollen Kahn f.; sie ist gern Karussell gefahren; **b)** *etw. lenken:* einen PKW, einen Traktor, ein schweres Motorrad f.; er hat damals einen Ferrari gefahren *(besessen);* er hat den Wagen in die Garage; ⟨auch ohne Akk.⟩ wer hat gefahren? *(wer hat den Wagen gesteuert?);* sie hat mich f. lassen; **c)** *einen Treibstoff benutzen:* ich fahre nur bleifreies Benzin, Super.
4. ⟨etw. f.⟩ **a)** *zurücklegen:* einen Umweg, 500 km, eine Ehrenrunde f.; er ist/(seltener:) hat eine Runde in 5 : 42 Minuten gefahren; ich fahre diese Strecke täglich, in 40 Minuten; ich bin diese Straße schon oft gefahren; **b)** *fahrend bewältigen:* Kurven f.; (Sport:) ein Rennen f.; er hat einen Rekord, die beste Zeit gefahren.
5. a) (Technik) ⟨etw. f.⟩ *in Betrieb halten:* einen Hochofen f.; die Anlage wird zentral, mit einem neuen System, mit verminderter Leistung gefahren; **b)** (Jargon) ⟨etw. f.⟩ *ablaufen lassen:* volles Programm f.; eine Sonderschicht, Überstunden f.; (Filmw.:) eine Aufnahme f.; die Fernsehsendung wurde zu einer Zeit gefahren, als alle schon schliefen; (Milit.:) einen Angriff f.; ÜBERTR.: er

hat harte Attacken gegen ihn gefahren *(hat ihn hart angegriffen);* **c)** (bes. Technik) ⟨irgendwie f.⟩ *arbeiten:* diese Anlage fährt wirtschaftlicher.
6. ⟨etw. irgendwie f.⟩ *durch Fahren in einen (meist schlechten) Zustand bringen:* ein Auto schrottreif, zu Bruch, in Grund und Boden f.
7. ⟨jmdn., etw. f.⟩ *mit einem Fahrzeug transportieren:* Sand, Steine, Mist f.; sie hat den Verletzten mit dem Auto ins Krankenhaus gefahren.
8. (ugs.) ⟨mit jmdm., etw./bei etw. irgendwie f.⟩ *zurechtkommen:* gut, schlecht, übel mit jmdm. f.; mit dieser Methode, bei diesem Geschäft ist er gut, nicht übel gefahren.
9. ⟨irgendwoher/irgendwohin f.⟩ *sich schnell bewegen:* erschrocken aus dem Bett, aus dem Schlaf f.; in die Kleider f.; in die Höhe f. *(aufspringen);* der Blitz ist in einen Baum gefahren; ⟨jmdm. irgendwohin f.⟩ der Hund ist ihm an die Kehle gefahren; ÜBERTR.: der Schreck fuhr mir in die, durch alle Glieder; blitzschnell fuhr es ihr durch den Kopf *(kam ihr der Gedanke),* sofort abzureisen; was ist denn in dich gefahren? *(was ist mit dir los?).*
10. ⟨mit etw. irgendwohin f.⟩ *eine schnelle Bewegung machen:* mit dem Staubtuch über den Tisch f.; er fuhr mit der Hand in die Tasche; ⟨jmdm., sich irgendwohin f.⟩ jmdm., sich mit der Hand durchs Haar, über die Stirn f.
★ *etw.* **fahren lassen** (1. *schnell loslassen:* die Zügel f. lassen; er ließ die Tasche fahren und flüchtete. 2. *aufgeben, auf etw. verzichten:* sie hat den Plan, alle Hoffnung f. lassen).
fahrig: eine fahrige Bewegung machen; er hat ein fahriges Wesen; ein fahriges Kind; seine Schriftzüge sind, wirken f.
Fahrkarte, die: ↑ Karte.
fahrlässig: fahrlässiges Verhalten; der Arbeiter war f.; er hat [grob] f. gehandelt; fahrlässige (Rechtsw.; *durch Fahrlässigkeit verursachte)* Tötung.
Fahrrad, das: ↑ Rad.
Fahrt, die: **1.** ⟨ohne Plural⟩ **a)** *das Fahren:* der Zug hat freie F.; das Signal steht auf F.; Abspringen während der F. ist verboten; nach drei Stunden F. waren wir dort; **b)** *Fahrgeschwindigkeit:* der Zug verlangsamt, beschleunigt seine F., ist in voller F.; das Schiff nahm F. auf *(wurde schneller),* machte nur wenig F., kleine F. (Seemannsspr.; *fuhr langsam);* volle, halbe F. voraus! (Seemannsspr.; Befehl an den Maschinisten).
2. *Reise:* eine tolle, wilde, lange, anstrengende F.; die F. begann in Dresden und endete in Wien; eine F. unterbrechen; eine F. ins Gebirge, ins Ausland machen;
★ **eine Fahrt ins Blaue** *(Ausflugsfahrt mit unbekanntem Ziel)* · **in Fahrt kommen/geraten:** (ugs.; 1. *in Schwung, gute Stimmung geraten.* 2. *wütend werden)* · **in Fahrt sein** (ugs.; 1. *in guter Stimmung sein.* 2. *wütend sein)* · **jmdn. in Fahrt**

bringen (ugs.; 1. *in gute Stimmung versetzen*. 2. *wütend machen*).

Fährte, die: eine frische, warme F.; die F. eines Hirsches; der Hund nimmt die F. auf, folgt der F.; auf eine F. kommen, stoßen; den Hund auf die F. setzen; ÜBERTR.: jmdn. auf eine falsche F. locken, auf die richtige F. bringen; die Polizei ist auf der falschen F., verfolgt eine falsche F.

Fahrwasser, das: ein tiefes, breites, ruhiges F.; das F. freihalten, mit Bojen kennzeichnen; ÜBERTR.: die Unterhaltung geriet in politisches F. *(wurde politisch);* ∗ in seinem/im richtigen Fahrwasser sein (ugs.; *eifrig von etw. reden, etw. tun*) · in jmds. Fahrwasser schwimmen/segeln (ugs.; *von jmdm. stark beeinflusst sein*).

fair: ein faires Benehmen, ein fairer Kampf; ein fairer Sportsmann; ein faires Angebot; ein fairer Preis; ich bin immer f. zu ihr, ihr gegenüber gewesen; das war nicht f. von ihm; jmdn. f. behandeln; er hat f. gehandelt.

Faktor, der: **1.** *Umstand:* etw. ist ein entscheidender, maßgebender, wesentlicher, bestimmender F.; die Faktoren der politischen Entwicklung; ein unsicherer F.; hier sind noch andere Faktoren [mit] im Spiel; diese Entwicklung wird von wirtschaftlichen Faktoren bestimmt. **2.** (Math.): *Zahl, die multipliziert wird:* ein konstanter F.; ein F. von 10[8]; eine Summe in Faktoren zerlegen.

Fall, der: **1.** ⟨ohne Plural⟩ *Sturz:* ich hörte einen dumpfen F. *(das Geräusch eines Sturzes);* im F. riss er seinen Gegner mit; der Fallschirm öffnet sich im F.; ÜBERTR.: der F. *(Untergang)* Trojas; der F. *(der Abbau)* der Berliner Mauer. **2. a)** *Umstand:* wenn dieser F. eintritt; wenn der F. eintritt, dass ...; nehmen wir den F. an, sie hätten von dem Plan gewusst; für den schlimmsten, äußersten F.; für diesen F. habe ich vorgesorgt; in diesem, in einem solchen Fall[e], in solchen Fällen gibt es nur eins; **b)** *Sache; Vorkommnis:* ein ungewöhnlicher, eigenartiger, böser, trauriger, hoffnungsloser F.; ein typischer F. von Leichtsinn; dieser F. ist sonnenklar, ist kompliziert, macht mir Sorge; einen F. aufgreifen, als Beispiel anführen, zur Sprache bringen; ich komme noch auf den F. zurück; das ist in jedem einzelnen F. anders.; Ⓡ [das] ist ein typischer Fall von denkste (ugs.; *hier liegt ein gewaltiger Irrtum vor*). **3.** (Rechtsw.) *Straftat, Gegenstand der Untersuchung:* ein schwieriger, interessanter F.; der F. Jürgen H.; ein F. für den Staatsanwalt; dieser F. wird noch die Gerichte beschäftigen; einen F. untersuchen, aufklären; das Gericht hat den F. entschieden. **4.** (Med.) *Einzelfall einer Erkrankung:* ein leichter, schwerer, akuter F.; ein F. von Typhus; es traten mehrere Fälle von Pilzvergiftung auf; dieser F. verlief tödlich; ÜBERTR.: wir haben zwei

schwere Fälle *(schwerkranke Patienten)* auf der Station. **5.** (Sprachw.) *Kasus:* nach »wegen« steht der 2. Fall *(Gen.);* das Substantiv in den 4. Fall *(Akk.)* setzen; ∗ der freie Fall (Physik; *gesetzmäßig beschleunigter Fall eines Körpers*) · klarer Fall! (ugs.; *selbstverständlich!*) · jmds. Fall sein (ugs.; *jmdm. zusagen, gefallen*): er, Bergsteigen ist nicht gerade mein F. · [nicht] der Fall sein *([nicht] so sein)* · den Fall setzen *(als gegeben annehmen)* · auf jeden Fall *(unbedingt):* du musst ihm auf jeden F. schreiben · auf alle Fälle (1. *unbedingt.* 2. *vorsichtshalber:* wir nehmen auf alle Fälle einen Schirm mit) · auf keinen Fall *(unter keinen Umständen):* ich möchte auf keinen F. gesehen werden · für den Fall, dass ...; im Fall[e], dass ...; gesetzt den Fall, dass ... *(falls, wenn ...)* · in jedem Fall *(ob so oder so)* · von Fall zu Fall *(in jedem Einzelfall):* diese Frage muss von F. zu F. entschieden werden · jmdn., etw. zu Fall bringen (1. *hinstürzen lassen:* ein Stein hat ihn zu F. gebracht. 2. geh.; *scheitern lassen; zunichte machen:* die Opposition hat ihn, das Gesetz zu F. gebracht) · zu Fall kommen (geh.; 1. *hinfallen:* er ist im Dunkeln zu F. gekommen. 2. *gestürzt werden, scheitern:* durch, über einen Skandal zu F. kommen).

Falle, die: **1.** die F. schlägt zu, schnappt zu; eine F. [für die Mäuse] aufstellen; Fallen stellen, legen; die F. spannen; ein Tier in, mit der F. fangen; der Fuchs ist in die F. gegangen; ÜBERTR.: dieses Angebot ist nur eine [plumpe] F.; jmdm. eine F. stellen; jmdn. in eine F. locken; sie ist in eine F. geraten; er ist der Polizei in die F. gegangen; wir sitzen in der F. *(wissen in dieser Lage keinen Ausweg).* **2.** (salopp) *Bett:* in die F. gehen; sich in die F. hauen.

fallen: 1. a) *sich abwärts bewegen:* schnell, senkrecht, lautlos f.; zu Boden f.; die Blätter fallen [von den Bäumen]; es ist Regen, Reif, Tau gefallen; der Schnee fällt in dichten Flocken; Sternschnuppen fallen; der Vorhang fällt; das Kind fiel ins Wasser; vom Rad, aus dem Bett gefallen; das Buch fiel hinter den Schrank; er ließ sich 3000 Meter f., ehe er den Fallschirm öffnete; sie ließ sich ins Gras, in einen Sessel, aufs Bett f. *(ließ sich dort nieder);* wie eine Masche f.; lass das Kind nicht f.!; ⟨jmdm. irgendwohin f.⟩ das Messer fiel mir aus der Hand, auf den Boden; ÜBERTR.: der Minister hat seinen Mitarbeiter f. lassen/(seltener:) f. gelassen *(sich von ihm losgesagt);* **b)** *hinfallen, stürzen:* hart, weich, unglücklich f.; vornüber, nach hinten f.; die alte Frau ist gefallen; gegen die Tischkante, einen Stein, über die eigenen Füße, aufs Knie, auf die Nase f.; SUBST.: sie hat sich beim Fallen verletzt; er riss im Fallen das Tischtuch mit.

2. a) *im Kampf sterben:* als Soldat im Krieg f.; ihr

Vater ist in Russland gefallen; SUBST. PART.: ein Denkmal für die Gefallenen; **b)** (Jägerspr.) ⟨meist im 2. Part.⟩ *durch Krankheit eingehen:* ein gefallenes Reh; im Winter ist viel Wild gefallen. **3. a)** *sinken:* das Hochwasser, der Wasserspiegel fällt, ist um 1 m gefallen; der Nebel fällt; das Barometer fällt *(es gibt schlechtes Wetter);* die Temperatur, das Thermometer ist gefallen *(es ist kälter geworden);* **b)** *(im Wert) geringer werden:* die Preise, die Aktien, die Kurse f.; die Waren sind im Preis gefallen; ÜBERTR.: sein Ansehen ist gefallen. **4.** ⟨irgendwie/irgendwohin f.⟩ **a)** *nach unten hängen:* der Mantel fällt glatt, elegant; die Gardinen fallen locker; ⟨jmdm. irgendwie/irgendwohin f.⟩ die Haare fielen ihm auf die Schulter, strähnig ins Gesicht; **b)** (geh.) *abfallen:* die Felsen fallen schroff ins Tal. **5.** ⟨irgendwohin f.⟩ **a)** *gelangen, dringen:* das Licht fällt von oben durch ein kleines Fenster; kein einziger Sonnenstrahl fiel in die Höhle; **b)** *sich [schnell] bewegen:* die Tür fällt ins Schloss *(schließt sich);* sie fiel vor ihm auf die Knie *(warf sich vor ihm nieder);* feindliche Truppen waren ins Land gefallen *(eingedrungen);* ⟨jmdm. irgendwohin f.⟩ jmdm. zu Füßen f. *(sich werfen);* sie fiel der Freundin um den Hals *(umarmte sie);* er fiel dem durchgegangenen Pferd in die Zügel *(ergriff sie und hielt das Pferd auf);* dem Gegner in die Flanke, in den Rücken f. *(ihn dort angreifen).* **6.** ⟨auf etw. (Akk.) f.⟩ *auf etw. treffen:* der Schatten fällt auf die Wand; mein Blick fiel auf den Ring; ÜBERTR.: der Verdacht ist auf ihn gefallen; die Wahl fiel auf sie; das Los ist auf die Nr. 37 gefallen; Heiligabend fällt dieses Jahr auf einen Sonntag. **7.** ⟨in etw. (Akk.) f.⟩ *in einen Zustand geraten:* in Trümmer f.; in Ohnmacht f.; in Schwermut f.; in Angst und Schrecken f.; in tiefen Schlaf f.; die Pferde fielen in Trab *(begannen zu traben);* er fiel unversehens in seinen Dialekt *(sprach im Dialekt weiter).* **8.** ⟨an jmdn., etw. f.⟩ *jmdm. zufallen:* die Erbschaft fiel an seine Schwester; die Stadt ist 1919 an Italien gefallen. **9.** ⟨in etw. (Akk)/unter etw. (Akk) f.⟩ *zu etw. gehören, von etw. betroffen werden:* in, unter dieselbe Kategorie f.; unter eine Bestimmung, unter ein Gesetz f.; diese Waren fallen nicht unter die Zollverordnung; das fällt in die Kompetenz der Länder; in diese Zeit fallen die Hauptwerke des Dichters. **10.** *geäußert werden:* in der Versammlung sind scharfe Worte gefallen; bei den Verhandlungen fiel sein Name; sie hat eine Andeutung f. lassen; er ließ anzügliche Bemerkungen f. **11.** *ausgeführt werden:* die Entscheidung, der Urteilsspruch wird morgen f.; das Tor *(der Torschuss)* fiel in der 31. Minute; bei der Demonstration fielen Schüsse *(wurden Schüsse abgefeuert).*

12. *nicht mehr gelten:* die Steuer, das Verbot ist gefallen *(wurde aufgehoben);* das Tabu ist jetzt endlich gefallen; wir haben unseren Plan f. lassen/(seltener:) f. gelassen. **13.** (Milit.) *erobert werden:* die Festung, die belagerte Hauptstadt ist gefallen. **14.** (ugs.) *durchfallen:* durchs Examen f. **fällen** ⟨etw. f.⟩: **1.** *umhauen:* einen Baum, eine Tanne f.; wir haben Holz gefällt. **2.** *als gültig aussprechen:* eine Entscheidung, ein Urteil f. **3.** (Chemie) *ausfällen:* ein Salz aus einer Lösung f. **fällig:** **a)** *an einem bestimmten Termin zu bezahlen:* der fällige Wechsel, die fälligen Zinsen; der Betrag ist, wird am/[bis] zum 1. April f.; die Miete ist am Ersten des Monats f.; **b)** *an einem bestimmten Zeitpunkt zu erwarten:* der Schnellzug ist in 4 Minuten f.; *zur Erledigung anstehend:* die längst fällige Steuerreform; die Einlösung des Wechsels ist morgen f.; das Urteil ist am Freitag f.; der Kerl ist heute Abend f. (ugs.; *ich werde ihn mir vornehmen).* **falls:** f. du Lust hast, kannst du mitkommen; f. es regnen sollte, bleiben wir zu Hause. **falsch:** **1. a)** *unecht:* falsche Zähne, Haare, Perlen; eine Jacke mit falschen *(nur vorgetäuschten)* Taschen; **b)** *gefälscht:* falsches Geld; falsche Banknoten; ihr Pass ist f. **2. a)** *verkehrt, nicht richtig:* ein falsches Wort, falscher Alarm; die falsche Richtung einschlagen; in den falschen Zug steigen; auf der falschen Fährte sein; sie reist unter falschem Namen; deine Antwort ist f.; [etw.] f. schreiben, singen; etw. f. erklären, verstehen; die Uhr geht f.; das Buch ist f. herum eingestellt; da sind Sie f. informiert; mit dieser Vermutung liegst du völlig f. (ugs.; *irrst du dich);* f. verbunden sein *(nicht mit dem richtigen Telefonpartner verbunden sein);* Ⓡ wie mans macht, ists f./macht mans f.; **b)** *unangebracht:* mit falschem Pathos reden; nur keine falsche Scham, Bescheidenheit!; **c)** *unwahr:* ein falscher Eid; falsche Angaben, Versprechungen machen; sie hat f. geschworen. **3.** (abwertend) *unaufrichtig:* ein falscher Freund, Prophet; sie ist f. wie eine Schlange; f. spielen; ★ **an den Falschen/die Falsche kommen, geraten** *(von jmdm. abgewiesen werden).* **Falsch,** das (geh.): ⟨nur in bestimmten Wendungen⟩ **an jmdm. ist kein Falsch** *(jmd. ist ein aufrichtiger Mensch)* · **ohne Falsch sein** *(ehrlich, aufrichtig sein).* **fälschen** ⟨etw. f.⟩: Banknoten, Wechsel f.; eine Urkunde f.; er hat die Unterschrift gefälscht; einen gefälschten Pass benutzen; die Papiere sind gefälscht. **fälschlich:** eine fälschliche Behauptung; etw. f. annehmen; jmdn. f. (auch: *wider besseres Wissen)* anklagen, verdächtigen. **Falte,** die: **1.** eine scharfe, lose, tiefe, aufsprin-

F

gende F.; die Falten glätten, ausbügeln; das Kleid schlägt, wirft Falten; der Stoff fällt in weichen, fließenden Falten. **2.** *Hautlinie:* tiefe, harte Falten; auf seiner Stirn steht eine strenge, senkrechte F.; tausend F. durchziehen ihr Gesicht; sie hat schon viele Falten; die Stirn in Falten ziehen, legen. **falten:** **1.** ⟨etw. f.⟩ **a)** *in Falten legen:* ein Tuch, ein Kleid, einen Brief f.; **b)** *in Falten ziehen:* die Stirn f.; **c)** *ineinander verschränken:* die Hände [auf der Brust, zum Gebet] f. **2.** (Geol.) ⟨sich f.⟩ *Falten bilden:* viele Gebirge sind dadurch entstanden, dass sich die Erdrinde gefaltet hat.

faltig: **a)** *in Falten gelegt:* faltige Gewänder; der Vorhang ist f. gerafft; sein Anzug war schmutzig und ganz f. *(zerknittert);* **b)** *runzelig:* faltige Haut; seine Hände sind welk und f.

familiär: **1.** familiäre Sorgen, Schwierigkeiten; er hat seine Stellung aus familiären Gründen gekündigt. **2.** *ungezwungen:* ein familiärer Ausdruck; man empfand seinen familiären *(vertraulichen)* Ton als peinlich; die Atmosphäre im Büro war sehr f.; sich f. ausdrücken.

Familie, die: **1.** **a)** eine große, kinderreiche, intakte, zerstörte F.; eine F. gründen *(heiraten);* davon kann man keine F. ernähren; haben Sie F.?; der Untermieter gehört schon ganz zur F.; Ⓡ das bleibt in der F. *(bleibt unter uns);* das kommt in den besten Familien vor *(das ist nicht so schlimm);* **b)** *Sippe:* eine alte, adlige F.; (iron.:) die liebe F.; seine F. stammt aus Bayern; aus guter F. sein; in eine F. einheiraten; das Gut ist schon lange in der F., in den Händen einer F.; der Kunstsinn liegt in der F. **2.** (Biol.) *systematische Einheit:* die F. der Rinder; der Roggen gehört zur F. der Gräser.

fanatisch: ein fanatischer Anhänger; fanatische Begeisterung; sein Glaube ist f.; sie kämpft geradezu f. für diese Reform.

Fang, der: **1.** ⟨ohne Plural⟩ **a)** *das Fangen:* der F. von Pelztieren; die Fischdampfer laufen zum F. aus; **b)** *Beute:* der Angler trägt seinen F. nach Hause, freut sich über den guten F.; ÜBERTR.: einen guten, fetten F. tun, machen *(etwas Gutes finden).* **2.** (Jägerspr.) **a)** ⟨meist Plural⟩ *Füße der Greifvögel:* die Fänge des Habichts; ÜBERTR.: sie ein einmal in seinen Fängen hat *(in Besitz hat),* lässt er sie nicht mehr los; **b)** ⟨Plural⟩ *Fangzähne der Raubtiere:* der Fuchs packt die Gans mit den Fängen.

fangen: **1.** **a)** ⟨ein Tier f.⟩ *zu fassen kriegen:* Schmetterlinge, Vögel f.; Karpfen mit der Angel, im Netz f.; sie fing die Fliegen mit der Hand; die Katze hat eine Maus gefangen; drei Affen im Käfig gefangen halten *(einsperren);* **b)** ⟨jmdn. f.⟩ *festnehmen:* alle wollten den Flüchtigen f.; der Dieb wurde gefangen; ⟨meist im 2. Part.⟩ die gefangenen Soldaten; er war lange in England gefangen

(in Gefangenschaft); er gab sich schließlich gefangen *(ließ sich gefangen nehmen);* jmdn. viele Jahre gefangen *(in Gefangenschaft)* halten; er wurde von einem Spähtrupp gefangen genommen; ÜBERTR.: ich lasse mich nicht so leicht f. (ugs.; *überlisten*); ihre Erzählung hatte uns ganz gefangen *(in ihren Bann gezogen);* ihr Anblick hat uns alle gefangen gehalten *(unsere Aufmerksamkeit in Anspruch genommen);* die Musik, ihr Anblick nahm ihn ganz gefangen; jmds. Aufmerksamkeit gefangen nehmen; **c)** ⟨sich irgendwo f.⟩ *in eine Falle o. Ä. geraten:* der Fuchs hat sich im Tellereisen gefangen; ÜBERTR.: sich in den eigenen Worten f.; der Wind fängt sich im Schornstein. **2.** ⟨etw. f.⟩ *auffangen:* der Torwart fängt den Ball; ÜBERTR.: eine [Ohrfeige] f. (ugs.; *bekommen*). **3.** ⟨sich f.⟩ *wieder ins Gleichgewicht kommen:* er stolperte, konnte sich aber noch f.; ÜBERTR.: er hat sich wieder gefangen *(hat sein seelisches Gleichgewicht zurückgewonnen).*

Fantasie, Phantasie, die: **a)** *Einbildungskraft:* eine starke, krankhafte, wilde, fruchtbare, produktive, ausschweifende, schöpferische F.; die jugendliche, kindliche, dichterische F.; an dieser Geschichte entzündete sich seine F.; [keine, viel, wenig] F. haben; du hast aber eine blühende F. *(übertreibst aber maßlos);* Musik erregt, beflügelt die F.; diese Bilder regen die F. des Kindes an; seiner F. freien Lauf lassen; ein Gebilde der F.; das ist nur in deiner F. so; du mit deiner schmutzigen F.!; **b)** *Einbildung:* krankhafte, sexuelle Fantasien haben; sich in seltsamen Fantasien ergehen.

fantasieren, phantasieren: **1.** *wirr reden:* die Kranke fantasierte eine ganze Nacht. **2.** ⟨von etw. f.⟩ *sich etw. in Gedanken ausmalen [und darüber sprechen]:* der Junge fantasierte immer vom eigenen Auto; er fantasiert schon wieder vom Weltuntergang; (auch ohne Präpositionalobjekt) fantasierst du bloß oder sagst du die Wahrheit? **3.** (Musik) ⟨mit Umstandsangabe⟩ *improvisieren:* er fantasierte auf dem Klavier; sie fantasierte über ein Thema von Bach.

fantastisch, phantastisch: **1.** (ugs.) **a)** *großartig:* ein fantastischer Mensch, Plan; sie hat eine fantastische Figur; das Buch, der Film, der Gedanke ist f.; sie sieht f. aus, tanzt, kocht f.; er hat sich f. erholt; **b)** *unglaublich, ungeheuerlich:* das Flugzeug erreichte eine fantastische Geschwindigkeit; die Preise sind f. [gestiegen]. **2.** *unwirklich; unheimlich:* fantastische Vorstellungen; er erzählt fantastische Geschichten; das klingt reichlich f.

Farbe, die: **1.** **a)** eine helle, dunkle, grelle, schreiende, (ugs.:) knallige, schillernde, giftige, frische, lebhafte, kräftige, stumpfe, matte, sanfte, kalte, warme F.; die Farben sind gut aufeinander abgestimmt, passen zusammen; diese Farben beißen sich; sie liebt, trägt modische, bunte Farben; sein Gesicht hat eine gesunde F.; der Kranke hat die F.

verloren *(ist blass geworden)*, bekommt wieder F.; drei Hefte in den Farben Blau, Rot und Grün; der Stoff spielt, schillert in allen Farben; ein in zarten Farben *(Farbtönen)* gehaltenes Bild; ein Hut von unbestimmter F.; ÜBERTR.: im 2. Akt bekam ihr Spiel mehr F. *(Ausdruckskraft);* **b)** ⟨ohne Plural⟩ *Buntheit:* die meisten Abbildungen im Buch sind in F. *(farbig).* **2.** *Farbstoff:* schnell trocknende, gut deckende F.; die F. hält, blättert [von der Wand] ab, verblasst; die Farben laufen ineinander; Farben anreiben, mischen, [dick, dünn] auftragen, verdünnen; der Stoff nimmt keine F. an; es riecht nach [frischer] F.; er malt mit kräftigen, weichen, harten Farben; ÜBERTR.: etw. in den schwärzesten, glänzendsten Farben schildern; etw. in leuchtenden, rosigen Farben ausmalen, darstellen. **3. a)** ⟨meist Plural⟩ *National-, Vereinsfarbe:* die deutschen Farben sind Schwarz, Rot und Gold, Schwarz-Rot-Gold; er vertritt die Farben seines Landes, seines Vereins; Fähnchen in den französischen Farben; **b)** *Symbol:* Rot ist die F. der Liebe. **4.** *Spielkartenfarbe:* eine F. aus-, anspielen; F. bedienen, bekennen; * **Farbe bekennen** (ugs.; *seine wahre Ansicht offenbaren)* · **die Farbe wechseln** (1. *erbleichen; blass und wieder rot werden.* 2. *seine Überzeugung ändern, zu einer anderen Partei übergehen).*

färben: a) ⟨etw. f.⟩ *farbig, bunt machen:* Wolle, Garn, Papier f.; Ostereier f.; ein Kleid schwarz f.; sie hat ihr Haar blond gefärbt; ⟨jmdm., sich etw. f.⟩ die Friseuse färbt ihr die Haare [rot]; ÜBERTR.: er gab einen gefärbten *(nicht ganz der Wirklichkeit entsprechenden)* Bericht; **b)** (ugs.) *abfärben:* diese Bluse färbt [nicht]; **c)** ⟨etw. irgendwie f.⟩ *bewirken, dass etw. eine bestimmte Farbe annimmt:* Henna färbt die Haare rot; ⟨auch ohne Akk.⟩ dieses Pulver färbt blau; **d)** ⟨sich f.⟩ *eine bestimmte Farbe bekommen:* das Laub färbt sich braun; der Himmel färbte sich rötlich.

farbig: 1. a) *bunt:* farbige Postkarten, Tapeten; ein farbiger Druck, Stich; eine Zeichnung f. ausführen; ÜBERTR.: eine farbige *(anschauliche)* Schilderung; **b)** *eine bestimmte Farbe aufweisend:* farbiges Glas, farbige Stoffe. **2.** *keine weiße Hautfarbe habend:* die farbigen Völker, ein farbiger Amerikaner; die Bevölkerung ist überwiegend f..

Färbung, die: der Vogel hat eine schöne, auffallende F.; das Papier nahm eine graue F. an; ÜBERTR.: sie gab ihrem Vortrag eine ironische F.

Faser, die: eine dünne, dicke, lange, brüchige, elastische, haltbare F.; die F. bricht, dehnt sich; Fasern verspinnen; ein Gewebe aus synthetischen Fasern; ÜBERTR.: er hängt mit allen Fasern, mit jeder F. seines Herzens an seinem Beruf, an seinen Kindern.

Fass, das: ein dickes, schweres, eisernes F.; ein F. aus Eichenholz; drei neue Fässer; /bei Maßangabe/:

drei Fässer/Fass Bier; ein F. Wein, Heringe, Teer; das F. ist leer, ist voll, läuft über, ist undicht; er ist ein richtiges F. (ugs.; *sehr dick);* ein F. anstechen, anstecken, anzapfen; ein neues F. auflegen; er stiftet um ein F., Fässchen Bier; im F. gelagerter Wein; Bier [frisch] vom F.; der Wein schmeckt nach [dem] F.; Ⓡ das schlägt dem F. den Boden aus; das bringt das F. zum Überlaufen; * **ein Fass ohne Boden sein** *(so geartet sein, dass vergeblich immer wieder neue Mittel investiert werden müssen)* · **ein Fass aufmachen** (ugs.; 1. *eine ausgelassene Feier veranstalten.* 2. *viel Aufhebens machen).*

Fassade, die: eine helle, unverputzte, vornehme, barocke F.; die F. ist verschmutzt, blättert ab; eine F. erneuern, reinigen, streichen, restaurieren; ÜBERTR.: bei ihm ist alles nur F. (oft abwertend; *äußerer Schein);* hinter die Fassaden (oft abwertend) *das äußere Erscheinungsbild)* schauen, blicken, gucken.

fassen /vgl. gefasst/: **1.** *ergreifen und festhalten:* **a)** ⟨etw. f.⟩ einen Hammer f.; das Messer am Griff, an der Spitze f.; sie fasst das Seil mit beiden Händen; sie fasste seine Hand; er bekam den Ast zu f. *(erreichte ihn);* ÜBERTR.: die Strömung fasst das Boot *(nimmt es mit);* ⟨auch ohne Akk.⟩ der Schraubenschlüssel fasst nicht *(bewegt die Schraube nicht);* /häufig verblasst/: einen Beschluss, einen Entschluss f. *(etw. beschließen, sich zu etw. entschließen);* einen Gedanken f. *(zustande bringen);* Vertrauen, Zutrauen zu jmdm., etw. f. *(gewinnen);* **b)** ⟨jmdn. irgendwo f.⟩ jmdn. bei der Hand, am Arm f.; die Kinder hielten sich an den Händen gefasst; ÜBERTR.: jmdn. bei seiner Ehre f. *(an jmds. Ehrgefühl appellieren).* **2.** ⟨irgendwohin f.⟩ *greifen:* in den Schnee, in Schmutz f.; nach einem Glas f.; an den heißen Ofen f.; ⟨jmdm. irgendwohin f.⟩ das Kind fasste ihm ins Gesicht; er fasste ihr unters Kinn. **3.** (geh.) ⟨jmdn. f.⟩ *erfassen:* ein Schauder fasste ihn; das Entsetzen hatte ihn gefasst. **4.** ⟨jmdn. f.⟩ *fangen:* die Polizei hat den Dieb gefasst; der Habicht fasste seine Beute [mit den Fängen]; ⟨auch ohne Akk.⟩ /Befehl an den Hund/: fass! **5.** (Soldatenspr.) ⟨etw. f.⟩ *als Zuteilung empfangen:* Essen, Munition, Proviant f. **6.** ⟨jmdn., etw. f.⟩ *aufnehmen können:* der Tank fasst 50 Liter; der Saal fasst 1000 Zuschauer, konnte die Gäste kaum f. **7.** ⟨etw. f.⟩ *einfassen:* eine Perle, einen Edelstein [in Gold] f.; Glasbilder in Blei f.; eine Quelle f. *(die Stelle, an der die Quelle austritt, ausmauern);* ein schön gefasster Brillant. **8.** ⟨etw. f.; meist eingeschränkt oder verneint⟩ *begreifen:* den Sinn dieser Worte nicht f. können; ich kann mein Glück kaum f.; ich kann es nicht f., dass alles vorbei sein soll; das ist ja nicht zu f.! **9.** ⟨etw. irgendwie f.⟩ *formulieren:* seine Gedanken in Worte, in Verse f.; der Satz, die Verfügung

F

ist neu, anders, verständlicher gefasst worden; einen Begriff weit, eng f.
10. ⟨sich f.⟩ *seine Haltung wieder finden:* er erschrak, aber er fasste sich schnell; fassen *(beruhigen)* Sie sich!
Fasson, die: der Hut hat keine F. mehr, hat die F. verloren; ÜBERTR.: sie ist etwas aus der F. geraten (ugs.; *hat zugenommen);* Ⓡ jeder muss/soll/kann nach seiner [eigenen] F. *(auf seine Art)* selig werden.
Fassung, die: **1.** *Einfassung:* die kunstvolle F. eines Edelsteins; die Glühbirne aus der F. schrauben.
2. *Gestaltung; Form:* die erste, ursprüngliche, endgültige F. eines Textes; der Dichter gab dem letzten Akt eine andere F.; der chinesische Film läuft in englischer F. *(Synchronisation).*
3. *Selbstbeherrschung:* er bewahrte, behielt [die] F.; sie gewann ihre F. zurück/wieder; er verlor seine F. [nicht]; sie war durch nichts aus der F. zu bringen; sie rang nach F., war völlig außer F.; die Mannschaft trug die Niederlage mit F.; trags mit F.!
fassungslos: ein fassungsloses Gesicht machen; sie war f. vor Schrecken; ich war einfach f.; f. weinen, schluchzen; jmdn. f. anstarren.
fast: f. tausend Personen waren anwesend; f. jeder kennt dieses Wort; f. wäre ich gefallen; f. in allen Fällen/in f. allen Fällen.
fasten: der Kranke musste zwei Tage f.; SUBST.: durch langes Fasten war sein Körper geschwächt.
faszinieren ⟨jmdn. f.⟩: diese Sängerin, dieser Gedanke faszinierten ihn; ein faszinierendes Lächeln; sie war von seiner Stimme fasziniert.
fatal: **a)** *sehr unangenehm:* ein fatales Gefühl; die Verwechslung hatte fatale Folgen, war/erwies sich als sehr f.; die Lage war f., sah f. aus; **b)** *verhängnisvoll:* er hat eine fatale Neigung zum Alkohol; ihm ist ein fataler Fehler unterlaufen; es wäre für die Agrarpolitik f., wenn ...; die Sache hat sich f. ausgewirkt.
fauchen: a) /von Tieren/: die Katze, der Fuchs faucht [wütend]; ÜBERTR.: die Lokomotive, der Wind faucht; **b)** ⟨etw. f.⟩ *in gereiztem Ton sagen:* sie fauchte:»Verschwinde!«
faul: 1. *durch Fäulnis verdorben:* faules Fleisch, Obst; faules Holz; ein fauler Zahn; das Wasser hat einen faulen Geschmack, Geruch; er wurde mit faulen Eiern beworfen; f. schmecken, riechen.
2. (ugs. abwertend) *bedenklich; nicht einwandfrei:* ein fauler Kompromiss; das ist eine ganz faule Sache; faule *(unglaubwürdige)* Ausreden, faule Witze machen; das ist alles fauler Zauber *(Schwindel);* ein fauler *(ungedeckter)* Wechsel; ein fauler *(unsicherer)* Friede; hier ist etwas f. *(hier stimmt etwas nicht).*
3. *träge, nicht fleißig:* ein fauler Schüler; ein faules Leben führen; sie hat heute ihren faulen Tag (ugs.; *sie faulenzt heute);* es ist stinkend f. (ugs.

abwertend; *sehr faul);* er ist zu f. zum Schreiben; f. dasitzen, im Bett liegen;
∗ nicht faul *(ohne zu zögern):* er, nicht f., tat das Gleiche.
faulen: das Obst fault; die Kartoffeln sind vor Nässe gefault; faulendes Stroh.
faulenzen: sie faulenzen den ganzen Tag; in den Ferien will ich einmal richtig f.
Faulheit, die: seine große, unbeschreibliche F.; jmdm. die F. austreiben; etw. aus [reiner] F. nicht tun;
∗ vor Faulheit stinken (ugs.; *sehr faul sein).*
faulig: fauliges Obst; ein fauliger Geruch; das Wasser ist, schmeckt f.
Fäulnis, die: die F. des Getreides, des Holzes ist fortgeschritten; in F. übergehen; Fleisch vor F. bewahren.
Faust, die: eine große, derbe, knochige, harte F.; seine F. schlug zu, traf den Gegner; eine F. machen; die F. ballen, öffnen; er hat schnelle Fäuste (Boxen; *er schlägt schnell);* etw. aus der F. *(ohne Besteck)* essen; mit den Fäusten auf jmdn. losgehen; sie drückte die Tür trommeln; er ballte, schloss die Hand zur F.;
∗ die Faust, die Fäuste in der Tasche ballen *(seinen Zorn verbergen)* · die Faust im Nacken spüren *(sich unterdrückt fühlen; unter Zwang handeln müssen)* · auf eigene Faust *(auf eigene Verantwortung):* er hat auf eigene F. gehandelt · sich (Dat.) ins Fäustchen lachen (ugs.; *voll heimlicher Schadenfreude lachen)* · mit der Faust auf den Tisch schlagen/hauen *(energisch auftreten, vorgehen)* · mit eiserner Faust *(mit Gewalt):* der Aufstand wurde mit eiserner F. unterdrückt.
faustdick: eine faustdicke Geschwulst; ÜBERTR.: eine faustdicke (ugs.; *sehr große)* Überraschung; faustdicke (ugs.; *unglaubliche)* Lügen; das ist f. *(sehr plump)* aufgetragen.
Fazit, das: das F. der Untersuchungen, der Überlegungen war jedes Mal das gleiche;
∗ das Fazit aus etw. ziehen *(das Ergebnis aus etw. zusammenfassen):* er zog das F. aus seinem Bericht.
Februar, der: ein kalter, nasser, schneereicher F.; Anfang, Ende F.; im Laufe des Monats F., des Februar[s]; er ist im F., am 3. F. geboren.
fechten: 1. mit jmdm., gegen jmdn. f.; mit dem Säbel, mit dem Degen, mit dem Florett f.; auf Hieb, auf Stoß f.; sie ficht ausgezeichnet; ÜBERTR.: mit harten Worten f. (geh.; *eine harte Diskussion führen).*
2. (Sport) ⟨etw. f.⟩ *in einer Fechtart tätig sein:* Damen fechten nur Florett; sie fochten fünf Gänge.
Feder, die: **1.** eine schwarze, grünliche, schillernde F.; zerzauste, bunte Federn; etw. ist leicht wie eine F.; der Hahn sträubt, spreizt die Federn; Federn schleißen *(von den Kielen befreien);* eine F. am Hut tragen; ein Kissen mit Federn stopfen, füllen.
2. *Schreibfeder:* eine spitze, weiche, goldene F.;

die F. kratzt, schreibt hart, kleckst; die F. eintauchen; mit der F. schreiben; ÜBERTR.: ein Mann der F. (geh.; *Schriftsteller*); sie schreibt eine kluge, gewandte F. *(klug, in gewandtem Stil);* das Buch stammt aus berufener F., ist aus seiner F. geflossen; jmdm. etw. in die F. diktieren; zur F. greifen *(schreiben).*
3. (Technik) *elastisches Metallstück:* eine stählerne, starke, gespannte F.; die F. spannt sich, schnellt zurück, bricht; die F. aufziehen, ablaufen lassen;
∗ **Federn lassen [müssen]** (ugs.; *Schaden, Nachteile hinnehmen [müssen]*) · **in die/in den/aus den Federn** (ugs.; *ins/im/aus dem Bett*): in die Federn kriechen; sie kommt morgens nicht aus den Federn; er liegt noch in den Federn · **sich mit fremden Federn schmücken** *(Verdienste anderer als eigene ausgeben).*
Federlesen, das: die entwarf das Bild mit wenigen ⟨nur in den Wendungen⟩ **nicht viel Federlesen[s] [mit jmdm., etw.] machen** *([mit jmdm., etw.]* energisch verfahren) · **ohne viel Federlesen[s], ohne langes Federlesen** *(ohne große Umstände)* · **[viel] zu viel Federlesens** *(zu große Umstände).*
federn: **1.** *elastisch schwingen:* das Brett federte beim Absprung; der Waldboden federt unter seinen Schritten; der Tennisschläger federt nicht mehr; der Turner federt in den Knien; ein federnder Gang; mit federnden Schritten.
2. ⟨etw. f.⟩ *mit Federung versehen:* einen Wagen f.; ⟨meist im 2. Part.⟩ das Bett ist gut, schlecht, zu hart gefedert.
Federstrich, der: die entwarf das Bild mit wenigen Federstrichen; ÜBERTR.: ich habe heute noch keinen F. *(noch nichts)* getan;
∗ **mit einem/durch einen Federstrich** *(kurzerhand):* das kann man nicht mit einem/durch einen F. erledigen.
fegen: **1.** (bes. nordd.) *kehren:* **a)** ⟨etw. f.⟩ die Straße, Treppe, das Zimmer, den Fußboden f.; ⟨auch ohne Akk.⟩ ich muss noch f.; **b)** ⟨etw. irgendwohin f.⟩ den Schmutz aus dem Zimmer f.; sie fegt die Blätter vom Bürgersteig, in die Ecke; er fegte die Schnipsel nur unter den Teppich; ÜBERTR.: der Wind fegt das Laub von den Bäumen.
2. a) ⟨etw. von etw. f.⟩ *entfernen:* er fegte mit der linken Hand die Hefte vom Tisch; ÜBERTR.: er wurde von der Parteispitze gefegt; sie fegte ihre Gegnerin in 43 Minuten vom Platz (Sport; *siegte überlegen*); **b)** ⟨jmdn., etw. irgendwohin f.⟩ *treiben:* er fegte den Ball ins Aus; die Feinde wurden ins Meer gefegt.
3. ⟨irgendwo[hin] f.⟩ *rasen:* der Porsche fegt [mit 200 km/h] über die Autobahn; der Wind fegt *(weht heftig)* über die Straßen, durch das Land.
Fehde, die: endlose Fehden zwischen den Adelsgeschlechtern; jmdm. die F. ansagen; in F. leben; ÜBERTR.: literarische, politische Fehden (geh.; *Kämpfe)* [mit jmdm.] austragen, ausfechten.
fehlen: **1. a)** *nicht [mehr] vorhanden sein:* hier feh-

len zwei Bücher; in der Kasse fehlen 10 Mark; besondere Kennzeichen fehlen; sie will dem Kind den fehlenden Vater ersetzen; ich habe das fehlende Bild gefunden; wo fehlts denn? *(was ist nicht in Ordnung?);* es konnte nicht f. (geh.; *nicht ausbleiben),* dass er eingeladen wurde; ⟨jmdm. f.⟩ mir fehlen zehn Mark *(sind zehn Mark abhanden gekommen);* ÜBERTR.: was fehlt dir? *(welche Beschwerden hast du?);* mir fehlt nichts *(ich bin gesund);* **b)** *nicht anwesend sein:* unentschuldigt f.; der Schüler fehlt schon eine Woche, seit einer Woche; sie hat in diesem Schuljahr die meiste Zeit gefehlt; sie hat bei keiner Premiere, auf keinem Fest gefehlt; **c)** ⟨es fehlt an jmdm., etw.⟩ *es mangelt:* es fehlt an Geld; es fehlt an qualifizierten Programmierern; sie lässt es an nichts f. *(sie sorgt für alles);* sie hat es an Sorgfalt, am nötigen Engagement f. lassen *(sie war nicht sorgfältig, nicht engagiert genug);* an mir, (auch:) von meiner Seite soll es nicht f. *(ich tue das Meinige);* ⟨es fehlt jmdm., etw. an etw. (Dat.)⟩ es fehlt ihnen am Nötigsten; **d)** ⟨jmdm. f.⟩ *fehlen zu jmds. Verfügung stehen:* mir fehlt das Geld für die Reise; ihr fehlt die Erfahrung, jeder Sinn für Humor; **e)** ⟨jmdm. f.⟩ *von jmdm. vermisst werden:* du hast mir die ganze Zeit gefehlt; seine Hilfe wird ihr f.; mein Auto fehlt mir doch sehr; **f)** ⟨jmdm., etw. f.⟩ *erforderlich sein:* ihr fehlen noch drei Punkte zum Sieg; nur ein Kind hat ihnen an/zu ihrem Glück gefehlt; diesem Satz fehlt noch der letzte Schliff; ⟨auch ohne Akk.⟩ in diesem Chaos fehlt die ordnende Hand; noch drei Punkte fehlten zum Sieg; viel fehlte nicht/es fehlte nicht viel, und wir hätten Streit bekommen *(beinahe hätten wir ...);* das fehlte noch, dass du jetzt krank würdest *(es wäre schlimm, wenn ...);* der/die/das hat mir gerade noch gefehlt! (ugs. iron.; *der/die/das kommt äußerst ungelegen!).*
2. (geh.) *unrecht handeln:* vergib mir, wenn ich [gegen dich] gefehlt habe;
∗ **weit gefehlt!** *(Irrtum!; völlig falsch!).*
Fehler, der: **1.** *Unrichtigkeit:* ein grober, schwerer, leichter, dummer, verhängnisvoller, kapitaler, vermeidbarer, folgenschwerer F.; grammatischer, stilistische F.; F. in der Rechtschreibung; ihr ist ein F. unterlaufen; in die Rechnung hat sich ein F. eingeschlichen; es war ein F. *(es war falsch),* so schnell nachzugeben; das war ein F. *(meine Schuld);* einen F. machen, begehen, entdecken, berichtigen, korrigieren, verbessern, übersehen; er hat 10 Fehler im Diktat; einen F. vertuschen, bemänteln, verschleiern; aus den Fehlern anderer lernen; die Arbeit ist frei von Fehlern, strotzt, wimmelt von Fehlern; (Sport:) der Schiedsrichter entschied, erkannte auf F.
2. *Mangel, schlechte Eigenschaft:* ein körperlicher, charakterlicher F.; der F. *(Nachteil)* bei der Sache ist/liegt darin, dass ...; seine Fehler erkennen, einsehen, ablegen; wir alle haben [unsere] Fehler; du hast den F. an dir, zu schnell aufzu-

brausen; Textilien, Porzellan mit kleinen Fehlern.

fehlerhaft: fehlerhaftes Material; eine fehlerhafte Stelle im Gewebe; seine Aussprache ist f.; f. sprechen.

fehlgehen ⟨meist verneint⟩ (geh.); **a)** *in die falsche Richtung gehen:* auf diesem Weg kannst du nicht f.; der Schuss ist fehlgegangen *(hat nicht getroffen);* **b)** *sich irren:* ich glaube mit dieser Annahme nicht fehlzugehen.

Fehlgriff, der: mit diesem Mann hat die Firma einen F. getan; Fehlgriffe vermeiden.

fehlschlagen: der Versuch ist fehlgeschlagen; ihre Bemühungen schlugen fehl; ein fehlgeschlagenes Experiment

Feier, die: **a)** *festliche Veranstaltung:* eine würdige, stille, prunkvolle, gemütliche, kleine, nette F.; eine F. im Familienkreis, in kleinem Rahmen; eine Feier zum Gedächtnis, zu Ehren eines großen Staatsmannes veranstalten; eine F. (geh.:) begehen; an einer F. teilnehmen; bei einer F. mitwirken; **b)** ⟨mit Gen.⟩ *feierliches Begehen:* die F. des heiligen Abendmahls; die F. seines 80. Geburtstages;

⋆ **zur Feier des Tages** (meist scherzh.; *um den Tag würdig zu begehen*): zur F. des Tages gab es Sekt.

Feierabend, der: **a)** *Zeit nach der Arbeit:* den F. genießen; jmdm. einen schönen F. wünschen, den F. verderben; **b)** *Arbeits-, Dienstschluss:* um 16 Uhr ist F., haben wir F.; wir machen heute früher F.; der Wirt verkündete F. *(schloss das Lokal);* nach F. arbeitet er im Garten; ÜBERTR.: für mich ist F. (ugs.; *ich kann, mag nicht mehr weitermachen*); damit ist [bei mir] F. (ugs.; *diese Sache ist [für mich] erledigt*).

feierlich: a) *festlich, würdevoll:* ein feierlicher Augenblick; feierliche Stille; eine feierliche Ansprache; etw. mit feierlicher Miene verkünden; die Trauung war sehr f.; ihr war f. zumute; seinen Geburtstag f. begehen; der Minister wurde f. vereidigt, verabschiedet; die Ausstellung wurde f. eröffnet; das ist ja [schon] nicht mehr f. (ugs.; *kaum mehr erträglich*); **b)** *nachdrücklich:* eine feierliche Versicherung abgeben; etw. f. erklären, versprechen, geloben.

feiern: 1. a) ⟨etw. f.⟩ *als Feier gestalten:* Weihnachten, eine Hochzeit, jmds. Geburtstag, ein bestandenes Examen, Abschied, Wiedersehen, Feste f.; etw. mit Sekt f.; eine Orgie f.; der 31-jährige Mittelstürmer feierte *(erlebte)* ein gelungenes Comeback in der Nationalmannschaft; das muss gefeiert werden!; das heilige Abendmahl, den Gottesdienst f. *(zelebrieren);* **b)** *fröhlich beisammen sein:* wir haben die ganze Nacht [tüchtig] gefeiert; ⟨jmdn. f.⟩ *ehren, umjubeln:* der Sänger wurde stürmisch gefeiert; sie feierten den Sportler als Helden; sie ist eine gefeierte Schönheit. **2.** (ugs.) *nicht arbeiten [können]:* die Arbeiter mussten [eine Woche lang] f.

feig[e]: a) *ohne Mut:* ein feiger Kerl; feige Ausreden; sei nicht f.!; sich f. verstecken, zurückziehen; **b)** *gemein:* ein feiger Verräter; feiges Pack; ein feiger Mord; sie haben uns f. im Stich gelassen.

Feigheit, die: seine F. hat uns alles verdorben; etw. aus F. nicht tun; (Milit.:) wegen F. vor dem Feind verurteilt werden.

Feigling, der: er ist ein jämmerlicher, erbärmlicher F.; jmdn. einen F. nennen.

Feile, die: eine grobe, feine F.; die F. ansetzen; ein Metallstück mit der F. glätten, bearbeiten; ÜBERTR.: die letzte F. an sein Werk legen (geh.; *die letzten Verbesserungen anbringen*).

feilen: 1. ⟨etw. f.⟩ *mit einer Feile glätten:* etw. passend, glatt, rund f.; den Schlüssel f. *(den Schlüsselbart mit der Feile passend machen);* ⟨jmdm., sich etw. f.⟩ ich muss mir die Fingernägel f. **2.** ⟨an etw. (Dat.) f.⟩ *etw. mit der Feile bearbeiten:* an einem Werkstück f.; ÜBERTR.: sie hat lange an ihrem Aufsatz gefeilt *(bessernd und glättend gearbeitet);* an seiner Technik f.

fein: 1. a) *zart:* feine Fäden; ein feines Gewebe; feine Wäsche; feine Linien; ein feines *(engmaschiges)* Sieb; ein feiner Kamm; ihr Haar ist sehr f.; f. genarbtes Leder; f. *(zierlich)* gegliederte Hände; f. geschliffenes Kristall; ein f. gestreifter Anzug; ÜBERTR.: mit feiner Ironie, mit feinem *(feinsinnigem)* Humor; **b)** *aus kleinsten Teilchen bestehend:* feines Mehl, Pulver; ein feiner Regen, Nebel; feine Wurst *(aus fein gehacktem Fleisch);* der Sand ist sehr f.; etw. f. hacken, mahlen, [ver]reiben, sieben.

2. a) *erlesen:* feine Weine, Speisen; die feine Küche; eine feine Seife; die feinste Marke; feines *(reines)* Gold, Silber; Äpfel von feinem Geschmack; ein feiner *(kluger, schöner)* Kopf; SUBST.: ich habe dir etwas Feines *(Gutes, Schönes)* mitgebracht; etw. schmeckt, riecht f.; (ugs.:) das hat er f. gemacht; f. *(schön)*, dass du gekommen bist!; **b)** *genau, scharf:* ein feines Gehör, eine feine Nase; ein feines Gefühl, Gespür für etw. haben; ein Instrument f. einstellen, abstimmen; **c)** *schlau:* ein feiner Plan; mit feiner List; das ist f. ausgedacht, eingefädelt; f. ausgeklügelt sein; SUBST.: aufs Feinste ausgeklügelt sein; **d)** (ugs.) *anständig:* ein feiner Junge, Kerl; die feine englische Art; das war nicht f. von dir.

3. *vornehm [aussehend]:* feines Benehmen; feine Sitten, Manieren; ein feiner *(anspruchsvoller)* Geschmack; ein feiner Mann, Herr; in der feinen Gesellschaft verkehren; (auch iron.:) feine Leute; sie war ihm nicht f. genug, zu f.; sich f. machen *(sich gut, gepflegt anziehen).*

4. (ugs.) ⟨verstärkend, bekräftigend bei Adjektiven und Verben⟩ etw. f. *(ganz)* säuberlich abschreiben; dass du mir f. *(ja)* brav bist!; sie blieb f. *(schön)* im Hintergrund;

⋆ **fein heraus sein** (ugs.; *in glücklicher Lage sein*).

Feind, der: **1. a)** *Gegner:* ein alter, erbitterter, gefährlicher F.; sie waren Feinde *(sie hassten sich)*; jmds. persönlicher, schlimmster, ärgster F. sein; sie hat viele Feinde; sich (Dat.) jmdn. zum F. machen; Ⓡ viel Feind', viel Ehr'; ÜBERTR.: der Tiger hat keine natürlichen Feinde; **b)** *jmd., der etw.* **entschieden bekämpft:** die Feinde des Fortschritts; er ist ein geschworener, erklärter F. von Gewalttätigkeiten. **2. a)** *feindlicher Soldat:* im Krieg waren die Amerikaner die Feinde der Japaner; **b)** *feindliche Truppen:* der F. rückt heran; den F. angreifen, zurückwerfen, in die Flucht schlagen; Tapferkeit, Feigheit vor dem F.; zum F. überlaufen; Ⓡ ran an den F.! (ugs. scherz.; *auf, nicht länger gezögert!*); ⋆ **jmdm., etw. Feind sein** (geh. veraltend; *feindlich gesinnt, abgeneigt sein*): er ist allen Vergnügungen F.

feindlich: a) *zum Feind gehörend:* ein feindliches Land; ein feindlicher Sender, Angriff; feindliche Truppen, Stellungen; er steht im feindlichen Lager; **b)** *feindselig:* die feindlichen Brüder; eine feindliche Haltung einnehmen.

Feindschaft, die: eine alte, erbitterte F.; eine F. gegen jmdn.; dadurch habe ich mir seine F. zugezogen; mit jmdm. in [offener] F. leben.

feindselig: eine feindselige Haltung, Gesinnung; feindselige Blicke; f. schweigen; sie starrte ihn f. an; sich f. gegen jmdn. zeigen.

Feindseligkeit, die: **a)** *feindselige Gesinnung:* ihr Blick verriet offene F.; **b)** ⟨Plural⟩ *kriegerische Handlungen:* zwischen ihnen brachen Feindseligkeiten aus; die Feindseligkeiten eröffnen, einstellen; bisher kam es nicht zu Feindseligkeiten.

feinfühlig: ein feinfühliger Mensch; dieses Auto verlangt einen feinfühligen Umgang mit Gas und Kupplung; eine Komposition f. interpretieren; f. argumentieren, auf etw. eingehen.

Feld, das: **1. a)** *unbebaute Bodenfläche:* ein offenes, flaches, weites F.; durch F. und Wald; die Straße läuft über freies F. **b)** *landwirtschaftliche Nutzfläche:* ein schmales, breites, fruchtbares, steiniges, trockenes F.; das F. liegt brach, trägt Korn, Kartoffeln; das F. bestellen, düngen, pflügen, abernten; der Bauer geht aufs F., arbeitet auf dem F.; das Korn steht noch im F. *(ist noch nicht eingefahren);* die Felder *(Feldfrüchte)* stehen gut. **2.** (Sport) *Spielfeld:* das F. ist vom Regen aufgeweicht; einen Spieler vom F. verweisen; den Ball ins Feld werfen, schlagen; die Zuschauer stürmten aufs F. **3.** *Tätigkeitsbereich, Fachgebiet:* das F. der Wissenschaft; hier steht noch ein weites, dankbares F. offen; sein F. ist die Kunststoffforschung; sie beherrscht dieses F.; Ⓡ das ist ein weites F. *(darüber lässt sich viel sagen).* **4.** (Physik) *Kraftfeld:* ein elektromagnetisches F.; das F. entsteht, wird erzeugt, dehnt sich aus. **5.** *abgetrenntes Teilstück einer Fläche:* die leeren Felder eines Formulars ausfüllen; eine Tür mit farbigen Feldern; die schwarzen, weißen Felder

im Schachspiel; (Wappenkunde:) eine weiße Lilie im blauen F. **6.** (Sport) *geschlossene Teilnehmergruppe:* das F. startet, zieht sich auseinander, bleibt zurück, war auseinander gerissen; der finnische Läufer führt das F. an, überrundet das F., löst sich vom F., schließt zum F. auf; ⋆ **das Feld behaupten** *(seine Stellung gegen die Konkurrenz halten)* · **das Feld beherrschen** *(maßgebend sein)* · **das Feld räumen** *(seine Stellung aufgeben)* · **jmdm. das Feld streitig machen** *(jmdm. Konkurrenz machen)* · **jmdm. das Feld überlassen** *(sich vor jmdm. zurückziehen)* · **jmdn. aus dem Feld schlagen** (geh.; *jmdn. verdrängen)* · **gegen jmdn./etw. zu Felde ziehen** (geh.; *gegen, für jmdn./etw. kämpfen)* · **etw. ins Feld führen** (geh.; *etw. als Argument anführen).*

Fell, das: ein weiches, raues, sauberes, glänzendes, dichtes, struppiges, zottiges F.; einem Tier das F. streicheln, kraulen; dem Fuchs das F. abziehen; einem Pferd das F. striegeln; Felle trocknen, gerben; ⋆ **jmdm./jmdn. juckt das Fell** (salopp; *jmd. wird so übermütig, als wolle er Prügel haben)* · **jmdm. schwimmen die/alle Felle davon, fort, weg** (ugs.; *jmds. Hoffnungen zerrinnen)* · **ein dickes Fell haben, bekommen/kriegen** (ugs.; *seelisch unempfindlich sein, werden)* · **sich** (Dat.) **ein dickes Fell zulegen/anschaffen** (ugs.; *sich seelisch unempfindlich machen)* · **jmdm. das Fell über die Ohren ziehen** (salopp; *jmdn. betrügen, stark übervorteilen)* · **seine Felle davonschwimmen, fortschwimmen, wegschwimmen sehen** (ugs.; *seine Hoffnungen in nichts zerrinnen sehen).*

Fels (geh.), **Felsen,** der: **a)** ⟨meist: Fels⟩ *Gestein:* harter, verwitterter, brüchiger F.; der nackte F. tritt zutage; beim Graben auf F. stoßen; Stufen in den F. hauen; **b)** ⟨meist: Felsen⟩ *Gesteinsmasse:* ein schroffer, mächtiger, überhängender F.; der F. fällt steil ab; einen F. sprengen, besteigen, ersteigen; auf einen F. klettern; wie ein Fels [in der Brandung] *(unerschütterlich).*

felsenfest: das ist meine felsenfeste Überzeugung; f. mit etw. rechnen; f. von etw. überzeugt sein; sie glaubt f. an seine Unschuld.

Fenster, das: **1. a)** ein großes, kleines, hohes, breites, rundes, vergittertes F.; erleuchtete F.; das F. zum Hof; das F. geht auf die Straße [hinaus]; ein F. in die Mauer brechen, zumauern; das Zimmer hat zwei F.; die Nachbarin lag stundenlang im F.; zum F. hinaussehen; aus dem F. schauen, sehen, fallen, springen; ÜBERTR.: ein Briefumschlag mit F. *(mit durchsichtigem Adressenfeld);* **b)** *gerahmtes Glas:* ein buntes, trübes, angelaufenes F.; das F. ist blind geworden, glänzt, klirrt, springt auf, schlägt zu; das F. öffnen, schließen, (ugs.:) aufmachen/zumachen; ein F. einsetzen, aushängen, putzen; die F. des Wagens herunterkurbeln, hochkurbeln; ÜBERTR.: der Staat hat endlich wieder ein F. zur Welt geöffnet *(Beziehungen mit der übrigen Welt angebahnt).* **2.** (ugs.) *Schaufenster:* das F. dekorieren; ein Buch aus dem F. nehmen, ins F. stellen, legen. **3.** (EDV) *Feld auf der Benutzeroberfläche:* es erscheint ein F. mit der Meldung ...; ein F. schließen, vergrößern, verkleinern, verschieben, wegklicken; ∗ **sich [zu] weit aus dem Fenster lehnen/hängen** *(sich [zu] sehr exponieren)* · **weg vom Fenster sein** (ugs.; *nicht mehr beachtet werden)* · **aus dem/zum Fenster hinausreden** (1. *vergeblich, erfolglos reden.* 2. *propagandistisch, manipulierend reden).*

Ferien, die ⟨Plural⟩: **a)** *Arbeitspause einer Institution (z. B. Schule):* die großen F. *(Sommerferien);* die F. beginnen, fangen an, dauern von Mitte Juli bis Anfang September, sind zu Ende; die F. bekommen, haben; der Bundestag geht in die F.; dieses Jahr verreisen wir in den F. nicht; **b)** *Urlaub:* [gemeinsam] F. machen; die F. an der See, im Gebirge verbringen; in die F. fahren; ÜBERTR.: sie braucht dringend einmal F. von der Familie; ∗ **Ferien vom Ich** *(das Losgelöstsein vom Alltag).*

Ferkel, das: **1.** *junges Schwein:* ein rosiges F.; das F. quiekt. **2.** (salopp) /oft als Schimpfwort/ **a)** *unsaubere Person:* welches F. hat denn hier gegessen?; **b)** *unanständige Person:* das F. hat ihr unter den Rock gefasst.

fern: **I.** ⟨Adj.⟩ **1.** *weit entfernt:* ferne Länder; in der ferneren *(nicht allzu fernen)* Umgebung; f. [von der Heimat] sein; einen Kranken von den Kindern f. halten; wir haben die Sorgen von ihm f. gehalten; der Geruch soll Mücken f. halten; er hält sich f. von ihr, von solchem Treiben; das Gewitter ist noch f.; etw. von f. miterleben; ein Bild von f. betrachten, beobachten; ÜBERTR.: von f. *(mit nüchterner Überlegung)* betrachten, sieht die Sache ganz anders aus; dieser Gedanke lag mir fern; es hat mir f. gelegen, sie zu kränken; solche Überlegungen liegen mir völlig f.; einem Plan, einer Partei f. stehen *(keine innere Beziehung dazu haben);* Ⓡ das sei f. von mir! *([Gott] behüte!).* **2. a)** *lange vergangen:* eine Geschichte aus fernen Tagen; die Zeit ist noch nicht f., als das geschah; **b)** *[weit] in der Zukunft liegend:* man wird davon noch in fernen Tagen, in ferner Zukunft reden; ich hoffe, in nicht zu ferner Zeit zu kommen; der Tag ist nicht mehr f. **II.** ⟨Präp. mit Dat.⟩ (geh.) *weit entfernt von:* f. der Heimat, der Stadt.

fernbleiben (geh.) ⟨jmdm., etw./(seltener:) von jmdm., etw. f.⟩: dem Unterricht, der Schule f.; sie ist unserem Klassentreffen ferngeblieben; SUBST.: er wurde wegen unentschuldigten Fernbleibens von der Arbeit abgemahnt.

Ferne, die: **1. a)** (geh.) *Fremde:* die abenteuerliche F.; ein Gruß aus der F.; in die F. ziehen; **b)** *große Entfernung:* etw. aus der F. betrachten, beobach-

ten; eine Brille für die F.; etw. in weiter F. erblicken; in die F. sehen, blicken; sein Blick schweift in die F. *(weit hinaus).* **2.** *ferne Zukunft:* eine Lösung liegt noch in weiter F., rückte in weite F.

ferner: **1.** *in Zukunft:* er wird den politischen Kurs auch f. selbst festlegen. **2.** *außerdem:* sie brauchen Mäntel, f. Kleider und Schuhe; f. wissen wir, dass ...; ÜBERTR.: das rangiert unter »ferner liefen« (ugs.; *ist von untergeordneter Bedeutung).*

fernsehen: er sieht gerade fern, hat lange ferngesehen; SUBST.: das kommt vom vielen Fernsehen.

Fernsehen, das: **a)** *technische Einrichtung, die Bild und Ton sendet:* die Technik des digitalen Fernsehens; habt ihr kein F.?; wir haben gestern die Eislaufmeisterschaft im F. gesehen, erlebt; das Länderspiel wird im F. übertragen, kommt im F.; **b)** *Fernsehanstalt:* das private F.; das F. bringt heute ein Interview mit ...; sie arbeitet beim F.; das Spiel wird vom F. direkt/live übertragen, aufgezeichnet.

Fernseher, der (ugs.): **a)** *Fernsehapparat:* ein tragbarer F.; im Wohnzimmer läuft der F.; den F. einschalten, ausschalten, anmachen, ausmachen; **b)** *Fernsehteilnehmer:* er ist ein eifriger F.; Millionen von Fernsehern verfolgten das Tennismatch.

Ferse, die: **a)** *hinterer Teil des Fußes:* die F. tut mir weh; sich die Fersen wund laufen; jmdm.//(auch:) jmdn. auf die Fersen treten; **b)** *Teil des Strumpfes:* der Strumpf hat ein Loch in der F.; die F. hat ein Loch; ∗ **sich an jmds. Fersen/sich jmdm. an die Fersen heften/hängen** *(jmdm. hartnäckig folgen)* · **jmdm. auf den Fersen sein, bleiben** *(jmdn. verfolgen)* · **jmdn. auf den Fersen haben** *(einen Verfolger nicht loswerden).*

fertig: **1.** *vollendet, völlig hergestellt:* ein fertiges Manuskript; fertige *(gekochte)* Speisen; das Essen ist f.; etw. f. kaufen; er ist noch nicht f. (ugs.; *noch nicht ganz erwachsen).* **2.** *zu Ende:* wann bist du [mit den Hausaufgaben, mit der Arbeit] f.?; mit der Schule f. sein; ich bin mit dem Buch, habe das Buch f. (ugs.; *habe es ausgelesen),* habe es f. gelesen; mit der Flasche werden wir bald f. sein (ugs.; *sie getrunken haben);* ich bringe, bekomme, kriege die Arbeit heute nicht mehr f.; das Essen f. kochen; das Manuskript pünktlich f. stellen; du musst erst f. essen; ich muss die begonnene Arbeit f. machen. **3.** *bereit:* sie sind f. zur Abreise; bist du endlich f., dass wir gehen können?; er ist rasch mit seinen Antworten f. *(er antwortet [zu] schnell);* die Kinder zum Spaziergang f. machen; sich fürs Theater f. machen *(zurechtmachen);* den Wagen f. machen; /Kommando!/ f. machen!; auf die Plätze – f. – los! (Sport; Startkommando). **4.** (ugs.) *erschöpft:* nach dieser Reise waren wir körperlich f.; sie war mit den Nerven f.; der Gedanke machte mich richtig f. *(zermürbte mich);*

＊fertig sein (ugs.; 1. *verblüfft sein.* 2. *zahlungsunfähig sein)* · **mit jmdm. fertig sein** (ugs.; *mit jmdm. nichts mehr zu tun haben wollen)* · **mit etw. fertig werden** (ugs.; *etw. [innerlich] bewältigen)*: sie muss zusehen, wie sie damit f. wird; mit diesem Schicksalsschlag ist sie nie f. geworden · **mit jmdm. fertig werden** (ugs.; *sich bei jmdm. durchsetzen)*: mit dir werde ich allemal f.! · **es fertig bringen/bekommen/**(ugs.:) **kriegen, etw. zu tun** *(es zustande bringen, etw. zu tun):* sie bringt es nicht f., ihm die Wahrheit zu sagen; (iron.:) so etwas bringst nur du fertig! · **jmdn. fertig machen** (ugs.; 1. *in schärfstem Ton zurechtweisen.* 2. *körperlich besiegen.* 3. *zusammenschlagen).*

Fertigkeit, die: **a)** *Geschicklichkeit:* handwerkliche, künstlerische, technische Fertigkeiten; er hat [eine] große F., wenig F. im Spiel mit einiger F. Klavier; **b)** ⟨Plural⟩ *Fähigkeiten:* handwerkliche Fertigkeiten.

fesch (ugs., bes. österr.): ein fescher junger Mann, ein fesches Mädel; das ist ein fesches Kleid; das ist f.!; f. aussehen.

Fessel, die: eine starke F.; die F. drückt, schneidet ins Fleisch; die Fesseln sprengen, abstreifen, abwerfen; dem Gefangenen Fesseln anlegen, ihn in Fesseln legen; BILDL.: die Fesseln der Liebe, der Ehe; etw. als [lästige] F. empfinden.

fesseln: 1. **a)** ⟨jmdn., etw. f.⟩ einen Gefangenen f.; er wurde an Händen und Füßen gefesselt; seine Hände waren auf dem Rücken gefesselt; ⟨jmdm. etw. f.⟩ sie fesselten ihm die Hände; **b)** ⟨jmdn. an etw. (Akk.) f.⟩ *festbinden:* den Gefangenen an einen Pfahl f.; BILDL.: die Lähmung fesselte ihn ans Bett; er war lange an den Rollstuhl gefesselt. 2. ⟨jmdn., etw. f.⟩ *faszinieren:* sie fesselte ihn durch ihre Reize; das Buch hat mich gefesselt; der Anblick fesselte *(beanspruchte)* meine Aufmerksamkeit; ein fesselnd geschriebenes Buch.

fest: 1. *nicht flüssig, hart:* ein fester Treibstoff; der Kranke nimmt wieder feste Nahrung zu sich; das Eis ist noch nicht f.; ÜBERTR.: der Plan, Gedanke nimmt allmählich feste Formen, feste Gestalt an. 2. *stabil, haltbar:* festes Holz, Gestein, Tuch, Gewebe; die feste Schale eines Krebses; feste Schuhe; das Material ist [sehr] f.; der Tisch stand nicht f. 3. **a)** *straff; kräftig:* ein fester Verband; die Schuhe f. binden; sich f. an jmdn., etw. klammern; sie zog ihren Mantel fester um sich; seine Perücke saß nicht f.; eine Schraube f. anziehen; ein fester Griff, Händedruck; die Tür f. schließen, zuschlagen; sie hat einen festen Schlaf, schläft f. *(sie wacht nicht leicht auf);* **b)** *energisch:* ein fester Blick, Schritt; ihre Stimme war f.; er antwortete f.; eine Angelegenheit f. in der Hand haben, f. in die Hand nehmen; **c)** ⟨auch: feste⟩ (ugs.) *tüchtig, ordentlich:* eine feste Tracht Prügel; wir haben f. gefeiert, gearbeitet; du musst f. essen, zugreifen.
4. *unerschütterlich:* ein fester Charakter; die feste Hoffnung, Zuversicht, den festen Glauben haben, dass etw. geschieht; feste Grundsätze vertreten; es gibt hier keine festen *(endgültigen, definitiven)* Regeln; sie hat die feste Absicht, den festen Willen, nicht nachzugeben; ich habe seine feste *(bindende)* Zusage, sein festes Versprechen; der festen Meinung sein; sich an feste *(feststehende)* Zeiten gewöhnen; f. an etw. glauben; von etw. f. überzeugt sein; sich etw. f. vornehmen; er hat mir f. versprochen zu kommen; wir halten f. zueinander; etw. f. *(bindend)* vereinbaren; f. umrissene Vorstellungen; SUBST.: ich habe heute Abend nichts Festes vor *(noch keine Pläne).*
5. *ständig, konstant:* eine feste Stellung, einen festen Wohnsitz, Beruf, ein festes Einkommen haben; ein festes Gehalt beziehen; feste *(Kaufmannsspr.; feststehende)* Preise; feste Kundschaft, ein fester Kunde *(Stammkunde);* sie hat schon einen festen Freund; er ist f. angestellt; f. angestellte Mitarbeiter; die f. Angestellten; festes (Geldw.; *auf bestimmte Zeit geliehenes)* Geld; die Preise, Kurse sind f.

Fest, das: 1. *Veranstaltung:* ein großes, schönes, lautes, gelungenes F.; das F. der goldenen Hochzeit; ein F. im kleinen Kreis; das F. beginnt, ist in vollem Gang, nähert sich seinem Höhepunkt, geht zu Ende; ein F. feiern, (geh.:) begehen, veranstalten, besuchen; sie feierten rauschende, glanzvolle Feste; sich auf einem F. gut unterhalten; auf einem F. tanzen; zu einem F. gehen; ÜBERTR.: man muss die Feste feiern, wie sie fallen *(jede Gelegenheit [zum Feiern] nutzen);* ÜBERTR.: es ist mir ein F. (ugs. scherzh.; *ein großes Vergnügen).*
2. *kirchlicher Feiertag:* die hohen Feste des Jahres; bewegliche Feste sind z. B. Ostern und Pfingsten; unbewegliche Feste sind z. B. Weihnachten und Allerheiligen; frohes F.!; wir bekommen zum F. Besuch.

feste (ugs.): sie haben ihn f. verprügelt; wir haben f. gefeiert, gefeiert, mitgemacht; /anfeuernder Zuruf/: immer f.!

festfahren: *stecken bleiben:* **a)** ⟨sich f.⟩ der Lastwagen hat sich [im Sand] festgefahren; ÜBERTR.: die Verhandlungen haben sich festgefahren; eine festgefahrene Angelegenheit; du hast dich gründlich festgefahren (ugs.; *weißt nicht mehr aus noch ein);* **b)** das Auto ist [im Schnee] festgefahren; er ist mit dem Auto festgefahren; ÜBERTR.: die Verhandlungen sind festgefahren.

festhalten: 1. **a)** ⟨jmdn., etw. f.⟩ *nicht loslassen:* einen Einbrecher f.; einen Strolch festzuhalten suchen; jmds. Arm, jmdn. am Arm f.; den Hund am Halsband f.; sie hielt meine Hände fest; etw. mit den Händen, den Zähnen f.; ÜBERTR.: einen Brief f. *(nicht weitergeben);* man hat ihn widerrechtlich festgehalten *(gefangen gehalten);* **b)** ⟨jmdn., etw. irgendwie f.⟩

aufzeichnen: ein Ereignis mit dem Zeichenstift, mit der Kamera, im Bild f.; eine Diskussion, einen Beschluss schriftlich, protokollarisch f.; ⟨auch ohne Artangabe⟩ halten wir fest *(konstatieren wir)*, der Versuch ist missglückt.
2. ⟨sich f.⟩ *sich anklammern:* sie hielt sich am Geländer, an mir fest; ich habe mich mühsam festgehalten; du musst dich [hier] f.; ÜBERTR.: jetzt halt dich fest (ugs.; *du wirst überrascht sein),* sie will ihn nicht heiraten.
3. ⟨an jmdm., etw. f.⟩ *jmdn., etw. nicht aufgeben:* an seiner Überzeugung, seinen Grundsätzen, an überlieferten Formen f.; sie hielt treu an ihrem Freund fest.

festigen: a) ⟨jmdn., etw. f.⟩ *stärken:* den Wohlstand eines Landes f.; diese Tat festigte sein Ansehen; die Arbeit hat ihn charakterlich gefestigt; ADJ. PART.: eine gefestigte *(in sich ruhende)* Persönlichkeit; **b)** ⟨sich f.⟩ *sich stabilisieren:* die Beziehungen der beiden Länder haben sich gefestigt; ihre Gesundheit festigte sich zusehends.

festlegen: 1. ⟨etw. f.⟩ *beschließen:* etw. testamentarisch, schriftlich f.; es wurde festgelegt, dass ...; einen Reiseweg, die Tagesordnung, Bestimmungen, ein Programm, einen Termin f.
2. (Bankwesen) *langfristig anlegen:* Geld, Kapital auf mehrere Jahre f.
3. ⟨jmdn., sich [auf etw. (Akk.)] f.⟩ *verpflichten:* sich auf ein Programm, eine Meinung f.; ich habe mich auf/(schweiz.:) über nichts f. lassen; ich möchte mich noch nicht f.; sie hat sich durch ihre Zusage festgelegt; legen Sie mich bitte nicht darauf fest *(verlangen Sie bitte keine bindende Auskunft darüber).*

festlich: festliche Stunden; ein festliches Konzert; ein festlicher Empfang; festliche Kleidung; einen Geburtstag f. begehen; die Zimmer waren f. erleuchtet, geschmückt.

festliegen: 1. *nicht weiterkommen:* das Schiff liegt [auf einer Sandbank, im Hafen] f.
2. *festgelegt sein:* der Termin liegt schon lange fest; das Kapital liegt fest (Geldw.; *ist langfristig angelegt).*

festmachen: 1. ⟨etw. [an etw. (Dat.)] f.⟩ *befestigen:* ein Poster mit Reißnägeln an der Wand f.; das Boot am Ufer f.; er machte den Hund an der Kette fest; ÜBERTR.: dies lässt sich vor allem an drei Punkten f. (ugs.; *zeigen).*
2. ⟨etw. f.⟩ *vereinbaren:* einen Termin f.; ich habe nichts mit ihm festgemacht; ein Geschäft f. (Kaufmannsspr.; *abschließen).*
3. (Seemannsspr.) ⟨[an etw. (Dat.)] f.⟩ *anlegen:* wir machten, das Motorschiff macht am Kai fest.

festnageln: 1. ⟨etw. f.⟩ *befestigen:* ein Brett, einen Deckel f.
2. (ugs.) ⟨etw. f.⟩ *auf etw. hinweisen:* er nagelte die Widersprüche des Redners fest; wir müssen f., dass ...
3. (ugs.) ⟨jmdn. [auf etw. (Akk.)] f.⟩ *festlegen:*

jmdn. auf seine Behauptung, auf sein Versprechen f.; ich lasse mich nicht f.

festnehmen ⟨jmdn. f.⟩: einen Dealer, einen Betrüger, einen Verdächtigen f.; die Polizei hat bei der Razzia zehn Personen festgenommen.

festsetzen: 1. ⟨etw. f.⟩ *vereinbaren:* Bedingungen, einen Termin f.; der Preis, Schaden, Streitwert wurde auf 300 DM festgesetzt; sie erschien am festgesetzten Tag.
2. ⟨jmdn. f.⟩ *in Haft nehmen:* einige der Demonstranten wurden vorübergehend festgesetzt.
3. a) ⟨sich irgendwo f.⟩ *haften bleiben:* der Staub setzt sich in den Falten fest; ÜBERTR.: dieser Gedanke hatte sich bei ihm festgesetzt; **b)** (ugs.) ⟨sich irgendwo f.⟩ *sich niederlassen:* er hat sich vor Jahren hier festgesetzt.

festsitzen: 1. a) *gut befestigt sein:* der Nagel, das Brett sitzt fest; **b)** *fest an etw. haften:* der Schmutz sitzt ziemlich fest; ÜBERTR.: dieser Gedanke sitzt bei/in ihm jetzt fest.
2. *nicht mehr weiterkommen:* sie saß mit einem Motorschaden fest; [mit dem Boot] auf einer Sandbank f.; der Dampfer saß fest; ÜBERTR.: ich sitze bei dieser Aufgabe fest (ugs.; *finde keine Lösung).*

feststehen: a) *sicher sein:* diese Tatsache steht fest; es steht fest/fest steht, dass ...; **b)** *geregelt sein:* der Termin steht noch nicht fest; eine feststehende Konstruktion, Tatsache.

feststellen ⟨etw. f.⟩: **1.** *arretieren:* den Hebel, den Sitz in der richtigen Höhe f.
2. a) *ermitteln:* jmds. Personalien, Geburtsort f.; einen Brandschaden f.; der Preis ließ sich nicht mehr f.; sie versuchte festzustellen, woher der Brief gekommen war; ihre [Mit]schuld wurde festgestellt; es wurde einwandfrei festgestellt, dass ...; **b)** *erkennen:* eine Veränderung f.; ich musste f., dass ...; er stellte plötzlich fest, dass ...; es wurde Hautkrebs festgestellt *(diagnostiziert);* es war leicht festzustellen, dass ...; sie konnte nicht f., ob er noch am Leben war.
3. *aussprechen:* der Redner stellte fest, dass ...; ich muss hier eindeutig, mit aller Deutlichkeit f., dass ...

Festung, die: **1.** *Zitadelle:* eine starke, uneinnehmbare, strategisch wichtige F.; die F. ist gefallen, erobert worden; eine F. belagern, einschließen, einnehmen, halten, schleifen.
2. *Haft:* er hat 6 Monate F. erhalten, wurde zu 5 Jahren F. verurteilt.

fett: 1. a) fette Kost; eine fette Creme; das Fleisch, die Suppe ist sehr f.; du isst zu f. *(zu viel fette Speisen);* **b)** *überfettet:* fette Haut; ihre Haare sind etwas zu f.
2. *dick:* ein fettes Schwein, eine fette Gans; ein fetter Bauch; (abwertend:) ein fetter Mann; eine fette *(ölige)* Stimme haben; er ist, wird dick und f.; ÜBERTR.: davon wirst du nicht f. (ugs.; *das bringt nicht viel ein).*
3. *üppig, kräftig:* fetter Boden; eine fette Weide;

fetter Klee; die Farben sind f. aufgetragen; ÜBERTR.: ein fetter (ugs.; *einträglicher*) Posten; eine fette (ugs.; *reiche*) Erbschaft; ein fetter (ugs.; *nahrhafter*) Bissen; fette (ugs.; *große*) Beute machen; wir erlebten fette Jahre (ugs.; *Jahre des materiellen Wohlstands*).

Fett, das: **1.** weißes, schwammiges F.; die Gans hat viel F.; F. ansetzen *(dick werden)*; BILDL.: er wird noch im eigenen F. ersticken (ugs.; *am Wohlleben zugrunde gehen*); lass ihn nur in seinem eigenen F. schmoren! (ugs.; *mit seinen selbst verschuldeten Schwierigkeiten allein fertig werden!*). **2.** Speisefett; Schmierfett: tierische, pflanzliche, synthetische, technische Fette; frisches, ranziges F.; F. auslassen, abschöpfen, klären; etw. in schwimmendem F. *(in Fett schwimmend)* backen, mit F. bestreichen, übergießen; der Braten trieft von F.; ein Rad mit F. schmieren; * das Fett abschöpfen (ugs.; *das Beste für sich nehmen*) · sein Fett [ab]bekommen/[ab]kriegen (ugs.; *verdientermaßen getadelt, bestraft werden*) · sein Fett weghaben (ugs.; *die verdiente Strafe bekommen haben*).

fettig: eine fettige Substanz, fettiges Wasser; fettige Hände, Haare, Haut; das Papier ist f., glänzt f.

Fettnäpfchen, das: 〈meist in der Wendung〉 [bei jmdm.] ins Fettnäpfchen treten (ugs. scherzh.; *jmds. Unwillen erregen, einen Fauxpas begehen*): du bist bei ihr ins F. getreten; er tritt aber auch in jedes F.

Fetzen, der: ein F. Papier, Stoff, Haut; der Mantel hing ihm in F. vom Leibe; das Kleid wird bald in F. gehen (ugs.; *zerreißen*); er haut drauf, dass die F. fliegen (ugs.; *haut rücksichtslos drauf*); wir haben gearbeitet, dass die F. [nur so] flogen (ugs.; *wir haben hart und sehr schnell gearbeitet*).

feucht: ein feuchtes Tuch; feuchte Umschläge; feuchtes Wetter; feuchte Luft; eine feuchte Wohnung; sie bekam vor Aufregung feuchte Hände; das Gras ist f. [von Tau]; ihre Augen wurden, schimmerten f.; den Boden f. *(mit einem feuchten Lappen)* aufwischen.

Feuer, das: **1.** ein loderndes, prasselndes lustiges, helles F.; bengalisches F.; das olympische F.; das F. glimmt, glüht, flammt auf, flackert, qualmt, brennt; das F. knistert im Ofen, zischt, erlischt, geht aus, schwelt noch unter der Asche; kannst du F. machen?; das F. [im Kamin] anmachen, (geh.:) entfachen, anzünden, anstecken, schüren, unterhalten, auslöschen, ausmachen, ausgießen; jmdm. F. geben (zum Anzünden einer Zigarette); haben Sie F. *(Streichhölzer o. Ä.)*?; sich am F. wärmen; etw. ins F. werfen; den Topf aufs F. stellen, vom F. heben; etw. bei gelindem, schwachem, starkem F., auf offenem F. kochen, über dem F. grillen, braten; die Wunde brennt wie F. *(schmerzt stark)*. **2.** Brand: ein schreckliches, heftiges, verheerendes F.; /Ruf beim Entdecken eines Brandes/: F.!; es war

ein großes F. in der Stadt; das F. (geh.:) lief, (geh.:) sprang von Dach zu Dach, griff auf das Nachbardach über, griff um sich, erfasste das Gebälk; in der Fabrik ist F. ausgebrochen; ein F. melden, austreten, ersticken, löschen; F. [an ein Haus] legen *([ein Haus] in Brand stecken)*; das Haus wurde durch F. zerstört; im F. umkommen; gegen F. versichert sein. **3. a)** Glanz: das F. eines Diamanten, eines Kristallglases; Augen voll F.; **b)** Begeisterung: das F. der Jugend, der Liebe, des Hasses; das F. der Begeisterung war erloschen; sie geriet, kam [förmlich] in F., redete sich in F. *(war ganz begeistert)*; dieses Pferd hat viel F. *(Temperament)*; der Wein hat F. *(er regt schnell an, berauscht)*. **4.** das Schießen, Beschuss: schweres, heftiges, anhaltendes F.; feindliches, gegnerisches F.; /Kommando zum Schießen/: F.!; das F. setzt ein, verstummt; F. geben *(schießen)*; das F. eröffnen, einstellen, leiten; die Truppe kam zum ersten Mal ins F.; im F. liegen, stehen, ausharren; etw. unter F. nehmen *(beschießen)*; * Feuer und Flamme sein (ugs.; *hellauf begeistert sein*) · Feuer fangen (1. *in Brand geraten*. 2. *sich schnell begeistern*. 3. *sich verlieben*) · jmdm. Feuer unter dem Hintern/(derb:) Arsch machen (salopp; *jmdn. antreiben*) · für jmdn. durchs Feuer gehen *(für jmdn. zu allem bereit sein)* · mit dem Feuer spielen *(leichtsinnig eine Gefahr herauffordern)* · zwischen zwei Feuer geraten *(von zwei Seiten bedrängt werden)*.

feuern: 1. 〈[etw.] f.〉 heizen: womit feuert ihr den Kachelofen?; wir feuern mit Holz, mit Briketts, mit Öl. **2.** schießen: blind, scharf f.; nur ein Geschütz hatte gefeuert; der Polizist feuerte in die Luft. **3.** (ugs.) **a)** 〈etw. irgendwohin f.〉 schleudern: die Tasche in die Ecke f.; sie hat das Buch aus Ärger, aus Protest an die Wand gefeuert; der Mittelstürmer feuerte *(schoss)* den Ball aus vollem Lauf aufs Tor; **b)** 〈jmdn. f.〉 fristlos entlassen: man hat ihn gefeuert.

Feuerwehr, die: die freiwillige, städtische Feuerwehr; die F. übt, rückt aus, war sofort zur Stelle; die F. alarmieren; er ist bei der F.; er fährt wie die F. (ugs.; *sehr schnell*).

Feuerwerk, das: ein buntes, prächtiges F.; ein F. abbrennen, aufsteigen lassen; das Fest endete mit einem großen F.; BILDL.: seine Rede war ein F. witziger Einfälle.

feurig: 1. (geh.) *feuerrot:* feurige Blumen; der Himmel sei ganz f. **2.** temperamentvoll: ein feuriges Pferd; ein feuriger Liebhaber, Südländer; feurige Liebe; sie warf ihm feurige Blicke zu; eine feurige *(zündende)* Rede; feuriger *(berauschender)* Wein.

Fiasko, das: ein klägliches, peinliches, schmähliches F. erleiden; er hat mit seinem Film ein F. erlebt; die Tagung endete mit einem glatten F.

Fieber, das: **1.** ein starkes, heftiges, quälendes F.;

das F. bricht aus, steigt, fällt, geht zurück; sie hat F., hohes F., 40° F.; ein F. *(eine fieberhafte Erkrankung)* warf ihn nieder; [das] F. messen; die Kranke wurde vom F. geschüttelt, sprach, fantasierte im F.
2. *das Besessensein:* das F. des Ehrgeizes, der Spielwut.
fieberhaft: **1.** *fiebrig:* eine fieberhafte Erkrankung. **2.** *hektisch:* fieberhafte Aufregung, Unruhe; eine fieberhafte Tätigkeit; f. an etw. arbeiten.
fiebern: **1.** *Fieber haben:* der Kranke fiebert seit Tagen; ein fieberndes Kind.
2. **a)** *sehr aufgeregt sein:* sie fiebert, wenn sie etwas vorhat; er fiebert vor Erregung, vor Spannung; **b)** ⟨nach etw.⟩ *heftig verlangen:* er fiebert danach, dich kennen zu lernen.
fiebrig: eine fiebrige Krankheit; fiebrige Augen; ihr Gesicht war f. gerötet; das Kind ist f., sieht f. aus; ÜBERTR.: eine fiebrige *(erregte)* Nervosität.
Figur, die: **1.** *Gestalt (eines Menschen):* sie hat eine gute, schöne, große, schlanke, tolle F.; er malte, fotografierte ihn in ganzer F.; ein Mann von untersetzter, kleiner F.; auf seine F. achten [müssen].
2. **a)** *Persönlichkeit:* jmd. ist eine wichtige F. in der Politik; eine lächerliche, etwas merkwürdige, undurchsichtige F.; **b)** (ugs.) *Person:* dort sind wieder die Figuren von vorhin.
3. *[künstlerische] Darstellung:* eine steinerne, hölzerne, bronzene F.; eine F. aus Ton, aus Porzellan; die F. einer Katze; eine der ungegenständlichen, abstrakten Figuren des jungen Künstlers; Figuren schnitzen, modellieren, zeichnen.
4. *Spielstein:* die F. zieht, hat gezogen; eine F. verlieren; ein Schachspiel mit kunstvollen Figuren.
5. *literarische Gestalt:* die Figuren eines Romans, Dramas; die F. aus einem Märchen.
6. *Umrisszeichnung:* er malte Figuren aufs Papier; zu diesem Text vergleiche F. *(Abbildung)* 4; (Math.:) eine eingeschriebene, umschriebene, geometrische F.
7. *Bewegungsabfolge:* die Figuren eines Tanzes; sie lief Figuren auf dem Eis;
★ **eine gute/schlechte/klägliche o. ä. Figur machen, abgeben** *(einen guten, schlechten, kläglichen o. ä. Eindruck machen).*
Film, der: **1.** (Fot.) *Filmstreifen:* ein feinkörniger F.; der Film ist über-, unterbelichtet; einen neuen F. [in die Kamera] einlegen; den F. belichten, herausnehmen, wechseln, entwickeln lassen; auf meinem F. sind noch drei Bilder *(ich kann damit noch drei Aufnahmen machen).*
2. **a)** *Kino-, Fernsehfilm:* ein historischer, dokumentarischer, abendfüllender F.; ein guter, schlechter, spannender, lehrreicher, unterhaltsamer F.; ein F. nach einer Novelle von Storm; der F. erhielt das Prädikat »wertvoll«; der F. läuft demnächst in den Kinos an, läuft schon in der dritten Woche; einen F. [ab]drehen, schneiden, kopieren, synchronisieren, aufführen, vorführen, zeigen;

sich (Dat.) einen F. ansehen; (ugs.:) in einen F. gehen; diesen F. habe ich leider verpasst; das Drehbuch zu einem F. schreiben; an, in einem F. mitwirken; das Buch zum F. *(zu dem derzeit laufenden Film)* ÜBERTR.: bei ihm ist der F. gerissen (ugs.; *er hat sein Erinnerungsvermögen verloren*); **b)** *Filmwesen, -kunst:* das Theater hat ihn stets mehr interessiert als der F.; sie ist beim F. (ugs.; *sie ist Filmschauspielerin*); (ugs.:) sie will zum F.; er arbeitet für den F.
3. *dünne Schicht:* ein öliger F.; der Lack bildet einen F. auf dem Metall.
filmen: **1.** ⟨jmdn., etw.] f.⟩ *Filmaufnahmen machen:* ein Autorennen f.; die Kinder beim Spielen, die Tiere im Zoo f.; sie hat im Urlaub viel gefilmt; in Zeitlupe f.
2. **a)** *drehen:* das Team filmt in Afrika; **b)** *in einem Film mitwirken:* der Schauspieler filmt häufig im Ausland.
3. (ugs.) ⟨jmdn. f.⟩ *hereinlegen:* dich haben sie aber ganz schön gefilmt.
Filter, der (fachspr. meist: das): **1.** **a)** *Filtervorrichtung:* ein[en] F. einsetzen, dazwischenschalten, auswechseln; die Luft passiert mehrere F., geht durch ein[en] F.; Kaffee mit dem F. aufgießen; in dieser Anlage dient Kies als F. *(als filterndes Material);* **b)** *Filtermundstück:* eine Zigarette mit F.
2. (Optik, Fot.) *Vorrichtung zur Ausfilterung von Lichtstrahlen:* einen F. aufsetzen; mit grünem F. fotografieren.
finanziell: die finanzielle Lage des Staates, des Vereins hat sich verschlechtert; sie hat finanzielle Sorgen, Schwierigkeiten; er muss aus finanziellen Gründen verzichten; sich f. an einem Projekt beteiligen; f. abhängig sein; jmdn. f. unterstützen; das Unternehmen ist f. gesichert.
finden: **1.** **a)** ⟨jmdn., etw. f.⟩ *entdecken; auf jmdn., etw. stoßen:* ein Geldstück, den verlorenen Schlüssel f.; wir haben unterwegs eine Menge Pilze gefunden; keinen Platz f.; ich kann das Buch nicht f.; er ist nicht, nirgends zu f.; wir haben den Fehler gefunden; sie findet immer etwas, was sie kritisieren kann; sie findet immer etwas zu kritisieren; so etwas findet man heute *(gibt es heute)* nicht mehr, findet man nicht alle Tage; die Polizei hat noch keine Spur von dem Mörder gefunden; BILDL.: den Weg zu den Herzen seiner Zuhörer; **b)** ⟨etw. f.⟩ *durch Überlegung auf etw. kommen:* die Lösung einer Aufgabe, eines Rätsels, eines Problems f.; einen Ausweg, Vorwand, eine Ausrede f.; sie fand keine Worte dafür, keine Antwort darauf; er findet immer die richtigen Worte *(weiß immer das Richtige zu sagen);* **c)** ⟨jmdn., etw. irgendwie f.⟩ *vorfinden:* er fand das Haus verschlossen; sie hatte die Kinder schlafend gefunden; seine Post geöffnet f.; ÜBERTR.: hier finde ich meinen Eindruck bestätigt.
2. ⟨sich f.⟩ *zum Vorschein kommen:* der Brief wird sich schon f.; es fand sich niemand, der geholfen hätte; es finden sich *(es gibt)* immer wieder

Leute, die darauf hereinfallen; dieses Wort findet sich nur bei Homer *(kommt nur dort vor).* **3.** ⟨irgendwohin f.⟩ *gelangen:* das Kind fand nicht mehr nach Hause; er findet morgens nicht aus dem Bett; er fand schon früh zu unserem Verein (geh.; *schloss sich ihm an*); ⟨landsch. auch: sich irgendwohin f.⟩ sie fand sich schnell zum Bahnhof; ÜBERTR.: er hat endlich zu sich selbst gefunden *(seine eigene Persönlichkeit entwickelt);* **4.** (geh.) ⟨sich in etw. (Akk.) f.⟩ *sich fügen:* sich in eine Lage, Notwendigkeit f.; sie hatte sich in ihr Schicksal gefunden. **5.** ⟨jmdn., etw. f.⟩ *bekommen, erlangen:* sie hat dort eine Wohnung und viele Freunde gefunden; einen Partner, eine Partnerin f.; er hat in ihm einen treuen Helfer gefunden; sein Recht f.; Hilfe, Zeit, Ruhe, sein Auskommen f.; sie fand schnell wieder Arbeit; [ein] Obdach, [eine] Zuflucht f.; /häufig verblasst/: die Bücher fanden reißenden Absatz; an etw. Halt f.; Trost bei jmdm./bei, in etw. f.; nicht die Kraft, den Mut zu etw. f.; Anklang, Anerkennung, Zustimmung, Gnade, keine Gegenliebe f.; [keinen] Glauben f.; Beachtung, Berücksichtigung, Verwendung, Aufnahme f. *(beachtet, berücksichtigt, verwendet, aufgenommen werden).* **6.** ⟨jmdn., etw. irgendwie f.⟩ *für jmdn., etw. halten:* etw. richtig, angemessen, ratsam, skandalös, vernünftig, komisch f.; jmdn. nett, sympathisch, unausstehlich f.; ich finde es kalt hier; sie fand das nicht schön von ihr; er fand das ganz in Ordnung; sie fand den Schauspieler schlecht; wie finden Sie dieses Bild? *(wie gefällt es Ihnen?);* ich finde, es ist gut gemalt; das kann ich nicht f. *(ich bin anderer Meinung);* ich weiß nicht, was sie an ihm findet *(was ihr an ihm gefällt);* sie findet nichts dabei *(beurteilt es nicht negativ),* dass sie das getan hat; wie finde ich denn das? (ugs.; Ausruf der Empörung, Verwunderung o. Ä.); **★** *das/es wird sich [alles] finden* (1. *das wird sich herausstellen.* 2. *das wird in Ordnung kommen).*

findig: ein findiger Kopf; ein findiger Journalist, Geschäftsmann; sie ist sehr f. in solchen Dingen.

Finger, der: zarte, lange, schlanke, dünne, dicke, klobige, steife, verkrüppelte, geschwollene F.; flinke, [un]geschickte F.; der kleine *(fünfte)* F.; der F. schmerzt, blutet; ihm fehlen zwei F. der rechten Hand, an der rechten Hand; die F. biegen, krümmen, spreizen, strecken; sich (Dat.) einen F. verstauchen, einklemmen, quetschen; sie legt den F. *(Zeigefinger)* auf die Lippen, auf den Mund (um Schweigen zu gebieten); der Kleine steckt die F. in den Mund, leckt sich (Dat.) die F. ab; etw. an den Fingern abzählen; mit den Fingern rechnen; die Konzertbesucher konnte man an den Fingern abzählen *(ganz wenige waren da);* einen Ring an den F. *(Ringfinger)* stecken, am F. tragen, haben; sich den F. in den Hals stecken (um zu erbrechen); jmdm./(seltener:) jmdn. erhob die F. schla-

gen; du bekommst gleich etwas, eins *(einen Schlag)* auf die F.; ich habe mir/(seltener:) mich in den F. geschnitten; was er in die F. bekommt, ist bald entzwei; sie hielt die Zigarette mit zitternden Fingern; mit dem F. auf jmdn. zeigen, weisen; er tippt mit zwei Fingern *(schreibt nur mit zwei Fingern auf der Tastatur);* jmdm. mit dem F. drohen; sie ist mit dem F. in die Maschine geraten; sie hielt, drehte den Bleistift zwischen den Fingern; mit den Fingern schnalzen, schnippen; ÜBERTR.: ich habe mir die F. wund geschrieben mit Gesuchen *(habe unzählige Gesuche geschrieben);* etw. nicht aus den Fingern lassen (ugs.; *nicht hergeben*); das ist mir durch die F. geschlüpft (ugs.; *das habe ich übersehen);* das Geld zerrann ihm unter, zwischen den Fingern *(er konnte nicht haushalten);* /als Maßangabe/: das Band ist einen F. lang, zwei Finger breit; wenn man ihm/ihr den kleinen F. gibt, nimmt er/sie gleich die ganze Hand; **★** *jmdm./jmdn. jucken die Finger nach etw.* (ugs.; *jmd. möchte etw. sehr gern haben)* · *die Finger von etw. [weg]lassen* (ugs.; *sich nicht mit etw. abgeben)* · *den/seinen Finger darauf haben* (ugs.; *etw. unter seiner Kontrolle haben)* · *keinen Finger krumm machen* (ugs.; *nichts tun)* · *lange/krumme Finger machen* (ugs.; *stehlen)* · *den Finger auf die Wunde legen (auf ein Übel deutlich hinweisen)* · *die Finger in etw. (Dat.)/im Spiel haben* (ugs.; *an etw. [in negativer Weise] beteiligt sein)* · *sich (Dat.) nicht gern die Finger schmutzig machen (einer unangenehmen Arbeit ausweichen)* · *sich (Dat.) die Finger verbrennen* (ugs.; *bei etw. Schaden erleiden):* bei der Sache hat er sich gehörig die F. verbrannt · *sich (Dat.) die Finger/alle zehn Finger nach etw. lecken* (ugs.; *auf etw. begierig sein)* · *sich (Dat.) etw. an den [zehn, fünf] Fingern abzählen können* (ugs.; *etw. leicht voraussehen können)* · *an jedem Finger eine[n]/zehn haben* (ugs. scherzh.; *sehr viele Verehrer, Freundinnen haben)* · *jmdm. auf die Finger sehen/gucken* (ugs.; *jmdn. kontrollieren)* · *jmdm. auf die Finger klopfen* (ugs.; *jmdn. [scharf] zurechtweisen)* · *sich (Dat.) etw. aus den Fingern saugen (etw. frei erfinden)* · *[bei jmdm.] durch die Finger sehen (jmds. unkorrektes Verhalten absichtlich übersehen)* · *sich (Dat.) in den Finger schneiden* (ugs.; *sich [gründlich] täuschen)* · *etw. im kleinen Finger haben* (ugs.; *etw. genau kennen, gründlich beherrschen)* · *jmdm./jmdn. juckt/kribbelt es in den Fingern* (ugs.; *jmd. hat das heftige Bedürfnis, etwas Bestimmtes zu tun)* · *etw. mit dem kleinen Finger machen* (ugs.; *etw. ohne Mühe machen)* · *etw. mit spitzen Fingern anfassen [aus Widerwillen] etwas anfassen)* · *mit dem F./mit Fingern auf jmdn. zeigen (jmdn. wegen seines Verhaltens öffentlich anprangern, lächerlich machen)* · *jmdn. um den [kleinen] Finger wickeln* (ugs.; *jmdn. leicht lenken, beeinflussen können).*

Fingerbreit, der: der Rock muss zwei F. länger sein; ÜBERTR.: er gab keinen F. *(überhaupt nicht)* nach, ist keinen F. gewichen.

Fingerspitze, die: die Fingerspitzen ins Wasser tauchen; etw. mit den Fingerspitzen berühren, verreiben; ÜBERTR.: mir kribbelt es ordentlich in den Fingerspitzen (ugs.; *ich bin sehr ungeduldig*); sie ist musikalisch bis in die Fingerspitzen *(sie ist sehr musikalisch);* das muss man in den Fingerspitzen *(im Gefühl)* haben.

Fingerspitzengefühl, das: für diese schwierige Aufgabe fehlt ihm das [nötige] F.; dazu gehört ein gewisses F.; dafür braucht man F.

finster: 1. *[sehr] dunkel:* eine finstere Nacht, ein finsterer Keller; das Zimmer ist zu f. zum Arbeiten; draußen ist es stürmisch und f.; SUBST.: im Finstern den Lichtschalter suchen; ÜBERTR.: das finstere *(unaufgeklärte)* Mittelalter; das waren finstere *(schlimme, trostlose)* Zeiten; es sieht ziemlich f. (ugs.; *hoffnungslos*) aus. **2. a)** *düster und unheimlich:* finstere Tannen, Wolken; finstere Gassen; das Gebäude wirkt f.; **b)** *verdüstert, unfreundlich:* ein finsteres Gesicht, finstere Mienen; f. blicken, aussehen; ÜBERTR.: ein finsterer *(unheimlicher)* Geselle; finstere *(böse)* Gedanken, Pläne. **3.** *anrüchig:* eine finstere Kneipe; finstere Existenzen, Gestalten; das ist eine finstere *(undurchschaubare)* Angelegenheit; ⋆ im Finstern tappen *(in einer aufzuklärenden Sache keinen Anhaltspunkt haben).*

Finsternis, die: eine tiefe, unergründliche F.; die F. der Nacht, des Raums; die Mächte der F. (bibl.: *das Böse*); ⋆ eine ägyptische Finsternis (ugs.; *tiefste Dunkelheit).*

Firma, die: **a)** *Betrieb:* eine alteingesessene, angesehene F.; mehrere ansässige Firmen; eine Berliner F.; die F. beschäftigt 200 Arbeiter; eine F. gründen, leiten; in/bei einer F. arbeiten; **b)** (Kaufmannsspr.) *im Handelsregister eingetragener Name eines Betriebes:* die F. lautet »Meyer & Co.«; die F. ist erloschen, wurde gelöscht; er hat seine F. geändert; das Unternehmen arbeitet unter der F. …

Fisch, der: **1.** ein großer, dicker, exotischer F.; tote Fische; frische, geräucherte, marinierte Fische; der F. beißt an, schnappt nach dem Köder, zappelt im Netz, springt; Fische angeln, fangen, füttern; einen F. braten, backen, kochen; Fische einlegen, einsalzen; freitags gibts F.; gesund, munter sein, sich wohl fühlen wie ein F. im Wasser; sie schwimmt wie ein F.; er ist stumm wie ein F. **2.** (Astrol.) **a)** ⟨Plural⟩ /ein Tierkreiszeichen/: sie ist im Zeichen Fische geboren; **b)** *im Zeichen Fische Geborene[r]:* er ist [ein] F.; ⋆ ein kalter Fisch (ugs.; *keine Gefühlsregungen, kein Mitgefühl zeigender Mensch)* · **faule Fische** (ugs.; *dumme Ausreden, Lügen)* · **kleine Fische** (ugs.; *Kleinigkeiten)* · **weder Fisch noch Fleisch**

sein (ugs.; *nicht einzuordnen sein; nichts Eindeutiges sein)* · **die Fische füttern** (ugs. scherzh.; *über die Reling erbrechen).*

fischen: 1. ⟨etw.] f.⟩ *Fische o. Ä. fangen:* Forellen f.; Perlen, Austern f.; wir haben zwei Stunden gefischt; er geht f. *(auf Fischfang);* mit Netzen, mit der Angel, mit der Reuse f.; (Jargon:) auf Kabeljau f. **2.** (ugs.) ⟨jmdn., etw. aus etw. (Dat.) f.⟩ *herausholen:* ich fischte [mir] ein Stück Zucker aus der Dose; ein Kind aus dem Wasser f.

fit: eine fitte Sportlerin; f. sein, bleiben; jmdn., sich f. machen; sich [durch Sport] f. halten; sich f. fühlen; ÜBERTR.: auf diesem Gebiet ist er f. (ugs.; *kennt er sich gut aus*); in Mathematik ist sie f. (ugs.; *ist sie sehr gut).*

Fitness, die: sich durch Ausgleichssport seine F. erhalten; etw. für seine F. tun; ÜBERTR.: ihre geistige F. ist erstaunlich.

Fittich, der (dichter.): die Fittiche des Adlers; ⋆ jmdn. unter seine Fittiche nehmen (scherzh.; *sich um jmdn. kümmern).*

fix: 1. ⟨jmdn. f.⟩ *flink:* er ist ein fixer Kerl; sie ist, arbeitet sehr f.; nun mach mal ein bisschen f.!; ich will nur noch f. essen. **2.** *festgelegt:* ein fixer Betrag; fixe Kosten; ein fixes Gehalt; die Preise sind f.; ⋆ fix und fertig (ugs.; 1. *völlig fertig:* die Arbeit ist f. und fertig; sie war mit Packen f. und fertig; er war f. und fertig angezogen. 2. *völlig erschöpft:* nach dieser Sitzung war sie f. und fertig; jmdn. f. und fertig machen *[ruinieren]).*

fixieren: 1. ⟨etw. f.⟩ *[schriftlich] festhalten:* einen Termin f.; die Beschlüsse wurden protokollarisch fixiert; ein Recht vertraglich f. **2.** ⟨etw. f.⟩ eine Kohlezeichnung f. *(mit Fixativ behandeln);* einen entwickelten Film f. (Fot.; *lichtbeständig machen).* **3.** ⟨etw. f.⟩ *befestigen:* er versuchte vergeblich, den Zettel an der Wand, auf der rauen Unterlage [mit einem Klebestreifen] zu f.; einen Knochenbruch f. (Med.: *mit einem Gipsverband o. Ä. ruhig stellen);* er konnte das Gewicht nicht f. (Gewichtheben; *mit gestreckten Armen über dem Kopf halten).* **4.** (Psych.) ⟨sich auf jmdn., etw. f.⟩ *sich emotional binden:* die Kinder dürfen sich nicht zu sehr auf die Eltern f.; ⟨gewöhnlich im 2. Part in Verbindung mit *sein*⟩ an/auf jmdn. fixiert sein; die beiden sind völlig aufeinander fixiert; ÜBERTR.: sie ist beim Kauf ihrer Kleider ganz auf eine Farbe fixiert. **5.** ⟨jmdn., etw. f.⟩ *scharf ansehen:* einen Punkt f.; sie hat mich dauernd fixiert.

flach: 1. *eben:* ein flacher Boden; ein flaches Gelände; die flache *(geöffnete)* Hand; eine flache Klinge *(nicht mit der Schneide)* schlagen; flache Dächer; sich f. hinlegen; f. *(ohne Kopfkeil)* schlafen. **2.** *niedrig:* ein flaches Gebäude; Schuhe mit fla-

chen Absätzen; eine flache *(kaum gewölbte)* Brust, Stirn.
3. *nicht tief:* ein flaches Gewässer; flache Teller; f. atmen; ÜBERTR.: er ist ein flacher Kopf (abwertend; *er ist geistlos);* eine flache (abwertend) *oberflächliche)* Unterhaltung.
Fläche, die: **1.** *ebenes Gebiet:* eine F. von 1 000 Quadratmetern; die spiegelglatte F. des Sees. **2.** *Oberfläche:* eine gekrümmte F.; der Würfel hat sechs Flächen.
Flachs, der: **1.** /*eine Faserpflanze*/: F. anbauen, raufen, brechen, hecheln, schwingen. **2.** (ugs.) *Spaß, Neckerei:* das war nur F.; [jetzt mal] ganz ohne F. *(im Ernst);* bei dem blüht der F. *(er spaßt gern).*
flachsen (ugs.) ⟨[mit jmdm.] f.⟩: er hat mit ihr, hat nur geflachst.
flackern: die Kerze, das Feuer flackert; die Neonröhre fängt an zu f.; ÜBERTR.: seine Augen flackerten vor Zorn.
Flagge, die: die deutsche, die olympische F.; die F. einer Reederei; die F. hängt auf halbmast; die F. aufziehen, [hin]aushängen, hissen, einholen, niederholen, setzen, dippen *(zum Gruß kurz niederholen),* streichen; das Schiff führt die britische F., fährt unter falscher, fremder, neutraler, italienischer F., unter der F. von Panama; der Rennleiter winkt den Fahrer mit der F. (Sport: *Signalfahne)* ab;
★ **Flagge zeigen** *(seine Meinung, Erwartung deutlich zu erkennen geben)* · **die Flagge streichen** *(sich geschlagen geben)* · **unter falscher Flagge segeln** *(eine bestimmte Identität vortäuschen).*
flaggen: die öffentlichen Gebäude haben halbmast geflaggt; überall war geflaggt.
Flamme, die: **1.** eine helle, leuchtende, rote, blaue F.; die F. züngelt, leckt hoch, rußt, schießt empor, lodert zum Himmel; Flammen schlagen aus den Fenstern; die Flammen löschen, ersticken; die F. am Gasherd kleiner stellen; etw. auf kleiner F. kochen; die Kerze brennt mit ruhiger F.; BILDL.: die F. der Begeisterung, des Zorns, des Hasses; ÜBERTR.: ein Gasherd mit drei Flammen *(Brennstellen).* **2.** (ugs.) *Geliebte, Freundin:* sie war damals seine F.; eine F. haben;
★ **in [hellen] Flammen stehen** *([lichterloh] brennen):* der Dachstuhl stand in hellen Flammen · **in [Rauch und] Flammen aufgehen** *(vom Feuer zerstört werden):* die Scheune ging in Flammen auf.
flammend (geh.): **1.** *leuchtend:* ein flammendes Rot; flammende Haare; sie sah ihn mit flammenden (geh.; *funkelnden)* Augen an. **2.** *leidenschaftlich:* eine flammende Rede halten; er erhob flammenden Protest.
Flanke, die: **1.** *Weiche:* das Pferd stand mit zitternden, fliegenden Flanken. **2.** (Milit.) *Truppenseite:* die Flanken sind unge-

schützt; den Gegner in der F. angreifen; dem Gegner in die F. fallen.
3. (Sport) **a)** *seitlicher Stützsprung:* mit einer F. vom Barren abgehen; **b)** *Ballvorlage vor das gegnerische Tor:* eine F. [mit dem Außenrist] schlagen, vor das Tor geben; eine F. aufnehmen, verpassen, einköpfen, einschießen.
flankieren ⟨jmdn., etw. f.⟩: Bäume flankieren die Auffahrt zum Palais; der Sarg, der König wurde, war von Ehrenwachen flankiert; zwei Türme flankieren das Tor; flankierende *(unterstützende, zusätzliche)* Maßnahmen.
Flasche, die: **1.** eine dicke, schlanke, bauchige, grüne F.; eine F. Bier; zwei Flaschen *(Stahlflaschen)* Sauerstoff; eine F. spanischer Wein/ (geh.:) spanischen Wein[e]s; mit drei Flaschen spanischem Wein/ (geh.:) spanischen Wein[e]s; die F. ist leer, voll, angebrochen, enthält Spiritus; eine F. füllen, verkorken, (ugs.:) zustöpseln, verschließen; eine F. entkorken, aufmachen, öffnen, leeren, austrinken; wir tranken zusammen eine F. Sekt; die F. ansetzen, an den Mund setzen, absetzen; dem Kind die F. *(Milchflasche)* geben; Wein auf Flaschen ziehen, in Flaschen abfüllen; Milch in Flaschen verkaufen; Bier aus der F. trinken; ein Rehkitz mit der F. *(mit Milch aus einer Flasche)* großziehen.
2. (ugs.) *Versager:* so eine F.!; er ist eine F.;
★ **einer Flasche den Hals brechen** (ugs. scherzh.): *eine Flasche Wein o. Ä. öffnen, um sie auszutrinken)* · **zur Flasche greifen** (ugs.; *sich dem Alkohol ergeben).*
flattern: 1. *unruhig-taumelig fliegen:* Schmetterlinge flatterten im Sonnenschein; ein Vogel ist gegen das Fenster geflattert; die Gans hat geflattert *(heftig mit den Flügeln geschlagen)* und gezischt; BILDL.: die Blätter, die Papierfetzen sind durch die Luft, auf die Erde, zu Boden geflattert; da ist mir ein Brief auf den Tisch geflattert (ugs.; *ich habe ihn zufällig, unerwartet bekommen).*
2. a) *heftig vom Wind bewegt werden:* die Fahnen flattern im Wind; **b)** *sich unruhig, zitternd bewegen:* seine Hände flatterten nervös; das Herz, der Puls flattert *(schlägt unruhig);* **c)** (ugs.) *unregelmäßig vibrieren:* die Vorderräder, die Skier haben geflattert.
flau: a) *schwach:* eine flaue Brise, die Stimmung ist f.; der Wind wird f. *(flaut ab);* das Negativ ist f. (Fot.; *kontrastarm, unterbelichtet);* **b)** *leicht übel:* ich habe ein flaues Gefühl im Magen; ich fühle mich f.; mir ist vor Hunger ganz flau; **c)** (Kaufmannsspr.) *schlecht:* der Markt, die Börse ist f., eröffnete f.; der Absatz verläuft f.; Kaffee [steht] f.; die Geschäfte gehen f.; (ugs.:) in meinem Portemonnaie sieht es f. aus.
Flaute, die: **a)** (Seemannsspr.) *Windstille:* es herrscht F.; die Boote gerieten in eine F.; wegen F. konnten wir nicht segeln; **b)** (Kaufmannsspr.) *mangelnde Nachfrage:* es herrscht eine allgemeine F.; ÜBERTR.: die Mannschaft

überwand ihre F. *(Leistungsschwäche)* erst in der zweiten Halbzeit.

flechten ⟨etw. f.⟩: **a)** *ineinander verschlingen:* die Haare [zu Zöpfen, in Zöpfe] f.; ⟨jmdm., sich etw. f.⟩ sich, dem Kind die Haare f.; ⟨jmdm., sich etw. in etw. (Akk.) f.⟩ sie flicht sich ein Band ins Haar; ⟨etw. zu etw. f.⟩ sie flocht die Blumen zu einem Kranz; **b)** *durch Ineinanderschlingen herstellen:* einen Zopf f.; Körbe, Rohrstühle, Matten f.

Fleck, Flecken, der: **1.** *beschmutzte Stelle:* ein hässlicher, dunkler, nasser, fettiger F.; der F. will nicht herausgehen; Öl macht Flecke[n]; mach dir keinen F. auf dein Kleid; einen F. entfernen, herauswaschen; seine Weste ist voller Flecke[n]; ÜBERTR.: das ist ein F. *(ein Makel)* auf seiner Ehre. **2.** *andersfarbige Stelle:* braune Flecke[n] auf der Haut; sie hat von dem Sturz noch blaue Flecke[n] am Bein; das Pferd hat einen weißen F. auf der Stirn; BILDL.: ein weißer F. *(ein unerforschtes Gebiet)* auf der Landkarte. **3.** (ugs.) ⟨nur: Fleck⟩ *Punkt, Stelle:* der blinde, der gelbe F. im Auge; ein hübscher F., ein hübsches Fleckchen Erde; ich stehe schon eine halbe Stunde auf demselben F.; sie rührte sich nicht vom F.; wir konnten den Wagen nicht vom F. bringen. **4.** *Flicken:* einen F. auf den zerrissenen Ärmel, auf das Loch im Schuh setzen; ∗ einen Fleck[en] auf der [weißen] Weste haben (ugs.; *Unredliches, Ungesetzliches getan haben)* · **am falschen Fleck** (ugs.; *wenn es nicht angebracht ist)* · **nicht vom Fleck kommen** (ugs.; *mit etw. nicht vorankommen)*: wir sind heute mit der Arbeit nicht vom F. gekommen · **vom Fleck weg** (ugs.; *sofort)*: er wollte sie vom F. weg heiraten.

flehen (geh.): **1.** ⟨um etw. f.⟩ *inständig bitten:* die Gefangenen flehten um Gnade, um ihr Leben; er flehte, man möge ihm helfen; flehende Blicke; er hob flehend die Arme. **2.** ⟨zu jmdm., etw. f.⟩ *inständig beten:* er flehte zu Gott, zum Himmel [um baldige Genesung].

flehentlich (geh.): eine flehentliche Bitte; f. um Hilfe bitten; sie sah ihn f. an.

Fleisch, das: **1.** *Muskelgewebe:* in der Wunde sah man das rohe *(wunde)* F.; darunter konnte man das nackte F. *(die bloße Haut)* sehen; der Riemen schneidet ins F. *(in die Haut)* [ein]; auf der Bühne gab es viel [nacktes] F. *(spärlich bekleidete Personen)* zu sehen; ÜBERTR.: das Wort ward F. (bibl.; *Gott wurde Mensch)*; der Geist ist willig, aber das F. (bibl.; *der Körper mit seinen Begierden)* ist schwach. **2. a)** *essbares Fleisch:* frisches, gehacktes, gepökeltes, rohes, geräuchertes F.; hartes, zähes, weiches, zartes, mürbes, fettes, mageres, schieres F.; ein schönes Stück F.; 2 kg F.; [das] F. schneiden, klopfen, zubereiten, braten, grillen, kochen, dünsten, schmoren; das isst, mag kein F.;

b) *Fruchtfleisch:* das saftige F. des Pfirsichs; ein Pilz mit weißem, brüchigem F.; ∗ **sein eigen[es] Fleisch und Blut** (geh.; *sein[e] Kind[er])* · **sich** (Dat.) **ins eigene Fleisch schneiden** *(sich selbst schaden)* · **jmdm. in Fleisch und Blut übergehen** *(jmdm. zur selbstverständlichen Gewohnheit werden)* · **vom Fleisch fallen** (ugs.; *abmagern).*

fleischig: fleischige Arme; fleischige Blätter, Früchte; seine Nase ist sehr f.

Fleiß, der: unermüdlicher, eiserner F.; sein F. wurde belohnt, (geh.:) hat Früchte getragen; er wendet, bietet seinen ganzen F. auf, verwendet viel F., großen F. auf diese Arbeit; etw. durch F., mit zähem F. erreichen; ® ohne F. kein Preis!

fleißig: a) *arbeitsam:* ein fleißiger Schüler; daran haben viele fleißige Hände gearbeitet; f. [wie eine Biene] sein; f. lernen; **b)** *von Fleiß zeugend:* eine fleißige Arbeit, ein fleißiger Aufsatz; **c)** (ugs.) *häufig:* er besucht f. das Theater; du musst f. spazieren gehen.

flicken ⟨etw. f.⟩: **a)** *ausbessern:* die Wäsche, eine zerrissene Hose f.; einen Fahrradreifen f.; einen Kessel f.; eine Leitung mit Draht f.; die Fischer flickten ihre Netze; er trägt geflickte Schuhe; das Dach [notdürftig] f. (ugs.; *reparieren)*; **b)** *durch Ausbessern schließen:* ein Loch f.

Flicken, der: einen F. aufsetzen, einsetzen, auf den Ärmel setzen.

Fliege, die: **1.** */ein Insekt /:* eine dicke, schillernde, lästige F.; die Fliegen summen, brummen, schwirren um das Fleisch; eine F. fangen, verscheuchen, verjagen, totschlagen; mit der [künstlichen] F. *(der Nachbildung einer Fliege)* angeln. **2.** *Querschleife am Kragen:* deine F. sitzt schief; er trägt eine weinrote F. **3.** (ugs.) *Bärtchen:* lass dir doch eine F. stehen, wachsen; ∗ **jmdn. stört, ärgert die Fliege an der Wand** *(jmdn. stört, ärgert jede Kleinigkeit)* · **die, eine Fliege machen** (salopp; *eilig weggehen)* · **zwei Fliegen mit einer Klappe schlagen** (ugs.; *einen doppelten Zweck auf einmal erreichen)* · **matt wie eine Fliege sein** *(völlig erschöpft sein)* · **umfallen wie die Fliegen** (ugs.; *in großer Zahl sterben)* · **keiner Fliege etwas zuleide tun [können]** *(sehr gutmütig sein).*

fliegen /vgl. fliegend/: **1.** ⟨irgendwohin f.⟩ der Vogel flog auf den Baum; die Schwalben sind hoch, tief geflogen; Bienen fliegen von Blüte zu Blüte. **2.** *sich im freien Raum fortbewegen:* der Ballon, die Rakete fliegt sehr schnell; das Flugzeug flog über den Wolken; die Maschine fliegt über den Nordpol, fliegt nach New York; der Hubschrauber fliegt *(verkehrt)* täglich auf der Strecke Wiesbaden–Frankfurt. **3.** ⟨sich irgendwie f.⟩ *bestimmte Flugeigenschaften haben:* die Maschine fliegt sich gut, etwas schwerer; ⟨es fliegt sich irgendwie; mit Umstandsangabe⟩ bei Nebel fliegt es sich schlecht; es fliegt sich herrlich in dieser Maschine. **4.** ⟨[irgendwohin] f.⟩ *sich mit einem Luftfahrzeug fortbewegen, reisen:* fährst du mit der Bahn oder fliegst du?; nach Berlin, zu einem Kongress, in den Urlaub f.; ich fliege *(mein Flugzeug startet)* um 14 Uhr; von Frankfurt nach Köln fliegt man *(braucht man mit dem Flugzeug)* 1 Stunde; mit [der] Lufthansa f.; die Amerikaner sind zum Mond geflogen; er gehört zum fliegenden Personal *(Bordpersonal).* **5.** a) *die Fähigkeit zum Steuern eines Luftfahrzeugs besitzen:* er fliegt schon seit Jahren; sie ist/hat früher viel geflogen; **b)** ⟨etw. f.⟩ *(ein Luftfahrzeug) steuern:* der Pilot hat die Maschine heute zum ersten Mal geflogen; er fliegt eine Cessna. **6.** ⟨etw. f.⟩ **a)** *fliegend zurücklegen:* die Polarroute f.; er ist 20 000 km geflogen; der Pilot ist/(seltener:) hat 10 000 Stunden geflogen; **b)** *fliegend ausführen:* eine Schleife, eine Platzrunde, einen Looping f.; sie hat/ist eine Kurve geflogen; (Milit.:) die Jäger haben einen Angriff, drei Einsätze geflogen. **7.** ⟨jmdn., etw. irgendwohin f.⟩ *mit Luftfahrzeugen befördern:* Medikamente in das Katastrophengebiet f.; die Verwundeten wurden mit Hubschraubern zum Lazarett geflogen. **8.** *heftig bewegt werden:* die Fahnen fliegen [im Wind]; ihre Haare flogen; BILDL.: der Puls, der Atem fliegt (geh.; *geht hastig);* sie flog (geh.; *zitterte)* am ganzen Körper. **9.** ⟨irgendwohin f.⟩ **a)** (geh.) *sich schnell bewegen:* sie flog *(eilte)* nach Hause; seine Hand fliegt über das Papier *(er schreibt eilig);* das Pferd ist nur so über die Hindernisse geflogen; BILDL.: ein Lächeln flog *(huschte)* über ihr Gesicht; in fliegender Hast; fliegende Hitze *(Hitzeaufwallung im Körper);* ⟨jmdm. irgendwohin f.⟩ sie flog ihm an den Hals; sie waren sich in die Arme geflogen; **b)** *[weg]geschleudert werden:* ein Stein flog ins Fenster; der Wagen ist aus der Kurve geflogen; der Brief fliegt sofort in den Papierkorb; ⟨auch ohne Raumangabe⟩ die Funken flogen *(sprühten)* nur so; ⟨jmdm. irgendwohin f.⟩ ein Schneeball flog ihm ins Gesicht; der Hut flog ihm vom Kopf; **c)** (ugs.) *[hin]fallen:* er ist in den Graben, über einen Stein geflogen; auf die Nase f. **10.** (ugs.) *hinausgeworfen werden:* von der Schule, aus der Stellung f.; die Mitarbeiterin ist sofort geflogen. **11.** (ugs.) ⟨auf jmdn., etw. f.⟩ *von jmdm., etw. stark angezogen werden:* er fliegt auf hübsche Frauen, auf schnelle Autos.

fliegend: *ohne festen Standort:* eine fliegende Ambulanz; eine fliegende Brücke; ein fliegender Händler; fliegende Händler.

fliehen /vgl. fliehend/: **1.** *davonlaufen:* die Truppen fliehen; der Täter ist heimlich, bei Nacht und Nebel, unbemerkt [ins Ausland, über die Grenze] geflohen; vor Kriegsgefahr mussten wir f. *(die Hei-*

mat verlassen); vor dem Lärm, vor einem Unwetter f.; sie floh entsetzt vor ihm, aus der Wohnung; ÜBERTR.: die Zeit flieht (geh.; *vergeht schnell).* **2.** (geh.) ⟨jmdn., etw. f.⟩ *meiden:* die Gesellschaft, den Lärm der Stadt f.; jmds. Gegenwart f.

fliehend: *schräg nach hinten geneigt:* eine fliehende Stirn, ein fliehendes Kinn.

fließen /vgl. fließend/: **1.** a) *strömen* /von Flüssigkeiten/: das Wasser fließt [aus der Leitung]; hinter dem Haus, durch den Garten fließt ein Bach; der Fluss fließt langsam, träge, schnell, in Windungen durch das Tal; Tränen flossen über ihre Wangen; das Blut floss aus der Wunde; diese Quelle fließt nicht mehr *(ist versiegt);* ein Zimmer mit fließendem Wasser *(mit Anschluss an die Wasserleitung);* ÜBERTR.: der Sekt floss in Strömen (ugs.; *es wurde viel Sekt getrunken);* die Gelder flossen reichlich (geh.; *die Einnahmen sind reichlich);* die Nachrichten fließen spärlich *(man bekommt wenig Nachrichten);* **b)** ⟨irgendwohin f.⟩ *fließend gelangen:* die Isar fließt zur, in die Donau; die Elbe fließt *(mündet)* in die Nordsee; ÜBERTR.: die Verse flossen ihm nur so aus der Feder; die Steuergelder flossen ins Ausland; der Erlös floss in seine Tasche; **c)** *sich von einem zum anderen Ort bewegen:* der Verkehr fließt ungehindert, nur stockend, auf sechs Spuren; der elektrische Strom fließt durch die Leitung, von plus nach minus; ÜBERTR.: die Arbeit fließt (geh.; *geht gut voran).* **2.** ⟨mit Umstandsangabe⟩ *wellig fallen:* ihr Haar fließt weich; ein Gewand aus fließender Seide.

fließend: 1. *ohne Stocken:* in fließendem Vortrag; sie antwortete in fließendem Russisch; sie spricht f. Englisch; das Kind liest schon f., kann das Gedicht f. aufsagen. **2.** *ohne feste Abgrenzung:* fließende Übergänge; die Grenzen zwischen Physik und Chemie sind f. **3.** *geschwungen verlaufend:* fließende Linien.

flimmern: die Sterne flimmern; das Wasser flimmert in der Sonne; die Luft, die Hitze flimmerte über der Autobahn; der abgenutzte Film flimmerte schon stark; ⟨es flimmert jmdm.; mit Raumangabe⟩ mir flimmerte es vor den Augen; flimmernde Hitze; ÜBERTR.: die Sendung ist schon oft über die Bildschirme geflimmert (ugs.; *im Fernsehen gesendet worden).*

flink: ein flinkes Mädchen; kleine, flinke Pferde; sie hat noch flinke Beine; der Bursche ist f. [wie ein Wiesel]; sie verpackte das Buch mit flinken Fingern; er sprang f. über den Zaun.

Flinte, die: die F. schultern, umhängen, anlegen, abschießen; er schoß auf alles, was ihm vor die F. kam; ÜBERTR.: der soll mir nur vor die F. kommen (ugs.; *mit dem werde ich abrechnen).* ∗ **die Flinte ins Korn werfen** (ugs.; *vorschnell aufgeben; verzagen).*

Flirt, der: ein harmloser, netter F.; es war nur ein F.; er hat mit ihrer F. angefangen; ein flüchtiger F. gehabt.

flirten: sie flirtet gern [mit anderen Männern]; die beiden flirten miteinander.

flitzen (ugs.): über die Straße f.; aus dem Bett f.; mit seinem Wagen über die Autobahn, um die Ecke f.

Flocke, die: Flocken von Baumwolle; kleine Flocken aus Eischnee; dicke, nasse Flocken *(Schneeflocken)*; es schneit in dichten Flocken.

Floh, der: **1.** der F. hüpft, springt; mich hat ein F. gebissen; Flöhe fangen, (ugs.:) knacken; der Hund hat Flöhe, wird von Flöhen geplagt; ℝ lieber Flöhe/einen Sack [voll] Flöhe hüten [als diese Arbeit tun]. **2.** (salopp) ⟨Plural⟩ *Geld:* keine Flöhe mehr haben; * jmdm. einen Floh ins Ohr setzen (ugs.; *in jmdm. einen Gedanken, Wunsch wecken)* · die Flöhe husten hören (ugs. spött.; *schon an den kleinsten Veränderungen Anzeichen für etw. erkennen wollen).*

Flosse, die: **1.** der Fisch spreizt die Flossen; ÜBERTR.: der Taucher legt die Flossen *(Schwimmflossen)* an. **2.** (salopp scherzh. od. abwertend) **a)** *Hand:* wasch dir die Flossen!; nimm deine Flossen von dem Bild!; **b)** ⟨meist Plural⟩ *Fuß:* jmdm. auf die Flossen treten; zieh deine Flossen ein, hier kann ja keiner vorbei!

Flöte, die: die F./auf der F. blasen, spielen.

flöten gehen (ugs.): zwei Teller gingen flöten *(kaputt);* mein ganzes Geld ist bei der Spekulation flöten *(verloren)* gegangen.

flott: 1. (ugs.) *flink:* eine flotte Verkäuferin, eine flotte Bedienung; in flottem Tempo fahren; flotte *(schwungvolle)* Musik; er macht flotte *(gute)* Geschäfte; f. arbeiten; wir sind heute bei der Arbeit f. vorangekommen. **2.** (ugs.) *schick; attraktiv:* ein flotter Hut, eine flotte Krawatte; ein flottes Mädchen; seine Freundin sieht ganz f. aus. **3.** *lebenslustig, unbeschwert:* ein flottes Leben führen; sie hat immer f. gelebt; f. *(großzügig)* mit dem Geld umgehen. **4.** (Seemannsspr.) *frei schwimmend:* das aufgelaufene Schiff wurde, ist wieder f.; ÜBERTR.: sein Motorrad ist jetzt wieder f. (ugs.; *fahrbereit);* er ist wieder f. (ugs.; *hat wieder Geld).*

flottmachen (Seemannsspr.) ⟨etw. f.⟩: das Schiff konnte endlich wieder flottgemacht werden; ÜBERTR.: das Auto wieder f. (ugs.; *fahrbereit machen).*

Fluch, der: **1.** *böses Wort:* ein derber, kräftiger F.; einen gotteslästerlichen F. ausstoßen; unter Flüchen verließ er den Raum. **2.** *böse Verwünschung:* einen F. gegen jmdn. ausstoßen; F. über dich!; der F. erfüllte sich. **3.** *Strafe, Unheil:* ein [fürchterlicher] F. liegt auf dem Haus, über dem Land; ℝ das ist der F. der bösen Tat.

fluchen: a) *Flüche ausstoßen:* laut, entsetzlich, un-

flätig f.; bei jeder Gelegenheit fluchte er; **b)** ⟨auf/über jmdn., etw. f.⟩ *schimpfen:* sie fluchte auf ihren Chef, über das schlechte Essen; **c)** (geh.) ⟨jmdm., etw. f.⟩ *jmdn., etw. verwünschen:* er fluchte seinen Verrätern, seinem Schicksal.

¹Flucht, die: *eiliges Verlassen eines Ortes:* eine schwierige, heimliche F.; die F. [aus dem Lager] gelang, ist geglückt; er bereitete seine F. von langer Hand vor; er arbeitet an seiner F. (ugs. scherzh.; *ist im Begriff, sich [heimlich] zu entfernen*); sie war auf der F. *(sie floh)* vor ihren Verfolgern; sie konnte sich nur durch schnelle F. ins Freie retten; sie wurden von ihm in die F. getrieben, gejagt; jmdm. zur F. verhelfen; ÜBERTR.: die F. *(das Ausweichen)* in die Krankheit, in die Anonymität, vor sich selbst; die F. nach vorne antreten *(in der Not zum Angriff übergehen);* * die Flucht ergreifen *(fliehen)* · jmdn. in die Flucht schlagen *(jmdn. zur Flucht zwingen).*

²Flucht: *Reihung in gerader Linie:* die F. der Fenster, der Arkaden; die Häuser sind in einer F. gebaut; eine F. von Zimmern *(Zimmerflucht).*

flüchten: a) *davonlaufen:* die Bevölkerung flüchtete vor den feindlichen Soldaten; sie ist über die Grenze, ins Ausland, nach Österreich geflüchtet; die Katze flüchtet auf den Baum; das Kind ist ängstlich zur Mutter geflüchtet; der geflüchtete *(entflohene)* Verbrecher; **b)** ⟨sich zu jmdm./irgendwohin f.⟩ *sich in Sicherheit bringen:* die Kinder flüchteten sich ängstlich zur Mutter; er hat sich in die Einsamkeit geflüchtet *(zurückgezogen).*

flüchtig: 1. *geflüchtet:* die Polizei ermittelt gegen den flüchtigen Fahrer; der Täter ist f.; der Hirsch ist, wird f. (Jägerspr.: *läuft fluchtartig davon).* **2. a)** *schnell, kurz:* ein flüchtiger Blick, Besuch, Kuss; ihr Blick streifte ihn f.; **b)** *oberflächlich:* eine flüchtige Arbeit; ich habe nur einen flüchtigen Eindruck von ihr; eine flüchtige Begegnung, Bekanntschaft; sie ist zu f.; er arbeitet sehr f.; ein Buch f. lesen; ich kenne ihn nur f. **3.** *rasch verdunstend:* ein flüchtiges Öl; Alkohol ist leicht f.

Flug, der: **1.** den F. der Vögel, eines Flugzeugs, eines Balles beobachten; den Vogel im F. treffen. **2.** *Flugreise:* ein angenehmer, ruhiger F.; ein F. über die Alpen, von Europa nach Amerika; der F. zum Mond; einen F. antreten, beenden; auf dem F. nach Paris sein; die F. ... einen Platz buchen; er startet zu seinem ersten F. **3.** (Jägerspr.) *Gruppe zusammen fliegender Vögel:* ein F. Tauben, Wildgänse; * [wie] im Fluge *(sehr schnell):* die Zeit verging [mir] wie im Fluge.

Flugblatt, das: Flugblätter drucken, verbreiten, verteilen, aus einem Flugzeug abwerfen; ein F. gegen die Regierung verfassen.

¹Flügel, der: **1. a)** *paariges Organ bestimmter Tiere:* die F. des Adlers, der Libelle; der Vogel breitet die F. aus, spreizt, schüttelt die F.; einem Vogel das

fluten

stutzen, beschneiden; der Hahn schlägt mit den Flügeln; b) *dem Vogelflügel ähnlicher Körperteil: ein Engel, eine Elfe mit silbernen Flügeln;* c) *Tragfläche:* das Flugzeug rutscht über den linken F. ab.
2. a) *[beweglicher] seitlicher Teil eines Ganzen:* der rechte, linke F. des Altars; ein F. des Fensters stand offen; die F. *(Hälften)* der Lunge; b) *von einem [sich drehenden] Mittelstück abstehendes Teil eines Gerätes:* die F. der Windmühle; eine Schiffsschraube mit drei Flügeln.
3. a) *äußerer Teil einer aufgestellten Truppe o. Ä.:* der linke F. der Armee; auf dem rechten F.; BILDL.: der linke F. einer Partei; (Sport:) über die F. angreifen; b) *seitlicher Teil eines Gebäudes:* er wohnt im linken F.;
∗ die Flügel hängen lassen (ugs.; *mutlos sein*) · jmdm. die Flügel stutzen/beschneiden *(jmds. Tatendrang einschränken)* · jmdm. Flügel verleihen (geh.; *jmdn. beflügeln).*
²Flügel, der: */ein Musikinstrument/:* der F. ist geöffnet; am F. begleitet ein großer Pianist [den Sänger].
flügge: ein flügger Jungvogel; die kleinen Amseln sind noch nicht f.; ÜBERTR.: die Kinder werden bald f. (ugs. oft scherzh.; *selbstständig).*
Flugplatz, der: ein militärischer, ziviler F.; einen F. anfliegen; von einem F. starten; auf einem F. landen; auf dem F. standen mehrere Maschinen.
Flugzeug, das: ein einsitziges, dreistrahliges F., ein F. mit Überschallgeschwindigkeit; das F. startet, hebt ab, steigt [auf], fliegt, kreist über der Stadt, setzt zur Landung an, setzt [hart] auf; Flugzeuge brummen in der Luft; das F. trudelt, stürzt ab, ist notgelandet; ein F. konstruieren, bauen, erproben, führen, steuern; ein F. abschießen, in Brand schießen, entführen; mit dem F. reisen, fliegen.
Fluidum, das: ein eigenartiges, geheimnisvolles F.; diese Stadt hat ein unbestimmbares geistiges F.; von ihr geht, strahlt ein bezauberndes F. aus; er konnte sich dem F. des großen Schauspielers nicht entziehen.
¹Flur, der: *Vorraum, Hausgang:* ein langer, dunkler F.; breite, helle Flure; über, durch den F. gehen; der Schrank steht auf dem/im F.
²Flur, die: **a)** (geh.) *unbewaldetes Landstück:* blühende, anmutige Fluren; durch Feld und F. schweifen; BILDL.: allein auf weiter F. *(ganz verlassen)* stehen, sein; b) (Verwaltung) *[Teil der] Gemarkung:* eine F. bereinigen, abgrenzen; ein Acker in der Altenbacher F.
Fluss, der: **1.** *Wasserlauf:* ein großer, tiefer, reißender, breiter, langer F.; der F. entspringt im Gebirge, fließt, strömt, teilt sich in mehrere Arme, mündet in einen See; der F. steigt, führt Hochwasser, sinkt, hat wenig Wasser, trocknet aus; einen F. überqueren, kanalisieren, regulieren; den F. hinauf-, hinabfahren; am Ufer, an der Mündung des Flusses; das Haus liegt am F.; auf dem F.

fahren; im F. baden; durch den F. schwimmen; die Brücke führt über den F.; mit der Fähre über den F. setzen.
2. *stetiger Fortgang:* der F. des Verkehrs; den F. der Rede, des Gesprächs unterbrechen; der Verkehr ist wieder, kommt langsam wieder in F.
3. (Technik) *flüssiger Zustand:* die Bronze, das Blei ist in/im F.;
∗ im Fluss sein *(im Gang, in der Entwicklung sein):* die Verhandlungen sind noch im F. · in Fluss kommen/geraten *(in Gang kommen, weitergehen):* die Arbeiten kamen nur allmählich in F. · in Fluss bringen *(in Gang bringen):* er brachte das Gespräch wieder in F.
flüssig: **1.** *flüssige Nahrung;* flüssige Fette, Treibstoffe, Brennstoffe; flüssige *(verflüssigte)* Luft; Wachs f. machen; der Lack ist noch f., wird f. verarbeitet.
2. *ohne Stocken, zügig:* ein flüssiger Verkehr; ein flüssiger Produktionsablauf; ein flüssiger Stil; f. schreiben, sprechen.
3. *verfügbar:* flüssiges Kapital; flüssige Mittel, Gelder; ich bin im Moment nicht f. (ugs.; *ich habe kein Geld zur Hand);* ein Kapital f. machen; er musste Geld für den Ankauf f. machen.
Flüssigkeit, die: eine helle, farblose, blaue, übel riechende, leicht entzündbare F.; die F. verdunstet.
flüstern: a) *leise sprechen:* sie flüsterten geheimnisvoll miteinander; nebenan wurde eifrig geflüstert; SUBST.: sein Flüstern konnte ich nicht verstehen; ÜBERTR.: die Bäume flüstern (geh.; *rauschen leise);* b) ⟨etw. f.⟩ *leise sagen:* er flüsterte, ich solle mitkommen; ⟨jmdm. etw. irgendwohin f.⟩ er flüsterte mir ihren Namen ins Ohr; ÜBERTR.: das muss ihm einer geflüstert haben (ugs.; *das muss ihm jmd. erzählt haben);* 🅁 das kann ich dir f.! (ugs.; *darauf kannst du dich verlassen!);*
∗ jmdm. [et]was flüstern (ugs.; *jmdm. tüchtig die Meinung sagen).*
Flut, die: **1.** *Ansteigen des Meeresspiegels:* die F. kommt, steigt; wir müssen die F. abwarten; bei F., zur Zeit der F. baden; das Schiff lief mit der F. ein.
2. (geh.) *Wassermassen:* die aufgewühlten, schmutzigen Fluten [der Donau]; die Fluten wurden eingedämmt, gingen zurück; viele Tiere sind in den Fluten umgekommen; in die kühle F. tauchen, sich in die Fluten stürzen (scherzh.; *schwimmen gehen).*
∗ eine Flut von etw. *(eine unerwartet große Menge von etw.):* eine F. von Beschwerden, von Protesten, von Glückwünschen.
fluten: 1. (geh.) ⟨irgendwohin f.⟩ *in großer Menge strömen:* das Wasser flutet über die Dämme, ist in die Schleusenkammer geflutet; ÜBERTR.: der Verkehr flutet durch die Straßen; die abendliche Kühle flutete ins Zimmer; ADJ. PART.: flutendes Licht.
2. ⟨etw. f.⟩ *unter Wasser setzen:* ein Speicherbecken f.; das U-Boot flutet die Tanks.

F

Folge, die: **1.** *Konsequenz:* katastrophale, schwerwiegende, weit reichende, unangenehme, unvermeidliche, verheerende, verhängnisvolle Folgen; die Folgen zeigten sich sehr schnell, werden nicht ausbleiben; die [natürliche, zwangsläufige] F. dieses Fehlgriffs war, dass ...; die Folgen seines Leichtsinns sind nicht abzusehen; etw. hat böse, schlimme Folgen, kann üble Folgen nach sich ziehen; sie muss die Folgen bedenken, tragen; sie starb an den Folgen eines Unfalls; für die Folgen aufkommen; etw. ohne Rücksicht auf die Folgen tun; das [Liebes]verhältnis blieb nicht ohne Folgen (verhüll.; *es ging ein Kind daraus hervor*); das Unwetter hatte schwere Schäden zur F. *(führte zu schweren Schäden).* **2.** *Abfolge:* eine F. von Bildern, Tönen; die Züge fahren in dichter F.; die Bände erscheinen in rascher F., in zwangloser F.; sie regierten in ununterbrochener F.; Schlager in bunter F.; neue F. *(neu begonnene Reihe einer Zeitschrift);* die nächste F. *(Lieferung)* der Zeitschrift erscheint im Juni; ★ etw. (Dat.) **Folge leisten** (Papierdt.; *entsprechen, nachkommen*): einer Einladung F. leisten · **in der/für die Folge** *(künftig; später)* · **in Folge** *(in ununterbrochener Reihenfolge; ohne Unterbrechung):* die Mannschaft gewann drei Spiele in F.

folgen: **1.** ⟨jmdm., etw. f.⟩ **a)** *nachgehen:* sie ist ihm unauffällig, heimlich gefolgt; sie folgt uns auf dem Fuße, auf Schritt und Tritt; er folgte dem Vater ins Haus; nur wenige Personen folgten dem Sarg; wir folgten den Spuren im Schnee; jmdm. mit den Augen, mit den Blicken f. *(ihm nachsehen);* gefolgt von Polizisten, betrat er den Saal; ÜBERTR.: der Weg folgt dem Bach *(läuft an ihm entlang);* **b)** *[später] nachkommen:* die Familie folgte dem Vater ins Ausland; zwei Wochen später folgte sie ihrem Mann in den Tod (geh.; *starb auch sie; nahm sich sich nach seinem Tod das Leben).* **2. a)** *sich nach jmdm., etw. richten:* sie ist mir nicht immer, nicht in allen Stücken gefolgt; ich kann Ihnen darin nicht f. *(nicht zustimmen);* der Mode f.; wir sind seinem Beispiel, Rat, Vorschlag, seinen Anordnungen, Befehlen gefolgt; sie folgt ihrem Herzen, ihrem Gewissen, dem gesunden Menschenverstand, ihrer inneren Stimme; wir können dem Kurs der Regierung nicht weiter f.; **b)** *verstehend zuhören:* einem Schauspiel, Konzert andächtig f.; das Kind folgt aufmerksam, mit Interesse dem Unterricht; wir sind dem Redner gespannt gefolgt; ich konnte seinen Gedankengängen nicht f. *(konnte sie nicht verstehen);* kannst du mir [geistig] f.? (oft scherzh.; *verstehst du überhaupt, was ich meine?).* **3.** ⟨jmdm., etw./auf jmdm., etw. f.⟩ *[zeitlich] nach jmdm., etw. kommen:* dem Winter/auf den Winter folgte ein nasses Frühjahr; Ludwig der Fromme folgte Karl dem Großen/auf Karl den

Großen; der Sohn ist dem Vater in der Regierung gefolgt; ⟨auch ohne Dat. und ohne Präpositionalobjekt⟩ Weiteres folgt morgen; [die] Fortsetzung folgt [in der nächsten Nummer]; er schreibt wie folgt *(folgendermaßen): ... ;* ADJ. PART.: folgendes wichtige Wort; der Anfangsbuchstabe folgenden wichtigen Wortes; mit folgendem wichtigen Wort; folgende wichtige /(auch:) wichtigen Wörter; wegen folgender wichtiger /(auch:) wichtigen Wörter; sie sprach die folgenden Worte; ein Brief folgenden Inhalts; am folgenden *(darauf folgenden)* Abend; auf den folgenden Seiten werde ich darlegen, wie ...; SUBST. PART.: ich muss ihnen Folgendes, das Folgende berichten; im Folgenden. **4.** ⟨aus etw. f.⟩ *ersichtlich werden:* aus diesen Darlegungen folgt, dass ...; was folgt daraus? **5.** ⟨jmdm. f.⟩ *gehorchen:* das Kind folgt der Mutter; der Hund folgt mir aufs Wort; ⟨auch ohne Dat.⟩ das Kind will nicht f., folgt aufs Wort.

folgern ⟨etw. aus etw. f.⟩: daraus folgerte man, dass ...; daraus lässt sich f., dass ...; ⟨auch ohne Präpositionalobjekt⟩ sie hatte richtig, voreilig gefolgert, wir kämen.

Folgerung, die: eine falsche, logische, einleuchtende, notwendige, praktische F.; eine F. aus etw. ableiten; die Folgerungen aus etw. ziehen.

folglich: ich war verreist, f. kann ich davon nichts wissen.

Folter, die: **1.** *Folterung:* das Geständnis wurde mit der F. erpresst; die F. anwenden; jmdn. der F. unterwerfen. **2.** *Qual:* diese Musik, die lange Ungewissheit war für uns eine wahre F.; ★ **jmdn. auf die Folter spannen** *(in quälende Spannung versetzen).*

foltern ⟨jmdn. f.⟩: Gefangene [zu Tode] f.; ÜBERTR.: Schmerzen folterten *(quälten)* ihn.

forcieren ⟨etw. f.⟩: eine Entwicklung, die Produktion, die Anstrengungen, den Export f.; der englische Läufer forcierte *(steigerte, beschleunigte)* das Tempo; eine forcierte *(unnatürliche)* Herzlichkeit; ihre Höflichkeit wirkt forciert *(gezwungen).*

förderlich: eine wenig förderliche Wirkung; dieses Vorkommnis war unserer Sache/für unsere Sache wenig f.; etw. erweist sich als f. für eine. jmdm., jmdn.

fordern: **1.** ⟨etw. f.⟩ *mit Nachdruck verlangen:* etw. energisch, unablässig, stürmisch f.; ich werde Rechenschaft, Genugtuung, Schadenersatz von ihm fordern; der Verteidiger forderte Freispruch für den Angeklagten; er fordert, dass die Verhaftete sofort freigelassen wird; sie hat für das Bild einen hohen Preis gefordert; die Streikenden fordern höhere Löhne; Einlass, sein Recht f.; ÜBERTR.: der Straßenverkehr fordert jedes Jahr viele Opfer. **2. a)** ⟨jmdn. f.⟩ *[zum Duell] auffordern:* er hat ihn [zum Zweikampf] gefordert; jmdn. auf Pistolen f.; **b)** ⟨jmdn. f.⟩ *jmdm. etw. abverlangen:* er, die Mannschaft wurde vom Gegner gefordert; der

Reiter fordert sein Pferd zu wenig; Familie und Beruf fordern sie sehr; die guten Schüler werden in der Klasse nicht genug gefordert.

fördern: 1. ⟨jmdn., etw. f.⟩ *unterstützen:* sie hat viele junge Künstler gefördert; jmds. Begabung f.; den Handel, das Gewerbe, den Absatz f. 2. ⟨etw. f.⟩ *aus der Erde gewinnen:* Erz, Kohle f. 3. (Technik) ⟨etw. aus etw./in etw. (Akk.) f.⟩ *an eine Stelle vorwärts bewegen:* das Band fördert die Briketts aus dem, in den Waggon.

Forderung, die: 1. a) *nachdrückliches Verlangen:* eine [un]berechtigte, übertriebene, unverschämte F.; eine sittliche F.; das ist keine unbillige F.; die F. der Gewerkschaften nach Arbeitszeitverkürzung; einer F. nachkommen; seine Forderungen sind unannehmbar; eine F. erheben, geltend machen; Forderungen [an jmdn.] stellen; eine F. erfüllen; er musste seine Forderungen herunterschrauben; ich kann von meiner F. nicht abgehen; BILDL.: die F. (geh.; *das Gebot)* der Stunde, des Tages; b) (Kaufmannsspr.) *finanzieller Anspruch:* die ausstehende F. beträgt 2500 DM; eine F. an jmdn., (Rechtsw.:) gegen jmdn. haben; jmdm. eine F. abtreten; eine F. anerkennen, geltend machen, einziehen, eintreiben, einklagen, bei Gericht eintragen lassen. 2. *Aufforderung zum Duell:* jmdm. eine F. auf Pistolen, Säbel überbringen, schicken; die F. annehmen, zurückweisen.

Förderung, die: 1. *Unterstützung:* eine planmäßige, großzügige, intensive, gezielte F.; die F. des Nachwuchses; F. erfahren (Papierdt.; *gefördert werden);* zur F. des Fremdenverkehrs beitragen. 2. *das Gewinnen von Bodenschätzen:* die F. von Kohle steigern, drosseln; die tägliche F. *(geförderte Menge)* beträgt 1000 Tonnen.

Form, die: 1. a) *äußere Gestalt:* die F. dieser Vase erinnert an eine Frucht; der Gegenstand hat eine runde, eckige, plumpe, hässliche, zierliche, schöne, elegante F.; die Erde hat die F. einer Kugel; einem Ding F. [und Gestalt] geben; das Kleid lässt die Formen [des Körpers] hervortreten; das Kleid wirkt vornehm in F. und Farbe; wieder in [seine] F. gebracht werden; der Wasserdampf schlägt sich in F. von Regen *(als Regen)* nieder; etw. in fester, in flüssiger F. zu sich nehmen; ein Hut in der/von der F. einer Glocke; b) *Darstellungsweise:* die innere F. der Sprache; die F. dieses Gedichts ist die Ballade; die vorgeschriebene F. der Eidesformel; etw. in leicht verständlicher, überzeugender F. vortragen; etw. in höflicher, scharfer F. zurückweisen; eine Darstellung in der F. eines Dialogs; das Gedicht ist nach F. und Inhalt vollendet. 2. *Umgangsart:* die F. wahren, [nicht] verletzen, außer Acht lassen; auf Formen achten, halten; der F. genügen; ich mache den Besuch nur der F. halber, wegen *(anstandshalber);* sich über gesellschaftliche Formen hinwegsetzen; ein Mann ohne Formen *(ohne gutes Benehmen).*

3. (Sport) *Kondition:* der Sportler hält, verbessert, steigert seine F.; sie ist heute in großer, guter, blendender F., hoch/groß in F., gänzlich außer F.; ich muss in F. bleiben, erst wieder in F. kommen; sie spielte heute weit unter ihrer [sonstigen] F.; ÜBERTR.: der Minister war bei der Debatte glänzend in F. *(hat sich gut geschlagen);* sie war nicht in F. *(es ging ihr nicht gut);* er ist in seiner Verteidigungsrede zu großer F. aufgelaufen *(hat eindrucksvoll plädiert).* 4. *Hohlform:* eine F. herstellen, füllen; flüssiges Metall in eine F. gießen; Kuchen in einer runden F. backen; Gebäck mit Formen ausstechen; ∗ **[feste] Form/Formen annehmen** *(deutlich erkennbar werden):* der Plan hat schon feste, greifbare, konkrete Formen angenommen · **hässliche, scharfe o. ä. Formen annehmen** *(sich unangenehm entwickeln):* der Streit nahm hässliche Formen an · **aus der Form gehen** (ugs. scherzh. od. abwertend; *sehr dick werden)* · **in aller Form** *(ausdrücklich und verbindlich):* er hat sich in aller F. entschuldigt.

Formalität, die: a) *Vorschrift:* vor der Reise waren viele Formalitäten zu erledigen; er hat alle nötigen Formalitäten beachtet; b) *Formsache:* das ist nur eine F., ist eine reine F.; er hielt sich nicht mit Formalitäten auf; es ging alles ohne Formalitäten.

Format, das: 1. *[genormte] Größe:* kleinere, größere Formate; das F. des Buches; ein Bild von kleinem, mittlerem F.; im Briefbogen in F. DIN A5. 2. a) *Bedeutung einer Person:* dieser Mann hat [kein] F. *(ist [k]eine Persönlichkeit);* ein Staatsmann von [wenig, großem, außergewöhnlichem] F.; es fehlt ihm an F., das [menschliche, berufliche, fachliche] F. für dieses Amt; b) *Niveau:* etw. hat F.; ein Theater von F.

Formel, die: a) *fester sprachlicher Ausdruck:* eine herkömmliche, stereotype F.; die F. des Eides sprechen; b) *Folge von Buchstaben, Zahlen u. Ä.:* eine mathematische, chemische, physikalische F.; die F. für Wasser ist H_2O; eine F. aufstellen; mit Formeln rechnen; c) *Formulierung:* die Partner fanden eine gemeinsame F.; ein Problem auf eine einfache, kurze, knappe F. bringen *(einfach, kurz, knapp ausdrücken);* etw. in eine feste F. fassen.

formell: a) *den gesellschaftlichen Formen entsprechend:* ein formeller Besuch; er hat sich f. entschuldigt; b) *förmlich, unpersönlich:* formelle Höflichkeit; sie ist immer sehr f.; sie benimmt sich sehr f. mir gegenüber; es geht bei diesen Empfängen sehr f. zu; c) *dem Gesetz, der Vorschrift nach:* eine formelle Einigung; das ist Recht; Ansprüche f. anerkennen.

formen: a) ⟨etw. f.⟩ *bilden:* ein Modell [in/aus Ton] f.; aus dem Teig Brote f.; der Mund formt die Laute; etw. nach einem bestimmten Muster, mit der Hand f.; den Ton zu einer Vase f.; formende

Kräfte; ihre Hände, Fingernägel sind schön geformt; **b)** ⟨jmdn., etw. f.⟩ *prägen:* schwere Erlebnisse formten seinen Charakter, haben ihn [zu einer Persönlichkeit] geformt; **c)** ⟨sich f.; mit Umstandsangabe⟩ *Gestalt gewinnen:* der Ton formt sich unter seinen Händen.

förmlich: 1. a) *formell:* eine förmliche Kündigung; die förmliche Übergabe der Geschäfte; f. Einspruch erheben; **b)** *konventionell, unpersönlich:* ein förmliches Benehmen; eine förmliche Begrüßung; sie ist sehr f.; er verabschiedete sich sehr f. **2.** *regelrecht:* eine förmliche Angst ergriff ihn; sie erschrak f., als sie mich sah; er hat es mir f. *(geradezu)* aufgedrängt; man könnte f. *(buchstäblich)* verzweifeln.

Förmlichkeit, die: **a)** *vorgeschriebene Form:* überlebte, übertriebene Förmlichkeiten; eine leere F.; **b)** *förmliches Benehmen:* alle F. beiseite lassen; er ist von einer F., die jede Annäherung erschwert.

Formular, das: ein amtliches F.; ein F. ausfüllen, unterschreiben.

formulieren ⟨etw. f.⟩: einen Beschluss, den Wortlaut eines Antrages f.; eine Frage schriftlich f.; ein prägnant formulierter Vorschlag; der Text ist schlecht formuliert.

forsch: ein forscher Bursche; sie hat ein forsches Wesen; f. reden, auftreten; seine Stimme klang betont f.

forschen: a) ⟨nach jmdm., etw. f.⟩ *intensiv suchen:* nach den Ursachen des Unglücks, nach dem Verbleib von Akten f.; wir haben vergeblich nach dem Verschollenen geforscht; forschende Blicke; jmdn. forschend ansehen, mustern; **b)** *Forschung betreiben:* auf einem bestimmten Gebiet f.; er hat unermüdlich, jahrelang geforscht; in alten Papieren f.

fort: 1. *nicht [mehr] anwesend, vorhanden:* die Kinder sind schon f. *(weggegangen);* das Buch ist f. *(nicht zu finden);* wie lange waren sie f.?; wann seid ihr von zu Hause f.? *(ugs.; wann seid ihr aufgebrochen?);* schnell f.! *(verschwinde rasch!);* nichts wie f.! *(ugs.; lasst uns schnell verschwinden!);* (ugs.:) f. mit dir!; f. damit! **2.** *weiter:* nur immer so f.!; ★ **und so fort** *(und so weiter)* · **in einem fort** *(ununterbrochen).*

fortbewegen: 1. ⟨etw. f.⟩ *wegbewegen:* sie versuchte den schweren Stein fortzubewegen. **2.** ⟨sich f.⟩ *sich vorwärts bewegen:* der Kranke kann sich nur mit Stöcken, an Krücken f.; der Lichtschein bewegte sich langsam fort.

fortbringen ⟨jmdn., etw. f.⟩: *wegbringen:* den Besuch wieder f. *(nach Hause bringen);* die Post f.; hast du die Schuhe fortgebracht *(zum Schuster gebracht)?*

fortfahren: 1. a) *wegfahren:* er ist um 10 Uhr fortgefahren; wir fahren heute mit dem Auto fort *(machen eine Tour);* **b)** ⟨jmdn., etw. f.⟩ *abtransportieren:* er hat den Müll, den Bauschutt fortgefahren.

2. *etw. fortsetzen:* mit/in seiner Arbeit f.; sie hat/ ist in der Erzählung fortgefahren; »Und dann kamen wir an«, fuhr er fort; sie fuhr fort, ihn zu necken; fahr nur fort wie bisher! *(mach so weiter!).*

fortführen: 1. ⟨etw. f.⟩ *fortsetzen:* der Sohn hat das Werk des Vaters, die Arbeit des Vorgängers, die Tradition des Hauses fortgeführt. **2.** ⟨jmdn., etw. f.⟩ *wegführen:* die Gefangenen f.; das Vieh mit sich f.

Fortgang, der: **1.** *das Weggehen:* sein F. hinterließ eine schmerzliche Lücke; mit, nach ihrem F. veränderte sich vieles. **2.** *weiterer Verlauf:* der F. der Arbeiten wurde unterbrochen; ich wünsche Ihrer Arbeit einen guten F.; ★ **seinen Fortgang nehmen** (nachdrücklich; *fortgesetzt werden, weitergehen).*

fortgehen: 1. *weggehen:* schnell, heimlich, leise f.; er ist ohne einen Gruß fortgegangen; wir gehen bald wieder fort. **2.** *weitergehen:* das kann nicht so f.; wie lange soll das noch f.?

fortgesetzt: er wurde wegen fortgesetzten Betruges verurteilt; sie stört f. den Unterricht; Suchtkrankheiten nehmen f. zu.

fortjagen: 1. ⟨jmdn. f.⟩ *vertreiben:* der Hausmeister jagt die Kinder fort; sie hat die Katze von der Milch fortgejagt. **2.** ⟨jmdn. f.⟩ *entlassen, wegjagen:* nach dem Vorkommnis hat man ihn fortgejagt; du kannst doch deine Tochter nicht einfach f.!

fortkommen: 1. *sich wegbegeben:* machen Sie, dass Sie fortkommen!; wir müssen sehen, dass wir hier fortkommen, sonst ... **2.** *vorwärts kommen:* im tiefen Schnee nicht mehr f.; ÜBERTR.: sie kommt im Leben, mit ihrer Arbeit, in ihrem Beruf nicht [recht] fort *(sie kommt nicht voran);* SUBST.: das erschwerte mein F. *(meine [berufliche] Entwicklung);* etw. ist wichtig für jmds. F.; er hat, findet hier sein gutes F. **3. a)** *abhanden kommen:* wie viel Geld ist fortgekommen?; im Büro kommen ständig Sachen fort; ⟨jmdm. f.⟩ meine Uhr ist mir fortgekommen; **b)** *weggeschafft werden:* die überflüssigen Sachen kommen jetzt fort; es wird Zeit, dass das Zeug fortkommt.

fortlassen: 1. ⟨jmdn. f.⟩ *weggehen lassen:* ich lasse dich noch nicht so bald fort. **2.** ⟨etw. f.⟩ *auslassen:* den Namen bewusst, versehentlich f.

fortlaufen: 1. *weglaufen:* aus Angst, vor Wut lief er fort; die Kinder sind schnell fortgelaufen; er war aus der Schule fortgelaufen; ⟨jmdm. f.⟩ der Hund ist uns fortgelaufen; ÜBERTR.: ihm ist die Frau fortgelaufen *(sie hat ihn verlassen).* **2.** *sich fortsetzen:* die Straße läuft noch einige Kilometer fort; eine fortlaufende Handlung; die Blätter sind fortlaufend nummeriert.

fortmüssen: ich muss jetzt fort; das Paket muss noch heute fort *(muss noch abgeschickt werden).*

fortnehmen: 1. ⟨jmdm. etw. f.⟩ *wegnehmen:* er hat dem Kind das Spielzeug fortgenommen. 2. **a)** ⟨etw. f.⟩ *von einem Ort entfernen:* nimm die Sachen vom Tisch fort; **b)** ⟨jmdn. f.⟩ *nicht länger bleiben lassen:* das Kind aus/von der Schule f.

fortpflanzen ⟨sich f.⟩: 1. *Nachkommen hervorbringen:* sich durch Zeugung, durch Zellteilung, durch Samen f.; in der Gefangenschaft pflanzen sich diese Tiere nicht fort. 2. *sich verbreiten:* das Licht, das Echo, der Ton pflanzt sich fort; der Ruf pflanzt sich durch die Reihen fort.

fortreißen: a) ⟨jmdn., etw. f.⟩ *wegreißen:* das Hochwasser hat die Brücke fortgerissen; die Menge riss mich [mit sich] fort; ÜBERTR.: er ließ sich von seinen Gefühlen f. *(überwältigen);* **b)** ⟨jmdn. zu etw. f.⟩: seine Rede riss die Zuhörer zu heller Begeisterung fort.

fortschicken: a) ⟨jmdn. f.⟩ *wegschicken:* er hat den Bettler fortgeschickt; **b)** ⟨etw. f.⟩ *absenden:* einen Brief f.

fortschreiten: die Arbeit, der Bau schreitet gut, langsam, schnell, planmäßig fort; er ist im Englischen schon weit fortgeschritten; ein fortschreitendes *(zunehmendes)* Waldsterben; Englisch für Fortgeschrittene.

Fortschritt, der: rasche, befriedigende, erstaunliche, langsame Fortschritte; der F. der Technik, in der Technik; dies bedeutet einen großen F. gegenüber früheren Jahren; das ist schon ein F.! *(das ist wenigstens schon etwas!);* auf vielen Gebieten Fortschritte erzielen; die Arbeit der Schüler macht Fortschritte *(kommt gut voran);* dem F. dienen; an den F. glauben; auf der Seite des Fortschritts stehen.

fortschrittlich: ein fortschrittlicher Mensch; die fortschrittlichen Kräfte; eine fortschrittliche Methode; seine Ideen sind sehr f.; sie denkt f.

fortsetzen /vgl. fortgesetzt/: 1. ⟨etw. f.⟩ *weiterführen:* eine Reise, eine Fahrt, ein Gespräch, eine Arbeit f.; den Weg zu Fuß f. 2. ⟨sich f.⟩ *sich hinziehen:* der Wald setzt sich bis zur Grenze fort; das Gespräch hat sich bis in die Nacht fortgesetzt.

Fortsetzung, die: 1. *Weiterführung:* sich für eine F. der Arbeiten aussprechen. 2. *weiterführender Teil:* F. folgt; die F. des Romans wird in Folgen abgedruckt; das Kriminalspiel wird in drei Fortsetzungen gesendet; F. auf, von Seite 15; ein Roman in Fortsetzungen.

fortstehlen ⟨sich f.⟩: er stahl sich leise [aus der Gesellschaft] fort.

fortwährend: fortwährendes Reden; es gab f. Streit; es regnete f.

Foto, das: ein altes, gestochen scharfes, vergilbtes, verwackeltes F.; [von jmdm.] ein F. machen, (ugs.:) schießen; man erkennt ihn kaum auf dem F.; auf dem F. gut getroffen sein; seiner Bewerbung ein F. beifügen; die Zeitungen brachten sein

F.; Fotos in ein Album einkleben; von einem F. eine Vergrößerung machen lassen.

Fotografie, Photographie, die: 1. *Lichtbild:* eine vergilbte, verblasste F.; die F. zeigt sie als junges Mädchen; eine F. rahmen lassen; sie machten [von dem Haus, von den Kindern] einige Fotografien. 2. *Verfahren zur Herstellung von Lichtbildern:* die Kunst der F.; die F. in diesem Film war sehr gut *(die Bilder hatten eine hohe Qualität).*

fotografieren: a) *Fotos machen:* mit Teleobjektiv f.; im Urlaub fotografiert sie gern; er kann sehr gut f.; **b)** ⟨jmdn., etw. f.⟩ *ablichten:* Kinder, eine Landschaft, ein Gebäude f.; sich f. lassen; die Bilder waren übereinander fotografiert; **c)** ⟨sich irgendwie f.⟩ *sich zum Fotografieren eignen:* er fotografiert sich gut, schlecht.

Fracht, die: **a)** *Ladung:* die F. löschen, umschlagen, [auf den Wagen] laden, ausladen; das Schiff führt volle, nur halbe F.; etw. in F. nehmen, geben; etw. per F. schicken; **b)** *Transportpreis:* die F. beträgt 65 DM; die F. bezahlen, stunden.

Frage, die: 1. *fragende Äußerung:* eine kluge, dumme, neugierige, peinliche, müßige F.; eine rhetorische F.; das ist eine F. der Öffentlichkeit; es bleibt die F., ob ...; es erhob sich die F., ob ...; so eine F.! *(das ist doch selbstverständlich!);* das ist [noch sehr] die F. *(ist noch sehr fraglich);* das ist die große F. *(das muss sich erst zeigen);* das ist gar keine F. *(das ist ganz selbstverständlich);* (ugs.:) F., wie machen wir das?; jmdm. eine F. stellen; eine F. an jmdn. haben, richten, stellen; hat noch jmd. [zu diesem Thema]?; sich (Dat.) eine F. vorlegen; eine F. überhören, weitergeben, beantworten, bejahen, verneinen; sie stellte Fragen über Fragen *(sehr viele Fragen);* würden Sie mir ein paar Fragen gestatten?; er wich meiner F. aus; auf eine F. [mit Ja oder Nein] antworten; das Gespräch verlief in F. und Antwort; sich einer F. an jmdn. wenden; jmdn. mit Fragen überschütten. 2. *Thema; Problem:* eine schwierige, (ugs.:) verzwickte, wichtige, entscheidende, ungelöste, [noch] offene F.; eine politische, soziale, wirtschaftliche F.; das ist eine F. des Geldes und der guten Erziehung; das ist keine F. von Bedeutung; diese F. beschäftigt uns schon lange; eine F. aufwerfen, anschneiden, diskutieren, klären, erledigen; einer F. nachgehen; wir kommen um diese F. nicht herum; ★ nur eine Frage der Zeit sein *(irgendwann mit Gewissheit eintreten)* · außer Frage stehen *(ganz gewiss sein)* · jmdn., etw. in Frage stellen; in Frage kommen *(↑infrage)* · ohne Frage *(ohne Zweifel):* das war ohne F. eine große Leistung.

fragen /vgl. gefragt/: 1. ⟨etw. f.⟩ *eine Frage stellen:* unvermittelt, ärgerlich, verständnislos, beiläufig, geradeheraus, erstaunt f., ob ...; was hast du gefragt?; er fragte, wie es passiert sei; ⟨jmdn. etw. f.⟩ darf ich Sie etwas f.?; sie fragte ihn noch einmal, ob er mitkommen wolle; das frage ich dich! *(das müsstest du eigentlich wissen);* Ⓡ da fragst du mich zu viel! *(das weiß ich auch nicht!);* ⟨auch ohne Akk.⟩ uns hat man nicht gefragt *(nicht nach unsrer Meinung gefragt).* **2.** *Fragen stellen:* klug, überlegt, systematisch f.; frag [doch] nicht so dumm!; wo wohnen Sie, wenn ich f. darf?; da fragst du noch? *(das müsstest du doch selbst wissen!);* frag lieber nicht (ugs.; *ich mag nicht davon sprechen);* er half, ohne viel zu f.; *fragende Blicke;* jmdn. fragend ansehen; Ⓡ f. kostet nichts; wer viel fragt, kriegt viel Antwort. **3.** a) ⟨nach jmdm., etw. f.⟩ *Auskunft verlangen:* nach dem Weg f.; er fragte, was es zu essen gäbe; hat jmd. nach mir gefragt? *(wollte mich jmd. sprechen?);* sie haben nach dir gefragt *(sich nach dir erkundigt);* ⟨jmdn. nach jmdm., etw. f.⟩ sie fragte ihn nach seinem Namen, nach dem Weg, nach seiner Meinung; b) ⟨nach jmdm., etw. f.⟩ /meist verneint/ *sich um jmdn., etw. kümmern:* der Vater fragt überhaupt nicht nach den Kindern; danach frage ich nicht *(das ist mir einerlei);* (ugs.:) er fragt nicht den Teufel, nicht den Kuckuck danach, ob ...; c) ⟨jmdn. um etw. f.⟩ *bitten:* jmdn. um Rat f.; ⟨auch ohne Akk.⟩ er hat nicht um Erlaubnis gefragt; d) (ugs.) ⟨wegen jmds., etw. f.⟩ *Genaueres wissen wollen:* er fragte wegen der Miete; ⟨jmdn. wegen jmds., etw. f.⟩ sie hat mich wegen der alten Sachen, wegen der Hochzeit meiner Tochter gefragt. **4.** ⟨sich etw. f.⟩ *sich überlegen:* ich frage mich, ob ich das tun soll; das habe ich mich auch schon gefragt; ⟨es fragt sich⟩ wir möchten es gern machen, es fragt sich nur *(es ist fraglich),* ob es sich realisieren lässt.

Fragezeichen, das: das F. steht nach einem direkten Fragesatz; ein F. setzen; ÜBERTR.: bei der Sache bleiben noch einige F. *(Unklarheiten);* hinter ihre Behauptung muss man ein [dickes, großes] F. setzen *(sie ist unglaubwürdig);* er sieht aus, sitzt da, steht da wie ein F. (ugs.; *hat eine schlechte Körperhaltung).*

fraglich: 1. *ungewiss:* seine Teilnahme, seine Zustimmung erscheint mir f.; es ist noch sehr f., ob wir kommen können. **2.** *infrage kommend:* das fragliche Haus war schon vermietet; die fraglichen Personen; zur fraglichen Zeit.

fragwürdig: a) *bedenklich:* ein fragwürdiger Gewinn; das Angebot kam mir sehr f. vor; viele Traditionen sind heute f. geworden; etw. für f. halten; b) (abwertend) *anrüchig:* ein fragwürdiges Subjekt; fragwürdige Geschäfte betreiben; er verkehrt in fragwürdigen Lokalen.

frank: ⟨in der Verbindung⟩ **frank und frei** *(offen, ehrlich):* etw. f. und frei aussprechen, sagen, zugeben.

frankieren ⟨etw. f.⟩: einen Brief, ein Paket f.; die

Karte ist nicht frankiert; etw. ist nicht ausreichend, ist mit 80 Pfennig frankiert.

französisch: die französische Sprache; französische Weine; der französische Franc; die französische Schweiz; er spricht [gut] f. *(in französischer Sprache);* SUBST.: etw. auf Französisch sagen; sie spricht ein gutes Französisch; der Prospekt erscheint in Französisch; die Französisch sprechende Bevölkerung Afrikas; er unterrichtet Französisch *(als Unterrichtsfach).*

frappant: eine frappante Ähnlichkeit; die Ergebnisse waren f.; sich f. ähneln.

Fratze, die: eine scheußliche F.; [vor jmdm., vor dem Spiegel] eine F. schneiden *(höhnisch das Gesicht verziehen);* sie verzog das Gesicht zu einer F.; ich kann seine F. (salopp abwertend; *Gesicht)* nicht ausstehen.

Frau, die: **1.** *erwachsene, weibliche Person:* eine junge, emanzipierte, berufstätige, verheiratete, schwangere, hübsche, schöne, kluge, stattliche, reife, erfahrene, liebende F.; sie ist eine ganz unscheinbare, eine tolle, attraktive F.; ein kleines, verhutzeltes Frauchen; die F. im Beruf; du als F.; eine F. lieben, verehren, heiraten; er hat viele Frauen *(Geliebte)* gehabt; für die Gleichberechtigung der F. eintreten. **2.** *Ehefrau:* meine, deine F.; seine zukünftige, seine geschiedene F.; die F. meines Kollegen; eine F. fürs Leben; [sich (Dat.)] eine F. suchen; [sich (Dat.)] eine F. nehmen *(heiraten);* er fand keine passende F.; Herr Müller mit F., und F.; der Präsident und seine F. Elisabeth; er hat eine Inderin zur F.; jmdn. zur F. nehmen; jmdn. zur F. haben. **3.** a) *Hausherrin:* die F. des Hauses; b) (ugs.) *Herrin des Hundes:* wo ist Frauchen? **4.** /als Teil der Anrede/: F. Professor; F. Doktor; F. Minister[in]; sehr geehrte/liebe F. Müller; sehr verehrte gnädige F.!; (geh.:) Ihre F. Mutter, Schwester; Grüße an die F. Gemahlin.

Fräulein, das (veraltend): *unverheiratete weibliche Person:* F. Meier ist nicht zu Hause; guten Tag, F. Müller!; sehr geehrtes/liebes F. Meier!; (geh.:) gnädiges F.; (geh.:) Ihr F. Tochter. Beachte: Als Anrede wird *Fräulein* heute allgemein durch *Frau* ersetzt.

fraulich: sie ist ein fraulicher Typ; dieses Kleid ist, wirkt sehr f.

frech: a) ⟨f. [zu jmdm.]⟩ *unverschämt:* ein frecher Kerl; sie gab freche Antworten; zuletzt wurde er auch noch f.; jmdn. f. *(dreist)* anlügen; er ist immer so f. (ugs.:) sie kam mir auch noch f.!; ÜBERTR.: etw. mit frecher Stirn *(dreist)* behaupten; b) *kess; respektlos:* eine freche Zeichnung; ein frecher Song; (ugs.:) sie ist f. wie Oskar; ein frecher Bikini; sie ist f. frisiert.

Frechheit, die: **1.** *freches Benehmen:* seine F. muss bestraft werden; sie treibt die F. zu weit; er besaß die F., zu behaupten, ...; das ist der Gipfel der F.; Ⓡ F. siegt! **2.** *freche Äußerung, Handlung:* eine unglaubliche

F.; sie hat sich einige Frechheiten erlaubt, herausgenommen.

frei: 1. a) *unabhängig, nicht gebunden:* er fühlt sich als ein freier Mann; die freien Berufe; sie ist freie Mitarbeiterin an/bei einer Zeitung; ein freier Schriftsteller; sie arbeitet in der freien Wirtschaft; sich f. entfalten können; etw. zur freien Verfügung haben; das freie Spiel der Kräfte; dies ist sein freier Wille; die freie Wahl haben; eine freie Tankstelle; eine freie *(nicht wörtliche)* Übersetzung; hier herrscht ein freier *(nicht konventioneller)* Ton; sie hat sehr freie Ansichten; freie Liebe *(Zusammenleben von Mann und Frau ohne Eheschließung);* innerlich f. sein, werden; die jüngste Tochter ist noch f. (ugs.; *noch nicht verheiratet);* die Werke des Dichters sind jetzt f. geworden *(können ohne Honorar nachgedruckt werden);* der Redner sprach f. *(ohne Manuskript);* f. in der Luft schweben; etw. f. *(ohne Scheu)* heraussagen; das ist alles f. erfunden *(beruht nicht auf Tatsachen);* sie benimmt sich etwas zu f.; ich kann hier f. schalten und walten; Ⓡ ich bin so f. *(ich erlaube mir, das zu tun);* b) (Chemie, Physik) *nicht gebunden:* freier Sauerstoff; freie Neutronen; bei diesem Vorgang wird Stickstoff f.
2. a) *nicht behindert, nicht beeinträchtigt:* freie Meinungsäußerung; freie Wahlen; der Zug hat freie Fahrt; vom Turm hat man [eine] freie Aussicht; der Gefangene ist wieder f. *(in Freiheit);* ein f. stehendes Haus; f. lebende Tiere; (Sport:) der Rechtsaußen war, stand f. *(ungedeckt);* b) ⟨f. von etw.⟩ *durch etw. nicht beeinträchtigt:* er ist f. von Schuld, von Sorgen, von Verpflichtungen; der Kranke ist f. von Beschwerden; die Düngemittel sind f. von schädlichen Bestandteilen; c) ⟨sich von etw. f. machen⟩ *befreien:* du musst dich von deinen Vorurteilen f. machen.
3. a) *offen, unbedeckt; nicht umschlossen:* freies Feld; die Straße führt auf eine freien Platz; unter freiem Himmel; subst.: im Freien sitzen, übernachten; ins Freie gehen; b) *unbekleidet:* er arbeitet mit freiem Oberkörper; sich f. machen *(den Oberkörper entblößen);* das Kleid lässt Arme und Schultern f.
4. a) *unbesetzt:* ein freies Zimmer; ein freier Stuhl; ein freies Taxi; ist hier noch f.? *(kann ich mich auf diesen Platz setzen?);* es sind, wir haben noch zwei Betten f.; diese Stelle, dieser Posten wird bald f.; die erste Reihe muss f. bleiben; jmdm. einen Platz f. machen; eine f. stehende Wohnung; Straße f.!; Bahn f.!; (Boxen:) Ring f.!; b) *verfügbar:* freie [Geld]mittel; freie Zeit; er hat keine freie Stunde mehr; morgen ist f. *(wird nicht gearbeitet);* ich habe mir einen Tag f. (ugs.; *Urlaub)* genommen; ⟨f. für jmdn.⟩ ich bin jetzt f. für dich; der Film ist f. *(zugelassen)* für Jugendliche ab 16 Jahren.
5. *kostenlos:* er hat freie Verpflegung, freien Zugang; der Eintritt ist f.; jeder Reisende hat 30 kg

Gepäck f.; (Kaufmannsspr.:) Lieferung f. Haus, f. deutsche Grenze.

Freibrief, der: ⟨in festen Wendungen⟩ [k]ein Freibrief für etw. sein *([k]eine Erlaubnis geben, etwas Unerlaubtes zu tun)* · jmdm. einen Freibrief für etw. geben/ausstellen *(jmdm. volle Freiheit geben, etw. zu tun)* · etw. als Freibrief für etw. ansehen/betrachten *(etw. für seinen Zweck ausnutzen).*

freigeben: 1. ⟨jmdn. f.⟩ *jmdm. die Freiheit [wieder]geben:* einen Gefangenen f.; seine Firma gibt ihn nicht frei *(hält ihn in seiner Stellung fest).*
2. ⟨etw. f.⟩ *nicht mehr zurückhalten:* ein Haus zum Abriss f.; eine Straße für den Verkehr f.; der Schiedsrichter gibt den Ball frei (Fußball; *lässt das Spiel nach Unterbrechung fortsetzen);* die Fische konnten nicht zum Verkauf freigegeben werden; die Zensur hat den Film freigegeben; ÜBERTR.: das große Fenster gibt den Blick auf die Berge frei *(lässt die Berge sichtbar werden);* ⟨jmdm. etw. f.⟩ er gab mir den Weg frei *(ließ mich passieren).*
3. ⟨jmdm. f.⟩ *kurzen Urlaub geben:* der Chef gibt mir eine Stunde frei.

freigebig ⟨f. [gegen jmdn./gegenüber jmdm.]⟩: ein freigebiger Mensch; er war f. mit seinem Geld; er war f. gegen seine Freunde, gegenüber seinen Freunden, seinen Freunden gegenüber; [stets] f. sein; f. mit ihren Reizen.

freihalten: 1. ⟨etw. f.⟩ a) *nicht versperren:* eine Straße, eine Ausfahrt f.; Einfahrt f.!; b) *reservieren:* einen Tisch f.; sie hält mir/für mich einen Platz frei.
2. ⟨sich, etw. f.⟩ *vor etw. bewahren:* den Gehweg von Schnee f.; ÜBERTR.: sich von bestimmten Denkweisen f.
3. ⟨jmdn. f.⟩ *die Zeche bezahlen:* er hat die ganze Gesellschaft freigehalten.

freihändig: 1. *ohne technische Hilfsmittel:* f. zeichnen, modellieren.
2. *ohne sich aufzustützen* [stehend] f. schießen; der Radfahrer fuhr f.; ÜBERTR.: diese Arbeit macht er stehend f. (ugs.; *ohne Mühe).*
3. *ohne öffentliche Ausschreibung:* eine freihändige Vergabe der Aufträge; etw. f. verkaufen.

Freiheit, die: 1. *Unabhängigkeit:* die persönliche, politische, bürgerliche F.; die geistige, innere F.; die F. der Presse; die F. des Handelns, des Gewissens; die F. der Rede; die F. (Rechtsw.; *allgemeine Zugänglichkeit)* der Meere; die F. von Forschung und Lehre; seine F. bewahren, erhalten, einbüßen, verlieren; er will seine F. *(Ungebundenheit)* nicht aufgeben; die F. erkämpfen; für die F. kämpfen, sterben; etw. in voller F. entscheiden.
2. *Bewegungsfreiheit:* einem Gefangenen, einem Tier die F. schenken, [wieder]geben; (geh.:) der Täter hatte seine F. verwirkt; wieder in F. sein; ein Tier in F. setzen; er muss sich erst an die F. gewöhnen; (geh.:) jmdm. die F. geben; jmdm. die F. rauben.

8*

3. *Vorrecht; Eigenmächtigkeit:* dichterische F. *(dem Dichter erlaubte Abweichung);* er genießt als Künstler viele Freiheiten; sie erlaubt sich [uns gegenüber, gegen uns] zu viele Freiheiten; ∗ **die Freiheit von etw.** *(das Freisein von etw.):* die F. von Not und Furcht · **sich** (Dat.) **die Freiheit nehmen, etw. zu tun** *(sich etw. herausnehmen).*

freilassen ⟨jmdn. f.⟩: einen Gefangenen, einen Vogel f.; man hat ihn gegen eine Kaution freigelassen.

freilich: 1. *allerdings* /einräumend, einschränkend/: das konnte ich f. nicht wissen; sie erhielt den Pass, f. nur mit Mühe. **2.** (bes. südd.) *aber gewiss* /bejahend/: »Hast du meinen Auftrag ausgeführt?« – »[Ja] f.!«

freimachen: 1. ⟨etw. f.⟩ *frankieren:* einen Brief, ein Paket f. **2.** (ugs.) a) ⟨sich f.⟩ *sich Zeit nehmen:* sich für zwei Stunden f.; kannst du dich heute f.?; b) *nicht arbeiten:* wir machen heute frei.

freisprechen ⟨jmdn. f.⟩: a) *für nicht schuldig erklären:* der Angeklagte wurde [wegen erwiesener Unschuld, mangels Beweises] freigesprochen; b) (Handw.) *zum Gesellen erklären:* einen Lehrling f.

freistehen ⟨jmdm. f.⟩: ob und wann du kommen willst, steht dir frei; es steht ihm frei, zu gehen oder zu bleiben.

freistellen: 1. ⟨jmdm. etw. f.⟩ *die Wahl überlassen:* man stellte [es] ihr frei, ob sie mitkommen wollte oder nicht; es ist dir freigestellt, ob du mitfährst oder zu Hause bleibst. **2.** ⟨jmdn., etw. f.⟩ *von Pflichten befreien:* sie wurde [vom Dienst] freigestellt, um trainieren zu können; man hat ihn, das ganze Team für ein Jahr, für dieses Projekt freigestellt. **3.** (verhüll.) ⟨jmdn. f.⟩ *entlassen:* das Unternehmen will 2 000 Arbeiter f.

Freitag, der: ein schwarzer *(durch [geschäftlichen] Misserfolg gekennzeichneter)* F.; ∗ **der Stille Freitag** *(Karfreitag).* ↑ Dienstag.

freiwillig: ein freiwilliger Helfer; die freiwillige Feuerwehr; freiwillige Spenden; dieser Dienst ist f.; sie ist f. mitgekommen, hat sich f. gemeldet; f. in den Tod gehen, (geh.:) aus dem Leben scheiden.

Freizeit, die: **1.** *arbeitsfreie Zeit:* viel, wenig F. haben; seine F. im Garten verbringen; sie opfert ihre ganze F. für den Verein; sie liest viel in ihrer F. **2.** *[mehrtägige] Zusammenkunft von Gruppen:* eine kirchliche F.; eine F. für Konfirmanden; in diesem Jugendheim finden viele Freizeiten statt; eine F. veranstalten; an einer F. teilnehmen.

fremd: 1. *von anderer Herkunft:* fremde Länder, Sitten; eine fremde Sprache; fremde Truppen. **2.** *einem andern gehörend; einen andern betreffend:* fremdes Eigentum; ein fremdes Haus; sie mischt sich gern in fremde Angelegenheiten; das ist für fremde Ohren bestimmt; etw. ohne

fremde Hilfe schaffen; unter fremdem Namen *(inkognito)* reisen. **3.** a) *unbekannt:* eine fremde Stadt; fremde Menschen; das ist ein fremdes Gesicht *(ein Mensch, den ich nicht kenne);* ich bin hier f. *(ich weiß hier nicht Bescheid);* warum tust du so f.? *(warum bist du so zurückhaltend?);* ich fühle mich hier f.; diese Sache ist, bleibt mir f.; wir waren uns f. geworden; Verstellung ist ihr f. *(sie kann sich nicht verstellen);* b) *ungewohnt:* das ist ein fremder Ton an ihm; in der neuen Frisur sieht sie ganz f. aus.

¹Fremde, der und die: a) *von auswärts Kommende[r]:* ein Fremder hat es hier schwer, heimisch zu werden; sie ist hier immer eine Fremde geblieben; b) *Unbekannte[r]:* Kinder sollen nicht mit einem Fremden gehen, sind Fremden gegenüber scheu.

²Fremde, die (geh.): *Gebiet außerhalb der Heimat:* in der F. sein, leben; in die F. ziehen, gehen; aus der F. kommen, heimkehren.

fressen: 1. a) /von Tieren/ *feste Nahrung zu sich nehmen:* der Hund frisst gierig; die Tauben fressen mir aus der Hand; /von Personen/: er frisst für drei, wie ein Scheunendrescher (derb, meist abwertend; *isst sehr viel);* b) ⟨etw. f.⟩ /von Tieren/ *als Nahrung zu sich nehmen:* der Ochse frisst Heu; das Vieh hat nichts mehr zu f.; gib dem Hund etwas zu f.!; /von Personen/: sie hatten nichts zu f. (derb, meist abwertend; *sie haben Hunger gelitten);* (derb, meist abwertend:) wer hat die Schokolade gefressen?; (ugs.:) sie hätte ihn vor Liebe f. mögen; ich will dich nicht f. (ugs. scherzh.; *ich tue dir nichts);* ÜBERTR.: Kilometer f. (ugs.; *schnell über weite Strecken fahren);* c) ⟨jmdn., sich, etw. f.; mit Umstandsangabe⟩ *durch Fressen in einen Zustand bringen:* der Hund hat den Napf leer gefressen; (derb) /von Personen/: die Kinder fressen mich noch arm; hier kannst du dich satt, dick, rund und voll, krank f.; d) ⟨etw. irgendwohin f.⟩ *durch Fressen erzeugen:* die Motten fressen ein Löcher in das Kleid; ÜBERTR.: der Urlaub hat ein Loch in die Kasse gefressen.

2. a) ⟨mit Umstandsangabe⟩: *langsam zerstören:* der Rost frisst am Eisen; die Flammen fressen im Gebälk; ÜBERTR.: Ärger, Sorge frisst an ihm, an seiner Gesundheit; b) ⟨etw. f.⟩ *verbrauchen:* die Maschine frisst viel Öl; dieser Motor frisst zu viel Benzin; seine Hobbys fressen viel Geld.

3. ⟨sich in etw. (Akk.)/durch etw. f.⟩ *hindurchdringen:* der Wurm frisst sich ins Holz; der Bohrer frisst sich durch den Stein; ÜBERTR.: Angst hatte sich in ihre Seelen gefressen;

∗ **jmdn., etw. gefressen haben** (ugs.; *jmdn., etw. nicht leiden können)* · **etw. gefressen haben** (ugs.; *etw. endlich begriffen, gelernt haben)* · **jmdn. zum Fressen gern haben** (ugs. scherzh.; *jmdn. sehr gern haben)* · **zum Fressen sein, aussehen** (ugs.; *[von Kindern] besonders hübsch, niedlich sein, aussehen).*

Fressen, das: den Tieren ihr F. geben; hat der Hund

schon sein F.?; (derb) /von menschlicher Nahrung/: das war ein elendes F.;
* **ein [gefundenes] Fressen für jmdn. sein** (ugs.; *jmdm. sehr gelegen kommen*).

Freude, die: 1. *das Frohsein:* eine große, riesige, unerwartete, stille, heimliche, diebische *(heimliche)* F.; die F. des Wiedersehens; die F. an der Natur, über das Geschenk; F. erfasst, überwältigt, erfüllt jmdn.; (geh.:) F. strahlt aus seinen Augen; in der Stadt herrschte große F. über den Sieg; es ist eine [rechte, wahre] F., ihm zuzuschauen; sie tanzte, dass es eine [wahre] F. war; das ist keine reine F. *(das tut, das sieht man nur ungern);* es wird mir eine F. sein, Sie zu begleiten *(ich werde Sie gerne begleiten);* jmdm. [eine] F. bereiten, machen, spenden, schenken, jmdm. die/eine F. gönnen, rauben, vergällen, verderben; etw. trübt, stört jmds. F.; F. zeigen; an etw. viel, wenig, keine [große] F. haben; F. über etw. empfinden; sie hatte ihre helle F. daran; sie erlebte viel F. mit ihren Kindern; etw. aus F. an der Sache, aus Spaß an der F. (ugs. scherzh.) tun; mit kindlicher, naiver F. zuschauen; voll[er] F. stimmte er zu; sie weinte vor F., war vor F. außer sich; die Kinder sprangen vor F. [fast] an die Decke *(haben sich sehr gefreut);* zur F. der Eltern wurde das Kind bald gesund.
2. *etw., was jmdn. erfreut:* die Freuden des Sommers, der Liebe; die kleinen Freuden des Alltags; sie will die Freuden des Lebens genießen; sie lebten herrlich und in Freuden *(es ging ihnen sehr gut);*
* **Freud und Leid** (geh.; *Glück und Unglück des Lebens*) · **mit Freuden** *(beglückt, erfreut).*

freudig: a) *froh:* ein freudiges Gefühl; voller freudiger Erwartung; mit freudiger Stimme; jmdn. f. begrüßen; f. erregt, überrascht sein; b) *Freude bereitend:* eine freudige Nachricht, Überraschung.

freuen: 1. a) ⟨sich f.⟩ *Freude empfinden:* sich ehrlich, aufrichtig, herzlich, (ugs.:) mächtig f.; sich heimlich, diebisch *(verstohlen),* königlich *(sehr),* im Stillen f.; sie kann sich f. wie ein Kind; er freut sich wie ein Schneekönig (ugs.; *sehr*); (iron.:) da hast du dich zu früh gefreut; ich freue mich sehr, dass es dir gut geht; wir freuen uns, Ihnen helfen zu können; ⟨sich etw. (Gen.) f.⟩ er freut sich seines Lebens (geh.; *genießt sein Leben*); ⟨sich über jmdn., etw. f.⟩ sich über einen Erfolg, über ein Geschenk f.; ich freue mich darüber, dass du mitfährst; ⟨sich mit jmdm. f.⟩ wir freuen uns sehr mit Ihnen; b) ⟨sich an jmdm., etw. f.⟩ *seine Freude haben:* sich an [den] Blumen, an seinen Kindern f.; ich freue mich an eurem Glück; c) ⟨sich auf jmdn., etw. f.⟩ *freudig erwarten:* wir freuen uns auf unser Kind, auf deinen Besuch, auf die Ferien; d) ⟨sich für jmdn. f.⟩ *herzlich gönnen:* ich freue mich für dich, dass du diese Stellung bekommen hast.
2. ⟨jmdn. f.⟩ *Freude bereiten:* das freut mich [auf-

richtig]; das Geschenk freut mich sehr; es freut mich [für dich], dass du mitkommen kannst; es soll[te] mich f., Sie recht bald bei uns zu sehen; (iron.:) das freut einen denn ja auch!

Freund, der: 1. a) ein guter, vertrauter, intimer, treuer, bewährter F.; er ist mein väterlicher F.; falsche Freunde; ein alter F. unseres Hauses; unser junger F.; mein lieber, bester F.; mein F. Klaus; er ist mein ältester, einziger F.; sie sind unzertrennliche, (ugs.:) dicke Freunde; griechische Freunde von uns; (ugs. iron.:) du bist mir ein schöner F.!; mein F. ist er gewesen! (ugs.; *die Freundschaft ist vorbei*); Freunde werden; er hat, besitzt, findet keinen F.; sich jmdn. zum F. machen; unter Freunden sein; wie gehts, alter F.? (ugs.; als Anrede); [mein] lieber F.! (scherzh. oder drohend; als Anrede); ℞ Freunde in der Not gehn hundert/tausend auf ein Lot *(in Notzeiten sind die Freunde selten);* b) *Gesinnungsgenosse, Parteifreund:* seine politischen Freunde; c) *Partner:* sie hat einen neuen F.; sie hat noch keinen festen F.
2. *Förderer; Liebhaber:* er ist ein F. guter Musik; ein F. der Tiere; er ist ein F. von guten Weinen;
* **Freund Hein** (verhüll.; *der Tod*) · **Freund und Feind** *(jedermann):* er war angesehen bei F. und Feind · **kein Freund von etw. sein** *(etw. nicht schätzen):* ich bin kein F. großer Worte.

freundlich: a) *liebenswürdig:* eine freundliche Miene; ein freundliches Gesicht; wir fanden freundliche Aufnahme; ein freundliches Wort an jmdn. richten; jmdm. einen freundlichen Empfang bereiten; besten Dank für Ihr freundliches Anerbieten; mit freundlicher Genehmigung des Verlages; /Briefschluss:/ mit freundlichen Grüßen Ihr …; ⟨f. zu jmdn./(seltener:) gegen jmdn.⟩ sie war immer f. zu mir/(seltener:) gegen mich; würden Sie so f. sein, mir zu helfen?; f. lächeln; jmdn. f. ansehen; jmdm. f. gesinnt sein; /Aufforderung des Fotografen/: bitte recht f.!; b) *heiter [stimmend]:* freundliches Wetter; eine freundliche Wohnung, Stadt, Gegend; die Farben des Kleides sind sehr f. *(hell und ansprechend);* die Wohnung ist f. und sauber; die Haltung, Stimmung an der Börse ist f. (Wirtsch.; *günstig*).

Freundschaft, die: eine treue, herzliche, innige, langjährige, (ugs.:) dicke F.; eine F. fürs Leben; die F. zwischen Schülern, zwischen den Völkern; das ist echte, wahre F.; unsere F. ist an die Brüche gegangen, ist (ugs.:) eingeschlafen, vertiefte sich; uns verbindet eine tiefe F.; mit jmdm. F. schließen, die [alte] F. erneuern; (geh.:) jmdm. die F. aufkündigen; alte Freundschaften bewahren; etw. aus [reiner] F. tun; (geh.:) sie war uns in F. verbunden; ich sage es dir in aller F.; sie trennten sich in F.

freundschaftlich: eine freundschaftliche Gesinnung; freundschaftliche Ermahnungen; die beiden Länder unterhalten freundschaftliche Beziehungen; mit jmdm. auf freundschaftlichem Fuß stehen; sie verkehren f. miteinander; jmdn. f. begrüßen; er unterhielt sich f. *(wie ein Freund)* mit mir.

Friede (geh.), **Frieden,** der: 1. a) *(von Staaten) Zustand der Ruhe und Sicherheit:* ein langer, ungestörter, ewiger F.; der F. dauerte nur wenige Jahre; den Frieden wollen, vermitteln; [mit einem Land, einer Regierung] Frieden schließen; den Frieden brechen, erhalten, sichern; sie leben in Frieden und Freiheit; für den Frieden arbeiten, kämpfen; im tiefsten Frieden; b) *Friedensschluss:* ein gerechter, ehrenvoller, fauler F.; den Besiegten den Frieden diktieren; den Frieden *(Friedensvertrag)* unterzeichnen; über einen Frieden verhandeln. 2. a) *Zustand der Harmonie:* der häusliche, eheliche F.; der soziale Frieden; es ist wieder F. eingekehrt; es herrscht wieder F.; den Frieden der Natur lieben, stören; den Frieden wiederherstellen; Frieden stiften zwischen den Parteien; in Ruhe und Frieden, in Frieden und Freundschaft, in Frieden und Eintracht miteinander leben; Ⓡ F. ernährt, Unfriede[n] verzehrt; b) *Ruhe:* man hat keinen Frieden vor ihm; sie findet keinen inneren Frieden; lass mich in Frieden!; er *(der Verstorbene)* ruhe in Frieden!; um des lieben Friedens willen; in den ewigen Frieden eingehen (geh. verhüll.; *sterben*); ★ **seinen Frieden mit jmdm., etw. machen** *(sich mit jmdm., etw. aussöhnen)* · **dem Frieden nicht trauen** *(im Hinblick auf die scheinbare Ruhe skeptisch sein)* · **jmdn. [mit etw.] in Frieden lassen** *(jmdn. [mit etw.] nicht belästigen).*

Friedhof, der: ein alter F.; der F. liegt abseits des Dorfes; den F. besuchen; er liegt auf dem F. im Norden der Stadt *(ist dort beerdigt)*; auf, über den F. gehen.

friedlich: 1. *den Frieden liebend:* ein friedlicher Mensch, Charakter; ein friedliches Volk; friedliche Zeiten; eine friedliche *(nicht von Gewalttätigkeiten begleitete)* Demonstration; die friedliche *(nicht militärischen Zwecken dienende)* Nutzung der Kernenergie; eine friedliche Koexistenz; der Konflikt wurde auf friedlichem Wege gelöst; sei f.! *(fang keinen Streit an!)*; f. gesinnt sein; einen Streit f. beilegen. 2. (geh.) *von Frieden erfüllt, ruhig:* ein friedliches Tal; ein friedlicher Anblick; f. schlafen; f. einschlafen (verhüll.; *einen sanften Tod sterben*).

frieren: 1. a) *Kälte empfinden:* das Kind friert; ich habe sehr, tüchtig, entsetzlich gefroren; sie friert sehr leicht *(ist kälteempfindlich)*; er hatte gefroren wie ein Schneider, wie ein junger Hund (ugs.; *hatte sehr gefroren)*; an den Füßen, an den Händen f.; b) 〈jmdn. friert [es]〉 *jmdm. ist kalt:* mich friert [es]; es friert mich; es fror ihn jämmerlich [an den Händen] 〈jmdm./jmdn.:〉 jmdn. f.〉 *ein Gefühl der Kälte hervorrufen:* die Füße frieren mir; ihm/(ugs. landsch.:) ihn fror die Nase. 2. a) 〈es friert〉 *die Temperatur sinkt unter den Nullpunkt:* draußen friert es; heute Nacht hat es

gefroren; b) *durch Frost hart, zu Eis werden:* das Wasser friert; der Boden ist hart, die Wäsche ist [steif] gefroren.

frisch: 1. a) *(von Lebensmitteln) nicht alt, unverdorben:* frisches Brot, Fleisch, Obst, Wasser; frische Eier; frische Butter; ÜBERTR.: frischen *(neuen)* Mut fassen; frische *(noch unverblasste)* Eindrücke; die Erinnerung war noch ganz f.; das Erlebnis blieb ihm f. im Gedächtnis;b) *neu, ungebraucht, unverbraucht:* mit frischen Kräften; du brauchst mehr frische Luft; frische *(saubere)* Wäsche, ein frisches Hemd anziehen; eine frische *(eben erst entstandene)* Wunde; ein frisches Fass Bier anstechen; die Handtücher sind ganz f.; wollen Sie sich f. machen *(waschen)*?; das Bett f. beziehen; f. gebackenes Brot; Bier f. vom Fass; f. gefallener Schnee; Vorsicht, f. gestrichen!; ÜBERTR.: er ist f. verheiratet; ein f. gebackenes (ugs. scherzh.; *neu vermähltes)* Ehepaar. 2. *munter, gesund:* ein frisches Mädchen; eine frische Gesichtsfarbe, ein frisches Aussehen haben; er ist wieder f. und munter (ugs.; *wohlauf*); (ugs.:) immer f. drauflos! 3. *kühl:* ein frischer Wind, Morgen; du wirst dich in der frischen Luft bald erholen; es ist ziemlich f. heute.

Frische, die: die herbe, köstliche F. *(erfrischende Kühle)* des Biers; er hat sich seine alte F. bewahrt; sie feierte ihren 80. Geburtstag in voller körperlicher und geistiger F.

Friseur, Frisör, der: F. sein, werden; als F. arbeiten; sich beim/vom F. die Haare schneiden lassen; sie geht regelmäßig zum F., kommt gerade vom F.

frisieren: 1. a) 〈jmdn., sich, etw. f.〉 *das Haar in Form bringen:* ich muss mich noch f.; der Maskenbildner hat die Künstlerin hervorragend frisiert; sie ist heute gut frisiert; du hast dein Haar sehr schön frisiert; 〈jmdm., sich etw. f.〉 du hast dir, ihr das Haar sehr eigenwillig, modisch frisiert. 2. (ugs.) 〈etw. f.〉 *unzulässige Änderungen vornehmen:* einen Bericht, eine Bilanz f.;b) *die Leistung eines Motors durch nachträgliche Veränderungen steigern:* den Motor eines Autos f.; ein frisierter Kleinwagen; ein frisiertes Mofa.

Frist, die: die F. läuft am 1. Oktober ab, ist verstrichen, ist schon überschritten; eine F. bestimmen, einhalten; eine längere F. erbitten, bewilligen, gewähren; eine F. um 3 Tage verlängern; wir haben nur eine F. von einigen Wochen, noch einige Wochen F.; ohne F.; etw. in kürzester F. leisten; nach dieser, nach kürzester F.; bis zu dieser F. *(bis zu diesem Zeitpunkt)* muss sie fertig sein.

fristen 〈etw. f.〉: er fristet kümmerlich sein Leben, sein Dasein, seine Existenz.

fristlos: eine fristlose Kündigung; sie wurde f. entlassen.

Frisur, die: eine praktische, sportliche, strenge, modische F.; die F. legen, stecken; sie hat eine neue, problemlose F.; die F. sitzt nicht mehr *(hat keine gute Form mehr).*

froh: a) *von Freude erfüllt:* ein froher Mensch; frohe Gesichter; froher Gesang; wir wünschen dir ein frohes Fest, frohe Weihnachten, frohe Ostern; sei f., dass du nicht dabei warst!; ⟨f. über etw. (Akk.)⟩ ich bin f. über unser Wiedersehen; ich bin ja so f. (ugs.; *erleichtert*) darüber; (ugs. süddt., schweiz.:) ⟨f. um etw.⟩ er ist f. um *(dankbar für)* jedes freundliche Wort; ⟨f. mit etw.⟩ wir sind sehr f. mit dem neuen Fernsehapparat;b) *Freude bringend:* eine frohe Kunde, Nachricht; ein frohes Ereignis.

fröhlich: a) *vergnügt:* ein fröhliches Kind; eine fröhliche Gesellschaft; fröhliche Lieder, Tänze, Feste; überall sah man fröhliche Gesichter; sie war immer f., lachte f.; die Kinder tanzten f. umher, klatschten f. in die Hände; ÜBERTR.: fröhliche *(leuchtende, bunte)* Farben; b) (ugs.) *unbekümmert:* sie wirtschaften f. drauflos; er parkt immer f. im Halteverbot.

fromm: 1. *gläubig:* ein frommer Mensch; er ist ein frommer Christ, Muslim; ein frommes Leben führen; ein frommes Lied, Gebet; etw. mit frommem *(scheinheiligem)* Augenaufschlag tun; f. sein, leben.
2. *(bes. von Tieren) gehorsam:* ein frommes Pferd; der Löwe, der Stier ist f. wie ein Lamm.

frönen (geh.) ⟨etw. (Dat.) f.⟩: einem Laster, einer Leidenschaft, seinem Hobby f.; er hat dem Alkohol gefrönt.

Front, die: 1. a) *Vorder-, Stirnseite:* die vordere, hintere, rückwärtige F. des Hauses; eine klassisch strenge, reich verzierte, barocke F.; die F. des Hauses ist 10 Meter lang; b) (Milit.) *vordere Reihe einer angetretenen Truppe:* die F. abschreiten, vor die F. treten, vor der F. stehen; vor einem, gegen einen Vorgesetzten F. machen *(sich ihm bei der Ehrenbezeigung zuwenden).*
2. (Milit.) a) *vorderste Kampflinie:* die F. steht, kommt in Bewegung, versteift sich; die F. zurücknehmen, verkürzen, begradigen; auf breiter F., auf einer F. von 50 km angreifen; hinter der F., zwischen den Fronten liegen; ÜBERTR.: das ist ein Kampf an, nach zwei Fronten *(Seiten);* klare Fronten schaffen *(die gegensätzlichen Meinungen klären);* im Kampf um die Hochschulreform stand er in vorderster F.;b) *Kampfgebiet:* an die F. gehen; er war an der F.; er ist an der F. gefallen.
3. *engagierte, kämpferische Gruppe:* die F. der Kriegsgegner; eine geschlossene F. bilden; sich in eine F. einreihen.
4. (Meteor.) *Grenzzone zwischen verschiedenen Luftmassen:* eine F. rückt näher; ein System von Fronten;
⋆ **Front gegen jmdn., etw. machen** *(sich gegen jmdn., etw. wenden)* · **in Front** (Sport; *an der/die Spitze):* der Läufer ging in F.; eine Mannschaft in F. bringen; nach der ersten Halbzeit lagen die Gäste mit 3:0 in F.

Frosch, der: ein grüner, breitmäuliger F.; die Frösche quaken, laichen im Teich; einen F. fangen; sich aufblasen wie ein F. *(prahlen);* Ⓡ sei kein F.! (ugs.; *zier dich nicht!*);
⋆ **einen Frosch in der Kehle/im Hals haben** (ugs.; *heiser sein).*

Frost, der: 1. *Temperatur unter dem Gefrierpunkt:* ein leichter F.; die ersten Fröste *(Frosteinbrüche)* im Herbst; es herrscht strenger, anhaltender F.; der F. steckt noch im Boden; dieser Baum hat F. bekommen, verträgt keinen F.; bei klirrendem, eisigem F. draußen sein; sie zitterte vor F.; etw. vor F. geschützt aufbewahren.
2. *[fieberhafte] Kälteempfindung:* der Kranke wurde von heftigem F. geschüttelt.

frösteln: a) *schaudern:* er fröstelte im Wind; vor Kälte, vor Müdigkeit, vor Angst f.; im Fieber f.; ÜBERTR.: der Gedanke lässt einen f.; b) ⟨jmdn. fröstelt [es]⟩ *jmdn. wird kühl:* mich fröstelt [es]; es fröstelt mich; ÜBERTR.: es fröstelt uns bei dem Anblick.

frostig: 1. *sehr kalt:* frostige Luft, frostiges Wetter.
2. *abweisend:* eine frostige Antwort, Atmosphäre; es herrschte ein frostiges Klima; der Empfang war f.; sie wurde f. begrüßt.

Frucht, die: 1. a) *eine reife, wohlschmeckende, süße, saftige F.;* die Früchte des Gartens; die Früchte reifen, fallen ab; der Baum setzt Früchte an, trägt keine Früchte mehr; wir essen eingemachte, kandierte Früchte; Früchte tragende Bäume; ÜBERTR.: seine Bemühungen haben reiche Früchte getragen; Ⓡ es sind die schlechtesten Früchte nicht, woran die Wespen nagen; b) *Getreide:* die F. steht gut.
2. *ungeborenes Lebewesen:* die keimende F. im Mutterleib.
3. (geh.) *Ertrag, Ergebnis:* das Buch ist die F. langjähriger Arbeit; das sind die Früchte deines Leichtsinns, deines Ungehorsams; sie erntet die Früchte ihrer Mühen;
⋆ **verbotene Früchte** *(verlockende, aber verbotene Genüsse).*

fruchtbar: 1. a) *reiche Frucht bringend:* fruchtbare Erde; ein fruchtbarer Baum; ein fruchtbarer *(das Wachstum fördernder)* Regen; dieser Boden, dieses Land ist sehr f.; b) *fortpflanzungsfähig; sich rasch fortpflanzend:* Mäuse, Kaninchen sind sehr f.; ÜBERTR.: ein fruchtbarer *(produktiver)* Schriftsteller.
2. *ertragreich; nutzbringend:* eine fruchtbare Fantasie, Zusammenarbeit; es waren fruchtbare Gespräche; er machte seine Erfahrungen für die Allgemeinheit f.

früh /vgl. früher/: I. ⟨Adj.⟩ a) *am Anfang liegend; zeitig:* am frühen Morgen; in früher, früh[e]ster Kindheit; von frühester Jugend an; die frühe Neuzeit *(die ersten Jahrhunderte der Neuzeit);* ist noch f. am Tage, noch ganz f.; f. blühende Tulpen; ÜBERTR.: der frühe *(junge)* Nietzsche; das frühe Werk des Dichters; die frühesten *(ältesten)* Kulturen;b) *frühzeitig; vorzeitig:* ein früher Winter; ein früher Tod; eine frühe *(früh reifende)* Apfelsorte; wir werden mit einem früheren Zug fahren; Ostern ist, fällt dieses Jahr f.; f. heiraten; f., früher aufstehen; das Theater fängt heute früher an; sie kam drei Stunden früher zurück; sie ist zu f., noch f. genug gekommen; sie hat f. ihre Eltern verloren; er fing f. an zu rauchen; da hast du dich zu f. gefreut. II.⟨Adverb⟩ *morgens, am Morgen:* heute f., [am] Dienstag f.; kommst du morgen f.?; sie arbeitet von f. bis in die späte Nacht; ⋆ **von früh bis spät** *(den ganzen Tag, unentwegt)* · **früher oder später** *(einmal bestimmt):* früher oder später wird sie das begreifen. **Frühe,** die (geh.): in der ersten F. des Lebens, des Tages; der Minister hatte noch in der F. eine Besprechung; ⋆ **in aller Frühe** *(früh am Morgen):* wir brechen in aller F. auf. **früher:** I.⟨Adj.⟩ a)*vergangen:* in früheren Zeiten; die früheren Auflagen des Buches sind veraltet; b)*ehemalig:* der frühere Eigentümer; unsere früheren Feinde. II.⟨Adverb⟩ *einst:* alles sieht noch aus wie f.; wir kennen uns von f. [her]; er war f. Buchhändler; die Kollegen von f.; sie erzählte von f. **frühestens:** er kommt f. am Dienstag zurück; die Brücke wird f. 2005 fertig; wir sehen uns f. in zwei Wochen wieder. **Frühling,** der: ein zeitiger, später, warmer, milder F.; der F. kommt, (geh.:) naht, (geh.:) zieht ein; es wird, ist F.; ÜBERTR.: im F. (dichter.; *in der Jugend-, Blütezeit)* des Lebens stehen; er erlebt seinen zweiten F. (iron.; *er hat sich im reifen Alter noch einmal verliebt).* **Frühstück,** das: ein kräftiges, reichliches F.; das erste, zweite F.; [das] F. machen; der Minister gab ein F. für seine Gäste; er hat sein F. *(Frühstücksbrot)* vergessen; sie sitzen noch beim F.; um 9 Uhr machen wir F., ist F. (ugs.; *Frühstückspause);* ich war, saß gerade beim F., als sie kam; wir nehmen im Hotel Zimmer mit F.; sie ließ sich das F. ans Bett bringen; als F. gab es Speck und Eier; zum F. aßen sie Speck und Eier. **frühstücken:** a)*das Frühstück einnehmen:* im Bett, auf dem Balkon f.; wir f. um acht [Uhr]; er hat ausgiebig gefrühstückt; b)⟨etw. f.⟩ *zum Frühstück essen:* ein Schinkenbrot f. **Fuchs,** der: 1. a)der F. schnürt (Jägerspr.; *trabt geradeaus)* übers Feld, keckert (Jägerspr.; *stößt wütende Laute aus);* einen F. schießen, erlegen; Ⓡ das/den Weg hat der F. mit dem Schwanz gemessen *(das/der Weg ist viel länger);* ÜBERTR.: er ist ein alter, schlauer F. (ugs.; *ein durchtriebener Mensch);* b)*Fuchspelz:* sie trägt einen schönen F. **2.***rötlich braunes Pferd:* einen F., auf einem F. reiten; im Stall stehen zwei Füchse. **3.**(Verbindungsw.) *Verbindungsstudent:* er ist noch [krasser] F.; der Bund hat drei neue Füchse; ⋆ **wo sich die Füchse/wo sich Hase und Fuchs**

gute Nacht sagen (scherzh.; *an einem abgelegenen Ort).* **fuchsen** (ugs.): a)⟨jmdn. f.⟩ *ärgern:* seine Bemerkungen haben mich sehr gefuchst; es fuchste ihn, dass ich sein Geheimnis entdeckt hatte; b)⟨sich f.⟩ *sich ärgern:* darüber habe ich mich sehr gefuchst. **Fuchtel,** die (ugs.): ⟨in bestimmten Wendungen⟩ jmdn. unter der Fuchtel haben *(jmdn. beherrschen)* · unter jmds. Fuchtel stehen *(von jmdm. streng gehalten, beherrscht werden).* **Fug,** der: ⟨in der Verbindung⟩ **mit Fug [und Recht]** *(voller Berechtigung):* das kann ich mit F. und Recht behaupten. **¹Fuge,** die: *Zwischenraum:* die Fugen zwischen den Steinen verschmieren; ⋆ **aus den Fugen gehen/geraten** *(auseinander brechen; den [inneren] Zusammenhalt verlieren)* · **in allen Fugen krachen** *(auseinander zu brechen drohen).* **²Fuge,** die: *Musikstück:* eine F. komponieren; eine F. von Bach [auf dem Klavier] spielen. **fügen:** 1. a)⟨etw. irgendwie f.⟩ *zusammenbauen:* die Mauer ist nur lose, aus Backsteinen gefügt; ein fest gefügter Bau; ÜBERTR.: eine fest gefügte Freundschaft; b)⟨etw. irgendwohin f.⟩ *an-, einfügen:* einen Stein auf den andern f.; das Brett wieder in die Tür f.; ⟨sich irgendwohin f.⟩ ein Teil fügt sich ans andere; das Brett fügt sich genau in die Lücke. 2.(geh.) ⟨etw. f.⟩ *bewirken:* das Schicksal, der Zufall fügte es, dass wir uns begegneten; Gott wird alles zu deinem Besten f.; b)⟨sich f.⟩ *(zufällig) geschehen:* alles fügte sich aufs Beste; es fügte sich, dass wir im gleichen Hotel wohnten; es fügt sich gut, dass ... 3. a)⟨sich f.⟩ *sich anpassen:* nach anfänglichem Widerstand fügte sie sich; ⟨sich jmdm., etw. f.⟩ du musst dich ihm, seinen Anordnungen f.; b)⟨sich in etw. (Akk.) f.⟩ *sich schicken:* sie fügte sich in die Umstände, ins Unabänderliche; sie hat sich in ihr Schicksal gefügt. **fügsam:** ein fügsames Kind; der Junge ist sehr f. **Fügung,** die: 1.(geh.) *schicksalhaftes Geschehen:* das war eine F. Gottes, des Schicksals; eine glückliche, wunderbare, seltsame F. bewahrte ihn vor dem Tode. 2.(Sprachw.) *Wortgruppe:* eine attributive, syntaktische F. **fühlbar:** ein fühlbarer Verlust, Mangel; in ihrem Befinden trat eine fühlbare Besserung ein. **fühlen:** 1.⟨etw. f.⟩ a)*spüren:* einen Schmerz im Bein f.; die Wärme der Sonne auf der Haut f.; sie fühlte seine Hand auf ihrem Arm; er fühlte sein Herz schlagen; b)*empfinden:* etw. instinktiv f.; Liebe zu jmdm. f.; Mitleid mit jmdm. f.; er fühlte die Kraft in sich, das Werk zu vollenden; ich fühle [es], ich bin auf dem richtigen Wege; sie ließ ihn ihre Verachtung f.; er hat seine Ende kommen f./ gefühlt; die Menschen dort fühlen als Franzosen *(fühlen sich den Franzosen zugehörig); ein fühlendes (mitempfindendes) Herz.* **2. a)** ⟨etw. f.⟩ *tastend prüfen:* den Puls f.; man konnte die Beule am Kopf f.; ⟨jmdm. etw. f.⟩ der Arzt fühlte ihm den Puls; **b)** ⟨nach etw. f.⟩ *tasten:* [im Dunkeln] nach dem Lichtschalter f.; er fühlte, ob seine Brieftasche noch da war. **3.** ⟨sich irgendwie f.⟩ **a)** *einen [inneren] Zustand empfinden:* sich krank, [un]wohl, elend, [un]behaglich, [un]glücklich f.; sich beleidigt, verletzt, getroffen, beschämt f.; sich beengt, bedroht f.; wie fühlen Sie sich? *(wie geht es Ihnen?);* ich fühle mich hier einsam, fremd, geborgen; **b)** *sich in seinem Gefühl für etw. halten:* sich schuldig f.; sich zu etw. berufen f.; sich für etw. verantwortlich f.; sich betrogen f.; sich bemüßigt, verpflichtet f., etw. zu tun; sich als Held f.

Fühler, der: die Schnecke zieht die F. ein, streckt die F. aus; ⋆ **die/seine Fühler ausstrecken** (ugs.; *vorsichtig die Lage erkunden; vorsichtig Verbindung aufnehmen).*

Fühlung, die: mit jmdm. F. suchen, [auf]nehmen, haben, halten; mit jmdm. in F. kommen, sein, bleiben.

führen /vgl. führend/: **1. a)** ⟨jmdn. f.⟩ *leiten:* einen Blinden [über die Straße] f.; die Mutter muss das Kind noch [an der Hand] f.; im Park müssen Hunde an der Leine geführt werden; ⟨auch ohne Akk.⟩ beim Tanzen führt der Herr *(er gibt Tempo und Bewegungsrichtung an);* ⟨jmdm. etw. f.⟩ der Lehrer führte dem Kind die Hand *(machte mit seiner Hand die Schreibbewegung);* **b)** ⟨jmdn. irgendwohin f.⟩ *geleiten:* die Dame zu ihrem Platz f.; der Chef persönlich führte uns durch den Betrieb; die Besucher durch die Ausstellung, durch das Schloss f.; der Vater führte die Braut zum Altar; ÜBERTR.: der Lehrer wird diese Klasse zum Abitur/bis zum Abitur f. *(als Klassenlehrer unterrichten);* als Moderator durch das Programm f. *(das Programm moderieren);* **c)** ⟨jmdn., etw. irgendwohin f.⟩ *begleiten:* jmdn. in ein teures Restaurant, durch sämtliche Nachtlokale f.; in der Dunkelheit führte er mich zu dem Waffenversteck; ÜBERTR.: der Täter hat die Polizei, uns alle auf eine falsche Spur geführt; **d)** ⟨jmdn. [irgendwie] f.⟩ *[pädagogisch] leiten:* Schüler mit fester Hand, streng, wie ein väterlicher Freund f.; sie versteht es gut, junge Menschen zu f.; die Mädchen, die Jugendlichen lassen sich schwer f. **2.** ⟨sich irgendwie f.⟩ *sich verhalten:* der Gefangene hat sich gut geführt und wurde deshalb vorzeitig entlassen. **3. a)** ⟨jmdn., etw. f.⟩ *verantwortlich leiten:* ein Geschäft, einen Modesalon f.; die Delegation wird vom stellvertretenden Ministerpräsidenten geführt; sie hat das Restaurant zehn Jahre lang geführt; ein gut, schlecht geführtes Hotel; ein Regiment, eine Armee f. *(kommandieren);* ⟨jmdm. etw. f.⟩ sie führt ihrem Sohn den Haushalt;

b) ⟨jmdn., etw. aus etw./irgendwohin f.⟩ *in eine bestimmte Situation bringen:* die Wirtschaft aus der Krise, ein Unternehmen aus den roten Zahlen f.; der neue Trainer hat die Mannschaft zur Meisterschaft geführt; er führte das Land ins Chaos, das Volk in einen aussichtslosen Krieg, ins Elend; ÜBERTR.: eine Behauptung ad absurdum f. **4.** *an der Spitze liegen:* die deutsche Mannschaft führt 3 : 2, mit 3 : 2 [Toren]; sie führt nach Punkten, mit fünf Punkten [Vorsprung]; das Land, das Unternehmen führt, ist führend in der Reaktortechnik; die Firma konnte ihre führende Position auf dem Weltmarkt weiter ausbauen; unsere Produkte sind führend. **5.** ⟨etw. irgendwie f.⟩ *handhaben:* beim Geigenspiel meisterlich, sehr geschickt, gekonnt den Bogen f.; wie er den Pinsel führt, daran erkennt man den Meister; die Kamera beim Filmen ruhig, gleichmäßig f. **6.** ⟨etw. irgendwohin f.⟩ *hinbewegen:* den Löffel zum Munde f.; das Glas an die Lippen f.; die Hand [zum Gruß] an die Mütze f.; ⟨jmdm. etw. irgendwohin f.⟩ die Schwester führte dem Kranken die Tasse zum Mund. **7. a)** ⟨etw. irgendwohin f.⟩ *in seinem Verlauf festlegen:* die neue Autobahn um die Stadt f.; die Straßenbahn[linie] wird bis zum neuen Stadtteil geführt; **b)** ⟨irgendwohin f.⟩ *verlaufen:* die Bahn, die Ölleitung führt durch die Wüste ans Meer; der Lift führt bis zum fünften Stock; die Autobahn führt [über Frankfurt] nach Hannover; eine Brücke führt über die Bucht; die Rallye führt kreuz und quer durch Europa; das Rennen führt *(erstreckt sich)* über 20 Runden; die Spur hatte in den Hafen geführt; ÜBERTR.: wohin wird, soll das alles f.? *(was soll daraus werden?);* das führt eines Tages noch dahin/dazu, dass ...; das würde zu weit f.; das führt zu weit *(geht über das vertretbare Maß hinaus);* **c)** ⟨jmdn. irgendwohin f.⟩ *gelangen lassen:* seine Reise führt ihn nach Afrika, durch fünf asiatische Länder; was führt Sie zu mir?; ÜBERTR.: die Tür führt auf den Hof, in den Garten; ein Hinweis führte die Polizei auf die Spur der Verbrecher. **8.** ⟨etw. f.⟩ *(ein Fahrzeug) steuern:* ein Flugzeug, einen Zug f.; er erhielt nicht die Berechtigung, einen LKW zu f. **9. a)** ⟨etw. bei/mit sich f.⟩ *bei sich haben:* er führte keine Wagenpapiere, kein Geld, eine geladene Pistole bei sich; Flugreisende dürfen nur 20 kg Gepäck mit sich f.; **b)** ⟨etw. f.⟩ *dabeihaben; transportieren:* der Zug führt einen Speisewagen [am Ende]; zurzeit führt der Fluss Hochwasser, viel Geröll; das Schiff hatte eine Ladung Erz geführt; die Leitung führt keinen Strom; **c)** ⟨etw. f.⟩ *als Kennzeichen haben:* der Wagen führt das amtliche Kennzeichen ..., die Nummer ...; er führt in seinem Wappen einen Löwen; **d)** ⟨etw. f.⟩ *als Ware anbieten:* wir führen alle Marken; diesen Artikel führen wir nicht; das Geschäft führt nur exklusive Modelle; e) ⟨etw. f.⟩ *als Auszeichnung tragen:* sie führt den Doktortitel, den Titel Kammersängerin. **10.** ⟨zu etw. f.⟩ *ein bestimmtes Ergebnis haben:* das führt sicher zum Erfolg, zu einer Lösung der Frage; alle Bemühungen führten zu nichts; das führt zu nichts Gutem; die Untersuchung hat zu dem Ergebnis geführt, dass ...; das wird noch zu einer Katastrophe f.; der Hinweis hat zur Ergreifung des Täters geführt. **11.** a) ⟨jmdn. irgendwo f.⟩ *registriert haben:* jmdn. in einer Kartei, im Melderegister f.; eine Person dieses Namens wird bei uns nicht geführt; b) ⟨etw. f.⟩ *[anlegen und] betreuen:* eine Liste, eine [Kunden]kartei, ein Konto f.; [jmdm.] die Bücher f. *(die Buchführung machen);* ich habe darüber Buch geführt *(alles vermerkt).* **12.** /häufig verblasst/: Verhandlungen f. *(verhandeln);* Beschwerde f. *(sich beschweren);* über etw. Klage f. *(sich beklagen);* einen Prozess f. *(prozessieren);* den Beweis f. *(beweisen);* den Vorsitz, die Aufsicht f.; Regie f.; das Kommando f. *(kommandieren);* ein Doppelleben f.; eine gute, glückliche Ehe f.; einen Kampf f. *(kämpfen);* das Ruder f. *(steuern).*

führend: *maßgebend:* führende Persönlichkeiten des politischen Lebens; er gehört, zählt zu den führenden Köpfen des Landes; führende Zeitungen; eine führende Rolle in der Gesellschaft spielen.

Führer, der: **1.** a) *leitende Person:* ein erfahrener F.; der F. einer Partei, einer Armee; er ist der geistige F. der Bewegung; jmdn. zum F. haben, bestimmen; b) *Person, die bei Besichtigungen Führungen macht:* wir haben uns einem F. angeschlossen.
2. *Buch, das über etw. Auskünfte gibt:* ein ausführlicher, handlicher F. durch München, durch die Ausstellung; ein F. für die Schweiz; im F. nachlesen, nachschlagen; etw. ist nicht im F. verzeichnet.

Führung, die: **1.** a) *Leitung:* eine gute, straffe, umsichtige F.; die F. eines Geschäftes, einer Expedition; es fehlt jede klare F.; die F. liegt in seinen Händen; ihm ist die F. völlig entglitten; ihm fehlt eine feste F.; die innere F. *(Erziehung zum mündigen Soldaten)* bei der Bundeswehr; die F. haben, übernehmen, in die Hand nehmen, an sich reißen, behalten, niederlegen, abgeben, aus den Händen geben; die Gruppe arbeitet unter [der] F. eines erfahrenen Fachmannes; b) *leitende Personengruppe:* eine kollektive F.; die F. des Konzerns soll erweitert werden; einen Posten in der F. erhalten.
2. *Besichtigung mit einem Führer:* eine interessante F. [durch den Dom]; die nächste F. ist um 15 Uhr, findet in zwei Stunden statt; eine F. mitmachen; Führungen veranstalten, machen; sich einer F. anschließen f. teilnehmen.

3. *führende Position; Vorsprung:* jmdm. die F. streitig machen; eine klare F. [auf diesem Gebiet] haben; (Sport:) nach zehn Runden übernahm der Läufer aus Kenia die F.; seine F. halten, erfolgreich verteidigen, weiter ausbauen; sie hat die F. bis zum Ende des Rennens nicht mehr abgegeben; bereits nach zwölf Minuten lag die Gastmannschaft mit 2 : 0 Toren in F.; in F. gehen.
4. *Betragen:* wegen guter F. wurde sie vorzeitig [aus dem Gefängnis] entlassen.
5. *Handhabung:* die F. des Bogens beim Violinspiel, der Kamera beim Filmen.
6. (Technik) *Teil an Maschinen, Geräten:* die F. des Rades, eines Geschosses; die Schiene dient nur als F., zur F. *(zum Führen);* die Schubstange hat keine richtige F. *(wird nicht richtig geführt).*
7. *das Steuern:* er hat die Berechtigung zur F. eines Kraftfahrzeuges.
8. *das Tragen (eines Titels):* ab sofort ist ihm die F. dieses Titels untersagt.
9. *Betreuung:* die F. des Klassenbuches übernehmen; die F. eines Kontos, von Konten; es wurden Unregelmäßigkeiten bei/in der F. der [Geschäfts]bücher festgestellt.

Fülle, die: **1.** *Körperfülle:* zur F. neigen; mit seiner ganzen F. ließ er sich in den Sessel fallen.
2. *Kraft, Stärke:* die F. ihrer Stimme, des Orchesterklangs.
3. *große Menge, Vielfalt:* eine F. von Modellen, von Anregungen, von Aufgaben; es gab Wein in großer F., Wein die F. (geh.; *im Überfluss*); alles war in verschwenderischer Fülle vorhanden; die F. der Gedanken machte/machten seinen Vortrag interessant; durch die F./wegen der F. des Stoffes war der Vorhang sehr schwer.

füllen: **1.** ⟨etw. f.⟩ *voll machen:* eine Flasche, ein Fass, einen Sack [mit Sand] f.; die Wanne bis oben hin, bis zum Rand f.; alle Flaschen werden automatisch gefüllt und verschlossen; einen Ballon mit Gas f.; der Gänsebraten, die Gans wird mit Äpfeln gefüllt; einen Zahn f. *(mit einer Füllung versehen);* die Veranstalter konnten das Stadion nicht f.; der Saal war [bis auf den letzten Platz] gefüllt; der Stoff reicht, um mehrere Bände zu f.; ⟨jmdm., sich etw. f.⟩ der Ober füllt ihm wieder das Glas; er hat sich den Bauch gefüllt (ugs.; *viel gegessen*); gefüllte Paprikaschoten; gefüllte Schokolade; er hat eine [gut] gefüllte Brieftasche *(viel Geld);* subst.: Material zum Füllen; übertr.: er füllt (geh.; *erfüllt*) mein Herz mit Hoffnung.
2. ⟨etw. in etw. (Akk.) f.⟩ *einfüllen:* er hat die Kartoffeln in Säcke, den Wein in Flaschen gefüllt.
3. ⟨sich f.⟩ *voll werden:* die Badewanne füllt sich langsam; das Theater, das Stadion hat sich noch nicht gefüllt; (geh.:) ihre Augen füllten sich mit Tränen.
4. ⟨etw. f.⟩ *[Platz] in Anspruch nehmen:* der Aufsatz füllt mindestens zehn Seiten; das ganze Material füllt fünf Bände; die Bücher füllen ein ganzes Regal.

Fund, der: 1. *gefundener, entdeckter Gegenstand:* frühgeschichtliche Funde; ein F. aus der Frühzeit; einen F. bei der Polizei abliefern. 2. *Entdeckung:* einen seltsamen, grausigen F. machen; sie hat ihren F. der Polizei gemeldet. **Fundament,** das 1. *Grundmauern:* ein F. aus Bruchsteinen, aus Beton; das F. ist zu schwach; das F. mauern, gießen, verstärken; das F. für ein Haus legen. 2. *Basis, Grundlage:* ein breites, sicheres, solides F. für etw. sein, darstellen, bilden; auf einem festen F. ruhen; etw. erschüttert die Fundamente des Staates. **fundieren** (geh.) ⟨etw.⟩ ⟨etw. f.⟩: sie hat ihre These mit überzeugenden Argumenten fundiert; meist ADJ. PART.: sie hat ein wohl, gut fundiertes Wissen; fundierte *(gute)* Kenntnisse besitzen, vorweisen können; ein nicht sehr gut fundiertes *(nicht finanzstarkes)* Unternehmen; seine Beweisführung war schlecht fundiert.

fünf ⟨Kardinalzahl; als Ziffer: 5⟩: wir sind zu fünfen *(zu fünft);* SUBST.: er hat in Latein eine Fünf *(die Note 5)* geschrieben; sie hat zwei Fünfen im Zeugnis; eine Fünf, zwei Fünfen würfeln; * fünf[e] gerade sein lassen (ugs.; *etwas nicht so genau nehmen*); ↑ acht.

fünfte ⟨Ordinalzahl; als Ziffer: 5.⟩: das f. Schuljahr; SUBST.: sie wurde nur Fünfte; er wurde immerhin Fünfter; sie spielen die Fünfte *(5. Sinfonie)* von Beethoven; ↑ achte.

fünfzig: ↑ achtzig.

Funk, der: ↑ Rundfunk.

funkeln: die Sterne funkeln am Himmel; ihre Brillanten, Brillengläser funkelten; die funkelnden Lichter einer Großstadt; seine Augen funkelten [vor Zorn]; funkelnde Sterne; funkelnder Wein.

funken 1. a) ⟨etw. f.⟩: *per Funk übermitteln:* SOS, seine Position f.; das Raumschiff hat die ersten Messdaten zur Bodenstation gefunkt; b) *als Funker tätig sein:* die Schiffsbesatzung muss f. können; er funkt mit einem selbst gebastelten Apparat. 2. (ugs.) *funktionieren:* der Apparat, das Heizgerät funkt nicht [richtig]; der Laden funkt *(die Sache läuft wunschgemäß).* 3. (ugs.) *schießen:* die feindliche Artillerie funkte pausenlos; * es funkt (ugs.; 1. *es gibt Schläge, Prügel:* wenn du nicht hörst, funkt es! 2. *es gibt eine Auseinandersetzung.* 3. *jmd. begreift endlich etw.* na, hat es [bei dir] endlich gefunkt? 4. *etw. glückt, gelingt.* 5. *eine Liebesbeziehung entsteht:* bei den beiden hat es offensichtlich gefunkt).

Funke[n], der: ein elektrischer F.; in der Schmiede sprühen die Funken; ein überspringender F. entzündet das Benzin; aus einem [Feuer]stein Funken schlagen; ÜBERTR.: der Funke [der Begeisterung]; bei der Unternehmung fehlte der zündende Funke; der Funke sprang über *(es entstand eine Beziehung zu jmdm., etw.);* ihre Augen sprühten Funken *(blitzten vor Erregung);* ein Funken sprühender Geist; * ein Funken [von] ... *(ein geringes Maß von ...):* keinen Funken [von] Ehrgefühl, Anstand [im Leibe] haben; solange noch ein Funken/ein Fünkchen Hoffnung besteht · ... dass die Funken stieben/sprühen/fliegen *(sehr intensiv):* sie arbeiteten, dass die F. stoben.

Funktion, die: 1. *Amt, Stellung:* eine wichtige, verantwortungsvolle, leitende F. innehaben, ausüben; er hat die F. des Kassenprüfers; sie erhielt eine neue F. in der Partei; jmdm. eine bestimmte F. übertragen; jmdm. von seiner F. entbinden. 2. *Aufgabe:* die F. der Milz; die F. der Kunst; die F. von etw. stören, unterbrechen; eine F. erfüllen; das Gremium hat nur beratende F.; ein Wort nach/in seiner F. im Satz bestimmen. 3. (Math., Physik) *gesetzmäßige Abhängigkeit:* eine lineare, algebraische, quadratische F.; eine F. mit zwei Variablen; * jmdm., etw. außer Funktion setzen *(jmdn. handlungsunfähig, etw. arbeitsunfähig machen)* · in Funktion treten/sein *(tätig werden/sein).*

funktionieren 1. *ordnungsgemäß arbeiten, laufen:* die Maschine, der Staubsauger, der Anlasser funktioniert nicht; wie funktioniert das?; die Zusammenarbeit hat reibungslos funktioniert; das wird f. *(klappen);* eine funktionierende Ehe; ein gut funktionierendes System. 2. (ugs.) *sich bestimmten Normen entsprechend verhalten:* Radikale, die in dieser Gesellschaft nicht f. ...; nach diesem Krach funktionierte der Schauspieler wieder.

für: I. ⟨Präp. mit Akk.⟩ 1. a) /zur Angabe des Ziels, Zwecks, Nutzens/: f. die Olympiade trainieren; f. höhere Löhne streiken; f. die Unabhängigkeit kämpfen; ein Plan f. die Steigerung der Produktion; b) *zugunsten einer Person, Sache:* er stimmte f. Kandidatin X; f. Neuerungen sein; sie hat f. die Stasi spioniert; SUBST.: das Für und Wider erwägen. 2. /zur Angabe der Bestimmung, Zuordnung, Zugehörigkeit, Hinwendung/: das Buch ist f. dich; eine Sendung f. Kinder; ein Gedeck f. zwei Personen; f. etw. keine Garantie übernehmen; ich wünsche Ihnen viel Erfolg f. Ihre Arbeit; f. diese Behauptung gibt es keine Beweise; er schreibt f. eine Zeitung; sie kandidiert f. ein Amt; f. einen Schauspieler, f. Spanien schwärmen; f. so etwas habe ich nichts übrig; das ist nicht f. kleine Kinder; das ist f. mich *(was mich betrifft)* nicht dasselbe; f. uns ist damit die Angelegenheit erledigt; f. Polizei und Feuerwehr wurde Großalarm gegeben; es wäre f. Sie das Beste, wenn ... 3. /zur Angabe eines guten Mittels f. die Kopfschmerzen; Mineralwasser ist gut f. den Durst. 4. /zur Angabe einer Meinung, Beurteilung, Bewertung o. Ä./: jmdn. f. ein großes Talent, f. intelligent halten; ich halte es f. richtig, nicht f. sinnvoll, zuzustimmen; diese Entwicklung ist nicht f.

F

möglich gehalten; etw. f. ungültig erklären; sie ließ den Vermissten f. tot erklären.

5. /zur Angabe eines Grundes/ *wegen:* sich f. sein Fehlen, f. seine gehässige Bemerkung entschuldigen; sie ist f. ihre [Un]zuverlässigkeit bekannt; er hat f. seinen Glauben gelitten; sie ist f. ihre großen Verdienste ausgezeichnet worden; f. diese Tat wurde er zu drei Jahren Gefängnis verurteilt.

6. /zur Angabe der Vertretung, des Ersatzes/: f. jmdn. *(an jmds. Stelle)* die Arbeit, den Dienst verrichten; ich bin f. ihn eingesprungen; ich freue mich f. dich; sie arbeitet f. zwei *(ist sehr tüchtig);* er spricht f. *(stellvertretend für)* die ganze Belegschaft; ich spreche nur f. mich *(das ist nur meine Meinung);* ich gebe ihnen f. das beschädigte Exemplar ein anderes; wie heißt das deutsche Wort f. Subordination?

7. /zur Angabe der Gegenleistung, des Gegenwertes/: etw. f. 20 DM, f. eine stattliche Summe kaufen; f. einen alten Wagen viel Geld bezahlen; was verlangt sie f. diese Gefälligkeit?; wie viel Francs erhält man f. 100 Mark?

8. /zur Angabe eines Verhältnisses, Vergleichs/: f. sein hohes Alter ist er noch sehr rüstig; f. einen Ausländer spricht er vorzüglich Deutsch; f. die Jahreszeit ist es zu kühl.

9. /zur Angabe einer Zeitspanne, eines Zeitpunkts/: f. einige Wochen verreisen; f. die Dauer von 20 Minuten; ich will nicht f. mein ganzes Leben unglücklich werden; das Treffen ist f. Freitag, den 20. Mai, festgelegt; Sie sind f. 11 Uhr vorgemerkt.

10. /bezeichnet in Verbindung mit zwei gleichen Substantiven das Nacheinander, die Vereinzelung/: Tag f. Tag *(jeden Tag)* fährt er diese Strecke; wir haben die beiden Texte Wort f. Wort verglichen; etw. Schritt f. Schritt *(schrittweise)* vorantreiben.

II. ⟨Adverb; in der Fügung⟩ **was für [ein]** *(welch)* was f. ein Mann!; was f. welche möchtest du haben?; aus was f. Gründen auch immer; **★ für nichts und wieder nichts** *(umsonst, vergeblich)* · **für sich** *(allein):* er lebt sehr f. sich.

Furche, die: 1. *schmale Vertiefung im Boden:* er zog [mit dem Pflug] tiefe Furchen in den Boden; in den Furchen *(tiefen Wagenspuren)* ist das Regenwasser gefroren.

2. a) *tiefe Hautfalten:* ein von Furchen durchzogenes Gesicht; **b)** *Vertiefungen in einer Oberfläche:* die Furchen einer Säule, des Gehirns.

Furcht, die: eine kindliche, [un]begründete, unerklärliche F.; die F. vor der Prüfung, vor dem Tode, vor dem Krieg; plötzlich erfasste, überfiel, ergriff, packte ihn eine große F.; übertriebene F. [vor etw.] haben; F. verbreiten; jmdm. F. einjagen; ein [große] F. erregender Anblick; eine [große] F. einflößende Gestalt; aus F. vor Strafe ist er davongelaufen; in ständiger F. [vor etw.] leben; jmdn. in F. und Schrecken setzen; vor F. zittern, erblassen.

furchtbar: 1. *schrecklich:* ein furchtbares Unwetter, Unglück, Verbrechen, Schicksal; eine furchtbare Krankheit; die Schmerzen sind f.; der An-

blick war f.; er ist f. (geh., oft scherzh.; *ist furchterregend)* in seiner Wut; er ist ein furchtbarer (ugs.; *unangenehmer)* Mensch; das ist ja f. (ugs.; *das ist ärgerlich);* das war ihr [ganz] f. (ugs.; *war ihr unerträglich).*

2. (ugs.) **a)** *unangenehm stark, sehr groß:* eine furchtbare Hitze, Kälte; eine furchtbare Müdigkeit befiel ihn; **b)** ⟨verstärkend bei Adjektiven und Verben⟩ *sehr, überaus:* alles ist f. teuer; das ist f. einfach; das ist f. nett von Ihnen; er hat sich f. blamiert; wir haben f. gelacht.

fürchten: 1. a) ⟨sich f.⟩ *Furcht empfinden:* sich vor der Prüfung, vor einer Auseinandersetzung, vor dem Sterben f.; ich habe mich vor der Dunkelheit gefürchtet; du brauchst dich nicht zu f.; **b)** ⟨jmdn., etw. f.⟩ *scheuen:* er hat noch keinen Gegner gefürchtet; den Tod f.; sie fürchtet Kritik, jede laute Auseinandersetzung; ADJ. PART.: er ist ein gefürchteter Richter; sie ist allgemein gefürchtet; SUBST.: jmdn. das Fürchten lehren; Fürchten lernen; es war zum Fürchten; **c)** ⟨etw. f.⟩ *(Unangenehmes) ahnen:* Unannehmlichkeiten, das Schlimmste f.; ich fürchte, es ist bereits zu spät; er fürchtete, dass seine Kleidung ihn verraten könnte; sie fürchtete[,] ihren Arbeitsplatz zu verlieren; die ganze Auseinandersetzung verlief so, wie ich gefürchtet hatte; ich fürchte, Sie haben Recht.

2. ⟨für jmdn., etw./um jmdn., etw. f.⟩ *sich Sorgen machen:* ich fürchte für/um ihn, für/um seine Gesundheit; jetzt fürchtet er um seinen Posten, für seine Karriere.

fürchterlich: 1. *sehr schlimm:* ein fürchterliches Unglück; eine fürchterliche Krankheit; die Schmerzen im Kreuz sind f.; (geh., oft scherzh.:) er ist f. in seinem Zorn; er ist ein fürchterlicher (ugs.; *unangenehmer)* Mensch; das ist ja f. (ugs.; *schlimm, ärgerlich).*

2. (ugs.) **a)** *unangenehm groß, sehr stark:* eine fürchterliche Hitze; **b)** ⟨verstärkend bei Adjektiven und Verben⟩ *sehr, überaus:* es war f. kalt; sich f. betrinken; er hat sich f. blamiert.

furchtsam: ein furchtsames Kind; furchtsame Blicke; sie ist sehr f.; f. näher kommen; du darfst dich nicht immer so f. zeigen.

Fürsorge, die: 1. *tätige Bemühung um jmdn.:* väterliche, mütterliche, ärztliche, kirchliche, öffentliche F.; ihre [liebende] F. galt den elternlosen Kindern.

2. a) *öffentliche, organisierte Hilfstätigkeit:* die F. zahlt ihr eine Unterstützung; sie ist der öffentlichen F. zur Last; **b)** *Unterstützungsgeld:* er bekommt [monatlich 400 Mark] F.; von der F. leben.

Fürsprache, die: er genießt die F. eines Gönners; bei jmdm. F. für jmdn. einlegen; auf/durch F. ihres Onkels bekam sie diesen Posten.

Fürst, die: die geistlichen, weltlichen Fürsten; ein regierender F.; er lebt wie ein F. *(aufwendig);* ⓇR gehe nie zu deinem F. *(Vorgesetzten),* wenn du nicht gerufen wirst.

fürstlich: 1. die fürstliche Familie; das ehemals fürstliche Schloss. 2. *großzügig, aufwendig:* fürstliche Geschenke; f. leben; jmdn. f. bewirten, belohnen.

Fuß, der: 1. ein schmaler, schlanker, zierlicher, plumper F.; der F. eines Menschen, eines Tieres; der F. ist geschwollen; große, kleine Füße haben; kalte Füße bekommen; laufen, so weit/so schnell die Füße tragen; ich habe [mir] den F. verstaucht, vertreten, (ugs.:) verknackst, gebrochen; den F. in die Tür stellen; bei dem Regen kann man keinen F. vor die Tür setzen *(kann man nicht nach draußen gehen);* ich werde keinen F. mehr über seine Schwelle setzen *(seine Wohnung nicht mehr betreten);* den F. vom Gas nehmen (ugs.; *langsamer fahren);* sich die Füße waschen; sie ging leichten Fußes (geh.; *mit leichten Schritten)* die Treppe hinauf; Blasen an den Füßen haben; ich friere, es friert mich an den Füßen; jmdm. auf dem Fuß[e] *(unmittelbar)* folgen; mit voller Wucht trat er mit auf den F.; da tritt man sich auf die Füße *(so überfüllt ist es);* /Kommando für den Hund/: bei F.!; sich einen Splitter in den F. treten; über seine eigenen Füße stolpern; einen F. vor den anderen setzen; von einem F. auf den anderen treten; gut, schlecht zu F. sein; zu F. kommen, gehen; jmdm. zu Füßen fallen; sich jmdm. zu Füßen werfen; zwei Hunde saßen ihm zu Füßen. 2. a) *tragender Teil von Gegenständen:* ein dünner, massiver F.; der F. eines Stuhles, des Schrankes; der F. des Leuchters, des Glases ist abgebrochen; die Füße sind für diese Belastung zu schwach; die Füße des Tisches absägen; b) *unterer Teil, Sockel:* der F. einer Säule, eines Turmes, eines Gebirges; das Haus liegt am F. des Berges; sie legten am F. des Denkmals Kränze nieder. 3. /ein *altes Längenmaß/:* ein englischer, britischer F.; das Grundstück ist 100 F. lang und 80 F. breit; ein Rohr von 50 F. Länge. 4. (Metrik) *Versfuß:* der Hexameter hat sechs Füße. 5. *Teil des Strumpfes:* den F. anstricken *(verlängern);* der Strumpf hat ein Loch im F.; ∗ stehenden Fußes *(sofort)* · [festen] Fuß fassen *([von Personen, Ideen] sich in eine neue Umgebung integrieren)* · kalte Füße bekommen/kriegen (ugs.; *ein Vorhaben aufgeben, weil man inzwischen Bedenken hat)* · Füße bekommen haben (ugs.; *verschwunden sein)* · sich (Dat.) die Füße nach etw. ablaufen/wund laufen (ugs.; *viele Gänge machen, um etw. zu finden, zu erreichen)* · sich (Dat.) die Füße vertreten *(sich etwas Bewegung verschaffen)* · sich (Dat.) kalte Füße holen (ugs.; *mit etw. keinen Erfolg haben)* · jmdm. den Fuß in/auf den Nacken setzen *(jmdn. seine Macht fühlen lassen)* · (bei jmdm.) einen Fuß in der Tür haben *(sich bei jmdm. Einfluss verschafft haben)* · die Füße unter jmds. Tisch strecken (ugs.; *sich von jmdm. ernähren lassen)* · auf eigenen Füßen stehen *(wirtschaft-*

lich unabhängig sein) · auf freiem Fuß sein *(in Freiheit, nicht mehr in Haft sein)* · jmdn. auf freien Fuß setzen *(jmdn. freilassen)* · auf großem Fuß leben *(1. aufwendig leben. 2. scherzh.;* eine große Schuhgröße haben) · mit jmdm. auf freundschaftlichem, gespanntem o. ä. Fuß leben/stehen *(mit jmdm. ein freundschaftliches, gespanntes o. ä. Verhältnis haben)* · auf schwachen/schwankenden/tönernen/(ugs.:) wackligen Füßen stehen *(keine gesicherte Grundlage haben)* · auf festen Füßen stehen *(eine sichere materielle Grundlage haben)* · immer [wieder] auf die Füße fallen (ugs.; *aus allen Schwierigkeiten immer wieder ohne Schaden hervorgehen)* · jmdn. auf den Fuß/auf die Füße treten (ugs.; 1. *jmdn. zurechtweisen.* 2. *jmdn. zur Eile antreiben)* · auf dem Fuß[e] folgen (1. *unmittelbar folgen.* 2. *sofort nach etw. folgen, geschehen)* · jmdn., etw. mit Füßen treten *(jmdn., etw. gröblich missachten)* · mit den Füßen abstimmen (ugs.; *sich durch Hingehen, Weggehen, Wegbleiben für od. gegen etw. entscheiden)* · mit dem linken Fuß zuerst aufgestanden sein (ugs.; *schlecht gelaunt sein)* · jmdm. etw. vor die Füße werfen *(wütend etw. zurückgeben)* · jmdm. zu Füßen liegen (geh.; *jmdn. verehren)* · jmdm. etw. zu Füßen legen (geh.; *jmdm. etw. aus Verehrung überreichen)* · zu Fuß *(mit den Füßen; durch Gehen):* wir kommen zu F. · gut, schlecht zu Fuß sein *(eine längere Strecke gut, schlecht gehen können).*

Fußboden, der: ↑ Boden.

Fußbreit, der: keinen F. [seines Geländes] abtreten, aufgeben; ÜBERTR.: keinen F. von seinen Grundsätzen abweichen, abrücken.

fußen ⟨auf etw. (Dat.) f.⟩: das Gutachten fußt auf statistischen Erhebungen; vieles fußt nur auf Tradition; etw. fußt auf einem Vertrag.

Fußstapfe, die, **Fußstapfen,** der: im neuen Schnee sind tiefe Fußstapfen; ∗ in jmds. Fußstapfen treten *(jmds. Vorbild folgen).*

futsch (salopp): das ganze Geld, die Begeisterung, alles ist f.; Ⓡ f. ist f. [und hin ist hin].

¹Futter, das: *Tiernahrung:* frisches, grünes, trockenes F.; F. schneiden, holen; F. in die Raufe schütten; die Pferde müssen noch ihr F. bekommen; F. für die Vögel streuen; den Hühnern [das] F. geben; nach F. suchen; ÜBERTR.: die Maschine braucht wieder F. (ugs.; *neue Arbeit);* ∗ gut im Futter sein/stehen (ugs.; *gut genährt sein).*

²Futter, das: *Stoffauskleidung:* helles, einfarbiges F.; ausknöpfbares F.; F. zum Ausknöpfen; ein F. aus Seide; das F. in der Tasche ist zerrissen; das F. ersetzen; Briefumschläge mit F. *(mit Seidenpapier ausgekleidet).*

futtern (ugs.): a) ⟨irgendwie f.⟩ *essen:* er futtert kräftig, tüchtig; b) ⟨etw. f.⟩ *verzehren:* Nüsse, sein Müsli f.

¹füttern: 1. a) ⟨ein Tier f.⟩ *(einem Tier) Futter ge-*

ben: die Pferde, die Kühe f.; die Schweine mit Kartoffeln f.; die Tiere im Zoo dürfen nicht gefüttert werden;**b)** ⟨etw. f.⟩ *als Futter geben:* Klee, Hafer f.
2. ⟨jmdn. f.⟩ **a)** *jmdm. die Nahrung in den Mund geben:* einen Säugling, einen Kranken f.; **b)** *von etw. im Übermaß zu essen geben:* jmdn. mit Kuchen f.
3. ⟨etw. f.⟩ **a)** (bes. EDV) *mit Daten versorgen:* eine Maschine, einen Computer falsch, mit einem Programm f.; **b)** (bes. EDV) *eingeben:* neue Daten in einen Computer f.; **c)** (ugs.) *in etw. einlegen, einwerfen:* einen Automaten mit Groschen f.
²füttern: ⟨etw. f.⟩ *mit einem Futter ausstatten:* den Mantel [mit Pelz] f.; gefütterte Handschuhe; der Rock ist ganz mit, auf Taft gefüttert; die Briefumschläge sind gefüttert.

Gabe, die: **1. a)** (geh.) *Geschenk:* die Gaben unter den Christbaum legen; die Gaben *(Früchte)* der Felder; **b)** *Almosen:* eine milde, fromme G.; [die] Gaben verteilen; um eine kleine G. bitten.
2. *Talent:* eine seltene G.; seine geistigen Gaben *(intellektuellen Fähigkeiten)* nicht nutzen; er besaß die G. der Rede; sie hatte die G., sich über alles hinwegzusetzen; (iron.:) er hat die G., in jedes Fettnäpfchen zu treten; ein junger Mann von großen Gaben, mit glänzenden Gaben.
3. a) *das Verabreichen (eines Medikaments):* bei der G. dieser Medizin ist Vorsicht geboten!; **b)** *Dosis:* etw. nur in kleinen Gaben verabreichen.
Gabel, die: **a)** */ein Essgerät/:* eine kleine G.; mit Messer und G. essen; er spießte ein Stück Fleisch mit der G. auf;**b)** *Heu-, Mistgabel:* der Bauer lädt das Heu mit der G. auf; **c)** *Telefongabel:* wütend warf sie den Hörer auf die G.
gabeln ⟨sich g.⟩: der Weg gabelt sich [hinter der Brücke]; ein gegabelter Ast.
gackern ⟨etw. f.⟩: die Henne gackert; ÜBERTR.: die Mädchen saßen zusammen und gackerten (ugs.; *kicherten*).
gaffen: blöde, neugierig g.; alle gafften auf den Fremden; die Leute standen gaffend um die Unfallstelle.
gähnen: 1. vor Müdigkeit g. [müssen]; tief, laut, unverhohlen, gelangweilt g.; mit aufgerissenem Mund g.; SUBST.: beim Gähnen die Hand vor den

Mund halten; ein Gähnen unterdrücken; es war zum Gähnen langweilig.
2. (geh.) ⟨mit Umstandsangabe⟩ *sich auftun:* ein Abgrund, ein tiefes Loch gähnte vor ihnen; die große Grube gähnte schwarz; in den Kassen herrscht gähnende Leere.
Galgen, der: **1.** auf dem Marktplatz wurde ein G. errichtet; er wurde zum G. verurteilt, kam an den G., endete am Galgen *(wurde gehängt).*
2. *Vorrichtung für das Mikrofon:* der G. muss näher zum Schauspieler gerückt werden;
★ jmdn. an den Galgen bringen (ugs.; *jmdn. anzeigen und seine Bestrafung bewirken)* · reif für den Galgen sein (ugs.; *verdienen, hart bestraft zu werden).*
Galle, die: **a)** *Körperorgan:* die G. ist gereizt, entzündet; sie musste sich an der G. operieren lassen; er hat es an der G.; **b)** *Gallensaft:* G. brechen;
★ jmdm. läuft die Galle über; jmdm. steigt/kommt die Galle hoch; jmdm. schwillt die Galle (*jmdn. packt die Wut*).
Galopp, der: ein wilder, gestreckter, kurzer G.; sie nahm die Hürde in fliegendem, vollem G.; G., im G. reiten; sie setzte das Pferd in G.;
★ im Galopp (ugs.; *schnell*): etw. im G. erledigen.
galoppieren:a) *im Galopp laufen, reiten:* das Pferd begann zu g.; die Reiter haben/sind zwanzig Minuten galoppiert;**b)** ⟨irgendwohin g.⟩ *sich galoppierend fortbewegen:* über die Felder g., sie sind durch das Waldstück galoppiert; ÜBERTR.: eine galoppierende Inflation; eine galoppierende Schwindsucht.
gang: ⟨in der Verbindung⟩ **gang und gäbe sein** *(allgemein üblich sein):* diese Methoden sind hier g. und gäbe.
Gang, der: **1.** *Art des Gehens:* ein aufrechter, gebückter, elastischer, schlaksiger, federnder G.; sein G. war schwer und schleppend; sie beschleunigte ihren G.; wir erkannten ihn gleich an seinem G.
2. *das Gehen einer Strecke:* ein G. durch den Park, durch das Museum; sein erster G. war, führte ihn zu seiner Frau; ich muss noch mehrere Gänge *(Besorgungen)* in der Stadt machen; auf unserem G. nach Hause; einen schweren, bitteren G. tun, gehen *(etwas sehr Unangenehmes erledigen);* ÜBERTR.: jmdn. auf seinem letzten G. begleiten (geh.; *an jmds. Beerdigung teilnehmen).*
3. *das Laufen einer Maschine:* der Motor hat einen ruhigen, gleichmäßigen G.; den G. der Maschine überwachen, regeln; die Maschine in G. bringen, halten, setzen.
4. *Verlauf, Ablauf:* der G. der Dinge, der Geschichte hat das ganz klar bewiesen; der G. der Geschäfte, der Verhandlungen ist ziemlich zufriedend; wir dürfen in den G. der Untersuchung nicht eingreifen.
5. (Sport) *Abschnitt eines Kampfes:* es sind noch drei Gänge auszutragen; er war nach dem zweiten G. kampfunfähig.

6. *Gericht in der Speisefolge einer Mahlzeit:* das Festessen hatte mehrere Gänge; was gibt es als zweiten G. ?; sie gab ein Essen mit vier Gängen.
7. a) *langer, an den Seiten abgeschlossener Weg:* ein langer, schmaler, gedeckter G.; durch einen unterirdischen G. gelangt man ins Freie; b) *Hausflur, Korridor:* ein langer, finsterer, schwach beleuchteter G.; der G. im dritten Stock; dieser G. führt in den Hof; das Büro befindet sich am Ende des Ganges; auf/im G. warten; das Fahrrad steht unten im G.; die Tür schließt nach dem G.
8. *Übersetzungsstufe bei Fahrzeugen:* das Fahrrad hat vier Gänge; den ersten G. einlegen, einschieben; den G. herausnehmen *(in den Leerlauf schalten);* vom ersten in den zweiten G. schalten; sie, das Auto fuhr im dritten G.;
∗ **ein Gang nach Canossa** *(als erniedrigend empfundener Bittgang)* · **einen Gang zulegen** (ugs.; *sein Tempo bei etw. steigern)* · **einen Gang zurückschalten** (ugs.; *sein Tempo bei etw. mäßigen)* · **seinen [geordneten] Gang gehen** *(erwartungsgemäß verlaufen)* · **etw. in Gang bringen/setzen** *(bewirken, dass etw. allmählich beginnt):* der Minister brachte die Verhandlungen in G. · **etw. in Gang halten** *(verhindern, dass etw. zum Stillstand kommt):* die Aktion konnte nur mit Mühe in G. gehalten werden · **in Gang kommen** *(allmählich, nach längeren Vorbereitungen beginnen)* · **im Gang[e]/in Gang sein** (1. *im Ablauf begriffen sein:* die Vorbereitungen sind noch in G.; das Fest ist bereits voll im Gang/in vollem Gange. 2. *geplant, vorbereitet werden:* gegen den Minister scheint etwas im Gange zu sein).
Gängelband, das: ⟨nur in bestimmten Wendungen⟩ jmdn. am Gängelband führen/haben/halten *(jmdn. dauernd vorschreiben, wie er sich zu verhalten hat)* · am Gängelband gehen *(in kleinlicher Weise dauernd bevormundet werden).*
gängeln ⟨jmdn. g.⟩: unser Vater gängelte mich und meinen Bruder sehr; der Wähler lässt sich von der Partei nicht g.
gängig: 1. *allgemein üblich, gebräuchlich:* eine gängige Meinung; gängige Methoden, Münzen; ein gängiges Thema, Motiv der Romantik; die heute gängigen Preise; das ist sehr g.
2. *oft gekauft; leicht zu verkaufen:* eine gängige Ware, Sorte; Anzüge in gängigen Größen; was sind die gängigsten Artikel?
Gans, die: 1. eine junge, fette G.; die G. schnattert, watschelt über den Hof; Gänse hüten; eine G. füttern, mästen, nudeln; die G. rupfen, ausnehmen, mit Äpfeln füllen, braten.
2. (ugs. abwertend) *unerfahrene, junge weibliche Person:* mit einer G. wie Ingrid will ich nichts zu tun haben; die albernen Gänse kichern die ganze Zeit; /auch als Schimpfwort/: blöde, dumme G.!
Gänsefüßchen, die (ugs.) ⟨Plural⟩: ein Wort in G. setzen.

Gänsehaut, die: sie hat vor Kälte, Furcht eine G.; eine G. bekommen, kriegen; ∗ **jmdm. läuft eine Gänsehaut über den Rücken** (ugs.; *jmdm. schaudert)* · **jmdm. eine Gänsehaut verursachen** *(jmdn. schaudern lassen).*
Gänsemarsch, der: ⟨in der Verbindung⟩ **im Gänsemarsch** (ugs.; *in einer Linie hintereinander):* sie zogen im G. über den Marktplatz, trotteten im G. hinterher.
ganz: 1. a) *gesamt, alle:* g. Deutschland; die ganze Welt; die ganze Zeit über; das ist nicht die ganze Wahrheit; das ist mein ganzes Vermögen; den ganzen Sommer über war schlechtes Wetter; er musste seine ganze Kraft aufbieten; in g. Europa gibt es keine schönere Stadt; sie ist ihr ganzer Stolz; ein ganzer Kerl sein *(ein Mann sein, der sich in allen Lebenslagen zurechtfindet, auf den man sich verlassen kann);* das ist schon das ganze Geheimnis *(mehr verbirgt sich nicht dahinter);* in ganzen *(vollständigen)* Sätzen antworten; eine ganze *(vollständige)* Drehung; mit der ganzen *(vollen)* Wahrheit herausrücken. Beachte: Hochsprachlich nicht korrekt bei Substantiven im Plural: die ganzen *(alle)* Leute, Häuser, Bücher; b) (ugs.) /in Verbindung mit Kardinalzahlen/ *nur:* das Buch hat ganze fünf Mark gekostet; er hat die Arbeit mit ganzen zwei Mann geschafft; c) *ziemlich groß, ziemlich viel:* er hat eine ganze Menge Geld verspielt; es dauerte eine ganze Weile.
2. (ugs.) *heil, nicht entzwei; unbeschädigt:* sie hat kein ganzes Paar Strümpfe mehr; die Schüssel ist g.; bei der Feier sind alle Gläser g. geblieben; lass bloß die Decke g.!; Papa machte das Spielzeug wieder g.
3. *völlig, vollkommen:* er hat den Kuchen g. aufgegessen; das Essen ist g. kalt; es ist g. still; das ist etwas g. anderes *(das ist nicht vergleichbar);* dieses Buch ist g. *(sehr)* schlecht; sein Name ist mir g. unbekannt; er ist der Vater (ugs.; *er ist dem Vater sehr ähnlich);* ich habe es g. vergessen; er ist g. der Mann *(er ist sehr gut geeignet)* für diese Aufgabe; sie denkt g. wie ich; sie hat es g. allein geschafft.
4. *einigermaßen:* das Essen hat g. gut geschmeckt; der neue Nachbar ist g. nett; der Film hat mir g. gut gefallen; das ist zwar g. schön, aber doch recht teuer;
∗ **ganz und gar** *(völlig)* · **ganz und gar nicht** (nachdrücklich; *überhaupt nicht).*
Ganze, das: 1. die Teile des Bauwerks bilden ein harmonisches Ganzes; das ganze Auge haben; der Staat als Ganzes; aufs G., im Ganzen gesehen.
2. *die ganze Sache:* das G. hat keinen Sinn, war ein großer Bluff; wir können das G. auch sein lassen (ugs.; *auch unterlassen);* es geht ums G. *(es steht alles auf dem Spiel);*
∗ **aufs Ganze gehen** (ugs.; *alles riskieren, um etwas zu erreichen)* · **im Ganzen** (1. *insgesamt:* er war im Ganzen dreimal in Italien. 2. *alles zusam-*

mengenommen: im Ganzen [gesehen] war die Sache ein Erfolg) · **im großen Ganzen** (*im Allgemeinen, insgesamt*).

gänzlich: ein gänzlicher Mangel an Bereitschaft; das ist g. überflüssig; eine mir g. fremde Person; sie hat es g. vergessen.

gar: I.⟨Adj.⟩ 1.*fertig gekocht, gebraten, gebacken:* gares Fleisch; die Kartoffeln sind g.; das Gemüse ist erst halb g.; das Huhn langsam g. kochen. 2.(südd., österr. ugs.) *aufgebraucht:* das Geld ist g.; die Vorräte sind bald g. II.⟨Adverb⟩ 1.⟨verstärkend bei Verneinungen⟩ *überhaupt:* er hat g. nichts gesagt; das ist g. nicht wahr; g. keine Ahnung haben; davon kann g. keine Rede sein. 2.(südd., österr., schweiz.) *sehr:* das schmeckt g. fein; das klingt so g. traurig. III.⟨Partikel⟩ 1./unbetont/ ⟨verstärkend bei Vermutungen, Fragen⟩: sie wird doch nicht g. krank sein?; habe ich das Buch g. falsch eingestellt? 2./betont/ ⟨verstärkt ein steigerndes *zu od. so*⟩: ich hätte g. zu gern mitgemacht; sie stellten g. zu hohe Ansprüche; red doch nicht g. so viel. 3./unbetont/ ⟨verstärkend⟩ *erst:* ich wollte Sie nicht kränken oder g. beleidigen; der Schmutz im Hotel war schon schlimm, und g. das Ungeziefer!; eine Prognose für das Wochenende oder g. für die nächste Woche ist unmöglich.

Garantie, die: 1.(Kaufmannsspr.) auf dem Gerät ist noch G.; auf das Gerät haben Sie noch G.; die Firma gibt, leistet für/(auch:) auf den Kühlschrank ein Jahr G.; die G. [für/auf das Gerät] ist abgelaufen; eine Uhr mit einem Jahr G.; die Reparatur fällt noch unter G., geht noch auf G. 2.*Gewähr, Sicherheit:* eine G. verlangen, bieten, übernehmen; mehr Einsatz ist keine G. für Erfolg; rechtliche Garantien; Garantien gegen Freiheitsbeschränkungen; ich gebe dir meine G. darauf *(ich versichere es dir)*; das sage ich dir ohne G.; unter G. *(ganz sicher)!*

garantieren: a)⟨jmdm. etw. g.⟩ *zusichern:* jmdm. freien Zugang g.; wir garantieren Ihnen ein sicheres Einkommen; das garantiere ich dir!; ich garantiere Ihnen, dass Sie keine Schwierigkeiten haben werden; ⟨auch ohne Dat.⟩ wir garantieren geregelte Freizeit; ich garantiere jetzt schon, dass das nicht klappt; b)⟨etw. g.⟩ *gewährleisten:* die Verfassung garantiert die Rechte der Bürger; das Auftreten des Schauspielers garantiert ein volles Haus; ADJ. PART. sie hat es garantiert (ugs.; *sicher*) vergessen; c)⟨für etw. g.⟩ *bürgen:* der Händler garantiert für die Qualität der Ware; für den Erfolg kann ich nicht g.; ich garantiere dafür, dass...

Garaus, der: ⟨in der Wendung⟩ **jmdm. den Garaus machen** (meist ugs. scherzh.: *jmdn. töten*): er hat seinem Rivalen, der Fliege den G. gemacht; ÜBERTR.: wir werden dieser Propaganda den G. machen *(ihr ein Ende bereiten).*

Gardine, die: weiße, gemusterte Gardinen; die G. auf-, zuziehen; Gardinen aufhängen, abnehmen, waschen, spannen; ⋆ **hinter schwedischen Gardinen** (ugs. scherzh.; *im Gefängnis*).

gären: 1.*sich durch chemische Zersetzung verändern:* der Most, das Bier gärt; der Teig gärte/gor; der Wein ist/hat gegoren/(seltener:) ist/hat gegärt; gegorener *(durch Gärung verdorbener)* Saft. 2.⟨in jmdm., etw. g.⟩ *Unruhe verursachen:* der Hass, die Wut gärt in ihm; der Aufruhr gärte/(selten:) gor im Volk; ⟨es gärt in jmdm., etw.⟩ im Volk, in den Fabriken, in der Partei gärt es; es gärt in ihm; unter der Bevölkerung hat es schon lange gegärt.

Garn, das: feines, dünnes, einfaches G.; G. ab-, aufspulen, färben; Flachs zu G. spinnen; ⋆ **[s]ein Garn spinnen** (ugs.; *eine fantastische Geschichte erzählen*): der alte Kapitän spinnt wieder sein G. · **jmdm. ins Garn locken** *(jmdm. eine Falle stellen und überlisten).*

garnieren ⟨etw. mit etw. g.⟩: den Tisch mit Blumen, eine Torte, den Braten g.; ÜBERTR.: er garnierte seine Rede mit lateinischen Zitaten.

Garten, der: ein gepflegter, verwilderter, blühender, schattiger G.; einen G. anlegen; den G. umgraben, pflegen, gießen; die Kinder spielen im G.; in den G. gehen; ein Haus mit G.; ⋆ **botanischer Garten** *(öffentliche Anlage mit vielen verschiedenen, auch exotischen Pflanzen)* · **englischer Garten** *(großflächige, der natürlichen Landschaft angeglichene Anlage)* · **zoologischer Garten** *(Zoo)* · **hängende Gärten** *(terrassenförmig angelegte Gärten im Altertum)* · **quer durch den Garten** (ugs.; 1. scherzh.: *[von Suppen]* viele verschiedene Sorten Gemüse enthaltend. 2. oft spöttisch; *in bunter Vielfalt*).

Gas, das: a)ein brennbares, explosives, flüssiges, giftiges G.; brennende Gase; G. verdünnen, verflüssigen, ablassen; einen Ballon mit G. füllen; b)*Stadtgas:* G. strömt aus; das G. *(Gas am Gasherd)* anzünden, abstellen, (ugs.:) abdrehen; mit G. kochen, heizen; die Stadtwerke haben ihm das G. gesperrt; c)*Brennstoffgemisch:* man den Berg hinabfahren; G. geben *(das Gaspedal drücken und dadurch den Wagen beschleunigen);* wegnehmen; vom G. [weg]gehen; aufs G. (ugs.; *Gaspedal*) treten.

Gasse, die: eine enge, winklige, steile, holprige G.; Kinder spielten auf der G.; sie wohnt in einer abgelegenen G.; ÜBERTR.: die Spieler bildeten eine G. *(ein Spalier)* für den Schiedsrichter; er bahnte sich eine G. *(einen Weg)* durch die Menge.

Gast, der: a)ein seltener, häufiger, ungebetener, gern gesehener, willkommener, hoher, illustrer G.; seltene Gäste; Sie sind mein G.; betrachten Sie sich als mein/(seltener:) meinen G.; seien Sie bitte mein G. *(ich lade Sie ein und zahle Ihre Rechnung);* Gäste [zum Essen] einladen; die Gäste empfangen, bewirten, unterhalten; wir haben heute Abend Gäste; der Hausherr kümmert sich um seine Gäste; jmdn. zu G. haben; bei jmdm. zu G. sein; ÜBERTR.: die Not war ständiger G. bei ihnen; Einbrecher und andere ungebetene Gäste; **b)** *gastierender Künstler:* als G. auftreten; eine Aufführung mit prominenten Gästen; **c)** *Besucher eines Lokals o. Ä.:* wir waren die letzten Gäste; der Wirt bediente, begrüßte den G.; die Gäste des Hotels; zahlende Gäste; sie ist ein ständiger G. auf dem Rennplatz *(hält sich sehr oft dort auf);* ÜBERTR.: wir sind nur G. auf dieser Welt.

Gastfreundschaft, die: jmds. G. genießen, in Anspruch nehmen; jmdm. G. gewähren; ich danke für Ihre G.; sie wurde mit großer G. aufgenommen.

Gatte, der: **1.** (geh.) *Ehemann:* ein zärtlicher, aufmerksamer G.; wie geht es Ihrem Gatten?; sie erschien in Begleitung ihres Gatten. **2.** (veraltend) ⟨Plural⟩ *Eheleute:* beide Gatten stammen aus München.

Gattin, die (geh.): *Ehefrau:* grüßen Sie bitte Ihre G.; empfehlen Sie mich Ihrer G.

Gattung, die: die drei literarischen Gattungen Epik, Lyrik, Dramatik; (Biol.:) Zuckerahorn gehört zur G. Ahorn; diese G. von Tieren ist bereits ausgestorben.

Gaul, der: ein alter, magerer, lahmer G.; der G. trottete langsam dahin; ℝ einem geschenkten G. schaut/sieht man nicht ins Maul *(mit einem Geschenk soll man, so wie es ist, zufrieden sein).*

Gaumen, der: der vordere, hintere G.; der harte, knöcherne *(vordere)* G.; der weiche *(hintere)* G.; sein G. ist ganz trocken; BILDL.: mir klebt [vor Durst] die Zunge am G.; ÜBERTR.: einen feinen G. haben *(ein Feinschmecker sein);* das kitzelt den G. *(macht Appetit);* das schmeichelt, beleidigt den G.; das ist etwas für meinen [verwöhnten] G.! *(das schmeckt mir!).*

Gauner, der: **1.** *Schwindler:* dieser G. hat mich betrogen; die Polizei fängt nur die kleinen G. **2.** (ugs.) *schlauer, durchtriebener Mensch:* ein gerissener G.; du G.!

Gebäck, das: süßes, knuspriges G.; zum Tee gab es G.; zum Kaffee G. anbieten.

Gebälk, das: morsches, verkohltes G.; das G. ächzt, stürzt ein; nachts krachte es im G.; ℝes knistert/ kracht im G. *(bedrohliche Spannungen treten auf).*

Gebärde, die: eine auffallende, feierliche, beschwichtigende, bedauernde, verzweifelte, hilflose G.; sie machte eine drohende G.; er pflegt seine Reden mit Gebärden zu begleiten.

gebärden ⟨sich irgendwie g.⟩: sich wütend, sonderbar, wild, unvernünftig, wie toll, wie ein Wahnsinniger g.

Gebaren, das: ein weltmännisches, auffälliges, sonderbares G.; das geschäftliche, kaufmännische G. einer Firma; ein seltsames G. an den Tag legen.

gebären ⟨jmdn. g.⟩: Zwillinge g., die Frau gebärt/ (veraltend:) gebiert ihr erstes Kind; (geh.:)

⟨jmdm. jmdn. g.⟩ sie gebar ihrem Gatten zwei Kinder; ich wurde am 1. Mai 1988/am 1. Mai 1988 wurde ich in Berlin geboren; so jemand muss erst noch geboren werden (ugs.; *eine solche Person gibt es noch nicht*); unter Schmerzen, ohne Komplikationen g.; sie hat noch nicht geboren; ÜBERTR.: Hass gebiert neuen Hass (geh.; *bringt neuen Hass hervor*); ADJ. PART.: /zur Angabe des Mädchennamens bei einer verheirateten Frau/: Frau Marie Berger[,] geb. Schröder; sie ist eine geborene Schröder; er ist der geborene/ein geborener *(ein von Natur aus begabter)* Kaufmann; ∗ zu etw. geboren sein *(alle Fähigkeiten für etw. haben):* er ist zum Schauspieler geboren.

Gebäude, das: ein großes, öffentliches, repräsentatives G.; das neue G. wird nächstes Jahr fertig; ein G. für kulturelle Veranstaltungen; alle öffentlichen Gebäude hatten geflaggt; ÜBERTR.: ein G. von Lügen, Gedanken; ein theoretisches G. errichten.

geben: 1. ⟨jmdm. etw. g.⟩ *schenken, spenden:* dem Bettler eine milde Gabe g.; der Vater gibt der Tochter Geld für ein Eis; ÜBERTR.: der Baum gab uns (geh.; *spendete*) Schatten; sie gab ihm ganze Liebe; ⟨etw. g.⟩ die meisten Anwesenden gaben eine Spende; (auch: reichlicher g.) sie gibt gern, leichten Herzens *(sie ist freigebig);* ℝ Geben ist seliger denn Nehmen.

2. ⟨jmdm. etw. g.⟩ *überreichen, hingeben:* dem Portier den Schlüssel, dem Gast die Speisekarte g.; geben Sie mir bitte ein Pfund Trauben; sich eine Quittung g. lassen; einem Kranken das Essen, zu trinken g.; dem Taxifahrer ein Trinkgeld g.; sie ließ sich im Reisebüro einen Prospekt g.; (auch: jmdm. jmdn. g.) geben Sie mir bitte Herrn Meier *(kann ich bitte Herrn Meier am Telefon sprechen?);* ⟨auch ohne Dat.⟩ ich gäbe viel darum, wenn ich das wüsste *(ich wüsste es sehr gern);* die Karten g. *(zum Spiel austeilen);* ⟨auch ohne Dat.⟩ und ohne Akk.⟩ wer gibt? *(wer teilt die Spielkarten aus?);* ich habe gegeben *(die Karten zum Spiel ausgeteilt);* du gibst (Sport; *du hast den Aufschlag*).

3. ⟨jmdm., etw. g.; mit Umstandsangabe⟩ *überlassen, übergeben:* den Koffer in die Gepäckaufbewahrung, den Mantel in die Reinigung, das Auto zur Reparatur in die Werkstatt g.; den Jungen in die Lehre g.; das Kind in Pflege, in die Obhut der Eltern g.; das Manuskript, den Aufsatz in Druck, zum Druck g. *(drucken lassen);* sie hat das Paket zur Post gegeben.

4. a) ⟨jmdm. etw. g.⟩ *bieten, gewähren, zukommen lassen:* jmdm. ein Autogramm g.; dem Kind einen Namen g.; jmdm. eine Frist, Rechenschaft g.; sie gab ihm die Chance, sich zu wehren; sie wollte ihm keinen Grund zu einem Streit g.; du sollst ihnen ein gutes Beispiel g.; den Gläubigern Sicherheiten g.; den Kunden Kredit, Rabatt g.; sie wollte ihren Kindern eine gute Erziehung g.; jmdm. Genugtuung g.; ⟨auch ohne Dat.⟩ ein

Gebet

Interview, kein Pardon g.; /häufig verblasst/: jmdm.
ein Zeichen g. *(ihn auf etw. aufmerksam machen);*
[jmdm.] keine Antwort g. *(nicht antworten);*
jmdm. sein Wort, ein Versprechen geben *(etw.
versprechen);* jmdm. einen Befehl g. *(ihm etw. befehlen);* jmdm. einen Rat g. *(raten);* jmdm. einen
Kuss g. *(ihn küssen);* jmdm. einen Tritt g. *(ihn treten);* jmdm. einen Stoß g. *(ihn stoßen);* einem Tier
den Gnadenstoß, Gnadenschuss g. *(es töten);*
dem Patienten eine Spritze g. *(eine Injektion verabreichen);* dem Kind die Brust g. *(es stillen),* die
Flasche g. *(es mit der Flasche füttern);* Befehl g.
(befehlen) zum Aufbruch; der Schiedsrichter gibt
das Tor *(erkennt es an),* gibt Freistoß *(entscheidet
auf Freistoß);* b) ⟨jmdm., etw. etw. g.⟩ *verleihen:*
jmdm. Mut, Hoffnung g.; der anerkennenden
Worte gaben ihm neuen Schwung, Auftrieb; seinen Worten Nachdruck g.; die Autorin gibt seinem Roman den letzten Schliff; sie hat dem Gespräch die andere Richtung gegeben; mir ist es
nicht gegeben, die Dinge leicht zu nehmen.
5. ⟨etw. g.⟩ *hervorbringen:* der Ofen gibt Wärme,
die Kuh gibt viel Milch; diese Birne gibt zu
schwaches Licht.
6. ⟨etw. g.⟩ *veranstalten:* ein Fest, eine Party, eine
Gesellschaft g.; die Philharmoniker gaben ein
Konzert in Moskau; der Minister gab ein Essen
für den Gast.
7. ⟨jmdn., etw. g.⟩ a) *darstellen, spielen:* der
Schauspieler gibt in der neuen Inszenierung den
Hamlet, hat die Rolle schon oft gegeben; b) *aufführen:* was wird heute im Theater gegeben?
8. ⟨jmdn., etw. g.⟩ *ergeben:* zwei mal zwei gibt
vier; zwei Hälften geben ein Ganzes; das gibt keinen Sinn; der Junge gibt einen guten *(wird ein guter)* Informatiker; ein Wort gab das andere *(während eines Gesprächs entstand ein Streit);* was
gibt das (ugs.; *was wird daraus)?;* was wird das g.
(was wird daraus werden)?
9. (ugs. landsch.) ⟨etw. irgendwohin g.⟩ etw. *irgendwohin tun:* Zucker über die Mehlspeise g.;
eine Decke auf den Tisch g.; die Wäsche in die
Waschmaschine g.
10. ⟨etw. von sich g.⟩ *äußern:* Unsinn, geistlose
Bemerkungen, Gemeinplätze von sich g.; sie
konnte es nicht so recht von sich g. (ugs.; *sie
konnte sich nicht ausdrücken).*
11. (ugs.) ⟨etw. von sich g.⟩ *erbrechen:* der Kranke
musste alles wieder von sich g.
12. ⟨etw. auf etw. (Akk.) g.⟩ *einer Sache Bedeutung beimessen:* er gibt viel, wenig auf gutes Essen, auf seine Kleidung; sie gibt nichts auf sein
Urteil, auf diese Behauptung, auf seine Worte.
13. ⟨sich irgendwie g.⟩ *sich verhalten:* sich gelassen, natürlich, unbefangen, witzig, freundlich,
herzlich g.; sie gibt sich, wie sie ist; die Besatzer
geben sich als Befreier.
14. ⟨sich g.⟩ *aufhören, nachlassen:* die Schmerzen werden sich g.; nach der Spritze hat sich das
Fieber bald gegeben.

15. ⟨sich g.⟩ *sich finden:* ich werde dich besuchen,
wenn sich eine Gelegenheit gibt; es wird sich alles wieder g.; das Übrige wird sich g.
16. ⟨es gibt jmdn., etw.⟩ *jmd., etw. ist vorhanden,
existiert:* es gibt einen Gott; in diesem Fluss gibt
es noch Fische; in diesem Viertel gibt es einige
gute Restaurants; das gibt es nicht; so etwas hat
es noch nie gegeben!; /als Ausruf des Erstaunens, der
Entrüstung/: so eine Gemeinheit kann, darf es
nicht g.!; so [et]was gibt es!; was gibt es denn da
(ugs.; *was ist denn hier los)?;* was es nicht alles
gibt!; (ugs.:) so was gibts ja gar nicht!; was gibts
Neues?; was gibt es da zu lachen?; es gibt viel zu
tun; da gab es kein Entkommen *(da war kein Entkommen möglich);* ADJ. PART.: etw. als gegeben
(feststehend, bekannt) voraussetzen, annehmen;
zu gegebener *(passender)* Zeit, Stunde; unter den
gegebenen *(derzeit bestehenden)* Umständen.
17. ⟨es gibt etw.⟩ *es wird etw. ausgegeben, angeboten:* was gibt es heute [zu essen, zu Mittag]?; an
diesem Schalter gibt es nur Sondermarken; was
gibt es heute im Fernsehen?; wo gibt es das zu
kaufen?
18. ⟨es gibt etw.⟩ *es wird eintreten, geschehen:*
heute gibt es noch Regen, ein Gewitter; es gibt
Schnee; heute wirds noch [et]was g. (ugs.; *wird es
noch regnen, ein Gewitter geben);* wenn du so unvorsichtig bist, gibt es noch ein Unglück; wenn
du nicht ruhig bist, gibts was (ugs.; *wirst du bestraft);*
★ es jmdm. **geben** (ugs.; 1. *jmdm. gehörig die Meinung sagen.* 2. *jmdn. verprügeln).*
Gebet, das: ein stilles, gemeinsames G.; ein kano-
nisches, liturgisches G.; das G. des Herrn (geh.;
das Vaterunser); ein G. für die Toten, um Hilfe;
das G. der Mutter wurde erhört; ein G. sprechen,
(abwertend:) herunterleiern; sein G. verrichten;
jmdn. in sein G. einschließen; ich falte meine
Hände zum G.;
★ jmdn. ins **Gebet** nehmen *(jmdn. scharf, eindringlich zurechtweisen).*
Gebiet, das: **1.** *Landstrich, Gegend:* ein fruchtbares G.; weite Gebiete des Landes waren überschwemmt; die Expedition hält sich zurzeit in einem unerforschten G. auf; ÜBERTR.: ein G. (Meteor.; *eine Zone)* niederen Luftdrucks.
2. *Territorium, Staatsgebiet:* ein exterritoriales
G.; die durch den Krieg verlorenen Gebiete; das
G. der Schweiz; ein G. unterwerfen, besetzen.
3. *Bereich, Fach:* ein schwieriges, interessantes
G.; ein G. beherrschen; er ist ein Fachmann auf
diesem G.; auf kulturellem G. wird in dieser Stadt
viel geboten; als Politikerin hat sie auf dem G. der
Sozialpolitik viel geleistet; sich für ein G. interessieren; sie muss sich in das neue G. erst einarbeiten.
gebieten (geh.): **1.** ⟨etw. g.⟩ a) *befehlen:* Einhalt g.;
Ruhe, Schweigen g.; er hält es für dringend gebo-
ten, die Sache schnell zu erledigen; er war eine
Ehrfurcht gebietende Erscheinung; ⟨jmdm. etw.

342

g.) sie gebot ihm Mäßigung; b) *dringend etw. er-*
fordern: die Klugheit gebietet besondere Vorsicht, besonders vorsichtig zu sein; es ist Rücksicht, Toleranz geboten *(erforderlich);* ⟨jmdm.
etw. g.⟩ die Situation gebietet es dir, etwas zu unternehmen.
2. ⟨über etw. (Akk.) g.⟩ a) *herrschen:* der Herrscher gebot über ein großes Land; ÜBERTR.: über
seine Leidenschaften g.; b) *zur Verfügung haben:*
das Institut gebietet über große Mittel.
gebieterisch (geh.): mit gebieterischer Stimme; sie
rief ihn in, mit gebieterischem Ton zu sich; die
Not fordert g. *(zwingend),* dass wir helfen.
gebildet: ein gebildeter Mensch; sie ist einseitig,
politisch g.
Gebirge, das: ein hohes, schroffes, kahles, zerklüf-
tetes, vulkanisches G.; der Kamm eines Gebirges;
ein G. überfliegen; sie fährt zur Erholung ins G.,
verbringt den Sommer im G.; ÜBERTR.: ein G.
(eine riesige, sich auftürmende Masse) von
Schutt, von Akten.
geboren: ↑ gebären.
geborgen: ⟨bes. in der Fügung⟩ sich geborgen
fühlen/(geh.:) wissen *(sich sicher, beschützt füh-*
len): sie fühlte/wusste sich bei ihren Eltern, zu
Hause g.
Gebot, das: **1.** *Grundsatz, [moralisches] Gesetz:* ein
göttliches, sittliches, moralisches G.; das G. der
Menschlichkeit, der Nächstenliebe, der Höflichkeit; das höchste, oberste G. ist die Liebe; die
Zehn Gebote; ein G. beachten, erfüllen.
2. *Anweisung; Vorschrift:* ein G. ausgeben, erlassen; ein G. achten, missachten, befolgen, übertreten; (Verkehrsw.:) Gebot für Fußgänger.
3. *Erfordernis, Notwendigkeit:* ein künstlerisches,
militärisches G.; das G. der Vernunft; das G. der
Klugheit erfordert es, dass wir schweigen; seine
Politik wird vom G. der Neutralität bestimmt;
das G. der Stunde verlangt es, dass alle helfen.
4. (Kaufmannsspr.) *Angebot bei Versteigerungen:*
ein höheres G. machen, abgeben;
★ jmdm. zu Gebote stehen (geh.; *jmdm. zur Ver-*
fügung stehen).
Gebrauch, der: **1.** *Verwendung, Benutzung:* der zu
häufige G. des Medikaments führt zu Gesund-
heitsschäden; dieser G. *(diese Verwendungs-*
weise) des Wortes ist neu; das Notizbuch ist für
den persönlichen G. bestimmt; sparsam im G.
(Verbrauch) sein; Flasche vor G. gut schütteln!;
von etw. G. machen *(sich einer Sache bedienen);*
machen Sie von dieser Mitteilung bitte keinen G.
(erzählen Sie das Mitgeteilte nicht weiter); dieses
Wort ist ganz außer G. gekommen *(wird nicht*
mehr verwendet, ist veraltet); das kommt immer
mehr in G. *(wird immer üblicher);* etw. in G. nehmen *(zu gebrauchen beginnen);* das Gerät haben
wir schon lange in/im G. *(wir verwenden es schon*
lange); die neue Anlage ist bereits in/im G. *(wird*
bereits benutzt).

2. ⟨Plural⟩ *Sitten, Bräuche:* im Dorf gibt es noch
alte Gebräuche.
gebrauchen ⟨etw. g.⟩: **1.** *benutzen:* Hammer und
Zange g.; das alte Rad kann ich noch gut g.; der
Stoff ist durchaus noch zu g., ist noch zu vielem
zu g.; er gebrauchte derbe Worte, Ausdrücke;
ÜBERTR.: er ist zu nichts zu g. (ugs.; *man kann*
mit ihm nichts anfangen); ADJ. PART.: ein gebrauchter Kinderwagen; das Handtuch ist schon
gebraucht; er hat den Wagen gebraucht gekauft.
2. (ugs.) *brauchen:* ich könnte einen Mantel, einen Kognak g.
gebräuchlich: ein gebräuchliches Sprichwort; dieses Verfahren ist sehr g.
gebrochen: 1. *völlig niedergeschlagen:* sie ist völlig
g.; sie stand ganz g. am Grab ihres Mannes.
2. a) *holprig und mit vielen Fehlern:* sie unterhielten sich in gebrochenem Deutsch; er spricht nur
g. Englisch; etw. g. flüstern; b) *gestört:* zu jmdm.,
etw. ein gebrochenes Verhältnis haben.
3. *nicht rein, nicht leuchtkräftig:* gebrochene Farben; ein Muster in gebrochenen Blautönen.
Gebühr, die: die G. für die Benutzung beträgt zehn
Mark; eine G. von 20 DM/in Höhe von 20 DM
festsetzen, erheben, entrichten, zahlen, kassieren; etw. gegen G. leihen;
★ nach Gebühr *(angemessen):* seine Arbeit wird
nach G. bezahlt · über Gebühr *(mehr als nötig,*
übertrieben): der neue Roman wurde über G. gelobt.
gebührend: jmdm. den gebührenden Respekt erweisen; der Gast wurde mit der gebührenden
Achtung begrüßt, behandelt.
gebunden: ↑ binden.
Geburt, die: **1.** a) *Entbindung:* eine leichte,
schwere, normale, schmerzlose G.; sie hat die G.
gut überstanden; der Verlauf der G.; sich auf die
G. vorbereiten; /auf Anzeigen/: wir freuen uns über
die G. unserer Tochter Vera, eines gesunden
Stammhalters; ÜBERTR.: die G. *(Entstehung)* der
Tragödie; das war eine schwere G. (ugs.: *war ein*
schweres Stück Arbeit); b) *das Geborenwerden:*
nach meiner G. zogen meine Eltern um; vor
Christi G.; von G. an *(seit der Geburt).*
2. *Herkunft:* eine hohe, adlige G.; nicht die G. ist
maßgebend; er ist von G. *(der Herkunft nach)*
Schweizer, adlig.
gebürtig: er ist gebürtiger Schweizer; sie ist aus
Rom, aus Ungarn g.
Geburtstag, der: **1.** *Jahrestag der Geburt:* G. haben;
sie feiert ihren 50. G.; wir werden seinen G. festlich begehen; jmds. G. vergessen; jmdm. zum G.
gratulieren, schreiben, etwas schenken; an jmds.
G. denken.
2. *Geburtsdatum:* Sie müssen Ihren G. angeben.
Gedächtnis, das: **1.** *Erinnerungsvermögen:* ein gutes, schlechtes, schwaches, (ugs.:) kurzes G. haben; sie hat ein hervorragendes G. für Zahlen;
mein G. lässt nach, lässt mich oft im Stich; das G.
schwindet bei ihm immer mehr; wenn mich mein

G. nicht täuscht, war es so; er hat ein G. wie ein Sieb (ugs.; *ist sehr vergesslich*).
2. *Erinnerung:* ihr G. reicht weit zurück; sein G. nicht mit etw. belasten; sein G. auffrischen; sein Name war meinem G. entfallen; etw. dem G. [fest] einprägen; aus dem G. *(ohne Vorlage)* zitieren; etw. aus dem G. verlieren, tilgen; etw. im G. behalten, bewahren; jmdm., sich etw. ins G. zurückrufen *(jmdn., sich an etw. erinnern);* jmds. G. nachhelfen *(ihm helfen, sich an etw. zu erinnern);* ich muss deinem G. wohl etwas nachhelfen (iron.; *muss dich auf das hinweisen, was du angeblich vergessen hast).*
3. *Andenken, Gedenken:* dem Verstorbenen ein ehrenvolles, gutes G. bewahren; zum G. an den Dichter wurde eine Briefmarke herausgegeben.
Gedanke, der: 1. gute, kluge, selbstständige, vernünftige Gedanken; ein ganz absurder G.; der bloße G. daran *(schon das Darandenken)* macht sie wütend; der G. liegt mir fern, verfolgt mich, tröstet mich; seine Gedanken schweifen, kreisen noch um das Erlebnis; ein G. ging mir durch den Kopf, durchzuckte mich; diese Gedanken beschäftigten ihn, bedrückten ihn, quälten ihn; ihr drängt sich der G. auf, dass das Telegramm fingiert ist; einen Gedanken fassen, aufgreifen, festhalten; ich werde diesen G. nicht mehr los; seine Gedanken sammeln, anspannen, zusammenhalten; seine Gedanken beisammenhaben (ugs.; *konzentriert sein*); ich möchte diesen Gedanken nicht äußern; seinen Gedanken nachhängen; sich seinen Gedanken überlassen *(in Ruhe nachdenken);* Gedanken an jmdn., etw. verschwenden; auf einen Gedanken verfallen; jmdn. auf andere Gedanken bringen *(ihn ablenken);* in Gedanken vertieft, versunken sein; ganz in Gedanken verloren sein; ich war [ganz] in Gedanken *(war gedankenverloren, habe nicht aufgepasst);* das habe ich in Gedanken *(ohne es zu wollen, zu wissen)* getan; mit seinen Gedanken woanders, nicht bei der Sache sein *(gedankenverloren, unaufmerksam sein).*
2. ⟨Plural⟩ *Meinung, Ansicht:* sie hat sich die Gedanken ihres Lehrers zu Eigen gemacht; seine Gedanken für sich behalten, verbergen; sie hat ihre eigenen Gedanken darüber; sie tauschten ihre Gedanken [über das Buch] aus.
3. *Einfall, Absicht:* ein verwegener G.; das ist ein großartiger G.; da kam ihm ein rettender G.; mir schwebt ein G. vor; das bringt mich auf einen Gedanken; auf dumme Gedanken kommen (ugs.; *etwas Dummes, Unsinniges, genau das Falsche tun);* sie trug sich/spielte mit dem Gedanken auszuwandern; mit einem Gedanken umgehen *(einen Plan erwägen);* sie war von diesem Gedanken besessen, ergriffen.
4. *Begriff, Idee:* der G. eines vereinten Europa; der G. der Freiheit;
★ [jmds.] Gedanken lesen [können] *(erraten [können])* · sich (Dat.) Gedanken [über jmdn.,

etw./wegen jmds., etw.] machen *(sich [um jmdn., etw.] sorgen):* er machte sich Gedanken wegen seines Sohnes, weil er so lange nicht geschrieben hatte · sich (Dat.) über etw. (Akk.) Gedanken machen *(über etw. länger nachdenken):* ich muss mir darüber noch Gedanken machen, bevor ich mich entscheide · kein Gedanke [daran]! (ugs.; *unmöglich!; keinesfalls!):* ich habe ihn nicht provoziert, kein G.!
gedankenlos: eine gedankenlose Antwort; eine g. übernommene These; g. etwas sagen, tun.
Gedeck, das: 1. *Besteck und Teller:* ein G. für vier Personen; ein G. auflegen.
2. *Menü:* ein G. bestellen; ich nehme G. zwei, das zweite G.
Gedeih, der: ⟨in der Verbindung⟩ **auf Gedeih und Verderb** *(bedingungslos):* auf G. und Verderb zusammenhalten.
gedeihen: die Kinder, die Früchte, die Tiere gedeihen gut; die Pflanze gedeiht nur bei viel Sonne; das Geburtstagskind wachse, blühe und gedeihe!; sein neues Werk gedeiht *(macht Fortschritte);* die Verhandlungen sind schon sehr weit gediehen.
gedenken: 1. (geh.): ⟨jmds., etw. g.⟩ *an jmdn., etw. denken:* seines alten Lehrers in Dankbarkeit, dankbar g.; sie gedachte ihres toten Vaters; ich gedenke gern jener schönen Tage; subst.: jmdn. in gutem Gedenken behalten; zum Gedenken an unseren Vater/unserem Vater zum Gedenken.
2. ⟨mit Infinitiv und zu⟩ *beabsichtigen:* was gedenkst du jetzt zu tun?; sie gedachte, länger zu bleiben.
Gedicht, das: ein lyrisches, episches, dramatisches G.; Gedichte verfassen, schreiben, lesen, [auswendig] lernen, vortragen, aufsagen, interpretieren; sie veröffentlichte einen Band Gedichte; eine Anthologie mit modernen Gedichten; Ⓡ [und] noch ein G. (salopp scherzh.; *noch etwas von derselben Sorte*);
★ ein Gedicht sein (ugs.; *herrlich, außergewöhnlich gut/schön sein).*
gediegen: 1. a) *sorgfältig gearbeitet; von solider Qualität:* gediegener Schmuck; eine gediegene Einrichtung; eine gediegene Verarbeitung, Ausführung; b) *gründlich, fundiert, solide:* ein gediegenes Wissen, gediegene Kenntnisse haben; er ist ein gediegener Charakter.
2. *massiv, rein:* gediegenes Gold; Erz kommt hier g. vor.
3. (ugs.) *lustig, merkwürdig:* sein Bruder ist eine gediegene Marke; du bist ja g.!
Gedränge, das: a) *Drängeln:* ein furchtbares, (ugs.:) wüstes G.; im engen Flur herrschte, war ein lebensgefährliches G.; (Sport:) das dritte Tor fiel aus einem G. im Strafraum; b) *drängende Menschenmenge:* er bahnte sich einen Weg durch das G.; das Kind verlor im G. seine Mutter; der Täter tauchte im G. der Straße unter, verschwand im G.;

* [mit etw.] ins Gedränge geraten/kommen (*[mit etw.] in [zeitliche] Schwierigkeiten kommen*): mit dem Termin ins G. kommen; die Firma ist wirtschaftlich ins G. geraten.

gedrückt: eine gedrückte Atmosphäre; nach der Niederlage war die Stimmung der Mannschaft sehr g.

gedrungen: eine gedrungene Gestalt; ein Mann von gedrungenem Wuchs, mit gedrungenem Körper; sie ist ziemlich g. [gebaut], wirkt g.

Geduld, die: große, zähe, engelhafte, himmlische G.; mir fehlt dazu die G.; zu dieser Arbeit gehört große G.; keine G. [mit jmdm.] haben; [nicht] die G. verlieren; jmds. G. ist am Ende, ist erschöpft; er hat meine G. auf eine harte Probe gestellt; der Lehrer hat viel G. mit dem schlechten Schüler; ich muss Ihre G. noch etwas in Anspruch nehmen; (geh.:) sich mit G. wappnen; sie [er]trug ihre Krankheit mit unendlicher G.; ich muss Sie noch um [ein wenig] G. bitten; ⓡ mit G. und Spucke fängt man eine Mucke (salopp; *mit G. kann man vieles erreichen*);
* jmdm. reißt die Geduld (ugs.; *jmd. wird ungeduldig und ärgerlich*) · sich in Geduld fassen (*geduldig abwarten*).

gedulden ⟨sich g.⟩: wollen Sie sich bitte einen Augenblick g.!; du musst dich noch ein bisschen damit g.

geduldig: ein geduldiger Zuhörer; sie hat ein geduldiges Wesen; der Kranke ist sehr g.; g. warten; er ließ sich g. alles gefallen, ließ g. alles über sich ergehen.

Geduldsfaden, der: ⟨in der Wendung⟩ **jmdm. reißt der Geduldsfaden** (ugs.; *jmd. wird ungeduldig und ärgerlich*): ich warte schon drei Stunden, jetzt reißt mir aber bald der G.

geehrt: ↑ ehren.

geeignet ⟨g. [für/zu etw., zu jmdm.]⟩: ein geeignetes Mittel; der geeignete Moment; die Firma sucht geeignete Mitarbeiter; etw. ist als Geschenk geeignet; das Mittel ist für diesen, zu diesem Zweck g.; sie ist für dieses Amt nicht g.; er ist dazu g., diese Position zu übernehmen; der Lärm ist wohl kaum geeignet, die Leute hier zu halten; sie ist zur Lehrerin g.

Gefahr, die: eine drohende, große, tödliche, ungeheure G.; höchste, äußerste G.; die Gefahren des Meeres; G. droht, ist im Anzug, zieht herauf, naht, ist im Verzug *(droht)*; für den Staat besteht keine G., die G. der Isolierung; dieser Mann ist keine G. für uns; er ist eine öffentliche G. *(Gefahr für die öffentliche Sicherheit)*; überall lauerten Gefahren; eine G. heraufbeschwören, herausfordern, abwenden, bannen; die G. gering schätzen, verachten, scheuen; das Reh wittert die G.; bei seiner Flucht große Gefahren über-, bestehen; in G. kommen, geraten, schweben; sich in Gefahren begeben, gestürzt; einer G. trotzen; einer G. entrinnen, entkommen; der G. ins Auge sehen; sich (Dat.) einer G. aussetzen;

die Stunde der G.; in G. sein; sich in G. befinden; der Kranke ist, befindet sich außer G.; er beginnt das Unternehmen, auch auf die G. hin *(auch wenn er damit rechnen muss)*, dass es misslingt; etw. auf Rechnung und G. (Kaufmannsspr.: *Risiko*) des Empfängers liefern; diese Tür nur bei G. öffnen; der Aufstieg bis zur Schutzhütte ist mit G. verbunden, ist ohne G.; sie tut es mit/unter G. ihres Lebens, unter persönlicher G. *(unter Lebensgefahr)*; ⓡ wer sich in G. begibt, kommt darin um;
* Gefahr laufen (*in Gefahr sein, geraten*): die Partei läuft G., die Wahl zu verlieren · auf eigene Gefahr (*auf eigene Verantwortung*): Betreten der Baustelle auf eigene G.

gefährden ⟨jmd., sich, etw. g.⟩: das Leben von Menschen, den Frieden g.; der Vorfall gefährdet den Fortgang der Verhandlungen; durch deinen Leichtsinn hast du dich selbst gefährdet; ADJ. PART.: gefährdete (*sittlich, sozial bedrohte*) Jugendliche; seine Stellung in der Partei, die Versetzung des Schülers ist gefährdet (*unsicher*).

gefährlich ⟨g. [für jmdn., etw.]⟩: a) eine gefährliche Krankheit, Situation; das ist eine ganz gefährliche Kurve; sich im gefährlichen Alter befinden *(in dem Alter sein, wo akute Gefahr für die Gesundheit besteht, der Tod plötzlich auftreten kann)*; er ist ein Mann im gefährlichen Alter (scherzh.; *im mittleren Alter und verstärkt zu Liebesabenteuern geneigt*); der Weg ist g.; die Strömung ist g.; für die Schiffe, für die Schwimmer g.; ⟨jmdm. g. werden⟩ dieser Mann könnte mir g. werden (scherzh.; *in ihn könnte ich mich verlieben*); g. leben; das ist [alles] nicht so g. (ugs.; *ist [alles] nicht so schlimm, das macht nichts*); b) riskant, gewagt: ein gefährlicher Plan; auf dieses gefährliche Abenteuer lasse ich mich nicht ein; sie treibt ein gefährliches Spiel.

Gefährte, der (geh.): ein treuer G.; der G. seiner Jugend; sie fand bald einen neuen Gefährten.

Gefälle, das: das Gelände, die Straße hat ein starkes G., ein G. von 7 %; das G. des Wassers wird zur Stromgewinnung ausgenutzt; BILDL.: ein starkes geistiges G.; das G. der Temperatur; das soziale G. in der Bevölkerung (*der Unterschied in der sozialen Stellung*).

gefallen: 1. ⟨jmdm. g.⟩ *geschmacklich zusagen:* das Bild gefällt mir; die Frau hat ihm [gut] gefallen; wie hat es dir in Berlin gefallen?; die Sache gefällt mir nicht (ugs.; *scheint mir bedenklich*); das gefällt mir heute gar nicht (ugs.; *sein Aussehen und sein Gesundheitszustand machen mir Sorgen*); es gefällt ihm (*er macht sich einen Spaß daraus*), andere Leute zu ärgern; ⟨auch ohne Dat.⟩ der Wunsch zu g.; der Film hat allgemein gefallen. **2.** ⟨sich (Dat.) in etw. g.⟩ *sich in selbstgefälliger Weise mit etw. hervortun:* er gefiel sich in der Rolle des Snobs; sie gefiel sich in ihrem Leid; der Junge gefällt sich in Kraftausdrücken; ⟨auch: sich

G

(Dat.) als etw. g.) er gefällt sich als Snob, als Herzensbrecher;
★ **sich** (Dat.) **etw. gefallen lassen** (1. *etwas Unangenehmes hinnehmen:* das lasse ich mir nicht g., brauche ich mir nicht g. zu lassen; du lässt dir immer alles g. 2. ugs. *freudig akzeptieren:* so ein Fest lasse ich mir g.).
¹**Gefallen,** der: *Gefälligkeit:* jmdm. einen [großen, persönlichen] G. tun; er hat mir den G. erwiesen, den Brief zur Post mitzunehmen; jmdn. um einen G. bitten; würden Sie mir einen G. tun?; tu mir den G. und lass das! (ugs.; *hör bitte endlich auf!*); ★ **jmdm. etw. zu Gefallen tun** *(für jmdn. etw. aus Gefälligkeit tun).*
²**Gefallen,** das: ⟨gewöhnlich in den Wendungen⟩ **an jmdm., etw. Gefallen finden/haben** *(sich an jmdm., etw. erfreuen)* · **nach Gefallen** (geh.; *beliebig*): Gesetze können nicht einfach nach G. geändert werden.
gefällig: 1. *hilfsbereit:* ein gefälliger Mensch; er ist sehr g.; ⟨jmdm. g. sein⟩ kann ich dir g. sein *(eine Gefälligkeit erweisen)?* 2. *ansprechend:* eine gefällige Kleidung, Form, Schrift; ein gefälliges Äußeres, Wesen, Benehmen; die Einrichtung ist recht g.; die Musik ist g.; das Haus wirkt g.; wir gehen um 8 Uhr, wenns g. *(recht, angenehm)* ist; /bes. in höflichen od. ironischen Fragen/: ist noch etwas g.? *(wird noch etwas gewünscht?);* Zigarette g.? *(möchten Sie eine Zigarette?);*
★ **da/hier ist** [et]**was gefällig** (ugs.; *da/hier gehts hoch her, ist viel los*).
Gefälligkeit, die: jmdm. eine G. erweisen; eine G. in Anspruch nehmen; sie tat es aus [reiner] G. *(Freundlichkeit):* jmdn. um eine G. bitten, ersuchen.
gefälligst (ugs.): /als Ausdruck des Unwillens/: mach g. die Tür zu!; warte g.!
Gefangene, der und die: a) *Kriegsgefangene[r]:* die Gefangenen arbeiten in einem Bergwerk, kehren nach Hause zurück; ein Gefangener ist entflohen; die Entlassung französischer Gefangener; Gefangene machen, austauschen, freilassen; b) *Häftling:* ein politischer Gefangener; eine Gefangene ist ausgebrochen, wurde aus dem Gefängnis entlassen; BILDL.: er wurde zum Gefangenen seiner Wünsche.
Gefangenschaft, die: a) *Kriegsgefangenschaft:* in G. geraten; aus der G. heimkehren, entlassen werden; er war mehrere Jahre in G.; b) /meist von Tieren/ *das Gefangensein:* der Löwe konnte sich nicht an die G. gewöhnen; Papageien halten sich in G. meist sehr gut; jmdn. aus unfreiwilliger G. befreien.
Gefängnis, das: a) *Anstalt für Häftlinge:* die Häftlinge gehen im Hof des Gefängnisses spazieren; er ist aus dem G. ausgebrochen; ins G. kommen *(mit Gefängnis bestraft werden);* jmdn. ins G. bringen *(veranlassen, dass jmd. mit Gefängnis bestraft wird);* er landete wieder im G., wanderte

wieder ins G. *(wurde mit Gefängnis bestraft);* er ließ ihn ins G. werfen (geh.; *einsperren*); im G. sitzen *(eine Gefängnisstrafe verbüßen);* b) *Gefängnisstrafe:* auf Diebstahl steht G.; sie hat zwei Jahre G. bekommen, wurde mit G. bestraft; den politischen Gegnern wurde mit G. gedroht; diese Tat wird mit G. bis zu zwei Jahren bestraft; sie wurde zu zwei Jahren G. verurteilt.
Gefäß, das: 1. *Behälter:* ein tiefes, großes, irdenes, zerbrechliches G.; ein G. aus Porzellan; das G. ist voll, läuft über; etw. in ein G. füllen. 2. *Blutgefäß:* die feinen Gefäße der Haut; die Gefäße verengen/erweitern sich.
gefasst: einen gefassten Eindruck machen; sie war ganz g., als sie die Nachricht vom Tod ihres Mannes erhielt; der Angeklagte hörte g. das Urteil;
★ **auf etw.** (Akk.) **gefasst sein** *(auf etw. vorbereitet, eingestellt sein)* · **sich auf etw.** (Akk.) **gefasst machen** *(mit etwas Unangenehmem rechnen):* du kannst dich auf einen harten Kampf g. machen; der kann sich auf etwas g. machen! (ugs. als Drohung).
Gefecht, das: ein schweres, blutiges, kurzes G.; die Demonstranten lieferten der Polizei harte Gefechte; bei dem schweren G. kamen mehrere Soldaten ums Leben;
★ **jmdn. außer Gefecht setzen** *(jmdn. kampf-, handlungsunfähig machen)* · **etw. ins Gefecht führen** (geh.; *etw. als Argument vorbringen*): sie konnte bei den Verhandlungen wichtige Gründe ins G. führen.
gefeit: ⟨in der Verbindung⟩ **gegen etw. gefeit sein** *(vor etw. geschützt sein):* gegen Krankheit, gegen schlechte Einflüsse g. sein.
Gefilde, die (geh.): anmutige, ländliche, sonnige G.; die himmlischen G., die G. der Seligen (griech. Myth.; *Elysium*).
geflissentlich: etw. g. übersehen; er geht seinem Rivalen g. aus dem Weg; ⟨seltener auch attributiv⟩ sie verbarg ihre Unsicherheit hinter geflissentlicher Geschäftigkeit.
Gefolge, das: a) das G. des Präsidenten; 30 Personen bildeten sein G.; im G. des Ministers waren mehrere hohe Beamte; nur die nächsten Angehörigen bildeten das G. *(das Trauergefolge);*
★ **im Gefolge** (Papierdt.; *als Folge*): Kriege haben oft politische Umwälzungen im G.
gefragt: ein gefragter Künstler; ein sehr gefragter Artikel; dieses Modell ist sehr g., ist heute kaum noch g.; ÜBERTR.: Zivilcourage ist hier nicht g. *(nicht erwünscht).*
gefräßig (abwertend): ein gefräßiger Mensch; gefräßige Insekten; (meist scherzh.:) sei nicht so g.!
gefrieren: das Wasser gefriert [zu Eis]; der Boden ist an der Oberfläche gefroren, od. BILDL.: ihre Lächeln gefror (geh.; *erstarrte*) [auf ihren Lippen]; ⟨jmdm. g.⟩ ihm gefror vor Entsetzen das Blut in den Adern (geh.; *er war sehr entsetzt*).
Gefüge, das: 1. *Gesamtheit von Zusammengefügtem:* das G. der Balken; ein G. aus Balken; das G.

(Technik; *Anordnung der Bestandteile*) eines Metalls. **2.** *Struktur:* ein syntaktisches G.; das wirtschaftliche, politische, soziale G. eines Staates.
gefügig: er war ein gefügiges Werkzeug der Partei; sie war immer in allen Dingen g.; er ließ sich g. abführen; ⟨[sich] jmdn., etw. g. machen⟩ er machte ihn [sich], seinen Wünschen durch Drohungen g.
Gefühl, das: **1.** *Wahrnehmung [durch den Tastsinn]:* ein prickelndes G.; ein G. für warm und kalt, für glatt und rau; ich habe vor Kälte kein G. in den Fingern; dem G. nach ist es aus Stein. **2.** *seelische Regung:* ein tiefes, beglückendes, erhebendes, beängstigendes, religiöses G.; patriotische Gefühle; ein G. der Reue, der Scham, der Liebe, des Hasses; ganz G. sein (ugs.; *sehr empfindsam sein*); widerstrebende Gefühle bewegten ihn; ein G. der Furcht, des Mitleids überkam, ergriff ihn; ein G. in jmdn. wecken, für jmdn. entdecken; ein G. verraten, unterdrücken; sie zeigte nie ihre Gefühle, suchte ihre Gefühle zu verbergen; er hegt zärtliche Gefühle für sie; seinen Gefühlen freien Lauf lassen *(sie ohne Hemmung zeigen);* der Anblick beleidigte sein G.; sie folgte ihrem G.; im Aufruhr, im Widerstreit der Gefühle; etw. mit G. vortragen; sie ließ sich von ihren Gefühlen leiten; ein Film mit viel G. (iron.; *ein sentimentaler Film*); sich von einem G. hinreißen lassen. **3.** a) *Eindruck; Ahnung:* ein dunkles, undeutliches, sicheres G.; bei etw. ein ungutes G. haben; er hatte das G./wurde das G. nicht los, dass an der Sache etwas faul sei; b) *Gespür:* ein feines, sicheres G. für etw. haben; ein G. für Rhythmus, für Recht und Unrecht; sie verlässt sich ganz auf ihr G.; etw. nach G. *(nach grober Einschätzung)* tun; ⋆ **das höchste der Gefühle** (ugs.; *das Äußerste, was möglich ist*): wenn du zwei freie Tage herausschinden kannst, so ist das das höchste der Gefühle · **etw. im Gefühl haben** *(etw. instinktiv wissen):* sie hats im G., wie schnell sie bei Regen fahren darf · **mit gemischten Gefühlen** *(sowohl Freude als auch Unbehagen empfindend):* er sah der Reise mit gemischten Gefühlen entgegen.
gefühlvoll: a) (geh.) *empfindsam:* sie ist eine gefühlvolle Seele; sie ist sehr g. und sorgt sich um ihn; b) (leicht abwertend) *mit Gefühl:* ein gefühlvoller Interpret; eine gefühlvolle Musik; ein Gedicht sehr g. vortragen; gefühlvolles *(im Hinblick auf Beschaffenheit, Zustand des Fahrzeugs, der Fahrbahn o. Ä. aufmerksames) Fahren.*
gegebenenfalls: an diesen Arzt kannst du dich g. wenden; wir kommen g. auf Ihr Angebot zurück; Abk.: ggf.
gegen: I. ⟨Präp. mit Akk.⟩ **1.** /räumlich; zur Angabe einer Richtung/ a) *auf jmdn., etw. zu; zu jmdm., etw. hin:* das Blatt g. das Licht halten; sich g. die Wand drehen; g. die Mauer lehnen; b) *auf etw. Entgegenkommendes zu; wider:* sich g. etw. stemmen;

der Läufer musste g. den Wind anrennen; g. die Strömung rudern; c) *an:* g. die Tür schlagen; g. die Wand stoßen; der Regen trommelt g. die Scheiben; sie trat ihm mit dem Stiefel g. das Schienbein. **2.** /bezeichnet ein Angehen gegen etw., ein Entgegenwirken/: g. etw. protestieren; etw. g. die Missstände tun; g. einen Feind, eine Übermacht kämpfen; g. jmdn. spielen, gewinnen; Schweden siegte g. Kanada mit 4 : 3 Toren; etw. ist g. die Mode, g. die Vernunft, g. die Natur; ein Mittel g. Husten; sich g. Feuer *(zum Schutz vor Feuerschaden)* versichern lassen; das ist g. die Abmachungen; g. einen Antrag stimmen. **3.** /bezeichnet eine Beziehung zu jmdm., etw./: Gewalt g. Kinder, g. Ausländer; g. jmdn. (veraltend; *zu jmdm.*) höflich, hart, streng, gerecht sein; sie hat sich schlecht g. mich (veraltend; *mir gegenüber*) benommen. **4.** /zeitlich; bezeichnet einen ungefähren Zeitpunkt/: ich komme g. Abend zu dir; es war [so] g. 11 Uhr, als wir ankamen. **5.** *im Vergleich zu:* g. ihn ist er sehr klein; wie gut hat sie es heute g. früher. **6.** *[im Austausch] für:* die Ware g. Barzahlung liefern; er verkauft, tut es nur g. Geld. **II.** ⟨Adverb⟩ /bei Zahlenangaben/ *ungefähr:* es waren g. 100 Leute anwesend.
Gegend, die: **1.** eine freundliche, [gott]verlassene, einsame G.; eine rein katholische G.; das ist eine der schönsten Gegenden *(Landschaften)* Österreichs; die G. um den Marktplatz ist sehr hübsch; sie wohnt in der G. *(Nähe)* des Schlosses; ein Haus in einer vornehmen G. *(einem vornehmen Stadtteil)* haben; durch die G. spazieren *(ohne bestimmtes Ziel spazieren);* er zeigte in die G. *(Richtung),* aus der das Geräusch kam. **2.** *Gesamtheit der Einwohner der Umgebung, eines Stadtviertels o. Ä.:* die ganze G. spricht, weiß von diesem Ereignis; ⋆ **in der Gegend [um]** (salopp; *ungefähr, etwa [bei]):* der Preis liegt in der G. um 100 DM; es war in der G. um Ostern.
gegeneinander: g. kämpfen, spielen; zwei Freunde g. ausspielen; zwei Bereiche g. abgrenzen; die Gläser g. stoßen; verschiedene Vorschläge g. halten, stellen *(vergleichen).* Beachte: Nach neuer Rechtschreibung wird *gegeneinander* vom folgenden Verb immer getrennt geschrieben.
Gegenliebe, die: ⟨nur in den Wendungen⟩ **Gegenliebe finden; auf Gegenliebe stoßen** *(Beifall, Zustimmung finden):* er fand mit seinem Vorschlag wenig, keine G.
Gegensatz, der: **1.** *das Entgegengesetzte:* ein scharfer, unüberbrückbarer, diametraler G.; seine Worte stehen im krassen, schroffen G. *(Widerspruch)* zu seinen Taten; der G. der Meinungen, Interessen; zwischen den beiden Seiten besteht ein tiefer G., ein G. wie Feuer und Wasser; der G. von »kalt« ist »warm«; sie ist der genaue G. zu

ihm *(sie sind völlig gegensätzliche Charaktere);* ℞ Gegensätze ziehen sich an.
2. ⟨Plural⟩ *Meinungsverschiedenheiten:* die Gegensätze verschärfen sich; Gegensätze überbrücken, abbauen, unterdrücken; sie bemühte sich vergebens um einen Ausgleich der Gegensätze; * im Gegensatz zu jmdm., etw. *(im Unterschied zu jmdm., etw.):* im G. zu ihm ist sie sehr großzügig; er steht im G. zu seiner Partei *(hat eine andere Meinung als seine Partei).*

gegensätzlich: gegensätzliche Auffassungen, Meinungen; in der Partei sind ganz gegensätzliche ideologische Gruppen vereinigt; seine Leistung wurde sehr g. beurteilt.

gegenseitig: a) *wechselseitig:* in gegenseitiger Abhängigkeit stehen; sich g. helfen, beschuldigen, überbieten; b) *beide Seiten betreffend:* gegenseitige Abmachungen, Vereinbarungen; sich im gegenseitigen Einvernehmen trennen; die beiden haben in gegenseitigem Einverständnis gehandelt.

Gegenseitigkeit, die: der Vertrag ist auf G. begründet; unsere Sympathie beruht auf G. *(jeder ist dem andern in gleicher Weise sympathisch).*

Gegenstand, der: 1. *Ding, Sache:* ein fester, schwerer, leichter, runder G.; Gegenstände des täglichen Bedarfs; der G. ist eckig; einen G. suchen.
2. a) *Thema:* der G. eines Gesprächs, einer Unterredung, Untersuchung; als G. seines Vortrags wählte er ein Problem aus der modernen Literatur; die Gewerkschaft machte die Löhne zum G. von Verhandlungen; b) *Ziel:* der G. ihrer Neigung, seines Hasses; er war G. begeisterter Kundgebungen; sie wurde zum G. allgemeiner Kritik.

gegenstandslos: 1. a) *überflüssig:* durch die Änderungen wurden die Einwände g.; b) *grundlos:* gegenstandslose Verdächtigungen, Befürchtungen; nach seinem Rücktritt ist der Streit g. geworden.
2. *abstrakt:* gegenstandslose Kunst; er malt vorwiegend g.

Gegenteil, das: das äußerste G.; das ist genau, ganz, gerade das G.; das G. davon ist der Fall; er ist ganz das G. von ihr; sie ist genau das G. ihrer Mutter/von ihrer Mutter; das G. behaupten, beweisen; dadurch erreichst du nur das G.; etw. wendet sich, verkehrt sich in sein G.; die Stimmung schlug ins G. um; ich bin nicht nervös, [ganz] im G.!

gegenteilig: gegenteilige Behauptungen; er ist gegenteiliger Ansicht; das Mittel hatte gerade die gegenteilige Wirkung; das Gericht hat g. *(im entgegengesetzten Sinn)* entschieden.

gegenüber: I. ⟨Präp. mit Dat.⟩ 1. /räumlich/ *auf der entgegengesetzten Seite:* die Schule steht g. der Kirche/(auch:) der Kirche g.; er wohnt [im Haus] g. der Tankstelle; SUBST. er hatte bei Tisch ein nettes Gegenüber (ugs.; *ihm g. saß ein netter Mensch).*
2. *zu, in Bezug auf:* er ist dem Lehrer g. sehr höf-

lich; mir g. wagt er das nicht zu sagen; er ist g. allen Reformen/allen Reformen g. sehr zurückhaltend.
3. *im Vergleich zu:* dir g. ist er im Vorteil; g. letztem Jahr hatten wir viel Schnee.
II. ⟨Adverb⟩ *auf der entgegengesetzten Seite:* Mainz liegt g. von Wiesbaden; seine Eltern wohnen schräg g.

gegenüberstehen: 1. a) ⟨jmdm. g.⟩ *jmdm.* zugewandt stehen: jmdm. Auge in Auge, ganz nah g.; b) ⟨sich g.⟩ *im Widerstreit stehen:* hier stehen sich verschiedene Auffassungen gegenüber; im Parlament steht der konservativen Partei die progressive gegenüber; (Sport:) die beiden Mannschaften, die beiden Boxer stehen sich zum ersten Mal gegenüber *(treten zum ersten Mal gegeneinander an).*
2. ⟨jmdm., etw. irgendwie g.⟩ *zu jmdm., etw. eine bestimmte Einstellung haben:* jmdm. freundlich, aufgeschlossen g.; einem Plan kritisch, skeptisch g.; die beiden stehen sich mit Misstrauen gegenüber.
3. ⟨etw.⟩ *mit etw. konfrontiert werden:* großen Schwierigkeiten g.

gegenüberstellen: 1. ⟨jmdm. jmdn. g.⟩ *jmdn. mit jmdm. konfrontieren:* der Angeklagte wurde dem Zeugen gegenübergestellt.
2. ⟨jmdm., etw. jmdn., etw. g.⟩ *jmdn., etw. mit jmdm., etw. vergleichen:* Fassung A der Fassung B g.; ⟨auch ohne Dat.⟩ wenn man die beiden Dichter gegenüberstellt, dann ...

Gegenwart, die: 1. a) die Kultur, die Technik, die Kunst der G.; die G. genießen; in die G. leben; bis in die jüngste G. [hinein] nachwirken, fortwirken; b) (Grammatik) *Präsens:* das Verb steht in der G.
2. *Anwesenheit:* seine G. ist nicht erwünscht, ist mir lästig; sie sagte ihm in meiner G. *(in meinem Beisein)* die Meinung.

gegenwärtig: die gegenwärtige Lage; unsere Beziehungen sind g. sehr schlecht; sie befindet sich g. im Ausland.
* etw. gegenwärtig haben (geh.; *sich an etw. genau erinnern können*): ich habe seine Worte nicht g. · jmdm. gegenwärtig sein *(sich an etw. erinnern können)* · sich (Dat.) etw. gegenwärtig halten (geh.; *etw. bedenken*): zum Verständnis des Werkes musst du dir g. halten, dass ...

Gegner, der: a) ein tapferer, gefährlicher, sachlicher, scharfer G.; das ist unser stärkster G.; er ist ein grundsätzlicher G. der Todesstrafe; der G. gibt sich geschlagen; den G. angreifen, besiegen, in die Flucht schlagen; er wollte seine politischen Gegner mundtot machen, ausschalten; an ihm hatte er einen überlegenen G. gefunden; er ist als G. nicht ernst zu nehmen; als G. kommt er für mich nicht in Betracht; der G. (Sport; *die gegnerische Mannschaft; der Gegenspieler)* war viel zu stark; sein größter G. *(Konkurrent)* war ein Amerikaner; b)*feindliche Truppen:* der G. greift auf breiter Front an; zum G. überlaufen.

gegnerisch: die gegnerische Partei, Mannschaft; der gegnerische Angriff wurde abgewehrt.

¹Gehalt, der: 1.*geistiger, ideeller Wert:* der gedankliche, sittliche, dichterische G. eines Werkes; der G. einer Lehre; Inhalt, Form und Gehalt einer Dichtung. 2.*Anteil eines Stoffes in einem anderen Stoff:* der G. dieses Erzes an Metall ist gering; diese Nahrungsmittel haben nur wenig G. *(wenig Nährstoffe);* ÜBERTR.: eine Nachricht auf ihren G. an Wahrheit prüfen.

²Gehalt, das: *Bezahlung der Beamten, Angestellten:* ein hohes, (ugs.:) dickes, festes, fixes, sicheres, anständiges G.; sein G. ist zu niedrig; die Gehälter werden [um 2,2 %] erhöht, angehoben; das G. auszahlen, überweisen; er bezieht 8 000 DM G./ein G. von 8 000 DM; wie hoch ist Ihr G.?; sie kommt mit ihrem G. nicht aus; sie kann von ihrem G. kaum leben.

gehalten: ⟨in der Verbindung⟩: **zu etw. gehalten sein** (geh.; *verpflichtet sein, etw. zu tun):* wir sind g., darüber Stillschweigen zu bewahren.

gehaltvoll: a)*nahrhaft:* eine gehaltvolle Mahlzeit, Kost; das Essen war sehr g.; b)*von großer Aussagekraft:* ein gehaltvoller Roman, Vortrag.

geharnischt: ein geharnischter Protest, Brief; eine geharnischte Erklärung abgeben; geharnischte Reden; g. antworten.

gehässig ⟨g. [zu jmdm.]⟩: ein gehässiger Mensch; eine gehässige Äußerung; das war g. von ihm; sei nicht so g.!; über jmdn. g. sprechen; sie war g. zu ihm.

Gehege, das: ein G. für die Affen; im Wald werden in einem G. Rehe gehalten;
★ jmdm. **ins Gehege kommen, geraten** *(jmdn. in seinen Plänen o. Ä. durch eigenes Handeln stören).*

geheim: eine geheime Botschaft; eine geheime Wahl *(Wahl, bei der geheim bleibt, wie der einzelne Wähler gestimmt hat);* ein geheimer Auftrag, Nachrichtendienst; eine geheime Zusammenkunft; ein geheimer Gedanke, Kummer, Wunsch; sie hatte es aus geheimer Quelle erfahren; eine geheime *(geheimnisvolle, unerklärliche)* Kraft ging von ihr aus; diese Nachricht ist, bleibt g.; etw. ängstlich, sorgfältig, streng g. halten; der Ort, der Termin, das Verhandlungsergebnis wird [vor der Öffentlichkeit] g. gehalten;
★ **im Geheimen** (1. *von anderen unbemerkt:* das Fest wurde im Geheimen vorbereitet. 2. *insgeheim:* im Geheimen bedauerte sie den Vorfall).

Geheimnis, das: 1.*etw., was geheim bleiben soll:* ein strenges, großes, tiefes, sorgsam gehütetes, militärisches G.; dieses Vorhaben ist kein G. mehr *(ist allgemein bekannt);* das ist das ganze G. *(das ist alles, was dazu zu sagen ist);* sie haben keine Geheimnisse voreinander, miteinander; ein G. lüften; jmdm. ein G. anvertrauen, verraten;

ein G. vor jmdm. [be]wahren, hüten; ein G. bei sich behalten, mit ins Grab nehmen, preisgeben, ausplaudern, (ugs.:) ausposaunen; ein G. mit jmdm. teilen; kein G. aus einem Plan machen *(ganz offen darüber sprechen);* jmdn. in ein G. einweihen; hinter ein G. kommen; um jmds. G. wissen. 2.*etwas Unerforschtes:* das G. des Lebens; die Geheimnisse der Natur erforschen;
★ **ein offenes/**(selten:) **öffentliches Geheimnis** *(etwas, was zwar allgemein bekannt ist, offiziell aber noch geheim gehalten wird):* es ist ein offenes G., dass der Kanzler zurücktreten will · **ein süßes Geheimnis haben** (fam.; *ein Baby erwarten).*

geheimnisvoll: eine geheimnisvolle Sache, Angelegenheit; geheimnisvolle Kräfte; eine geheimnisvolle *(auf ein Geheimnis schließen lassende)* Miene; auf geheimnisvolle Weise verschwinden; die Sache schien ihr sehr g.; sie sprach, tat sehr g. *(als ob sie ein Geheimnis hätte).*

Geheiß, das: ⟨gewöhnlich in der Verbindung⟩ **auf [jmds.] Geheiß** *(auf [jmds.] Befehl, Aufforderung):* sie tat es auf G. ihres Vorgesetzten, auf sein G.

gehemmt: einen gehemmten Eindruck machen; er ist vor Fremden sehr g.; g. wirken, sprechen.

gehen: 1. a)*sich aufrecht auf Füßen fortbewegen:* langsam, schnell, aufrecht, gerade, stramm, gebückt, barfuß, auf Zehenspitzen, am/auf Krücken, an Stelzen, an jmds. Arm, eingehakt, geradeaus, im Zickzack, rückwärts aus dem Haus, über die Straße, durch den Wald g.; er geht zu Fuß zur Arbeit; auf und ab, hin und her g.; das Kind kann noch nicht g., lernt g.; b)⟨etw. g.⟩ *zu Fuß zurücklegen:* einen Umweg, ein Stück mit jmdm., 5 km g.; sie ist den Weg in einer Stunde gegangen; c)⟨es geht sich irgendwie; mit Umstandsangabe⟩ *man kann sich zu Fuß fortbewegen:* auf diesem Pflaster, mit solchen Schuhen geht es sich schlecht.
2. ⟨irgendwohin g.⟩ a)*sich begeben:* in die Stadt, aufs Feld, aufs Rathaus, aufs Standesamt, zur/in die Kirche g. *(den Gottesdienst besuchen);* in die Schule g.; schwimmen, tanzen, einkaufen g.; an die Luft g. *(im Freien spazieren gehen);* ins Theater, Kino g.; der Läufer ging als Erster durchs Ziel; b)*regelmäßig besuchen:* noch zur, in die Schule g. *(noch Schüler[in] sein):* in den Kindergarten g.; auf die Universität g.; c)*an einer Institution tätig werden:* der Jurist geht zur Verwaltung, in den Staatsdienst; in die Industrie g.; ins Kloster g. *(Nonne, Mönch werden);* zum Theater, zum Film g. *([Film]schauspieler werden);* d)/häufig verblasst/ *mit etw. beginnen:* an die Arbeit g.; auf Reisen g.; in Urlaub, in Pension g.; in Deckung g. *(Schutz suchen);* das Manuskript geht in Druck *(wird gedruckt);* die Geschütze waren in Stellung gegangen *(aufgefahren worden).*
3. a)(landsch.) ⟨als jmd. g.⟩ *als etw. arbeiten:* als

Kellner g.; b) (ugs.) ⟨als jmd. g.⟩ *sich verkleiden:* als Cowboy, als Zigeunerin g.; c) ⟨in etw. (Dat.) g.⟩ *eine bestimmte Kleidung tragen:* er geht in Zivil; die Frauen gingen alle in Schwarz, in Trauer.
4. a) *sich entfernen:* ich muss jetzt leider g.; die einen kommen, die andern g.; auf und davon g.; ich habe das Ende der Vorstellung nicht abgewartet und bin nach der Pause gegangen; sie ist wortlos, grußlos gegangen; jmdn. lieber g. als kommen sehen *(auf jmds. Anwesenheit keinen Wert legen);* er ist von uns gegangen (verhüll.: *gestorben*); b) *die berufliche Stellung aufgeben:* er hat gekündigt und will nächsten Monat g.; der Minister musste g. *(war zum Rücktritt gezwungen);* c) ⟨irgendwann g.⟩ *[fahrplanmäßig] abfahren:* der Zug geht um 12.22 Uhr; der nächste Bus geht erst in zwei Stunden.
5. (ugs.) ⟨mit jmdm. g.⟩ *ein Freundschafts-, Liebesverhältnis haben:* er geht mit meiner Schwester; die beiden sind früher miteinander gegangen.
6. (ugs.) ⟨an etw. (Akk.) g.⟩ *sich an etw. zu schaffen machen, von etw. nehmen:* wer ist an meinen Schreibtisch gegangen; jemand muss an mein Geld, an die Kasse gegangen sein; ⟨jmdm. an etw. (Akk.) g.⟩ die Kinder gehen mir immer an den Kuchen.
7. a) *funktionieren:* die Uhr geht gut, richtig, tadellos, genau; die Maschine geht nicht; er hörte, wie die Tür ging *(geöffnet wurde);* die Klingel geht *(es, jmd. klingelt);* es geht *(weht)* ein kalter Wind; sein Mundwerk geht (ugs.; *er redet)* ununterbrochen; ÜBERTR.: die Affäre ging durch alle Zeitungen; es geht das Gerücht, dass sie sich trennen wollen; b) *auftreiben:* der Teig geht; der Kuchen ist nicht gegangen; c) ⟨irgendwie g.⟩ *verlaufen; sich entwickeln:* das Geschäft geht sehr gut, schlecht; alles geht nach Wunsch, (ugs.:) wie am Schnürchen, (ugs.:) wie geschmiert, (ugs.:) drunter und drüber; ⟨es geht irgendwie⟩ es geht alles seinen gewohnten Gang; ÜBERTR.: wie geht *(lautet)* die erste Strophe des Liedes?; d) ⟨irgendwie g.⟩ *zu handhaben, durchzuführen sein:* etw. geht schwer, leicht, ganz einfach; ich weiß nicht, wie dieses Spiel, diese Rechenaufgabe geht.
8. a) *möglich sein:* das geht leider nicht [anders]; ⟨es geht irgendwie⟩ irgendwie wird es schon g.; soll ich es einpacken, oder geht es so?; b) (ugs.) *akzeptabel sein:* die ersten Tage im Urlaub gingen noch, aber dann wurde es zu heiß; das geht zu weit *(geht über das vertretbare Maß hinaus);* der Mantel muss diesen Winter noch g. (ugs.; *seinen Zweck erfüllen);* ⟨es geht [irgendwie]⟩ »Gefällt es dir?« – »Es geht [so].«
9. a) ⟨irgendwohin g.⟩ *in etw. Raum finden:* der Schrank geht nicht in die kleine Zimmer; der Tisch geht *(passt)* nicht durch die Tür; der dicke Mann geht nicht in den Sessel; in das Fass gehen 12 Eimer; b) ⟨in etw. (Akk.) g.⟩ */von Zahlen, Maßen/ enthalten sein:* wie oft geht 5 in 20?; von diesen

Äpfeln gehen vier auf ein Pfund; c) ⟨in etw. (Akk.) g.⟩ *in etw. aufgeteilt werden:* die Erbschaft geht in fünf gleiche Teile.
10. a) ⟨[jmdm.] bis an etw. (Akk.)/bis zu etw. g.⟩ *reichen:* der Rocksaum geht bis zu den Knien; sein kleiner Bruder geht ihm nur bis an die Schultern; das Wasser geht ihm bis zum Bauch; ÜBERTR.: seine Sparsamkeit geht bis zum Geiz; b) ⟨über etw. (Akk.) g.⟩ *etw. übersteigen:* das geht über meine Kräfte, seinen Horizont; ⟨[jmdm.] über etw. (Akk.) g.⟩ *seine Familie geht ihm über alles (ist ihm am meisten wert);* es geht [mir] nichts über *(nichts ist besser als)* ein gutes Glas Wein; c) ⟨irgendwohin g.⟩ *auf jmdn., etw. gerichtet sein:* das Fenster geht auf den Hof; alle Zimmer gehen nach der Straße; der Ball ging *(rollte, flog)* ins Tor; ÜBERTR.: ihre Auffassung, Meinung geht dahin, dass ...; das ging ihm ans Gemüt, zu Herzen *(traf, bewegte ihn);* d) ⟨irgendwohin g.⟩ *verlaufen:* der Weg geht geradeaus, dann links, durch den Wald; wohin soll die Reise g.? *(führen?);* die Mauer geht um den ganzen Platz; e) ⟨auf etw. (Akk.)/gegen etw. g.⟩ *sich einem Zustand, Zeitpunkt o. Ä. nähern:* es geht schon auf, gegen Mitternacht; es ging auf 8 [Uhr]; er geht auf die 60 *(wird bald 60 Jahre alt).*
11. ⟨es geht jmdm. irgendwie⟩: *jmd. befindet sich in einer bestimmten Verfassung, Lage:* es geht mir [gesundheitlich] blendend, großartig, (ugs.:) nicht besonders; wie geht es Ihnen?; es geht ihm finanziell jetzt wieder besser; es geht ihr ganz ordentlich in ihrer neuen Stellung.
12. a) ⟨es geht um jmdn., etw.⟩ *es handelt sich um jmdn., etw.:* es geht um deine Familie; es geht ums Ganze, um Leben und Tod; es geht darum, dass ...; worum geht es hier?; ⟨es geht jmdm. um jmdn., etw.⟩ es geht ihm um etwas ganz anderes; mir geht es darum, ihn zu überzeugen; b) ⟨nach jmdm., etw. g.⟩ *sich nach jmdm., etw. richten:* sie geht zu sehr nach dem Äußeren; danach kann man nicht immer g.; immer soll alles nach ihm g.; wenn es nach mir ginge, dann ...; c) ⟨gegen jmdn., etw. g.⟩ *gegen jmdn., etw. gerichtet sein:* diese Bemerkung geht gegen dich, gegen deine Aussage; das geht gegen meine Prinzipien, mein Gewissen *(lässt sich damit nicht vereinbaren).*
13. (ugs.) ⟨auf jmdn., etw. g.⟩ *von jmdm. bezahlt werden:* die letzte Runde geht auf mich, auf meine Rechnung;
★ **gegangen werden** (ugs. scherzh.; *aus seinem Amt entlassen werden)* · **wo jmd. geht und steht** *(immerzu; überall):* er trägt diesen Hut, wo er geht und steht · **in sich gehen** *(über sein Verhalten nachdenken und es zu ändern suchen)* · **vor sich gehen** *([gerade] geschehen):* was geht hier vor sich? · **jmdn., ein Tier gehen lassen** (landsch.; *in Ruhe lassen):* du sollst den kleinen Jungen, den Hund la. lassen · **jmdn., etw. gehen lassen** (landsch.; *loslassen):* das Seil g. lassen · **sich gehen lassen** *(sich keine Selbstdisziplin*

auferlegen): zu Hause lässt er sich einfach gehen; lass dich nicht so gehen!

geheuer: ⟨in der Verbindung⟩ **nicht [ganz] geheuer** *(unheimlich):* an der alten Ruine soll es nicht g. sein *(soll es spuken);* ihm war auf dem dunklen Friedhof nicht ganz g.; wenn ich an das Wiedersehen, an das Vorhaben dachte, war mir nicht ganz g. *(war mir nicht ganz wohl);* irgendetwas kam mir an dieser Sache nicht g. *(verdächtig)* vor.

Gehirn, das: 1. *Organ im Schädel:* das menschliche G.; das G. ist irreparabel beschädigt; er hat einen Tumor im G.

2. (ugs.) *Verstand:* sein G. anstrengen, zermartern *(scharf nachdenken);* der Gedanke setzte sich in seinem G. fest.

gehoben: 1. *sozial höher stehend:* ein gehobener Posten; sie hat eine gehobene Position in einem Ministerium; ein Beamter des gehobenen Dienstes.

2. *sich über das Alltägliche erhebend:* gehobene Rede, Ausdrucksweise; bei der Feier herrschte eine gehobene *(festlich frohe)* Stimmung; Artikel des gehobenen Bedarfs *(Luxusartikel);* Kleidung für den gehobenen *(anspruchsvollen)* Geschmack.

Gehör, das: ein feines, gutes, scharfes G.; das absolute G. *(Fähigkeit, die Höhe eines Tones ohne Vergleich festzustellen)* haben; sein G. lässt nach, hat gelitten, ist sehr schlecht; sie hat eine gute Stimme, aber kein [musikalisches] G.; das G. verlieren; nach dem G. *(ohne Noten)* singen, spielen;

★ **[kein] Gehör finden** *(mit einem Anliegen [nicht] angehört werden)* · jmdm., etw. **[kein] Gehör schenken** *(auf jmdn., etw. [nicht] eingehen)* · **sich** (Dat.) **Gehör verschaffen** (geh.; *dafür sorgen, dass man angehört wird)* · **um Gehör bitten** (geh.; *darum bitten, dass man angehört wird):* darf ich die Anwesenden kurz um G. bitten? · **zu Gehör bringen** (geh.; *vortragen).*

gehorchen: g. lernen; du sollst g.!; die Kinder haben nicht gehorcht; ⟨jmdm., etw. g.⟩ einem Befehl g. *(ihm nachkommen, ihn erfüllen);* der Hund gehorcht ihm blind, aufs Wort *(er befolgt die Befehle sofort);* ÜBERTR.: der Wagen gehorchte dem Fahrer nicht mehr; die Stimme wollte ihm nicht mehr g.

gehören: 1. ⟨jmdm. g.⟩: *jmds. Eigentum sein:* das Buch gehört mir; das Haus gehört seinem Vater; BILDL.: dir will ich g. (geh.: *in Liebe verbunden sein);* dem Kind gehört ihre ganze Liebe; ihr Herz gehört einem andern *(sie liebt einen andern).*

2. ⟨zu jmdm., etw. g.⟩: *Glied, Teil eines Ganzen sein:* das Mädchen gehört schon ganz zu unserer Familie; ich gehöre auch zu seinen Anhängern; er hatte zu den besten Spielern seiner Mannschaft gehört; dieser Wein gehört zur Spitzenklasse; der Roman gehört zu den bedeutendsten Werken der Weltliteratur.

3. ⟨irgendwohin g.⟩: *passend, am Platze sein:* das Fahrrad gehört nicht in die Wohnung, sondern in die Garage; diese Frage gehört nicht hierher; die Kinder gehören um sieben Uhr ins Bett *(sollten um sieben Uhr im Bett sein).*

4. ⟨zu etw. g.⟩: *für etw. Voraussetzung sein:* es gehört viel Mut, eine Portion Frechheit dazu, sich so zu benehmen; dazu gehört nicht viel *(sind keine besonderen Fähigkeiten erforderlich).*

5. ⟨sich g.⟩ *sich schicken:* das gehört sich so, gehört sich nicht!

6. (landsch., bes. südd.) ⟨jmdm. g.⟩ *für jmdn. angebracht sein.:* ihm gehört eine Ohrfeige; ⟨meist in Verbindung mit einem 2. Part.⟩ der gehört eingesperrt (ugs.; *man sollte ihn einsperren).*

gehörig: 1. *gebührend:* der gehörige Respekt; alle wahrten den gehörigen Abstand.

2. (ugs.) a) *beträchtlich:* eine gehörige Strafe; jmdm. einen gehörigen Schrecken einjagen; b) ⟨verstärkend bei Verben⟩ *sehr:* der Absatz ist g. gestiegen; wir haben ihm g. die Meinung gesagt; sie haben ihn g. verprügelt.

gehorsam: ein gehorsames Kind; ein gehorsamer Untertan; sie war immer brav und g.; der Beamte war ein gehorsamer Diener des Staates; (geh.:) er war ihren Anordnungen immer g.; (geh.:) er war seinem Vater g.

Gehorsam, der: g. blinder, bedingungsloser G. [gegenüber Vorgesetzten]; wir haben uns G. verschafft; von Untergebenen G. verlangen, fordern; den G. verweigern *(nicht mehr gehorchen);* Soldaten sind zu unbedingtem G. verpflichtet.

Geige, die: eine alte, wertvolle G.; die G. hat einen guten Klang; G. spielen; sie spielt im Orchester die erste, zweite G. *(spielt auf der G. die erste, zweite Stimme);* auf der G. spielen, üben;

★ **die erste/zweite Geige spielen** (ugs.; *eine führende/untergeordnete Rolle spielen).*

geil: 1. (oft abwertend) ⟨g. [auf jmdn.]⟩ *sexuell erregt:* ein geiler Kerl; ein geiles Lachen; er ist g. wie ein Bock; er war g. auf sie; er, sein Anblick machte sie g.

2. (salopp, bes. Jugendspr.) *großartig, aufregend:* geile Musik; ein geiler Typ; die Möbel sind [echt] g.; das finde ich unheimlich g.

3. (Landw.) *üppig wuchernd:* geile Pflanzen, Schösslinge; diese Triebe sind g.; eine g. wuchernde Vegetation; der Boden ist g. *(zu fett);*

★ **auf etw.** (Akk.) **geil sein** (oft abwertend; *versessen sein):* sie ist ganz g. auf Geld.

Geisel, die: die Entführer haben drei Geiseln genommen, freigelassen; jmdn. als/zur G. nehmen; Geiseln stellen müssen.

geißeln (geh.) ⟨etw. g.⟩: politische Missstände, religiösen Fanatismus, moralische Verkommenheit g.

Geist, der: 1. *Verstand; Vernunft:* der menschliche G.; sein G. ist verwirrt, gestört; seinen G. anstrengen, anspannen, sammeln; dieses Problem beschäftigt den G.; seinen G. sprühen lassen; er hat keinen, viel G.; die Errungenschaften des menschlichen Geistes; eine Unterhaltung voller G. *(Scharfsinn)* und Witz; ein Mann ohne G.; eine Frau von G.; Ⓡ der G. ist willig, aber das Fleisch ist schwach. **2.** *geistige Haltung; Gesinnung:* ein brüderlicher, sportlicher G.; der G. der Freiheit; der G. der Zeit; in dieser Klasse herrscht ein guter, schlechter, kameradschaftlicher G.; wir handeln in seinem G. *(wie es sein Wille gewesen wäre).* **3.** a) *Mensch im Hinblick auf seine geistigen Eigenschaften:* ein genialer, schöpferischer, erfinderischer G.; er ist ein kleiner G. *(ist unbedeutend);* die führenden Geister der Zeit; Ⓡ hier, da scheiden sich die Geister *(in diesem Punkt gehen die Meinungen auseinander);* große Geister stört das nicht (ugs. scherzh.; *das bringt mich nicht aus der Ruhe);* **b)** *durch ein bestimmtes Verhalten charakterisierter Mensch:* sie ist der gute G. des Hauses; das Kind ist wirklich ein unruhiger G. **4.** a) *geistige Wesenheit:* der Heilige G. (christl. Rel.; *dritte Person der Dreieinigkeit);* der böse G. *(Teufel);* der G. der Finsternis (geh.; *Teufel);* vom bösen G. geplagt, besessen sein; b) *Gespenst:* gute, böse Geister; in dem verfallenen Schloss gehen Geister um; ihm erschien der G. des Toten; Geister beschwören, herbeirufen; sie glaubt nicht an Geister; du siehst aus wie ein G. *(siehst blass, schlecht aus);* ⋆ **ein dienstbarer Geist** (ugs. scherzh.; *Dienstbote)* · **den/seinen Geist aushauchen** (geh. verhüll.; *sterben)* · **den/seinen Geist aufgeben** (ugs. scherzh.; *nicht mehr funktionieren):* der Motor hat seinen G. aufgegeben · **wes Geistes Kind jmd. ist** *(welche Einstellung jmd. hat):* aus ihren Äußerungen erkennt man bald, wes Geistes Kind sie ist · **jmdm. auf den Geist gehen** (ugs.; *jmdm. äußerst lästig werden)* · **im Geist[e]** *(in Gedanken, in der Vorstellung):* im Geiste ist er bei ihr · **von allen guten Geistern verlassen sein** (ugs.; *völlig unvernünftig sein, handeln).*

Geistesgegenwart, die: die G. bewahren, nicht verlieren; sie hatte, fand noch die G., sofort den Strom auszuschalten.

geistesgegenwärtig: eine geistesgegenwärtige Tat, Antwort; g. sein; g. trat er auf die Bremse.

¹geistig: *den Geist, Verstand betreffend:* geistige Arbeit, Anstrengung; sich das geistige Rüstzeug für eine Tätigkeit erwerben; hohe geistige Eigenschaften, Fähigkeiten besitzen; trotz ihres hohen Alters zeigt sie noch große geistige Beweglichkeit, ist sie noch im Vollbesitz der geistigen Kräfte; er feierte seinen Geburtstag in geistiger Frische, starb in geistiger Umnachtung; geistige Überlegenheit beweisen; (geh.:) das geistige Band zwischen zwei Völkern; das ist geistiger Diebstahl *(das Ausgeben fremder Gedanken als eigene);* geistiges Eigentum *(urheberrechtlich geschützte wissenschaftliche, künstlerische Werke, Gedanken);* g. träge, rege sein; g. arbeiten (ugs.

meist abwertend:) das Kind ist g. zurückgeblieben; g. behindert sein *(einen Intelligenzdefekt aufweisen);* sie war g. ziemlich geschwächt; er war g. weggetreten (ugs.; *war nicht bei der Sache).*

²geistig: *alkoholisch:* geistige Getränke.

geistlich: geistliche Lieder, Schriften; das geistliche Gewand; ein geistlicher Orden; ein geistlicher Herr *(Geistlicher);* der geistliche Stand *(Stand der Geistlichen, Priesterstand);* jmdm. g. *(mit den Mitteln der Kirche, der Religion)* beistehen; subst.: Geistlicher *(Priester, Pfarrer)* sein, werden.

geistreich: ein geistreicher Mensch; ein geistreiches Gespräch; etw. auf geistreiche Art tun; die Unterhaltung war nicht besonders g.; ein g. geschriebenes Buch; etw. g. bemerken; ein geistreiches (iron.; *ein verdutztes, einfältiges)* Gesicht machen; du siehst nicht gerade g. aus.!

Geiz, der: großer, krankhafter G.; seine Sparsamkeit grenzt schon an G.; vor lauter G. gönnte er sich nichts.

geizen ⟨mit etw. g.⟩: mit dem Geld, mit jedem Pfennig g.; übertr.: mit jeder Minute, mit der Zeit g.; sie geizt nicht mit ihren Reizen *(zeigt sie freigebig);* man soll mit Lob nicht g.

geizig: ein geiziger Mensch; die Alte ist sehr g.; sie hält ihr Geld g. zusammen.

gekonnt: eine gekonnte Darbietung; mit gekonnter Rhetorik; sein Spiel ist g.; alle Schwierigkeiten g. meistern.

gekünstelt (abwertend): ein gekünsteltes Benehmen, Lächeln; ihr Benehmen ist, wirkt sehr g.; g. reden.

Gelächter, das: ein lautes, dröhnendes, wieherndes G.; das G. verstummte; das G. war im ganzen Haus zu hören; G. erregen, hervorrufen; sie brachen in schallendes G. aus; leise Worte gingen in G. unter; übertr.: jmdn. dem G. *(Spott)* der Menge preisgeben; jmdn., sich zum G. *(Gespött)* machen; ⋆ **homerisches Gelächter** *(schallendes Lachen).*

Gelände, das: a) *natürliche Landschaft:* ein freies, dicht/dünn besiedeltes, ebenes, hügeliges, offenes, sumpfiges G.; das G. ist mit Büschen bewachsen; das G. erkunden; auf freiem G.; b) *[Bau]grundstück:* das G. einer Fabrik, des Bahnhofs; ein G. absperren; auf dem G. der Gartenschau wird ein Park angelegt.

Geländer, das: ein schmiedeeisernes G.; ein G. aus Holz; sich am G. festhalten; sich übers G. beugen; die Kinder rutschten das G. hinunter.

gelangen: **1.** ⟨irgendwohin g.⟩ *(ein Ziel) erreichen:* ans Ziel g.; durch diese Straße gelangt man zum Bahnhof; sie über die Mauer ins Freie gelangt; der Brief gelangte nicht in seine Hände; etw. gelangt in jmds. Besitz; jmd. gelangt in den Besitz von etw.; das Gerücht gelangte auch zu ihm, gelangte ihm zu Ohren. **2.** a) ⟨zu etw. g.⟩ /verblasst/: zu Ehre, Ansehen,

Ruhm gelangen *(geehrt, angesehen, berühmt werden);* zur Erkenntnis g. *(erkennen);* zu Macht g. *(mächtig werden);* zur Ruhe g. *(ruhig werden);* zur Vernunft g. *(vernünftig werden);* zur Blüte g. *(einen Höhepunkt erreichen);* das geistliche Lied gelangte im 17. Jahrhundert zur Blüte; **b)** /verblasst in nominalen Fügungen mit passivischer Bedeutung/: zum Druck g. *(gedruckt werden);* zur Aufführung g. *(aufgeführt werden);* zur Ausführung g. *(ausgeführt werden);* zur Auszahlung g. *(ausgezahlt werden);* etw. gelangt zur Abstimmung *(über etw. wird abgestimmt);* zum Einsatz g. *(eingesetzt werden).*

gelassen: ein gelassener Mensch; mit gelassener Miene, mit gelassenem Achselzucken; er war, blieb ganz g.; etw. g. erwarten; g. in die Zukunft sehen; er nahm die Kränkung, den Vorwurf g. hin; [auf etw.] g. reagieren.

Gelassenheit, die: kühle, höfliche, klare, überlegene, heitere, würdige, stolze G.; etw. mit großer, mit der nötigen G. tun, hinnehmen.

geläufig: eine geläufige Redensart; die Bezeichnung ist in dieser Region ganz g.; der Ausdruck, der Begriff ist mir nicht g.

gelaunt: ⟨in der Fügung⟩ **irgendwie gelaunt sein** *(in bestimmter Weise aufgelegt sein):* er ist gut, schlecht, übel g.; wie ist sie heute g.?; ⟨auch attributiv⟩ ein schlecht gelaunter Lehrer.

gelb: gelbe Gardinen; ein gelbes Kleid; ein Strauß gelber Rosen; der Dotter ist g.; die Blätter werden schon ganz g.; SUBST.: ein schönes, kräftiges Gelb; seine Lieblingsfarbe ist Gelb;
★ **Gelbe Rüben** (südd.; *Möhren*); ↑ blau.

Geld, das: **1.** bares, falsches, hartes G.; kleines G. *(Münzen);* großes G. *(Banknoten);* für teures, billiges G. *(zu einem hohen, niedrigen Preis)* kaufen; er hat schweres, unheimliches (ugs.; *sehr viel*) G. verdient; schmutziges *(unredlich erworbenes)* G.; das ist hinausgeworfenes G. (ugs.; *eine unnütze Ausgabe);* kein, viel G. haben; er hat G. auf der Bank; G. verdienen, erwerben, (ugs.:) einheimsen, (ugs.:) scheffeln, einstreichen, zusammenraffen; G. sparen, anlegen, umtauschen, überweisen, [ein]wechseln, fälschen, unterschlagen; der Staat lässt G. prägen; G. vom Konto abheben, auf der Post einzahlen; in etw. G. stecken *(investieren);* G. einkassieren, eintreiben; G. waschen (Jargon; *eine Geldwäsche vornehmen);* sein G. arbeiten lassen *(es gewinnbringend anlegen);* jmdm. G. vorschießen, vorstrecken, borgen, (ugs.:) pumpen, viel G. für etw. bezahlen müssen; das ist sein G. wert; das bedeutet bares G. *(bringt Gewinn);* vergiss nicht, G. einzustecken; G. verlieren, einbüßen, ausgeben, bezahlen, vergeuden, verschwenden; er hat das ganze G. vertrunken, verspielt; die Kaufkraft, der Wert des Geldes; sie hängt/klebt sehr am G. (ugs.; *sie ist geizig);* es fehlt an G.; für G. macht er alles; viel für sein G. verlangen; was willst du mit dem G. anfangen?; sie kann nicht mit G. umgehen; jmdm. um Geld

bitten; um G. verlegen sein; schade ums G.! (ugs.; *das ist das G. nicht wert);* der Traum vom großen G. *(Reichtum);* ℝ G. regiert die Welt; G. stinkt nicht; G. verdirbt den Charakter; G. allein macht nicht glücklich; das ist nicht mit G. zu bezahlen *(das ist sehr wertvoll);* da kommt G. zu G. *(ein reicher Mann heiratet eine reiche Frau);* bei G. hört die Freundschaft auf.
2. *größere Geldsumme:* staatliche, öffentliche Gelder; die Gelder wurden für den Bau der Straße bewilligt, verwendet; sie hat das ihr anvertraute G., die Gelder veruntreut, unterschlagen;
★ **Geld und Gut** (geh.; *der gesamte Besitz)* · hier liegt das Geld auf der Straße *(hier kann man leicht zu Geld kommen)* · **jmdm. rinnt das Geld durch die Finger** *(jmd. ist verschwenderisch)* · [leichtes/das große] Geld machen (ugs.; *[viel] Geld verdienen)* · sein Geld [mit beiden Händen] auf die Straße werfen/zum Fenster hinauswerfen/zum Schornstein hinausjagen (ugs.; *verschwenderisch sein)* · jmdm. das Geld aus der Tasche ziehen/lotsen (ugs.; *1. jmdn. dazu bringen, Geld auszugeben. 2. jmdm. eine überhöhte Rechnung ausstellen)* · sein Geld unter die Leute bringen *(das Geld rasch ausgeben)* · Geld wie Heu haben; im Geld schwimmen (ugs.; *sehr reich sein)* · nicht für Geld und gute Worte (ugs.; *um keinen Preis)* · ins Geld gehen/laufen (ugs.; *zu teuer werden)* · mit dem Geld um sich werfen (ugs.; *verschwenderisch sein)* · nach Geld stinken (salopp; *sehr reich sein)* · etw. zu Geld machen (ugs.; *verkaufen).*

gelegen: zu gelegener Zeit; sein Besuch ist, kommt mir jetzt nicht g.; das Angebot kommt uns sehr g.; ⟨jmdm. ist an etw. (Dat.) g.⟩ ihr ist an einer schnellen Klärung des Vorfalls g.

Gelegenheit, die: **1.** *günstiger Augenblick:* eine einmalige, seltene, gute, nie wiederkehrende, verpasste G.; es bot sich ihm eine günstige G.; diese Reise bietet die G. zur Besichtigung der Höhlen; die G. benutzen, ausnutzen; er wollte die G. zu einem privaten Gespräch nutzen; eine G. abwarten, wahrnehmen, ergreifen, versäumen, verpassen, ungenutzt lassen, vorübergehen lassen; auf dem Kongress hatte sie G., mit dem berühmten Wissenschaftler zu sprechen; jmdm. G. geben, etw. zu bewähren; es fehlt nicht an Gelegenheiten; er wartete nur auf eine günstige G., um ...; bei der, bei einer, bei der ersten besten G. will ich ihn fragen; ich werde dich bei G. *(gelegentlich)* besuchen; ℝ G. macht Diebe.
2. *Anlass:* ein Kleid für alle, für besondere Gelegenheiten; sie erzählt bei jeder G. von ihrer Reise; bei der geringsten G. fängt er an zu schimpfen; bei G. (Papierdt.; *anlässlich)* seines Besuches der Saal wird nur zu festlichen Gelegenheiten benutzt.
3. *besonders günstiges Angebot:* G.! Jetzt zugreifen!; dieser Sessel ist eine G.;
★ **die Gelegenheit beim Schopfe packen/fassen**

G

(einen günstigen Augenblick entschlossen nutzen).

gelegentlich: I. ⟨Adj.⟩ 1. *bei passender Gelegenheit [geschehend]:* bei einem gelegentlichen Zusammentreffen; ich werde ihn g. fragen, ob ...; ich werde dich g. besuchen. 2. *manchmal, hier und da [erfolgend]:* gelegentliche Niederschläge; sie trinkt nur g. ein Glas Bier. II. (Papierdt.) ⟨Präp. mit Gen.⟩ *bei; aus Anlass:* g. seines Besuchs.

gelehrt: a) *umfassend gebildet:* ein gelehrter Mann; seine Frau ist sehr g.; b) *auf wissenschaftlicher Grundlage beruhend:* ein gelehrtes Buch, Gespräch; die Abhandlung ist sehr g.; c) (meist abwertend) *wegen wissenschaftlicher Fachsprache schwer verständlich:* er drückte sich sehr g. aus; sie spricht, tut sehr g.

Geleise: ↑ Gleis.

Geleit, das (geh.): 1. *Ehren-, Schutzgeleit:* der Gast wurde mit großem G. zum Flugplatz gebracht; im G. des Präsidenten befanden sich auch motorisierte Polizisten. 2. *Eskorte:* das G. bestand aus mehreren hohen Beamten;

★ **freies/sicheres Geleit** (Rechtsw.; *Garantie der Bewegungsfreiheit und Unverletzlichkeit*): ihm wurde freies G. zugesichert, versprochen · **jmdm. das Geleit geben** (geh.; *jmdn. begleiten*) · **jmdm. das letzte Geleit geben** (geh. verhüll.; *zu jmds. Beerdigung gehen).*

geleiten (geh.) ⟨jmdn. irgendwohin g.⟩: jmdn. an seinen Platz g.; er geleitete den Blinden über die Straße; er geleitete den Gast zur Tür.

Gelenk, das: a) *bewegliche Verbindung zwischen Knochen:* ein schmales, feines G.; steife Gelenke; die Gelenke seiner Finger krachten; der Rheumatismus befällt die Gelenke; seine Hände knackten, krachten in den Gelenken; b) *bewegliche Verbindung zwischen Maschinenteilen:* das G. muss geölt werden.

gelernt: er ist [ein] gelernter Mechaniker, (Sport:) gelernter Linksaußen.

gelind[e]: 1. (geh.) *mild, nicht streng:* er ist mit einer gelinden Strafe davongekommen; ein gelinder *(nicht starker)* Regen, Schmerz. 2. ⟨nur: gelinde⟩ *vorsichtig [ausgedrückt]:* das ist ein gelinder Ausdruck dafür; das halte ich, g. gesagt, für einen Blödsinn; das Bild ist, um es g. zu sagen/auszudrücken, nicht ganz gelungen. 3. (ugs.) *nicht gering:* ein gelinder Schrecken lief ihm über den Rücken; es packte ihn eine gelinde Wut.

gelingen: *zustande kommen:* es gelingt nicht, das Schiff zu bergen; der Entwurf gelang nicht; die Überraschung ist vollauf gelungen; ⟨jmdm. g.⟩ es will ihr nicht g., ihn zu überzeugen; der Kuchen ist mir gut, gar nicht gelungen; die Arbeit ist ihm schlecht gelungen; SUBST.: wir trinken auf ein gutes Gelingen; ADJ. PART.: eine gelungene *(ge-*

glückte) Überraschung; eine gelungene *(gute und erfolgreiche)* Aufführung.

gellen: a) *durchdringend ertönen:* ein Pfiff gellte laut und schrill; er hörte eine gellende Stimme; sie rief gellend um Hilfe; ⟨jmdm. irgendwo g.⟩ der Schrei, der Lärm gellte ihm in den Ohren; b) *von durchdringenden Tönen erfüllt sein:* sie schrie so, dass das ganze Haus gellte; ⟨jmdm. g.⟩ von dem Lärm gellten ihm die Ohren.

geloben (geh.): a) ⟨etw. g.⟩ *feierlich versprechen:* er gelobte Besserung; ⟨jmdm. etw. g.⟩ jmdm. Beistand g.; er gelobte ihm, immer bei ihm zu bleiben; sie gelobten sich [gegenseitig]/(geh.:) einander die Treue; b) ⟨sich (Dat.) etw. g.⟩ *sich fest vornehmen:* sie gelobte sich, nicht mehr zu trinken; ich habe mir im Stillen gelobt, ein anderer Mensch zu werden.

gelöst: eine gelöste Stimmung; seine Frau war, wirkte g.; lächeln.

gelten: 1. *gültig sein:* die Banknote, Briefmarke, der Pass gilt nicht mehr; die Fahrkarte gilt 2 Monate; das soll für alle Zeiten, auf ewig g.; das Gesetz gilt für alle Bürger; was ich zu ihm gesagt habe, gilt auch für die ganze Klasse; das gilt nicht! *(das widerspricht den Spielregeln!);* ADJ. PART.: nach geltendem Recht. 2. ⟨etw. g.⟩ *wert sein:* die Münze gilt nicht viel; unser Geld gilt heute weniger als vor zehn Jahren; was gilt die Wette? *(um welchen Betrag wollen wir wetten?).* 3. ⟨als jmd., etw. g.⟩ *betrachtet, angesehen werden:* als klug, reich, dumm, eingebildet g.; er galt als der größte Dichter seiner Zeit; er gilt als Dummkopf, als guter Kamerad; es gilt als sicher, dass ...; die Mannschaft gilt als unbesiegbar. 4. ⟨jmdm., etw. g.⟩ a) *für jmdn., etw. bestimmt sein:* der Vorwurf hat ihm gegolten, nicht dir; gilt das mir?; die Bomben hatten der Brücke gegolten; b) (geh.) *sich auf jmdn., etw. beziehen:* sein Interesse galt nur noch dieser Frau, diesem Problem. 5. ⟨es gilt etw.⟩ a) *es kommt auf etw. an:* jetzt gilt es, standhaft zu sein; es gilt diesen Versuch; b) (geh.) *es geht um etw.:* es gilt mein Leben, meine Ehre, unsere Freiheit; bei dem Kampf galt es Leben oder Tod;

★ **jmdn., etw. [nicht] gelten lassen** *(jmdn., etw. [nicht] anerkennen):* diese Entschuldigung, diesen Einwand kann ich nicht g. lassen · **etw. geltend machen** *(etw. durchzusetzen suchen):* er machte seine Rechte, Ansprüche geltend; gegen diesen Einwand mache ich Folgendes geltend · **sich geltend machen** *(sich auswirken).*

Geltung, die: 1. *Gültigkeit:* die G. der Naturgesetze; die Bestimmung hat auch für solche Fälle G.; das Gesetz ist immer noch in G., bleibt in G. *(ist gültig, bleibt gültig).* 2. *Wirkung, Wirksamkeit:* sein Drang, sein Streben nach G. ist groß; ein Mann von G.;

★ **jmdm., sich, etw. Geltung verschaffen** *(dafür*

sorgen, dass jmd., etw. respektiert wird) · an Gel- tung verlieren *(weniger beachtet werden)* · jmdn., sich, etw. zur Geltung bringen *(jmdn., sich, etw.* vorteilhaft wirken lassen) · zur Geltung kommen *(vorteilhaft wirken):* auf der großen Bühne kam er, kam seine Stimme erst richtig zur G.

Gelübde, das (geh.): ein G. ablegen, leisten, tun, brechen; an, durch ein G. gebunden sein.

gemächlich: ein gemächlicher Spaziergang; ein ge- mächliches Tempo; ein gemächliches *(durch ru- hige Behaglichkeit gekennzeichnetes)* Leben; g. wandern; sich etw. g. anschauen; ein g. fließen- der Fluss.

gemäß: I. ⟨Präp. mit Dat.⟩ *entsprechend, zufolge:* der Vorschrift, der Vereinbarung g.; die Aus- schüsse im Parlament werden g. der Stärke der Parteien besetzt; g. Artikel 21 des Grundgesetzes wurde die Partei verboten. II. ⟨Adj.; in der Verbindung⟩ jmdm., etw. gemäß sein *(jmdm., etw. angemessen sein):* diese Arbeit ist seiner Ausbildung nicht g.; das war ihm nicht mehr g.; ⟨auch attributiv⟩ eine sei- nen Leistungen gemäße Arbeit.

gemein: 1. a) ⟨g. [zu jmdm.]⟩ *niederträchtig:* ein gemeiner Kerl, Betrüger; eine gemeine Gesin- nung; das ist eine gemeine Verleumdung, Lüge; er benahm sich ihr gegenüber sehr g.; sie war sehr g. zu ihm; b) *ordinär:* gemeine Redensarten, Witze, Schimpfwörter; er hatte ein gemeines *(ab- stoßendes)* Gesicht, eine gemeine Lache. 2. (ugs.) a) *sehr ärgerlich:* ich habe nie so viel Glück wie du, das ist einfach g.!; b) ⟨verstärkend bei Adjektiven und Verben⟩ *sehr:* es ist g. kalt; die Wunde brennt [ganz] g. 3. (veraltend) *gewöhnlich:* der gemeine Mann *(der Durchschnittsbürger);* der gemeine Soldat; (scherzh.:) wollen wir uns unter das gemeine Volk mischen?; ⋆ etw. mit jmdm., etw. gemein haben *(eine ge- meinsame Eigenschaft haben):* das hat mit Kunst nichts g.; das hat sie mit ihrer Mutter g. · jmdm., etw. gemein sein (geh.; *mehreren Personen, Sa- chen ist etw. gemeinsam):* allen hier Versammel- ten ist die Liebe zur Musik g.

Gemeinde, die: 1. a) *staatliche Verwaltungsein- heit:* eine kleine, arme, große, reiche, dicht/dünn besiedelte, ländliche G.; die G. hat 5 000 Einwoh- ner, hat wenig Industrie; die Verwaltung, die Ein- nahmen, die Rechte, die Einwohnerzahl der G.; wir leben in der gleichen G.; der Ort gehört zur G. Obernberg; auf die, zur G. (ugs.; *zum Gemeinde- amt)* gehen; b) *Bewohner einer Gemeinde:* die G. wählt den Bürgermeister. 2. a) *kirchliche o. ä. Verwaltungseinheit:* eine christliche, jüdische G.; die evangelische G. eines Ortes hat, zählt 2 000 Seelen; ein neuer Pfarrer hat die G. übernommen; b) *Mitglieder einer kirchlichen o. ä. Gemeinde:* eine treue G.; die ganze G. war in der Kirche versammelt; c) *Teil-*

nehmer am Gottesdienst: die G. sang ein Lied; der Pfarrer spricht zur G. 3. *Anhängerschaft:* der Dichter sprach vor einer aufmerksamen G.

Gemeinheit, die: a) *niederträchtige Art:* seine G. stößt mich ab; etw. aus G. tun, sagen; das zeugt von seiner G.; b) *niederträchtige Handlung:* eine bodenlose, abgründige G.; das war eine unglaub- liche G.; eine G. begehen, verüben; ihm traut man keine G. zu; c) (ugs.) *etwas höchst Ärgerliches:* jetzt ist der Zug gerade weg, so eine G.!

gemeinsam: gemeinsame Anschauungen, Interes- sen; eine gemeinsame Politik; gemeinsame Auf- gaben, Interessen; die Freundinnen unterneh- men oft gemeinsame Wanderungen; die gemein- same Wohnung verlassen; eine gemeinsame Ba- sis finden; sie trafen einen gemeinsamen Be- kannten; g. ins Theater gehen; sie gingen g. in den Tod; wir wollen das g. besprechen; das Haus gehört ihnen g.; (Math.:) größter gemeinsamer Teiler, kleinstes gemeinsames Vielfaches; ⋆ etw. mit jmdm., etw. gemeinsam haben *(etw. mit jmdm., etw. übereinstimmend haben):* dieses Getränk hat mit Kaffee nur die Farbe g. · jmdm., etw. gemeinsam sein *(jmdm., etw. in gleicher Weise eigen sein):* die Liebe zur Musik war ihnen g.; den beiden Freunden ist vieles g.

Gemeinschaft, die: 1. die eheliche G.; die freie, friedliche G. der Völker; mit jmdm. in G. leben. 2. *Personengruppe mit gemeinsamen Anschau- ungen o. Ä.:* eine politische, kirchliche G.; sie bil- deten eine eingeschworene, verschworene, enge, unzertrennliche G.; einer G. verlassen; einer G. beitreten; sie wurde aus der G. ausgeschlossen, ausgestoßen; jmdn. in die G. eingliedern, auf- nehmen; ⋆ in Gemeinschaft mit jmdm., etw. *(zusammen mit jmdm., etw.):* der Maler veranstaltete die Aus- stellung in G. mit zwei anderen Künstlern.

gemessen: a) *ruhig und würdevoll:* er ging gemes- senen Schrittes aus dem Haus; ein gemessenes Auftreten; sein Gang war sehr g.; sich g. bewe- gen; b) *beherrscht, zurückhaltend:* sie behandelte ihn mit gemessener Freundlichkeit, Überlegen- heit; seine Begrüßung war sehr g.; c) *angemes- sen:* er folgte in gemessenem Abstand.

Gemüse, das: frisches, rohes, gekochtes, gedünste- tes G.; Kartoffeln und G.; als Beilage gibt es ge- mischtes G.; G. anbauen, ziehen, waschen, put- zen, zubereiten; ÜBERTR.: junges G. (ugs. scherzh.: *junge Leute).*

gemustert: gemusterte Stoffe; die Tapete ist nett g.

Gemüt, das: a) *Gesamtheit der geistig-seelischen Kräfte:* ein gutes, kindliches, liebevolles, sonni- ges, heiteres, weiches, sanftes, tiefes, trauriges, goldenes G.; er besitzt, hat kein G.; das G. eines Künstlers; er hat sehr viel G. *(ist empfänglich für gefühlserregende Eindrücke, ist sehr herzlich);* etw. bewegt, erregt, beunruhigt das G.; ein Film fürs G. *(ein sentimentaler Film);* das denkst du so in deinem kindlichen G. *(in deiner Naivität)!*; b) *Mensch als empfindendes Wesen:* sie ist ein ängstliches, einfaches, romantisches G.; der Vorfall erregte die Gemüter; es gelang ihm, die Gemüter zu beruhigen, beschwichtigen; ⋆ **ein Gemüt haben wie ein Fleischerhund** *(salopp; gefühllos sein)* · **ein Gemüt haben wie ein Veilchen/Schaukelpferd** (ugs.; *naiv sein; anderen viel zumuten)* · **sich** (Dat.) **etw. zu Gemüte führen** (1. *etw. beherzigen:* er hat sich die Mahnung zu Gemüte geführt. 2. *etwas Gutes mit Genuss essen, trinken:* jetzt werde ich mir erst mal einen Whisky zu Gemüte führen).

gemütlich: a) *bequem, behaglich:* eine gemütliche Wohnung; ein gemütliches Lokal; ihr Zimmer ist g. eingerichtet; machen Sie sichs g.!; b) *nett, zwanglos:* ein gemütliches Beisammensein, ein gemütlicher Abend; nun wird es endlich g. hier; es war sehr g. bei ihm; wir unterhielten uns sehr g.; c) *umgänglich:* ein gemütlicher Beamter; der Chef war heute ganz g.; d) *gemächlich:* er fuhr in einem gemütlichen Tempo, ging g. spazieren.

Gemütlichkeit, die: die G. der Wohnung; G. herstellen; ℝ da hört [sich] doch die G. auf! (ugs.; *das ist unerhört!*); ⋆ **in aller Gemütlichkeit** *(ganz gemächlich):* er trank noch in aller G. sein Bier aus.

genau: I. ⟨Adj.⟩ a) *exakt:* eine genaue Waage, Angabe; haben Sie die genaue Uhrzeit?; das ist g. das Gleiche; sich g. an etw. erinnern; der Brief wiegt g. 20 Gramm; die Uhr geht g.; die Länge stimmte auf den Millimeter g.; die Schuhe passen g.; SUBST.: er sagte, dass er nichts Genaues wisse; b) *sorgfältig, gründlich:* sie ist ein sehr genauer Mensch; er ist in allem sehr g.; sie ist in Geldsachen sehr g. *(sparsam, gewissenhaft);* g. arbeiten; ich kenne ihn, seine Probleme ganz g. *(sehr gut, in allen Einzelheiten);* g. genommen; etw. genau[e]stens unterscheiden; SUBST.: die Vorschriften auf das Genau[e]ste einhalten. II. ⟨Adverb⟩ *gerade, eben* /bes. als Bestätigung dafür, dass jmd., etw. gerade richtig, passend, wie geschaffen für etw. ist/: er kam g. zur rechten Zeit; das reicht g. [noch] für zwei Personen; ist g. die richtige Frau für diese Aufgabe /als Ausdruck der Verstärkung/: g. das wollte ich sagen!; g. das Gegenteil (standardspr. nicht korrekt: das genaue Gegenteil) ist der Fall; /als Ausdruck bestätigender Zustimmung/: g.! *(so ist es!);* ⋆ **es mit etw. [nicht so] genau nehmen** *(mit etw. [nicht] sorgfältig sein).*

genehmigen: 1. ⟨etw. g.⟩ *bewilligen:* ein Gesuch g.; der Antrag ist genehmigt worden. 2. (ugs. scherzh.) ⟨sich (Dat.) etw. g.⟩ *sich gönnen:* sollen wir uns noch ein Glas Wein, ein Paar Würstchen g.?; er genehmigt sich jeden Tag sein Mittagsschläfchen; ⋆ **sich einen genehmigen** (ugs. scherzh.; *ein Glas Bier, Schnaps o. Ä. trinken).*

Genehmigung, die: eine schriftliche, polizeiliche,

behördliche, offizielle G.; er hat keine G. zur Einreise; die G. der Einreise ist Sache der Regierung; eine G. einholen, erhalten, vorlegen; sich eine G. verschaffen; jmdm. eine G. geben, erteilen, verweigern; etw. ohne G. tun.

geneigt: ⟨in den Verbindungen⟩ **zu etw. geneigt sein** *(Neigung haben, bereit sein, etw. zu tun):* sie ist g., das Angebot anzunehmen; er ist immer zu Einwänden g. · **jmdm. geneigt sein** *(jmdm. wohlgesinnt sein):* seine Vorgesetzten waren ihm nicht g.

genesen (geh.) ⟨[von etw.] g.⟩: er ist nach langer Krankheit, von einer langen Krankheit g.; kaum g., begann sie schon wieder zu arbeiten.

Genesung, die (geh.): ihre G. macht gute Fortschritte; wir wünschen baldige G.!; G. suchen, finden; auf dem Weg der G. sein; auf G. hoffen.

genial: ein genialer Künstler; eine geniale Erfindung, Idee; das war ein genialer Schachzug; das Werk ist g.!; sie hat das Problem g. gelöst; er ist g. begabt, veranlagt.

Genick, das: ein steifes G. haben; sie brach sich bei dem Sturz das G.; er schob den Hut ins G.; jmdn. am G. packen; ⋆ **jmdm., etw. das Genick brechen** (ugs.; *jmdn., etw. zugrunde richten):* mit ihren Intrigen hat sie ihm schließlich das G. gebrochen; sein Leichtsinn wird ihm noch das G. brechen; mit diesen Machenschaften hat er der Partei das G. gebrochen · **jmdm. im Genick sitzen** (ugs.; *jmdn. bedrängen, dass er seine Arbeit schnell erledigt).*

Genie, das: 1. *schöpferische Kraft:* das G. Wagners; sein G. wurde schon früh deutlich. 2. *schöpferischer Mensch:* ein großes, politisches, vielseitiges G.; ein verkanntes G. (oft scherzh.: *jmd., von dessen besonderer Begabung man nichts weiß);* er ist nicht gerade ein G./ist kein G. auf diesem Gebiet (iron.: *er versteht davon nicht viel).*

genieren ⟨sich g.⟩: er genierte sich wenig, sie anzusprechen; du brauchst dich vor mir nicht zu g.; nimm das, du brauchst dich nicht zu g. *(brauchst keine Hemmungen zu haben);* sie genierte sich für alles, stets seinetwegen.

genießen ⟨etw. g.⟩: 1. a) *Freude, Genuss haben:* sein Leben, seine Jugend, den Urlaub in vollen Zügen g.; die frische Luft, die Natur, die Stille g.; er hat die Flasche Wein so richtig genossen; b) *zu sich nehmen:* ich habe seit Morgen noch nichts genossen; die Wurst können wir nicht mehr g., die Speisen sind nicht mehr zu g. *(sie ist, sind verdorben);* ÜBERTR.: der Chef ist heute nicht, nur mit Vorsicht zu g. *(zu ertragen).* 2. *erhalten:* Unterricht, eine gründliche Ausbildung, gute Erziehung g.; /häufig verblasst/: Achtung, Vertrauen, Verehrung g.; er genießt ihren ganz besonderen Schutz.

genug: ich habe g. Geld; sie hatte schon g. Sorgen/ Sorgen g. mit ihren eigenen Kindern; wir sind g. Leute, um das zu schaffen; der Schrank ist groß g.; habt ihr g. zu essen?; das ist g. für mich; das ist g. und übergenug; nicht g. damit, dass er seine Aufgaben erledigte, er half auch noch anderen; unsere Nachbarn können nicht g. kriegen *(sind raffgierig)*; wir haben für heute g. gearbeitet; sie konnte sich nicht g. darin tun, das Buch zu loben; g. der Worte, wir müssen jetzt etwas unternehmen; er ist dumm g., sich das bieten zu lassen; ich habe lange g. gewartet; er ist für diesen Posten nicht gewandt g.; dazu ist sie jetzt alt g. *(hat sie das entsprechende Alter);* das ist wenig g. *(ist sehr wenig);* ich habe g. von dieser Arbeit *(sie interessiert mich nicht mehr);* jetzt habe ich aber g.! *(jetzt ist meine Geduld zu Ende);* ∗ **sich** (Dat.) **selbst genug sein** *(auf den Umgang mit anderen verzichten, ihn nicht benötigen).* **Genüge,** die: ⟨meist in den Wendungen⟩: **jmdm., etw. Genüge tun/leisten** (geh.; *jmdn. zufrieden stellen, etw. berücksichtigen):* seinen Forderungen soll G. getan werden · **zur Genüge** *(in ausreichendem Maß):* jmdn. nicht zur G. informieren; /oft abwertend/: diese Zustände kenne ich zur G.!

genügen: a)*ausreichen:* das genügt fürs Erste, vollkommen, kaum, nicht mehr; dieser Wagen genügt für uns; drei Arbeiter genügen, um die Möbel zu verladen; zwei Meter Stoff genügen nicht für ein Kleid; eine genügende Entlohnung; sie hat genügend Geld; ⟨jmdm. g.⟩ das genügt mir *(mehr verlange ich nicht);* ihre Antwort hat mir genügt *(ich war damit zufrieden);* drei Kleider genügen mir *(damit komme ich aus)* für diese Zeit; es genügt mir schon zu wissen, dass ...; ich lasse es mir daran/damit g.; **b)**⟨etw. (Dat.) g.⟩ *gerecht werden:* seinen Wünschen, den gesellschaftlichen Pflichten g.; sie genügt den Anforderungen dieses Postens nicht.

genügsam: ein genügsamer Mensch; er ist sehr g.; im Essen und Trinken g. sein; g. leben.

Genugtuung, die: **a)**(geh.) *Wiedergutmachung:* der Beleidigte forderte, verlangte, erhielt G.; sich G. verschaffen; jmdm. G. schulden, geben; **b)***innere Befriedigung:* das ist mir eine G.; ich habe die G., das ...; über etw. G. empfinden; ich habe diese Nachricht mit G. vernommen.

Genuss, der: **1.**kulinarische Genüsse; ein ästhetischer G.; etw. ist ein großer G.; die Genüsse des Lebens; eine Quelle des Genusses; etw. mit G. essen, lesen.
2.*das Genießen von Getränken, Speisen:* übermäßiger G. von Alkohol ist schädlich; sie ist nach dem G. verdorbenen Fleisches erkrankt; vom G. dieses Pilzes ist abzuraten; ∗ **in den Genuss von etw. kommen** *(etw. bekommen):* in den G. einer Freikarte, einer Vergünstigung kommen.

Gepäck, das: leichtes G.; mein persönliches G. ist nicht schwer; das G. wurde kontrolliert; [nicht] viel G. haben; das G. zum Bahnhof bringen, tragen, schaffen; das G. aufgeben, versichern, auf

der Gepäckablage verstauen; er reist mit wenig G.; BILDL.: im G. des Ministers befanden sich keine neuen Vorschläge.
gepfeffert (ugs.): **a)***übertrieben hoch:* gepfefferte Preise, Mieten; die Rechnung war ganz schön g.; **b)***streng:* eine gepfefferte Kritik; die Prüfungsfragen waren ganz schön g.; **c)***anzüglich:* gepfefferte Witze erzählen.
gepflegt: **a)***dank aufmerksamer Pflege angenehm wirkend:* ein gepflegtes Äußeres; sie ist eine gepflegte Erscheinung; sie hat eine gepflegte *(kultivierte)* Aussprache; der Park ist sehr g.; sie sieht sehr g. aus; **b)***niveauvoll:* gepflegte Weine; ein gepflegtes Restaurant; ein Restaurant mit gepflegter Küche; man isst dort sehr g. *(gut und in angenehmer Atmosphäre).*
Gepflogenheit, die (geh.): sonderbare, bürgerliche Gepflogenheiten; sich den Gepflogenheiten einer Gemeinschaft anpassen; das entspricht, widerspricht ihren Gepflogenheiten; entgegen den sonstigen Gepflogenheiten.
Gepräge, das: **1.***Prägung:* die Münze hat, trägt ein deutliches G.
2.(geh.) *Eigenart:* das äußere G. einer Stadt, einer Landschaft; die Epoche trägt sein G.; seiner Zeit das G. geben, verleihen.
gerade: **I.**⟨Adj.⟩ **1.***nicht krumm, nicht schief:* eine g. Linie; ein gerader Weg; ein gerader Baumstamm; das Lineal ist nicht mehr g.; das Bild hängt nicht g.; sei froh, dass du noch deine geraden *(gesunden)* Glieder hast; einen Draht, einen Stab g. biegen, klopfen; steh gerade!; er war so betrunken, dass er nicht mehr seinen geraden *(sich nicht beirren lassen);* sie stammt in gerader *(direkter)* Linie von ... ab. ÜBERTR.: er ist das g. Gegenteil von seinem Bruder; seinen geraden Weg gehen
2.*aufrichtig, offen:* ein gerader Charakter, Mensch; jmdn. g. ansehen.
II.⟨Adverb⟩ **1.**/zeitlich/ **a)***in diesem Augenblick:* sie ist g. hier; er telefoniert g.; du stehst g., mach doch bitte die Tür zu; ich habe g. kein Geld bei mir; **b)***unmittelbar vorher:* sie ist g. gegangen.
2. a)*rasch:* bring doch g. [mal] das Buch herüber; **b)***direkt, genau:* es ist g. umgekehrt; g. entgegengesetzt; so ist es g. richtig; **c)***knapp:* das Geld reicht g. noch für drei Tage; wir haben den Zug g. noch erreicht; sie ist kam g. [noch] zur rechten Zeit; **d)**(ugs.) *erst recht:* jetzt [tue ich es] g. [nicht]; nun g.!
III.⟨Partikel⟩ /unbetont/ **1.**/weist mit Nachdruck auf etw. hin; als Ausdruck einer Verstärkung/: das macht mir g. Spaß; g. du wirst gesucht; g. *(genau)* das habe ich ja sagen wollen!
2./drückt Ärger, Verstimmung o. Ä. aus/ *ausgerechnet:* g. jetzt wird er krank; warum muss g. ich das tun?; g. heute muss es regnen; (iron.:) das hat uns g. noch gefehlt!
3./schwache innere Verneinung; mildert einen Tadel o. Ä./: er ist verdient nicht g. viel; sie ist nicht g. ko-

operativ; da hast du nicht g. exakt gearbeitet; er ist nicht g. fleißig *(ist ziemlich faul).*

Gerade, die: a) (Geom.) *gerade Linie:* zwei Geraden/(seltener:) Gerade; durch einen gegebenen Punkt eine G. ziehen; **b)** (Sport) *gerader Teil einer Rennstrecke:* die Läufer, Pferde biegen in die G. ein.

geradeaus: g. gehen, fahren, blicken, sehen; sie hatte die Augen g. gerichtet; immer g.

geradebiegen (ugs.) ⟨etw. g.⟩: *in Ordnung bringen:* wir werden die Angelegenheit, die Sache schon g.

geradestehen ⟨für etw. g.⟩: *die Verantwortung übernehmen:* für die Folgen g.; für deine Entscheidung, dein Vorgehen musst du beim Chef g.

geradezu (verstärkend): ein g. ideales Beispiel; g. in/in g. infamer Weise; das muss man ja g. als Betrug bezeichnen; das ist g. fürchterlich.

Gerät, das: **1.** *Apparat:* ein modernes, einfaches, empfindliches G.; elektrische, landwirtschaftliche Geräte; das G. funktioniert nicht; ein G. erfinden, entwickeln, konstruieren, herstellen, kaufen, bedienen, reparieren; das G. *(Fernseh-, Rundfunkgerät)* leiser stellen; an den Geräten *(Turngeräten)* turnen. **2.** *Ausrüstung:* das G. des Schneiders; sein G. in Ordnung halten.

geraten: 1. a) ⟨irgendwohin g.⟩ *gelangen:* in einen Sumpf, in eine unbekannte Gegend g.; wohin bin ich nur geraten?; der Hund geriet unter das Auto *(wurde überfahren);* ÜBERTR.: er geriet unter den schlechten Einfluss seines Freundes; **b)** ⟨in etw. (Akk.) g.⟩ *in einen bestimmten Zustand, in eine bestimmte Lage kommen:* sie ist in Not, in Schulden, in Schwierigkeiten, in eine gefährliche Situation, in schlechte Gesellschaft, (ugs.:) in die Klemme g.; in Misskredit, in Verruf g.; der Wagen geriet ins Schleudern; die Zuschauer gerieten in einen Taumel der Begeisterung; /verblasst in nominalen Fügungen mit passivischer Bedeutung/: in Wut g. *(wütend werden);* in Vergessenheit g. *(vergessen werden);* in Gefangenschaft g. *(gefangen werden);* in Rückstand/Verzug g. *(Rückstände haben);* in Verlust g. (Papierdt.; *verloren gehen);* in Brand g. *(zu brennen anfangen);* in Bewegung g. *(sich zu bewegen beginnen);* ins Stocken g. *(zu stocken anfangen);* ins Stottern g. *(zu stottern anfangen);* in Streit g. *(zu streiten anfangen).* **2.** a) *gelingen:* unter ihren Händen gerät alles; der Kuchen ist heute geraten; seine Kinder geraten *(entwickeln sich gut);* ⟨jmdm. g.⟩ alles, was er begann, geriet ihm; **b)** ⟨irgendwie g.⟩ *in bestimmter Weise ausfallen:* der Braten ist heute noch besser geraten; seine Kinder geraten *(entwickeln sich)* gut; (scherzh.:) er ist etwas kurz geraten; ⟨jmdm. irgendwie g.⟩ heute ist ihr das Essen gut, schlecht, nicht geraten; diese Arbeit ist mir nach Wunsch geraten. **3.** ⟨nach jmdm. g.⟩ *jmdm. ähnlich werden:* der Junge gerät ganz nach dem Vater.

Geratewohl, das: ⟨nur in der Verbindung⟩ **aufs Ge-** ratewohl: (ugs.; *in der Hoffnung, dass es gelingt):* er versuchte es aufs G.

geräumig: eine geräumige Wohnung, ein geräumiges Zimmer; das Haus, der Schrank ist sehr g.

Geräusch, das: ein lautes, leises, störendes, verdächtiges, zischendes, monotones, dumpfes G.; das G. weckte ihn auf; ein seltsames G. drang an ihr Ohr, ins Zimmer; das G. des Motors; ein G. hören, registrieren, verursachen, machen; man konnte nicht feststellen, woher das G. kam; ÜBERTR.: mit viel G. (abwertend; *in Aufsehen erregender Weise).*

gerecht: 1. ⟨g. [gegen jmdn., etw.]⟩ *dem geltenden Recht gemäß [handelnd, urteilend]:* ein gerechter Richter; eine gerechte Strafe; ein gerechter Urteil; ein gerechter Anspruch; seine Entscheidung war g.; das ist nicht g.; g. handeln, bestrafen; sie war immer g. gegen mich. **2.** *gerechtfertigt:* eine gerechte Sache, Forderung, ein gerechter Kampf; etw. g. verteilen; ⋆ **jmdm., etw. gerecht werden** *(jmdn., etw. angemessen beurteilen):* die Kritik ist dem Regisseur nicht g. geworden · etw. (Dat.) **gerecht werden** *(etw. bewältigen, erfüllen [können]):* er ist den Anforderungen nicht g. geworden.

Gerechtigkeit, die: **1.** soziale G.; die G. des Richters, eines Urteils; die G. nimmt ihren Lauf *(die Angelegenheit verläuft absolut gerecht);* jmdm. G. (geh.:) angedeihen/(geh.:) widerfahren lassen, (geh.:) zuteil werden lassen; jmdm. G. verschaffen; G. fordern, (geh.:) üben, (geh.:) walten lassen; um der G. willen. **2.** (geh.) *Justiz:* der strafende G.; der G. (geh.:) anheim fallen; den Täter den Händen der G. übergeben; ⋆ **ausgleichende Gerechtigkeit** *(etw., was eine ungerechte Entscheidung o. Ä. wieder wettmacht).*

Gerede, das: dummes, leeres G.; es gab viel G. darüber; was soll das alberne G. von der Unterdrückung des Mannes?; du hast dich dem G. der Leute ausgesetzt; das halte ich für böswilliges G.; ⋆ **jmdn. ins Gerede bringen** *(dafür sorgen, dass über jmdn. schlecht geredet wird)* · **ins Gerede kommen** *(Gegenstand des Klatsches, eines Gerüchtes werden).*

gereichen (geh.) ⟨jmdm. zu etw. g.; nur in Verbindung mit *zu* und bestimmten Substantiven⟩: diese Tat gereicht ihm zur Ehre, zum Ruhm; es gereicht ihr zum Nutzen, zum Vorteil; das wird uns nicht zum Schaden, zum Nachteil g. *(wird uns nicht schaden).*

gereizt: eine gereizte Stimmung; in gereiztem Ton sprechen; sie ist heute ziemlich g.; die Atmosphäre war sehr g.; g. antworten; etw. g. bemerken.

¹Gericht, das: **a)** *öffentliche Institution:* ein unabhängiges G.; das zuständige G.; das G. sprach ihn frei; diese Affäre wird noch die Gerichte beschäftigen; das G. anrufen; der Täter stellte sich freiwillig dem G.; der Vorsitzende des Gerichts; sich an ein G. wenden; jmdn. bei G. anzeigen; die Sache kommt vor G.; vor G. erscheinen, aussagen; vor Gericht stehen *(angeklagt sein)*, sich vor einem ordentlichen G. verantworten; mit einem Streitfall vor G. gehen; jmdn. vor G. bringen, stellen, ziehen; b) *Richterkollegium:* das G. zieht sich zur Beratung zurück; /Anredeformel/: Hohes G.; c) *Gerichtsgebäude:* das G. wurde von den Polizisten umstellt; ✶ **über jmdn., etw. Gericht halten/zu Gericht sitzen** (geh.; 1. *über jmdn. bei Gericht verhandeln.* 2. *jmds.* **Haltung, Tun verurteilen mit dem Ziel, Maßnahmen dagegen zu ergreifen)** · **mit jmdm.** [scharf/hart] ins **Gericht gehen** *(jmdn. zurechtweisen; jmdn.* **hart bestrafen):** der Redner ging mit ihnen hart, scharf ins G.

²**Gericht,** das: *zubereitete Speise:* ein köstliches G.; erlesene Gerichte; das G. ist einfach, billig; ein G. zubereiten, bestellen, auftragen, essen; ein G. aus Fleisch und Gemüse; ein G. Bohnen *(eine Mahlzeit mit Bohnen).*

gerichtlich: *das* ¹Gericht *betreffend, vom* ¹Gericht *[durch-, herbeigeführt]:* eine gerichtliche Verordnung, Bestimmung, Entscheidung; ein gerichtliches Einschreiten; der Vorfall wird noch ein gerichtliches Nachspiel haben; jmdn. g. (Papierdt.:) belangen, bestrafen; wir werden g. gegen sie vorgehen.

gering: 1. *unbeträchtlich, klein:* eine geringe Ausdehnung, Entfernung, Höhe; eine geringe Begabung; geringen Wert auf etw. legen; geringe Anforderungen an jmdn. stellen; ich befand mich in nicht geringer *(in ziemlich großer)* Verlegenheit; dazu habe/verspüre ich nicht die geringste *(überhaupt keine)* Lust; das soll meine geringste Sorge sein *(das bekümmert mich am wenigsten);* die Kosten für das Projekt sind nicht g.; die Chancen sind g.; der Abstand wurde immer geringer; g. gerechnet dauert die Fahrt zwei Stunden; SUBST.: das Geringste, was er tun müsste, wäre ...; man muss auch noch im Geringsten *(in den kleinsten Dingen)* genau sein. 2. (geh. selten) *schlecht:* eine geringe Qualität; von jmdm. g. denken; ✶ **nicht das Geringste** *(überhaupt nichts):* er wusste nicht das Geringste davon · **nicht im Geringsten** *(überhaupt nicht):* er kümmerte sich nicht im Geringsten um sie · **kein Geringerer als** ... *(sogar ..., immerhin ...):* kein Geringerer als Einstein.

geringfügig: eine geringfügige Verletzung; die Verluste waren g.; die Preise sind g. gestiegen.

geringschätzig: eine geringschätzige Bemerkung, Handbewegung; ein geringschätziges Urteil über jmdn. fällen; jmdn. g. behandeln; er verzog g. den Mund, lächelte g.

gerinnen: die Milch gerinnt beim Kochen; geronnenes Blut.

Gerippe, das: das G. eines Menschen, eines Tieres; sie ist bis zum G. abgemagert; du siehst ja aus wie

ein wandelndes G. (ugs.; *du siehst sehr schlecht aus*); ÜBERTR.: das G. *(Gerüst)* eines Schiffes, eines Flugzeugs, eines Blatts.

gerissen (ugs.): ein gerissener Betrüger, Geschäftsmann, Kriminalist; so ein gerissener Bursche!; sie war, wirkte sehr g.

gern, (seltener:) **gerne:** 1. *bereitwillig und freudig:* g. verreisen; sie hilft g.; sie wäre g. allein geblieben *(hätte es vorgezogen, allein zu sein);* er wüsste [gar/nur zu] g., was daraus geworden ist; er ist überall g. gesehen *(beliebt);* ich tu es von Herzen, herzlich, für mein Leben, liebend g.; sie hat, sieht es [nicht] g., wenn ... *(sie mag es [nicht], wenn ...);* das kannst du g. tun *(ich habe nichts dagegen);* das glaube ich g. *(ohne weiteres);* so etwas habe ich g.! (ugs. iron.; *das gefällt, passt mir ganz und gar nicht!*); sie hatten sich/(geh.:) einander [sehr] g. *(empfanden [große] Zuneigung, Sympathie füreinander);* /Antwort auf eine Dank/: g. geschehen!; ich hätte g. *(geben Sie mir bitte)* ein Kilo Äpfel; Ⓡ der/die kann mich [mal] g. haben (salopp iron.; *mit dem, der will ich nichts mehr zu tun haben).* 2. *mit Vorliebe; im Allgemeinen:* er geht g. früh schlafen; Kakteen wachsen g. auf trockenem Boden.

Geruch, der: 1. ein beißender, scharfer, stechender, süßlicher, durchdringender, scheußlicher, unangenehmer G.; allerlei Gerüche drangen, quollen aus der Küche; ein G. nach Verbranntem, von schwelendem Holz durchzog das ganze Haus, verbreitete sich, hing in der Luft; ÜBERTR.: er kam in den G. (geh.; *Ruf*), ein Betrüger zu sein. 2. *Geruchssinn:* der G. ist beim Hund sehr stark ausgebildet; der Hund hat einen feinen G.; ✶ **im Geruch stehen** *(betrachtet, angesehen werden):* er steht im G. eines Heiligen, radikalen Kreisen anzugehören.

Gerücht, das: ein hartnäckiges, unsinniges, unerhörtes, ärgerliches G.; ein G. entsteht, kommt auf, geht um, geht wie ein Lauffeuer durch die ganze Stadt, verstärkt sich, dringt [bis] zu jmdm., bewahrheitet sich, bestätigt sich, verstummt; das ist ja nur ein G.!; das halte ich für ein G. *(das glaube ich nicht);* ein G. aufbringen, ausstreuen, in die Welt/in Umlauf setzen; einem G. entgegentreten, [keinen] Glauben schenken, aufsitzen; von ihr geht das G., dass sie ...; es geht das G., dass er krank ist.

geruhsam: ein geruhsamer Abend; eine geruhsame Nacht; ein geruhsames Leben führen; g. frühstücken, seine Mahlzeit einnehmen.

gesalzen (ugs.): a) *sehr hoch:* eine gesalzene Rechnung; der Preis für die Reparatur war g.; b) *grob; derb:* ein gesalzener Witz; sie gab ihm eine gesalzene *(kräftige)* Ohrfeige; jmdm. einen gesalzenen Brief schreiben.

gesamt: die gesamte Familie, Belegschaft, Bevölkerung, Volkswirtschaft; sein gesamtes Vermögen, Eigentum verlieren.

Gesang, der: 1. ⟨ohne Plural⟩ *das Singen:* schöner,

mehrstimmiger, lauter G.; der G. der Vögel, der
Zikaden; der G. schwillt an, verklingt, ver-
stummt; jmds. G. am Klavier, auf der Gitarre be-
gleiten; G. *(die Kunst des Singens)* studieren; Un-
terricht in G. nehmen; sie zogen mit G. durch die
Straßen. **2.** *Lied:* geistliche, weltliche Gesänge; der Chor
probte einen G. **3.** *Abschnitt eines Epos:* der letzte G. der Ilias.
Gesäß, das: ein Geschwür am G. haben; eine
Spritze ins G. bekommen; der Rock sitzt überm
G. zu eng.
Geschäft, das: 1. a) *gewerbliches, kaufmännisches
Unternehmen; Laden:* ein altrenommiertes Geschäft; ein G. gründen, eröffnen, übernehmen,
führen; ins G. *(zum Arbeiten in die Firma, ins
Büro)* gehen; bei uns im G.; **b)** *Verkaufsräume;
Laden:* ein modernes, gutes G.; ein teures G.;
warten, bis die Geschäfte öffnen, (ugs.:) aufmachen; die Geschäfte schließen um 20 Uhr; sie
steht von morgens bis abends im G. *(verkauft von
morgens bis abends).*
2. *kaufmännische Unternehmung; Handel:* ein
solides, gewagtes, unsauberes, zweifelhaftes G.;
das G. blüht, belebt sich, ist rege; das war für uns
kein G. *(kein finanzieller Erfolg);* sie hat mit dem
Grundstück ein glänzendes G. gemacht; ein einträgliches, gutes, gewinnbringendes G.; wie gehen die Geschäfte?; die Geschäfte stocken; er
treibt dunkle Geschäfte; mit jmdm. Geschäfte
machen, abschließen, tätigen; aus einem G. aussteigen (ugs.; *sich nicht mehr daran beteiligen*);
sie ist in Geschäften *(geschäftlich)* unterwegs;
mit jmdm. im G. sein, ins G. kommen *(jmdn. als
Geschäftspartner haben, gewinnen);* sich von den
Geschäften zurückziehen; Ⓡ G. ist G. *(wenn es um
Geld geht, kann man auf Gefühle keine Rücksicht
nehmen).*
3. *Aufgabe; Angelegenheit:* ein nützliches, undankbares G.; dringende, wichtige Geschäfte; sie
hat viele Geschäfte zu erledigen; der Minister ist
mit Geschäften überhäuft, überlastet;
★ **sein großes, kleines Geschäft erledigen/ver-
richten/machen** (ugs. verhüll.; *den Darm entleeren, Wasser lassen).*
geschäftig: *eifrig:* ein geschäftiger Hoteldiener; geschäftiges Treiben; der Kellner war, gab sich sehr
g.; g. hin und her laufen.
geschäftlich: 1. *das Geschäft betreffend:* die geschäftlichen Interessen; geschäftliche Dinge besprechen; sie ist g. in München, muss g. oft nach
Paris; jmdm. g. verpflichtet sein; er ist g. unterwegs, verhindert, hat g. zu tun; mit jmdm. g. verkehren, verhandeln; subst.: das Geschäftliche
erledigen wir später.
2. *formell:* er sprach in geschäftlichem Ton;
plötzlich wurde er ganz g.
geschehen: 1. *sich ereignen:* es ist ein Wunder, ein
Unglück geschehen; es geschah, dass ...; so etwas
geschieht überall, täglich; was ist geschehen?;

das Verbrechen geschah aus Eifersucht; in dieser
Sache muss etwas g. *(unternommen werden);* so
geschehen (veraltet, aber noch kritisch, spött.; *so
hat es sich ereignet)* am 1. Mai 1700; das geschieht
nur aus/zur Sicherheit; er ließ es g. *(duldete es),*
dass sie abreiste; das geschah nur in deinem Interesse; es geschah nicht mit Absicht; /Höflichkeits-
floskel/: »Vielen Dank!« – »Gern geschehen!«
2. a) ⟨jmdm. g.⟩ *widerfahren:* ihm ist Unrecht geschehen; es geschieht dir nichts Böses; es kann
dir dabei nichts g.; das geschieht ihm ganz recht
(hat er verdient); er wusste nicht, wie ihm geschah; dem Kind ist bei dem Unfall nichts geschehen; **b)** ⟨mit jmdm., etw. g.⟩ *gemacht werden:*
was geschieht denn mit den alten Zeitungen?;
was soll mit ihm g.?; ich ließ alles mit mir g.
(wehrte mich nicht);
★ **es ist um jmdn., etw. geschehen** (1. *jmd. ist
verloren, hat keine Chancen mehr:* wenn du noch
ein Wort sagst, ist es um dich geschehen. 2. *jmd.
hat sich rettungslos verliebt:* als er sie sah, war es
um ihn geschehen) · **es ist um etw. geschehen**
(etw. ist dahin): als sie das hörte, war es um ihre
Ruhe g.
Geschehen, das: ein dramatisches G.; das weltpolitische, sportliche G.; das G. ließ ihn kalt; ein G.
mit Interesse verfolgen; wir haben nur geringen
Einblick in das gegenwärtige G.
gescheit: ein gescheiter Kerl, Kopf; ein gescheiter
Einfall; er ist sehr, (ugs.:) schrecklich, (ugs.:) verdammt g.; sie ist zu g., um diese Gefahr zu übersehen; sie kommt sich sehr g. vor, redet sehr g.; es
wäre gescheiter (ugs.; *vernünftiger, besser*), nach
Hause zu gehen; du bist wohl nicht ganz, nicht
recht g.! (ugs.; *nicht bei Verstand!*); subst.: nichts
Gescheites *(Sinnvolles)* zustande bringen; in dem
Geschäft gibt es nichts Gescheites (ugs.; *nichts,
was einem gefällt*).
Geschenk, das: ein schönes, wertvolles, kostbares,
großzügiges, [un]passendes, praktisches G.; das
ist ein G. ihrer Mutter, von ihrer Mutter, für ihren
Bruder; ein G. aussuchen, auswählen, kaufen,
mitbringen, überreichen, empfangen, annehmen, erhalten; Geschenke verteilen; er machte
mir das Buch zum G.; mit diesem G. habt ihr mir
eine große Freude gemacht; Ⓡ kleine Geschenke
erhalten die Freundschaft;
★ **ein Geschenk des Himmels** *(eine unerwartete
günstige Fügung).*
Geschichte, die: 1. a) *Entwicklung eines bestimmten Bereichs:* die englische, deutsche G.; die G.
Deutschlands; die G. der Kunst, der Musik, der
Medizin; die G. einer politischen Bewegung; er
studiert G. *(Geschichtswissenschaft);* der Verlauf
der G.; die Tat ging in die G. ein *(wurde historisch
bedeutsam);* **b)** *wissenschaftliche Darstellung einer historischen Entwicklung:* eine G. des Drei-
ßigjährigen Krieges; sie schrieb eine kurz gefasste G. der Schweiz, des deutschen Dramas.
2. *Erzählung, Bericht:* eine schöne, unglaubliche,

spannende, interessante, traurige, lustige G.; die G. von Robinson Crusoe; die G. langweilt ihn; hier ist die G. zu Ende; eine G. erfinden, schreiben, erzählen, vorlesen, nacherzählen. **3.** (ugs.) *Angelegenheit, Begebenheit:* das ist eine üble, böse, dumme, verwickelte, verzwickte G.; das sind alte Geschichten *(das ist nichts Neues);* das ist wieder die alte G. *(das ist hinlänglich bekannt);* warum musste sie die alten Geschichten wieder aufwärmen?; du machst, das sind ja schöne Geschichten *(Affären, Dummheiten)!;* mach keine Geschichten! *(mach keine Dummheiten!);* mach keine langen Geschichten *(Umstände)!*; du brauchst mir die ganze G. *(das alles)* nicht noch einmal zu erzählen; wir haben von der ganzen G. nichts gewusst; die ganze G. *(alles zusammen)* kostet 5 Mark; ⋆ **Geschichte machen** *(historisch bedeutsam werden).*

geschichtlich: der geschichtliche Hintergrund einer Dichtung; eine geschichtliche Darstellung; ein Vertrag von geschichtlicher Bedeutung; ein geschichtliches *(historisch wichtiges)* Ereignis; zu geschichtlicher *(nicht prähistorischer)* Zeit; diese Gestalten sind g. *(sind durch Quellen als existent erwiesen);* die Stadt war nie g. bedeutend.

¹Geschick, das (geh.): a) *Schicksal:* ein gütiges, glückliches, freundliches, launisches, trauriges, tragisches, unerbittliches G.; ihn traf ein schweres G.; sein G. ertragen, beklagen, selbst in die Hände nehmen, verfluchen; sie ergibt sich in ihr G.; b) *Entwicklung; Lebensumstände:* die Geschicke der Stadt; er lenkt die Geschicke des Unternehmens.

²Geschick, das: *Geschicklichkeit:* politisches, diplomatisches G.; sie hat zwar guten Willen, aber wenig G.; sie hat G. zu/für Handarbeiten; er hat wenig G., mit Kindern umzugehen; (iron.:) er hat ein besonderes G., immer das Falsche zu tun.

geschickt: ein geschickter Lehrling, Handwerker, Diplomat; sie hat sehr geschickte Hände; der Minister wurde durch geschickte Fragen in die Enge getrieben; er ist sehr g. in praktischen Dingen; sich g. anstellen; sie verteidigte sich sehr g.

Geschirr, das: **1.** unzerbrechliches, feuerfestes, irdenes G.; G. aus Porzellan; G. für 12 Personen; das G. abräumen, abwaschen, spülen, in die Spülmaschine einräumen/(ugs.:) tun, abtrocknen, wegräumen, zerschlagen; sie klapperte beim Abwaschen mit dem G.; Berge von schmutzigem G. **2.** *Riemenzeug für Zugtiere:* dem Pferd das G. anlegen; im G. gehen *(eingespannt sein);* ⋆ **sich ins Geschirr legen** (1. *kräftig zu ziehen beginnen:* die Pferde legten sich ins G. 2. *hart arbeiten).*

Geschlecht, das: **1.** das männliche und weibliche G.; das G. ist bei manchen Vögeln schwer festzustellen; junge Leute beiderlei Geschlechts; ein

Kind männlichen Geschlechts; die Unterschiede, Merkmale der Geschlechter. **2.** a) *Gattung, Art:* das menschliche G.; b) *Generation:* die kommenden Geschlechter; das vererbt sich von G. zu G.; c) *Familie, Sippe:* ein altes, vornehmes G.; dieses G. ist ausgestorben; sie entstammt einem adligen G.; er ist der Letzte seines Geschlechts. **3.** (Sprachw.) *Genus:* das grammatische G.; männliches, sächliches G.; »Tafel« hat weibliches G.; ⋆ **das starke Geschlecht** (ugs. scherzh.; *die Männer)* · **das schwache/zarte/schöne Geschlecht** (ugs. scherzh.; *die Frauen).*

geschlechtlich: geschlechtliche Fortpflanzung, Liebe, Lust, Askese; eine geschlechtliche Beziehung; mit jmdm. g. verkehren.

geschlossen: a) *gemeinsam, ohne Ausnahme:* der geschlossene Abmarsch ist für 9 Uhr festgesetzt; das Parlament stimmte g. für die neue Verfassung; die Schüler blieben g. dem Unterricht fern; b) *in sich zusammenhängend:* eine geschlossene Ortschaft; eine geschlossene Gesellschaft *(nur einem bestimmten Kreis zugängliche Veranstaltung);* eine geschlossene Wolkendecke; das Feld, die Spitzengruppe der Läufer nähert sich g. dem Ziel; ein geschlossener (Sprachw.; *mit wenig geöffnetem Mund gesprochener)* Vokal; eine geschlossene (Sprachw.; *mit einem Konsonanten endende)* Silbe; g. *abgerundet:* eine geschlossene Arbeit; eine [in sich] geschlossene Persönlichkeit.

Geschmack, der: **1.** a) *Art, wie etw. schmeckt:* ein schlechter, süßlicher, bitterer G.; die Suppe hat einen kräftigen, würzigen G.; einen ekelhaften G. im Mund haben, auf den Lippen spüren; b) *Geschmackssinn:* wegen eines Schnupfens keinen G. haben; der Wein ist für meinen G. zu süß; die Suppe ist ganz nach meinem G., sagt meinem G. zu. **2.** a) *ästhetischer Wertmaßstab:* wir haben den gleichen G.; das ist nicht mein/nach meinem G.; sie hat mit dem Geschenk seinen G. getroffen; der G. des Barocks, des 19. Jahrhunderts; nach neustem G.; Ⓡ über G. lässt sich [nicht] streiten; (ugs. scherzh.:) die Geschmäcker sind verschieden; b) *Fähigkeit zu ästhetischem Urteil:* ein feiner, verfeinerter, sicherer, ausgesuchter G.; seinen G. bilden; sie hat keinen guten G. in Kleiderfragen; sie hat die Wohnung mit viel G. eingerichtet; ⋆ **an etw. (Dat.) Geschmack finden** *(etw. gut finden)* · **an etw. (Dat.) Geschmack gewinnen; auf den Geschmack kommen** *(das Angenehme an etw. [langsam] herausfinden).*

geschmacklos: **1.** *ohne Geschmack:* ein geschmackloses Bild; das Kleid ist g.; sich g. kleiden. **2.** *taktlos:* eine geschmacklose Äußerung; der Witz war g.; er fand ihr Benehmen ziemlich g.; sich g. benehmen.

3. *schal:* geschmackloses Pulver; das Essen ist völlig g.

geschmackvoll: ein geschmackvolles Muster; die Ausstattung war äußerst g.; sich g. kleiden.

geschmeidig: 1. *weich und elastisch:* geschmeidiges Leder; ihr Haar ist sehr g.; die Haut g. machen, halten. 2. *gelenkig:* ein geschmeidiger Körper; der Turner ist sehr g.; g. wie eine Katze; sich g. bewegen; die Muskeln g. machen; ÜBERTR.: sich g. der neuen Situation anpassen (oft abwertend; *anpassungsfähig sein*).

Geschöpf, das: a) *Lebewesen:* Geschöpfe Gottes, dieser Welt; alle Geschöpfe müssen sterben; b) *Person:* ein dummes, faules, liederliches G.; du bist ein undankbares G.; sie ist ein süßes, reizendes G. *(Mädchen);* c) (geh.) *fiktive Gestalt:* die Geschöpfe seiner Fantasie.

¹Geschoss, (österr., auch schweiz.:) **Geschoß,** das: *Projektil:* ferngelenkte Geschosse; die Geschosse der Artillerie; das G. explodiert, platzt, krepiert, schlägt ein, trifft ins Ziel; das G. drang ihm in den Leib, trat aus dem Oberarm wieder aus; ein G. aus dem Arm entfernen; ÜBERTR.: dieses G. (Fußball; *diesen scharfen Schuss*) konnte der Torhüter nicht halten; mit diesem G. *(Rennwagen)* fuhr er einen neuen Rekord.

²Geschoss, das: *Etage:* das Haus hat sechs Geschosse; er wohnt im ersten, obersten G.

geschraubt (ugs. abwertend): ein geschraubter Stil; seine Sprechweise ist mir zu g.; sich g. ausdrücken.

Geschrei, das: ein lautes, jubelndes, klägliches G.; das G. der Kinder verstummte; es gab ein riesiges, (geh.:) es erhob sich ein fürchterliches G.; mach doch kein solches G. (ugs.; *so viel Aufhebens*) um diese Kleinigkeit!; in G. ausbrechen.

Geschütz, das: ein großes, schweres G.; die Geschütze feuern; ein G. in Stellung bringen, bedienen, laden; ★ **schweres/grobes Geschütz auffahren** (ugs.; *jmdm. [übertrieben] scharf entgegentreten*).

Geschwätz, das: dummes, sinnloses, hohles, leeres G.; das ist nur törichtes G.!; dieses G. kann ich nicht mehr mit anhören; auf dieses G. brauchst du nichts zu geben; Ⓡ was kümmert, schert mich mein G. von gestern (ugs.; *ich habe meine frühere Meinung nun eben geändert*).

geschweige: sie hat nicht einmal genug Geld zum Leben, g. [denn] für ein Auto; ich glaube nicht, dass er anruft, g. [denn] dass er kommt; so etwas sagt man nicht, g. dass man es täte.

geschwind (landsch.): er ist sehr g. bei der Arbeit; komm g.!; ich will nur g. einmal nachschauen.

Geschwindigkeit, die: eine große, hohe, gleich bleibende G.; die G. beträgt 100 km/h; die G. steigern, erhöhen, drosseln, herabsetzen, messen; der Zug entwickelt eine enorme G.; das Schiff hat, erreicht eine G. von 28 Knoten; sie fuhr mit

überhöhter G., mit einer G. von 150 km/h; mit affenartiger (ugs.; *großer*) G.

Geschwister: a) die ⟨Plural⟩: *Kinder eines Elternpaares:* wir sind vier G.; ich habe zwei G.; die G. sehen sich sehr ähnlich; b) ⟨das⟩: *Geschwisterteil:* das Kind wurde auf das neugeborene G. eifersüchtig.

geschwollen: eine geschwollene Ausdrucksweise, Rede; sein Stil ist g.; er redet immer furchtbar g.

Geschwulst, die: eine bösartige, gutartige, innere G.; die Patientin hat eine G. an der Gebärmutter; es bildete sich eine G.; die G. operieren, operativ entfernen.

geschwungen: eine geschwungene Nase; geschwungene Augenbrauen, Lippen; die Linien sind weit, sanft g.

Geschwür, das: ein eitriges G.; das G. eitert, platzt auf, bricht auf, heilt ab; er hat mehrere Geschwüre im Nacken, am Rücken; es hat sich ein G. gebildet; ein G. [auf]schneiden, öffnen.

Geselle, der: 1. *Handwerker, der die Gesellenprüfung abgelegt hat:* ein tüchtiger G.; er arbeitet als G.; einen Gesellen einstellen, entlassen. 2. (oft abwertend) *Bursche, Kerl:* er ist ein übermütiger, wilder, wüster, langweiliger G.

gesellen: 1. ⟨sich zu jmdm. g.⟩ *sich jmdm. anschließen:* auf dem Heimweg gesellte sich ein Bekannter zu mir; er gesellte sich öfter zu ihm. 2. ⟨sich zu etw. g.⟩ *dazukommen:* zu den beruflichen Misserfolgen gesellten sich noch familiäre Schwierigkeiten.

gesellig: 1. *soziabel:* er ist eine gesellige Natur; der Mensch ist ein geselliges Wesen; gesellige *(mit anderen Artgenossen zusammenlebende)* Vögel; sie ist von Natur g.; g. leben. 2. *unterhaltsam:* ein geselliger Abend; geselliges Beisammensein; g. beisammensitzen.

Gesellschaft, die: 1. die bürgerliche, klassenlose, sozialistische G.; die G. verändern wollen; die Entwicklung, Struktur der G.; er ist ein nützliches Glied der menschlichen G.; die Stellung der Frau in der G. 2. a) *Umgang:* das ist keine G. für mich; Bücher sind seine liebste G.; sie sucht G. (*möchte mit ihm zusammen sein*); ich musste den ganzen Abend seine G. ertragen; jmds. G. meiden, (geh.:) fliehen; er ist in schlechte G. geraten; b) *geselliges Beisammensein:* eine geschlossene G. *(nur für einen bestimmten Kreis zugängliche Veranstaltung);* eine G. geben, besuchen; jmdn. zu einer G. einladen; sich auf einer G. kennen lernen; c) *geselliger Kreis:* eine nette, vornehme, steife, bunte, gemischte, langweilige G.; die G. langweilt mich; ich will vor der ganzen G. (ugs.; *von allen diesen Leuten*) nichts mehr wissen. 3. *Oberschicht:* die Damen der G.; die Spitzen, Stützen der G.; jmdn. in die G. einführen; sich in der G. zeigen; zur G. gehören. 4. *Vereinigung:* eine gelehrte, wissenschaftliche, literarische G.; eine G. gründen, ins Leben rufen, fördern; einer G. beitreten; die ehrenwerte G. (verhüll.; *die Mafia*); (Wirtsch.:) das Unternehmen wird von einer G. betrieben; die G. ist in Konkurs gegangen; eine G. mit beschränkter Haftung *(GmbH)*;

★ jmdm. Gesellschaft leisten *(bei jmdm. sein und ihn unterhalten)* · sich in guter Gesellschaft befinden *(etw. sagen/tun, was andere – als Vorbild geltende – Personen auch schon gesagt/getan haben)* · zur Gesellschaft *(aus einer die Geselligkeit fördernden Haltung heraus, um jmdn. einen Gefallen zu tun)*: zur G. ein Bier mittrinken.

gesellschaftlich: 1. *die Gesellschaft betreffend:* gesellschaftliche Verhältnisse, Zustände; gesellschaftliche Kräfte, Bewegungen; der gesellschaftliche Fortschritt; das gesellschaftliche System; der gesellschaftliche Abstand; ihre gesellschaftliche Stellung. 2. *die guten Umgangsformen betreffend:* gesellschaftliche Verpflichtungen, Formen; gesellschaftlicher Zwang; er ist, macht sich g. unmöglich; seit dem Skandal ist er g. erledigt.

Gesetz, das: 1. *rechtliche Norm:* ein neues, einschneidendes, umfassendes, strenges G.; die Gesetze über Ehescheidung, über Einfuhrbeschränkungen; das G. gegen unlauteren Wettbewerb; das G. zum Schutz der Jugend tritt am 1. Juli in Kraft, wird am 1. Juli wirksam; ein G. annullieren, anwenden, entwerfen, einbringen, beraten, erlassen, verabschieden, beschließen, verkünden, veröffentlichen, in Kraft setzen, in Kraft treten lassen; die Gesetze achten, befolgen, einhalten, machen, übertreten, brechen, verletzen, missachten, umgehen; einem G. unterliegen, unterworfen sein; die Bestimmungen, der genaue Wortlaut des Gesetzes; kraft Gesetzes; nach dem Buchstaben des Gesetzes, im Sinne des Gesetzes richten, urteilen, entscheiden; im Namen des Gesetzes!; sie hat sich nicht an das G. gehalten; sich auf ein G. berufen; er stellte sich außerhalb des Gesetzes; für, gegen das G. stimmen; gegen die Gesetze verstoßen; im G. *(Gesetzbuch)* nachschlagen; eine Lücke im G. finden *(einen darin nicht berücksichtigten Fall ausnutzen)*; mit dem G. in Konflikt geraten, kommen *(straffällig werden)*; mit dem G. in Einklang stehen; jmdn. nach einem bestimmten G. verurteilen, bestrafen; unter ein G. fallen; vor dem G. sind alle gleich. 2. *Naturgesetz:* das G. der Schwerkraft; das G. vom freien Fall, von der Erhaltung der Energie; die keplerschen Gesetze; das G. (Wirtsch.; *Prinzip)* von Angebot und Nachfrage; es ist ein ewiges G., ein G. der Natur, dass alle Menschen sterben müssen. 3. *Richtlinie:* ein moralisches, strenges, ungeschriebenes G.; oberstes G. der Politik ist das Wohl des Bürgers; der kennt nur ein G., und das heißt Profit;

★ das Gesetz der Serie *(Wahrscheinlichkeit, dass ein bisher immer gleiches Ereignis auch diesmal wieder eintrifft)* · das Gesetz des Handelns *(zwingende Notwendigkeit zu handeln)* · das Gesetz des Dschungels *(Gesetz- und Rechtlosigkeit).*

gesetzlich: *rechtlich:* gesetzliche Bestimmungen; ein gesetzlicher Feiertag; die gesetzliche Krankenkasse; Banknoten sind gesetzliche Zahlungsmittel; der gesetzliche Erbe; die Eltern sind die gesetzlichen Vertreter des Kindes; ein g. vorgeschriebenes Dokument; diese Regelung ist nicht g.; zu einer Abgabe, zu einer Leistung g. verpflichtet sein; diese Marke ist g. geschützt.

gesetzt: ein gesetzter Herr; sie ist in gesetztem Alter *(nicht mehr jung)*; für seine Jugend ist, wirkt er sehr g.

Gesicht, das: 1. ein schönes, hübsches, zartes, längliches, breites, rundes, volles, hässliches, blödes, blasses, markantes, durchgeistigtes G.; ihr G. strahlte; sein G. lief vor Wut rot an; jetzt bekam ihr G. wieder Farbe; sein G. verzerrte sich, verkrampfte sich; das G. abwenden; er hatte sein G. dem Fenster zugekehrt; sie verbarg ihr G. an seiner Schulter; (geh.:) er bedeckte ihr G. mit Küssen; ich hatte mir sein G. eingeprägt *(es mir gemerkt)*; jmdm. ins G. sehen, schauen, starren; sie blickte mir freundlich ins G.; jmdm./(auch:) jmdn. ins G. schlagen; er lachte, strahlte über das ganze G.; sie hielt sich einen Spiegel vor das G.; die Hände vor das G. schlagen; ÜBERTR.: lauter bekannte, fremde, unbekannte, neue Gesichter *(Personen).* 2. *Gesichtsausdruck:* ein freundliches, missmutiges, verlegenes, ängstliches, betrübtes, trauriges G.; sein G. ist immer ernst; ihr G. verriet ihre Absichten; ein böses, beleidigtes G. machen; (ugs.:) mach kein so dummes G.!; etw. an jmds. G. erraten; jmdm. etw. vom G. ablesen. 3. *charakteristisches Aussehen:* der Stadt hat sich völlig geändert; das G. eines Landes, einer Epoche; jetzt hat die ganze Sache ein G. *(das richtige, erwartete Aussehen);* Arbeitslosigkeit hat viele Gesichter *(Formen);* der Grafiker gab der Zeitschrift ein modernes G. 4. *Vision:* Gesichte haben; sie sprach über ihre Gesichte;

★ das zweite Gesicht *(Fähigkeit, Zukünftiges vorauszusehen)* · das Gesicht verlieren *(sein Ansehen verlieren)* · das, sein Gesicht wahren/retten *(so tun, als ob alles in Ordnung sei)* · sein wahres Gesicht zeigen *(seine eigentliche Gesinnung, seinen wirklichen Charakter offen zeigen)* · ein langes Gesicht/lange Gesichter machen *(enttäuscht dreinblicken)* · ein [schiefes] Gesicht machen *(seinem Missfallen Ausdruck geben)* · ein anderes Gesicht bekommen *(in einem anderen Licht erscheinen)* · ein anderes Gesicht aufsetzen/machen *(freundlicher, fröhlicher schauen)* · ein Gesicht machen wie drei/sieben/acht/vierzehn Tage Regenwetter *(beson-*

ders verdrießlich dreinblicken) · **jmdn., etw. aus dem Gesicht verlieren** *(nicht mehr wahrnehmen, sehen)* · **jmdm. wie aus dem Gesicht geschnitten sein** *(jmdm. sehr ähnlich sein)* · **etw. steht jmdm. im Gesicht geschrieben** *(etw. ist in jmds. Gesichtszügen deutlich erkennbar)* · **jmdm. etw. ins Gesicht sagen** *(jmdm. ohne Scheu etw. sagen)* · **jmdm. ins Gesicht lachen** *(jmdn. höhnisch lachend ansehen)* · **jmdm. ins Gesicht lügen** *(jmdn. frech anlügen)* · **jmdm. nicht ins Gesicht sehen/blicken können** *(vor jmdm. ein schlechtes Gewissen haben)* · **jmdm. ins Gesicht springen** (ugs.; *sehr wütend auf jmdn. sein)* · **jmdm. zu Gesicht stehen** *(zu jmdm. passen)* · **jmdm. zu Gesicht kommen** *(von jmdm. gesehen, bemerkt werden)* · **jmdm., etw. zu Gesicht bekommen** *(jmdn., etw. sehen).*

Gesichtskreis, der: 1. *überschaubarer Umkreis:* das Auto entfernte sich aus ihrem G.; ÜBERTR.: ich habe ihn ganz aus dem/aus meinem G. verloren; in jmds. G. treten. 2. *geistiger Horizont:* ein enger, begrenzter G.; ihr G. ist nicht sehr weit; seinen G. erweitern; er hat einen beschränkten G.; das liegt außerhalb meines Gesichtskreises *(entzieht sich meiner Kenntnis, Beurteilung).*

Gesichtspunkt, der: politische, persönliche, private, praktische Gesichtspunkte; das ist ein wichtiger G.; das ist [natürlich auch] ein G.; einen G. darlegen, berücksichtigen, unterschätzen, außer Acht lassen; die Verhandlungen ergaben ganz neue Gesichtspunkte; nach marktwirtschaftlichen Gesichtspunkten handeln; unter diesem G. [betrachtet,]/von diesem G. aus betrachtet, ist die Sache vorteilhaft.

gesinnt, die: ⟨in den Verbindungen⟩ **irgendwie gesinnt sein** *(eine bestimmte Gesinnung haben):* sie ist sehr menschenfreundlich, fortschrittlich g.; ich bin anders g. als ihr; ⟨auch attributiv⟩ ein sozial, liberal, christlich gesinnter Politiker · **jmdm./**(selten:)** gegen jmdn. irgendwie gesinnt sein** *(gegenüber jmdm. in bestimmter Weise eingestellt sein):* jmdm. freundlich, feindlich, übel g. (nicht korrekt: gesonnen) sein; sie ist gegen ihn nicht gerade gut g.; ⟨auch attributiv⟩ der ihm günstig gesinnte Chef.

Gesinnung, die: eine gute, anständige, edle, niedrige, freiheitliche, fortschrittliche G.; ihre politische G. ist mir nicht bekannt; seine demokratische G. steht außer Zweifel; sie zeigte, verbarg ihre wahre G., legte eine revolutionäre G. an den Tag; seine G. wechseln; an seiner G. festhalten.

gesonnen, ⟨in der Verbindung⟩ **gesonnen sein, etw. zu tun** *(die Absicht haben, etw. zu tun):* ich bin nicht g., meinen Plan aufzugeben.

gespannt: 1. *erwartungsvoll, neugierig:* gespannte Aufmerksamkeit, Erwartung; ich bin g., ob es ihm gelingt; da bin ich aber g.!; (ugs. scherzh.:) g. sein wie ein Regenschirm/ein Flitzbogen; er blickte g. auf die Leinwand.

2. *konfliktbeladen:* gespannte Beziehungen; zwischen ihnen herrschte ein gespanntes Verhältnis; die Situation, Lage war sehr g.

Gespenst, das: in dem Schloss geht ein G. um, spukt ein G.; du siehst aus wie ein G. *(sehr schlecht, bleich);* als G. erscheinen; sich als G. verkleiden; [nicht] an Gespenster glauben; ÜBERTR.: das G. *(die drohende Gefahr)* eines Atomkrieges, der Arbeitslosigkeit; ∗ **Gespenster sehen** *(unbegründet Angst haben).*

gespenstisch: ein gespenstischer Ort, eine gespenstische Landschaft; seine Erscheinung war geradezu g.; g. aussehen.

Gespinst, das: ein feines, zartes, grobes, seidenes G.; das G. einer Raupe; ein G. aus Glasfäden; ÜBERTR.: ein G. von Heuchelei, Betrug, Lügen.

Gespött, das: sein G. mit jmdm. treiben; jmdn. dem G. der Leute, Menge preisgeben; ∗ **jmdn. zum Gespött machen** *(bewirken, dass jmd. von anderen verspottet wird)* · **zum Gespött [der Leute] werden** *([von anderen] verspottet werden).*

Gespräch, das: 1. ein freundschaftliches, offenes, vertrauliches, fachliches, wissenschaftliches, politisches, religiöses, geistreiches, interessantes G.; ein G. über das Wetter; ein G. auf höchster Ebene; es wollte kein richtiges G. aufkommen, in Gang kommen; das G. plätscherte dahin, verstummte, (geh.:) versiegte, (ugs.:) schlief ein; es entwickelte sich bald ein angeregtes G.; die Gespräche drehten sich um Krieg und Frieden; ich wusste im Voraus, wie das G. verlaufen würde; ein G. anbahnen, eröffnen, beginnen, anknüpfen, führen, abbrechen, beenden; ich hatte mit ihm ein G. unter vier Augen; sie brachten das G. auf die Abrüstung; sie nahmen das unterbrochene G. wieder auf, setzten das G. fort; sie konnte seinem G. nicht folgen; Gegenstand unseres Gesprächs war ...; an einem G. teilnehmen; /Schlussformel bei Interviews/: wir danken für das G.; lass dich nicht auf/in ein G. mit ihm ein!; jmdn. in ein G. verwickeln, ziehen; wir kamen miteinander ins G.; wir werde gerade im G., ein G., Gespräche mit jmdm. führen.

2. *Telefongespräch:* ein dienstliches, privates, dringendes G.; das G. dauerte zehn Minuten, wurde abgehört, wurde unterbrochen; ein G. anmelden, vermitteln; ein G. mit Zürich *(mit einem Teilnehmer in Zürich)* führen; legen Sie das G. auf mein Zimmer; sie wartet auf ein G. aus, mit Berlin. 3. (ugs.) *Gesprächsstoff:* die Affäre wurde G., zum G. der ganzen Stadt; ∗ **[mit jmdm.] im Gespräch bleiben** *([mit jmdm.] in Kontakt bleiben)* · **im Gespräch sein** *(erwogen werden).*

gesprächig: ein sehr gesprächiger Herr saß uns gegenüber; sie ist/zeigt sich heute nicht besonders g.; etw. macht jmdn. g.

Gesprächsstoff, der: ein interessanter G.; das Wetter ist ein unverbindlicher G.; der G. ging ihnen

aus, war erschöpft; sie hatten genügend G.; etw.
bildet, liefert einen G., gibt einen G. ab, sorgt für
G.; es fehlte nicht an G.
gespreizt (abwertend): *geziert und unnatürlich:*
ein gespreizter Stil; ihre Ausdrucksweise ist sehr
g.; g. reden.
Gestalt, die: **1.** a)*Wuchs:* eine kräftige, gedrungene, untersetzte, schlanke, schmächtige, kleine
G.; die menschliche G.; ihre G. ist sehr zierlich;
ein Mann von hagerer G.; b)*unbekannte Person:*
zwielichtige, zweifelhafte Gestalten; auf dem Hof
stand eine dunkle, heruntergekommene G.
2. a)*Persönlichkeit:* eine bedeutende, hervorragende G.; die G. Napoleons; er gehört zu den führenden Gestalten seines Landes; Karl der Große
wurde zu einer legendären G.; b)*(in der Dichtung) Figur:* eine zentrale, wichtige G. des Romans; die Gestalten des Dramas sind lebensnah
dargestellt, frei erfunden.
3.*Form:* eine längliche, runde G.; das Gebäude
hat die G. eines Fünfecks; etw. ist in der ursprünglichen G. erhalten; der Staat in seiner modernen G.; das Abendmahl in beiderlei G.
(christl. Rel.; *in Form von Brot und Wein);* der
Teufel in G. einer Schlange; eine Lohnerhöhung
in G. von kürzerer Arbeitszeit;
★ **Gestalt annehmen/gewinnen** *(deutlich, wirklich werden) ·* etw. (Dat.) **Gestalt geben/verlei-
hen** *(etw. deutlich, wirklich werden lassen).*
gestalten: 1. a)⟨etw. [irgendwie] g.⟩ *(einer Sache)
eine Form geben:* einen Stoff literarisch, künstlerisch g.; eine Wohnung bequem, gemütlich, komfortabel, behaglich, nach seinem Geschmack, seinen Wünschen g.; den Abend abwechslungsreich, nett, spannend g.; ⟨etw. zu etw. g.⟩ ein eigenes Erlebnis zu einer Filmvorlage g.; b)⟨etw. g.⟩
organisieren: das Schulfest wurde zum Großteil
von den Schülern selbst gestaltet; eine Theater-
gruppe gestaltete das Nachmittagsprogramm;
c)⟨etw. g.⟩ *entwerfen, herstellen:* wer hat das
Schaufenster, das Layout gestaltet?; diese Skulptur aus Marmor gestaltet.
2.⟨sich [irgendwie] g.⟩ *sich entwickeln; werden:*
der Abstieg gestaltete sich schwieriger als der
Aufstieg; der Abend gestaltete sich ganz anders,
als wir erwartet hatten; wie wird sich die Zukunft g.?; ⟨sich zu etw. g.⟩ seine Gastspielreise
durch die USA gestaltete sich zu einem schönen
Erfolg.
Geständnis, das: ein freiwilliges, erzwungenes,
durch Folter erpresstes, umfassendes, aufrichtiges, offenes G.; das G. des Täters; ein volles G. ablegen; ein G. widerrufen; ich muss ein G. machen *(etwas sagen, was ich bisher verschwiegen
habe).*
Gestank, der: ein scheußlicher, scharfer G. schlug
ihm entgegen; ein G. von faulen Eiern breitete
sich aus; der G. der Fabrik ist nicht zu ertragen;
dort kann man es vor G. nicht aushalten.
gestatten: 1.⟨jmdm. etw. g.⟩ *erlauben, bewilligen:*

jmdm. den Aufenthalt in einem Raum g.; er gestattete mir, die Bibliothek zu benutzen; ⟨auch
ohne Dat.⟩ /häufig als Höflichkeitsformel/: gestatten
Sie eine Frage?; gestatten Sie, dass ich rauche?;
das Rauchen ist hier nicht gestattet; ⟨auch ohne
Dat. und ohne Akk.⟩ ich werde das Fenster öffnen, wenn du gestattest; gestatten Sie? *(darf ich
an Ihnen vorbei?).*
2.(geh.) ⟨sich (Dat.) etw. g.⟩ *sich erlauben:* sich
ein Vergnügen, den Luxus, gewisse Freiheiten g.;
sie gestattete sich eine Zigarette; /als Höflichkeits-
formel/: wenn ich mir eine Bemerkung, eine Frage
g. darf ...; ich gestatte mir, Sie einzuladen.
3. a)⟨etw. g.⟩ *zulassen:* ich komme, wenn es die
Umstände gestatten; b)⟨jmdm. etw. g.⟩ *ermöglichen:* mein Einkommen gestattet mir das nicht.
Geste, die: **1.***Gebärde:* eine verächtliche, herablassende, wegwerfende, verlegene, feierliche, be-
schwörende, sparsame, knappe G.; eine G. der
Entschuldigung; seine Gesten waren übertrieben; eine abwehrende, hilflose G. machen; mit
vielen Gesten sprechen, seine Worte begleiten;
sie bat mich mit einer einladenden G. ins Haus.
2.*Handlung, Mitteilung, die etw. indirekt ausdrücken soll:* eine freundliche, höfliche, noble G.; das
Glückwunschtelegramm sollte eine G. der Versöhnung sein, war nur eine leere G.; das Angebot
war nur als G. gedacht.
gestehen ⟨etw. g.⟩: a)*zugeben, bekennen:* die Tat,
das Verbrechen, den Mord g.; sie hat alles gestanden; ⟨auch ohne Akk.⟩ der Täter hat gestanden
(ein Geständnis abgelegt); ⟨jmdm. etw. g.⟩ er hat
dem Freund sein Vergehen gestanden; b)*offen
aussprechen:* ich gestehe, dass ich glücklich bin;
ich muss zu meiner Schande g., dass ...; offen gestanden, das gefällt mir nicht; ⟨jmdm. etw. g.⟩
jmdm. seine Liebe g.
gestern: 1.bis g.; g. früh; g. Morgen, Mittag, Vormittag, Abend, Nacht; g. um dieselbe Zeit; wir
waren g. zu Hause; g. vor acht Tagen; die Zeitung
ist von g.
2.*früher:* die Mode von g.; deine Ideen sind von g.
(altmodisch); SUBST.: das G. und das Heute;
denke nicht mehr an das G.;
★ **nicht von gestern sein** (ugs.; *aufgeweckt, klug
sein).*
gestreift: ein gestreifter Stoff; gestreifte Tapeten;
der Rock ist rot-weiß g.
gestrig: 1.*gestern gewesen, von gestern:* der gestrige Tag, Abend; die gestrige Zeitung; ich beziehe
mich auf unser gestriges Gespräch.
2.*rückständig:* gestrige Ansichten, Positionen;
das ist g.
Gesuch, das: ein G. auf/um Erhöhung der Bezüge;
ein G. abfassen, aufsetzen, schreiben, schriftlich
einreichen, prüfen, befürworten, zurückziehen;
bewilligen, ablehnen, (Amtsspr.:) abschlägig bescheiden; einem G. stattgeben, entsprechen.
gesucht: eine gesuchte Ausdrucksweise; sein
Briefstil ist sehr g.; er drückt sich sehr g. aus.

gesund: **1.** a) *nicht krank:* gesunde Kinder; einen gesunden Jungen zur Welt bringen; gesunde Zähne, einen gesunden Magen haben; sie hat eine gesündere/(seltener:) gesundere Natur als er; einen gesunden *(starken)* Appetit haben; sie ist wieder [ganz], noch nicht g.; sie sind alle g. und munter *(wohlauf);* es dauert noch einige Zeit, bis er wieder g. wird; einen Kranken g. pflegen, (ugs.:) machen; er wurde als g. [aus dem Krankenhaus] entlassen; der Wald, die Umwelt ist nicht mehr g. *(in gutem Zustand);* ÜBERTR.: ein wirtschaftlich gesundes Unternehmen; die Firma ist nicht g. *(ist wirtschaftlich nicht gesichert);* b) *von Gesundheit zeugend:* sein Gesicht hat eine gesunde Farbe; sie sieht g. aus. **2.** *die Gesundheit fördernd:* ein gesundes Klima; eine gesunde Lebensweise; gesunde Umwelt; Obst essen ist g.; die Seeluft ist sehr g. für ihn; sie lebt sehr g.; ÜBERTR.: das ist mal ganz g. für dich *(wird dir eine Lehre sein).* **3.** *richtig, vernünftig:* ein gesundes Urteil, Misstrauen; einen gesunden Ehrgeiz haben; eine gesunde Entwicklung; Ⓡ aber sonst bist du g.? (ugs.; *du bist wohl nicht recht bei Verstand?).*
Gesundheit, die: eine blühende, unverwüstliche, robuste, eiserne, schlechte, schwache, zerrüttete, angeschlagene G.; ihre G. ist sehr angegriffen, lässt zu wünschen übrig; er ist die G. selbst *(ist sehr gesund);* das beeinträchtigt, erschüttert, schädigt, erhält, stärkt die G., schadet der G., ist der G. abträglich; sie erfreute sich bis ins hohe Alter bester G.; er lebt nur seiner G.; auf jmds. G. trinken *(jmdm. zutrinken);* bei guter G. sein; etw. für seine G. tun; über seine G. klagen; sie ist von zarter G. *(etwas schwächlich);* er strotzt vor G.; /Wunschformel beim Niesen/: G.!; ÜBERTR.: die G. der Seele, der Wirtschaft.
gesundheitlich: gesundheitliche Schäden, Störungen; aus gesundheitlichen Gründen; g. geht es ihr wieder besser; dieser Stoff ist g. unbedenklich.
gesundschreiben ⟨jmdn. g.⟩: jmds. Arbeitsfähigkeit bescheinigen: der Arzt hat ihn [nach zwei Wochen, für den 10. Mai] wieder gesundgeschrieben.
gesundstoßen (ugs., oft abwertend) ⟨sich g.⟩: du willst dich wohl auf unsere Kosten g.?; an diesem Geschäft kann er sich g.; sich durch etw., mit etw. g.
Getöse, das (oft abwertend): das G. der Wellen; ein lautes, mächtiges, fürchterliches, unerträgliches, ohrenbetäubendes G.; mach nicht so ein G.!; das Auto fuhr mit großem G. los.
getragen: eine getragene Melodie; getragene Worte; mit getragener Stimme sprechen; den Marsch sehr g. spielen.
Getränk, das: ein erfrischendes, eisgekühltes G.; Getränke reichen, anbieten; hier gibt es kalte, warme, alkoholische und alkoholfreie Getränke; sie bevorzugt starke *(hochprozentige)* Getränke.
getrauen ⟨sich etw. g.⟩: getraust du dich/(seltener:)

dir, allein durch den dunklen Wald zu gehen?; diesen Schritt getraue ich mir nicht; das getraut er sich bestimmt nicht; ⟨auch ohne Akk.⟩ ich getraue mich nicht in dieses Fahrzeug.
Getreide, das: das G. steht dieses Jahr gut; G. anbauen, mähen, ernten, dreschen; G. *(die Körner)* lagern.
getreu: **I.** ⟨Adj.⟩**1.** (geh.) *treu:* ein getreuer Freund, Diener; g. zu jmdm. stehen. **2.** *genau entsprechend:* ein getreues Abbild; eine getreue Wiedergabe; etw. g. berichten, schildern. **II.** ⟨Präp. mit Dat.⟩ *gemäß:* g. seinem Versprechen, seinem Wahlspruch/seinem Versprechen, seinem Wahlspruch g. handeln.
Getriebe, das: **1.** *Vorrichtung bei Maschinen:* ein hydraulisches, automatisches G.; das G. dieses Autos ist synchronisiert; BILDL.: das G. eines Staates. **2.** (geh.) *reges Treiben:* das lebhafte, bunte G. eines Marktes; sie lebten fern vom G. der Stadt.
getrost: wende dich g. an ihn; er wird dir helfen; man darf g. behaupten, dass ...; das kann man g. vergessen.
Getue, das (ugs.): ein albernes, widerliches, lächerliches G.; lass doch das G. mit dem Kind!; mach doch nicht so ein G. *(so viel Aufhebens)* um etw.; wegen dieser Rechnung!; der macht vielleicht ein [großes] G. *(spielt sich auf)!*
Getümmel, das: ein wildes, beängstigendes, unbeschreibliches G.; das G. eines Kampfes, Jahrmarkts; es entstand ein großes G. auf dem Fest; sie traf ihn mitten im dicksten G. und stürzten sich ins G.
Gewächs, das: seltene, tropische Gewächse; der Wein, der Tabak ist eigenes G. *(eigenes Erzeugnis);* ÜBERTR.: der Junge ist ein echtes Berliner G. (salopp; *ein typischer Berliner Junge).*
gewachsen: ⟨in der Verbindung⟩ jmdm., etw. gewachsen sein *(einem Überlegenen standhalten, eine Aufgabe bewältigen, jmdm., etw. Widerpart geben können):* seinem Gegner, einem Redner, einem Problem, der Situation g. sein; einem solchen Ton, einem derartigen Verhalten war ich nicht g.
gewählt: ein gewähltes Deutsch sprechen; ihre Ausdrucksweise ist sehr g.; er drückt sich g. aus.
gewahr (geh.): ⟨in den Verbindungen⟩ jmdn., etw./jmds., etw. gewahr werden *(jmdn., etw. erblicken, erkennen, bemerken):* sie ging an ihr vorüber, ohne sie/ihrer g. zu werden · etw. (Akk.)/ etw. (Gen.) gewahr werden *(etw. in seiner Bedeutung erkennen)* wir wurden unseren Irrtum/unseres Irrtums schnell g.; er wurde zu spät g., dass man ihn betrogen hatte.
Gewähr, die: die G. bieten, leisten; können Sie mir die G. geben, dass das so stimmt?; dafür übernehme ich keine G.; die Angabe der Lottozahlen erfolgt ohne G.
gewahren (geh.) ⟨jmdn., etw. g.⟩: in der Ferne eine

Gestalt g.; jmds. Veränderung, jmds. Absicht g. (erkennen).

gewähren: 1. (geh.) ⟨jmdm. etw. g.⟩ a) *erfüllen:* jmdm. ein Anliegen, ein Gesuch, eine Bitte, einen Wunsch g.; b) *bewilligen:* einem Kunden Vergünstigungen, eine [Zahlungs]frist, einen Aufschub g.; jmdm. Einblick in etw. g.; wir gewähren Ihnen auf diese Bescheinigung, auf diese Preise Rabatt; einem Flüchtling Schutz, Obdach, Asyl g.; den Reportern ein Interview g.; ⟨auch ohne Dat.⟩ wir gewähren gleiche Bezahlung; c) *bieten:* dieser Vertrag gewährt Ihnen manche Vorteile; ⟨auch ohne Dat.⟩ diese Einrichtung gewährt modernen Komfort, große Sicherheit. 2. ⟨in der Verbindung⟩ **jmdn. gewähren lassen** *(jmdn. nicht in seinem Tun hindern):* lass die Kinder ruhig g.

gewährleisten ⟨etw. g.⟩: den reibungslosen Ablauf der Arbeiten g.; die Sicherheit der Mitwirkenden ist gewährleistet.

Gewahrsam, der: ⟨in bestimmten Wendungen⟩ **etw. in Gewahrsam nehmen/haben/[be]halten** *(etw. sicher verwahren)* · **etw. in Gewahrsam geben/bringen** *(etw. zur Aufbewahrung, zur Obhut übergeben)* · **jmdn. in Gewahrsam nehmen/bringen/setzen** *(jmdn. verhaften)* · **in Gewahrsam sein; sich in Gewahrsam befinden** *(in Haft sein).*

Gewalt, die: 1. *Macht, Recht, über jmdn., etw. zu bestimmen:* die staatliche, vollziehende, priesterliche, göttliche G.; die weltliche und geistliche G.; die Trennung der Gewalten in gesetzgebende, richterliche, ausführende G.; die elterliche G. ausüben, vertreten; die G. an sich reißen; die G. über Leben und Tod haben; jmdn. in seiner G. haben; unter, in jmds. G. stehen *(völlig von jmdm. unterdrückt werden);* ÜBERTR.: die G. *(Herrschaft)* über sein Fahrzeug verlieren. 2. *Machtmissbrauch:* in diesem Staat geht G. vor Recht; brutale, rohe G. gegen jmdn. anwenden; G. [ge]brauchen, (geh.:) üben; G. leiden müssen; ich weiche nur der G.; etw. mit G. zu erreichen suchen; jmdn. mit G. an etw. hindern; man musste ihn mit [sanfter] G. hinausbefördern; die Tür ließ sich nur mit G. *(gewaltsam)* öffnen. 3. (geh.) *elementare Kraft; Heftigkeit:* die G. des Sturmes, der Flut; das Schiff war den Gewalten des Unwetters ausgeliefert; ÜBERTR.: die G. der Leidenschaft; die G. seiner Rede. ∗ **höhere Gewalt** *(etwas Unvorhergesehenes, auf das man keinen Einfluss hat)* · **etw. in der Gewalt haben** *(sich, etw. beherrschen können)* · **etw. (Dat.) Gewalt antun** *(etw. verfälschen)* · **jmdn. Gewalt antun** *(geh.; jmdn. vergewaltigen)* · **mit [aller] Gewalt** *(unter allen Umständen).*

gewaltig: 1. a) *riesig:* gewaltige Felsen, Bauten; b) *mächtig:* er ist der gewaltigste Herrscher seines Geschlechts; c) *enorm:* gewaltige Anstrengungen, Lasten, Mengen; es herrscht eine gewal-

tige Kälte; (ugs.:) das ist ein [ganz] gewaltiger Irrtum; der Fortschritt der letzten Jahre ist g. 2. (ugs.) ⟨verstärkend bei Verben⟩ *sehr:* sich g. irren, täuschen; sich g. überschätzen; der Absatz ist g. gestiegen.

Gewand, das (geh.): ein prächtiges, kostbares, seidenes, wallendes, griechisches G.; das geistliche G.; ein G. ablegen, anlegen, tragen; liturgische Gewänder *(von den Geistlichen der christlichen Kirchen);* ÜBERTR.: das Buch erscheint in einem neuen G. *(in neuer Aufmachung);* im G. des Wohltäters *(vorgebend, ein Wohltäter zu sein).*

gewandt: ein gewandter Tänzer; eine gewandte Redeweise; sie schreibt einen gewandten Stil; er ist g. in seinem Auftreten.

gewärtig: ⟨in der Verbindung⟩ **etw. (Gen.) gewärtig sein** (geh.; *auf etw. gefasst sein):* sie war ihres Widerspruchs, einer neuen Überraschung g.; des Schlimmsten, des Äußersten, der Folgen g. sein; man musste jeden Augenblick [dessen] g. sein, von ihm hinausgeworfen zu werden.

Gewässer, das: ein ruhiges, stilles, klares, stehendes, sumpfiges G.; die fließenden G. Europas; der Verschmutzung der G. entgegentreten.

Gewebe, das: 1. *Stoff:* feines, dichtes, dünnes, flauschiges, leichtes, empfindliches G.; das G. ist strapazierfähig, haltbar; neue, synthetische G. herstellen; BILDL.: er hat sich im G. (geh.; *im Netz)* seiner Lügen verstrickt. 2. (Med., Biol.) *Verband gleichartiger Körperzellen:* gesundes, krankes, totes G.; das G. der Muskeln, der Knochen; die G. des Körpers; krankhaftes G.; G. verpflanzen, untersuchen.

Gewehr, das: ein großkalibriges G.; das G. laden, anlegen, in Anschlag bringen, abfeuern, [ent]sichern, schultern, abnehmen, zerlegen, reinigen; mit dem G. auf jmdn. zielen; jmdn. mit vorgehaltenem G. zu etw. zwingen; sie waren alle mit automatischen Gewehren bewaffnet; die Mannschaft stand G. bei Fuß *(in militärischer Haltung, wobei das Gewehr mit dem Kolben nach unten neben den Fuß gestellt ist);* /in militärischen Kommandos/: G. ab!; das G. über!; präsentiert das G.!; ∗ **Gewehr bei Fuß stehen** *(bereit einzugreifen).*

Geweih, das: ein starkes, ausladendes, [un]verzweigtes G.; das G. abwerfen.

Gewerbe, das: ein ehrliches, einträgliches, dunkles, schmutziges, unsauberes G.; das G. des Bäckers; Handel und G. stehen in Blüte; ein G. lernen, ausüben, [be]treiben; er ist im grafischen G. tätig; ∗ **das horizontale/(selten:) ambulante Gewerbe** (ugs. scherzh.; *die Prostitution)* · **das älteste Gewerbe der Welt** (verhüll. scherzh.; *die Prostitution).*

gewerblich: *das Gewerbe betreffend:* gewerbliche Interessen; Belange; ein gewerblicher Betrieb; Räume für gewerbliche Zwecke, zu gewerblicher Nutzung.

gewerbsmäßig: *als Gewerbe betrieben:* die ge-

G

werbsmäßige Herstellung; ein gewerbsmäßiger Einbrecher; gewerbsmäßige Bettelei; gewerbsmäßige Unzucht *(Prostitution);* einen Handel g. betreiben.

Gewerkschaft, die: freie, christliche Gewerkschaften; die G. der Eisenbahner; die G. fordert höhere Löhne; eine G. gründen; einer G. beitreten, angehören; in eine G. eintreten.

Gewicht, das: 1. *Schwere eines Körpers:* ein geringes, großes, ansehnliches, enormes G.; das volle, eigene, zulässige G.; das spezifische G. *(Gewicht der Volumeneinheit eines Stoffes);* das angegebene G. von 5 kg stimmt; etw. hat das richtige G.; der Koffer hat [aber] sein G. (ugs.; *ist ziemlich schwer)!;* das G. feststellen, kontrollieren; das G. vom rechten auf das linke Bein verlagern; ich habe mein G. *(Körpergewicht)* gehalten, habe viel G. verloren, muss auf mein G. achten; mit seinem ganzen G. auf etw. ruhen; etw. nach G. verkaufen; sie stöhnte unter dem G. des schweren Sackes.
2. *Körper von bestimmter Schwere:* große, kleine Gewichte; die Gewichte müssen geeicht sein; mehrere Gewichte auf die Waage legen; die Gewichte der Pendeluhr hochziehen; (Sport:) ein G. stemmen, reißen, drücken, stoßen; ÜBERTR.: die politischen Gewichte in Osteuropa.
3. *Wichtigkeit, Bedeutung:* historisches, literarisches G. haben; in der Partei hat seine Stimme ziemliches G.; dieses Land bekommt immer mehr, hat kein politisches G.; einer Frage, einer Sache [kein] G. beimessen, beilegen, geben; sich mit dem ganzen G. seiner Persönlichkeit für etw. einsetzen; diese Frage hat an G. gewonnen; ein Umstand von G.;

* **sein ganzes Gewicht in die Waagschale werfen** *(seinen eigenen Einfluss geltend machen)* · **auf etw.** (Akk.) **Gewicht legen** *(etw. für wichtig halten)* · **ins Gewicht fallen** *(ausschlaggebend sein).*

gewichtig: gewichtige Angelegenheiten, Mitteilungen, Entscheidungen, Gründe; ein gewichtiger Unterschied, Bestandteil, Nachteil; eine gewichtige Persönlichkeit; diese Frage ist viel gewichtiger; er sagte dies sehr g. *(mit großem Nachdruck);* g. setzte sie sich die Brille auf und begann ihre Rede.

gewieft (ugs.): ein gewiefter Bursche, Geschäftsmann, Taktiker; er ist zu g. für dich; in solchen Dingen ist er sehr g.

gewiegt (ugs.): ein gewiegter Rechtsanwalt, Kriminalist; der Bursche ist ganz schön gewiegt.

gewillt: ⟨nur in der Verbindung⟩ **gewillt sein, etw. zu tun** *(bereit sein, etw. zu tun):* sie ist nicht g. nachzugeben; er ist [fest] g., sein Ziel durchzufechten.

Gewinn, der: 1. *Ertrag, Verdienst:* ein großer, beachtlicher, bescheidener, (ugs.:) recht hübscher G.; ein G. von zehn Prozent; der G. lockt ihn; aus einem Geschäft G. schlagen, ziehen, erzielen; den G. (ugs.:) einstecken, (ugs.:) einstreichen; große

Gewinne abschöpfen; ein Geschäft bringt G. [ein], wirft G. ab; G. und Verlust berechnen, überschlagen; er jagt nur dem G. nach; jmdn. am G. beteiligen; etw. mit G. verkaufen.
2. *gewonnener Geld-, Sachwert:* große, beträchtliche, nur kleine Gewinne einer Tombola; jedes dritte Los ist ein G., bringt einen G.; Gewinne ausschütten, auszahlen; im Lotto einen G. haben, (ugs.:) machen; seinen G. abholen, mit einem G. herauskommen.
3. *Nutzen, Vorteil:* die Lösung dieses Problems wäre ein großer, unschätzbarer G. für die gesamte Bevölkerung; der neue Mann ist ein G. für die Mannschaft; einen G. von etw. haben; ein Buch mit [großem] G. lesen.

gewinnen: 1. a) ⟨etw. g.⟩ *als Sieger beenden:* einen Kampf, Krieg, eine Schlacht g.; ein Rennen klar, eindeutig, sicher, mit einer halben Runde Vorsprung g.; sie haben das Spiel [mit] 2:1 gewonnen; die Wahlen, den Prozess, die Wette g.; b) *Sieger sein:* in einem Kampf, bei einem Spiel g.; diese Mannschaft hat verdient, nach Punkten, überlegen, haushoch, nur knapp gewonnen; wir müssen g.!; wer hat gewonnen?; ich wünschte, sie würde g./sie gewänne!
2. a) ⟨etw. g.⟩ *beim Spiel o. Ä. einen Gewinn bekommen:* bei diesem Preisausschreiben sind zu g.: Autos, Häuser und schöne Reisen zu g.; er hat 5 000 Euro in der Lotterie gewonnen; ⟨auch ohne Akk.⟩ sie hat im Lotto gewonnen; ich habe noch nie gewonnen; b) *einen Gewinn bringen:* jedes vierte Los gewinnt.
3. a) ⟨etw. g.⟩ *erreichen, bekommen:* Zeit, einen Vorsprung, die Herrschaft über jmdn. g.; damit kann man keine Reichtümer, keinen Blumentopf g. (ugs.; *damit erreicht man nichts);* Ansehen, Ehre, Einfluss g.; jmds. Liebe, jmds. Gunst, jmds. Zuneigung, jmds. Herz, jmds. Vertrauen g.; ⟨jmdm. etw. g.⟩ seine Hilfsbereitschaft hat ihm viele Sympathien gewonnen *(eingebracht);* ℝ wie gewonnen, so zerronnen; /häufig verblasst/: über etw. Klarheit, von etw. Abstand, ein Geschmack, zu etw. neuen Mut g.; vor jmdm. Achtung, Ehrfurcht g.; allmählich gewann er immer mehr Einblick in die Verhältnisse; sie gewann langsam den Eindruck, dass ...; die Sache gewinnt dadurch ein neues Aussehen, Gewicht, eine besondere Bedeutung; es gewinnt den Anschein, als ob er aussteigen wolle; b) (geh.) ⟨etw. g.⟩ *[mit Mühe] erreichen:* das freie Feld, das Weite g.; das Schiff gewann die hohe See, den Hafen; sie versuchten, das Ufer zu g.; c) ⟨jmdn. g.⟩ *für sich einnehmen:* die Firma konnte in letzter Zeit mehrere hervorragende Fachleute g.; jmdn. für einen Plan, eine Partei g.; der Star konnte für zwei Konzerte gewonnen werden; in ihm einen echten Freund gewonnen; jmdn. als Kunden, als Mitglied g.; jmdn. zum Freund, zum Verbündeten g.; ein gewinnendes Wesen; sie lächelte gewinnend.

4. a) *sich zu seinem Vorteil verändern:* sie hat in letzter Zeit sehr gewonnen; bei längerer Bekanntschaft gewinnt er sehr; das Bild hat durch den neuen Rahmen gewonnen; **b)** ⟨an etw. (Dat.) g.⟩ *zunehmen:* er hat ziemlich an Ansehen, an Autorität, an Sicherheit gewonnen; das Problem gewinnt an Klarheit; das Flugzeug gewann immer mehr an Höhe. **5. a)** ⟨etw. g.⟩ *fördern:* Kohle, Erz, Kupfer, Blei g.; **b)** ⟨etw. aus etw. g.⟩ *erzeugen, herstellen:* Zucker aus Rüben, Salz aus dem Meerwasser g.; der Saft wird aus reifen Früchten gewonnen.

Gewirr, das: **1.** *verwirrtes Knäuel:* ein dichtes G. von Drähten; das Garn war zu einem unauflösbaren G. verknäult. **2.** *Durcheinander:* ein G. von Stimmen; in dem G. von Straßen konnte man sich nicht zurechtfinden.

gewiss: I. ⟨Adj.⟩ **1. a)** *nicht genauer bestimmbar:* gewisse Leute; ein gewisser Herr Müller; in gewissen Kreisen; ein gewisser Jemand; nur in gewisser, in einer gewissen Beziehung/Hinsicht; für gewisse Fälle; zu gewissen Zeiten, in einem gewissen Alter; **b)** *von nicht sehr großem Ausmaß:* eine gewisse Ähnlichkeit zwischen beiden ist vorhanden; aus einer gewissen Distanz; bis zu einem gewissen Grad; mit einer gewissen Hochachtung. **2. a)** *sicher:* sie hat die [ganz] gewisse Zuversicht, dass man ihr helfen wird; (geh.:) das ist so g., wie die Nacht dem Tage folgt; so viel ist g., dass er der Täter ist; sie hat es als [ganz] g. hingestellt; er hielt es für g., dass ...; ⟨jmds. g. sein⟩ eine Belohnung, eine Strafe ist ihm g.; **b)** ⟨jmds., etw. g. sein⟩ *sicher sein:* er war seines Erfolges, des Sieges, ihrer Hilfe, der Unschuld des Angeklagten g. II. ⟨Adverb⟩ *sicherlich, bestimmt:* du hast g. Recht; du kannst mir g. [und wahrhaftig] glauben; g. hat sie es gehört; aber g. [doch]! *(es verhält sich tatsächlich so!).*

Gewissen, das: das menschliche, ärztliche, politische, künstlerische G.; sein G. regt sich, quält ihn; ihn plagt das G.; ein gutes, reines, ruhiges G. haben; ein schlechtes, böses G. haben; sein G. erleichtern, beruhigen, betäuben, zum Schweigen bringen, erforschen; etw. belastet jmds. G.; sie hat kein G. *(sie ist skrupellos);* seinem G., (geh.:) der Stimme des/seines Gewissens folgen; gegen Recht und G., gegen sein G. handeln; etw. guten Gewissens, mit gutem G., nach bestem G., wider besseres [Wissen und] G. tun; das kann ich vor meinem G. nicht verantworten; ein gutes G. ist ein sanftes Ruhekissen;

* etw. **auf dem Gewissen haben** *(etw. verschuldet haben)* · **jmdn. auf dem Gewissen haben** *(an jmds. Untergang, Tod schuld sein)* · **sich** (Dat.) **kein Gewissen aus etw. machen** *(bei einer üblen Tat keine Gewissensbisse haben)* · **jmdm. ins Gewissen reden** *(jmdm. Vorhaltungen machen).*

gewissenhaft: ein gewissenhafter Beamter, Arbei-

ter; eine gewissenhafte Untersuchung; dieser Schüler ist sehr g.; etw. g. prüfen; einen Auftrag g. ausführen.

Gewissensbisse ⟨Plural⟩: heftige G. haben, bekommen, spüren, fühlen; sich G. *(Vorwürfe)* wegen etw. machen; sie wurde von Gewissensbissen gequält.

gewissermaßen: sie war g. gezwungen, so zu handeln; er vertritt bei ihm g. die Stelle der Eltern.

Gewissheit, die: die innere, unerschütterliche G.; die G., dass sie nie mehr zurückkehren würde, war unerträglich; was gibt dir die G.?; völlige G. über etw. haben, bekommen, erlangen; du musst dir darüber G. verschaffen; wenigstens eine G. hat diese politische Begegnung gebracht; etw. mit G. *(Sicherheit)* annehmen, sagen; es wurde ihm allmählich zur G., er kam zu der G., dass man ihn betrog.

Gewitter, das: ein aufziehendes, schweres, heftiges, nächtliches G.; ein G. droht, kommt [auf], zieht auf, kommt näher, ist im Anzug, braut sich, zieht sich [am Himmel] zusammen, bricht los, entlädt sich, geht nieder, tobt sich aus, zieht vorüber; der Streit wirkte wie ein reinigendes, befreiendes G.; wir bekommen/es gibt [heute sicher] noch ein G.; ÜBERTR.: ein häusliches G. *(ein Streit)*

gewitzt (ugs.): ein gewitzter Bursche, Geschäftsmann; die ist ganz schön g.

gewogen ⟨in der Verbindung⟩ **jmdm. gewogen sein** (geh.; *jmdm. zugetan sein):* sie war ihm g.

gewöhnen ⟨jmdn., sich an jmdn., etw. g.⟩: *mit jmdn., etw. vertraut machen:* die Spieler an ein härteres Training, Schüler an neue Methoden g.; die Augen müssen sich an die Dunkelheit g.; der Hund hat sich an seinen Herrn gewöhnt; du musst dich noch an manches, an diese Gedanken g.; man gewöhnt sich an alles; ich gewöhne mich langsam daran, früh aufzustehen; an Arbeit, an ein Klima gewöhnt sein; an diesen Ton bin ich nicht gewöhnt.

Gewohnheit, die: eine liebe, alte, schlechte, üble G.; eine G. annehmen; seine Gewohnheiten ändern; sie hat die G., nach dem Essen zu schlafen; etw. aus [reiner] G., entgegen aller G., gegen seine G. tun; etw. wird jmdm. zur [festen] G.; (geh.:) sie hat mit einer [alten] G. gebrochen.

gewöhnlich: **1.** *alltäglich, normal:* an einem gewöhnlichen Werktag; im gewöhnlichen Leben; wie ein gewöhnlicher Krimineller wurde er abgeführt. **2.** *gewohnt, üblich:* sie waren in ihrer gewöhnlichen Beschäftigung; [für] g. *(üblicherweise)* ist er pünktlich; sie kommt wie g. *(wie sonst auch immer).* **3.** *gemein, ordinär:* er ist ein ziemlich gewöhnlicher Mensch; gewöhnliche Ausdrücke gebrauchen; sie ist sehr g., sieht g. aus, benimmt sich g.

gewohnt: *durch Gewohnheit vertraut:* die gewohnte Arbeit, Umgebung, Zeit; von Kindheit an gewohnte Erfahrungen; das gewohnte Verhalten; etw. in gewohnter Weise, mit der gewohnten Gründlichkeit erledigen;

* etw. **gewohnt sein** *(mit etw. vertraut sein)*: schwere Arbeit g. sein; er war es g., dass alle nett zu ihm waren/pünktlich zu kommen.

Gewölbe, das: 1. *gewölbte Decke:* ein gotisches G.; das G. der Kapelle wird von acht Säulen getragen; BILDL.: das blaue G. des Himmels. 2. *Raum mit gewölbter Decke:* ein dumpfes, finsteres, düsteres, feuchtes, verräuchertes G.; Schritte hallten durch das G.

Gewühl, das: das bunte, lärmende G. des Marktes; wir haben ihn im G. verloren; sie stürzten sich ins G. der Tanzenden.

gewunden: gewundene Gänge, Pfade; gewundene Säulen; ÜBERTR.: gewundene *(umständlich formulierte)* Sätze, Reden; sich g. *(gekünstelt)* ausdrücken.

Gewürz, das: ein scharfes, mildes, exotisches G.; die Soße mit Gewürzen abschmecken.

Gier, die: eine maßlose, hemmungslose, blinde, krankhafte G.; eine wilde G. stieg in ihm hoch; seine G. nicht bezwingen, unterdrücken können; er war von unersättlicher G. nach Geld, nach Macht besessen.

gierig: gierige Blicke, Augen; mit gierigen Händen nach etw. greifen; sie war [ganz] g. auf, nach Obst; etw. g. verschlingen, essen, trinken.

gießen: 1. a) ⟨etw. irgendwohin g.⟩ *aus einem Gefäß fließen lassen:* Kaffee, Tee in eine Tasse g.; Wasser an, auf, über den Braten g.; Wein aus einem Krug in die Gläser g.; er hat versehentlich die Tinte über das Heft gegossen; ⟨jmdm., sich etw. irgendwohin g.⟩ er hat ihr den Wein aufs Kleid gegossen; b) ⟨es gießt sich irgendwie; mit Umstandsangabe⟩ *es lässt sich gießen:* aus diesem Krug, mit dieser Kanne gießt es sich schlecht, gut. 2. ⟨etw. g.⟩ *(mit Wasser) begießen:* die Pflanzen, die Blumen, den Garten, die Beete g.; ⟨auch ohne Akk.⟩ wenn es nicht regnet, muss ich heute Abend noch g. 3. ⟨etw. g.⟩ a) *in eine Form gießen:* Silber, Kupfer, Eisen g.; b) *durch Guss herstellen:* Kugeln, Lettern, Glocken g.; Kerzen g.; etw. in Wachs, in Bronze g.; er stand da wie aus Erz gegossen. 4. (ugs.) ⟨es gießt⟩ *es regnet heftig:* es goss in Strömen, wie aus Eimern/Kübeln, mit Kübeln; es regnet nicht, es gießt!

Gift, das: ein gefährliches, sehr schnell wirkendes, tödliches, schleichendes Gift; chemische Gifte; Arsenik ist ein starkes G.; die Samen dieser Pflanze enthalten ein G.; G. mischen; G. nehmen *(sich mit Gift das Leben nehmen);* jmdm. G. geben *(jmdn. vergiften);* durch G. umkommen, getötet werden; ÜBERTR.: sie war, antwortete voller G. *(Gehässigkeit);*

* **blondes Gift** (ugs. scherzh.; *verführerische Blondine)* · **für jmdn., etw. Gift sein** (ugs.; *sehr*

schädlich für jmdn., etw. sein): der Alkohol ist G. für dich, für dein Herz · **sein Gift verspritzen** (ugs.; *sich boshaft äußern)* · **Gift und Galle speien/spucken** *(sehr wütend sein, ausgesprochen gehässig werden)* · **auf etw.** (Akk.) **Gift nehmen können** (ugs.; *etw. als ganz sicher betrachten können).*

giften (ugs.): 1. a) ⟨jmdn. g.⟩ *sehr ärgern:* dass er ständig bevorzugt wurde, giftete sie sehr; die Intoleranz dieser Leute giftete ihn; b) ⟨sich g.⟩ *sich sehr ärgern:* er hat sich mächtig gegiftet. 2. ⟨[etw.] g.⟩ *seinem Ärger Ausdruck geben:* er giftete entsetzlich am Telefon; der Politiker giftete gegen jede Art von Sozialismus; er sei, giftete sie, ein richtiger Mistkerl.

giftig: 1. *Gift enthaltend:* giftige Pflanzen, Spinnen, Schlangen; giftige Dämpfe, Gase, Chemikalien, Substanzen; dieser Pilz ist g. 2. a) (ugs.) *boshaft, gehässig:* giftige Blicke, Bemerkungen; giftige Texte; eine giftige Satire; etw. mit giftigem Spott, Lächeln sagen; sie wird leicht g.; jmdn. g. ansehen; ein giftiger (Sport Jargon; *aggressiv spielender)* Verteidiger; der Mittelstürmer war, spielte g.; ihre Antwort war sehr g.; b) *grell:* ein giftiges Grün.

Gipfel, der: 1. a) *Bergspitze:* steile, bewaldete, von Schnee bedeckte G.; der G. ragt empor, liegt im Nebel; einen G. besteigen, bezwingen; den G. erreichen; auf dem G. rasten; b) (veraltend, noch landsch.) *Wipfel:* der Sturm hat die G. mehrerer Bäume geknickt. 2. *Höhepunkt:* der G. des Glücks, des Ruhms, der Macht; die Ausgelassenheit erreichte um Mitternacht den/ihren G.; der G. der Dummheit, der Geschmacklosigkeit, der Frechheit; er war auf dem G. der Macht angelangt. 3. (Politik Jargon) *Gipfeltreffen, -konferenz:* der G. soll im Herbst stattfinden; auch die Japaner haben ihre Teilnahme am G. zugesagt.

* **das ist [doch] der Gipfel!** (ugs.; *das ist unerhört!).*

gipfeln ⟨in etw. (Dat.) g.⟩: seine Ausführungen gipfelten in einem begeisterten Ausruf, in der Forderung nach mehr Chancengleichheit, gipfelten darin, dass ...

Gitter, das: ein hohes, schmiedeeisernes, kunstvoll geschmiedetes G.; das G. eines Käfigs, vor dem Heizungsschacht, am Kinderbett; ein G. am Fenster anbringen; das Gehege ist von einem G. umgeben;

* **hinter Gitter/Gittern** (ugs.; *ins/im Gefängnis).*

Glacéhandschuh, Glaceehandschuh, der: die Dame trug weiße Glacéhandschuhe/Glaceehandschuhe;

* **jmdn., etw. mit Glacéhandschuhen, Glaceehandschuhen anfassen** (ugs.; *jmdn., etw. vorsichtig behandeln).*

Glanz, der: ein heller, strahlender, matter, metallischer G.; der seidige Glanz ihres Haars; der feuchte, fiebrige G. ihrer Augen; der des Silbers, der Seide, der Sterne; dieses Mittel gibt, verleiht den Möbeln neuen G.; der Spiegel hat seinen G. verloren; etw. strahlt in neuem G.; sie war vom G. geblendet; ÜBERTR.: der G. ihrer Schönheit; sich im G. des Ruhmes sonnen; seine Stimme hat an G. verloren; ein Fest mit großem G. *(Aufwand)* feiern; Ⓡ welcher G. in meiner Hütte! (scherzh.- iron.; Äußerung zur Begrüßung eines Gastes);

∗ **mit Glanz** (ugs.; *sehr gut, hervorragend*): ein Examen mit G. bestehen · **mit Glanz und Gloria** (ugs.; 1. selten; *hervorragend:* ein Examen mit G. und Gloria bestehen. 2. iron.; *ganz und gar:* mit G. und Gloria durchfallen).

glänzen: 1. *leuchten:* die Sterne glänzten hell am Himmel; der gewachste Boden glänzt; das Silber, das Wasser glänzte in der Sonne; ihre Augen glänzten vor Freude; ihre Haare sind glänzend schwarz; ÜBERTR.: die Kleine glänzte vor Sauberkeit *(war blitzsauber).*

2. ⟨mit Umstandsangabe⟩ *sich hervortun:* durch sein Wissen, durch sein Können, durch Geist, durch Schönheit g.; er glänzte in der Rolle des Hamlet; sie glänzte besonders beim Weitsprung.

glänzend: *ausgezeichnet:* glänzende Leistungen, Ideen, Zeugnisse; eine glänzende Laufbahn, Zukunft vor sich haben; sie schreibt einen glänzenden Stil; er ist ein glänzender Redner, Reiter; in glänzender Verfassung, Laune, Form sein; sie hat die Aufgabe g. gelöst; die beiden verstehen sich g.; es scheint ihr g. zu gehen.

Glas, das: 1. dünnes, geschliffenes, gefärbtes, farbiges, trübes, milchiges, splitterfreies, kugelsicheres, feuerfestes G.; G. springt, beschlägt sich, [zer]bricht, zersplittert; G. blasen, schleifen, pressen, ätzen, polieren; eine Wand aus G.; ein Bild hinter, unter G. setzen [lassen].

2. a) *Trinkgefäß:* ein leeres, volles, farbiges, hohes, schlankes, bauchiges, geschliffenes G.; ein G. voll Wasser; drei gefüllte Gläser; /bei Maßangabe/: drei G./(seltener:) Gläser Bier; ein G. guter Wein/ (geh.:) guten Wein[e]s; der Genuss eines G. Wein[e]s/eines Glases Wein; bei einem G. gutem Wein/(geh.:) guten Wein[e]s; mein G. ist leer; die Gläser klirrten, klangen; die Gläser füllen, leeren, spülen, polieren; jmdm. ein G. [Wein] einschenken; ein Gläschen Wein trinken; sein G. austrinken; er hob sein G. und trank ihm zu; den Erfolg mit einem G./Gläschen [Sekt] begießen; ÜBERTR.: zum G. greifen *(Alkohol trinken);* b) *gläsernes Gefäß:* bunte Gläser sammeln; ein G. Marmelade aufmachen; sie hat mehrere Gläser [mit] Kirschen eingemacht; sie stellte die Blumen in ein G.

3. a) *Brillenglas:* das linke G. ist stärker als das rechte; dunkle, dicke, phototrope, entspiegelte Gläser tragen; b) *Opern-, Fernglas:* durch das G. konnte er die Schiffe am Horizont erkennen; sie suchte mit dem G. das Gelände ab;

∗ **ein Glas/Gläschen über den Durst trinken, zu tief ins Glas gucken, schauen** (scherzh. ver-

hüll.; *zu viel von einem alkoholischen Getränk trinken).*

gläsern: 1. *aus Glas bestehend:* gläserne Figuren, Geräte; ÜBERTR.: der gläserne Abgeordnete *(Abgeordneter, der alle seine Einnahmequellen offen legt);* der gläserne *(sämtliche persönliche Daten offen legende)* Mensch. 2. *ausdruckslos:* ein gläserner Blick.

glasig: 1. *glasartig wirkend:* glasige Früchte; Speck und Zwiebeln anbraten, bis alles g. ist. 2. *starr und trüb:* glasige Augen; mit glasigem Blick, ihre Augen waren, starrten g.

glatt: 1. a) *eben:* eine glatte Fläche; sich im glatten Wasser spiegeln; glattes *(nicht lockiges)* Haar; ein glattes *(faltenloses)* Gesicht; dieses Material ist glatter/(seltener:) glätter als jenes; die Jacke ist g. rechts *(ohne Muster)* gestrickt; ÜBERTR.: ein glatter *(flüssiger, gewandter)* Stil; b) *glitschig:* auf dem glatten Rasen, auf glatten Steinen ausrutschen; auf glatter, regennasser Fahrbahn; es ist heute sehr g. draußen; Fische sind sehr g. 2. *mühelos:* eine glatte Landung, Fahrt; das ein glatter Bruch; ein Geschäft g. abwickeln; wir konnten g. passieren; es ist alles g. vonstatten gegangen.

3. (ugs.) a) *offensichtlich:* das ist eine glatte Lüge, glatter Betrug; das hätte ich g. vergessen; die Meldung ist g. erfunden; das ist g. gelogen; b) *eindeutig, klar:* ein glatter Sieg; er schrieb eine glatte Eins; der Antrag wurde g. abgelehnt; er hat die Latte g. übersprungen; die Rechnung ging auf; sie sagte es ihm g. *(ohne Umschweife)* ins Gesicht; das haut mich g. um (salopp; *ich bin fassungslos).*

4. *allzu gewandt, übermäßig höflich:* ein glatter Geschäftsmann, Diplomat; hinter seiner glatten Art verbirgt sich viel Bosheit; g. wie ein Aal sein *(sich aus jeder Situation herauswinden).*

Glätte, die: 1. a) *Ebenheit:* die G. des Spiegels, der Wasserfläche; b) *das Glattsein:* sei vorsichtig, dass du bei dieser G. nicht ausrutschst! 2. *allzu große Gewandtheit, Höflichkeit:* die G. seines Auftretens, seiner Reden verdeckt vieles.

Glatteis, das: heute ist, gibt es G.; wir haben heute G.; bei G. muss man vorsichtig fahren; es ist mit G. zu rechnen.

∗ **jmdn. aufs Glatteis führen** *(jmdn. irreführen, hereinlegen)* · **aufs Glatteis geraten** *(in eine schwierige, heikle Lage geraten).*

glätten: a) ⟨etw. g.⟩ *glatt machen:* einen zerknitterten Zettel, Geldschein g.; die Falten des Kleides g.; ein Brett [mit dem Hobel] g.; ⟨sich g.⟩ *glatt werden:* seine Stirn glättete sich wieder; nach dem Sturm beginnt sich das Meer zu g.; BILDL.: die Wogen der Erregung hatten sich geglättet.

glattweg (ugs.): der Antrag wurde g. abgelehnt worden; jmdm. g. etw. absprechen; das ist g. erlogen.

Glatze, die: seine G. glänzt; eine G. bekommen, (ugs.:) kriegen; eine G. schneiden/scheren lassen; er hatte schon früh eine G.; ein Mann mit G.

Glaube, (seltener auch:) **Glauben,** der: 1. *innere Gewissheit:* ein fester, tiefer, echter, starker, strenger, fanatischer, blinder, irriger G.; sein G. (geh.:) wuchs, wurde stärker; den Glauben an jmdn./etw. haben, aufgeben, verlieren, verleugnen; jmdm. Glauben schenken; etw. zerstört, raubt jmdm. den Glauben; seine Erzählung fand überall Glauben *(wurde überall geglaubt);* der G. an das Gute im Menschen, an die Vernunft; guten, festen Glaubens sein *(überzeugt sein);* jmdn. bei seinem Glauben lassen; er ließ sie in dem Glauben, dass alles in Ordnung wäre; in seinem Glauben an die Gerechtigkeit schwankend werden; sich in dem Glauben wiegen, dass ... *(fälschlicherweise der Meinung sein, dass ...);* etw. im guten/in gutem Glauben *(im Vertrauen auf die Richtigkeit)* unterzeichnen; von einem Glauben beseelt sein; zum Glauben an sich selbst zurückfinden; Ⓡ der G. versetzt Berge. 2. *religiöse Überzeugung:* der christliche, jüdische, heidnische, islamische G.; seinen Glauben [an Gott] bekennen, bewahren, verteidigen; in Fragen des Glaubens tolerant sein; an seinem Glauben festhalten; jmdn. für seinen Glauben gewinnen; für seinen Glauben einstehen, sterben müssen; jmdn. im Glauben stärken; sie starb im festen Glauben an ihren Erlöser; vom Glauben abfallen; jmdn. vom Glauben abbringen; jmdn. zu einem andern Glauben bekehren.

glauben: 1. a) ⟨etw. g.⟩ *annehmen:* ich glaubte, du seist verreist; sie glaubte, dass er krank sei; hast du im Ernst geglaubt, er wollte dich betrügen?; sie glaubte ihn zu kennen, ihn kommen zu hören; ⟨auch ohne Akk.⟩ »Wird sie kommen?« – »Ich glaube ja/schon.«; Ⓡ ich glaube gar! (ugs.; Ausdruck der Entrüstung, Ablehnung o. Ä.); b) ⟨jmdm., sich, etw. g.; mit Umstandsangabe⟩ *vermuten:* ich glaubte dich schon gesund, noch zu Hause, in Berlin; sie glaubte sich schon verloren; ich glaubte mich allein, unbeobachtet, im Recht. 2. a) ⟨etw. g.⟩ *für wahr, richtig halten:* etw. fest, unbeirrbar g.; das glaube ich nicht; das kannst du ruhig g.; sie hat die Nachricht nicht g. wollen; er glaubt alles, was sie sagt; das kann ich von ihm nicht g. *(das traue ich ihm nicht zu);* du glaubst nicht, wie ich mich freue! *(ich freue mich sehr);* das glaubst du wohl/ja/doch selbst nicht!; Schmuck hatte die, das glaubst du nicht! (ugs.; *unvorstellbar!);* das/es ist kaum, nicht zu g. (ugs.; *das/es ist kaum vorstellbar);* (ugs.:) es ist nun mal so, ob dus glaubst oder nicht; ⟨jmdm. etw. g.⟩ sie glaubt ihm etw.; ich glaube dir kein Wort; man glaubt ihr die Tänzerin *(sieht an ihren Bewegungen, dass sie Tänzerin ist);* Ⓡwers glaubt, wird selig (ugs.; *das glaube ich niemals);* b) ⟨jmdm., etw. g.⟩ *für glaubwürdig halten:* ich glaube dir; niemand wollte ihm g.; ihren Worten kann man g.; c) ⟨an jmdn., sich, etw. g.⟩ *jmdm., etw. vertrauen:*

sie glaubte vorbehaltlos an ihn; an das Gute im Menschen g.; du musst mehr an dich selbst g. *(musst mehr Selbstvertrauen haben).* 3. a) ⟨an jmdn., etw. g.⟩ *eine religiöse Überzeugung, eine abergläubische Vorstellung haben:* an Gott, an Christus, an die Auferstehung, an die Unsterblichkeit g.; sie glaubt an Wunder, an Träume, an Gespenster; b) *gläubig sein:* sie glaubt fest und unerschütterlich; er konnte nicht mehr g.; ⋆ jmdn. etw. glauben machen wollen *(jmdn. etw. einzureden versuchen):* er wollte mich g. machen, er hätte das Geld gefunden · **dran glauben müssen** (1. ugs.; *von etwas Unangenehmem betroffen sein:* heute muss sie dran g. und den Küchendienst machen. 2. salopp; *sterben müssen).*

glaubhaft: eine glaubhafte Entschuldigung, Erklärung; sein Bericht war, klang nicht g.; der Zeuge wirkt g.; etw. g. darstellen, nachweisen; ⟨[jmdm.] etw. g. machen⟩ er versuchte, g. zu machen, dass er sich an nichts mehr erinnern kann; sie konnte den Beamten g. machen, dass ...

gläubig: 1. *religiös:* ein gläubiger Mensch, Christ, Muslim, Jude, Hindu; sie ist zutiefst g.; g. beten; SUBST.: die Gläubigen erheben sich zum Gebet. 2. *vorbehaltlos ergeben:* ein gläubiger Marxist; er hat gläubige Anhänger um sich gesammelt; jmdn. mit gläubigem Blick ansehen; alles g. hinnehmen.

Gläubiger, der: seine Gläubiger hinhalten, befriedigen, abfinden; von den Gläubigern bedrängt werden.

glaubwürdig: ein glaubwürdiger Zeuge; eine glaubwürdige Aussage, Erklärung; diese Quelle, Nachricht ist nicht g.; die Geschichte klang g.; etw. g. darstellen.

gleich: I. ⟨Adj.⟩ 1. *identisch:* die gleiche Anzahl, Größe, Farbe; das gleiche Gewicht; das gleiche Ziel verfolgen; den gleichen Zweck dienen; etw. auf die gleiche Weise tun; sie sind im gleichen Jahr, am gleichen Tag geboren; zur gleichen Zeit eintreffen; sie wohnen im gleichen Haus; sie trugen die gleiche Kleider; ein Dreieck mit drei gleichen Seiten; jmd. gilt gleiches Recht für alle; sie forderten gleichen Lohn für gleiche Arbeit; die beiden sind g. alt, g. groß; von einem Punkt g. weit entfernt sein; zwei mal zwei [ist] g. *(macht, ergibt)* vier; drei beiden Schränke sind ganz g.; zwei g. lautende Wörter; SUBST.: ich wünsche dir das Gleiche, ein Gleiches; alle wollen das Gleiche; das Gleiche gilt *(dieselben Worte, Anordnungen gelten)* für dich!; das kommt auf das Gleiche/aufs Gleiche hinaus *(das ist letzten Endes dasselbe);* das wird Gleiches mit Gleichem vergelten; Ⓡ Gleich und Gleich gesellt sich gern *(Menschen mit gleicher [schlechter] Gesinnung schließen sich gerne aneinander an).* 2. *unverändert:* die Prüfungsbedingungen bleiben g.; die Preise sind g. geblieben; mit g. bleibender Freundlichkeit; sie war immer g. bleibend ruhig; trotz des zunehmenden Alters bist du dir [in deinem Wesen] g. geblieben; es/das bleibt sich g. *(es ist ganz gleichgültig)*, ob es mit oder ohne Absicht geschah; SUBST.: sie ist die Gleiche geblieben. **II.** ⟨Adverb⟩ **1.** **a)** *sofort, bald:* ich komme g.; ich bin g. wieder da; wir fahren g. nach dem Mittagessen ab; es muss ja nicht g. sein *(es hat noch etwas Zeit)*; er verstand nicht g., worum es ging; warum nicht g. so?; g. danach; bis g. (ugs.; *bis bald*; Grußformel); **b)** *unmittelbar daneben:* der Gemüsestand ist g. am Eingang; g. hinter dem Haus beginnt der Wald. **2.** ⟨meist in Verbindung mit einer Zahl⟩ *auf einmal:* ich habe mir g. zwei Paar Schuhe gekauft. **III.** ⟨Partikel⟩ **a)** ⟨unbetont⟩ /drückt in Fragesätzen aus, dass der Sprecher nach etwas eigentlich Bekanntem fragt, an das er sich nur im Augenblick nicht erinnern kann/ *noch, doch:* was hat er g. gesagt?; wie heißt sie g.?; **b)** ⟨betont⟩ /drückt in Aussage- und Aufforderungssätzen Unmut, Resignation aus/: dann lass es g. bleiben!; wenn er nicht mitspielt, können wir g. zu Hause bleiben; ich habe es ja g. gesagt. **IV.** (geh.) ⟨Präp. mit Dat.⟩ *wie:* g. einem roten Ball ging die Sonne unter; er hat sich g. seinem Vorgesetzten von der Sache distanziert; * **jmdm. gleich sein** (ugs.; *jmdm. gleichgültig sein*): es ist mir völlig g., was die anderen dazu sagen; ob du heute oder morgen kommst, ist mir g. · **etw. ins Gleiche bringen** (geh.; *etw. in Ordnung bringen*).

gleichen ⟨jmdm., etw. g.⟩: er gleicht seinem Bruder im Wesen sehr; die Zwillinge gleichen sich/ (geh.:) einander wie ein Ei dem andern; die Absturzstelle glich einem Trümmerfeld; diese Dinge gleichen sich sehr.

gleichfalls: sie blieb g. stehen; er wird g. teilnehmen; der Roman und das g. von ihr verfasste Drehbuch; danke, g.! *(ich wünsche Ihnen, dir das Gleiche).*

Gleichgewicht, das: 1. labiles, stabiles G.; das G. herstellen, halten, verlieren; sie kam aus dem G. und stürzte; die beiden Körper sind im G., halten sich im G.; ÜBERTR.: das politische, militärische, ökologische G.; das G. der Mächte, der Kräfte ist gestört. **2.** *innere Ausgeglichenheit:* das seelische, innere, geistige G.; sein G. verlieren, wiedergewinnen, bewahren; durch dieses Ereignis ist sie ganz aus dem G. gekommen, geraten; ihn kann so leicht nichts aus dem G. bringen; * **das Gleichgewicht des Schreckens** *(durch Drohung mit einem Gefahrenpotenzial erreichter Zustand der Stabilität).*

gleichgültig: 1. *teilnahmslos:* ein gleichgültiger Schüler; ein gleichgültiges Gesicht machen; etw. in gleichgültigem Ton fragen; sei nicht so g.!; sie blieb dabei völlig g.; ⟨g. [gegen jmdn./etw., gegenüber jmdm./etw.]⟩ er blieb ihr, der Sache gegen-

über ziemlich g.; sie zeigte sich gegen ihn, gegen die Sache/der Sache gegenüber ziemlich g. **2.** *unwichtig:* sich über gleichgültige Dinge unterhalten; das ist doch g.; diese Mitteilung, diese Person ist mir g.; es ist mir g., wie du das machst; er war, blieb ihr nicht g. (geh. verhüll.; *er bedeutete ihr etwas).*

gleichkommen ⟨jmdm., etw. g.⟩: eine Versetzung, die einer Beförderung gleichkam; an Fleiß kam ihm keiner gleich; niemand kommt ihr gleich *(ist ihr ebenbürtig).*

gleichmäßig: gleichmäßige Atemzüge, Gesichtszüge, Schritte; diese Pflanzen brauchen gleichmäßige Wärme; er ist immer g. freundlich, ruhig; g. atmen; etw. g. verteilen.

Gleichmut, der: heiterer, stoischer, unerschütterlicher, gespielter G.; ihr G. ist zu bewundern; G. bewahren, verlieren; etw. mit G. hinnehmen.

gleichmütig: eine gleichmütige Haltung; ein gleichmütiges Gesicht; in gleichmütigem Ton antworten; g. bleiben; g. nicken; sie nahm die Nachricht g. auf.

Gleichnis, das: das G. vom guten Hirten erzählen; ein G. gebrauchen, deuten; etw. durch ein G. zu erläutern versuchen, in einem G. ausdrücken; in Gleichnissen reden.

gleichsam (geh.): der Brief ist g. eine Anklage.

gleichstellen ⟨jmdn. g.⟩: es wurde beschlossen, die Arbeiter gehaltlich [einander] gleichzustellen; ⟨jmdn. jmdm./mit jmdm. g.⟩ den Arbeiter dem Angestellten/mit dem Angestellten g.

Gleichung, die: quadratische Gleichungen; eine G. dritten Grades, mit einer Unbekannten; die G. geht auf; eine G. aufstellen; ÜBERTR.: was er auch versuchte, die G. ging nicht auf *(seine Pläne schlugen fehl).*

gleichzeitig: 1. eine gleichzeitige Überprüfung aller Teile; sie rannten g. los. **2.** (ugs.) *zugleich:* der Raum dient g. als Wohn- und Schlafzimmer.

Gleis, (österr., schweiz., sonst geh.:) Geleise, das: die Gleise werden verlegt, erneuert; Überschreiten der Gleise verboten; der Zug fährt auf G. 6 ein, fährt von G. 6 ab; einen Zug auf ein anderes, falsches, totes *(unbenutztes)* G. stellen; der Wagen sprang aus dem G.; ÜBERTR.: das ist auf, in ein falsches G. geraten; es geht alles im alten G. weiter; * **jmdn., etw. auf ein totes Gleis schieben** *(jmdn., etw. auf einen Platz rücken, wo kein Weiterkommen mehr möglich ist)* · **jmdn. aus dem Gleis bringen/werfen** *(jmdn. aus der gewohnten Ordnung herausreißen)* · **aus dem Gleis kommen** *(die gewohnte Ordnung verlieren)* · **sich in ausgefahrenen Gleisen bewegen** *(einfallslos, unselbstständig handeln)* · **etw. wieder ins [rechte] Gleis bringen** *(etw. wieder in Ordnung bringen)* · **wieder ins [rechte] Gleis kommen** *(wieder in den richtigen, geordneten Zustand gebracht werden)* · **im Gleis sein** *(in Ordnung sein).*

gleiten: 1. a) ⟨über etw. (Akk.) g.⟩ *sich leicht,*

G

gleichmäßig fortbewegen: der Schlitten gleitet geräuschlos über den Schnee; die Tänzer gleiten über das Parkett; das Boot war über das Wasser geglitten; seine Hand glitt über ihr Haar *(streichelte ihr Haar);* ÜBERTR.: ihre Augen glitten *(schweiften)* über die Wellen, in die Ferne; b) ⟨irgendwoher/irgendwohin g.⟩ *herabgleiten:* er glitt aus dem Sattel; sie ließ sich ins Wasser g.; das Tuch glitt zu Boden; die Tür war unbemerkt ins Schloss geglitten *(hatte sich unbemerkt geschlossen);* die Decke war von ihren Füßen geglitten; ⟨jmdm. irgendwoher/irgendwohin g.⟩ das Tuch glitt ihr aus der Hand, von der Schulter, auf den Boden; ÜBERTR.: das Geld gleitet ihm aus den Händen *(er kann es nicht zusammenhalten);* gleitende (Wirtsch.; *sich den Preisen anpassende)* Lohnskala; c) ⟨irgendwo g.⟩ *schwebend fliegen:* Möwen gleiten im Wind; das Segelflugzeug glitt sanft zu Boden; d) ⟨irgendwie g.⟩ *gleitfähig sein:* die Maschinenteile gleiten besser, wenn sie geölt sind. **2.** (ugs.) *Arbeitsbeginn und -ende selbst wählen:* morgens können wir in der Firma zwischen 6.30 Uhr und 9 Uhr g.; gleitende Arbeitszeit haben.

Gletscher, der: der G. schmilzt, bewegt sich langsam, geht zurück; der G. kalbt *(Eismassen brechen von ihm ab).*

Glied, das: **1.** a) *Körperglied:* schlanke, bewegliche, gelenkige, gerade, krumme, gesunde, kräftige Glieder; ein künstliches G.; die Glieder der Finger, der Zehen; mir tun alle Glieder weh; alle Glieder von sich strecken; vor Schreck kein G. regen, rühren können; du wirst dir noch die Glieder brechen; sie zitterte an allen Gliedern; der Schreck fuhr ihm in, durch alle Glieder *(erfasste ihn ganz stark);* der Schreck sitzt, steckt ihm noch in den Gliedern *(er hat sich von dem Schreck noch nicht erholt);* sie erwachte mit steifen Gliedern; b) *Penis:* das männliche G.; mit entblößtem, erigiertem G. **2.** *Kettenglied:* zwei Glieder des goldenen Armbandes haben sich gelöst; das zersprungene G. der Kette durch ein neues ersetzen; BILDL.: das fehlende G. in der Kette von Beweisen. **3.** *einzelner Teil eines Ganzen:* die einzelnen Glieder eines Satzes, einer Gleichung; ein nützliches, vollwertiges G. der menschlichen Gesellschaft. **4.** *Reihe einer angetretenen Mannschaft:* nach dem ersten G. trat das zweite nach vorn; aus dem G. treten; ins G. [zurück]treten; er stand im dritten G.

gliedern: a) ⟨etw. g.⟩: *einteilen; ordnen:* einen Aufsatz, einen Text, einen Vortrag [klar, gut, übersichtlich, schlecht] g.; das Buch ist in einzelne Kapitel gegliedert; der Katalog ist nach Sachgebieten gegliedert; b) ⟨sich g.⟩ *in verschiedene Teile eingeteilt sein:* die Lehre von der Politik gliedert sich in drei Gebiete; mein Referat gliedert sich wie folgt; eine straff hierarchisch gegliederte

Organisation; eine reich gegliederte (Geogr.; buchtenreiche) Küste.

glimmen: das Feuer glimmt noch unter der Asche; die Zigaretten glimmten/(geh.:) glommen in der Dunkelheit; das Lagerfeuer hatte geglimmt/ (geh.:) geglommen; BILDL.: eine letzte Hoffnung glimmt noch in ihr.

glimpflich: **1.** *ohne gößeren Schaden [abgehend]:* der glimpfliche Ausgang einer Sache; er ist noch g. davongekommen; das ging, lief gerade noch einmal g. ab. **2.** *mild, nachsichtig:* ein glimpfliches Urteil; eine glimpfliche Strafe; g. mit jmdm. umgehen; sie behandelte ihn nicht gerade g.

glitzern: hell, bunt g.; der Schnee, das Eis glitzert in der Sonne; Pailletten glitzern auf ihrem Kleid; glitzernder Schmuck.

Glocke, die: **1.** a) eine große, schwere, bronzene, volltönende G.; ein silbernes, hell tönendes, bimmelndes Glöckchen; die Glocken läuten; die G. tönt, schweigt, hallt; die G. schwingt; die G. schlägt acht [Uhr], läutet Sturm; er läutet die Glocken; eine G. gießen; die G. zur letzten Runde (Sport; *das mit einer Glocke gegebene Signal, dass nur noch eine Runde zu laufen ist);* b) (Fachspr., sonst veraltend) *Klingel:* er zog die G. *(klingelte);* sein Fahrrad mit einer G. versehen. **2.** *Gegenstand von glockenähnlicher Form:* die Glocken *(Blüten)* der Narzissen; sie trug eine G. *(Hut)* aus weißem Filz; Käse unter die G. *(Käseglocke)* legen; ÜBERTR.: eine G. von Nebel und Dunst hing über der Stadt; ✶ wissen, was die Glocke geschlagen hat (ugs.; *sich über den Ernst einer Situation im Klaren sein)* · etw. an die große Glocke hängen (ugs.; *etw. überall herumerzählen).*

Glockenschlag, der: ⟨in der Fügung⟩ mit dem/auf den Glockenschlag (ugs.; *sehr pünktlich):* er betritt jeden Morgen mit dem G. seinen Arbeitsraum.

Glosse, die: eine treffende, witzige G.; eine G. schreiben; über alles/zu allem seine Glossen *(spöttischen Bemerkungen)* machen.

glotzen (ugs., auch abwertend): dumm, blöd, mit aufgerissenen Augen, verständnislos g.; was gibts denn da zu g.?; was glotzt du so dämlich?; sie glotzt den ganzen Tag in die Röhre (salopp; *sieht fern).*

Glück, das: **1.** *günstiger Zufall; günstige Fügung:* großes, unverdientes, blindes, launisches, wechselhaftes G.; das G. mit jmdm./gegen jmdn., hat sich von jmdm. abgewandt; ist jmdm. günstig, ist jmdm. gewogen, begünstigt jmdn., lacht jmdn.; winkt jmdm.; [es ist] ein G. *(es ist nur gut),* dass dir das noch eingefallen ist; das ist dein G. *(es ist nur gut, günstig für dich),* dass du noch gekommen bist; damit wirst du bei ihm kein G. haben *(nichts erreichen);* sie hat G. gehabt *(etwas ist ihr [überraschend] gelungen);* da hatten wir ja noch einmal G. *(das ist noch ein-*

mal gut gegangen); sie hatte G. im Unglück; sie wünschte ihm zu seinem Unternehmen viel G. *(alles Gute, viel Erfolg);* sie vertraut ihrem G.; er baut immer auf sein G.; /Bergmannsgruß/: G. auf!; Ⓡ G. muss der Mensch haben; mehr Glück als Verstand haben; noch nichts von seinem Glück wissen (iron.; *noch nicht wissen, was einem bevorsteht).* **2.** *Zustand des Glücklichseins:* das echte, wahre, höchste, innere, häusliche G.; ein junges, dauerndes, kurzes, ungetrübtes G.; das G. des jungen Paares; großes G. erfüllte ihn, (geh.:) war ihnen beschieden; an diesem Tag endete ihr G.; das Kind ist ihr ganzes G.; das G. ist ihm nicht in den Schoß gefallen; tiefes G. empfinden; sein G. verscherzen; sein G. genießen; nichts trübte ihr G.; sie hat unser G. zerstört; er konnte sein G. nicht fassen; das wird dir kein G. bringen; ein Gefühl des Glücks stieg in ihr auf; er wollte dem G. nachhelfen; dem verlorenen G. nachtrauern; ich will deinem G. nicht im Wege stehen *(tu, was du für gut, richtig hältst);* in G. und Unglück zusammenhalten; man soll niemanden zu seinem G. zwingen; Ⓡ G. und Glas, wie leicht bricht das; jeder ist seines Glückes Schmied; der/die/das hat mir gerade noch zu meinem G. gefehlt (iron.; *kommt mir sehr ungelegen);* * **das Glück des Tüchtigen** *(das Glück, das jmdm., der tüchtig ist, zukommt)* · **sein Glück versuchen/probieren** *(etw. mit der Hoffnung auf Erfolg unternehmen):* er versuchte sein G. beim Spiel, als Schauspieler · **sein Glück machen** *(erfolgreich sein, es zu etw. bringen):* sie hat ihr G. in Amerika gemacht · **auf gut Glück** *(ohne die Gewissheit eines Erfolges):* sie sind auf gut G. losgefahren · **von Glück sagen/reden können** *(etw. einem glücklichen Umstand verdanken):* du kannst von G. sagen, dass die Sache nicht schlimmer ausgegangen ist · **zum Glück; zu jmds. Glück** *(glücklicherweise; zu jmds. Vorteil):* zum G., zu meinem G. sah er mich nicht.

glücken: etw. glückt gut, schlecht, etw. will nicht g.; die Flucht, der Plan schien zu g.; dieses Unternehmen wird g.; ⟨jmdm. g.⟩ ihm glückt immer alles; die Torte ist ihr gut geglückt; ein geglückter Versuch.

glücklich: I. ⟨Adj.⟩ **1. a)** *erfolgreich:* der glückliche Gewinner; eine glückliche Landung, Heimkehr; ich wünsche dir eine glückliche Reise; der Sieg war g. *(mit viel Glück errungen);* die Geschichte hatte einen glücklichen Ausgang, endete g.; es ging alles g. vonstatten; **b)** *günstig, erfreulich:* ein glücklicher Einfall, Gedanke, Zufall, Ausdruck; er ist in der glücklichen Lage, sich das leisten zu können; die Auswahl der Bilder ist nicht sehr g.; die Zeit, der Ort, das Thema war nicht g. gewählt. **2.** ⟨g. [über etw. (Akk.)]⟩ *von Glück erfüllt:* eine glückliche Familie, ein glückliches Land, eine glückliche Zeit, ein glückliches Leben; /Glückwunschformel zum Jahreswechsel/: ein glückliches

neues Jahr; g. verheiratet sein; ihre Zusage machte ihn g.; wunschlos, grenzenlos, unsagbar g. sein; das junge Paar ist sehr g. über die eigene Wohnung; ich bin g. darüber, dass du es geschafft hast. **II.** ⟨Adverb⟩ (ugs.) *endlich, schließlich:* jetzt ist er g. abgereist; nun hat sie sich g. auch das noch verscherzt.

Glückssache, (seltener auch:) **Glücksache,** die: ⟨in der Verbindung⟩ **etw. ist Glückssache** *(etw. hängt von einem glücklichen Zufall ab):* in diesem Durcheinander etwas zu finden, ist [reine] G.; Ⓡ Denken ist G.

Glückwunsch, der: jmdm. die herzlichsten Glückwünsche aussprechen, überbringen, übermitteln; nehmen Sie bitte meine besten Glückwünsche entgegen; viele Glückwünsche empfangen; herzlichen G. zum Geburtstag, zum bestandenen Examen!

glühen: 1. a) *rot vor Hitze leuchten:* die Herdplatte, der Ofen glüht; das Feuer glüht nur noch im Kamin; die Zigaretten glühen in der Dunkelheit; die Asche glüht noch; das Eisen im Feuer glüht; der Faden der Glühbirne glüht schwach; eine glühende Nadel; ÜBERTR.: die Berge glühen im Abendschein; ihre Wangen begannen zu g.; er glühte vor Erregung, vor Begeisterung, vor Leidenschaft, vor Zorn; sie glühte [im Gesicht] vor Fieber; es herrschte glühende *(sehr große)* Hitze; heute ist es glühend heiß; **b)** ⟨etw. g.⟩ *etw. bis zum Glühen erhitzen:* Eisen, einen Draht g. **2.** (geh.) ⟨mit Umstandsangabe⟩ *von einem leidenschaftlichen Gefühl erfüllt sein:* er glühte in Liebe, in Leidenschaft, vor Eifer, vor Ehrgeiz, vor Begeisterung, für sein Ziel, seine Idee; ⟨nach etw. g.⟩ er glühte danach *(trachtete leidenschaftlich danach),* sich zu rächen; glühende Liebe, Begeisterung; glühendes Verlangen; glühender Hass; ein glühender Verehrer, Anhänger; jmdn. glühend bewundern.

Glut, die: **1.** die rote G. einer Zigarette; es ist keine G. mehr im Ofen; die G. glimmt unter der Asche; die G. anfachen, löschen, austreten; in der G. blasen; Kartoffeln in der G. rösten; ÜBERTR.: die sengende G. *(Hitze)* des Sommers; die G. *(Röte)* ihrer Wangen. **2.** (geh.) *Leidenschaft:* die G. der Liebe, des Hasses, der Begierde, der Begeisterung; die G. seiner Blicke.

Gnade, die: die göttliche G.; die G. Gottes; das ist eine G. des Himmels; die G. des Königs finden, erlangen, verlieren; jmdm. eine G. erweisen, gewähren; der Gefangene bat, flehte um G. *(Nachsicht, Milde);* er wollte die G. G. seines Vaters abhängen, haben; * **vor jmdm./vor jmds. Augen Gnade finden** *(von jmdm. anerkannt, akzeptiert werden; vor jmdm. bestehen können)* · **Gnade vor Recht ergehen lassen** *(nachsichtig sein, von einer Bestrafung absehen)* · **die Gnade haben** (iron.; *sich he-*

rablassen, so gnädig sein): er hatte nicht die G.,
uns eintreten zu lassen · auf Gnade und/oder
Ungnade (bedingungslos, auf jede Bedingung
hin) · aus Gnade [und Barmherzigkeit] (aus
bloßem Mitleid) · in Gnaden (mit Wohlwollen):
jmdn. in Gnaden entlassen, wieder aufnehmen ·
bei jmdm. in [hohen] Gnaden stehen, sein
(geh.; von jmdm. sehr geschätzt werden).

gnädig: ein gnädiger Richter; der gnädige Gott;
eine gnädige Strafe; /in der höflichen Anrede/: [sehr
geehrte] gnädige Frau; das Urteil war sehr g.;
(iron.:) sei doch so g. und hilf mir!; machen Sie es
g. mit mir (scherzh.; verfahren Sie nicht zu hart
mit mir); sie nickte, dankte g. (herablassend); da
bist du noch einmal g. (glimpflich) davongekommen.

Gold, das: 24-karätiges G.; olympisches G. (Gold-
medaille); etw. glänzt, ist kostbar wie G.; ihr Haar
war wie G.; G. graben, waschen; G. mit einem anderen Metall legieren; die Kette ist aus reinem,
purem, massivem, gediegenem G.; die Währung
ist durch G. gedeckt; einen Edelstein in G. fassen;
etw. mit G. überziehen; ÜBERTR.: schwarzes G.
(Kohle, Erdöl), flüssiges G. (Erdöl); das G. (der goldene Glanz) ihres Haares; R es ist nicht alles G.,
was glänzt; Morgenstund hat G. im Mund (wer
früh mit der Arbeit beginnt, erreicht viel);
★ [noch] Gold gegen etw./jmdn. sein (ugs.; viel
weniger negativ zu beurteilen sein) · Gold in der
Kehle haben (besonders schön singen können) ·
nicht mit Gold zu bezahlen/aufzuwiegen sein
(unbezahlbar, unersetzbar sein).

golden: 1. aus Gold bestehend: eine goldene
Münze, Medaille, Kette, Uhr; ein goldener Ring,
Löffel, Becher; ÜBERTR.: die goldene (herrliche,
erstrebenswerte) Freiheit; die goldene (herrliche,
unbeschwerte) Jugendzeit; goldenen (herrlichen)
Zeiten entgegengehen; goldene (beherzigenswerte) Worte, Lehren, Weisheiten; er hat ein goldenes (redliches, treues) Gemüt, Herz, einen goldenen (heiteren, echten) Humor.
2. (geh.) goldfarben: die goldenen Ähren, der goldene Wein, die goldenen Sterne; ihre Haare
schimmerten g.

Goldgrube (ugs.): er hat aus diesem Laden eine G.
gemacht; dieses Restaurant ist wegen seiner guten Lage eine [wahre] G.

goldig (ugs.): ein goldiges Kind, das Kleidchen ist
ja g.!; dass du mir helfen willst, finde ich g. (rührend, sehr nett).

Goldwaage, die: ⟨in der Wendung⟩ alles, jedes
Wort auf die Goldwaage legen (ugs.; 1. etw. wörtlich, übergenau nehmen: du darfst nicht alles,
was er bei dem Streit gesagt hat, auf die G. legen.
2. in seinen Äußerungen sehr vorsichtig sein: bei
ihr muss man jedes Wort auf die G. legen).

gönnen: 1. ⟨jmdm. etw. g.⟩ ohne Neid zugestehen:
ich gönne ihm seinen Erfolg, sein Glück von Herzen; gönnst du mir nicht das kleine Vergnügen?;
ich gönne es ihr, dass sie das geschafft hat;

(iron.:) diesen Reinfall, diese Blamage gönne ich
ihr.
2. ⟨jmdm., sich etw. g.⟩ zuteil werden lassen:
gönne ihm doch ein wenig Ruhe, Erholung; die
beiden gönnen sich ab und zu etwas Gutes; sie
gönnt sich kaum eine Pause; er gönnt ihr kein gutes Wort (hat kein freundliches Wort für sie); sie
gönnte ihm keinen Blick (beachtete ihn nicht);
R man gönnt sich ja sonst nichts (scherzh.; ent-
schuldigend, wenn man sich etwas Besonderes geleistet
hat).

Gosse, die: die G. lief über, war verstopft;
★ jmdn. aus der Gosse ziehen/auflesen (ugs.;
abwertend; jmdn. aus übelsten Verhältnissen
herausholen) · in der Gosse kommen (ugs.;
abwertend; aus den übelsten Verhältnissen kommen) · in der Gosse landen/enden (ugs.; verkommen).

Gott, der: 1. höchstes überirdisches Wesen: der
liebe, gnädige, allmächtige, dreieinige, gütige, gerechte G.; G. Vater, Sohn und Heiliger Geist; G.,
der Allmächtige; G. der Herr; der G. der Juden, der
Christen, der Muslims; G. ist barmherzig; G. anbeten, anrufen, ehren, lieben, loben, preisen; G.
leugnen, lästern, danken; das Reich Gottes; Gottes Sohn, Gottes Wort, Segen, Wille; alles steht,
liegt in Gottes Hand; mit Gottes Hilfe; an G. glauben, zweifeln; auf G. vertrauen; bei G. schwören;
zu G. beten, flehen; /Eidesformel/: so wahr mir G.
helfe; /Grußformel/: grüß [dich, euch, Sie] G.!; G. im
Himmel!, ach du lieber G.!, mein G.!, guter G.!,
großer G.!, allmächtiger G.! (ugs.; Ausrufe der Bestürzung, Verwunderung o. Ä.); um Gottes willen, da
sei G. vor!, G. behüte! (ugs.; Ausrufe des Erschreckens,
der Abwehr); G. sei [Lob und] Dank!, G. sei ge-
dankt/gelobt (ugs.; Ausrufe der Erleichterung); gnade
dir G.! (ugs.; Drohung); behüt dich G.! (süddt., österr.; Abschiedsgruß); vergelts G.! (landsch.; Dankesformel); /Wunschformel/: G. schütze dich!; G. ver-
damm mich! (derb; Fluch); /Inschrift auf Grabsteinen/:
hier ruht in G. …; R hilf dir selbst, so hilft dir G.
2. übermenschliches Wesen: heidnische Götter;
die griechischen, germanischen Götter; der Gott
des Feuers;
★ Gott und die Welt (ugs.; alles Mögliche, alle
möglichen Leute) · wie ein junger Gott (großartig, schön und kraftvoll): er spielte, sah aus wie ein
junger G. · so Gott jmdn. geschaffen hat
(scherzh.; nackt) · jmds. Gott sein (von jmdm.
übermäßig, kritiklos geliebt werden): er, das Geld
ist ihr G. · so Gott will (ugs.; wenn nichts dazwischenkommt): nächste Woche, im nächsten
Jahr wieder · weiß Gott (wahrhaftig, wirklich, gewiss) · Gott weiß (ugs.; keiner weiß, es ist ungewiss): sie hat es G. weiß wem [alles] erzählt · das
wissen die Götter (ugs.; das ist ganz unbestimmt, ungewiss) · den lieben Gott einen gu-
ten/frommen Mann sein lassen (ugs.; unbekümmert seine Zeit verbringen) · dem lieben
Gott den Tag stehlen (ugs.; seine Zeit unnütz

verbringen) · leider Gottes (ugs.; *bedauerlicherweise*): dafür ist es leider Gottes zu spät · **Gott seis geklagt!** (ugs.; *leider*) · **Gott sei Dank** (ugs.; *glücklicherweise*) · **dass Gott erbarm** (ugs.; *erbärmlich schlecht*): sie sangen, dass Gott erbarm · **in Gottes Namen** (ugs.; *meinetwegen*): komm in Gottes Namen mit! · **[ganz und gar] von Gott/von allen [guten] Göttern verlassen sein** (ugs.; Ausruf des Unwillens, der Missbilligung).

göttlich: 1. *von Gott ausgehend; Gott zugehörend:* die göttliche Gnade, Weisheit, Allmacht, Gerechtigkeit, Ordnung; die göttliche Offenbarung; eine göttliche Eingebung, Erleuchtung; ein göttliches Gebot; SUBST.: das Göttliche im Menschen. **2.** *einem Gott zugehörend, zukommend:* die göttlichen Attribute des Zeus; in diesem Land genießen bestimmte Tiere göttliche Verehrung. **3.** (ugs., oft scherzh.) *herrlich:* ihre göttliche Stimme begeisterte das Publikum; ein göttlicher Anblick; der Gedanke ist ja g.

gottverlassen (ugs.): eine gottverlassene Gegend; ein gottverlassenes Dorf, (ugs.:) Nest.

Götze, der: heidnische Götzen; ein G. aus Gold; Götzen anbeten, verehren; ÜBERTR.: Profit, Fernsehen und schnelle Autos sind [die] Götzen (geh. abwertend; *Lebensinhalte*) unserer Zeit; das Geld ist sein G.

Grab, das: ein frisches, neues, altes, eingefallenes, gepflegtes, tiefes, leeres G.; das G. der Mutter, eines Freundes; ein G. ausheben, schaufeln, zuschütten, zuschaufeln, bepflanzen, schmücken, pflegen, verwildern lassen, schänden; die Gräber seiner Lieben besuchen; an jmds. G. stehen; Blumen, einen Kranz auf jmds. G. legen; im Grab[e] ruhen, seine Ruhe finden; Ⓡjmd. würde sich im Grabe herumdrehen (ugs.; *jmd. wäre entsetzt, sehr ärgerlich, bekümmert*); ∗ **das Grab des Unbekannten Soldaten** (Name von Gedenkstätten für gefallene Soldaten) · **das Heilige Grab** (*Grab Jesu Christi*) · **ein feuchtes/nasses Grab finden; sein Grab in den Wellen finden** (geh.; *ertrinken*) · **ein frühes Grab finden** (geh.; *früh sterben*) · **etw. mit ins Grab nehmen** (geh.; *ein Geheimnis niemals preisgeben*) · **ins Grab sinken** (geh.; *sterben*) · **jmdm. ins Grab folgen** (geh.; *kurz nach jmdm. sterben*) · **jmdn. ins Grab bringen** (1. *an jmds. Tod schuld sein.* 2. *jmdn. zur Verzweiflung bringen, völlig entnerven*) · **sich** (Dat.) **selbst sein Grab schaufeln/ graben** (*selbst seinen Untergang herbeiführen*) · **jmdn. zu Grabe tragen** (geh.; *jmdn. beerdigen*) · **etw. zu Grabe tragen** (geh.; *etw. endgültig aufgeben*) · **bis ans/ins Grab; bis über das Grab hinaus** (geh.; *für immer, für alle Zeit*).

graben: 1. a) *Erde ausheben:* sie gräbt schon den ganzen Tag im Garten; er grub einen Meter tief; **b)** ⟨etw. g.⟩ *ausheben:* eine Grube, ein Loch, ein Grab g.; einen Brunnen, Stollen [in die Erde] g.; ⟨sich (Dat.) etw. g.⟩ der Dachs gräbt sich im

Bau; BILDL.: der Fluss hat sich ein neues Bett gegraben. **2. a)** ⟨nach etw. g.⟩ *aus der Erde zu fördern suchen:* nach Kohle, Erz, Gold g.; sie gruben vergeblich nach Wasser; **b)** ⟨etw. g.⟩ *aus der Erde gewinnen:* hier wird Torf gegraben. **3.** (geh.) ⟨etw. in etw. (Akk.) g.⟩ *meißeln, ritzen:* eine Inschrift in einen Grabstein g.; er grub seinen Namen mit einem Messer in die Rinde; BILDL.: das Alter, der Kummer hat tiefe Furchen in ihr Gesicht gegraben. **4.** (geh.) **a)** ⟨etw. in etw. (Akk.) g.⟩ *eindringen lassen:* er grub seine Zähne in den Apfel; **b)** ⟨sich in etw. (Akk.) g.⟩ *eindringen:* ihre Fingernägel gruben sich in seinen Arm; die Schaufeln des Baggers gruben sich in das Erdreich; BILDL.: das Erlebnis hatte sich tief in ihr Gedächtnis gegraben.

Graben, der: **1.** ein tiefer, breiter, versumpfter G.; einen G. ausheben, verbreitern, zuschütten; Gräben zur Bewässerung ziehen; er ist mit dem Auto in den G. *(Straßengraben)* gefahren; im G. liegen, (ugs.:) landen; über einen G. springen. **2.** *Schützengraben:* den G. besetzen, aufrollen, verteidigen, räumen; sie lagen im vordersten G.; ∗ **Gräben aufreißen** *(Feindschaften provozieren)*.

Grad, der: **1.** /*Maßeinheit:*/ einige, wenige, mehrere Grad[e] über null; /bei genauer Maßangabe Plural nur: Grad/: 20 G. Celcius; 80 G. Fahrenheit; 5 G. Kälte; 35 G. im Schatten; draußen herrschen (nicht korrekt: herrscht) 25 G. Wärme; der 35. G. westlicher Länge; der Winkel hat genau 45 G.; sie hat 39 G. Fieber; das Thermometer zeigt minus 5 G./5 G. minus/5 G. unter null; etw. auf 90 G. erhitzen; das Thermometer steigt auf 30 G., steht auf 30 G.; Mainz liegt auf dem 50. G. nördlicher Breite; Wasser kocht bei 100 G.; sich um 180 G. drehen; ein Winkel von 90 G. **2. a)** *Rang:* einen akademischen G., den akademischen G. eines Doktors der Philosophie erwerben; ein Offizier im G. eines Obersten; **b)** *Stärke, Abstufung:* ein hoher, geringer G.; der G. der Feuchtigkeit, Helligkeit, Härte, Güte, Reife; den höchsten G. der/an Reinheit erreichen; einen hohen G. von Verschmutzung aufweisen; ein Vetter dritten Grades; (Math.:) eine Gleichung dritten Grades; (Med.:) eine Verbrennung zweiten Grades; bis zu einem gewissen Grad[e] übereinstimmen; in hohem, im höchsten Grad[e] *(außerordentlich)*.

grade (ugs.): ↑ gerade.

Grafik, Graphik, die: **1.** ein Meister der G.; Fachhochschule für G.
2. a) *einzelnes grafisches Werk:* eine farbige G. von Picasso; in der Ausstellung wurden mehrere Grafiken des Künstlers gezeigt; **b)** *Diagramm:* die G. zeigt, veranschaulicht das Ergebnis der Untersuchung; eine Entwicklung, die Zusammenhänge mithilfe einer G. verdeutlichen.

grafisch, graphisch: **1.** *zur Grafik gehörend; der Grafik gemäß:* das grafische Schaffen eines

G

Künstlers; sie ist grafische Zeichnerin bei einem Verlag; etw. g. gestalten. **2.** *schematisch dargestellt:* eine grafische Darstellung; eine mathematische Funktion g. darstellen; wirtschaftliche Zusammenhänge g. veranschaulichen.

Gramm, das: von diesem Gift genügen wenige Gramm[e]; /bei genauer Maßangabe Plural nur: Gramm/: ein Kilogramm hat 1 000 G.; 100 G. Schinken; 100 G. Speck werden/(selten auch:) wird geschnitten; der Brief ist um 8 G. zu schwer; der Preis eines Gramms Heroin/eines G. Heroins; mit 20 G. gewürztem Tabak/(geh.:) gewürzten Tabaks.

Granate, die: die G. schlug ein, krepierte, heulte heran, riss ein Loch in die Wand; Granaten drehen; im Hagel der Granaten.

Granit, der: ein Denkmal aus G.; hart wie G.; ⋆ **bei jmdm. auf Granit beißen** (ugs.; *bei jmdm. mit einem Anliegen, einer Forderung o. Ä. keinen Erfolg haben*).

Graphik, graphisch: ↑ Grafik, grafisch.

Gras, das:a) *grüne, in Halmen wachsende Pflanze:* seltene Gräser sammeln; den Namen dieses Grases kenne ich nicht; b) *Rasen:* hohes, üppiges, junges, saftiges, frisches, grünes, dürres, welkes G.; G. mähen, schneiden; die Kühe fressen G.; G. fressende Tiere; barfuß durchs hohe G. gehen; im G. liegen, sich ins G. legen; der Hang ist mit G. bewachsen; der Weg ist mit, von G. überwuchert; Ⓡ wo der hintritt/hinhaut, hinfasst, da wächst kein G. mehr (ugs.; *er ist in seinem Tun sehr grob*);c) (Jargon) *Haschisch; Marihuana:* G. rauchen; auf G. sein (*Haschisch, Marihuana nehmen);*
⋆ **das Gras wachsen hören** (ugs. spött.; *an kleinsten [eingebildeten] Anzeichen etw. zu erkennen glauben*) · **über etw. (Akk.) wächst Gras** (ugs.; *eine unangenehme Sache wird mit der Zeit vergessen*): darüber muss erst G. wachsen · **ins Gras beißen** (salopp; *sterben*).

grasen: die Kühe grasen [auf der Weide]; friedlich grasende Tiere.

grässlich: 1. *abscheulich:* ein grässliches Verbrechen; ein grässlicher Unfall, Anblick; die Wunde sah g. aus; die Toten waren g. verstümmelt; sein Gesicht war g. entstellt.
2. (ugs.) **a)** *sehr schlimm, unangenehm stark:* grässliches Wetter; ein grässlicher Zustand; ich hatte grässliche Angst; du bringst mich in grässliche Verlegenheit; ich habe einen grässlichen Schnupfen; ein grässlicher (*unausstehlicher*) Kerl; dieser Mensch ist g. (*unerträglich*);b) ⟨verstärkend bei Adjektiven und Verben⟩ *sehr, in höchstem Maße:* ich war g. müde, aufgeregt; hier sieht es ja g. unordentlich aus; wir haben uns dort g. gelangweilt.

Grat, der: ein schmaler G.; den G. eines Berges entlangwandern; über den G. zum Gipfel aufsteigen.

Gräte, die:**1.** *Fischgräte:* lange, spitze Gräten ent-

fernen; eine G. verschlucken; Ölsardinen ohne Haut und Gräten. **2.** (salopp) *Knochen:* sich die Gräten brechen.

gratis: der Eintritt ist g.; etw. g. liefern; das bekommst du g.

gratulieren ⟨jmdm. g.⟩: jmdm. schriftlich, mündlich, telegrafisch g.; jmdm. herzlich zum Geburtstag, zur Verlobung, zur Hochzeit g.; jmdm. zum bestandenen Examen, zu einer Beförderung, zu seiner Wahl g.; zu solchen Kindern kann man Ihnen nur g. (*auf solche Kinder können Sie stolz sein); ⟨*auch ohne Dat.⟩ es kamen viele, um zu g.; (ugs.:) gratuliere, das ist dir gelungen!; darf man g.? (ugs.; *hast du die Prüfung o. Ä. bestanden?*);
⋆ **sich** (Dat.) **gratulieren können** (ugs.; *über etw. froh sein können*): zu dieser Frau kannst du dir g.

grau: 1. /eine Farbbezeichnung/: grauer Stoff; ein grauer Anzug; graue Mauern; graue Haare, Schläfen; das Meer ist heute ganz g.; der Himmel ist g. in g. *(es ist sehr trübe);* ein Bild g. in g. *(in grauen Farbtönen)* malen; seine Haare g. färben; sie ist g. geworden *(hat graue Haare bekommen);* er ist alt und g. geworden *(sehr gealtert);* sie wurde ganz g. *(fahl)* im Gesicht; ein g. gestreifter/melierter Stoff; eine g. getigerte Katze; SUBST.: ein helles, dunkles G.; das erste [fahle] Grau des Morgens *(der Beginn der Morgendämmerung);* es war ganz in Grau gekleidet.
2. *trostlos, öde:* eine graue Zukunft erwartet sie; alles erschien ihm g. [und öde, leer]; SUBST.: dem Grau des Alltags entfliehen.
3. *weit zurückliegend; unbestimmt:* die graue Vorzeit: im grauen Altertum; das liegt alles noch in grauer Zukunft; SUBST.: im Grau der Vorzeit entschwunden sein.
4. (ugs.) *gesetzlich nicht ganz korrekt:* grauer Devisenhandel; graue Händler; graue Zonen der Preisbindung;
⋆ **alles grau in grau sehen/malen** *(alles pessimistisch beurteilen).*

Gräuel, der: die ungeheuren, furchtbaren G. des Krieges; G. begehen, verüben; dem G. ein Ende bereiten;
⋆ **jmdm. ein Gräuel sein** *(jmdm. äußerst zuwider sein).*

¹grauen (geh.): *dämmern:* der Morgen, der Abend graut; ein neuer Tag graut *(bricht an);* es begann gerade zu g., als sie das Haus verließen.

²grauen:a) (geh.) *jmd. empfindet Furcht:* ⟨jmdm./(seltener:) jmdn. graut es⟩: mir/(seltener:) mich graut, wenn ich an morgen denke; bei diesem Gedanken graute ihm; ⟨jmdm./(seltener:) jmdn. graut [es] vor jmdm., etw.⟩: vor diesem Menschen, vor diesem Anblick graut [es] mir; es graut mir heute schon vor der Prüfung; **b)** (seltener) ⟨sich g.⟩ *Furcht empfinden:* ich graue mich schon heute vor dieser Begegnung.

Grauen, der (geh.): ein heimliches, leises, tödliches G.; ein G. ergreift, erfasst, überläuft, überkommt jmdn.; ein G. erregender Anblick; etw. mit G. erkennen; das G. vor einer Gefahr, vor dem Krieg; ein Bild des Grauens.

grauenhaft:1. *grässlich, furchtbar:* ein grauenhafter Anblick; eine grauenhafte Entdeckung; die Verwüstungen waren grauenhaft; die Leiche war g. verstümmelt. **2.** (ugs.) *sehr schlecht, schlimm:* das ist ja eine grauenhafte Unordnung!; grauenhafte Angst haben; er hat [einfach] g. gesungen.

gräulich: 1. *abscheulich:* gräuliche Fratzen; ein gräuliches Untier; ein gräuliches Verbrechen; SUBST.: es war ihr etwas Gräuliches widerfahren. **2.** (ugs.)a) *überaus unangenehm:* ein gräulicher Gestank; etw. riecht g., sieht g. aus;**b)** ⟨verstärkend bei Adjektiven und Verben⟩ *sehr, in besonders übler Weise:* es ist g. kalt; es hat g. geschmerzt.

grausam:1. ⟨g. [gegenüber/zu jmdm.]⟩ *brutal:* ein grausamer Mensch, Herrscher, eine grausame Strafe; er ist auf grausame Weise umgekommen; es war eine grausame *(bittere)* Enttäuschung für ihn; sich g. rächen, jmdn. g. quälen; er lächelte g. **2.** (ugs.) a) *sehr schlimm, stark:* eine grausame Kälte; ein grausamer Winter; ich habe grausamen Durst;**b)** ⟨verstärkend bei Adjektiven und Verben⟩ *sehr, überaus:* es war g. heiß; ich bin g. müde; wir haben uns g. gelangweilt.

grausen: a) ⟨jmdm./(auch:) jmdn. graust [es]⟩: *jmd. empfindet Furcht:* es grauste ihr/(auch:) sie bei dem Anblick, bei diesem Gedanken; mir graust [es], wenn ich an die Prüfung denke; ⟨jmdm./(auch:) jmdn. graust [es] vor jmdm., etw.⟩ vor diesem Menschen graust [es] mir; davor hatte ihm/(auch:) ihn oft gegraust; b) (selten) ⟨sich g.⟩ *Furcht empfinden:* sie graust sich vor Spinnen.

grausig:1. *Grausen hervorrufend; grauenvoll:* ein grausiges Verbrechen; ein grausiger Anblick; schon der Gedanke ist g.; die Leiche war g. verstümmelt. **2.** (ugs.) a) *sehr schlimm, stark:* eine grausige Kälte; ich habe grausigen Hunger; b) ⟨verstärkend bei Adjektiven und Verben⟩ *sehr, überaus:* der Vortrag war g. langweilig; ich habe mich g. erkältet.

gravierend (geh.): gravierende Mängel, Umstände, Tatsachen; der Verlust war [ziemlich] g.; etw. als g. ansehen, werten.

graziös (geh.): ein graziöses Mädchen; eine graziöse Haltung; graziöse Bewegungen; sie ist sehr g.; g. tanzen; sich g. verbeugen.

greifbar: 1. *leicht erreichbar:* alles, was g. war, nahm sie mit; ich habe die Unterlagen g.; alles lag in greifbarer Nähe; die Berge schienen g. *(ganz)* nahe; ÜBERTR.: der Termin ist in greifbare Nähe gerückt *(steht unmittelbar bevor).* **2.** *konkret; offenkundig:* der Plan hat greifbare Gestalt, greifbare Formen angenommen; greifbare Ergebnisse fehlen noch; die Sache hat greifbare Vorteile.

3. *verfügbar, sofort lieferbar:* dieser Artikel, die Ware ist im Augenblick nicht g.; das Geld ist erst im nächsten Jahr g.; er wollte sie sprechen, aber sie war nicht g. (ugs.; *nicht zu finden, nicht zu erreichen).*

greifen: 1. a) ⟨etw. g.⟩ *nehmen, ergreifen:* einen Stein g.; etw. mit der Zange g.; er griff die Maus am Schwanz und hielt sie hoch; ⟨sich (Dat.) etw. g.⟩ sie griff sich ein Buch [vom Regal] und blätterte darin;b) ⟨irgendwohin g.⟩ *fassen:* an seine Mütze g.; sie griff in die Tasche und zog ein Päckchen heraus; sie wollte sich festhalten, griff aber ins Leere *(fand keinen Halt);* als er erwachte, griff er suchend um sich; er setzte sich ans Klavier und griff in die Tasten *(begann zu spielen);* sie griff nach dem Buch, nach ihrer Mütze, nach der Flasche auf dem Tisch; das Kind greift nach der Hand der Mutter; ⟨jmdm., sich irgendwohin g.⟩ sie griff dem Kind unters Kinn; er griff sich an den Kopf, an die Stirn; ÜBERTR.: nach der Macht, Krone g. *(die Macht, Königsherrschaft anstreben).* **2.** (geh.) ⟨zu etw. g.⟩ *etw. ergreifen:* er griff zu der Flasche und füllte die Gläser; zur Zigarette g. *(rauchen);* abends greift er gerne zu einem Buch *(liest er gerne);* zur Feder g. *(zu schreiben anfangen; schriftstellerisch tätig werden);* ÜBERTR.: zu einer List, zu unerlaubten Mitteln g. **3.** ⟨jmdn.⟩ *fangen, gefangen nehmen:* einen Dieb g.; das Kaninchen ließ sich nicht so leicht g.; ÜBERTR.: den werde ich mir mal g. (ugs.; *stellen, um ihn zu rügen).* **4.** ⟨etw. g.⟩ *anschlagen, erklingen lassen:* einige Akkorde, Töne [auf dem Klavier, auf der Gitarre] g.; sie konnte mit ihrer kleinen Hand keine Oktave g. **5.** ⟨irgendwie g.⟩ *einrasten:* das Zahnrad greift nicht richtig; selbst auf glatter Straße greift dieser Reifen hervorragend *(hat dieser Reifen genügend Reibungswiderstand);* die Schraube greift nicht *(lässt sich nicht eindrehen);* ÜBERTR.: diese Methoden greifen nicht mehr *(wirken nicht mehr).* **5.** ⟨um sich g.⟩ *sich ausbreiten:* das Feuer, die Seuche, das Gerücht griff rasch um sich; ∗ **hinter sich greifen müssen** (Ballspiele Jargon; *als Torhüter ein Tor hinnehmen müssen, den Ball nicht halten können)* · **zu hoch/zu niedrig gegriffen sein** *(zu hoch, zu niedrig geschätzt sein):* die Zahl ist zu niedrig gegriffen · **zum Greifen nah[e]** *(in unmittelbarer Nähe).*

greis (geh.): ein greiser Mann; sie sorgte für ihren greisen Vater; greises *(von Alter grau gewordenes, weißes)* Haar; (iron.:) er schüttelte sein greises Haupt.

Greis, der: ein ehrwürdiger, rüstiger, schwacher G.; er ist schon ein richtiger G.; er hat den Gang eines Greises.

grell:1. *blendend hell:* grelles Licht; grelle *(schreiende)* Farben; eine grelle Neonreklame; das Rot ist mir zu g.; die Sonne scheint sehr g.

G

2. *schrill, durchdringend laut:* grelle Pfiffe, Schreie, Töne; die Hupe ist zu g.; ihre Stimme klang sehr g., tönte g. an mein Ohr.

Grenze, die: **1. a)** *Trennungslinie zwischen zwei Ländern, Grundstücken o. Ä.:* die politischen, geographischen, alten, neuen Grenzen eines Landes; die G. gegen/nach Norden; die deutsch-französische Grenze; die Grenzen Deutschlands; die G. zwischen Deutschland und Frankreich verläuft westlich der Stadt; die G. des Grundstücks verläuft unterhalb des Waldes; Gebirge und Flüsse sind, bilden natürliche Grenzen; eine G. festsetzen, ziehen, abstecken, befestigen, sichern, berichtigen, begradigen, verrücken, sperren, öffnen, anerkennen, respektieren; die G. erreichen, überschreiten, passieren; diesseits, jenseits der G.; wie ist der Verlauf der G.?; das Dorf liegt [dicht] an der G.; sie kamen an die G.; sie wohnen an der G. *(im Grenzgebiet);* sie sind schon längst über die/über der G. (ugs.; *haben sie überschritten);* sie haben ihn über die G. abgeschoben (abwertend; *haben ihn des Landes verwiesen);* über die grüne G. gehen (ugs.; *die Grenze illegal überschreiten);* **b)** *gedachte Trennungslinie unterschiedlicher Bereiche:* die G. zwischen Gut und Böse; die Grenzen zwischen Kunst und Kitsch sind oft fließend; das rührt schon an die Grenzen des Lächerlichen *(ist schon fast lächerlich).* **2.** *Begrenzung, Schranke:* eine zeitliche G.; jmdm. ist eine G. gesetzt, gesteckt, gezogen; dieser Sache sind enge Grenzen gesteckt *(der Spielraum o. Ä. dafür ist gering);* die G. des Erlaubten, des Erträglichen, des Möglichen überschreiten; meine Geduld hat auch ihre Grenzen; alles muss seine Grenzen haben; sein Ehrgeiz, seine Wut kannte keine Grenzen *(war maßlos);* sie kennt ihre Grenzen *(weiß, wie weit sie gehen, was sie leisten kann);* hier sind wir an die G. des Machbaren, der Erkenntnis angelangt; diese Bemerkung war hart an der G. [des Erlaubten]; die Entwicklung stößt an technische Grenzen; jmdn. in seine Grenzen verweisen; sein Stolz war ohne Grenzen *(grenzenlos, sehr groß);* die Grenzen wahren, beachten *(Maß halten);*

★ **sich in Grenzen halten** *(nicht übermäßig groß sein):* seine Leistungen halten sich in Grenzen.

grenzen ⟨an etw. (Akk.) g.⟩: **a)** *eine gemeinsame Grenze mit etw. haben:* Deutschland grenzt an Österreich; sein Grundstück grenzt an unseres, an die Autobahn; **b)** *einer Sache fast gleichkommen:* seine Rettung grenzt [schon] ans Wunderbare; das grenzt an Wahnsinn, an Unverschämtheit.

grenzenlos: 1. *unendlich:* die grenzenlose Weite des Himmels, des Meeres; SUBST.: sich ins Grenzenlose verlieren.

2. a) *maßlos:* grenzenloser Schmerz, Ehrgeiz, Hass; grenzenloses *(uneingeschränktes)* Vertrauen zu jmdm. haben; das Gefühl grenzenloser Leere, Angst; seine Leidenschaft war g.; **b)** ⟨verstärkend bei Adjektiven und Verben⟩ *sehr, über die Maßen:* grenzenlos unglücklich sein; sie verachtete ihn g.

Griff, der: **1.** *Teil eines Gegenstandes, der zum Tragen, Halten o. Ä. dient:* ein handlicher, hölzerner G.; ein G. aus Metall; der G. des Koffers, des Schirmes, des Messers ist lose; der G. *(die Klinke)* einer Tür; der G. ist abgebrochen.

2. *Handgriff; Handhabung:* ein sicherer, geübter, rascher, energischer, harter G.; ein falscher G., und alles ist verdorben; ein letzter G. noch, und wir sind fertig; bei ihm sitzt jeder G. *(er ist sehr geschickt, geübt);* einen G. in die Pralinenschachtel tun; der G. nach der Pistole; sich jmds. Griffen entwinden; unerlaubte, verbotene Griffe beim Ringen anwenden; ein G. an die Seitentasche, in die Tasche, nach der Uhr, zum Telefon; er ließ den Gegner nicht aus dem G.; er hielt ihn mit eisernem G. fest; mit einem G. *(schnell und mühelos)* hatte sie die Sache wieder in Ordnung gebracht;

★ **der Griff zu etw.** (verhüll.; *die Hinwendung zu einem Genussmittel, einer Droge):* der G. zur Flasche, zur Zigarette, zur Tablette · **mit jmdm., etw. einen guten/glücklichen Griff getan haben** *(mit jmdm., etw. eine gute Wahl getroffen haben)* · **etw. im Griff haben** *(etw. gut beherrschen)* · **etw. in den Griff bekommen/**(ugs.:) **kriegen** *(lernen, etw. zu bewältigen)* · **einen Griff in die [Laden]kasse tun** (verhüll.; *Geld [aus der Kasse] stehlen)* · **mit Griffen und Kniffen** (ugs.; *mit List).*

Grille, die: **1.** die Grillen zirpten im Gras.

2. *wunderlicher Gedanke, Einfall:* er hat nichts als Grillen im Kopf; wer hat ihr denn diese Grillen in den Kopf gesetzt?; ich werde ihm die Grillen schon austreiben, vertreiben.

Grimasse, die: eine scheußliche, fürchterliche, drollige G.; Grimassen [vor dem Spiegel] machen, schneiden, ziehen; sein Gesicht zu einer G. verziehen.

grimmig: 1. *wütend, zornig:* ein grimmiger Wärter; ein grimmiges Gesicht machen; grimmiger *(bissiger)* Humor; warum ist er heute so g. *(so schlecht gelaunt)?;* er blickte ihn g. an.

2. a) *sehr groß, heftig:* ein grimmiger Schmerz; grimmige Kälte; grimmiger Hunger haben; **b)** ⟨verstärkend bei Adjektiven⟩ *sehr:* es war g. kalt.

grinsen: boshaft, schadenfroh, höhnisch, hämisch, spöttisch, verächtlich, vieldeutig g.; er grinste übers ganze Gesicht; das Schüler grinsten heimlich über den Lehrer; SUBST.: ein schadenfrohes Grinsen.

Grippe, die: eine schwere, leichte G.; die G. breitete sich aus, grassierte; sich (Dat.) eine G. zuziehen; an G. erkrankt sein; mit [einer] G. im Bett liegen.

Grips, der (ugs.): viel, wenig, keinen G. [im Kopf] haben; genügend G. für etw. haben; streng mal deinen G. an!

groß

grob: 1. a) *nicht fein, derb:* grobes Leinen, Tuch; grobe Säcke; grober Draht; grobes Mehl, Brot; grober Sand; grobe Gesichtszüge; grobe *(schmutzige, schwere)* Arbeit verrichten; ein grobes *(weitmaschiges)* Sieb, Netz; dieses Gewebe ist gröber; der Kaffee ist g. gemahlen; Gewürz g. zerkleinern, stoßen; g. gemahlenes Mehl; grobe See (Seemannsspr.; *Meer mit starkem Wellengang*); b) *ungefähr:* einen groben Überblick über etw. geben; etw. in groben Umrissen, in groben Zügen wiedergeben; etw. nur g. unterscheiden; es waren[,] g. gerechnet[,] 500 Menschen anwesend; diese Zahl ist g. geschätzt. **2.** *schwerwiegend:* ein grober Unfug, Fehler; eine grobe Lüge, Fälschung; sie hat die Vorschriften g. missachtet, das Gesetz g. verletzt. **3.** a) (abwertend) *sehr unhöflich und ohne Feingefühl:* ein grober Mensch, Flegel, Klotz (ugs.; *Mensch*); ein grobes Benehmen; grobe Worte, Späße, Reden; er war sehr g. gegen ihn/zu ihm; sie wurde sehr g.; jmdn. g. anfahren, behandeln; jmdm. g. kommen (ugs.; *in sehr unhöflicher, zurechtweisender Art etw. zu jmdm. sagen);* b) *heftig, derb:* ein grober Kerl; jmdn. g. anfassen; sei doch nicht so g.!; ✶ **aus dem Gröbsten heraus sein** (ugs.; *das Schwierigste überwunden haben*). **gröblich** (geh.): eine gröbliche Verletzung der Vorschriften; gröbliche Beleidigungen; etw. g. *(sehr)* vernachlässigen; sich g. vergehen; jmdn. g. beschimpfen. **grölen** (ugs. abwertend) ⟨[etw.] g.⟩: laut, aus vollem Hals g.; die Zuschauer grölten vor Begeisterung; die Betrunkenen grölten ein Lied nach dem andern; grölendes Lachen; eine grölende Menge. **Groll,** der: ein bitterer, böser, dumpfer, heimlicher G.; sein alter G. über diese Sache war verschwunden; bei den Arbeitern sammelte sich immer mehr G. an; seinen G. verbergen, (ugs.:) in sich hineinfressen; einen G. auf jmdn. haben, gegen jmdn. hegen; mit G. an etw. denken; etw. ohne G. sagen. **grollen** (geh.): **1.** *Groll hegen:* sie grollt schon seit Wochen; sie grollt mit ihm; ⟨jmdm. g.⟩ er wusste nicht, warum sie ihm grollte. **2.** *dumpf rollend tönen:* der Donner grollt; SUBST.: sie hörten das Grollen der Geschütze. **Gros,** das: *Hauptmasse, Mehrheit:* das G. [der Bevölkerung] war dagegen. **Groschen,** der (ugs.): *Zehnpfennigstück:* ich brauche zwei G. zum Telefonieren; das kostet mich, dafür gebe ich keinen G. *(nichts);* das war keinen G. wert *(war schlecht, miserabel);* er will sich nebenbei noch ein paar G. *(ein wenig Geld)* verdienen; Ⓡ das ist allerhand für ’n G.! (ugs.; *das hätte ich nicht erwartet!*); ✶ **der Groschen fällt [bei jmdm.]** (ugs.; *jmd. begreift endlich etwas*) · **nicht [ganz/(mehr) recht] bei Groschen sein** (salopp; *nicht recht bei Verstand sein*).

groß: 1. *von beträchtlicher Ausdehnung, Menge, Zahl:* ein großes Zimmer, Haus, Grundstück, Land; eine Karte in großem Maßstab; Kleider in großen Größen; ein Haus mit großen Fenstern; er fährt ein großes Auto; eine große *(lange)* Leiter; eine große Stadt; große Bäume, Wälder; große *(ausgedehnte)* Waldgebiete; ein großer See; große Augen, große Hände, Füße; die große Zehe; er macht große Schritte; ein großes Format; sie hat eine große Schrift; ein großer Buchstabe; der große Zeiger *(Minutenzeiger)* der Uhr; etw. auf großer Flamme kochen; sie hat ein ziemlich großes Vermögen; das große *(viel)* Geld verdienen; ich habe nur großes Geld *(Geld in Scheinen);* das große Einmaleins *(Zahlenreihe zwischen 10 und 20 bei der Multiplikation);* eine große Menge, Anzahl; große Summen; eine große Auswahl an Schuhen; der größere Teil *(mehr als die Hälfte)* des gestohlenen Geldes wurde gefunden; große Vorräte; etw. in einem größeren Kreis besprechen; eine große Familie, ein großer Haushalt; eine große Zuhörerschaft; die große Masse des Volkes; er kam mit großem Gefolge; (Musik:) eine große Terz, Sexte; er ist sehr g. für sein Alter; das Paket ist zu g.; die Schuhe sind mir zu g.; sie ist in letzter Zeit sehr g. geworden *(gewachsen);* jmdn. g. *(mit großen Augen)* anschauen; ein Wort g. *(in großer Schrift)* an die Tafel schreiben; SUBST.: im Großen *(en gros)* betreiben, kaufen; im Kleinen wie im Großen *(in allen Dingen, immer)* korrekt sein. **2.** *eine bestimmte Länge, Höhe aufweisend:* ein 600 m² großes Grundstück; der größere der beiden Brüder; wie g. bist du?; du bist [einen Kopf] größer als er; sie ist so g. wie du; das lange Kleid lässt sie g. größer erscheinen; die Bluse ist mir eine Nummer zu g.; wie g. schätzt du ihn? **3.** *von verhältnismäßig langer Dauer:* ein großer Zeitraum; nach einer größeren Verzögerung; eine größere Pause machen; (Schulw., Theater:) die große Pause; die großen Ferien *(Sommerferien).* **4.** *erwachsen, älter:* sein großer Bruder, seine große Schwester; sie hat schon große Kinder; wenn du g. bist, darfst du das auch; in diesem Haus bin ich g. geworden *(aufgewachsen);* SUBST.: unser Großer (ugs.; *älterer, ältester Sohn*); unser Kleiner *(jüngster Sohn*); die Großen und die Kleinen *(die Erwachsenen und die Kinder).* **5.** *beträchtlich:* in großer Eile sein; mit großem, größtem Vergnügen; jmdm. eine große Freude machen; es herrschte große Aufregung, großer Jubel; großen Lärm verursachen; große Irrtümer, Dummheiten, Versehen; jmdm. einen großen Schreck einjagen; sich große Mühe geben; einen großen Hunger, Durst, große Schmerzen haben; in der größten Kälte, im größten Regen; er ist ein großer Lügner, Feigling, Gauner, Esel; sie ist ein großer Schönheit; er ist kein großer Esser *(pflegt*

G

nie viel zu essen); sie war seine große Liebe; ihre Freude war g.; die Konkurrenz ist sehr g.
6. *bedeutend, [ge]wichtig:* große Gedanken, Pläne, Taten, Fortschritte, Aufgaben, Fragen; große (ugs.; *hochtrabende*) Worte gebrauchen; große (ugs.; *großspurige*) Reden schwingen; einen großen Namen haben; ein großer Augenblick, Tag; die größte Chance in seinem Leben; das ist sein großes Verdienst; er genießt großes *(hohes)* Ansehen; eine Nachricht in großer Aufmachung bringen; die großen *(weit verbreiteten, überregionalen)* Tageszeitungen; ein großes *(glanzvolles)* Fest; eine Veranstaltung in großem Rahmen; ein großes Haus *(einen aufwendigen Haushalt)* führen; in großer *(festlicher)* Aufmachung, Garderobe, Toilette erscheinen; die große *(vornehme)* Dame spielen; die große Welt *(vornehme, reiche Gesellschaft);* er ist ein großer Redner, Künstler, ein großes Talent, ein großer Geist, ein großer Sohn der Stadt; sein Spiel ist große Klasse (ugs.; *großartig, bewundernswert);* er ist ein großes Tier (ugs.; *ein Mann in hoher, einflussreicher Position);* der große Unbekannte *(jmd., den niemand kennt und der als Täter angeblich dringend verdächtig ist);* die große Anfrage (Politik; *in einer Bundestagssitzung behandelte Frage an die Regierung);* im Improvisieren ist sie [ganz] g. (ugs.; *hat sie große Fähigkeiten);* das ist, finde ich ganz g. (ugs.; *ausgezeichnet, großartig);* etw. g. (ugs.; *mit viel Aufwand als wichtig, bedeutsam)* ankündigen, herausbringen; das Jubiläum wurde ganz g. (ugs.; *mit viel Aufwand)* gefeiert; der Artikel soll g. (ugs.; *in aufwendiger Weise)* aufgemacht werden; er ist mit dieser Nummer g. herausgekommen (ugs.; *hat damit viel Erfolg);* er steht jetzt ganz g. da (ugs.; *ist sehr erfolgreich);* heute gehen wir mal [ganz] g. aus (ugs.; *lassen es uns dabei etwas kosten);* SUBST.: Karl der Große; [etwas] Großes leisten; er wollte etwas Großes werden; die Großen *(einflussreichen Persönlichkeiten)* des Landes.
7. *wesentlich, hauptsächlich:* etw. in großen Zügen umreißen; die große Linie sehen, verfolgen; den großen Zusammenhang erkennen; das große Ganze im Auge haben.
8. *großmütig, selbstlos:* ein großes Herz haben; sie ist eine große Seele; g. fühlen, handeln.
9. (ugs.) ⟨verstärkend in Verbindung mit Verben⟩ *sehr, besonders:* niemand freute sich g.; es lohnt nicht g., damit anzufangen; wir haben nicht g. darauf geachtet; was ist da noch g. *(viel)* zu tun?; wo wird er denn g. *(schon)* sein!
✶ **groß geschrieben werden** (ugs.; *für bedeutend erachtet werden)* · **groß und breit** *(sehr ausführlich)* · **Groß und Klein** *(jedermann, alle)* · **im Großen [und] Ganzen** *(im Allgemeinen, insgesamt).*
großartig: eine großartige Idee, Leistung; ein großartiger Koch; der Wein ist, schmeckt g.; sich g. fühlen; das hat sie g. gemacht; er ist immer so

g. (abwertend; *großspurig)* aufgetreten; SUBST.: er hat Großartiges vollbracht.
Größe, die: **1.** a) *das Großsein:* allein schon die G. des Bauwerks beeindruckte die Besucher; die Blüten fielen durch ihre G. auf; Kürbisse von dieser, von einer solchen G. sind selten; b) *bestimmtes, messbares [Aus]maß:* eine beachtliche, enorme, ungeheure G.; zwei unbekannte, gegebene, gleichartige Größen (Math., Physik; *in Zahlen ausdrückbare Begriffe);* die G. eines Landes, eines Raumes, Gebäudes; die G. *(Körpergröße)* eines Kindes; die G. seiner Füße; die G. *(Höhe)* eines Betrages; die G. *(der zahlenmäßige Umfang)* einer Klasse, eines Volkes; die G. dieses Sterns ist noch unbekannt; die G. dieser Fläche beträgt 600 m²; die G. von etw. bestimmen, messen; Tische unterschiedlicher G.; ein Mann mittlerer G.; Steine in verschiedenen, in allen Größen; etw. in natürlicher G. darstellen; sie hatte die Bücher nach der G./der G. nach geordnet; Früchte von verschiedener G.; /Norm bei Kleidern, Schuhen o. Ä./: die großen, kleineren, gängigen Größen dieser Schuhe sind ausverkauft; sie trägt G. 38; der Anzug ist in allen Größen vorrätig; in dieser, Ihrer G. haben wir leider nichts mehr da.
2. a) *großer innerer Wert; Bedeutsamkeit:* die seelische, innere, echte, wahre, (geh.:) erhabene G. eines Menschen; die G. des Augenblicks, der Stunde war ihnen bewusst; die G. der Gedanken, des Empfindens; ihm fehlt die wirkliche G.; sie hat, besitzt G.; sie bewies, zeigte in dieser Situation G.; b) *berühmte Persönlichkeit, Kapazität:* die geistigen Größen einer Epoche, der Wissenschaft; sie ist eine G. auf ihrem Gebiet.
Großmut, die: G. gegen den Besiegten zeigen, (geh.:) üben.
großmütig: eine großmütige Haltung, Handlung, Tat; er war sehr g. und erließ ihm die Schulden; jmdm. g. verzeihen; sich g. gegen jmdn./jmdm. gegenüber g. zeigen; g. ging sie über diese Sache hinweg.
Großmutter, die: meine G. väterlicherseits; sie ist G. geworden *(hat einen Enkel bekommen);* ihre alte G.; eine sehr junge G.; ⟨R⟩ das kannst du deiner G. erzählen (ugs.; *das glaube ich nicht).*
großschreiben ⟨etw. g.⟩: *mit großem Anfangsbuchstaben schreiben:* ein Wort fälschlicherweise g.; Substantive werden großgeschrieben.
großspurig (abwertend): ein großspuriger Mensch; großspurige Reden; großspurige *(hochtrabende)* Pläne; sein Auftreten war, wirkte sehr g.; etw. g. versprechen.
größtenteils: es kamen viele Touristen, g. [waren es] Spanier; sie hat ihre Aktien g. verkauft; diese Erfolge gehen g. auf ihn zurück; die Gemälde stammen g. aus der Renaissance.
Großvater, der: dein G. ist noch sehr rüstig; mein G. mütterlicherseits; er ist G. geworden *(hat einen Enkel bekommen).*

großziehen ⟨jmdn. g.⟩: sie hat vier Kinder großgezogen; ein Tier mit der Flasche g.
großzügig: 1. *nicht kleinlich; freigebig:* ein großzügiger Mensch; er hat die Sache in großzügiger Weise finanziell unterstützt; ein großzügiges Trinkgeld geben; sie ist von Natur aus g.; sein Angebot war sehr g.; er war so g., uns zum Essen einzuladen; sie war immer sehr g. gegen/zu uns, uns gegenüber; er hat sich sehr g. *(entgegenkommend)* verhalten; g. *(wohlwollend)* über etw. hinwegsehen; sie ging mit den Vorräten zu g. *(verschwenderisch)* um. **2.** *weiträumig:* eine großzügige Anlage; eine großzügige Raumaufteilung; der Plan für den Neubau ist recht g.; etw. g. planen, anlegen, einrichten.
Grübchen, das: wenn sie lachte, bekam sie/hatte sie/zeigten sich ihre G.; er hat G. in den Wangen, ein G. im Kinn.
Grube, die: **1.** *Vertiefung in der Erde:* eine tiefe, rechteckige G. ausheben, graben; eine G. abdecken; in eine G. stürzen; Ⓡ wer andern eine G. gräbt, fällt selbst hinein. **2.** *Bergwerk:* eine ergiebige, verfallene G.; eine G. stilllegen, schließen; in die G. einfahren; er arbeitet in der G. *(ist Bergarbeiter).*
grübeln: tagelang ergebnislos g.; sie sitzt stundenlang da und grübelt; er hat lange über diesen/ über diesem Fall gegrübelt; SUBST.: er geriet ins Grübeln.
grün: 1. */eine Farbbezeichnung/:* grünes Gras, Laub; grüne Wiesen, Wälder, Felder; grüner Salat; grünes Glas; eine grüne Flasche; grüne Ölfarbe; sie trägt ein grünes Kleid; dieses Jahr werden wir grüne Weihnachten *(Weihnachten ohne Schnee)* haben; ihre Augen sind g.; (ugs.:) die Ampel ist jetzt g., wir dürfen gehen; die Bäume werden wieder g.; etw. g. färben, streichen; ein g. gestreiftes, g. kariertes Handtuch; g. belaubte Bäume; SUBST.: ein helles, mattes, leuchtendes, dunkles, tiefes, sattes, giftiges Grün; das erste Grün sprießt; das frische Grün der Wiesen; Grün ist die Farbe der Hoffnung; die Farbe Grün mag sie nicht; ihre Lieblingsfarbe ist Grün; die Ampel schaltet auf Grün, zeigt Grün, steht auf Grün; bei Grün darf man die Straße überqueren; die Farbe spielt ins Grüne; in Grün ist das Kleid nicht mehr vorhanden; ins Grüne *(in die Natur)* fahren; Grünes (ugs.; *Suppenkräuter)* an die Suppe tun. **2. a)** *unreif:* grüne Äpfel, Tomaten; grünes Obst; die Birnen sind noch g.; **b)** *frisch, roh:* grüne Bohnen, Erbsen; grünes Holz brennt schlecht; grüner (ugs. landsch.; *ungeräucherter)* Speck; grüne *(ungesalzene)* Heringe; grüne Klöße (ugs. landsch.; *Klöße aus rohen Kartoffeln).* **3.** (oft abwertend) *unerfahren:* er ist eben noch ein grüner Junge; dazu ist er noch viel zu g. **4.** (Politik) *eine ökologische Einstellung vertretend:* eine grüne Partei; eine grüne Abgeordnete;

eine grüne Politik machen; er ist g.; g. wählen; SUBST.: ein Grüner; sie gehört zu den Grünen; ⋆ die Grüne Insel *(Irland)* · dasselbe in Grün (ugs.; *so gut wie dasselbe)* · jmdm. nicht grün sein (ugs.; *jmdm. nicht wohlgesinnt sein)* · jmdn. grün und blau/grün und gelb schlagen (ugs.; *jmdn. sehr verprügeln)* · jmdm. wird es grün und gelb/grün und blau vor den Augen (ugs.; *jmdm. wird übel)* · sich grün und blau/grün und gelb ärgern (ugs.; *sich sehr ärgern).*
Grund, der: **1. a)** *[Erd]boden:* sumpfiger, fester G.; ein Loch in den felsigen G. bohren; **b)** (bes. österr.) *Grundstück, Grundbesitz:* er hat seinen gesamten G. verkauft; sie sitzt, wohnt, wirtschaftet auf eigenem G. **2. a)** *Boden eines Gewässers:* der Schwimmer suchte G., fand keinen G., hatte endlich wieder G. [unter den Füßen]; der See war so klar, dass man bis auf den G. blicken konnte; der Dampfer geriet, lief auf G. *(hat sich festgefahren);* auf dem tiefsten G. des Meeres; ein feindliches Schiff in den G. bohren (geh.; *versenken);* ÜBERTR.: im Grunde (geh.; *Innersten)* seines Herzens, seiner Seele verabscheute er diese Tat; **b)** *Boden eines Gefäßes:* auf dem G. des Bechers lag ein goldener Ring; er leerte das Glas bis auf den G. *(vollständig).* **3.** *Untergrund, Hintergrund:* der G. der Tapete, des Stoffes war braun; helle Blumen auf dunklem G.; von dem dunklen G. hob sich das Muster kaum ab. **4.** *Ursache, Motiv:* ein guter, einleuchtender, gewichtiger, hinreichender, vernünftiger, schwerwiegender G.; der wahre G. ihrer Reise war ...; persönliche, berufliche, materielle, taktische, wirtschaftliche, politische Gründe sprachen dagegen; ihre Gründe sind nicht stichhaltig, zwingend; die Gründe eines andern achten, billigen, einsehen; besondere Gründe geltend machen; ich habe [allen] G. anzunehmen/zu glauben, dass ...; den G., warum/weshalb etw. geschieht, nicht verstehen; die Gründe dafür, dass etw. geschieht, darlegen; dafür habe ich meine Gründe, das konnte seinen G. nur darin haben, dass ...; den G. für etw. angeben; sie suchten den G. für das Versagen der Bremsen; [einen] G. zum Feiern, keinen G. zum Klagen, Schimpfen haben; es besteht kein G. zur Beunruhigung, Besorgnis; es geschah aus Gründen der Sicherheit; schon aus diesem G. ist es unmöglich; er hat es aus irgendeinem unerfindlichen G., aus gutem G., nicht ohne G. getan; sie tat es aus dem einfachen G. (ugs.; *einfach deshalb),* weil ...; ⋆ **Grund und Boden** *(Grundbesitz):* der Wert seines G. und Bodens · **den Grund zu etw. legen** *(die Voraussetzung für etw. schaffen)* · etw. (Dat.) auf den Grund gehen *(etw. zu klären suchen)* · etw. (Dat.) auf den Grund kommen *(die wahren Ursachen für etw. herausfinden)* · auf Grund (↑ aufgrund) · in Grund und Boden *(völlig; zu-*

tiefst): jmdn. in G. und Boden verdammen; sich in G. und Boden schämen · **jmdn. in Grund und Boden reden** (1. *so lange und heftig auf jmdn. einreden, bis es dieser aufgibt, Gegenargumente vorzubringen.* 2. *jmdn. nicht zu Wort kommen lassen)* · **etw. in Grund und Boden wirtschaften** *(etw. wirtschaftlich völlig ruinieren)* · **im Grunde [genommen]** *(eigentlich)* · **von Grund auf/aus** *(ganz und gar, völlig):* etw. von G. auf ändern · **zu Grunde gehen, legen, liegen, richten** (↑ zugrunde).

gründen: 1. ⟨etw. g.⟩ *schaffen:* eine Familie, einen Verein, einen Orden, ein Unternehmen g.; ein Dorf, eine Siedlung g.; die Stadt wurde um 1500 gegründet. **2. a)** ⟨etw. auf etw. (Akk./Dat.) g.⟩ *auf etw. aufbauen:* er gründete seine Hoffnung auf ihre Aussage; die Ideen sind auf diese/dieser Überzeugung gegründet; **b)** ⟨sich auf etw. (Akk.) g.⟩ *sich stützen:* der Verdacht gründet sich auf einige Briefe und Äußerungen; worauf gründen sich seine Ansprüche?; **c)** ⟨auf/in etw. (Dat.) g.⟩ *seine Grundlage in etw. haben:* seine Philosophie gründet auf der Überzeugung, dass ...; ihre Standhaftigkeit gründete in ihrem tiefen Glauben.

Grundlage, die: die gesellschaftlichen, geistigen, theoretischen, gesetzlichen Grundlagen; die G. der Wissenschaft; die Grundlagen für etw. schaffen, erwerben, legen; die Behauptungen entbehren jeder G.; etw. auf eine neue G. stellen; ÜBERTR.: du musst etwas essen, damit du eine gute G. hast (ugs.; *den Alkohol verträgst).*

grundlegend: ein grundlegender Unterschied; eine grundlegende Voraussetzung; sie hat darüber eine grundlegende Arbeit geschrieben; die Verhältnisse haben sich inzwischen g. geändert.

gründlich: a) *sorgfältig; gewissenhaft:* gründliche Vorbereitungen; gründliche Arbeit leisten; sie ist ein sehr gründlicher Mensch; gründliche *(umfassende, profunde)* Kenntnisse; ihr Bericht war sehr g.; er ist sehr g. in allem, was er tut; sich g. vorbereiten; **b)** (ugs.) ⟨verstärkend bei Verben⟩ *sehr:* da hast du dich aber g. getäuscht; den nehme ich mir mal g. vor.

grundlos: 1. *keinen festen Untergrund besitzend:* sie fuhren durch grundlosen Morast; die Wege waren g. und schlammig. **2.** *unbegründet:* ein grundloser Verdacht, Argwohn; grundlose Vorwürfe, Verdächtigungen; sein Misstrauen, ihre Furcht ist g.; g. weinen.

Grundriss, der: **1.** *maßstabgerechte Zeichnung:* der rechteckige G. eines Hauses; den G. einer Kirche entwerfen; einen G. zeichnen. **2.** *Leitfaden:* ein kurzer, knapper G. der deutschen Grammatik; die deutsche Literatur im G.

Grundsatz, der: feste, gute, vernünftige, strenge, moderne, moralische Grundsätze; demokratische, rechtsstaatliche Grundsätze; es ist unser G., nur beste Waren zu liefern; keine Grundsätze haben; das widerspricht meinen Grundsätzen;

an seinen Grundsätzen festhalten; bei seinen Grundsätzen bleiben; nach bestimmten Grundsätzen handeln, verfahren; von seinen Grundsätzen abgehen, abweichen; er ist ein Mann mit/von Grundsätzen.

grundsätzlich: a) *grundlegend; prinzipiell:* grundsätzliche Probleme erörtern; ein grundsätzlicher Unterschied; eine Frage von grundsätzlicher Bedeutung; Bedenken grundsätzlicher Art; sich zu einer Frage g. äußern; etw. g. feststellen, ablehnen; er raucht g. nicht; **b)** *eigentlich; im Allgemeinen:* er erklärte seine grundsätzliche Bereitschaft/sein grundsätzliches Einverständnis, mit der Einschränkung/mit dem Vorbehalt, dass ...; dagegen ist g. nichts zu sagen, wenn die anderen einverstanden sind; ich bin g. auch dafür, will aber nicht verschweigen, dass ...

Grundstein, der: in den G. wurden Urkunden eingemauert; ✶ **der Grundstein zu/für etw. sein** *(den Anfang von etw. bilden):* ihr erstes Konzert war die G. zu einer großen/für eine große Karriere · **den Grundstein zu etw. legen** (1. *mit der Grundsteinlegung symbolisch den Bau eines Gebäudes beginnen:* gestern wurde der G. zu der neuen Kirche gelegt. 2. *die Entwicklung von etw. einleiten:* mit dieser Entdeckung legte er den G. zu einer neuen Wissenschaft).

Grundstock, der: der G. für die Bibliothek ist bereits vorhanden; diese Summe war der G., bildete den G. für ihr späteres Vermögen.

Grundstück, das: das größere G. liegt an einem Hang; ein G. kaufen, erben, verpachten, bebauen; mit Grundstücken spekulieren.

grünen (geh.): die Bäume grünen wieder; grünende Felder, Wiesen, Zweige; ⟨es grünt⟩ im Frühjahr grünt und blüht es überall.

grunzen: das Schwein grunzt; ÜBERTR.: er grunzte (ugs.; *äußerte)* zufrieden irgendetwas und verschwand.

Gruppe, die: eine G. Jugendlicher; eine G. meuternder Sträflinge/(seltener:) meuternder Sträflinge; eine G. von Touristen, Kindern/eine G. Touristen, Kinder; eine G. von Bäumen stand am Haus; eine G. Soldaten lag/(auch:) lagen im nahen Wald; es bildeten sich überall kleine Gruppen; konservative, radikale Gruppen *(Interessengruppen);* an dem Werk hat eine ganze G. *(ein Team)* gearbeitet; der Lehrer bildete Gruppen zu je fünf Schülern; eine G. zum Fotografieren [zusammen]stellen; eine G. *(militärische Einheit)* führen, befehligen; er gehört einer G. *(einem Kreis, Zirkel)* literarisch Interessierter an; in Gruppen zusammenstehen, etw. in/zu Gruppen zusammenstellen, nach Gruppen ordnen; (Sport:) die Mannschaft wurde Sieger in ihrer G.

gruppieren: a) ⟨jmdn., etw. g.; gewöhnlich mit Umstandsangabe⟩ *anordnen, zusammenstellen:* etw. neu, nach bestimmten Gesichtspunkten, in einer bestimmten Anordnung, zu einem Kreis g.;

sie gruppierte die Stühle um den Tisch; **b)** ⟨sich g.; mit Umstandsangabe⟩ *sich formieren, aufstellen:* die Schulungsteilnehmer mussten sich zu einem Kreis, um den Tisch g.

grus[e]lig: eine gruselige Geschichte; ein gruseliges Erlebnis; das hört sich ja g. an.

gruseln: a) ⟨jmdm./jmdn. gruselt [es]⟩ *jmd. empfindet Grauen:* in der Dunkelheit gruselte [es] ihr/sie; es hat mir/mich vor diesem Anblick gegruselt; SUBST.: sie spürte ein leichtes Gruseln; **b)** ⟨sich g.⟩ *Grauen empfinden:* die Kinder gruselten sich in dem dunklen Wald, vor der Dunkelheit.

Gruß, der: **1.** *Höflichkeitsbezeigung bei einer Begrüßung, Verabschiedung o. Ä.:* ein freundlicher, ehrerbietiger, förmlicher, lässiger, stummer, kurzer, militärischer G.; sein G. war höflich, aber kühl; Grüße wechseln, tauschen; (geh.:) jmdm. einen G. entbieten; jmds. G. erwidern; auf jmds. G. nicht danken; ohne G. weggehen; er reichte ihm die Hand zum G. *(zur Begrüßung).* **2.** *Worte, Zeichen der Verbundenheit, des Gedenkens o. Ä., die jmdm. übermittelt werden:* jmdm. herzliche, freundliche, beste, liebe Grüße senden; jmdm. Grüße ausrichten, bestellen, [über]bringen, übermitteln; einen G. unter einen Brief setzen; jmdm. Grüße an jmdn., für jmdn. auftragen; sagen Sie ihm herzliche Grüße von mir; /in Grußformeln am Briefschluss/: viele, herzliche, liebe Grüße euer ...; freundliche Grüße Ihr ...; mit freundlichem G. [verbleibe ich] Ihr ...; mit den besten Grüßen Ihr[e] ...; /Aufschrift auf Kranzschleifen/: als letzter/letzten G.

grüßen: 1. ⟨[jmdn.] g.⟩ *einen Gruß entbieten:* jmdn. freundlich, höflich, kühl, kurz, schweigend, mit einer Verbeugung g.; sie grüßten sich/ (geh.:) einander nur flüchtig; wir kennen uns kaum, aber wir grüßen uns; sie grüßen sich nicht mehr *(sie sind verfeindet);* er grüßte nach allen Seiten; er hat zuerst, im Vorübergehen, von ferne gegrüßt. **2.** ⟨[jmdn.] g.⟩ *einen Gruß übermitteln:* grüß deine Eltern herzlich, vielmals von mir!; grüß mir deinen Vater!; ich soll auch von meiner Mutter g.; dein Bruder lässt herzlich g.; BILDL.: grüß die Heimat von mir!; die Berge grüßten [ihn] aus der Ferne (geh.; *waren aus der Ferne zu sehen);* grüß dich! (ugs.; Grußformel).

Grütze, die: **1.** *grob gemahlene Getreidekörner:* Enten mit G. füttern. **2.** (ugs.) *Verstand:* er hat [keine] G. im Kopf; dazu braucht man nicht viel G.;
★ rote **Grütze** (Kochk.; eine Süßspeise).

gucken (ugs.): **a)** *sehen:* guck mal, was ich hier habe!; lass mich mal g.!; aus dem Fenster, durchs Schlüsselloch, durch ein Fernrohr g.; jmdm. über die Schulter g.; ÜBERTR.: das Taschentuch guckt aus der Tasche *(hängt heraus);* **b)** ⟨irgendwie g.⟩ *dreinschauen:* freundlich, finster g.; da guckte er mal ganz dumm, als er das hörte; **c)** ⟨etw. g.⟩ *an-*

sehen, betrachten: Bilder, Zeitschriften, einen Krimi g.; ⟨auch ohne Akk.⟩ sie haben mal wieder bis Mitternacht geguckt *(das Fernsehprogramm verfolgt).*

gültig: 1. *geltend, in Kraft:* ein gültiger Ausweis, Reisepass; eine gültige Fahrkarte; ein gültiges Gesetz; die Münze ist nicht mehr g.; der Fahrplan ist ab 1. Oktober g.; einen Vertrag als g. anerkennen; eine Unterschrift für g. erklären. **2.** *von bleibender Aussagekraft, bleibendem Wert:* eine gültige Maxime, Losung.

¹**Gummi,** der und das: *vulkanisierter Kautschuk:* Reifen aus G.; sie trug Stiefel aus G.

²**Gummi,** der: **1.** *Radiergummi:* etw. mit dem G. wegradieren. **2.** (salopp) *Präservativ:* sich einen G. überziehen.

³**Gummi,** das (ugs.): **a)** *Gummiband:* das G. in der Hose ist gerissen; **b)** *Gummiring:* die Rolle wurde durch ein G. zusammengehalten.

Gunst, die: jmds. G. erwerben, erlangen, genießen; jmdm. seine G. schenken; die G. des Publikums, der Wähler gewinnen, verlieren; jmdm. eine G. (geh.; *die Erfüllung einer Bitte)* gewähren; (geh.:) einer G. teilhaftig sein/werden; in jmds. G., bei jmdm. in G. stehen *(von jmdm. sehr geschätzt werden);* nach G. [und Gaben] *(nicht objektiv)* urteilen; sich um jmds. G. bemühen; ÜBERTR.: die G. des Schicksals, der Umstände; sie suchten die G. der Stunde *(den günstigen Augenblick)* zu nutzen;
★ **zu jmds. Gunsten** *(zu jmds. Vorteil):* sie vor Gericht zu seinen Gunsten ausgesagt; sich zu jmds. Gunsten verrechnen · **zu Gunsten** (↑zugunsten).

günstig: eine günstige Gelegenheit, Wendung, Zeit; der Ort hat eine klimatisch günstige Lage; ein günstiges Urteil, Vorzeichen; günstige Bedingungen vorfinden; einen günstigen Eindruck machen; etw. nimmt einen günstigen Verlauf; sie kam in einem günstigen Augenblick, in einem günstigen/im günstigsten Licht erscheinen *(einen guten, den besten Eindruck machen);* etw. in günstigem Licht darstellen, schildern *(vorteilhaft erscheinen lassen);* im günstigsten Fall wird er mit einer Geldstrafe davonkommen; die Beleuchtung, das Licht ist nicht sehr g.; jetzt ist die Gelegenheit g.; etw. g. beeinflussen; hier kann man g. *(preiswert)* kaufen; über jmdn. g. urteilen; jmdn. g. zu stimmen suchen; etw. wirkt sich g. aus; die Nachricht wurde als günstig aufgenommen; BILDL.: die Glück war günstig.

Gurgel, die: jmdm. die G. zudrücken, abschnüren; einem Tier die G. durchschneiden; jmdm. an die G. fahren, springen; er wollte mir an die G.; jmdn. an, bei der G. packen;
★ jmdm. die **Gurgel zuschnüren, zudrücken, abdrehen, zudrehen** (salopp; *jmdn. zugrunde richten, wirtschaftlich ruinieren)* · **etw. durch die Gurgel jagen** (ugs.; *etw. vertrinken):* er hat sein ganzes Vermögen durch die G. gejagt.

gurgeln: 1. *den Rachen spülen:* laut, geräuschvoll g.; dreimal täglich, mit Kamille g. **2.** *einen gurgelnden Laut hervorbringen:* in der Klamm gurgelte ein Bach; ÜBERTR.: ein gurgelndes Röcheln.

Gurke, die: **1. a)** */eine Salat-, Gemüsepflanze/:* Gurken anbauen, ziehen, legen; **b)** *Frucht der Gurkenpflanze:* saure, eingelegte Gurken; Gurken ernten, schälen. **2.** (salopp scherzh.)**a)** *Nase:* der hat eine rote, dicke G.!;**b)** *seltsamer Mensch:* das ist vielleicht 'ne G.!

Gurt, der: der G. eines Fallschirms; einen G. anlegen, lockern; sich im Auto, im Flugzeug mit einem G. anschnallen.

Gürtel, der: **1.** ein schmaler, breiter, lederner, geflochtener G.; ein G. mit Schnalle; der G. wurde ihm zu eng; den G. weiter, enger schnallen, machen; das Kleid wird von einem G. zusammengehalten. **2.** *Zone:* ein G. von Gärten zieht sich rings um die Stadt; ∗ **den Gürtel enger schnallen [müssen]** (ugs.; *sich in seinen Bedürfnissen einschränken [müssen]*).

Guss, der:**1. a)** *das Gießen von Metall o. Ä. in eine Form:* der G. einer Glocke, eines Denkmals; dieser G. ist nicht gelungen; **b)** *gegossener Gegenstand:* ein fehlerhafter, gelungener G.; ein G. aus Eisen; der G. ist zersprungen. **2. a)** *gegossene Flüssigkeitsmenge:* ein kräftiger, kalter G. traf ihn von oben; der Arzt verordnete ihm kalte Güsse *(Kneippgüsse);* **b)** (ugs.) *Regenguss:* ein heftiger, kurzer G.; sie sind in einen G. gekommen, wurden von einem G. überrascht. **3.** *Glasur auf Kuchen o. Ä.:* eine Torte mit einem G. überziehen; ein G. aus Schokolade; ∗ **[wie] aus einem Guss** *(in sich geschlossen):* die Inszenierung ist [wie] aus einem G.

gut /vgl. besser/:**1.** *einwandfrei in Ordnung; qualitätsvoll:* gute Qualität, Ware, Kost; ein guter Wein, Apfel, Stoff; ein gutes Messer, Gewehr, Werkzeug; ein guter Film; ein gutes Buch lesen; einen guten Witz erzählen; eine gute Leistung; gute Arbeit verrichten; das ist kein gutes Deutsch; der Anzug hat einen guten Sitz; diese Lampe gibt kein gutes Licht; einen guten Geschmack haben; ein gutes Gedächtnis, Gehör haben; bei guter Gesundheit sein; sie hat noch gute *(gesunde)* Augen, Ohren; er hat einen guten *(gut geformten)* Kopf; das hat schon seinen guten Sinn, Grund *(ist begründet, gerechtfertigt);* dieser Vorschlag ist sehr g.; ihr ist nichts g. genug *(sie hat an allem etw. auszusetzen);* /häufig in Formeln der Bekräftigung oder des Einverständnisses/: also g.; nun g.; damit g. *(genug damit)* schon g. *(es bedarf keiner weiteren Worte mehr);* g., ich bin einverstanden!; (iron.:) auch g.!; das ist ja alles g. und schön *(schon in Ordnung, richtig),* aber ...; etw. g. können, beherrschen; ihr macht eure Sache g.; g.

gemacht!; sie kann g. lesen, schreiben, singen; dazu eignet sie sich besonders g.; er hört, sieht noch g.; er lernt g. *(leicht, ohne Schwierigkeiten);* das Holz brennt g.; der Anzug sitzt g.; ein g. sitzendes Kostüm; etw. für g. befinden; /als Zensur/: sein Aufsatz wurde mit »[sehr] gut« bewertet; SUBST.: er isst gern etwas Gutes; daraus kann nichts Gutes werden. **2.** *tüchtig, fähig:* eine gute Schülerin; ein guter Arzt; eine gute Geschäftsfrau; er ist ein guter Fahrer, Sportsmann; er ist in der Schule recht, sehr g. **3. a)** *wirksam, nützlich:* das ist ein gutes Mittel gegen Migräne; jmdm. gute Lehren geben; der Tee ist g. gegen/(ugs. auch:) für den Husten; der Tee wird dir, deinem Magen g. tun *(eine gute Wirkung bei dir, deinem Magen haben);* ÜBERTR.: seine Worte taten mir g.; wer weiß, wozu das g. ist; das tut nicht g. (fam.; *das ist keine brauchbare Lösung);* **b)** *geeignet, günstig:* eine gute Gelegenheit nutzen; ihm fällt immer eine gute Ausrede ein; heute ist gutes Wetter zum Angeln; die Äpfel sind g. zum Kochen; der Augenblick war g. gewählt; es trifft sich g., dass du kommst; das hast du g. *(treffend)* gesagt. **4.** *angenehm, erfreulich:* eine gute Nachricht, Mitteilung, Botschaft; sie hatten eine gute Reise, Fahrt; wir hatten gutes Wetter; sie hat gute Aussichten, befördert zu werden; er machte he[k]einen guten Eindruck; sie lebt in guten Verhältnissen; guten Mutes sein; etw. zu einem guten Ende führen; er hat heute einen guten Tag *(Tag, an dem ihm alles gelingt);* er hat/führt dort ein gutes *(glückliches, sorgloses)* Leben; er hat es g. zu Hause; es wird schon wieder g. werden; mir ist [es] heute nicht g. *(ich fühle mich körperlich nicht wohl);* sie ist g. gelaunt; hier lässt es sich g. leben; du bist g. dran (ugs.; *hast Glück);* das ging noch einmal g. aus; der Braten schmeckt g.; er sieht g. aus; diese Farbe kleidet dich, steht dir g.; das trifft sich g., ist noch einmal g. *(glimpflich, glücklich)* davongekommen; das Klima ist ihr g. bekommen; machs g.! (ugs.; als Wunschformel); SUBST.: etwas Gutes war doch an der Sache; jmdm. alles Gute wünschen; ihm ahnt nichts Gutes; etw. wendet sich wieder zum Guten; etw. hat [auch] sein Gutes *(eine positive Seite);* was mir da zugemutet wurde, war des Guten (iron.; *war zu viel).* **5. a)** *reichlich, groß:* eine gute Ernte, ein gutes *(ertragreiches)* Jahr; ein gutes Zug (ugs.; *trinkt viel auf einmal);* einen guten Schluck tun; sein gutes Auskommen haben; gute Geschäfte machen; das kostet mich ein gutes Stück *(viel)* Geld;**b)** *reichlich bemessen; mehr als:* er wartete eine gute Stunde auf ihn; ein guter Liter Wasser; wir haben ein gut[es] Stück des Weges zurückgelegt; ein gut[er] Teil der Schuld lag bei ihm; bis dahin sind es noch g. drei Kilometer; der Sack wiegt g. einen Zentner; die Sache liegt g. zwanzig Jahre zurück.

6. a) *anständig, tadellos:* ein gutes Benehmen; gegen den guten Ton verstoßen; hier herrscht ein guter Klassengeist; die Firma hat einen guten Ruf; ein Mädchen aus gutem Haus, aus guter Familie; auf eine gute Art, Manier mit etw. fertig werden; ihr Ruf ist nicht besonders g.; sich g. benehmen, aufführen; **b)** *sittlich gut, wertvoll:* ein guter Mensch; ein guter *(frommer)* Christ; sie hat ein gutes Herz; sie ist eine gute Seele (ugs.; *ein gutmütiger Mensch*); er ist ein guter Kerl (ugs.; *ist gutmütig);* (iron.:) der gute Mann irrt, wenn er glaubt, ich ließe mir das gefallen; gute Taten, Werke vollbringen; ein gutes *(reines)* Gewissen haben; er arbeitet eifrig für die gute Sache; das Geld ist für einen guten Zweck gedacht; sie war immer sehr g. zu den Kindern; dafür bin ich mir zu g. *(zu schade);* du hast g. und richtig gehandelt; SUBST.: Gutes mit Bösem vergelten; sie hat viel Gutes getan; an das Gute glauben.

7. *freundlich gesinnt:* ein guter Kamerad; sein bester Freund; gute Nachbarschaft halten; es waren gute Bekannte von ihm; sie will den Hund nur in gute Hände *(in fürsorgliche Pflege)* geben; ⟨jmdm. g. sein⟩ sie waren sich wieder g. (fam.; *versöhnt);* sei [doch bitte] so g. *(tu mir bitte den Gefallen)* und nimm das Paket mit; sie meint es g. mit dir; er steht g. mit ihm, kommt g. mit ihm aus; sie redete ihm g. *(in freundschaftlicher Art)* zu; SUBST.: jmdm. Gutes erweisen; (fam.:) sie hat mir schon oft geholfen, die Gute.

8. *nicht für den Alltag bestimmt:* der gute Anzug; die guten Sachen anziehen; dieses Kleid ist nur für g. (ugs.; *für besondere Gelegenheiten).*

9. *leicht, mühelos:* das Instrument spielt sich g.; etw. lässt sich g. verkaufen; hinterher hat man, kannst du g. reden; du hast g. lachen *(bist nicht in meiner Lage);* es kann g. sein *(es ist leicht möglich),* dass sie sich getäuscht hat; ich kann ihn nicht g. *(nicht so einfach)* darum bitten.

10. *richtig, ordentlich:* halte dich g. fest; deck dich g. zu; etw. g. trocknen lassen;

★ **gut und gern[e]** (ugs.; *mindestens)* · **so gut wie** (ugs.; *beinahe, fast):* das Buch ist so g. wie fertig · **für etw. gut sein** (ugs.; *die Voraussetzung für etw. bieten)* · **es mit etw. gut sein lassen** (ugs.; *etw. mit etw. erledigt sein lassen)* · **es gut getroffen haben** *(mit/bei etw. Glück haben):* sie hat es im Urlaub [mit der Unterkunft] g. getroffen · **gut daran tun** *(in Bezug auf etw. richtig handeln):* du tust g. daran, dich nicht zu beteiligen · **jenseits von gut und böse sein** (iron.; 1. *weltfremd sein.* 2. *aufgrund seines Alters sexuell nicht mehr aktiv sein)* · **im Guten** *(friedlich, ohne Streit):* etw. im Guten sagen · **im Guten wie im Bösen** *(mit Güte und mit Strenge).*

Gut, das: **1.** *Wert, Besitz:* rechtmäßiges, ererbtes, gestohlenes, herrenloses, fremdes G.; liegende, unbewegliche Güter *(Immobilien, Liegenschaf-*

ten); bewegliche Güter *(transportabler Besitz wie Möbel o. Ä.);* die wahren, wirklichen, irdischen, geistigen, ewigen Güter; er hat all sein G. verschleudert; ihre Kinder sind für sie das höchste G.; Ⓡ unrecht G. gedeihet nicht; unrecht G. tut selten gut; nicht um alle Güter der Welt *(auf keinen Fall).* **2.** *landwirtschaftlicher Betrieb:* ein großes, kleines G. pachten, bewirtschaften; sie lebte zurückgezogen auf ihren Gütern *(ihrem Landbesitz).* **3.** *Frachtgut:* sperrige, leichte Güter; leicht verderbliches gefährliches G.; Güter aufgeben, abfertigen, absenden, verladen, versenden, verschicken, verzollen, zu Schiff bringen, mit der Bahn befördern.

Gutachten, das: ein medizinisches, juristisches G.; ein negatives, positives, ausführliches, detailliertes G.; das ärztliche G. liegt noch nicht vor; ein G. anfordern, einholen, abgeben.

gutartig: a) *nicht widerspenstig:* ein gutartiges Kind; das Tier ist g.; b) *ungefährlich:* ein gutartiger Tumor; die Sache ist, verlief g.

Gutdünken, das: ⟨in der Verbindung⟩ **nach Gutdünken** *(nach eigenem Ermessen, beliebig):* nach G. vorgehen, handeln; das kannst du nach Gutdünken, deinem eigenen G. entscheiden.

Güte, die: **1.** *Qualität:* die bekannte, viel gepriesene G. einer Ware; die G. eines Stoffes prüfen; Waren von ausgezeichneter G.; etw. ist von erster G.; ÜBERTR.: das war ein Reinfall erster G. (ugs.; *ein sehr großer Reinfall).* **2.** *Gütigsein, Freundlichkeit:* ihre große, unendliche G. beschämte ihn; die G. Gottes ist ohne Grenzen; er ist die G. selbst, die G. in Person; seine G. gegen uns/uns gegenüber war groß; sie sah ihn voller G. an; haben Sie, hätten Sie die G. (geh.; *seien, wären Sie so freundlich),* mir zu helfen?; sich in G. *(ohne Streit)* einigen; mit G. kommt man hier, bei dem Kind [nicht] weiter; sie machte [ihm] einer Vorschlag zur G. *(zur gütlichen Einigung);* [ach] du meine/du liebe Güte! (ugs.; Ausrufe der Verwunderung, des Erschreckens o. Ä.).

gutgläubig: ein gutgläubiger Kunde, Geldgeber, Käufer; bei der gutgläubigen Annahme, dass ...; du bist viel zu g.; sich g. auf etw. einlassen; SUBST.: viele Gutgläubige/(selten:) Gutgläubigen wurden hereingelegt.

guthaben ⟨etw. g.⟩: du hast bei mir noch einiges, zehn Mark gut; in dem Geschäft habe ich noch für fünf Mark Waren gut.

Guthaben, das: Ihr G. bei uns beträgt 1000 DM; ein großes, beachtliches, kleines G.; er hat noch ein G. auf der Bank, bei der Sparkasse, bei mir; der Kontoauszug weist ein G. von 450 DM auf.

gutheißen ⟨etw. g.⟩: einen Plan, ein Vorgehen g.; das kann ich nicht g.; die Sache wurde von uns nicht gutgeheißen.

gütig: ein gütiger Mensch; ein gütiges Herz haben; Sie sind sehr g. zu mir; er zeigte sich sehr g. gegen uns; sie lächelte g.; ein gütiges Geschick bewahrte ihn davor.

gütlich: eine gütliche Einigung; auf dem Wege gütlicher Verständigung; einen Streit g. beilegen, schlichten; ich habe mich g. mit ihm geeinigt; ⋆ **sich an etw.** (Dat.) **gütlich tun** *(von etw. reichlich, mit Genuss essen, trinken).*

gutmachen ⟨etw. g.⟩: **1.** *wieder in Ordnung bringen:* einen Fehler, ein Versehen, einen Schaden g.; das ist so schnell nicht [wieder] gutzumachen; wie soll, kann ich das g., was Sie für mich getan haben! *(wie kann ich mich dafür erkenntlich zeigen?);* ⟨etw. an jmdm. g.⟩ er hat viel an ihr gutzumachen *(er hat ihr großes Unrecht getan).* **2.** *Überschuss erzielen:* er hat bei dem Geschäft, dem Tausch, dem Handel Geld gutgemacht. **3.** (Sport) ⟨etw. g.⟩ *wettmachen, ausgleichen:* der Läufer konnte den Abstand, den Vorsprung nicht mehr g.; sie hat 3 Sekunden gutgemacht.

Gutschein, der: Gutscheine ausgeben, einlösen; ein G. für Getränke, für ein Mittagessen im Wert von/über 50 DM.

gutschreiben ⟨jmdm./etw. etw. g.⟩: wir haben Ihnen, Ihrem Konto den Betrag, die Summe gutgeschrieben.

gutwillig: ein gutwilliges Kind; sie ist g. mitgekommen; etw. g. hergeben, herausgeben, aufgeben.

Haar, das: blondes, braunes, rotes, schwarzes, dunkles, helles, glänzendes, stumpfes H.; kurzes, langes, dichtes, schütteres, volles H.; glattes, krauses, lockiges, strähniges, welliges, fettiges, trockenes H.; sein H. ist schlohweiß, wird grau; seine Haare wachsen schnell, fallen [ihm] aus; die Haare brechen ab; ihre Haare saßen gut, waren ungepflegt; das offene H. fiel ihr in, über die Stirn, hing ihr [unordentlich] ins Gesicht; dem Hund sträubten sich die Haare; graues H./graue Haare haben, bekommen; das H./die Haare abschneiden, auskämmen, bürsten, eindrehen, [blond, rot] färben, [zu einem Zopf] flechten, föhnen, frisieren, kämmen, legen, ondulieren, schneiden, (ugs.:) stutzen, tönen, toupieren, trocknen, waschen; sich (Dat.) das H./die Haare schneiden lassen; ich lasse mir das H./die Haare wachsen; das H. kurz, schulterlang, aufgesteckt, als Knoten, [in der Mitte] gescheitelt tragen; er strich sich (Dat.) das H./die Haare aus dem Gesicht; ich ziehe, reiße mir ein graues H. aus; jmdn. an den Haaren ziehen; sich mit den Fingern

durch das H. fahren, über das H. streichen; ein Band, eine Blume im H. tragen; eine Puppe mit echtem, künstlichem H.; ⟨Ⓡ krauses H., krauser Sinn; lange Haare, kurzer Verstand; ⋆ **jmdm. stehen die Haare zu Berge; jmdm. sträuben sich die Haare** (ugs.; *jmd. ist erschrocken, entsetzt*) · **Haare lassen [müssen]** (ugs.; *Schaden, Nachteile erleiden*) · **Haare auf den Zähnen haben** (ugs.; *von schroffer, aggressiver Wesensart sein;* meist auf Frauen bezogen) · **ein Haar in der Suppe, in etw.** (Dat.) **finden** (ugs.; *etw. an etw. auszusetzen, zu kritisieren haben*) · **niemandem ein Haar/jmdm. kein Haar krümmen [können]** *(niemandem etwas/jmdm. nichts zuleide tun [können])* · **jmdm. die Haare vom Kopf fressen** (ugs.; *auf jmds. Kosten leben*) · **kein gutes Haar an jmdm., etw. lassen** *(jmdn., etw. schlechtmachen; alles, was jmd. tut, kritisieren)* · **sich** (Dat.) **die Haare raufen** *(vor Ratlosigkeit, Verzweiflung nicht wissen, was man tun soll)* · **sich** (Dat.) **über etw.** (Akk.)/**um etw./wegen etw.** (Gen.) **keine grauen Haare wachsen lassen** (ugs.; *sich wegen etw. keine Sorgen machen*) · **an einem Haar hängen** (ugs.; *sehr unsicher sein*) · **etw. an/bei den Haaren herbeiziehen** (ugs.; *etw. anführen, was nicht, nur entfernt zur Sache gehört*) · **auf ein Haar, aufs Haar** (ugs.; *ganz genau*): sie gleichen sich aufs H. · **sich in den Haaren liegen** (ugs.; *miteinander Streit haben*) · **sich in die Haare fahren/geraten/kriegen** (ugs.; *in Streit geraten*) · **um ein Haar** (1. *beinahe, fast:* um ein H. hätte er sich geschnitten. 2. *ganz wenig:* dieses Brett ist nur um ein H. breiter als jenes) · **nicht [um] ein Haar/[um] kein Haar** (ugs.; *nicht, um nichts*): er ist [um] kein H. besser als der andere.

Haaresbreite, die: ⟨nur in bestimmten Wendungen⟩ **um Haaresbreite** *(äußerst knapp):* er ist [nur] um H. dem Tod entgangen · **nicht um Haaresbreite** *(kein bisschen, nicht im Geringsten):* sie wich nicht um H. von ihrer Ansicht ab.

haarig: 1. *stark behaart:* haarige Beine, eine haarige Brust. **2.** (ugs.) *unangenehm:* eine ziemlich haarige Geschichte, Angelegenheit; dieser Fall ist recht h.; dabei ist es h. zugegangen.

Habe, die (geh.): seine ganze H. verlieren; er kam um seine wenige, einzige H.; ⋆ **Hab und Gut** *(alles, was jmd. besitzt).*

haben: I. 1. a) ⟨jmdn., etw. h.⟩ *besitzen; sein Eigen nennen:* ein Auto, ein Haus, einen Hund h.; viel Geld h.; die habens ja (scherzh., iron.; *die haben das nötige Geld dazu*); er hat nichts; einen Bruder, eine Tochter, keine Eltern, Freunde h.; er hat eine nette Frau; er hat Familie *(Frau und Kind[er]);* /verblasst/: das Recht, die Pflicht h.; eine Idee h.; **b)** ⟨jmdn., etw. h.⟩ *aus einer bestimmten Menge, Anzahl bestehen:* ein Kilo hat 1 000 Gramm; die Stadt hat [an die, über, um] 80 000 Einwohner; das Haus hat fünf Stockwerke, 30 Wohnungen, zwei Ausgänge; **c)** ⟨etw. h.⟩ *über* etw. verfügen: Zeit, Urlaub, Feierabend h.; Erfahrung, gute Beziehungen h.; **d)** ⟨etw. h.⟩ *bekommen, jmdm. zuteil werden:* kann ich das Handtuch h.?; wie hätten Sie es/Sies [denn] gern? *(wie möchten Sie bedient, behandelt werden?);* Ⓡ da hast dus! (ugs.; *jetzt ist das, was ich befürchtet habe, eingetreten).* **2.** ⟨etw. h.⟩ (Schülerspr.) *als Lehrfach haben:* wir haben gleich Deutsch, Englisch; heute haben wir hitzefrei *(ist hitzefrei),* keine Schule *(ist keine Schule).* **3.** ⟨etw. h.⟩ **a)** *als Eigenschaft o. Ä. aufweisen:* blaue Augen h. *(blauäugig sein),* lange Beine, ein schwaches Gedächtnis, ein gutes Herz h.; Ausdauer, Energie, viel Geduld, Macht h.; **b)** *von etw. ergriffen, befallen sein:* Durst h.; Fieber h.; Husten, Scharlach h.; er hat es an der Galle, auf der Brust, im Hals *(er ist krank an der Galle usw.);* Ⓡ dich hats wohl! (ugs.; *du bist wohl verrückt!).* **4.** ⟨etw. h.⟩ *von etw. bedrückt, erfüllt sein:* Abscheu h.; Angst, Sorgen, Zweifel h.; den Wunsch, die Hoffnung haben, dass ...; was hat sie nur? *(was bedrückt sie nur?).* **5. a)** ⟨etw. h.⟩ /drückt aus, dass etw. besteht, existiert/: wir haben schönes Wetter; wir hatten eine tolle Stimmung; wir haben heute Montag; **b)** ⟨in Verbindung mit einem Adjektiv und *es⟩* /charakterisiert die Umstände, den Zustand o. Ä., worin sich jmd. befindet/: er hat es schwer *(es ist schwer für ihn);* wir haben es schön zu Hause *(bei uns ist es schön zu Hause);* sie hat es eilig (ugs.; *ist in Eile);* ihr habt es warm hier *(es ist warm bei euch).* **6.** (ugs.) ⟨jmdn., etw. h.⟩ *gefangen, gefunden o. ä. haben:* die Polizei hat den Ausbrecher; ich habs!, jetzt hab ichs *(habe ich geraten, gefunden o. ä.).* **7.** (bes. südd., österr.) ⟨es hat⟩ *es gibt:* hier hat es viele alte Häuser; es hat heute 30 Grad im Schatten. **8.** (salopp) ⟨es hat sich mit etw.⟩ *es ist vorbei:* mit der Feierei hat sichs erst mal; von dem gestrigen Treffen weiß ich, aber damit hat es sich erst mal; gib mir 50 Mark, und damit hat sichs; hat sich was! (ugs.; *von wegen!).* **9.** ⟨sich h.⟩ **a)** (ugs. abwertend) *sich zieren:* wie die sich wieder hat!; hab dich nicht so!; **b)** (ugs.) *sich streiten:* die haben sich vielleicht wieder gehabt! **II. 1.** ⟨mit Infinitiv mit *zu⟩* **a)** *müssen:* er hat noch zu arbeiten; wir haben noch eine Stunde zu fahren; du hast zu gehorchen; **b)** *zu etw. berechtigt sein* /verneint/: er hat hier nichts zu befehlen. **2.** ⟨etw. irgendwo liegen, stehen usw. h.⟩ *zur Verfügung haben:* sie hat ein Fass Wein in ihrem Keller liegen; seine Kleider im Schrank hängen h. **III.** ⟨mit einem 2. Part.; dient der Perfektumschreibung⟩: sie hat den Mann gesehen; ich hatte mich geschämt; wir haben gut geschlafen; die Rose hat nur kurz geblüht; ich habe früher viel getanzt; **★ zu haben sein** *(erhältlich, zu kaufen sein):* Ein-

trittskarten sind noch zu h. · **[noch, wieder] zu haben sein** (ugs.; *nicht verheiratet sein):* seine Tochter ist noch zu h. · **für etw. zu haben sein** *(bei etw. mitmachen; für etw. zu gewinnen sein):* für ein solches Vorhaben ist sie nicht zu h. · **etw. an sich haben** *(etw. als Eigenart haben)* · **etw. hat etwas auf sich; mit etw. hat es etwas auf sich** *(etw. bedeutet etwas):* was hat es damit auf sich? · **etwas/einiges o. ä. für sich haben** *(gewisse, einige Vorzüge haben)* · **etwas gegen jmdn., etw. haben** *(jmdn., etw. nicht leiden können; jmdn., etw. ablehnen)* · **etw. hinter sich haben** *(etw. überstanden haben)* · **jmdn. hinter sich haben** *(von jmdm. unterstützt werden)* · **es in sich haben** (ugs.; 1. *schwer sein:* das Klavier hat es aber in sich. 2. *Schwierigkeiten bereiten:* diese Rechenaufgabe hat es aber in sich. 3. *starke Wirkung haben:* dieser Wein hat es in sich) · **etwas mit jmdm. haben** (ugs.; *ein Verhältnis mit jmdm. haben)* · **es mit etw. haben** (ugs.; *etw. mit Begeisterung tun):* er hat es mit dem Fotografieren · **etwas/nicht viel/wenig/nichts von etw. haben** *(einigen/keinen großen/wenig/keinen Nutzen von etw. haben)* · **etw. vor sich haben** *(einer Sache entgegensehen)* · **haste, was kannste; haste nicht gesehen** (ugs.; *schnell):* sie ist haste, was kannste davongelaufen. **Haben:** ↑ **Soll.**

¹Hacke, die: /ein Gerät/: eine spitze, stumpfe, breite H.; die H. ansetzen; den Boden mit der H. bearbeiten.

²Hacke, die; (seltener:) Hacken, der: **a)** (bes. nordd.) *Ferse:* wund gelaufene Hacken; an der rechten H./am rechten Hacken eine Blase haben; er ist mir auf den Hacken getreten; **b)** (bes. nordd. und Soldatenspr.) *Absatz am Schuh:* abgetretene, schiefe Hacken; die Hacken zusammenschlagen, zusammennehmen, zusammenklappen; sich auf der H. drehen; **c)** (bes. nordd.) *Fersenteil des Strumpfes:* ein Loch in der H./im Hacken haben; **★ die Hacken voll haben; einen im Hacken haben** (nordd.; *betrunken sein)* · **sich** (Dat.) **die Hacken nach etw. ablaufen/abrennen** (ugs.; *viele Gänge machen, um etw. zu finden, zu erreichen)* · **sich an jmds. Hacken/sich jmdm. an die Hacken hängen/heften** *(jmdn. hartnäckig verfolgen)* · **jmdm. [dicht] auf den Hacken sein/bleiben/sitzen** (ugs.; *jmdn. verfolgen, dicht hinter jmdm. sein, bleiben)* · **jmdm. nicht von den Hacken gehen** *(jmdn. mit etw. verfolgen, bedrängen).*

hacken: **1.** ⟨etw. h.⟩ **a)** *mit einer Axt o. Ä. spalten, zerkleinern:* Holz h.; er hackte einen Berg Brennholz, die Kisten in Stücke, die Bank zu Kleinholz; **b)** *zerkleinern:* Petersilie, Zwiebeln h.; gehackter Spinat; SUBST. PART.: Gehacktes *(gehacktes Fleisch);* **c)** *mit einer Hacke lockern:* das Beet, den Boden, den Garten h.; **d)** *hackend anlegen, machen:* eine Grube h.; er hatte mit dem Absatz ein Loch in das Eis gehackt; **e)** *mit der Hacke arbei-*

ten: gestern habe ich im Garten gehackt; ÜBERTR.: auf dem Klavier h. *(die Töne hart und laut anschlagen).*
2. ⟨jmdm./jmdn., sich in etw. (Akk.) h.⟩ *jmdn., sich mit der Axt o.Ä. an etw.:* ich habe mir/mich ins Bein gehackt.
3. *mit dem Schnabel schlagen:* a) ⟨nach jmdm., etw. h.⟩ die Dohle hackte nach ihm, nach seiner Hand; b) ⟨jmdm./jmdn. in etw. (Akk.) h.⟩ die Henne hackt mir/mich in die Hand.
4. (Sport Jargon) *rücksichtslos spielen:* schon in den ersten Minuten begann der Gegner zu h.
Hacken: ↑²Hacke.
Hader, der (geh.): a) *Streit:* politischer, unsinniger H.; der ständige H. war zermürbend; der alte H. flammte wieder auf; mit jmdm. in H. liegen, leben; b) *Unzufriedenheit:* mit H. erfüllt sein.
hadern (geh.) ⟨mit jmdm., sich, etw. h.⟩: er haderte mit sich, mit dem Schiedsrichter, mit seinem Schicksal; mit Gott h. *(Gott anklagen).*
Hafen, der: ein fremder, eisfreier H.; der heimatliche H.; künstliche Häfen; der Londoner H.; der H. in, von London; das Schiff läuft den H. an; einen H. ausbauen, stilllegen; einen sicheren H. finden; aus einem H. auslaufen; in einen H. einlaufen; im H. liegen, ankern;
∗ den Hafen der Ehe ansteuern (scherzh.; *heiraten wollen)* · im Hafen der Ehe landen; in den Hafen der Ehe einlaufen (scherzh.; *heiraten).*
Hafer, der: der H. steht schlecht, ist reif; H. anbauen, ernten, füttern, säen;
∗ jmdn. sticht der Hafer (ugs.; *jmd. ist [zu] übermütig).*
Haft, die: eine langjährige, mehrmonatige, lebenslängliche H.; eine H. verbüßen, (ugs.:) absitzen; aus der H. entfliehen; jmdn. aus der H. entlassen; in H. sitzen, sich in H. befinden; jmdn. in H. [be]halten; er wurde zu drei Tagen H. verurteilt;
∗ jmdn. in Haft nehmen *(inhaftieren).*
haftbar ⟨in den festen Verbindungen⟩ **jmdn. für etw. haftbar machen** (bes. Rechtsw.; *verantwortlich machen):* er machte ihn h. für den Verlust · **für etw. haftbar sein** (bes. Rechtsw.; *verantwortlich sein):* sie ist h. für den Unfall.
¹haften ⟨gewöhnlich mit Umstandsangabe⟩: *kleben:* das Etikett haftet gut, schlecht; das Parfüm haftet an ihren Kleidern; Schmutz war an den Schuhen h. geblieben; auf der nassen Straße haften die Reifen schlecht *(haben geringe Bodenhaftung);* ÜBERTR.: ein Makel haftet an ihm; dieser Eindruck haftet im Gedächtnis *(ist dort eingeprägt);* haftende Eindrücke; von dem Vortrag war nicht viel h. geblieben.
²haften: 1. ⟨für jmdn., etw. h.⟩ *bürgen, verantwortlich sein:* die Eltern haften für ihre Kinder; die Versicherung hat für den Schaden nicht gehaftet; ⟨jmdm. für jmdn., etw. h.⟩ sie haftet mir dafür, dass sich keine Zwischenfälle ereignen.
2. (Rechtsw.; Wirtsch.) *als Gesellschafter mit seinem Vermögen eintreten müssen:* einzeln, gesamtschuldnerisch, [un]beschränkt, mit seinem Vermögen h.; ein persönlich haftender Gesellschafter; auf Schadenersatz h. *(im Hinblick auf Schadenersatz die Haftung tragen).*
Hagel, der: der H. prasselte, trommelte gegen die Scheiben, zerstörte die Saat; ÜBERTR.: ein H. *(eine große Menge)* von Steinen, Drohungen.
hageln 1. ⟨es hagelt⟩ *es fällt Hagel:* es beginnt zu h.; gestern hat es während des Gewitters gehagelt; ⟨es hagelt etw.⟩ es hagelte Taubeneier (ugs.; *es fielen taubeneigroße Hagelkörner).*
2. a) ⟨gewöhnlich mit Umstandsangabe⟩ *in dichten Mengen herabfallen:* Bomben sind auf die Stellungen gehagelt; Steine hagelten gegen die Angreifer; ÜBERTR.: Proteste, Vorwürfe hageln von allen Seiten; b) ⟨es hagelt etw.⟩ *es gibt etw., es bricht etw. herein:* es hagelte Hiebe, Schläge; es hagelte Vorwürfe, Kritik; (ugs.:) beim letzten Diktat hat es Fünfer gehagelt.
hager: eine hagere Alte; hagere Arme, Finger; ein hageres Gesicht; von hagerer Gestalt sein; sie war, wirkte sehr h.
¹Hahn, der: *männliches Huhn:* ein großer, stolzer H.; die Hähne krähen; er stolziert umher wie ein H., (ugs.:) wie der H. auf dem Mist;
∗ der gallische/welsche Hahn (Sinnbild Frankreichs) · Hahn im Korb sein (ugs.; *[als einziger Mann in einem Kreis von Frauen] Hauptperson, Mittelpunkt sein)* · nach jmdm., etw. kräht kein Hahn (ugs.; *niemand kümmert sich um jmdn., etw.).*
²Hahn, der: 1. *Vorrichtung zum Absperren von Rohrleitungen:* ein undichter Hahn; der Hahn tropft; alle Hähne/(fachspr. auch:) Hahnen ab-, andrehen, öffnen, schließen.
2. *Vorrichtung zum Auslösen des Schusses:* den H. spannen.
häkeln: a) *eine Häkelarbeit machen:* beim Fernsehen häkelt sie immer; sie häkelt an einem Babyjäckchen; b) ⟨etw. h.⟩ *mit der Häkelnadel anfertigen:* eine Spitze h.; sie häkelt ihr/für sie eine Decke.
Haken, der: 1. *gebogenes Stück Metall o.Ä.:* ein eiserner H.; einen H. in die Wand [ein]schlagen; der Mantel hing an, auf, an einem H.; sie hängte den Mantel an, auf einen H.; die H. [aus den Ösen] lösen; Häkchen an das Kleid, Korsett nähen.
2. *hakenförmiges Zeichen:* einen H. auf dem u, hinter den Namen machen.
3. (ugs.) *verborgene Schwierigkeit:* der einzige, große, dickste H. war ...; der H. an der Sache, beim Telefongeschäft ist der, dass ...; es gibt einen H.; die Sache hat einen H.
4. (Boxen) *Schlag mit angewinkeltem Arm:* einen rechten H.; einen kurzen H. hochreißen, schlagen;
∗ einen Haken schlagen *(beim Laufen plötzlich die Richtung ändern):* der Hase schlug einen H. · etw. auf den Haken nehmen *(etw. abschleppen):* der Frachter wurde von Schleppern auf den H. ge-

nommen · mit Haken und Ösen (ugs., auch: Sport Jargon; *mit allen fairen und unfairen Mitteln*): er ist ein guter Fußballer, aber er spielt mit H. und Ösen.

halb ⟨Adj. und Bruchzahl; als Ziffer: $^1/_2$⟩: **1.** *die Hälfte von etw. umfassend, zur Hälfte:* ein halbes Brot; ein halb[es] Dutzend; die Ware zum halben Preis verkaufen; (Seemannsspr.:) mit halber Kraft fahren; jmdn. auf halbe Ration setzen; (Musik:) halbe Noten, Töne; das halbe Dorf, die halbe Stadt (ugs.; *viele Menschen aus dem Dorf, aus der Stadt*); die halbe Welt (ugs.; *viele Menschen*); h. Europa, h. Berlin; auf halber Höhe des Berges; auf halbem Wege; alle halbe Stunde/alle halbe[n] Stunden; in einer halben Stunde; es ist, schlägt h. [eins]; es ist acht Minuten bis, nach, vor h. [acht Uhr]; die Flasche ist h. leer; er ist nur h. so fleißig wie sein Freund; es macht nur h. so viel Mühe; die Wirkung wird nur h. [so groß] sein; den Apfel nur h. essen; sich h. umdrehen, erheben; die Zeit ist schon h. um, vorbei; /in dem Wortpaar/: halb ... halb ...: h. Kunst, h. Wissenschaft; h. lachend, h. weinend. **2.** *unvollständig, unvollkommen* ⟨häufig in Verbindung mit *nur* u. Ä.⟩: die halbe Wahrheit; keine halben Sachen machen; mit halber *(leiser)* Stimme, halber Kraft; das Fleisch ist nur h. gar; die Birnen sind erst h. reif; ich habe den Vortrag nur h. verstanden; ich habe nur h. zugehört; das ist h. so schlimm. **3.** *fast [ganz], so gut wie:* er ist ein halber Mediziner; wir waren noch halbe Kinder; das dauert schon eine halbe Ewigkeit *(sehr lange);* h. blind irrte sie durch die Wohnung; h. verhungertes Vieh; sie schlugen ihn zusammen und ließen ihn h. tot liegen; ein h. totes *(völlig erschöpftes)* Tier; etw. h. versprechen; *‹* halb und halb (ugs.; *beinahe, fast ganz*): du gehörst schon h. und h. dazu · [mit jmdm.] halb und halb/halbe-halbe machen (ugs.; *Gewinn und Verlust miteinander teilen*) · nichts Halbes und nichts Ganzes [sein] *(zu unzureichend [sein], als dass man etwas damit anfangen könnte).*
halber ⟨Präp. mit Gen.; immer nachgestellt⟩: gewisser Umstände, der Ordnung, der Form h.; er ist Geschäfte h. verreist.
halbieren 1. ⟨etw. h.⟩ *in zwei gleiche Teile teilen:* einen Winkel h.; einen Kuchen, einen Apfel h. **2. a)** ⟨etw. h.⟩ *um die Hälfte verringern:* die Öleinfuhr h.; Ziel ist es, die Zahl der Unfalltoten zu h.; **b)** ⟨sich h.⟩ *sich um die Hälfte verringern:* das Wirtschaftswachstum hat sich halbiert; der Verkauf normaler Telefone wird sich in den nächsten Jahren h.
halbwegs: ein h. vernünftiger Vorgesetzter; ein h. anständiges Essen; das Zimmer sieht h. ordentlich aus.
Hälfte, die: a) *einer von zwei gleich großen Teilen:* die eine, obere H.; eine H. des Brotes; (Sport:) die

gegnerische H. [des Spielfeldes]; [mehr als] die H. aller Indianer lebt/(seltener:) leben in den Reservationen; Schüler zahlen die H.; in der ersten H. des vorigen Jahrhunderts; sie bekam über die H.; je zur H. teilen; jmdn. nur zur H. *(nicht genau)* kennen; **b)** (ugs.) *einer von zwei verschiedenen Teilen eines Ganzen:* die kleinere, größere H.; ★ **meine/deine** usw. **bessere Hälfte** (ugs. scherzh.; 1. *meine/deine usw. Ehefrau.* 2. seltener; *mein/dein usw. Ehemann*) · **meine/deine** usw. **schönere Hälfte** (ugs. scherzh.; *meine/deine usw. Ehefrau*).
Halle, die: 1. *aus einem hohen Raum bestehendes größeres Gebäude:* die H. dröhnte vom Lärm der Maschinen; die H. bietet Platz für drei Flugzeuge; in [der] H. 3 des Messegeländes; (Sport:) er startet in diesem Winter viermal in der H. **2.** *größerer Raum in einem Gebäude:* die H. betreten; sich in der H. treffen; sie wartet in der H.
hallen: a) *weithin tönen:* er hörte ihre Schritte h.; ein Schuss hallte durch die Nacht, über den Fluss; **b)** *widerhallen:* seine Schritte hallten im Dom; ⟨es hallt⟩ es hallt in den leeren Zimmern; **c)** *von Hall erfüllt sein:* die kahlen Räume hallten.
hallo: 1. /Ruf, mit dem man jmds. Aufmerksamkeit auf sich lenkt/: h., ist da jemand?; h., Sie haben etwas verloren; /beim Telefonieren/: ja, h.; h., wer ist da? h. rufen; SUBST.: Hallo rufen.
2. (ugs.) /Grußformel/: h.!; h., Martin, na wie gehts denn so?; SUBST.: sag deiner Tante noch schnell Hallo.
Hallo, das: *Geschrei, Lärm:* das war, es gab ein großes H.; jmdn. mit lautem H. begrüßen, empfangen; unter lautem H.
Halm, der: geknickte Halme; die Halme beugten sich im Wind, richteten sich wieder auf; das Getreide auf dem H. *(vor der Ernte)* verkaufen; die Felder stehen hoch im H. *(das Getreide ist gut gewachsen und fast reif);* das Korn schießt in die Halme.
Hals, der: 1. *Körperteil zwischen Kopf und Rumpf:* ein dicker, faltiger, kurzer, sehniger, schlanker, weißer, ungewaschener H.; sie hat einen schönen H.; er machte einen langen H., verrenkte sich (Dat.) fast den H.; die Leute reckten die Hälse, um alles sehen zu können; sie stürzte vom Pferd und brach sich (Dat.) den H.; bis an den H., bis zum H. im Wasser stehen; jmdm. um den H. fallen, die Arme um den H. legen; (ÜBERTR.: eine Weißweinflasche mit langem H.; seine Finger umspannten den H. des Cellos. **2.** *Kehle:* ein entzündeter, rauer, roter, trockener H.; mein H. tut weh; jmdm. den H. zudrücken (ugs.; *jmdn. erwürgen);* das Getränk rann eiskalt seinen H. hinunter, durch seinen Hals; (ugs.:) jmdn. am H. packen und würgen; den Hund hängt ihm die Zunge aus dem H.; das Herz schlug ihr bis in den H.; (ugs.:) sich einen Whisky in den H. kippen; es kratzt [ihn] im H.; die Gräte blieb ihr im Halse stecken; sie hat

Schmerzen im H., (ugs.:) sie hat es im Hals *(hat Halsschmerzen);* ★ Hals über Kopf (ugs.; *überstürzt, kopflos):* sie reisten H. über Kopf ab · einen [dicken] Hals haben (ugs.; *wütend sein)* · sich (Dat.) nach jmdn., etw. den Hals verrenken (ugs.; *nach jmdm., etw. Ausschau halten)* · jmdm. den Hals abschneiden/brechen/umdrehen (ugs.; *jmdn. zugrunde richten, ruinieren)* · jmdn./jmdm. den Hals kosten (ugs.; *jmds. Verderben sein, jmdn. ruinieren)* · den Hals nicht voll [genug] kriegen [können] (ugs.; *nicht genug bekommen [können])* · einer Flasche den Hals brechen (ugs. scherzh.; *eine Wein-, Schnapsflasche öffnen, um sie auszutrinken)* · sich die Pest, die Schwindsucht o. Ä. an den Hals ärgern (ugs.; *sich übermäßig ärgern)* · jmdn., etw. am/auf dem Hals haben (ugs.; *sehr viel Mühe, Ärger mit jmdm., etw. haben)* · sich jmdm. an den Hals werfen (ugs.; *sich jmdm. aufdrängen)* · jmdm. jmdm. auf den Hals schicken/hetzen (ugs.; *jmdn., der unerwünscht ist, zu jmdm. schicken):* er wird ihnen die Polizei auf den H. schicken · sich (Dat.) jmdn., etw. auf den Hals laden (ugs.; *sich mit jmdm., etw. viel Arbeit, Verantwortung aufbürden)* · aus vollem Hals[e] *(sehr laut)* · bis zum/über den Hals (ugs.; *völlig, total):* bis über den H. verschuldet sein, in Arbeit stecken · etw. in den falschen/unrechten/verkehrten H. bekommen (ugs.; *etw. missverstehen [und deshalb verärgert sein])* · jmdm. im Hals stecken bleiben (ugs.; *etw. nicht über die Lippen bringen können):* die Lüge blieb ihm im H. stecken · es geht um den Hals (ugs.; *es geht um das Leben, um alles)* · sich um den/um seinen Hals reden (ugs.; *durch unvorsichtige Äußerungen seine Position, Existenz riskieren)* · jmdm. mit etw. vom Hals bleiben (ugs.; *jmdn. mit etw. nicht belästigen):* bleib mir mit diesen Geschichten vom H.! · sich (Dat.) jmdn., etw. vom Hals halten (ugs.; *sich mit jmdm., auf etw. nicht einlassen)* · sich (Dat.) jmdn., etw. vom Hals schaffen (ugs.; *sich von jmdm., etw. befreien)* · etw. hängt/wächst jmdm. zum Hals heraus (ugs.; *jmd. ist einer Sache überdrüssig).*

halt (südd., österr., schweiz.): eben, nun einmal: das ist h. so; da muss man h. warten.

Halt, der: **1.** *Stütze:* einen H., nach einem festen H. suchen (ein Bergsteiger fand, gewann [mit den Füßen] an der Felswand keinen H.; sie verlor den H. und stürzte; das Bücherregal hat keinen H.; dieser Festiger gibt dem Haar H. und Fülle; ÜBERTR.: sie ist sein moralischer H.; inneren H. haben; einen H. brauchen; er hatte an ihr einen festen H. **2.** *das Anhalten:* ein kurzer H.; der letzte H. vor der Grenze; der Zug fährt ohne H. durch; ★ Halt machen *([an]halten; stehen bleiben)* · vor jmdn., etw. nicht Halt machen *(jmdn., etw.*

nicht verschonen) · vor nichts [und niemandem] Halt machen *(skrupellos sein).*

halten /vgl. gehalten/: **1.** a) ⟨jmdn., etw. h.⟩ *ergriffen haben und nicht mehr loslassen:* eine Stange, das Seilende, die Tasse am Henkel h.; das Steuerrad nicht mehr h. können; würden Sie bitte für einen Moment das Kind h.?; ein Kind an, bei der Hand h.; einen Karton unterm Arm h.; die Mutter hielt das Baby im Arm; der Schmied hielt das glühende Eisen mit der Zange; haltet den Dieb! *(lasst ihn nicht laufen!);* er hielt *(stützte)* die Leiter; ⟨jmdm., sich etw. h.⟩ sie hielt sich den Kopf, das Knie; er hielt seiner Mutter den Mantel *(half ihr in den Mantel);* b) ⟨etw. h.⟩ *Halt, Stütze für etw. sein:* ein Band hält ihre Haare [nach hinten]; die Träger werden vorne von zwei Schleifen gehalten; das Regal wird von zwei Haken gehalten *(ist mit zwei Haken befestigt);* die Schraube hat nicht viel zu h. *(wird kaum belastet).* **2.** ⟨jmdn., etw. h.; mit Umstandsangabe⟩ *in eine bestimmte Lage bringen:* den Arm ausgestreckt, den Kopf gesenkt h.; das Negativ gegen das Licht, das Kind über das Taufbecken, die Zeitung vor das Gesicht h.; ⟨jmdm., sich etw. irgendwohin h.⟩ jmdm. die Faust unter die Nase h.; er hielt sich die Pistole an die Schläfe. **3.** a) ⟨jmdn. h.⟩ *festhalten, zum Bleiben bewegen:* die Firma versuchte alles, um die Facharbeiter zu h.; was hält uns eigentlich noch [hier, in dieser Stadt, bei dieser Firma]?; sie ließ sich nicht h.; kann er eine Frau wie sie h.?; b) ⟨etw. h.; gewöhnlich verneint⟩ *zurückhalten:* das Wasser, den Urin nicht, kaum h. können. **4.** a) (Milit.) ⟨sich, etw. h.⟩ *erfolgreich verteidigen:* die Soldaten hielten die Stellungen; wir werden uns h. können; b) ⟨jmdm., sich, etw. h.⟩ *weiterhin behalten:* er hält den Weltrekord im Brustschwimmen *(hat ihn inne);* sie konnte sich im Betrieb nicht h.; sie konnte ihren Vorsprung bis ins Ziel h.; sie wird ihre Boutique nicht länger h. können; c) ⟨sich h.⟩ *sich mit Erfolg behaupten:* der Verein kann sich auf Dauer in der Bundesliga h.; die Stadt wird sich nicht mehr lange [gegen den Feind] h. können; das Geschäft hielt sich [wider Erwarten]; sie hat sich in der Prüfung gut gehalten; er hat sich als Vorsitzender lange gehalten; der Läufer hat sich über Jahre hinweg in der Weltspitze gehalten; ÜBERTR.: das Stück hielt sich lange auf dem Spielplan. **5.** ⟨sich an jmdn., h.⟩ *sich mit etw. an jmdn. wenden:* in diesem Punkt halte ich mich an den Direktor; ich halte mich an ihn, an meine Versicherung. **6.** a) ⟨etw. h.⟩ *bewahren, einhalten:* Abstand, Kurs [auf, nach etw.], die Richtung, Schritt, den Takt, das Tempo h.; den Ton, die Melodie h.; eiserne Disziplin h.; Frieden, Freundschaft mit jmdm. h.; [Sonntags]ruhe h.; der Kranke muss Diät h.; b) ⟨etw. h.⟩ *erfüllen, befolgen:* sein Wort, einen Schwur, einen Vertrag h.; sie haben die Gebote nicht gehalten; ÜBERTR.: der Film hielt nicht, was er versprach; c) ⟨sich an etw. (Akk.) h.⟩ *sich nach etw. richten:* sich an ein Versprechen, einen Vertrag h.; sich an die Heimordnung, an die Absprache h.; ich halte mich an unsere Abmachungen; d) ⟨sich an jmdn., etw. h.⟩ *sich orientieren:* du solltest dich mehr an die Tatsachen h., an das h., was du gesehen hast; ich halte mich lieber an die Augenzeugen *(gehe lieber von deren Aussagen aus);* er hat sich bei der Verfilmung eng an die Vorlage gehalten; e) ⟨auf etw. (Akk.) h.⟩ *besonders achten:* [sehr] auf Anstand, auf Ehre, auf Sitte, auf Sauberkeit, auf Ordnung h.; auf seine Kleidung, auf sein Benehmen h. **7. a)** ⟨jmdn., sich, etw. h.; mit Umstandsangabe⟩ /verblasst/ *in einem bestimmten Zustand lassen; einen bestimmten Zustand beibehalten, bewahren:* seine Kinder streng h.; sie hielten sich umschlungen; sich abseits h.; etw. versteckt h.; sich aufrecht, gut, schlecht h. *(eine aufrechte usw. Körperhaltung haben);* sie hat sich gut gehalten (ugs.; *ist trotz ihres Alters noch sehr jugendlich);* sich jung, fit h.; ein Land besetzt h.; er hielt die Tür verschlossen; Speisen frisch, kühl h.; jmdn. auf Distanz h.; das Flugzeug auf Kurs h.; die Temperatur auf 30° Celsius h.; jmdn. bei guter Laune h.; sein Andenken in Ehren h.; jmdn. in Bewegung, in Spannung h.; sich im Gleichgewicht h.; etw. hält sich in Grenzen *(ist nicht übermäßig groß);* etw. unter Verschluss h.; das Zimmer ist in Weiß und Gold gehalten *(gestaltet);* seine Ansprache war sehr allgemein gehalten; b) ⟨sich h.⟩ *in einem bestimmten Zustand bleiben:* die Pfirsiche, die Speisen halten sich *(verderben nicht so schnell);* die Rosen halten sich gut *(verwelken nicht so schnell);* das Wetter wird sich h. *(wird sich nicht verändern);* ⟨auch ohne *sich*⟩ das Wetter hielt; c) ⟨sich irgendwo h.⟩ *an einer bestimmten Stelle, in einer bestimmten Lage bleiben:* er hielt sich nur kurz auf dem wilden Pferd; (meist in Verbindung mit *können*) an der abschüssigen Stelle konnte sie sich nicht h.; d) *ganz/fest bleiben:* der Anzug hält [lange]; die Farbe, der Leim hält; wird das Seil h.?; die Frisur hat nicht lange gehalten; das Eis hält *(trägt);* ÜBERTR.: ihre Ehe hielt nicht lange. **8.** ⟨auf jmdn./etw., irgendwie h.⟩ *zielen:* auf eine Zielscheibe, auf einen Hasen h.; du musst genau in die Mitte, mehr nach rechts h. **9. a)** ⟨sich irgendwo[hin] h.⟩ *eine bestimmte Richtung einschlagen:* sich [nach] links, nach Norden h.; wir müssen uns ostwärts h.; b) (Seemannsspr.) ⟨irgendwohin h.⟩ *zusteuern:* [mit dem Schiff] nach Norden h.; der Dampfer hält auf die Küste zu; c) ⟨sich irgendwo h.⟩ *eine bestimmte Position einnehmen:* er hielt sich immer an ihrer Seite, hinter ihr; das Flugzeug hielt sich auf einer Höhe von 8 000 m. **10.** ⟨jmdn., etw. h.⟩ *zu seiner Verfügung, seinem*

Nutzen *o. Ä.* haben: Haustiere h.; er hält *(abonniert)* eine Zeitung; ⟨sich (Dat.) etw. h.⟩ ich halte mir Reitpferde, einen Hund; wir können uns kein zweites Auto h. *(leisten).* **11.** ⟨etw. h.⟩ /vielfach verblasst/ *veranstalten, abhalten:* eine Andacht, einen Gottesdienst h.; Hochzeit h. *(feiern);* über jmdn. Gericht h. (geh.; *zu Gericht sitzen);* eine Ansprache, eine Vorlesung, eine Predigt h.; er hielt Selbstgespräche; ein Mittagsschläfchen h.; der Hamster hielt seinen Winterschlaf; Wache h. *(auf Wache stehen, aufpassen);* Ausschau h. *(ausschauen).* **12. a)** ⟨jmdn., sich, etw. für jmdn./etw. h.⟩ *als jmdn., etw. ansehen, betrachten:* jmdn. für tot h.; jmdn. für aufrichtig, gerissen, ehrlich, falsch, intelligent h.; etw. für gesichert, wahrscheinlich h.; ich halte es für das Beste, wenn du jetzt verreist; sie hatte es nicht für ratsam, möglich gehalten; das halte ich für (salopp:) absoluten Schwachsinn; sie hält dies für etwas Besonderes; er hält dich für seinen Freund; **b)** ⟨jmdn., sich für jmdn. h.⟩ *fälschlicherweise glauben, jmd. zu sein:* der Hausherr hielt den Nachbarn für einen Einbrecher; auf die Entfernung konnte man sie für ihre Schwester h.; er hielt sich für Napoleon; **c)** ⟨etw. von jmdm., sich, etw. h.⟩ *eine bestimmte Meinung haben:* er hält nicht viel von ihm *(hat von ihm eine geringe Meinung);* von etw. viel, nichts, wenig, eine ganze Menge h.; (ugs.:) was hältst du davon?; **d)** ⟨es irgendwie h.⟩ *verfahren, machen:* wir halten es so [mit unseren neuen Mitarbeitern], dass ...; wie hältst du es mit der Steuererklärung?; wie hält sie es mit der Religion? *(wie steht sie dazu?);* das kannst du h./damit kannst du es h., wie du willst. **13.** ⟨es jmdm., etw.⟩ *auf jmds. Seite stehen, für etw. sein:* er hält es immer mit den Unterdrückten; ihr Mann hält es mit der Bequemlichkeit. **14.** ⟨zu jmdm. h.⟩ *die Treue halten:* die meisten haben [treu] zu ihm gehalten; auch in den größten Bedrängnis hat er zu mir gehalten. **15.** *stoppen:* das Auto, die Straßenbahn hielt; wir hielten genau vor der Tür; der Intercity hält nicht in diesem Bahnhof, nur fünf Minuten, auf freier Strecke; (ugs.:) halt, du darfst hier nicht hinein!; (Milit.:) das Ganze – halt!; halt – wer da? (Milit.; Anruf der Wache); SUBST.: den Wagen zum Halten bringen; ÜBERTR.: halt (ugs.; *einen Augenblick bitte),* wie war das noch? **16.** (Sport) ⟨[etw.] h.⟩ *(einen Ball) abwehren, abfangen:* einen Ball, einen Strafstoß h.; der Torhüter hat [großartig] gehalten.

★ **an sich halten** *(sich beherrschen):* sie musste an sich h., um nicht loszulachen · **auf sich halten** *(auf sein Ansehen, seinen Ruf bedacht sein)* · **sich nicht halten lassen; nicht zu halten sein** *(sich nicht aufrechterhalten lassen):* diese These, diese Theorie ist nicht zu halten.

haltlos: 1. *ohne inneren Halt:* ein haltloser junger Mann; sie ist völlig h. **2.** *unbegründet:* haltlose Behauptungen; seine Beschuldigung ist völlig h.

Haltung, die: **1.** *Körperhaltung:* eine krumme, stramme, gebückte, gerade, aufrechte, nachlässige H.; eine amtliche, dienstliche, drohende H. einnehmen; die H. durch gymnastische Übungen korrigieren; in unbequemer, verkrampfter H. dasitzen; dem Skispringer wurden wegen schlechter H. Punkte abgezogen; H. annehmen (Milit.; *strammstehen*). **2. a)** *Verhalten, Auftreten:* eine abweisende, entschlossene, ruhige, mutige, selbstbewusste, vornehme H.; eine feste H. zeigen; jmdn. aus seiner reservierten H. locken; sie war beispielhaft, vorbildlich in ihrer H.; **b)** *innere Grundeinstellung:* die sittliche, religiöse, politische H.; eine liberale, progressive, konservative, fortschrittliche, zögernde, ablehnende, klare, zwiespältige, undurchsichtige H. in, zu dieser Frage einnehmen; seine H. *(innere Fassung)* bewahren, verlieren, wiedergewinnen. **3.** (Landw.) *das Halten:* die H. von Zuchtvieh.

hämisch: ein hämisches Gesicht, Grinsen; ein hämischer Kommentar; hämische Schadenfreude; hämische Bemerkungen, Blicke; h. grinsen.

Hammer, der: **1.** ein kleiner, schwerer H.; drei Hämmer lagen im Werkzeugkasten; mit einem stumpfen H. den Putz von der Wand klopfen, schlagen. **2.** (Sport) **a)** */ein Sportgerät/:* er warf den H. über 80 m weit; **b)** (ugs.) *Schusskraft:* dieser bullige Stürmer besitzt, hat einen unwahrscheinlichen H.; der Torhüter konnte den H. gerade noch zur Ecke abwehren. **3.** (ugs.) *grober Fehler:* da hast du dir aber einen H. geleistet; im Diktat waren ein paar dicke Hämmer [drin]. **4.** (ugs.) **a)** *Unverschämtheit, Ungeheuerlichkeit:* dass die Miete wieder erhöht wird, ist ein ganz großer H.; und dann kam der H.: Anklage wegen Fahrerflucht; dann ließ er seine Hämmer raus: Ich sei unmoralisch, geldgierig ...; **b)** *großartige Sache, erfreuliche Überraschung:* wenn das neue Modell kein H. wird!; dann kam Papa mit dem H. raus, er würde mir das Auto bezahlen; das ist der H.! *(einfach toll!);* ✶ **zwischen Hammer und Amboss** *(zwischen zwei Fronten, Parteien):* er ist, gerät zwischen H. und Amboss · **etw. unter den Hammer bringen** *(etw. versteigern)* · **unter den Hammer kommen** *(versteigert werden).*

hämmern: 1. a) *mit dem Hammer schlagen:* er hörte ihn im Keller h.; **b)** 〈etw. h.〉 *mit dem Hammer bearbeiten:* Blech, Zinn, Silber h.; **c)** 〈etw. h.〉 *hämmernd herstellen:* einen Kupferteller h.; eine gehämmerte Schale. **2. a)** 〈irgendwohin h.〉 *in kurzen Abständen heftig schlagen:* er hämmerte auf die Tasten, auf die

Schreibmaschine *(Schreibmaschinentasten);* mit den Fäusten gegen die Tür, an die Wand h.; ÜBERTR.: Hagelkörner hämmerten an die Scheiben, auf das Dach; der Klöppel hämmert gegen die Glocke; Absätze, Schritte hämmern über das Parkett; **b)** (ugs.) 〈etw. h.〉 *rhythmisch abgehackt spielen:* er hämmerte auf dem Klavier einen Marsch; **c)** *schlagen, stark klopfen:* das Blut hämmert in den Schläfen; der Puls hämmert; ihr Herz hämmerte vor Aufregung; 〈jmdm. h.〉 das Herz hämmerte ihm bis in den Hals, bis zum Hals. **3.** (ugs.) 〈jmdm. etw. in etw. (Akk.) h.〉 *einprägen:* man muss ihm das immer wieder ins Bewusstsein, in seinen Kopf/Schädel, ins Gewissen h.

hamstern (ugs.) 〈etw. h.〉: **a)** *Vorräte sammeln:* Textilien, Lebensmittel h.; 〈auch ohne Akk.〉 weil alles teurer werden sollte, fingen die Leute an zu h.; **b)** *[durch Tausch] erwerben:* Eier, Kartoffeln h.; 〈auch ohne Akk.〉 nach dem Krieg auf dem Land, beim Bauern h.; **c)** (ugs.) *einheimsen:* die meisten Titel, Medaillen hamsterte das Team aus Frankreich.

Hand, die: **1.** *unterster Teil des Armes:* die rechte, linke H.; eine breite, zarte, kleine, schmale, klobige, feingliedrige, knöcherne, schlaffe, weiche, fleischige H.; kalte, warme, feuchte, schweißige Hände; die flache, hohle H.; seine Hände waren hart und schwielig; eine H. legte sich auf seine Schulter; der Saum ist eine H. breit; ein zwei H./ Hände breiter Saum; schmutzige, ungewaschene Hände haben; sie hat bei der Arbeit eine sichere, ruhige H., sie arbeitet mit sicherer, ruhiger H. *(ihre Handbewegungen bei der Arbeit sind sicher, ruhig);* er hat noch eine H. frei; die H. [zur Abstimmung], die Hände [beschwörend] heben; /Aufforderung, keine Gegenwehr zu leisten/: Hände hoch [oder ich schieße]!; Hände weg [von dem kostbaren Glas]! *(nimm die Hände weg!);* die Hände sinken lassen; die Hände [zum Gebet] falten; vor Verzweiflung die Hände ringen; die Hände nach jmdm. ausstrecken; jmdm. die H., die Hände entgegenstrecken; sich, jmdm. die H. geben, schütteln; jmdm. die H., jmds. H. drücken; jmdm. die H. zur Versöhnung bieten, reichen (geh.; *seine Bereitschaft zur Versöhnung kundtun);* ich gebe dir die H. darauf *(ich versichere, dass es stimmt);* jmdm. die H. küssen; /in Wien noch üblicher Gruß Damen gegenüber/: küss die H.!; sich (Dat.) die Hände waschen, abtrocknen; sich (Dat.) vor Freude die Hände reiben; sich (Dat.) die H. vor den Mund halten; die Hände in den [Hosen]taschen haben, in die [Hosen]taschen stecken; er nahm, legte die Hände an die Hosennaht, legte die Hand [zum Gruß] an die Mütze; es war so dunkel, dass man die H. nicht vor den Augen sehen konnte; es gibt nicht genug Hände *(Helfer),* um dies alles zu schaffen; sie hat beim Schreiben eine leichte, schwere, [un]sichere, unbeholfene H.; eine Ausgabe letzter H. *(letzte vom Autor selbst besorgte Ausgabe);* an den

Händen schwitzen; jmdn. an die H. nehmen, an der H. führen; sich an der H., an den Händen halten; jmdm. etw. aus der H., aus den Händen nehmen; [jmdm. die Zukunft, das Schicksal] aus der H. *(den Handlinien)* lesen; sie gab den Schmuck nicht aus der H., aus den Händen *(behielt ihn bei sich);* sie legte ihre Arbeit aus der H. *(legte sie vorübergehend beiseite);* die Tiere fressen jedem aus der H.; jmdn. bei der H. nehmen; sich bei der H., bei den Händen halten/fassen; er murmelte etwas hinter der vorgehaltenen H.; etw. in der H., in den Händen haben/tragen; den Kopf in die Hände stützen; sie klatschten vor Freude in die Hände; sie hat schon lange kein Buch mehr in die H. genommen *(mehr gelesen);* jmdm. etw. in die H. drücken *(beiläufig oder verstohlen geben);* er spuckte in die Hände und ergriff den Spaten; H. in H. *(angefasst)* gehen; sich mit erhobenen Händen ergeben; etw. mit der H. herstellen; der Brief ist mit der H. geschrieben; sich mit Händen und Füßen *(gestikulierend)* verständlich machen; den heißen Topf mit bloßen *(ungeschützten)* Händen anfassen; jmdm. mit der H. übers Haar streichen; den Handschuh von der H. streifen; die Mitteilung ging von H. zu H.; eine Studie von unbekannter H. *(von einem unbekannten Verfasser);* das Kleid ist von H. genäht; sie nahm einen Bleistift zur H. *(in die Hand);* (Musik:) eine Sonate für vier Hände/zu vier Händen; ÜBERTR.: Hände weg von den Subventionen *(rührt nicht daran!);* Ⓡ H. aufs Herz! (Aufforderung, seine Meinung ehrlich zu sagen); eine H. wäscht die andere; kalte Hände, warmes Herz.

2. (Sport) *Handspiel:* das war H.; der Schiedsrichter pfiff H., entschied auf H.; /Ruf, wenn ein Spieler den Ball mit der Hand berührt/: H.!;

✶ **rechter, linker Hand** *(rechts, links)* · jmds. **rechte Hand** *(jmds. vertrauter und wichtigster Mitarbeiter)* · **die öffentliche Hand** *(der Staat als Verwalter öffentlichen Vermögens)* · **die ordnende Hand** *(jmd., der Ordnung schafft)* · jmdm. **sind die Hände/Hände und Füße gebunden** *(jmd. kann nicht nach seinem Willen handeln)* · jmdm. **rutscht die Hand aus** *(ugs.; jmd. schlägt einen anderen im Affekt)* · **freie Hand haben** *(nach eigenem Ermessen handeln können)* · jmdm. **freie Hand lassen** *(jmdn. selbstständig arbeiten, wirken lassen)* · **zwei linke Hände haben** *(ugs.; bei der Arbeit ungeschickt sein)* · eine **grüne Hand haben** *(ugs.; bei der Pflanzenpflege Erfolg haben)* · eine **lockere/lose Hand haben** *(ugs.; dazu neigen, jmdm. schnell eine Ohrfeige zu geben)* · eine **milde/offene Hand haben** *(gern geben, freigebig sein)* · eine **glückliche Hand [bei etw.] haben/zeigen** *([bei etw.] geschickt sein, intuitiv richtig handeln, vorgehen)* · **die/seine Hand aufhalten/hinhalten** *(ugs.; finanzielle Zuwendungen haben wollen)* · **keine Hand rühren** *(ugs.; jmdm. nicht helfen)* · **[selbst] mit Hand anlegen** *(mithelfen)* · **Hand und Fuß haben** *(gut*

durchdacht sein)* · **beide/alle Hände voll zu tun haben** *(ugs.; viel zu tun haben)* · **[die] letzte Hand an etw. (Akk.) legen** *(etw. vollenden, abschließen)* · **die/seine Hand auf etw. (Akk.) halten** *(ugs.; dafür sorgen, dass etw. nicht ausgegeben, verbraucht wird)* · **die Hände in den Schoß legen** *(1. sich ausruhen, einmal nichts tun. 2. sich untätig verhalten)* · **Hand an sich, jmdn. legen** *(sich, jmdn. töten)* · **seine/die Hand auf etw. (Akk.) legen** *(geh.; von etw. Besitz ergreifen)* · **die/seine Hand über jmdn. halten** *(geh.; jmdm. Schutz, Beistand gewähren)* · **die Hände überm Kopf zusammenschlagen** *(ugs.; über etw. sehr verwundert, entsetzt sein)* · **die/seine Hand von jmdm. abziehen, nehmen** *(geh.; jmdm. seinen Schutz, seine Hilfe entziehen)* · **bei etw. die/seine Hand [mit] im Spiel haben** *(an etw. heimlich beteiligt sein)* · **für jmdn., etw. die/seine Hand ins Feuer legen** *(sich uneingeschränkt für jmdn., etw. verbürgen)* · **[sich (Dat.)] seine Hände in Unschuld waschen** *(geh.; erklären, dass man unschuldig ist)* · **sich die Hand reichen können** *(im Hinblick auf ein bestimmtes Verhalten sich gleichen)* · jmdm. **die Hand [zum Bund] fürs Leben reichen** *(geh.; jmdn. heiraten)* · jmdm. **an der Hand haben** *(ugs.; jmdn. als Hilfe zur Verfügung haben)* · jmdm. **etw. an/in die Hand geben** *(jmdm. etw. zur Verfügung stellen)* · **sich (Dat.) etw. an beiden Händen abzählen/abfingern können** *(ugs.; etw. leicht vorhersehen können)* · jmdm. **[bei etw.] an die Hand gehen** *(jmdm. [bei etw.] helfen)* · **an Händen und Füßen gebunden sein** *(in seiner Handlungs-, Entscheidungsfreiheit entscheidend eingeengt sein)* · **an jmds. Händen klebt Blut** *(jmd. ist für einen Mord verantwortlich)* · **[klar] auf der Hand liegen** *(offenkundig sein)* · jmdn. **auf Händen tragen** *(jmdn. sehr verwöhnen)* · **aus erster Hand** *(1. aus bester Quelle, authentisch:* diese Nachricht ist aus erster H. *2. vom ersten Besitzer)* · **aus zweiter Hand** *(1. von einem Mittelsmann. 2. vom zweiten Besitzer)* · **aus/von privater Hand** *(von einer Privatperson)* · etw. **aus der Hand geben** *(1. etw. von anderen erledigen lassen. 2. auf ein Amt o. Ä. verzichten)* · jmdm. **etw. aus der Hand nehmen** *(jmdm. etw. entziehen, wegnehmen)* · jmdm. **aus der Hand fressen** *(ugs.; jmdm. zu Willen sein)* · **[aus der] Hand spielen** *(Skat; ohne den Skat aufzuheben spielen):* ich spiele Pik H.; sie spielt einen Grand aus der H. · etw. **bei der Hand haben** *(ugs.; greifbar, zur Verfügung haben)* · **[mit etw.] schnell/gleich bei der Hand sein** *(ugs.; schnell zu etw. bereit sein)* · **durch jmds. Hand/Hände gehen** *(im Laufe der Zeit von jmdm. bearbeitet, behandelt, gebraucht werden)* · **[bereits/schon] durch viele Hände gegangen sein** *(schon oft den Besitzer gewechselt haben)* · **hinter vorgehaltener Hand** *(im Geheimen, inoffiziell)* · **in sicheren, guten Händen sein** *(in sicherer, guter Obhut, Betreuung sein)* · **in festen**

Händen sein (ugs.; *eine feste Beziehung haben*) · etw. in der Hand haben *(etw. haben, was man notfalls als Druckmittel einsetzen wird)* · jmdn. [fest] in der Hand haben *(jmdn. in seiner Gewalt haben, jmds. völlig sicher sein)* · in die Hände spucken (ugs.; *ohne Zögern und mit Schwung an die Arbeit gehen*) · jmdn., etw. in die Hand/ Hände bekommen/kriegen *([durch Zufall] einer Person, Sache habhaft werden)* · jmdm. in die Hände fallen (1. *in jmds. Besitz kommen.* 2. *in jmds. Gewalt geraten*) · jmds. Händen entkommen *(jmds. Gewalt entkommen)* · jmdm. in die Hand/Hände arbeiten *(unbeabsichtigt einer Sache Vorschub leisten)* · jmdm. etw. in die Hand/in die Hände spielen *(jmdm. etw. wie zufällig zukommen lassen)* · jmdn., etw. in jmds. Hand geben (geh.; *jmdn., etw. jmdm. überantworten)* · etw. in der Hand haben *(etw. in seinem Besitz, unter seiner Leitung, zur Verfügung haben)* · etw. in Händen halten *(über etw. verfügen)* · in jmds. Hand sein *(in jmds. Gewalt sein)* · in jmds. Hände übergehen *(in jmds. Besitz übergehen)* · in jmds. Hand liegen/stehen *(in jmds. Ermessen, Verantwortung liegen)* · etw. in die Hand nehmen *(die Leitung von etw., die Verantwortung für etw. übernehmen)* · etw. in jmds. Hand/ Hände legen (geh.; *jmdm. mit etw. betrauen)* · jmdm. etw. in die Hand versprechen *(jmdm. etw. fest versprechen)* · Hand in Hand arbeiten *(zusammenarbeiten)* · Hand in Hand mit etw. gehen *(mit etw. einhergehen)* · mit fester/starker Hand *(streng):* er regierte mit fester H. · mit leeren Händen (1. *ohne eine Gabe mitzubringen.* 2. *ohne etw. erreicht zu haben, ohne ein greifbares positives Ergebnis)* · mit vollen Händen *(verschwenderisch, großzügig)* · mit der linken Hand; mit leichter Hand (ugs.; *ohne jede Anstrengung, mühelos*) · mit Händen zu greifen sein *(offenkundig sein)* · sich mit Händen und Füßen gegen etw. wehren/sträuben (ugs.; *sich sehr heftig gegen etw. wehren*) · [jmdn.] um jmds. Hand bitten (geh. veraltend; *die Einwilligung der Eltern einholen, ihre Tochter zu heiraten)* · etw. unter den Händen haben *(etw. in Arbeit haben)* · jmdm. unter den Händen zerrinnen (ugs.; *sich verringern, laufend weniger werden*) · von jmds. Hand (geh.; *durch jmds. Tat; von jmdm. ausgeführt):* von jmds. H. sterben · von langer Hand vorbereiten *(etw. sorgfältig planen, vorbereiten)* · jmdm. [leicht, gut, flott] von der Hand gehen *(jmdm. leicht fallen)* · etw. [nicht] von der Hand weisen *(etw. [nicht] als unzutreffend, unzumutbar o. ä. zurückweisen):* diese Möglichkeit ist nicht, lässt sich nicht von der H. weisen; ich kann das nicht von der H. weisen · von der Hand in den Mund leben *(die Einnahmen sofort für Lebensbedürfnisse wieder ausgeben)* · von Hand zu Hand gehen *(oft den Besitzer wechseln)* · zu Händen [von] jmdm. *(zu übergeben an jmdn.;* in Verbindung mit der Anschrift auf Brie-

fen u. Ä.); zu Händen [von] Herrn/Frau Müller; Abk.: z. H., z. Hd. · zur linken, rechten Hand *(links, rechts)* · zur Hand sein *(verfügbar, greifbar sein)* · etw. zur Hand haben *(etw. verfügbar, bereit haben)* · jmdm. zur Hand gehen *(jmdm. behilflich sein)* · zu treuen Händen (geh., oft scherzh.; *zur guten, sorgsamen Behandlung, Verwahrung).*

Händedruck, der: ein fester, kräftiger, dankbarer, warmer H.; jmdn. mit H. begrüßen.

¹Handel, der: **1.** *Warenkauf und -verkauf:* ein blühender, freier, lebhafter, weltweiter H.; der internationale, innerdeutsche, überseeische H.; der H. mit Waffen wurde untersagt; der H. zwischen den Völkern entwickelt sich gut; einen schwunghaften H. mit etw. anfangen, betreiben; eine Ausweitung des Handels anstreben; den H. mit dem Ausland unterbinden; wir treiben mit diesen Ländern keinen H.; der H. *(die Geschäftswelt)* hält eine Preiserhöhung für unumgänglich; das Medikament wurde aus dem H. gezogen *(wird nicht mehr verkauft);* das Buch ist noch im H. *(kann gekauft werden);* ein neues Produkt in den H. bringen *(zum Kauf anbieten);* diese Geräte kommen nicht in den H. *(werden nicht zum Kauf angeboten);* (Kaufmannsspr.:) H. in Textilien. **2.** *Abmachung, Vertrag:* ein vorteilhafter, günstiger H. kam zustande; einen H. mit jmdm. eingehen, abschließen, rückgängig machen; ★ **Handel und Wandel** (veraltend; *Wirtschaft und Verkehr).*

²Handel, der ⟨meist Plural⟩ (geh.): *Streit:* die beiden haben einen H. ausgetragen; Händel suchen, stiften, anfangen; Händel mit jmdm. haben; wir lassen uns nicht mit ihnen in Händel ein; er hat ihn in Händel verwickelt.

handeln: **1.** a) ⟨mit Tieren, etw. h.⟩ *einen* ¹Handel *betreiben:* mit Pferden h.; er handelte mit Südfrüchten; er hat en gros mit Gebrauchtwagen gehandelt; (Kaufmannsspr.:) er handelt in Getreide; b) ⟨etw. h.; gewöhnlich im Passiv; mit Umstandsangabe⟩ *etw. zum Kauf anbieten:* dieses Papier wird nicht an der Börse gehandelt; Spargel wurde in der Stadt für zwölf Mark das Pfund gehandelt; wir handeln heute den Dollar mit 1,62 DM; ÜBERTR.: er wird bereits als Nachfolger, als der neue Vertriebsleiter gehandelt *(ist als solcher im Gespräch);* als nächstmöglicher Termin wird der September gehandelt; zwei deutsche Namen werden im internationalen Sport gut gehandelt. **2.** ⟨mit jmdm. h.⟩ ¹Handel *treiben:* mit ausländischen Firmen, vielen Ländern h.; die Einwanderer handelten mit den Eingeborenen; Deutschland handelt mit Übersee. **3.** ⟨über etw. (Akk.)/um etw. h.⟩ *verhandeln:* sie handelten zäh, den ganzen Vormittag über um den Preis; wir lassen nicht mit uns h. **4.** a) ⟨irgendwie h.⟩ *vorgehen:* mutig, fair, wie ein Ehrenmann, rücksichtslos, eigenmächtig, hinter jmds. Rücken, nach freiem Ermessen, auf Befehl von..., aus innerer Überzeugung, aus Verantwortung, über jmds. Kopf hinweg, entschlossen, nach diesem Grundsatz, nach Vorschrift h.; weise, korrekt, den Vereinbarungen gemäß, schnell, unverzüglich, rasch, ohne zu zögern h.; er hat im Affekt, in Notwehr, in ihrem Sinn[e] gehandelt; ⟨auch ohne Artangabe⟩ es ist höchste Zeit zu h.; es muss gehandelt werden; nicht reden, sondern h.!: **b)** ⟨an jmdm./gegen jmdn. irgendwie h.⟩ *sich jmdm. gegenüber verhalten:* niederträchtig, undankbar, treulos, gerecht, als Freund an jmdm./gegen jmdn. h.; **5.** ⟨von jmdm., etw./über jmdn., etw. h.⟩ **a)** (geh.) *ausführlich behandeln:* über ein Thema, über einen Gegenstand h.; sie hatte von dieser Problematik in einem Essay gehandelt; **b)** *zum Thema haben:* das Buch, der Aufsatz, der Film handelt von der Entdeckung Amerikas. **6.** ⟨es handelt sich um jmdn., etw.⟩ *es geht um jmdn., etw.:* es handelt sich [hier, dabei] um eine wichtige Sache; es handelte sich nur noch um eine wichtige Sache; es handelte sich nur noch um einige Meter; es konnte sich nur noch um Sekunden h.; worum/(ugs.:) um was handelt es sich?; um wen handelt es sich?; bei dem Fremden handelt es sich um den Bruder meiner Frau; es handelt sich jetzt darum, möglichst wirksam zu helfen. **handfest: 1. a)** *kräftig, derb:* ein paar handfeste Kerle; eine handfeste Schlägerei; **b)** *deftig:* eine handfeste Mahlzeit; SUBST.: etwas Handfestes essen. **2.** *konkret:* handfeste Informationen, Beweise, Anhaltspunkte haben; handfeste Vorschläge, Gründe, Zahlen, Vorteile, Argumente; eine handfeste (große) Überraschung; ein handfester (großer) Skandal; handfeste [wirtschaftliche] Interessen. **Handgelenk,** das: ein kräftiges, schmales H.; sich (Dat.) das H. brechen, verstauchen; * ein lockeres/loses Handgelenk haben (ugs.; *leicht zum Schlagen geneigt sein*) · **aus dem Handgelenk [heraus]** (ugs.; 1. *unvermittelt, ohne Vorbereitung*. 2. *ohne Mühe, mit Leichtigkeit*) · **etw. aus dem Handgelenk schütteln** (ugs.; *etw. ohne Mühe tun, zustande bringen*). **handgreiflich: a)** *offenkundig:* eine handgreifliche Lüge; ein handgreiflicher Erfolg, Beweis; **b)** *tätlich:* eine handgreifliche Auseinandersetzung; [gegen jmdn.] h. werden; sich h. auseinander setzen. **Handhabe,** die: keine [rechtliche, gesetzliche, juristische] H. haben, dagegen einzuschreiten; gegen jmdn. eine H. finden; er bot ihm, gab ihm, lieferte ihm die H. für Gegenmaßnahmen. **handhaben: a)** ⟨etw. h.⟩ *bedienen, gebrauchen:* eine Waffe, ein Instrument h.; das Gerät ist leicht, einfach, sicher, schwer, problemlos zu h.; **b)** ⟨etw. irgendwie h.⟩ *durchführen:* eine Bestimmung streng, gedankenlos, großzügig, locker, lax h.;

eine Angelegenheit diskret h.; wir haben es bisher immer so gehandhabt *(gehalten),* dass ... **handlich:** ein handlicher Staubsauger; ein handliches Format; das Gerät ist [in der Bedienung] h. **Handlung,** die: **1.** *Tat:* eine [un]überlegte, vorsätzliche, symbolische, strafbare, unbedachte H.; eine kultische, feierliche H. *(Zeremonie);* unzüchtige Handlungen an jmdm. vornehmen; unsittliche, kriegerische Handlungen begehen; für seine Handlungen einstehen müssen, bestraft werden; seine H. rechtfertigen; etw. mit einer H. bezwecken; ich lasse mich nicht zu unüberlegten Handlungen hinreißen. **2.** *Geschehen:* eine verwickelte, fesselnde, spannende H.; die H. des Romans, des Films ist frei erfunden; das Stück hat eine alltägliche H., hat wenig H.; ÜBERTR.: [der] Ort der H. *(Ort des Geschehens; Tatort)* war ein Steinbruch, ist Berlin. **Handschlag,** der: jmdn., sich durch/mit/per H. begrüßen, verabschieden; jmdn. durch H. verpflichten; sie bekräftigten, besiegelten den Kauf, Vertrag durch H.; * keinen Handschlag tun (ugs.; *nichts tun*). **Handschrift,** die: **1. a)** *charakteristische Schriftzüge:* eine ausgeschriebene, flüssige, saubere, steile, [un]deutliche, unleserliche H. haben; in gut leserlicher H.; ihre H. ist schwer zu entziffern; **b)** *charakteristische Merkmale:* das Werk trägt, verrät die eigenwillige H. der Dichterin, die persönliche H. des Künstlers. **2.** *handgeschriebenes Werk:* eine seltene H.; das Archiv besitzt wertvolle Handschriften aus dem 11. Jahrhunderts; * eine gute/kräftige Handschrift schreiben (ugs.; *kräftig zuschlagen*). **Handschuh,** der: gefütterte, wollene, dicke, warme, lange Handschuhe; ein Paar Handschuhe; Handschuhe [aus Wildleder] tragen; [sich (Dat.)] die Handschuhe anziehen, überstreifen, überziehen, ausziehen, abstreifen; keine Handschuhe anhaben; etw. mit Handschuhen anfassen; * jmdm. den Handschuh hinwerfen/vor die Füße werfen/ins Gesicht schleudern, werfen *(jmdn. herausfordern)* · den Handschuh aufnehmen/aufheben *(die Herausforderung annehmen).* **Handumdrehen,** das: ⟨in der Verbindung⟩ **im Handumdrehen** (ugs.; *mühelos, sehr schnell*): er war im H. damit fertig. **Handwerk,** das: ein ehrliches, freies, bodenständiges, Holz verarbeitendes H.; das H. des Malers; ein H. [er]lernen, [be]treiben, ausüben; sein H. beherrschen, kennen, verstehen *(in seinem Beruf tüchtig sein);* Ⓡ H. hat goldenen Boden *(ein Handwerksberuf bietet die Gewähr für ein gesichertes Auskommen);* Klappern gehört zum H. *(wer in seinem Beruf Erfolg haben will, muss lautstark dafür werben);* * jmdm. das Handwerk legen *(jmds. Treiben ein Ende setzen)* · jmdm. ins Handwerk pfuschen

H

(ugs.; *sich in einem Bereich betätigen, für den ein anderer zuständig ist*).

Handy, das: das H. einschalten, ausschalten; haben Sie noch kein H.?; das H. überallhin mitnehmen, irgendwo vergessen; eine E-Mail ans H. schicken; die Nachricht, der Text erscheint auf dem Display des Handys; per H. miteinander kommunizieren; jmdn. über H. erreichen, verständigen; Gespräche vom H. ins Festnetz sind meist teurer; die passende Freisprecheinrichtung zum H.

hanebüchen (abwertend): eine hanebüchene Frechheit, Lüge; ein hanebüchener Vorschlag; ein hanebüchener Unsinn; das ist ja h.; er hat h. gelogen.

Hang, der: **1.** *abfallende Bergseite:* ein steiler, abgeholzter, bewaldeter H.; die grünen Hänge der Voralpen; den H. hinaufklettern, hinunterrutschen; das Haus liegt am H. **2.** *Neigung, Vorliebe:* ein krankhafter, gefährlicher, ausgeprägter H.; ein H. zum Nichtstun; einen gewissen, starken H. zur Bequemlichkeit, zur Übertreibung haben.

¹hängen, hing, gehangen: **1. a)** ⟨irgendwo h.⟩ *befestigt sein:* das Bild hängt an der Wand, über der Couch; an den Bäumen hingen Lampions; die Hemden hängen auf der Leine; den Hut, den Mantel in der Garderobe h. lassen; Fahnen hingen aus den Fenstern; ⟨auch ohne Raumangabe⟩ die Gardinen hängen *(sind angebracht);* BILDL.: die Nachbarn hängen *(lehnen sich)* weit aus dem Fenstern; der Anzug hing ihm am Leibe (ugs.; *war ihm zu weit);* sie hing an seinem Hals *(umarmte ihn);* der Rauch der Zigaretten hing noch im Zimmer *(schwebte noch im Zimmer);* der PC hängt am Netz *(ist vernetzt);* der Fernseher hängt am Kabel, an der Antenne; das Haus hängt an der Fernheizung; **b)** ⟨irgendwie h.⟩ *befestigt sein:* etw. hängt locker, schräg, schief; der Kronleuchter hängt zu tief; ⟨mit Vertauschung des Subjekts⟩ der Schrank hing voller Kleider; das Dachgeschoss hing voll von duftenden Würsten; der Baum hing voller Früchte *(war mit Früchten beladen);* **2.** ⟨[jmdm.] irgendwohin h.⟩ *nach unten gezogen werden, nach unten fallen:* die Zweige hängen über den Zaun; die Telefonkabel hingen auf die Schienen; die Haare hingen ihm ins Gesicht; der Wagen hängt nach rechts, nach einer Seite *(hat auf einer Seite Übergewicht).* **3. a)** ⟨irgendwo h.⟩ *haften:* an den Schuhen hing Schmutz; der Dreck bleibt an/in den Sohlen h.; die Kletten bleiben in den Haaren h.; ÜBERTR.: ihre Augen, ihre Blicke hingen an ihm; von dem Vortrag ist nicht viel h. geblieben *(im Gedächtnis geblieben);* es bleibt wieder alles an mir h. *(ich muss alles erledigen);* etwas bleibt immer h. *(ein Verdacht kann nie ganz ausgeräumt werden);* **b)** *festhängen:* [mit dem Ärmel] an einem Rosenstrauch h.; [mit dem Mantel] an einem Nagel h. bleiben; ÜBERTR.: das Programm,

der Computer hängt (EDV; *reagiert nicht auf Benutzereingaben);* die Angriffe blieben im Mittelfeld hängen (Sport; *kamen dort zum Stillstand);* die Läuferin blieb im Zwischenlauf hängen (Sport; *schied dort aus);* sie ist in der Schule zweimal h. geblieben (ugs.; *nicht versetzt worden);* (ugs.:) in der neunten Klasse blieb er h.; **c)** (ugs., bes. Schulw.) ⟨in etw. (Dat.) h.⟩ *nicht mitkommen:* er hängt in Mathematik, in Deutsch, in drei Fächern. **4.** (ugs.) ⟨irgendwo h.⟩ *sich [lange] aufhalten:* der Kerl hängt jeden Abend in der Kneipe, an der Theke; wir sind gestern noch bei unseren Nachbarn h. geblieben; in einer Disko blieben wir h.; ⟨auch ohne Raumangabe⟩ wo hängt *(steckt)* du jetzt bloß wieder?; ÜBERTR.: an/bei jeder Einzelheit blieb sie h.; er hängt dauernd am Telefon *(telefoniert ständig).* **5.** ⟨an jmdm., etw. h.⟩ **a)** *von jmdm., etw. abhängig sein:* der weitere Verlauf der Verhandlungen hängt an ihm, an seiner Geschicklichkeit; wo[ran] hängt (ugs.; *fehlt*) es denn?; alles, was drum und dran hängt (ugs.; *alles, was dazugehört);* **b)** *sich von jmdm., etw. nicht trennen wollen:* seine Schüler hängen an ihm; an seiner Heimatstadt, am Leben, am Geld h.; daran hängt ihr Herz. **6.** (ugs.) *stocken:* die [Schach]partie, der Prozess hängt noch; der Schauspieler hing *(hatte den Text vergessen);* **∗ bei jmdm. hängen** (landsch.; 1. *bei jmdm. nichts gelten.* 2. *bei jmdm. Schulden haben)* · **jmdn. hängen lassen** (ugs.; *jmdn. im Stich lassen)* · **sich hängen lassen** (ugs.; *sich gehen lassen).*

²hängen, hängte, gehängt: **1.** *befestigen:* **a)** ⟨etw. irgendwohin h.⟩ eine Fahne aus dem Fenster h.; sie hängt das Bild an die Wand, über die Couch; sie hängte die Wäsche zum Trocknen auf die Leine; den Computer ans Netz, den Fernseher ans Kabel h. *(anschließen);* ⟨jmdm., sich etw. irgendwohin h.⟩ er hängte sich den Fotoapparat über die Schulter; er hängte ihr das Fastnachtsorden um den Hals; BILDL.: die Nachbarn hängten die Köpfe *(lehnten sich)* weit aus den Fenstern; **b)** ⟨etw. irgendwie h.⟩ häng doch das Bild nicht so schief!; er hatte den Kronleuchter zu tief gehängt. **2.** ⟨sich irgendwohin h.⟩ *an etw. zu hängen kommen:* sich an einen Ast, eine Sprosse hängen; sie hängte sich an das Seil; BILDL.: sie hängte sich an seinen Arm; die Leute hängten sich *(lehnten sich)* über die Brüstung; ÜBERTR.: sich ans Telefon, an die Strippe h. (ugs.; *[lange und häufig] telefonieren);* ⟨sich jmdm. irgendwohin h.⟩ sie hängte sich ihm an den Hals. **3.** ⟨sich an jmdn., etw. h.⟩ *jmdn., etw. verfolgen:* der Detektiv hängte sich an den Dieb; ÜBERTR.: ich mag nicht, dass du dich immer an mich hängst *(dass du dich mir immer anschließt).*

4. ⟨etw. irgendwohin h.⟩ *schlaff nach unten fallen lassen:* den Arm aus dem Wagenfenster h.; die Beine ins Wasser h. [lassen]; die Blumen hängen die Köpfe *(beginnen zu welken)*.
5. ⟨jmdn. h.⟩ *erhängen:* sie wollten den Mörder h.; subst.: jmdn. zum Tod durch Hängen verurteilen; Ⓡich will mich h. lassen, wenn ... (ugs.; Beteuerungsformel); * **mit Hängen und Würgen** (ugs.; *mit großer Mühe; gerade noch).*
hänseln ⟨jmdn. h.⟩: sie hänselten ihn dauernd wegen seiner krummen Beine.
hantieren: a) ⟨irgendwo h.⟩ *tätig sein:* die Mutter hantierte am Tisch, in der Küche; sie hantierte geschäftig am Kopierer; **b)** ⟨mit etw. h.⟩ *etw. handhaben:* sie hantierte mit dem Faltplan von Paris, mit einem Schraubenschlüssel am Auto.
hapern (ugs.): **a)** ⟨es hapert an etw. (Dat.)⟩ *es mangelt an etw.:* es hapert an Nachwuchskräften; am Geld haperte es; **b)** ⟨es hapert mit etw./in etw. (Dat.)⟩ *es geht nicht voran:* es hapert mit der Versorgung, im Nahverkehr; in Latein hapert es bei ihm *(ist er schwach).*
Happen, der (ugs.): ein tüchtiger, riesiger H.; ein H. Schinken; er hat noch keinen H. *(nichts)* gegessen; wir wollen noch einen kleinen H. *(eine Kleinigkeit)* essen; sie war schon nach ein paar H. satt; übertr.: sich einen fetten H. *(ein Gewinn bringendes Geschäft)* nicht entgehen lassen.
Hardware, die (EDV): eine schnelle, geeignete H.; diese H. ist völlig veraltet; H. produzieren, vertreiben; eine bestimmte H. benötigen, anpassen; Komponenten zur Aufrüstung der H.; die Anforderungen an die H.; die Hersteller, die Anbieter von H.
Harke, die (bes. norddt.): mit der H. arbeiten; * **jmdm. zeigen, was eine Harke ist** (salopp; *jmdm. zeigen, wie man etw. richtig, besser macht).*
harmlos: a) *ungefährlich:* eine harmlose Verletzung; die Krankheit nimmt einen harmlosen Verlauf; ein harmloses *(unschädliches)* Medikament; die ganze Mannschaft war, spielte zu h.; die Krankheit verläuft h.; **b)** *friedlich, gutmütig:* ein harmloser Mensch; sie macht einen ganz harmlosen Eindruck; **c)** *arglos, ohne böse Absicht:* eine harmlose Frage, Zerstreuung; ein harmloser Witz; es war doch nur ein harmloses Spiel; er tat ganz h.; es fing ganz h. *(ohne dass man etwas Schlimmes vermutet hätte)* an; h. fragen.
Harmonie, die: **1.** *Einklang:* die körperliche, innere, geistige, seelische H. zwischen zwei Menschen; die ewige, göttliche H. des Kosmos; die H. der Farben und Formen; diese Maßnahmen störten die soziale, politische H.; sie lebten in schönster H. miteinander.
2. (Musik) *wohltönender Zusammenklang:* eine vielstimmige H.; die H. der Töne, des Dreiklangs.
harmonieren: a) ⟨mit etw. h.⟩ *gut zu etw. passen:* der Hut harmonierte [farblich gut, schlecht, nicht] mit dem Kostüm; die Farben des Bildes

harmonieren nicht miteinander; ⟨auch ohne Präpositionalobjekt⟩ Vorhänge und Tapete harmonieren wunderbar; **b)** ⟨mit jmdm. h.⟩ *gut auskommen:* er harmoniert gar nicht mit seinem Chef; die Eheleute harmonieren gut miteinander; ⟨auch ohne Präpositionalobjekt⟩ die beiden haben noch nie harmoniert.
hart: I. ⟨Adj.⟩ **1. a)** *fest; nicht, kaum nachgebend:* ein harter Stein; hartes Holz, Brot; ein hartes Brett; ein harter Bleistift *(mit harter Mine);* auf der harten Erde liegen; hartes *(kalkreiches)* Wasser; h. wie ein Brett, wie Stein; die Kartoffeln waren h. *(nicht gar);* die Stiefel sind trocken und h. geworden; hart gekochte Eier; die Wege sind h. gefroren; **b)** *sicher, stabil:* eine harte Währung; harte Devisen; **c)** *abgehärtet:* harte Burschen, Cowboys; ein harter Mann.
2. *schwer [erträglich], mühevoll:* eine harte Arbeit; ein hartes Leben; ein harter Verlust; eine harte Jugend haben; sie hat harte Jahre hinter sich; ein harter Schicksalsschlag; er hatte bei den Verhandlungen einen harten Stand; die Bedingungen sind h.; sie haben für das Geld h. gearbeitet; es kommt mich h. an *(es fällt mir sehr schwer),* dir das zu sagen; ⟨h. für jmdn.⟩ das Leben im Exil war h. für ihn.
3. ⟨h. [zu jmdm.; gegen jmdn., jmdm. gegenüber]⟩ *streng; unerbittlich:* harte Gesetze; ein harter politischer Kurs; eine harte Lehre, Schule; ein harter *(schockierender)* Film; eine harte Strafe; ein hartes Training; ein harter Mensch; mit harten Augen, hartem Blick; ein hartes Herz haben; dein Urteil ist zu h.; jmdn. h. kontrollieren, anfassen, bestrafen; h. durchgreifen; er war h. gegen die Kinder/den Kindern gegenüber; sei nicht so h. zu ihr!
4. *heftig, scharf:* ein harter Aufprall; es gab eine harte Auseinandersetzung; ein harter Winter; ein hartes (Sport: *mit großem Einsatz geführtes)* Spiel; (Tennis:) ein harter Aufschlag; verzeihen Sie das harte Wort *(den starken Ausdruck);* das Bild zeigt harte Linien, eine harte Farbgebung *(ohne vermittelnde Farbtöne);* sie hat eine harte *(scharf akzentuierte)* Aussprache; harte *(stimmlose)* Konsonanten; harte (ugs.; *hochprozentige)* Getränke; harte *(starke, abhängig machende)* Drogen; ein harter Porno *(Hardcoreporno);* der Kampf war sehr h.; jmdn. h. anfahren; jmdn. h. am Arm packen; h. aneinander geraten *(heftigen Streit bekommen);* der Fahrer bremste h.; das Raumfahrzeug ist h. *(mit einem Aufprall)* auf dem Mond gelandet.
II. ⟨Adverb⟩ *nahe, ganz dicht:* das Haus liegt h. an der Straße; sie fuhr h. am Abgrund vorbei; h. an der Grenze des Erlaubten (Seemannsspr.:) h. am Wind segeln;
* **hart im Nehmen sein** *(durch Misserfolg, Kritik o. Ä. nicht aus dem seelischen Gleichgewicht gebracht werden)* · **es geht, kommt hart auf hart** *(es geht ohne Rücksichtnahme ums Ganze).*

Härte, die: 1. a) *Festigkeit:* die H. des Eisens, Gesteins, Stahls; das Material gibt es in verschiedenen Härten; die H. *(Kalkhaltigkeit)* des Wassers prüfen; **b)** *Stabilität, Sicherheit:* die H. einer Währung; **c)** *das Abgehärtetsein:* dem Spieler fehlt noch die nötige H. **2.** *Benachteiligung, Ungerechtigkeit:* soziale Härten mildern; bei den Entlassungen sollen Härten vermieden werden. **3.** *Strenge:* die H. des Gesetzes zu spüren bekommen; die H. wich aus seinem Gesicht; mit mitleidloser H. vorgehen. **4.** *Heftigkeit, Schärfe:* die H. des Kampfes, des Aufpralls; eine Debatte in aller H. austragen; ★ **die Härte sein** (Jugendspr.; 1. *unerhört, grässlich sein:* einen so zu betrügen ist ja doch die H.!; dieser Kerl ist die H.! 2. *großartig sein:* der Typ, das Konzert war die totale H.!).

hartnäckig: ein hartnäckiger Bursche; hartnäckigen Widerstand leisten; eine hartnäckige *(langwierige)* Erkältung; der Antragsteller ist sehr h.; sie blieb h. bei ihrer Weigerung; das Gerücht hielt sich h.; h. fragen, schweigen; sie weigerte sich h.

Hase, der: der H. hoppelt, schlägt einen Haken; einen Hasen jagen, schießen, abziehen, braten, essen; ★ **ein alter Hase sein** (ugs.; *Erfahrung haben, sich auskennen)* · **kein heuriger Hase sein** (ugs.; *kein Neuling mehr sein)* · **falscher Hase** *(Hackbraten)* · **sehen/erkennen/begreifen/wissen, wie der Hase läuft** (ugs.; *sehen/wissen, wie es weitergeht)* · **da/hier liegt der Hase im Pfeffer** (ugs.; *da ist der entscheidende Punkt).*

Hass, der: ein tödlicher, wilder H.; blinder, unversöhnlicher H. erfüllte ihn; kalter H. schlug ihm entgegen; der H. zwischen den Völkern; H. bei jmdm. schüren; H. auf/gegen jmdn., etw. erregen, säen, schüren, empfinden, im Herzen tragen, nähren; seinen H. zügeln; sich jmds. H. zuziehen; er tötete ihn aus H.; jmdn. mit seinem H. verfolgen; von H. erfüllt sein; ★ **[einen] Hass auf jmdn., etw. haben/kriegen** (ugs.; *auf jmdn. wütend, über etw. zornig sein/werden).*

hassen (jmdn., etw. h.) seine Feinde h.; ich hasse den Krieg; Aufregungen, Skandale h. *(als sehr unangenehm empfinden);* ich hasse es *(mag es nicht),* wenn ...; die beiden Brüder hatten sich (geh.:) einander glühend, erbittert, im Stillen, (ugs.:) wie die Pest gehasst; ⟨auch ohne Akk.⟩ sie kann leidenschaftlich h.

hässlich: 1. *unschön, abstoßend:* ein hässliches Mädchen, Gesicht, Bild; hässliche Farben, Vorstadtstraßen, Mietskasernen; er war erschreckend h.; er sieht wirklich h. aus; sie war h. wie die Nacht *(sehr hässlich).* **2.** ⟨h. [zu jmdm.]⟩ *übel, gemein:* hässliche Ausdrücke, Worte; hässliche Gedanken hegen; einen hässlichen Charakter haben; er zeigte sich von seiner hässlichsten Seite; er war sehr h. zu ihr.

3. *unangenehm, unerfreulich:* ein hässlicher Vorfall, eine hässliche Geschichte; ein hässlicher Husten quälte ihn; das Wetter war sehr h.

Hast, die: in, mit atemloser, größter, fliegender H.; voller H. eilte er davon.

hastig: hastige Atemzüge, Schritte; seine Bewegungen waren sehr h.; h. sprechen; h. essen, trinken, rauchen, atmen.

Haube, die: 1. *Kopfbedeckung für Frauen:* eine schwarze H. tragen; die Hauben der Krankenschwestern, einer Volkstracht; eine Serviererin mit einem Häubchen; BILDL.: die Berggipfel trugen, hatten eine weiße H. *(waren schneebedeckt).* **2. a)** *Kühler-, Motorhaube:* er klappte die H. auf; **b)** *Trockenhaube:* sie saß beim Friseur unter der H.; ★ **jmdn. unter die Haube bringen** (ugs. scherzh.; *jmdn. verheiraten)* · **unter die Haube kommen** (ugs.; *geheiratet werden)* · **unter der Haube sein** (ugs. scherzh.; *verheiratet sein).*

Hauch, der: 1. a) (geh.) *sichtbarer, fühlbarer Atem:* man sah den H. vor dem Mund; der letzte H. *(Atemzug)* eines Sterbenden; **b)** *leichter Luftzug:* ein kalter H. wehte uns an; der kühle H. des Abendwindes; es war heiß, kein H. war zu spüren; **c)** (geh.) *kaum wahrnehmbarer Geruch:* ein H. von Jasmin breitete sich aus. **2.** *Anflug:* ein H. von Rouge auftragen; Raureif lag als zarter H. *(als schleierartige Schicht)* auf den Ästen; ein leises Lächeln; auch der leiseste H. einer Verstimmung zwischen ihnen war geschwunden; ein H. *(das Flair)* des Orients; ein H. von Hollywood.

hauchen: 1. ⟨irgendwohin h.⟩ *Atem ausstoßen:* auf seine Brille, gegen die Scheibe h.; er hauchte in seine kalten Hände. **2.** ⟨etw. h.⟩ *flüstern:* das Jawort h.; ⟨jmdm. etw. irgendwohin h.⟩ jmdm. etwas ins Ohr h.

hauen: 1. a) (ugs.) ⟨jmdn. h.⟩ *schlagen:* jmdn. windelweich h.; die Jungen hatten sich zuerst beschimpft und dann geknufft; nicht korrekt: gehaut); ⟨sich mit jmdm. h.⟩ musst du dich ständig mit den andern h.!; **b)** (ugs.) ⟨jmdm./(selten auch:) jmdn. irgendwohin h.⟩ *(auf einen Körperteil) schlagen:* jmdm./(selten:) jmdn. kameradschaftlich, anerkennend auf die Schulter h.; sie haute ihm/(selten:) ihn mit der Faust ins Gesicht; ⟨jmdm. etw. irgendwohin h.⟩ jmdm. eine Bierflasche auf den Kopf h.; ⟨sich/jmdm./(selten:) hieben sich das Lappen um die Ohren; **c)** ⟨auf jmdn. h.⟩ *mit einer Waffe schlagen:* auf den Angreifer h.; die Polizisten hieben/(ugs.:) hauten mit Schlagstöcken auf die Demonstranten; **d)** ⟨um sich h.⟩ *mit einer Waffe um sich schlagen:* er hieb/(ugs.:) haute [mit dem Degen wie wild] um sich. **2.** (ugs.) ⟨irgendwohin h.⟩ *schlagen, stoßen:* er haute/(seltener:) hieb gegen die Tür; sie hatte auf die Tasten gehauen; mit der Faust auf den Tisch h.

3. (salopp) **a)** ⟨etw. irgendwohin h.⟩ *unachtsam, ungeduldig werfen:* die Tasche auf die Bank h.; sie haute die Schuhe in die Ecke; ein Ei in die Pfanne h.; **b)** ⟨sich irgendwohin h.⟩ *sich hinlegen, fallen lassen:* sie haute sich aufs Bett, ins Heu. **4. a)** ⟨etw. h.⟩ *mit einem Werkzeug o. Ä. machen:* ein Loch h.; sie hauten Stufen in den Fels; eine Statue in/aus Stein, Granit h.; ⟨jmdm. etw. irgendwohin h.⟩ er hat ihm ein Loch in den Kopf gehauen; **b)** ⟨etw. in etw. (Akk.) h.⟩ *hineinschlagen:* sie haute den Nagel in die Wand, den Pflock in die Erde. **5.** (landsch.) ⟨etw. h.⟩ *mit einem Beil zerkleinern o. ä.:* Bäume, einen Wald h. *(fällen);* Holz h. *(hacken).*

häufen: 1. ⟨etw. h.⟩ *in größerer Menge sammeln, türmen:* Vorräte h.; er häufte Kartoffeln auf seinen Teller; ADJ. PART.: ein gehäufter *([über]voller)* Esslöffel Mehl; ÜBERTR.: Ehre, Liebe auf jmdn. h. **2.** ⟨sich h.⟩ *bedeutend zunehmen:* die Geschenke, die Abfälle häufen sich; Termine, Reklamationen, Leserbriefe häufen sich; die Verbrechen, die Klagen über die Steuern haben sich gehäuft.

Haufen, der: **1.** ein großer H. Kartoffeln, Brennholz, Sand; ein H. trockenes Stroh; ein H. faulender Orangen/(seltener:) faulende Orangen lag/ lagen auf dem Tisch; einen H. [Holz] aufschichten; H. von Abfällen; er kehrte, legte, warf alles auf einen H.; es liegt alles auf einem H. *(zusammen);* das Heu in Haufen setzen; das Brennholz in/zu Haufen stapeln; der Hund machte einen großen H. (ugs.; *setzte seinen Kot ab*); sie saß da wie ein Häufchen Unglück (ugs.; *unglücklich*). **2. a)** (ugs.) *sehr viel:* das kostet einen H. Geld; einen H. Schulden, einen H. Arbeit haben; einen H. Elend sehen; einen H. netter Freunde/nette Freunde haben; **b)** *Schar, Menge:* ein H. Neugieriger/(seltener:) Neugierige stand/standen vor der Tür; ein H. randalierender Halbstarker/(seltener:) randalierende Halbstarke; sie kamen in hellen *(sehr großen)* Haufen, alle auf einen/auf einem H. *(zusammen);* wir sind ein netter, toller H. (ugs.; *eine Gruppe netter, toller Leute*); die Schulklasse war ein verschworener H. (ugs.; *eine verschworene Gemeinschaft*); in einen üblen H. (ugs.; *eine üble Gruppe, Bande*) hineingeraten; ein verlorener H. *(ein Trupp, der allmählich aufgerieben wird).*
∗ **etw. über den Haufen werfen/schmeißen** (ugs.; *etw. vereiteln*) · **jmdn., etw. über den Haufen rennen/fahren/reiten** (ugs.; *jmdn., etw. unvorsichtig, mutwillig umrennen, überfahren, umreiten*) · **jmdn. über den Haufen schießen/ knallen** (salopp; *jmdn. rücksichtslos niederschießen*).

häufig: häufige Diebstähle, Unfälle; das ist ein sehr häufiger Fehler, ein h. missverstandenes Beispiel; das Kind war h. krank; er kam immer häufiger; h. vorkommen, gekauft werden; sie kam h. zu spät.

Haupt, das (geh.): **1.** *Kopf:* ein edles H.; das H. neigen; sein H. aufstützen; sein H. schütteln; sein weises, graues, greises H. schütteln (ugs., oft scherzh.; *seiner Ablehnung, Verwunderung Ausdruck geben*); bedenklich sein H. wiegen; sein H. [in, vor Scham] verhüllen; bloßen/entblößten Hauptes, mit bloßem/entblößtem H. *(ohne Kopfbedeckung);* erhobenen/gesenkten Hauptes, mit erhobenem/gesenktem H. vor jmdm. stehen; ÜBERTR.: die Häupter *(Gipfel)* der Berge waren mit Schnee bedeckt. **2.** *[An]führer, wichtigste Person:* das H. einer Familie; er war das H. der Verschwörer; die Häupter der Regierung;
∗ **ein gekröntes Haupt** (geh.; *regierender Fürst, regierende Fürstin*) · **an Haupt und Gliedern** (geh.; *ganz, völlig, in jeder Hinsicht*): der Staat ist krank an H. und Gliedern · **jmdm. aufs Haupt schlagen** (geh.; *völlig besiegen, vernichten*) · **zu Häupten** (geh.; *oben, in Höhe des Kopfes, am Kopfende*).

Haus, das: **1.** ein großes, kleines, mehrstöckiges, schmales, verwinkeltes H.; armselige, einfache, verkommene, saubere Häuser; feste, baufällige, moderne Häuser; ein stilles, abgelegenes H.; sein väterliches H.; das H. ihrer Eltern; die Häuser sind hier sehr hellhörig; viele Häuser waren eingestürzt; neben der Tankstelle stand früher ein H.; das H. ist auf ihn, in seine Hände übergegangen; ein H. bauen, einrichten, beziehen, bewohnen; ein H. [ver]mieten, [ver]kaufen; ein H. abbrechen, einreißen, niederreißen, umbauen, verputzen, renovieren; ein eigenes H. haben, besitzen; das H. verlassen; jmdm. sein H. öffnen, verbieten; das [ganze] H. auf den Kopf stellen (ugs.; *so sehr nach etw. suchen, dass alles in Unordnung gerät*); H. an H. *(nebeneinander)* wohnen; jmdn. aus dem Haus jagen; bei dieser Kälte gehe ich nicht aus dem Haus; die Kinder sind längst aus dem H. *(wohnen nicht mehr bei ihren Eltern);* außer Haus *(nicht im Hause, auswärts)* sein, essen; Lieferung frei H. (Kaufmannsspr.; *ohne zusätzliche Transportkosten*); sie führte ihre Gäste ins H.; im elterlichen Haus[e] wohnen; er ist nicht mehr Herr im eigenen Haus[e] *(hat zu Hause nichts mehr zu sagen);* der Bettler ging von H. zu H.; nach Haus[e] gehen, fahren, kommen; jmdn. nach Haus[e] begleiten, bringen; ein Paket nach Haus[e] schicken; /Drohung als Ankündigung einer Strafe o. Ä./: komm [du] nur nach Haus[e]!; er bringt monatlich rund 5 000 DM nach Haus[e] *(verdient netto rund 5 000 DM);* ein Paket nach Haus[e] *(an seine Angehörigen)* schicken; nach einer dreijährigen Weltreise kehrte er nach Haus[e] *(zu seinen Angehörigen, in seine Heimat)* zurück; viele Grüße von zu Haus[e]!; einige Zeit von zu Haus[e]/(ugs.:) von Hause fortbleiben; er hat das von zu Haus[e]/(ugs.:) von Hause mitgebracht;

sie wohnt noch zu Haus[e] *(bei ihren Eltern);* für dich bin ich immer zu Haus[e] *(zu sprechen);* an diesem Abend blieb, war, saß er zu Haus[e]; sie fühlt sich schon ganz [wie] zu Haus[e] *(fühlt sich in einer neuen Umgebung nicht mehr fremd);* ÜBERTR.: der Landtag wurde nach Haus[e] geschickt *(wurde aufgelöst);* sie ist in Luxemburg zu Haus[e] *(beheimatet);* in der Lausitz ist der Brauch des Osterreitens zu Haus[e] *(wird dort ausgeübt);* man hatte ihn drei Jahre nicht gesehen, und plötzlich war er wieder zu Haus[e] *(in seinem Heimatort);* sie spielen am Sonntag zu Haus[e] *(in dem Heimatort des Vereins)* auf eigenem Platz. **2. a)** *alle Hausbewohner:* das H. war vollzählig versammelt; das ganze H. lief auf die Straße; **b)** (geh.) *Familie:* aus einem anständigen, bürgerlichen, guten H. stammen; der Herr des Hauses *(der Familie);* von H. aus *(von ihrer Familie her)* ist sie sehr begütert; (geh.:) ich wünsche Ihnen und Ihrem Hause alles Gute; sie verkehrt in den ersten Häusern *(angesehensten Familien)* der Stadt; /Grußformel am Briefschluss/: herzliche Grüße von H. zu H.!; **c)** *Hauswesen einer Familie:* die Alte besorgt ihm noch das H.; ein zugfreies H. haben; ein großes H. führen *(häufig Gäste haben und sie aufwendig bewirten).* **3.** *Dynastie:* das H. Davids; ein Angehöriger des Hauses Habsburg; sie stammen vom kaiserlichen Hause ab. **4. a)** *einem bestimmten Zweck dienendes Gebäude:* das große, kleine H. [des Theaters] war ausverkauft; H. *(Hotel, Pension)* Seeblick; das Haus des Herrn *(Kirche);* das Orchester hat auf seiner Tournee volle Häuser; das erste H. *(Hotel)* am Platze; er hatte die Geschäftsfreunde seines Hauses *(seiner Firma)* eingeladen; der Chef ist zurzeit nicht im Haus *(im Gebäude der Firma);* vor leerem, ausverkauftem Haus *(Theater)* spielen; **b)** *alle Besucher, Beschäftigten o. Ä. in einem bestimmten Gebäude:* das H. *(das Theaterpublikum)* klatschte Beifall; das H. *(Parlament)* ist beschlussunfähig; das Hohe H. *(Parlament).* **5.** (ugs. scherzh.) *Mensch:* er ist ein gelehrtes, fideles, flottes H.; wie gehts, altes H.?; ★ **Haus und Hof** *(jmds. gesamter Besitz)* · **Haus und Herd** *(eigener Hausstand)* · **jmdm. das Haus einlaufen/einrennen** (ugs.; *jmdn. ständig wegen der gleichen Sache aufsuchen)* · **Häuser auf jmdn. bauen** *(jmdm. fest vertrauen)* · **das Haus hüten** *(zu Hause bleiben [müssen])* · **[mit etw.] Haus halten** *([mit etw.] sparsam wirtschaften; mit etw. sparsam, haushälterisch umgehen):* mit dem Wirtschaftsgeld, den Vorräten H. halten; sie kann nicht h.; er hielt mit seinen Kräften nicht H. *(schonte sich nicht);* du musst mit dem Geld H. halten *(es einteilen)* · **das/sein Haus bestellen** (geh.; *seine Angelegenheiten vor seinem Tod in Ordnung bringen)* · **[jmdm.] ins Haus stehen** (ugs.; *bevorstehen):* die Tante, Besuch steht [uns] ins H. · **jmdm. ins Haus schneien/geschneit**

kommen (ugs.; *überraschend bei jmdm. auftauchen, jmdn. besuchen)* · **von Haus aus** (1. *seit jeher.* 2. *ursprünglich)* · **auf einem bestimmten Gebiet/in etw.** (Dat.) **zu Haus[e] sein** (ugs.; *sich in/mit etw. gut auskennen)* · **mit etw. zu Hause bleiben** (ugs.; *etw. für sich behalten).*
Häuschen, das: in einem eigenen, schönen H. wohnen; ★ **ganz/rein aus dem Häuschen geraten** (ugs.; *[in freudiger Erregung] außer sich geraten)* · **ganz/rein aus dem Häuschen sein** (ugs.; *[in freudiger Erregung] außer sich sein)* · **jmdn. aus dem Häuschen bringen** (ugs.; *jmdn. in [freudige] Erregung versetzen).*
hausen (ugs. abwertend): **1.** ⟨irgendwo h.⟩ *wohnen:* sie hausen schon lange in dieser halb verfallenen Wohnung; nach dem Erdbeben hausten die Bewohner in Baracken, in Zelten; (ugs. scherzh.:) wir hausen jetzt in einer gemütlichen kleinen Dachwohnung.
2. *wüten:* der Sturm, das Unwetter hauste schlimm; Soldaten hatten in den Dörfern schrecklich gehaust; wie die Vandalen h.
Haushalt, der: **1.** *gemeinsame Wirtschaft einer Familie u. Ä.:* ein H. mit vier Personen; der H. kostet viel Geld; einen gemeinsamen, mustergültigen H. führen; jmdm. den H. besorgen; den H. (ugs.:) machen, auflösen; die Stadtwerke versorgen die privaten Haushalte mit Gas und Strom; sie hatte schon in verschiedenen Haushalten geholfen; Anschaffungen für den H. machen; etw. an alle Haushalte verschicken; ÜBERTR.: der hormonelle, seelische H. des Menschen.
2. *Etat:* der öffentliche, staatliche H.; die Haushalte des Bundes und der Länder sind ausgeglichen; den H. für das kommende Jahr aufstellen, beraten.
haushalten: mit dem Wirtschaftsgeld, mit den Vorräten h.; sie kann nicht h.; du musst mit dem Geld h. *(es einteilen).*
haushälterisch: *sparsam, wirtschaftlich:* eine haushälterische Frau; h. sein; etw. h. nutzen; mit etw. h. umgehen.
hausieren: mit Waren h. [gehen]; SUBST.: Betteln und Hausieren verboten!; ÜBERTR.: mit einer Geschichte, mit seinen Ideen überall h. gehen (ugs. abwertend; *sie allen Leuten erzählen).*
häuslich: 1. *das Zuhause, die Familie betreffend:* häusliche Arbeiten, Sorgen, Pflichten; wie sind seine häuslichen Verhältnisse?; ein bisschen häusliches Glück; durch häusliche *(zu Hause stattfindende)* Pflege wurde sie rasch wieder gesund.
2. *das Zuhause liebend:* ein häuslicher Mann, Familienvater; sie ist nicht besonders h. *(ist oft außer Hause);* ★ **sich [bei jmdm., irgendwo] häuslich niederlassen/einrichten** (ugs.; *Anstalten machen, bei jmdm., irgendwo für längere Zeit zu bleiben).*
Haut, die: **1. a)** eine feine, weiche, lederne, runz-

lige, trockene, zarte, [un]reine, blasse H.; die faltige H. des Elefanten; die knusprige H. einer gebratenen Gans; seine H. ist sehr empfindlich; die H. prickelte ihm vor Erregung; ihre H. rötete sich, brannte, schälte sich; die H. war von der Sonne verbrannt, ist schlecht durchblutet; sich die H. aufschürfen, abschürfen, ritzen, verbrennen; die H. in der Sonne bräunen, [gegen Sonnenbrand] einölen, einreiben; auf dem Ball zeigten die Damen viel H. (ugs. scherzh.; *waren die Damen leicht bekleidet, tief dekolletiert*); die Farbe, die Pigmentierung der H.; die Jacke auf der bloßen H. tragen; durchnässt bis auf die H.; ein Mittel in die H. einreiben, einmassieren; **b)** *Tierhaut, Fell (als Rohmaterial für Leder):* ein Bündel Häute; die H. wird abgezogen und gegerbt.
2. *dünne [umhüllende] Schicht:* die Zwiebel hat sieben Häute; auf der Milch hatte sich eine dünne H. gebildet; von Pilzen, Mandeln die H. abziehen.
3. *glatte äußere Schicht:* die H. des Freiballons glänzte in der Sonne; ein Flugzeug mit silbern glänzender H.
4. (ugs.) *Person:* eine alte, ehrliche, gute H.;
⋆ **nur/bloß noch Haut und Knochen sein; nur/bloß noch aus Haut und Knochen bestehen** (ugs.; *völlig abgemagert sein*) · **seine Haut zu Markte tragen** (ugs.; 1. *für jmdn., etw. einstehen und sich dadurch gefährden.* 2. *als Prostituierte o. Ä. arbeiten*) · **seine Haut [möglichst] teuer/so teuer wie möglich verkaufen** (ugs.; *sich mit allen Kräften wehren, verteidigen*) · **sich seiner Haut wehren** (ugs.; *sich energisch verteidigen*) · **auf der faulen Haut liegen; sich auf die faule Haut legen** (ugs.; *faulenzen*) · **aus der Haut fahren** (ugs.; *wütend werden*) · **nicht aus seiner Haut [heraus]können** (ugs.; *sich nicht ändern können*) · **sich in seiner Haut [nicht] wohl fühlen** (ugs.; *mit seiner Lage, den Gegebenheiten [un]zufrieden sein*) · **jmdm. ist [nicht] wohl in seiner Haut** (ugs.; *jmd. ist mit seiner Lage, den Gegebenheiten [un]zufrieden*) · **nicht in jmds. Haut stecken mögen** (ugs.; *nicht an jmds. Stelle, in jmds. Lage sein mögen*) · **in keiner guten/gesunden Haut stecken** (ugs.; *ständig krank sein*) · **mit heiler Haut [davonkommen]** (ugs.; *[etw.] unverletzt, ungestraft [überstehen]*) · **mit Haut und Haar[en]** (ugs.; *ganz, völlig*) · **[jmdm.] unter die Haut gehen/dringen** (ugs.; *jmdn. sehr berühren*).
Hebel, der: **1.** *Vorrichtung zum Heben einer Last:* ein einarmiger, zweiarmiger H.; etw. mit einem H. anheben.
2. *Griff zum Einschalten, Steuern:* einen H. bedienen, betätigen, [her]umlegen; er drückte auf den Hebel;
⋆ **irgendwo den Hebel ansetzen** (ugs.; *in bestimmter Weise mit etw. beginnen*) · **alle Hebel in Bewegung setzen** (ugs.; *alle denkbaren Maßnah-*

men ergreifen) · **am längeren Hebel sitzen** (*mächtiger, einflussreicher als der Gegner sein*).
heben /vgl. gehoben/: **1. a)** ⟨etw. h.⟩ *in die Höhe bewegen, bringen:* eine Last mühelos, mit Leichtigkeit, mit einer Hand h.; er hebt ohne große Mühe einen Zentner; heb mal den Koffer, wie schwer er ist; der Kran kann solche Lasten nicht h. *(nach oben befördern, ziehen):* der Dirigent hob den Taktstock; die Fotografen hoben ihre Kameras, er hob sein Glas und trank auf ihr Wohl; einen [verborgenen, vergrabenen] Schatz h. *(ausgraben),* ein gesunkenes Schiff h. *(bergen);* sie hob bedauernd, abwehrend, ratlos beide Hände; sie hob die Hand zum Schwur; er hob *(reckte)* die Faust [gegen ihn] und drohte; er hob seinen [Zeige]finger [in die Höhe]; gleichmütig die Achseln, die Schultern h. *(hochziehen);* dieses Gewicht konnte auch er nicht mehr h. *(Gewichtheben); gestreckt über dem Kopf halten);* er hat einen neuen Rekord gehoben *(beim Gewichtheben aufgestellt);* ⟨auch ohne Akk.⟩ er hat früher auch gehoben *(war auch Gewichttheber);* ÜBERTR.: sie hob die Augen (geh.; *blickte hoch*); er hob seine Stimme (geh.; *sprach lauter*); **b)** ⟨jmdn., etw. irgendwohin h.⟩ *hochnehmen und in eine andere Lage bringen:* jmdn. auf die Bahre, über den Zaun h.; sie hoben den Sieger auf die Schultern; die Tür aus den Angeln, das Fernglas vor die Augen h.; er hob (Fußball; *schoss*) den Ball in den Strafraum, über den Torwart; **c)** ⟨sich h.⟩ *in die Höhe gehen:* der Vorhang hob sich; die Schranke hebt sich langsam; das Schiff hob und senkte sich auf der Dünung; ihre Brust hob und senkte sich vor Erregung.
2. a) ⟨etw. h.⟩ *verbessern, steigern:* den Geschmack, das Niveau, die Lebenshaltung h.; den Wohlstand eines Landes h.; diese Werbung hebt den Umsatz gewiss nicht; dies hat sein Selbstbewusstsein sehr gehoben; etw. hebt den Mut, die Stimmung; der dunkle Hintergrund hebt die Farbwirkung des ganzen Bildes; **b)** ⟨sich h.⟩ *sich bessern, sich steigern:* seine Stimmung hat sich zusehends; der Wohlstand, der Handel hat sich in letzter Zeit sehr gehoben.
3. (ugs. landsch.) ⟨etw. h.⟩ *einziehen, einsammeln:* Gelder, Beiträge, Steuern h.;
⋆ **einen heben** (ugs.; *Alkohol zu sich nehmen*).
Hecht, der: **1.** /ein Fisch/: der H. steht an einer Stelle, räubert in einem See; einen H. fangen, angeln.
2. (ugs.) *Kopfsprung:* er machte einen H. vom Einmeterbrett.
3. (ugs.) *Bursche:* ein toller H.; das ist ja noch ein ganz junger H.
4. (salopp) *verbrauchte Luft; dicker Tabaksqualm:* ist hier ein H.!;
⋆ **der Hecht im Karpfenteich sein** (ugs.; *durch seine Anwesenheit irgendwo Unruhe schaffen*).
Heck, das: als H. des Schiffes hob sich/ragte steil aus dem Wasser; am H. der Jacht wehte eine

H

Fahne; über das H. absacken; das Höhenruder befindet sich am H.; der Motor sitzt im H.; der Wagen hat einen großen Gepäckraum im H.

Hecke, die: eine niedrige, hohe H.; die H. [be]schneiden, stutzen; eine H. anlegen, anpflanzen; der Hof war von Hecken umsäumt; die Grundstücke sind/werden durch eine H. getrennt.

Heer, das: 1. a) *Armee:* ein motorisiertes H.; das stehende H. (Milit.; *der auch im Frieden in ständiger Bereitschaft stehende Teil der Armee*); ein H. aufstellen, auflösen; sie zogen den feindlichen Heeren entgegen; b) *für den Landkrieg bestimmter Teil der Streitkräfte:* er ist beim H., nicht bei der Marine. 2. *große Menge:* ein H. von Beamten, von Polizisten, von Urlaubern; ein Heer emsiger/(seltener:) emsige Ameisen krabbelte/krabbelten über den Weg.

Hefe, die: 1. */ein Gärungs-, Treibmittel/:* H. treibt; dem Teig H. zusetzen; in Brauereien und Weinbrennereien werden verschiedene Hefen verwendet; mit H. backen. 2. (geh. abwertend) *unterste Schicht:* die H. des Volkes.

¹Heft, das: 1. *Schreibheft:* ein dünnes, voll geschriebenes H.; mein H. ist voll, ich brauche ein neues; die Hefte austeilen, einsammeln; etw. in ein H. eintragen. 2. a) *einzelne Nummer einer Zeitschrift; Lieferung:* das Werk erscheint in einzelnen Heften; in H. 4 dieser Zeitschrift; b) *dünnes broschiertes Buch:* ein H. Gedichte; ein H. mit Kurzgeschichten.

²Heft, das (geh.): *Griff einer Stichwaffe u. Ä.:* das H. des Messers, eines Werkzeugs; sie stieß dem Stier den Degen bis zum H. in den Nacken;
⋆ das Heft ergreifen/in die Hand nehmen (geh.; *die Leitung, die Macht übernehmen*) · das Heft aus der Hand geben (geh.; *die Leitung, die Macht abgeben*) · das Heft in der Hand haben/behalten (geh.; *Herr der Lage sein/bleiben*) · jmdm. das Heft aus der Hand nehmen/winden (geh.; *jmdm. die Leitung wegnehmen, die Macht entreißen*).

heften: 1. ⟨etw. h.⟩ *mit Fäden o. Ä. zusammenhalten:* Akten, ein Buch h.; die Blätter waren geheftet; einen Saum, eine Naht h. *(mit weiten Stichen zusammennähen).* 2. ⟨etw. irgendwohin h.⟩ *mit Nadeln, Klammern o. Ä. befestigen:* Zeichnungen an die Wand, einen Zettel ans schwarze Brett h.; einen Zeitungsausschnitt in die Mappe h. 3. (geh.) a) ⟨etw. auf jmdn., etw. h.⟩ *auf jmdn., etw. gerichtet halten:* seine Augen, seinen Blick auf jmdn., auf den Boden h.; b) ⟨sich auf jmdn., etw. h.⟩ *sich starr auf jmdn., etw. richten:* sein Blick heftete sich auf sie, auf den Boden.

heftig: a) *stark, intensiv:* ein heftiger Sturm, Regen, Aufprall, Schlag; heftige Liebe, Leiden-

schaft; ein heftiger (*erbitterter*) Kampf; eine heftige (*leidenschaftlich geführte*) Auseinandersetzung; mit einer heftigen (*plötzlichen*) Bewegung wandte sie sich um; die Schmerzen sind h., wurden heftiger; h. atmen, weinen, schimpfen; sich h. erschrecken, verlieben; etw. h. begehren; er knallte die Tür h. ins Schloss; b) *aufbrausend; unbeherrscht:* sie hat eine heftige Art, ist ein heftiger Mensch; er ist sehr, wurde gleich h.; sie antwortete, reagierte überraschend h.

hegen (geh.): 1. (bes. Forstw.) ⟨jmdn., etw. h.⟩: *pflegen und schützen:* einen Garten, neu angelegte Baumkulturen, den Wald h.; der Förster hegt das Wild; sie hegten ihn (geh.; *umgaben ihn mit Fürsorge*) wie ihren eigenen Sohn. 2. (geh.) ⟨etw. h.⟩ */oft verblasst/ empfinden, haben:* Achtung, freundschaftliche Gefühle für jmdn. h.; eine starke Abneigung, ein tiefes Misstrauen gegen jmdn. h.; eine Schwäche für jmdn. h.; er hegte den Wunsch nach Macht; keine Illusionen h.; einen Verdacht h.; sie hegte nicht die Absicht (*beabsichtigte nicht*) zu kommen; sie hegten die schwache Hoffnung *(hofften leise),* dass er käme; schon lange hatten sie daran Zweifel gehegt (*gezweifelt*);
⋆ hegen und pflegen (*sorgsam pflegen, mit Fürsorge umgeben*).

Hehl, das (auch: der): ⟨gewöhnlich in der festen Verbindung⟩ **[k]einen Hehl aus etw. machen** *(etw. [nicht] verbergen):* sie machte aus seiner Abneigung kein[en]/nie einen H.; sie machte keinen H. daraus, wie sehr sie ihn ablehnt.

¹Heide, die: 1. */eine Landschaft/:* die öde, unfruchtbare, blühende, grüne H.; durch die H. wandern. 2. *Heidekraut:* blühende H.; H. einpflanzen;
⋆ dass die Heide wackelt (salopp; *ganz gehörig, sehr heftig o. ä.*): einen draufmachen, dass die H. wackelt.

²Heide, der: *jmd., der nicht an Gott glaubt:* die Heiden bekehren; den Heiden das Evangelium verkünden.

heikel: 1. *bedenklich:* ein heikler Fall, Punkt; eine heikle Lage, Sache; das Problem ist zu h.; ihre Lage wurde immer heikler. 2. (ugs. landsch.) *[beim Essen] wählerisch:* sei nicht so h.!

heil: a) *unverletzt:* heile Glieder haben; er hat den Unfall h. überstanden; h. am Ziel ankommen; wenn wir hier nur h. herauskommen; b) *wieder gesund:* das Knie ist wieder h.; die Wunde ist inzwischen h.; c) *ganz, intakt:* heile (*nicht zerrissene*) Hemden; die Vase war noch h.; die Stadt war im Krieg h. geblieben; etw. wieder h. machen (fam.; *reparieren*).

Heil, das: bei jmdm. [mit etw.] H. versuchen; sein H. von jmdm. erwarten, in etw. sehen; für sein H. *(Wohl)* sorgen; (Rel.:) das ewige H.; das H. seiner Seele; /Gruß-, Wunschformeln/: H. euch!; H. den Siegern!; Ski H.!; Petri H.!;

⋆ **sein Heil in der Flucht suchen** *(fliehen, davon-laufen)*.

heilen: 1. *gesund werden:* die Wunde heilt schnell, komplikationslos, ohne Narbenbildung; der Riss ist ohne Komplikationen, von selbst geheilt. **2. a)** ⟨etw. h.⟩ *durch Behandlung beseitigen:* eine Krankheit, ein Leiden, den Krebs h.; sie hatte die Entzündung durch/mit Penizillin geheilt; heilende Maßnahmen; ÜBERTR.: der Schaden wird geheilt (ugs.; *behoben*); **b)** ⟨jmdn. h.⟩ *gesund machen:* einen Kranken h.; er wurde in kurzer Zeit [von seiner Krankheit] mit einem neuen Medikament, durch eine Kur, durch Diät geheilt; er ist als geheilt [aus der Klinik] entlassen worden; sie war von ihrer Angst, von ihren fixen Ideen geheilt *(befreit)*.

heilig: 1. (Rel.) *göttlich vollkommen, Heil spendend, gesegnet:* das heilige Abendmahl, die heilige Kirche, die heiligen Sakramente; die heilige Woche *(Karwoche)*; ein heiliger *(eine besondere Weihe besitzender)* Hain; der heilige *(der von der katholischen Kirche heilig gesprochene)* Augustinus; SUBST.: der/die Heilige; Augustinus ist ein Heiliger; die Heiligen anrufen, bitten; um aller Heiligen willen; ÜBERTR.: ein sonderbarer Heiliger (ugs. iron.; *seltsamer Mensch*). **2.** (geh.) *Ehrfurcht einflößend:* heiliger Eifer, Zorn; eine heilige Stille; das ist mein heiliger Ernst, seine heilige Pflicht; eine heilige Scheu vor etw. haben; mein Wort ist mir h.; er schwor bei allem, was ihm h. war; ihre Gefühle waren ihm h. *(wurden von ihm respektiert);* ihnen ist nichts h. *(sie haben vor nichts Achtung);* ⋆ **jmdn. heilig sprechen** *(kath. Rel.; jmdn. unter die Heiligen aufnehmen)*.

heiligen ⟨etw. h.⟩: **a)** *als heilig achten:* den Feiertag h.; das ist ein geheiligtes Recht, eine geheiligte Tradition; **b)** *weihen:* eine Kirche h.; geheiligte Stätten.

heillos: ein heilloses Durcheinander; eine heillose Unordnung, Verwirrung; er bekam einen heillosen Schrecken; sie sind h. zerstritten, verschuldet.

heilsam: a) *förderlich:* heilsame Worte, ein heilsamer Schock; eine heilsame Auseinandersetzung; die Erfahrung war für ihn h.; **b)** (veraltend) *heilend:* eine heilsame Medizin.

Heim, das: **1.** *Zuhause:* ein behagliches, stilles, trautes, eigenes H.; das H. schmücken; jmdm. ein gemütliches H. einrichten; in ein neues H. einziehen. **2. a)** *öffentliche Einrichtung:* ein H. für Obdachlose; ein H. des Müttergenesungswerks, des DRK; aus einem H. entlassen werden; in ein H. kommen, eingewiesen werden; in einem H. wohnen, leben; er ist in drei Heimen gewesen; **b)** *Heimgebäude:* ein neues H. bauen, errichten.

Heimat, die: **a)** München ist eine H.; die Pfalz ist ihre zweite H. *(sie fühlt sich jetzt in der Pfalz zu Hause, obwohl sie nicht dort geboren ist);* die alte

H. wieder sehen; die H. verlieren, aufgeben müssen, verlassen; die H. lieben, schützen, gegen jmdn. verteidigen, im Stich lassen; sie hat keine H. mehr; sie hat in Deutschland eine neue H. gefunden; in die H. zurückkehren; sie folgte ihm in seine H.; ÜBERTR.: die geistige H. des Dichters ist …; die ewige H. (geh.; *das Jenseits*); **b)** *Ursprungs-, Herkunftsland eines Tieres, einer Pflanze, eines Erzeugnisses o. Ä.:* die H. dieses Baumes ist Amerika; die H. des Jazz; Deutschland gilt als die H. des Buchdrucks.

heimatlich: die heimatliche Sprache; heimatlicher Boden; die heimatlichen Sitten, Berge; alles mutet ihn [hier] h. *(vertraut)* an.

heimgehen: a) *nach Hause gehen:* wir müssen endlich h.; ÜBERTR.: er ist im Alter von 87 Jahren heimgegangen (geh. verhüll.; *gestorben*); **b)** ⟨unpers.⟩ *sich auf den Heimweg begeben:* so, jetzt geht es heim; einsteigen, es geht heim!

heimisch: a) *einheimisch:* heimische Tiere, Pflanzen; die heimische Bevölkerung, Industrie, Wirtschaft, Regierung; diese Tiere sind in Asien, im Gebirge h.; **b)** *vertraut, wie zu Hause:* hier kann ich mich h. fühlen, mich h. machen; er war in dieser Stadt schnell h. geworden; ÜBERTR.: sie ist in dieser Wissenschaft h. *(bewandert)*.

heimlich: eine heimliche Absprache, Vorbereitung, Zusammenkunft; ein heimliches Stelldichein; ein heimlicher Schlupfwinkel; heimliche Wege, Schätze, Mängel; eine heimliche Liebe; heimliche Tränen; etw. auf heimliche Weise tun; er verfolgte die Entwicklung mit heimlichem Misstrauen; h. kommen, verschwinden; jmdm. h. etw. zuflüstern; er traf sich h. mit ihr; sie hatte sich h. Notizen gemacht; ⋆ **heimlich, still und leise** (ugs.; *ganz unauffällig, lautlos und unbemerkt*) · **heimlich tun** (abwertend; *sich geheimniskrämerisch verhalten*).

heimsuchen ⟨jmdn., etw. h.⟩: ein Krieg, eine Seuche suchte das Land heim; er wurde von einer Krankheit, von Vorahnungen heimgesucht; ein Unwetter, ein Erdbeben hat die Gegend heimgesucht; ÜBERTR.: am Wochenende hat uns die Verwandtschaft heimgesucht (ugs. scherzh.; *besucht*).

Heimweh, das: ein heftiges, schreckliches H. befiel, ergriff ihn; H. nach jmdm., etw. haben/bekommen; an/unter H. leiden; sie kehrt aus H. wieder zurück; sie ist, wurde vor H. krank.

heimzahlen ⟨jmdm. etw. h.⟩: diese Gemeinheit zahle ich ihm heim; das wird dir tüchtig, doppelt h.

Heirat, die: eine reiche, politische, späte H.; eine H. [mit jmdm.] eingehen; eine H. gutheißen, stiften, vermitteln, hintertreiben; mit/nach ihrer H. schied sie aus dem Berufsleben aus.

heiraten: a) *sich vermählen:* er will h.; sie hatten früh, jung, vor einem Jahr geheiratet; er hat gut, in eine reiche Familie, zum zweiten Mal, nicht geheiratet; sie h. müssen (ugs. verhüll.; *geheiratet, weil sie ein Kind erwartete*); SUBST.: nichts

H

vom Heiraten wissen wollen; **b)** ⟨jmdn., h.⟩ *mit jmdm. eine Ehe schließen:* er heiratete die Tochter seines Nachbarn; sie hat ihn gegen den Willen ihrer Eltern, aus Dankbarkeit, wegen des Geldes geheiratet; die beiden haben sich später doch noch geheiratet; **c)** ⟨irgendwohin h.⟩ *durch Heirat irgendwohin ziehen:* aufs Land, in die Stadt h.; sie hat nach Amerika geheiratet.

heiser: eine heisere Stimme; man hörte nur ein heiseres Krächzen; er war vom Schreien ganz h.; ihre Stimme war, klang ganz h. vor Erregung; er hatte sich h. geredet; ÜBERTR.: sich [die Kehle] h. reden *(sich bemühen, jmdn. von etw. zu überzeugen)*.

heiß: 1. *sehr warm:* heiße Luft; ein heißer Wind wehte; eine heiße *(hohe Durchschnittstemperaturen aufweisende)* Zone, Gegend; heiße Quellen; ein Paar heiße Würstchen; heißer Kaffee, Tee; ein heißer Tag, Sommer; heiße Hände, einen heißen Kopf haben; es, der Tag war drückend h.; das Wasser war kochend, siedend h.; die Suppe war noch zu h.; Vorsicht, das Bügeleisen ist h.!; ihm ist, wird h. *(er fängt an zu schwitzen);* das Kind ist ganz h. (ugs.; *es fiebert);* Ⓡ nichts wird so h. gegessen, wie es gekocht wird; dich haben sie wohl [als Kind] zu h. gebadet! (ugs.; *du bist wohl nicht recht bei Verstand!).* **2.** *leidenschaftlich:* ein heißer Kampf; eine heiße Debatte; ein heißes (geh.; *inbrünstiges)* Gebet; in heißer Liebe entbrannt sein; es ist sein heißer Wunsch ...; heiße Tränen weinen (geh.; *heftig weinen);* heißen *(besten)* Dank!; heiße Musik, heiße Rhythmen; etw. h. ersehnen, wünschen; das Kind liebt seinen Teddy h. und innig *(sehr, von Herzen);* bei diesem Wettspiel, bei der Auseinandersetzung ging es h. *(turbulent und erregend)* her, h. zu; h. begehrt, ersehnt, geliebt; eine h. umstrittene Frage; die Stadt war h. *(heftig)* umkämpft. **3.** (ugs.) *heikel, gefährlich:* ein heißes Thema; eine heiße Geschichte; radikale Gruppen versprachen einen heißen Sommer; diese Grenze ist immer noch h. **4.** (ugs.) *viel versprechend:* das ist eine ganz heiße Sache; er hat ihm einen heißen Tipp gegeben; er ist ein heißer *(hoher)* Favorit in diesem Lauf; sie ist eine der heißesten *(aussichtsreichsten)* Anwärterinnen auf den Sieg. **5.** (ugs.) *schnell und spritzig:* ein heißer [Renn]wagen. **6.** (Jugendspr.) *großartig:* ein heißer Film; ein heißes Buch; sie trug einen ganz heißen Anzug; er hat wieder eine heiße CD herausgebracht; der Junge ist h., aus dem wird mal ein ganz Großer; das finde ich h. **7.** (ugs.) *paarungsbereit:* eine heiße Hündin; unsere Katze ist h.; ★ **nicht heiß und nicht kalt/weder heiß noch kalt sein** *(unzureichend, unentschieden)* · **auf**

jmdn., etw. **heiß sein** *(auf jmdn., etw. versessen sein).*

heißen: 1. **a)** ⟨irgendwie h.⟩ *genannt werden:* wie heißt du [mit Nachnamen]?; ich heiße Peter; in Wirklichkeit hieß er Moritz; bis zur Heirat, früher hat sie anders geheißen; sie heißt nach ihrer Großmutter *(trägt den gleichen Vornamen wie ihre Großmutter);* das stimmt, so wahr ich ... heiße (ugs.; *das stimmt wirklich);* wenn das stimmt, heiße ich Meier/Hans/Emil, will ich Meier/Hans/Emil h. (ugs.; *das stimmt sicher nicht);* wie heißt denn das Dorf, die Straße, das Land?; **b)** ⟨irgendwie h.⟩ *lauten:* der Titel des Buches heißt»Verloren«; sein Motto heißt Geduld; **c)** ⟨es heißt⟩ *man sagt:* es heißt, Armut sei keine Schande; in diesem Buch heißt es, dass die Menschen frei seien; bei Hegel heißt es, dass ...; es heißt, sie sei ins Ausland gegangen. **2. a)** ⟨etw. h.⟩ *bedeuten:*»guten Abend« heißt auf Französisch »bon soir«; das will viel, wenig, schon etwas h.; das hieße doch, den Plan aufgeben/aufzugeben; das heißt für uns [so viel wie] warten; was heißt das schon wieder?; das heißt, [dass] er kommt; was heißt hier morgen? Das wird sofort gemacht!; das soll nun etwas h.! (ugs. abwertend; *soll Eindruck machen);* da heißt es aufgepasst!/aufpassen! *(da gilt es aufzupassen);* /als Erläuterung oder Einschränkung von etw. vorher Gesagtem/: ich komme morgen zu dir, das heißt, wenn ich nicht selbst Besuch habe; **b)** ⟨mit Gleichsetzungsnominativ⟩ *bedeuten, sein:* das Ende heißt immer völliger Ruin; Umzug heißt meist großer Stress und viel Arbeit; dieser Vorschlag heißt nichts anderes als Kapitulation. **3.** (geh.) *nennen:* **a)** ⟨jmdn., sich etw. h.; mit Gleichsetzungsakkusativ⟩ jmdn., seinen Freund, einen Dummkopf, einen Lügner h.; das heiße ich Schicksal, einen festen Schlaf; das heißt ich pünktlich sein; **b)** ⟨jmdn., sich etw. irgendwie h.⟩ sie hießen sich religiös, die anderen jedoch unfromm. **4.** (geh.) ⟨jmdn. etw. h.⟩ *zu etw. auffordern:* er hieß die Leute warten; er hat mich kommen h./ (seltener:) geheißen; wer hat dich geheißen, das zu tun?

heißlaufen: *durch Reibung heiß werden:* **a)** die Achse lief heiß; der Motor ist heißgelaufen; **b)** ⟨sich h.⟩ die Achse lief sich heiß, hat sich heißgelaufen.

heiter: a) *fröhlich:* ein heiteres Gemüt, Wesen, Gesicht; in heiterer Laune, Stimmung sein; es war eine heitere Geschichte, ein heiterer Anblick; ein heiteres Spiel; die Sendung war sehr h.; er nimmt das Leben h.; Ⓡ das ist ja h., kann ja h. werden (iron.; *da erwartet uns ja einiges);* **b)** *sonnig:* heiteres Wetter, ein heiterer Tag, Himmel; es war den ganzen Tag h., h. bis wolkig. **Heiterkeit,** die: die H. des Gemütes; der Witz erregte große H.; sein Bericht trug zur allgemeinen H. bei.

heizen:a) *Wärme erzeugen; die Heizung o. Ä. in Betrieb nehmen:* mit Öl, mit Koks, elektrisch h.; ab 15. September wird bei uns geheizt; in der Küche ist nicht geheizt;**b)** ⟨etw. h.⟩ *erwärmen:* die Wohnung, das Wohnzimmer h.; der Saal war schlecht geheizt;**c)** ⟨etw. [mit etw.] h.⟩ *anheizen:* den Ofen [mit Holz] h.;**d)** ⟨etw. h.⟩ *als Brennstoff verwenden:* wir heizten überwiegend Holz, Kohle;**e)** ⟨irgendwie h.⟩ *Wärme spenden:* der Ofen heizt gut, schlecht; **f)** ⟨sich irgendwie h.⟩ *sich erwärmen lassen:* das Haus heizt sich schlecht, nicht besonders gut.

hektisch: 1. *fieberhaft; aufgeregt:* eine hektische Atmosphäre, Eile; ein hektischer Börsentag; eine hektische Jagd nach dem Geld; der Tag war h. gewesen; h. hin und her laufen. **2.** (Med.) *anhaltend unruhig:* hektisches Fieber; eine hektische Röte.

Held, der: 1. *tapferer, mutiger Mensch:* ein kleiner, namenloser, großer, tapferer H.; (Myth.:) die Helden des klassischen Altertums, der germanischen Sage; er hat den Verlust wie ein H. getragen; die Helden werden geehrt; sie wurden als Helden gefeiert; er spielt sich gern als H. auf; er war kein H.; spiel doch nicht immer den Helden (nicht korrekt: Held)! *(tu doch nicht so, als könnte dich nichts verletzen);* (iron.:) du bist mir ein schöner, netter, rechter H.!; (iron.:) na, ihr beiden Helden, was habt ihr denn da angestellt?; Ⓡ die Helden sind müde [geworden] (scherzh.; Bemerkung zu jmdm., der den Elan verloren hat, resigniert o. ä.). **2.** *männliche Hauptperson eines literarischen Werkes:* ein tragischer, naiver H.; das Stück hat einen negativen Helden *(eine Hauptperson ohne die üblichen positiven Eigenschaften);* ∗ **der Held des Tages sein** *(im Mittelpunkt des Interesses stehen)* · **kein Held in etw.** (Dat.) **sein** (ugs. scherzh. od. spött.; *etw. wenig gut können*): in Mathe ist er kein/nicht gerade ein H.

helfen: 1. ⟨jmdm. h.⟩ *jmdn. unterstützen:* [jmdm.] bereitwillig, tüchtig h.; kann ich dir h.?; den Armen h. *(dazu beitragen, ihre Not zu lindern);* sich gegenseitig h.; jeder muss sich selbst h.; dieser Arzt hat mir geholfen (ugs.; *hat mich gesund gemacht; hat mir zur Besserung meines Leidens verholfen);* ihm ist nicht [mehr] zu h. *(bei ihm ist alle Hilfe zwecklos, vergebens);* ich wusste mir nicht [mehr] zu h. *(sah keinen Ausweg [mehr]);* jmdm. bereitwillig, mit Rat und Tat, ein wenig h.; jmdm. finanziell h.; jmdm. im Haushalt, auf dem Feld, bei der Arbeit, in der Not h.; ⟨jmdm. bei etw. h.⟩ half dem Kind beim Lernen; er hat sich bei dieser Arbeit h. lassen; sie hat ihm waschen h./geholfen; sie hat ihm beim Waschen geholfen; er half ihr den Koffer tragen/half ihr, den Koffer zu tragen; sie tat, als hülfe/(selten:) hälfe sie ihm rudern; ⟨jmdm. irgendwohin h.⟩ jmdm. aufs Fahrrad *(beim Aufsteigen),* aus dem Auto *(beim Aussteigen),* in den Mantel *(beim Anziehen)* h.;

jmdm. aus der Not, (ugs.:) der Patsche, der Verlegenheit h. *(h., aus der Not usw. herauszukommen);* er half ihm auf die Spur *(half, die Spur zu finden);* (gelegentlich auch ohne Dat.) sie half, wo sie nur konnte; Ⓡich werde, will dir h.!/dir werde, will ich h.! (ugs.; *wehe, du tust das noch einmal!*); ich werde dir h., die Tapeten zu bemalen! (ugs.; *du sollst doch die Tapeten nicht bemalen!*); ich kann mir nicht h., [aber] ... *(ich kann nicht anders [als in dieser Weise zu denken, handeln o. ä.]);* hilf dir selbst, dann hilft dir Gott! **2. a)** *nützen:* das Leugnen, das Weinen half nicht[s]; da hilft kein Sträuben, kein Jammern und kein Klagen; Drohungen hätten nicht geholfen; ⟨es hilft⟩ was hilfts, wir können ja doch nichts ändern; es hilft nichts, wir müssen noch heute fort; ⟨jmdm. h.⟩ die Zeit wird dir h., den Verlust zu überwinden; was hilft das mir?; das hilft ihm alles nichts; damit ist uns wenig geholfen; ⟨es hilft jmdm.⟩ es half uns ein wenig, dass sie Russisch sprechen konnte; was hilft es dir, wenn ich dir das verrate?;**b)** *heilen:* nur eine Kur, Operation kann h.; das Mittel hilft sehr gut, rasch bei/gegen Schnupfen; ⟨jmdm. h.⟩ das Präparat hat mir nicht geholfen.

hell: 1. *von Licht erfüllt:* ein helles Zimmer, Treppenhaus; helle Räume; ein heller Schein; eine helle Glühbirne; ein heller Sommertag; helles Licht; die Tat geschah am hellen Tag *(mitten am Tag);* er schlief bis in den hellen Morgen *(sehr lange);* die Räume sind sehr h.; der Himmel ist h. *(klar);* der Mond scheint h.; ein [auffallend] h. leuchtender/strahlender Stern; ein h. loderndes Feuer; das ganze Haus war h. erleuchtet; die Wand ist h. getönt; draußen wird es h. *(der Morgen dämmert);* im Sommer bleibt es lange h. *(sind die Tage lang).* **2.** *(von Farben) nicht sehr kräftig:* helle Farben; ein helles Rot, Blau; helle Tapeten, Haare; sie hat sehr helle Haut; helles Bier; ein helles Kleid; subst.: ein kleines Helles *(kleines Glas helles Bier).* **3.** *hoch klingend:* eine helle Stimme; ein heller Ton, Vokal; ein helles Geläut; ihre Stimme ist, klingt h.; ein h. klingender Ton; sie lacht sehr h. **4.** */vgl. helle/ klug, aufgeweckt:* er ist ein heller Kopf, hat einen hellen Verstand; Geistesgestörte haben oft helle *(geistig klare)* Augenblicke; sie ist ziemlich, sehr h. **5.** (ugs.) **a)** *sehr groß:* ein heller Wahnsinn; sie hatten ihre helle Freude an dem Kind; sie gerieten in helle Wut, Aufregung, Begeisterung; die Menschen kamen in hellen Scharen, Haufen; **b)** ⟨verstärkend bei Adjektiven und Verben⟩ *sehr:* sie waren von dem Vorschlag h. begeistert, entzückt; über diesen Unsinn musste er h. lachen.

helle (landsch., bes. berlin.) *schlau:* der Junge ist h.; nicht sehr h. sein.

hellhörig: eine hellhörige Wohnung; die Wände sind sehr h.;

· **hellhörig werden** (stutzig werden): als die ersten Flüchtlinge das Land verließen, wurde man h. · **jmdn. hellhörig machen** (jmdn. stutzig machen): die Vorgänge hatten ihn h. gemacht.

Hemd, das: a) Oberhemd: ein leinenes, seidenes, weißes, gestreiftes, bügelfreies, kurzärmeliges, tailliertes, frisches, sauberes, schmutziges H.; ein H. anziehen, überstreifen, tragen, aufknöpfen, ausziehen, wechseln; er trug sein H. über der Hose; er stopfte das H. in die Hose; Hemden waschen, bügeln, ausbessern; er ging im H. (hemdsärmelig) zur Versammlung; (ugs. abwertend:) er wechselte seine Gesinnung wie das H., wie sein H.; ℝ das H. ist mir näher als der Rock (der eigene Vorteil ist mir wichtiger als der eines anderen); b) Unterhemd: ein H. aus Baumwolle; im H. (nur mit einem Hemd bekleidet); nass bis aufs H. (völlig durchnässt) sein; ℝ mach dir nicht ins H.! (salopp; stell dich so an!); das zieht einem [ja] das H. aus! (ugs.; das ist unmöglich!); * **ein halbes Hemd** (salopp; ein schmächtiger Mann) · **sich das letzte/sein letztes Hemd vom Leib reißen; das letzte/sein letztes Hemd hergeben** (ugs.; alles, was man besitzt, hergeben) · **kein [ganzes] Hemd [mehr] am/auf dem Leib haben** (ugs.; völlig heruntergekommen sein) · **jmdm. das Hemd über den Kopf ziehen; jmdn. bis aufs Hemd ausziehen** (ugs.; restlos ausplündern) · **alles bis aufs Hemd verlieren** (ugs.; nur das Nötigste retten können).

hemmen /vgl. gehemmt/ ⟨jmdn., etw. h.⟩: den Lauf des Flusses durch eine Staumauer h.; seinen Schritt h.; den Fortgang, Fortschritt h.; jmdn. in seiner Entwicklung, in seiner Arbeit h.; einen hemmenden Einfluss auf jmdn., etw. ausüben; sie fühlt sich in ihrer Tätigkeit gehemmt.

Hemmung, die: **1.** innere Scheu: schwere, innere, seelische, moralische Hemmungen; seine Hemmungen überwinden, verlieren; ihr gegenüber hat er [keine] Hemmungen; wenn es um seinen Vorteil geht, kennt er keine Hemmungen (hat er keine Bedenken); sie leidet unter Hemmungen, ist voller Hemmungen; er ist frei von Hemmungen, ohne jede H. **2.** Behinderung: die H. des Wachstums, Fortschritts.

Henker, der: jmdn. dem H. (der Justiz zur Vollstreckung der Todesstrafe) ausliefern, überliefern, überantworten; /Flüche/: beim, zum H.!; hols der H.!; weiß der H.!; * **sich den Henker um etw. scheren; den Henker nach etw. fragen** (salopp; sich nicht im Geringsten um etw. kümmern) · **sich zum Henker scheren/zum Henker gehen** (salopp; verschwinden): scher dich zum H.!

her: 1. /räumlich/ hierher, in Richtung auf den Sprecher: h. zu mir!; er soll sofort h.!; Bier, Geld h.!; h. damit! **2.** /zeitlich/ zurückliegend, vergangen: das ist schon einen Monat, lange [Zeit], noch gar nicht

so lange h.; das dürfte schon Jahre h. sein; lang, lang ists h.; * **von ... her** (1. räumlich: er grüßte vom Nebentisch h. 2. zeitlich: von früher, von meiner frühesten Jugend h.: von alters h. [seit langem]. 3. kausal: von der Form h. finde ich das Auto schön).

herablassen /vgl. herablassend/: **1.** (geh.) ⟨jmdn., sich, etw. h.⟩ nach unten [gleiten] lassen: das Gitter, die Jalousien, den Vorhang h.; einen Korb an einem Seil h.; der Gefangene hat sich mit einem Strick an der Mauer herabgelassen. **2.** (iron.) ⟨sich zu etw. h.⟩ sich bereit finden: werden Sie sich endlich h., meine Frage zu beantworten?

herablassend: hochmütig, gönnerhaft: eine herablassende Art, Bemerkung; der Chef ist sehr h. zu seinen Mitarbeitern/gegen seine Mitarbeiter; h. grüßen; sie behandelte ihn h.

herabsetzen: 1. ⟨etw. h.⟩ verringern: den Preis, die Kosten h.; die Waren wurden [im Preis] stark herabgesetzt; Waren zu herabgesetzten Preisen; mit herabgesetzter Geschwindigkeit fahren. **2.** ⟨jmdn., etw. h.⟩ schmälern: jmds. Verdienste, jmds. Leistung, jmds. Fähigkeiten h.; er versuchte, seinen Gegner in den Augen der anderen herabzusetzen (herabzuwürdigen).

herankommen: 1. a) sich nähern: er kam langsam heran; die Tiere kamen dicht, bis auf wenige Meter an das Gitter heran; ÜBERTR.: endlich kamen die Ferien heran; b) ⟨an etw. (Akk.) h.⟩ heranreichen: ich komme an das oberste Regal nicht heran; leicht, gut, schwer an ein Kabel h.; ÜBERTR.: an ihre Leistungen kommst du nicht heran; an diese Punktzahl kann sie noch h. **2.** a) ⟨an etw. (Akk.) h.⟩ sich Zugang verschaffen: wie bist du an dieses Buch herangekommen?; er kommt an sein Geld nicht heran (es liegt auf einem Konto fest); b) ⟨an jmdn. h.⟩ zu jmdm. Zugang haben, finden: der Minister ist ein viel beschäftigter Mann, man kommt schwer an ihn heran; an die Drahtzieher kommt man nicht heran (man kann sie nicht zur Rechenschaft ziehen); an sie ist nicht heranzukommen (sie ist unzugänglich); * **etw. an sich herankommen lassen** (ugs.; sich in etw. abwartend verhalten) · **nichts an sich herankommen lassen** (ugs.; sich abschirmen gegen Dinge, die einen aus dem Gleichgewicht bringen könnten).

heranmachen (ugs.): **1.** ⟨sich an etw. (Akk.) h.⟩ tatkräftig mit etw. beginnen: er machte sich an die Lösung der Aufgabe, an die Arbeit heran. **2.** ⟨sich an jmdn. h.⟩ sich jmdm. in bestimmter Absicht nähern: sich an ein Mädchen h.

heraufbeschwören ⟨etw. h.⟩: **1.** in die Erinnerung zurückrufen: die Vergangenheit h.; mit bewegten Worten das Erlebnis der Flucht h. **2.** verursachen: eine Gefahr, einen Streit, Unheil h.; die Tat hat einen ernsten Konflikt heraufbeschworen.

heraufsetzen ⟨etw. h.⟩: die Preise, die Mieten h.;

das Mindestalter für Bewerberinnen und Bewerber h.

heraufziehen: 1. ⟨jmdn., etw. h.⟩ *nach oben ziehen; hochziehen:* den Eimer aus dem Brunnen h. **2.** (geh.) *sich nahen:* ein Gewitter, ein Unwetter, die Nacht zieht herauf; ÜBERTR.: Konflikte ziehen herauf; Unheil, eine Gefahr, eine Krise zieht herauf.

heraus: aus dem Haus h. rief jemand um Hilfe; h. aus dem Bett, den Federn! (ugs.; *aufstehen!*); h. mit dem Geld! (ugs.; *gib/geben Sie das Geld her!*); sie war 6 Monate alt, als der erste Zahn heraus war *(durchgekommen war);* mein Blinddarm ist schon lange h. (ugs.; *operativ entfernt*); endlich waren sie aus der Stadt, aus dem Trubel heraus (ugs.; *hatten sie sich davon entfernt*); ÜBERTR.: aus diesem Alter bin ich langsam h. (ugs.; *ich bin nicht mehr in diesem Alter*); aus einer schwierigen Situation, aus einem Dilemma, aus allen Zweifeln h. sein (ugs.; *eine schwierige Situation usw. überwunden haben*); der Termin ist noch nicht h. (ugs.; *steht noch nicht fest*); der neue Spielplan, der letzte Band der Ausgabe ist noch nicht heraus (ugs.; *noch nicht veröffentlicht worden*); es ist noch nicht h. (ugs.; *noch nicht entschieden*), wann sie abreist.

herausbekommen: 1. ⟨etw. [aus etw.] h.⟩ *entfernen können:* einen Nagel aus der Wand h.; der Korken war schwer herauszubekommen; sie versuchte vergeblich, den Flecken aus dem Kleid herauszubekommen. **2. a)** ⟨etw. h.⟩ *die Lösung finden:* eine Rechenaufgabe, ein Rätsel h.; er hat die Lösung nicht h.; **b)** ⟨etw. [aus jmdm.] h.⟩ *in Erfahrung bringen:* aus jmdm. ein Geheimnis h.; Einzelheiten über den Hergang h.; es war nichts, kein Wort aus ihr herauszubekommen; die Polizei konnte nicht h., wo ... **3.** ⟨etw. h.⟩ *zurückbekommen:* du hast beim Bezahlen zu wenig [Geld] h.

herausbringen: 1. ⟨jmdn., etw. h.⟩ *nach draußen bringen:* sie ließen sich das Frühstück auf die Terrasse h. **2.** (ugs.) ⟨etw. [aus etw.] h.⟩ *entfernen:* er brachte den Nagel nicht aus der Wand heraus; der Fleck ist schwer aus dem Tischtuch herauszubringen. **3.** ⟨etw. h.⟩ *in den Handel, in die Öffentlichkeit bringen:* eine neues Modell, eine neue Briefmarke h.; das Theater hat ein neues Stück herausgebracht *(aufgeführt);* der Verlag brachte die 2. Auflage des Buches heraus. **4. a)** (ugs.) ⟨etw. h.⟩ *lösen:* er hat die Aufgabe, das Rätsel nicht herausgebracht; **b)** ⟨etw. [aus jmdn./über jmdn., etw.] h.⟩ *in Erfahrung bringen:* er versuchte die Wahrheit aus ihm herauszubringen; man konnte nichts über seinen Aufenthalt h. **5.** (ugs.) ⟨etw. h.⟩ *hervorbringen:* sie konnte vor Aufregung kein Wort, keinen Ton h.; ★ **jmdn., etw. [ganz] groß herausbringen** (ugs.;

jmdn., etw. mit großem Aufwand an Werbung der Öffentlichkeit bekannt machen).

herausfahren: 1. a) ⟨etw. [aus etw.] h.⟩ *fahrend herausbewegen:* sie hat den Wagen aus der Garage herausgefahren; **b)** ⟨[aus etw.] h.⟩ *sich fahrend herausbewegen:* der Bauer, der Traktor ist eben aus dem Hof herausgefahren; der Zug fährt aus dem Bahnhof heraus; ⟨gewöhnlich im 2. Part. in Verbindung mit *kommen*⟩ *zu einem außerhalb gelegenen Ort fahren:* er kam noch oft zu seinen Eltern herausgefahren. **2.** (Sport) ⟨etw. h.⟩ *durch schnelles Fahren erzielen:* sie haben eine gute Zeit, einen Sieg, einen Vorsprung, einen Rekord herausgefahren. **3.** (ugs.) ⟨jmdm. h.⟩ *entschlüpfen:* das vorschnelle Wort, Urteil war ihm [so] herausgefahren.

herausfinden: 1. a) ⟨jmdn., etw. [aus etw.] h.⟩ *ausfindig machen:* die gesuchten Gegenstände schnell aus dem großen Haufen h.; **b)** ⟨etw. h.⟩ *ermitteln:* sie haben den Fehler, die Ursachen des Unglücks herausgefunden; ich werde h., wo er sich aufhält/ob er noch lebt/was er ist. **2.** ⟨[aus etw.] h.⟩ *den Weg nach draußen finden:* schließlich fand ich aus dem Hochhaus heraus; ⟨sich [aus etw.] h.⟩ sie fand sich nicht aus dem Labyrinth des Parks heraus.

herausfordern: a) ⟨jmdn. h.⟩ *zum Kampf auffordern:* er forderte seinen Rivalen [zum Duell] heraus; **b)** ⟨jmdn., etw. h.⟩ *provozieren:* eine Gefahr leichtfertig, tollkühn h.; Protest, Kritik h.; er hat das Schicksal herausgefordert; seine Thesen forderten alle zum Widerspruch heraus; ein herausforderndes Benehmen; herausfordernde Blicke; sie sah ihn herausfordernd an.

herausgeben: 1. ⟨etw. h.⟩ *nach draußen geben, reichen:* er gab den Koffer durchs Fenster heraus. **2.** ⟨jmdn., etw. h.⟩ *aushändigen, zurückgeben:* etw. ungern, widerwillig h.; die gestohlenen Sachen, die Beute, das Geld, den Schlüssel, die Unterlagen h.; gebt die Geisel heraus! **3.** ⟨etw. h.⟩ *veröffentlichen; verlegen:* eine Zeitung, einen Gedichtband h.; seine Aufsätze wurden in Buchform, von einem bekannten Verlag herausgegeben; Gedenkmünzen h. *(herausbringen).* **4.** ⟨jmdm. etw. h.⟩ *beim Bezahlen Wechselgeld zurückgeben:* jmdm. zu wenig, 2 DM zu viel h.; ⟨auch ohne Akk.⟩ ich kann Ihnen leider nicht h.; ⟨auch ohne Dat.⟩ sie gab zu viel heraus; ⟨auch ohne Dat. und ohne Akk.⟩ können sie h.?; er hat falsch herausgegeben; sie konnte auf 100 DM nicht h.

herausgehen ⟨[aus etw.] h.⟩: **1.** *einen Raum verlassen:* man sah ihn aus dem Haus h.; ÜBERTR.: aus einem Programm h. (EDV; *die Arbeit mit einem Programm beenden).* **2.** (ugs.) *sich entfernen lassen:* der Fleck, die Tinte geht nicht mehr aus der Decke heraus; der Korken geht leicht heraus; ★ **aus sich herausgehen** *(seine Hemmungen* *überwinden):* er geht zu wenig aus sich heraus; du musst mehr aus dir h.

heraushaben (ugs.): **1.** ⟨jmdn., etw. [aus etw.] h.⟩ *entfernt haben:* endlich habe ich den Korken aus der Flasche heraus; er wollte den Mieter aus der Wohnung h. **2.** ⟨etw. h.⟩ *begriffen haben:* etw. schnell, gut h.; den Trick, den richtigen Dreh h. *(wissen, wie man etwas machen muss);* hast du heraus, wie man das Schloss aufbringt? **3.** ⟨etw. h.⟩ *gelöst, ermittelt haben:* das Rätsel, die Aufgabe h.; sie hatten bald heraus, wer der Täter war.

¹heraushängen, hing heraus, herausgehangen: ⟨[aus etw.] h.⟩ *nach außen hängen:* Fahnen hängen aus den Fenstern heraus; der Hund lief mit heraushängender Zunge; ⟨jmdm. [aus etw.] h.⟩ ihm hängt das Hemd aus der Hose heraus; ÜBERTR.: mit heraushängender Zunge (ugs.; *erschöpft)* erreichte er den Zug.

²heraushängen, hängte heraus, herausgehängt: **1.** ⟨etw. h.⟩ *nach draußen hängen:* Wäsche h. **2.** (ugs.) ⟨jmdn. h.⟩ *herauskehren:* den Vorgesetzten, den Fachmann h.

herausholen: 1. ⟨jmdn., etw. [aus etw.] h.⟩ *aus etw. holen:* die Papiere, den Ausweis h.; sie haben ihn aus dem Gefängnis herausgeholt *(befreit).* **2.** (ugs.) ⟨etw. [aus etw.] h.⟩ *abfordern; erzielen:* so viel wie möglich, mehr, das Beste h.; die Sportler holten einen beachtliche Erfolg, einen großen Vorsprung, 19:13 Punkte heraus; sie hat viel Geld aus dem Geschäft, bei den Verhandlungen herausgeholt; er holte das Letzte *(die höchste Leistung)* aus dem Motor heraus. **3.** (ugs.) ⟨etw. aus jmdm. h.⟩ *von jmdm. in Erfahrung bringen:* die Polizei konnte aus dem Tatverdächtigen nicht viel h.; schließlich hatte sie doch aus ihm herausgeholt, was er ihr schenken würde.

herauskehren ⟨jmdn., etw. h.⟩ den Boss, den starken Mann, den Überlegenen, die Chefin h.; Ernst und Strenge h.

herauskommen: 1. a) ⟨[aus etw.] h⟩ *aus einem Raum kommen:* langsam, unvermutet h.; sie kam aus dem Haus heraus; **b)** ⟨[aus etw.] h⟩ *einen Bereich o. Ä. verlassen [können]:* sie ist nie aus der Stadt herausgekommen; du kommst viel zu wenig heraus *(du unternimmst zu selten etwas);* ob er je aus dem Gefängnis h. *(entlassen werden)* wird?; ÜBERTR.: sie kamen aus dem Staunen nicht heraus *(staunten sehr);* **c)** *ins Freie dringen:* aus dem Ofen kam Qualm heraus; die ersten Knospen sind herausgekommen; **d)** (ugs.) ⟨aus etw. h.⟩ *einen Ausweg finden:* aus den Sorgen, aus der Aufregung, (ugs.:) dem Schlamassel nicht h.; wir müssen sehen, dass wir aus dieser peinlichen Situation heil h. **2.** (ugs.) *bekannt werden:* das Geheimnis kam schnell, niemals heraus. **3. a)** *veröffentlicht werden:* ein Gesetz, ein neuer

Fahrplan kommt heraus; sein Roman kommt demnächst als Taschenbuch heraus; das Stück soll in der nächsten Saison in London h. *(Premiere haben);* wann wird der Film h.?; **b)** ⟨mit etw. h.⟩ *etw. auf den Markt bringen:* der Verlag kommt mit einem neuen Taschenlexikon heraus; die Firma kommt mit einem neuen Modell heraus. **4.** (ugs.) ⟨bei etw. h.⟩ *als Ergebnis haben:* bei der Addition kommt eine hohe Summe heraus; bei der Sache, bei den Versuchen, bei den Verhandlungen kam nur wenig, nichts heraus. **5.** *gewinnen:* unser Los ist herausgekommen; ich bin im ersten Rang herausgekommen. **6.** ⟨mit etw. h.⟩ *etw. zögernd äußern:* mit einem Wunsch, einem Anliegen h. **7.** *klar erkennbar werden:* die Farben kommen [auf diesem Foto] nicht gut heraus; die Unterschiede kamen [deutlich] heraus. **8.** *seine Fähigkeiten verlieren:* wenn man nicht jeden Tag übt, kommt man allmählich ganz heraus; beim Tanzen komme ich leicht heraus *(komme ich leicht aus dem Takt);* ∗ **es kommt auf eins, auf dasselbe, auf das/aufs Gleiche heraus** (ugs.; *es bleibt sich gleich)* · **[ganz] groß herauskommen** (ugs.; *[sehr] großen Erfolg haben):* die Schauspielerin kam [mit diesem Film] ganz groß heraus.

herauskriegen (ugs.): ↑ herausbekommen.

herauslocken: **1.** ⟨jmdn., etw. [aus etw.] h.⟩ *hervorlocken:* den Fuchs aus seinem Bau h.; ÜBERTR.: jmdn. aus seiner Reserve h. **2.** (ugs.) ⟨jmdm./aus jmdm. etw. h.⟩ *entlocken:* Geld h.; sie brachte es fertig, das Geheimnis aus ihm herauszulocken.

herausmachen (ugs.): **1.** ⟨etw. [aus etw.] h.⟩ *entfernen:* Flecken aus dem Kleid h.; du musst die Kerne aus den Kirschen h. **2.** ⟨sich h.⟩ *sich entwickeln; sich erholen:* das Kind hat sich gut, prächtig herausgemacht; er hat sich nach der Krankheit wieder gut herausgemacht.

herausnehmen: 1. ⟨etw. [aus etw.] h.⟩ *(aus einem Behälter) nehmen:* den Anzug aus dem Koffer, Geld aus dem Portemonnaie h.; ÜBERTR.: aus aktuellem Anlass wurde die Sendung herausgenommen *(aus dem Programm genommen);* sie hat das Kind aus der Schule herausgenommen *(nicht länger in die Schule gehen lassen);* der Trainer nahm den enttäuschenden Spieler nach der 1. Halbzeit heraus *(aus dem Spiel);* ⟨jmdm. etw. h.⟩ man hat ihm die Mandeln, den Blinddarm herausgenommen *(operativ entfernt).* **2.** (ugs.) ⟨sich (Dat.) etw. h.⟩ *sich anmaßen:* sich zu viel, allerhand h.; sie nahm sich Freiheiten heraus, die ihr nicht zustanden.

herausplatzen (ugs.): **a)** *plötzlich loslachen:* bei dem komischen Anblick platzte sie heraus; **b)** ⟨mit etw. h.⟩ *unvermittelt äußern:* mit einer Frage, mit einer Bemerkung h.

herausreißen: 1. ⟨etw. [aus etw.] h.⟩ *aus etw. rei-*

ßen: eine Seite aus dem Heft h.; Pflanzen aus der Erde h.; ÜBERTR.: ⟨jmdn. aus etw. h.⟩ jmdn. aus seiner Arbeit h.; man hat das Kind aus seiner gewohnten Umgebung herausgerissen; sie versuchte ihn aus seiner Lethargie, aus seiner Traurigkeit herauszureißen. **2.** (ugs.) **a)** ⟨jmdn., etw. h.⟩ *jmdm. aus einer bedrängten Lage helfen:* er hat ihn noch einmal h. können; ihre Aussage hat ihn herausgerissen; **b)** ⟨jmdn., etw. h.⟩ *Mängel o. Ä. wieder aufwiegen:* die Eins im Diktat/die Drei im Aufsatz reißt mich wieder heraus; das hat alles herausgerissen. **herausrücken: 1.** ⟨etw. h.⟩ *nach draußen rücken:* rück doch die Stühle auf die Veranda heraus. **2.** (ugs.) **a)** ⟨etw. h.⟩ *hergeben:* etw. ungern h.; er rückte nichts, keinen Pfennig heraus; **b)** ⟨mit etw. h.⟩ *etw. eingestehen:* mit seinen Wünschen, mit einem Anliegen h.; sie wollte nicht mit der Wahrheit h.; rück endlich heraus damit, wo du gestern Abend warst! **herausschauen: 1.** (bes. südd., österr.) **a)** *nach draußen schauen:* sie schaute zum Fenster heraus; **b)** *hervorgucken:* dein Unterrock schaut heraus. **2.** (ugs.) ⟨bei etw. h.⟩ *als Gewinn zu erwarten sein:* bei dem Geschäft schaut nichts heraus. **herausschlagen: 1.** ⟨etw. h.⟩ *durch Schlagen entfernen:* eine Wand h.; der Wirt schlägt den Spund aus dem Bierfass heraus. **2.** (ugs.) ⟨etw. h.⟩ *erzielen:* viel, wenig, nichts h.; eine Menge Geld, Subventionen h.; sie hat aus ihrer Stellung große Vorteile herausgeschlagen. **3.** ⟨aus etw. h.⟩ *nach außen schlagen:* Flammen schlugen aus dem Dach heraus. **herausspringen: 1.** ⟨[aus etw.] h.⟩ **a)** *nach draußen springen:* aus dem fahrenden Zug, aus dem Fenster h.; **b)** *sich lösen:* aus der Glasscheibe ist ein Stück herausgesprungen; die Sicherung ist herausgesprungen. **2.** (ugs.) ⟨bei etw. h.⟩ *sich als Gewinn o. Ä. ergeben:* bei der Sache springt nichts, eine Menge, viel Geld [für ihn] heraus. **herausstellen: 1.** ⟨jmdn., etw. h.⟩ *nach draußen stellen:* die Balkonmöbel, den Abfalleimer h.; einen Spieler h. *(nicht mehr mitspielen lassen).* **2.** ⟨jmdn., etw. h.⟩ *hervorheben:* etw. klar, scharf h.; Grundsätze, Ergebnisse h.; sie stellte in ihrer Rede die Bedeutung der Vorhabens heraus; die Kritik stellte diesen Künstler besonders heraus. **3.** ⟨sich [als etw.] h.⟩ *sich erweisen:* etw. stellt sich schnell, erst später heraus; bei der Untersuchung stellte sich diese Unschuld heraus; die Behauptung stellte sich als ein Irrtum heraus; ihre Angaben haben sich als falsch herausgestellt; es stellte sich heraus, dass er gelogen hatte; es wird sich h., ob du Recht hast. **herausstrecken** ⟨etw. h.⟩: den Arm, den Kopf [zum Fenster] h.; ⟨jmdm. etw. h.⟩ sie streckte ihm die Zunge heraus *(zeigte ihre Zunge).* **herb: 1.** *leicht bitter:* herber Wein; herber Duft;

dieses Parfüm ist mir zu h.; h. riechen, schmecken. **2.** *schmerzlich:* eine herbe Enttäuschung, herbe Kritik, herbe Worte; ein herber Verlust; h. enttäuscht werden. **3.** *streng; nicht lieblich:* ein herber Zug um den Mund; sie hat ein herbes Wesen; eine herbe Schönheit; diese Frau wirkt sehr h. **herbei** ⟨meist zusammengesetzt mit Verben⟩: h. mit euch!; alles, alle Mann h.! **herbeiführen** ⟨etw. h.⟩: *bewirken:* den Untergang, das Ende, den Tod, die Niederlage h.; sein Eingreifen führte eine Wende herbei; sie bemühte sich, eine Aussprache zwischen den Parteien, eine endgültige Entscheidung herbeizuführen. **herbeireden** ⟨etw. h.⟩: die Krise wurde herbeigeredet; das Glück kann man nicht h.; Arbeitsplätze lassen sich nicht h. **Herbst,** der: **1.** ein früher, kalter, nasser, schöner, sonniger, nebliger, (geh.:) goldener H.; der H. beginnt; es wird, ist H.; im/zum H. eingeschult werden; vor H. nächsten Jahres, vor dem H. ist nicht an die Fertigstellung zu denken; [im] vergangenen H. waren sie in Meran; ÜBERTR.: der H. des Lebens (geh.; *die Zeit des Alterns*); der H. (geh.; *die Spätzeit*) des Mittelalters. **2.** (landsch.) *Weinlese:* der H. hat begonnen, ist eingebracht. **Herd,** der: **1.** *Kochherd:* ein emaillierter, elektrischer H.; ein H. mit 4 Flammen, [Koch]platten, Brennstellen; den H. putzen, heizen, anzünden, anstellen, (ugs.:) anmachen; das Essen steht auf dem H. *(wird gerade gekocht);* (ugs.:) das Essen auf dem H. haben; sie steht den ganzen Morgen am H. (ugs.; *ist den ganzen Morgen mit Kochen beschäftigt*); den Topf vom H. nehmen; Ⓡ eigener H. ist Goldes wert. **2.** *Ausgangspunkt, Ausgangsstelle:* ein entzündlicher H.; der H. der Krankheit, eines Brandes; der H. *(das Zentrum)* des Erdbebens; ÜBERTR.: der H. des Aufruhrs, der Unruhen; ★ **am häuslichen, heimischen Herd** *(daheim).* **Herde,** die: eine große, stattliche H. Rinder, Elefanten; die H. ist versprengt; die Menschen liefen durcheinander wie eine H. ängstlicher Schafe; eine H. hüten; ★ **mit der Herde laufen; der Herde folgen** (abwertend; *sich in seinem Tun und Denken der Masse anschließen*). **herein** ⟨meist zusammengesetzt mit Verben⟩: h. mit euch! *(kommt herein!);* /Aufforderung einzutreten/: h. **hereinbrechen: 1.** *mit Gewalt hereindringen:* Wassermassen, die Fluten brachen herein; ÜBERTR.: eine Katastrophe brach [über das Land, die Familie] herein. **2.** (geh.) *anbrechen:* der Abend, die Nacht, der Winter bricht herein. **hereinfallen: 1.** *hereindringen:* durch ein kleines Fenster fällt Licht [in den Raum] herein.

2. a) (ugs.) *getäuscht, betrogen werden:* beim Kauf arg, sehr, furchtbar h.; mit dem neuen Mitarbeiter sind sie [ganz schön] hereingefallen; b) ⟨auf jmdn., etw. h.⟩ *sich täuschen lassen:* auf jeden Schwindel, auf einen Trick, auf einen Scherz h.; sie ist auf einen Betrüger hereingefallen.

hereinlegen (ugs.) ⟨jmdn. h.⟩: *übervorteilen:* er versuchte sie hereinzulegen; er hat uns mit seinen Zusicherungen, beim Kauf des Gebrauchtwagens hereingelegt.

hereinschneien: 1. ⟨es schneit herein⟩ *es schneit in einen Raum:* es hat [durch das offene Fenster] hereingeschneit. 2. (ugs.) *unerwartet kommen:* sie kam überraschend, mitten in der Nacht bei uns hereingeschneit.

herfallen: a) ⟨über jmdn., etw. h.⟩ *jmdn., etw. angreifen:* unvermutet, brutal über jmdn. h.; sie fielen wie wilde Tiere übereinander her; ÜBERTR.: die Reporter fielen mit Fragen über ihn her *(bestürmten ihn mit Fragen);* die Zeitungen sind über den Politiker hergefallen *(haben ihn heftig kritisiert);* b) ⟨über etw. (Akk.) h.⟩ *etw. gierig zu essen beginnen:* über das Essen, das Futter h.

Hergang, der: der H. des Geschehens, des Unglücks; den H. schildern; die Zeugin bemühte sich, den H. zu rekonstruieren; sie konnte sich an den H. genau erinnern.

hergeben: 1. ⟨jmdn., etw. h.⟩ *herausgeben:* etw. ungern, freiwillig h.; sein Geld, seine Ersparnisse für ihn h.; gib sofort mein Buch her!; sie wollte ihr Kind nicht h. *(wollte es bei sich behalten);* die Mutter hat zwei Söhne im Krieg hergegeben (verhüll.; *verloren);* sie gibt alles, ihr Letztes her *(ist sehr großzügig);* ⟨auch ohne Akk.⟩ gib her!; ⟨jmdm. etw. h.⟩ gib mir bitte mal die Zeitung her! *(reich mir die Zeitung!).* 2. ⟨sich, etw. für etw./zu etw. h.⟩ *zur Verfügung stellen:* für diese fragwürdige Sache will er sich, seinen Namen nicht h.; dazu hast du dich hergegeben? 3. (ugs.) ⟨etw. h.⟩ *erbringen:* dieses Thema gibt viel, nichts her.

hergehen: 1. ⟨vor/hinter/neben jmdm., etw. h.⟩ *einhergehen:* hintereinander h.; die Angehörigen gingen hinter dem Sarg her. 2. (ugs.) ⟨es geht irgendwo irgendwie her⟩ *zugehen:* auf der Party, auf dem Fest ging es laut, lustig, toll, hoch *(ausgelassen)* her; bei der Sitzung, bei der Diskussion ging es heiß *(heftig)* her; bald wird es bei uns ruhiger h.; * **hergehen und etw. tun** (ugs.; *ohne lange zu überlegen, ohne Umstände etw. tun):* erst tut sie ganz lieb, und dann geht sie her und droht mir, mich anzuzeigen · **es geht über jmdn. her** (ugs.; *es wird schlecht über jmdn. geredet).*

hergelaufen (abwertend): irgendein hergelaufener Habenichts, Bursche.

herhaben (ugs.) ⟨jmdn., etw. h.⟩: wo hat sie bloß das viele Geld, die Informationen her?; wo hast du diese Begabung her?

herhalten: 1. ⟨etw. h.⟩ *herreichen:* halt bitte deine Tasse, deinen Teller her! 2. (ugs.) a) ⟨als jmd., etw. h.⟩ *dienen:* als Beispiel dafür h., dass ...; als Sündenbock h. müssen; etw. muss als Vorwand h.; b) ⟨für jmdn., etw. h.⟩ *einstehen:* er muss für die anderen h.; ⟨auch ohne Präpositionalobjekt⟩ er musste wieder h.

herholen ⟨jmdn., etw. h.⟩: den Arzt, ein Taxi h.; * **weit hergeholt** *(nicht zur Sache gehörend, nicht schlüssig):* diese Argumente erscheinen mir [zu] weit hergeholt.

Hering, der: 1. */ein Fisch/:* grüne, gesalzene, gepökelte, geräucherte, marinierte Heringe; Heringe laichen; sie saßen, standen in der Straßenbahn wie die Heringe (ugs. scherzh.; *dicht gedrängt);* er ist dünn wie ein H.; Heringe fangen, einlegen, räuchern, wässern, entgräten. 2. (ugs. scherzh.) *dünner Mann:* so ein H.!

herkommen: 1. *an einen bestimmten Ort kommen:* schnell, gern, einige Tage h.; komm bitte mal her! 2. (ugs.) ⟨in Fragesätzen⟩ *hergenommen werden:* wo soll das Geld, wo sollen die Mittel für diese Pläne h.? 3. (ugs.) ⟨meist in Fragesätzen⟩ *entstammen:* wo kommen Sie her *(wo sind Sie geboren, aufgewachsen)?;* wo kommen die Tomaten her?; der Maler kommt vom Kubismus her.

herkömmlich: herkömmliche Formen, Methoden, Arbeitsweisen; das Stück hat keine Handlung im herkömmlichen Sinn; nach herkömmlichen Vorstellungen; die Krankheit wurde mit den herkömmlichen Mitteln behandelt.

Herkunft, die: 1. *Abstammung:* einfacher, bäuerlicher H. sein; sie kann ihre H. nicht verleugnen; er ist seiner H. nach/nach seiner H. Franzose. 2. *Ursprung:* die H. allen Lebens; die H. des Wortes ist unklar; Waren englischer H.

herleiten: 1. ⟨etw. aus etw./von etw. h.⟩ *ableiten:* Ansprüche, Rechte aus seiner Stellung h.; ⟨auch ohne Präpositionalobjekt⟩ eine Formel h. 2. a) ⟨etw. aus etw./von etw., jmdm. h.⟩ *auf jmdn., etw. zurückführen:* ein Wort aus dem Arabischen h.; er leitet seinen Namen von den Hugenotten her; b) ⟨sich aus etw./von etw. h.⟩ *stammen:* dieses Wort leitet sich vom Griechischen her; sie leitet sich aus altem Adel her.

hermachen (ugs.): 1. a) ⟨sich über etw. (Akk.) h.⟩ *etw. in Angriff nehmen:* sich über die Arbeit h.; er machte sich sofort über das Buch her; die Kinder machten sich über das Eis her *(begannen, gierig davon zu essen);* b) ⟨sich über jmdn. h.⟩ *sich auf jmdn. stürzen:* sie haben sich zu mehreren über ihn hergemacht und ihn übel zugerichtet; ÜBERTR.: sich über den Redner h. *(ihn heftig kritisieren).* 2. a) ⟨etw. h.⟩ *einen bestimmten Eindruck machen:* das Geschenk macht etwas, viel her; sie macht zu wenig her mit dieser Frisur; **b)** ⟨etw. von jmdm., sich, etw. h.⟩ *Wesens machen:* von dem Buch viel h.; von diesem Mann wird zu viel hergemacht; sie macht gar nichts von sich her *(ist sehr bescheiden).*

Herr, der: **1. a)** /höflicher Ausdruck für Mann/: ein junger, älterer, freundlicher H.; ein H. mit Brille; die Herren forderten die Damen zum Tanz auf; ein H. möchte Sie sprechen; hier gibt es alles für den Herrn!; die Geschäftsleitung besteht aus vier Herren; (Sport:) bei den Herren siegte der Australier; ⟨in Verbindung mit dem Namen, dem Titel des Angesprochenen⟩ /in der Anrede od. Anschrift/: sehr geehrter/sehr verehrter/lieber H. Schmidt; meine [sehr verehrten] Damen und Herren!; guten Tag, H. Schmidt!; guten Tag, die Herren!; [der] H. Doktor ist da; H. Ober, bitte noch ein Bier!; was wünschen Sie, mein H.?; was wünscht der H.?; /in höflicher Ausdrucksweise vor Verwandtschaftsbezeichnungen/: grüßen Sie bitte Ihren Herrn Vater, Bruder, Gemahl; **b)** *gebildeter, gepflegter Mann:* ein feiner, vornehmer H.; ein H. im Smoking; ein H. in den besten Jahren; jeder Zoll ein H.; ein feiner, sauberer H. (iron.; *Mann mit fragwürdigen Eigenschaften*). **2.** *Herrscher:* ein gütiger, gnädiger, gerechter, strenger H.; der junge H. *(Sohn des Hausherrn);* Gott, der H.; der H. des Hauses; der H. der Welt *(Gott);* H. und Hund gehen spazieren; er ist H. über einen großen Besitz (geh.; *hat großen Besitz);* der H. über Leben und Tod *(Gott);* er duldet keinen Herrn über sich *(ordnet sich niemandem unter);* er kehrt gerne den Herrn heraus; die Eroberer machten sich zu Herren über das Land; komm zum Herrchen! (ugs.; Zuruf des Besitzers an seinen Hund); Ⓡ wie der H., so 's Gescherr; niemand kann zwei Herren dienen. **3.** (christl. Rel.) *Gott:* den Herrn anrufen; dem Herrn danken; hilf uns, H.!; er ist ein großer Jäger vor dem Herrn (scherzh.; *ein begeisterter Jäger*); * **Alter Herr** (1. ugs. scherzh.; *Vater.* 2. Verbindungsw.; *ehemaliges aktives Mitglied einer Verbindung*) · **meine Herren!** (salopp; Ausruf des Unverständnisses, einer leichten Entrüstung) · **die Herren der Schöpfung** (ugs. scherzh.; *die Männer*) · **sein eigener Herr sein** *(selbstständig sein)* · **über jmdn., etw. Herr werden** *(die Oberhand behalten):* die Mutter wird nicht mehr H. über das Kind · **etw. (Gen.) Herr werden** *(etw. bewältigen)* · **nicht mehr Herr seiner Sinne sein** *(nicht wissen, was man tut; die Selbstbeherrschung verlieren)* · **Herr der Lage, Situation sein/bleiben** *(in einer kritischen Situation nicht die Kontrolle verlieren)* · **über sich, jmdn., etw. Herr sein** *(jmdn., sich, etw. in der Gewalt haben):* plötzlich war er nicht mehr H. über das Auto · **aus aller Herren Länder** (geh.; *von überall her*).

herrisch: ein herrisches Wesen, Auftreten; eine herrische Person; sie hat eine herrische Art, ist sehr h.; er forderte h. sein Recht.

herrlich: ein herrlicher Tag, Abend; eine herrliche Aussicht; herrliche Stoffe, Kleider; das Wetter war h.; der Wein, der Kuchen schmeckt einfach h.; sie lebten h. und in Freuden *(es ging ihnen sehr gut).*

Herrlichkeit, die: die H. der Natur, der Welt; die Herrlichkeiten der antiken Kunst bewundern; (iron.:) die H. wird nicht lange dauern; es ist schon vorbei mit der weißen H. *(der Schnee schmilzt schon);* ist das die ganze H.? *(ist das alles?).*

Herrschaft, die: **1.** *Macht:* eine absolute, unumschränkte, autoritäre, demokratische H.; die H. des Staates, der Parteien, eines Systems; die H. innehaben, ausüben, an sich reißen, antreten; der Diktator bemächtigte sich der H. über das Land; zur H. gelangen; unter die H. dieser Kaiser blühte das Land auf; sie waren unter die H. *(Regierung)* der Spanier gekommen, geraten; H. [noch mal]! (ugs.; Ausruf des Unwillens); ÜBERTR.: die H. *(Kontrolle)* über sich, über seinen Körper verlieren; der Fahrer hatte vergeblich versucht, die H. über das Steuer zu behalten. **2.** ⟨Plural⟩ *Damen und Herren:* ältere, vornehme, anwesende Herrschaften; Herrschaften, so geht es nicht weiter!; die Herrschaften werden gebeten, ihre Plätze einzunehmen. **3. a)** *Landgut eines Freiherrn:* diese H. besteht aus einigen Ländereien; **b)** ⟨veraltend⟩ *der Dienstherr und seine Angehörigen:* der Diener erklärte auf Befragen, dass die H. nicht zu Hause sei.

herrschen: 1. *regieren:* **a)** ⟨über jmdn., etw. h.⟩ über ein Volk, über ein Land h.; **b)** ⟨mit Umstandsangabe⟩ allein, unumschränkt, seit Generationen h.; im König herrscht in diesem Land; der Diktator herrscht durch Terror; die herrschende Partei, Klasse. **2.** *walten, bestehen:* überall herrschte Freude, Trauer, große Aufregung; hier herrscht reges Leben; seit Tagen herrscht in diesem Gebiet Nebel; draußen herrschen 30° Wärme; es herrscht Schweigen, Totenstille, Einigkeit; es herrscht die Meinung, keiner werde das Ziel erreichen; in diesem Winter herrscht eine furchtbare Kälte; die herrschende Meinung.

Herrscher, der: ein absoluter, milder, grausamer, gerechter, großer, unumschränkter H.; der H. des Landes; H. über ein Land sein; als H. über ein Volk gebieten; zum H. gekrönt werden; er machte sich zum H. des Landes.

herrühren ⟨von jmdm., etw. h.⟩: die Narben rühren von einem Unfall her; das rührt von seinem Leichtsinn, von ihm her.

herstellen: 1. ⟨etw. h.⟩ *produzieren:* etw. maschinell, synthetisch, von Hand, in Serie h.; diese Waren sind in Deutschland hergestellt; aus Kunststoff hergestellte Gefäße. **2.** ⟨etw. h.⟩ *zustande bringen:* eine telefonische Verbindung [mit jmdm.] h.; er versuchte Kontakt

zum Ausland herzustellen; endlich waren Ruhe und Ordnung hergestellt *(geschaffen)*.
3. (ugs.) ⟨sich, jmdn., etw. [irgendwohin] h.⟩ *an einen bestimmten Ort stellen:* stell dich, den Koffer [näher zu mir] her!

herum: 1. *in kreis-, bogenförmiger Richtung:* sie setzten sich im Kreis h. hin; das Buch steht verkehrt h. im Regal; ÜBERTR.: die Neuigkeit ist längst schon überall h. (ugs.; *hat sich herumgesprochen)*.
2. ⟨in Verbindung mit *um*⟩a) *rings um jmdn., um etw.:* um den Platz h. stehen hohe Bäume; die Gegend um Stuttgart h. ist dicht besiedelt; alle um den Kranken h. kannten seinen Zustand; ÜBERTR.: sie registriert nicht, was um sie h. (ugs.; *in ihrer näheren Umgebung)* geschieht;b) (ugs.) *ungefähr:* es kostet so um [die] 100 DM h.; um das Jahr 1000 h.; um Ostern h.; er ist um [die] 60 h. *(etwa 60 Jahre alt)*.
3. *vergangen:* die Ferien sind h.; die Woche ist schon fast wieder h.

herumdrehen: 1. ⟨jmdn., sich, etw. h.⟩ *auf die andere Seite drehen:* sich schnell, langsam, ängstlich h.; die Matratze, die Tischdecke h.; sie drehte sich [auf die andere Seite] herum; er drehte den Schlüssel [im Schloss] herum.
2. (ugs.) ⟨an etw. h.⟩ *drehen:* sie dreht dauernd am Radio, an den Knöpfen herum.

herumdrücken (ugs.): 1. ⟨etw. h.⟩ *auf die andere Seite drücken:* den Hebel h.
2. (ugs.) ⟨sich irgendwo h.⟩ *sich herumtreiben:* sich in Lokalen, auf der Straße, in einer Ecke h.
3. ⟨sich um etw. h.⟩ *umgehen:* er wollte sich um die Arbeit, um eine Aussprache, um eine klare Aussage, um eine Stellungnahme, um eine Entscheidung h.

herumführen: 1. (ugs.) ⟨jmdn. [irgendwo] h.⟩ *umherführen:* er führte den Besuch in der Stadt, in der Wohnung herum.
2. a) ⟨jmdn. um etw. h.⟩ *um etw. führen:* sie wurden um das Gebäude, den Häuserblock herumgeführt;b) ⟨etw. um etw. h.⟩ *um etw. errichten:* sie führten eine Mauer um das Grundstück herum;
c) ⟨um etw. h.⟩ *um etw. verlaufen:* die Straße führt um die Stadt herum.

herumfummeln (ugs.): 1. ⟨an etw. (Dat.) h.⟩ *fummeln:* nervös am Tischtuch h.
2. ⟨an etw. (Dat.) h.⟩ *sich zu schaffen machen:* er fummelte an den Bremsen herum und versuchte sie zu reparieren.
3. ⟨an jmdm. h.⟩ *jmdn. sexuell belästigen:* er begann, an ihr herumzufummeln.

herumgehen: 1. (ugs.) ⟨[irgendwo] h.⟩ *umhergehen:* im Haus, im Garten, im Zimmer h.; im dichten Nebel sind wir im Kreis herumgegangen; ÜBERTR.: das Foto, der Pokal ging im Kreis der Versammelten herum *(wurde herumgereicht);* die Neuigkeit ging im ganzen Dorf herum *(wurde verbreitet)*.
2. ⟨[um jmdn., etw.] h.⟩ *im Kreis, im Bogen gehen:*

ums Haus h.; der Kellner ging um den Tisch herum, um die Gläser der Gäste zu füllen; sie ging herum und gab jedem die Hand.
3. *vergehen:* schnell h.; die Zeit wollte und wollte nicht h.; der Urlaub ging viel zu schnell, allzu rasch herum.

herumkommen (ugs.): 1. a) ⟨um etw. h.⟩ *sich um etw. bewegen:* der Fahrer, das Auto kam um die enge Kurve herum; b) ⟨gewöhnlich mit Umstandsangabe⟩ *an etw. vorbeikommen:* gut, schlecht, leicht h.; sie kamen mit den Möbeln nicht [um die Ecke] herum.
2. ⟨um etw. h.⟩ *etw. vermeiden können:* um eine Entscheidung, um eine Operation h.; wir kommen um die Tatsache nicht herum, dass ...
3. ⟨mit Umstandsangabe⟩ *reisen:* viel, weit h.; als Berichterstatter ist er in der Welt herumgekommen.
4. ⟨mit etw. h.⟩ *etw. bewältigen können:* mit der Arbeit, den Festvorbereitungen [einfach nicht] h.

herumreißen ⟨jmdn., etw. h.⟩: das Steuer, den Wagen, das Pferd h.; ÜBERTR.: er war ein Kämpfertyp, der im Spiel noch h. konnte *(dem Spiel eine positive Wendung geben konnte)*.

herumreiten: 1. (ugs.) ⟨[irgendwo] h.⟩ *umherreiten:* auf der Weide h.; sie sind [den ganzen Tag] im Gelände herumgeritten.
2. ⟨um jmdn., etw. h.⟩ *im Kreis, im Bogen um jmdn., etw. reiten:* um den Wald h.; sie sind um das Hindernis herumgeritten *(ist ihm ausgewichen)*.
3. (salopp) a) ⟨auf jmdm. h.⟩ *jmdn. unablässig kritisieren:* er reitet dauernd auf diesem Mitarbeiter herum;b) ⟨auf etw. nicht ablassen:* sie reitet immer wieder auf der gleichen Frage, auf der alten Geschichte herum.

herumschlagen: 1. ⟨etw. um etw. h.⟩ *wickeln:* Packpapier um den Korb h.
2. a) (ugs.) ⟨sich mit jmdm. h.⟩ *sich schlagen:* im Schulhof schlugen sich ein paar Jungen miteinander herum;b) (ugs.) ⟨sich mit jmdm., etw. h.⟩ *sich abmühen:* sie sich mit der neuen Technik, mit Zweifeln, mit Problemen h.; wir mussten uns mit dem Hausmeister h. *(auseinander setzen)*.

herumtreiben (ugs. abwertend) ⟨sich h.⟩: sich beschäftigungslos h.; sie treibt sich auf der Straße, in Lokalen, mit zweifelhaften Personen herum; wo hast du dich nur [den ganzen Tag] herumgetrieben?

herumwerfen: 1. (ugs.) ⟨etw. [irgendwo] h.⟩ *umherwerfen:* die Kinder warfen ihr Spielzeug im Zimmer herum.
2. ⟨sich, etw. [irgendwo] h.⟩ *in eine andere Richtung drehen:* ruckartig den Kopf h.; einen Hebel, das Steuer [des Bootes] h.; er warf sich schlaflos im Bett herum *(drehte sich von einer Seite auf die andere)*.

herunter ⟨meist zusammengesetzt mit Verben⟩: h. mit euch!; von den Bergen h. wehte ein kalter Wind;

★ **herunter sein** (ugs.; 1. *in schlechter Verfassung*

sein: ziemlich, völlig [mit den Nerven] h. sein; nach der Krankheit war sie körperlich sehr h. **2.** *grad-, wertmäßig o. ä. gesunken sein:* das Fieber ist h.). **3.** *von einer Stelle fort:* das muss vom Tisch h.).
herunterfahren:1. *nach unten fahren:* den Berg h. **2.** ⟨etw. h.⟩ *herabmindern:* die Kapazität einiger Anlagen h.; ÜBERTR.: Leistungen aus der Renten- und Krankenversicherung h.; die Stadt hat die Verschuldung von 123 Millionen Euro auf circa 100 Millionen heruntergefahren. **3.** (EDV) ⟨etw. h.⟩ *beenden:* das Betriebssystem, den Computer, das Programm h.
herunterhauen (ugs. abwertend) ⟨etw. h.⟩: eine Arbeit h.; er hat die Übersetzung in einer Stunde heruntergehauen; ∗ jmdm. **eine/ein paar herunterhauen** (salopp; *jmdn. ohrfeigen*).
herunterkommen:1. *nach unten kommen:* schnell, eilig, heil h.; sie kam humpelnd die Treppe herunter; komm sofort [vom Baum, von der Leiter] herunter! **2.** (ugs.) *körperlich, moralisch o. ä. abgleiten:* gesundheitlich, geschäftlich, sittlich h.; sie ist [durch ihre Krankheit] sehr heruntergekommen; die Firma kam unter seiner Leitung herunter; ADJ. PART.: ein heruntergekommenes *(verkommenes)* Subjekt; er sieht sehr heruntergekommen *(verwahrlost)* aus. **3.** (ugs.) ⟨von etw. h.⟩ *wegkommen:* von einer schlechten Leistung h.; du musst von der Fünf in Latein h.; wie bist du von den harten Drogen wieder heruntergekommen? (Jargon; *wie hast du die Abhängigkeit davon überwunden?*).
herunterladen (EDV) ⟨etw. h.⟩: die elektronische Post/die E-Mails aus der Mailbox, die Datei vom Server h.; ein Programm, ein Update, eine spezielle Sofware, ein Video aus dem/vom Internet, aus dem/vom Netz h.; etw. auf den PC, auf Diskette h.; die Daten können problemlos heruntergeladen werden; SUBST.: Probleme beim Herunterladen haben; die Anwendung liegt/steht unter der Adresse ... zum kostenlosen Herunterladen bereit.
herunterleiern (salopp) ⟨etw. h.⟩: **1.** *herunterkurbeln:* den Rollladen h. **2.** (abwertend) *eintönig hersagen:* ein Gebet, ein Gedicht, einen Text h.
heruntermachen (salopp): **a)** ⟨jmdn. h.⟩ *zurechtweisen:* ich lasse mich von Ihnen nicht h.!; der Meister hat den Neuling vor versammelter Mannschaft heruntergemacht;**b)** ⟨jmdn., etw. h.⟩ *schlechtmachen:* der Kritiker machte den Schauspieler, den Autor, den Film [in der Zeitung] herunter.
herunterrutschen: a) *nach unten rutschen:* die Strümpfe rutschen herunter; die Decke ist vom Tisch heruntergerutscht; ⟨jmdm. h.⟩ dem Kind ist die Hose heruntergerutscht; **b)** ⟨etw. h.⟩ *rut-*

schend zurücklegen: das Treppengeländer, den Abhang h.
herunterwirtschaften (ugs.) ⟨etw. h.⟩: einen Hof in kurzer Zeit h.; er hat den Betrieb, die Firma, die Fabrik, seine Abteilung schnell heruntergewirtschaftet.
hervorbringen:1. ⟨etw. h.⟩ *aus sich herauswachsen lassen:* Blüten h.; der Baum bringt unzählige Früchte hervor; ÜBERTR.: diese Epoche, das Land hat große Persönlichkeiten hervorgebracht. **2.** *hervorbringen:* er konnte vor Aufregung kein Wort h.; ÜBERTR.: Töne, eine Melodie [auf einem Instrument] h. *(erklingen lassen).*
hervorgehen (geh.): **a)** ⟨aus etw. h.⟩ *einer Sache entstammen:* aus dieser Ehe gingen 5 Kinder hervor; der Komponist ist aus einer berühmten Musikerfamilie hervorgegangen;**b)** ⟨aus etw. irgendwie h.⟩ *sich erweisen:* siegreich, gestärkt, ohne Schaden aus etw. h.; die Partei ist als Sieger aus dem Wahlkampf hervorgegangen;**c)** ⟨aus etw. h.⟩ *sich entnehmen lassen:* aus dem Brief geht hervor, dass ...; wie aus dem Zusammenhang hervorgeht, handelt es sich um ...
hervorheben ⟨etw. h.⟩: etw. besonders, ausdrücklich, lobend h.; ihr Mut verdient hervorgehoben zu werden; mit Nachdruck sollte hervorgehoben werden, dass ...; einzelne Wörter durch Fettdruck h.
hervorragend: eine hervorragende Qualität; er ist ein hervorragender Schauspieler; der Wein war h.; der Apparat arbeitet, funktioniert h.; SUBST.: sie hat Hervorragendes geleistet.
hervorrufen ⟨etw. h.⟩: *verursachen:* Verwunderung, Erstaunen, Unbehagen, Unwillen h.; seine Worte riefen bei den Zuhörern Heiterkeit hervor; diese Krankheit wird durch einen Virus hervorgerufen *(ausgelöst).*
hervortreten:1. *heraustreten:* hinter dem Vorhang h.; eine seltsame Gestalt trat aus dem Dunkel hervor; ÜBERTR.: die Sonne trat aus den Wolken hervor (geh.; *kam hervor).* **2.** *sichtbar werden:* durch die Anstrengung traten die Adern an seinen Schläfen hervor; ÜBERTR.: die Ähnlichkeit der Geschwister tritt immer stärker hervor. **3. a)** ⟨mit etw. h.⟩ *an die Öffentlichkeit treten:* der junge Autor ist jetzt mit einem Roman hervorgetreten;**b)** ⟨als jmd. h.⟩ *sich hervortun:* diese Tänzerin ist auch als Sängerin hervorgetreten.
hervortun ⟨sich h.⟩: sich sehr, nicht sonderlich h.; er hat sich als Mathematiker besonders hervorgetan; sie nutzte die Gelegenheit, sich vor den anderen hervorzutun *(ihre Fähigkeiten zu zeigen).*
Herz, das:**1.** ein gesundes, kräftiges, gutes, schwaches H.; ein künstliches Herz; das H. schlägt [regelmäßig], klopft, pocht, hämmert, flattert; sein H. hat versagt, arbeitet nicht mehr; ihr H. ist angegriffen, ist nicht in Ordnung; ihm stockte das H. vor Schreck (geh.; *er erschrak heftig);* vor

H

Angst schlug ihm das H. bis zum Hals [hinauf]; das H. hörte auf zu schlagen; das H. untersuchen, abhorchen; ein H. verpflanzen, transplantieren, spenden; eine Operation am offenen Herzen; sie hat es am Herz[en], mit dem Herz[en] (ugs.; *ist herzkrank*); die Kugel traf ihn mitten ins H.; jmdn. ans/an sein H. drücken *(an sich drücken, umarmen);* ÜBERTR.: er hat schon viele Herzen gebrochen *(viele Frauen geliebt und sie dann verlassen);* (Kochk.:) [gedünstetes] H. in Burgundersoße. **2.** (meist geh.) *Zentrum der Empfindungen, des Gefühls:* ein gutes, gütiges, treues, fröhliches, warmes *(gütiges),* empfindsames, goldenes *(treues),* edles, stolzes, weiches, kaltes, hartes H.; ein H. aus Stein *(ohne Mitempfinden);* etw. bewegt, ergreift, rührt die Herzen der Menschen; diese Frau hat kein H. *(ist herzlos, gefühllos);* (geh.:) reinen Herzens etw. sagen können; (geh.:) traurigen Herzens nahm er Abschied; im Grunde ihres Herzens *(im Innersten)* dachte sie anders; er steht ihrem Herzen sehr nahe *(sie empfindet sehr viel für ihn);* seine Worte kamen von Herzen *(waren ehrlich gemeint);* ⟨ℝ⟩ man kann einem Menschen nicht ins H. sehen. **3. a)** *Zentrum, innerster Bereich:* die Hauptstadt ist das H. des Landes; im Herzen Europas/von Europa; **b)** *innerster Teil:* das Herz des Salates hat die zartesten Blätter. **4.** /Koseform; meist in der Anrede/: mein H./[mein] Herzchen! **5.** /Gegenstände in Herzform/: ein H. malen; ein H. aus Marzipan, aus Schokolade, aus Lebkuchen; sie trug ein silbernes H. am Kettchen. **6.** /eine Spielkartenfarbe/: H. ist Trumpf; wir spielen H.; er hat mindestens noch drei H. auf der Hand; ★ **ein Herz und eine Seele sein** *(unzertrennlich sein)* · **alles, was das Herz begehrt** (ugs.; *alles, was man sich wünscht*) · **jmds. Herz gehört etw.** (Dat.; geh.; *jmds. Interesse ist ganz auf etw. gerichtet*): sein ganzes H. gehört der Musik · **jmdm. dreht sich das Herz im Leib herum** *(jmd. ist über etw. sehr bekümmert)* · **jmdm. rutscht/fällt das Herz in die Hose[n]** (ugs., oft scherzh.; *jmd. bekommt große Angst*) · **jmdm. blutet das Herz** (geh.; *jmd. ist von etw. schmerzlich berührt*) · **jmds. Herz hängt an etw.** (Dat.) *(jmd. möchte etw. sehr gerne haben, behalten)* · **jmdm. lacht/hüpft das Herz im Leib[e]** *(jmd. ist über etw. sehr erfreut)* · **jmdm. ist, wird das Herz schwer** (geh.; *jmd. ist, wird sehr traurig*) · **jmds. Herz höher schlagen lassen** (geh.; *jmdn. in freudige Erregung versetzen*) · **jmdm. das Herz brechen** (geh.; *jmdm. unerträglichen Kummer bereiten*) · **jmdm. das Herz schwer machen** (geh.; *jmdn. sehr traurig machen*) · **das Herz auf dem rechten Fleck haben** *(eine vernünftige Einstellung haben)* · **sich** (Dat.) **ein Herz fassen** *(seinen ganzen Mut zusammennehmen)* · **sein Herz für jmdn., etw. entde-**

cken (geh.; *unvermutet eine Begeisterung für jmdn., etw. entdecken)* · **sein Herz an jmdn., etw. hängen** (geh.; *jmdn., etw. seine Liebe zuwenden)* · **das Herz in die Hand/in beide Hände nehmen** *(seinen ganzen Mut zusammennehmen)* · **nicht das Herz haben, etw. zu tun** (geh.; *es nicht über sich bringen, etw. zu tun)* · **für jmdn., etw. ein Herz haben** *(jmdm., etw. gegenüber mitfühlend sein)* · **das Herz auf der Zunge haben** (geh.; *alles aussprechen, was einen bewegt)* · **jmds. Herz/alle Herzen im Sturm erobern** (geh.; *schnell jmds. Sympathie/die Sympathie aller gewinnen)* · **jmdm. sein Herz schenken** (geh.; *jmdn. sehr lieben)* · **jmdm. sein Herz ausschütten** *(sich jmdm. anvertrauen)* · **sein Herz an jmdn. verlieren** (geh.; *sich in jmdn. verlieben)* · **seinem Herzen einen Stoß geben** *(sich zu etw. überwinden)* · **seinem Herzen Luft machen** (ugs.; *sich vom Ärger befreien)* · **leichten Herzens** *(leicht; ohne dass es jmdm. schwer fällt)* · **schweren/**(geh.:) **blutenden Herzens** *(ungern)* · **jmdm. jmdn., etw. ans Herz legen** *(jmdm. jmdn., etw. besonders anempfehlen)* · **jmdm. ans Herz gewachsen sein** *(jmdm. sehr lieb geworden sein)* · **jmdm. am Herzen liegen** *(für jmdn. von großer Wichtigkeit sein)* · **etwas auf dem Herzen haben** *(ein Anliegen haben)* · **jmdm., etw. auf Herz und Nieren prüfen** (ugs.; *jmdn., etw. gründlich prüfen)* · **aus tiefstem Herzen** (geh.; *aufrichtig, sehr)*: er verabscheute die Tat aus tiefstem Herzen · **jmdm. aus dem Herzen gesprochen sein** *(jmds. Ansicht, Meinung genau entsprechen)* · **aus seinem Herzen keine Mördergrube machen** *(offen aussprechen, was man denkt, fühlt)* · **jmdn. ins Herz treffen** (geh.; *jmdn. sehr kränken)* · **sich in die Herzen [der Menschen] stehlen** (geh.; *die Sympathie vieler gewinnen)* · **jmdn. ins/in sein Herz schließen** *(jmdn. lieb gewinnen)* · **mit halbem Herzen** (geh.; *ohne rechte Überzeugung, mit wenig Interesse)*: er gab seine Zustimmung nur mit halbem Herzen · **es nicht übers Herz bringen, etw. zu tun** *(sich zu etw. nicht überwinden können)*: er brachte es nicht übers H., den Kindern das Spielzeug wegzunehmen · **sich etw. vom Herzen reden** (geh.; *über etw., was einen beschwert, mit einem anderen sprechen)*: er musste sich einmal seinen Kummer vom Herzen reden · **von [ganzem] Herzen** (geh.; 1. *sehr herzlich:* ich wünsche Ihnen von [ganzem] Herzen alles Gute! 2. *aus voller Überzeugung:* dazu kann ich von ganzem Herzen Ja sagen) · **von Herzen gern** *(sehr gern)* · **sich** (Dat.) **etw. zu [sehr] zu Herzen nehmen** (1. *etw. beherzigen.* 2. *etw. sehr schwer nehmen).* **Herzenslust,** die: ⟨in der Verbindung⟩ **nach Herzenslust** *(so, wie man es wünscht):* sich nach H. austoben; nach H. essen und trinken.

herzhaft: 1. *kräftig:* ein herzhafter Händedruck; ein herzhaftes Lachen; er nahm einen herzhaften Schluck aus der Flasche; h. zugreifen.

2. würzig schmeckend: ein herzhaftes Essen; der Eintopf war, schmeckte sehr h.

herziehen: 1. a) (ugs.) ⟨jmdn., etw. h.⟩ *heranziehen:* den Tisch, einen Stuhl [zu sich] h.; ⟨sich etw. h.⟩ er zog sich einen Sessel her; **b)** ⟨jmdn., etw. hinter sich (Dat.) h.⟩ *ziehend mit sich führen:* einen Handwagen, einen Schlitten hinter sich h.; das Flugzeug zieht einen weißen Kondensstreifen hinter sich her. **2.** ⟨vor/hinter/neben jmdm., etw. h.⟩ *vor usw. jmdm., etw. hergehen, herlaufen:* eine Musikkapelle zog vor dem Fackelzug her; Kinder zogen hinter, neben dem Zirkuswagen her. **3.** *an einen Ort ziehen:* sie sind vor zwei Jahren, kürzlich hergezogen. **4.** (ugs.) ⟨über jmdn., etw. h.⟩ *schlecht von jmdm., etw. sprechen:* sie sind über ihren Chef, über die Nachbarn hergezogen.

herzig: sie hat zwei herzige Kinder; das kleine Mädchen ist h., sieht h. aus.

Herzklopfen, das: starkes, heftiges, rasendes H.; das Laufen verursachte ihr H.; sie hatte, bekam H. [vor Angst, Aufregung]; mit H. *(aufgeregt)* warteten sie auf die Entscheidung.

herzlich: 1. *von Herzen kommend:* herzliche Worte, Wünsche; ein herzlicher Empfang; eine herzliche Freundschaft, Zuneigung; ein herzliches Einvernehmen; die Geschwister haben ein herzliches Verhältnis zueinander; eine herzliche *(dringende)* Bitte an jmdn. richten; (geh.:) jmdm. in herzlicher Liebe zugetan sein; sie ist sehr h. *(hat eine warmherzige Art);* jmdn. h. begrüßen, beglückwünschen; sich h. bedanken; jmdn. h. lieben, lieb haben; /in bestimmten Gruß-, Wunschformeln/: herzliche Grüße; herzlichen Glückwunsch; herzlichen Dank; herzliches Beileid! **2.** ⟨verstärkend bei Adjektiven und Verben⟩ *sehr:* der Vortrag war h. langweilig, schlecht; es gab h. wenig zu essen; h. gern!; sie lachte h., als sie die Geschichte hörte; ich bitte Sie h., etwas leiser zu sein.

Herzschlag, der: **1.** *das Schlagen des Herzens:* ein normaler, regelmäßiger, schwacher H.; sein H. ist beschleunigt; sein H. setzte aus, stockte einige Sekunden; einen H. lang (geh.; *für einen kurzen Moment)* glaubte sie, …; ÜBERTR.: der H. (geh.; *das pulsierende Leben)* einer Großstadt. **2.** *plötzlicher Herzstillstand:* einen H. bekommen, erleiden; er ist einem H. erlegen, an einem H. gestorben; Tod durch H.

Hetze, die: **1.** *Hast:* das war eine große, schreckliche, furchtbare H.; die H. des Alltags hat sie krank gemacht; in aller H. mussten sie ihre Koffer packen. **2.** (abwertend) *Verleumdung:* eine wilde, böse, massive H.; eine planvolle H. gegen jmdn., etw. beginnen, betreiben.

hetzen: 1. a) ⟨jmdn., ein Tier h.⟩ *scharf verfolgen:* Wild mit Hunden h.; ein Tier zu Tode h.; die Polizei hetzte den Verbrecher [durch die Straßen]; man hetzte sie mit Hunden vom Hof; ÜBERTR.: er ist ein gehetzter *(gejagter, rastloser)* Mensch; **b)** ⟨ein Tier auf jmdn. h.⟩ *losgehen lassen:* sie hetzten ihre Hunde auf die Fremden; ÜBERTR.: die Polizei auf jmdn. h. **2. a)** *sich sehr eilen:* bei dieser Arbeit braucht niemand zu h.; sie mussten sehr h., um noch rechtzeitig zum Bahnhof zu kommen; **b)** ⟨sich h.⟩ *sich abhetzen:* sie hetzt sich den ganzen Tag, ohne sich einmal auszuruhen. **3.** ⟨irgendwohin h.⟩ *hasten, rennen:* zum Bahnhof, durch München, über den Zebrastreifen h.; sie ist von einem Termin zum anderen gehetzt. **4.** (abwertend) ⟨[gegen jmdn., etw. (Akk.)] h.⟩ *Hetze betreiben:* er hetzte ständig; gegen seine Kollegen, gegen Ausländer, gegen die Regierung h.; ⟨zu etw. h.⟩ in den Zeitungen wurde zum Krieg gehetzt.

Heu, das: nasses, duftendes H.; H. wenden, ernten, einfahren, (ugs.:) machen; sie [ver]füttern H.; im H. schlafen, übernachten; die Bauern gehen ins H. (ugs.; *zum Heumachen*); ⋆ **mit jmdm. ins Heu gehen** (ugs.; *mit jmdm. sexuell verkehren*).

heucheln: a) ⟨etw. h.⟩ *vortäuschen:* Mitgefühl, Ergebenheit, Liebe, Interesse h.; sie heuchelte Erstaunen über die Vorgänge; er sprach mit geheuchelter Liebenswürdigkeit; **b)** *sich verstellen:* du heuchelst doch, wenn du ihm Recht gibst.

heulen: a) *(von Tieren) klagende Laute ausstoßen:* laut, in lang gezogenen Tönen h.; die Wölfe, die Hunde heulten; ÜBERTR.: der Wind heult [ums Haus]; die Sirenen, die Motoren heulten; **b)** (ugs.) *[laut, klagend] weinen:* laut, erbärmlich h.; warum sollen Jungen nicht h. dürfen?; sie heulte über/um ihren toten Hamster; sie heulte wie ein Schlosshund *(sehr heftig);* warum heulst du?; deswegen brauchst du doch nicht zu h.; vor Wut, vor Freude, vor Rührung h.; ⋆ **zum Heulen sein** (ugs.; *sehr deprimierend sein*).

heute: 1. *an diesem Tag:* h. ist Montag, der 10. Januar; h. gehen wir ins Theater; das geschieht nicht h. und nicht morgen *(das dauert noch eine Weile);* h. früh; h. Morgen, Mittag, Abend, Nacht; h. vor acht Tagen, in einer Woche; dies ist die Zeitung von h.; ab h. ist das Geschäft durchgehend geöffnet; für h. ist es genug; von h. an, seit h. läuft ein neuer Film. **2.** *in der gegenwärtigen Zeit:* h. ist vieles anders als früher; h. gibt es mehr Möglichkeiten der Heilung; die Jugend von h.; eine Frau von h.; SUBST.: das Heute *(die Gegenwart).* ⋆ **heute oder morgen** (ugs.; *in allernächster Zeit)* · **lieber heute als morgen** (ugs.; *am liebsten sofort)* · **von heute auf morgen** (ugs.; *sehr schnell; innerhalb kurzer Zeit).*

heutig: 1. *von diesem Tag:* die heutige Zeitung; das heutige Programm; am heutigen Abend; bis zum heutigen Tag *(bis zu diesem Tag, bis jetzt)* hat sich nichts geändert. **2.** *gegenwärtig:* die heutige Zeit, Jugend; die heutige Generation; der heutige Stand der Forschung; in der heutigen Lage.

Hexe, die:1. /*eine Märchengestalt*/: eine böse, alte H.; sie wurden von einer H. verzaubert. **2.** *früher angeblich mit dem Teufel im Bunde stehende weibliche Person:* noch im 18. Jahrhundert wurden Frauen als Hexen verbrannt; die Dorfbewohner hielten sie für eine H. **3. a)** (abwertend) *böse, zänkische Frau:* die alte H. soll uns in Ruhe lassen; /oft als Schimpfwort/: du alte, freche H.!;**b)** *raffinierte junge Frau:* eine gefährliche kleine H.; sie ist eine blonde H.

hexen:a) *zaubern:* er kann h.; ich kann doch nicht h.! (ugs.; *so schnell geht es doch nicht*); bei ihr geht alles wie gehext (ugs.; *sehr schnell*);**b)** ⟨etw. h.⟩ *durch Zaubern herbeiführen:* Regen h.

Hieb, der:1. *Schlag:* ein kräftiger H.; ein H. sitzt, geht fehl; einen H. auffangen, parieren, abwehren; einen H. bekommen; jmdm. einen H. versetzen; beim ersten H.; (Fechten:) auf H. fechten; ÜBERTR.: er teilt gern Hiebe *(Kritik)* aus. **2.** (ugs.) ⟨Plural⟩ *Prügel:* Hiebe bekommen, beziehen; gleich gibt es, setzt es Hiebe.

hier:1. a) *an diesem Ort, an dieser Stelle:* h. in Europa; der Laden ist h. gegenüber; von h. aus sind es noch 3 km, 5 Minuten; er hält sich bald h., bald dort auf; h. bin ich aufgewachsen; /Inschrift auf Grabsteinen/: h. ruht [in Gott] ...; h. oben, unten, vorn, hinten, drin[nen], draußen; sie ist gestern noch h. gewesen; wir müssen ihn h. behalten; wo ist h. die Post?; du h.? (ugs.; *du bist auch anwesend?*); h. steht geschrieben ...; h. im Haus, h. auf Erden; ich bin nicht von h. (ugs.; *wohne nicht hier, bin nicht hier geboren*); »Schulze!« – »H.!« (*anwesend!;* als Antwort beim Namenaufrufen); **b)** (nachgestellt) /bezieht sich auf jmdn., etw. in unmittelbarer Nähe, auf den bzw. worauf der Sprecher ausdrücklich hinweist/: unser Freund h.; dieser Mantel h. gefällt mir am besten; wer hat das h. angerichtet!;**c)** /zur Verdeutlichung einer Geste, mit der der Sprecher etw. überreicht/: hier, nimm!; h. hast du das Geld; **d)** *in dem vorliegenden Zusammenhang, Fall, Punkt:* auf diese Frage wollen wir h. nicht weiter eingehen; h. muss die Kritik einsetzen; h. geht es um Leben und Tod. **2.** *in diesem Augenblick:* die h. beginnende Epoche;

∗ **hier und da/dort:** (1. *an manchen Orten, Stellen:* h. und dort findet man noch vereinzelt blühende Rosen an den Sträuchern. 2. *manchmal, hin und wieder:* wir begegnen uns h. und da) · **hier und jetzt/heute** (geh.; *sofort*) · **von hier an** *(von diesem Zeitpunkt an)*.

hiesig: die hiesige Bevölkerung; die hiesigen Zeitungen haben über den Fall berichtet.

Hilfe, die: 1. *das Helfen:* gegenseitige, rasche, schnelle, wirksame, fremde, ärztliche, nachbarli-

che, finanzielle H.; diese Merksätze sind kleine Hilfen *(dienen als Stütze)* für das Gedächtnis; die Töchter sind uns eine große H. *(helfen uns viel)* im Haushalt; H. brauchen, fordern, herbeirufen; er suchte H. bei der Polizei; jmdm. H. leisten; bringen; jmdm. Hilfen *(Hilfestellung)* geben beim Turnen; er hat uns seine H. angeboten; H. in Notfällen; H. für die Not leidenden Völker; mit unserer H. hat er es geschafft; jmdn. um H. bitten; die Frau rief, schrie um H.; er wendete/wandte sich um H. an seine Freunde; auf jmds. H. angewiesen sein, hoffen; niemand kam, eilte dem Angegriffenen zu H.; jmdn. zu H. rufen; /Ruf, mit dem man zu verstehen gibt, dass Hilfe benötigt wird/: [zu] H.! **2.** *Hilfskraft:* eine tüchtige, fleißige, langjährige H.; eine H. einstellen; sie bekommt endlich eine H. für den Haushalt. **3.** *finanzielle Unterstützung:* Hilfen bereitstellen; auf staatliche H. angewiesen sein;

∗ **erste Hilfe** *(erste Hilfsmaßnahmen bei Unfällen)* · **mit Hilfe** (↑ mithilfe) · **jmdm., etw. zu Hilfe nehmen** *(sich jmds., etw. als Hilfe bedienen)*.

hilflos:a) *auf Hilfe angewiesen:* ein hilfloses Baby; die Abwehrspieler machten einen völlig hilflosen Eindruck; die Verletzte war völlig h.; er ist h. wie ein kleines Kind; er lag h. auf der Erde; h. musste er zusehen, wie Diebe seine Wohnung ausräumten; **b)** *verlegen, unbeholfen:* ein hilfloser Gesichtsausdruck; eine hilflose Geste machen; sie ist, wirkt, lächelt h.; er sah sich h. im Kreis um.

Himmel, der:1. a) ein heller, klarer, blauer, grauer, strahlender, wolkenloser, bewölkter H.; der (geh.:) gestirnte, nächtliche H.; der H. ist bedeckt, trübe, (geh.:) verhangen; der H. hat sich bezogen, verdunkelt, aufgehellt; der H. klart auf; der H. lacht (dichter.; *die Sonne scheint*); den abendlichen H. betrachten; das Blau des Himmels, die Sonne steht hoch am H.; den Blick (geh.:) gen H. richten; etw. ragt in den H. *(ist sehr hoch);* unter freiem H. *(im Freien)* übernachten; die Sonne brennt vom H. herab; Rauch steigt zum H.; zwischen H. und Erde *(in der Luft)* schweben *(sich jmds., etw. als Hilfe bedienen);* sie leben unter einem milden, rauen H. *(in einem milden, rauen Klima);* unter südlichem H. (geh.; *in südlichen Breiten);***b)** *Ort, an dem Gott, die Engel und die Seligen als anwesend gedacht werden:* im H. (Gott). kommen; im H. sein; der Vater im H. *(Gott).* **2.** *Gott, Schicksal:* der H. behüte/bewahre uns!, gerechter/gütiger/[ach] du lieber H.! (ugs.; Ausrufe der Bestürzung, des Bedauerns); weiß den H.! (ugs.; Ausruf der Bestätigung, Bekräftigung); das weiß der [liebe] H., mag der [liebe] H. wissen (ugs.; *bin ich ratlos; das ist mir unbekannt*); H. noch mal! (ugs.; Ausruf des Ärgers, der Ungeduld); H., Arsch und Zwirn/Wolkenbruch! (derb; Ausruf der Verärgerung); den H. sei Dank!; (geh.:) etw. als Zeichen des Himmels betrachten; /Ausruf des Erschreckens, der Abwehr; Ausdruck einer inständigen Bitte/: um [des] Himmels willen;

* jmdm./für jmdn. hängt der Himmel voller Geigen *(jmd. ist glücklich)* · **den Himmel offen sehen** (geh.; *sehr glücklich sein*) · **den Himmel auf Erden haben** (geh.; *es sehr gut haben)* · **jmdm. den Himmel auf Erden versprechen** *(das angenehmste Leben versprechen)* · **Himmel und Hölle in Bewegung setzen** (ugs.; *alles Erdenkliche tun)* · **aus heiterem Himmel** *(ohne dass man es ahnen konnte)* · **aus allen Himmeln fallen/stürzen/gerissen werden** *(tief enttäuscht werden)* · **[wie] im sieb[en]ten Himmel sein, sich [wie] im sieb[en]ten Himmel fühlen** (ugs.; *über die Maßen glücklich sein)* · **jmdn., etw. in den Himmel heben** (ugs.; *übermäßig loben)* · **nicht [einfach] vom Himmel fallen** *(seine Vorbedingungen haben):* Fortschritte fallen nicht einfach vom H. · **zum Himmel schreien** *(ein empörendes Unrecht sein)* · **zum Himmel stinken** (salopp; *skandalös sein).*

himmelschreiend: ein himmelschreiendes Unrecht; die Missstände, die hygienischen Verhältnisse waren h.

himmlisch (ugs.): himmlisches Wetter; eine himmlische Stimme; es war ein himmlischer Tag; das Kleid ist h.; sie sah h. aus.

hin ⟨häufig zusammengesetzt mit Verben⟩: **1.** /drückt die Richtung auf einen Zielpunkt aus/**a)** /räumlich/: das Wohnzimmer liegt zur Straße h.; du kannst mit dem Bus bis h. (ugs.; *bis zum Zielpunkt)* fahren; h. (ugs.; *auf dem Hinweg)* sind wir gefahren; sich nach vorne h. bewegen; bis zur Wand h. sind es 10 Meter; **b)** /zeitlich/: zum Herbst, zum Winter h.; gegen Mittag h. **2.** /drückt eine Erstreckung aus/**a)** /räumlich/: die Wandernden bewegten sich an der Mauer, am Ufer h. *(entlang);* der Efeu breitet sich über die ganze Wand h., nach vorne h. aus; **b)** /zeitlich/: über, durch viele Jahre h. lebte er hier. **3.** (ugs.)**a)** *entzwei:* etw. ist völlig, ganz, total h.; der Motor, das Radio ist h.; ÜBERTR.: die Firma ist h. *(zugrunde gerichtet);* der Hund ist h. (salopp; *tot);***b)** *verloren:* das ganze Geld war h.; die Überraschung, das Vertrauen, der gute Ruf ist h.; ⟨Ⓡ⟩ h. ist h.; was h. ist, ist h.; **c)** *erschöpft sein:* nach dieser Tour war ich völlig h. **4.** *begeistert:* sie waren [von dem herrlichen Anblick] ganz h.

* hin und wieder *(von Zeit zu Zeit; manchmal)* · **hin und zurück** *(zu einem Ziel hin und wieder an den Ausgangspunkt zurück):* eine Fahrkarte h. und zurück lösen · **... hin, ... her** (ugs.; *auch wenn ...; obwohl ...):* die Arbeit muss fertig werden, Regen h., Regen her · **hin und her** (1. *auf und ab, ohne bestimmtes Ziel:* er ist h. und her gegangen, gelaufen. 2. *auf alle Möglichkeiten hin:* sie haben h. und her überlegt, wie die Sache zu schaffen sei) · **das Hin und Her** *(vielfältiger Wechsel):* nach langem H. und Her entschlossen sie sich zum Kauf · **vor sich hin** *(ohne die Umwelt zu beachten):* sie sprach, murmelte, weinte, sang,

(ugs.:) döste vor sich h. · **nach außen hin** *(äußerlich):* nach außen h. wirkte er ganz ruhig · **auf etw.** (Akk.) **hin** (1. *mit der Ziel-, Zweckrichtung auf etw.:* auf die Zukunft h. planen; auf Wachstum h. angelegt sein. 2. *durch; aufgrund:* auf einen bloßen Verdacht h. wurde er verhaftet. 3. *im Hinblick auf etw.:* etw. auf Krankheitserreger h. untersuchen).

hinab (geh.) ⟨meist zusammengesetzt mit Verben⟩: den Fluss h. bis zu seiner Mündung; alle bis h. zum 16. Jahr.

hinarbeiten ⟨auf etw. (Akk.) h.⟩: auf ein Ziel, auf den Erfolg h.; darauf h., dass bald etwas geschieht.

hinauf ⟨meist zusammengesetzt mit Verben⟩: den Fluss h. bis zur Quelle; vom Rekruten bis h. zum Offizier.

hinaus ⟨meist zusammengesetzt mit Verben⟩: h. mit euch an die frische Luft!; h. aufs Meer; zur Tür h. ins Freie gehen;

* auf etw. (Akk.) **hinaus** *(für eine bestimmte Dauer):* auf Monate h. planen; das Konzert war auf Wochen h. ausverkauft · **über etw.** (Akk.) **hinaus** (1. *eine Stelle, einen Punkt überschreitend:* über diese Grenze h. war kein Vordringen möglich. 2. *einen bestimmten Zeitraum, Zeitpunkt überschreitend:* sie wird damit [weit] über Mittag h. beschäftigt sein; jmdn. über die Dauer eines Vertrages h. beschäftigen; über die achtzig h. sein. 3. *ein Maß, eine Menge o. Ä. überschreitend:* sie gab ihm 100 DM über sein Gehalt h.; der Redner hat darüber h. nicht viel Neues gesagt) · **über etw.** (Akk.) **hinaus sein** (ugs.; *etw. überwunden haben):* über solche Ängste bin ich in meinem Alter mittlerweile h.

hinauslaufen: 1. *nach draußen laufen:* es klingelte, und Birgit lief hinaus; schnell, unvermittelt, ärgerlich h.; die Kinder sind zur Tür, auf die Straße, in den Garten hinausgelaufen. **2.** ⟨auf etw. (Akk.) h.⟩ *ein bestimmtes Ergebnis haben):* die Pläne liefen auf eine Umstrukturierung des Unternehmens hinaus; es wird darauf h., dass ...;

* es läuft auf eins/auf dasselbe/auf das Gleiche/aufs Gleiche hinaus *(es bleibt sich gleich).*

hinausschieben: 1. ⟨jmdn., sich, etw. h.⟩ *nach draußen schieben:* den Kinderwagen [aus dem Zimmer] h.; er schob sich unbemerkt zur Tür hinaus *(ging unbemerkt hinaus).* **2.** ⟨etw. h.⟩ *aufschieben:* etw. lange, immer wieder, bewusst h.; eine Arbeit, Reise, den Termin, die Entscheidung auf unbestimmte Zeit, um einen Monat, bis in den Herbst h.

hinauswerfen: 1. ⟨etw. h.⟩ *nach draußen werfen:* das Papier, die Abfälle zum Fenster, aus dem Zug h.; ÜBERTR.: sie beschlossen, die alten Möbel hinauszuwerfen (ugs.; *nicht länger in der Wohnung zu behalten).* **2.** (ugs.) ⟨jmdn. h.⟩ **a)** *zum Verlassen eines Raumes o. Ä. zwingen:* der Wirt warf den Randalierer

hinaus; der Hausbesitzer wollte die Familie aus der Wohnung h.; **b)** *entlassen:* man hat ihn [aus der Firma, in hohem Bogen] hinausgeworfen.
hinauswollen: 1. (ugs.) *(einen Raum o. Ä.) verlassen wollen:* aus dem Haus, aus dem Zimmer h.; ein wenig an die frische Luft h.
2. ⟨auf etw. (Akk.) h.⟩ *etw. erstreben:* sie wollte auf einen Kompromiss hinaus; ich weiß nicht, worauf er damit hinauswollte; ★ **hoch hinauswollen** (ugs.; *hochfliegende Pläne haben*).
hinausziehen: 1. ⟨jmdn., etw. h.⟩ *nach draußen ziehen:* das Flugzeug [auf die Startbahn] h.; jmdn. am Arm, mit sich (Dat.) h.; ÜBERTR.: das Fernweh zog ihn hinaus.
2. *in die Ferne ziehen, fahren:* er ist in die Welt hinausgezogen; die Truppen zogen zur/aus der Stadt h.
3. *an einen außerhalb liegenden Ort [um]ziehen:* sie sind aufs Land, in die Vorstadt hinausgezogen.
4. a) ⟨etw. h.⟩ *hinauszögern:* etw. bewusst, lange, absichtlich h.; sie hat die Entscheidung so lange hinausgezogen, bis es zu spät war; **b)** ⟨sich h.⟩ *sich verzögern:* die Fertigstellung der Wohnung zog sich wochenlang hinaus; der Abflug, der Umzug hat sich hinausgezogen.
hinauszögern: a) ⟨etw. h.⟩: *aufschieben:* eine Entscheidung lange, von einem Tag zum anderen h.; tagelang zögerte er seine Abreise hinaus; **b)** ⟨sich h.⟩ *sich verschieben:* das Ende des Prozesses zögerte sich hinaus.
Hinblick, der: ⟨in der Fügung⟩ **im/**(seltener:)**in Hinblick auf etw.** (Akk.; **1.** *angesichts einer Sache:* im H. auf seine Verdienste hat man ihm das Amt des Vorsitzenden angetragen. **2.** *hinsichtlich einer Sache:* im H. auf die kommende Saison).
hinbringen: 1. ⟨jmdn., etw. h.⟩ *an einen bestimmten Ort bringen:* er brachte die Unterlagen unverzüglich [zu ihm] hin; du brauchst nicht zum Bahnhof zu laufen, wir bringen dich [mit dem Auto] hin.
2. (ugs.) ⟨etw. h.⟩ *fertig bringen:* sie bringt die Arbeit einfach nicht hin; ob er es einmal h. wird, pünktlich zu sein?
3. (geh.) ⟨etw. irgendwie h.⟩ *verbringen:* seine Zeit, viele Jahre mit Arbeit h.; sie brachte viele Jahre in Haft und Krankheit hin; er wusste nicht, wie er seine freie Zeit h. sollte.
hinderlich: 1. *störend:* ein hinderlicher Verband; die nasse Kleidung ist beim Schwimmen sehr h.
2. *behindernd:* das kann dir/für dich h. sein, werden; dieser Vorfall war seiner Karriere/für seine Karriere h.; sich h. auswirken.
hindern: a) ⟨jmdn., etw. h.⟩ *behindern:* der Verband hinderte sie sehr; er hinderte sie bei der Hausarbeit; das hindert den Verkehr; ⟨auch ohne Akk.⟩ der lange Rock hindert beim Laufen; **b)** ⟨jmdn. an etw. (Dat.) h.⟩ *jmdm. etw. unmöglich machen:* der Nebel hinderte ihn [daran], schnel-

ler zu fahren; der Lärm hinderte sie am Einschlafen; man versuchte, ihn an seinem Vorhaben zu h.; niemand wird mich daran h., das zu tun.
Hindernis, das: **1.** *Hemmnis:* ein großes, unüberwindliches H.; der Nebel war, bildete ein ernstliches H.; Hindernisse treten auf, stellen sich uns entgegen; Hindernisse überwinden, aus dem Weg räumen; sie stieß bei ihrem Vorhaben auf viele Hindernisse; seine Konfession stellt für diese Leute ein H. dar; das war eine Reise mit Hindernissen.
2. *Barriere:* ein hohes, schwieriges H.; ein H. aufbauen, errichten, beseitigen, wegräumen; das Pferd nahm das H. ohne Schwierigkeiten; ★ **jmdm., etw. Hindernisse in den Weg legen** (*jmdm., etw. Schwierigkeiten machen*).
hindeuten: 1. ⟨auf jmdn., etw. h.⟩ *hinweisen:* [mit dem Finger, Zeigestock] auf einen Punkt h.
2. ⟨auf etw. (Akk.) h.⟩ *schließen lassen:* alle Anzeichen deuten auf eine Infektion hin; seine Reaktion deutete darauf hin, dass er verärgert war.
hinein ⟨meist zusammengesetzt mit Verben⟩: h. mit euch!; ÜBERTR.: in die Stille h. ertönte ein Ruf;
★ **bis in etw.** (Akk.) **hinein** *(sich bis in etw. erstreckend):* sie arbeitet bis [tief] in die Nacht h.; etw. bis in die Einzelheiten h. *(ausführlich)* schildern.
hineinfressen ⟨etw. in sich h.⟩: **1.** (derb, meist abwertend) *große Mengen von etw. essen:* riesige Portionen in sich h.
2. (ugs.) *schweigend hinnehmen:* er frisst allen Kummer, Ärger in sich hinein.
hineinknien (ugs.) ⟨sich in etw. (Akk.) h.⟩: sich in die Arbeit, ins Studium h.; ⟨auch ohne Präpositionalobjekt⟩ wenn du dich hineinkniest, hast du es bald.
hineinstecken: 1. ⟨etw. h.⟩ *in etw. stecken:* den Stecker in die Steckdose, den Schlüssel ins Schloss h.; (ugs.:) sie steckte den Kopf zur Tür hinein.
2. (ugs.) ⟨etw. in etw. (Akk.) h.⟩ *investieren:* sein ganzes Vermögen in das Geschäft h.; er hat viel Arbeit, viel Geld in das Projekt hineingesteckt; ⟨auch ohne Präpositionalobjekt⟩ was sie hineingesteckt hatte, bekam sie nicht mehr heraus.
hineinversetzen ⟨sich in jmdn., etw. h.⟩: sich schwer, leicht in jmdn., in die Lage des Angeklagten h.
hineinziehen: 1. ⟨jmdn., etw. in etw. (Akk.) h.⟩ *durch Ziehen hineinbringen:* einen Handwagen in den Schuppen h.; er zog seinen Freund mit sich (Dat.) ins Haus hinein.
2. ⟨in etw. (Akk.) h.⟩ *an einen bestimmten Ort ziehen:* vom Land in die Stadt h.; er wollte nicht in diese Wohnung h.
3. ⟨jmdn., etw. in etw. (Akk.) h.⟩ *verwickeln:* jmdn. in ein Gespräch, in einen Skandal, in einen Streit h.
hinfällig: 1. *gebrechlich:* ein hinfälliger Greis; sie ist sehr h. geworden.

2. *ungültig; haltlos:* die Pläne sind inzwischen h. geworden.

Hingabe, die: eine grenzenlose, selbstlose, liebevolle H.; sich mit H. seiner Arbeit widmen; diese Arbeit verlangt äußerste H.; mit H. Klavier spielen; sie übt mit H. *(großem Eifer)* fünf Stunden am Tag; zu keiner H. fähig sein.

hingeben: 1. (geh.) ⟨etw. h.⟩ *opfern:* alles, sein ganzes Vermögen, den letzten Pfennig h.; viele gaben für eine Idee ihr Leben hin. **2.** ⟨sich etw. (Dat.) h.⟩ **a)** *sich eifrig widmen:* sich ganz, völlig seinen Studien, seiner Arbeit h.; **b)** *sich völlig überlassen:* sich ganz dem Genuss h.; sich einem Irrtum, dem Kummer, der Verzweiflung h.; er gab sich der Hoffnung hin, dass ...; sie gab sich in dieser Sache keiner Täuschung, keinen Illusionen hin. **3.** (veraltend) ⟨sich jmdm. h.⟩ *(von einer Frau) mit einem Mann sexuell verkehren:* sie hat sich ihm hingegeben.

hingehen: 1. *an einen bestimmten Ort, zu jmdm. gehen:* ungern zu jmdm. h.; wo gehst du hin?; ⟨es geht hin⟩ wo geht es denn heute hin? **2.** *vorübergehen:* die Zeit, der Sommer geht hin; ⟨über etw. (Akk.) h.⟩ Jahre gingen über diese Ereignisse hin. **3.** ⟨über etw. (Akk.) h.⟩ *gleiten:* sein Blick ging über die weite Landschaft hin. **4.** *[gerade noch] tragbar sein:* diese Arbeit geht gerade noch hin, mag gerade noch h.; diesmal mag es noch einmal h.; diese Bemerkungen mögen noch [eben] h.; [jmdm.] etw. h. lassen.

hinhalten: 1. ⟨etw. h.⟩ *entgegenstrecken:* das Glas, die Hand h.; ⟨jmdm. etw. h.⟩ er hielt ihm die Zigaretten hin. **2.** ⟨jmdn. h.⟩ *vertrösten:* jmdn. lange, immer wieder h.; man hat die Gläubiger mit leeren Versprechungen hingehalten; **b)** *aufhalten:* sie konnten den Gegner h., bis sie Verstärkung bekamen; hinhaltender Widerstand.

hinhauen: 1. (ugs.) *auf etw. hauen:* er hat mit dem Hammer hingehauen, aber nicht getroffen. **2.** (salopp) *hinfallen:* lang, der Länge nach h.; sie ist ausgerutscht und furchtbar hingehauen. **3.** (salopp) ⟨sich h.⟩ *sich schlafen legen:* sie waren so müde, dass sie sich gleich hingehauen haben. **4.** (salopp) *gelingen:* das wird h.; die Sache haut schon hin; bei mir hat es mit der Ehe nicht hingehauen. **5.** (salopp) ⟨etw. h.⟩ *aufgeben:* er hat die Arbeit, den ganzen Kram, die Übersetzung hingehauen. **6.** (salopp) ⟨etw. h.⟩ *nachlässig machen:* eine Arbeit schnell h.

hinken: **a)** *in der Hüfte einknickend, ein Bein nachziehend gehen:* leicht, stark, ein wenig, rechts h.; seit seinem Unfall hinkt er; auf, mit dem rechten Bein h.; ÜBERTR.: dieser Vergleich hinkt *(trifft nicht ganz zu)*; **b)** ⟨irgendwohin h.⟩ *sich hinkend fortbewegen:* vom Spielfeld, nach Hause, über die Straße h.; sie ist zum Arzt gehinkt.

hinkommen: 1. *an einen bestimmten Ort kommen:* kommst du mit hin?; dort bin ich nie hingekommen; ⟨in Fragesätzen⟩ wo ist das Buch nur hingekommen? *(wo ist es?);* ℝ wo kämen wir denn hin, wenn ...? (ugs.; *was würde geschehen, wenn ...?*). **2.** (ugs.) ⟨mit etw. h.⟩ *auskommen:* mit dem Geld, mit den Vorräten h.; ⟨auch ohne Präpositionalobjekt⟩ der Stoff war knapp, aber wir sind gerade hingekommen. **3.** (ugs.) *in Ordnung kommen:* es wird schon alles [irgendwie] h. **4.** (ugs.) *stimmen:* das Gewicht kommt ungefähr hin.

hinlänglich: eine hinlängliche Menge; einen Raum von hinlänglicher Größe; für hinlängliches Ersatz sorgen; jmdn. h. informieren; die Sache ist h. *(zur Genüge)* bekannt.

hinlegen: 1. **a)** ⟨jmdn., etw. [irgendwohin] h.⟩ *an einen bestimmten Platz legen:* etw. schnell, vorsichtig h.; leg sofort das Messer hin!; sie legten den Verletzten hin; ⟨jmdm./für jmdn. etw. h.⟩ ich habe dir/für dich frische Wäsche hingelegt; jmdm. einen Zettel h. *(eine Nachricht hinterlassen);* **b)** ⟨sich [irgendwohin] h.⟩ *sich an einen bestimmten Platz legen:* die Geiseln, Gefangenen mussten sich auf den Boden h.; sich flach h.; /militärisches Kommando/: h.! **2.** (ugs.) ⟨sich h.⟩ *hinfallen:* er rutschte und legte sich der Länge nach hin. **3.** (ugs.) ⟨etw. h.⟩ *bezahlen:* viel Geld, eine große Summe h.; wie viel hast du dafür hingelegt, h. müssen? **4. a)** ⟨sich h.⟩ *sich zur Ruhe legen:* sich einen Augenblick, noch ein bisschen h.; sie hat sich [zum Mittagsschlaf] hingelegt; **b)** ⟨jmdn. h.⟩ *zur Ruhe legen:* die Mutter hat das Baby gerade hingelegt. **5.** (salopp) ⟨etw. h.⟩ *darbieten:* einen Tango, eine glänzende Rede, eine tolle sportliche Leistung h.

hinnehmen: ⟨etw. h.⟩: etw. ruhig, [still]schweigend, wortlos, geduldig, gelassen, gleichmütig, widerspruchslos h.; eine Niederlage, sein Schicksal h.; die Mannschaft hat drei Gegentore h. müssen; die Partei musste bei der Wahl große Verluste h.; etw. als unabänderlich, als Tatsache h.; er wollte die Beleidigungen, die Kränkungen nicht h.

hinreißen: ⟨jmdn. zu etw. h.⟩ die Sängerin, die Musik riss die Zuschauer zu Beifallsstürmen hin; mit seinem Spiel reißt er das Publikum zu stehenden Ovationen hin; ⟨sich zu etw. h. lassen⟩ sie ließ sich [im Zorn] zu einer unüberlegten Handlung h. *(sie ließ sich dazu verleiten);* ADJ. PART.: eine hinreißende Frau; ein hinreißend schönes Bild; sie lauschten hingerissen.

hinrichten ⟨jmdn. h.⟩: einen Verbrecher [durch den Strang, auf dem elektrischen Stuhl] h.

Hinsicht, die: ⟨gewöhnlich in den Fügungen⟩ in ... **Hinsicht** *(in ... Beziehung):* in jeder, mancher, gewisser, verschiedener H.; in vieler H. hatte sie Recht; in wirtschaftlicher, finanzieller H. ·

Hinsicht auf etw. (Akk.) *(hinsichtlich einer Sache).*

hinsichtlich ⟨Präp. mit Gen.⟩: h. des Preises, der Bedingungen einigte man sich.

hinstellen: 1. a) ⟨jmdn., etw. irgendwohin h.⟩ *an eine bestimmte Stelle stellen:* etw. vorsichtig h.; Blumen h.; den Koffer h. *(abstellen);* sie stellte die Schüssel vor ihn hin; ⟨jmdm./für jmdn. etw. h.⟩ die Mutter stellte den Kindern/für die Kinder das Essen hin; b) ⟨sich h.⟩ *sich an eine bestimmte Stelle stellen:* sich h. und warten; stell dich gerade hin!; der Polizist stellte sich vor ihn hin. 2. ⟨jmdn., sich, etw. als jmdn., etw. h.⟩ *bezeichnen:* eine Aussage als falsch, als erlogen h.; seinen Gegner als großen Dummkopf h.; sich als guter Christ/(seltener:) als guten Christen h.; eine Sache so h., als wäre sie einwandfrei; ⟨jmdm. jmdn. als jmdn., etw. h.⟩ man stellte ihm den Bruder immer als Vorbild hin.

hinten: die Öffnung ist h.; er sitzt h. in der letzten Reihe; du musst dich h. anstellen *(am Ende der Schlange);* bitte h. einsteigen!; die Tücher liegen h. im Schrank; (ugs.:) das Schlafzimmer liegt nach h.; der Wind kommt von h. [her]; jmdn. von h. überfallen;

★ **hinten und vorn[e]** (ugs.; *in jeder Weise, Beziehung; bei jeder Gelegenheit*): das Geld reicht h. und vorne nicht; sie lässt sich h. und vorne bedienen · **weder hinten noch vorn[e]** (ugs.; *in keiner Weise, Beziehung*) · **nicht mehr wissen, wo hinten und vorne ist** (ugs.; *völlig verwirrt sein*) · **jmdn. am liebsten von hinten sehen** (ugs.; *jmdn. sehr ungern bei sich sehen und sich freuen, wenn er bald wieder geht).*

hintenherum (ugs.): h. durch den Garten gehen; sie ist h. *(durch den hinteren Eingang)* ins Haus gekommen; ÜBERTR.: sie hat besonders h. (verhüll.; *im Gesäßbereich*) zugenommen; etw. h. *(auf Umwegen)* erfahren; etw. h. *(illegal)* kaufen, bekommen.

hinter /vgl. hinterm; hinters/ ⟨Präp. mit Dat. und Akk.⟩: 1. ⟨mit Dat.⟩ a) /zur Angabe der Lage/ *auf der Rückseite von:* h. dem Haus, h. der Tür; sie versteckte sich h. einem Baum; er trat h. dem Vorhang hervor; die Wirtin steht h. der Theke; er sitzt den ganzen Tag h. *(an)* dem Schreibtisch; sie saß im Konzert h. mir; etw. bis auf zwei Stellen h. *(nach)* dem Komma ausrechnen; etw. h. Glas aufbewahren; er schloss die Tür h. sich; sie gingen einer h. dem anderen; der Läufer ließ seine Konkurrenten bald h. sich *(lief ihnen davon);* b) /zur Angabe der Rangordnung, Reihenfolge/: h. jmdm. zurückstehen; h. der Entwicklung, den Anforderungen zurückbleiben; jmdn. [weit] h. sich lassen *(ihn übertreffen).* 2. ⟨mit Akk.⟩ a) /zur Angabe der Richtung/ *auf die Rückseite von:* h. den Vorhang treten; h. das Haus gehen; sie stellte sich h. einen Pfeiler; der Ball ist h. die Hecke gefallen; die Soldaten zogen sich h. den Fluss zurück; die Sonne sank (geh.:) h. den

Horizont; b) /zur Angabe der Rangordnung, Reihenfolge/: sie ist in ihren Leistungen h. ihre Vorgängerinnen zurückgefallen;

★ **etw. hinter sich bringen** (ugs.; *etw. bewältigen)* · **hinter jmdm. her sein** (ugs.; 1. *nach jmdm. fahnden.* 2. *um jmdm. werben)* · **hinter etw. (Dat.) her sein** (ugs.; *etw. unbedingt haben, erreichen wollen*): sie ist immer h. Antiquitäten her · **hinter jmdm., etw. her** *(hinter jmdm., etw.):* h. jmdm. her zum Ufer gehen.

Hinterbein, das: der Elefant richtete sich auf den Hinterbeinen auf;

★ **sich auf die Hinterbeine setzen/stellen** (1. ugs.; *sich weigern.* 2. *sich anstrengen:* wenn du es schaffen willst, musst du dich auf die Hinterbeine setzen).

hinterbringen ⟨jmdm. etw. h.⟩: wer hat dir diese Geschichte hinterbracht?; man hinterbrachte ihm sofort, was über ihn beschlossen worden war.

hintere: die hinteren Zimmer, Reihen, Bänke; auf der hinteren Seite des Hauses; sie kam durch den hinteren Eingang; er hat nur einen hinteren Platz belegt.

hintereinander: 1. /räumlich/ *einer hinter dem anderen:* sich h. aufstellen; h. hinaufklettern; h. fahren, h. gehen, h. laufen. 2. /zeitlich/ *aufeinander folgend:* an drei Tagen h.; zweimal h. gewinnen; acht Stunden h. arbeiten; die Vorträge finden h. statt; Arbeiten h. *(ohne Unterbrechung)* erledigen. Beachte: Nach neuer Rechtschreibung wird *hintereinander* vom folgenden Verb immer getrennt geschrieben.

hintergehen ⟨jmdn. h.⟩: er hintergeht seinen Geschäftspartner auf übelste Weise; er hat seine Frau [mit einer Kollegin] hintergangen; sie hat jmdn. hintergangen fühlen.

Hintergrund, der: 1. *hinterer Bereich, Teil:* ein heller, dunkler H.; der H. des Saales lag im Dunkel; der H. der Bühne, des Gemäldes; bei dieser Fotografie sind der H. unscharf; das Gebirge bildete einen prächtigen H. für die Stadt; eine Stimme aus dem H.; im H. sieht man, erkennt man eine Burg; sich vom H. abheben; ÜBERTR.: der gesellschaftliche H., die Handlung des Theaterstücks hat einen geschichtlichen H. *(beruht auf geschichtlichen Fakten),* spielt vor/auf dem H. der Französischen Revolution; im H. steht der Gedanke, ... 2. *Zusammenhang:* die Sache hat politische Hintergründe; die Hintergründe einer Tat aufdecken, erforschen;

★ **in den Hintergrund treten/rücken/geraten** *(stark an Bedeutung verlieren)* · **jmdn., etw. in den Hintergrund drängen** *(jmdn., etw. zurückdrängen, seines Einflusses berauben)* · **sich im Hintergrund halten** *(sich zurückhalten, nicht hervortreten)* · **im Hintergrund bleiben** *(nicht hervortreten)* · **im Hintergrund stehen** *(wenig beachtet werden)* · **etw. im Hintergrund haben** (ugs.; *etw. [als Überraschung] in Reserve haben).*

hintergründig: ein hintergründiges Lächeln; ein hintergründiger Humor; h. fragen, antworten; sie lächelte h.

Hinterhalt, der: a) *Versteck:* im H. lauern, liegen; Schüsse aus dem H.; man versuchte vergebens, sie aus dem H. herauszulocken; jmdn. aus dem H. beobachten, überfallen; ÜBERTR.: ein Schuss aus dem H. (Sport; *aus einer nur scheinbar ungefährlichen Position*); b) *Falle:* jmdn. in einen H. locken; sie gerieten in einen H. des Feindes; ✶ etw. im Hinterhalt haben (ugs.; *etw. in Reserve haben*).

hinterhältig: eine hinterhältige Person; er hat eine hinterhältige Art; einen hinterhältigen Angriff führen; h. lächeln.

hinterher ⟨meist zusammengesetzt mit Verben⟩: jmdm. h. Recht geben; sich h. beschweren; sie erinnerte sich h. an nichts mehr.

hinterlassen: 1. a) ⟨jmdn., etw. h.⟩ *nach dem Tode zurücklassen:* [eine] Frau und vier Kinder h.; der Verstorbene hat ein Vermögen, viele Schulden hinterlassen; die hinterlassenen Schriften des Dichters; b) ⟨jmdm. etw. h.⟩ *vermachen:* sie hat ihren Erben keine Reichtümer hinterlassen; hat er ihr etwas hinterlassen? 2. ⟨etw. h.⟩ *beim Weggehen zurücklassen:* eine Nachricht, einen Zettel h.; ⟨jmdm./für jmdn. etw. h.⟩ er hat ihm hinterlassen, dass er verreist sei; sie hat eine Nachricht für ihn hinterlassen. 3. ⟨etw. h.⟩ *als Wirkung zurücklassen:* im Sand Spuren h.; die Flüssigkeit hat in dem Stoff Flecke hinterlassen; sie hat [bei allen] einen guten Eindruck hinterlassen.

hinterlegen ⟨etw. h.⟩: Geld, Wertsachen h.; eine Kaution h.; den Ring als Pfand h.; sie hat ihr Testament bei einem Notar hinterlegt; die Schlüssel beim Hausmeister h.

hinterlistig: eine hinterlistige Person; etw. auf eine hinterlistige Weise erreichen; seine Frage war, klang h.; jmdn. h. betrügen.

hinterm: *hinter dem:* h. Haus; er sitzt den ganzen Tag h. *(am)* Schreibtisch, h. *(am)* Steuer.

Hintern, der (ugs.): ein breiter, dicker H.; jmdm. den [blanken] H. verhauen, versohlen; er ist auf den H. gefallen; setz dich auf deinen H.! *(setz dich hin!)*; jmdm./jmdn. in den H. treten; mit dem H. wackeln; ✶ sich mit etw. den Hintern wischen können (derb; *etw. besitzen, was sich als wertlos herausgestellt hat*) · sich auf den Hintern setzen (salopp; 1. *hinfallen.* 2. *fleißig lernen.* 3. *sehr überrascht sein*) · jmdm./jmdn. in den Hintern treten (salopp; *jmdn. grob, rücksichtslos behandeln*) · jmdm. in den Hintern kriechen (derb; *jmdm. in würdeloser Art schmeicheln*).

hinters: *hinter das:* er ist h. Haus gegangen; sich h. Lenkrad setzen.

Hintertreffen, das (ugs.): ⟨nur in den Wendungen⟩ ins Hintertreffen kommen/geraten *(überflügelt werden)* · im Hintertreffen sein; sich im Hintertreffen befinden *(im Nachteil sein).*

hintertreiben ⟨etw. h.⟩: jmds. Pläne, jmds. Vorhaben, eine Einigung der Partner h.

Hintertür, die: sie ist durch die H. ins Haus gekommen, hereingekommen; ein Gebäude durch die H. verlassen; der Dieb ist durch die H. entkommen; man ließ ihn durch die H. hinaus; ÜBERTR.: durch die H. wieder hereinkommen *(sich nicht abweisen lassen);* die Hintertüren *(versteckten Möglichkeiten)* der Buchführung; ✶ sich (Dat.) eine Hintertür/ein Hintertürchen offen halten/offen lassen (ugs.; *sich eine Möglichkeit zum Rückzug aus einer Angelegenheit offen lassen*) · durch die/durch eine Hintertür *(auf versteckten, nicht ganz einwandfreien Wegen).*

hinterziehen ⟨etw. h.⟩: *unterschlagen:* er wurde bestraft, weil er Steuern hinterzogen hatte.

hinüber ⟨etw. h.⟩: 1. *nach drüben:* h. zur anderen Seite; h. auf die rechte Seite; es gab keinen Weg h. 2. (ugs.) a) *tot:* er hat die Tiere so lange hungern lassen, bis sie h. waren; b) *zugrunde gerichtet:* der Betrieb, sein Ruf ist endgültig h.; c) *unbrauchbar:* gänzlich, völlig h.; die Reifen waren nach 30 000 km h.; durch das Hochwasser waren sämtliche Möbel h.; d) *verdorben:* die Wurst ist h.; e) *von Begeisterung ergriffen:* sie waren von der Musik völlig h.

hinunterschlucken ⟨etw. h.⟩: 1. *[ver]schlucken:* die Tabletten hastig, unzerkaut, mit viel Flüssigkeit h.; ein Bonbon h. 2. (ugs.) a) *eine Gefühlsäußerung unterdrücken:* Tränen, seinen Ärger, seinen Zorn, seine Wut h.; b) *hinnehmen:* Beleidigungen h.; alles wortlos, ohne Widerrede h.

hinunterstürzen: 1. a) *nach unten stürzen:* stolpern und die Treppe, die Stufen h.; 10 m tief, vom Baugerüst, aus dem 10. Stock h.; b) (ugs.) *nach unten eilen:* die Treppe h.; zum Ausgang, in die Eingangshalle h. 2. ⟨sich [irgendwoher/irgendwohin] h.⟩ *sich nach unten stürzen:* sich [aus Verzweiflung] aus dem Fenster h.; er hat sich von einem Turm hinuntergestürzt. 3. ⟨jmdn., etw. [irgendwohin] h.⟩ *nach unten stoßen:* das Autowrack in die Meeresbucht h.; er wurde von unbekannten Mördern [von den Klippen] hinuntergestürzt. 4. ⟨etw. h.⟩ *sehr hastig zu sich nehmen:* den Wein, mehrere Gläser nacheinander h.

hinunterwürgen ⟨etw. h.⟩: er würgte das Essen hinunter; ÜBERTR.: seine Wut, die Tränen h. *(unterdrücken).*

hinwegfegen: 1. ⟨über jmdn., etw. h.⟩ *sich sehr schnell hinwegbewegen:* die Brecher fegten über das Schiff hinweg; das Flugzeug ist über, über ihre Köpfe hinweggefegt. 2. (geh.) ⟨jmdn., etw. h.⟩ *mit Heftigkeit entfernen:* die Revolution fegte die Monarchie hinweg.

10*

hinweggehen 〈über jmdn., etw. h.〉: **1.** (geh.) *darüber hingehen:* ein Sturm, ein Unwetter ist über das Land hinweggegangen; ÜBERTR.: zwei Weltkriege sind über Europa hinweggegangen. **2.** *jmdn., etw. übergehen:* lächelnd, schweigend, taktvoll über eine Anspielung h.; er ging über die Bemerkung, über alle Einwände hinweg.

hinwegsetzen: 1. 〈über etw. (Akk.) h.〉 *springen:* über einen Graben, ein Hindernis h. **2.** 〈sich über etw. (Akk.) h.〉 *etw. ignorieren:* sich bedenkenlos über eine Vorschrift, über ein Verbot, über eine Anordnung, über alle Bedenken, über alle Konventionen h.; man kann sich nicht über die Tatsache h., dass ...

Hinweis, der: **1.** *Rat, Tipp:* ein brauchbarer, wertvoller, aufschlussreicher, verlässlicher H. *(Wink);* das war ein deutlicher, unmissverständlicher H.; jmdm. einen H. zur Benutzung/für die Benutzung geben; einen H. bekommen, beachten; darf ich mir den H. erlauben, dass ...; einem H. folgen; unter H. auf ... *(indem man auf ... hinweist).* **2.** *Andeutung:* es gibt nicht den geringsten H. dafür, dass ein Verbrechen vorliegen könnte; für zweckdienliche Hinweise ist eine Belohnung von tausend Mark ausgesetzt.

hinweisen 〈auf jmdn., etw. h.〉: **1.** *hindeuten:* das Schild weist auf den nahe gelegenen Parkplatz hin; er wies mit der Hand auf das Gebäude, auf eine Gruppe von Menschen hin. **2.** *aufmerksam machen:* beiläufig, nachdrücklich, höflich auf die Schwierigkeiten h.; auf einen Übelstand, auf Missstände h.; 〈jmdn. auf jmdn., etw. h.〉 der Redner wies die Besucher auf die Gefahren hin; ich weise Sie darauf hin, dass ...

hinwerfen: 1. 〈etw. h.〉**a)** *auf eine bestimmte Stelle werfen:* seine Sachen achtlos h.; 〈jmdm. etw. h.〉 dem Hund einen Knochen h.; er warf dem Bettler ein Geldstück h.;**b)** *fallen lassen:* das Hausmädchen warf das ganze Tablett hin; wirf das wertvolle Glas nur nicht hin!;**c)** (ugs.) *aufgeben:* seine Arbeit, den Job, den ganzen Kram h.; sie warf alles hin und verließ die Stadt; sein Leben h. (geh. verhüll.; *sich das Leben nehmen).* **2.** 〈sich h.〉 *sich zu Boden werfen:* sich schnell, (ugs.:) lang h.; als die Schießerei begann, warfen sie sich hin. **3.** 〈etw. h.〉 *konzipieren:* etw. schnell, mit wenigen Strichen h.; einen Plan, ein paar Zeilen h. **4.** 〈etw. h.〉 *kurz bemerken:* ein Wort, eine Frage [beiläufig] h.

Hinz: (in den Verbindungen) **Hinz und Kunz** (ugs. abwertend; *jedermann*): H. und Kunz war eingeladen; bald wusste ich es H. und Kunz · **von Hinz zu Kunz** (ugs. abwertend; *zu allen möglichen Leuten*): von H. zu Kunz laufen, um etw. zu bekommen.

hinziehen: 1. *an einen bestimmten Ort ziehen:* ich werde in nächster Zeit dort h. **2. a)** 〈jmdn., etw. zu sich (Dat.) h.〉 *heranziehen:* die Mutter zog das Kind zu sich hin; die Gepäck-

stücke näher an den Wagen h.; **b)** 〈jmdn. zu jmdm., etw. h.〉 *hintreiben:* das Heimweh zieht ihn zu den Bergen hin; sich stark zu jmdm., etw. hingezogen fühlen; 〈es zieht jmdn. zu jmdm., etw. hin〉 es zog ihn immer wieder zu ihr hin; **c)** (geh.) 〈irgendwo[hin] h.〉 *sich über etw. hinbewegen:* Wolken, Vögel, Flugzeuge zogen am Himmel hin;**d)** 〈irgendwohin h.〉 *sich fortbewegen:* die Truppen ziehen zur Grenze hin; die Vögel ziehen nach Süden h. **3. a)** 〈etw. h.〉 *in die Länge ziehen:* einen Prozess, die Verhandlungen h.; die Abreise [bis zum Abend] hinziehen versuchen;**b)** 〈sich h.〉 *lange dauern:* die Verhandlungen zogen sich lange, über mehrere Monate hin; der Abend zog sich endlos hin; die Sitzung hatte sich hingezogen; die Abreise zog sich [bis zum Abend] hin *(verzögerte sich);* **c)** 〈sich h.〉 *sich erstrecken:* die Felder ziehen sich endlos hin; der Wald zog sich bis vor die Stadt hin.

hinzufügen 〈[etw. (Dat.)] etw. h.〉: **1.** *zusätzlich beifügen:* der Suppe etwas Salz h.; dem Buch einen Anhang h.; dem Brief einen Zettel h.; etw. als Zusatz, als Ergänzung h. **2.** *zusätzlich äußern:* haben Sie [dem] noch etwas hinzuzufügen?; seiner Äußerung habe ich nichts mehr hinzuzufügen; ich möchte noch h., dass ...

hinzukommen: 1. *[hin]kommen und dabei sein:* sie kam zufällig hinzu, als die Diebe in den Laden einbrachen. **2. a)** *[hin]kommen, um dabei zu sein:* dort warteten Hunderte, und immer mehr Menschen kamen hinzu;**b)** *sich hinzugesellen:* es ist noch eine Mitarbeiterin [zu der Gruppe] hinzugekommen. **3.** *dazukommen:* kommt [zu Ihrer Bestellung] noch etwas hinzu?; zu der Grippe kam noch eine Bronchitis hinzu; erschwerend kommt hinzu, dass ...; hinzu kommt, dass ...

hinzusetzen 〈etw. h.〉: nach einer Weile setzte er hinzu, dass man nicht auf ihn warten solle; ihren Worten ist nichts mehr hinzuzusetzen.

hinzuziehen 〈jmdn. h.〉: einen Fachmann, einen Sachverständigen h.; einen Spezialisten zu der Besprechung, in dieser Angelegenheit h.; als sich der Zustand des Kranken verschlechterte, wurde ein Facharzt hinzugezogen.

Hirn, das:**1.** *Gehirn:* das menschliche, tierische H.; (Kochk.:) frisches, gebackenes H. **2.** (ugs.) *Verstand:* ein geschultes H.; sein H. anstrengen; er zermarterte sich das H. *(dachte angestrengt nach),* aber der Name wollte ihm nicht einfallen; welchem H., wessen H. ist das entsprungen? *(wer hat sich das nur ausgedacht?).*

Hirsch, der: ein kapitaler H.; der H. schreit, röhrt, (Jägerspr.:) orgelt; ein Rudel Hirsche zieht auf der Wiese.

hissen 〈etw. h.〉: eine Flagge, das Segel h.; aus Anlass der Feierlichkeiten wurden Fahnen gehisst.

historisch: a) *die Geschichte, vergangenes Geschehen betreffend:* eine historische Entwicklung;

historische Studien; ein historischer *(ein geschichtliches Thema behandelnder)* Film, Roman, Stoff; historische *(einer früheren Epoche angehörende)* Bauten; h. belegt sein; h. gewachsene Strukturen; b) *wichtig für die Geschichte:* ein historischer Moment; ein historisches Ereignis; eine historische Entdeckung; historische Stätten.

Hitze, die: eine große, unerträgliche, sengende, brütende, drückende, tropische, feuchte H.; es herrscht eine glühende H.; die H. machte sie müde; große H. entströmte dem Ofen; sie kann H. [nicht] gut vertragen; bei/in dieser H. kann man nicht arbeiten; etw. bei mittlerer H. (Kochk.; *mäßiger Kochtemperatur)* backen, garen; er leidet sehr unter der H.; während der, nach der großen H. *(Hitzeperiode, Hitzewelle);* ★ **fliegende Hitze** (Med.; *Hitzeaufwallung im Körper)* · **in der Hitze des Gefechts** *(in der Eile, in der Aufregung)* · **[leicht] in Hitze geraten** *(sich [leicht] aufregen, in Zorn geraten)* · **sich in Hitze reden** *(sich sehr ereifern).*

hitzig: 1. a) *leicht erregbar:* ein hitziger Mensch; er ist ein hitziger Kopf; er hat ein hitziges Temperament; h. sein; sie wird leicht h.; h. reagieren; b) *leidenschaftlich, erregt:* eine hitzige Debatte; die Diskussion war h.; sie antwortete, verteidigte h. ihren Standpunkt. 2. *brünstig:* eine hitzige Hündin; die Katze ist gerade h.

Hobby, das: ein künstlerisches, ungewöhnliches, kostspieliges H.; seine Hobbys sind Musik und Lesen; ein H., mehrere Hobbys haben; etw. als H. betreiben; einem H. nachgehen; viel Geld für sein H. ausgeben.

hobeln: 1. ⟨[etw.] h.⟩ *mit dem Hobel [be]arbeiten:* der Schreiner hobelt und sägt; Balken, Dielen, Bretter h.; er hobelte [an einem Balken]. 2. ⟨etw. h.⟩ *mit einem Hobel zerkleinern:* Gurken h.; gehobeltes Kraut.

Hoch, das: 1. *Hochruf:* auf den Jubilar wurde ein dreifaches H. ausgebracht. 2. *Hochdruckgebiet:* ein ausgedehntes, kräftiges H.; ein flaches H. lagert über der Nordsee, liegt über Frankreich; ein neues H. bildet sich aus; das H. verlagert sich ostwärts, wandert nach Osten ab.

hoch: 1. a) *von beträchtlicher Höhe:* ein hoher Turm, Baum, Berg; hohes Gras; ein hoher Raum; ein hohes Gebäude; die höheren Gipfel lagen schon unter einer Schneedecke; er hat eine hohe Stirn; sie trägt hohe Absätze, hohe Schuhe *(Schuhe, die bis über die Knöchel reichen);* ein Mann von hohem Wuchs, von hoher Gestalt (geh.; *ein großer Mann);* die Mauer ist sehr h.; h. springen; die Arme h. über den Kopf heben; der Adler, das Flugzeug fliegt h. *(in beträchtlicher Höhe)* [oben in den Wolken]; die Sonne steht h. *(ganz oben)* am Himmel; ein h. gelegener, noch höher gelegener Ort; h. *(in großer Höhe)* über den Dächern der Stadt; ein h. aufgeschossener

(schnell gewachsener großer) Junge; nach Hamburg h. (ugs.; *nach Norden);* ÜBERTR.: ein hohes Niveau; ein hoher Lebensstandard; Ⓡ wer h. steigt, fällt tief; b) *eine bestimmte Höhe aufweisend; in bestimmter Höhe:* ein 1 800 Meter hoher Berg; die Mauer ist zwei Meter h.; das neue Gebäude ist wesentlich höher als das alte; dieser Baum ist um einige Meter höher als der andere; der Schnee liegt einen Meter h.; der Ballon schwebt einige Hundert Meter h. über der Erde; er wohnt eine Treppe h. *(in der ersten Etage),* eine Etage höher; der Ort liegt 1 800 Meter h. 2. a) *zahlen-, mengenmäßig groß:* ein hoher Geldbetrag; eine hohe Summe; hohe Mieten; höhere Löhne fordern; ein zu hohes Gewicht; ein hoher Alkoholgehalt; Personen mit hohem Einkommen; er fuhr mit hoher Geschwindigkeit; hohe Temperaturen; hohes *(heftiges)* Fieber; ein hoher Blutdruck; sie hat ein hohes Alter erreicht; er ist h. in den achtzig (ugs.; *ist weit über 80 Jahre alt);* die Unkosten, die Preise, die Gewinne sind sehr h., sind höher als im letzten Jahr; er ist h. *(auf eine hohe Summe)* versichert; die Kosten lagen höher als erwartet; er hat h. *(mit hohem Einsatz)* gespielt und h. *(mit großer Punktzahl)* verloren; die Preise immer höher schrauben *(kontinuierlich erhöhen);* h. bezahlte Mitarbeiter; ein h. verschuldetes Unternehmen; b) *zeitlich fortgeschritten, auf dem Höhepunkt stehend:* im hohen Mittelalter; es ist hoher Sommer; es ist hohe, höchste Zeit *(es ist schon sehr spät);* bis h. *(weit)* ins 18. Jahrhundert hinein. 3. *in einer Hierarchie o. Ä. oben stehend:* ein hoher Gast; hoher Besuch; ein hoher Offizier; ein höherer Beamter; der norwegische Läufer ist hoher Favorit; ein Angehöriger des hohen Adels; ein Mensch von hoher Bildung; eine hohe Ehre, Auszeichnung; ein hohes Amt; ein hoher Feiertag; eine Sache von höchster Bedeutung; er hat eine hohe *(sehr gute)* Meinung von dir; etw. auf höchster Ebene beraten; sie wollte sich an höchster Stelle beschweren; jmdn. höher stufen; h., höher stehende Persönlichkeiten. 4. a) *sehr groß; äußerst:* hohe Ansprüche stellen; ein hohes Maß an Verantwortungsbewusstsein zeigen; sie steht in hohem Ansehen; die Sache verlief zur höchsten Zufriedenheit aller; sie waren in höchster Gefahr; die Anforderungen waren sehr h.; diese Strafe ist zu h.; h. gesteckte Ziele; qualitativ h. stehende Produkte; SUBST.: nach Höherem streben; b) ⟨verstärkend bei Adjektiven und Verben⟩ *sehr:* jmdn. h. verehren; h. erfreut, h. willkommen sein; jmdm. etw. h. anrechnen; es ist höchst wahrscheinlich, dass ...; er ist h. begabt, h. qualifiziert; er war höchst erstaunt; SUBST.: aufs Höchste erstaunt sein; 5. *hell klingend:* eine hohe Stimme, Stimmlage; ein hoher Sopran; hohe und tiefe Töne; das hohe C; ein Lied zu h. anstimmen.

6. /Bezeichnung der mathematischen Potenz/: zwei h. drei (2³);

* **jmdm./für jmdm. zu hoch sein** (ugs.; *von jmdm. nicht begriffen werden*) · **etw. [nicht so] hoch, höher hängen** (ugs.; *etw.* [nicht so] *wichtig, wichtiger nehmen*) · **wenn es/wenns hoch kommt** (ugs.; *höchstens*): wenns h. kommt, waren [gerade mal] 50 Leute da.

Hochachtung, die: größte H. vor jmdm. haben; als Ausdruck seiner H. widmete er das Werk seinem Lehrer; jmdm. mit H. begegnen; /Grußformel am Briefende/: ... und verbleiben mit vorzüglicher H. ...

hochachtungsvoll: /meist in Grußformeln am Briefschluss in förmlichen Schreiben/: ... und verbleibe h. ...; Hochachtungsvoll Hans Meyer.

hocharbeiten ⟨sich h.⟩: sich Dienstgrad um Dienstgrad h.; er hat sich in kurzer Zeit [vom Buchhalter zum Abteilungsleiter] hochgearbeitet.

Hochdruck, der: ⟨bes. in den Wendungen⟩ **es herrscht Hochdruck** *(es wird unter größter Kräfteanspannung gearbeitet)*: im Betrieb herrscht zurzeit H. · **mit/unter Hochdruck** (ugs.; *äußerst intensiv und mit großer Eile*): mit/unter H. arbeiten; die Angelegenheit wurde mit H. betrieben.

hochfahren /vgl. hochfahrend/: **1.** (ugs.) **a)** *hinauffahren:* mit dem Lift in den 10. Stock h.; **b)** ⟨jmdn., etw. h.⟩ *an einen höher gelegenen Ort befördern:* er hat uns, unser Gepäck zur Skihütte hochgefahren. **2.** *auffahren:* erschrocken, verärgert h.; sie fuhr aus dem Schlaf hoch, als es klingelte. **3. a)** (Technik) *erhöhen:* die Produktion h.; der Ofen *(seine Temperatur)* wird auf 2 000 Grad hochgefahren; **b)** (EDV) *booten:* den Computer, den Rechner h.

hochfahrend (geh.): *hochmütig:* ein hochfahrendes Wesen; er ist, benimmt sich sehr h.

hochgehen: 1. a) *sich in die Höhe bewegen:* die Schranke, der Vorhang geht hoch; Übertr.: die Preise sind wieder hochgegangen *(gestiegen);* **b)** (ugs. landsch.) *hinaufgehen:* die Treppe, den Berg h.; geh rasch hoch und hol deine Sachen; **c)** (ugs.) *explodieren:* die Minen, mehrere Panzer gingen hoch; die Attentäter ließen das Botschaftsgebäude h. (salopp; *sprengten es*). **2.** (ugs.) *wütend werden:* du musst nicht immer gleich h. **3.** (ugs.) *von der Polizei o. Ä. aufgedeckt werden:* sie wären beinahe hochgegangen; eine Verschwörergruppe h. lassen.

hochhalten: 1. ⟨jmdn., etw. h.⟩ *in die Höhe halten:* die Arme h.; der Vater hielt das Kind hoch, damit es im Gedränge etwas sehen konnte. **2.** ⟨etw. h.⟩ *in Ehren halten:* die Wahrheit h.; eine alte Tradition, seine Ideale h.

hochleben: ⟨in Verbindungen wie⟩ **jmd., etw. lebe hoch!** (Hochruf, den man auf jmdn., etw. ausbringt): der Sieger, die Freiheit lebe hoch! · **jmdn. hochleben**

lassen *(einen Hochruf auf jmdn. ausbringen):* sie ließen den Jubilar h.

Hochmut, der: H. gegenüber jmdm.; er sollte seinen geistigen H. ablegen; voll H. auf jmdn. herabsehen; von H. erfüllt sein; Ⓡ H. kommt vor dem Fall.

hochmütig: ein hochmütiges Wesen; eine hochmütige Miene aufsetzen; sie ist, wirkt sehr h.

hochnehmen: 1. a) ⟨etw. h.⟩ *in die Höhe halten:* die Schleppe h.; **b)** ⟨jmdn., etw. h.⟩ *vom Boden aufnehmen:* den Korb h.; sie nahm das weinende Kind hoch *(auf den Arm).* **c)** (landsch.) *mit nach oben nehmen:* kannst du meinen Koffer mit h.? **2.** (ugs.) ⟨jmdn. h.⟩ **a)** *sich über jmdn. lustig machen:* ich lass mich nicht dauernd h.; der Junge wurde von seinen Kameraden hochgenommen; **b)** *jmdn. zu viel Geld abnehmen:* in der Bar hat man uns ganz schön hochgenommen. **3.** (Jargon) ⟨jmdn. h.⟩ *fassen und verhaften:* die Polizei fand Hinweise genug, um ihn, die Bande hochzunehmen.

hochspielen ⟨etw. h.⟩: eine politische Frage h.; die Affäre ist in den Zeitungen, von der Presse hochgespielt worden; der Film wurde von der Kritik hochgespielt.

höchst: ↑ hoch.

höchstens: a) *nicht mehr als:* ich warte h. zehn Minuten; bei der Versammlung waren h. 200 Personen anwesend; diese Behauptung trifft h. in drei/in h. drei Fällen zu; **b)** *außer, es sei denn:* er geht nicht aus, h. gelegentlich ins Kino.

Hochzeit, die: eine große H.; die H. ist, findet im Mai statt; die H. wurde auf den 26. Juni festgesetzt; die H. ausrichten; H. feiern, machen, halten; jmdn. zur H. einladen.

* **grüne Hochzeit** *(Tag der Heirat)* · **silberne Hochzeit** *(25. Jahrestag der Heirat)* · **goldene Hochzeit** *(50. Jahrestag der Heirat)* · **diamantene Hochzeit** *(60. Jahrestag der Heirat)* · **eiserne Hochzeit** *(65. Jahrestag der Heirat)* · **nicht auf zwei Hochzeiten tanzen können** (ugs.; *nicht an zwei Veranstaltungen, Unternehmungen zugleich teilnehmen können*).

hocken: 1. a) ⟨irgendwo h.⟩ *in die Kniebeuge sitzen:* die Kinder hocken auf dem Boden; sie haben/(südd., österr., schweiz.:) sind im Sandkasten gehockt; **b)** ⟨sich irgendwohin h.⟩ *sich in Hockstellung setzen:* ich hockte mich auf die Treppe, ins Gras; sie hockten sich ums Feuer; **c)** (ugs.) ⟨irgendwo h.⟩ *zusammengedrückt sitzen:* sie hockte in einer Ecke des Zimmers; die Hühner haben/(südd., österr., schweiz.:) sind auf der Stange gehockt. **2.** (ugs. abwertend) ⟨irgendwo h.⟩ *sich aufhalten:* er hat/(südd., österr., schweiz.:) ist den ganzen Tag zu Hause, am/hinter dem Schreibtisch, im Wirtshaus gehockt; immer zu Hause h. *(seine Freizeit verbringen).* **3.** (Turnen) *mit angewinkelten Beinen über ein*

Gerät, von einem Gerät springen: die Turnerin ist über das Pferd, vom Barren gehockt.
Hof, der: **1.** *[von Mauern umgebener] Platz:* ein großer, enger, dunkler, lichtloser H.; die Kinder spielen auf dem/im H.; das Fenster, Zimmer geht auf den H.; er stellte sein Rad im H. ab; die Zimmer liegen alle nach dem H. [hinaus]. **2.** *Bauernhof:* ein stattlicher, einsam gelegener H.; einen H. erben, bewirtschaften, verpachten; man vertrieb ihn von seinem H.; in einen H. einheiraten. **3. a)** *Fürstenhof:* der kaiserliche, königliche H.; die europäischen Höfe; der H. Ludwigs XIV.; am H. leben, verkehren; bei Hof[e] Zutritt haben, eingeführt werden; **b)** *Hofstaat:* der ganze H. war um den König versammelt. **4.** *Gestirne umgebender Nebelkreis:* der Mond hat heute einen H.
hoffen: a) ⟨etw. h.⟩ *zuversichtlich erwarten:* das Beste h.; das will ich nicht h.; ich hoffe, dass du gesund bist; wir hoffen, Ihnen hiermit gedient zu haben, und verbleiben ...; ich hoffe, es stimmt; ich hoffe nicht, dass das dein Ernst ist *(das darf wohl nicht dein Ernst sein);* das hatten wir nicht zu h. gewagt; wir wollen h. *(wir wünschen sehr),* dass sich die Lage bald bessert; da ist/da gibt es nichts mehr zu h. *(es ist hoffnungslos);* sie hatten nichts mehr zu h. *(es stand schlecht um sie);* **b)** ⟨auf jmdn., etw. h.⟩ *seine Hoffnung setzen:* auf baldige Genesung, auf gutes Wetter, auf ein Wunder h.; sie hofften auf die Freunde *(auf die Hilfe der Freunde);* **c)** *Hoffnung haben:* etw. lässt jmdn. wieder h.; die Schiffbrüchigen hatten kaum noch zu h. gewagt; SUBST.: alles Hoffen war vergebens.
hoffentlich: h. mutet sie sich nicht zu viel zu; du bist doch h. gesund; h. hast du Recht.
Hoffnung, die: eine zaghafte, vage, leichte, leise, törichte, trügerische H.; seine Hoffnungen wurden enttäuscht; seine H. schwindet, hat sich erfüllt; es besteht keine H. mehr; er, das ist meine einzige H. *(durch ihn, dadurch allein erhoffe ich mir eine Änderung meiner Lage);* er ist unsere olympische H. *(jmd., in den wir für die Olympiade große Erwartungen setzen);* es gab keine H. auf Besserung; die [sichere] H. haben, dass alles gut geht; seine H. auf jmdn., etw. setzen; die H. verlieren, aufgeben; alle H. fahren lassen; sie schöpfte neue H.; eine H. begraben *(etw. nicht mehr hoffen);* jmdm. seine H. nehmen, rauben; jmdm. H., Hoffnungen machen *(bei jmdm. eine bestimmte Erwartung wecken);* mach dir keine H., Hoffnungen! *(rechne nicht damit, dass dein Wunsch in Erfüllung geht!);* ich gebe mich nicht der Hoffnung hin, dass ...; sie klammerte sich an diese H.; in der H., ein interessantes Stück zu sehen, ging er ins Theater; sie wiegten sich in der H., das Spiel zu gewinnen; ohne H. auf Rettung; ohne H., voller H. sein; seine Leistungen berechtigen zu den schönsten, größten Hoffnungen

(man kann für die Zukunft noch viel von ihm erwarten).
höflich: ein höflicher junger Mann; ein höflicher Brief, Ton; h. grüßen; sich h. entschuldigen; h. um etw. bitten; wir bitten höflichst, das Versehen zu entschuldigen; ⟨h. [zu jmdm./jmdm. gegenüber]⟩ sie war sehr h. zu mir/mir gegenüber.
Höflichkeit, die: **1.** *höfliches Benehmen:* die übertriebene H. des Verkäufers störte sie; jmdm. eine H. erweisen; er stimmt nur aus H. zu; sie behandelte ihn mit äußerster, ausgesuchter, eisiger H. **2.** *höfliche Bemerkung:* jmdm. eine H. sagen; wir wechselten einige Höflichkeiten, tauschten nur Höflichkeiten aus.
Höhe, die: **1.** *Ausdehnung in vertikaler Richtung:* die H. des Tisches, der Vase; die H. des Baumes beträgt 40 Meter; der Berg hat eine H. von über 1 000 Metern; die lichte H. des Tunnels beträgt 4,5 Meter; Länge, Breite und H. von etw. bestimmen; er richtete sich in seiner ganzen H. *(Größe)* auf; in die H. *(nach oben)* steigen, klettern; den Arm in die H. heben *(hochheben);* in die H. fahren *(aufspringen);* das Kind, die Saat ist in die H. geschossen *(ist rasch gewachsen).* **2.** *bestimmte Entfernung über der Erdoberfläche, dem Meeresspiegel:* die H. eines Gestirnes messen; das Flugzeug konnte seine H. nicht halten; das Flugzeug gewann rasch an H.; aus dieser H. konnten sie den Ort kaum erkennen; die Baumgrenze liegt etwa bei 2 000 m H.; die Maurer arbeiteten in schwindelnder H.; in großen Höhen ist die Luft dünner; ÜBERTR.: er hat die Höhen *(Höhepunkte)* und Tiefen des Lebens kennengelernt; auf der H. *(dem Gipfelpunkt)* seines Erfolgs; sie steht auf der H. *(im Zenit)* des Lebens; die Zwischenhändler schraubten, trieben die Preise in die H. *(hoch);* der Sohn hoffte, den Betrieb wieder in die H. zu bringen *(dem Betrieb zu neuem Aufschwung zu verhelfen).* **3. a)** *in Zahlen ausdrückbare Größe, messbare Stärke o. Ä.:* die H. der Temperatur, der Geschwindigkeit, des Gehalts, der Preise, des Beitrages; die H. eines Tones; sie erhielt einen Preis in H. von 4 000 DM; **b)** *hoher Grad, beträchtliches Niveau:* die H. einer Leistung; eine bestimmte H. erreichen; der Nutzen entspricht nicht der H. des Aufwands. **4.** (Math.) *senkrechter Abstand eines Punktes von der Grundfläche, Grundlinie:* die H. des Dreiecks, des Zylinders berechnen. **5.** ⟨in Verbindung mit der Präp. auf⟩ *geographische Breite:* sie fuhren auf gleicher H.; wir sind auf der H. wie die Insel, auf der H. der Insel. **6.** *Anhöhe:* in die H. steigen; die Höhen des Weserberglandes;

⋆ [nicht] auf der Höhe sein (ugs.; *[nicht] gesund, leistungsfähig sein*) · auf der Höhe [der Zeit] sein/bleiben *(über den neuesten Stand von etw. unterrichtet sein und sich auf dem Laufenden halten):* durch seine ausgedehnte Lektüre ist er,

H

bleibt er fachlich immer auf der H. · **in die Höhe gehen** (ugs.; *wütend werden*): bei dem geringsten Vorfall geht sie gleich in die H. · **das ist ja die Höhe!** (ugs.; *das ist doch unerhört!*).

Höhepunkt, der: ein musikalischer H.; der H. des Tages, Abends, Festes, Lebens; den H. überschreiten; das Spiel erreichte seinen H., näherte sich dem H.; die Krise treibt ihrem H. zu; er steht auf dem H. seiner Karriere, seiner Macht.

höher: ↑ hoch.

hohl: 1. *ausgehöhlt:* ein hohler Zahn; eine hohle *(taube)* Nuss; der Baum ist innen h. **2.** *nach innen gebogen:* ein hohler Rücken; ein hohles Kreuz; hohle *(eingefallene)* Wangen; aus der hohlen Hand trinken; durch die hohlen *(wie ein Sprachrohr gehaltenen)* Hände rufen. **3.** *dumpf und tief klingend:* eine hohle Stimme; der Klang war h.; beim Klopfen klingt die Wand h.; der Kranke hustete h. **4.** (abwertend) *geistlos, ohne Substanz:* hohle Reden, Phrasen; ein hohler Schwätzer.

Höhle, die: a) eine dunkle, tiefe, enge H.; der Berg hat unterirdische Höhlen; die Jungen bauten gemeinsam eine H.; in einer H. übernachten; der Eingang zur H. wurde verschüttet; b) *Bau:* der Dachs schläft in seiner H.; ÜBERTR.: sie hausten in elenden Höhlen (abwertend; *schlechte Wohnungen*); ∗ **sich in die Höhle des Löwen begeben/wagen, in die Höhle des Löwen gehen** (scherzh.; *sich mutig an einen gefürchteten Menschen wenden*).

Hohn, der: beißender, bitterer, eisiger H.; er erntete nur Spott und H.; sie empfand es wie H.; sie überschüttete ihren Gegner mit Spott und H.; sie behandelten ihn voll H.; H. *(höhnisch)* lachen; ∗ **der reine/reinste/blanke Hohn sein** *(völlig absurd sein).*

höhnisch: eine höhnische Miene, Bemerkung; sein Blick war h.; er grinste, lachte h.

holen: 1. ⟨jmdn., etw. h.⟩ *herbringen:* Kartoffeln, Kohlen [aus dem Keller] h.; Brot vom Bäcker h. *(beim Bäcker einkaufen);* das Auto aus der Garage h. *(fahren);* morgen wird der Sperrmüll geholt *(abgeholt);* er holte ihm/für ihn einen Stuhl; die Polizei, die Feuerwehr, einen Handwerker h. *(herbeirufen);* den Arzt zu dem Kranken h.; jmdn. zu Hilfe h.; jmdn. nachts aus dem Bett h. *(aufsuchen [und ihn auffordern mitzukommen]).* **2.** ⟨sich (Dat.) bei/von jmdm. etw. h.⟩ *jmdn. um etw. bitten:* sich bei jmdm. Rat, Hilfe, Beistand h.; er hat sich von ihm die Erlaubnis geholt, früher nach Hause zu gehen; ⟨auch ohne Präpositionalobjekt⟩ sich Anregungen h.; ich hole mir meine Ideen überall. **3.** (ugs.) ⟨etw. h.⟩ *gewinnen:* in einem Wettbewerb einen Titel h.; sie holte zwei Medaillen für ihr Land; ⟨sich (Dat.) etw. h.⟩ sich den ersten Preis im Eiskunstlauf h. **4.** (ugs.) ⟨sich (Dat.) etw. h.⟩ *sich zuziehen:* sich eine Erkältung, eine Grippe h.; bei diesem Wetter

kann man sich ja den Tod h. *(kann man sehr krank werden);* ∗ **bei jmdm./da ist nicht viel, nichts [mehr] zu holen** (ugs.; *jmd. besitzt nicht viel, nichts [mehr]*).

Hölle, die: die Flammen, die Qualen der H.; in die H. kommen; zur H. fahren *(verdammt werden);* /Verwünschung/: zur H. mit diesen Verrätern, mit diesem Verfahren!; ÜBERTR.: die H. des Krieges; es war die reine H. mit ihm *(es war unerträglich);* ∗ **die grüne Hölle** *(der Urwald)* · **die Hölle auf Erden** *(etwas Unerträgliches, Grauenvolles)* · **die Hölle ist [irgendwo] los** (ugs.; *es herrscht [irgendwo] großer Aufruhr, Lärm*): in den überschwemmten Gebieten war die H. los; im Stadion ist die H. los. · **jmdm. die Hölle heiß machen** (ugs.; jmdn. *heftig zusetzen*) · **jmdn. zur Hölle wünschen** (geh.; jmdn. *verwünschen*).

höllisch: 1. a) *zur Hölle gehörend:* das höllische Feuer; höllische Geister; b) *schrecklich:* ein höllischer Krieg; sein höllischer Zynismus. **2.** (ugs.) a) *groß, stark:* höllische Schmerzen, Qualen; ein höllischer Spaß; höllischen Respekt, höllische Angst vor jmdm. haben; b) ⟨verstärkend bei Adjektiven und Verben⟩ *sehr:* sie ist h. gerissen, schlau; h. aufpassen; das tut h. weh.

holp[e]rig: 1. *uneben:* ein holp[e]riger Weg; das Pflaster war sehr h. **2.** *stockend:* eine holp[e]rige Ansprache; in holp[e]rigem Englisch.; h. lesen.

holpern: a) *auf unebenem Untergrund wackeln:* der Wagen hat sehr geholpert; b) ⟨irgendwohin h.⟩ *auf unebenem Untergrund fahren:* der Karren ist über die Straße, über das Pflaster geholpert.

Holz, das: **1.** nasses, trockenes, morsches, gesundes, helles, dunkles H.; harte, weiche Hölzer *(Holzsorten);* ein Stück, Stapel, Festmeter H.; eine Fuhre H.; das H. ist schön gemasert; das H. knistert im Kamin; H. fällen, schlagen, hacken, spalten, zu Brettern schneiden, sägen, beizen, polieren, aufschichten, stapeln; die H. verarbeitende Industrie; Möbel aus massivem H.; etw. aus H. schnitzen; die Wände mit H. verkleiden; sie heizen mit H.; der Baum steht noch gut im H. *(ist gesund),* ist zu sehr ins H. geschossen *(hat immer neue Zweige gebildet, hat aber nicht geblüht);* **2.** a) *hölzerner Gegenstand:* lange, runde Hölzer in die Erde rammen; der Stürmer traf zweimal H. (Fußball u. Ä.; *den Pfosten, Querbalken des Tores);* er traf den Ball mit dem H. (Tennis, Badminton; *mit dem Rahmen des Schlägers);* b) (Kegeln) *Kegel:* zwei H. stehen noch; er hat alle H. geschoben; /Keglergruß/: gut H.!; c) (Musik) *Gesamtheit der Holzblasinstrumente:* das H. muss etwas mehr hervortreten; ∗ **Holz in den Wald tragen** *(etwas Sinnloses, Unnötiges tun)* · **dastehen wie ein Stück Holz** *(steif und stumm dastehen)* · **viel Holz** (ugs.; *eine große Menge bes. von Geld*): 80 DM für dieses Buch ist viel H. · **aus anderem/feinerem/hartem/härterem Holz geschnitzt sein** *(ein anderes/feineres/*

hartes/härteres Wesen haben) · **nicht aus Holz
sein** (1. *auf sinnliche Reize wie andere auch reagieren.* 2). *nicht so gefühllos o. ä. sein, wie andere
denken*) · **aus dem Holz sein, aus dem man ...
macht** *(die Eigenschaften haben, die einen für ein
bestimmtes Amt o. Ä. geeignet erscheinen lassen):*
er ist nicht aus dem H., aus dem man Minister
macht.
hölzern:1. *aus Holz bestehend:* ein hölzerner Stiel,
Griff. **2.** *linkisch:* ein hölzernes Benehmen; eine hölzerne Ausdrucksweise; seine Bewegungen waren
recht h.
holzig: ein holziger Stängel; der Spargel, der Kohl-
rabi ist h.
Holzweg, der: ⟨nur in den Wendungen⟩ **auf dem
Holzweg sein; sich auf dem Holzweg befinden**
(im Irrtum sein): wenn du glaubst, dass dies gelingt, dann bist du auf dem H.
Homepage, die: eine [eigene] H. haben; eine H. [im
Internet] einrichten, erstellen, neu gestalten;
sich jmds. H. anschauen; jmds. H. besuchen; über
einen Link auf jmds. H. kommen; auf der H. er-
scheint/steht ...; auf/in die H. gehen; auf/in der
H. nachsehen; die Gestaltung der eigenen H.; die
Adresse der H. ist ...
Honig, der: flüssiger, fester H.; H. schleudern; die
Bienen sammeln H.;
* **jmdm. Honig um den Bart/ums Maul/um
den Mund schmieren** (ugs.; *jmdm. schmeicheln).*
Honorar, das: ein geringes, kleines, hohes, großzügiges H.; ein H. festsetzen, fordern, einnehmen;
mit jmdm. ein H. vereinbaren; jmdm. ein H.
[aus]zahlen; gegen H. arbeiten; bei Erfüllung des
Vertrages erhält der Mitarbeiter ein H. in Höhe
von 30 000 DM.
honorieren:1. *[jmdm.] für etw. ein Honorar o. Ä.
zahlen:*a) ⟨etw. [mit etw.] h.⟩ einen Beitrag, jmds.
Mitarbeit h.; eine Arbeitsleistung mit einem angemessenen Betrag h.; der Artikel wurde mit
100 Mark honoriert; sich etw. h. lassen;**b)** ⟨jmdn.
[für etw.] h.⟩ einen Rechtsanwalt, einen Arzt, einen freien Mitarbeiter h.; jmdn. für seine
Dienste, für seine Bemühungen h.
2. ⟨etw. [mit etw.] h.⟩ *anerkennen:* Offenheit,
Fairness wird nicht honoriert; ihre künstlerische
Leistung, sein soziales Engagement ist mit einer
Auszeichnung honoriert worden.
Hopfen, der: H. anbauen, pflücken;
* **bei jmdm. ist Hopfen und Malz verloren**
(ugs.; *bei jmdm. ist alle Mühe umsonst).*
hopsen (ugs.) ⟨[irgendwohin] h.⟩: der Ball hopst bis
an die Decke; die Kinder hopsten vor Freude
durch das Zimmer.
horchen: a) *sich bemühen, etw. zu hören:* angespannt, neugierig an der Wand, an der Tür h.; wir
horchten, ob sich die Schritte näherten;**b)** ⟨auf
etw. (Akk.) h.⟩ *einer Sache lauschen:* er horchte
auf die Schläge der Turmuhr.
hören:1. *akustisch wahrnehmen*a) ⟨irgendwie h.⟩

gut, schlecht, schwer h.; nicht h. können; sie hört
nur auf einem Ohr;**b)** ⟨jmdn., sich, etw. h.⟩ einen
Lärm, einen Knall h.; die Glocken läuten h.; den
Kuckuck h.; ich höre ihn schon von weitem; vor
Lärm kann man sich selbst, sein eigenes Wort
nicht h.; sie hört sich gerne reden; ich habe ihn
kommen h./gehört; ich höre, wie sie weinte; ich habe sagen h. *(zufällig gehört),* dass ...; /formelhafter Ausdruck, mit dem man jmdn. energisch um etw. bittet oder
seinen Protest ausdrückt/: hör mal!, hören Sie mal!;
hört, hört! *(soso!, seht mal an!;* Zwischenruf in Versammlungen); Ⓡ man höre und staune *(das Folgende ist kaum zu glauben).*
2. *anhören:* **a)** ⟨etw. h.⟩ eine Oper, Ansprache,
Vorlesung h.; der Priester hört die Beichte
(nimmt sie ab); Radio h. *(eine Sendung im Rundfunk verfolgen);* wir haben den Solisten schon oft
gehört;**b)** ⟨jmdn. h.⟩ man muss beide Parteien h.;
er wollte noch [vor der Abstimmung] gehört werden.
3. **a)** ⟨auf etw. (Akk.) h.⟩ *etw. aufmerksam lau-
schend verfolgen:* er hörte auf die Glockenschläge, auf die sich nähernden Schritte;**b)** ⟨auf
jmdn., etw. h.⟩ *befolgen:* auf jmds. Rat h.; sie hörten nicht auf ihn/auf das, was er sagte; der Hund
hört *(gehorcht)* aufs Wort; **c)** (ugs.) *gehorchen:*
der Junge will absolut nicht h.; wirst du bald h.!;
Ⓡ wer nicht h. will, muss fühlen.
4. **a)** ⟨etw. h.⟩ *erfahren:* etwas Neues h.; diese
Nachricht habe ich von ihm gehört; sie wollte es
nicht gehört haben *(gab vor, nichts davon zu wissen);* sie wollte davon nichts mehr h.; ich habe
seit langem nichts mehr von ihr gehört; man hat
nicht viel Gutes über sie gehört; nach allem, was
ich [über ihn] gehört habe, ...; wie ich höre, ist er
verreist; **b)** ⟨von etw. h.⟩ *Kenntnis erhalten:* er
hatte von der Katastrophe schon gehört; man
hatte wieder von heimlichen Verhaftungen gehört.
5. ⟨etw. an etw. (Dat.) h.⟩ *mit dem Gehör erkennen:* am Schritt hörte er, dass es sein Freund war;
an ihrer Stimme konnte man h., dass sie etwas
bedrückte;
* **jmdm. vergeht Hören und Sehen** (ugs.; *jmd.
weiß nicht mehr, was mit ihm geschieht):* er raste
über die Autobahn, dass uns Hören und Sehen
verging · **sich hören lassen** *(akzeptabel sein)*
· **[etwas, nichts] von sich hören lassen** *(jmdm.
[keine] Nachricht von sich geben):* sie ließ lange
nichts von sich h. · **[noch] von jmdm. hören:**
(1. *von jmdm. Nachricht erhalten:* Sie hören in
den nächsten Tagen von uns. 2. *die Folgen seines
Handelns noch von jmdm. zu spüren bekommen:*
Sie werden noch von mir h.!) · **[et]was von
jmdm. zu hören kriegen** (ugs.; *von jmdm. ausge-
scholten werden):* er hat vom Chef ganz schön
was zu h. gekriegt.
Hörer, der:**1. a)** *Zuhörer beim Rundfunk:* verehrte
Hörerinnen und H.!; die Meinung der Hörerin-

nen und H. erfahren; **b)** *Teilnehmer einer Vorlesung:* sich an der Universität als H. einschreiben lassen; **c)** (seltener) *Zuhörer:* bei interessanten Diskussionen ist er ein aufmerksamer H.
2. *Teil des Telefons:* den H. abnehmen, auflegen, einhängen, (ugs.:) hinknallen.
Horizont, der: 1. den H. mit dem Fernrohr absuchen; ein Schiff erscheint am H., taucht am H. auf; die Sonne steht am H., verschwindet am H., hinter dem H.; BILDL.: neue Horizonte *(Bereiche)* taten sich vor ihr auf; am politischen H. ziehen Wolken herauf.
2. *jmds.* geistiger Bereich: einen beschränkten, kleinen, engen, weiten H. haben; durch Lektüre seinen H. erweitern; das geht über seinen H. *(übersteigt sein Auffassungsvermögen).*
Horn, das: 1. *Auswuchs am Kopf bestimmter Tiere:* spitze, gerade, gebogene, gedrehte Hörner; der Stier senkte die Hörner, nahm den Torero auf die Hörner, verletzte ihn mit den Hörnern; ÜBERTR.: das H. (ugs.; *die Beule)* an der Stirn entstellte ihn.
2. *harte Substanz:* ein Kamm, ein Schirmgriff aus H.; ein Brillengestell aus H.
3. a) */ein Musikinstrument/:* [das] H. blasen; die Hörner im Orchester waren etwas zu laut; **b)** *Hupe:* ein elektrisches H.; das H. ertönen lassen;
* **sich die Hörner ablaufen/abstoßen** (ugs.; *[in der Liebe] durch Erfahrungen besonnener werden)* · **jmdm. Hörner aufsetzen** (ugs.; *den Ehemann betrügen)* · **jmdm. auf die Hörner nehmen** (ugs.; *jmdn. hart angreifen)* · **ins gleiche Horn blasen/stoßen/tuten** (ugs.; *jmdn. in seiner Meinung unterstützen)*: er sprach sich gegen den Plan aus, und seine Freunde bliesen natürlich ins gleiche H.
Horoskop, das: ein H. lesen; jmdm. das H. stellen; sie glaubt nicht an Horoskope.
Hort, der: 1. *Kindertagesstätte:* die Kinder gehen in den H., werden abends vom H. abgeholt.
2. (geh.) *Stätte, wo etw. besonders gepflegt wird:* ein H. der Freiheit, der Humanität; ein H. *(eine Zufluchtsstätte)* der Bedrängten und Verfolgten.
horten ⟨etw. h.⟩: Geld, Devisen h.; in Notzeiten werden Rohstoffe, Lebensmittel gehortet.
Hose, die: eine helle, schwarze, wollene, lange, enge, weite, ausgebeulte, abgetragene H.; eine H. aus Popeline; eine H. mit/ohne Bundfalten, mit Umschlägen, mit einem Gummizug [in der Taille]; die H. war ihm zu weit, rutschte, saß gut, passte nicht; eine H. schneidern; die H. anziehen, ausziehen, hochkrempeln, bügeln; die H. durchsitzen; sich eine neue H., ein Paar neue Hosen kaufen; in kurzen Hosen herumlaufen; das Kind hat in die H. gemacht; ÜBERTR.: Hosen runter! (Skat; *Karten aufdecken!;* beim Null ouvert);
* **tote Hose** (bes. Jugendspr.; *Ereignislosigkeit, Schwunglosigkeit)*: auf der Fete war echt tote H. *(war nichts los)* · **[zu Hause, daheim] die Hosen**

anhaben (ugs.; *als Frau im Hause zu bestimmen haben)* · **die Hosen runterlassen** (salopp; *die Wahrheit bekennen)* · **jmdm. die Hosen strammziehen** (fam.; *jmdn. verprügeln)*: der Vater zog ihm die Hosen stramm · **sich auf die Hosen setzen** (fam.; *fleißig lernen)* · **sich** (Dat.) **[vor Angst] in die Hose/Hosen machen** (die Hose/Hosen [gestrichen] voll haben (salopp; *große Angst haben)* · **in die Hosen gehen** (salopp; *missglücken).*
Hotel, das: ein großes, kleines, erstklassiges, teures, billiges H.; das erste *(beste)* H. am Platz; im H. übernachten; in welchem H. sind Sie abgestiegen, wohnen Sie?; H. Adler; H. zur Post.
hübsch: 1. *gefällig im Äußeren:* ein hübsches Mädchen, Kind, Gesicht, Kleid; eine hübsche Wohnung; ein hübsches Städtchen; eine hübsche Melodie, Stimme; sie ist auffallend h.; den geblümten Stoff finde ich am hübschesten; es wäre doch h. *(nett),* wenn wir gemeinsam verreisen könnten; sie singt sehr h.; das Zimmer war sehr h. eingerichtet; sei sich noch h. machen *(sich zurechtmachen);* SUBST. (ugs.): na, ihr beiden Hübschen?; das ist ja eine hübsche (ugs. iron.; *unerfreuliche)* Geschichte; das kann ja h. werden (ugs. iron.; *das kann sich noch unangenehm auswirken).*
2. (ugs.) **a)** *beträchtlich:* eine hübsche Summe; ein hübsches Stück Arbeit; der Ort liegt ein hübsches Stück von hier entfernt; **b)** ⟨verstärkend bei Adjektiven und Verben⟩ *sehr, ziemlich:* der Koffer ist h. schwer; sie hat sich ganz h. erkältet; er war ganz h. betrunken.
3. (ugs.) *wie es erwartet wird, wie es sein soll:* immer h. der Reihe nach!; nur immer h. langsam!; sei h. still!; du sollst wir h. bleiben lassen.
Hucke, die: ⟨in bestimmten Wendungen⟩ **jmdm. die Hucke voll hauen** (ugs.; *jmdn. verprügeln)* · **sich die Hucke voll lachen** (ugs.; *aus Schadenfreude sehr lachen)* · **jmdm. die Hucke voll lügen** (ugs.; *jmdn. sehr belügen, anlügen)* · **sich die Hucke voll saufen** (salopp; *sich sehr betrinken)* · **die Hucke voll kriegen** (ugs.; *kräftig verhauen werden).*
Hüfte, die: schmale, breite Hüften; die Hände in die Hüften stützen; die Arme in die Hüften stemmen; der Verbrecher feuerte aus der H.; sie wiegt sich beim Gehen in den Hüften; er hatte den Arm um ihre H. gelegt.
Hügel, der: ein kleiner, kahler H.; grüne, bewaldete, sanfte H.; sie gingen den H. hinauf; das Haus liegt auf einem H.; ÜBERTR.: ein H. von Sand, von Kohle.
Huhn, das: 1. */ein Haustier/:* ein weißes, braunes H.; ein junges, fettes, gebackenes, gebratenes, gekochtes H.; das H. gackert, scharrt im Sand, legt ein Ei, brütet, gluckt; die Hühner sitzen auf der Stange; [sich] Hühner halten; ein H. schlachten, ausnehmen, rupfen; sie aßen H. *(Hühnerfleisch)* mit Reis; eine ins gerupftes H. aussehen (ugs.;

schlecht frisiert sein); sie rannte plötzlich davon wie ein aufgescheuchtes/kopfloses H. (ugs.; *sehr aufgeregt, nervös*); ℝ ein blindes H. findet auch einmal ein Korn *(auch dem Unfähigsten gelingt einmal etwas);* da lachen ja die Hühner *(das ist ganz unsinnig, lächerlich).*
2. (ugs.) *Mensch:* sie ist ein komisches, närrisches, fideles H.; er ist ein dummes, verdrehtes, verrücktes, versoffenes H.;
∗ **mit jmdm. ein Hühnchen zu rupfen haben** (ugs.; *mit jmdm. noch etwas zu bereinigen haben)*
· **mit den Hühnern schlafen gehen/zu Bett gehen, aufstehen** (ugs., meist scherzh.; *sehr früh zu Bett gehen, aufstehen).*
Hühnerauge, das: ein H. entfernen lassen, schneiden; ein Pflaster auf das H. legen;
∗ **jmdm. auf die Hühneraugen treten** (ugs.; 1. *jmdn. durch sein Verhalten an einer empfindlichen Stelle treffen.* 2. *jmdn. nachdrücklich an etw. zu Erledigendes erinnern).*
huldigen: 1. ⟨jmdm. h.⟩ **a)** (geh.) *seine Verehrung zum Ausdruck bringen:* das Publikum huldigte dem Künstler, dem Preisträger mit langen Ovationen; **b)** (früher) *sich jmds. Herrschaft unterwerfen:* dem König, dem Fürsten h. **2.** (geh., öfter leicht iron.) ⟨etw. (Dat.) h.⟩ **a)** *etw. vertreten:* einer Ansicht, einer Anschauung h.; einer Sitte, einer Tradition h.; **b)** *frönen:* dem Kartenspiel h.; sie huldigte dem Alkohol.
Hülle, die: eine durchsichtige, schützende H. über etw. breiten; die äußere H. entfernen, abstreifen; die H. des Denkmals wegnehmen; den Regenschirm, die Brille aus der H. *(dem Futteral)* ziehen; sie steckte den Ausweis in die H.; eine H. aus Leder, aus Plastik; eine H. für ein Buch; die Hüllen fallen lassen (ugs. scherzh.; *sich entkleiden);*
∗ **die sterbliche Hülle** (geh. verhüll.; *jmds. Leichnam)* · **in Hülle und Fülle** *(im Überfluss):* Schmuck in H. und Fülle; Arbeit gibt es hier in H. und Fülle.
hüllen: a) ⟨jmdn., sich, etw. in etw. (Akk.) h.⟩ *einwickeln:* Blumen in Papier h.; sie hüllte das Kind in eine Decke; sie hüllten sich in ihre Mäntel; ÜBERTR.: die Berge waren in Nebel, der Weg war in [tiefes] Dunkel gehüllt; der Hergang des Unglücks blieb in Dunkel gehüllt *(klärte sich nie auf);* **b)** ⟨etw. um jmdn., etw. h.⟩ *als Hülle um jmdn., etw. legen:* er hüllte einen Schal um sie, um ihre Schultern; ⟨jmdm., sich etw. um etw. h.⟩ er hüllte ihr, sich eine Decke um die Beine.
human: 1. (bildungsspr.) **a)** *menschenfreundlich:* eine humane Einstellung; ein humaner Vorgesetzter; **b)** *menschenwürdig:* humaner Strafvollzug; die Gefangenen h. behandeln. **2.** (Med.) *beim Menschen vorkommend:* im humanen Bereich vorkommende Viren.
humanitär: eine humanitäre Organisation; humanitäre Zwecke, Bestrebungen, Aufgaben; humanitäre Ziele verfolgen; dem Land wurde humani-

täre Hilfe zugesichert; etw. aus humanitären Gründen ablehnen, befürworten.
Hummel, die: eine große, dicke H.; die H. brummt, summt, fliegt von Blume zu Blume, bestäubt die Blüten; ÜBERTR.: sie war schon immer eine wilde H. (scherzh.; *ein lebhaftes, temperamentvolles Mädchen);*
∗ **Hummeln im Hintern haben** (salopp; 1. *nicht stillsitzen können.* 2. *von ruheloser Aktivität erfüllt sein).*
Humor, der: einen köstlichen, goldenen, trockenen, gesunden H. haben, besitzen; schwarzer *(makabrer)* H.; der englische, rheinische, Kölner H.; keinen H. haben *(sehr leicht verärgert reagieren);* man soll nicht den H. verlieren; er hat keinerlei Sinn für H. *(er ist humorlos);* etw. mit H. aufnehmen, tragen; sie ist ohne jeden H.; ℝ du hast, er hat usw. [ja vielleicht] H.! *(was soll denn das?; so geht das nicht!);* H. ist, wenn man trotzdem lacht.
humorvoll: ein humorvoller Mensch, Lehrer; humorvolle Erzählungen; er ist sehr h.; etw. h. vortragen.
humpeln: a) *hinken:* nach dem Unfall hat/ist er noch einige Zeit gehumpelt; **b)** ⟨irgendwoher/irgendwohin h.⟩ *sich hinkend fortbewegen:* vom Spielfeld h.; er ist nach dem Sturz mühsam nach Hause gehumpelt; eine alte Frau humpelte über die Straße.
Hund, der: **1.** ein junger, großer, rassereiner, kluger, treuer, herrenloser, streunender, tollwütiger H.; Vorsicht, bissiger H.!; ein H. mit einem struppigen Fell, mit Hängeohren; der H. bellt, schlägt an, kläfft, gibt Laut, winselt, heult, jault, knurrt; der H. wedelt mit dem Schwanz; der H. hat den Fremden angesprungen, gebissen; sich einen H. halten; einen H. spazieren führen; an die Leine führen, anleinen, loslassen; Hunde züchten, dressieren, abrichten; die Polizei hetzte die Hunde auf den Verbrecher; ℝ da liegt der H. begraben (ugs.; *das der entscheidende, schwierige Punkt);* da wird der H. in der Pfanne verrückt! (salopp; *das ist ja nicht zu fassen!);* von dem nimmt kein H. ein Stück Brot [mehr] (ugs.; *er wird von allen verachtet);* den Letzten beißen die Hunde *(der Letzte hat alle Nachteile);* Hunde, die [viel] bellen, beißen nicht *(jmdn., der leicht aufbraust, braucht man im Grunde nicht zu fürchten);* viele Hunde sind des Hasen Tod *(gegen eine Übermacht kann der Einzelne nichts ausrichten);* kommt man über den H., kommt man auch über den Schwanz *(hat man das meiste oder Schwierigste geschafft, dann werden die Kräfte oder Möglichkeiten auch noch für den Rest ausreichen).* **2.** (salopp) *Mensch:* ein feiger, fauler, dummer, blöder, falscher, gemeiner H.; er ist ein krummer H. *(ein zwielichtiger Bursche);* einen H. helfen; er war damals noch ein junger H.; /oft als Schimpfwort/: du H.! *(du Lump!);*
∗ **ein dicker Hund** (ugs.; 1. *eine Ungeheuerlich-*

H

keit, eine Frechheit. 2. *eine Süßspeise)* · **bekannt wie ein bunter Hund** (ugs.; *überall bekannt);* · **schlafende Hunde wecken** *(unvorsichtigerweise auf etw. aufmerksam machen und sich dadurch Unannehmlichkeiten bereiten)* · **mit etw. keinen Hund hinter dem Ofen hervorlocken** [können] (ugs.; *mit etw. niemandes Interesse wecken [können])* · **jmdn. wie einen Hund behandeln** (ugs.; *jmdn. sehr schlecht behandeln)* · **auf den Hund kommen** (ugs.; *in schlechte Verhältnisse geraten)* · **jmdn. auf den Hund bringen** (ugs.; *jmdn. ruinieren)* · **auf dem Hund sein** (ugs.; *ruiniert sein)* · **mit allen Hunden gehetzt sein** (ugs.; *sehr raffiniert sein)* · **vor die Hunde gehen** (ugs.; *zugrunde gehen).*

hundert: a) ⟨Kardinalzahl; in Ziffern: 100⟩ ein Saal mit h. Tischen; von eins bis h. zählen; auf dem Platz waren an die h. Menschen versammelt; ich wette h. zu eins *(weiß genau),* dass er zustimmt; sie fuhr mit h. Sachen (ugs.; *mit hoher Geschwindigkeit);* b) ⟨Plural⟩ /in unbestimmten, nicht durch eine Ziffer darstellbaren Mengenangaben/: hunderte/(auch:) Hunderte kleiner Kinder erkrankten; hunderte/(auch:) Hunderte von Menschen demonstrierten; viele h./(auch:) Hundert/ (auch:) hunderte/(auch:) Hunderte fanden keinen Einlass; der Protest weniger h./(auch:) Hundert/(auch:) hunderte/(auch:) Hunderte; der Protest hunderter/(auch:) Hunderter; die Summe geht in die hunderte/(auch:) Hunderte (ugs.; *beträgt mehrere hundert Mark);* das weiß unter hunderten/(auch:) Hunderten nicht einer; sie lagerten zu hunderten/(auch:) Hunderten auf der Wiese; h. und aberhundert/(auch:) Hundert und Aberhundert Briefe; c) (ugs.) *sehr viele, unzählige:* er hat sich schon in h. Berufen versucht; sie wusste h. Neuigkeiten zu erzählen;

⋆ **auf hundert sein/kommen** (ugs.; *sehr erbost sein, in Wut geraten)* · **jmdn. auf hundert bringen** (ugs.; *jmdn. in Wut, Zorn versetzen).*

Hundert, das: a) *Einheit von hundert Stück, Dingen, Lebewesen:* ein halbes H.; mehrere H. Pioniere; wir haben einige H. *(Packungen von je 100 Stück)* Büroklammern geliefert; das H. voll machen; [vier] vom H. *(Prozent);* b) ⟨Plural⟩ /in unbestimmten Mengenangaben/: ↑ hundert (b).

hundertmal, (bei besonderer Betonung:) **hundert Mal** ⟨in Ziffern: 100-mal⟩: a) diese Strecke ist er schon über h. gefahren; b) (ugs.) *unzählige Male:* das habe ich dir doch schon h. gesagt; muss man denn h. *(immer wieder)* dasselbe sagen?; und wenn er es h. *(noch so sehr)* behauptet, ich habe es nicht getan.

hundertste ⟨Ordinalzahl; in Ziffern: 100.⟩: er war der h. Besucher der Ausstellung; die Oper wird heute zum hundertsten Male aufgeführt;

⋆ **vom Hundertsten ins Tausendste kommen** *(vom eigentlichen Thema abschweifen).*

Hunger, der: 1. großer, schrecklicher H.; der H.

quälte ihn; H. leiden; H. bekommen, verspüren; er hatte H. wie ein Bär, wie ein Wolf; seinen H. mit etw. stillen; plötzlich verspürte sie großen H. *(Appetit)* auf ein Schnitzel; vor H./(auch:) an H./ (geh.:) hungers sterben *(verhungern);* die Kinder sterben schon vor H. (ugs.; *haben sehr starken Hunger);* ihm knurrte vor H. der Magen; wir fallen bald um vor H.; ⟨Ⓡ⟩ H. ist der beste Koch *(wenn man Hunger hat, schmeckt auch das weniger gute Essen);* der H. treibts rein/hinein (ugs.; *weil man Hunger hat, isst man eben auch etwas, was man eigentlich gar nicht mag).* 2. *Hungersnot:* in den Nachkriegsjahren herrschte großer H.; die Bevölkerung hatte unter H. und Kälte zu leiden. 3. (geh.) *Bedürfnis:* H. nach Gerechtigkeit, nach Ruhm; H. nach frischer Luft.

hungern: 1. a) *Hunger leiden:* die Bevölkerung hungerte im Krieg; sie hat die Kinder h. lassen; sie brauchten nicht zu h.; sie hungert *(fastet),* um abzunehmen; b) ⟨sich irgendwie h.⟩ *sich durch Hungern in einen bestimmten Zustand bringen:* sich schlank, wieder gesund h.; du hungerst dich noch zu Tode. 2. (geh.) ⟨nach etw. h.⟩ *verlangen:* nach Macht, nach Ruhm h.; ⟨jmdn. hungert [es] nach etw.⟩ es hungerte sie/sie hungerte nach Verständnis, nach Liebe.

Hungertuch, das: ⟨in der Wendung⟩ **am Hungertuch nagen** (ugs.; *Not leiden).*

hungrig ⟨h. [nach etw.]⟩: 1. *Hunger empfindend:* ein hungriges Kind; er war h. wie ein Bär *(war sehr hungrig);* sie waren h. wie die Wölfe *(hatten großen Hunger);* sie setzten sich h. zu Tisch; Seeluft macht h.; sie war h. nach Fisch *(hatte Lust darauf).* 2. (geh.) *begierig, verlangend:* hungrige Augen haben; ein hungriges Gesicht machen; nach Anerkennung, nach Abenteuern h. sein *(sich danach sehnen).*

Hupe, die: die H. betätigen; auf die H. drücken.

hupen: dreimal, kurz, lang gezogen h.; die Fahrer begannen wütend zu h.; der Fahrer, das Auto hupte mehrmals.

hüpfen: a) *springen:* der Hase, der Vogel, der Frosch hüpft; auf der Stelle, auf einem Bein h.; die Kinder hüpfen auf dem Hof; BILDL.: der Kahn hüpfte auf den Wellen; b) ⟨irgendwo[hin] h.⟩ *sich in kleineren Sprüngen fortbewegen:* durch den Garten, über den Platz, zur Tür h.; sie hüpften den Weg entlang; der Hase hüpfte ins Feld; er hüpfte mit einem Sprung ins Bett;

⋆ **das ist gehüpft/gehupft wie gesprungen** (ugs.; *das ist völlig gleich, ist einerlei).*

Hürde, die: 1. (Sport) *Hindernis:* eine H. überspringen, nehmen, reißen; er blieb an der letzten H. hängen; sie siegte über 200 Meter Hürden *(im Hürdenlauf über 200 Meter).* 2. (Landw.) a) *tragbare Einzäunung:* die Hürden zusammenstellen; **b)** *von Hürden eingeschlosse-ner Weideplatz:* Schafe in die H. treiben; ⋆ **eine Hürde nehmen** *(eine Schwierigkeit überwinden).*

huschen ⟨irgendwohin h.⟩: aus dem Zimmer h.; die Maus huschte in ihr Versteck; BILDL.: ein Lächeln huschte über ihr Gesicht.

hüsteln: sie hüstelte ärgerlich, verlegen, diskret; SUBST.: mit einem Hüsteln versuchte sie, ihn auf seinen Fehler aufmerksam zu machen.

husten: 1. *Luft infolge einer Reizung heftig, stoßweise [und laut] ausstoßen:* laut, stark, die ganze Nacht h.; sie war erkältet und musste ständig h.; er hustet schon seit Tagen *(hat schon seit Tagen den Husten);* ⟨jmdm. irgendwohin h.⟩ er hustete ihm ins Gesicht; SUBST.: im Saal war ein halb unterdrücktes Husten zu hören. **2.** ⟨etw. h.⟩ *beim Husten auswerfen:* Blut, Schleim h.; ⋆ **jmdm. [et]was/eins husten** (salopp spött.; *keineswegs geneigt sein, jmds. Wunsch o.Ä. zu entsprechen).*

Husten, der: starker, chronischer, trockener, quälender H.; H. haben, bekommen; ein krampfhafter H. würgte ihn; der H. klingt allmählich ab.

¹Hut, der: */eine Kopfbedeckung/:* ein heller, schwarzer, weicher, großer, flotter, modischer, eleganter, neuer H.; ein H. mit breiter Krempe; der H. steht ihr [nicht], kleidet sie; den H. aufsetzen, abnehmen, [zum Grüßen] lüften, auf dem Kopf behalten, (ugs.:) aufbehalten; den H. vor jmdm. ziehen; sich den H. aufstülpen; ins Gesicht, in die Stirn drücken; den H. aufs linke Ohr setzen; einen H. aufprobieren, tragen; zur Begrüßung schwenkten sie ihre Hüte; zum Gruß an den H. tippen; er war schon in H. und Mantel *(war bereit zum Ausgehen);* er winkte mit dem H.; ℝ da geht einem der H. hoch! (ugs.; *das macht einen wütend!);* H. ab! (ugs.; *alle Achtung, allen Respekt!);* ⋆ **ein alter Hut sein** (ugs.; *altbekannt sein)* · **seinen Hut nehmen müssen** *(aus dem Amt scheiden, zurücktreten müssen)* · **sich** (Dat.) **etw. an den Hut stecken können** (ugs.; *etw. behalten können):* seine Geschenke kann er sich an den H. stecken! · **mit jmdm., etw. nichts am Hut haben** (ugs.; *mit jmdm., etw. nichts zu tun haben wollen)* · **jmdm. eins auf den Hut geben** (ugs.; *jmdn. tadeln)* · **eins auf den Hut kriegen** (ugs.; *getadelt werden)* · **jmdn., etw. unter einen Hut bringen** (ugs.; *jmdn., etw. in Übereinstimmung bringen):* es ist schwierig, alle Parteien, Interessen unter einen H. zu bringen · **vor jmdm., etw. den Hut ziehen** *(vor jmdm., etw. große Achtung haben).*

²Hut, die (geh.): ⟨in bestimmten Wendungen⟩ **auf der Hut sein** *(vorsichtig sein, sich in Acht nehmen):* bei, vor ihm muss man auf der H. sein · **in guter, sicherer Hut sein/stehen/sich befinden** *(in Sicherheit sein):* bei ihnen waren die Kinder in

guter H. · **in/unter jmds. Hut sein/stehen** *(unter jmds. Schutz stehen):* sie standen unter der H. der Eltern · **jmdn. in seine Hut nehmen** *(jmdn. beschützen).*

hüten: 1. a) ⟨jmdn., etw. h.⟩ *auf jmdn., etw. aufpassen:* etw. gewissenhaft, sorgsam, wie seinen Augapfel h.; die Kinder h.; sie hatte die Briefe ihr Leben lang gehütet *(aufgehoben);* **b)** ⟨ein Tier h.⟩ *auf der Weide beaufsichtigen:* das Vieh, die Kühe, Schafe, Ziegen h. **2.** ⟨sich vor jmdm., etw. h.⟩ *sich vor seinen Feinden h.;* hüte dich vor ihm!; sie muss sich vor jeder Art von Aufregung h.; ⟨auch ohne Präpositionalobjekt⟩ ich werde mich h., ihm das zu sagen; hüte dich, dass du nicht übervorteilt wirst;»Kommst du mit?« – »Ich werde mich h.!« (ugs.; *auf keinen Fall!).*

Hütte, die: eine kleine, armselige H.; die Hütten der Eingeborenen; eine H. aus Wellblech; eine H. bauen; in einer H. Schutz suchen; in einer H. im Gebirge übernachten; ℝ hier lasst uns Hütten bauen! *(hier wollen wir bleiben!).*

i: /Ausruf der Zurückweisung, des Ekels/: i, ist das glitschig; i, schmeckt das scheußlich!; /als verstärkte verneinende Antwort/: i bewahre!; i wo! (ugs.; *daran ist doch gar nicht zu denken!; nicht im Geringsten!).*

ich: i. für meinen Teil, an deiner Stelle hätte mich anders entschieden; Menschen wie i. und du *(wie jedermann);* i., der sich immer um Ausgleich bemüht/der i. mich immer um Ausgleich bemühe; i. oder du hast (nicht: habe) das getan; i. und du [,wir] haben uns gefreut; SUBST.: mein zweites, anderes, das liebe Ich; das eigene Ich *(die eigene Person)* zurückstellen, in den Vordergrund schieben.

ideal ⟨i. [für jmdn., etw.]⟩: ein idealer Urlaubsort; der ideale Partner; er ist der ideale Darsteller für diese Rolle; als Ehemann ist er nicht gerade i.; die Voraussetzungen, Bedingungen waren i.; das Haus liegt geradezu i. *(liegt äußerst günstig, schön);* die Hose ist i. für dich, für deine Figur; die Hose ist i. zum Wandern.

Ideal, das: **1.** *Inbegriff der Vollkommenheit:* ein unerreichbares I.; ein I. an Schönheit; sie ist das I. einer Gattin; in ihm hat er sein I. gesehen; jmdn., etw. I. machen, erheben. **2.** *höchstes erstrebtes Ziel:* ein hohes I.; bürgerliche Ideale; das I. der Freiheit; seine Ideale verwirklichen, verraten; keine Ideale mehr haben; seinen Idealen treu bleiben; einem I. nachstreben; für ein I. eintreten; die Jugend war voller Ideale, ist ohne Ideale.

Idee, die: 1. a) *Vorstellung:* eine neue, glänzende, revolutionäre I.; eine I. aufgreifen, verfechten, vertreten, entwickeln, weiterführen, verwirklichen, in die Tat umsetzen; sich an eine I. klammern; auf jmds. Ideen nicht eingehen; sich in eine I. verrennen; von einer I. nicht loskommen; er zeigte sich von ihrer I. begeistert; **b)** *Einfall:* eine gute, nette, glänzende, geniale, originelle I.; das ist eine [gute] I.!; das ist keine schlechte I. *(das könnte man wirklich tun);* sie hat ausgefallene Ideen; ich habe eine I. *(weiß, was wir tun könnten);* er hat mich erst auf diese I. gebracht; wie kam sie denn auf die I., plötzlich zu verreisen?; uns kam plötzlich die I. zu einem Fest; ein Film nach einer I. von X. **2.** *Leitbild:* marxistische Ideen; die I. der Freiheit; für eine I. eintreten, kämpfen, sich opfern; sie bekannte sich zur europäischen I.;
∗ **fixe Idee** *(unrealistische Vorstellung, die jmdn. beherrscht)* · **eine Idee** *(ein wenig):* die Hose ist [um] eine I. zu lang; es fehlt noch eine I. Salz · **keine/nicht die leiseste, geringste Idee von etw. haben** (ugs.; *von etw. überhaupt nichts wissen, verstehen):* ich habe keine I. von dem Plan.

ideell: ideelle Gesichtspunkte, Werte, Ziele, Bedürfnisse; etw. hat für jmdn. einen hohen ideellen Wert; der Nutzen ist materiell und i.; jmdn., etw. i. unterstützen.

identifizieren: 1. a) ⟨jmdn., etw. [als jmdn., etw.] i.⟩ *genau erkennen:* einen Verhafteten, eine Leiche i.; jmdn. anhand seiner Fingerabdrücke i.; das Auto konnte anhand der Motornummer identifiziert werden; er wurde als der gesuchte Täter identifiziert; **b)** ⟨jmdn., etw. mit jmdm., etw. i.⟩ *mit jmdm., etw. gleichsetzen:* man kann die öffentliche Meinung nicht mit der Meinung des Bürgertums i. **2.** ⟨sich mit jmdm., etw. i.⟩ *mit jmdm., etw. voll übereinstimmen:* sich mit dem Staat, mit den geistigen Strömungen seiner Zeit, mit den Zielen einer Organisation i. [können]; der Schauspieler identifiziert sich mit seiner Rolle; der Leser kann sich mit dieser Romangestalt nicht i.

Identität, die: 1. *Echtheit einer Person, Sache:* jmds. I. feststellen, klären, bestreiten, bestätigen; seine I. hinter einem Pseudonym verbergen; die chemische I. von Tein und Koffein; für jmds. I. bürgen; (Psych.:) seine I. finden, suchen. **2.** *Gleichheit:* die I. von zwei Dokumenten.

ignorieren ⟨jmdn., etw. i.⟩: eine Frage, jmds. Anwesenheit, einen Vorfall, ein Problem i.; er hat ihn, seine Aufforderung völlig ignoriert; sie versuchte zu i., dass er sich um sie bemühte.

ihr: 1. ⟨2. Person Plural Nom.⟩: i. folgt den anderen; warum habt i. nicht geschrieben?; i. Armen, in

Schönen; /im Brief/: ihr Lieben! Wann besucht ihr uns einmal? **2.** ⟨3. Person Singular Femininum Dat.⟩: ich sage es i.

illegal: eine illegale Aktion, Organisation, Partei; illegale Drogen; die illegale Einwanderung bekämpfen; die illegale Entsorgung von Altöl auf See; i. arbeiten, einwandern.

Illusion, die: verlorene Illusionen; es ist eine I., wenn du glaubst, ...; Illusionen haben; sich (Dat.) keine Illusionen [über etw.] machen; jmdm. seine Illusionen lassen, nehmen, rauben; sich einer I. hingeben; sich in der I. wiegen, dass ...; ein Mensch ohne Illusionen; um eine I. ärmer sein.

im: *in dem:* im Bett liegen; im Zimmer sitzen; steht noch im Beruf; /nicht auflösbar bei bestimmten geographischen Namen u. bestimmten Zeitangaben, in festen Verbindungen und in Verbindung mit einem substantivierten Infinitiv/: Freiburg im Breisgau; im Frühling; er kommt im Mai; im Allgemeinen; ich bin im Bilde; das Haus steht noch im Bau; der Junge ist noch im Wachsen.

imitieren ⟨jmdn., etw. i.⟩: Vogelstimmen, einen Schauspieler, die Lehrer i.; jmds. Gang, jmds. Sprache i.⟩ **·** ADJ. PART.: imitiertes *(künstliches)* Leder; imitierter *(unechter)* Schmuck.

immer: I. ⟨Adverb⟩: **1. a)** *stets, ständig:* er spart i. und hat doch nichts; sie ist i. in Eile; das Wetter war i. schön; sie blieb i. freundlich; i. und i. geschieht es wieder; ich wollte schon immer einmal nach Paris; sie ist i. nicht *(nie)* zu Hause; er ist nicht i. zu Hause *(ist zeitweilig, manchmal außer Haus);* mach alles wie i. *(wie gewohnt)!*; sie war für i. ruiniert; **b)** *nach und nach:* sie wird i. größer, i. reicher, i. unverschämter; er steigt i. höher; sein Leiden wird i. schlimmer. **2. a)** *jedes Mal:* i. wenn er kam, freuten wir uns; sie mussten i. wieder von vorn anfangen; wenn etwas los ist, ist er i. dabei; i. ich! (ugs.; *jedes Mal soll ich schuld sein!);* **b)** (ugs.) *jeweils:* die Patienten lagen i. zu viert in einem Zimmer; es sind i. sechs Stück in einem Karton; sie nahm i. zwei Stufen auf einmal. **3.** ⟨in Verbindung mit Interrogativpronomen und häufig mit *auch*⟩ /verallgemeinernd/: ich werde ihn zur Rede stellen, wo i. *(überall, wo)* ich ihn treffe; was auch i. *(alles, was)* du tust, ... **II.** ⟨Partikel⟩: **1. a)** ⟨betont; als Verstärkung von *noch*⟩: sie ist noch i. nicht da, kommt noch i. nicht/i. noch nicht; frech darfst du zu ihm nicht sein, er ist i. noch *(schließlich)* dein Vater; **b)** ⟨als Verstärkung von *nur* in Imperativsätzen⟩: lass ihn nur i. kommen! **2.** *nur* und /unbetont; als Verstärkung eines Grades/: nimm davon, so viel du i. kannst; er lief, so schnell er i. konnte; **b)** (ugs.) /zu Beginn einer kurzen Aufforderung/: i. langsam!; i. der Nase nach *(geradeaus)*!; i. her damit!

immerfort: du sollst nicht i. nörgeln und quengeln!; er starrte sie i. an.

immerhin: a) *wenigstens, zumindest:* wenn du meinst, dass du Erfolg hast, versuch es i.!; seine Leistungen sind zwar nicht ausreichend, i. bemüht er sich aber; wenn die Behandlung auch nicht sehr schmerzhaft ist, so ist sie i. unangenehm; b) *schließlich:* er ist i. dein Vater.

immerzu: sie ist i. krank; du sollst mich nicht i. unterbrechen; i. diese Nörgelei!

impfen ⟨jmdn. i.⟩: die Kinder gegen Pocken i.; sie hatten das Kind nicht i. lassen; ÜBERTR.: den muss ich noch i. (ugs.; *ihm etwas einschärfen*); er ist geimpft (ugs.; *ist indoktriniert*).

imponieren ⟨jmdm. i.⟩: jmdm. durch sein Wissen, seine Kenntnisse i.; seine Haltung hat mir imponiert; ⟨auch ohne Dat.⟩ der Sportler imponierte durch seine Leistungen; an ihm imponierte vor allem sein Mut; ein imponierender Mann, Lebenswille; es war imponierend, wie sie sich für die Sache einsetzte.

Import, der 1. ist höher als der Export, übersteigt den Export.
2. ⟨meist Plural⟩ *eingeführte Waren:* zollpflichtige Importe; die Importe werden durch Zölle verteuert.

importieren ⟨etw. i.⟩: Südfrüchte [aus Spanien] i.; Kapital in ein Land, nach Deutschland i.; einen Film i.; importierte Waren; BILDL.: die Schlagersängerin war aus Skandinavien importiert.

Impuls, der 1. a) *Anregung:* entscheidende, kräftige, fruchtbare, künstlerische Impulse gingen von dieser Bewegung aus; einem Gespräch neue Impulse geben; durch sie erhielt, empfing die Forschung wichtige Impulse; von ihm erhoffte man sich neue Impulse für die Europapolitik; b) *innere Regung:* einem I. nachgeben, folgen; einen I. [zu etw.] haben; sie tat es in einem plötzlichen I.
2. (Physik) *Strom- oder Spannungsstoß:* einen elektromagnetischen I. auslösen.

imstande, im Stande ⟨in bestimmten Verbindungen⟩ **zu etw. imstande, im Stande sein** (*fähig, in der Lage sein*) · **zu allem imstande, im Stande sein** (*sich nicht scheuen, etwas Unheilvolles zu tun*) · **imstande, im Stande sein und etw. tun** (iron.; *so töricht sein, etw. zu tun*): er ist i. und plaudert alles aus · **sich imstande, im Stande fühlen, etw. zu tun** (*sich in der Lage fühlen, etw. zu tun, zu leisten*).

in /vgl. im; ins/ ⟨Präp. mit Dat. und Akk.⟩: 1. /räumlich/ a) ⟨mit Dat.⟩ /zur Angabe der Lage, des Bereichs, einer Stelle, an der jmd. oder etw. vorhanden ist, vorkommt/: in Berlin, in der Stadt leben; die Kinder waren in der Schule (hatten Unterricht); diese Verse stehen in der Ilias; b) ⟨mit Akk.⟩ /zur Angabe der Richtung/: sich in einen Sessel setzen; in das Zimmer, ins Haus gehen; in die Schweiz fahren; die Punkte sind noch in die Zeichnung einzutragen; die Kinder gehen schon in die Schule (*sind schon Schüler*); er trat in die Partei ein.
2. /zeitlich/ a) ⟨mit Dat.⟩ /zur Angabe eines Zeitpunk-

tes, Zeitraums/: in dieser Zeit; in der Frühe; in der Jugend; in *(während)* der nächsten Woche werde ich Sie besuchen; in *(nach Ablauf)* einer Woche wird er die Arbeit wieder aufnehmen; sein Geburtstag ist heute in vierzehn Tagen; b) ⟨mit Akk.⟩ /zur Angabe einer zeitlichen Erstreckung/: die Bauarbeiten werden sich bis in den Herbst hinziehen; seine Erinnerungen reichen [bis] in die frühe Kindheit zurück.
3. ⟨mit Dat.⟩ /zur Angabe der Art und Weise/: in dieser Größe, in allen Farben; in derselben Art; in großer Zahl; in Mengen, in Scharen; etw. in Holz schnitzen; in Pantoffeln, in Hemdsärmeln *(in Jackett)* umherlaufen; sich in Nöten befinden; zu dem Fest kam sie in Weiß *(in weißer Kleidung)*; in Wirklichkeit, in Wahrheit verhält sich die Sache anders.
4. ⟨mit Dat. oder Akk.⟩ /stellt eine Beziehung zu jmdm., etw. her/: in allem Bescheid wissen; in [der] Mathematik ist sie sehr gut; in diesem Punkt stimme ich Ihnen zu; er ist sehr tüchtig in seinem Beruf; sich in jmdm. täuschen; sich in jmdn. verlieben; sie willigte sofort in unseren Vorschlag ein; ich konnte mich nur schwer in ihn, in seine Lage hineinversetzen; er handelt in (Kaufmannsspr.; *mit*) Gebrauchtwagen.

inbegriffen: die im Preis inbegriffene Benutzung der Sauna; die Nebenkosten sind i.; [die] Bedienung [ist] i.

indem: 1. /instrumental/ *dadurch, dass:* man ehrte den Schriftsteller, i. man ihn in die Akademie der Künste wählte.
2. /zeitlich/ *während:* i. er sprach, öffnete die Tür; i. sie ihm die Hand reichte ste ihn, Platz zu nehmen.

indessen: I. ⟨Adverb⟩ 1. /drückt einen Gegensatz aus/ *jedoch, aber:* man machte ihm mehrere Angebote, er lehnte i. alles ab; seine Ausführungen stießen auf großes Interesse, i. forderten sie an mehreren Stellen zum Widerspruch heraus.
2. *unterdessen, inzwischen:* es hatte i. begonnen zu regnen; du kannst i. anfangen.
II. ⟨Konj.⟩ /zeitlich/ *während:* i. sie las, unterhielten sich die anderen.

indirekt: ein indirekter Vorwurf; einen indirekte Einfluss ausüben; indirekte Steuern; indirekte Beleuchtung *(bei der man die Lichtquelle selbst nicht sieht)*; (Sport:) indirekter Freistoß; indirekte (Sprachw.:) *nicht wörtliche)* Rede; jmdn. i. auf etw. aufmerksam machen; sie hat ihn i. dazu gezwungen.

individuell: a) *auf das Individuum zugeschnitten:* eine individuelle Lösung des Falles; etw. i. den jeweiligen Bedürfnissen entsprechend planen, ausführen; i. betreute Räume werden die Gäste i. betreut; b) *durch die Eigenart eines Individuums geprägt:* individuelle Probleme, Bedürfnisse; ein individueller Geschmack, Stil; der Raum hat eine individuelle Note; i. gefertigte Stücke; die Reaktion ist i. verschieden.

Indiz, das: **1.** (Rechtsw.) ⟨häufig Pl.⟩ *Tatumstand:* ein ausreichendes I.; die Indizien sprechen gegen ihn; das Urteil stützt sich auf Indizien; aufgrund von Indizien verhaftet, verurteilt werden. **2.** (bildungsspr.) *Anzeichen:* dunkle Wolken sind ein sicheres I. für Regen.

Industrie, die: die japanische, deutsche I.; die Metall verarbeitende, die chemische I.; eine I. aufbauen, ansiedeln; die I. blüht, stagniert; hier gibt es kaum I.; die Stadt hat heute eine bedeutende I.; er arbeitet in der I., ist in der I. tätig, wird später einmal in die I. gehen (ugs.; *in der Industrie tätig sein*); die verschiedenen Industrien des Landes.

ineinander: a) *einer in den anderen:* i. verliebt sein; die Teile i. fügen; die Hände i. legen; die Fäden sind i. verwoben; b) *einer im anderen:* sie gingen ganz i. auf *(waren ganz einer für den anderen da).* Beachte: Nach neuer Rechtschreibung wird *ineinander* vom folgenden Verb immer getrennt geschrieben.

Inflation, die: eine schleichende, steigende, latente, galoppierende I.; die I. bekämpfen, dämpfen, stoppen; durch die I., in der I. *(Inflationszeit)* verloren sie ihr ganzes Vermögen; ÜBERTR.: eine I. von, an Literaturpreisen.

infolge: *aufgrund von:* I. ⟨Präp. mit Gen.⟩: i. der Überschwemmung gab es zahlreiche Obdachlose; i. dichten Schneetreibens konnte die Maschine nicht starten. II. ⟨Adverb; in Verbindung mit *von*⟩: i. von Massenerkrankungen; i. von Witterungseinflüssen.

Information, die: **1.** a) ⟨ohne Plural⟩ *das Informieren:* eine einseitige, sachliche I.; eine umfassende I. der Öffentlichkeit; der Bericht sorgt für eine gründliche I. des Lesers; zu Ihrer I. teilen wir Ihnen mit, dass ...; b) *Auskunft, Nachricht:* eine vertrauliche I.; falsche, verlässliche, zuverlässige, spärliche Informationen; eine I. bestätigen; Informationen erhalten, sammeln, einholen, liefern, austauschen, weitergeben, zurückhalten, auswerten; Informationen sickern durch; nach neuesten Informationen; nach seinen Informationen ist alles gut abgelaufen. **2.** *Auskunftsstelle:* in, bei der I. fragen; sie arbeitet in der I.

informieren: **a)** ⟨jmdn. [über etw. (Akk.)] i.⟩ *in Kenntnis setzen:* jmdn. rechtzeitig, eingehend, umfassend, ausreichend, in aller Kürze über die neuesten Ereignisse, über die politische Lage i.; soweit ich informiert bin, haben sich keine Änderungen ergeben; nach Ansicht informierter Kreise ist ein Treffen der Außenminister geplant; ⟨auch ohne Akk.⟩ der Pressesprecher informierte über die Vorgänge der letzten Tage; **b)** ⟨sich [über etw. (Akk.)] i.⟩ *sich Kenntnis verschaffen:* sich in der Zeitung, aus der Presse, anhand von Berich-

ten über etw. i.; der Präsident informierte sich an Ort und Stelle.

infrage, in Frage: ⟨in den Wendungen⟩ **infrage, in Frage kommen** *(in Betracht gezogen werden):* sie kommt für den Posten nicht i. · **jmdn., etw. infrage, in Frage stellen** *(an jmdm., etw. zweifeln):* er hat das ganze Projekt i. gestellt · **etw. infrage, in Frage stellen** *(etw. gefährden):* wegen seiner Erkrankung ist die Aufführung i. gestellt.

Inhalt, der: **1.** a) *etw., was in einem Gefäß o. Ä. enthalten ist:* der I. einer Flasche, eines Pakets; den I. der Tasche ausschütten; sie hat die Schachtel mitsamt dem I. weggeworfen; **b)** (bes. Math.) *Größe einer umschlossenen Fläche, eines umschlossenen Raums:* der I. des Glases beträgt *(das Glas fasst)* 0,5 Liter; den I. eines Dreiecks, eines Würfels berechnen. **2.** *das, was in etw. ausgedrückt, dargestellt wird:* der I. eines Dramas, eines Briefes, eines Gesprächs, eines Traums; I. und Form eines Gedichtes; den I. einer Rede wiedergeben; der Film hat einen Mord zum I.; ÜBERTR.: seinem Leben einen I. *(Sinn)* geben; eine Sache ihres Inhalts berauben.

Initiative, die: **1.** *Antrieb zum Handeln:* politische Initiativen; die entscheidende I. in dieser Angelegenheit ging von ihr aus; [keine] I. haben, besitzen, entwickeln; I. entfalten; jmdm. die I. überlassen; [in etw.] die I. ergreifen *(aktiv werden);* seiner I. war es zu verdanken, dass ...; es fehlt an I.; jmdm. fehlt zu etw. die/jegliche I.; das geht auf eine private I. zurück; auf seine I. hat man sich zu einigen Änderungen entschlossen; sie handelten aus eigener I. **2.** *Bürgerinitiative:* eine I. gründen; in einer I. mitarbeiten.

inklusive, der: I. ⟨Präp. mit Gen.⟩ *einschließlich:* i. aller Gebühren; i. des Portos; ⟨ein stark dekliniertes Substantiv im Singular bleibt ungebeugt, wenn es ohne Artikel oder Attribut steht⟩ i. Porto; ⟨im Plural mit Dat., wenn der Gen. nicht erkennbar ist⟩ i. Getränken; i. Gläsern. II. ⟨Adverb⟩ *das Letztgenannte eingeschlossen:* die Messe ist bis zum 20. März i. geöffnet.

inkognito, der: sie blieb, reiste i.; SUBST.: das Inkognito *(den Decknamen)* wahren, lüften.

innehaben ⟨etw. (Akk.) i.⟩: eine Stellung, einen Posten, einen Rang, ein Amt i.; sie hatte einen Lehrstuhl für Psychologie inne.

innehalten: 1. (geh.) *etw. unterbrechen:* mitten in der Bewegung, mit der Arbeit, im Lesen i.; an dieser Stelle hielt der Vortragende einen Augenblick inne. **2.** (selten) ⟨etw.⟩ *einhalten:* die Formen, die nötige Distanz i.; die Trauerzeit i.

innen: **a)** *auf der Innenseite:* der Becher ist i. vergoldet; i. (Sport; *auf der Innenbahn*) laufen; etw. i. und außen erneuern; das Fenster geht nach i. auf; von i. nach außen; Farbe für i. und außen; **b)** ⟨im Inneren:⟩ i. drin sein; der Apfel war i. faul; i. war das Haus in schlechtem Zustand; sie wollten die Kirche auch von i. besichtigen; ÜBERTR.: der Wunsch nach einer Veränderung der Lage muss von i. heraus kommen.

innere: a) *sich innen befindend:* die inneren Räume; die inneren Bezirke der Stadt; die inneren Organe; innere Verletzungen; er ist Facharzt für innere Krankheiten; die inneren *(innenpolitischen)* Angelegenheiten, Probleme eines Landes; SUBST.: in das Innere des Landes vordringen; eine Frucht mit rotem Innerem/(seltener:) Inneren; **b)** *im geistig-seelischen Bereich angesiedelt:* innere Ruhe, Erregung, Ungeduld; innere Spannungen; das innere Bedürfnis/den inneren Drang verspüren, etw. zu unterdrücken; der innerste Kern einer Sache; das innere *(geistige)* Auge; die innere Uhr *(das Zeitgefühl);* auf die innere Stimme hören; seiner innersten Überzeugung nach handeln; SUBST.: sein ganzes Inneres; in seinem Inneren wissen, dass ...; jmdm. sein Innerstes offenbaren; **c)** *einer Sache innewohnend:* der innere Aufbau, die innere Gesetzmäßigkeit eines Ablaufs; die innere Ordnung, Geschlossenheit einer Partei.

innerhalb: **I.** ⟨Präp. mit Gen.⟩ **a)** *im Bereich, in:* i. des Hauses, der Landesgrenzen; ⟨aber mit Dat., wenn ein stark dekliniertes Substantiv im Gen. Sg. vorangeht⟩ i. Karls neuem Haus; ÜBERTR.: i. der Familie; **b)** *während:* i. der Arbeitszeit; **c)** *im Verlauf von, binnen:* i. dreier Monate, eines Jahres; ⟨mit Dat., wenn der Gen. nicht erkennbar ist⟩ i. fünf Monaten. **II.** ⟨Adverb⟩ *im Verlauf von, binnen:* i. von zwei Jahren.

innerlich: a) *im Inneren:* ein Medikament zur innerlichen Anwendung *(zum Einnehmen);* **b)** *im geistig-seelischen Bereich [auftretend]:* innerliche Hemmungen; sie war i. ganz ruhig, völlig unbeteiligt; er musste i. *(im Stillen)* lachen; ein innerlicher *(nicht oberflächlich veranlagter)* Mensch.

innewohnen (geh.) ⟨jmdm., etw. i.⟩: ihm wohnen besondere Fähigkeiten inne; die den Heilpflanzen innewohnenden Kräfte.

innig: a) *tief empfunden:* eine innige Liebe; meine innigsten Glückwünsche; sie liebten, umarmten sich i.; **b)** *sehr eng:* diese chemischen Stoffe gehen eine innige Verbindung ein.

ins: *in das:* ein Buch i. Regal stellen; i. Haus gehen; bis i. nächste Jahr hinein; /nicht auflösbar in festen Verbindungen und in Verbindung mit einem substantivierten Infinitiv/: bis ins Einzelne; ins Schwärmen geraten.

insbesondere: diese Maßnahme des Staates kam i. den Bauern zugute; das gilt i. dann, wenn ...; die Täter hatten es i. auf Bargeld abgesehen.

Insel, die: eine bewaldete, einsame, felsige I.; die I. Helgoland; die Friesischen Inseln; die Inseln sind der Küste vorgelagert; die Schiffbrüchigen konnten sich auf eine I. retten; sie leben dort wie auf

einer I. *(ganz für sich);* BILDL.: eine I. des Friedens, der Ruhe; ⋆ **reif für die Insel sein** (ugs.; *einen Urlaub dringend nötig haben).*

insgesamt: ein i. positiver Eindruck; er war i. 10 Tage krank; die Kosten dafür betrugen i. über 5 000 DM.

insofern: I. ⟨Adverb⟩ *in dieser Hinsicht:* i. hat sie Recht; ⟨als Korrelat zu *als* in Vergleichssätzen⟩ diese Fragen sollen nur i. berührt werden, als sie in Zusammenhang mit dem Thema stehen. **II.** ⟨Konj.⟩ **a)** ⟨in Verbindung mit *als*⟩: der Vorschlag ist gut, i. als *(weil)* er keinem schadet; **b)** *falls, soweit:* i. sie in der Lage ist, will sie dir helfen.

insoweit: I. ⟨Adverb⟩ *in dieser Hinsicht:* i. muss man ihm sicher zustimmen; ⟨als Korrelat zu *als* in Vergleichssätzen⟩: ein späterer Urlaubstermin wäre nur i. günstiger, als dann die Hochsaison vorbei wäre. **II.** ⟨Konj.⟩ **a)** ⟨in Verbindung mit *als*⟩: er kann unabhängig entscheiden, i. als er im Rahmen der allgemeinen Bestimmungen bleibt; **b)** *in dem Maße wie:* i. es möglich ist, wird man ihm helfen.

inspirieren (bildungsspr.) ⟨jmdn. [zu etw.] i.⟩: eine historische Gestalt, ein Ereignis inspirierte ihn zu seinem Roman, zu diesem Gemälde; diese Begegnung hat den Autor offensichtlich inspiriert; jmdn. künstlerisch, musikalisch i.; sich von jmdm., etw. i. lassen.

installieren ⟨etw. i.⟩: **1.** *einbauen:* Wasserrohre, eine elektrische Leitung, eine Heizung, einen Herd i. **2.** (EDV) *einrichten:* eine Software, ein Computerprogramm, einen Service im firmeneigenen Intranet i.; schwer, leicht problemlos zu i. sein; Modems sind ganz einfach zu i.; das Programm wurde nicht richtig installiert, muss neu installiert werden.

instand, in Stand ⟨in den Verbindungen⟩ **etw. instand, in Stand halten** *(in gebrauchsfähigem Zustand halten):* ein Haus i. halten · **etw. instand, in Stand setzen** (schweiz.:) **stellen** *(gebrauchsfähig machen, reparieren):* eine Maschine i. setzen · **jmdn. instand, in Stand setzen, etw. zu tun** *(jmdm. die Möglichkeit geben, etw. zu tun):* die Erbschaft hat ihn i. gesetzt, ein Haus zu bauen.

inständig: eine inständige Bitte; sie hofften i. auf eine Änderung ihrer Lage; i. um etw. bitten, nach etw. verlangen.

Instanz, die: **a)** *zuständige Behörde, Stelle:* eine übergeordnete I.; staatliche, politische, Recht sprechende Instanzen; i. als eine höhere I. wenden; der Antrag muss erst durch alle Instanzen gehen; BILDL.: das Gewissen als oberste I. ansehen; **b)** (Rechtsw.) *verhandelndes Gericht:* die unteren Instanzen; die dritte I. hat wie die erste entschieden; er hat den Prozess in der zweiten I. gewonnen.

Instinkt, der: a) *natürlicher Antrieb:* der tierische I. der Brutpflege, der Fortpflanzung; der mütterliche I.; triebhafte, dumpfe, wieder erwachte Instinkte; Kriege rufen die niederen Instinkte im Menschen wach; das Tier lässt sich von seinem I. leiten; b) *untrügliches Gefühl:* ihr feiner, untrüglicher I. hat sie nicht betrogen; sein I. sagte ihm, er solle zustimmen; sie hatte den richtigen I. dafür; seinem I. vertrauen; sich auf seinen I. verlassen [können].

instinktiv: instinktives Verhalten; die instinktive Flucht eines Tieres; ihre Abneigung war rein i.; i. reagieren; i. richtig handeln; sie tat i. das Richtige.

Instrument, das: 1. *Gerät:* medizinische, optische, nautische Instrumente; die Instrumente arbeiten genau, zeigen die Werte an; ein I. ablesen; ÜBERTR.: die Armee als ein I. des Staates. 2. *Musikinstrument:* ein wertvolles I. besitzen; ein I. stimmen; sie spielt, beherrscht mehrere Instrumente.

intelligent: 1. *Intelligenz besitzend, zeigend:* ein intelligenter Mensch; eine intelligente Frage, Lösung; ein intelligentes Management; der Schüler ist sehr i.; die Mannschaft spielte i. 2. *(von technischen Geräten) bestimmte steuernde Fähigkeiten besitzend:* eine intelligente Steuerung; intelligente Geräte, Systeme.

intensiv: 1. *gründlich; eingehend:* intensive Forschungen betreiben; intensive Gespräche führen; i. arbeiten, nachdenken, lernen, üben; etw. i. betrachten, nutzen; sich i. auf eine Prüfung vorbereiten; sich i. mit etw. beschäftigen. 2. *(von Sinneseindrücken o. Ä.) stark, nachhaltig:* intensive Farben; ein intensiver Schmerz; dieses Rot ist sehr i. 3. (Landw.) *mit hohem Aufwand betrieben:* intensive Landwirtschaft, Viehhaltung; intensiver Ackerbau.

interessant: 1. *Interesse erregend:* ein interessanter Vortrag; ein interessanter Mensch; das Buch war sehr i.; das ist ja i. *(aufschlussreich);* i. erzählen; sie will sich i. machen *(will die Aufmerksamkeit auf sich lenken).* 2. *vorteilhaft:* ein interessantes Angebot; interessante Konditionen; der Preis ist für uns nicht i.

Interesse, das: 1. *geistige Anteilnahme:* sein besonderes I. gilt der Malerei; sein I. hatte nachgelassen, (geh.:) sich erschöpft, war erloschen; war erwacht; das I. der Öffentlichkeit erregen, auf etw. lenken; jmdm., etw. I. entgegenbringen; er hat den Artikel mit großem I. gelesen; sie hatten diese Entwicklung mit besonderem I. *(mit besonderer Aufmerksamkeit)* verfolgt; sie hat [geringes, großes, kein, lebhaftes, offenkundiges] I. an dieser Sache; sie zeigte starkes I. für unsere Arbeit *(interessierte sich sehr dafür);* sich aus I. etw. ansehen; diese Veranstaltung ist für uns nicht von I.

(interessiert uns nicht); er stand im Brennpunkt des öffentlichen Interesses. 2. *Neigung:* persönliche, geistige Interessen; sie hatten viele gemeinsame, sehr gegensätzliche Interessen. 3. *Bestrebung; Belange:* private, geschäftliche Interessen; die wirtschaftlichen Interessen eines Landes; seine Interessen durchsetzen; jmds. Interessen vertreten, wahrnehmen; es gelang nicht, die gegensätzlichen Interessen zusammenzuführen, auszugleichen; dies läuft unseren Interessen zuwider; das liegt in deinem eigenen I. *(ist dein Nutzen);* er hat gegen seine eigenen Interessen gehandelt, gegen die Interessen der Firma verstoßen. 4. *Kaufinteresse:* an diesem Artikel besteht kein, wenig I.; haben Sie I., den Wagen zu kaufen?

interessieren: 1. ⟨sich für jmdn., etw. i.⟩ *Interesse zeigen:* sie interessiert sich für moderne Malerei, für Pferderennen; sie interessierten sich für die Teilnahme am Wettbewerb, für das Grundstück; das Fernsehen interessiert sich bereits für die junge Schauspielerin *(will sie engagieren);* niemand interessierte sich für ihn; ADJ. PART.: sie ist ein interessierter *(geistig aufgeschlossener)* Mensch; sie sind politisch interessiert; interessiert *(mit Interesse)* zuhören. 2. a) ⟨jmdn. i.⟩ *jmds. Interesse wecken:* der Fremde interessierte ihn; der Fall begann mich zu i.; das hat mich nicht interessiert; vielleicht interessiert es Sie zu erfahren *(möchten Sie gerne wissen),* wie die Geschichte ausgegangen ist; b) ⟨jmdn. für etw./an etw. (Dat.) i.⟩ *zu gewinnen suchen:* jmdn. für ein Projekt, an einem Projekt i.; er versuchte, ihn an der Finanzierung zu i.; er hat ihn für seine Pläne interessiert; c) ⟨an jmdm., etw. interessiert sein⟩ *Interesse an jmdm., etw. haben:* sie ist an diesem Problem nicht interessiert; an einem Mädchen interessiert sein; das Geschäft ist daran interessiert, möglichst viel zu verkaufen *(es möchte ... viel verkaufen).*

intern: eine interne Angelegenheit; offenbar gibt es interne Differenzen zwischen Trainer und Mannschaft; diese Regelung ist i.; etw. i. regeln, klären.

international: ein internationales Abkommen; ein internationaler Wettkampf, Kongress *(mit Teilnehmenden aus mehreren Staaten);* internationale Abmachungen, Verträge; der Prozess hat internationales Aufsehen erregt; sich auf internationalem Parkett bewegen; das Publikum war i. *(kam aus verschiedenen Ländern);* er ist i. anerkannt, bekannt; i. wettbewerbsfähig sein.

Internet, das: das I. anwählen, aufrufen, nutzen; Anschluss ans I.; aus dem I. rausgehen; ins I. gehen; im/(seltener:) durchs I. surfen; etw. im I. finden; ein Buch im Internet kaufen, übers I. bestellen; jmdn., eine Firma im I. besuchen; Informationen im I. stellen; sich ins/im I. einloggen; Buchungsservice per I.

interpretieren: 1. ⟨jmdn., etw. [als etw./irgendwie] i.⟩ *auslegen:* ein Gedicht, einen Gesetzestext i.; man kann seinen Rücktritt als Feigheit, sein Schweigen als Feindseligkeit i.; jmdn., etw. völlig falsch, böswillig i. 2. ⟨etw. [irgendwie] i.⟩ *(ein Musikstück) künstlerisch wiedergeben:* eine Sonate einfühlsam i.

intim: 1. a) *vertraut:* ein intimer Freund; ein intimer Kreis; eine intime Freundschaft; ein intimes Verhältnis; wir sind sehr i. *miteinander (eng befreundet);* b) *ganz persönlich:* intime Vertraulichkeiten; auch seine Freunde waren nicht in seine intimen Angelegenheiten eingeweiht; mit jmdm. intime Dinge besprechen; jmds. intimste Gedanken, Wünsche, Sehnsüchte; jmds. intime/intimste Gefühle verletzen; c) (bildungsspr.) *gemütlich:* ein intimes Theater, Lokal; intime Beleuchtung. 2. (verhüll.) *sexuell:* er hat intime Beziehungen zu ihr unterhalten; sie ist mit ihm i.; mit jmdm. i. sein, werden *(sexuell verkehren).* 3. *den Bereich der Geschlechtsorgane betreffend:* intime Körperpflege, Hygiene. 4. *genau:* er ist ein intimer Kenner der Szene; aus einer intimen Kenntnis der Verhältnisse urteilen.

Intrige, die: eine boshafte, politische I.; gegen jmdn. eine I. einfädeln; gegen jmdn. Intrigen spinnen; jmds. Intrigen aufdecken.

intus: ⟨nur in bestimmten Verbindungen⟩ **etw. intus haben** (ugs.; 1. *etw. zu sich genommen haben.* 2. *etw. begriffen haben)* · **einen intus haben** (ugs.; *angetrunken sein).*

Inventar, das: a) *Gesamtheit der Einrichtungsgegenstände u. Vermögenswerte:* das I. eines Hauses, Betriebes; er gehört zum I. (scherzh.; *er gehört schon lange dem Betrieb an);* lebendes I. *(Vieh);* totes I. *(Gegenstände, Mobiliar o.Ä.);* b) *Verzeichnis des Besitzstandes:* ein I. aufstellen, erstellen; etw. in das I. aufnehmen.

Inventur, die (Kaufmannsspr.): I. machen; am 3. Januar ist das Geschäft wegen I. geschlossen.

investieren ⟨etw. [in etw. (Akk.)] i.⟩: a) *anlegen:* Geld falsch, gewinnbringend, sinnvoll, nutzbringend, langfristig i.; die privaten Unternehmer i. zu zaghaft; sein Kapital in ein Projekt, in die Entwicklung eines neuen Produktes i.; die investierten Beträge müssen sich rentieren; b) *auf jmdn., etw. verwenden:* in etw. seine ganze Kraft, viel Zeit i.; in jmdn. sein Gefühl, seine Liebe i.

inwendig: inwendige Taschen; die Äpfel waren i. faul; ÜBERTR.: der inwendige *(innere)* Mensch; inwendige Erlebnisse.

inzwischen: a) *unterdessen:* i. ist das Haus fertig geworden; es geht ihm i. besser; b) *währenddessen:* ich muss noch arbeiten, du kannst i. einkaufen gehen; c) *bis dahin:* die Expedition findet erst in zwei Jahren statt, i. bereiten sie sich aber schon darauf vor.

i-Punkt, der: den i-Punkt vergessen; einen i-Punkt setzen; ÜBERTR.: den i-Punkt auf etw. setzen *(etw. den letzten Schliff geben);* ∗ **bis auf den i-Punkt** *(bis ins Letzte):* etw. bis auf den i-Punkt planen.

irdisch (geh.): die irdischen Güter, Freuden; das irdische Leben; das irdische Glück; i. gesinnt *(in seinem Denken auf die Welt bezogen)* sein; SUBST.: dieser Glanz hatte nichts Irdisches an sich.

irgend: 1. (ugs.) ⟨zur Verstärkung der Unbestimmtheit vor *so ein* oder *so etwas*⟩: es ist wieder i. so ein Vertreter vor der Tür; es war i. so ein seltsames Geräusch. 2. ⟨zur Verstärkung in Gliedsätzen, die meist durch *wenn, wo, wie, was, wer* eingeleitet werden⟩ *unter irgendwelchen Umständen; irgendwie:* bitte komm, wenn es dir i. möglich ist; er unterstützte sie, solange er i. dazu in der Lage war.

Ironie, die: eine feine, leise, zarte, bittere, verletzende I.; die I. aus jmds. Worten heraushören; etw. mit [unverhüllter] I. sagen, hinzufügen; ich meine das ohne jede I.; seine Antwort war voll beißender I.; ÜBERTR.: die I. des Lebens; eine I. des Schicksals.

ironisch: ein ironischer Mensch; eine ironische Bemerkung; mit ironischem Unterton; sie ist immer sehr i.; sie lächelte i.

irre: 1. ⟨auch: irr⟩ *verstört, völlig durcheinander gebracht:* ein irrer Blick; irre Reden führen; er war [ganz, wie] i. vor Angst, vor Schmerz; das Auto fuhr mit irrer (ugs.; *unvernünftig hoher)* Geschwindigkeit; durch das Gespräch war ich irre geworden; SUBST.: das ist doch ein [armer] Irrer *(bedauernswerter Mensch);* sie arbeitet wie eine Irre (ugs.; *sehr schnell, sehr viel).* 2. ⟨an jmdm., etw. i. werden⟩ *das Vertrauen in jmdn., etw. verlieren:* sie sind an ihm, an ihrem Glauben i. geworden. 3. (salopp) a) *ausgefallen und beeindruckend:* ein irres Auto; ein irrer Typ; ein irrer Einfall; das ist ja i.!; b) *sehr groß, stark:* eine i. Hitze; der Lärm war i.; c) ⟨verstärkend vor Adjektiven und Verben⟩ *sehr:* es war i. heiß; der Film war i. spannend, i. komisch.

Irre, die: ⟨in bestimmten Wendungen⟩ **in die Irre gehen** (1. *sich verlaufen.* 2. *sich irren:* Sie gehen mit Ihrer Annahme völlig in die I.) · **jmdn. in die Irre führen/locken** (1. *auf einen falschen Weg führen, locken.* 2. *irreführen:* man darf sich durch seine Reden nicht in die I. führen lassen).

irreführen ⟨jmdn. i.⟩: jmdn. durch falsche Angaben i.; der Gegner sollte durch solche Maßnahmen irregeführt werden; eine irregeführte Öffentlichkeit; eine irreführende *(missverständliche)* Auskunft.

irreleiten (geh.) ⟨jmdn. i.⟩: 1. *auf einen falschen Weg führen:* der Dieb wollte die Polizei i.; irregeleitete Post. 2. *zu einer falschen Annahme, Verhaltensweise verleiten:* jmdn. durch falsche Angaben i.; ein irregeleitetes Kind.

irremachen ⟨jmdn. [in etw. (Dat.)] i.⟩: er wird mich nicht i.; lass dich nicht i.!; diese Erlebnisse hatten ihn in seinem Glauben irregemacht.

irren: 1. *eine falsche Meinung haben:* a) ⟨sich i.⟩ ich habe mich gründlich geirrt; ich kann mich [auch] i. *(ich bin mir nicht sicher);* wenn ich mich nicht irre, [so] habe ich Sie schon hier gesehen; in diesem Punkt irrt er sich; b) jeder kann mal i.; er ist der neue Chef, wenn ich nicht irre; Ⓡ Irren ist menschlich; c) ⟨sich in jmdm., etw. i.⟩ *für jmdn., etw. anderes halten:* sich im Datum, in der Hausnummer i.; sich in der Person i.; ich habe mich anscheinend in dir geirrt *(getäuscht);* d) ⟨sich um etw. i.⟩ *sich verrechnen:* die Kassiererin hat sich um 50 Pfennig geirrt; er hat sich in seinen Angaben um einen Tag geirrt. 2. ⟨irgendwohin i.⟩ *rastlos umherziehen:* durch die Straßen i.; sie irrten von einem Ort zum andern; BILDL.: seine Augen irrten suchend durch den Saal *(schweiften suchend im Saal umher);* ziellos irrende Blicke.

irrig: eine irrige Ansicht, Auffassung; seine Auslegung war i.; es ist i. anzunehmen, dass sich etwas ändern wird.

irritieren ⟨jmdn. i.⟩: der Spiegel, das Licht irritierte mich; er irritierte ihn mit seiner Frage; sie wurde durch die ständigen Unterbrechungen irritiert; sich durch/von etw. nicht i. lassen; über jmds. Verhalten irritiert sein.

irrsinnig: 1. *wahnsinnig:* du bist wohl i. [geworden]?; es ist doch i., so zu handeln; dieser Plan erscheint mir ganz i. 2. (ugs.) a) *sehr groß, stark:* ein irrsinniger Krach; ein irrsinniges Geschrei, Tempo; irrsinnige Schmerzen; er hat irrsinnigen Hunger; b) ⟨verstärkend bei Adjektiven und Verben⟩ *sehr, außerordentlich:* es war i. komisch; im Saal waren i. viele Menschen; er freute sich i.

Irrtum, der: ein großer, kleiner, verhängnisvoller, folgenschwerer, schwerer, bedauerlicher, trauriger I.; diese Annahme, Vermutung war ein I., hat sich als [ein] I. herausgestellt; ihm ist ein I. unterlaufen; einen I. begehen; da ist jeder I. ausgeschlossen; jmdm. einen I. nachweisen; seinen I. zugeben, einsehen; einem I. unterliegen; ihre Behauptung beruhte auf einem I.; hier handelt es sich um einen I.; es ist ein I. zu glauben, dass ...; hier dürfte ein I. vorliegen; Irrtümer *(Fehler)* beseitigen, berichtigen; in einem Irrtum befangen sein; jmdn. über seinen I. aufklären. ★ im Irrtum sein; sich im Irrtum befinden *(sich in Bezug auf etwas Bestimmtes irren).*

irrtümlich: eine irrtümliche Entscheidung; er hat die Rechnung i. *(versehentlich)* zweimal bezahlt; jmdn. i. für einen anderen halten.

ja: 1. a) /Äußerung der Zustimmung auf eine Frage/: »Kommst du?« – »Ja!« SUBST.: ein klares, zögerndes, aufrichtiges, eindeutiges Ja; mit Ja stimmen; b) /in Ausrufen/: ja natürlich, gewiss, freilich!; o ja!; aber ja doch! 2. /Äußerung des Zweifels oder vorsichtige Bekräftigung der eigenen Aussage/: es wird schon klappen, ja?; du bleibst noch ein paar Tage, ja? 3. a) *doch:* du kennst ihn ja; ich habe es ja gewusst; sie kommt ja immer zu spät; es ist ja nicht weit bis dorthin; es kann ja nicht immer so bleiben; b) *wirklich, tatsächlich:* es schneit ja; du siehst ja ganz blass aus; c) ⟨meist in Korrelation mit *aber*⟩ *zwar:* ich möchte ja, aber ich kann nicht; sie mag ja *(vielleicht)* Recht haben. 4. *auf jeden/keinen Fall:* das soll er ja lassen; sieh es dir ja an!; tu es ja nicht! 5. /gibt eine Steigerung an/: ich schätze ihn, ja ich verehre ihn. 6. /zur Anreihung eines Satzes/: ja, das waren glückliche Stunden; ja *(leider),* das wird kaum möglich sein. 7. /anstelle der Nennung des eigenen Namens beim Abnehmen des Telefonhörers/: ja? 8. /drückt einen Zweifel aus als Reaktion auf jmds. Äußerung/: ja? *(wie bitte? was sagen Sie?);* ★ Ja/(auch:) ja [zu etw.] sagen *([etw. (Dat.)] zustimmen)* · zu allem Ja und Amen/(auch:) ja und amen sagen (ugs.; *mit allem einverstanden sein).*

Jacke, die: eine bunte, leichte, pelzgefütterte, taillierte, wollene J.; eine J. aus Wildleder; die J. anziehen, überziehen, ausziehen, anbehalten, über die Schulter nehmen; der Junge ist aus der J. herausgewachsen; sie trug ein Kleid mit passender J.; ★ Jacke wie Hose sein (ugs.; *einerlei sein)* · aus der Jacke gehen (ugs.; *aufbrausen, sich heftig erregen).*

Jackett, das: *zum Herrenanzug gehörende Jacke:* Hose und J.; er hat das J. ausgezogen; er trägt ein J., saß ohne J., im J. da.

Jagd, die: 1. *das Jagen von Wild:* die J. auf Hasen, Hirsche; die hohe J. (Jägerspr.; *Jagd auf Hochwild);* die niedere J. (Jägerspr.; *Jagd auf Niederwild);* die J. beginnt, (Jägerspr.:) gibt auf; eine J. abhalten, veranstalten; die J. anblasen, abblasen; J. frei! (Jägerspr.; *das Jagen kann beginnen);* sie machten J. auf Rebhühner *(jagten Rebhühner);* sie wollten auf die J. *(zum Jagen)* gehen; auf der J. sein; sie kamen von der J.

2. *Jagdrevier:* eine J. pachten; er besitzt eine J.
3. *Verfolgung:* eine wilde J. auf die Diebe begann,
entspann sich; es wurde J. auf ihn gemacht *(er
wurde verfolgt);* die J. nach Glück, nach Geld,
nach Ämtern.
Jagdgründe, die ⟨Plural; in der Wendung⟩ **in die
ewigen Jagdgründe eingehen** (verhüll. iron.;
sterben): nun ist auch er in die ewigen J. eingegangen.
jagen: 1. a) ⟨ein Tier j.⟩ *Wild verfolgen, um es zu
fangen oder zu töten:* Hasen j.; er jagte einen großen Elefanten; (Jägerspr.) ⟨auf ein Tier/nach einem Tier j.⟩ nach Hasen, auf Hasen j.; **b)** *auf die
Jagd gehen:* er jagt zur Zeit in Afrika; er geht j.
2. ⟨jmdn., etw. j.⟩ *verfolgen:* einen Flüchtling,
einen Verbrecher j.; die Polizei jagte das Flucht-
auto; der Geheimdienst jagte ihn; ÜBERTR.: sich
immer gejagt fühlen; ein gejagter *(gehetzter)*
Mensch; ein Gedanke jagt den anderen; die Ereignisse, die Katastrophen jagten sich *(folgten
schnell aufeinander).*
3. (ugs.) ⟨jmdn., etw. aus etw./von etw./irgend-
wohin j.⟩ *vertreiben:* jmdn. aus dem Haus j.;
jmdn. aus dem Bett j. *(zum Aufstehen veranlassen);* die Hühner aus dem Garten, in den Stall j.;
die spielenden Kinder von der Straße j.;
ÜBERTR.: den korrupten Politiker aus dem Amt j.
4. (ugs.) ⟨jmdm., sich etw. in etw. (Akk.)/durch
etw. j.⟩ *hineinstoßen, hineintreiben:* jmdm. ein
Messer in den Leib j.; sie jagte sich bei der Arbeit
eine Nadel in die Hand; der Arzt jagte ihm eine
Spritze in den Arm; er hatte sich eine Kugel in,
durch den Kopf gejagt.
5. ⟨irgendwo[hin] j.⟩ *hetzen, rasen:* er ist auf dem
Rad zum Bahnhof gejagt; die Autos jagen über
die Autobahn; die Wolken jagen am Himmel;
⟨auch ohne Raumangabe⟩ sein Herz, sein Puls
jagt; in jagender Eile.
6. ⟨nach etw. j.⟩ *gierig streben:* nach Abenteuern,
nach Glück, nach Genuss, nach Titeln j.; er jagte
sein Leben lang nach Ruhm;
★ **jmdn. mit etw. jagen können** (ugs.; *bei jmdm.
mit etw. Widerwillen hervorrufen*): mit Frosch-
schenkeln kannst du mich j.
jäh (geh.): **a)** *plötzlich [und heftig]:* ein jäher
Schreck, Tod; die Feier fand ein jähes Ende; ein
jäher Schmerz durchzuckte ihn; das wurde uns
allen j. bewusst; j. überfiel ihn die Furcht; **b)** *steil
[abstürzend]:* ein jäher Abgrund, Felsen; eine
jähe Tiefe; die Steilküste fiel an dieser Stelle j. ab.
Jahr, das: **1.** *Zeitraum von 12 Monaten:* ein trockenes, dürres J.; ein ganzes, volles, halbes J.;
(scherzh., iron.:) ein paar Jährchen; das neue,
alte J.; ein soziales J. *(Jahr, in dem junge Leute im
sozialen Dienst arbeiten);* dieses J.; das laufende,
vergangene, vorige, kommende J.; das J. 2002: ein
schönes, schweres, erlebnisreiches J.; das J. 1
nach der Zeitenwende; es ist ein J. her; die Jahre
gingen dahin, vergingen wie im Flug; jmdm. ein
gutes, gesundes, frohes neues J. wünschen; sie

kommen jedes zweite J. hierher; all die Jahre [hin-
durch] hatte sie auf die Rückkehr des Sohnes gewartet; er hat [lange, mehrere, viele] Jahre im
Ausland gelebt; Jahre früher; Jahre später; das
ganze J. über; J. für, um J. *(alljährlich);* im Laufe
des, dieses (nicht korrekt: diesen) Jahres; im
März vorigen Jahres, dieses (nicht korrekt: diesen) Jahres; sie wurde zur Sportlerin des Jahres
gewählt; der Umsatz ist auf Jahre hinaus gesichert; er hat sich auf/für drei Jahre verpflichtet;
binnen J. und Tag *(innerhalb eines Jahres);* in
zehn, hundert Jahren; im Jahre 1000 vor, nach
Christus/vor, nach Christi Geburt; nach Jahren
sind wir uns zufällig wieder begegnet; ohne J.
(Buchw.: *ohne Angabe des Erscheinungsjahres*);
pro J. *(in jedem Jahr);* seit mehreren Jahren; die
Sache hat ihn um Jahre zurückgeworfen; vor Jahren; heute vor einem J.; von J. zu J. wird es besser;
nach einem/(ugs.:) übers J.; während der ersten
Jahre hatte er es schwer auf der Schule; zwischen
den Jahren (landsch.: *in der Zeit zwischen Weihnachten und Neujahr*).
2. *Lebensjahr:* ein verlorenes Jahr; die sorglosen
Jahre der Jugend; die frühen Jahre; die Jahre
schwinden dahin; sie ist 8 Jahre [alt]; er wirkt
jünger als seine Jahre *(wirkt jünger, als er ist);* ich
fühle meine Jahre *(mein Alter);* der Beamte hat
seine Jahre *(Dienstjahre)* voll; sie ist hoch an Jahren gestorben *(war sehr alt, als sie starb);* in jungen, jüngeren, späteren, älteren Jahren; die Jugend wird mit den Jahren *(mit zunehmendem Alter)* vernünftiger; Kinder über 8 Jahre; Jugendlichen unter 18 Jahren ist der Zutritt untersagt;
ein Kind von 8 Jahren; Jugendlichen bis zu 18 Jahren ist der Zutritt verboten;
★ **die sieben fetten Jahre** *(gute Zeiten)* · **die sieben mageren Jahre** *(schlechte Zeiten)* · **auf Jahr
und Tag** *(ganz genau, in allen Einzelheiten)* · **bei
Jahren sein** (geh.; *nicht mehr [ganz] jung sein)* ·
in die Jahre kommen (verhüll.; *älter werden)* · **in
den besten Jahren** *(in der Blüte des Lebens)* ·
nach/vor Jahr und Tag *(nach/vor langer Zeit)* ·
seit Jahr und Tag *(schon immer).*
Jahrgang, der: **a)** *die im gleichen Jahr geborenen
Personen:* im J. 1968; die geburtenstarken/ge-
burtenschwachen Jahrgänge werden in der
nächsten Zeit schulpflichtig; die reiferen Jahrgänge (verhüll.; *die Älteren*); welcher J. sind Sie?
(wann sind Sie geboren?); sie ist dein J. *(ist so alt
wie du);* er gehört einem weißen J. an *(einem Jahrgang, der nicht zum Wehrdienst eingezogen
wurde);* **b)** *aus einem bestimmten Jahr stammen-
der Wein:* er hat einen guten J. im Keller liegen;
sie tranken einen Beaujolais, J. 1992; der 98er-
Wein soll ein guter J. *(ein Wein aus einem guten
Weinjahr)* sein; ein billiger Wein ohne J. *(ohne Angabe des Jahres);* **c)** *Erscheinungsjahr einer Zeit-
schriftenfolge; Herstellungsjahr eines Typs, einer
Serie:* ein J. unserer Zeitung; die Zeitschrift ist

jetzt im 20. J.; der Aufsatz steht in der AFP, J. 1999, Heft 2; ein Modell J. 2000.

Jahrhundert, das: das ausgehende neunzehnte J.; das 3. J. nach Christus; das J. der Entdeckungen, der Aufklärung; im Laufe der Jahrhunderte; dieser Irrtum wurde J. auf J., durch die Jahrhunderte, von J. zu J., von einem J. zum anderen fortgeschleppt; ein neues J. beginnt; Ende des 20. Jahrhunderts; dieses Werk stammt aus dem 17. J.

jährlich: der jährliche Ertrag; ein jährliches Einkommen von über 80 000 DM; die Zahl der jährlichen Unfälle; ein jährlicher Turnus; die Mittel müssen j. neu bewilligt werden; zur Zeit wächst die Produktion um j. etwa 2 %; die Zeitschrift erscheint 4-mal j.; eine Wachstumsrate von j. 3 %.

Jahrmarkt, der: im Mai ist in unserer Stadt J.; auf den J. gehen; etw. auf dem J. kaufen;
* **Jahrmarkt der Eitelkeit/der Eitelkeiten** *(Ereignis, bei dem sich bestimmte Personen wichtigtuerisch zur Schau stellen).*

Jalousie, die: die Jalousien herablassen, herunterlassen, hochziehen; er konnte durch die Jalousien die Straße beobachten.

Jammer, der: a) *Wehklage:* der J. [um die verlorene Habe] war groß; sie versank in lautlosem J.; b) *beklagenswerter Zustand:* der J. der Kreatur; das Ausmaß des Jammers ist noch nicht abzuschätzen; es ist ein J. (ugs.; *es ist äußerst bedauerlich*), dass ...; es wäre ein J. (ugs.; *sehr schade*), wenn ...; es ist immer der alte, der gleiche J. [mit ihm] (ugs.; *ist immer der gleiche bedauerliche Zustand, Umstand*).

jämmerlich: 1. a) *großen Jammer ausdrückend:* ein jämmerliches Geschrei; sein Weinen war, klang j.; b) *elend, beklagenswert:* ein jämmerliches Leben führen; ihr Dasein war j.; sie sind j. umgekommen; er sieht j. aus; c) *ärmlich, dürftig:* jämmerliche Verhältnisse; die Kinder waren j. angezogen; d) (abwertend) *verachtenswert:* ein jämmerliches Machwerk; ein jämmerlicher Lohn; was für ein jämmerlicher Kerl!; die Bezahlung der Hilfskräfte war j.; die Schauspieler spielten j. 2. a) *sehr stark, groß:* eine jämmerliche Angst; es herrschte eine jämmerliche Kälte; b) ⟨verstärkend bei Adjektiven und Verben⟩ *sehr:* es war j. kalt; ihn fror j.; sie hat sich j. blamiert.

jammern: 1. a) *laut klagen:* das kranke Kind jammerte in seinem Bettchen; sie jammerte den ganzen Tag, weil sie ihr Geld verloren hatte; hör doch endlich auf zu j.!; b) ⟨nach jmdm., etw. j.⟩ *jammernd verlangen:* die Verwundeten jammerten nach Wasser; die Kinder jammerten nach ihrer Mutter; c) ⟨[über etw. (Akk.)] j.⟩ *sich beklagen:* sie jammern immer und sind mit nichts zufrieden; sie jammerten über ihr Schicksal, über die Kälte. 2. (geh.) ⟨jmdn. j.⟩ *jmdm. Leid tun:* die alte Frau, ihr Zustand, ihr Elend jammerte ihn; es jammerte ihn, dass ...

Januar, der: ein kalter, milder J.; Anfang, Ende J.;

im Laufe des Monats J., des Januar[s]; sie ist im J., am 3. J. geboren.

japsen (ugs.): nach Luft j.; er konnte kaum noch j.

jauchzen: vor Freude j.; vor Begeisterung, vor Vergnügen, vor Wonne j.; das Baby jauchzte, als die Mutter es auf den Arm nahm.

¹je: I. ⟨Adverb⟩: 1. /gibt eine unbestimmte Zeit an/: a) *jemals:* wer hätte das je gedacht!; wer weiß, ob ihm das je gelingen wird; er ist der merkwürdigste Mensch, der mir je begegnet ist; b) *irgendwann:* sie war schöner als je zuvor; c) *jede einzelne Person, einzelne Sache für sich genommen:* die Regale sind je einen Meter breit. 2. /vor Zahlwörtern/ *jeweils:* sie erhielten je zwei Stück; je ein Exemplar des Buches wurde an die Bibliotheken verschickt. 3. ⟨in Verbindung mit *nach*⟩ /drückt aus, dass etwas von einer bestimmten Bedingung abhängt/: je nach den Umständen, Verhältnissen; je nach Lust und Laune stellte er sich an die Staffelei und malte; je nach Geschmack, Gewicht, Größe. II. ⟨Präp. mit Akk.⟩ *pro:* die Zahl der Einwohner in diesem Land beträgt rund 200 je Quadratkilometer; der Beitrag beträgt 80 DM je angefangenen Monat; ⟨auch wie ein Adverb gebraucht u. keine Rektion ausübend:⟩ je erwachsener Teilnehmer, je Student. III. ⟨Konj.⟩ 1. ⟨in Verbindung mit *desto*, *umso*, (veraltend:) *je*⟩ /setzt zwei Komparative zueinander in Beziehung/: je eher, desto besser; je länger, je lieber; je älter er wird, umso bescheidener wird er. 2. ⟨in Verbindung mit *nachdem*⟩ /drückt aus, dass etwas von einem bestimmten Umstand abhängt/: er kann im Lager arbeiten, je nachdem, wie geschickt er ist; wir entscheiden uns je nachdem, ob es uns gefällt oder nicht; je nachdem, ob sie Zeit hat, kommt sie vorbei oder nicht;
* **seit [eh und] je**/(seltener:) **von je** *(so lange, wie die Erinnerung zurückreicht).*

²je: ⟨in Verbindung mit *je*⟩ /als Ausruf des Bedauerns, Erschreckens/: ach je, wie schade!

jedenfalls: /im Anschluss an etw. zuvor Gesagtes/: a) *auf jeden Fall:* es ist j. besser, wenn er nicht so viel trinkt; es bleibt j. bei dem vereinbarten Termin; Tatsache ist j., dass sie nicht kommen kann; b) *wenigstens, zumindest:* er möchte mitmachen, j. hat er sich so geäußert; ich j. *(was mich betrifft)* habe keine Lust mehr.

jeder, jede, jedes: /bezeichnet alle Einzelnen von einer Gesamtheit/: jeder Beliebige; jeder Einzelne; jeder Schüler; jeder einzelne/dritte Teilnehmer; jedes gesunde Kind; jeder von uns muss helfen; jeder, (geh.:) ein jeder, der sich hierfür entscheidet, sollte es sich vorher genau überlegen; jede der Frauen; hier kennt jeder jeden; man muss jede Gelegenheit nutzen; am Anfang jedes/[eines] jeden Jahres; er geht jeden Sonntag zur Kirche; jeder Junge und jedes Mädchen bekommt/(seltener:) bekommen einen Luftballon; der Zug fährt jeden Tag; der Bus muss jeden Augenblick *(sogleich)* kommen; jedem der Kinder schenkte sie etwas; er erinnert sich noch jedes Einzelnen, eines jeden von euch; ohne jeden *(irgendeinen denkbaren)* Grund; sie war bar jedes/jeden Mitgefühls; auf jeden Fall; auf jede Art und Weise; in jeder Hinsicht; zu jeder Stunde *(immer).*

jedermann: *jeder:* das weiß doch j.; das ist für j. *(für alle)* einsichtig; das ist nicht jedermanns Geschmack.

jederzeit: *zu jeder Zeit:* sie ist j. bereit, dir zu helfen; du bist j. gern gesehen bei uns; man muss j. damit rechnen.

jedoch: die Sonne schien, es war j. kalt/j. es war kalt/j. war es kalt; ich rief mehrmals bei ihr an, sie war j. nicht zu erreichen.

jeher: ⟨in der Verbindung⟩ **seit/von jeher** *(so lange, wie die Erinnerung zurückreicht):* ich habe ihn von j. nicht ausstehen können; es war alles so geblieben, wie man es seit j. kannte.

jemals: *überhaupt einmal:* es ist nicht sicher, ob sie j. kommt; sie bestritt, ihn j. gesehen zu haben; dieser Wunsch wird sich kaum j. erfüllen; wer ihn j. gesehen hat, wird ...

jemand: **a)** /bezeichnet eine beliebige oder bestimmte nicht näher beschriebene Person/: [irgend]j. hat es mir erzählt; es wollte Sie j. sprechen; war schon j. da?; ich kenne j., der schon dort gewesen ist; ist da j.?; das war j. Fremdes; haben Sie j./(seltener:) jemanden getroffen?; du meinst wohl j./(selten:) jemanden anders; mit j./(selten:) jemandem Fremdem; j./jemandem eine Gefälligkeit erweisen; SUBST.: das hat ein gewisser Jemand (scherzh.; *ein nicht Unbekannter*) gemacht; **b)** /bezeichnet eine unbestimmte, einzelne Person/: j. wird schon dafür Interesse haben; das wird kaum j. *(kaum einer)* wollen; er wollte nicht länger jemandes Feind sein; das kann man nicht j./jemanden machen lassen.

jener, jene, jenes (geh.): /weist auf eine vom Sprecher entferntere Person, Sache hin, bezeichnet eine vorher bereits erwähnte oder als bekannt vorausgesetzte Person, Sache, einen zurückliegenden Zeitpunkt/: **a)** ⟨attributiv⟩ jener Mann dort; ich möchte nicht dieses, sondern jenes Bild; in jenen Tagen; jene berühmte Rede; zu jenem Zeitpunkt; ich erinnere mich jenes (nicht: jenen) Tages; mit jenem alten (nicht: altem) Hut; es waren jene (verstärkend; *die)* Dinge, die sie so sehr liebte; **b)** ⟨allein stehend⟩ dieser war ein Tatmensch, jener ein Träumer; all jenem stand er hilflos gegenüber.

jenseits: *auf der anderen Seite:* **1.** ⟨Präp. mit Gen.⟩ j. des Flusses. **2.** ⟨Adverb⟩ j. vom Rhein; sie überquerten den Fluss, um j. zu wandern.

Jenseits, das: an ein Leben im j. glauben; auf ein besseres J. hoffen;
★ jmdn. ins Jenseits befördern (salopp; *jmdn. ohne Skrupel umbringen).*

jetzt: I. ⟨Adverb⟩ /bezeichnet einen Zeitpunkt, einen

Zeitraum in der Gegenwart/ *in diesem Augenblick, in dieser Zeit, heute, nun:* ich gehe j.; ich habe j. keine Zeit; j. ist es zu spät; ich habe bis j. gearbeitet; j. endlich ist sie fertig; j. gleich; j. gerade ist sie gekommen; er ist j. erst/schon/noch hier; j. reicht es aber; was [soll ich] j. [tun]?; j. oder nie; von j. auf nachher (ugs.; *von einem Augenblick zum andern*); es gibt j. *(heutzutage)* mehr Möglichkeiten als vor ein paar Jahren; die Kinder gehen j. *(mittlerweile, inzwischen)* in die Schule. **II.** ⟨Partikel⟩ (ugs.) /drückt in Fragesätzen eine leichte Verärgerung, Verwunderung o. Ä. aus/: was machst du denn j. schon wieder?; wo habe ich das j. *(wohl)* wieder hingelegt?; von wem mag j. *(wohl)* dieser Brief sein?

jeweils: *immer, jedes Mal:* er kommt j. am ersten Wochentag; sie muss j. die Hälfte abgeben; j. fünf Kinder treten zur Untersuchung vor.

Job, der: **1.** (ugs.) *Arbeitsplatz, berufliche Tätigkeit:* ein attraktiver, anstrengender, neuer, gut bezahlter, (salopp:) mieser J.; im Sommer hat sie einen J. als Kellnerin; sich während der Semesterferien einen J. suchen; keinen J. finden; seinen J. verlieren; in ihrem J. lernt sie viele interessante Leute kennen. **2.** (EDV) *Aufgabenstellung für den Computer:* zwei Jobs ausdrucken lassen.

jobben (ugs.): in den Ferien j.; in einem Verlag j.; j. gehen; sie hat jahrelang als Taxifahrerin gejobbt.

Joch, das: **1.** *Geschirr für Zugtiere:* die Rinder ins/ unters J. spannen. **2.** (geh.) *Last, die jmdm. auferlegt ist:* ein schweres J.; das J. der Fremdherrschaft, (scherzh.:) der Ehe; jmdm. ein J. auferlegen; ein Land mit Waffengewalt unter das J. zwingen; sie wollten sich nicht unter dieses J. beugen *(sich nicht unterwerfen);* das Volk versuchte sich von dem fremden J. zu befreien.

johlen: die Menge grölte und johlte; johlende Kinder; die Horde zog singend und johlend durch die Straßen.

Jota, das: ⟨in den Verbindungen⟩ **kein/nicht ein/um kein Jota** (geh.; *nicht das Geringste; nicht im Geringsten):* er gibt nicht ein J. von seinem Anspruch auf · **[auch] nur ein Jota** (geh.; *[auch] nur im Geringsten):* wenn die Firma auch nur ein J. vom Vertrag abweicht, droht die Konventionalstrafe.

jovial: er ist ein jovialer Vorgesetzter; er war, grüßte sehr j.

Jubel, der: lauter J. brach los; die Kinder brachen über die Geschenke in J. aus; sie begrüßten den Vater mit großem J.;
★ Jubel, Trubel, Heiterkeit (ugs.; **1.** *angeregte Stimmung.* **2.** oft abwertend; *hektisches, lautes Treiben).*

Jubeljahr, das: ⟨in der Wendung⟩ **alle Jubeljahre [einmal]** (ugs.; *äußerst selten):* das kommt höchstens alle Jubeljahre einmal vor.

jubeln: laut, vor Freude [über etw.] j.; die Sieger ju-

belten *(zeigten unverhohlene Freude)*; das Publikum jubelte beim Erscheinen des Solisten; du hast zu früh gejubelt; eine jubelnde Menschenmenge; sie wurde jubelnd begrüßt.
Jubiläum, das: die Firma feierte ihr 100-jähriges J./ ihr hundertjähriges J./(besser:) das J. ihres hundertjährigen Bestehens; er hat, begeht heute sein 25-jähriges J./sein fünfundzwanzigjähriges J./ (besser:) das J. der fünfundzwanzigjährigen Betriebszugehörigkeit; bei/zu ihrem J., aus Anlass ihres Jubiläums erhielt sie eine hohe Geldprämie.
jucken: 1. a) *von einem Juckreiz befallen sein:* mein Rücken juckt; die trockene Haut juckte fürchterlich; ⟨jmdm./jmdn. j.⟩ die Finger jucken mir/ mich; ihm/ihn juckt der Rücken; ⟨es juckt jmdn.⟩ es juckt mich; ⟨es juckt jmdm./jmdn. irgendwo⟩ es juckt mir/mich hier, auf dem Rücken; **b)** *einen Juckreiz verursachen:* die Wolle, der Verband juckt; ⟨jmdn. j.⟩ der Pullover juckte ihn; ⟨jmdm./ jmdn. irgendwo j.⟩ der Verband juckt ihm/ihn auf der Haut.
2. (ugs.) ⟨jmdn., sich j.⟩ **a)** *sich kratzen:* du musst mich [hier auf dem Rücken] einmal j.; der Hund juckt sich; **b)** ⟨jmdn., sich irgendwie j.⟩ *durch Kratzen die Haut in einen bestimmten Zustand versetzen:* das Kind hat sich blutig, wund gejuckt.
3. (ugs.) ⟨jmdn. j.⟩ *reizen:* ihn juckte nur das Geld; was juckt mich das *(das kümmert mich nicht);* ⟨es juckt jmdn., etw. zu tun⟩ es juckte ihn, von dem Vorfall zu erzählen.
Jugend: 1. *Zeit des Jungseins:* die frühe J.; eine sorglose J. verleben; seine J. genießen; er verlebte seine J. auf dem Lande; in ihrem Gespräch ließen sie die gemeinsame J. wieder aufleben; ihn entschuldigt seine J. *(sein Jungsein);* sie hat sich ihre J. *(ihre Jugendlichkeit, jugendliche Frische)* bewahrt; in meiner J.; seit frühester J.; sie ist schon über ihre erste J. hinaus; er ist von J. an daran gewöhnt; sie wollten etwas von ihrer J. *(seinen Jugendjahren)* haben.
2. *Jugendliche; junge Leute:* die J. eines Landes; die studentische, europäische, moderne, heutige J.; Unbekümmertheit ist ein Vorrecht der J.; die J. von heute denkt sehr selbstständig; eine große Menge männlicher J. *(Jugendlicher);* er spielt bei diesem Verein in der J. (Sport; *in der Jugendmannschaft);*
★ **die reife Jugend** (scherzh. od. iron.; *die nicht mehr jungen, aber noch nicht alten Leute).*
jugendlich: 1. *jung; für Jugendliche typisch:* die jugendlichen Zuschauer, Käufer; in jugendlichen Alter; jugendliche Kraft, Begeisterung, Unsicherheit; mit jugendlichem Übermut stürzte sie sich in das Abenteuer.
2. *jung wirkend:* eine jugendliche Erscheinung; ein jugendliches Aussehen; ein sehr jugendliches (bes. Werbesprache; *für junge Menschen gedachtes, junges Aussehen vermittelndes)* Kleid; eine jugendliche Frisur; sie war, wirkte noch sehr j.; er sah noch sehr j. aus.

Jugendliche, der: mehrere Jugendliche waren in die Schlägerei verwickelt; für J. [unter 18 Jahren] kein Zutritt; die Verbrechen Jugendlicher haben in der letzten Zeit zugenommen; dieser Film ist für J. über 16 Jahre freigegeben; Jugendlichen bis zu 18 Jahren ist der Zutritt verboten; die Veranstaltungen, Konzerte werden vorwiegend von Jugendlichen *(jungen Leuten)* besucht.
Juli, der: ein heißer J.; Anfang, Ende J.; die Ferien beginnen im J.; im Laufe des Monats J., des Juli[s]; sie ist im J., am 3. J. geboren.
jung: 1. a) *ein jugendliches Alter habend:* ein junges Mädchen; eine junge Frau; ein junger Mann; junge Leute; sie ist schon eine junge Dame; ein Gedicht des jungen Goethe; die junge Generation; der schönste Moment in seinem jungen *(noch nicht viele Jahre zählenden)* Leben; der jüngere Bruder; er ist das jüngste von vier Kindern; er ist schon in jungen Jahren *(sehr früh)* selbstständig geworden; sie ist siebzehn Jahre j. (ugs. scherzh.; *alt);* sie ist sehr j. *(als sie noch sehr jung war)* gestorben; sie hat j. geheiratet; ein j. *(in jungen Jahren)* verheiratetes Paar; SUBST.: die Jungen und die Älteren; sie ist nicht mehr die Jüngste *(ist schon älter);* mein Jüngster *(jüngster Sohn);* Ⓡ so j. kommen wir nicht mehr zusammen (ermunternde Aufforderung, noch zu verweilen, noch etwas zu trinken); j. gewohnt, alt getan; j. gefreit hat nie gereut; **b)** *jugendlich frisch:* er ist auch im Alter noch j. geblieben; ich fühle mich noch j.; sie sieht noch sehr j. aus; sie sieht jünger aus, als sie ist; Sport erhält j.; Ⓡ man ist so j., wie man sich fühlt.
2. *erst seit kurzem bestehend, neu:* ein junges Unternehmen; eine junge Ehe; der junge Tag (geh.; *der Morgen);* junges Laub; junges Gemüse; ein Ereignis der jüngsten *(noch nicht lange zurückliegenden)* Vergangenheit; die jüngsten *(letzten)* Ereignisse; sein jüngstes *(letztes)* Werk.
★ **von jung auf** *(seit früher Jugend, von Kindheit an):* von j. auf musste er viel helfen.
¹Junge, der: **1. a)** *Kind männlichen Geschlechts:* ein großer, kleiner, guter, artiger, hübscher, lieber, verwöhnter, verzogener, schmutziger, wilder, kräftiger, dummer J.; viele Jungen/(ugs.:) Jungens/(ugs.) Jungs; was haben die Jungen angestellt?; in der Klasse sind 12 Jungen und 14 Mädchen; wir haben drei Jungen *(Söhne)*; seine Frau hat einen Jungen bekommen; **b)** (ugs.) *junger Mann:* er war ein netter J.; unsere Jungen *(unsere Mannschaft)* schlugen sich tapfer; na, [alter, mein] J., wie geht es dir? (ugs.; in vertraulicher Anrede); J., J.! (ugs.; Ausruf des Staunens o. Ä.).
2. (Kartenspiel; ugs.) *Bube:* alle vier Jungen ausspielen;
★ **die blauen Jungs** (ugs.; *die Matrosen)* · **schwerer Junge** (ugs.; *ein Gewaltverbrecher)* · **jmdn. wie einen dummen Jungen behandeln** (ugs.; *jmdn. nicht ernst nehmen).*
²Junge, das: *junges [gerade geborenes] Tier:* die

Jungen füttern; unsere Katze hat drei J. bekommen; er verschenkte ein Junges; das Fell des Jungen ist schwarz.

Jünger, der: *Anhänger, Schüler:* die zwölf J. *(Apostel);* ein J. Nietzsches; (geh.:) ein J. der Wissenschaft; er ist ein echter J. seines Meisters.

Jungfrau, die: 1. *weibliche Person, die [noch] keine geschlechtlichen Beziehungen gehabt hat:* sie war noch J.; die J. Maria (kath. Rel.; *die Mutter Jesu);* ÜBERTR.: er ist noch J. 2. (Astrol.) a) */ein Tierkreiszeichen/:* sie ist im Zeichen [der] Jungfrau geboren; b) *im Zeichen Jungfrau Geborene[r]:* er ist [eine] J.; ∗ **zu etw. kommen wie die Jungfrau zum Kind** (ugs. scherzh.; *ohne eigenes Zutun zu etw. kommen).*

Junggeselle, der: ein echter, eingefleischter, begehrter J.; er will [nicht] J. bleiben.

Jüngling, der (geh.): ein schüchterner, unreifer, feuriger J.; er ist auch kein J. mehr *(auch nicht mehr so jung und unerfahren);* was erlaubt sich denn dieser J. (abwertend; *dieser unreife junge Mann)*?

jungverheiratet: *seit kurzem verheiratet:* ein jungverheiratetes Paar.

Juni, der: ein warmer, regenreicher J.; Anfang, Ende J.; der J. war dieses Jahr noch kühl; im Laufe des Monats J., des Juni[s]; er ist im J., am 3. J. geboren.

Juwel, das: 1. ⟨auch: der⟩ *Schmuckstück:* ein kostbares, seltenes J.; funkelnde Juwelen; sie trägt viele Juwelen. 2. *Kostbarkeit:* das Neckartal ist ein landschaftliches J.; die Kirche ist ein J. gotischer Baukunst; seine Sekretärin ist ein J. *(ist sehr tüchtig);* er ist ein J. von einem Koch *(ist ein hervorragender Koch).*

Jux, der (ugs.): das war nur ein J.; ich mache [mir] gern einen J.; etw. als J. betrachten; sie hat es nur aus J. *(zum Spaß)* gesagt.

Kabel, das: 1. *elektrische Leitung:* ein dreiadriges K.; das rote K. mit dem Minuspol verbinden; der Monteur hat das K. verlegt und angeschlossen. 2. *kräftiges Drahtseil:* das K. der Seilbahn ist gerissen; die Förderkörbe hängen an starken Kabeln.

Kabinett, das: 1. *kleinerer Museumsraum:* ein K. mit Kupferstichen; die Zeichnungen hingen im K.

2. *Regierungsgremium der Minister:* ein konservatives, liberales K.; ein K. bilden, vereidigen, stürzen, umbilden; der Regierungschef stellte sein neues K., die Mitglieder seines Kabinetts vor; eine Vorlage im K. beraten; der Vorschlag wurde vom K. gebilligt.

Kachel, die: bemalte, glasierte Kacheln; eine K. ist von der Wand gefallen; ein Ofen mit braunen Kacheln.

kacheln ⟨etw. k.⟩: wir lassen das Bad, die Wände k.; die Küche ist [weiß] gekachelt.

Kadaver, der: 1. *Tierleiche:* ein angeschwemmter, aufgetriebener K.; einen K. verscharren; der K. eines Hundes. 2. (abwertend) *Körper:* man muss seinem [alten] K. täglich neue Strapazen zumuten.

Kadi, der (ugs.): er wollte gleich zum K. laufen *(prozessieren);* die Polizei schleppte, zitierte den Kraftfahrer vor den K.; sei vorsichtig, sonst kommst du noch vor den K. *(vor Gericht).*

Käfer, der: ein brauner, schädlicher, golden glänzender K.; ein K. krabbelt über den Weg; K. brummen, surren, fliegen durch die Luft; er sammelt K.; ÜBERTR.: sie ist ein netter, reizender K. (ugs.; *ein nettes, reizendes Mädchen).*

Kaff, das (ugs. abwertend): ein kleines, winziges, elendes, ödes, trostloses K.; wir haben drei Jahre in diesem K. gelebt.

Kaffee, der: 1. *Kaffeepflanze, -strauch:* K. anbauen, [an]pflanzen. 2. a) *Samen des Kaffeestrauchs:* [un]gerösteter, brasilianischer K.; K. ernten, exportieren, rösten, brennen, mahlen; b) *geröstete, [gemahlene] Kaffeebohnen:* ein [halbes] Pfund K. kaufen; ich nehme einen Teelöffel K. mehr pro Tasse. 3. *Getränk aus gemahlenen Kaffeebohnen:* heißer, schwarzer, starker, dünner, koffeinfreier K.; K. mit Milch [und Zucker]; K. verkehrt (landsch.; *Milchkaffee mit mehr Milch als Kaffee);* der K. setzt sich, muss noch stehen; Herr Ober, bitte zwei K. *(Tassen Kaffee);* K. kochen, aufbrühen, aufgießen, filtern, trinken, anbieten; eine Tasse K.; eine Tasse duftender K./(geh.:) duftenden Kaffees; es gibt K. und Kuchen; ich muss erst einmal einen Schluck K. trinken; ich mache uns [einen] K. 4. *Frühstück, Nachmittagsmahlzeit:* K. trinken; nach dem K. gehen wir spazieren; wir waren bei ihr zum K. eingeladen; ∗ **kalter Kaffee** (landsch.; *Erfrischungsgetränk aus Cola und Limonade)* · **etw. ist kalter Kaffee** (salopp; *etw. ist längst bekannt u. uninteressant).*

Käfig, der: ein runder K.; den K. sauber machen; sie hält viele Vögel im K.; drei Affen sitzen im K.; ÜBERTR.: aus seinem K. *(aus der Unfreiheit, dem Gebundensein)* ausbrechen; ∗ **goldener Käfig** *(Gebundensein, Unfreiheit bei großem Reichtum):* im goldenen K. sitzen.

kahl: a) *ohne normalerweise vorhandenen Bewuchs:* ein kahler Kopf, Schädel; der Pelz hat kahle Stellen; kahle *(unbelaubte)* Zweige, Äste; kahle *(unbewaldete)* Berge, Felsen; die Bäume sind, werden k.; der Garten war winterlich k.; **b)** *ohne Ausstattung, Möblierung o. Ä.:* eine kahle Häuserfront; ein kahles Zimmer, kahle *(schmucklose)* Wände. **Kahn,** der: **1. a)** *kleines Boot:* der K. schwankt, schaukelt; K. fahren; sie stakte den K. über den See; wir sind mit dem K. zum Fischen gerudert; **b)** *Lastkahn:* ein schwerfälliger K.; der K. wurde mit Kohle beladen; der Schlepper zog zwei schwer beladene Kähne flussaufwärts; **c)** (ugs., oft abwertend) *Schiff:* mit diesem K. werden wir noch alle untergehen. **2.** (Soldatenspr.) *Arrest, Gefängnis:* der Rekrut hat drei Tage K. bekommen; er sitzt im K. **3.** (ugs. scherzh.) *Bett:* in den K. gehen, steigen. **Kaiser,** der: der K. von Österreich; der K. hat abgedankt; er wurde K., zum K. gekrönt; am Hofe K. Karls des Großen, des Kaisers Karl des Großen; die K. Friedrich I. und Friedrich II.; Ⓡ er ist dort, wo [auch] der K. zu Fuß hingeht (ugs. scherzh. verhüll.; *auf der Toilette*); wo nichts ist, hat [selbst] der K. sein Recht verloren; ∗ **sich um des Kaisers Bart streiten** *(sich um Nichtiges streiten).* **Kakao,** der: **1.** *Samen des Kakaobaums:* K. ernten, rösten, mahlen. **2.** *aus Kakaobohnen hergestelltes Pulver:* entölter K.; ein halbes Pfund K.; sie rührte den K. in die kochende Milch. **3.** *aus Kakaopulver hergestelltes Getränk:* süßer, heißer K.; K. kochen, trinken; eine Tasse K.; ∗ **jmdn., etw. durch den Kakao ziehen** (ugs.; *jmdn., etw. veralbern, lächerlich machen*). **Kalb,** das: **1.** *junges Rind:* ein kleines, neugeborenes K.; ein K. schlachten; die Kuh hat ein K. bekommen. **2.** (ugs.) *dummer, unbeholfener Mensch* /oft als Schimpfwort/: mit einem solchen K. ist nichts anzufangen; du [blödes] K.!; ∗ **das Goldene Kalb anbeten; um das Goldene Kalb tanzen** (geh.; *geldgierig sein*). **Kalender,** der: **1.** *Datumsverzeichnis:* ein neuer, ewiger, immer während K.; ein literarischer K.; ein K. für den Blumenfreund; ein K. aus dem Jahre 1970, von 1970; ein K. für [das Jahr] 2002; den K. *(das Kalenderblatt)* abreißen; etw. im K. notieren, vermerken, nachschlagen. **2.** *Zeitrechnung mithilfe astronomischer Zeiteinheiten:* der altrömische, chinesische, jüdische K.; ∗ **der gregorianische Kalender** *(die seit 1582 gültige Zeitrechnung)* · **der julianische Kalender** *(die 46 v. Chr. eingeführte Zeitrechnung)* · **hundertjähriger Kalender** *(für einen Zeitraum von hundert Jahren geltendes kalendarisches Verzeichnis mit alten Bauernregeln und Wettervorhersagen)* · **sich** (Dat.) **etw./einen Tag im Kalender [rot] anstreichen** (oft spött.; *sich etw./einen Tag als Seltenheit vermerken*).

Kalk, der: gebrannter, [un]gelöschter K.; im Teekessel hat sich K. abgesetzt; das Wasser enthält [viel] K.; K. brennen, löschen; er hat Mangel an K. *(Kalzium);* den Boden mit K. *(Kalkdünger)* bestreuen; die Wände mit K. *(Kalkmörtel)* bewerfen; ∗ **bei jmdm. rieselt [schon] der K.** (salopp; *jmd. wird geistig unbeweglich, senil*). **kalkulieren** ⟨[etw.] k.⟩: **1.** *veranschlagen:* knapp, scharf, vorsichtig, großzügig k.; die Fertigungszeiten, die Produktmengen k.; wir haben die Endpreise so niedrig wie möglich kalkuliert; das Projekt ist auf zwanzig Millionen Mark kalkuliert worden. **2.** ⟨etw. irgendwie k.⟩ *abschätzen:* [blitz]schnell, scharf, richtig, rasch k.; in dieser Sache hat er falsch kalkuliert; ich habe dieses Risiko kalkuliert *(in die Erwägung einbezogen).* **kalt: 1.** *von niedriger Temperatur:* ein kalter Wind, Luftzug; mit kaltem Wasser duschen; kalte Umschläge machen; in der kalten Jahreszeit *(im Winter);* kalte *(überwiegend nicht mit Hitzeeinwirkung zubereitete)* Speisen; kalter *(nach der Zubereitung wieder erkalteter)* Braten; kalte *(gekühlte)* Getränke; kalter Schweiß *(Angstschweiß);* kalte Füße, eine kalte Nasenspitze haben; der Ofen ist noch k.; das Wetter ist, bleibt k.; heute ist es sehr, eisig k.; mir ist k. (landsch.; *ich friere*); die Wohnung, das Zimmer ist k. *(nicht oder schlecht geheizt)* achthundert Mark; ich schlafe meist k. *(im ungeheizten Zimmer);* der Motor ist noch k. *(hat noch nicht seine Betriebstemperatur);* der Sekt musste k. gestellt *(gekühlt)* werden; k. *(mit kaltem Wasser)* duschen; etw. k. *(ohne Wärmeeinwirkung)* löten; er raucht die Pfeife k. *(hält sie unangezündet im Mund);* das Essen wird, ist schon k.; wir essen heute Abend k. *(kalte Speisen);* ÜBERTR.: kaltes *(weißliches, fahles)* Licht; kalte *(einen Stich ins Bläuliche aufweisende)* Farben; die Räume wirken k. *(ungemütlich);* SUBST.: im Kalten *(in einem ungeheizten Raum)* sitzen. **2. a)** *nüchtern:* kalter Verstand; dies erklärte er ganz k. und unbeteiligt; ihre Tränen haben ihn völlig k. *(innerlich unberührt)* gelassen; **b)** *kein Mitgefühl zeigend; abweisend:* ein kalter Empfang; kalte Augen, eine kalte Stimme haben; er begrüßte uns mit kalter Miene; er ist k. wie eine Hundeschnauze (ugs.; *ist ohne jedes Mitempfinden);* k. lächeln. **3.** *ein eisiges Gefühl, Schauder erregend:* kaltes Grausen, kalte Furcht; ihn packte kalte Wut; es überläuft, durchrieselt mich k. **kaltblütig: a)** *unerschrocken:* ein kaltblütiger Mensch; k. sein; der Gefahr ins Auge sehen; **b)** (abwertend) *skrupellos:* ein kaltblütiger Mord; ein kaltblütiger Killer; jmdn. k. ermorden. **Kälte,** die: **1.** *niedrige Temperatur:* eine eisige, grimmige, starke, beißende, schneidende K.; ist

das eine K. heute!; es herrscht strenge, arktische, sibirische K.; die Kälte dringt durch die schlecht isolierten Fenster; wir haben 15 Grad K.; die Fliesen strömen K. aus; bei der K. kann man nicht arbeiten; sich mit warmer Kleidung gegen die K. schützen; vor K. zittern; ÜBERTR.: die K. *(ungemütliche Atmosphäre)* eines Raumes.
2. *Unverbindlichkeit, Unfreundlichkeit:* sie empfing mich mit spürbarer K.

kaltschnäuzig (ugs.): ein kaltschnäuziges Auftreten, Benehmen; der Bursche ist ganz schön k.; er fertigte ihn k. ab.

kaltstellen (ugs.) ⟨jmdn. k.⟩: unbequeme Journalisten, einen unliebsamen Konkurrenten k.; der Minister wurde kaltgestellt.

Kamel, das: **1.** ein einhöckriges, zweihöckriges K.; die Kamele beladen; wir ritten auf Kamelen.
2. (ugs.) *dummer, einfältiger Mensch* /oft als Schimpfwort/: dieses K. nehme ich nicht mehr mit; ich, du K.!; so ein [altes] K.!

Kamera, die: **a)** *Aufnahmegerät:* die K. läuft, surrt, schwenkt auf die Zuschauer; die Kameras aufbauen; mit versteckter K. filmen; vor laufender K. ins Stottern geraten; **b)** *Fotoapparat:* eine einfache K.; die K. zücken;
★ **vor der Kamera stehen** *(als Schauspieler[in] o.Ä. bei Film-, Fernsehaufnahmen mitwirken).*

Kamerad, der: ein guter, treuer, erprobter K.; einen Kameraden (nicht korrekt: Kamerad) im Stich lassen; sie sind alte Kameraden; seine Frau war ihm ein guter K. *(Lebensgefährte).*

Kameradschaft, die: eine gute, herzliche, schlichte K.; K. schließen, halten; aus K. handeln; es herrscht eine Atmosphäre der K.

kameradschaftlich: ein kameradschaftliches Verhältnis; die norwegischen Sportler sind sehr k. [zu den anderen Läufern]; ihre Beziehung ist rein k. *(nicht erotisch);* er klopfte ihm k. auf die Schulter.

Kamin, der: **1.** (landsch., bes. südd., schweiz.): *Schornstein:* der K. raucht; den K. kehren; aus den Kaminen quoll Rauch.
2. *offene Feuerstelle mit Rauchfang:* wir saßen am K., vor dem K.; im K. brennt ein Feuer.
3. (Bergsteigen) *Schacht:* ein schwieriger K.; sie hat den K. durchklettert.

Kamm, der: **1.** *Gerät zum Kämmen der Haare:* K. und Bürste; ein enger, feiner K. *(ein Kamm mit eng beieinander stehenden Zinken);* der K. ist aus Horn, aus Zelluloid; sich einen K. ins Haar stecken; auf dem K. blasen; einige Zähne aus dem K. ausbrechen; mit dem K. einen Scheitel ziehen; ℝ bei denen liegt der K. auf/neben/bei der Butter (ugs. scherzh.; *sie sind sehr unordentlich).*
2. *Auswuchs auf dem Kopf von Hühnervögeln:* der Hahn hatte einen krausen, fleischigen, roten K.; dem Truthahn schwillt der K.
3. *Nackenstück bei Schlachtvieh:* der K. des Schweines, Rindes, ich habe ein Pfund K. gekauft.

4. a) *oberster Teil einer lang gestreckten Erhebung:* der K. des Berges, des Gebirges; wir gingen die Kämme der Dünen entlang; **b)** *oberster Teil einer Welle:* der Schaum auf den Kämmen der Wogen, Wellen;
★ **jmdm. schwillt der Kamm** (ugs.; 1. *jmd. wird übermütig.* 2. *jmd. gerät in Zorn)* · **alle[s] über einen Kamm scheren** *(alle[s] gleich behandeln und dabei wichtige Unterschiede nicht beachten).*

kämmen: a) ⟨jmdn., sich, etw. k.⟩ *frisieren:* er kämmt sich; die Mutter kämmt das Kind, ihr Haar; sie kämmte ihr Haar aus der Stirn, nach hinten; ⟨jmdm., sich etw. k.⟩ ich hatte mir gerade die Haare gekämmt; er ließ sich das Haar in die Stirn k.; ⟨jmdm., sich etw. aus etw. k.⟩ *kämmend entfernen:* sich den Staub aus dem Haar k.; **c)** ⟨jmdn., sich etw. k.⟩ *durch Kämmen hervorbringen:* warum kämmst du dir, dem Kind nicht einen Pony?

Kammer, die: **1.** *kleiner Raum:* etw. in der K. abstellen; (früher:) er schläft in der K.
2. a) (Med., Biol.) *abgeteilter Hohlraum in bestimmten Organen, Pflanzenteilen o.Ä.:* die rechte K. des Herzens; die Samenkapsel ist in Kammern unterteilt; **b)** (Technik) *Hohlraum in technischen Anlagen, Geräten o.Ä.:* die K. des Brennofens.
2. (Verfassungsw., Rechtsw., Politik) *gesetzgebende o.ä. Körperschaft:* die erste, zweite K., die beiden Kammern des Parlaments; sie wurde in die K. für Strafsachen des Oberlandesgerichts berufen; Ärzte, Rechtsanwälte sind meist in Kammern organisiert; die Sache wurde vor der K. verhandelt;
★ **im stillen Kämmerlein** (oft scherzh.; *ohne den Einblick, das Zutun anderer).*

Kampf, der: **1. a)** *[handgreifliche] Auseinandersetzung:* ein harter, zäher, erbitterter, ungleicher K.; ein ideologischer K.; ein K. aller gegen alle, Mann gegen Mann; der K. mit einem, gegen einen wohlgerüsteten Gegner; der K. zwischen den Geschlechtern; der K. *(die Kontroverse)* zwischen den beiden Gelehrten ist noch nicht ausgefochten; ein K. mit den [bloßen] Fäusten; ein K. auf Leben und Tod; der K. beginnt, entspinnt sich, ruht; den K. wagen, beginnen, führen, ausfechten, bestehen, abbrechen, fortsetzen, aufgeben, beendigen, für sich entscheiden; den K. aufnehmen, annehmen, eröffnen, verloren geben; den K. stellen, sich auf einen K. einlassen; aus diesem K. geht keiner als Sieger hervor; es kommt zum K.; jmdn. ins K. schicken, werfen, fordern; ÜBERTR.: der K. mit dem Unwetter, gegen die Unbilden der Witterung; ihr K. gegen den/mit dem Schlaf *(ihre Bemühungen, wach zu bleiben);* **b)** *militärische Auseinandersetzung feindlicher Truppen:* ein blutiger, sinnloser K.; ein K. mit feindlichen Streitkräften, gegen einen überlegenen Gegner; der K. tobt um die Stadt;

beim K. um den Brückenkopf wurde er verwundet; in den K. ziehen; er ist im K. gefallen.
2. *Wettkampf:* ein fairer, spannender K.; sie hat in diesem Jahr mehrere Kämpfe bestritten; die beiden Boxer, Mannschaften lieferten sich heiße Kämpfe.
3. *innerer Zwiespalt:* seelische, innere Kämpfe durchstehen, ausfechten [müssen]; nach langem K. mit sich selbst hat er sich entschieden.
4. a) *Einsatz aller Kräfte, um etw. zu verwirklichen, zu verteidigen:* der K. für das Vaterland, für eine bessere Zukunft; **b)** *Bemühungen zur Verhinderung, Beseitigung von etw.:* der K. gegen den Hunger; den K. gegen die organisierte Kriminalität aufnehmen, weiterführen, nicht aufgeben; **c)** *Einsatz aller Mittel, um etw. zu erlangen:* der K. um den Sieg, um höhere Löhne; der K. ums Dasein;
∗ jmdm., etw. **den Kampf ansagen** *(deutlich machen, dass gegen jmdn., etw. Maßnahmen ergriffen werden):* der Inflation den K. ansagen · **einen guten Kampf kämpfen** *(sich für eine gute Sache einsetzen).*
kämpfen: 1. a) *gegen jmdn. vorgehen; sich [handgreiflich] mit jmdm. auseinander setzen:* verbissen, wie ein Löwe k.; gegen einen politischen Rivalen, mit einem politischen Gegner k.; die Konzerne kämpfen miteinander *(stehen in harter Konkurrenz);* er hatte gegen ihn, mit ihm bis zur Erschöpfung gekämpft; sie kämpften miteinander auf Leben und Tod; kämpfende Rehböcke; ÜBERTR.: der Schwimmer kämpfte mit den Wellen, gegen die Strömung; wir haben mit vielen/gegen viele Schwierigkeiten zu k.; er kämpfte mit dem/gegen den Schlaf *(versuchte wach zu bleiben);* sie kämpfte mit den Tränen *(versuchte sie zu unterdrücken);* **b)** ⟨etw. k.⟩ *bestehen:* er kämpfte einen heroischen, verzweifelten, aussichtslosen Kampf; **c)** ⟨irgendwie für/gegen/um etw. (Akk.) k.⟩ *sich militärisch mit jmdm. auseinander setzen:* die Soldaten kämpften erbittert, bis zum letzten Mann, Schulter an Schulter, auf verlorenem Posten, um jeden Fußbreit Boden, für das Vaterland; an der vordersten Front, auf der anderen Seite k.; die Division kämpfte gegen eine erdrückende Übermacht; die kämpfende Truppe.
2. ⟨irgendwie [gegen/um etw. (Akk.)] k.⟩ *sich im sportlichen Wettkampf messen:* die Mannschaft kämpfte fair, zäh, verbissen, bis zum Umfallen, um den Einzug ins Finale; gegen den Tabellenführer k.
3. ⟨[mit sich] k.⟩ *sich zu einem Entschluss durchringen:* ich kämpfe noch [mit mir], ob ich daran teilnehme.
4. a) ⟨für etw. k.⟩ *sich für etw. einsetzen:* für die Freiheit, Gleichberechtigung, für seinen Glauben k.; wir kämpfen für ein geeintes Europa; **b)** ⟨gegen etw. k.⟩ *gegen etw. angehen:* gegen den Krieg, gegen die Unterdrückung k.; die Mannschaft

kämpft gegen den Abstieg; **c)** ⟨um jmdn., etw. k.⟩ *um jmdn., etw. ringen:* um mehr Selbstständigkeit, um sein Recht, um Anerkennung k.; die Mutter kämpfte um ihr Kind; der Arzt hat vergeblich um das Leben des Patienten gekämpft.
5. ⟨sich irgendwohin k.⟩ *(eine Strecke) zurücklegen:* sie kämpften sich [mühsam] durch Dornen und Gestrüpp; sie stürzte in das brennende Haus und kämpfte sich bis zur ersten Etage; ÜBERTR.: sie hat sich im Laufe der Jahre nach oben gekämpft *(hat sich wirtschaftlich, sozial hochgearbeitet).*
kampieren ⟨irgendwo k.⟩: unter freiem Himmel, auf freiem Feld k.; in einer Hütte, in Notunterkünften k.; sie musste auf dem alten Sofa k. (ugs.; übernachteten).
Kanal, der: **1. a)** *[künstlicher] Wasserlauf:* viele Kanäle durchziehen das Land; er hat den K. *(Ärmelkanal)* durchschwommen; einen K. graben, bauen; der Hafen ist durch einen K. mit dem Meer verbunden; **b)** *Abwasserleitung:* der K. ist verstopft, läuft über.
2. *Nachrichtenweg:* geheime, dunkle, diplomatische Kanäle; es galt, diese Information in die richtigen Kanäle zu leiten.
3. *(Rundf., Ferns.) Frequenzbereich eines Senders:* einen K. wählen; eine Sendung auf einem K. sehen; das dritte Programm kann auf K. sieben empfangen werden;
∗ **den Kanal voll haben** *(salopp;* 1. *betrunken sein.* 2. *einer Sache überdrüssig sein).*
Kandidat, der: **1.** *Anwärter, Bewerber:* er war der aussichtsreichste K. für das Amt des Ministerpräsidenten; einen Kandidaten bezeichnen, wählen, durchbringen, von der Liste streichen; jmdn. als Kandidaten aufstellen; seine Stimme für einen Kandidaten abgeben.
2. *Examenskandidat:* die Kandidaten treten zur mündlichen Prüfung an; die Kandidaten *(Studierenden)* der Theologie.
kandidieren ⟨[für etw., gegen jmdn.] k.⟩: für das Parlament, für das Amt des Präsidenten, für unsere Partei, gegen einen Mitbewerber k.; er ist nicht bereit, erneut zu k.
Kanne, die: eine silberne K.; eine K. aus Porzellan, aus Zinn; eine K. Kaffee; drei Kannen Milch, mit Milch; ein Kännchen Milch, Sahne; die K. ausgießen, [nach]füllen; die Kannen *(Blechkannen)* scheuern, reinigen; wir haben das Bier in der K. geholt;
∗ **in die Kanne steigen** *(ugs.; gehörig dem Alkohol zusprechen).*
Kanone, die: **1.** *Artilleriegeschütz:* die Kanonen donnern; Kanonen gießen; Kanonen auffahren; eine K. laden, richten, abfeuern.
2. *(ugs.) Könner; Größe:* er ist eine [große] K. auf diesem Gebiet, im Tennis, in der Kardiologie, als Rennfahrer.
3. *(ugs. scherzh.) Revolver:* lass ihn K. fallen!; gebt die Kanonen her!;

* mit Kanonen auf/nach Spatzen schießen *(gegen Kleinigkeiten mit zu großem Aufwand vorgehen).*

Kante, die: **1.** *Schnittlinie zweier aneinander stoßender Flächen:* eine scharfe, harte, spitze, stumpfe, abgerundete, vorspringende K.; ich habe mich an der K. des Tisches gestoßen. **2.** *Rand einer Fläche:* eine schmale, breite K.; die Tischdecke hatte eine K. aus Spitzen; er saß auf der K. des Stuhls, des Bettes; *** etwas auf die hohe Kante legen** (ugs.; *Geld sparen*) · **etwas auf der hohen Kante haben** (ugs.; *Geld gespart haben*).

kantig: kantige Quader, Felsbrocken; ÜBERTR.: ein kantiges *(scharf geschnittenes)* Gesicht, Kinn; ein kantiger *(eigenwilliger)* Typ, Charakter.

Kanzel, die: **1.** *(in der Kirche) Standort für den Prediger:* eine geschnitzte K.; auf die K. steigen; von der K. herab predigen; etw. von der K. herab verkünden. **2.** *Cockpit:* die Besatzungen kletterten in die Kanzeln. **3.** (Jägerspr.) *Hochsitz:* auf die K. klettern; auf der K. sitzen; das Wild von der K. aus beobachten.

Kanzler, der: den K. ernennen; der K. bestimmt die Richtlinien der Politik; welche Partei stellt den K.?; zum K. gewählt werden.

Kapazität, die: **1.** (Wirtsch.) *maximale Produktionsleistung:* die K. der Firma ist erschöpft; die Firma hat eine K. von ungefähr einer Million Wagen im Jahr; seine K. verdoppeln; ausgelastete, nicht ausgenutzte Kapazitäten *(Produktionsstätten, -anlagen).* **2. a)** *Fassungsvermögen:* der Kessel hat eine K. von 5000 Litern; **b)** *geistige Kapazität:* die komplizierten Formeln übersteigen/überfordern die K. der Schüler. **3.** *Experte:* eine K. [als Chirurg] sein; die Forscherin ist eine K./gilt als eine K. auf dem Gebiet der Gentechnologie.

¹Kapelle, die: *kleine Kirche; abgeteilter Altarraum:* die K. mit Blumen schmücken; sie beteten in der K.

²Kapelle, die: *Unterhaltungsorchester:* es spielen zwei Kapellen zum Tanz; die K. spielt einen Tusch, einen Walzer; er spielte in dieser K. [Trompete].

kapern: 1. ⟨etw. k.⟩ *auf See erbeuten:* ein Schiff k. **2.** (ugs.) ⟨jmdn. k.⟩ *für sich gewinnen:* er will dich nur für seinen Plan k.; ⟨sich (Dat.) jmdn. k.⟩ den werden wir uns k.; sie hat sich einen Millionär gekapert *(hat ihn geheiratet).*

Kapital, das: **1.** *Vermögen, Geld, das Gewinn abwirft:* stehendes, fixes, festes, flüssiges, eingefrorenes, umlaufendes, variables K.; ein bescheidenes, sicheres K.; das K. fließt ins Ausland ab; das K. verzinst sich gut; sein K. [gut, gewinnbringend] anlegen; das K. in ein Geschäft stecken, aus dem Betrieb ziehen, angreifen; wir müssen K.

aufnehmen; die Gesellschaft erhöht ihr K. *(Grund-, Anlagekapital);* er ist an mehreren Kapitalien/Kapitalen beteiligt; vom K. leben, zehren; ÜBERTR.: geistiges K. *(geistiges Leistungsvermögen; Wissen, Kenntnisse);* sein ganzes K. waren seine beiden starken Hände. **2.** *Gesamtheit von Kapitalisten:* diese Leute gehören zum K.; *** aus etw. Kapital schlagen** *(etw. zu seinem Vorteil nutzen).*

kapitalistisch: ein kapitalistischer Staat; ein kapitalistisches Wirtschaftssystem; die kapitalistische Gesellschaftsordnung; dieser Staat ist k., wird k. regiert; k. denken.

Kapitel, das: das erste, zweite K.; ein langes, kurzes K.; ich habe erst ein K. des Romans gelesen; das Buch hat acht K.; im dritten K. befasst sich der Autor mit der Frage ...; ÜBERTR.: ein trauriges, dunkles K. der deutschen Geschichte/seines Lebens; das ist ein wunderliches K. *(Angelegenheit, Fall);* das ist ein anderes K. *(gehört in einen anderen Zusammenhang);* *** ein Kapitel für sich sein** *(eine schwierige, unerfreuliche Angelegenheit sein, über die sich viel sagen ließe).*

kapitulieren: 1. *sich ergeben:* die Truppen kapitulieren; der Stützpunkt hat widerstandslos kapituliert. **2.** *resignierend aufgeben:* vor einer Aufgabe, den Schwierigkeiten k.; ich habe an dieser Stelle einfach kapituliert.

Kappe, die: **1.** *[schirmlose] Mütze:* eine K. aus Wolle, aus Samt, aus Filz; eine sportliche K.; die K. [schief] aufsetzen, in die Stirn ziehen; ÜBERTR.: der Berg hat eine weiße K. *(ist schneebedeckt).* **2. a)** *verstärkter Teil des Schuhs:* die K. drückt; der Schuh ist an der K. etwas eng; **b)** *abnehmbarer Verschluss von Flaschen, Schachteln o. Ä.:* die K. abschrauben, aufdrehen, aufklappen, wieder aufsetzen; **c)** *Abdeckung an Maschinen[teilen]:* die K. vom Rad abnehmen; *** etw. auf seine [eigene] Kappe nehmen** (ugs.; *die Verantwortung für etw. übernehmen)* · **etw. geht/kommt auf jmds. Kappe** (ugs.; *jmd. muss für etw. die Verantwortung übernehmen).*

kaputt (ugs.): **1.** *defekt, entzwei:* kaputtes (nicht: kaputtens) Geschirr; kaputte (nicht: kaputtene) Schuhe; ein kaputtes (scherzh.; *gebrochenes)* Bein; das kaputte *(völlig zerstörte)* Berlin; die Uhr, die Tasse ist k.; ÜBERTR.: ein kaputter Typ *(jmd., der seinen Halt verloren hat);* unsere Ehe ist k. *(völlig zerrüttet);* die Firma ist k. *(bankrott);* was ist denn jetzt k.? (salopp; *was ist denn jetzt passiert?).* **2.** *erschöpft:* er machte einen ziemlich kaputten Eindruck; ich bin, fühle mich ganz k.; nach acht Stunden am Bildschirm sind meine Augen total k.

kaputtgehen (ugs.): **1.** *defekt werden, entzweige-*

hen: die Jacke geht an den Ärmeln kaputt; das Glas ist kaputtgegangen; viele Pflanzen sind durch den Frost kaputtgegangen *(eingegangen);* ÜBERTR.: die Ehe ist kaputtgegangen. **2.** *[wirtschaftlich] zugrunde gehen:* das Geschäft ging k.; ich geh k., wenn ich allein bin.
kaputtmachen (ugs.): **1.** ⟨etw. k.⟩ *zerstören:* das Spielzeug, die Lampe k.; ÜBERTR.: jmds. Ehe k. **2. a)** ⟨jmdn. k.⟩ *[wirtschaftlich] zugrunde richten:* die Sorgen haben ihn kaputtgemacht; das macht die kleinen Kaufleute kaputt; **b)** ⟨sich k.⟩ *seine Gesundheit ruinieren:* jahrelang hat er sich für die Firma kaputtgemacht.
karg: 1. *dürftig:* ein karger Lohn; karge Reste; karge Mahlzeiten; der Beifall war mehr als k.; k. bemessen sein. **2.** *schmucklos:* ein karger Raum; das Hotelzimmer war recht k. ausgestattet; ÜBERTR.: eine karge Sprache. **3.** *nicht fruchtbar:* ein karger Boden; karge Erde; das Land wird nach Norden zu noch karger/ (auch:) kärger; ∗ **mit etw. karg sein** *(mit etw. kargen):* mit Anerkennung, mit Komplimenten ist er k.
kärglich: eine kärgliche Mahlzeit; ein kärglicher Rest; in kärglichen Verhältnissen leben; der Lohn war wirklich k.; das Hotelzimmer war k. eingerichtet.
kariert: 1. *mit Karos gemustert:* ein [klein] karierter Stoff; sie trägt eine karierte Bluse; das Papier ist k. *(durch Linien in gleichmäßige Quadrate oder Rechtecke aufgeteilt).* **2.** (ugs. abwertend) *ungereimt:* red doch nicht so k.!
Karikatur, die: eine politische K.; eine freche, treffende, gekonnte K. des Ministers; sie zeichnet Karikaturen; er ist zu einer K. (abwertend; *einem Spott-, Zerrbild*) geworden.
Karo, das: **1.** *Viereck:* ein Stoff, ein Schulheft mit Karos; ein Anzug in K. *(mit Karomuster);* sie trägt gern K. *(Kleidung mit Karomuster).* **2.** */eine Spielkartenfarbe/:* K. ansagen, spielen; sie spielte K. aus.
Karre, die (bes. nordd. und westmd.), **Karren,** der (bes. südd. und österr.): **1.** *kleiner Wagen mit Handgriffen:* die K./den Karren schieben, ziehen; etw. auf die K./den Karren laden; wir holten drei Karren [voll] Sand. **2.** ⟨meist Karren⟩ *hölzerner Wagen für Zugtiere:* den K. beladen; das Pferd zieht den K.; er spannte das Pferd vor den K. **3.** (ugs. abwertend) *Fahrzeug:* die K. *(das Auto)* springt nicht an; wir haben die alte Karre/den alten Karren verkauft; ∗ **die Karre/der Karren ist total verfahren** (ugs.; *die Situation ist, scheint ausweglos)* · **die Karre/ den Karren in den Dreck fahren** (ugs.; *eine Sache gründlich verderben)* · **die Karre/den Karren [für jmdn.] aus dem Dreck ziehen** (ugs.; *eine verfahrene Angelegenheit bereinigen)* · **die Kar-**

re/den Karren [einfach] laufen lassen (ugs.; *sich um eine Sache nicht [weiter] kümmern)* · **jmdn. an die Karre/an den Karren fahren** (ugs.; *massive Kritik an jmdm. üben; grob gegen jmdn. vorgehen)* · **jmdn. vor seinen Karren spannen** *(jmdn. für seine eigenen Interessen einsetzen)* · **sich nicht vor jmdn. Karren spannen lassen** *(sich nicht für Ziele und Zwecke eines anderen missbrauchen lassen).*
Karriere, die: eine steile, blendende, politische, rasante K.; seine K. verfolgen, ruinieren, beenden; diese Affäre schadete seiner K.; sie steht am Anfang einer großen K.; ∗ **Karriere machen** *(beruflich aufsteigen).*
Karte, die: **1. a)** *Blatt aus dünnem Karton für Eintragungen o. Ä.:* eine K. [im Format] DIN A 6; eine K. aus der Kartei ziehen; die K. stechen *(die Lohn-, Stechkarte von der Kontrolluhr abstempeln lassen);* **b)** *Postkarte, Ansichtskarte:* eine K. schreiben; sie schickte eine K. aus dem Urlaub. **2. a)** *Eintrittskarte:* eine teure, billige Karte; eine K. zu 50 DM; Karten für das Theater vorbestellen, an der Abendkasse abholen; **b)** *Fahrtausweis:* eine K. 2. Klasse nach Berlin; eine K. am Schalter lösen; die Karten vorzeigen, kontrollieren, entwerten; mit dieser K. kann man nicht 1. Klasse fahren. **3.** *Spielkarte:* eine K. ausspielen; er hat eine gute, schlechte Karten [auf der Hand]; die Karten mischen, austeilen, geben, auflegen, anlegen, aufdecken; wir haben Karten gespielt *(ein Kartenspiel gemacht);* Ⓡ diese K. sticht nicht [mehr] *(dieses Argument überzeugt nicht [mehr]).* **4.** *gedruckte Mitteilung, Anzeige:* sie schickten zu ihrer Verlobung, ihrer Hochzeit Karten; wir müssen ihnen eine K. *(Gratulations-, Beileidskarte)* senden; sie hinterließ ihre K. *(Visitenkarte);* sie tauschten ihre Karten *(Visitenkarten)* aus. **5.** *Landkarte:* eine politische, eine physische/ physikalische K. von Europa; die K. lesen, studieren; eine K. ausbreiten, zusammenfalten; einen Ort auf der K. suchen; nach der K. sind es noch fünf Kilometer. **6.** *Speisekarte:* eine reichhaltige K.; der Kellner bringt die K.; nach der K. speisen, essen. **7.** *Scheck-, Kreditkarte o. Ä:* die K. sperren lassen; zahlen Sie bar oder mit [der] K.?; ∗ **die gelbe Karte** (Fußball; *Karte in gelber Farbe als optisches Zeichen für eine Verwarnung)* · **die rote Karte** (Fußball; *Karte in roter Farbe als optisches Zeichen für einen Platzverweis)* · **die grüne Karte** (Verkehrsw.; *Ausweis in grüner Farbe zum Nachweis der ordnungsgemäßen Haftpflichtversicherung)* · **die seinen Karten aufdecken, [offen] auf den Tisch legen/offen legen** *(seine wahren Absichten, Pläne enthüllen)* · **alle Karten in der Hand haben** *(über alle Mittel u. Möglichkeiten verfügen)* · **jmdm. die Karten legen** *(jmdm. aus den Spielkarten wahrsagen)* · **alles auf eine Karte setzen** *(alles riskieren)* · **jmdm. in die Kar-**

ten sehen/schauen/(ugs.:) **gucken** *(heimlich in jmds. Pläne Einblick nehmen)* · sich (Dat.) nicht in die Karten sehen/schauen/ (ugs.:) **gucken lassen** *(seine Absichten geheim zu halten wissen)* · mit gezinkten Karten spielen *(mit unlauteren Mitteln vorgehen)* · mit offenen/verdeckten Karten spielen *(etwas offen und ohne Hintergedanken/mit heimlichen Nebenabsichten tun).*

Kartoffel, die: 1. *Kartoffelpflanze:* frühe, späte Kartoffeln; Kartoffeln anbauen, anpflanzen, hacken, häufeln; Ⓡ rein in die Kartoffeln, raus aus den Kartoffeln (ugs.; *mal lautet die Anordnung so, dann genau umgekehrt).* 2. *Kartoffelknolle:* alte, neue, feste, mehlige, glasige, fest kochende Kartoffeln; gedämpfte, gedünstete, rohe, gekochte Katoffeln; die Kartoffeln sind gar, weich, noch hart; Kartoffeln stecken, legen, ernten, einkellern, schälen, pellen, abgießen, kochen, reiben, braten; Rindfleisch mit Kartoffeln. 3. (ugs. scherzh.) *knollige Nase:* der hat aber eine K. im Gesicht!

Karton, der: 1. *dünne Pappe:* ein Bogen weißer K./ (geh.:) weißen Kartons; K. schneiden; wir haben das Bild auf K. aufgezogen. 2. *Behälter aus Pappe:* ein bunter K.; einen K. auspacken; die Strümpfe sind in Kartons verpackt; mit drei Kartons badischem Wein/(geh.:) badischen Weins; Ⓡ es knallt im K. (salopp; *es gibt eine gehörige Zurechtweisung).* 3. (Kunstw.) *Entwurf für Malereien o. Ä.:* ein K. für ein Fresko; den K. auf die Wand, auf die Leinwand übertragen;

★ bei jmdm. rappelts im Karton (salopp; *jmd. ist nicht recht bei Verstand).*

Käse, der: 1. */ein Nahrungsmittel/:* frischer, scharfer, weicher, vollfetter K.; weißer K. (landsch.; *Quark);* Schweizer K.; der K. ist gut durchgezogen, [noch nicht] (ugs.:) durch; K. herstellen, machen; ein Butterbrot mit K.; etw. mit K. überbacken; Ⓡ K. schließt den Magen *(Käse bildet den richtigen Abschluss einer Mahlzeit).* 2. (ugs. abwertend) *Unsinn:* das ist doch alles K.; er redet doch nur K. [daher]; so ein K.!

Kasse, die: 1. a) *Geldkassette; Laden-, Registrierkasse:* die K. öffnen, verschließen; der Ausverkauf brachte gefüllte Kassen; Waren bitte an der K. zahlen!; an der K. arbeiten, sitzen; er legte den Geldschein in die K.; b) *Bargeldbestand:* bei der Abrechnung hat die K. nicht gestimmt *(hat ein Betrag gefehlt);* die K. führen, prüfen; gemeinsame K. führen, machen *(Ausgaben gemeinschaftlich bestreiten);* auf getrennte K. verreisen; Ⓡ Hauptsache, die K. stimmt; c) (Kaufmannsspr.) *Barzahlung:* wir liefern gegen K., bitten um K.; zahlbar rein netto K. *(in bar ohne Abzug).* 2. a) *Ein- oder Auszahlungsschalter:* die K. ist schon geschlossen; Geld an der K. einzahlen, abholen; b) *Schalterraum, an dem Eintrittskarten*

verkauft werden: die reservierten Karten können an der K. abgeholt werden. 3. (ugs.) a) *Sparkasse, Bank:* seine Ersparnisse zur K. bringen; Geld auf der K. haben; die K. hat mir einen Kredit bewilligt; b) *Krankenkasse:* die K. zahlt nur wenig; die K. hat alle Kosten übernommen; in keiner K. sein;

★ schwarze Kasse *(illegale Geldmittel)* · **Kasse machen** (1. Kaufmannsspr.; *abrechnen.* 2. ugs.; *viel Geld verdienen, erwirtschaften o. ä.)* · gut/ schlecht/knapp bei Kasse sein (ugs.; *reichlich/ wenig Geld haben)* · in die Kasse greifen (ugs. verhüll.; *Geld aus der Kasse stehlen)* · jmdn. zur Kasse bitten (ugs.; *von jmdm. Geld fordern).*

kassieren: 1. a) *(etw. k.) einnehmen:* Geld, den Monatsbeitrag, die Miete k.; er hat zwei Mark kassiert; ⟨auch ohne Akk.⟩ der Kellner hat schon kassiert; b) (ugs.) ⟨jmdn. k.⟩ *jmdn. einen Betrag abverlangen:* die Vereinsmitglieder k.; der Kellner muss noch zwei Gäste k. 2. (ugs.) ⟨etw. k.⟩ a) *einnehmen:* hohe Gewinne, Prämien k.; ein kassierte für Arbeit ein ansehnliches Honorar; b) *erringen:* Lob, Anerkennung k.; c) *hinnehmen müssen:* Strafpunkte, ein Tor k.; bei einer Prügelei ein blaues Auge k.; unsere Mannschaft hat eine Niederlage kassiert. 3. (ugs.) a) ⟨etw. k.⟩ *sich aneignen; beschlagnahmen:* der Konzern versucht, die kleineren Betriebe zu k.; die Polizei kassierte seinen Führerschein; b) ⟨jmdn. k.⟩ *gefangen nehmen:* der Bankräuber wurde gestern kassiert. 4. ⟨etw. k.⟩ a) (Rechtsw.) *für nichtig erklären:* ein Urteil k.; eine höhere Instanz hat diese Entscheidung kassiert; b) ⟨etw. k.⟩ *streichen, widerrufen:* Forderungen k.; weitere Stellen wurden wegen des Geldmangels kassiert.

Kastanie, die: 1. *Kastanienbaum:* eine hohe, alte K.; die Kastanien blühen; eine Allee von Kastanien. 2. a) *Frucht der Edelkastanie:* heiße Kastanien; Kastanien rösten, essen; b) *Frucht der Rosskastanie:* im Herbst sammeln die Kinder Kastanien; das Wild mit Kastanien füttern;

★ für jmdn. die Kastanien aus dem Feuer holen (ugs.; *eine unangenehme Aufgabe für jmdn. übernehmen).*

Kasten, der: 1. a) *rechteckiger Behälter:* ein hölzerner K.; ein K. für Werkzeuge; der K. steht offen, ist verschlossen; das Kästchen war mit Samt ausgeschlagen; einen K. *(Schubkasten)* aufziehen; Münzen in Kästen/(selten:) K. aufbewahren; sie nahm die Geige aus dem K. *(Geigenkasten);* b) *Briefkasten:* der K. wird morgen früh geleert; einen Brief in den K. werfen; c) *Aushänge-, Schaukasten:* Bekanntmachungen im K. aushängen; d) *Flaschenbehälter:* ein K. Bier/mit Bier; Kästen mit Bier und Limonade; ein K. bayrisches Bier/(geh.:) bayrischen Biers; mit zwanzig Kästen bayrischem Bier/(geh.:) bayrischen Biers; die Flaschen werden in Kästen geliefert. 2. (südd., österr., schweiz.) *Schrank:* in der

stand ein alter, geschnitzter K.; ein Schlafzimmer mit zwei Kästen.
3. (ugs., meist abwertend) a) *Fahrzeug:* wir werden den alten K. *(das alte Auto)* verkaufen; der Kapitän fährt schon zwanzig Jahre auf diesem K. *(Schiff);* b) *Gebäude:* die Mietskasernen sind scheußliche Kästen; c) *kastenförmiges Gerät:* der K. *(Radio)* plärrt unentwegt; mach den K. *(das Radio-, Fernsehgerät)* aus!; er klimpert dauernd auf dem K. *(Klavier)* herum; endlich hatte ich alle Motive im K. *(mithilfe der Kamera aufgenommen).*
3. (Ballspiel Jargon) *Tor:* im K. stehen *(als Torwart spielen);* in der letzten Minute knallte er ihm den Ball in den K.
4. (Turnen) */ein Turngerät/:* wir machten Übungen, turnten am K.;
★ [et]was auf dem Kasten haben (ugs.; *intelligent, befähigt sein).*
Katalog, der: **1.** *Verzeichnis:* der K. einer Bibliothek, eines Versandhauses, einer Ausstellung; ein alphabetischer K.; ein nach Schlagworten geordneter K.; den K. in einem eigenen Raum unterbringen; einen K. durchblättern.
2. *große Anzahl:* ein K. wirtschaftspolitischer Maßnahmen; wir haben hier einen ganzen K. von Fragen.
katastrophal: eine katastrophale Wirkung, Niederlage; katastrophale Zustände; die Folgen der Krise waren k.; der Streik hat sich k. ausgewirkt.
Katastrophe, die: eine wirtschaftliche, politische K.; eine schreckliche K. brach herein; eine K. verursachen, heraufbeschwören, herbeiführen, verhindern; ein Volk in eine K. stürzen.
Kategorie, die: jmdn. in eine K. einreihen, in/unter eine K. einordnen; das gehört [nicht] in diese K./zu dieser K.; in historischen, politischen Kategorien denken; das fällt unter eine andere K.; gehört nicht zu dieser K. von Menschen/zu dieser K. Mensch.
kategorisch: eine kategorische Feststellung; kategorische Behauptungen; sie hat meinem Vorschlag ein kategorisches Nein entgegengesetzt; etw. k. fordern, ablehnen.
Kater, der: **1.** *männliche Katze:* ein schwarzer K.; er streicht wie ein verliebter K. um sie herum.
2. (ugs.) *schlechte körperliche Verfassung:* einen K. haben; ich wachte, stand mit einem fürchterlichen K. auf.
Katze, die: eine graue, getigerte, wildernde, herumstreunende, zugelaufene K.; die K. putzt sich, leckt sich, schnurrt, spielt, kratzt, faucht, miaut, macht einen Buckel; die K. hat eine Maus gefangen; sie spielt mit ihm wie die K. mit der Maus; Ⓡ *das ist K.* gefressen (ugs.; *das ist spurlos verschwunden;* da beißt sich die K. in den Schwanz (ugs.; *dabei bedingen sich Ursache und Wirkung wechselseitig);* die K. lässt das Mausen nicht; wenn die K. aus dem Haus ist, tanzen die Mäuse [auf dem Tisch];

★ um etw. herumgehen wie die Katze um den heißen Brei (ugs.; *über etw. reden, ohne auf den Kern der Sache zu kommen)* · die Katze im Sack kaufen (ugs.; *etw. ungeprüft übernehmen, kaufen)* · die Katze aus dem Sack lassen (ugs.; *einen bisher bewusst verschwiegenen Plan o. Ä. offenbaren)* · Katz und Maus [mit jmdm./miteinander] spielen (ugs.; *jmdn. hinhalten, über eine Entscheidung im Unklaren lassen)* · etw. ist für die Katz (ugs.; *etw. ist vergeblich, nutzlos).*
Katzenjammer, der (ugs.): am nächsten Morgen kam der große K.; einen K. haben; er ist mit einem K. aufgewacht; ÜBERTR.: der K. der Partei nach der verlorenen Wahl.
Katzensprung, der (ugs.): das war nur ein K.; bis zu ihm, [bis] nach Frankfurt ist es nur ein K.; sie wohnen einen K. von hier.
kauen:1. a) ⟨[etw.] k.⟩ *mit den Zähnen zerkleinern:* gut, gründlich, langsam k.; mit vollen, (ugs.:) mit beiden Backen k. (ugs.; *den Mund sehr voll haben und kauen);* das Brot, das Fleisch k.; er kaut Tabak; sie kaut Kaugummi; der Weinprüfer kaut den Wein *(prüft seinen Geschmack zur Kaubewegungen);* Ⓡ gut gekaut ist halb verdaut; **b)** ⟨an/auf etw. (Dat.) k.⟩ *etw. mühsam zerkauen:* an einem/auf einem zähen Stück Fleisch k. ÜBERTR.: an einer Aufgabe, an einem Problem k. (ugs.; *Schwierigkeiten mit der Bewältigung haben).*
2. ⟨an/auf etw. (Dat.) k.⟩ *herumkauen:* an dem, auf dem Bleistift, an einem Grashalm k.; nervös an den, auf den Lippen k.; kau nicht immer an den Nägeln!
kauern: 1. ⟨irgendwo k.⟩ *hocken:* am Boden in einem Gebüsch k.; der Bettler kauerte am Weg.
2. ⟨sich irgendwohin k.⟩ *sich niederhocken:* die Kinder kauern sich hinter den Busch; der Hase kauert sich in die Ackerfurche; BILDL.: die Häuser kauern sich in die Talmulde.
Kauf, der: **1.** *das Erwerben gegen Bezahlung:* ein guter, günstiger, vorteilhafter K.; der K. eines Autos; ein K. auf Raten; einen K. abschließen, rückgängig machen, tätigen; jmdn. zum Kauf anreizen, ermuntern; das Grundstück steht zum K. [aus]; uns hat das Bild zum K. angeboten.
2. *Kaufobjekt:* das Kleid war ein guter, günstiger K.;
★ etw. in Kauf nehmen *(sich mit etw. im Hinblick auf andere Vorteile abfinden):* materielle Einbußen, Risiken in K. nehmen.
kaufen:1. a) ⟨etw. k.⟩ *für Geld erwerben:* etw. billig, teuer, günstig k.; etw. auf Raten, auf Abzahlung, (ugs.:) auf Pump k.; diesen Anzug hat er von der Stange *(als Konfektionsware)* gekauft; das habe ich für billiges, teures Geld gekauft; dieses Fabrikat wird viel gekauft; wir kaufen uns ein Zelt; jmdm. /für jmdn. ein Geschenk k.; sie kauft ihrer Tochter/für ihre Tochter einen Mantel; sie hat sich mit dem Geld, von dem Geld eine CD gekauft; ein gekaufter Adelstitel; Ⓡ dafür kaufe ich

mir nichts, kann ich mir nichts k. (ugs.; *damit kann ich nicht viel anfangen, das nützt mir nichts*); b) 〈irgendwo k.〉 *einkaufen:* wir k. nur im Fachgeschäft; ich kaufe immer im Laden um die Ecke.
2. (ugs.) 〈jmdn. k.〉 *bestechen:* Zeugen, einen Beamten k.; Stimmen k. *(durch Bestechung gewinnen);*
∗ **sich** (Dat.) **jmdn. kaufen** (ugs.; *jmdn. zurechtweisen).*

Käufer, der: ein kritischer, schnell entschlossener, solventer K.; als K. auftreten; für dieses Objekt haben wir einen K. gesucht, hat sich noch kein K. gefunden; einen K. an der Hand haben; das Auto hat einen/seinen K. gefunden *(ist verkauft worden).*

käuflich: a) *gegen Geld erhältlich:* dieses Bild ist [nicht] k.; etw. k. erwerben; ÜBERTR.: käufliche Liebe *(Prostitution);* käufliche Mädchen *(Prostituierte)* standen an der Ecke; b) *bestechlich:* ein Teil der Beamten erwies sich als k.

Kaufmann, der: a) *[selbstständig] Handeltreibender:* ein guter, versierter K.; er ist gelernter K.; er lernt K. *(macht eine kaufmännische Lehre);* schon seine Vorfahren waren Kaufleute; b) (veraltend, noch landsch.) *Lebensmitteleinzelhändler:* wir kaufen beim K. an der Ecke; zum K. gehen.

kaufmännisch: ein kaufmännischer Lehrling, Angestellter; sie lernen kaufmännisches Rechnen, kaufmännische Buchführung; der kaufmännische Leiter eines Betriebes; kaufmännisches Geschick; sie ist k. veranlagt, begabt.

kaum: 1. a) *fast gar nicht:* ich habe k. geschlafen; ich kenne ihn k.; es war k. jemand *(fast niemand)* da; die Mauer ist k. *(nicht einmal ganz)* drei Meter hoch; sie ist k. älter als ich; das spielt k. eine Rolle; b) *nur mit Mühe, schwer:* das ist k. zu glauben; sie konnte es k. erwarten; ich werde k. fertig; c) *vermutlich nicht:* sie wird k. zustimmen; das dürfte k. möglich sein; sie wird k. noch *(vermutlich nicht mehr)* kommen; ohne ihn hätten wir den Weg [wohl] k. gefunden;»Glaubst du, er stimmt zu?« – »[Wohl] k.«
2. *gerade, soeben:* er war k. aus der Tür, als der Anruf kam; k. war sie dort, wollte sie wieder umkehren.
3. (veraltend) 〈in Verbindung mit *dass*〉 a) *gerade, als:* der Regen war, k. dass er angefangen hatte, schon vorüber; b) *gerade so, dass noch:* an allem herrschte Mangel, k. dass wir genug zu essen hatten.

Kaution, die: [eine] K. stellen, leisten, hinterlegen; wir mussten zwei Monatsmieten K. zahlen; sie hat die K. verfallen lassen; er kam gegen K. frei; sie kam gegen eine Kaution von zweitausend Mark frei.

Kavalier, der: ein galanter, vollendeter K.; den K. spielen; ein K. der Straße, am Steuer *(ein rücksichtsvoller, hilfsbereiter Autofahrer);* Ⓡ der K. genießt und schweigt;

∗ **ein Kavalier der alten Schule** *(ein Mann, der sich durch ausgesuchte Höflichkeit auszeichnet).*

keck: ein kecker Bursche; er war ziemlich k., gab dem Vorgesetzten eine kecke Antwort; sie hatte den Hut k. *(verwegen)* aufs Ohr gesetzt.

Kegel, der: **1.** a) /ein geometrischer Körper/: ein spitzer, stumpfer, gerader, schiefer K.; der Rauminhalt eines Kegels; b) *kegelförmiges Gebilde:* der K. des Vulkans; der K. *(Lichtkegel)* der Taschenlampe, der Scheinwerfer.
2. *Figur im Kegelspiel:* K. spielen; die K. aufstellen, aufsetzen, umwerfen, (ugs.:) abräumen; wie viele K. sind gefallen?

kegeln: er geht jeden Freitag k.

Kehle, die: a) *Gurgel:* einem Tier die K. durchschneiden; der Hund wäre ihm bei der kleinsten Bewegung an die K. gesprungen; b) *Luft-, Speiseröhre, Kehlkopf:* eine trockene, ausgedörrte, empfindliche, entzündete, heisere K.; meine K. schmerzt; er schrie sich (Dat.) die K. heiser; er hat eine raue K. *(ist heiser);* der Bissen geriet mir in die falsche K. *(in die Luftröhre);*
∗ **sich die Kehle anfeuchten/ölen/schmieren** (ugs.; *Alkohol trinken)* · **eine trockene Kehle haben** (ugs.; *[immer] durstig nach Alkohol sein)* · **jmdm. die Kehle zuschnüren/zusammenschnüren** *(jmdm. ein Gefühl starker Beklemmung verursachen)* · **es geht jmdm. an die Kehle** *(jmdm. droht Gefahr)* · **sich die Kehle aus dem Hals schreien** (ugs.; *anhaltend laut schreien)* · **aus voller Kehle** *(lauthals):* sie sangen, lachten aus voller K. · **etw. durch die Kehle jagen** (ugs.; *vertrinken);* er hat sein ganzes Vermögen durch die K. gejagt · **etw. in die falsche Kehle bekommen** (ugs.; *etw. falsch verstehen und böse werden)* · **jmdm. in der Kehle stecken bleiben** *(vor Schreck, Überraschung nicht weitersprechen können):* das Wort, der Satz blieb ihm in der K. stecken.

¹**kehren** (bes. südd.): *fegen:* a) 〈etw. k.〉 das Zimmer, den Boden, die Straße k.; b) 〈etw. irgendwohin k.〉 die Blätter in eine Ecke, die Schnipsel unter die Matte k.; den Schnee vom Bürgersteig k.

²**kehren:** a) 〈sich, etw. irgendwohin k.〉 *drehen, wenden:* er hatte sich, sein Gesicht zur Sonne gekehrt; die Taschen nach außen k.; bei der Suche das Unterste zuoberst k. *(alles durcheinander bringen);* ÜBERTR.: das Schicksal hat alles zum Besten gekehrt; b) (geh.) 〈sich gegen jmdn., etw. k.〉 *sich gegen jmdn., etw. richten:* dieses Verhalten kehrte sich schließlich gegen ihn selbst; sein Zorn kehrte sich gegen uns;
∗ **sich an etw.** (Akk.) **nicht kehren** *(sich nicht um etw. kümmern):* sie kehrte sich nicht an das Gerede der Leute · **in sich gekehrt** (geh.; *versunken, nach innen gewandt):* sie saß ganz in sich gekehrt

Kehrseite, die: a) *nachteiliger Aspekt:* etw. ist die K. von etw.; etw. hat eine K.; Absatzschwierigkeiten sind die K. der Expansion; Ⓡ das ist die K. der

Medaille *(das Nachteilige an der Sache);*
b) *(scherzh.) Rücken, Gesäß:* er ist auf seine K. gefallen; jmdm. die K. zudrehen, zuwenden.
kehrtmachen: ich musste auf halbem Wege k.
, weil ich etwas vergessen hatte; er machte kehrt
(drehte sich um und ging davon), als er seinen
Gegner kommen sah.
Keil, der: **1.** */ein Werkzeug/:* einen Spalt mit einem
K. erweitern; die Holzfäller trieben Keile in den
Baumstamm; etw. mithilfe eines Keils spalten.
2. *keilförmiger Hemmschuh:* einen K. vor, hinter,
unter das Rad legen; wir haben den Wagen durch
Keile/mit Keilen gegen Wegrollen gesichert.
keilen (ugs.): **1.** ⟨sich k.⟩ *sich prügeln:* sie keilten
sich [um die Bonbons].
2. ⟨jmdn. für etw./als jmdn. k.⟩ *anwerben:* jmdn.
für einen Klub, für eine Sekte k.; er hat sich als
Mitglied k. lassen.
Keim, der: **1. a)** *Pflanzentrieb:* junge, zarte, grüne
Keime; die Kartoffeln bilden schon Keime;
ÜBERTR.: etw. ist im K. *(in seinen Anfängen)*
schon vorhanden; **b)** (Biol.) *Embryo:* der K. wird
durch die Plazenta ernährt.
2. (Biol.) *Krankheitserreger:* resistente, virulente
Keime; ÜBERTR.: ein K. der Liebe, der Hoffnung,
der Zwietracht; den K. des Untergangs in sich
tragen;
∗ etw. im Keim[e] ersticken *(etw. schon im Entstehen unterdrücken):* der Aufstand wurde im K.
erstickt.
keimen: die Weizenkörner, Bohnen, Kartoffeln
keimen; zur Malzherstellung lässt man die
Gerste k.; das keimende Leben; ÜBERTR.: Liebe,
die Hoffnung auf Frieden keimt *(entsteht)* in den
Herzen der Menschen; keimende Leidenschaften.
kein: 1. a) *nicht [irgend]ein:* das ist k. Vergnügen;
k. Mensch (ugs.; *niemand)* kümmert sich darum;
k. Abgeordneter war da; k. Junge und k. Mädchen
war/(selten:) waren da; k. Ort ist so schön wie
dieser; k. Lebenszeichen von sich geben; das waren keine guten Aussichten; unter keinen Umständen; **b)** *nichts an, von:* keine Zeit; keine
Angst; k. Geld; sie hatte keine Lust; er kann k.
Englisch; **c)** */kehrt das zugehörige Adjektiv ins Gegen-
teil/:* keine schlechte Idee; k. großer Unterschied;
sie ist keine schlechte Schülerin; k. anderer als er;
d) (ugs.) */vor Zahlwörtern/ nicht ganz, nicht einmal:*
das Auto ist noch keine zwei Jahre alt; es dauerte
keine fünf Minuten; es ist noch k. halbes Jahr her.
2. *niemand, nichts:* keiner will die Arbeit tun; ich
kenne keinen; keine kann das so gut wie sie; keines von beiden trifft zu; Geld habe ich kein[e]s
(ugs.: *nicht);* keiner der Anwesenden.
keinerlei: k. Anstalten machen; die Maßnahme
zeigte k. Wirkung; k. Verlangen nach etw. haben;
man geht damit k. Verpflichtungen ein.
keinesfalls: es darf k. später als sechs werden; ein
Visum ist k. erforderlich; das habe ich k. gesagt.

keineswegs: diese Ansicht ist k. richtig; ich habe
das k. vergessen; das war k. böse Absicht.
Keks, der, (auch, österr. nur:) das: **1.** *Kleingebäck:*
mit Schokolade überzogene Kekse; einen K. es-
sen, knabbern; Kekse backen; eine Dose Kekse.
2. (salopp) *Kopf:* sich den K. stoßen.
∗ einen weichen Keks haben (ugs.; *nicht recht
bei Verstand sein)* · jmdm. auf den Keks gehen
(ugs.; *jmdm. lästig werden, ihn nervös machen).*
Kelch, der: **1. a)** *glockenförmiges Trinkglas mit
Stiel:* ein bauchiger, spitzer K.; aus einem K. trinken; der Champagner perlte in den geschliffenen
Kelchen; BILDL.: der bittere K. des Leidens;
b) (Rel.) *Abendmahlskelch:* der Priester hebt den
K.; von dem K. trinken.
2. (Bot.) *Blütenkelch:* die Blumen öffnen ihre Kel-
che;
∗ der Kelch ist an jmdm. vorübergegangen
(geh.; *jmdm. ist Schweres erspart geblieben).*
Keller, der: **1.** *Kellergeschoss:* ein feuchter, dumpfer, muffiger, geräumiger, tiefer, dunkler K.; den
K. als Hobbyraum ausbauen; jede Mietpartei hat
einen K. *(einen abgetrennten Raum im Keller für
Vorräte);* Kartoffeln, Kohlen aus dem K. holen; in
den K. gehen; einen guten K. *(Weinkeller)* haben.
2. (ugs.) ⟨in Verbindung mit bestimmten Präpo-
sitionen⟩: die Mannschaft ist, sitzt im K. *(steht
am Tabellenende);* der Umsatz sackte/rutschte in
den K. *(sank beträchtlich),* ist wieder aus dem K.
herausgekommen *(ist wieder gestiegen);* die
Preise sind im K. *(sehr niedrig).* K. gefallen *(erheblich zurückgegangen).*
Kellner, der: ein [un]höflicher, aufmerksamer,
freundlicher K.; den K., nach dem K. rufen; den K.
um die Rechnung bitten; als K. arbeiten.
kennen: 1. a) ⟨jmdn., sich, etw. k.⟩ *mit jmdm., etw.,
mit sich selber vertraut sein:* etw. gut, oberflächlich, flüchtig, nur vom Hörensagen, genau,
gründlich k. etw.; etw. wie seine Hosentasche/Wes-
tentasche (ugs.; *einen Ort ganz genau kennen)*
etw. in- und auswendig (ugs.; *gut, bis zum Überdruss)* k.; das Leben, seine Heimat k.; ich kenne
mich selbst gut genug; wenn er das so gut kennt
wie ich; ich kenne ihn, seine Schwächen und Vorzüge genau; du kennst du mich aber schlecht
(ugs.: *schätzt du mich falsch ein);* von diesem
Schriftsteller kenne ich nichts *(habe ich nichts
gelesen);* die Welt, das Leben, die Gegend k. lernen; ich wollte seine Ansicht k. lernen *(erfahren);*
Ⓡ ich kenne mir [schon]! (ugs.: *diese Ausrede,
Verhaltensweise o. Ä. ist leider nichts Neues!);*
b) ⟨jmdn. als jmdn./irgendwie k.⟩ *jmdm. bekannt
sein:* so kenne ich sie gar nicht; von dieser Seite
habe ich sie bisher nicht gekannt; wie ich ihn
kenne, tut er das nicht; ich kenne ihn als einen
sehr zuverlässigen Menschen; wir haben sie als
zuverlässige, treue Mitarbeiterin k. gelernt
(sie hat sich für uns als solche erwiesen); ich
lernte ihn von einer ganz neuen Seite k.
2. a) ⟨etw. k.⟩ *[zu nennen] wissen:* jmds. Namen,

Alter k.; ich kenne den Grund für ihr Verhalten; kennst du ein gutes Restaurant?; ich kenne ein gutes Mittel gegen Schnupfen; **b)** ⟨jmdn. k.⟩ *wissen, wer jmd. ist:* ihn kennt jedes Kind; ich kenne ihn nicht, nur dem Namen nach; wir kennen uns nur vom Sehen; hier kennt jeder jeden. **3.** ⟨jmdn. k.⟩ *mit jmdm. bekannt sein:* wir k. uns schon; ich kannte ihn von früher; sie kennt ihn persönlich; die beiden kannten sich schon lange; woher kennen wir uns?; die beiden kennen sich nicht mehr *(sind verfeindet);* jmdn. näher k. lernen; wir haben sie neulich, bei einer Einladung, bei gemeinsamen Freunden, an der See, im Urlaub, in Rom k. gelernt *(ihre Bekanntschaft gemacht);* es freut mich, Sie k. zu lernen!; jmdn. k. und lieben lernen; Ⓡ du wirst mich noch k. lernen! (ugs.; *du wirst noch merken, wozu ich imstande bin!;* als Drohung). **4.** ⟨etw. k.; meist verneint⟩ *gelten lassen:* kein Maß, kein Ziel, keine Unterschiede k.; sie kennen kein Mitleid, kein Erbarmen, keine Gnade; sie kannte nur ihre Arbeit; Ⓡ da kenn ich nichts (ugs.; *davon lasse ich mich nicht abhalten).* **5.** ⟨etw. k.⟩ *von etw. Kenntnis haben:* in diesem Land kennt man keinen Winter; das kennt man nur aus Filmen; solche einfachen Geräte kennen die Kinder heute gar nicht mehr; eine Katastrophe von nie gekanntem *(erlebtem)* Ausmaß; jmds. Großzügigkeit, niedrige Gesinnung k. lernen *(zu spüren bekommen).* **6.** ⟨jmdn., etw. an etw. (Dat.) k.⟩ *erkennen:* ich kenne ihn am Gang, an der Stimme; **∗** sich [vor etw.] nicht mehr kennen *(außer sich sein [vor etw.]):* sie kannte sich nicht mehr vor Wut.

Kenntnis, die: **a)** *das Kennen einer Sache:* die eingehende, richtige, [un]genaue K. der Materie; ihre K. von Berlin ist erstaunlich; aus eigener K. der Umstände; ohne K. der Zusammenhänge; in K. der Umstände handeln; nach meiner K. verhält sich die Sache anders; **b)** *[fachliches] Wissen, Erfahrung:* besondere, lückenhafte, ausreichende Kenntnisse haben; Kenntnisse sammeln, gewinnen, vermitteln; sie hat sich gute Kenntnisse auf dem Gebiet der Physik/in Physik erworben; sich (Dat.) technische Kenntnisse aneignen; seine Kenntnisse [in etw.] auffrischen, erweitern, vertiefen; etw. erfordert fachliche, medizinische Kenntnisse; es fehlt ihm noch an Kenntnissen; über hervorragende Kenntnisse verfügen; **∗** Kenntnis von etw. nehmen (nachdrücklich; *etw. beachten)* · sich jmds. Kenntnis entziehen *(über etw. nicht unterrichtet sein)* · jmdn. von etw. in Kenntnis setzen (nachdrücklich; *jmdn. von etw. unterrichten)* · etw. zur Kenntnis bringen (nachdrücklich; *etw. [allgemein] bekannt geben):* dies wird öffentlich, dienstlich zur K. gebracht · etw. zur Kenntnis nehmen *(etw. registrieren)*

Kennzeichen, das: **1.** *Merkmal:* ein auffälliges, si-

cheres, besonderes K.; ein K. des Genies ist, dass ...; die Krankheit hat untrügliche K.; /im Pass in Bezug auf eine Person/: [ohne] besondere K. **2.** *an Fahrzeugen angebrachte Kennzahl, Nationalitätsbezeichnung o. Ä.:* das polizeiliche K. eines Fahrzeugs; M ist das K. Münchens, für München; ein Wagen mit ausländischem K.

kennzeichnen: 1. ⟨etw. k.⟩ *mit [einem] Kennzeichen versehen:* Gefahrenstellen k.; die einzelnen Teile sind in der Reihenfolge ihres Zusammenbaus gekennzeichnet; einen Weg mit/durch Schilder k.; Waren k.; etw. durch eine Aufschrift [als gefährlich, giftig] k. **2.** ⟨jmdn., etw. k.⟩ *charakterisieren:* diese Ideen kennzeichnen das neunzehnte Jahrhundert; seine Tat kennzeichnet ihn als mutigen Menschen; ⟨sich [durch etw.] k.⟩ diese Rücksichtslosigkeit kennzeichnet sich selbst *(spricht für sich selbst);* sein Denken kennzeichnet sich durch logische Schärfe; kennzeichnende Eigenschaften, Merkmale; dieser Zug, dieses Verhalten ist kennzeichnend für ihn.

kentern: das Boot kentert; der Frachter ist im Sturm gekentert.

Kerbe, die: eine K. in den Stock schneiden, machen; ÜBERTR.: eine tiefe K. zwischen den Brauen, über der Nasenwurzel; **∗** in dieselbe/die gleiche Kerbe hauen, schlagen (ugs.; *etw. in der gleichen kritischen Weise beurteilen wie ein anderer).*

Kerbholz, das: ⟨in der Wendung⟩ etw. auf dem Kerbholz haben (ugs.; *Unrechtes, eine Straftat begangen haben):* er hat viel, manches auf dem K.

Kerl, der: **1.** *männliche Person:* **a)** (ugs.): ein großer, kräftiger, junger, tüchtiger, anständiger, ehrlicher, forscher K.; er erwies sich als ganzer K. *(hat sich in einer schwierigen Situation o. Ä. bewährt);* sieh nur, was für ein K. *(tüchtiger Mensch)* in ihm steckte; er ist ein K. wie ein Baum; wenn du ein K. wärst *(Mut o. Ä. hättest),* dann ...; /als Schimpfwort:/ so ein blöder K.!; **b)** (ugs. abwertend): ein widerlicher, gemeiner, grober, roher, brutaler K.; dass sie sich mit so einem K. *(einem so unsympathischen Mann)* liiert hat!; was will der K.?; ich kann den K. nicht leiden; schmeißt die Kerle/(bes. nordd.:) Kerls hinaus! **2.** (fam.) *durch meist positive Eigenschaften charakterisierter Mensch:* ein guter, anständiger, aufrichtiger, netter, feiner, kluger, (ugs.:) patenter, toller K.; sie ist ein lieber K.; er ist der arme K. (ugs.; *Mensch)* tut mir wirklich Leid; der Großvater nahm den kleinen K. *(das kleine Kind)* auf den Arm; ÜBERTR.: die jungen Hunde sind niedliche Kerlchen.

Kern, der: **1. a)** *Samen einer Frucht:* die Kerne des Apfels, der Apfelsine, der Gurke; die Kerne ausspucken; **b)** *das Innere des Fruchtkerns:* der K. der Nuss; die Mandeln haben süße, bittere Kerne; BILDL.: in ihr steckt ein guter K. *(Charakter).* **2. a)** *das Innere, Zentrum:* der K. der Stadt; der K.

der Zelle teilt sich zuerst; zum K. einer Sache vorstoßen; (Met.:) ein Tief mit K. in Schottland; **b)** *Wesen einer Sache:* das ist der K. des Problems, der Frage; zum K. eines Anliegens, seiner Ausführungen kommen; diese Behauptung hat, birgt einen wahren K.; mit dieser Feststellung hat er den K. der Sache getroffen; der Vorschlag ist im, in seinem K. brauchbar; ★ **der harte Kern** (1. *der führende Teil einer aggressiven, bes. kriminellen Gruppe.* 2. scherzh.; *Gruppe von Personen, die sich mit etw. am meisten identifiziert:* ein harter K. von Fans).
kernig: 1. *(von einer Frucht) viele Kerne enthaltend:* kernige Mandarinen, Orangen. 2. **a)** *urwüchsig:* ein kerniger Mann; er hat eine kernige Natur; eine kernige Sprache; kernige Sprüche; **b)** *derb:* ein kerniger Ausspruch, Fluch. 3. *hart:* kerniges Leder, Holz.
Kerze, die: 1. eine dicke K.; elektrische Kerzen *(Glühlampen in Kerzenform);* Kerzen aus Bienenwachs; die K. brennt, flackert, tropft, ist niedergebrannt; die Kerzen brennen herunter; Kerzen gießen, ziehen; die Kerzen anzünden, anstecken, auslöschen; dem Heiligen, für den Altar eine K. stiften; ihr Leben verlosch still wie eine K.; BILDL.: die weißen Kerzen *(Blütenstände)* der Kastanien. 2. *Zündkerze:* die Kerzen sind verölt, verrußt, total verdreckt; die Kerzen auswechseln, reinigen, erneuern. 3. */eine Turnübung/:* die K. machen. 4. (bes. Fußball) *steil in die Höhe geschossener Ball:* eine K. schießen, produzieren.
kess: ein kesses Mädchen; kesse Antworten geben; eine kesse Frisur; sie ist etwas zu k.; k. auftreten.
Kessel, der: 1. **a)** *großes Kochgefäß:* ein eiserner, emaillierter K.; ein K. aus Aluminium; ein K. voll Wasser, mit Wasser; der K. *(der Inhalt des Kessels)* kocht, brodelt; den K. aufsetzen, auf den Herd stellen; in der Kantine wird die Suppe in großen Kesseln gekocht; **b)** *großer Metallbehälter:* das Bier wird in kupfernen Kesseln gebraut; **c)** *Anlage zur Dampf-, Heißwassererzeugung:* der K. einer Dampflok, der Zentralheizung; alle K. stehen unter Dampf; den K. anheizen. 2. *von Bergen ringsum umgebenes Tal:* die Stadt liegt im K.; im Sommer ist es in diesem K. oft unerträglich schwül. 3. **a)** (Jägerspr.) *von Jägern und Treibern gebildeter Kreis bei der Treibjagd:* einige Hasen sind dem K. entkommen; **b)** *Gebiet, in dem feindliche Kräfte eingeschlossen sind:* einen K. bilden, den K. schließen; die Armee wurde im K. aufgerieben.
Kesseltreiben, das: 1. *Treibjagd auf Hasen:* ein K. veranstalten. 2. *systematische Hetz-, Verleumdungskampagne:* ein erbittertes K. begann, wurde in Gang gesetzt; reaktionäre Kreise veranstalteten ein regelrechtes K. gegen ihn.
Kette, die: 1. **a)** stählerne Ketten; die K. klirrt, ras-

selt; um den Baumstamm wurde eine K. gelegt; die K. *(Sicherungskette)* vorlegen, vor die Tür legen; den Hofhund an die K. legen, von der K. losmachen; die Ketten des Panzers; den Anker an der K. hochziehen; die Gefangenen wurden in Ketten gelegt; BILDL.: die Ketten abwerfen, zerbrechen, zerreißen, sprengen, abstreifen, abschütteln *(sich von Unterdrückung befreien);* **b)** (Technik) *Antriebskette:* die K. des Fahrrads; die K. ölen; die Nockenwelle wird von einer K. angetrieben; **c)** *Schmuckkette:* eine kostbare, zweireihige, silberne, goldene K.; eine K. aus Perlen, aus Korallen; sie trug eine K. um den Hals; der Rektor hatte eine K. *(Amtskette)* angelegt. 2. *ununterbrochene Reihe, Aufeinanderfolge:* eine lange, endlose K. von Fahrzeugen; die Menschen, die Helfer bildeten eine K.; die K. der Berge; ÜBERTR.: die K. der Geschlechter, der Generationen; eine K. von Unfällen, der K. der Beweise war lückenlos; viele Hotels sind in der Hand von großen Ketten *(Hotelketten).* 3. (Weberei) *Längsfäden in einem Gewebe:* die K. und Schuss; die Fäden der K.; sie zog die K. am Webstuhl auf. 4. (Jägerspr.) *Schar von Hühnervögeln:* eine K. Rebhühner flog auf; ★ **jmdn. an die Kette legen** *(jmdn. in seiner Freiheit einschränken):* du kannst die Kinder/deinen Mann nicht an die K. legen.
ketten ⟨jmdn./sich an jmdn./sich, etw. k.⟩: sie versuchte, ihn völlig an sich zu k.; ich will mich nicht ganz und gar an ihn, an dieses Unternehmen k.
keuchen: **a)** *schwer atmen:* schwer, vor Anstrengung, atemlos k.; sie keuchte unter der Last; keuchend blieb er stehen; mit keuchendem Atem; **b)** ⟨irgendwohin k.⟩ *sich schwer atmend fortbewegen:* sie keuchten über den Berg, die Treppe hinauf.
Keule, die: 1. **a)** *Schlagwaffe:* die Eingeborenen schlugen den Forscher mit Keulen tot; **b)** */ein Sportgerät/:* Keulen schwingen; Übungen mit der K. machen. 2. *[Hinter]bein bei Geflügel, Wild, kleineren Schlachttieren:* eine gebratene K.; ein Stück aus der K.; ★ **chemische Keule** *(bei Polizeieinsätzen verwendetes Gerät zum Versprühen von Tränengas o. Ä.).*
keusch: ein keusches Leben; sie ist k. wie eine Nonne; k. leben; ÜBERTR.: das keusche Weiß des ersten Schnees.
kichern: die jungen Mädchen fingen an zu k.; verlegen, boshaft, verstohlen k.; SUBST.: man hörte unterdrücktes Kichern.
¹Kiefer, der: *untere Gesichtspartie:* ein kräftiger, zahnloser, vorspringender K.; seine K. knackten; die K. zusammenbeißen; mit schlaff herabhängendem Kiefer *(Unterkiefer).*
²Kiefer, die: */ein Nadelbaum/:* eine hohe, verkrüppelte K.; einige Kiefern wurden gefällt.
Kieker, der: ⟨in der Wendung⟩ **jmdn. auf dem Kie-**

ker haben (ugs.; 1. *jmdn. misstrauisch [längere Zeit] beobachten.* 2. *jmdn. dauernd kritisieren und für alles verantwortlich machen.* 3. *großes Interesse an jmdn. haben).*

¹Kiel, der: *Teil des Schiffsrumpfes:* wir sind, das Schiff ist mit dem K. auf Grund geraten; ✳ etw. auf Kiel legen (Schiffsbau; *mit dem Bau eines Schiffes beginnen*): dort wird ein Frachter auf K. gelegt.

²Kiel, der: a) *Schaft der Vogelfeder:* die Federn der Jungvögel haben noch weiche Kiele; b) *Gänsefeder zum Schreiben:* einen K. zuschneiden; der K. kratzte über das Papier.

Kielwasser, das (Seemannsspr.): das K. strudelt, schäumt; unser Boot fuhr im K. des Dampfers; ✳ in jmds. Kielwasser segeln/schwimmen; sich in jmds. Kielwasser halten *(jmdm. in seinem Verhalten folgen).*

Kilo, das (ugs.): */Kurzwort für Kilogramm/:* ein K. Zucker; sie wiegt 60 K.

Kilogramm, das: die Keule wiegt 3,5 K.; ein K. Kartoffeln wird/werden für das Rezept gebraucht.

Kilometer, der: nach Frankfurt sind es 50 K.; ich musste drei K. laufen; der Wagen erreicht eine Höchstgeschwindigkeit von 190 Kilometern pro Stunde; ein Stau von 10 Kilometern, von 10 K. Länge; die Fracht kostet pro K. 50 Pfennig; im Stadtgebiet sind nur 50 K. *(eine Geschwindigkeit von 50 Stundenkilometern)* erlaubt; der Unfall ereignete sich bei K. 568.

Kind, das: 1. *Mensch im Lebensabschnitt der Kindheit:* ein gesundes, kleines, begabtes, aufgewecktes, liebes, lebhaftes, verzogenes, verwöhntes, ungezogenes K.; ein elfjähriges K.; ein K. von drei Jahren; Kinder bis zu zwölf Jahren, bis 12 Jahre; halbwüchsige Kinder; die Kinder spielen, toben, tollen umher; er war schon als K. sehr krankheitsanfällig; damals, als wir noch Kinder waren; sie ist kein K. mehr *(schon erwachsen);* du behandelst sie wie ein K. *(bevormundest sie);* sie ist noch ein großes K. *(wirkt noch unerwachsen);* als sie heiratete, war sie noch ein halbes K. *(noch sehr jung);* das weiß, kann [doch] jedes K. *(das weiß jeder, das ist sehr einfach);* das K. im Manne *(der Spieltrieb im erwachsenen Mann);* jmdn. von K. an/auf *(seit seiner Kindheit)* kennen; ℝ das ist nichts für kleine Kinder *(geht dich nichts an);* wie sag ichs meinem Kinde *(wie bringe ich jmdm. etwas am geschicktesten bei);* Kinder und Narren sagen die Wahrheit; [ein] gebranntes K. scheut das Feuer; aus Kindern werden Leute. 2. *Nachkomme, Sohn, Tochter:* das erste, zweite K.; ein leibliches, [un]eheliches, adoptiertes K.; er ist das einzige K.; er ist armer, einfacher Leute K.; ein K. kostet viel Geld *(die Eltern müssen für das Aufziehen eines Kindes viel Geld aufwenden);* ihre Kinder sind schon groß, verheiratet; die Kinder sind längst aus dem Haus *(stehen schon auf eigenen Füßen);* (ugs.:) sie hat ein K. von ihm; Kind[er] und Kindeskinder werden noch von die-

sem Ereignis erzählen; das K. wächst auf, heran; wir haben zwei Kinder; Kinder erziehen; sie haben sich ein K. angeschafft (ugs.; *ein Kind bekommen);* ÜBERTR.: er ist ein K. seiner Zeit *(ist davon geprägt);* sie ist ein [echtes] Berliner K. *(stammt aus Berlin);* ℝ kleine Kinder, kleine Sorgen – große Kinder, große Sorgen. 3. *kleines [neugeborenes] menschliches Lebewesen:* ein neugeborenes, tot geborenes K.; ein K. wird geboren, kommt zur Welt, kommt an, ist unterwegs; ein K. zeugen, erwarten, haben wollen, gebären, bekommen, (ugs.:) kriegen, zur Welt bringen, (ugs.:) in die Welt setzen, austragen, abtreiben; das K. nähren, stillen, entwöhnen, wickeln, trockenlegen, füttern; einer Frau ein K. machen (salopp; *sie schwängern);* das K. im Mutterleib untersuchen; er ist der Vater meines Kindes; mit einem K. gehen *(schwanger sein);* (geh.:) einem K. das Leben schenken; sie wurde von einem gesunden K. entbunden; ℝ das K. muss [doch] einen Namen haben *(etw. bedarf einer Motivierung, Rechtfertigung);* wir werden das K. schon [richtig] schaukeln (ugs.; *wir werden es schon schaffen, die Sache in Ordnung bringen).* 4. */vertrauliche Anrede/:* mein [liebes] K.!; Kinder, lasst uns weitergehen!; */Ausrufe der Entrüstung/:* Kinder, Kinder!; also Kinder!; aber Kinder!; ✳ kein geborenes Kind sein (ugs.; *keine Aussicht auf Erfolg haben)* · kein Kind von Traurigkeit sein *(sehr lebenslustig sein)* · jmds. liebstes Kind sein *(jmds. besondere Vorliebe sein)* · das Kind mit dem Bade ausschütten *(das Gute mit dem Schlechten verwerfen)* · jmdm. ein Kind in den Bauch reden (ugs.; *jmdm. etwas einreden)* · etw./das Kind beim [rechten] Namen nennen *(etw. ohne Beschönigung aussprechen)* · jmdn. an Kindes statt annehmen *(jmdn. adoptieren)* · mit Kind und Kegel (scherzh.; *mit der ganzen Familie)* · bei jmdm. lieb Kind sein (ugs.; *in jmds. Gunst stehen)* · sich bei jmdm. lieb Kind machen (ugs.; *sich bei jmdm. einschmeicheln).*

Kinderspiel, das: ⟨in den Verbindungen⟩ **[für jmdn.] ein Kinderspiel sein** (ugs.; *sehr leicht sein)* · **kein Kinderspiel sein** (ugs.; *sehr schwierig sein).*

Kinderstube, die: er hat eine gute, schlechte, keine K.; das ist ein Zeichen schlechter K.; ihr Benehmen verrät keine gute K., zeugt von guter K.; seine [gute] K. nicht verleugnen können.

Kindesbeine, die ⟨Plural; in der Fügung⟩ **von Kindesbeinen an** *(von frühester Jugend an):* wir kennen uns, sind Freunde von Kindesbeinen an.

Kindheit, die: eine frohe, sorglose, unbeschwerte, traurige, entbehrungsreiche K.; seine K. war sehr glücklich; er hatte eine schwere K.; sie hat ihre K. auf dem Lande verbracht; in frühester K.; von K. an; seit meiner K. bin ich aufs Sparen gewöhnt; in, während meiner K.

kindisch: *albern, unreif:* ein kindisches Benehmen,

Verhalten, Spiel; ein kindisches Vergnügen an etw. haben; sei nicht so k.!; sich k. benehmen.

kindlich: *in der Art eines Kindes:* ein kindliches Gesicht; sie hat ein kindliches *(naives)* Wesen, Gemüt; mit kindlicher Neugier, Naivität; in kindlichem Alter *(als Kind);* eine kindliche Handschrift haben; sie sieht noch etwas, recht k. aus; sich k. über etw. freuen.

Kinn, das: ein rundes, breites, fliehendes, spitzes, glattes, bärtiges, energisches K.; das K. vorschieben; er hat kein K. *(eine wenig ausgeprägte Kinnpartie);* das K. auf, in die Hand stützen; sie rieb sich [nachdenklich] das K.; der Boxer traf seinen Gegner genau am K.; die Geige ans K. setzen; sie griff dem Jungen unter das K.

Kino, das: **1.** *Filmtheater:* ein kleines, modernes, klimatisiertes K.; das K. war heute leer, gut besetzt; das K. füllt sich allmählich, leert sich; morgen wechselt das K. das Programm; was wird zur Zeit im K. gespielt, gegeben?; der neue Film von Spielberg kommt jetzt in die Kinos *(läuft an).* **2.** *Kinovorstellung:* das K. ist ausverkauft, beginnt um 20.30 Uhr, hat Überlänge; das K. ist erst um 22 Uhr zu Ende, (ugs.:) aus; wir waren gestern im K.; ins K. gehen.

¹Kippe, die (ugs.): *Zigarettenstummel:* die brennende K. wegwerfen, auf dem Boden austreten; Kippen aufheben, sammeln, in der Pfeife rauchen; der Aschenbecher ist voller Kippen.

²Kippe, die: **1.** (Turnen) *Auf-, Stemmschwung:* eine K. am Reck, Barren machen. **2.** (ugs.) *Müllkippe:* etw. auf die K. fahren, bringen; eine K. schließen;

✶ **Kippe machen** (ugs.; 1. *halbpart machen.* 2. *gemeinsame Sache machen)* · **auf der Kippe stehen** (ugs.; *gefährdet sein)*

kippen: **1.** a) ⟨irgendwohin k.⟩ *sich neigen [und umfallen, herunterfallen]:* Vorsicht, der Schrank kippt; der Wagen kippt auf die/zur Seite; er ist vom Stuhl gekippt; der Reiter kippte beinahe vom Pferd; b) ⟨etw. irgendwohin k.⟩ *schräg stellen:* ein Fenster k.; die Kiste k.; wenn wir den Schrank k., bekommen wir ihn durch die Tür. **2.** ⟨etw. irgendwohin k.⟩ *hin-, hinein-, herausschütten:* Müll in die Grube k.; er hat den Sand auf die Straße, die Steine vom Lastwagen gekippt. **3.** (ugs.) ⟨etw. k.⟩ a) *in einem Zug trinken:* einen Schnaps, Doppelten k.; b) *auf einen Zug leeren:* er hat ein Glas nach dem anderen gekippt. **4.** (ugs.) ⟨etw. k.⟩ *nicht zu Ende rauchen:* nach einigen Zügen kippte er die Zigarette. **5.** (ugs.) a) ⟨etw. k.⟩ *zurückziehen, zurücknehmen:* eine Sendung [aus dem Programm] k.; ein Auftrag, die Entscheidung, der Plan wurde gekippt; b) ⟨jmdn. k.⟩ *absetzen, entlassen:* der Parteivorstand, der Ressortchef wurde gekippt;

✶ **einen kippen** (ugs.; *ein alkoholisches Getränk zu sich nehmen).*

Kirche, die: **1.** *Gotteshaus:* eine alte, moderne, be-

rühmte, romanische, gotische, katholische, evangelische K.; diese K. ist dem heiligen Paulus geweiht, ist eine Sehenswürdigkeit; eine K. bauen, [ein]weihen, besichtigen. **2.** *Gottesdienst:* die K. beginnt um 10 Uhr, ist zu Ende, (ugs.:) aus; morgen ist keine K.; heute war die K. voll *(sehr gut besucht);* aus der K. kommen; jeden Sonntag in die K. gehen; sie ist in der K. gewesen. **3.** *christliche Glaubensgemeinschaft:* die katholische, evangelische K.; der orthodoxen K. angehören; aus der K. austreten; (geh.:) in den Schoß der K. zurückkehren; wieder in die K. eintreten; Trennung von K. und Staat;

✶ **die Kirche im Dorf lassen** *(etw. in vernünftigem Rahmen belassen)* · **mit der Kirche ums Dorf laufen/fahren; die Kirche ums Dorf tragen** *(unnötige Umstände machen).*

kirchlich: a) *die Kirche betreffend:* kirchliche Ämter, Bauwerke, Besitzungen, Schriften; kirchliche *(christliche)* Feiertage; von kirchlicher Seite unterstützt werden; b) *nach den Formen, Vorschriften der Kirche vorgenommen:* kirchliche Trauung; sich k. trauen lassen; nicht k. beerdigt werden.

kirre, die: ⟨in der Verbindung⟩ **jmdn. kirre machen, kriegen** (ugs.; *jmdn. nachgiebig, gefügig machen).*

Kirsche, die: a) *Frucht des Kirschbaumes:* helle, schwarze, rote, süße Kirschen; die Kirschen sind reif, sauer; Kirschen ernten, pflücken, einmachen, entsteinen; b) *Kirschbaum:* die Kirschen blühen.

✶ **mit jmdm. ist nicht gut Kirschen essen** *(mit jmdm. ist nicht gut auszukommen).*

Kissen, das: mit Federn, mit Schaumgummi gefüllte K.; ein K. aus Samt *(mit einem Bezug aus Samt);* das K. ist zu hart; die K. aufschütteln; sich ein K. unterschieben; den Kranken ein K. unter den Kopf legen; auf einem K. sitzen; in die K. zurücksinken.

Kiste, die: **1.** *rechteckiger Behälter:* eine leere, stabile, schwere K.; eine K. Wein, badischer Wein/ (geh.:) badischen Weins; mit zwei Kisten badischem Wein/(geh.:) badischen Weins; eine K. voll Äpfel; ein Kistchen Zigarren; dort stehen Kisten und Kästen *(viele Kisten)* mit alten Sachen; eine K. zunageln, öffnen; etw. in eine K. packen; Bücher in eine/in einer K. verpacken. **2.** (salopp) *Fahrzeug:* eine alte K.; die K. *(das Auto)* fährt noch 120 km/h; die K. *(das Boot)* ist beinahe gekentert; der Pilot stieg erschöpft aus seiner K. *(seinem Flugzeug).* **3.** (ugs.) *Sache, Angelegenheit:* das ist eine alte K.; eine faule K.; eine völlig verfahrene K.; wir werden die K. schon schmeißen *(die Sache schon in Ordnung bringen).* **4.** (ugs.) *Fernsehapparat:* anschalten, einschalten; er sitzt stundenlang vor der K.

Kitsch, der: literarischer, musikalischer, religiöser, sentimentaler K.; der Film ist reiner, ein fürchterlicher K.; etw. als K. empfinden; die Unterscheidung zwischen K. und Kunst.

Kitt, der: 1. *Masse zum Ausfugen, Dichten o. Ä.:* der K. wird hart, bröckelt vom Fensterrahmen ab; Ritzen mit K. ausfüllen; BILDL.: Geld ist kein K. *(kein Bindemittel)* für eine Ehe. 2. (salopp abwertend) *Kram:* was kostet der ganze K.?

Kittchen, das (ugs.): im K. landen, sein, sitzen; jmdn. ins K. bringen, stecken; ins K. kommen, wandern.

Kittel, der: 1. *Arbeitskittel:* ein blauer, gestärkter, schmutziger K.; einen K. anziehen, übers Kleid ziehen, überziehen; den K. ausziehen; der Arzt trägt einen weißen K. 2. *hemdartige Bluse:* ein bestickter K.

kitten: a) ⟨etw. k.⟩ *[mit Kitt] kleben:* eine Vase, eine Tasse k.; eine gekittete Schale; ich muss das Fenster k. *(dichten);* ÜBERTR.: sie versuchten vergeblich, ihre Ehe/Freundschaft zu k.; b) ⟨etw. k.⟩ *[mit Kitt] ausfüllen:* einen Riss, einen Bruch [sauber] k.; c) ⟨etw. an/in etw. (Akk.) k.⟩ *[mit Kitt] befestigen:* den Griff an die Kanne, eine neue Scheibe ins Fenster k.

kitz[e]lig: 1. *gegen Kitzeln empfindlich:* eine kitz[e]lige Stelle unter der Achsel; sie ist [an den Fußsohlen] sehr k. 2. (ugs.) *schwierig, heikel:* eine kitz[e]lige Situation, Frage; dieser Fall ist ziemlich k.; die Sache wurde für ihn sehr k.

kitzeln: a) *einen Kitzelreiz verursachen:* die Wolle kitzelt; die Kohlensäure kitzelt in der Nase; das kitzelt ja fürchterlich; b) ⟨jmdn., etw. k.⟩ *krabbeln:* jmdn. an den Zehen k.; das Haar kitzelt mich [am Hals]; sie kitzelte ihn mit einem Strohhalm; c) ⟨jmdn., etw. k.⟩ *reizen:* es kitzelte mich, ihm die Meinung zu sagen; solche Äußerungen kitzelten seine Eitelkeit; der Duft der Speisen kitzelte ihren Gaumen *(regte ihren Appetit an).*

klaffen ⟨irgendwo k.⟩: Risse, Spalten klaffen in den Wänden; vor uns klaffte ein Abgrund *(tat sich ein Abgrund auf);* eine klaffende Wunde; BILDL.: zwischen unseren Auffassungen klaffte ein tiefer Gegensatz.

kläffen (abwertend): der Dackel kläffte wütend; kläffende Köter; ÜBERTR.: seine Frau kläffte (ugs.; *schimpfte)* fürchterlich, als er betrunken nach Hause kam.

Klage, die: 1. (geh.) *das Klagen:* eine verzweifelte K.; die stille, stumme K. der Mutter über den Tod ihres Kindes; unsere K. um den Verstorbenen; bittere Klagen ausstoßen; in laute Klagen ausbrechen; sich in endlosen Klagen ergehen. 2. *Beschwerde:* in letzter Zeit kamen mehrere Klagen über die schlechte Bedienung, wegen dauernder Störungen; es wurden keine neuen Klagen laut; man hört laufend Klagen über schlechte Qualität; laut über etw. K. führen; Klagen vorbringen; Anlass, Grund zur K. geben; kei-

nen Anlass, Grund zur K. haben; /wohlwollende Ermahnung/: dass mir keine Klagen kommen! 3. (Rechtsw.) *das Geltendmachen eines Anspruchs:* eine gerichtliche, verfassungsrechtliche K.; eine K. auf Zahlung der Schulden; die K. ist zulässig; die K. *(das Verfahren)* läuft [noch]; eine K. [über]prüfen, entscheiden, abweisen, zurückweisen; sie hat die K. zurückgezogen, zurückgenommen; eine K. *(Klageschrift)* abfassen, einreichen, beantworten; [gegen jmdn., wegen etw.] eine K. *(ein Verfahren)* anstrengen, einbringen, führen; [gegen jmdn.] K. erheben *(ein Verfahren einleiten);* das Gericht hat die K. stattgegeben.

Klagelied, das: [in der Wendung] **[über jmdn., etw.]** ein Klagelied anstimmen, singen *(seine Unzufriedenheit mit jmdm., etw. zum Ausdruck bringen).*

klagen: 1. a) *jammern:* sie weinte und klagte; sie klagt immer, hat immer etwas zu k. *(sie hat immer etwas, womit sie unzufrieden ist);* mit klagender Stimme; SUBST.: ein ständiges Klagen regte uns auf; b) (geh.) ⟨um/über etw. k.⟩ *den Verlust von etw. beklagen:* er klagt um den Tod seines Freundes, um seine verlorene Heimat; c) ⟨über jmdn., etw. k.⟩ *sich beschweren:* über die unwürdige Behandlung, über den unverschämten Hausverwalter k.; sie hatte nie darüber geklagt, dass ...; er klagt über Schmerzen im Magen; ⟨ohne Präpositionalobjekt⟩ ich kann nicht k.! *(es geht mir gut!;* als Antwort auf jmds. Frage nach dem Ergehen); d) (ugs.) ⟨jmdm. etw. k.⟩ *bei jmdm. über etw. Klage führen:* er hat mir sein Leid, seine Not geklagt; sie klagte mir, wie schlecht es ihr gehe/ dass es ihr so schlecht gehe. 2. *einen Prozess anstrengen, führen:* auf Schadenersatz, auf Pfändung k.; sie will [gegen ihn] k., wenn der Vertrag nicht erfüllt wird; die klagende Partei, Seite.

Kläger, der (ugs., oft abwertend): ein fürchterlicher K.; die Schüler machen in der Klasse K.; mach nicht so viel K.! *(so viel Aufhebens);* die Sache ging ohne K. *(ohne Aufheben)* über die Bühne; man sah den Film wird viel K. *(Reklamewirbel)* gemacht; den Stück ist viel K. um nichts. *(billige, turbulente Komik).*

Kläger, der: sein; er tritt als K. auf; den K. vor Gericht vertreten; den einen Vergleich schließen; ℝ wo kein K. ist, ist auch kein Richter.

kläglich: 1. a) *jammervoll:* ein klägliches Geschrei; die Katze miaute k.; das Kind weinte k.; b) *beklagenswert:* das Haus befand sich in einem kläglichen Zustand; eine klägliche Rolle spielen; sie nahm ein klägliches Ende. 2. (oft abwertend) a) *minderwertig:* ein kläglicher Rest; ein klägliches Ergebnis; das war eine klägliche Leistung; was bei der Sache herauskam, war [ziemlich] k.; b) *erbärmlich:* eine klägliche Rolle spielen; sie hat k. versagt; sein Plan ist k. gescheitert.

Klamauk, der (ugs., oft abwertend): ein fürchterlicher K.; die Schüler machen in der Klasse K.; mach nicht so viel K.! *(so viel Aufhebens);* die Sache ging ohne K. *(ohne Aufheben)* über die Bühne; um den Film wird viel K. *(Reklamewirbel)* gemacht; in dem Stück ist viel K. *(billige, turbulente Komik).*

klamm: 1. *steif vor Kälte:* klamme Finger haben; ich bin k., meine Finger sind [ganz] k. vor Kälte. **2.** *feuchtkalt:* klamme Wäsche; die Betten waren k., fühlten sich k. an; ⋆ **klamm sein** (ugs.; *in Geldnot sein).*

Klammer, die: 1. die Klammern *(Wundklammern)* von der Wunde abnehmen, entfernen; die Balken werden durch eiserne Klammern *(Bauklammern)* zusammengehalten; die Wäsche auf der Leine mit Klammern *(Wäscheklammern)* festmachen; die Schriftstücke waren mit Klammern *(Büroklammern)* zusammengeheftet. **2.** *Schriftzeichenpaar:* runde, eckige, spitze, geschwungene, geschweifte Klammern; (beim Diktieren:) K. auf … K. zu; etw. in Klammer[n] setzen; Erklärungen stehen in Klammern; zuerst die K. auflösen, ausrechnen (Math.; *zuerst ausrechnen, was in der Klammer steht).*

klammern: 1. ⟨sich an jmdn., etw. k.⟩ *sich festhalten:* sich an das Geländer, an die Reling k.; ÜBERTR.: sich an eine Hoffnung k.; er klammerte sich an seinen Freund *(suchte bei ihm Halt).* **2.** ⟨etw. an etw. (Akk.) k.⟩ *mit einer Klammer festmachen:* einen Zettel, eine Notiz an das Buch k. **3.** ⟨etw. k.⟩ *mithilfe von Klammern schließen:* der Arzt hat die Wunde geklammert.

Klamotte, die: 1. (ugs.) **a)** ⟨Plural⟩ *Kleider, Kleidung:* alte, schäbige Klamotten; sie trägt, kauft nur teure Klamotten; **b)** ⟨meist Plural⟩ *Sachen:* pack deine Klamotten und verschwinde! **2.** (ugs. abwertend) *derber Schwank:* das Stück ist eine K.; ⋆ **nicht aus den Klamotten kommen** (ugs.; *vor Arbeit o. Ä. nicht ins Bett kommen).*

Klang, der: 1. *das [Er]klingen:* der K. der Glocken, der K. einer Orgel, der K. von Trompeten war zu hören; unter den Klängen der Nationalhymne schritt der Gast die Ehrenformation ab. **2.** *Art des Klingens:* ein heller, tiefer, schriller, metallischer, harter, lieblicher K.; der weiche, warme K. ihrer Stimme; Glocken haben einen reinen, harmonischen K.; das Instrument hat einen vollen K.; jmdn. am K. der Stimme erkennen; ÜBERTR.: sein Name hat einen/keinen guten K. *(Ruf);* seine Worte hatten einen bitteren K. *(Unterton).* **3.** ⟨Plural⟩ *Musik:* aus dem Saal drangen altbekannte, moderne Klänge; nach den Klängen eines Walzers tanzen.

Klappe, die: 1. *bewegliche Vorrichtung zum Schließen einer Öffnung:* die K. am Briefkasten klappert; die Manteltaschen haben Klappen; die Klappen an der Klarinette; die K. am Ofen fiel, schlug zu; die K. ist, steht offen; die K. öffnen, schließen, herunterlassen; die K. fällt (Filmw.; Zeichen für den Beginn der Filmaufnahmen); Ⓡ K. zu, Affe tot (salopp; *die Sache ist erledigt).* **2.** (ugs.) *Bett:* in die K. gehen; sich früh in die K. legen, hauen; ⋆ **bei jmdm. fällt die Klappe** (salopp; *jmd. will*

mit jmdm., etw. nichts mehr zu tun haben) · **eine große Klappe haben; die Klappe aufreißen; die große Klappe schwingen** (salopp abwertend; *großsprecherisch sein, angeben)* · **die/seine Klappe halten** (salopp; *nichts [mehr] sagen).*

klappen: 1. a) ⟨etw. irgendwohin k.⟩ *in eine bestimmte Richtung bewegen:* den Deckel nach oben, nach unten k.; etw. nach innen k.; die Sitze im Auto lassen sich nach hinten k.; **b)** ⟨irgendwohin k.⟩ *sich in eine bestimmte Richtung bewegen:* der Fensterladen klappt nach außen. **2. a)** *ein schlagendes Geräusch verursachen:* man hört die Fensterläden, die Türen k.; die Kinder klappen mit den Türen; **b)** ⟨irgendwohin k.⟩ *gegen etw. schlagen:* die Fensterläden klappen an die Wand, gegen die Mauer. **3.** (ugs.) *gelingen:* alles hat [großartig] geklappt; etw. klappt wie am Schnürchen *(etw. läuft genau nach Plan ab);* wir hoffen, dass es mit dem Termin klappt; das Zusammenspiel klappt noch nicht, will noch nicht k.; der Laden klappt (ugs.; *alles [ver]läuft planmäßig).*

klappern: 1. *ein klapperndes Geräusch erzeugen:* **a)** bei diesem Wind klappern die Türen, die Fensterläden; Holzschuhe klappern auf dem Fußboden; die Mühle klappert; die Störche klapperten; etw. klappert am Auto; die Sekretärin klappert (ugs.; *schreibt)* auf der Schreibmaschine; ⟨jmdm. k.⟩ ihm klappern die Zähne vor Kälte;**b)** ⟨mit etw. k.⟩ mit der Sammelbüchse k.; sie klappert in der Küche mit dem Geschirr, mit den Deckeln; sie klapperte vor Angst, vor Kälte mit den Zähnen. **2.** ⟨irgendwohin k.⟩ *sich klappernd fortbewegen:* er, der Wagen klapperte durch die holprigen Straßen, über das holprige Pflaster.

klapprig: a) *nicht [mehr] sehr stabil:* ein klappriges Regal, Auto; der Bus sieht ziemlich k. aus; **b)** (fam.) *kraftlos, [alters]schwach:* ein klappriger Gaul; sie ist recht k. [geworden].

Klaps, der: ein leichter, kräftiger, freundschaftlicher, aufmunternder K.; jmdm. einen K. geben; das Kind bekam einen K. auf den Popo.

klar: 1. a) *durchsichtig:* klares Wasser; ein klarer Gebirgsbach, See; die Nacht, die Luft, der Himmel ist k. *(frei von Wolken, von Nebel);* etw. ist k. wie Kristall; das Wetter scheint k. zu werden, zu bleiben; der Mond scheint heute Nacht ganz k. *(ist nicht verdeckt);* ÜBERTR.: keinen klaren Kopf mehr haben *(zu viel Alkohol getrunken haben);* die Dinge mit klarem Blick betrachten; der Kranke ist nur zeitweise bei klarem *(vollem)* Bewusstsein; Ⓡ das ist [doch] k. wie Kloßbrühe/wie dicke Tinte (ugs.; *das ist ganz eindeutig);* **b)** *rein:* sie hat eine klare Stimme; klare Farben. **2. a)** *eindeutig, unmissverständlich:* eine klare Frage, Antwort, Auskunft; das ist ein klarer Fall (ugs.; *das versteht sich von selbst);* klare Entscheidungen treffen; ein klares *(bestimmtes)* Ziel vor Augen haben; sich in klares Bild von etw. machen; klare Vorstellungen von etw. haben; für klare Verhältnisse sorgen; (Sport:) einen klaren Vorsprung haben; mit einem klaren Ergebnis gewinnen; ist alles k.? *(wurde alles verstanden?);* das ist [doch ganz] k. (ugs.; *darüber brauchen wir nicht zu reden);* (ugs.:) ist das k.?!; (ugs.:) alles k.!; k. (ugs.; *das ist sicher),* so konnte es nicht weitergehen; (ugs.:) k. doch!; na k.! (ugs.; *selbstverständlich);* ihm ist nicht k. *(er hat nicht begriffen),* worauf es ankommt; etw. ist k. erkennbar; eine Tendenz zeichnet sich [ganz] k. ab; eine Entwicklung k. voraussehen; etw. k. und deutlich *(unmissverständlich)* sagen; (Sport:) jmdn. k. besiegen; er war ihm k. überlegen; b) *klug, vernünftig:* er hat einen klaren Verstand *(er ist klug);* keinen klaren Gedanken fassen können; einen klaren Blick für etw. haben; ein k. denkender Mensch. **3.** *bereit:* das Schiff, Flugzeug ist k. zum Einsatz, zur Abfahrt; alle Boote sind k.; ist alles k. zum Start?; (Seemannsspr.:) k. Schiff [zum Gefecht]!; ∗ **jmdm., sich etw. klar machen** *(jmdm., sich etw. deutlich, verständlich machen):* ich habe ihm meinen Standpunkt k. gemacht; wie soll ich Ihnen das k. machen?; ich mache Ihnen das am besten an einem Beispiel k.; ich muss mir die Lage, die Folgen erst noch [richtig] k. machen; man kann sich nicht oft genug k. machen, dass ... · **klar sehen** *([das Wesentliche] erkennen):* jetzt sehe ich in dieser Sache endlich k. · **sich über etw.** (Akk.) **klar/im Klaren sein** *(wissen, welche Folgen eine Entscheidung, Tätigkeit haben wird)* · **sich über etw.** (Akk.) **klar werden** *(Klarheit, Gewissheit über etw. erlangen).*

klären: 1. a) ⟨etw. k.⟩ *säubern, reinigen:* Abwässer k.; das Gewitter klärt die Luft; b) ⟨sich k.⟩ *klar werden:* das Wasser, die Flüssigkeit klärt sich. **2.** a) ⟨etw. k.⟩ *Unklarheiten beseitigen:* eine Frage, einen Sachverhalt, Tatbestand k.; die Schuldfrage, die Unfallursache muss noch geklärt werden; ein einwandfrei geklärter Fall; b) ⟨sich k.⟩ *zur [Auf]lösung kommen:* die strittigen Fragen haben sich geklärt; schließlich hat sich alles noch geklärt. **3.** (Sport) *eine Gefahr vor dem Tor beseitigen:* der Libero konnte mit letztem Einsatz, auf der Linie, zur Ecke k.

Klarheit, die: 1. *das Ungetrübtsein:* die K. des Wassers, des Sees, des Weines; die K. der Luft, der Nacht *(des Nachthimmels).* **2.** *Deutlichkeit, Eindeutigkeit; Verständlichkeit:* die K. seiner Rede, seiner Formulierungen beeindruckte; darüber besteht K. *(gibt es kein Missverständnis);* völlige K. *(vollständige Aufklärung)* suchen, verlangen; wir müssen hier K. *(klare Verhältnisse)* schaffen, für K. sorgen; sich über etw. K. verschaffen.

klarmachen ⟨etw. k.⟩: **1.** (Seemannsspr.) *einsatzbereit machen:* das Deck, die Schiffe k. **2.** (ugs.) *bezahlen:* lass nur, ich mach das schon k.

klarstellen ⟨etw. k.⟩: einen Sachverhalt k.; etw. muss

für alle Mal k.; wir müssen von vornherein k., dass ...

Klärung, die: 1. *das Reinigen:* die K. der Abwässer. **2.** *Klarstellung, Aufklärung:* eine K. des Problems; eine sofortige, schnelle K. wünschen, verlangen; die Aussprache ergab, brachte noch keine K., hat zur K. der Situation beigetragen.

klasse (ugs.): ein k. Film; sie hat k. gespielt, sieht k. aus.

Klasse, die: 1. a) *Schulklasse:* eine gute, große, ruhige, wilde, gemischte *(aus Jungen und Mädchen bestehende)* K.; die K. hat 30 Schüler, besteht aus 30 Schülern; die K. macht einen Ausflug; die Schule hat zur Zeit 20 Klassen; eine K. übernehmen, [zum Abitur] führen, [in Deutsch] unterrichten; b) *Schuljahr:* sie ist zwei Klassen über, unter mir; er besucht die vierte K., geht in die vierte K.; eine K. überspringen, wiederholen; in den höheren, oberen Klassen Fächer abwählen können; c) *Klassenzimmer:* die K. erhält neue Möbel; der Lehrer betritt die K.; d) (Fachspr.) *Abteilung, Fakultät:* er leitet die K. für Medizin. **2.** *Gesellschaftsschicht:* die unterdrückte, herrschende, besitzende, bürgerliche, kapitalistische K.; die oberen Klassen *(Schichten)* der Gesellschaft; die K. der Arbeiter, der Werktätigen; der K. der Besitzlosen angehören. **3.** (Biol.) *Gruppe von Lebewesen, Dingen mit gemeinsamen Merkmalen:* die K. der Edelhölzer, Wirbeltiere; in Klassen einteilen; der Wal gehört zur/in die K. der Säugetiere. **4.** *Größenordnung; Leistungsgruppe:* ein Wagen der mittleren, gehobenen K. *(ein größerer PKW mit leistungsstarkem Motor);* er besitzt den Führerschein K. 3; (Sport:) er ist Meister aller Klassen; (Sport:) er startet in der K. der Junioren, der Senioren. **5.** a) *Qualitätsgruppe:* er fährt erste[r], zweite[r] K.; ein Abteil erster K.; der Patient liegt zweiter K., in der zweiten Klasse; im Hotel, eine Reise zweiter K., der zweiten K., der K. 2 buchen; in 5 Klassen werden Gewinne ausgezahlt; b) *Teil einer Rangskala:* er ist Legationsrat erster K.; er erhielt den Verdienstorden erster K. **6.** *Güte, Qualität:* ein Künstler erster K.; seine wahre K. zeigen; das Hotel war allerbeste K.; der Spieler ist eine K. für sich, ist ganz große K.; das Länderspiel, die Nationalmannschaft, dieser Tennisspieler war einfach K. (ugs.; *war ausgezeichnet);* das finde ich K.

klassisch: 1. a) *die Antike betreffend:* das klassische Altertum; die klassischen Sprachen; klassische Philologie *(Griechisch und Latein)* studieren; ein klassisches Profil *(Profil, das dem der antiken griechischen Kunstwerke entspricht);* b) *die Klassik betreffend:* klassische Dichter; klassisches Ballett; klassische Rollen spielen; klassische Musik spielen; ein Drama in klassischem Stil; ÜBERTR.: das klassische Zeitalter *(der Höhepunkt in der Entwicklung)* des Pferdesports.

K

2. *vorbildlich, mustergültig:* ein klassisches Beispiel; ein klassischer Fall von Bestechung; eine Frau von klassischer Schönheit; das ist geradezu k. *(typisch);* die k. gewordenen Lieder der Beatles; ein k. geschnittenes Kostüm. **3.** *traditionell, herkömmlich:* klassische Frauenberufe; die klassische Rollenverteilung. **Klatsch,** der (ugs.): das ist alles nur K.!; K. herumtragen, verbreiten; sich nicht um den K. kümmern; Anlass zum K. geben.

klatschen: 1. a) ⟨es klatscht⟩ *ein klatschendes Geräusch bewirken:* es hat mächtig geklatscht, als er ins Wasser fiel; sie gab ihm eine Ohrfeige, dass es nur so klatschte; **b)** ⟨irgendwohin k.⟩ *klatschend auftreffen:* der Regen klatscht gegen das Fenster, an die Scheibe, auf das Dach; die nassen Segel klatschten gegen die Masten; **c)** (ugs.) ⟨etw. irgendwohin k.⟩ *etw. werfen, sodass es klatscht:* den Mörtel an die Wand k.; Ketschup auf den Teller k.; in seiner Wut hätte er das Buch am liebsten an die Wand geklatscht. **2. a)** *applaudieren:* zurückhaltend, lange, stürmisch, im Takt k.; einige Abgeordnete der Opposition klatschten ⟨auch mit Akk.⟩ das Publikum klatschte viel Beifall; ⟨jmdm. etw. k.⟩ dem Solisten Beifall k.; **b)** ⟨etw. k.⟩ *durch Klatschen angeben:* den Takt, den Rhythmus k.; **c)** ⟨irgendwohin k.⟩ *klatschend schlagen:* in die Hände k.; ⟨jmdm., sich irgendwohin k.⟩ er klatschte sich, ihr vor Freude auf die Schenkel. **3.** (ugs. abwertend) **a)** *über jmdn. reden:* mit der Nachbarin k.; sie haben über die neuen Mieter geklatscht; **b)** (ugs. landsch.) ⟨jmdm. etw. k.⟩ *verraten:* er hat dem Lehrer sofort alles geklatscht; ⟨auch ohne Akk. und Dat.⟩ sie lief sofort zum Vater, um zu k.;
∗ **jmdm. eine klatschen** (ugs.; *jmdm. eine Ohrfeige geben*).

Klaue, die: **1. a)** *Kralle eines Tieres:* die Klauen des Adlers, des Löwen; das Tier hat scharfe Klauen; **b)** (salopp abwertend) *Hand:* nimm deine Klauen da weg!; wasch erst deine dreckigen Klauen!; ÜBERTR.: jmdn. aus den Klauen der Entführer befreien; in jmds. Klauen geraten. **2.** (ugs. abwertend) *Handschrift:* sie hat eine unleserliche, fürchterliche K.

klauen (salopp) ⟨[etw.] k.⟩: Geld, ein Fahrrad k.; die klauen wie die Raben/Elstern; mit zehn fing er an, in Supermärkten zu k.; ⟨jmdm. etw. k.⟩ jemand hat mir das Heft geklaut; ÜBERTR.: die Melodie ist geklaut.

Klausel, die: eine einschränkende, aufhebende K.; eine geheime K. enthalten; eine K. anwenden; eine K. in einen Vertrag einsetzen, einfügen.

Klavier, das: ein schön klingendes, altes K.; ein mechanisches, elektrisches K.; das K. ist [völlig] verstimmt; Klaviere stimmen; K. spielen, üben; am K. sitzen; am K.: Alfred Brendel; den Sänger am/ auf dem K. begleiten; auf dem K. improvisieren; etw. auf dem K. spielen, vortragen.

kleben: 1. ⟨irgendwo k.⟩ *haften:* am Fenster klebt ein nasses Blatt; Dreck klebte an den Schuhsohlen; etw. an den Fingern k. haben; die Fliege ist am/auf dem Leim k. geblieben; ich bin mit dem Absatz [im weich gewordenen Teer] k. geblieben; ⟨jmdm. irgendwo k.⟩ bei der Hitze kleben einem die Kleider am Körper; ÜBERTR.: an den Hängen kleben die primitiven Hütten der Eingeborenen; die Unterschrift klebt in der rechten unteren Ecke; am Vordermann k. *(ganz nah auffahren);* (salopp:) jmdm. am Auspuff k.; hinter einem langsameren Auto k.; wegen eines Maschinenschadens im Hafen k.; am Gegner, auf der Linie k. (Sport; *sich nicht wegbewegen);* ich habe großen Durst). **2.** ⟨irgendwie k.⟩ *eine bestimmte Klebkraft haben:* dieser Leim, das Material klebt gut, schlecht, wie Pech; die Tapete, das Plakat klebt noch nicht; das Pflaster klebt sehr fest an/auf der Haut. **3.** (ugs.) *klebrig sein:* die Bonbons kleben; meine Hände, meine Hosen kleben [vor Dreck]. **4. a)** ⟨etw. irgendwohin k.⟩ *mit Klebstoff o. Ä. befestigen:* Plakate, Tapeten an die Wand k.; eine Briefmarke auf den Umschlag k.; Fotos in ein Album k.; **b)** ⟨etw. k.⟩ *mit Klebstoff o. Ä. reparieren:* einen gerissenen Film, eine Zeichnung k.; einen Riss k. *(mit Klebstoff o. Ä. schließen).* **5.** (ugs.) ⟨irgendwo k.⟩ *sich von jmdm., etw. nicht trennen können:* im Wirtshaus k.; um 1 Uhr nachts klebten die Besucher noch an ihren Stühlen; bei den Verwandten, in der Disco k.; ÜBERTR.: an Äußerlichkeiten, an Einzelheiten k.; an seinem Posten, am Geld k.;
∗ **kleben bleiben** (salopp; *in der Schule nicht versetzt werden, sitzen bleiben*): in der 7. Klasse k. bleiben · **jmdm. eine kleben** (salopp; *jmdm. eine Ohrfeige geben*).

klebrig: eine klebrige Flüssigkeit; klebrige Finger haben; das Papier, das Bonbon ist k.; sein Haar fühlt sich k. *(fettig)* an; ÜBERTR.: ein klebriger (abwertend; *aufdringlicher)* Typ; in seiner klebrigen Art.

kleckern (ugs.): **1. a)** *Flecken machen:* beim Essen, beim Malen k.; kleckere nicht so!; **b)** ⟨etw. irgendwohin k.⟩ *verschütten:* Farbe über das Tischtuch k.; das Kind hat Suppe auf den Boden gekleckert. **2.** ⟨irgendwohin k.⟩ *tropfenweise auf etw. fallen:* hier ist etwas Farbe, Soße auf die Decke gekleckert. **3.** *langsam verlaufen:* die Arbeit kleckerte nur; »Wie gehen die Geschäfte?« – »Es kleckert [so]«; sie bekam nur kleckernden *(zögerlichen)* Beifall; ÜBERTR.: bei diesen Vorhaben darf man nicht k., sondern muss klotzen *(man muss von vornherein große finanzielle Mittel zur Verfügung stellen).*

Klecks, der: **1.** *Fleck:* auf dem Tischtuch ist ein großer K.; einen K. machen, entfernen. **2.** (ugs.) *kleine Menge:* ein K. Marmelade, Senf.

Klee, der: weißer, roter K.; die Kühe mit K. füttern;

* jmdn., etw. **über den grünen Klee loben** (ugs.;
jmdn., etw. übermäßig loben).
Kleeblatt, das: ein vierblättriges K. suchen, finden;
ÜBERTR.: die drei Freunde bilden ein unzertrenn-
liches K. (ugs.; *Gruppe).*
Kleid, das: 1. *Bekleidungsstück:* ein neues, abge-
tragenes, buntes, ausgeschnittenes, schulter-
freies, ärmelloses, [hoch]geschlossenes, kurzes,
langes, eng anliegendes, zweiteiliges, leichtes,
sommerliches, dünnes, seidenes, warmes, festliches K.; ein K. aus Seide, aus Wolle, in Blau, mit
V-Ausschnitt, zum Durchknöpfen; das K. wirkt
sportlich, trägt sich gut; dieses K. steht dir am
besten; ein K. zuschneiden, anfertigen, [selbst]
nähen, kaufen, anprobieren, kürzer machen, ändern, reinigen, tragen, anhaben, überziehen,
überstreifen, ausziehen; ich lasse mir ein K. machen; das K. auf den Bügel hängen; BILDL.: die
Stadt hat zum Jubiläum ein festliches K. angelegt; die Landschaft trägt ein weißes K. *(liegt unter Schnee).*
2. ⟨Plural⟩ *Kleidung:* seine Kleider lüften, ablegen; schnell in die Kleider fahren, schlüpfen;
jmdm. die Kleider vom Leib reißen; ℝ Kleider
machen Leute *(schöne Kleidung fördert das Ansehen der Person);*
* **nicht aus den Kleidern kommen** *(vor Arbeit
o. Ä. nicht ins Bett kommen)* · **[jmdm.] nicht in
den Kleidern hängen bleiben** *([für jmdn.] eine
seelische Belastung sein).*
kleiden: 1. ⟨jmdn. irgendwie k.⟩ *zu jmdm. passen:*
der neue Hut kleidete sie gut, ausgezeichnet;
⟨auch ohne Artangabe⟩ diese Farbe kleidet mich.
2. ⟨jmdn., sich irgendwie k.⟩ *jmdn., sich anziehen:* sie kleidet das Kind hübsch, zweckmäßig; er
kleidet sich modern, jugendlich, sportlich, nach
der neuesten Mode; sie versteht sich elegant, vorteilhaft zu k.; sie kleidet sich meist in Schwarz;
sich in Trauer, in Samt und Seide k.; korrekt gekleidet sein.
3. ⟨etw. in etw. (Akk.) k.⟩ *in eine bestimmte Form
bringen:* seine Gefühle, seine Gedanken in
schöne Worte k.
kleidsam: eine kleidsame Bluse, Frisur; der Mantel
ist sehr k.
Kleidung, die: leichte, warme, zweckmäßige K. tragen; sich neue K. für den Winter kaufen; für K.
viel Geld ausgeben; in [un]passender K. erscheinen.
klein: 1. *von geringer Ausdehnung:* ein kleines
Zimmer, Haus, Land; ein kleiner Laden; ein [win-
zig, mikroskopisch, verschwindend] kleines
Loch; der Raum hat kleine Fenster; sie fährt einen kleinen Wagen; der kleine Finger; der kleine
Zeiger der Uhr; sie hat kleine Hände; er machte
kleine Schritte; er hat eine sehr kleine Frau; ein
kleines Format; sie hat eine kleine Schrift; das
kleine Einmaleins *(Zahlenreihe von 1 bis 10 bei
der Multiplikation);* den kleineren Teil von etw.
nehmen; etw. auf kleiner Flamme kochen; ich bin

[einen Kopf] kleiner als er; für sein Alter ist er
noch [recht] k.; der Koffer ist für diese Reise zu
k.; die Schuhe sind [mir] zu k. [geworden]; du
musst dich k. machen, um hineinzukommen;
Holz, den alten Schrank k. machen *(zerkleinern);*
kannst du [mir] 100 DM k. machen? *(wechseln?);*
ein Wort [ganz, sehr] k. *(in kleiner Schrift)* schreiben; k. gedruckte Anmerkungen; Kräuter k. hacken; Zwiebeln [ganz] k. schneiden; ein k. karierter, k. gemusterter Stoff; ℝ k., aber oho! (ugs.;
*klein, aber beachtlich, leistungsfähig, energisch,
selbstbewusst);* k., aber fein *(nicht groß, aber sehr
gut).*
2. *von geringer Menge, Anzahl:* ein kleines Gehalt
haben; das ist nur eine kleine Summe; eine kleine
Familie; ein kleiner Haushalt; etw. in kleinem
Kreis besprechen; eine kleine Zahl treuer Anhänger; eine kleine Auswahl.
3. *von kurzer Dauer:* eine kleine Weile, einen kleinen Augenblick warten müssen; eine kleine
Pause machen.
4. *von geringem Ausmaß:* eine kleine Erkältung;
kleine Tricks; eine kleine Feier veranstalten; die
kleinsten Hinweise beachten; das kleinere von
zwei Übeln wählen; jmdm. einen kleinen Schreck
einjagen; mir ist ein kleines Missgeschick passiert; jmdm. eine kleine Freude machen *(jmdn.
mit einer Kleinigkeit erfreuen);* das ist meine
kleinste Sorge; der Unterschied ist sehr k.;
(fam.:) wie wärs mit einem kleinen Spielchen?;
ein klein[es] bisschen *(ein wenig);* ein k. wenig
(etwas); SUBST.: im Kleinen wie im Großen *(in allen Dingen)* korrekt sein; bis ins Kleinste *(bis ins
Detail)* genau; es wäre ihm ein Kleines (geh.; *eine
geringe Mühe),* das zu tun; um ein Kleines (geh.;
beinahe) wäre es misslungen.
5. *jung, nicht erwachsen:* meine kleine Schwester; er benimmt sich wie ein kleiner Junge; die
Kinder sind noch k.; SUBST.: unsere Kleine
(ugs.; *jüngere Tochter);* das ist unser Kleinster
(ugs.; *jüngster Sohn);* sie hat etwas Kleines (ugs.;
ein Kind) bekommen; die Kleine (ugs.; *das kleine
Mädchen)* lachte herzlich; die Kleinen und die
Großen *(die Kinder und die Erwachsenen).*
6. a) *unbedeutend:* ein kleiner Angestellter; er ist
noch ein kleiner Student; die Ansichten des kleinen Mannes *(des einfachen Bürgers);* er ist ein
Kind kleiner *(einfacher)* Leute; in kleinen *(beschränkten)* Verhältnissen leben; ℝ die Kleinen
hängt man, die Großen lässt man laufen *(nicht
die Hauptschuldigen, nur Mitläufer, untergeordnete Täter werden bestraft);* **b)** ⟨kleinlaut:
[ganz] klein [und hässlich] werden; als man ihm seinen Fehler nachwies, wurde er so k. mit Hut (verstärkend; *ganz klein);*
* **klein geschrieben werden** (ugs.; *für unbedeutend erachtet werden)* · **von klein auf** *(von Kindheit an).*
Kleingeld, das: ich habe kein K. [bei mir]; [sich] etwas K. einstecken; hast du K. bereithalten!; diese

Leute verfügen über das entsprechende K. (iron.; *sind vermögend*); für ein eigenes Haus fehlt mir noch das nötige K. (iron.; *die nötige Geldsumme*). **Kleinigkeit,** die: ich muss noch einige Kleinigkeiten kaufen, besorgen; jmdm. eine K. schenken; ich muss noch eine K. (ugs.; *ein bisschen*) essen; sich eine K. (ugs.; *etwas Geld*) nebenher verdienen; den Schrank um eine K. (ugs.; *um ein Stückchen*) zur Seite schieben; das ist für dich eine K. *(eine leicht zu lösende Aufgabe)*; sich an Kleinigkeiten *(an unwichtigen Dingen)* stoßen; sich nicht mit Kleinigkeiten *(unwichtigen Einzelheiten)* abgeben; sich um jede K. *(Einzelheit)* selbst kümmern müssen. **kleinkriegen** (ugs.): a) ⟨etw. k.⟩ *zerkleinern; unbrauchbar machen:* ich kriege den Holzklotz nicht klein; er hat das ganze Vermögen schon kleingekriegt *(aufgebraucht, durchgebracht);* der Apparat ist nicht kleinzukriegen *(ist sehr stabil);* b) ⟨jmdn. k.⟩ *gefügig machen:* ich werde ihn schon noch k.; sie ist so schnell nicht kleinzukriegen; ich lasse mich nicht k. **kleinlaut:** kleinlaute Antworten; k. werden; die Fragen des Staatsanwalts machten ihn k. **kleinlich:** er ist ein kleinlicher Besserwisser; kleinliche Bestimmungen; sei doch nicht so k.; in Geldsachen k. sein; sie hat sich nie k. gezeigt. **kleinmachen** (ugs.) ⟨etw. k.⟩: *durchbringen:* er hat das ganze Geld, Vermögen kleingemacht. **kleinschreiben** ⟨etw. k.⟩: *mit kleinem Anfangsbuchstaben schreiben:* ein Wort fälschlicherweise k.; Adverbien werden kleingeschrieben. **Klemme,** die: 1. *Spange, Klammer:* die Haare mit einer K. feststecken; die Wunde, den Schnitt mit einer K. zusammenhalten. 2. (ugs.) ⟨meist in Verbindung mit bestimmten Präpositionen⟩ *unangenehme Situation:* jmdm. aus der K. helfen; sie ist geschickt aus der K. ziehen; in die K. geraten, kommen; sie ist, sitzt, steckt, befindet sich in einer augenblicklichen K. **klemmen:** 1. ⟨etw. irgendwohin k.⟩ *schieben, zwängen:* den Fuß zwischen die Tür k.; einen Zettel unter den Scheibenwischer k.; er hat die Bücher unter den Arm geklemmt; ⟨sich (Dat.) etw. irgendwohin k.⟩ sie klemmte sich den Schirm unter den Arm. 2. ⟨sich (Dat.) etw. k.⟩ *sich quetschen:* ich habe mir den Daumen [in der Schublade] geklemmt. 3. *sich nicht, kaum bewegen lassen:* die Tür, die Schublade, der Reißverschluss klemmt. 4. (ugs.) ⟨etw. k.⟩ *stehlen:* Geld, eine Armbanduhr k.; ⟨jmdm. etw. k.⟩ er hat ihm die Brieftasche geklemmt; ∗ **sich hinter etw. klemmen** (ugs.; *etw. mit Nachdruck betreiben*) · **sich hinter jmdn. klemmen** (ugs.; *bei jmdm. Hilfe zu erhalten suchen*). **Klette,** die: die Kinder bewarfen sich mit Kletten; sie hängen an ihm wie die Kletten *(mögen ihn sehr gern);* die beiden halten/hängen zusammen wie die Kletten *(sind unzertrennlich);* ÜBERTR.:

sie ist eine richtige K. (abwertend; *hängt in lästiger Weise an jmdm.*). **klettern:** a) *sich an etw. klammernd hocharbeiten:* er kann gut, wie ein Affe k.; an den Stangen, über den Zaun, auf das Dach, auf einen Berg, vom Baum k.; wir sind heute drei Stunden geklettert; ÜBERTR.: das Thermometer ist [um 10 Grad, auf 25 Grad] geklettert *(gestiegen);* die Preise sind um 10 Prozent geklettert *(gestiegen);* b) (ugs.) ⟨irgendwohin k.⟩ *mühsam hinein-, herausgelangen:* in das/aus dem Auto, an Deck k. **Klima,** das: 1. *für ein Gebiet typische Witterung:* ein gemäßigtes, mildes, warmes, raues, feuchtes, tropisches K.; das K. in den Tropen; das K. bekommt mir nicht, macht mir sehr zu schaffen; ein K. nicht vertragen; sich an das K. gewöhnen müssen. 2. *Atmosphäre, Stimmung:* das geistige, politische, wirtschaftliche K. hat sich geändert, verschlechtert, verbessert, gebessert; ein günstiges K. für Verhandlungen; ein K. des Vertrauens schaffen; das K. *(die Beziehung)* zwischen den beiden Staaten ist keineswegs gut. **klimpern** (ugs.): 1. *ein klingendes Geräusch erzeugen:* a) die Münzen klimperten im Klingelbeutel; b) ⟨mit etw. k.⟩ mit dem Geld in der Tasche k.; er hat mit den Schlüsseln geklimpert. 2. (ugs.) a) *wahllos Töne hervorbringen:* auf dem Klavier k.; b) (abwertend) ⟨etw. k.⟩ *schlecht spielen:* er klimperte einen Schlager auf dem Klavier. **Klinge,** die: eine scharfe, stumpfe, verrostete, blanke K.; die K. des Messers, des Degens, des Schwertes; die K. schleifen, schärfen; die K. *(Rasierklinge)* wechseln; eine neue K. *(Rasierklinge)* einlegen; ∗ **eine scharfe Klinge führen** (geh.; *in Diskussionen ein harter Gegner sein*) · **die Klingen kreuzen** (geh.; 1. *fechten.* 2. *ein Streitgespräch führen*) · **jmdn. über die Klinge springen lassen** (1. Milit.; *jmdn. töten.* 2. ugs.; *unnachsichtig gegen jmdn. verfahren.* 3. *Sport Jargon; jmdn. foulen*). **Klingel,** die: eine helle, laute, schrille, elektrische K.; die K. betätigen, abstellen; auf die K. *(den Klingelknopf)* drücken. **klingeln:** 1. *die Klingel betätigen:* kurz, laut, leise, stürmisch k.; der Radfahrer klingelte; die Kinder klingeln an allen Haustüren; bitte dreimal k.; beim Hausmeister k. 2. *ein Klingeln ertönen lassen:* der Wecker, das Telefon hat geklingelt; ⟨es klingelt⟩ es hat geklingelt; es klingelte zur Frühstückspause; ÜBERTR.: jetzt klingeln die Kassen *(werden gute Geschäfte gemacht).* 3. ⟨jmdm./nach jmdm. k.⟩ *jmdn. durch Läuten herbeirufen:* den Zimmerkellner k.; nach der Schwester k.; ⟨jmdn. aus etw. k.⟩ jmdn. aus dem Bett, aus dem Schlaf k. *(durch Klingeln aufwecken);* ∗ **bei jmdm. klingelt es** (ugs.; *jmd. begreift, merkt etw.*).

klingen: 1. *einen Klang hervorbringen:* die vielen Glöckchen am Schlitten klingen; die Glocken klingen hell, sehr dunkel, dumpf; sie ließen die Gläser k. *(sie stießen häufig an);* Stimmen klingen durch das ganze Haus *(sind im ganzen Haus zu hören);* ÜBERTR.: klingender Lohn, Gewinn *(Geld als Lohn, Bezahlung);* SUBST.: sie verstand es, in ihm eine Saite zum Klingen zu bringen *(ein Gefühl, eine Empfindung zu wecken).* **2.** ⟨irgendwie k.⟩ *sich anhören:* das klingt tröstlich, grausam, ganz einfach, unglaublich; seine Worte klangen wie ein Vorwurf, wie ein Scherz; ihre Stimme klingt müde, heiser, belegt, kühl; das Klavier klingt verstimmt; seine Rede hatte herausfordernd geklungen; das Gedicht klingt nach Hesse *(könnte von Hesse sein);* aus seinen Worten, in seiner Stimme klingt Angst *(ist Angst herauszuhören);* ⟨es klingt irgendwie⟩ es klang, als ob geschossen würde.

Klinik, die: eine chirurgische, orthopädische K.; eine K. für Herzkrankheiten; jmdn. in die K. einliefern, einweisen, in der K. besuchen; jmdn. aus der K. entlassen.

klipp: ⟨in der Verbindung⟩ **klipp und klar** (ugs.; *völlig klar*): die Sache ist k. und klar; etw. k. und klar *(etw. mit aller Deutlichkeit)* sagen.

Klippe, die: die K. fällt steil ab, ragt weit ins Meer hinaus; das Schiff lief auf eine K. [auf], zerschellte an den Klippen; ÜBERTR.: er konnte bei den Verhandlungen die [gefährlichen] Klippen *(Schwierigkeiten)* geschickt umgehen, umschiffen, überwinden; an dieser K. *(diesem Hindernis)* ist das Unternehmen gescheitert.

klirren: *ein klirrendes Geräusch erzeugen:* **a)** die Eiswürfel, Waffen, Sporen klirrten; von der Explosion hatten die Fensterscheiben geklirrt; er schlug so fest auf den Tisch, dass die Gläser klirrten; ADJ. PART.: klirrender Frost, klirrende Kälte *(sehr strenger Frost, eisige Kälte);* **b)** ⟨mit etw. k.⟩ sie klirrte mit ihren Armreifen.

klobig: eine klobige Gestalt; klobige Hände, Finger haben; diese Schuhe sind mir zu k.

klönen (nordd.): die Mädchen k. oft; wir haben noch bis Mitternacht geklönt.

klopfen: 1. a) ⟨irgendwohin k.⟩ *mehrmals leicht gegen etw. schlagen:* an die Wand, an das Barometer k.; mit dem Stock auf den Boden, gegen die Tür, an die Decke k.; sie klopfte an das Glas, um sich Gehör zu verschaffen *(auch ohne Raumangabe)* der Specht klopft *(schlägt mit dem Schnabel gegen den Baumstamm);* ⟨jmdn./jmdm. irgendwohin k.⟩ er klopfte seinem/(seltener:) seinen Freund auf die Schulter; **b)** ⟨etw. k.⟩ *durch Schlagen deutlich machen:* den Takt k.; die Studierenden klopften Beifall; **c)** *anklopfen:* leise, kräftig, vorsichtig k.; hast du schon geklopft?; bitte k.; klopf am/an das Fenster, wenn die Tür verschlossen ist; ⟨es klopft⟩ es hat geklopft, sieh nach, wer da ist; ÜBERTR.: der Winter klopft an die Tür (geh.; *kündigt sich an).*

2. a) ⟨etw. k.⟩ *durch Schlagen reinigen:* ich habe den Teppich, die Matratzen geklopft;**b)** ⟨etw. von etw./aus etw. k.⟩ *durch Schlagen entfernen:* den Staub von der Hose k.; er klopfte die Asche aus der Pfeife; ⟨jmdm., sich etw. von etw./aus etw. k.⟩ sie klopfte ihm den Schnee vom Mantel; **c)** ⟨etw. k.⟩ *durch Schlagen weich machen:* das Fleisch, die Schnitzel k.; **d)** ⟨etw. k.⟩ *durch Schlagen zerkleinern:* Steine k. **3.** ⟨etw. in etw. (Akk.) k.⟩ *in etw. schlagen:* einen Nagel in die Wand k. **4.** *ein gleichmäßig schlagendes Geräusch erzeugen:* mein Herz klopft; mit [vor Aufregung] klopfendem Herzen in die Prüfung gehen; SUBST.: das Klopfen des Pulses.

Kloß, der (bes. nordd., westmd.): rohe, grüne *(aus rohen Kartoffeln hergestellte)* Klöße; Klöße aus Grieß, aus Fleisch; Klöße kochen; Sauerbraten mit Klößen;

★ **einen Kloß im Hals haben** (ugs.; *ein würgendes Gefühl verspüren).*

Kloster, das: **1.** *Wohn- und Arbeitsstätte von Mönchen, Nonnen:* ein altes, säkularisiertes, neu besiedeltes, berühmtes K.; das K. hat eine berühmte Bibliothek, stammt aus dem 9. Jahrhundert, wurde um 1150 gegründet; die Klöster schließen, bestehen lassen. **2.** *Gemeinschaft der Mönche, Nonnen:* aus dem K. austreten; ins K. gehen, eintreten; jmdn. ins K. aufnehmen.

Klotz, der: **1.** *eckiges Stück aus Holz, Stein o. Ä.:* ein schwerer K.; einen K. spalten; Klötze unter etw. schieben; etw. in Klötze, zu Klötzen schneiden; das Kind spielt mit Klötzen *(Bauklötzen);* er steht wie ein K. *(steif, hölzern);* er liegt da, schläft wie ein K. *(ohne sich zu rühren);* BILDL.: ein K. (ugs.; *großes, unförmiges Gebäude)* aus Glas und Beton; Ⓡ auf einen groben K. gehört ein grober Keil *(Grobheit muss mit Grobheit beantwortet werden).* **2.** (ugs.) *grober Mann:* dieser ungehobelte K. kommt mir nicht mehr ins Haus!;

★ **jmdm. ein Klotz am Bein sein** (ugs.; *für jmdn. ein Hemmnis, eine Last sein)* · **sich** (Dat.) **mit jmdm., etw. einen Klotz ans Bein binden** (ugs.; *sich mit jmdm., etw. belasten)* · **einen Klotz am Bein haben** (ugs.; *durch eine Verpflichtung in seiner Bewegungs- u. Handlungsfreiheit eingeengt sein).*

¹Kluft, die: **1.** *Felsspalte:* Klüfte überspringen; in eine tiefe K. fallen, stürzen. **2.** *scharfer Gegensatz:* die wirtschaftlich-soziale K. zwischen Ost und West, Nord und Süd; zwischen den Parteien, Weltanschauungen besteht eine tiefe, fast unüberbrückbare K.; zwischen den beiden tat sich eine K. auf; die K. zwischen Regierung und Volk überwinden, überbrücken. **²Kluft,** die (ugs.): *[Arbeits]kleidung:* die K. des Flugpersonals; die Polizisten erhalten neue Kluften;

* sich in Kluft werfen/schmeißen (salopp; *sich fein machen*).

klug: a) *intelligent:* ein kluger Schüler; er ist ein kluger Mann, ein kluger Kopf; eine kluge Antwort; er ist sehr, ungewöhnlich k.; SUBST.: sie ist von allen die Klügste; b) *vernünftig:* ein kluger Rat; eine kluge Politik treiben; kluge Reden halten; das war eine kluge Entscheidung; wenn du k. bist, wartest du ab!; er war k. genug, es einzusehen; der ist wohl nicht recht k. (ugs.; *gescheit*); sein Verhalten war nicht k.; er hätte k. daran getan, sofort zu gehen; diese Methode halte ich nicht für k.; Ⓡ hinterher ist man immer klüger; durch Schaden wird man k.; SUBST.: der Klügere gibt nach; es ist das Klügste *(am klügsten)* zu schweigen; * aus etw. nicht klug werden (ugs.; *etw. nicht verstehen*) · aus jmdm. nicht klug werden (ugs.; *jmdn. nicht richtig einschätzen können*).

Klugheit, die: a) *Intelligenz:* das zeugt von großer K.; sie zeichnet sich durch ungewöhnliche K. aus; b) *kluges Verhalten:* die K. des Staatsmannes; aus K. gab er zunächst dazu keine Erklärung ab; c) (meist iron.) ⟨Plural⟩ *weise Sprüche:* deine Klugheiten kannst du dir sparen.

knabbern: a) ⟨etw. k.⟩ *etwas Hartes essen:* Kekse, Salzstangen, Nüsse k.; beim Fernsehen, zum Wein etw. zu k. haben; b) ⟨an etw. (Dat.) k.⟩ *nagen:* die Hasen knabbern an den Rüben; an den Fingernägeln k. *(kauen);* * an etw. (Dat.) [noch lange] zu knabbern haben (1. *sich mit etw. schwer tun.* 2. *unter den Folgen von etw. lange leiden müssen*) · nichts mehr zu knabbern haben (ugs. verhüll.; *finanziell ruiniert sein*).

Knabe, der: 1. (geh., sonst Amts- u. Geschäftsspr., schweiz.) *Junge:* ein aufgeweckter K.; einen Knaben gebären; sie hat einem Knaben das Leben geschenkt; Anzüge für Knaben; eine Schule für Knaben. 2. (ugs., oft scherzh.) *Bursche, Mann:* ein lustiger K.; /vertrauliche Anrede/: [na,] wie gehts, alter K.?; der K. ist mir zu arrogant.

knacken: 1. *ein knackendes Geräusch erzeugen:* a) der Boden, die Treppe, das Bett knackt; das frische Holz knackt im Feuer; der Boden knackt unter seinen Schritten; die Knochen, die Gelenke knacken; ⟨es knackt⟩ es knackt im Radio, in der [Telefon]leitung; b) ⟨mit etw. k.⟩ mit den Zähnen k.; sie knackte ungeduldig mit den Fingern. 2. ⟨etw. k.⟩ a) *aufknacken:* Nüsse, Kerne k.; b) (salopp) *zerdrücken:* Läuse, Wanzen k.; c) (salopp) *gewaltsam aufbrechen:* einen Tresor k.; Autos, Automaten, ein Schloss k.; ÜBERTR.: ein Rätsel, eine Organisation, einen Geheimcode k.

Knacks, der: 1. *knackender Laut:* es gab, machte einen K., als das heiße Wasser ins Glas gegossen wurde; beim Sprung hörte ich deutlich den K. im Fußgelenk. 2. (ugs.) a) *Sprung:* die Tasse hat einen K.; b) *phy-*

sischer, psychischer Defekt: er hat einen gesundheitlichen, seelischen, psychischen K.; sich einen K. holen; die Ehe hat einen K. bekommen, gekriegt *(ist nicht mehr in Ordnung);* das hat ihrer Freundschaft einen K. gegeben.

Knall, der: ein heller, heftiger, scharfer, harter, dumpfer K.; der K. eines Schusses, einer Explosion; mit lautem K. die Tür zuwerfen; ÜBERTR.: es gab einen großen K. (ugs.; *Skandal*); die Ehe endete mit einem K.; * Knall und/auf Fall (ugs.; *plötzlich, unvermittelt*): er wurde K. und/auf Fall entlassen · einen Knall haben (salopp; *verrückt sein*).

Knalleffekt, der (ugs.): der K. bei der Sache ist, dass ...; dann kam der K. der Geschichte; das ist ja der K.; das Fest endete mit einem K.

knallen: 1. *einen Knall erzeugen:* a) die Peitsche knallt; wir hörten Schüsse k.; die Sektkorken knallten pausenlos; ⟨es knallt⟩ irgendwo hat es geknallt *(hat es einen Unfall gegeben);* ÜBERTR.: in der Familie hat es mal wieder geknallt (ugs.; *hat es Krach gegeben);* b) ⟨mit etw. k.⟩ mit der Peitsche, mit den Absätzen k.; mit den Türen k. 2. (ugs.) *schießen:* a) ⟨irgendwohin k.⟩ in die Luft k.; er hat wild um sich geknallt; (Sport:) der Mittelstürmer knallte aufs Tor; b) ⟨etw. irgendwohin k.⟩ aus Wut hat er mehrere Kugeln durch die Scheibe geknallt; (Sport:) der Stürmer knallte den Ball ins Netz; ⟨jmdm. etw. irgendwohin k.⟩ er knallte der Geisel zwei Kugeln in den Bauch. 3. (ugs.) a) ⟨irgendwohin k.⟩ *gegen etw. prallen:* sie ist gegen die Windschutzscheibe, mit dem Kopf auf das Pflaster geknallt; der Wagen knallte an, gegen die Leitplanke; b) ⟨etw. irgendwohin k.⟩ *mit Wucht werfen:* sie knallte das Paket, das Geld auf den Tisch; den Hörer auf die Gabel k.; die Bücher in die Ecke k.; ⟨jmdm. etw. irgendwohin k.⟩ sie knallte ihm den Koffer vor die Füße. 4. (ugs.) ⟨sich irgendwohin k.⟩ *sich mit Wucht fallen lassen:* sich aufs Bett, ins Bett, in den Sessel k.; sich vor die Glotze k. 5. (ugs.) *brennend, heiß scheinen:* die Sonne knallt heute fürchterlich; ⟨jmdm. irgendwohin k.⟩ die Sonne hat ihm auf den Kopf geknallt. 6. (ugs.) ⟨es knallt⟩ *es gibt Schläge:* nimm dich in Acht, sonst knallts; * jmdm. eine knallen (ugs.; *jmdm. eine Ohrfeige geben*).

knallig (ugs.): eine knallige Farbe; ein knalliges Rot; knallige Musik; der Stoff wirkt ziemlich k.

knapp: 1. a) *gering, bescheiden:* ein knappes Taschengeld; die Portionen sind k.; die Lebensmittel, die Vorräte sind k. geworden; im Urlaub wollen wir wandern, und das wird zu k. *(und das ausgiebig;)* meine Zeit ist k. *(ich habe wenig Zeit);* k. kalkulieren; b) ⟨k. mit etw.⟩ mit der Zeit, mit Geld k. sein *(wenig Zeit, Geld haben).* 2. *etwas weniger, nicht ganz:* ein knappes Pfund Butter; ich zahre eine knappe Stunde; es dauerte zehn k. Minuten/k. zehn Minuten; der

Junge ist jetzt k. ein Jahr alt; k. 20 Leute sind gekommen; k. ein halbes Jahr wohne ich hier.
3. *schwach, nicht überzeugend:* ein knapper Sieg; eine knappe Entscheidung; sie wurde mit knapper Mehrheit gewählt.
4. *gerafft, auf das Wesentliche beschränkt:* eine knappe Information; etw. in knappen Sätzen berichten; der Bericht ist recht k.; das Referat soll nicht zu k. ausfallen.
5. *sehr nahe, dicht:* das Flugzeug fliegt k. unter der Schallgrenze; er schoss k. am Tor vorbei; das Kleid endet k. über dem Knie; sie entging nur k. dem Tode.
6. *eng, fest anliegend:* ein knapper Pullover; eine k. sitzende Hose; die Schuhe sind [mir] zu k.
knarren: die Tür, die Treppe, das Bett knarrt; er hat eine knarrende Stimme.
Knast, der (ugs.): a) *Haftstrafe:* er bekam fünf Monate K.; jmdm. ein Jahr K. aufbrummen; b) *Gefängnis:* aus dem K. [raus]kommen; jmdn. in den K. schicken; im K. sein, sitzen;
∗ **Knast schieben** (salopp; *eine Gefängnisstrafe verbüßen*).
knattern: **1.** *ein knatterndes Geräusch erzeugen:* Motorräder, Maschinengewehre knattern; die Fahnen knatterten im Wind.
2. ⟨irgendwohin k.⟩ *sich mit knatterndem Geräusch fortbewegen:* sie knatterten [mit ihren Motorrädern] durch die Stadt.
Knäuel, der oder das: ein unentwirrbarer/unentwirrbares K.; ein K. Wolle; ein[en] K. [auf]wickeln, entwirren; ÜBERTR.: die Menschen standen in Knäueln vor den Eingängen.
Knauf, der: ein hölzerner, metallener K.; ein Spazierstock mit geschnitztem K.; der K. an der Haustür ist abgebrochen.
knaus[e]rig (ugs. abwertend): ein knaus[e]riger Verwalter; sei nicht so k.!
knausern (ugs. abwertend): im Urlaub knausert er nie; mit dem Geld, mit dem Material k.
knautschen (ugs.): a) ⟨etw. k.⟩ *zusammenknüllen:* das Papier, das Kopfkissen, die Zeitung k.; b) *Falten bilden:* das Kleid, der Stoff knautscht [leicht].
knebeln ⟨jmdn. k.⟩: die Bankräuber fesselten und knebelten die Angestellten; ÜBERTR.: die Regierung versucht die Presse zu k. *(zum Schweigen zu bringen).*
kneifen: **1.** a) ⟨jmdn. k.⟩ *zwicken:* hör endlich auf, mich dauernd zu k.!; ⟨jmdm./(seltener:) jmdn. irgendwohin k.⟩ er kniff ihr/sie in den Arm; b) *sich schmerzhaft in die Haut eindrücken:* das Gummiband, die Hose kneift.
2. ⟨etw. irgendwo k.⟩ *einklemmen:* der Hund kniff den Schwanz zwischen die Beine und lief davon.
3. ⟨etw. k.⟩ *zusammenpressen:* die Augen, die Lippen k.
4. (ugs. abwertend) *sich drücken:* er kneift vor dem Chef, vor der Aussprache; im entscheidenden Moment hat sie wieder gekniffen.
Kneipe, die: (ugs.) eine dunkle, altmodische, ge-

mütliche, verrufene K.; die K. an der Ecke, im Einkaufscenter; in die K. gehen; er sitzt dauernd in der K.; in einer K. hängen bleiben.
kneten (etw. k.): a) *drückend bearbeiten:* Teig k.; der Masseur knetet *(walkt)* die Muskeln; b) *formen:* eine Figur [aus Lehm] k.
Knick, der: a) *Stelle, wo etwas scharf abgebogen ist:* das Rohr hat einen K.; die Straße macht einen K.; b) *scharfer Falz:* ein K. im Papier; der Rock bekam beim Sitzen Knicke;
∗ **einen Knick im Auge/in der Linse/in der Optik haben** (ugs.; 1. *schielen.* 2. *nicht richtig sehen können*).
knicken: **1.** a) ⟨etw. k.⟩ *scharf biegen:* einen Draht, ein Streichholz k.; der Sturm hat Bäume geknickt; b) ⟨etw. k.⟩ *falten:* den Bogen zweimal k.; bitte nicht k.!; c) *sich scharf umbiegen:* die Balken knickten wie Streichhalme.
2. ⟨jmdn., etw. k.⟩ *niederdrücken:* ihre Reaktion hat ihn, seinen Stolz sehr geknickt; einen geknickten Eindruck machen.
knick[e]rig (ugs. abwertend): ein knick[e]riger Geschäftspartner; er ist sehr k.; sich k. verhalten, zeigen.
Knicks, der: sie machte einen tiefen K. [vor der Fürstin].
Knie, das: **1.** *Gelenk zwischen Ober- und Unterschenkel:* runde, spitze K.; ein geschwollenes K.; das K. wurde steif; ihm zitterten die K. vor Angst; das K. vor dem Altar beugen; die K. durchdrücken; sich das K. aufschlagen; auf das K./auf die K. fallen; sie fiel, warf sich vor ihm auf die K.; die Kinder rutschten auf den Knien; du kannst ihm auf [den] Knien danken, dass er den Fehler bemerkt hat; in die K. sinken, gehen; mit wankenden, schlotternden Knien; sich eine Decke über die K. legen; sie standen bis an die K. im Wasser; das Kleid reicht bis zum K.; ÜBERTR.: der Fluss macht ein K. *(knieförmige Biegung).*
2. *gebogenes Stück:* das K. am Ofenrohr; ein K. einsetzen;
∗ **weiche Knie haben** (ugs.; *Angst haben*) · **jmdn. auf/in die Knie zwingen** (geh.; *jmdn. besiegen, unterwerfen*) · **in die Knie gehen** (ugs.; *sich einer Übermacht beugen*) · **in den Knien weich werden** (ugs.; *große Angst bekommen*) · **jmdn. übers Knie legen** (ugs.; *jmdm. eine Tracht Prügel geben*) · **etw. übers Knie brechen** (ugs.; *etw. übereilt entscheiden*).
knien: **1.** a) *auf den Knien liegen:* während des Gottesdienstes, vor dem Altar, im Beichtstuhl, auf dem Teppich k.; sie kniete am Bett ihres todkranken Mannes; b) ⟨sich auf die Knie niederlassen:⟩ sie kniete sich, um zu beten; er kniete sich neben mich.
2. ⟨sich in etw. (Akk.) k.⟩ *sich intensiv mit etw. beschäftigen:* ich werde mich in die Arbeit, in diesen Vorgang, in den Fall k.
Kniff, der: **1.** *Falte:* einen K. in das Papier machen; dem Rock sind mehrere Kniffe.

2. (ugs.) *Kunstgriff:* ein raffinierter K.; Kniffe für den Heimwerker; unerlaubte Kniffe anwenden; sie kennt alle Kniffe; den K. [noch nicht] heraushaben; hinter einen K. kommen.

knifflig: eine knifflige Frage, Situation; die Aufgabe ist mir zu k.

knipsen (ugs.): 1. ⟨jmdn., etw. k.⟩ *fotografieren:* ich habe im Urlaub sehr viel geknipst; sie hat uns am Strand, aus dem fahrenden Zug geknipst; ein Bild k.; mit diesem Film kann ich noch drei Fotos k. *(aufnehmen, machen).* 2. ⟨etw. k.⟩ *entwerten:* eine Fahrkarte k. 3. *einen knipsenden Laut erzeugen:* er knipste dauernd mit den Fingernägeln. 4. ⟨etw. von etw./irgendwohin k.⟩ *mit dem Finger wegschießen:* der Junge knipste Krümel vom Tisch.

knirschen: *ein knirschendes Geräusch erzeugen:* a) das Schnee, der Sand knirscht [unter unseren Schritten]; die Stiefel knirschen auf dem Kiesweg; mit knirschenden Zähnen *(wütend)* kam er auf mich zu; b) ⟨mit etw. k.⟩ im Schlaf mit den Zähnen k.; ⟨auch ohne Präpositionalobjekt⟩ knirschend vor Zorn *(sehr zornig)* verließ sie den Raum.

knistern: *ein knisterndes Geräusch erzeugen:* a) das Feuer, das Holz [im Feuer], das Papier knistert; ÜBERTR.: es herrschte eine knisternde *(gespannte, prickelnde)* Atmosphäre, Spannung; ⟨es knistert⟩ es knistert vor Spannung; es knistert *(herrscht eine gewisse Unruhe);* b) ⟨mit etw. k.⟩ mit Papier k.

knobeln: 1. ⟨[um etw.] k.⟩ *durch Würfeln entscheiden:* wir haben geknobelt, wer zahlen muss; mit den Kollegen um einen Kasten Bier k.; sie sitzen da und knobeln. 2. (ugs.) ⟨[an etw. (Dat.)] k.⟩ *nach der Lösung einer schwierigen Aufgabe suchen:* wir haben lange geknobelt, wie man die Sache vereinfachen kann; an Verbesserungen, an einer Aufgabe, an einer neuen Methode k.

Knöchel, der: der K. ist gebrochen; ich habe mir den K. verstaucht; sie hat zarte, feine, feste, kräftige K.; das Kleid geht, reicht [ihr] bis zum K.; bis an, über die K. im Schlamm versinken.

Knochen, der: 1. *Bestandteil des Skeletts:* zierliche, weiche, harte, kräftige, feste K.; Kalk wirkt K. bildend; der K. ist gebrochen, ist gut zusammengewachsen; sich einen K. [an]brechen; der Hund nagt an einem K.; aus den K. *(Knochen von Schlachttieren)* eine gute Suppe kochen; ein Pfund Fleisch mit/ohne K.; ÜBERTR.: das ist ein harter K. *(eine schwere, harte Arbeit).* 2. (ugs.) ⟨Plural⟩ *Glieder:* mir tun sämtliche K. weh; seine müden K. ausruhen; sich die K. brechen; seine K. bewegen; reißen Sie die K. zusammen! *(stehen Sie stramm!).* 3. (ugs. abwertend) *männliche Person:* er ist ein fauler, zäher K.; /auch als Schimpfwort/: du elender K.!;

★ [für jmdn., etw.] die/seine Knochen hinhalten *(für jmdn., etw. einstehen [müssen])* · bis auf/in die Knochen (ugs.; *völlig, durch und durch):* wir waren nass bis auf die K.; sie hat sich bis auf die K. blamiert · **jmdm. in die Knochen fahren** *(von jmdm. stark gespürt werden):* die Drohung fuhr ihm mächtig in die K. · **jmdm. in den Knochen stecken/sitzen/liegen** *(in jmdm. nachwirken):* die Grippe sitzt, steckt mir noch in den K.; der Schreck, die Angst sitzt ihr noch in den K.

knochig: ein knochiges Gesicht; knochige Hände haben; er ist ein k. gebauter Typ.

Knopf, der: 1. *Verschluss:* ein runder, flacher, blanker, mit Stoff überzogener K.; Knöpfe aus Kunststoff, aus Perlmutt; (ugs.:) der K. ist ab, auf, zu; ein K. ist abgerissen; mir ist der K. [am Mantel] abgegangen, abgesprungen; einen K. verlieren, annähen; den K. aufmachen, zumachen, öffnen, schließen. 2. *Vorrichtung zum Ein- und Ausschalten:* der K. der Klingel, am Radio, für das Licht; den K./auf den K. drücken; ein Druck auf den K. genügt. 3. *Knauf, kugeliges Ende:* der K. am Spazierstock; der K. einer Turmspitze. 4. a) (ugs., oft abwertend) *[kleiner, alter] Mensch:* er ist ein komischer, ulkiger, altmodischer K.; b) (ugs.) *niedliches Kind:* die kleinen Knöpfe haben sich versteckt;

★ [sich (Dat.)] etw. an den Knöpfen abzählen (ugs.; *eine Entscheidung von etwas Zufälligem abhängig machen).*

Knopfloch, das: das K. ist ausgerissen; Knopflöcher nähen, umstechen; er trägt ein Trauerband im K.; sich (Dat.) eine Blume ins K. stecken;

★ aus allen/sämtlichen Knopflöchern platzen (ugs.; *zu dick geworden sein)* · aus allen/sämtlichen Knopflöchern schwitzen, stinken (ugs.; *sehr schwitzen, sehr stinken)* · jmdm. aus allen/sämtlichen Knopflöchern gucken, scheinen (ugs.; *jmdm. schon von weitem anzusehen sein):* ihm guckt die Neugier, die Freude, der Reichtum aus allen Knopflöchern.

knorrig: knorrige Eichen; die Bretter sind ganz k. *(bestehen aus Holz mit vielen Ästen);* k. ragen die Äste in den Himmel; ÜBERTR.: er hat ein knorriges *(raues, grobes)* Wesen.

Knospe, die: feste, dicke, schwellende Knospen; die Knospen öffnen sich, sprießen [hervor], entfalten sich, springen auf, brechen auf, blühen auf, gehen auf, platzen auf; der Baum setzt Knospen an, treibt Knospen; ÜBERTR.: die zarte K. (geh.; *der Anfang)* ihrer Liebe; er betrachtete ihre Knospen (geh.; *ihre kleinen, noch nicht voll entwickelten Brüste).*

knoten ⟨etw. k.⟩: die Krawatte k.; das Ende der Schnur, das Seil ist [fest] geknotet; ⟨jmdm., sich etw. k.⟩ sie knotete sich die Schleife ins Haar.

Knoten, der: 1. *feste Schlinge:* einen fester K.; der K.

hält, lockert sich, geht auf; der K. der Krawatte sitzt schief; einen K. machen, schlingen, lösen, (ugs.:) aufbekommen, (ugs.:) aufkriegen, in die Schnur einen K. machen; [sich (Dat.)] einen K. in das, ins Taschentuch machen (um etw. nicht zu vergessen); sie trägt einen K. *(sie hat das Haar knotenförmig zusammengesteckt);* sie trägt das Haar/die Haare in einem K.; sie hat das Haar zu einem K. aufgesteckt. **2.** *Verdickung:* der K. am Weinstock, an Grashalmen; Gicht verursacht K. an den Fingern; sie spürte einen K. in ihrer Brust. **3.** (Seemannsspr.) */Geschwindigkeitsmaß bei Schiffen/:* das Schiff läuft, macht 20 K., fährt mit 25 K.; ∗ **bei jmdm. ist der Knoten endlich gerissen/ geplatzt** (ugs.; *jmd. hat endlich etwas verstanden)* · **den [gordischen] Knoten durchhauen** *(eine schwierige Aufgabe verblüffend einfach lösen).*

Knüller, der (ugs.): dieser Film, dieser Wagen ist, wird ein [toller, echter, absoluter] K.; und jetzt kommt der K.!

knüpfen: 1. ⟨etw. k.⟩ *durch Verschlingen von Fäden herstellen:* Netze, Teppiche k.; einen Knoten k. (selten; *machen);* ÜBERTR.: die Freundschaftsbande enger k.; Kontakte k. **2. a)** ⟨etw. an etw. (Akk.) k.⟩ *mit etw. [gedanklich] verbinden:* an etw. Hoffnungen/Erwartungen k.; ich knüpfe daran die Bedingung, dass ...;**b)** ⟨sich an etw. (Akk.) k.⟩ *sich mit etw. verbinden:* an meine Jugend knüpfen sich viele schöne Erinnerungen.

Knüppel, der: ein K. aus Hartgummi; die Polizei trieb die Demonstranten mit Knüppeln auseinander; da möchte man am liebsten mit dem K. dreinschlagen (ugs.; *mit Gewalt Ordnung schaffen);* der Pilot umklammerte den K. *(Steuerknüppel);* ∗ **jmdm. [einen] Knüppel zwischen die Beine werfen** (ugs.; *jmdm. Schwierigkeiten machen).*

knurren: 1. *einen knurrenden Laut erzeugen:* der Hund knurrt; mein Magen knurrt [vor Hunger] ⟨jmdm. k.⟩ ihm knurrt der Magen. **2.** (ugs.) **a)** *murren:* sie knurrte über die Arbeit; knurrend zog sie sich zurück; **b)** ⟨etw. k.⟩ *murrend, brummend sagen:* er hat immer etwas zu k.; »Meinetwegen!«, knurrte er.

knusprig: 1. *mit leicht platzender Kruste:* knuspriges Gebäck; die Brötchen sind k.; die Gans ist schön k. gebraten. **2.** (ugs.) *jung, frisch:* ein knuspriges Mädchen; als wir noch jung und k. waren (scherzh.; *früher).*

k. o.: 1. (Boxen) *kampfunfähig und besiegt:* k. o. sein; stehend k. o. sein *(ohne am Boden zu liegen);* in der 5. Runde ging der Herausforderer k. o. *(wurde er k. o. geschlagen);* er schlug den Gegner bereits in der 2. Runde k. o.; ÜBERTR.: die Uhrenindustrie lag k. o. am Boden (salopp; *lag darnieder).*

2. (ugs.) *erschöpft:* wir waren total, völlig k. o.; sich k. o. fühlen; k. o. heimkehren.

Koch, der: ein berühmter, ausgezeichneter K.; er lernt K., will K. werden; Ⓡ viele Köche verderben den Brei *(eine Sache, bei der zu viel mitreden, wird nichts Gutes).*

kochen: 1. ⟨etw. k.⟩ **a)** *(ein Nahrungsmittel) gar werden lassen:* Fleisch, Kartoffeln, Erbsen, Gemüse k.; den Inhalt des Beutels auf kleiner Flamme fünf Minuten k.; gekochte Eier; **b)** *eine Speise durch Kochen zubereiten:* ich muss bis zwölf Uhr das Essen gekocht haben; eine Suppe k.; Pudding, Marmelade k.; Kaffee, Tee k.; **c)** ⟨etw. irgendwie k.⟩ *einem Nahrungsmittel eine bestimmte Beschaffenheit verleihen:* etw. gar, weich k.; die Eier hart k.; den Reis körnig k.; Pasta soll al dente gekocht werden. **2.** *Speisen zubereiten:* sie steht in der Küche und kocht; er kocht gerne, gut, pikant, für zwei Tage, für die ganze Familie; sie hat bei ihrer Mutter k. gelernt; SUBST.: das Kochen macht ihm Spaß. **3.** ⟨etw. k.⟩ *bei Kochtemperatur waschen:* diese Baumwollsachen kann man k.; die Handtücher müssen gekocht werden. **4.** *den Siedepunkt erreicht haben:* das Wasser, die Suppe kocht [noch nicht]; der Reis muss 20 Minuten k. *(in kochendem Wasser liegen);* Klöße in kochendes Wasser legen; SUBST.: die Milch zum Kochen bringen; ÜBERTR.: Ärger, Hass kochte in ihm *(hielt ihn in Erregung);* er kocht vor Wut (ugs.; *er ist rasend vor Wut);* SUBST.: sie hat mit ihren Songs den Saal zum Kochen gebracht *(große Begeisterung beim Publikum ausgelöst).*

Köder, der: einen K. [für Ratten] auslegen, auswerfen; die Fische wollen nicht auf den K. anbeißen; ÜBERTR.: dieses Angebot ist ein K. (ugs.; *Lockmittel);* man hat das Mädchen nur als K. benutzt.

ködern ⟨ein Tier k.⟩: sie ködert die Fische mit Regenwürmern; ÜBERTR.: er versucht uns [mit einem guten Vertrag] zu k. (ugs.; *mit Versprechungen zu gewinnen suchen);* sich für eine Idee k. lassen.

Koffer, der: ein leichter, schwerer, großer, stabiler, handlicher K.; ein K. aus Leder; ein K. mit doppeltem Boden; die K. [aus]packen, zum Bahnhof/ zur Bahn bringen; K. tragen, schleppen, aufgeben; etw. in den K. packen, tun; ∗ **die Koffer packen** (ugs.; *verschwinden)* · **aus dem Koffer leben** (ugs.; *viel unterwegs sein).*

Kohl, der: **1.** (bes. nordd.) **a)** */eine Gemüsepflanze/:* K. [an]bauen, pflanzen; **b)** *Gericht aus Kohl:* K. kochen; heute gibt es K.; sie isst gerne K.; Ⓡ das macht den K. auch nicht fett (ugs.; *das nützt auch nichts).* **2.** (ugs. abwertend) *Unsinn:* das ist doch alles K.; er redet K.; ∗ **alten Kohl aufwärmen** (ugs.; *eine alte Geschichte vorbringen).*

K

Kohldampf, der: ⟨in der Wendung⟩ **Kohldampf schieben/haben** (ugs.; *Hunger haben).*
Kohle, die: 1. *Brennstoff:* die Kohlen glühen noch; K. abbauen, fördern, auf Halde legen; Kohle[n] [an]fahren, liefern, einkellern, aus dem Keller holen; (Seemannsspr.:) Kohle[n] bunkern, trimmen; Teer aus K. herstellen, gewinnen; BILDL.: weiße K. *(Wasserkraft).*
2. (ugs.) *Geld:* wenn ich K. hätte; K. machen, ranschaffen; die Kohlen verdienen; wo bleibt die K.?; dazu reichen die Kohlen nicht; eine Menge K. hat das gekostet; [Hauptsache,] die Kohlen stimmen (ugs.; *die Bezahlung ist gut*); tolle Sachen für wenig K.; Zigaretten nur gegen K.;
* **feurige Kohlen auf jmds. Haupt sammeln** (geh.; *jmdn. durch eine gute Tat beschämen*) · **[wie] auf [glühenden] Kohlen sitzen** *(in einer bestimmten Situation voller Unruhe sein).*
¹kohlen: *schwelen:* das Holz, der Docht der Kerze kohlt.
²kohlen (ugs.): *schwindeln:* der hat ganz schön gekohlt.
kokett: ein kokettes Mädchen; ein koketter Gang, Blick; sie ist, benimmt sich sehr k.; k. lächeln.
kokettieren: 1. *flirten:* sie kokettiert gern; im Urlaub kokettierte sie mit einem anderen.
2. ⟨mit etw. k.⟩ *liebäugeln:* er kokettiert mit einem Auto; sie kokettiert mit dem Gedanken, ein Haus zu kaufen.
3. ⟨mit etw. k.⟩ *sich interessant machen:* er kokettiert mit seinem Alter.
¹Koks, der: 1. *Brennstoff:* den glühenden K. löschen; bei der Gaserzeugung K. gewinnen; [mit] K. heizen.
2. (salopp scherzh.) *Geld:* der hat viel K.; 'ne Menge K. verdienen.
²Koks, der (ugs.): /*Kurzform für Kokain*/: er handelte heimlich mit K.
Kolben, der: a) *Maschinenteil:* der K. einer Pumpe; im Motor hat sich der K. (ugs.:) festgefressen; b) *Pflanzenteil:* der K. des Schilfrohrs; die gelben Kolben des Maises; c) *Gewehrkolben:* der Soldat schlug die Tür mit dem K. ein; d) (Chemie) *zylindrisches Glas:* sie erhitzte die Flüssigkeit im K. auf dem Bunsenbrenner; e) (ugs.) *dicke Nase:* er hat einen mächtigen, leuchtend roten K. im Gesicht.
Kollege, der: ein junger, netter, angenehmer, beliebter, tüchtiger, [un]sympathischer K.; die engsten Kollegen meines Mannes; er ist ein alter, früherer K. von mir; sie sind Kollegen; haben Sie K./(seltener:) Kollegen Meier gesehen?; das ist unter Kollegen nicht üblich; /mündliche Anrede/: Herr K.!; /Anrede/: Liebe Kolleginnen und Kollegen!
kollegial: ein kollegiales Verhalten zeigen; jmdm. in kollegialer Weise helfen; das war nicht sehr k. von dir.
Koller, der: ⟨gewöhnlich in den Verbindungen⟩ **einen Koller bekommen, kriegen** (ugs.; *wütend*

werden) · **einen Koller haben** (ugs.; *wütend sein).*
kollidieren: 1. ⟨mit jmdm., etw.] k.⟩ *zusammenstoßen:* vor der Küste ist im Nebel ein Tanker mit einem Frachtschiff kollidiert; Simpson war bereits am Anfang des Rennens mit Petersen kollidiert; auf der Autobahn kollidierten mehrere Fahrzeuge.
2. ⟨[mit etw.] k.⟩ *in Konflikt geraten:* die Interessen des eigenen Landes kollidieren mit denen anderer Staaten; idealistische Ziele kollidieren oft mit den Realitäten des Lebens; die beiden Veranstaltungen kollidieren miteinander *(überschneiden sich);* diese Forderungen kollidieren.
Kollision, die: 1. *Zusammenstoß:* die K. einer Jacht mit einem Frachtschiff; die K. zwischen einem LKW und einem Bus; im dichten Nebel gab es mehrere Kollisionen; eine schwere K. haben; der Pilot hat eine K. gerade noch verhindern können; bei der K. kenterte das Schiff; wegen Glatteis kam es auf der Autobahn zu mehreren Kollisionen.
2. *Konflikt:* die K. der Standpunkte, der Interessen, der Kompetenzen; sie geriet in K. mit ihrem Nachbarn; es kam zu einer K. zwischen ihnen.
Kolonne, die: a) *geschlossene Gruppe:* eine lange, motorisierte K. von Polizisten; eine K. von zwanzig Lastwagen; die K. löst sich auf; eine K. bilden; in Kolonnen marschieren; in Kolonne[n] fahren; K. fahren *(im Schritttempo hintereinander fahren);* sich in die K. einordnen; b) (ugs.) *große Menge, lange Reihe:* endlose Kolonnen von Zahlen; c) *Gruppe von Arbeitern:* eine K. von Bauarbeitern, von Gleisarbeitern; in einer K. arbeiten;
* **die fünfte Kolonne** *(politische Gruppe, die im Krieg o. Ä. mit dem Gegner des eigenen Landes zusammenarbeitet).*
Koloss, der: 1. *mächtiges, schweres Gebilde:* das Denkmal ist ein hässlicher K.; der Fahrer des Panzers bremste, und der K. kam zum Stehen; das Reich war ein K. auf tönernen Füßen *(konnte jeden Augenblick zusammenbrechen).*
2. (ugs. scherzh.) *schwergewichtige Person:* ihr Mann war ein K.; der K. schleuderte den Hammer 83 m weit.
kolossal: 1. *riesig, wuchtig:* kolossale Bauten; eine kolossale Plastik; die Kirche hat eine kolossale Kuppel.
2. (ugs.) a) *sehr groß:* kolossales Glück haben; ich bekam einen kolossalen Schrecken; wir hatten alle kolossalen Hunger; b) ⟨verstärkend vor Adjektiven und Verben⟩ *sehr:* ich habe mich k. gefreut; die Partei hat k. an Macht gewonnen.
Kombination, die: 1. *Vermutung:* eine geistreiche, scharfsinnige, verfehlte K.; die Kombinationen erwiesen sich als falsch; Kombinationen anstellen; die Presse war auf Kombinationen angewiesen.
2. a) *Verknüpfung:* eine K. verschiedener Eigen-

schaften; eine K. von Abitur und Lehre; die K. von Buchstaben, Farben; die Gruppe erweist sich als gute K. aus Theoretikern und Praktikern; **b)** *Zahlen-, Buchstabenschlüssel:* er kannte die K. des Tresors nicht.
3. *aufeinander abgestimmte Kleidungsstücke:* eine schwarzweiße K.; eine K. aus Kleid und Jacke; er trug keinen Anzug, sondern eine K. *(eine Hose und einen darauf abgestimmten Sakko).*
4. (Ballspiele) **a)** *Zusammenspiel:* viele Kombinationen klappten nicht; die Kombinationen sind viel zu durchsichtig, zu breit angelegt; flüssige, gefällige Kombinationen; nach einer herrlichen K. zwischen den Stürmern fiel das erste Tor; **b)** (Ski) *aus zwei oder mehreren Disziplinen bestehender Wettkampf:* er ist Weltmeister in der nordischen K.; in der K. führt der deutsche Meister.

kombinieren: 1. ⟨etw. k.⟩ *zu einer Einheit verbinden:* Zahlen k.; verschiedene Farben [zu einem Muster] k.; zwei Entwürfe, Systeme [miteinander] k.
2. *aus etw. Schlüsse ziehen; schlussfolgern:* richtig, falsch, voreilig k.
3. (Ballspiele) ⟨irgendwie k.⟩ *planmäßig zusammenspielen:* die Stürmer kombinierten schnell, hervorragend, zu eng.

Komfort, der: bescheidener, hoher, neuester, modernster K.; das Hotel bietet allen K.; auf höchsten K. Wert legen; die Räume sind mit allem K. ausgestattet.

Komik, die: unfreiwillige K.; Sinn für K. haben; eine Szene voller K.; (geh.:) sein Auftreten entbehrte nicht einer gewissen K., war von unwiderstehlicher K.

komisch: 1. *erheiternd:* eine komische Erzählung, Geschichte, Rolle; die Sache hat auch eine komische Seite; die komische Oper *(eine Operngattung);* er macht eine komische Figur; sein Aussehen war sehr k., wirkte k.; jmdn., etw. sehr, (ugs.:) irrsinnig k. finden; ich finde das gar nicht k., alles andere als k. *(ich finde das nicht zum Lachen).*
2. *sonderbar:* er ist ein komischer Mensch, (ugs.:) Kauz; ein komisches Gefühl haben; er hat, vertritt [etwas] komische Ansichten; sei doch nicht so k.!; das kommt mir k. vor; ich finde die ganze Sache k.; k., eben war er noch da *(ich verstehe nicht, wohin er verschwunden ist);* nach dem Essen wurde [es] ihm ganz k. (ugs.; *wurde ihm übel).*

kommandieren: 1. a) ⟨jmdn., etw. k.⟩ *befehligen:* eine Kompanie k.; kommandiert die sechste Flotte; **b)** ⟨jmdn. irgendwohin k.⟩ *abkommandieren:* jmdn. an die Front, zu einer anderen Abteilung, in eine andere Gruppe, zu einem Lehrgang k.; **c)** ⟨etw. k.⟩ *anordnen:* den Rückzug k.; die Polizei kommandierte:»Straßen räumen!«
2. (ugs.) ⟨[jmdn.] k.⟩ *im Befehlston Anweisungen geben:* er kommandiert gern [seine Mitarbeiter]; ich lasse mich [von dir] nicht k.

Kommando, das: **a)** *kurzer Befehl:* ein kurzes, scharfes, militärisches K.; das K. ertönt; das K. geben; er brüllte das K. über den Hof; alles hört auf mein K.!; etw. auf K. tun; wie auf K. *(gleichzeitig)* drehten sich beide um; /Ausruf, mit dem man eine Äußerung zurücknimmt/: K. zurück!; **b)** *Befehlsgewalt:* das K. [über eine Einheit] haben, übernehmen, abgeben, führen, an jmdn. übergeben; die Division steht unter dem K. von ...; **c)** *kleinere Truppeneinheit für Sonderaufgaben:* in der Nacht zerstörte ein K. die Radaranlage; einem K. angehören; zu einem K. gehören.

kommen: 1. a) *ankommen, eintreffen:* wir sind vor einer Stunde gekommen; sie wird [schon] noch k.; er kommt immer pünktlich, rechtzeitig, zu spät; einen Augenblick bitte, ich komme gleich!; sie kamen gleichzeitig, zusammen, unangemeldet, als Letzte, mit ihren Partnern; sie kam in Begleitung eines Herrn, mit dem Wagen; zu Fuß k.; die Bahn muss jeden Augenblick k.; der nächste Bus kommt in einer halben Stunde; ⟨in Verbindung mit einem Verb der Bewegung im 2. Part.⟩ gesprungen, angelaufen k.; ⟨irgendwoher k.⟩ das Auto, sie kam von rechts, von der Seite; der Wind kommt von Norden, aus einer anderen Richtung; der Zug kommt aus Italien; er kommt vom Spaziergang; ÜBERTR.: sie macht alles [so], wie es gerade kommt *(anfällt, eintrifft);* zur Zeit kommen laufend Beschwerden, neue Vorschläge; SUBST.: hier herrscht ein ständiges Kommen und Gehen (spött.; *zu jmdm., der phlegmatisch ist);* **b)** ⟨irgendwohin k.⟩ *einen bestimmten Ort passieren:* der Festzug wird durch diese Straße k.; wir kamen auf unsrer Reise durch wunderschöne Gegenden; auf dieser Route kommen wir nicht über München.
2. a) *erscheinen, teilnehmen:* ich weiß nicht, ob ich kommen kann; wir werden vielleicht, bestimmt, auf jeden Fall k.; er ist bisher immer regelmäßig zum Training gekommen; ich werde zu Ihrem Vortrag, zu Ihrem Geburtstag k.; **b)** ⟨zu jmdm. k.⟩ *jmdn. aufsuchen, besuchen:* wann kommen Sie einmal [zum Essen] zu uns?; ich komme gerne einmal zu Ihnen; ein Vertreter will morgen zu mir k.; ⟨auch ohne Präpositionalobjekt⟩ kommen Sie doch mal, wir freuen uns!; ⟨in Verbindung mit *lassen*⟩ einen Arzt, die Handwerker k. lassen; sie hat sich ein Taxi k. lassen.
3. a) ⟨jmdm. irgendwie k.⟩ *sich jmdm. darstellen:* er, das kommt mir [un]gelegen, unpassend, etwas überraschend; **b)** (ugs.) ⟨jmdm. irgendwie k.⟩ *jmdm. entgegentreten:* jmdm. dumm, frech, grob k.; so lasse ich mir nicht k.; so können Sie mir nicht k.; **c)** (ugs.) ⟨jmdm. mit etw. k.⟩ *sich an jmdn. wenden:* komme mir nicht schon wieder damit!; kommen Sie mir nicht immer mit derselben Geschichte!
4. a) *an der Reihe sein, folgen:* wer kommt zuerst, als Nächster?; jetzt komme ich; Sie kamen vor

mir, nach mir; nach den Nachrichten kommt der Wetterbericht; das Schlimmste kommt [erst] noch; **b)** ⟨im 1. Part.⟩ *folgende, nächste:* am kommenden Montag; er gilt als der kommende *(sich im Aufstieg befindende)* Mann in der Partei; diese Aufgabe bleibt kommenden *(künftigen)* Generationen vorbehalten; **c)** ⟨auf jmdn., etw. k.⟩ *entfallen:* auf eine offene Stelle kommen drei Arbeitssuchende; bald wird auf jeden zweiten Einwohner ein Auto k. **5. a)** *eintreten, sich ereignen:* die Flut kommt; heute kommt noch ein Gewitter; der Winter kommt jetzt mit Riesenschritten; den [richtigen] Zeitpunkt für gekommen halten; ⟨irgendwie k.⟩ es kam alles ganz anders; man weiß nie, wie alles kommt *(sich entwickelt);* es mag k., wie es will; das musste ja k. *(das war vorauszusehen);* das habe ich schon lange k. sehen *(erwartet);* es kommt noch dahin/so weit, dass ...; so weit kommt es noch! (ugs. iron.; *dazu darf es auf keinen Fall kommen!*); **b)** ⟨es kommt zu etw.⟩ *es geschieht etw.:* es kommt bald zum Streit, zum offenen Bruch [zwischen den beiden]; wenn jetzt nichts geschieht, kommt es bald zum Krieg; es kam zum Prozess; wir wissen noch nicht, wie es zu dem Unfall gekommen ist. **6.** ⟨über jmdn. k.⟩ *jmdn. erfassen:* [die] Angst, [das] Entsetzen, [der] Ekel kam über ihn; plötzlich kam eine völlige Mutlosigkeit über sie. **7. a)** *hervortreten, sich einstellen:* bei dem warmen Wetter kommen die ersten Blüten; die Kirschen, die Tulpen kommen erst später; bei dem Kind kommen die ersten Zähne; die Antwort kam spontan, wie aus der Pistole geschossen; seine Reue kam zu spät; **b)** ⟨jmdm. k.⟩ *sich bei jmdm. zeigen:* vor Freude kamen ihm die Tränen; ihm kamen nachträglich Bedenken; ihr kam plötzlich der Gedanke, die Sache selbst zu machen. **8.** ⟨irgendwoher k.⟩ *herstammen:* woher kommt das viele Geld?; aus welcher Quelle kommt diese Information?; woher kommt es, dass ...?; das kommt davon! (ugs.; *das ist die Folge!*). **9.** ⟨irgendwohin k.⟩ *gelangen:* [sicher] ans Ufer, ans Ziel k.; in einigen Minuten kommen wir nach München; wie komme ich [von hier] zum Flugplatz?; mit der Straßenbahn kommt man am schnellsten in die Innenstadt; wir kommen selten ins Theater *(haben selten die Zeit, die Möglichkeit dazu);* ich komme kaum noch aus dem Haus, vor die Tür *(ich habe keine Zeit mehr zum Ausgehen);* ÜBERTR.: wir kommen zum Abschluss der Beratungen; ich komme morgen an ein neues Kapitel. **10.** ⟨irgendwohin k.⟩ *aufgenommen, untergebracht, eingestellt werden:* in die Schule, ins/aufs Gymnasium k.; er kommt in die Lehre *(beginnt eine Lehre);* sie kam ins Krankenhaus, in ein Heim, ins Gefängnis; vor Gericht k. *(angeklagt werden);* er kommt bald zur Bundeswehr, (ugs.:)

zum Bund; nächsten Monat kommt er zur/in die Hauptverwaltung nach München *(wird er zur Hauptverwaltung versetzt);* (Rel.:) in den Himmel k.; der Schrank kommt zwischen Tür und Fenster *(wird zwischen Tür und Fenster aufgestellt).* **11. a)** ⟨unter etw. (Akk.) k.⟩ *überfahren werden:* unter ein Auto k.; er ist unter die Straßenbahn gekommen und war sofort tot; **b)** ⟨irgendwohin k.⟩ /verblasst/ *geraten:* in eine schwierige Lage k.; sie kam in höchste Gefahr, in Bedrängnis, in Verlegenheit; in Wut k. *(wütend werden);* in Stimmung, in Schwung k.; zum Stillstand, zum Stehen, ins Stocken kommen; **c)** ⟨irgendwohin k.; in Verbindung mit einem Infinitiv mit *zu*⟩ *in eine bestimmte Lage geraten:* unter den Schrank, unter das Fahrzeug zu liegen k.; ich kam zwischen die beiden Minister zu sitzen. **12.** ⟨zu etw. k.⟩ *etw. erlangen:* zu Geld, zu Erfolg, zu großen Ehren k.; wenn du so weitermachst, kommst du im Leben zu nichts; ich weiß nicht, wie ich zu dieser Ehre komme; wie komme ich dazu? (ugs.; *warum soll gerade ich das tun?*); ich bin zu der Erkenntnis gekommen, dass es so besser ist. **13.** ⟨um etw. k.⟩ *etw. verlieren:* er ist um seine Ersparnisse, um sein ganzes Geld gekommen; durch die lange Besprechung bin ich um die Mittagspause gekommen; um seinen Schlaf k. **14. a)** ⟨auf jmdn., etw. k.⟩ *die Idee zu etw. haben; jmdn., etw. berücksichtigen:* wie kommst du darauf? *(auf diesen Gedanken o. Ä.?);* sie kam plötzlich auf den Gedanken/auf die Idee, eine Reise zu machen; wie kamen wir auf dieses Thema?; später k. wir noch auf diesen Punkt zu sprechen; das Gespräch kam zufällig auf diese Frage; ich komme nicht mehr auf seinen Namen *(ich erinnere mich nicht mehr daran);* **b)** ⟨hinter etw. (Akk.) k.⟩ *etw. entdecken:* hinter jmds. Pläne, hinter ein Geheimnis k. **15.** (ugs.) ⟨[jmdn.] auf etw. (Akk.) k.⟩ *etw. kosten:* das Projekt kommt auf etwa 10 000 DM; die Sache kam mich schließlich auf 2 000 DM; ⟨[jmdn.] irgendwie k.⟩ wie hoch kommt die Reparatur?; die Sache ist schließlich sehr teuer, zu teuer gekommen; wenn es hoch kommt *(im Höchstfall),* kostet alles etwa 1 000 DM. **16.** /verblasst in nominalen Fügungen mit passivischer Bedeutung/: zur Anwendung k. *(angewendet werden);* zur Verteilung k. *(verteilt werden);* zum Einsatz k. *(eingesetzt werden);* ★ **auf jmdn. nichts kommen lassen** *(nicht dulden, dass Schlechtes über jmdn. gesagt wird)* · **wieder zu sich kommen** *(das Bewusstsein wiedererlangen)* · **im Kommen sein** *([wieder] modern, populär werden):* diese Mode ist wieder im Kommen.

Kommentar, der: **1.** *Stellungnahme:* ein kurzer, ausführlicher, kritischer K.; den Nachrichten folgt der K.; kein K.! *(ich lehne eine offizielle Stellungnahme ab!);* K. überflüssig!; das bedarf keines Kommentars; sie enthielt sich jedes/jeden Kommentars; sie lehnte jeden K. ab, gab keinen K. zum Wahlergebnis; musst du zu allem deinen K. abgeben? *(deine Meinung ungefragt kundtun?)*. **2.** *Erläuterungen zu einem Text:* ein K. zur Bibel, zum Grundgesetz, zu Goethes Faust; den K. zum Strafgesetzbuch herausgeben; im K. nachschlagen. **kommentieren** ⟨etw. k.⟩: die Regierungserklärung wurde lebhaft, ausführlich, recht unterschiedlich kommentiert; das neue Steuergesetz k. *(mit Erläuterungen versehen);* eine kommentierte Ausgabe von Goethes Faust. **Kommission,** die: eine ständige, gemischte K.; eine K. aus Vertretern aller Parteien; die K. tritt zusammen, nimmt ihre Arbeit auf, tagt; eine K. bilden, einsetzen, mit der Untersuchung des Falles beauftragen; einer K. angehören; die Pläne werden zur Zeit innerhalb der K. beraten; ⋆ **etw. in Kommission nehmen/geben/haben** (Wirtsch.; *etw. in Auftrag nehmen/geben/haben).* **Komödie,** die: **1. a)** *Lustspiel:* die griechische K.; eine K. schreiben; eine K. von ... aufführen; ÜBERTR.: die Sitzung war eine einzige K.; **b)** *kleines Theater, in dem besonders Komödien aufgeführt werden:* in die K. gehen. **2.** (ugs.) *Verstellung:* das ist doch alles nur K.!; ich habe die K. gleich durchschaut; ⋆ **Komödie spielen** *(etwas vortäuschen).* **kompetent: a)** ⟨k. [in/auf etw. (Dat.)]⟩ *sachverständig:* ein kompetentes Urteil; kompetente Leute fragen; jmdn. k. beraten; in diesen Fragen, auf diesem Gebiet ist sie sehr k.; **b)** ⟨k. [für etw.]⟩ *zuständig:* an kompetenter Stelle fragen; für solche Fälle sind die Gerichte k. **Kompetenz,** die: ihre K. auf diesem Gebiet, in diesen Fragen ist unbestritten; seine Kompetenzen reichen dazu nicht aus; er hat keine K.; seine Kompetenzen *(Befugnisse)* überschreiten; es fehlt ihr die fachliche K.; jmds. K. bestreiten; das übersteigt meine K., liegt außerhalb meiner K.; das fällt in die K. von Herrn Meier; in jmds. Kompetenzen eingreifen. **komplett: 1.** *vollständig:* eine komplette Ausrüstung; eine k. eingerichtete Wohnung; meine Sammlung ist jetzt k.; jetzt sind wir k. (ugs.; *jetzt sind wir alle zusammen);* der Wagen kostet k. *(mit allem Zubehör)* fast 20 000 Euro; das Werk gibt es nur k. *(als Ganzes).* **2.** (ugs.) *völlig:* das ist kompletter Unsinn; er ist ein kompletter Idiot; du bist k. verrückt. **Komplex,** der: **1.** *[zusammenhängender] Bereich:* ein K. von Fragen; dieser ganze K. *(die ganze Gebäudegruppe)* wird saniert; aus einem Bereich einen K. herausgreifen. **2.** (Psych.) *negative Vorstellung in Bezug auf sich selbst:* er ist, steckt voller Komplexe; Komplexe, einen K. haben, verdrängen, abreagieren; an Komplexen leiden; das wird ihm zum K.

Komplikation, die: es kam zu allerlei Komplikationen; es gab Komplikationen; welche Komplikationen ergeben sich daraus?; falls es zu Komplikationen kommt ...; (Med.:) die Geburt verlief ohne Komplikationen. **Kompliment,** das: ein großes K.; /Ausdruck der Bewunderung, Anerkennung/: [mein] K.!; er machte der Dame des Hauses Komplimente [für/über ihre gute Küche]; für Komplimente empfänglich sein; ⋆ **nach Komplimenten fischen** *(darauf aus sein, Komplimente zu erhalten).* **komplizieren: a)** ⟨etw. k.⟩ *erschweren:* das kompliziert den Fall außerordentlich; wir wollen die Sache nicht unnötig k.; **b)** ⟨sich k.⟩ *sich verwickeln:* dieser Fall komplizierte sich immer mehr. **kompliziert: 1.** *schwer, schwierig:* eine komplizierte Aufgabe, Frage; (Med.:) ein komplizierter Armbruch; eine sehr komplizierte *(schwer zu durchschauende)* Apparatur; der Fall ist [äußerst] k., wird immer komplizierter; der Apparat ist k. zu bedienen; sich k. ausdrücken. **2.** *schwer zu behandelnd:* ein komplizierter Mensch, Charakter; sie ist sehr k. **Komplott,** das (ugs. auch: der): das K. der Regierungsgegner, von zwei Gruppen wurde rechtzeitig aufgedeckt, enthüllt; in ein K. gegen jmdn. verwickelt sein; ⋆ **ein Komplott [gegen jmdn.] schmieden** *(heimlich einen Anschlag [gegen jmdn.] vorbereiten).* **Kompromiss,** der: ein annehmbarer, guter, fauler, nicht akzeptabler K.; ein K. bahnt sich an, zeichnet sich ab; sie geht auf keinen K.; mit jmdm. einen K. eingehen, schließen, aushandeln; einen K. finden; [keine] Kompromisse *(Zugeständnisse)* machen; einem K. zustimmen; sich auf einen K. einigen; zu [k]einem K. bereit sein; es kam zu einem K. *(Interessenausgleich)* zwischen den Parteien. **kondolieren** ⟨[jmdm.] k.⟩: er hat ihr zum Tode ihres Vaters kondoliert; ich habe versäumt zu k. **Konferenz,** die: eine wichtige, internationale K. über Wirtschaftsfragen; eine K. anberaumen, abhalten, abbrechen, vertagen, einberufen, eröffnen; er ist Vorsitzender der K.; an einer K. teilnehmen; auf, bei der K. wurde beschlossen, ...; der Direktor ist zur Zeit in einer K. *(Sitzung).* **Konfession,** die: die christlichen Konfessionen; er gehört keiner K. an; sie ist evangelischer, katholischer K. **Konflikt,** der: **a)** *Auseinandersetzung:* ein bewaffneter, militärischer, ideologischer K.; ein K. entsteht, entwickelt sich, bricht offen aus; der K. kann sich leicht zu einem Krieg ausweiten; einen K. heraufbeschwören, auslösen, schlichten, beilegen; in einen K. eingreifen; in der Parteiführung kam es zum offenen K. über die Wahlrechtsfrage; einem K. ausweichen; die friedliche Lösung von Konflikten; **b)** *Zwiespalt:* ein seelischer K.; schwere innere Konflikte durchmachen; das bringt mich in einen ernsthaften K. mit meinem Gewissen; einen K. mit sich austragen; * mit etw. in Konflikt kommen/geraten *(gegen etw. verstoßen).* **konform:** ein konformes Verhalten; ihre Ansichten sind k.; * **konform gehen/sein** *(übereinstimmen):* in dieser Frage, in diesem Punkt gehe ich mit Ihnen k.; unsere Vorstellungen gehen nicht, sind nicht k. **konfus:** er redet konfuses Zeug; seine Pläne sind ziemlich k.; sie ist heute ganz k.; k. antworten; ⟨jmdn. k. machen⟩ dieser hektische Betrieb macht mich völlig k. **König,** der: 1. */Herrscher[titel]/:* die preußischen Könige; der K. von Schweden; das Erbe K. Ludwigs des Heiligen/des Königs Ludwig des Heiligen; er wurde zum K. gekrönt; der K. regiert sein Land; der K. dankte ab; BILDL.: der K. der Wüste (geh.; *der Löwe);* der K. der Lüfte (geh.; *der Adler);* er ist der K. *(der Beste);* er ist der ungekrönte K. *(die dominierende Person)* der Unterwelt, unter den Leichtathleten; bei uns ist der Kunde K. *(die bestimmende Person);* K. Kunde; K. Fußball regiert an jedem Wochenende. 2. a) */Figur beim Schach/:* den K. matt setzen; b) */eine Spielkarte/:* den K. ausspielen. **Königin,** die: 1. */Herrscherin, Herrschertitel /:* die K. von England; die K. *(das fruchtbare Weibchen)* eines Bienenvolkes; BILDL.: sie war die K. *(der glanzvolle Mittelpunkt)* des Festes; die K. der Instrumente (geh.; *die Orgel).* 2. */Figur beim Schach/:* die K. schlagen. **königlich:** 1. *zum König, zur Königin gehörend:* die königliche Familie; das königliche Schloss; ein königlicher *(von dem König, der Königin ausgehender)* Erlass; in königlicher Haltung *(hoheitsvoll);* er ist von königlichem Geblüt; /Anrede eines Kronprinzen, einer Kronprinzessin/: Königliche Hoheit; ÜBERTR.: königliche *(großzügige)* Geschenke; das königliche Spiel *(Schach).* 2. (ugs.) *außerordentlich:* es war ein königliches Vergnügen; wir freute sich k.; wir haben uns k. amüsiert. **Konjunktur,** die: eine [un]günstige, steigende, überhitzte, rückläufige K.; die K. beleben, fördern, ankurbeln, anheizen, dämpfen, bremsen; die K. *(Hochkonjunktur)* ausnutzen; ÜBERTR.: Themen dieser Art haben im Augenblick K. *(sind sehr im Schwange).* **konkret:** 1. *gegenständlich:* konkrete Dinge; die konkrete Wirklichkeit; konkrete Gefahren. 2. *greifbar, genau:* ein konkretes Beispiel; konkrete Hinweise, Forderungen; konkrete Pläne, Vorwürfe, Anhaltspunkte; konkrete Angaben machen; etw. nimmt konkrete Formen an; wie ist deine konkrete Meinung dazu?; in einer konkreten Situation; ohne konkrete Ergebnisse zu Ende gehen; sich konkreter ausdrücken; ich frage Sie ganz k., ...; was heißt, bedeutet das k.?; schließlich wurde sie k. *(deutlich).*

Konkurrenz, die: 1. *Wettbewerb:* eine scharfe, erbarmungslose K.; auf diesem Gebiet ist die K. groß, herrscht eine ungeheure K.; wir machen ihm, uns selbst damit K.; mit jmdm. in K. treten, stehen, liegen. 2. *einzelner Konkurrent, Gesamtheit der Konkurrenten:* die K. ist, verkauft billiger; die K. fürchten, (ugs.:) ausschalten, (geh.:) aus dem Feld schlagen; die K. schläft nicht; wir haben hier viel, keine K.; ich kaufe bei der K.; zur K. gehen, abwandern. 3. (Sport) *Wettkampf:* er hat schon mehrere Konkurrenzen gewonnen; außer K. starten *(teilnehmen, ohne gewertet zu werden).* **konkurrieren** ⟨mit jmdm., etw./um etw. (Akk.) k.⟩: mit dieser großen Firma, mit diesen Preisen können wir nicht k.; er konkurriert mit ihr um den Vorsitz; die beiden Mitglieder konkurrieren um den Vorsitz; ⟨auch ohne Präpositionalobjekt⟩ auf dem Markt konkurrieren viele Produkte dieser Art. **Konkurs,** der: der Firma droht der K.; den K. *(das Konkursverfahren)* anmelden, beantragen, durchführen, abwickeln; über jmdn., jmds. Vermögen den K. *(das Konkursverfahren)* eröffnen; der K. konnte abgewendet werden, wurde [mangels Masse] abgewiesen; die Firma hat K. gemacht, ist in K. gegangen, ist in K. geraten *(ist zahlungsunfähig geworden),* steht vor dem K. **können:** I. ⟨Vollverb⟩ 1. a) ⟨etw. k.⟩ *etw. beherrschen:* sie kann viel, alles, gar nichts; er kann was (ugs.; *er ist tüchtig);* was kann sie eigentlich?; der Schüler kann das Gedicht immer noch nicht [auswendig]; sie kann [gut] Russisch; das kann er besser als du; diese Übungen habe ich früher alle gekonnt; ADJ. PART.: seine Arbeiten sind, wirken gekonnt; SUBST.: sein Können beeindruckte uns alle; b) ⟨irgendwas k.⟩ *zu etw. fähig, in der Lage sein:* ich kann nicht anders; wenn es sein muss, kann ich auch anders; er lief, was er konnte/so schnell, wie er konnte. 2. *Kraft haben:* kannst du noch?; nach der zehnten Runde konnte der Läufer nicht mehr und gab auf. 3. (ugs.) *dürfen; die Möglichkeit, Erlaubnis haben:* der Patient kann wieder nach Hause. II. ⟨Modalverb; mit Infinitiv⟩ 1. *imstande sein, vermögen:* sie kann [gut] reden, turnen, Auto fahren; wie kann man das erklären?; ich habe nicht kommen k.; sie konnte vor Schmerzen nicht schlafen; ich konnte das nicht mehr aushalten, [mit] ansehen; nichts mit jmdm., mit etw. anfangen k.; sich nicht beherrschen k.; etw. erwarten k.; das Flugzeug kann bis zu 300 Passagiere aufnehmen; hier kann kein Wasser eindringen. 2. *dürfen:* das kannst du [meinetwegen] tun; so etwas kannst du doch nicht machen; kann ich mir das einmal ansehen?; (ugs.:) wir können uns gratulieren, dass alles so gut verlaufen ist; du kannst mich gern haben (ugs.; *lass mich damit in Ruhe*).

3. *möglicherweise der Fall sein:* das Paket kann verloren gegangen sein; du kannst das Geld auch verloren haben; der Arzt kann jeden Augenblick kommen; die Verhältnisse können sich schnell ändern; mir, uns kann keiner! (ugs.; *mir, uns kann niemand etwas vormachen, vorhalten*); (ugs.:) die können uns gar nichts!; ∗ **für etw. nichts** o. ä. **können** *(an etw. o. ä. keine Schuld haben).*

konsequent: 1. *folgerichtig:* konsequentes Handeln; sie, ihre Entscheidung ist nicht k.; k. denken; k. denken, handeln. **2.** *unbeirrbar:* ein konsequenter Gegner des Regimes; die konsequente Weiterführung einer Untersuchung; sein Ziel k. verfolgen; seinen Standpunkt k. vertreten; k. bleiben; konsequent schweigen; der Stürmer wurde k. (Sport; *scharf, genau*) gedeckt.

Konsequenz, die: 1. *Folgerichtigkeit:* seiner Argumentation fehlt die letzte K.; etw. entwickelt sich mit logischer K. **2.** *Unbeirrbarkeit, Entschlossenheit:* ein Ziel mit äußerster, eiserner, unbeirrbarer, bewundernswerter, aller K. verfolgen; seine ganze K. für etw. einsetzen. **3.** *Folge, Auswirkung:* die Wahlniederlage ist die natürliche K. einer verfehlten Parteipolitik; als letzte K. bleibt ...; aus diesem Ereignis ergeben sich wichtige militärische, politische Konsequenzen; die Konsequenzen sind noch nicht abzusehen; die praktischen Konsequenzen einer Sache bedenken; das hat unangenehme Konsequenzen für ihn; alle Konsequenzen tragen müssen, auf sich nehmen; den Kampf bis zur letzten K. führen; jmdm. mit Konsequenzen drohen; ∗ **aus etw. die Konsequenzen ziehen** *(aus etw. Negativem die Folgerungen ziehen)* · **die Konsequenzen ziehen** *(aufgrund bestimmter Verfehlungen seinen Posten zur Verfügung stellen):* der Minister zog die Konsequenzen [und trat zurück].

konservativ ⟨k. [in etw. (Dat.)]⟩: die konservativen Kräfte; eine konservative Haltung, Gesinnung, Partei; eine konservative Bauweise; ihre Ansichten sind k.; sie ist k. eingestellt; in diesen Fragen, in ihrer Kleidung, in ihren Ansichten ist sie [sehr] k.

Konserve, die: 1. a) ⟨meist Plural⟩ *haltbar gemachtes Nahrungsmittel:* Konserven in Gläsern, in Dosen; Konserven schnell verbrauchen, kühl lagern; er lebt hauptsächlich von Konserven; **b)** *Konservenbüchse:* eine K. herstellen, öffnen. **2.** (Rundfunk, Ferns.) *auf einen Bild-, Tonträger gespeicherte Sendung:* das sind alles Konserven *(Aufzeichnungen);* Musik aus der K.; eine Sendung aus der K.

konservieren ⟨etw. k.⟩: **1.** *haltbar machen:* Lebensmittel k.; (Med.:) Blutplasma k.; Gurken in Essig k.; Fisch durch Einfrieren k.; Obst in Dosen k.

2. *vor dem Verfall bewahren:* ein Gemälde, ein Bauwerk, ein historisches Denkmal k.

konstant: eine konstante (Math.; *feste*) Größe; für eine konstante, eine k. gleich bleibende Temperatur sorgen; der Druck ist, bleibt k.; sie hat sich k. *(hartnäckig)* geweigert zu unterschreiben.

Konstellation, die: **1.** (Astron.) *Stellung der Gestirne zueinander:* die K. der Gestirne beobachten. **2.** *Lage:* eine günstige K.; es ergab sich eine neue politische K.; die K. hat sich verschoben; etw. erscheint in einer neuen K.

konstruieren ⟨etw. k.⟩: **a)** *entwerfen, bauen:* eine Brücke, ein Flugzeug, ein Auto k.; (Geom.:) ein Dreieck k.; der Satz ist richtig konstruiert (Sprachw.; *entsprechend den grammatischen Regeln gebaut);* **b)** (abwertend) *künstlich schaffen:* einen Gegensatz k.; aus schwachen Indizien eine Anklage k.; ⟨auch; ADJ. PART.: das Beispiel ist, wirkt konstruiert *(gekünstelt, unrealistisch).*

Konstruktion, die: **1. a)** *Entwurf, Entwicklung [und Herstellung]:* die K. des Triebwerks war sehr schwierig; ein Flugzeug modernster K. (Bauart); der Unfall ist auf einen Fehler in der K. zurückzuführen; (Geom.:) die K. eines Dreiecks; (Sprachw.:) die K. des Satzes ist richtig; **b)** *konstruierter Gegenstand; Bau:* eine einfache, komplizierte K.; eine K. aus Stahl und Glas; die mächtige, stählerne K. des Eiffelturmes. **2.** *gedankliches, begriffliches Gefüge:* juristische, philosophische Konstruktionen; etw. ist eine fantasievolle, kühne K. *(ein fantasievolles, kühnes Gedankengebäude).*

konstruktiv: 1. (bildungsspr.) *aufbauend:* ein konstruktiver Beitrag, Vorschlag; konstruktives Denken; ein konstruktives Misstrauensvotum *(Misstrauensvotum gegen den Bundeskanzler, das nur durch die Wahl eines Nachfolgers wirksam wird);* k. sein, mitarbeiten. **2.** (bes. Technik) *die Konstruktion betreffend:* konstruktive Probleme, Elemente.

konsultieren (geh.) ⟨jmdn. k.⟩: einen Anwalt, einen Arzt, einen Experten k.; in dieser Frage muss das Land seine Bündnispartner k. *(ihre Meinung dazu anhören);* ÜBERTR.: ein Wörterbuch, ein Lexikon k.

Kontakt, der: 1. *persönliche Beziehung:* persönlicher, gesellschaftlicher, menschlicher, brieflicher, geschäftlicher, privater, enger K.; es fehlte der K. zwischen Spielern und Publikum; er hatte Kontakte zum Geheimdienst; [mit jmdm.] K. aufnehmen, gewinnen, halten, bekommen; [mit jmdm.] Kontakte knüpfen, anknüpfen; [mit jmdm.] erste Kontakte herstellen; der Politiker sucht, verliert den K. mit den Wählern; wir sind, stehen, bleiben in ständigem K. [miteinander]; ich habe keinen K. mehr mit ihm. **2.** *Berührung:* der Stoff darf nicht mit der Haut in K. kommen; (Kfz.-T.:) die Kontakte erneuern; (Elektrot.:) die Drähte haben keinen K.; die Kontakte (Elektrot.; *die Metallteile an der Berührungsstelle*) sind verschmutzt.

kontinuierlich (bildungsspr., Fachspr.): eine kontinuierliche Entwicklung; eine kontinuierliche Außenpolitik; eine kontinuierliche Besiedlung; k. steigen, zunehmen, zurückgehen; sich k. bessern; k. hohes Fieber.

Konto, das: ein laufendes K. *(Bankkonto für laufende Ein- und Auszahlungen);* bei einer Bank ein K. eröffnen, einrichten, unterhalten, haben, besitzen; das K. aufheben, löschen, auflösen; wir haben Ihr K. belastet; ich habe mein K. ausgeglichen, überzogen; sein K. sperren lassen; wir haben den Betrag Ihrem K. gutgeschrieben, von Ihrem K. abgebucht; einen Betrag von einem auf das andere K. überweisen; das Geld auf ein K. einzahlen; ich habe nichts mehr auf dem K.; jede Firma führt Konten für die Lieferanten und Kunden; ∗ **auf [jmds.] Konto** (ugs.; *auf [jmds.] Rechnung*) · **etw. geht/kommt auf jmds. Konto** *(jmd. ist für etw. verantwortlich):* der Wahlsieg, die Verzögerung geht auf sein K.

Kontrast, der: **1.** *Gegensatz:* ein starker, scharfer, deutlicher, schwacher K.; der K. zwischen Arm und Reich; sein Lebensstil steht in/im K. zu seinem Einkommen. **2.** (Fot., Film, Ferns.) *Helligkeitsunterschied:* der K. ist zu groß, zu hart; den K. einstellen, regulieren.

Kontrolle, die: **1.** *Überwachung:* eine flüchtige, scharfe, strenge K.; die K. der Sicherheitseinrichtungen; eine genaue K. anordnen, vornehmen; die Kontrollen wurden erheblich verschärft; die K. über den ganzen Luftverkehr ausüben; Kontrollen durchführen; damit wirst du nicht durch die K. kommen; jmdn., etw. einer genauen K. unterziehen; die Maschinen unterliegen einer ständigen K. durch die Gewerbeaufsicht; er steht unter ärztlicher K.; etw. unter K. halten *(ständig überwachen);* jmdn. unter K. stellen; der Motor läuft zur K. **2.** *Gewalt, Herrschaft:* der Fahrer hat die K. über den LKW verloren; sie hat sich immer unter K. *(verliert nie die Selbstbeherrschung);* er verlor niemals die K. über sich *(die Selbstbeherrschung);* das Spiel ist [völlig] der K. des Schiedsrichters entglitten; einen Brand, einen Aufstand unter K. haben, halten; der Brand ist unter K.

kontrollieren: 1. a) ⟨jmdn., etw. k.⟩ *überwachen:* die Regierung, jmds. Amtsführung k.; jmds. Arbeit, jmdn. bei der Arbeit k.; ADJ. PART.: die kontrollierte Abrüstung anstreben; b) ⟨jmdn., etw. [auf etw. (Akk.)/nach etw.] k.⟩ *überprüfen:* den Pass, die Ausweise, das Gepäck k.; die Reisenden [auf, nach Waffen] k.; ich lasse regelmäßig den Reifendruck, den Ölstand k.; jmds. Blutdruck k.; k., ob etw. noch einwandfrei funktioniert. **2.** ⟨etw. k.⟩ *beherrschen:* die Presse k.; der Konzern kontrolliert fast den gesamten europäi-

schen Markt; (Sport:) die Mannschaft kontrollierte das Spiel vom ersten Augenblick an. **3.** ⟨etw. k.; in Verbindung mit *können*⟩ *die Herrschaft über etw. haben:* der Fahrer konnte den Wagen nicht mehr k.

Kontroverse, die: eine kleine, heftige, private K.; diese Äußerung löste eine K. aus.; mit jmdm. eine K. haben; es kam zwischen ihnen zu einer K. um, über verschiedene Dinge.

konventionell: 1. a) *den gesellschaftlichen Konventionen entsprechend:* konventionelle Kleidung; die Bauweise ist ganz k.; k. denken; sich k. kleiden; b) *förmlich:* konventionelle Höflichkeit; konventionelle Floskeln; sich k. benehmen, plaudern. **2.** (bes. Technik, Milit.) *herkömmlich:* konventionelle Methoden, Mittel; ein konventionelles Kraftwerk *(Kohlekraftwerk);* ein konventioneller Krieg *(ohne Atomwaffen);* konventionelle *(nicht atomare)* Waffen; die Streitkräfte sind nur k. *(nicht mit Atomwaffen)* ausgerüstet.

Konversation, die (geh.): eine lebhafte, geistreiche K.; es entspann sich eine gepflegte K.; K. machen *(mit jmdm. plaudern);* sie treiben in Französisch K. *(lernen Französisch durch Übungen in Konversation).*

Konzentration, die: **1.** *Ansammlung, Zusammenballung:* die K. der Macht, des Kapitals; eine starke K. militärischer Verbände, von Truppen im Grenzgebiet; die zunehmende K. in der Wirtschaft. **2.** *höchste Aufmerksamkeit:* Autofahren verlangt ständige K.; mangelnde K. am Steuer ist gefährlich; seine K. lässt nach; sie arbeitet mit äußerster, ungeheurer K. **3.** (Chemie) *Gehalt einer Lösung an gelöstem Stoff:* eine geringe, hohe, starke K.; der K. der Säure feststellen; etw. nur in schwacher K. verwenden.

konzentrieren: 1. ⟨jmdn., etw. k.⟩ *zusammenziehen, zusammenballen:* Truppen [an der Grenze] k.; alle wichtigen Antriebsteile sind am den Motorblock konzentriert [worden]. **2.** ⟨sich k.⟩ *sich sammeln:* sie konzentriert sich zu wenig; du musst dich mehr k.; ich kann mich heute nicht richtig, nur schlecht k.; ganz konzentriert *(aufmerksam)* arbeiten. **3.** a) ⟨etw., sich auf jmdn., etw. k.⟩ *seine Aufmerksamkeit ganz auf jmdn., etw. hinlenken:* seine Beobachtungen, Bemühungen auf jmdn., etw. k.; er hat seine ganze Kraft auf die Erreichung dieses Ziels konzentriert; sie konzentriert sich ganz auf die Prüfung; b) ⟨sich auf jmdn., etw. k.⟩ *gerichtet sein:* die Ermittlungen der Polizei haben sich jetzt auf zwei verdächtige Personen konzentriert. **4.** (Chemie) *anreichern:* eine Säure k.; der Saft ist konzentriert; konzentrierte Salzsäure.

Konzept, das: **1.** *Entwurf:* das K. einer Rede, eines Aufsatzes k. ausarbeiten; sich (Dat.) ein K.

machen *(sich für etwas Bestimmtes stichwortartige Notizen machen);* sie las vom K. ab. **2.** *Plan, Programm:* ein K. entwickeln; es fehlt ein klares K.; die Partei hat ein vernünftiges außenpolitisches, wirtschaftliches K.; (Sport:) der Gegner hatte das bessere K.; ∗ **jmdn. aus dem Konzept bringen** *(jmdn. verwirren)* · **aus dem Konzept kommen/geraten** *(unsicher werden, den Faden verlieren)* · **jmdm. das Konzept verderben** *(jmds. Plan durchkreuzen)* · **jmdm. nicht ins Konzept passen** *(jmdm. ungelegen kommen).*
Konzert, das: **1.** *musikalische Darbietung:* ein festliches, öffentliches, geistliches K.; ein K. für wohltätige Zwecke; das K. findet in der Philharmonie statt, beginnt um 20 Uhr; ein K. besuchen, ein K. geben, dirigieren; ins K. gehen; BILDL.: im K. *(Zusammenspiel)* der Großmächte spielt das Land keine Rolle. **2.** *Komposition für [Solo und] Orchester:* die Brandenburgischen Konzerte von J. S. Bach; ein K. für Klavier und Orchester.
Konzession, die: **1.** (Amtsspr.) *Genehmigung zur Ausübung eines Gewerbes:* jmdm. die K. erteilen, verweigern, entziehen; die K. für etw. haben; um die K. nachsuchen; sich um die K. bemühen. **2.** ⟨meist Plural⟩ *Zugeständnis:* [jmdm.] Konzessionen machen; sie ist zu keinen Konzessionen bereit; Konzessionen an den Zeitgeschmack, an das Publikum machen.
koordinieren ⟨etw. k.⟩: Pläne, Projekte k.; die Programme müssen besser [miteinander] koordiniert werden.
Kopf, der: **1.** ein dicker, runder, großer, kahler K.; der K. eines Kindes; mir dröhnt der K. von dem Lärm; sein K. sank ihm auf die Brust; den K. bewegen, drehen, wenden, abwenden, heben, [grüßend, zum Gruß] neigen, senken, einziehen, [in die Höhe] recken, vorstrecken, zurückwerfen; er stützt den K. gedankenvoll in die Hände; sie bekamen vor Aufregung rote Köpfe; den K. aus dem Fenster, durch die Tür stecken; den K., mit dem K. schütteln; sich den K. *(die Haare)* waschen; K. hoch! *(nur nicht den Mut verlieren!);* er ist einen [ganzen] K. größer als ich; ein Stein traf sie am K.; sich verlegen am K. kratzen; die Zuschauer standen K. an K. *(dicht gedrängt);* einen Hut auf den K. setzen; das Buch steht auf dem K. *(verkehrt herum)* im Regal; auf den K. *(für die Festnahme)* des flüchtigen Verbrechers wurde eine hohe Belohnung ausgesetzt; ich mache das nicht, und wenn du dich auf den K. stellst (ugs.; drückt aus, dass jemand etwas Gefordertes auf keinen Fall tun will); mit dem K. nicken, wackeln; sich die Bettdecke über den K. ziehen; ich konnte über alle Köpfe hinwegsehen; er überragt uns alle um einen [ganzen] K. *(ist einen Kopf größer);* einen Verband um den K. tragen; dem Kranken ein Kissen unter den K. legen; der Wind riss ihm den Hut vom K.; sie steckten die Köpfe zusammen *(sie tu-*

schelten); sich die Köpfe heiß reden *(sehr lebhaft diskutieren);* ⟨R⟩ Köpfchen muss man haben! (ugs.; *man muss gewitzt sein, muss Ideen haben!);* das kann nicht den K. kosten! *(das ist nicht so schlimm!);* sie wird dir deswegen nicht gleich den K. abreißen! (ugs.; *wird dich nicht so schlimm behandeln, wie du befürchtest);* das hält man/hältst du im Kopf nicht aus! (ugs.; *das ist doch völlig verrückt!).*
2. a) *Person von bestimmter Intelligenz:* sie ist ein aufgeweckter, (ugs.:) heller, kluger, gescheiter, findiger, eigenwilliger K. (*der Anführer)* der Rebellen; er ist der K. *(die führende Person)* des Unternehmens; er gehört zu den führenden, einflussreichsten Köpfen; zu den besten Köpfen des Landes; **b)** *Verstand, Wille:* sie hat ihren K. (ugs.; *sie ist eigensinnig);* er hat einen eigensinnigen, dicken K. *(er ist dickköpfig);* seinen K. anstrengen; keinen klaren K. mehr haben *(nicht mehr klar denken können);* du musst nicht immer deinen K. durchsetzen; etw. noch im K. haben (ugs.; *noch genau wissen);* viele Dinge, vieles im K. haben *(an vieles denken müssen);* etw. im K. behalten *(sich etw. merken);* ein anderer Gedanke hat in seinem K. keinen Platz mehr; ich weiß nicht, was in ihren Köpfen vorgeht *(was sie denken);* diese Idee spukt schon lange in den Köpfen verschiedener Leute (ugs.; *wird von verschiedenen Leuten vorgetragen);* es muss nicht immer nach deinem K. gehen; die soll man nicht im K. hat, [das] muss man in den Beinen haben *(wenn man etw. vergisst, muss man einen Weg zweimal machen);* **c)** *Einzelperson innerhalb einer größeren Menge:* die Menge war einige Tausend Köpfe stark; auf den K. jedes Mitglieds *(pro Mitglied)* entfällt ein Gewinn von 50 Mark; eine Familie mit fünf Köpfen; das Einkommen pro K. der Bevölkerung.
3. a) *Teil eines Gegenstandes, einer Pflanze in runder Form:* der K. Kohl, Salat; der K. eines Nagels, eines Knochens; die Köpfe des Mohns; die Blumen ließen bald die Köpfe hängen *(wurden schnell welk);* Stecknadeln mit bunten Köpfen; **b)** *oberer Rand:* der K. eines Briefbogens, einer Zeitung; er sitzt am K. des Tisches;
∗ **nicht wissen, wo einem der Kopf steht** *(sehr viel Arbeit haben)* · **jmdm. raucht der Kopf** (ugs.; *jmd. muss sich beim Nachdenken sehr anstrengen)* · **Kopf stehen** (1. selten: *auf dem Kopf stehen:* die Turner stehen in einer Reihe K. 2. ugs.; *bestürzt sein:* als diese Entscheidung bekannt geworden war, standen wir alle K.) · **einen klaren Kopf bewahren** *(die Übersicht behalten)* · **seinen Kopf aufsetzen** *(widerspenstig werden)* · **den Kopf oben behalten** *(an Mut nicht verlieren)* · **den Kopf voll haben** *(an vieles zu denken haben)* · **den Kopf hängen lassen** *(mutlos sein)* · **den Kopf verlieren** *(kopflos werden)* · **den Kopf unter dem Arm tragen** (ugs.; *sehr krank sein)* · **jmdm. den Kopf verdrehen** (ugs.; *jmdn. verliebt*

machen) · **jmdm. den Kopf waschen** *(ugs.; jmdn. scharf zurechtweisen)* · **seinen Kopf riskieren; Kopf und Kragen riskieren/wagen/aufs Spiel setzen/verlieren** *(ugs.; das Leben, die Existenz aufs Spiel setzen, verlieren)* · **den Kopf hinhalten [müssen]** *(ugs.; für etw. geradestehen [müssen])* · **sich** (Dat.) **den Kopf zerbrechen** *(in einer schwierigen Frage nach einer Lösung suchen):* darüber habe ich mir den K., haben wir uns schon lange den K./die Köpfe zerbrochen · **sich** (Dat.) **den Kopf einrennen** *(ugs.; nicht zum Ziel kommen)* · **jmds. Kopf fordern** *(jmds. Entlassung fordern)* · **den Kopf in den Sand stecken** *(der Realität ausweichen)* · **jmdm. den Kopf zurechtsetzen/zurechtrücken** *(ugs.; jmdn. zur Vernunft bringen)* · **jmdn. [um] einen Kopf kürzer machen** *(ugs.; jmdn. köpfen)* · **sich die Köpfe einschlagen** *(ugs.; sich heftig verprügeln)* · **sich an den Kopf fassen/greifen** *(ugs.; kein Verständnis für etw. haben)* · **etw. auf den Kopf stellen** *(ugs.; 1. etw. völlig durcheinander bringen:* die Kinder haben beim Spielen das ganze Haus auf den K. gestellt. *2. etw. gründlich durchsuchen:* ich habe das ganze Haus auf den K. gestellt, und trotzdem die Brille nicht gefunden. *3. etw. unrichtig darstellen:* sie stellte alle Tatsachen auf den K.) · **jmdm. auf dem Kopf herumtanzen/herumtrampeln** *(ugs.; mit jmdm. machen, was man will; sich von jmdn. nichts sagen lassen)* · **sich** (Dat.) **nicht auf den Kopf spucken lassen** *(salopp; sich nichts gefallen lassen)* · **jmdm. auf den Kopf spucken können** *(salopp scherzh.; größer sein als der andere)* · **nicht auf den Kopf gefallen sein** *(nicht dumm sein)* · **jmdm. etw. auf den Kopf zusagen** *(jmdm. etw. direkt, unverblümt sagen)* · **aus dem Kopf** *(auswendig):* etw. aus dem K. wissen, aufschreiben · **jmdm. nicht aus dem Kopf gehen/wollen** *(jmdn. ständig beschäftigen)* · **sich** (Dat.) **etw. aus dem Kopf schlagen** *(ein Vorhaben aufgeben)* · **sich** (Dat.) **etw. durch den Kopf gehen lassen** *(sich etw. [in Ruhe] überlegen)* · **jmdm. plötzlich durch den Kopf schießen** *(jmdm. plötzlich einfallen)* · **jmdm. im Kopf herumgehen** *(ugs.; jmdn. sehr beschäftigen)* · **sich** (Dat.) **etw. in den Kopf setzen** *(etw. unbedingt tun wollen)* · **jmdm. in den Kopf steigen** *(1. jmdn. betrunken machen. 2. seltener; jmdn. eingebildet, überheblich machen)* · **im Kopf [aus]rechnen** *([aus]rechnen, ohne aufzuschreiben zu müssen)* · **jmdm. nicht in den Kopf gehen/wollen; jmdm. nicht in den Kopf hineingehen** *(jmdm. unbegreiflich sein)* · **mit dem Kopf durch die Wand wollen** *(ugs.; etw. erzwingen wollen)* · **über jmds. Kopf [hin]weg** *(ohne den Betroffenen, den Beteiligten zu fragen)* · **jmdm. über den Kopf wachsen** *(ugs.; 1. sich so entwickeln, dass jmd. Bestimmtes einem nicht mehr gewachsen ist:* der Sohn ist seinen Eltern schon längst über den K. gewachsen. *2. von jmdm. nicht mehr bewältigt werden):* die Arbeit wächst ihm über den K.) · **bis**

über den Kopf in etw. (Dat.) **stecken** *(ugs.; von etw. übermäßig beansprucht sein)* · **es geht um Kopf und Kragen** *(ugs.; es geht um das Leben, um die Existenz)* · **von Kopf bis Fuß** *(ganz [und gar]):* sie haben sich von K. bis Fuß neu eingekleidet · **jmdn. vor den Kopf stoßen** *(ugs.; jmdn. kränken)* · **wie vor den Kopf geschlagen sein** *(ugs.; vor Überraschung wie gelähmt sein)* · **jmdm. zu Kopf[e] steigen** *(1. jmdn. eingebildet, überheblich machen:* der Erfolg ist ihm zu K. gestiegen. *2. jmdn. betrunken machen).*
köpfen: 1. ⟨jmdn. k.⟩ *durch Abschlagen des Kopfs hinrichten:* den Mörder k.; ÜBERTR.: ein Frühstücksei k.; eine Flasche k. *(öffnen).* **2.** (Fußball) ⟨[etw.] k.⟩ *den Ball mit dem Kopf weiterleiten:* wuchtig k.; er köpfte [den Ball] über die Latte, ins Tor.
kopflos: ein kopfloser Mensch; die Leute waren völlig k.; er rannte k. hin und her.
kopfscheu: ⟨in den Wendungen⟩ **jmdn. kopfscheu machen** *(ugs.; jmdn. unsicher, ängstlich machen):* du hast ihn mit deiner Kritik ganz k. gemacht · **kopfscheu werden** *(verwirrt, unsicher werden).*
Kopfschmerz, der ⟨meist Plural⟩: der K. ist weg, geht nicht weg; heftige, rasende, stechende Kopfschmerzen haben, bekommen, kriegen; eine Tablette gegen Kopfschmerzen nehmen;
∗ **sich** (Dat.) **über etw.** (Akk.)**/wegen etw. [keine] Kopfschmerzen machen** *(ugs.; sich über etw. [keinen] Kummer machen)* · **jmdm. Kopfschmerzen machen/bereiten** *(ugs.; jmdm. Sorgen machen).*
Kopfschütteln, das (ugs.): sein Verhalten erregte, verursachte allgemeines K., löste K. aus.
kopfüber: sie fiel k. ins Wasser, vom Pferd, die Treppe hinunter; ÜBERTR.: er stürzte sich k. *(voller Tatendrang)* in die Arbeit, k. *(rückhaltlos)* ins Abenteuer.
Kopfzerbrechen, das (ugs.): die Lösung dieses Problems verursacht, erfordert, verlangt einiges, viel, beträchtliches K.;
∗ **sich** (Dat.) **über etw.** (Akk.) **[kein] Kopfzerbrechen machen** *([keinen] Kummer machen)* · **jmdm. Kopfzerbrechen machen/bereiten** *(jmdm. Sorgen machen).*
Kopie, die: **1.** *Abschrift; Ablichtung:* eine amtlich beglaubigte K.; die K. eines Vertrages; eine K. anfertigen; von dem Film wurden mehrere Kopien *(Abzüge)* hergestellt, abgezogen; von etw. Kopien machen.
2. *originalgetreue Nachbildung:* eine ausgezeichnete, schlechte, raffinierte K. von etw.; Kopien alter Instrumente; das Gemälde ist nur eine K.; ÜBERTR.: er ist nur eine [blasse] K. des Chefs.
kopieren: a) ⟨etw. k.⟩ *von etw. eine Kopie anfertigen:* Buchseiten, eine Urkunde, ein Zeugnis k.; ein Kunstwerk k.; einen Film k. *(von einem Film Abzüge herstellen);* b) ⟨jmdn. k.⟩ *nachahmen:* die Schüler kopieren den Lehrer.
koppeln: 1. a) ⟨Tiere k.⟩ *zusammenbinden:* die

K

Hunde, Pferde werden gekoppelt; **b)** ⟨an etw. (Akk.)⟩ k.⟩ *[mit etw.] verbinden:* die Astronauten koppeln die Raumschiffe; den Wohnwagen an das Auto k.; das Tonbandgerät an das Radio k. **2.** ⟨etw. an etw. (Akk.) k.⟩ *von etw. abhängig machen:* sie koppelte ihre Zustimmung an zwei Bedingungen. **3.** (Sprachw.) ⟨etw. k.⟩ *durch Bindestriche verbinden:* bei Aneinanderreihungen werden die einzelnen Wörter [durch Bindestriche] gekoppelt; * **mit etw. gekoppelt sein** *(gleichzeitig mit etw. stattfinden, auftreten o. ä.):* die medizinische Behandlung ist mit psychologischer Betreuung gekoppelt.

Korb, der: **1.** *geflochtener Behälter:* ein geflochtener K.; Körbe aus Draht; ein K. für Eier, mit Eiern; ein ganzer K. Äpfel/voll, voller Äpfel; einen K. *(Einkaufskorb)* benutzen; die Wäsche in den K., das Baby in das Körbchen legen; /bei Maßangaben/: das Fischereischiff löschte 9000 K. Fisch; Ⓡ husch, husch ins Körbchen (fam.; *schnell ins Bett*). **2.** (Basketball, Korbball) *korbähnliches Gebilde:* er warf den Ball am K. vorbei, in den K.; die Mannschaft erzielte zwölf Körbe *(Korbwürfe)*. **3.** *ablehnende Antwort:* einen K. bekommen; jmdm. einen K. geben; sich einen K. holen; sie teilt heute nur Körbe aus.

Korken, der: der K. sitzt fest, ist stecken geblieben; den Korken der Sektflasche knallen lassen; den K. herauskommen, [heraus]ziehen; eine Flasche mit einem K. verschließen; der Wein schmeckt nach [dem] K.

¹Korn, das: **1.** *Samenkorn:* die Körner des Weizens, vom Mais; die Vögel picken die Körner auf; die Tauben mit Körnern füttern. **2.** *Brotgetreide:* das K. ist reif, steht hoch; K. anbauen, mähen, einfahren, dreschen, mahlen. **3.** *kleines Teilchen, Stückchen:* einige Körner Salz/Zucker fielen auf den Boden; im Objektiv sind ein paar Körnchen [Staub]. **4.** (Geol.) *Struktur:* Marmor von grobem, feinem K.; das K. des Materials feststellen. **5.** *Teil der Visiereinrichtung:* das K. ist durch einen Ring geschützt; Kimme und K. nehmen *(visieren);* ein Wild aufs K. nehmen *(anvisieren);* * **jmdn. aufs Korn nehmen** (ugs.; *jmdn. [in feindlicher Absicht] scharf beobachten*): der Chef hat ihn aufs K. genommen · **etw. aufs Korn nehmen** (ugs.; *etw. scharf kritisieren*).

²Korn, der (ugs.): *Kornschnaps:* er bestellte zwei K. und ein Bier.

Körper, der: **1.** ein gesunder, kräftiger, starker, durchtrainierter, lebloser, athletischer, gedrungener, ausgemergelter K.; der menschliche, weibliche K.; sie hat einen schönen K.; seinen K. stählen, abhärten, pflegen, massieren lassen; sein K. wurde vom Fieber geschüttelt; das Kleid liegt eng

am K. an; er zittert, friert am ganzen K.; die Einheit von K. und Geist. **2. a)** (Physik) *Stoff:* ein fester, flüssiger, gasförmiger K.; ein K. mit noch unbekannten Eigenschaften; **b)** (Geom.) *Figur:* ein geometrischer, unregelmäßiger K.; den Rauminhalt, die Fläche eines Körpers berechnen. **3. a)** *Gegenstand:* ruhende, bewegte K.; **b)** *Teil eines Gegenstandes:* der K. der Geige; eine Säule mit schlankem K.

körperlich: körperliche Anstrengungen, Schmerzen, Gebrechen; die körperliche Ertüchtigung, Entwicklung, Schönheit; die körperliche *(geschlechtliche)* Liebe; schwere körperliche Arbeiten verrichten; alle Spieler sind in guter körperlicher Verfassung; k. *(unter Aufwendung von Muskelkraft)* hart arbeiten; jmdm. k. *(kräftemäßig)* unterlegen sein; sich k. gut entwickeln; diese Tätigkeit ist k. sehr anstrengend.

korrekt: 1. *fehlerfrei:* eine korrekte Auskunft; korrektes Deutsch; die Formulierung ist nicht k.; ein Wort k. aussprechen. **2.** *bestimmten Vorschriften, Grundsätzen entsprechend:* korrektes Benehmen; ein korrekter Beamter; k. gekleidet sein; jmdn. k. behandeln; sich nicht k. verhalten.

Korrespondenz, die: rege, langwierige, geschäftliche, private K.; eine ausgedehnte K. [mit jmdm.] haben, führen; seine K. erledigen; die K. mit jmdm. abbrechen; ich stehe mit ihm in K.

korrespondieren: 1. ⟨mit jmdm. über etw. (Akk.) k.⟩ *in Briefwechsel stehen:* er korrespondiert über dieses Problem mit Fachleuten in der ganzen Welt; wir korrespondierten schon lange miteinander; ⟨auch ohne Präpositionsobjekte⟩ die Anwälte korrespondieren seit zwei Jahren in dieser Angelegenheit; wir korrespondieren in französischer Sprache; ADJ. PART.: er ist korrespondierendes *(auswärtiges und nicht an allen Sitzungen teilnehmendes)* Mitglied. **2.** (bildungsspr.) ⟨etw. (Dat.)/mit etw. k.⟩ *entsprechen:* der Tendenz zur Konzentration korrespondiert die Schwächung der kleineren Handwerksbetriebe; eine gute Gruselgeschichte korrespondiert stets mit ganz realen Ängsten; berufliche und private Probleme k. miteinander; ⟨auch ohne Dat. oder Präpositionalobjekt⟩ in diesem Punkt korrespondieren unsere Ansichten.

korrigieren: *berichtigen:* **a)** ⟨jmdn., sich, etw. k.⟩ ein Ergebnis, einen Eindruck k.; die Körperhaltung k.; sie hat ihre Meinung korrigiert; ich muss mich k.; die Sache ist etwas anders; den Schüler, seine Aussprache k.; den Kurs eines Raumschiffes k.; **b)** ⟨etw. k.⟩ einen Text, einen Druckfehler k.; der Lehrer hat die Hefte, die Aufsätze noch nicht korrigiert.

koscher: 1. *den jüdischen Speisegesetzen gemäß:* koscheres Fleisch; koschere Speisen, Gerichte; ein koscheres Restaurant; ihre Küche war streng k.; sie kocht [streng] k.

2. (ugs.) ⟨meist verneint⟩ *einwandfrei:* die Sache, der Kerl ist [mir] nicht ganz k.; das kam uns nicht k. vor; bei diesem Beschluss ging es nicht ganz k. zu.

kostbar: kostbare Teppiche, Möbel; sie trägt kostbaren Schmuck; das Diadem ist sehr k.; ÜBERTR.: willst du dein kostbares Leben aufs Spiel setzen?; die Zeit, die Gesundheit, jeder Augenblick ist k.

¹kosten: *den Geschmack feststellen:* a) ⟨etw. k.⟩ die Suppe, den neuen Wein k.; jmdm. etw. zu k. geben; SUBST.: jmdm. etw. zum Kosten geben; ⟨auch ohne Akk.⟩ die Köchin kostete noch einmal; ÜBERTR.: alle Freuden des Lebens k. (geh.; *genießen*); b) ⟨von etw. k.⟩ von der Suppe k.; vom Salat habe ich noch nicht gekostet.

²kosten: 1. ⟨etw. k.⟩ *einen bestimmten Preis haben:* der Anzug kostet 600 DM, viel Geld, nicht viel; was kostet ein Pfund, dieses Paar, dieser Teppich?; wie viel kostet ¹/₄ Pfund davon?; das kostet nicht die Welt (ugs.; *das ist nicht so teuer*); ⟨auch ohne Akk.⟩ das kostet natürlich *(das hat seinen Preis)*; ÜBERTR.: diese Arbeit *(erfordert)* kostet viel Mühe, Schweiß, Nerven; das wird noch einen schweren Kampf k. *(notwendig machen);* der Krieg hat viele Menschenleben gekostet *(gefordert).* **2.** ⟨jmdn. etw. k.⟩ *von jmdm. einen bestimmten Preis verlangen:* das Haus kostet mich 100 000 DM, ein Vermögen, viel Geld *(habe ich dafür zu bezahlen, aufzuwenden);* das hat mich nicht viel gekostet; ÜBERTR.: der Umzug kostet mich zwei Urlaubstage; das hat mich nur ein Lächeln, nur einen Anruf gekostet; es hat mich Überwindung gekostet, ihn zu begrüßen; ⟨in einigen Fällen auch: jmdm. etw. k.⟩ das kann ihn/(seltener:) ihm das Leben, den Kopf k.; das kann dich/(seltener:) dir die Stellung k.;
⋆ **koste es/es koste, was es wolle** (ugs.; *um jeden Preis*) · **sich** (Akk. oder Dat.) **etw. etwas kosten lassen** (ugs.; *für etw. großzügig Geld ausgeben*): ich habe mich/mir das Geschenk etwas k. lassen.

Kosten, die ⟨Plural⟩: hohe, große, erhebliche, außerordentliche, geringe, wenig K.; die K. der Reise; die K. des Verfahrens trägt die Staatskasse; die K. für eine Kur sind mir zu hoch, belaufen sich auf ...; das erhöht, steigert die K.; das verursacht K.; die entstehenden K. veranschlagen, berechnen, ersetzen, erstatten, vergüten; ich bestreite die laufenden K. von meinem Gehalt; die K. aufbringen, tragen, übernehmen; die Einnahmen decken nicht einmal die K.; die Getränke gehen auf meine K. *(Rechnung);* etw. auf eigene K. machen lassen; für alle K. selbst aufkommen müssen; etw. ist mit großen K. verbunden;
⋆ **auf seine Kosten kommen** (ugs.; *zufrieden gestellt werden*) · **auf jmds. Kosten/auf Kosten von jmdm., etw.** (1. *von, mit jmds. Geld:* sie lebt auf K. ihrer Eltern. 2. *zum Nachteil, Schaden von*

jmdm., etw.: er macht seine Witze immer auf K. anderer; das geht auf K. der Qualität).

köstlich: 1. *herrlich:* eine köstliche *(wohlschmeckende)* Speise, Frucht; k. frische Sahne; die Luft ist einfach k.; das Getränk schmeckt k. **2.** *amüsant:* eine köstliche Geschichte; ein köstlicher Einfall, Zufall; die Aufführung war einfach k.; wir haben uns k. *(über alle Maßen)* amüsiert.

Kostüm, das: **1.** /*ein Kleidungsstück*/: ein elegantes, französisches K.; das K. ist, wirkt sportlich, trägt sich gut. **2.** *Verkleidung:* auf dem Fest trug er ein schönes K.; das K. eines Bajazzos; sich k. leihen; die nächste Theaterprobe ist in Kostümen. **3.** *historische Kleidung:* mittelalterliche Kostüme.

kotzen (salopp): *während der Fahrt musste er k.;* er kotzte wie ein Reiher;
⋆ **das große Kotzen kriegen** *(angewidert sein)* · **zum Kotzen** *(unerträglich, widerlich):* das, er ist zum K.; ich finde sie, fühle mich zum K.

krabbeln: 1. ⟨irgendwo[hin] k.⟩ *kriechen:* ein Käfer krabbelte an der Wand, unter den Teppich; die Kinder sind schon ins Bett gekrabbelt; ⟨auch ohne Raumangabe⟩ das Baby krabbelt schon. **2.** (ugs.) a) *kratzen:* der neue Pullover krabbelt; das Zeug krabbelt auf der Haut; b) ⟨jmdn. k.⟩ *kitzeln:* hör auf, mich zu k.; er krabbelte sie an den Zehen, im Nacken.

Krach, der: **1.** *Lärm:* K. schadet der Gesundheit; hier ist, herrscht ein unerträglicher K.; die Maschine macht einen fürchterlichen K.; unter großem K. stürzte das Haus zusammen; vor lauter K., vom vielen K. nicht schlafen können. **2.** (ugs.) *Streit:* in der Familie gibt es oft K.; mit jmdm. K. haben, bekommen, anfangen, (ugs.:) kriegen; zwischen ihnen kam es wegen einer Frau zum K. **3.** (Wirtsch.) *Preissturz, Bankrott:* an der Börse gab es einen großen K.;
⋆ **Krach machen/schlagen** (ugs.; *laut schimpfen, sich laut beschweren*).

krachen: 1. a) *ein krachendes Geräusch erzeugen:* das Bett kracht; die Dielen krachten unter unseren Schritten; ein gewaltiger Donnerschlag krachte; man hörte Schüsse k.; ⟨es kracht⟩ bei jeder Bewegung kracht es im Gelenk; eben hat es gekracht (ugs.; *kam es zu einem Fahrzeugzusammenstoß*); er radelte, dass es nur so krachte (ugs.; *mit großer Energie*); SUBST.: man hörte ein fürchterliches Krachen; ÜBERTR.: wenn du noch lange meckerst, krachts (ugs.; *gibt es Streit*); b) *krachend entzweibrechen:* das Eis, das Brett ist gekracht; ⟨jmdm. k.⟩ jetzt ist mir die Hose, die Naht gekracht (ugs.; *geplatzt*). **2.** (ugs.) ⟨irgendwohin k.⟩ *heftig gegen etw. prallen:* der Wagen krachte gegen die Leitplanke, an die Mauer; sie krachte mit dem Kopf auf das Pflaster.

3. (ugs.) ⟨sich k.⟩ *miteinander Streit haben:* wir haben uns gekracht.

krächzen: a) *krächzende Laute erzeugen:* die Raben, die Krähen krächzen; ÜBERTR.: er war erkältet und konnte nur noch k.; der Lautsprecher krächzte; **b)** ⟨etw. k.⟩ *krächzend hervorbringen:* ein paar unverständliche Worte k.

kraft ⟨Präp. mit Gen.⟩: k. [des] Gesetzes; k. [meines] Amtes; meine Stellung, k. deren es mir erlaubt ist ...

Kraft, die: **1.** *körperliche Stärke; Willensstärke:* körperliche, jugendliche, herkulische Kräfte; ihr fehlt, versagt die K.; seine Kräfte erlahmen, schwinden; die Kräfte lassen bei ihm nach, verlassen ihn; in ihm steckt eine ungeheure K.; seine K. erproben; sie hat seine K., ihre Kräfte überschätzt; bei dieser Arbeit kannst du deine überschüssigen Kräfte abreagieren, loswerden; keine K. in den Knochen haben (ugs.; *schwach sein*); im Urlaub neue Kräfte sammeln; seine ganze K. für etw. aufbieten, verwenden, einsetzen; alle Kräfte anspannen, zusammennehmen, mobilisieren; ich hatte nicht mehr die K. aufzustehen; der Erfolg gab ihm neue K.; dieser Posten übersteigt seine Kräfte, nimmt seine ganze K. in Anspruch; das verlieh ihr ungeahnte Kräfte; das verzehrte, verbrauchte ihre Kräfte; am Ende seiner K., im Vollbesitz seiner körperlichen und geistigen Kräfte sein; unter Aufbietung aller Kräfte; der viele Ärger zehrt an ihren Kräften; aus eigener K. schafft er das nicht mehr; bei Kräften sein, bleiben; sich bei Kräften halten; alles tun, was in seiner K., in seinen Kräften steht *(sein Möglichstes tun);* mit letzter K. schleppte er sich in seine Wohnung; die Turbine läuft mit halber K. *(Leistung);* das Schiff fährt mit halber K. (Seemannsspr.; *Geschwindigkeit*); mit seinen Kräften haushalten; mit neuer K., mit neuen Kräften an die Arbeit gehen; mit vereinten Kräften *(in gemeinsamer Anstrengung)* etw. erreichen; jmdm. nach [besten] Kräften *(soweit es möglich ist)* helfen; das geht über meine K./über meine Kräfte; über ungeheure K./Kräfte verfügen; er strotzt vor/(auch:) von K.; ÜBERTR.: die militärische, wirtschaftliche K. eines Landes; elektrische, magnetische Kräfte; die K. des Geistes; die Sonne hat noch viel K. *(Strahl-, Erwärmungskraft);* das Spiel der Kräfte; mit elementarer K. zum Ausbruch kommen; über geheimnisvolle, übernatürliche, schöpferische Kräfte verfügen. **2. a)** *Arbeitskraft:* eine neue, erste, zuverlässige K.; sie ist eine tüchtige K.; ich suche eine weitere K. für die Buchhaltung; wir stellen mehrere weibliche Kräfte ein; mit allen verfügbaren Kräften etw. erledigen; **b)** ⟨Plural⟩ *Einfluss ausübende Gruppe von Personen:* die fortschrittlichen, liberalen, konservativen, reaktionären Kräfte in der Partei; hier sind Kräfte am Werk, die ...; die Regierung will alle revolutionären Kräfte im Staat, in der Armee neutralisieren, ausschalten;

* **die treibende Kraft sein** *(derjenige sein, der etw. anregt u. eifrig dafür tätig ist, dass es auch durchgeführt ist)* · **außer Kraft setzen** *(ungültig, unwirksam werden lassen)* · **außer Kraft sein/ treten** *(keine Wirkung, Gültigkeit mehr haben)* · **in Kraft sein/treten/befindlich sein/bleiben** *(wirksam/gültig werden, sein, bleiben)* · **in Kraft setzen** *(gültig, wirksam werden lassen).*

kräftig: 1. *von körperlicher Kraft zeugend:* ein kräftiger Stammhalter, Bursche, Mann; er hat kräftige Arme; eine kräftige Konstitution, Natur haben; nach einem kräftigen Schlag sprang die Tür auf; das Kind ist k.; ÜBERTR.: kräftige *(gut entwickelte)* Stauden; die Pflanzen sind schon recht k. *(widerstandsfähig).* **2.** *überaus heftig, ausgeprägt:* ein kräftiger Geruch; ein kräftiges Hoch; kräftigen Hunger haben; kräftige *(leuchtende)* Farben; k. zuschlagen; sie schüttelte allen k. die Hand; es hat heute k. geschneit; die Preise sind k. gestiegen; dem Alkohol k. zusprechen; jmdm. k. *(hart und deutlich)* seine Meinung sagen. **3.** *reich an Nährstoffen:* eine kräftige Suppe; kräftiges Brot; eine kräftige Mahlzeit zu sich nehmen; SUBST.: etwas Kräftiges essen. **4.** *derb:* kräftiger Fluch.

Kragen, der: ein hoher, enger, steifer, halsferner, spitzer, weißer K.; der K. ist [mir] zu eng; der K. des Mantels ist mit Pelz besetzt; die Kragen/ (südd.:) Krägen lassen sich abnehmen, anknöpfen; den K. stärken, offen tragen, hochstellen;

* **jmdm. platzt der Kragen** (salopp; *jmd. wird wütend)* · **jmdm. den Kragen umdrehen** (ugs.; *jmdn. töten)* · **jmdm. an den Kragen wollen** (ugs.; *jmdn. zur Verantwortung ziehen, ihn verprügeln wollen)* · **es geht jmdm. an den Kragen** (ugs.; *jmd. wird zur Verantwortung gezogen, von seinem Schicksal ereilt)* · **jmdn. beim Kragen packen/nehmen** (ugs.; *zur Rede stellen)*: der Chef packte ihn gleich beim K.

Kralle, die: **1.** *gekrümmter Nagel bestimmter Tiere:* stumpfe, spitze, scharfe, starke Krallen; die Krallen des Adlers; das Tier zeigt seine Krallen, zieht die Krallen ein; die Katze hielt eine Maus in den Krallen; ÜBERTR.: jmdn. aus den Krallen des Todes retten (geh.; *vor dem Tod bewahren).* **2.** *Parkkralle:* die K. soll Falschparker daran hindern, ungeschoren davonzukommen. **3.** (ugs. abwertend) *Hand:* nimm deine Krallen da weg!;

* **jmdm. die Krallen zeigen** (ugs.; *jmdm. zeigen, dass man sich nichts gefallen lässt)* · **etw. nicht aus den Krallen lassen** (ugs.; *nicht mehr hergeben)* · **etw. in die Krallen bekommen/kriegen** (ugs.; *etw. in seine Gewalt bekommen)*.

Kram, der (ugs. abwertend): **a)** *Zeug:* das ist alles alter, unnützer K.; was liegt denn hier für K. herum?; räum den K. endlich weg!; ÜBERTR.: den ganzen K. hinschmeißen (ugs.; *keine Lust mehr haben, etw. weiterzuführen)*; er hat den K. vor die Füße geworfen (*führt meinen Auftrag nicht aus, macht eine Arbeit nicht weiter);* **b**) *Sache, Angelegenheit:* mach doch deinen K. allein!; ich lasse mir nicht in meinen K. hineinreden; ich möchte mit dem K. nichts zu tun haben; kümmere dich um deinen eigenen K.!; * **nicht viel Kram/keinen Kram machen** (ugs.; *keine Umstände machen*) · **jmdm. [nicht] in den Kram passen** (ugs.; *jmdm. [un]gelegen kommen*). **kramen** (ugs.): **a**) ⟨nach etw. (Dat.) k.⟩ *wühlend suchen:* nach Kleingeld k.; ich habe [im Archiv] nach alten Fotografien gekramt; **b**) ⟨irgendwo k.⟩ *suchend wühlen:* ich habe im Keller, auf dem Boden, in den Akten, in meiner Tasche gekramt; ÜBERTR.: in seinen Erinnerungen k.; **c**) ⟨etw. aus etw. k.⟩ *hervorholen:* den Schlüssel aus der Tasche k.

Krampf, der: **1.** *schmerzhaftes Sichzusammenziehen der Muskeln:* ein heftiger, furchtbarer K.; der K. löste sich allmählich; einen K. bekommen, (ugs.:) kriegen, im Bein haben; jmd. wird von Krämpfen gepackt, befallen, geschüttelt; er wand sich in Krämpfen. **2.** (ugs. abwertend) *krampfhaftes Bemühen:* das ist doch alles K.; alle seine Bemühungen wurden zum K.

krampfhaft: 1. *krampfartig:* in krampfhafte Zuckungen verfallen; er brach in ein krampfhaftes Lachen aus. **2.** *verbissen:* auf krampfhafter Suche nach Abwechslung; etw. k. versuchen; sich k. um etw. bemühen; ich habe k. *(angestrengt)* nachgedacht; er hielt sich k. *(mit äußerster Anstrengung)* fest; er hielt k. an alten Formen fest.

krank: ein kranker Mann; kranke Tiere, Pflanzen, Bäume; einen kranken Zahn, ein krankes Herz haben; krankes (Jägerspr.: *angeschossenes*) Wild; das Kind ist [seit einem Monat] k.; auf den Tod *(lebensgefährlich)* k. sein; sie wurde schwer k.; er sieht k. aus; sie fühlt sich k.; (ugs.:) er spielt k.; er stellt sich k.; k. im Bett liegen; ⟨k. an etw. (Dat.)⟩ er ist k. an Leib und Seele; sie ist an der Leber k. *(erkrankt);* ⟨jmdn. k. machen⟩ die vielen Sorgen machen ihn ganz k. *(unterhöhlen seine Gesundheit);* der Lärm macht mich ganz k. *(ist mir unerträglich);* ⟨k. [vor etw.]⟩ vor Heimweh, vor Liebe k. *(bedrückt, leidend)* sein; ÜBERTR.: ein krankes Staatswesen, Unternehmen.

Kranke, der und die: der K. braucht [völlige] Ruhe, hat viel leiden müssen; K. pflegen, betreuen, heilen; eine Anstalt für unheilbar, unheilbare K.

kränkeln: er kränkelt seit einiger Zeit; sie fängt an zu k.; ÜBERTR.: der kränkelnde Dollar.

kranken ⟨an etw. (Dat.) k.⟩: die Firma krankt an der schlechten Organisation; das Projekt krankt daran, dass es zu teuer ist.

kränken ⟨jmdn., etw. k.⟩: diese Äußerung hat ihn [sehr] gekränkt; sie fühlt sich, war [in ihrer Eitelkeit] schwer, tief gekränkt; ich wollte ihn damit nicht k.; jmds. Ehre k.; das ist für mich sehr kränkend; sie zog sich gekränkt zurück; sein gekränkter Stolz lässt diesen Schritt nicht zu.

Krankenhaus, das: ein modernes, allgemeines, städtisches, katholisches K.; das K. ist voll belegt, ist überbelegt, hat 400 Betten; ein K. leiten; sie ist Chefärztin eines Krankenhauses; er ist Chirurg an/in einem K.; er wurde aus dem K. entlassen, im K. operiert; jmdn. ins K. einliefern, bringen; sie liegt seit drei Wochen im K.; sie arbeitet in einem K.

Krankenschwester, die: ↑ Schwester (3).

krankfeiern (ugs. scherzh.): er hat elf Tage [lang] krankgefeiert.

krankhaft: 1. *auf Erkrankung beruhend:* ein krankhafter Zustand, Trieb; krankhafte Veränderungen an der Wirbelsäule; k. bedingte Appetitlosigkeit; k. verändertes Gewebe. **2.** *übersteigert:* krankhafte Eifersucht; er leidet an krankhaftem Ehrgeiz; seine Neugier ist schon k.; das ist bei ihr schon k.; er ist k. eitel.

Krankheit, die: eine leichte, schwere, langwierige, bösartige, schleichende, akute, chronische, ansteckende K.; psychische Krankheiten; die K. klingt ab, ist im Abklingen; einer K. vorbeugen; an einer K. leiden, sterben; gegen diese K. gibt es noch kein geeignetes Mittel; jmdn. von einer K. heilen; von einer K. genesen, sich von einer K. erholen; sich vor ansteckenden Krankheiten schützen; ÜBERTR.: das ist eine K. *(eine negative Erscheinung)* unserer Zeit.

kränklich: ein kränkliches Aussehen haben; er ist alt und k.; das Kind wirkt k.

krankmachen (ugs.): *der Arbeit fernbleiben, ohne wirklich erkrankt zu sein:* sie ist einfach nicht zur Arbeit gegangen und hat krankgemacht.

krankmelden ⟨sich k.⟩: sie wollte sich nicht k.; er hat sich schon krankgemeldet.

krankschreiben ⟨jmdn. k.⟩: der Arzt wies ihn nicht k.; für eine Woche krankgeschrieben sein.

Kranz, der: **1.** *Ring aus geflochtenen Blumen, Zweigen o. Ä.:* ein großer K. mit Schleife, aus Tannenzweigen; K. binden, winden, flechten; er legte am Denkmal einen K. für die Opfer des Krieges nieder; dem Sieger den K. *(Siegerkranz)* umhängen; die Braut trägt K. *(Brautkranz)* und Schleier; das Grab ist mit Kränzen geschmückt; BILDL.: die Stadt von einem K. Seen umgeben; ÜBERTR.: ein K. *(Zyklus)* von Liedern, von Gedichten. **2.** *kranzförmiger Kuchen:* ein Stück K.; einen K. backen.

krass: ein krasser Fehler; ein krasser Fall von Korruption; ein krasser Egoist; die Unterschiede sind sehr k.; in krassem Gegensatz zu etw. stehen; sich k. *(sehr deutlich)* ausdrücken.

kratzen: 1. a) ⟨jmdn., sich k.⟩ *mit den Nägeln, Krallen o. Ä. ritzen:* jmdm. im Gesicht k.; die Katze hat mich am Arm gekratzt; **b**) *die Nägel, Krallen gebrauchen:* Vorsicht, die Katze kratzt; das Mädchen kratzte und biss.

2. a) ⟨jmdn., sich k.⟩ *an einer Körperstelle reiben:* kratz mich bitte mal [am Rücken]!; er kratzte sich hinter dem Ohr;**b)** ⟨jmdn., sich irgendwie k.⟩ *durch Reiben in einen bestimmten Zustand versetzen:* das Kind hat sich wund gekratzt. **3. a)** ⟨jmdm., sich etw. k.⟩ *durch Reiben einen Juckreiz befriedigen:* jmdm. den Rücken k.; ich kratzte mir verlegen den Schädel;**b)** ⟨jmdm., sich etw. irgendwie k.⟩ *durch Reiben in einen bestimmten Zustand versetzen:* die Katze hat ihn/ihm das Gesicht blutig gekratzt; er hat sich die Haut rot gekratzt. **4. a)** *scheuern und jucken:* der neue Pullover kratzt fürchterlich [auf der Haut]; der Wein kratzt im Hals; ⟨jmdn. k.⟩ die Wolle kratzt mich [an den Armen]; der Rauch kratzte ihn im Hals; SUBST.: ein leichtes Kratzen im Hals spüren; **b)** (ugs.) ⟨jmdn. k.⟩ *stören:* das braucht dich nicht zu k.; die Sache kann mich gar nicht k.; diese Kritik hat ihn fürchterlich gekratzt. **5. a)** ⟨[irgendwo] k.⟩ *mit der scharfen Seite scheuern:* die Feder kratzt; die Nadel kratzte auf der Grammophonplatte; **b)** ⟨irgendwo k.⟩ *ein kratzendes Geräusch hervorbringen:* der Hund kratzte an der Tür; er kratzte auf seiner Geige. **6. a)** ⟨etw. in etw. (Akk.) k.⟩ *einritzen:* seinen Namen, ein Zeichen in die Wand k.; mit dem Fuß ein Zeichen in den Sand k.; kleine Löcher in den Verputz k.; **b)** ⟨etw. auf etw. (Akk.) k.⟩ *sparsam streichen:* Butter aufs Brot k.; **c)** ⟨etw. aus etw./ von etw. k.⟩ *kratzend entfernen:* die Asche aus dem Ofen k.; den letzten Rest Honig aus dem Glas k.; sie kratzte mit dem Schaber das Eis von der Scheibe. **7.** (ugs.) ⟨an etw. (Dat.) k.⟩ *etw. angreifen:* an jmds. Stellung, an jmds. Image, an jmds. Selbstbewusstsein k. **8.** (landsch.) ⟨[etw.] k.⟩ *stehlen:* er hat die Sachen im Umkleideraum gekratzt; sie zogen durch die Kaufhäuser, um zu k.; ✶ **zu kratzen haben** (ugs.; *sich einschränken*): sie hatte ihr ganzes Leben lang hart, ganz schön, ziemlich zu kratzen.

¹kraulen ⟨jmdn., etw. k.⟩: *mit den Fingerkuppen [zärtlich] kratzen:* die Katze k.; nachdenklich seinen Bart k.; er hat den Hund am Hals, zwischen den Ohren, unter dem Kinn gekrault; ⟨jmdm. etw. k.⟩ das Kind krault dem Dackel das Fell.

²kraulen: 1. a) *im Kraulstil schwimmen:* sie kann gut k.; er hat gekrault, hat/(auch:) ist zwei Stunden gekrault; **b)** ⟨irgendwohin k.⟩ *sich kraulend fortbewegen:* sie ist über den See, durch die Bucht gekrault. **2.** ⟨etw. k.⟩ *kraulend zurücklegen:* ein paar Bahnen k.; er hat/(auch:) ist die 400 Meter in 4,21 Minuten gekrault; **b)** (Sport) *kraulend erreichen:* er hat/ist einen neuen Rekord gekrault.

kraus: 1. *wellig, gekringelt:* krauses Haar; er zog die Stirn in krause Falten; die Nase k. ziehen. **2.** (abwertend) *verworren:* krause Gedanken ha-

ben; krause Reden führen; sein Vortrag war ziemlich k.

kräuseln: a) ⟨sich k.⟩ *sich ringeln, wellen:* mein Haar kräuselt sich bei Feuchtigkeit; das Wasser des Sees kräuselt sich leicht;**b)** ⟨etw. k.⟩ *in kleine Falten legen:* den Stoff k.; der Wind kräuselte die Wasseroberfläche; hochmütig, spöttisch kräuselte sie die Lippen; die Nase k.

krausen ⟨etw. k.⟩: die Nase k.; sich mit gekrauster Stirn etw. anhören; ein Kleid mit leicht gekraustem Rock.

Kraut, das:**1.** *die Blätter bestimmter Pflanzen:* das K. der Rüben, der Kartoffeln; das K. entfernen, abschneiden, verbrennen, als Futter verwerten. **2.** *Heil-, Würzpflanze:* heilende, heilsame Kräuter; sie kennt jedes K.; für den Salat Kräuter hacken; Kräuter sammeln, trocknen; ein Tee aus verschiedenen Kräutern. **3.** (bes. südd., österr.) *Kohl:* K. anbauen, schneiden, einlegen; gern K. essen; Würstchen mit K. *(Sauerkraut).* **4.** (ugs. abwertend) *Tabak:* er raucht ein fürchterliches K.; das K. stinkt entsetzlich; ✶ **gegen jmdn./etw. ist kein Kraut gewachsen** (ugs.; *gegen jmdn./etw. kommt man nicht an, gibt es kein Mittel*) · **wie Kraut und Rüben** (ugs.; *völlig durcheinander*) · **ins Kraut schießen** (1. *üppig wuchernd wachsen.* 2. *sich übermäßig ausbreiten*).

Krawall, der: **a)** *Aufruhr:* nach der Kundgebung entstand ein großer K.; die Krawalle dauern an; bei der Demonstration, beim Fußballspiel kam es zu blutigen Krawallen;**b)** (ugs.) *Lärm:* das ist der Lehrer kam, machte die Klasse großen K.; ✶ **Krawall schlagen** (ugs.; *sich energisch beschweren*).

Krawatte, die: eine gepunktete, gestreifte, seidene K.; eine k. tragen, umhaben; [sich] die K. [um]binden; die K. festziehen, zuziehen, abnehmen, lockern; er fasste ihn an der K.; ✶ **eiserne Krawatte** (ugs. scherzh.; *vorgeformte Krawatte, die vorgesteckt wird*).

kreativ (bildungspr.): *ein kreativer Mensch;* eine kreative Fantasie, Begabung; eine kreative Lösung; sie ist sehr k.; k. veranlagt sein; sich k. betätigen.

Kreatur, die: **1.** *Lebewesen:* eine arme, geplagte, hilflose K.; alle K. sehnt sich nach Regen. **2.** *[verachtenswerter] Mensch:* er ist eine gemeine, elende, armselige K.; mit dieser K. will ich nichts zu schaffen haben.

Krebs, der: **1.** Krebse fangen, kochen, essen. **2.** *gefährliche Geschwulst:* der K. wuchert; sie hat K.; der K. wurde bei ihm zu spät erkannt; an K. leiden, erkrankt sein, sterben; mit K. erzeugenden, erregenden Chemikalien in Berührung kommen; die Entdeckung K. hemmender Substanzen. **3.** (Astrol.) **a)** */ein Tierkreiszeichen/:* sie ist im

Zeichen K., des Krebses geboren; b) *im Zeichen Krebs Geborene[r]:* ich bin [ein] K.

Kredit, der: **1.** *Darlehen:* ein zinsloser, [un]verzinslicher, [un]kündbarer, privater, öffentlicher K.; langfristige Kredite an Entwicklungsländer; ein K. [in Höhe] von 50 000 DM; einen K. eröffnen, sichern, in Anspruch nehmen, kündigen, sperren; sie hat bei ihrer Bank einen K. aufgenommen; jmdm. einen K. zu einem günstigen Zinssatz geben, gewähren, einräumen; etw. auf K. kaufen. **2.** *[finanzielle] Vertrauenswürdigkeit:* [bei jmdm.] K. haben, genießen; er hat seinen moralischen, politischen K. verspielt, verloren; das bringt ihn um allen K.

Kreide, die: weiße, rote, grüne K.; ein Stück K.; die K. ist nass, ist abgebrochen; er hat etwas mit K. an die Tafel geschrieben; ∗ **Kreide fressen** *(scheinbar friedfertig)* · **bei jmdm. in der Kreide stehen/sein/sitzen** (ugs.; *bei jmdm. Schulden haben*): er steht bei uns tief, mit 100 DM in der K. · **bei jmdm. in die Kreide geraten/kommen** (ugs.; *bei jmdm. Schulden machen*).

kreieren ⟨etw. k.⟩: einen neuen Stil, eine neue Mode k.; der Minirock wurde in England kreiert.

Kreis, der: **1. a)** *runde, in sich geschlossene Linie:* einen K. malen, zeichnen; mit dem Zirkel einen K. schlagen, beschreiben; den Umfang eines Kreises berechnen; die beiden Kreise schneiden sich; BILDL.: Kinder bilden einen K., stehen in einem K. um den Lehrer, formieren sich zu einem K.; im K. sitzen; sich im K. drehen, bewegen; jmdm. dreht sich alles im K. *(jmdm. ist schwindlig);* das Flugzeug zog Kreise über der Stadt; ein ganzer K. *(eine ganze Reihe)* von Einzelfragen; ⓇⓇ der K. *(die Beweiskette)* schließt sich; **b)** *Kreisfläche:* einen K. blau ausmalen; der Ausschnitt eines Kreises; den Inhalt des Kreises berechnen. **2.** *Gemeinschaft von Personen:* ein geselliger, exklusiver K.; kirchliche, militärische, einflussreiche Kreise; aus gut unterrichteten Kreisen war zu erfahren, dass ...; in politischen Kreisen gilt er als Experte; im familiären, vertrauten K.; sie ist in weiten Kreisen der Bevölkerung sehr beliebt; im K. der Familie, der Seinen; eine Feier in kleinem, im engsten K.; sie verkehrt in den besten/ersten Kreisen *(in der vornehmen Gesellschaft)* dieser Stadt; er hat Verbindungen zu Kreisen der Unterwelt. **3.** *Verwaltungsbezirk:* die Gemeinden des Kreises gründen einen Zweckverband; der Ort gehört zum K. ...;

∗ **jmds. Kreise stören** (geh.; *jmdn. in seinem persönlichen Bereich, in seinem Wirken stören*) · **Kreise ziehen** *(immer mehr Personen oder Gruppen betreffen)* · **sich im Kreis bewegen/drehen** *(immer wieder auf dasselbe zurückkommen).*

kreischen: die Mädchen kreischten [vor Vergnügen, in höchsten Tönen]; man hörte einen Papa-

gei, eine Möwe k.; die Tür kreischt in den Angeln; mit kreischenden Bremsen anhalten.

Kreisel, der: **1.** */ein Spielzeug/:* den K. [mit der Peitsche] schlagen; den K. tanzen lassen; der Junge spielt [mit dem] K. **2.** *Kreisverkehr:* einen K. durchfahren; den K. verlassen.

kreisen ⟨irgendwo k.⟩: die Erde kreist um die Sonne; das Raumschiff kreiste zwei Tage [lang] um den Mond; das Flugzeug hat/ist 30 Minuten über der Stadt gekreist; die Geier kreisen in der Luft; das Blut kreist *(fließt im Kreislauf)* in den Adern; BILDL.: die Flasche [in der Runde] k. lassen *(herumreichen);* das Gespräch, die Diskussion, sein Denken kreiste nur um diese eine Frage.

Kreislauf, der: **1.** *Blutkreislauf:* sein K. ist [nicht] in Ordnung, ist zusammengebrochen; der K. hat bei ihm versagt; sie hat einen schwachen K.; den K. anregen, (ugs.:) ankurbeln; das belastet nur den K.; ein Mittel für den K. **2.** *zum Ausgangspunkt zurückkehrende Bewegung:* der natürliche, ökologische K.; der ewige K. des Lebens, der Natur; der K. des Wassers.

Krem, Kreme, die: ↑ Creme.

Krempel, der (ugs. abwertend): sie hebt viel K. auf; den alten K. wegwerfen; was kostet der ganze K.?; pack den K. in einen Koffer; BILDL.: den K. hinwerfen, hinschmeißen *(aus Ärger, Überdruss an einer Arbeit o. Ä. nicht mehr weitermachen).*

krepieren: 1. *explodieren:* die Granaten krepierten vor dem Graben; er wurde von einem krepierenden Geschoss getötet. **2.** (derb) *sterben:* im Krieg k.; ihm sind zwei Pferde krepiert; sie ist an einer Überdosis Heroin krepiert.

Krethi: ⟨in der Fügung⟩ **Krethi und Plethi** (abwertend; *jedermann; alle möglichen Leute):* man traf K. und Plethi auf diesem Fest; K. und Plethi waren/(auch:) war auch da.

kreuz: ⟨in der Fügung⟩ **kreuz und quer** *(planlos, hin und her):* er fuhr mit dem Auto k. und quer durch die Gegend.

Kreuz, das: **1.** *grafisches Zeichen:* ein K. zeichnen; auf dem Wahlzettel sein K. machen; etw. mit einem K. kennzeichnen. **2.** *christliches Symbol:* das lateinische, griechische, russische K.; an der Wand hing ein goldenes K.; auf dem Altar steht ein großes K. mit Korpus; im Zeichen des Kreuzes *(im Zeichen, im Geiste Christi);* ein, das K. machen, schlagen *(sich bekreuzigen).* **3.** *kreuzförmiges Gerüst:* jmdn. ans K. hängen, nageln, schlagen; er hat den Tod am K. erlitten, ist am K. gestorben; den Gekreuzigten vom K. nehmen. **4.** *Bürde:* (geh.:) sein K. auf sich nehmen, [geduldig] tragen; (geh.:) Gott hat ihm ein schweres K. auferlegt; sie hat mit ihm (ugs.; *es ist zum*

Jammern mit ihm); mit jmdn./etw. sein K. haben *(seine Mühe, seine Not haben).*

5. /*eine Spielkartenfarbe/:* K. ist Trumpf; K. sticht; er spielt K. aus.

6. *Kreuzung von Autobahnen:* ich fahre bis zum Frankfurter K.; die Zu- und Abfahrt wird zu einem K. ausgebaut.

7. (Musik) *Erhöhungszeichen:* vor der Note steht ein K.; E-Dur hat vier Kreuze; ein K. auflösen.

8. *unterer Teil des Rückens:* ein hohles K.; mein K. ist steif; mir tut das K. weh; sich das K. verrenken; jmdn. aufs K. legen (ugs.; *auf den Rücken werfen*); ich habe Schmerzen im K.; es im K. haben (ugs.; *Kreuzschmerzen haben*); * **ein Kreuz/drei Kreuze hinter jmdm./etw. machen; drei Kreuze machen, wenn ...** (ugs.; *sehr froh sein, mit jmdm., etw. nichts mehr zu tun zu haben*) · **fast/beinahe aufs Kreuz fallen** (salopp; *sehr erstaunt, entsetzt sein*) · **jmdn. aufs Kreuz legen** (salopp; *jmdn. übervorteilen*) · **über[s] Kreuz** (1. *im rechten Winkel:* die Servietten über[s] K. falten. 2. *im, in Streit:* er ist mit ihr über K.; die beiden gerieten übers K.) · **zu Kreuze kriechen** (ugs.; *unter demütigenden Umständen nachgeben*).

kreuzen: 1. ⟨etw. k.⟩ *schräg übereinander legen:* die Arme k.; sie saß mit gekreuzten Beinen gemütlich im Sessel.

2. a) ⟨etw. k.⟩ *überqueren:* einen Fluss, die Straße, den Platz k.; ich habe als Erster die Ziellinie gekreuzt; **b)** ⟨sich, etw. k.⟩ *sich, etw. (in seinem Verlauf) schneiden:* die Straße kreuzt nach 100 Metern die Bahn; die Linien kreuzen sich; ÜBERTR.: ihre Blicke kreuzten sich; die Briefe müssen sich gekreuzt haben *(müssen gleichzeitig in entgegengesetzter Richtung unterwegs gewesen sein);* unsere Wege haben sich mehrmals gekreuzt *(wir sind uns mehrmals in unserem Leben begegnet).*

3. ⟨sich mit etw. k.⟩ *einer Sache zuwider laufen:* seine Ansicht kreuzt sich mit der seiner Frau; ⟨auch ohne Präpositionalobjekt⟩ unsere Interessen, Pläne kreuzen sich.

4. (Biol.) ⟨jmdn., etw. k.⟩ *paaren:* verschiedene Tulpenarten k.; man hat den Esel mit einem Pferd gekreuzt.

5. ⟨irgendwo k.⟩ *hin und her fahren:* das Schiff kreuzt in der Karibik, vor der Küste; das Flugzeug hat/ist einige Male über dem Atlantik gekreuzt.

Kreuzfeuer, das: ⟨in den Wendungen⟩ **ins Kreuzfeuer geraten; im Kreuzfeuer stehen** *(von allen Seiten angegriffen werden):* er geriet ins K. der Kritik, der Presse; sie stand im K. der Journalisten.

Kreuzung, die: **1.** *Schnittpunkt mehrerer Straßen:* eine enge, gefährliche, große K.; die K. ist unübersichtlich; die K. überqueren, räumen; an der nächsten K. müssen wir rechts abbiegen; bei

Rückstau nicht in die K. einfahren; er ist bei Rot [einfach] über die K. gefahren.

2. a) *das Paaren verschiedener Gattungen, Rassen:* die K. der beiden Pflanzensorten; **b)** *Ergebnis des Kreuzens:* das Maultier ist eine K. zwischen Esel und Pferd.

kribb[e]lig (ugs.): *ein kribb[e]liger Junge;* ich bin schon ganz k.; vom Warten wurde er ganz k.; ⟨jmdn. k. machen⟩ du machst mich ganz k.; diese Fragerei machte sie k.

kribbeln: 1. (ugs.) **a)** *leicht jucken:* mein Rücken kribbelt; meine Zehen kribbeln; ⟨jmdm./jmdn. k.⟩ mein rechtes Bein kribbelt mir/mich; ⟨es kribbelt jmdm./jmdn. irgendwo⟩ es kribbelt mir in der Nase, auf der Haut; ihn kribbelte es in den Fingern *(er war ganz ungeduldig);* **b)** *einen Juckreiz verursachen:* die Strümpfe kribbeln.

2. *sich auf vielen Beinchen schnell fortbewegen:* es kribbelt [und krabbelt] wie in einem Ameisenhaufen.

kriechen: 1. a) *(von bestimmten Tieren) sich über den Boden gleitend fortbewegen:* Würmer, Schnecken, Raupen kriechen; eine Kreuzotter kroch über den Weg; BILDL.: Nebel kroch durchs Tal; ÜBERTR.: nicht mehr k. (ugs.; *gehen*) können; **b)** *(gewöhnlich mit Umstandsangabe) sich mit an den Boden gedrücktem Körper fortbewegen:* die Soldaten müssen auf dem Bauch k.; das Kind kriecht auf allen vieren; der Dachs kriecht aus seinem Bau; **c)** ⟨irgendwohin k.⟩ *sich verkriechen:* der Hund kroch hinter den Ofen, in die Ecke, unter den Tisch; wir sind gestern schon früh ins Bett gekrochen *(gegangen);* unter die Bettdecke k. *(schlüpfen).*

2. *sich langsam fortbewegen:* der Zug kriecht; der Verkehr kommt nur kriechend voran; ÜBERTR.: die Zeit kriecht.

3. (abwertend) ⟨vor jmdm. k.⟩ *sich unterwürfig gegenüber jmdm. benehmen:* er kriecht vor seinem Vorgesetzen.

Krieg, der: ein langer, schwerer, blutiger, schrecklicher, verlustreicher, konventioneller, atomarer K.; ein schmutziger *(nicht offiziell erklärter)* K.; der totale, heilige *(religiös motivierte)* K.; der K. zu Wasser, zu Lande und in der Luft; der K. ist verloren, ist zu Ende, ist aus; der K. hat das Land verwüstet; der K. zwischen den benachbarten Staaten dauert schon zwei Jahre [lang], seit zwei Jahren; K. führen; die [nicht] K. führenden Staaten, Mächte; [jmdm.] den K. erklären; das Attentat hat den K. ausgelöst; einen K. anfangen, beginnen, verhindern, vermeiden, abwenden; den K. beenden; einen K. gewinnen, überstehen, überleben; die Gefahr eines neuen Krieges heraufbeschwören; am K. teilnehmen; nicht mehr aus dem K. heimkehren *(im K. gefallen sein);* aus dem K. zurückkommen; für den, zum K. rüsten; die Länder stehen, leben [miteinander] im K.; viele Soldaten sind im K. gefallen, umgekommen; ein Land in

K

den K. stürzen, hineinziehen, hineinreißen; in K. und Frieden; in den K. ziehen; in K. bleiben (ugs.; *fallen*); ÜBERTR.: *der häusliche, eheliche K.*; die beiden leben, liegen ständig im K. miteinander; ⋆ **kalter Krieg** *(ohne Waffengewalt, bes. auf psychologischer Ebene ausgetragener Konflikt zwischen Staaten, die verschiedenen Machtblöcken angehören).*

kriegen (ugs.): **1.** ⟨etw. k.⟩ *erhalten:* Briefe, Post, Geld, ein Paket k.; von jmdm. eine Nachricht, eine Auskunft, einen Hinweis k.; wir kriegen unser Gehalt am Monatsende; du kriegst etwas Schönes zum Geburtstag; ich habe in dem Geschäft nichts mehr gekriegt; Prozente, einen Rabatt k.; ich habe zwei Spritzen [in den Arm] gekriegt; /häufig verblasst/: Besuch, Gäste k.; mit jmdm. Streit k.; [von den vielen Sorgen] graue Haare k.; einen roten Kopf k.; Lust k.; eine Ohrfeige, (ugs.:) Dresche k.; etw. in die Hände, in die Finger k. *(aus Versehen erhalten);* von etw. Kenntnis k. *(etw. erfahren);* etw. zu Gesicht k. *(sehen, auf etw. stoßen);* festen Boden unter die Füße k. **2. a)** ⟨jmdn., etw. k.⟩ *zu etw. kommen:* keine Arbeit, Stellung, keinen Platz, keine Karten mehr k.; keine [telefonische] Verbindung mit jmdm. k.; er hat endlich eine Frau gekriegt *(gefunden);* **b)** ⟨etw. k.⟩ *erlangen, gewinnen:* einen Einblick in etw., einen Eindruck von etw. k.; er hat seinen Willen gekriegt. **3. a)** ⟨etw. k.⟩ *von etw. befallen werden:* eine Krankheit, [einen] Schnupfen, [eine] Grippe k.; einen Anfall, einen [elektrischen] Schlag k.; Durst, Angst, Heimweh k.; **b)** ⟨jmdn., etw. k.⟩ *hervorbringen:* der Baum hat Blüten gekriegt; sie hat eine Tochter gekriegt *(zur Welt gebracht);* sie kriegt ein Kind *(ist schwanger);* **c)** ⟨etw. k.⟩ *mit etw. rechnen müssen:* Schwierigkeiten, Unannehmlichkeiten k.; Regen, Schnee, anderes Wetter k. **4.** ⟨jmdn., etw. k.; mit Umstandsangabe⟩ *bei jmdm., etw. einen bestimmten Zustand, ein bestimmtes Verhalten bewirken:* die Gefangenen frei k.; das Fleisch weich, die Kinder satt k.; bei dem Wetter kriege ich ihn nicht aus dem Haus; sie hat ihn dazu gekriegt mitzuspielen. **5.** ⟨etw. k.; in Verbindung mit einem 2. Part.⟩ /anstelle einer Passivkonstruktion/: etw. geschenkt, geschickt, gesagt k. **6.** ⟨etw. k.; in Verbindung mit einem Infinitiv mit zu⟩ **a)** *die Möglichkeit haben, etw. zu tun:* etw. zu kaufen, zu sehen k.; wo kriegt man hier etwas zu essen?; **b)** *ertragen müssen:* die Kinder kriegen seinen Zorn zu spüren; der wird von mir was zu hören k.! *(dem werde ich die Meinung sagen!).* **7. a)** ⟨etw. k.⟩ *erreichen:* den Zug, Bus [nicht mehr] k.; **b)** ⟨jmdn. k.⟩ *erwischen:* wir werden die beiden Burschen schon k.; lass dich nicht k.! **8.** ⟨jmdn., sich k.⟩ *heiraten:* hat er sie gekriegt?; zum Schluss haben sie sich doch noch gekriegt;

⋆ **es nicht über sich kriegen** (ugs.; *nicht dazu fähig sein, etw. zu tun*).

kriegerisch: **a)** *kampfeslustig:* kriegerische Stämme; einen kriegerischen Anblick bieten; **b)** *militärisch:* kriegerische Auseinandersetzungen, Verwicklungen.

Kriegsbeil, das: ⟨in den Wendungen⟩ **das Kriegsbeil ausgraben/begraben** (oft scherzh.; *einen Streit beginnen, beenden*).

Kriegsfuß, der: ⟨in den Wendungen⟩ **mit jmdm. auf [dem] Kriegsfuß stehen/leben** (scherzh.; *mit jmdm. länger Streit haben*) · **mit etw. auf [dem] Kriegsfuß stehen** (scherzh.; *etw. schlecht, nicht beherrschen*): er steht mit der Rechtschreibung, mit [Geschichts]zahlen auf dem K.

Kriminalität, die: eine hohe, wachsende K.; politische, schwere K.; die K. bekämpfen; der Kampf gegen die organisierte K.; eine Tendenz zur K. *(Straffälligwerden)* zeigen.

kriminell: **1. a)** *zu strafbaren Handlungen neigend:* kriminelle Jugendliche; kriminelle Energie; die Bekämpfung oganisierter krimineller Banden; eine kriminelle Vereinigung; in einem kriminellen Milieu aufwachsen; er ist k. geworden; k. handeln; **b)** *eine strafbare Handlung darstellend:* ein kriminelles Verhalten, kriminelle Aktionen, Aktivitäten, Geschäfte; eine solche Tat ist k. *(strafbar).* **2.** (ugs.) *schlimm, rücksichtslos:* kriminelle Methoden; [jmdn.] k. überholen; er ist geradezu k. [in die Kurve] gefahren.

Krippe, die: **1.** *Futtertrog:* die K. mit Futter füllen; das Wild geht an die K., sammelt sich an der K.; die Jesuskind lag in einer K. **2.** *Kinderkrippe:* die Stadt richtet eine K. ein; sie gibt, bringt ihr Kind tagsüber in eine K. **3.** *Darstellung der Geburt Christi in Figuren:* die K. aufbauen; die K. steht unter dem Weihnachtsbaum; eine K. aus Holz, aus Ton; eine K. schnitzen, kneten.

Krise, die: **a)** *schwierige Situation:* eine gefährliche, ideologische, politische K.; die K. in der Partei dauert an; eine schwere, geistige, seelische K. durchmachen, überwinden; eine drohende K. voraussehen; aus der K. herauskommen; in eine persönliche K. geraten; die Wirtschaft steckt in einer [tiefen] K.; er hat das Unternehmen in eine schwere K. gestürzt; **b)** (Med.) *kritischer Wendepunkt bei einem Krankheitsverlauf:* die K. tritt ein; die K. überwinden, gut überstanden;

⋆ **die Krise kriegen** (salopp; *in Verwirrung geraten, sich aufregen*).

¹Kristall, der: *fester, regelmäßig geformter Körper:* natürlicher K.; Kochsalz bildet würfelförmige Kristalle; an der Gefäßwand setzen sich Kristalle nieder; der Aufbau eines Kristalls.

²Kristall, das: **a)** *geschliffenes Kristallglas:* handgeschliffenes K.; Gläser, eine Vase aus K.; **b)** *Gefäße,*

Behälter o. Ä. aus Kristall: sie hat wertvolles K. in der Vitrine stehen.

Kritik, die: **1.** a) *fachliche Beurteilung, Besprechung:* eine gerechte, objektive, sachliche, konstruktive, positive, wohlwollende, harte, scharfe K.; die K. in der Zeitung ist zutreffend, vernichtend; eine K. des Konzerts/über das Konzert schreiben; der Künstler erhielt, bekam überall gute Kritiken; etw. einer K. unterziehen; der Film kam in, bei der K. noch gut weg (ugs.; *wurde noch gut kritisiert*); **b)** *Gruppe der Kritiker:* die K. ist einhellig der Meinung, dass ...; die K. nahm die Verfilmung unterschiedlich auf; Anerkennung bei K. und Publikum. **2.** *Bemängelung, Tadel:* seine K. stört mich nicht; keine K. vertragen können; sie wiederholte ihre K. am Trainer; an jmdm., etw. K. üben; dieser Mann stößt beim Volk auf heftige K.; sich jeder K. enthalten; gibt es etwa Anlass zu K.?; ∗ **unter aller/jeder Kritik** (ugs.; *sehr schlecht*). **kritisch: 1.** a) *[fachlich] streng beurteilend; scharf prüfend:* sie ist eine kritische Leserin, Kundin; eine kritische (Phil.; *nach den Methoden der Textkritik geschaffene*) Ausgabe eines literarischen Werkes; sich mit etw. k. auseinander setzen; über etw. k. nachdenken; **b)** *eine negative Beurteilung enthaltend:* eine kritische Phase; ein kritischer Bericht, Beitrag, Kommentar; kritische Bemerkungen; jmdn. mit kritischen Blicken, Augen ansehen; jmdn., etw. k. betrachten, mustern; einer Sache k. gegenüberstehen; k. gegenüber der Presse eingestellt sein. **2.** a) *entscheidend:* jetzt kommt der kritische Augenblick; die Verhandlungen haben einen kritischen Punkt erreicht; der Prozess nimmt eine kritische Wendung; die kritischen Jahre *(die Wechseljahre);* in das kritische Alter kommen; der Reaktor wird k. (Kernphysik; *erreicht den Zustand, in dem eine Kettenreaktion ermöglicht und aufrechterhalten werden kann);* **b)** *gefährlich:* die Fahrerin geriet in eine kritische Situation; die Angelegenheit wird für ihn jetzt k.; der Zustand des Patienten ist sehr k. **kritisieren: 1.** ⟨etw. k.⟩ *fachlich besprechen, beurteilen:* eine Aufführung, ein Konzert k.; er hat das Buch gut, positiv, abfällig kritisiert; ⟨selten auch ohne Akk.⟩ er kritisiert immer sehr scharf. **2.** ⟨jmdn., etw. k.⟩ *bemängeln, tadeln:* jmdn. heftig, öffentlich, vor allen Leuten k.; ich kritisiere, dass ...; sie hat immer, an allem etwas zu k.; die Entscheidung wurde im In- und Ausland, auf der Tagung, in den Medien scharf kritisiert. **kritzeln: a)** ⟨irgendwohin k.⟩ *wahllos Striche und Schnörkel zeichnen:* das Kind kritzelt [mit einem Farbstift] auf ein, auf einem Stück Papier; **b)** ⟨etw. irgendwohin k.⟩ *schlecht leserlich hinschreiben, undeutlich hinzeichnen:* eine Telefonnummer in sein Notizbuch, auf einen Zettel k.; er kritzelte einige Bemerkungen an den Rand.

Krokodilsträne, die (ugs.): deine Krokodilstränen kannst du dir sparen!; dicke Krokodilstränen weinen; Krokodilstränen vergießen.

Krone, die: **1.** a) *Schmuck als Zeichen der Herrscherwürde:* eine schwere, mit Edelsteinen besetzte, achtzackige K.; die dreifache K. des Papstes; die K. der deutschen Kaiser; sich die K. aufsetzen, aufs Haupt setzen; der Kaiser legte die K. nieder *(dankte ab);* **b)** *Herrscherhaus:* die englische K.; er vertritt die K.; Macht und Rechte der K.; im Dienst der K. stehen. **2.** *oberster Teil, Spitze:* die K. des Baumes ist abgebrochen; sich eine K. *(Zahnkrone)* aus Gold machen lassen; die Wellen hatten alle eine weiße K. aus Schaum. **3.** *das Höchste:* der Mensch ist die K. der Schöpfung; die K. des Glücks. **4.** /*Währungseinheit/:* er zahlte drei Kronen dafür; was macht der Betrag in schwedischen Kronen?; ∗ **etw.** (Dat.) **die Krone aufsetzen** (ugs.; *nicht mehr zu überbieten sein*) · **jmdm. ist etwas in die Krone gefahren** (ugs.; *jmd. ist verstimmt*) · **einen in der Krone haben** (ugs.; *betrunken sein*). **krönen: 1.** ⟨jmdn.⟩ *jmdm. die Krone aufsetzen und die damit verbundene Macht übertragen:* er hat sich selbst gekrönt; jmdn. zum König/zur Königin, zum Kaiser/zur Kaiserin k.; alle gekrönten Häupter nahmen an der Hochzeit teil; ÜBERTR.: man krönte den Sieger mit einem großen Kranz. **2.** ⟨etw.⟩ a) *den oberen Abschluss von etw. bilden:* eine gewaltige Kuppel krönt den Dom; eine Burg krönt den Gipfel des Berges; **b)** *eindrucksvoll abschließen:* diese Arbeit krönt das Lebenswerk des Künstlers; sie krönte ihre sportliche Laufbahn mit dem Olympiasieg; etw. ist von Erfolg gekrönt *(wird erfolgreich abgeschlossen);* das vierte Tor bildete den krönenden Abschluss des Spiels.

Krönung, die: **1.** *das Krönen:* die feierliche K. zum deutschen Kaiser fand im Lateran statt; die K. vornehmen, vollziehen. **2.** *glanzvoller Höhepunkt:* der Olympiasieg ist, bildet die K. ihrer sportlichen Laufbahn.

Kröte, die: **1.** eine hässliche, giftige K.; sich vor Kröten ekeln; ein Brunnen mit wasserspeienden Kröten *(Figuren in Form von Kröten).* **2.** a) (ugs. scherzh.) *freches, kleines Mädchen:* eine freche K.; sie ist eine richtige kleine K.; **b)** (ugs. abwertend) *widerwärtige, bösartige Person:* das würde ich mir von dieser unverschämten K. nicht bieten lassen; /auch als Schimpfwort/: du widerliche K.!; du giftige, alte K.! **3.** (salopp) ⟨Plural⟩ *Geld:* sich ein paar Kröten verdienen; die letzten Kröten für etw. ausgeben; ∗ **eine Kröte schlucken** *(etwas Unangenehmes hinnehmen).*

Krücke, die: **1.** *Stütze für Gehbehinderte:* er braucht, hat zwei Krücken; sie geht an/(selten:)

auf Krücken; er kann sich nur noch mit Krücken
fortbewegen.
2. *Griff am Stock o. Ä.:* die silberne K. eines Spa-
zierstocks; sie traf ihn mit der K. des Schirms am
Kopf.
3. (ugs. abwertend) **a)** *Versager:* die Mannschaft
besteht doch aus lahmen Krücken; der Schiedsrichter war eine richtige K.; **b)** *etw., was nur
schlecht funktioniert:* mit der K. [von Radio] bekommt er nur noch zwei Sender; hoffentlich
springt die alte K. an.
Krug, der: ein irdener, steinerner K.; ein K. aus
Ton; ein K. [mit] Wasser; ein K. voll Wein; den K.
füllen; der Wein wird in Krügen serviert; ℝ der K.
geht so lange zum Brunnen, bis er bricht *(eine
fragwürdige Angelegenheit nimmt eines Tages ein
böses Ende).*
krumm: **1.** *gebogen, verbogen:* eine krumme Linie;
sie hat krumme Beine; ein k. gewachsener Baum,
Ast; sein Rückgrat, ihre Nase ist ganz k.; die Nägel, die Schienen sind k. und schief; mit zunehmendem Alter wird sie immer krummer/(ugs.
landsch.:) krümmer; vom vielen Arbeiten k. und
lahm sein, werden; sitze nicht so k. da!; jmdn. k.
und lahm schlagen *(zusammenschlagen).*
2. (ugs.) *unzulässig:* krumme Wege gehen; er
macht keine krummen Geschäfte; ein krummes
Ding, krumme Dinger drehen; etw. auf die
krumme Tour versuchen;
⋆ **[jmdm.]** etw. **krumm nehmen** (ugs.; *[jmdm.]
übel nehmen*): sie hat meine Bemerkung nicht k.
genommen.
krümmen: **1.** ⟨etw. k.⟩ *krumm machen:* die Finger
k.; ⟨jmdm. etw. k.⟩ die Jahre hatten ihm den Rücken gekrümmt; eine gekrümmte Haltung annehmen.
2. ⟨sich k.⟩ **a)** ⟨mit Umstandsangabe⟩ *sich winden:* sich vor Schmerzen k.; er krümmte sich wie
ein Wurm; **b)** *krummlinig verlaufen:* der Weg
krümmt sich; die Straße krümmt sich zwischen
den Häusern; (Geom.:) eine gekrümmte Linie,
Fläche.
krummlachen (ugs.) ⟨sich k.⟩: sie hat sich über den
Witz halb krummgelacht;
⋆ **sich krumm- und schieflachen** (ugs.; *heftig lachen*).
Kruste, die: die harte, schwarze K. des Brotes abschneiden; der Braten hat eine schöne, gleichmäßige K.; Weinbrandbohnen mit K. *(harter Zu-
ckerschicht);* eine K. von Blut und Dreck.
Kübel, der: ein K. Wasser; ein K. mit Abfällen; den
K. [aus]leeren; Sekt in den K. stellen; Essen in Kübeln transportieren; BILDL.: einen K. von Bosheit,
von Schmutz, von Verleumdung über jmdn./(selten:) jmdm. ausgießen (ugs.; *über jmdn. schlecht
reden);*
⋆ **es gießt [wie] mit/[wie] aus Kübeln** (ugs.;
es regnet sehr stark).
Küche, die: **1.** eine kleine, helle, freundliche, geräumige K.; die K. ist modern eingerichtet; er

hilft seiner Frau in der K.; Wohnung mit drei
Zimmern, K. und Bad; er hat alles aufgetischt,
was K. und Keller zu bieten haben *(er hat die
Gäste reich bewirtet);* in der K. essen; den ganzen
Tag in der K. stehen (ugs.; *in der Küche arbeiten).*
2. *Kücheneinrichtung:* eine K. mit allen technischen Neuerungen; eine K. kaufen, anschaffen,
einbauen.
3. *Art der Speise, des Zubereitens:* gutbürgerli-
che, feine, vorzügliche, französische, Wiener K.;
es gibt warme und kalte K. bis 22 Uhr; das Hotel
ist wegen seiner guten K. bekannt.
Kuchen, der: ein frischer, alter, trockener K.; ein K.
mit Schokoladenüberzug, mit Streusel; der K. ist
nicht durchgebacken; einen K. anrühren, backen,
anschneiden; ein Stück K. essen; jmdn. zu Kaffee
und K. einladen; ÜBERTR.: im Sandkasten K. backen.
Kuckuck, der: **1.** */ein Vogel/:* der K. ruft; hol dich
der K./der K. soll dich holen! (ugs.; *Ausruf der Verwünschung);* zum K. [noch mal]! (ugs.; *Ausruf der
Verärgerung, Ungeduld).*
2. (ugs.) *Siegel des Gerichtsvollziehers:* bei ihm
klebt der K. an/auf allen Möbeln;
⋆ **irgenwo/bei jmdm. ist der Kuckuck los** (ugs.;
irgenwo/bei jmdm. geht es drunter und drüber) ·
[das] weiß der Kuckuck (salopp; 1. *es ist unbekannt.* 2. *wahrhaftig; überraschenderweise ist es
so)* · **beim/zum Kuckuck sein** (salopp; *verloren
sein).*
Kuckucksei, das: ⟨in der Wendung⟩ *jmdm.* ein Kuckucksei ins Nest legen *(jmdm. etw. zuschieben,
was sich dann als unangenehm, schlecht erweist).*
Kugel, die: **1.** eine schwere, durchsichtige K.; eine
K. aus Holz, Glas; die K. rollt; die K. hat einen
Durchmesser von 20 cm; die Erde ist eine K.; die
leuchtende K. des Mondes; den Baum mit bunten
Kugeln *(Weihnachtskugeln)* schmücken; (Kegeln:) die K. werfen, schieben; (Sport:) er stieß
die K. über 22 m.
2. (ugs.) *Geschoss:* die K. verfehlte ihr Ziel, traf
ins Schwarze; die Kugeln pfiffen uns um die Ohren; die K. streifte ihn am Arm, drang ihm in die
Brust; sich (Dat.) eine K. in/durch den Kopf, zwischen die Augen schießen, (ugs.:) jagen; der Arzt
holte ihm die K. heraus; Kugeln gießen; ein von
Kugeln durchbohrter Körper; sie wurde von einer
K. tödlich getroffen.
3. (Ballspiele Jargon) *Ball:* die [braune] K. zappelte im Netz;
⋆ **eine ruhige Kugel schieben** (ugs.; *sich bei der
Arbeit nicht sehr anstrengen; keine anstrengende
Arbeit haben).*
kugeln **a)** ⟨irgendwoher/irgendwohin k.⟩ *rollen:* er
stürzte und kugelte über die Bretter; Tränen kugelten über ihre Wangen; der Ball kugelt unter
die Bank; ein Stein kugelte vom Förderband;
b) ⟨sich irgendwo[hin] k.⟩ *sich rollend bewegen:*
die Kinder kugelten sich im Schnee;
ÜBERTR.: sich k. vor Lachen (ugs.; *sehr lachen);*

SUBST.: der Film war zum Kugeln (ugs.; *sehr lustig*).

Kuh, die: **1.** *weibliches Rind:* eine braune, schwarzbunte, gescheckte K.; die K. kalbt, gibt [keine] Milch, muht, käut wieder; die Kühe füttern, melken, auf die Weide treiben; Ⓡ man wird so alt wie 'ne Kuh und lernt immer noch dazu (ugs.; *man lernt im Leben nie aus*). **2.** (salopp abwertend) *weibliche Person:* da sagt doch diese K. zu mir ...; /auch als Schimpfwort/: blöde K.!; du dumme K.!; * melkende Kuh (ugs.; *einträgliche Quelle*) · heilige Kuh (ugs.; *etwas Unantastbares*) · die Kuh vom Eis bringen/holen/kriegen (ugs.; *[eine] Schwierigkeit[en] bewältigen*).

Kuhhandel, der (ugs. abwertend): ein K. zwischen den beiden Firmen; einen K. um die Ministerposten treiben; sich auf keinen K. einlassen.

Kuhhaut, die: ⟨in der Wendung⟩ **auf keine Kuhhaut gehen** (salopp; *in seinem Ausmaß unerträglich sein*).

kühl: 1. *mäßig warm:* ein kühler Tag, Abend, Wind; kühles Wetter; kühle Meeresluft; ein kühles Bad nehmen; ein kühles Bier trinken; das Zimmer ist k.; heute Nacht wird es k.; der Wein dürfte etwas kühler (*noch mehr gekühlt*) sein; für die Jahreszeit ist es zu k.; Lebensmittel k. lagern; mir ist k. (*ich friere etwas*); ihr wurde es k. (*sie begann, leicht zu frieren*). **2.** *distanziert:* ein kühler Empfang; sie ist eine kühle Blondine; die Gespräche fanden in kühler Atmosphäre statt; mit einem kühlen Blick betrachtete er uns; seine Begrüßung war recht k.; sie blieb k.; etw. k. erwidern; jmdn. k. mustern; er hat die Nachricht ziemlich k. aufgenommen. **3.** *nüchtern:* er ist ein kühler Rechner, Geschäftsmann; kühle Überlegungen anstellen.

Kühle, die: **1.** *kühler Zustand:* die K. der Nacht, des Raumes. **2.** *Zurückhaltung:* er wurde mit großer K. empfangen.

kühlen: **a)** ⟨etw.⟩ *kühl machen:* die Milch k.; Sekt, Wein k.; [gut] gekühlte Getränke; einen Motor mit Wasser k.; sie kühlte ihre Hände unter dem Wasserhahn; ⟨jmdm., sich etw. k.⟩ ich kühlte mir das fiebrige Gesicht mit einem nassen Lappen; ÜBERTR.: seinen Zorn k.; **b)** *Kühle verbreiten:* die Lederpolster kühlen; der Umschlag kühlte angenehm.

kühn: a) *mutig:* kühne Taucher; eine kühne Tat; mit einem kühnen Sprung rettete er sich; **b)** *Kühnheit erkennen lassend:* ein kühner Gedanke; eine kühne Konstruktion; in k. (*gewagt*) geschwungenen Linien führt die Brücke über das Tal; eine k. (*eindrucksvoll*) gebogene Nase; meine kühnsten Träume (*höchster Erwartungen*) wurden übertroffen; dein Plan erscheint mir ziemlich k.; **c)** *dreist:* kühne Behauptungen; sie war so k., nach seinem Gehalt zu fragen.

Kühnheit, die: **a)** *Mut:* eine Tat von unglaublicher,

beispielloser K.; **b)** *eindrucksvolle Art:* die K. seiner Gedanken, seines Entwurfs; das Werk beeindruckt durch die K. des Ausdrucks/im Ausdruck; **c)** (selten) *Unverfrorenheit:* die K. dieser Behauptungen ist unerhört.

Kulisse, die: **1.** (Theater) *Teil der Bühnendekoration:* Kulissen malen; die Kulissen aufbauen, abbauen, auf die Bühne schieben, in der Pause wechseln; aus der rechten K. (*aus einem Gang zwischen den Kulissen der rechten Bühnenseite*) kommen; ÜBERTR.: das ist doch alles nur K. (ugs. abwertend; *vorgetäuscht*); hinter den Kulissen (*im Hintergrund*) agieren. **2.** *äußerer Rahmen:* die voll besetzten Stadionränge, die 80 000 Zuschauer bildeten eine großartige K. für das Spiel; die 5 000 Fans gaben nur eine magere K. ab.

kullern (ugs.): **1.** ⟨irgendwohin k.⟩ *rollen:* die Münze kullerte unter den Tisch; die Äpfel kullerten über die Dielen; ⟨jmdm. irgendwohin k.⟩ Tränen kullerten ihr über das Gesicht. **2.** ⟨etw. [irgendwohin] k.⟩ *in rollende Bewegung versetzen:* Steine ins Tal k.; den Ball über den Weg, Murmeln in eine kleine Mulde k.

Kult, der: **1.** *religiöse Verehrung:* ein heidnischer, frühchristlicher K.; der K. der orthodoxen Kirche, des Dionysos; jmdn. in einen K. einweihen. **2.** *übertriebene Verehrung:* mit dem Sportler wird ein wahrer, regelrechter K. getrieben; aus dem Jungsein einen K. machen.

kultivieren ⟨etw. k.⟩: **1. a)** *urbar machen:* Land, den Boden, ein Moor k.; **b)** *anpflanzen:* man versucht, in diesem Gebiet Reis zu k. **2.** *besonders pflegen:* eine Freundschaft, sein Aussehen k.; er kultiviert ganz bewusst sein Image, sein Anderssein; ein kultivierter (*gepflegter, vornehmer*) Herr; eine kultivierte Sprache, einen kultivierten Geschmack haben; ihre Stimme ist sehr kultiviert (*ausgebildet und gepflegt*); kultiviert speisen.

Kultur, die: **1.** *Gesamtheit der geistigen, gestaltenden Leistungen einer Gemeinschaft:* die antike, abendländische K.; primitive, frühe, verschollene, versunkene Kulturen; die Kulturen Afrikas; die K. der Griechen; ein Land von alter K.; ein Volk von hoher K. **2. a)** *Ausbildung, Pflege:* seine Stimme hat viel K.; **b)** *Bildung, verfeinerte Lebensformen:* die politische, alternative K.; sie hat/besitzt K.; sie hat Sinn für K.; ein Mensch mit/ohne K.; (ugs.:) von der K. unbeleckt sein. **3.** (Landw.) **a)** *Bodenbearbeitung:* die K. des Bodens verbessern; ein Stück Land in K. nehmen; **b)** *Anbau:* das Klima lässt die K. bestimmter Getreidesorten nicht zu; die K. von Erdbeeren, von Rosen betreiben; **c)** *das Gepflanzte:* die Kulturen stehen gut; das Unwetter richtete bei/in den Kulturen Schäden an. **4.** (Biol.) *Zucht:* Kulturen von Bakterien anlegen.

Kummer, der: ein schwerer, herber, nagender, quä-

lender K.; ein geheimer K. bedrückt sie, zehrt an ihr; K. haben; seinen K. betäuben, (ugs.:) in/im Alkohol ertränken, (ugs.:) mit Alkohol hinunterspülen; er vergräbt sich ganz in seinem Kummer; jmdm. K. machen, bereiten, verursachen; die Frau wurde aus K. um/über ihren Sohn ganz krank; vor K. fast vergehen, sterben; ÜBERTR.: das macht mir keinen/wenig K. *(das regt mich nicht auf);* sich über etw. keinen K. machen *(sich über etw. keine großen Gedanken machen);* K. (ugs.; *Enttäuschungen)* gewöhnt sein; Ⓡ ich bin [an] K. gewöhnt (ugs.; *selbst so eine negative Überraschung erschüttert mich nicht mehr);* zu meinem großen K. *(Bedauern)* kann ich nicht mitfahren.
kümmerlich: 1. *armselig:* ein kümmerliches Dasein; in kümmerlichen Verhältnissen leben; sein Leben k. fristen. 2. (abwertend) *gering:* kümmerliche Reste; ein kümmerlicher Lohn; sie lebt von einer kümmerlichen Rente; die Portionen sind k.; das Ergebnis, die Ausbeute war k. 3. *klein und schwächlich:* ein kümmerlicher Brustkorb; er war ein kümmerliches Männchen.
kümmern: 1. ⟨sich um jmdn., etw. k.⟩ a) *sich jmds., etw. annehmen:* sich um die Kinder, die Gäste, das Gepäck, den Haushalt k.; kümmere [du] dich darum, dass alles klappt; ich muss mich hier um alles [selbst], (salopp:) um jeden Dreck k.; ⟨ugs. auch ohne Präpositionalobjekt⟩ ihre Mutter ist krank, sie muss sich daher ein bisschen k.; er kümmert sich nicht, lässt alles aus dem Ruder laufen; b) *sich mit jmdm., etw. befassen:* um Politik hat sich sich noch nie gekümmert; wer wird sich um dieses Geschwätz k.?; kümmere dich um deine eigenen Angelegenheiten!; seine Aufgabe ist es, sich um den Libero zu k. (Sport; *ihn zu decken).* 2. ⟨jmdn. k.⟩ *betreffen:* das soll mich wenig k.; Zustände brauchen dich nicht zu k.; was kümmert mich die Politik.
Kunde, der: 1. *Käufer, Auftraggeber:* ein alter, anspruchsvoller, langjähriger, guter K.; er ist einer meiner besten Kunden; die Kunden bleiben weg, wandern ab, (ugs.:) springen ab; neue Kunden werben, gewinnen; sie hat der Konkurrenz viele Kunden weggezogen; den Kunden zufrieden stellen; sie bedient jeden Kunden zuvorkommend; einen Kunden besuchen, beliefern, beraten; Dienst am Kunden; er gehört, zählt zu seinen ältesten Kunden. 2. (ugs., oft abwertend) *Bursche:* ein feiger, übler K.
kundgeben (geh.) ⟨etw. k.⟩: seine Meinung, seine Ansichten k.; ⟨jmdm. etw. k.⟩ sie hat uns ihre Pläne noch nicht kundgegeben.
Kundgebung, die: eine öffentliche, große, eindrucksvolle K. für die Freiheit, gegen Ausländerfeindlichkeit, gegen den Krieg; die Kundgebungen des 1. Mai, am 1. Mai; die K. findet auf dem Marktplatz statt; eine K. veranstalten, abhalten,

verbieten, stören; an einer K. teilnehmen; auf einer K. sprechen; zu einer K. aufrufen.
kündigen: 1. a) ⟨etw. k.⟩ *für beendet erklären:* einen Kredit bei der Bank, eine Hypothek, das Arbeitsverhältnis, einen [Miet]vertrag k.; die Gewerkschaften haben die Tarife gekündigt; ⟨jmdm. etw. k.⟩ der Hausbesitzer hat mir zum 30. Juni die Wohnung *(den Mietvertrag dafür)* gekündigt; ÜBERTR. die Freundschaft k. *(aufsagen);* b) ⟨jmdm. k.⟩ *jmds. Mietverhältnis für beendet erklären:* der Hausbesitzer hat mir gekündigt; die Wirtin will ihr k. 2. a) ⟨jmdm. k.⟩ *jmds. Arbeitsverhältnis für beendet erklären:* die Firma kündigte ihm [zum Quartalsende]; ihr kann, darf nicht gekündigt werden; (ugs.): ⟨jmdm. k.⟩ man wollte sie k.; sie wurde gekündigt; b) *sein Arbeitsverhältnis für beendet erklären:* ich habe gestern [mündlich, schriftlich] gekündigt; bevor es so weit kommt, kündige ich; sie hat zum Ersten gekündigt.
Kündigung, die: die fristgerechte, fristlose, ordnungsgemäße K.; eine halbjährige K.; die K. war übereilt, überstürzt; die K. aussprechen, zurücknehmen, anfechten; jmdm. die K. *(das Kündigungsschreiben)* zustellen, überreichen; sie hat die K. der Firma nicht angenommen; das Gericht erklärte die K. für ungesetzlich; von der K. Abstand nehmen.
Kundschaft, die: eine feste, zahlreiche K.; die K. ist unzufrieden, bleibt weg, geht zur Konkurrenz; er hat seine K. verärgert; zur festen K. gehören.
künftig: I. ⟨Adj.⟩ *in der Zukunft liegend:* künftige Generationen; ihr künftiger Wohnort, Arbeitsplatz; ihr künftiger Mann, Arbeitgeber; er will sein künftiges Leben besser gestalten. II. ⟨Adverb⟩ *zukünftig:* k. sollen solche Fälle nicht mehr vorkommen; ich möchte Sie bitten, k. besser darauf zu achten.
Kunst, die: 1. *Gesamtheit aller künstlerischen Schöpfungen:* die antike, moderne, zeitgenössische, abstrakte K.; die bildende K. *(Malerei, Bildhauerei);* die darstellende K. *(Theater);* angewandte K.; die K. des Mittelalters; die K. der Romantik; die K. Picassos; K. und Wissenschaft; die K. fördern; K. *(Kunstwerke)* sammeln; der K. liebende Mäzen; sich viel mit K. beschäftigt; von [der] K. allein kann man nicht leben; von K. verstehen; das ist keine K. mehr, hat nichts mit K. zu tun. 2. *Geschick:* die ärztliche K./die K. des Arztes reichte hier nicht mehr aus; die K. des Reitens; Selbstbeherrschung ist eine schwere K.; man beherrschte die K.? (ugs.; *wie gehts?);* K. zu lesen, zu schreiben; die ganze K. besteht darin, dass ...; an dieser Aufgabe kannst du alle deine Künste erproben; seine Künste anwenden, beweisen; der Magier zeigte seine ganze K.; die Zirkuslöwen führten ihre Künste *(Kunststücke)* vor;
★ **eine brotlose Kunst** *(eine Tätigkeit, die nichts einbringt)* · **die schwarze Kunst** (1. *die Magie.*

2. *der Buchdruck*) · **die sieben freien Künste** *(die antiken und mittelalterlichen Grundwissenschaften)* · **keine Kunst sein** *(ugs.; keine besonderen Fähigkeiten erfordern)* · **alle seine Künste spielen lassen** *(ugs.; alle möglichen psychologischen Tricks anwenden)* · **mit seiner Kunst am Ende sein** *(nicht mehr weiterwissen).*

Kunstgriff, der: das war ein genialer, unerlaubter K.; sie wandte verschiedene Kunstgriffe an; jmdm. einen K. zeigen.

Künstler, der: 1. *jmd., der künstlerisch tätig ist:* ein großer, echter, wahrer, begabter, [un]bekannter, eigenwilliger, genialer K.; er ist freier, freischaffender, bildender, darstellender, ausübender K.; das Theater verpflichtete junge, namhafte Künstler; er sah die Welt mit den Augen eines Künstlers. 2. *Meister:* er ist ein [wahrer] K. der Improvisation, im Organisieren, im Sparen.

künstlerisch: künstlerische Kraft, Aussage, Freiheit, Gestaltung, Darstellung, Form, Ausbildung; künstlerisches Schaffen; ein künstlerischer Beruf; eine k. vollendete, eine vollendete künstlerische Leistung; die künstlerische Ausstattung eines Buches; sie hat eine künstlerische Ader *(ist künstlerisch veranlagt);* das Gemälde ist k. nicht sehr wertvoll; etw. k. darstellen, gestalten.

künstlich: a) *nicht natürlich:* ein künstliches Auge, Gebiss; künstliche Blumen, Haare; ein künstlicher See; künstliche Befruchtung; künstliche Intelligenz *(Fähigkeit bestimmter Computerprogramme, menschliche Intelligenz nachzuahmen);* bei künstlicher Beleuchtung, bei künstlichem Licht arbeiten müssen; der Patient wird k. ernährt; sich k. (ugs.; *ohne Grund, übertrieben)* aufregen; **b)** *gekünstelt, unnatürlich:* mit künstlicher Heiterkeit; ihr Lächeln war k. nur, wirkte k.

Kunststück, das: ein akrobatisches K.; die Zirkusleute zeigten tolle Kunststücke; jmdm. ein K. beibringen; das ist kein K. (ugs.; *das ist nicht schwer);* K. (ugs. iron.; *keine große Leistung),* vorwärts zu kommen, wenn man einflussreiche Freunde hat; ÜBERTR.: sie brachte das K. fertig, den Betrieb aus den roten Zahlen herauszuholen.

Kupfer, das: 1. */ein Metall/:* reines K.; K. ist ein guter Stromleiter; K. setzt Patina an, wird grün; K. fördern, abbauen; ein Kessel aus K.; in K. gestochen; das Dach wird mit K. verkleidet. 2. *Gegenstände aus Kupfer:* das K. putzen, polieren.

Kur, die: eine vierwöchige, anstrengende K.; die K. war erfolgreich; jmdm. eine K. verordnen; die Kasse hat die K. genehmigt; eine K. [gegen etw.] beantragen, machen; eine K. abbrechen müssen; sich einer K. unterziehen; der Kollege ist in K.; sie fährt, geht jedes Jahr zur, in K. nach Bad Ems; jmdm. zur K. schicken; ⋆ **jmdn. in [die] Kur nehmen** (ugs.; *jmdm. Vorhaltungen machen).*

Kurier, der: ein diplomatischer K.; der Brief wurde durch einen K. überbracht; etw. mit/per K. *(Kurierdienst)* verschicken.

kurieren ⟨jmdn., sich, etw. k.⟩: der Heilpraktiker konnte ihn [von seinem Ausschlag] k.; seine Grippe mit Rum k.; ÜBERTR.: jmdn. von seinen Illusionen k.; ich bin kuriert (ugs.; *bin klüger geworden und habe genug davon).*

kurios: ein kurioser Einfall, Gedanke; er ist ein kurioser Bursche; der Fall ist wirklich k.; die Sache kommt mir k. vor.

Kurs, der: 1. *Richtung, Route:* den K. ändern, wechseln, beibehalten; einen neuen, falschen K. einschlagen, fliegen, fahren; die Mondsonde hält präzise K. ein; das Schiff nimmt, hält K. nach Westen, auf Land, auf Hamburg; das Schiff, das Flugzeug geht auf K., ist vom K. abgekommen, abgewichen; ÜBERTR.: außenpolitisch einen anderen, einen unabhängigen K. einschlagen; der Minister verfolgt einen harten K. 2. *Lehrgang:* ein dreimonatiger K.; ein K. in Englisch, für Anfänger; die Kurse der Volkshochschule beginnen im Oktober; alle Kurse sind bereits belegt; einen K. abhalten, leiten, besuchen, mitmachen; ich nehme an einem K. teil, melde mich für den/zu dem zweiten K. an; sie ist in einem K. speziell dafür ausgebildet worden. 3. *Börsenkurs:* amtlicher, mittlerer K.; ein hoher, stabiler K.; der K. des Euro[s], des Dollar[s]; die Kurse steigen, fallen, bleiben fest, geben nach, bröckeln ab, ziehen an, erholen sich, bessern sich. 4. (Sport) *Rennstrecke:* ein gerader, kurvenreicher K.; der K. ist gefährlich; ohne Fehler über den K. kommen; ⋆ **etw. außer Kurs setzen** *(etw. für ungültig erklären)* · **hoch im Kurs stehen** *(sehr angesehen sein).*

kursieren: seit einiger Zeit kursieren falsche Banknoten; die Zeitschrift in der Firma, bei den Belegschaft k. lassen; ÜBERTR.: in der Stadt kursieren die wildesten Gerüchte über die beiden.

Kurve, die: 1. (Geom.) *gebogene Linie:* eine K. zeichnen; der Plan zeigt die K. der/für die Stahlproduktion; die K. klettert steil nach oben, fällt. 2. *Biegung:* eine scharfe, enge, unübersichtliche, erhöhte K.; die Straße hat einige gefährliche Kurven/verläuft in mehreren Kurven; eine K. schneiden; voll ausfahren, sicher durchfahren, nehmen; er kam als Erster aus der K. heraus; aus der K. getragen werden, (ugs.:) fliegen; der Zug fährt langsam in die K.; sich in die K. legen (beim Rad-, Motorradfahren). 3. ⟨Plural⟩ (ugs.) *weibliche Körperformen:* aufregende Kurven haben; nur aus Kurven bestehen; ⋆ **die Kurve kratzen** (salopp; *sich schnell davonmachen)* · **die Kurve kriegen** (salopp; *etw. schließlich doch noch schaffen, erreichen).*

kurz: 1. a) *von geringer Länge, Ausdehnung, Entfernung:* ein kurzer Mantel; kurze Ärmel; sie trägt sehr kurze Röcke; kurzes Gras; eine kurze

Schnur; ein kurzer Zug *(Zug mit wenigen Wagen);* eine kurze *(aus wenigen Ziffern bestehende)* [Telefon]nummer; eine kurze Straße; wir müssen noch ein kurzes Stück laufen; etw. ist nur auf kurze Entfernung zu erkennen; das Pferd am kurzen Zügel führen; er läuft nur kurze Strecken (Sport; *Strecken bis 400 m);* das ist die kürzeste Verbindung zum Flughafen; das Seil ist [viel] zu k.; ich muss einige Kleider kürzer machen; sie trägt ihr Haar k. [geschnitten]; k. vor dem Ziel stürzte er; k. hinter dem Ort zweigt eine Straße ab; **b)** *knapp:* ein kurzer Brief; etw. in kurzen Worten sagen; das Protokoll ist sehr k. abgefasst; das wurde nur k. angedeutet, k. beschrieben. **2.** *von geringer Dauer:* ein kurzer Besuch, Urlaub, Vortrag; eine kurze Pause, Frist; ein Kredit mit kurzer Laufzeit; eine kurze/eine k. gesprochene Silbe; er hat ein kurzes Gedächtnis (ugs.; *vergisst etw. schnell);* die Zeit ist für diese Arbeit zu k.; die Tage werden jetzt wieder kürzer; sie ist k. weg gewesen; ihr Leben war k. *(sie ist früh gestorben);* die Freude währte nur k.; k. unterbrechen, (ugs.:) verschnaufen, aufblicken; ich komme morgen k. vorbei; k. *(schnell)* entschlossen reiste er ab; es ist k. vor Mitternacht; sie kam k. vor/nach mir nach Hause; er kam k. vor Toresschluss *(gerade noch rechtzeitig);* sich k. zusammensetzen, um etw. zu besprechen. **3.** *knapp und unfreundlich:* kurze Antworten geben; sie war heute sehr k. zu mir; er hat jeden k. abgefertigt; k. angebunden (ugs.; *unfreundlich und abweisend)* sein; ∗ **sich kurz fassen** *(möglichst wenig Zeit zum Reden beanspruchen)* · **zu kurz greifen** (ugs.; *zu vordergründig, zu oberflächlich sein)* · **jmdn. kurz halten** *(jmdn. aus erzieherischen Gründen wenig Geld, Essen o. Ä. geben):* die Eltern haben den Sohn [bis zum Abitur] k. gehalten · **zu kurz kommen** *(benachteiligt werden)* · **es kurz machen** *(nicht viel Aufhebens von etw. machen)* · **kurz/kürzer treten** *(sich einschränken; sich zurückhalten):* seit seiner schweren Krankheit muss sie k./kürzer treten; der Staat muss bei den Ausgaben k./kürzer treten; nach dem Misserfolg trat er etwas kürzer · **etw. kurz und klein schlagen** (ugs.; *etw. zerschlagen)* · **binnen kurzem** *(innerhalb kurzer Zeit)* · **über kurz oder lang** *(nach einer gewissen Zeit)* · **vor/seit kurzem** *(vor/seit nicht langer Zeit)* · **kurz und bündig** *(knapp und bestimmt)* · **kurz und gut** *(zusammenfassend kann man sagen)* · **kurz und schmerzlos** (ugs.; *rasch und ohne zu zögern)* · **den Kürzeren ziehen** (ugs.; *benachteiligt werden; unterliegen).*
Kürze, die: 1. *geringe räumliche Ausdehnung:* die K. der Transportwege; bei der K. der Strecke können keine hohen Geschwindigkeiten erzielt werden.
2. *kurze Dauer:* die K. der Zeit erlaubt keine langen Diskussionen.
3. *Knappheit:* die K. des Ausdrucks/im Ausdruck

gehört zum Stil dieses Autors; Ⓡ in der K. liegt die Würze *(eine knappe Darstellung ist oft treffender als eine ausführliche);* ∗ **in Kürze** *(bald):* der Film läuft in K. an.
kürzen ⟨etw. k.⟩: **1.** *kürzer machen:* den Rock, das Kleid, einen Ärmel [um einige Zentimeter] k.; den Draht etwas k.; ⟨jmdm., sich etw. k.⟩ jmdm. die Haare, die Nägel k.; ÜBERTR.: den Vortrag k.; eine gekürzte Fassung des Romans; die Rede erschien stark gekürzt.
2. *verringern:* die Ausgaben, die Zuschüsse k.; den Freibetrag um die Hälfte k.; der Etat musste gekürzt werden; einige Posten müssen gekürzt werden; ⟨jmdm. etw. k.⟩ ihr wurde das Gehalt, die Rente, das Taschengeld gekürzt; man kann den Bruch noch weiter k. (Math.; *vereinfachen).*
kurzerhand: eine Bitte, ein Gesuch k. ablehnen, entscheiden; sie ist k. in Urlaub gefahren.
kurzfristig: a) *ohne vorherige Ankündigung [erfolgend]:* eine kurzfristige Abreise; eine Sendung k. vom Programm absetzen; jmdm. etw. k. mitteilen; er hat k. abgesagt; **b)** *nur kurze Zeit geltend:* ein kurzfristiger Kredit; kurzfristiger Erwerbsausfall; kurzfristige Verträge; in einigen Bereichen kann es k. noch schlimmer werden; **c)** *in [möglichst] kurzer Zeit [erfolgend]:* man muss kurzfristige Lösungen finden; k. verbessern; k. eine Entscheidung treffen.
kürzlich: wir haben k. davon gesprochen; erst k. war ich bei ihm, habe ich ihn gesehen.
kurzsichtig: 1. *nur auf kurze Entfernung gut sehend:* er hat kurzsichtige Augen; er ist [schon von Kindheit an] stark, hochgradig k.; sie blinzelte ihn k. *(aus kurzsichtigen Augen)* an.
2. *nicht vorausschauend:* eine kurzsichtige Politik treiben; hier war er, handelte er sehr k.
kuschen: *ruhig sein und gehorchen:* **a)** der Förster befahl seinem Hund zu k.; kusch!; übertr.: wenn er brüllt, kuscht die ganze Familie; vor seinem Chef kuscht er immer; **b)** ⟨sich k.⟩ der Hund kuschte sich nicht; kusch dich!
Kuss, der: der erste, ein flüchtiger, heimlicher, zarter, herzlicher, inniger, langer, heftiger, (ugs.:) heißer K.; ein K. zur Versöhnung; er gab ihr einen K. [auf den Mund]; die Mutter drückte dem Kind einen K. auf die Stirn, auf die Wangen; [mit jmdm.] Küsse tauschen; sie begrüßten sich mit einem K. auf die Wange; er bedeckte ihr Gesicht mit Küssen.
küssen: *einen Kuss geben:* **a)** ⟨jmdn., etw. k.⟩ jmdn. leidenschaftlich, stürmisch, zärtlich, flüchtig k.; er küsste ihren Mund; sie küsste das Kind mehrmals auf die Stirn, auf die Wangen; sie küssten sich/(geh.:) einander [lange und innig]; jmdn. zum Abschied, in aller Öffentlichkeit k.; dafür [muss ich dich k.]; der Priester küsste das Kreuz; ⟨jmdm. etw. k.⟩ er küsste ihr die Hand; **b)** ⟨mit Umstandsangabe⟩ gut, gerne, leidenschaftlich k.; sie hat noch nie geküsst.

Kusshand, die: jmdm. eine K. zuwerfen; der Filmstar warf Kusshände ins Publikum; * jmdn., etw. **mit Kusshand nehmen** (ugs.; *jmdn., etw. sehr gern nehmen*): er nahm das Geld mit K.; Fachleute wie dich nehmen sie überall mit K.

Küste, die: a) *Meeresufer:* eine felsige, flache, steile, steil abfallende K.; die atlantische K. Frankreichs; die K. ist stark zerklüftet; sich der K. nähern; an der K. entlangfahren; auf die K. zusteuern; vor der K. kreuzen; b) *Küstengebiet:* die K. hat ein mildes Klima; er lebt an der K.

labil: a) *leicht beeinflussbar:* ein [psychisch] labiler Junge; er hat einen labilen Charakter; sie ist sehr l.; b) (Med.) *anfällig:* eine labile Konstitution; er hat eine labile Gesundheit; sein Kreislauf ist sehr l.; c) *leicht veränderbar:* eine labile politische Situation; ein labiles Gleichgewicht; das Wirtschaftssystem erwies sich als l.

laborieren (ugs.) ⟨an etw. (Dat.) l.⟩: **1.** *sich mit einem Leiden herumplagen:* er laboriert noch an seiner alten Knöchelverletzung, schon seit Wochen an einer Grippe. **2.** *sich mit etw. abmühen:* er laboriert seit drei Jahren an seiner Doktorarbeit.

¹Lache, die: *Pfütze:* nach dem Gewitter waren, standen auf dem Weg große Lachen; eine L. von Bier, Öl, Blut.

²Lache, die (ugs.): *Art des Lachens:* eine unangenehme, komische, alberne L.; sie hat eine schrille, dreckige L.; eine gellende L. anschlagen.

lächeln: 1. *leicht und lautlos lachen:* freundlich, zufrieden, boshaft, verlegen, spöttisch, mitleidig, nachsichtig l.; bei dieser Äußerung des Redners lächelte er verschmitzt; sie sah uns lächelnd an; SUBST.: ein gewinnendes, strahlendes, verführerisches, süffisantes Lächeln; ein Lächeln erhellte ihr Gesicht, spielte um ihren Mund; sie hatte nur ein müdes Lächeln für ihn übrig *(er interessierte sie nicht im Geringsten).* **2.** ⟨über jmdn., etw. l.⟩ *sich amüsieren:* jeder lächelt über ihn, über seine schrulligen Eigenheiten.

lachen: 1. a) *in Lachen ausbrechen:* gezwungen, gehässig, herzlich, laut, hellauf, schrill, unbändig, unbekümmert, fröhlich, triumphierend, hämisch, spöttisch, verächtlich, frech, schadenfroh, verstohlen, schallend, wiehernd, meckernd, vor

Freude l.; wenn ich ihn frage, lacht er nur; er kann über jeden blöden Witz l.; du hast, kannst gut/leicht l. *(du bist nicht in meiner Lage);* sie lacht über das ganze Gesicht, aus vollem Halse, lauthals; jmdn. l. machen *(zum Lachen reizen);* da gibts [gar] nichts zu l.; du wirst l., aber ... *(auch wenn du es nicht für möglich hältst, ...);* dass ich nicht lache *(das ist ja lächerlich);* ⟨jmdn. l.⟩ ihm lacht das Glück *(er ist vom Glück begünstigt);* Ⓡ wer zuletzt lacht, lacht am besten *(erst zum Schluss zeigt sich, wer wirklich den Vorteil hat);* BILDL.: die Sonne, der Himmel lacht *(strahlt);* b) ⟨etw. l.⟩ *lachend hervorbringen:* sie lachte ihr helles Lachen; wir mussten Tränen l. *(so heftig lachen, dass uns die Tränen kamen).* **2.** ⟨über jmdn., etw. l.⟩ *sich lustig machen:* alle Kollegen lachen über ihn; darüber kann man nur noch l. *(das kann man doch nicht ernst nehmen);* darüber habe ich gar nicht l. *(dafür habe ich kein Verständnis, das ist ärgerlich);* * **[bei jmdm., irgendwo] nichts zu lachen haben** *([bei jmdm., irgendwo] streng, schlecht behandelt werden)* · **es, das wäre ja/doch gelacht, wenn ... [nicht]** ... (ugs.; *es gibt gar keinen Zweifel [darüber, dass jmd. etwas Bestimmtes ausführen kann]).*

Lachen, das: eines breites, herzliches, freundliches, befreiendes, verlegenes, künstliches, sardonisches *(krampfhaftes)* L.; (ugs.:) sein dreckiges L. ärgerte uns; (geh.:) ein L. überkam ihn, schüttelte ihn; ich konnte das L. nicht mehr unterdrücken, konnte mir das L. nicht verbeißen (ugs.; *ich musste lachen);* sie hat das L. verlernt *(sie ist ernst, traurig geworden);* das Weinen ist ihm näher als das L.; wir kamen aus dem L. nicht [mehr] heraus (ugs.; *wir hatten sehr viel zu lachen);* in heftiges L. ausbrechen; sich vor L. nicht mehr halten können/den Bauch halten (ugs.; *sehr lachen);* ich konnte nicht mehr vor L. (ugs.; *ich musste heftig lachen);* sich vor L. biegen, kugeln, schütteln, ausschütten (ugs.; *heftig lachen müssen);* alle schrien vor L., starben, platzten [beinahe] vor L. (ugs.; *mussten sehr heftig lachen);* jmdn. zum L. reizen, bringen; in dieser Situation war ihnen nicht zum L. [zumute]; * **jmdm. vergeht [noch] das Lachen** *(jmdm. ist [in einer bestimmten Lage] plötzlich nicht mehr zum Spotten zumute):* dir wird das L. noch vergehen · **zum Lachen sein** (ugs. abwertend; *lächerlich sein, nicht ernst zu nehmen sein)* · **jmdm. ist nicht zum Lachen** *(jmd. ist in ernster Stimmung).*

Lacher, der: **1.** ⟨in der Wendung⟩ **die Lacher auf seiner Seite haben** *(durch witzige Bemerkungen andere für sich gewinnen).* **2.** *kurzes Lachen:* einen L. ausstoßen; ein gutes Stück mit wohlplatzierten Lachern (Theaterjargon; *Stellen, bei denen gelacht werden soll).*

lächerlich: 1. *komisch wirkend:* ein lächerliches Auftreten; er gibt eine lächerliche Figur ab; die

Aufmachung ist, wirkt [geradezu] l.; das ist ja l. *(albern; zum Lachen)*; so etwas zu behaupten, ist doch l. *(töricht)*; in diesem Kleid komme ich mir [ganz] l. vor; der Chef hat ihn, seine Arbeit vor den Kollegen l. gemacht *(dem Gespött preisgegeben)*; damit machst du dich nur l. *(blamierst du dich)*; subst.: etw. ins Lächerliche ziehen *(etw. lächerlich machen)*. **2.** *geringfügig:* ein lächerlicher Anlass; eine lächerliche Kleinigkeit; lächerliche 1000 DM. **3.** (ugs.) ⟨verstärkend bei Adjektiven und Verben⟩ *sehr:* ein l. niedriges Einkommen; sie verdient l. wenig; Gemüse ist zur Zeit l. billig.

Lächerlichkeit, die: **1.** *das Lächerlichsein:* die L. seiner Situation wurde ihm erst jetzt bewusst; Ⓡ L. tötet. **2.** (meist abwertend) *Geringfügigkeit:* mit solchen Lächerlichkeiten gibt sie sich nicht ab; dieser Betrag ist für ihn eine L.; das Schlafzimmer kostet die L. von 6 900 DM; ∗ jmdn. der Lächerlichkeit preisgeben *(jmdn. zum Gegenstand des allgemeinen Spottes machen)*.

lachhaft (abwertend): eine lachhafte Ausrede; diese Behauptung ist einfach l.; sie verdient l. *(lächerlich)* wenig.

Lack, der: ein farbloser, glänzender, roter, schnell trocknender L.; der l. trocknet sofort; der L. [auf dem Auto] ist stumpf, blättert ab, platzt ab, hat Risse bekommen; der L. wird [in die Karosserie] eingebrannt; das Auto hat einige Kratzer im L.; L. mit einem Pinsel auftragen; etw. mit L. [be]streichen, überziehen; ∗ der Lack ist ab (1. salopp; *der Reiz der Neuheit ist dahin.* 2. *die Jugendfrische ist dahin)* · **und fertig ist der Lack** (ugs.; *und damit ist die Sache schon erledigt)*.

lackieren: **1.** ⟨etw. l.⟩ *mit Lack überziehen:* Möbel, ein Brett l.; das Auto ist frisch, neu, rot lackiert; die Nägel l. *(mit Nagellack bestreichen)*; ⟨jmdm., sich etw. l.⟩ ich lackiere mir gerade die Fingernägel; lackierte Türen. **2.** (salopp) ⟨jmdn. l.⟩ *hereinlegen:* sie haben ihn schön lackiert; subst.: in dem Fall bin ich der Lackierte.

¹laden /vgl. geladen/: **1. a)** ⟨etw. l.⟩ *verladen:* Kisten, Gepäck l.; ⟨auch ohne Akk.⟩ wir haben noch nicht geladen; ihr habt schlecht geladen; subst.: noch beim Laden sein; **b)** ⟨etw. l.⟩ *zum Transport aufnehmen:* der Zug hat Kohlen, Maschinen geladen; das nächste Schiff lädt Autos für Amerika; der LKW hat [fast eine Tonne] zu viel geladen; ⟨auch ohne Akk.⟩ der LKW hat schwer geladen; **c)** ⟨etw. l.⟩ *beladen:* den LKW noch am Abend, morgen früh l.; Schiffe mithilfe von Kränen l.; subst.: zum Laden des Autos brauchen wir eine Stunde; **d)** ⟨jmdn., etw. irgendwohin l.⟩ *auf, in ein Transportmittel tun:* den Teer in Kesselwagen l.; man lud *(legte)* den Verletzten auf eine Bahre; ⟨jmdm. etw. irgendwohin l.⟩ er hat mir einen Sack

Kartoffeln auf die Schultern geladen; übertr.: du hast eine große Verantwortung, eine schwere Schuld auf dich geladen; **e)** ⟨etw. aus/von etw. l.⟩ *von einem Transportmittel nehmen:* die Kisten aus dem Waggon, das Heu vom Wagen l. **2.** ⟨etw. l.⟩ **a)** *mit Munition versehen:* die Gewehre, die Geschütze l.; die Pistole war scharf geladen; ⟨auch ohne Akk.⟩ er hat scharf geladen; **b)** (Physik) *mit elektrischer Energie versehen:* einen Akku[mulator], eine Batterie l.; die Elektrode ist positiv, negativ geladen; übertr.: sie ist geradezu mit Energie geladen; ∗ [schwer, ganz schön, (landsch.:) schief] geladen haben (ugs. scherzh.; *[stark] betrunken sein)* · geladen sein (salopp; *wütend, gereizt sein)*: rede nicht mit ihm, er ist sehr g.; auf jmdn. g. sein.

²laden: 1. (geh.) ⟨jmdn. l.⟩ *einladen:* jmdn. zum Essen, zum Tee, zu einem Empfang l.; wir haben heute Gäste geladen; ein Vortrag vor geladenen Gästen. **2.** (Rechtsw.) ⟨jmdn. l.; gewöhnlich mit Umstandsangabe⟩ *vorladen:* jmdn. vor Gericht, zur Verhandlung l.; jmdn. als Zeugen l.; mehrere Zeugen waren geladen.

Laden, der: **1. a)** *Verkaufsraum, Geschäft:* ein kleiner, moderner, teurer, gut sortierter L.; ein L. mit Selbstbedienung; ein L. für Haushaltswaren, für Sportartikel; der L. geht gut, schlecht, ist eine Goldgrube (ugs.; *wirft großen Gewinn ab)*; der L. öffnet um 8 Uhr, (ugs.:) macht um 8 Uhr auf, wird um 8 Uhr geöffnet, (ugs.:) aufgemacht; die Läden schließen heute um 14 Uhr, (ugs.:) machen um 14 Uhr zu; einen L. eröffnen, (ugs.:) aufmachen; sonntags dürfen jetzt manche Läden öffnen; sie bedient im Laden; seine Frau arbeitet, (ugs.:) steht den ganzen Tag im L.; **b)** (ugs.) *Betrieb, bes. Lokal, Hotel o. Ä.:* das Lokal hier ist ein ganz mieser L.; der L. läuft, klappt nicht; wenn Oldies gespielt werden, ist der L. jedes Mal brechend voll; wenn der Service nicht besser wird, kann er seinen L. bald zumachen; **c)** (ugs.) *Angelegenheit, Unternehmung:* der L. läuft, klappt; du hältst den ganzen L. auf; wie ich den L. kenne ... ; am liebsten würde ich den ganzen L. hinwerfen *(die Arbeit sofort aufgeben)*; sie schmeißt den ganzen L. *(sorgt für den Fortgang einer Sache)*; das ist vielleicht ein müder L. *(ein lahmer, langweiliger Betrieb, eine langweilige Gesellschaft)*. **2.** *Fenster-, Rollladen:* Läden aus Holz, Metall; der L. kann ausgestellt werden *(kann schräg gestellt werden)*; die Läden öffnen, schließen, herunterlassen.

¹Ladung, die: **1.** *Transportgut:* eine schwere, gefährliche, wertvolle L.; eine L. Holz; die L. eines LKW[s], eines Schiffes; die L. ist in Bewegung geraten, ist verrutscht, hat sich verlagert; die L. *(Schiffsladung)* löschen. **2.** *bestimmte Sprengstoffmenge:* eine geballte *(aus gebündelten Handgranaten bestehende) L.;* eine L. Dynamit in das Bohrloch einbringen; ÜBERTR.: eine geballte L. [von] Energie. **3.** (ugs.) *größere Menge:* eine L. Wasser, Dreck, Schnee, Sand abbekommen.

²Ladung, die: (Rechtsw.) *Vorladung:* an den Mitangeklagten erging die L. schon vor Wochen; eine gerichtliche L. erhalten; die L. eines Zeugen verlangen; er ist der L. nicht gefolgt.

Lage, die: **1.** *Stelle in Bezug auf die weitere Umgebung:* eine ausgezeichnete, verkehrsgünstige L.; die geographische L. des Landes; die Villa hat eine schöne, sonnige, ruhige L. [am Hang]; der Weinberg hat eine gute L.; gute Lagen (Winzerspr.; *Weine einer guten Lage)* werden besser bezahlt; in höheren Lagen ist mit Frost zu rechnen. **2.** *Art des Liegens:* eine schiefe L.; der Kranke hat keine bequeme L.; etw. in die richtige L. bringen. **3.** *Situation:* eine günstige, [un]angenehme, missliche, verzweifelte, aussichtslose L.; die wirtschaftliche L. ist ernst, kritisch, gespannt, prekär, hat sich verschlechtert/verbessert/zugespitzt; wie ist die politische L.?; die L. der Dinge erfordert es, dass ...; sie hat die L. sofort erfasst; wir müssen erst die rechtliche L. klarstellen; in eine gefährliche L. geraten; jmdn., sich [selbst] in eine peinliche L. bringen; ich bin in der glücklichen L., genug Geld zu haben *(ich kann dir diesen Gefallen tun);* sie ist, befindet sich in keiner beneidenswerten L.; wir sind in gleicher, in der gleichen L. wie ihr; ich bin nicht in der L., die Rechnung sofort zu bezahlen *(ich kann sie nicht sofort bezahlen);* der Kranke war nicht in der L. aufzustehen *(konnte nicht aufstehen);* ich werde wohl nie in die L. kommen, mir so etwas leisten zu können; versetze dich [einmal] in meine L.; nach L. der Dinge *(nach den Gegebenheiten)* war nichts anderes zu erwarten; die Stürmer schossen aus allen Lagen (Sport; *bei jeder sich bietenden Torgelegenheit).* **4.** *Schicht:* einige Lagen Papier; abwechselnd eine L. Sand und eine L. Isolierstoff. **5.** *Tonhöhe:* die obere, mittlere, untere L. der menschlichen Stimme; die erste, zweite L. auf den Saiteninstrumenten; eine Stimme in einer tiefen L. **6.** (ugs.) *Runde:* eine L. Bier ausgeben, bestellen; wer muss die nächste L. zahlen?; ∗ **die Lage peilen** (ugs.; *auskundschaften, wie die Dinge liegen).*

Lager, das: **1. a)** *Unterkunft:* das L. besteht aus zwölf Baracken; die Truppen schlugen vor der Stadt ihr L. auf; ein L. einrichten, räumen, auflösen, abbrechen; er wurde zu drei Jahren L. *(Straflager)* verurteilt; er ist aus dem L. *(Gefangenenlager)* ausgebrochen; das Leben im L. ist hart; die Obdachlosen werden in L. eingewiesen, in einem L. untergebracht; die Flüchtlinge leben schon monatelang in Lagern; ins L. *(Ferienlager)* fah-

ren; **b)** (veraltend) *Schlafstätte:* ein einfaches, bequemes, hartes L.; sich ein L. aus Stroh bereiten; ich habe noch kein L. für die Nacht [gefunden]; die Krankheit warf ihn wochenlang aufs L. *(fesselte ihn wochenlang an das Bett).* **2.** *Gruppe von Personen, Staaten o. Ä. mit gleicher [politischer] Anschauung:* das demokratische, sozialistische L.; er ist ins andere, feindliche L. übergewechselt; das politische L. wechseln; das Land wird sich keinem der beiden L. anschließen; die Partei ist in zwei L. gespalten. **3.** *Vorratsraum für Waren:* ein großes, reichhaltiges L.; das L. ist leer, ist im Freien; die L./(Kaufmannsspr. auch:) Läger räumen, abbauen, aufstocken, auffüllen; sich ein L. an/von Vorräten anlegen; er beaufsichtigt das L./hat das L. unter sich; (Kaufmannsspr.:) Lieferung ab, frei L.; das Ersatzteil haben wir [nicht] auf, am L.; Waren auf L. nehmen, legen. **4.** (Technik) *stützender Maschinenteil:* die L. sind heißgelaufen; das L. ölen; am Motor wurden alle L. [aus]gewechselt. **5.** (Geol.) *Rohstoffquelle:* ein reiches, ergiebiges L. von Eisenerz; ein L. abbauen; ∗ **etw. auf Lager haben** (ugs.; *etw. bereit halten).*

lagern: **1.** ⟨irgendwo l.⟩ *das Lager aufschlagen:* die Truppen lagerten am Fluss, vor der Stadt. **2. a)** ⟨jmdn., etw. irgendwie l.⟩ *in eine bestimmte Stellung bringen:* den Verletzten flach l.; du musst das Bein hoch l.; (Technik:) etw. auf Stützen, drehbar l.; **b)** ⟨sich irgendwo[hin] l.⟩ *sich [zum Ausruhen] niederlegen:* sich im Gras/(seltener:) in das Gras, unter einem Baum/(seltener:) unter einen Baum l.; die Kinder lagerten sich [im Kreis] um das Lagerfeuer. **3. a)** ⟨mit Umstandsangabe⟩ *auf Lager liegen:* die Butter, das Fleisch lagert in Kühlhäusern; der Wein hat zehn Jahre gelagert *(gelegen, um ganz reif zu werden);* Medikamente müssen kühl und trocken l.; ÜBERTR.: dicker Nebel, eine brütende Hitze lagert über der Gegend; **b)** ⟨etw. l.; gewöhnlich mit Umstandsangabe⟩ *auf Lager legen:* Holz, Waren trocken l.; Lebensmittel, Medikamente kühl l.; was kostet es, wenn Sie die Möbel l.?; ∗ **irgendwie gelagert sein** (als *Sachverhalt beschaffen sein):* der Fall ist ähnlich, anders gelagert.

lahm: **1.** *[wie] gelähmt:* ein lahmes Bein, Kreuz; der eine Flügel des Vogels ist l.; er ist auf dem linken Bein, von Geburt an, in der Hüfte l.; man wird vom langen Sitzen ganz l. *(steif);* l. gehen *(hinken);* SUBST.: ein Blinder und ein Lahmer. **2.** (ugs. abwertend) **a)** *unzureichend, nicht überzeugend:* eine lahme Ausrede, Entschuldigung; ein lahmer Protest; etw. l. abstreiten, von sich weisen; **b)** *temperamentlos:* er ist ein lahmer Kerl, eine ganz lahme Ente; dieser Wagen ist mir zu l.; lahme *(langweilige)* Witze; sei nicht so l.!; du hast heute aber l. *(ohne Schwung)* gespielt; die Unterhaltung war ziemlich l. *(öde);*

＊ **etw. lahm legen** *(etw. zum Erliegen bringen):* der Nebel legte den ganzen Verkehr l.; der Streik hatte den Betrieb, die Produktion l. gelegt.

lahmen: das Pferd lahmt [an/auf der rechten Hinterhand]; ÜBERTR.: der wirtschaftliche Aufschwung lahmt.

lähmen ⟨jmdn., etw. l.⟩: das Gift lähmt die Muskeln, die Nerven *(bringt deren Tätigkeit zum Erliegen),* den Atem *(bewirkt Atemstillstand);* er ist [seit zwei Jahren] an beiden Beinen gelähmt; nach dem Schlaganfall war seine linke Seite gelähmt; ÜBERTR.: etw. lähmt jmdn., jmds. Willen, jmds. Eifer; der Bürgerkrieg lähmte das wirtschaftliche Leben des Landes; vor Angst wie gelähmt sein; lähmendes Entsetzen erfasste uns.

Laie, der: auf diesem Gebiet bin ich völliger, blutiger L.; medizinischer L. sein; Ⓡ da staunt der L., und der Fachmann wundert sich *(das sollte man nicht für möglich halten).*

lakonisch: eine lakonische Antwort, Auskunft geben; er antwortete in lakonischer Kürze;»Abgelehnt!« sagte er l.

lallen ⟨[etw.] l.⟩: das Baby lallt; er war so betrunken, dass er nur noch lallte; sie lallte unverständliche Worte.

Lampe, die: **1.** eine helle, grelle, schwenkbare L.; die L. brennt, blendet, ging aus; die L. ein-, ausschalten, an-, ausknipsen, an-, ausmachen; die L. *(Signallampe)* schwenken; im Schein der L.; [jmdm.] mit einer L. *(Taschenlampe)* leuchten; bei, unter der L. sitzen. **2.** (bes. Technik) *Glühbirne:* die L. ist durchgebrannt; die L. auswechseln;
＊ **einen auf die Lampe gießen** *(salopp; reichlich Alkohol trinken).*

lancieren: a) ⟨jmdn., etw. l.⟩ *an die Öffentlichkeit bringen:* ein einflussreicher Geschäftsmann lanciert den jungen Künstler; eine Nachricht [in die Presse] l.; Falschmeldungen l.; ein Produkt als Markenartikel, ein Parfum l.; **b)** (bildungsspr.) ⟨jmdn., etw. [irgendwohin] l.⟩ *in eine höhere Position bringen:* er hat seinen Neffen in den Vorstand lanciert; der Minister ist lanciert worden.

Land, das: **1.** *Ackerland, [nutzbares] Gelände:* [un]fruchtbares, steiniges, gutes, ergiebiges, ertragreiches, sumpfiges L.; das L. liegt brach; ein Stück L., fünfzig Hektar L. kaufen; das L. bebauen, bestellen, bewässern, urbar machen; der Bauer besitzt viel L.; dem Meer L. abgewinnen; ein Haus mit einem größeren Stück bebautem L./(geh.:) unbebauten Landes erwerben. **2.** *Festland:* ganz in der Ferne wurde L. sichtbar; /Seemannsruf/: L. in Sicht!; die Halligen melden »L. unter!« *(das Gebiet ist überflutet);* wir haben endlich wieder festes L. unter den Füßen; einige Schiffbrüchige erreichten schwimmend das L.; an L. gehen, kommen; etw. wird an L. geschwemmt, gespült; das Tier lebt im Wasser und auf dem L. **3.** *Gebiet, Landschaft:* ein flaches, ebenes, hügeli-

ges, gebirgiges, blühendes, dünn besiedeltes L.; das weite, offene L.; das L. ist zum Meer hin offen/öffnet sich zum Meer hin; aus, in deutschen Landen; durch die Lande ziehen, reisen. **4.** *ländliches Gebiet außerhalb der Großstädte:* auf dem Land[e] wohnen, leben, seine Ferien verbringen; aufs L. ziehen; die Sache wurde in Stadt und L. (geh.; *überall)* bekannt; sie ist, stammt vom Land[e]; vom L. in die Stadt ziehen. **5. a)** *Staat:* ein europäisches, demokratisches, sozialistisches, neutrales, fremdes, unerschlossenes, reiches, unterentwickeltes L.; die Länder Afrikas, der Dritten Welt, der EU; Länder mit hoch entwickelter Industrie; das L. ist/wurde unabhängig, erhielt die Unabhängigkeit; ein L. besetzen, überfallen, okkupieren, völkerrechtlich anerkennen; sie will L. und Leute kennen lernen; er wurde des Landes verwiesen; einem L. den Krieg erklären; im Inneren des Landes; außer Landes gehen; in ein L. eindringen, einfallen, einmarschieren, reisen; Ⓡ andere Länder, andere Sitten; **b)** *Bundesland:* das L. Hessen; Bund, Länder und Gemeinden; das L. gibt, gewährt einen Zuschuss; Kultur und Bildung ist Sache, fällt in die Kompetenz der Länder;
＊ **das Land, wo Milch und Honig fließt** *(Ort, wo alles im Überfluss vorhanden ist)* · **Land ist in Sicht** *(Möglichkeiten zur Überwindung einer großen Schwierigkeit zeichnen sich ab und wecken Hoffnungen)* · **[wieder] Land sehen** *(einen Ausweg sehen)* · **jmdn., etw. an Land ziehen** (ugs., oft scherzh.: *jmdn., etw. für sich gewinnen)* · **auf dem flachen/**(ugs.:) **platten Land** *(weit außerhalb der Stadt, der städtischen Zivilisation)* · **wieder im Land[e] sein** (ugs.: *wieder zurückgekehrt sein)* · **ins Land gehen/ziehen** (geh.; *vergehen, verstreichen)* · **bei jmdm. zu Lande** (veraltend; *in jmds. Heimat, Gegend).*

landen: **1.** ⟨gewöhnlich mit Umstandsangabe⟩ *am Ufer, an Land ankommen:* das Schiff ist pünktlich gelandet; sie landeten mit einem Boot an der Küste, auf der Insel. **2. a)** *auf den Boden aufsetzen:* die Maschine ist soeben gelandet; das Flugzeug ist sicher, glatt gelandet; wir konnten wegen Nebels nicht in Stuttgart l.; das Raumschiff ist auf dem Mond weich gelandet; SUBST.: die Passagiere müssen sich beim L. anschnallen; **b)** ⟨etw. l.⟩ *aufsetzen:* der Pilot konnte die Maschine, den Jumbo sicher l. **3.** (fam.) *(an seinem Ziel) ankommen:* wir sind wohlbehalten, glücklich, pünktlich in Frankfurt, zu Hause gelandet. **4.** ⟨jmdn., etw. l.⟩ *an Land bringen; aus der Luft absetzen:* Truppen [an der Küste] l.; die Alliierten haben hinter den feindlichen Linien Fallschirmjäger gelandet. **5.** (ugs.) ⟨irgendwo l.⟩ *[an einen Ort] geraten:* in einer Ecke l.; der Fahrer, der Wagen geriet ins Schleudern und landete in/auf einem Acker; im Krankenhaus, im Gefängnis l.; er ist jetzt bei uns

gelandet; alle anonymen Briefe landen sofort im Papierkorb *(kommen in den Papierkorb);* nach drei Niederlagen landete der Verein auf Platz 11; der Ball landete im Netz.
6. a) (Boxen) ⟨etw. irgendwo l.⟩ *anbringen:* er landete einen schweren Haken am Kinn seines Gegners; **b)** (ugs.) ⟨etw. l.⟩ *zustande bringen, erringen:* einen eindrucksvollen Sieg, einen Hit l.; im Lotto landete sie einen Volltreffer; damit hat er einen Coup gelandet *(ein Unternehmen erfolgreich durchgeführt);*
★ **bei jmdm. nicht landen [können]** (ugs.; *von jmdm. abgewiesen werden*).
Landkarte, die:↑Karte.
landläufig: das ist die landläufige Ansicht, Vorstellung; im landläufigen *(üblichen)* Sinne; nach l. verbreiteter Meinung ist es so; was versteht man denn nun l. darunter?
ländlich: eine ländliche Gegend; sich in ländlicher Stille erholen; dort geht es noch recht l. zu.
Landschaft, die: **a)** *Gegend [von bestimmtem Gepräge]:* eine herrliche, bezaubernde, malerische, öde, düstere, schwermütige, karge, gebirgige, steppenartige L.; die andalusische L.; die L. der Karpaten; eine L. von einzigartigem Reiz; die L. hat ihre Bewohner geprägt; die Menschen dieser L./in dieser L. sind sehr verschlossen; der moderne Bau passt gut in die L., verschandelt die L.; ÜBERTR.: dieses Manöver passt nicht in die politische L. *(ist fehl am Platze);* **b)** *Landschaftsbild:* eine romantische, realistische, stimmungsvolle L.; eine L. von C. D. Friedrich.
Landung, die: **1.** *Ankunft, Aufsetzen eines Flugzeuges o. Ä.:* die glatte, einwandfreie, geglückte L. des Flugzeugs; eine harte, weiche L.; die L. der Maschine verzögert sich; zur L. ansetzen; das Flugzeug wurde zur L. gezwungen. **2.** *Absetzen von Truppen, Material:* die L. der Truppen erfolgte bei Nacht.
¹lang: 1. a) *von größerer Ausdehnung in einer Richtung:* ein langer Mantel, Rock; eine lange [Unter]hose; ein Kleid mit langem Ärmel; auf dem Ball sah man nur lange Kleider *(Abendkleider);* sie hat lange Beine, Haare; ein langer Zug, Weg, Fußmarsch; lange Transportwege; eine lange *(aus vielen Ziffern bestehende)* [Telefon]nummer; eine lange Straße; der Schlauch ist l. genug; die Strecke ist länger, als ich dachte; ich muss einige Kleider länger machen; sie trägt das Haar l.; ÜBERTR.: eine lange (ugs.; *mit Wasser verdünnte)* Suppe, Soße; **b)** *von bestimmter Länge:* das Seil ist fünf Meter l.; die Aschenbahn ist 400 Meter l.; der Teppich ist [um] einen halben Meter zu l.; er ist [fast] so l. wie breit (ugs.; *sehr dick);* **c)** *ausführlich:* ein langer Brief, Artikel; eine lange Liste; der Aufsatz ist viel zu l. [geworden, geraten]; **d)** *hoch gewachsen:* er ist ein langer Bursche, (ugs.:) Lulatsch, (ugs.:) Laban.
2. a) *von größerer zeitlicher Ausdehnung:* ein langer Vortrag, Urlaub; eine lange Ruhepause; eine

[endlos] lange Rede; eine längere Anlaufzeit benötigen; lange/längere Zeit habe ich nichts von ihm gehört; das ist eine lange Zeit; seit längerer Zeit kommt er nicht mehr; eine lange/l. gesprochene Silbe; nach langer, schwerer Krankheit starb unser lieber Großvater; endlich fiel der l. *(seit langem)* erwartete Regen; l. anhaltender Beifall; das wird heute wieder eine lange Nacht *(wir werden heute wieder [fast] die ganze Nacht hindurch arbeiten, feiern o. ä.);* an langen Winterabenden; nach langem Überlegen; die Sitzung war heute l.; jetzt werden die Tage wieder länger; je länger, je lieber; ich kann das nicht länger mit ansehen; **b)** *von bestimmter Dauer:* ich musste zwei Stunden l. warten; den ganzen Winter l. trainieren; einen Augenblick l. *(kurze Zeit)* war er ohne Besinnung; das werde ich mein Leben l. nicht *(nie)* vergessen;
★ **lang und breit/des Langen [und Breiten]** *(sehr ausführlich)* · **seit langem** *(seit langer Zeit).*
²lang: ↑entlang.
langatmig: langatmige Reden; seine Predigt war sehr l.; etw. l. erzählen, erklären.
lange: a) *zeitlich besonders ausgedehnt, entfernt:* die Sitzung hat heute l. gedauert; wie l. dauert es noch?/(ugs.:) wie l. noch?; sie ließ mich l. warten; bleib nicht so l. fort; es ist schon l., noch nicht l. her; auf meinen Anruf kann er l. warten *(ich werde ihn nicht anrufen);* ich habe heute l. gearbeitet, geschlafen; er hat dreimal so l. dazu gebraucht wie ich; es kann nicht mehr l. dauern; was fragst du noch l. *(noch viel),* geh doch einfach; **b)** ⟨in Verbindung mit *nicht)* bei weitem:* das ist [noch] l. nicht alles, nicht das Schlimmste; er spielt l. nicht so gut wie du.
Länge, die: **1.** *Ausdehnung in einer Richtung:* L., Breite und Höhe eines Zimmers; ein Seil von 10 Meter/(auch:) Metern L.; etw. der L. nach *(entsprechend der Längsachse)* legen, falten, durchsägen; die Straße ist in einer L./auf einer L. von einem Kilometer sehr leicht befahrbar; wir liefern die Stücke in/mit verschiedenen Längen; der deutsche Achter gewann mit einer halben L. *(Bootslänge)* [Vorsprung]; mit einigen Längen *(Pferdelängen)* Abstand kamen die anderen Pferde ins Ziel; sie wurde mit einer [ganzen] L./um eine [ganze] L. geschlagen; er ist der L. nach hingefallen; Briefe von solcher L. sind bei ihm nicht selten.
2. *geographische Lage:* die geographische L. bestimmen; die Stadt liegt [auf, unter] 15 Grad östlicher L.
3. *Dauer:* die L. des Films; eine Sendung von einer Stunde L.; ein Vortrag von solcher L. ist eine Zumutung.
4. ⟨Plural⟩ *langatmiger Abschnitt:* der Roman hat viele Längen;
★ **auf die Länge** (ugs.; *auf die Dauer)* · **sich in die Länge ziehen** *(länger als erwartet dauern)* · **etw. in die Länge ziehen** *(etw. verzögern).*

L

langen (ugs.): **1.** ⟨irgendwohin l.⟩ **a)** *mit der Hand erreichen:* bis zur Decke, weit über den Zaun l. können; sie langt bis zum obersten Regalfach; **b)** *greifen:* in den Korb l.; sie langte in die Tasche und holte ein Taschentuch heraus; er hat in die Kasse gelangt *(Geld gestohlen);* sie langte nach der Flasche; ⟨jmdm., sich irgendwohin l.⟩ sie langte ihm an den Kopf; er hat ihr unter den Rock gelangt. **2.** ⟨etw. l.⟩ *[in die Hand] nehmen:* ein sauberes Glas [aus dem Schrank] l.; ⟨jmdm., sich etw. l.⟩ ich langte ihm das Buch aus dem Regal. **3. a)** *genügen:* die Vorräte langen [noch] bis zum Monatsende; der Stoff langt nicht [für ein Kleid]; ⟨jmdm. l.⟩ das langt mir, vielen Dank!; **b)** ⟨mit etw. l.⟩ *auskommen:* mit dem Brot langen wir bis morgen. **4.** ⟨irgendwohin l.⟩ *sich erstrecken:* das Kleid langt gerade bis zum Knie; ⟨jmdm. irgendwohin l.⟩ der Mantel langt mir/ihm fast bis zum Knöchel; ∗ **jmdm. langt es** (ugs.; *jmds. Geduld ist zu Ende)* · **jmdm. eine langen** (ugs.; *jmdm. eine Ohrfeige geben).*

länger: ↑ ¹lang.

Lang[e]weile, die: eine entsetzliche, tödliche, trostlose, grässliche L.; ihn plagt die L.; sie verspürt L.; die L. zu vertreiben suchen; ich kann die L. kaum ertragen; sie tut das aus reiner L.; vor L. gähnen, fast einschlafen, sterben.

langfristig: langfristige Kredite, Investitionen, Verträge; eine langfristige Planung; l. angelegte Gelder; l. sparen; sich in einem Vertrag l. binden.

länglich: ein länglicher Kasten, Tisch; er hat ein längliches Gesicht; das Gebäude, das Zimmer ist [mehr] l.

Langmut, die (geh.): seine L. ist bewundernswert, ist jetzt zu Ende; gegenüber jmdm. L. üben; viel L. zeigen; etw. mit großer L. ertragen.

längs: **I.** ⟨Präp. mit Gen./seltener: mit Dat.⟩ *entlang:* l. des Flusses; die Wälder l. der Straße; l. den Gärten des Palastes. **II.** ⟨Adverb⟩ *der Längsachse nach:* den Schrank l. stellen; den Baumstamm l. durchsägen; ein l. gestreiftes Kleid.

langsam: a) *mit geringer Geschwindigkeit:* ein langsamer Walzer; ein langsames Tempo; eine langsame Fahrt; sie ging mit langsamen Schritten; etw. macht langsame Fortschritte/macht l. Fortschritte; etw. l. angehen lassen; der Zug fährt l. [in die Halle]; er spazierte l. durch den Park; das geht [mir] alles viel zu l.; die Zeit verging l.; immer schön l.! (ugs.; *immer mit der Ruhe!*); **b)** *umständlich, schwerfällig:* ein langsamer Schüler, Mitarbeiter; er ist seiner ganzen Veranlagung nach etwas l.; sie ist l. [in/bei der Arbeit]; **c)** *allmählich:* l. wurde ihr klar, worum es ging; es wird l. Zeit; ∗ **langsam, aber sicher** (ugs.; *nicht sehr schnell, aber unaufhaltsam):* mit ihm geht es l., aber sicher bergab.

längst: a) *schon lange:* der Brief ist l. abgeschickt; das ist l. bekannt; das hättest du mir l. sagen müssen; endlich zahlte er seine l. fälligen Schulden; **b)** ⟨in Verbindung mit *nicht*⟩ *bei weitem:* das ist l. nicht alles; im Lokal ist es l. nicht so gemütlich wie im Garten.

Langweile, die: ↑ Langeweile.

langweilen: a) ⟨jmdn. l.⟩ *jmdm. Langeweile bereiten:* der Redner, die Aufführung, der Film hat uns alle gelangweilt; er langweilte mich mit seinen dummen Geschichten; ich will Sie nicht mit Einzelheiten l. *(ich will sie Ihnen ersparen);* wir standen gelangweilt herum; **b)** ⟨sich l.⟩ *Langeweile haben:* ich habe mich [bei dem Empfang, auf der Party] sehr, furchtbar, schrecklich, zu Tode gelangweilt.

langweilig: ein langweiliger Vortrag, Abend; ein langweiliger *(andere langweilender)* Mensch; die Feier war furchtbar l.; hier war es zum Sterben l. *(sehr langweilig);* mir ist, wird [es] l. hier.

langwierig: eine langwierige Krankheit; langwierige Verhandlungen; der Prozess war l.

Lanze, die: jmdn. mit der L. durchbohren; ∗ **für jmdn., etw. eine Lanze brechen** *(für jmdn., etw. eintreten).*

Lappalie, die: Anlass des Streites war eine L.; ich gebe mich nicht mit Lappalien ab; sich wegen einer L. streiten.

Lappen, der: ein alter, öliger, schmutziger, feuchter L.; den L. auswringen; etw. mit einem L. säubern, abreiben, blank polieren; ÜBERTR.: er blätterte einige L. (salopp; *Geldscheine)* auf den Tisch; wegen Trunkenheit am Steuer musste er seinen L. (salopp; *Führerschein)* abgeben; ∗ **jmdm. durch die Lappen gehen** (ugs.; *jmdm. entkommen):* er ist der Polizei durch die L. gegangen.

läppisch: 1. *kindisch, albern:* ein läppisches Spiel; er hat nur läppische Einfälle; sei nicht so l.; diese Erklärung ist einfach l.; du hast dich [ziemlich] l. benommen. **2.** *lächerlich gering:* der Spieler machte nur läppische drei Punkte; ich habe nur läppische 3 000 DM bekommen.

Lapsus, der (geh.): ein kleiner, peinlicher L.; ausgerechnet ihm passierte der L. mit der falschen Anrede; einen L. begehen; jmdm. unterläuft ein L.

Lärm, der: ein entsetzlicher, ohrenbetäubender, unbeschreiblicher L. brach los; der L. ist unerträglich, nicht zu ertragen; hier herrscht ein solcher L., dass man sein eigenes Wort nicht mehr versteht; der L. legt sich, verebbt, wächst, wird stärker, schwillt an, dringt durch die Wände; die Kinder machten einen heillosen L.; den L. bekämpfen; bei diesem L. kann man nicht schlafen; man wird durch diesen/von diesem L. noch krank; seine Stimme ging im L. der Motoren unter; ÜBERTR.: um den Filmstar, um diese Angelegenheit wird viel zu viel L. *(Aufhebens)* gemacht;

Ⓡ viel L. um nichts *(völlig unbegründetes Aufbauschen einer unbedeutenden Sache);* ∗ **Lärm schlagen** *(Aufmerksamkeit erregen; laut protestieren)*.

lärmen: a) *Lärm machen:* die Schüler lärmen auf dem Schulhof; eine lärmende Menge zog durch die Straße; **b)** *laut ertönen:* Musik lärmte stundenlang; das Radio lärmte in/aus den Häusern.

Larve, die: die L. eines Käfers; die L. ist aus dem Ei [aus]geschlüpft.

lasch (ugs.): **1.** *ohne Energie, schlaff:* ein lascher Händedruck; er hat einen laschen Gang; sei nicht immer so l.; ÜBERTR.: er hat recht lasche *(keine klaren und festen)* Anschauungen; das Popkonzert, der Typ war ziemlich l. *(langweilig, uninteressant).* **2.** (ugs. landsch.) *fade:* eine lasche Suppe; das Essen ist ein bisschen l., schmeckt l.

lassen: 1. a) ⟨etw. l.⟩ *unterlassen:* lass das!; lass die Spielerei, diese Bemerkungen!; er kann das Trinken, das Spielen nicht l.; zuletzt wusste sie nicht mehr, was sie tun und l. sollte; zuerst wollte ich ihn anzeigen, aber dann habe ich es doch gelassen *(nicht getan);* Ⓡ tu, was du nicht l. kannst *(du musst selbst wissen, was du tust);* **b)** ⟨von etw. l.⟩ *ablassen:* nicht vom Spielen, vom Alkohol l.; auch im Alter kann er vom Sport nicht ganz l.; **c)** (veraltend) ⟨von jmdm., etw. l.⟩ *sich von jmdm., etw. trennen:* voneinander nicht l. können. **2.** ⟨jmdn., etw. irgendwo l.⟩ *zurücklassen:* ich lasse meine Tasche, mein Auto zu Hause; das Gepäck habe ich am Bahnhof gelassen *(aufbewahrt);* ich lasse das Kind nicht allein in der Wohnung; die Tiere nachts auf der Weide lassen; lassen Sie [mir/für mich] bitte noch etwas Kaffee in der Kanne; wo hast du denn den Schlüssel gelassen?; ÜBERTR.: ich habe in dem Geschäft heute viel Geld gelassen (ugs.; *ausgegeben).* **3.** ⟨jmdm. etw. l.⟩ *überlassen:* ich kann dir das Buch bis morgen l.; ich lasse Ihnen meinen Ausweis als/zum Pfand; für Vater hat dem Sohn den Wagen für den Urlaub gelassen; billiger kann ich Ihnen das Gerät nicht l. *(abtreten, verkaufen);* sie ließ ihm seinen Spaß *(hat ihm den Spaß nicht verdorben);* das muss man ihm l. *(zugestehen),* kleinlich war er nie. **4.** ⟨jmdn., etw. irgendwohin l.⟩ *hinein-, herauslassen:* keinen Fremden in die Wohnung l.; die Tiere aus dem Stall, auf die Weide l.; die Träger ließen den Sarg in die Tiefe; es wird niemand vorzeitig in den Saal gelassen; Wasser in die/aus der Wanne, frische Luft ins Zimmer l.; er hat [mir] die Luft aus den Reifen gelassen. **5.** ⟨jmdn., etw. l.; mit Umstandsangabe⟩ *belassen:* die Kleider gleich im Koffer l.; das Kind in der Schule l. *(es nicht herausnehmen);* jmdn. in Ruhe, in Frieden, bei/in seinem Glauben, ungeschoren, zufrieden, unbehelligt, ohne Aufsicht l.; etw. so l., wie es ist; nichts unversucht l.; etw. in der Schwebe, unangetastet l.; wir wollen es dabei

l.; wir haben alles beim Alten gelassen; einen Brief ungeschrieben l.; man lässt das alles ganz bewusst im Dunkeln; sie lassen uns im Ungewissen. **6.** ⟨jmdn., sich, etw. l.; in Verbindung mit einem Infinitiv⟩ *veranlassen; zulassen:* jmdn. rufen, grüßen, kommen, warten l.; einen Anzug reinigen l., den Wagen waschen l.; sie hat das Wasser [in die Wanne] laufen l./(selten:) gelassen; sie haben das arme Tier einfach verhungern l.; ich lasse mich nicht beleidigen; sie hat ihn gehen l. müssen; lass mich bitte ausreden; jmdn. etw. Vernünftiges lernen l.; [sich] die Speisekarte bringen l.; [sich] etw. in der Wohnung, im Auto einbauen l.; das Licht brennen l.; ich lasse mich davon nicht abbringen; ⟨auch ohne Akk.⟩ er lasse bitten *(der Besucher soll bitte hereinkommen);* ⟨jmdm., sich etw. l.; mit Infinitiv⟩ ich lasse mir das nicht gefallen, wegnehmen; jmdm. etw. ausrichten, mitteilen, bringen l.; ich habe mir sagen l. *(habe erfahren),* wie es passiert ist; sie hat mir eine Nachricht zukommen l.; sie lässt sich nichts/ nicht das Geringste anmerken. **7.** ⟨sich l.⟩ in Verbindung mit einem Infinitiv; gewöhnlich mit Umstandsangabe⟩ *die Möglichkeit zu etw. bieten:* das Material lässt sich gut verarbeiten; die Tür hat sich nicht mehr öffnen l.; der Wein lässt sich trinken *(ist recht gut);* das lässt sich *(kann man)* nicht beweisen; das lässt sich hören *(ist akzeptabel);* das lässt sich denken *(ist verständlich);* ich glaube, das lässt sich [irgendwie] machen, arrangieren *(ist möglich);* das lässt sich nicht [mehr] umgehen; ⟨es lässt sich etw. tun⟩ hier lässt es sich leben *(hier kann man gut leben);* es lässt sich nicht leugnen, dass ... **8.** ⟨als Imperativ; in Verbindung mit einem Infinitiv⟩ /drückt eine aufmunternde, freundliche Aufforderung aus/: komm, lass uns jetzt gehen!; ∗ **etw. etw. sein lassen** (ugs.; *etw. nicht mehr beachten*): sie ließ die Arbeit Arbeit sein und ging ins Schwimmbad.

lässig: 1. *ungezwungen:* eine lässige Haltung; lässige Eleganz; ein lässiger Typ; eine lässige Art haben; l. grüßen; l. im Sessel sitzen. **2.** (ugs.) *leicht:* das schaffen wir ganz l. bis heute Abend; er läuft die Strecke l. in 11 Sekunden.

Last, die: **1.** eine leichte, schwere, drückende, wertvolle L.; du bist eine süße L. (ugs. scherzh.; *ich trage dich gern);* eine L. abwerfen, [auf]laden, bewegen, heben, schleppen, tragen; die Brücke trägt eine enorme L.; Lasten mit einem Kran befördern; ein Aufzug für schwere Lasten; ÜBERTR.: unter der L. *(der erdrückenden Vielzahl)* der Beweise gestand er. **2.** *Bürde, Belastung:* die L. des Amtes, des Alters; das ganze Leben war für ihn Mühe und L.; ihn drückt die L. der Verantwortung; mit dieser Aufgabe hat sich eine schwere L. auferlegt, aufgebürdet; eine große L. auf sich nehmen; auf andere

abwälzen; ich bin mir selbst zur L. *(komme mit mir selbst nicht zurecht).*
3. ⟨Plural⟩ *finanzielle Verpflichtungen:* soziale, steuerliche Lasten; die Lasten für die Verteidigung; auf dem Grundstück liegen erhebliche Lasten *(rechtliche Verbindlichkeiten);* ∗ jmdm. zur Last fallen/werden *(jmdm. Mühe, Kosten, Unannehmlichkeiten bereiten)* · jmdm. etw. zur Last legen *(jmdn. für etw. verantwortlich machen):* ihm wurden zwei Morde zur Last gelegt · zu jmds., etw. Lasten (1. Kaufmannsspr.; *auf jmds. Rechnung.* 2. *zum Nachteil, Schaden für jmdn., etw.:* das geht wieder zu Lasten einer Minderheit).
lasten: 1. ⟨auf jmdm., etw. l.⟩ *als Last auf jmdm., etw. liegen:* der schwere Sack lastete auf seinem Rücken; ÜBERTR.: der Verdacht hat auf ihm gelastet; ADJ. PART.: eine lastende *(drückende)* Hitze, Schwüle.
2. ⟨auf etw. l.⟩ *etw. finanziell, wirtschaftlich belasten:* auf dem Haus lastet eine Hypothek; die große Zahl der Arbeitslosen lastet auf der Wirtschaft.
Laster, das: ein gefährliches, verhängnisvolles L.; viele L. haben; sich einem L. hingeben; einem L. (geh.:) frönen, verfallen sein; das Spielen wurde ihm zum L.; ∗ langes Laster (ugs.; *sehr großer, dünner Mensch).*
lästern (abwertend) ⟨über jmdn., etw. l.⟩: wir haben über ihn, über seine Heirat gelästert.
lästig: ein lästiger Mensch, Besucher, Vertreter; eine lästige Aufgabe, Pflicht; jmdm. l. werden; das Kind war ihr l.; bei der Wärme ist mir der Mantel l.; die Arbeit fiel ihm l.
Latein, das: L. lernen, sprechen; der Text ist in klassischem L. abgefasst; morgen haben wir kein L. (Schülerspr.; *keinen Lateinunterricht);* ∗ mit seinem Latein am Ende sein *(nicht mehr weiterwissen).*
Laterne, die: eine stark leuchtende, schwache L.; vor dem Haus hing, stand eine schmiedeeiserne L.; die Laternen brennen die ganze Nacht; eine L. anstecken, anzünden, auslöschen; die Kinder hatten alle Laternen *(Lampions)* aus Papier; unter einer L. *(Straßenlaterne)* stehen, parken; ∗ die rote Laterne (ugs., bes. Sport; *letzter Platz in der Tabelle)* · jmdn., etw. mit der Laterne suchen können (ugs.; *jmdn., etw. von der Art selten finden, antreffen).*
Latschen, der (ugs.) ⟨meist Plural⟩: schief gelaufene L.; er läuft den ganzen Tag in L. herum; ∗ aus den Latschen kippen (ugs.; 1. *ohnmächtig werden.* 2. *die Fassung verlieren).*
Latte, die: **1. a)** *langes, schmales und flaches Stück Holz:* verfaulte Latten [des Zaunes, am Zaun] ersetzen; ein Verschlag aus Latten und Brettern; **b)** (Sport) *Querlatte beim [Stab]hochsprung:* die L. blieb liegen, ist heruntergefallen; er übersprang, riss die L.; sie nahm die L. [mit einem

Bein] mit; **c)** (Sport) *Querbalken beim Tor:* er traf [nur] die L., schoss an, gegen, über die L.
2. ⟨in der Fügung⟩ eine [lange, große, schöne usw.] Latte (ugs.; *eine Menge)* eine L. Schulden; eine ganze, lange L. Vorstrafen; ∗ lange Latte (ugs.; *sehr große, dünne Person)* · jmdn. auf der Latte haben (ugs.; *jmdn. nicht leiden können).*
lau: **1.** *mäßig warm:* ein lauer *(milder)* Abend, Wind; die Nacht ist l.; die Suppe, der Kaffee ist l.; das Wasser darf nur l. sein; etw. l. trinken; ÜBERTR.: das Geschäft, die Nachfrage, das Interesse ist l. *(mäßig).*
2. *unentschlossen, halbherzig:* ein lauer Kerl; eine laue Haltung; eine laue Entscheidung; sich l. verhalten.
Laub, das: *Blätter von Bäumen, Sträuchern:* frisches, dichtes, grünes, herbstliches, trockenes, moderndes L.; L. tragende Bäume; das L. raschelt, verfärbt sich, fällt von den Bäumen; das L. zusammenkehren; die Bäume sind noch ohne L., bekommen wieder L.
Laube, die: *offenes Gartenhäuschen:* in fast jedem Schrebergarten steht eine L.; eine L. bauen; in der L. sitzen; Ⓡ [und] fertig ist die L.! (ugs.; *damit ist es schon geschafft!).*
Lauer, die: ⟨in den Wendungen⟩ auf der Lauer liegen/(seltener:) sein/sitzen/stehen (ugs.; *einen bestimmten Augenblick abpassen, um etw. zu tun)* · sich auf die Lauer legen (ugs.; *auf einen bestimmten Augenblick gespannt warten).*
lauern ⟨auf jmdn., etw. l.⟩: auf eine gute Gelegenheit, auf den Briefträger l.; die Katze lauert auf die Maus; er lauert darauf, dass ein Fehler mache; ⟨irgendwo l.⟩ der Libero lauert am Strafraum; ÜBERTR.: überall lauern Gefahren; ADJ. PART.: einen lauernden *(hinterhältigen)* Blick haben.
Lauf, der: **1. a)** *das Laufen:* sein L. wurde immer schneller; sie kam in eiligem L. daher; plötzlich im L. anhalten, innehalten; er war von dem L. völlig erschöpft; **b)** (Sport) *Wettlauf:* zweiter L. der Vorrunde; er gewann den L. in Rekordzeit; an einem L. teilnehmen.
2. *Ablauf, Fortgang:* das ist der L. der Geschichte, der Dinge, der Welt; das Verfahren, den Prozess in seinem L. nicht beeinflussen.
3. *Weg, Verlauf:* der L. des Flusses; dem L. des Baches folgen; an oberen, unteren L. des Rheins.
4. *das Arbeiten, In-Betrieb-Sein:* den L. der Maschinen prüfen; der Motor hat einen leisen, runden, angenehm klingenden, rauen, unruhigen L.
5. *Rohr von Schusswaffen:* ein verrosteter Lauf; der L. des Gewehrs ist gezogen; den L. der Pistole reinigen.
6. (Musik) *schnelle Tonfolge:* ein Stück mit schnellen, schwierigen Läufen spielen.
7. (Jägerspr.) *Bein bestimmter Tiere:* die Läufe des Hasen, des Rehs, des Hundes; ∗ etw. (Dat.) ihren Lauf/freien Lauf lassen *(eine*

Regung o. Ä. nicht zurückhalten): seinem Zorn, seiner Fantasie, seinen Tränen freien L. lassen; den Dingen ihren L.. lassen · **seinen Lauf nehmen** *(nicht mehr aufzuhalten sein):* das Verhängnis nahm seinen L.. · **im Lauf[e]** *(während, innerhalb):* im L. eines Tages, des Lebens · **im Lauf[e] der Zeit** *(nach und nach, allmählich).*
laufen: 1. *schnell gehen; rennen:* sie musste l., um den Bus noch zu bekommen; wie der Wind, wie ein Wiesel, was die Beine hergeben l.; sie lief, was sie konnte (ugs.; *so schnell sie konnte*); er kam eilig gelaufen; schnell aus dem Haus, über das Feld, um die Ecke, zur Tür, ins Freie l.; so lauf doch! *(beeil dich!);* die Pferde liefen im Galopp; mit jmdm. um die Wette l.; viele Ameisen liefen *(krabbelten)* über den Weg. **2. a)** (ugs.) *gehen:* das Kind kann noch nicht l.; der Kleine läuft schon [tüchtig]; sie läuft noch sehr unsicher, an Stöcken; er lief unruhig auf und ab, hin und her; **b)** *zu Fuß gehen:* ich werde heute nicht fahren, sondern l.; nach Hause l.; wir sind im Urlaub viel, jeden Tag fünf Stunden gelaufen; [schnell einmal] zum Bäcker, zur Post l.; wir sind in zehn Minuten von hier zum Bahnhof gelaufen; von der Haltestelle aus sind es noch fünf Minuten zu l.; wir müssen noch etwa eine halbe Stunde l., bis wir zu Hause sind; **c)** (irgendwohin l.) *im Laufen an, gegen etw. stoßen:* in der Dunkelheit lief er gegen den Zaun; sie lief in ein Auto; (jmdm. irgendwohin l.) er ist mir ins Auto, vor die Räder gelaufen; **d)** (ugs.; meist leicht abwertend) (irgendwohin l.; gewöhnlich mit Umstandsangabe) *sich häufig begeben:* sie läuft dauernd ins Café; er läuft wegen jeder Kleinigkeit zum Arzt; er ist zu jedem Fußballspiel gelaufen *(hat es besucht).* **3. a)** (Sport) (mit Umstandsangabe) *als Läufer an den Start gehen:* sie läuft für Italien, vor vollen Tribünen; die besten Pferde sind gestern schon gelaufen; er hat/ist fantastisch gelaufen; **b)** (mit l.) *eine Strecke laufend zurücklegen:* zehn Kilometer, einen Umweg, eine Ehrenrunde l.; ich bin diese Strecke täglich gelaufen; der Sprinter ist/hat die 100 m in 10,0 Sekunden gelaufen; **c)** (Sport) *eine bestimmte Zeit im Wettlauf erreichen:* er hat/ist einen neuen Rekord, die beste Zeit gelaufen; er hat/ist 10,0 Sekunden gelaufen; **d)** *sich auf etw. fortbewegen:* Ski l.; ich bin/(seltener:) habe früher Rollschuh gelaufen. **4. a)** (sich irgendwie l.) *sich durch Laufen in einen bestimmten Zustand bringen:* sie hat sich müde, hungrig gelaufen; **b)** (sich (Dat.) etw. l.; mit Umstandsangabe) *durch Laufen in einen bestimmten Zustand versetzen:* sich die Füße wund l.; sich Blasen [an die Füße], ein Loch in die Schuhsohle l. **5.** (es läuft sich irgendwie; mit Umstandsangabe): *man kann sich zu Fuß fortbewegen:* bei Glatteis, auf diesem Weg im Hochgebirge läuft es

sich schlecht; in diesen Schuhen läuft es sich bequem. **6. a)** (irgendwohin l.) *fließen, strömen:* das heiße Wasser läuft in die Wanne; das Regenwasser lief durch die Decke, über den Hof in den Gully; (auch ohne Raumangabe) das Wasser läuft *(fließt aus der Leitung);* der Käse beginnt zu l. (ugs.; *wird weich und flüssig);* (jmdm. irgendwohin l.) ihr liefen die Tränen über das Gesicht; der Schweiß ist ihm von der Stirn gelaufen; **b)** *undicht sein:* das Fass, der Kessel läuft noch immer; der Wasserhahn läuft *(tropft);* (jmdm. l.) ihr lief *(tropfte ständig)* die Nase. **7. a)** (Zeitangabe) *gültig sein:* der Vertrag läuft zwei Jahre [lang], über zwei Jahre; das Abkommen läuft nur noch bis zum Jahresende; **b)** (mit Umstandsangabe) *eingetragen sein:* das Auto läuft auf den Namen ...; das Projekt läuft unter dem Decknamen ...; die Rechnung läuft auf die Firma ... **8.** *vonstatten gehen:* der Antrag, die Bewerbung läuft *(ist eingereicht);* der Prozess läuft noch; gegen ihn läuft eine Anzeige, ein Verfahren; ich muss erst sehen, wie die Sache läuft; das Geschäft ist wie geplant, nach Wunsch; das Treffen lief nicht so, wie man erwartet hatte; der Vortrag läuft mit der Vorlesung parallel; er lässt alles einfach l. (ugs.; *kümmert sich um nichts);* der Laden läuft (ugs.; *funktioniert)* auch ohne ihn; ich möchte wissen, was hier läuft (ugs.; *vor sich geht);* zwischen den beiden läuft nichts mehr (ugs.; *sie verstehen sich nicht mehr);* (es läuft irgendwie) wie es weiß, wie läuft l. (ugs.; *wie mans macht).* **9.** *in Betrieb sein:* die Kamera, das Tonband, der Fernsehapparat läuft *(ist eingeschaltet);* das Radio läuft manchmal stundenlang; der Motor läuft ruhig, rau, laut, nicht einwandfrei, (ugs.:) nicht sauber, auf vollen Touren, mit halber Kraft; die Uhr läuft wieder; der Zähler läuft zu schnell. **10.** (irgendwo[hin] l.) *sich bewegen:* der Kran läuft auf Schienen; das Seil läuft über Rollen; der Faden läuft *(rollt)* von der Spule; von den Fließbändern liefen zwei Millionen Fahrzeuge *(sie wurden auf den Fließbändern produziert);* ÜBERTR.: die Finger des Pianisten liefen über die Tasten; ein Gemurmel lief durch die Reihen; ein Zittern lief durch ihren Körper; (unpers.:) [vor Grauen] lief es ihm eiskalt über den Rücken. **11.** (mit Umstandsangabe) *gespielt, gezeigt werden:* der Film läuft in allen Kinos, seit Freitag, schon in der dritten Woche; läuft der Hauptfilm schon?; das Stück lief mehrere Jahre am Broadway; die Sendung, das Interview lief in dritter Programm; die Show ist gestern über den Bildschirm gelaufen (ugs.; *wurde im Fernsehen gezeigt).* **12.** (irgendwohin l.) *fahren:* die Schiffe laufen auf neuem Kurs; der Frachter läuft aus dem Hafen;

im Nebel sind mehrere Schiffe auf Grund gelaufen *(haben sich festgefahren)*.
13. ⟨mit Umstandsangabe⟩ *verlaufen:* die Anschlüsse laufen hier irgendwo durch die Wand; die Bahn[strecke] läuft rechts des Rheins, auf der rechten Rheinseite; die Linien, die Straßen laufen parallel;
∗ **jmdn. laufen lassen** (ugs.; *jmdn. freilassen)* · **gelaufen sein** (ugs.; *vorbei sein, nicht mehr zu ändern sein)*: die Sache ist gelaufen; um 19 Uhr ist alles gelaufen; für mich ist der Abend gelaufen.

laufend: a) *ständig; regelmäßig wiederkehrend:* die laufenden Geschäfte, Arbeiten; der laufende Meter *(ein Meter vom großen Stück)* kostet ...; die laufenden Kosten; es rufen l. neue Bewerber an; man hat ihn l. unterrichtet; **b)** *gegenwärtig:* das laufende Jahr; am Achten des laufenden Monats; die laufende Nummer der Zeitschrift;
∗ **auf dem Laufenden sein/bleiben** *(immer über das Neueste informiert sein)* · **jmdn. auf dem Laufenden halten** *(jmdn. ständig informieren)* · **mit etw. auf dem Laufenden sein** *(nicht im Rückstand sein)*.

Läufer, der: **1.** a) *jmd., der Laufen als sportliche Disziplin betreibt:* er gehört zu den schnellsten Läufern der Welt; **b)** (Fußball) *Spieler, der die Verbindung zwischen Sturm und Verteidigung herzustellen hat:* er spielt [als] rechter L.
2. /*Figur beim Schach/:* den L. schlagen, vor den König stellen.
3. *langer, schmaler Teppich:* ein dicker, roter L.; den L. [im Flur] ausrollen.
Laufpass, der: ⟨in der Wendung⟩ **jmdm. den Laufpass geben** (ugs.; *die Beziehung zu jmdm. abbrechen)*.
Laune, die: a) *Stimmung:* gute, schlechte L.; seine L. hat sich gebessert; jmdm. [mit etw.] die L. verderben; übler, bester L. sein; jmdn. bei [guter] L. halten; diese Nachricht hat ihn in gute L. versetzt; seine L. an jmdm. auslassen; hat der aber heute eine L. (ugs.; *schlechte Laune)*; **b)** ⟨Plural⟩ *wechselnde Stimmungen:* sie hat [keine] Launen; seine Launen an anderen auslassen; jmds. Launen mit Geduld ertragen; die Familie hat unter seinen Launen sehr zu leiden; die Launen *(Unwägbarkeiten)* des Schicksals.
launisch: ein launischer Mensch; ein launischer Charakter; er ist [sehr] l.; sie ist als l. bekannt; ÜBERTR.: der launische April; das Glück ist l.
Laus, die: Läuse haben; Läuse fangen, zerdrücken, knacken; einem Tier die Läuse absuchen, auskämmen;
∗ **jmdm. ist eine Laus über die Leber gelaufen/gekrochen** (ugs.; *jmd. ist verärgert)* · **jmdm. eine Laus in den Pelz/ins Fell setzen** (ugs.; 1. *jmdm. Ärger bereiten.* 2. *jmdn. misstrauisch machen)* · **sich eine Laus in den Pelz/ins Fell setzen** (ugs.; 1. *misstrauisch werden.* 2. *einen heimlichen*

Widersacher einstellen, zu seinem Vertrauten machen).
lauschen: 1. *[heimlich] zuhören:* an der Wand l.; ich merkte, dass er an/hinter der Tür lauschte.
2. a) ⟨jmdm., etw. l.⟩ *aufmerksam zuhören:* das Publikum lauschte andächtig dem Redner, der Musik; ⟨auch ohne Dat.⟩ er erzählte von seinen Erlebnissen, und die Kinder lauschten gespannt; hingegeben, ergriffen, neugierig l.; **b)** ⟨auf etw. (Akk.) l.⟩ *horchen:* auf jmds. Schritte, auf die Musik l.
lausen: ⟨jmdn., sich l.⟩ die Hunde müssen gelaust werden; der Hund laust sich; die Affen lausen ihre Jungen.
lausig (ugs.): **1.** (abwertend) *unangenehm, schlecht:* das ist eine lausige Arbeit, Angelegenheit; es kommen lausige Zeiten; ein lausiges Honorar; ein paar lausige *(schäbige)* Pfennige.
2. a) *sehr groß:* eine lausige Kälte; **b)** ⟨verstärkend vor Adjektiven und Verben⟩ *sehr:* das tut l. weh; etw. kostet l. viel Geld.
¹laut: a) *weithin hörbar:* eine laute Stimme; lautes Weinen; laute Schritte; lauter Jubel, Beifall; das Radio ist zu l. eingestellt; der Motor ist, läuft l.; etw. l. und deutlich sagen; l. lesen, singen; bitte lauter [sprechen]!; er wird immer gleich l. *(steigert vor Erregung seine Stimme);* er hat l. gedacht *(vor sich hin geredet);* so etwas darf man nicht l. *(offen, öffentlich)* sagen; ÜBERTR.: laute *(grelle)* Farben; **b)** *geräuschvoll; voller Lärm:* eine laute Straße; eine laute *(hellhörige)* Wohnung; laute *(häufig Lärm verursachende)* Nachbarn; die Gegend ist mir zu l.; die Kinder sind l. *(machen Lärm);* seid bitte nicht so l.!;
∗ **laut werden** (geh.; *bekannt werden)*: Gerüchte, Klagen wurden l.; über die Verhandlungen hat man nichts l. werden lassen.
²laut (Papierdt.) ⟨Präp. mit Gen., auch mit Dat.⟩: *nach jmds. Angaben; dem Wortlaut von etw. entsprechend:* l. Gesetz, Befehl; l. amtlicher Mitteilung; l. Radio Athen; l. unseres Schreibens/ (auch:) unserem Schreiben; l. ärztlichen Gutachtens/(auch:) ärztlichem Gutachten; l. dem Bericht des Ministers; l. Grundgesetz; l. Erlassen des Ministeriums.
Laut, der: **1.** *Geräusch:* seltsame, geheimnisvolle Laute; piepsende Laute; Laute der Wut; kein L. war zu hören; der Vogel gab keinen L. von sich.
2. *menschlicher Sprachlaut:* ein kurzer, fremder L.; ein lang/offen gesprochener L; unverständliche, unartikulierte, wirre Laute hervorbringen, ausstoßen; einen L. [mit den Lippen] bilden, [in bestimmter Weise] aussprechen.
lauten: 1. (geh.) ⟨irgendwie l.⟩ *sich anhören:* das Gutachten lautet verlockend.
2. a) ⟨irgendwie l.⟩ *einen bestimmten Wortlaut haben:* der Satz, der Text lautet folgendermaßen ...; sein Auftrag lautet dahin, dass ...; »Kopf hoch«, so lautet jetzt die Devise; wie lautet das sechste Gebot?; **b)** ⟨auf etw. (Akk.) l.⟩ *einen be-*

stimmten Inhalt haben: die Anklage lautet auf Mord; das Urteil lautet auf zwei Jahre Gefängnis, auf Freispruch; die Papiere lauten auf meinen Namen *(sind auf meinen Namen ausgestellt).*

läuten: 1. a) *ertönen:* alle Glocken in der Stadt läuten von den Kirchtürmen; die Glocke läutet zur Feier, zu Mittag; ⟨es läutet⟩ jeden Tag läutet es um 12 Uhr; b) ⟨etw. l.⟩ *durch Läuten anzeigen:* die Glocke läutete 11 Uhr, läutet Mittag; c) ⟨etw. l.⟩ *ertönen lassen:* der Küster läutet die Glocke[n]; die Glocken werden jetzt elektrisch geläutet. 2. (landsch., bes. südd., österr.) a) *klingeln:* der Wecker hat geläutet; ich lasse das Telefon mehrmals l.; ⟨es läutet⟩ es hat geläutet; es läutet zur Arbeit, zur Frühstückspause; b) *eine Klingel betätigen:* kurz, leise, stürmisch l.; an der Tür l.; bitte dreimal l.!; c) ⟨jmdm./nach jmdm. l.⟩ *jmdn. durch Klingeln herbeirufen:* der Nachtschwester, nach dem Zimmerkellner l.; * [von] etw. **läuten hören** (ugs.; meist in Vergangenheitsformen; *gerüchtweise [von] etw. hören*): wir haben davon l. hören/gehört, dass ...

lauter: I. ⟨Adj.⟩ (geh.): 1. *rein, unvermischt:* Schmuck aus lauterem Gold; ÜBERTR.: er sprach, sagte die lautere Wahrheit. 2. *aufrichtig:* ein lauterer Charakter; ein Mensch von lauterer Gesinnung; seine Absichten sind bestimmt l. II. ⟨Adverb⟩ (ugs.): *nur, nichts als:* das sind l. Lügen; er tut das aus l. Langeweile; l. dummes Zeug reden; er hüpfte vor l. Freude.

läutern (geh.): a) ⟨jmdn., etw. l.⟩ *von Schwächen, Fehlern befreien:* die Krankheit hat ihn, sein Wesen geläutert; seit dem Unglück ist er geläutert; b) ⟨sich l.⟩ *Schwächen, Fehler ablegen:* er hat sich noch nicht geläutert.

lavieren: a) *Schwierigkeiten überwinden:* sie musste geschickt l.; er laviert [geschickt] zwischen den beiden Regierungen, zwischen den Machtblöcken; b) ⟨sich aus etw. l.⟩ *sich herauswinden:* er lavierte sich aus der schwierigen Lage.

Lawine, die: eine L. geht nieder, donnert zu Tal; die L. verschüttete die Straße/einige Häuser, riss mehrere Personen mit sich [in die Tiefe], begrub alles unter sich; an diesem Hang gehen immer wieder Lawinen ab; ein unvorsichtiger Schritt kann eine L. auslösen; von einer L. erfasst, verschüttet werden; ÜBERTR.: eine L. *(eine Fülle)* von Angeboten, von Briefen ist bei uns eingegangen; die rollende L. der Ereignisse.

lax: eine laxe Auffassung, Moral; seine Haltung ist [sehr] l.; etw. l. durchführen, handhaben.

leben: 1. a) *am Leben sein; existieren:* seine Eltern leben noch; der Verunglückte lebte nicht mehr, als der Arzt eintraf; das Kind hat nur wenige Stunden gelebt; er hat nicht lange gelebt *(ist früh gestorben);* sie wollte nicht mehr länger l.; nicht mehr lange zu l. haben *(todkrank sein);* jmdn. l. lassen *(nicht töten);* nicht l. und nicht sterben können *(sich sehr krank fühlen);* lebst du [über-

haupt] noch? (ugs. scherzh.; Frage an jmdn., der sehr lange nichts von sich hören ließ); das stimmt, so wahr ich lebe (ugs.; Beteuerungsformel); er lebte im 15. Jahrhundert, von 1864 bis 1923, fast 80 Jahre; wie viele Menschen leben auf der Erde?; er weiß zu l. *(weiß das Leben zu genießen);* die lebende *(heutige)* Generation; die noch lebenden Nachkommen; lebend gebärende (Zool.; *lebende Junge zur Welt bringende)* Tiere; lebende *(echte)* Blumen; das lebende Inventar (Rechtsw.; *Viehbestand);* ℝ l. und l. lassen; ÜBERTR.: das Bild, die Statue lebt [förmlich, gleichsam] *(ist sehr ausdrucksvoll);* die Hoffnung lebt in ihr; eine lebende *(in der Gegenwart gesprochene)* Sprache; b) *fortbestehen:* der Künstler lebt in seinen Werken; sein Andenken lebt in uns; ihr Name wird für alle Zeiten l. 2. ⟨irgendwo l.⟩ *wohnen:* in der [Groß]stadt, auf dem Lande l.; er lebte [seit zwei Jahren, schon zwei Jahre lang, illegal, unter einem falschen Namen] in München, auf Madagaskar; ÜBERTR.: sie lebt in der Vergangenheit, in einer Traumwelt. 3. a) ⟨irgendwie l.⟩ *sich ernähren:* Diät, fleischlos, fast nur von Gemüse l.; sie lebt streng nach Diät; sie leben sehr gesund; b) ⟨von etw. l.⟩ *seinen Lebensunterhalt bestreiten:* von den Zinsen, von seiner Hände Arbeit l.; von diesem Gehalt, von der Rente allein kann ich nicht l.; von seinen Eltern l.; von der Liebe, von Einbildungen kann man nicht l.; von Luft und Liebe l. (ugs.; *sich keine Gedanken darüber machen, wovon man lebt);* ℝ das ist zum Leben zu wenig, zum Sterben zu viel. 4. a) ⟨irgendwie l.⟩ *sein Leben verbringen:* einsam, zurückgezogen, ohne Sorgen, gut, anständig, armselig, einfach, sparsam, üppig, (ugs.:) flott, entsaltsam, christlich l.; aus dem Koffer l. *(immer unterwegs sein);* in glücklicher Ehe l.; mit einer Frau l.; sie lebt seit ihrem Mann getrennt; in kleinen, in geordneten Verhältnissen; im Wohlstand, im Überfluss, wie ein Fürst in Frankreich, wie ein Fürst l.; (ugs.:) l. wie die Made im Speck; sie hat gelernt mit seiner Krankheit zu l.; damit kann ich l. *(das ist für mich [noch] akzeptabel);* damit musst du l. *(damit musst du dich abfinden);* herrlich und in Freuden l.; über seine Verhältnisse l.; sie leben unter falschem Namen; sie leben wie Hund und Katze (leben in ständigem Streit); viele Tiere leben in Herden; b) ⟨etw. l.⟩ /mit einem Substantiv des gleichen Stammes als Objekt/ *verbringen:* ein glückliches, eintöniges, trauriges Leben l.; sie lebt ihr eigenes Leben; c) *praktizieren:* Demokratie, Treue, seinen Glauben l.; ⟨auch im 2. Part.:⟩ die hier gelebte Zusammenarbeit; d) ⟨in etw. (Dat.) l.⟩ *sich befinden:* mit jmdm. in Frieden, im Streit l.; ÜBERTR.: er lebt in dem Glauben/Wahn, man sich ihm schaden will; e) ⟨l. + Umstandsangabe⟩ *sein Leben verbringen können:* hier lebt es sich wun-

derbar; bei solchen Menschen, in diesem Klima
lässt es sich gut l.
5. ⟨jmdm., etw./für jmdn., etw. l.⟩ *sich jmdm.,
etw. widmen:* sie lebt nur für ihre Kinder, für ihre
Familie; er lebt für die Wissenschaft, für seine
Idee; ganz seiner Familie, nur seinem Beruf l.;
∗ **wie er/sie leibt und lebt** *(in seiner/ihrer ganz
typischen Art, wie man ihn/sie kennt)* · **jmd., etw.
lebe!** (Wunschformel): es lebe die Freiheit!; lang lebe
der König! · **es von den Lebenden nehmen** (ugs.;
einen hohen, überhöhten Preis verlangen).
Leben, das: **1.** *das Lebendigsein, Existieren:* organisches, irdisches L.; das keimende, werdende L.;
L. und Tod; das L. der Menschen, Tiere, Pflanzen,
eines Volkes, Staates; das L. ist vergänglich; sein
L. hängt an einem [seidenen] Faden; in ihm ist
kein L. mehr; das L. genießen; sein L. verlieren,
wegwerfen; das L./Leib und L. für jmdn., etw. wagen, einsetzen, hingeben, opfern; jmdm. das L./
jmds. L. retten; viele mussten im Krieg ihr L. lassen *(sind im Krieg umgekommen);* nur ihm verdanke ich das/mein L.; das L. künstlich verlängern; das L. aufs Spiel setzen; jmdm. das L.
schwer machen; viele konnten nur das nackte L.
(nur die bloße Existenz) retten; die L. spendende
(geh.; *die Leben ermöglichende*) Sonne; sich das
L. nehmen *(sich selbst töten);* die Entstehung, die
Erhaltung, die Bedrohung, die Zerstörung des
[menschlichen] Lebens; der Sinn, der Wert, die
Freuden des Lebens; den Ernst des Lebens kennen lernen; (geh.:) des Lebens überdrüssig, müde
sein; die Tage seines Lebens sind gezählt *(er lebt
nicht mehr lange);* seines Lebens nicht mehr sicher sein; am L. hängen *(nicht sterben wollen);* am
L. sein, bleiben; ein Kampf auf L. und Tod; für
jmds. L. fürchten; der Arzt hat den Bewusstlosen
wieder ins L. zurückgerufen; etw. mit dem L. bezahlen [müssen]; mit dem L. spielen *(ein lebensgefährliches Risiko eingehen);* sie ist mit ihrem L.
für ihre Überzeugung eingetreten; er hat mit dem
L. abgeschlossen; er rannte vor den Verfolgern
um sein L.; um sein L. bangen, fürchten, kämpfen; der Wille zum L.; sie schwebt zwischen L.
und Tod; ÜBERTR.: das Gemälde hat L. *(ist aus-
drucksstark).*
2. *Lebensform, Lebensweise:* ein einfaches, geselliges, geordnetes, geregeltes, gesichertes, sorgenfreies, glückliches, bewegtes, arbeitsreiches L.;
das L. als Künstler ist hart; das L. in der Stadt, auf
dem Land[e]; ein L. im Rollstuhl; ein L. in Wohlstand, in Frieden und Freiheit; das L. eines Ein-
siedlers führen; ein L. wie im Paradies führen;
sein L. ändern; ein neues L. anfangen, beginnen;
ich konnte das L. hier nicht länger ertragen; sich
ein schönes L. machen *(es sich gut gehen lassen);*
er macht sich das L. angenehm, bequem, etwas
zu leicht; unser L. heute wird von der Technik bestimmt, geprägt.
3. *Lebenszeit, Lebensdauer:* ein kurzes, langes L.;
das L. vergeht schnell; sein L. genießen; er hat

sein L. verpfuscht; sein Leben wegwerfen, verwirken (geh.; *nicht sinnvoll gestalten*); das ganze
L. hindurch/durchs ganze L.; sein L. lang arbeiten; L. *(Lebensgang)* und Werk des Dichters; seinem L. ein Ziel, einen Sinn geben; auf ein erfolgreiches, erfülltes L. zurückblicken; sie hatte es im
L. immer sehr schwer gehabt; ich habe das zum
ersten Mal in meinem L. gesehen.
4. a) *Lebensalltag, Lebenswirklichkeit:* das tägliche L.; das L. geht trotz des Unglücks weiter; ihn
hat das L. geprägt; das L. verlangt Opfer; diese
Geschichte hat das L. geschrieben; das L. meistern; dem L. die guten Seiten abgewinnen; am L.
verzweifeln, zerbrechen; etw. ist aus dem L. gegriffen; für das L. lernen; er ist im L. zu kurz gekommen; sich im L. bewähren; Ⓡ man muss das
L. eben nehmen, wie das L. eben ist (ugs.
scherzh.; *man muss sich mit allem abfinden);*
b) *Gesamtheit der Vorgänge innerhalb eines Be-
reiches:* das gesellschaftliche, künstlerische,
wirtschaftliche L. einer Stadt; im öffentlichen L.
stehen.
5. *Betriebsamkeit:* das L. auf den Straßen; auf
dem Markt herrscht reges L.; die Kinder haben L.
ins Haus gebracht; es ist kein Hauch, Funke,
keine Spur von L. *(Unternehmungslust)* mehr in
ihm;
∗ **das ewige Leben** (christl. Rel.; *das Leben in der
Ewigkeit*) · **das süße Leben** *(ein müßiges Leben in
Luxus)* · **wie das blühende Leben aussehen**
(ugs.; *sehr gesund aussehen*) · **jmds. Leben sein/
für jmdn. das Leben sein** *(jmds. ganzer Lebensinhalt sein)* · **jmdm. das Leben schenken** (geh.;
ein Kind gebären) · **jmdm. das Leben sauer/zur
Hölle machen** *(jmdm. immer wieder Schwierigkeiten, Unannehmlichkeiten bereiten)* · **sein Leben teuer verkaufen** *(alles tun, um in einem
Kampf zu überleben)* · **seinem Leben ein Ende
machen/setzen** (verhüll.; *sich das Leben nehmen*) · **seines Lebens nicht mehr froh werden**
(immer wieder neue Sorgen, Probleme haben) ·
[freiwillig] aus dem Leben scheiden *(sich
selbst töten)* · **sich durchs Leben schlagen** *(sich
mühsam im Daseinskampf behaupten)* · **etw. für
sein Leben gern tun** *(etw. sehr gern tun)* · **etw.
ins Leben rufen** *(etw. gründen)* · **ins Leben treten** *(sich konstituieren)* · **nie im Leben/im Leben
nicht** (ugs.; *niemals, unter keinen Umständen*) ·
mit dem Leben davonkommen *(aus einer großen Gefahr gerettet werden)* · **jmdm. nach dem
Leben trachten** *(jmdn. umbringen wollen)* · **ums
Leben kommen** *(umkommen, getötet werden)* ·
jmdn. vom Leben zum Tode befördern (geh.;
jmdn. töten).
lebendig bei: **1.** *lebend, am Leben:* lebendige Junge zur
Welt bringen; ein lebendiges Wesen; jmdn. bei lebendigem Leibe verbrennen; sich mehr tot als l.
fühlen; wir kamen uns hier vor wie l. begraben;
ÜBERTR.: eine lebendige *(nicht nur formale)* Demokratie; die lebendige *(fortwirkende)* Tradi-

tion; ein lebendiges *(anschauliches)* Beispiel für etw. geben; der lebendige *(im Leben praktizierte)* Glaube; etw. wird [wieder] l. *(taucht wieder aus der Vergessenheit auf)*; etw. bleibt l. *(bleibt deutlich in Erinnerung);* einen alten Brauch, die Erinnerung an etw. l. erhalten.

2. *lebhaft, voll Leben:* eine lebendige Stadt; sie hat eine lebendige Fantasie; das Kind ist sehr l.; * **es von den Lebendigen/vom Lebendigen nehmen** (ugs.; *einen hohen, überhöhten Preis verlangen*).

Lebensart, die: **1.** *gewandtes, ansprechendes Benehmen:* er hat keine L.; jmdm. L. beibringen; ein Mann von [feiner] L. **2.** *Lebensweise:* die heutige L.; eine gesunde, vernünftige L.; sie hat [nicht] die richtige L.

Lebensgefahr, die: bei jmdm. besteht akute L.; Achtung, L.!; außer L. sein; in L. sein, schweben; jmdn. unter L. retten.

Lebenslage, die: jede L. meistern; sie war, zeigte sich jeder L. gewachsen; in jeder L./in allen Lebenslagen zurechtkommen.

Lebenslauf, der: ein ausführlicher, tabellarischer, handgeschriebener L.; einen kurzen L. schreiben; einen L. einreichen; den Bewerbungsunterlagen einen L. beifügen; Bewerbung mit L. und Lichtbild.

lebensmüde: l. sein; du bist wohl l.? (scherzh.; *willst du dich töten?*).

Lebensstandard, der: einen hohen L. haben; der L. steigt, sinkt; ein Land mit niedrigem L.

Lebensunterhalt, der: er verdiente seinen L. als Zeichner, mit Bücherschreiben; seinen L. aus/ von den Mieteinnahmen bestreiten; die Eltern sorgen für seinen L.; nur das Nötigste für den/ zum L. haben; etw. zum L. der Familie beitragen.

Lebenszeichen, das: der Patient gab nur schwache L., kein L. [mehr] von sich; der Schrei als erstes L. des Neugeborenen; ÜBERTR.: wir haben noch [immer] kein L. *(keine Nachricht)* von ihm.

Lebenszeit, die: ⟨gewöhnlich in der Verbindung⟩ **auf Lebenszeit** *(für das ganze weitere Leben):* Beamter auf L.; eine Rente auf L.; auf L. angestellt sein; der Sportler wurde auf L. gesperrt.

Leber, die: die L. ist geschwollen, entzündet; Verfettung der L.; er hat es mit der L. [zu tun] (ugs.; *er ist leberkrank*); die Funktion der L. ist gestört; (Kochk.:) gebratene, gebackene L.;
* **frisch/frei von der Leber weg reden/sprechen** (ugs.; *ohne Scheu, ganz offen sprechen, seine Meinung sagen*) · **sich** (Dat.) **etw. von der Leber reden** (ugs.; *über etwas Belastendes offen reden und sich dadurch davon befreien*).

Leberwurst, die: grobe, feine, hausgemachte L.; ein Brot mit L.;
* **die gekränkte/beleidigte Leberwurst spielen** (ugs.; *aus nichtigem Anlass beleidigt sein, schmollen*).

lebhaft: 1. *temperamentvoll:* ein lebhafter Mensch, Geist; lebhafte Bewegungen; sie hat ein

sehr lebhaftes Wesen; eine lebhafte *(angeregte)* Diskussion führen; lebhafter *(starker)* Beifall; die Kinder sind l.; sich l. unterhalten; etw. l. *(sehr)* bedauern; nun aber ein bisschen l.! (ugs.; *vorwärts!*); ÜBERTR.: sie hat eine lebhafte Fantasie; jmd. hat etw. in lebhafter *(deutlicher)* Erinnerung; das kann ich mir l. *(ganz genau)* vorstellen. **2.** *rege:* hier herrscht ein lebhaftes Treiben; eine lebhafte *(verkehrsreiche)* Straße; eine lebhafte diplomatische Tätigkeit entfalten; lebhafter *(heftiger)* Beifall, Widerspruch; lebhaftes Interesse an jmdm., etw. zeigen; das Geschäft, der Handel, die Nachfrage ist l. **3.** *(von Farben) kräftig:* lebhaftes Grün, Rot; die Krawatte ist mir zu l.; das Stoffmuster wirkt recht l.

leblos: ein lebloser Körper; ein lebloses *(unbewegtes)* Gesicht; jmdn. mit leblosen Augen anblicken; er lag [wie] l. da.

Lebtag, der: ⟨in den Verbindungen⟩ **[all] mein/ dein** usw. **Lebtag** (ugs.; *das ganze Leben lang)* · **mein/dein** usw. **Lebtag nicht** (ugs.; *nie, niemals*).

Lebzeiten: ⟨in der Verbindung⟩ **bei/zu Lebzeiten** *(während des Lebens):* zu/bei meinen L.; schon zu/bei L. der Eltern.

leck: ein leckes Boot; ein leckes Fass; der Tank ist l.

Leck, das: ein L. im Bug; das Schiff hat ein großes L. [bekommen]; der Tanker hat in den Frachter ein L. geschlagen; das L. provisorisch abdichten.

¹lecken: a) ⟨jmdn., sich, etw./an jmdm., sich, etw. l.⟩ *mit der Zunge über jmdn., etw. streichen:* die Katze leckt sich, ihre Jungen; das Kind leckte Eis, am Eis; der Hund leckte an mir, an meiner Hand; ⟨jmdn., sich etw. l.⟩ der Hund leckte mir die Hand; sich die Lippen l.; der Kater leckt sich das Fell; wie geleckt (ugs.; *sehr sauber*) aussehen; **b)** ⟨etw. von etw. l.⟩ *durch Lecken entfernen:* die Katze leckt den Schmutz vom Fell; ⟨sich (Dat.) etw. von etw. l.⟩ das Kind leckte das Blut von der Wunde.

²lecken: *undicht sein:* der Tank, das Schiff leckt; der Kühler hat geleckt.

lecker: ein leckerer Bissen; ein leckeres Gericht; das schmeckt l.; die Torte sieht l. aus.

Leder, das: **1.** weiches, raues, glattes, genarbtes, echtes L.; das Fleisch war zäh wie L. *(sehr zäh)*; L. verarbeiten, färben, pflegen, imprägnieren; die L. verarbeitende Industrie; Kleidung, Jacken aus L.; diese Tasche haben wir auch in L.; ein Buch in L. *(in einen Ledereinband)* binden; sich in L. kleiden; das Fenster mit einem L. *(Ledertuch)* abreiben. **2.** (ugs.) *Fußball:* L. nach vorn treiben, schlagen; der Torwart konnte das L. nicht festhalten;
* **was das Leder hält** (ugs.; *heftig*): schimpfen, fluchen, was das L. hält · **jmdm. ans Leder wollen** (ugs.; *jmdn. angreifen*) · **vom Leder ziehen** (ugs.; *heftig schimpfen*).

ledern: 1. *aus Leder:* lederne Handschuhe; eine lederne *(wie gegerbt aussehend)* Haut haben; das Fleisch ist l. *(sehr zäh).* **2.** (ugs.) *langweilig:* ein lederner Mensch; sein Vortrag war recht l.

ledig: ein lediger junger Mann; eine ledige Mutter; ein lediger (ugs.; *allein erziehender)* Vater; ledige Eltern; die Tochter ist noch l.; l. bleiben *(nicht heiraten);* ∗ etw. (Gen.) **ledig sein** (geh.; *von etw. frei sein)*: endlich war er der Bürde l. · **jmdn. etw. (Gen.) ledig sprechen** (geh.; *jmdn. von etw. lossprechen).* **lediglich:** ich berichte l. Tatsachen; sie tat l. ihre Pflicht; er verlangte l. sein Recht.

leer: 1. **a)** *ohne Inhalt:* ein leeres Glas, Fass; eine leere Kiste, Tasche; ein leerer *(hungriger)* Magen; der Flug durch den leeren Raum *(durch den Kosmos);* das Zimmer, die Kanne, der Tank ist l.; zwei Seiten sind noch l. *(unbeschrieben, unbedruckt);* einen Laden, eine Wohnung l. *(ohne Einrichtung)* mieten; etw. l. machen, trinken; den Teller l. essen; die Maschine, der Motor läuft l. *(gibt keine Leistung ab);* subst.: ins Leere *(in den leeren Raum)* greifen, fallen; der wohlgemeinte Rat ging ins Leere *(blieb unberücksichtigt);* übertr.: sein Leben war l. [an Freuden]; **b)** *[fast] ohne einen Menschen:* durch leere Straßen gehen; vor leerem Haus, vor leeren Rängen/Bänken *(vor einem kleinen Publikum)* sprechen, spielen; das Kino, die Bahn war l.; der Strand war l.; viele Plätze, Stühle, Bänke blieben l. *(unbesetzt);* die Wohnung steht schon lange l. *(ist unbewohnt);* ein l. stehendes Haus. **2.** (abwertend) *nichts sagend:* leeres Gerede; leerer Prunk; leere Worte, Phrasen, Begriffe; leere Versprechungen; jmdn. l., mit leeren Augen, mit leerem Blick *(geistesabwesend, ausdruckslos)* ansehen; sie fühlte sich völlig l. *(empfand nichts als innere Leere);* ∗ **leer ausgehen** *(nichts abbekommen):* er ist bei der Verlosung l. ausgegangen · **leer laufen** (1. *nicht produktiv arbeiten:* die Maschine läuft l. 2. *ohne Wirkung bleiben:* die Argumente, die Proteste liefen l.).

Leere, die: die L. des Zimmers, der Straßen; im Saal, im Stadion herrschte eine gähnende L. *(es war kaum jmd. gekommen);* übertr.: ein Gefühl der L.; eine innere, geistige L.; die L. seines Daseins, in seinem Leben.

leeren: a) ⟨etw. l.⟩ *leer machen:* ein Fass, den Mülleimer, den Briefkasten l.; das Glas auf jmdn./auf jmds. Wohl, mit einem Zug, auf einmal l. *(austrinken);* wir haben gestern einige Flaschen Wein geleert; **b)** ⟨sich l.⟩ *leer werden:* langsam leerte sich der Saal, das Stadion; in Hamburg wird sich der Zug l.

Leerlauf, der: die Maschine ist auf L. geschaltet; im L. den Berg hinunterfahren; der Wagen rollt im L.; den L. einlegen, in den L. schalten/(ugs.:) gehen *(den Gang herausnehmen);* übertr.: in diesem Betrieb gibt es viel L. *(unproduktive Arbeitsphasen).*

legal: ein legaler Vorgang; legale Einkünfte beziehen; etw. auf legalem Weg, mit legalen Mitteln, l. erreichen; das Vorgehen ist l.

legen: 1. ⟨jmdn., etw. l.⟩ *zum Liegen bringen:* den Kranken ganz flach l.; das Kind auf den Rücken l.; Weinflaschen sollen gelegt werden; er hat seinen Gegenspieler gelegt (Sport Jargon; *zu Fall gebracht);* er legte seinen Gegner mit einem Wurfgriff *(brachte ihn beim Ringen auf die Matte).* **2.** ⟨jmdn., etw. irgendwohin l.⟩ *an eine Stelle tun:* sie legte ihre Hand auf seinen Arm; ein Tuch auf den Tisch, die Wäsche in den Schrank l.; etw. in das Regal, in ein Fach, in die Schublade l.; Kohlen auf Halden l. *(lagern);* etw. in Wasser, in den Kühlschrank l.; das Besteck neben den Teller, Bretter über eine Grube l.; den Hammer, den Bleistift aus der Hand l.; sie hat ein Pflaster auf die Wunde gelegt; die Füße auf den Tisch l.; das Kind an die Brust l. *(es stillen);* sie legt ihren Kopf an seine Schultern; einen Patienten in ein Einzelzimmer l. *(bringen);* ⟨jmdn., sich etw. irgendwohin l.⟩ sich ein paar Kisten Wein in den Keller l.; er legte ihr den Mantel um die Schultern; dem Verletzten ein Kissen unter den Kopf l. **3. a)** ⟨sich irgendwohin l.⟩ *sich [zum Ausruhen] niederlegen:* sich aufs, ins Bett l.; sich an den Strand, auf die Terrasse, in die Sonne, auf den Bauch l.; der Hund legt sich unter den Tisch; **b)** ⟨sich irgendwohin l.⟩ *sich auf etw. herabsenken:* der Nebel legt sich auf, über die ganze Stadt; ⟨sich jmdm. irgendwohin l.⟩ der Qualm, die kalte Luft legt sich mir auf die Bronchien; seine Erkältung hat sich ihm auf die Nieren gelegt; **c)** ⟨sich irgenwohin l.⟩ *sich neigen:* das Schiff legt sich auf die Seite; der Motorradfahrer legt sich mächtig in die Kurve. **4.** ⟨sich l.⟩ *an Intensität verlieren:* der Wind, der Sturm legt sich [allmählich]; die Begeisterung, der Zorn hatte sich schnell gelegt; ihre Trauer wird sich bald l. **5.** ⟨sich auf etw. (Akk.) l.⟩ *sich verlegen:* sich auf ein bestimmtes Fachgebiet l.; er legt sich aufs Bitten. **6. a)** ⟨etw. l.⟩ *verlegen:* Schienen, Gleise, Rohre, eine Leitung, ein Kabel, Dielen, Platten, Fliesen l.; der Teppich[boden] wird von Wand zu Wand gelegt; das Parkett muss noch gelegt werden; /beim Fliesen l.:/ das ist eine Hand voll Arbeit [. [in etw. (Akk.)] l.] *in eine bestimmte Form bringen:* Wäsche l. *(schrankfertig zusammenlegen);* den Stoff in Falten l.; das Haar in Locken, Wellen l.; ⟨jmdn., sich etw. l.⟩ jmdm., sich das Haar [in Wellen] l.; jmdm. die Karten l. *(daraus wahrsagen);* ⟨auch ohne Dat. und Akk.⟩ /beim Friseur/: bitte waschen und l.; **c)** (ugs. landsch.) ⟨etw. l.⟩ *in die Erde bringen:* Kartoffeln, Erbsen, Bohnen l. **7.** ⟨etw. l.⟩ *(Eier) hervorbringen:* die Henne hat jeden Tag ein Ei gelegt; ⟨mit Umstandsangabe⟩ die Hühner legen gut, legen zur Zeit nicht.

8. /häufig verblasst/: den Hund an die Kette l. *(festbinden);* Feuer l. *(etw. in Brand stecken).*

Legion, die: **1.** */eine Truppeneinheit, bes. in der Antike/:* die römischen Legionen. **2.** *große Zahl:* eine L. von Autofahrern; Legionen arbeitsloser Akademiker; Legionen von Pilgern ziehen alljährlich in die Stadt; ∗ **Legion sein** (geh.; *groß sein, in großer Zahl vorhanden sein):* die Zahl der Emigranten war L.

legitim: a) *rechtmäßig begründet:* ein legitimer Anspruch; eine legitime *(begründete)* Kritik, Frage; es ist l., so zu fragen; sie hat ein legitimes *(berechtigtes)* Interesse daran; etw. mit legitimen Mitteln erreichen; das Verfahren ist l.; etw. nicht für l. halten; **b)** *ehelich:* legitime Nachkommen; das Kind ist nicht l.

Lehm, der: L. klebt an den Schuhen; Ziegel aus L. brennen; im L. stecken bleiben.

lehnen: 1. ⟨an etw. (Dat.) l.⟩ *schräg gegen etw. gestützt stehen:* das Fahrrad, die Leiter lehnt an der Wand. **2. a)** ⟨sich, etw. an etw. (Akk.)/gegen etw. l.⟩ *anlegen:* er lehnt sich an/gegen die Säule; die Leiter an/gegen die Wand l.; **b)** ⟨sich über etw. (Akk.)/ aus etw. l.⟩ *sich beugen:* sie lehnt sich weit über das Geländer, über die Brüstung; nicht aus dem Fenster lehnen!

Lehre, die: **1. a)** *Gedanken-, Glaubenssystem:* die christliche, marxistische L.; eine neue, falsche, irrige L.; die L. der Kirche, Buddhas, Kants; eine L. ablehnen, angreifen, verteidigen; einer L. anhängen; für eine L. eintreten; er wendet sich gegen die herrschende L.; **b)** *Lehrmeinung:* die newtonsche L.; die L. vom Schall; eine L. aufstellen, beweisen. **2.** *lehrreiche Erfahrung:* eine harte, bittere, notwendige L.; das soll dir eine L. *(Warnung)* sein; aus etw. eine L. ziehen; eine L. annehmen, befolgen; jmdm. eine heilsame L. erteilen; sie hat mir eine gute L./gute Lehren *(Ermahnungen)* mit auf den Weg gegeben; dieses Ereignis war eine L. für mich. **3.** *Ausbildungszeit:* eine dreijährige L.; die L. dauert zwei Jahre; die Lehre abbrechen; er macht eine L. bei einem Optiker; bei/zu einem Handwerker/Künstler in die L. gehen, kommen; er will seinen Sohn zu einem Goldschmied in die L. geben, schicken; nach der L. zu einer anderen Firma gehen; ÜBERTR.: bei ihm kannst du noch in die L. gehen *(du kannst von ihm lernen);* er hat ihn hart in die L. genommen *(hat ihn sehr streng erzogen).* **4.** *das Lehren (an der Hochschule):* Forschung und L.

lehren /vgl. gelehrt/: **1. a)** ⟨mit Umstandsangabe⟩ *dozieren:* bis zur Emeritierung lehrte er in Heidelberg; sie lehrt an einer Fachhochschule; **b)** ⟨etw. l.⟩ *in etw. Vorlesungen halten:* er lehrt

---

Germanistik, Mathematik; sie lehrt Medizin in Erlangen; **c)** ⟨jmdn./(selten noch:) jmdm. etw. l.⟩ *jmdm. etw. beibringen:* jmdn./(selten:) lesen, tanzen l.; jmdn./(selten noch:) jmdm. das Lesen, Tanzen l.; er hat uns das Fürchten l. wollen; dich werde ich noch Gehorsam, gehorchen l.; er lehrte ihn ein Pferd satteln/er lehrte ihn, ein Pferd zu satteln; er hat uns gelehrt, immer kritisch zu sein; mir ist das/ich bin das in der Schule nicht gelehrt worden; lehre du mich Kinder erziehen! *(von Kindererziehung verstehe ich mehr als du!).* **2.** ⟨etw. l.⟩ *etw. deutlich werden lassen:* die Geschichte lehrt, dass nichts endgültigen Bestand hat; das wird die Zukunft lehren.

Lehrer, der: **a)** ein guter, erfahrener, strenger L.; er ist L. für Französisch, an einem Gymnasium; er will L. werden; die Klasse bekam einen neuen L.; wir hatten ihn als L. in Biologie; jmdn. als/zum L. ausbilden; **b)** *Hochschullehrer:* er wirkte als Forscher und L. an der Universität Tübingen; **c)** *[berühmter] Lehrmeister:* Heisenberg war sein L.; sie hatte mehrere berühmte L.

Lehrgeld, das: ⟨in den Wendungen⟩ **Lehrgeld geben/Lehrgeld zahlen [müssen]** *(durch Unerfahrenheit Schaden erleiden)* · **sich das L. zurückgeben lassen [können]** (ugs.; *während seiner Ausbildung wenig gelernt haben).*

lehrreich: ein lehrreicher Vortrag, Film; das Experiment war sehr l.; für mich war es l. zu erfahren, dass ...

Lehrstuhl, der: **1.** ein L. für vergleichende Sprachwissenschaft; der L. ist frei, vakant; neue Lehrstühle schaffen, errichten, einrichten; einen L. [an der Universität Wien] innehaben, neu besetzen; übernehmen; die Zahl der Lehrstühle erhöhen; sie erhielt einen Ruf auf den L. für Geschichte.

Leib, der: **1.** (oft geh.) *Körper:* ein schöner, stattlicher, kräftiger, kranker L.; am ganzen L. zittern, schwitzen, frieren; er sparte sich das Geld am eigenen Leibe ab *(er gönnte sich nichts);* bei lebendigem Leibe verbrennen; sie konnten nur retten, was sie auf dem L. hatten/auf dem L. trugen; es besteht Gefahr für L. und Leben *(Lebensgefahr).* **2.** *Bauch, Unterleib:* ein dicker, aufgetriebener, voller L.; er hat sich den L. voll geschlagen (ugs.; *sehr viel gegessen);* noch nichts [Ordentliches] im L. haben *(noch nichts gegessen haben);* er ging ohne einen Bissen im L. zur Arbeit; ∗ **sich** (Dat.) **alles an den Leib hängen** (ugs.; *alles Geld für Kleidung und Aufmachung ausgeben)* · **etw. am eigenen Leib erfahren, zu spüren bekommen** *(etw. selbst schmerzlich erfahren)* · **jmdm. [wie] auf den Leib geschrieben, geschneidert sein** *(genau passend für jmdn. sein)* · **mit Leib und Seele** (l. *mit Begeisterung:* er ist mit L. und Seele Lehrer, bei der Sache. 2. *ganz und gar:* er ist mit L. und Seele dem Alkohol verfallen) · **sich** (Dat.) **jmdn., etw. vom Leibe halten** (salopp; *jmdn., etw. von sich fern halten)* · **jmdm.**

[mit etw.] vom Leibe bleiben/gehen (jmdn. [mit etw.] in Ruhe lassen, nicht behelligen) · jmdn. auf den Leib, zu Leibe rücken (ugs.; jmdn. bedrängen) · etw. (Dat.) zu Leibe gehen/rücken (eine schwierige oder unangenehme Sache energisch angehen).

Leibeskräfte: ⟨in der Verbindung⟩ aus/nach Leibeskräften (mit voller Kraft): er schrie aus, bemühte sich nach Leibeskräften.

leibhaftig: sie sieht aus wie die leibhaftige Unschuld; ein leibhaftiger (echter) Prinz; sie ist es l.; ich sehe ihn l. vor mir; plötzlich stand sie l. vor uns.

leiblich: 1. körperlich: leibliche Schönheit; für jmds. leibliches Wohl sorgen. 2. unmittelbar verwandt: sein leiblicher Sohn, Bruder; sie hat keine leiblichen Erben; der leibliche Vater.

Leiche, die: eine verstümmelte, verkohlte, verweste L.; die L. eines Ertrunkenen; eine L. verbrennen, exhumieren, obduzieren, aufbahren; die Polizei hat die L. freigegeben; sie konnte nur noch als L. geborgen werden; er gleicht einer wandelnden L./sieht aus wie eine L. (salopp; sieht sehr blass aus); nur über meine L.! (ugs.; das lasse ich auf keinen Fall zu!); ★ eine Leiche im Keller haben (ugs.; etw. zu verbergen haben) · über Leichen gehen (abwertend; skrupellos vorgehen).

Leichnam, der (geh.): jmds. L. aufbahren, einbalsamieren, beisetzen; er ist ein wandelnder, lebendiger L. (sieht sehr bleich und elend aus); ein Tuch über den L. decken.

leicht: 1. a) nicht schwer: ein leichter Koffer; ein leichtes Paket; ein leichtes Gewicht; die Eimer aus Kunststoff sind leichter; sie ist l. wie eine Feder; er ist 70 Kilo l. (scherzh.; wiegt 70 Kilo); Ⓡ gewogen und zu l. befunden (Ausdruck der Kritik an jmds. Fähigkeiten, der Qualität einer Sache); ÜBERTR.: leichtes (nicht derbes) Schuhwerk; ein leichter (dünner) Stoff; ein leichtes (dünnes, luftiges) Kleid; leichte (nicht warme) Kleidung; leichte (mit kleinem Kaliber schießende) Waffen; das Haus ist zu l. (nicht massiv genug) gebaut; die Mädchen waren alle l. bekleidet (hatten wenig und dünne Kleidungsstücke an); die Soldaten waren nur l. bewaffnet (hatten nur kleinkalibrige Waffen bei sich); b) beweglich, geschickt: eine leichte Hand, einen leichten Gang haben; der Schüler hat eine leichte (rasche) Auffassungsgabe; sie tanzt sehr l. 2. schwach, mäßig: ein leichter Wind, Regen, Seegang; eine leichte Brise, Dünung; nachts herrscht noch leichter Frost; ein leichtes [Erd]beben; eine leichte Schwäche, Ermüdung, Verstimmung, Enttäuschung; leichtes Fieber, Unwohlsein; einen leichten Ekel vor etw. haben; ein leichter Anfall; eine leichte Gehirnerschütterung; sie hat einen leichten Schlaf (schläft nicht tief); etw. mit einem leichten Unterton von Kritik

sagen; einen leichten Tadel anbringen; leichte (gewisse) Zweifel an etw. haben; der Schaden, die Verletzung ist l. (nicht schwerwiegend); die l. verletzten Passagiere; ein l. verwundeter Soldat; er ist l. krank, erkältet, betrunken; sie war l. irritiert, verstört; etw. ist nur l. gewürzt, gesalzen; der Stoff hat sich l. verfärbt. 3. bekömmlich: leichte Kost, Speisen; er raucht nur leichte Zigarren; der Wein ist l.; das Essen ist l. [verdaulich]; SUBST.: sie isst gern etwas Leichtes; ÜBERTR.: leichte (nicht anspruchsvolle) Unterhaltung, Musik, Lektüre; SUBST.: er liest gern etwas Leichtes. 4. mühelos, ohne Schwierigkeiten, einfach: eine leichte Arbeit; das ist keine leichte Aufgabe; er hat einen leichten Posten, Dienst; sie hatte kein leichtes Leben; es wird kein leichter Kampf, kein leichtes Spiel; einen leichten Tod haben; die Frage, Antwort ist l.; das Examen, die Prüfung war gar nicht so l.; die Frage ist l. zu beantworten; sein Geld l. verdienen; er lernt l.; etw. lässt sich l. handhaben; der Vortrag ist l. verständlich; du hast/kannst l. reden, lachen (du bist nicht in meiner Lage); das Problem lässt sich l. lösen; du kannst dir l. ausrechnen, was das bedeutet; er hat es im Leben nicht l. gehabt; jmdm. eine Aufgabe, einen Entschluss l. machen; es jmdm. l. machen, sich für etw. l. zu entscheiden; SUBST.: es wäre mir ein Leichtes, das zu tun (ich könnte es ohne Schwierigkeiten); Ⓡ nichts [ist] leichter als das; das ist leichter gesagt als getan (lässt sich nicht einfach machen). 5. schnell, unversehens: etw. l. vergessen; sie wird l. böse, irat l. beleidigt; die Markierung kann man l. übersehen; das passiert mir nicht so l. (so bald) wieder; das kann l. danebengehen; ins Auge gehen, schief gehen; so l. (ugs.; durchaus) möglich, dass ...; ★ leicht geschürzt (meist scherzh.; wenig bekleidet) · jmdn. leicht fallen (jmdm. keine Schwierigkeiten machen): es fällt ihm leicht, sich umzustellen; ⟨auch ohne Dat.⟩ hier fällt die Entscheidung wirklich nicht l. · sich (Dat.) etw. leicht machen (es bei etw. an der erforderlichen Sorgfalt fehlen lassen): er hat sich die Arbeit zu l. gemacht; ihr macht es euch aber l.! · jmdn. um etw. leichter machen (ugs.; jmdm. ärgerlicherweise eine bestimmte Geldsumme abverlangen) · sich leicht tun (ugs.; keinerlei Schwierigkeiten haben): ich habe mich/mir mit der Arbeit nicht l. getan · etw. leicht nehmen (kein großes Verantwortungsgefühl zeigen).

leichtfertig: ein leichtfertiges Verhalten; leichtfertige Worte, Äußerungen; er ist ein leichtfertiger Mensch; das ist sehr l.; l. sein Leben aufs Spiel setzen.

Leichtsinn, der: ein beispielloser, unverantwortlicher, sträflicher L.; sein L. wurde ihm zum Verhängnis; etw. aus L. tun; das sagst du in deinem jugendlichen L. (ugs.; in deiner Unerfahrenheit).

leichtsinnig: ein leichtsinniger Mensch; ein leichtsinniges Überholmanöver; l. handeln; sie ist viel zu l.; sein Geld l. ausgeben; er hat sein Leben l. aufs Spiel gesetzt.

leid: ⟨in den Fügungen⟩ jmdn., etw. **leid sein/werden** (ugs.; jmds., etw. *überdrüssig sein/werden*) · **jmdn., etw. leid haben** (ugs.; jmds., etw. *überdrüssig sein*).

Leid, das: **1.** *seelischer Schmerz:* ein bitteres, schweres, unsägliches, namenloses L.; der Krieg hat unermessliches L. über die Menschen gebracht; sie teilten Freud und L. miteinander; viel L. erfahren, ertragen müssen; alles L. geduldig ertragen; im Falle einer Scheidung sind die Kinder meist die L. Tragenden; Ⓡ geteiltes L. ist halbes L. **2.** *Unrecht:* jmdm. ein L. tun, zufügen; es soll dir kein L. geschehen; ✶ **sich ein Leid antun** (geh.; *sich das Leben nehmen*) · **jmdm. sein Leid klagen** *(jmdm. von seinem Kummer, seinen Sorgen erzählen)* · **jmdm. Leid tun** (1. *von jmdm. bedauert werden:* es tut mir L., dass ich nicht kommen kann; das wird dir noch einmal L. tun; /als Ausdruck der Zurückweisung/: so L. es mir tut, aber ...; /als Ausdruck scharfer Zurechtweisung/: [es] tut mir L., aber so geht es nicht. 2. *jmds. Mitgefühl erregen:* die alte Frau tat ihm wirklich L.) · **jmdm. etw. zu Leid[e] tun** (↑ zuleid[e]).

leiden: **1. a)** ⟨meist mit Umstandsangabe⟩ *Schmerzen aushalten:* lange, viel, schwer l.; bei dieser Krankheit musste er furchtbar l.; man sieht ihr an, dass sie leidet; ADJ. PART.: einen leidenden Gesichtsausdruck haben; er ist schon seit langer Zeit leidend; leidend aussehen; **b)** ⟨an etw. (Dat.) l.⟩ *erkrankt sein:* an Rheuma, an Arthritis l.; sie leidet an einem hartnäckigen Ekzem; **c)** ⟨unter jmdm., etw. l.⟩ *von, durch jmdn., etw. beeinträchtigt werden:* unter Schlaflosigkeit, unter Kopfschmerzen l.; unter den Auswirkungen des Krieges hatte die Bevölkerung am meisten zu l.; unter der Hitze, Kälte l.; unter jmds. Launen l.; sie leidet unter seiner Unzuverlässigkeit, unter ihrer Einsamkeit; **d)** ⟨unter l.⟩ /verblasst/ *aushalten:* Durst, Hunger, Not, Unrecht l.; wir litten großen Mangel an Lebensmitteln. **2. a)** ⟨jmdn. l.; in Verbindung mit *können, mögen* und Umstandsangabe⟩ *sympathisch finden:* jmdn. gut, nicht gut l. können, mögen; sie hat mich noch nie l. können; ⟨auch ohne Umstandsangabe⟩ ich kann sie, mag sie l. *(ich mag sie gern);* **b)** ⟨etw. nicht l.; in Verbindung mit *können* oder *mögen⟩ unerträglich finden:* ich kann, mag dieses Gerede, Benehmen [auf den Tod] nicht l.; ich kann es nicht l., wenn ... **3.** ⟨durch etw. (Akk.)/unter etw. (Dat.) l.⟩ *durch etw. Schaden nehmen:* die Möbel können durch die/unter der Feuchtigkeit l.; die Bäume haben durch den Frost gelitten; durch diese Affäre hat sein Ansehen erheblich gelitten.

4. (geh.) ⟨etw. l.⟩ /verneint/ *zulassen, dulden:* ich leide das, so etwas nicht; diese Arbeit hat keinen Aufschub gelitten.

Leiden, das: **a)** *lang dauernde [schwere] Krankheit:* ein körperliches, organisches, chronisches L.; ein altes L. macht ihm wieder zu schaffen; an einem unheilbaren L. sterben; nach langem, schwerem L. starb ...; ÜBERTR.: es ist immer [noch] das alte L. (ugs.; *immer [noch] die gleiche leidige Sache*); **b)** ⟨meist Plural⟩ *Qualen:* die namenlosen L. der Menschen im Krieg; die Freuden und L. des Lebens; er sieht aus wie das L. Christi (ugs.; *sieht sehr elend aus*).

Leidenschaft, die: eine wilde, unglückliche, verhängnisvolle, blinde, gefährliche, entfesselte L.; die L. des Spielens; Reiten ist bei ihm eine L.; Autos sind seine [große] L. *(Passion);* die L. beherrscht jmdn., reißt jmdn. fort; eine glühende, heftige L. *(Zuneigung)* zu jmdm. empfinden; seine L. zügeln, bändigen; Leidenschaften erregen, anstacheln, schüren; seine L. für etw. entdecken; seiner L. nachgeben, frönen; sich seiner L. hingeben; der L. des Glücksspiels verfallen sein; er ist ein Spielball seiner L.; etw. aus L. tun; sie ist Sammlerin aus L.; etw. mit viel L. *(Hingabe)* betreiben; von stürmischer L. erfasst werden; frei von Leidenschaften, von jeder L. sein; von der L. zum Theater besessen sein.

leidenschaftlich, die: *voller Leidenschaft:* eine leidenschaftliche Frau; ein leidenschaftlicher Hass, Protest, Aufruf; eine leidenschaftliche Zuneigung, Liebe [zu jmdm.], ein leidenschaftliches Verlangen; ein leidenschaftlicher Kämpfer für die Freiheit; er ist sehr l.; sich für etw. l. einsetzen; etw. l. fordern, bekämpfen, verteidigen; jmdn. l. lieben, küssen. **2.** *begeistert, passioniert:* ein leidenschaftlicher Autofahrer, Jäger, Sammler. **3.** ⟨verstärkend in Verbindung mit *gern⟩ sehr:* l. gern Tennis spielen; er isst l. gern Schokolade.

leider: ich kann l. nicht kommen; das ist l. nicht möglich; /Ausruf des Bedauerns/: l.!; l. nicht; l. nein; l. ja.

leidig: eine leidige Sache, Angelegenheit; ein leidiges Thema, Problem; ein leidiger Zufall; wenn nur das leidige Geld *(das Geldproblem)* nicht wäre!

leidlich: wir hatten leidliches Wetter; leidliche Kenntnisse in Englisch haben; er spielt l. [gut] *(einigermaßen [gut])* Klavier; ihm geht es wieder l. (ugs.; *einigermaßen gut*); sie arbeiten unter l. günstigen Umständen.

Leidtragende, Leid Tragende, der und die: ⟨meist in der Verbindung⟩ **der, die Leidtragende/Leid Tragende sein** *(jmd. sein, der den negativen Folgen von etw. zu tragen hat):* im Falle einer Scheidung sind die Kinder meist die Leidtragenden/ Leid Tragenden.

Leidwesen, das: ⟨nur in der Fügung⟩ **zu jmds. Leidwesen** *(zu jmds. großem Bedauern):* zu ih-

L

rem L. konnte sie nicht an der Abschlussfeier teilnehmen.

Leier, die: die L. spielen, schlagen; auf der L. spielen; Apoll mit der L.;
★ **die alte/gleiche/dieselbe Leier** (ugs. abwertend; *die alte, immer wieder vorgebrachte Sache, Klage o. Ä.*): jetzt kommt er wieder mit der alten L.

leiern ⟨[etw.] l.⟩: Gebete, Verse l.; er hat beim Vortrag des Gedichts zu sehr, entsetzlich geleiert.

leihen:1. ⟨jmdm. etw. l.⟩ *ausleihen:* sie hat mir das Buch [bis Ende der Woche] geliehen; er hat ihm das Geld mit, zu 5 % Zinsen geliehen; ⟨auch ohne Akk.⟩ sie leiht nicht gerne *(verleiht nicht gerne etw.).* **2.** ⟨[sich (Dat.) bei, von jmdm.] etw. l.⟩ *sich ausleihen:* sich von einem Freund 200 DM, bei der Nachbarin etwas Mehl/eine Briefmarke l.; den Wagen habe ich geliehen; ich habe mir das Geld bei der Bank geliehen (ugs.; *einen Kredit dort aufgenommen).* **3.** (geh.) *zuteil werden lassen:* jmdm. seinen Beistand l.; sein Vertrauen l.; leihen Sie mir bitte Ihre Aufmerksamkeit, Ihr Ohr! *(hören Sie mir bitte zu!).*

Leim, der: ein dünner, fester, zähflüssiger L.; L. anrühren; etw. mit L. festkleben;
★ **jmdn. auf den Leim gehen, kriechen** (ugs.; *auf jmdn., jmds. Trick hereinfallen)* · **jmdn. auf den Leim führen/locken** (ugs.; *jmdn. überlisten)* · **aus dem Leim gehen** (ugs.; *entzwei gehen).*

leimen:1. ⟨etw. l.⟩ *kleben:* einen Tisch, zerbrochenes Spielzeug [wieder] l.; der Stuhl ist schlecht geleimt. **2.** (ugs.) ⟨jmdn. l.⟩ *hereinlegen:* er hat ihn gehörig geleimt; SUBST.: jetzt ist er der Geleimte.

Leine, die: die L. *(Wäscheleine)* ziehen, spannen; Wäsche auf die L. hängen, von der L. nehmen; den Hund an der L. haben, führen, an die L. nehmen; die Leinen (Seemannsspr.; *Taue)* losmachen, loswerfen;
★ **jmdn. an der Leine haben/halten; an die Leine legen** (ugs.; *jmdm. wenig Freiheit lassen)* · **Leine ziehen** (ugs.; *sich davonmachen)* · **jmdm. [die] lange Leine lassen** (ugs.; *jmdm. ein gewisses Maß an Freiheit, Handlungsspielraum lassen).*

Leinwand, die:1. */eine Stoffart/:* feine, grobe L. **2.** *Leinwand zum Malen:* eine L. spannen, leimen, grundieren; auf L. malen; etw. auf die L. bannen; etw. auf der L. festhalten. **3.** *Filmleinwand:* eine transportable L.; die L. flimmert; es flimmert auf der L.; wie gebannt auf die L. sehen; ÜBERTR.: einen Roman auf die L. bringen *(verfilmen);* sie erscheint oft auf der L. *(spielt oft in Filmen mit);* jmdn., etw. von der L. kennen *(von Filmen kennen).*

leise:1. *nicht laut:* eine leise Stimme; ein leises Lachen, Flüstern, Rauschen; leise Schritte, Tritte; auf leisen Sohlen *(ohne Geräusche)* hereinkommen; der Motor ist, läuft l.; das Radio leiser stel-

len; l. sprechen, klopfen; wir haben ganz l. Nachbarn *(Nachbarn, die keinen Lärm machen);* ihr müsst ein wenig leiser sein *(dürft nicht so viel Lärm machen).* **2. a)** (meist geh.) *kaum merklich:* ein leiser Duft, Wind, Wellenschlag; wir spürten nicht den leisesten Hauch; einen leisen Schlaf haben *(bei jedem Geräusch aufwachen);* es regnete l.; etw. l. berühren; sie streichelte ihm l. das Haar;**b)** *nur als Andeutung vorhanden:* eine leise Ahnung, Andeutung, Anspielung, Hoffnung; ich habe das leise Gefühl, dass ...; ein leiser Verdacht; ein leises Staunen; nicht den leisesten *(geringsten)* Zweifel [an etw.] haben; einen leisen Ekel/Widerwillen, ein leises Unbehagen verspüren; wir nicht die leiseste *(geringste)* Ahnung davon.

leisten:1. ⟨etw. l.⟩**a)** *vollbringen:* sie leistet etwas, viel, wenig, Außerordentliches, Erstaunliches, fast Übermenschliches; gute politische Arbeit l. *(verrichten);* auf diesem Gebiet hat er noch nichts geleistet; zehn Überstunden l. *(machen);* das ist nicht zu l. *(das lässt sich nicht machen);***b)** *nutzbare Kraft erbringen:* der Motor leistet 80 PS, zu wenig; die Maschine leistet diese Arbeit nicht *(ist dafür zu schwach);***c)** /verblasst/: Beistand, Hilfe l. *(helfen);* Gehorsam, Folge l. *(gehorchen);* Widerstand l. *(sich widersetzen);* [jmdm.] Ersatz l. *([jmdm.] etw. ersetzen);* Gewähr, Garantie l. *(garantieren);* einen Eid, Meineid, den Offenbarungseid l. *(schwören);* Verzicht l. *(verzichten);* eine Unterschrift l. *(unterschreiben);* [an jmdn.] eine Zahlung l. *(zahlen).* **2.** ⟨sich (Dat.) etw. l.⟩**a)** *gönnen, anschaffen:* sich einen neuen Anzug, eine große Reise l.; von dem Gehalt kann ich mir kein Auto l.;**b)** *sich erlauben:* sich eine Frechheit, eine unverschämte Bemerkung l.; ich kann es mir nicht l., zu spät zu kommen.

Leistung, die:1. **a)** *Leistungsfähigkeit:* die L. muss noch verbessert werden; das beeinträchtigt die L. der kleinen Betriebe;**b)** (Technik) *nutzbare Arbeitskraft:* der Motor hat, bringt eine L. von 85 kW; die L. der Maschine drosseln, steigern, erhöhen, voll ausnutzen. **2.** *das Geleistete:* eine gute, ausgezeichnete, erstaunliche, hervorragende, unbefriedigende, schwache, schlechte L.; das ist keine besondere L.; was du da geschafft hast, ist wirklich eine L. (ugs.; *ist anerkennenswert, bewundernswert);* (ugs.; auch iron.:) das ist ja eine reife L.!; eine große sportliche, technische L.; die schulischen Leistungen; die Leistungen der Ärzte werden unterschiedlich honoriert; die Leistungen sind besser geworden; nur die L. entscheidet; die Mannschaft zeigte, bot eine glänzende L.; Leistungen erbringen; hier musst du L. bringen (ugs.; *musst du etwas leisten).* **3.** ⟨meist Plural⟩ *finanzielle Aufwendungen:* die

sozialen Leistungen einer Firma, der Krankenkasse; zu einer L. verpflichtet sein.
leiten: 1. ⟨jmdn., etw. l.⟩ *verantwortlich führen:* eine Arbeitsgruppe, eine Schule, einen Betrieb, ein Unternehmen l.; eine Sitzung, eine Diskussion l.; ein [Fußball]spiel (als Schiedsrichter) l.; ⟨auch ohne Akk.⟩ der Schiedsrichter hat gut geleitet; ein leitender Angestellter, Ingenieur; sie hat eine leitende Stellung, Funktion. **2. a)** ⟨jmdn. irgendwohin l.⟩ *führen:* jmdn. durch das Haus l.; ÜBERTR.: mein Instinkt, ein Gefühl leitete mich an die richtige Stelle; verschiedene Umstände leiteten uns zu diesem Entschluss; ⟨selten auch ohne Akk.⟩ dieser Hinweis leitete auf die richtige Spur; der leitende Gedanke war ...; es fehlt die leitende Hand; **b)** ⟨sich von etw. l. lassen⟩ *nach einem bestimmten Gedanken handeln:* sich nur von wirtschaftlichen Gesichtspunkten l. lassen; ich habe mich von der Vorstellung l. lassen, dass ... **3.** ⟨etw. irgendwohin l.⟩ *lenken:* Erdöl, Gas durch Rohre l.; der Bach wird in ein anderes Bett geleitet; den Verkehr über die Umgehungsstraße l.; ein Gesuch an die zuständige Stelle l. **4.** (Physik, Technik) ⟨etw. l.⟩ *hindurchgehen lassen:* Metalle leiten Strom, Wärme; ⟨auch ohne Akk.⟩ Kupfer leitet gut.
¹Leiter, der: **1.** *leitende Person:* er ist der kaufmännische, technische, künstlerische L.; er ist L. eines Unternehmens, einer Expedition, einer Schule, einer Abteilung; einen neuen L. einstellen, berufen; jmdn. zum L. von etw. machen, befördern, ernennen. **2.** (Technik) *Stoff, der Energie leitet:* ein guter, schlechter L.; etw. wirkt als L.
²Leiter, die: *Gerät mit Sprossen:* eine hohe, ausziehbare L.; eine L. aus Metall; die L. ist, steht nicht sicher; die L. anstellen, an die Wand lehnen; die L. hinaufsteigen, hinuntersteigen; auf der L. stehen; auf die L. steigen; die Bewohner wurden über eine L. gerettet; von der L. fallen; BILDL.: er ist auf der L. des Erfolges eine Stufe höher gestiegen.
Leitung, die: **1. a)** *das Führen:* eine strenge, straffe L.; die L. der Firma übernehmen; jmdm. die L. von etw. übertragen, anvertrauen; sie wurde mit der L. der Expedition betraut; **b)** *leitende Person; Führungsgruppe:* die technische, kaufmännische L.; das Geschäft wird unter neuer L. weitergeführt, steht unter neuer L.; das Orchester spielt unter der L. von ... **2.** (Technik) **a)** *Rohrleitung:* eine L. für Wasser, Gas, Fernheizung legen; die L. ist undicht, gebrochen, geplatzt; die L. verläuft unterirdisch; die L. wird bis an die Küste geführt; er trinkt Wasser aus der L. *(Leitungswasser);* **b)** *Stromleitung:* die L. steht unter Hochspannung; eine L. verlegen, unter Putz legen; **c)** *Telefonleitung:* die L. ist besetzt, frei, überlastet, unterbrochen, gestört, tot (ugs.; *gibt kein Zeichen);* eine L. anzapfen, an-

klemmen, abklemmen, durchschneiden, [aus der Wand, aus dem Anschluss] herausreißen; eine direkte L. nach Rom einrichten, schalten; es knackt in der L.; jmdn. an der L. (ugs.; *am Telefon)* haben; es ist jmd. in der L. (ugs.; 1. *jmd. hört mit.* 2. *jmd. spricht auf derselben Leitung);* gehen Sie aus der L.; ∗ eine lange Leitung haben (ugs.; *schwer begreifen)* · auf der Leitung stehen/sitzen (ugs.; *begriffsstutzig sein).*
Lektion, die: **1. a)** *Kapitel eines Lehrbuches:* die dritte, vorletzte L. [in Französisch]; eine L. behandeln, durchnehmen, wiederholen; das Buch umfasst, hat dreißig Lektionen; **b)** *Unterrichtspensum:* seine L. lernen; er kann seine L. [gut]. **2.** *einprägsame Lehre:* eine schmerzliche, bittere, heilsame L.; das soll dir eine L. sein; jmdm. eine scharfe L. geben, erteilen.
Lektüre, die: **a)** *Lesestoff:* gute, unterhaltende, langweilige, englische L.; das ist keine passende L. für dich; sich für den Urlaub mit L. versorgen; jmdm. etw. als L. empfehlen; in seine L. vertieft sein; **b)** *das Lesen:* eine genaue, aufmerksame, kursorische L.; bei der L. des Buches fiel mir auf, dass ...; jmdm. etw. zur L. empfehlen.
lenken: 1. a) ⟨etw. l.⟩ *steuern, führen:* ein Fahrzeug, ein Gespann, einen Wagen, ein Fahrrad l.; ⟨auch ohne Akk.⟩ sehr sicher l.; lass mich mal l.!; **b)** ⟨etw. irgendwohin l.⟩ *bewegen:* den Wagen durch das Tor, in die/aus der Toreinfahrt, nach rechts l.; seine Schritte heimwärts l.; ÜBERTR.: das Gespräch auf ein anderes Thema, in eine andere Richtung l.; seinen Blick auf jmdn. l.; den Verdacht auf jmdn. l.; seine Aufmerksamkeit, jmds. Gedanken auf etw. l. **2.** ⟨jmdn., etw. l.⟩ *leiten, führen:* er lässt sich von etw. l.; es fehlt ihm/bei ihm die lenkende Hand; das Gespräch, den Gang der Verhandlungen l.; einen Staat l. *(regieren);* die Wirtschaft, die Presse l. (oft abwertend; *beeinflussen).*
Lenz, der: **1.** (dichter.) *Frühling:* der L. hält [seinen] Einzug; ÜBERTR.: des Lebens *(die Jugend).* **2.** (scherzh.) ⟨Plural⟩ *Lebensjahre:* sie zählt erst zwanzig Lenze; ∗ einen sonnigen, schönen, ruhigen, faulen o. ä. Lenz haben, schieben (salopp abwertend; *ein angenehmes, bequemes Leben, eine leichte, bequeme Arbeit haben)* · sich (Dat.) einen schönen Lenz machen (salopp abwertend; *sich das Leben, die Arbeit sehr bequem einrichten).*
lernen /vgl. gelernt/: **1. a)** *Wissen, Kenntnisse erwerben:* gut, schlecht, gerne, leicht, schnell, schwer l.; sie sitzt bis in die Nacht hinein und lernt; man kann nie genug l.; ⟨etw. l.⟩ *sich etw. aneignen:* Französisch, Vokabeln, eine Sprache, ein Gedicht l.; etw. auswendig l.; lesen, schreiben, schwimmen, tanzen, kochen, Stenografie und Schreibmaschine l.; Auto fahren/(auch:) Autofahren l.; Klavier spielen/(auch:) Klavierspielen

l.; ich muss noch l., Englisch zu sprechen; er hat die Maschine [zu] bedienen gelernt; du hast nicht warten gelernt/du hast nicht gelernt zu warten; wir haben gelernt, selbstständig zu sein; von/bei ihm kannst du noch etwas l.; wo habt ihr das gelernt?; er lernts nie, er wird es nie lernen (ugs.; *er versteht es nicht*); da kann man das Fürchten l.! *(das ist eine schlimme Sache!)*; Ⓡ das will gelernt sein *(man muss es viel geübt haben, wenn man es beherrschen will)*. **2.** (ugs.) ⟨etw. l.⟩ *erlernen:* einen Beruf l.; er hat Bäcker gelernt; ⟨auch ohne Akk.⟩ sie muss drei Jahre l. *(die Ausbildungszeit beträgt drei Jahre);* sie lernt noch *(ist noch in der Ausbildung);* Ⓡ gelernt ist gelernt. **3.** ⟨aus etw. l.⟩ *Lehren ziehen:* aus der Geschichte, aus der Erfahrung l.; sie ist nicht in der Lage, aus ihren Fehlern zu l. **4.** ⟨sich irgendwie l.⟩ *sich lernend bewältigen lassen:* der Text, die Rolle lernt sich leicht. Beachte: Die Verwendung von *lernen* anstelle von *lehren* (ich habe ihn schreiben gelernt) ist nicht korrekt.

Lesart, die: a) *Fassung einer Textstelle:* eine andere, abweichende L.; die Lesarten miteinander vergleichen; b) *Darstellung eines Vorgangs:* eine falsche, andere L.; nach offizieller L.

¹lesen: 1. *etwas Geschriebenes entziffern:* a) laut, leise, schnell, langsam, deutlich, stockend l.; sie liest gerne; jeden Abend im Bett l.; in einem Buch l.; die Kinder können schon l., lernen l.; b) ⟨etw. l.⟩ einen Satz, die Zeitung, einen Roman, einen Bericht l.; Noten, eine Partitur l.; wir lesen das Drama mit verteilten Rollen; eine Nachricht in der Zeitung l.; ich habe in dem Protokoll gelesen, dass er den Unfall verschuldet hat; etw. flüchtig, aufmerksam, mit Interesse l.; lies doch mal am Aushang, ob der Betriebsausflug stattfindet; wo hast du das gelesen?; seine Handschrift ist schlecht zu l.; etw. nicht mehr l. können; am liebsten liest er Goethe, moderne Autoren, Kriminalromane; ein gern gelesener Roman, Schriftsteller; der Text ist so zu l. *(zu verstehen), dass ...;* hier ist zu l. *(steht geschrieben), dass ...;* ein Gesetz l. (Politik: *vor dem Parlament beraten);* Korrekturen, Fahnen l. (Druckerspr.: *neu gesetzten Text auf seine Richtigkeit durchlesen);* eine Messe l. (kath. Rel.: *zelebrieren);* Übertr.: Gedanken l. *(erraten)* können; c) ⟨etw. l.; mit Präpositionalobjekt⟩ man konnte viel, nichts, etwas darüber l.; ich habe davon gelesen. **2.** ⟨[etw.] aus etw. l.⟩ *vorlesen:* aus eigenen Werken l.; der Dichter las einige Abschnitte aus einer unveröffentlichten Novelle. **3.** ⟨etw. in etw. (Dat.)/aus etw. l.⟩ *entnehmen:* aus jmds. Zeilen einen Vorwurf, gewisse Zweifel l.; in seiner Miene konnte man die Verbitterung l.; aus ihrem Blick/Gesicht war deutlich zu l., was sie dachte. **4.** ⟨sich irgendwie l.⟩ *sich lesen lassen:* das Buch

liest sich leicht, flüssig, schwer; der Bericht las sich wie ein Roman. **5.** ⟨[etw.] l.⟩ *eine Vorlesung halten:* an der Heidelberger Universität, zweimal in der Woche l.; er liest neuere Geschichte, moderne Lyrik; ⟨über etw. (Akk.) l.⟩ über moderne Lyrik l.

²lesen ⟨etw. l.⟩: a) *sammeln:* Ähren, Beeren, Trauben l.; b) *verlesen:* Erbsen, Linsen, Mandeln, Rosinen l.; Salat l.

Lesung, die: **1.** a) *das Vorlesen vor einem Publikum:* der Autor hält eine L., kommt zu einer L.; eine L. veranstalten; zu einer L. gehen; b) *im Gottesdienst vorgelesener Bibeltext:* eine L. aus der Heiligen Schrift. **2.** (Politik) *parlamentarische Beratung:* das Gesetz wurde in dritter L. angenommen, verabschiedet.

Lethargie, die: aus seiner L. erwachen; jmdn. aus seiner L. reißen, aufrütteln; in eine gefährliche L. [ver]fallen, versinken.

letzte: 1. *das Ende einer [Reihen]folge bildend:* das l. Haus [in der Straße] der l. Buchstabe des Alphabets; das ist das l. Glas, das ich trinke; die l. Möglichkeit; ein letzter Versuch; am letzten Tag des Monats, des Jahres; ich sage [dir] das zum letzten Mal[e]; die letzten beiden (einer Gruppe) sind gelernt; das ist der Letzte, der heute angekommen ist; sie kam als Letzte ins Ziel; er ist/wäre der Letzte, dem ich es sagen würde *(ihm würde ich es am allerwenigsten sagen);* ich bin der/die Letzte, der/die dich daran hindert *(ich hindere dich keinesfalls daran);* die beiden Letzten (von zwei Gruppen); das Erste und das Letzte *(Anfang und Ende);* das Letzte *(letzte Tag)* des Monats; sie ist die Letzte ihres Geschlechts; ein Letztes habe ich noch zu sagen *(das würde ich am allerwenigsten tun).* **2.** *gerade erst vergangen; unmittelbar vor dem jetzigen Ereignis, Zeitpunkt:* den letzten Urlaub verbrachten wir am Mittelmeer; [am] letzten Sonntag; in der letzten Nacht, im letzten Jahr; in letzter Zeit/in der letzten Sitzung, den letzten Mal[e], letztes Mal haben wir darüber gesprochen. **3.** *äußerste:* das ist mein letztes Angebot; zum letzten Mittel greifen; mit letzter Kraftanstrengung; das kann man nicht mit letzter *(absoluter)* Sicherheit sagen; das rührt an die letzten *(tiefsten)* Geheimnisse; SUBST.: jmdm. das Letzte an Kraft abverlangen; aus jmdm. das Letzte herausholen; du sollst dein Letztes geben; das Letzte an Frechheit!; dies ist das Letzte, was ich tun würde *(das würde ich am allerwenigsten tun).* **4.** *restlich:* sein letztes Geld für etw. ausgeben; etw. bis auf den letzten Pfennig (ugs.; *vollständig)* bezahlen; das sind die letzten Exemplare. **5.** *hinsichtlich Rang, Qualität o. Ä. am geringsten, schlechtesten:* das ist doch das l. Auto!; das sind die letzten Typen; SUBST.: er ist Letzter/der Letzte in der Hierarchie; ∗ **das Letzte sein** (ugs; 1. *nichts taugen:* diese Show war wirklich das Letzte. 2. *unfassbar sein:* das ist doch wohl das Letzte, dass ihr mich jetzt im Stich lasst!) · **[für jmdn., etw.] sein Letztes geben** *([für jmdn., etw.] all seine Kräfte, Mittel einsetzen)* · **bis aufs Letzte** *(völlig, total)* · **bis ins Letzte** *(genau)* · **bis zum Letzten** *(sehr).*

letztens: 1. *kürzlich:* l. habe ich dort etwas gekauft; wir haben l. schon darüber gesprochen. **2.** *als Letztes:* viertens und l. bin ich zu diesem Zeitpunkt wahrscheinlich verreist.

letztlich: l. hängt alles von dir ab; das läuft l. auf das Gleiche hinaus.

Leuchte, die: moderne Leuchten; ÜBERTR.: in der Schule war sie nicht gerade eine L. (ugs.; *hat sie sich nicht hervorgetan*); er gilt als eine große L. seines Faches.

leuchten: 1. a) ⟨irgendwohin⟩ l.⟩ *Licht fallen lassen:* mit einer Taschenlampe l.; in den Keller, unter den Schrank, in alle Winkel des Hauses l.; ⟨jmdm. irgendwohin l.⟩ er leuchtete ihm direkt ins Gesicht; **b)** ⟨jmdm. l.⟩ *den Weg erhellen:* würdest du mir bitte mal l.? **2.** *glänzen, funkeln:* die Kerze, die Lampe leuchtet; die untergehende Sonne leuchtet am Horizont; die Sterne, einige Lichter leuchteten in der Nacht; ihre Augen leuchten vor Freude; mit leuchtenden Augen zusehen; sanft leuchtende Farben; ein leuchtendes Blau; ÜBERTR.: ein leuchtendes *(nachahmenswertes)* Beispiel, Vorbild; ein leuchtendes *(klares)* Ziel vor Augen haben; aus ihren Augen leuchtete *(strahlte)* das Glück.

leugnen ⟨etw. l.⟩: seine Schuld, seine Mittäterschaft, eine Tat l.; er leugnet nicht, den Mann gesehen zu haben/dass er den Mann gesehen hat; seine Intelligenz hat niemand geleugnet *(bestritten);* ich kann nicht l. *(ich gebe gerne zu),* dass es mir gut geht; es war nicht zu l. *(es stand eindeutig fest),* dass das Geld fehlte; ⟨auch ohne Akk.⟩ sie leugnet weiterhin hartnäckig; SUBST.: alles Leugnen half ihm nichts.

Leumund, der: einen guten, üblen L. haben; sein L. ist schlecht; Bewerber mit einwandfreiem L.; jmdm. einen guten L. bescheinigen; jmdn. in schlechten L. *(in Verruf)* bringen.

Leute, die ⟨Plural⟩: **1.** junge, alte, reiche, arme, vornehme, ehrliche, ordentliche, interessante, kluge, tüchtige, nette, brave, anständige L.; kleine *(einfache, in bescheidenen Verhältnissen lebende)* L.; L. vom Bau, von Rang und Namen; (ugs.:) hört mal her, L.!; (ugs.:) L., wird das was geben!; was werden die L. [dazu] sagen?; die jungen L. *(das junge Ehepaar)* haben eine eigene Wohnung; viele L. meinen, ...; wenn du das tust, sind wir geschiedene L. (ugs.; *möchte ich nichts mehr mit dir zu tun haben);* hier ist es nicht, geht es nicht zu wie bei armen Leuten (ugs.; *wir haben*

alles); (iron:) auf L. wie Sie haben wir gerade gewartet; etw. auf anderer L. Kosten tun; er versteht, weiß mit Leuten umzugehen; unter L. gehen *(gesellschaftliche Kontakte pflegen);* du musst dich öfter unter den Leuten *(in der Öffentlichkeit)* zeigen; vor allen Leuten *(vor aller Öffentlichkeit);* der L. wegen *(der Umgebung wegen).* **2.** *Personal:* gute, tüchtige, nicht die richtigen L. haben; keine L. *(Arbeitskräfte)* bekommen; die L. richtig einsetzen; er behandelt seine L. gut; der Offizier hat ein gutes Verhältnis zu seinen Leuten. **3.** (ugs.) /nur mit Possessivpronomen/ *Familienangehörige:* ich fahre zu meinen Leuten; er ist von seinen Leuten *(von der Gruppe, der er angehörte)* im Stich gelassen worden; ∗ **unter die Leute kommen** (ugs.; *bekannt werden)* · **etw. unter die Leute bringen** (ugs.; *dafür sorgen, dass etw. bekannt wird).*

leutselig: ein leutseliger Vorgesetzter; eine leutselige Freundlichkeit; sie ist, gibt sich gern l.; l. mit jmdm. sprechen; der Direktor klopfte ihm l. auf die Schulter.

liberal: a) *freiheitlich:* ein liberaler Chef; ein liberales Gesetz; diese Verordnungen sind sehr l.; die Lehrerin geht l. mit den Schülern um; **b)** *den Liberalismus betreffend:* eine liberale Politik, Partei, Gruppe; ein liberaler Abgeordneter, Staatsmann; die liberale Fraktion; liberale Grundsätze; ihre [politischen] Vorstellungen sind ausgesprochen l.; l. wählen.

liberalisieren ⟨etw. l.⟩: **a)** *von Einschränkungen befreien:* das Abtreibungsrecht, die Geschäftszeiten, den Luftverkehr l.; ein liberalisiertes Strafrecht; **b)** (Wirtsch.) *Einfuhrverbote beseitigen:* Gütermärkte, den Welthandel, den Außenhandel l.; der Warenverkehr in der EU wurde weitgehend liberalisiert.

licht: 1. (geh.) *voller Licht:* der lichte Morgen; lichte Wohnungen, Räume, Straßen; es wird l. **2.** *hell und freundlich wirkend:* ein lichtes Blau; lichte Farben. **3.** (geh.) *dünn bewachsen:* eine lichte Stelle im Wald; lichter Baumbestand; lichte *(weite)* Maschen; die Häuser stehen l.; sein Haar wird immer lichter *(dünner).*

Licht, das: **1.** *von einer Lichtquelle ausgehende Helligkeit:* starkes, schwaches, helles, strahlendes, gedämpftes, warmes, weiches, mildes, kaltes, fahles, bleiches, weißes, farbiges, elektrisches, natürliches L.; das Tages, der Sonne, einer Kerze, einer [Glüh]lampe; das grelle L. blendet, stört, fällt durch ein kleines Fenster, fällt schräg in den Flur; nur künstliches L. erhellt den Raum; L. machen *(die Beleuchtung einschalten);* der dunkle Teppich schluckt viel L.; etw. ans, ins L., gegen das L. halten; ich habe gegen das L. fotografiert; jmdm. das L. nehmen; jmdm. im L. stehen; etw. bei L. *(bei Tageslicht)* betrachten; das Gemälde hängt nicht im richtigen L., hat wohl

das richtige L.; im vollen L. stehen, erscheinen; sich im vollen Licht zeigen; ins L. treten; der Raum war von gleißendem L. erhellt; ÜBERTR.: das L. der Erkenntnis, des Geistes, der Vernunft, der Wahrheit; Ⓡ wo [viel] L. ist, ist auch [viel] Schatten. **2. a)** *Lichtquelle, Lampe:* die tausend Lichter einer Großstadt; das L. ist an, brennt, geht aus, ist aus; es brannten alle Lichter im Haus; die Lichter spiegeln sich auf dem See; das L. andrehen, anknipsen, (ugs.:) anmachen, anschalten, ausdrehen, ausknipsen, ausschalten, (ugs.:) ausmachen; ÜBERTR.: dort, in dieser Region gehen die Lichter aus *(wird die Lage schwierig);* **b)** *Kerze:* das L. flackert, brennt ruhig, verlischt; die Lichter [auf dem Weihnachtsbaum] anzünden, auslöschen, ausblasen, auspusten. **3.** (Malerei) *Glanzlicht:* der Maler setzte [dem Bild, im Bild] einige Lichter auf; an der einen oder anderen Stelle fehlt noch ein L. **4.** (Jägerspr.) 〈meist Plural〉 *Auge des Wildes:* helle, funkelnde Lichter; die Lichter des Rehs, des Hirsches; **∗ grünes Licht geben** *(die Erlaubnis geben, etw.* *in Angriff zu nehmen)* · **das ewige Licht** (kath. Rel.; *ununterbrochen brennende rote Lampe als* *Zeichen der Gegenwart Gottes)* · **kein großes** **Licht sein** (ugs.; *nicht sehr intelligent sein)* · **jmdm. geht ein Licht auf** (ugs.; *jmd. versteht,* *durchschaut plötzlich etwas)* · **das Licht der** **Welt erblicken** (geh.; *geboren werden)* · **sein** **Licht leuchten lassen** *(sein Können, Wissen zei-* *gen)* · **Licht in etw. bringen** *(etw. aufklären)* · **das** **Licht scheuen** *(etw. zu verbergen haben)* · **sein** **Licht [nicht] unter den Scheffel stellen** *(seine* *Leistungen, Verdienste [nicht] aus Bescheidenheit* *verbergen)* · **ein bestimmtes Licht auf jmdn.,** **etw. werfen** *(jmdn., etw. in bestimmter Weise er-* *scheinen lassen)* · **etw. ans Licht bringen/zie-** **hen/zerren/holen** *(etw. an die Öffentlichkeit* *bringen)* · **ans Licht kommen** *(bekannt, offenbar* *werden)* · **bei Licht besehen** *(genauer betrachtet)* · **jmdn. hinters Licht führen** *(jmdn. täuschen)* · **sich** (Dat.) **selbst im Licht stehen** *(sich selbst* *schaden)* · **jmdn., sich, etw. ins rechte Licht rü-** **cken/setzen/stellen** *(jmdn., sich selbst, etw.* *möglichst vorteilhaft erscheinen lassen)* · **etw. in** **rosigem L.,** **im rosigsten Licht sehen/darstel-** **len** *(etw. sehr positiv beurteilen)* · **etw. in einem** **milderen Licht sehen** *(etw. nicht mehr für so* *schlimm halten)* · **in einem guten, günstigen,** **schlechten o. ä. Licht erscheinen/stehen** *(einen* *guten, günstigen, schlechten o. ä. Eindruck ma-* *chen).*
Lichtblick, der: das ist ein [kleiner], der einzige L.; dies gehört zu den wenigen Lichtblicken in seinem Leben.
¹lichten: 1. a) 〈etw. l.〉 *ausdünnen:* das Unterholz l.; **b)** 〈sich l.〉 *weniger dicht werden:* der Wald lichtet sich; nur langsam lichtete sich der Nebel; sein

Haar lichtet sich immer mehr; die Reihen lichten sich *(von einer bestimmten Gruppe von Personen* *werden es immer weniger).* **2.** 〈sich l.〉 *heller werden:* das Dunkel, der Himmel lichtete sich.
²lichten (Seemannsspr.) 〈etw. l.〉: *hochziehen:* Anker l.
Lid, das: das obere, untere L.; entzündete, gerötete Lider; ihre Lider zuckten; er senkte, schloss die Lider.
lieb /vgl. lieber/: **1. a)** *liebevoll, herzlich:* ein lieber Brief; ein liebes Wort; jmdm. viele liebe Grüße senden; das ist [zu] l. von dir; würden Sie so l. *(nett)* sein und auf mein Gepäck achten/mir beim Aussteigen helfen?; jmdn. l. anschauen; SUBST.: jmdm. etwas Liebes tun; **b)** *liebenswert:* er ist ein lieber Mensch; sie hat ein liebes Gesicht, ein liebes Wesen; seine Frau ist sehr l., sieht l. aus; **c)** *artig:* ein liebes Kind; sei schön l.!; willst du jetzt l. sein? **2.** *angenehm, willkommen:* Sie sind uns stets ein lieber Gast, ein lieber Besuch; je länger, je lieber; am liebsten *(wenn es nach mir ginge)* würde ich hier bleiben; es wäre mir [sehr] l./lieber, wenn ...; sein Besuch war mir sehr l. **3.** *geliebt, geschätzt:* du liebe Mutter; unsere lieben Eltern; meine liebe Frau; der liebe Gott; jmdn. l. haben; man muss die Kleinen einfach l. haben; sie hat ihn immer l. behalten; eine l. gewordene Gewohnheit *(eine Gewohnheit, die man* *nicht mehr missen möchte);* er ist mir l. und wert, l. und teuer; wenn der Lieben l. ist, dann verschwinde!; /in vertraulichen Anreden/: lieber Hans, liebste Mutter; /iron. oder verblasst/: die lieben Verwandten; das liebe Geld; ich habe das so nötig wie das liebe Brot *(habe es sehr nötig);* die liebe Sonne scheint wieder; um des lieben Friedens willen; das weiß der liebe Himmel *(ich weiß es* *nicht);* SUBST.: seine Lieben *(Angehörigen);* /vertrauliche Anreden/: mein Lieber; Liebster!; meine Liebe!; Liebste!
liebäugeln 〈mit etw. l.〉: mit einem roten Sportwagen; er hat schon lange damit/mit dem Gedanken geliebäugelt, die Stellung zu wechseln.
Liebe, die: **1. a)** *[inniges] Gefühl der Zuneigung:* starke, blinde, leidenschaftliche, feurige, freie, eheliche, körperliche, innige [un]glückliche, glühende, heiße, heimliche, verborgene, kindliche, reine, treue, platonische *(nur geistig),* mütterliche, geschwisterliche, christliche, göttliche L.; die wahre, große L.; käufliche L. *(Prostitution);* eine L. unter Männern; L. auf den ersten Blick; Gottes L. *(mitfühlende Liebe, Barmherzigkeit)* und Güte; die L. der Eltern; die erste L.; die L. zum Kind, zu Frau und Familie, zu Gott; die L. ist [in jmdm.] erwacht, hat ihn ergriffen; seine L. zu ihr ist erkaltet, erloschen; ihre L. ist noch lebendig; L. in jmdm. erwecken; [keine] L. für jmdn. empfinden, fühlen; jmds. L. erwidern, zurückweisen; seine L. zu jmdm. verheimlichen; (geh.:)

L. [für jmdn.] im Herzen hegen; jmdm. seine L. beweisen, gestehen, erklären, beteuern; jmdm. L. und ewige Treue schwören; L. machen (ugs.; *koitieren*); etw. mit [viel] L. tun; jmdn. mit L. umgeben; Ⓡ alte L. rostet nicht; die L. [des Mannes] geht durch den Magen; L. macht blind; wo die L. hinfällt (Ausspruch der Verwunderung in Bezug auf jmds. Partnerwahl); b) *gefühlsbetonte Beziehung:* die L. zur Kunst, zur Heimat, zum Beruf; seine ganze L. gilt, gehört der Eisenbahn; L. zu etw. zeigen, hegen; aus L. zur Sache. **2.** (ugs.) *Gefälligkeit:* jmdm. eine L. erweisen; tu mir die L. und gehe zu ihm; Ⓡeine L. ist der anderen wert. **3.** (ugs.) *geliebte Person:* seine erste, große L.; sie ist eine alte L. *(frühere Geliebte)* von ihm; zu seiner ersten L. zurückkehren; ∗ **bei aller Liebe** *(bei allem Verständnis dafür):* so geht es nicht, bei aller L.; also bei aller L., das geht zu weit · **mit Liebe** *(mit großer Sorgfalt, Hingabe):* mit L. kochen. **lieben: 1.** a) ⟨jmdn., etw. l.⟩ *Liebe für jmdn., etw. empfinden:* jmdn. feurig, glühend, heimlich, innig, zärtlich, leidenschaftlich, heiß, abgöttisch, hemmungslos, eifersüchtig, [un]glücklich, wahnsinnig, von ganzem Herzen l.; ein Mädchen, eine Frau, einen Mann, die Menschen, seine Eltern, Kinder, seinen Nächsten, Gott l.; sie lieben sich/ ⟨geh.:⟩ einander; ⟨auch ohne Akk.:⟩ er ist unfähig zu l. *(hat nicht die Fähigkeit, Liebe zu empfinden);* eine liebende, geliebte Frau; dein dich liebender Mann; Ⓡwas sich liebt, das neckt sich; b) ⟨etw. l.⟩ *zu etw. eine positives Verhältnis haben:* die Heimat, die Natur, das Leben, seine Freiheit, seinen Beruf l.; er liebt nur sein Geld. **2.** ⟨jmdn. l.⟩ *mit jmdm. Geschlechtsverkehr haben:* er liebte sie, sie liebten sich/⟨geh.:⟩ einander gleich in der ersten Nacht. **3.** ⟨etw. l.⟩ *eine Vorliebe, Schwäche für etw. haben:* klassische Musik, die Natur, Tiere l.; sie hat schon immer schnelle Wagen, einen gewissen Luxus geliebt; er liebt gutes Essen; seine Bequemlichkeit [über alles] l.; diese Pflanzen lieben einen sandigen Boden; er liebt [es] zu scherzen; das tut er liebend (ugs.; *sehr)* gern; er liebt es nicht *(duldet es nicht),* unterbrochen zu werden. **liebenswürdig:** ein liebenswürdiger Mensch; er hat ein liebenswürdiges Wesen; ich danke Ihnen für Ihre liebenswürdige Einladung; jmdm. einige liebenswürdige Worte sagen; sie war sehr l. zu mir; /höfliche Dankesformel/: das ist sehr l. von Ihnen, /höfliche Aufforderung/: seien Sie bitte/wären Sie so l. und ... **Liebenswürdigkeit,** die: **1.** *betonte Höflichkeit:* würden Sie [bitte] die L. haben, das Fenster zu schließen?; jmdn. mit besonderer L. empfangen; sie war von betonter, ausnehmender L. [zu ihnen]. **2.** (iron.) *unverschämte Äußerung, Handlung:* jmdm. einige Liebenswürdigkeiten sagen, an den

Kopf werfen; haben Sie noch mehr [solche] Liebenswürdigkeiten für mich? **lieber:** a) *vorzugsweise:* er trinkt l. Bier; ich würde l. mit dem Auto fahren; l. heute als morgen; b) *besser, klugerweise:* ich hätte l. warten, wegbleiben sollen; je eher, je l.; mach es l. gleich; geh l. nach Hause! **Liebesmüh[e],** die: ⟨in der Wendung⟩ **vergebliche/ verlorene Liebesmüh[e] sein** *(keiner Anstrengung wert sein; vergeblich sein).* **liebevoll:** a) *zärtlich [besorgt]:* liebevolle Behandlung, Pflege; einen Kranken, ein Kind l. betreuen; jmdn. l. ansehen, umarmen; b) *mit viel Mühe und Sorgfalt:* man hat die Altstadt in liebevoller Arbeit wieder aufgebaut; ein Geschenk l. verpacken. **Liebhaber,** der: **1.** a) *Geliebter:* ein zärtlicher, aufmerksamer, leidenschaftlicher, feuriger, stürmischer, verschmähter L.; er ist ihr L.; sich einen L. anschaffen; sie hat einen L.; b) *Sexualpartner:* er ist ein guter, solider, erfahrener L.; als L. taugt er nichts. **2.** (Theater) */ein Rollenfach/:* den jugendlichen L./die Rolle des Liebhabers spielen; er wechselte vom L. ins Charakterfach. **3.** *besonderer Interessent:* ein L. alter Bücher, schönen Teppichen; das ist ein Wagen für L. **lieblich** (geh.): a) *anmutig, voller Liebreiz:* ein liebliches Kind, Mädchen; sie hat ein liebliches Gesicht; eine liebliche Landschaft; es bot sich ein lieblicher Anblick; von lieblicher Gestalt sein; sie war l. anzusehen; b) *angenehm:* der liebliche Duft der Blumen; man hörte liebliche Klänge; eine l. klingende Melodie; der Wein ist, schmeckt l. *(ist von milder Süße);* das ist ja l. (iron.; *eine schöne Überraschung).* **Liebling,** der: a) *jmd., der besonders geliebt wird:* der Sohn ist der L. der Mutter, ist Mutters L.; /als vertraute Anrede/: L., kannst du mir mal helfen?; da bist du ja, L.; b) *jmd., der jmds. Sympathie, Gunst genießt:* er ist des Chefs, des Lehrers; der Spieler wurde zum L. des Publikums; ÜBERTR.: ein L. des Glücks, der Götter. **Lied,** das: ein ernstes, heiteres, schwermütiges, volkstümliches, geistliches, weltliches L.; Lieder ohne Worte; das L. *(der Gesang)* der Nachtigall; das L. hat mehrere Strophen, wird mehrstimmig gesungen; ein L. intonieren, anstimmen, singen, schmettern, ausdrucksvoll vortragen, auf der Gitarre spielen, vor sich hin summen; ein Programm mit slawischen Liedern und Tänzen; Ⓡes ist immer das alte/gleiche/dasselbe L. (ugs.; *es ist immer dasselbe; es ändert sich nichts zum Guten);* ∗ **von etw. ein Lied singen können/zu singen wissen** *(über etw. aus eigener unangenehmer Erfahrung berichten können).* **liederlich: 1.** *unordentlich, nachlässig:* eine liederliche Kleidung, Frisur; jmd. macht einen liederli-

chen Eindruck; er war schon immer l.; die Arbeit ist l. [gemacht].
2. (abwertend) *moralisch verwerflich:* ein liederlicher Mensch; in eine liederliche Gesellschaft geraten; einen liederlichen Lebenswandel führen.
liefern: 1. ⟨etw. l.⟩ *eine bestellte Ware bringen:* Möbel, Zubehör l.; wir liefern die Waren ins Haus, frei Keller, per Bahn, pünktlich, in vierzehn Tagen; die Firma liefert diese Ausführung nur ins Ausland; sofort, schnell, langsam, stockend l.; direkt ab Fabrik l.; das Werk kann zur Zeit, zum vereinbarten Termin nicht l.; ⟨jmdm./an jmdn. etw. l.⟩ wir liefern unseren Kunden/an unsere Kunden nur erstklassige Ware; die Firma liefert *(verkauft)* auch an Privatkunden.
2. ⟨etw. l.⟩ *hervorbringen:* das Land liefert Rohstoffe; der Boden liefert begehrte Minerale; die Bienen liefern den Honig; die Maschine liefert 1 000 Exemplare pro Stunde; ⟨jmdm. etw. l.⟩ die vielen Flüsse und Seen liefern dem Land die notwendige Energie.
3. ⟨etw. l.⟩ *beibringen:* den Nachweis, einen Beweis [für etw.] l.; /oft verblasst/: der Skandal lieferte der Presse reichlich Gesprächsstoff; die Vergangenheit liefert genug Beispiele dafür.
4. ⟨jmdm. etw. l.⟩ *mit jmdm. etw. austragen:* er lieferte seinem Gegner einen harten Kampf, eine gute Partie; sie lieferten sich ein spannendes Duell.
Lieferung, die: 1. *das Liefern:* pünktliche, termingerechte L.; die L. erfolgt in vier Wochen, verzögert sich um eine Woche; L. sofort; die L. verschieben, quittieren; L. nur gegen Barzahlung; bei L. bar bezahlen; zahlbar innerhalb acht Tagen nach L.
2. *zu liefernde, gelieferte Ware:* eine lang erwartete L.; eine L. steht noch aus; die L. entsprach nicht der Bestellung; die L. ist eingetroffen; die L. kontrollieren, beanstanden, zurückschicken.
3. *Teil einer größeren Publikation:* die erste L. ist erschienen; man kann die Lieferungen einzeln kaufen; das Wörterbuch erscheint in Lieferungen.
liegen /vgl. gelegen/: 1. a) ⟨gewöhnlich mit Umstandsangabe⟩ *auf einer Unterlage ruhen:* die Weinflaschen müssen l.; flach, ausgestreckt, zusammengerollt, ganz ruhig, auf dem Rücken, auf dem Bauch, auf der Seite l.; auf dem Sofa, auf dem/am Boden, in der Sonne, im Schatten, am Strand, im Sand l.; gerne hart, weich l.; der Kranke muss l. *(darf nicht aufstehen);* sie lag [nackt] im Bett; auf den Knien l. *(knien);* sie hat die ganze Zeit wach gelegen *(nicht geschlafen);* um diese Zeit habe/(südd., österr., schweiz.:) bin ich schon in Bett gelegen; mein Vater liegt schon seit drei Wochen [mit einer Lungenentzündung] im, zu Bett *(ist krank und kann nicht aufstehen);* ich bleibe noch eine halbe Stunde im Bett l.; drei Personen lagen tot, [schwer] verletzt auf der

Straße; der Spieler ist verletzt l. geblieben; er kam unter das Auto zu l. *(wurde überfahren);* der Kopf des Kranken muss hoch, tief l.; in liegender Stellung schießen; b) ⟨irgendwo l.⟩ *begraben sein:* in der Familiengruft, auf einem Soldatenfriedhof, (geh.:) in fremder Erde l.; hier liegen seine Eltern.
2. a) ⟨irgendwo l.⟩ *angelegt, verlegt sein:* die Reifen liegen um das Fass; ein Riegel lag vor der Tür *(war vorgelegt);* wann werden die Fliesen, die Rohre l.?; b) ⟨irgendwie l.⟩ *gelegt sein:* der Teppich liegt schief; die Haare liegen gut, in Locken.
3. a) ⟨irgendwo l.⟩ *eine bestimmte Lage haben:* der Griff liegt gut, bequem in der Hand; der Wagen liegt gut, sicher, hervorragend auf der Straße. der Skispringer lag fast waagrecht in der Luft; b) ⟨voll von etw. l.⟩ *mit etw. bedeckt sein:* der Tisch liegt voller Bücher; der Boden liegt voller reifer Früchte/voll von reifen Früchten.
4. ⟨irgendwo l.⟩ *sich befinden:* im Schrank, im Keller, im Tresor l.; auf dem Boden liegen teure Teppiche; die Bücher lagen auf dem Tisch; die Bücher blieben auf dem Schreibtisch l.; im Zug bleiben sehr viele Dinge l.; pass auf, dass dein Schirm nicht l. bleibt *(dass du deinen Schirm nicht vergisst);* ist hier ein Schal l. geblieben?; sie hat den Schirm [im Zug] l. lassen/(seltener:) l. gelassen *(vergessen);* er hat den Verletzten einfach l. lassen/(auch:) l. gelassen und ist davongefahren; die Sachen auf dem Boden l. lassen; der Einbrecher hat alles l. und stehen lassen und ist geflüchtet; ich bin, der Wagen ist [mit einem Motorschaden/wegen einer defekten Ölleitung] auf der Autobahn l. geblieben *(konnte wegen einer Panne nicht weiterfahren);* er lag an ihrer Brust; auf den Bergen liegt noch Schnee; bei dieser Kälte bleibt der Schnee sicher lange l. *(wird er nicht schmelzen);* Nebel liegt auf/über den Feldern, im Tal; eine brütende Hitze lag über der Stadt; ein herber Duft hat/(südd., österr., schweiz.:) ist über der Landschaft gelegen; das Geld liegt auf der Bank *(wird dort auf einem Konto als Guthaben geführt);* der Punkt liegt auf der Diagonalen; das Gebäude lag plötzlich in Scheinwerferlicht; die Leitung liegt unter der Erde; der Eingang liegt auf der Rückseite; auf der Reede, in der Werft, am Kai l.; Millionen Tonnen Kohle liegen auf Halde; ich habe 50 Flaschen Wein [im Keller] l. *(habe sie vorrätig);* der Wein bleibt im Keller l.; das Fallobst ist l. geblieben *(wurde nicht aufgelesen);* das Schriftstück liegt bei den Akten; ⟨jmdm. irgendwo l.⟩ das Essen liegt mir schwer im Magen *(ist für mich schwer verdaulich);* ÜBERTR.: ein spöttisches Lächeln um ihren Mund; dazwischen liegen drei Tage; etw. liegt noch in weiter Ferne, in der Zukunft, im Ungewissen; die Betonung liegt auf der zweiten Silbe; so etwas liegt nicht in meiner Absicht; in seinen Worten lag ein Vorwurf; darin hat/(südd., österr., schweiz.:) ist eine große Gefahr gelegen; die Wahrheit liegt in der Mitte; die Arbeit ist we-

gen meiner Krankheit l. geblieben (ugs.; *blieb un-erledigt*); der Brief ist l. geblieben (ugs.; *nicht ab-gesendet worden*); von dieser Ware ist bei uns viel l. geblieben, viele Exemplare sind l. geblieben (ugs.; *nicht verkauft worden*); ich habe die Arbeit einige Tage l. lassen/(seltener:) l. gelassen *(nicht fortgeführt)*. **5.** ⟨mit Umstandsangabe⟩ *eine bestimmte [geo-graphische] Lage haben:* verkehrsgünstig, zen-tral, ruhig, malerisch, mitten im Wald, mitten in der Altstadt l.; München liegt an der Isar, ist an der Isar gelegen; der Ort liegt, wir liegen fast 1 000 m hoch; die Insel liegt 3° westlicher Länge; wir ließen das Schloss rechts l. *(fuhren so daran vorbei, sodass es rechts lag);* das Zimmer liegt nach vorn, zur Straße, nach Süden; ein einsam liegender/gelegener Bauernhof; liegende Güter (Rechtsspr.; *Liegenschaften*) haben. **6.** ⟨jmdm. l.⟩ *jmdm., jmds. Art entsprechen:* diese Arbeit, Rolle, Aufgabe liegt ihm [ausgezeichnet]; er hat mir noch nie gelegen; solche Geschäfte, Methoden liegen ihm nicht; es liegt ihr nicht, sich dauernd anzupreisen. **7.** ⟨irgendwo l.⟩ *rangieren:* an erster Stelle, auf dem fünften Tabellenplatz, in Führung, im Rück-stand, weit an der Spitze l.; die Preise liegen hö-her, niedriger, unter den Selbstkosten, weit über dem Durchschnitt, bei etwa 2 000 Euro; die Ein-nahmen liegen höher als die Ausgaben; die Tem-peratur liegt bei 30 Grad. **8. a)** ⟨an/bei jmdm., an etw. (Dat.)/in etw. (Dat.) l.⟩ *von jmdm. abhängen, auf etw. zurückzuführen sein:* das liegt an der schlechten Verarbeitung; die Verantwortung liegt bei dir *(fällt dir zu);* die Schuld liegt bei dir; die Unfallursache dürfte an/in einem technischen Fehler l.; dass das so ist, liegt in der Natur der Sache; ⟨es liegt an/bei jmdm., an etw. (Dat.)⟩ es liegt ganz allein an/bei dir, ob du teilnimmst; ich weiß nicht, woran es liegt; an mir soll es nicht l. *(ich will kein Hinder-nis sein);* **b)** ⟨in etw. (Dat.)⟩ *enthalten, zu finden sein:* der Fehler liegt im Getriebe; darin liegt eine große Gefahr, tiefe Weisheit; es liegt im Bereich des Möglichen; es liegt in seinem Ermessen, Be-lieben, seiner Macht; das liegt nicht in meiner Absicht, in meinem Interesse *(ich beabsichtige das nicht, habe kein Interesse daran).* **9.** ⟨irgendwie l.⟩ *sich darstellen:* die Verhältnisse liegen [etwas] anders; die Angelegenheit scheint schwieriger zu l.; die Sache liegt gut; ich weiß noch nicht genau, wie die Dinge wirklich liegen; so wie die Dinge liegen *(unter den gegebenen Ver-hältnissen).* **10.** ⟨jmdm. liegt an jmdm., etw.⟩ *Wert auf jmdn., etw. legen:* mir liegt an einer Erneuerung des Ver-trages, an seiner Mitarbeit; es liegt mir vor allem daran/es ist mir vor allem daran gelegen, jedes Risiko zu vermeiden; ⟨auch mit Akk.⟩ ihm liegt nichts, etwas an der Erledigung der Angelegen-heit; ihr liegt nichts an ihm.

11. ⟨mit Umstandsangabe⟩ /häufig verblasst/: unter Feuer, Beschuss l. *(ständig beschossen werden);* im Hinterhalt l. *(lauern);* dauernd im Fenster l. *(aufgestützt aus dem offenen Fenster schauen);* mit jmdm. im Wettbewerb, in scharfer Konkur-renz l. *(konkurrieren);* in Ketten l. *(gefesselt sein);* der Hund liegt an der Kette *(ist angebunden);* in Trümmern l. *(zerstört sein);* im Sterben l. *(bald sterben);* völlig am Boden l. *(total geschlagen, am Ende sein);* in Scheidung l. *(die Ehescheidung an-streben);* vor Anker l.

lila: eine l. (nicht korrekt: lilane) Bluse; das Kleid ist l.; etw. l. färben.

lindern ⟨etw. l.⟩: das Elend der Flüchtlinge l.; die Tabletten haben die Schmerzen nicht gelindert; die ärgste Not konnte gelindert werden.

Linderung, die: die Tabletten schafften etwas L., bewirkten eine L. der Schmerzen, haben keine L. gebracht; jmdm. L. verschaffen; das Geld soll zur L. der Not im Katastrophengebiet verwendet werden.

Lineal, das: das L. anlegen; etw. mit dem L. unter-streichen, ziehen; es war, als hätte er ein L. ver-schluckt (scherzh.; *er geht aufrecht und steif*).

Linie, die: **1. a)** *längerer Strich:* eine gerade, krumme, gebogene, gestrichelte, gepunktete L.; parallele Linien; die Linien sind nur schwach zu erkennen; eine L. [mit dem Lineal] ziehen, zeich-nen, nachziehen; Schreibpapier mit Linien; ÜBERTR.: die Linien *(kleinen Furchen)* der Hand deuten; **b)** *Markierungsstreifen auf Straßen:* die durchgehende L.; an, bei der unterbrochenen L. darf überholt werden; **c)** (Sport) *Markierungs-, Begrenzungslinie:* die blaue, rote L. (Eishockey; *Drittel-, Mittellinie*); der Ball hat die L. überschrit-ten *(ist im Aus);* an der L. *(Außenlinie)* entlang-stürmen; auf der L. *(Torlinie)* abwehren, klären, retten; keiner brachte den Ball über die L. *(ins Tor);* den Ball über die L. [ins Aus] schlagen; **d)** *Umriss[linie]:* die L. der Hausdächer am Hori-zont; die L. eines Profils; etw. tritt in scharfen Li-nien hervor; (ugs. scherzh.:) auf die [schlanke] L. achten. **2. a)** *Reihe:* die Schüler bildeten eine L., stellten sich in einer L. *(nebeneinander)* auf; in L. (Milit.; Sport; *nebeneinander, Schulter an Schulter*) an-treten; die Gebäude stehen in einer L. *(Fluchtli-nie);* **b)** (Milit.) *Front:* die feindliche L. durchbre-chen; an der vordersten, in vorderster L. kämp-fen; hinter den Linien Sabotage treiben. **3.** *Verkehrsstrecke, -mittel:* die L. Frankfurt–Pa-ris; die L. 8 fährt nach Neustadt, zum Flugplatz, bis zum Bahnhof, über den Marktplatz, nur werktags; die L. ist am stärksten befahren, be-flogen; die L. 10 endet am Bahnhof; eine L. ein-stellen, aufgeben, stilllegen; eine neue L. einrich-ten; er fährt die L. Schloss–Stadion; sie fährt auf der L. 8 *(ist als Fahrerin dort eingesetzt);* auf den innerdeutschen Linien werden die modernsten Flugzeuge eingesetzt.

4. *[geistige] Richtung:* die geistige, politische L. [einer Gruppe]; eine gemäßigte, radikale, liberale L. vertreten, verfolgen; eine gemeinsame L. suchen; eine eigene L. suchen, einhalten; sie versuchte L. *(ein gewisses Konzept)* in die Sache zu bringen; sich auf eine einheitliche L. festlegen; etw. lässt keine klare L. *(kein klares Konzept)* erkennen; dem Parteiprogramm fehlt die klare L.; etw. bewegt sich auf der gleichen L. *(Ebene);* von der L. abweichen. **5.** *Verwandtschaftszweig:* die männliche, weibliche L.; die ältere, jüngere L. eines Geschlechts; diese L. ist ausgestorben; er gehört einer anderen L. an; in gerader, direkter L. von jmdm. abstammen; in aufsteigender, absteigender L.; ✶ **auf der ganzen Linie** *(völlig):* sie hat bei dieser Aufgabe auf der ganzen L. versagt · **in erster/zweiter Linie** *(an erster, wichtigster/an zweiter, weniger wichtiger Stelle)* · **in vorderster Linie** *(im Vordergrund, mit an der Spitze stehen).*

linke: **1.** a) *auf der linken Seite befindlich:* die l. Hand; das l. Bein, Auge, Ohr; am linken *(in Flussrichtung linken)* Ufer; auf der linken Straßenseite gehen; subst.: sie streckt ihm die Linke *(linke Hand)* entgegen; er saß zur Linken *(an der linken Seite)* des Gastgebers; der Boxer traf seinen Gegner mit seiner blitzschnellen Linken (Boxen; *Schlag mit der linken Hand);* b) *innen oder unten befindlich, nicht sichtbar:* die l. Seite eines Kleides, eines Stoffes, einer Tischdecke; l. *(in bestimmter Weise gestrickte)* Maschen. **2.** *sozialistisch, kommunistisch:* l. Ansichten, Zeitungen; der l. Flügel der Partei; subst.: die gemäßigte, äußerste Linke.

linkisch: *ungeschickt:* ein linkischer Mensch; er ist etwas l.; sich l. benehmen.

links: **I.** ⟨Adverb⟩ **1.** *auf der linken Seite:* l. vom Eingang, vom Fenster; l. stehen, gehen, fahren, überholen; bei der Fahrt einen Ort l. liegen lassen; an der nächsten Ecke l. *(nach links)* einbiegen, abbiegen; (Ballspiele:) der Stürmer spielt l. außen; l. und rechts verwechseln; du musst dich mehr l. halten *(links bleiben);* sie strickt zwei rechts, zwei l. *(zwei Rechtsmaschen, zwei Linksmaschen im Wechsel);* sich nach l. drehen; von rechts nach l. verlaufen; ein Auto kommt von l.; /in militärischen Kommandos/: l. um!, l. schwenkt, marsch!; l., zwei, drei, vier!; die Augen l.! **2.** *mit der Innen-, Unterseite nach außen:* ein Hemd l. tragen; du hast die Decke l. aufgelegt; ein Kleidungsstück [nach] l. drehen, wenden; den Stoff [von] l. bügeln. **3.** (ugs.) *mit der linken Hand:* l. schreiben, essen, arbeiten. **4.** *sozialistisch, kommunistisch:* l. denken; [weit] l. stehen; sie ist [stark] l. eingestellt, orientiert; (ugs.:) er ist l.; [politisch] l. stehende Abgeordnete. **II.** (seltener) ⟨Präp. mit Gen.⟩ *auf der linken Seite von etw.:* l. des Rheins, der Straße, des Wegs;

✶ **links sein** (ugs.; *Linkshänder[in] sein)* · **jmdn. links liegen lassen** *(jmdn. bewusst nicht beachten)* · **mit links** (ugs.; *mit Leichtigkeit, ohne jede Schwierigkeit):* so etwas macht sie mit l.

Lippe, die: schmale, dünne, dicke, wulstige, volle, aufgeworfene, aufgeplatzte, feuchte, trockene, blutleere, blasse, [kirsch]rote Lippen; vor Kälte hatte er blaue Lippen; seine Lippen sind aufgesprungen, rau, geschwollen; ihre Lippen bebten, zuckten; die Lippen zusammenkneifen, zusammenpressen, nachziehen; [sich (Dat.)] die Lippen anfeuchten, schminken; sie kräuselte, schürzte verächtlich, spitzte die Lippen; das Glas, die Trompete an die Lippen setzen; er küsste sie auf die Lippen; ich musste mir auf die Lippen beißen, um nicht zu lachen; einen Laut mit den Lippen bilden; der Taubstumme liest viel von den Lippen ab; ✶ **eine [dicke/große] Lippe riskieren** (ugs.; *großsprecherisch reden)* · **an jmds. Lippen hängen** *(jmdm. aufmerksam zuhören)* · **jmdm. auf den Lippen ersterben** (geh.; *unter einem starken Eindruck o. Ä. plötzlich nicht ausgesprochen, geäußert werden):* das Wort erstarb ihm auf den Lippen · **[nicht] über jmds. Lippen/jmdm. [nicht] über die Lippen kommen** *([nicht] von jmdm. ausgesprochen werden können):* kein Wort soll über meine Lippen kommen · **etw. nicht über die Lippen bringen** *(etw. nicht zu äußern wagen)* · **jmdm. leicht, glatt o. ä. von den Lippen fließen, gehen** *(von jmdm. ohne Bedenken geäußert werden).*

List, die: eine teuflische L.; eine L. ersinnen, anwenden, durchschauen; auf eine L. hereinfallen; zu einer L. greifen; mit L. vorgehen; ✶ **mit List und Tücke** (ugs.; *mit viel Geschick und Schläue).*

Liste, die: **1.** *Verzeichnis:* eine lange, ausführliche L.; die L. der Teilnehmer, der Preise, der Modelle; die L. ist unvollständig; diese L. enthält alle Reklamationen; eine L. aufstellen, führen, ergänzen, vervollständigen; jmdn., etw. auf die L. setzen; jmdn., etw. in eine/(seltener) in einer L. eintragen; etw. in der L. ankreuzen, abhaken; jmdn., etw. in eine L. aufnehmen, in einer L. führen; der Name wurde in/aus der L. gestrichen; ÜBERTR.: diese L. *(Aufzählung [meist unliebsamer Dinge, Sachverhalte])* ließe sich noch beliebig fortsetzen; ich habe ihn längst von meiner L. gestrichen *(er zählt nicht mehr zu meinen Freunden).* **2.** *Wahlliste:* wählt L. 2!; eine L. einreichen; die Partei stellt ihre L. auf; L. zusammen; jmdn. auf der L. setzen; ✶ **schwarze Liste** *(Aufstellung verdächtiger Personen):* jmd. kommt auf die schwarze L.

listig: ein listiger Plan; er ist ein listiger Bursche; listige Augen haben; er ist l. wie ein Fuchs, wie eine Schlange; l. vorgehen.

Litanei, die: 1. (kath. Rel.) *Wechselgebet zwischen Priester und Gläubigen:* eine L. beten, singen. 2. *monotone Aufzählung:* eine ganze L. von Beschwerden; eine [endlose] L. *(Kette von Wünschen, Klagen, Ermahnungen o. Ä.)* herbeten, herunterbeten, vortragen, vorbringen; es ist immer wieder die alte, die gleiche, dieselbe L. *(die alte Angelegenheit).*

Liter, der, (auch:) das: zwei L. Milch reichen gut aus; den Beutelinhalt in zwei L. kochendes Wasser gießen; mit drei Litern spanischem Rotwein/ (geh.:) spanischen Rotweins; der Preis eines L. Benzins/eines Liters Benzin; (Technik:) der Kessel hat einen Rauminhalt von 1000 Litern; der Motor hat einen Hubraum von 6,3 Litern.

Literatur, die: a) *Gesamtheit des künstlerischen Schrifttums:* schöne, unterhaltende, klassische, moderne, zeitgenössische, dramatische, deutsche L.; die L. des Expressionismus; die Literaturen der einzelnen Nationen; jmd., etw. ist in die L. eingegangen *(wurde Gestalt, Thema der Literatur);* b) *Schrifttum über ein Thema, Gebiet:* die einschlägige, wissenschaftliche, medizinische L.; die L. über dieses Problem, zu diesem Thema ist umfangreich; die L. kennen, lesen, zusammenstellen, zitieren, in einer Fußnote angeben; etw. nur aus der L. kennen; die L. (Musik; *in Form von Notentexten vorliegenden Werke*) für Violine, für gemischten Chor.

live: a) (Rundf., Ferns.) *als eine, in einer Direktsendung:* die Show wird l. gesendet, übertragen; etw. l. vor einem Millionenpublikum ankündigen; b) *in realer Anwesenheit:* einen Künstler l. auf der Bühne erleben; l. *(nicht im Play-back-Verfahren)* singen.

Lizenz, die: eine staatliche, zeitlich befristete L.; eine L. der Firma ...; die L. läuft ab; eine L. erwerben; er hat eine L. (Sport; *durch einen Verband erteilte Erlaubnis*) als Trainer, als Berufsboxer; jmdm. die L. zum Betreiben eines Gewerbes/die L. für ein Lokal erteilen, ausstellen, entziehen; etw. in L. herstellen; etw. ohne L. tun.

Lob, das: ein großes, hohes, überschwängliches, uneingeschränktes, ehrliches L.; das L. des Lehrers ermunterte ihn; jmdm. L. spenden, zollen; ein L. erhalten, bekommen, (ugs.:) kriegen; er verdient [ein] L. für seinen Einsatz; immer wieder sang sie sein L. (ugs.; *lobte sie ihn überschwänglich*); (geh.:) des Lobes [über jmdn., etw.] voll sein; sie hat mit L. nicht gegeizt.

loben ⟨jmdn., etw. l.⟩: der Lehrer lobte den Schüler [für seine gute Arbeit, wegen seines Fleißes]; jmdn. öffentlich, überschwänglich, uneingeschränkt l.; das ist sehr zu l. *(ist sehr gut);* das lob ich mir *(das gefällt mir);* da lob ich mir doch ein kühles Bier *(das würde mir besser schmecken);* etw. lobend erwähnen.

Loblied, das: ⟨in der Wendung⟩ **ein Loblied auf jmdn., etw. anstimmen/singen** *(jmdn., etw. vor anderen sehr loben).*

Loch, das: 1. ein großes, rundes L.; da ist ein L. in der Decke; die Löcher sind tief; ein L. graben, [in die Wand] bohren, [ins Eis] schlagen; ein L. stopfen, zuschütten, zuschmieren, ausfüllen; ein L. im Strumpf, im Zahn haben; mit der Zigarette ein L. in das Polster brennen; sich ein L. in die Hose reißen; durch ein L. im Zaun gucken, kriechen; die Maus verkroch sich in ihr L.; ÜBERTR.: dieser Kauf hat ein [großes, böses] L. in den [Geld]beutel gerissen, gefressen (ugs.; *hat viel Geld gekostet);* ein L. stopfen *(ein Defizit, Schulden beseitigen).* 2. a) (salopp abwertend) *kleiner, dunkler [Wohn]raum:* das Zimmer ist ein elendes, furchtbares, feuchtes L.; diese Wohnungen sind die reinsten Löcher; b) (ugs.) *Gefängnis:* ins L. kommen; jmdn. ins L. stecken; * saufen wie ein Loch (derb; *sehr viel Alkohol trinken*) · jmdm. ein Loch/Löcher in den Bauch reden (salopp; *pausenlos auf jmdn. einreden*) · jmdm. ein Loch/Löcher in den Bauch fragen (salopp; *jmdm. pausenlos Fragen stellen*) · ein Loch/Löcher in die Luft gucken (ugs.; *geistesabwesend in die Gegend starren*) · ein Loch/Löcher in die Wand stieren (ugs.; *geistesabwesend irgendwohin starren*) · ein Loch in die Luft schießen (ugs.; *beim Schießen nicht treffen*) · auf/(seltener:) aus dem letzten Loch pfeifen (ugs.; *mit seiner Kraft am Ende sein).*

lochen ⟨etw. l.⟩: den Gürtel l.; Belege, Rechnungen für die Ablage l.

Locke, die: blonde, natürliche Locken; die Locken fielen ihr ins Gesicht; Locken haben, tragen; das Haar in Locken legen.

locken: a) ⟨jmdn.⟩ *anlocken:* den Hund mit einer Wurst l.; die Henne lockt die Küken; mit Werbung, mit niedrigen Preisen Käufer l.; solche Angebote können mich nicht l.; es lockte *(reizte)* ihn, an der Fahrt teilzunehmen; ein lockendes Angebot; ÜBERTR.: die lockende Ferne; b) ⟨jmdn. irgendwohin l.⟩ *bewegen, an eine bestimmte Stelle zu kommen, zu gehen:* den Fuchs aus dem Bau, den Hamster in den Käfig l.; jmdn. zu einer anderen Firma l.; jmdn. auf eine falsche Fährte, in einen Hinterhalt l.; er will mich in eine Falle l. *(mich hereinlegen);* ÜBERTR.: auch dieser Vorschlag konnte sie nicht aus der Reserve l.; die Sonne hatte uns ins Freie gelockt.

locker: a) *wackelnd, nicht fest sitzend:* ein lockerer, l. sitzender Zahn; die Schraube, der Nagel ist, sitzt l., ist l. geworden; b) *durchlässig:* lockerer Boden; lockeres Erdreich; lockeres Gewebe; das Haar ist, liegt l. *(ist nicht straff gebunden);* l. stricken, häkeln; c) *nicht straff [gespannt], nicht starr:* eine lockere Haltung; l. *(nicht verkrampft)* hinter dem Steuer sitzen; das Seil l. lassen; sie hält die Zügel l.; ÜBERTR.: eine lockere *(nicht enge)* Beziehung; ein lockeres *(vorlautes, respektloses)* Mundwerk haben; einen lockeren *(moralisch nicht gefestigten)* Lebenswandel führen;

Vorschriften l. *(nicht streng)* handhaben; das macht, schafft sie l. (ugs.; *ohne Mühe).*

lockerlassen (ugs.): /meist verneint/: wir dürfen jetzt nicht l.; er lässt [mit seiner Forderung] nicht locker.

lockermachen (ugs.): **a)** ⟨etw. l.⟩ *(Geld) hergeben:* er will dafür ein paar Tausender, die nötige Summe l.; **b)** ⟨bei jmdm. etw. l.⟩ *jmdn. dazu bewegen, Geld zu bewilligen:* sie versuchte, bei ihm 500 Mark lockerzumachen.

lockern: a) ⟨etw. l.⟩ *locker machen:* eine Schraube, ein Seil, den Gürtel l.; die Erde, den Boden mit der Hacke l. *(auflockern);* du musst die Muskeln l. *(entspannen);* ÜBERTR.: die [scharfen] Vorschriften, Bestimmungen, Gesetze l. *(liberaler fassen);* **b)** ⟨sich l.⟩ *locker, lose werden:* die Bremsen haben sich gelockert; der Zahn, die Schraube lockert sich; ein Schutzblech hat sich gelockert; ihr Griff lockerte sich; ÜBERTR.: die Sitten haben sich gelockert *(sind freier geworden);* unsere Beziehungen haben sich etwas gelockert *(sind nicht mehr so eng).*

lockig: lockige Haare haben; ihr Haar ist sehr l.

Lockvogel, der (abwertend): die Bardame war ein L., entpuppte sich als L.; jmdn. als L. benutzen; die Kripo setzte sie als L. auf ihn an.

lodern: das Feuer lodert im Kamin, hat hell gelodert; die Flammen haben/sind aus dem Dachstuhl, zum Himmel gelodert *(geschlagen);* ÜBERTR.: Hass loderte aus seinen Augen.

Löffel, der: **1.** */ein Essgerät/:* silberne, verchromte L.; ein L. für die Bratensoße; hier fehlt noch ein L.; L. spülen, putzen, polieren; den L. zum Mund führen, ablecken; man nehme zwei L. [voll] Zucker; dreimal täglich 50 Tropfen auf einen L. Zucker; etw. mit dem L. essen.
2. (Jägerspr.) *Ohr des Hasen:* die L. anlegen, zurücklegen; der Hase stellte, spitzte die L.;
★ **den Löffel wegwerfen/wegschmeißen/abgeben** (salopp; *sterben)* · **jmdm. eins/ein paar hinter die Löffel geben** (ugs.; *jmdn. ohrfeigen)* · **eins/ein paar hinter die Löffel bekommen, kriegen** (ugs.; *geohrfeigt werden)* · **mit einem goldenen/silbernen Löffel im Mund geboren sein** (ugs.; *reich geboren sein).*

löffeln ⟨etw. l.⟩: er löffelte still und missmutig seine Suppe;
★ **jmdm. eine löffeln** (ugs.; *jmdn. ohrfeigen).*

logisch: 1. *folgerichtig:* logisches Denken; das steht in keinem logischen Zusammenhang; diese Überlegung ist nicht l.; l. denken, handeln; etw. l. begründen.
2. (ugs.) *selbstverständlich, klar:* die logische Konsequenz war, den Antrag abzulehnen; na l./ das ist doch l.!; dass so etwas nicht infrage kommt, ist wohl l.

Lohn, der: **1.** *Arbeitsentgelt:* ein hoher, niedriger, fester, kärglicher, tariflicher L.; der wöchentliche L. beträgt ...; Löhne und Preise steigen; die Löhne drücken, kürzen, senken; die Löhne wer-

den rückwirkend, ab 1. Januar um 5% erhöht; eine Erhöhung der Löhne fordern, verlangen; sich seinen [restlichen] L. auszahlen lassen; für einen bestimmten L. arbeiten; ein Streik für höhere Löhne.
2. *Belohnung:* ein [un]verdienter, gerechter, [über]reichlicher L.; das ist ein schlechter L. für ihre Mühen; er wird schon seinen L. (iron.; *seine Strafe)* bekommen;
★ **[bei jmdm.] in Lohn und Brot stehen** (veraltend; *bei jmdm. angestellt sein, feste Arbeit haben)* · **jmdn. um Lohn und Brot bringen** (veraltend; *jmdm. seine Arbeit, seine Erwerbsquelle nehmen).*

lohnen: 1. *von Nutzen sein:* **a)** die Arbeit, die Mühe, der Einsatz lohnt; es lohnt nicht, darüber zu sprechen; eine lohnende Arbeit, Aufgabe; das ist ein lohnendes Ziel; **b)** ⟨sich l.⟩ der Fleiß, der ganze Aufwand hat sich doch gelohnt; ich glaube [nicht], dass sich das Geschäft lohnt.
2. ⟨etw. l.⟩ *rechtfertigen:* der mögliche Erfolg lohnt die weite Reise; das lohnt die Anstrengung nicht.
3. ⟨jmdm. etw. l.⟩ *mit etw. Gutem vergelten:* er wird dir deine Hilfe l.; sie hat dir deine Hilfe, deinen Einsatz, deine treue Mitarbeit schlecht, übel, nicht, nur mit Undank gelohnt.

Lorbeer, der: **1.** */ein immergrüner Baum/:* der L. wächst vorwiegend am Mittelmeer.
2. a) *Lorbeerblatt [als Gewürz]:* etw. ist mit L. gewürzt; **b)** *Lorbeerkranz:* der L. als Zeichen des Sieges, des Ruhmes; (geh.:) dem Sieger winkte der L.; den Kopf der Figur schmückt ein L.;
★ **blutiger Lorbeer** *(kriegerischer, unter allzu großen Opfern errungener Ruhm)* · **Lorbeeren pflücken/ernten** *(Lob ernten, Erfolg haben)* · **mit etw. keine Lorbeeren pflücken/ernten können** *(mit etw. keinen Eindruck machen, nichts erreichen können)* · **[sich] auf seinen Lorbeeren ausruhen** (ugs.; *sich nach Erfolgen nicht mehr anstrengen).*

los (/vgl. lose/: **I.** ⟨Adj.⟩ *[ab]getrennt:* der Knopf ist l. *(abgerissen);* der Hund ist von der Leine l.
II. ⟨Adverb⟩ **1.** /Aufforderung/ *vorwärts!:* schnell fort!: nichts wie l.!; nun aber l.!; [l.,] l., mach schon, beeile dich!
2. ⟨in Verbindung mit *von*⟩ *weg:* das Volk will l. von der Zentralregierung.
3. (ugs.) ⟨kurz für *los-* in Verbindung mit einem Verb [der Bewegung in 2. Part.]⟩ er ist sofort auf ihn l. *(losgesprungen);* sie ist mit dem Wagen l. *(losgefahren);* er wollte schon früh l. *(losgehen);* ich habe die Schraube l. *(losgedreht);*
★ **etwas ist los** (ugs.; *eine besondere Lage ist eingetreten, etwas geschieht):* was ist [hier] l.?; dort drüben muss etwas l. *(passiert)* sein; in dem Lokal, bei ihm zu Hause ist immer etwas l. *(ist immer viel Betrieb);* in dieser Stadt, hier ist nie etwas l. *(ist es langweilig);* wo ist denn hier etwas l.? *(wo kann man sich denn hier amüsieren?);* was ist

denn mit dir l.? *(was hast du denn, was fehlt dir denn?)* · **mit jmdm., etw. ist nichts/nicht viel los** (ugs.; *etw. taugt nichts/nicht viel; jmd. ist nicht/nicht recht zu etw. brauchbar, ist in schlechter Verfassung o. Ä.)* · **jmdn., etw. los sein** (ugs.; 1. *von jmdm., etw. befreit sein:* den Frager, den Husten l. sein. 2. *jmdn., etw. verloren haben; etw. vertan haben:* dein Geld bist du l.) · **los und ledig** *(frei und unbehindert, von allen Bindungen gelöst).*

Los, das: 1. a) *Glückslos:* das L. muss entscheiden; die Lose mischen; ein L. ziehen; die Reihenfolge durch das L. entscheiden, bestimmen; etw. durch ein L. gewinnen; **b)** *Lotterielos:* ein halbes, ganzes L. [der Klassenlotterie]; jedes zweite L. gewinnt; alle Lose waren Nieten; mein L. ist jetzt gezogen worden; ein L. kaufen; auf das L. entfiel ein Gewinn von 50 000 DM; der Haupttreffer fiel auf das L. Nr. 569. **2.** (geh.) *Schicksal:* ein bitteres, hartes, schweres, beneidenswertes L.; kein leichtes L. haben; jmdm. war [k]ein glückliches L. beschieden; sein hartes L. geduldig [er]tragen; das L. der Gefangenen, Flüchtlinge erleichtern; ⋆ **das große Los** *(der Hauptgewinn)* · **mit jmdm., etw. das große Los ziehen/gezogen haben** *(mit jmdm., etw. großes Glück haben, eine gute Entscheidung getroffen haben).*

losbrechen: 1. *abbrechen:* **a)** ⟨etw. l.⟩ einzelne Stücke, Eisschollen l.; **b)** die Äste sind im Sturm losgebrochen. **2.** *plötzlich einsetzen:* ein Gewitter, ein Sturm ist losgebrochen; ein unglaublicher Jubel, ein Tumult, ein Gelächter brach los.

¹löschen ⟨etw. l.⟩: **1. a)** *nicht weiterbrennen lassen, ersticken:* die Kerzen, die Glut l.; **b)** (geh.) *ausschalten:* das Licht, die Scheinwerfer l.; **c)** *zum Erlöschen bringen:* ein Feuer l.; der Brand konnte schnell gelöscht werden; Kalk l. *(nach dem Brennen mit Wasser übergießen)*; ⟨auch ohne Akk.⟩; mit Schaum, mit Wasser l. **2.** *beseitigen, tilgen:* eine Eintragung l.; die Firma wurde im Handelsregister gelöscht; eine Hypothek, eine Schuld, ein Konto, einen Posten [im Buch] l.; einen Text [auf der Tafel], eine Aufnahme [auf dem Tonband] l.; eine Tonbandaufzeichnung l. **3.** *durch Absaugen trocknen:* die Tinte [mit Löschpapier] l.

²löschen ⟨etw. l.⟩: **a)** *ausladen:* eine Fracht l.; hier wird Erdöl gelöscht; das Schiff kann seine Ladung in kürzester Zeit l.; **b)** *leer machen:* ein Schiff l.

lose /vgl. los/: **1.** *nicht [mehr] fest verbunden; locker:* ein loser Nagel, Bolzen; l. Blätter; l. aufgesteckte Haare; ein l. [zusammen]gebundenes Bündel; hier sind alle Schrauben l.; der Knopf am Mantel ist, hängt l.; die Bluse fällt l. über die Hüften; ÜBERTR.: in losen *(aufgelockerten)* Gruppen bei-

einander stehen; die einzelnen Szenen hängen nur l. zusammen. **2.** *nicht fest verpackt:* l. Ware; Zigarren l. *(einzeln)* verkaufen; das Geld l. *(nicht im Geldbeutel)* in der Tasche tragen. **3.** *keck, dreist:* eine lose Zunge, einen losen Mund, ein loses Mundwerk, (derb:) ein loses Maul haben; lose Reden führen.

losen: ⟨um etw. l.⟩ um die beiden Eintrittskarten l.; ⟨auch ohne Präpositionalobjekt⟩ wir wollen l., wer anfängt.

lösen /vgl. gelöst/: **1.** ⟨etw. l.⟩ *losmachen, lockern [und abtrennen]:* einen Stein [aus der Mauer], eine Briefmarke [mit Wasserdampf] vom Kuvert l.; das Fleisch vom Knochen l.; den Gürtel, die Fesseln, einen Knoten l. *(aufmachen);* er löste seine Hand aus ihrer *(machte sie frei);* den Haarknoten, die Haare l.; er hat zu früh die Bremse[n] gelöst; dieses Mittel löst *(entfernt)* jeden Schmutz; ÜBERTR.: Alkohol löst die Zunge *(macht gesprächig);* das Mittel löst den Husten. **2. a)** ⟨sich l.⟩ *sich lockern [und abgehen]:* der Bolzen löst sich aus der Halterung; der Lack, die Tapete löst sich allmählich; eine Lawine hat sich gelöst; ÜBERTR.: der Krampf, die Erstarrung löste sich [nur langsam]; der Schmerz löste sich in Tränen; **b)** ⟨sich aus etw./von jmdm., etw. l.⟩ *sich befreien, trennen:* sich aus einer Verpflichtung, von Verbindlichkeiten l.; er löste sich aus ihren Armen, aus ihrer Umarmung; ÜBERTR.: der Läufer löste sich aus dem, vom Feld *(setzte sich davon ab)* und ging in Führung; sich aus dem Elternhaus, von der Partei, von seinen Freunden l.; sich nur schwer von Vorurteilen, von der Tradition l. [können]. **3. a)** ⟨etw. l.⟩ *auflösen, klären:* ein [Kreuzwort]rätsel, eine Aufgabe, ein Problem, eine Gleichung l.; diese Schwierigkeit hat er schnell, glänzend, brillant, auf verblüffend einfache Weise gelöst; so einfach lässt sich diese Sache nicht l.; der Widerspruch konnte nicht gelöst werden; **b)** ⟨sich l.⟩ *sich auflösen, sich klären:* die Angelegenheit, das Rätsel, das Problem hat sich von selbst gelöst. **4. a)** (geh.) ⟨etw. l.⟩ *auslösen:* einen Schuss l.; **b)** ⟨sich l.⟩ *losgehen:* ein Schuss löste sich [unbeabsichtigt]. **5.** ⟨etw. l.⟩ *auflösen, annullieren:* einen Vertrag, eine Verbindung l.; sie hat die Verlobung [wieder] gelöst; die Ehe in gegenseitigem Einvernehmen l. **6.** ⟨etw. l.⟩ *(einen Berechtigungsschein) kaufen:* eine Fahrkarte, eine Eintrittskarte l.; ich habe den Zuschlag erst im Zug gelöst; [bereits] gelöste Karten zurückgeben. **7. a)** ⟨etw. in etw. (Dat.) l.⟩ *auflösen:* etw. in Säure l.; täglich eine Tablette, in Wasser gelöst, einnehmen; in Wasser gelöste Mineralien; **b)** ⟨sich in etw. (Dat.) l.⟩ *sich auflösen, zergehen:* dieses Mittel löst sich nicht in Wasser; in scharfer Säure löst sich der Kunststoff.

losfahren (ugs.): **1.** a) *abfahren:* wir fahren morgen früh los; sie stieg in ihr Auto und fuhr los; b) ⟨auf jmdn., etw. l.⟩ *zufahren:* er ist direkt auf mich, auf die Straßensperre losgefahren. **2.** ⟨auf jmdn. l.⟩ *losgehen:* wütend auf einen Gegner l.; zornig aufeinander l.; plötzlich fuhr ein Hund auf mich los.

losgehen: 1. (ugs.) *aufbrechen:* wir müssen jetzt l., wenn wir nicht zu spät kommen wollen. **2.** (ugs.) *beginnen:* das Spiel geht pünktlich, um 20 Uhr los; wann ist das Kino, die Vorstellung losgegangen?; hoffentlich geht es jetzt bald los; jetzt geht es erst richtig los!; mit einem lauten Tusch ging es los; auf, es geht los/los gehts!; plötzlich ging ein furchtbares Geschrei, Pfeifkonzert los; ℝich glaub, es geht los (ugs.; *das kann doch nicht wahr sein, das ist doch nicht dein Ernst*); (scherzh.:) auf »los!« gehts los. **3.** a) ⟨auf etw. (Akk.) l.⟩ *zugehen:* auf ein Ziel l.; b) ⟨auf jmdn. l.⟩ *losstürzen:* mit dem Messer auf jmdn. l.; die Spieler gingen aufeinander los. **4.** a) *ausgelöst werden:* ein Gewehr, ein Revolver geht los; ein Schuss ging los; b) *explodieren:* eine Handgranate geht los; plötzlich ist die Bombe, die Mine losgegangen.

loshaben: ⟨in der Verbindung⟩ **etwas, nichts, viel, wenig o. ä. loshaben** (ugs.; *[auf einem bestimmten Gebiet] etwas, nichts, viel, wenig o. ä. können und leisten*): auf dem Klavier, in Mathematik hat sie ganz schön was los.

loskommen (ugs.): **1.** *weg-, fortkommen:* wir sind [von zu Hause] nicht rechtzeitig losgekommen; alle Fahrer sind beim Start gut losgekommen. **2.** ⟨von jmdm., etw. l.⟩ *sich trennen; freikommen:* sie kommt von dem Mann nicht mehr los; von seinen Schulden, von einer Verpflichtung, von einer Idee, vom Alkohol einfach nicht l.

loslassen: 1. a) ⟨jmdn., etw. l.⟩ *nicht mehr festhalten:* sie hat das Kind losgelassen; jmds. Hand, die Tür, das Steuer l.; lass mich los; ÜBERTR.: einen Menschen nicht mehr l. *(an sich zu binden suchen);* diese Frage, dieser Gedanke lässt ihn nicht mehr los *(beschäftigt ihn immer wieder);* b) ⟨ein Tier l.⟩ *frei laufen lassen:* den Hund [von der Kette] l. **2.** (ugs. abwertend) ⟨jmdn. auf jmdn., etw. l.⟩ *jmdn. sich unkontrolliert betätigen lassen:* unqualifizierte Ärzte auf die Menschheit l.; diesen Kerl haben sie auf unsere Schule losgelassen. **3.** (ugs.) ⟨etw. l.⟩ *von sich geben:* eine Rede l. *(halten);* ein paar Witze l. *(zum Besten geben);* ein Rundschreiben, einen Brief an jmdn. l. *(schreiben, abschicken).*

loslegen (ugs.): [nun] legen Sie [mal] los!; sie legte mächtig [mit der Arbeit] los; wenn er loslegt *(zu reden beginnt),* hört er [so schnell] nicht mehr auf; na, leg schon los! *(erzähl schon!);* Mensch, hat der losgelegt! *(seinem Ärger Luft gemacht).*

losreißen: a) ⟨etw. l.⟩ *ab-, herausreißen:* der Sturm hat einige Dachziegel losgerissen; ein Brett, ein

Stück Tapete, Plakate l.; b) ⟨sich l.⟩ *sich gewaltsam lösen:* das Pferd, das Kind, das Boot hat sich losgerissen; der Hund hat sich von der Leine losgerissen; ÜBERTR.: ich konnte mich von dem Buch, von diesem Anblick nicht mehr l.

lossagen (geh.) ⟨sich von jmdm., etw. l.⟩: sich von seinen Eltern, von der Partei l.; er hat sich von seiner Vergangenheit losgesagt.

losschießen: 1. (ugs.) a) *sich schnell in Bewegung setzen:* die Wagen schießen los; beim Startschuss schoss er los und übernahm sofort die Führung; b) ⟨auf jmdn., etw. l.⟩ *zustürzen:* als er mich sah, schoss er auf mich los; das Tier schoss blitzschnell auf die Beute los. **2.** (ugs.) *zu sprechen beginnen:* schieß endlich [mit deinem Bericht] los! **3.** *zu schießen anfangen:* plötzlich war es wie wild losgeschossen.

losschlagen: 1. ⟨etw. [von etw.] l.⟩ *abschlagen:* den Putz von der Wand l. **2.** a) ⟨auf jmdn., etw. l.⟩ *einschlagen:* er schlug auf das Kind, auf den Hund los; sie schlugen mit Knüppeln aufeinander los; b) (bes. Milit.) *angreifen:* der Feind wird bald l., hat überraschend losgeschlagen. **3.** (ugs.) *verkaufen:* etw. [billig], für einen Spottpreis l.

lossteuern ⟨auf jmdn., etw. l.⟩: das Schiff ist auf den nächsten Hafen losgesteuert; auf einen Bekannten l.; ÜBERTR.: aufs Examen l.

¹Losung, die: **1.** *Parole:* politische, militärische Losungen; die L. des Tages; unsere L. ist, lautet ...; etw. als L. ausgeben. **2.** (Milit.) *Kennwort:* die L. nennen, ausgeben, fordern; die Wachablösung nach der L. fragen.

²Losung, die: (Jägerspr.): *Kot des Hundes, des Wildes:* ein Wild an der L. erkennen.

Lösung, die: **1.** a) *das Bewältigen einer Aufgabe:* die L. ist schwierig, sehr kompliziert; mit der L. einer Aufgabe beschäftigt sein, betraut werden; über der L. eines Problems sitzen; sich um die L. eines Konfliktes bemühen; etw. zu seiner L. beitragen; b) *Auflösung, Ergebnis:* eine einfache, überraschende, elegante, vernünftige, (ugs.:) saubere L.; die L. des Rätsels l.; diese L. ist ausgezeichnet, falsch, nicht die beste; eine L. suchen, finden; es gibt verschiedene Lösungen; die richtige L. l. auf einer Postkarte einschicken; auf keine bessere L. kommen; nach einer anderen L. suchen. **2.** *Beseitigung:* die L. einer Verlobung, eines Arbeitsverhältnisses; von der L. einer Beziehung abraten. **3.** (Chemie) a) *Verteilung, Auflösung eines Stoffes in einer Flüssigkeit:* die L. von Mineralien in Wasser; b) *Flüssigkeit, in der ein anderer Stoff gelöst ist:* eine wässrige, hochprozentige, gesättigte L.; eine chemische L. herstellen.

loswerden: 1. a) ⟨jmdn., etw. l.⟩ *sich von jmdm., etw. befreien:* einen Vertreter nicht, nur mit

Mühe, endlich l.; so schnell werden Sie mich nicht los den Gedanken, den Eindruck, die Vorstellung nicht l., dass ...; **b)** ⟨etw. l.⟩ *äußern können:* das wollte ich schon lange einmal l.; bei dieser Gelegenheit ist sie einige Boshaftigkeiten losgeworden. **2.** (ugs.) ⟨etw. l.⟩ *verkaufen:* ich werde diese Ware kaum los; diese Artikel sind wir reißend losgeworden. **3.** (ugs.) ⟨etw. l.⟩ *verlieren:* Geld beim Kartenspiel l.; seinen Koffer, seinen Meistertitel l.; in dem Geschäft bin ich viel Geld losgeworden.
losziehen (ugs.): **1.** *davonziehen:* zu einem Vergnügen l.; wir sind noch am Abend losgezogen. **2.** (abwertend) ⟨gegen/über jmdn., etw. l.⟩ *schimpfen:* er zog mächtig gegen seine Verwandtschaft, gegen seine Nachbarn los; er zog unbarmherzig über ihn, über die dortigen Verhältnisse los.
Lot, das: 1. a) *Senkblei:* das L. auswerfen, hinunterlassen; die Wassertiefe mit dem L. messen; die Wand genau nach dem L. errichten; **b)** *Senkrechte:* die Mauer war, stand nicht [ganz] im L. **2.** (Geom.) *Senkrechte:* das L. [auf eine Gerade] fällen; der Fußpunkt des Lotes; ∗ [nicht] im Lot sein *([nicht] auf der Höhe, nicht in Ordnung sein)* · jmdn., etw. l. [rechte] Lot bringen *(jmdn. wieder zur Vernunft bringen; etw. bereinigen, wieder in Ordnung bringen)* · [wieder] ins Lot kommen (1. *gesund werden.* 2. *[wieder]in Ordnung kommen).*
löten (Technik) ⟨etw. l.⟩: **a)** *mithilfe von geschmolzenem Metall verbinden:* die Bruchstelle muss gelötet werden; ⟨etw. an etw. (Akk.) l.⟩ den Henkel an die Kanne l.; **b)** *durch Löten reparieren:* einen Topf, ein Rohr l.
lotsen: a) ⟨jmdn., etw. irgendwohin l.⟩ *durch ein Gebiet leiten:* ein Schiff in den Hafen, durch den Kanal l.; das Flugzeug an seinen Standplatz l.; er hat mich sicher durch die Innenstadt, zum Hotel gelotst; Schulkinder über die Straße l. *(führen);* **b)** (ugs.) ⟨jmdn. irgendwohin l.⟩ *dazu bewegen, mitzugehen:* er lotste mich noch in seine Wohnung, in eine Bar.
Lotterie, die: [in der] L. spielen; er hat 3 000 Mark in der L. gewonnen; ∗ etw. ist die reinste Lotterie (ugs.; *etw. ist reiner Zufall).*
Löwe, der: 1. */ein Raubtier/:* ein dressierter L.; der L. brüllt; der L. schlägt ein Tier; einen Löwen jagen, erlegen; einen Löwen im Wappen führen; Jagd auf Löwen machen; von einem Löwen angefallen werden; wie ein L. *(sehr tapfer, mit letztem Einsatz)* kämpfen. **2.** (Astrol.) **a)** ⟨Plural⟩ */ein Tierkreiszeichen/:* sie ist im Zeichen L., des Löwen geboren; **b)** *im Zeichen Löwe Geborene[r]:* er ist [ein] L.
Lücke, die: eine große, schmale L.; hier klafft noch eine L.; eine L. im Gebiss haben; die L. im Zaun beseitigen; noch eine L. für weitere Bücher las-

sen; in dieser Straße werden jetzt die letzten Lücken *(Baulücken)* geschlossen; eine L. im Etat stopfen; der Stürmer entdeckte eine L. in der gegnerischen Abwehr; ÜBERTR.: sein Wissen hat einige Lücken; er hat große Lücken in Latein; ihr Tod hinterlässt, reißt eine schmerzliche L.; dieses Buch füllt eine L., schließt eine wirkliche L.; eine L. im Gesetz *(gesetzlich nicht vorgesehener Fall).*
Lückenbüßer, der: sie ist immer nur [der] L.; als L. für etw. dienen, fungieren; den L. spielen müssen.
Luder, das: (salopp) **a)** *durchtriebene [weibliche] Person:* sie ist ein ganz gemeines L.; jetzt hat das L. mich schon wieder hereingelegt; /oft als Schimpfwort/: so ein unverschämtes, freches, falsches L.! **b)** *bemitleidenswerte Person:* ein armes L.; [so] ein dummes L., vertraut sich ganzes Geld diesem Ganoven an.
Luft, die: 1. gute, frische, saubere, sauerstoffarme, schlechte, stickige, warme, verbrauchte L.; flüssige, verflüssigte L.; die L. ist feucht, ganz trocken; hier ist die L. sehr belastet *(verschmutzt);* hier ist die L. zum Schneiden (ugs.; *ist die Luft sehr verbraucht);* es weht ein frisches, angenehmes Lüftchen *(Wind);* die L. erwärmt sich nur langsam; der Wohnung fehlen Licht und L.; das Gewitter hat die L. gereinigt; sich L. zufächeln; die L. verschmutzen; die Abgase verpesten die L.; Vorschriften für die Reinhaltung der L.; frische L. ins Zimmer [herein]lassen; die verbrauchte L. absaugen; der Reifen, Schlauch hat zu wenig L., hält die L. nicht mehr; die L. (ugs.; *den Luftdruck)* prüfen, kontrollieren, nachsehen [lassen]; die L. aus den Reifen, aus dem Ballon lassen; an die [frische] L. (ugs.; *ins Freie)* gehen; sich viel in der frischen L. *(im Freien)* aufhalten; der Motor wird mit L. gekühlt; ÜBERTR.: im Bücherschrank etwas L. *(Platz)* schaffen; sich etwas L. *(Spielraum, Bewegungsfreiheit)* verschaffen; zwischen Wand und Schrank etwas L. *(Zwischenraum)* lassen; in die L. *(ins Leere)* greifen. **2.** *Atem[luft]:* plötzlich blieb ihm [vor Schreck] die L. weg; die L. einziehen, anhalten; der zu enge Kragen schnürte ihm die L. ab; keine L. mehr bekommen, (ugs.:) kriegen; tief L. holen; wir wollen ein wenig L. schnappen [gehen] (ugs.; *spazieren gehen);* nach L. ringen, (ugs.:) schnappen *(mühsam atmen);* Ⓡ jetzt halt mal die L. an! (ugs.; *sei endlich still!; hör jetzt endlich auf!);* da bleibt einem ja die L. weg! *(das ist ja ungeheuerlich!).* **3.** *freier Raum über dem Erdboden:* die Aufnahmen sind aus der L. *(von einem Luftfahrzeug aus)* gemacht; bei der Explosion flogen Autos durch die L.; etw. in die L. *(in die Höhe)* werfen; vor Freude in die L. springen; in die L. schauen, (ugs.:) gucken; frei sein wie der Vogel in der L. *(sich nicht eingeengt fühlen);* das Flugzeug erhebt sich, steigt in die L.; zur Warnung in die L. schießen;

★ die Luft ist rein/sauber (ugs.; *es ist niemand da, der horcht, beobachtet, eine Gefahr darstellt o. ä.*) · es ist/herrscht dicke Luft (ugs.; *es herrscht eine gespannte Atmosphäre, eine gereizte Stimmung*) · für jmdn. Luft sein (ugs.; *von jmdm. demonstrativ nicht beachtet werden*) · heiße Luft sein (ugs.; *nichtssagend, nicht von Belang sein*) · jmdn. wie Luft behandeln (ugs.; *jmdn. demonstrativ nicht beachten*) · aus etw. ist die Luft raus (ugs.; *etw. hat seine Aktualität, seine Bedeutung verloren*) · sich (Dat.) Luft machen (ugs.; *aufgestauten Ärger o. Ä. aussprechen u. sich dadurch Erleichterung verschaffen*) · jmdm. die Luft abdrehen/abdrücken (ugs.; *jmdn. wirtschaftlich ruinieren*) · frische Luft in etw. (Akk.) bringen (*einer Sache neue Impulse geben, Schwung in etw. bringen*) · gesiebte Luft atmen (ugs. scherzh.; *im Gefängnis sein*) · jmdn. an die [frische] Luft setzen/befördern (ugs.; 1.*jmdn. aus der Wohnung, aus dem Haus o. Ä. hinauswerfen*. 2. *jmdn. aus seiner Stellung befördern*) · aus der Luft gegriffen/geholt sein (*frei erfunden sein*) · in die Luft gucken (ugs.; *das Nachsehen haben*) · in die Luft fliegen/gehen (*explodieren*) · jmdn. in der Luft zerreißen (salopp; 1.*jmdn. vernichtend kritisieren*. 2. *als Drohung; in Verbindung mit* können: *ich könnte ihn in der L. zerreißen*) · in der Luft liegen (1.*bevorstehen: ein Gewitter lag in der L.* 2. *dem Zeitgeist entsprechen*) · in der Luft hängen/schweben (ugs.; 1. *noch ungewiss, noch nicht entschieden sein*. 2. *ohne finanziellen Rückhalt sein*) · [schnell/leicht] in die Luft gehen (ugs.; *[sehr schnell] ärgerlich, wütend werden*) · sich in Luft auflösen (ugs.; 1. *[meist von Dingen] spurlos verschwinden*. 2. *[von Plänen, Vorhaben] nicht verwirklicht werden*) · von Luft und Liebe leben (ugs. scherzh.; *sehr wenig essen*) · nicht von der Luft/von Luft und Liebe leben können (ugs.; *nicht ohne materielle Grundlage existieren können*).

lüften ⟨etw. l.⟩: 1. a) *frische Luft in einen Raum hereinlassen:* die Wohnung, das Zimmer l.; ⟨auch ohne Akk.⟩ wir müssen hier einmal gut l.; b) *auslüften:* die nach Rauch riechenden Kleidungsstücke [auf dem Balkon] l.; das Bettzeug, die Betten l.
2. *leicht hochheben:* den Vorhang, den Hut [zum Gruß] l.; sie hat ihren Schleier gelüftet; den Deckel l., um in den Topf zu sehen; BILDL.: die Maske, den Schleier l. *(sich zu erkennen geben);* ÜBERTR.: das Dunkel, jmds. Inkognito, ein Geheimnis l. *(enträtseln).*

luftig: 1. *(bes. von Räumen) hell, mit genügend Luftzufuhr:* luftige Räume; ein luftiges Plätzchen im Freien; in luftiger *(großer)* Höhe.
2. *(von Textilien, Kleidung) leicht und luftdurchlässig:* ein luftiges Gewebe; luftige Kleidung; l. gekleidet sein.
3. (ugs.) a) *leichtsinnig, unzuverlässig:* ein lufti-

ger Bursche; b) *nicht ernst zu nehmen:* eine luftige Erklärung; seine Pläne sind mir zu l.

Lug, der: ⟨in der Fügung⟩ Lug und Trug (geh.; *List, Täuschung*): es ist alles nur L. und Trug; nichts als L. und Trug.

Lüge, die: eine freche, raffinierte, gemeine, faustdicke, plumpe L.; eine fromme *(in guter Absicht ausgesprochene)* L.; das ist eine ausgemachte, glatte L.; bei ihr ist jedes [zweite] Wort eine L.; lauter Lügen, nichts als Lügen; jmdn. einer L. überführen; jmdn. der L. bezichtigen, beschuldigen, verdächtigen; sich in Lügen verstricken; um eine L. nicht verlegen sein; ®Lügen haben kurze Beine *(mit Lügen kommt man nicht weit);*
★ jmdn., etw. Lügen strafen *(jmdn., etw. widerlegen):* das Ergebnis der Untersuchung straft alle Gerüchte Lügen.

lügen: a) *bewusst die Unwahrheit sagen:* du lügst; ich müsste l. *(es wäre nicht wahr),* wenn ich behaupten wollte, dass ...; SUBST.: sich aufs Lügen verlegen; ®wer lügt, der stiehlt; wer einmal lügt, dem glaubt man nicht, und wenn er auch die Wahrheit spricht; b) ⟨etw. l.⟩ *für wahr ausgeben:* er hat das alles gelogen; ⟨gebräuchlich im Passiv:⟩ das ist gelogen;
★ lügen wie gedruckt (ugs.; *unglaublich lügen*).

Lümmel, der (ugs. abwertend): du bist ein L.; sich wie ein L. benehmen.

Lump, der (abwertend): er war ein großer, gemeiner, abgefeimter L.; die Lumpen haben mir das Geld gestohlen; /oft als Schimpfwort/: du elender, feiger L.!

Lumpen, der: a) *Lappen:* ein alter, schmutziger, öliger L.; L. sammeln; b) (abwertend) ⟨meist Plural⟩ *abgetragene Kleidung:* in L. gehen, herumlaufen.

lumpig: a) (abwertend) *niederträchtig, gemein:* eine lumpige Gesinnung; das war l. [von ihm]; sich [jmdm. gegenüber, gegen jmdn.] l. benehmen; b) (ugs. abwertend) *kümmerlich, armselig:* ein lumpiges Gehalt; ein lumpiges Quartier; ein paar lumpige Mark; jmdn. l. bezahlen.

Lunge, die: eine kräftige, starke, gute, gesunde, schwache L.; die L. ist angegriffen; die L. röntgen; schon deine L.! (scherzh.; *rede nicht so viel!*); er raucht [auf] L./über die L./(selten:) durch die L. *(inhaliert den Rauch);*
★ eiserne Lunge (Med.; *Apparat zur künstlichen Beatmung*) · grüne Lunge (*Grünanlage in einer Stadt*) · eine gute Lunge haben (scherzh.; *kräftig schreien können*) · sich (Dat.) die Lunge aus dem Hals schreien (ugs.; *sehr laut schreien*) · aus voller Lunge singen/schreien o. ä. (ugs.; *sehr laut singen, schreien o. ä.*).

Lupe, die: eine scharfe, stark vergrößernde L.; etw. nur mit, unter der L. lesen können; eine Briefmarke durch die L. betrachten;
★ jmdn., etw. mit der Lupe suchen können (ugs.; *jmdn., etw. selten finden, antreffen*) · jmdn., etw. [scharf] unter die Lupe nehmen

(ugs.; *jmdn., etw. genau kontrollieren, beobachten, kritisch prüfen*).

Lust, die: **1.** *Freude, Vergnügen:* es war eine wahre L., ihm zuzusehen; es ist eine L. zu leben; da kann einem die ganze L. vergehen; die L. an etw. verlieren; an etw. L. haben, finden; seine schlechte Laune hat mir die ganze L. an der Fahrt genommen. **2. a)** *Verlangen:* wer L. hat, kann mitmachen; nach der Affäre hatten sie nicht übel L., die ganze Sache aufzugeben; keine [rechte, besondere] L. zu etw. haben; nicht die geringste L. haben/verspüren, etw. zu tun; die Kinder hatten keine L. zum Spielen; hast du L. auf ein Glas Wein, auf ein Stück Kuchen?; ich habe große/die größte L., dorthin zu fahren; das kannst du machen, [ganz] wie du L. hast; **b)** *Begierde; Wollust:* weltliche, sinnliche Lüste; die L., die Lüste des Fleisches; eine wilde L. überkam, erfasste ihn plötzlich; seine L. stillen, befriedigen, zügeln; er ist ein Sklave seiner Lüste; ⋆ **Lust und Leid** (geh. veraltend; *alles, was das Leben bringt*) · **mit Lust und Liebe** *(gern, mit Freude):* sie sind mit L. und Liebe bei der Arbeit · **nach Lust und Laune** *(ganz wie es beliebt).*

lüstern ⟨l. [auf etw. (Akk.)/nach etw.]⟩: lüsterne Blicke, Augen; ein lüsterner Kerl; lüsterne Gedanken haben; lüsterne Späße machen; er war ganz l. auf Erdbeeren, nach Schokolade; er ist ganz l. *(begierig)* darauf, das zu tun.

lustig: a) *fröhlich, vergnügt:* lustige Leute; eine lustige Gesellschaft; lustige Geschichten, Streiche; die lustige Person (eine Theaterrolle); ein lustiger Bursche; ein lustiger Abend; du bist heute so l.; es war [auf der Party] sehr l.; auf der Feier ging es ganz l. zu; es war l. *(unterhaltsam),* den Affen zuzusehen; das kann ja l. *(iron.; unangenehm)* werden; SUBST.: mir ist etwas Lustiges passiert; **b)** ÜBERTR.: sie unterhielten sich l. weiter; ÜBERTR.: die Fahne flattert l. im Wind; das Feuer brannte l. im Kamin; ⋆ **solange/wie/wozu jmd. lustig ist** (ugs.; *solange/wie/wozu jmd. Lust hat, es ihm Spaß macht*) · **sich über jmdn., etw. lustig machen** *(jmdn., etw. verspotten und sich dabei amüsieren).*

luxuriös: eine luxuriöse Wohnung, Einrichtung; ein luxuriöses Hotel; ein luxuriöses Leben führen; sein Lebensstil ist sehr l.; der Wagen ist l. ausgestattet.

Luxus, der: ein unerhörter, unwahrscheinlicher L.; das ist der einzige L., den ich mir leiste; sie leistet sich den L. *(sie erlaubt es sich),* dieses fragwürdige Verhalten nicht mitzumachen; diesen L. kann ich mir nicht erlauben; das ist doch reiner L.!; sie treiben großen L. mit ihrer Garderobe *(kleiden sich sehr teuer);* im L. leben.

Mache, die (Jargon): die M. eines Theaterstücks; ⋆ **[nichts als/nur/reine/bloße** o. ä.] **Mache sein** (ugs. abwertend; *vorgetäuscht, Getue sein*): ihre Anteilnahme, seine Kompromissbereitschaft ist doch reine/nichts als M. · **etw. in der Mache haben/in die Mache nehmen** (ugs.; *an etw. arbeiten/zu arbeiten beginnen*) · **jmdn. in der Mache haben/in die Mache nehmen** (ugs.; 1. *jmdn. zu etw. zu bewegen suchen.* 2. *jmdn. verprügeln*).

machen: 1. a) ⟨etw. m.⟩ *herstellen; [an]fertigen:* Klöße, Wurst, Wein m.; Schuhe; Essen m. *(bereiten);* [jmdm./für jmdn. eine Tasse] Kaffee, Tee m. *(kochen, aufbrühen);* sich einen Anzug m. lassen; **b)** ⟨etw. m.⟩ *hervorbringen; schaffen, bewirken* ⟨häufig verblasst/: ein Geräusch m.; Seeluft macht Appetit; ⟨jmdm., sich etw. m.⟩ du wirst dir dadurch viele Freunde, Feinde m.; Feuer m. *(anzünden);* Licht m. *(anschalten);* Musik m. *(musizieren);* Lärm m. *(lärmen);* jmdm. Sorge[n], Kummer, schlaflose Nächte m. *(bereiten);* jmdm. Mut m. *(jmdn. ermutigen);* **c)** ⟨etw. m.; auch mit Umstandsangabe⟩ /häufig verblasst/ *ausführen:* eine Arbeit, den Haushalt, Schularbeiten m.; sie hat das Abitur, den Führerschein, das Examen gemacht; der Turner machte die Übung am Reck; einen Spaziergang m. *(spazieren gehen);* eine Reise m. *(verreisen);* ein Spiel m. *(spielen);* eine Beobachtung m. *(etw. beobachten);* ⟨etw. irgendwie m.⟩ etw. falsch, richtig, ordentlich, ganz allein, in Zukunft besser m.; Ⓡ wie mans macht, macht mans falsch; **d)** ⟨etw. m.⟩ *einen Körperteil o. Ä. in einen bestimmten Zustand versetzen:* einen Buckel, ein verdrießliches, dummes, freundliches Gesicht m.; einen langen Hals m. *(den Hals [neugierig] recken).* **2. a)** ⟨jmdn., sich, etw. irgendwie m.⟩ *in einen bestimmten Zustand bringen:* eine Hose enger m.; etw. nur noch schlimmer m.; jmdn. neugierig, betrunken, unsicher m.; die Chemikalie macht den Stoff widerstandsfähiger; sich unbeliebt m.; sie hat sich für die Einladung hübsch gemacht; ⟨jmdm., sich etw. irgendwie m.⟩ jmdm. etw. zugänglich m.; machen Sie es sich bitte bequem!; **b)** ⟨etw. m.⟩ *in Ordnung bringen:* das Bett, die Betten, das Zimmer m.; ⟨jmdm., sich etw. m.⟩ jmdm. die Haare m.; ich muss mir die Zähne m. lassen; er hat mir das Auto sofort gemacht *(repariert);* der Vermieter lässt nichts m. **3.** (ugs. verhüll.) ⟨mit Umstandsangabe⟩ *seine Notdurft verrichten:* klein, groß m.; der Kleine hat

ins Bett, ins Höschen gemacht; ⟨jmdm., sich irgendwohin m.⟩ er machte sich in die Hosen; der Vogel hat ihm auf den Hut gemacht.
4. ⟨etw. m.⟩ *tun:* jmdn. m. lassen, was er will; etw. kurz m. *(schnell erledigen);* ich weiß nicht, was ich m. soll; was machst du *(womit beschäftigst du dich)* jetzt?; bei ihnen dürfen die Kinder alles m.; da ist nichts mehr zu m.; was willst du mit der Schere m.?; ⟨auch ohne Akk.⟩ lass mich nur m.! *(überlass die Angelegenheit nur mir!);* /verblasst/: was macht deine Mutter? *(wie geht es deiner Mutter?);* was macht die/deine Arbeit? *(wie kommst du mit deiner Arbeit voran?);* machs gut! (ugs.; als Abschiedsgruß; *lass es dir gut gehen!);* gemacht! (ugs.; Bekräftigungsformel; *einverstanden!).*
5. (ugs.) ⟨etw. m.⟩ *ergeben:* acht mal zwei macht sechzehn; hundert Pfennige machen eine Mark; das macht *(beträgt)* [zusammen] 16,80 DM.
6. ⟨jmdn. m.⟩ **a)** (salopp) *eine bestimmte Rolle übernehmen:* den Hamlet, den Nikolaus m.; den Vermittler, den Schiedsrichter m.; er hat immer den Handlanger gemacht; **b)** (ugs.) *jmdn. aufbauen:* einen Popsänger, einen Künstler m.; dieser Regisseur hat den Schauspieler gemacht.
7. *zu jmdn., jmd., etw. werden lassen:* **a)** ⟨jmdn., etw. aus jmdm., sich m.; etw. aus etw. m.⟩ einen tüchtigen Menschen aus jmdm. m.; es steckt nicht viel in ihm, aber er weiß etwas aus sich zu m. *(weiß seine bescheidenen Gaben geschickt zu nutzen);* sie ist nicht das, was die Leute aus ihr m. *(von ihr halten);* daraus ließ sich nichts m. *(das ließ sich nicht verwerten);* der Regisseur hat viel aus dem schwachen Stück gemacht *(herausgeholt);* **b)** ⟨jmdn., etw. zu jmdm., etw. m.⟩ jmdn. zu seinem Vertrauten m.; er machte *(ernannte)* ihn zu seinem Stellvertreter; ein Land zur Wüste m. *(es verwüsten);* ⟨sich (Dat.) etw. zu etw. m.⟩ sich etw. zur Aufgabe, zur Regel, zur Pflicht m.
8. ⟨jmdn. m.; in Verbindung mit einem Infinitiv⟩ *jmdn. zu etw. veranlassen:* er wollte uns glauben m., dass er krank sei; das macht mich lachen.
9. ⟨sich an etw. (Akk.) m.⟩ *mit etw. beginnen:* sich an die Arbeit, ans Kochen m.; es wird Zeit, dass ich mich ans Werk mache *(dass ich mit meiner Arbeit beginne).*
10. (ugs.) *sich beeilen:* mach, dass du fertig wirst!; na, mach schon!; ich mach ja schon.
11. (ugs.) ⟨in etw. (Akk.) m.⟩ *in einer bestimmten Branche tätig sein:* er macht in Lederwaren; ÜBERTR.: sie macht zur Zeit in Großzügigkeit *(gibt sich zur Zeit sehr großzügig).*
12. a) ⟨sich irgendwie m.⟩ *passen:* der Hut macht sich gut zu ihrem Kleid; die Pflanze macht sich sehr schön auf dem Bücherbord; **b)** ⟨sich m.⟩ *sich gut entwickeln:* der Lehrling macht sich; du hast dich in letzter Zeit sehr gut gemacht; die Sache macht sich;
⋆ **[das] macht nichts!** (ugs.; *das ist nicht schlimm!)* · **[es] nicht mehr lange machen** (ugs.; *bald sterben müssen)* · **es unter etw. (Dat.)**

[nicht] machen (ugs.; *eine Mindestforderung haben):* unter 60 Mark pro Stunde macht er es nicht · **[einen] auf ... machen** (salopp, oft abwertend; *auf plumpe, zudringliche o. ä. Weise ein bestimmtes Verhalten zeigen):* [einen] auf cool, auf superlässig m.; sie macht auf großzügig, auf bescheiden, auf emanzipiert; er macht [einen] auf Macho · **sich nichts daraus/draus machen** (ugs.; *[über etw.] nicht verstimmt sein, sich [über etw.] nicht ärgern)* · **sich** (Dat.) **wenig, nichts o. Ä. aus jmdm., etw. machen** (ugs.; *jmdn., etw. nicht [besonders] mögen)* · **zu, für etw. [nicht] gemacht sein** *(für etw. [nicht] geeignet sein).*
Machenschaft, die ⟨meist Plural⟩: unsaubere, betrügerische, üble Machenschaften waren gegen ihn im Gange; Machenschaften gegen jmdn. aufdecken; jmds. Machenschaften durchkreuzen, durchschauen.
Macht, die: **1.** *Einfluss:* eine geringe, große, unumschränkte M.; seine ganze M. aufbieten, etw. zu erreichen; mit M. *(machtvoll)* vorwärts drängen; M. über jmdn. haben, gewinnen; er übte eine unwiderstehliche M. auf/über sie aus.
2. *Herrschaft; Befehlsgewalt:* die weltliche, geistliche, politische M.; seine M. ist gebrochen; die M. ergreifen, übernehmen, in Händen haben; seine M. gebrauchen, missbrauchen, ausspielen, festigen; bestimmte politische Gruppen haben die M. über die Volksmassen errungen; sich die M. über Leben und Tod anmaßen; seine M. behaupten; jmdn. seine M. fühlen lassen; an die M. gelangen, zur M. kommen *(die Regierungsgewalt erlangen);* an der M. sein, bleiben *(die Regierungsgewalt haben, behalten);* jmdn. an die M. bringen; über große M. verfügen; ÜBERTR.: die M. des Geldes; Ⓡ [das ist] die M. der Gewohnheit.
3. *einflussreicher Staat:* eine fremde, feindliche, Krieg führende M.; die verbündeten Mächte; Ⓡ M. geht vor Recht.
4. ⟨meist Plural⟩ *besondere, geheimnisvolle Kraft:* dämonische, geheimnisvolle Mächte; die himmlischen Mächte; die Mächte der Finsternis; dunkle Mächte sind am Werk; das Wirken einer höheren M.; keine M. der Erde, der Welt (geh.: niemand) konnte ihn dazu bewegen, das zu tun; sich mit guten Mächten getragen wissen;
⋆ **mit [aller] Macht** (1. *mit allen Kräften).* sie war mit aller M. bemüht, das Vorhaben zu verhindern. 2. *mit Vehemenz:* der Sturm rüttelte mit M. an den Fensterläden) · **[alles] was in jmds. M. steht** *(alles, was jmd. vermag).*
mächtig: **1.** *Macht habend; einflussreich:* ein mächtiger Staat; ein mächtiges Reich; mächtige Bosse; die Unternehmer waren sehr m.; der Herrscher wurde den Fürsten zu m.; SUBST.: der Mächtigen der Welt.
2. a) *großen Umfang habend; sehr stark:* eine mächtige Eiche; die Seekuh ist ein mächtiges Tier; mächtige Felsblöcke; eine mächtige *(kraftvolle, sehr laute)* Stimme; eine mächtige Mähne,

Gestalt; b) (ugs.) *sehr groß, beträchtlich:* sie hatte mächtigen Dusel, mächtigen Hunger, einen mächtigen Bammel; c) (ugs.) ⟨verstärkend bei Adjektiven und Verben⟩ *sehr:* er war m. eingebildet; es gab m. viel zu tun; ich habe mich m. gefreut; ∗ **etw.** (Gen.) **mächtig sein** (geh.; etw. *beherrschen*): er war des Englischen nicht m. · **etw., seiner** (Gen.) **mächtig sein** (geh.; etw., *sich [selbst] in der Gewalt haben*).

Machtwort, das: der Streit wurde schließlich durch ein M. des Präsidenten beendet; ∗ **ein Machtwort sprechen** *(seinen Einfluss geltend machen und entscheidend eingreifen).*

Mädchen, das: 1. *Kind weiblichen Geschlechts:* ein niedliches [kleines] M.; das M. ist in der letzten Zeit sehr gewachsen; bei uns ist ein M. angekommen, wir haben ein M. *(eine Tochter)* bekommen; er ist Vater von drei M. 2. *junge, jüngere weibliche Person:* ein schönes, unberührtes junges M.; ein leichtes M. *(eine leichtfertige junge Frau);* ein käufliches M. (verhüll.; *eine Prostituierte*); sie ist ein hübsches M. geworden; als M. war sie sehr schlank; ein M. kennen lernen, heiraten, sitzen lassen; ∗ **Mädchen für alles** (ugs.; *Hilfskraft für alle anfallenden Arbeiten*): er, sie ist hier M. für alles · **für kleine Mädchen müssen** (scherzh. verhüll.; *die Toilette aufsuchen müssen*)

Made, die: in den Himbeeren sind Maden; der Käse ist voller Maden; der Schinken ist von Maden befallen/zerfressen, wimmelt von Maden; ∗ **leben wie die Made im Speck** (ugs.; *im Überfluss leben*).

madig: madiges Obst, Fleisch, madige Pilze; der Käse ist m.; ∗ **jmdn. madig machen** (ugs.; *jmdn. herabsetzen, schlecht machen*) · **jmdm. etw. madig machen** (ugs.; *jmdm. etw. verleiden*) · **sich madig machen** (ugs.; *sich unbeliebt machen*).

Magen, der: einen guten, empfindlichen M. haben; mein M. streikt (ugs.; *ich kann nichts mehr essen*); mein M. knurrt (ugs.; *ich habe Hunger*); mir knurrt der M.; (Med.:) jmdm. den M. auspumpen, aushebern; sie hat sich den M. verdorben; jmdn. am M. operieren; eine Medizin auf nüchternen M. einnehmen; die Aufregung ist ihm auf den M. geschlagen *(hat sich negativ auf den Magen ausgewirkt);* etwas, nichts im M. haben *(etwas, nichts gegessen haben);* mir ist ganz flau im M.; die Erbsen liegen mir [schwer] im M. *(sind noch nicht verdaut);* mit knurrendem M. *(hungrig)* ins Bett gehen; mit vollem, mit leerem M. etw. tun; ℞ lieber den M. verrenken, als dem Wirt etwas schenken; und das auf nüchternen M.! (ugs.; *das auch noch!*);
∗ **jmdn. dreht sich der Magen um** (ugs.; *jmd. findet etw. so widerlich, dass ihm schlecht werden könnte*) · **jmdm. hängt der Magen in den Kniekehlen** (salopp; *jmd. hat großen Hunger*) · **jmdm.**

[schwer] im/(auch:) **auf dem Magen liegen** (ugs.; jmdm. *sehr zu schaffen machen*).

mager: 1. a) *dünn und knochig:* ein magerer Mensch; ein mageres Schwein; magere Arme; er ist zu m.; das Kind sieht erschreckend m. aus; b) *fettarm:* mageres Fleisch; sie darf nur magere Kost essen; dieser Schinken ist magerer als der andere. 2. *wenig fruchtbar:* magere Felder, Wiesen; der Boden ist m. 3. *dürftig, gering:* eine magere Ernte, Ausbeute; ein magerer Gewinn; magere Zeiten, Jahre *(Zeiten, Jahre ohne Wohlstand);* das Ergebnis war allzu m.; der Gewinn betrug nur magere 2 Prozent. 4. (Druckw.) *nicht fett:* magere Schrift; etw. m. setzen; einen Text, ein Wort m. drucken.

magisch: a) *die Magie betreffend:* magisches Denken; magische Praktiken; ein magisches Quadrat *(quadratisches Zahlenschema mit bestimmten Gesetzmäßigkeiten);* sie glaubten an, besaßen magische Kräfte; b) *geheimnisvoll:* eine magische Wirkung von ihm aus; eine magische Anziehungskraft auf jmdn. ausüben; ÜBERTR.: eine, die magische Grenze, Schwelle, Zahl *(die Grenze, Schwelle oder Zahl, die man als Äußerstes ansah)* erreichen, überschreiten.

Mahl, das (geh.): ein einfaches, frugales, ländliches, reichliches, üppiges, opulentes, lukullisches M.; ein M. zubereiten, einnehmen, verzehren; man servierte ihnen ein festliches M.

mahlen ⟨etw. m.⟩: Getreide, Kaffee, Salpeter, Pfeffer m.; Korn zu Mehl m.; Mehl m. *(durch Mahlen herstellen);* gemahlener Pfeffer; ⟨auch ohne Akk.⟩ der Müller, die Mühle mahlt nicht mehr; BILDL.: er kaute mit mahlenden Kiefern *(sehr langsam);* ÜBERTR.: wer zuerst kommt, mahlt zuerst.

Mahlzeit, die: eine reichliche, deftige, schwere, leichte M.; eine warme M. *(ein warmes Essen);* regelmäßige Mahlzeiten einnehmen; eine M. einnehmen, beenden, mit jmdm. teilen; gesegnete M. wünschen; ihnen ihab es drei Mahlzeiten am Tag *(es wurde dreimal am Tag Essen eingenommen);* er hält sich nicht an die Mahlzeiten *(isst unregelmäßig);* das Medikament ist vor/nach den Mahlzeiten einzunehmen; /Gruß unter Arbeitskollegen in der Mittagszeit/: M.!;
∗ **[na dann] prost Mahlzeit!** (ugs.; *das ist ja eine schöne Bescherung!*).

Mähne, die: 1. die M. des Löwen; das Pferd hat eine lange, zottige M.; mit fliegender M. 2. (scherzh.) *(beim Menschen) Haarschopf:* er hat eine lange, lockige, blonde M.

mahnen: 1. ⟨[jmdn.] zu etw. m.⟩ *auffordern:* jmdn. zur Eile, zur Vorsicht, zur Geduld, zum Aufbruch m.; sie mahnten ihn eindringlich/nachdrücklich, etw. zu tun/dass er etw. tue; jmdn. mahnend, mit mahnenden Blicken ansehen; ÜBERTR.: die he-

reinbrechende Dämmerung mahnte *(veranlasste uns)* zur Eile.
2. a) ⟨jmdn. m.⟩ *an eine Verpflichtung erinnern:* einen Schuldner mehrmals, schriftlich m. *(zur Zahlung auffordern);* jmdn. wegen eines Versäumnisses m.; ÜBERTR.: eine mahnende Stimme [in seinem Innern]; **b)** (geh.) ⟨an etw. (Akk.) m.⟩ *gemahnen:* dieser Vorfall mahnt an ähnliche Ausschreitungen.
Mai, der: der Wonnemonat M.; ein kühler, verregneter, sonniger M.; Anfang, Ende M.; im Laufe des Monats M., des Mai/Mai[e]s; sie ist im M., am 3. M. geboren; er hat am ersten M. Geburtstag; am Ersten M. *(Feiertag der Arbeitnehmer)* gab es zahlreiche Kundgebungen der Gewerkschaften; Ⓡ M. kühl und nass, füllt dem Bauer Scheuer und Fass;
★ **wie einst im Mai** *(wie einst in glücklichen Tagen).*
Mail: ↑ E-Mail.
mailen: ⟨[jmdm. etw. m.⟩ jmdm. eine Nachricht, eine Datei, ein Video m.; einen Text an die Redaktion m.; ⟨jmdm. m.⟩ hast du ihm schon gemailt?; SUBST.: das Mailen im Internet.
mäkeln (abwertend) ⟨[an etw. (Dat.)] m.⟩: sie hat immer etwas zu m.; er mäkelt dauernd am, beim Essen.
mal: 1. *multipliziert mit:* vier m. zwei ist acht; der Raum ist vier m. sechs Meter groß; der Betrag errechnet sich aus Einzelpreis m. Stückzahl.
2. (ugs.) *einmal:* wann besuchst du uns wieder m.?; lass m. wieder von dir hören!; komm m. her!; sag m.!; hör m.!; alle m. herhören!; es ist nun m. so!; das wird m. so, m. so (ugs.; *unterschiedlich*) gehandhabt; sie sagt m. so, m. anders.
¹Mal, das: **1.** *Verfärbung in der Haut:* ein dunkel unterlaufenes, blaues M.; sie hatte ein M. am linken Bein.
2. (Sport) *Markierung:* der Schlagballspieler hat das M. berührt.
3. (geh.) *Denkmal, Mahnmal:* zum Gedächtnis an die Opfer der Katastrophe wurde ein M. errichtet.
²Mal, das: *Zeitpunkt eines [sich wiederholenden] Geschehens:* das, dieses eine M. nur; in den Ferien war ich nur ein *(nur ein einziges)* M. schwimmen; ein anderes M.; [k]ein einziges M.; ein oder mehrere Male; nächstes M./das nächste M. wäre es einfacher gewesen; es ist das erste M., dass ich diese Stadt besuche; es war das erste und [zugleich] das letzte M. *(etwas wird nicht wiederholt);* voriges/das vorige M.; lass dir das ein für alle Male gesagt sein; er hat es etliche, einige, mehrere, unzählige, verschiedene, [so] viele, ein paar M., ein paar Dutzend M. versucht; das habe ich schon manches [liebe] M. gedacht; beim ersten, zweiten M. gab es einen gewaltigen Krach; für dieses [eine] M.; ein und das andere/das eine oder andere M. *(manchmal; hin und wieder);* M. über das andere; ein ums andere M.;

ich habe dir das jetzt zum zehnten, x-ten, soundsovielten, letzten Mal[e] gesagt; das geschah zu wiederholten Malen;
★ **Mal für Mal** *(jedes Mal):* es wird M. für M. schlimmer damit · **mit einem Mal[e]** *(plötzlich):* mit einem M. war er wie ausgewechselt · **von Mal zu Mal** *(jedes Mal in fortschreitendem Maße):* der Läufer wird von M. zu M. schneller.
malen: 1. a) ⟨etw. m.⟩ *mit Pinsel und Farbe herstellen:* ein Bild, Stillleben, Porträt m.; BILDL.: er malte die Buchstaben *(schrieb sehr langsam, übertrieben sorgfältig)* auf das Papier; **b)** ⟨jmdn., etw. m.⟩ *mit Pinsel und Farbe [künstlerisch] darstellen:* jmdn. in Lebensgröße m.; sie haben die Kinder von einem Künstler m. lassen; sie malt vor allem Landschaften; ÜBERTR.: er malt die Zukunft allzu rosig, allzu schwarz *(sieht die Zukunft allzu optimistisch, pessimistisch).*
2. *mit Pinsel und Farbe künstlerisch tätig sein:* in Öl, mit Wasserfarben m.; er malt nach einer Vorlage, nach der Natur; mein Freund malt.
3. (landsch.) ⟨etw. m.⟩ *mit Farbe streichen:* die Fenster, die Türen m.; der Vermieter hat die Fassade m. lassen; ÜBERTR.: der Herbst malt *(färbt)* die Wälder bunt.
4. (geh.) ⟨sich irgendwo m.⟩ *sich in jmds. Gesicht ausdrücken:* auf ihrem Gesicht malte sich Entsetzen.
5. (ugs.) ⟨sich (Dat.) etw. m.⟩ *Lippenstift, Nagellack auftragen:* sich die Lippen, die Fingernägel m.
malerisch: 1. *die Malerei betreffend:* ein malerisches Talent: die Landschaft als malerisches Motiv.
2. *pittoresk:* ein malerischer Winkel; der Anblick war sehr m.; der Ort liegt m. an einem Berghang.
man: 1. *der, die Betreffende stellvertretend für jedermann:* von dort oben hat m. eine herrliche Aussicht; m. kann nie wissen, wozu es gut ist; /in Koch-, Backrezepten/: m. nehme …
2. /oft einleitend einer passivischen Konstruktion/ *irgendjemand; eine bestimmte Gruppe von Personen:* m. vermutet *(es wird allgemein vermutet),* dass …; m. hat die Kirche wieder aufgebaut *(die Kirche wurde wieder aufgebaut);* wie sagt m. dazu *(wie heißt das)* auf Italienisch?
3. a) *die Leute, die Öffentlichkeit:* m. ist heute in diesem Punkt viel toleranter; m. trägt das heute *(das ist jetzt Mode);* **b)** *jemand, der sich an bestimmte gesellschaftliche Normen hält:* so etwas tut m. nicht.
4. *ich, wir:* m. versteht ja sein eigenes Wort nicht!; ehe m. sichs versah!; wenn m. sich die Sache richtig überlegt.
5. /zum Ausdruck der Distanz, weil man die direkte Anrede scheut/ *du, ihr, Sie; er, sie:* hat man sich gut erholt?; m. ist wohl eingeschnappt, wie?
manch: **a)** ⟨Singular: mancher, manche, manches; unflektiert: manch⟩ *der, die das eine oder andere:* mancher Beamte/m. ein Beamter; manches

schöne/m.; schönes Kleid; die Ansicht manches/m. eines Experten; aufgrund manchen/ (seltener:) manches Missverständnisses; in manchem schwierigen/m. schwierigem Fall; so manche Stadt; so mancher musste das erleben; m. einer/mancher macht dabei üble Erfahrungen; gar manches ist realisiert worden, was unmöglich schien; ich habe mich schon so manches Mal *(öfter)* gewundert; in mancher Beziehung hast du Recht; **b)** ⟨Plural: manche⟩ *einige:* manche schöne/schönen Sachen; manche ältere/älteren Leute; die Ansichten mancher berühmter/berühmten Professoren, mancher Gelehrter/Gelehrten; manche der, von den, unter den Verletzten; manche [Menschen] sind anderer Meinung; an manchen Stellen ist das Gewebe schon brüchig.

mancherlei: m. Käse; m. bedeutende Ereignisse; m. Ursachen; auf m. *(manches, vieles)* verzichten müssen; sie diskutierten über m.

manchmal: ich treffe ihn m. auf meinem Weg ins Büro; m. will es mir scheinen, als ob ...

Mandel, die: **1.** */eine Frucht/:* bittere, süße, gebrannte *(geröstete)* Mandeln; gehackte, gemahlene Mandeln; sie hackte, rieb Mandeln. **2.** *Gaumenmandel:* geschwollene, entzündete, vereiterte, dicke Mandeln; die Mandeln waren leicht gerötet; sie ließ sich (Dat.) die Mandeln herausnehmen.

¹Mangel, der: **1.** *das Fehlen:* es herrscht, besteht M. an Arbeitskräften; M. an Takt, an Vertrauen, an Nahrung, an Vorbereitung; M. an Selbstvertrauen haben; einen M. ausgleichen, stark empfinden; sie brauchten keinen M. *(keine Not)* zu leiden; er wurde aus M., wegen Mangels an Beweisen freigesprochen. **2.** *Unzulänglichkeit, Fehler:* an der Maschine traten später größere, erhebliche Mängel auf; die Mängel beseitigen, beheben; die Arbeit hat, zeigt einige Mängel; der Entwurf ist noch mit einigen Mängeln behaftet; ich bin bereit, über die Mängel hinwegzusehen.

²Mangel, die: */ein Gerät zum Glätten von Wäsche/:* sie benutzte eine M. in ihrem Haushalt; Bettwäsche durch die M. laufen lassen;

∗ jmdn. **durch die Mangel drehen/in die Mangel nehmen/in der Mangel haben** (salopp; *jmdn. heftig zusetzen*).

mangelhaft: eine mangelhafte Leistung, Beleuchtung; die Qualität, die Verpackung, die Verpflegung ist m.; die Reparatur ist m. ausgeführt; */als Zensur/:* die Arbeit wurde mit »mangelhaft« benotet.

mangeln (geh.): *fehlen:* **a)** ⟨es mangelt an jmdm., etw.⟩ es mangelt an allem, an Geld, an Nahrungsmitteln, an qualifizierten Arbeitskräften; er lässt es an Einsicht, an gutem Willen, an Arbeitseifer m.; ⟨es mangelt jmdm. an jmdm., etw.⟩ es mangelt uns an Hilfskräften; es mangelt ihr noch an Erfahrung, an Sicherheit, an Zeit, am Geld selbst

Willen; ein Zeichen mangelnder Lebensenergie; mangelnde Menschenkenntnis; **b)** ⟨jmdm., etw. m.⟩ dir mangelt der rechte Ernst; dieser Arbeit mangelt jede Sorgfalt.

mangels (Papierdt.) ⟨Präp. mit Gen.⟩: m. notwendiger Geldmittel/der notwendigen Geldmittel; m. eines eigenen Büros; m. eindeutiger Beweise; ⟨ein allein stehendes stark dekliniertes Substantiv bleibt ungebeugt⟩ m. Geld; m. Beweis; ⟨im Plural mit Dat., wenn der Gen. nicht erkennbar ist⟩ er wurde m. Beweisen freigesprochen.

Manie, die: das ist eine M. von ihm, ist bei ihm schon zur M. geworden, hat sich zur M. entwickelt.

Manier, die: **1.** *Art, Stil:* die leichte, grobe, gesuchte M. eines Künstlers; er gewann auch seinen dritten Kampf in überzeugender M.; sie hat es auf eine bravouröse M., in bewährter M. gemeistert. **2.** ⟨meist Plural⟩ *Umgangsformen:* gute, feine, schlechte Manieren; das ist aber keine M.! (ugs.; *das gehört sich nicht!*); sie hat keine Manieren; dem muss man erst noch Manieren beibringen.

manipulieren (bildungsspr.): **1.** ⟨jmdn., etw. m.⟩: *lenken:* Sprache m.; die Meinung des Volkes wird durch die Medien manipuliert; die Menschen werden heutzutage oft manipuliert; manipulierende Werbung; manipulierte Bedürfnisse. **2.** ⟨an etw. (Dat.) m.⟩ *hantieren:* an dem Schloss ist manipuliert worden.

Mann, der: **1.** *erwachsene männliche Person:* ein junger, alter, betagter, gut aussehender, kluger, berühmter, höflicher M.; er ist ein ganzer M.; er ist ein M. der raschen Entschlüsse, in den besten Jahren; typisch M.! (ugs.; *so kann nur ein Mann denken, fühlen, handeln!*); dafür benötigen wir einen kräftigen M.; der dritte M. *(Mitspieler)* beim Skat; ein freier M. *(jmd., der selbst über sich bestimmen kann);* ein M. der Tat *(ein tatkräftiger Mann);* ein M. des Todes (geh.; *jmd., der dem Tode nahe ist);* ein M. der Feder (geh.; *ein Literat);* ein M. der Wissenschaft (geh.; *ein Wissenschaftler);* von Geist, Charakter, Format, hohem Einfluss *(jmd., der Geist usw. hat);* er ist für unsere Abteilung der geeignete, richtige M. *(Mitarbeiter);* M. über Bord! (Seemannsspr.; Notruf, wenn jmd. vom Schiff ins Wasser gefallen ist); alle M. an Deck! (Seemannsspr.; Aufforderung, sich an Deck zu begeben); morgen fahren wir alle M. [hoch] (ugs.; *alle zusammen*) nach München; der Verteidiger konnte seinen M. (bes. Fußball; *Gegenspieler*) nicht halten; sie standen dicht gedrängt, M. an M. *(einer neben, hinter den anderen);* sie traten alle freiwillig vor, M. für M. *(einer nach dem anderen);* es war ein Kampf M. gegen M. *(zwischen Einzelnen);* die Kosten betragen 50 Mark pro M. *(für jeden);* [mein lieber] M.! (salopp; Ausruf des Erstaunens); M. Gottes! (salopp; ärgerliche, warnende o. ä. Anrede); Ⓡ ein M., ein Wort *(auf ihn, dich ist Verlass);* selbst ist der M. *(man muss sich selbst*

M

M

*helfen); ein alter M. ist doch kein D-Zug! (ugs.
scherzh.; so schnell geht es bei mir nicht!).*
2. Ehemann: ihr [verstorbener, geschiedener, erster, zweiter] M.; als/wie M. und Frau *(wie Eheleute)* leben; sie hat keinen M. *(ist nicht verheiratet);* sie stellt uns ihren M. vor; grüßen Sie bitte Ihren M.!; sie lebte von ihrem M. getrennt;
∗ **der kleine Mann** (ugs.; *jmd., der finanziell nicht besonders gut gestellt ist)* · **der böse/schwarze Mann** (Schreckgestalt für Kinder) · **freier Mann** (bes. Fußball; *Libero)* · **alter/toter Mann** (Bergmannsspr.; *abgebauter Stollen)* · **den toten Mann machen** (ugs.; *sich ohne Bewegung auf dem Rücken im Wasser treiben lassen)* · **der Mann des Tages** *(Mann, der gegenwärtig das öffentliche Interesse auf sich zieht)* · **der Mann auf der Straße** *(der Durchschnittsbürger)* · **der Mann im Mond** *(aus den Mondflecken gedeutete Sagengestalt)* · **ein Mann von Welt** *(ein Mann, der gewandt im Auftreten ist)* · **wie ein Mann** *(geschlossen, einmütig):* sie protestierten dagegen wie ein M. · **ein gemachter Mann sein** (ugs.; *wirtschaftlich in gesicherten Verhältnissen leben)* · **ein toter Mann sein** (ugs.; *erledigt sein, keine Zukunftsaussichten haben)* · **der Mann sein, etw. zu tun** *(geeignet sein, etwas Bestimmtes zu tun)* · **der erste Mann an der Spritze sein** (salopp; *in einem Bereich einen entscheidende Funktion haben)* · **den starken, großen o. ä. Mann markieren/mimen** (salopp; *sich als besonders stark, bedeutend, einflussreich o. ä. ausgeben)* · **den wilden Mann spielen/machen** (ugs.; *unbeherrscht [ohne Berechtigung] wütend sein; toben)* · **seinen Mann stellen/stehen** *(sich bewähren, tüchtig sein):* er musste schon früh im Leben seinen M. stehen · **seinen Mann gefunden haben** *(einen ebenbürtigen Gegner gefunden haben)* · **Mann decken** (Ballspiele; *seinen unmittelbaren Gegenspieler decken)* · **seinen Mann ernähren** *(jmdm. genügend Geld einbringen)* · **Manns genug sein, etw. zu tun** *(die [Entschluss]kraft o. Ä. besitzen, etwas Nötiges zu tun)* · **etw. an den Mann bringen** (ugs.; 1. *seine Ware verkaufen.* 2. *etw. im Gespräch anbringen:* er wollte die neuesten Witze unbedingt an den M. bringen) · **jmdn. an den Mann bringen** (ugs. scherzh.; *eine Frau verheiraten):* sie hat ihre Tochter endlich an den Mann gebracht · **mit Mann und Maus untergehen** *(untergehen, ohne dass einer gerettet wird):* das Schiff ging, sie gingen mit M. und Maus unter · **von Mann zu Mann** *(unter Männern, vertraulich und sachlich):* ein Gespräch von M. zu M.
Männchen, das: **1.** *kleiner Mann:* ein altes, verhutzeltes M.
2. *männliches Tier:* die Männchen haben im Gegensatz zu den Weibchen ein buntes Gefieder;
∗ **ein Tier macht [ein] Männchen** *(ein Tier hält sich aufrecht auf den Hinterpfoten).*
mannhaft (geh.): **1.** ein mannhafter Entschluss;

mannhaften Widerstand leisten; sein Verhalten war sehr m.; er tritt m. dafür ein.
männlich: 1. dem zeugenden, befruchtenden Geschlecht angehörend: eine männliche Person; ein männlicher Erbe, Nachkomme; männliche *(für Männer gedachte)* Namen, Berufe; eine männliche Stimme *(Männerstimme);* das männliche Glied *(Penis);* ein männlicher *(einen Mann darstellender)* Akt; männliche Wesen *(Männer)* sind hier nicht erwünscht; das männliche Tier *(das Männchen);* männliche (Bot.; *Staubgefäße tragende)* Pflanzen, Blüten; dieses Substantiv hat männliches Geschlecht (Sprachw.; *ist ein Maskulinum);* das Wort ist im Französischen m.; ein männlicher (Metrik; *stumpfer)* Reim. **2.** dem Mann entsprechend, für ihn charakteristisch: männliche Kleidung; ein männliches Gesicht, Wesen, Benehmen; eine männliche Haltung; männliche Kraft, Eitelkeit; das galt früher als besonders m.
Mannschaft, die: **a)** *Gruppe von Sportlern:* die siegreiche M.; die Mannschaften laufen [ins Stadion] ein; ihre M. stieg in die Oberliga auf; eine M. aufstellen, ändern; ÜBERTR.: Unternehmen mit junger M. (ugs.; *jungem Arbeitsteam);* der neue Regierungschef und seine M. (ugs.; *sein Kabinett);* **b)** *Besatzung eines Schiffes o. Ä.:* die M. auf dem Deck antreten lassen; **c)** *alle Soldaten einer militärischen Einheit ohne Offiziere:* Mannschaften und Offiziere wurden in der Gefangenschaft getrennt; er hielt eine Rede vor versammelter M.; ÜBERTR.: jmdn. vor versammelter M. (ugs.; *vor allen Anwesenden)* abkanzeln.
Manöver, das: **1.** *militärische Übung:* an M. abhalten; die Truppen nehmen an einem M. teil; die Truppen gehen, ziehen ins M. **2.** (abwertend) *geschicktes Handeln:* ein raffiniertes, plumpes, betrügerisches, durchsichtiges M.; durch geschickte M. erreichte er sein Ziel. **3.** *Richtungsänderung eines Fahrzeugs:* das Schiff konnte seine M. nicht mehr ausführen; in einem geschickten M. wendete er das Boot; sie überholte den Lastwagen mit einem gefährlichen, waghalsigen M.
manövrieren: 1. a) ⟨etw. irgendwohin m.⟩ *(ein Fahrzeug) geschickt lenken:* ein Auto in eine Parklücke, in die Garage, durch die enge Gasse m.; **b)** (meist abwertend) ⟨jmdn., etw. irgendwohin m.⟩ *geschickt in eine bestimmte Situation, Lage bringen:* jmdn. ins Bett m.; eine Kiste unter das Bett m.; ÜBERTR.: jmdn. in eine einflussreiche Position, auf den Chefsessel m.; in eine Unternehmen in den Konkurs m. **2.** (meist abwertend) ⟨irgendwie m.⟩ *durch geschicktes Handeln zu erreichen suchen:* taktisch klug, politisch, gewieft m.
Manschette, die: **1.** *Ärmelaufschlag:* steife, frisch gestärkte, abgestoßene Manschetten; sie bügelte die Manschetten.
2. *Umhüllung aus Krepppapier o. Ä.:* die M. eines

Biedermeiersträußchens, für die Geburtstagstorte; eine M. um den Hähnchenschlegel, um den Blumentopf legen; * **vor jmdm., etw. Manschetten haben** (ugs.; *vor jmdm., etw. Angst haben*).

Mantel, der: 1. */ein Kleidungsstück/:* ein dicker, warmer, leichter, schwerer, gefütterter, wollener M.; der M. passt nicht, kleidet mich [nicht]; einen M. kaufen, machen lassen; den M. anziehen, umhängen, ausziehen, ablegen, an der Garderobe abgeben; jmdm. den M. [zum Anziehen] halten; sie trug den M. offen; er half mir aus dem, in den M. *(war mir beim Ausziehen, Anziehen behilflich);* er war schon in M. und Hut; sie ging mit offenem *(nicht zugeknöpftem)* M.; ÜBERTR.: über etw. den M. des Schweigens breiten, decken (geh.; *nachsichtig sein und über etw. schweigen).* 2. (bes. Fachspr.) *Umhüllung:* der M. einer Glocke, eines Ofens, eines Kabels, eines Geschosses; der M. des Fahrradreifens, Autoreifens muss erneuert werden; * **den Mantel/das Mäntelchen nach dem Wind hängen/kehren/drehen** (abwertend; *sich zum eigenen Vorteil stets der herrschenden Meinung, den herrschenden [Macht]verhältnissen anpassen)* · etw. (Dat.) **ein Mäntelchen umhängen** *(etw. bemänteln)* · etw. **mit dem Mantel der [christlichen] Nächstenliebe bedecken/zudecken** *(jmds. Fehler großzügig übersehen).*

Mappe, die: 1. *Aufbewahrungshülle:* die Fotos lagen gesammelt in einer M.; sie legte ihre Zeugnisse in eine M. 2. *Aktentasche:* eine schwere M.; seine M. öffnen, schließen; er nahm seine M. unter den Arm.

Märchen, das: 1. *Erzählung:* französische, russische M.; die M. der Brüder Grimm, die grimmschen M.; es klingt wie ein M., ist aber wahr; die Großmutter erzählte den Kindern ein M., liest ihnen M. vor; sie las eines der M. aus Tausendundeiner Nacht; so etwas gibt es doch nur im M. 2. *erfundene Geschichte:* erzähle mir nur keine M.; und das M. soll ich dir auch noch glauben?

märchenhaft: 1. *wie ein Märchen:* märchenhafte Motive; eine märchenhafte Erzählung; diese Oper enthält märchenhafte Elemente; das Bühnenbild war, wirkte etwas zu m. 2. a) *zauberhaft schön:* der Anblick einer märchenhaften Landschaft; ein märchenhaftes Feuerwerk; der Flug über die Alpen war einfach m.; sie tanzt m.; b) (ugs.) *ungewöhnlich, unglaublich:* sie hat eine märchenhafte Karriere gemacht; seine Gewinne waren m.

¹Mark, die: *Währungseinheit:* die Deutsche Mark; zehn M. sind zu viel; der Eintritt kostet sieben M. fünfzig; ich habe meine/die letzte M. ausgegeben; kannst du [mir] zwanzig M. *(einen Zwanzigmarkschein)* wechseln?; die M. wurde aufgewertet, abgewertet; auf eine M. [mehr oder weniger] soll es mir nicht ankommen;

* **keine müde Mark** (ugs.; *überhaupt kein Geld*): er hatte keine müde M. mehr in der Tasche.

²Mark, das: *Knochenmark:* das M. aus den Knochen lösen; * **kein Mark in den Knochen haben** *(nicht sehr kräftig sein; keine Energie haben)* · jmdm. **das Mark aus den Knochen saugen** (ugs.; *jmdm. ausbeuten)* · jmdm. **durch Mark und Bein/**(ugs. scherzh.:) **Pfennig gehen, dringen** *(von jmdm. als besonders unangenehm empfunden werden):* dieses Geräusch, der Schreck ging mir durch M. und Bein · **bis ins Mark** *(zutiefst, bis ins Innerste):* bis ins M. erschüttert sein; das hat sie bis ins M. getroffen.

markant: ein markantes Gesicht, Kinn, Profil; eine markante Erscheinung, Persönlichkeit; sie hat eine markante Schrift; das ist das markanteste Beispiel für diese Entwicklung; sein Stil ist, wirkt sehr m.

Marke, die: 1. a) *Erkennungs-, Berechtigungsmarke:* jmdm. eine M. aushändigen; der Hund trägt eine M. am Hals; der Kriminalbeamte zeigte ihm seine M. *(Dienstmarke);* sie klebte die Marken *(Beitragsmarken, Rabattmarken)* in ein Heft; damals konnte man nur auf Marken *(Bezugsmarken)* kaufen, essen; die Garderobe wird nur gegen eine M. ausgegeben; b) *Briefmarke:* zehn Marken zu/à 80 [Pfennig], bitte!; eine M. zum Freimachen des Briefes; sie klebte die M. auf den Brief. 2. *Warenbezeichnung:* eine [im Handel] führende M.; dieser Wein ist eine gute, feine M.; diese M. führen wir nicht; er raucht nur eine bestimmte M.; die Zigarette ist nicht meine M.; ÜBERTR.: das ist [vielleicht] eine [komische] M. (salopp; *eigenartiger Mensch).* 3. *Markierung:* an der Brückenmauer waren die Marken über die verschiedenen Hochwasserstände abzulesen; der Sportler verbesserte, überbot die [bisherige] M. *(den bisherigen Rekord)* um wenige Zentimeter.

markieren: 1. ⟨etw. m.⟩ a) *kennzeichnen:* einen Weg m.; die Fahrrinne durch Bojen m.; Zugvögel [durch Ringe] m.; eine Stelle der Landkarte m.; er markierte das Spielfeld mit Fähnchen; ein markierter Wanderweg; b) *kenntlich machen:* Bojen markieren die Fahrrinne; ÜBERTR.: der Kongress markiert eine bedeutsame Etappe. 2. (Sport) a) ⟨etw. m.⟩ *erzielen:* die Tore 3 und 4 markierte der Libero; b) ⟨jmdn. m.⟩ *genau decken:* der Linksaußen wurde vom Verteidiger genau, (ugs.:) messerscharf markiert. 3. a) (ugs.) ⟨jmdn., etw. m.⟩ *vortäuschen:* einen Unfall m.; der Taschendieb markierte den harmlosen Gast; er markiert den Dummen; ⟨auch ohne Akk.⟩ er ist nicht krank, er markiert nur; b) ⟨etw. m.⟩ *nicht mit vollem Einsatz spielen, singen:* eine Verbeugung, die Rolle nur m.; ⟨auch ohne Akk.⟩ der Sänger markierte nur in der Probe.

Markstein, der: dieses Ereignis war ein M. in der Geschichte des Landes.

Markt, der: 1. mittwochs und freitags ist M., wird hier M. abgehalten; den M. besuchen; seine Waren auf den M. fahren; Vieh auf den M. treiben; jeden Sonnabend geht sie auf den/zum M.; ich habe dir etwas vom M. mitgebracht; die Bauern fahren zum M. in die Stadt. 2. *Marktplatz:* am M. wohnen; die Menge strömte auf dem M. zusammen. 3. a) *Warenverkehr:* der innere M. muss gestärkt, belebt werden; der M. ist erschöpft; der M. ist übersättigt (Wirtsch.; *das Angebot ist größer als die Nachfrage*); den M. drücken (Wirtsch.; *viel und billig verkaufen*); den M. genau studieren; Billigprodukte überschwemmen den M.; diese Ware fehlt auf dem M., ist nicht auf dem/am M. *(wird nicht angeboten, nicht gehandelt);* sich am/auf dem M. behaupten können; die Baumwolle wurde in großen Mengen auf den M. gebracht, geworfen *(in den Handel gebracht);* ein Produkt vom M. nehmen; dieser Artikel ist ganz vom M. verschwunden *(aus dem Handel gekommen);* b) *Absatzgebiet:* für diese Waren ist Amerika der beste M.; neue Märkte erschließen; Japan eroberte sich für seine Waren immer neue Märkte; ∗ **der Gemeinsame Markt** *(die Europäische Wirtschaftsgemeinschaft)* · **Neuer Markt** (Börsenw.; *Markt für Aktien junger Unternehmen aus zukunftsorientierten Branchen)* · **schwarzer Markt** *(illegaler Handel mit verbotenen oder rationierten Waren)* · **grauer Markt** *(unregulierter Handel mit Waren od. Dienstleistungen).*

Marotte, die: es ist eine M. von ihm, nie ohne Schirm auszugehen; jmdm. eine M. abzugewöhnen, auszutreiben versuchen; sie legte diese M. nie ab.

marsch: a) /militärisches Kommando loszumarschieren/: m., m.!; im Gleichschritt m.!; rechts, links schwenkt m.; kehrt m.!; b) /Aufforderung wegzugehen, sich zu beeilen/: m., an die Arbeit!; m., [m.], ins Bett!

Marsch, der: 1. *das Marschieren:* das war ein weiter M.; einen langen M. hinter sich haben; ein M. von zwei Stunden, über zehn Kilometer; einen M. machen; sie waren von dem anstrengenden M. ermüdet; (Milit.:) die Einheiten waren auf dem M. an die Front. 2. *Musikstück im Marschrhythmus:* ein M. ertönt; einen M. komponieren; die Kapelle spielte flotte Märsche. ∗ **jmdm. den Marsch blasen** (salopp; *jmdn. heftig zurechtweisen)* · **jmdn. in Marsch setzen** *(jmdn. veranlassen loszumarschieren, etw. zu tun)* · **sich in Marsch setzen** *(losmarschieren).*

marschieren: 1. a) (bes. Milit.) im Gleichschritt m.; die Soldaten marschierten über die Brücke, aus der Stadt, gegen Osten zu, nach Osten; sie waren wochenlang marschiert; b) *zu Fuß gehen:*

er ist heute schon drei Stunden marschiert; (ugs.:) die beiden marschierten in die Kneipe. 2. a) (ugs.) *auf ein Ziel zustreben:* der Fortschritt marschiert; die Sache marschiert *(läuft in der vorgesehenen Weise ab);* b) (Sport) *auf den Sieg zustreben:* von der zweiten Runde an marschierte der Weltmeister.

Märtyrer, der: die christlichen Märtyrer; als M. sterben; ÜBERTR.: sie haben ihn zum M. gemacht, werden lassen; er spielt gern den M.

Martyrium, das: das M. Christi, der Heiligen; sie nahmen das M. auf sich; ÜBERTR.: sie hatte bei diesem Mann ein M. *(Furchtbares)* erleiden, erdulden, durchmachen müssen; ich habe ein wahres M. hinter mir; die Ehe war ein einziges M.

März, der: ein sonniger, aber kalter M.; Anfang, Ende M. lag noch Schnee; im Laufe des Monats M., des M./(selten:) Märzes; sie ist im M., am 3. M. geboren.

Masche, die: 1. *Schlinge:* rechte, linke Maschen stricken; die Maschen eines Drahtgeflechts; an ihrem Strumpf läuft eine M.; Maschen aufschlagen, aufnehmen, abnehmen, abketten; feste Maschen häkeln; eine M. [beim Stricken] fallen lassen, aufheben; der Fisch war durch die Maschen des Netzes geschlüpft; BILDL.: der Schwindler schlüpfte durch die Maschen *(Lücken)* des Gesetzes. 2. (ugs.) *Trick:* das ist eine tolle M., die M.!; das ist seine M.; sie hat inzwischen schon wieder eine neue M.; die neueste M. war ...; die Gauner versuchten es mit einer neuen M.; immer nach der gleichen M. verfahren, vorgehen.

Maschine, die: 1. eine neue, moderne, einfache, komplizierte M.; elektronische, landwirtschaftliche Maschinen; die M. läuft, ist in Betrieb, arbeitet, steht still, ist kaputt, ist reparaturbedürftig; er arbeitet wie eine M. *(rein mechanisch und schafft dabei viel);* eine M. in Betrieb setzen, anwerfen, anstellen, abstellen, bedienen, ein-, ausschalten, montieren, reparieren, warten, pflegen, erfinden, konstruieren; das Zeitalter der M.; er arbeitet an einer M. *(er bedient sie);* der Mensch wird zur M. degradiert *(wird nicht mehr als denkendes Wesen gewürdigt);* ÜBERTR.: das ist aber eine M. (salopp; *eine dicke Frau).* 2. a) *Flugzeug:* die M. der Lufthansa; die M. startet, landet um 12 Uhr, ist abgestürzt; die M. wurde bei der Bauchlandung leicht beschädigt; die M. nach Paris hat Verspätung; sie bestieg, nahm, benutzte die planmäßige M. nach Rom; b) *Motorrad:* eine schnelle M.; eine M. mit Beiwagen; er fährt eine schnelle M. 3. a) *Schreibmaschine:* sie kann schnell und fehlerfrei M. schreiben; auf der M. klappern; auf die M. hauen (ugs.; *Maschine schreiben);* einen Brief auf der, mit der M. schreiben; einen Bogen in die M. spannen; der Chef diktierte ihr mehrere Briefe in die M.; b) *Nähmaschine:* eine Naht mit der M.

nähen; **c)** *Waschmaschine:* die M. wäscht, spült, schleudert; die Hemden in/mit der M. waschen.
Maske, die: **1.** *Hohlgesichtsform aus Pappe, Holz o. Ä.:* eine komische, grinsende, groteske M.; eine M. umbinden; die M. ablegen, abnehmen; sie sammelt afrikanische Masken; sein Gesicht erstarrte förmlich zur M. *(wurde maskenhaft starr);* die Feuerwehrleute mussten eine M. *(Schutzmaske)* tragen; ÜBERTR.: sein Desinteresse war nur M.; sie verbarg sich hinter der M. der Gleichgültigkeit; hier zeigt sich das Laster ohne M. *(unverhüllt);* er betrog ihn unter der M. der Freundschaft *(während er Freundschaft vortäuschte).* **2.** *verkleidete Person:* die M. flüsterte ihm etwas zu; diese Rokokodame war eine der schönsten Masken des Festes. **3. b)** (Theater) *Aufmachung des Schauspielers:* die M. des Mephisto; seine M. war bestürzend echt; eine ausgezeichnete M. haben; sie war schon in M. *(geschminkt);* **c)** (bes. Ferns.) *Schminkraum:* sich in die M. begeben; in der M. hergerichtet werden; in die M. müssen; ⋆ **die Maske fallen lassen/von sich werfen** *(seine Verstellung aufgeben)* · jmdm. **die Maske vom Gesicht reißen** *(jmdn. entlarven).*
maskieren: **1.** ⟨jmdn., sich m.⟩ **a)** *hinter einer Maske o. Ä. verstecken:* die Bankräuber waren maskiert; sie maskierten sich mit Strumpfmasken; drei maskierte Männer; **b)** *kostümieren:* sie maskierte die Kinder als Zwerge, sich als Nixe. **2.** ⟨etw. m.⟩ *hinter etw. verbergen:* seine Schwäche geschickt mit einem forschen Auftreten m.; er verstand es, seine eigentlichen Gedanken, Pläne, Ziele zu m.
Maß, das: **1. a)** *Vermessungseinheit:* deutsche Maße und Gewichte; das M. für die Bestimmung der Länge ist der Meter; **b)** *genormter Gegenstand zum Messen:* die Maße eichen lassen; das M. [an etw.] anlegen; etw. mit einem M. nachmessen; ÜBERTR.: das M. ihrer Leiden war voll (geh.; *sie hatten genug gelitten).* **2.** (meist Plural) *durch Messen ermittelte Zahl, Größe:* die Maße des Zimmers; der Schneider, hat mein M./meine Maße; sie hat ideale Maße *(eine gute, ideale Figur);* der Verkäufer hat bei ihm M. genommen *(hat seine Körpermaße festgestellt);* ein Anzug nach M. *(Maßanzug);* der Schrank wurden nach angegebenen Maßen angefertigt. **3.** *Ausmaß:* im Essen, Sport M. halten *(Mäßigung üben);* er brachte ihr ein hohes M. von Vertrauen entgegen; sie führte die Kritik auf das rechte M. zurück; sie sollte ihre Kritik auf ein erträgliches M. reduzieren; in vollem Maße; in demselben, in gleichem Maße *(ebenso)* wie früher; in besonderem, gewissem Maße; in zunehmendem Maße *(immer mehr, immer stärker);* in höherem, stärkerem Maße *(mehr, stärker)* als jemals; in höchstem M. eine Geschenke gingen über das übliche M. weit hinaus; ⋆ **ein gerüttelt Maß [an etw. (Dat.)/von etw.]**

(sehr viel; in Bezug auf etwas Unangenehmes): dazu gehört schon ein gerüttelt M. an/von Unverschämtheit · **das Maß ist voll** *(es ist genug; die Geduld ist zu Ende)* · **das Maß voll machen** *(über die Grenze des Erlaubten hinausgehen)* · **weder Maß noch Ziel kennen** *(maßlos sein)* · **mit zweierlei Maß messen** *(unterschiedliche Maßstäbe anlegen und dadurch ungerecht sein)* · **in/mit Maßen** *(sehr maßvoll)* · **ohne Maß und Ziel** *(maßlos und ohne rechten Sinn)* · **über die/über alle Maßen** (geh.; *außerordentlich).*
Masse, die: **1.** *ungeformter, breiiger Stoff:* eine zähe, weiche, harte, klebrige M.; eine M. zum Gießen, Formen; das Erdinnere ist teilweise eine glühende, flüssige M. **2.** *große Menge:* eine M. fauler/(auch:) faule/von faulen Äpfeln lag/(auch:) lagen unter dem Baum; die M. *(der Großteil)* der Befragten war dagegen; er hat daran eine ganze M. (ugs.; *sehr viel Geld)* verdient; die M. muss es bringen *(nur die große Menge des Verkauften kann die Unkosten decken);* wahre Massen *(Menschenmengen)* strömten zum Sportplatz; der Täter verschwand in der M.; in der M. untertauchen; sie kamen in Massen. **3.** (oft abwertend) *großer Teil der Bevölkerung:* die anonyme, namenlose M.; die breite M. [der Bevölkerung]; die Massen sind in Bewegung geraten; er hat die Massen hinter sich; die Illustrierten sind auf den Geschmack der Masse[n] abgestimmt; sie wollte nicht in der grauen M. untergehen *(wollte ihre Individualität bewahren).* **4.** (Wirtsch., Rechtsw.) *Konkurs-, Erbmasse:* das Verfahren wurde mangels M. eingestellt; auch der kostbare Familienschmuck ist Teil der M.
maßgebend: *als Norm dienend:* eine maßgebende Ansicht, Meinung; maßgebende Persönlichkeiten; m. sein; beteiligt sein; sein Urteil ist für mich nicht m. *(bedeutet mir nichts).*
maßgeblich: *ausschlaggebend, entscheidend:* eine maßgebliche Meinung; ein maßgeblicher Wirtschaftszweig; maßgebliche Vertreter der Regierung; maßgeblichen Anteil an etw. haben; sie ist an diesem Unternehmen m. beteiligt; er hat diese Entwicklung m. beeinflusst.
massieren ⟨jmdn., etw. m.⟩: jmds. Arme, jmds. Beine, jmds. Kopfhaut m.; einen Sportler vor dem Wettkampf m.; sich m. lassen; der Arzt massierte das Herz des Patienten; ⟨jmdm. etw. m.⟩ jmdm. den Rücken m.
massig **1.** *wuchtig:* ein massige Gestalt; ein massiger Baum; seine Erscheinung war, wirkte m. **2.** (ugs.) *sehr viel:* hier gibt es m. Arbeit; er hat m. Geld; sie verdient m. viel.
mäßig: **a)** *das richtige Maß einhaltend; nicht zu stark:* eine mäßige Lebensweise; eine mäßige Wärme; mäßige Preise; ein mäßiges Tempo; von etw. m./einen mäßigen Gebrauch machen; sie war sehr m. in ihren Forderungen; der Verbrauch war durchaus m.; das Hotel war nur m. besetzt; m. leben *(in allem Maß halten);* er trinkt und

raucht m.; **b)** *durchschnittlich, mittelmäßig:* ein mäßiges Einkommen; eine mäßige Begabung; sich mit mäßigem Erfolg um etw. bemühen; seine Leistungen sind nur m.; *(abwertend:)* das Essen war ziemlich m.; mir geht es [gesundheitlich] m.; m. groß sein; sie hat bei dem Test nur m. abgeschnitten.

mäßigen (geh.): **a)** ⟨etw. m.⟩ *abschwächen; mildern:* den Schritt, die Geschwindigkeit m.; seine Ungeduld, seine Ansprüche, seine Worte m.; er kann sein Temperament nicht m.; ADJ. PART.: eine gemäßigte Politik; **b)** ⟨sich m.⟩ *maßvoller werden:* mäßige dich beim, im Essen und Trinken!; man muss lernen, sich zu m.; **c)** ⟨sich m.⟩ *nachlassen:* die Hitze hat sich etwas gemäßigt.

massiv: **1.** **a)** *keinen anderen Stoff enthaltend:* massives Gold; der Schrank ist m. Eiche/Eiche m. *(ist ganz aus Eichenholz);* **b)** *fest, kompakt:* eine massive Statue; ein massiver Bau, eine massive Bauweise; das Haus wirkt durchaus m., ist m. gebaut; der Ring mit dem großen Stein ist mir zu m. *(wuchtig).* **2.** *heftig, scharf:* eine massive Beleidigung, Drohung, Forderung, Reaktion; massive Probleme bekommen; sie haben ganz massiven/m. Druck auf ihn ausgeübt; ihre Kritik war ziemlich m.; der Mann wurde sehr m. *(grob);* er hat ihn m. angegriffen. **3.** *stark, schwerwiegend:* massive Preissteigerungen, Entlassungen; massiver Personalabbau; massive Eingriffe ins Rentensystem, massive Kürzungen in den Sozialleistungen; Diebstähle haben m. zugenommen.

maßlos: **a)** *unmäßig:* maßlose Ansprüche, Forderungen; ein maßloser Zorn, Ärger; maßlose Beschimpfungen; sie geriet in maßlose Wut; seine Gier war m.; er ist m. in allem, was er tut; **b)** ⟨verstärkend bei Adjektiven und Verben⟩ *äußerst, sehr:* er ist m. eifersüchtig, ehrgeizig; sie übertreibt m.; m. enttäuscht sein; sich m. über etw. ärgern.

Maßnahme, die: vorläufige, provisorische, unpopuläre, vorausschauende, vorsorgliche, flankierende, konkrete Maßnahmen; diese M. hat sich bewährt, erwies sich als richtig; [die geeigneten] Maßnahmen gegen die Inflation, zur Verhütung von Unfällen ergreifen, treffen.

maßregeln ⟨jmdn. m.⟩: man hat ihn [wegen seiner Versäumnisse] gemaßregelt; ich lasse mich nicht dauernd von ihm m.

Maßstab, der: **1.** (bes. Geogr.) *Verhältnis zwischen der nachgebildeten und der natürlichen Größe:* welchen M. hat diese Karte?; etw. in natürlichem, vergrößertem, kleinerem M. zeichnen; die Karte ist im M. 1 : 250 000 gezeichnet. **2.** *Norm:* die Maßstäbe seines Handelns; hier ist ein strengerer M. erforderlich *(hier muss man strenger urteilen);* den M. für jmdn., etw. abgeben; er ist für mich kein M. *(nach ihm richte ich mich nicht);* das ist kein M. *(kein Kriterium);* an

seine Leistungen muss man einen hohen M. anlegen; er hat mit seiner Arbeit Maßstäbe gesetzt; ich will mir deine Arbeit als/zum M. nehmen.

maßvoll: ein maßvolles Benehmen, Auftreten; maßvolle Lohnpolitik; der maßvolle Genuss von Rotwein; seine Forderungen waren durchaus m.; sie urteilte äußerst m.

¹Mast, der: **1.** *Schiffsmast:* in dem schweren Sturm brach, splitterte der M.; die Masten der Schiffe ragten hoch empor; den M. des Segelbootes aufrichten, umlegen, kappen. **2.** *senkrecht stehende Stange:* der M. eines Zirkuszeltes; Masten mit Scheinwerfern; Masten aufstellen; der Sturm hat die Masten geknickt; die Antenne ist an einem M. befestigt; die Fahne weht am M., geht am M. hoch, wird am M. hochgezogen.

²Mast, die: *das Mästen:* die M. von Schweinen, von Gänsen, von Enten; sie verwenden Körner zur M.

mästen ⟨ein Tier m.⟩: Hähne, Schweine m.; Gänse mit Körnern m.; gemästetes Vieh; ÜBERTR.: sie mästet ihre Kinder (ugs.: *gibt ihnen zu viel zu essen).*

Material, das: **1.** *Rohstoff, Werkstoff:* gutes, brauchbares, schlechtes, strapazierfähiges, hochwertiges M.; ein M. auf seine Haltbarkeit prüfen; das Material verschleißt; verschiedene Materialien verwenden; ÜBERTR.: der Sänger hat gutes M. *(eine gute Stimme).* **2.** *Hilfsmittel, Gegenstände für die Ausrüstung, Herstellung o. Ä.:* das erforderliche M.; Materialien für die Arbeit im Büro; das M. für den Bau anliefern. **3.** *Unterlagen, Belege, Nachweise o. Ä.:* statistisches M.; M. [für eine wissenschaftliche Arbeit] auswerten, sichten, ordnen, zusammentragen, zusammenstellen; jmdm. das M. für literarische Arbeiten liefern; die Verteidigung konnte entlastendes M. beibringen.

Materie, die: **1.** *Substanz, Stoff:* organische, anorganische, belebte, lebende, tote, lichtdurchlässige M.; Anhäufungen strahlender M. **2.** *Stoff eines Themas, Gegenstand einer Untersuchung:* eine interessante, trockene, schwierige, vielschichtige M.; der Vortragende beherrschte die M.; sie ist eine Kennerin der M.; sich in eine M. einarbeiten; sich in einer M. auskennen; sich mit einer M. beschäftigen, vertraut machen.

materiell: **1.** *stofflich, gegenständlich:* die materielle Grundlage alles Geistigen; er versuchte, sich diese überirdische Erscheinung m. zu erklären. **2.** *finanziell, wirtschaftlich:* materielle Bedürfnisse, Gesichtspunkte, Sorgen, Forderungen; materielle Grundlagen für einen Plan; der materielle Wert *(der reine Marktwert)* des Bildes ist gering; der Nutzen war sowohl ideell als auch materiell; sie ist m. abgesichert; jmdn. m. unterstützen.

M

3. (oft abwertend) *materialistisch:* ein materieller Mensch; sie sind ziemlich m. [eingestellt].

mathematisch: mathematische Theorien, Aufgaben; mathematische Gesetze, Formeln, Gleichungen; mathematisches Denken; ein mathematisches Verfahren; etw. m. darstellen, berechnen; ÜBERTR.: etw. trifft mit mathematischer Genauigkeit *(sehr genau, präzise)* ein.

matt: 1. a) *erschöpft:* die matten Glieder ausstrecken; eine matte Fliege; sie war, fühlte sich ganz m. nach der Krankheit; sie waren m. von der Anstrengung, vor Hunger und Durst; b) *schwach:* ein mattes Lächeln; er sprach mit matter Stimme; sie winkte nur m.; sein Puls ging sehr m. **2.** *nur schwach leuchtend; stumpf:* mattes Licht; ein mattes Blau; mattes Gold; eine matte Politur; matte *(glanzlose)* Augen; ein mattes *(undurchsichtiges)* Glas; die Farben waren, wirkten sehr m. *(gedämpft);* die Fotos sollen m. *(nicht auf Hochglanzpapier)* gemacht werden; ein Schlafzimmer in Birke, hochglänzend oder m. **3.** *nicht überzeugend:* eine matte Entschuldigung; ein matter Protest; der Schluss der Rede war, klang sehr m.; die Angriffe der Mannschaft waren sehr m.; die Börse schloss m. (Börsenw.: *flau);*
∗ jmdn. **matt setzen** (1. Schachspiel; *jmdn. besiegen.* 2. *jmdn. jede Möglichkeit zum Handeln nehmen)* · **matt sein** (Schachspiel; *besiegt sein)* · **[Schach und] matt!** (Schachspiel; [von Laien gemachte] Bemerkung, die dem Gegner signalisiert, dass er verloren hat).

Mauer, die: **1.** eine hohe, dicke, massive, efeubewachsene M.; die M. ist eingestürzt; eine M. errichten, bauen, hochziehen, abtragen, abreißen; eine M. überklettern; er steht wie eine M. *(unerschütterlich fest);* in den Mauern unserer (dichter.; *in unserer)* Stadt; das Grundstück ist von einer M. umgeben; ÜBERTR.: ihn umgab eine M. des Schweigens, des Misstrauens; sie stand vor einer M. aus Hass und Verachtung. **2.** (Pferdesport) *Hindernis:* das Pferd hat die M. gerissen, an/vor der M. verweigert. **3.** (Fußball, Handball) *Linie von Spielern:* die M. hat ein Loch, steht noch nicht; die Mauer überwinden; er schoss durch, über die M. [ins Tor];
∗ **die [Berliner] Mauer** *(durch Berlin verlaufendes Bauwerk, das die Stadt politisch teilte):* der Fall der M.; das Leben mit der M.; die Jahre vor/ nach der M. *(vor/nach dem Mauerbau).*

mauern: 1. ⟨[etw.] m.⟩ *bauen:* bei starkem Frost kann man nicht m.; einige Wände des Hauses mussten neu gemauert werden. **2.** a) (Ballspiele Jargon) *übertrieben defensiv spielen:* die Mannschaft hat fast nur noch gemauert; b) (Kartenspiel Jargon) *kein Spiel wagen:* einer der Skatspieler hat wieder gemauert; ÜBERTR.: er mauert (ugs.; *schweigt, ist verschlossen),* anstatt offen zu sagen, was los ist.

Maul, das: **1.** das M. der Kuh, des Fischs; das M.

aufreißen, aufsperren; dem Hund ins M. sehen; das Pferd hat Schaum vor dem M. **2.** (derb abwertend) *Mund:* er hat ein breites M.; er kann das M. nicht voll genug kriegen *(kann beim Essen nicht Maß halten);* du kriegst gleich ein paar aufs M., auf dein dreckiges M.; ÜBERTR.: er hat zehn hungrige Mäuler zu stopfen (ugs.; *zehn Personen zu ernähren);*
∗ **ein großes Maul haben/führen** (derb; *übertreiben, großsprecherisch reden)* · **ein böses/ gottloses/ungewaschenes Maul** (derb; *ein schändliches Mundwerk)* · **das Maul halten** (derb; *nichts verraten)* · **das Maul aufsperren** (derb; *sehr erstaunt sein)* · **das Maul [nicht] aufmachen/auftun** (derb; *[nicht] reden, sprechen)* · **das Maul aufreißen/voll nehmen** (derb; *prahlen, aufschneiden)* · **das/sein Maul nicht aufkriegen** (derb; *nicht reden, sich nicht äußern können)* · **das Mäulchen schon nach etw. spitzen** (fam.; *etw. gern [zu essen] haben wollen)* · **jmdm. das Maul verbieten** (derb; *jmdm. untersagen, seine Meinung zu äußern)* · **jmdm. das Maul stopfen** (derb; *jmdn. zum Schweigen bringen)* · **sich** (Dat.) **das Maul verbrennen** (derb; *sich durch unbedachtes Reden schaden)* · **sich** (Dat.) **über jmdn. das Maul zerreißen** (derb; *schlecht, gehässig über einen Abwesenden reden).*

Maus, die: **1.** /ein Nagetier/: eine M. nagt/knabbert am Käse, raschelt im Laub, piept, quiekt, geht in die Falle; flink wie eine M., still wie ein Mäuschen sein; Mäuse fangen; ℝ da beißt die M. keinen Faden ab (ugs.; *daran ist nicht zu rütteln).* **2.** (fam.) /bes. als Kosename/: süße kleine M.; mein Mäuschen! **3.** (ugs.) *Daumenballen:* ich habe mich in die M. geschnitten. **4.** (salopp) ⟨Plural⟩ *Geld:* keine Mäuse haben; kannst du mir mal hundert Mäuse *(Mark)* leihen? **5.** (EDV) *kleines Steuergerät:* eine M. für Linkshänder; mit der M. arbeiten; etw. mit der M. anklicken, markieren, verschieben;
∗ **weiße Maus** (ugs. scherzh.; *Verkehrspolizist)* · **graue Maus** (ugs. abwertend; *unscheinbare Person)* · **weiße Mäuse sehen** (ugs.; *Wahnvorstellungen haben)* · **Mäuschen sein/spielen [wollen]** (ugs.; *etw. als heimlich anwesender Beobachter miterleben [wollen]).*

mausen (fam.; *bes. schönigend od. scherzh.):* ⟨etw. m.⟩ *stibitzen:* der Junge hat wieder Äpfel gemaust.

mausern: 1. *die Federn wechseln* a) ⟨sich m.⟩: die Vögel mausern sich im Sommer; b) (bes. Fachspr.) die Kraniche mausern; mausernde Hühner. **2.** (ugs.) ⟨sich jmdm., etw. m.⟩ *sich zu seinem Vorteil verändern:* sich zur Dame m.; der Moderator hat zum Publikumsliebling gemausert.

mausig: ⟨in der Wendung⟩ **sich mausig machen**

(salopp; *sich frech und vorlaut äußern*): mach dich hier nur nicht m.

mechanisch: **1.** a) *automatisch; maschinell:* ein mechanischer Webstuhl; ein mechanisches Verfahren; mechanische Fertigung; etw. arbeitet m.; dieser Artikel wurde m. hergestellt; b) (bes. Fachspr.) *durch Bewegung[shemmungen] von Körpern bewirkt:* mechanische Beanspruchung; mechanische *(mithilfe von Werkzeugen erfolgende)* Oberflächenbearbeitung; mechanische Reize. **2.** *gewohnheitsmäßig, gedankenlos:* eine mechanische Bewegung, Arbeit; der mechanische Ablauf von etw.; m. antworten; m. etw. tun; sie sagte das Gedicht ganz m. auf.

meckern: **1.** *meckernde Laute von sich geben:* die Ziege meckert; sie lachte [seltsam] meckernd. **2.** (ugs. abwertend) *nörgeln:* er hat immer etwas zu m.; hör auf zu m.!; sie meckern über alles.

Medaille, die: eine goldene, silberne, bronzene M.; eine M. prägen, gießen; eine M. gewinnen, erringen; jmdm. eine M. für etw. verleihen; bei dem Wettbewerb, im Reiten erhielt sie eine M., bekam sie eine M. verliehen; für diese Leistung wurde er mit einer M. ausgezeichnet.

Medikament, das: ein starkes M.; jmdm. ein M. [gegen Husten] verordnen, geben, rezeptieren, verschreiben; Medikamente einnehmen, schlucken; das M. hat keine schädlichen Nebenwirkungen.

Medium, das: **1.** (bildungsspr.) *vermittelndes Element:* die Literatur als geistiges M. einer Zeit; Gedanken durch das M. der Sprache ausdrücken. **2.** ⟨meist Plural⟩ a) *Massenmedium:* optische Medien wie Film und Fernsehen; die neuen, elektronischen Medien; die Macht der Medien; die Medien haben darüber berichtet; die Sache wurde in den/von den/durch die/über die Medien verbreitet; b) *Informations-, Bildungsmedium:* das M. Buch, Fernsehen, Computer; das akustische M. Schallplatte. **3.** (bes. Physik, Chemie) *Trägersubstanz:* das M. Luft; die Ausbreitung der Schallwellen in einem gasförmigen M. **4.** (Parapsych.) *Person mit übersinnlichen Fähigkeiten:* sie fungiert als M. bei spiritistischen Sitzungen; (Med., Psych.:) sie ist ein gutes, geeignetes, schlechtes M. für Hypnoseversuche.

Meer, das: **1.** das weite, stürmische, tosende, aufgewühlte M.; die Meere befahren; am M. leben, Urlaub machen; ans M. fahren; (dichter.:) die Sonne steigt aus dem M. auf; auf das offene M. hinausfahren, hinausblicken; im M. baden, schwimmen; der Sonne versinkt ins/im M., sinkt ins M. (dichter.; *geht am Meereshorizont unter*); der Ort liegt 750 Meter über dem M. *(Meeresspiegel).* **2.** (geh.) ⟨meist in Verbindung mit dem Gen. od. mit *von*⟩ *sehr große Menge:* ein M. blühender Ro-

sen; das M. der Sterne; ein M. von Häusern; ein M. von Farben; von Licht, von Tönen.

Mehl, das: feines, grobes M.; das M. klumpt; M. sieben, fein mahlen; eine Schwitze aus M.; etw. in M. wälzen; etw. mit M. bestäuben.

mehr: **I.** ⟨Indefinitpronomen und unbestimmtes Zahlwort⟩ **1.** /drückt aus, dass etw. über ein bestimmtes Maß, eine bestimmte Menge hinausgeht, eine bestimmte Menge, Anzahl übersteigt/: sie plädiert für m. Selbstständigkeit; immer m. Touristen strömen ins Land; auf ein paar Gäste m. oder weniger kommt es nicht an; das ist ein Grund m. aufzuhören; drei oder m. Personen; Blumen, Früchte und Ähnliches m.; m. als die Hälfte; m. als genug; noch m. verlangen; was willst du [noch] m.?; demnächst m. *(das nächste Mal erzähle ich ausführlich);* dieser Wein schmeckt nach m. (ugs.; *davon möchte man mehr trinken);* sie hat sich um m. als das Doppelte verrechnet; ich gehe diesmal mit m. Hoffnung hin; er hat m. Geld, als du denkst; die Beweise haben den Verdacht m. als gerechtfertigt; das ist m. als schlimm *(ist äußerst schlimm);* ℝ je m. er hat, je m. er will. **2.** /drückt aus, dass jmd. wichtiger, bedeutender, besser ist als ein anderer/: er ist auch nicht m. als wir; du hältst dich wohl für m. als andere? **II.** ⟨Adverb⟩ **1.** *in höherem Maße, stärker:* sie raucht m. als er; er liebte sie darum nur noch m.; nach der schweren Krankheit solltest du dich m. schonen; die Straßen sind m. befahren als sonst; ich friere m. als du; du musst m. *(besser)* Acht geben; m. tot als lebendig kann er an; sie übt jetzt eine ihr m. zusagende Tätigkeit aus; er ist m. Künstler als Gelehrter; der Baum steht m. links, m. rechts, m. nach der Mitte zu; sie wird m. geschätzt als ihr Vorgänger; nichts ist mir m. zuwider als die Schmeichelei. **2.** ⟨in Verbindung mit einer Negation⟩ a) /drückt aus, dass ein Geschehen, ein Zustand, eine Reihenfolge nicht fortgesetzt wird/ *sonst, außerdem:* niemand, keiner m.; kein Wort m.! *(hör[t] auf zu reden!);* es bleibt nichts m. übrig; sie wusste sich nicht m. zu helfen; du bist kein Kind m.; er hat sich m. derselbe wie vor seinem Unfall; ich kann nicht m. *(ich bin am Ende meiner Kräfte);* es dauert nicht m. lange *(es ist bald vorbei, ist bald so weit);* b) /drückt aus, dass ein erwartetes Ereignis, Geschehen o. Ä. nicht eintritt, ein angestrebtes Ziel nicht erreicht wird/: jetzt kommt sie nicht m.; den Zug werden wir [wohl] kaum, nicht m. erreichen. ∗ **mehr und mehr** *(immer mehr, in zunehmendem Maße)* · **mehr oder minder/weniger** *(im großen Ganzen, in gewissem Maße):* m. oder weniger waren wir einig · **nicht mehr und nicht weniger** *(nichts anderes als dieses)* · **nicht mehr sein** (verhüll.; *gestorben sein*) · **nicht mehr werden** (ugs. verhüll.; *nicht mehr gesund werden*) · **nicht mehr das sein [was jmd., etw. einmal war]** *(sich verschlechtert haben).*

mehren (geh.): a) ⟨etw. m.⟩ *vermehren:* den Besitz

m.; diese Erfolge mehrten seinen Ruhm; **b)** ⟨sich m.⟩ *sich häufen:* in letzter Zeit mehren sich die Anfragen, die Beschwerden.

mehrere: a) *einige, etliche:* m. [unbekannte] Personen; m. Male; sie war m. Wochen verreist; m. hundert Bücher; eine Gleichung mit mehreren Unbekannten lösen; m. seiner Freunde sagten ab; das Eingreifen mehrer tatkräftiger Menschen; die Einwände mehrer Abgeordneter/ (auch:) Abgeordneten; es war nicht nur einer, es waren m.; sie kamen zu mehreren; m. kamen zu spät, beschwerten sich; **b)** *verschiedene:* dieses Wort hat m. Bedeutungen; der Text lässt m. Deutungen zu.

Mehrheit, die: **a)** *der größere Teil einer bestimmten Anzahl:* die überwiegende M. der Bevölkerung, der Bürger hat sich dafür entschieden; die M. der Abgeordneten stimmte/stimmten zu; bei der M. der Fälle handelt es sich um leichte Erkrankungen; es gab keine M. für das Vorhaben; die M. war gegen den Plan; **b)** *Stimmenmehrheit:* eine große, knappe, geringe M.; absolute M. (Politik; *mehr als 50% der stimmberechtigten Stimmen*); einfache/relative M. (Politik; *weniger als 50% der stimmberechtigten Stimmen*); qualifizierte M. (Politik; *absolute Mehrheit, Zweidrittel- oder Dreiviertelmehrheit*); für das Gesetz hat sich eine M. gefunden; die [parlamentarische] M. haben, erringen, besitzen, verlieren; sie konnte die M. der Stimmen auf sich vereinigen; er berief sich auf die M.; sie wurde mit überwältigender M. gewählt;
∗ **die schweigende Mehrheit** *(die große Anzahl derer, die ihre Meinung zu etw. nicht äußern wollen).*

mehrmals: etw. m. versuchen; sie machen m. im Jahr Urlaub; er hat schon m. angerufen; m. täglich.

meiden (geh.) ⟨jmdn., etw. m.⟩: einen Menschen, seine Gesellschaft, sein Haus m.; sie haben sich/ einander lange Zeit gemieden; auf ihrer Fahrt mieden sie die überfüllten Autobahnen; er muss dieses Land m.; sie meidet den Alkohol *(trinkt keinen Alkohol);* er muss alle fetten Speisen m.

mein: a) *[zu] mir gehörend; von mir ausgehend o. ä.:* m. Haus, m. Auto; das hat sie von meinem Geld gekauft; hast du meinen Brief *(den Brief, den ich dir geschrieben habe)* bekommen?; einer meiner Söhne/von meinen Söhnen; das Auto meines Vaters (nicht korrekt: meinem Vater sein Auto); das ist nicht meine Aufgabe; meiner Ansicht nach, meines Erachtens ist das falsch; im Englisch *(das Englisch, das ich spreche)* ist nicht besonders gut; sie geht in meine Klasse *(in die Klasse, die auch ich besuche);* /verblasst in der Anrede/: meine Damen und Herren; mein liebes Kind; mein lieber Freund; ⟨ohne Substantiv⟩ ist das deine Brille oder meine?; das sind ihn doch, sondern meins/⟨ugs.:⟩ meines; ℝ was m. ist, ist auch dein; klein, aber m.; **b)** (geh.) **SUBST.:** sein

Stuhl stand neben dem meinen; das Meine/ (auch:) meine *(mein Eigentum);* ich werde das Meine/(auch:) meine *(meinen Anteil)* dazu beitragen; die Meinen/(auch:) meinen *(meine Angehörigen);* **c)** *bei mir zur Gewohnheit, Regel geworden; von mir gewöhnlich benutzt o. ä.:* meine Straßenbahn muss gleich kommen; ich habe heute meinen Spaziergang noch nicht gemacht; ich muss noch meine Tabletten nehmen;
∗ **Mein und Dein verwechseln/nicht unterscheiden können** (verhüll.; *sich leicht am Eigentum anderer vergreifen).*

meinen: 1. a) ⟨etw. m.⟩ *annehmen:* er meinte, er hätte Recht; man sollte m., dass ihm das einleuchten müsste; sie meinte, man könne so nicht verfahren; meinen Sie, das hätte keiner gemerkt?; meinst du das im Ernst?; das habe ich nicht gemeint *(zum Ausdruck bringen wollen);* was hat sie damit wohl gemeint *(sagen wollen)?*; was meinst du dazu?; das meine ich auch; er meint immer, alle müssten sich nach ihm richten; man könnte m. *(den Schluss ziehen),* es wäre alles wieder beim Alten/es wäre alles umsonst gewesen; man sollte m., sie hätte dafür mehr Verständnis *(eigentlich müsste sie dafür mehr Verständnis haben);* er meint, Wunder was geleistet zu haben; das will ich m.! (ugs.; *natürlich ist das so!;* Bekräftigungsformel); ⟨auch ohne Akk.⟩ ich meine ja nur [so] (ugs.; *es war ja nur ein Vorschlag);* /als erstaunte, verwunderte o. ä. Rückfrage auf jmds. Äußerung/: meinen Sie [wirklich]?; meinst du?; **b)** ⟨jmdn., sich m.; mit Umstandsangabe⟩ *wähnen:* er meinte sich im Recht; sie meinte zu träumen.
2. ⟨jmdn., sich, etw. m.⟩ *im Sinn haben:* du warst [mit dieser Bemerkung] gemeint; meinen Sie mich?; ich meine das große Haus, nicht das kleine; was meinst du damit?; ich meine etwas ganz anderes; er meinte wohl schon das Richtige.
3. a) ⟨etw. irgendwie m.⟩ *mit einer bestimmten Absicht, Einstellung sagen, tun:* etw. ironisch, ernst, wörtlich m.; so habe ich es, so war es nicht gemeint; ihre Worte waren gut, ehrlich gemeint; ein gut gemeinter Rat; ich habe es doch nicht böse gemeint; **b)** ⟨es irgendwie mit jmdm. m.⟩ *sich jmdm. gegenüber verhalten:* es gut, ernst mit jmdm. m.; er meint es nicht ehrlich mit ihr; **ÜBERTR.:** die Sonne meint es heute gut mit uns (ugs.; *scheint kräftig).*

meinetwegen: 1. *um meinetwillen:* sie taten dies alles m.; bemühe dich m. nicht.
2. (ugs.) *von mir aus:* m. kannst du gehen; m.! *(ich habe nichts dagegen!).*
3. *angenommen:* nehmen wir eine Zahl, m. vier, und ...; zunächst absolvierst du ein Studium, m. Veterinärmedizin.

Meinung, die: **1.** *eine vernünftige, irrige, weit verbreitete, abweichende, vorgefasste M.;* die öffentliche, veröffentlichte M.; die allgemeine M.; die

M. der Leute, der Allgemeinheit; eine gute, hohe, schlechte M. von jmdm., etw. haben; was ist Ihre M. [dazu]?; meine unmaßgebliche M. ist, dass ...; hier gehen die Meinungen auseinander; er hat keine eigene M.; seine M. vertreten, äußern, ändern, aufgeben; ich teile deine M., lasse deine M. gelten; sie duldete keine andere M.; er hat sich ihre M. zu Eigen gemacht; ich habe mir eine M. darüber gebildet; sie tauschten ihre Meinungen aus; ich habe dazu keine M. *(möchte mich dazu nicht äußern);* ich bin darüber anderer M. als du; ich bin der gleichen M. wie du; sie ist der M. *(sie glaubt),* dass ...; wir sind einer M. *(stimmen in unserer Ansicht überein);* über etw. anderer, geteilter M. sein; der M. eines anderen beistimmen, beipflichten; an seiner M. festhalten; auf seiner M. bestehen, beharren; mit seiner M. allein stehen, nicht zurückhalten; niemand hat sie nach ihrer M. gefragt; nach meiner M./meiner M. nach hat er Unrecht; von der früheren M. abkommen; nicht von seiner M. lassen; ganz meine M.! *(so denke ich auch darüber!;* als Bekräftigungsformel); ⋆ jmdm. die/(seltener:) **seine Meinung sagen,** (salopp:) **geigen** *(jmdm. gegenüber unmissverständlich seinen Unwillen zu erkennen geben).*
Meise, die: auf dem Fensterbrett sitzt eine M.;
⋆ **eine/'ne Meise haben** (salopp; *nicht recht bei Verstand sein):* du hast wohl/der hat ja 'ne M.?
meist: sie geht m. diesen Weg; m. kommt er zu spät; die Gäste sind m. junge Leute; es war m. schönes Wetter.
meiste: die meisten Leute, Gäste gingen nach Hause; sie hat das m. Geld; die m. Zeit des Jahres ist er auf Reisen; die m. Angst, am meisten Angst hatte er; das m. *(fast alles)* war verdorben; die meisten ihrer Bilder hat sie verkauft; das m. [davon] habe ich vergessen; die meisten verließen spontan den Saal; sie hat das m./am meisten geboten; er hat die m./am meisten Arbeit; er kann am meisten *(mehr als alle anderen)*; darüber habe ich mich am meisten *(ganz besonders, vor allem)* gefreut; /vor einem Adjektiv zur Umschreibung des Superlativs/: das am meisten verkaufte *(das meistverkaufte)* Buch der Saison.
meistens: *meist:* m. benutze ich das Auto; er macht seine Reisen m. im Sommer.
Meister, der: **1.** *Handwerksmeister:* M. sein, werden; der M. bildet die Lehrlinge aus, lernt sie an; den/seinen M. machen (ugs.; *die Meisterprüfung in einem Handwerk ablegen);* er ist bei einem guten M., geht bei einem guten M. in die Lehre.
2. *Künstler; Könner auf seinem Gebiet:* die alten, klassischen M. der Malerei; die großen M. des Barock; ein berühmter, unbekannter M.; er ist ein wahrer M. in seinem Fach; er ist ein M. der Sprache, auf dem Gebiet der Fotografie; (iron.:) er ist ein M. im Erfinden von Ausreden; die Madonna stammt von einem unbekannten M. des 14. Jahrhunderts; Ⓡ früh übt sich, was ein M. werden will; es ist noch kein M. vom Himmel gefallen.

3. (geh.) *als Vorbild verehrter Lehrer:* der M. hat seine Schüler um sich versammelt; sie lauschten den Worten des Meisters.
4. (Sport) *Sieger in einer Meisterschaft:* der amerikanische M. im Weitsprung; diese Mannschaft wird dieses Jahr wieder deutscher M.;
⋆ **seinen Meister finden; in jmdm. seinen Meister gefunden haben** *(auf jmdn. treffen/getroffen sein, der einem überlegen ist).*
meistern ⟨etw. m.⟩: Probleme, eine Arbeit, eine Aufgabe, sein Fach m.; ein Werkzeug, ein Instrument m. *(meisterhaft beherrschen, damit umgehen);* sie hat ihre Erregung, ihre Angst gemeistert *(bezwungen);* er hat sein Leben nicht gemeistert *(ist gescheitert).*
Meisterschaft, die: **1.** *meisterhaftes Können:* seine M. auf diesem Gebiet ist unbestritten, zeigte sich bei dieser Gelegenheit; sie spielte mit gewohnter, unerreichter M.; er hat es in dieser Kunst zu wahrer M. gebracht.
2. (Sport) **a)** *Wettkampf um den Meistertitel:* die deutschen Meisterschaften im Eiskunstlauf finden im Januar statt, werden im Januar ausgetragen; an einer M. teilnehmen; **b)** *erworbener Meistertitel:* die deutsche M. erringen; die M. im Zehnkampf gewinnen, verteidigen, verlieren; sie kämpften um die M. im Schwergewicht.
melancholisch: ein melancholischer Mensch; ein melancholischer Blick; eine melancholische Stimmung; melancholische Augen; ein melancholisches Lied, Gedicht; ein melancholischer *(trauriger)* Anblick; sie war, wurde ganz m.; sie waren m. gestimmt.
melden: 1. ⟨etw. m.⟩ *(als Nachricht) bekannt geben:* der Korrespondent, die Zeitung, der Rundfunk meldete neue Unruhen; wie die Presseagentur meldet, ...; wie bereits im Fernsehen, vom Rundfunk gemeldet, ...; der Wetterbericht hat starke Schneefälle gemeldet; die Seebäder melden einen Besucherrekord.
2. ⟨jmdn., sich, etw. m.⟩ *anmelden, [dienstlich] anzeigen:* jmdn., sich polizeilich m.; sie ist hier, bei der Behörde nicht gemeldet *(nicht registriert);* einen Vorfall, einen Unfall m.; er will sich freiwillig [für eine bestimmte Aufgabe, zum Wehrdienst, zur Prüfung] m.; sie ist als vermisst gemeldet *(gilt offiziell als vermisst);* sich krank, arbeitslos m.; krank, arbeitslos gemeldet sein; auf die Anzeige hin haben sich viele Bewerber gemeldet; zu dem Rennen haben sich viele Teilnehmer, wurden bedeutende Namen gemeldet; ⟨jmdm. etw. m.⟩ einen Verkehrsunfall der Polizei m.
3. ⟨sich m.⟩ *von sich hören lassen:* sich brieflich, telefonisch m.; aus dem Urlaub, von einer Reise m.; am Telefon meldete sich eine fremde Stimme; der Teilnehmer meldet sich nicht *(nimmt den Telefonhörer nicht ab);* ich habe einige Male geläutet, aber er hat sich niemand gemeldet *(es hat niemand darauf reagiert);* melde dich mal wieder! *(lass mal wieder etwas von dir*

hören!); wenn du etwas brauchst, musst du dich m. *(musst du es mich wissen lassen);* sie wird sich schon m. (fam.; *wird es schon sagen, wird sich schon bemerkbar machen),* wenn sie Hunger hat; ÜBERTR.: mein Magen, der Hunger meldet sich; der Winter meldet sich *(kündigt sich an).* **4.** ⟨sich m.⟩ *den Arm heben, um etw. zu sagen:* wer etwas sagen will, soll sich m.; der Schüler meldet sich häufig; ∗ **nichts/nicht viel zu melden haben** (ugs.; *nichts, nicht viel zu sagen haben).*
Meldung, die: **1.** *Nachricht:* eine aktuelle, wichtige, sensationelle, amtliche M.; die letzten Meldungen des Tages; diese M. ging durch die Presse; die Meldungen überstürzten sich; eine M. jagte die andere; die letzten Meldungen über die Verhandlungen sind, lauten günstiger; hier ist noch eine M. vom Sport; eine M. verbreiten, veröffentlichen, [im Radio, im Fernsehen] durchgeben, bestätigen, wiederholen, unterdrücken; nach letzten Meldungen, unbestätigten Meldungen zufolge hat sich die Lage gebessert. **2.** *dienstliche Mitteilung, Anzeige:* eine M. überbringen; M. machen; dem Vorgesetzten M. erstatten (Milit.; *etw. in dienstlicher Form melden);* welche Stelle hat die M. entgegengenommen? **3.** *Anmeldung:* zu den Wettkämpfen sind viele Meldungen bekannter Sportler eingegangen; seine M. abgeben, zurückziehen; alle Meldungen wurden angenommen.
melken: **a)** ⟨[ein Tier] m.⟩ *einem Tier die Milch entnehmen:* eine Ziege, ein Schaf, die Kühe m.; die Bäuerin melkt gerade; mit der Hand, mit der Melkmaschine, elektrisch m.; ÜBERTR.: seine Eltern schamlos m. (salopp; *[immer wieder] um Geld bitten);* **b)** ⟨etw. m.⟩ *durch Melken gewinnen:* zwanzig Liter Milch m.; sie melkten die Milch in einen Eimer, in Bottiche; frisch gemolkene Milch.
Melodie, die: eine einfache, hübsche, heitere, zarte, leichte, einschmeichelnde, alte, neue M.; die M. eines Liedes, eines Schlagers; es erklingen bekannte, beliebte Melodien *(Musikstücke, Gesangsstücke)* aus Oper und Operette; diese M. gefällt mir, geht mir nicht aus dem Kopf, verfolgt mich; eine M. zu einem Text komponieren; eine M. [vor sich hin] singen, spielen, pfeifen, summen.
Menge, die: **1. a)** *Anzahl, Quantum:* davon ist nur noch eine gewisse, begrenzte, verschwindende M. vorhanden; die doppelte M. [an] Wasser; eine geringe M. dieses Giftes/von diesem Gift ist schon tödlich; eine kleine M. Zucker, Mehl, Milch verwenden; die Angabe der M. ist erforderlich; das Mittel darf nur in kleinen Mengen angewendet, zugesetzt werden; **b)** *große Anzahl, großes Quantum; Masse:* eine M. fauler Äpfel/(auch:) faule Äpfel/von faulen Äpfeln; eine M. Äpfel lag/ (auch:) lagen unter dem Baum; eine M. Menschen, Männer, Frauen, Kinder, junger Leute

wartete/warteten auf der Straße; eine M. (ugs.; *viele Leute)* haben sich beworben; die M. muss es bringen *(der große Umsatz muss den Gewinn bringen);* er hat eine [ganze] M. Geld; er hat Geld die M. (ugs.; *viel Geld);* wir haben dort eine M. Leute kennen gelernt; wir sind dort mit einer M. Leute zusammengekommen; von ihm kannst du eine M. *(viel)* lernen; er bildet sich eine [ganze] M. *(sehr viel)* darauf ein; es gab Kuchen in M.; es waren Käufer in [großen] Mengen da. **2.** *Menschenmenge:* auf den Straßen drängte sich eine unübersehbare, jubelnde M.; die wütende, johlende M. drängte vorwärts; die M. schiebt sich durch die Straßen, weicht zurück; die große M. *(die meisten, der größte Teil)* ist dafür; in der M. untertauchen; ich konnte in der M. kaum vorwärts kommen; wir waren ganz von der M. eingeschlossen. **3.** (Math.) *Zusammenfassung von bestimmten Objekten zu einem Ganzen:* x ist Element der M. M; a ist in der M. M als Element enthalten; ∗ **jede Menge** (ugs.; *sehr viel);* Arbeit gibt es jede M. · **in rauen Mengen** (ugs.; *in großer Menge, Zahl).*
mengen: **1. a)** ⟨etw. m.⟩ *mischen, vermengen:* den Teig m.; Mehl und Wasser zu einem Teig m.; Wein mit Wasser m.; Rosinen in, unter den Teig m.; die Zutaten in einer Schüssel m.; **b)** ⟨sich mit etw. m.⟩ *sich [ver]mischen:* der Geruch des Kuchens mengte sich mit dem des Kaffees; ⟨auch ohne Präpositionalobjekt⟩ in dem Laden mengten sich verschiedene Gerüche. **2.** (ugs.) **a)** ⟨sich unter jmdn. m.⟩ *sich mischen:* Flüchtlinge mengten sich unter die Soldaten; **b)** ⟨sich in etw. (Akk.) m.⟩ *sich einmischen:* meng dich nicht in fremde Angelegenheiten; du solltest dich nicht in Dinge m., die dich nichts angehen.
¹Mensch, der: **1.** *menschliches Lebewesen; Individuum:* der denkende, gestaltende, schöpferische M.; ein normaler, durchschnittlicher, alltäglicher, sonderbarer, einfacher, anspruchsloser, zurückhaltender, empfindlicher, ruhiger, besonnener, ernster, charakterfester, schwerfälliger, gleichgültiger, unbeholfener, kluger, genialer, strebsamer, lebhafter, fröhlicher, glücklicher, ausgeglichener, gütiger, gutmütiger, lieber, anständiger, liebenswerter, höflicher, egoistischer M.; große, kleine, dicke, dünne, gesunde, kranke, alte, junge Menschen; ein M. von Fleisch und Blut *(ein wirklicher, lebendiger Mensch);* er ist ein ganz verkommener M.; ein M. mit Initiative, ohne feste Grundsätze; er ist ein M. von leichter Auffassungsgabe, mit sicherem Auftreten, ohne Lebensart; wir wurden behandelt wie Menschen zweiter Klasse *(wie sozial niedrig stehende Menschen);* ich bin auch nur ein M.! (ugs.; *ich mache auch Fehler!);* dieser M. ist mir unsympathisch; macht einen guten Eindruck; der M. ist ein vernunftbegabtes Wesen; jeder M. hat Fehler; ein

und Tier *(Menschen und Tiere)* litten unter der Hitze; es ist kaum zu glauben, was ein M. aushalten kann; von Zeit zu Zeit braucht der M. Entspannung; einen Menschen lieben, verehren, schätzen, verachten, betrügen, verraten, hintergehen, bekämpfen, fürchten, töten, pflegen, heilen; man muss die Menschen nehmen, wie sie sind; einem Menschen helfen, glauben, misstrauen; diesem Menschen ist nicht zu helfen; auf diesen Menschen kann man sich nicht verlassen; wie konntest du nur für einen solchen Menschen bürgen; er sucht, pflegt, meidet den Umgang mit anderen Menschen; sie geht nicht gern unter Menschen *(unter die Leute);* die Achtung vor dem Menschen; Ⓡ der M. ist ein Gewohnheitstier *(kann sich von seinen Gewohnheiten nur schwer lösen);* kein M. muss müssen *(niemand kann zu etw. gezwungen werden);* der M. lebt nicht von Brot allein; der M. denkt, Gott lenkt; des Menschen Wille ist sein Himmelreich. **2.** (salopp) /als burschikose Anrede, oft auch in Ausrufen des Staunens, der Bewunderung, des Erschreckens o. Ä./: M., war das eine Hitze!; M., Willi, wie findest du das?; M., das ist ja großartig!; M. Meier!; ✶ **kein Mensch** *(niemand)* · **wieder Mensch sein** (ugs.; *sich wieder in einem menschenwürdigen Zustand befinden)* · **wie der erste Mensch** (ugs.; *unbeholfen, ungeschickt)* · **kein Mensch mehr sein** (ugs.; *völlig erschöpft, am Ende sein)* · **nur [noch] ein halber Mensch sein** *(nicht [mehr] im Vollbesitz seiner Kräfte und Fähigkeiten sein)* · **ein neuer/anderer Mensch werden** (1. *sich zu seinem Vorteil verändern.* 2. *sich gründlich erholen)* · **von Mensch zu Mensch** *(vertraulich, privat).*

²**Mensch,** das (landsch., meist abwertend): *weibliche Person:* wer weiß, wo sich dieses M. wieder herumtreibt; /oft als Schimpfwort/: so ein blödes M.!

Menschengedenken: ⟨in der Fügung⟩ **seit Menschengedenken** *(solange jmd. zurückdenken kann):* ein solches Hochwasser hat es hier seit M. nicht gegeben.

menschenmöglich: was m. war, wurde getan; das hätte ich nicht für m. gehalten; SUBST.: der Arzt hat das/alles Menschenmögliche versucht.

Menschenseele, die: ⟨in der Verbindung⟩ **keine Menschenseele** *(niemand, kein Mensch):* unterwegs begegnete uns keine M.

Menschheit, die: die ganze M.; die Geschichte der M.; Krieg ist eine Geißel der M.; dies geschah zum Wohl der M., um der M. zu helfen; das ist ein Verbrechen an der M.

menschlich: **1.** *den Menschen betreffend:* der menschliche Körper, Geist; dies menschliche Natur; ein menschliches Wesen *(ein Mensch);* eine menschliche Stimme; menschliche Not; das menschliche Leben; die menschliche Gesellschaft; menschliche Schwächen; er suchte menschliche Geborgenheit, Wärme; die menschliche Vollkommenheit anzweifeln; nach göttli-

chem und menschlichem Recht; der Unfall ist auf menschliches Versagen zurückzuführen; hier kommt jede menschliche Hilfe zu spät; das ist nur m., ist m. verständlich; sie sind sich m. *(persönlich, privat)* näher gekommen; sie stehen sich m. sehr nahe; ÜBERTR.: jetzt sieht es hier doch wieder einigermaßen m. (ugs.; *ordentlich)* aus. **2.** *human, tolerant:* ein menschlicher Vorgesetzter; das ist ein menschlicher Zug an ihm; er schien keiner menschlichen Regung fähig; diese Handlungsweise war nicht sehr m.; hier ist er nicht m. verfahren, hat er nicht m. gehandelt.

Menschlichkeit, die: M. zeigen; jmdm. aus reiner, bloßer M. helfen; ein Verbrechen gegen die M.

Menü, das: **1.** *Speisenfolge:* ein M. aus 4 Gängen; ein M. zusammenstellen; das Restaurant bietet mehrere Menüs zur Auswahl an. **2.** (EDV) *Auswahlliste:* ein M. aufrufen, anklicken, öffnen, schließen; ein Programm über ein M. steuern.

merken: **1.** ⟨etw. m.⟩ *wahrnehmen, bemerken:* etw. zu spät, plötzlich, sofort m.; jmds. Absicht, einen Betrug m.; er merkt alles, nichts; man merkte es sofort an ihrer Verlegenheit, dass etwas nicht stimmte; ich habe es auf den ersten Blick, habe nichts davon gemerkt; er merkte nicht, dass man ihn betrogen hatte; ich merke schon, du willst nicht; sie lässt es niemanden m.; sie ließ ihm das Geringste m.; sie ließ ihn m., wie sehr er sie gekränkt hatte; Ⓡ merkst du was? (ugs.; *erkennst du die Absicht?);* du merkst aber auch alles (ugs. iron.; *endlich hast du begriffen)*. **2.** ⟨sich (Dat.) jmdn., etw. m.⟩ *im Gedächtnis behalten:* sich eine Telefonnummer, eine Anschrift, eine Regel m.; ich habe mir den Straßennamen nicht gemerkt; es ist leicht, sich diese Zahl zu m./ (ugs. auch:) diese Zahl ist leicht zu m.; den Namen des Schauspielers/diesen Schauspieler wird man sich m. müssen *(er wird noch von sich reden machen);* ich werde mir das für die Zukunft m.; ich werd mirs merken (ugs.; *bei entsprechender Gelegenheit werde ich es dir heimzahlen);* merk dir das! (ugs.; *lass dir das gesagt sein!);* ✶ **sich (Dat.) nichts merken lassen** (ugs.; *sich nichts anmerken lassen)*.

merklich: ein [kaum] merklicher Unterschied, Fortschritt; es ist m. kühler geworden; sein Zustand hat sich m. gebessert.

Merkmal, das: ein charakteristisches, typisches, hervorstechendes, untrügliches M.; besondere Merkmale besitzen; sein Zustand weist alle Merkmale einer schweren Infektion auf; an diesem M. hat sie ihn erkannt.

merkwürdig: ein merkwürdiger Mensch; eine merkwürdige Geschichte, Sache, Erscheinung; eine merkwürdige Unruhe erfasste sie; ist das nicht m.?; sein Verhalten finde ich sehr m.; sie verhielt sich recht m.; ich bin m. still hier; m., wie sich alles verändert hat!; SUBST.: ich habe etwas Merkwürdiges erlebt.

Messe, die: 1. a) *katholischer Gottesdienst:* die heilige M.; eine stille, feierliche M.; die M. begann; die M. halten, zelebrieren; eine M. für einen Verstorbenen lesen; die M. besuchen, hören; an der M. teilnehmen; [sonntags] zur M. gehen; b) *Vertonung des liturgischen Textes der Messe:* eine M. komponieren; eine M. von Mozart einstudieren, singen, aufführen. 2. a) *Industrieausstellung:* eine internationale M.; eine M. für Antiquitäten; die M. findet jedes Jahr statt; die M. war gut besucht; auf der M. ausstellen; wir fahren wieder zur M.; ein neues Modell zur M. herausbringen; b) (ugs. landsch.) *Jahrmarkt:* auf die M. gehen.

messen /vgl. gemessen/: 1. a) ⟨etw. m.⟩ *mit einem Maß ermitteln:* die Größe, Länge, Breite, Höhe von etw. m.; jmds. Brustumfang, die Meerestiefe m.; mit einem Thermometer die Temperatur, die Wärme [des Wassers] m.; die Geschwindigkeit, die Zeit mit der Stoppuhr m.; die Spannung, den Luftdruck m.; der Arzt hat den Blutdruck des Patienten, hat bei dem Patienten Fieber gemessen; er maß (geh.; *schätzte*) die Entfernung mit den Augen; ⟨jmdm. etw. m.⟩ der Arzt maß dem Patienten Fieber, den Blutdruck; b) ⟨jmdn., sich, etw. m.⟩ *in seinen Maßen, seiner Größe bestimmen:* etw. genau, gründlich, exakt, nur ungefähr, grob m.; ein Brett mit dem Bandmaß, mit dem Zollstock m.; Flüssigkeiten misst man nach Litern; er hat sich, die Kinder [mit dem Metermaß] gemessen; ÜBERTR.: alle müssen mit gleichem Maß gemessen werden *(müssen in gleicher Weise behandelt werden).* 2. ⟨etw. m.⟩ *ein bestimmtes Maß haben:* er misst 1,85 m; sie misst 5 cm mehr als du; das Grundstück misst 600 m²; das Zimmer misst 2,70 m in der Höhe. 3. a) (geh.) ⟨sich mit jmdm. m.⟩ *mit jmdm. konkurrieren:* er wagte nicht, sich [in einem Kampf] mit seinem Herausforderer zu m.; ÜBERTR.: an Wissen kann ich mich nicht mit ihr m.; b) ⟨jmdn., etw. an jmdm., etw. m.⟩ *nach jmdm., etw. beurteilen:* eine Leistung am Erfolg m.; du darfst ihn nicht an seinem älteren Bruder m., darfst seine Fähigkeiten an denen seines Bruders m.; gemessen an dem früheren Ergebnis, war dies eine Enttäuschung. 4. (geh.) ⟨jmdn. m.; mit Umstandsangabe⟩ *abschätzig ansehen:* jmdn. misstrauisch, schweigend, herausfordernd m.; er maß den Fremden, den Kontrahenten prüfend von oben bis unten; sie maßen sich/einander mit wütenden Blicken.

Messer, das: a) ein scharfes, spitzes, stumpfes, langes, breites, rostiges, blankes M.; das M. schärfen, schleifen, wetzen; das M. ziehen; er stieß, rannte, jagte ihm das M. in die Brust; das M. *(Taschenmesser)* aufklappen; der Griff, das Heft, die Schneide, die Klinge, den Rücken eines Messers; mit M. und Gabel essen; sich mit dem M. *(Rasiermesser)* rasieren; mit dem M. etw. ab-

schneiden, zerkleinern; das Kind spielte mit dem M.; b) *Skalpell:* jmdn. unters M. nehmen (ugs.; *operieren*); jmdn. unter dem M. haben (ugs.; *dabei sein, jmdn. zu operieren*); unters Messer müssen (ugs.; *operiert werden müssen*); sie blieb unter dem M. (ugs.; *starb während der Operation*); ★ **jmdm. geht das Messer in der Tasche/im Sack auf** (salopp; *jmd. wird sehr zornig*) · **jmdm. das Messer an die Kehle setzen** (ugs.; *jmdn. zu etw. zwingen*) · **jmdn. ans Messer liefern** (ugs.; *jmdn. durch Verrat ausliefern*) · **jmdm. das Messer [selbst] in die Hand geben** (ugs.; *seinem Gegner selbst die Argumente liefern*) · **auf des Messers Schneide stehen** *(in einer kritischen Situation sich so oder so entscheiden können)* · **bis aufs Messer** (ugs.; *mit allen Mitteln*): ein Kampf bis aufs M. · **jmdm. ins [offene] Messer laufen** (ugs.; *sich jmdm. ausliefern*).

Messung, die: seismische Messungen; Messungen vornehmen, durchführen.

Metall, das: ein weiches, hartes, glänzendes M.; Gold und Silber sind edle Metalle; das flüssige M. in Formen gießen; M. aus dem Erz herausschmelzen; M. bearbeiten, drehen, walzen, schweißen, härten, veredeln; das M. erwärmt sich, dehnt sich aus.; die M. verarbeitende Industrie.

metallen: 1. *aus Metall hergestellt:* metallene Gefäße, Geräte. 2. (geh.) *metallisch:* ein metallener Klang.

metallisch: 1. *aus Metall bestehend:* ein metallischer Leiter für elektrischen Strom; ein metallischer Überzug. 2. a) *hart klingend:* ein metallischer Klang; seine Stimme klingt m.; b) *metallartig:* ein metallischer Glanz; die Flügel der Libelle glänzten, schimmerten m.

Meter, der (auch: das): ein M. hat hundert Zentimeter; drei M. Stoff reichen für dieses Kleid aus; alle paar M. *(in kurzen Abständen)* steht ein Polizist; der Schnee liegt einen M. hoch; die Mauer ist zehn M. lang und zwei M. hoch; der Schrank ist drei M. breit; der See ist hier fünf M. tief; sie rückten M. für M./M. um M. vor; in hundert M. Höhe; ein Zaun von zwei M. Höhe; in einer Entfernung von etwa zwanzig Metern; ★ **laufende Meter/am laufenden Meter** (salopp; *immer wieder, in einem fort*).

Methode, die: eine fragwürdige, undurchsichtige, zuverlässige, sichere, praktische, komplizierte, umständliche, subtile M.; eine wissenschaftliche, physikalische, mathematische M.; die Methoden archäologischer Forschung; eine M. zur Bestimmung der spezifischen Wärme; diese M. hat sich bewährt, durchgesetzt; eine neue M. entwickeln, übernehmen, anwenden, einführen, auf etw. übertragen; ihre Methoden gefallen *(ihre Vorgehensweise gefällt)* mir nicht; was sind denn das für Methoden? (ugs.; *was ist denn das für ein ungehöriges Verhalten?*); er hat M. *(Planmäßigkeit, sinnvolle Ordnung)* in dieses Unternehmen

M

gebracht; sie hat so ihre M. (ugs.; *ihr eigenes Verfahren*); sie arbeitet nach einer anderen M.; (oft iron.:) nach bewährter M.; * **Methode haben** *(durchdacht sein).*
Metier, das: das M. des Kritikers, des Politikers; der Außendienst ist sein M.; das ist nicht mein M. *(davon verstehe ich nichts);* sein M. beherrschen; er hat sich aus diesem M. zurückgezogen; ich bin neu in dem M.
Meute, die: 1. *Hundemeute:* die M. wurde zur Jagd losgekoppelt, losgelassen. 2. (ugs.; häufig abwertend) *Schar:* eine johlende M. zog durch die Straßen; die M. der Verfolger wurde immer größer; eine M. von Fotografen; sie lud die ganze M. (ugs. scherzh.; *alle Anwesenden*) zu sich ein.
Meuterei, die: auf dem Schiff brach eine M. aus; in der Armee, unter den Soldaten entstand eine M.; die M. wurde mit allen Mitteln niedergeschlagen, unterdrückt; zur M. aufrufen.
meutern ⟨[gegen jmdn., etw.] m.⟩: 1. *sich auflehnen:* die Schiffsmannschaft, die Besatzung meuterte; die Truppe meutert gegen die Offiziere; die meuternden Gefangenen. 2. (ugs.) *aufbegehren:* du brauchst nicht bei jeder Gelegenheit gleich zu m.; gegen Überstunden m.
Miene, die: eine freundliche, heitere M.; offene, verschlossene, düstere Mienen; seine M. verfinsterte sich, klärte/hellte sich auf, verriet Unwillen; eine finstere, ernste M. aufsetzen; eine zuversichtliche M. zur Schau tragen; eine gekränkte M. machen; sie zog, machte eine saure *(verdrossene, unfreundliche)* M.; er verzog keine M. *(ließ sich keine Gefühlsregung anmerken);* er hörte mit unbewegter, eisiger M. zu; * **Miene machen,** etw. **zu tun** *(sich anschicken, etw. zu tun)* · **gute Miene zum bösen Spiel machen** *(etw. wohl oder übel hinnehmen, geschehen lassen).*
mies (ugs.): 1. (abwertend) *schlecht:* sie hat heute miese Laune; das ist ein mieser Laden, Job; ein mieser Typ, Kerl; ein mieses Essen, Wetter; ein mieses Ergebnis; miese Zeiten; die Bezahlung ist m.; die Sache sieht m. aus; er hat sich heute wieder m. benommen. 2. *unwohl:* mir ist heute richtig m.; sich total m. fühlen.
¹**Miete,** die: *Mietpreis:* eine hohe, niedrige M.; kalte/warme M. (ugs.; *Miete ohne/mit Heizungskosten*); die M. ist fällig; die Mieten sind gestiegen; unsere M. beträgt 750 DM [monatlich]; die M. vorauszahlen, überweisen, schulden; eine überhöhte M. für ein Zimmer, eine Wohnung zahlen müssen; Kauf ist vorteilhafter als M.; er hat im Theater einen Platz in M. (selten; *abonniert*); sie wohnen schon seit zehn Jahren bei ihm in/zur M. *(haben schon seit zehn Jahren bei ihm eine Mietwohnung);* * **die halbe Miete sein** (ugs.; *ein großer Vorteil sein; schon fast zum Erfolg führen).*

²**Miete,** die (Landw.): a) *Grube zur Aufbewahrung von Feldfrüchten:* eine M. [auf dem Feld] anlegen; die M. öffnen, aufmachen; Rüben in die M. legen; in einer M. überwintern; b) *aufgeschichteter Haufen von Getreide o.Ä.:* Felder voller Mieten.
mieten ⟨jmdn., etw. m.⟩: eine Wohnung, einen Laden, eine Garage, ein Auto, ein Boot m.; einen Führer m.; ⟨jmdm., sich jmdn., etw. m.⟩ sie mietete sich für drei Monate ein kleines Haus am Meer.
Mikrofon, Mikrophon, das: ein M. an jmds. Jackett befestigen; das M. zu nah, zu weit weg halten; die Mikrofone sind noch eingeschaltet; jmdn. ans M. bitten; ins M., vor dem M. sprechen; vor dem M. stehen; jmdn. vors M. holen, bekommen.
Milch, die: 1. a) frische, gekochte, kondensierte, saure, dicke M.; M. von der Kuh, Ziege; die M. ist geronnen; du musst aufpassen, dass die M. nicht anbrennt, nicht überkocht; die M. anwärmen, erhitzen, [ab]kochen, entrahmen; er trinkt gern M.; seine Kühe geben sehr viel M.; den Teig mit M. anrühren; b) *Muttermilch:* nicht genug M. haben; die M. ist eingeschossen *(in die Milchdrüsen der Wöchnerin);* die M. abpumpen. 2. *milchiger Pflanzensaft:* die M. des Löwenzahns; sie tranken die M. der Kokosnuss; * **aussehen wie Milch und Blut** *(frisch und jung aussehen).*
Milchmädchenrechnung, die: eine simple M.; das ist eine M.; jmdm. die Milchmädchenrechnung präsentieren.
milde, (seltener:) mild: 1. a) *sanft, lau; nicht rau:* mildes Klima, Wetter; milde Winde; mildes Licht; ein milder Winter; ein Zustrom milder Meeresluft; der Abend war sehr mild[e]; die Sonne schien recht milde[e]; es soll wieder milder werden; b) *nicht scharf:* eine milde Seife; ein mildes Waschmittel; ein milder Kognak; das Shampoo ist ganz m.; der Käse hat einen milden Geschmack, ist/schmeckt sehr m. 2. *gütig, nachsichtig:* milde Worte; jmdn. mit milden Blicken ansehen; ein milder Richter, Erzieher; eine milde Gabe *(Almosen);* das Urteil, die Strafe ist sehr mild[e] ausgefallen; das Gericht hat mild[e] geurteilt; sie lächelte mild[e]; ich konnte ihn nicht milder stimmen; mild[e] gesagt, gesprochen, ausgedrückt, war sein Verhalten eine Taktlosigkeit.
Milde, die: 1. a) *ausgeglichene, nicht raue Beschaffenheit:* die M. des Klimas, der Luft tat ihr wohl; b) *nicht scharfer Geschmack:* in der Werbung wird die M. dieses Kognaks besonders hervorgehoben. 2. *Güte, Nachsicht:* große, väterliche, unverdiente M.; die M. des Lehrers, des Richters; deine M. gegen ihn war nicht angebracht; M. walten lassen.
mildern: a) ⟨etw. m.⟩ *herabmindern:* eine Strafe, ein Urteil m.; die Stärke des Aromas m.; ihre Worte milderten seinen Zorn; das Mittel mil-

derte *(linderte)* den Schmerz nur kurze Zeit; b) ⟨sich m.⟩ *geringer werden:* sein Zorn, Schmerz milderte sich; die Gegensätze zwischen ihnen haben sich gemildert.

Milieu, das: **1.** *soziales Umfeld:* das soziale, gesellschaftliche, häusliche M.; sie kommt, stammt aus einem kleinbürgerlichen M.; er ist in einem ärmlichen M. aufgewachsen. **2.** *Bereich in dem Prostitution betrieben wird:* der Tipp kam aus dem M.; die Machtkämpfe im M.; sie lebt, verkehrt schon jahrelang im M.; Beziehungen zum M. in Marseille anknüpfen.

¹Militär, das: *Streitkräfte:* das französische M.; gegen die Demonstranten wurde [das] M. eingesetzt; das M. behielt die Oberhand; sie ist beim M.; er ist vom M. entlassen worden; zum M. müssen *(Soldat werden müssen).*

²Militär, der ⟨meist Plural⟩: *[hoher] Offizier:* die bundesdeutschen, amerikanischen Militärs; an dem Putsch beteiligten sich führende, hohe Militärs.

militärisch: militärische Einrichtungen, Operationen, Geheimnisse, Erfolge; einen militärischen Befehl ausführen; jmdm. militärische Ehren erweisen; sein Gang, seine Haltung, seine Gesinnung ist [ausgesprochen] m.; er grüßte m.

Million, die: a) *tausend mal tausend:* eine halbe, dreiviertel M.; 1,8 Millionen Mark; eine M. Menschen war/waren auf der Flucht; eine M. neu erbaute Häuser/neu erbauter Häuser; ein Defizit von mehreren/einigen Millionen Mark, von zwei Millionen [Mark]; b) ⟨Plural⟩ *unbestimmte, sich nach Millionen bemessene Anzahl, Summe:* Millionen wurden obdachlos; Millionen hungernder Kinder/von hungernden Kindern; die Firmenverluste gehen in die Millionen.

minder (geh.): eine mindere Qualität, Sorte; mindere Waren; Stoffe von minderer Güte; das sind Fragen minderen Ranges, von minderer Bedeutung; jmd., etw. ist m. angesehen; diese letzte Kurve war nicht m. gefährlich [als die vorhergehenden].

Minderheit, die: a) *kleinere Gruppe in einer Gemeinschaft, in einem Staat:* eine religiöse, sprachliche, ethnische, nationale M.; die Unterdrückung, die Verfolgung, der Schutz von Minderheiten; b) *Minderzahl:* eine M. ist gegen den Entwurf; die Gegner des Planes bildeten eine M.; er vertritt in dem Gremium die M.; sie waren, blieben bei der Abstimmung in der M.; c) *Gruppe mit Stimmenminderheit:* die M. im Parlament, die parlamentarische M.; die M. stellt die Regierung.

mindern (geh.): a) ⟨etw. m.⟩ *verringern:* den Wert einer Leistung m.; etw. in seinem Wert m.; Erträge, das Tempo, das Risiko, eine Gefahr m.; durch schlechtes Benehmen das Ansehen, den Einfluss m.; er versuchte, die Not der Betroffenen zu m.; der Zwischenfall minderte die allge-

meine Freude.; b) ⟨sich m.⟩ *sich verringern:* nur langsam minderte sich seine Heftigkeit.

minderwertig: minderwertige Waren, Produkte; minderwertiges Fleisch; das Material ist m.

Minderzahl, die ⟨ohne Plural⟩: in der Minderzahl *(zahlenmäßig unterlegen)* sein.

mindeste: nicht die m. Ahnung von etw. haben; er hat nicht die mindesten Aussichten, Sieger zu werden; sie tat es ohne den mindesten Zweifel, ohne die m. Angst; SUBST.: das ist das Mindeste, was man von ihm verlangen kann; ★ nicht das Mindeste/mindeste *(gar nichts):* er versteht nicht das Mindeste/mindeste vom Kochen · nicht im Mindesten/mindesten *(gar nicht, nicht im Geringsten):* das stört uns nicht im Mindesten/mindesten · zum Mindesten/mindesten *(zumindest):* sie hätte sich zum Mindesten/mindesten entschuldigen müssen.

mindestens: a) *zumindest; wenigstens:* du hättest dich m. entschuldigen müssen; dieses Problem ist m. so wichtig wie das erste; b) *auf keinen Fall weniger als:* es waren m. drei Täter; sie verdient m. 7 000 Mark im Monat; den Film habe ich m. zweimal gesehen; ich will m. acht Tage bleiben.

Mine, die: **1.** *Stollen; Bergwerk:* die M. ist nicht mehr ergiebig; eine M. erschließen, stilllegen; die Gefangenen mussten in den Minen arbeiten. **2.** *Sprengkörper:* eine M. explodiert, (ugs.:) geht hoch; eine M. orten, freilegen, entschärfen; Minen legen, suchen, räumen; eine M. werfen; auf eine M. treten, fahren; das Schiff lief auf eine M.; das Gelände wurde nach versteckten Minen abgesucht. **3.** *Bleistift-, Kugelschreibermine:* eine schwarze, rote M.; die M. des Bleistifts bricht dauernd; die M. meines Kugelschreibers ist leer; eine neue M. in den Kugelschreiber einlegen, einsetzen; ★ alle Minen springen lassen (ugs.; *alle verfügbaren Mittel anwenden).*

minimal: ein minimaler Vorteil, Vorsprung, Erfolg, Unterschied; minimale Forderungen; die Beteiligung war m.; ihre Rente ist m.

Minimum, das: das ist das absolute M.; ein M. an Sicherheit, Vertrauen erwarten; diese Sache erfordert nur ein M. an Kraft, Einsatz, Material; wir konnten die Ausgaben auf ein M. reduzieren; das liegt ja noch unter einem M.; etw. unter dem M. *(unter dem Mindestpreis)* verkaufen.

Minister, der: ein ehemaliger M.; der M. des Inneren *(Innenminister)*, des Äußeren *(Außenminister)*; der M. für Verkehr; er ist M. ohne Geschäftsbereich, ohne Portefeuille; der M. ist zurückgetreten; einen M. ernennen, vereidigen, absetzen; der Referent M. Meyers/des Ministers Meyer; er wurde zum M. ernannt.

minus: I. ⟨Konj.⟩ *weniger:* sieben m. vier ist, macht, gibt drei. II. ⟨Präp. mit Gen.⟩ (Kaufmannsspr.) *abzüglich:* der Betrag m. der üblichen Abzüge. III. ⟨Adverb⟩ a) *unter dem Nullpunkt:* die Tempe-

M

ratur beträgt m. 5 Grad, ist auf m. 5 Grad gesunken; b) (Physik) *negativ:* der Strom fließt von plus nach m.; c) /verschlechtert eine Note um ein Viertel/: sie hat eine Zwei m. bekommen, geschrieben.
Minute, die: 1. eine halbe, knappe, ganze, volle M.; M. um M. verging, verstrich; es blieben ihm nur noch fünf, wenige, ein paar Minuten; es ist jetzt elf Uhr [und] zwanzig Minuten; du sollst mich nicht alle fünf Minuten *(fortwährend)* stören; sie musste zehn Minuten warten, kam drei Minuten zu spät, hatte sich um zehn Minuten verspätet; tausend Umdrehungen in der M.; ein Weg von zwanzig Minuten. 2. *Augenblick:* die Minuten der Ungewissheit wurden ihr zur Qual; jede freie M. nutzen; hast du eine M., einige Minuten Zeit für mich?; er wartet immer bis zur letzten M./bis auf die letzte M., kommt immer in letzter M.; in der nächsten M. war sie bereits verschwunden. 3. (Math.) /eine *Winkeleinheit*/: ein Winkel von 45 Grad, 21 Minuten, 10 Sekunden; * **auf die Minute** *(pünktlich):* sie kam auf die M.
mir: 1. ⟨Personalpronomen; 1. Person Sing. Dat.⟩: gib m. bitte das Messer; m. ist schlecht; das gefällt m.; Ⓡ wie du m., so ich dir. 2. ⟨Reflexivpronomen; 1. Person Sing. Dat.⟩: ich bilde m. nichts darauf ein; ich habe m. gerade vorgestellt, ...; * **mir nichts, dir nichts** (ugs.; *von einem Augenblick auf den andern*).
mischen: 1. a) ⟨etw. [mit etw.] m.⟩ *vermischen:* Wein und Wasser m.; Wein mit Wasser m.; Farben m.; b) ⟨etw. in etw. (Akk.)/unter etw. (Akk.) m.⟩ *untermengen:* Gift ins Essen m.; Zucker in/ unter den Brei m.; c) ⟨etw. m.⟩ *durch Mischen zubereiten:* Gift m.; einen Cocktail [aus den verschiedensten Zutaten] m.; mischst du mir/für mich bitte einen Drink? 2. ⟨etw. m.⟩ *Spielkarten in eine ungeordnete Reihenfolge bringen:* hast du die Karten schon gemischt?; ⟨auch ohne Akk.⟩ wer mischt? 3. a) ⟨sich mit etw. m.⟩ *sich vermischen:* Öl mischt sich nicht mit Wasser; ⟨auch ohne Präpositionalobjekt⟩ Öl und Wasser mischen sich nicht; ÜBERTR.: Ekel und Verzweiflung mischten sich; b) ⟨sich in etw. (Akk.) m.⟩ *zu etw. hinzukommen:* in meine Freude mischt sich Angst; in den Chor mischten sich Männerstimmen. 4. a) ⟨sich in etw. (Akk.) m.⟩ *sich einmischen:* er mischt sich in alles, in fremde Angelegenheiten; sie wollte sich nicht in unser Gespräch m.; b) ⟨sich unter jmdn. m.⟩ *sich in eine Menge begeben:* er mischte sich unter das Volk, unter die Zuschauer.
Mischung, die: 1. *das Mischen:* durch die M. der beiden Farben entstand ein dunkles Grün. 2. *Gemisch:* eine gute, gelungene M.; eine M. 2:3; eine bunte M. Pralinen; eine neue M. aus/von verschiedenen Kaffeesorten, Tabaken; ÜBERTR.:

eine seltsame M. aus Jovialität und Arroganz, aus Abneigung und Mitleid.
miserabel: a) *sehr schlecht:* ein miserabler Film; ein miserables Deutsch, ein miserabler Stil; ein miserables Ergebnis; das Wetter ist m.; seine Leistungen sind m.; m. geschlafen haben; die Arbeiter werden m. bezahlt; b) *erbärmlich:* sie fühlt sich m.; es geht ihm m.; c) *gemein:* das ist ein ganz miserabler Kerl; er hat sich ihr gegenüber m. benommen.
missachten ⟨etw. m.⟩: die Gesetze, jmds. Rat, jmds. Wunsch, jmds. Verbot m.; er hat meine Warnung missachtet; Sicherheitsvorkehrungen wurden missachtet.
Missbehagen, das: ein heftiges M. empfinden; ein tiefes M. erfüllte ihn; ihre Worte bereiteten, die Angelegenheit bereitete ihm offensichtliches M.; etw. mit M. beobachten.
missbilligen ⟨etw. m.⟩: eine Ansicht, jmds. Entschluss, Absicht m.; sein Verhalten ist entschieden zu m.; die Regierung hat die Ausschreitungen missbilligt; sie schüttelte missbilligend den Kopf; ein missbilligender Blick.
Missbrauch, der: sexueller M. von/(seltener:) an Kindern als Straftatbestand; wegen sexuellen Missbrauchs vor Gericht stehen; ein M. hat sich eingeschlichen, eingebürgert, eingenistet; Missbräuche aufdecken, abschaffen, beseitigen, verhindern; mit etw. M. treiben; er tat es unter M. seines Amtes, seiner Macht; etw. vor M. schützen; vor dem M. *(übermäßigen Gebrauch)* von Medikamenten warnen.
missbrauchen: 1. a) ⟨etw. m.⟩ *nicht richtigen, unerlaubten Gebrauch von etw. machen:* ein Recht, seine Macht, sein Amt, seine Stellung m.; er hat ihr Vertrauen missbraucht; Alkohol, Drogen m. *(in übermäßigem Maß zu sich nehmen);* b) ⟨jmdn. für etw./zu etw. m.⟩ *zu etw. verleiten:* er hat ihn für seine Zwecke missbraucht; die Opfer wurden zu wissenschaftlichen Zwecken missbraucht. 2. (geh.) ⟨jmdn. m.⟩ *vergewaltigen:* ein Mädchen, ein Kind m.; jmdn. sexuell m.
missen (geh.) ⟨etw., in Verbindung mit einem Modalverb⟩: sie mussten damals alle Annehmlichkeiten m.; diesen Mitarbeiter können wir leicht, nur schwer m.; ich möchte diese Erfahrungen, Erlebnisse nicht m.
Misserfolg, der: die Veranstaltung war ein M.; einen M. haben, erleben, hinnehmen [müssen], verschulden; nach einer Reihe von Misserfolgen gab er auf.
missfallen (geh.) ⟨jmdm. m.⟩: sein Benehmen, sein Verhalten, seine Art missfällt ihr sehr; was missfällt dir so an der Sache?
Missfallen, das (geh.): seine Unbeherrschtheit erregte allgemeines M.; er äußerte ohne Scheu sein M. über ihr Verhalten; mit seinem M. nicht zurückhalten (ugs.; *es offen äußern*).
Missgeschick, das: jmdm. passiert, widerfährt ein M.; ihr M. [mit der zerbrochenen Vase] ärgerte

sie selbst am meisten; er dachte über sein M. nach.

missglücken: der erste Versuch missglückte; ein missglücktes Unternehmen; ein missglückter Anschlag; ⟨jmdm. m.⟩ der Kuchen ist mir leider missglückt.

Missgriff, der: der Kauf des Autos war ein M.; die Wahl dieses Mitarbeiters war ein M., stellte sich als M. heraus; einen M. tun, machen.

misshandeln ⟨jmdn. m.⟩: ein Kind, ein Tier m.; Gefangene brutal m.; von ihren Partnern misshandelte Frauen; ÜBERTR.: sie misshandelte das Klavier (scherzh.; *spielte sehr schlecht darauf*).

Mission, die: **1.** (bildungsspr.) *Auftrag:* eine schwierige, heikle, dringende, gefährliche, delikate, diplomatische, politische M.; ihre M. ist erfüllt, gescheitert, beendet; eine M. übernehmen, erfüllen; er ist in geheimer M. nach Paris abgereist; sie wurde mit einer besonderen M. betraut. **2.** (bildungsspr.) a) *diplomatische Vertretung:* die ausländischen, diplomatischen Missionen in der Hauptstadt; b) *mit einem bestimmten Auftrag ins Ausland entsandte Gruppe von Personen:* eine M. entsenden; er leitet die deutsche M. bei den Olympischen Spielen. **3.** *Verbreitung des christlichen Glaubens:* die äußere M. *(Mission unter Nichtchristen),* die Innere M. *(Mission unter Christen);* M. treiben; in der M. tätig sein, arbeiten.

Missklang, der: ein M. aus dem Orchester; das Klavierspiel brach plötzlich mit einem M. ab; ÜBERTR.: das Fest endete mit einem M. *(es gab Unstimmigkeiten).*

Misskredit, der: ⟨in den Wendungen⟩ **jmdn., etw. in Misskredit bringen** *(jmdn., etw. in Verruf bringen)* · **in Misskredit geraten/kommen** *(in Verruf kommen, an Ansehen verlieren).*

misslingen: ein Versuch, ein Vorhaben, ein Unternehmen misslingt; die Flucht misslang; der Aufsatz ist misslungen; eine misslungene Aufführung; ⟨jmdn. m.⟩ die Arbeit ist mir misslungen.

missmutig: ein missmutiger Theaterkritiker; ein missmutiger Blick; ein missmutiges Gesicht machen; er war ziemlich m., sah sie m. an, ging m. nach Hause; sie ging m. an die Arbeit.

missraten: die Zeichnung, das Bild ist missraten; ⟨jmdm. m.⟩ der Braten ist mir desmal missraten; ADJ. PART.: ein missratenes *(schlecht erzogenes, schwieriges)* Kind.

Missstand, der: ein unerträglicher, übler, schlimmer M.; soziale Missstände; verschiedene Missstände in der Verwaltung haben sich herausgestellt, wurden sichtbar/offenkundig; Missstände aufdecken, anprangern, abschaffen, abstellen, beseitigen.

Missstimmung, die: eine allgemeine, tief gehende, leichte, leise M.; die M. zwischen Paris und Washington; die M. in der Regierung wurde immer stärker, verschwand; die Nachricht verbreitete, erzeugte, erregte M. unter den Gästen.

Misston, der: die Saite zerriss mit einem schrillen M.; ÜBERTR.: seine Vorwürfe brachten einen peinlichen M. in die Unterhaltung.

misstrauen ⟨jmdm., etw. m.⟩: er misstraut jedem, den er nicht kennt; sie misstraute seinen Worten, seinen Versprechungen; er hat diesem Frieden, dieser Ruhe misstraut; sich selbst, seinen eigenen Fähigkeiten, seinem Gedächtnis m.

Misstrauen, das: ein großes, tiefes M.; ihr M. war unbegründet; ein gesundes M. erfüllte ihn; M. erwachte in ihm; sein M. wuchs, nahm zu, wurde immer größer, schwand; M. gegen jmdn. haben, hegen; etw. verursacht, weckt, erregt jmds. M., ruft jmds. M. hervor; M. säen; es gelang ihr, sein M. zu zerstreuen; sie sah ihn mit unverhohlenem M. an.

misstrauisch ⟨m. [gegen jmdn., etw./gegenüber jmdm., etw. m.]⟩: ein misstrauischer Kunde; misstrauische Blicke; er ist sehr m.; langsam wurde sie m.; er sah ihr m. nach; er war gegen die/gegenüber den Kollegen sehr m.

Missverhältnis, das: das M. in der Größe, zwischen den Partnern ist [ziemlich] auffällig, groß; zwischen seinen Forderungen und seiner Leistung besteht ein krasses M.; sein Gewicht steht im M. zu seiner Größe.

Missverständnis, das: ein folgenschweres, fatales M.; das muss doch ein M. sein; da liegt sicher ein M. vor; hier ist ein M. entstanden, eingetreten; ein M. aufklären, beseitigen; keine Missverständnisse aufkommen lassen; sie versuchte, das M. zwischen den beiden auszuräumen; einem M. vorbeugen, entgegentreten, (geh.:) begegnen; die ganze Sache beruht auf einem M.; dabei handelt es sich um ein M.

missverstehen ⟨jmdn., etw. m.⟩: du hast mich, meine Frage missverstanden; missverstehen Sie mich bitte nicht!; die Bemerkung war nicht misszuverstehen; sie fühlte sich missverstanden.

Mist, der: **1.** eine Fuhre M.; der M. dampfte; M. laden, fahren, streuen; der Hahn stand auf dem M. *(Misthaufen).* **2.** (ugs. abwertend) a) *wertlose Gegenstände:* ich will den ganzen M. wegwerfen; mit solchem alten M. kann man nichts mehr anfangen; was hast du nur für einen M. gekauft; b) *Unsinn:* er redet den ganzen Tag nur M.; M. verzapfen, bauen, machen (salopp; *[einen] Fehler machen);* was für ein M. wieder in der Zeitung steht!; c) *ärgerliche Angelegenheit:* was soll der M.?; mach den M. doch alleine!; ich will mit dem ganzen M. nichts zu schaffen haben; /Fluche/: so ein M.!; [verdammter, verfluchter] M.!; M., verdammter, verfluchter!;

★ **nicht auf jmds. Mist gewachsen sein** (ugs.; *nicht von jmdm. stammen).*

mit: I. ⟨Präp. mit Dat.⟩ **1.** a) *gemeinsam, zusammen mit:* ich gehe m. dir einkaufen; er tanzte m. ihr; m. [ihm] und ohne ihn; sie wurde m. ihm zur gleichen Zeit fertig; sie wohnt m. ihrem Freund

M

zusammen; sie unterhielt sich angeregt m. ihm; er kämpfte m. ihm *(gegen ihn);* b) *versehen mit, in Verbindung mit:* Spaghetti m. Tomatensoße; ein Topf m. Deckel; ein Haus m. Garten; der Vierer m. [Steuermann]; Familien m. [Kindern] und ohne Kinder; ein Glas m. Honig *(das Honig enthält);* c) *mit Beteiligung von:* Verkehrsunfälle m. Kindern; ein Stiftungsfest m. Damen; d) *einschließlich, samt:* m. Pfand; Zimmer m. Frühstück; das Essen kostet m. Bedienung 25 Mark; die Miete beträgt mit Nebenkosten umgerechnet etwa 450 Euro; m. mir waren es fünf. **2.** /gibt den Begleitumstand an/: sie kleidet sich m. Geschmack; sie isst wieder m. Appetit; das hat er m. Absicht getan; ich höre das m. Vergnügen, Bedauern, Interesse; er sagte das m. Berechnung, m. Recht; m. etwas Glück wirst du es schon schaffen. **3.** *betreffend:* m. seinem Plan, m. seiner Arbeit kommt er nicht voran; sie zögerte etwas m. ihrer Antwort, m. ihrer Zustimmung; m. seiner Reise hat es nicht geklappt; was ist los m. dir?; wie steht es m. ihm, m. seiner Arbeit? **4.** /oft als Teil eines präpositionalen Attributs/ *in Bezug auf etw., jmdn.:* ein Mann m. Brille; er darf m. seinem kranken Fuß keinen Sport treiben; du m. deinen Ausreden! (ugs.; *du hast doch immer Ausreden!).* **5.** *mittels, mithilfe von:* m. Scheck bezahlen; sie fährt m. dem Bus zum Büro; sie öffnete die Tür, das Schloss m. einem Schlüssel; sie schreibt lieber m. Bleistift; er kommt erst m. dem nächsten Zug; den Fleck kannst du m. Wasser entfernen; m. anderen Worten ... *(anders ausgedrückt ...).* **6.** *in Richtung von etw.:* m. der Strömung rudern; wir fliegen m. dem Wind. **7.** *gleichzeitig mit:* m. Einbruch der Nacht; m. Beginn, m. Ende der Saison hört sie auf; das Tor fiel m. dem Schlusspfiff; m. sechs Jahren *(im Alter von sechs Jahren)* kam sie in die Schule. **8.** *wegen:* sie liegt m. Fieber im Bett; er ist m. Motorschaden ausgeschieden. **9.** *in der Person von:* ihm verlässt ein wichtiger Mitarbeiter die Firma; m. ihr an der Spitze der Gewerkschaft erhofft man sich mehr Erfolg. **II.** ⟨Adverb⟩ **1.** *auch, außerdem, noch:* das gehört m. zu ihren Aufgaben; das ist dabei m. zu berücksichtigen; etw. m. ansehen; die Kosten sind m. berechnet; du könntest ruhig einmal m. anfassen; warst du auch m.? (ugs.; *warst du auch dabei?);* da war Verrat m. im Spiel. **2.** (ugs.) ⟨in Verbindung mit einem Superlativ⟩ sie ist m. die beste Schülerin *(eine der besten Schülerinnen)* ihrer Klasse; es ist m. das schönste *(eines der schönsten)* Gebäude der Stadt.

mitarbeiten ⟨[irgendwo] m.⟩: an einem Werk, an/bei einem Projekt, im elterlichen Geschäft m.; der Junge müsste m. Unterricht, in der Schule besser m.

Mitarbeiter, der: langjährige, treue, tüchtige M.;

das Unternehmen, die Firma hat 2 000 M.; die Firma sucht neue Mitarbeiter; ein Rundschreiben an alle M.; er arbeitete als freier, ständiger *(nicht fest angestellter)* M. einer Zeitung, an/bei einer Zeitung.

mitbringen: a) ⟨etw. m.⟩ *(mit sich tragend) bringen:* ein Brot vom Bäcker m.; bringen Sie das nächste Mal Ihren Ausweis mit!; die Arbeitskleidung ist mitzubringen; sie brachte den Kindern/für die Kinder Geschenke mit; hast du mir [von der Reise] auch etwas mitgebracht?; BILDL.: ihr habt aber schlechtes Wetter mitgebracht; bringt große Hunger, gute Laune mit!; b) ⟨jmdn. m.⟩ *als Gast zu jmdm. bringen:* bringst du heute jemanden zum Essen mit?; er brachte ein paar Freunde auf die Party mit; c) ⟨etw. m.⟩ *aufweisen:* für eine Arbeit bestimmte Fähigkeiten, besondere Voraussetzungen, die nötige Sachkenntnis, Begabung m.; er bringt für diese Stellung gar nichts mit *(ist dafür nicht befähigt).*

miteinander: a) *einer mit dem andern:* m. sprechen; wir kommen gut m. aus; sie sind m. verheiratet; wir stehen m. in Verbindung; b) *gemeinsam, zusammen:* wir gehen m. nach Hause; alle m. Beachte: Nach neuer Rechtschreibung wird *miteinander* vom folgenden Verb immer getrennt geschrieben.

mitfahren: du kannst [bei mir] m.; wollen Sie in meinem Auto m.?; die Kinder dürfen bei der Radtour nicht m. *(dürfen nicht mitmachen).*

mitfühlen ⟨etw. m.⟩: er konnte ihren Kummer, ihren Schmerz m.; ⟨auch ohne Akk.⟩ ich kann mit Ihnen m.; mitfühlende *(teilnahmsvolle)* Worte sprechen; er war, zeigte sich mitfühlend.

mitgeben ⟨jmdm. jmdn., etw. m.⟩: den Kindern Geld, etwas zu essen m.; ich gebe euch jmdn. mit, der euch den Weg zeigt m.; BILDL.: eine Warnung auf den Weg m.; ÜBERTR.: seinen Kindern eine gute Erziehung/Ausbildung m. *(zuteil werden lassen).*

Mitgefühl, das: tiefes, echtes M.; für jmdn., etw. kein M. aufbringen; M. haben, zeigen; sein Zustand erweckte das M. der andern; /Beileidsbezeigungen/: darf ich Ihnen mein aufrichtiges M. ausdrücken, bezeigen, aussprechen?; seinem M. Ausdruck geben; er ist ohne jedes M.

mitgehen: 1. *gemeinsam mit jmdm. gehen:* darf ich m.?; in den Zoo, auf den Weihnachtsmarkt, zum Bahnhof m.; wenn du willst, kannst du m.; Ⓡ mitgegangen, [mitgefangen], mitgehangen. **2.** (ugs.) *begeistert sein:* mit der Musik, dem Konzert m.; die Zuhörer gingen begeistert mit; ★ *etw. mitgehen lassen/*(selten:) **heißen** (ugs.; *etw. entwenden):* er hatte Waren von mehreren tausend Mark mitgehen lassen.

Mitglied, das: ein treues, langjähriges, ehemaliges, aktives, passives, zahlendes M.; die Mitglieder eines Klubs, einer Partei; ein M. der Familie, des Königshauses; ein nützliches M. der Gesellschaft; M. in einem Verein sein, werden; ordentliches M. einer Vereinigung sein; er ist M. des Bundestages, des Landtages; sich als M. [an]melden, einschreiben, eintragen lassen; Mitglieder werben; die Mitglieder *(Mitgliedsstaaten)* der Europäischen Union.

mithalten: a) *sich den Anforderungen gewachsen zeigen:* bei dem Rennen hielt er tüchtig, tapfer mit; bei diesem Tempo kann ich nicht m.; in puncto Technik kann der Wagen nicht m.; er konnte auch im internationalen Spitzensport gut m.; wirtschaftlich nicht [mit den Großkonzernen] m. können; eine halbe Stunde lang konnte die Mannschaft m.; b) (selten) ⟨etw. m.⟩ *durchhalten:* das Tempo m.

mithilfe, mit Hilfe: I. ⟨Präp. mit Gen.⟩ m. geeigneter Methoden; er öffnete die Tür m. eines Dietrichs. II. ⟨Adverb⟩ m. von bestimmten Leuten; er öffnete die Tür m. von einem Dietrich.

mithören ⟨etw. m.⟩: die Polizei hört das Gespräch mit; wir haben das Konzert am Radio mitgehört; ⟨auch ohne Akk.⟩ ich hörte nur zufällig mit; SUBST.: das Telefon auf Mithören stellen *(so einstellen, dass der Anrufende für andere hörbar wird).*

mitkommen: 1. *mitgehen, jmdn. begleiten:* kommst du mit ins Kino, vor die Tür, auf die/zu der Party?; ich habe noch so viel Arbeit, dass ich nicht m. kann. 2. (ugs.) *verstehen; folgen können:* beim Diktat nicht m.; da komme ich beim besten Willen nicht mit; unsere Tochter kommt in der Schule, im Unterricht gut mit *(ist den Anforderungen der Schule gewachsen);* Ⓡ da komme ich nicht mehr mit! *(das ist mir unverständlich!).*

mitkönnen (ugs.): 1. *mitgehen können:* ich kann nicht mit ins Kino. 2. *mithalten können:* das ist mir zu hoch, da kann ich nicht mit.

Mitleid, das: *Mitgefühl:* großes, tiefes, echtes M. sprach aus seinen Worten; sie war voller M.; er hatte, fühlte M. mit ihm; sie kannte, empfand kein M.; er erregte das M. seiner Nachbarn; sie tat es aus reinem M.

mitleidig: eine mitleidige Seele; m. half er dem Alten; er lächelte m. (iron.; *verächtlich),* als er die Konkurrenten sah.

mitmachen: 1. a) ⟨etw. m.⟩ *an etw. teilnehmen:* einen Kurs m.; jede Mode m.; ich habe den Ausflug nicht mitgemacht; b) (ugs.) ⟨bei etw. m.⟩ *gemeinsam mit anderen etw. tun:* machst du mit?; er hat bei allen Spielen mitgemacht; ich habe nur mitgemacht, um Schlimmeres zu verhüten; da mache ich nicht mehr mit *(das kann ich nicht mehr vertreten);* die Gewerkschaften machen nicht mit *(geben nicht ihre Zustimmung);* ÜBERTR.: das Wetter macht mit *(ist so, wie gewünscht);* mein Herz macht nicht mehr mit *(funktioniert nicht mehr richtig).* 2. (ugs.) ⟨etw. m.⟩ *für einen anderen erledigen:*

während seiner Krankheit hat ein Kollege seine Arbeit mitgemacht. 3. (ugs.) ⟨etw. m.⟩ *durchmachen:* Furchtbares, Schreckliches m.; sie haben im Krieg viel mitgemacht; sie hat mit ihrem Mann viel mitgemacht; Ⓡ [ich kann dir sagen,] da machst du [vielleicht] was mit!

mitnehmen: 1. ⟨jmdn., etw. m.⟩ *mit sich nehmen:* du musst den Regenschirm m.; kannst du den Brief zur Post m.?; auf diese Wanderung nehmen wir die Kinder nicht mit; ich habe das Opernglas ins Theater mitgenommen; das Frachtschiff nimmt auch Passagiere mit; ÜBERTR.: der LKW hat die ganze Hausecke mitgenommen (ugs.; *weggerissen).* 2. a) (ugs.) ⟨etw. m.⟩ *[nebenher, zusätzlich] kaufen:* ich nehme noch drei Pfund Äpfel mit; die Radieschen sind sehr billig, da nehme ich gleich zwei Bund mit; b) (verhüll.) ⟨etw. m.⟩ *stehlen:* er hat aus verschiedenen Gaststätten Gläser, Bestecke mitgenommen. 3. a) (ugs.) ⟨etw. m.⟩ *rasch genießen, besichtigen:* sie nimmt alles mit, was ihr geboten wird; auf der Rückreise können wir noch München m.; b) ⟨etw. aus etw. m.⟩ *lernen:* aus unserem Gespräch habe ich die Überzeugung mitgenommen, dass ...; aus der Predigt, dem Vortrag konnte ich etwas m. 4. ⟨jmdn. m.⟩ *anstrengen:* diese Aufregung, das Erlebnis nahm sie furchtbar mit; sie sah sehr mitgenommen *(erschöpft)* aus; er war von dem Lauf sehr mitgenommen.

mitreden: er ist zu jung/unerfahren, um m. zu können; er hat keine Ahnung, muss aber überall m.; da, hier, bei dieser Sache kannst du überhaupt nicht m. *(davon verstehst du nichts);* ÜBERTR.: wir hoffen, vorne m. zu können (Sport; *beim Kampf um die ersten Plätze erfolgreich zu sein).*

mitreißen: 1. ⟨jmdn., etw. m.⟩ *mit sich reißen:* sie wurde von der Strömung mitgerissen; ÜBERTR.: mit seinem enormen Siegeswillen riss er die anderen Spieler mit *(steckte sie an).* 2. ⟨jmdn. m.⟩ *begeistern:* der Schauspieler riss alle mit; ihr Spiel, ihr Charme hatte alle Zuhörer mitgerissen; eine mitreißende Show; er wirkt nicht gerade mitreißend bei seinen Reden.

mitspielen: 1. a) *sich bei einem Spiel beteiligen:* darf ich bei etw. m.?; der Große ließ den Kleinen nicht m.; ÜBERTR.: das Wetter hat nicht mitgespielt (ugs.; *es war schlechtes Wetter);* seine Eltern haben nicht mitgespielt *(haben es nicht erlaubt),* als er allein verreisen wollte; die Gewerkschaften werden bei diesen Plänen der Regierung nicht m. *(zustimmen);* b) *(als Mitwirkende[r]) dabei sein:* in welchem Film hat sie mitgespielt?; er hat bei Hamlet mitgespielt; er kann wegen seiner Verletzung nicht m. 2. ⟨bei etw. m.⟩ *sich auswirken:* bei diesem Plan, dieser Entscheidung spielten die verschiedensten Erwägungen mit. 3. ⟨jmdm. irgendwie m.⟩ *Schaden zufügen:* er hat der Frau übel mitgespielt; ihm wurde [vom Schicksal] schlimm, arg, hart mitgespielt.

mitsprechen: 1. ⟨etw. m.⟩ *mit anderen gemeinsam sprechen:* die Eidesformel m.; alle sprachen das Gebet mit. 2. *mitreden:* sie will überall m.; da kannst du gar nicht m. *(davon verstehst du nichts).*

¹Mittag, der: 1. *Mittagszeit:* ein sonniger, heißer M.; gestern, heute, morgen M.; es geht auf M. zu; gegen M.; vor M. ist er nicht zu sprechen; über M./den M. über ist sie nicht im Büro; er schlief bis zum M.; ⟨Akk. als Zeitangabe⟩ einen, diesen, manchen M.; er geht jeden M., mehrere Mittage in der Woche in ein Restaurant essen; ⟨Gen. als Zeitangabe⟩ des Mittags (geh.; *mittags*); eines [schönen] Mittags *(an einem nicht näher bestimmten Mittag).* 2. (ugs.) *Mittagspause:* sie haben später M. als wir; Herr Meier macht gerade M.; ⋆ **zu Mittag essen** *(das Mittagessen einnehmen).*

²Mittag, das (ugs.): *Mittagessen:* M. kochen; wollen wir zusammen M. essen?; bald gibt es M.; was gibt es zu M.?

Mittagessen, das: ein einfaches, üppiges, ausgedehntes, reichliches M.; das M. ist fertig, steht auf dem Tisch; das M. kochen, machen; beim M. sitzen *(das Mittagessen einnehmen);* mit dem M. auf jmdn. warten; vor, nach dem M.; jmdn. zum M. einladen.

mittags: m. [um] 12 Uhr/[um] 12 Uhr m.; immer montags m.; von morgens bis m.

Mitte, die: a) *die genaue, ungefähre M.;* das ist ziemlich, fast die M. der Strecke, des Weges; die M. des Kreises; in der M. des 19. Jahrhunderts; M. Mai, M. des Monats; er ist jetzt M. [der] Fünfzig *(etwa 55 Jahre alt);* sie wohnt drittes Obergeschoss M. *(in der mittleren Wohnung des dritten Obergeschosses);* er hat das Buch nur bis zur M. gelesen; in der M. des Raumes stand ein Tisch; der Ort liegt etwa in der M. zwischen den beiden Großstädten; in der M. des Jahres; sie ging in der M. *(zwischen den [beiden] anderen);* wir nahmen ihn in die M. *(zwischen uns);* von der M. der Decke herab hing eine Lampe; ⟨R⟩ ab durch die M.! (ugs.; *schnell weg!*); ÜBERTR.: eine Politik der M. *(des Ausgleichs);* er tendiert zur M. *(zu einer politischen Anschauung zwischen rechts und links);* b) ⟨in Verbindung mit bestimmten Präpositionen⟩ *Kreis, Gruppe von Menschen:* einer aus ihrer M. ist gewählt worden; wir freuen uns, Sie in unserer M. zu begrüßen; zu sehen; der Tod hat ihn aus unserer M. gerissen (verhüll.; *er ist gestorben);* ⋆ **die goldene Mitte** *(der angemessene, zwischen den Extremen liegende Standpunkt o. Ä.).*

mitteilen: 1. ⟨jmdm. etw. m.⟩ *jmdm. über etw. informieren:* jmdm. etw. brieflich, telefonisch, schriftlich, mündlich, vertraulich, im Vertrauen, in aller Form, schonend m.; jmdm. eine Absicht, eine Neuigkeit, seine Bedenken, seine Erfahrungen m.; teil mir bitte mit, wo du wohnst; wir müssen Ihnen leider m., dass ...; ⟨auch ohne Dat.⟩ der Termin wird noch rechtzeitig mitgeteilt. 2. (geh.) ⟨sich jmdm. m.⟩ *sich anvertrauen:* du hättest dich ihr gleich m. sollen; schließlich hat er sich seinen Eltern mitgeteilt; ⟨auch ohne Dat.⟩ er kann sich nicht, nur schlecht m. *(ist kontaktarm).* 3. (geh.) ⟨sich jmdm., etw. m.⟩ *auf jmdn., etw. übergehen:* die Stimmung hatte sich den Besuchern mitgeteilt.

Mitteilung, die: eine briefliche, kurze, geheime, vertrauliche, überraschende, traurige, freudige, angenehme, schriftliche, mündliche M. [über, von etw.]; eine amtliche M. [an die Presse] herausgeben, hinausgehen lassen; ich möchte Ihnen M. machen, dass ...; eine M. bekommen, empfangen, erhalten; sie hat diese wichtige M. nicht weitergegeben, weitergeleitet; jmdn. mit einer M. *(Eröffnung)* überraschen; nach M. der Behörden.

Mittel, das: 1. ein gutes, sicheres, unfehlbares, wirksames, schlechtes M.; das richtige, äußerste, letzte M.; drastische, erlaubte, unlautere M.; dieses M. ist untauglich; dies ist das beste M., ihn daran zu hindern; ihm ist jedes M. recht *(er geht rücksichtslos vor);* ein M., alle M. versuchen; sprachliche M. einsetzen; ein wirksames M. anwenden; sie ließ kein M. unversucht; sie ist in der Wahl ihrer M. nicht wählerisch; etw. mit friedlichen Mitteln zu erreichen suchen; sie bekämpfte ihn mit allen Mitteln; er versuchte es mit allerlei Mittelchen (ugs.; *nicht einwandfreien Methoden, Tricks).* 2. *Heilmittel, Medikament:* ein wirksames, unschädliches, schmerzstillendes M.; beruhigende, stärkende M.; ein M. für die Verdauung, gegen [den] Husten, gegen Kopfschmerzen, zum Einschlafen; sich ein M. verschreiben lassen; Sie müssen das M. dreimal täglich einnehmen. 3. ⟨Plural⟩ *Geldmittel:* bedeutende, finanzielle, geringe, beschränkte, verfügbare, flüssige *(verfügbare)* M.; dafür sind große M. erforderlich, vorgesehen; dafür fehlen uns die M.; ihre M. erlauben ihr das; seine M. sind erschöpft; er hat alle aufgebraucht; das Projekt wird mit öffentlichen Mitteln gefördert; sie war nicht ganz ohne M.; sie standen ohne M. da; er verfügt über einige, über die nötigen M. 4. (Math.) *Mittelwert:* das arithmetische, geometrische M.; das M. aus zwei Messungen; das M. errechnen; die Temperatur betrug im M. *(im Durchschnitt)* +12° C.; ⋆ **[nur] Mittel zum Zweck sein** *(Person oder Sache sein, deren man sich für seine Zwecke bedient)* · **Mittel und Wege suchen, finden** *(Möglichkeiten zur Lösung von etw. suchen, finden).*

mittelfristig (bes. Wirtsch., Bankw.): mittelfristige Kredite; die Auftragslage ist m. gut; m. planen.

mittelmäßig: mittelmäßige Leistungen; eine mittelmäßige Qualität, Begabung; ihr Zeugnis ist m.; er hat m. gespielt; nur m. malen können.

Mittelpunkt, der: **1.** der M. der Erde; den M. eines Kreises bestimmen; die Linien laufen im M. zusammen. **2.** *im Zentrum des Interesses stehende Person, Sache:* die Stadt ist der geistige, künstlerische M. des Landes; der Jubilar war der M., bildete den M., stand im M. des Festes; sie will überall M. sein; diese Frage steht augenblicklich im M. des Interesses; er stellte dieses Problem in den M. *(machte es zum Hauptgegenstand)* seines Vortrages.

mittels (Papierdt.) ⟨Präp. mit Gen.⟩: m. elektrischer Energie; m. [eines] Drahtes/(häufig auch:) m. Draht; ⟨mit Dat., wenn der Gen. im Plural nicht erkennbar ist oder wenn ein weiteres starkes Substantiv im Gen. Singular hinzutritt⟩ m. Drähten; m. Lautsprechern; m. Vaters neuem Rasierapparat.

Mittelweg, der: der sichere, gefahrlose M.; ein vernünftiger M.; einen M. suchen, finden, gehen; * der goldene Mittelweg *(vermittelnde, die Extreme meidende Lösung).*

mitten: die Schüssel brach m. entzwei; m. am Tage; m. auf dem Tisch; m. auf der Straße; sie wurde m. aus der Versammlung geholt; der Berufsverkehr fließt m. durch die Stadt; m. im Zimmer; m. im See liegt eine Insel; er wachte m. in der Nacht auf; es war m. in der Woche, m. im Winter; die Kugel traf ihn m. *(genau)* ins Herz; sie hat sich m. unter die Leute gemischt; ÜBERTR.: er war gerade m. in der Arbeit *(war sehr beschäftigt).*

Mitternacht, die: es ist, schlägt M.; es geht auf M. zu; sie hat bis [lange nach] M. gearbeitet; gegen, nach, um, vor M.

mittlere: 1. *in der Mitte befindlich:* die drei mittleren Finger; er wohnt im mittleren Haus; der m. (ugs.; *zweitälteste)* der drei Brüder. **2.** *durchschnittlich:* eine m. Geschwindigkeit, Temperatur, Größe; er ist in mittlerem Alter/ (geh.:) mittleren Alters; ein mittlerer *(mittelgroßer)* Betrieb; ein Wagen der mittleren Preisklasse; ein mittleres *(mittelgroßes)* Einkommen; die m. *(zwischen einfachem und gehobenem Dienst liegende)* Beamtenlaufbahn; ein mittlerer *(der mittleren Laufbahn angehörender)* Beamter.

mittlerweile: viele Länder haben m. den Vertrag unterzeichnet; m. hatte auch er begriffen, dass ...; andere Betriebe haben das neue Verfahren m. eingeführt; geh nur, ich passe m. *(währenddessen)* auf die Kinder auf.

Mittwoch, der: † Dienstag.

mitunter: m. war er amüsant; sie fühlte sich m. alt und krank.

mitwirken ⟨[an etw. (Dat.)/bei etw.] m.⟩: an dem Projekt, bei der Aufklärung eines Verbrechens, bei der Ausführung eines Planes m.; sie wirkte bei dem Konzert als Sängerin mit; wer wirkte alles mit?; bei der Entscheidung wirkten verschiedene Faktoren mit *(spielten verschiedene Faktoren eine Rolle).*

Mitwirkung, die: die M. an, bei einem Projekt aufkündigen; wir haben uns seine M. gesichert; wir rechnen auf Ihre M.; ich verzichte auf seine M.; unter M. namhafter Künstler, von Frau Meier.

mitzählen: 1. ⟨jmdn., etw. m.⟩ *berücksichtigen:* die Abwesenden, die nicht aktiven Teilnehmer auch m.; es waren fünfzig Teile, die beschädigten nicht mitgezählt. **2.** *mit eingerechnet werden:* kleine Spenden zählen auch mit; Feiertage zählen nicht mit.

mixen ⟨etw. m.⟩: **a)** *vermischen:* das Normalbenzin war mit Super gemixt; ÜBERTR.: in ihren Songs mixt die Gruppe gekonnt Pop, Funk und Rock; ein bunt gemixtes Unterhaltungsprogramm; **b)** *im Mixer herstellen:* einen Cocktail m.; sie mixt mir/für mich gerade einen Drink.

Möbel, das ⟨meist Plural⟩: neue, moderne, alte, wertvolle, kostbare, geschnitzte, praktische M.; M. aus Eiche, aus Buche; dieser Schrank ist ein hässliches M.; Möbel rücken; M. kaufen, aussuchen; sich neue M. anschaffen; die M. umstellen, ausräumen.

mobil: 1. *nicht an einen Standort gebunden:* mobile Startrampen, Radarstationen, Hochleistungsrechner; ein mobiles Labor; die Wände sind m.; mobiles (Kaufmannsspr.: *nicht gebundenes)* Vermögen, Kapital; m. *(mit dem Mobiltelefon)* telefonieren. **2.** (ugs.) *rege, beweglich:* eine noch recht mobile alte Dame; er ist wieder m. *(wohlauf);* unsere mobile *(durch Flexibilität, Mobilität gekennzeichnete)* Gesellschaft. **3.** (bes. Milit.) *kampfbereit:* mobile Verbände; die Truppen sind m.; * etw. mobil machen *(etw. mobilisieren):* alle Kräfte für den Wiederaufbau m. machen · jmdn.

mobil machen (ugs.: *jmdn. antreiben, aufscheuchen):* der Kaffee hat uns m. gemacht.

mobilisieren 1. a) ⟨jmdn. m.⟩ *dazu bringen, aktiv zu werden:* die Mehrheiten, die Basis, die Atomkraftgegner m.; die Gewerkschaften mobilisierten die Massen gegen den Rechtsradikalismus; die öffentliche Meinung m. *(an sie appellieren);* **b)** ⟨etw. m.⟩ *aktivieren:* alle Kräfte [für etw.] m.; die Läufer mobilisierten die letzten Energien; Vorurteile, Ängste m. **2.** (Wirtsch.) ⟨etw. m.⟩ *verfügbar machen:* Kapital, Devisen, Reserven m. **3.** ⟨[etw.] m.⟩ *mobil machen:* die Streitkräfte, die Truppen m.

mobilmachen: *die Streitkräfte u. den Staat auf das Eintreten in einen Krieg vorbereiten:* die Regierung machte mobil, ließ m.; ÜBERTR.: die Partei machte mobil *(mobilisierte alle verfügbaren Kräfte),* um die bevorstehende Wahl zu gewinnen.

möblieren ⟨etw. m.⟩: eine Wohnung geschmackvoll, modern, neu m.; ein zweckmäßig möbliertes Büro; ein möbliertes Zimmer mieten; sie vermietet [ihre Zimmer] nur möbliert; sie wohnen möbliert.

Mode, die: **1.** *Zeitgeschmack:* diese Sportarten sind jetzt [große] M.; das ist, wäre ja eine ganz neue M.! (ugs.; *so etwas dulde ich nicht*); wir wollen doch keine neuen Moden einführen (ugs.; *es soll bleiben, wie es war*); dieser Autor ist aus der M., sehr in M. [gekommen]; das ist mittlerweile zur M. (abwertend; *zur weit verbreiteten Gepflogenheit*) geworden. **2.** *Kleidermode:* eine schöne, verrückte, praktische M.; diese M. ist nicht sehr kleidsam, wird sich nicht lange halten; die M. schreibt das vor, verlangt das; jede Mode mitmachen; der M. gehorchen, folgen; mit der M. gehen; sich nach der neuesten M. kleiden.

Modell, das: **1. a)** *Entwurf:* das M. eines Denkmals, einer Siedlung; das M. für das geplante Sportzentrum wurde vom Stadtrat gebilligt; ein M. entwerfen, bauen, einreichen, vorlegen; der Künstler hat das M. *(die Urform)* der Plastik in Gips gegossen; **b)** *Muster; vorbildliche Form:* das M. eines neuen Hochschulgesetzes; das ist eines von mehreren denkbaren Modellen für diese Reform; dieser Staat wurde zum M. einer freiheitlichen Demokratie/für eine freiheitliche Demokratie; etw. nach dem M. von etw. gestalten. **2.** *Typ, Ausführungsart eines Fabrikats:* das neueste M. einer Automobilfirma; dieses Fernsehgerät ist ein uraltes, auslaufendes M.; die Firma stellt ihre neuen Modelle vor. **3.** *Modellkleid:* ein Pariser M.; dieses Kleid ist ein M.; die neuesten Modelle aus der Herbstkollektion vorführen, zeigen; sie trug ein M. eines bekannten Modeschöpfers. **4. a)** *jmd., der als Vorbild für das Werk eines Künstlers dient:* sie war sein liebstes M.; sie war das M., diente ihm als M. für seine Plastiken; **b)** *Fotomodell:* sie ist M., arbeitet als M.; ⋆ **[jmdm.] Modell sitzen/stehen** *(Modell eines Künstlers sein).*

¹modern: *faulen, vermodern:* das Holz modert im Keller; modernde Kadaver.

²modern: a) *der herrschenden Mode entsprechend:* eine moderne Frisur; diese Möbel sind nicht mehr m.; sie haben sich ganz m. eingerichtet; **b)** *zeitgemäß; fortschrittlich:* die moderne Zeit, Ernährung, Gesellschaft; moderne Technologien; ein moderner Lebensstil; eine moderne Ehe; moderne Ansichten haben; der moderne Mensch, Christ; sie ist eine moderne Frau; die moderne Musik, Malerei; ihre Arbeitsmethoden sind m.; m. eingestellt sein, denken, handeln; SUBST.: die Moderne *(moderne Richtung)* in der Literatur.

modisch: eine modische Frisur; modische Kleidung; modische Farben, Details; sie folgten alle diesem modischen Trend; sich m. kleiden.

Modus, der: **1.** (bildungsspr.) *Verfahrensweise; Form:* einen vernünftigen, brauchbaren M. für die gemeinsame Arbeit finden; einen M. zur Verständigung suchen; den M. der Verteilung festlegen; sich auf einen bestimmten M. einigen; der Wettkampf wird nach einem festgesetzten M. ausgetragen, durchgeführt. **2.** (Sprachw.) *Aussageweise des Verbs:* der M. des Konjunktivs, des Indikativs, des Imperativs; die Modi des Verbs; in welchem M. steht dieses Verb?; ⋆ **Modus Vivendi** *(Übereinkunft, Verständigung, die ein erträgliches Zusammenleben ermöglicht).*

mögen: I. ⟨Vollverb⟩ **1.** ⟨jmdn., etw. m.⟩ *gern haben:* diesen Lehrer mochten sie alle; sie mag den Alten gern; ihre Arroganz hatte er nie gemocht; die beiden mögen sich/(geh.:) einander. **2.** ⟨jmdn., etw. m.⟩ *eine Vorliebe für jmdn., etw. haben:* mögen Sie Jazz?; ich mag seine Bilder, diesen Maler nicht; er mag gern Süßigkeiten *(isst sie gern).* **3. a)** ⟨gewöhnlich mit Umstandsangabe⟩ *den Wunsch haben:* ich mag *(will)* nicht nach Hause; er hat nicht in die Schule gemocht; ich mag einfach nicht mehr *(mir reicht es, ich habe genug);* ⟨häufig im 2. Konjunktiv als höfliche Ausdrucksweise anstelle von *wollen*⟩ ich möchte ins Kino; möchtest du zu ihm?; **b)** ⟨etw. m.⟩ *nach etw. Verlangen haben:* magst du eine Kaffee, ein Stück Kuchen?; ich mag noch ein Glas Wein; ⟨häufig im 2. Konjunktiv als höfliche Ausdrucksweise anstelle von *wollen*⟩ sie möchte zu Weihnachten ein Fahrrad; das möchte ich nicht; sie möchte nicht, dass er es erfährt. **II.** ⟨Modalverb; mit Infinitiv⟩ **1.** *können:* es mag sein, es ist nicht richtig verstanden hat; was mag das bedeuten?; wer mag das sein?; sie mag etwa vierzig Jahre sein *(sie ist schätzungsweise vierzig Jahre alt);* es mochten wohl dreißig Leute sein *(es waren schätzungsweise dreißig Leute);* /mit dem Nebensinn der Einräumung/: mag kommen, was da will, ich bleibe; er mag tun, was er will; es gelingt ihm nichts. **2.** *dürfen:* wenn ihm das Bild so gut gefällt, mag er es nehmen; mag er nur reden *(von mir aus darf, kann er reden),* ich mache mir nichts daraus. **3.** *sollen:* er mag ruhig kommen, ich habe keine Angst vor ihm; wozu mag das gut sein?; dieser Hinweis mag genügen; sag ihm, er möge/möchte zu mir kommen; möge sie viel Glück werden!; möge dir das neue Lebensjahr viel Glück und Erfolg bringen!; möge, möchte es doch so bleiben *(es ist, wäre wünschenswert, dass es so bliebe).* **4.** *wollen:* nicht mag ich nicht länger warten; sie mag nicht nach Hause gehen; er hat die Suppe nicht essen m. (nicht korrekt: gemocht); ⟨häufig im 2. Konjunktiv als höfliche Ausdrucksweise anstelle von *wollen*⟩ sie möchte gern ein neues Kleid haben; ich möchte wissen, wer das war;

M

man möchte meinen *(ist geneigt anzunehmen),* dass ...

möglich /vgl. **1.** *ausführbar:* die nur im Sommer mögliche Überquerung des Gebirges; es war wieder m., den Fluss zu überqueren; morgen wäre es leichter, besser, eher m.; jmdm. ist etw. m. *(jmd. ist zu etw. in der Lage)* wäre Ihnen das m.?; kommen Sie doch, wenn m./wenn es Ihnen m. ist, sofort; wäre es dir m., mir etwas aus der Stadt mitzubringen?; es ist mir nicht m., hier eine Ausnahme zu machen; sie arbeitet so gut es ihr m. ist; so gut, viel, weit, lange, bald, spät wie/ (seltener:) als m.; komm sofort, wenn du es m. machen kannst/wenn es sich m. machen lässt *(wenn du es einrichten kannst);* das Unmögliche m. machen *(Unmögliches vollbringen);* SUBST.: sie hat das Mögliche *(alles, was in ihren Kräften stand)* getan; im Rahmen des Möglichen; alles Mögliche *(alle Möglichkeiten)* bedenken. **2.** *denkbar:* man muss alle möglichen Fälle erwägen; mögliche *(etwaige)* Zwischenfälle einkalkulieren; sie hatte alle möglichen *(vielerlei)* Bedenken; es wurden alle nur möglichen Maßnahmen getroffen; ein mögliches Ende der Beziehungen; [es ist] m. *(es kann sein),* dass er kommt/schon gekommen ist; ein solcher Fall wäre durchaus m.; bei ihm ist alles m. *(muss man mit allem rechnen);* das ist gut, leicht, sehr wohl m.; [das ist doch] nicht m.! *(das kann doch nicht sein!);* SUBST.: sie hat schon alles Mögliche *(vielerlei)* versucht.

Möglichkeit, die: **1.** *etwas Mögliches:* das ist die einzige, letzte M.; es besteht die M. *(es kann sein),* dass ...; diese M. besteht immer noch; ich sehe/es gibt keine andere M. der Unterstützung/, ihn zu unterstützen; es lässt sich keine bessere M. finden; alle Möglichkeiten erwägen, versuchen; jede M. offen lassen; ich zweifle nicht an dieser M.; er soll den Arm nach M. *(möglichst)* nicht bewegen; zwischen zwei Möglichkeiten wählen; die M. ist es die M.!; ist [denn] das die M.! (ugs. Ausrufe der Entrüstung od. des Erstaunens). **2.** *sich bietende Gelegenheit, Chance:* ungenutzte, verpasste, vertane Möglichkeiten; die M. der Entfaltung; eine preiswerte M. zu reisen; jede M. [aus]nutzen, ergreifen; er gab ihm die M., seinen Fehler [wieder] gutzumachen; in diesem Beruf hat er mehr Möglichkeiten; sie hat von der sich bietenden M. keinen Gebrauch gemacht; ich habe jetzt die M. auszuwandern; diese Entwicklung eröffnet neue, ungeahnte, überraschende Möglichkeiten [in der Gentechnologie]; er vergab die besten Möglichkeiten (Sport; *Gelegenheiten, Tore zu schießen*). **3.** *möglicher Fall:* ich habe auch diese M. bedacht, einkalkuliert; man muss mit allen Möglichkeiten, mit der M. des Misserfolgs rechnen. **4.** 〈Plural〉 *Fähigkeiten, Mittel:* die wirtschaftlichen Möglichkeiten eines Landes; seine [künstlerischen] Möglichkeiten nutzen, voll ausschöp-

fen; die Wohnung übersteigt seine [finanziellen] Möglichkeiten; sie blieb weit unter ihren Möglichkeiten.

möglichst: a) 〈in Verbindung mit Adjektiven〉 so ... wie *möglich:* er soll m. schnell kommen; m. genau arbeiten; fassen Sie sich bitte m. kurz; er will m. viel Geld verdienen; ich brauche einen m. großen Briefumschlag; **b)** *nach Möglichkeit:* ruf mich m. noch heute an!; er sucht eine Wohnung m. mit Balkon; halte dich m. zurück!; formuliere m. so, dass ...; m. ungeschoren davonkommen.

mollig: 1. *rundlich:* ein molliges Mädchen; mollige Hüften; ist sie ganz schön m.; seine Frau ist in letzter Zeit recht m. geworden; SUBST.: Kleider für Mollige. **2.** *behaglich warm:* ein molliges Zimmer, Bett; eine mollige Decke, Wärme; hier ist es m. [warm].

¹Moment, der: **a)** *Augenblick:* ein kleiner, kurzer M.; er zögerte einen M.; hast du einen M. Zeit?; es dauert nur noch einen M.; einen M. bitte!; M. [mal]! (ugs.; *halt mal inne!);* für einen M. sah er sie in der Menge; im gleichen, nächsten M.; **b)** *Zeitpunkt:* jetzt ist der richtige, geeignete, große, entscheidende M. gekommen; den rechten M. für sie wählen, verpassen; sie hat es im unpassendsten M. gesagt; von diesem M. an ...; vor diesem M. hatte er sich gefürchtet;
★ im Moment *(jetzt, momentan)* · jeden Moment *(schon im nächsten Augenblick, sofort)* · einen lichten Moment haben: (1. *vorübergehend bei klarem Verstand sein.* 2. scherzh.; *einen guten Einfall haben).*

²Moment, das: *Gesichtspunkt:* ein wichtiges, entscheidendes, psychologisches M.; ein M. ständiger Unruhe; die Angst war das auslösende M. für diese Tat; ein bedeutsames M. übersehen, nicht berücksichtigen; die Untersuchung brachte keine neuen Momente.

Monat, der: ein ganzer M.; ein heißer, kühler M.; dieser, der nächste M.; der schönste M. des Jahres; Monate und Jahre vergingen; das Kind ist acht Monate alt; er hat mehrere Monate im Ausland verbracht; 〈Akk. als Zeitangabe〉 zwei Monate lang; letzten, vorigen M.; alle drei Monate, jeden dritten M. besuchte er sie; sie wartete viele Monate; am Anfang, gegen Ende des Monats; Ihr Schreiben vom 4. dieses Monats; die Vorstellung ist auf Monate hinaus ausverkauft; M. für M.; die Frau ist im vierten M. (ugs.; *ist im vierten Monat schwanger);* in den letzten Monaten; nach zwei Monaten; der Baubeginn wurde vom M. zu M. verschoben; heute vor einem M. traf sie ein; er wurde zu sechs Monaten [Gefängnis] verurteilt.

monatlich: eine monatliche Abrechnung, Zahlung; die monatliche Rente beträgt rund 1000 Euro; die Beiträge werden m. erhoben, überwiesen; die Zeitschrift erscheint [einmal] m.

Mond, der: **a)** *die Erde umkreisender Himmelskörper:* zunehmender, abnehmender, wechselnder

M

M.; der M. ist aufgegangen, ist voll, nimmt zu/ab, scheint, steht am Himmel, verdunkelt sich; der M. hat einen Hof; die Rakete umkreist den M.; das Licht, der Schein, der Schimmer des Mondes; die Scheibe, die Sichel des Mondes; die erdabgewandte, die der Erde abgewandte Seite des Mondes; das erste, letzte Drittel des Mondes; die Oberfläche, die Krater des Mondes; eine Rakete auf den M. schießen; das Raumschiff ist sicher auf dem M. gelandet, setzt auf dem M. auf, startet zum M.; zum M. fliegen; **b)** (Astron.) *einen Planeten umkreisender Himmelskörper:* der Mars hat zwei Monde; ⋆ **den Mond anbellen** (ugs.; *heftig schimpfen, ohne damit etwas zu erreichen)* · **auf/hinter dem Mond leben** (ugs.; *nicht wissen, was in der Welt vorgeht)* · **in den Mond gucken** (ugs.; *das Nachsehen haben)* · **etw. in den Mond schreiben** (ugs.; *etw. als verloren betrachten).*

Mondschein, der: ein Spaziergang bei, im M.; Ⓡ der kann/du kannst mir im M. begegnen (salopp; *ich will von ihm/dir in Ruhe gelassen werden).*

Montag, der: ein arbeitsreicher M.; ⋆ **blauer Montag** (ugs.; *Montag, an dem jmd. der Arbeit fernbleibt).* ↑ Dienstag.

montieren: **a)** ⟨etw. m.⟩ *zusammenbauen, aufbauen:* eine Maschine, ein Gerüst, eine technische Anlage m.; Fertighäuser aus Betonelementen m.; **b)** ⟨etw. irgendwo[hin] m.⟩ *installieren:* eine Lampe an die/an der Decke m.; er hat die Antenne auf das/auf dem Dach montiert; unter der/unter die Motorhaube des Wagens waren Sprengsätze montiert.

Moor, das: ein weites, schilfreiches, gefährliches, tückisches, einsames M.; das M. urbar machen, kultivieren, trockenlegen, abbrennen; durchs M. gehen; im M. stecken bleiben, versinken.

Moos, das: **1.** *Moospflanze:* grünes, weiches, feuchtes M.; die Steine haben M. angesetzt; im M. liegen; die Steine sind ganz mit M. überzogen; der Waldboden ist mit/von M. bedeckt. **2.** (salopp) *Geld:* er hat ziemlich viel M.; hast du noch M.?; ⋆ **Moos ansetzen** (ugs.; *alt werden).*

Moral, die: **1.** *sittliches Verhalten; Sittlichkeit:* die natürliche, christliche, bürgerliche M.; eine hohe, brüchige M.; eine doppelte *(zweierlei Maßstäbe anlegende)* M.; hier herrscht eine strenge M.; die M. sinkt, steigt, hat sich gelockert; die M. heben, verbessern; gegen die geltende, herrschende M. verstoßen. **2.** *Disziplin, Zucht:* eine intakte M.; die M. der Truppe; die M. in deiner Mannschaft ist gut, schlecht, ungebrochen, (ugs.:) angeknackst. **3.** *Lehre:* die M. der Geschichte, einer Fabel, eines Märchens; die M. aus einer Geschichte ziehen; die M. von der Geschichte ... ⋆ **[jmdm.] Moral predigen** (abwertend; *in aufdringlicher Weise jmdn. zu moralischem Verhalten auffordern).*

moralisch: 1. a) *die Moral betreffend:* eine moralische Verpflichtung; der moralische Zerfall einer Nation; moralische Bedenken, Einwände; moralischen Druck, Zwang ausüben; sie hat aus moralischen Gründen auf dieses Geld verzichtet; sein Verhalten war m. einwandfrei; er fühlte sich dazu m. verpflichtet; **b)** *tugendhaft:* ein moralisches Leben; ein moralischer Mensch; moralische Entrüstung; er wollte mir auch noch m. kommen (ugs.; *mir Moral predigen).* **2.** *die Disziplin betreffend:* die moralische Einstellung der Mannschaft ist gut; jmdn. m. aufrichten, unterstützen; bei ihm fand er eine moralische Unterstützung für seine Aufgabe. **3.** *lehrreich:* eine moralische Erzählung; ⋆ **einen/den Moralischen haben, kriegen** (ugs.; *Gewissensbisse haben, bekommen).*

Morast, der: tiefer M.; das Auto blieb im M. stecken; ÜBERTR.: ein M. der Korruption; von einem M. an Neid und Missgunst umgeben sein.

Mord, der: ein heimtückischer, grausamer, gemeiner, raffiniert ausgeklügelter, feiger, brutaler, kaltblütiger M.; ein politischer M.; es war vorsätzlicher M., M. aus Eifersucht, M. auf offener Straße; versuchter, vollendeter M.; der perfekte *(keine Spuren hinterlassende)* M.; mehrfacher M. *(Mord an mehreren Personen);* ein M. war geschehen; an diesem Mann wurde nie aufgeklärt; einen M. planen, begehen, verüben, decken; jmdn. zu einem M., zum M. anstiften; Anklage auf M., wegen Mordes erheben; er wurde wegen Mordes gesucht, verurteilt; ÜBERTR.: das ist ja [der glatte, reine, reinste] M.! (ugs.; *das ist gefährlich, anstrengend!);* es gibt gleich M. und Totschlag (ugs.; *heftigen Streit).*

morden: a) *einen Mord begehen:* kaltblütig m.; im Krieg haben sie geplündert und gemordet; sie mordete aus Rache; **b)** (seltener) ⟨jmdn. m.⟩ *ermorden:* unschuldige Kinder m.; Millionen waren im Krieg sinnlos gemordet worden.

Mörder, der: der gedungene, mutmaßliche M.; der M. sein; den M. verfolgen, ergreifen, überführen; der M. wurde zu lebenslänglicher Freiheitsstrafe verurteilt; er ist zum M. geworden.

mörderisch: 1. *tötend, mordend:* das mörderische Treiben einer Bande; ein mörderischer Anschlag; eine mörderische Schlacht; mörderische Waffen. **2.** (ugs.) **a)** *sehr heftig, stark:* eine mörderische Hitze, Kälte; ich habe mörderischen Hunger; er fuhr in einem mörderischen Tempo; das Gedränge war einfach m.; **b)** ⟨verstärkend bei Adjektiven und Verben⟩ *sehr:* es war m. heiß, kalt; der Verletzte hat m. geschrien.

morgen: 1. *am folgenden, kommenden Tag:* m. ist Sonntag, ein Feiertag; m. verreisen wir; m. früh; m. Mittag, Nachmittag, Abend; m. in einer Woche; in vierzehn Tagen; m. um diese, um dieselbe, um die gleiche Zeit treffen wir uns wieder; er hat ihn auf m. vertröstet; bis m. muss das erledigt werden; das sind eure Aufgaben für m.

M

2. *in der [nächsten] Zukunft, künftig:* m. so wenig wie heute; m. wird man ganz andere Methoden anwenden; das ist die Mode, der Stil von m.; SUBST.: das Morgen *(die [nächste] Zukunft).*

Morgen, der: ein schöner, klarer, frischer, heiterer, sonniger, strahlender, warmer, kühler, kalter, winterlicher, nebliger, trüber, unfreundlicher M.; der M. danach, des 1. Januar[s]; ein M. im August; es wird schon M.; der M. bricht an, dämmert, graut, naht, zieht herauf; den M. erwarten, herbeisehnen, verschlafen; er verbrachte den ganzen M. im Bett; /Grußformel/: guten M.!; jmdn. einen guten M. wünschen; ⟨Akk. als Zeitangabe⟩ den folgenden, nächsten M. erwachte sie sehr früh; er ging jeden M. spazieren ⟨Gen. als Zeitangabe⟩ des Morgens [früh] (geh.; *[früh]morgens*); eines [schönen] Morgens *(an einem nicht näher bestimmten Morgen)* war er verschwunden; gestern, heute M.; früh, zeitig, spät am M.; am frühen, späten M.; am anderen, nächsten, folgenden M.; an einem schönen M.; sie blieben bis gegen, bis zum M.; sie schlief bis in den hellen M.; M. für M. *(jeden Morgen);* gegen M. wachte er auf; vom M. bis zum Abend; während des ganzen Morgens war sie voller Unruhe; ÜBERTR.: der M. (dichter.; *Beginn, Anfang)* der Freiheit; am M. des Lebens; ⋆ **schön/frisch wie der junge Morgen** (meist scherzh.; *jugendfrisch, strahlend*).

morgendlich: der morgendliche Berufsverkehr; der morgendliche Weg ins, zum Büro; die morgendliche Stille, Hektik.

Morgenluft, die: die kühle, frische M.; ⋆ **Morgenluft wittern** (oft scherzh.; *die Möglichkeit eines Vorteils sehen).*

morgens: m. [um] 8 Uhr/[um] 8 Uhr m.; m. um 6; Montag m.; montags m.; das Lokal hat/ist m. geschlossen; es gab m. immer ein gutes Frühstück; von m. bis abends *(den ganzen Tag).*

morgig: das morgige Datum; die morgige Zeitung; das morgige Programm; das entscheidet sich am morgigen Tag *(morgen).*

morsch: morsches Holz; morsche Balken, Dielen; eine morsche Brücke; die Balken sind schon ganz m.; (auch scherzh.:) meine Knochen sind schon m.; ÜBERTR.: eine morsche Gesellschaft.

Motiv, das: **1.** (bildungsspr.) *Beweggrund:* ein politisches, religiöses M.; das M. dieser Tat war Eifersucht; es gibt kein vernünftiges, überzeugendes, zwingendes M. für diese Tat; das M. eines Verbrechens suchen, finden; ich kenne seine wahren Motive nicht; etw. aus uneigennützigen Motiven [heraus] tun; ohne erkennbares M. handeln; vom eigentlichen, wirklichen M. seines Verhaltens ablenken. **2.** *charakteristisches Thema, stoffliches Element:* ein literarisches, künstlerisches, musikalisches M.; das M. der bösen Fee im Märchen; dieses M. taucht in seinen Bildern immer wieder auf; das M. kehrt in der Oper mehrmals wieder. **3.** *zur künstlerischen Gestaltung anregender Ge-*

genstand: der Maler bevorzugt ländliche Motive; ein geeignetes M. zum Fotografieren.

motivieren: **a)** ⟨etw. [irgendwie/mit etw.] m.⟩: *begründen:* eine Handlung politisch, religiös, weltanschaulich, mit unwiderlegbaren Argumenten m.; wie will er sein Verhalten, sein Vorgehen, diese Tat m.?; **b)** ⟨jmdn. [zu etw.] m.⟩ *zu etw. anregen, veranlassen:* Schüler, die Spieler einer Mannschaft m.; jmdn. zu politischem Engagement m.; den Wähler m., an die Urne zu gehen; sie hätte ihn mehr für die Schule m. müssen; stark motiviert sein.

Motor, der: ein schwacher, starker, schwerer, hochgezüchteter, gebrauchter, überholter M.; der M. eines Schiffs, eines Autos, einer Waschmaschine; ein M. mit Dreiwegekatalysator; der M. ist noch kalt, ist schon warm, kocht, setzt aus, bleibt stehen, blockiert, (ugs.:) streikt, (ugs.:) ist abgesoffen, springt [gut] an, läuft ruhig, läuft auf vollen Touren, arbeitet einwandfrei, funktioniert gut, brummt, dröhnt, singt, klopft, heult, heult auf, tuckert; der M. dieses Wagens leistet 40 PS, hat einen Hubraum von 1485 ccm, macht 5 200 Umdrehungen in der Minute, verbraucht viel Benzin/Öl; einen M. anlassen, anstellen, anschalten, einschalten, starten, abstellen, ausschalten, frisieren, tunen; den M. eines Wagens warmlaufen lassen, hochjagen, schonen, strapazieren, abwürgen, auseinander nehmen, waschen, überholen/ reparieren lassen; einen M. auswechseln; neue Motoren/(auch:) Motore einbauen; ÜBERTR.: sie ist der eigentliche M. *(treibende Kraft)* des Unternehmens; Investitionen sind der M. für mehr Beschäftigung.

Motte, die: die Stadt zieht Verbrecher an wie das Licht die Motten; ein Mittel gegen Motten; die Kleider wurden von den Motten zerfressen; ⋆ **die Motten haben** (salopp; *an Lungentuberkulose leiden).*

Motto, das: dieser Spruch ist sein M.; ein M. haben; sich (Dat.) etw. als M. wählen; sie lebt, handelt, arbeitet nach diesem M.; der Abend stand unter dem M.: »Gesunde Ernährung«.

Mucke, die. (ugs.): ⟨meist in bestimmten Wendungen⟩ [seine] Mucken haben (1. *eigensinnig, launisch sein.* 2. *nicht recht funktionieren, Schwierigkeiten machen)* · **jmdm. die Mucken austreiben** *(jmdm. seine Launen austreiben).*

Mücke, die: die Mücken spielen, schwärmen, tanzen, surren, umschwirren das Licht; mich hat M. gestochen; sie wurden von Mücken geplagt; ⋆ **eine Mücke machen** (salopp; *sich davonmachen, verschwinden)* · **aus einer Mücke einen Elefanten machen** (ugs.; *etw. maßlos übertreiben).*

mucksen (ugs.) ⟨sich m.⟩: **1.** *sich rühren, einen Laut von sich geben:* die Kinder durften sich nicht m.; dass ihr euch nicht muckst! ⟨auch ohne *sich*⟩ sie hat beim Zahnarzt nicht gemuckst.

2. *murren:* keiner wagte es mehr, sich zu m.; ⟨auch ohne *sich*⟩ die Schüler mucksten; nach der Verwarnung muckste sie nicht mehr.

müde: **a)** *schlafbedürftig, schläfrig:* die müden Augen fielen ihm zu; sie war so m., dass sie sofort einschlief; ich bin rechtschaffen (geh.; *sehr*), wahnsinnig (ugs.; *sehr*) m.; zum Sterben/Umfallen (ugs.; *sehr*) m. sein; er sank m. ins Bett; Bier macht m.; **b)** ⟨m. [von etw.]⟩ *erschöpft:* ein müder Arbeiter, Wanderer; seine müden Glieder ausruhen; sich m. arbeiten; das viele Sprechen hat ihn m. gemacht; sie hat das Pferd m. geritten; sie waren m. von der Arbeit; seine Füße waren m. vom vielen Laufen; ÜBERTR.: mit müder *(matter)* Stimme sprechen; sie wehrte mit einer müden *(schwachen)* Geste ab; ⋆ jmds., etw./(seltener:) jmdn., etw. m. sein, werden *(jmds., einer Sache überdrüssig sein, werden):* er würde ihrer bald m. werden; sie war der ganzen Empfänge m. · nicht müde werden, etw. zu tun *(nicht aufhören, etw. zu tun).*

Müdigkeit, die: eine große, tiefe, bleierne M.; (geh.:) M. kam über ihn, legte sich auf seine Augen; M. verspüren; die M. überwinden; gegen die M. ankämpfen; von [der] M. übermannt werden; vor M. umsinken, einschlafen; Ⓡ [nur] keine M. vorschützen! (ugs.; *keine Ausflüchte!*).

muffig (ugs.): **1.** *dumpf, modrig:* hier ist eine muffige Luft; die muffigen Kleider müssen gelüftet werden; das Mehl ist m.; im Keller riecht es sehr m.; ÜBERTR.: muffige *(überholte)* Ansichten. **2.** *mürrisch:* ein muffiger Kellner; ein muffiges Gesicht; warum ist er heute so m.?

Mühe, die: große, schwere, vergebliche M.; das ist verlorene M. *(ist vergeblich);* die täglichen Mühen; die Mühen des Lebens; die kleine M. hat sich gelohnt; mit einer Arbeit wenig, keine, viel, seine liebe M. haben; sie hat viel M. mit den Kindern; sie hatte sie M., die Kinder zu beruhigen; er hatte M. *(es kostete ihn einige Anstrengung),* die Sache wieder in Ordnung zu bringen; etw. macht, bereitet, kostet, verursacht [jmdm.] M.; er scheute keine M., die Angelegenheit zu regeln; sie machte/nahm sich die M., alles noch einmal zu prüfen; er hat viel M. [und Zeit] darauf verwendet; ich will ihm die M. ersparen; es lohnt die M./(geh.:) der M. nicht; diese M. hättest du dir sparen können; spar dir die M.! *(es ist zwecklos!);* machen Sie sich bitte keine M.! *(keine Umstände, bitte!);* er hat es mit [äußerster] M., ohne M. geschafft; er hat sein Ziel nach vielen Mühen erreicht; ⋆ sich Mühe geben *(sich bemühen, anstrengen):* gib dir keine M., du schaffst es doch nicht; sie haben sich mit der Vorbereitung viel M. gegeben; ich gab mir M., laut zu sprechen · der/(auch:) die Mühe wert sein *(sich lohnen)* · mit Müh und Not *(mit großen Schwierigkeiten; gerade noch):* wir fanden mit Müh und Not noch einen Parkplatz.

mühen (geh.) ⟨sich m.⟩: sich umsonst, mit Erfolg m.; sie mühte sich sehr, es ihnen recht zu machen; er musste sich mit dieser Arbeit ernstlich m.; er mühte *(bemühte)* sich vergeblich um sie.

Mühle, die: **1.** **a)** *Anlage zum Zermahlen von Getreide:* eine alte, verfallene, idyllisch gelegene M.; die M. ist noch in Betrieb, geht, klappert, steht still; die M. dreht sich (ugs.; *ihre Flügel drehen sich*); das Getreide zur M. bringen; BILDL.: der Antrag ist in die M. der Verwaltung geraten; er will raus aus der M.; **b)** *Gerät zum Zermahlen von Kaffee, Pfeffer o. Ä.:* die M. drehen; sie mahlt die Gewürze, den Kaffee mit der M. **2.** (ugs.) *Fahrzeug:* willst du mit der alten M. noch verreisen?; sie fährt eine tolle M. **3.** */ein Brettspiel/:* sie spielen M.; ⋆ jmdn. durch die Mühle drehen (salopp; *jmdm. hart zusetzen).*

mühsam: eine mühsame Arbeit; ein mühsames Amt; ein mühsamer Weg; der Sieg war m.; das ist mir zu m.; etw. nur m. erreichen; sich m. fortbewegen; sie kamen mit dem hohen Schnee nur m. vorwärts.

mühselig: eine mühselige Kleinarbeit; ein mühseliges Leben; der Aufstieg zum Gipfel war sehr m.; es war ihm zu m., sich wieder anzuziehen; sich m. erheben.

Müll, der: radioaktiver M.; der M. von drei Wochen türmt sich in den Straßen; der M. fault, stinkt; den M. beseitigen, verbrennen, abtransportieren, entsorgen, [wieder] verwerten; der Hund wühlte im M.; das kommt alles in den M., zum M.; etw. in den M. werfen.

mulmig (ugs.): das ist eine [ganz] mulmige Sache, Situation; ein mulmiges Gefühl haben; als es m. wurde, verließ er eilig das Lokal; jmdm. ist, wird [ganz] m.; ihm wurde m. [zumute], als er das hörte; es wurde ihr ein wenig m. vor der Prüfung.

Mumm, der (ugs.): **a)** *Kraft:* mehr M. durch Vitamine; Fleisch gibt M.; keinen, zu wenig, viel M. [in den Knochen] haben; **b)** *Entschlossenheit:* dazu fehlt ihm der M.; er hat keinen M., sie zu fragen; wenn du M. hättest, würdest du ihn rausschmeißen.

Mund, der: ein großer, weicher, voller, sinnlicher, breiter, zahnloser, eingefallener, roter, lächelnder M.; ihr M. verzog sich zu einem spöttischen Lächeln; vor Staunen blieb ihm der M. offen stehen; den M. öffnen, aufmachen, schließen, spitzen, verziehen, zusammenkneifen; den M. abwischen, [aus]spülen; sie leckt ihm den M. zu; die Säure zog den M. zusammen; er hat sich mit der heißen Suppe den M. verbrannt; stopf dir doch den M. nicht so voll! (ugs.; *iss nicht so gierig!);* einige M. voll Kartoffelbrei essen; er küsste sie auf den M.; sie legte den Finger auf den M.; aus dem M. riechen *(Mundgeruch haben);* das höre ich aus deinem M. *(von dir)* zum ersten Mal; sie hörte mit offenem M. zu; man spricht nicht mit vollem M.; sie geschlossenem, leicht geöffnetem M.; sie hat einen herben Zug um den M.; der Verunglückte wurde von M. zu M. beatmet; der Kranke hatte Schaum vor dem M.; er führte den Löffel zum M.; ▣du hast wohl deinen M. zu Hause gelassen? (scherzh.; *warum bist du so schweigsam?*); ⋆ jmds. Mund steht nicht still (ugs.; *jmd. redet unaufhörlich*) · den Mund nicht aufbekommen/aufkriegen (ugs.; *wortkarg sein, schweigen*) · Mund und Nase/Augen aufreißen/ aufsperren (ugs.; *sehr überrascht sein*) · den Mund aufreißen/voll nehmen (ugs.; *prahlen, sich wichtig tun*) · einen großen Mund haben (ugs.; *prahlen, vorlaut sein*) · den Mund [nicht] aufmachen/ auftun (ugs.; *sich zu etw. [nicht] äußern*) · den, seinen Mund halten (ugs.; *schweigen; ein Geheimnis nicht verraten*) · sich den Mund fusselig/fransig reden (ugs.; *lange vergeblich auf jmdn. einreden*) · sich (Dat.) den Mund verbrennen (ugs.; *sich durch unbedachtes Reden schaden*) · jmdm. den Mund öffnen (*jmdn. zum Reden bringen*) · jmdm. den Mund verbieten (*jmdm. untersagen, seine Meinung zu äußern*) · jmdm. [mit etw.] den Mund stopfen (ugs.; *jmdn. [durch etw.] zum Schweigen bringen*) · jmdm. den Mund wässrig machen (ugs.; *jmds. Verlangen erregen*) · sich (Dat.) etw. vom/(selten:) am Mund[e] absparen *(sich etw. unter Entbehrungen ersparen)* · nicht auf den Mund gefallen sein (ugs.; *schlagfertig sein*) · in aller Munde sein *(sehr bekannt, populär sein)* · etw. in den Mund nehmen *(etw. aussprechen)*: in solches Wort würde sie nie in den M. nehmen · jmdm. etw. in den Mund legen (1. *jmdn. bestimmte Worte sagen lassen.* 2. *jmdn. auf eine bestimmte Antwort hinlenken.* 3. *jmdm. etw. zuschreiben, was er nicht gesagt hat*) · etw., jmdn. dauernd im M. führen *(etw., jmds. Namen ständig im Gespräch erwähnen)* · immer mit dem Mund vorneweg sein (ugs.; *vorlaut sein*) · jmdm. nach dem Mund reden *(jmdm. immer zustimmen)* · jmdm. über den Mund fahren (ugs.; *jmdn. das Wort abschneiden, jmdm. scharf antworten*) · von Mund zu Mund gehen *(durch Weitererzählen verbreitet werden)*: die Geschichte ging von M. zu M.

münden: a) ⟨in etw. (Akk.) m.⟩ *hineinfließen:* der Fluss mündet ins Meer, in den Rhein; ÜBERTR.: alle diese Probleme scheinen in dieselbe große Frage zu m.; der Streit mündete in eine Katastrophe; b) ⟨irgendwo[hin] m.⟩ *enden:* die Straßen mündeten alle auf diesen/diesem Platz; der Gang mündete in eine/einer großen Halle.

mündig: a) *volljährig:* noch nicht m. sein; in diesem Land wird man mit 18 Jahren m.; er wurde [vorzeitig] für m. erklärt; b) *zu eigenem Urteil befähigt:* der mündige Bürger, Mitarbeiter.

mündlich: ein mündlicher Gedankenaustausch; mündliche Vereinbarungen, Verfahren; eine mündliche Prüfung; die Zusicherungen waren nur m.; etw. m. vereinbaren, verhandeln, überliefern; jmdm. etw. m. mitteilen; alles andere m.!; SUBST.: ins Mündliche *(in die mündliche Prüfung)* kommen.

mundtot: ⟨in der Wendung⟩ jmdn. mundtot machen *(jmdm. jede Möglichkeit nehmen, seine Meinung kundzutun)*: die unbequemen Kritiker des Systems wurden m. gemacht.

Mündung, die: 1. *Flussmündung:* die M. des Rheins; an der M. ist der Fluss am breitesten. **2.** *Gewehr-, Kanonenmündung:* die Mündung des Gewehrs war auf ihn gerichtet.

Mundwerk, das (ugs.): ⟨meist in bestimmten Wendungen⟩ jmds. Mundwerk steht nicht still *(jmd. redet ununterbrochen)* · ein böses/lockeres/loses/freches o. ä. Mundwerk haben *(gehässig/ vorlaut/frech o. ä. reden)* · ein gutes/flinkes Mundwerk haben *(sehr gewandt reden)* · ein großes Mundwerk haben *(großsprecherisch reden)*.

munkeln (ugs.): *im Geheimen reden:* a) in der ganzen Stadt wird über sie gemunkelt; man munkelt schon lange von dieser Sache; b) ⟨etw. m.⟩ man munkelt so allerlei; es wird gemunkelt, dass er völlig pleite sei.

munter: 1. a) *lebhaft:* ein munteres Kind; ihre munteren Augen; die Kinder waren vergnügt und m., tollten m. umher; der Kranke ist wieder [gesund und] m. *(wohlauf);* b) *unbekümmert, ungehemmt:* trotz der Razzien wurde auf dem Schwarzmarkt m. weitergehandelt; sie plauderte m. alles aus. **2.** *wach:* er war in aller Frühe schon m.; langsam wurden sie wieder m.; der Kaffee hält uns m., macht uns wieder m.

Münze, die: 1. *Geldstück:* eine kupferne, goldene, echte, falsche, unechte, alte, verfallene, vollwertige, minderwertige, abgegriffene M.; ausländische, fremde Münzen; eine M. aus Gold; diese M. ist sehr wertvoll; eine M. verliert ihren Wert, an Wert ist ungültig; eine M. in den Automaten einwerfen; eine M. werfen *(hochwerfen, um eine Entscheidung zwischen zwei Möglichkeiten herbeizuführen)*; Münzen prägen, schlagen, fälschen; neue Münzen in Umlauf setzen; Münzen einziehen, außer Kurs setzen, aus dem Verkehr ziehen; er sammelt Münzen. **2.** *Münzstätte:* das Geld wird in der M. geprägt. ⋆ klingende Münze (geh.; *bares Geld)*: eine Idee in klingende M. umsetzen; etw. in klingender M. bezahlen · etw. für bare Münze nehmen *(etw. ernsthaft glauben)* · jmdm. etw. in/mit gleicher Münze heimzahlen *(jmdm. etw. auf die gleiche üble Weise vergelten)*.

münzen: ⟨in der Wendung⟩ auf jmdn., etw. gemünzt sein *(sich auf jmdn., etw. beziehen; sich gegen jmdn., etw. richten)*: seine Bemerkung war auf dich, auf dein Verhalten gemünzt.

mürbe: 1. a) *weich, locker:* mürbes Gebäck, Obst;

M

der Kuchen, Braten ist sehr m.; das Fleisch m. klopfen; **b)** *morsch, brüchig:* mürbes Holz; die Segel, Taue sind m. **2.** (ugs.) *ohne Widerstandskraft:* völlig m. sein; jmdn. m. machen *(zermürben).*

murmeln ⟨etw. m.⟩: sie murmelte ein paar unverständliche Worte [vor sich hin]; was murmelst du da [in deinen Bart]?; SUBST.: ein leises Murmeln; ÜBERTR.: sie hörten den Bach m.

murren: ständig m.; er murrte über das schlechte Essen; SUBST.: sie ertrug alles ohne Murren.

mürrisch: eine mürrische Verkäuferin; ein mürrisches Gesicht machen; warum ist der Alte immer so m.?; m. grüßen, dasitzen.

Mus, das: M. kochen, rühren, essen; ÜBERTR.: wir wurden in der Straßenbahn fast zu M. zerquetscht;

★ jmdn., etw. **zu Mus machen/schlagen** (ugs.; *jmdn., etw. zusammenschlagen).*

Muse, die (griech. Myth.): die M. der Musik, der Tanzkunst; in dem Tempel waren alle neun Musen dargestellt; die Musen anrufen;

★ die leichte **Muse** *(die unterhaltende Kunst)* · die zehnte **Muse** (scherzh.; *das Kabarett)* · jmdn. **hat die Muse geküsst** (scherzh.; *jmd. hat die Inspiration zu einem dichterischen Werk).*

Musik, die: **1.** **a)** *Tonkunst:* klassische, moderne, geistliche, weltliche, atonale, elektronische M.; die M. des Barock; M. von Bach; M. lieben, studieren; ein M. liebender M.; sie hat in M. *(im Schulfach Musik)* eine Eins; er interessiert sich für, versteht etwas/nichts von M.; sie hat für M. nichts übrig; **b)** *Musikstück, musikalische Weisen:* aus dem Radio ertönte laute, beschwingte, leise, gedämpfte M.; die M. brach ab, setzte wieder ein, drang bis auf die Straße; im Hintergrund lief M.; M. hören; er hörte gern leichte, gute, klassische M.; er schreibt, komponiert die M. zu diesem Film; jmds. M. aufführen, dirigieren, singen, spielen; diese Kapelle macht gute M. *(spielt gut);* sie machen zu Hause viel M. *(musizieren gemeinsam);* der Eisläufer läuft nach einer M. von Tschaikowsky; einen Text in M. setzen *(vertonen);* Ⓡ mit M. geht alles besser. **2.** (ugs.) *Musikkapelle:* die M. marschiert an der Spitze des Zuges; die M. kommt, spielt zum Tanz auf, spielt einen Tusch; die M. bestellen; er bestellte Bier für die M.;

★ etw. **ist Musik/klingt wie Musik in jmds. Ohren** (ugs.; *etw. ist für jmdn. sehr erfreulich, angenehm)* · **Musik im Blut haben** *(angeborene Musikalität besitzen)* · **hinter/in etw.** (Dat.) **sitzt/steckt Musik** (ugs.; *etw. hat Kraft, Schwung).*

musikalisch: 1. *die Musik betreffend:* eine musikalische Darbietung, Einlage; ihre Interessen liegen mehr auf musikalischem Gebiet; eine musikalische Begabung, Ader haben; eine musikalische Ausbildung; die musikalische Umrahmung einer Feier; er ist m. veranlagt. **2.** *musikbegabt:* ein musikalischer Mensch; sie

spielte mit musikalischem Ausdruck; sie ist [sehr, nicht] m.; er singt, spielt sehr m. **3.** *klangvoll:* das Italienische ist eine musikalische Sprache; eine musikalische Prosa.

Muskel, der: kräftige, trainierte, starke, gut ausgebildete Muskeln; die Muskeln der Arme spannten sich, traten hervor, vibrierten; durch dieses Training, beim Schwimmen werden alle Muskeln beansprucht; jeden M. [an]spannen; die Muskeln entspannen, massieren; die Läuferin hat sich einen M. gezerrt; seine Muskeln haben sich zurückgebildet; er hat Muskeln *(er ist kräftig, stark);*

★ seine/die **Muskeln spielen lassen** (ugs.; *seine Kräfte zeigen; erkennen lassen, dass man etw. nicht hinnehmen will).*

Muße, die: dazu fehlt mir die M.; [Zeit und] M. zu etw. finden, haben; etw. in [aller]/mit M. tun.

müssen I. ⟨Modalverb; mit Infinitiv⟩ **1.** **a)** *gezwungen sein, etw. zu tun:* er muss jeden Morgen um 9 Uhr im Büro sein; ich habe es tun m. (nicht korrekt: gemusst); es war eine große Leistung, das muss man *(kann man nicht anders)* sagen; **b)** /aufgrund gesellschaftlicher Normen, einer inneren Verpflichtung nicht umhinkönnen, etw. zu tun/: ich muss ihn unbedingt wieder einmal besuchen; du musst seine Einladung annehmen; ich muss jetzt gehen, meine Mutter wartet; sie musste heiraten *(heiratete, weil sie ein Kind erwartete);* **c)** (nordd.) /verneint/ *sollen:* das musst du nicht tun, sagen; ihr müsst das nicht so ernst nehmen. **2.** /drückt eine logische Notwendigkeit, eine hohe Wahrscheinlichkeit aus; drückt aus, dass man etw. als ziemlich sicher annimmt/: das musst du doch verstehen; muss das ausgerechnet heute sein?; der Brief muss noch heute abgeschickt werden; so muss es gewesen sein; das musste ja so kommen; er muss jeden Augenblick kommen; sie muss es vergessen haben, sonst wäre sie schon hier; sie müsste eigentlich schon hier sein; er muss sehr reich sein. **3.** ⟨im 2. Konjunktiv⟩ /drückt aus, dass etw. erstrebenswert, wünschenswert ist/: so müsste es immer bleiben; man müsste noch einmal jung sein, von vorn anfangen können; Geld müsste man haben! **II.** ⟨Vollverb⟩ *gezwungen sein, etw. zu tun:* sie müssen aus der Wohnung; er musste in die Stadt, zum Arzt; ich muss mal (fam.; *muss zur Toilette);* ⟨auch mit Akk.⟩ er wollte es nicht, aber er schließlich hat er es doch gemusst; der Brief muss zur Post *(muss zur Post gebracht werden).*

müßig (geh.): **1.** *untätig:* ein müßiges Leben führen; er ist m.; m. dasitzen, herumstehen. **2.** *überflüssig:* eine müßige Diskussion; sich müßige Gedanken machen; das ist eine ganz müßige Frage; es ist m., sich länger darüber zu streiten/zu ärgern.

Muster, das: **1.** *Vorlage, Modell:* etw. dient als M. für etw.; ein M. nacharbeiten, kopieren; sie hat das Kleid nach einem M. gearbeitet. **2.** *Vorbild:* er war an Fleiß; er ist das M. ei-

nes treu sorgenden Familienvaters; jmdn. zum M. nehmen.
3. *Dessin:* ein großes, ausgefallenes M.; das M. einer Tapete; neue M. entwerfen, zeichnen; ein M. stricken, sticken; ÜBERTR.: etw. läuft immer nach dem gleichen M. *(Schema)* ab.
4. *Warenprobe, Probestück:* M. von Stoffen, von Wolle; ein unverkäufliches M.; die neuesten M. anfordern, vorlegen; der Vertreter zeigte einige M. der neuen Ware.
mustergültig: *vorbildlich:* ein mustergültiger Haushalt; die Disziplin ist m.; der Betrieb ist m. geführt, organisiert.
musterhaft: *beispielhaft:* ein musterhafter Schüler; eine musterhafte Haltung, Ordnung; sein Einsatz war m.; sie hat sich m. benommen.
mustern ⟨jmdn., etw. m.⟩: **1.** *prüfend betrachten:* jmdn. kühl, abschätzend, spöttisch, unverhohlen, von oben bis unten, von Kopf bis Fuß m.; sie musterte die Vorübergehenden mit neugierigem Blick; einen Raum, eine Ware eingehend m.; die Truppen m. (Milit.; *inspizieren*).
2. *auf Wehrdiensttauglichkeit untersuchen:* er, dieser Jahrgang wird nächstes Jahr gemustert.
Mut, der: ein großer, fester, bewundernswerter M.; mit dem M. der Verzweiflung handeln; der M. zum Leben fehlt ihm; ihr M. wuchs, stieg, sank, schwand; dazu fehlt ihm der M.; der M. verließ ihn; /ermunternder Zuspruch/: nur M.!; M. fassen, beweisen, zeigen; sie hatte nicht den M., ihm die Wahrheit zu sagen; wieder M. bekommen; jmds. M. erproben; all seinen/seinen ganzen M. zusammennehmen; für etw. M. aufbringen; etw. macht, gibt jmdm. [neuen] M., stärkt jmds. M. wieder; das nahm ihm allen M.; jmdm. M. machen, zusprechen *(jmdn. ermutigen);* sie machten sich gegenseitig M.; den M. verlieren, sinken lassen *(verzagen);*
★ **guten, frohen, frischen** o. ä. **Mutes sein** (geh.; *zuversichtlich* o. ä. *sein*) · **jmdm. irgendwie zu Mute sein** (↑ zumute).
mutig: ein mutiger Mensch; eine mutige Antwort, Tat; ein mutiges Vorgehen; sie ist sehr m., hat m. gehandelt; m. seine Meinung vertreten; sich m. verteidigen.
mutmaßlich: die mutmaßliche Entwicklung; der mutmaßliche *(in Verdacht stehende)* Täter wurde gefasst; die Lage wird sich m. noch verschlechtern.
Mutter, die: die leibliche, eigene M.; unsere liebe, gute M.; eine besorgte, schlechte M.; ledige, allein erziehende, berufstätige Mütter; sie werdende M. *(eine Schwangere);* sie ist M. von drei Kindern; sie wird M., fühlt sich M. (geh.; *fühlt, dass sie schwanger ist);* sie war zu den Kindern wie eine M.; das Mädchen ist ganz die M. (ugs.; *ist seiner M. sehr ähnlich);* dem Kind die M. ersetzen; grüßen Sie Ihre [Frau] M.!; der M. nachschlagen; er hängt sehr an seiner M.; das Essen

schmeckt wie bei Muttern (landsch. ugs.; *wie zu Hause*);
★ **die Mutter der Kompanie** (Soldatenspr.; *der Hauptfeldwebel*) · **Mutter Natur** (geh.; *die Natur*) · **bei Mutter Grün schlafen** (ugs.; *im Freien übernachten*).
mütterlich: 1. *der Mutter zugehörig:* das mütterliche Geschäft, Erbe; die mütterliche Linie, Seite; er ist dem mütterlichen Rat gefolgt.
2. *liebevoll und fürsorglich:* eine mütterliche Frau, Freundin; sie, ihre Art ist sehr m.; sie nahm sich seiner m. an.
Muttermilch, die: das Kind bekommt M., wird mit M. ernährt;
★ **etw. mit der Muttermilch einsaugen** *(etw. von frühester Jugend an lernen).*
mutterseelenallein: er stand m. da; sie war m. auf dieser Welt.
Mutwille, der: das war reiner M.; sein M. ist bestraft worden; er hat die Fenster aus bloßem Mutwillen eingeworfen.
mutwillig: eine mutwillige Beschädigung, Zerstörung fremden Eigentums; er hat das Schild m. beschädigt.
Mütze, die: eine gestrickte, wollene M.; eine M. mit Schirm; die M. aufsetzen, (landsch.:) aufziehen, abnehmen, vom Kopf nehmen, vor jmdm. ziehen, auf dem Kopf behalten, aufbehalten; die M. ins Gesicht ziehen; eine M. aufprobieren, tragen; BILDL.: die Pfähle trugen weiße Mützen aus Schnee;
★ **etwas, eins auf die Mütze bekommen/kriegen** (ugs.; *getadelt werden*) · **eine Mütze voll Schlaf** (ugs. *ein wenig Schlaf*) · **nicht nach jmds. Mütze sein** (ugs. *jmdm. nicht passen).*
mysteriös: ein mysteriöser Vorfall, Zwischenfall, Anruf, Brief; sie ist unter mysteriösen Umständen verschwunden; der Mordfall ist, bleibt sehr m.; die Sache wird immer mysteriöser, begann/ endete äußerst m.

na (ugs.): na!; na ja!; na, wirds bald?; na, dann/ denn nicht!; na, siehst du!; na, da haben wirs ja!; /Ausdruck des Ärgers/: na, na, na!; /provokante Gegenfrage als Ausdruck des Ärgers über die Behauptung eines anderen/: na und?; /Ausdrücke der Zustimmung/: na, warum denn nicht!, na gut!, na schön!; /Ausdrücke des Erstaunens/: na, so was!, na, wer kommt denn da?; /Ausdruck der Ablehnung/: na, ich danke!; /Ausdrücke der Genugtuung/: na also!, na bitte!; /Ausdruck

der Bekräftigung/: na, und ob!; /Ausdruck der Ungeduld/: na endlich!; /Drohung/: na warte!; /in vertraulicher Anrede/: na, du?, na, wie gehts denn?, na, Kleiner!?
nach: I. ⟨Präp. mit Dat.⟩ **1.** /räumlich; zur Angabe der Richtung/: n. oben, unten, hinten, vorn; n. außen, n. innen; n. links; von oben n. unten; von links n. rechts; n. drüben; n. der Seite; n. Norden; von Osten n. Westen; n. Hause gehen, kommen; n. Amerika fliegen; der Zug fährt von Hamburg n. München; er griff n. seinem Hut; das Zimmer geht n. der Straße; das Wasser spritzt n. allen Seiten; ÜBERTR.: n. dem Arzt schicken; n. Reichtum streben; sich n. Ruhe sehnen; n. den Verunglückten suchen; sie hat sich n. allen Seiten hin abgesichert; n. außen hin *(äußerlich)* wirkte sie ruhig. **2.** /zur Angabe der Reihenfolge, Rangfolge/: einer n. dem anderen ging aus dem Saal; er betrat n. der Dame das Lokal; n. 200 Metern abbiegen; /höfliche Aufforderung, vorauszugehen/: bitte n. Ihnen!; er ist n. Ihnen an der Reihe, dran. **3.** /zeitlich/ *später; [unmittelbar] im Anschluss an:* nach dem Essen; n. Tisch *(nach dem Essen);* 50 Jahre n. Christus *(nach Christi Geburt);* n. der Kirche (ugs.; *nach dem Gottesdienst);* n. diesem Zeitpunkt; n. 1945; n. dem Krieg; einen Tag n. seiner Rückkehr; n. drei Wochen *(drei Wochen später);* n. Ablauf von ...; n. [wenigen] Stunden; n. Weihnachten; n. langer, kurzer Zeit; er starb n. langem, schwerem Leiden; n. einer Weile; n. vieler Mühe; n. allem, was geschehen ist, ... **4.** *gemäß, entsprechend:* jmdn. n. Leistung bezahlen; etw. n. Gewicht verkaufen; etw. n. Maß arbeiten; (Kochk.:) Hering n. Art des Hauses, n. flämischer Art; die Bücher n. Verfassern ordnen; etw. läuft n. bestimmten Regeln ab; n. dem geltenden Recht wird er bestraft; n. Belieben; [ganz] n. Wunsch; n. Bedarf; n. Artikel 1 des Grundgesetzes; n. Maßgabe seines Vermögens *(entsprechend seinem Vermögen);* n. Kräften *(soweit es möglich ist);* n. Lage der Dinge *(so, wie die Sache steht);* n. Vorschrift; n. altem Brauch; n. dieser Theorie; n. Kant *(gemäß Kants Philosophie);* n. meinem Dafürhalten; n. meiner Erinnerung; die Sache war nicht n. seinem Sinn; aller Voraussicht, aller Wahrscheinlichkeit n.; der Größe n. antreten; seinem Wesen n. ist er eher ruhig als lebhaft; seiner Sprache n. ist er Schwabe; dem Sinn n. hat er Folgendes gesagt ...; ich kenne ihn nur dem Namen n. *(kenne ihn nicht persönlich);* eine Geschichte n. dem Leben *(nach einer wirklichen Begebenheit);* er malt n. der Natur. **5. a)** /in Verbindung mit Fragepronomen/: n. wem hat er gefragt?; n. was (ugs.; *wonach)* suchst du denn?; **b)** /in relativer Verbindung/: das Mädchen, n. dem er gefragt hat; er hat erreicht, n. was (ugs.; *wonach)* er verlangte. **II.** ⟨Adverb⟩ /in einer Aufforderung/: mir n.! *(folge, folgt, folgen Sie mir!);* ★ **nach und nach** *(allmählich):* n. und n. füllte

sich der Saal · **nach wie vor** *(noch immer):* er arbeitet n. wie vor in diesem Betrieb.
nachäffen (abwertend) ⟨jmdn., etw. n.⟩: die Kinder äffen den Lehrer nach; jmds. Gang, jmds. Sprechweise n.
nachahmen ⟨jmdn., etw. n.⟩: etw. ist schwer, leicht nachzuahmen; einen Künstler, die Natur n.; einen Vogelruf, jmds. Sprechweise n.; er versuchte, die Handschrift seines Bruders nachzuahmen *(zu kopieren).*
Nachahmung, die: **a)** *das Nachahmen:* die N. eines Vogelrufs; man verstand die Kunst als bloße N. der Natur; das Betragen soll euch nicht zur N. dienen (geh.; *sollt ihr nicht nachmachen);* etw. regt jmdn. zur N. an; [jmdn.] etw. zur N. empfehlen; **b)** *Kopie:* eine geglückte, vollendete N.
nacharbeiten: 1. ⟨etw. n.⟩ *nachbilden:* ein Muster, ein Modell, eine antike Plastik n. **2.** ⟨etw. n.⟩ *überarbeiten:* die Stücke müssen [mit der/von Hand] nachgearbeitet werden. **3.** ⟨etw. n.⟩ *nachholen:* versäumte Arbeitszeit, zwei Stunden, einen halben Tag n.
Nachbar, der: **a)** *ein freundlicher, hilfsbereiter N.;* die (iron.:) lieben Nachbarn; er ist mein N. [am Tisch]; sie sind Nachbarn geworden; wir haben neue, nette Nachbarn bekommen; sie haben sehr laute Nachbarn; das Grundstück des Nachbarn; bei Nachbars (ugs.; *bei den Nachbarn)* geht es heute hoch her; **b)** *Nachbarland:* unsere westlichen, östlichen Nachbarn; der N. Frankreich.
nachbarlich: a) *dem Nachbarn gehörend:* das nachbarliche Haus, Grundstück, Anwesen; der nachbarliche Garten, Hof; **b)** *den Nachbarn betreffend:* das nachbarliche Verhältnis; sie pflegen gute nachbarliche Beziehungen.
Nachbarschaft, die: **a)** *Gesamtheit der Nachbarn:* die N. kauft bei ihm ein; die ganze N. spricht davon; **b)** *Verhältnis zwischen den Nachbarn:* sie halten [eine] gute N.; /Wunschformel/: auf [eine] gute N.!; sie waren um gute N. bemüht; **c)** *räumliche Nähe:* bei der Wohnungssuche N. von Fabriken zu vermeiden suchen; sie spielen mit den Kindern aus der N.; er wohnt in der N.; sie ist in unsere N. gezogen; in unserer nächsten, in unmittelbarer N. explodierte eine Bombe.
nachdem ⟨Konj.⟩ **1.** /zeitlich/ **a)** *als:* n. er gegessen hatte, legte er sich eine Weile hin; er legte sich, n. er gegessen hatte, eine Weile hin; n. sie eine Stunde der Kälte gestanden hatte, begann sie zu frieren; **b)** *nach dem Zeitpunkt, als ...:* gleich, unmittelbar n. sie angerufen hatten, waren sie aufgebrochen; ein Jahr n. er entlassen worden war, hatte er noch keine Arbeit. **2.** (landsch.) *weil, da:* n. die Sache verzögert hat, haben viele das Interesse daran verloren.
nachdenken ⟨über jmdn., etw. n.⟩ lange, intensiv, angestrengt, gründlich, ernsthaft über etw. n.; er dachte über ein Problem, über die Menschen, über sich selbst nach; sie dachte [darüber] nach, ob ...; laut, öffentlich über etw. n. *(etw. in der Öf-*

*fentlichkeit erörtern); es wird derzeit darüber nachgedacht, wie ...; ⟨auch ohne Präpositionalobjekt⟩ denk mal [scharf] nach, es wird dir schon wieder einfallen; sie dachte einen Augenblick nach; er sagte, ohne nachzudenken, dass er es nicht wisse; je länger sie nachdachte, um so schwieriger erschien ihr die Frage; SUBST.: sie war in tiefes Nachdenken versunken; trotz angestrengten Nachdenkens fand er keine Lösung für das Problem.

nachdenklich: a) *überlegend:* er ist ein nachdenklicher Mensch; eine nachdenkliche Miene machen; sie blickte n. vor sich hin; n. schweigen; als er die Sache erfuhr, wurde er n. *(stutzte er und begann darüber nachzudenken);* die Sache machte, stimmte sie n. *(veranlasste sie, sich Gedanken darüber zu machen);* b) (geh.) *zum Nachdenken anregend:* eine nachdenkliche Geschichte.

¹Nachdruck, der: a) *das Nachdrucken eines Textes:* N. [auch auszugsweise] verboten!; N. nur mit Genehmigung des Verlages gestattet; b) *Neudruck:* der N. ist schon wieder vergriffen; es gibt mehrere Nachdrucke von diesem Buch.

²Nachdruck, der: *besondere Betonung:* seinem Wunsch, einer Forderung besonderen N. verleihen; auf etw. N. legen; etw. mit [allem] N. *(mit großer Eindringlichkeit)* sagen, fordern, hervorheben, betonen; mit N. *(nachdrücklich, eindringlich)* auf etw. hinweisen; er hat sich mit N. dagegen gewandt, dafür eingesetzt.

nachdrücklich: *entschieden:* eine nachdrückliche Forderung, Ermahnung; etw. n. fordern, verlangen; jmdn. n. auffordern, etw. zu tun; er bestand n. auf seinen Wünschen; jmdn. n. vor etw. warnen, auf etw. hinweisen.

nacheifern ⟨jmdm., etw. [in etw. (Dat.)] n.⟩: die kleineren Geschwister suchten dem großen Bruder nachzueifern.

nacheinander: a) *in kurzen räumlichen Abständen; einer hinter dem anderen:* sie betraten n. den Saal, kamen n. aus der Tür; b) *in kurzen zeitlichen Abständen:* die Flugzeuge starteten kurz n.; die Mannschaft hat dreimal n. *(dreimal in Aufeinanderfolge)* verloren; c) *einer nach dem anderen, wechselseitig:* sich n. sehnen; sie versprachen, n. zu schauen *(aufeinander zu achten).* Beachte: Nach neuer Rechtschreibung wird *nacheinander* vom folgenden Verb immer getrennt geschrieben.

nachempfinden: a) ⟨etw. n.⟩ *nachfühlen:* jmds. Schmerz, Freude, Trauer n.; ⟨jmdm. etw. n.⟩ er konnte ihm sein Entsetzen gut n.; b) ⟨etw. n.⟩ *nachgestalten:* ein Kunstwerk n.; ⟨jmdm., etw. n.⟩ diese Dichtung ist Goethe nachempfunden; der klassischen Antike nachempfundene Plastiken.

Nachfolge, die: die weibliche, männliche N. auf dem Thron; wer tritt seine N. als Leiter an?; die Frage der N. in der Parteiführung beraten, regeln;

ÜBERTR.: etw. findet keine N., bleibt ohne N. (geh.; *wird nicht durch andere fortgeführt).*

Nachfolger, der: jmds. N. [im Amt, auf dem Thron] sein, werden; er hat, findet keinen N.; einen N. wählen, einsetzen; einen N. einarbeiten, in sein Amt einführen; jmdn. zu seinem N. machen, ernennen, berufen.

nachforschen: a) *Ermittlungen anstellen:* lange, vergebens, überall n.; sie forschten nach, wo sich der Beschuldigte aufgehalten hatte; b) (geh.) ⟨etw. (Dat.) n.⟩ *etw. zu ergründen suchen:* den Gründen, Ursachen n.; sie forschten neugierig seiner Herkunft nach.

Nachforschung, die: die [polizeilichen] Nachforschungen waren, blieben, verliefen ergebnislos; sie stellten Nachforschungen an, um die Ursachen seines Verschwindens herauszufinden; seine, die Nachforschungen über jmdn., etw. einstellen; man hielt vergebliche Nachforschungen.

Nachfrage, die (Wirtsch.): große, starke, lebhafte, geringe N.; die N. nach diesem Artikel ist groß, gering, lässt nach, nimmt zu, steigt, sinkt, geht zurück; es besteht zur Zeit wenig N. danach; je größer die N., desto teurer die Ware; die N. übersteigt das Angebot; danke der [gütigen] N./für die [gütige] N.! (scherzh. oder iron.; Dankesformel; als Antwort auf die Frage nach dem Befinden).

nachfühlen: ↑ nachempfinden (a).

nachgeben: 1. ⟨jmdm. etw. n.⟩ *nachreichen:* er ließ sich vom Ober noch Gemüse n.; würden Sie mir bitte noch etwas n.?

2. *einem Druck nicht standhalten:* der Boden, das Erdreich gab [bei jedem Tritt] nach; die Leiter gab nach *(blieb nicht fest stehen);* das Seil gibt nach *(hat die Spannung verloren);* die Kurse, die Preise geben nach (Bankw., Wirtsch.; *fallen, sinken)* ⟨etw. (Dat.) n.⟩ die Staumauer dem Wasserdruck nachgebende.

3. a) *seinen Widerstand aufgeben:* er gibt nie nach; kannst du nicht ein einziges Mal n.!; die Mutter gibt zu viel nach *(ist zu nachgiebig);* nach langem Hin und Her gab er schließlich nach; ⟨jmdm., etw. n.⟩ er gab ihr, dem Drängen, den Bitten, den Wünschen nach; b) ⟨etw. (Dat.) n.⟩ *erliegen:* der Müdigkeit, einer Schwäche, einer Verlockung, seinem Zorn, seiner Laune n.

4. ⟨jmdm. etw. in etw. (Dat.)/an etw. (Dat.) n.⟩ /meist verneint/ *nachstehen:* er gibt seinen Kameraden im Schwimmen nichts nach; an Einsatz, an Eifer gibt sie keinem etwas nach.

nachgehen: 1. ⟨jmdm., etw. n.⟩ *folgen:* der Fährte, der Spur eines Tieres n.; sie gingen den Musik, dem Lachen, dem Wimmern nach; er ging dem Mädchen nachgegangen.

2. ⟨etw. (Dat.) n.⟩ a) *sich einer Sache widmen:* seiner Arbeit, seinen Studien, seinen Geschäften n.; einem Hobby, seinen Interessen n.; er geht nur seinem Vergnügen nach *(sucht nichts als das Vergnügen);* b) *etw. aufzuklären suchen:* einer Frage, einem Problem, einem Gedanken n.; die Polizei

ging den Hinweisen nach; dieser Sache muss man genauer n.
3. ⟨jmdm. n.⟩ *jmdn. in Gedanken beschäftigen:* seine Worte, die Erlebnisse des Tages gingen ihr noch lange nach.
4. *zu langsam gehen:* der Tacho geht nach; die Uhr geht [eine, um eine Viertelstunde] nach.
nachgelassen: *aus dem Nachlass stammend:* nachgelassene Werke, Schriften, Arbeiten.
Nachgeschmack, der: ein bitterer N.; der Fisch hatte einen tranigen N., einen N. von Tran; ÜBERTR.: die Sache hatte bei vielen einen unangenehmen N. hinterlassen.
nachgiebig: a) *weich:* nachgiebiger Boden; nachgiebiges Material; die Polster der Sitze sind zu n.; b) *sich fremdem Willen leicht fügend:* eine allzu nachgiebige Mutter; die Eltern sind zu n. den Kindern gegenüber; nichts vermochte ihn n. zu stimmen.
nachhaltig: eine nachhaltige Besserung; die Behandlungsmethode hatte eine nachhaltige Wirkung; die Aufführung hat einen nachhaltigen *(tiefen)* Eindruck hinterlassen; etw. wirkt sich n. aus; die Sache hat ihn. n. beeinflusst, geschädigt.
nachhängen ⟨1. ⟨etw. (Dat.) n.⟩: a) *sich im Geiste überlassen:* seinen Gedanken, Erinnerungen, Träumen n.; b) *wehmütig an etw. denken:* der Kindheit, der Vergangenheit, einer glücklichen Zeit n.
2. ⟨jmdm. n.⟩ *anhängen:* der Ruf, ein Falschspieler zu sein, sollte ihm noch lange n.
3. (ugs.) *zurück sein:* in Mathematik n.; nach ihrer Krankheit hängt sie in allen Fächern nach.
nachhause (österr., schweiz.): nach Hause (↑ Haus 1).
nachhelfen ⟨jmdm., etw. n.⟩ *jmdm. helfen; etw. unterstützen:* dem Fortgang der Arbeiten n.; er hatte dem Glück [ein wenig] n. wollen *(wollte es erzwingen);* man musste seinem Gedächtnis etwas n. *(ihm etwas ins Gedächtnis rufen, woran er nicht erinnert werden wollte);* ⟨auch ohne Dat.⟩ du musst ein bisschen n., damit es schneller geht; bei ihm muss man immer [kräftig] n. *(man muss ihn antreiben).*
nachher: a) *später:* ich komme n. noch bei dir vorbei; n. gehen wir spazieren; das kann ich n. noch machen; bis n.! (ugs.; Gruß bei der Verabschiedung, der ein baldiges Wiederzusammentreffen folgen wird); b) *danach, hinterher:* wir sind ins Kino gegangen, und n. haben wir ein Eis gegessen; n. weiß man alles besser als vorher; ob die Entscheidung richtig war, wirst du erst n. feststellen können; c) (landsch.) *womöglich, am Ende:* das darfst du nicht tun, n. wirst du noch angezeigt.
nachholen: **1.** ⟨jmdm., etw. [irgendwohin] n.⟩ *nachträglich holen:* seine Familie, die Möbel [an den neuen Arbeitsort] n.
2. ⟨etw. n.⟩ *aufholen, nachträglich machen:* etw. schnell, in kurzer Zeit n.; er muss viel n.; das Abi-

tur, eine Prüfung n.; ÜBERTR.: sie hat viel Schlaf nachzuholen; er wollte seine Jugend n.
nachjagen: **1.** ⟨jmdm., etw. n.⟩ *jmdn., etw. schnell verfolgen:* der Hund jagt dem Hasen nach; die Polizei ist [mit Autos] den Tätern nachgejagt; die Kinder jagten dem Ball nach *(liefen schnell hinter ihm her);* ÜBERTR.: einer Illusion, einem Phantom, dem Geld n.; er ist sein Leben lang dem Erfolg nachgejagt.
2. (ugs.) ⟨jmdm., etw. etw. n.⟩ *eilig hinterherschicken:* man hat ihm, dem Brief ein Telegramm nachgejagt.
nachkommen: **1.** a) *später kommen:* ihr könnt schon vorgehen, wir werden [gleich, bald, später, in einer Stunde] n.; er ließ seine Familie nach Italien n.; es sind noch zwei Kinder nachgekommen *(nach bereits vorhandenen Kindern geboren worden);* man weiß nicht, was bei dieser Sache noch nachkommt *(welche Komplikationen es möglicherweise noch gibt);* ⟨jmdm. n.⟩ *hinter jmdm. hergehen, herfahren:* sie sahen, dass die Leute ihnen nachkamen; ich glaube, es ist uns niemand nachgekommen; mehrere nachkommende Fahrzeuge wurden in Auffahrunfälle verwickelt.
2. ⟨mit etw. n.⟩ *Schritt halten:* sie kommen mit der Arbeit, mit der Produktion nicht mehr nach; ⟨auch ohne Präpositionalobjekt⟩ bei diesem Tempo kamen sie nicht mehr nach; die Kinder kamen beim Diktat nicht nach.
3. (geh.) ⟨etw. (Dat.) n.⟩ *Folge leisten:* einer Aufforderung, einer Bitte n.; wir werden ihrem Wunsch [selbstverständlich, pünktlich, gewissenhaft] n.; du musst deinen Verpflichtungen n. *(sie erfüllen).*
Nachlass, der: **1.** *Hinterlassenschaft:* der künstlerische, literarische N.; den N. ordnen, verwalten, (Rechtsspr.:) eröffnen; er betreut den N. des Dichters; Schriften aus dem N. eines Gelehrten herausgeben; in seinem N. fanden sich wichtige Dokumente.
2. (Kaufmannsspr.) *Preisnachlass:* einen N. [auf die Preise] gewähren, bekommen, fordern; etw. mit großem/nur geringem N. verkaufen.
nachlassen: **1.** *geringer, schwächer werden:* der Regen, der Sturm, die Hitze hat nachgelassen; der Schmerz, das Fieber lässt [an Heftigkeit] nach; sein Gedächtnis, sein Gehör hat sehr nachgelassen *(ist schlechter geworden);* meine Augen lassen nach *(ich kann schlechter sehen);* die Wirkung des Medikaments lässt nach; die Spannung, der Druck lässt nach; seine Leistungen haben nachgelassen *(sind zurückgegangen);* das Geschäft hat spürbar nachgelassen (ugs.; *bringt weniger Gewinn);* das Interesse der Käufer lässt nach; der Schüler hat in letzter Zeit [in seinen Leistungen] sehr nachgelassen; er beklagt das Nachlassen seiner Kräfte.
2. (Kaufmannsspr.) ⟨etw. n.⟩ *[teilweise] erlassen:* er hat keinen Pfennig, die Hälfte des Preises/vom Preis nachgelassen.

3. ⟨etw. n.⟩ *lockern:* das Seil, den Zügel n.

nachlässig: a) *unordentlich:* eine nachlässige Arbeit; nachlässiges Personal; der Schüler ist, arbeitet sehr n.; **b)** *unachtsam:* sie geht sehr n. mit ihren Sachen um; **c)** *ungepflegt:* nachlässiges Benehmen; seine Ausdrucksweise ist sehr n.; er geht immer etwas n. gekleidet.

nachlaufen ⟨jmdm., etw. n.⟩: *eilig [zu Fuß] folgen:* die Kinder liefen der Mutter [in den Garten], dem Eiswagen nach; ÜBERTR.: er läuft einer Illusion nach; diese Kleider laufen sich nach (ugs., scherzh.; *sind häufig zu sehen*); alle Mädchen laufen ihm nach *(bemühen sich um seine Zuneigung);* sie muss ihrem Geld n. (ugs.; *muss es eintreiben).*

nachmachen (ugs.): **1.** ⟨etw. n.⟩ *(Versäumtes) nachholen:* eine Prüfung, eine Arbeit n. **2. a)** ⟨jmdn., etw. n.⟩ *nachahmen:* die Schüler machten den Lehrer nach; er kann Tierstimmen n.; Kinder machen alles nach *(gucken sich alles ab);* ⟨jmdm. etw. n.⟩ das hast du mir nachgemacht *(hast du von mir abgesehen);* das soll ihm erst mal einer n.! *(darin soll es ihm ein anderer erst einmal gleichtun!);* **b)** *nach einer Vorlage herstellen:* Stilmöbel n.; Banknoten n. *(fälschen);* nachgemachte *(künstliche)* Blumen.

Nachmittag, der: ein schöner, reizender N.; gestern, heute, morgen N.; es war schon später N.; ein N. im Dezember; sie hat heute ihren freien N.; er verbringt seine Nachmittage im Café; sie hatten für den N. Gäste eingeladen; ⟨Akk. als Zeitangabe⟩ jeden N.; den ganzen N. [über, hindurch]; sie saß viele Nachmittage im Park; ⟨Gen. als Zeitangabe⟩ eines [schönen] Nachmittags *(an einem Nachmittag);* er kommt [früh, zeitig, spät] am N.; am [frühen, zeitigen, späten] N.; bis zum N. bleiben; seit diesem N.; vor N. kann er nicht kommen; von morgen N. an ist das Büro geschlossen; während, im Laufe des Nachmittags.

nachmittags: n. um vier; n. um 16 Uhr/um 16 Uhr n.; sie trafen sich immer montags n.; das Amt hat/ist n. geschlossen; n. zwischen 13 und 15 Uhr; von morgens bis n.

Nachnahme, die: eine N. einlösen; der Briefträger hat eine N. gebracht; eine Sendung als, per, mit, unter N. schicken.

nachprüfen ⟨etw. n.⟩: das Gewicht, die Richtigkeit n.; Aussagen auf ihren Wahrheitsgehalt hin n.; ob der Wortlaut stimmt, lässt sich schwer/nicht mehr n.

Nachrede, die: böse N., schlechte N. über jmdn. verbreiten; üble N.; in üble N. kommen *(zum Opfer übler Nachrede werden);* jmdn. in üble N. bringen *(jmdn. zum Gegenstand übler Nachrede machen);* er wurde wegen übler N. verklagt.

Nachricht, die: **1. a)** *Mitteilung:* eine gute, wichtige, zuverlässige, verspätete, eilige, [un]angenehme, aufregende N.; die N. von seinem Tode traf alle sehr; das sind schlechte, traurige, schlimme Nachrichten!; seine letzte N. kam aus

dem Ausland; [eine] N. bringen; eine N. überbringen, empfangen; sie hat uns [heute] N. gegeben *(mitgeteilt),* dass sie erst in einer Woche zurückkommt; er hat noch keine N. gegeben *(sich noch nicht gemeldet);* eine N. hinterlassen, zurücklassen; wir haben [keine] N. bekommen, erhalten; auf N. warten; wir waren lange Zeit ohne N.; wir haben seit Wochen keine N. von ihm; **b)** *Meldung, Information:* eine [un]sichere, unverbürgte, aktuelle N.; die neueste N. ist ...; örtliche, politische, vermischte Nachrichten; Nachrichten aus aller Welt; eine N. vom Sport; eine N. geht ein, trifft ein, ist überholt; eine N. abdrucken, aufbauschen; Nachrichten einholen, dementieren, bekannt geben, weiterleiten; eine N. in der Presse veröffentlichen, unterdrücken; eine N. durch das Fernsehen verbreiten; die Nachrichten sperren *(Information unterbinden);* sich Nachrichten über etw. beschaffen. **2.** ⟨Plural⟩ *Nachrichtensendung:* die Nachrichten haben nichts über die Ereignisse gebracht, haben ausführlich darüber berichtet; [die] Nachrichten einschalten, hören, sehen; Nachrichten senden; der Sender strahlt Nachrichten aus; das wurde in den letzten Nachrichten gesagt.

Nachruf, der: ein ehrender N.; heute ist/steht ein N. [auf den Verstorbenen] in der Zeitung; jmdm. einen N. widmen; die Zeitung brachte einen N. auf den Verstorbenen; einen N. in die Zeitung setzen; jmds. Verdienste in einem N. würdigen.

nachsagen: **1.** (selten) ⟨etw. n.⟩ *nachsprechen:* einen Satz n. **2.** ⟨jmdm. etw. n.⟩ *etw. von jmdm. behaupten:* man sagt ihm Geiz, Übles, große Fähigkeiten nach; man sagt ihm nach, er habe im Gefängnis gesessen; man kann ihr nichts n. *(man hat keine Handhabe, sie zu verdächtigen);* das darfst du dir nicht n. lassen *(nicht zulassen, dass man so von dir spricht).*

nachschlagen: **1.** ⟨etw. [in etw. (Dat.)] n.⟩ *(in einem Buch) nachlesen:* eine Textstelle n.; du musst die Vokabeln im Wörterbuch n.; ⟨auch ohne Akk.⟩ ich muss erst im Wörterbuch, im Lexikon n. **2.** (geh.) ⟨jmdm. n.⟩ *nach jmdm. geartet sein:* er ist seiner Mutter nachgeschlagen.

Nachschrift, die: **1.** *Niederschrift:* die N. einer Rede, eines Vortrages; eine N. anfertigen. **2.** *einem Schreiben angefügter Zusatz:* eine N. machen; sie hat ihrem Brief eine längere N. angefügt.

nachsehen: **1.** ⟨jmdm., etw. n.⟩ *mit den Blicken folgen:* jmdm. traurig, betrübt n.; den abreisenden Gästen, dem Schiffen n. **2.** *nach jmdm., etw. sehen:* sieh einmal nach, wo die Bücher sind!; ich wollte n., ob jemand an der Tür ist; er hat überall nachgesehen, aber nichts gefunden. **3.** ⟨[etw.] n.⟩ *nachlesen:* ein Wort, eine Vokabel [im Wörterbuch] n.; sieh mal im Fahrplan nach, wann der Zug fährt.

4. ⟨etw. n.⟩ *auf Fehler, Mängel hin durch-, ansehen:* Klassenarbeiten, Aufsätze n.; seinen Wagen n. lassen; ⟨jmdm. etw. n.⟩ den Kindern die Schularbeiten n.
5. ⟨jmdm. etw. n.⟩ *verzeihen:* jmdm. alles, manches, zu viel, nichts n.; sie sieht ihm alle Unarten nach.

Nachsehen, das: ⟨in den Wendungen⟩ **das Nachsehen haben** *(der, die Benachteiligte sein)* · **jmdm. bleibt das Nachsehen** *(jmd. ist der, die Benachteiligte).*

nachsenden ⟨etw. n.⟩: die Post n.; /Aufschrift auf Postsendungen, die an den Adressaten weitergeleitet werden sollen/: bitte n.!; ⟨jmdm. etw. n.⟩ bitte senden Sie mir die Sachen an meinen Urlaubsort nach.

nachsetzen ⟨jmdm., etw. n.⟩: die Polizei setzte dem flüchtenden Täter nach.

Nachsicht, die: N. üben; sie kannte keine N.; mit jmdm. N. haben; wir behandelten ihn mit N.; man betrachtete, beurteilte diesen Fehltritt mit N.; ich bitte [dafür] um N.!

nachsichtig ⟨n. [mit jmdm., jmdm. gegenüber, gegen jmdm.]⟩: eine nachsichtige Beurteilung; nachsichtige Eltern; er ist immer n. gegen dich, dir gegenüber, mit dir gewesen; jmdm. n. behandeln; etw. n. beurteilen; sie lächelte n.

Nachspiel, das: **1.** *als Abschluss vorgetragenes [Musik]stück:* das N. eines Dramas; ein N. auf der Orgel spielen.
2. *Folgen:* es gab ein unangenehmes, gerichtliches N.; die Sache wird noch ein N. haben *(ist noch nicht erledigt);* die Vorgänge blieben nicht ohne N.

nachspüren (geh.) ⟨jmdm., etw. n.⟩: einem Geheimnis, einem Verbrechen n.; er spürte dem Unbekannten, jmds. Vergangenheit, jmds. Verhältnissen nach.

nächst (geh.) ⟨Präp. mit Dat.⟩: **a)** (selten) /räumlich/ *unmittelbar neben; bei:* n. den Häusern beginnt das freie Feld; **b)** *neben, außer:* n. dem Vater war ihr der Bruder der vertrauteste Mensch.

nächste: **1.** *am nächsten gelegen; räumlich als Erstes folgend:* die n. Stadt ist 50 km entfernt; der n. (ugs.; *kürzeste*) Weg führt durch die Wiesen; an der nächsten Tankstelle tanken wir; sie ging ins n. Geschäft (ugs.; *in das erste Geschäft, das er fand*), um sich etwas zum Essen zu kaufen.
2. *nächststehend:* die nächsten Verwandten, Angehörigen, Freunde.
3. *zeitlich [unmittelbar] folgend:* die n. Generation; die nächsten [drei] Tage; nächsten Montag/am nächsten Montag; bei nächster/bei der nächsten Gelegenheit *(sobald sich Gelegenheit bietet);* nächstes Jahr, im nächsten Jahr; im nächsten Augenblick; er setzte sich in den nächsten Zug (ugs.; *in den Zug, der als nächster abfuhr*); subst.: fürs Nächste *(für die nächste Zeit)* haben wir keinen Bedarf.
4. *in der Reihenfolge kommend; folgend:* die n. Strophe; das n. Kapitel; das n. Mal/nächstes Mal;

/Formel bei der Verabschiedung/: bis nächstes Mal!/bis zum nächsten Mal!; subst.: der Nächste, bitte!; das Nächste, was sie kaufen wollen, ist ein Auto; wer kommt als Nächster [an die Reihe]?;
★ **der, die, das nächste Beste** *(der, die das Erste sich Anbietende).*

nachstehen: ⟨jmdm. an etw. (Dat.)/in etw. (Dat.) n.⟩ /gewöhnlich verneint/ *nicht gleichkommen:* jmdm. an Intelligenz, an Schlagfertigkeit nicht n.; sie steht den anderen in nichts nach *(ist ihnen ebenbürtig).*

nachstehend: die nachstehenden Bemerkungen, Erläuterungen; n. finden Sie einige Anmerkungen zum Text; subst.: Nachstehendes *(Folgendes)* ist zu beachten; im Nachstehenden finden Sie ...; das Nachstehende *(weiter unten Geschriebene)* muss geprüft werden.

nachstellen: **1.** ⟨etw. n.⟩ *neu einstellen:* die Bremsen, die Kupplung, die Ventile n.
2. ⟨etw. n.⟩ *zurückstellen:* sie hat die Uhr nachgestellt.
3. (geh.) ⟨einem Tier n.⟩ *verfolgen:* dem Wild n.; die Katze stellt den Vögeln nach; übertr.: er stellt den Mädchen nach (ugs.; *wirbt um sie*).
3. ⟨etw. n.⟩ *nach einem Vorbild darstellen:* eine Szene, den Ablauf einer Handlung n.; für das Fernsehen nachgestellte Szenen.

nachsuchen (geh.) ⟨um etw. n.⟩: um Bedenkzeit, um Unterstützung, um eine Genehmigung n.; der Minister suchte um seine Entlassung nach.

Nacht, die: eine dunkle, finstere, klare, sternklare, kalte N.; eine unruhige, durchwachte, durchzechte, durchtanzte N.; [die] vorige, vergangene, kommende N.; heute N.; eine N. im Juni; draußen war schwarze N. *(es war sehr dunkel);* die Nächte sind schon kühl; es wird N.; die N. kommt, bricht an; die N. durchfeiern; der Patient hatte eine schlechte N.; jmd., etw. bereitet jmdm. schlaflose Nächte *(beschäftigt jmdn. so sehr, dass er nicht schlafen kann);* die N. im Freien verbringen; im Schutz, bei Einbruch der N.; /Grußformel/: gute N.!; [jmdm.] gute N. sagen; jmdm. N. wünschen; ⟨Akk. als Zeitangabe⟩ eine, diese, manche, jede N.; viele Nächte; die halbe N.; zwei Nächte lang; sie kamen die ganze N. nicht zur Ruhe; ⟨Gen. als Zeitangabe⟩ des Nachts (geh.; *nachts*); eines Nachts (geh.; *in einer Nacht*) war die Katze plötzlich verschwunden; /Ausruf der Enttäuschung, Resignation/: [na], dann gute N.!; er kam spät in der N. nach Hause; bis in die späte N./bis spät in die N. [hinein]; sie fuhren die ganze N./für eine N. in ein Quartier bestellen; N. für N.; in der nächsten, folgenden, vergangenen N.; N. von Montag auf Dienstag; in der N. auf/zum Montag; sie wachte mitten in der N. auf; sie fuhren in die N. hinaus; über N. bleiben; er konnte über der N. *(nicht vor Anbruch der Dunkelheit)* zurück; während der N.; zur N. (geh.; *nachts*); ℝ bei N. sind alle Katzen grau;

★ Heilige Nacht *(Nacht zum ersten Weihnachts-tag)* · Nacht der langen Messer *(salopp; grausames Morden, Gemetzel)* · schwarz wie die Nacht *(emotional; tiefschwarz, sehr dunkel)* · hässlich wie die Nacht *(emotional; sehr hässlich)* · die Nacht zum Tage machen *(die ganze Nacht durchfeiern, -arbeiten)* · sich (Dat.) die Nacht um die Ohren schlagen (ugs.; *sich aus irgendeinem Grund nicht schlafen legen)* · bei Nacht und Nebel *(heimlich [bei Nacht])* · über Nacht *(ganz plötzlich, unerwartet):* er wurde über N. berühmt · zu Nacht essen (ugs. landsch.; *die Abendmahlzeit einnehmen).*

Nachteil, der: ein geringer, großer N.; finanzielle, materielle Nachteile; es ist ein N., dass ...; daraus entstehen, erwachsen uns einige Nachteile; etw. erweist sich als N.; die Sache hat den [einen] N., dass ...; einen N. durch/von etw. haben; einen N. in Kauf nehmen; Vor- und Nachteile gegeneinander abwägen; dieser Vertrag brachte ihm nur Nachteile; er ist, befindet sich [den andern gegenüber] im N.; jmdn. in N. setzen *(benachteiligen);* (geh.:) etw. gereicht jmdm. zum N./gereicht zu jmds. N.

nachteilig: etw. hat nachteilige Folgen; die Sache wirkte sich n. [für ihn] aus; SUBST.: es ist nichts Nachteiliges über ihn bekannt.

nächtigen (geh.) ⟨irgendwo n.⟩: in einem Gasthof, in einer Scheune, unter freiem Himmel, auf einer Parkbank n.

nächtlich: die nächtliche Stille, Ruhe; den nächtlichen Frieden stören; die nächtlichen Straßen; am nächtlichen Himmel; er beklagte sich über die nächtliche Ruhestörung.

nachtragen: 1. ⟨jmdm. etw. n.⟩ *hinterhertragen:* jmdm. den Koffer, das Gepäck n. 2. ⟨etw. [in etw. (Dat./Akk.)] n.⟩ a) *nachträglich eintragen:* Zahlen, Daten n.; einen Posten in der Rechnung n.; einen Namen in die Liste n.; er wollte in seinem/seinen Aufsatz noch einiges n.; b) *nachträglich sagen:* sie meldete sich zu Wort, weil er noch etwas n. wollte; nachzutragen wäre noch, dass .... 3. ⟨jmdm. etw. n.⟩ *lange übel nehmen:* jmdm. sein Verhalten, eine Äußerung lange n.; ⟨auch ohne Dat.⟩ er trägt nichts nach *(ist nicht nachtragend);* sie ist sehr nachtragend.

nachts: n. um 3 [Uhr]/um 3 Uhr n.; sie kam n. spät/spät n. nach Hause; montags n.; n. fahren, arbeiten, nicht schlafen können; das Lokal ist bis 1 Uhr n. geöffnet; n. zwischen 2 und 3 Uhr.

nachvollziehen ⟨etw. n.⟩: jmds. Gedankengänge, jmds. Argumente nachzuvollziehen versuchen: jmds. Reaktionen gut, nur schlecht n. können.

nachweinen ⟨jmdm., etw. n.⟩: er weint seiner alten Stellung nicht nach; jmdm. keine Träne n.

Nachweis, der: der unwiderlegbare, unwiderlegliche N.; der N. ihrer Unschuld ist nicht geglückt, gelungen; den N. für etw. erbringen, führen, liefern *(etw. nachweisen).*

nachweisen: 1. ⟨etw. n.⟩ *eindeutig feststellen, beweisen:* etw. schlüssig, streng wissenschaftlich, unwiderleglich n.; etw. lässt sich leicht, schwer, überhaupt nicht n.; sie konnte ihre Unschuld nicht n.; die Richtigkeit einer Behauptung n.; im Körper wurden Spuren des Giftes nachgewiesen; er musste seine Herkunft n. *(einen Nachweis darüber erbringen);* ⟨jmdm. etw. n.⟩ jmdm. einen Fehler, einen Irrtum, eine Mitschuld n.; man konnte ihr nichts n. *(sie keiner Schuld überführen).* 2. (Amtsspr.) ⟨jmdm. etw. n.⟩ *vermitteln:* jmdm. eine Arbeit, ein Quartier n.

Nachwuchs, der: 1. (fam.) *Kind[er]:* was macht der N.?; der N. der Familie stellte sich vor; sie erwarten, bekommen N. *(ein Baby);* bei ihnen hat sich N. eingestellt. 2. *junge [Arbeits]kräfte:* der akademische, musikalische, wissenschaftliche N.; in diesem Beruf fehlt der N., fehlt es an N.; sie sorgen sich um N. 3. *das Nachwachsen:* bei Anwendung dieses Mittels ist kein N. *(der Körperhaare)* zu befürchten.

nachziehen: 1. a) ⟨jmdm., etw. n.⟩ *hinterherlaufen, folgen:* Möwen zogen dem Schiffen nach; die Kinder sind die Kapelle nachgezogen; b) ⟨jmdm. n.⟩ *an den gleichen Ort übersiedeln:* sie zog ihrer Tochter nach Berlin nach. 2. ⟨etw. n.⟩ *schleppend bewegen:* seit dem Unfall zieht er ein Bein nach. 3. ⟨etw. n.⟩ *durch Farbe o. Ä. betonen:* die Linien, die Umrisse [mit Tusche] n.; die Lippen n.; ⟨jmdm. etw. n.⟩ sie hat sich die Augenbrauen nachgezogen. 4. ⟨etw. n.⟩ *nochmals fest anziehen:* die Schrauben müssen nachgezogen werden. 5. (ugs.) ⟨[mit etw.] n.⟩ *dem Beispiel eines anderen folgen:* die Industrie zog mit Preiserhöhungen nach; die Gewerkschaften haben mit ihren Forderungen nachgezogen; andere werden bald n.

Nacken, der: ein kurzer, speckiger, gedrungener N.; den N. beugen; den N. ausrasieren; sie hat einen steifen N. *(kann den Kopf nicht bewegen);* dem Ochsen das Joch auf den N. legen; er schob den Hut in den N.; den Kopf in den N. legen, werfen *(zurückbeugen);* der Locken fielen ihm bis in den N.

★ den Nacken steif halten *(sich nicht unterkriegen lassen)* · jmdm. den Nacken steifen/stärken (geh.; *jmdm. moralische Unterstützung gewähren)* · jmdm. im Nacken sitzen (ugs.; 1. *jmdn. verfolgen.* 2. *jmdn. stark bedrängen:* die Konkurrenz sitzt uns im N. 3. *jmdn. beherrschen:* die Angst saß uns im N.) · jmdm. den Nacken beugen (geh.; *jmdn. demütigen, gefügig machen)* · jmdm. im Nacken haben *(von jmdm. verfolgt, bedrängt werden).*

nackt: nackte Arme, Beine, Füße; er arbeitet mit nacktem Oberkörper; die Kinder waren n.; die jungen Vögel, Mäuse sind noch n. *(ohne Gefieder, ohne Fell);* n. baden; sich n. ausziehen; sie lagen [fast völlig] n. in der Sonne; ÜBERTR.: er hat ein nacktes *(bartloses)* Kinn, einen nackten *(haarlosen)* Schädel; der nackte *(unbewachsene)* Fels; auf dem nackten *(bloßen)* [Fuß]boden, der nackten *(bloßen)* Erde schlafen; nackte *(kahle)* Bäume, Äste; die nackten *(schmucklosen)* Wände; etw. mit nacktem *(bloßem)* Auge erkennen; das ist die nackte *(unverfälschte)* Wahrheit; die nackten *(unverfälschten)* Tatsachen; sie konnten nur das nackte Leben retten *(nichts als das Leben);* in diesem Land herrscht die nackte *(große)* Not; die nackte *(große)* Angst überfiel sie; SUBST.: die Darstellung des Nackten in der Kunst.

Nadel, die: **1.** eine spitze, feine, dünne, dicke N.; eine N. *(Nähnadel)* mit kleinem Öhr; eine N. zum Stopfen, zum Sticken; die N. ist abgebrochen; die N. *(den Faden in das Nadelöhr)* einfädeln; sich an/mit einer N. stechen, verletzen; sie kann nicht mit N. und Faden umgehen *(ist ungeschickt im Nähen);* etw. mit einer N., mit Nadeln *(Stecknadeln)* heften, feststecken, an etw. befestigen; sie häkelt mit einer feinen N. *(Häkelnadel);* die Nadeln *(Stricknadeln)* klappern; für diese Arbeit braucht man dickere, stärkere Nadeln *(Stricknadeln);* eine Masche ist von der N. *(Stricknadel)* gefallen. **2.** *Anstecknadel:* eine goldene N.; eine N. anstecken; er trägt eine N. am Revers. **3.** *Zeiger eines Messinstruments:* die N. des Kompasses zeigt nach Norden; die N. des Tachos pendelt zwischen 90 und 100 km/h; die N. steht still, dreht sich, zittert. **4.** *Haarnadel:* die Haare mit Nadeln aufstecken. **5.** *Tannennadel:* die Tanne verliert die Nadeln, wirft die Nadeln ab, hat kaum noch Nadeln; der Waldboden ist mit Nadeln bedeckt;

★ an der Nadel hängen (Jargon; *drogenabhängig, bes. heroinsüchtig sein*) · mit heißer Nadel genäht sein (ugs.; 1. *sehr flüchtig genäht sein.* 2. *unsorgfältig ausgeführt sein*).

Nadelstich, der: den Saum mit ein paar Nadelstichen heften;

★ jmdm. Nadelstiche versetzen *(jmdm. wiederholt versteckte Bosheiten sagen).*

Nagel, der: **1.** *Metall-, Holzstift:* ein langer, kurzer, dicker, dünner, rostiger, krummer N.; ein N. aus Eisen, aus Holz; der N. hält, sitzt fest; ein N. steht heraus, ragt heraus; einen N. in die Wand schlagen, krumm einschlagen, aus dem Holz herausziehen; Nägel schmieden; ein Bild an einem N. aufhängen; er ist in einen N. getreten; eine Kiste mit langen Nägeln zunageln; Schuhe mit Nägeln beschlagen.

2. *Finger-, Zehennagel:* lange, kurze, gepflegte, lackierte, abgebrochene, eingewachsene Nägel; abgekaute Nägel *(Fingernägel);* ein N. bricht ab, wächst nach, löst sich, ist vereitert, hat sich entzündet; [sich] (Dat.) die Nägel schneiden, lackieren, wachsen lassen; das Kind kaut an den Nä-

geln *(Fingernägeln);* Schmutz unter den Nägeln haben;

★ ein Nagel zu jmds. Sarg sein (salopp; *jmdm. viel Kummer bereiten*) · den Nagel auf den Kopf treffen (ugs.; *den Kernpunkt einer Sache treffen, erfassen*) · Nägel mit Köpfen machen (ugs.; *etw. richtig anfangen, sich nicht mit Halbheiten begnügen*) · etw. an den Nagel hängen (ugs.; *etw. aufgeben, nicht länger ausüben*): er hat seinen Beruf an den N. gehängt · jmdm. auf/unter den Nägeln brennen (ugs.; *für jmdn. sehr dringlich sein*): die Angelegenheit brannte ihm auf den Nägeln · sich (Dat.) etw. unter den Nagel reißen (salopp; *etw. [unrechtmäßig] an sich nehmen*).

nageln: **1. a)** *Nägel einschlagen:* er nagelt in der Werkstatt; man hört ihn n.; N.v. irgendwohin n.) *mit Nägeln befestigen:* ein Brett an die Wand, den Deckel auf die Kiste n.; **c)** (Med.) ⟨etw. n.⟩ *mit einem Stahlnagel zusammenfügen:* der Knochen, der Bruch musste genagelt werden. **2.** ⟨etw. n.⟩ *mit Nägeln beschlagen:* die Schuhsohlen n.; er trägt genagelte Stiefel. **3.** (Fachspr. Jargon) *(von einem Motor) ein klopfendes Geräusch hervorbringen:* der Motor nagelt.

nagen: **1. a)** ⟨an etw. (Dat.) n.⟩ *etw. benagen:* der Hund nagt an einem Knochen; sie nagte an einem Stück Brot; er nagte vor Verlegenheit an seiner Unterlippe; BILDL.: die Brandung nagt an der Küste; **b)** ⟨etw. von etw. n.⟩ *abnagen:* er nagte das Fleisch von den Knochen; die Tiere haben die Rinde von den Bäumen genagt; **c)** ⟨etw. irgendwohin n.⟩ *durch Nagen hervorbringen:* die Ratten haben Löcher ins Holz genagt; **d)** ⟨sich [durch etw.] n.⟩ *sich nagend hindurchfressen:* die Mäuse haben sich durch die Holzwand genagt; ÜBERTR.: die Säure hat sich durch den Boden des Gefäßes genagt.

2. ⟨an jmdm., etw. n.⟩ *quälen:* Kummer, Zweifel, Sorge, das Heimweh nagt an ihm; die seelische Belastung nagt an seiner Gesundheit; Gram nagt an ihrem Herzen; nagender Hunger, Schmerz;

★ nichts zu nagen und zu beißen haben (ugs.; *nichts zu essen haben*).

nah[e]: **I.** ⟨Adj.⟩ /vgl. nächste/: **1.** *nicht weit entfernt:* die n. Stadt; der n. Wald; sie kennt nur die nähere Umgebung des Ortes; ein n. gelegener Ort; komm mir nicht zu n.! *(fass mich nicht an!);* von dort aus ist es näher zum Zentrum; dieser Weg ist näher (ugs.; *kürzer*); das Hotel befindet sich n. am Strand; geh nicht zu n. an das Gitter heran!; ÜBERTR.: die Vorgänge legen den Verdacht, die Vermutung, den Schluss, den Gedanken n., dass ...; diese Vermutung liegt n.; diese Erklärung ist n. liegend; aus n. liegenden Gründen konnte er nichts sagen; einen Plan, einem Vorschlag näher treten *(sich damit befassen).* **2.** *bald erfolgend, eintretend:* die n. Abreise, der n. Abschied, Tod; in naher Zukunft ist keine Besserung zu erwarten; das Ende der Ferien ist n.;

der Herbst ist schon n.; Rettung, Hilfe war n.; er ist n. an achtzig (ugs.; *fast achtzig Jahre alt*); etw. steht n. bevor.
3. *eng, vertraut:* n. verwandt; die nähere Verwandtschaft; nähere Bekannte; selbst ihre nähere Umgebung wusste nichts davon; sie stehen in naher Verbindung miteinander; n. mit jmdm. verwandt, befreundet sein; jmdm. persönlich, innerlich, menschlich n. kommen *(in eine enge Beziehung treten);* sie sind sich/(geh.:) einander in letzter Zeit näher gekommen *(miteinander vertrauter geworden);* jmdn. näher kennen, kennen lernen; jmdm. freundschaftlich, innerlich n. stehen; er hat ihm sehr n. gestanden *(war ihm eng verbunden);* die beiden standen sich/(geh.:) einander nicht besonders n.; sie war ein mir sehr n. stehender Mensch; er steht dieser Gruppe n. *(steht zu dieser Gruppe in enger Beziehung);* einer Partei n. stehende Zeitungen.
4. *eingehend, genau:* nähere Erkundigungen einholen; sie ist nicht näher auf die Sache eingegangen; SUBST.: alles Nähere *(Genauere)* werden Sie noch erfahren.
II. ⟨Präp. mit Dat.⟩ (geh.) *in der Nähe von:* n. der Stadt, dem Fluss; ein Ort n. der Grenze; ein Platz n. dem Eingang;
∗ **nahe daran sein, etw. zu tun** *(sehr versucht sein, etw. zu tun)* · **etw.** (Dat.) **nahe sein** *(fast von etw. überwältigt werden):* dem Untergang, den Tränen, einer Ohnmacht, der Verzweiflung n. sein; dem Wahnsinn n., war er davongestürzt · **aus/von nah und fern** (geh:, *von überallher*) · **von nahem** (1. *aus der Nähe.* 2. *bei kritischer Betrachtung*) · **jmdm. etw. nahe bringen** *(jmdm. bestimmte Kenntnisse vermitteln):* den Schülern die moderne Kunst, die Klassiker n. bringen · **jmdm. etw. nahe legen** *(jmdm. [indirekt] zu etw. auffordern):* man hat ihm seinen Rücktritt n. gelegt, hat ihm n. gelegt zurückzutreten · **jmdm. nahe gehen** *(jmdm. schmerzlich berühren):* ihr Unglück, sein Tod ging allen sehr n. · **jmdm. zu nahe treten** *(jmdn. kränken, verletzen).*
Nähe, die: jmds. N. *(enge Beziehung)* suchen; er fühlte die N. (geh.; *das Herannahen*) des Todes; etw. aus der N. betrachten; sie braucht eine Brille für die N.; sie wohnen in der N. der Stadt, in unmittelbarer/nächster N. des Sees; als er stürzte, war gerade niemand in der N. *(es war niemand da, der es gemerkt hätte);* sich in jmds. N. aufhalten; er möchte seine Kinder immer in der N. haben; komm mir nicht in die N.! (ugs.; *halte dich fern von mir!*); ÜBERTR.: aus der N. betrachtet *(genau besehen),* ist die Sache ganz anders; der Urlaub ist in die N./in greifbare N. gerückt; seine Theorien weisen eine N. auf zu ...
nahen: a) (geh. veraltend) ⟨[sich] n.⟩ *sich nähern:* eine Gestalt naht sich; Schritte nahten [sich]; ⟨sich jmdm., etw. n.⟩ er nahte sich dem Mann mit einer Bitte; b) *[zeitlich] in unmittelbare Nähe rücken:* der Winter, der Morgen naht; sie sahen die

Katastrophe, die Gefahr n.; der Tag des Abschieds nahte; ein nahendes *(herannahendes)* Unwetter vertrieb sie.
nähen: **1.** *eine Näharbeit machen:* sauber, ordentlich, exakt n.; sie näht gut, gerne; er hat [heute] den ganzen Tag [mit der Maschine, mit der Hand, an dem Anzug] genäht; sie näht für ihre Kinder; sie will n. lernen; Ⓡ doppelt genäht hält besser. **2. a)** ⟨etw. n.⟩ *durch Nähen herstellen:* ein Kleid, eine Naht n.; sie hat den Saum [mit großen Stichen] genäht; du kannst das nicht mit weißem Garn n.; sie hat sich/für sich eine Bluse [aus einem teuren Stoff] genäht; b) ⟨etw. an etw. (Akk.)/ auf etw. (Akk.) n.⟩ *durch Nähen befestigen:* die Knöpfe an das Kleid n.; sie nähte eine Borte auf die Schürze. **3.** ⟨etw. n.⟩ *Hautgewebe chirurgisch wieder zusammenfügen:* eine Wunde n.; ⟨ugs. auch: jmdn. n.⟩ er musste genäht werden.
näher: ↑ nahe.
nähern: 1. a) ⟨sich n.⟩ *näher kommen:* sich rasch, langsam, vorsichtig n.; die Tiere näherten sich bis auf wenige Meter; Schritte näherten sich; b) ⟨sich jmdm., etw. n.⟩ *sich auf jmdn., etw. zubewegen:* wir wagten nicht, uns dem Käfig zu n.; sie näherten sich dem Ziel ihrer Reise; sich jmdm. unsittlich n.; ÜBERTR.: die Temperatur nähert sich dem Gefrierpunkt; der Sommer nähert sich dem Ende; er nähert sich dem Achtzig *(wird bald achtzig Jahre alt).* **2.** ⟨sich jmdm. n.⟩ *jmds. Bekanntschaft zu machen suchen:* er versucht sich dem Mädchen zu n.
nahezu: die Sitzung dauerte n. 5 Stunden; n. keiner blieb verschont; es dauerte n. fünf Stunden; es war n. unmöglich, den Redner zu verstehen.
nähren: 1. a) (geh.) ⟨jmdn., sich n.⟩ *ernähren:* sich gut, schlecht n.; die Bewohner nähren sich von der Hauptsache von Reis; sie nährt das Kind mit Brei; die Mutter nährt ihr Kind selbst *(stillt es);* die ganze Familie ist gut genährt; ÜBERTR.: er nährt sich *(erwirbt seinen Lebensunterhalt)* von, mit seiner Hände Arbeit; dieses Land nährt seine Bewohner nur kärglich *(bietet nur kärgliche Lebensbedingungen);* b) *nahrhaft sein:* diese Kost nährt nicht übermäßig. **2.** (geh.) ⟨etw. n.⟩ *aufkommen lassen:* den Verdacht, jmds. Groll, jmds. Hass n.; sie nährte lange Zeit den Wunsch, eines Tages ein Haus zu bauen.
nahrhaft: nahrhafte Kost, Speisen; Kohlehydrate sind sehr n.
Nahrung, die: kalorienarme, vitaminreiche, fettreiche, feste, flüssige, tierische, pflanzliche N.; die menschliche N.; die N. zubereiten; der Kranke nimmt nicht genügend N. zu sich; die N. verweigern *(nicht essen wollen);* die Tiere finden in dem verschneiten Wald kaum noch N., keine N. mehr; den Flüchtlingen fehlt es an N. und Kleidung; etw. dient jmdm. als, zur N.; jmdm. N. versorgen; ÜBERTR.: etw. ist jmds. geistige N.;
∗ **etw.** (Dat.) **[neue] Nahrung geben** *(etw. bestär-*

ken): er gibt mit seinem Verhalten ihrem Misstrauen immer neue N. · **Nahrung finden/bekommen** *(bestärkt, unterstützt werden):* seine Zweifel finden, ihr Argwohn bekommt immer wieder neue N.

Naht, die: a) *durch Zusammennähen entstandene Verbindungsstelle:* eine einfache, doppelte, gerade, schiefe N.; die N. ist geplatzt, aufgegangen; eine N. nähen, einfassen, auftrennen, bügeln, steppen; b) *durch Zusammenschweißen entstandene Verbindungsstelle:* die N. an dem Behälter ist leck, aufgeplatzt; die Nähte werden geschweißt;
* **aus den/aus allen Nähten platzen** (ugs.; 1. *zu dick, zu umfangreich werden.* 2. *zu voll werden; den Inhalt nicht mehr fassen können:* der Koffer platzt aus allen Nähten).

naiv: a) *kindlich unbefangen:* eine naive Freude; naiver Stolz; ein naives Glück; er handelt mit naiver Unbekümmertheit; (Kunst:) naive Maler, naive Malerei; b) *einfältig, arglos:* ein naiver Mensch; eine naive Frage, Antwort; einen naiven Eindruck machen; bist du so n., das zu glauben?; es ist n. [von dir] anzunehmen, ...; deine Frage ist reichlich n.; sie wirkt sehr n.; das klingt ein wenig n.;
* **den Naiven/die Naive spielen** *(so tun, als ob man von einer bestimmten Sache nichts wüsste).*

Name, der: 1. *Gattungsname:* welchen Namen haben diese Pflanzen, Tiere, Bäume; er kennt die Namen vieler Blumen; diese Geräte laufen unter dem Namen ...
2. *Eigenname:* ein alter, bekannter, berühmter, klangvoller, seltener, häufiger N.; das ist ein schöner, ausgefallener, einprägsamer, leicht zu behaltender N.; der richtige, falsche, angenommene N.; die Namen der Anwesenden, der Toten; mein Name ist Maier *(ich heiße Maier);* wie ist Ihr [werter] Name, bitte?; der N. dieses Unternehmens bürgt für Qualität; wie war doch gleich Ihr Name?; sein N. fiel im Zusammenhang mit diesen Vorgängen; sein N. wurde nicht genannt; (Rel.:) den Namen Gottes anrufen, loben, preisen; jmds. Namen feststellen, ermitteln, kennen; seinen Namen nennen, ändern, verschweigen; sie haben dem Kind einen ausgefallenen Namen gegeben; sie haben für ihre Tochter einen hübschen Namen ausgesucht; er trägt den Namen seines Großvaters; sie suchen nach einem Namen, sie haben noch keinen Namen für ihr Kind; die Fremde wollte ihren Namen nicht sagen; sie trägt seinen Namen; seinen Namen *(seine Unterschrift)* unter etw. setzen; einen anderen Namen annehmen; damit hat er seinem Namen keine Ehre gemacht *(hat er sich blamiert);* sie wollte ihren [guten] Namen nicht für diese Sache hergeben *(wollte sich an der Sache nicht beteiligen);* als Künstler hat er sich einen anderen Namen beigelegt, zugelegt; der Hund hört auf den Namen *(heißt)* Rex; das Konto lautet auf den Namen sei-

ner Frau; die Kinder werden nicht bei/mit ihren eigentlichen Namen gerufen; du musst mit dem [vollen] Namen unterschreiben; mit seinem Namen zeichnen *(unterschreiben);* mit seinem Namen für etw. bürgen; ein Mann mit Namen *(namens)* Maier; nach jmds. Namen fragen; sie ist mir nur dem Namen nach bekannt *(ich kenne sie nicht persönlich);* er reist unter falschem Namen;
Ⓡ N. ist Schall und Rauch; mein N. ist Hase[, ich weiß von nichts] (scherzh.; *ich weiß von der Sache nichts, will nichts von ihr wissen);*
* **sich** (Dat.) **einen Namen machen** *(berühmt werden)* · etw. beim Namen nennen *(etw. ohne Beschönigung aussprechen)* · in jmds./etw. **Namen, im Namen [von]** *(im Auftrag, stellvertretend für):* im Namen des Volkes, des Gesetzes; im Namen meiner Familie.

namens: I. ⟨Adverb⟩ *mit Namen:* ein Mann n. Maier.
II. ⟨Präp. mit Gen.⟩ (Amtsspr.) *im Namen, im Auftrag:* n. der Regierung, der Familie Glückwünsche aussprechen.

namentlich: I. ⟨Adj.⟩ *mit Namensnennung:* eine namentliche Abstimmung; die Anwesenden n. aufrufen; der Spender will nicht n. genannt werden; die Mitarbeiter sind n. aufgeführt.
II. ⟨Adverb⟩ *besonders:* alle litten unter der Kälte, n. die Sportler aus Afrika; die Route ist kaum passierbar, n. [dann], wenn es geregnet hat.

namhaft: a) *bekannt:* ein namhafter Künstler, Gelehrter; ein Konzert mit namhaften Solisten; b) *nennenswert, ansehnlich:* ein namhafter Betrag; sie spendete eine namhafte Summe; es besteht kein namhafter Unterschied zwischen beiden;
* **jmdn., etw. namhaft machen** (Papierdt.; *jmdn., etw. [be]nennen, ausfindig machen):* der Urheber, der Täter wurde n. gemacht.

nämlich: I. ⟨Adj.⟩ (geh. veraltend) *der-, die-, dasselbe:* die nämlichen Leute; am nämlichen Tag.
II. ⟨Adverb⟩ 1. *und zwar; genauer gesagt:* es gibt vier Jahreszeiten, n. Frühling, Sommer, Herbst, Winter; die Zeitung erscheint einmal wöchentlich, n. freitags; bei sich zu Hause, in Berlin n. *(das heißt in Berlin),* ...; die Unfälle passieren alle in der gleichen Situation, n. [dann,] wenn plötzlich Nebel auftritt.
2. *denn:* ich wusste nichts von der Sache, er war n. verreist; /verblasst/ ⟨oft als Partikel⟩ es ist n. so, dass man nur mit Ausweis Zutritt hat.

Narbe, die: eine große, kleine, tiefe, [kaum] sichtbare, frische, hässliche N.; die N. schmerzt, brennt, spannt; eine N. bildet sich; von der Verletzung ist keine auffällige N. zurückgeblieben; er hat eine N. über der Nase; die Wunde hat eine unschöne N. hinterlassen; sein Arm ist mit Narben bedeckt.

Narkose, die: eine tiefe, leichte N.; die N. einleiten, überwachen, verlängern, durch ein Beruhigungsmittel vorbereiten; die Schwester gab ihm eine N.;

aus der N. erwachen; in [der] N. liegen; einen Eingriff in N. machen.

Narr, der (veraltend): er ist ein N.; ich müsste ein vollkommener N. sein, wenn ...; /auch als Schimpfwort/: der alte N.!; du bist ein N. *(töricht);* Ⓡ ein N. kann in einer Stunde mehr fragen, als zehn Weise in einem Jahr beantworten können; * einen Narren an jmdm., etw. gefressen haben (ugs.; *jmdn., etw. sehr gern mögen)* · sich zum Narren machen *(sich lächerlich machen)* · jmdn. zum Narren haben/halten *(jmdn. [im Scherz] täuschen und veralbern).*

narren (geh.) ⟨jmdn. n.⟩: eine Fata Morgana, ein Spuk narrte sie; SUBST.: er war der Genarrte.

närrisch: 1. *skurril:* ein närrischer Einfall, ein närrischer Mensch, Kauz, Kerl; bist du n. (ugs.; *nicht recht bei Verstand),* so etwas zu machen?; sie waren ganz n. *(außer sich)* vor Freude. **2.** *faschingsmäßig:* das närrische Treiben; die närrische Zeit *(Zeit des Faschings);* * auf jmdn., etw./(seltener:) nach jmdm., etw. närrisch sein *(jmdn., etw. sehr gern mögen, haben wollen).*

naschen: a)⟨[von etw.] n.⟩ *aus Naschsucht essen:* die Kinder naschen gern, den ganzen Tag; wer hat von dem Pudding, von dem Kuchen genascht?; b)⟨etw. n.⟩ *aus Naschsucht verzehren:* viel Süßigkeiten n.

Nase, die: eine große, dicke, knollige, lange, spitze, gerade, gebogene, edle, höckrige, rote, fleischige N.; ein kleines Näschen; jmdm. läuft die N. (ugs.; *jmd. hat Schnupfen);* jmdn. blutet die N.; die N. ist verstopft; die Kinder drücken sich die Nase an der Schaufensterscheibe platt ; bei dem Gestank hielt sie sich (Dat.) die N. zu; sich die N. reiben; sich die N. putzen; das Kind ist auf die N. gefallen *(ist hingefallen);* er setzte seine Brille auf die N.; durch die N. atmen; in der N. bohren; der scharfe Geruch stieg ihnen in die N.; eine gute, feine N. *(einen ausgeprägten Geruchssinn)* haben; sie streckte die N. aus dem Fenster *(guckte zum Fenster hinaus);* jmdm. die Tür vor der N. zuschlagen *(unmittelbar vor jmdm. zuschlagen);* jmdn. schroff an der Tür abweisen); der Zug, die Bahn, der Bus fuhr ihm vor der N. *(unmittelbar vor dem Erreichen)* weg; * jmdm. passt/gefällt jmds. Nase nicht (ugs.; *jmd. mag jmdn. nicht leiden)* · eine gute/feine Nase [für etw.] haben (ugs.; *etw. richtig einschätzen):* sie hat eine gute, die richtige N. fürs Geschäft · [von etw., jmdm.] die Nase voll haben (ugs.; *jmds., etw. überdrüssig sein)* · seine Nase in etw. (Akk.)/in alles [hinein]stecken (ugs.; *sich neugierig um etw., um alles kümmern, was einen nichts angeht)* · nicht weiter sehen als seine Nase (ugs.; *sehr engstirnig sein)* · die Nase hoch tragen *(eingebildet sein)* · die Nase rümpfen *(verächtlich auf jmdn., etw. herabsehen)* · sich (Dat.) die Nase begießen (ugs.; *kräftig Alkohol trinken)* · sich (Dat.) eine goldene Nase verdie-

nen (ugs.; *sehr viel Geld bei etw. verdienen)* · die/ seine Nase in ein Buch stecken (ugs.; *eifrig lernen)* · jmdm. eine [lange] Nase drehen/machen (ugs.; *jmdn. verspotten, auslachen)* · die/jmds. Nase beleidigen (scherzh.; *schlecht riechen)* · immer der Nase nach (ugs.; *immer geradeaus)* · jmdm. etw. an der Nase ansehen (ugs.; *etw. aus jmds. Miene ablesen)* · sich an die eigene Nase fassen (ugs.; *sich um die eigenen Fehler, Schwächen kümmern)* · jmdm. an der Nase herumführen (ugs.; *jmdn. irreführen, täuschen)* · jmdm. etw. auf die Nase binden (ugs.; *1. jmdm. etw. erzählen, was für ihn nicht bestimmt ist. 2. jmdm. etw. einschärfen)* · auf die Nase liegen (ugs.; *krank sein)* · auf die Nase fallen (ugs.; *scheitern)* · jmdm. auf der Nase herumtanzen (ugs.; *mit jmdm. machen, was man will)* · jmdm. eins auf die Nase geben (ugs.; *jmdn. zurechtweisen)* · jmdm. mit der Nase auf etw. (Akk.) stoßen (ugs.; *jmdn. deutlich auf etw. hinweisen)* · immer mit der Nase vorneweg sein (ugs.; *vorwitzig sein)* · die Nase vorn haben (ugs.; *am besten abschneiden)* · [nicht] nach jmds. Nase sein (ugs.; *jmdm. [nicht] gefallen)* · pro Nase (ugs.; *pro Person)* · jmdm. etw. unter die Nase reiben (ugs.; *jmdn. etwas Unangenehmes deutlich sagen, vorhalten)* · jmdm. etw. unter die Nase halten (ugs.; *jmdm. etw. so vors Gesicht halten, dass er es sehen muss)* · jmdm. jmdn. vor die Nase setzen (ugs.; *jmdn. überordnen, zum Vorgesetzten geben)* · jmdm. etw. vor der Nase wegschnappen (ugs.; *etw. schnell an sich nehmen, ein anderer es bekommen kann)* · etw. vor der Nase haben (ugs.; *etw. in unmittelbarer Nähe haben).*

Nasenspitze, die: ihre N. war ganz rot vor Kälte; * nicht weiter sehen, als die Nasenspitze reicht (ugs.; *sehr engstirnig sein)* · jmdm. etw. an der Nasenspitze ansehen (ugs. scherzh.; *etw. aus jmds. Miene erraten).*

nass: a)*von Wasser durchtränkt, mit Wasser bedeckt:* nasse Kleider, Schuhe, Strümpfe; nasse Haare; nasses Gras; sie hatten nasse Füße; die Tafel mit einem nassen Schwamm abwischen; sich mit [von Tränen] nassen Augen verabschieden; er war völlig, durch und durch triefend, bis auf die Haut n.; sie sind vom Regen tüchtig n. geworden; seine Stirn war n. von Schweiß; die Straße war n. vom Regen; die Farbe ist noch n. *(ist noch nicht getrocknet);* der Schnee ist n. *(halb getaut);* du hast mich n. gespritzt; das Kind hat sich, hat sich das Höschen/die Windeln n. gemacht; SUBST.: du darfst nicht im Nassen *(in der Nässe)* herumlaufen; b)*verregnet:* ein nasser Sommer; nasses Wetter; das Frühjahr war in diesem Jahr sehr n.;

* genauso nass [wie vorher] sein *(genauso klug [wie vorher] sein)* · jmdn. nass machen (Jargon; *jmdn. fertig machen).*

Nation, die: die deutsche, französische N.; die europäischen, afrikanischen Nationen; eine starke, mächtige, friedliebende, junge N.; die ganze N. trauerte um den großen Mann; er war der Liebling der N.

national: a) *die Nation betreffend:* die nationale Selbstständigkeit, Unabhängigkeit; die nationalen Interessen wahren, vertreten; ein nationaler Gedenktag, Feiertag; etw. auf nationaler Ebene *(innerstaatlich)* regeln; **b)** *patriotisch:* eine nationale Partei; n. denken, fühlen, handeln; n. gesinnt sein.

Natur, die: **1.** die unbelebte, unberührte, unverfälschte, unerforschte, wilde, blühende, erwachende N.; die N. erforschen, beobachten, beschreiben; sie genießen in ihrem Urlaub die N.; die Kräfte, Geheimnisse, Wunder der N.; das Studium der N. betreiben; diese Tiere, Pflanzen gedeihen nur in freier N.; sie wanderten hinaus in die freie N.; er zeichnet nach der N. *(nach einem realen Vorbild);* Möbel in Birke N. *(in farblich nicht verändertem Birkenholz);* BILDL.: die N. hat sie stiefmütterlich behandelt *(sie ist nicht sehr hübsch, hat ein Gebrechen);* Ⓡ zurück zur N.! *(zu einer natürlichen Lebensform!).* **2.** *angeborene Eigenart; Wesen:* die menschliche N. ist unberechenbar; die männliche, weibliche, tierische N.; in dieser Situation zeigt sich seine wahre N.; er hat eine gesunde, kräftige N. *(Konstitution);* sie hat eine gutmütige, kindliche, gesellige N.; er kann seine N. nicht verleugnen *(bleibt sich immer selbst treu);* dieses Verhalten ist ihrer innersten N. zuwider, entspricht nicht ihrer N.; er handelt gegen seine N.; von N. [aus] ist er gutmütig; sie ist bescheiden von N. *(ihrem Wesen nach);* Ⓡ die N. verlangt ihr Recht *(man muss einem körperlichen Bedürfnis nachgeben, einen Trieb befriedigen).* **3.** *Mensch:* er ist eine fröhliche, gesellige, ängstliche, ernste, kämpferische, schöpferische N.; die beiden sind gänzlich verschiedene, widersprechende Naturen. **4.** *Art:* Beschlüsse/Fragen [von] grundsätzlicher, allgemeiner N.; die Verletzung war nur leichter N.; die Sache ist ernster N.;

★ **Natur sein** *(echt, nicht künstlich sein)* · jmdm. **gegen/wider die Natur gehen** *(jmdm. widerstreben)* · **in der Natur von etw. liegen** *(untrennbar zum Wesen von etw. gehören)* · jmdm. **zur zweiten Natur werden** *(jmdm. selbstverständlich, zur festen Gewohnheit werden).*

natürlich: **I.** ⟨Adj.⟩ a) *von der Natur hervorgebracht, in der Natur vorkommend:* natürliche Begabung; eine natürliche Auslese, Zuchtwahl; die natürliche Haarfarbe; natürliches Licht *(Tageslicht);* eine natürliche Düngung; ein natürlicher Verschleiß; der natürliche Lebensraum dieser Tiere; ein natürlicher *(nicht künstlich angelegter)* See; ein natürliches Bedürfnis befriedigen; der See bildet die natürliche Grenze des Landes; das ist der natürliche Verlauf der Krankheit;

das Standbild zeigt den Reiter in natürlicher Größe; **b)** *unverbildet, ungezwungen:* sie hat ein sehr natürliches Wesen, eine natürliche Art; eine natürliche *(einfache)* Lebensweise; sie hat eine natürliche Anmut, einen natürlichen Charme; das Bild, das Foto ist sehr n.; sie ist, wirkt, spricht sehr n.; **c)** *selbstverständlich:* das ist doch die natürlichste Sache von der Welt; das ist ein ganz natürlicher Wunsch; die natürliche *(zu erwartende)* Folge war, ...; es ist nur [zu] n., dass sie so handelt; nichts ist natürlicher als das; es wäre das natürlichste/am natürlichsten, wenn ...; SUBST.: das ist das Natürlichste, was man sich denken kann. **II.** ⟨Adverb⟩ a) *selbstverständlich:* n. werde ich kommen; »Hilfst du mir?« – »N.!«; er kam n. (iron.; *erwartungsgemäß)* wieder zu spät; **b)** /drückt eine Einschränkung aus/ *zwar:* wir freuen uns n., wenn du kommst, aber ...

Nebel, der: feuchter, kalter, nasser, leichter, dichter, dicker, undurchdringlicher, herbstlicher N.; ziehende N. *(Nebelschwaden);* N. mit Sichtweiten unter 50 Metern; der N. fällt, lichtet sich, verdichtet sich, wird dichter, hängt in den Bergen, liegt über dem Tal; der N. hüllt die Berge ein; plötzlich kam N. auf; der N. verursachte mehrere Unfälle; N. behindert den Verkehr; [es herrscht] stellenweise N.; bei N. langsam fahren!; sie haben sich im N. verirrt; Schwaden von N.; das Tal war von N. erfüllt; die Schifffahrt ruht wegen N./wegen des dichten Nebels;

★ **ausfallen wegen Nebel[s]** *(ugs. scherzh.; überraschend nicht stattfinden).*

neben ⟨Präp. mit Dat. und Akk.⟩: **1. a)** ⟨mit Dat.⟩ /zur Angabe der Lage/ *seitlich von:* der Schrank steht dicht n. der Tür; sie wohnen n. uns; sie saß im Konzert n. ihm; /koppelt gleiche Substantive/: auf dem Platz stand Auto n. Auto *(die Autos standen dicht nebeneinander);* ÜBERTR.: sie duldet keine Konkurrenten n. sich; **b)** ⟨mit Akk.⟩ /zur Angabe der Richtung/ *seitlich daneben, an die Seite von:* er stellte sich n. ihn; sie setzt sich n. das Kind; er stellte seinen Stuhl n. den meinen; /koppelt gleiche Substantive/: hier man man Haus n. Haus *(die Häuser dicht nebeneinander)* gebaut. **2.** ⟨mit Dat.⟩ *außer:* n. diesen Dingen habe ich noch einige Geschenke zu besorgen; er betreibt n. seinem Beruf noch eine kleine Landwirtschaft; n. dem Präsidenten waren noch andere hohe Gäste anwesend. **3.** ⟨mit Dat.⟩ *verglichen mit:* n. diesem Sänger verblassen alle anderen; n. ihr kann er nicht bestehen.

nebenan: sie wohnt, ist n.; die Wohnung n. steht leer; im Haus n. wohnt eine französische Familie; sie spielen mit den Kindern von n. (ugs.; *den Kindern der Nachbarn).*

nebenbei: **1.** *nebenher, außerdem:* er versorgt ihren Haushalt und hilft n. im Geschäft; er arbeitet n. als Übersetzer; diese Arbeit macht sie n.

2. *beiläufig:* eine Bemerkung so n. *fallen lassen;* sie hat das nur n. *gesagt, erwähnt, festgestellt;* [ganz] n. [bemerkt] wäre es gar nicht möglich, so zu verfahren; ich habe daran kein Interesse, aber dies nur n. *(n. bemerkt).*

nebeneinander: a) *einer neben dem anderen:* etw. n. aufstellen, hinlegen; n. fahren, gehen, liegen; ÜBERTR.: hier leben Menschen aller Hautfarben friedlich n.; SUBST.: das Nebeneinander von Altem und Neuem; **b)** *gleichzeitig:* sie hat eine Weile zwei Berufe n. ausgeübt; in der Ausstellung sieht man Modernes und Antikes n. Beachte: Nach neuer Rechtschreibung wird *nebeneinander* vom folgenden Verb immer getrennt geschrieben.

neblig: ein nebliger Tag; nebliges Wetter; an einem nebligen Novembertag; draußen ist es sehr n.

necken: *mit jmdm. seinen Scherz treiben:* **a)** ⟨jmdn. [mit/wegen etw.] n.⟩ du darfst ihn nicht immerzu n.; die beiden necken sich/(geh.:) einander gern; man neckt ihn mit seiner neuen Freundin, wegen seiner Frisur; **b)** ⟨sich mit jmdm. n.⟩ er neckt sich immer mit ihr.

negativ: 1. *verneinend, ablehnend:* ein negativer Bescheid; eine negative Einstellung zu etw. haben; die Antwort, die Kritik war n.; jmdm., etw. n. gegenüberstehen; sich n. zu etw. äußern; etw. n. beantworten, bescheiden. **2.** *ungünstig, schlecht:* eine negative Entwicklung; negative Aussichten, Folgen, Auswirkungen; ein negatives Zeichen, Anzeichen; die negativen Seiten der Angelegenheit; das Ergebnis der Verhandlungen war n.; man beurteilt die Lage sehr n.; etw. n. bewerten; sich n. auswirken; jmdn., etw. n. beeinflussen; SUBST.: etwas, nichts Negatives über jmdn. sagen. **3. a)** (Math.) *kleiner als null:* eine negative Zahl; das Ergebnis der Gleichung ist n.; **b)** (Physik) *(in Bezug auf eine elektrische Ladung) nicht positiv:* der negative Pol; eine negative Ladung; n. geladen sein. **4.** (bes. Med.) *einen Krankheitsverdacht nicht bestätigend:* ein negativer Befund; die Untersuchung verlief n.

nehmen: 1. ⟨jmdn., etw. n.⟩ *mit der Hand ergreifen:* er nahm den Hammer [in die Hand/zur Hand] und schlug den Nagel ein; sie nahm ihren Mantel und ging; nimm das Buch, und stell es wieder an seinen Platz!; sie nahm die dargebotene Hand. **2. a)** ⟨jmdn., etw. n.⟩ *in seinen Besitz nehmen:* sie hat zwei Stücke Kuchen genommen; du hast zu viel genommen; er nimmt, was er kriegen kann; sie hat das Kleid nicht genommen *(gekauft);* die Diebe haben nur das Bargeld genommen *(mitgenommen);* einen Mann, eine Frau n. *(heiraten);* jmdn. zur Frau/zum Mann nehmen *(jmdn. heiraten);* kein [Trink]geld, keine Geschenke n. *(annehmen);* Ⓡ woher n. und nicht stehlen?; ⟨sich (Dat.) jmdn., etw. n.⟩ du darfst dir noch ein Stück Schokolade n.; er hat sich eine Frau genommen

(hat geheiratet); **b)** ⟨jmdn. n.⟩ *engagieren:* eine [Putz]hilfe, einen [Rechts]anwalt n.; man hat den Bewerber nicht genommen (ugs.; *hat ihn nicht eingestellt);* ⟨sich (Dat.) jmdn. n.⟩ sie hat sich einen Anwalt genommen; **c)** ⟨etw. n.⟩ *verwenden:* sie nimmt nur Butter zum Kochen; zum Nähen weißen Zwirn nehmen; man nehme: fünf Eier, 500 g Mehl, ... **3. a)** ⟨jmdn., etw. irgendwohin n.⟩ *an eine bestimmte Stelle bringen:* Fracht an Bord n.; das Kind auf den Arm, auf den Schoß n.; eine Last auf den Rücken n.; er nahm sie in den Arm *(umarmte sie);* das Kind nimmt alles in den Mund; nahm seine Tasche unter den Arm, den Rucksack auf die Schultern, ÜBERTR.: die beiden Söhne nahmen die Mutter in die Mitte *(gingen rechts und links von ihr);* **b)** ⟨jmdn., etw. aus/von etw. n.⟩ *herausnehmen, entfernen:* Geschirr aus dem Schrank, Geld aus dem Portemonnaie n.; die Mutter nahm das Baby aus dem Wagen; die Gläser vom Tisch, den Hut vom Kopf n.; ÜBERTR.: sie haben das Kind aus der Schule genommen *(lassen es nicht länger die Schule besuchen).* **4.** ⟨jmdm. jmdn., etw. n.⟩ *wegnehmen:* der Tod hat ihm die Frau genommen; der Neubau hat uns die ganze Aussicht genommen; ÜBERTR.: jmdm. den Glauben, die Hoffnung, die Illusion n.; du hast mir alle Sorge genommen *(mich davon befreit);* jmdm. den Spaß, die Freude, die Lust [an etw.] n. *(verderben);* das nimmt der Sache den ganzen Reiz. **5.** ⟨etw. n.⟩ *benutzen:* die Straßenbahn, den Omnibus, das Flugzeug, das Schiff, den Wagen n.; sie nahm den nächsten Zug, um schnell zu Hause zu sein; wir nehmen ein Taxi. **6.** ⟨etw. n.⟩ **a)** *(als Gegenwert) verlangen, fordern:* der Händler nimmt heute 5 DM für die Äpfel; er hat für die Fahrt 40 Mark genommen; was nehmen Sie für die Stunde?; **b)** *in Anspruch nehmen, sich geben lassen:* Unterricht, Nachhilfe[stunden] in Latein n.; er hat Urlaub genommen; ⟨sich (Dat.) etw. n.⟩ ich werde mir [einen Tag] frei nehmen. **7.** ⟨etw. n.⟩ *dem Körper zuführen:* Drogen, Tabletten, ein Medikament, ein Beruhigungsmittel n.; sie nimmt die Pille (ugs.; *Antibabypille);* er hat Gift genommen *(sich mithilfe von Gift das Leben genommen).* **8. a)** (geh.) ⟨etw. n.⟩ *(eine Mahlzeit) einnehmen:* er nimmt das Frühstück um 10 Uhr; die Gläubigen haben das Abendmahl genommen *(das Altarsakrament empfangen);* **b)** ⟨etw. zu sich n.⟩ *essen:* nur eine Kleinigkeit, nichts Gekochtes zu sich n.; der Kranke hat noch nichts zu sich genommen. **9.** ⟨jmdn. zu sich n.⟩ *bei sich aufnehmen:* die alte Mutter, ein Waisenkind zu sich n. **10. a)** ⟨etw. für etw. n.⟩ *als etw. ansehen:* etw. für ein gutes Zeichen, günstiges Omen n.; wir wollen den guten Willen für die Tat n.; sie hat den

N

Scherz für Ernst genommen; b)⟨jmdn., sich, etw. irgendwie n.⟩ *auffassen, betrachten:* etw. [sehr] ernst, zu leicht, zu schwer, (ugs.:) tragisch n.; du nimmst alles, dich selbst zu wichtig; man kann ihn, sein Gerede nicht ernst n.; das darfst du nicht wörtlich n.; sie nimmt es nicht so genau *(ist nicht sehr exakt);* nehmen wir den Fall *(stellen wir uns den Fall vor),* dass alles misslingt/misslänge; jedes für sich genommen *(einzeln betrachtet);* Ⓡ wie mans nimmt (ugs.; *man kann die Sache verschieden auffassen);* c)*akzeptieren:* du musst diesen Menschen n., wie er ist; er nimmt alles, wie es kommt. **11.**⟨etw. an sich n.⟩ *verwahren, aufbewahren:* würden Sie bitte die Unterlagen an sich n.?; er hat die liegen gebliebenen Sachen, Schlüssel an sich genommen. **12.**⟨etw. n.⟩ *(ein Hindernis o. Ä.) überwinden:* ein Hindernis, eine Hürde n.; das Auto nahm den Berg, die Steigung im dritten Gang. **13.**/verblasst oder in festen Wendungen/: einen Verlauf n. *(verlaufen);* etw. in Arbeit n. *(beginnen, an etw. zu arbeiten);* einen Aufschwung n. *(sich aufwärts entwickeln);* auf jmdn., etw. Einfluss n. *(jmdn., etw. beeinflussen);* eine bestimmte Entwicklung n. *(sich in bestimmter Weise entwickeln);* ★ **es sich** (Dat.) **nicht nehmen lassen, etw. zu tun** *(darauf bestehen, etw. zu tun)* · **jmdn. nicht für voll nehmen** (ugs.; *jmdn. od. das, was er sagt od. tut, gering einschätzen)* · **jmdn. zu nehmen wissen** (ugs.; *jmdn. richtig zu behandeln verstehen)* · **etw. auf sich nehmen** *(etw. übernehmen):* ich nehme die Verantwortung auf mich; er hat es auf sich genommen, den Plan auszuführen.
Neid, der: heftiger N.; der blasse, pure *(sehr großer)* N. sprach aus seinen Worten; sie sieht gut aus, das muss die N. ihr lassen *(das muss man, wenn auch widerwillig, anerkennen);* der N. frisst, nagt an ihm; N. empfinden; sein Reichtum erregt, [er]weckt viel N.; etw. mit N. betrachten; alle sahen ihn voll N. an; von N. erfüllt sein; sie verging, (ugs.:) platzte fast vor N.; Ⓡ nur kein N.!; das ist der N. der Besitzlosen;
★ **vor Neid erblassen** *(sehr neidisch werden)* · **blass/gelb/grün vor Neid werden** *(heftigen Neid empfinden).*
neiden (geh.) ⟨jmdm. etw. n.⟩: jmdm. seinen Erfolg, seinen Gewinn, sein Glück n.
neidisch ⟨n. [auf jmdn., etw.]⟩: neidische Nachbarn, Geschwister; sie folgten ihm mit neidischen Blicken; neidische Blicke auf jmdn., etw. werfen; er ist n. auf meinen Erfolg; die Kinder sind immer n. aufeinander; da kann man schon n. werden; etw. n. betrachten.
Neige, die (geh.): die N. im Glas stehen lassen; die N. austrinken, weggießen; er hat sein Glas bis zur N. *(völlig)* ausgetrunken, geleert; ÜBERTR.: etw. bis zur [bitteren] N. *(bis zum Ende)* durchstehen müssen;

★ **auf die/zur Neige gehen** (geh.; *zu Ende gehen):* die Vorräte gehen langsam zur N.; der Tag, das Jahr geht zur N.
neigen /vgl. geneigt/: **1.**⟨sich, etw. [irgendwohin] n.⟩ *[herab]beugen; senken:* den Kopf zum Gruß, als Zeichen der Demut n.; sich nach vorn, nach links n.; den Körper zur Seite n.; der Zeiger der Waage neigt sich nach unten; die Mutter neigt sich über das Kind; er neigte *(verneigte)* sich ehrfurchtsvoll vor dem Toten; die Bäume neigen ihre Zweige bis zur Erde; die Zweige neigten sich zur Erde; ÜBERTR.: der Tag, das Jahr hat sich geneigt (geh.; *geht zu Ende);* der Urlaub neigt sich dem Ende. **2.**⟨etw. n.⟩ *schräg halten:* das Glas, die Flasche n. **3.**⟨sich n.⟩ *schräg abfallen:* das Gelände neigt sich hier nach Norden; eine geneigte Fläche. **4.**⟨zu etw. n.⟩ a)*für etw. anfällig sein, einen Hang zu etw. haben:* er neigt zu Erkältungen, zur/zu Korpulenz; ein zum/zu Jähzorn neigender Mann; b)*etw. vertreten:* zu der Ansicht, zur Auffassung n., dass ...; ich neige dazu, ihm Recht zu geben.
Neigung, die: **1.***das Neigen:* er verabschiedete sich mit einer N. des Kopfes. **2.***das Schrägabfallen:* die N. des Geländes, des Hanges, des Turmes beträgt 18 Grad; die Straße weist eine leichte N. *(ein leichtes Gefälle)* auf. **3.**(geh.) a)*Hang, Disponiertsein:* eine N. zur Korpulenz; sie hatte die N., ständig zu kritisieren; er hatte, verspürte, zeigte wenig N. *(Lust),* diesem Plan zuzustimmen; die Papiere haben N. zu steigen (Börsenw.; *tendieren zum Steigen);* (Chemie:) dieser Stoff hat große N., sich mit Chlor zu verbinden; b)*Anlage, Vorliebe:* künstlerische, musikalische Neigungen; jmds. N. zur Schauspielerei unterstützen; seinen Neigungen leben; etw. aus N. tun. **4.***Zuneigung:* jmds. N. erwacht; er gewann ihre N.; sie erwiderte seine N. nicht; er spürte, fühlte, (geh.:) fasste sehr schnell N. zu ihr.
nein ⟨Partikel⟩: **1.** a)*/Äußerung der Ablehnung auf eine Frage/:* »Kommst du?« – »N.!«; n., danke!; SUBST.: sein Nein klang etwas zaghaft; ein eindeutiges Nein; sie antwortete mit einem klaren, deutlichen Nein; viele Wähler haben mit Nein gestimmt; b)/in Ausrufen als Bekräftigung einer Ablehnung/: n.!; n., n.!; aber n.!; ach n.!; o n.!; n. doch!; n., niemals!; n. und abermals n.!; c)/leitet einen Ausruf des Erstaunens, freudiger Überraschung ein/: n., so etwas!; n., so ein Glück!; n., dass ihr daran [aber auch] gedacht habt. **2.**/zur Bitte der Äußerung des kleinen Zweifels an der vorausgegangenen verneinten Aussage/ *nicht wahr?:* du gehst doch jetzt noch nicht, n.? **3.***mehr noch, sogar:* das ist eine schwierige, unlösbare Aufgabe; er schätzte ihn, n. verehrte ihn geradezu; Hunderte, n. Tausende von Kilometern. **4.**/zur Anreihung eines Satzes/: n., das kann ich nicht

glauben; ihn verraten, n. das kann ich nicht; n., das ist ja unmöglich; * nicht Nein/nein sagen können *(zu gutmütig sein, um etw. abzulehnen)* · [zu etw.] Nein/nein sagen *(etw. ablehnen).* **nennen:** 1.⟨jmdn., etw. n.; mit Gleichsetzungsakkusativ⟩ *einen bestimmten Namen geben; rufen:* wie wollt ihr das Kind n.?; man nannte ihn Johannes nach seinem Großvater; sie nannten ihre Tochter Vera, ihren Hund Waldi; er heißt Joseph, aber man nennt ihn Joschka. 2.*[als etw.] bezeichnen:* a)⟨jmdn., etw. n.; mit Gleichsetzungsakkusativ⟩ jmdn. einen Lügner n.; er ist das, was man einen Angeber nennt; das nenne ich *(das ist aber)* eine Überraschung, ein schönes Fest!; das nenne ich Mut!; b)⟨jmdn., etw. irgendwie n.⟩ man kann sie nicht gerade intelligent n.; das nenne ich vorbildlich, gekonnt, mutig; schön kann ich das nicht n. *(finden);* wenn Sie das so n. wollen. 3.⟨oft iron.⟩ ⟨sich n.; mit Gleichsetzungsnominativ⟩ *behaupten, [von Beruf] zu sein:* er nennt sich freier Schriftsteller; und so was nennt sich nun Freund; er nennt sich Christ; dieses Lokal nennt sich großartig Bar. 4.⟨jmdn. bei etw./mit etw. n.⟩ *ansprechen:* jmdn. mit dem Namen, bei seinem Vornamen n. 5.⟨jmdn., etw. n.⟩ *anführen, angeben:* er, sein Name wurde [nicht] genannt; können Sie Beispiele n.?; die Teilnehmer wurden namentlich genannt; besonders genannt sei ...; er ist an erster Stelle im Zusammenhang mit dem Attentat zu n.; die genannten Personen sollen sich melden; die Partei nannte *(benannte)* ihre Kandidaten für die Wahl; ⟨jmdn. jmdn., etw. n.⟩ nennen Sie mir bitte Ihren Namen!; können Sie mir den Preis der Waren n.?; jmdm. den Grund für etw. n.; können Sie mir ein gutes Hotel, einen guten Arzt n. *(empfehlen)?*
Nenner, der (Math.): Zähler und N.; der N. eines Bruchs⟩ den gemeinsamen N. suchen; Brüche auf einen, den gleichen N. bringen; * einen [gemeinsamen] Nenner finden *(eine gemeinsame Grundlage finden)* · etw. auf einen [gemeinsamen] Nenner bringen *(Gegensätze ausgleichen und in Übereinstimmung bringen):* seine Interessen auf einen N. bringen.
Nerv, der: 1.*Nervenfaser:* motorische, vegetative Nerven; der N. liegt frei; den N. [im Zahn] töten, ziehen, freilegen; ÜBERTR.: das Buch trifft den N. der Zeit. 2.⟨Plural⟩ *nervliche Konstitution:* starke, gute, schwache Nerven; für diese, zu dieser Arbeit hast du nicht die Nerven *(du bist dafür nervlich nicht geeignet);* seine Nerven sind völlig zerrüttet, haben versagt, gingen ihm durch; meine Nerven halten das nicht aus; ihre Nerven waren zum Zerreißen gespannt *(sie war in einem Zustand äußerster Anspannung);* er kennt keine Nerven (ugs.; *hat eine sehr robuste nervliche Konstitu-*

tion); sie hat die besseren Nerven; das kostet Nerven; die Nerven behalten *(nicht nervös werden);* sie hat die Nerven *(die Beherrschung)* verloren; der Film geht an die Nerven; der Lärm zerrt an den Nerven; völlig mit den Nerven fertig, herunter, am Ende sein; * den Nerv haben, etw. zu tun (ugs.; *den Mut, die Frechheit haben, etw. zu tun)* · [vielleicht] Nerven haben (ugs.; *auf seltsame Ideen kommen)* · Nerven wie Drahtseile/Stricke haben (ugs.; *eine robuste nervliche Konstitution haben)* · jmdm. den letzten] Nerv töten (ugs.; *jmdn. durch sein Verhalten belästigen)* · Nerven zeigen *(nervös werden)* · jmdm. auf die Nerven fallen/ gehen (ugs.; *jmdm. lästig werden).*
nervös: 1.*vom Nervensystem ausgehend:* ein nervöser Reflex; nervöse Zuckungen; die Krankheit, der Schmerz ist [rein] n. bedingt; etw. wird n. *(durch bestimmte Nerven)* gesteuert. 2.*reizbar, unruhig:* nervöse Unruhe, Spannung, Hast, Gereiztheit; sie ist, wirkt sehr n.; er wird immer nervöser; das Warten macht ihn ganz n.; n. auf und ab gehen; sie rauchte n.; er trommelte n. auf dem Tisch.
Nessel, die: sich an einer N. verbrennen; * sich [mit etw.] in die Nesseln setzen (ugs.; *sich [mit etw.] Unannehmlichkeiten bereiten).*
Nest, das: 1.*ein kunstvoll gebautes, kleines, leeres N.; ein N. aus Zweigen; das N. der Amsel, des Stichlings; ein N. voll Eier, voll kleiner Mäuse; die Kinder haben ein N. gefunden, entdeckt, ausgenommen, ausgehoben; die Vögel bauen, verlassen ihre Nester; der Vogel, das Huhn sitzt auf dem N.; vier Eier lagen im N.; ÜBERTR.: das junge Paar hat sich ein N. gebaut *(eine eigene Wohnung eingerichtet);* ein N. *(einen Schlupfwinkel)* von Hehlern ausheben; als die Polizei kam, war das N. leer. 2.(fam.) *Bett:* heraus mit euch aus dem N.!; alle liegen noch im N.; ins N. gehen. 3.(ugs.) *kleine Ortschaft:* ein kleines, ödes, langweiliges, gottverlassenes N.; sie stammt aus einem N. in Odenwald; in diesem N. gibt es nicht mal ein Café; * das eigene/sein Nest beschmutzen *(schlecht über die eigene Familie, die Gruppe, der man angehört, sprechen)* · sich ins warme/ins gemachte Nest setzen (ugs.; 1. *in gute Verhältnisse einheiraten.* 2. *von den Vorarbeiten der anderen profitieren).*
nett: 1. a)*freundlich, liebenswürdig:* ein netter Mensch; das sind sehr nette Leute; er, sie ist ein netter Kerl (ugs.; *ist sehr nett);* ihr Freund ist sehr n.; die Leute waren sehr n. zu ihm; das war aber (ugs.:) riesig/furchtbar n. von dir; das war aber gar nicht n.; seien Sie bitte so n. und reichen mir das Buch; n., dass du anrufst; SUBST.: er wollte ihr [et]was Nettes sagen; b)*hübsch, ansprechend:* ein nettes Städtchen, Lokal, Kleid; ein netter Abend; es war wieder

sehr n. bei euch; sie sieht n. aus mit dieser Frisur; in diesem Restaurant sitzt man sehr n.; wir haben n. geplaudert, uns n. unterhalten; das machst du ganz n. (ugs.; *gut*); die Sache hat ihn ein nettes (ugs.; *nicht geringes*) Sümmchen gekostet; SUBST.: ich habe etwas Nettes erlebt. **2.** (ugs. iron.) *unangenehm:* das sind ja nette Aussichten, Zustände; das ist ja eine nette Bescherung, Geschichte; das kann ja n. werden!

Netz, das: 1. a) ein enges, weitmaschiges, grobes, dichtes N.; ein N. zum Schutz von Moskitos über etw. ziehen, vor etw. spannen; die Netze reißen; ein N. knüpfen, flicken, ausbessern; Netze *(Fischernetze)* auswerfen, ausbringen, stellen, spannen, einholen, an Bord ziehen; das N. zum Trocknen ausbreiten, aufhängen; die Maschen des Netzes; Fische zappelten im N.; er fängt Schmetterlinge mit dem N.; sie trägt ein N. *(Haarnetz)* überm Haar; sie packte alle Sachen ins N. *(Einkaufsnetz);* den Ball ins N. (Sport; *Tor*) schießen; der Ball zappelte im N. (ugs.; *Tornetz*); die Artistin arbeitet ohne N. *(Sicherheitsnetz);* ÜBERTR.: ein N. von fein gesponnenen Intrigen; das N. der sozialen Sicherungen; das soziale N.; sie versuchte das N. von Lügen zu zerreißen; er hat überall seine Netze ausgeworfen *(knüpft vielerlei Verbindungen zugleich);* b) (Sport) *netzartiges Band, das zwei Spielfelder voneinander trennt:* der Ball hat das N. berührt; am N. sein; ans N. gehen; sie hat den Ball ins/übers N. geschlagen. **2.** *Spinnennetz:* das N. der Spinne; die Spinne sitzt, hockt, lauert in ihrem N. **3.** *System von netzartig verzweigten Leitungen, [technischen] Anlagen:* ein dichtes, weltumspannendes, unentwirrbares N.; ein weit verzweigtes N. von Radarstationen; ein Telefon, einen Sender an das N. *(Fernmeldenetz)* anschließen; das Atomkraftwerk wird bald ans N. *(Stromnetz)* gehen; das Kraftwerk liefert Strom für das N. in Norddeutschland; ein Kassettenrecorder für N. und Batterie; etw. ins N. *(Internet)* stellen; ins N. *(online)* gehen; ein N. von Adern, von Schienen, von Drähten; ein N. von Kanälen durchzieht das Land; ÜBERTR.: ein N. therapeutischer Beratungsstellen, von Kontrollmaßnahmen; ein N. von Vorschriften und Verfügungen; die Netze der organisierten Kriminalität; ★ sich mit eignem Netz/in den eignen Netzen verstricken *(sich durch seine üblen Machenschaften selbst in eine ausweglose Lage bringen)* · jmdm. durchs Netz gehen *(jmdm. entkommen)* · jmdm. ins Netz gehen *(von jmdm. gefasst werden)* · ohne Netz und doppelten Boden (ugs.; *ohne Absicherung*).

neu: 1. *vor kurzer Zeit entstanden, hergestellt; noch nicht gebraucht:* ein neues Haus; neue Kleider, Schuhe; ein ganz neues Auto; das Geldstück ist ganz n.; auf dem neuesten Stand sein; der Mantel sieht noch [wie] n. aus; etw. auf n. her-

richten (ugs.; *so herrichten, dass es wieder wie neu aussieht*); SUBST.: öfter mal [et]was Neues; Altes und Neues. **2. a)** *seit kurzem vorhanden, bestehend; neuartig:* eine völlig neue Methode, Erfindung; neue Erkenntnisse; die neuen Medien; die neue Armut; ich bin ein neuer Mensch geworden *(habe mich sehr gewandelt);* er kleidet sich nach der neu[e]sten Mode; ein neues Modell; neue Wege gehen *(neue Methoden anwenden);* das ist ein neuer Gesichtspunkt; ein neuer Rekord; einer Sache einen neuen Sinn, eine neue Wendung geben; das ist ein neues Mittel; das ist eine neue Seite seines Wesens; dieser Tanz ist ganz n.; etw. n. anfertigen, anschaffen; das Buch ist ganz n. erschienen; er ist hier n. eingezogen; ein n. eröffnetes Restaurant; SUBST.: ist das Neu[e]ste auf dem Markt; (ugs. übertreibend:) das Neueste vom Neuen; das Neue an der Sache ist, dass ...; allem Neuen ablehnend gegenüberstehen; **b)** *seit kurzem dazugehörend:* neue Mitglieder werben; ich bin hier n. *(noch fremd);* sie ist n. zu der Gruppe hinzugekommen; er ist n. in diesem Beruf; SUBST.: das ist der Neue (ugs.; *der neue Mitarbeiter, Schüler, Kollege o. Ä.*); **c)** *bisher noch nicht bekannt gewesen:* die neu[e]sten Nachrichten, Meldungen; kennst du schon den neu[e]sten Witz?; dass jetzt doch verhandelt werden soll, ist mir n.; SUBST.: was gibt es Neues?; das Neueste ist, dass ...; sie hat auf ihrer Reise viel Neues gesehen, erlebt, erfahren. **3.** *noch nicht lange zurückliegend:* die neueren *(nicht klassischen)* Sprachen; in neuerer, neu[e]ster Zeit; etw. ist neueren Datums. **4. a)** *das Bisherige durch Neues ersetzend:* sie hat eine neue Stellung; sie haben einen neuen Lehrer, Kollegen; die Waren haben neue Preise; sie hat jetzt einen neuen Freund; sie hat eine neue Frisur; ein neuer Tag beginnt; zu Anfang der neuen *(gerade beginnenden)* Woche; eine neue Ära ist angebrochen; er fühlt sich wohl in der neuen Umgebung; die Ware ist n. eingetroffen; das Haus wurde n. verputzt *(mit einem neuen Putz versehen);* ÜBERTR.: etw. Neues anfangen; **b)** *[seit kurzem] hinzukommend:* eine neue Flasche Wein auf den Tisch stellen; eine neue Seite, Zeile beginnen; **c)** *noch einmal, wieder:* ein Buch n. auflegen, n. bearbeiten; ich muss [noch mal] n. anfangen; etw. n. ordnen; das n. eröffnete Lokal. **5.** *von diesem Jahr; frisch:* neue Kartoffeln; neue Heringe; neuen Wein trinken; ★ seit neuestem *(neuerdings)* · von neuem *(nochmals)* · aufs Neue *(erneut)* · auf ein Neues! *(noch einmal von vorn!;* ermunternde Aufforderung).

neuerdings: er fährt n. mit dem Bus; sie kleidet sich n. sehr gut.

neugeboren: ein neugeborenes Kind; SUBST.: das Neugeborene.
★ wie neugeboren *(körperlich [und seelisch] wie*

ein neuer Mensch, durch und durch erfrischt): nach dem Bad fühlten sie sich wie n.

neugierig ⟨n. [auf jmdn., etw.]⟩: ein neugieriger Blick; neugierige Fragen stellen; sie waren von neugierigen Passanten umringt; er ist sehr, schrecklich, furchtbar n.; sei nicht so n.!; ich bin n. *(möchte wissen),* wie das ausgehen wird; jmdn. n. betrachten; n. fragen; seine Worte machten uns n., ließen uns n. werden *(weckten unsere Neugier);* wir waren n. auf den neuen Kollegen; ich bin n. auf seine neue Wohnung; en. SUBST.: der Unfall lockte viele Neugierige an.

Neugier[de], die: kindliche, brennende, unverhohlene, lebhafte, maßlose N.; wissenschaftliche, sexuelle N.; seine N. ist schon krankhaft; die N. *(Wissbegierde)* des Forschers; die N. auf den Inhalt des Briefes; ihn plagt, packt die N.; seine N. befriedigen, stillen, zügeln, zähmen, verbergen; keine N. zeigen; etw. reizt, weckt, erregt [jmds.] N.; jmds. N. anstacheln; sie kam aus reiner, purer N.; vor N. platzen (ugs.; *sehr neugierig sein).*

Neuheit, die: 1. *das Neusein:* die N. einer Theorie anzweifeln; das ist der Reiz der N. *(der Reiz, der von etwas Neuem ausgeht).* 2. *neues Produkt o. Ä.:* eine technische, modische N.; Neuheiten auf dem Buchmarkt, im EDV-Bereich; Neuheiten zeigen, präsentieren.

Neuigkeit, die: eine interessante, aufregende N.; Neuigkeiten über jmdn., etw./von jmdm., etw. erfahren; sie brachte viele Neuigkeiten aus der Stadt mit; woher hast du diese N.?; eine N. wissen, berichten, mitteilen, erzählen.

neulich: sie hat mir n. erzählt, dass ...; n., als ich ihn sah, sagte er ...; n. morgens, abends; n. bei der Konferenz; sie hat den Schrecken von n. noch nicht überwunden.

neun ⟨Kardinalzahl; als Ziffer: 9⟩: die n. Musen; wir waren zu neunen *(zu neunt);*
★ **alle neun[e]!** (Kegeln; Ausruf, wenn alle Kegel auf einen Wurf fallen) · **ach, du grüne Neune!** (ugs.; Ausruf des Erstaunens, des Erschreckens); ↑ acht.

neunte: ↑ achte.

neunzig: ↑ achtzig.

neutral: 1. a) *keiner der Krieg führenden Parteien, keinem Staatenbündnis angehörend:* ein neutraler Staat; ein neutrales Land; die neutrale Schweiz; eine neutrale *(entmilitarisierte)* Zone; b) *unparteiisch:* ein neutraler Beobachter; eine neutrale Haltung; sich an einem neutralen Ort treffen; das Spiel findet auf neutralem Platz statt; die neutrale *(keinem der Gegner zugeordnete)* Ecke des Boxringes; sein Bericht, sein Urteil ist n.; ideologisch, politisch n.; sie verhielt sich absolut, völlig n. 2. *zu allem passend:* eine neutrale Farbe; ein neutraler *(nicht mit einem Briefkopf versehener, weißer)* Briefbogen; ein im Geschmack neutrales Salatöl; die Farbe muss n. sein; der Raum ist [farblich, im Ton] n. gehalten. 3. a) (Chemie) *weder basisch noch sauer reagie-*

rend: eine neutrale Lösung; etw. verhält sich chemisch n.; n. reagieren; b) (Physik) *weder positiv noch negativ reagierend:* neutrale Elementarteilchen; das Atom ist [elektrisch] n.

neuvermählt: *erst vor kurzem vermählt:* das neuvermählte Paar war auf dem Weg in die Flitterwochen.

nicht: I. ⟨Adverb⟩ /drückt eine Verneinung aus/: sie raucht n.; ich kann n. kommen; kennst du mich n. mehr?; sie wird so bald/so schnell n. wiederkommen; n. amtliche Nachrichtenagenturen; n. berufstätige Frauen; n. eheliche Kinder; das ist etwas noch n. Dagewesenes; wir haben n. genug Zeit; n. einer (geh.; *keiner)* hat geholfen; /in Ausrufen/: n.!, n. doch!; n. mit mir!; nur n.!; n. zu glauben!; was es n. alles gibt!; was du n. sagst!; warum n.! (ugs.; *man kanns ja mal probieren!);* n. möglich! *(das kann doch nicht sein!);* /in Aufforderungen/: bitte n. füttern, n. berühren, n. werfen!; /verstärkt/: [ganz und] gar n.; durchaus n.; absolut n.; /in Wortpaaren/: n. nur ..., sondern auch ...; n. ... noch ... (geh.; *weder ... noch);* /als doppelte Verneinung/: sie ist n. ungeschickt *(ist recht geschickt);* die Sache ist n. übel *(ganz gut);* er ist gar n. so dumm *(klüger als erwartet).* II. ⟨Partikel⟩ /dient zur Bekräftigung und Bestätigung/: willst du n. mitkommen?; ist es n. schön hier?; das ist doch dein Bruder, n. [wahr]?

nichtig: 1. (geh.) a) *wertlos:* nichtige Dinge, Freuden; alles erschien ihm n; b) *belanglos:* ein nichtiger Grund, Einwand, Streit; aus nichtigem Anlass. 2. (Rechtsw.) *ungültig:* viele Ratenkredite sind n.; einen Vertrag, eine Ehe für n. erklären.

nichts: a) *nicht das Mindeste:* n., gar n., so gut wie n. zu trinken haben; n. sagen, hören können; daraus wird n.!; aus dem Vorhaben ist n. geworden; sie macht sich n. aus Süßigkeiten; [das] macht n. *([das] ist nicht schlimm);* der Hund tut dir n.; sie ist für n. zu begeistern; n. zu machen! *(das kann nicht mehr geändert werden!);* sie war durch n. zu überzeugen; sie ist mit n. zufrieden; n. wie (ugs.; *nur)* weg, hin, raus, heim!; alles oder n.; sie hat mit dieser Sache n. zu tun; (ugs.:) n. gegen deine Pläne, aber ...; /Erwiderung auf einen Dank/: n. zu danken; /Entschuldigungsformel/: n. für ungut!; /verstärkt/: n. von alledem trifft zu; er unterscheidet sich in n. von seinem Vorgänger; sie ist um n. *(nicht im Geringsten)* besser als andere; Ⓡ aus n. wird n.; von n. kommt n.; b) *keine Sache:* n. ist so leicht, wie alles zu kritisieren; es ist n. unangenehmer als ...; sonst, weiter n.?; wenn es weiter n. ist ... *(wenn das alles ist ...);* es gibt n., was ...; es soll dir an n. fehlen; auf n. Appetit haben; das Geschenk sieht nach n. aus (ugs.; *fällt nicht genug ins Auge);* ich weiß von n. die *(weiß nichts von der Sache);* vor lauter Arbeit zu n. anderem kommen; das führt zu n. (ugs.; *hat keinen Sinn);* sie hatte sonst n., weiter n. bei sich; sie haben mit ihm n.

als *(nur)* Ärger; sie hat n. dergleichen gesagt;
c) *nicht etwas:* n. Genaueres, Näheres wissen; das
ist nichts Besonderes; SUBST.: sie war wie aus
dem Nichts aufgetaucht; sie haben das aus dem
Nichts geschaffen;
* **nichts da!** (ugs.; *das kommt nicht infrage!)* ·
wie nichts (ugs.; *blitzschnell*) · **sich in nichts
auflösen** (1. *spurlos verschwinden.* 2. *nicht verwirklicht werden)* · **nichts für jmdn. sein** (ugs.;
*für jmdn. nicht geeignet sein, nicht zu jmdm. pas-
sen)* · **ein Nichts an etw.** (Dat.)/**von etw. sein** *(in
seiner Form, Gestalt o. Ä. sehr klein, unscheinbar
o. ä. sein)* · **vor dem Nichts stehen** *(allen Besitz
verloren haben).*
nicken: **1.** a) *den Kopf kurz senken und heben:* beifällig zustimmend, freundlich, nachdenklich n.;
er nickte stumm mit dem Kopf; als Antwort
nickte sie nur; SUBST.: ein ermunterndes Nicken;
b) (geh.) ⟨etw. n.⟩ *durch Nicken ausdrücken:* Zustimmung n.; ⟨jmdm. etw. n.⟩ er nickte ihm Beifall.
2. (fam.) *schlafen:* ein wenig n.
nie: n. mehr!; n. wieder Krieg!; einmal und n. wieder; jetzt oder n.!; fast n.; das war noch n. da!;
[das habe ich noch] n. gehört!; das schaffst du n.;
das wird sie n. vergessen; eine n. wiederkehrende
Gelegenheit; das Interesse war n. größer als
heute, ist so groß wie [noch] n. [zuvor];
* **nie und nimmer** *(auf gar keinen Fall).*
nieder: I. ⟨Adj.⟩ **1.** (landsch.) *niedrig:* ein niederer
Schemel; niederes Gebüsch; bei niederen *(gerin-
gen)* Temperaturen; die Mauer ist sehr n., ist ihm
zu n.
2. *von geringem Rang:* der niedere Adel; die niedere Geistlichkeit; niedere Beamte; ÜBERTR.: niedere *(gering geachtete)* Arbeiten verrichten müssen.
3. (Fachspr.) *auf einer niedrigen Entwicklungsstufe stehend:* niedere Tiere, Pflanzen.
II. ⟨Adverb⟩ *hinunter, abwärts, zu Boden:* n. [mit
ihm]!; die Waffen n./n. mit den Waffen!
niederbrennen: **1.** *herunterbrennen:* das Haus, der
Hof brannte [bis auf die Grundmauern] nieder;
die Kerze, das Feuer ist niedergebrannt.
2. ⟨etw. n.⟩ *durch Feuer, Brand zerstören:* ein Dorf
n.; ⟨jmdm. etw. n.⟩ jmdm. das Haus n.
niederdrücken: **1.** ⟨jmdn., etw. n.⟩ *herunterdrü-
cken:* die Türklinke n.; der Regen hat das Getreide niedergedrückt; der Wind drückte die
Flammen nieder.
2. (geh.) ⟨jmdn. n.⟩ *deprimieren.:* die Nachricht,
der Misserfolg drückte ihn nieder; eine niederge-
drückte Stimmung; sie ist seit Tagen sehr niedergedrückt.
Niedergang, der (geh.): ein unaufhaltsamer N.; der
N. des Römischen Reiches, der Kultur, der Moral,
der Sitten.
niedergehen: **1.** *landen:* der Ballon ging nieder, er
ging mit dem Ballon über einem Waldstück nie-
der; die Raumkapsel ging sicher auf dem Wasser

nieder; die Maschine ging fast ohne Treibstoff in
Denver nieder.
2. . *mit Heftigkeit niederfallen:* eine Lawine ging
nieder; Hagel, ein heftiger Regen, ein Wolken-
bruch ging [auf die Stadt, über dem Land] nieder;
ÜBERTR.: ein furchtbarer Bombenhagel war über
die/über der Stadt niedergegangen.
niedergeschlagen: sie macht einen niedergeschla-
genen Eindruck; er war, wirkte sehr n.
Niedergeschlagenheit, die: große, tiefe N. befiel
ihn.
Niederlage, die **1.** *das Besiegtwerden:* eine
schwere, demütigende, schmähliche, militärische N.; die N. war vernichtend; eine N. erleiden,
erleben, einstecken [müssen], hinnehmen [müs-
sen]; jmdm. eine N. beibringen, zufügen, bereiten; (Sport:) die Mannschaft bezog eine knappe
N., war am Rande einer N., hat sich von ihrer N.
erholt; der Politiker erlebte eine persönliche N.
2. *[Zwischen]lager:* Bierfässer, Waren aus der N.
holen, in die N. schaffen.
niederlassen: a) (geh.) ⟨sich n.⟩ *sich setzen:* kommt
herein und lasst euch nieder; sich am Tisch, auf
einer/eine Bank, in einem/in einen Sessel n.; die
Tauben hatten sich auf der Dachrinne niedergelassen; sich auf die Knie n. (*niederknien);* b) ⟨sich
irgendwo n.⟩ *sich ansiedeln:* die Firma hat sich in
Köln niedergelassen; sie hat sich [als Ärztin, als
Anwältin in Berlin] niedergelassen; (nicht standardsprachlich:) niedergelassener Arzt.
niederlegen: **1.** ⟨etw. n.⟩ *hinlegen:* das Werkzeug,
den Hammer, eine Last n.; am Mahnmal wurden
Kränze niedergelegt, ÜBERTR.: die Soldaten legten die Waffen nieder *(kämpften nicht weiter).*
2. ⟨etw. n.⟩ *von etw. zurücktreten:* sein Amt, sein
Mandat n.; das Kommando n.; sie haben aus Protest die Arbeit niedergelegt *(sind in den Streik getreten).*
3. (geh.) ⟨jmdn., sich n.⟩ *zur Ruhe legen:* das Kind
n.; sich zur Ruhe, zum Schlafen n.; sie hat sich ein
wenig [auf das/auf dem Bett] niedergelegt.
4. (geh.) ⟨etw. n.⟩ *schriftlich festhalten:* etw.
[hand]schriftlich n.; Gedanken, Ergebnisse in einem Aufsatz n.
niederprasseln ⟨[auf jmdn., etw.] n.⟩: Regen, Hagel
prasselt [auf die Felder] n.; ÜBERTR.: Fragen, Vorwürfe, Schimpfwörter prasselten auf ihn nieder.
niederreißen ⟨etw. n.⟩: ein Haus, eine Mauer, einen
Zaun, ein Hindernis n.; ganze Straßenzüge wurden niedergerissen, ÜBERTR.: Standesschranken
n.
Niederschlag, der: **1.** *Regen:* leichter, starker, geringer, häufiger, radioaktiver N.; N. in Form von
Schnee; N. fällt; Niederschläge ansagen.
2. *Bodensatz:* ein N. setzt sich auf den Boden der
Flasche ab.
3. *Ausdruck:* seine Worte waren der N. seiner
Verärgerung; die veränderten Verhältnisse fanden in neuen Gesetzen ihren N.
4. (Boxen) *zu Boden zwingender Schlag:* nach

drei Niederschlägen wurde der Kampf abgebrochen; sich von einem N. nicht mehr erholen.

niederschlagen /vgl. niedergeschlagen/: 1. ⟨jmdn. n.⟩ zu Boden strecken: einen Angreifer n.; er hat seinen Gegner mit einem Fausthieb niedergeschlagen; ÜBERTR.: der Regen hat das Getreide niedergeschlagen *(zu Boden gedrückt).* 2. ⟨etw. n.⟩ a) *gewaltsam unterdrücken:* einen Aufstand, eine Revolte blutig n.; einen Streik, eine Verschwörung n.; b) (Rechtsw.) *einstellen:* ein Verfahren, einen Prozess n. 3. ⟨etw. n.⟩ *senken:* die Augen n.; beschämt schlug sie den Blick nieder. 4. ⟨sich n.⟩ *sich absetzen:* der Nebel schlägt sich als Tau nieder; die Feuchtigkeit, der Dampf hat sich an den Wänden, auf den Scheiben niedergeschlagen. 5. ⟨sich in etw. (Dat.) n.⟩ *seinen Ausdruck finden:* maßlose Enttäuschung schlägt sich in seinen Worten nieder; seine Erfahrungen haben sich in seinen Büchern niedergeschlagen. 6. (Chemie) ⟨etw. n.⟩ *ausfällen:* einen Stoff aus einer Lösung n.

niederschmettern ⟨jmdn. n.⟩: 1. *brutal niederschlagen:* jmdn. mit einem Faustschlag n. 2. *heftig erschüttern:* die traurige Nachricht hatte sie niedergeschmettert; ein niederschmetterndes *(entmutigendes)* Urteil; das Ergebnis war niederschmetternd.

niederstrecken (geh.): 1. ⟨jmdn. n.⟩ *durch einen Schlag, Schuss zu Fall bringen:* er wurde von einem Polizisten durch mehrere Schüsse niedergestreckt. 2. ⟨sich n.⟩ *sich ausstrecken:* sie streckte sich müde auf das/dem Bett nieder.

Niedertracht, die (geh.): was für eine N.!; solche N. hatte ihm niemand zugetraut; er ist zu solcher N. nicht fähig; eine N. *(boshafte Tat)* gegen jmdn. begehen, verüben.

niederträchtig: 1. *übel, gemein:* eine niederträchtige Gesinnung, Tat, Verleumdung, Gemeinheit, Unterstellung; ein niederträchtiger Kerl; das ist n. von dir; jmdn. n. behandeln; SUBST.: so etwas Niederträchtiges! 2. (ugs.) a) *[unangenehm] groß, sehr stark:* eine niederträchtige Kälte; die Schmerzen waren n.; b) *(verstärkend bei Adjektiven und Verben) sehr:* es war n. kalt; wir haben n. gefroren.

niederwerfen: 1. (geh.) a) ⟨etw. n.⟩ *unterdrücken; niederschlagen:* einen Aufstand, eine Revolte, einen Angriff n.; b) ⟨jmdn. n.⟩ *besiegen:* den Feind n. 2. ⟨sich [vor jmdm., etw.] n.⟩ *sich auf den Boden, auf die Knie werfen:* er warf sich vor ihr nieder. 3. (geh.) ⟨jmdn. n.⟩ *bettlägerig machen:* eine schwere Krankheit hat ihn [aufs Krankenlager] niedergeworfen; b) *erschüttern:* die Nachricht warf sie nieder.

niedlich: ein niedliches Mädchen; eine kleine Hunde, Kätzchen; ein niedliches Kleidchen; das Baby ist sehr n.; das Kind sieht sehr n. aus.

niedrig: 1. *von, in geringer Höhe:* ein niedriger Raum, Tisch; ein niedriger Wasserstand; niedriges Gras; die Zimmer haben niedrige Decken, Türen; er hat eine niedrige Stirn; Schuhe mit niedrigen Absätzen; Sträucher von niedrigem Wuchs; das Bild hängt zu n.; das Flugzeug flog sehr n.; der Kranke liegt mit dem Kopf zu n.; dieser Ort liegt niedriger *(tiefer)* als die anderen. 2. *zahlen-, mengenmäßig gering:* niedrige Preise; ein niedriger Betrag, Zinssatz; ein niedriger Einsatz beim Spiel; eine niedrige *(kleine)* Zahl; niedrige Löhne, Mieten; mit niedriger Geschwindigkeit fahren; niedrige Temperaturen; der Kurs der Wertpapiere ist n.; die Ausgaben n. halten; die Kosten waren zu n. angesetzt; die Unkosten liegen niedriger, als befürchtet wurde. 3. *von geringem Rang:* ein Mensch von niedriger Herkunft, Geburt; er ist von niedrigem Stand; von niedrigem geistigen Niveau; die Arbeit war ihr zu n. 4. *sittlich tief stehend:* aus niedrigen Beweggründen handeln; die niedrigsten Instinkte wurden geweckt; n. handeln; ★ etw. niedrig, niedriger hängen (ugs.; *etw. nicht so wichtig nehmen).*

niemals: das mache ich n. wieder, n. mehr; so etwas hatte er noch n. gesehen, gehört; das hätte ich n. geglaubt; n.! (ugs.; Ausruf der Ablehnung).

niemand: n. will es gewesen sein; das macht ihm n. nach; das weiß n. besser als er; es war n. da, der ihr Auskunft geben konnte; n. außer ihm war zu Hause; n. außer sie selbst/außer ihr selbst kann das beantworten; ich habe sonst n./n. sonst gesehen; n. ander[e]s als du; sie wollte n. anders/niemanden anders/n. anderen um sich haben; er wollte n./niemanden sehen; er war niemand[e]s Feind; sie hat n./niemandem etwas gesagt; du sollst mit n. Fremdes/Fremdem sprechen; er hat mit n. anders/anderem gesprochen; sie hat sich über niemanden geäußert; er hat sich von n./niemandem verabschiedet; SUBST.: ein Niemand sein *(völlig unbedeutend sein).*

Niere, die: die rechte, linke N.; seine Nieren schmerzen, sind entzündet, geschrumpft, haben versagt; jmdm. eine N. entfernen; die Funktion der Nieren prüfen; sie hat es an den Nieren (ugs.; *ist nierenkrank);* er hat es mit den Nieren zu tun; (Kochk.:) saure Nieren; ÜBERTR.: künstliche N. *(Dialysegerät);* ★ jmdm. an die Nieren gehen (ugs.; *jmdn. sehr mitnehmen).*

nieseln ⟨unpers.: es nieselt⟩: es nieselt heute schon den ganzen Tag.

niesen: er niest laut, heftig, kräftig; sie hat mehrmals n. müssen, geniest; ⟨jmdm. irgendwohin n.⟩ er nieste seinem Gegenüber ins Gesicht.

¹**Niete,** die: *Bolzen:* Nieten in Eisenplatten schla-

gen, hämmern, einziehen; Blechteile mit Nieten verbinden.

²Niete, die: **1.** *Los, das nicht gewinnt:* das Los war eine N.; sie hatte eine N. [gezogen]. **2.** (ugs.) *unfähiger Mensch:* er ist eine N. [im Sport]; mit der N. kann man nichts anfangen.
nieten ⟨etw. n.⟩: Bleche, Eisenplatten n.
niet- und nagelfest: ⟨in der Verbindung⟩ **[alles,] was nicht niet- und nagelfest ist** (ugs.; *alles, was man mitnehmen, wegtragen kann*): die Diebe nahmen mit, was nicht niet- und nagelfest war.
Nimbus, der: **1.** (bes. bild. Kunst) *Heiligenschein:* die Nimbusse der Heiligenfiguren waren aus Blattgold. **2.** (bildungsspr.) *Ruf:* sein N. als großer Autor verblasste; etw. gibt, verleiht jmdm. einen N.; etw. verliert seinen N.; er umgibt sich mit dem N. der Unfehlbarkeit.
nimmer (südd., österr.): sie wollte n. daran denken; er wills n. *(nicht mehr)* machen.
Nimmerwiedersehen, das: ⟨nur in der Verbindung⟩ **auf Nimmerwiedersehen** (ugs., oft scherzh.; *für immer*): einige meiner Bücher sind auf N. verschwunden.
nippen: er nahm einen kräftigen Schluck, sie nippte nur; am Wein, an einem Glas n.
nirgends: sie war n. zu finden; er fühlt sich n. so wohl wie dort; sie hält es n. lange aus; n. sonst/ sonst n. gibt es so eine Auswahl; er geht n. hin.
Niveau, das: **1.** *Höhenstufe:* Straße und Bahnlinie haben das gleiche N.; das N. des Flusses heben, senken; das Grundstück liegt 10 m über, unter dem N. der Straße; ÜBERTR.: die Preise haben das höchste N. des Vorjahres erreicht. **2.** *Bildungsstand; Qualitätsstufe:* ein gutes, überdurchschnittliches, geringes N.; das geistige N. eines Menschen; das künstlerische N. einer Veranstaltung; das N. einer Zeitung; etw. hat [ein gewisses] N.; er hat wenig, kein N.; das N. halten, heben, senken; etw. entspricht nicht dem N. der Hörer, Leser; die Debatte zeugte von dem hohen N. der Teilnehmer; etw. bewegt sich auf einem niedrigen N.; ein Mann mit N.; eine Leistung von internationalem, beachtlichem N.; das war unter ihrem N.
nobel: 1. (geh.) *edel, vornehm:* ein nobler Mensch, Charakter; eine noble Gesinnung, [Denkungs]art, Geste; sie hat n. gehandelt. **2.** (ugs.) *großzügig:* ein nobles Trinkgeld, Geschenk; er zeigt sich immer sehr n.; sie waren n. bewirtet worden. **3.** (oft spött.) *elegant:* ein nobles Hotel, Feuerzeug; ein nobler Pelz.
noch I. ⟨Adverb⟩: **1.** *bis zu diesem Zeitpunkt, bis jetzt:* sie ist n. nicht zurück; das wusste ich [bis jetzt] n. nicht; er ist immer n./n. immer krank; es regnet kaum n.; du bist n. zu klein; bist du n. da, wenn ich zurückkomme?; weißt du n., wie das war?; ein n. ungelöstes Problem; wir sind n. zu weit vom Ziel entfernt; das hat sie n. nie gegeben;

(ugs.:) das war n. nie da!; wir haben n. Zeit/n. haben wir Zeit; n. ist es nicht zu spät. **2. a)** *irgendwann:* er wird schon n. kommen; ich werde es dir n. mitteilen; **b)** *womöglich, sogar:* du kommst n. zu spät, [wenn du so trödelst]!; er wird dich [womöglich] n. überrunden; **c)** *bevor etwas anderes geschieht:* ich muss [erst] n. duschen; ich mache das n. fertig; bevor du gehst, möchte ich dich n. etwas fragen. **3. a)** *nicht später als; nicht mehr als:* gestern habe ich n./n. gestern habe ich mit ihm gesprochen; n. ehe er/ehe er n. antworten konnte, legte sie auf; n. vor [dem] Abend; n. heute soll sie zurückkommen; n. vor kurzer Zeit; n. am gleichen Tag; ich habe [nur] n. 20 DM; es dauert n. 5 Minuten; er erreichte den Zug gerade n. *(kurz vor der Abfahrt);* **b)** /drückt aus, dass ein Geschehen, ein Zustand später nicht mehr möglich ist bzw. gewesen wäre/: dass ich das n. erleben darf!; er hat seinen Urgroßvater n. gekannt; **c)** /drückt aus, dass etw. im Rahmen des Akzeptablen, Möglichen o. Ä. liegt/: das lasse ich mir gerade n. gefallen; das geht n.; er hat n. Glück gehabt; das ist n. einmal gut gegangen. **4.** *außerdem; zusätzlich:* dumm und dazu n./n. dazu frech; sie hat [auch, außerdem] n. ein Fahrrad; das ist n. einmal *(doppelt)* so groß; wer war denn n. da?; n. eins wollte ich noch sagen; wünschen Sie n. etwas?; n. ein Bier, bitte!; er hat n. viel Arbeit; was gibt es n.?; ich möchte n. etwas sagen; bitte, n. einmal *(wiederholen)!;* auch das n.! (ugs.; Ausruf der Verzweiflung); /in drohendem Ton hervorgebrachte Aufforderung, nicht weiterzusprechen/: n. ein Wort!; ⟨in Verbindung mit einem Komparativ⟩ heute ist n. wärmer als gestern; er will n. mehr haben. **5.** ⟨in Verbindung mit *so*⟩ /verstärkt das folgende Wort und zeigt ein konzessives Verhältnis an/: er lacht über jeden n. so albernen Witz; du kannst n. so [sehr] bitten, es wird dir nichts nützen. **II.** ⟨Konj.⟩ /in Wortpaaren, um eine Verneinung auszudrücken/: weder ... n. ...: sie hatten weder Zeit n. Geld für diese Sache; (geh.:) nicht ... n. ...: nicht Weg n. Steg war n. in der Dunkelheit zu erkennen; nicht er n. seine Frau, n. seine Kinder. **III.** ⟨Partikel⟩ **1.** /drückt eine Verstärkung aus/: das ist n. Qualität!; auf ihn kann sich [eben] n. verlassen. **2. a)** /drückt eine gewisse Erregung aus/: das wirst du n. bereuen!; der wird sich n. wundern!; **b)** /drückt Empörung, Erstaunen o. Ä. aus/: man wird doch n. fragen dürfen!; da lachst du n.? **3.** *doch:* wie hieß er n. gleich?; wie war das n.?;
★ **noch und noch**/(ugs. scherzh.:) **nöcher** *(in großer Menge; in hohem Maß)* · **noch und nochmals/noch und noch einmal** *(immer wieder).*
nochmals: ich möchte n. betonen: ich *(ich frage noch einmal):* wo waren Sie zwischen 19 und 20 Uhr?; ich sage dir n., dass ...
Nord, der: **1. a)** *Norden:* N. und Süd; der Wind kommt aus N., dreht nach N.; Menschen aus N.

und Süd; von N. nach Süd; das Gefälle zwischen N. und Süd; b) /Bezeichnung des nördlichen Teils; Kennzeichnung der nördlichen Lage, Richtung/: sie wohnt in Wiesbaden (N.)/Wiesbaden-N.; Fabriktor N.
2. (Seemannsspr. dichter.) *Nordwind:* es bläst ein scharfer, eisiger N.
Norden, der: **1.** *Himmelsrichtung:* der Wind weht aus N., kommt aus/von N.; im N. erheben sich hohe Berge; der Kompass zeigt nach N.; das Zimmer geht, liegt nach N. *(nach der Nordseite);* die Straße verläuft von N. nach Süden. **2.** *im Norden liegendes Gebiet; Länder Nordeuropas:* der äußerste, hohe, höchste N.; der kalte, neblige N.; der N. des Landes; die Flora des Nordens; die Reisenden aus dem N.; eine Fahrt in den N.; er wohnt im N. der Stadt, im N. Frankfurts/von Frankfurt.
nördlich: I. ⟨Adj.⟩ **1.** a) *in nördlicher Himmelsrichtung befindlich:* die nördliche Halbkugel; am nördlichen Himmel; 50 Grad nördlicher Breite; **b)** *im Norden liegend; im nordeuropäischen Raum befindlich:* die nördliche Grenze; die nördlichen Länder, Völker; der nördliche Teil des Landes; die nördlichen Gebiete; die Stadt liegt weiter n.; (dichter., oft scherzh.:) an nördlichen Gestaden; **c)** *für den nordeuropäischen Raum, seine Bevölkerung charakteristisch:* ein kühles, nördliches Temperament; die Landschaft wirkt n. **2.** *von Norden kommend; nach Norden gerichtet:* ein nördlicher Wind; der Gebirgszug verläuft in nördlicher Richtung; sie steuern nördlichen Kurs.
II. ⟨Präp. mit Gen.⟩ *im Norden:* n. der Alpen; n. der Stadt, (selten:) n. Kölns.
III. ⟨Adverb⟩ *im Norden:* der Ort liegt n. von Köln; n. von diesem Gebirgszug breitet sich ebenes Land aus.
nörgeln (abwertend) ⟨[an jmdm., etw./über jmdn., etw.] n.⟩: er nörgelte an ihr, an allem, über alles; sie kann nichts als n.; mit nörgelnder Stimme.
Norm, die: **1.** *verbindliche Regel:* ethische, moralische, gesellschaftliche, verbindliche Normen; sprachliche Normen. **2.** *Durchschnitt:* in der Körpergröße weicht er von der N. ab. **3.** *Arbeitsleistung:* die N. erfüllen, erhöhen. **4.** *Richtlinie:* technische Normen; für etw. Normen aufstellen; etw. entspricht einer N.; etw. nach einer N. herstellen.
normal: **1.** a) *der Norm entsprechend:* ein normales Maß; eine normale Weite, Größe, Funktion; ein normaler Geisteszustand; eine normale Herztätigkeit; Puls, Herzschlag, Atmung des Patienten sind n.; n. funktionieren; b) *üblich, gewöhnlich:* kein normaler, jeder normale Mensch; normale Verhältnisse; auf normalem Wege; bei, unter normalen Umständen; seine Reaktion war nicht n.; das ist bei ihr ganz n.; die Autobahn ist **2.** *geistig gesund:* ein nicht ganz normales Kind;

der Junge ist [geistig] nicht n.; der Patient wirkt zeitweise völlig n.; du bist wohl nicht n.! (ugs.; *du bist wohl nicht bei Verstand!*); bist du noch n.? (ugs.; *bist du noch zurechnungsfähig?;* Ausruf des Ärgers über jmds. Verhalten).
Not, die: große, schwere, bittere, drückende, wirtschaftliche N.; innere, seelische, leibliche N.; Ängste und Nöte; die Nöte des Alters, des Alltags; die N. in den Entwicklungsländern; es herrscht große N.; die N. drängt ihn, treibt ihn zu dieser Handlungsweise; (geh.:) N. leiden; die N. leidende Bevölkerung; N. kennen, fühlen, kennen lernen, erfahren; jmds. N. lindern, mildern, erleichtern; die N. bekämpfen; er klagte uns seine N.; in Zeiten der N.; jmdm. in der Stunde der N. beistehen; Rettung aus, in höchster N.; aus N. stehlen; in N. geraten, kommen; in N. sein, leben; in höchster N. wandte er sich an die Öffentlichkeit; jmdm. [mit etw.] aus der N. helfen; Ⓡ N. macht erfinderisch; N. lehrt beten; N. kennt kein Gebot; wenn die N. am größten, ist Gottes Hilfe am nächsten; in der N. frisst der Teufel Fliegen; **∗** *wenn/wo Not am Mann ist (wenn jmd. gebraucht wird, der mithilft, aushilft)* · *seine* [liebe] *Not mit jmdm., etw. haben (große Mühe, Schwierigkeiten mit jmdm., etw. haben)* · *der Not gehorchend* (geh.; *notgedrungen*) · *aus der Not eine Tugend machen (einer unangenehmen Sache das Beste abgewinnen)* · *in* [höchsten/tausend] *Nöten sein (in großer Bedrängnis sein)* · *mit knapper/(seltener:)* genauer *Not (gerade noch)* · *ohne Not* (1. *ohne Schwierigkeiten, ohne weiteres.* 2. geh.; *ohne zwingenden Grund)* · *zur Not (wenn es nicht anders geht).*
Notdurft, die: ein Kübel für die N.; **∗** *die/seine* [große, kleine] *Notdurft verrichten* (geh.; *den Darm, die Blase entleeren).*
notdürftig: ein notdürftiger Schutz; eine notdürftige Behausung; etw. n. ausbessern, flicken, reparieren; sie waren nur n. untergebracht, bekleidet; von diesem Lohn kann die Familie nur n. leben.
Note, die: **1.** a) *Tonzeichen:* eine ganze, halbe, punktierte N.; Noten lesen, lernen, schreiben; beim Spielen mehrere Noten überspringen; **b)** ⟨Plural⟩ *Notenblatt; Notentext:* die Noten an das Orchester verteilen; die Noten studieren; sie singt, spielt nach/ohne Noten. **2.** *Zensur, Beurteilung:* eine gute, schlechte N.; seine N. in Latein ist schlecht; sie hat mäßige Noten bekommen; dieser Lehrer gibt schlechte Noten, hat die N. des Schülers gedrückt; sie hat die N. »gut«/die N. »Zwei« bekommen; seine Noten verbessern; mündliche und schriftliche Noten *(Noten für die mündliche und die schriftliche Leistung);* (Sport:) die Kampfrichter zogen hohe, niedrige Noten; ÜBERTR.: schlechte Noten für die deutschen Autofahrer. **3.** *Banknote:* falsche, gefälschte Noten; Noten drucken, fälschen, aus dem Verkehr ziehen, au-

N

ßer Kurs setzen; die Bundesbank gibt neue Noten heraus.
4. *schriftliche Mitteilung im diplomatischen Verkehr:* eine diplomatische N.; die N. enthielt bestimmte Forderungen; Noten [über etw.] austauschen, wechseln; eine N. überreichen.
5. *Gepräge:* eine festliche, sportliche N.; er hat seine eigene, persönliche, individuelle N.; der Zusammenkunft eine besondere N. geben; die Vorhänge verleihen dem Raum eine elegante N.; ein Parfüm mit einer betont weiblichen N.;
∗ **[wie] nach Noten** (ugs. scherzh.; *mit einer gewissen Perfektion, Gründlichkeit).*
Notfall, der: bei Notfällen erste Hilfe leisten; wir haben für Notfälle vorgesorgt; Vorräte für den N.; Hilfe in Notfällen; im N. *(notfalls)* kannst du bei uns übernachten; nur im äußersten N. *(wenn es keine andere Möglichkeit gibt)* ist er bereit einzuspringen.
notieren: 1. a) ⟨[sich (Dat.)] etw. n.⟩ *aufschreiben;* [sich] etw. genau, sorgfältig, in Stichworten n.; sie hat [sich] den Namen, seine Adresse in ihrem/ihren Kalender n.; der Polizist hat die Autonummer, den Fahrer notiert; ich habe mir deine Telefonnummer notiert; b) ⟨jmdn. für etw. n.⟩ *vormerken:* ich werde Sie für die Teilnahme am Wettbewerb n.
2. (Börsenw.) a) ⟨etw. n.⟩ *den Kurs festsetzen:* die Börse notiert die Kurse; diese Aktien wurden heute schwächer, mit 140 notiert; b) ⟨irgendwie n.⟩ *einen bestimmten Kurs haben:* diese Aktien notieren zur Zeit hoch, tief; das Papier, die Anleihe notiert mit 60 Prozent unter pari; der Dollar notiert zum Vortageskurs.
nötig ⟨n. [für/zu etw.]⟩: **1.** *erforderlich, notwendig:* die nötigen Mittel; nötige Vorbereitungen, Maßnahmen, Schritte; dafür fehlt mir das nötige Geld; den nötigen Rückhalt vermissen; nicht die nötige Ruhe haben; es fehlt ihm an nötigen Ernst, an der nötigen Reife; mit der nötigen Vorsicht, dem nötigen Respekt vorgehen; nicht mehr als unbedingt n.; dieses Kind hat es von allen am nötigsten (ugs.; *bedarf der Hilfe, der Zuwendung o. Ä. am dringendsten);* Hilfe ist unbedingt, bitter *(sehr)* n.; diese Anschaffung war dringend nötig; deine Aufregung war gar nicht n.; es ist nicht n., dass ...; /Höflichkeitsfloskel der Annahme eines Geschenks/: das ist, wäre doch nicht n. gewesen; alles, was zum Leben n. ist; für diesen Beruf sind künstlerische Fähigkeiten n.; wenn es n. ist, werde ich den Arzt rufen; es wäre nicht n. gewesen, dass ...; es braucht n. Ruhe; die Lage macht sofortige Schritte n.; etw. [nicht] für n. befinden; etw. für n. halten, erachten; er hat es nicht einmal für n. gehalten, sich zu entschuldigen; wenn nötig, *(nötigenfalls),* komme ich sofort; SUBST.: alles Nötige veranlassen; bei ihnen fehlt es am Nötigsten; sich auf das Nötigste beschränken.
2. ⟨etw., jmdn. n. haben⟩ *brauchen:* Beistand, Hilfe, Erholung dringend n. haben; habe ich das

n.?; sie hat es nicht n. zu arbeiten; gerade du hast es/du hast es gerade n. *(es steht dir gar nicht an),* dich zu beklagen!; er hat es manchmal n. (ugs.; *es ist manchmal notwendig),* dass man ihm die Meinung sagt.
nötigen: a) ⟨jmdn. zu etw. n.⟩ *überreden, auffordern:* jmdn. zum Essen n.; sie haben uns zum Bleiben genötigt; man nötigte ihn, Platz zu nehmen; sein Gesundheitszustand nötigte *(zwang)* ihn, seine Ämter aufzugeben; er war genötigt *(sah sich veranlasst),* seinen Besitz zu verkaufen; ich sehe mich genötigt, Sie zu größerer Vorsicht zu ermahnen; ⟨auch ohne Präpositionalobjekt⟩ lass dich nicht immer n.!; b) ⟨jmdn. irgendwohin n.⟩ *nachdrücklich an einen bestimmten Platz bitten:* jmdn. auf einen Stuhl, ins Zimmer n.
Nötigung, die (bes. Rechtsw.): sexuelle N. weiblicher Mitarbeiter; etw. als N. empfinden; das Erzwingen der Vorfahrt gilt als N.; N. zur Unzucht; er wurde wegen [schwerer] N. verurteilt, bestraft.
Notiz, die: **1.** *kurze schriftliche Aufzeichnung, Vermerk:* wichtige, kurze, flüchtige, handschriftliche Notizen; eine N. am Rand des Schriftstücks; sie hat im Vortrag eifrig Notizen gemacht; sich einige, ein paar Notizen zu etw., über etw. machen; das Blatt war mit Notizen bedeckt.
2. *kurze Zeitungsmeldung:* eine kurze, kleine N. in der Presse, in der Zeitung; die Zeitung brachte über den Fall nur eine kleine N.;
∗ **von jmdm., etw. Notiz nehmen** *(jmdm., etw. Beachtung schenken).*
Notlage, die: eine wirtschaftliche, finanzielle N.; jmds. augenblickliche N. ausnutzen; jmdn., sich aus einer N. befreien, retten; sie kamen aus dieser N. nicht heraus; sie sind, befinden sich in einer N.; sie gerieten in eine N.; etw. bringt jmdn. in eine N.
notlanden: a) *eine Notlandung vornehmen:* die Maschine, das Flugzeug musste n. n.; der Pilot erwog notzulanden, als man ein Acker notgelandet; b) ⟨etw. n.⟩ *durch Notlandung zur Erde bringen:* der Pilot hat das Flugzeug notgelandet.
Notwehr, die (Rechtsw.): sie hat aus, in N. gehandelt; der Polizist hat den Täter in N. getötet.
notwendig: 1. *nötig, erforderlich:* die notwendige Mittel; notwendige Anschaffungen; notwendige Maßnahmen; die notwendigen Unterlagen beschaffen; die notwendige Schritte unternehmen; er bringt nicht die notwendigen Voraussetzungen mit; etw. ist sehr, dringend n.; etw. ist politisch, finanziell n.; Reformen werden immer notwendiger; es ist nicht n., dass ...; diese Entwicklung macht eine Überprüfung n.; jmdn., etw. n. *(dringend)* brauchen; eine Änderung hat sich als n. erwiesen; etw. als n. ansehen; etw. für n. halten, erklären; SUBST.: alles/das Notwendige veranlassen; es fehlt ihnen am Notwendigsten; sich auf das/aufs Notwendigste beschränken.
2. *zwangsläufig:* das ist die notwendige Folge

dieses Leichtsinns; das musste n. misslingen; daraus folgt [nicht] n., dass ...

Notwendigkeit, die: die N. der Zusammenarbeit; jmdm. die N. politischer Maßnahmen deutlich machen; dazu besteht [für ihn] nicht die geringste N.; die N. von Reformen erkennen, einsehen; etw. aus [zwingender] N. tun.

November, der: ein nebliger, kalter N.; Anfang, Ende N.; im Laufe des Monats N., des November[s]; sie ist im N., am 3. N. geboren.

Nu, der od. das: ⟨meist in der Fügung⟩ **im Nu/in einem Nu** (ugs.; *sehr schnell*): ich bin im Nu zurück!; die Sache war im Nu erledigt.

Nuance, die: **1.** *gradueller Unterschied:* eine kaum merkliche N. zwischen Blassblau und Weißblau; Grün gibt es in vielen Nuancen. **2.** *ein wenig:* dieser Wein ist [um] eine N. herber, zu herb; er sprach, sang um eine N. zu laut; dieses Rot ist um eine N. heller als das andere. **3.** *Feinheit:* sprachliche, stilistische Nuancen; ich habe die Nuancen in der Rede wohl bemerkt.

nüchtern: 1. a) *ohne schon etw. gegessen, getrunken zu haben:* auf nüchternen Magen trinken/rauchen, ein Medikament einnehmen; [noch] n. sein; das Mittel ist morgens n. einzunehmen; **b)** *nicht betrunken:* der Fahrer war ganz, völlig, nicht mehr n.; er ist nur selten n.; sie muss erst wieder n. werden. **2.** *schmucklos, karg:* ein nüchterner Stil; nüchterne Fassaden; die Wohnung ist sehr n. [eingerichtet]; der Raum wirkt ein wenig n. **3.** *sachlich:* ein nüchterner Geschäftsmann, Verstandesmensch; eine nüchterne Darstellung, Einschätzung der Lage; ein nüchterner Bericht; nüchterne Zahlen, Tatsachen; seine Art ist [mir] zu n.; etw. n. beurteilen, betrachten; ein n. denkender Mensch.

Nudel, die: **1.** */eine Mehlspeise/:* Nudeln [mit Tomatensoße] kochen; N. abgießen. **2.** (ugs.) *[weibliche] Person:* eine lustige, komische, ulkige N.

null: I. ⟨Kardinalzahl; als Ziffer: 0⟩ das Spiel steht zwei zu n. (*2 : 0)*; /bei Leistungsbewertungen/: n. Fehler, Punkte; es herrscht eine Temperatur von n. Grad; es ist n. Uhr *(12 Uhr nachts)*; drei weniger drei ist n.; Werte von n. bis 10; n. Komma neun *(0,9)*; das Thermometer zeigt n. Grad, steht auf null; Temperaturen über/unter null; etw. auf n. stellen; SUBST.: die Zahl, der Wert Null; eine Null malen, schreiben; eine Null an die Zahl anhängen; eine Zahl mit drei Nullen; ÜBERTR.: wir müssen wieder bei [Punkt] n. *(ganz von vorne)* anfangen; jmds. Stimmung sinkt unter n. II. (ugs.) ⟨Adj.⟩: *kein:* n. Ahnung, Erfahrung, Chancen haben; er zeigte n. Reaktion; ⋆ **gleich null sein** *(äußerst gering sein)* · **null und nichtig** (nachdrücklich; *[rechtlich] ungültig*): etw. für n. und nichtig erklären · **in null Komma nichts** (ugs.; *sehr rasch*).

Nullpunkt, der: die Temperatur ist auf den N. abge-

sunken, ist über den N. angestiegen; der absolute N. *(die tiefste denkbare Temperatur);* ÜBERTR.: die Stimmung war auf dem N., hatte den N. (ugs.; *Tiefpunkt)* erreicht.

Nummer, die: **1. a)** *[Kenn]zahl:* eine hohe, niedrige, laufende N.; eine Münchner N. *(Autonummer);* die angegebene N. stimmt nicht; die N. des [Hotel]zimmers *(Zimmernummer);* das Haus N. 24; das Los hat die N. 50 231; unter welcher N. *(Telefonnummer)* sind Sie zu erreichen?; der Spieler mit der N. *(Rückennummer)* 9 wurde verwarnt; **b)** *Zeitschriften-, Zeitungsnummer:* eine einzelne N., alle Nummern eines Jahrgangs; der Artikel stand in einer älteren, in der letzten N.; **c)** *Kleider-, Schuhgröße:* eine kleine N.; haben Sie die Schuhe eine N. größer?; der Rock ist um zwei Nummern zu klein. **2.** (ugs.) *Musikstück:* die N. stammt aus einem Film; auf der CD sind einige tolle Nummern. **3.** *Programmnummer:* eine glanzvolle, sensationelle N.; die beste N. ist eine Pferdedressur; eine N. proben, einstudieren. **4.** (ugs.) *Person:* er ist eine komische, ulkige, verrückte N.; sie gilt als eine große N. im Verkauf *(gute Verkäuferin);* er ist eine N. für sich *(ein seltsamer Mensch).* **5.** (salopp) *Koitus:* eine [schnelle] N. machen, schieben; nach, vor der N.; ⋆ **Nummer eins** *(auf einem Gebiet führende Person/Sache, führendes Produkt):* die N. eins [in] der Weltrangliste, in Europa · **Nummer null** (ugs.; *Toilette*) · **[nur] eine Nummer sein** *(nicht als Individuum betrachtet werden)* · **eine, seine Nummer abziehen** (ugs.; *sich in Szene setzen, sich aufspielen*) · **[bei jmdm.] eine große/dicke/ gute Nummer haben** (ugs.; *[von jmdm.] sehr geschätzt werden*) · **eine Nummer/einige, ein paar Nummern zu groß [für jmdn.] sein** (ugs.; *über jmds. Möglichkeiten, Fähigkeiten gehen*) · **auf Nummer Sicher/sicher sein, sitzen** (ugs.; *im Gefängnis sein*) · **auf Nummer Sicher/sicher gehen** (ugs.; *nichts unternehmen, ohne sich abzusichern).*

nun: I. ⟨Adverb⟩ **1.** *jetzt:* n. ist es zu spät; n. endlich konnte ich schlafen; n. reichts aber! (ugs.; *Ausruf des Unmuts);* n. komm doch endlich!; von n. an soll es besser werden; n., wo/(geh.:) da es ihm wieder besser geht ... **2.** *unter diesen Umständen:* ich werde n. nicht mehr länger warten; /Ausruf des Widerspruchs/: n. gerade!; was n.?; was sagst du n.? (ugs.; *das hättest du wohl nicht erwartet!);* da steht er n. und weiß nicht weiter. **3.** *inzwischen, mittlerweile:* sie hat sich n. anders besonnen; die Lage hat sich n. stabilisiert. **4.** *heute:* vor Jahren Wüste, n. blühendes Land. II. ⟨Partikel⟩ **1.** *aber, jedoch:* inzwischen hat sich n. herausgestellt ... **2.** *etwa, vielleicht:* hat sich das n. gelohnt?; hältst du das n. für richtig?

3. *eben:* sie wollte es n. einmal nicht haben; es ist n. mal nicht so, wie du denkst. 4. *denn:* was war n. eigentlich mit dir los?; muss das n. ausgerechnet jetzt sein?; die Frage war n. doch wirklich berechtigt. 5. a) *also:* n., dem ist leicht abzuhelfen; n., darüber ist man sich einig; n. gut, du kannst mitkommen; n. denn! *(also, dann wollen wir beginnen!);* n., wie stehts?; b) /drückt Ungeduld, Befürchtung, Enttäuschung o. Ä. aus/: kommst du n. mit oder nicht?; (ugs.:) mit so was ist man n. verheiratet!

nur: I. ⟨Adverb⟩: 1. a) *lediglich, nichts weiter als:* n. ein Teil vom Ganzen; das ist n. Einbildung; ich bin nicht krank, n. müde; da kann man n. staunen; sie bleibt n. bis morgen; b) *nicht mehr als:* ich habe n. 20 Mark bei mir; das kostet n. 99 Mark; es gibt n. zwei Möglichkeiten; er siegte mit n. knappem Vorsprung; sie ist n. mäßig begabt; ich habe n. wenig Zeit; in einer unter, von vielen; es sind n. mehr *(nur noch)* drei Tage Zeit; sie spielt n. noch selten Klavier. 2. *ausschließlich, allein, nichts als:* sie will n. dort leben; n. [dann,] wenn ...; n. noch heute; n. dies wollte er haben; n. der Fachmann kann das entscheiden; n. so lässt sich das erklären; das habe ich doch n. so gesagt *(nicht so ernst gemeint);* n. aus Mitleid; n. für Mitglieder; n. gegen bar; n. nach Vereinbarung; /in dem Wortpaar/: nicht n. ..., sondern auch ... : sie ist nicht n. hübsch, sondern auch begabt. 3. ⟨in konjunktionaler Verwendung⟩ *allerdings:* ich würde dich gerne besuchen, n. weiß ich nicht, wann ich kommen kann; die Wohnung ist sehr schön, n. müsste sie billiger sein. II. ⟨Partikel⟩ *bloß:* warum hat er das n. gemacht?; ich tue das n. ungern; alles, was n. möglich ist; die Kinder bekommen alles, was sie n. wollen; n. Mut!; n. ruhig Blut!; lass ihn n. machen!; was hat er n.?; das wäre n. zu wünschen; wenn sie n. käme; es regnete, hagelte n. so (ugs.; *sehr);* er stürzte, dass es n. so krachte (ugs.; *er stürzte ganz furchtbar);* du weißt das n. zu gut!; ⟨in Verbindung mit *noch* vor Komparativen⟩ sie wurde n. noch frecher, wütender, unverschämter.

nuscheln: *undeutlich sprechen:* a) ins Mikrofon, ins Telefon, vor sich hin n.; b) ⟨etw. n.⟩ einige Sätze n.; Was nuschelst du da? Ich verstehe kein Wort; er hat den Text nur genuschelt.

Nuss, die: 1. eine leere, hohle, taube, harte, ölige N.; vergoldete Nüsse an den Weihnachtsbaum hängen; Nüsse ernten, [ab]schlagen, von der Schale befreien; eine N. knacken, aufmachen; das Eichhörnchen knabbert an einer N.; Eis mit Nüssen; ÜBERTR.: etw. ist eine taube N. *(stellt sich als völlig wertlos heraus).* **2.** (ugs.) ⟨nur in Verbindung mit bestimmten negativen Adjektiven⟩ /als Schimpfwort/ *Mensch:* du dumme, blöde, doofe N.!

★ **[für jmdn.] eine harte Nuss sein** (ugs.; *[für jmdn.] ein großes Problem, eine schwierige Auf-* *gabe sein)* · jmdm. **manche Nuss/eine harte Nuss zu knacken geben** (ugs.; *jmdm. eine schwierige Aufgabe stellen)* · **manche Nuss/eine harte Nuss zu knacken haben, bekommen** (ugs.; *eine schwierige Aufgabe zu lösen haben).*

Nutz, der: ⟨in der Verbindung⟩ **sich etw. zu Nutze machen** (↑ zunutze).

nütze sein ⟨in der Wendung⟩ [zu] etw. **nütze sein** *([zu] etw. taugen, brauchbar sein):* er hat das Gefühl, [zu] nichts mehr n. zu sein; dieses Material ist noch zu etwas n.

nutzen (bes. nordd.), **nützen** (bes. südd.): **1.** *von Nutzen sein:* das Mittel nützt [gar nichts, etwas, viel, wenig, kaum, nicht im Geringsten]; was nützen alle Ermahnungen, wenn du nicht darauf hörst; alle Bemühungen haben nichts genützt; es nutzt *(hilft)* alles nichts, wir müssen jetzt aufbrechen; das Medikament nützt bei/gegen Kopfschmerzen; es schadet mehr, als dass es nützt; wozu soll das alles n.?; ⟨jmdm., etw. n.⟩ wem soll das n.?; das nützt niemandem; es nützt ihm nichts mehr; ihre Sprachkenntnisse nutzten ihr sehr; das nutzt dem Fortgang der Arbeit. **2.** ⟨etw. [zu etw./für etw./irgendwie] n.⟩ a) *aus etw. Nutzen ziehen:* die Bodenschätze, den Erzreichtum des Landes n.; die Wasserkraft der Flüsse zur Stromerzeugung n.; etw. industriell n.; der Boden wird landwirtschaftlich voll genutzt; b) *ausnutzen, in bestimmter Weise gebrauchen:* etw. sparsam, klug, geschickt, häufig n.; seinen Einfluss, einen Vorteil, alle Möglichkeiten n.; den günstigen Augenblick, die Zeit, die Gunst der Stunde n.; etw. für seine Zwecke n.; eiskalt nutzte er seine Chance; sie nutzt jede freie Minute zum Training, jede Gelegenheit zum Üben.

Nutzen, der: ein großer, bedeutender, allgemeiner N.; der N. [von] dieser Einrichtung ist gering; der N. bei dieser Sache ist unbedeutend; das hat wenig praktischen N.; N. bringen, tragen, abwerfen; welchen N. versprichst du dir davon?; sie sucht überall ihren N.; von etw. N. haben; aus etw. N. ziehen; es wäre von N., wenn du dabei wärst; seine Sprachkenntnisse waren ihm kaum von N.; eine Stiftung zum N. aller.

nützlich: nützliche Tiere, Dinge; eine nützliche Arbeit, Beschäftigung, Erfindung; ein nützliches Buch; der Hinweis war sehr n. *(von Nutzen);* der Kompass hat sich unterwegs als recht, sehr n. erwiesen; unsere Gespräche waren n. und konstruktiv; du warst mir bei dieser Arbeit sehr n. *(hast mir sehr geholfen);* SUBST.: das Angenehme mit dem Nützlichen verbinden;

★ **sich nützlich machen** *(bei etw. helfen).*

nutzlos: nutzlose Anstrengungen, Gespräche, Versuche; ein nutzloses Unterfangen; es war völlig n., so zu probieren; die Bemühungen waren ganz n.

O

o: o weh!; o Gott!; o welche Freude!; o wäre er doch hier!; o ja!; o nicht doch!; o nein!

Oase, die: die Karawane erreichte die O.; sie übernachteten in einer O.; ÜBERTR.: eine O. *(Stätte)* der Ruhe, des Friedens; dieser Park ist eine O. *(ein Ort der Ruhe, Erholung)* in der verkehrsreichen Stadt.

ob: 1. ⟨zur Einleitung eines indirekten Fragesatzes⟩ /als Ausdruck der Ungewissheit/: sie fragte, ob er schon da sei; er ist neugierig, ob es geklappt hat; es wäre interessant[,] zu erfahren, ob er über das Geld verfügt; sie wollte nachsehen, ob die Tür geschlossen war; ob es wohl regnen wird?; ob das wahr ist, bleibt dahingestellt. **2.** ⟨in Verbindung mit *als* zur Einleitung einer irrealen vergleichenden Aussage⟩: er blickte ihn an, als ob er ihn erst jetzt sähe; sie verhielten sich so, als ob nichts passiert sei; sie tat so, als ob *(ugs.; sie täuschte etwas vor).* **3. a)** ⟨in Verbindung mit *oder*⟩ *sei es [dass]:* sie mussten sich fügen, ob es ihnen passte oder nicht; ob in diesem Land oder in einem andern; **b)** ⟨in Verbindung mit *ob*⟩ *sei es, es handle sich um ... oder um ...:* ob Arm, ob Reich; ob Mann, ob Frau, alle waren betroffen; ob morgens, ob abends, er hatte immer gute Laune. **4.** ⟨in Verbindung mit *und*⟩ /als Ausdruck einer selbstverständlichen Bejahung/: »Kennst du dieses Buch?« – »Und ob [ich das kenne]!«

obdachlos: obdachlose Flüchtlinge, Erdbebenopfer; durch die Überschwemmungen sind viele Menschen o. geworden; die Flüchtlinge zogen o. von Ort zu Ort.

oben: 1. *an einer höher gelegenen Stelle, in der Höhe, über jmdm., etw.:* o. links, o. rechts; o. auf der Leiter; dort o. auf dem Dach; hoch o. am Himmel flog ein Adler; auf den Bergen o. liegt noch Schnee; er sitzt o. am Tisch *(am oberen Ende des Tisches);* den Sack o. *(am oberen Ende)* zubinden; die glänzende Seite des Papiers muss o. *(auf der Oberseite)* sein; nach o. *(ins obere Stockwerk)* gehen; der Taucher kam wieder nach o.; nach o. schauen; von o. *(aus der Höhe; aus dem oberen Stockwerk)* kommen. **2.** (ugs.) *an einer übergeordneten Stelle in einer Hierarchie:* die da o. haben doch keine Ahnung; sie scheint o. sehr beliebt zu sein; er wollte nach o.; endlich o. sein; der Weg nach o. war jetzt offen; der Befehl kommt von o.

3. (ugs.) *im Norden, an der Küste:* o. ist das Klima rauer; wir haben auch ein paar Jahre da o. gelebt. **4.** *weiter vorne im Text:* siehe o.!; wie o. schon erwähnt; die o. erwähnte, stehende Summe; der o. zitierte Satz; das weiter o. Erwähnte, Genannte, Stehende, Zitierte;
★ **sich oben halten** *(alle Schwierigkeiten überwinden und sich behaupten):* die Firma hat sich trotz der Schwierigkeiten o. gehalten · **nicht [mehr] wissen, wo/was oben und unten ist** (ugs.; *völlig verwirrt sein)* · **etw. steht jmdm. bis hier/da oben** (ugs.; *jmd. ist einer Sache überdrüssig)* · **von oben bis unten** *(ganz und gar):* sie war von o. bis unten mit Öl verschmiert; er hat mich von o. bis unten *(sehr gründlich)* gemustert · **von oben herab** *(in überheblicher Weise):* er hat ihn von o. herab angesehen, behandelt · **oben ohne** (ugs. scherzh.; *mit unbedecktem Busen):* o. ohne herumlaufen.

obenan: sein Name steht in der Liste o.; ÜBERTR.: unter den Sehenswürdigkeiten Münchens steht das Deutsche Museum ganz o.

obenauf: der Patient ist wieder o. *(gesund und munter);* sie ist immer o. *(selbstbewusst).*

obendrein: er verlangte Schadenersatz, o. wollte er Schmerzensgeld; er hat mich o. ausgelacht.

Obenerwähnte, Obengenannte: ↑ Obenstehende.

obenhin: etw. o. tun, ansehen, sagen; sie antwortete nur o. *(ohne auf die Frage einzugehen);* sie hatte die Frage ganz o. *(beiläufig)* gestellt.

Obenstehende, das: bitte auch Obenstehendes beachten; im Obenstehenden.

Obenzitierte: ↑ Obenstehende.

Ober, der: ein höflicher, viel beschäftigter, mürrischer O.; der O. nahm ihre Bestellung auf; Herr O., ein Bier bitte!; der O. bringt die Speisekarte, das Essen, räumt den Tisch ab; nach dem O. rufen.

obere: 1. *sich oben befindend:* die oberen Wolkenschichten; drücken Sie bitte den oberen Knopf!; die oberen Zweige erreichte man nur mit der Leiter; die Städte an der oberen Elbe; im oberen Stockwerk. **2.** *in einer Hierarchie o. Ä. über anderen stehend:* die oberen Instanzen, Schulklassen.

Oberfläche, die: eine raue, harte, glatte, blanke, polierte O.; die O. einer Kugel, der Erde, des Mondes; er ist wieder an die O. *(obere Begrenzungsfläche des Wassers)* gekommen; Fett schwimmt auf der O.; ÜBERTR.: das Gespräch plätscherte an der O. dahin *(ging nicht in die Tiefe);* der Streit glomm noch unter der O.

oberflächlich: 1. a) *nicht tief gehend:* eine oberflächliche Person; die Gemeinsamkeiten sind nur o.; **b)** *flüchtig:* eine oberflächliche Betrachtung, Darstellung; oberflächliche Sicherheitsvorkehrungen; für diese Arbeit ist er zu o.; ihre Bekanntschaft war ganz o.; jmdn. o. behandeln; ein Buch o. lesen; ich kenne ihn nur o. **2.** (meist Fachspr.) *sich an der Oberfläche befin-*

O

dend: ein oberflächlicher Bluterguss; die Wunde ist nur o.; sie hat sich o. verletzt.

oberhalb: I. ⟨Präp. mit Gen.⟩ *über; höher als etw. gelegen:* er band den Arm o. des Ellbogens ab; die Burg liegt o. des Dorfes; sie besaßen ein Haus o. der Elbe, o. Heidelbergs; die Frostgrenze liegt o. 1 800 Meter. **II.** ⟨Adverb in Verbindung mit *von*⟩ *über etw., höher als etw. gelegen:* das Schloss liegt o. von Heidelberg.

Oberhand, die: ⟨in bestimmten Wendungen⟩ **die Oberhand gewinnen/bekommen/erhalten** *(sich gegen jmdn., etw. durchsetzen):* sie bekam die O. über ihn; schließlich gewann die Lebensfreude wieder die O. · **die Oberhand haben/behalten** *(stärker sein, bleiben):* die Mannschaft behielt die O. [über den Gegner].

Oberhaupt, das: das O. des Staates, der Familie; der Papst ist das O. der katholischen Kirche.

oberste: 1. *sich ganz oben befindend:* das oberste Stockwerk; auf der obersten Stufe stehen. **2.** *in einer Hierarchie o. Ä. am höchsten stehend:* das ist das oberste Gesetz; bis in die obersten Instanzen; Wahrheit ist oberstes *(wichtigstes)* Gebot; er verkehrt in den obersten Kreisen; * **das Oberste zuunterst kehren** (ugs.; *alles durchwühlen, durcheinander bringen*).

Oberwasser, das: ⟨in den Wendungen⟩ **[wieder] Oberwasser bekommen** (ugs.; *in eine günstige Lage kommen*): beim Spiel bekam er bald wieder O. · **[wieder] Oberwasser haben** (ugs.; *im Vorteil sein, [wieder] obenauf sein*).

obgleich: ↑ obwohl.

Obhut, die (geh.): sich jmds. O. anvertrauen; sich in jmds. O. befinden; bei ihm sind die Kinder in guter O.; sie gaben ihr Kind in die O. der Großeltern/bei den Großeltern in O.; sie nahmen die Waise in ihre O.; sie steht unter der O. ihres Vormunds.

Objekt, das: **1.** *Gegenstand:* ein geeignetes, lohnendes O.; ein O. der Forschung; etw. am lebenden O. demonstrieren; die Hochschulreform ist das O. seiner Studie; etw. zum O. seiner Aggressionen machen. **2.** (bes. Kaufmannsspr.) *Gegenstand eines Geschäfts:* ein günstiges, größeres, interessantes O.; bei der Auktion gab es einige schöne Objekte; um welches O. handelt es sich? **3.** (Sprachw.) *Satzergänzung:* das O. in einem Satz bestimmen.

objektiv: 1. *tatsächlich:* objektive Bedingungen, Gegebenheiten, Tatsachen; das bedeutet o. eine große Einbuße für ihn. **2.** *sachlich:* ein objektives Urteil; objektive Argumente; eine objektive Untersuchung, Prüfung eines Falles fordern; der Schiedsrichter sollte o. sein; man muss versuchen, die Dinge o. zu sehen; etw. o. darstellen.

obliegen (geh.) ⟨jmdm. o.⟩: die Beweislast liegt der Anklagebehörde ob/obliegt der Anklagebehörde;

es hat ihm obgelegen/oblegen, die Eröffnungsrede zu halten; ihr lag die Aufgabe ob/oblag die Aufgabe, für die Verpflegung zu sorgen.

obschon (geh.): ↑ obwohl.

obskur (bildungsspr.): ein obskurer Wunderheiler; eine obskure Kneipe; eine obskure Zeitschrift; die Sache war reichlich o., kam mir ziemlich o. vor.

Obst, das: frisches, saftiges, [un]reifes, eingemachtes, rohes, gedörrtes O.; O. ist gesund; O. pflücken, ernten, auflesen, einkochen, einmachen; eine Schale mit O.; O. und Gemüse; Ⓡ ich danke für O. und Südfrüchte.

obszön: obszöne Witze, Lieder, Filme; er ist o.; ein obszönes Foto; einige Stellen des Buches sind o.; diese Bilder wirkten o.

obwohl: o. es regnete, ging sie spazieren; er hat das Paket nicht mitgenommen, o. ich ihn ausdrücklich darum gebeten hatte; sie trat, o. schwer erkältet, auf.

Ochse, der: a) *kastriertes männliches Rind:* ein abgemagerter, fetter O.; Ochsen vor den Pflug spannen; einen Ochsen am Spieß braten; mit Ochsen pflügen; b) (ugs.) *dumme männliche Person:* so ein O.!; /auch als Schimpfwort/: [du] blöder O.!

ochsen (ugs.) ⟨[etw.] o.⟩: hart, schwer o.; sie ochste für das Examen; den ganzen Nachmittag hat er Mathematik geochst.

öd[e]: a) *menschenleer:* eine öde Gegend; im Herbst ist der Strand ö. und leer; die Straßen lagen ö. in der Sonne; b) *unfruchtbar, wild und unbebaut:* eine öde Gebirgslandschaft; sie fuhren durch öde Landschaften; c) *langweilig:* eine öde Lektüre; die öde Einerlei des Alltags; ihr Leben war, verlief ziemlich ö.

Öde, die: a) *Einsamkeit, Verlassenheit:* eine trostlose Ö.; die winterliche Ö.; eine von unendlicher Ö. erfüllte Landschaft; b) *Leere, Langeweile:* eine allgemeine geistige Ö.; die Ö. seines Lebens.

oder: 1. /verbindet zwei, mehrere Möglichkeiten/: du kannst hier rechts o. links abbiegen; fährst du heute o. morgen?; in diesem See kann man schwimmen, segeln o. surfen. **2.** /gibt an, dass von zwei oder mehreren Möglichkeiten nur eine infrage kommt/: entweder du gehst o. du bleibst; hast du das Geld genommen, ja o. nein?; ich o. mein Vertreter wird an der Sitzung teilnehmen. **3.** *auch ... genannt:* die Anemonen o. [auch] Buschwindröschen gehören zu den Hahnenfußgewächsen; elektronische Datenverarbeitung o. kurz EDV. **4.** *andernfalls, sonst:* etwas muss geschehen, o. die Katastrophe ist unvermeidlich. **5.** a) /zur Einleitung von Fragen, die einen möglichen Einwand gegen die vorangegangene Aussage bilden/: er hat es getan, o. glaubst du es etwa nicht?; ich werde es verschenken. Oder was meinst du?; b) (ugs.) /nachgestellt/ *nicht wahr?:* du bist doch der gleichen Ansicht, o.?

6. ⟨in Verbindung mit *so*⟩ /gibt an, dass man etw. nicht genau weiß/: sie hieß Mina o. so [ähnlich]; ein Betrag von 100 DM o. so.
Ofen, der: ein großer, eiserner, gekachelter O.; der O. ist warm, noch kalt, heizt gut, brennt schlecht, raucht, rußt, zieht [gut, schlecht]; den O. anmachen, anzünden, ausgehen lassen, heizen; am O. sitzen; den Kuchen in den O. *(Backofen)* schieben, aus dem O. nehmen; BILDL.: immer hinterm O. hocken *(nie ausgehen);* ⋆ **heißer Ofen** (salopp; 1. *[schweres] Motorrad.* 2. *Personenkraftwagen mit leistungsstarkem Motor.* 3. *attraktive Frau)* · **der Ofen ist aus** (ugs.; *damit ist Schluss, das ist vorbei).*
offen: 1. a) geöffnet; *nicht verschlossen:* ein offenes Fenster; mit offenem Mund atmen; sie hielt den Mund, beide Augen weit o.; vor Staunen stand ihm der Mund offen; das Fenster muss o. bleiben; das Fenster, die Tür o. lassen; lass bitte den Kühlschrank nicht so lange o. stehen!; jmdm. die Wohnungstür, die Wagentür o. halten; das Geschäft bis 20 Uhr o. halten; dieser Laden hat auch sonntags o. (ugs.; *ist auch sonntags geöffnet);* der Brief ist noch o.; die Bluse war am Hals o. *(nicht zugeknöpft);* sein Hemd stand am Hals o. *(war nicht bis zum Kragen zugeknöpft);* die Schranken waren o. *(hochgelassen);* er hatte das Buch o. *(aufgeschlagen)* vor sich liegen; sie trägt ihr Haar o. *(nicht zusammengebunden);* eine offene Anstalt *(Heil-, Strafanstalt, deren Insassen sich in bestimmtem Rahmen frei bewegen dürfen);* offene Beine *(Beine mit nur sehr schlecht heilenden Ödemen);* eine offene *([noch] nicht verschorfte)* Wunde. ÜBERTR.: eine offene Gesellschaft *(Gesellschaft, in der die Grenzen zwischen den Klassen fließend sind und für den Einzelnen kein Hindernis darstellen);* sie hat ein offenes Haus *(ist sehr gastfrei);* mit offenen Augen, Sinnen *(aufmerksam beobachtend)* durch die Welt gehen; meine Tür ist immer für dich o. *(du bist mir immer willkommen);* sich einen Ausweg, den Rückzug o. halten; mit diesem Examen stehen ihr alle Türen, Möglichkeiten, Wege o.; die Bibliothek steht allen Bürgern o. *(steht allen zur Verfügung);* **b)** *nicht bedeckt:* ein offener Wagen *(Wagen ohne Verdeck);* am offenen Grab stehen; sie trägt offene Schuhe.
2. a) *nicht begrenzt; frei:* das offene Meer; auf offener See; Fleisch am offenen Feuer braten; der Zug hielt auf offener Strecke; der Garten ist nach dem Feld zu o. *(ohne Zaun);* die Pässe in den Alpen sind wieder o. *(schneefrei und befahrbar);* die Bergkette lag o. vor seinen Augen da; ℝ nach allen Seiten hin o. sein *(an keine Weltanschauung o.Ä. gebunden sein);* **b)** (Sport) *(von Wettbewerben o.Ä.) frei zugänglich:* ein offenes Turnier; die Teilnahme am Wettbewerb ist für alle Mannschaften o.
3. *nicht abgepackt:* Obst o. verkaufen; offener Wein *(Wein vom Fass).*

4. a) *nicht besetzt, frei:* offene, o. stehende Stellen; diese Stelle ist noch o.; im Handwerk stehen noch viele Lehrstellen o.; eine frei gewordene Arbeitsstelle o. lassen; ich lasse diese Zeile, diese Spalte [in dem Formular] o. *(fülle sie nicht aus);* **b)** *ungewiss; noch nicht entschieden:* eine offene Frage; eine offene [Schach]partie; das Spiel war völlig o.; die Antwort ist noch o.; das weitere Vorgehen ist noch völlig o.; die Entscheidung, Frage ist o. geblieben; o. blieb, wer gelogen hatte; er hielt sich o. *(hat sich vorbehalten),* anders zu entscheiden; sich eine Möglichkeit o. halten; eine Frage o. lassen; sie hat o. gelassen, ob sie kommt oder nicht; ob du das machen willst oder nicht, steht dir o.; eine offene, o. stehende (Kaufmannsspr.: *noch nicht bezahlte)* Rechnung; auf dem Konto stehen noch 500 Euro o.
5. a) *unverhohlen:* offener Protest wurde laut; eine offene Kampfansage; zum offenen Widerstand aufrufen; zwischen beiden Ländern ist es zum offenen Bruch gekommen; etw. liegt o. auf der Hand; seine Abneigung o. zeigen.; **b)** ⟨o. [zu jmdm.]⟩ *aufrichtig:* ein offener Mensch; ein offenes Wort, Bekenntnis; eine offene Aussprache; offene Kritik; sie ist o. und ehrlich; o. antworten; o. über etw. reden; etw. o. sagen, bekennen; o. gestanden, ich habe es auch geglaubt; etw. o. zugeben; er war ganz o. zu mir; **c)** *nicht geheim:* sie wurden in offener Abstimmung gewählt; jmdn. in offenem Kampf besiegen; o. abstimmen.
6. (Sport) *die Deckung vernachlässigend:* eine offene Spielweise; die Abwehr spielte zu o.
7. (Sprachw.) *mit größerer Mundöffnung gesprochen:* ein offener Vokal; ein offenes E; eine offene *(auf Vokal ausgehende)* Silbe;
⋆ **gegenüber jmdm., etw./für etw. offen sein** *(gegenüber jmdm., etw. aufgeschlossen sein):* er ist für alle Eindrücke o.
offenbar: I. ⟨Adj.⟩ *deutlich erkennbar:* ein offenbares Bedürfnis; eine offenbare Lüge; seine Absicht ist o. geworden; dadurch wird o., wie ...; dieses Dokument macht o., dass ...
II. ⟨Adverb⟩ *anscheinend:* o. ist etw. dazwischengekommen; ich habe mich o. geirrt.
offenbaren: 1. ⟨jmdm. etw. o.⟩ *enthüllen:* jmdm. ein Geheimnis, seine Gefühle, seine Schuld o.; ⟨auch ohne Dat.⟩ in dieser Situation offenbarte sie ihr wahres Wesen; die Mannschaft offenbarte große Abwehrschwächen.
2. ⟨sich o.⟩ *sich zeigen:* er offenbarte sich als treuer/(seltener:) treuen Freund; seine Worte offenbarten sich als Lüge.
3. ⟨sich jmdm. o.⟩ *sich anvertrauen:* er hat sich seinem Freund, seinen Eltern offenbart; ⟨auch ohne Dat.⟩ endlich offenbarte sie sich und teilte ihr Geheimnis mit.
offenherzig: eine offenherzige Natur; ein offenherziges Gespräch; Geständnis; o. (iron.; *mitteilsam)*

wie er war, konnte er nichts für sich behalten; sie antwortete mir o.; ÜBERTR.: ein offenherziges (scherzh.; *tiefes*) Dekolleté.

offenkundig: eine offenkundige Lüge; offenkundige Beweise, Tatsachen; es war o., dass er sie betrogen hat; sie hätte ganz o. noch gerettet werden können.

offensichtlich: I. ⟨Adj.⟩ *eindeutig:* ein offensichtlicher Betrug, Irrtum; eine offensichtliche Notlüge; es war o., dass ...
II. ⟨Adverb⟩ *anscheinend:* sie hat es o. vergessen; o. glaubt sie, etwas Gutes getan zu haben.

Offensive, die: eine O. [gegen die feindlichen Linien] planen, einleiten, eröffnen, beginnen; die O. abfangen, auffangen, abwehren; der Feind ging in die O., ging zur O. über (*griff an*); (Sport:) die O. bevorzugen, aus der O. spielen.

öffentlich: 1. *für jeden hörbar und sichtbar:* eine öffentliche Sitzung, Verhandlung, Versteigerung; die Veranstaltung, die Prüfung, die Abstimmung war ö.; die Verlobung ist bereits ö. *(offiziell bekannt gegeben);* ö. *(in der Öffentlichkeit)* auftreten, verhandeln, reden; etw. ö. erklären, verkünden; er machte den Skandal ö. *(brachte ihn an die Öffentlichkeit).*
2. *für die Allgemeinheit zugänglich:* ein öffentlicher Platz; ein öffentlicher Fernsprecher; öffentliche Anlagen, Einrichtungen; öffentliche Verkehrsmittel.
3. a) *die Allgemeinheit betreffend:* das öffentliche Recht; das öffentliche Wohl; die öffentliche Meinung beeinflussen; gegen die öffentliche Ordnung verstoßen; im öffentlichen Leben stehen; b) *die Verwaltung eines Gemeinwesens betreffend:* die öffentlichen Gebäude hatten geflaggt; öffentliche Gelder; den Wohnungsbau mit öffentlichen Mitteln fördern; die o. Bediensteten *(Angehörige des öffentlichen Dienstes).*
Öffentlichkeit, die: die breite Ö. erfährt, weiß nichts von diesen Dingen; die Ö. ist aufgebracht; etw. der Ö. zugänglich machen; die Ö. zu etw. aufrufen; die Ö. täuschen, irreführen, ausschließen; wir brauchen die Ö. nicht zu scheuen; das Verfahren fand unter Ausschluss der Ö. statt; sich mit etw. an die Ö. wenden, an die Ö. gehen; die Autorin ist mit Hörspielen an die Ö. getreten *(hatte sie veröffentlicht);* es darf nichts von diesen Vorgängen an die Ö. dringen; der Vorfall wird längst in der Ö. diskutiert; man hat ihr Privatleben in die Ö. gezogen, gebracht; sie wollten ihre Probleme nicht in/vor aller Ö. *(vor allen Leuten)* besprechen.
offiziell: a) *amtlich [verbürgt]:* eine offizielle Mitteilung, Nachricht, Verlautbarung; eine offizielle Delegation; er reist in offizieller Mission; vom offiziellen Kurs abweichen; von offizieller Seite wurde bekannt, dass ...; es kam zum offiziellen Bruch; das Wahlergebnis ist noch nicht o.; etw. o. ankündigen, bestätigen, verbieten; b) *feierlich,*

förmlich: eine offizielle Feier; jmdn. o. einladen; sie haben ihre Verlobung o. bekannt gegeben.
offline (EDV): o. gehen, arbeiten, sein; Daten, eine Datei o. verarbeiten, bearbeiten; eine Webseite o. erstellen; die Artikel werden o. erfasst; alle Programmfunktionen können o. genutzt werden; Kunden können online bestellen und o. zahlen.
öffnen: a) ⟨etw. o.⟩ *aufmachen:* eine Flasche, Dose, Büchse ö.; die Kiste [mit dem Brecheisen] ö.; die Tür, die Schleuse, das Fenster, das Schiebedach, eine Schublade, die Ventile an einer Maschine ö.; das Schloss, den Schrank mit einem Nachschlüssel ö.; die Augen, den Mund, die Lippen, die Hand ö.; den Mantel, den Kragen, die Bluse ö. *(aufknöpfen);* den Regenschirm ö. *(aufspannen);* ⟨jmdm. etw. ö.⟩ er hat ihr den Reißverschluss geöffnet; b) ⟨etw. ö.⟩ *zugänglich machen:* das Geschäft wird um 9 Uhr, erst am Nachmittag geöffnet; das Museum ist von 9 bis 17 Uhr geöffnet; ⟨jmdm. etw. ö.⟩ er öffnete ihr die Tür; ÜBERTR.: jmdm. sein Herz ö.; (geh.; *seine Zuneigung schenken*); ⟨auch ohne Akk.⟩ eine Frau öffnete und ließ uns eintreten; ⟨jmdm. ö.⟩ der Gastgeber hat uns selbst geöffnet *(aufgemacht);* c) ⟨sich ö.⟩ *aufgehen:* die Augen, die Lippen des Kranken öffneten sich ein wenig; nachdem sich das schwere Tor geöffnet hatte, konnten wir eintreten; ⟨auch ohne *sich*⟩ die Tür öffnet und schließt automatisch; ÜBERTR.: nach Norden hin öffnet sich das Tal; e) ⟨sich ö.⟩ *sich entfalten:* die Blüte öffnete sich; der Fallschirm hatte sich nicht geöffnet; f) ⟨sich jmdm., etw.⟩ *sich innerlich zuwenden:* sich einer Idee, neuen Eindrücken, fremden Einflüssen ö.; sich jmdm. ö. (geh.; *anvertrauen*); g) ⟨sich jmdm., etw./für jmdn., etw. ö.⟩ *sich auftun:* neue Märkte öffneten sich der/für die Industrie.
Öffnung, die: 1. *das Öffnen:* die Ö. und Schließung der Eingänge obliegt dem Hausmeister; ÜBERTR.: die Ö. einer Partei nach links *(das Sichöffnen einer Partei gegenüber linksgerichteten Parteien).*
2. *offene Stelle:* eine große, enge, schmale, weite, runde Ö.; die Öffnungen versperren, zumauern; aus einer Ö. in der Wand strömte Wasser; sich durch eine Ö. zwängen; (Fot.:) die der Blende einstellen.
oft: a) *viele Male:* o. krank sein; ich habe ihn o. gesehen, habe ihm [nur] zu o. geglaubt; sie hat ihn schon so o. gewarnt; wie o. bist du dort gewesen?; ich habe genug gesagt; so etwas gibt es o.; ich habe das o. gesehen; o. *(sehr oft)* gesehen; sie war mit im Theater als ich; je öfter man diesen Text liest, desto unverständlicher wird er; b) *meist:* Schmerzen vergehen o. von allein; das lässt sich o. gar nicht entscheiden; c) *in kurzen Zeitabständen:* die Linie 3 fährt, verkehrt ziemlich o.
öfter: *verhältnismäßig oft:* er geht ö. allein spazieren; sie ist schon ö. bei uns gewesen; der Gesangverein veranstaltet ö. Konzerte;

* des Öfteren (nachdrücklich; *zu wiederholten Malen*): man hat ihn schon des Öfteren ermahnt.
ohne: **I.** ⟨Präp. mit Akk.⟩ /gibt an, dass jmd., etw. bei jmdm., etw. nicht zugegen, vorhanden o. ä. ist/: mit und o. ihn; er geht gern o. Hut; o. Rezept; den Kaffee o. Zucker und o. Milch trinken; sie stimmte o. Zögern zu; o. einen Pfennig Geld; er ist o. Hoffnung, o. Schuld; ein Kleid o. Ärmel; Gewicht o. Verpackung, Preise o. Pfand, Miete o. Nebenkosten *(Verpackung, Pfand, Nebenkosten nicht mitgerechnet);* etw. o. Absicht, o. Erlaubnis tun; o. jede Chance, Möglichkeit einzugreifen; alle o. Ausnahme; das ist o. jeden Zweifel richtig; er wollte das nicht o. seine Frau entscheiden; sei nur o. Sorge!; ⟨mit Unterdrückung des folgenden Substantivs⟩ er raucht am liebsten Zigaretten o. (ugs.; *ohne Filter*); sie schläft am liebsten o. (ugs.; *ohne Nachthemd o. Ä.*); Ⓡ o. mich! (ugs.; *ich will damit nichts zu tun haben, mache dabei nicht mit!*).
II. ⟨Konj. in Verbindung mit *dass* oder dem Infinitiv mit *zu*⟩ /gibt an, dass etw. unterlassen wird/: sie kam, o. dass sie eingeladen war; er nahm das Geld, o. zu fragen; sie ging, o. ein Wort zu sagen; * nicht [so] ohne sein (ugs.; *nicht so harmlos sein, sondern stärker, bedeutender als gedacht*): eine Grippe ist gar nicht so o.
ohnehin: die o. aufgebrachte Menge geriet in Aufruhr; das hatte ihm o. nichts genützt; sieh dich vor, du bist o. schon erkältet.
Ohnmacht, die: **1.** *Bewusstlosigkeit:* eine leichte, schwere O. überkam sie; er war, fühlte sich einer O. nahe; der Mann lag in tiefer O.; in O. fallen, (geh.:) sinken; er erwachte aus der, aus einer tiefen O. **2.** *Machtlosigkeit:* die politische, wirtschaftliche O. eines Landes; ein Gefühl menschlicher O. übermannte, lähmte ihn; seine O. eingestehen; * aus einer Ohnmacht in die andere fallen (ugs. scherzh.; *über etw. sehr entsetzt sein*).
ohnmächtig: **1.** *das Bewusstsein verloren habend:* eine ohnmächtige Frau; sie wurde plötzlich o.; der alte Mann war o. umgefallen. **2.** ⟨o. [gegenüber etw.]⟩ *machtlos:* ohnmächtige Wut; o. mussten sie zusehen, wie ...; sie waren o. gegenüber den Maßnahmen der Regierung.
Ohr, das: kleine, große, abstehende Ohren; mein linkes O. läuft (ugs.; *sondert Sekret ab*); seine Ohren waren von der Kälte ganz rot; die Ohren dröhnen mir noch vom Lärm; gute, schlechte Ohren haben; der Hase stellt die Ohren auf; das Pferd legt die Ohren an; sich die Ohren zuhalten, verstopfen; er legte das O. an die Wand, um zu lauschen; den Hörer ans O. halten; auf dem linken, rechten O., auf beiden Ohren taub sein, schwer hören; den Hut schief aufs O. setzen; das klingt für heutige/für unsere Ohren *(für moderne Menschen)* seltsam; er kratzte sich [aus Verlegenheit] hinterm O.; er steckte den Bleistift hinters O.; Wasser ins O. bekommen; sie sagte,

flüsterte, wisperte mir etwas ins O.; er steckte sich Watte in die Ohren; der Schrei gellte ihm in den Ohren; diese Bemerkungen mögen ihr wenig angenehm in den Ohren geklungen haben *(mögen wenig angenehm für sie gewesen sein);* der Wind pfiff uns um die Ohren; schreib dir das hinter die Ohren! (ugs.; *barsche Aufforderung, sich etw. gut zu merken);* barsche [doch] die Ohren auf! (ugs.; barsche Aufforderung an jmdn., besser zuzuhören); mir klingen die Ohren! (ugs. scherzh.; *ich glaube, es wird gerade über mich gesprochen!);* wo hast du denn deine Ohren? (ugs.; *kannst du nicht richtig zuhören?);*
* ganz Ohr sein (ugs.; *aufmerksam zuhören)* · Ohren haben wie ein Luchs *(ungewöhnlich gut hören)* · ein [feines] Ohr für etw. haben (ugs.; *ein feines Empfinden für etw. haben)* · ein offenes Ohr für jmdn., etw. haben *(jmds. Bitten, Wünschen zugänglich sein)* · bei jmdm. ein geneigtes/offenes/williges Ohr finden *(jmdn. finden, der bereit ist, sich mit einem vorgebrachten Anliegen zu befassen)* · um ein geneigtes Ohr bitten (geh.; *um Gehör bitten)* · lange Ohren machen (ugs.; *neugierig lauschen)* · jmdm. ein Ohr abschwätzen (ugs.; *lange auf jmdn. einreden)* · jmdm. sein Ohr leihen (ugs.; *jmdm. zuhören)* · die Ohren auf Durchzug stellen (ugs. scherzh.; *gar nicht zuhören)* · die Ohren spitzen (ugs.; *aufmerksam lauschen, horchen)* · die Ohren steif halten (ugs.; *nicht den Mut verlieren)* · die Ohren hängen lassen (ugs.; *niedergeschlagen sein)* · jmdm. die Ohren lang ziehen (ugs.; *jmdn. scharf zurechtweisen)* · jmdm. die Ohren voll jammern (ugs.; *jmdn. durch ständiges Klagen lästig sein)* · [vor jmdm.] seine Ohren verschließen *(jmds. Bitten gegenüber unzugänglich sein)* · tauben Ohren predigen *(mit seinen Ermahnungen nichts erreichen)* · seinen Ohren nicht trauen (ugs.; *völlig überrascht sein)* · sich aufs Ohr legen/(salopp:) hauen (ugs.; *sich schlafen legen)* · auf dem/diesem Ohr nicht/schlecht hören, taub sein (ugs.; *von einer Sache nichts wissen wollen)* · auf den Ohren sitzen (ugs.; *nicht zuhören)* · nichts für zarte Ohren sein *(nicht für empfindliche Zuhörer[innen] geeignet sein)* · nichts für fremde Ohren sein *(geheim, vertraulich sein)* · jmdm. eins/ein paar hinter die Ohren geben (ugs.; *jmdm. ohrfeigen)* · eins/ein paar hinter die Ohren bekommen (ugs.; *geohrfeigt werden)* · noch nicht trocken hinter den Ohren sein (ugs.; *noch unreif sein)* · es [faustdick/knüppeldick] hinter den Ohren haben (ugs.; *schlau, gerissen oder schalkhaft und schlagfertig sein)* · sich die Ohren schlackern (ugs.; *vor Überraschung sprachlos sein)* · von einem Ohr zum andern strahlen (ugs.; *sich sehr freuen)* · mit halbem Ohr zuhören/hinhören *(ohne rechte Aufmerksamkeit zuhören)* · ins Ohr gehen/im Ohr bleiben *([von einer Melodie] eingängig sein):* diese Musik geht ins O. · etw. im

O

Ohr haben *(sich an etwas Gehörtes erinnern):* ihre Worte hatte er noch im O. · jmdm. [mit etw.] in den Ohren liegen (ugs.*; jmdm. durch ständiges Bitten zusetzen)* · bis über die/beide Ohren verliebt sein (ugs.*; sehr verliebt sein)* · bis über die/beide Ohren in Arbeit/in Schulden o. Ä. stecken (ugs.*; sehr viel Arbeit, Schulden o. Ä. haben)* · jmdm. übers Ohr hauen (ugs.*; jmdn. übervorteilen, betrügen)* · viel um die Ohren haben (ugs.*; sehr viel zu tun haben)* · jmdm. zu Ohren kommen *(jmdm. [als unerfreuliche Tatsache] bekannt werden)* · bei jmdm. zum einen Ohr herein-, zum andern wieder hinausgehen (ugs.*; [bes. von Ermahnungen o. Ä.] sogleich wieder vergessen werden).*

ohrenbetäubend: ein ohrenbetäubendes Geschrei, Geheul; der Lärm in der Maschinenhalle war o.; er schrie o.

Ohrfeige, die: eine schallende, saftige (ugs.*; heftige)* O.; jmdm. eine O. geben, verpassen; es gab, setzte Ohrfeigen; er bekam für seine freche Antwort eine O.; ÜBERTR.: das Urteil war eine moralische O. für ihn.

ohrfeigen ⟨jmdn. o.⟩: sie hat ihn vor allen geohrfeigt; das Kind ist wiederholt geohrfeigt worden; für diese Dummheit hätte er sich [selbst] o. können/mögen.

ökonomisch: a) *wirtschaftlich:* ökonomische Probleme, Interessen, Prinzipien; eine ökonomische Krise; die Entwicklungsländer müssen ö. gestärkt werden; b) *rationell, sparsam:* ökonomische Gesichtspunkte, Faktoren waren in diesem Fall entscheidend; das ist nicht ö.; sie haben ihre Mittel sehr ö. verwendet; eine ö. arbeitende Maschine.

Oktober, der: ein regnerischer, sonniger, goldener O.; Anfang, Ende O.; im O. färbt sich das Laub bunt; im Laufe des Monats O., des Oktober[s]; er ist im O., am 8. O. geboren; sie hat am dritten O. Geburtstag; am Dritten O. *(Tag der Deutschen Einheit)* gab es zahlreiche Feierlichkeiten.

Öl, das: a) *Erdöl, Mineralöl:* Öl exportierende Länder; die Öl produzierenden arabischen Länder; Öl fördern, raffinieren; der Tanker hat Öl geladen; aus dem Tank ist Öl ausgelaufen; Öl wechseln, nachfüllen; nach Öl bohren; mit Öl *(Heizöl)* heizen; Öl *(Schmieröl)* wechseln; die Maschine mit Öl schmieren; b) *Speiseöl:* pflanzliche Öle, kaltgeschlagenes, kaltgepresstes, dickflüssiges Öl; die Samen enthalten Öl; Öl zum Kochen, Braten, Backen verwenden; Öl pressen, schlagen; etw. in Öl braten; Salat mit Essig und Öl anmachen; Ⓡ das geht mir runter wie Öl (ugs.*; das höre ich sehr gern);* c) *Sonnenöl:* sich gegen Sonnenbrand mit Öl einreiben;

∗ **Öl ins Feuer gießen** *(etw. noch schlimmer machen):* mit seinen Bemerkungen hat er nur Öl ins Feuer gegossen · **Öl auf die Wogen gießen** *(vermittelnd, besänftigend eingreifen)* · **in Öl** *(mit Ölfarben):* ein Gemälde in Öl; in Öl malen.

ölen ⟨etw. ö.⟩: eine Maschine, ein Schloss, ein Uhrwerk ö.; die Tür muss geölt werden; den Fußboden ö.

Omen, das (bildungsspr.): das ist ein gutes, schlechtes, böses O. für unseren Plan; etw. als ein glückliches O. ansehen, betrachten; nimm den Namen als gutes O.!

Omnibus: ↑ Bus.

Onkel, der: a) *Bruder, Schwager der Mutter, des Vaters:* mein O. hat mir das Studium ermöglicht; O. Karl hat es mir gesagt; einige O. und Tanten waren eingeladen; seinen O. besuchen; b) (Kinderspr.) *[bekannter] männlicher Erwachsener:* ein alter, freundlicher O.; ein so genannter guter O. *(männliche Person, die sich Kindern unsittlich nähert);* sag dem O. guten Tag!; zum O. Doktor gehen; c) (ugs. abwertend) *Mann:* was will dieser komische O.?; ein O. vom Fernsehen.

online (EDV): O. arbeiten, gehen, sein; das Angebot war seit einer Woche o.; mit einem Angebot o. sein; etw. o. anbieten, bestellen, kaufen; sich o. bewerben; sie verbringt täglich fast eine Stunde o.; das Buch ist sowohl im Buchhandel als auch o. erhältlich; diese Musik, dieser Film ist auch o. verfügbar; die Workstation ist o. geschaltet.

Oper, die: **1.** a) *musikalisches Bühnenwerk:* eine komische, dramatische O.; eine O. von Verdi; morgen wird eine O. gegeben, aufgeführt, gespielt; eine O. komponieren, inszenieren, dirigieren, hören; das Libretto einer O.; die Ouvertüre zum dritten Akt der O.»La Traviata«; sie sangen Arien aus verschiedenen Opern; b) *Opernvorstellung:* die O. endet um 23 Uhr; nach der O. gingen sie noch in ein Restaurant. **2.** a) *Opernhaus:* die O. wurde nach dem Krieg wieder aufgebaut, restauriert; die O. ist heute geschlossen; sie trafen sich in der O.; ich warte vor der O.; b) *Unternehmen, das Opern aufführt:* eine städtische, private O.; die O. wird hoch subventioniert; Berlin hat eine ausgezeichnete O.; sie will an die, zur O. gehen *(als Sängerin an der O. tätig sein);* an eine O. verpflichtet werden.

Operation, die: **1.** (Med.) eine schwere, leichte, komplizierte O.; eine O. am offenen Herzen; eine kosmetische O.; die O. ist gelungen; eine O. ausführen, durchführen, vornehmen; eine O. überstehen; er musste sich einer O. unterziehen; den Patienten auf die, für die, zur O. vorbereiten; Ⓡ O. gelungen, Patient tot (ugs.*; trotz perfekter Ausführung wurde das Ziel nicht erreicht).* **2.** a) *militärisches Unternehmen:* militärische, taktische Operationen; die O. ist gelungen, fehlgeschlagen; eine O. durchführen, leiten; b) *Handlung, Unternehmung:* bei ihren Operationen wurden sie die Gewerkschaften unterstützt. **3.** *Rechenvorgang:* er ist imstande, Operationen mit mehrstelligen Zahlen im Kopf zu vollziehen.

operieren: 1. ⟨jmdn., etw. o.⟩ an jmdm., etw. *eine Operation vornehmen:* einen Kranken, einen Herzfehler o.; der Tumor muss sofort operiert

werden; sie ist gestern am Magen operiert worden; sie lässt sich von einem Spezialisten o.; ⟨auch ohne Akk.⟩ wir müssen noch einmal o.; der Arzt hat sofort operiert.
2. ⟨mit Umstandsangabe⟩ *militärische Operationen durchführen:* die Truppen operieren zur Zeit mit einer Stärke von 80 000 Mann; die nördlich operierende Front; ÜBERTR.: als Libero, an der Außenlinie o. (Fußball; *spielen*).
3. a) ⟨mit Umstandsangabe⟩ *vorgehen:* bei etw. geschickt, mit allen möglichen Tricks o.; sie haben gemeinsam gegen ihn operiert; ein überregional, international operierendes Unternehmen; **b)** ⟨mit etw. o.⟩ *umgehen, arbeiten:* mit Fremdwörtern o.; sie operieren dabei mit hohen Summen, mit falschen Größen, mit ungedeckten Schecks.

Opfer, das: **1.** *Gabe an eine Gottheit:* ein O., ein Tier als O. [am Altar] darbringen (geh.); den Göttern O. bringen; sie glaubten, die Götter durch O. zu versöhnen.
2. *Verzichtleistung:* für die Verwirklichung des Plans sind weitere O. nötig; alle O. waren vergeblich; jmds. O. dankbar annehmen; jmdm., sich große O. auferlegen; diese Arbeit verlangt persönliche O.; ich habe schwere O. [an Zeit und Geld] auf mich nehmen müssen; die Eltern scheuen keine O. für ihre Kinder; sie haben ihre Kinder unter großen persönlichen Opfern studieren lassen; etw. ist ein großes O. für jmdn.
3. *Menschenopfer:* die O. eines Lawinenunglücks, eines Verkehrsunfalls; Sie sind also das arme O. (ugs. scherzh.; *Sie hat man sich also für diese unangenehme Sache ausgesucht*); die Überschwemmung hat viele O. gefordert; die Angehörigen der O.; unter den Opfern des Massakers ist auch ein Deutscher; ÜBERTR.: das Gut wurde ein O. der Flammen; sie wurde das O. einer Täuschung, einer Intrige, ihres eigenen Leichtsinns, der Verhältnisse;
∗ **[jmdm.] etw. zum Opfer bringen** (*jmdm. etw. opfern*) · **jmdm., etw. zum Opfer fallen** (*durch etw. umkommen, vernichtet werden; das Opfer einer Person, Sache werden*): sie war einem Verbrechen zum O. gefallen; der Bau ist der Spitzhacke zum O. gefallen.

opfern: **1.** ⟨jmdn., etw. o.⟩ *einer Gottheit als Opfer darbringen:* ein Lamm o.; bei den Azteken wurden der Gottheit Menschen geopfert; ⟨jmdm. etw. o.⟩ dem Gott wurde am Altar ein Widder geopfert; ⟨auch ohne Akk.⟩ sie opferten ihren Göttern.
2. ⟨jmdm., etw. o.⟩ *zugunsten eines anderen, einer Sache hingeben:* Geld, seine Zeit, seine Gesundheit, sein Leben für etw. o.; im Krieg wurden Tausende sinnlos geopfert; er hat den Zielen/für die Ziele der Partei seine persönlichen Interessen geopfert; ⟨jmdm., etw./für jmdn., etw. etw. o.⟩ den Kindern, der Gemeindearbeit, für die Kinder, für die Gemeindearbeit seine Freizeit/viel Zeit o.

3. ⟨sich für jmdn., etw./(geh.:) jmdm., etw. o.⟩ *sich aufopfern:* sich für andere, für seine Familie o.; er hat sich völlig seinem Beruf geopfert; ÜBERTR.: ich habe mich geopfert (ugs. scherzh.; *habe es auf mich genommen*) und den Brief für ihn geschrieben.

Opposition, die: **1.** (bildungsspr.) *Widerstand:* eine aktive, offene O.; es hat sich eine starke O. gebildet; in verschiedenen Kreisen der Bevölkerung regte sich O.; [gegen jmdn., etw.] O. machen, [be]treiben; etw. aus bloßer O. tun; sich gegen eine starke O. durchsetzen müssen; der Plan stieß auf heftige O.; in der O. verharren; nach den Wahlen ging die Regierungspartei in die O. *(wurde sie zur Gegenpartei);* [zu jmdm., etw.] in O. stehen, treten.
2. *nicht an der Regierung beteiligte Parteien:* die politische, parlamentarische O.; eine außerparlamentarische O.; ein Redner der O.; aus den Reihen der O.; eine Zusammenarbeit mit der O.
3. (Astron.) *Gegenstellung:* Jupiter und Mars stehen in O.; Venus steht in O. zur Sonne.

optimal: optimaler Service; eine optimale Sicherung, Nutzung; optimale Messgeräte; gegen etw. optimalen Schutz, eine optimale Isolierung bieten; der Zeitpunkt war o. gewählt.

Optimist, der: ein unverbesserlicher O.; O. bleiben; du bist vielleicht ein O.! (ugs.; *du unterschätzt die Realitäten, die Schwierigkeiten!*).

optimistisch: ein optimistischer Grundzug bestimmt sein Wesen; ihre Antwort war sehr o.; ich bin in dieser Angelegenheit durchaus o.; diese Prognose ist mir zu o.; diese Nachricht hat mich wieder recht o. gestimmt; etw. o. beurteilen.

optisch: **1.** *die Optik betreffend:* optische Eindrücke; optische Instrumente; neue optische Entwicklungen; o. nicht wahrnehmbar sein; o. vergrößernde Geräte; der Vorgang wird o. signalisiert.
2. *die Wirkung auf den Betrachter betreffend:* der optische Eindruck; optische Signale; die optische Gestaltung eines Raumes; durch die helle Tapete wirkt der Raum o. größer, weiter.

orange: ein o. (nicht korrekt: orange[ne]s) Tuch; der Zettel ist o.; die Türen waren o. gestrichen.

Orchester, das: ein kleines, großes, philharmonisches O.; das O. besteht aus 96 Musikern, spielt in voller Besetzung, probt, bricht ab; es spielt das O. des SDR unter [der] Leitung von ...; ein O. dirigieren, verstärken; im O. spielen.

Orden, der: **1.** *[religiöse] Gemeinschaft:* der Deutsche O.; der Orden der Benediktiner; einen O. stiften, gründen, auflösen, verbieten; einem O. angehören, beitreten; Mitglied eines Ordens sein, werden; aus einem O. austreten; er ist aus dem O. ausgeschlossen, ausgestoßen worden; in einen O. eintreten, aufgenommen werden.
2. *Auszeichnung für Verdienste:* einen O. stiften, erhalten, bekommen, tragen, anlegen, ablegen; jmdm. einen O. verleihen, anheften, an die Brust

heften, umlegen; seine Brust war mit vielen O. geschmückt; er wurde mit einem O. ausgezeichnet.
ordentlich: 1. a) *ordnungsliebend:* sie ist ein ordentlicher Mensch; in seiner Arbeit ist er sehr o.; b) *geordnet:* ein ordentliches Zimmer; ein ordentlicher Haushalt; sie war o. *(adrett)* gekleidet; die Bücher o. ins Regal stellen; auf dem Schreibtisch sah es sehr o. aus. **2.** *anständig:* eine ordentliche Familie; ein ordentliches Leben führen; die Leute sind o. **3.** *nach einer bestimmten Ordnung eingesetzt, erfolgend:* ein ordentliches Gericht; ein ordentlicher Arbeitsvertrag; ein ordentliches Mitglied des Vereins. **4.** (ugs.) a) *richtig:* ohne Musik ist das kein ordentliches Fest; das Stadion hat einen ordentlichen Rasen; das Wasser muss vorher o. gekocht haben; ich war o. gerührt, erschrocken, froh; b) *tüchtig:* er nahm einen ordentlichen Schluck; mir ist o. warm dabei geworden; greif nur o. zu!; an der Sache hat er o. verdient; c) *gut:* ein ordentliches Mittel; sein Aufsatz war recht o.; etw. o. ausführen.
ordinär: 1. (meist abwertend) *sehr unfein:* eine ordinäre Person, Redensart; ein sehr ordinäres Benehmen, Verhalten; er war, benahm sich ziemlich o.; jmdn. o. finden; o. lachen. **2.** *gewöhnlich:* die Möbel sind aus ordinärem Fichtenholz; eine ordinäre Plastiktüte als Reisegepäck.
ordnen: a) ⟨etw. o.⟩ *in eine bestimmte Ordnung bringen:* Akten, eine Bücherei o.; etw. nach der Größe, die Stichwörter nach dem Alphabet, die Belege chronologisch o.; ⟨etw. in etw. (Akk.) o.⟩ etw. in Mappen o.; ⟨etw. zu etw. o.⟩ Blumen zu einem Strauß o. *(zusammenstellen);* BILDL.: seine Gedanken o.; er wollte seine Angelegenheiten selbst o. *(regeln);* ADJ. PART.: hier fehlt eine ordnende Hand; sie lebt in geordneten *(geregelten)* Verhältnissen; ein geordneter (Milit.; *planmäßiger)* Rückzug; b) *wieder in einen ordentlichen Zustand bringen:* nach dem Mittagsschlaf seine Haare, Kleider o.; c) ⟨sich o.⟩ *sich in einer bestimmten Ordnung aufstellen:* sich zum Festzug o.; der Demonstrationszug ordnet sich; ÜBERTR.: alles hatte sich sinnvoll geordnet *(zusammengefügt).*
Ordnung, die: **1.** a) *ordentlicher Zustand:* eine mustergültige, peinliche O.; hier herrscht ja eine schöne O.! (iron.; *ein furchtbares Durcheinander);* O. halten, machen; sie hält ihre Sachen gut in O.; auf O. halten, sehen, achten; er ist peinlich auf O. bedacht; sie hat ihre Kinder zur O. erzogen, angehalten; Ⓡ O. ist das halbe Leben; b) *geordnete Lebensweise:* ein Kind will Ihre häusliche O. nicht stören; ein Kind braucht seine O.; durch die unvorhergesehenen Ereignisse kam er völlig aus seiner O., wurde er völlig aus seiner O. herausgerissen; die Menschen hier leben in einer festen O.; c) *Disziplin:* es gelang ihm nicht, O. in die

Klasse zu bringen; hier herrscht eine strenge O.; du hältst dich nicht an die O.; ich frage nur der [guten] O. halber/wegen *(um den Gepflogenheiten zu genügen);* Ⓡ O. muss sein! **2.** *Anordnung, Gruppierung:* eine alphabetische, chronologische O.; man kann die Stücke in beliebiger O. neu zusammenstellen. **3.** *geregelte Form des öffentlichen Lebens:* die öffentliche, sittliche O.; die verfassungsmäßige O. schützen; die öffentliche O. stören; die Polizei hält Ruhe und O. aufrecht, stellt Ruhe und O. wieder her; das ist, verstößt gegen die O. **4.** a) (Biol.) *Stufe in der Pflanzen-, Tiersystematik:* die O. der Raubtiere; Tiere und Pflanzen werden in Klassen und Ordnungen eingeteilt; b) *Klasse in einem System:* eine Straße erster, zweiter O.; er will kein Bürger zweiter O. *(minderen Ranges)* sein; ⋆ etw. in O. bringen (ugs.; 1. *etw. in einen ordentlichen Zustand bringen:* sie bringt mir den Garten in O.; er hat das Fahrrad [wieder] in O. gebracht. 2. *eine unangenehme Angelegenheit regeln:* ich werde die Sache in O. bringen) · **[wieder] in Ordnung kommen** (ugs.; *wieder in einen geordneten Zustand gebracht, geregelt werden*): die Sache kommt bestimmt in O. · **in Ordnung sein** (ugs.; 1. *einwandfrei sein:* ist dein Pass in O.?; das Fleisch ist nicht ganz in O.; dein Verhalten ist nicht in O. 2. *gesund sein.* 3. *sympathisch sein:* der neue Lehrer ist schwer, ganz in O.) · **in schönster, bester Ordnung** (ugs.; *so, wie es sein soll*) · **in Ordnung gehen** (ugs.; *so, wie abgemacht, erledigt werden*): die Sache, Ihre Bestellung geht in O. · **etw. [ganz] in Ordnung finden** *(etw. gut, angebracht, richtig halten):* ich fand das ganz in O., dass sie sich entschuldigte · **in Ordnung!** (ugs.; *[ein]verstanden):* in O., ich komme mit! · **jmdn. zur Ordnung rufen** *(jmdn. [offiziell] zur Disziplin ermahnen):* der Bundestagspräsident rief den Abgeordneten mehrmals zur O. · **erster Ordnung** (ugs.; *höchsten Grades*): das war ein Reinfall erster O.
Organ, das: **1.** ein krankes, empfindliches O.; die lebenswichtigen, inneren Organe; seine Organe waren gesund; wichtige Organe sind verletzt worden; ein O. verpflanzen, transplantieren, einpflanzen, spenden. **2.** (ugs.) *menschliche Stimme:* sie hat ein durchdringendes, lautes, angenehmes O. **3.** *Zeitung, Zeitschrift einer politischen, gesellschaftlichen Vereinigung:* dieses Blatt ist das O. der Gewerkschaft, der Partei; das amtliche O. der Regierung. **4.** *Institution, Behörde:* die Organe der Justiz, der staatlichen Verwaltung; ein beratendes, Recht sprechendes, ausführendes O.; ⋆ **ein Organ für etw. haben** *(zugänglich, empfänglich für etw. sein).*
Organisation, die: **1.** a) *das Organisieren:* eine gute, reibungslose O.; die O. des Gastspiels liegt

in den Händen von ...; das ist eine Frage der O.; mit der O. hat es nicht geklappt; es hängt alles von der richtigen O. ab; b) *Aufbau:* die staatliche O.; die innere O. der Kirche; die O. der Gemeinden, der Polizei; eine Straffung der äußeren O. des Schulwesens. **2.** *Gruppe, Verband mit bestimmten politischen, gesellschaftlichen Zielen:* eine politische, internationale, illegale O.; eine O. gründen, leiten, verbieten; einer O. angehören; sich in einer O. zusammenschließen.

organisch: **1.** *ein Organ, den Organismus betreffend:* ein organischer Fehler; sein Leiden war o.; sie ist o. gesund, krank. **2.** a) *der belebten Natur angehörend:* organische Stoffe; b) *die Verbindungen des Kohlenstoffs betreffend:* die organische Chemie; organische Verbindungen, Säuren. **3.** (bildungsspr.) *naturgemäß:* ein organisches Wachstum; eine o. verlaufende Entwicklung; das Ganze ist o. gewachsen; ÜBERTR.: der Romanaufbau ist nicht sehr o.; etw. fügt sich o. in seine Umgebung ein *(passt sich an).*

organisieren: **1.** ⟨etw. o.⟩ *vorbereiten:* ein Fest, einen Basar, eine Ausstellung, eine Demonstration o.; er hatte für sie die Flucht organisiert; der Betriebsausflug war schlecht, hervorragend organisiert; die Verwaltung soll straffer organisiert *(aufgebaut)* werden; organisierte Reisen *(Gesellschaftsreisen);* das organisierte Verbrechen. **2.** ⟨jmdn., etw. o.⟩ *in einer Organisation zusammenschließen:* diese Partei suchte auch die Bevölkerung auf dem Lande zu o.; sie waren bereits gewerkschaftlich organisiert; organisierte Arbeiter, Verbände, Gruppen; ⟨sich o.⟩ sich gewerkschaftlich, in Gewerkschaften o.; die Jugendlichen organisieren sich zu Banden. **3.** (ugs.) ⟨etw. o.⟩ *beschaffen:* Zigaretten, Nahrungsmittel o.; ich habe mir/für mich ein paar Flaschen organisiert.

Orgel, eine mechanische, elektrische; die O. setzt ein, ertönt, braust, dröhnt; eine O. bauen, aufstellen; er spielt gut O.; sie begleitet die Choräle auf der O.

Orgie, die: eine wilde, wüste, zügellose O.; Orgien feiern, veranstalten;
* [wahre] Orgien feiern *(jedes Maß verlieren):* ihr Hass gegen die Kirche feierte wahre Orgien.

orientieren: **1.** ⟨sich o.⟩ *sich zurechtfinden:* sich in der Dunkelheit, im Nebel nicht o. können; sich nach der Karte, an den Sternen, am Stand der Sonne, an den Markierungen o.; er konnte sich im Nebel anhand der Karten nur schwer o.; ÜBERTR.: sich beruflich neu o. *(eine neue Aufgabe suchen).* **2.** (bes. schweiz.) a) ⟨jmdn. über etw. (Akk.) o.⟩ *informieren:* jmdn. über eine Unterredung o.; man hatte ihn noch nicht darüber orientiert, was inzwischen passiert war; sie war bereits über den Inhalt des Schreibens orientiert; sie ist

über die Lage schlecht, falsch, unvollkommen orientiert; ⟨auch ohne Akk.⟩ die Kritiker orientieren über neue Tendenzen in der Literatur; b) ⟨sich über etw. (Akk.) o.⟩ *sich informieren:* sich über einen Vorfall, über den Stand der Verhandlungen o. **3.** (bildungsspr.) ⟨sich an jmdm., etw. o.⟩ *nach jmdm., etw. ausrichten:* sich an bestimmten Leitbildern, an den Wünschen der Kunden o.; er hat sich an seinem Vater als seinem großen Vorbild orientiert; sie waren keineswegs einseitig orientiert; politisch orientierte Kreise; gewerkschaftlich orientierte Interessen. **4.** (regional) ⟨[jmdn., sich] auf etw. (Akk.) o.⟩ *hinlenken:* jmds. Tätigkeit auf bestimmte Aufgaben o.; das Programm orientierte sich *(konzentrierte sich)*/die Teilnehmer auf wirtschaftliche Schwerpunkte; sie orientierten besonders auf Probleme der Qualifizierung.

original: o. indische Seide; eine originale griechische Skulptur; o. Schweizer Käse; die originale *(ursprüngliche)* Größe des Baus; einen Film am originalen Schauplatz drehen; dieser Stoff ist o. englisch; die Ware ist noch o. verpackt; die Grafik ist o. Beuys.

Original, das: **1.** *ursprüngliches, unverändertes Exemplar:* das O. befindet sich im Louvre, ist verschollen; eine Abschrift des Originals anfertigen; einen Text im O. lesen; die Vase ist ein O. aus dem 18. Jahrhundert. **2.** (ugs.) *durch bestimmte Eigenheiten auffallender Mensch:* ein Berliner O.; sie ist ein richtiges O.

originell: ein origineller Kopf; eine wenig originelle Argumentation; seine These war o.; sie interpretierte das Werk sehr o.; o. schreiben; ein origineller Einfall, Gedanke; das war nicht gerade o.

Orkan, der: ein O. bricht los, erhebt sich, tobt; ein furchtbarer O. hat das Land verwüstet; der Sturm schwoll zum O. an; BILDL.: ein O. des Beifalls, der Begeisterung, der Entrüstung.

¹**Ort,** der: **1.** *Platz, Stelle:* ein windgeschützter, passender, geeigneter O.; ein O. des Friedens, der Ruhe, des Schreckens; es ist hier nicht der O. *(nicht angebracht),* etwas dazu zu sagen; an sicherem O.; an öffentlichen Orten *(auf Straßen, Plätzen);* ein stilles, gewisses Örtchen (fam. verhüll.: *Toilette*); die Zange liegt nicht an ihrem O.; ihr müsst alles wieder an seinen O. legen, stellen; der Täter ist an den O. der Tat zurückgekehrt; die Einheit von O. und Zeit ist in diesem Drama streng gewahrt. **2.** a) *Ortschaft, Stadt o.Ä.:* ein größerer, kleiner, berühmter O.; ein O. in den Bergen, an der See, an der Grenze; unser Lager befindet sich am O.; auf ihrer Wanderung kamen sie durch mehrere Orte; wir wohnten mitten im O.; so etwas ist im ganzen O. nicht zu haben; sie zogen von O. zu O.; b) *Einwohnerschaft eines Ortes:* der ganze O. lacht, klatscht, spricht darüber;

* **höheren** Ort[e]s *(bei einer höheren [Dienst]stelle):* über den Antrag wird bereits höheren Orts verhandelt · **an Ort und Stelle** (1. *an der dafür vorgesehenen Stelle.* 2. *unmittelbar am Ort des Geschehens)* · **am angegebenen Ort** (Abkürzung: a. a. O.; *in dem bereits genannten Buch):* am angegebenen O., Seite 124.

²Ort, das: ⟨meist in der Wendung⟩ **vor Ort** (ugs; *unmittelbar am Ort des Geschehens):* der Minister hat sich vor O. über die Geschehnisse informiert; etw. vor O. studieren; vor O. verfügbar sein.

örtlich: *lokal:* **1.** (Med.) eine örtliche Betäubung; die Betäubung war nur ö.; der Patient wurde ö. betäubt.

2. örtliche Besonderheiten; ö. begrenzte Schäden; er kennt die örtlichen Verhältnisse kaum; das ist ö. *(in den einzelnen Orten)* verschieden.

Öse, die: den Faden nicht in die Ö. bekommen; das Kleid wird mit Haken und Ösen geschlossen.

Ost, der: **1.** a) *Osten:* O. und West; der Wind kommt aus O., dreht nach O.; Menschen aus O. und West; von O. nach West; der Konflikt zwischen O. und West *(zwischen den [ehemals] sozialistischen Staaten Osteuropas und Asiens und den kapitalistischen Ländern der westlichen Welt);* **b)** /Bezeichnung des östlichen Stadtteils; Kennzeichnung der östlichen Lage, Richtung/: sie wohnt in Neustadt (O.)/Neustadt-O.; Fabriktor O.

2. (Seemannsspr. dichter.) *Ostwind:* es wehte ein kühler O.

Osten, der: **1.** *Himmelsrichtung:* der Wind weht aus O., kommt aus/von O.; im O. geht die Sonne auf; das Zimmer geht, liegt nach O. *(nach der Ostseite);* die Straße führt nach O.

2. a) *im Osten liegendes Gebiet; Länder Osteuropas und Asiens:* der O. des Landes ist sehr fruchtbar; die Völker des Ostens; Flüchtlinge aus dem O.; er wohnt im O. der Stadt, im O. Frankfurts/von Frankfurt; **b)** *Ostdeutschland:* aus dem O. sein, kommen; in den O. gehen; die Arbeitslosigkeit ist im O. höher als im Westen; **c)** (früher) *Ostblock:* der Zusammenbruch des Ostens; sie hat für den O. spioniert;

* die **Ferne Osten** *(die östlichen Gebiete Asiens)* · **der Mittlere Osten** *(die südlichen Gebiete Asiens)* · **der Nahe Osten** *(die arabischen Staaten in Vorderasien und Israel [sowie Ägypten, die Türkei u. den Iran]).*

Ostern, das, (als Plural:) die: O. fällt diesmal spät, ist dieses Jahr früh; frohe O.!; wir hatten ein schönes O./schöne O. *(Oster[feier]tage);* vorige, letzte O. waren sie in Paris; nächstes Jahr O./nächstes Jahr (bes. südd., österr., schweiz.:) an/(bes. nordd.:) zu O. werden wir auch verreisen; wir fahren (selten:) nächste O. nach Mallorca; bis O. sind es noch vier Wochen; er kam kurz nach O.; vor O. ließen sie ihre Wohnung neu tapezieren; sie haben sich zu O. verlobt; den Kindern zu O. etwas schenken; Ⓡ wenn O. und Pfingsten auf einen Tag fallen *(niemals).*

östlich: **I.** ⟨Adj.⟩ **1.** a) *in östlicher Himmelsrichtung befindlich:* der östliche Himmel; 15 Grad östlicher Länge; **b)** *im Osten liegend; im osteuropäischen, asiatischen Raum befindlich:* die östliche Grenze; der östliche Teil des Landes; die östlichen Länder, Völker; die östlichen Gebiete; die Stadt liegt weiter ö.; **c)** *für den osteuropäischen, asiatischen Raum, seine Bevölkerung charakteristisch:* die östliche Kultur; östliches Denken; östliche Überlieferungen, Lieder; **d)** (früher) *zum Ostblock gehörend:* die östlichen Machthaber; dieses Land ist ö. orientiert.

2. *von Osten kommend, nach Osten gerichtet:* ein östlicher Wind; sie steuerten einen östlichen Kurs; die Straße verläuft in östlicher Richtung.

II. ⟨Präp. mit Gen.⟩ *im Osten:* ö. des Flusses, des Rheins; ö. der Bahnlinie; ö. der Stadt; (selten:) ö. Mannheims.

III. ⟨Adverb⟩ *im Osten:* der Ort liegt ö. von Hamburg.

Ovation, die: eine begeisterte, stürmische O.; stehende Ovationen *(Ovationen, bei denen sich das Publikum von den Plätzen erhebt);* Ovationen erhalten, bekommen; die Ovationen nahmen kein Ende; jmdn. mit Ovationen begrüßen, feiern; sie brachten dem Künstler Ovationen dar; jmdm. Ovationen bereiten, bringen.

Ozean, der: den O. durchqueren, überfliegen; er hat alle Ozeane befahren; diesseits, jenseits des Ozeans; nonstop über den O. fliegen.

paar: ⟨gewöhnlich in Verbindung mit *ein, die, diese, alle, meine, deine* usw.⟩ *einige, wenige:* ein p. Leute; du kriegst gleich ein p. [Ohrfeigen]!; ich hole mir ein p. Bücher; deine p. Sachen; die ersten, die/diese p. Mal[e]!; warte noch ein p. Minuten!; alle p. Wochen; ich bedanke mich mit ein p. Zeilen; noch ein p. Jahren.

Paar, das: **1.** *zwei zusammengehörende Personen:* ein verliebtes junges P.; ein homosexuelles P.; die beiden sind ein unzertrennliches/glückliches, bilden ein ungleiches P.; die beiden werden wohl ein P. *(Ehepaar);* auf der Bank saß ein Pärchen *(Liebespaar);* die Paare *(Tanzpaare)* drehen sich im Kreis; sich in/zu Paaren aufstellen; die Kür der Paare (Eiskunstlauf; *der Paarläufer).*

2. *zwei zusammengehörende Dinge (auch Tiere):* ein P. Ohrringe; ein neues P. Schuhe/ein P. neue Schuhe; ein P. seidene/(geh.:) seidener Strümpfe; ein P. Schuhe kostet/kosten mindestens 90 DM;

ich habe mir ein P. Hosen gekauft; mit einem P. Schuhe[n] kommst du nicht aus; mit einem P. wollenen Strümpfen/(geh.:) wollener Strümpfe.
paaren: 1. a) ⟨Tiere p.⟩ *kreuzen:* der Züchter paart bestimmte Arten von Tieren; b) ⟨sich p.⟩ *(von Tieren) sich begatten:* die meisten Tiere paaren sich im Frühjahr. 2. a) ⟨etw. mit etw. p.⟩ *vereinen:* sie paarte Höflichkeit mit einer gewissen Reserviertheit; er zeigte Zurückhaltung, mit Hochmut gepaart/gepaart mit Hochmut; man hat zwei ungleiche Mannschaften miteinander gepaart *(zusammen spielen lassen);* b) ⟨sich mit etw. p.⟩ *sich vereinen:* eine Begabung, die sich mit Erfahrung paart.
Pacht, die: a) *Pachtvertrag:* die P. [für das Geschäft] läuft ab; die P. kündigen, verlängern, erneuern lassen; etw. in P. geben, nehmen, haben; b) *Pachtzins:* eine hohe, niedrige P.; die P. zahlen, erhöhen, senken; die P. wird jährlich bezahlt.
pachten ⟨etw. p.⟩: Land, ein Gut, eine Jagd p.; ÜBERTR.: er meint, er hätte die Klugheit [alleine] gepachtet (ugs.; *[nur] er wäre besonders klug);* ihr habt das nicht alleine gepachtet (ugs.; *es ist auch für andere da).*
¹Pack, der: *Bündel:* ein P. Zeitungen, Briefe, Bücher, Wäsche.
²Pack, das (salopp abwertend): *Gesindel:* freches, rohes P.; so ein P.!; mit solchem P. darfst du dich nicht abgeben; Ⓡ P. schlägt sich, P. verträgt sich.
Päckchen, das: a) *kleines Postpaket:* ein P. fertig machen, zur Post bringen, aufgeben, an einen Freund schicken; etw. als P. schicken; b) *kleiner Pack[en]:* ein P. alter Briefe; die P. lagen alle unter dem Weihnachtsbaum; Ⓡ jeder hat sein P. zu tragen (ugs.; *jeder hat seine Sorgen);* c) *kleine Packung:* ein P. Backpulver, Zigaretten, Tee.
packen: 1. ⟨etw. irgendwohin p.⟩ a) *unterbringen:* Bücher in die Mappe, Kleider in den Koffer, etw. auf den Schrank, unters Bett p.; sie hat alle Waren in das Regal gepackt; ÜBERTR.: sich aufs Sofa, das kranke Kind ins Bett p.; er versucht zu viel in die kurze Zeit zu p. *(in der kurzen Zeit zu erledigen);* b) *etw. mit etw. füllen:* die Koffer, den Rucksack, die Reisetasche, die Schultasche p.; ein Paket, ein Päckchen p.; die Kisten für den Umzug p.; seine Sachen p. *(zusammenpacken);* ⟨auch ohne Akk.⟩ ich muss noch p. *(das Reisegepäck packen);* bald hat sie schon gepackt? 2. a) ⟨jmdn., etw. p.⟩ *mit festem Griff ergreifen:* jmdn. plötzlich, brutal p. und hinauswerfen; er packte den Kerl an der Kehle; sie packte seine Hand; b) ⟨jmdn. p.⟩ *überkommen:* Angst, Wut, ein Schauder hatte sie gepackt; von Entsetzen gepackt werden; ein Fieber hatte ihn gepackt; ⟨es packt jmdn.⟩ plötzlich spürte ich, wie es ihn packte; den hat es ganz schön gepackt (ugs.; *er hat sich sehr verliebt);* c) ⟨jmdn. p.⟩ *innerlich fesseln:* das Theaterstück hat mich gepackt; ein packender Vortrag; eine packende Erzählung; d) ⟨jmdn. p.⟩ *auf jmdn. einwirken:* er weiß genau,

wo er einen packen kann; e) (ugs.) ⟨etw. p.⟩ *bewältigen:* das Abitur, die Klasse, die Lehre p.; das Brötchen packe ich nicht mehr *(kann ich nicht mehr essen);* den Bus gerade noch p. *(erreichen);* packen wirs noch? *(schaffen wirs noch?);* f) (salopp) *verstehen:* hast dus endlich gepackt? 3. (salopp) ⟨sich p.⟩ *weggehen:* los, pack dich!; die haben sich gepackt.
Packung, die: 1. a) *Verpackung:* eine angebrochene P.; die P. war leer; eine P. aufreißen, vorsichtig öffnen, aufmachen; eine neue P. anbrechen; er nahm eine Zigarette aus der P.; b) *Schachtel o. Ä.* mit *der abgepackten Ware:* eine P. Pralinen; er raucht täglich eine P. *(den Inhalt einer Packung)* Zigaretten. 2. *feuchter Umschlag:* eine kalte, warme P.; Packungen machen. 3. (Sport ugs.) *hohe Niederlage:* die Mannschaft hat eine anständige P. bekommen.
paddeln: ans andere Ufer, auf dem Fluss, über den See p.; sie sind die Mosel stromabwärts gepaddelt; wir haben/(auch:) sind gestern lange gepaddelt.
paffen (ugs., oft abwertend) ⟨etw. p.⟩: gemütlich seine Pfeife p.; eine Zigarette nach der anderen p.; er paffte eine dicke Zigarre; ⟨auch ohne Akk.⟩ er pafft den ganzen Tag; er raucht nicht, er pafft nur *(raucht, ohne zu inhalieren);* ⟨auch: an etw. (Dat.) p.⟩ er pafft an seiner Zigarre.
Paket, das: 1. a) ein kleines, großes, schweres P.; das P. enthielt Bücher und Spielzeug für die Kinder; ein P. packen, verschnüren, aufgeben, schicken, auf die Post bringen, [von der Post] abholen, zustellen, auspacken, öffnen; ich habe meinen Eltern ein P. geschickt; was war in dem P.?; b) *größere Packung:* eine P. Knäckebrot, Waschpulver; c) *Bündel:* Briefe, Manuskripte zu einem P. zusammenschnüren. 2. (bes. Wirtsch., Politik Jargon) *Zusammenstellung:* ein P. Aktien; ein P. von Forderungen, Maßnahmen, Vorschlägen.
Pakt, der: ein militärischer P. zwischen Staaten; einen P. schließen; einer der beiden Partner hat den P. gebrochen, eingehalten; einem P. beitreten, angehören.
Palme, die: 1. */ein tropischer Baum/:* Palmen gedeihen in unserem Klima nicht; ein einen Urlaub unter Palmen *(im Süden)* träumen. 2. (geh.) *Siegespreis:* ihm gebührt die P.; jmdm. die P. zuerkennen; zwei starke Mannschaften kämpften um die P. *(um den Sieg);* ∗ jmdn. auf die Palme bringen (ugs.; *jmdn. aufbringen, wütend machen)* · auf der Palme sein (ugs.; *wütend, empört sein)* · von der Palme herunterkommen (ugs.; *sich wieder beruhigen).*
Panik, die: P. befiel die Reisenden, brach unter den Passagieren aus; P. vermeiden, verhüten, P. geraten; auf etw. mit P. reagieren; sie wurden von P. erfasst, ergriffen.

panisch: panische Angst; panisches Entsetzen; p. reagieren.

Panne, die: a) *technischer Schaden:* eine P. legte die Stromversorgung lahm; eine P. am Motorrad beheben, reparieren; der Wagen hatte, sie hatten unterwegs eine P.; mit einer P. auf der Autobahn liegen bleiben; b) (ugs.) *Missgeschick:* eine unverzeihliche P.; diplomatische Pannen; bei der Organisation gab es viele Pannen, traten Pannen ein; in seinem Vortrag passierte ihm eine P.; eine P. erleben.

Pantoffel, der: warme, bequeme Pantoffeln; wo sind meine Pantoffeln?; Pantoffeln tragen; die Pantoffeln anziehen, ausziehen; immer in Pantoffeln gehen;
* **den Pantoffel schwingen** (ugs.; *als Frau ihren Ehemann beherrschen*) · **unter dem Pantoffel stehen** (ugs.; *von seiner Frau beherrscht werden*) · **unter den Pantoffel kommen/geraten** (ugs.; *von seiner [Ehe]frau mehr und mehr beherrscht werden*).

Panzer, der: 1. *Ritterrüstung:* der P. des Ritters; einen P. tragen; den P. anlegen, umschnallen, ablegen; mit einem Hieb durchschlug er den P. seines Gegners; das Standbild zeigt den Feldherrn in schwerem P.
2. *harte Schutzhülle bestimmter Tiere:* der P. des Krebses, der Schildkröte; ein P. aus Chitin schützt den Käfer.
3. *Panzerung:* der P. eines Fahrzeugs, eines Schiffes, eines Kernreaktors.
4. *gepanzertes Kampffahrzeug:* leichte, schwere P.; P. rollen vor, stoßen vor; die P. walzen alles nieder; einen P. abschießen; von einem P. überrollt werden; er wurde zu den Panzern (Milit.; *zur Panzertruppe*) eingezogen.

Papier, das: 1. weißes, buntes, weiches, steifes, feines, grobes, raues, glattes, handgeschöpftes, satiniertes (fachspr.; *glänzendes, geglättetes*), holzfreies, bedrucktes, [un]beschriebenes, sauberes, vergilbtes, schmutziges P.; ein Blatt, Bogen P.; eine Rolle P.; unterschiedliche Papiere *(Papiersorten)*; das Dokument war von diesem Augenblick an nur noch ein Fetzen P. *(war wertlos)*; P. mit Wasserzeichen; die P. verarbeitende Industrie; das P. zusammenknüllen, zerreißen; viel P. verbrauchen; ein Stück P. abreißen; das Buch ist auf schlechtem P. gedruckt; ein Lampenschirm aus P.; etw. in P. einwickeln, einschlagen; Ⓡ P. ist geduldig *(geschrieben, gedruckt werden kann alles, es muss aber nicht wahr sein)*.
2. *Schriftstück:* ein wichtiges, politisches, amtliches P.; im Ministerium ist ein P. [zur Steuerfrage] erarbeitet worden; ein Berg von Papieren hatte sich auf ihrem Schreibtisch angehäuft; das P. *(Dokument politischen Inhalts)* war von beiden Staatschefs unterzeichnet, ist vorzeitig veröffentlicht worden; ein P. abheften; seine Papiere *(Briefe, Dokumente, Manuskripte o. Ä.)* ordnen;

sie hatte alle Papiere *(Unterlagen)* vernichtet; er kramt gern in seinen Papieren.
3. (Geldw.) *Wertpapier:* ein mündelsicheres, festverzinsliches, gutes, schlechtes, wertloses P.; die Papiere sind gestiegen, gefallen; Papiere [an]kaufen, verkaufen, abstoßen; sein Geld in Papieren anlegen.
4. ⟨meist Plural⟩ *Ausweis, Personaldokument:* gefälschte Papiere; seine Papiere waren nicht in Ordnung; er hatte seine Papiere verloren; sie hatte keine Papiere bei sich; der Beamte verlangte die Papiere; darf ich mal Ihre Papiere sehen?; er bekam seine Papiere (ugs.; *wurde entlassen*); ich kann mir meine Papiere holen (ugs.; *ich bin entlassen*);
* **etw. aufs Papier werfen** (geh.; *etw. entwerfen, skizzieren*): die ersten Takte seiner Komposition hatte er schon aufs P. geworfen · **nur auf dem Papier stehen/existieren** o. ä. *(nur der Form nach bestehen, aber praktisch nicht verwirklicht sein)* · **etw. zu Papier bringen** *(etw. aufschreiben, schriftlich niederlegen)*.

Papierkorb, der: der P. ist voll, läuft schon über, quillt über; den P. leeren; etw. in den P. werfen; Werbesendungen wandern meistens in den P. *(werden meistens weggeworfen)*.

Pappe, die: feste, dicke, dünne, steife P.; P. schneiden; ein Bild auf P. aufkleben; der Deckel des Buches war aus P.; die Fenster waren mit P. vernagelt;
* **nicht von Pappe sein** (ugs.; *stark, kräftig, nicht zu unterschätzen sein*): die gegnerische Mannschaft war auch nicht von P.

Pappenheimer, der: ⟨in der Wendung⟩ **seine Pappenheimer kennen** (ugs.; *bestimmte Menschen mit ihren Schwächen kennen und wissen, was man von ihnen zu erwarten hat*): der Lehrer kennt seine P. ganz genau; ich kenne doch meine P.

Papst, der: die Kardinäle wählen den P.; das Dogma von der Unfehlbarkeit des Papstes; die Ansprache P. Johannes Pauls II. *(des Zweiten)*/des Papstes Johannes Paul II. *(des Zweiten)*; er wurde zum P. gekrönt; Ⓡ in Rom gewesen sein und nicht den P. gesehen haben (bildungsspr.; *die Hauptsache versäumt haben*);
* **päpstlicher sein als der Papst** *(strenger, genauer sein als nötig)*.

Parade, die: 1. *Militäraufmarsch:* am 1. Mai findet in Moskau die große P. statt; eine P. abhalten; der Präsident nahm die P. ab.
2. (Sport, bes. Fechten, Ballspiele) *Abwehraktion:* eine glänzende, gewandte, gewagte P.; eine P. durchführen, ausführen, schlagen; mit einer tollkühnen P. wehrte der Torhüter den Ball zur Ecke ab;
* **jmdm. in die Parade fahren** *(jmdm. energisch entgegentreten)*: in der Diskussion ist er ihm gehörig in die P. gefahren.

Paragraph, Paragraf, der: 1. ein umstrittener, verstaubter, nicht mehr zeitgemäßer P.; einen Paragraphen [in der Hausordnung] ändern, beseitigen, abschaffen; sie kennt diesen Paragraphen nicht; gegen einen Paragraphen verstoßen; der Wortlaut des Paragraphen ist mir nicht bekannt; ⟨vor Zahlen und ohne Artikel auch ungebeugt⟩ P. 1 der Straßenverkehrsordnung kennen; gegen P. 4/gegen den Paragraphen 4 verstoßen; nach P. 8; unter P. 117/unter dem Paragraphen 117 BGB ist zu lesen ...

2. *Paragraphenzeichen:* jeder Abschnitt ist mit einem Paragraphen und der entsprechenden Ziffer gekennzeichnet.

parallel: a) ⟨p. mit/zu etw.⟩ *in gleicher Richtung, gleichem Abstand neben etw.* anderem verlaufend: parallele Geraden, Kurven, Straßen; ein paralleles Gleis; die Linien sind, verlaufen p.; der Weg läuft p. mit dem Rhein, verläuft p. zum Rhein; b) ⟨p. zu etw.⟩ *gleichzeitig:* parallele Entwicklungen, Interessen; zwei parallele Handlungen in einem Roman; p. zu ihrer Ausbildung als Tänzerin nahm sie Schauspielunterricht.

Parallele, die: **1.** (Math.) *parallele Gerade:* zu einer Geraden die P. ziehen; der Schnittpunkt zweier Parallelen liegt im Unendlichen. **2.** *vergleichbarer Fall:* eine geschichtliche, biologische P.; es drängte sich ihnen die P. zur Gegenwart auf; das ist eine verblüffende P. zu meiner Beobachtung; zwischen beiden Ereignissen lassen sich Parallelen ziehen; der Fall ist ohne P., hat keine P. in der Geschichte.

parat: etw. p. halten, legen; eine Antwort, ein Beispiel, immer einen Scherz p. haben; ich habe diesen Vorgang nicht mehr p. *(nicht mehr im Gedächtnis).*

¹parieren: **1.** (Sport) ⟨etw. p.⟩ *abwehren:* einen Hieb, einen Stoß p.; der Torwart hat den Schuss glänzend pariert; ÜBERTR.: er war in der Lage, jede Frage aus dem Publikum zu p. *(wusste darauf zu antworten).* **2.** ⟨ein Tier p.⟩ *zum Stehen bringen:* der Reiter parierte das Pferd vor dem Graben.

²parieren ⟨[jmdm., etw.] p.⟩: *gehorchen:* wer nicht pariert, fliegt raus!; der Hund pariert ihr aufs Wort; sie parierten blind seinem Kommando.

Park, der: ein großer, alter, öffentlicher P.; der P. gehört zum Schloss; sie gingen im P. spazieren.

parken: ⟨[etw.] irgendwo/irgendwie p.⟩ *[ein Fahrzeug] abstellen:* schlecht, falsch, unerlaubt, am Straßenrand, vor dem Haus, vor der Einfahrt p.; hier kann ich eine Stunde lang p.; wo kann ich meinen Wagen p.?; SUBST.: Parken verboten!; b) *(von Fahrzeugen) abgestellt sein:* der Wagen parkt immer vor der Haustür; parkende Autos.

Parkett, das: **1.** *Fußboden aus Holzbrettern:* ein glattes, spiegelndes P.; das P. abziehen, versiegeln, bohnern; sich P. legen lassen; er ist auf dem P. ausgerutscht; ÜBERTR.: er konnte sich auf dem internationalen P. *(im internationalen politischen, gesellschaftlichen Bereich)* sicher bewegen. **2.** *Teil eines Zuschauerraumes:* P. nehmen; [im] P. sitzen; Plätze im P.; ÜBERTR.: das P. *(Publikum im Parkett)* applaudierte.

Parlament, das: das P. tritt zusammen, berät/verabschiedet ein Gesetz; das P. einberufen, zusammmenrufen, auflösen; ein neues P. wählen; dem P. angehören; etw. im P. verhandeln; die neue Partei will ins P. einziehen; die Konservativen haben die Mehrheit im P.; das P. *(Parlamentsgebäude)* ist mit Fahnen geschmückt.

Parole, die: **1.** *Kennwort:* eine geheime P.; eine P. ausgeben; kennst du die P.? **2.** *Leitspruch:* politische, kommunistische Parolen; »in allen Lebenslagen Haltung«, das war/so lautete seine P.; etw. als P. zum 1. Mai ausgeben; etw. zur P. machen; der Parteitag stand unter einer neuen P.; aufwieglerische Parolen *(Meldungen, Behauptungen)* verbreiten.

Paroli, das: ⟨in der Wendung⟩ jmdm., etw. Paroli bieten (bildungsspr.; *jmdm., etw. wirksam Widerstand leisten).*

Partei, die: **1.** *politische Organisation:* die politischen Parteien; eine bürgerliche, konservative, fortschrittliche P.; eine P. gründen, führen, auflösen, verbieten; eine P. wählen; die P. wechseln; einer P. angehören, beitreten, seine Stimme geben; sich einer P. anschließen; Kandidat einer P. sein; aus einer P. austreten; er wurde aus der P. ausgeschlossen; in eine P. eintreten; der Abgeordnete ist zu einer anderen P. übergetreten. **2.** a) *Gegner im Rechtsstreit; Vertragspartner:* die streitenden Parteien; die P. des Klägers, des Beklagten *(der Kläger, der Beklagte);* die Parteien zu einem Vergleich bringen; es muss p., mit beiden Parteien halten; b) *Gruppe [von Gleichgesinnten]:* im Verlauf der Diskussion bildeten sich zwei Parteien; von jmds. P. sein *(auf jmds. Seite stehen);* sie wollte sich zu keiner P. schlagen *(wollte auf niemandes Seite treten).* **3.** *Mietpartei:* in unserem Haus wohnen zehn Parteien; ★ Partei sein *(parteiisch sein):* du bist in dieser Sache P. · jmds. Partei/für jmdn. Partei ergreifen/nehmen *(jmds. Standpunkt verteidigen)* · über den Parteien stehen *(unparteiisch sein).*

parteiisch: eine parteiische Einstellung, Haltung; der Schiedsrichter war, zeigte sich p.; sie hat sehr p. geurteilt.

parteilich: **1.** *eine Partei betreffend:* parteiliche Interessen; die parteilichen Grundsätze werden davon nicht berührt. **2.** (selten) *parteiisch:* ein parteiliches Urteil.

Partie, die: **1.** *Teil, Abschnitt, Ausschnitt:* die untere P. des Gesichtes; die schönsten Partien des Parks; die Erzählung zerfällt in drei gleich lange Partien. **2.** *Durchgang:* eine P. gewinnen, verlieren; eine gute, schlechte P. liefern *(gut, schlecht spielen);*

P

sie spielten eine P. Schach, Billard, Bridge, Tennis.

3. *Rolle in einem gesungenen [Bühnen]werk:* die P. der Tosca übernehmen, singen; für diese P. ist er nicht geeignet.

4. (Kaufmannsspr.) *Posten:* eine P. Hemden; * **eine gute, schlechte** o. ä. **Partie sein** *(viel, wenig* o. ä. *Geld mit in die Ehe bringen)* · **eine gute, schlechte** o. ä. **Partie machen** *(einen vermögenden, unvermögenden* o. ä. *Partner heiraten)* · **mit von der Partie sein** (ugs.; *mitmachen).*

Partner, der: ein gleichberechtigter, gleichwertiger, verlässlicher P.; die europäischen P. *(Bündnispartner, Partnerstaaten);* der ideale P. beim Tanzen, für Wanderungen sein; (Sport:) sie sind seit längerer Zeit P. im Doppel; er ist ihr ständiger P. *(Lebenspartner);* die P. an einer Gesprächsrunde vorstellen; er hat einen P. *(Teilhaber)* im Unternehmen; einen P. fürs Leben suchen, finden; ein Wechsel des Partners; als P. *(Spielpartner)* für jmdn. einspringen.

Pass, der: **1.** *amtlicher Ausweis:* ein französischer, deutscher P.; der P. ist seit einem halben Jahr abgelaufen, ist ungültig, gefälscht, war auf den Namen Meier ausgestellt; einen P. beantragen, ausgestellt bekommen; den P. vorzeigen, kontrollieren; sie mussten ihren P. verlängern lassen.

2. *Gebirgspass:* der P. liegt 2 300 m hoch; die Pässe der Alpen sind verschneit, gesperrt, nur mit Schneeketten zu passieren; einen P. überqueren.

3. (Ballspiele, bes. Fußball) *gezieltes Zuspielen, gezielte Ballabgabe:* ein langer, kurzer, genauer, weiter, wunderbarer P.; ein Pass in den freien Raum, über zwei Linien; sein P. kam nicht an, erreichte den Gegner, wurde vom Gegner abgefangen; seine Pässe sind gefürchtet; einen P. spielen, geben, schlagen, annehmen.

passen: 1. a) ⟨[irgendwie] p.⟩ *in Größe, Schnitt angemessen sein:* das Kleid, der Hut, der Mantel passt gut; die Stiefel passen nicht; ⟨jmdm. [irgendwie] p.⟩ der Anzug passte ihm wie angegossen; **b)** ⟨zu jmdm., etw. [irgendwie] p.⟩ *für jmdn., etw. geeignet sein:* der elegante Hut passt gut zu ihrem Nachmittagskleid; das passt [gerade] zu ihm (ugs.; *das ist seine Art);* er passt nicht zu uns, zu unserem/(auch:) in unseren Kreis; die beiden Eheleute passen nicht, passen gut zusammen/ zueinander; ⟨häufig im 1. Part.⟩ er trägt zum Anzug die passende Krawatte; sie findet immer die passenden Worte; bei passender Gelegenheit; das halte ich nicht für passend *(angebracht);* haben Sies passend? (ugs.; *können Sie mir den Betrag abgezählt geben?);* **c)** ⟨irgendwohin p.⟩ *sich anbringen, unterbringen lassen:* der Deckel passt nicht auf den Topf; der Schlüssel passt nicht [in dieses Schloss]; der Koffer hatte nicht unter die Couch gepasst; das Auto passte gerade noch in die Garage; **d)** ⟨etw. irgendwohin p.⟩ *einfügen:* die Bolzen in die Bohrlöcher p.

2. a) ⟨jmdm. p.⟩ *angenehm sein:* der neue Mann passt dem Chef nicht; dein Benehmen passt mir nicht; würde Ihnen mein Besuch morgen Abend p.?; um 15 Uhr passt es mir gut; Ⓡ das könnte dir, ihm usw. so p. (spött.; *das hättest du, hätte er usw. wohl gerne);* **b)** (ugs.) ⟨sich p.⟩ *sich gehören:* so ein Benehmen passt sich nicht; **c)** ⟨auf etw. (Akk.) p.⟩ *mit etw. übereinstimmen:* der Mann passte ganz gut auf die Beschreibung.

3. (Skat) *nicht [mehr] reizen:* bei vierundzwanzig passte er; ich passe; er hat schon zweimal gepasst; ÜBERTR.: da muss ich p. (ugs.; *das kann ich nicht beantworten, das weiß ich nicht);* in der Prüfung hat er mehrmals gepasst (ugs.; *nicht weitergewusst).*

4. (Ballspiele, bes. Fußball) *den Ball gezielt zuspielen:* der Verteidiger passte [zum Stürmer].

passieren: 1. *geschehen:* ein Unglück, etwas Furchtbares ist passiert; was ist hier passiert?; er tut [so], als sei nichts passiert; das ist seit zwei Jahren nicht mehr passiert *(vorgekommen);* wenn du nicht aufpasst, passiert noch etwas; in der Sache muss endlich etwas p. (ugs.; *unternommen werden);* ⟨jmdm. p.⟩ mir ist eine Panne passiert; seid vorsichtig, dass euch nichts passiert *(zustößt);* wenn mir etwas passiert (verhüll.; *wenn ich unerwartet sterben sollte),* benachrichtigt meine Frau; so etwas ist mir noch nie passiert *(begegnet);* ihm kann nichts p. *(er hat sich abgesichert).*

2. a) ⟨etw. p.⟩ *die andere Seite gehen, fahren:* der Zug hatte gerade die Grenze passiert; ÜBERTR.: der Film hat die Zensur passiert; die Sperre, den Kontrollpunkt p.; der Torwart musste den Ball p. lassen (bes. Fußball; *konnte ihn nicht halten);* ⟨auch ohne Akk.⟩ diese Ware passiert zollfrei; der Beamte ließ ihn p. *(ungehindert über die Grenze);* **b)** ⟨etw. p.⟩ *hindurchgehen, -fahren; über etw. hinweggehen, -fahren:* einen Fluss, einen Tunnel, eine Brücke p.; der Fluß passiert *(durchfließt)* die Stadt von Norden nach Süden; **c)** ⟨jmdn., etw. o.⟩ *an jmdm., etw. vorbeigehen:* die Pförtnerloge, die Wachtposten p.

3. ⟨etw. p.⟩ *durch ein Sieb rühren:* Spinat p.; die Kartoffeln wurden passiert.

4. (Tennis) ⟨jmdn. p.⟩ *den Ball am Gegner vorbeischlagen:* er konnte den ans Netz vorrückenden Gegner p.

passiv: 1. a) *untätig:* sie ist eine passive Natur; er war, verhielt sich in dieser Angelegenheit völlig p.; **b)** *in einer Sache selbst nicht tätig, sie geschehen lassend:* er wollte bei dieser Veranstaltung nur passiver Teilnehmer sein; passiver Raucher *(Nichtraucher, der den Tabakrauch anwesender Raucher einatmet);* passives Wahlrecht *(das Recht, gewählt zu werden);* passiver Widerstand *(Widerstand durch Nichtbefolgung ohne Anwendung von Gewalt);* passiver Wortschatz *(Wortschatz, den jmd. kennt, aber nicht selbst verwendet);* passive Handelsbilanz *(Übergewicht der Ein-*

fuhr über die Ausfuhr); er blieb politisch immer p.; daran war er nur p. beteiligt.

2. *als Mitglied nicht aktiv teilnehmend:* ein passives *(nur den Beitrag zahlendes)* Mitglied; an den Sportveranstaltungen nimmt er nur p. *(als Zuschauer)* teil.

Pate, der: *Taufzeuge:* jmds. P. sein; sie haben bei ihm P. gestanden *(sind seine Paten);* jmdn. zum Paten nehmen, haben;

* **bei etw. Pate stehen** (ugs.; *etw. [durch sein Werk, Wirken] beeinflussen*): bei diesem Drama hat offenbar Büchner P. gestanden.

patent (ugs.): ein patentes Mädchen; ein patenter Bursche, Kerl; das ist eine patente Idee, Methode; etw. ist ganz p.; sie hat die Aufgabe p. gelöst.

Patent, das: 1. a) *patentrechtlicher Schutz:* das P. ist erloschen; ein P. verfallen lassen, anmelden, erteilen, verletzen; auf eine Maschine ein P. haben, bekommen; sie meldete ihre Erfindung zum P. an; b) *durch das Patentrecht geschützte Erfindung:* ein neues P. entwickeln.

2. *Ernennungsurkunde:* er hat sein P. als Kapitän, für Küstenschifffahrt erhalten; das P. als Steuermann erwerben.

Pathos, das (bildungsspr., oft abwertend): ein falsches, unechtes, übersteigertes, hohles P.; schillersches P.; er sprach die Verse voller P., mit feierlichem/übertriebenem P.

Patient, der: ein schwieriger, geduldiger P.; der P. ist bettlägerig, darf aufstehen; ich bin P. bei Dr. Beck; der P. wurde als geheilt entlassen; im Wartezimmer sitzen noch drei Patienten; einen Patienten behandeln, operieren; dem Patienten geht es besser; wie geht es denn eurem kleinen Patienten (fam.; *dem kranken Kind)?*

Patsche, die (ugs.): jmdm. aus der P. helfen; jmdn. aus der P. ziehen; in der P. sein, sitzen, stecken; in eine P. kommen, geraten.

patzig (ugs.): eine patzige Antwort; ein patziger junger Bursche; sie war sehr p. zu der alten Dame; antworte mir/komm mir nicht so p.!

Pauke, die: im Orchester die P. schlagen;

* **auf die Pauke hauen** (ugs.; 1. *ausgelassen feiern.* 2. *sehr angeberisch sein.* 3. *seiner Kritik o. Ä. lautstark Ausdruck geben)* · **mit Pauken und Trompeten durchfallen** (ugs.; *bei einem Examen o. Ä. ganz und gar versagen).*

pauken (ugs.): *intensiv lernen:* a) er paukt fürs Examen; b) ⟨etw. p.⟩ ich muss noch Vokabeln, Mathematik, Französisch, den Prüfungsstoff p.

Pause, die: 1. *Unterbrechung einer Tätigkeit:* eine kurze, lange P.; eine schöpferische P.; nach der zweiten Unterrichtsstunde ist [die] große P.; im Gespräch trat plötzlich eine P. ein; es folgt jetzt eine P. von zehn Minuten; eine P. einlegen, einschieben; [eine] P. machen; sich keine P. gönnen; wir arbeiteten ohne P. bis zum Abend; während der P. gingen wir im Foyer spazieren; es klingelt zur P.

2. (Musik) *nicht durch Töne ausgefüllter Taktteil:*

die P. einhalten; hier hat die zweite Geige eine P. von drei Takten/drei Takte P.

Pech, das: 1. */teerartiger Stoff/:* etw. mit P. bestreichen, abdichten, dicht machen.

2. (ugs.) *Missgeschick:* es war ein furchtbares P., dass sie krank wurde; so ein P.!; das war wirklich P.!; /Feststellung, mit der jmd. ohne große Anteilnahme das Missgeschick eines anderen kommentiert/: P. [gehabt]!; P. *(nichts zu machen)* für dich; dein P. *(du bist selbst daran schuld),* wenn du nicht aufpasst; er hat im Examen, beim Spiel P. gehabt *(ist durchgefallen, hat verloren);* mit jmdm., etw. P. haben *(nicht den Richtigen, das Richtige etroffen haben);* sie hat im Leben immer P. *(Unglück)* gehabt; er ist vom P. verfolgt;

* **zusammenhalten wie Pech und Schwefel** (ugs.; *fest zusammenhalten).*

Pechsträhne, die: die P. reißt nicht ab; wir haben eine P.

pedantisch: ein pedantischer Beamter; er ist sehr p.; p. rechnete sie alles noch einmal nach.

peilen: 1. (bes. Seew.) ⟨etw. p.⟩ *die Richtung, Wassertiefe feststellen:* den Standort eines Schiffes, die Umgebung p.; mit Ultraschallwellen ist es gelungen, Eisberge unter Wasser zu p.; ⟨auch ohne Akk.⟩ der Kutter peilt.

2. (ugs.) ⟨irgendwohin p.⟩ *schauen:* neugierig durch den Türspalt, um die Ecke p.

peinigen (geh.) ⟨jmdn., etw. p.⟩: jmdn. bis aufs Blut, zu Tode p.; der Hunger, der Durst peinigte sie; jmdn. mit seinen Fragen p. *(ihm damit heftig zusetzen);* sie war von Schmerzen gepeinigt; ihn peinigt die Vorstellung, schuld an ihrem Tod zu sein; peinigende Zweifel.

peinlich: 1. *in Verlegenheit bringend:* eine peinliche Frage; ein peinliches Gefühl; ein peinlicher Augenblick; peinliche *(beschämende)* Vorkommnisse; p. überrascht sein; die Situation war p.; das Benehmen berührt, wirkt p.; von etw. p. berührt sein; das ist mir p.; es ist mir furchtbar p., Ihnen zu gestehen, dass ...; subst.: das Peinliche daran war, dass ...

2. a) *sorgfältig:* bei ihm herrscht eine peinliche Ordnung, peinlichste Sauberkeit; p. auf etw. achten; p. auf etw. bedacht sein; jmds. Anweisungen p. befolgen; gewisse Fragen wurden p. vermieden; ⟨verstärkend vor Adjektiven⟩ *sehr, überaus:* er ist in allem p. genau; es war alles p. sauber.

Peitsche, die: eine lange P.; die P. schwingen; dem Pferd die P. geben *(es mit der P. antreiben);* mit der P. knallen; er hat den Hund mit der P. geschlagen; BILDL.: sie arbeiten nur, wenn sie die P. im Rücken fühlen *(nur unter Zwang).*

peitschen: 1. ⟨jmdn., ein Tier p.⟩ *mit der Peitsche schlagen:* die Pferde p.; BILDL.: die Stürme peitschen das Meer.

2. a) ⟨irgendwohin p.⟩ *heftig an etw. schlagen:* der Regen, der Wind peitscht ans Fenster, gegen die Scheiben; ⟨jmdm. irgendwohin p.⟩ der Regen peitschte ihm ins Gesicht; b) *wie ein Peitschen-*

knall hörbar werden: Schüsse peitschten [durch die Nacht].

pekuniär: pekuniäre Verluste, Opfer, Schwierigkeiten; jmds. pekuniäre Lage ist schwierig; p. geht es ihnen jetzt etwas besser.

Pelle, die (bes. nordd.): die P. von der Wurst abziehen; dem Hering die P. abziehen; sie kochte die Kartoffeln mit der, in der P.;
∗ **jmdn. auf die Pelle rücken** (salopp; 1. *dicht an jmdn. heranrücken.* 2. *jmdn. mit einer Bitte, einer Forderung bedrängen.* 3. *jmdn. angreifen)* · **jmdm. auf der Pelle sitzen; jmdm. nicht von der Pelle gehen** (salopp; *jmdm. mit seiner dauernden Anwesenheit lästig werden).*

pellen (bes. nordd.): a) ⟨etw. p.⟩ *schälen:* Kartoffeln, Eier p.; die Schokoladeneier aus dem Silberpapier p.; b) ⟨sich p.⟩ *sich schälen:* nach dem Sonnenbrand pellt sich seine Haut; sie beginnt sich [am Rücken] zu pellen; die Nase pellt sich.

Pelz, der: a) *Fell:* ein leichter, schwerer, echter, zottiger, dichter, dicker P.; der P. des Bären; eine Mütze aus P.; etw. mit P. besetzen; der Mantel war mit P. gefüttert; b) *Pelzmantel, -jacke:* einen P. einmotten, ändern lassen; sie trug einen weiten, eleganten P.; sie hüllte sich in ihren P.;
∗ **jmdm. auf den Pelz rücken** (ugs.; *jmdn. mit einem Anliegen o. Ä. bedrängen)* · **jmdm. eins auf den Pelz geben** (ugs.; *jmdn. schlagen)* · **jmdm. eins auf den Pelz brennen** (ugs.; *auf jmdn. schießen, jmdn. mit der Kugel treffen).*

Pendel, das: das P. schwingt, geht gleichmäßig, steht still; das P. der Wanduhr anstoßen; BILDL.: nach der Zeit des Wohlstands schlug das P. nach der entgegengesetzten Seite aus.

pendeln: 1. *hin- und herschwingen:* die Lampe pendelte ein wenig; er ließ die Beine p.
2. *zwischen zwei Orten hin- und herfahren:* seit mehreren Jahren p.; er ist fast täglich zwischen Bonn und Bochum gependelt.

penetrant: a) *durchdringend:* ein penetranter Geruch, Geschmack; ihr Parfüm war, roch reichlich p.; das Essen schmeckt p. nach altem Fett; b) (abwertend) *aufdringlich:* ein penetranter Mensch; seine Rechthaberei war sehr p.

pennen (ugs.): bis mittags, tief und fest, in einer Scheune p.; er pennt sogar während des Unterrichts; da hast du mal wieder gepennt *(nicht aufgepasst).*

Pension, die: 1. a) *Ruhestand:* sie geht, ist bereits in P.; man hat ihn in P. geschickt; b) *Ruhegehalt:* eine hohe, niedrige, kleine, gute P.; [eine] P. beziehen, bekommen; die P. kürzen, aufheben, entziehen; er lebt jetzt von seiner P.
2. *kleines Hotel:* eine saubere, nette, ruhige, einfache P.; in einer P. wohnen; sich in einer P. anmelden; sie haben ihre Gäste in einer P. untergebracht.

pensionieren ⟨jmdn. p.⟩: mit 65 Jahren wird man pensioniert; er hat sich vorzeitig p. lassen; pensionierte Beamte.

Pensum, das: ein hohes, niedriges P.; sein P. erfüllen, erledigen, schaffen.

per ⟨Präp. mit Akk.⟩: **1.** a) */in Bezug auf die Art der Beförderung/ mit:* p. Bahn, Post, Schiff, Auto, Flugzeug; einen Brief p. Eilboten schicken; b) */in Bezug auf das Mittel, wodurch etw. erreicht wird/ durch:* sich p. Abkommen verpflichten; p. Adresse *([bei Postsendungen] über die Anschrift von);* mit jmdm. p. du sein *(jmdn. duzen).*
2. (Kaufmannsspr.) a) *für, zu:* p. sofort; die Ware ist p. ersten Januar lieferbar; b) *je, pro:* die Gebühren betragen 6,50 DM p. eingeschriebenen Brief;
∗ **per pedes** (ugs.; *zu Fuß).*

perfekt: **1.** *vollkommen:* eine perfekte Köchin, Hausfrau; er ist ein perfekter Gastgeber; diese Maschine ist technisch p.; sie ist p. in Stenografie; er spricht p. Englisch.
2. (ugs.) *endgültig abgemacht:* das Abkommen ist p. [geworden]; der Vertrag ist so gut wie p.; mit diesem Tor war die Niederlage p. *(besiegelt);* ich habe den Kauf p. gemacht.

Periode, die: **1.** *Zeitabschnitt:* eine historische, geologische P.; die P. nach 1945; etw. leitet eine neue P. ein; etw. geschieht in einer P. sozialer Umwälzungen.
2. *Menstruation:* die monatliche P.; die P. ist ausgeblieben, eine Woche zu früh gekommen; sie hat, bekommt ihre P.
3. (Sprachw.) *Satzgefüge, Satzgebilde:* er baut zu lange Perioden.

periodisch: die periodische Wiederkehr der Jahreszeiten; eine p. erscheinende Zeitschrift; p. auftretende Krankheiten.

Perle, die: **1.** a) *von Perlmuscheln gebildete Perle:* echte, kostbare, künstliche, imitierte, matte, glänzende Perlen; Perlen suchen, fischen, züchten; eine Kette aus Perlen; sie tauchten nach Perlen; sie hat Zähne wie Perlen; Ⓡ Perlen bedeuten Tränen; ÜBERTR.: die Kirche ist eine P. *(besonders schönes Exemplar)* der mittelalterlichen Baukunst; b) *perlenförmiges Gebilde:* Perlen aus Glas, Elfenbein, Holz herstellen/anfertigen; Perlen auf eine Schnur reihen, aufreihen; die Perlen des Rosenkranzes.
2. *perlenförmige Bläschen, Tropfen:* die Perlen im Sekt; der Schweiß stand ihm in Perlen auf der Stirn.
3. (ugs. scherzh.) *tüchtige Gehilfin:* sie ist eine P.; unsere P. haben wir schon seit 10 Jahren.
∗ **jmdm. fällt keine Perle aus der Krone** *(jmd. vergibt sich nichts)* · **Perlen vor die Säue werfen** *(jmdm. etwas Wertvolles geben, anbieten, der es nicht zu würdigen weiß).*

perlen: **1.** a) ⟨irgendwoher p.⟩ *in perlenförmigen Tröpfchen herabfließen:* Tautropfen perlen von den Blättern; Schweißtropfen perlten von seiner Stirn; ⟨jmdm. irgendwoher p.⟩ Schweißtropfen perlten ihm von der Stirn; b) *in dichter, gleichmä-*

P

ßiger Folge ertönen: die Töne p. lassen; ihr Lachen perlte hell.
2. **a)** *perlenförmige Tröpfchen bilden:* die Wiese perlt vom/von Tau; perlender Sekt; **b)** ⟨irgendwo p.⟩ *in Form von perlenförmigen Tröpfchen erscheinen:* der Tau perlt auf der Blüte; Wasser perlt auf einer Fettschicht; auf seiner Stirn perlten Schweißtropfen.

Person, die: **1.** *Mensch [als Individuum]:* eine tüchtige, hoch gestellte, wichtige, kluge, unbekannte P.; er ist eine dynamische P. *(Persönlichkeit);* jede P. *(jeder)* zahlt fünf Mark; im ganzen Haus war keine P. *(niemand)* zu finden; die P. des Kanzlers *(der Kanzler);* deine P. soll *(du sollst)* nicht in die Affäre hineingezogen werden; seine, die eigene P. *(sich selbst)* in den Vordergrund stellen; man muss die P. vom Amt/von der Sache unterscheiden, trennen; die Familie besteht aus fünf Personen; ein Haus für sechs Personen; du hast dich in der P. geirrt; beide Ämter sind in einer P. vereinigt; der Eintritt kostet pro P. zehn Mark; eine Gesellschaft von 30 Personen; der Angeklagte wurde zur P. vernommen *(musste Angaben über sich machen);* ÜBERTR.: die drei göttlichen Personen (Rel.; *Gott Vater, Sohn und Heiliger Geist).*
2. *Mensch hinsichtlich seiner äußeren, körperlichen Eigenschaften:* eine männliche, weibliche P.; eine große, starke, robuste, stattliche P.
3. *Figur in einem Drama, Film o. Ä.:* die Personen der Handlung: ...; die Personen in einem Roman; er trat nur als stumme P. *(Statist)* auf.
4. *Frau, Mädchen:* eine hübsche, reizende, alberne, gescheite, eingebildete P.; er heiratete eine junge, reiche P.; so eine [freche] P.!
5. (Sprachw.) *eine der drei Formen des Verbs, Pronomens:* die erste P. *(Sprechende[r]);* das Verb steht in der zweiten P. Plural;
★ **etw. in Person sein** *(die Verkörperung von etw. sein):* er ist die Güte, die Ehrlichkeit in P.
persönlich: **1.** *jmds. eigene Person betreffend:* eine persönliche Ansicht, Meinung; persönliche Interessen, Erfolge, Niederlagen; ein persönlicher Angriff; eine persönliche Beleidigung; wenn ich mir eine persönliche Bemerkung erlauben darf ...; das sind meine persönlichen Angelegenheiten, ist mein persönlicher Vorteil; seine persönliche Freiheit wahren; sie schreibt einen ganz persönlichen Stil; das verleiht der Sache eine ganz persönliche *(charakteristische)* Note; persönliches Eigentum; persönliche Gründe anführen; ein persönliches Wort für jmdn. haben; einen persönlichen *(warmherzigen)* Ton anschlagen; er ist seine persönliche Bestzeit gelaufen; das habe ich nicht p. gemeint *(war nicht gegen deine Person gerichtet);* nimm das nicht p. *(bezieh das nicht auf deine eigene Person);* das Gespräch war sehr p. *(vertraulich);* persönliches Fürwort (Sprachw.; *Personalpronomen);* SUBST.: alles Persönliche aus dem Spiel lassen.

2. *in eigener Person, selbst:* persönliche Anwesenheit; persönliches Erscheinen erwünscht; der Chef p.; p.! *(nur für den Empfänger selbst bestimmt;* Vermerk auf Briefen); sich p. vorstellen; sich p. um etw. kümmern; die Ministerin kam p., war p. anwesend; jmdn. p. kennen;
★ **persönlich werden** *(auf jmds. Person zielende Anspielungen machen und dabei unsachlich, anzüglich werden).*
Persönlichkeit, die: **1.** *Gesamtheit der persönlichen Eigenschaften:* die eigene P. entwickeln; die allseitige Entwicklung, die freie Entfaltung der [eigenen] Persönlichkeit.
2. *Mensch mit ausgeprägter Eigenart:* eine bekannte, eigenwillige, einflussreiche, wichtige, hochgestellte, dynamische, zwielichtige P.; eine historische, künstlerische P.; Persönlichkeiten des öffentlichen Lebens *(Personen, die im gesellschaftlichen Leben Ansehen genießen).*
Perspektive, die: **1.** *Darstellung räumlicher Verhältnisse in der Bildebene:* beim Zeichnen muss man auf die P. achten; die P. des Bildes, der Bühne; die P. dieser Skizze stimmt nicht.
2. (bildungsspr.) **a)** *Sicht, Blickwinkel:* eine neue P. tut sich auf; interessante Perspektiven eröffnen sich; der Fotograf nahm das Bauwerk in/aus einer anderen P. auf; etw. aus soziologischer P. betrachten; bei/in dieser P. erscheint der Fall eher als Ausnahme; über Perspektiven *(verschiedene Aspekte)* des Zusammenlebens sprechen; **b)** *Zukunftsaussicht:* die Ausführungen des Ministers eröffnen neue Perspektiven für die Wirtschaft; für etw. keine P. sehen.
Pessimist, der: er ist ein großer, hoffnungsloser P.; Pessimisten finden an der Börse zurzeit wenig Gehör.
pessimistisch: ein pessimistischer Mensch; ein pessimistischer Grundzug lag in ihrem Wesen; eine pessimistische Übertreibung, Prognose; er ist von Natur aus p.; etw. p. beurteilen; darüber äußerte sie sich sehr p.; etw. stimmt jmdn. p.
Pest, die: die P. brach aus, verbreitete sich, ging um, wütete, entvölkerte ganze Landstriche, er hatte die P., starb an der P.; der P. zum Opfer fallen; von der P. hingerafft werden;
★ **jmdm. die Pest an den Hals wünschen** (salopp; *jmdm. alles Schlechte wünschen)* · **wie die Pest stinken** (salopp; *abscheulich stinken).*
Pfad, der: ein schmaler, steiler, ebener, überwachsener P.; der P. läuft quer durch den Garten, führt durch die Wiesen, schlängelt sich durchs Tal; sie kamen auf einen anderen P.; BILDL.: die verschlungenen Pfade des Lebens;
★ **ein dorniger Pfad** (geh.; *mit vielen Schwierigkeiten verbundener Weg zu einem Ziel hin)* · **auf dem Pfad der Tugend wandeln** (geh., auch spött.; *tugendhaft sein)* · **auf ausgetretenen Pfaden wandeln** (geh.; *keine eigenen Ideen haben, immer nur nach einem bekannten Schema handeln)* · **die ausgetretenen Pfade verlassen** (geh.;

P

vom üblichen Schema abweichen) · **vom Pfad der Tugend abweichen/den Pfad der Tugend verlassen** (geh.; *etwas Unrechtes tun*).
Pfahl, der: ein morscher, abgebrochener P.; die Pfähle des Steges sind bemoost; einen P. zuspitzen, einschlagen, eintreiben, einrammen; in sumpfigem Gelände ruhen die Häuser auf Pfählen;
⋆ **ein Pfahl im Fleische** (*etwas Peinigendes, was jmdn. nicht zur Ruhe kommen lässt*).
Pfand, das: a) *als Sicherheit, Bürgschaft hinterlegter Gegenstand:* ein P. geben, einlösen, auslösen; etw. gegen P. leihen; b) *Flaschenpfand:* für eine Flasche P. bezahlen; ist auf den Flaschen P.?; c) (geh.) *Unterpfand:* etw. als P. zurücklassen, behalten; etw. als/zum P. geben; er gab ihr den kostbaren Ring als ein P. seiner Liebe.
pfänden: a) ⟨jmdn. p.⟩ *jmds. Eigentum beschlagnahmen:* einen säumigen Zahler p. [lassen]; sie sind schon mehrmals gepfändet worden; b) ⟨etw. p.⟩ *beschlagnahmen:* der Gerichtsvollzieher hat die Möbel, das Auto, den Lohn gepfändet; ⟨auch ohne Akk.⟩ bei jmdm. vergeblich p.
Pfanne, die: eine schwere, große, flache P.; Fisch in der P. braten, backen; Fett in die P. tun; sie schlug ein paar Eier in die P.;
⋆ **etw. auf der Pfanne haben** (ugs.; *[etwas Überraschendes] in Bereitschaft haben*) · **jmdn. in die Pfanne hauen** (salopp; 1. *jmdn. scharf kritisieren.* 2. *jmdn. vernichtend besiegen*).
Pfeffer, der: schwarzer, weißer, gemahlener, gestoßener, ganzer P.; der P. brennt auf der Zunge; P. ans Essen geben, tun; P. anbauen, [an]pflanzen;
⋆ **hingehen/bleiben, wo der Pfeffer wächst** (ugs.; *verschwinden, fernbleiben;* in Verwünschungen): der soll doch gerade bleiben/hingehen, wo der P. wächst! · **Pfeffer und Salz** (Textilind.; *schwarz-, braun-, grauweißes Stoffmuster*): ein Anzug in P. und Salz.
pfeffern /vgl. gepfeffert/: 1. ⟨etw. p.⟩ *mit Pfeffer würzen:* Speisen p.: das Steak war zu stark gepfeffert; ÜBERTR.: er hat seine Rede mit allerlei Zitaten gepfeffert.
2. (ugs.) ⟨etw. irgendwohin p.⟩ *mit Wucht werfen:* die Bücher, die Tasche in die Ecke p.
Pfeife, die: 1. a) *kleines Instrument:* die P. des Schiedsrichters, des Zugführers ertönt; die Jungen schnitzten sich Pfeifen aus Weidenzweigen; b) /*ein Musikinstrument*/: sie bläst P.; ein Spielmannszug mit Trommeln und Pfeifen; c) *Orgelpfeife:* einige Pfeifen waren verstimmt, müssen repariert werden; diese Gruppe von Pfeifen gehört zu einem anderen Register.
2. *Tabakspfeife:* eine lange, kurze P.; die P. ist kalt geworden, ausgegangen; die P. stopfen, anzünden, anrauchen, ausklopfen, reinigen; er raucht nur noch P.; er zog an seiner P.;
⋆ **nach jmds. Pfeife tanzen** (*willenlos alles tun, was jmd. von einem verlangt*).
pfeifen: 1. a) *einen schrillen Ton hervorbringen:*

laut, schrill, auf zwei Fingern, durch die Zähne, leise vor sich hin p.; am Schluss des Stückes, der Aufführung, des Konzerts wurde heftig gepfiffen *(gab man seinem Missfallen durch Pfiffe Ausdruck);* fröhlich pfeifend ging er nach Hause; ⟨jmdm., einem Tier p.⟩ der Jäger pfeift seinem Hund *(gibt ihm mit einem Pfiff einen Befehl);* b) *mit einer Pfeife ein Signal geben:* der Zugführer pfeift und der Zug fährt ab; der Schiedsrichter hat gepfiffen; c) *einen Pfeifton hervorbringen:* die Maus, das Murmeltier pfeift; der Wasserkessel, der Verstärker, das Radio pfeift; die Lokomotive hat gepfiffen; draußen pfeift ein kalter Wind; ⟨es pfeift⟩ wenn er einatmet, pfeift es in seiner Brust; pfeifende Geräusche; ⟨jmdm. irgendwo[hin] p.⟩ die Kugeln pfiffen ihm um die Ohren.
2. ⟨etw. p.⟩ *durch Pfeifton hervorbringen:* das Murmeltier pfiff einen Warnruf; ein Lied, eine Melodie, ein Signal p.
3. (Sport) ⟨[etw.] p.⟩ a) *mit der Signalpfeife leiten:* ein norwegischer Schiedsrichter wird das Spiel p.; wer pfeift [bei dem Spiel]?; b) *durch einen Pfiff anzeigen:* Abseits, ein Foul, einen Elfmeter p.; bei dem Foul hat er falsch gepfiffen.
4. (ugs.) ⟨auf jmdn., etw. p.⟩ *ohne weiteres auf jmdn., etw. verzichten können:* ich pfeife auf die Vorschriften; auf sie und ihr Geld pfeife ich;
⋆ **jmdm. [et]was pfeifen** (ugs. spött.; *keineswegs geneigt sein, jmds. Wunsch o. Ä. zu erfüllen*).
Pfeil, der: 1. ein stumpfer, spitzer, scharfer, gefiederter, vergifteter P.; der P. schnellt von der Sehne, fliegt/schwirrt durch die Luft, sitzt, trifft, erreicht das Ziel, bohrt sich in die Brust; einen P. schnitzen, spitzen, aus dem Köcher ziehen; den P. auflegen, abschießen; mit P. und Bogen; ÜBERTR.: Pfeile des Spottes (geh.; *beißender Spott*); giftige, vergiftete Pfeile abschießen (*gehässige, boshafte Bemerkungen machen*).
2. *Richtungsanzeige:* der P. zeigt nach Norden; der kleine P. verweist den Leser auf ein anderes Stichwort; einem P. folgen; sie gingen in Richtung des roten Pfeils weiter;
⋆ **alle [seine] Pfeile verschossen haben** (*keine Gegengründe oder -mittel mehr haben*).
Pfeiler, der: ein starker, dicker, hoher, steinerner P.; der eiserne P. einer Brücke; ein P. aus Beton; die P. tragen die Decke; das Gewölbe wurde durch P. gestützt.
Pfennig, der: hundert Pfennige sind, machen eine Mark; ein Brötchen kostete damals zehn P.; 80 P. reichen (nicht: reicht) nicht für einen Liter Milch; keinen P. *(kein Geld)* [bei sich] haben; er hat keinen P. Trinkgeld bekommen; auf den P. genau herausgeben; damals war ich auf jeden P. angewiesen; hast du ein paar einzelne Pfennige?; zwei Briefmarken zu 50 P.; sie war ohne einen P. *(ohne alles Geld);* Ⓡ wer den P. nicht ehrt, ist des Talers nicht wert;
⋆ **für jmdn., etw. keinen Pfennig geben** (ugs.; *jmdn., etw. aufgeben; der Meinung sein, dass jmd.*

nicht mehr lange lebt, etw. keine Zukunft hat) ·
keinen Pfennig wert sein (ugs.; *nichts wert
sein*) · **auf den Pfennig sehen; jeden Pfennig
[dreimal] umdrehen** (ugs.; *sehr sparsam sein*) ·
nicht für fünf Pfennig (ugs.; *kein bisschen*):
nicht für fünf Pfennig Lust, Anstand, Verstand
haben · **mit dem Pfennig rechnen müssen** *(sparen müssen).*
Pferd, das: **1.** ein leichtes, schweres, edles, rassiges, feuriges, wildes P.; das P. geht, zieht, trabt,
galoppiert, tänzelt, bäumt sich [auf], wiehert,
schnauft, schlägt aus, stürzt, scheut, geht durch;
die Pferde wurden unruhig, dampften, zogen an,
griffen aus; Pferde halten, züchten; die Pferde
füttern, tränken, putzen, striegeln, beschlagen;
ein P. zureiten, [zuschanden] reiten, [auf]zäumen, anschirren, einspannen, anspannen, ausspannen, satteln, besteigen, lenken, [am Zügel]
führen; (Reitsport:) der Reiter nimmt das P. vor
dem Hindernis neu auf, versammelt das P.; die
Pferde wechseln; dem P. in die Zügel fallen; jmdn.
aufs P. heben, setzen; jmdm. aufs P. helfen; aufs P.
steigen; bei einem Rennen auf ein P. setzen; einen
Wagen mit Pferden bespannen; vom P. steigen,
stürzen, fallen, absitzen; gut, hoch zu Pferd sitzen; Ⓡ man hat schon Pferde kotzen sehen (ugs.;
nichts ist unmöglich); ich denke, mich tritt ein P.
(salopp; *das überrascht mich sehr*); immer sachte
mit den jungen Pferden! (ugs.; *nicht so heftig,
nicht so voreilig!*); das hält ja kein P. aus! (ugs.;
das ist unerträglich!).
2. /ein Turngerät/: über das P. springen; sie turnen am P.
3. /eine Schachfigur/: durch diesen Zug hat er ein
P. verloren;
* **das beste Pferd im Stall** (ugs.; *der beste, tüchtigste Mitarbeiter; die beste, tüchtigste Mitarbeiterin*) · **wie ein Pferd arbeiten** (ugs.; *schwer arbeiten und sich dabei unermüdlich zeigen*) · **das
Pferd beim/am Schwanz aufzäumen** (ugs.; *eine
Aufgabe, Arbeit mit einem dem Arbeitsablauf entgegengesetzten Arbeitsgang beginnen*) · **mit
jmdm. Pferde stehlen können** (ugs.; *sich auf
jmdn. absolut verlassen können*) · **die Pferde
scheu machen** (ugs.; *jmdn. irritieren; für Aufregung sorgen*) · **keine zehn Pferde bringen jmdn.
irgendwohin/dazu, etw. zu tun** (ugs.; *jmd. tut
etw. unter keinen Umständen, geht unter keinen
Umständen irgendwohin*) · **jmdm. gehen die
Pferde durch** (ugs.; *jmd. verliert die Selbstbeherrschung*) · **aufs falsche/richtige Pferd setzen**
(ugs.; *die Lage falsch, richtig einschätzen und entsprechend handeln*).
Pfiff, der: **1.** *Pfeifton:* ein leiser, gellender, lauter,
schriller, lang gezogener P.; der P. einer Lokomotive; nach dem Foul ertönte der P. des Schiedsrichters; einen P. ausstoßen, hören; die Worte des
Redners gingen größtenteils in Pfiffen unter.
2. (ugs.) *besonderer Reiz:* der Einrichtung fehlt
[noch] der [letzte] P.; eine Frisur mit P.

Pfifferling, der: in den Wald gehen, um Pfifferlinge
zu suchen;
* **keinen/nicht einen Pfifferling** (ugs.; *kein bisschen, überhaupt nicht[s]*): das ist keinen P. wert;
er kümmert sich nicht einen P. darum, wie es seinem Bruder geht.
pfiffig: ein pfiffiger Junge; er machte ein pfiffiges
Gesicht; eine pfiffige Idee; mit pfiffiger Miene;
sie ist p.; wenn du dich p. anstellst, wird dir die
Überraschung gelingen; etw. p. kombinieren, zusammenstellen.
Pfingsten, das und (als Plural:) die: frohe P.!; wir
hatten ein schönes P./schöne P. *(Pfingsttage); P.*
ist dieses Jahr zeitig, liegt diesmal früh; schöne
P.!; nächste P./nächstes Jahr P./nächstes Jahr
(bes. südd., österr., schweiz.:) an/(bes. nordd.:)
zu P. wollen wir verreisen; bis P. sind es noch vier
Wochen; sie besuchte uns kurz nach, vor P.; sie
haben zu P. geheiratet.
Pflanze, die: **1.** eine kräftige, empfindliche, immergrüne, genügsame P.; Fleisch fressende
Pflanzen; die P. wächst wild, wird [im Garten, im
Zimmer] gezogen, treibt [Blüten], wuchert,
blüht, trägt Früchte, welkt, geht ein, stirbt ab;
eine P. bestimmen; der P. richtet sich auf, wendet
sich zum Licht; Wiederkäuer ernähren sich von
Pflanzen.
2. (ugs. abwertend) *ungeratene, eigenartige Person:* das ist eine richtige P.; sie ist eine Berliner P.
(eine echte Berlinerin).
pflanzen: 1. ⟨etw. p.⟩ *mit den Wurzeln in die Erde
setzen:* einen Baum, Sträucher, Blumen, Kohl, Salat p.; auf diesem/auf dieses Beet wollen wir Astern p.
2. a) (ugs.) ⟨sich irgendwohin p.⟩ *sich setzen:* sie
pflanzte sich sofort in den Sessel, auf die Couch;
b) ⟨etw. auf etw. (Akk.) p.⟩ *aufstellen, aufrichten:*
sie pflanzten die Trikolore auf das Verwaltungsgebäude.
Pflaster, das: **1.** *Straßenbelag:* gutes, schlechtes,
holpriges P.; P. legen; das P. erneuern; wegen Tiefbauarbeiten musste das P. aufgerissen werden;
ein Wagen rumpelte über das P.; ÜBERTR.: diese
Stadt ist ein heißes/gefährliches, teures P. (ugs.;
ist ein Ort, an dem zu leben gefährlich, teuer ist);
London war nicht mehr das richtige P. für ihn
(ugs.; *war nicht mehr der geeignete Ort, um dort
zu leben*).
2. *Heftpflaster:* das P. hält gut, hat sich gelöst; ein
P. auflegen; der Arzt klebte ihm ein P. auf die entzündete Stelle; sie erneuerte das P.; ÜBERTR.: sie
verlangte eine hübsche Summe als P. [auf ihre
Wunde] *(als Entschädigung, als Trost);*
* **Pflaster treten** (ugs.; *in einer Stadt herumlaufen).*
pflastern ⟨etw. p.⟩: die Straße wird gepflastert; einen Platz, einen Hof [mit Kopfsteinpflaster] p.
Pflaume, die: **1. a)** *Frucht des Pflaumenbaums:*
eine blaue, gelbe, reife, weiche P.; frische, madige,
gekochte, gedörrte, getrocknete Pflaumen;

schüttelten Pflaumen; **b)** *Pflaumenbaum:* die Pflaumen blühen bald, tragen in diesem Jahr nicht viel. **2.** (salopp abwertend) *unfähiger, schwacher Mensch:* so eine P.!; du bist vielleicht eine P.

Pflege, die: **a)** *Betreuung:* eine gute, aufopfernde, liebevolle P.; sie übernahm die P. ihres kranken Vaters; das Kind braucht [eine] ganz besondere P., bedarf der ständigen [mütterlichen] P.; bei jmdm. in P. sein; sie haben den Jungen in P. gegeben, genommen; **b)** *Behandlung zur Erhaltung eines guten Zustandes:* die P. des Körpers, der Haut, der Hände, des Haares, der Gesundheit; die P. von Grünanlagen, der Pferde; diese Blumen erfordern nicht viel P. **c)** *Förderung von etw., Beschäftigung mit etw.:* die P. der Kulturgüter, der Musik, der Sprache; die P. guter [nachbarlicher, politischer] Beziehungen.

pflegen: 1. a) ⟨jmdn. p.⟩ *betreuen:* ein Kind, einen Kranken aufopfernd p.; sie pflegte ihre alte Mutter bis zum Tode; jmdn. gesund p. *(so lange pflegen, bis er wieder gesund ist);* **b)** ⟨sich, etw. p.⟩ *zur Erhaltung eines guten Zustands behandeln:* seinen Körper, die Haut, das Haar, die Nägel p.; den Rasen p.; du musst dich mehr p. *(musst mehr für deine Gesundheit, dein Äußeres tun);* ein gepflegtes Äußeres; der Garten ist sehr gepflegt. **2.** ⟨etw. p.⟩ *sich um die Förderung, Aufrechterhaltung von etw. bemühen:* Beziehungen zu bestimmten Kreisen p.; mit jmdm. Verbindung p.; Freundschaften, Kontakte p.; die Künste und Wissenschaften p.; sie pflegten kaum Umgang mit andern Menschen; eine gepflegte Sprache. **3.** ⟨mit Infinitiv mit *zu*⟩ *die Gewohnheit haben, etw. zu tun:* er pflegt zum Essen Wein zu trinken; sie pflegen um zehn Uhr nach Hause zu gehen; wie man zu sagen pflegt.

Pflicht, die: eine sittliche, moralische, schwere, ernste, selbstverständliche, angenehme P.; staatsbürgerliche, gesellschaftliche, berufliche, amtliche Pflichten; eheliche Pflichten (oft verhüll.; *Verpflichtung zum Geschlechtsverkehr mit dem Ehepartner, der Ehepartnerin);* die alltäglichen kleinen Pflichten; die P. der Eltern; die P. ruft; es ist deine P. zu arbeiten; die P. fordert, verlangt, dass ...; Pflichten haben, auf sich nehmen, übernehmen; jmdm. eine P., etw. als P. auferlegen; seine P. kennen, erfüllen, tun, versäumen, vergessen, vernachlässigen; etw. als seine P. empfinden, ansehen, betrachten, anerkennen; sie wollen nur Rechte, aber keine Pflichten haben; wir haben die traurige P., Ihnen mitzuteilen *(müssen Ihnen zu unserem Bedauern, aus traurigem Anlass mitteilen),* dass ...; der P. genügen, gehorchen *(tun, was seine P. ist);* seiner P. nachkommen, zuwiderhandeln; du entziehst dich deinen Pflichten; jmdn. seiner P. entheben; jmdn. an seine P. erinnern; etw. nur aus P. *(nicht gern oder freiwillig)* tun; es für seine P. halten, jmdn. zu warnen; es mit den Pflichten nicht so genau neh-

men; sich über seine P. hinwegsetzen; jmdn. von seiner P. lossprechen; er machte es sich zur P., jeden Tag zu trainieren; ⋆ jmds. **Pflicht und Schuldigkeit sein, etw. zu tun** (nachdrücklich; *jmds. selbstverständliche Pflicht sein, etw. zu tun)* · jmdn. **in [die] Pflicht nehmen** (geh.; *dafür sorgen, dass jmd. eine bestimmte Pflicht übernimmt).*

Pflock, der: einen P. zuspitzen, einschlagen; Vieh auf der Weide an Pflöcken festbinden, an Pflöcke binden; sie befestigten das Zelt an, mit Pflöcken; ⋆ **einige/ein paar Pflöcke zurückstecken müssen** (ugs.; *geringere Forderungen, Ansprüche stellen müssen).*

pflücken ⟨etw. p.⟩: Äpfel, Erdbeeren, Blumen, Baumwolle, Tee p.; sie pflückte einen großen Strauß Heidekraut.

Pflug, der: den P. schärfen, führen; das Pferd, der Traktor zieht den P.; hinter dem P. gehen.

pflügen: a) ⟨[etw.] p.⟩ *(einen Acker) mit dem Pflug bearbeiten:* mit Ochsen, mit Pferden, mit dem Traktor p.; den Acker, das Feld p.; der Acker war frisch gepflügt; ÜBERTR.: der Bug des Schiffes pflügte das Wasser; **b)** *durch Pflügen herstellen:* gerade Furchen, ein großes Muster p.

Pforte, die: eine kleine, schmale P.; die P. quietschte; die P. aufstoßen, öffnen, schließen; sich an der P. *(am bewachten Eingang)* des Klosters, des Krankenhauses melden; sie gingen durch die P.; BILDL.: die Pforten der Hölle; ⋆ **seine Pforten schließen** (geh.; *den Betrieb einstellen):* das Theater musste im letzten Jahr seine Pforten schließen.

Pfosten, der: **a)** *senkrechte Stütze aus Holz:* der P. des Bettes, der Tür; er spannte den Draht von P. zu P.; **b)** (bes. Ballspiele) *Torpfosten:* nur den P. treffen; der Ball prallte an den P., vom P. ins Aus; (Jargon:) der P. rettete für den bereits geschlagenen Torhüter.

Pfote, die: **1.** *Tierfuß:* die linke, rechte, vordere P. des Hundes; der Hund gibt die P./gibt Pfötchen; die Katze leckt sich die Pfoten. **2.** (salopp) **a)** *Hand:* nimm die Pfoten da weg!; er soll sich erst die Pfoten waschen; **b)** (abwertend) *schlechte Handschrift:* der schreibt vielleicht eine P.!; ⋆ **sich** (Dat.) **die Pfoten verbrennen** (ugs.; *Schaden erleiden)* · jmdm. **auf die Pfoten klopfen** (ugs.; *jmdn. scharf zurechtweisen).*

pfui: o. Teufel!; p. sagen, rufen; p., wie das stinkt!; p., ist das gemein!; p., schäme dich!; SUBST.: man hörte ein lautes Pfui aus der Menge.

Pfund, das: ein halbes, ganzes, volles P.; ein P. Butter; ein P. mageres Fleisch/(geh.:) mageren Fleisches; der Preis eines Pfundes Fleisch/(auch:) eines P. Fleisches; überflüssige Pfunde abtrainieren, loswerden, verlieren; ⟨bei genauer Maßangabe nur *Pfund*⟩: zwei P. Zucker; das Baby wiegt acht P.; ein P. Bohnen wird/(selten:) werden gekocht; zwei P. Kalbsleber werden gebraten.

P

* **mit seinem Pfunde wuchern** (geh.; *seine Fähigkeit klug anwenden*).

pfuschen (ugs. abwertend): bei der Reparatur hat er gepfuscht.

Phantasie: ↑ Fantasie.

phantasieren: ↑ fantasieren.

phantastisch: ↑ fantastisch.

Phase, die: eine neue, kritische, spannende P.; eine dramatische P. beginnt, geht zu Ende; die letzte Phase der Revolution; Phasen des Aufschwungs und der Krisen; die einzelnen Phasen eines Bewegungsvorganges; die Verhandlungen sind in eine/in die entscheidende P. getreten.

Photographie, photographieren: ↑ Fotografie, fotografieren.

Phrase, die: eine leere, alberne, dumme, abgenutzte, billige, hohle, beliebte P.; seine Rede bestand nur aus [schön klingenden] Phrasen; du darfst dich nicht mit Phrasen abspeisen lassen;
* **Phrasen dreschen** (ugs.; *wohltönende, aber nichts sagende Reden führen*).

Pickel, der: P. haben; einen P. ausdrücken; einen P. abheilen, austrocknen lassen; er hatte das Gesicht voller P.

picken: **1.** **a)** ⟨etw. p.⟩ *mit dem Schnabel in kurzen schnellen Stößen aufnehmen:* die Hühner, Tauben picken Körner, Brotkrümel; **b)** ⟨[irgendwohin] p.⟩ *mit spitzem Schnabel leicht hacken:* der Vogel pickt, wenn man ihm zu nahe kommt; die Spatzen picken an/gegen die Fensterscheiben; der Sittich hat nach ihrem Finger gepickt; **c)** ⟨jmdn. p.⟩ *mit spitzem Schnabel leicht verletzen:* der Hahn wollte mich p.; ⟨jmdm./⟨seltener:⟩ jmdn. irgendwohin p.⟩ der Vogel hat mir/⟨seltener:⟩ mich in den Finger gepickt. **2.** (ugs.) ⟨etw. aus etw. p.⟩ *aufnehmen, herausnehmen:* die Gurken, die Olive aus dem Glas p.

piepen: die jungen Vögel piepen im Nest;
* **bei jmdm. piept es** (ugs.; *jmd. ist nicht recht bei Verstand*) · **zum Piepen sein** (ugs.; *sehr komisch, zum Lachen sein*).

¹Pik, das: /eine Spielkartenfarbe/: P. ist Trumpf; P. ansagen, ausspielen; sie spielen P.

²Pik, der: ⟨nur in der Wendung⟩ **einen [kleinen, richtigen o. ä.] Pik auf jmdn. haben** (ugs.; *einen heimlichen Groll gegen jmdn. hegen*): sie hat einen richtigen P. auf ihn.

pikant: **1.** *würzig:* eine pikante Soße; der Käse war, schmeckte sehr p. **2.** *leicht frivol:* ein pikantes Abenteuer; pikante Geschichten, Witze; diese Anekdote war reichlich p.

Pike, die: ⟨in der Wendung⟩ **von der Pike auf dienen/lernen; etw. von der Pike auf erlernen** (ugs.; *einen Beruf o. Ä. von Grund auf erlernen*): er hat das Hotelfach von der P. auf gelernt.

piken, (auch:) **piksen** (ugs.): **a)** ⟨jmdn., sich p.⟩ *leicht stechen:* er hat ihn mit einer Nadel [in den Arm] gepikt; ich habe mich [mit dem Messer] gepikt; sie hat sich an den Rosen gepikt; **b)** *leicht*

stechen, kratzen: die Wolle, der Pullover pikt zu sehr.

pikiert: *beleidigt:* ein pikiertes Gesicht machen; sie war darüber leicht, äußerst p.; sich p. abwenden; p. reagieren, antworten.

Pille, die: **a)** *Medikament:* Pillen verordnen, verschreiben, nehmen, schlucken; jmdm. Pillen gegen Kopfschmerzen, zum Schlafen geben; Ⓡ da /bei ihm o. Ä. helfen keine Pillen [und keine Medizin] (ugs.; *da, bei ihm o. Ä. ist alle Mühe vergebens*); **b)** (ugs.) *Antibabypille:* regelmäßig die P. nehmen; die P. absetzen, nicht vertragen; sich die P. verschreiben lassen; die P. für den Mann; die P. danach; für, gegen die P. sein;
* **eine bittere Pille [für jmdn.] sein** (ugs.; *für jmdn. sehr unangenehm, schwer hinzunehmen sein*) · **diese/eine o. ä. [bittere] Pille schlucken** (ugs.; *mit etwas Unangenehmem fertig werden*): sie mussten die bittere P. schlucken, dass die Preise stark erhöht worden waren · **jmdm. eine [bittere] Pille zu schlucken geben** (ugs.; *jmdm. etwas Unangenehmes sagen, zufügen*) · **jmdm. die/eine bittere Pille versüßen** (ugs.; *jmdm. etwas Unangenehmes erleichtern, erträglicher machen*).

Pilz, der: ein essbarer, schmackhafter, schädlicher, giftiger P.; Pilze suchen, sammeln, putzen, zubereiten, schmoren, trocknen; einen P. bestimmen; in die Pilze gehen (ugs.; *Pilze sammeln gehen*);
* **wie Pilze aus der Erde, aus dem [Erd]boden schießen/wachsen** (*rasch in großer Zahl entstehen*): neue Häuser schossen wie Pilze aus der Erde.

Pinsel, der: ein grober, dicker, feiner, spitzer P.; den P. eintauchen, auswaschen, reinigen; mit dem P. Farbe auftragen; etw. überstreichen; sie entfernte den Staub mit einem P.; ÜBERTR.: das Bild ist mit leichtem, kühnem P. (*Pinselstrich*) gemalt.

pinseln: **1.** (ugs.) **a)** *mit dem Pinsel malen:* die Kinder pinselten eifrig in ihren Malbüchern; **b)** ⟨etw. irgendwohin p.⟩ *mit dem Pinsel auftragen, hinschreiben:* die Nummern waren übersichtlich auf die Säcke gepinselt; politische Parolen an die Hauswände p. **2.** ⟨etw. p.⟩ **a)** (ugs.) *anstreichen:* er hatte einen Stuhl blau gepinselt; **b)** *mit einem flüssigen Medikament bestreichen:* der Arzt pinselte die entzündeten Mandeln [mit Jod].

Pionier, der: **1.** (Milit.) *Angehöriger der Pioniertruppe:* die Pioniere bauten eine Brücke; er war im Krieg bei den Pionieren, wurde zu den Pionieren gezogen. **2.** (bildungsspr.) *Wegbereiter:* er war ein P. der elektronischen Datenverarbeitung, der Raumfahrt; er zählte zu den Pionieren auf dem Gebiet der Herzchirurgie.

Pistole, die: eine schwere, kleinkalibrige P.; die P. geht los, schießt schlecht; die P. laden, entsichern, abdrücken, reinigen, auf jmdn. richten;

mit der P. auf jmdn. zielen, schießen; jmdn. mit
vorgehaltener P. bedrohen; nach der P. greifen;
∗ **jmdn. die Pistole auf die Brust setzen** (ugs.;
jmdn. *zu einer Entscheidung zwingen*) · wie aus
der Pistole geschossen (ugs.; *prompt, ohne jedes
Zögern*).
plädieren: a) (Rechtsw.) ⟨auf etw. (Akk.)/für etw.
p.⟩ *im Plädoyer fordern:* der Verteidiger plädierte
auf/für Freispruch; der Staatsanwalt plädierte
auf/für »schuldig«; b) ⟨für etw. p.⟩ *eintreten:* er
plädierte für die Annahme des Gesetzes, für die
Beibehaltung des jetzigen Zustandes.
Plage, die: eine schreckliche, schlimme, unerträgliche P.; sie hat ihre P. mit den Kindern; jede P. auf
sich nehmen, ertragen; der Fluglärm wird zur P.;
die Mücken sind eine richtige P. geworden; dies
alles macht ihr das Leben zur P.
plagen: 1. ⟨jmdn. p.⟩ *jmdn. zusetzen:* die Kinder
plagen die Mutter den ganzen Tag mit ihren
Wünschen; mich plagt die Hitze, der Durst, der
Hunger, der Husten *(ich leide darunter);* ihn
plagte der Zweifel; dich plagt wohl die Neugier?
(du bist wohl neugierig); sie wird von Neid geplagt *(ist neidisch).*
2. ⟨sich p.⟩ *sich abplagen:* die Mutter plagt sich
von früh bis spät; sie hat sich ihr Leben lang für
andere geplagt; er muss sich für das bisschen
Geld ganz schön p.; ich plage mich schon lange
mit meiner Erkältung.
Plakat, das: ein grelles, buntes, künstlerisch wertvolles P.; das P. lädt zu einer Sportveranstaltung
ein; Plakate entwerfen, drucken, anbringen,
[an]kleben, beschlagnahmen.
Plan, der: 1. *Vorhaben:* ein kühner, undurchführbarer, weit greifender, wohl durchdachter, kluger,
raffinierter, boshafter, heimtückischer P.; ein P.
nimmt feste Formen an, taugt nichts, wird geheim gehalten, gutgeheißen, für gut befunden,
gelingt, scheitert, schlägt fehl; einen P. ersinnen,
aushecken, aufstellen, entwickeln, entwerfen,
prüfen, diskutieren, ausführen, durchführen,
verwirklichen, fallen lassen, aufgeben, verwerfen, verraten, durchkreuzen, hintertreiben, stören, vereiteln; Pläne machen, schmieden, (ugs.:)
wälzen; seine eigenen Pläne verfolgen; ich ließ
mir seinen P. durch den Kopf gehen; er hatte sich
einen teuflischen P. zurechtgelegt; sie hat immer
solche hochfliegenden Pläne; sie hatten den P.,
eine Weltreise zu machen; ich habe noch keine
festen Pläne für unsere Reise; einem P. zustimmen; voller Pläne stecken; das passte nicht in seinen P.; ich trage mich mit neuen Plänen; wir frag-
ten sie nach ihren weiteren Plänen; es läuft alles
nach P. *(wie es geplant war);* man hatte inzwischen von diesem P. Abstand genommen.
2. *Entwurf:* der P. des jungen Architekten wurde
preisgekrönt, ausgeführt; einen P., die Pläne für
ein Theater entwerfen, zeichnen, ausarbeiten,
einreichen; beim Wiederaufbau des Schlosses
hat man sich genau an die alten Pläne gehalten.

3. *Übersichtskarte:* ein P. im Maßstab 1:5000;
haben Sie einen P. von Berlin?; die Straße war
nicht im P. eingezeichnet;
∗ **auf dem Plan stehen** *(geplant sein)* · **auf den
Plan treten/erscheinen** *(eingreifen):* mit ihm trat
ein gefährlicher Gegner auf den P. · **jmdn. auf
den Plan rufen** *(jmdn. zum Handeln, Einschreiten herausfordern):* die Entscheidung der Regierung rief die Kernkraftgegner auf den P.
planen ⟨etw. p.⟩: *Pläne für etw. ausarbeiten:* ein
Projekt, den Bau eines Kraftwerks p.; eine Reise,
neue Unternehmungen p.; einen Anschlag auf
jmdn. p.; jeder seiner Schritte war sorgfältig geplant; die Stadt plant *(beabsichtigt),* in dem Gebiet mehrere Industriebetriebe anzusiedeln; hast
du schon etwas für heute Abend geplant *(dir
schon etwas für heute Abend vorgenommen)?;*
⟨auch ohne Akk.⟩ sie plant immer lange im Voraus.
planschen: die Kinder planschten im Schwimmbecken, in der Badewanne, am Strand.
plappern: a) (ugs.) *viel, schnell reden:* den ganzen
Weg plapperte die Kleine ohne Pause; drollig,
kindlich p.; b) (ugs. abwertend) ⟨etw. p.⟩ *reden:*
plappere nicht so viel Unsinn.
plastisch: 1. a) *bildhauerisch:* plastisches Können;
plastische Gestaltung; in dieser Halle sind die
plastischen Arbeiten Barlachs ausgestellt;
b) *räumlich, körperhaft wirkend:* die Architek-
turmalereien wirken p.
2. *anschaulich; bildhaft einprägsam:* eine plastische Darstellung; eine plastische Schilderung
von etw. geben; etw. p. formulieren; ich sehe das
alles p. vor mir.
3. *formbar:* eine plastische Masse; plastisches
Material; der Stoff bleibt bei allen Temperaturen
p.; (Med.:) die plastische Chirurgie.
plätschern: a) *ein plätscherndes Geräusch erzeugen:* der Bach, der Springbrunnen plätschert;
SUBST.: das P. des Regens; b) *sich plätschernd im
Wasser bewegen:* die Kinder haben in seichtem
Wasser geplätschert; c) ⟨irgendwohin p.⟩ *plätschernd fließen:* das Wasser plätschert aus der
Quelle; der Bach plätschert durch die Wiese,
über die Steine. ÜBERTR.: das Gespräch plätschert *(wird mehr oberflächlich geführt).*
platt: 1. *flach:* eine platte Nase; sich (Dat.) die
Nase an der Scheibe p. *(breit)* drücken; er legte
sich p. auf den Boden; ein platt es Brett (ugs.;
hat kaum Busen); der Reifen ist p. *(hat keine Luft
mehr);* SUBST.: wir hatten einen Platten *(eine Reifenpanne).*
2. (abwertend) *trivial:* eine platte Konversation;
der Text ist inhaltlich p.; eine platte *(glatte)* Erfindung, Lüge;
∗ **platt sein** (ugs.; *völlig überrascht sein*): als sie
diese Nachricht hörte, war sie p. · **jmdn. platt
machen** (salopp; 1.*jmdn. umbringen.* 2.*jmdn. zurechtweisen*) · **etw. platt machen** (salopp; 1.*dem*

Erdboden gleichmachen. 2. *auflösen*: Betriebe p. machen).

Platte, die: 1. eine quadratische, ovale, dünne, dicke P.; die gläserne P. eines Tisches; Platten aus Metall, Holz, Stein, Keramik; eine P. gießen, schmieden, polieren, bearbeiten; an der Stelle wurde eine P. *(Gedenktafel)* angebracht; auf der P. *(Grabplatte)* stand der Name des Dichters; etw. mit Platten verkleiden; den Topf von der P. *(Koch-, Herdplatte)* nehmen. 2. *Schallplatte:* eine P. mit Walzern; die P. ist zerkratzt, ist abgelaufen; eine P. auflegen, hören, umdrehen, laufen lassen, spielen. 3. a) *flacher Servierteller:* eine P. mit Käse, mit Rauchfleisch; sie belegte die P. mit Kuchen; b) *auf einem Servierteller angerichtete Speisen:* eine hübsch garnierte P.; sie half ihr beim Anrichten der Platten. 4. (ugs.) *Glatze:* er bekam frühzeitig eine P. 5. (Jargon) *Nachtlager:* sich eine P. einrichten; das Leben auf [der] P. *(als Nichtsesshafte[r]);* ∗ **gemischte/kalte Platte** (Kochk.; *kaltes Gericht mit Aufschnitt und Salaten*) · **eine neue/andere Platte auflegen** (ugs.; *von etwas anderem sprechen*) · **ständig dieselbe/die gleiche/die alte Platte laufen lassen** (ugs.; *immer dasselbe erzählen*) · **Platte machen** (Jargon; *[von Nichtsesshaften] auf der Straße nächtigen*) · **die Platte putzen** (ugs.; *sich [unbemerkt] entfernen*).

Platz, der: 1. a) *größere, ebene freie Fläche:* ein quadratischer, runder, länglicher, verkehrsreicher P.; an diesem P. hält die Linie 9; vor dem Schloss ist ein großer P.; die Stadt hat sehenswerte Plätze; alle Straßen münden auf diesen/ (auch:) diesem P.; auf diesem P. wurden politische Versammlungen abgehalten; er kam gerade über den P.; b) *Sportplatz, Spielfeld:* der P. ist nicht bespielbar, ist gesperrt; unser Tennisclub hat zwölf Plätze; die Mannschaft spielte heute auf dem eigenen P.; der Spieler musste vom P. getragen werden; der Schiedsrichter stellte den Spieler wegen eines Fouls vom P. *(ließ ihn wegen eines Fouls nicht mehr mitspielen).* 2. *Stelle, Ort:* ein windgeschützter P.; ein nettes, lauschiges Plätzchen; der P. ist hier sehr beengt; in solcher Lage ist sein P. bei der Familie *(muss er bei seiner Familie sein, um helfen zu können);* die wichtigsten Plätze für den Überseehandel sind Hamburg und Bremen; bei uns haben die Möbel ihren festen P.; die Bücher stehen nicht an ihrem P.; das beste Hotel am Platz[e] *(in diesem Ort);* sie weicht nicht von ihrem P.; auf die Plätze, fertig, los! (Sport; Startbefehl beim Laufen). 3. *Sitzplatz:* ein guter, schlechter, nummerierter P.; vierte Reihe, P. zwölf; ist hier noch ein P. frei?; einen P. belegen, einnehmen *(sich setzen),* für jmdn. freihalten; Plätze für eine Vorstellung bestellen, reservieren lassen, bezahlen; die Plätze wechseln, tauschen, räumen; seinen P. suchen, nicht finden können; sich einen P. sichern; jmdm.

einen P. anweisen, zuweisen; jmdm. seinen P. anbieten; auf seinen P. gehen; die Anwesenden erhoben sich von ihren Plätzen; er sprach vom P. aus; /Befehl an einen Hund, sich hinzulegen/: P.! 4. *Möglichkeit, an etw. teilzunehmen:* für die Fahrt, in diesem Kurs, in dem Kindergarten sind noch Plätze frei. 5. *Position, Rang:* seinen P. ausfüllen, behaupten, verlieren; den ersten P. einnehmen; er war der rechte Mann am rechten P.; er war nicht am richtigen P. *(er war nicht richtig eingesetzt);* er hat ihn von seinem P. verdrängt; sie belegte den zweiten P. (Sport; *wurde Zweite im sportlichen Wettkampf*), einen P. im Mittelfeld; sie erkämpfte sich, verteidigte, behauptete den ersten P.; er liegt, er kam auf P. vier. 6. *zur Verfügung stehender Raum:* im Wagen ist noch P.; für etw. P. schaffen; jmdm., für jmdn. P. machen *(jmdn. sitzen oder vorbeigehen lassen);* der Wagen bietet vier Personen bequem P.; ich habe keinen P. mehr für neue Bücher; ich werde schon P. dafür finden; dieser Schrank nimmt zu viel P. ein, nimmt mir den ganzen P. weg; /unhöfliche Aufforderung, beiseite zu gehen/: P. da!; ∗ **ein Platz an der Sonne** *(Glück und Erfolg im Leben)* · **Platz nehmen** (geh.; *sich setzen*) · **Platz behalten** (geh.; *sitzen bleiben, nicht aufstehen*): bitte, behalten Sie doch P.! · jmdm. **Platz machen** *(jmdm. seine Stellung überlassen)* · **in etw. (Dat.) keinen Platz haben** *(nicht in etw. hineinpassen):* diese Erklärung hat in seinem System keinen P. · **fehl am Platz[e] sein** (1. *an einen bestimmten Ort o. Ä. nicht passen:* bei dieser Veranstaltung war er fehl am P. 2. *nicht angebracht sein:* Milde ist hier fehl am P.) · **jmdn. auf die Plätze verweisen** (Sport; *jmdn. in einem Wettkampf besiegen*).

platzen: 1. *aufplatzen; explodieren:* die Granate, die Bombe, der Dampfkessel, das Rohr, der Schlauch, die Seifenblase, der Luftballon, der Autoreifen ist geplatzt; es platzt; ⟨jmdm. p.⟩ bei dem Lärm kann einem das Trommelfell p.; die Hose, eine Naht ist mir geplatzt; geplatzte Äderchen; ÜBERTR.: vor Wut, vor Neid, vor Stolz, vor Neugier p. (ugs.; *sehr wütend, neidisch, stolz, neugierig sein).* 2. (ugs.) *scheitern:* unser Urlaub wäre beinahe geplatzt; der Künstler ließ die Vorstellung p.; ihre Verlobung, das Unternehmen ist geplatzt; der Betrug platzte *(wurde aufgedeckt);* einen Wechsel p. lassen *(bei Fälligkeit nicht einlösen).*

platzieren: 1. ⟨jmdn., sich, etw. irgendwie/irgendwo[hin] p.⟩ *an einen bestimmten Platz setzen, stellen, bringen:* er platzierte den Besucher in einem Sessel; sie platzierte sich mitten aufs Sofa; an allen Ausgängen wurden Polizisten platziert; das Inserat war schlecht platziert. 2. (Ballspiele) ⟨etw. irgendwie/irgendwohin p.⟩ *gezielt schießen, schlagen, werfen:* die Bälle gut, genau, hervorragend p.; er platzierte den Elfmeter in die linke obere Torecke; ⟨häufig im 2. Part.⟩

ein platzierter Schuss, Wurf; er schießt unglaublich platziert.
3. (Sport) ⟨sich p.⟩ *einen vorderen Platz belegen:* sie konnte sich nicht p.; er hat sich in jedem Rennen [hervorragend] platziert; die Mannschaft platzierte sich immer unter den ersten fünf.
plaudern: a) ⟨[über etw. (Akk.)/von etw.] p.⟩ *in unterhaltendem Ton erzählen:* sie wusste lebhaft, unbefangen, lustig zu p.; er plauderte über verschiedene Themen, von seinem Urlaub; nachher plaudern wir noch ein wenig bei einem Glas Wein, über unsere Reise; ⟨mit jmdm. [über etw. (Akk.)/von etw.] p.⟩ mit einem Freund von alten Zeiten, mit dem Nachbarn p.; b) *ausplaudern:* ihm kann man nichts erzählen, er plaudert.
plausibel: keinen plausiblen Grund für etw. haben; eine plausible Erklärung; das ist, scheint mir ganz p.; was sie sagte, klang durchaus p.; jmdm. etw. p. machen.
pleite: ⟨in der Verbindung⟩ **pleite sein** (ugs.; 1. *finanziell ruiniert sein.* 2. scherzh.; *vorübergehend ohne Geld sein*).
Pleite, die (salopp): **1.** *Bankrott:* nach der P. machte er mit dem Geld seiner Frau ein neues Geschäft auf; das Unternehmen steht kurz vor der P. **2.** *Misserfolg, Reinfall:* das Fest war eine echte, große, völlige P.; das ist eine schöne P.!; hoffentlich gibt das keine P.; ✳ **Pleite machen/gehen** (ugs.; *zahlungsunfähig werden*): er hat mit seiner Firma P. gemacht.
plötzlich: ein plötzlicher Kälteeinbruch; ein plötzlicher Einfall; es kam für sie alles etwas p. *(zu schnell, unvermittelt);* p. fing es an zu regnen; jetzt behauptet sie p. das Gegenteil; er starb ganz p.; mach, dass du wegkommst, aber ein bisschen p.
plump: a) *klobig:* ein plumper Mensch; er hat einen plumpen Körper; plumpe Hände; die Karosserie hat eine plumpe Form; sie ist p. gebaut; b) *ungelenk, schwerfällig:* ein plumper Gang; plumpe Bewegungen; sich p. bewegen; c) (abwertend) *grob:* plumpe Vertraulichkeiten; ein plumper Trick, Betrug, Annäherungsversuch; eine plumpe Falle, Lüge, Fälschung, Anspielung; mit so plumpen Mitteln wirst du nichts erreichen; der Schwindel war viel zu p.; sich jmdm. p. nähern.
plumpsen (ugs.): a) *ein dumpfes, klatschendes Geräusch, erzeugen:* der Stein plumpste ordentlich, als er ins Wasser fiel; b) ⟨irgendwohin p.⟩: *mit einem Plumps fallen:* der Sack plumpste auf den Boden; er ließ sich in den Sand, ins Wasser p.
Plunder, der (ugs. abwertend): alter, wertloser P.; sie hebt allen P. auf.
plündern ⟨jmdn., etw. p.⟩: Häuser, Kirchen, ein Geschäft p.; die Soldaten hatten die Stadt geplündert; ÜBERTR.: den Weihnachtsbaum p. (scherzh.; *die aufgehängten Süßigkeiten abnehmen und essen*); wir haben die Speisekammer geplündert (scherzh.; *alles Essbare zusammenge-*

sucht und verzehrt); dafür habe ich mein Sparkonto geplündert (scherzh.; *alles Geld vom Sparkonto abgehoben*); ⟨auch ohne Akk.⟩ die Truppen haben nicht geplündert.
plus: **I.** ⟨Konj.⟩ *und:* drei p. vier gleich sieben; drei p. vier ist, macht, gibt sieben; Abweichungen von maximal p./minus 5% (ugs.; *von maximal 5% nach oben oder nach unten*); p./minus null. **II.** (Kaufmannsspr.) ⟨Präp. mit Gen.⟩ *zuzüglich:* das Kapital p. der ersparten Zinsen; sie verdient monatlich 4000 DM p. Spesen. **III.** ⟨Adverb⟩ a) *über dem Nullpunkt:* die Temperatur beträgt p. 5 Grad/5 Grad p., ist auf p. 5 Grad gestiegen. b) (Physik) *positiv:* der Strom fließt von p. nach minus.
Plus, das: **1.** *Mehrbetrag, Überschuss:* ein P. in der Kasse haben; er hat in diesem Jahr ein P. von 2000 DM gemacht; die Bilanz weist ein P. auf; im P. sein *(eine positive Bilanz o. Ä. haben).* **2.** *Vorteil, Vorzug:* ein großes P.; der Platzvorteil ist für unsere Mannschaft ein leichtes P.; dies muss für ihn als P. gebucht werden.
Pöbel, der (abwertend): der gemeine, entfesselte P.; der P. zog johlend durch die Straßen, erstürmte das Gefängnis; jmdn. der Wut des Pöbels ausliefern.
pochen (meist geh.): **1.** a) *klopfen:* an die Tür, an/gegen die Wand p.; b) *anklopfen:* leise, kräftig p.; er hatte schon einige Male gepocht; ⟨unpers.:⟩ es hatte gepocht; c) *schlagen, klopfen:* mein Herz pochte vor Angst; ⟨jmdm. irgendwo p.⟩ ihm pochte das Blut in den Schläfen. **2.** (geh.) ⟨auf etw. (Akk.) p.⟩ *bestehen:* auf sein Geld, auf sein Recht, auf seine Ansprüche p.; auf seine Beziehungen, auf seine Unschuld p. *(sich darauf berufen).*
poetisch: a) *die Dichtkunst betreffend:* ein poetisches Prinzip; poetische Metaphern; jmds. poetische Kraft; er hat eine poetische Ader (scherzh.; *hat die Veranlagung zum Dichter*); b) *dichterisch, stimmungsvoll:* eine poetische Sprache; ein poetischer Film; seine Ausdrucksweise ist mir zu p.; er kann sich p. ausdrücken.
Pointe, die: eine überraschende, geistreiche, amüsante, gute P.; wo bleibt, worin liegt denn die P.?; der Witz hat keine richtige P.; eine P. richtig bringen; die P. verderben, vorwegnehmen, verstehen.
Pol, der: **1.** *Nord-, Südpol:* die geographischen Pole; die beiden Pole der Erde, der Planeten; den P. überqueren; der Flug nach Japan führt über den P. **2.** *Magnetpol:* der positive, negative P.; gleiche Pole stoßen sich ab, ungleiche ziehen sich an; ÜBERTR.: Lebensfreude und Tod sind die beiden Pole *(in Wechselwirkung stehenden Größen)* des Barock. **3.** (Elektrotechnik) *Anschlusspunkt bei Stromquellen:* die Pole einer Batterie; einen Draht am positiven P. anschließen.

4. (Math.) *Punkt mit besonderer Bedeutung:* der P. einer Kugel; * **der ruhende Pol** *(jmd., von dem Ruhe ausgeht, der die Übersicht behält):* sie ist der ruhende P. in der Familie.

polar: 1. *die Pole betreffend:* die polare Fauna; polare Kaltluft; eine polare Kälte; (Meteor.:) Luftmassen polaren Ursprungs. **2.** *gegensätzlich; nicht vereinbar:* polare Denksysteme; polare Gegensätze; ihre Ansichten sind p. entgegengesetzt.

Polemik, die: endlose, scharfe, heftige, feindselige Polemiken; eine P. austragen, führen; seine P. [gegen jmdn., etw.] einstellen.

polemisieren ⟨[gegen jmdn., etw.] p.⟩: scharf, heftig p.; in der Presse gegen die geplanten Änderungen, gegen den Minister p.

polieren: ⟨etw. irgendwie p.⟩ etw. fein, auf Hochglanz p.; Metall, das Auto, einen Tisch, seine Brille p.; ⟨jmdm., sich etw. p.⟩ sich die Fingernägel p.; polierte Möbel, Steine; ÜBERTR.: einen Aufsatz noch etwas p. (ugs.; *stilistisch überarbeiten*).

Politik, die: **1.** die innere, äußere, auswärtige, internationale P.; eine kluge, geschickte, erfolgreiche, verfehlte, gescheiterte, gefährliche, falsche, weitsichtige P.; eine demokratische, friedliche P.; die deutsche, amerikanische P.; die P. des Kremls, der Bundesregierung; eine P. der Stärke, der Entspannung, des Ausgleichs, des europäischen Gleichgewichts; eine Politik der kleinen Schritte *(der Teilerfolge);* aktive P. betreiben; eine neue P. einschlagen, verfolgen, unterstützen; sich aus der P. zurückziehen; sich für P. interessieren; sich in die P. eines anderen Staates einmischen; in die P. gehen *(im politischen Bereich tätig werden);* in der P. tätig sein; von P. nichts wissen wollen; Ⓡ P. ist ein schmutziges Geschäft; [die] P. verdirbt den Charakter. **2.** *zielgerichtetes Vorgehen:* es ist ihre P., nach allen Seiten gute Beziehungen zu unterhalten; was er tut, ist doch alles nur P.; er treibt eine hinterlistige P. der Bestechung.

politisch: politische Bücher, Nachrichten; politische Prozesse, Verbrechen, Parteien, Größen; jmds. politische Gesinnung, Überzeugung, Schulung; politische Erziehung, Geographie, Geschichte; die politische Lage; nach Ansicht der politischen Beobachter; im politischen Leben stehen *(aktiv in der Politik tätig sein);* die politischen Hintergründe, Grundlagen; ein politischer Häftling, Gefangener *(eine aus politischen Gründen gefangen gehaltene Person);* er spielt eine p. überragende Rolle; die politischen Wissenschaften; folgenschwere politische Fehler; eine politische *(die Staatsgrenze angebende)* Karte von Europa; p. tätig, erfahren, geschult, interessiert, zuverlässig sein; seine Rede war rein p. *(verfolgte nur politische Zwecke);* diese Entscheidung war politisch unklug; p. handeln; sich p. betätigen;

jmdn. p. unterstützen, kaltstellen; die Darstellung soll p. korrekt sein *(der Political Correctness entsprechen);* SUBST.: er ist ein Politischer (ugs.; *politischer Häftling*).

Polizei, die: die bundesdeutsche, spanische P.; eine gute, umsichtige, schlechte P.; die politische P. *(Geheimpolizei);* die P. regelt den Verkehr, schreitet ein, greift ein, geht gegen die Demonstranten [mit Schlagstöcken] vor, setzt Wasserwerfer ein; die P. hebt einen Gangsterring aus, beschlagnahmt die Waffen, fahndet nach dem Täter, nimmt den Täter fest; die Polizei hat mehrere Personen verhaftet, verhört; die P. untersucht die Brandstelle, trifft an der Unfallstelle ein; die P. rufen, verständigen, holen; die P. gegen jmdn. einsetzen; (ugs.:) jmdm. die P. auf den Hals hetzen, schicken; sich der P. stellen; Beamte der Polizeien aller Bundesländer; ein Trupp berittener P.; sich bei der P. melden; bei der P. *(Polizist[in])* sein; Ärger mit der P. haben; sich von der P. abführen lassen; zur P. *(zu einer Dienststelle der Polizei)* gehen; Ⓡ die P., dein Freund und Helfer.

polizeilich: polizeiliche Vorschriften, Ermittlungen; polizeiliches Vorgehen, Einschreiten; das polizeiliche Kennzeichen eines Fahrzeugs; ein polizeiliches Führungszeugnis; jmdn. in polizeilichen Gewahrsam überführen; unter polizeilicher Überwachung, Bewachung, Aufsicht, Kontrolle stehen; die polizeiliche Meldepflicht; ein p. überführter Täter; etw. ist p. verboten; die Straße ist p. gesperrt; sich p. *(bei der Polizei)* anmelden, abmelden.

Polizist, der: ein berittener P.; der P. regelt den Verkehr; die Polizisten gingen [mit Schlagstöcken, mit Tränengas] gegen die Demonstranten vor; einen Polizisten nach dem Weg fragen.

Polster, das: ein weiches, hartes, tiefes P.; die P. der Stühle sind beschädigt; die Bezüge der P. erneuern; sich in das P. zurücklehnen, zurückfallen lassen; BILDL.: sie hat ein paar Pölsterchen (ugs.; *Fettpölsterchen*) zu viel; ÜBERTR.: sie besitzt ein ausreichendes finanzielles P. *(hat finanzielle Reserven).*

polstern ⟨etw. [mit etw./irgendwie] p.⟩: einen Sessel gut, weich p.; etw. mit Seegras, mit Rosshaar, mit Schaumgummi, mit Watte p.; die Sitze des Wagens sind, die Tür zum Zimmer des Direktors ist gepolstert; gepolsterte *(mit Watte o. Ä. vergrößerte)* Schultern; BILDL.: sie ist gut gepolstert (ugs. scherzh.; *ziemlich dick*); ÜBERTR.: für ein solches Geschäft muss man gut gepolstert sein (ugs. scherzh.; *viel Geld [als Reserve] haben*).

poltern ⟨etw. [mit etw./irgendwie] p.⟩: **1. a)** *dumpf lärmen:* draußen poltert es; die Familie über uns poltert den ganzen Tag; ein polternder Lärm; die Tür fiel polternd zu; **b)** ⟨von etw./irgendwo[hin] p.⟩ *sich geräuschvoll fortbewegen:* seine Schritte polterten durch die Räume; er kam ins Zimmer gepoltert; die Steine poltern vom Wagen, auf den Boden; der Karren polterte über die Pflaster.

2. a)⟨etw. p.⟩ *laut äußern:* »Hinaus!« polterte er; **b)***laut scheltend sprechen:* der Großvater poltert gern; eine polternde Polemik.
3.(ugs.) *Polterabend feiern:* heute Abend wird bei uns gepoltert.

pompös: eine pompöse Villa; ein pompöser Rahmen; pompöse Feierlichkeiten; sich mit einem pompösen Titel schmücken; die Ausstattung des Films ist sehr p.; p. wohnen.

Pontius: ⟨in der Wendung⟩ **von Pontius zu Pilatus laufen** (ugs.; *wegen eines Anliegens von einer Stelle zur anderen gehen, geschickt werden*).

populär: **1.***bei vielen beliebt, weithin bekannt:* ein populärer Politiker, Sportler, Künstler; ein populärer Schlager; der Minister ist im Volk nicht p.; die Fernsehserie machte den Schauspieler sehr p.; sie wurde gleich durch ihren ersten Film p. **2.***gemeinverständlich:* eine populäre Darstellung, Schreibweise; sich p. ausdrücken; p. reden, schreiben. **3.***bei der Masse Anklang findend:* populäre Maßnahmen; der Plan der Regierung ist nicht p.; der Minister hat nicht p. gehandelt.

Popularität, die: große, geringe, ungeheure P.; ihre P. steigt; große, keine, wenig P. genießen, gewinnen; seine P. als Politiker verlieren, einbüßen, verscherzen; der Künstler erfreute sich großer P.; nach P. streben.

Portemonnaie, Portmonee, das: ein ledernes P.; das P. einstecken, herausziehen, öffnen, verlieren; er hat kein Geld im P.;
∗ **ein dickes Portemonnaie/Portmonee haben** (ugs.; *über viel Geld verfügen*).

Portion, die: eine kleine, große, ausreichende P.; eine P. Kartoffeln, Schlagsahne, Eis; für das Kind genügt eine halbe P.; die Portionen in der Kantine sind sehr klein; er isst zwei Portionen, die doppelte P.; das Essen in Portionen ausgeben; ÜBERTR.: dazu gehört eine [große, ziemliche] P. (ugs.; *eine gehörige Menge*) Geduld, Humor, Glück, Mut, Frechheit;
∗ **eine halbe Portion** (ugs. spött.; *schmächtiger Mensch*).

Porto, das: das P. für den Brief beträgt drei Mark; wie hoch ist das P. für einen Eilbrief?; die Karte kostet 1 Mark P.; [das] P. zahlt [der] Empfänger; das P. nachzahlen, entrichten, einkassieren; die Kosten einschließlich Verpackung und P. betragen ...

Porzellan, das: **a)**P. brennen, bemalen; Geschirr, eine Schale aus P.; sie ist wie aus/von P. *(sie ist sehr zart);* **b)***Porzellangeschirr:* gutes, feines, dünnes, chinesisches, altes, wertvolles, kostbares P.; altes Meißner Porzellan; P. zerbrechen, zerschlagen; P. sammeln;
∗ **Porzellan zerschlagen** (ugs.; *durch plumpes, ungeschicktes Reden oder Handeln Unheil anrichten*).

Pose, die: eine theatralische, aufreizende, elegante P.; die P. des Schauspielers; bei ihm ist alles P.;

eine P. annehmen; sie stand in einer anmutigen P. vor dem Publikum; er gefällt sich in der P. des strahlenden Siegers.

Position, die: **1. a)***Posten:* eine hohe, bevorzugte, gehobene, gute, günstige, einträgliche, gesicherte, schlechte, niedrige P.; eine führende, verantwortliche P.; die gesellschaftliche, berufliche, politische P.; die P. des Ministers ist gefährdet, infrage gestellt, geschwächt; eine starke P. gegenüber jmdm. haben; eine P. [neu] besetzen; jmds. soziale P.; seine P. im Betrieb hat sich verschlechtert; (Dat.) eine P. schaffen, erarbeiten; jmdm. eine zentrale P. einräumen; seine P. halten, festigen, wahren; jmds. P. erschüttern; die P. räumen, verlieren, aufgeben müssen; ein Mann in gesicherter P.; in eine P. kommen, gelangen; **b)***Situation:* er ist, befindet sich ihr gegenüber in einer guten, starken, schwachen, kläglichen P.; **c)***Standpunkt:* die gegenwärtige politische P. eines Staates; in einer Angelegenheit eine bestimmte P. einnehmen; eine neue P. beziehen. **2. a)***Standort, Lage:* die P. eines Schiffes, Flugzeuges; eine vorgesehene P. erreichen; die P. ermitteln, bestimmen, durchgeben; **b)***bestimmte (räumliche) Lage, Stellung:* das Land hat eine strategisch wichtige P.; die verschiedenen Positionen beim Koitus; einen Hebel in eine andere P. bringen; in/auf P. gehen *(die festgelegte, die richtige kampfbereite Stellung einnehmen);* **c)**(Sport) *Platz, Rang:* seine P. behaupten, verteidigen; sie sicherte sich eine gute P. für den Endspurt; 100 Meter vor dem Ziel liegt sie an, in zweiter P.; er kämpfte in aussichtsloser P. weiter. **3.**(Wirtsch.) *Einzelposten:* die einzelnen Positionen des Haushaltsplans, einer Bestellung wurden durchgesprochen, überprüft, gekürzt; einige Positionen streichen.

positiv: **1.***zustimmend, bejahend:* ein positiver Bescheid; positive Reaktionen; eine positive Haltung, Einstellung gegenüber etw. haben; die Antwort, das Gutachten, die Kritik war p.; jmdm., etw. p. gegenüberstehen; sich p. zu etw. stellen; er steht p. zur neuen Regierung. **2.***vorteilhaft, gut:* die Wirtschaft zeigt eine positive Entwicklung; ein positiver (brauchbarer) Vorschlag; die Aussichten, die Chancen sind p.; sich p. auswirken; das Ergebnis kann als p. gewertet werden; die Verhandlungen wurden zu einem positiven Abschluss geführt; etw. p. bewerten, darstellen. **3.**(Med.) *einen Krankheitsverdacht bestätigend:* ein positives Testergebnis; ein positiver Befund; die Untersuchung verlief p.; positiv (Jargon; *HIV-positiv*) sein. **4.**(bildungsspr.) *wirklich, konkret gegeben:* positive Kenntnisse, Ergebnisse; positives Recht (Rechtsw.; *gesetztes Recht [im Unterschied zum Naturrecht]*). **5. a)**(Math.) *größer als null:* eine positive Zahl;

b)(Physik) *nicht negativ:* eine positive Ladung, Elektrizität; der positive Pol, Anschluss.

Positur, die (meist leicht spött.): eine P. beibehalten; in lässiger P.;

∗ **sich in Positur werfen/stellen/setzen** *(eine betont würdevolle Haltung einnehmen):* er warf sich vor der Kamera in P.; der Richter setzte sich in P.

Post, die: 1.die bundesdeutsche P.; er arbeitet bei der P., ist bei der P. angestellt; etw. mit der/durch die/per P. befördern, schicken; ein Mann von der P.
2.*Postsendung:* die erste, letzte, eingegangene P.; ist P. für mich da?; heute kommt keine P. mehr, kommt die P. aber spät; die P. geht heute noch ab; die P. aufgeben, befördern, austragen, zustellen, abholen, in Empfang nehmen; sie bekommt immer viel P.; ich warte noch auf die P. *(auf die Zustellung der Postsendungen);* ich schicke dir das Buch per P. zurück; Ⓡ ab [geht] die P. (ugs.; *auf gehts, es geht sofort los).*
3.*Postamt:* die P. ist offen, geschlossen, wird um 8 Uhr geöffnet; auf die, zur P. gehen; etw. auf die P. tragen, auf der P. aufgeben; etw. bei der P. einzahlen, von der P. holen, zur P. bringen;

∗ **elektronische Post** *(das Medium E-Mail)* · **mit gleicher Post** *(zugleich aufgegeben, aber als separate Sendung).*

Posten, der: 1.*berufliche Stellung; Amt:* ein guter, gut bezahlter, einträglicher P.; ein P. in der Partei, Gewerkschaft; einen P. ausschreiben, zu vergeben haben; einen P. suchen, finden, bekommen, (ugs.:) ergattern, aufgeben, verlieren; er hat bei der Firma den P. eines Direktors (hochsprachlich nicht korrekt: den P. als Direktor); sich auf einem P. bewähren; sich um einen ausgeschriebenen P. bewerben; von einem P. zurücktreten.
2.(Kaufmannsspr.) a)*einzelner Betrag einer Rechnung:* einzelne P. stehen noch aus; die verschiedenen P. prüfen, zusammenrechnen, addieren; b)*Partie:* einen größeren P. Strümpfe bestellen; wir haben noch einen ganzen P. auf Lager, abzugeben.
3.(bes. Milit.) a)*Wache:* ein einfacher, vorgeschobener P.; seinen P. aufgeben, verlassen; P. beziehen; auf P. stehen, ziehen; auf seinen P. aushalten, bleiben; b)*jmd., der Wache hat:* der P. am Tor; P. aufstellen, ausstellen; die P. ablösen, wechseln, abziehen, einziehen, verdoppeln, verstärken;

∗ **Posten stehen**/(Soldatenspr.:) **schieben** *(als Wache Dienst tun)* · **auf verlorenem Posten stehen/kämpfen** *(einen aussichtslosen Kampf führen)* · **auf dem Posten sein** (ugs.; 1. *körperlich in guter Verfassung sein:* na, bist du wieder auf dem P.? 2. *wachsam, gewieft sein).*

postieren: etw.⟨jmdn., sich irgendwo[hin] p.⟩: *[als Posten] aufstellen:* an jedem Eingang/an jeden Eingang einen Ordner p.; an den Kreuzungen sind Polizisten postiert; b)(seltener) ⟨etw. irgendwo[hin] p.⟩ *an eine bestimmte Stelle stellen,*

dort aufbauen, errichten: er postierte den Leuchter auf dem/auf den runden Tisch.

potent: 1.*(vom Mann) zeugungsfähig:* bis ins hohe Alter p. bleiben, sein.
2. a)(bildungsspr.) *einflussreich:* eine potente Interessengruppe, Lobby; b)*vermögend:* potente Geldgeber, Kunden, Geschäftspartner, Firmen, Sponsoren.

Potenzial, Potential, das (bildungsspr.): das wirtschaftliche, militärische P. eines Landes; das P. an Energie ist erschöpft; sein ganzes P. entfalten; beim Spiel wurde klar, welches P. in der Mannschaft steckt.

Pracht, die: die unvergleichliche P. der Barockkirchen; die vergangene P. wirkt heute nicht mehr; die P. des Saales ist überwältigend; der König entfaltete an seinem Hof eine unvergleichliche P.; die Obstbäume standen in voller P. *(in voller Blüte);* sie zeigte/präsentierte sich in voller P.; ein Schloss von einmaliger P.; die Räume waren nur kalte P.;

∗ **eine wahre Pracht sein** (ugs.; *geradezu großartig, unglaublich sein)* · **dass es nur so eine/dass es eine wahre Pracht ist** (ugs.; *dass man nur staunen, es bewundern kann):* er wedelt den Berg hinunter, dass es nur so eine P. ist.

prächtig: 1.*prunkvoll:* prächtige Kleider; eine prächtige Wagenauffahrt; die Ausstattung war p. anzusehen; p. ausgestattete, erleuchtete Räume.
2.*großartig:* ein prächtiger Mensch; prächtiges Wetter; Berlin ist eine prächtige Stadt; seine Leistung war p.; die beiden verstehen sich p.; du hast dich p. gehalten.

prägen: 1.⟨etw. p.⟩ *[zu etw.] pressen:* Münzen p.; Silber, Kupfer [zu Münzen] p.; er ließ das Staatswappen auf/in die Münzen p.; schlecht, klar, scharf geprägte Münzen; geprägtes Leder; ÜBERTR.: dieses Bild hat sich tief ins Gedächtnis geprägt (geh.; *blieb ihm unvergesslich, machte tiefen Eindruck auf ihn).*
2.⟨jmdn., etw. p.⟩ *das Gepräge verleihen:* die Landschaft prägt den Menschen; viele Kirchen prägen das Stadtbild; von einer Epoche geprägt sein.
3.⟨etw. p.⟩ *erstmals formulieren, anwenden:* ein Schlagwort, Begriffe, neue Wörter p.; das Wort »Kommunismus« wurde um 1830 in Paris geprägt.

prägnant: eine prägnante Antwort; etw. mit prägnanter Kürze sagen; seine Formulierungen sind p.; sich p. ausdrücken.

Prägung, die: 1.*geprägtes Bild:* eine saubere, deutliche, künstlerische P.; die P. auf der Münze ist zu flach.
2.*[Eigen]art:* durch jmdn., etw. seine P. erhalten; ein Parlamentarismus westlicher P.; eine Persönlichkeit von eigener, starker P.

prahlen: gerne p.; hör bloß auf zu p.!; mit seinen Kenntnissen, mit seinen Erfolgen p.;

praktisch: I.⟨Adj.⟩ 1.*auf die Praxis bezogen:* praktische Erfahrungen, Ergebnisse; die praktische Durchführung; das hat keinen praktischen Nutzen; im praktischen Leben; ein praktisches Jahr *(einjähriges Praktikum);* praktischer Unterricht; eine Erfindung p. erproben; p. experimentieren, arbeiten, tätig sein. **2.** *zweckmäßig:* eine praktische Erfindung, Einrichtung; der Eierkocher ist wirklich sehr p.; p. eingerichtet sein; SUBST.: etwas Praktisches schenken. **3.** *geschickt; für die Praxis begabt:* ein praktischer Mensch; er hat einen praktischen Verstand; ihr Mann ist in allen Dingen sehr p.; p. denken; sie ist p. veranlagt. **4.** *tatsächlich, wirklich:* praktische Probleme, Schwierigkeiten, Erfolge; die praktische Seite eines Problems; p. heißt das, dass ... **II.** ⟨Adverb⟩ (ugs.) *fast, so gut wie:* sie macht p. alles; der Apparat ist p. neu.

prall: 1. *straff, fest:* pralle Schenkel, Muskeln, Arme, Brüste; pralle Tomaten, Kirschen; ein praller Sack, Luftballon; das pralle Leben; die Brieftasche war p. gefüllt; der Raum war p. gefüllt mit Menschen. **2.** *(von Licht) direkt, ungehindert scheinend:* das pralle Licht; in, an der prallen Sonne verblassen die Farben.

Prämie, die: 1. *Belohnung, Sondervergütung:* eine staatliche P.; eine P. für besondere Leistungen; lohnende Prämien bei Sparverträgen; eine P. für jedes erlegte Tier, auf das Fell aussetzen; eine stattliche P. gewähren, bewilligen, verlangen, erhalten, bekommen; die Mannschaft forderte, kassierte für den Sieg höhere Prämien. **2.** *ausgeloster Geldbetrag:* folgende Prämien werden ausgeschüttet; zusätzliche Prämien im Lotto aus-, verlosen. **3.** *Versicherungsgebühr:* die P. für die Kfz-Versicherung ist [am 1. des Monats] fällig, wurde erhöht; die P. festsetzen.

prämieren, prämiieren ⟨jmdn., etw. p.⟩: einen Künstler, einen Film p.; sein Entwurf wurde mit 1 000 DM prämiert.

Pranger, der (früher): der Dieb wurde an den P. gestellt;

★ jmdn., etw. **an den Pranger stellen** *(öffentlich anprangern)* · **am Pranger stehen; an den Pranger kommen** *(öffentlich angeprangert werden).*

präparieren: 1. ⟨etw. p.⟩ a) *haltbar machen:* einen Vogel, eine Pflanze, einen Leichnam p.; b) (Biol., Med.) *zerlegen:* Muskeln p. **2.** (bildungsspr.) ⟨etw. p.⟩ *bearbeiten:* eine Steinfläche mit Säure p.; die Spielfeld, die Skipiste p.

Präsent, das (geh.): ein wertvolles P.; ein P. seiner Hausbank; ein P. für dich, für deine Hilfe; jmdm. ein P. machen, überreichen.

präsentieren: 1. (bildungsspr.) ⟨etw. p.⟩ a) *anbieten, überreichen:* Speisen appetitlich p.; ⟨jmdm. etw. p.⟩ darf ich Ihnen mein neues Buch p.?; sie präsentierte mir ein Glas Wein; b) *vorlegen:* ei-

nen Wechsel p.; ⟨jmdm. etw. p.⟩ ich werde ihm eine gesalzene Rechnung p.; ÜBERTR.: die Rechnung wird ihm schon noch präsentiert werden *(dafür wird er büßen müssen).* **2.** a) ⟨[jmdm.] jmdn., sich p.; mit Umstandsangabe⟩ *vorstellen:* auf der Messe präsentieren sich Aussteller aus ganz Europa; sich im Internet, auf einer Homepage p.; er präsentierte sich in seiner vollen Größe, in einer neuen Rolle, in einem neuen Outfit, mit einer neuen Partnerin; sie präsentierte sich bestens informiert, als talentierte Entertainerin; er präsentierte sie als seine Ehefrau; er präsentierte sich uns als [ein] gewiefter Taktiker; sie präsentieren sich ihren Fans mit einer neuen Bühnenshow; er präsentierte sie uns als seine neue Freundin; b) ⟨[jmdm.] jmdn., sich, etw. jmdm. p.⟩ *bekannt machen:* der Öffentlichkeit wurde ein neues Produkt präsentiert; die Band präsentierte ihre neuesten Hits; konkrete Vorschläge, Ergebnisse, Fakten p.; die Firma präsentiert ein neues Modell. **3.** (Milit.) ⟨[etw.] p.⟩ *das Gewehr im Präsentiergriff halten:* der Posten, die Ehrenkompanie präsentierte; /militärisches Kommando/: präsentiert das Gewehr!

Präsentierteller, der: ⟨in der Verbindung⟩ **auf dem Präsentierteller sitzen** (ugs.: *auf einem Platz sitzen, an dem man von allen gesehen wird).*

prasseln: 1. *ein prasselndes Geräusch erzeugen:* die Holzscheite prasselten; im Ofen prasselte ein munteres Feuer. **2.** ⟨irgendwohin p.⟩ *trommeln:* der Regen prasselt auf das Dach; der Hagel prasselte gegen, an die Fenster; BILDL.: Fragen, Vorwürfe prasselten auf den Redner; prasselnder Beifall.

Praxis, die: 1. a) *Tätigkeitsbereich eines Arztes, Anwalts o. Ä.:* eine große, gut gehende P. haben; seine P. geht schlecht; eine P. aufmachen, übernehmen, aufgeben; b) *Arbeitsräume eines Arztes, Anwalts o. Ä.:* die P. säubern, renovieren, verkaufen; sie hat die P. bereits verlassen; zum Arzt in die P. kommen. **2.** a) *berufliche Erfahrung:* sie hat mehrere Jahre P. in ihrem Beruf; in langjähriger P. Erfahrungen sammeln; das lernt man erst durch die P.; b) *tätige Auseinandersetzung mit der Wirklichkeit:* die übliche P.; die P. sieht anders aus; so wird die P. zeigen, lehren; er ist ein Mann der P. *(ein praktisch veranlagter, erfahrener Mann);* etw. in die P. umsetzen; das hat sich in der P. nicht bewährt; in der P. sieht das anders aus; das stimmt mit der P. überein; der Gegensatz zwischen Theorie und P.

präzis (österr. nur so), **präzise** *die präzise Antwort, Auskunft;* sie hat ganz präzise Vorstellungen, Wünsche; die Angabe war nicht p. genug; es p. ausdrücken, sagen.

predigen: 1. a) *eine Predigt halten:* p. packend, eindringlich, schlecht, langweilig p.; der Pfarrer predigt vor einer großen Gemeinde, über einen Vers aus dem Johannesevangelium; gegen Hass p.; wer predigt heute?; **b)** ⟨etw. p.⟩ *verkündigen:* das Evangelium, das Wort Gottes p. **2.** (ugs.) ⟨etw. p.⟩ *zu etw. mahnen:* Liebe, Toleranz, Mut und Entschlossenheit p.; ⟨jmdm. etw. p.⟩ wie oft habe ich euch das schon gepredigt!; sie predigte ihm, sich warm genug anzuziehen.

Predigt, die: eine besinnliche, erbauliche, gehaltvolle, packende, zu Herzen gehende, langweilige, trockene P.; eine P. über Toleranz; eine P. ausarbeiten, halten, hören; ÜBERTR.: deine P. (ugs.; *Ermahnungen*) kannst du dir sparen; seine ewigen Predigten (ugs.; *Vorhaltungen*) gehen mir auf die Nerven.

Preis, der: **1.** *Geldwert:* hohe, niedrige, stabile, feste, ortsübliche, günstige, stark reduzierte, überhöhte, (ugs.:) saftige, (ugs.:) gepfefferte, horrende, unverschämte, unerhörte, zivile *(niedrige)* Preise; die landwirtschaftlichen Preise; der P. einer Ware/für eine Ware; der P. der Ware ist angemessen; das ist ein stolzer P. *(ist recht teuer);* die Preise steigen, ziehen an, schlagen auf, klettern, schnellen in die Höhe, schwanken, sinken, stürzen, fallen, (ugs.:) purzeln, geben nach, erhöhen sich; der P. hat sich bei circa 150 DM eingependelt; der P. für dieses Modell beträgt 100 DM; einen zu hohen P. nennen, fordern, verlangen, nehmen; einen hohen P. haben; die Preise auszeichnen *(die Artikel mit Preisschildchen versehen),* verderben, einfrieren; sie hat bei dem Geschäft einen schönen P. erzielt; er kann nicht den vollen P. bezahlen; ich zahle dafür jeden P.; die Preise erhöhen, hochtreiben, in die Höhe treiben, halten, ändern, drücken, senken, herabsetzen, niedrig halten, unterbieten; den P. vorschreiben, gestalten, bestimmen, festsetzen; er hat ihm einen guten P. gemacht *(von ihm weniger verlangt);* er konnte den P. auf 5000 Euro herabdrücken, herunterhandeln; sie achtet, sieht beim Einkaufen nie auf den P.; etw. sinkt, steigt im P., geht im P. zurück; der Händler geht mit dem P. herunter; nach dem P. fragen; über einen P. verhandeln; etw. um jeden P., unter[m] P. verkaufen, (ugs.:) losschlagen; Rabatt, Prozente, eine Ermäßigung vom P. abziehen; zu jedem Preis, zum halben P., zu höchsten Preisen kaufen; sie hat das Auto zu einem günstigen P. erstanden; ÜBERTR.: um den P. seines eigenen Lebens hat er ihn gerettet; Freiheit hat ihren P. *(verlangt Opfer);* ⟨R⟩ wie der P., so die Ware. **2.** *Siegespreis:* ein wertvoller P.; der erste, zweite P.; als P. sind in dem Rennen 5000 Euro ausgesetzt; einen P. im Weitwerfen bekommen; einen P. stiften, ausschreiben, vergeben; jmdm. den P. zuerkennen, zusprechen, geben; die Preise überreichen; der Dichter erhielt für sein jüngstes Stück den P. der Stadt Bremen; jmdn., etw. mit einem P. auszeichnen; jmdn. mit einem P. ehren; sich um einen P. bewerben; das Rennen um den Großen P. von Frankreich.

3. (geh.) *Lob:* P. und Dank!; Gott dem Herrn Lob und P. singen; ∗ **hoch/gut im Preis stehen** *(beim Verkauf hohen Gewinn bringen)* · **um keinen Preis** *(auf keinen Fall)* · **um jeden Preis** *(unbedingt).*

preisen (geh.): *rühmen, loben* ⟨jmdn., etw. p.⟩ Gott p.; ⟨jmdm. jmdn., etw. p.⟩ frische Luft und viel Bewegung wurden ihr als Allheilmittel gepriesen; ⟨jmdn., etw. als jmdn., etw. p.; sich als jmd./(seltener:) jmdn. p.⟩ er pries sich als [ein] guter/(seltener:) [einen] guten Lehrer; man pries ihn als den besten Kenner auf diesem Gebiet; die Kritik pries das Buch als besten Roman seit langem; ∗ **jmdn., sich glücklich preisen** *(jmdn., sich glücklich nennen).*

preisgeben: 1. ⟨jmdn., sich, etw. jmdm./etw. p.⟩ *ausliefern:* die Bevölkerung dem Elend p.; er wurde dem Gelächter der Menge, der Lächerlichkeit preisgegeben; die Bauten waren der Zerstörung preisgegeben; sich der Kälte p.; (auch ohne Dat.) er gab seine Gefährten ohne Skrupel preis. **2.** ⟨etw. p.⟩ **a)** *aufgeben:* seine Ideale, seine Grundsätze, seine Selbstständigkeit p.; was sie einmal hat, gibt sie nicht mehr freiwillig preis; **b)** *verraten:* ein Geheimnis, einen Plan, seine wahre Funktion p.; ⟨jmdm. etw. p.⟩ er gab der Polizei die Namen seiner Komplizen preis.

prekär: eine prekäre [finanzielle] Situation, Finanzlage; die wirtschaftlichen Verhältnisse sind recht p., werden [für uns] immer prekärer.

prellen: 1. ⟨sich, etw. p.⟩ *heftig stoßen, verletzen:* sich an der Schulter p.; bei dem Unfall wurde sein Arm geprellt; ⟨sich (Dat.) etw. p.⟩ ich habe mir den Fuß geprellt. **2.** (ugs.) **a)** ⟨jmdn. p.⟩ *übervorteilen:* Käufer, Kunden p.; er hat seine Freunde tüchtig geprellt; ⟨jmdn. um etw. p.⟩ *betrügen:* jmdn. um den Lohn, um den Erfolg, um sein Recht p.

Presse, die: **1. a)** *Gesamtheit der Zeitungen und Zeitschriften:* die einheimische, inländische, ausländische P.; die unabhängige, parteigebundene, linke P.; die P. berichtete ausführlich über den Vorfall, griff den Fall auf; die französische P. meldet, dass ...; die P. *(Pressevertreter)* einladen; der P. *(Pressevertretung)* eine Information zuspielen, eine offizielle Erklärung übergeben; etw. der P. mitteilen; die Freiheit der P. verteidigen; im Spiegel der P.; ihr Name wurde in der P. oft genannt; es stand in der P.; sie ist von der P. *(sie ist Journalistin);* **b)** *Pressekritik:* eine gute, schlechte P. haben, bekommen, erfahren; die Aufführung hatte eine freundliche P. **2.** *Maschine, Gerät, das etw. durch Pressen herstellt:* die hydraulische, elektrische P.; eine P. für Karosserien; etw. durch die P. laufen lassen; Beeren, Trauben in die/mit der P. zu Saft verarbeiten. **3.** (ugs. abwertend) *Privatschule:* er ist durchgefallen und geht jetzt in eine P.

pressen: 1.⟨etw. p.⟩ a) *[mit hohem Druck] zusammendrücken:* Pflanzen, Blumen [in einem Buch] p.; Papier p.; b) *durch [Zusammen]drücken herstellen, gewinnen:* Wein, Most p.; Schallplatten, Plastikartikel p.; in dieser Halle werden die Karosserien gepresst; c) *ausdrücken:* Früchte, Obst p.; d) ⟨etw. aus etw. p.⟩ *herauspressen:* den Saft aus der Zitrone p.; frisch gepresster Orangensaft. 2.⟨jmdn., sich, etw. irgendwohin p.⟩ *drücken:* Gemüse durch ein Sieb p.; ich presste mich an die Hauswand, um nicht gesehen zu werden; er presste sie beim Tanzen eng an sich; den Körper, sich an den Boden p.; ⟨jmdm. etw. irgendwohin p.⟩ jmdm. die Hand auf den Mund p.; ÜBERTR.: etw. in ein System p.; ein gepresstes *(mühsam hervorgebrachtes)* Stöhnen; ... fragte er gepresst, mit gepresster Stimme. 3.⟨jmdn. zu etw. p.⟩ *zwingen:* die Zivilisten werden zum Kriegsdienst gepresst.

prickeln: a) *jucken, kitzeln:* seine Hände prickelten; er bürstete sich, bis seine Haut prickelte; ⟨jmdm. p.⟩ die Hand prickelte ihm; ⟨es prickelt jmdm. irgendwo⟩ es prickelte ihr in den Fingerspitzen; ein prickelndes Gefühl; SUBST.: etwas Prickelndes für den Gaumen; ÜBERTR.: eine prickelnde Spannung, Atmosphäre; der prickelnde *(erregende)* Reiz der Neuheit; b) *ein prickelndes Gefühl erzeugen:* die Kohlensäure prickelt [in der Nase]; der eisige Wind prickelte auf ihrer Haut; ⟨jmdm. irgendwo p.⟩ der Sekt prickelte ihm auf der Zunge; SUBST.: das leichte Prickeln des Weines.

prima (ugs.): ein p. Essen; er ist ein p. Kerl, Kamerad; das ist eine p. Ware, Qualität; der Wein ist p.; unser Lehrer ist wirklich p.; das schmeckt p.; mir geht es p.!

primär: die primäre Ursache; das primäre Stadium einer Krankheit; diese Frage ist nicht p.; etw. ist von primärer Bedeutung, spielt eine primäre Rolle; er denkt p. an seine eigenen Interessen; es kommt p. darauf an, ...

primitiv: 1. *nicht zivilisiert:* primitive Völker, Lebewesen; die Kultur der Ureinwohner ist noch sehr p.; primitive (Biol.; *in der Entwicklung weniger fortgeschrittene)* Vögel, Arten. 2. a) *sehr einfach:* eine primitive Hütte, Werkzeuge; b) (oft abwertend) *notdürftig:* primitive Verhältnisse, Mittel; ein ganz primitives Gerät; seine Wohnung ist ziemlich p.; p. essen, wohnen. 3. (abwertend) *ungebildet:* ein primitiver Kerl; eine primitive Ausdrucksweise; er ist sehr p.; p. daherreden.

Prinzip, das: ein vernünftiges, starres, politisches, staatliches, demokratisches P.; überlebte, veraltete, allzu starre Prinzipien; (Politik:) das föderalistische, zentralistische P.; das P. der Gewaltenteilung, der Nichteinmischung; es ist mein P., nie ohne Frühstück aus dem Haus zu gehen; ein P. aufstellen, befolgen, durchbrechen, umstoßen, verwirklichen, überspitzen; einem P. treu blei-

ben; an einem P. festhalten; auf einem P. beharren, (ugs.:) herumreiten; die Maschine beruht auf einem einfachen P.; stets nach dem gleichen P. handeln; ein Mann mit, von Prinzipien *(ein Mann, der seine Grundsätze nicht aufgibt);* sie geht von ihrem P. nicht ab; ein Streit um Prinzipien; das habe ich mir zum P. gemacht; ⋆ aus Prinzip *(einem Prinzip folgend; grundsätzlich):* etw. aus P. *(nicht aus sachlichen Gründen)* tun · im Prinzip *(im Grunde genommen):* ich habe im P. nichts dagegen einzuwenden.

prinzipiell: eine prinzipielle Frage, Entscheidung; ein prinzipieller Unterschied; diese Auslegung ist p. möglich; ich bin p. dafür, dagegen; etw. p. klären, ablehnen.

Prise, die: er nahm eine P. Tabak aus der Dose; etw. mit einer P. Salz, Zucker, Pfeffer abschmecken.

privat: a) *persönlich:* jmds. private Sphäre; ihr privates Glück; meine private Meinung; dies sind meine privaten Angelegenheiten; er sprach über seine privatesten Gefühle, über private Dinge; die Gründe sind rein p.; b) *familiär:* eine Feier im privaten Kreis; es herrschte ein privater Ton; c) *vertraulich:* um ein privates Gespräch bitten; das ist für private Zwecke; p. miteinander verkehren; das sage ich dir ganz p.; d) *der Öffentlichkeit nicht zugänglich:* sie liebt die private Atmosphäre; wir verkehren auch p. *(außerhalb des Arbeitsplatzes)* miteinander; ich bin p. hier *(nicht dienstlich);* jmdn. p. *(in einem Privatquartier)* unterbringen; e) *nicht öffentlich:* privates Eigentum; ein privates Unternehmen, Grundstück; eine private Schule, Klinik; etw. dient privaten Interessen; der Eingang ist p.; das Projekt p. finanzieren; p. versichert sein; p. versicherte Angestellte; p. Versicherte; SUBST.: etw. [von Privat] an Privat *(an eine Privatperson)* verkaufen.

pro: I. ⟨Präp. mit Akk.⟩ *für, je:* der Preis beträgt 40 DM p. Stück; Eintritt p. Person 2 DM; das kostet p. Kopf, p. Nase, p. Mann (ugs.; *für jeden)* 10 DM; die Kosten p. männlichen Angestellten betragen ca. 15 000 DM im Monat; 100 km p. Stunde. II. ⟨Adverb⟩ *dafür; zugunsten einer bestimmten Person, Sache:* bist du p. oder kontra?; ich stimme p. [Wahlvorschlag]; SUBST.: das Pro und das Kontra einer Sache bedenken.

Probe, die: 1. *Übung:* eine lange, harte, anstrengende P.; die Proben für die Uraufführung haben bereits begonnen; eine P. [auf 15 Uhr] ansetzen; eine P. abhalten, leiten, unterbrechen, absagen, verlassen; einer P. beiwohnen; er erschien zu spät zur P. 2. *Muster:* eine P. Kaffee, Tee, Wein liegt bei; eine P. Urin, Serum; eine P. seiner Handschrift; sie untersuchte eine P. der Flüssigkeit; ÜBERTR.: eine P. seines Könnens, von seinen Fähigkeiten geben, ablegen, zeigen. 3. *Prüfung, Kontrolle:* eine P. vornehmen, bestehen, überstehen; bei einer Rechnung die P. machen *(die errechneten Werte einsetzen);* etw. einer

P. unterziehen; in, bei einer P. [gut, schlecht] abschneiden;
∗ etw. Probe fahren *(etw. probehalber fahren)*: sie hat das Auto P. gefahren · Probe fahren *(eine Probefahrt machen)*: sie ist [mit dem Wagen] P. gefahren · jmdn. auf die Probe stellen *(jmds. Charakterfestigkeit prüfen)* · etw. auf die Probe/ auf eine harte Probe stellen *(etw. übermäßig beanspruchen)*: sie stellte seine Geduld oft auf die P.; ihre Freundschaft wurde auf eine harte P. gestellt · auf Probe *(versuchsweise)*: jmdn. auf P. einstellen · die Probe aufs Exempel machen *(etw. an einem praktischen Fall nachprüfen)*.

proben: a)⟨etw. p.⟩ *einstudieren:* eine Szene, eine Sinfonie p.; den ersten Akt müssen wir noch p.; b)*für eine Aufführung üben:* das Ensemble probt schon sechs Wochen; der Regisseur probt intensiv, täglich mit den Schauspielern.

probieren: 1.⟨etw. p.⟩ *kosten:* den Wein, die Speisen p.; ich muss p., ob die Soße genug gewürzt ist.
2.⟨etw. p.⟩ *versuchen:* ich werde p., ob der Motor anspringt; habt ihr schon probiert, ob es geht?; ÜBERTR.: er hat es bei ihr probiert *(hat versucht, mit ihr anzubändeln)*; wir wollen es noch einmal miteinander p. *(versuchen, miteinander auszukommen)*. ℝ Probieren geht über Studieren.
3.⟨etw. p.⟩ *ausprobieren:* neue Schuhe p.; ich habe das Medikament, das Mittel bereits probiert.
4.(Theater Jargon) *proben:* a)das Ensemble probiert schon fleißig; b)⟨etw. p.⟩ eine Szene, eine Nummer p.

Problem, das: a)*zu lösende Aufgabe; schwierige Frage:* ein ernstes, großes, schwieriges, viel erörtertes, ungelöstes P.; ein soziales, menschliches P.; kein P.! (ugs.; *das lässt sich leicht durch-, ausführen!*); die technischen Probleme der Raumfahrt; ein P. taucht auf, stellt sich ein; der Straßenverkehr ist ein ernstes P. für die Stadtverwaltung, stellt ein ernstes P. dar; das ist dein P.!; ein P. anschneiden, angehen, anpacken, aufrollen, aufwerfen, behandeln, erläutern, lösen; an ein P. herangehen; sich mit einem P. auseinander setzen, beschäftigen, befassen; vor einem P. stehen; etw. wird [allmählich] zum P.; b)*Schwierigkeit:* das ist kein P. für mich; das größte P. liegt darin, dass ...; das P. bei der Sache ist ...; damit habe ich keine Probleme; sie hat Probleme mit ihrem Freund; mit seinen Problemen allein fertig werden; das stellt mich vor unerwartete Probleme;
∗ Probleme wälzen *(grübeln, sich Gedanken machen)*.

problematisch: a)*schwierig:* ein problematischer Mensch; eine problematische Natur; das ist sehr p.; jetzt wird es p.; b)*zweifelhaft, fragwürdig:* eine problematische Vereinbarung; eine solche Verkehrsführung ist p.

Produkt, das: pflanzliche, tierische, technische, maschinelle, chemische Produkte; ein P. der

Landwirtschaft, der Industrie; ÜBERTR.: das ist ein P. ihrer Fantasie; der Mensch ist das P. seiner Erziehung.

Produktion, die: a)*Herstellung:* die industrielle, landwirtschaftliche P.; die laufende, tägliche P. von Autos, von Kühlschränken, von Filmen; die P. läuft, kommt ins Stocken, bricht zusammen; die P. planen, erhöhen, steigern, ankurbeln, stoppen, umstellen; der Film geht, ist in P. *(wird produziert)*; der Arbeiter steht, arbeitet in der P. *(Herstellungsabteilung)*; b)*Erzeugnisse:* eine P. des italienischen Fernsehens; die gesamte P., die P. des letzten Jahres wurde vernichtet.

produktiv: a)*ergiebig:* eine produktive Tätigkeit, Arbeit; ein produktives Unternehmen; diese Tätigkeit ist nicht sehr p.; p. zusammenarbeiten; b)*schöpferisch:* ein produktiver Mensch, Künstler; produktive Kräfte freimachen; produktive Kritik *(Kritik, die neue Denkanstöße gibt)*.

produzieren: 1.⟨etw. p.⟩ a)*herstellen:* Waren, Stahl, Lebensmittel p.; die Industrie produziert mehr, als sie absetzen kann; ⟨auch ohne Akk.⟩ schnell, billig, rationell, für die Halde, nach Bedarf p.; b)⟨jmdn., etw. p.⟩ *für die Herstellung, Finanzierung sorgen:* wir wollten den Film, die Serie gemeinsam p.; sie produziert eine Compact Disc im eigenen Studio; wer produziert eigentlich den Sänger?
2.(ugs.) ⟨etw. p.⟩ *machen, hervorbringen:* eine Verbeugung, eine Entschuldigung p.; großen Lärm, Unsinn p.; der neue Stürmer soll Tore p.
3.(ugs.) ⟨sich p.⟩ *sich zeigen:* sich auf der Bühne, als Clown vor anderen p.; wenn Besuch da ist, produziert sich unsere Kleine immer.

Profil, das: 1.ein scharfes, scharf geschnittenes, schönes, charaktervolles, klassisches P.; jmdn. im P. malen, fotografieren.
2.(bildungsspr.) *Eigenart:* das P. eines Politikers, einer Partei; sie besaß P., hatte ihr persönliches P.; er ist jemand, dem dem Unternehmen ein neues P. geben kann; der Mann hat [kein] P.; ein Mann mit P.; an P. gewinnen, verlieren.
3.*Riffelung, Kerbung bei Reifen, Sohlen:* ein breites, hohes, starkes P.; das P. an den Reifen ist schon ganz abgefahren; die Profile der Sohlen hinterließen deutliche Spuren im Schnee; deine Reifen haben nur noch ein schwaches, dünnes P., haben kein P. mehr.
4. a)(Technik) *Umriss, Querschnitt:* das P. des Hochofens, des Eisenträgers, einer Straße; b)(Geogr.) *senkrechter Schnitt durch die Erdoberfläche:* ein geologisches P.; ein P. durch die Alpen.

Profit, der: ein hoher, kleiner, geschäftlicher P.; der ganze P. ging wieder verloren; P. machen; P. bringende, [großen] P. einbringende Geschäfte; den P., keinen P. von etw. haben; P. aus etw. ziehen; (ugs.:) [heraus]schlagen; sie ist nur auf P. bedacht; P. aus; mit P. arbeiten.

profitieren ⟨von, bei etw./(seltener:) an etw. (Dat.)

P

p.): die Industrie profitiert derzeit vom billigen Öl; er profitierte von der Uneinigkeit seiner Gegner; bei, an diesem Geschäft hat er viel, wenig, nichts profitiert; ÜBERTR.: du hast viel von deinem älteren Bruder profitiert *(Nützliches gelernt)*.

Prognose, die: eine günstige, optimistische, düstere, gewagte, vorsichtige, falsche P.; eine P. für die Zukunft; die P. über den Verlauf der Krankheit stellte sich als richtig heraus; eine P. über etw. stellen, wagen.

Programm, das: **1.** a) *Folge von Darbietungen:* ein gutes, schlechtes, buntes, abwechslungsreiches, erlesenes, sorgfältig ausgewähltes P.; das P. einer Tagung, der Olympischen Spiele; das P. des Abends, für den kommenden Monat; das P. wechselt oft; das P. zusammenstellen, aufstellen, veröffentlichen, abändern, einhalten; das Kabarett bringt ein neues P.; etw. auf das P. setzen; eine Sendung aus dem P. nehmen; etw. neu ins P. aufnehmen, vom P. absetzen; (Rundf., Fernsehen:) das erste, zweite P.; die Weltmeisterschaft wird nur im dritten P. übertragen; ein P. ausstrahlen, empfangen können; der Conférencier führte gekonnt durch das P.; ÜBERTR.: wie sieht dein P. *(Tagesablauf)* für heute aus?; ein volles P. *(ein Vorhaben, einen Termin nach dem anderen)* haben; das P. *(der geplante Ablauf)* unserer Reise; was steht jetzt auf dem P. *(was müssen wir jetzt machen)?*; **b)** *Ablauf von Arbeitsgängen einer Maschine:* die Waschmaschine schließen und das gewünschte P. einstellen; während das P. noch lief, ging sie einkaufen. **2.** *Programmheft, -zettel:* ein informatives P.; das P. kostet fünf Mark; ein P. kaufen; die Darsteller werden im P. genannt, vorgestellt. **3.** *Grundsatzerklärung, Plan:* ein politisches, wirtschaftliches, kulturelles P.; das P. einer Partei; ein P. zur Bekämpfung des Hungers in der Dritten Welt; ein P. entwickeln, verfechten, vertreten, erfüllen. **4.** (EDV) *Computerprogramm:* ein P. schreiben, installieren, kopieren, speichern; mit welchem P. arbeitest du? **5.** *Sortiment:* das neue P. unserer Polstermöbel; sehen Sie sich unser neues P. Autoradios an; ⋆ **auf jmds./auf dem Programm stehen** *(beabsichtigt, geplant sein):* auf dem P. stehen Werke von Mozart · **nach Programm** *(wunsch-, programmgemäß)*.

Projekt, das: ein großes, interessantes, kühnes, fantastisches, teures P.; ein P. zur Erschließung der Sonnenenergie; diese Brücke ist ein gigantisches P.; ein P. vorbereiten, reifen lassen, durchführen, ausführen, realisieren, verwerfen, fallen lassen.

Prokura, die (Kaufmannsspr.): jmdm. P. erteilen, geben; er besitzt, hat P.; sie hat die volle P.; seine P. verlieren; er ist Abteilungsleiter mit P.

prompt: 1. *unverzüglich:* die prompte Auskunft,

Bedienung, Arbeit; ihre Antwort war, kam p.; p. helfen; etw. p. erledigen; p. antworten. **2.** (ugs.; meist iron.) *tatsächlich:* sie fiel p. darauf herein; was er befürchtet hatte, traf p. ein.

Propaganda, die: eine geschickte, wirkungsvolle P.; für etw. P. machen, treiben, entfalten; das ist doch alles nur P. (ugs.; *das sind leere, lediglich der Propaganda dienende Phrasen)*.

propagieren ⟨etw. p.⟩: einen Standpunkt, eine Meinung p.; den Fortschritt p.; ein neues Leitbild wurde propagiert.

prosit, (ugs.:) **prost:** /Zuruf beim gemeinsamen Trinken/: p. allerseits!; p. Neujahr!; na denn/dann prost! (ugs. iron.; *dann steht uns, euch, dir usw. noch einiges bevor!*); SUBST.: ein P. dem Gastgeber, der Gemütlichkeit, auf den edlen Spender; ein P. [auf jmdn.] ausbringen.

Protest, der: **1.** *heftiger Widerspruch:* ein scharfer, heftiger, energischer, zorniger, empörter, leidenschaftlicher P.; ein offizieller, formeller P.; ein stummer P. *(P. durch Schweigen)*; die Proteste der Anwohner; ein verzweifelter P. gegen die ungerechte Behandlung; es hagelte Proteste; P. gegen etw. erheben, einlegen, einreichen, anmelden; ungeachtet der Proteste zahlreicher Wissenschaftler, allen Protesten zum Trotz trat die Bestimmung in Kraft; aus P. *(um sein Missfallen auszudrücken)* der Sitzung fernbleiben; etw. gegen jmds. P. durchsetzen; sie verließ unter P. das Lokal. **2.** (Geldw.) *Annahmeverweigerung von Schecks o. Ä.:* den P. auf den Wechsel setzen; einen Wechsel zu P. gehen lassen.

protestieren ⟨[gegen jmdn., etw.] p.⟩: a) *Protest erheben:* heftig, öffentlich p.; gegen die unwürdige Behandlung, gegen die niedrigen Renten, gegen Atomversuche p.; sie hat wegen der Verzögerung protestiert; **b)** *Einwände machen:* schwach, unwillig p.; er protestierte dagegen, dass sie sich seinetwegen solche Umstände machte.

Protokoll, das: **1.** *Niederschrift:* ein polizeiliches P.; ein P. der Zeugenaussagen; ein genaues, sorgfältiges P. über die Verhandlung; ein P. anfertigen, aufsetzen, aufnehmen, vorlesen, genehmigen, unterschreiben; etw. ins P. aufnehmen, im P. festhalten. **2.** *diplomatisches Zeremoniell:* der Chef des Protokolls; das P. des Staatsbesuchs festlegen, ändern, mit der ausländischen Botschaft absprechen; gegen das P. verstoßen; er ist der erste Mann im P. der Bundesrepublik. ⋆ **[das] Protokoll führen** *(den Ablauf von etw. schriftlich festhalten)* · **etw. zu Protokoll geben/** (selten:) **bringen** *(aussagen, damit es protokollarisch festgehalten wird)* · **etw. zu Protokoll nehmen** *(im Protokoll festhalten).*

Provinz, die: **1.** *Verwaltungsgebiet:* eine reiche, fruchtbare, überseeische P.; die spanischen, niederländischen Provinzen; die P. Bozen, das alte Preußen war in Provinzen eingeteilt.

2. (oft abwertend) *rückständige Gegend:* aus der P. kommen; in der P. leben, wohnen; die Stadt, die Gegend ist finsterste, hinterste P.

provisorisch: eine provisorische Einrichtung, Unterkunft; eine provisorische Regierung, Maßnahme, Lösung; das ist alles nur p.; etw. p. reparieren, regeln.

provozieren: a) ⟨jmdn. [zu etw.] p.⟩ *herausfordern:* den Lehrer, Redner p.; die Demonstranten wollten die Polizei p.; er ließ sich zu beleidigenden Äußerungen p.; ⟨auch ohne Akk.⟩ der Autor wollte [mit seinem Stück] p.; provozierende Zwischenrufe; etw. in provozierendem Ton sagen; b) ⟨etw. p.⟩ *hervorrufen:* einen Skandal, einen Krach, einen Angriff p.; eine Diskussion, bewusst Widerspruch, neue Kosten p.; damit hat er nur das Gegenteil provoziert.

Prozent, das: 53 P. [der Abgeordneten] haben zugestimmt; ein P. der Mitglieder stimmte nicht ab; zehn P. Energie gehen/geht verloren; die Partei erhielt 42 P. der Stimmen; der Schnaps enthält 60 P. Alkohol; mindestens achtzig P. aller Therapiewilligen werden wieder rückfällig; der Zins wird um ein halbes P. erhöht; der Händler gibt, gewährt 10 P. Rabatt; für ein Darlehen 8 P. [Zinsen] zahlen müssen; etw. in Prozenten ausdrücken; in diesem Geschäft bekomme ich auf alle Waren 10 P. *(10 P. Rabatt),* bekomme ich Prozente (ugs.; *Rabatt).*

prozentual: prozentuale Beteiligung; p. gut, schlecht abschneiden; er ist am Gewinn, an diesem Unternehmen p. beteiligt.

Prozess, der: **1.** *Gerichtsverfahren:* ein politischer, Aufsehen erregender P.; der P. Meyer gegen Schulze wurde wieder aufgerollt; der P. um die Ermordung eines Studenten; der P. wurde zu seinen Gunsten entschieden, ging für ihn glücklich aus; gegen jmdn. einen P. anstrengen, einleiten, führen, gewinnen, verlieren; gegen jmdn. einen P. anhängig machen; mit jmdm. einen P. haben; mit jmdm. im P. liegen; in einem P. unterliegen. **2.** *Entwicklung, Vorgang:* ein geschichtlicher, chemischer, langwieriger, rückläufiger P.; ein P. gegenseitiger Annäherung, fortschreitender Demokratisierung; einen P. auslösen, beschleunigen; ★ jmdm. den Prozess machen *(jmdn. in einem Prozess zur Verantwortung ziehen)* · [mit jmdm., etw.] kurzen Prozess machen (1. ugs. *[mit jmdm., etw.] energisch, ohne Rücksicht auf Einwände verfahren.* 2. salopp; *jmdn. skrupellos töten).*

prozessieren ⟨gegen jmdn./mit jmdm. p.⟩: sie prozessierte jahrelang gegen ihren früheren Geschäftspartner; er prozessiert mit der Stadt um eine Baugenehmigung, wegen des Geländes.

prüfen: 1. a) ⟨jmdn., etw. [auf etw. (Akk.)] p.⟩ *untersuchen:* die Qualität eines Materials, die Sicherheit der Seilbahn p.; die Wassertemperatur [mit dem Finger] p.; etw. auf seine Reinheit, Be-

schaffenheit, Tragfähigkeit, Richtigkeit p.; den Schmuck auf seine Echtheit p.; der Pilot wurde auf seine Reaktionsfähigkeit geprüft; es muss geprüft werden/zu p. ist, ob ...; sie sah ihn prüfend, mit prüfenden Blicken an; b) ⟨etw. p.⟩ *kontrollieren:* die Einnahmen und Ausgaben p.; den Reisepass, eine Urkunde, einen Antrag p.; ein Angebot p. *(im Hinblick auf seine Brauchbarkeit untersuchen);* (Kaufmannsspr.:) die Bücher p.; ⟨auch ohne Akk.⟩ man sollte erst kritisch p., wenn man ein Urteil fällt; erst p., dann kaufen. **2.** a) ⟨jmds. Wissen, Fähigkeit feststellen:* einen Schüler, Lehrling p.; einen Studenten in Anatomie p.; ⟨auch ohne Akk.⟩ streng, milde, scharf p.; beim Abitur wird schriftlich und mündlich geprüft; eine staatlich geprüfte Krankengymnastin; b) ⟨etw. p.⟩ *in einem bestimmten Sachgebiet Prüfungen durchführen:* Englisch p. **3.** (geh.) ⟨sich p.⟩ *sich selbst zu erkennen suchen:* du musst dich ernstlich p., ob du dafür geeignet bist. **4.** (geh.) ⟨jmdn. irgendwie p.⟩ *Belastungen aussetzen, mitnehmen:* das Schicksal hat ihn hart geprüft; vom Leben schwer geprüft sein. **5.** (Sport) ⟨jmdn. p.⟩ *im Wettkampf fordern:* er prüfte den Torwart mit einem tückischen Aufsetzer; die Verteidigung wurde in, bei diesem Spiel kaum geprüft.

Prüfung, die: **1.** *Untersuchung, Erprobung:* eine genaue, gründliche, sorgfältige, sachliche P.; die P. von Lebensmitteln; eine P. auf Haltbarkeit; eine P. der Angaben vornehmen; ich muss mir eine eingehende P. des Falles vorbehalten; es bedarf noch einer gewissenhaften P.; die Argumente halten einer P. nicht stand; wir müssen den Fall einer genauen P. unterziehen, unterwerfen; bei genauerer P.; nach nochmaliger, sorgfältiger P. [aller Umstände] ergab sich folgender Befund ... **2.** *Examen:* eine schwere, leichte, schriftliche, mündliche P.; die P. in Biologie; eine P. ansetzen, anberaumen, machen, abnehmen, abhalten, ablegen, bestehen; wenn ich diese P. hinter mir habe, ...; ich werde mich der P. unterziehen; ich muss mich auf, für eine P. vorbereiten; für eine P. lernen; bei, in der P. durchfallen, nicht durchkommen, (ugs.:) durchrasseln, (ugs.:) durchfliegen, (ugs.:) durchsausen; durch die P. fallen; (ugs.:) in die P. steigen; sich zur P. anmelden; zur P. antreten. **3.** (geh.) *Schicksalsschlag:* eine schwere, harte, furchtbare P.; diese P. blieb mir nicht erspart; eine P. überstehen.

Prügel, der: **1.** *Knüppel:* ein starker, dicker P.; nur mit einem P. bewaffnet sein. **2.** ⟨Plural⟩ *Schläge:* P. verdienen, beziehen, bekommen, austeilen; für etw. P. einstecken.

Prügelknabe, der (ugs.): die Prügelknaben der Nation; er ist immer der P., der Prügelknabe für jmdn. abgeben; etw. zum Prügelknaben gemacht werden.

prügeln: 1. a) ⟨jmdn.⟩ *schlagen:* einen Hund p.;

jmdn. zu Tode, mit einem Stock windelweich p.; die Schüler prügeln sich/(geh.:) einander auf dem Schulweg; b) ⟨sich mit jmdm. [um jmdn., etw.] p.⟩ sie prügelte sich mit ihrer Nachbarin; er prügelte sich mit seinem Freund um das Mädchen; ⟨auch ohne Präpositionalobjekt⟩ sie hatten sich um die besten Plätze geprügelt. **2.** ⟨jmdn. irgendwohin p.⟩ *prügelnd wegtreiben:* sie prügelten ihn aus dem Lokal, über den Hof.
Prunk, der: großer, leerer P.; der P. eines Festes; P. entfalten; eine Revue mit unvorstellbarem P. ausstatten.
psychisch: psychische Krankheiten, Störungen, Hemmungen; ein psychischer Vorgang; eine psychische Belastung; sie steht, arbeitet unter psychischem Druck; p. normal; er ist p. krank; seine Schlaflosigkeit ist p. [bedingt]; das Erlebnis hat sich p. ausgewirkt.
publik: ⟨in den Verbindungen⟩ **publik sein/werden** *(allgemein bekannt sein/werden):* die Sache ist längst p.; die Pläne des Ministers sind vorzeitig p. geworden · **etw. publik machen** *(etw. öffentlich bekannt machen).*
Publikum, das: **1.** *Zuhörer, Zuschauer:* ein aufgeschlossenes, dankbares, interessiertes, zufriedenes, kritisches, verwöhntes P.; das P. verfolgte die Aufführung mit großem Interesse, applaudierte lange; der Schriftsteller eroberte sich, verlor sein P. *(seine Leserschaft),* hat ein festes, treues P.; solche Bücher finden immer ihr P. *(ihre Leser),* haben ein breites P. *(einen großen Leserkreis);* einem breiteren P. bekannt sein; der Dichter las vor einem sachverständigen P.; es gab Pfiffe aus dem P.; der Autor saß mitten im P., wurde vom P. gefeiert; vor versammeltem P. **2.** *Gesamtheit der Gäste:* das P. eines Lokals, eines Kurortes; das P. ist dort sehr gemischt.
Puder, der: rosa [getönter], transparenter, medizinischer P.; P. auftragen, auf/über eine Wunde streuen; Hautunreinheiten mit P. überdecken; sie hatte reichlich P. aufgelegt.
pudern ⟨jmdn., sich, etw. p.⟩: das Baby, die Wunde, die Füße p.; sie hat sich stark gepudert; ⟨jmdm., sich etw. p.⟩ sie puderte sich das Gesicht, die Nase.
¹Puff, der (ugs.): *Stoß:* ein grober, leichter P.; jmdm. einen P. [in die Rippen] geben; Schläge und Püffe/(seltener:) Puffe bekommen;
* **einen Puff/einige Püffe vertragen [können]** *(robust, nicht empfindlich sein).*
²Puff, der (salopp, oft abwertend): *Bordell:* in den P. gehen.
Puls, der: a) ein schwacher, schneller, fliegender, beschleunigter, jagender, leichter, [un]regelmäßiger, matter P.; der P. geht, schlägt, hämmert, klopft, jagt, pocht, stockt, wird schwächer, setzt aus; b) *Pulsfrequenz:* den P. messen, zählen; ich fühlte ihr den P.; c) *Stelle am Handgelenk, wo man den Puls fühlt:* an den, nach dem P. fassen; ÜBERTR.: am P. der Zeit bleiben;

* **jmdm. den Puls fühlen** (ugs.; 1. *jmds. Gesinnung, Meinung vorsichtig zu ergründen versuchen.* 2. *prüfen, ob jmd. nicht recht bei Verstand ist).*
pulsieren, (auch:) pulsen: a) *strömen:* das Blut pulsiert in seinen Adern; b) *in ständiger Bewegung sein:* in den Straßen pulsiert der Verkehr; das Leben in der Großstadt pulst Tag und Nacht; sie sehnte sich nach dem pulsierenden Großstadt.
Pulver, das: **1.** a) *fein gemahlener Stoff:* ein feines, weißes, trockenes P.; ein P. ausstreuen; etw. zu P. verreiben, mahlen; b) *pulverförmiges Medikament, Gift :* ein schmerzstillendes P.; ein P. gegen Kopfschmerzen; ein P. gegen Ameisen streuen; das P. wirkt sehr schnell; ein P. bereiten, mischen, in ein Getränk schütten, in Wasser auflösen; c) *Schießpulver:* schwarzes, kleinkörniges, grobkörniges P.; das P. entzündet sich, ist feucht geworden; das P. trocken halten. **2.** (ugs.) *Geld:* er hat nicht genug P.;
* **das Pulver [auch] nicht [gerade] erfunden haben** (ugs.; *nicht besonders klug, einfallsreich sein)* · **sein Pulver verschossen haben** (ugs.; 1. *[vorzeitig] am Ende seiner Kräfte sein.* 2. *alle Argumente, Beweise zu früh und wirkungslos vorgebracht haben)* · **sein Pulver trocken halten** (ugs.; *auf der Hut sein; immer gerüstet sein).*
Pulverfass, das: ⟨in bestimmten Wendungen⟩ **auf einem/dem Pulverfass sitzen** *(in einer spannungsreichen, gefährlichen Lage sein)* · **einem Pulverfass gleichen** *(in einer so kritischen Spannung sein, dass jederzeit ein Krieg ausbrechen kann):* der Nahe Osten gleicht einem P.
Pump, der (ugs.): ⟨in bestimmten Wendungen⟩ **einen Pump aufnehmen** *(Geld leihen)* · **auf Pump** *(mit geborgtem Geld):* etw. auf P. kaufen; auf P. leben.
Pumpe, die: eine P. im Garten, auf dem Friedhof; sich die Hände an/unter der P. waschen; die P. fördert Öl; eine starke, elektrische P.; die P. saugt die Lauge aus der Waschmaschine; ÜBERTR.: die P. (salopp; *das Herz)* will nicht mehr.
pumpen: 1. ⟨etw. irgendwohin p.⟩ *mit einer Pumpe wegbefördern:* Luft in den Fahrradschlauch p.; Wasser aus dem Keller, aus dem Schiff p.; ⟨auch ohne Akk. und ohne Raumangabe⟩ die Maschine pumpt zu langsam; ÜBERTR.: das Herz pumpt das Blut in die Adern; er hat Millionen in das Unternehmen gepumpt. **2.** (ugs.) a) ⟨jmdm. etw. p.⟩ *leihen:* jmdm. Geld, ein Buch p.; kannst du mir 10 DM p.?; b) ⟨sich (Dat.) etw. p.⟩ *sich ausborgen:* ich habe mir den Schirm gepumpt; sich von jmdm. Geld p.
Punkt, der: **1.** a) *kleiner Fleck:* ein Kleid mit schwarzen Punkten; die Sterne erscheinen am Nachthimmel als helle Punkte; die Insel ist auf der Karte als winziger P. eingezeichnet; ÜBERTR.: der springende P. *(das Wichtigste)* bei der Sache; b) *punktförmiges Zeichen:* am Ende eines Satzes steht ein P.; einen P. setzen, machen;

du hast den P. auf dem i vergessen; Ⓡ nun mach aber [endlich] einen P. (ugs.; *jetzt ist es aber genug!*); die Note hat einen P. (*Musik; nach der Note steht als Verlängerungszeichen ein Punkt*). **2.** *Ort, Stelle:* der höchste P. Deutschlands; ein zentral gelegener, strategisch wichtiger P.; das Fernglas auf einen bestimmten P. richten; von diesem P. kann man alles gut überblicken; der Schiedsrichter zeigte auf den ominösen P. *(Elfmeterpunkt);* (Math.:) zwei Geraden schneiden sich in einem P.; übertr.: hier ist der P. erreicht, wo meine Geduld zu Ende ist; an, auf einem P. sein, wo man nicht mehr weiterkann; in diesem P. ist er sehr empfindlich; über einen bestimmten P. nicht hinauskommen. **3.** a) *Gegenstand, Thema:* ein wichtiger, vordringlicher, heikler, strittiger, fraglicher, kritischer P.; verschiedene Punkte seines Vortrags erregten starke Bedenken; einen P. berühren, erörtern, besprechen; diesen P. können wir abhaken; einige Punkte wurden aus Zeitmangel zurückgestellt; in wesentlichen Punkten stimmten wir überein; über einen P. verhandeln; sich über einen P. besprechen, einigen; eine Tagesordnung von zwanzig Punkten; b) *Abschnitt eines Textes o. Ä.:* sie gingen die einzelnen Punkte des Vertrags durch; ich ließ mir den Vertrag P. für P. *(in allen Einzelheiten)* erklären; der Entwurf musste in einigen Punkten geändert werden. **4.** a) *Bewertungseinheit bei Wettkämpfen:* 8 000 Punkte erreichen, erzielen; sie erhielt für ihren Sprung 9,80 Punkte; er holte 120 Punkte für die Mannschaft; sie sammelte, machte fleißig Punkte in ihrer Spezialdisziplin; 2 Punkte Vorsprung, Rückstand haben; mit 6 000 Punkten führen, an der Spitze liegen; sie siegte, wurde Meisterin mit 920 Punkten; nach Punkten führen, vorn liegen, siegen; übertr.: der Politiker konnte [beim Wähler] Punkte sammeln *(an Ansehen gewinnen);* b) *Bewertungseinheit bei Prüfungen:* um zu bestehen, braucht man 72 Punkte; die Jagd nach Punkten bei den Schülern; das gibt drei Punkte *(Strafpunkte)* in Flensburg (in der Verkehrssünderkartei); die Aktie wurde um 2 Punkte *(2 DM pro Stück)* niedriger gehandelt; die Mehrwertsteuer wird um einen P. *(Prozentpunkt)* erhöht. **5.** *Zeitpunkt, Augenblick:* jetzt ist der P. gekommen, wo ich mich entscheiden muss; der Zug kam auf den P. genau an; ✶ **Punkt** + Uhrzeitangabe *(genau um):* das Spiel beginnt P. 15 Uhr; um P. halb neun; es ist P. Mitternacht · **ein schwacher/wunder/neuralgischer Punkt** *(etw., wobei mit Schwierigkeiten zu rechnen ist)* · **ein dunkler Punkt** *(etw. moralisch nicht ganz Einwandfreies)* · **toter Punkt** (1. *Stillstand bei Verhandlungen.* 2. *Zustand starker Ermüdung)* · **der Punkt auf dem i** *(die Zutat, die eine Sache abrundet)* · **ohne Punkt und Komma reden, quasseln** usw. (ugs.; *in einem fort, ohne*

Pause reden, quasseln usw.) · **auf den Punkt kommen** *(auf das Wesentliche zu sprechen kommen)* · **etw. auf den Punkt bringen** *(etw. präzise zum Ausdruck bringen).*
pünktlich: die pünktliche Lieferung der Ware; sie ist stets p.; p. fertig sein; p. ins Büro gehen; die Raten p. zahlen; die Termine p. einhalten; sie kam p. auf die Minute; der Vortrag beginnt p. um 20 Uhr.
Pünktlichkeit, die: große, übertriebene P.; mit militärischer P.; viel Wert auf P. legen; jmdn. zur P. erziehen; Ⓡ P. ist die Höflichkeit der Könige.
Puppe, die: 1. a) eine große, schöne P.; sie hat die P. zum Geburtstag bekommen; mit Puppen spielen; b) *Marionette:* die P. tanzt, springt; die Puppen führen *(bewegen);* übertr.: es ist nur eine willenlose P. *(ein Werkzeug)* in der Hand der Mächtigen; c) *Schaufenster-, Fechtpuppe o. Ä.:* bei Crashtests verwendete Puppen; die Mund-zu-Mund-Beatmung wird an einer P. geübt. **2.** (salopp) *Mädchen:* eine blonde, hübsche, kesse, tolle, süße P.; bringst du deine P. mit? **3.** (Zool.) *Entwicklungsstadium der Insekten:* die Raupe verwandelt sich in eine P.;
✶ **die Puppen tanzen lassen** (ugs.; 1. *ausgelassen sein.* 2. *einen großen Aufruhr veranstalten; energisch durchgreifen)* · **bis in die Puppen** (ugs.; *sehr lange).*
pur: a) *rein, unvermischt:* pures Gold; purer Wein; den Whisky p. trinken; übertr.: erleben Sie in den Urlaubsländern Sonne p.; b) (ugs.) *bloß:* das ist purer Zufall, Wahnsinn; etw. aus purer Höflichkeit, aus purem Neid tun.
purzeln ⟨irgendwohin p.⟩: die Kinder purzelten in den Schnee; vom Stuhl p.; die Äpfel waren auf den Boden gepurzelt; übertr.: die Preise purzeln *(fallen);* Rekorde purzeln *(werden gebrochen);* die Tore purzelten nur so *(es gab viele Tore).*
Puste, die (salopp): ihm ging die P. aus, verging die P.; er verlor die P.; ich habe keine P. mehr; ich bin von dem schnellen Lauf ganz aus der P., außer P.;
✶ **jmdm. geht die Puste aus** *(jmd. hält [finanziell] nicht durch, muss aufgeben).*
pusten (ugs.): **1.** a) ⟨[irgendwohin] p.⟩ *blasen:* ins Feuer, in die Suppe, auf die Wunde p.; in die Trompete p.; bei einer Verkehrskontrolle musste er p. (ugs.; *zum Nachweis etwaigen Alkoholgenusses in ein Röhrchen blasen*); ⟨jmdm. irgendwohin p.⟩ er pustete ihm ins Gesicht; b) ⟨etw. irgendwohin p.⟩ *durch Blasen entfernen, hinbringen:* den Staub, die Krümel vom Tisch p.; ⟨jmdm., sich etw. irgendwohin p.⟩ jmdm. den Rauch ins Gesicht p.; sich die Haare aus der Stirn p. **2.** *schwer atmen:* beim Treppensteigen muss er p.
Putsch, der: ein missglückter, schlecht vorbereiteter P.; den P. gegen die Militärregierung ist missalungen, ist zusammengebrochen, wurde blutig erstickt, P. anzetteln, planen, verhindern, unterdrücken, zerschlagen; sich an einem P. be-

14*

teiligen; der Diktator ist durch einen P. an die Macht gekommen.

putschen: die Armee hat geputscht; ⟨auch: sich p.⟩ die Junta hat sich an die Macht geputscht *(kam durch einen Putsch an die Macht).*

Putz, der: 1. *Mauerbewurf:* der P. blättert ab, fällt ab, bröckelt ab, hält nicht; den P. erneuern; die Mauer mit P. bewerfen; die Leitung unter P. verlegen. 2. (ugs.) *Streit:* jeden Abend gab es zu Hause P.; P. anfangen;

★ **Putz machen** (1. ugs.; *Streit anfangen.* 2. *viel Aufhebens machen)* · **auf den Putz hauen** (ugs.; 1. *prahlen.* 2. *übermütig sein; Stimmung machen.* 3. *protestieren).*

putzen: 1. a) ⟨etw. p.⟩ *reinigen:* Silber, die Fenster, den Spiegel, das Besteck p.; das Fahrrad blank p.; das Gemüse, den Salat p. *(ungenießbare Stellen entfernen);* du hast deine Schuhe noch nicht geputzt; ein Pferd p. *(ihm durch Striegeln das Fell säubern);* ⟨jmdm., sich etw. p.⟩ dem Kind die Nase p. *(Nasenschleim entfernen);* du musst dir die Zähne p. *(mit Zahnbürste und Zahnpasta reinigen);* b) ⟨sich p.⟩ *(von einem Tier) sich säubern:* der Vogel putzt sich *(zupft sein Gefieder sauber);* die Katze putzt sich *(leckt sich sauber);* c) (bes. westmd., südd., schweiz.) ⟨etw. p.⟩ *sauber machen:* die Küche, den Laden p.; ⟨auch ohne Akk.⟩ ich muss heute noch p.; sie geht p. *(arbeitet als Raumpflegerin).* 2. (Sport Jargon) ⟨jmdn. p.⟩ *besiegen:* sie konnten die russische Mannschaft p.

Quadrat, das: 1. ein Q. zeichnen; die Fläche eines Quadrats berechnen; das Zimmer ist sechs Meter im Q. *(ist quadratisch und hat 6 m lange Seiten).* 2. *zweite Potenz einer Zahl:* eine Zahl ins Q. erheben; etw. wächst, nimmt ab im Q. der Entfernung; zwei zum Q. ist vier. 3. *Häuserblock:* er wohnt im selben Q.; ein paar Schritte ums Q. machen;

★ **im/zum Quadrat** (ugs.; *in gesteigerter Form*): das war Pech im Q.

Qual, die: große, höllische, heftige Qualen; körperliche, seelische Qualen; die Qualen des Gewissens, des Zweifels; Qualen leiden, ertragen, empfinden, ausstehen, durchstehen; jmdn. Q., Qualen bereiten, zufügen; jmds. Qualen mildern, erleichtern, lindern; unter Qualen sterben; jmdn.

von seiner Q. befreien, erlösen; der Hunger, die Hitze wurde zur Q.;

★ **die Qual der Wahl** (scherzh.; *die Schwierigkeit, sich für eines von mehreren Dingen zu entscheiden).*

quälen: 1. a) ⟨jmdn. q.⟩ *jmdm. körperlichen, seelischen Schmerz zufügen:* ein Tier unnötig, grausam q.; sie quälten ihr Opfer unmenschlich, bis aufs Blut, zu Tode; der Gedanke, die Vorstellung, Frage quälte ihn; ADJ. PART.: quälende Ungewissheit; b) ⟨jmdn., sich mit etw. q.⟩ *zusetzen:* jmdn. mit Vorwürfen q.; quäl mich doch nicht mit dieser alten Geschichte! 2. ⟨sich [mit etw.] q.⟩ *sich abmühen:* der Kranke quälte sich bei jeder Bewegung; sie quält sich mit diesem Problem, mit der Hausarbeit, mit der Fremdsprache; ADJ. PART.: ein gequältes *(gezwungenes)* Lächeln. 3. ⟨sich aus etw./irgendwohin q.⟩ *sich mühsam bewegen:* er quälte sich durch den Schnee, aus dem Bett, ans Ziel; sich in die engen Jeans q.

Qualifikation, die: 1. a) *Befähigung:* ihre Q. [als Abteilungsleiterin] steht außer Frage; ihm fehlt die nötige Q. für diese Stelle; sie verfügt nicht über die gewünschte Q.; b) *Voraussetzung für eine bestimmte berufliche Tätigkeit:* einzige erforderliche Q. ist das Abitur. 2. (Sport) a) *Berechtigung, an einem Wettbewerb teilzunehmen:* die Q. für die Olympischen Spiele schaffen, erreichen; b) *Ausscheidungswettkampf:* die Q. gewinnen; an der Q. teilnehmen; für die Q. [gegen Schweden] trainieren; in der Q. scheitern.

qualifizieren: 1. a) (Sport) ⟨sich [für etw.] q.⟩ *die geforderte Leistung erbringen:* vier Mannschaften haben sich für das Turnier qualifiziert; b) ⟨sich q.; mit Umstandsangabe⟩ *seine Befähigung nachweisen:* er hat sich [durch den Fortbildungskurs] für den Posten, zum Facharbeiter qualifiziert; sich als Wissenschaftler, wissenschaftlich q. 2. ⟨jmdn. für etw. q.⟩ *befähigen:* seine Erfahrung qualifiziert ihn für diesen Posten; ein qualifizierter *(befähigter)* Mitarbeiter; qualifizierter Nachwuchs; eine qualifizierte *(sehr gute)* Arbeit; sie ist dafür besonders qualifiziert. 3. ⟨jmdn., etw. als etw. q.⟩ *einstufen:* der Staatsanwalt qualifizierte die Tat als Mord.

Qualität, die: a) *Güte[klasse], Beschaffenheit:* gute, schlechte, geringe, mittlere, mindere, hervorragende, erstklassige Q.; Q., nicht Quantität; die Q. des Stoffes; diese Ware ist erste, zweite Q.; wenn Sie Q. *(Waren von guter Q.)* kaufen wollen, ...; auf Q. achten, sehen; ein Stoff von bester Q.; der Name der Firma bürgt für Q.; b) *(gute) Anlage, Vorzug:* künstlerische, menschliche, spielerische Qualitäten; er hat besondere Qualitäten.

qualmen: 1. *rauchen:* der Ofen, der Schornstein, der Kamin qualmt; ⟨es qualmt⟩ in der Küche qualmt es. 2. (salopp, oft abwertend) *rauchen:* a) ⟨etw. q.⟩

eine Zigarette, Pfeife q.; b) er qualmt den ganzen Tag; sie qualmt wie ein Schlot.

Quantität, die (bildungsspr.): eine größere Q. [von] einer Ware nehmen, kaufen; es kommt weniger auf die Q. an als auf die Qualität; eine kleinere, größere Q. Nikotin.

Quarantäne, die: [die] Q. über das Schiff verhängen; die Q. aufheben; jmdn. der Q. unterwerfen; in Q. kommen, müssen; das Schiff liegt in Q.; ein Schiff in Q. legen, nehmen; unter Q. stehen; die Bewohner des Hauses wurden unter Q. gestellt.

Quark, der: 1. 40 %iger, fettarmer Q.; Q. zubereiten, anrühren, essen; ein Nachtisch aus Q. 2. (salopp abwertend) *Unsinn:* so ein Q.!; der Film war absoluter Q.; red nicht solchen Q.!; seine Nase in jeden Q. stecken; * **einen Quark** (ugs.; *gar nicht[s]*): das interessiert mich einen Q., geht dich einen Q. an.

Quartier, das: ein schönes, billiges, einfaches, schlechtes, primitives Q.; hast du schon ein Q.?; ein Q. für eine Nacht suchen, finden; sich ein Q. besorgen; sein Q. wechseln; ein neues Q. beziehen; die Soldaten in die Quartiere einweisen; sein Q. aufschlagen *(sich einquartieren);* * **Quartier nehmen** (geh.; *sich einquartieren*): bei jmdm. Q. nehmen.

quasi: er hat es mir q. versprochen; sie ist q. der Boss.

Quatsch, der (salopp): a) (abwertend) *Unsinn:* was soll der Q.?; Q. reden, erzählen, verzapfen; mach nicht solchen Q.!; das ist ja Q. [mit Soße]; ach Q.!; Schluss mit dem Q.!; b) *Albernei, Spaß:* Q. machen; das habe ich doch nur aus Q. gesagt.

quatschen: 1. (salopp abwertend) a) *reden:* quatsch nicht so dumm!; ihr sollt während des Unterrichts nicht q.; b) ⟨etw. q.⟩ *von sich geben, erzählen:* dummes Zeug, Unsinn q. 2. a) (salopp abwertend) ⟨[etw.] q.⟩ *tratschen:* dass die Leute quatschen, ist nicht zu verhindern; es wird so viel gequatscht; b) (ugs.) *etw. verraten:* wer hat da wieder gequatscht? 3. (salopp) *sich unterhalten:* wir müssen mal [über alles] q.; sie quatschten den ganzen Abend miteinander. 4. (ugs. landsch.) *ein bestimmtes Geräusch erzeugen:* der Boden quatschte unter seinen Füßen.

Quecksilber, das: das Q. im Thermometer ist gefroren, steigt, fällt; ÜBERTR.: sie ist das reine Q. (fam.; *sie ist sehr lebhaft*); * **Quecksilber im Leib, im Hintern haben** (ugs.; *sehr unruhig sein*).

Quelle, die, (geh. auch:) **Quell,** der: 1. eine klare, reine, kühle, heiße, warme, schwefelhaltige, unversiegbare Q.; die Q. des Rheins; die Q. bricht hervor, fließt, sickert, tröpfelt, rinnt, sprudelt, versickert, trocknet ein, vertrocknet, versiegt, wird verschüttet; wir erfrischten uns an einer Q. 2. *Ausgangspunkt, Ursprung:* die Q. des Lebens, aller Leiden, allen Glücks; eine Q. wachsender Unzufriedenheit; ich kenne, habe eine gute Q.

(günstige Einkaufsmöglichkeit); neue Quellen für die Energieversorgung erschließen. 3. *wissenschaftlich ausgewerteter [überlieferter] Text:* frühe, historische, literarische, unveröffentlichte Quellen; Quellen heranziehen, benutzen, zitieren, studieren, erforschen. 4. *Informationsquelle:* eine zuverlässige, verlässliche Q.; seine Quellen befragen; eine Q. anbohren (ugs.; *ausfindig machen*), auftun; Nachrichten aus amtlicher, sicherer Q.; etw. aus erster Q. wissen, erfahren; über geheime Quellen verfügen; * **an der Quelle sitzen** (ugs.; *sehr gute Verbindungen haben*).

¹**quellen:** 1. ⟨aus etw./irgendwohin q.⟩ *[hervor]dringen:* schwarzer Rauch quillt aus dem Schornstein; Blut quoll aus seiner Wunde; ⟨jmdm. aus etw./irgendwohin q.⟩ die Tränen quellen ihr über die Lider; ÜBERTR.: die Massen quellen ins Freie; Musik quoll aus den Boxen; vor Zorn quollen ihm fast die Augen aus dem Kopf. 2. *schwellen:* Erbsen, Bohnen quellen im Wasser; die Tür klemmt, weil das Holz [durch die Nässe] gequollen ist.

²**quellen** ⟨etw. q.⟩: *im Wasser weichen lassen:* Erbsen, Bohnen q.

quengeln (ugs.): das Kind quengelt den ganzen Tag.

quer: sie ging q. über die Straße; das Auto stand q. auf der, zur Fahrbahn; ein q. gestreifter Pullover; sie schlenderte q. durch die Stadt; q. über das Feld laufen; * **jmdm. quer gehen** (ugs.; *jmdm. nicht entsprechen u. seine Ablehnung, seinen Unwillen hervorrufen*) · **jmdm. quer kommen** (ugs.; *jmdm. bei der Ausführung von etw. störend dazwischen kommen*) · **sich quer legen/stellen** (ugs.; *sich jmds. Absichten widersetzen*).

Quere, die: ⟨in der Wendung⟩ **jmdm. in die Quere kommen/**(seltener:) **geraten, laufen** (1. ugs.; *jmdm. zufällig treffen:* er ist mir in die Q. gekommen, gelaufen. 2. *jmdm. in den Weg kommen:* er hütete sich, mir in die Q. zu geraten. 3. *jmds. Arbeit, Plan stören:* wenn mir nichts in die Q. kommt, bin ich morgen damit fertig).

quetschen: 1. a) ⟨jmdn., etw. irgendwohin q.⟩ *drücken:* jmdn. an, gegen die Mauer q.; die Nase gegen die Scheibe q.; b) ⟨jmdn., sich, etw. irgendwohin q.⟩ *gerade noch unterbringen:* etw. in den Koffer q.; das Kind an den voll besetzten Tisch q.; sie hatte sich in die volle Bahn gequetscht; c) ⟨sich irgendwohin q.⟩ *sich drängen:* sich aus dem vollen Saal, durch die Sperre q. 2. *sich durch Quetschen verletzen:* a) ⟨sich q.⟩ ich habe mich gequetscht; b) ⟨jmdm., sich etw. q.⟩ ihm wurden beide Beine gequetscht; ich habe mir den Fuß gequetscht; jmdm. die Hand zur Begrüßung q. (ugs.; *fest drücken*); mit gequetschter *(gepresster)* Stimme.

quieken: die Schweine, die Ferkel quiekten; ÜBERTR.: die Mädchen quiekten vor Vergnügen; ∗ **zum Quieken sein** (ugs.; *zum Lachen sein*).

quietschen: a) *einen quietschenden Ton erzeugen:* die Tür, das Schloss quietschte; die Bremsen quietschten, und der Wagen stand; b) (ugs.) *quieken:* die Kinder quietschten vor Vergnügen; ∗ **zum Quietschen sein** (ugs.; *zum Lachen sein*).

quitt (ugs.): ⟨in bestimmten Wendungen⟩ [mit jmdm.] **quitt sein** (1. *gegenüber jmdm. keine Schulden mehr haben.* 2. *mit jmdm. nichts mehr zu tun haben wollen, fertig sein:* ich bin mit ihm q.; so, jetzt sind wir q.) · **mit jmdm. quitt werden** *(mit jmdm. ins Reine kommen)* · **jmdm., etw. quitt sein/werden** (1.*jmdm., etw. los sein, loswerden.* 2.*jmdm., etw. eingebüßt haben, verlieren*).

quittieren: 1. ⟨etw. q.⟩ *bestätigen:* den Empfang der Sendung, des Geldes q.; eine Rechnung *(die Bezahlung der Rechnung)* q.; ⟨auch ohne Akk.⟩ würden Sie bitte q.?; sie quittierte auf der Rückseite [der Rechnung], über [einen Betrag von] 300 Euro; ⟨jmdm. etw. q.⟩ quittieren Sie mir bitte diesen Betrag. 2. ⟨etw. irgendwie q.⟩ *auf etw. reagieren:* er quittierte die Vorwürfe grinsend, mit einem Achselzucken; das Publikum quittierte beifällig seine Leistung.

Quittung, die: 1. *Empfangsbescheinigung:* jmdm. eine Q. [über 100 DM] ausstellen, schreiben, geben; Umtausch nur gegen Q. 2. *Antwort, Strafe:* das ist die Q. für euer Benehmen, für euren Leichtsinn; sie hat ihre Q. bekommen.

Quote, die: a) *bestimmte Anzahl, Menge:* eine hohe, niedrige, fällige Q.; die Q. der Arbeitslosen ist gleich geblieben, gestiegen, gesunken, zurückgegangen, beläuft sich auf 3 %; b) (Rundf., Ferns.) *Einschaltquote:* die Quote war zu gering; Q. machen (Jargon; *hohe Einschaltquoten bringen*).

Q

R *r*

Rabatt, der: ein kleiner, attraktiver, hoher, niedriger R.; wir geben [keinen] R.; auf/für alle Waren 10 % R., einen R. [von 10 %] erhalten, bekommen, gewähren; etw. mit 10 % R. verkaufen.

Rabe, der: der R. krächzt; ∗ **ein weißer Rabe** *(eine große Seltenheit).*

rabiat: ein ganz rabiater Kerl; ein rabiates Vorgehen, Verhalten; r. sein/werden; sie hat ihn r. hinausgeschmissen.

Rache, die: eine grausame, blutige R.; seine R. war furchtbar; das war die R. für seine Gemeinheit; R. fordern, schwören, planen, (geh.:) üben; seine R. *(Rachsucht)* stillen, befriedigen; die Stunde der R. ist gekommen; auf R. sinnen; nach R. verlangen, (geh.:) dürsten, schreien; Ⓡ die R. des kleinen Mannes (ugs., oft scherzh.); R. ist süß/(ugs. scherzh.:) ist Blutwurst; ∗ **an jmdm. Rache nehmen** *(sich an jmdm. rächen).*

rächen: a) ⟨jmdn., sich r.; sich an jmdm., für etw. r.⟩ *jmdm., sich Genugtuung verschaffen:* sie wollten ihren getöteten Anführer r.; sich bitter, fürchterlich, auf grausame Art r.; ich werde mich an ihm r.; sie wird sich für diese Beleidigung r.; sie rächten sich an den Feinden für die Grausamkeiten im Krieg; b) ⟨etw. [an jmdm.] r.⟩ *durch Rache vergelten:* eine Beleidigung, eine Kränkung, ein Verbrechen r.; er hat den Tod des Freundes an den Mördern gerächt; c) ⟨sich [an jmdm.] r.⟩ *sich schädlich auswirken:* sein Leichtsinn rächte sich; diese Verantwortungslosigkeit wird sich r.; im Alter wird es sich r., dass du dich jetzt so wenig bewegst; das wird sich an unseren Kindern r. *(sie werden die Folgen davon tragen müssen).*

Rachen, der: a) *Erweiterung des Schlundes:* der R. ist entzündet, ist gerötet, schmerzt; eine Entzündung des Rachens; dem Kranken den R. pinseln; b) *Maul, Schlund:* der R. des Löwen; das Krokodil riss den R. auf; BILDL.: der R. (geh.; *die unendliche Tiefe*) der Hölle; ∗ **jmdm. den Rachen stopfen** (salopp; 1.*jmdn. zum Schweigen bringen.* 2.*jmdm., der unersättlich scheint, etw. geben, um ihn zufrieden zu stellen*) · **den Rachen nicht voll [genug] kriegen können** (salopp; *immer unzufrieden sein*) · **jmdm. etw. aus dem Rachen reißen** (salopp; *etw. vor jmdm. noch retten*) · **jmdm. etw. in den Rachen werfen/schmeißen** (salopp; *jmdm. etw. geben, überlassen, um ihn zufrieden zu stellen*).

Rad, das: 1. *große, kleine Räder:* die vorderen, hinteren Räder eines Fahrzeugs; ein R. läuft, schleift, dreht sich [zu schnell], steht still, surrt; die Räder quietschen, (ugs.:) eiern; das vordere, hintere R. ist gebrochen; die Räder des Autos rollten, gingen über ihn hinweg; bei Glatteis greifen die Räder nicht richtig; ein R. austauschen, wechseln; ein R. auswuchten, am Auto montieren; etw. läuft auf Rädern; er war in die Räder der Maschine, unter die Räder des Wagens gekommen; er liegt unter den Rädern; ÜBERTR.: das R. der Zeit, der Geschichte (geh.; *die Zeit, die Geschichte in ihrem stetigen Fortschreiten*) lässt sich nicht zurückdrehen. 2. *Fahrrad:* ein stabiles, altmodisches, klappriges R.; ihr R. hat 12 Gänge; das R. schieben, an die Mauer [an]lehnen, besteigen, abschließen; sie hat ein neues R. bekommen; sich aufs R. schwingen; er setzte sich aufs R. und fuhr davon; sie

lernt R. fahren, fährt gerne R.; ich bin lange nicht mehr R. gefahren;
* **Rad fahren** (ugs. abwertend; *sich Vorgesetzten gegenüber unterwürfig verhalten, Untergebene jedoch schikanieren*) · **ein Rad schlagen** (1. *[als Turnübung] einen Überschlag seitwärts ausführen.* 2. *die Schwanzfedern aufstellen:* der Pfau schlägt ein R.) · **unter die Räder kommen/geraten** (ugs.; *völlig herunterkommen*) · **das fünfte Rad/fünftes Rad am Wagen sein** (ugs.; *in einer Gruppe o. Ä. nur geduldet sein*).

radebrechen ⟨[etw.] r.⟩: »... dann ich gehen«, radebrechte er; sie radebrecht [in] Russisch, [in] Deutsch, ein paar englische Worte.

radeln (ugs.): durch den Wald, nach Hause, nach Holland r.; sie sind [50 km] geradelt.

radieren: 1. (Kunst) ⟨etw. r.⟩ *auf eine Kupferplatte einritzen:* ein Bild r.
2. ⟨[etw.] r.⟩ *ausradieren:* an dieser Stelle, in dem Schriftstück ist radiert worden; diese Farbe lässt sich nicht r.

radikal: a) *vollständig, gründlich:* eine radikale Änderung der Lebensgewohnheiten; sie ist in allem sehr r.; etw. r. verändern, abschaffen, beseitigen, vereinfachen, verneinen, bejahen; r. gegen jmdn., etw. vorgehen; **b)** *extrem, übersteigert:* eine radikale Einstellung, Politik, Partei; radikale Gruppen, Elemente, Studenten; das Programm der Partei ist zu/äußerst r.; r. denken, gesinnt sein.

Radio, das: **a)** *Rundfunk[sender]:* R. Luxemburg sendet, bringt Musik; R. hören *(Rundfunksendungen hören);* das Fußballspiel wird im R. übertragen; im R. kommt heute eine interessante Sendung; die Meldung kam im R., durch das R., wurde über R. und Fernsehen verbreitet; ich habe im R. eine interessante Sendung gehört; er hört die Nachrichten von R. Bremen; **b)** (südd., österr., schweiz. auch: der) *Rundfunkapparat:* ein altes, neues, modernes, kleines R.; sein R. läuft/spielt den ganzen Tag, ist defekt; das R. einschalten, anstellen, andrehen, abdrehen, abstellen, abschalten, ausschalten; das R. auf Zimmerlautstärke stellen, leiser stellen; aus dem R. tönte laute Musik; eine Sendung von R. auf Kassette aufnehmen.

raffen: 1. ⟨etw. r.⟩ *zusammenhalten:* das lange Kleid r.; sie raffte ihren Rock, die Schleppe, bevor sie die Treppe hinunterging; geraffte Vorhänge, Gardinen.
2. a) (abwertend) ⟨[etw.] r.⟩ *geizig anhäufen:* Geld r.; **b)** ⟨etw. irgendwohin/an sich r.⟩ *hastig an sich nehmen:* sie raffte ihre Kleider aus dem Schrank, in den Koffer; der Dieb raffte die kostbarsten Stücke an sich.
3. ⟨etw. r.⟩ *straffen:* den Bericht, eine Darstellung r.
4. (salopp) ⟨etw. r.⟩ *begreifen:* hast dus endlich gerafft?; das rafft er nie!

raffiniert: a) *durchtrieben:* ein raffinierter Betrü-

ger; sie ist ein [ganz] raffiniertes Frauenzimmer; **b)** *ausgeklügelt:* ein raffinierter Plan, Schachzug; ein raffiniertes Täuschungsmanöver; seine Taktik ist sehr r.; etw. r. einfädeln; **c)** *von besonderem Raffinement; erlesen:* Modelle in den raffiniertesten Farben; etw. hat eine raffinierte Form; eine raffiniert gewürzte Soße.

Rage, die (ugs.): in R. sein; jmdn. in Rage bringen, versetzen; in Rage kommen/geraten.

ragen ⟨irgendwo[hin] r.⟩: die Türme ragen stolz in den, zum Himmel; ringsum ragten gefährliche Klippen aus dem Wasser; vor uns ragten majestätisch die Berggipfel.

rahmen ⟨etw. r.⟩: ein Bild, einen Spiegel, eine Fotografie r. lassen; die Dias sind gerahmt.

Rahmen, der: **1. a)** *Umrahmung eines Bildes o. Ä.:* ein schmaler, breiter, goldener R.; der R. passt nicht zum Bild, erdrückt das Gemälde, erhöht die Wirkung; ein Bild aus dem R. nehmen; ein Gemälde aus dem R. schneiden; **b)** *Fensterrahmen, Türrahmen:* die R. der Fenster, der Türen streichen.
2. *Maschinen-, Fahrzeuggestell:* dieses Fahrrad hat einen starken R.
3. a) *Gepräge:* der historische Saal gab der Veranstaltung einen stilvollen, den passenden, einen feierlichen, einen würdigen R.; **b)** *Umgrenzung, Umfang:* den zeitlichen R. für etw. abstecken; die Veranstaltung fand in kleinem, größerem R. statt; im R. *(innerhalb)* einer Entwicklung; der Preis wurde im R. *(während)* einer Feierstunde überreicht; sich im R. *(in den Grenzen)* der geltenden Gesetze bewegen;
* **den Rahmen sprengen** *(über das übliche Maß weit hinausgehen)* · **aus dem Rahmen fallen** *(stark von bestimmten Normen, vom Üblichen abweichen)* · **nicht in den Rahmen passen** *(bestimmten Normen o. Ä. nicht entsprechen, vom Üblichen abweichen)* · **im Rahmen bleiben; sich im Rahmen halten** *(ein bestimmtes Maß nicht überschreiten).*

Rakete, die: **a)** *[mit einem Sprengkopf versehener] Flugkörper:* eine dreistufige, mehrstufige, interkontinentale, ferngesteuerte R.; eine taktische R. mit Mehrfachsprengkopf; die R. zündet, hebt ab, steigt, erreicht eine bestimmte Höhe, ist in die vorausberechnete Bahn eingetreten; die R. explodiert, verglüht beim Eintritt in die Erdatmosphäre; eine R. starten, an die Startrampe fahren; eine R. um die Erde, zum Mond, in den Weltraum schießen, (ugs.:) schicken; eine R. steuern; der Zerstörer ist mit den modernsten Raketen ausgerüstet; BILDL.: der Wagen ist eine R. (ugs.: *fährt unheimlich schnell*); **b)** *Feuerwerkskörper:* eine R. abbrennen, abschießen; eine R. steigt in den Himmel.

rammen: 1. ⟨etw. in etw. (Akk.) r.⟩ *mit Wucht hineintreiben:* einen Pfahl, Stamm in die Erde r.; sie haben eine Eisenröhre in den Boden gerammt.
2. a) ⟨etw. r.⟩ *einem Fahrzeug in die Flanke fah-*

R

ren: ein Schiff r.; der Bus hat die Straßenbahn gerammt; der Fahrer des Wagens wurde beim Überholen von hinten gerammt; **b)** ⟨auf etw. (Akk.)/ gegen etw. r.⟩ *mit Wucht stoßen:* die Stämme rammten gegen den Brückenpfeiler.

Rampe, die: 1. *Auffahrt:* eine R. vor der Brücke, am Gehweg; die R. hinauffahren; das Auto auf eine R. schieben. 2. *Verladerampe:* den Lastwagen rückwärts an die R. fahren; das Vieh wurde an, auf der R. verladen. 3. *Startrampe:* feste, fahrbare Rampen; eine R. für Mittelstreckenraketen. 4. *vorderer Bühnenrand:* an, vor die R. treten; der Schauspieler verbeugte sich an der R.; * **über die Rampe kommen/gehen** *(Jargon; beim Publikum ankommen, Erfolg haben).*

Rampenlicht, das (Theater): das R. einschalten; * **das Rampenlicht scheuen** *(nicht gern öffentlich auftreten)* · **im Rampenlicht [der Öffentlichkeit] stehen/sein** *(im Mittelpunkt des [öffentlichen] Interesses stehen).*

Rand, der: 1. *äußere, obere Begrenzung:* der gezackte R. einer Briefmarke; wir lagerten uns am R. des Waldes, des Weges, eines Baches; am Rand der Wüste, der Autobahn; sie gingen bis an den R. des Kraters; sie standen am Rande eines Abgrundes; sie wohnt am R. der Stadt; der R. des Brunnens; aus dem R. des Glases ist ein Stück herausgebrochen; die Tasse nicht bis zum R. füllen; das Wasser schwappte über den R. des Gefäßes; BILDL.: er steht immer etwas am Rande *(beiseite);* ÜBERTR.: jmdn. an den R. des Wahnsinns, des Ruins bringen *(jmdn. fast wahnsinnig machen, fast ruinieren).* 2. *frei bleibender Teil auf einem Blatt Papier:* der obere, untere, linke, rechte, innere, äußere R. des Blattes; ein schmaler, breiter R.; der R. des Heftes, der Buchseite, der Karte; einen breiten R., fünf Zentimeter R., 20 Anschläge R. lassen; den R. frei lassen, nicht beschreiben; die wichtigsten Stellen am R. anstreichen; etw. an den R. schreiben, auf dem R. notieren; ein Briefbogen, ein Umschlag mit schwarzem R. 3. *sichtbare, zurückgebliebene Stelle:* die Badewanne hat einen [grauen] R. *(Schmutzrand);* er hatte rote, dunkle Ränder um die Augen; die Wassertropfen hatten Ränder auf dem Kleid hinterlassen; stellt den heißen Topf nicht auf den Tisch, das gibt einen R.; das Mittel entfernt Schmutzflecke ganz ohne R. 4. (salopp) *Mund:* halt endlich den/deinen R.!; * **am Rande des Grabes stehen** *(todkrank sein)* · **am Rande** *(nebenbei):* etw. nur am Rande erwähnen; am Rande bemerkt; dieses Problem liegt mehr am Rande *(ist nicht so wichtig)* · **sich am Rande verstehen** *(selbstverständlich sein)* · **außer Rand und Band geraten/sein** (ugs.; 1. *[von Kindern] übermütig und ausgelassen werden]/ sein.* 2. *sich aus einem bestimmten Grund nicht zu*

fassen wissen: sie waren vor Freude, vor Wut ganz außer R. und Band) · **mit etw. zu Rande kommen, mit jmdm. zu Rande kommen** (↑ zurande).

randalieren: die Kerle begannen [auf der Straße, im Lokal] zu r.; die Hooligans zogen randalierend durch die Straßen; SUBST.: Halbstarke wegen Randalieren[s] verhaften.

Rang, der: 1. *berufliche, gesellschaftliche Stellung:* ein hoher, niedriger R.; den ersten, zweiten, höchsten R. einnehmen; einen R. innehaben, bekleiden; jmdm. einen R. verleihen, zuerkennen; seinen R. behaupten, verlieren; den gleichen R. wie ein anderer haben; er hat den R., ist/steht im R. eines Generals; er wurde in den R. des Intendanten erhoben. 2. *große Bedeutung, hohes Ansehen:* ein Mann ohne R. und Namen; ein Wissenschaftler vom Range Einsteins; ein Sänger von [europäischem] R.; der künstlerische R. dieses Mannes, seines Werks ist nicht sehr hoch anzusetzen. 3. *Teil des Zuschauerraums:* das Theater hat drei Ränge; sie spielten vor leeren, überfüllten Rängen; wir nehmen einen Platz auf dem R., im zweiten R. 4. *Gewinnklasse im Lotto, Toto:* auf die einzelnen Ränge entfallen folgende Gewinne ... ; im ersten R. gab es keine Gewinner, hat niemand gewonnen, gibt es 250 000 Euro. 5. (Sport) *Platz:* den zweiten R. belegen; sie landete, kam auf den 12. R.; * **ersten Ranges** *(von größter Bedeutung):* ein Politikum ersten Ranges · **alles, was Rang und Namen hat** *(die gesamte Prominenz)* · **jmdm. den Rang ablaufen** *(jmdn. übertreffen).*

rangieren: 1. ⟨[etw.] r.⟩ *[Wagen] auf ein anderes Gleis schieben:* im Zug, die Wagen r.; der Lokführer rangierte die letzten Waggons auf das Abstellgleis; der Lokführer rangiert; die Schranken blieben längere Zeit geschlossen, weil hier ein Güterzug rangierte. 2. (ugs.) ⟨irgendwo r.⟩ *einen bestimmten Rang innehaben:* die Mannschaft rangiert an zweiter Stelle, auf dem zweiten Tabellenplatz; er rangiert im Dienstalter hinter mir; eine Stufe höher, im Mittelfeld, an der Spitze r.

rank: (gewöhnlich in der Verbindung) **rank und schlank sein** *(schlank und hoch gewachsen):* sie ist r. und schlank.

ranken ⟨sich irgendwohin r.⟩: Efeu rankt sich um den Stamm; an der Hauswand rankt sich wilder Wein in die Höhe; rankende Pflanzen, Gewächse; ÜBERTR.: um das Schloss ranken sich viele Sagen (geh.; *das Schloss steht im Mittelpunkt vieler Sagen).*

ranzig: /von Fett/ *verdorben:* ranziges Fett, Öl; die Butter ist r., schmeckt etwas/leicht r.

rapid (österr. nur so, sonst bes. südd.), **rapide:** eine rapide Entwicklung, Vermehrung; ein rapider Anstieg der Produktion, Kursverfall; ihr Gesundheitszustand verschlechterte sich rapide; in ei-

R

nem rapiden Tempo; mit ihm geht es rapide bergauf, abwärts; die Unfälle häuften sich rapide.
rar: rare Waren, Artikel; ein rares Exemplar; diese Briefmarken sind sehr r.; gute Filme sind r. geworden; echte Freundschaft ist [leider] r.; ∗ **sich rar machen** (ugs.; *sich nur selten sehen lassen*).
rasant (ugs.): **1.** *sehr schnell:* eine rasante Entwicklung; ein rasantes Tempo; ein rasanter Aufstieg; der rasante technische Fortschritt; seine Karriere war r.; die Preise gehen r. in die Höhe, klettern r. nach oben. **2. a)** *imponierend:* eine rasante Musikshow; die Europameisterin lief eine rasante Kür; **b)** *(bes. von Autos) schnittig:* ein rasanter Sportwagen; ein rasantes Styling.
rasch: ein rasches Tempo; ein rascher Entschluss; er hat rasche Fortschritte gemacht; sie hat eine rasche Auffassungsgabe; die Kinder kamen in rascher Folge; sie ging mit raschen Schritten auf die Tür zu; er geht, läuft sehr r.; sie kam r. herbei; diese Lebensmittel verderben r.; er handelt zu r. *(zu wenig überlegt);* sie kamen mit der Arbeit r. voran; die Zeit verging viel zu r.; er soll so r. wie möglich kommen; sich r. ausbreiten.
rascheln ⟨mit etw.] r.⟩: Mäuse rascheln im Laub; die Blätter haben im Wind geraschelt; er hörte es, etwas r.; sie raschelte mit dem Papier, mit der Zeitung; raschelnde Seide.
rasen: 1. (ugs.) **a)** *sehr schnell fahren, laufen:* wild, unsinnig r.; sie ist gerast, um noch den Zug zu erreichen; er raste *(hetzte)* um einen Termin zum anderen; er rast wie ein Verrückter; er raste mit seinem Auto durch die Stadt, über die Autobahn; in rasender Eile *(sehr schnell);* das Feuer breitete sich mit rasender Geschwindigkeit aus; alles ging rasend schnell; ÜBERTR.: ein Sturm rast über das Land; die Zeit rast; sein Herz, sein Puls raste *(ging sehr schnell);* **b)** ⟨irgendwohin r.⟩ *mit großer Geschwindigkeit auf etw. prallen:* an einen Baum r.; ist sie gegen den Pfeiler, in die Absperrung gerast. **2.** *außer sich sein:* das Publikum raste [vor Begeisterung] ⟨vor Schmerzen, vor Zorn, vor Wut, vor Eifersucht; im Fieber r.; seine Worte machten sie rasend; rasende Schmerzen; er ist rasend eifersüchtig; ÜBERTR.: ein Sturm, ein Unwetter raste *(tobte)* in dieser Nacht.
Rasen, der: grüner, geschnittener, kurzer R.; der R. ist sehr gepflegt; R. säen, anlegen; R. *(Rasenstücke)* abheben, ausstechen; den R. sprengen, schneiden, mähen, niedertreten, zertrampeln, kurz halten; bitte den R. nicht betreten!; sie setzte sich auf der R.; auf dem R. sitzen, liegen; über den R. laufen, ÜBERTR.: die Mannschaften begegneten sich zum ersten Mal auf dem R. (Sport; *Spielfeld*);
∗ **jmdn. deckt der kühle/grüne Rasen** (geh. verhüll.; *jmd. ist tot u. begraben*).
rasieren: 1. ⟨jmdn., sich r.⟩ *die Barthaare entfer*

nen: sich nass, trocken r.; sich täglich, sorgfältig, schlecht r.; du musst dich noch r.; er lässt sich [vom, beim Friseur] r.; er rasiert sich noch mit einem Messer; er ist immer gut, sauber, tadellos rasiert. **2. a)** ⟨etw. r.⟩ *von Haaren befreien:* den Nacken r.; ⟨jmdm., sich etw. r.⟩ man hat den Gefangenen den Kopf rasiert; sie rasiert sich die Beine, die Achselhöhlen; **b)** ⟨etw. r.⟩ *abrasieren:* den Bart r.; ⟨jmdm., sich etw. r.⟩ man hat ihm die Haare an Armen und Beinen rasiert; **c)** ⟨jmdm., sich etw. r.⟩ *durch Rasieren hervorbringen:* er hat sich eine Glatze rasiert. **3.** (salopp) ⟨jmdn. r.⟩ *betrügen:* er hat uns bei diesem Handel ganz schön rasiert.
raspeln ⟨etw. r.⟩: Möhren, Äpfel r.; geraspelte Schokolade.
rasseln: 1. *ein rasselndes Geräusch erzeugen:* **a)** [Anker]ketten rasseln; BILDL.: der Kranke atmete rasselnd; SUBST.: das Rasseln des Weckers; **b)** ⟨mit etw. r.⟩ der Portier rasselte mit dem Schlüsselbund. **2.** ⟨irgendwo[hin] r.⟩ *sich rasselnd fortbewegen:* er, ein Wagen rasselt über das Pflaster; sie ist mit dem Wagen gegen einen Baum gerasselt (ugs.; *gefahren).* **3.** (salopp) ⟨durch etw. r.⟩ *nicht bestehen:* er ist durch die Prüfung, durch das Examen gerasselt.
rassig: ein rassiges Pferd; eine rassige Erscheinung; sie ist eine rassige Frau, Schönheit; ÜBERTR.: ein rassiger Wagen; dieses Parfüm hat eine rassige Note.
Rast, die: eine kurze, ausgedehnte, verdiente R.; sie machten ein paar Minuten R.; er gönnt sich, seinen Helfern keinen Augenblick R.; eine kurze Zeit der R.; bei, während der R. schlief er ein wenig;
∗ **ohne Rast und Ruh** (geh.; *ohne sich Ruhe zu gönnen).*
rasten: eine Weile, ein wenig, eine halbe Stunde r.; sie rasteten auf ihrer Fahrt in einem Hotel, im Grünen, am Waldrand; Ⓡ wer rastet, der rostet.
Rat, der: **1.** *Ratschlag:* ein guter, unerbetener, weiser, wohlmeinender, ehrlicher R.; das war ein schlechter R.; mein R. ist [der], ...; jmdm. einen R. geben; R. suchen *(jmdn. um einen Rat bitten);* sich R. suchend an jmdn. wenden; einen R. Suchenden weiterhelfen; einen R. befolgen, in den Wind schlagen, missachten; R. *(einen Ausweg, Hilfe)* wissen, schaffen; ich wusste mir keinen R. [mehr]; einen R. einholen, erbitten, erteilen, annehmen, beherzigen; er verschmähte jeden R.; ich holte mir R. bei ihm; sie folgte, gehorchte seinem R.; des Rates bedürfen; sie hörte nicht auf den R. ihres Vaters; sie handelte gegen den R. der Eltern; jmdn. um R. angehen, bitten; er fragte [mich] um R.; Ⓡ hier, da ist guter R. teuer; kommt Zeit, kommt R.
2. *Ratsversammlung:* der engere, weitere R.; der R. der Stadt, Gemeinde; der R. tagt, beschließt

etw., berät über etw.; der R. wird einberufen, angerufen, gewählt; in den R. gehen, aus dem R. kommen; beim, vom R. wurde beschlossen, dass ...; im R. sitzen *(Mitglied des Rates sein)*.
3. *Mitglied einer beratenden Körperschaft:* er ist R. geworden; er wurde als R. abgewählt; er wurde zum R. gewählt, berufen;
* **Rat halten** (geh.; *sich beraten*) · **mit sich Rat halten** *(etwas gründlich überlegen)* · **mit Rat und Tat** *(tatkräftig)*: er stand ihr mit R. und Tat bei · **jmdn., etw. zu Rate ziehen** (↑ zurate).
Rate, die: 1. *Teilbetrag:* die erste, zweite, letzte R.; kleine, (ugs.:) bequeme, feste Raten; die nächste R. ist am 1. Juli fällig; die Raten pünktlich [be]zahlen, abführen, einhalten; auf Raten kaufen; etw. in sechs monatlichen Raten zu 100 DM bezahlen; er ist mit einer R. im Rückstand, in Verzug.
2. *Prozentsatz:* eine steigende, sinkende, konstante R.
raten: 1. a) ⟨jmdm. r.⟩ *jmdn. beraten:* jmdm. gut, schlecht, richtig r.; da kann ich dir nur schwer, nicht r.; ihm ist nicht zu r. [und zu helfen]; er lässt sich nicht r.; lass dir r.!; Ⓡwem nicht zu r. ist, dem ist auch nicht zu helfen; r. ist leichter als helfen; b) ⟨[jmdm.] etw. r.⟩ *anraten:* was rätst du mir?; er riet ihm, sofort zum Arzt zu gehen; der Arzt hat ihm geraten, viel zu schwimmen; /drohende Mahnungen/: nimm dich zusammen, das rat ich dir!; das lass dir geraten sein!; das möchte ich auch geraten haben!; c) ⟨jmdm. zu jmdm., etw. r.⟩ *durch seinen Rat zu etw. bewegen:* wozu rätst du mir?; sie riet ihm zur Vorsicht; man hat ihm zu diesem Arzt geraten.
2. ⟨jmdn., etw. r.⟩ *erraten:* die richtigen Bilder, Wörter, Zahlen r.; er hat das Rätsel geraten *(gelöst);* (ugs.:) rate mal, wer das gesagt hat!; das rät niemand; ⟨auch ohne Akk.⟩ da ich es nicht weiß, muss ich r.; Ⓡ dreimal darfst du r. (ugs.; auch iron.; *es ist offensichtlich, wer od. was damit gemeint ist*);
* **sich** (Dat.) **nicht zu raten wissen** *(ratlos sein).*
rational: *vernünftig:* eine rationale Auffassung, Betrachtung, Einstellung; das rationale Denken; der Mensch als rationales Wesen; r. handeln; etw. r. erklären, begründen; der Betrieb war r. *(überlegt, sinnvoll)* organisiert; (Math.:) rationale Zahlen.
rationell: *wirtschaftlich; zweckmäßig:* eine rationelle Bauweise, Methode; der rationelle Einsatz von Rohstoffen; Tipps zum rationellen Energieverbrauch; r. arbeiten, wirtschaften, verfahren; etw. rationeller produzieren, ausnutzen.
ratlos: ein ratloses Gesicht machen; sie war völlig r.; sie sah ihn r. an; sie stand den Vorgängen r. gegenüber.
ratsam: ein nicht ratsames Verhalten; es ist r., einen Regenschirm mitzunehmen; es ist r. zu schweigen; etw. erscheint jmdm. r.; er hielt es für r., schnell zu handeln.

Ratschlag, der: ein guter, vernünftiger, weiser R.; jmdm. Ratschläge geben, erteilen; einen R. befolgen; sie wollte keine Ratschläge annehmen; sie hörte nicht auf den R. ihres Vaters.
Rätsel, das: 1. *Rateaufgabe:* ein schwieriges, leichtes, einfaches R.; R. raten, lösen; die Kinder gaben einander R. auf; die [Auf]lösung des Rätsels mit Spannung erwarten; ÜBERTR.: das ist des Rätsels Lösung!
2. *Geheimnis:* ein großes, dunkles, ewiges, ungelöstes R.; R. um sein Verschwinden löste sich, klärte sich auf; die Sache, der Vorgang steckt voller R. *(ungelöster Fragen);*
* **jmdm. ein Rätsel sein/bleiben** *(für jmdn. unbegreiflich sein)* · **jmdm. Rätsel/ein Rätsel aufgeben** *(für jmdn. unbegreiflich sein)* · **in Rätseln reden, sprechen** *(unverständliche Dinge sagen, die der Angesprochene nicht entschlüsseln kann)* · **vor einem R. stehen** *(etw. nicht begreifen können).*
rätselhaft: rätselhafte Vorgänge; ein rätselhaftes Lächeln; die Bücher sind auf rätselhafte Weise, unter rätselhaften Umständen abhanden gekommen; die Geschichte ist mir, erscheint mir r.; es ist mir r., wie das geschehen konnte.
rätseln ⟨über etw. (Akk.)] r.⟩: man rätselt über den Hergang; er rätselte lange, wie ihr Verhalten zu erklären sei/wer der eigentliche Drahtzieher war.
rattern: a) *ein ratterndes Geräusch erzeugen:* Maschinen rattern; der Motor rattert; ein Presslufthammer hatte kurz gerattert; SUBST.: das Rattern der Maschinengewehre; b) ⟨irgendwohin r.⟩ *sich ratternd fortbewegen:* eine Bahn rattert durch den Tunnel; er rattert mit seinem alten Auto ins Grüne; die Wagen sind über das Pflaster, durch die Straßen gerattert.
rau: 1. *uneben, nicht glatt:* eine raue Oberfläche, Wand; ein raues Gewebe; raues Papier; rauer Putz; eine raue *(aufgesprungene)* Haut; durch die Kälte sind die Hände r. *(rissig)* geworden; der Stein fühlt sich r. an.
2. *leicht heiser:* einen rauen Hals haben; seine Stimme klingt etwas r.
3. a) *scharf, nicht mild:* ein rauer Wind; raues Wetter; das Klima, der Winter ist hier sehr r.; b) *unwirtlich:* eine raue Gegend; der raue Norden; ein raues Gebirge.
4. *schroff; grob:* raue Gesellen; dort herrscht ein rauer Ton; in diesem Kreis herrschen raue Sitten; seine Art ist r., aber herzlich; man hat sie zu r. angefasst.
Raub, der: 1. *das Rauben:* ein schwerer R.; einen R. begehen, verüben; von R. lebt eine Bande; er wurde wegen [versuchten, schweren] Raubes angeklagt, verurteilt.
2. *Beute:* den R. untereinander teilen; die Polizei hat den Banditen ihren R. wieder abgejagt; diese Tiere gehen nachts auf R. aus *(jagen nachts ihre Beute);*

* **ein Raub der Flammen werden** (geh.; *durch Feuer zerstört werden).*
Raubbau, der: ein unverantwortlicher R.; R. am Wald; R. treiben; der Waldbestand wurde durch R. fast völlig vernichtet; ÜBERTR.: das ist R. an deinen Kräften; er treibt R. mit seiner Gesundheit.
rauben: 1. ‹[jmdm.] jmdn., etw. r.) *gewaltsam wegnehmen:* Geld, Schmuck [aus der Kassette] r.; ein Kind wurde geraubt *(entführt);* der Wolf hat ein Schaf geraubt *(als Beute gefangen, getötet);* bei dem Einbruch wurden ihm alle Wertsachen geraubt; ‹auch ohne Akk. und ohne Dat.) die umherziehenden Horden raubten *(begingen Raubüberfälle)* und plünderten. **2.** (geh.) ‹jmdm. etw. r.) *jmdn. um etw. bringen:* jmdm. die Hoffnung, die Ruhe r.; die Sorgen haben ihm den Schlaf, den Appetit geraubt; die hohen Bäume rauben uns die Aussicht; sich durch nichts seine Überzeugung r. lassen.
Rauch, der: dichter, dicker, schwarzer, blauer, beißender, scharfer R.; der R. der Zigarette, aus der Pfeife; R. von Zigarren; R. steigt auf, steigt senkrecht in die Höhe, quillt hervor, zieht ab, breitet sich aus; aus dem Schornstein kommt dünner R.; R. wälzt sich in dichten Schwaden heran; über dem Feuer entwickelt sich R.; der R. beißt mir in den Augen; das Zimmer war voller R., vom Rauch geschwärzt; den R. *(Zigaretten-, Zigarrenrauch)* einatmen, einziehen, inhalieren, ausstoßen, durch die Nase blasen; alles roch, schmeckte nach R.; mehrere Menschen sind im R. erstickt; Wurst und Fleisch, Fische in den R. *(Rauchfang)* hängen; Ⓡ kein R. ohne Flamme *(alles hat seine Ursache);*
* **sich in Rauch auflösen/in Rauch aufgehen** *(zunichte werden, sich verflüchtigen):* alle ihre Pläne haben sich in R. aufgelöst · **in Rauch [und Flammen] aufgehen** *(völlig verbrennen, durch Feuer zerstört werden).*
rauchen: 1. *Rauch ausstoßen:* der Vulkan, der Schutthaufen, der Schornstein, der Ofen raucht; ‹es raucht irgendwo) es raucht aus dem Ofenrohr, in der Küche. **2. a)** *Raucher[in] sein:* viel, wenig, stark r.; er raucht auf Lunge, auf nüchternen Magen; sie raucht wie ein Schlot (ugs.; *sehr viel);* rauchst du?; SUBST.: Rauchen verboten!; das Rauchen aufgeben; **b)** ‹etw. r.) *etwas Bestimmtes rauchen:* einen guten, billigen Tabak r.; sie rauchen Haschisch, Opium; Zigarren r.; er raucht Pfeife, nur eine bestimmte Marke; er raucht eine Zigarette nach der anderen; eine Zigarette nur halb r.
räuchern ‹etw. r.): Wurst, Schinken, Fische r.; [frisch] geräucherter Speck.
raufen: 1. ‹etw. r.) *ausraufen:* Flachs r. *(ernten);* Pflanzen, Unkraut [aus den Beeten] r.; die Pferde raufen das Heu aus der Krippe.
2. (bes. südd., österr.) *sich balgen:* **a)** ‹mit jmdm. r.) er hat mit seinem Freund gerauft; miteinander

r.; ‹auch ohne Präpositionalobjekt) die Jungen raufen schon wieder; hört endlich auf zu r.!; **b)** ‹sich mit jmdn. r.) er hat sich mit einem Mitschüler [um den Ball] gerauft; ‹auch ohne Präpositionalobjekt) habt ihr euch gerauft?
Raum, der: **1.** *Zimmer:* ein großer, kleiner, riesiger, hoher, niedriger, leerer, möblierter, kahler, heller, freundlicher, gemütlicher R.; ein R. mit guter Akustik; ein R. zum Arbeiten; dieser R. ist nicht heizbar; das Haus hat 10 Räume; einen R. betreten, verlassen, einrichten, möblieren; er hat einen R. im Keller gemietet, mit Möbeln ausgestattet; die Fenster des Raumes gehen zur Straße; sie gingen durch die Räume; der Tisch steht mitten im R.; sie trat in einen großen R.
2. *Ausdehnung:* die unendlichen Räume des Universums; riesige Räume noch nicht erschlossenen Landes; (Philos.:) R. und Zeit bestimmen die Form unseres Denkens; zwischen der Wand und den Regalen ist nur wenig R.; luftleerer R. (Physik; *Vakuum);* ÜBERTR.: sie operieren im luftleeren R. *(ihre Handlungen haben keinen Bezug zur Realität).*
3. ‹ohne Plural) *Platz:* es ist kein R. mehr da für die Bücher; viel, wenig R. beanspruchen, brauchen, benötigen, einnehmen; R. finden, schaffen; eine R. sparende Lösung; sie haben nur beschränkten R.; du musst am Rand des Blattes genügend R. für Anmerkungen lassen; etw. auf kleinstem R. unterbringen; viele Familien leben hier auf engem/engstem R. *(in großer Enge)* zusammen; freier R. (Ballspiele; *der ungedeckte Teil des Spielfelds);* ÜBERTR.: die Vorschriften lassen zu wenig R. *(Spielraum)* für eine freie Entfaltung; für solche Überlegungen ist, bleibt hier kein R.; diese Frage nahm bei dem Gespräch einen breiten R. ein.
4. ‹ohne Plural) *Weltraum:* der unermessliche, weite, kosmische, leere R.; mit Raketen in den R. vordringen, vorstoßen.
5. *Gebiet, Bereich:* der süddeutsche, westeuropäische R.; im R. Köln; im R. Köln; aus dem R. Köln; ÜBERTR.: der politische, geistige R.; der R. der Kirche.
* **[den] Raum decken** (Ballspiele; *einen Teil des Spielfeldes so abschirmen, dass der Gegner kein Spiel entfalten kann)* · **etw.** (Dat.) **Raum geben** (geh.; *etw. sich entfalten, entwickeln lassen)* · **im Raum stehen** *(als Problem o. Ä. aufgeworfen werden und nach einer Lösung verlangen):* dieses Problem, diese Frage steht noch im R. · **etw. im Raum stehen lassen** *(als Frage, Problem o. Ä. unerledigt lassen)* · **etw. in den Raum stellen** *(etw. zur Diskussion, Besprechung vorlegen)* · **im Raum stehen bleiben** *(als Problem o. Ä. [zunächst] ungelöst bleiben).*
räumen: a) ‹etw. r.) *(einen Ort, einen Platz)* verlassen: vor der drohenden Gefahr mussten sie ihre Häuser r.; (Verkehrsw.:) eine Kreuzung r.; ÜBERTR.: er musste seinen Platz als Abteilungs-

leiter r.; b) ⟨etw. r.⟩ *frei machen:* die Polizei räumte den Saal, die vom Einsturz bedrohten Häuser; Polizei hat die Straße vom Demonstranten geräumt; c) ⟨etw. aus, von etw./irgendwohin r.⟩ *wegräumen; irgendwohin bringen:* etw. vom Tisch, aus dem Weg r.; etw. auf die Seite, beiseite, zur Seite, wieder an seinen Platz r.; sie haben die Möbel in ein anderes Zimmer geräumt; d) ⟨etw. r.⟩ *leeren:* die Firma konnte während des Schlussverkaufs ihre Lager räumen; der Gehweg muss [vom Schnee] geräumt werden; die Unfallstelle ist geräumt; e) ⟨etw. r.⟩ *beseitigen:* der Schnee, der Schutt muss geräumt werden.

Rausch, der: **1.** *Alkohol-, Drogenrausch:* ein leichter, schwerer, ordentlicher R.; einen [gehörigen] R. haben; sich einen R. antrinken, (ugs.:) holen; er lag auf einer Bank und schlief seinen R. aus; er ist aus seinem R. aufgewacht; in ihrem R. wusste sie nicht, was sie sagte; er hatte die Tat im R. *(im Zustand der Trunkenheit)* begangen. **2.** *ekstatischer Zustand:* ein wilder, blinder R. der Leidenschaft, der Liebe; der R. der Geschwindigkeit hatte ihn gepackt; im R. der Begeisterung, des Erfolges, des Sieges; im ersten R. war sie wie geblendet.

rauschen: 1. *ein rauschendes Geräusch erzeugen:* das Wasser, das Meer, der Wald, der Wasserfall rauscht; die Bäume, die Blätter rauschen im Wind; der Wind rauscht in den Zweigen; die Seidengewänder rauschten; ⟨es rauscht⟩ es rauscht in der Leitung; SUBST.: das Rauschen der Brandung; im Radio war nur ein Rauschen zu hören; ÜBERTR.: rauschender Beifall; ein rauschendes Finale; rauschende *(prunkvolle)* Feste feiern. **2.** ⟨irgendwohin r.⟩ *sich mit rauschendem Geräusch fortbewegen:* das Boot rauscht durch das Wasser; ein Gießbach rauscht zu Tal. **3.** (ugs.) ⟨irgendwohin r.⟩ *rasch, mit auffälligem Gehabe gehen:* sie rauschte majestätisch durch den Saal, erhobenen Hauptes aus dem Raum.

räuspern ⟨sich r.⟩: sich laut, kräftig, verlegen, nervös r.; er räusperte sich einige Male, bevor er zu sprechen begann; SUBST.: man hörte ein lautes Räuspern.

reagieren ⟨[auf etw. (Akk.)] irgendwie r.⟩: schnell, falsch, vernünftig, gelassen, richtig, prompt, heftig, allergisch, spontan, sauer r.; er reagierte mit Spott; die Instrumente haben sofort reagiert; sie haben auf den Brief nicht reagiert; jeder Körper reagiert anders auf das Medikament; die Lauge reagiert basisch (Chemie; *zeigt eine basische Reaktion*).

Reaktion, die: **1.** *das Reagieren:* eine spontane, besonnene, rasche, [blitz]schnelle R.; heftige, seelische Reaktionen; seine erste R. war Verblüffung; die R. der Zuhörer auf das Wahlprogramm war positiv; eine R. auslösen, bewirken, hervorrufen; er zeigte keinerlei R. **2.** (Chemie) *Stoffumwandlung:* eine chemische R. setzt ein, findet statt, läuft ab, vollzieht sich.

3. (abwertend) *fortschrittsfeindliche Kräfte in der Politik:* die R. übt ihren Einfluss aus; die R. wird heftig bekämpft; die Vertreter der R.

real: a) *gegenständlich, in der Wirklichkeit vorhanden:* die reale Welt; die realen Gegebenheiten; b) *realitätsbezogen:* reale Pläne, Interessen, Ziele; er hat ein reales Verhältnis zur Macht; eine Entwicklung, eine Situation r. einschätzen; r. denken; c) (Wirtsch.) *unter dem Aspekt der Kaufkraft [betrachtet]:* die realen Einkommen der Arbeitnehmer; der Umsatz ist r. um 2 Prozent gestiegen.

realisieren ⟨etw. r.⟩: **1.** *verwirklichen:* Pläne, Ideen, ein Programm r.; dieses Vorhaben war technisch noch nicht zu r.; ein Stück szenisch r. *(in Szene setzen);* (schweiz., Sport:) einen Sieg r. **2.** (Wirtsch.) *erzielen:* Gewinne, Wertsteigerungen r. **3.** *klar erkennen, begreifen:* sie realisierten nicht, dass ihr Verhalten so sehr ungerecht war.

realistisch: a) *wirklichkeitsnah:* eine realistische Darstellung, Schilderung; der Film ist ganz r.; r. malen, schreiben; b) *nüchtern:* eine realistische Betrachtungsweise, Einstellung, Politik; sie ist ein realistischer, r. denkender Mensch; bei realistischer Betrachtung, Einschätzung der Lage; r. denken; er sieht, beurteilt die Dinge r.

rebellieren ⟨[gegen etw.] r.⟩: die Arbeiter, die Bauern rebellieren; die Gefangenen rebellierten gegen die menschenunwürdigen Zustände; rebellierende Studenten; ÜBERTR.: nach dem schweren Essen rebellierte sein Magen.

Rechen, der (bes. südd.): ↑ Harke.

Rechenschaft, die: jmdm. R. schulden/schuldig sein; [jmdm., sich über etw.] R. geben/ablegen; jmdn. [für etw.] zur R. ziehen *(verantwortlich machen);* R. verlangen/fordern.

rechnen: 1. a) *eine Rechnung ausführen:* schnell, richtig, schriftlich, im Kopf r.; er rechnet mit dem Rechenschieber, mit der Maschine, mit dem Taschenrechner; mit großen Beträgen, mit einer Unbekannten r.; der Lehrer rechnet mit den Kindern; die Schüler können, lernen r.; SUBST.: [das Fach] Rechnen unterrichten; er ist in Rechnen schwach; b) ⟨etw. r.⟩ *lösen:* eine Aufgabe, eine Gleichung mit zwei Unbekannten r. **2.** (ugs.) *sparsam sein:* sie rechnen sehr; er braucht nicht zu r.; sie müssen r., um mit ihrem Geld auszukommen; sie rechnen mit jedem Pfennig. **3.** ⟨etw. r.⟩ a) *berechnen:* Zinsen, Porto, Provision r.; er rechnet 60 Euro pro Stunde; ⟨mit Präpositionalobjekt⟩ den Betrag in Euro r.; die Entfernung nach Lichtjahren r.; etw. zu etw. r. *(addieren);* b) *veranschlagen:* für die Fahrt muss er 3 Stunden r.; man rechnet bei diesem Gericht 200 g Fleisch pro Person; ⟨irgendwie r.⟩ gut, hoch, knapp, rund gerechnet, braucht man dafür ca. 1 000 Euro. **4.** a) ⟨mit jmdm., etw. r.⟩ *jmdn., etw. erwarten:*

mit jmdm., mit jmds. Besuch r.; er rechnet mit einem Erfolg, mit einem Sieg, mit einer guten Note; die Meteorologen rechnen mit einem strengen Winter; du musst mit allem, mit dem Schlimmsten r.; damit hatte niemand gerechnet; ein klug rechnender Kopf *(abwägender Mensch);* **b)** ⟨auf jmdn., etw. r.⟩ *sich verlassen:* auf ihn, auf seine Hilfe, auf ihre Fairness kannst du nicht r. **5. a)** ⟨jmdn., sich, etw. zu jmdm., (seltener:) unter jmdn., etw. r.⟩ *dazurechnen:* er rechnet ihn zu seinen Freunden; jmdn. unter die Fachleute r.; jmdn. zur Elite r.; **b)** ⟨zu jmdm., etw. r.⟩ *gehören:* die Delphine rechnen zu den Walen; er rechnet zu den bekanntesten Dirigenten seiner Zeit. **6.** (ugs.) ⟨sich r.⟩ *sich lohnen:* die Mühe, der Aufwand rechnet sich [nicht].

Rechnung, die: **1.** *Rechenaufgabe:* eine schwierige, schwere R.; die R. ist richtig, falsch, ist nicht aufgegangen. **2.** *schriftliche Kostenforderung:* eine hohe, (ugs.:) gepfefferte/unverschämte, unbezahlte R.; (Kaufmannsspr.:) laufende R.; die R. beläuft sich auf, beträgt 500 DM; die R. liegt bei; eine R. [aus]schreiben, schicken, bezahlen, begleichen, vorlegen; eine R. anfordern; sich die R. geben lassen; um die R. bitten; etw. auf die R. setzen *(auf der Rechnung aufführen);* das geht auf meine R. *(wird von mir bezahlt);* er hat seine Arbeit nicht in R. gestellt *(nichts dafür gefordert);* etw. auf R. *(gegen Rechnung)* bestellen, liefern, senden; die Lieferung erfolgt auf R. und Gefahr des Empfängers; Waren für fremde R., für/auf R. eines Dritten *(im Auftrag eines anderen)* kaufen; er arbeitet für eigene R. *(in eigener Verantwortung);* **∗ die Rechnung ohne den Wirt machen** (ugs.; *ohne Erfolg handeln, weil man sich nicht des Einverständnisses der letztlich maßgeblichen Person versichert hat)* · **jmdm. eine Rechnung aufmachen** (ugs.; *eine [Gegen]forderung an jmdn. stellen)* · **jmdm. die Rechnung [für etw.] präsentieren** (ugs.; *jmdn. zum Ausgleich für etw. nachträglich mit bestimmten unangenehmen Forderungen konfrontieren)* · **die Rechnung geht [nicht] auf** *(etw. führt [nicht] zu dem gewünschten Ergebnis)* · **jmdm., etw. Rechnung tragen** *(jmdm., etw. gebührend berücksichtigen)* · **etw. in Rechnung stellen/ziehen** *(etw. berücksichtigt, einkalkulieren)* · **über etw. (Akk.) Rechnung legen** (geh.; *etw. rechtfertigen)* · **auf eigene Rechnung [und Gefahr]** *(auf eigenes Risiko)* · **auf seine Rechnung kommen** (ugs.; *zufrieden gestellt werden)*.

recht: **1.** *richtig, passend; dem Erforderlichen o. Ä. entsprechend:* der rechte Weg; das ist nicht der rechte Ort, der rechte Zeitpunkt für dieses Gespräch; er ist der rechte Mann für diese Aufgabe; er hat die rechten Worte gefunden; du bist auf der rechten Spur; du kommst gerade im rechten Augenblick, zur rechten Zeit; du kommst gerade r., um mit uns essen zu können; du kommst mir gerade r.! (ugs. iron.; *sehr ungelegen!);* so ist es r.!,

das ist r.!, r. so! *(gut!, geht in Ordnung!);* ganz r.! *(das stimmt!);* verstehen Sie mich r. ... *(fassen Sie das Gesagte nicht falsch auf);* wenn ich r. unterrichtet bin ...; wenn ich es mir r. überlege ...; bin ich hier r. *(auf dem richtigen Weg)?;* das ist [ja alles] r. und schön *(das ist [ja alles] in Ordnung),* aber ...; ich denk, ich hör nicht r.! (ugs.; *das kann doch wohl nicht stimmen!);* SUBST.: sie ist nicht die Rechte *(die richtige Frau)* für ihn; (ugs. iron.:) du bist mir der Rechte!; da bist du [bei mir] an den Rechten gekommen, geraten (ugs. iron.; *da hast du dich an den Falschen gewandt);* er hat mit seinem Geschenk das Rechte getroffen; sie tut immer das Rechte. **2.** *angebracht:* r. tun, handeln; es ist nicht r. von dir, so zu sprechen; das geschieht dir r.! *(du hast es als Strafe verdient!);* ℝ tue r. und scheue niemand!; was kann einer r. ist, ist dem andern billig *(jeder hat das gleiche Recht).* **3.** *jmds. Wunsch, Bedürfnis o. Ä. entsprechend:* ihm kann man nichts r. machen; man kann es nicht allen r. machen; es, das ist mir r.; es war ihr überhaupt nicht r., dass sie dort gesehen worden war; [es] soll mir r. sein! (ugs.; *ich bin damit einverstanden!).* **4. a)** *wirklich, echt:* sie hatten keine rechte Lust, etwas zu unternehmen; er hat kein rechtes Vertrauen zu den Leuten; (geh. veraltend:) es ist ein rechter Jammer; da schrie sie erst r. *(gerade; noch lauter als vorher);* ich verstehe ihre Einstellung nicht r.; die Wunde will nicht r. heilen; man wird nicht r. *(nicht so ganz)* klug aus diesem Menschen; du traust ihm nicht r. *(nicht recht Verstand);* SUBST.: er weiß, kann nichts Rechtes; aus dem Jungen wird nichts Rechtes *(er hat es nichts Rechtes gelernt);* **b)** *ziemlich [groß], ganz:* r. schönes Wetter; ein r. gutes Ergebnis; sie war mit dem Ergebnis r. zufrieden; die Sache war r. schwierig; sei r. *(sehr)* herzlich gegrüßt; **∗ recht und schlecht** *(mit großer Mühe)* *alles, was recht ist* ... (ugs.; *1. bei allem Verständnis, aber ...* *2. das muss man zugeben)* · **recht daran tun** *(in Bezug auf etw. richtig handeln)* · **etw. ist [nur] recht und billig** *(etw. ist [nur] gerecht)* · **nach dem Rechten sehen** *(nachsehen, ob alles in Ordnung ist).*

Recht, das: **1. a)** *sittliche Norm, Rechtsordnung, Gesamtheit der Gesetze:* das menschliche, göttliche, ewige R.; ein ungeschriebenes, gesetztes, positives R.; das bürgerliche, öffentliche, römische, deutsche, internationale, kanonische R.; hier gilt gleiches R.; das R. vertreten, unparteiisch handhaben, anwenden; das R. brechen, verletzen, verdrehen, missachten, mit Füßen treten (geh.; *missachten);* das R. beugen *(als Richter, Gericht willkürlich verdrehen);* sie hat das R. auf ihrer Seite! das R. auf seiner Seite haben (geh.; *das geltende Recht nicht verletzen);* nach dem geltenden R. ist er schuldig; er hat gegen das R. und Gesetz verstoßen; ℝ R.

muss R. bleiben; b) *Rechtswissenschaft:* das R., die Rechte studieren; sie ist Doktor der Rechte, beider Rechte. **2.** *Anspruch, Berechtigung, Befugnis:* ein verbrieftes, angestammtes, unveräußerliches R.; verfassungsmäßig garantierte Rechte; das elterliche R.; es ist sein [gutes] R., das zu verlangen; das R. des Stärkeren; das R. eines Volkes auf Selbstbestimmung; jeder hat ein R. auf Arbeit; ältere, frühere Rechte besitzen, haben; du hast nicht das R., so zu sprechen; fremde Rechte verletzen; der Körper verlangt, fordert sein R. auf Schlaf; jmdm. ein R. geben, zusprechen, verweigern, versagen, absprechen, entziehen, übertragen; jmdm. ein R. einräumen; jmdm. die staatsbürgerlichen Rechte aberkennen; jmdm. das R. streitig machen, etw. zu tun; sich das R., sich alle Rechte vorbehalten; seine Rechte geltend machen; jmds. Rechte antasten, anfechten; sich ein R. anmaßen, aneignen; sich das R. zu etw. nehmen; ein R. verwirken; sein R. bekommen, behaupten, erzwingen; sie besteht auf ihrem R., macht von ihrem R. Gebrauch, pocht auf ihr R.; man hat die Sache für R. erkannt, erklärt; er ist in die Rechte seines verstorbenen Bruders getreten; mit welchem R. tut er das?; der Anwalt hat ihm zu seinem R. verholfen; Ⓡgleiche Rechte, gleiche Pflichten; ★ **Recht behalten** *(sich schließlich als derjenige/ diejenige erweisen, der/die Recht hat)* · **Recht bekommen** *(bestätigt bekommen, dass man Recht hat)* · jmdm. **Recht geben** *(jmdm. bestätigen, dass er im Recht ist)* · **Recht haben** *(im Recht sein)* · **Recht sprechen** *(ein richterliches Urteil fällen)* · **im Recht sein** *(in einem Streitfall Recht haben)* · **mit/zu Recht** *(mit Recht, mit Grund):* er hat sich mit [vollem] R., zu R. darüber beschwert; sein Anspruch besteht zu R. · **von Rechts wegen** (1. Rechtsw.; *rechtsverbindlich.* 2. *eigentlich, wenn alles seine Richtigkeit hätte)* · **zu seinem R. kommen** *(gebührend berücksichtigt werden)*.

rechte: **1.** die r. Hand; das r. Bein, Auge, Ohr; die r. Seite *(Oberseite)* des Stoffes, der Tischdecke; etw. auf die r. Seite drehen; am rechten Ufer; auf der rechten Straßenseite gehen; subst.: sie streckte ihm die Rechte *(r. Hand)* entgegen; er saß zur Rechten *(an der rechten Seite)* des Gastgebers; (Boxen:) der Boxer traf seinen Gegner mit einer blitzschnellen Rechten; mit blitzschneller Rechten/(seltener:) Rechter *(Schlag mit der rechten Hand).* **2.** *politisch konservativ:* r. Abgeordnete, Zeitungen; der r. Flügel der Partei; subst.: ein Rechter sein; die Rechten im Parlament.

rechten (geh.) ⟨mit jmdm. r.⟩: sie rechten immerzu miteinander; ich will mit dir nicht darüber r.; ⟨auch ohne Präpositionalobjekt⟩ musst du immer r.?; darüber lohnt es nicht zu r.

rechtens: **l.** ⟨Adverb⟩ *zu Recht, mit Recht:* die Sache gilt r. als fragwürdig; r. *(rechtlich gesehen)* müsste er zahlen. **II.** ⟨in den Verbindungen⟩ **rechtens sein** *(rechtmäßig sein)* · **etw. für rechtens halten, erachten** o. ä. *(etw. für rechtmäßig halten, erachten).*

rechtfertigen: a) ⟨jmdn., sich, etw. [vor jmdn.] r.⟩ *gegen einen Vorwurf verteidigen:* jmdn., jmds. Verhalten nachträglich r.; du brauchst dich nicht zu r.; er musste sich vor dem Untersuchungsausschuss wegen bestimmter Handlungen r.; deine Ausfälle, Lügen sind durch nichts zu r., lassen sich durch nichts r. *(entschuldigen);* b) ⟨etw. r.⟩ *als berechtigt erscheinen lassen, erweisen:* der neue Mitarbeiter, sein Erfolg rechtfertigt das in ihn gesetzte Vertrauen; der Anlass rechtfertigt den Aufwand; unser Misstrauen war nicht gerechtfertigt *(berechtigt);* nichts rechtfertigt diese Tat; c) ⟨sich aus etw. r.⟩ *sich als begründet erweisen:* sein Verhalten rechtfertigt sich aus dem Umstand, dass ...

Rechtfertigung, die: die R. der Ausgaben, eines Verhaltens; er hatte nichts zu seiner R. vorzubringen; zu meiner R. möchte ich sagen, ...

rechthaberisch (abwertend): *starrsinnig:* ein rechthaberischer Mensch; er hat eine rechthaberische Art, ein rechthaberisches Wesen; du bist zu r.; r. auf seiner Meinung beharren.

rechtlich: *das Recht betreffend; gesetzlich:* rechtliche Fragen, Normen; eine rechtliche Entscheidung; die rechtliche Gleichstellung der Frau; eine rechtliche Grundlage für etw. schaffen; vom rechtlichen Standpunkt aus betrachtet, ...; dieses Vorgehen ist r. begründet, nicht zulässig; zu etw. r. verpflichtet sein; etw. r. verankern.

rechtmäßig: *dem Recht nach; gesetzlich:* eine rechtmäßige Forderung; einen rechtmäßigen Anspruch haben; er ist der rechtmäßige Besitzer, Thronfolger, Erbe; das Vorgehen war nicht r.; sie hat die Sache als r. hingestellt.

rechts: **l.** ⟨Adverb⟩: **1.** *auf der rechten Seite:* r. vom Eingang, vom Fenster; im Vordergrund r. steht ein Baum; r. stehen, gehen, fahren; r. *(nach rechts)* abbiegen; er wohnt im dritten Stock r.; r. und links verwechseln; nach r. und links schauen; das Haus liegt weiter r.; du musst dich mehr r. halten *(rechts bleiben);* er hat ihn r. und links geohrfeigt; sich nach r. drehen; sich von r. nach links wenden; ein Auto kommt von r.; /Vorfahrtsregel/: r. vor links; /in militärischen Kommandos/: r. um!; r. schwenkt, marsch!; Augen r.! **2.** *mit der Außen-, Oberseite nach außen:* die Decke r. auflegen; ein Kleidungsstück wieder [nach] r. drehen; den Stoff kann man [von] r. bügeln. **3.** (Handarb.) *mit rechten Maschen:* r. gestrickter Schal; sie strickte eins r., eins links *(eine Rechtsmasche und eine Linksmasche im Wechsel).* **4.** (ugs.) *mit der rechten Hand:* er ist Linkshänder, aber er schreibt r. **5.** *zur politischen Rechten gehörend:* [weit] r. stehen; r. (ugs.; *rechts eingestellt)* sein; sie ist ganz r. orientiert.

II. ⟨Präp. mit Gen.⟩ (seltener) *auf der rechten Seite von etw.*: r. des Rheins, der Straße; ⋆ **weder rechts noch links schauen** *(unbeirrbar seinen Weg gehen)* · **nicht [mehr] wissen, wo/ was rechts und links ist** (ugs.; *sich nicht [mehr] zurechtfinden, völlig verwirrt sein).* **Rechtsweg,** der (Rechtsw.): den R. gehen, beschreiten, einschlagen; etw. auf dem R. *(gerichtlich)* entscheiden; der R. *(eine gerichtliche Entscheidung)* ist ausgeschlossen; unter Ausschluss des Rechtswegs.

rechtzeitig: *zur rechten Zeit:* eine rechtzeitige Anmeldung, Vorbereitung, Hilfe; er war r. da; etw. r. sagen; die Krankheit ist nicht r. erkannt worden; sie müssen r. gehen, aufbrechen, kommen. **recken: 1. a)** ⟨sich, etw. r.⟩ *strecken und dehnen:* den Hals, die Glieder r.; sich [nach dem Aufstehen] r. und strecken; **b)** ⟨etw. irgendwohin r.⟩ *strecken:* den Kopf aus dem Fenster, den Arm in die Höhe r.; die Faust gegen jmdn. r. (geh.; *jmdm. mit der Faust drohen*); BILDL.: der Baum reckt seine Zweige in den Himmel. **2.** (ugs. landsch.) ⟨etw. r.⟩ *[glatt] ziehen:* Wäsche vor dem Bügeln r. **Rede,** die: **1.** *Ansprache:* eine kurze, lange, langweilige, improvisierte, frei gehaltene, wohl durchdachte, gut aufgebaute, erbauliche, mitreißende, zündende, feierliche, salbungsvolle, bedeutende, bemerkenswerte, flammende, öffentliche R.; die R. des Bürgermeisters, des Vorsitzenden; eine R. an das Volk; seine R. war zu weitschweifig, fand großen Beifall, hat Eindruck gemacht, hat Aufsehen erregt; eine R. [vor dem Parlament] halten; eine R. ausarbeiten, [an]hören, ablesen, schließen, unterbrechen; zum Ende einer R. kommen. **2. a)** ⟨Plural⟩ *Äußerungen, Worte:* freche, lockere, lose, kluge (meist iron.; *dumme*) Reden führen; (geh.:) das Essen war von fröhlichen Reden begleitet; er gibt nichts auf die Reden *(das Gerede)* der Leute; **b)** *das Reden, Gespräch:* die R. kommt auf jmdn., etw.; [das ist doch] meine R.! (ugs.; *das sage ich doch immer!*); davon war gar nicht die R. *(darüber ist gar nicht gesprochen worden);* es geht die R., dass ... *(man sagt ...);* von ihm geht die R. ... *(von ihm wird behauptet ...);* sie brachte die R. *(lenkte das Gespräch)* auf ein heikles Thema; er schnitt ihr die R. ab *(hinderte sie am Weitersprechen);* vergiss deine R. nicht *(vergiss nicht, was du sagen wolltest);* (geh.:) dieser Mann hat, besitzt die Gabe der R.; (geh.:) sie beherrscht die Kunst der R.; R der langen R. kurzer Sinn *(kurz gesagt).* **3.** (Sprachw.) die direkte *(wörtliche)* R.; die indirekte, abhängige *(nicht wörtliche)* R.; die erlebte R. *(Wiedergabe der inneren Vorgänge einer Person der epischen Handlung in der 3. Person);* er schreibt in gebundener R. *(in Versen),* in ungebundener R. *(in Prosa);* ⋆ **von etw. kann keine Rede sein** (ugs.; *etw. trifft*

absolut nicht zu) · **große Reden schwingen** (ugs.; *prahlerisch reden)* · **jmdm. Rede [und Antwort] stehen** *(jmdm. Rechenschaft geben)* · **jmdm. die Rede verschlagen** *(jmdm. sprachlos machen)* · **nicht der Rede wert sein** *(unwesentlich sein)* · **jmdm. in die Rede fallen** *(jmdn. unterbrechen)* · **jmdn. zur R. stellen** *(von jmdm. Rechenschaft fordern).* **reden: 1. a)** *sprechen:* viel, wenig, laut, leise, [un]deutlich, ununterbrochen, ständig, (ugs.:) in einem fort, wirr, leichtfertig r.; lass doch die Leute r. *(negativ über jmdn., etw. sprechen, klatschen);* sie redet mit den Händen *(gestikuliert viel beim Sprechen);* du kannst ohne Scheu r.; vor sich hin r.; lass ihn doch zu Ende r. *(ausreden)!;* lass ihn doch r.! *(lass ihn doch sagen, was er will!);* es wird [viel] geredet *(negativ über jmdn., etw. gesprochen, geklatscht);* er redet, wie ihm der Schnabel gewachsen ist (ugs.; *frei heraus, ungeniert*); sie redet wie ein Buch/wie ein Wasserfall (ugs.; *sehr viel, unaufhörlich*); SUBST.: das viele Reden strengt an; jmdn. zum Reden bringen; R Reden ist Silber, Schweigen ist Gold; **b)** ⟨gewöhnlich mit Umstandsangabe⟩ *eine Rede halten:* wer wird heute Abend r.?; sie hat frei *(ohne Konzept),* gut, flüssig, langweilig, lange, kurz geredet; er redet mit Pathos; der Minister redete in einer Parteiversammlung, im Fernsehen, über den Rundfunk, vor Studenten, zum Volk; **c)** ⟨sich irgendwie r.⟩ *sich durch Sprechen in einen bestimmten Zustand bringen:* sich heiser, zornig, in Wut, Begeisterung r. **2. a)** ⟨mit jmdm. [über etw. (Akk.)] r.⟩ *ein Gespräch führen:* ich muss einmal mit ihm r.; sie hat offen mit ihm über die Sache geredet; mit diesem Menschen kann man nicht r. *(er ist unverträglich, eigensinnig);* sie reden nicht mehr miteinander *(sie sind böse miteinander);* er redet oft mit sich selbst *(er führt Selbstgespräche);* so, in diesem Ton lasse ich nicht mit mir r. *(diesen Ton verbitte ich mir);* **b)** ⟨über jmdn., etw./von jmdn., etw. r.⟩ *sich unterhalten; über jmdn., von jmdn./etw. sprechen:* über das Wetter r.; darüber reden wir später; man redet über dich; über diesen Vorschlag lässt sich r. *(er ist ganz gut);* die ganze Stadt redet von dem bevorstehenden Jubiläum; niemand redet mehr von den Ereignissen; reden wir nicht mehr darüber/davon! *(die Sache soll abgetan sein!);* sie haben gerade von dir geredet. **3.** ⟨etw. r.⟩ *hervorbringen, sagen:* einige Worte, kein Wort, keinen Ton, keine Silbe r.; er redet oft Unsinn, (ugs.:) Quatsch/Blech/Kohl/dummes Zeug; er hat Gutes, Böses, Schlechtes über dich geredet; ⋆ **gut reden haben** *(sich nicht in der schwierigen Lage befinden wie eine andere Person u. darum deren Problem verharmlosen)* · **von sich reden machen** *(Aufmerksamkeit erregen)* · **mit sich re-**

den lassen (ugs.; *bereit sein, über etw. zu diskutieren; zu Zugeständnissen bereit sein*).

Redensart, die: eine dumme, alberne, abgedroschene, nichts sagende R.; er hat mich mit Redensarten *(leeren Versprechungen)* abgespeist; eine Sammlung von Sprichwörtern und Redensarten.

redlich: 1. ehrlich: er ist ein redlicher Mann, Mensch; redliches Bemühen; eine redliche Gesinnung; er ist nicht r.; r. denken, handeln; sie meint es r. [mit ihm]; er hat sich r. durchs Leben geschlagen; sie hat sich die Sache r. verdient. **2.** a) *sehr groß:* sie hat sich redliche Mühe gegeben; b) ⟨verstärkend bei Adjektiven und Verben⟩ *sehr:* sich r. bemühen, plagen; nach der schweren Arbeit war sie r. müde.

Redner, der: ein guter, überzeugender, gewandter, großer, gewaltiger, berühmter R.; der R. tritt ans Pult, entfaltet sein Manuskript, ergreift das Wort; er ist kein R. (ugs.: *er hat nicht die Gabe zu reden*); den R. unterbrechen, zur Ordnung rufen, [nicht] ausreden lassen.

reduzieren: 1. ⟨etw. r.⟩ *verringern:* Kosten, Preise, den Energieverbrauch r.; mit dieser Maßnahme soll die Zahl der Arbeitslosen reduziert werden; die Belastung des Bodens r.; die Ausgaben auf ein Minimum, um ein Viertel r.; etw. auf seine Grundelemente r. *(zurückführen);* (Chemie:) Kohlendioxid zu Kohlenmonoxid r.; reduzierte Preise, reduzierte Erwartungen. **2.** ⟨sich r.⟩ *sich abschwächen:* die Zahl der Unfälle hat sich reduziert; sein Einfluss reduziert sich auf ein bloßes Mitspracherecht.

reell: a) *ehrlich, zuverlässig:* ein reeller Kaufmann; reelle Geschäfte; seine Angebote sind immer r.; dort gibt es noch reelle (ugs.; *ordentliche*) Portionen; (ugs.:) in diesem Laden werden Sie r. bedient!; b) *wirklich, echt:* eine reelle Chance haben; r. ist diese Möglichkeit nicht vorhanden; reelle Zahlen (Math.; *rationale und irrationale Zahlen*).

Referenz, die: beste Referenzen [aufzuweisen] haben; Referenzen verlangen, über jmdn. einholen; sie verfügt über gute Referenzen; jmdn. als R. *(Person, auf die man sich als Bürgen berufen kann)* angeben, nennen.

referieren: a) ⟨über etw. (Akk.)] r.⟩ *[zusammenfassend] berichten:* über ein Thema, über ein Buch r.; sie hat auf der Tagung über neue Untersuchungen referiert; wer referiert heute? *(wer hält das Referat?);* b) (seltener) ⟨etw. r.⟩ *darstellen:* den Stand der Forschung, einen Sachverhalt r.; er hat die Ergebnisse referiert.

reflektieren: 1. ⟨etw. r.⟩ *zurückwerfen:* der Spiegel, das Glas reflektiert das Licht; der See reflektierte die Sonnenstrahlen. **2.** (bildungsspr.)a) ⟨über etw. (Akk.) r.⟩ *nachdenken:* er hat lange über dieses Problem reflektiert; b) ⟨etw. r.⟩ *bedenken, durchdenken:* wir müssen unsere Lage genau, kritisch r.

3. (ugs.) ⟨auf etw. (Akk.) r.⟩ *an etw. sehr interessiert sein:* auf jmds. Geld r.; er reflektiert schon lange auf dieses Amt.

Reform, die: radikale, einschneidende, durchgreifende, politische, soziale Reformen; eine R. der Partei; eine R. an Haupt und Gliedern; eine Reform des Arbeitsmarkts, des Steuerrechts; die R. der Universitäten verlangen, fordern, einleiten, durchführen; (geh.:) dieVerwaltung bedarf dringend der Reform; sich für Reformen einsetzen.

reformieren ⟨etw. r.⟩: die Kirche, die Partei, die Gesetzgebung r.; vieles in den Universitäten muss reformiert werden.

rege: a) *lebhaft:* ein reger Betrieb, Verkehr, Briefwechsel; eine r. Teilnahme, Nachfrage; auf den Straßen herrscht ein reges Treiben; der Handel war in dieser Zeit sehr r.; b) *lebendig, beweglich:* eine r. Einbildungskraft, Fantasie; sein Geist ist sehr r.; er ist körperlich und geistig noch sehr r., nimmt noch sehr r. Anteil an allem; (geh.:) der Wunsch wurde r. in ihm.

Regel, die: **1.** *Richtlinie, Norm, Vorschrift:* allgemeine, einfache, schwierige, spezielle, ungeschriebene, grammatische, mathematische Regeln; die Regeln der Rechtschreibung, der Grammatik, des Spiels; die Regeln eines Ordens; die Regeln des Umgangs, der Höflichkeit, der Staatskunst; Regeln/eine R. aufstellen, beachten, befolgen, übertreten, verletzen, außer Acht lassen; eine R. lernen, anwenden, kennen; sich an eine R. halten; das ist bei ihm die R. *(ist bei ihm das Übliche, ist Gewohnheit);* das ist gegen die R.; gegen Regeln verstoßen; die rauf die frühe Aufstehen zur R. *(Gewohnheit)* gemacht; er duldet keine Abweichung von der R.; ⟨R⟩ keine R. ohne Ausnahme. **2.** *Menstruation:* die [monatliche] R. kommt, bleibt aus, setzt ein; die R. haben, bekommen. ⋆ **in der/in aller Regel** (geh.; *normalerweise*): in der R. kommt er um fünf Uhr nach Hause · **nach allen Regeln der Kunst** (1. *in jeder Hinsicht, Beziehung, wie es sich gehört:* er hat die Gans nach allen Regeln der Kunst tranchiert. 2. ugs.; *ganz gehörig, gründlich:* sie haben ihn nach allen Regeln der Kunst verprügelt).

regelmäßig: a) *ebenmäßig:* regelmäßige [Gesichts]züge; ein regelmäßiges Gesicht; die Schrift war klein und r.; b) *einer festen Ordnung, Regelung entsprechend:* regelmäßiger Unterricht, Dienst; er ist ein regelmäßiger (in gleichmäßigen Abständen immer wiederkommender) Gast hier; er braucht sein regelmäßiges Essen; regelmäßige (Sprachw.; *nach festen Regeln flektierte*) Verben; r. wiederkehren, teilnehmen; sie treibt r. Sport; der Puls ist, geht wieder r. *(gleichmäßig);* sie kommt r. (ugs.; *immer wieder*) zu spät.

regeln: a) ⟨etw. r.⟩: *in Ordnung bringen:* eine Frage, eine Angelegenheit [für jmdn.] r.; etw. streng, vernünftig, vertraglich, durch Gesetz r.; seine Finanzen, den Nachlass r.; der Polizist, eine Ampel regelt den Verkehr an der Kreuzung; diese Automatik regelt *(reguliert)* die Temperatur; die Nachfolge ist durch Gesetz geregelt; er wird die Sache mit dem Vorgesetzten r.; du musst zusehen, dass du das bald regelst/(ugs.:) geregelt kriegst; ADJ. PART.: ein geregeltes Leben; geregelte Verhältnisse; er geht keiner geregelten Tätigkeit nach; b) ⟨sich r.⟩ *ablaufen; sich erledigen:* das Zusammenwirken regelt sich genau nach Plan; die Sache hat sich [von selbst] geregelt.

regelrecht: a) (seltener) *vorschriftsmäßig:* ein regelrechtes Vorgehen, Verfahren; b) (ugs.) *richtig[gehend]:* eine regelrechte Schlägerei; das war ein regelrechter Reinfall; sie hat ihn r. hinausgeworfen; er war r. betrunken.

regen (geh.): a) (geh.) ⟨etw. r.⟩ *bewegen:* vor Kälte konnte er kaum die Finger r.; die Bäume regten leise ihre Blätter im Wind *(die Blätter wurden vom Wind leicht bewegt);* ÜBERTR.: fleißig die Hände r. *(fleißig arbeiten);* er regte keinen Finger *(blieb untätig);* b) ⟨sich r.⟩ *sich bewegen:* nach dem Sturz konnte er sich nicht mehr [rühren und] r.; der Kranke, der Schlafende regte sich nicht; es regte sich kein Blatt an den Bäumen; kein Lüftchen regte sich an dem heißen Tag; Trotz, Widerspruch regte sich unter den Zuhörern *(machte sich unter ihnen bemerkbar);* sein Gewissen, eine Hoffnung regte sich *(wurde wach);* sie hat sich nicht geregt *(hat sich nicht bemerkbar gemacht, hat nichts unternommen).* ⋆ **sich nicht regen können** (geh.; *keine Handlungsfreiheit haben; eingeengt sein).*

Regen, der: ein warmer, lauer, leichter, starker, heftiger, dünner, feiner, tropischer, kurzer, anhaltender R.; saurer R. *(Regen, der schädliche schweflige Säure enthält);* der R. hält an, lässt nach, klatscht/schlägt gegen die Scheiben, trommelt auf das Dach, prasselt auf das Pflaster, rauscht, rieselt, strömt; es fielen 20 mm R.; es wird bald R. geben; das Blätterdach hat den R. abgehalten; der Boden hat den R. aufgesaugt; bei strömendem R.; durch den R. laufen; wir sind in den R. gekommen; es sieht nach R. aus; vom R. überrascht werden; Ⓡ auf R. folgt Sonnenschein; BILDL.: ein R. von Blumen, von Konfetti; ⋆ **ein warmer Regen** (ugs.; *erwünschte, oft unerwartet erfolgende Geldzuwendung)* · **aus dem/ vom Regen in die Traufe kommen** (ugs.; *aus einer unangenehmen, schwierigen Lage in eine noch schwierigere hineinkommen)* · **jmdn. im Regen stehen lassen** (ugs.; *jmdn. im Stich, mit seinen Problemen allein lassen).*

Regenwetter, das: seit Tagen R. haben; du musst dort mit R. rechnen.

Regie, die: 1. (Theater, Film, Ferns., Rundf.) *Spielleitung:* eine überlegte, geschickte, subtile R.; er hat bei dem Film R. geführt, die R. übernommen; wer hat die R.?; die Anweisungen der R. befolgen; sie filmte unter der R. von ...; ÜBERTR.: der erfah-

rene Spieler führte R. (Sport; *bestimmte das Spiel).* **2.** *Leitung, Verwaltung:* er hat die R. in dem Betrieb übernommen; sie haben das Geschäft jetzt in eigener R. (ugs.; *führen es selbst, allein);* das hat er in eigener R. *(selbstständig, ohne fremde Hilfe)* gemacht; das Projekt wird in/unter staatlicher R. durchgeführt.

regieren: 1. a) *herrschen:* gut, streng, mild, weise, gerecht, demokratisch, diktatorisch, despotisch r.; der Kaiser, König, Herrscher regierte von ... bis ...; er regierte durch Terror, mit Gewalt; über ein großes Reich r.; ÜBERTR.: Frieden, Not, Elend regiert in diesem Land; b) ⟨jmdn., etw. r.⟩ *beherrschen:* ein Land, ein Volk, einen Staat r.; ein kommunistisch, demokratisch regiertes Land. **2.** (selten) ⟨etw. r.⟩ *in der Gewalt haben:* er konnte das Fahrzeug, das Steuer nicht mehr r. **3.** (Sprachw.) ⟨etw. r.⟩ *einen bestimmten Fall fordern:* dieses Verb regiert den Akkusativ.

Regierung, die: **1.** *Herrschaft:* die R. antreten, übernehmen; einen Mann, eine Partei an die R. bringen; unter, während seiner R. herrschte Frieden. **2.** *Gesamtheit der regierenden Personen:* eine starke, schwache, legale, demokratische, sozialistische R.; die amtierende R. des Landes; die R. *(das Kabinett)* Adenauer; die R. ist zurückgetreten; eine neue R. bilden; eine R. berufen, einsetzen, ernennen, stürzen, absetzen; der R. angehören; in die R. eintreten.

Regiment, das: **1.** *Herrschaft:* ein straffes, mildes R.; das kirchliche, geistliche, weltliche R.; das strenge R. des Vaters; das R. antreten, an sich reißen; das Volk litt unter dem harten R. des Fürsten. **2.** (Milit.) *Truppenteil:* ein R. steht, liegt in einer Stadt; ein R. kommandieren, führen; der Kommandeur des Regiments; er ist jetzt bei einem anderen R., wurde zu einem anderen R. versetzt; ⋆ **das Regiment führen** *(bestimmen, herrschen)* · **ein strenges, hartes o. ä. Regiment führen** *(sehr streng, hart o. ä. sein).*

Region, die: ärmliche, wilde, dünn besiedelte, ländliche Regionen; die R. des ewigen Schnees; die Tierwelt der alpinen R. (geh.; *Sphäre);* (Med.:) die einzelnen Regionen des Kopfes/des Gehirns, die R. des Beckens; ⋆ **in höheren Regionen schweben** (scherzh.; *in einer Traum-, Fantasiewelt leben).*

Register, das: **1.** a) *Verzeichnis in einem Buch:* ein vollständiges, ausführliches R. anfertigen, zusammenstellen; dieses Buch enthält ein R.; im R. nachschlagen; eine Textstelle mithilfe des Registers auffinden; b) *amtliches Verzeichnis rechtlicher Vorgänge:* das R. des Standesamtes; eine Eintragung im R. löschen; etw. ins R. eintragen. **2.** *Orgelregister:* ein R. bedienen, ziehen; eine Orgel mit vierzig Registern; ⋆ **andere Register ziehen** *(stärkere Mittel einset-*

R

zen; einen nachdrücklicheren Ton anschlagen) ·
alle Register ziehen *(alles aufbieten, alle Kräfte
einsetzen).*
registrieren ⟨jmdn., etw. r.⟩: a) *in ein Register eintragen:* Namen, Personalien, Personen, Fahrzeuge r.; es wurden während des Feiertags viele
Unfälle registriert; die Instrumente registrieren
alle Temperaturschwankungen *(zeichnen sie automatisch auf);* ⟨auch ohne Akk.⟩ die Kasse registriert automatisch; b) *wahrnehmen:* Tatsachen,
alle Vorgänge aufmerksam r.; sein Erscheinen
wurde von allen registriert; etw. mit Befriedigung, mit Sorge r.
regnen ⟨es regnet⟩: es regnet stark, heftig, leise,
unaufhörlich, ununterbrochen, in Strömen, wie
aus/mit Eimern (ugs. *sehr heftig*); hier regnet es
oft, häufig; es fängt an, hört auf zu r.; es hat die
ganze Nacht geregnet; ⟨es regnet etw.⟩ es regnete
große Tropfen *(der Regen fiel in großen Tropfen);*
ÜBERTR.: aus allen Fenstern, von den Rängen hat
es Blumen geregnet *(wurden in großer Menge
Blumen herabgeworfen);* es regnete *(es gab viele)*
Proteste, Vorwürfe.
regnerisch: ein regnerischer Tag; regnerisches
Wetter; gestern war es sehr r.
regulär: die reguläre Arbeitszeit; den regulären
Preis bezahlen; die reguläre (Sport; *offiziell vorgesehene*) Spielzeit ist abgelaufen; die reguläre
(planmäßige) Linienmaschine; etw. r. erwerben,
kaufen; der Spieler wurde r. (Sport; *den Spielregeln entsprechend*) vom Ball getrennt.
regulieren: a) ⟨etw. r.⟩ *regeln:* die Temperatur, die
Lautstärke, den Wasserstand r.; die Ampel reguliert den Verkehr; der Flusslauf ist reguliert worden *(in eine bestimmte Bahn gebracht worden);*
die Uhr muss reguliert *(wieder richtig eingestellt)*
werden; automatisch regulierte *(sich öffnende
und schließende)* Türen; b) ⟨sich r.⟩ *sich regeln:*
das System reguliert sich selbst; ein sich selbst
regulierender Markt.
Regung, die (geh.): 1. *leichte Bewegung:* eine R. der
Luft; er lag ohne jede R. da.
2. *Gefühlsregung:* eine verborgene, schwache R.;
sie fühlte eine R. des Mitleids, der Freude, von
Wehmut, von Scham; einer R. des Herzens folgen; keiner R. fähig sein; etw. aus einer edlen R.
heraus tun.
reiben /vgl. gerieben/: 1. *reibend bearbeiten:*
a) ⟨etw. r.⟩ der Stoff, die Wolle darf beim Waschen
nicht gerieben werden; b) ⟨an etw. (Dat.)/in etw.
(Dat.) r.⟩ an seinen Fingern, mit den Handballen
in den Augen r.; er rieb vergeblich an der ver-
schmutzten Stelle.
2. a) ⟨etw. irgendwo[hin] r.⟩ *streichen [lassen]:*
die Katze rieb ihren Kopf an meinem Bein; die
Zunge gegen den Gaumen r.; b) ⟨sich etw. r.⟩ *sich
reibend über etw. streichen:* sich die Schläfen, die
Backen, die Hände r.; er rieb sich die Augen vor
Müdigkeit; c) ⟨sich [an etw. (Dat.)] r.⟩ *sich scheuern:* das Pferd reibt sich an der Wand.

3. ⟨etw. [mit etw.] r.⟩ *[ab]wischen:* den Tisch, den
Fußboden, den Topf kräftig, mit einem Tuch r.;
die Messer, die Bestecke müssen mit dem Putz-
mittel gerieben werden; ⟨auch ohne Akk.⟩ du
musst kräftig r.!
4. ⟨etw. von/aus etw. r.⟩ *durch Reiben entfernen:*
einen Fleck aus dem Kleid r.; den Schmutz von
der Tischplatte r.; ⟨sich (Dat.) etw. aus etw. r.⟩
sich den Staub aus den Augen r.; ÜBERTR.: er
hatte sich den Schlaf aus den Augen gerieben.
5. ⟨etw. irgendwie r.⟩ *durch Reiben in einen bestimmten Zustand versetzen:* etw. trocken r.; die
Schuhe sauber, glänzend r.; die Armlehnen sind
blank gerieben; ⟨jmdm., sich etw. irgendwie r.⟩
die Fesseln haben ihm die Handgelenke wund,
blutig gerieben; sie hat sich die Hände wund gerieben.
6. ⟨etw. auf/in etw. (Akk.) r.⟩ *einreiben:* die
Creme, das Massageöl auf/in die Haut r.
7. ⟨[an etw. (Dat.)] r.⟩ *scheuern:* der Kragen reibt;
die Schuhe reiben an den Fersen.
8. ⟨etw. r.⟩ *zerreiben:* Kartoffeln, Käse, Nüsse r.;
den Kuchen mit geriebenen Mandeln bestreuen.
9. ⟨sich mit jmdm., etw. r.⟩ *mit jmdm., etw. Schwierigkeiten haben:* sich an seinen Kollegen, an einem Problem r.
reich: 1. *vermögend:* reiche Leute; ein Sohn aus
reichem Haus *(reicher Eltern);* ein reiches Land;
eine reiche *(große)* Erbschaft machen; er ist sehr,
unermesslich, (ugs.:) schwer r.; sie ist über Nacht
r. geworden; diese Geschäfte haben ihn r. gemacht; er hat r. *(eine reiche Frau)* geheiratet.
2. a) *luxuriös, kostbar:* die reiche Ausstattung eines Hauses; reicher Schmuck; der Altar war r. geschmückt; b) *reichhaltig, üppig:* eine reiche
Ernte, Ausbeute; reiche Erzvorkommen, Bodenschätze; ein reiches Mahl; jmdn. r. beschenken,
belohnen; das Buch ist r. bebildert; c) *groß, umfassend:* eine reiche Fülle, Auswahl; reiche
Kenntnisse, Erfahrungen; ein reiches Betäti-
gungsfeld; ein reiches *(erfülltes)* Leben; in reichem *(hohem)* Maße; d) ⟨r. [an etw. (Dat.)]⟩ *in
großer Menge, Fülle habend, enthaltend:* die
Früchte sind r. an Vitaminen; der Wald ist r. an
Wild; ⟨auch attributiv⟩ eine an literarischen Werken reiche Epoche.
Reich, das: des großen, mächtiges R.; das R. Alexanders des Großen; das Deutsche R.; das Heilige
Römische R. Deutscher Nation; das Dritte R. *(das
Deutsche Reich während der nationalsozialisti-
schen Herrschaft);* Kaiser und R.; ein R. errichten;
BILDL.: das himmlische R., das R. Gottes;
ÜBERTR.: das R. der Träume (geh.; *die Traum-
welt);* das R. (geh.; *der Lebensbereich*) der Frau;
das R. der Schatten (geh.; *Totenreich*); das R. der
Finsternis (geh.; *des Bösen*).
★ **ins Reich der Fabel gehören** (geh.; *unwahr
sein):* die Behauptung gehört ja wohl ins R. der
Fabel.
reichen: 1. ⟨jmdm. etw. r.⟩ a) *geben:* sie reichte ihm

das Buch; er reichte ihr Feuer; kannst du mir das Salz r.?; sie reichten sich/(geh.:) einander die Hand [zur Begrüßung, zur Versöhnung]; der Geistliche reichte den Gläubigen das Abendmahl; b) (geh.) anbieten: sie reichte den Gästen Erfrischungen, Getränke; ⟨auch ohne Dat.⟩ die Getränke wurden an der Bar gereicht. **2. a)** ⟨[für jmdn., etw./zu etw.] r.⟩ genügen, ausreichen: das Geld reicht nicht bis zum Monatsende; der Stoff reicht [für ein, zu einem Kostüm]; das muss für uns beide r.; danke, es reicht (ich habe genug); so lange der Vorrat reicht (noch etwas davon da ist); drei Männer reichen für den Möbeltransport; der [Treibstoff im] Tank reicht für eine Fahrstrecke von 500 km; das Seil reicht (ist lang genug); **b)** (ugs.) ⟨mit etw. r.⟩ auskommen: mit dem Brot reichen wir noch bis morgen. **3.** ⟨irgendwohin r.⟩ sich bis zu einem bestimmten Punkt erstrecken: er reicht mit dem Kopf fast bis zur Decke; die Zweige des Baumes reichen [bis] in den Garten des Nachbarn; die Felder reichen [von hier] bis zum Waldrand; kannst du [bis] an die Dachrinne r.? (kannst du sie mit ausgestrecktem Arm erreichen, berühren?); so weit der Himmel reicht; ⟨jmdm. irgendwohin r.⟩ das Wasser reichte uns bis an die Hüften, bis zu den Knien; ÜBERTR.: die Entwicklung reicht vom Mittelalter bis heute, bis ins 19. Jahrhundert; einen weit reichenden Einfluss ausüben; **∗ jmdm. reicht es** (ugs.; jmds. Geduld ist zu Ende).

reichlich: a) in großer Menge, in reichem Maße [vorhanden]: reichliche Geschenke; eine reichliche Kost; ein reichliches Trinkgeld; reichlicher Niederschlag; es ist noch r. (sehr viel) Platz; die Portionen sind r.; jmdn. r. beschenken, belohnen; das ist r. gewogen, gerechnet; Fleisch ist noch r. vorhanden; r. spenden; r. zu leben haben; **b)** mehr als, gut: eine reichliche Million Evakuierter; eine reichliche Stunde war vergangen; vor r. einem Jahr; r. hundert Mark; erst nach r. einer Stunde bemerkte man sein Fehlen; **c)** (ugs.) ⟨verstärkend bei Adjektiven⟩ ziemlich: r. spät; eine r. langwierige Arbeit; das Kleid ist r. kurz.

Reichtum, der: **1.** der persönliche, große, unermessliche R. eines Menschen; die Reichtümer eines Landes; die Reichtümer der Erde (Bodenschätze); R. bildet sich, mehrt sich, zerfließt in nichts; R. erwerben, besitzen, mehren; Reichtümer sammeln, aufhäufen, vergeuden; damit kann man keine Reichtümer erwerben (ugs.; daran ist nichts zu verdienen); zu R. kommen; ÜBERTR.: der innere, seelische R. eines Menschen. **2.** Fülle: der R. der Gedanken, Einfälle; der R. (die Pracht) der Ausstattung; ich staunte über den R. ihrer Kenntnisse; der R. an Formen und Farben war überraschend.

reif: 1. voll entwickelt: reifes Obst; reife Kirschen, Äpfel, Samenkapseln; die Pflaumen sind noch

nicht, erst halb r.; das Getreide wird r.; ÜBERTR.: reifer (durch Lagerung im Geschmack voll entfalteter) Camembert; ein reifer (abgelagerter) alter Kognak; das Geschwür ist r. (für einen Eingriff weit genug entwickelt). **2.** ⟨r. [für etw., zu etw.]⟩ **a)** innerlich gefestigt: eine reife Frau; im reiferen Alter, in den reiferen Jahren (in einem Alter, in dem man bereits reichlich Erfahrung gesammelt hat) urteilt man anders; Jugendliche sind nach dem Schulabschluss noch nicht r.; er ist für diese Aufgabe, zu diesem Amt noch nicht r. [genug]; **b)** ausgewogen, durchdacht: eine reife Arbeit, Leistung; ein reifes Urteil; die Arbeit ist r. für die/zur Veröffentlichung; für die Verwirklichung dieser Idee ist die Zeit noch nicht r.; **∗ reif für** etw. (ugs.; in einem solchen Zustand sein, dass nur noch etwas Bestimmtes infrage kommt): r. für den Urlaub, fürs Bett, für die Pensionierung sein; die Häuser waren alle r. für den Abbruch.

¹Reif, der: gefrorener Tau: starker R. liegt auf den Wiesen; (geh.:) es ist R. gefallen; die Zweige sind mit R. bedeckt, von R. überzogen.

²Reif, der (geh.): Schmuckstück: ein goldener, mit Edelsteinen besetzter, kostbarer R.; ein schmaler R. umspannte ihr Handgelenk.

Reife, die: **1.** das Reifsein: die R. des Obstes; während der R.; Obst im Zustand der R. ernten; die Erdbeeren kommen dadurch besser zur R.; die Äpfel ganz zur R. bringen (reifen lassen). **2.** reife Haltung, Verfassung: jmds. menschliche, politische R.; die körperliche, geistige, innere, seelische, sittliche R.; die R. des Geistes; die R. (Ausgewogenheit) der Gedanken; er besitzt noch nicht die nötige R.; das Zeugnis der R. (Abiturzeugnis) erlangen; **∗ mittlere Reife** (Abschluss der Realschule oder der zehnten Klasse der höheren Schule).

¹reifen: 1. a) reif werden: das Obst ist gereift; die Tomaten reifen an der, ohne Sonne; zur Zeit, wenn die Äpfel r.; **b)** (geh.) ⟨etw. r.⟩ reif machen: die Sonne hat Obst und Wein gereift. **2.** (geh.) **a)** innerlich festigen: diese Erfahrungen haben ihn zum Manne r. lassen; das Kind ist früh gereift; **b)** (geh.) ⟨jmdn. r.⟩ innerlich gefestigter: diese Erfahrung, der Schmerz hat ihn gereift; **c)** sich entwickeln: eine Idee, ein Plan reift; Entscheidungen, die Dinge in Ruhe r. lassen; langsam reifte in ihm der Gedanke auszuwandern; seine Ahnung war zur Gewissheit gereift (geworden).

²reifen ⟨es reift⟩: als ¹Reif in Erscheinung treten: es hat heute Nacht gereift.

Reifen, der: **1.** ringförmiger Gegenstand: ein hölzerner, eiserner R.; ein R. aus Stahl; R. um Fässer legen; der Tiger sprang durch einen brennenden R. **2.** Auto-, Fahrradreifen: schlauchlose, quietschende, platte R.; der linke, vordere R. ist ge-

R

platzt, hat ein Loch; abgefahrene R.; einen R. wechseln, aufziehen, aufmontieren, abmontieren, aufpumpen, flicken, erneuern.

reiflich: sich nach reiflicher Überlegung, Erwägung, Betrachtung zu etw. entschließen; sich etw. r. überlegen.

Reihe, die: 1. *geradlinige Anordnung:* eine lange, kurze, eng geschlossene, lückenlose, fortlaufende R.; die erste, letzte R. *(Stuhlreihe im Theater o. Ä.);* fünfte R./R. fünf; (Math.:) arithmetische, geometrische, steigende, fallende, [un]endliche Reihen; eine lange R. hoher Bäume/(seltener:) hohe Bäume/von hohen Bäumen; die Reihen lichteten sich *(immer mehr Anwesende gingen);* eine R. bilden; am Anfang, am Ende, am Schluss der R.; sich streng an die R. *(Reihenfolge)* halten; durch die Reihen gehen; Gläser in eine R. stellen; Salat in Reihen säen; in einer R. stehen; in drei Reihen antreten; sie marschierten in Reihen zu dreien; in Reihen, in geschlossener R. marschieren; die Kritik kam aus den Reihen *(Kreisen)* der Opposition, aus den eigenen Reihen; das Land trat erst vor wenigen Jahrzehnten in die R. *(in den Kreis)* der Kulturstaaten ein; sein Taschenbuch ist in dieser R. *(Buchreihe)* erschienen.
2. *Anzahl, Menge:* eine ganze, lange R. schöner Tage/(seltener:) schöne Tage/von schönen Tagen; eine R. von Jahren war/waren vergangen; eine [ganze] R. Mitarbeiter hatte/hatten gekündigt; sie stellten eine R. [von] Fragen; ✶ die Reihe ist an jmdm. *(jmd. ist der Nächste, der abgefertigt o. ä. wird)* · bunte Reihe machen (ugs.; *sich so gruppieren, dass jeweils ein Mann und eine Frau nebeneinander sitzen)* · an die Reihe kommen (ugs.; 1. *der, die Nächste sein.* 2. *als Nächstes behandelt werden.* 3. *etwas Unangenehmes zu erwarten haben)* · an der Reihe sein (ugs.; 1. *derjenige/diejenige sein, der/die jetzt abgefertigt o. ä. wird.* 2. *jetzt behandelt werden:* jetzt bist du an der R.!) · etw. auf die Reihe kriegen/bringen (ugs.; *etw. bewältigen)* · aus der Reihe tanzen (ugs.; *sich anders verhalten als die andern)* · aus der Reihe kommen (ugs.; *verwirrt werden)* · außer der Reihe *(außerhalb der Reihenfolge, zwischendurch)* · in Reih und Glied (exakt, in einer strengen Ordnung aufeinanderfolgend): in Reih und Glied stehen · jmdn., etw. in die Reihe bringen (ugs.; *jmdn. wieder gesund machen; etw. in Ordnung bringen)* · sich in eine Reihe mit jmdm. stellen *(sich mit jmdm. gleichstellen)* · wieder in die Reihe kommen (ugs.; 1. *[wieder] gesund werden.* 2. *[wieder] in Ordnung kommen)* · in einer Reihe mit jmdm. stehen *(jmdm. ebenbürtig sein)* · nicht in der Reihe sein (ugs.; *sich [gesundheitlich] nicht wohl fühlen)* · in der ersten Reihe sitzen *(die größten Möglichkeiten, Chancen haben; bevorzugt behandelt werden)* · der Reihe nach/(seltener:) nach der

Reihe *(einer nach dem andern):* die nächsten der R. nach vortreten!

¹reihen: 1. ⟨etw. auf etw. (Akk.) r.⟩ *aufreihen:* Perlen auf eine Schnur r.
2. ⟨sich an etw. (Akk.) r.⟩ *sich anschließen:* Wagen reihte ich an Wagen; ein Fest reihte sich ans andere.

²reihen: ⟨etw. r.⟩ *mit großen Stichen heften:* den Stoff, das Futter, einen Rock r.; sie hat den Saum nur gereiht/(auch:) geriehen.

Reim, der: ein stumpfer oder männlicher, ein klingender oder weiblicher R.; ein gleitender oder reicher R.; ein [un]reiner R.; einsilbige, zweisilbige Reime; Reime bilden, (scherzh.:) schmieden; einen R. auf ein bestimmtes Wort suchen, finden; ein Wort steht im R.; einen Text in Reime *(gereimte Verse)* bringen; ✶ sich einen Reim auf etw. (Akk.) machen [können] *(etw. verstehen, begreifen, sich erklären [können]).*

reimen: 1. a) ⟨etw. r.⟩ *in Reimform bringen:* ein Sonett r.; ein Wort auf ein anderes r.; er reimte »grüßen« mit »sprießen«; gereimte Fabeln; Verse sind gut, schlecht, ungenau gereimt; b) *Reime machen:* sie kann gut r.
2. ⟨sich r.⟩ *einen Reim bilden:* die beiden Wörter reimen sich; »klein« reimt sich auf »fein«; ÜBERTR.: das reimt sich nicht *(das ist voller Widersprüche).*

rein: I. ⟨Adj.⟩ 1. *unvermischt:* reiner Wein, Alkohol; reine Seide, Wolle; reines Weizenmehl; reines Gold, Silber, Kupfer; ein reiner Marmor; reine Farben; die reine *(nicht verunreinigte)* Höhenluft atmen; ein reines *(fehlerfreies)* Deutsch sprechen; reine *(klare)* Gesichtszüge; reine *(theoretische)* und angewandte Mathematik; das Wasser war [ganz] r. und klar; seine Aussprache war nicht ganz r. *(akzentfrei);* einen Stoff chemisch r. herstellen; der Chor singt, das Instrument klingt nicht r. *(nicht einwandfrei);* ÜBERTR.: die reine *(vom Gegenständlichen abstrahierende)* Erkenntnis.
2. *nichts anderes als: bloß:* die reine Wahrheit; das war reiner Zufall, reines Glück; es war ein reines, das reinste Wunder; es war reiner, der reine Hohn; etwas aus reiner Gutmütigkeit tun; das ist reine *(von der Praxis, der Erfahrung losgelöste)* Theorie; ihre Empörung war eine reine *(nichts als eine)* Komödie; das ist ja die reinste (ugs.; *wie bei einer)* Völkerwanderung.
3. *makellos, sauber:* ganz reine Wäsche, ein reines *(unbeschriebenes)* Blatt Papier; einen reinen Teint, eine reine Haut haben; die Laken waren r.; wie frisch gefallener Schnee; die Wohnung r. halten.
4. *unschuldig:* ein reines Gewissen, Herz haben; reine Liebe.
II. ⟨Adverb⟩ a) *ausschließlich:* eine r. private Angelegenheit; etw. r. sachlich beurteilen; aus r. persönlichen, menschlichen Gründen; das kann ich

mir r. *(schon allein)* zeitlich nicht leisten; b) (ugs.) *ganz, völlig:* das ist r. aus der Luft gegriffen, r. erfunden, r. unmöglich; es ist r. zum Verrücktwerden; er wusste aber auch r. *(überhaupt)* gar nichts; der Ring war r. gar nichts wert; ∗ **etw. ins Reine schreiben** *(von etw. eine Reinschrift machen)* · **etw. ins Reine bringen** *(Unstimmigkeiten, Missverständnisse o. Ä. klären, in Ordnung bringen)* · **ins Reine kommen** *(geklärt, in Ordnung gebracht werden)* · **mit etw. ins Reine kommen/im Reinen sein** *(sich über etw. klar werden/sein)* · **mit jmdm. ins Reine kommen/im Reinen sein** *(mit jmdm. einig werden/sein)* · **mit sich [selbst] ins Reine kommen/im Reinen sein** *(über etw., was einen selbst betrifft, Klarheit gewinnen/haben).*

Reinfall, der (ugs.): die Tagung, der neue Mitarbeiter war ein glatter, ein ziemlicher R.; geschäftlich gesehen war das ein R.; mit dem Handwerker, mit dem Gebrauchtwagen haben wir einen totalen R. erlebt.

reingolden: der Ring ist r.

reinigen ⟨etw. r.⟩: die Straße, das Zimmer, die Schuhe gründlich r.; ein Kleid chemisch r. lassen; die Wunde muss zuerst gereinigt werden; der Tee soll das Blut r.; SUBST.: den Anzug zum Reinigen bringen.

reinlich: 1. a) *Sauberkeit liebend:* ein reinlicher Mensch; Katzen sind reinliche Tiere; sie ist sehr r.; b) *sehr sauber:* ein reinliches Zimmer; sie waren r. gekleidet. **2.** *sehr sorgfältig:* eine reinliche Scheidung der Begriffe; die Bestandteile müssen r. getrennt werden.

reinwaschen ⟨jmdn., sich r.⟩: sich von einem Verdacht, von einer Schuld r.; auch die Aussagen seiner Kollegen konnten ihn nicht r.

¹Reis, der: a) */eine Nutzpflanze/:* R. anbauen, pflanzen, ernten; b) */Früchte dieser Nutzpflanze/:* geschälter, polierter R.; der R. ist trocken, körnig, noch nicht gar; R. kochen; Huhn mit R.

²Reis, das: a) *Pfropfreis:* ein junges R. auf einen Wildling pfropfen; b) (geh.) *dünner Zweig:* ein Bündel Reiser; Reiser sammeln.

Reise, die: eine lange, weite, angenehme, beschwerliche R.; eine R. ans Meer, ins Ausland, durch die USA, nach Rom, nach Polen, um die Welt, zu Verwandten; eine R. im, mit dem Auto, im Flugzeug, mit der Bahn; (geh.:) eine R. zur See; die Reise dient der Erholung; wohin geht die R.?; eine R. vorhaben, planen, vorbereiten, machen, unternehmen, antreten; die R. unterbrechen, beenden; jmdm. eine glückliche, gute R. wünschen; jmdn. auf die R. schicken; was hast du auf der R. alles gesehen?; etw. auf die R. mitnehmen; von einer R. zurück sein, zurückkehren; Vorbereitungen zur R. treffen; ℝ wenn einer eine R. tut, so kann er was erzählen; ÜBERTR.: eine R. in die Vergangenheit; (nicht) wissen, wohin die

R. geht (ugs.; *[nicht] wissen, wie sich die Dinge entwickeln werden*); ∗ **seine letzte Reise antreten** (verhüll.; *sterben*) · **auf Reisen gehen** *(verreisen)* · **sich auf die Reise machen** *(eine Reise antreten)* · **auf Reisen sein** *(unterwegs, verreist sein)* · **jmdn. auf die Reise schicken** (Sport Jargon; 1. *auf die Bahn zu schicken, starten lassen.* 2. bes. Fußball; *einem Mitspieler eine weite Vorlage geben).*

reisen: schnell, bequem, allein, in Gesellschaft, unter fremdem Namen, inkognito r.; dienstlich, geschäftlich, zum Vergnügen, zu einem Kongress r.; mit dem Schiff r.; an die See, aufs Land, in die Schweiz, nach Italien r.; sie sind gestern zu ihren Kindern gereist; sie reisten von Berlin über Köln nach Paris; er ist in seinem Leben viel gereist; er reist *(ist Handelsvertreter)* für seine Firma im norddeutschen Raum; er reist in Unterwäsche (Jargon; *ist Vertreter dafür).*

Reisende, der und die: **1.** *Fahrgast:* ein müder Reisender, zwei verspätete R.; die Reisenden werden gebeten, ihre Plätze einzunehmen; alle Reisenden/(selten:) R. stiegen aus; ℝ R. soll man nicht aufhalten. **2.** *Vertreter[in]:* er ist Reisender für eine große Firma, in Elektrogeräten.

Reißaus, der: ⟨in der Verbindung⟩ **Reißaus nehmen** (ugs.; *schnell davonlaufen):* als er den großen Hund sah, nahm er [schnell] R.

reißen /vgl. gerissen/: **1.** a) ⟨etw. r.⟩ *durch kräftiges Ziehen auseinander trennen:* Stoff nach dem Faden r.; das Packpapier lässt sich nicht r.; vor Wut riss er den Brief mittendurch; b) ⟨etw. in etw. (Akk.) r.⟩ *in einzelne Teile zerreißen:* etw. in Stücke, in Fetzen r.; sie riss den Stoff in einzelne, schmale Bahnen; ÜBERTR.: ich könnte mich in Stücke r. [vor Wut] (ugs.; *ich bin sehr ärgerlich*). **2.** ⟨etw. in etw. (Akk.) r.⟩ *durch Reißen, Beschädigung o. Ä. hervorrufen:* die Bombe hat einen Trichter in den Boden gerissen; wer hat das Loch in den Stoff gerissen?; ⟨jmdm., sich etw. in etw. (Akk.) r.⟩ der Hund hat ihm ein Loch in die Hose gerissen; ÜBERTR.: diese Reparatur wird ein gehöriges Loch in meinen Geldbeutel r. (ugs.; *wird sehr teuer werden*); (Sport:) Löcher in die gegnerische Abwehr r. **3.** a) ⟨sich verletzen, sich ritzen:⟩ ich habe mich [am Stacheldraht] gerissen; du hast dich ja blutig gerissen!; ⟨sich (Dat.) etw. r.⟩ *sich als Verletzung beibringen:* sich eine Wunde [am Bein] r.; ich habe mir [an dem Nagel] eine klaffende Wunde gerissen; c) ⟨sich (Dat.) etw. r.⟩ *sich verletzen:* sich die Finger r.; beim Brombeerpflücken habe ich mir die Arme [blutig] gerissen. **4.** *zerreißen:* pass auf, dass der Faden, die Schnur, das Seil nicht reißt; das Papier reißt leicht; der Film ist gerissen; die Zimmerdecke ist rissig *(hat Risse, einen Riss bekommen);* ⟨jmdm. r.⟩ mir ist das Schuhband gerissen; ÜBERTR.: jetzt reißt mir aber bald der Geduldsfaden, die Geduld! *(jetzt ist meine Geduld aber bald zu Ende!).* **5.** a) ⟨jmdn., etw. aus/von etw. r.⟩ *wegreißen; entreißen:* einen Zweig vom Baum, Pflanzen aus dem Boden r.; er riss das Kind aus den Armen der Mutter; ⟨jmdn., sich jmdn., etw. aus/von etw. r.⟩ er riss der Mutter das Kind aus den Armen; er hat mir den Brief aus den Händen gerissen; der Wind riss ihm den Hut vom Kopf; sie riss sich die Kleider vom Leib *(zog sich ganz schnell aus);* ÜBERTR.: ihre Worte rissen ihn aus seinen Gedanken; der Wecker riss sie unsanft aus dem Schlaf; aus dem Zusammenhang gerissen, ist der Satz nicht verständlich; b) ⟨sich aus, von etw. r.⟩ *sich befreien:* sie riss sich aus seinen Armen; der Hund hat sich von der Kette gerissen; ÜBERTR.: er riss sich aus seinen Träumen; c) (Leichtathletik) ⟨[etw.] r.⟩ *beim Sprung die Latte herunterreißen:* er hat [die Latte] bei zwei Metern gerissen. **6.** ⟨jmdn., etw. irgendwohin r.⟩ *zerren:* sie rissen ihn ins Auto, zu Boden, in die Höhe; die Flut reißt alles mit sich; der Strudel hat das Boot in die Tiefe gerissen; im letzten Augenblick riss sie den Wagen *(das Lenkrad)* zur Seite; ADJ. PART.: ein reißender *(wilder)* Strom. **7.** ⟨an etw. (Dat.)/(seltener:) etw. r.⟩ *mit Gewalt ziehen:* der Hund riss [heftig, wütend] an der Leine; zum Öffnen des Fallschirms an der Leine/die Leine r.; ÜBERTR.: das Warten reißt an den Nerven. **8.** ⟨etw. an sich r.⟩ *sich einer Sache bemächtigen:* die Herrschaft, die Macht, die Führung an sich r.; ÜBERTR.: sie will immer das Gespräch an sich r. *(möchte immer selbst reden).* **9.** (ugs.) ⟨sich um jmdn., etw. r.⟩ *haben wollen:* sie rissen sich alle um die Eintrittskarten; die Agenturen reißen sich um diesen Sänger; um diesen Auftrag reiße ich mich bestimmt nicht; ⟨häufig im 1. Part.⟩ reißenden Absatz finden; diese Ware werden wir reißend los. **10.** ⟨ein Tier r.⟩ *jagen und durch Bisse töten:* der Wolf hat ein Schaf gerissen; ADJ. PART.: reißende *(wilde)* Tiere. **11.** (Schwerathletik) ⟨etw. r.⟩ *stemmen:* er reißt 280 kg; ⟨auch ohne Akk.⟩ er stößt, stemmt und reißt.

reiten: **1.** a) *sich auf einem Reittier fortbewegen:* langsam, schnell, scharf, [im] Galopp, Trab, Schritt r.; er reitet ohne Sattel; sie kann, lernt r.; er ist/(seltener:) hat früher viel, gerne geritten; auf einem Pferd, Esel, Kamel r.; sie sind auf die Jagd, durch die Wälder, nach Hause, übers Feld geritten; BILDL.: die Hexe reitet auf einem Besen; sie ließ das Kind auf ihren Knien r.; b) ⟨etw. r.⟩ *reitend zurücklegen:* wir reiten heute einen anderen Weg; ich bin heute zwanzig Kilometer geritten; vier Runden r.; c) ⟨etw. r.⟩ *reitend absolvieren:* [die] hohe Schule, ein Turnier r.; sie hat/ist schon mehrere Rennen geritten; d) ⟨sich irgendwie r.;

mit Umstandsangabe⟩ *sich reiten lassen:* bei diesem Wetter reitet es sich gut. **2.** a) ⟨ein Tier r.⟩ *ein bestimmtes Reittier haben, benutzen:* er reitet einen Schimmel; er hat ein junges Pferd geritten; b) ⟨ein Tier irgendwohin r.⟩ *reitend an einen bestimmten Ort bringen:* er hat das Pferd auf die Weide, zur Tränke geritten; ÜBERTR.: jmdn. in die Patsche r. **3.** a) ⟨ein Tier, sich, etw. irgendwie r.⟩ *durch Reiten in einen bestimmten Zustand bringen:* sie hat ihr Pferd, sich müde geritten; er hat den schönen Rappen zuschanden geritten; er hat sich das Gesäß wund geritten; b) ⟨sich (Dat.) etw. r.⟩ *sich durch Reiten zuziehen:* sie hat sich Schwielen geritten.

Reiter, der: ein tollkühner, verwegener R.; der R. ist gestürzt;
∗ spanischer **Reiter** (Milit.; *Absperrung aus Stacheldraht*).

Reiz, der: **1.** *Einwirkung auf einen Organismus:* ein starker, schwacher, leichter, mechanischer, chemischer R.; das Licht übt einen R. auf das Auge aus; auf einen R. ansprechen, reagieren. **2.** *Anziehungskraft; Zauber:* ein großer, unwiderstehlicher R. ging von dem Gemälde aus; die weiblichen Reize; der R. des Fremdartigen, des Verbotenen, der Neuheit; einen starken R. auf jmdn. ausüben; etw. erhöht den R., hat keinen R. für jmdn., hat seinen R. für jmdn. verloren; sie zeigte ihre Reize; ich kann der Sache keinen R. abgewinnen.

reizen /vgl. reizend, gereizt/: **1.** ⟨jmdn. r.⟩ *herausfordern:* jmdn. sehr, schwer, bis aufs Äußerste, bis aufs Blut, bis zur Weißglut r.; die Kinder reizten den Hund; jmds. Zorn/jmdn. zum Zorn, jmds. Widerspruch/zum Widerspruch r.; das rote Tuch reizt den Stier. **2.** ⟨etw. r.⟩ *einen Organismus angreifen:* das grelle Licht, der Rauch hat seine Augen gereizt; seine Schleimhäute sind stark gereizt; ⟨auch ohne Akk.⟩ der aufgewirbelte Staub reizt zum Niesen; ein zum Erbrechen reizender Gestank. **3.** ⟨jmdn., etw. r.⟩ *hervorrufen; verlocken:* seine Worte reizten ihre Neugier; etw. reizt den Gaumen, den Magen; ihn reizt die Gefahr, das Abenteuer; es reizte mich, ihn zu ärgern; das reizt mich nicht; sie reizt die Männer, das Verlangen der Männer. **4.** (Skat) ⟨[etw.] r.⟩ *durch das Nennen höherer Zahlen das Spiel in die Hand bekommen:* [bis] 46, einen Grand r.; was, wie hoch hat er gereizt?

reizend: *hübsch, angenehm:* ein reizendes Mädchen, Kind, Gesicht, Kleid; ein reizender Anblick; es ist r., dass du uns besuchen willst; es war wieder r. bei euch; das ist r. von dir; das Haus ist r. gelegen; das kann ja r. (ugs. iron.; *unangenehm*) werden!

rekeln ⟨sich irgendwohin r.⟩: er rekelte sich im Sessel, in der Sonne.

Reklame, die: eine geschmackvolle, marktschreierische, kostspielige R.; für ein Waschmittel, für eine Zigarettenmarke R. machen; er macht überall für seinen Arzt R. (ugs.; *empfiehlt ihn jedem*); er macht mit seinem Auto, mit seiner Freundin überall R. (ugs.; *renommiert damit, mit ihr*). **reklamieren:** 1. ⟨etw. r.⟩ *beanstanden:* eine verloren gegangene Sendung r.; er hat die schlechte Ausführung der Arbeit reklamiert; ⟨auch ohne Akk.⟩ ich habe wegen der Sendung bei der Post reklamiert; die Spieler reklamierten (Sport; *protestierten*) gegen die Entscheidung des Schiedsrichters. 2. a) ⟨etw. r.⟩ *fordern:* mehr Rechtsstaatlichkeit, Demokratie r.; die Spieler reklamierten Abseits (Sport; *forderten vom Schiedsrichter, Abseits zu erkennen*); b) ⟨jmdn., etw. für sich r.⟩ *beanspruchen:* die Erfindung, den Erfolg der Verhandlung für sich r.; Napoleon hatte das Land für sich reklamiert; c) ⟨jmdn., etw. als jmdn., etw. r.⟩ *in Anspruch nehmen:* jmdn. als seinen Freund, politischen Ziehvater r.; den Erfolg wollte sie nicht als eigenen Triumph r.

Rekord, der: ein beachtlicher, ungewöhnlicher, neuer R.; einen R. [in einer sportlichen Disziplin] aufstellen, erringen, erzielen, halten, innehaben, brechen, schlagen, verbessern, verfehlen; den olympischen R. um zwei Zehntel überbieten/unterbieten; einen R. egalisieren, einstellen *(die gleiche Höchstleistung wie ein anderer erzielen);* R. fahren, laufen, springen, schwimmen; ÜBERTR.: der Schlussverkauf bricht in diesem Jahr alle Rekorde; die Hitzewelle erreichte einen neuen R. mit 43 °C; jeden Tag registrieren die Aktienmärkte neue Rekorde.

relativ: a) *einem bestimmten Verhältnis entsprechend:* der relative Wert des Geldes; eine relative Besserung; das ist ein relativer Begriff; es ist alles r.; etw. erweist sich als r.; etw. trifft nur r. zu; b) ⟨vor Adjektiven und Adverbien⟩ *verhältnismäßig:* ein r. warmer Winter; eine r. ruhige Gegend; sie geht r. oft ins Kino.

Religion, die: die christliche, buddhistische, jüdische R.; die heidnischen Religionen; sie durften ihre R. nicht ausüben; eine R. begründen; einer R. *(Glaubensgemeinschaft)* angehören; er ist ein Mensch ohne R.; sich zu einer R. bekennen; die Klasse hat gerade R. *(Religionsunterricht);* ÜBERTR.: den Fortschritt zu seiner R. machen.

religiös: ein religiöser Mensch; religiöse Handlungen, Vorschriften; religiöse Gesinnung; religiöse Zweifel haben; religiöse Schwärmer; sie ist sehr r. *(gläubig);* sie war r. erzogen worden; SUBST.: er steht allem Religiösen ablehnend gegenüber.

rempeln (ugs.) ⟨[jmdn.] r.⟩: sie wurde im Gedränge mehrfach gerempelt; (Sport:) der Spieler hat [seinen Gegner] gerempelt.

rennen: 1. a) *schnell laufen:* sehr schnell, mit großen Schritten r.; auf die Straße, um die Ecke r.; um die Wette r.; er rannte so schnell er konnte, zur Polizei r.; sie wie ein Wiesel über den Platz ge-

rannt; b) (ugs. abwertend) ⟨irgendwohin r.⟩ *sich zum Missfallen anderer irgendwohin begeben:* dauernd ins Kino r.; sie rennt wegen jeder Kleinigkeit zum Arzt. 2. ⟨etw. r.⟩ a) *rennend zurücklegen:* wenigstens 200 m solltest du r. können; er ist die ganze Strecke gerannt; b) *[im Wettrennen] erreichen:* einen neuen Meilenrekord r. 3. ⟨an/gegen jmdn., etw. r.⟩ *stoßen:* er war so in Gedanken versunken, dass er gegen einen Laternenpfahl rannte; sie ist im Dunkeln mit dem Kopf an, gegen die Wand gerannt. 4. ⟨sich (Dat.) etw. irgendwohin r.⟩ *sich durch Anstoßen eine Verletzung zuziehen:* er hat sich ein Loch in den Kopf gerannt. 5. (ugs.) ⟨jmdn., sich etw. irgendwohin r.⟩ *eine Stichwaffe in den Körper stoßen:* er rannte ihm das Messer in die Brust, zwischen die Rippen.

Rennen, das: ein schnelles, spannendes, totes *(unentschiedenes)* R.; ein R. mit Hindernissen; morgen findet ein R. statt; ein R. veranstalten, abhalten; sie ist ein großes R. gelaufen, geritten, gefahren; ein R. gewinnen, verlieren; an einem R. teilnehmen; als Sieger aus dem R. hervorgehen; jmdn. aus dem R. werfen; für ein R. melden; ins R. gehen; weiter im R. *(Wettkampf)* bleiben; gut im R. *(Wettkampf)* liegen; ÜBERTR.: sie liegt mit ihrer Bewerbung gut im R.; Ⓡ das R. ist gelaufen *(die Sache ist erledigt);* ★ **das Rennen machen** (ugs.; *gewinnen; andern den Rang ablaufen).*

renovieren ⟨etw. r.⟩: ein Haus, eine Fassade, eine Kirche r.; das Hotel wurde innen und außen renoviert.

Rente, die: eine hohe, niedrige, lebenslängliche R.; dynamische, dynamisierte *(den Veränderungen der Bruttolöhne angepasste)* Renten; [eine] R. beantragen, bekommen, beanspruchen, beziehen; jmdm. eine R. aussetzen, zahlen; ihre R. wurde erhöht, angehoben; von einer kläglichen, bescheidenen R. leben müssen; ★ **auf/in Rente gehen** (ugs.; *aus dem Arbeitsleben ausscheiden)* · **auf/in Rente sein** (ugs.; *Rentner[in] sein).*

rentieren ⟨sich r.⟩: die hohen Ausgaben rentieren sich nicht; der Aufwand, die Anstrengung, das Geschäft hat sich rentiert.

Reparatur, die: eine große, teure R. ausführen; an etw. eine R. vornehmen; etw. in, zur R. geben; der Wagen ist in R.

reparieren ⟨etw. r.⟩: den Motor, das Fahrrad r.; er hat das Türschloss nur notdürftig repariert; ich muss die Uhr r. lassen.

repräsentieren: 1. *in der Öffentlichkeit auftreten:* sie versteht zu r.; er muss in seinem neuen Amt viel r. 2. a) ⟨jmdn., etw. r.⟩ *vertreten:* ein Land, eine Partei, eine Firma r.; diese Regierung repräsentiert nicht das Volk; b) ⟨etw. r.⟩ *für etw. repräsentativ sein:* die Ausstellung repräsentiert das Gesamtwerk des Künstlers; **c)** ⟨etw. r.⟩ *darstellen:* der Ring repräsentiert einen Wert von 9 000 DM.

Reserve, die: **1.** *Vorrat, Rücklage:* Reserven an Lebensmitteln, Benzin; seine Reserven angreifen [müssen], verbrauchen; etw. als R. zurücklegen; ÜBERTR.: er hat keine [körperlichen] Reserven mehr *(ist [körperlich] nicht mehr widerstandsfähig)*. **2.** *Ersatztruppe, Ersatzmannschaft:* die [letzten] Reserven einsetzen; er ist Leutnant der R.; (Sport:) er spielt bei, in der R. **3.** *Zurückhaltung:* sich keine R. auferlegen; jmdn. aus seiner R. herauslocken; ∗ **stille Reserven** (1. Wirtsch.; *in der Bilanz nicht erscheinende Geldrücklagen.* 2. ugs.; *etw., was man für Notfälle zurückgelegt hat)* · **jmdn., etw. in Reserve haben/halten** *(jmdn., etw. für den Bedarfsfall zur Verfügung halten).*

reservieren ⟨etw. r.⟩: der Tisch ist für uns reserviert; ein Zimmer im Hotel r. lassen; der Platz ist reserviert; sie hat mir/für mich die Ware reserviert.

reserviert: *zurückhaltend:* sie hat eine sehr reservierte Art; jmdm. gegenüber äußerst r. sein; sich r. verhalten.

Resignation, die: müde, dumpfe R.; R. erfasste, ergriff, erfüllte ihn; in R. [ver]sinken.

resignieren ⟨[vor etw.] r.⟩: es gibt keinen Grund, jetzt zu r.; vor den Schwierigkeiten r.

Resolution, die: eine R. aufsetzen, [ab]fassen, veröffentlichen, überreichen, einbringen, verabschieden.

Respekt, der: vor jmdm., etw. [großen, keinen, einigen, nicht den geringsten] R. haben; jmdm. R. zollen, erweisen; jmdm. den [nötigen] R. verweigern; den, allen R. vor jmdm. verlieren; eine R. einflößende Persönlichkeit; er wird sich schon den nötigen R. verschaffen; es am nötigen R. fehlen lassen; bei allem R. vor seiner Leistung muss man doch ...; mit R. von jmdm. sprechen; R., R.! *(sehr beachtlich, anerkennenswert!).*

respektieren ⟨jmdn., etw. r.⟩: einen Vorgesetzten, die Gesetze, jmds. Meinung; jmds. Motive, jmds. Entscheidungen r.

Ressort, das: das R. eines Ministers; ein bestimmtes R. übernehmen, abgeben, verwalten; er leitet das R. »Materialprüfung« im Verteidigungsministerium; etw. fällt in jmds. R., gehört zu jmds. R.

Rest, der: ein kleiner, unansehnlicher, unbedeutender, trauriger R.; der letzte R.; von dem Käse ist noch ein R. da; ein R. Farbe; es sind nur noch schäbige Reste vorhanden, übrig; den Rest des Geldes haben wir vernascht; der R. des Tages *(die letzten Stunden des Tages);* zuerst die Reste *(Speisereste)* essen; die Reste *(Überreste)* versunkener Kulturen ausgraben; die Decke ist aus Resten *(Stoffresten)* genäht; den R. des Weges *(die letzte Wegstrecke)* müssen wir laufen; den R. *(Restbetrag)* stunden wir Ihnen; und die Division

geht ohne R. *(ohne dass eine Zahl übrig bleibt)* auf; Ⓡ das ist der [letzte] R. vom Schützenfest (ugs.; *das ist alles, was noch übrig ist);* der R. ist Schweigen; (scherzh.:) der R. [ist] für die Gottlosen; ∗ **jmdm., etw. den Rest geben** (ugs.; *jmdn. ganz zugrunde richten, etw. ganz zerstören)* · **sich den Rest holen** (ugs.; *ernstlich krank werden).*

restlich: die restliche Summe wird auf das Konto überwiesen; die restlichen Arbeiten erledige ich später.

restlos: etw. r. verbrauchen, verkaufen; die Angelegenheit wurde r. aufgeklärt; sie war r. *(völlig)* glücklich, begeistert.

Resultat, das: **a)** *Ergebnis:* das R. der Rechnung stimmte; die endgültigen, vorläufigen Resultate der Wahlen; **b)** *Erfolg:* unerwartete, überzeugende Resultate; die neuesten Resultate der Forschung; glänzende Resultate erreichen, erzielen, vorweisen können; etw. erbringt kein [befriedigendes] R.; der Versuch blieb ohne R.

retten: a) ⟨jmdn., etw. r.⟩ *aus einer Gefahr befreien:* einen Ertrinkenden, die Verunglückten r.; wertvolle Gemälde wurden gerettet; sie konnte sich aus eigener Kraft, im letzten Augenblick noch r.; jmdn. aus dem Feuer, aus der Gefahr, vor einer drohenden Gefahr, vor dem Absturz r. [können]; sie rettete sich mit dem Fallschirm, durch einen Sprung aus dem Fenster; Dokumente vor der Vernichtung r.; den sterbenden Wald r.; den Arzt konnte sie nicht mehr r. *(konnte nicht verhindern, dass sie starb);* ⟨jmdm. etw. r.⟩ er hat mir das Leben gerettet; Ⓡ rette sich, wer kann (scherzh.; Warnung vor etwas Unangenehmem); bist du noch zu r.? (ugs.; *bist du vollkommen verrückt?);* ÜBERTR.: den Frieden, jmdn. vor dem Bankrott r. *(bewahren);* seinen Kopf, seine Haut r. *(sich aus einer bedrohlichen Lage befreien);* jmds., seine Ehre, seine Ehe r.; wenn ein Krimi im Fernsehen kommt, ist der Abend für ihn gerettet (ugs.; *ist er zufrieden);* ein rettender *(die Lösung bringender)* Gedanke; **b)** ⟨sich irgendwohin r.⟩ *sich flüchten:* sich [vor dem Regen] unter ein schützendes Dach r.; er rettete sich ins Freie, über die Grenze, ans Ufer; ÜBERTR.: sich in Ironie r.; sich ins Ziel r. (Sport; *gerade noch vor anderen das Ziel erreichen);* **c)** (Sport) ⟨gewöhnlich mit Umstandsangabe⟩ *ein gegnerisches Tor verhindern:* der Verteidiger konnte gerade noch, in letzter Sekunde, auf der Linie r.; der Torwart rettete mit einer Parade; ∗ **sich vor etw., jmdm. nicht [mehr], kaum [noch] retten können/zu retten wissen** *(mit etw. überhäuft werden; von jmdm. bedrängt werden).*

Rettung, die: R. aus Lebensgefahr; jede R. kam zu spät; jmdm. R. bringen; an seine R. denken; auf R. hoffen; eine Aktion zur R. der bedrohten Tierwelt;

* jmds. [letzte] Rettung sein (ugs.; *jmdm. aus einer bedrängten Lage helfen*).
Reue, die: echte, tiefe, aufrichtige, bittere R.; deine R. kommt zu spät; R. fühlen, verspüren; sie empfand R. über seine Tat; keine Spur von R. zeigen.
revanchieren: a) ⟨sich [an jmdm., für etw./mit etw./durch etw.] r.⟩ *sich rächen:* eines Tages wird sie sich für seine Bosheiten r.; sich mit einem Foul am Gegner r.; ÜBERTR.: die Mannschaft revanchierte sich durch ein/mit einem 2 : 0 [für die Niederlage]; (Sport; *machte die Niederlage mit einem 2 : 0 wett*); b) ⟨sich [bei jmdm., für etw./mit etw.] r.⟩ *sich erkenntlich zeigen:* sie wollte sich bei ihr [mit einem kleinen Geschenk] r.; wir haben uns [für ihre Einladung, für ihre Gastfreundschaft] noch nicht revanchiert.
revidieren ⟨etw. r.⟩: a) *überprüfen:* das Gepäck, die Pässe r.; die Geschäftsbücher, die Kasse r.; b) *korrigieren:* seine Prognose nach unten r.; die Experten revidierten den Schätzwert des Gemäldes von 1 Million auf rund 800 000 Mark; die bisherige Politik muss revidiert werden; sie hat ihre Meinung, ihre Einstellung, ihr Urteil revidiert; einen Gesetzesparagraphen, einen Vertrag r. *(abändern).*
Revision, die: a) *Überprüfung:* eine R. des Gepäcks fand statt; die R. der Kasse vornehmen; b) *Änderung:* die R. eines Gesetzes, der Wirtschaftspolitik; das zwingt mich zur R. meiner Haltung, Meinung; c) (Rechtsw.) *Forderung, ein Urteil zu überprüfen:* gegen ein Urteil R. ankündigen, beantragen, einlegen; die R. begründen, zulassen, verwerfen, zurückweisen; der R. stattgeben; in die R. gehen *(das Rechtsmittel der Revision anwenden).*
Revolte, die: eine offene R.; eine R. gegen die Gefängnisleitung, in der Armee, unter den Gefangenen; eine R. machen; eine R. bricht aus, wird unterdrückt, niedergeschlagen, niedergeworfen; sie hat die R. angeführt.
Revolution, die: 1. *gewaltsamer Umsturz:* eine blutige, proletarische R.; die Französische Revolution; die R. bricht aus, siegt, scheitert, wird niedergeschlagen; eine R. ausrufen; die Zeile einer R.; eine R. von oben *(ein Umwälzungsprozess, den die Machthaber selbst vornehmen);* ÜBERTR.: die industrielle, technische, sexuelle R.
2. *Neuerung:* eine R. in der Mode, in der Kindererziehung.
Rezept, das: 1. *Arzneiverordnung:* ein R. ausschreiben, ausstellen; der Arzt hat mir ein R. geschrieben; das gibt es nur auf R.; ÜBERTR.: ein R. gegen Langeweile; dafür gibt es noch kein R.
2. *Back-, Kochanweisung:* ein gutes, altes R.; ein R. aus einem alten Kochbuch; ein neues R. ausprobieren; ÜBERTR.: ein taktisches R.; nach bewährtem R.
Rezeption, die: 1. *Hotelrezeption:* die R. ist im Augenblick nicht besetzt; sie meldete den Verlust des Schlüssels, den Diebstahl der R.; an der R.

nach einem Zimmer fragen; bitte bei der R. melden!
2. *Aufnahme:* die R. von Literatur, von Kunst, der aristotelischen Schriften.
Rhythmus, der: ein schneller, bewegter R.; afrikanische, zündende Rhythmen; der R. einer Komposition, eines Gedichtes; ÜBERTR.: der R. der Großstadt; der R. der Jahreszeiten, von Tag und Nacht; (Sport:) einen bestimmten R. laufen; im R. der Zeit; sich im R. von acht Stunden ablösen.
richten: 1. a) ⟨etw. r.⟩ *lenken:* den Scheinwerfer, die Kamera auf jmdn. r.; die Waffe gegen sich selbst r. *(sich zu erschießen versuchen);* die Segel nach dem Wind r.; das Schiff, den Kurs eines Schiffes nach Norden r.; seine Augen, den Blick in die Ferne r.; ÜBERTR.: sein Augenmerk auf jmdn., etwas r.; all sein Tun, seine Pläne, Wünsche auf ein bestimmtes Ziel r.; b) ⟨etw. an jmdn., etw. r.⟩ *adressieren:* Bitten, Aufforderungen, Mahnungen, eine Rede an jmdn. r.; er richtete sein Gesuch an die zuständige Behörde; die Frage war an dich gerichtet.
2. *sich wenden:* a) ⟨sich irgendwohin r.⟩ die Scheinwerfer richteten sich plötzlich alle auf einen Punkt; ihre Augen richteten sich in die Ferne; der Kranke konnte sich nur mühsam in die Höhe r.; ÜBERTR.: sein ganzes Streben richtete sich auf ein einziges Ziel; b) ⟨sich gegen jmdn., etw. r.⟩ seine Kritik richtet sich gegen die Politik der Regierung; in seinem Buch richtet er sich gegen soziale Missstände; gegen wen richtet sich Ihr Verdacht?
3. a) ⟨sich [mit etw.] nach jmdm., etw. r.⟩ *sich entsprechend verhalten:* sich nach jmds. Anweisungen, nach jmds. Wünschen r.; ich richte mich mit meinen Plänen ganz nach dir; b) ⟨sich nach etw. r.⟩ *von etw. abhängen:* die Bezahlung richtet sich nach der Leistung; wonach richtet sich der Preis?
4. ⟨etw. r.⟩ *richtig einstellen:* eine Antenne, einen Knochenbruch r.; (jmdm. etw. r.) sie lässt sich die Zähne r. *(gerade richten)* lassen.
5. (bes. südd., österr., schweiz.) a) ⟨etw. r.⟩ *vorbereiten:* den Tisch, die Betten [für die Gäste] r.; ich habe [für] euch das Frühstück gerichtet; er hat alles für die Reise gerichtet; b) ⟨sich, jmdm. etw. r.⟩ *in Ordnung bringen:* sich die Haare, den Schlips r.; das Dach, die Uhr r. *(reparieren)* lassen.
6. (geh.) *urteilen:* streng, gerecht, unparteiisch, gnädig r.; nach dem Recht r.; wir haben in dieser Angelegenheit, über diesen Menschen nicht zu r.
Richter, der: ein gerechter, gnädiger, milder, weiser R.; R. am Landgericht; der R. hat ihn freigesprochen; einen R. als befangen ablehnen; jmdn. vor den R. *(vor Gericht)* bringen; (ugs.:) schleppen; vor dem R. stehen; jmdn. zum R. bestellen; ÜBERTR.: sich zum R. über jmdn., etw. aufwerfen *(sich ein Urteil über jmdn., etw. anmaßen).*
richtig: I. ⟨Adjektiv⟩ 1. *zutreffend; wahr:* der richtige Weg, die richtige Fährte; eine richtige Lö-

R

sung, Auskunft, Erkenntnis; das war die richtige Antwort auf solche Frechheit; er ist auf der richtigen Seite; seine Rechnung war r. *(fehlerlos); das ist unzweifelhaft r.*; /bestätigende Floskel/: [sehr] r.!; ich finde das nicht r.; ich halte das nicht für r.; sehe ich das r.? *(habe ich Recht?); etw.* r. beurteilen, verstehen, begreifen, machen; ein Wort r. aussprechen, schreiben, übersetzen; du hast die Tür nicht r. zugemacht; etw. r. messen, wiegen; einen Irrtum, eine falsche Behauptung r. stellen; die Uhr geht r.; SUBST.: das ist genau das Richtige für mich; sie hat das Richtige getroffen; sie hat sechs Richtige im Lotto (ugs.; *sechs Zahlen richtig getippt).*
2. *geeignet:* den richtigen Zeitpunkt wählen, verpassen; der richtige Mann am richtigen Platz; etw. am richtigen Ende anfassen *(in geeigneter Weise, geschickt anpacken); etw.* ins richtige Licht rücken; der Ort für dieses Gespräch ist nicht r. gewählt; SUBST.: er hat nichts Richtiges gelernt; ich halte es für das Richtigste, wenn wir jetzt gehen; für diese Arbeit ist er der Richtige *(der geeignete Mann);* ihr seid mir gerade die Richtigen (ugs. iron.; Ausdruck der Kritik).
3. a) *wirklich, tatsächlich:* das ist nicht sein richtiger Name; es war lange kein richtiger Sommer mehr; sie ist noch ein richtiges *(im Grunde noch ein)* Kind; er ist ein richtiger Junge, Profi, Feigling; sie ist nicht die richtige *(leibliche)* Mutter der Kinder; **b)** (ugs.) ⟨verstärkend bei Adjektiven und Verben⟩ *sehr, ausgesprochen:* es war r. gemütlich, nett bei euch; es ist r. kalt geworden; schlaf dich erst mal r. aus!
II. ⟨Adverb⟩ *in der Tat, wahrhaftig:* sie sagte, er komme sicher bald, und r., da trat er in die Tür; ja r., jetzt erinnere ich mich;
* **nicht ganz richtig [im Kopf] sein** (ugs.; *nicht ganz bei Verstand sein).*
Richtigkeit, die: die R. des Ausdrucks, der Sprache; die R. der Maße prüfen; die R. einer Abschrift bescheinigen, bestätigen; es muss alles seine R. haben *(ordnungsgemäß ablaufen);* mit dieser Anordnung hat es seine R. *(sie ist richtig);* an der R. von etw. zweifeln; eine Urkunde auf ihre R. prüfen.
Richtlinie, die: allgemeine Richtlinien; die Richtlinien der Wirtschaftspolitik festlegen; Richtlinien ausgeben, erlassen, empfangen, beachten, einhalten, außer Acht lassen; jmdm. Richtlinien für sein Verhalten geben; sie ist nicht an die Richtlinien gehalten.
Richtschnur, die: dieser Ausspruch war R. seines Handelns, diente ihm als R.; etw. zur R. seines Lebens machen.
Richtung, die: **1.** *Ausrichtung:* die R. einer Straße, Bahn, eines Flusses; das ist die falsche R.; eine R. einschlagen; die R. ändern, wechseln; eine andere R. nehmen; der Pfeil zeigt die R. an; jmdm. die R. zeigen; aus allen Richtungen herbeieilen; in eine andere, in die entgegengesetzte R. gehen;

sie flogen in nördliche/nördlicher R. *(nach Norden);* sie bewegten sich in R. [auf] Berlin, in R. Osten, des Dorfes; Kanäle durchziehen das Land nach allen Richtungen; ÜBERTR.: die R. stimmt (ugs.; *es ist alles in Ordnung);* seine Gedanken bekamen eine andere R.; einem Gespräch eine andere, eine bestimmte R. geben *(es auf ein anderes, ein bestimmtes Thema bringen);* das war der erste Versuch in dieser R. *(auf dieses Ziel hin);* ein Schritt in die richtige R.; sich nach keiner R. hin *(in keiner Weise, überhaupt nicht)* binden, festlegen.
2. *geistige Strömung:* eine politische, künstlerische, musikalische R.; die vielfältigen Richtungen in der Kunst; eine bestimmte R. vertreten; die Hauptvertreter dieser R.; einer bestimmten R. angehören.
riechen: **1.** a) ⟨etw. r.⟩ *durch den Geruchssinn wahrnehmen:* den Duft der Rosen, ein Parfüm gern r.; sie hat das Gas zuerst gerochen; ich kann Knoblauch nicht r. *(mag den Geruch nicht);* ÜBERTR.: er roch, dass etwas nicht stimmte; **b)** ⟨an etw. (Dat.) r.⟩ *den Geruch von etw. wahrnehmen wollen:* an einer Rose, an einem Pulver r.
2. *einen [unangenehmen] Geruch verbreiten:* **a)** Käse, Fisch riecht; er riecht aus dem Mund; diese Blumen riechen nicht; **b)** ⟨irgendwie/nach etw. r.⟩ etw. riecht gut, schlecht, unangenehm, übel, streng, scharf, stark, [wie] angebrannt; sie roch nach einem billigen Parfüm, nach Alkohol; die Luft riecht nach Schnee *(es wird Schnee geben);* ⟨es riecht nach etw.⟩ hier riecht es nach Gas; wonach riecht es hier eigentlich?; ÜBERTR.: irgendetwas bei diesem Geschäft riecht verdächtig; es riecht nach Freispruch;
* **jmdn. nicht riechen können** (ugs.; *jmdn. unausstehlich finden)* · **etw. nicht riechen können** (ugs.; *etw. nicht ahnen, im Voraus nicht wissen können)* · **an etw. (Dat.) mal riechen dürfen** (ugs.; *etw. nur für kurze Zeit behalten, ansehen können).*
Riecher, der: ⟨in der Wendung⟩ **einen guten Riecher, den richtigen Riecher [für jmdn., etw.] haben** (ugs.; *ein sicheres Gefühl [für etw.] haben; jmdn., etw. richtig einschätzen).*
Riegel, der: **1.** *Verschlussvorrichtung:* ein hölzerner, eiserner R.; der R. knarrt, klirrt; den R. an der Tür vorschieben, zuschieben, aufschieben, zurückschieben; den R. vorlegen; ÜBERTR.: einen R. (Sport; *eine verstärkte Verteidigung)* um den Strafraum aufziehen.
2. *stangenartiges Stück:* einen R. Schokolade essen;
* **etw./**(seltener:) **jmdm. einen Riegel vorschieben** *(etw. unterbinden).*
¹Riemen, der: *schmales Band (bes. als Gürtel):* ein breiter, schmaler, langer R.; der R. ist gerissen, vom Rad gesprungen; einen R. enger, weiter schnallen; die Tasche an einem R. über der Schulter tragen; sich mit R. festschnallen;

* den **Riemen** enger schnallen (ugs.; *sich in seinen Bedürfnissen einschränken*) · sich am Riemen reißen (ugs.; *sich zusammennehmen, sich sehr anstrengen*).

²**Riemen,** der: *Ruder:* die R. einlegen, einziehen; sie legten sich in die R. *(ruderten tüchtig);* * sich in die Riemen legen (ugs.; *mit Energie eine Sache in Angriff nehmen und durchführen).*

Riese, der: **1.** *Märchen-, Sagengestalt:* in diesem Märchen muss der Prinz mit einem Riesen kämpfen; ÜBERTR.: er ist ein R. *(ist sehr groß);* er ist ein R. an Geist, an Gelehrsamkeit *(er ist sehr klug, gelehrt);* die Riesen *(die höchsten Berge)* Südtirols; Riesen aus Beton und Glas *(Hochhäuser).* **2.** (salopp) *Tausendmarkschein:* das kostet fünf Riesen.

rieseln ⟨irgendwo[hin] r.⟩: das Wasser rieselt über die Steine; der Kalk rieselte von den Wänden; er ließ den Sand durch die Finger r.; der Regen, Schnee rieselt [schon seit Stunden]; ÜBERTR.: Angst, ein Schauder rieselte ihm durch alle Glieder, über den Rücken.

riesig: 1. a) *sehr groß:* ein riesiges Bauwerk; eine riesige Gestalt, Menschenmenge; der Park hatte riesige Ausmaße; der Turm war, wirkte r.; b) *gewaltig:* eine riesige Anstrengung, Summe; riesigen Durst haben; das hat riesigen Spaß gemacht. **2.** (ugs.) a) *großartig:* eine riesige Stimmung; der Film war r.; das finde ich r. von dir; b) ⟨verstärkend bei Adjektiven und Verben⟩ *sehr, überaus:* es war r. interessant; ich habe mich r. gefreut.

rigoros: eine rigorose Kritik, Sparpolitik; rigorose Maßnahmen, Kontrollen, Strafen; sie, ihr Vorgehen war sehr r.; r. durchgreifen, verfahren, vorgehen; etw. r. ablehnen, verbieten.

Rind, das: */ein Haustier/:* die Rinder brüllen, grasen; Rinder züchten; Aufzucht von Rindern.

Rinde, die: *Baumrinde:* raue, rissige, glatte R.; die R. vom Stamm ablösen, abschälen; ÜBERTR.: die R. *(Kruste)* des Brotes, Käses.

Ring, der: **1.** *Fingerring:* ein goldener, silberner, massiver, kostbarer, brillantenbesetzter R.; ein R. aus Platin, mit einem großen Stein; der R. blitzte an ihrem Finger; einen R. [am Finger] tragen; jmdm., sich einen R. anstecken, an den Finger stecken; einen R. vom Finger ziehen, abstreifen; Ⓡ der R. schließt sich *(die Sache findet ihren Abschluss).* **2.** *ringförmiges Gebilde:* beim Spiel einen R. bilden; einen R. um jmdn. schließen; der Raucher blies Ringe in die Luft; die Ringe *(Jahresringe)* des Baumstamms; der ins Wasser geworfene Stein lässt an der Oberfläche Ringe entstehen; sie hat dunkle, schwarze Ringe *(Schatten)* um die, unter den Augen; er schoss zehn Ringe *(in die zehnten Ring)* auf der Schießscheibe; ÜBERTR.: ein R. *(eine Bande)* von Waffenschiebern; die Händler haben sich zu einem R. *(Kartell)* zusammengeschlossen. **3.** (Sport) a) ⟨Plural⟩ */ein Turngerät/:* an den Ringen turnen; b) *Boxring:* den R. betreten; den R. als Sieger verlassen; in den R. treten, klettern, steigen; R. frei zur dritten Runde!; * die Ringe tauschen/wechseln (geh.; *heiraten).*

ringen: 1. a) ⟨[mit jmdm.] r.⟩ *kämpfen:* die beiden Männer rangen bis zur Erschöpfung miteinander; sie rangen erbittert; ÜBERTR.: er rang mit dem Tode (geh.; *war todkrank);* der Schwimmer rang mit den Wellen *(konnte sich wegen der starken Wellen kaum im Wasser behaupten);* b) ⟨[mit jmdm.] r.⟩ *(im sportlichen Wettkampf) kämpfen:* taktisch klug, mit einem/gegen einen starken Gegner r.; er ringt *(ist Ringer)* seit einigen Jahren; c) ⟨mit sich, etw. r.⟩ *sich innerlich auseinander setzen:* mit einem Problem r.; ich habe lange mit mir gerungen, ob ich das tun soll; ÜBERTR.: er rang mit den Tränen (geh.; *konnte sie kaum unterdrücken).* **2.** (geh.) ⟨nach, um etw. r.⟩ *heftig nach etw. streben:* hart, zäh, schwer um Anerkennung r.; um Erfolg, um Freiheit, um Unabhängigkeit r.; ÜBERTR.: nach Atem r.; er hat nach Worten/um Worte, nach/um Fassung gerungen. **3.** (geh.) a) ⟨etw.⟩ *winden:* sie rang verzweifelt die, ihre Hände; ⟨jmdm. etw. aus etw. r.⟩ er rang ihm die Pistole aus der Hand; b) ⟨sich aus etw. r.⟩ *hervorkommen:* ein Seufzer rang sich aus seiner Brust.

rings: r. an den Wänden stehen Regale; der Ort ist r. von Bergen umgeben; sich r. im Kreis umsehen; r. um den Park lief eine Mauer.

Rinne, die: tiefe Rinnen im Erdreich; den R. am Dach; der Regen hat tiefe Rinnen in den Boden gegraben; das Wasser fließt durch eine R. ab; eine R. graben, ausheben.

rinnen: 1. ⟨irgendwohin r.⟩ *strömen:* der Regen rinnt in die Tonne, über die Scheiben, vom Dach; Blut rann in einem dünnen Faden aus der Wunde; Tränen rannten über ihre Wangen; sie ließ das Wasser durch die Finger r.; ⟨jmdm. irgendwohin r.⟩ der Schweiß rann ihm von der Stirn; BILDL.: das Geld rinnt ihm [nur so] durch die Finger *(er gibt [zu] viel Geld aus).* **2.** *undicht sein:* die Gießkanne, das Fass rinnt.

Rippe, die: **1.** *Knochen des Brustkorbs:* sich eine R. brechen, quetschen; man kann ihm alle Rippen zählen/er hat nichts auf den Rippen (ugs.; *er ist sehr mager);* er hat ihm ein Messer zwischen die Rippen gestoßen; er stieß ihm/ihn in die Rippen *(gab ihm einen Stoß in die Seite).* **2.** *rippenähnliches Gebilde:* Kord mit breiten Rippen; ein Heizkörper mit acht Rippen; eine R. *(ein Riegel)* Schokolade. **3.** *hervortretende Blattader:* die Rippen des Blattes; beim Salat die Rippen herausschneiden. **4.** (Bauw.) *Rippenbogen:* die Rippen des Gewölbes; * sich (Dat.) etw. nicht aus den Rippen schneiden/schlagen können (ugs.; *nicht wissen, wo man etw. hernehmen soll).*

Risiko, das: ein großes R.; das R. ist gering; die Sache ist kein R.; ein R. eingehen; das R. tragen; das R. bei der Sache fürchten, scheuen, in Kauf nehmen; die Risiken/die Risikos der Behandlung bedenken; das geht auf eigenes R.

riskant: ein riskantes Unternehmen; der Plan ist, erscheint mir sehr/äußerst r.

riskieren ⟨etw. r.⟩: **a)** *aufs Spiel setzen:* viel, wenig, nichts, alles, das Äußerste, seine Stellung, seinen Kopf r.; bei der Sache hast du unnötig dein Leben riskiert; **b)** *wagen:* ein Wort, einen Blick r.; man muss auch einmal etwas r.; sie riskierte ein zaghaftes Lächeln; **c)** *heraufbeschwören:* einen Krach, einen Strafzettel, eine Niederlage r.; ich riskiere, ausgelacht zu werden.

Riss, der: **1.** *durch Reißen o. Ä. entstandene Stelle:* ein großer, kleiner, tiefer R.; ein R. im Stoff, im Gestein, in der Haut; in der Decke, im Boden waren, zeigten sich Risse; der R. hat sich vertieft; einen R. flicken, leimen, verkitten, verschmieren; die Glasur hat Risse bekommen; BILDL.: ihre Freundschaft hatte einen R. bekommen; die Risse in dem Bündnis wurden mühsam geleimt, gekittet; ein R. zwischen den Generationen. **2.** (Technik, Geom.) *Umrisszeichnung:* einen R. zeichnen, (ugs.:) machen.

rissig: rissige Rinde, Borke; rissiger Putz; rissiger Boden; ihre Hände sind r. *(aufgesprungen);* das Leder wird r. *(brüchig).*

Ritt, der: ein langer, kurzer, weiter, scharfer R.; in einem wilden R. jagten sie über die Felder;
★ **ein Ritt über den Bodensee** *(eine sehr waghalsige, kühne Unternehmung)* · **auf einen/in einem Ritt** (ugs.; *auf einmal, ohne zu unterbrechen).*

ritterlich: 1. *den Ritterstand betreffend:* das ritterliche Leben. **2. a)** *fair:* ein ritterlicher Gegner; sich im ritterlichen Kampf messen; **b)** *höflich:* ein ritterliches Verhalten; er ist immer sehr r.; r. bot er der Dame den Arm.

Ritze, die: eine schmale, tiefe R.; Ritzen in den Türen, im Fußboden; die Ritzen verstopfen, verschmieren; der Wind pfeift durch die Ritzen; in, zwischen den Ritzen hatte sich Schmutz festgesetzt.

ritzen: 1. a) ⟨etw. r.⟩ *mit Einkerbungen versehen:* Glas [mit einem Diamanten] r.; R̲ [das, die Sache] ist geritzt (ugs.; *ist abgemacht, wird erledigt);* **b)** ⟨etw. irgendwohin r.⟩ *einschneiden:* ein Zeichen in das Holz r.; er hat seinen Namen in die Rinde, in die Bank geritzt. **2.** *[sich] leicht verletzen:* **a)** ⟨jmdn., sich, etw. r.⟩ sich [an einem Dorn, an einem Nagel] r.; er hat ihn mit einer Nadel [an der Hand] geritzt; die Dornen ritzten meine Haut; **b)** ⟨sich, jmdm. etw. r.⟩ die Dornen ritzten ihm die Haut an den Beinen.

robust: ein robustes Kind; sie ist eine robuste Natur; eine robuste Gesundheit; seelisch r. sein; ÜBERTR.: das Material, der Motor ist sehr r. *(strapazierfähig).*

röcheln: der Kranke, der Sterbende röchelte; er atmete röchelnd; SUBST.: das Röcheln der Sterbenden.

Rock, der: **1.** *Damenrock:* ein kurzer, langer, enger, kniefreier, knöchellanger, glockiger, gerader, ausgestellter, plissierter, karierter, schwarzer R.; R. aus Flanell; der R. passt [nicht], sitzt gut, ist zu knapp, muss kürzer gemacht werden; der R. flattert ihr um die Beine; sie trägt meist R. und Bluse; den R. anziehen, ausziehen, glatt streichen; den R. schürzen (geh.; *heben, raffen);* ein Kleid mit weitem R. *(Unterteil des Kleides).* **2.** (landsch.) *Jackett:* ein dunkler, abgelegter R.; der grüne R. des Jägers; der feldgraue R. des Soldaten;
★ **hinter jedem Rock her sein/herlaufen** (ugs.; *allen Frauen nachlaufen).*

Rockzipfel, der: ⟨in den Wendungen⟩ **sich an jmds. Rockzipfel hängen; an jmds. Rockzipfel/jmdm. am Rockzipfel hängen** (ugs.; *unselbstständig sein; sich immer in jmds. Nähe aufhalten).*

rodeln: a) *Schlitten fahren:* die Kinder haben/sind den ganzen Tag gerodelt; **b)** ⟨irgendwohin r.⟩ *sich rodelnd bewegen:* sie rodelten ins Tal.

roden ⟨etw. r.⟩: *urbar machen:* Wald, Land r.; große Gebiete wurden gerodet.

roh: 1. *ungekocht:* rohes Obst, Fleisch; roher Schinken; in rohem Zustand; rohe Klöße *(Klöße aus rohen Kartoffeln);* das Fleisch ist noch [ganz] r. *(noch nicht gar);* Gemüse r. essen. **2.** *unbearbeitet; unfertig:* rohes Holz; rohes Material; roher Stein; rohe Felle; rohe Diamanten; ein r. *(grob)* gezimmerter Tisch; die Bretter, die Balken sind noch r.; ÜBERTR.: nach roher *(ungefährer)* Schätzung; SUBST.: die Arbeit ist im Rohen *(in großen Zügen)* fertig. **3.** (abwertend) *grob, unkultiviert:* rohe Sitten, Kräfte, Umgangsformen; ein roher Mensch; er hat das Schloss mit roher Gewalt aufgebrochen; fass das Kind nicht so r. an!

Rohr, das: **1. a)** *Schilf:* um sie herum wächst R.; Wasservögel nisten im R.; Matten aus R. flechten; das Dach der Hütte ist mit R. bedeckt; **b)** *Peddigrohr:* Stühle, Körbe aus R. **2.** *langer, zylindrischer Hohlkörper:* ein dickes, langes, enges, dickwandiges R.; ein R. ist geplatzt; ein R. ist verstopft; Rohre legen, verlegen; Abgase, Rauch durch Rohre ableiten; die Schlachtschiffe schossen, feuerten aus allen Rohren *(Geschützrohren);*
★ **voll[es] Rohr** (ugs.; *mit voller Wucht, mit vollem Einsatz).*

Röhre, die: **1.** *dünnes Rohr:* eine dünne, gläserne R.; Röhren aus Eisen, Ton; ein Röhrchen mit Tabletten. **2. a)** *Radio-, Fernsehröhre:* die R. ist durchgebrannt, (ugs.:) kaputt; die R. hat eine lange Lebensdauer; eine R. auswechseln, ersetzen, prüfen; **b)** (ugs. abwertend) *Fernsehgerät:* er sitzt

den ganzen Abend vor der R.; sie guckt, starrt in die R.
3. *Backröhre:* das Essen in die R. stellen; etw. in der R. braten;
⋆ **in die Röhre sehen/gucken** (ugs.; *leer ausgehen; das Nachsehen haben).*
¹Rolle, die: **1.** a) *etwas Walzenförmiges:* eine R. Garn, [Toiletten]papier; eine R. verzinkter Draht/(geh.:) verzinkten Drahtes; eine R. Geldstücke, Drops; eine R. [auf]wickeln; etw. von einer R. abwickeln; b) *Rad, Kugel, Walze, worauf etw. rollt, gleitet:* der Sessel hat Rollen aus Nickel; ein Tisch auf Rollen; schwere Lasten, eine Kiste auf Rollen transportieren, bewegen; das Seil des Flaschenzugs läuft über Rollen.
2. */eine Turnübung/:* eine R. vorwärts machen; eine R. am Barren ausführen;
⋆ **von der Rolle sein/kommen** (ugs.; *nicht mehr mithalten können, den Anschluss verlieren)* · **jmdn. von der Rolle bringen** (ugs.; *dafür sorgen, dass jmd. nicht mehr mithalten kann).*
²Rolle, die: **1.** a) *von dem Schauspieler zu verkörpernde Gestalt:* eine kleine, tragende, schwierige, dankbare R.; diese R. liegt ihm; eine R. übernehmen, besetzen; Rollen verteilen, tauschen; er spielt die R. des Schurken; die R. ist ihr auf den Leib geschrieben; sie spielt die R. gut, überzeugend; man übertrug ihm die R. des Hamlet, besetzte die R. des Hamlet mit ihm; eine Besetzung für eine R. suchen, finden; sie trat in diesem Stück in einer großen R. auf; ÜBERTR.: wir begnügten uns mit der R. des Zuschauers; b) *Rollentext:* seine R. lernen, studieren; er spricht die R. des Richters im Hörspiel; sie lasen den Text mit verteilten Rollen; ÜBERTR.: wir machten ein Interview mit verteilten Rollen.
2. *Stellung, Verhalten innerhalb der Gesellschaft:* anerzogene Rollen; die R. der Frau in Vergangenheit und Gegenwart; die führende R. der Partei, in diesem Skandal; seine R. als Vermittler; die Rollen [ver]tauschen;
⋆ **gern eine Rolle spielen mögen/wollen** *(großes Geltungsbedürfnis haben)* · **[bei jmdm., etw./für jmdn., etw.] eine Rolle spielen** *([für jmdn., etw.] wichtig sein)* · **bei etw. eine Rolle spielen** *(an etw. mitwirken)* · **seine Rolle ausgespielt haben** *(seine Stellung, sein Ansehen verlieren)* · **aus der Rolle fallen** *(sich unpassend, ungehörig benehmen).*
rollen: **1.** *sich rollend [fort]bewegen:* a) die Kugel, der Ball, der Würfel, das Rad rollt; ÜBERTR.: die Sache rollt *(geht vorwärts);* bald werden Köpfe r. *(Leute zur Rechenschaft gezogen);* b) ⟨irgendwohin r.⟩ der Ball rollte auf die Straße, unter den Tisch, ins Aus, über die Torlinie; ⟨jmdm. irgendwohin r.⟩ das Geldstück ist ihm unter den Schrank gerollt; ÜBERTR.: Tränen rollten über ihr Gesicht; eine Lawine rollte donnernd zu Tal; ein Brecher rollte über das Deck; c) ⟨irgendwohin r.⟩

das Kind rollte *(drehte sich)* auf den Rücken; im Schlaf war er auf die andere Seite gerollt.
2. ⟨[irgendwohin] r.⟩ *sich auf Rädern o.Ä. [fort]bewegen:* der Wagen, der Zug rollt; das Flugzeug rollt auf die Startbahn; langsam rollt der Zug aus der Bahnhofshalle; Panzer sind durch die Straßen gerollt.
3. ⟨jmdn., sich, etw. [irgendwohin] r.⟩ *rollend befördern:* das Fass in den Keller, über eine Rampe r.; den Einkaufswagen zur Kasse r.; sie mussten einen Felsblock zur Seite r.; den Patienten *(die Bahre mit dem Patienten)* in den OP r.; der Hund rollte sich auf den Bauch, ins Gras; sich in eine Decke r. *(einrollen).*
4. a) ⟨etw. r.⟩ *zusammenrollen:* Papier, eine Landkarte, einen Teppich r.; sie hat Mantel und Zeltbahn gerollt; b) ⟨sich r.⟩ *sich zusammenrollen:* das Papier, der Teppich hat sich an den Rändern gerollt.
5. *im Kreise bewegen:* a) ⟨etw. r.⟩ den Kopf r.; sie rollte [wütend] die Augen; b) ⟨mit etw. r.⟩ sie rollte mit den Augen.
6. ⟨etw. r.⟩ *rollend formen:* den Teig zu einer Wurst r.; Nudeln r.
7. *ein rollendes Geräusch hervorbringen:* der Donner rollt; sekundenlang rollte das Echo; ⟨mit Akk.⟩ sie rollt das R; mit rollendem *(gerolltem)* R; SUBST.: man hörte das Rollen der Geschütze.
8. *(Seemannsspr.) schlingern:* das Schiff rollt in der schweren See;
⋆ **ins Rollen kommen** (ugs.; *in Gang kommen; beginnen)* · **etw. ins Rollen bringen** (ugs.; *etw. in Gang bringen, auslösen).*
Roman, der: ein historischer, spannender, langweiliger R.; der moderne R. *(die Gattung der modernen erzählerischen Prosa);* der R. *(die Romandichtung)* der Klassik; der R. spielt in Italien, im 18. Jahrhundert; einen R. schreiben, verfassen, veröffentlichen, verfilmen, lesen; er könnte über seine Erlebnisse einen R. schreiben; er arbeitet an einem R.; ÜBERTR.: ihr Leben ist der reinste R.; erzähl doch keine Romane! (ugs.1. *fasse dich kürzer!* 2. *bleib bei der Wahrheit!*); sie hat einen ganzen R. erzählt (ugs.; *sich lang und breit über eine Sache ausgelassen).*
romantisch: **1.** *zur Romantik gehörend:* die romantische Malerei, Poesie, Musik; die romantischen Dichter; die romantische Schule *(Dichterschule).*
2. a) *schwärmerisch, gefühlsbetont:* ein romantischer Mensch; eine romantische Natur; romantische *(unrealistische)* Vorstellungen haben; romantische Songs; die Geschichte ist sehr r.; der junge Mann wirkt ein wenig r.; r. veranlagt sein; b) *stimmungsvoll:* eine romantische Gegend, Landschaft, Burgruine; der Ort ist sehr r. gelegen.
rosa: ein r. (nicht korrekt: rosanes) Kleid, Tuch; die Tapete ist r.; etw. r. anmalen; SUBST.: ein helles Rosa.
Rose, die: eine rote, duftende, langstielige R.; wilde, hochstämmige, kletternde Rosen; ein

Strauß [gelbe/gelber] Rosen; die R. ist aufge-
blüht; die Rosen blühen, müssen zurückge-
schnitten werden; Rosen okulieren, schneiden,
züchten; Ⓡ keine R. ohne Dornen;
⋆ [nicht] auf Rosen gebettet sein *(geh.; [nicht]
in guten Verhältnissen leben; [k]ein leichtes Leben
haben)*.
rosig: **1.** *mit rötlichem Schimmer:* ein rosiges Gesicht; eine rosige Haut; das Baby sieht ganz r. aus.
2. (ugs.) *angenehm:* er schilderte die Zustände in
den rosigsten Farben, in rosigem/rosigstem
Licht; unsere Aussichten sind nicht gerade r.; die
Sache, die Zukunft sieht nicht r. aus; es geht ihr
nicht gerade rosig.
Rosine, die: ein Kuchen mit Rosinen;
⋆ **[große] Rosinen im Kopf haben** (ugs.; *hochfliegende Pläne haben)* · **sich die [besten, größten, dicksten] Rosinen herauspicken/aus dem
Kuchen picken** (ugs.; *sich von etw. das Beste nehmen).*
Ross, das: **1.** (geh.) *Pferd:* ein edles, feuriges R.; sie
schwangen sich auf ihre Rosse.
2. (ugs.) *Dummkopf*/oft als Schimpfwort/: du R.!;
⋆ **Ross und Reiter nennen** *(etw., jmdn. deutlich
nennen; offen sagen, wovon/von wem die Rede ist)* ·
sich aufs hohe Ross setzen *(eine hochmütige
Haltung annehmen)* · **auf dem, [s]einem hohen
Ross sitzen** *(hochmütig sein)* · **von seinem hohen Ross herunterkommen, heruntersteigen**
(seine hochmütige Haltung aufgeben) · **hoch zu
Ross** (scherzh.; *reitend; zu Pferde).*
¹Rost, der: *gitterartige Vorrichtung:* der R. im Ofen
ist durchgebrannt; Asche fällt durch den R.;
Würstchen auf dem R. *(Bratrost)* braten.
²Rost, der: *Belag auf Eisen:* R. setzt sich an, bildet
sich, zerfrisst das Eisen; der R. muss entfernt
werden; etw. vom R. befreien.
rosten: Rost ansetzen: das Auto fängt an zu r.; das
Werkzeug ist/(auch:) hat gerostet; ein leicht/
nicht rostender Stahl; ÜBERTR.: sie macht den
Kurs, um nicht zu r. *(um ihre Fertigkeiten nicht zu
verlieren).*
rösten ⟨etw. r.⟩: *durch Hitzeeinwirkung bräunen:*
Kastanien, Nüsse r.; sie röstet Weißbrot im Toas-
ter; frisch gerösteter Kaffee; ÜBERTR.: [sich] in
der Sonne r. (scherzh.; *sich längere Zeit sonnen).*
rostig: rostige Messer, Nägel; die Gartengeräte
sind r. geworden; ÜBERTR.: eine rostige *(tiefe,
raue)* Stimme; seine rostigen *(steif gewordenen)*
Glieder bewegen.
rot: **1.** */eine Farbbezeichnung/:* rote Farbe, Tinte;
roter Mohn; rote Rosen; rote Johannisbeeren; rotes Gold *(Rotgold);* rote Backen, Lippen; eine rote
(auf Rot stehende) Ampel; er bekam vor Aufregung einen roten Kopf, eine rote Nase; rote Blutkörperchen; nach dem Sonnenbad war sie r. wie
ein Krebs; er ist vor Zorn r. angelaufen (ugs.; *er
errötete);* der Abendhimmel leuchtet r.; ein Kleid
r. färben; einen Fehler r. anstreichen; sich die Augen r. weinen *(heftig weinen);* r. geschminkte Lip-

pen; r. lackierte Fingernägel; SUBST.: ein schönes,
helles, kräftiges Rot; die Farbe Rot; ihre Lieblingsfarbe ist Rot; bei Rot *(roter Ampel)* über die
Straße gehen; ein Glas von dem Roten (ugs.; *Rotwein);* der Raum ist ganz in Rot gehalten; Ⓡ heute
r., morgen tot.
2. (Politik) *kommunistisch, sozialistisch:* rote
(marxistische) Literatur; sie ist ziemlich r., ist r.
angehaucht; Ⓡ (ugs.:) lieber r. als tot; SUBST.: die
Roten haben die Wahl gewonnen;
⋆ **rot werden/sein** (ugs.; *vor Scham, Verlegenheit
erröten, errötet sein):* vor Verlegenheit wurde er r.
bis über die Ohren.
Röte, die: eine blasse, tiefe, fiebrige, brennende R.;
die R. seiner Wangen wirkte krankhaft; eine R.
flog über ihr Gesicht, stieg/schoss ihr ins Gesicht; eine sanfte R. *(ein rötlicher Schimmer)*
färbte den Abendhimmel.
röten (geh.): **a)** ⟨etw. r.⟩: *rot färben:* die Sonne, die
Kälte rötete ihr Gesicht; der scharfe Wind hat
seine Haut, seine Backen gerötet; der Brand rötete den Himmel; **b)** ⟨sich r.⟩ *rot werden:* sein Gesicht rötete sich in der kalten Luft; das Wasser
rötete sich vom Blut des harpunierten Fisches;
⟨meist im 2. Part.⟩ gerötete Augen; der Stimm-
bänder sind leicht gerötet.
Route, die: die kürzeste R. fliegen, fahren, einschlagen, wählen, nehmen; sie haben ihre R. geändert, eingehalten; auf der nördlichen R.;
ÜBERTR.: für die Verhandlungen eine R. abstecken.
Routine, die: jmdm. fehlt noch die [nötige] R.; in
etw. keine, große R. haben; R. zeigen; etw. mit R.
erledigen; über genügend, langjährige R. verfügen; diese Tests gehören zur R.; das ist für uns
zur [reinen] R. geworden.
routiniert (bildungsspr.): ein routinierter Musiker,
Sprecher; sehr r. sein; der Schauspieler hat die
Rolle r. gespielt.
ruchbar (in der Verbindung) **ruchbar werden**
(geh.; *bekannt werden):* als seine Taten r. wurden,
flüchtete er ins Ausland.
Ruck, der: ein heftiger, starker, kräftiger R.; er riss
am Zügel; plötzlich gab es einen R.; der Zug setzte
sich mit einem leichten R. in Bewegung; er riss
sich mit einem R. los; ohne den geringsten R. anfahren; ÜBERTR.: es gab ihr einen inneren R. *(traf
sie innerlich);* wir fuhren in einem R. durch (ugs.,
ohne anzuhalten); bei den Wahlen gab es einen R.
(eine Verschiebung) nach links, nach rechts;
⋆ **sich [innerlich] einen Ruck geben** (ugs.; *sich
überwinden, etw. zu tun).*
rücken: 1. ⟨etw. [irgendwohin] r.⟩ *ruckweise schieben:* einen Schrank r.; sie rückten den Tisch, die
Möbel an die Wand, zur Seite, nach hinten; sie
rückte die Lampe in ihre Nähe; eine Schachfigur
zwei Felder nach vorn r.; die Mütze in die Stirn
r.; die schwere Kiste ließ sich nicht [von der
Stelle] r.
2. a) ⟨an etw. (Dat.) r.⟩ *etw. durch Rücken bewe-

gen: er hat an dem Zeiger der Uhr gerückt; verlegen rückte er an seiner Krawatte; **b**) ⟨[irgendwohin] r.⟩ *sich [mit einem Ruck, ruckweise] bewegen:* können Sie ein wenig [nach vorn, zur Seite] r.?; sie ist in die Ecke, näher an den Tisch gerückt; der Zeiger der Uhr rückte auf 12; ⟨jmdm. irgendwohin r.⟩ jmdm. immer näher r.; ÜBERTR.: in den Bereich des Möglichen, in den Mittelpunkt r.; die Verwirklichung der Pläne rückt in weite Ferne; Weihnachten rückt näher *(kommt heran);* er ist an die Stelle des pensionierten Kollegen gerückt *(hat seine Stelle übernommen).* **3.** (Milit.) ⟨irgendwohin r.⟩ *ausrücken:* ins Manöver r.; die Truppen, die Soldaten rückten ins Feld, an die Front.

Rücken, der: ein breiter, krummer, gebeugter R.; der R. tut ihm weh; der Kranken den R. einreiben, massieren; jmdm. den R. zudrehen; demonstrativ kehrte, wandte er den Kollegen den R. zu; die Katze krümmte ihren R.; R. an/gegen R. stehen; auf den R. fallen; auf dem R. liegen; hinter jmds. R. Schutz suchen; er sitzt lieber mit dem R. gegen die/an der/zur Wand; die Sonne im R. haben; ein Schauder lief ihm über den R., lief über seinen R.; man band dem Gefangenen die Hände auf den R.; den Rucksack vom R. nehmen; ÜBERTR.: der R. *(die Rückenpartie)* der Jacke war zu schmal; der R. ihrer Nase *(Nasenrücken)* ist sehr schmal; der R. des Messers *(Messerrücken);* über den R. ihrer Hand *(Handrücken)* floss Blut; der R. des Buches *(Buchrücken)* hat eine Goldprägung; ★ der verlängerte Rücken (scherzh., verhüll.); *das Gesäß)* · **einen breiten Rücken haben** (ugs.; *viel Kritik vertragen)* · jmdm. den Rücken stärken/steifen *(jmdm. Mut machen, ihn moralisch unterstützen)* · jmdm., etw. den Rücken wenden/kehren *(sich von jmdm.,etw. abwenden, abkehren)* · den Rücken wenden/kehren (geh.; *weggehen, sich abwenden)* · sich den Rücken freihalten *(sich absichern)* · jmdm. den Rücken freihalten/decken *(jmdn. in einer bestimmten Sache absichern)* · den Rücken frei haben *(ungehindert handeln können)* · vor jmdm. den Rücken beugen (geh.; *jmdm. gegenüber unterwürfig sein)* · einen krummen Rücken machen (ugs.; *unterwürfig sein)* · fast/beinahe auf den Rücken fallen (ugs.; *sehr verwundert, entsetzt sein)* · hinter jmds. Rücken *(heimlich, ohne jmds. Wissen)* · jmdm. in den Rücken fallen *(sich illoyal gegen jmdn. verhalten)* · jmdn., etw. im Rücken haben (ugs.; *durch jmdn., etw. abgesichert sein)* · mit dem Rücken zur Wand *(in einer äußerst schwierigen Situation; in einer Lage, in der man sich energisch wehren muss)* · jmdm. läuft es [heiß und kalt] über den Rücken/den Rücken herunter (ugs.; *jmd. ist voll Angst, ist entsetzt).*

Rückfall, der: ein schlimmer, schwerer R.; er hat [nach der Lungenentzündung] einen R. bekommen, erlitten; man muss einen R. [der Krankheit] befürchten; ein R. *(Zurückfallen)* in alte Gewohn-

heiten; Diebstahl im R. (Rechtsw.; *erneut begangener Diebstahl).*

rückfällig: **1.** *etwas scheinbar Überwundenes erneut praktizierend:* ein rückfälliger, r. gewordener Fixer; sie hat ein Jahr nicht geraucht, ist aber wieder r. **2.** (Rechtsw.) *erneut, wiederholt straffällig:* ein rückfälliger Täter; nach seiner Entlassung aus der Haft wurde er innerhalb kurzer Zeit wieder r.

Rückgang, der: ein empfindlicher, merklicher, spürbarer R. an Unfällen; ein R. der Geburten, der Arbeitslosigkeit; es gab Rückgänge an Besuchern; die Firmen hatten in ihrem Umsatz Rückgänge zu verzeichnen.

rückgängig: ⟨in der Verbindung⟩ etw. rückgängig machen *(etw. für ungültig erklären):* eine Bestellung, eine Zusage, ein Geschäft r. machen; die Verlobung wurde r. gemacht.

Rückgrat, das: das R. muss durch die Lehne gestützt werden; bei dem Sturz hat er sich das R. gebrochen, verletzt; eine Verkrümmung des Rückgrats; ÜBERTR.: der Bergbau ist das R. dieses Landes *(die Grundlage seiner wirtschaftlichen Existenz);* sie hatte, zeigte, besaß, bewies [kein] R. *(innere Festigkeit);* er ist ein Mensch mit, ohne R.; ★ jmdm. das Rückgrat stärken *(jmdn. moralisch unterstützen, ihm beistehen)* · jmdm., etw. das Rückgrat brechen *(jmdn., etw. zu Fall bringen, vernichten).*

Rückhalt, der: ein finanzieller, moralischer R.; einen R. finden, brauchen, bieten; den R. verlieren; unser Torwart gab uns den nötigen R.; sie hat in ihrer Familie einen starken R.; ★ ohne Rückhalt *(ohne Vorbehalt):* sich ohne R. zu etw. bekennen.

Rückkehr, die: eine glückliche, späte, unerwartete R.; die R. in die Heimat, nach München; man wartet auf die R. des Schiffes; nach, vor, bei seiner R. aus dem Urlaub; jmdn. zur R. bewegen; ÜBERTR.: die R. zu alten Gewohnheiten; sie hatten mit ihrer R. in die Politik nicht gerechnet.

rückläufig: **a)** *rückgängig:* eine rückläufige Preisentwicklung; die Inflationsrate, die Produktion ist r.; die Besucherzahlen, die Unfallzahlen sind seit Jahren r.; **b)** *zum Ausgangspunkt führend:* eine rückläufige Bewegung, Entwicklung; ein rückläufiger Prozess; in den Film wurden die Ereignisse r. aufgerollt; ÜBERTR.: ein rückläufiges *(vom Ende eines Wortes her alphabetisiertes)* Wörterbuch.

Rückschlag, der: **1.** *Rückstoß:* R. des Gewehrs, der Pistole. **2.** *negative Entwicklung:* schwere, wiederholte Rückschläge; einen geschäftlichen R. erleben, erleiden; überwinden; es gab immer wieder Rückschläge bei, in seiner Arbeit.

Rücksicht, die: **1.** *rücksichtsvolles Verhalten:* keine R. kennen; sie übten keinerlei R. gegenüber den Kranken; er hatte es nicht an R. fehlen lassen; mit

R. auf sie, auf ihre schwierige Lage; auf jmdn., etw. R. nehmen; er geht ohne R. auf andere vor.

2. ⟨Plural⟩ *Interessen, Gründe:* gesellschaftliche, geschäftliche, finanzielle Rücksichten bewogen ihn, so zu handeln; ∗ **ohne Rücksicht auf Verluste** (ugs.; *rücksichtslos; um jeden Preis*).

rücksichtslos: ein rücksichtsloser Autofahrer; ein rücksichtsloser *(schonungsloser)* Kampf; eine rücksichtslose Machtpolitik betreiben; sei nicht so r.!; ihr Verhalten war sehr r.; er konnte sehr r. gegen sie/ihr gegenüber sein; etw. r. durchsetzen.

Rücksprache, die: nach [nochmaliger] Rücksprache mit Frau Müller teile ich Ihnen mit, dass ...; jmdn. um eine persönliche R. bitten; ∗ **mit jmdm. Rücksprache nehmen/halten** *(Fragen, Angelegenheiten, die noch nicht geklärt sind, mit jmdm. besprechen).*

Rückstand, der: **1.** *Rest; Bodensatz:* ein chemischer R.; Rückstände bei der Verbrennung; ein Gefäß von Rückständen säubern; Rückstände von Pflanzenschutzmitteln feststellen. **2.** *Schulden:* ein R. in der Miete, von zwei Monatsraten; Rückstände eintreiben, bezahlen. **3. a)** *Verzug:* den R. in der Produktion aufholen; sie ist mit ihren Raten in R. geraten, gekommen; er ist, befindet sich mit seiner Arbeit im R.; **b)** (Sport) *Abstand:* der R. auf die Spitzengruppe betrug 2 Minuten; sie wurde mit 38 Sekunden R. Zweite; zur Halbzeit lagen sie 0 : 2 in R.; in R. geraten, kommen.

rückständig: ein rückständiger Betrieb; er ist allzu r. in seinen Ansichten; du denkst zu r.

Rücktritt, der: der R. der Regierung; der R. vom Amt des Bundeskanzlers; seinen R. anbieten; sie hat ihren R. eingereicht, erklärt *(ist zurückgetreten)*; sie erzwangen den R. des Parteivorsitzenden; das veranlasste, zwang ihn zum R.

rückwärtig: *auf, an der Rückseite liegend:* rückwärtige Räume, Zimmer; den rückwärtigen Eingang benutzen; auf den rückwärtigen Verkehr achten.

rückwärts: 1. a) *nach hinten:* ein Blick ·r.; eine Rolle, einen Salto r. machen; **b)** *mit der Rückseite, dem Rücken voran:* [den Wagen] r. einparken; ich fahre im Bus nicht gern r.; r. die Leiter hinuntersteigen; sie ging r. durch die Tür, aus dem Zimmer. **2. a)** *von hinten nach vorn:* ein Band, einen Film r. laufen lassen; ein Wort r. lesen; **b)** *in die Vergangenheit zurück:* eine r. gerichtete, orientierte Sicht.

Rückweg, der: ein langer, beschwerlicher R.; gegen 5 Uhr traten sie den R. an; jmdm. den R. abschneiden, versperren; (ugs.:) wir müssen uns auf den R. machen; sie kommen auf dem R. vorbei.

Rückzieher, der: ⟨in der Wendung⟩ **einen Rückzieher machen** (ugs.; *[einlenkend] zurückstecken*).

Rückzug, der: ein eiliger, überstürzter, geordneter, planmäßiger R.; den R. der Truppen befehlen;

den R. antreten, decken, sichern; auf dem R. sein; ÜBERTR.: ein R. ins Privatleben.

rüde: ein rüdes Benehmen; rüde Worte; ein rüder Kerl; sein Ton war sehr, ausgesprochen r.

Rudel, das: ein R. Wildschweine, Hirsche; ein R. Wölfe/von Wölfen; diese Tiere treten meist im R./in Rudeln auf; ÜBERTR.: ein R. (ugs.; *Schar*) [von] Kinder[n] tummelte sich auf dem Spielplatz.

Ruder, das: **1.** eingelegte R.; ein R. war gebrochen; die R. auslegen, einziehen, streichen *(gegen die Fahrtrichtung stemmen, um zu bremsen).* **2.** *Steuerruder:* das R. führen *(das Schiff steuern)*; er hat das R. *(die Steuerung des Schiffes)* übernommen; das R. legen (Seemannsspr.); *das Ruder in eine bestimmte Richtung drehen)*; das R. herumwerfen; er steht, sitzt am R. *(steuert das Schiff)*; das Schiff läuft aus den Rudern (Seemannsspr.: *gehorcht dem Steuer nicht mehr)*; BILDL.: sie hält das R. fest in der Hand; der Kanzler sah sich gezwungen, das R. herumzuwerfen *(den politischen Kurs zu ändern)*; ∗ **ans Ruder kommen/gelangen** (ugs.; *an die Macht kommen)* · **am Ruder sein/bleiben** (ugs.; *die Macht innehaben, behalten)* · **aus dem Ruder laufen** *(außer Kontrolle geraten, eine unerwünschte Entwicklung nehmen)* · **sich in die Ruder legen** (1. *kräftig rudern.* 2. ugs.; *eine Arbeit o. Ä. energisch durchführen).*

rudern: 1. a) *sich rudernd fortbewegen; Rudersport betreiben:* er rudert [gerne]; sie hat, ist in ihrer Freizeit viel gerudert; zu vieren/zu viert r.; er versuchte vergebens, gegen die Strömung zu r.; um die Wette r.; ⟨irgendwohin r.⟩ er ist stromabwärts, über den Fluss gerudert; **b)** ⟨etw. irgendwohin r.⟩ *rudernd fortbewegen:* das Boot, den Kahn ans Ufer r.; **c)** ⟨jmdn., etw. irgendwohin r.⟩ *rudernd befördern:* jmdn. über den See, an andere Ufer r.; **d)** ⟨etw. r.⟩ *rudernd zurücklegen:* eine große Strecke, 3 Meilen r.; **e)** ⟨etw. r.⟩ *rudernd erzielen:* sie haben eine neue Bestzeit, einen Rekord gerudert. **2.** (ugs.) ⟨mit etw. r.⟩ *weit ausholende Bewegungen ausführen:* der Graureiher rudert mit den Flügeln; er rudert beim Gehen mit den Armen.

Ruf, der: **1.** *das Rufen:* ein lauter, anfeuernder R.; der R. des Wächters; der R. des Kuckucks, Käuzchens; ein R. ertönt, erschallt; die Rufe wurden leiser, verstummten; gellende Rufe durchbrachen die Stille, waren zu hören; Rufe vernehmen, hören, überhören, nicht verstehen; auf seinen R. hin erschien eine Person am Fenster; sie brachen in den R. *(Ausruf)* aus: »Er lebe hoch!«; ÜBERTR.: der R. der Jagdhörner; der R. der Glocke [zum Kirchgang]. **2. a)** *Aufforderung, Aufruf:* der R. zu den Waffen; er folgte dem R. des Fürsten; ÜBERTR.: dem R. des Herzens, des Gewissens folgen, gehorchen; **b)** *Forderung:* der R. nach Freiheit, nach Gleichheit wurde immer lauter.

3. *Renommee:* der R. dieses Hotels ist ausgezeichnet; ein großer R. ging dem Künstler voraus; ihr R. als bedeutende Forscherin; einen schlechten, zweifelhaften R. haben, einen besonderen R. genießen; sich einen großen R. erwerben; [mit, durch etw.] seinen R. aufs Spiel setzen, gefährden, ruinieren; dieses Geschäft erfreut sich eines besonderen Rufs; das schadet seinem R., ist seinem R. abträglich; in einen üblen R. kommen; in keinem guten R. stehen; er steht in dem R. eines Denunzianten. **4.** *Berufung in ein Amt:* der Professor bekam, erhielt einen R. an die Universität Berlin, nach Berlin; an jmdn. ergeht ein R. [als ordentlicher Professor]; sie hat den R. nach Wien, in die USA angenommen. **5.** (Papierdt.) *Telefonnummer:* Taxizentrale R. 3 37 00;
* jmd., etw. ist besser als sein Ruf *(jmd., etw. steht zu Unrecht in keinem guten Rufe).*
rufen: 1. a) *einen Ruf ertönen lassen:* laut, mit kräftiger Stimme, wiederholt r.; ein Vogel, der Kuckuck ruft; eine Stimme rief von ferne; ÜBERTR.: die Pflicht, die Arbeit ruft *(wartet auf Erledigung);* b) ⟨sich irgendwie r.⟩ *durch Rufen in einen Zustand geraten:* er hat sich heiser gerufen. **2.** a) ⟨nach jmdm., etw. r.⟩ *rufend verlangen:* das Kind ruft nach der Mutter; der Gast rief nach der Bedienung; er rief nach einem Glas Wasser; ⟨auch: um etw. r.⟩ um Hilfe r.; b) ⟨zu etw. r.⟩ *auffordern:* die Glocke ruft zum Gebet; die Mutter rief zum Essen; zum Aufstand, zum Widerstand, zum Streik r. **3.** ⟨jmdn., etw. r.⟩ *herbeirufen:* den Arzt, die Polizei, ein Taxi r.; die Mutter ruft die Kinder zum Essen, ins Zimmer, zu sich; sie rief [sich] die Nachbarin zu Hilfe; der Arzt wurde zu einem Patienten gerufen; er wurde an ihr Krankenbett gerufen; ÜBERTR.: dringende Geschäfte riefen ihn nach München *(veranlassten ihn, nach München zu fahren);* Gott hat sie zu sich gerufen (geh. verhüll.; *sie ist gestorben);* er versuchte, ihm/sich die Vorgänge ins Gedächtnis, in Erinnerung zu r. **4.** ⟨etw. r.⟩ *ausrufen:* seinen Namen r.; Hilfe, Hurra, Bravo r.; aus dem Zimmer rief es: »Herein!«. **5.** ⟨jmdn. r.; mit Gleichsetzungsakkusativ⟩ *mit einem bestimmten Namen nennen:* sie riefen ihn »Säbelbein«; er wurde »Kalle« gerufen. **6.** ⟨jmdn., etw. r.⟩ *telefonisch, über Funk mit jmdn. die Verbindung aufnehmen:* rufen Sie mich unter der Nummer 37 71 06; rufen Sie 20 11; (Funk:) Charley ruft Zeppelin – bitte kommen!;
* jmdm. wie gerufen kommen (ugs.; *zufällig im rechten Augenblick erscheinen, geschehen).*
Rüffel, der (ugs.): einen R. bekommen, einstecken; er teilt oft R. aus.
Rüge, die: eine [scharfe, strenge] R. erhalten, bekommen; jmdm. wegen seines vorlauten Benehmens, eine Frechheit eine R. erteilen.

rügen ⟨jmdn., etw. r.⟩: jmdn., etw. scharf r.; ein Verhalten r.; man rügte ihn wegen seiner, für seine Voreiligkeit; seine Unpünktlichkeit wurde gerügt; Mängel r. *(beanstanden).*
Ruhe, die: **1.** *Stille:* eine wohltuende, friedliche R.; die nächtliche, sonntägliche R.; in dem Haus herrschte vollkommene, absolute R.; die R. des Friedhofs; R., bitte!; endlich war R. eingetreten; es herrscht wieder R.; ihr müsst jetzt R. halten (ugs.; *ihr müsst euch ruhig verhalten);* der Lehrer verstand es nicht, sich R. *(Disziplin)* zu verschaffen; um R. *(Schweigen)* bitten; Ⓡ R. auf den billigen Plätzen/im Karton! (ugs. scherzh.; *Ruf, mit dem man Anwesende, die nicht still sind, zum Schweigen auffordert).* **2.** a) *Entspannung; Erholung:* notwendige, kurze R.; R. suchen; der Arzt hat ihm unbedingte R. verordnet; er gönnt sich keine R.; er braucht R. nach der anstrengenden Arbeit; der R. bedürfen; nach der Anstrengung hatte sie ein großes Bedürfnis nach R., sehnte sie sich nach R.; sich zur R. legen, begeben (geh.; *sich schlafen legen);* angenehme R.! *(schlafen Sie gut!;* Wunschformel); b) *Ruhelage, Stillstand:* der Körper, das Pendel befindet sich in R. **3.** *Gelassenheit:* eine unerschütterliche, eiserne, innere, heitere, stoische R.; die R. bewahren, verlieren; R. ausstrahlen; von ihr ging eine wohltuende R. aus; jmds. R. stören; endlich hatte er R. gefunden; die Frage ließ ihm keine R. *(beunruhigte ihn sehr);* sich zur R. zwingen; der Gedanke an das Mädchen raubte ihm seine R.; du kannst die Arbeit in R. fertig machen; etw. in [aller] R. *(ohne sich zu erregen)* sagen; Ⓡ R. ist die erste Bürgerpflicht (oft scherzh.; *Aufruf der Beschwichtigung in Situationen allgemeiner Aufregung);* immer mit der R.! (ugs.; *nicht so hastig, nichts überstürzen!).* **4.** *Frieden:* es herrschen R. und Ordnung im Land; die öffentliche R. wiederherstellen; R. stiften; er möchte seine R. haben; endlich hatte er R. vor ihm, vor der Lärm *(wurde er nicht mehr von ihm, davon gestört);* in R. und Frieden leben; das muss ich jetzt in [aller] R. *(ohne mich zur Eile drängen zu lassen)* durchlesen;
* die Ruhe vor dem Sturm *(gespannte Atmosphäre vor einem drohenden [unangenehmen] Ereignis)* · die Ruhe selbst sein *([in einer schwierigen Situation] völlig ruhig und beherrscht sein)* · Ruhe geben/halten *(still sein, sich ruhig verhalten)* · die ewige Ruhe finden; in die ewige/zur ewigen Ruhe eingehen (geh. verhüll.; *sterben)* · die Ruhe weghaben (ugs.; *sich in einer Situation Zeit lassen, in der man sich üblicherweise beeilt)* · jmdn. seine Ruhe/jmdn. [mit etw.] in Ruhe lassen (ugs.; *jmd. [mit etw.] nicht behelligen, belästigen):* die Kinder ließen der Mutter keinen Augenblick R.; lass mir meine R.!, lass mich [damit] in R.! · jmdn. aus der Ruhe bringen *(jmdn. unruhig, nervös machen):* er lässt sich durch die Zwischenrufe nicht aus der R. bringen · jmdn.

zur letzten Ruhe begleiten/betten (geh. verhüll.; *jmdn. beerdigen*) · zur Ruhe kommen *(sich
entspannen und erholen)* · sich zur Ruhe setzen
(in den Ruhestand treten).
ruhen: **1.** a) *ausruhen; schlafen:* nach der Arbeit
ein wenig, eine Stunde, auf dem Sofa, im Lehn-
sessel r.; (geh.:) ich wünsche, wohl/gut zu r.!; du
musst r., um wieder Kräfte zu sammeln; ihre
Hände ruhen nie *(sie ist immer beschäftigt);* er
ruht nicht *(gönnt sich keine Ruhe),* bis er sein Ziel
erreicht hat; diese Angelegenheit lässt ihn nicht
r. *(nicht zur Ruhe kommen);* ÜBERTR.: im Grabe r.
(geh.; *gestorben sein*); viele Soldaten ruhen in
fremder Erde (geh.; *sind in einem fremden Land
begraben*); /Grabinschriften/: hier ruht [in Gott] ...;
ruhe sanft, in Frieden!; b) *zum Stillstand gekommen sein; nicht in Funktion, Betrieb sein:* der Betrieb, die Produktion ruht; am Wochenende,
während des Streiks ruht die Arbeit; der Acker
ruht *(wird zurzeit nicht bebaut);* an Feiertagen
ruht der Verkehr in der Stadt fast völlig; die Waffen ruhen (geh.; *es wird nicht gekämpft*); das Arbeitsverhältnis ruht *(ist vorübergehend nicht
wirksam);* der ruhende Verkehr (Fachspr.; *die ab-
gestellten, geparkten Fahrzeuge*). **2.** ⟨irgendwo r.⟩ a) *sich auf etw. stützen:* das Gewölbe ruht auf mächtigen Pfeilern; ihre Hände
ruhten in ihrem Schoß; ÜBERTR. (geh.): die ganze
Last der Verantwortung ruht auf seinen Schultern; ein in sich ruhender Mensch; b) (geh.) *aufbewahrt sein:* der Schmuck ruht in einer Scha-
tulle; die Akten ruhen im Tresor. **3.** ⟨auf jmdm., etw. r.⟩ *gerichtet sein:* sein Blick
ruhte auf dem Bild; ihr Auge ruhte wohlgefällig
auf ihren Kindern; ein Segen ruht auf diesem
Haus; auf ihm ruht *(lastet)* der Verdacht, das
Geld entdeckt zu haben; * nicht ruhen und rasten *(keine Ruhe geben).*
Ruhestand, der: der vorgezogene R.; in den [wohl-
verdienten, einstweiligen] R. treten, gehen;
jmdn. in den R. verabschieden; man hat sie in den
R. versetzt; im R. sein, leben; er ist Rektor im R.
ruhig: I. ⟨Adj.⟩ **1.** *still:* eine ruhige Wohnung, Gegend; ruhige Mieter, Nachbarn haben; dieses
Haus, Hotel ist, liegt sehr r.; die Pension ist r. gelegen; wollt ihr endlich r. sein!; ihr sollt r. sitzen
bleiben; ihr müsst euch etwas ruhiger verhalten;
ÜBERTR.: ruhige *(gedämpfte)* Farben. **2.** *geruhsam, ohne Störung:* ruhige Tage, Wochen
verbringen; ruhige Zeiten; sie führen, haben ein
ruhiges Leben; sie hatte keine ruhige Minute; in
der Hauptstadt ist es [nach den Demonstratio-
nen] wieder r.; er hat hier einen ruhigen Posten/
Job (ugs.; *eine wenig anstrengende Arbeit*); die
Sitzung verlief r.; r. arbeiten können. **3.** *gelassen:* ein ruhiges Wort miteinander sprechen; jmdn. mit ruhigem Blick anschauen; sie
sprach mit ruhiger Stimme; als Chirurg braucht
er eine ruhige *(sichere)* Hand; das kann man mit
ruhigem Gewissen/(geh.:) ruhigen Gewissens sa-

gen; bei ruhiger Überlegung muss man sagen, ...;
sei r. *(unbesorgt),* es wird dir nichts geschehen!;
sie gab sich Mühe, r. zu bleiben; sein Atem wird
ruhiger *(normalisiert sich);* sie sahen r. *(ohne Teilnahme, ohne Protest)* zu, wie der Junge geschlagen wurde; einer Gefahr r. ins Auge blicken;
ÜBERTR.: die See ist r.
II. ⟨Partikel⟩ (ugs.) *meinetwegen, ohne Bedenken;
durchaus, getrost:* soll er mich doch r. überholen!;
sehen Sie sich r. um *(Sie dürfen sich gerne umsehen),* Sie brauchen nichts zu kaufen; du kannst
ihm das r. sagen, geben.
Ruhm, der: großer, unvergänglicher, unsterblicher,
künstlerischer, verdienter, vergänglicher R.; der
zweifelhafte R. dieses Mannes; der R. Cäsars als
Feldherr/als eines großen Feldherrn; sein R.
mehrte sich, stieg; R. erwerben, erlangen, davontragen, genießen, ernten; diese Tat hat ihm R.
eingebracht, eingetragen; diese Erfindung begründete ihren R.; er sonnt sich in seinem R.; zu
R. und Ehren gelangen, kommen; sie ist auf dem
Gipfel ihres Ruhmes angelangt;
* sich nicht [gerade]/(seltener:) sich mit Ruhm
bekleckert haben (ugs. iron.; *nur eine schwache
Leistung o. Ä. gezeigt haben*).
rühmen: **1.** *preisen:* a) ⟨jmdn., etw. r.⟩ jmds. Verdienste, ein Land, die Leistungen der Wissenschaft r.; man rühmt seine Großmut/ihn wegen
seiner Großmut; etw. über die Maßen r.; hoch ge-
rühmt werden/sein; b) ⟨jmdn., sich, etw. als
jmdn./jmd., etw. r.⟩ er rühmte ihn als einen guten
Arzt; er rühmte sich als großer Politiker; man
rühmte den Entwurf als gelungen, als zeitge-
mäße Lösung. **2.** ⟨sich [etw. (Gen.)] r.⟩ *etw. für sich in Anspruch
nehmen:* sich seines Erfolges als Staatsmann r.;
sie rühmt sich ihrer Verwandtschaft mit dem
Dichter *(prahlt damit);* er kann/darf sich r., der
Erste gewesen zu sein.
rühmlich: eine rühmliche Tat, Ausnahme; sie hat
kein rühmliches Ende genommen; dieses Verhalten ist nicht sehr r. für ihn.
rühren: **1.** a) ⟨etw. r.⟩ *umrühren:* den Brei, die Soße
r.; der Teig muss eine gewisse Zeit gerührt werden; ⟨auch ohne Akk.⟩ du musst r., damit die
Milch nicht anbrennt; mit dem Löffel im Tee, in
der Tasse r.; b) ⟨etw. irgendwohin r.⟩ *unter Rühren
hinzufügen:* ein Ei an/unter den Grieß r.; Mehl in
die Soße, das Puddingpulver in die kochende
Milch r. **2.** ⟨sich, etw. r.⟩ *bewegen:* die Glieder, Arme,
Beine nicht mehr r. können; im engen Rock
konnte sie sich kaum r.; sich nicht vom Fleck, von
der Stelle, vom Platz r.; kein Lüftchen rührte sich
(es war völlig windstill); der Verunglückte rührte
sich nicht mehr *(lag leblos da);* ich klopfte, aber
drinnen rührte sich nichts *(niemand kam, um zu
öffnen);* /militärisches Kommando/: rührt euch!;
ÜBERTR.: du musst dich mehr r. (geh.; *aktiver
werden*), wenn du vorankommen willst.

3. (geh.) ⟨an etw. (Akk./selten: Dat.) r.⟩ *etw. berühren:* nicht an die zerbrechlichen Gegenstände r.; ÜBERTR.: an einen Kummer, an eine schmerzliche Erinnerung r. *(jmdn.* im *Gespräch wieder darauf bringen);* seine Fragen rühren an schwierige Probleme; wir wollen nicht mehr an die/(seltener:) an der Sache r. *(wollen sie auf sich beruhen lassen).* **4.** (geh.) ⟨in Verbindung mit *daher*⟩ *in etw. begründet sein:* daher rührt seine Trauer; viele Missverständnisse rühren daher, dass ... **5.** ⟨jmdn., etw. r.⟩ *innerlich berühren:* seine Rede, der Gesang der Kinder rührte die Zuhörer [zu Tränen]; er rührte die [Herzen der] Menschen; es rührte ihn nicht *(ließ ihn völlig gleichgültig),* dass man über ihn schimpfte; sie war über den freundlichen Empfang [sehr, zu Tränen] gerührt; eine rührende Geschichte, Szene; ein rührendes Bild; ein rührender Anblick; er sorgt rührend für seine Eltern. **6.** (geh. veraltend) ⟨etw. r.⟩ *schlagen:* die Leier, Harfe, Trommel r.; ÜBERTR.: für jmdn., etw. die [Werbe]trommel r. (ugs.; *Reklame machen);* ∗ **ein menschliches Rühren verspüren** (verhüll., auch scherzh.; *den Drang fühlen, seine Notdurft zu verrichten)* · **sich rühren können** (ugs.; *finanziell eingeengt sein).*

rührig: ein rühriger Geschäftsmann; die Partei entfaltete vor den Wahlen eine rührige Tätigkeit; er ist sehr r.

rührselig: eine rührselige Geschichte; ein rührseliges Theaterstück; die Stimmung war r.

Rührung, die: R. überwältigte, überkam ihn; auf den Gesichtern der Zuhörer spiegelte sich R.; R. empfinden, verspüren, hervorrufen, erwecken; plötzlich wurde sie von R. übermannt; etw. mit R. betrachten; sie weinte vor R.

Ruin, der: a) *Verfall:* ein wirtschaftlicher, finanzieller R.; der R. des Geschäftes war nicht aufzuhalten; das Land vor dem wirtschaftlichen R. bewahren; die Firma geht dem R. entgegen; b) *Verderben:* dieser Fehlschlag war sein R.; der Alkohol ist sein R.; du bist noch mein R.! (ugs.; *du wirst mich noch zugrunde richten!).*

Ruine, die: von dem Schloss steht nur noch eine malerische R.; die R. einer alten Burg; die Ruinen *(Trümmer)* des Krieges; ÜBERTR.: eine menschliche R. (ugs.; *ein körperlich völlig verfallener Mensch).*

ruinieren ⟨jmdn., sich, etw. r.⟩: jmdn., sich wirtschaftlich, finanziell, gesundheitlich r.; sein Auto, seine Nerven r.; der Stress ruiniert seine Gesundheit; ein ruinierter Geschäftsmann; er ist völlig, total r.; die Konkurrenz ruiniert ihm die Preise; ⟨jmdm., sich etw. r.⟩ bei dem Regen hat sie sich ihre Schuhe völlig ruiniert (ugs.; *die Schuhe wurden stark beschädigt).*

rum (ugs.): ↑ herum.

Rummel, der (ugs.): **1.** *Betriebsamkeit:* in den Geschäften, am Strand, auf dem Markt herrschte

ein fürchterlicher, unbeschreiblicher R.; der R. der Feiertage; um jmdn. einen riesigen R. *(viel Aufheben)* machen, veranstalten; sie hatte den R. gründlich satt; sie wollte den R. nicht mehr mitmachen. **2.** (bes. nordd.) *Jahrmarkt:* auf den R. gehen; die Kinder waren heute auf dem R.

rumoren (ugs.): die Pferde rumorten im Stall; es rumort auf dem Speicher; sie rumorte *(hantierte geräuschvoll)* in der Küche; ⟨es rumort irgendwo⟩ es rumorte in seinem Magen; ÜBERTR.: diese Frage rumort in den Köpfen *(ruft Unruhe hervor);* in der Partei rumort es *(herrscht Unruhe).*

rumpeln (ugs.): a) *ein rumpelndes Geräusch erzeugen:* auf dem Dachboden hat etwas gerumpelt; die Straßenbahn rumpelt und quietscht; er rumpelte mit den Koffern; b) ⟨irgendwohin r.⟩ *sich rumpelnd fortbewegen:* der Wagen, der Karren rumpelte über das Pflaster; wir sind mit dem alten Auto durch die Stadt gerumpelt.

Rumpf, der: der R. einer Statue; den R. beugen, drehen, strecken; der Kopf sitzt auf dem R.; den Kopf vom R. [ab]trennen; ÜBERTR.: der R. des Flugzeugs, Schiffes.

rund: I. ⟨Adj.⟩ **1.** *kreisförmig, kugelförmig:* ein runder Tisch, Teller, Kuchen; ein rundes Fenster, Beet; ein runder Kopf; das Kind machte runde Augen (ugs.; *guckte verwundert, staunend);* die Erde ist r. **2.** *rundlich:* runde Arme, Schultern, Knie; das Kind hat runde Bäckchen; er hat einen runden Bauch; sie ist dick und r. geworden. **3.** a) (ugs.) *ganz; voll:* ein rundes Dutzend; der Bau hat eine runde Million gekostet; er hat für die Arbeit runde drei Jahre gebraucht; b) *(von Zahlen)* bes. *aus ganzen Zehnern, Hundertern usw. bestehend:* eine runde Zahl, Summe; ein runder Geburtstag *(Geburtstag, an dem man z. B. 40, 50, 60 Jahre alt wird).* **4.** *abgerundet, vollkommen:* ein runder Ton, Klang; der Wein hat einen runden Geschmack; eine runde Leistung; ein runder Abschluss, Erfolg; eine runde *(gelungene, geglückte)* Sache; der Motor läuft r. **II.** ⟨Adverb⟩ *ungefähr:* er hat r. 100 Euro ausgegeben; in r. einem Jahr wird er fertig sein; r. gerechnet sind das 500 Euro; ∗ **rund um jmdn., etw.** (1. *rings um jmdn., etw.:* ein Flug r. um die Welt; das Rennen r. um Köln; rund um ihn herrsche [eine] himmlische Ruhe. 2. *eine Person, ein Thema betreffend:* eine Sendung r. um das Thema Altersvorsorge; rund ums Kind).

Runde, die: **1.** a) *Kreis von Personen:* eine große, heitere R.; eine R. von Skatspielern; die ganze R. sang; sie saßen in fröhlicher R.; er wurde in ihre R. aufgenommen; b) *Umkreis:* in die R. blicken, zeigen; er kannte alle Dörfer in der R. **2.** *Rundgang:* er machte seine R. durch die Stadt,

durch den Garten, durch die Cafés; der Posten, der Wächter macht, beginnt, geht seine R.; das Flugzeug zieht eine R. *(kreist einmal)* über der Stadt.
3. (Sport) a) *Durchgang auf einem Rundkurs:* eine R. laufen, fahren; wer fuhr die schnellste R.?; die Läufer zogen ihre Runden; die Fahrer drehen R. um R.; wer geht als Erster in die letzte R.?; ÜBERTR.: noch eine R. tanzen; b) (Boxen) *Kampfabschnitt:* die letzte R. ging an den farbigen Boxer; er hat in der dritten R. verloren, aufgegeben, gesiegt; in der zweiten R. wurde er schon ausgezählt; der Kampf ging über 10 Runden; der Boxer quälte sich mühsam über die Runden; c) *Durchgang:* eine R. Golf, Skat spielen; die Mannschaft ist in der dritten R. der Meisterschaft ausgeschieden, hat die zweite R. erreicht, zieht in die nächste R. ein.
4. *Lage für die ganze Runde der Anwesenden:* eine R. [Bier, Wein, Schnaps] [aus]geben, spendieren, (salopp:) schmeißen; ∗ **die Runde machen** (ugs.; 1. *sich herumsprechen.* 2. *herumgereicht werden)* · **über die Runden kommen** (ugs.; *Schwierigkeiten überwinden, mit dem Geld gerade auskommen)* · **etw. über die Runden bringen** (ugs.; *etw. zustande, zu einem guten Ende bringen)* · **jmdm. über die Runden helfen** (ugs.; *jmdm. über [finanzielle] Schwierigkeiten hinweghelfen).*
runden (geh.) ⟨sich zu etw. r.⟩: die Eindrücke runden sich zu einem geschlossenen Bild; ⟨auch ohne Präpositionalobjekt⟩ das Jahr rundet sich *(geht zu Ende).*
Rundfunk, der: der Hessische R.; der R. überträgt ein Konzert, sendet Nachrichten; eine Meldung im R. hören; die Bundestagsdebatte wird vom R. übertragen; die Meldung wurde durch den R. verbreitet; er wandte sich über den R. an die Bevölkerung; (ugs.:) er ist beim R.; sie ist beim R. angestellt, arbeitet beim R.
rundheraus: etw. r. sagen, erklären, fordern, verbieten; er hat das Ansinnen r. abgelehnt.
rundlich: eine kleine, rundliche Frau; rundliche Formen haben; er ist ein wenig r. [geworden].
rundweg: etw. r. ablehnen, leugnen, abschlagen; das ist r. falsch; er hat die Frage r. verneint.
runter (ugs.): ↑ herunter.
Runzel, die: ein Gesicht voller Runzeln; Runzeln auf der Stirn, Haut haben.
runz[e]lig: ein runz[e]liges Gesicht; runzlige Haut; der Apfel ist schon ganz r. geworden.
runzeln: a) ⟨etw. r.⟩ *in Falten ziehen:* nachdenklich runzelte er die Stirn, Brauen; mit gerunzelter Stirn dreinblicken; b) ⟨sich r.⟩ *Runzeln bekommen:* die Haut runzelt sich.
rupfen: a) ⟨ein Tier r.⟩ *die Federn ausrupfen:* Gänse, Enten r.; sie sieht aus wie ein gerupftes Huhn; ÜBERTR.: man hat ihn tüchtig gerupft (ugs.; *ihm viel Geld abgenommen);* b) ⟨etw. r.⟩ *[in*

Büscheln] ausreißen: Gras, Unkraut r.; die Blätter vom Stiel r. *(zupfen).*
ruppig: ein ruppiger Beamter; ein ruppiger Ton; ein ruppiges Spiel; sie hat eine ruppige Art; er ist sehr r.; r. antworten.
Ruß, der: R. setzt sich ab; den R. aus dem Ofen[rohr] entfernen; der Kamin ist, sitzt voll R.; sein Gesicht war von, mit R. verschmiert.
Rüssel, der: **1.** *Organ verschiedener Tiere:* ein langer R.; der R. des Elefanten, des Schweins; Insekten haben R.; mit dem R. die Erde aufwühlen.
2. (derb) *Nase:* nimm deinen R. weg!
rußen: der Ofen, die Kerze rußt; durch ein gerußtes *(mit Ruß geschwärztes)* Glas in die Sonne schauen.
rüsten: 1. ⟨[gegen jmdn./zu, für etw.] r.⟩ *seine militärische Stärke vermehren:* eilig, mit Macht, um die Wette r.; die Staaten rüsten zum Krieg, für einen neuen Krieg; sie geben Milliarden aus, um gegeneinander zu r.; schlecht, stark, hoch, bis an die Zähne gerüstet sein.
2. (geh.) *[sich] bereit machen:* a) ⟨sich [zu, für etw.] r.⟩ sich zum Aufbruch, zum Gehen, zur Abreise, für einen Besuch r.; die Stadt rüstet sich zum/für das Heimatfest; b) ⟨[zu, für etw.] r.⟩ man rüstet bereits zum Abmarsch; wir sind dafür nicht gerüstet.
rüstig: eine rüstige alte Dame; er ist ein rüstiger Achtziger; er ist [für sein Alter] noch sehr r.; er schritt r. (geh.; *kraftvoll)* aus.
Rüstung, die: **1.** *militärische Maßnahmen u. Mittel:* die militärische R.; eine kostspielige, konventionelle, nukleare R.; die R. verschlingt große Summen; die R. beschränken, kontrollieren; die Begrenzung der strategischen R.; große Summen für die R. stecken in die R.
2. *Schutzkleidung der Ritter im Mittelalter:* eine schwere, glänzende, metallene R.; eine R. anlegen, tragen, ablegen; in voller R.
Rutsch, der: **1.** a) *das Abrutschen:* ein nicht ungefährlicher R. [auf dem Eis]; [einen] guten R. [ins neue Jahr]! (ugs.; Wunschformel zum Jahreswechsel); b) *Erdrutsch:* ein Steinwurf kann Rutsche und Lawinen auslösen.
2. (ugs.) *Spritztour:* einen R. ins Grüne machen; auf einen R. an die Küste fahren.
rutschen: 1. a) ⟨irgendwohin r.⟩ *gleiten:* vom Stuhl, aus dem Sattel, über die nasse Straße r.; er ist dauernd auf seinem Platz hin und her gerutscht; die Kinder rutschen durchs Zimmer; b) (ugs.) ⟨irgendwohin r.⟩ *rücken:* kannst du ein wenig [nach rechts] r.?; rutsch mal!
2. a) ⟨[irgendwo] r.⟩ *ausrutschen:* sie ist [auf der vereisten Fahrbahn, mit dem Wagen] gerutscht; SUBST.: auf dem glatten Boden geriet, kam ins Rutschen; b) ⟨[irgendwohin] r.⟩ *herunter-, verrutschen:* die Brille, der Rock rutscht; der Teppich rutscht; das Essen will nicht r. (ugs.; *schmeckt nicht);* der Schnee rutscht vom Dach; das Hemd ist aus der Hose gerutscht; ⟨jmdm. [irgendwohin*

r.) ihm rutschte die Hose; die Tasse ist ihr aus der Hand gerutscht; die Mütze rutschte ihm vom Kopf, in die Stirn; ÜBERTR.: die Preise beginnen zu r. *(zu fallen);* c) (ugs.) (irgendwohin r.) *fahren:* er ist über Ostern nach Berlin gerutscht.

rütteln: a) (jmdn., etw. r.) *heftig schütteln:* er rüttelte ihn heftig am Arm, an der Schulter; man musste ihn aus dem Schlaf r.; b) *sich heftig hin und her bewegen:* der Wagen hat auf dem Pflaster sehr gerüttelt; c) (an etw. (Dat.) r.) *etw. heftig hin und her bewegen:* an der Tür r.; der Sturm rüttelt an den Fensterläden; BILDL.: ein Außenseiter rüttelt am Thron des Weltmeisters; ÜBERTR.: an dem Vertrag darf nicht gerüttelt werden *(er darf nicht angetastet werden);* daran ist nicht, gibt es nichts zu r. *(das ist unabänderlich).*

Saal, der: a) ein großer, festlich geschmückter S.; der S. war überfüllt, bis auf den letzten Platz besetzt; der S. hat eine gute Akustik; einen S. [für eine Veranstaltung] mieten; den S. betreten, verlassen; durch den S. gehen; b) *im Saal versammelte Menschen:* der S. tobte vor Begeisterung.

Saat, die: a) *Aussaat:* frühe, späte S.; mit der S. beginnen; es ist Zeit zur S.; b) *Saatgut:* die S. geht auf; die S. in die Erde bringen; BILDL.: die S. des Bösen, der Gewalt war aufgegangen; c) *junges Getreide:* die [junge] S. steht gut; die S. ist ausgewintert, ist erfroren.

Säbel, der: der blanke S.; den S. [blank]ziehen, zücken, schwingen; den S. in die Scheide stecken; mit dem S. kämpfen;
★ **mit dem Säbel rasseln** (abwertend; *mit Krieg drohen*).

Sabotage, die: S. planen, begehen, treiben; man vermutete S.; jmdm. S. vorwerfen; ein Akt der S.; man überführte ihn der S. [an der Industrieanlage]; etw. vor/gegen S. schützen.

sabotieren (etw. s.): die Produktion s.; einen Plan, die weiteren Untersuchungen s.; einige Mitarbeiter sabotierten die Anordnungen des Leiters.

Sache, die: **1.** (meist Plural) a) *Ding, Gegenstand:* wertvolle, schöne, neue, teure Sachen; du musst auf deine Sachen besser aufpassen; die Sachen wegräumen; die Sachen *(Briefe, Päckchen o. Ä.)* müssen noch heute zur Post gebracht werden; er hat schöne alte Sachen *(Einrichtungsgegenstände)* in seiner Wohnung; es gab feine, gute, erlesene Sachen *(Speisen)* zu essen; harte, scharfe Sachen (ugs.; *hochprozentige Alkoholika);* der

Komponist hat schöne Sachen (ugs.; *Stücke)* geschrieben; b) (fam.) *Kleidungsstück:* die alten Sachen passen nicht mehr; du musst die nassen Sachen ausziehen; sie hat die alten Sachen verkauft; er hatte seine besten Sachen an. **2.** *Angelegenheit; Geschehen:* eine wichtige, schlimme, lästige, peinliche, langwierige, gefährliche, tolle, heikle S.; das ist die leichteste, einfachste S. von der Welt; das ist eine, keine ernste S.; das ist eine andere S., eine S. für sich; das war eine (ugs.:) abgekartete S.; es ist beschlossene S. *(ist beschlossen worden);* das ist eine S. des Taktes, des Vertrauens; die S. ist so, verhält sich so ...; wie sieht die S. aus?; das ist eine größere *(eine aufwendige Angelegenheit),* keine große S. *(keine schwierige o. ä. Angelegenheit);* das sind ja (iron.:) schöne/nette Sachen, die man da hört!; das ist seine S. *(das geht nur ihn etwas an, das muss er entscheiden);* die S. steht gut, schlecht, (ugs.:) geht schief; (ugs.:) die S. hat geklappt; die S. ist noch in der Schwebe, ist noch nicht entschieden, (ugs.:) ist gelaufen; jede S. hat zwei Seiten; eine S. verfolgen, verfechten, vertreten, verteidigen, entscheiden, verloren geben, wieder fallen lassen; eine S. erledigen, (ugs.:) schmeißen, (ugs.:) deichseln; eine [schwierige] S. erst einmal überschlafen; eine S. positiv, negativ beurteilen; sie sieht die S. ganz anders; es gibt Sachen, die sich nicht so leicht entscheiden lassen; er steht für die Freiheit in Gefahr; er versteht seine S. *(er kann etwas auf seinem Gebiet);* er hat (ugs.:) krumme Sachen gemacht; sie macht ihre S. gut *(sie erledigt ordentlich, was ihr aufgetragen wurde);* er macht ihre S. zu seiner eigenen *(er setzt sich für ihre Angelegenheit sehr ein);* sich in den Dienst einer großen, guten S. stellen; sich einer S. annehmen; den Hergang einer S. erzählen; einer S. auf den Grund gehen; ich traue der S. nicht; an dieser S. ist etwas Wahres [dran]; bei solchen Sachen muss man sehr vorsichtig sein; sich aus einer S. heraushalten; für eine gute S. spenden; für die gerechte S. kämpfen; in eine unangenehme S. verwickelt werden/sein; misch dich nicht in Sachen, die dich nichts angehen!; in dieser S. möchte ich nichts unternehmen; sie sagte noch ein Wort in eigener S. *(zu einer Angelegenheit, die sie selbst betraf);* mit dieser S. habe ich nichts zu tun; um eine S. herumreden; um diese S. brauchst du dich nicht zu kümmern; es steht gut um die S.; die Person von der S. trennen; sie versteht etwas von der S. *(sie hat auf diesem Gebiet gute Kenntnisse);* das gehört nicht zur S. *(zum Thema);* vom Richter in der S. (Rechtsw.; *Rechtssache)* vernommen werden; er tut das aus Liebe zur S.; Ⓡ die S. ist die (ugs.; *es handelt sich darum);* das ist die S. (ugs.; *eine schwierige, heikle Anglegenheit);* mit der Freiwilligkeit ist das so eine S.; was sind denn das für Sachen? (ugs.; Ausruf der Entrüstung); das sind doch keine Sachen (landsch.; *das darf man nicht tun!);* /Ausruf der Verwunderung, der Entrüstung/: Sachen gibts[, die gibts

gar nicht]!; /Ausrufe des Erstaunens/: du machst Sachen!, mach [keine] Sachen!
3. (ugs.) *Stundenkilometer:* der Wagen fährt fast dreihundert Sachen; mit neunzig Sachen in die Kurve rasen;
∗ **Sache sein** (ugs.; *dasjenige sein, worum es geht; entscheidend sein*): sagen, wissen, jmdm. zeigen, was S. ist; S. *(Tatsache)* ist, dass ... · **nicht jmds. Sache sein** *(jmdm. nicht zusagen, nicht liegen)*: das Sparen war noch nie ihre S. · **nicht jedermanns Sache sein** *(nicht jedem zusagen, nicht jedem liegen)*: Saumagen ist nicht jedermanns S. · **[mit jmdm.] gemeinsame Sache machen** *(sich [mit jmdm.] zu einer fragwürdigen Unternehmung zusammentun)* · **seine Sachen packen können** (ugs.; *nicht mehr erwünscht sein; entlassen werden*) · **[sich] seiner Sache sicher/gewiss sein** *(von der Richtigkeit seiner Meinung, Handlungsweise überzeugt sein)* · **nicht [ganz] bei der Sache sein** *(zerstreut sein)* · **in der Sache/in Sachen** *(in der Rechtssache):* die Akten in Sachen Meyer [gegen Müller] · **in Sachen ...** *(bezüglich ..., zum Thema ...):* in Sachen Umweltschutz hat sich noch zu wenig getan · **zur Sache gehen** (ugs.; *entschlossen sein Ziel verfolgen*) · **nichts zur Sache tun** *(nicht von Belang sein)* · **zur Sache!** *(wir wollen zu unserem Thema kommen!)*.
sachlich: 1. *auf die jeweilige Sache bezogen:* ein sachlicher Unterschied, Irrtum; etw. aus sachlichen Gründen ablehnen; etw. ist s. richtig, falsch; rein s. ist dagegen nichts einzuwenden.
2. *objektiv:* eine sachliche Bemerkung, Kritik; ein sachliches Urteil; eine sachliche Atmosphäre; etw. in sachlichem Ton sagen; er ist nicht s.; etw. s. bemerken, feststellen; es fällt ihm schwer, s. zu bleiben, seine Meinung s. vorzubringen.
3. *nüchtern:* ein sachlicher Stil; eine betont sachliche Mode; s. möblierte Büroräume.
Sachlichkeit, die: **1.** *Objektivität:* große S.; jmds. S. schätzen; ihre Äußerungen zeichneten sich durch S. aus.
2. *Nüchternheit:* die S. der Mode, der Einrichtung, des Stils.
sacht[e]: sich mit sachten Schritten nähern; etw. mit sachter Hand, s. berühren; etw. s. anfassen, berühren, streicheln; du musst [ganz] s. gehen; es ging sachte bergauf; ein s. *(allmählich)* ansteigendes Gelände; wir müssen ihm das sachte (ugs.; *nach und nach, allmählich*) beibringen; Ⓡ [mal immer] sachte!/sachte, sachte (ugs.; *nicht so stürmisch! langsam!*); ÜBERTR.: sie hat sich ganz sachte (ugs.; *unbemerkt*) weggeschlichen, verdrückt.
Sachverhalt, der: der S. ist noch unklar, ungeklärt; den wahren, eigentlichen S. verschweigen, kennen, erfahren, aufklären; jmdm. den S. mitteilen, darlegen.
Sack, der: **1.** ein voller, leerer, schwerer, leichter, großer S.; ein S. Kartoffeln, Kaffee, Getreide, Reis; drei gefüllte Säcke; /bei Maßangabe/: drei Sä-

cke/S. Mehl; ein S. kanadischer Weizen/(geh.:) kanadischen Weizens; der Preis eines Sackes Weizen/eines S. Weizens; mit einem S. brasilianischem Kaffee/(geh.:) brasilianischen Kaffees; der S. ist voll, ist geplatzt, hat ein Loch; einen S. zubinden, ausschütten; Säcke flicken; etw. in einen S. stecken, stopfen, schütten; das Kleid sitzt, sieht aus wie ein S.; hier ist es dunkel wie in einem S. (ugs.; *sehr dunkel*); BILDL.: er kam mit einem [ganzen] S. voll (ugs.; *mit sehr vielen*) Neuigkeiten; S. [voll] Flöhe hüten, als diese Arbeit tun; ihr habt wohl Säcke an den Türen [hängen]? (ugs.; *Aufforderung, die Tür zu schließen*).
2. (salopp abwertend) *Mann, Mensch:* so ein blöder, fauler, alter, autoritärer S.!;
∗ **den Sack schlagen und den Esel meinen** *(statt des eigentlich Verantwortlichen einen anderen tadeln, kritisieren, angreifen)* · **den Sack zubinden** (ugs.; *den sich abzeichnenden Erfolg vollends sichern*) · **jmdm. auf den Sack fallen/gehen** (derb; *jmdm. lästig werden*) · **jmdn. im Sack haben** (ugs.; *jmdn. gefügig gemacht haben*) · **etw. im Sack haben** (ugs.; *einer Sache sicher sein können*) · **jmdn. in den Sack stecken** (ugs.; *1. jmdm. überlegen sein. 2. jmdn. betrügen*) · **in den Sack hauen** (salopp; *1. nicht mehr weitermachen; aufgeben. 2. kündigen*) · **mit Sack und Pack** *(mit aller Habe)*.
Sackgasse, die: wir waren in eine S. gefahren und mussten wenden; ÜBERTR.: einen Ausweg aus der S. *(dem Dilemma)* suchen; die Verhandlungen sind in eine S. geraten *(haben sich festgefahren)*; sich in eine S. verrennen.
säen ⟨etw. s.⟩: Korn, Getreide, Salat, Radieschen s.; ⟨auch ohne Akk.⟩ mit der Hand, maschinell s.; ÜBERTR.: Hass, Misstrauen, Unfrieden, Zwietracht s.;
∗ **wie gesät** *(in großer Menge):* Nüsse lagen umher wie gesät · **dünn gesät sein** *(nur in geringer Zahl vorhanden sein):* gute Fachkräfte, anspruchsvolle Fernsehsendungen sind [leider] dünn gesät.
Saft, der: **1. a)** *im Pflanzengewebe enthaltene Flüssigkeit:* den S. von Birken abzapfen; die Wiesen stehen in vollem S.; **b)** *in Früchten enthaltene Flüssigkeit:* Äpfel, Birnen, Trauben haben viel S.; den S. der Apfelsine auspressen; S. einkochen, zu Gelee verarbeiten; dem Teig den S. einer halben Zitrone zufügen; gezuckerte Erdbeeren ziehen S. *(der Saft tritt aus ihnen aus)*; **c)** *Fruchtsaft, Gemüsesaft:* S. von Karotten, von Tomaten ist gesund; S. mit Wasser verdünnen; sie trank ein Glas S.; der S. der Reben (dichter.; *Wein*); **d)** *Fleischsaft:* beim Braten des Fleisches ist viel S. ausgetreten; Fleisch im eigenen S. dünsten, schmoren.
2. (salopp) *elektrischer Strom o. Ä.:* pass auf, da ist S. drauf!, die Batterie, die Leitung hat keinen

S. mehr; auf der Autobahn ist ihm der S. *(Kraftstoff)* ausgegangen; **✱ ohne Saft und Kraft** (abwertend; *fad, ohne rechten Gehalt*): eine Suppe, eine Rede ohne S. und Kraft · **im eigenen Saft schmoren** (ugs.; *[in Bezug auf ein Anliegen] nicht die gewünschte, nötige Beachtung finden*) · jmdn. **im eigenen/in seinem eigenen Saft schmoren lassen** (ugs.; *jmdm. in einer schwierigen [selbst verschuldeten] Situation nicht beistehen*).

saftig 1. *viel Saft enthaltend:* saftiges Gras; saftige Früchte; ein saftiges Steak; das Fleisch ist nicht besonders s.; ÜBERTR.: das saftige Grün der Wiesen. 2. (ugs.) *unangenehm:* saftige Preise, Mieten, Gebühren; eine saftige Rechnung; eine saftige *(kräftige)* Ohrfeige; saftige *(hohe)* Bußgelder, Strafen; ein saftiger *(derber)* Witz.

Sage, die: antike, griechische Sagen; die Sagen der Völker, der Antike; die S. erzählt/berichtet, dass ...; Sagen überliefern, erzählen, sammeln, aufzeichnen; ein Band [mit] Sagen; **✱ es geht die Sage ...** *(es wird allgemein behauptet ...):* es geht die S., sie habe geerbt.

Säge, die: eine scharfe, stumpfe S.; die S. schärfen, schränken.

sagen: 1. ⟨etw. s.⟩ *sprechen, äußern:* etw. freundlich, bescheiden, herablassend, vorwurfsvoll, mürrisch, brüsk, geradeheraus, laut, leise, vor sich hin, im Flüsterton, aus Bosheit s.; etw. offen, in aller Offenheit s.; sie hat das nur im Scherz gesagt; ein paar Worte, nichts, kein Wort s.; Ja, Nein, Guten Tag s.; da sage ich nicht Nein (ugs.; *das Anerbieten o. Ä. schlage ich nicht aus*); was hast du eben gesagt?; so etwas sagt man nicht; er sagt, was er denkt/wie es ist; er sagt, er habe ihn nicht gesehen/dass er ihn nicht gesehen habe; hat er etwas zu dir gesagt?; /häufig verblasst oder formelhaft/ jmdm. Guten Morgen, Guten Tag, Gute Nacht, Auf Wiedersehen, Lebewohl s.; sag mal, kennst du ihn?; wer kann s. *(wissen),* was geschehen wird?; das kann ich nicht s. *(ich weiß es nicht);* das musste einmal gesagt werden; ich muss s., so etwas hätte ich nie für möglich gehalten; was soll man dazu s.? *(wie soll man das beurteilen?);* was werden die Leute dazu s.? *(wie wird es in der Öffentlichkeit beurteilt werden?);* was sagst du nun? *(bist du nicht erstaunt?);* was sagst du dazu? *(was hältst du davon?);* es ist nicht zu s. *(zu beschreiben),* wie sie sich gefreut hat; dagegen ist nichts zu s. (ugs.; *das ist in Ordnung);* wir kommen, sagen wir, um 10 Uhr; sie waren alle sehr erfreut, was sage ich *(ja sogar vielmehr),* begeistert [waren sie]; was ich noch s. wollte *(übrigens);* du kannst s., was du willst, aber ...; darüber ist, wäre viel zu s.; davon hat sie nichts gesagt *(erwähnt);* er weiß auf alles etwas zu s. *(zu erwidern);* der Brief, die Urkunde, die Schrift sagt darüber nichts *(gibt darüber keine Auskunft, keinen Aufschluss);* ⟨auch ohne Akk.⟩ ich müsste lügen,

wenn ich anders sagte; ..., das geht ihn, wenn ich so s. darf *(wenn der Ausdruck gestattet ist),* einen Dreck an; er ist – wie soll ich s. *(wie drücke ich es am besten aus)* – ein etwas schwieriger Mensch; wie ich schon sagte; wie [oben] gesagt; ich habe das nur so gesagt *(das war nicht so ernst gemeint);* beiläufig, nebenbei, im Vertrauen, unter uns gesagt *(bemerkt),* ich halte ihn für einen Hochstapler; damit ist viel, wenig, nichts gesagt *(das bedeutet viel, wenig, nichts);* das ist bald, leicht, rasch gesagt *(erzählt);* das ist wohl nicht zu viel gesagt *(nicht übertrieben);* Ⓡ gesagt, getan *(der Mitteilung über ein Vorhaben folgt sofort die Umsetzung in die Tat);* das ist leichter gesagt als getan *(so einfach ist die Sache nicht);* das sagt sich so leicht/so einfach (ugs.; *das ist viel schwieriger, als es zunächst erscheint);* das kann man/ kannst du laut s. (ugs.; *darin stimme ich dir völlig zu);* SUBST.: das Gesagte bleibt unter uns; ich nehme von dem Gesagten nichts, kein Wort zurück. 2. ⟨jmdm. etw. s.⟩ *mitteilen:* jmdm. etw. beiläufig s.; was ich dir jetzt sage, musst du für dich behalten; ich konnte ihm nur s., dass der Chef nicht da ist; ich habe ihm s. *(ausrichten)* lassen, er solle erst morgen kommen; sag [es] mir, wenn du etwas brauchst; /häufig verblasst oder formelhaft/: jmdm. Schmeicheleien, Bissigkeiten, Bosheiten s.; jmdm. Dank s. (geh.; *sich bei jmdm. bedanken);* sie haben sich, (geh.:) einander nichts [mehr] zu s.; es fiel mir nicht leicht, das kann ich dir s. *(versichern);* wem sagst du das! *(das weiß ich selbst sehr gut!);* ich will dir was s., ...; das habe ich dir doch schon immer gewusst), das musste doch so kommen; wenn ich es dir doch sage! (ugs.; *nun glaub es doch endlich!);* ich habe mir s. lassen *(man hat mir erzählt),* dass ...; lass dir das gesagt sein (ugs.; strenge Aufforderung, sich an etw. zu halten); BILDL.: was will uns das Gleichnis s.?; mein Gefühl sagt mir, dass das richtig war. 3. ⟨sich etw. s.⟩ *sich etw. denken, eine Überzeugung gewinnen:* das musstest du dir doch s., dass so etwas nicht geht; ich sage mir, das wird schon gut gehen. 4. ⟨etw. s.⟩ *behaupten:* der Junge sagt aber, du wärst nicht gewesen; ich habe nichts gesagt, was ich nicht beweisen kann; /verblasst oder formelhaft/: wer sagts denn?! (ugs.; Ausdruck der Befriedigung darüber, dass an anderer der gleichen Meinung ist); sag das nicht einmal! (ugs.; Ausdruck des Erstaunens, der Entrüstung); ich sags ja! (ugs.; Ausdruck der Resignation, des Unwillens); sag bloß!, sag nur! (ugs.; Ausrufe des Erstaunens); sagen Sie das nicht!; wie du nur so etwas s. kannst!; das sagst du so *(das glaube ich nicht);* ich will mal s., ... *(ich gehe davon aus ...);* ich würde s., ... *(meine Meinung ist ...);* das sagen Sie, ich bin anderer Meinung; Sie können s., was Sie wollen, Sie werden mich nicht überzeugen; wie er sich hübsch s., ich möchte fast s., schön; mir

gegenüber war er immer sehr freundlich, das kann ich nicht anders s.; das kann man wohl s.; ich kann nicht s., dass mir das gefallen hätte; was Sie nicht s.! (ugs.; Ausdruck der Verwunderung); da soll noch einer s., dass er nicht geizig ist!; ich will nichts gesagt haben; dagegen ist nichts zu s.; was wollen Sie damit s.?; ich kann dasselbe von mir s. 5. ⟨etw. s.⟩ *einen bestimmten Sinn haben:* ihr Blick sagte viel; sein Gesicht sagte alles; das sagt [gar] nichts, hat nichts zu s.; ⟨jmdm. etw. s.⟩ der Name sagt mir nichts *(ich verbinde nichts damit);* haben uns die Werke dieses Künstlers heute noch etwas zu s.? 6. ⟨etw. zu etw., jmdm. s.⟩ *zur Benennung von jmdm., etw. ein bestimmtes Wort gebrauchen:* in Österreich sagt man Marillen zu den Aprikosen, wie/was sagt man dazu in der Schweiz, in/auf Englisch?; Hans, du zu jmdm. s.; ⟨auch ohne Präpositionalobjekt⟩ sagen Sie Samstag oder Sonnabend?; ∗ **das Sagen haben** (ugs.; *eine Stellung innehaben, aufgrund derer man Anordnungen, Entscheidungen treffen kann)* · **sage und schreibe** (ugs.; *ohne Übertreibung gesagt; ungelogen)* · **etwas, nichts zu sagen haben** (1. *aufgrund seiner Stellung das Recht, kein Recht haben, Anordnungen, Entscheidungen zu treffen:* er hat [in der Firma, hier] nicht viel, überhaupt nichts, eine ganze Menge zu s. 2. *von Bedeutung, ohne Bedeutung sein:* der Motor ist zwar etwas laut, aber das hat nichts zu s.)* · **jmdm. nichts zu sagen haben** (ugs.; *nicht berechtigt sein, jmdm. Befehle zu erteilen)* · **sich** (Dat.) **etwas, nichts sagen lassen** *(auf andere hören, nicht hören)* · **sich** (Dat.) **von jmdm. etwas, nichts sagen lassen** *(jmds. Ratschläge annehmen, nicht annehmen)* · **sich** (Dat.) **etw. nicht zweimal sagen lassen** (ugs.; *einer Aufforderung sofort nachkommen).*
sägen: a) ⟨etw. s.⟩ *mit der Säge zerschneiden:* Holz s.; einen Baumstamm in mehrere Teile s.) ⟨etw. s.⟩ *durch Sägen herstellen:* Bretter, Balken, ein Loch in die Tür s.; c) *mit der Säge arbeiten:* er sägt draußen auf dem Hof; ÜBERTR.: er hat die ganze Nacht gesägt (salopp scherzh.; *geschnarcht).*
sagenhaft: 1. *dem Bereich der Sage angehörend:* ein sagenhafter König von Kreta; die Darstellung ist eher s. als historisch. **2.** (ugs.) a) *unglaublich, ungeheuer:* ein sagenhaftes Gedächtnis; ein sagenhafter Reichtum; eine sagenhafte Unordnung; das ist ja s.!; b) ⟨verstärkend vor Adjektiven und Verben⟩ *sehr:* die Preise waren s. günstig; er gibt s. an.
Sahne, die: a) *Rahm:* süße, saure S.; S. abschöpfen, schlagen; Kaffee mit Zucker und S.; b) *Schlagsahne:* Erdbeeren, ein Stück Torte mit S.; eine Portion S.;
∗ **[aller]erste/absolute Sahne sein** (ugs.; *hervorragend, erstklassig sein).*
Saison, die: eine gute, schlechte, ruhige S.; die S. geht zu Ende, läuft aus, ist in vollem Gang, endet;

(ugs.:) diese Stiefel waren die Renner der S.; jetzt beginnt die S. für Spargel, für Erdbeeren; mit diesem Konzert, Theaterstück wurde die S. *(Spielzeit)* eröffnet; das Modehaus stellt die Modelle der neuen S. vor; außerhalb der S., nach der S. ist es hier sehr still; in der S., während der S. sind die Preise höher;
∗ **Saison haben** (ugs.; *sehr gefragt sein):* diese Artikel haben das ganze Jahr S.
Saite, die: *Instrumentensaite:* die Saiten der Geige, der Gitarre, der Harfe, des Klaviers; die Saiten tönen, erklingen lassen; eine S. [auf der Geige] ist geplatzt, gerissen; Saiten aufziehen, spannen, [nach]stimmen; die Saiten streichen, zum Erklingen bringen; die Saiten im Klavier werden angeschlagen, die Saiten im Cembalo werden angerissen;
∗ **andere/strengere Saiten aufziehen** *(härtere Maßnahmen ergreifen, strenger vorgehen)* · in jmdm. eine verwandte Saite erklingen lassen/ zum Klingen bringen/anrühren *(jmdn., weil er ähnlich denkt oder empfindet, ansprechen, Sympathie empfinden lassen).*
Sakrament, das (christl. Rel.): die S. der Taufe; einen Kranken mit dem S. der Krankensalbung versehen; ein S. empfangen, austeilen, spenden; S. [noch mal]! (derb; *Ausruf der Ungeduld, der Entrüstung).*
Salat, der: **1.** /*eine Gartenpflanze/*: der S. ist geschossen; S. pflanzen, anbauen, ernten, waschen, putzen; sie kaufte zwei Köpfe S. auf dem Markt. **2.** /*ein kaltes Gericht/*: grüner, gemischter, italienischer S.; ein S. mit Kräuterdressing; es gab verschiedene Salate; den S. [mit Essig und Öl] anmachen, abschmecken; Ⓡ da haben wir den S.! (ugs. iron.; *jetzt sind die [erwarteten] Unannehmlichkeiten da);*
∗ **der ganze Salat** (ugs. abwertend; *das alles).*
Salbe, die: S. dünn auftragen, verreiben; eine S. auf die Wunde streichen; das Knie mit einer S. einreiben.
salben: 1. a) ⟨jmdn. s.⟩: *mit Salböl benetzen:* der König, der Kaiser wurde bei der Krönung, der Priester wurde bei der Weihe gesalbt; b) ⟨jmdn. zu jmdm. s.⟩ *durch eine Salbung in sein Amt einsetzen:* er wurde zum König gesalbt. **2.** (selten) ⟨jmdm., sich etw. s.⟩ *mit Salbe bestreichen:* jmdm., sich die Hände, den Körper s.
Saldo, der (Bankw.): ein S. zu unseren Gunsten/ Lasten; ein S. in Höhe von 500 Euro; der S. beträgt 500 Euro; einen S. feststellen, aufstellen, ziehen, bestätigen, anerkennen, gutschreiben, auf neue Rechnung vortragen;
∗ **per Saldo** (1. *aufgrund des Saldos.* 2. *nach abschließender Feststellung):* bei der S. ist bei der ganzen Aktion nicht viel herausgekommen).
salopp: saloppe Kleidung, Haltung; eine saloppe Ausdrucksweise, Schreibweise; sein Auftreten, sein Stil, sein Benehmen ist reichlich s.; sich s. ausdrücken, kleiden.

Salto, der: einen einfachen, doppelten, dreifachen S. machen; ein S. vorwärts, rückwärts, aus dem Stand, vom Reck; einen S. springen; mit einem S. ins Wasser springen.

Salz, das: 1. a) *Kochsalz:* feines, grobes, großkörniges S.; eine Prise, eine Messerspitze S.; S. abbauen, gewinnen, sieden *(durch Eindampfen von Sole gewinnen);* S. an die Speisen, an/in die Suppe tun; du hast das S. vergessen; Fleisch in S. legen *(einsalzen);* etw. mit S. abschmecken, bestreuen, würzen; Ⓡ S. und Brot macht Wangen rot; das ist das S. in der Suppe *(der Pfiff an einer Sache);* BILDL.: das S. der Ironie, der Weisheit; b) *Streusalz:* die Straße, den Gehweg mit S. streuen. 2. */eine chemische Verbindung/:* neutrales, saures S.; das S. der Schwefelsäure; Säuren sind S. bildende Stoffe.; * attisches Salz (bildungsspr.; *geistreiche Rede*) · nicht das Salz zum Brot/zur Suppe haben *(Mangel, Not leiden)* · jmdm. nicht das Salz in der Suppe gönnen *(sehr missgünstig sein)* · Salz auf die/in die Wunde streuen *(jmdn. eine unangenehme o. ä. Sache durch bestimmte Bemerkungen noch schmerzlicher empfinden lassen).*

salzen /vgl. gesalzen/ ⟨etw. s.⟩: die Speisen, das Essen s.; die Suppe ist stark, zu wenig, kaum gesalzen; gesalzenes/(selten auch:) gesalztes Fleisch; gesalzene Butter.

salzig: salziges Wasser; süßes und salziges Gebäck reichen; salzige Tränen; einen salzigen Geschmack auf der Zunge haben; das Fleisch ist, schmeckt [zu] s.

Salzsäule, die: ⟨in der Wendung⟩ zur Salzsäule erstarren *(vor Schreck o. Ä. plötzlich völlig starr, unbeweglich dastehen).*

Samen, (selten:) **Same,** der: runde, schwarze, geflügelte S.; der S. keimt, geht auf, wächst, treibt; Samen gewinnen, beizen, streuen, aussäen; BILDL.: der S. (geh.; *der Keim*) des Neides, der Zwietracht.

sammeln: 1. ⟨etw. s.⟩ *zusammenlesen:* Beeren, Pilze, Holz, Ähren s.; das Eichhörnchen sammelt Vorräte für den Winter; die Bienen sammeln den Nektar von den Blüten; ⟨auch ohne Akk.⟩ sie sammelten eifrig, emsig; ÜBERTR.: Material, Stoff für eine Abhandlung s.; Gedichte, Novellen, Aufsätze s. *(zum Zweck der Veröffentlichung zusammentragen);* Belege, Zitate für etw. s. *(zum Nachweis für etw. zusammentragen);* Unterschriften, Stimmen s. *(sich von anderen geben lassen, einholen);* Punkte s.; die gesammelten Werke *(das Gesamtwerk)* eines Dichters; die Aufsätze sind gesammelt *(in einer Sammlung)* erschienen. 2. ⟨etw. s.⟩ *eine Sammlung von etw. anlegen:* Briefmarken, Bierdeckel, Münzen, Bücher, Gemälde, Altertümer s.; ⟨auch ohne Akk.⟩ sie sammelt aus Liebhaberei, aus Leidenschaft, schon seit zehn Jahren. 3. a) ⟨etw. s.⟩ *für einen guten Zweck zusammentragen:* Geld, Kleider, Almosen, Spenden [für die

Armen] s.; b) *eine Sammlung durchführen:* die Kinder sammeln für das Rote Kreuz, für einen guten Zweck; heute wird auf den Straßen gesammelt. 4. a) ⟨etw. [irgendwo] s.⟩ *ansammeln:* Regenwasser in einer Tonne s.; Lichtstrahlen mit einer Linse s.; ÜBERTR.: neue Kräfte, Eindrücke, Erfahrungen s.; b) ⟨sich [irgendwo] s.⟩ *sich ansammeln:* es hat sich genügend Regenwasser gesammelt; die Lichtstrahlen sammeln sich im Brennpunkt der Linse. 5. a) ⟨jmdn., etw. s.⟩ *versammeln, vereinigen:* Truppen, ein Heer s.; er sammelte seine Anhänger um sich; eine Mehrheit hinter sich s. *(für seine Ziele gewinnen);* b) ⟨sich s.⟩ *sich versammeln:* die Teilnehmer sammelten sich auf dem Platz; nachdem sich die Demonstranten gesammelt hatten, zogen sie vor die Botschaft; sie sammelten sich um ihren Anführer; sich zu einer Gruppe, zur Andacht s.; SUBST.: zum Sammeln blasen. 6. ⟨sich, etw. s.⟩ *sich konzentrieren:* bei dem Lärm fiel es ihm schwer, sich, seine Gedanken zu s.; er war, wirkte sehr gesammelt.

Sammlung, die: 1. a) *das Sammeln:* die S. von Stoff, von Material für eine Arbeit; die S. von Zitaten, von Belegen, von Aufsätzen anregen, veranlassen; die getrennte S. von Hausmüll; b) *gesammelte Schriften:* eine vollständige, lückenhafte S. der Aufsätze, der Essays eines Schriftstellers; eine S. von Gedichten, Novellen, Erzählungen, Briefen. 2. a) *Gesamtheit von gesammelten Gegenständen:* eine reiche, kostbare, wertvolle S.; eine private, öffentliche, staatliche S.; die S. ist sehr lückenhaft, unvollständig; eine S. von Gemälden besitzen, verkaufen, versteigern, schätzen; sie hat eine S. von Münzen angelegt; ÜBERTR.: der Junge hat in seinen Hosentaschen eine ganze S. (ugs.; *eine Menge*) von Steinen, von Kleinkram; b) *Museum:* die städtische S. zeigt antike Möbel; die S. ist heute geschlossen; die S. besuchen. 3. *Geldsammlung:* die S. [er]brachte, ergab einen Betrag von 100 000 DM; eine S. für das Rote Kreuz, zu wohltätigen Zwecken veranstalten, durchführen; bei der S. ist nicht viel zusammengekommen. 4. (geh.) *Vereinigung von Personen:* eine S. liberaler, reaktionärer Kräfte. 5. *Konzentration:* dazu fehlt mir die nötige, innere S.

Samstag, der (regional, bes. westd., südd., österr., schweiz.): ein verkaufsoffener S.; ein langer S. (ugs. früher; *Samstag, an dem die Geschäfte auch nachmittags geöffnet sind);* ↑ Dienstag.

samt ⟨Präp. mit Dat.⟩: eine Blume s. Wurzeln; die Kinder s. ihrer Mutter; das Haus s. allem Inventar; * samt und sonders *(alle[s] ohne Ausnahme; ohne Unterschied):* sie wurden s. und sonders verhaftet.

S

sämtlich: 1. ⟨Singular: sämtlicher, sämtliche, sämtliches⟩ *all:* sämtlicher angehäufte Sand; sämtliche frische Butter; sämtliches Schöne; sämtliches vorhandene Eigentum; der Verlust sämtlicher vorhandenen Energie; mit sämtlichem gesammelten Material. 2. ⟨Plural: sämtliche; unflektiert: sämtlich⟩ *alle:* sämtliche Gefangenen/(seltener auch:) Gefangene; sämtliche anwesenden/(seltener auch:) anwesende Mitglieder; angesichts sämtlicher vorhandener/(seltener auch:) vorhandenen Bücher; sie waren s. *(vollzählig)* erschienen.

Sand, der: feiner, grober, weißer, nasser, heißer S.; der S. der Dünen, der Wüste; S. aufwirbeln, sieben; bei Glatteis S. streuen; das Schiff ist auf S. *(eine Sandbank)* geraten, auf einen S. gelaufen; die Kinder spielen im S.; der Fluss verliert sich, verläuft im S.; etw. mit S. *(Scheuersand)* putzen, scheuern, reinigen; * wie Sand am Meer (ugs.; *in überreichem Maße, in sehr großer Menge*): Angebote dieser Art gibt es wie S. am Meer · Sand im Getriebe (ugs.; *ein [verborgenes] Hindernis, das den Ablauf stört*) · jmdm. Sand in die Augen streuen *(jmdn. täuschen)* · auf Sand gebaut haben *(sich auf etwas sehr Unsicheres eingelassen haben)* · etw. in den Sand setzen (ugs.; *einen Misserfolg haben*) · im Sand[e] verlaufen *(ergebnislos, erfolglos bleiben)*

sanft: 1. *gütig und freundlich; angenehm:* sanfte Augen; ein sanfter Blick; ein sanftes Mädchen; ihr sanftes Wesen; ihre Stimme war, klang s.; er war s. wie ein Lamm/eine Taube. 2. *behutsam; zart:* eine sanfte Berührung, Bewegung; ein sanfter Händedruck; etw. mit sanfter Hand, mit sanften Händen berühren; jmdn. mit sanfter Gewalt zu etw. veranlassen; sanfte Ermahnungen, Vorwürfe; seine Worte waren nicht gerade s.; einen sanften Zwang, Druck ausüben; jmdn. s. streicheln, behandeln; sie massierte s. seinen Nacken; ÜBERTR.: eine sanfte *(auf natürliche Weise, weitgehend ohne medizinische Eingriffe vonstatten gehende)* Geburt; sanfte *(umweltschonende)* Technologien; 3. *sacht; gedämpft:* ein sanfter Wind, Hauch, Regen; ein sanftes Lüftchen; das sanfte Rauschen der Bäume; sanfte Klänge, Töne, Farben; ein sanftes Licht. 4. *ruhig, friedlich:* ein sanfter Schlaf; s. [und selig] schlafen; er ist s. entschlafen; /Grabinschrift/: Ruhe s.! 5. *wenig ansteigend:* ein sanfter Hügel, Anstieg; der Pfad führte in sanften Windungen bergan; eine s. ansteigende Höhe; s. geschwungene Hänge.

Sang, der: ⟨in der Wendung⟩ mit Sang und Klang (ugs.; *ganz und gar, eindeutig*): er ist mit S. und Klang durchs Abitur gefallen.

Sänger, der: 1. ein guter, berühmter S.; die Sängerinnen und S. eines Chors; ich bin kein [guter] S.

(ich kann nicht [gut] singen); jmdn. zum S. ausbilden; ℝ da/darüber schweigt des Sängers Höflichkeit *(darüber wird aus Takt nicht gesprochen);* BILDL.: die gefiederten S., die S. des Waldes *(Vögel).* 2. (geh.) *lyrischer Dichter:* er war ein S. der Freiheit, der Liebe; ein fahrender, wandernder S. *(Spielmann im Mittelalter).*

sanglos: ⟨in der Verbindung⟩ sang- und klanglos (ugs.; *ohne Aufhebens*): er ist sang- und klanglos verschwunden.

sanieren ⟨etw. s.⟩: 1. a) *renovieren u. modernisieren:* einen Stadtteil, die Altstadt s.; das Haus muss von Grund auf saniert werden; ein Gebäude s. lassen; ein komplett sanierter Altbau; b) (Fachspr.) *reformieren:* das Gesundheitswesen, die Landwirtschaft s.; das Sozialsystem soll von Grund auf saniert werden; c) (Fachspr.) *in einen intakten Zustand versetzen:* einen umgekippten Fluss, ein versumpftes Gelände, den Waldboden s.; Umweltschäden s. *(beheben).* 2. (Wirtsch.) *rentabel machen:* einen Betrieb, eine Firma s.; ⟨auch: sich s.⟩ die Firma, der Bauunternehmer hat sich [durch Verkäufe] weitgehend saniert; er hat sich auf Kosten der Steuerzahler saniert (spött.; *bereichert*). 3. (Med.) *von einem Krankheitsherd befreien:* eine Wunde, ein Geschwür, einen Zahn s.

Sanktion, die: 1. *Billigung, Bestätigung:* die Kirche hat der Gewalt ihre S. verweigert; das Gesetz bedarf der S. des Parlaments, durch das Parlament; Ausnahmegenehmigungen S. erteilen. 2. ⟨meist Plural⟩ a) *Maßnahme zur Bestrafung eines Staates:* strenge, militärische Sanktionen fordern; Sanktionen über ein Land verhängen; wirtschaftliche Sanktionen gegen einen Staat beschließen, anwenden; b) *Maßnahmen gegen ein bestimmtes Verhalten:* die gegen Streikende gerichteten Sanktionen der Unternehmensleitung; mit Sanktionen rechnen müssen, reagieren; positive, negative (Soziol.; *belohnende, bestrafende*) Sanktionen.

Sarg, der: ein einfacher, hölzerner, prunkvoller S.; ein S. aus Eichenholz; der S. war mit Blumen geschmückt, wurde in die Erde gesenkt; viele Menschen folgten ihrem S. (geh.; *nahmen an ihrem Begräbnis teil*); er stand am offenen S. seines Vaters; den Toten in den S. legen; die Trauernden gingen hinter dem S. her.

satt: 1. *nicht hungrig:* ein satter Säugling; die satten Gäste lehnten sich zufrieden zurück; bist du s. [geworden]?; davon werde ich nicht s.; sie waren noch s. vom Frühstück; diese Speise macht schnell s.; sich s. essen; das Baby hat sich s. getrunken; die Kinder sind heute kaum s. zu kriegen (ugs.; *sie wollen immer noch mehr essen*); die Familie hatte nicht s. zu essen *(hatte nicht genug zu essen, zum Leben).* 2. (abwertend) *selbstzufrieden:* die satten Wohlstandsbürger; ein sattes *(selbstgefälliges)* Lächeln. **3.** *(in der Färbung, im Klang) kräftig:* satte Farben, Farbtöne; ein sattes Grün, Rot; das Motorrad hat einen satten Sound. **4.** (ugs.) *ansehnlich, reichlich:* eine satte Mehrheit; ein satter Überschuss; satte Gewinne einstreichen; sie haben ein sattes Plus erwirtschaftet; eine satte Million; satte 52 Prozent der Stimmen. **5.** (ugs.) ⟨nachgestellt bei Substantiven⟩ *genug, in großer Menge:* es gab, sie hatten Champagner, Kaviar s.; * **jmdn. satt haben** (ugs.; *jmdn. nicht mehr ertragen können*) · **etw. satt haben/sein** (etw. *leid sein, nicht mehr länger dulden*) · **etw. satt bekommen/kriegen** (ugs.; *einer Sache überdrüssig werden*) · **nicht satt werden, etw. zu tun** (ugs.; *nicht müde werden, etw. zu tun*) · **satt sein** (ugs.; *betrunken sein*) · **sich an etw.** (Dat.) **satt sehen, hören** (sich etw. *ausgiebig ansehen, anhören*). **Sattel,** der: **1.** *Reitsattel:* ein lederner S.; den S. auflegen, anschnallen, festschnallen, abschnallen, abnehmen; das Pferd warf ihn aus dem S.; jmdn. aus dem S., in den S. heben; jmdm. in den S. helfen; sich in den, aus dem S. schwingen; der Reiter hing im S.; sich im S. halten; er sitzt jeden Tag eine Stunde im S. *(reitet eine Stunde);* mit, ohne S. reiten; vom S. fallen. **2.** *Fahrzeugsattel:* ein harter, gut gefederter S.; der S. des Fahrrads, Motorrads; der S. ist für mich zu niedrig; den S. höher stellen; sich auf den S. setzen, schwingen; auf dem S. sitzen; * **jmdn. aus dem Sattel heben/werfen** (1. *jmdn. aus einer einflussreichen Position drängen.* 2. *jmdn. sehr verunsichern)* · **in allen Sätteln gerecht sein** (alles gut können, wofür man eingesetzt wird) · **jmdm. in den Sattel helfen;** jmdn. **in den Sattel heben** (*jmdn. in eine einflussreiche Position bringen)* · **fest im Sattel sitzen** (seine Position unangefochten behaupten) · **sich im Sattel halten** (seine Position behaupten). **sattelfest:** er war in Grammatik nicht ganz s.; sich nicht s. fühlen; sich s. machen. **satteln** ⟨ein Tier s.⟩: ein Pferd s.; er ließ die Pferde s.; * **[für etw.] gesattelt sein** (*[für etw.] gut vorbereitet sein).* **sättigen: 1. a)** *satt machen:* die Suppe sättigt [kaum]; Eierspeisen sind sehr sättigend; **b)** (geh.) ⟨jmdn., sich [mit etw./an etw. (Dat.)] s.⟩ *den Hunger stillen:* die Mahlzeit hat uns alle gesättigt; sich an, mit Brot s.; habt ihr euch gesättigt? **2.** ⟨etw. s.⟩ *befriedigen:* die Nachfrage nach etw. s.; die Nachfrage nach EDV-Spezialisten kann zurzeit wohl kaum gesättigt werden; durch das große Angebot ist der Markt für Klimageräte gesättigt; ÜBERTR.: die Neugier, seinen Wissensdrang s. **3.** (Chemie) ⟨etw. [mit etw.] s.⟩ *saturieren:* eine

Säure s.; Wasser mit Salz s.; eine gesättigte Lösung; * **mit/von etw. gesättigt sein** (*besonders viel von etw. enthalten):* die Luft war von Feuchtigkeit gesättigt; der Markt ist mit Waren gesättigt. **sattsam** (geh.): seine Thesen, seine Argumente sind s. bekannt; die Haltung der Kirche zu dieser Frage ist s. bekannt; die s. bekannten Missstände. **Satz,** der: **1.** *sprachliche Sinneinheit:* ein einfacher, zusammengesetzter, kurzer, langer, unvollständiger, elliptischer, abhängiger, selbstständiger, eingeschobener, verschachtelter S.; einen S. bilden, zerlegen; einen S. niederschreiben, noch einmal überlesen; Sätze analysieren, aneinander reihen; er hatte sich alle Sätze vorher zurechtgelegt; das Kind kann noch keine vollständigen Sätze sprechen; er brachte keinen vernünftigen S. heraus; etw. S. für S. lesen; wiederholen Sie bitte den letzten S.; eine Rede mitten im S. abbrechen; er stammelte in abgerissenen Sätzen; etw. lässt sich nicht in einem S. sagen, beantworten *(es bedarf einer längeren Ausführung).* **2.** *These:* der S. *(Lehrsatz)* des Pythagoras; dieser S. ist unbewiesen; einen S. aufstellen, annehmen, begründen, beweisen; einem S. widersprechen. **3.** (Druckerspr.) **a)** *das Setzen eines Textes:* das Manuskript ist, befindet sich im S.; das Werk geht in [den], zum S. beginnen; der S. ist abgeschlossen; **b)** *abgesetzter Text:* der S. ist unsauber; den S. korrigieren; ein Abzug des Satzes; es sind Fehler im S. **4.** (Musik) **a)** *Teil eines Musikstücks:* der erste S. eines Klavierkonzertes, einer Sonate; eine Sinfonie in vier Sätzen; **b)** *Stimmführung:* ein strenger, reiner, polyphoner, langsamer, schneller S.; sie sangen den Choral in einem vierstimmigen S. **5.** (Amtsspr.) *Beitrags-, Zinssatz o. Ä.:* ein hoher, niedriger S.; der S. der Sozialhilfe; die Sätze sind neu festgelegt worden; ein S. *(Spesensatz)* von 52 Pfennig pro Kilometer; über, unter dem S. liegen. **6.** (Sport) *Spielabschnitt:* sie gewann den ersten S., musste aber den zweiten abgeben; einen S. verlieren; der Australier gewann in drei Sätzen. **7.** *Set:* ein S. Töpfe, Bohrer, Kegel; ein S. neuer/neue Reifen; einige Sätze seiner Briefmarkensammlung sind nicht komplett; /bei Maßangaben/: drei Sätze/drei S. Schüsseln. **8.** *Bodensatz:* den S. des Kaffees, des Weines; beim Ausgießen der Flüssigkeit bleibt der S. zurück; auf dem Boden des Gefäßes hat sich [viel] S. gebildet; sie spülte den S. aus der Tasse. **9.** *[großer] Sprung:* er machte, tat einen S. zur Seite; in/mit drei Sätzen hatte er ihn eingeholt; war er an der Tür; mit S. war sie, sprang sie aus dem Bett; ein Hindernis im einem S. nehmen. **Satzung,** die: die Satzungen des Vereins; eine neue S. aufstellen; etw. in die S. aufnehmen; etw. ist in der S. festgelegt.

S

sauber: 1. *nicht schmutzig; reinlich:* saubere Wäsche, Kleider; ein sauberes Hemd, Taschentuch; ein sauberes Glas, Besteck; saubere Luft; saubres Wasser; saubere Industrien ansiedeln; das darfst du nur mit sauberen Händen, Fingern anfassen; das Zimmer, die Stadt ist sehr s.; ein Glas s. ausspülen; sie hat die Scheiben nicht s. geputzt; das große Haus ist nicht leicht s. zu halten; sie hat die Wohnung, den Boden s. gemacht; du musst dir zuerst die Schuhe s. machen; wir müssen noch s. machen; sie macht bei einem Arzt, in einer Arztpraxis s. (ugs.; *arbeitet dort als Raumpflegerin*).
2. *ordentlich, einwandfrei:* eine saubere Schrift, Arbeit; eine saubere französische Aussprache; eine saubere Lösung des Problems; sie lief eine saubere Kür; s. gekleidet sein; s. schreiben, arbeiten; eine Arbeit s. ausführen; sie führt ihre Hefte sehr s.; die Kompetenzen s. trennen; eine s. gebundene Krawatte.
3. *anständig, untadelig:* ein sauberer Mensch, Charakter; eine saubere Haltung; ich fürchte, die Sache ist nicht [ganz] s.; eine DDR-Vergangenheit scheint nicht ganz s.; (ugs. iron.:) eine saubere Gesellschaft; ein sauberes Pärchen; bleib s.! (ugs. scherzh.; Abschiedsformel).
4. (ugs., bes. südd., österr., schweiz.) *beachtlich:* ein sauberes Sümmchen; /Ausrufe der Anerkennung/: s.!, s., s.!;
∗ **sauber sein** (Jargon; *keine Drogen mehr nehmen*).
Sauberkeit, die: 1. a) *Reinlichkeit:* die S. lässt zu wünschen übrig; bei ihr herrscht Ordnung und S.; auf S. achten, Wert legen; es blitzt alles vor S.; b) *einwandfreie Beschaffenheit:* er lobte die S. ihrer Schrift, Arbeit.
2. *Anständigkeit:* die S. seines Charakters.
säuberlich: eine säuberliche Schrift; etw. s. abschreiben, verpacken; sie legte die Kleider fein s. aufeinander.
säubern (geh.): 1. ⟨jmdn., sich, etw. s.⟩ *reinigen:* das Zimmer, den Tisch, das Geschirr s.; sich vom Schmutz s.; die Schuhe mit der Bürste s.; die Wunde muss sorgfältig gesäubert werden; ⟨sich (Dat.) etw. s.⟩ sich die Fingernägel s.
2. ⟨etw. von etw. s.⟩ *befreien:* das Beet vom Unkraut s.; das Bahnhofsviertel von Dealern s.; Bücher von anstößigen Stellen s.
sauer: 1. a) *nicht süß:* saure Äpfel, Trauben, Bonbons; saurer Wein; saure *(in Essig eingelegte, mit Essig zubereitete)* Gurken, Bohnen, Nieren, Heringe; Essig ist s.; das Brot ist mir zu s.; das fette Essen ist ihm s. aufgestoßen; ein Gericht s. zubereiten, kochen; etw. s. einlegen; Ⓡ gib ihm Saures! (salopp; *verprügle ihn tüchtig!*); b) *durch Gärung verdorben:* saure Milch, Sahne; das Bier ist s.; die Suppe ist über Nacht s. geworden, riecht s.; c) (Chemie) *Säure enthaltend:* saurer Regen; saure Salze; saurer Boden; diese Stoffe reagieren [leicht] s.
2. a) (ugs.) *ärgerlich:* ein saures Gesicht, eine saure Miene machen; sie war, wurde s., als sie das hörte; er ist sehr s. auf dich, über dein Verhalten; sie reagierte ziemlich s.; b) *mühsam:* eine saure Arbeit, Pflicht; er hat sich das Geld s. verdient; die Arbeit ist ihm sehr s. geworden, kam ihn s. an *(ist ihm schwer gefallen);*
∗ **jmdm. sauer aufstoßen** (ugs.; *jmdm. Unbehagen, Ärger o. Ä. verursachen) · sich* (Dat.) *etw. sauer werden lassen (sich mit etw. abmühen).*
säuerlich: ein säuerlicher Apfel, eine säuerliche Soße; etw. hat einen säuerlichen Geschmack; die Bonbons schmecken s.; ÜBERTR.: sie machte ein säuerliches *(verdrießliches)* Gesicht, eine säuerliche Miene; sie lächelte s. *(gezwungen, missvergnügt).*
saufen: 1. a) ⟨[etw.] s.⟩ /von Tieren/ *[als] Flüssigkeit zu sich nehmen:* das Pferd säuft [einen Eimer] Wasser; die Kühe müssen noch s.; dem Vieh zu s. geben; ÜBERTR.: der Motor säuft [15 Liter auf 100 km]; b) (derb) ⟨[etw.] s.⟩ /von Personen/ *trinken:* sie saufen Cola, Kaffee literweise; er säuft Bier, Schnaps; er säuft aus der Flasche.
2. a) (derb abwertend) /von Personen/ *alkoholabhängig sein:* ihr Mann säuft; die saufen beide; wenn er gesoffen hat, ist er unerträglich; er hat früher gesoffen; SUBST.: er hat sich das Saufen angewöhnt; b) (derb) ⟨jmdn., sich, etw. irgendwie s.⟩ *durch übermäßigen Alkoholgenuss in einen bestimmten Zustand bringen:* sich krank, dumm s.; sie hat sich zu Tode gesoffen; du säufst dich noch arm; er hat das Glas in einem Zug leer gesoffen;
∗ **einen saufen** (derb; *ein alkoholisches Getränk zu sich nehmen*): wollen wir einen s. gehen?
saugen: 1. a) ⟨etw. aus etw. s.⟩ *saugend entnehmen:* Zecken saugen Blut; Blut aus einer Wunde s.; die Bienen saugen Nektar aus den Blüten; das Baby saugte/saugte gierig die Milch aus der Flasche; ⟨auch ohne Akk.⟩ das Baby begann sofort zu s.; ÜBERTR.: die Wurzeln saugen die Feuchtigkeit aus dem Boden; b) ⟨an etw. (Dat.) s.⟩ *saugend ziehen:* an einem Strohhalm s.; das Baby saugt an der Brust der Mutter, an seinem Daumen; er sog/saugte bedächtig an seiner Pfeife; c) ⟨sich irgendwie s.⟩ *(Flüssigkeit) in sich aufnehmen:* der Schwamm hat sich voll Wasser gesogen/gesaugt.
2. a) ⟨etw. s.⟩ *mit dem Staubsauger reinigen:* das Zimmer, den Teppich, die Couch s.; ⟨auch ohne Akk.⟩ hast du schon gesaugt?; der Staubsauger saugt gut; b) ⟨etw. aus, von etw./irgendwohin s.⟩ *absaugen:* Flusen vom Teppich s.; die Luft aus einem Gefäß s.; Staub s.
säugen ⟨jmdn., ein Jungtier s.⟩: die Kuh hat das Kalb gesäugt; die Mutter säugte ihr Kind.
Säule, die: eine schlanke, hohe S.; eine ionische, dorische, korinthische S.; Säulen aus Marmor; Säulen tragen, stützen das Dach; er stand da wie eine S. *(fest und unbeweglich);* ein Plakat an die S.

(Litfaßsäule) kleben; das Dach ruht auf Säulen; BILDL.: er ist eine S. *(Stütze)* der Wissenschaft, der Mannschaft; die Säulen der modernen Gesellschaft.

Saum, der: ein breiter, schmaler S.; ein falscher S. *(als Saum angesetzter Stoffstreifen);* der S. des Kleides, des Rockes ist aufgegangen, lose; den S. stecken, bügeln, heften, nähen; ÜBERTR.: am S. (geh.; *Rand)* der Wiese, des Waldes; ein schmaler, leuchtender S. *(Streifen)* am Horizont.

¹säumen ⟨etw. s.⟩: **1.** *mit einem Saum versehen:* sie hat das Kleid, den Rock, das Taschentuch gesäumt. **2.** (geh.) *begrenzen:* Bäume, Sträucher säumen den Weg; viele Zuschauer säumten die Straße.

²säumen (geh.): *zögern, zaudern:* er darf nicht länger s.; sie kam, ohne zu s.; SUBST.: sie machten sich ohne Säumen auf den Weg.

säumig: ein säumiger Schuldner, Zahler; (geh.:) bei der Arbeit, mit der Rückzahlung, Ablieferung s. sein.

Säure, die: **1.** *chemische Verbindung:* eine schwache, starke, ätzende S.; S. ätzt, greift das Metall an, zerfrisst, zerstört das Gewebe.
2. *saurer Geschmack:* die S. des Essigs; der Wein hat zu viel S.

Saus: ⟨nur in der Wendung⟩ **in Saus und Braus leben** *(ein verschwenderisches Leben führen).*

säuseln 1. *leicht wehen, leise rauschen:* der Wind, es säuselt in den Zweigen; die Blätter, die Bäume säuseln [im Wind].
2. (iron.) ⟨etw. s.⟩ *mit leiser Stimme sagen:* ich weiß nicht mehr, was sie alles gesäuselt hat.

sausen: 1. a) ⟨irgendwo s.⟩ *ein sausendes Geräusch erzeugen:* der Sturm saust in den Bäumen, im Kamin; ⟨es saust irgendwo⟩ in seinen Ohren, in der Muschel sauste *(rauschte)* es; SUBST.: das Sausen des Windes; b) ⟨jmdm. s.⟩ *dröhnen:* jmdm. sausen die Ohren; vor Anstrengung sauste ihm der Kopf.
2. (ugs.) ⟨irgendwohin s.⟩ *rasen:* der Wagen sauste über die Autobahn; der Pfeil sauste durch die Luft; sie sauste zum Bahnhof; es ging in sausender Fahrt den Berg hinunter; ÜBERTR.: er ist durchs Examen gesaust (salopp; *ist durchgefallen*);
★ **jmdn. sausen lassen** (ugs.; *sich von jmdm. abwenden*): lass ihn s., er ist sowieso nicht der Richtige für dich! · **etw. sausen lassen** (ugs.; *auf etw. verzichten*): ein Angebot, einen Job, ein Konzert, eine Gelegenheit, eine Verabredung s. lassen.

schaben: 1. a) ⟨etw. aus/von etw. s.⟩ *durch leichtes Kratzen entfernen:* er schabte den Lack von dem Brett; sie schabte das Fleisch vom Knochen, den Rest aus der Schüssel; b) ⟨etw. s.⟩ *raspeln:* Rüben, Karotten s.; c) ⟨etw. s.⟩ *durch Schaben zerkleinern:* Sellerie s.; ein fein geschabter Apfel.
2. ⟨irgendwo s.⟩ *scheuern:* das Rad schabt am Kotflügel.

schäbig 1. *abgenutzt, ärmlich:* ein schäbiger Hut,

Mantel, Rock; er wohnte in einem kleinen, schäbigen Zimmer; ihre Kleider waren schon ziemlich s.; er war s. gekleidet.
2. a) *geizig:* ein schäbiger Mensch; wenn es ums Geld geht, ist er/zeigt er sich ausgesprochen s.; b) *armselig, dürftig:* ein schäbiger Rest; eine schäbige Summe; ein schäbiges Trinkgeld; schäbige zwanzig Mark; die Bezahlung war sehr s.; sie wurden s. bezahlt.
3. *gemein:* er ist ein ganz schäbiger Kerl; eine schäbige Handlungsweise; das war sehr s. von ihm; er hat sie sehr s. behandelt.

Schablone, die: eine S. verwenden; sich an die S. halten; mit, nach einer S. arbeiten; ÜBERTR.: er denkt nur in Schablonen *(in Schemen, erstarrten Formen);* jmdn., etw. in eine S. pressen/zwängen wollen; nach einer S. handeln, vorgehen, urteilen; etw. ist zur S. geworden.

Schach, das: a) *Schachspiel:* er spielt gerne S.; mit jmdm. eine Partie S. spielen; b) (Schachspiel) *den König unmittelbar bedrohende Stellung:* S. bieten; (selten:) ein S. geben; ein S. decken; den König aus dem S. ziehen; im S. stehen; /Warnung an den Gegner/: S. [dem König]!;
★ **jmdm., etw. Schach bieten** (geh.; *sich jmdm., etw. energisch entgegenstellen*) · **jmdn., etw. in Schach halten** (ugs.; *jmdn. durch Drohung o. Ä. daran hindern, Schlimmes anzurichten*): einen Einbrecher mit einer Pistole in S. halten.

schachmatt: 1. (Schachspiel) *besiegt:* s.!; der Gegner war s.
2. (fam.) *erschöpft:* sich s. fühlen; nach dieser Anstrengung waren wir alle ganz s.;
★ **jmdn. schachmatt setzen** (1. Schachspiel; *jmdn. besiegen.* 2. ugs.; *jmdm. jede Möglichkeit zum Handeln nehmen*).

Schacht, der: **1.** *Hohlraum:* der S. für den Fahrstuhl; einen S. [für einen Brunnen] ausheben, ausmauern.
2. (Bergmannsspr.) *Grubenbau:* ein stillgelegter S.; einen S. [bis auf 900 m] niederbringen, befahren, ausbauen, [ab]teufen; ein S. von 700 m Teufe; in den S. einfahren.

Schachtel, die: eine volle, angebrochene S.; eine S. Streichhölzer, Zigaretten, Kekse, Pralinen; eine S. mit alten Fotos; eine S. öffnen, anbrechen; etw. in eine S. tun, in einer S. aufbewahren.
★ **alte Schachtel** (salopp abwertend; *ältere Frau*).

Schachzug, der: ein kluger, diplomatischer, genialer, raffinierter S.; etw. durch einen geschickten S. erreichen.

schade: ⟨in bestimmten Wendungen⟩ **schade sein** *(bedauerlich sein):* [es ist] s., dass du nicht kommen kannst; nur s./s. nur/wie s./zu s., dass ...; oh wie s.!; · **es ist schade um jmdn., etw.** *(was mit jmdm., etw. geschieht, ist bedauerlich):* um das schöne Kleid ist, wäre es sehr s.; s. darum; es um den netten Kerl! · **für jmdn./etw., zu etw. zu schade sein** *(für jmdn., etw. zu wertvoll sein):* für diese Arbeit ist der Anzug zu s.; für diese Banausen/zum Kochen ist dieser Wein eigentlich viel zu s. · **sich** (Dat.) **für jmdn./etw., zu etw. zu schade sein** *(sich für jmdn., etw. nicht hergeben wollen):* dass du dir für so einen Typ nicht zu s. bist!; du bist dir wohl zu s. für diese Arbeit/zum Saubermachen?

Schädel, der: a) *Skelett des Kopfes:* der S. eines Menschen, Affen; der Stein hatte ihm den S. zertrümmert, gespalten; b) *Kopf:* ein dicker, runder, kahl geschorener, kahler S.; jmdm. den S. einschlagen; jmdm. eins auf/über den S. geben, hauen;
★ **einen dicken/harten Schädel haben** *(sehr eigensinnig sein).*

schaden ⟨jmdm., sich, etw. s.⟩: jmdm. geschäftlich, gesundheitlich s.; dieses Verhalten schadet ihm, seinem Ansehen, der Sache; die Schmiergeldaffäre hat der Partei sehr geschadet; Rauchen schadet der Gesundheit; ein Glas Wein schadet nicht; du hast dir damit selbst am meisten geschadet *(Schaden zugefügt);* etw. schadet mehr als es nützt; das schadet ihm nicht[s] (ugs.; *ist ganz gut für ihn);* das schadet diesem Geizkragen [gar] nichts (ugs.; *geschieht ihm ganz recht);* es kann nicht[s] s. *(ist sicher besser),* ihn zu benachrichtigen; das schadet nichts (ugs.; *ist nicht schlimm);* das hat noch keinem geschadet!; was schadet (ugs.; *macht)* es schon [, wenn ...]; (iron.:) es würde dir nichts s., wenn du dich mehr einsetzen würdest.

Schaden, der: **1.** *Einbuße:* ein kleiner, unbedeutender, geringer, großer, [nicht] wieder gutzumachender S.; es entstanden unübersehbare Schäden; es erwuchs ihm ein größerer S., ein S. in Millionenhöhe; der S. beträgt, beläuft sich auf 10 000 Euro; der S. kann noch nicht genau beziffert werden, geht in die Millionen; S. anrichten, verursachen, stiften; jmdm., etw. S. zufügen; einen S. aufdecken, verhüten, verhindern; einen S. herbeiführen, verursachen, erleiden, davontragen; einen S. [ab]schätzen, ersetzen, tragen; die Versicherung hat den S. in voller Höhe übernommen; für den S. aufkommen, Ersatz leisten, bürgen, haften. **2.** *Beschädigung, teilweise Zerstörung:* das Haus weist einige, leichte Schäden auf; der Wagen hat einen S. am Getriebe; der Motor hat einen S.; einen S. ausbessern, reparieren, beheben; der Hagel hat gewaltige Schäden angerichtet. **3.** *Nachteil:* es ist dein eigener S.; es soll dein S. nicht sein *(ich werde dich dafür belohnen);* das ist kein S. für ihn *(das ist ihm nützlich);* davon hat er weder S. noch Nutzen, mehr S. als Nutzen; er musste mit S. verkaufen; es ist nicht zu deinem S., gereicht dir nicht zum S. *(schadet dir nicht);* du kommst dabei nicht zu S. *(wirst dabei nicht benachteiligt);* ⓡ wer den S. hat, braucht für den Spott nicht zu sorgen; durch S. wird man klug. **4.** *gesundheitliche Beeinträchtigung:* schwere körperliche, innere, organische, psychische Schä-

den; er hat bei dem Unfall einen S. am Bein davongetragen, erlitten; sich einen S. zuziehen; er hat von Geburt an einen S. an den Augen; sie konnte ohne S. aus dem brennenden Haus geborgen werden;
★ **[an etw. (Dat.)] Schaden nehmen** (geh.; *[in etw.] beeinträchtigt werden)* · **[bei etw.] zu Schaden kommen** *(sich [bei etw.] verletzen).*

Schadenersatz, (Rechtsw.:) **Schadensersatz,** der: für etw. S. verlangen, fordern, leisten, ablehnen, verweigern; er klagte auf S.; sie haben Anspruch auf S.; zum S. [in unbekannter Höhe, von mehreren Millionen Mark] verpflichtet sein; jmdn. auf S. in Anspruch nehmen.

Schadenfreude, die; [über etw.] S. empfinden; er lachte voller S.; sie beobachtete die Vorgänge nicht ohne, mit einer gewissen S.; ⓡ S. ist die reinste/schönste Freude.

schadenfroh: mit schadenfrohen Blicken; sei nicht so s.!; er lachte, grinste s.

schadhaft: schadhafte Stellen ausbessern, flicken; schadhafte Stücke auswechseln; das Dach ist s., wird überall s.; in schadhaftem Zustand sein.

schädigen ⟨jmdn., etw. s.⟩: jmdn. gesundheitlich, psychisch, finanziell, geschäftlich s.; diese Handlungsweise hat ihn, seinen Ruf, sein Ansehen empfindlich, schwer geschädigt; das schädigt deine Gesundheit, Augen; durch ihr Verhalten schädigt sie die Interessen anderer; ADJ. PART.: die geschädigten Personen bekommen ein Schmerzensgeld; [sozial] geschädigte Jugendliche; eine durch Alkoholmissbrauch geschädigte Leber; schädigende Einflüsse.

schädlich ⟨s. [für jmdn., etw.]⟩: schädliche Stoffe, Zusätze; eine schädliche Wirkung haben; das hat für sie keine schädlichen Folgen; einen schädlichen Einfluss ausüben; Rauchen ist s. für die Gesundheit; etw. wirkt sich s. aus.

schadlos: s. davonkommen; etw. s. überstehen;
★ **sich an jmdn., etw. [für etw.] schadlos halten** *(sich [für etw.] auf Kosten anderer entschädigen):* für seine Verluste wollte er sich an mir, an meinem Vermögen s. halten; sie hielt sich an der Schokolade s. (scherzh.; *sie aß tüchtig davon).*

Schadstoff, der: chemische, gasförmige, organische Schadstoffe; Schadstoffe aus Autoabgasen, aus der Landwirtschaft; in der Muttermilch wurden Schadstoffe gefunden; die Luft enthält gefährliche Schadstoffe; Lebensmittel sind oft zu stark mit Schadstoffen belastet.

Schaf, das: **1.** */ein Haustier/:* ein williges, zottiges S.; geduldig, sanft wie ein S.; die Schafe blöken, grasen, lammen; Schafe halten, züchten, hüten, weiden, scheren. **2.** (ugs.) *einfältiger Mensch* /oft als Schimpfwort/: du bist [doch] ein S.!;
★ **schwarzes Schaf** *(Außenseiter, bes. in einer Familie)* · **die Schafe von den Böcken scheiden/ trennen** *(die Guten von den Bösen trennen)* · **sein Schäfchen ins Trockene bringen** (ugs., oft leicht

abwertend; *sich [auf Kosten anderer] großen Gewinn, Vorteil verschaffen).*
¹schaffen, schuf, hat geschaffen: 1. ⟨jmdn., etw. s.⟩
hervorbringen, *[schöpferisch] gestalten:* der
Künstler hat ein neues Bild, eine Plastik geschaffen; Gott schuf den Menschen; der schaffende
Mensch, Geist; SUBST.: Freude am, beim Schaffen
haben; das gesamte Schaffen *(Werk)* eines Künstlers, eines Dichters.
2. ⟨etw. [für etw.] s.⟩ *herstellen, bewirken:* gute
Voraussetzungen, günstige Bedingungen für die
Arbeit s.; Ersatz, Erleichterungen, einen Ausgleich s.; es müssen dringend neue Arbeitsplätze
geschaffen werden; zu diesem Zweck mussten
neue Stellen, Einrichtungen geschaffen werden;
wir müssen Platz s., um alles unterzubringen;
⟨sich (Dat.) etw. s.⟩ wir müssen uns mehr Raum
s.; er hat sich Vorräte, ein ansehnliches Vermögen geschaffen; /verblasst/: Ordnung, Klarheit s.;
er weiß Rat, Abhilfe zu s.; solche Ereignisse
schaffen *(verursachen)* immer Unruhe;
* **für jmdn., etw./zu jmdn., etw. wie geschaffen sein** *(für jmdn., etw. besonders geeignet sein):*
sie ist für diesen Beruf, zur Lehrerin wie geschaffen.
²schaffen, schaffte, geschafft: 1. ⟨etw. [für etw.] s.⟩
herstellen, bewirken: dieser Umstand schaffte
erst die Voraussetzung für das Gelingen; sie
schafften Ersatz, Erleichterungen, einen Ausgleich [für etw.] n; ⟨sich (Dat.) etw. s.⟩ wir haben
uns mehr Raum geschafft; er schaffte sich viele
Vorräte, ein großes Vermögen; /verblasst/: er
schaffte sofort Ruhe, Klarheit, Ordnung, Abhilfe.
2. ⟨etw. s.⟩ *bewältigen, bewerkstelligen:* er kann
seine Arbeit allein nicht mehr s.; sie hat heute
viel geschafft; schaffst du das noch bis heute
Abend?; wenn wir uns beeilen, schaffen wir es
vielleicht noch; das schafft er nie! das hätten wir
geschafft!; wir haben den Weg zu Fuß in zwei
Stunden geschafft; sie hat die Prüfung, das
Examen nicht geschafft *(ist durchgefallen);* auf
Anhieb, beim dritten Versuch schaffte *(erreichte)*
sie die neue Rekordhöhe, den Sprung in die höhere Klasse; wir haben es geschafft *(unser Ziel erreicht).*
3. (ugs.) ⟨jmdn. s.⟩ *erschöpfen:* diese Arbeit hat
mich geschafft; die Kinder hatten sie an diesem
Tag völlig geschafft; von dieser Arbeit war er total geschafft; der schafft jeden mit seiner Fragerei.
4. ⟨jmdn., etw. irgendwohin s.⟩ *transportieren:*
die alten Sachen müssen auf den Speicher, auf
den Müll, in den Keller geschafft werden; wer
schafft die Pakete zur Post?; etw. aus dem Weg,
zur Seite s.; sie schafften die Verwundeten ins
Lazarett; die Kinder ins Bett s.
5. (landsch.; bes. südd.) a) *arbeiten:* unermüdlich, von morgens bis abends s.; er hat im Garten,
auf dem Feld geschafft; sie schafft bei der Post,
bei der Bahn, auf dem Bau, in einem Kaufhaus; er

schafft im Akkord, hat als Monteur geschafft;
SUBST.: der Tod riss ihn aus seinem unermüdlichen Schaffen; (ugs. scherzh., oft iron.:) frohes
Schaffen!; b) ⟨sich irgendwie s.⟩ *sich durch Arbeiten in einen bestimmten Zustand bringen:* sie hat
sich warm, müde geschafft; c) ⟨sich (Dat.) etw. irgendwie s.⟩ *so arbeiten, dass ein Körperteil in einen bestimmten Zustand gerät:* ich habe mir die
Hände wund geschafft; d) ⟨es schafft sich irgendwie; mit Umstandsangabe⟩ *man kann in bestimmter Weise arbeiten:* es schafft sich gut mit
dem Spaten, in dem Betrieb;
* **jmdn. zu schaffen machen** *(jmdn. Mühe, Sorgen bereiten)* · **sich** (Dat.) **zu schaffen machen**
(hantieren): was machst du dir an meinem
Schreibtisch zu s.?; in meinem Nebenzimmer zu s.
machen · **etwas mit jmdm., etw. zu schaffen haben** *(etwas mit jmdm., etw. zu tun haben).*
schal: schales Bier; der Wein, der Sekt war,
schmeckte s.; ÜBERTR.: ein schaler *(geistlos)*
Witz, Spaß; das Leben kam ihm s. *(langweilig)*
und leer vor.
Schal, der: ein langer, wollener, seidener, warmer,
gestrickter S.; einen S. [aus Wolle] tragen; sich einen S. umbinden, umlegen; ich wickelte mir einen S. um den Hals.
Schale, die: 1. a) *Hülle (bes. von Samen oder
Früchten)* eine harte, dicke, glatte, dünne S.; die
Schalen der Bananen, Orangen, Äpfel, Nüsse; die
S. abziehen, entfernen; Kartoffeln mit der, in der
S. kochen; die Äpfel mit der S. essen; die S. von
etw. mitessen; ÜBERTR.: er hat eine raue S. *(ist
[nur] nach außen hin abweisend, schroff);* Ⓡ in einer rauen S. steckt oft ein guter Kern; b) *Eier-
schale:* die Eier haben weiße, braune Schalen; die
S. ist gesprungen, geplatzt; das Küken hat die S.
gesprengt; c) *Gehäuse von Weichtieren:* die Schalen des Krebses, der Muschel.
2. *flaches, offenes Gefäß:* eine kostbare, hölzerne,
silberne S.; eine S. aus Ton, Glas; eine S. für Zucker, Milch; die beiden Schalen einer Waage; auf
dem Tisch stand eine S. mit Obst; den Tee in Schalen servieren;
* **sich in Schale werfen/schmeißen** (ugs.; *sich
fein anziehen).*
schälen: 1. a) ⟨etw. s.⟩ *von der Schale befreien:* einen Apfel [mit einem Messer], eine Banane, eine
Orange s.; Kartoffeln s.; ein hart gekochtes Ei s.;
Baumstämme s. *(entrinden);* geschälte Nüsse,
Erbsen; geschälter Reis; b) ⟨etw. von etw. s.⟩ *abschälen:* die Rinde von den gefällten Bäumen s.;
c) ⟨etw. aus etw.⟩ *herauslösen:* den Knochen aus
dem Fleisch, faule Stellen aus den Äpfeln s.;
ÜBERTR.: sich aus den Kleidern, aus dem Mantel
s. *(die Kleider, den Mantel ablegen);* d) ⟨sich irgendwie s.⟩ *sich schälen lassen:* die Mandarinen
schälen sich gut, lassen sich leicht s.
2. ⟨sich s.⟩ a) *sich ablösen:* von den Sonnenbrand schälte sich die Haut auf seinem Rücken;
b) *die abgestorbene Haut verlieren:* ihr Gesicht

S

schälte sich; er schält sich an den Beinen, auf der Nase.

Schall, der: a) *hörbare Schwingungen:* der S. pflanzt sich fort, breitet sich aus; die Luft, das Wasser trägt den S. [weit]; die Wand dämpft, absorbiert, reflektiert den S.; das Flugzeug ist schneller als der S.; die Lehre vom S. *(die Akustik);* b) (geh.) *schallender Klang, Ton:* ein heller, dumpfer S.; der S. der Trompeten, der Hörner; der S. seiner Stimme drang an ihr Ohr; der S. seiner Schritte verhallte, verklang; den S. der Glocken hören;
∗ **leerer Schall sein** *(nichts sagend, bedeutungslos sein)* · **Schall und Rauch sein** *(keine Bedeutung haben, vergänglich sein).*

schallen: a) *weithin hörbar tönen:* etw. schallt laut, hell; Stimmen, Rufe schallten [durch den Saal]; die Glocken schallten vom Turm; lautes Gelächter schallte aus dem Nebenraum; ⟨es schallt⟩ er schlug die Tür ins Schloss, dass es schallte; ⟨jmdm. irgendwo s.⟩ das Geschrei der Kinder schallte ihm [noch] in den Ohren; eine schallende *(kräftige)* Ohrfeige; sie lachte schallend; b) *von Schall erfüllt sein:* sie schrien, dass das ganze Haus schallte.

schalten: 1. ⟨etw. s.; mit Umstandsangabe⟩ *durch Betätigen eines Schalters o. Ä. einstellen:* die Heizung auf »warm«, ein Gerät auf »aus«, den Backofen auf 200 Grad s.; ein Kraftwerk ans, aufs Netz s.; ⟨auch ohne Akk.⟩ man muss zweimal s. *(den Schalter zweimal betätigen);* (Rundf., Ferns.:) wir schalten jetzt ins Olympiastadion, nach Berlin, zum SDR. 2. a) *(beim Autofahren) einen Gang einlegen:* hart, ohne Gefühl s.; in den Leerlauf, [vom zweiten] in den dritten Gang s.; b) ⟨sich irgendwie s.⟩ *sich schalten lassen:* der Wagen schaltet sich leicht, schwer. 3. *geschaltet werden:* die Ampel schaltet [automatisch] auf Gelb; ⟨sich s.⟩ die Waschmaschine hat sich gerade wieder auf Schleudern geschaltet. 4. (ugs.) ⟨[irgendwie] s.⟩ *reagieren:* langsam schnell, nicht schnell genug, zu spät s.; bis er geschaltet hatte, war es zu spät/war alles vorbei; sie hat gleich richtig geschaltet. 5. (Zeitungsw.) *inserieren:* in einer Zeitung ein Inserat, eine Anzeige s. 6. (geh.) ⟨irgendwie s.⟩ *verfahren:* willkürlich s.; er kann mit dem Geld frei, nach Gutdünken s.; ∗ **schalten und walten** *(nach eigenem Belieben verfahren).*

Schalter, der: 1. *Vorrichtung zum Ein-, Ausschalten:* einen S. betätigen, andrehen, anknipsen, ausdrehen, (ugs.:) anmachen, (ugs.:) ausmachen; am S. drehen; das Gerät hat einen S. zum Kippen. 2. *Kundenschalter:* der S. für die Paketabfertigung ist [vorübergehend] geschlossen, nicht besetzt; die Schalter öffnen, schließen; am S. eine Fahrkarte kaufen; am, vor dem S. warteten viele

Leute; die Dame hinter dem S.; ich ging an den/zu dem einzigen noch freien S.

Scham, die: 1. *Schamgefühl:* brennende, tiefe S.; nur keine falsche S.! (ugs.; *zier dich nicht, hier ist Bescheidenheit nicht am Platz!);* ihn überkam, überfiel eine leise S.; S. empfinden, besitzen, zeigen; er hat keine S.; seine S. überwinden, ablegen, verlieren; ein Gefühl der S. stieg in ihm auf; etw. aus S. verschweigen; etw. ohne S. sagen, tun; vor S. rot werden, vergehen, in die Erde versinken. 2. (geh. verhüll.) *äußere Geschlechtsteile:* [sich] die S. bedecken, verhüllen.

schämen ⟨sich s.⟩: sich sehr, zutiefst, in Grund und Boden s.; sich vor jmdm., vor sich selbst s.; schäm dich, so zu lügen!; (ugs.:) du solltest dich was s.!; [pfui,] schäm dich! (ugs.; *das ist sehr hässlich von dir!);* schämst du dich [denn] gar nicht?; ich schäme mich für dich!; ⟨sich wegen jmds., etw./für etw./(geh.:) jmds., einer Sache s.⟩ er schämt sich wegen seines Versagens/für seine Versagen/seines Versagens.

Schamgefühl, das: kein S. haben, besitzen, kennen; jmds. S. verletzen; ganz ohne S. sein.

schamhaft: ein schamhaftes Bekenntnis; s. lächeln, erröten; ein Gefühl s. verbergen; etw. s. gestehen, zugeben; ÜBERTR.: sie hat den Vorfall s. (iron.; *unehrlicherweise*) verschwiegen, unterschlagen.

schamlos: a) *dreist:* ein schamloser Betrug; eine schamlose Frechheit; seine Forderungen sind geradezu s.; sich s. bereichern; s. lügen; jmdn. hintergehen, ausnutzen; b) *unanständig:* schamlose Worte, Gebärden; sie ist eine schamlose Person; sein Verhalten war s.; sich s. benehmen.

Schande, die: es ist doch keine S. *(nicht schlimm),* dass du das nicht wusstest!; das Elend dieser Menschen ist eine [wahre] S. *(ist empörend);* die Aufführung war so schlecht, dass es eine S. (ugs.; *dass es unerhört*) war; er hat unserem Namen, seiner Familie S. gemacht, bereitet; ich will dir diese S. möglichst ersparen, nicht antun; mach mir keine S.! (oft scherzh.; *blamier mich nicht!);* jmdn., jmds. Namen vor S. bewahren; (scherzh.:) zu meiner S. muss ich gestehen, dass ich den Termin vergessen habe; er hat jmdm. zur S. gereicht jmdm. zur S. (geh.; *ist für jmdn. eine Schande)*; ach, du S.! (ugs.; Ausruf der Verwunderung, Bestürzung). ∗ **zu Schanden** (↑ zuschanden).

schänden ⟨etw. s.⟩ *entweihen:* eine Kirche, ein Grab, Denkmal s.; einen Leichnam s.; b) ⟨etw. s.⟩ *Schande bereiten:* damit hat er das Ansehen, den Namen der Familie geschändet.

schändlich: 1. *unehrenhaft:* schändliche Taten, Absichten, Lügen; ein schändlicher Betrug, Verrat; es ist s., wie er sie behandelt; wir wurden s. betrogen, belogen. 2. (ugs.) a) *sehr schlecht:* es ist schändliches Wetter; das Haus ist in einem schändlichen Zustand; sie mussten für einen schändlichen Lohn arbeiten; b) ⟨verstärkend bei Adjektiven und Verben⟩

sehr: das Kleid war s. **teuer;** er hat s. viel Geld ausgegeben.

Schandtat, die: eine S. begehen; jmdm. alle Schandtaten zutrauen; ★ **zu jeder Schandtat, zu allen Schandtaten bereit sein** (ugs. scherzh.; *bereit sein, jeden Spaß, Ulk o.Ä. mitzumachen*).

Schanze, die: **1.** *Sprungschanze:* diese S. lässt keine großen Weiten zu; jetzt verlässt der letzte Springer die S., geht der letzte Springer über die S.; er kam gut von der S. ab. **2.** (Milit. früher) *Verteidigungsanlage:* die S. stürmen; Schanzen errichten.

Schar, die: eine S. Reiter; eine S. Hühner, Gänse; eine S. Jugendlicher folgte, (seltener:) folgten dem Festzug; S. auf S., S. um S. zogen die Festteilnehmer vorbei; in Scharen ziehende Vögel; ★ **in [ganzen, hellen o.ä.] Scharen** *(in sehr großer Zahl):* die Leute strömten in Scharen an den Strand · **[ganze] Scharen von jmdm., etw.** *(sehr viele Personen; eine große Menge von etw.):* auf das Inserat haben sich ganze Scharen von Bewerbern gemeldet.

scharen: a) ⟨sich um jmdn., etw. s.⟩ *sich versammeln:* die Schüler scharten sich um den Lehrer, um die Tafel; b) (geh.) ⟨jmdn. um sich s.⟩ *um sich versammeln:* er verstand es, die Jugend um sich zu s.

scharf: **1.** a) *gut schneidend:* ein scharfes Messer, Beil; eine scharfe Schere; ein Messer mit scharfer Schneide; die Klinge ist nicht s. genug; die Axt s. machen (ugs.; *schärfen*); Ⓡ allzu s. macht schartig; b) *spitz, nicht abgerundet:* scharfe Ecken, Kanten; ein scharfes Gebiss; der Hund hat scharfe Zähne; die Krallen des Tieres sind sehr s.; ÜBERTR.: eine scharfe *(spitz zulaufende)* Kurve, Biegung. **2.** a) *stark gewürzt:* scharfer Senf, Essig, Meerrettich; eine scharfe Soße, Suppe; etw. hat einen scharfen Geschmack; das Gulasch ist ziemlich, ist mir zu s.; das Essen war zu s. *(stark)* gewürzt; etw. schmeckt s.; b) *ätzend, beißend:* eine scharfe Lauge, Säure; ein scharfer Geruch; das Reinigungsmittel riecht sehr s.; c) (ugs.) *hochprozentig:* scharfe Getränke, Schnäpse; SUBST.: etwas Scharfes trinken; d) *schneidend, rau:* scharfer Wind; scharfer Frost; die Luft ist s. **3.** a) *heftig, erbittert:* ein scharfer Kampf; schärfsten Widerstand leisten; seine schärfsten Rivalen, Konkurrenten ausschalten; b) *sehr schnell:* ein scharfer Ritt, Gang; in scharfem Tempo, Galopp reiten; s. reiten, fahren; sie musste s. *(abrupt)* bremsen; c) *streng, schonungslos:* eine scharfe Kritik, Antwort, Zurechtweisung, Auseinandersetzung; ein scharfes Urteil; ein scharfer Verweis, Tadel; scharfe Reden führen; schärfsten Protest einlegen, erheben; zu den schärfsten Mitteln, Maßregeln greifen; er verurteilte diese Tat s., schärfstens, in schärfster Form; sie war, wurde sehr s. gegen ihn; sie tadelte

ihn sehr s.; jmdn. s. kritisieren; jmdn. s. bewachen; s. [gegen jmdn., etw.] durchgreifen, vorgehen; jmdm. s. widersprechen; einer Auffassung s. entgegentreten; SUBST. etw. aufs Schärfste zurückweisen; das ist ein ganz Scharfer (ugs.; *jmd., der überaus streng ist*). **4.** a) *sehr gut funktionierend:* scharfe Augen, ein scharfes Gehör haben; dafür ist das Fernglas nicht s. genug; b) *genau erfassend, wahrnehmend:* einen scharfen Verstand, Intellekt haben; einen scharfen Blick, ein scharfes Auge für etw. haben *(etw. scharfsinnig erkennen);* das hat sie mit scharfem Blick *(schnell und genau)* durchschaut; das müssen wir einmal schärfer ins Auge fassen *(genauer betrachten, beobachten);* da muss ich erst einmal s. nachdenken *(genau überlegen);* s. unterscheiden; eine Frage, ein Problem s. beleuchten *(klar darstellen).* **5.** a) *sehr deutlich, klar:* scharfe Umrisse, Linien, Ränder; scharfe Kontraste; die Viedokamera liefert sehr scharfe Bilder; die Fotografie, die Aufnahme ist gestochen s., nicht sehr s.; die Kamera stellt automatisch s. *(fokussiert automatisch);* den Projektor s. einstellen *(so einstellen, dass das Bild scharf wird);* der Turm hob sich s. vom Horizont ab; ÜBERTR.: eine scharfe Trennung der beiden Begriffe ist kaum möglich; eine scharfe Grenze gibt es nicht; etw. s. trennen, auseinander halten, abgrenzen; b) *markant:* sie hatte scharfe Gesichtszüge, eine scharfe Nase; sein Gesicht war sehr s. geschnitten. **6.** *durchdringend:* scharfe Töne; eine scharfe Stimme; plötzlich ertönte ein scharfes Zischen; ein Wort mit scharfem S *(Eszett).* **7.** *bissig:* ein scharfer [Wach]hund; sei vorsichtig, der Köter ist s.!; einen Hund s. machen (ugs.; *aufgehetzt*). **8.** *mit richtiger Munition:* scharfe Schüsse, Patronen; scharfe *(explosive)* Munition; das Gewehr ist s. geladen; Achtung, hier wird s. geschossen! **9.** (ugs.) *sexuell erregt, erregend:* ein scharfer Bursche; ein scharfer Porno, Striptease; seine Freundin ist sehr s.; jmdn. s. machen. **10.** (ugs.) *großartig:* das ist eine scharfe Geschichte; ein scharfes Auto; scharfe Klamotten. **11.** *ganz nah:* die Autos fuhren s. rechts heran; ÜBERTR.: s. *(knapp)* kalkulierte Preise; die Konkurrenz zwingt dazu, sehr s. *(genau)* zu kalkulieren; ★ **auf jmdn., etw. scharf sein** (ugs.; *ein heftiges Verlangen nach jmdm., etw. haben*): er ist ganz s. auf die neue Mitschülerin, auf schnelle Autos; sie war ganz s. darauf, der Freundin die Neuigkeit mitzuteilen · **nicht scharf auf etw.** (Akk.) **sein** (ugs. untertreibend; *etw. vermeiden wollen*): auf diese Art von Tätigkeit bin ich überhaupt nicht s.

Schärfe, die: **1.** *Schneidefähigkeit:* die S. eines Werkzeugs, des Messers, der Klinge prüfen;

2. a) *scharfer Geschmack:* die S. einer Speise, des Essigs; b) *Ätzkraft:* die S. der Säure.
3. *Heftigkeit, Strenge:* die S. einer Kritik, eines Urteils; die S. seiner Worte, seines Tones verletzte sie; ihn trifft die ganze S. des Gesetzes; sie vermied in der Diskussion jede S., enthielt sich jeder S.; seine Artikel haben an S. verloren; in aller S. *(sehr heftig)* protestieren; mit äußerster S. geführte Kämpfe, Auseinandersetzungen; ein wegen seiner S. allgemein gefürchteter Prüfer.
4. *Genauigkeit:* die S. seines Gehörs, der Augen, des Gedächtnisses hat nachgelassen; die S. *(durchdringende Klarheit)* ihres Verstandes imponierte ihm.
5. *Deutlichkeit:* die S. der Umrisse; die S. des Fotos lässt zu wünschen übrig.
6. *das Durchdringende:* die S. eines Tones; ihre Stimme hat in der Höhe an S. verloren.
schärfen: 1. ⟨etw. s.⟩ *schleifen:* ein Messer, eine Axt, Sense, Klinge s.
2. a) ⟨etw. s.⟩ *verfeinern:* etw. schärft die Sinne, den Verstand; das Sprachgefühl s.; seinen Blick für etw. s.; ein geschärftes Auge haben; b) ⟨sich s.⟩ *sich ausbilden:* sein Blick, sein Sinn für Schönheit hat sich allmählich geschärft.
Scharfsinn, der: sie bewunderte seinen S.; es fehlt ihm an S.; er hat die Aufgabe mit großem S. gelöst.
scharfsinnig: ein scharfsinniger Denker; eine scharfsinnige Folgerung; die Deutung des Textes ist sehr s.; sie hat das Problem s. gelöst.
Scharm: ↑ Charme.
scharmant: ↑ charmant.
scharren: 1. *geräuschvoll kratzen:* das Pferd scharrte mit den Hufen; der Hund scharrt an der Tür; die Hühner haben auf dem Mist, im Boden [nach Würmern] gescharrt; die Studenten scharrten [mit den Füßen] während der Vorlesung *(drückten durch Scharren ihr Missfallen aus);*
2. a) ⟨etw. s.⟩ *durch Scharren herstellen:* sie scharrten ein Loch [in die Erde]; b) ⟨jmdn., etw. irgendwohin s.⟩ *scharrend befördern:* er scharrte das Laub, den Schutt zur Seite, auf einen Haufen; sie haben den Toten einfach in die Erde gescharrt.
Scharte, die: das Messer, die Klinge, der Hobel, die Sense hat Scharten bekommen.
⋆ **eine Scharte [wieder] auswetzen** (ugs.; *einen Fehler wieder gutmachen).*
Schatten, der: a) *dunkler Bereich hinter einem von einer Lichtquelle getroffenen Körper:* die Schatten der Häuser, der Bäume, der Berge; abends werden die Schatten länger; Licht und S. sind auf dem Bild gut verteilt; gegen Abend werfen die Gegenstände lange S.; mach mir keinen S.! *(geh mir aus dem Licht!);* BILDL.: die Nacht breitet ihre Schatten über das Land; ein S. flog über ihr Gesicht *(einen Augenblick lang verdüsterte sich ihr Gesicht);* ein S. war auf ihre Freude gefallen *(etw.*

hatte ihre Freude getrübt); ein S. (geh.; *Makel)* liegt auf seiner Vergangenheit; der S. des Todes lag auf ihm (dichter.; *es war deutlich, dass er bald sterben würde);* ÜBERTR.: das Röntgenbild zeigte einen S. *(eine dunkle Stelle)* auf der Lunge; sie hatte [dunkle, blaue] S. *(Ringe)* unter den Augen; b) *von der Sonne, von einer Lichtquelle nicht unmittelbar getroffener Bereich:* die große Linde spendet, gibt S.; weit und breit gab es keinen S.; ein Schatten spendender Baum; bei der Hitze den S. [auf]suchen; sich in den S. setzen; eine dunkle Gestalt löste sich aus dem S. *(Dunkel);* im S. der Sonnenschirme; das Tal lag schon im S.; im S. sitzen; 25 Grad im S. *(25 °C Lufttemperatur);* aus der Sonne in den S. gehen; er legte sich, stellte seinen Stuhl in den S.;
⋆ **[nur noch] der/ein Schatten seiner selbst sein** *(sichtbar krank und elend sein)* · **nicht der Schatten einer Sache** (Gen.) *(nicht die geringste Spur von etw.):* es liegt nicht der S. eines Beweises, eines Verdachts vor · **jmdm. wie ein Schatten folgen** *(jmdm. überallhin folgen)* · **die Schatten der Vergangenheit** *(Vergangenes, das mit seinem negativen Aspekt bis in die Gegenwart nachwirkt)* · **[s]einen Schatten auf etw.** (Akk.) **werfen** (geh.; *etw. beeinträchtigen)* · **seine Schatten vorauswerfen** *(schon im Voraus Auswirkungen haben):* die nächsten Wahlen werfen bereits ihre S. voraus · **einen Schatten haben** (ugs.; *geistig nicht ganz normal sein)* · **einem Schatten nachjagen** (geh.; *ein unrealistisches Ziel verfolgen)* · **aus jmds. Schatten heraustreten** *(nicht länger von einem anderen in den Hintergrund gedrängt sein)* · **in jmds. Schatten stehen** *(wegen eines anderen nicht die verdiente Beachtung finden)* · **jmdn., etw. in den Schatten stellen** *(jmdn., etw. weit übertreffen)* · **über seinen Schatten springen** *(sich überwinden, etw. zu tun, was gegen die eigene Natur, die eigenen Vorstellungen o. Ä. geht)* · **nicht über seinen [eigenen] Schatten springen können** *(nicht gegen seine Veranlagung, seine Gewohnheit handeln können)* · **sich vor seinem eigenen Schatten fürchten** *(sehr ängstlich sein).*
Schattendasein, das *(in der Wendung)* **[nur noch] ein Schattendasein führen, fristen** (1. *kümmerlich existieren.* 2. *sich nicht entwickeln können).*
Schattenseite, die: 1. *schattige Seite:* das Zimmer liegt auf der S. des Hauses; BILDL.: sie haben immer auf der S. gelebt, auf der S. [des Lebens] gestanden (geh.; *waren nicht vom Glück begünstigt).*
2. *Nachteil:* das sind die Schattenseiten dieses Planes, dieses Vorhabens; die Sache hat ihre Schattenseiten, hat mehr Licht- als Schattenseiten *(hat mehr Vor- als Nachteile).*
Schattierung, die: 1. *Darstellung des Schattens:* bei dieser Zeichnung sind die Schattierungen etwas zu dunkel, zu kräftig.
2. *Nuance:* alle Schattierungen vom hellsten bis

zum dunkelsten Rot; Farben aller/in allen Schattierungen; der Stoff, die Tapete ist uns eine S. zu dunkel; ÜBERTR.: Vertreter, Politiker aller Schattierungen *(Richtungen)*.

schattig: diese Pflanzen wachsen nur an schattigen Stellen; sich für das Picknick ein schattiges Plätzchen suchen; hier ist es s. und kühl.

Schatz, der: **1.** a) *Anhäufung von Kostbarkeiten:* ein kostbarer S.; einen S. vergraben, ausgraben, heben *(ausgraben);* nach einem S., nach Schätzen graben; sie gäbe es nicht für alle Schätze der Welt *(um keinen Preis)* her; ÜBERTR.: ein Land voll verborgener Schätze *(Sehenswürdigkeiten, Kulturgüter o. Ä.);* ein reicher S. *(eine große Fülle)* an/von Erfahrungen; das Museum besitzt reiche Schätze an moderner Malerei; **b)** ⟨Plural⟩ *kostbarer Besitz:* sie hat viele Schätze gesammelt, angehäuft, erworben; die Kinder zeigten uns ihre Schätze *(die Dinge, an denen sie besonders hingen).* **2.** (ugs.) **a)** *geliebter Mensch, bes. Kind* /häufig als Anrede/: du bist mein [großer] S., mein Schätzchen; der kleine/unser kleiner S. schläft schon; auf Wiedersehen, S.!; **b)** *lieber Mensch:* sie ist ein [echter, wahrer] S.; sei ein S. (ugs.; *tu mir den Gefallen)* und hol mir die Zeitung; du bist [wirklich] ein S.! (ugs.; *das war sehr nett von dir!).*

schätzen: 1. ⟨etw. s.⟩ **a)** *ungefähr bestimmen:* die Entfernung, die Größe, den Wert einer Sache s.; der Schaden, sein Vermögen wurde auf [mindestens] drei Millionen Mark geschätzt; jmds. Alter s.; ⟨jmdn., etw. irgendwie s.⟩ etw. hoch, niedrig s.; sie hat die Entfernung, die Geschwindigkeit gut, nicht richtig geschätzt; jmdn. jünger, älter s., als er ist; wie alt schätzt du ihn?; jmdn. auf dreißig Jahre s.; **b)** *taxieren:* Grundstücke, einen Gebrauchtwagen s.; einen Nachlass von einem Sachverständigen s. lassen; **c)** (ugs.) *vermuten:* wann, schätzen Sie, sind Sie fertig?; ich schätze, er kommt morgen/dass er morgen kommt. **2. a)** ⟨jmdn. s.⟩ *eine hohe Meinung von jmdm. haben:* jmdn. [sehr, nicht sonderlich, nicht besonders] s.; sie hat ihn mit der Zeit s. gelernt; er ist sehr geschätzt *(man achtet ihn sehr)* als Gutachter; ein [von allen] sehr geschätzter Mitarbeiter; **b)** ⟨etw. s.⟩ *hoch einschätzen, sehr mögen:* Offenheit, Zuverlässigkeit s.; ich schätze seinen Rat; ich schätze es gar nicht, wenn ...; ich schätze an ihr ihre Großzügigkeit; an dem Wein schätze ich besonders sein Bukett; * *etw. zu schätzen wissen (etw. als schätzenswert ansehen)* · *sich glücklich schätzen* (geh.; *sehr froh sein):* ich schätze mich glücklich, solche Freunde zu haben.

Schau, die: **1.** (seltener) **a)** *Ausstellung:* etw. auf einer S. zeigen, vorführen; **b)** ↑ Show.

2. (geh.) **a)** *Vision:* eine mystische, religiöse S.; die S. der Farben in einem Rausch; **b)** *Sicht:* er sieht das Problem aus einer anderen, aus seiner S. [heraus];

* *eine Schau/die große Schau abziehen* (ugs.;

sich in Szene setzen) · **jmdn. die Schau stehlen** *(jmdn. übertrumpfen, ausstechen)* · **eine Schau machen** (Jugendspr.; *1. angeben, sich aufspielen. 2. sich zieren).* · **etw. zur Schau stellen** (*1. etw. den Blicken anderer aussetzen. 2. etw. ausstellen, öffentlich zeigen. 3. etw. vortäuschen)* · **etw. zur Schau tragen** (*1. etw. nach außen hin zeigen:* Zuversicht, eine freundliche Miene zur S. tragen. *2. etw. vortäuschen).*

Schauder, der: **a)** *plötzliches, heftiges Gefühl:* ein S. [der Angst, des Entsetzens] überfiel, ergriff ihn; ein S. erregender Anblick; **b)** *Frösteln:* beim Betreten des kalten Hauses befiel, überfiel ihn ein heftiger S., lief ihm ein S. über den Rücken.

schauderhaft (ugs. abwertend): **a)** *abscheulich:* ein schauderhaftes Wetter; eine schauderhafte Kälte, Hitze; der Anblick war s.; er sah s. aus; s. schmecken, riechen; **b)** ⟨verstärkend bei Adjektiven und Verben⟩ *sehr:* s. frieren; es war s. kalt.

schaudern: a) *frösteln:* sie schauderte, als sie in die Nacht hinaustrat; er schauderte vor Kälte; der kalte Raum ließ sie, machte sie s.; **b)** ⟨jmdn./ jmdm. schaudert [es]⟩ *jmd. empfindet einen Schauder der Angst o. Ä.:* ihn/ihm schauderte bei dieser Vorstellung; ihn schauderte vor Angst; mir schaudert vor ihm; es schauderte sie, wenn sie daran zurückdachte; SUBST.: er dachte mit Schaudern an die Vorgänge.

schauen: 1. (bes. südd., österr., schweiz.) **a)** ⟨irgendwohin s.⟩ *blicken:* vorwärts, gegen eine Wand, nach allen Seiten, zur Seite, um sich, nach oben, aus dem Fenster, durch das Fernglas, ins Mikroskop, unters Bett s.; sie schaute verwirrt zu Boden; sie hatte immer wieder nervös auf die Uhr geschaut; ⟨jmdn. irgendwohin s.⟩ jmdm. in die Augen, ins Gesicht s.; dem Nachbarn in die Karten s. BILDL.: die Sonne schaute *(schien)* durch die Wolken; die Fenster des Zimmers schauen auf eine Straße; der Zorn schaut aus seinen Augen; aus seiner Tasche schaute ein schmutziges Taschentuch; besorgt, optimistisch in die Zukunft s.; **b)** ⟨irgendwie s.⟩ *dreinschauen:* finster, beschämt, traurig, verwundert s.; er hatte ausgesprochen böse geschaut.

2. (südd., österr.) ⟨etw. s.⟩ *ansehen, betrachten:* Bilder s.; sie haben den ganzen Abend Fernsehen geschaut *(ferngesehen);* schau mal, was ich gefunden habe!; ⟨auch ohne Akk.⟩ /Ausruf der Verwunderung/: schau, schau!

3. (südd., österr., schweiz.) ⟨auf etw. (Akk.) s.⟩ *Wert legen:* auf Ordnung, Pünktlichkeit, auf Sauberkeit, auf Äußerlichkeiten s.

4. (südd., österr., schweiz.) *zusehen:* sie soll s., wie sie damit zurande kommt; schau, dass du bald fertig wirst.

5. (geh.) ⟨etw. s.⟩ *erschauen:* die Herrlichkeit Gottes s.

6. (südd., österr., schweiz.) ⟨nach jmdm., etw. s.⟩ *sich um jmdn., etw. kümmern:* sie schaute nach dem Kranken; die Nachbarin schaut während unserer Abwesenheit nach den Blumen.

Schauer, der: **1.** (geh.) *Schauder:* ein frommer S. ergriff, erfüllte ihn; ein S. erregender Anblick; ein kalter S. lief ihm den Rücken hinunter; ein S. lief, rieselte ihm über den Rücken *(er fröstelte plötzlich sehr heftig).* **2.** *Regenschauer:* örtliche, kurze, heftige, vereinzelte S.; der Wetterbericht hat gewittrige S. angesagt.

schauerlich: 1. *grausig:* ein schauerliches Verbrechen; eine schauerliche Tat; der Anblick war s.; seine Schritte hallten s. wider. **2.** (ugs. abwertend) **a)** *fürchterlich:* er hat einen schauerlichen Geschmack; das Wetter war s.; sie haben s. gespielt, gesungen; **b)** ⟨verstärkend vor Adjektiven und Verben⟩ *sehr:* es war s. kalt; wir haben s. gefroren.

schauern: *frösteln:* **a)** sie schauerte vor Entsetzen, Schrecken, vor Kälte, bei diesem Anblick; **b)** ⟨jmdn./jmdm. schauert [es]⟩ mich/mir schauert schon bei dem Gedanken; es schauerte ihn/ihm, wenn er daran dachte.

Schaufel, die: zwei Schaufeln [voll] Kohlen, Sand; er warf eine S. Erde auf die Asche; die S. in die Hand nehmen; etw. auf die S. nehmen; mit S. und Besen beseitigen; ÜBERTR.: die Schaufeln eines Wasserrades, einer Turbine, des Baggers; die Schaufeln (Jägerspr.; *Geweihschaufeln*) eines Elches.

schaufeln: a) *mit einer Schaufel arbeiten:* nicht gern s.; die Kinder schaufelten im Sand; **b)** ⟨etw. [irgendwohin] s.⟩ *mit der Schaufel befördern:* Getreide in Säcke s.; er schaufelte die Kohlen in den Keller, den Sand aus der Grube; Schnee s. *(wegräumen);* BILDL.: er schaufelte sich (ugs.; *schob sich mit gehäuftem Löffel*) den Pudding in den Mund; **c)** ⟨etw. s.⟩ *durch Schaufeln herstellen:* einen Damm, ein Grab, eine Grube s.; er hat sich einen Weg durch den Schnee geschaufelt.

Schaukel, die: die S. schwang hin und her; eine S. aufstellen; die S. anstoßen, in Bewegung setzen; ein Kind auf/in die S. setzen; sich auf die S. stellen.

schaukeln: 1. a) *auf der Schaukel o. Ä. schwingen:* die Kinder schaukelten im Hof; auf der Schiffschaukel, auf der Wippe, auf dem Schaukelpferd, im Schaukelstuhl s.; schaukele nicht so wild!; lasst mich auch einmal s.!; **b)** ⟨irgendwo[hin] s.⟩ *in schaukelnder Bewegung sein:* das Boot, der Kahn hat heftig geschaukelt, schaukelt am Kai, auf den Wellen; der Korb schaukelte am Seil; ÜBERTR.: Lampions schaukelten im Wind; ein Betrunkener schaukelte (ugs., oft scherzh.; *schwankte)* über die Straße; der alte Bus schaukelte in mäßigem Tempo über die Landstraße; **c)** ⟨mit etw. s.⟩ *sich in eine schaukelnde Bewegung bringen:* mit dem Schaukelpferd, mit dem Schaukelstuhl s.; du sollst nicht mit dem Stuhl s. **2.** ⟨jmdn., sich, etw. s.⟩ *in schaukelnde Bewegung*

versetzen: die Wiege s.; ein Kind in der Wiege, auf den Knien s.; er schaukelte sich in der Hängematte. **3.** (ugs. scherzh.) ⟨jmdn. irgendwohin s.⟩ *schaukelnd fortbewegen:* der Wagen schaukelte die Ausflügler ins Grüne, durch die Gegend. **4.** (ugs.) ⟨etw. s.⟩ *durch geschicktes Lavieren bewerkstelligen:* sie wird die Sache schon s.

Schaum, der: weißer, flockiger S.; der S. der Seife, der Wellen, des Bieres; am Wasserfall bildet sich, entsteht S.; der S. ist zergangen; das Waschmittel darf nicht zu viel S. entwickeln; S. *(schaumiger Speichel)* trat ihm auf die Lippen, vor den Mund; dem Pferd flog der S. vom Maul; sie trank den S. vom Bier ab; den S. [von der kochenden Suppe] abschöpfen; das Feuer wurde mit S. gelöscht; einen Teppich aus S. auf die Landebahn aufsprühen; Eiweiß zu S. schlagen; ÜBERTR.: alles ist nur S. (geh.; *ist unbeständig, vergänglich*); ★ **Schaum schlagen** (ugs.; *prahlen).*

schäumen: a) *Schaum bilden:* die Seife schäumt gut; das Bier, der Sekt schäumt [in Gläsern]; die Brandung, die Gischt schäumt; eine stark schäumende Zahnpasta; ÜBERTR.: als er das hörte, schäumte er (geh.; *war er außer sich)* [vor Wut, Zorn]; **b)** ⟨irgendwohin s.⟩ *schäumend fließen:* der Sekt schäumte in die Gläser; der Sturzbach ist über die Ufer geschäumt.

Schauplatz, der: der S. der Handlung in einem Theaterstück; der S. der Ereignisse, des Kriegsgeschehens; dieses Haus war der S. eines Verbrechens; den S. wechseln; auf dem S. erscheinen; der Film soll an den historischen Schauplätzen in China gedreht werden; ★ **vom Schauplatz abtreten** (1. geh. verhüll.; *sterben.* 2. *sich von öffentlicher Tätigkeit zurückziehen).*

schaurig: 1. *gruselig:* ein schauriger Ort; eine schaurige Geschichte; das Geheul der Wölfe klang s. durch die Nacht. **2. a)** (oft ugs. übertreibend) *sehr schlecht:* ein schauriges Wetter; eine schaurige Musik; die Aufführung war s.; sie hat heute s. gesungen; **b)** ⟨verstärkend bei Adjektiven und Verben⟩ *sehr:* es war s. kalt; sich s. langweilen.

Schauspiel, das: **1.** *Bühnenstück:* ein historisches S.; ein S. von Goethe; ein S. in drei Akten; ein S. schreiben, aufführen, inszenieren; sich ein S. ansehen; ein S. besuchen; in ein S. gehen. **2.** *Anblick, Vorgang:* ein überwältigendes, grandioses, fesselndes S. bot sich ihren Augen; es war ein klägliches, trauriges S.; dieses S. wollte er sich nicht entgehen lassen; wir wollen doch den Leuten kein S. geben *(unsere Auseinandersetzung nicht vor anderen austragen);* ★ **ein Schauspiel für [die] Götter sein** (ugs.; *sehr komisch, grotesk wirken).*

Schauspieler, der: ein großer, begabter, guter, schlechter S.; er ist S., will S. werden; der S. wurde stürmisch gefeiert; ÜBERTR.: du bist ein guter S. *(kannst dich gut verstellen).*

Scheck, (schweiz.:) Cheque, der: ein ungedeckter S.; ein S. über 500 Euro; die Schecks waren nicht gedeckt; einen S. ausfüllen, [aus]schreiben, einlösen, sperren lassen; nur noch wenige Schecks haben; einen S. auf jmdn., auf eine Firma ausstellen; der S., die Unterschrift auf dem S. war gefälscht; sie hat mit [einem] S. bezahlt.

scheffeln (ugs., oft abwertend) ⟨etw. s.⟩: Geld, Reichtümer, Millionen s.; sie hat bei den Wettkämpfen die Medaillen nur so gescheffelt *(hat viele gewonnen).*

Scheibe, die: **1.** a) *flacher, kreisrunder Gegenstand:* eine metallene S.; der Diskus hat die Form einer S.; BILDL.: die [goldene] S. des Mondes; **b)** *Schießscheibe:* die S. treffen, verfehlen; auf die/nach der S. schießen; der Wurfpfeil prallte von der S. ab. **2.** *(von einem Nahrungsmittel) scheibenförmiges Stück:* eine dicke, dünne S. Brot; einige Scheiben Wurst, Käse; hart gekochte Eier, einen Apfel, eine Banane in Scheiben schneiden; soll ich dir noch eine S. [von dem Stollen] abschneiden?; Scheiben vom Schinken, vom Braten herunterschneiden. **3.** *Glasscheibe:* blanke, schmutzige, blinde Scheiben; ein Auto mit getönten Scheiben; die Scheiben blitzten, blinkten, glänzten [vor Sauberkeit]; die S. ist zerbrochen, hat einen Sprung; die Scheiben sind beschlagen, vereist; die Scheiben klirrten, zersprangen bei der Explosion; eine neue S. einsetzen, einziehen, einkitten; sie putzte die Scheiben; eine S. einschlagen, einwerfen; der Fahrer kurbelte, ließ die S. herunter. **4.** (ugs.) *CD, Schallplatte:* eine heiße S. auflegen; eine neue S. aufnehmen; ★ **sich von jmdm., etw. eine Scheibe abschneiden [können]** (ugs.: *jmdn., etw. als Vorbild nehmen [können]).*

Scheide, die: **1.** *Hülle für eine Hieb-, Stichwaffe:* den Säbel, Dolch aus der S. ziehen, in die S. stecken. **2.** *Vagina:* eine Entzündung der S.; einen Tampon in die S. einführen, hineinschieben;

scheiden: 1. a) ⟨etw. s.⟩ *gesetzlich für ungültig erklären:* die Ehe wurde geschieden; **b)** ⟨jmdn. s.⟩ *eine Ehe für aufgelöst erklären:* sie wollen sich s. lassen; sie will sich nicht von ihrem Mann s. lassen; sie wurden, sind geschieden; eine geschiedene Frau. **2.** a) (meist geh.) ⟨etw. von etw. s.⟩ *trennen:* eine Wand scheidet den Wohnbereich vom Schlafbereich; beide Kontinente sind durch eine schmale Meerstraße voneinander geschieden; ÜBERTR.: Beruf und Privatleben streng voneinander s.; **b)** ⟨sich s.⟩ *sich verzweigen; auseinander gehen:* an der großen Tanne scheiden sich die Wege; ÜBERTR.: bei dieser Frage, an diesem Punkt scheiden sich die Meinungen.

3. (geh.) ⟨jmdn. [von jmdm.] s.⟩ *unterscheiden:* ihre unterschiedliche Erziehung scheidet die beiden voneinander; wir sind durch unsere gegensätzlichen Ansichten geschieden. **4.** (geh.) ⟨[von jmdm.] s.⟩ *Abschied nehmen; weggehen:* wir müssen jetzt s.; sie schieden grußlos, als Freunde, in Unfrieden [voneinander]; er scheidet ungern [von hier]; wir sehen ihn mit Bedauern s.; ⟨aus etw. s.⟩ aus dem Dienst, aus dem Amt s. *(seinen Dienst aufgeben, sein Amt niederlegen);* Ⓡ Scheiden tut weh; Scheiden bringt Leiden; BILDL.: der scheidende *(zu Ende gehende)* Tag; im Licht der scheidenden *(untergehenden)* Sonne.

Scheidung, die: **1.** *Ehescheidung:* die S. [der Ehe] verlangen, beantragen, einreichen; die S. verweigern, ablehnen; jmds. S. betreiben; der Richter sprach die S. aus; die beiden denken an, reden von S.; sie bestand auf S.; in S. leben, liegen; in die S. einwilligen; mit S. drohen. **2.** *das Scheiden, Trennen:* die S. der Bewerber in verschiedene Gruppen; eine begriffliche S. vornehmen.

Schein, der: **1.** *Lichtschein:* der freundliche, warme, matte, schwache S. der Lampe; der grelle S. der Neonröhre; der rote S. des brennenden Hauses; der Flammen; der fahle, silberne S. des Mondes; der S. der Straßenlaterne fiel ins Zimmer; die Scheinwerfer gaben, warfen einen hellen S.; sie saßen beim, im S. einer Kerze. **2.** *Anschein:* das ist alles leerer, bloßer, schöner S.; der S. ist, spricht gegen ihn; den äußeren S. retten, aufrechterhalten; er ließ sich durch den S. täuschen, blenden; nur dem Schein[e] nach; zwischen S. und Wirklichkeit, zwischen S. und Sein unterscheiden; Ⓡ der S. trügt. **3.** *Bescheinigung:* der S. ist abgelaufen; einen S. ausstellen, ausfüllen, unterschreiben, abzeichnen; sie musste den S. vorzeigen; mit diesem S. konnte er die Grenze passieren; ohne S. *(Angelschein)* darf man hier nicht angeln. **4.** *Geldschein:* ein ganz neuer, zerknitterter S.; ein Bündel Scheine; es sind falsche Scheine im Umlauf; er hatte nur große Scheine *(Scheine von hohem Wert)* in der Tasche; einen S. wechseln lassen; jmdm. einen S. in die Hand drücken; geben Sie mir den Betrag bitte in kleinen Scheinen! **5.** (Studentenspr.) *Seminarschein:* einen S. machen; für die Prüfung mehrere Scheine benötigen; ★ **den Schein wahren** *(den bestehenden falschen Eindruck aufrechterhalten)* · **zum Schein** *(in irreführender Absicht; nicht wirklich).*

scheinbar: etw. mit scheinbarer Ruhe, Gelassenheit, Aufmerksamkeit verfolgen; mit scheinbarem Interesse zuhören; das ist nur ein scheinbarer Widerspruch; seine Ruhe war nur s.; die Zeit stand s. still.

scheinen: 1. a) *Licht verbreiten:* der Mond scheint; heute scheint die Sonne *(es ist sonniges Wetter);* die Sterne haben die ganze Nacht geschienen;

b) ⟨irgendwie s.⟩ *strahlen:* die Sonne schien hell, warm, heiß vom Himmel herab; die Lampe, Laterne schien trübe, matt; am hellsten schien die Venus; **c)** ⟨irgendwohin s.⟩ *(von Licht) auftreffen, [ein]fallen:* die Sonne scheint auf den Balkon, durchs Fenster, ins Zimmer; ⟨jmdm. irgendwohin s.⟩ die Sonne schien ihm direkt in die Augen, ins Gesicht. **2.** ⟨irgendwie s.; mit Infinitiv mit *zu*⟩ *den Anschein erwecken, den Eindruck machen:* sie scheint reich, glücklich, traurig, krank, gesund zu sein; er scheint der richtige Mann dafür zu sein; das schien die beste Lösung zu sein; er schien sie zu kennen; sie scheint zu schlafen; er scheint es nicht gewusst zu haben; ⟨auch ohne Infinitiv mit *zu*⟩ ein Krieg schien unvermeidlich; sie sind reicher, als es scheint; es scheint, dass er sich geirrt hat; ⟨jmdm. irgendwie s.; mit Infinitiv mit *zu*⟩ das scheint mir unumgänglich zu sein; er schien mir betrunken zu sein; es schien ihr nicht der Mühe wert [zu sein]; ⟨auch ohne Infinitiv mit *zu*⟩ wie mir scheint, hat er das erfunden; ihre Erklärung scheint mir plausibel; das ist alles unwahr, scheint mir; ⋆ **scheints** (landsch., bes. südd., schweiz.; *anscheinend*): sie kommt scheints erst morgen.

scheinheilig (abwertend): *ein scheinheiliger Bursche;* sie machte ein scheinheiliges Gesicht *(tat, als ob sie nichts wüsste);* sie ist mir zu s.; sei, tu nicht so s.!; er antwortete ganz s., es sei alles in Ordnung.

Scheinwerfer, der: grelle, starke S.; die S. eines Leuchtturmes, des Autos; die S. sind nicht richtig eingestellt; die S. suchten den Himmel ab; die S. aufblenden, abblenden, ausschalten; vom Licht des Scheinwerfers getroffen, geblendet werden; in den Kegel des Scheinwerfers kommen, geraten; das Gebäude wird von Scheinwerfern angestrahlt.

Scheit, das: glühende, verkohlte Scheite; ein paar Scheite/(südd., österr., schweiz. auch:) Scheiter [Holz] auflegen, nachlegen; Scheite aufstapeln, aufschichten; Holz in Scheite hacken.

Scheitel, der: **1.** *Haarscheitel:* ein gerader, genau gezogener S.; der S. ist schief; den S. ziehen; einen S. haben, tragen; sie hat/trägt den S. rechts, links, in der Mitte. **2.** *höchster Punkt:* der S. einer Wölbung, eines Bogens; die Sonne stand im S. (geh.; *Zenit*) ihrer Bahn; ⋆ **vom Scheitel bis zur Sohle** *(ganz und gar):* er ist ein Gentleman vom S. bis zur Sohle.

scheitern: **a)** ⟨[mit etw., an etw. (Dat.)] s.⟩ *ein Ziel nicht erreichen:* er ist mit seinem Plan gescheitert; sie scheiterte an der Hartnäckigkeit ihrer Gegner; er ist [im Leben] gescheitert; er ist eine gescheiterte Existenz; (Sport:) die deutsche Mannschaft scheiterte an Italien [mit] 3 : 4; **b)** ⟨[an etw. (Dat.)] s.⟩ *fehlschlagen:* auch der letzte Versöhnungsversuch scheiterte; alle Be-

mühungen scheiterten am Widerstand Einzelner; der Verkauf scheiterte an seinem Einspruch; alle seine Hoffnungen/Pläne sind gescheitert; die Friedenskonferenz, ihre Ehe ist gescheitert; die Verhandlungen s. lassen, für gescheitert erklären; am fehlenden Geld soll das Projekt nicht s.; sᴜʙsᴛ.: das Unternehmen war von vornherein zum Scheitern verurteilt.

Schelle, die: **a)** *kleine Glocke:* eine Narrenkappe mit Schellen; **b)** (landsch.) *Klingel:* das Fahrrad hatte keine S.; die Kinder drückten auf die S. und rannten weg.

schelmisch: ein schelmischer Blick, ein schelmisches Lächeln, eine schelmische Antwort; sie lachte s., sah ihn s. an.

Schelte, die (geh.): es gibt S.; er hat S. bekommen; sie fürchtete sich vor S.

schelten: **1.** (geh., oft auch landsch.) *schimpfen:* **a)** ⟨[auf jmdn./über jmdn., etw.] s.⟩ er schilt auf ihn; er hat gescholten, weil ihm niemand geholfen hat; er schalt über sie, über ihre Unpünktlichkeit; **b)** ⟨jmdn., etw./mit jmdm. s.⟩ er hat mich/mit mir gescholten, weil ich zu spät kam; sie schalt ihn wegen seines Betragens. **2.** (geh.) *herabsetzend als etw. bezeichnen:* **a)** ⟨jmdn., sich, etw. s.; mit Gleichsetzungsakkusativ⟩ er schalt ihn, sich einen Dummkopf, einen Narren; **b)** ⟨jmdn., sich, etw. irgendwie s.⟩ sie hat ihn unehrlich gescholten; er hat sich, sein Verhalten unüberlegt gescholten; die viel gescholtene *(getadelte)* Jugend.

Schema, das: **a)** *Konzept:* ein festes, starres, einfaches S.; verschiedene Schemas/Schemata/(auch:) Schemen aufstellen; einem S. folgen; an ein S. gebunden sein; sich bei seiner Arbeit an ein S. halten, nach einem S. richten; nach einem S. vorgehen, verfahren, arbeiten; sich in ein S. fügen; etw. passt in kein S., lässt sich in kein S. pressen; **b)** *grafische Darstellung:* das S. einer elektrischen Schaltung; ein S. von etw. entwerfen; ⋆ **nach Schema F** (abwertend; *gedankenlos, routinemäßig, ohne die Besonderheiten des Einzelfalles zu berücksichtigen*).

schematisch: **1.** *einem Schema entsprechend:* eine schematische Darstellung, Zeichnung; etw. s. wiedergeben. **2.** (meist abwertend) *routinemäßig:* eine schematische Arbeit, Tätigkeit; etw. s. tun; er führte die Anweisung rein s. aus.

Schenkel, der: **1.** *Oberschenkel:* stramme, kräftige, muskulöse, dicke S.; der Betreuer massierte den Spielern die Schenkel.; er schlug sich lachend auf die Schenkel; mit gespreizten Schenkeln; dem Pferd die Schenkel geben (Reiten; *es durch Schenkeldruck antreiben*). **2.** (Geom.) *eine der beiden Geraden, die einen Winkel bilden:* die beiden Schenkel des Winkels. **3.** *(bei bestimmten Geräten) einer der beiden gleichgeformten Teile:* die Schenkel der Schere,

Zange; den S. eines Zirkels auf das Papier aufsetzen.
schenken: 1.⟨jmdm. etw. s.⟩ *zum Geschenk machen:* jmdm. Blumen, Schokolade, Geld s.; jmdm. etw. als Andenken, zur Hochzeit s.; was schenkst du ihm zum Geburtstag, zu Weihnachten?; den Rest schenke ich dir *(darfst du behalten);* ÜBERTR.: sie schenkte (geh.; *gebar)* ihm einen Sohn, fünf Kinder; ⟨auch ohne Dat.⟩ sie schenkt immer das Gleiche; wir wollen zu seiner Hochzeit etwas s.; die Kette hat sie [von uns für ihre Hilfe] geschenkt bekommen; sie möchte nichts geschenkt haben; das Kleid würde ich nicht einmal geschenkt haben wollen, nehmen *(es gefällt mir überhaupt nicht);* das ist geschenkt [noch] zu teuer *(taugt überhaupt nichts);* das ist ja [halb] geschenkt! (ugs.; *das ist sehr preiswert!*); Ⓡ geschenkt ist geschenkt; ⟨ohne Dat. und ohne Akk.⟩ sie schenkt gerne; /häufig verblasst/: jmdm. seine Gunst, seine Freundschaft, seine Liebe s.; jmdm. Glauben, Vertrauen s.; einer Nachricht, einem Gerücht keinen Glauben s.; du musst ihm mehr Aufmerksamkeit, mehr Beachtung s.; schenke mir einen Augenblick Gehör; (geh.:) sie schenkte mir keinen Blick.
2.⟨jmdm., sich etw. s.⟩ *ersparen:* den Weg dorthin, die letzten Kapitel des Buches schenkte er sich; die Mühe, den Besuch des Museums kannst du dir s./hättest du dir s. können *(er lohnt sich nicht);* die Strafe hat man ihm geschenkt *(erlassen);* ihr ist [im Leben] nichts geschenkt worden; den Kindern wird in der Schule nichts geschenkt *(sie müssen viel arbeiten).*
3.⟨etw. in. etw. (Akk.) s.⟩ *einschenken:* er schenkte Bier in die Gläser; sie schenkte den Kaffee, den Tee in Tassen.
Schenkung, die (Rechtsw.): eine S. [an jmdn.] machen, annehmen, ausschlagen, anfechten.
Scherbe, die: die Scherben des Tellers, der Fensterscheibe liegen am Boden; bei dem Streit hat es Scherben gegeben; die Scherben zusammenkehren, auflesen, kitten; die Scherben einer Ausgrabung ordnen, zusammensetzen; sich an einer S. schneiden, verletzen; der Krug ist in Scherben gegangen *(zerbrochen);* er hat im Zorn die Vase in Scherben geschlagen *(zerbrochen);* BILDL.: sie saßen vor den Scherben ihres Glücks, ihrer gescheiterten Ehe; Ⓡ Scherben bringen Glück.
Schere, die: 1. /ein Schneidwerkzeug/: eine scharfe, spitze, stumpfe S.; die S. schleifen; etw. mit der S. schneiden, abschneiden, ausschneiden, beschneiden; ÜBERTR.: die Passage ist der S. zum Opfer gefallen *(ist beim Zensieren, Kürzen gestrichen worden).*
2.⟨meist Plural⟩ Greifwerkzeug: die Scheren eines Hummers, eines Skorpions.
3. a) /eine Turnübung/: er ging mit einer S. vom Barren ab; b) /ein Griff beim Ringen/: er nahm den Gegner in die S.
4.(Jargon) *Diskrepanz:* die S. zwischen Arm und

Reich, zwischen Arbeitenden und Arbeitslosen, zwischen Kosten und Erträgen wird immer größer, klafft immer mehr auseinander.
¹**scheren,** schor, geschoren: 1. a)⟨ein Tier, jmdn., etw. s.⟩ *von Haaren befreien:* Schafe, einen Pudel s.; man hat seinen Kopf, Schädel geschoren; ⟨jmdm., sich etw. s.⟩ er hat sich den Kopf geschoren; b)⟨etw. s.⟩ *abschneiden:* die Haare, den Bart [kurz] s.; sich die Haare s. lassen; ⟨jmdm., sich etw. s.⟩ den Schafen die Wolle s.; wer hat dir denn die Haare geschoren (scherzh.; *geschnitten)*?; extrem kurz geschorene Haare; c)⟨jmdm., sich etw. s.⟩ *durch Schneiden hervorbringen:* er hat ihm, sich eine Glatze geschoren.
2.⟨etw. s.⟩ *beschneiden:* eine Hecke, den Rasen s.
²**scheren,** scherte, geschert: 1. /nur verneint od. eingeschränkt/: a)⟨sich um jmdn., etw. s.⟩ *sich kümmern:* sie scherte sich nicht um ihn, um sein Wohlergehen, um die Vorschriften; er hat sich nicht um den Teufel (ugs.; *überhaupt nicht)* darum geschert; b)⟨jmdn. s.⟩ *stören:* das hat ihn wenig, nicht im Geringsten geschert; was schert mich sein Lebenswandel?
2.⟨sich irgendwohin s.⟩ /meist in Befehlen, Verwünschungen/ *sich begeben:* sie soll sich an die Arbeit, ins Bett s.; er soll sich zum Teufel s. (salopp; *soll verschwinden*); scher dich! (salopp; *verschwinde!*).
Schererei, die ⟨meist Plural⟩: das gibt nur unnötige Schererei; ich habe mit euch nichts als Scherereien; wir werden [mit ihm, wegen der Sache] unnötige Scherereien bekommen; das machte ihr allerhand Scherereien.
Scherflein, das: ⟨in der Wendung⟩ **sein Scherflein zu etw. beitragen/beisteuern/geben** (geh.; *einen kleinen [finanziellen] Beitrag zu etw. leisten*).
Scherz, der: ein alberner, derber, gewagter, plumper, harmloser S.; es war doch nur [ein] S.; das ist doch ein schlechter/ist doch wohl ein S.! *(das ist doch wohl nicht wahr!);* ist das S. oder Ernst?; dieser S. ging zu weit; ohne S. machen; seinen S., seine Scherze über jmdn., etw. machen *(sich über jmdn., etw. lustig machen);* du darfst seine Scherze nicht ernst nehmen; er lässt sich schon einen S. gefallen; sich mit jmdm. einen S. erlauben; solche Scherze mag ich nicht, verbitte ich mir; er treibt gern seinen S., seine Scherze mit anderen *(neckt, verspottet sie gern);* auf einen S. eingehen; er war aus, im, zum S. sagen *(nicht ernst meinen);* es war im S. gesagt; im Ernst gemeint; verschone mich mit solchen Scherzen; sie ist heute nicht zu Scherzen aufgelegt; mach keinen S./keine Scherze! (ugs.; *Ausruf des Erstaunens);* jetzt aber mal S. beiseite, wie war es wirklich?; ohne S.! (ugs.; *das ist mein Ernst, ich meine es wirklich so!);* ... und alle solche/und lauter solche/ und ähnliche Scherze (ugs.; *und dergleichen unsinnige, ärgerliche o. ä. Dinge mehr).*
scherzen: ⟨[mit jmdm., etw.] s.⟩ sie scherzten und lachten den ganzen Abend; er scherzte mit den

Kindern; ich scherze nicht *(ich meine es ernst);* damit ist nicht zu s.!; Sie scherzen wohl! *(das kann nicht ihr Ernst sein!);* ⟨über jmdn., etw. s.⟩ darüber scherzt man nicht!; SUBST.: ihr war nicht nach Scherzen zumute; er war nicht zum Scherzen aufgelegt.

scheu: ein scheues Kind; scheues Wild; ein scheuer Blick; sie hat ein scheues *(zurückhaltendes, schüchternes)* Wesen; sie ist s. wie ein Reh; er schaute sich s. um; die Tiere wurden s.; der Lärm hatte die Pferde s. gemacht *(sie in Panik versetzt).*
Scheu, die: [eine ehrfurchtsvolle, kindliche, fromme] S. vor jmdm., etw. haben; seine/alle S. ablegen, überwinden, fallen lassen; sie hat die S. vor diesem Menschen verloren; sie hatte, empfand keine S., dies zu tun; er schwieg aus S.; er tat es mit einer gewissen S., ohne jede S.
scheuen: 1. a) ⟨etw. s.⟩ *meiden:* er scheute die Entscheidung, die Aussprache, die Öffentlichkeit; eine Gefahr, einen weiten Weg nicht s.; sie hatte keine Arbeit, keine Mühe, keine Opfer, keine Kosten gescheut, um ihnen zu helfen; etw. s. wie der Teufel das Weihwasser (ugs.; *etw. sehr scheuen);* b) ⟨sich vor etw. s.⟩ *zurückschrecken:* sich vor Gewaltanwendung, vor kriminellen Mitteln s.; er scheute sich [davor], ihn anzusprechen. 2. *(bes. von Pferden) mit Panik reagieren:* die Pferde haben [vor dem Hindernis] gescheut; scheuende Pferde.
scheuern: 1. a) ⟨etw. [mit etw.] s.⟩ *durch Reiben sauber machen:* den Fußboden, die Dielen s.; sie scheuerte die Töpfe mit einer Bürste; ⟨auch ohne Akk.⟩ du musst kräftig, fest s.; ⟨sich (Dat.) etw. s.⟩ er scheuerte sich die Hände mit Sand; b) ⟨etw. von etw. s.⟩ *durch Scheuern entfernen:* den Schmutz von den Dielen s.; er hat die Farbe von der Wand gescheuert. 2. ⟨etw. irgendwie s.⟩ *durch Scheuern in einen bestimmten Zustand versetzen:* die Fliesen blank, weiß, ganz sauber s.; die Stiefel haben meine Füße wund, rot gescheuert; ⟨jmdm., sich etw. irgendwie s.⟩ die Stiefel haben mir die Füße wund, rot gescheuert; ich habe mir das Knie wund, blutig gescheuert. 3. *unangenehm reiben:* a) ⟨[an etw. (Dat.)] s.⟩ der Kragen scheuert; die neuen Schuhe scheuern an den Fersen; b) ⟨jmdn., etw. s.⟩ der Riemen scheuert mich [an der Schulter], meine Haut. 4. *scheuernd reiben:* a) ⟨an etw. (Dat.) s.⟩ der Reifen scheuerte am Schutzblech; das Tau scheuert an der Bordwand; b) ⟨etw. an etw. (Dat.) s.⟩ ich scheuere meinen Rücken an der Stuhllehne; der Hirsch scheuert sein Geweih an dem Baumstamm; ⟨auch mit *sich*⟩ das Schwein scheuert sich den Rücken an einem Baum;
⋆ jmdm. eine, ein paar scheuern (salopp; *jmdn. ohrfeigen).*
scheußlich: a) *kaum erträglich; abstoßend:* ein scheußlicher Lärm, Geruch, Anblick; ein scheuß-

licher Kerl; ein scheußliches Wetter, Verbrechen; dieses Gebäude ist s.; die Suppe schmeckte s.; das Kleid sieht s. aus; sich jmdm. gegenüber s. benehmen; b) (ugs.) ⟨verstärkend bei Adjektiven und Verben⟩ *sehr:* es war s. kalt; sie hat sich s. erkältet; es tat s. weh.
Schi: ↑ Ski.
Schicht, die: 1. eine dünne S. Sand, Staub; die unteren, oberen, höheren Schichten der Luft; die Lackierung besteht aus mehreren Schichten; eine S. Kohle wechselte mit einer S. Erz; die Fresken waren unter einer S. Mörtel verborgen. 2. *Gesellschaftsschicht:* die führende, herrschende, begüterte, obere, gebildete S.; einer bestimmten sozialen S. angehören; in allen Schichten der Gesellschaft, des Staates; alle Schichten waren vertreten. 3. a) *Arbeitsschicht:* die erste S. dauert von 8 bis 14 Uhr; S. arbeiten; S. machen (ugs.; *als Schichtarbeiter Feierabend machen*); S. fahren (Bergmannsspr.; *zu einer Schicht in die Grube fahren*); die S. verkürzen, wechseln; in drei Schichten arbeiten; er ging zur S.; b) *in einer Schicht arbeitende Gruppe:* die zweite S. ist eben eingefahren; ein Kollege aus meiner S.
schichten ⟨etw. s.⟩: Holz, Ziegel s.; Wäsche in den Schrank s.; sie schichteten die Bretter zu einem Stapel.
schick, (nur ungebeugt:) *chic:* ein schicker Mantel, eine schicke Tasche, ein schickes Kleid; ein schickes *(hübsches u. flottes)* Mädchen; der Anzug ist sehr s.; s. aussehen, angezogen sein; eine schicke (ugs.; *dem Zeitgeschmack entsprechende)* Wohnung; wir finden das s. (ugs.; *großartig);* heute Abend gehen wir s. aus (ugs.; *in ein elegantes, teures Lokal o. Ä.).*
schicken: 1. a) ⟨jmdn./an jmdn., etw. etw. s.⟩ *zuschicken:* jmdm. Blumen, einen Brief, einen Gruß, ein Paket s.; man schickte dem Institut eine Probe; er hat das Telegramm an uns, an unsere Adresse geschickt; sie hat den Kollegen eine Karte aus dem Urlaub geschickt; ⟨auch ohne Dat. oder Präpositionalobjekt⟩ dein Bruder hat heute Blumen, ein paar Zeilen, endlich ein Lebenszeichen geschickt; b) ⟨etw. irgendwohin s.⟩ *senden:* er hat das Paket nach Berlin geschickt; die Waren werden ins Haus geschickt. 2. a) ⟨jmdn. [irgendwohin] s.⟩ *entsenden:* eine Abordnung, seinen Vertreter, einen Boten, einen Kurier s.; ⟨[jmdm.] jmdn. s.⟩ ich schicke Ihnen ein Mädchen, das Ihnen helfen kann; wer hat dich denn geschickt?; b) ⟨jmdn. irgendwohin s.⟩ *veranlassen, an einen bestimmten Ort zu gehen:* er schickte seinen Sohn in die Stadt, zum Arzt, zum Bäcker, nach Hause; sie hat die Kinder ins/zu Bett geschickt; /häufig verblasst/: sie schickt ihre Söhne aufs Gymnasium; er wurde in die Verbannung, in den Krieg, in den Tod geschickt; ÜBERTR.: jmdn. auf die Bretter, zu Boden s. (Jargon, bes. Boxen; *jmdn. niederschlagen);* sie

schickte die Gegnerin mit 6 : 0, 6 : 1 vom Platz *(besiegte sie);* einen Mitspieler s. (Jargon, bes. Fußball; *ihm den Ball in den freien Raum vorlegen);* c) ⟨jmdn. s.; mit Infinitiv⟩ *jmdn. tun heißen:* er hat ihn einkaufen, schlafen geschickt; ⟨jmdn. zu etw. s.⟩ ich habe ihn zum Einkaufen, zum Fußballspielen geschickt; sie wurde geschickt, [um] mir zu helfen/damit sie mir hilft; d) ⟨nach jmdn. s.⟩ *jmdn. holen lassen:* nach dem Arzt, der Hebamme s.; man hatte schon nach einem Priester geschickt. **3.** a) ⟨sich in etw. (Akk.) s.⟩ *sich fügen:* es fiel ihm schwer, sich in die neuen Verhältnisse, in diese Umstände, in diese Ordnung zu s.; sie schickte sich schließlich in das Unvermeidliche; b) ⟨sich s.⟩ /meist verneint/ *angebracht sein:* das Tragen solcher Kleidung schickt sich dort nicht; ein solches Benehmen schickt sich nicht; es schickt sich nicht, dass du das tust; bei Tisch, in Gesellschaft, für dich schickt sich das nicht.

schicklich (geh.): ein schickliches Benehmen; eine schickliche Antwort; es ist nicht s., jemanden so anzustarren; etw. nicht s. finden.

Schicksal, das: **1.** *Vorsehung:* das blinde, grausame, unerbittliche S.; die Wege des Schicksals; das S. hat ihn bevorzugt, hat es gut mit ihm gemeint, hat ihn dazu bestimmt; das S. herausfordern; etw. dem S. überlassen müssen; dem S. entgegentreten; etw. vom S. erwarten; vom S. ereilt werden, geschlagen sein. **2.** *Geschick, Los:* ein schweres, trauriges, schlimmes S.; das S. eines Volkes; das S. nahm seinen Lauf; [das ist] S.! (ugs.; *das muss man hinnehmen!);* sein S. war besiegelt; kein leichtes S. haben; ein schweres S. durchmachen, ertragen; sein S. hinnehmen, annehmen, auf sich nehmen, meistern, tragen; jmds. S. beklagen; etw. entscheidet jmds. S.; sie folgte ihrem S. *(nahm es auf sich);* er wird seinem S. nicht entgehen; sich gegen das S. aufbäumen; sich in sein S. ergeben; mit seinem S. aussöhnen, abfinden; mit seinem S. hadern;

★ **Schicksal spielen** (ugs.; *etw. zu lenken suchen)* · **jmdn. seinem Schicksal überlassen** *(sich nicht weiter um jmdn. kümmern).*

schieben: 1. *schiebend [fort]bewegen:* a) ⟨jmdn., etw. s.⟩ einen Karren, den Kinderwagen, den Einkaufswagen s.; er musste das Fahrrad, das Auto s.; er ließ sich von uns s.; ⟨auch ohne Akk.⟩ du musst fester, kräftiger s.; b) ⟨jmdn., sich, etw. irgendwohin s.⟩ etw. nach oben, nach hinten, in die Mitte, zur Seite s.; das Brot in den Backofen, die schwere Kiste über den Flur s.; den Stuhl an den Tisch, den Schrank in die Ecke s.; er schob den Hut in den Nacken; die Hände in die Taschen s. *(stecken);* sie hatte den Riegel vor die Tür geschoben; er schob den Ball ins Tor (Jargon Fußball; *beförderte ihn sanft ins Tor);* jmdn. beiseite s.; er schob sich durch die Menge, durch das Gewühl der Passagiere; eine Kaltfront schiebt sich über

Mitteleuropa; eine dunkle Wolke schob sich vor die Sonne; ÜBERTR.: er schob alles von sich (ugs.; *wälzte alles ab);* sie schiebt (ugs.; *verschiebt)* alles von einem Tag auf den anderen; der Läufer schob sich (Jargon; *setzte sich)* an die Spitze des Feldes, auf den zweiten Platz, nach vorn; sie muss immer geschoben werden (ugs.; *tut nichts von sich aus);* c) ⟨etw. auf jmdn., etw. s.⟩ *jmdn., etw. für etw. verantwortlich machen:* er schiebt die Schuld, seine Fehler gern auf andere; sie schoben die Verzögerung auf das schlechte Wetter. **2.** (salopp) *[mit etw.] illegal handeln:* a) ⟨[mit etw.] s.⟩ er hat in der Nachkriegszeit [viel] geschoben; er schiebt mit Zigaretten, mit Kaffee, mit Rauschgift; b) ⟨etw. s.⟩ Waren, Gelder s.; er hat Wechsel, Devisen geschoben.

Schieber, der: **1.** *verschiebbarer Verschluss:* den S. öffnen; du musst den S. am Ofen zumachen. **2.** *Bettpfanne:* der Kranke verlangte nach dem S. **3.** (ugs.) *jmd., der illegale Geschäfte macht:* ein kleiner *(unbedeutender)* S.; er war einer der größten S. [in] der Nachkriegszeit.

Schiebung, die (ugs.): a) *illegales Geschäft:* Schiebungen machen; er hat seinen Reichtum durch Schiebungen erworben; b) *Begünstigung:* sie ist durch S. in dieses Amt gekommen.

schief: 1. *schräg, nicht gerade:* eine schiefe Mauer, Ebene; einen schiefen Mund, eine schiefe Schulter haben; schiefe *(einseitig abgetretene)* Absätze; der Turm ist s.; der Tisch steht s.; das Bild hängt s.; er hält den Kopf s.; der Baum ist s. gewachsen; sie hat sich den Hut s. aufgesetzt; ÜBERTR.: er machte, zog ein schiefes *(missmutiges)* Gesicht; er warf ihm einen schiefen *(scheelen)* Blick zu; mit seinen Ansichten total s. liegen (ugs.; *im Irrtum sein);* bei diesem Projekt ist einiges s. gegangen, gelaufen (ugs.; *das Projekt hat eine schlechte Entwicklung genommen);* die Sache wäre beinahe s. gegangen, gelaufen (ugs.; *wäre fast missglückt);* das: bei der Sache kann nichts [mehr] s. gehen! (ugs.; *keine Angst, nur Mut]* es wird schon s. gehen! (scherzh.; *es wird gelingen!).* **2.** *unzutreffend:* ein schiefes Urteil; das war ein schiefer Vergleich; diese Darstellung gibt ein [ganz] schiefes Bild von der Sache; etw. s. beurteilen, sehen;

★ **schief gewickelt sein** (ugs.; *sich gründlich irren)* · **jmdn. schief ansehen** (ugs.; *sich jmdm. gegenüber reserviert, ablehnend verhalten).*

schielen: 1. *eine fehlerhafte Augenstellung haben:* stark, leicht s.; das Kind schielt; er schielt auf einem, mit dem linken Auge. **2.** (ugs.) a) ⟨irgendwohin s.⟩ *verstohlen blicken:* der Schüler schielte auf das Heft seines Nachbarn; er schielte nach links und nach rechts, zu seiner Frau; er schielte über die Zeitung hinweg zu ihr; um die Ecke s.; b) ⟨nach etw. s.⟩ *etw. haben wollen:* nach einem Posten, nach mehr Geld s.; das Kind schielte nach der Schokolade.

Schiene, die: **1.** a) *Fahrschiene:* die Schienen waren gelockert, verbogen, aufgerissen; Schienen [für die Straßenbahn] legen; diese Fahrzeuge sind an Schienen gebunden; der Kran fährt/rollt auf Schienen; der letzte Wagen ist aus den Schienen gesprungen *(ist entgleist);* **b)** *Gleitschiene:* Schienen für den Flaschenzug; dieser Teil der Anlage gleitet auf, in der S. hin und her; die Vorhangrollen laufen in einer S. **2.** (Med.) *Stützschiene:* eine S. anlegen; der gebrochene Arm wurde in Schienen gelegt. **3.** (Jargon) *Weg, Kurs:* auf der politischen, offiziellen S. läuft nichts mehr; sein Austausch über die S. Fernsehen. **schienen** ⟨etw. s.⟩: das gebrochene Bein, der Bruch musste geschient werden.

¹schier (landsch.): *rein, pur:* schieres Gold; schiere Butter; schieres Fleisch *(Fleisch ohne Fett und Knochen);* ÜBERTR.: das hat er aus schierer Bosheit, Dummheit getan.

²schier: *beinahe, fast:* eine s. unübersehbare Menschenmenge; sie hat mich s. zur Verzweiflung gebracht; das ist s. unmöglich; man möchte s. verzweifeln.

schießen: 1. a) *eine Schusswaffe bedienen, abfeuern:* gut, schlecht, sicher, genau, zu hoch, zu tief, zu weit, zu kurz, in die Luft s.; scharf *(mit richtiger Munition)* s.; mit Schrot, mit Pfeil und Bogen, mit einem Revolver s.; wild um sich, aufs Geratewohl s.; auf jmdn., auf einen Hasen, nach jmdm., auf die Scheibe, auf/nach Tontauben s.; **b)** ⟨irgendwie s.⟩ *sich zum Schießen eignen:* das Gewehr, die Flinte schießt gut; **c)** ⟨jmdn./jmdn., sich irgendwohin s.⟩ *durch einen Schuss verletzen:* er hat ihm/ihn durch eine Wade geschossen; ich hab mir/mich ins Bein geschossen; **d)** ⟨etw. irgendwohin s.⟩ *durch Abfeuern gelangen lassen:* er schoss die Kugel in die Luft, den Pfeil aufs Dach; er hat die Harpune in den Rücken des Wals geschossen; einen Satelliten auf seine Umlaufbahn, eine Rakete ins All s.; ⟨jmdm., sich etw. irgendwohin s.⟩ sie schoss ihm die Kugel durch/in die Brust, ins Herz; er hat sich eine Kugel durch/in den Kopf, in die Schläfe geschossen; ÜBERTR.: sie schoss wütende Blicke auf ihn; **e)** ⟨etw. in etw. (Akk.) s.⟩ *durch Schießen erzeugen:* sie hat mehrere Löcher in die Scheibe geschossen; er hat ein Loch in die Luft geschossen (scherzh.; *hat nicht getroffen*); **f)** ⟨etw. s.⟩ *durch einen Schuss, durch Schüsse erzielen:* er hat [auf der Schießscheibe] eine Zwölf geschossen; er hat 150 Ringe geschossen; er wollte an der Schießbude eine Rose s. **2. a)** ⟨ein Tier s.⟩ *durch Schießen töten:* einen Bock s.; den Hasen mit Schrot s.; die Jagdgäste haben viel Wild geschossen; **b)** ⟨jmdn. s.; mit Umstandsangabe⟩ *durch Schießen in einen bestimmten Zustand versetzen:* jmdn. zum Krüppel s.; ein Dorf in Grund und Boden s.; eine Festung sturmreif s. **3.** (Sport) **a)** *den Ball kicken:* knallhart, genau,

mit dem linken Fuß, aufs Tor, hoch über das Tor, neben das Tor, an die Latte s.; er schoss sofort; **b)** ⟨etw. irgendwohin s.⟩ *schießend befördern:* das Leder, den Ball ins Netz, an den Pfosten, über die Torlinie s.; den Puck ins Tor s.; **c)** ⟨etw. s.⟩ *schießend erzielen:* ein Tor, den Ausgleich s.; das 1 : 0 s.; **d)** ⟨jmdn., sich irgendwohin s.⟩ *durch Schießen in eine bestimmte Position o. Ä. bringen:* seine Mannschaft in die Endrunde, ins Finale, zu den Olympischen Spielen, in Führung s.; er hat sich auf Platz 2, an die Spitze der Torjägerliste geschossen. **4.** ⟨etw. s.⟩ *fotografieren:* [von dem Ereignis, fürs Familienalbum, zur Erinnerung] schnell ein paar Bilder, Fotos, Aufnahmen s. **5. a)** ⟨irgendwohin s.⟩ *sich sehr schnell bewegen:* die Schwalben schießen durch die Luft; das Motorboot ist [pfeilschnell] durch das Wasser geschossen; Flammen schossen aus dem Dachstuhl; er schoss um die Ecke, kam um die Ecke geschossen; bei diesen Worten schoss er [von seinem Stuhl, Platz] in die Höhe; das Blut schoss aus der Wunde *(quoll daraus stark hervor);* ⟨jmdm. irgendwohin s.⟩ vor Entrüstung, Zorn schoss ihm das Blut ins Gesicht; ÜBERTR.: ein Gedanke schoss ihm durch den Kopf, in den Sinn; die Kosten schossen drastisch in die Höhe; **b)** *sehr schnell wachsen:* der Junge ist im letzten Jahr mächtig [in die Höhe] geschossen; die Saat schießt aus der Erde; das Unkraut schießt; der Salat ist geschossen *(hat einen Samenstand gebildet);* ÜBERTR.: überall schießen neue Häuser aus dem Boden;

✱ **jmdm. eine schießen** (ugs.; *jmdm. eine Ohrfeige geben)* · **zum Schießen sein** (ugs.; *sehr komisch, zum Lachen sein).*

Schiff, das: **1.** ein schnelles, modernes, altes, abgetakeltes S.; das S. läuft vom Stapel, liegt im Hafen, kreuzt vor dem Hafen, sticht in See, läuft einen Hafen an, geht vor Anker, liegt vor Anker, legt [am Kai] an; das S. schaukelt, (Seemannsspr.:) schlingert, stampft, trimmt (Seemannsspr.; *liegt vorn oder hinten höher);* das S. treibt steuerlos auf dem Wasser, ist leck, läuft [auf ein Riff] auf; das S. wird gerammt, bricht auseinander, neigt/legt sich auf die Seite, funkt SOS, sackt ab, geht unter, sinkt; das S. läuft unter liberianischer Flagge, zeigt die Flagge; das S. gerriet in Seenot, in einen Sturm; S. [backbord, steuerbord] voraus! (Seemannsspr.; Warnruf der Bordwache); ein S. besteigen, befrachten, entern, kapern, chartern, versenken, abwracken, heben; ein S. bauen, auf Kiel legen/auflegen (Schiffsbau; *zu bauen beginnen*), vom Stapel lassen; ein S. trimmen (Seemannsspr.; *in die richtige Schwimmlage bringen*); die Taufe, der Stapellauf eines Schiffes; an, von Bord eines Schiffes gehen. **2.** *Kirchenschiff:* die Kirche hat drei Schiffe, ist in drei Schiffe geteilt;

✱ **klar Schiff machen** (1. Seemannsspr.; *das*

Schiff sauber machen. 2. ugs.; *eine Angelegenheit bereinigen.* 3. ugs.; *gründlich aufräumen).*
Schiffbruch, der (veraltet): der Dampfer hat S. erlitten;
∗ [mit etw.] **Schiffbruch erleiden** *([mit etw.] keinen Erfolg haben, scheitern):* das Unternehmen hat S. erlitten.
Schikane, die: das Verbot ist die reinste S.; das ist doch alles S.!; jmdm. Schikanen machen, bereiten; jmds. Schikanen ausgesetzt sein; etw. aus S. tun;
∗ **mit allen Schikanen** (ugs.; *mit allem Komfort, Luxus o. Ä.).*
schikanieren ⟨jmdn. [mit etw.] s.⟩: er schikaniert seine Untergebenen; sie wollte sich nicht länger von ihm s. lassen.
¹**Schild,** der: *Schutzwaffe:* runde, spitze, ovale Schilde; die Schilde heben; sich mit dem S. decken;
∗ **jmdn. auf den Schild [er]heben** (geh.; *jmdn. zum Anführer machen)* · **etw. [gegen jmdn., etw.] im Schilde führen** *(heimlich etw. planen, was sich gegen jmdn., etw. richtet).*
²**Schild,** das: *Hinweis-, Aushängeschild:* die vielen Schilder am Straßenrand; er bekam ein kleines S. mit seinem Namen; ein S. an der Tür anbringen, befestigen; ein S. *(Etikett)* auf eine Flasche kleben; ein S. aushängen, aufstellen, entfernen; ein S. beschriften; auf dem S. stand der Preis, sein Name.
schildern a) ⟨etw. s.⟩: *darstellen, berichten:* etw. anschaulich, lebhaft, weitschweifig, in bunten Farben s.; einen Vorgang, seine Erlebnisse mit bewegten Worten s.; sie schilderte, wie sie empfangen worden war; ⟨jmdm. etw. s.⟩ er schilderte uns seine Eindrücke; b) ⟨[jmdm.] jmdn. als jmdn., etw. s.⟩ *beschreiben:* sie schilderte ihn [uns] als liebevollen Vater, als großzügig.
schillern: auf Wasser schwimmendes Öl schillert [in allen Farben]; bunt schillernde Seifenblasen; ÜBERTR.: ein schillernder *(schwer durchschaubarer)* Charakter; ein schillernder *(verschwommener)* Begriff.
¹**Schimmel,** der: *Schimmelpilz:* auf der Marmelade ist S., hat sich S. gebildet; das Brot war mit S. bedeckt, mit/von S. überzogen.
²**Schimmel,** der: *weißes Pferd:* einen S., auf einem S. reiten; die Kutsche wurde von Schimmeln gezogen.
schimm[e]lig: *mit Schimmel bedeckt:* schimmeliges Brot; der Käse ist schon ganz s.
schimmeln: das Brot fängt schon an zu s., hat/ist geschimmelt; ÜBERTR.: die Akten haben jahrzehntelang in einem Keller geschimmelt (ugs.; *haben dort unbeachtet gelegen);* lass dein Geld nicht auf dem Konto s.
Schimmer, der: 1. *matter Glanz:* ein schwacher, matter, rötlicher, heller S.; der S. des Goldes, der Perlen, der Sterne, der kostbaren Seide; im S. der Kerzen.

2. *Hauch:* der S. eines Lächelns; ein ferner S. der Erinnerung; doch noch einen S. *(ein klein wenig)* von Hoffnung, von Anstand haben;
∗ **keinen [blassen]/nicht den geringsten/leisesten Schimmer haben** (ugs.; 1. *überhaupt nichts von etw. verstehen.* 2. *von etw. nichts wissen).*
schimmern: 1. *matt glänzen:* die Sterne schimmern [am Himmel]; das Licht schimmerte durch die Bäume; schimmernde Seide, Perlen.

2. ⟨durch etw. s.⟩ *hindurchschimmern:* die Schrift schimmert durch das Papier.
Schimpf, der (geh.): jmdm. einen S. antun, zufügen; einen S. erleiden, erdulden, ertragen; er wollte diesen S. nicht auf sich sitzen lassen;
∗ **mit Schimpf und Schande** *(unter entwürdigenden Umständen).*
schimpfen: 1. *schelten:* a) laut, kräftig, heftig, mächtig, fortgesetzt, ständig s.; er fluchte und schimpfte; sie hat sehr auf dich geschimpft; ⟨auf/über/gegen jmdn., etw. s.⟩ er schimpfte auf den Chef, auf die Schule, über seinen Vorgesetzten, über die herrschenden Verhältnisse, gegen die Regierung; SUBST.: mit [deinem] Schimpfen erreichst du gar nichts; b) ⟨mit jmdm. s.⟩ die Mutter schimpft mit dem Kind; sie schimpfte mit ihm, weil er zu spät kam.

2. a) (geh.) ⟨jmdn., sich, etw. s.; mit Gleichsetzungsakkusativ⟩ *beschimpfen:* er schimpfte ihn, sich einen Esel; b) (salopp spött.) ⟨sich s.; mit Gleichsetzungsnominativ⟩ *vorgeben, etw. zu sein:* er schimpft sich Fachmann; und so was schimpft sich Kundendienst; ⟨sich irgendwie s.⟩ die Partei schimpft sich christlich, sozial;
∗ **schimpfen wie ein Rohrspatz** (ugs.; *erregt und laut schimpfen).*
Schimpfwort, das: ein derbes, grobes, ordinäres S.; er gebraucht gerne Schimpfwörter; eine Flut von Schimpfwörtern.
schinden: 1. ⟨jmdn., Tiere s.⟩ *grausam behandeln:* er schindet seine Untergebenen, das Vieh; der Aufseher schindete grausam die Gefangenen.

2. (ugs.) ⟨sich s.⟩ *sich abmühen:* sie hat sich ihr Leben lang geschunden [und geplagt]; sich mit dem schweren Gepäck s.; er hat sich bei dieser Arbeit, damit sehr s. müssen.

3. (ugs.) ⟨etw. s.⟩ *herausschlagen:* sie wollte Zeit s.; er versuchte ein paar Mark zu s.; [bei jmdm.] Eindruck, Mitleid, Applaus s. [wollen]; er hat das Fahrgeld, Eintrittsgeld geschunden *(nicht bezahlt).*
Schindluder, das: ⟨in der Wendung⟩ **mit jmdm., etw. Schindluder treiben** (ugs.; *mit jmdm., etw. grob, rücksichtslos umgehen):* er treibt S. mit seinen Kräften, mit seiner Gesundheit.
Schinken, der: 1. roher, gekochter, geräucherter, frischer, saftiger, fetter, magerer S.; die Schinken hängen noch im Rauchfang, in der Räucherkammer; eine Scheibe S.; Rührei mit S.; Brötchen mit S. belegen.

2. (salopp) *Oberschenkel, Gesäß:* dicke Schinken; du kriegst gleich was auf den S.
3. (ugs. scherzh. od. abwertend) **a)** *großes, dickes Buch:* ein teurer S.; solche Schinken lese ich nicht; **b)** *großes Gemälde:* über dem Sofa hing ein grässlicher S.; **c)** *aufwendiger Film; umfangreiches Bühnenstück:* diesen S. werde ich mir nicht ansehen.

Schippe, die (nordd., md.): er warf eine S. [voll] Sand auf die Glut; mit der S. Sand schaufeln; die Kinder spielen mit Eimer und S.;
* **jmdn., etw. auf die Schippe nehmen** (ugs.; *jmdn. verulken; über jmdn., etw. spotten).*
schippen (nordd., md.) ⟨etw. s.⟩: Sand s.; Schnee s.; er schippte den Sand in den Eimer.
Schirm, der: **1. a)** *Regenschirm:* ein neuer, altmodischer S.; einen S. mitnehmen; den S. öffnen, (ugs.:) aufmachen, aufspannen, zuklappen, (ugs.:) zumachen, schließen; sie hat ihren S. vergessen, verloren, stehen lassen; ich muss den S. neu beziehen lassen; **b)** *Sonnenschirm:* er stellte den S. auf der Terrasse auf, rückte seinen Stuhl unter den Schirm; **c)** *Lampenschirm:* die Lampe hat einen S. aus Glas, aus Seide; **d)** *Fallschirm:* der S. hat sich nicht geöffnet.
2. *schildähnlicher Gegenstand:* einen S. vor den Ofen stellen; einen grünen S. *(Augenschirm)* tragen; er zog den S. seiner Mütze tief in die Stirn; ÜBERTR.: ein atomarer S.
3. *[Computer]bildschirm:* auf dem S. erscheint ein Eingabefeld; etw. auf den S. bringen (ugs.; *im Fernsehen senden).*
Schlacht, die: eine große, heiße, mörderische, blutige, entscheidende, unentschiedene, verlorene S.; die S. bei/an den Thermopylen, auf dem Lechfeld, im Teutoburger Wald; die S. um, von Verdun; die S. wütete, tobte heftig; eine S. gewinnen, verlieren; jmdm. eine S. liefern; im Getümmel, im Gewühl der S.; in die S. ziehen, gehen; er ist in der S. gefallen; es sieht aus wie nach einer S. (ugs.; *es herrscht ein großes Durcheinander;* ÜBERTR.: die beiden Mannschaften lieferten sich eine erbitterte S.
schlachten: 1. ⟨ein Tier s.⟩ *fachgerecht töten:* ein Schwein s.; er schlachtete ein Huhn; ÜBERTR.: sein Sparschwein s.; ⟨auch ohne Akk.⟩ der Metzger schlachtete wöchentlich.
2. (ugs. scherzh.) ⟨etw. s.⟩ *anbrechen:* eine Flasche Whisky, eine Tafel Schokolade s.
Schlacke, die: **1.** *Verbrennungsrückstände:* die S. aus dem Hochofen entfernen; mancher Koks lässt wenig S. zurück; die Öfen, die Kessel wurden von [der] S. gereinigt.
2. *Stoffwechselrückstände:* den Körper von Schlacken reinigen; die Nahrung sollte reich an Schlacken *(Ballaststoffen)* sein.
Schlaf, der: ein bleierner, schwerer, tiefer, unruhiger, fester, traumloser S.; der S. überfällt, überkommt, übermannt, überwältigt jmdn.; der S. kam über ihn; den S. herbeisehnen, verscheu-

chen; [den] versäumten S. nachholen; sie braucht viel, ihre acht Stunden S.; sie konnte keinen S. finden *(nicht einschlafen);* (fam.:) ein Schläfchen machen, halten; er hat einen guten, gesunden S.; aus dem S. erwachen, fahren; jmdn. aus dem S. reißen, rütteln; in tiefem S., im tiefsten S. liegen; im S. überrascht werden; er spricht im S.; ein Kind in den S. singen, wiegen; (geh.:) in S. sinken, fallen; um seinen S. kommen; das hat mich um den S. gebracht; sich den S. aus den Augen reiben *(sich die Augen reiben, um munter zu werden);*
* **den Schlaf des Gerechten schlafen** (scherzh.; *tief und fest schlafen)* · **etw. im Schlaf beherrschen/können** o. Ä. *(etw. mühelos, ganz sicher beherrschen/können o. Ä.):* Auto fahren kann ich im S. · **nicht im Schlaf** (ugs.; *überhaupt nicht).*
Schläfe, die: ihm hämmerten, pochten die Schläfen; jmdm. eine Pistole an die S. halten; an den Schläfen ergraut sein; ein Herr mit grauen Schläfen *(grauem Haar an den Schläfen).*
schlafen: 1. a) *ruhen:* fest, tief, leise [un]ruhig, traumlos, mit offenem Mund, auf dem Bauch, nackt s.; im Stehen s.; s. wie ein Dachs, wie ein Murmeltier, wie ein Sack, wie ein Stein (ugs.; *tief schlafen);* im Bett liegen und s.; s. *(zu Bett)* gehen; sich s. legen *(zu Bett gehen);* er hatte die letzte Nacht nur drei Stunden geschlafen; schlaf schön!; haben Sie gut geschlafen?; sie gehen mit den Hühnern (ugs.; *sehr früh)* s.; sie stellte sich schlafend; darüber will ich noch s. *(eine Nacht vergehen lassen, bevor ich mich entscheide);* SUBST.: nicht zum Schlafen kommen; Ⓡ wer schläft, sündigt nicht; BILDL.: der See, die Natur, die Stadt schläft *(ist ganz ruhig);* ÜBERTR.: der Erfolg seines Gegners hat ihn nicht s. lassen *(hat ihm keine Ruhe gelassen);* **b)** ⟨unpers.: sich irgendwie s.; mit Umstandsangabe⟩ *in bestimmter Weise schlafen können:* es schläft sich gut auf dem Sofa, mit dem neuen Deckbett; bei dem Lärm schläft es sich schlecht; **c)** ⟨sich irgendwie s.⟩ *sich durch Schlafen in einen bestimmten Zustand versetzen:* sie hat sich gesund geschlafen.
2. ⟨mit Umstandsangabe⟩ *übernachten:* bei Freunden, im Hotel, im Freien, auf der Erde, auf der Couch s.; allein, zu zweit s.; bei offenem Fenster, im Zelt s.
3. (verhüll.) ⟨mit jmdn. s.⟩ *geschlechtlich verkehren:* sie hat mit ihm geschlafen; die beiden s. miteinander.
4. (ugs.) *unaufmerksam sein:* sie hat in der Schule, im Unterricht mal wieder geschlafen; die Konkurrenz schläft nicht.
schlaff: 1. a) *lose hängend:* ein schlaffes Seil; die Segel hingen s. herunter; **b)** *kraftlos, schlapp:* mit schlaffen Knien; ein schlaffer Händedruck.
2. a) (abwertend) *energielos:* ein schlaffer Typ; sei mal nicht so s., und hilf mir!; **b)** (Jugendspr. abwertend) *langweilig:* eine schlaffe Musik, Party; das Konzert war ziemlich s.)
Schlafittchen, das: ⟨in Wendungen wie⟩ **jmdn.**

beim/am Schlafittchen packen/nehmen o. Ä. (ugs.; *jmdn. fassen und zur Rechenschaft ziehen*). **schlaflos:** schlaflose Nächte; sich s. im Bett wälzen.

schläfrig: a) *schlafbedürftig:* ein schläfriges Kind; schläfrige Augen; sie war, wurde von dem Wein, von der Spritze s.; das Wetter machte ihn s.; b) *träge:* mit schläfrigen Bewegungen; die Stimme des Redners war, klang s.; *gleichgültig* und s. schaute er mich an.

Schlag, der: 1. a) *Hieb:* ein starker, schwacher, kräftiger, leichter, schmerzender, tödlicher S.; ein S. auf den Kopf, ins Gesicht, vor die Brust; ein S. mit der Hand, mit dem Gewehrkolben; einen S. abwehren; Schläge austeilen *(schlagen);* jmdm. einen S., Schläge versetzen, verpassen; jmdm. Schläge *(eine Tracht Prügel)* androhen, verpassen; der Tennisspieler hat einen harten S. *(schlägt die Tennisbälle hart);* einem S. ausweichen; mit einem einzigen S. streckte er den Gegner zu Boden; ÜBERTR.: einen vernichtenden S. gegen die Drogenmafia führen; b) *durch einen Schlag erzeugtes Geräusch:* ein S. an der Haustür; im Keller tat es einen fürchterlichen S. **2.** a) *den Körper treffender Stromstoß:* er hat an der Steckdose einen S. bekommen; b) *Blitzschlag:* ein zündender S.; ein kalter S. *(einschlagender, aber nicht zündender Blitz).* **3.** (ugs.) *Schlaganfall:* sie hat einen S. bekommen; der S. hat ihn getroffen. **4.** *in regelmäßigen Stößen erfolgende Bewegung:* die Schläge des Herzens; der S. der Wellen; die Schläge des Ruders, des Pendels; sie fühlte die ungleichmäßigen Schläge ihres Pulses. **5.** *unglückseliges Ereignis:* ein harter, schwerer, furchtbarer S.; das wird ein S. für ihn sein; ein neuer S. traf ihn; einen S. einstecken, hinnehmen müssen; die Schläge des Schicksals ertragen. **6.** *durch Schlagen hervorgerufener Ton:* der S. eines Gongs, der Turmuhr, der Trommel, der Pauke; der S. *(Gesang)* der Nachtigall, der Finken; er kam S. *(genau um)* Mitternacht, acht. **7.** (ugs.) *Portion Essen:* ein S. Eintopf, Suppe; er verlangte noch einen S. **8.** *Wesensart:* ein Beamter alten Schlags; ein Mensch seines Schlages; sie waren beide vom gleichen, von anderem S.; ★ **ein Schlag ins Gesicht sein** *(eine schwere Kränkung sein)* · **ein Schlag ins Kontor** (ugs.; *eine unangenehme Überraschung)* · **ein Schlag ins Wasser [sein]** *(ergebnislos, ohne Misserfolg [sein])* · **ein Schlag unter die Gürtellinie** (ugs.; *ein unfaires, gemeines Verhalten)* · **jmdn. trifft/rührt der Schlag** (ugs.; *jmd. ist sehr überrascht, entsetzt)* · **Schlag auf Schlag** *(in rascher Folge, rasch nacheinander):* die schlechten Nachrichten kamen S. auf S. · **einen vernichtenden** o. ä. **Schlag gegen jmdn. führen** *(jmdm. eine vernichtende o. ä. Niederlage beibringen)* · **[einen] Schlag bei jmdm. haben** (ugs.; *jmds. Sympathie, Wohlwollen ha-*

ben) · **keinen Schlag tun** (ugs.; *nichts tun, nicht arbeiten)* · **auf einen Schlag** (ugs.; *gleichzeitig, auf einmal)* · **mit einem Schlag** (ugs.; *plötzlich, auf einmal):* mit einem S. wurde der junge Autor berühmt · **wie vom Schlag getroffen/gerührt sein** (ugs.; *fassungslos sein)* · **zum entscheidenden Schlag ausholen** *(sich anschicken, jmdm. eine Niederlage beizubringen).*
schlagartig: eine schlagartige Veränderung der Lage; s. wurde ihr alles klar, wurde es ihr bewusst.

schlagen /vgl. schlagend/: **1.** a) ⟨jmdn. s.⟩ *prügeln:* ein Kind, ein Tier s.; jmdn. mit der Hand, mit dem Stock s.; die beiden haben sich heftig geschlagen; Ⓡ eh ich mich s. lasse (scherzh.; Antwort auf eine Aufforderung); b) ⟨sich mit jmdm. s.⟩ *sich prügeln:* er hat sich wieder mit den Klassenkameraden geschlagen; c) ⟨jmdn., etw. irgendwie s.⟩ *durch Schläge in einen bestimmten Zustand bringen:* jmdn. blutig, bewusstlos, k. o., windelweich, krumm und lahm, grün und blau, zum Krüppel s.; er hat alles in Stücke, in Scherben, kurz und klein geschlagen. **2.** *einen Schlag führen:* a) ⟨irgendwohin s.⟩ nach einer Fliege s.; gegen die Tür s.; mit dem Hammer dreimal auf den Grundstein s.; er schlug wild um sich; wütend mit der Faust auf den Tisch s.; ⟨sich (Dat.) irgendwohin s.⟩ sie schlug sich an die Stirn, vor die Brust; b) ⟨jmdm./(seltener:) jmdn. irgendwohin s.⟩ jmdm./(seltener:) jmdn. auf die Hand, auf die Finger, ins Gesicht s.; er schlug ihm/(seltener:) ihn wohlwollend auf die Schulter; c) ⟨etw. irgendwohin s.⟩ die Hände vors Gesicht s.; ⟨jmdm. etw. irgendwohin s.⟩ jmdm. den Schirm auf den Kopf, das Heft um die Ohren s. **3.** ⟨[irgendwohin] s.⟩ *prallen; auftreffen:* sie schlug gegen die Wand, mit dem Kopf auf den Boden; die Wellen schlagen ans Ufer, gegen das Schiff; der Regen schlägt heftig gegen das Fenster; die Segel schlugen gegen die Masten; er hörte [im Haus] eine Tür s. *(geräuschvoll ins Schloss fallen);* ⟨jmdm. irgendwohin s.⟩ der Rollladen schlug ihm an den Arm; ÜBERTR.: diese Nachricht ist mir auf den Magen, aufs Gemüt geschlagen. **4.** ⟨etw. irgendwohin s.⟩ *durch Schläge erzeugen:* Löcher ins Eis, einen Durchbruch durch die Wand s.; ⟨jmdm. etw. irgendwohin s.⟩ er hat ihm ein Loch in den Kopf geschlagen. **5.** a) (Sport) ⟨etw. s.⟩ *durch einen Schlag zustande bringen:* Flanken, genaue Pässe, einen Freistoß s.; aggressive Returns s.; trickreich [über das Netz] geschlagene Stoppbälle; b) ⟨jmdn., etw. irgendwohin s.⟩ *durch einen Schlag befördern:* einen Nagel in die Wand, durch das Brett s.; Pfähle, Pflöcke in den Boden s.; Eier in die Pfanne, in die Suppe s. *(aufschlagen und einlaufen lassen);* die Kartoffeln wurden im Sieb zu Brei geschlagen *(gedrückt);* Schuhe auf/über den Leisten s. *(spannen);* die Decke zur Seite s.; der Adler schlug die Fänge in sein Opfer *(packte* sein Opfer mit den Krallen); den Gegner zu Boden s.; (Sport:) den Ball ins Aus, ins Netz s.; den Puck ins Tor s.; **c)** ⟨jmdm. etw. aus/von etw. s.⟩ *mit einem Schlag entfernen:* jmdm. das Buch aus der Hand, den Hut vom Kopf s. **6.** ⟨jmdn., etw. an etw. (Akk.) s.⟩ *anbringen, befestigen:* Plakate an die Wände s.; Christus wurde ans Kreuz geschlagen. **7.** ⟨etw. über etw. (Akk.) s.⟩ *legen:* eine Decke, eine Plane über die Waren s.; ein Bein über das andere s. **8.** ⟨irgendwohin/irgendwoher s.⟩ *dringen:* Flammen schlagen aus dem Haus, gegen den/zum Himmel; der Blitz ist/(auch:) hat in den Baum geschlagen. **9.** ⟨etw. s.⟩ *fällen:* Bäume, Holz s.; ein frisch geschlagener Weihnachtsbaum. **10. a)** ⟨irgendwohin s.⟩ *sich heftig hin und her bewegen:* der Fensterladen schlägt im Wind; die Fahne, das Segel schlug mit knallendem Geräusch hin und her; **b)** ⟨mit etw. s.⟩ *heftige Bewegungen ausführen:* der Vogel schlägt mit den Flügeln; der Wal, das Krokodil schlägt mit dem Schwanz; sie schlug beim Kraulen heftig mit den Beinen. **11.** ⟨etw. s.⟩ **a)** *bilden:* einen Kreis [mit dem Zirkel] s.; sie schlug einen Bogen *(ging in einem Bogen)* um das Haus; sie schlug das Kreuz *(bekreuzigte sich);* am Rücken schlägt die Jacke Falten *(entstehen Falten);* **b)** *mit bestimmten Bewegungen angeben:* den Takt, den Rhythmus s. [mit den Fingern auf dem Tisch]. **12.** ⟨etw. s.⟩ **a)** *ein Instrument spielen:* die Trommel, Pauke, Laute s.; **b)** *Töne auf einem Instrument hervorbringen:* einen Wirbel [auf der Trommel] s. **13. a)** ⟨etw. um etw. s.⟩ *als Hülle um etw. legen:* ein Tuch um die Schultern s.; Packpapier um etw. s.; **b)** ⟨etw. in etw. (Akk.) s.⟩ *einwickeln:* die Schuhe in Zeitungspapier, den Teig in ein feuchtes Tuch s. **14. a)** ⟨[irgendwie] s.⟩ *erklingen:* die Uhr schlägt falsch, richtig, genau; ÜBERTR.: die Stunde der Wahrheit, der Rache hat geschlagen; **b)** ⟨etw. s.⟩ *durch einen Ton anzeigen:* es/die Uhr schlägt neun Uhr, Mitternacht; ADJ. PART.: ich habe eine geschlagene (ugs.; *volle)* Stunde gewartet. **15.** *auf besondere Weise singen* /von Vögeln/: Finken, Nachtigallen, Drosseln schlagen. **16.** ⟨[irgendwie] s.⟩ *in Stößen spürbar sein, arbeiten:* der Puls schlägt schwach, schnell, unregelmäßig; sein Herz hat aufgehört zu s.; ⟨jmdm. irgendwie s.⟩ mir schlug vor Aufregung das Herz bis zum Hals; ÜBERTR.: ihm schlug das Gewissen. **17. a)** ⟨jmdn. [im Kampf] s.⟩ *besiegen:* den Gegner, den Feind [im Kampf] s.; unsere Mannschaft hat die Schotten mit 3 : 0 Toren, (ugs.:) 3 : 0 geschlagen; sie schlug die Titelverteidigerin um einige Längen; mit seinen Preisen hat er die Konkurrenz geschlagen; **b)** ⟨sich irgendwie s.⟩ *sich be-*

haupten: er, die Mannschaft hat sich tapfer, gut, wacker geschlagen; in, bei der Diskussion hat sie sich hervorragend geschlagen; **c)** ⟨sich mit jmdm. s.⟩ *sich duellieren:* er hat sich mit seinem Rivalen geschlagen; **d)** (ugs.) ⟨sich um etw. s.⟩ *sich heftig bemühen:* die Leute haben sich um die Eintrittskarten, um die besten Plätze geschlagen; sie schlugen sich *(stritten sich heftig)* darum, wer zuerst fahren durfte. **18.** (geh.) ⟨jmdn. s.⟩ *schwer treffen:* Gott hat ihn geschlagen; ein [vom Schicksal] geschlagener Mann. **19.** (Brettspiele) ⟨etw. s.⟩ *durch einen Zug aus dem Spiel bringen:* ich habe seinen Turm mit der Dame geschlagen; ⟨auch ohne Akk.⟩ die Bauern ziehen gerade, schlagen aber schräg. **20.** ⟨etw. s.⟩ *durch Rühren mit einem Gerät in einen bestimmten Zustand bringen:* Sahne, Eiweiß [mit dem Schneebesen] steif, schaumig s.; den flüssigen Teig 30 Minuten s.; Sahne s. *(Schlagsahne herstellen).* **21.** ⟨nach jmdm. s.⟩ *jmdm. ähnlich sein:* sie schlägt ganz nach dem Vater, nach ihrer Mutter. **22.** *hinzufügen:* **a)** ⟨etw. zu etw. s.⟩ das Erbteil wurde zu ihrem Besitz geschlagen; dieses Gebiet wurde zu Bayern geschlagen; die Zinsen werden zum Kapital geschlagen; **b)** ⟨etw. auf etw. (Akk.) s.⟩ alle Unkosten, die Steuern auf den Verkaufspreis, auf die Ware s. **23.** ⟨in etw. (Akk.) s.⟩ *gehören:* diese Frage schlägt in einen ganz anderen Bereich; das schlägt nicht in mein Fach/Ressort;

∗ **sich geschlagen geben/**(geh.:) **bekennen** *(eingestehen, dass man den Unterlegene, der Verlierer ist)* · **mit jmdm., etw. geschlagen sein** (ugs.; *unter jmdm., etw. zu leiden haben*): sie ist mit einem Augenleiden geschlagen; mit dir ist man wirklich geschlagen (auch scherzh.; *bestraft)!*

schlagend: ein schlagender Vergleich; eine schlagende Argumentation; das ist ein schlagender Beweis; etw. s. beweisen, widerlegen.

Schlager, der: **a)** *Lied aus dem Bereich der U-Musik:* ein sentimentaler, eingängiger, beliebter, bekannter S.; einen S. singen, komponieren; **b)** *Kassenschlager:* diese Uhren sind ein S.; das Theaterstück, das Buch war der S. der Saison.

Schlägerei, die: eine S. [mit jmdm.] anfangen; es kam zu einer heftigen, brutalen, wilden, wüsten S.; in eine S. geraten.

schlagfertig: ein schlagfertiger Redner; eine schlagfertige Antwort; er ist sehr s.; s. parieren, antworten.

Schlaglicht, das: ⟨in der Wendung⟩ **ein Schlaglicht auf jmdn., etw. werfen** *(bezeichnend für jmdn., etw. sein):* diese Äußerung wirft ein S. auf ihn, auf seine Denkweise.

Schlagseite, die (Seemannsspr.): das Schiff hat schwere, starke S.;

∗ **[eine] Schlagseite haben** (ugs. scherzh.; *betrunken sein und daher schwanken).*

Schlagwort, das: a) *Slogan:* die Schlagworte der Aufklärung, der Französischen Revolution; das S. »Zurück zur Natur«; das S. von der neuen Sachlichkeit; b) (oft abwertend) *abgegriffene Redensart:* er hat immer ein paar Schlagworte zur Hand; mit Schlagworten um sich werfen.

Schlagzeile, die: auffällige, reißerische Schlagzeilen; sie hat schon öfter Schlagzeilen geliefert, für Schlagzeilen gesorgt *(so viel Aufsehen erregt, dass die Zeitungen groß darüber berichteten);* in die Schlagzeilen kommen, geraten; jmdn., etw. in die Schlagzeilen bringen; * **Schlagzeilen machen** *(über die Presse in der Öffentlichkeit besonderes Aufsehen erregen).*

Schlamm, der: den S. aufwühlen; die Füße aus dem S. ziehen; bis an, bis über die Knöchel im S. waten; im S. versinken, stecken bleiben; sie reinigten ihre Schuhe vom S.

Schlamperei, die (ugs. abwertend): eine S. der Behörden, bei/in der Verwaltung; eine S. aufdecken; man darf solche Schlampereien nicht dulden!; jetzt ist aber Schluss mit der S.!

schlampig (ugs. abwertend): eine schlampige Hausfrau, Sekretärin; eine schlampige Organisation; einen schlampigen Eindruck machen; ihr Haushalt ist sehr s.; s. herumlaufen; s. gekleidet sein; der Mechaniker hatte s. gearbeitet; mit etw. s. umgehen; s. geführte Bücher.

Schlange, die: 1. eine giftige, harmlose S.; die S. zischt, gleitet über den Boden, züngelt, ringelt sich zusammen. 2. (abwertend) *weibliche Person:* sie ist eine richtige S.; diese S. hatte ihn betrogen; /auch als Schimpfwort/: du S.! 3. *Warteschlange:* eine S. wartender Leute/von wartenden Leuten; es bildete sich schnell eine S.; vor den Läden standen lange Schlangen; sich ans Ende der S. stellen; sie reihten sich in die S. ein; eine kilometerlange S. *(Autoschlange)* hatte sich vor der Steigung gebildet; * **eine Schlange am Busen nähren** (geh.; *einem hinterlistigen Menschen vertrauen und Gutes tun)* · **Schlange stehen** *(anstehen).*

schlängeln ⟨sich irgendwohin s.⟩: a) *in Windungen kriechen:* die Ringelnatter schlängelt sich durchs Gebüsch, über den Sand; ÜBERTR.: sich durch die Menge, nach vorn s.; b) *in einer Schlangenlinie verlaufen:* der Fluss schlängelt sich durch das Tal, durch die Wiesen; der Zug schlängelte sich bergauf; eine geschlängelte Linie.

schlank: eine schlanke Gestalt, Figur; ein schlanker junger Mann; ein Mädchen von schlankem Wuchs; Obst ist gut für die schlanke Linie; ein schlanker Hals; schlanke Hände, Beine; schlanke Pappeln, Säulen; das Kleid macht dich s. *(lässt dich schlank erscheinen);* man muss sich in der überfüllten Straßenbahn s. machen; ÜBERTR.: der Minister will die Post schlanker machen *(die Mitarbeiterzahl reduzieren).*

schlankweg (ugs.): etw. s. ablehnen, behaupten,

auslassen; dazu war er s. *(einfach)* nicht imstande.

schlapp: 1. a) *kraftlos:* einen schlappen Eindruck machen; ich bin, fühle mich s.; b) (ugs. abwertend) *energielos:* ein schlapper Kerl; eine schlappe Politik; eine schlappe Haltung annehmen. **2.** *locker, schlaff:* ein schlappes Seil; schlappe Muskeln; die nasse Fahne hing s. am Mast. **3.** (salopp) *gerade [mal] eben:* momentan bekommt man nur schlappe 2 Prozent Zinsen aufs Sparbuch; das Thermometer zeigt schlappe 15 Grad.

Schlappe, die: bei den Wahlen eine S. erleben/erleiden, einstecken/hinnehmen müssen; dem Gegner eine empfindliche S. beibringen, zufügen.

schlappmachen (ugs.): viele machten bei der, wegen der großen Hitze schlapp; vor Hunger s.; du darfst jetzt nicht s.!

schlau: 1. *klug, gewitzt:* ein schlaues Mädchen; ein schlauer Bursche; er ist ein schlauer Kopf, (ugs.:) Fuchs, (salopp:) Hund; eine schlaue Idee; was steht denn in dem schlauen Buch (ugs. scherzh.; *Nachschlagewerk)?*; das war sehr s. (auch iron.; *dumm, ungeschickt)* von dir!; sich bei etw. sehr s. vorkommen; das hat sie s. angefangen, angestellt, angepackt. **2.** (ugs.) *angenehm, behaglich:* sich ein schlaues Leben machen; ich fühle mich ganz s. hier, dabei. * **aus etw. schlau werden** (ugs.; *etw. nicht verstehen)* · **aus jmdm. nicht schlau werden** (ugs.; *jmdn. nicht richtig einschätzen, nicht durchschauen können).*

Schlauch, der: **1.** a) *biegsame Röhre:* der S. am Wasserhahn, am Gasherd ist undicht; einen S. aufrollen, an eine Leitung anschließen; er sprengte mit dem S. den Rasen; (ugs.; *ist sehr eng)* das Kleid ist ein richtiger S. (ugs.; *ist sehr eng);* b) *Fahrrad-, Autoschlauch:* der S. hat ein Loch, ist kaputt; einen S. aufpumpen, reparieren, kleben, flicken. **2.** (ugs.) *langer, schmaler Raum:* der dunkle S. des Korridors; das Zimmer ist ein S.; * **ein Schlauch sein** (ugs.; *eine große, lang anhaltende Anstrengung sein)* · **auf dem Schlauch stehen** (salopp; *begriffsstutzig sein).*

schlauchen (ugs.) ⟨jmdn. s.⟩: die Arbeit, das Training, die Schulung hat uns ganz schön geschlaucht; sich total geschlaucht fühlen; ⟨auch ohne Akk.⟩ eine Woche Nachtschicht schlaucht!

schlecht: 1. *minderwertig, mangelhaft:* schlechte Ware; schlechtes Essen; schlechter Wein; eine schlechte Leistung, Ernte; schlechte *(verbrauchte)* Luft; schlechtes *(regnerisches)* Wetter; schlechtes Deutsch; das ist ein schlechter *(kein wirklicher)* Trost; die Straßen sind in schlechtem Zustand; eine schlechte Verdauung haben; schlechte Umgangsformen besitzen; das Fleisch ist s. geworden *(ist verdorben);* das Ei ist s.!

(das ist gut brauchbar!); s. sehen. hören; s. vorbereitet sein; die Sitze sind s. gepolstert; du bist s. *(nicht richtig)* unterrichtet; das Geschäft geht s. *(es wird wenig verkauft)*; er sieht s. *(krank, abgespannt)* aus; das Gehalt war nicht s. *(recht gut)*; wir benötigen zehn Flaschen Wein, s. *(knapp)* gerechnet; ⟨s. [in etw. (Dat.)]⟩ er ist s. in Englisch *(seine Leistungen im Fach Englisch sind mangelhaft)*. **2.** *ungünstig, nachteilig:* eine schlechte Nachricht; schlechte Zeiten; keine schlechte *(eine gute, glückliche)* Idee!; das ist ein schlechtes Zeichen; einen schlechten Eindruck machen; eine schlechte Stimmung, Laune; jmdm. einen schlechten Dienst erweisen; einen schlechten Ruf, eine schlechte Presse haben; in schlechtem Ruf stehen; sie war s. beraten; er hat sie, das geliehene Buch s. behandelt; seine Sache steht s.; s. abgeschnitten haben; es sieht s. für sie aus; es steht s. um den Patienten; er hat es bei seinen Pflegeeltern sehr s.; es geht ihm s. *(er ist nicht gesund, hat finanzielle Schwierigkeiten)*; du darfst nicht s. über ihn reden, von ihm denken; das Essen ist ihm s. bekommen; das wird ihr s. bekommen *(sich übel für sie auswirken)*; wir sind s. dabei weggekommen; heute passt es [mir], geht es s. *(habe ich keine Zeit)*. **3.** *unangenehm:* eine schlechte Angewohnheit, Eigenart; ein schlechter Geruch; das Essen schmeckt s. **4.** *böse:* ein schlechter Mensch, Charakter; in schlechte Gesellschaft geraten; schlechte *(unanständige)* Witze erzählen; mit schlechtem Gewissen; sie hat s. an ihm gehandelt; SUBST.: sie hat nichts Schlechtes im Sinn. **5.** *körperlich unwohl, übel:* mir ist ganz s.; ihm ist es auf der Fahrt, nach dem Essen s. geworden; bei diesem Geschwätz kann einem ja s. werden. **6.** *schwerlich, kaum:* etw. s. absagen, ablehnen, ausschlagen können; damit ist er nur s. zurechtgekommen; ⋆ **nicht schlecht** (ugs.; *sehr)*: sie staunte nicht s. als wir kamen · **schlecht und recht** *(so gut es geht):* er hat sich s. und recht durchs Leben geschlagen · **mehr schlecht als recht** *(nicht besonders gut):* sie spielt mehr s. als recht Klavier · **jmdn., etw. schlecht machen** *(Nachteiliges über jmdn., etw. sagen):* sie hat mich beim Vorgesetzten s. gemacht; er macht überall unsere Produkte s. schlecht.

schlechterdings: das war s. unmöglich; dazu war sie s. nicht imstande; es war s. *(geradezu)* alles erlaubt.

schlechthin: 1. ⟨einem Substantiv nachgestellt⟩ *in reinster Ausprägung:* das war Tennis s.; er war der Praktiker s.; Shakespeare gilt als der Dramatiker s. **2. a)** *ganz einfach:* sie sagte s. die Wahrheit; **b)** ⟨vor einem Adjektiv⟩ *geradezu:* das ist s. unmöglich, unverschämt; er ist s. unentbehrlich.

schlecken: a) (bes. südd.) ⟨etw./an etw. (Dat.) s.⟩ *lecken:* die Katze schleckt die Milch; die Kinder schleckten Eis, am Eis; ⟨auch ohne Akk. oder Präpositionalobjekt⟩ lass mich auch mal s.!; **b)** (bes. nordd.) ⟨etw. s.⟩ *naschen:* Bonbons, Süßigkeiten s.; ⟨auch ohne Akk.⟩ die Kinder schlecken gern.

schleichen: 1. *sich leise und langsam fortbewegen:* die Katze schleicht; er schlich auf Zehenspitzen, um keinen zu wecken; der Fuchs schleicht nach Beute; ÜBERTR.: die Zeit schleicht *(vergeht nur langsam)*; eine schleichende *(sich allmählich ausbreitende)* Inflation, Krankheit; ein schleichendes Fieber. **2.** *sich schleichend bewegen:* **a)** ⟨irgendwohin s.⟩ der Dieb ist ums Haus, die Katze ist durch den Flur geschlichen; **b)** ⟨sich irgendwohin s.⟩ er schlich sich aus dem Zimmer, ins Haus; ⟨auch ohne Raumangabe⟩ schleich dich! (bes. südd., österr.; *verschwinde!)*; ÜBERTR.: sich aus der Verantwortung s. **3.** ⟨irgendwohin s.⟩ *langsam gehen:* sie schlichen müde nach Hause; er kam über den Hof geschlichen.

Schleier, der: den S. anstecken, ablegen, lüften, hochnehmen, vor dem Gesicht zurückschlagen; die Braut trug einen S.; ich sehe alles wie durch einen S.; *(kann nicht klar sehen)* ein Hut mit S.; ÜBERTR.: der S. der Nacht; der dunkle S. der Zukunft.

⋆ **den Schleier nehmen** (geh.; *Nonne werden)* · **den Schleier des Vergessens/der Vergessenheit über etw.** (Akk.) **breiten** (geh.; *etwas Unangenehmes verzeihen und vergessen sein lassen)* · **den Schleier [des Geheimnisses] lüften** (geh.; *ein Geheimnis enthüllen)*.

schleierhaft: ⟨in der Verbindung⟩ jmdm. schleierhaft sein, bleiben (ugs.; *jmdm. rätselhaft, unerklärlich sein, bleiben)*: der Sinn seiner Worte blieb mir s.; wie sie das fertig gebracht hat, ist mir s.

Schleife, die: **1. a)** eine S. binden, machen, lösen, aufziehen; ein S. aus einem Schuh ist aufgegangen; **b)** *Schmuckschleife:* eine S. im Haar tragen; statt einer Krawatte trug er eine S.; er bestellte einen Kranz mit S. **2.** *starke Biegung:* die große S. der Saar bei Mettlach; die Straße, der Fluss macht eine S.; das Flugzeug zieht Schleifen über der Stadt. **3.** (EDV) *Loop:* eine S. programmieren.

¹schleifen: 1. ⟨etw. s.⟩ **a)** *schärfen:* ein Messer, ein Beil, eine Schere s.; ein scharf geschliffene Sense s.; **b)** *die Oberfläche von Glas o. Ä. bearbeiten:* Edelsteine, Kristall s.; Brillengläser s.; eine rund geschliffene Glasscheibe; Parkett, Marmor s.; ÜBERTR.: geschliffene *(stilistisch ausgefeilte)* Dialoge, Sätze; mit geschliffenen *(vollendeten)* Umgangsformen. **2.** (bes. Soldatenspr.) ⟨jmdn. s.⟩ *drillen:* die Rekruten wurden so geschliffen, dass einige zusammenbrachen.

²schleifen: 1. ⟨jmdn., etw. [irgendwohin] s.⟩ *über*

den Boden hinwegziehen: Holzstämme an den Fluss s.; Kisten aus dem Keller, in den Keller, über den Boden s.; jmdn. an/bei den Haaren s.; das Auto schleifte den Überfahrenen noch 50 m weit; ÜBERTR.: jmdn. ins Kino, von Lokal zu Lokal, zum Chef s. *(überreden, dorthin mitzukommen)*. **2.** ⟨[irgendwo] s.⟩ *den Boden o. Ä. reibend berühren:* ihre Mäntel schleiften auf dem/am Boden, durch den Staub; die Fahrradkette schleift am Schutzblech; die Kupplung s. lassen *(nicht vollständig loslassen);* ÜBERTR.: alles, die Dinge s. lassen (ugs.; *vernachlässigen).* **3.** ⟨etw. s.⟩ *niederreißen:* die Stadtmauer, Festung s.; das Kernkraftwerk wird geschleift.

Schleim, der: S. im Mund, im Hals, in der Nase; eitrigen, klebrigen S. absondern; er hustete blutigen S.; S. absondernde, S. bildende Zellen.

schleimig: 1. *aus Schleim bestehend:* schleimiger Auswurf; die Schnecke zog eine schleimige Spur über das Blatt. **2.** (abwertend) *schmeichelnd und heuchlerisch:* ein schleimiger Kerl; ein schleimiges Benehmen, Getue; s. lächeln.

schlemmen: a) *ausgiebig essen und trinken:* im Restaurant sitzen und s.; auf dem Fest wurde geschlemmt; b) ⟨etw. s.⟩ *genießerisch verzehren:* sie schlemmten Austern.

schlendern ⟨[irgendwohin] s.⟩ *langsam, vergnügt durch die Straßen, durch den Park, über den Platz, auf und ab, in den Laden, zum Hafen s.; wenn wir so schlendern *(gemächlich gehen),* kommen wir zu spät.

Schlendrian, der (ugs. abwertend): dem S. ein Ende bereiten; am alten S. festhalten; aus seinem S. nicht herauskommen.

schlenkern: 1. *hin und her schwingen:* a) ⟨mit etw. s.⟩ sie schlenkerten mit den Armen, mit den Beinen; schlenkere nicht so mit dem Eimer!; b) ⟨etw. s.⟩ die Arme, die Beine s.; sie schlenkerte ihre Handtasche hin und her. **2.** *hin und her schwingen:* der Wagen begann in der Kurve bedrohlich zu s.; ⟨jmdm. irgendwo s.⟩ der lange Rock schlenkerte ihr um die Beine.

Schleppe, die: eine lange, rauschende, seidene S.; die S. heben; über den Arm nehmen, hochraffen; die S. der Braut.

schleppen /vgl. schleppend/: **1.** ⟨etw. [irgendwohin] s.⟩ a) *mit großer Anstrengung tragen:* Möbel, schwere Säcke s.; Kisten in den Keller/auf den Boden, Pakete zur Post s.; er schleppte seinen Koffer zum Bahnhof; b) ⟨etw. s.⟩ *hinter sich herziehen:* Netze (beim Fischen) s.; ein Dampfer schleppt die Lastkähne stromaufwärts; ein Auto in die Werkstatt s. *(abschleppen);* ein Segelflugzeug auf eine bestimmte Höhe s.; c) ⟨sich irgendwie s.⟩ *sich durch Schleppen in einen bestimmten Zustand bringen:* sich müde s.; ich habe mich [an der Waschmaschine] halb zu Tode geschleppt. **2.** a) ⟨sich irgendwohin s.⟩ *sich mit großer Anstrengung bewegen:* sie schleppte sich in die Kü-

che; der Kranke schleppte sich mühsam zum Bett; ÜBERTR.: mühsam schleppt sich der LKW über die Steigung; b) (ugs.) ⟨jmdn. irgendwohin s.⟩ *mitnehmen:* jmdn. zum Arzt, zum Friseur, zu einer Ausstellung s.; er schleppte seine Gäste ins Kino, von einer Sehenswürdigkeit zur anderen, zu einer Party; jmdn. vor den Richter s.; ⟨ugs.⟩ Flüchtlinge o. Ä. *illegal in ein anderes Land bringen:* er soll geschleppt haben; SUBST.: er ist beim Schleppen erwischt worden; **d)** ⟨sich s.⟩ *sich hinziehen:* der Prozess schleppt sich nun schon ins dritte Jahr, über fünf Jahre.

schleppend: a) *schwerfällig:* ein schleppender Gang; eine schleppende Redeweise; die Unterhaltung war anfangs etwas s.; (Kaufmannsspr.:) der Absatz ist schleppend; s. gehen, sprechen; die Arbeiten gehen nur s. voran; b) *langsam [und gedehnt]:* ein schleppender Gesang; er spielt das Stück eine wenig s.

Schlepptau, das: ⟨in den Wendungen⟩ **in jmds. Schlepptau, im Schlepptau [einer Sache]** (1. *von jmdm., etw. geschleppt werdend.* 2. *in jmds. Gefolge, Begleitung)* · **jmdn., etw. im Schlepptau haben** (1. *jmdn., etw. schleppen.* 2. *von jmdm., etw. begleitet, verfolgt o. Ä. werden)* · **jmdn., etw. ins Schlepptau nehmen** *(sich daranmachen, jmdn., etw. zu schleppen):* das Schiff wurde von einem größeren Dampfer ins S. genommen · **jmdn. ins Schlepptau nehmen** (ugs.; *sich jmds. annehmen, ihm weiterhelfen).*

schleudern: 1. a) ⟨etw. s.⟩ *mit Schwung werfen:* er hat den Diskus, den Hammer 60 m weit geschleudert; den Speer s.; BILDL.: Jupiter schleudert Blitze; b) ⟨jmdn., etw. irgendwohin s.⟩ *mit heftigem Schwung werfen, befördern:* eine Flasche über Bord s.; sie schleuderte das Buch in die Ecke, auf den/zu Boden; der Sturm hat das Schiff gegen die Felsen geschleudert; der Wagen wurde aus der Kurve, gegen die Leitplanke geschleudert; er wurde aus dem PKW geschleudert; ÜBERTR.: sie schleuderte ihm ein paar Schimpfwörter an den Kopf. **2.** a) *aus der Spur rutschen:* der Wagen fing an zu s.; SUBST.: der Wagen geriet, kam [auf den nassen Asphalt, auf der nassen Fahrbahn] ins S.; b) ⟨irgendwohin s.⟩ *sich schleudernd bewegen:* das Auto ist nach rechts, auf einen geparkten LKW, in den Graben geschleudert; **3.** a) ⟨etw. s.⟩ *in einer Schleuder o. Ä. bearbeiten:* Honig s. *(mithilfe der Zentrifuge aus den Waben herausschleudern);* [die] Wäsche [in der Maschine] s.; etw. in einer Zentrifuge s.; b) *sich im Schleudergang befinden:* die Waschmaschine schleudert gerade. ★ **ins Schleudern geraten/kommen** (ugs.; *die Kontrolle verlieren, unsicher werden)* · **jmdn. ins Schleudern bringen** (ugs.; *bewirken, dass jmd. die Kontrolle verliert, unsicher wird).*

schleunig (geh.): *unverzüglich; eilig:* mit schleunigen Schritten; um schleunigste Erledigung bit-

S

ten; schleunige Hilfe tut Not; sie muss s. zurückkehren.
schleunigst: *so schnell wie möglich:* ich muss s.
zum Bahnhof; er hielt es für besser, s. zu verschwinden.
Schleuse, die: die Schleusen eines Flusses, eines
Kanals; die Schleusen öffnen, schließen, sperren;
das Schiff fährt durch eine S., in die S. [ein];
BILDL.: der Himmel öffnet seine Schleusen (geh.;
es beginnt stark zu regnen); ÜBERTR.: der Astro-
naut kann die Kapsel nur durch eine S. verlassen.
schleusen: 1. ⟨etw. s.⟩ *durch eine Schleuse bringen:*
ein Schiff s.
2. ⟨jmdn., etw. irgendwohin s.⟩ **a)** *bringen, geleiten:* Reisende durch die Passkontrolle s.; eine
Wagenkolonne durch den Verkehr, zum Bahnhof
s.; **b)** *einschleusen:* Flüchtlinge durch ein Lager,
über die Grenze s.; einen Agenten in das Ministerium s.; Werksgeheimnisse ins Ausland, nach Japan s.
Schliche, die ⟨Plural⟩: er kennt alle S.; wer hatte ihn
auf die S. gebracht?;
∗ **jmdm. auf die/hinter jmds. Schliche kommen** *(jmds. Methoden, Absichten erkennen,
durchschauen).*
schlicht: I. ⟨Adj.⟩ **1.** *einfach:* ein schlichtes Orna-
ment; eine schlichte Form, Feier, Wohnungseinrichtung; schlichte Kleidung; ein Kleid von
schlichter Eleganz; in schlichten *(bescheidenen)*
Verhältnissen leben.
2. *geistig anspruchslos:* ein schlichter Mensch;
ein schlichtes Gemüt; schlichte Leute.
3. *bloß, rein:* eine schlichte Tatsache; der
schlichte Wunsch, Selbsterhaltungstrieb; ein
schlichtes Gebot der Humanität.
II. ⟨Partikel⟩ *ganz einfach:* das ist s. gelogen,
falsch; das scheint s. unvorstellbar; das haben
wir s. verschlafen;
∗ **schlicht und einfach** (ugs., nachdrücklich;
ganz einfach): er hat es s. und einfach abgestritten · **schlicht und ergreifend** (ugs. scherzh.;
ganz einfach): ich habe es s. und ergreifend vergessen.
schlichten ⟨etw. s.⟩: einen Streit s.; die Sache ist vor
dem Friedensrichter geschlichtet worden.
schließen /vgl. geschlossen/: **1.** ⟨etw. s.⟩ *zumachen:*
eine Tür, die Fenster, das Ventil, einen Schrank,
einen Koffer, einen Kasten, einen Deckel, die Augen, den Mund, die Hand zur Faust s.; ein Buch
s.; eine Flasche [mit einem Korken] s.; sie half ihr,
das Kleid zu s.
2. a) ⟨etw. s.⟩ *den Betrieb einstellen:* ein Geschäft
vorläufig, aus Altersgründen s.; der Fleischer
schließt seinen Laden mittwochs schon um 13
Uhr; die Messe hat ihre Pforten geschlossen *(ist
zu Ende);* der Schalter wird um 18 Uhr geschlossen; die Schulen wurden wegen Ansteckungsge-
fahr geschlossen; die Post, das Museum ist heute
geschlossen; /Schild an Geschäften, auf Ämtern o. Ä./:
heute geschlossen!; ⟨ohne Akk.⟩ die Fabrik

musste s.; **b)** *geschlossen werden:* die Schulen
schließen für sechs Wochen; die Geschäfte
schließen um 20 Uhr; der Bäcker *(die Bäckerei)*
hat über Mittag geschlossen; ⟨irgendwie s.⟩ die
Börse schloss freundlich (Börsenw.; *bei Börsen-
schluss standen die Kurse günstig).*
3. a) ⟨sich s.⟩ *zugehen:* die Blüten haben sich bereits geschlossen; die Tür hatte sich inzwischen
wieder geschlossen; die Fangarme schlossen *(legten)* sich um das Opfer; die Wunde hat sich noch
nicht geschlossen *(ist noch nicht zugeheilt);*
b) ⟨irgendwie s.⟩ *in einer bestimmten Weise zugehen:* die Tür schließt gut, schlecht, schwer, automatisch, von selbst; der Deckel schließt nicht
richtig; **c)** *einen Schlüssel im Schloss herumdrehen:* du musst zweimal s.
4. a) ⟨jmdn., etw. in etw. (Akk.) s.⟩ *einschließen:*
Schmuck in eine Kassette s.; der Gefangene
wurde in eine Zelle geschlossen; ÜBERTR.: jmdn.
in die Arme s. *(umarmen);* **b)** ⟨etw. an etw. (Akk.)
s.⟩ *anschließen:* er schloss sein Fahrrad an das
Geländer, den Hund an die Kette.
5. ⟨etw. s.⟩ *zumachen:* eine Lücke im Zaun s.; einen gebrochenen Deich, Damm wieder s. *(reparieren);* einen Durchgang, einen Zugang s.; einen
Stromkreis s. *(vervollständigen);* ÜBERTR.: die
Grenze s. *(unpassierbar machen).*
6. ⟨[mit jmdm.] etw. s.⟩ *eingehen:* mit jmdm. einen Vertrag, einen Bund, ein Bündnis s.; Frieden
s.; mit jmd. die Ehe s. /verblasst/: eine Bekanntschaft s.; wir schlossen Freundschaft mit ihm;
mit jmdm. einen Kompromiss s.
7. ⟨etw. s.⟩ *beenden:* eine Sitzung, eine Versammlung, eine Debatte s.; ich schließe nun die Red-
nerliste *(nehme keine neuen Wortmeldungen
mehr an);* ⟨etw. [mit etw.] s.⟩ er schloss seine
Rede, seinen Brief mit den Worten: ...; ⟨auch
ohne Akk.⟩ sie schloss *(beendete ihren Vortrag
o. Ä.)* mit einem Zitat; hiermit schließe ich für
heute.
8. a) ⟨etw. aus etw. s.⟩ *folgern:* das lässt sich
[nicht] ohne weiteres aus seinen Worten, aus seinem Verhalten, aus den Anzeichen s.; daraus
kann man s., dass ...; **b)** ⟨von jmdm., etw. auf
jmdn., etw. s.⟩ *Schlussfolgerungen ziehen:* vom
Besonderen auf das Allgemeine s.; von den hiesigen Verhältnissen auf die Zustände in Frankreich
s.; vom Stil auf den Autor, auf die Entstehungszeit des Werkes s. *(den Autor, die Entstehungszeit
herleiten);* du schließt von dir auf andere.
9. ⟨mit etw. s.⟩ *enden:* der Prozess schloss mit einem Freispruch; der Brief schloss mit einem
Gruß an die Familie.
10. ⟨sich an etw. (Akk.) s.⟩ *auf etw. folgen:* daran
schloss sich ein Unterhaltungsprogramm; an den
Vortrag schloss sich eine Diskussion an.
∗ **etw. in sich schließen** *(etw. [mit] enthalten).*
schließlich: **1.** *zum Schluss, zuletzt:* s. gab er nach;
s. waren auch die letzten Gäste gegangen.

2. *immerhin:* er ist s. mein Freund; ich kann sie s. nicht einfach sitzen lassen; * **schließlich und endlich** (ugs., nachdrücklich; *schließlich*).

Schliff, der: **1.** *das Geschliffensein:* der S. von Edelsteinen; das Glas hat einen feinen, schönen S. **2.** *gute Umgangsformen:* ihm fehlt jeder S.; jmdm. S. beibringen; sie hat keinen S. **3.** *endgültige Form:* dadurch kriegt die Sache erst [ihren] S.; er muss seinem Aufsatz noch den letzten S. geben.

schlimm: 1. *äußerst unangenehm, übel:* ein schlimmer Fehler; eine schlimme Nachricht, Situation, Erfahrung; schlimme Zustände, Zeiten; das nimmt noch einmal ein schlimmes Ende; sie haben ihm einen schlimmen Streich gespielt; es war nicht so s., wie ich fürchtete; es ist alles halb so s.; das hätte schlimmer kommen können; ist nicht s.! *(das macht nichts!);* [das ist] desto/um so schlimmer; es sieht s. *(bedrohlich)* aus; der Streit ging s. aus; es steht s. mit ihm, um ihn; die Sache war sehr s. für uns; SUBST.: das Schlimmste war, dass keiner geholfen hat; es gibt Schlimmeres [als diesen Kummer]; das Schlimmste fürchten; ich kann nichts Schlimmes dabei, daran finden; sich auf das Schlimmste gefasst machen; das Schlimmste haben wir hinter uns; wenn es zum Schlimmsten kommt, ... **2.** *moralisch schlecht:* er ist ein schlimmer Bursche; die Gegend soll ganz s. sein; SUBST.: du bist [mir] ja ein ganz Schlimmer (scherzh.; *ein Schwerenöter)!* **3.** (fam.) *entzündet:* eine schlimme Hand, einen schlimmen Finger haben. **4.** (ugs.) 〈verstärkend bei Adjektiven und Verben〉 *sehr:* heute ist es s. kalt; sie hat s. gehustet.

Schlinge, die: **a)** *ineinander geschlungene Schnur o.Ä.:* eine S. aus Draht; die S. ist aufgegangen; eine S. machen, knüpfen, zuziehen, lockern, aufziehen; er trug den Arm in der S. *(in einer zu einer Schlinge geknoteten Tragetuch);* **b)** */ein Fanggerät/:* Schlingen legen, stellen; ein Hase hatte sich in der S. gefangen; es ist verboten, Tiere in der S. zu fangen; * **jmdm. die Schlinge um den Hals legen** *(jmdn. hart bedrängen)* · **[bei jmdm.] die Schlinge zuziehen** *(schließlich jmdn. fassen)* · **sich in der eigenen Schlinge fangen** *(der eigenen List zum Opfer fallen).*

¹schlingen: 1. 〈etw. um jmdn., etw. s.〉 *binden:* einen Schal, ein Tuch um den Hals, um die Schultern s.; eine Schnur um ein Päckchen s.; sie schlang die Arme um ihn, um seinen Hals; 〈sich (Dat.) etw. um etw. s.〉 sie schlang sich einen Sarong um die Hüften. **2.** 〈sich um etw. s.〉 *sich winden:* dichter Efeu schlingt sich um den Baum; die Natter schlingt sich um die Beute. **3. a)** 〈etw. in etw. (Akk.)/durch etw. s.〉 *flechten:* Bänder ins Haar s.; 〈jmdm., sich etw. in etw.

〈Akk.〉 s.〉 sie schlang sich Bänder ins Haar; **b)** 〈etw. zu etw. s.〉 *verknüpfen:* sie hatte das Haar zu einem Knoten geschlungen; **c)** 〈etw. s.〉 *durch Verknüpfen herstellen:* einen Knoten s.

²schlingen 〈[etw.] s.〉: *hastig essen:* schling nicht so!; er schlang seine Suppe.

schlingern: **a)** *(von Schiffen) rollen:* das Boot, das Schiff schlingerte [auf der stürmischen, hochgehenden See]; ÜBERTR.: die Eisenbahnwagen haben geschlingert *(bedrohlich geschaukelt);* **b)** 〈irgendwohin s.〉 *sich rollend fortbewegen:* die Boote schlingerten durch die raue See, über den Kanal; * **ins Schlingern geraten/kommen** (ugs.; *die Kontrolle über etw. verlieren).*

Schlips, der (ugs.): ein gepunkteter S.; einen S. tragen, binden, umbinden; den S. festziehen, abnehmen; er fasste ihn am S.; * **jmdm. auf den Schlips treten** (ugs.; *jmdn. zu nahe treten; jmdn. beleidigen)* · **sich (Dat.) auf den Schlips getreten fühlen** (ugs.; *gekränkt, verletzt sein).*

Schlitten, der: **1.** ein mit Pferden bespannter S.; fahren; sich auf den S. setzen; auf/mit dem S. den Hang hinuntersausen; ÜBERTR.: er fährt einen tollen, alten, rasanten S. (salopp; *ein tolles* usw. *Auto).* **2.** (Technik) *verschiebbarer Maschinenteil:* der S. der Schreibmaschine; ein Werkstück in den S. der Maschine einspannen; * **mit jmdm. Schlitten fahren** (ugs. abwertend; *jmdn. hart und rücksichtslos behandeln).*

schlittern: 1. a) *über eine vereiste Fläche rutschen:* die Kinder haben den ganzen Nachmittag geschlittert; ÜBERTR.: der Wagen schlitterte [auf der regennassen Straße]; **b)** 〈irgendwohin s.〉 *sich schlitternd fortbewegen:* sie sind über den zugefrorenen Teich geschlittert. **2.** 〈in etw. (Akk.) s.〉 *unversehens geraten:* sie ist in ein Abenteuer, eine Krise geschlittert; das Unternehmen schlitterte in ein Defizit, in die Pleite.

Schlittschuh, der: [jmdm., sich] die Schlittschuhe anschnallen, abschnallen; die Kinder laufen S.

Schlitz, der: **a)** *Spalt:* der S. des Briefkastens; eine Münze in den S. des Automaten stecken; seine Augen wurden zu schmalen Schlitzen; **b)** *Einschnitt in einem Kleidungsstück:* das Kleid, der Rock hat einen seitlichen S.; **c)** (ugs.) *Hosenschlitz:* sein S. ist auf, steht offen; er knöpfte seinen S. zu.

¹Schloss, das: das S. der Tür, des Koffers, der Schublade; das S. an einem Kasten, an einem Schrank; das S. schließt nicht, ist verrostet, schnappt ein; ein neues S. einsetzen, anbringen; das S. ölen, öffnen, aufbrechen, reparieren; der Schlüssel steckte im S.; die Tür fiel ins S. *(schlug zu);* * **hinter Schloss und Riegel** (ugs.; *im, ins Gefängnis).*

²Schloss, das: *Wohngebäude des Adels:* ein altes,

verfallenes S.; S. Charlottenburg; das Heidelberger S.; die Schlösser der Loire; das S. in, von, zu Würzburg; ein S. restaurieren, wieder aufbauen; sie besichtigten das S.;
* **ein Schloss auf dem/im Mond** *(etwas völlig Unrealistisches).*
Schlot, der (landsch.): rauchende Schlote; die Schlote rauchen, qualmen *(die Fabriken arbeiten)* wieder.
schlottern: 1. *heftig zittern:* sie schlotterte am ganzen Leib; mit schlotternden Knien; schlotternd vor Angst, vor Kälte traten sie näher; ⟨jmdm. s.⟩ die Glieder schlotterten ihm vor Angst, vor Fieber.
2. ⟨irgendwo s.⟩ *lose und schlaff herabhängen:* die Kleider schlottern um ihren Leib; ⟨jmdm. irgendwo s.⟩ der Mantel schlotterte ihm um den mageren Körper, am Leib.
Schlucht, die: eine tiefe, felsige S.; unten in der S. fließt ein Bach; er stürzte sich in die S.
schluchzen: laut, herzzerreißend s.; schluchzend berichtete sie von dem Unfall; subst.: sie brach in heftiges Schluchzen aus; ihre Worte wurden immer wieder von Schluchzen unterbrochen; übertr.: eine schluchzende *(sentimentale)* Melodie.
Schluck, der: ein großer, tüchtiger, kräftiger S.; einen S. aus der Flasche nehmen, tun; etw. S. für S., bis auf den letzten S. austrinken; sie trank in, mit kleinen Schlucken; übertr.: wie wärs mit einem S. (ugs.; *etwas*) Kaffee, Wein?;
* **ein [kräftiger, tüchtiger] Schluck aus der Pulle** *(salopp; eine beachtliche Menge).*
schlucken: 1. a) ⟨etw. s.⟩ *hinunterschlucken:* eine Tablette mit etwas Flüssigkeit s.; er hat beim Schwimmen Wasser geschluckt; b) *Schluckbewegungen machen:* vor Halsschmerzen konnte er kaum s.; übertr.: als sie das hörte, schluckte sie *(verschlug es ihr die Sprache).*
2. a) (salopp) ⟨[etw.] s.⟩ *Alkohol trinken:* die Fußballfans haben ordentlich geschluckt; er schluckte, ohne blau zu werden; Weinbrand, zwei Flaschen täglich s.; b) (ugs.) ⟨etw. s.⟩ *einatmen:* Staub, Ruß, Qualm s.
3. (ugs.) a) ⟨etw. s.⟩ *in sich aufnehmen:* der trockene Erdboden schluckt viel Wasser; der Teppich schluckt *(dämpft)* den Schall; die Stoßdämpfer schlucken *(dämpfen)* die Schläge; dunkle Farben schlucken *(absorbieren)* viel Licht; b) ⟨etw. s.⟩ *verbrauchen:* kleinere Autos schlucken weniger Sprit; der Motor, der Wagen schluckt auch bleifreies Benzin; die Anschaffungen haben viel Geld geschluckt *(gekostet).*
4. (ugs. abwertend) ⟨etw. s.⟩ *seinem Besitz o.Ä. einverleiben:* die Firma wurde von einem Großkonzern geschluckt.
5. (ugs.) a) ⟨etw. s.⟩ *hinnehmen:* Benachteiligungen, eine Preiserhöhung, einen Tadel s.; wir müssen seine Bedingungen s.; sie hat die Ausrede, die Geschichte tatsächlich geschluckt *(geglaubt);*

b) ⟨an etw. (Dat.) s.⟩ *Mühe haben, mit etw. fertig zu werden:* an der Kränkung, an dieser Enttäuschung hatte er lange zu s./(seltener:) hat er lange geschluckt.
schludern (ugs. abwertend): er hat [bei der Arbeit] geschludert; mit dem Material s. *(es vergeuden).*
Schlummer, der (geh.): ↑ Schlaf.
schlummern (geh.): das Kind schlummerte sanft; übertr.: in ihm schlummern ungeahnte Kräfte, besondere Fähigkeiten *(sie liegen ungenutzt in ihm verborgen);* eine schlummernde *(latente)* Krankheit, Gefahr; schlummernde Talente.
schlüpfen: 1. a) ⟨irgendwohin s.⟩ *sich geschmeidig [durch eine enge Öffnung] bewegen:* unter die Decke s.; sie schlüpfte aus dem Zimmer, hinter den Vorhang, durch den Zaun, wieder in ihr Versteck; bildl.: der Schwindler schlüpfte durch die Maschen des Gesetzes; b) ⟨[aus etw.] s.⟩ *ausschlüpfen:* die Küken sind geschlüpft; ein Schmetterling schlüpft aus der Larve.
2. a) ⟨in etw. (Akk.) s.⟩ *schnell überziehen:* in einen Mantel, in die Kleider, in die Hausschuhe s.; übertr.: in die Rolle eines anderen s.; b) ⟨aus etw. s.⟩ *schnell ausziehen:* er schlüpfte aus den Kleidern, aus den Schuhen.
schlüpfrig: a) *glitschig:* ein schlüpfriger Boden; die Schlange hat eine schlüpfrige Haut; s. wie ein Aal; pass auf, der Weg ist hier s.!; b) (abwertend) *zweideutig:* schlüpfrige Reden, Witze.
schlurfen: a) *schleppend gehen:* schlurf doch nicht so!; man hörte die alte Frau s.; schlurfend ging er hinaus; schlurfende Schritte; b) ⟨irgendwohin s.⟩ *sich schlurfend fortbewegen:* er schlurfte in Pantoffeln zur Tür, durch das Zimmer; die alte Frau schlurfte nach Hause.
schlürfen: 1. a) ⟨etw. s.⟩ *geräuschvoll trinken:* die Suppe, den Kaffee s.; b) *schlürfende Laute erzeugen:* laut s.; er schlürft immer beim Essen; schlürf nicht so!
2. ⟨etw. s.⟩ *langsam, mit Genuss trinken:* seinen Wein, ein Glas Likör s.
Schluss, der: 1. *Ende, Abschluss:* ein plötzlicher, unerwarteter, überraschender S.; der S. des Romans ist unbefriedigend; S. für heute!; mit dem schönen Wetter, mit den hohen Gewinnen ist [vorerst mal] S.; jetzt ist aber S. [damit]!, S. jetzt! *(jetzt ist es genug!);* am/zum S. des Jahres abrechnen; der Gepäckwagen befindet sich am S. des Zuges; er war am S. seiner Rede angelangt; gegen, nach, vor, [bis] zum S. der Vorstellung; kurz vor S. *(Laden-, Geschäfts-, Dienstschluss);* sie blieben bis zum S. *(bis zuletzt);* damit komme ich zum S. meines Vortrages; zum/am S. der Debatte sprach er nochmals.
2. *Folgerung:* ein logischer, richtiger S.; das ist ein, kein zwingender S.; der S. ist allzu kühn; einen falschen, voreiligen S. aus etw. ziehen; das lässt weit reichende Schlüsse zu; sie kam zu dem S., dass ...;
* **Schluss machen** (1. *Feierabend machen.* 2. ugs.;

seine Arbeit, Stelle aufgeben) · [mit jmdm.]
Schluss machen (ugs.: *eine [Liebes]beziehung
beenden*) · [mit etw.] Schluss machen (ugs.; *[mit
etw.] aufhören*): er hat kürzlich mit dem Rauchen
S. gemacht · [mit sich, mit dem Leben] Schluss
machen (ugs. verhüll.; *sich das Leben nehmen*).
Schlüssel, der: **1.** ein passender, verrosteter S.; der
S. für den Koffer; der S. dreht sich, steckt noch
[im Schloss]; einen S. anfertigen, zufeilen; den S.
umdrehen, abziehen, stecken lassen, einstecken;
jmdm. einen S. aushändigen; er übergibt dem
Bauherrn die Schlüssel des fertigen Gebäudes;
dem Sieger die Schlüssel der Stadt übergeben;
der Bart des Schlüssels ist abgebrochen. **2.** *entscheidendes Mittel:* der S. zum Erfolg; hierin liegt der S. zur Lösung des Problems; dieser
Brief war der S. (*die Erklärung*) für ihr Verhalten.
3. *Chiffrenschlüssel:* ohne S. ist dieses Telegramm nicht zu lesen; ein Geheimschreiben mit/
nach einem S. entziffern. **4.** *Verteilerschlüssel:* der S. für einen Umlauf; die
Beträge werden nach einem bestimmten S. errechnet, verteilt.
schlüssig: eine schlüssige Argumentation, Erklärung; (Rechtsw.:) schlüssige Dokumente, Fakten;
der Beweis ist [in sich] s.; etw. s. beweisen, belegen, widerlegen, beurteilen, beantworten;
* sich (Dat.) schlüssig sein *(sich entschieden haben)*: ich bin mir noch immer nicht s., ob ich es
tun soll · sich (Dat.) schlüssig werden *(sich entscheiden)*: er kann sich nicht [darüber] s. werden.
Schlusspunkt, der: ⟨in der Wendung⟩ einen
Schlusspunkt unter/hinter etw. (Akk.) setzen
(etwas Unangenehmes endgültig abschließen): sie
wollten einen S. unter das Vergangene, Gewesene
setzen.
Schlussstrich, der: ⟨in der Wendung⟩ einen
Schlussstrich unter etw. (Akk.) ziehen *(etwas
Unangenehmes endgültig abschließen):* man
sollte einen S. unter die Sache ziehen.
Schmach, die (geh.): es ist eine S. und Schande, wie
sie behandelt werden; [eine] S. erleiden, ertragen,
erdulden; jmdm. eine S. antun, zufügen; etw. als
S. empfinden.
schmachten (geh.): a) *Entbehrung leiden:* sie
schmachten vor Hunger, Durst, Hitze; im Kerker
s.; unter jmds. Gewaltherrshaft s.; b) ⟨nach
jmdm., etw. s.⟩ *sich heftig sehnen:* nach der Geliebten, nach einem Tropfen Wasser s.; ÜBERTR.:
ein schmachtender (oft spött. od. scherzh.; *hingebungsvoller*) Blick.
schmächtig: ein schmächtiger Junge; von
schmächtiger Gestalt sein; klein u. s. sein; sie
ist für ihr Alter zu s.
schmackhaft: schmackhafte Speisen; das Essen
war s. [zubereitet];
* jmdm. etw. schmackhaft machen (ugs.; *jmdm.
etw. als annehmbar oder erstrebenswert darstellen*).

schmähen (geh.) ⟨jmdn. s.⟩: seinen Gegner s.; er
wurde als Ketzer geschmäht.
schmählich (geh.): eine schmähliche Niederlage;
ein schmählicher Verrat; eine schmähliche Rolle
spielen; sein Ende war s.; jmdn. s. behandeln;
jmdn. s. im Stich lassen; s. versagen.
schmal: 1. *nicht breit; eng:* ein schmaler Weg, Steg;
eine schmale Brücke, Tür; ein schmales Fenster,
Gesicht; sie hat schmale Hände, Füße, Hüften;
sie durchschwammen den See an der schmalsten/(seltener:) schmälsten Stelle; er hat einen
schmalen *(dünnen)* Band Gedichte veröffentlicht; dieses Zimmer ist noch schmaler/schmäler; seine Lippen wurden ganz s. *(er presste sie zusammen);* sich s. machen; ein s. geschnittener
Rock; du bist s. *(dünn)* geworden.
2. (geh.) *gering, karg:* ein schmales Einkommen;
schmale Kost; die Rente war nur s. [bemessen].
schmälern ⟨etw. s.⟩: jmds. Erfolg, Verdienste,
Rechte s.; den Wert von etw. s.; Bäume schmälern den Ertrag der Weideflächen; ⟨jmdm. etw. s.⟩
ich will dir dein Vergnügen, deine Begeisterung
nicht s.; ⟨jmdn. in etw. (Dat.) s.⟩ jmdn. in seinen
Rechten, Verdiensten s.
¹Schmalz, das: *tierisches Fett:* S. auslassen, auskochen; Pfannkuchen werden in S. gebacken; sie
kocht, brät mit S.; ÜBERTR.: S. *(Kraft)* in den Knochen haben.
²Schmalz, der (ugs. abwertend): **1.** *Sentimalität:*
ein Schlager mit viel S.; er singt immer mit S.
2. *etwas Sentimentales:* dieses Lied, dieser Film
ist ein einziger S.
schmalzig (abwertend): eine schmalzige Stimme;
das Lied war s.; sie sang viel zu s.
Schmarren, der: **1.** (österr., südd.) /*eine Mehlspeise/* einen S. zubereiten, essen.
2. (ugs. abwertend) *wertloses geistiges Produkt;
Unsinn:* das Theaterstück, das Musikstück war
ein vollendeter S.; einen solchen S. würde ich mir
nicht ansehen; red nicht einen solchen S.;
* einen Schmarren (ugs.; *überhaupt nichts*): das
geht dich einen S. an; von Wirtschaft versteht er
einen S.
schmatzen: du sollst beim Essen nicht so s.!; laut,
behaglich s.; ÜBERTR.: der feuchte Boden
schmatzte unter ihren Füßen.
schmecken: 1. ⟨etw. s.⟩ *den Geschmack von etw. erkennen:* wenn ich Schnupfen habe, schmecke ich
nichts; man schmeckt das Gewürz in der Suppe
deutlich; sie schmeckten das Salz des Meeres auf
den Lippen; schmeck *(probier)* mal, ob das
Fleisch genügend gesalzen ist!; ⟨auch ohne Akk.⟩
er schmeckte vorsichtig mit der Zunge.
2. a) ⟨[jmdm] irgendwie s.⟩ *einen bestimmten Geschmack hervorrufen:* eine Speise schmeckt süß,
bitter, sauer, gut, schlecht, angebrannt; das Essen schmeckte ihm gut; ⟨es schmeckt irgendwie⟩
es schmeckt mir ausgezeichnet; Ⓡ das schmeckt
rauf wie runter (salopp; *schmeckt sehr schlecht*);
b) ⟨nach etw. s.⟩ *einen bestimmten Geschmack*

haben: der Wein schmeckt nach [dem] Fass, nach dem Korken; die Suppe schmeckt heute nach gar nichts *(ist schlecht gewürzt);* Ⓡ das schmeckt nach mehr (ugs.; *schmeckt so gut, dass man mehr davon essen möchte);* ÜBERTR.: die Sache schmeckt nach Betrug (ugs.; *es steckt sicherlich ein Betrug dahinter);* c) ⟨[jmdm.] s.⟩ *munden:* das Essen schmeckt, hat geschmeckt; schmeckt euch die Suppe?; dem Kind will der Brei nicht s.; ⟨es schmeckt [jmdm.]⟩ schmeckt es euch?; er ließ es sich (Dat.) s.; Ⓡwenn es am besten schmeckt, soll man aufhören; ÜBERTR.: die Arbeit schmeckt (ugs.; *gefällt*) ihm nicht.
Schmeichelei, die: jmdm. Schmeicheleien sagen, zuflüstern; auf Schmeicheleien hereinfallen.
schmeichelhaft ⟨s. [für jmdn.]⟩: ein schmeichelhaftes Lob, Angebot; diese Äußerung klang alles andere als s.; dieses Ergebnis war nicht gerade s. *(war tadelnswert)* für ihn; ÜBERTR.: dieses Bild von ihm ist sehr s. *(lässt ihn vorteilhafter erscheinen, als er in Wirklickeit aussieht).*
schmeicheln: 1. ⟨jmdm., etw. s.⟩ a) *übertrieben Gutes über jmdn., etw. sagen:* seinem Vorgesetzten, allen Leuten s.; du musst seiner Eitelkeit s. *(durch Schmeicheln entgegenkommen);* er schmeichelte ihr, sie sei eine große Künstlerin; er schmeichelt ihm *(hebt sein Selbstgefühl),* dass ...; ⟨auch ohne Dat.⟩ sie versteht zu s., wenn sie etwas haben will; sie bat ihn schmeichelnd; ich fühlte mich, war sehr geschmeichelt *(geehrt);* b) *jmds. äußere Vorzüge zur Geltung bringen:* der Maler hat ihr auf dem Bild geschmeichelt; das Foto schmeichelt ihr; der Hut schmeichelt ihr, ihrem Gesicht; ⟨auch ohne Dat.⟩ Samt schmeichelt; die Aufnahme ist geschmeichelt *(lässt die Person vorteilhafter erscheinen, als sie in Wirklickeit aussieht);* c) (geh.) ⟨sich in etw. (Akk.) s.⟩ *sich jmds. Wohlwollen erschleichen:* er hat sich in ihr Herz geschmeichelt. 2. ⟨sich in etw. (Akk.) s.⟩ *sanft eingehen:* die Klänge schmeicheln sich ins Ohr.
schmeißen (ugs.): 1. a) ⟨jmdn., sich, etw. irgendwohin s.⟩ *werfen:* jmdn., etw. ins Wasser s.; den Ball über die Mauer s.; etw. in den Müll, in den Papierkorb s.; ein Glas an die Wand s.; er hat sich auf das Bett, in den Sessel geschmissen; ⟨jmdm. etw. irgendwohin s.⟩ er schmeißt ihm einen Aschenbecher an den Kopf; ÜBERTR.: jmdn. aus dem Zimmer, aus der Schule s. *(hinausweisen);* b) ⟨mit etw. s.⟩ *werfen:* er hat mit Steinen [nach mir] geschmissen; sie schmissen mit Schneebällen nach den Passanten; ÜBERTR.: mit Geld, mit Geschenken um sich s. *(viel ausgeben, verschenken);* er schmeißt dauernd mit Fremdwörtern um sich; c) ⟨sich in etw. (Akk.) s.⟩ *sich mit etw. kleiden:* zur Feier des Tages hat sie sich in ein Abendkleid, hat er sich in den Smoking geschmissen. 2. ⟨etw. s.⟩ *ausgeben, spendieren:* eine Lage, eine Runde Bier s.; er hat für sie eine tolle Party geschmissen *(gegeben).*

3. ⟨etw. s.⟩ *bewältigen, mit etw. fertig werden:* sie hat den großen Haushalt ganz allein geschmissen; wir werden die Sache, den Laden schon s. 4. ⟨etw. s.⟩ a) *aufgeben, abbrechen:* seine Lehre, seine Ausbildung, seinen Job s.; er hat das Studium, die Therapie geschmissen; b) (Theater, Ferns. Jargon) *verpatzen:* seine Rolle s.; er hat die Szene, die Aufführung, die Vorstellung geschmissen.
Schmelz, der: 1. *Glasur, Email:* Metall mit S. überziehen. 2. *oberste Zahnschicht:* der S. der Zähne schimmert weiß, ist beschädigt. 3. *Lieblichkeit:* der S. der Stimme, der Farben; der S. der Jugend.
schmelzen /vgl. schmelzend/: 1. *flüssig werden:* das Blei schmilzt; das Eis, der Schnee ist [an/in der Sonne] geschmolzen; geschmolzenes Wachs; BILDL.: unsere Zweifel waren geschmolzen *(geschwunden);* sein Trotz schmolz *(schwand)* allmählich; SUBST.: Zinn zum Schmelzen bringen. 2. ⟨etw. s.⟩ *flüssig machen:* Erz, Eisen s.; die Sonne schmolz den Schnee; geschmolzenes Blei.
schmelzend: *gefühlvoll:* eine schmelzende Stimme; schmelzende Blicke.
Schmerz, der: ein rasender, stechender, brennender, furchtbarer, bohrender, wilder, lästiger, heftiger, dumpfer S.; körperliche, seelische, anhaltende, kolikartige, unerträgliche Schmerzen; einen leichten S. empfinden; der S. der Enttäuschung; die Schmerzen traten unregelmäßig auf, kamen immer wieder; die Schmerzen vergingen, klangen ab, ließen nach, wurden schwächer; plötzlich durchzuckte ihn ein höllischer S.; Schmerzen haben, spüren, fühlen, [er]leiden, [er]dulden, ertragen, auf sich nehmen, verbergen, lindern; er empfand tiefen S. über den Untreue; jmdm., sich gegenseitig Schmerzen bereiten; sie hat den S. kaum gespürt; er hat sich die Schmerzen verbissen; ihr Tod erfüllte uns mit tiefem S.; sie erkannte mit Schmerzen/voller S. *(mit Kummer),* dass alles umsonst gewesen war; jmdn. mit Schmerzen *(sehnlichst)* erwarten; der Künstler arbeitete zuletzt ständig unter Schmerzen; ein von S. verzerrtes Gesicht; von Schmerzen gepeinigt, überwältigt sein; er war fast wahnsinnig vor S.; ⟨Ⓡ S., lass nach! (ugs. scherzh.; Ausruf der Verwunderung, des Unwillens); hast du sonst noch Schmerzen? (ugs.; *hast du sonst noch andere unerfüllbare Wünsche?).*
schmerzen: 1. a) *wehtun:* der Zahn, die Wunde schmerzt; b) ⟨jmdm./jmdn. s.⟩ *körperlichen Schmerz verursachen:* mir/mich schmerzt die Schulter; die Füße haben mir/mich geschmerzt; der Kopf schmerzte ihm/ihn von den vielen Eindrücken. 2. ⟨jmdn. s.⟩ *mit Kummer erfüllen:* sein schroffes Verhalten, seine harten Worte, der Verlust, dieser Gedanke schmerzte sie sehr; es schmerzt

mich, dass er mir nicht vertraut; ⟨auch ohne Akk.⟩ eine Niederlage schmerzt natürlich.

schmerzhaft ⟨s. [für jmdn.]⟩: **1.** *körperlichen Schmerz verursachend:* eine schmerzhafte Wunde, Krankheit; die Behandlung war sehr s. **2.** *seelischen Schmerz verursachend:* ein schmerzhaftes Erlebnis; die Trennung war für beide sehr s.; der Verlust trat immer wieder s. in ihr Bewusstsein.

schmerzlich ⟨s. [für jmdn.]⟩: *seelischen Schmerz verursachend:* ein schmerzlicher Verzicht, Verlust; eine schmerzliche Erfahrung, Wahrheit, Gewissheit; ein schmerzliches *(sehnsüchtiges)* Verlangen; das hat mich s. getroffen; er wurde s. vermisst; es war sehr s. für sie; es ist mir s. ⟨geh.; *es tut mir sehr Leid),* dir das sagen zu müssen.

schmerzlos: eine schmerzlose Behandlung, Geburt; die Behandlung war, verlief fast s.

Schmetterling, der: ein bunter, gelber, farbenprächtiger S.; der Schmetterling hat seine Flügel zusammengeklappt; Schmetterlinge flattern, gaukeln über den Blumen; Schmetterlinge fangen, sammeln.

schmettern: 1. a) ⟨jmdn., etw. irgendwohin s.⟩ *mit Wucht schleudern:* ein Glas an die Wand s.; der Fahrer wurde gegen den Pfeiler geschmettert; eine Welle schmetterte ihn zu Boden; sie schmetterte die Tür ins Schloss; er schmetterte *(schoss)* den Ball ins Netz; ⟨jmdm. etw. irgendwohin s.⟩ er schmetterte ihm die Flasche an den Kopf; **b)** (bes. Tischtennis, Tennis) ⟨[etw.] s.⟩ *mit Wucht schlagen:* er versuchte jeden Ball zu s.; sie hat mit der Vorhand geschmettert; ein geschmetterter Ball; **c)** ⟨irgendwohin s.⟩ *mit Wucht aufprallen, gegen etw. schlagen:* er ist mit dem Kopf gegen die Wand geschmettert; Wellen schmetterten gegen den Bug; die Tür schmetterte ins Schloss. **2. a)** *laut schallen:* die Trompeten schmetterten; schmetternde Fanfaren; **b)** *laut singen:* die Vögel schmettern; ein schmetternder Tenor; **c)** ⟨etw. s.⟩ *laut erklingen lassen:* ein Lied s.; die Kapelle schmetterte einen Tusch.

schmieden: a) *glühendes Metall bearbeiten:* mit der Hand s.; ⟨etw. [zu etw.] s.⟩ er schmiedete das Eisen, den Stahl zu einer Klinge; **b)** *durch Schmieden herstellen:* Waffen, ein Hufeisen, eine Klinge s.; ÜBERTR.: Pläne schmieden; Verse s. (scherzh.; *schlecht dichten).*

schmiegen ⟨sich an jmdn., etw./irgendwohin s.⟩: sich an den Geliebten s.; das Kind schmiegt sich an die Mutter, in ihre Arme; das Kleid schmiegt sich an den Körper; sie saß, in die Sofaecke geschmiegt, und las; bildl.: das Haus schmiegt sich an den Hang.

Schmiere, die: **1. a)** *Schmierfett:* mit S. den Wagen, die Achse einfetten; **b)** *schmierige Masse:* das ausgelaufene Öl bildet auf der Straße eine gefährliche S.; was für eine S. hast du denn am Ärmel? **2.** (ugs. abwertend) *niveauloses Theater:* er begann seine Laufbahn an einer S.;

★ [bei etw.] **Schmiere stehen** (salopp; *bei einer unerlaubten Handlung aufpassen und warnen, wenn Gefahr besteht, entdeckt zu werden).*

schmieren: 1. a) ⟨etw. s.⟩ *ölen:* eine Achse, einen Wagen s.; **b)** ⟨irgendwie s.⟩ *etw. gleitfähig machen:* Graphit schmiert ausgezeichnet; dieses Öl schmiert besonders gut, nicht mehr so gut. **2. a)** ⟨etw. irgendwohin s.⟩ *streichend verteilen:* Butter/Marmelade aufs Brot, Salbe auf die Wunde, Lehm in die Fugen s.; ⟨jmdm., sich etw. irgendwohin s.⟩ er schmierte sich Pomade ins Haar; **b)** ⟨etw. s.⟩ *bestreichen:* Butterbrote, Brötchen s.; sie schmierten den Kindern/für die Kinder Brote mit Leberwurst. **3.** (ugs.) **a)** (abwertend) *nachlässig schreiben, malen:* der Schüler schmiert fürchterlich; sie schmiert so, dass man vieles einfach nicht lesen kann; ⟨etw. irgendwohin s.⟩ die Schulaufgaben ins Heft s.; sie haben Parolen an die Wände geschmiert; **b)** *nicht sauber schreiben:* der Kugelschreiber, das Kohlepapier schmiert; die Tinte schmiert. **4.** (salopp abwertend) ⟨jmdn. s.⟩ *bestechen:* man hat den Stadtrat, den Politiker [mit Geld] geschmiert;

★ **wie geschmiert** (ugs.; *reibungslos):* es ging, lief alles wie geschmiert · **jmdm. ein paar, eine schmieren** (salopp; *jmdn. ohrfeigen)* · **ein paar, eine geschmiert kriegen/bekommen** (salopp; *geohrfeigt werden).*

schmierig: 1. *feucht-klebrig [u. rutschig]:* eine schmierige Lehmschicht; der Regen hat die Fahrbahn s. gemacht. **2. a)** *unappetitlich schmutzig:* eine schmierige Schürze; meine Hände sind ganz s.; seine Jacke sieht immer s. aus; **b)** (abwertend) *unsauber, ungepflegt:* eine schmierige Absteige; er hauste in einer schmierigen Bude, verkehrte in schmierigen Kneipen. **3.** (abwertend) **a)** *abstoßend:* ein schmieriger Kerl; er grinste s.; er hat schmierige *(illegale)* Geschäfte gemacht; **b)** *unanständig:* schmierige Witze, Andeutungen, Bemerkungen machen.

Schminke, die: die S. verläuft; S. auftragen, auflegen, abwaschen, entfernen.

schminken ⟨jmdn., sich, etw. s.⟩: einen Schauspieler vor dem Auftritt s.; sie hatte sich für die Rolle geschminkt; der Maskenbildner schminkte ihre Augen, sie schminkt sich nicht *(verwendet kein Make-up);* ⟨jmdm., sich etw. s.⟩ ÜBERTR.: ein geschminkter *(beschönigender)* Bericht.

schmissig (ugs.): schmissige Musik; die Zeichnung war s.; die Band spielte s.

Schmöker, der (ugs.): ein alter, dicker, spannender S.; sie liest schon wieder so einen S.

schmökern (ugs.): *gemütlich lesen:* **a)** wahllos s.; er schmökerte in alten Zeitschriften; **b)** ⟨etw. s.⟩ sie schmökert gern Kriminalromane.

schmollen ⟨[mit jmdm.] s.⟩: sie schmollt schon den

ganzen Tag; schmollende Zurückhaltung; sie verzog schmollend den Mund.

schmoren: a) ⟨etw. [irgendwo] s.⟩ *langsam garen:* Fleisch, einen Braten im eigenen Saft s.; b) ⟨irgendwo s.⟩ *mit wenig Wasser gar gekocht werden:* das Fleisch schmort im Topf; eine Ente, eine Gans, der Braten schmorte im Herd; ÜBERTR.: sie haben in der Sonne geschmort (ugs.; *haben sich ihr ausgesetzt*); ⋆ jmdn. schmoren lassen (ugs.; *jmdn. [in einer unangenehmen Situation] längere Zeit im Ungewissen lassen*) · etw. schmoren lassen (ugs.; *etw. längere Zeit unbeachtet liegen lassen, nicht bearbeiten, nicht verwenden*).

Schmu, der: ⟨in der Wendung⟩ **Schmu machen** (ugs.; *betrügen, nicht ganz ehrlich sein*): im Spiel, mit dem Trinkgeld S. machen.

Schmuck, der: **1.** silberner, goldener, kostbarer, wertvoller, alter, geerbter, modischer, billiger, unechter S.; S. besitzen, tragen, anlegen; den S. ablegen, verwahren, versichern [lassen]; alten S. umarbeiten lassen; sie hat all ihren S. versetzt; sich mit S. behängen. **2.** *schmückende Ausstattung:* der figurale, ornamentale S. eines Portals; die Stadt zeigte sich im S. der Fahnen; die prächtige Balkonbepflanzung trug zum S. des Hauses bei.

schmücken: *verschönern:* a) ⟨jmdn., sich, etw. s.⟩ ein Haus s.; die Straßen mit Girlanden, den Weihnachtsbaum mit Kugeln/Kerzen/Lametta, den Garten mit Lampions s.; die Braut s.; die kleinen Mädchen schmückten sich mit Blumenkränzen; die Tafel war reich, festlich geschmückt; b) ⟨jmdn., etw. s.⟩ ein großer Diamant schmückte ihren Hals; Blumen schmückten die Tafel; ⟨auch ohne Akk.⟩ schmücke Accessoires schmücken ungemein; schmückende Beiwörter; auf schmückendes Beiwerk verzichten.

Schmuggel, der: S. treiben; den S. bekämpfen; beim S. ertappt werden; sie lebten vom S.

schmuggeln: a) ⟨etw. s.⟩ *mit etw. Schmuggel treiben:* Diamanten, Elfenbein, Kaffee, Zigaretten s.; sie schmuggelten Waffen; ⟨auch ohne Akk.⟩ viel, an der Grenze s.; b) ⟨jmdn., etw. irgendwohin s.⟩ *illegal bringen, befördern:* etw. ins Lager, aus dem Lager s.; er musste versuchen ihn aus dem Haus zu s., bevor man Verdacht schöpfte; Waffen aus dem Land, über die Grenze, nach Afrika s.; ⟨jmdm. etw. irgendwohin s.⟩ er schmuggelte ihr *(steckte ihr heimlich)* einen Zettel in die Tasche s.; c) ⟨sich irgendwohin s.⟩ *sich heimlich schleichen:* sich auf ein Schiff s.

schmunzeln: freundlich, selbstgefällig s.; er musste über meine Bemerkung s.; ein schmunzelndes Gesicht machen; SUBST.: die Besucher zum Schmunzeln unterdrücken; die Besucher zum Schmunzeln bringen.

Schmutz, der: klebriger, trockener, stinkender, feuchter S.; der S. der Straße; den S. zusammenkehren, auffegen, aufwischen, abwaschen, von den Schuhen abkratzen, von den Fensterscheiben wischen; die Handwerker haben in der Wohnung großen S. hinterlassen; diese Arbeit macht keinen S.; die Kinder tragen [mit ihren Schuhen] viel S. ins Haus; den gröbsten S. mit einem Spachtel entfernen; S. abweisende Materialien; das Waschmittel wird auch mit hartnäckigem S. fertig; etw. vom S. reinigen; vor S. starren; ⋆ Schmutz und Schund *(minderwertige geistige Produkte, bes. Literatur)* · jmdn. einen feuchten Schmutz angehen (salopp; *jmdn. überhaupt nichts angehen*) · jmdn., etw. durch den Schmutz ziehen/in den Schmutz ziehen, treten *(jmdn., etw. verunglimpfen)* · jmdn. mit Schmutz bewerfen *(jmdn. verleumden)*.

schmutzen: das weiße Kleid, der helle Stoff schmutzt leicht, schnell.

schmutzig: **1.** *nicht sauber:* schmutzige Hände, Füße, Kleider; schmutzige Wäsche; schmutzige *(Schmutz verursachende)* Arbeit; ein schmutziges Gesicht; die Luft, das Wasser, dieser Strand, die Ostsee ist ziemlich s.; der Pullover ist schon wieder s.; sich nicht gern s. machen *(sich nicht gern an schmutzigen Arbeiten beteiligen);* du hast dich, [dir] deinen Anzug s. gemacht; ÜBERTR.: schmutzige *(nicht reine)* Farben; ein schmutziges Gelb; s. weiße Hühner. **2.** (abwertend) a) *unverschämt:* lass deine schmutzigen Bemerkungen; ein schmutziges Lachen, Lächeln; b) *unanständig, obszön:* schmutzige Witze, Gedanken, [Schimpf]wörter; du hast eine schmutzige Fantasie *(du denkst immer gleich an etwas Unanständiges);* c) *anrüchig, unlauter:* eine schmutzige Gesinnung; schmutzige Geschäfte, Praktiken, Tricks; mit schmutzigen Mitteln arbeiten; ein schmutziger Krieg; dieses Gewerbe war ihm zu s.

Schnabel, der: **1.** ein langer, spitzer, krummer, harter, kräftiger, dicker, breiter S.; den S. [weit] aufsperren, aufreißen; den S. wetzen; mit dem S. nach etw. hacken, ein Loch in die Rinde picken; der Storch klappert mit dem S. **2.** (ugs.) *Mund:* sperr/mach mal deinen S. auf! **3.** *Ausguss an einer Kanne o. Ä.:* an der Kanne, am Krug ist der S. abgebrochen. ⋆ den Schnabel halten (ugs.; *still sein; ein Geheimnis nicht verraten*): halt den S.! · den Schnabel [nicht] aufmachen/aufsperren (ugs.; *etw. [nicht] sagen, zu etw. [nicht] schweigen*) · sich den Schnabel verbrennen (ugs.; *etwas Unbedachtes sagen*) · seinen Schnabel an jmdn. wetzen (ugs.; *boshaft über jmdn. reden*).

Schnalle, die: eine ovale, runde, silberne S.; die S. am Schuh drückt; eine S. öffnen, schließen, aufmachen, zumachen; die Schuhe werden seitlich mit einer S. geschlossen.

schnallen: **1.** a) ⟨jmdn., etw. irgendwohin s.⟩ *mit Riemen u. einer Schnalle befestigen:* eine Decke seitlich auf den Koffer s.; der Verletzte wurde auf die Bahre geschnallt; ⟨jmdm., sich etw. irgendwohin s.⟩ ich habe mir den Rucksack auf den Rücken geschnallt; **b**) ⟨etw. irgendwie s.⟩ *mithilfe einer Schnalle eine bestimmte Weite geben:* einen Gürtel enger, weiter s.; die Gurte um den Koffer waren nur lose, zu locker geschnallt. **2.** (salopp) ⟨etw. s.⟩ *begreifen:* etw. nicht, sofort s.; er hat es gleich geschnallt.

schnalzen: mit den Fingern, mit der Peitsche s.; er schnalzte vor Vergnügen mit der Zunge.

schnappen: 1. a) ⟨etw. s.⟩ *mit dem Maul o. Ä. in rascher Bewegung fassen:* der Hund hat die Wurst geschnappt; ÜBERTR.: sie ging zum Fenster, um frische Luft zu s. *(zu atmen);* **b)** ⟨nach jmdm., etw. s.⟩ *jmdn., etw. mit dem Maul o. Ä. zu fassen suchen:* nach einer Fliege s.; der Hund schnappt nach der Wurst; die Gans hat nach meinem Finger, nach mir geschnappt; ÜBERTR.: nach Luft s. (ugs.; *nach Atem ringen).* **2.** (ugs.) **a)** ⟨[sich (Dat.)] jmdn., etw. s.⟩ *schnell ergreifen:* sich schnell ein Brötchen s.; ich schnappte mir Mantel und Hut; sie schnappte die Mappe und rannte weg; schnappt euch einen Zettel und rechnet mit!; den schnapp ich mir!; **b)** ⟨jmdn. [irgendwo] s.⟩ *festnehmen:* jmdn. an der Grenze s.; der Dieb wurde geschnappt. **3.** ⟨irgendwohin s.⟩ *eine schnelle Bewegung ausführen:* die Tür schnappte ins Schloss; der Deckel ist von der Büchse geschnappt; das Brett schnappt in die Höhe.

schnarchen: leicht, laut, pfeifend, mit offenem Mund s.; er hat die ganze Nacht geschnarcht; SUBST.: aus dem Zimmer nebenan drang ein ruhiges Schnarchen.

schnattern: Gänse schnattern; SUBST.: das Schnattern der Enten; ÜBERTR.: er schnatterte (landsch.; *zitterte)* vor Kälte; sie standen im Flur und s. (ugs.; *schwatzten eifrig).*

schnauben: 1. *geräuschvoll durch die Nase atmen:* die Pferde stampften und schnaubten ungeduldig; er schnaubte durch die Nase; ÜBERTR.: vor Wut, vor Zorn, vor Entrüstung s. *(außer sich sein).* **2.** (landsch.) *sich schnäuzen:* **a)** er schnaubte laut in sein Taschentuch; **b)** ⟨sich s.⟩ sie schnaubte sich umständlich; **c)** ⟨sich (Dat.) etw. s.⟩ sie schnaubte sich die Nase.

schnaufen: a) *geräuschvoll atmen:* kurzatmig, unruhig, wütend, erregt s.; er war so gerannt, dass er laut s. musste; SUBST.: beim Treppensteigen ins Schnaufen kommen; **b)** (landsch.) *atmen:* bei der Luft hier kann man ja kaum s.

Schnauze, die: 1. *vorspringendes Maul:* eine lange, spitze S.; die S. des Wolfs, des Fuchses, des Schweins, des Delphins; die S. des Hundes ist kalt, feucht. **2.** (derb) *Mund:* eins, einen Schlag auf die S. kriegen; **3.** (ugs.) *vorderster Teil eines Autos, Flugzeugs:* die S. seines Wagens wurde eingedrückt. ★ **die Schnauze halten** (salopp; *schweigen; ein*

Geheimnis nicht verraten): der kann die S. nicht halten · **die Schnauze [nicht] aufmachen** (salopp; *etwas/nichts sagen)* · **eine große Schnauze haben** (salopp; *großsprecherisch sein, prahlen)* · jmdm. die Schnauze polieren (derb; *jmdm. heftig ins Gesicht schlagen)* · **die Schnauze voll haben** (salopp; *mit seiner Geduld am Ende sein)* · frei [nach] Schnauze, nach Schnauze (ugs.; *nach Gutdünken).*

schnäuzen: *die Nase putzen:* **a)** geräuschvoll, kräftig, heftig s.; ⟨sich s.⟩ er schnäuzte sich umständlich in sein Taschentuch; **b)** ⟨etw. s.⟩ die Nase s.; ⟨sich (Dat.) etw. s.⟩ er schnäuzte sich die Nase mit den Fingern.

Schnecke, die: 1. eine S. kriecht über den Weg, am Boden; die Schnecken von den Salatblättern abnehmen; er ist langsam wie eine S.; als Vorspeise gab es Schnecken *(zubereitete Weinbergschnecken).* **2.** *Teil des Innenohrs:* er wurde an der S. operiert. **3.** *Teil eines Streichinstruments:* die Geigenwirbel sitzen unterhalb der S. **4.** /*ein Hefegebäck/:* Schnecken backen; sie kaufte drei Schnecken; ★ **jmdm. zur Schnecke machen** (ugs.; *jmdm. heftige Vorwürfe machen; jmdn. heruntermachen).*

Schneckentempo, das (ugs.): im S. arbeiten; sich im S. fortbewegen; der Verkehr war so stark, dass wir nur im S. vorwärts kamen, vorankamen.

Schnee, der: **1.** frisch gefallener, dichter, weicher, nasser, festgetretener, verharschter, pappiger, schmutziger, stumpfer *(die Skifahrt bremsender),* schneller *(schneller Skifahrt förderlicher)* S.; der ewige *(immer bleibende)* S. des Hochgebirges; weiß wie S.; in der Nacht sind zehn Zentimeter S. gefallen; der S. fällt in großen, dicken Flocken; S. bedeckt das Land; es lag hoher S.; der S. bleibt nicht liegen, ist [weg]getaut/geschmolzen; der S. knirschte [unter den Sohlen]; sich den S. vom Mantel schütteln, abklopfen; S. fegen, [weg]räumen, schippen; durch den S. stapfen; die Kinder spielten im S.; im S. stecken bleiben; es riecht nach S. *(es wird bald schneien);* ℝ und wenn der ganze S. verbrennt *(die Asche bleibt uns doch]* (ugs. scherzh.; *wir lassen uns durch nichts entmutigen).* **2.** *Eierschnee:* das Eiweiß zu S. schlagen; ★ **Schnee von gestern/vorgestern, vom letzten/vergangenen** o. ä. **Jahr** (ugs.; *etw., was niemanden mehr interessiert).*

Schneid, der, (südd., österr. auch:) die (ugs.): [keinen] S. haben; sie brachten nicht den S. auf, ihre Meinung zu sagen; ★ **jmdm. den/die Schneid abkaufen** (ugs.; *jmdm. den Mut zu etw. nehmen).*

Schneide, die: eine scharfe, stumpfe, schartige S.; eine S. *(Klinge)* aus Stahl; die S. eines Messers, einer Sense; dies S. eines Schwertes.

schneiden: 1. a) ⟨etw. s.⟩ *zerschneiden, aufschneiden:* Papier, Glas, Blech s.; Käse, Brot, Fleisch s.;

Zwiebeln in Ringe, eine Torte in Stücke, den Schinken [in Würfel], den Braten/die Wurst [in Scheiben] s.; Stämme werden zu Brettern geschnitten; b) ⟨etw. s.⟩ *abschneiden:* Blumen, Rosen s.; eine Probe vom Stoff, Zweige von den Bäumen s.; Getreide, Gras mit der Sichel s.; die Mutter schnitt den Kindern/für die Kinder das Brot; er hat die Scheiben sehr dünn, dick geschnitten; ich schneide mir eine Scheibe vom Brot; im Wald wird Holz geschnitten *(werden Bäume gefällt);* c) ⟨etw. aus etw. s.⟩ *herausschneiden:* eine faule Stelle aus dem Apfel, einen Artikel aus der Zeitung s.; d) ⟨irgendwie s.⟩ *(als Friseur[in]) mit der Schere arbeiten:* der Friseur schneidet gut, schlecht, kann nicht s.; e) ⟨etw. in etw. (Akk.) s.⟩ *mit einem Messer zerkleinern und etw. anderem zufügen:* Kräuter in die Suppe, Wurst in den Grünkohl s. **2.** ⟨etw. s.⟩ a) *beschneiden, stutzen:* die Obstbäume, die Sträucher, die Hecken, den Rasen s.; ⟨jmdm., sich etw. s.⟩ jmdm., sich die Fingernägel s.; ich habe mir das Haar [kurz] s. lassen; b) *cutten:* einen Film, ein Tonband s.; ⟨auch ohne Akk.⟩ weich, hart *(mit weichen, harten Übergängen)* s. **3.** a) ⟨jmdn., sich s.⟩ *jmdm., sich eine Schnittwunde beibringen:* der Friseur hat mich [versehentlich] geschnitten; ich habe mich am Glas, beim Rasieren, beim Kartoffelschälen, mit der Klinge, mit dem Messer geschnitten; ⟨jmdm./(seltener:) jmdm., sich irgendwohin s.⟩ ich schnitt mir/mich in den Finger; b) ⟨in etw. (Akk.) s.⟩ *einen Schnitt machen:* mit der Schere versehentlich in den Stoff s. c) ⟨etw. s.⟩ *durch Schneiden erzeugen:* sie hat versehentlich ein Loch ins Tischtuch geschnitten; d) (Med. Jargon) ⟨jmdn., etw. s.⟩ *operieren:* einen vereiterten Finger, ein Geschwür s.; er musste geschnitten werden. **4.** a) ⟨etw. s.⟩ *durch Bearbeiten mit einem Schneidewerkzeug herstellen:* einen Stempel s.; ein Gewinde s.; Figuren, Linien in Holz, in Stahl, in Stein s.; er schnitt ein Herz, seinen Namen in die Rinde; Pfeifen aus Weiden s.; Bretter, Bohlen aus den Stämmen s.; Scherenschnitte aus Papier s.; ÜBERTR.: ihr Gesicht ist sehr fein, markant geschnitten *(geformt);* mandelförmig geschnittene Augen; b) ⟨etw. s.⟩ *(ein bestimmtes Gesicht) machen:* Gesichter, eine Fratze, eine Grimasse, eine spöttische Miene s.; eine feine Miene, als wolle er weinen; c) ⟨etw. irgendwie s.⟩ *zuschneiden:* nach einem Muster, aus der Hand s.; ⟨meist im 2. Part.⟩ ein weit, gerade geschnittener Mantel; das Kleid ist elegant, sportlich geschnitten *(hat einen eleganten, sportlichen Schnitt);* die Wohnung ist gut geschnitten *(hat eine gute Raumaufteilung).* **5.** ⟨etw. s.⟩ *Drall geben:* beim Billard, [Tisch]tennis den Ball s.; ⟨auch ohne Akk.⟩ er schneidet stark, dauernd. **6.** a) ⟨etw. s.⟩ *nicht ausfahren:* der Fahrer, der Wagen hat die Kurve geschnitten; b) ⟨jmdn., etw. s.⟩

von der Seite her vor ein anderes Fahrzeug fahren: ein LKW hat mich, meinen Wagen [beim Überholen] geschnitten. **7.** ⟨jmdn. s.⟩ *bewusst nicht beachten:* weil wir neulich Streit hatten, schneidet er mich; von den Kollegen geschnitten werden. **8.** a) ⟨irgendwie s.⟩ *bestimmte Schneideigenschaften haben:* die Schere schneidet gut, scharf, schlecht; die Säge, das Messer schneidet nicht mehr richtig; b) ⟨jmdm. in etw. (Akk.) s.⟩ *(auf der Haut) einen scharfen Schmerz verursachen:* der Wind schnitt ihm ins Gesicht; eine schneidende Kälte; heute ist es schneidend kalt; ÜBERTR.: ihre Worte schnitten ihm ins Herz (geh.; *schmerzten ihn zutiefst);* schneidender Hohn, Spott; er sprach mit schneidender *(scharfer)* Stimme, in schneidendem *(scharfem)* Ton; c) ⟨in etw. (Akk.) s.⟩ *scharf eindringen:* der Gurt schneidet ins Fleisch; das Gummiband schneidet in die Haut. **9.** ⟨sich, etw. s.⟩ *kreuzen:* 100 m weiter schneidet der Weg die Bahnlinie; die beiden Verkehrswege schneiden sich; die zwei Geraden schneiden sich in diesem Punkt; zwei sich schneidende Ebenen. **10.** (ugs.) ⟨sich s.⟩ *sich irren:* da schneidest du dich aber gewaltig, wenn du das glaubst.

Schneider, der: **1.** *jmd., der Kleidung anfertigt:* ein guter, teurer S.; einen Anzug, einen Mantel, ein Kostüm beim/vom S. machen, anfertigen, ändern, ausbessern lassen. **2.** a) (Skat) *Punktzahl 30:* aus dem S. kommen *(mehr als 30 Punkte erreichen);* S./im S. sein *(weniger als 30 Punkte erreicht haben);* b) (Tischtennis) *(in einem Satz) Punktzahl 11:* S. sein *(weniger als 11 Punkte erreicht haben);* du wirst S. bleiben, nicht aus dem S. kommen *(wirst nicht mehr als 11 Punkte erreichen);* ∗ aus dem Schneider sein (ugs.; *eine schwierige Situation überwunden haben).*

schneidern ⟨etw. s.⟩: einen Anzug, ein Kostüm s.; dieses Kleid, diese Bluse habe ich [mir/für mich] selbst geschneidert; ⟨auch ohne Akk.⟩ sie schneidert *(ist als Schneiderin tätig)* schon lange, für Freunde.

schneidig: ein schneidiger Offizier, Bursche; ein schneidiges Auftreten; eine schneidige *(waghalsige)* Abfahrt; der Marsch war s. *(flott, schwungvoll).*

schneien ⟨es schneit⟩: es schneit heftig, stark, ununterbrochen, in dichten Flocken; draußen schneit es; [heute Nacht] hat es geschneit; hier schneit es selten; es fängt an, nicht auf zu s.; ⟨auch mit Akk.⟩ es schneit große Flocken, ÜBERTR.: die Blüten schneiten von den Bäumen; es schneit Blütenblätter; auf dem Bildschirm schneit es (ugs.; *das Bild flimmert).*

schnell: 1. a) *durch ein hohes Tempo gekennzeichnet:* ein schnelles Tempo; schnelle Schritte näherten sich der Tür; sie war schneller als alle andern; s. eingreifen, sprechen; er rannte s. wie der Blitz, wie der Wind, wie ein Pfeil davon; er lief/

fuhr so s. er konnte zum Bahnhof; der Puls geht
s.; die Zeit vergeht s.; **b)** *in kurzer Zeit erfolgend,
rasch:* eine schnelle Drehung, Bewegung; es war
ein schneller Entschluss; etw. mit schnellem
Blick erfassen; sich s. einleben, zurechtfinden; s.
urteilen; du musst dich s. entscheiden; s. entschlossen griff er zu; kannst du s. mal [her]kom-
men?; mach s.! (ugs.; *beeil dich!*); so s. wie/(seltener:) als möglich; möglichst s.; so s. *(leicht)*
macht ihm das keiner nach; wie heißt sie noch
s.? (ugs.; *im Augenblick fällt mir ihr Name nicht
ein*). **2.** *hohe [Fahr]geschwindigkeiten ermöglichend:*
eine schnelle Straße, Piste; ein schnelles Pferd,
Auto. **3.** (ugs.) *ohne großen Zeitaufwand zu erwerbend:*
schnelles Geld; auf die schnelle Mark aus sein.
4. *flott:* eine schnelle Bedienung; ich kam schneller an die Reihe, als ich gedacht hatte; ich muss
noch s. *(kurz)* etwas nachsehen; das geht mir zu
s. *(ich komme nicht mit);* er arbeitet s.; du bist zu
s. *(nicht sorgfältig genug);* ★ **auf die Schnelle** (ugs.; *schnell, in kurzer Zeit*).
schnellen: 1. ⟨irgendwohin s.⟩ *sich schnell bewe-
gen:* er ist von seinem Sitz geschnellt; die Fische
schnellten aus dem Wasser, in die Luft; sie
schnellte in die Höhe *(erhob sich blitzschnell);*
ÜBERTR.: die Preise schnellten in die Höhe; die
Temperatur, das Fieber schnellte auf 40 Grad.
2. ⟨jmdn., sich, etw. irgendwohin s.⟩ *schnell [von
einem Punkt fort]bewegen:* die Feder schnellt den
Bolzen nach vorn; er hat sich auf dem Sprung-
brett, auf dem Trampolin in die Höhe geschnellt.
schnellstens: etw. s. erledigen; der Text muss s. geändert werden.
Schnippchen, das: ⟨in der Wendung⟩ **jmdn. ein
Schnippchen schlagen** (ugs.; *mit Geschick jmds.
Absichten durchkreuzen*): er hat der Polizei ein S.
geschlagen.
schnippisch ⟨s. [zu jmdm.]⟩: ein schnippisches
Mädchen; eine schnippische Antwort; sie hat ein
schnippisches Wesen; sie war sehr s. zu ihr; s.
antworten.
Schnitt, der: **1. a)** *das Schneiden:* einen S. [ins
Holz, Fleisch, in den Stoff] machen; den S. *(das
Beschneiden)* der Obstbäume vornehmen; ein
Geschwür mit einem S. öffnen; etw. mit einem
schnellen, präzisen S. durchtrennen/abschnei-
den; **b)** *Einschnitt; Schnittfläche; Schnittwunde:*
ein tiefer, langer, gerader S.; ein glatter, sauberer
S.; der S. ging tief ins Fleisch, ist gut verheilt.
2. *das Mähen:* der erste, zweite S. des Grases; der
zu späte S. des Getreides; das Korn ist reif für den
S. **3. a)** *Schnittform:* der tadellose, elegante, sportliche S. des Anzugs gefällt mir; sie, ihr Haar hat einen kurzen, modischen S.; ÜBERTR.: eine Wohnung mit gutem S. *(mit guter Raumaufteilung);*
b) *Schnittmuster:* einen S. ausrädeln; ein Kleid
mit, nach einem S., ohne S. nähen; **c)** *Form:* der S.

der Nase, der Augen; ein Gesicht von feinem,
klassischem S. **4.** *glatt geschnittener Rand:* ein vergoldeter S.;
der S. eines Buches. **5.** (Film. Ferns.) *Aneinanderreihung der Bilder:*
harte, weiche Schnitte; sie besorgte den S. des
Films, des Hörspiels. **6.** *Darstellung von etw. in einer Schnittebene:* ein
waagerechter, senkrechter S. durch ein Gebäude,
ein Organ, eine Pflanze; einen S. durch ein Werkstück anfertigen; etw. im S. darstellen.
7. (ugs.) *Durchschnitt:* er raucht im S. 20 Zigaretten am Tag; er fuhr die 44 Runden mit einem S.
von 150 km/h;
★ **der goldene Schnitt** (Math.; bestimmtes Teilungs-
verhältnis einer Strecke) · **einen/seinen Schnitt [bei
etw.] machen** (ugs.; *[bei etw.] einen Gewinn erzielen*).
Schnitte, die: eine S. Speck, Käse, Sandkuchen; belegte Schnitten *(Brotschnitten);* er aß eine S. mit
Wurst.
schnittig ein schnittiges Boot, Auto; eine schnit-
tige Jacht; der Wagen ist s. [gebaut].
Schnitzel, das: **1.** *Scheibe Fleisch vom Kalb oder
Schwein:* ein saftiges S.; ein Wiener S.; ein S. klopfen, panieren, braten.
2. *Schnipsel:* ein S. vom Boden aufheben; sie zerriss den Brief in lauter S.
schnitzen ⟨etw. s.⟩: eine Figur [aus, in Holz], ein Or-
nament in eine Tür s.; geschnitzte Schachfigu-
ren; ⟨auch ohne Akk.⟩ er schnitzt gern; an einer
Madonna s.
Schnitzer, der (ugs.): ihr ist in dem Artikel, bei den
Berechnungen ein [peinlicher, enormer] S. unterlaufen; einen S. machen; mit seiner Bemerkung
hat er sich einen groben S. *(Fauxpas)* geleistet.
schnöde (geh. abwertend): **a)** *verletzend:* eine
schnöde Antwort; die Zurechtweisung war sehr
s.; jmdn. s. behandeln, im Stich lassen; jmds. Vertrauen s. missbrauchen; **b)** *verachtenswert:* der
schnöde Mammon; aus schnöder Habgier, Feigheit, Angst; für/um schnödes Geld.
schnüffeln: 1. ⟨[an etw. (Dat.)] s.⟩ *schnüffelnd riechen:* der Hund schnüffelt an der Tasche, am Laternenpfahl.
2. (ugs. abwertend) *spionieren:* in fremden Briefen, Zimmern s.; du hast wohl wieder geschnüf-
felt?; er schnüffelt *(spielt den Spitzel)* für die
Steuerfahndung; SUBST.: jmdn. beim Schnüffeln
erwischen.
3. (Jargon) *(Rauschmittel) inhalieren:* er schnüffelt Benzol; ⟨auch mit Akk.⟩ er schnüffelt Benzol.
Schnupfen, der: [den] S. haben; einen S. bekommen; sich bei etw. einen S. holen; an chronischem
S. leiden; er hat ihn mit seinem S. angesteckt.
schnuppe ⟨nur in der Wendung⟩ **jmdm. schnuppe
sein** (ugs.; *jmdm. gleichgültig sein*): ob du mit-
kommst oder nicht, das ist mir völlig s.
schnuppern: a) ⟨[an etw. (Dat.)] s.⟩ *etw. beriechen:*
das Pferd, der Hund schnuppert an meiner Hand;

b) ⟨etw. s.⟩ *riechend wahrnehmen:* er schnupperte die frische Farbe; ÜBERTR.: er wollte mal wieder Seeluft s. (ugs.; *an der See sein*).

Schnur, die: a) *Kordel:* eine dicke, lange S.; drei Meter, ein Stück S.; goldene Schnüre und Tressen; die Schnur der Angel ist aus Nylon; eine S. lösen, aufbinden, um das Paket binden; Perlen auf eine S. ziehen; er umwickelte das Paket mit einer S.; b) (ugs.) *Kabel:* die S. der Lampe, des Staubsaugers ist zu kurz, muss repariert werden; ★ wie am Schnürchen (ugs.; *völlig reibungslos, in flüssigem Tempo*): die Arbeit klappt, läuft wie am S. · über die Schnur hauen (ugs.; *übermütig werden*).

schnüren: 1. a) ⟨etw. s.⟩ *zubinden:* ein Paket, ein Bündel, die Schuhe s.; sie schnürte das Mieder; ⟨jmdm. etw. irgendwohin s.⟩ sie schnürten dem Gefangenen die Hände auf den Rücken. b) ⟨etw. [zu etw.] s.⟩ *zu zusammenbinden:* ein Paket, ein Bündel s.; Zeitungen, Reisig zu Bündeln s.; c) ⟨etw. irgendwohin s.⟩ *mithilfe einer Schnur o. Ä. befestigen:* etw. auf dem Dachgepäckträger s.; d) ⟨etw. um etw. s.⟩ *fest binden:* einen Strick um den Koffer s. 2. ⟨sich s.⟩ *ein Mieder anlegen:* sich fest, zu stark s.; sie hatte sich geschnürt.

schnurren: die Katze schnurrte; der Ventilator, das Spinnrad, die Maschine schnurrt.

Schock, der: die Todesnachricht war ein schwerer S. für sie; einen [leichten] S. erleiden, bekommen; einen S. nicht überwinden können; jmdm. einen S. versetzen; das hat ihm einen S. gegeben; nach dem Unfall stand er unter S. *(Schockwirkung);* er hat unter S. gehandelt; sie muss sich erst mal von dem S. erholen.

schocken (ugs.) ⟨jmdn. s.⟩: der Horrorfilm schockte das Publikum; das hat ihn ja nun doch geschockt!; als ich das hörte, war ich ziemlich geschockt; wir waren über sein Aussehen, von seinen Worten ganz schön geschockt.

schockieren ⟨[jmdn.] s.⟩: er schockierte das Publikum mit seinem neuesten Film, durch skandalöse Orgien; ihre Kleidung, ihr Verhalten hat uns alle schockiert; sie will mit ihrem jüngsten Bühnenstück s.; über etw. schockiert sein; sie waren von seinen Worten schockiert; ein schockierender Vorfall.

Scholle, die: 1. mit dem Pflug Schollen aufwerfen; der Geruch der frisch umgebrochenen Schollen; ÜBERTR.: die heimatliche S. (geh.; *die Heimat);* auf eigener S. (geh.; *eigenem Grund und Boden)* sitzen. 2. *Eisscholle:* Schollen trieben, schwammen auf dem Fluss, stauten sich vor der Brücke.

schon: I. ⟨Adverb⟩ 1. *bereits:* s. lange, längst; s. wieder, immer; er kommt s. heute, s. bald; ich habe es [jetzt] s. vergessen; das kann ich dir schon jetzt versichern; sag bloß, du gehst s.; willst du s. gehen?; [du bist] s. zurück?; ich muss s. um 6 Uhr aufstehen; die Polizei wartet s. auf

ihn; wenn er nur/doch s. käme!; kaum war er gegangen, s. ging der Krach los; ich komme später, du kannst ja s. [mal] die Koffer packen. 2. /drückt aus, dass etw. mehr an Zahl, Ausmaß o. Ä. darstellt als angenommen, gewünscht/: der Vater ist tatsächlich s. 90 Jahre alt; wir sind s. zu dritt; /drückt aus, dass zur Erlangung von etw. weniger an Zahl, Ausmaß o. Ä. notwendig ist als angenommen, gewünscht/: eine winzige Dosis von dem Gift kann s. tödlich sein; s. ein Remis wäre ein Erfolg; Eintrittskarten gibt es s. für 10 DM. 3. /drückt aus, dass etwas bereits früher geschehen, eingetreten ist/: er hat s. gefrühstückt; s. als Kinder/ als Kinder s. hatten wir dafür eine Vorliebe; das hat sich s. früh, längst, immer bewährt; ich kenne das s.; wie s. gesagt; das hatten wir s. einmal; er hat, wie s. so oft, geholfen; hast du so etwas s. [ein]mal erlebt? 4. *allein, bloß:* [allein] s. der Gedanke daran ist schrecklich; schon der Name ist bezeichnend; ich will ihr das ersparen, ihr geht es s. so schlecht genug; II. ⟨Partikel⟩ 1. /verstärkt eine Aussage, unterstreicht die Wahrscheinlichkeit von etw./: es ist s. ein Elend; ich kann mir s. denken, was du willst; das weiß s. was heißen; das kannst du s. glauben; du wirst s. sehen; wem nützt das s.?; es wird s. [gut] gehen; er wird s. wiederkommen. 2. /drückt Ungeduld o. Ä. aus/: mach, komm s.!; hör s. auf! 3. /drückt aus, dass eine gewisse Konsequenz erwartet wird/: wenn du s. was s. machen, dann aber ordentlich; wenn du s. nichts isst, [dann] trink wenigstens ein Glas mit uns. 4. /schränkt eine Aussage ein; drückt aus, dass eine andere Schlussfolgerung möglich ist/: Lust hätte ich s., aber keine Zeit; er hat s. Recht, wenn er das sagt; sie ist damit nicht zufrieden, ich s. [eher]. 5. /gibt einer Frage einen geringschätzigen Unterton/: wem nützt das s.?; was sind s. zwei Jahre?; was weiß der s.?

schön: 1. eine schöne Frau; ein schöner Mann; schöne Augen, Hände, Beine; eine schöne Stimme; schöne Kleider; ein schöner Anblick; eine schöne Aussicht, Gegend, Landschaft; ein schöner Park; schöne Farben, Möbel, Bilder, Gebäude; ein schönes Konzert; eine schöne Wohnung; das sind nichts als schöne (iron.; *leere, schmeichlerische*) Worte; sie ist auffallend, außergewöhnlich s.; der Blumenstrauß sah sehr s. aus; das Buch, Bild finde ich sehr s. für jmdn., für das Fest s. machen; sie hat sehr s. (*ansprechend*) Klavier gespielt; sie sind s. eingerichtet; das Buch, schmeckt s. (bes. nordd.; *gut*) SUBST.: sie hat einen ausgeprägten Sinn für das Schöne; sie war die Schönste von allen; er suchte mehr über die unbekannte Schöne *(Frau)* zu erfahren; na, ihr beiden Schönen (scherzh.; *ihr beiden*)!; das ist das Schönste, was ich je gelesen habe; etwas Schönens schenken.

2. *klar, nicht trübe:* schönes Wetter; ein schöner Tag, Morgen; heute ist es, das Wetter s.; die Sonne scheint nicht mehr so s. wie gestern.

3. *angenehm:* eine schöne Zeit; ein schönes Erlebnis; ein schöner Ausflug; wir haben einen schönen Tag, Urlaub verbracht; ein schöner Tod *(ein Tod ohne große Qualen);* alles war in schönster Harmonie; hier ist es s.; es wäre noch viel schöner, wenn er jetzt bei uns sein könnte; s., dass du mitkommst/da bist!; der Stoff fühlt sich s. [weich] an; ich hatte mir alles so s. gedacht, aber es kam anders; SUBST.: seine Erwartungen haben sich aufs Schönste/(auch:) schönste bestätigt; ich kann mir was Schöneres vorstellen, als bei dem Wetter zu arbeiten; Ⓡ das ist zu s., um wahr zu sein.

4. a) *anständig; wie es sich gehört:* das ist ein schöner [Charakter]zug an ihr; das war nicht s. von dir; der Wein ist s. klar; er hat ihr gegenüber nicht s. gehandelt; /lobende Anerkennung, bes. gegenüber Kindern/: das habt ihr [aber] s. gemacht; /in Dankes-, Grußformeln/: [recht] schöne *(herzliche)* Grüße, Empfehlungen an Ihren Mann; schönsten Dank!; danke, bitte s. *(sehr);* er lässt s. grüßen, danken; /in Formeln des Einverständnisses/: [also, na] s.! *(gut, einverstanden!);* s., ich werde es erledigen; das ist ja alles s. und gut (ugs.; *zwar in Ordnung),* aber trotzdem muss ich Bedenken anmelden; /in Formeln ironischer oder kritischer Distanz/: er ist kein Kind von Traurigkeit, wie man so s. sagt/wie es so s. heißt; **b)** (ugs.) ⟨verstärkend, bes. in Aufforderungssätzen⟩ *wie es angebracht ist:* sei s. brav!; passt s. auf!; s. warten, ruhig bleiben, langsam fahren; ich habe mich natürlich s. hinten angestellt.

5. (ugs.) *beträchtlich:* eine schöne Leistung, Summe; ein schöner Erfolg, Gewinn; sie hat ein schönes Geschäft gemacht; er hat einen schönen Schrecken bekommen; die Reise hat mich ein schönes Stück Geld gekostet; sie hat ein schönes *(hohes)* Alter erreicht; er ist s. dumm, wenn er das macht; dabei habe ich mir s. wehgetan; sie ist s. von ihm betrogen worden; du wirst dich noch s. wundern; ich musste dort ganz s. arbeiten.

6. (ugs. iron.) *unangenehm:* du bist mir ein schöner Fahrer!; das ist ja eine schöne Geschichte *(Sache);* das sind ja schöne Aussichten; das wird ja immer schöner *(schlimmer, merkwürdiger)* [mit dir]; SUBST.: da hast du etwas Schönes angerichtet!; Ⓡ das wäre ja noch schöner! *(das kommt gar nicht infrage!).*

schonen: **a)** ⟨jmdn., etw. s.⟩ *behutsam behandeln:* sie schonten selbst Frauen und Kinder nicht; ich muss meine Gesundheit, Stimme, meine Kräfte, Augen s.; seine Kleider s.; sie benutzt bei der Gartenarbeit Handschuhe, um ihre Hände zu s.; das Auto ist wahrhaftig nicht geschont *(ist arg strapaziert)* worden; eine schonende Behandlung; man versuchte, ihm die traurige Nachricht schonend/auf möglichst schonende Weise beizubrin-

gen; **b)** ⟨sich s.⟩ *Rücksicht auf seine Gesundheit nehmen:* er muss sich nach der Operation noch etwas s.; du musst dich mehr s.

Schönheit, die: **1.** *das Schönsein:* eine klassische, strahlende, überwältigende, hinreißende, makellose S.; die S. ihres Gesangs; die S. der Natur genießen, besingen; diese Landschaft entfaltet ihre S. eigentlich erst im Herbst; sich jmds. S. nicht entziehen könnnen; jmdn. durch seine S. bezaubern, für sich einnehmen; ihr Gesicht war von einer ebenmäßigen S.

2. a) *schöne Person:* sie ist eine vollendete, berühmte, ungewöhnliche, verblühte S.; eine S. war er nicht gerade; **b)** *etwas Schönes:* landschaftliche, farbliche Schönheiten; sie hat auf ihrer Reise die Schönheiten des Landes, der Stadt kennen gelernt.

Schönheitsfehler, der: der Fleck ist nur ein S.; ÜBERTR.: dein Vorschlag hat nur einen [kleinen] S., er ist nicht realisierbar.

Schonung, die: **1. a)** *schonende Behandlung:* S. der Gesundheit; sein Zustand, Magen verlangt S.; jmdn., etw. mit S. behandeln; **b)** *Nachsicht:* das Gesetz kennt keine S.; wenn er das getan hat, gibt es keine S. mehr; auf keine S. rechnen können; sie baten, flehten vergebens um S.

2. *eingezäuntes Waldgebiet mit jungem Baumbestand:* eine S. anlegen.

schöpfen ⟨etw. aus etw./irgendwohin s.⟩ *mit einem Gefäß, mit der Hand aufnehmen:* Wasser aus der Quelle, aus dem Fluss, aus dem Brunnen [mit der hohlen Hand] s.; sie hatten viel Wasser aus dem Boot zu s.; die Suppe auf die Teller s.; ÜBERTR.: Atem s. (geh.; *holen);* frische Luft s. (geh.; *atmen);* [neue] Hoffnung, [neuen] Mut, [neue] Kraft s. (geh.; *[wieder] hoffen können; Mut, Kraft bekommen);* Verdacht s. (geh.; *einen Verdacht haben);* all sein Wissen, seine Weisheit hat er aus diesem Buch geschöpft (geh.; *bezogen).*

Schöpfer, der: der S. vieler bedeutender Kunstwerke; wer ist der S. dieses Denkmals?; (Rel.:) der [allmächtige, ewige] S.; er sollte seinem S. danken, dass er noch lebt.

schöpferisch: ein schöpferischer Mensch, Geist, Kopf; schöpferische Kräfte, Fantasie entfalten; dieses Werk verrät eine schöpferische Natur, Anlage; sie wartet auf den schöpferischen Augenblick; eine schöpferische Pause *(Pause, um sich durch neue Ideen inspirieren zu lassen);* er ist nicht s. [veranlagt].

Schöpfung, die: **1.** *[von Gott] erschaffene Welt:* die Wunder der S.; der Mensch als die Krone der S.

2. (geh.) *[Kunst]werk:* die Schöpfungen der Literatur, der bildenden Kunst, eines Beethoven; diese Einrichtungen sind seine S. *(gehen auf ihn zurück).*

Schornstein, der: die Schornsteine der Fabrik, des Schiffes rauchen/qualmen; der S. zieht nicht richtig; der S. wurde gereinigt, gefegt;
★ der Schornstein raucht [wieder] (ugs.; *das Ge-*

schäft geht [wieder] gut) · **von [irgend]etwas muss der Schornstein ja rauchen** (ugs.; *irgendwie muss man Geld verdienen)* · **etw. in den Schornstein schreiben** (ugs.; *etw. als verloren betrachten).*

Schoß, der: **1.** *beim Sitzen durch Oberschenkel und Leib gebildeter Winkel:* sich auf jmds. S., jmdm. auf den S. setzen; auf jmds. S. sitzen; die Mutter hat das Kind auf dem S.; sie nahm das Kind auf den S.; komm auf meinen S.!; sie legte ihre Hände in den S.; er legte seinen Kopf in ihren S. **2.** (geh.) *Mutterleib:* sie trägt ein Kind in ihrem S.; ÜBERTR.: der fruchtbare S. der Erde; im S. *(im Innern)* der Erde; er ist in den S. *(in die Geborgenheit)* der Familie, der Kirche zurückgekehrt. **3.** *an der Taille angesetzter Teil bestimmter Kleidungsstücke:* ein Frack mit langen Schößen; er lief mit fliegenden Schößen (scherzh.; *sehr schnell);* ⋆ **jmdm. in den Schoß fallen** *(jmdm. mühelos zuteil werden).*

Schoss, der: *Pflanzentrieb:* junge, erste Schosse; die Bäume haben neue Schosse bekommen, getrieben.

schräg: 1. *nicht gerade; abfallend:* eine schräge Fläche, Wand; schräge, s. laufende Linien; in schräger Richtung verlaufen; das Zimmer ist s. *(hat eine schräge Wand);* den Kopf s. halten; sie hat s. stehende Augen; sie wohnt s. gegenüber; das Glas s. halten; die Rosen s. anschneiden; den Schreibtisch s. stellen; etw. steht, liegt s.; die Sonnenstrahlen fallen s. ins Zimmer; s. hinter jmdm. sitzen; jmdn. s. über die Straße. **2.** (ugs.; oft abwertend) *von der Norm abweichend:* ein ganz schräger Typ; ein ziemlich schräger Vogel *(seltsamer Mensch);* ein schräger Einfall; die Musik klingt ziemlich s. *(unharmonisch).*

Schramme, die: eine tiefe, blutige S.; Schrammen im Gesicht; das Auto, der Tisch hat mehrere Schrammen; er hat bei dem Sturz einige Schrammen abbekommen.

Schrank, der: ein schwerer eichener S.; eingebaute Schränke; den S. öffnen, abschließen, aufbrechen, ausräumen; einen S. zusammenbauen, aufstellen, abschlagen; sie hat Schränke voll Kleider/voll mit Kleider; etw. aus dem S. nehmen; etw. in den S. stellen, hängen; die Wäsche in den S. räumen; die Gläser stehen im S., auf dem S.; ÜBERTR.: er ist ein S. (ugs.; *ein großer, massig wirkender Mann).*

Schranke, die: **1.** *Absperrung, Barriere:* die Schranken der Rennbahn, des Kampfplatzes; die Schranken des Bahnübergangs öffnen, schließen, herunterlassen, aufziehen, hochziehen; der Wagen durchbrach die geschlossene S.; eine tobende Menge hat die Schranken überstiegen, übersprungen, niedergerissen; der Übergang ist durch Schranken geschützt. **2.** ⟨meist Plural⟩ *gesetzte Grenzen:* rechtliche, moralische Schranken; die Schranken von Stand

und Alter; die Schranken des Taktes; die Schranken übertreten, überspringen, überschreiten, niederreißen; die Schranken der Konvention überwinden; er erkigt sich keinerlei Schranken *(ist hemmungslos, ohne Beherrschung);* keine Schranken mehr kennen *(hemmungslos sein);* Schranken zwischen sich und anderen errichten; seinem Freiheitsdrang waren enge Schranken gezogen, gesetzt; deiner Fantasie sind keine Schranken gesetzt *(du darfst ihr freien Lauf lassen);* sie bewegt sich damit noch innerhalb der Schranken des Gesetzes; ⋆ **sich in Schranken halten** (1. geh.; *an sich halten.* 2. *nicht das erträgliche Maß übersteigen)* · **etw. in Schranken halten** *(etw. das erträgliche Maß nicht übersteigen lassen)* · **jmdn. in die/seinen Schranken weisen, verweisen** *(jmdn. zur Mäßigung auffordern)* · **jmdn. in die Schranken fordern** *(eine Auseinandersetzung mit jmdm. erzwingen u. Rechenschaft von ihm verlangen)* · **für jmdn. in die Schranken treten** *(für jmdn. entschieden eintreten)* · **vor den Schranken des Gerichts** *(vor Gericht).*

Schraube, die: **1.** *[Metall]stift mit Gewinde:* die S. sitzt fest, hält nicht, hat sich gelockert, ist lose; eine S. lösen, anziehen, festziehen, hineindrehen; ein Schild mit Schrauben befestigen. **2.** *Schiffsschraube:* eine zweiflüglige S.; der Ertrunkene war in die S. geraten. **3.** (ugs. abwertend) *[ältere] weibliche Person* /auch als Schimpfwort/: diese alte S.!; ⋆ **eine Schraube ohne Ende** *(eine Angelegenheit, die zu keinem Abschluss kommt)* · **bei jmdm. ist eine Schraube locker/los[e]** (salopp; *jmd. ist nicht recht bei Verstand)* · **die Schraube überdrehen** (ugs.; *[mit einer Forderung o. Ä.] zu weit gehen)* · **die Schrauben fester anziehen** (ugs.; *den Druck auf jmdn. verstärken).*

schrauben /vgl. geschraubt/: **1. a)** *⟨etw. irgendwohin/von etw. s.⟩ abschrauben:* ein Schild an die Tür, eine Metallplatte auf das Gerät s.; den Kotflügel von der Karosserie s.; **b)** *⟨etw. irgendwohin s.⟩ drehend befestigen:* den Deckel fest auf die Flasche s.; eine Glühbirne in die Fassung s.; **c)** *⟨etw. aus/von etw.⟩ drehend lösen:* den Deckel vom Marmeladenglas, die Sicherung aus der Fassung s. **2.** ⟨etw., sich irgendwohin s.⟩ *drehend in eine bestimmte Höhe bringen:* den Klavierschemel höher/niedriger s.; das Flugzeug, der Vogel schraubt sich *(bewegt sich in Windungen)* in die Höhe; das Fahrzeug schraubte sich in Serpentinen auf die/zur Passhöhe. **3.** ⟨etw. irgendwohin s.⟩ *erhöhen:* die Preise wurden in die Höhe geschraubt; sie hat ihre Ansprüche, ihre Erwartungen zu hoch/ständig höher geschraubt.

schrecken: 1. a) (geh.) ⟨jmdn. s.⟩ *erschrecken:* Träume, Geräusche schreckten sie; mit Drohungen kannst du mich nicht s.; er ließ sich durch nichts s.; **b)** ⟨jmdn. aus etw. s.⟩ *aufschrecken:* du hast mich [mit dem Lärm] aus dem Schlaf, aus meinen Gedanken, Träumen geschreckt. **2.** ⟨etw. s.⟩ *abschrecken:* Eier, den Braten s.

Schrecken, (auch:) **Schreck,** der: **1.** *Erschrecken, Entsetzen:* ein heftiger, großer, jäher, panischer S.; ein S. befällt, ergreift, packt, durchzuckt, lähmt jmdn.; das war [vielleicht] ein Schreck!; der S. fuhr ihm in die Glieder, (ugs.:) in die Knochen; der S. lag ihr noch in den Gliedern; er verbreitet Furcht und Schrecken um sich; einen S. bekommen, (ugs.:) kriegen; jmdm. einen S. einflößen, einjagen; die Nachricht rief Schrecken hervor; Schrecken verbreiten; ihr Zorn war Schrecken erregend; Schrecken erregend aussehen; jmdn. in [Angst und] Schrecken versetzen *(ängstigen); etw.* erfüllt jmdn. mit Schrecken (geh.; *ängstigt jmdn.*); etw. mit Schrecken feststellen, wahrnehmen; sie sind bei dem Unfall mit dem Schrecken *(ohne Verletzung)* davongekommen; auf den Schreck [hin] (ugs., *um uns von dem Schreck zu erholen)* sollten wir erst mal einen Kognak trinken; sie war bleich, starr, wie gelähmt vor Schreck; vor Schreck erstarren, zittern; sie mussten sich vom ersten S. erholen; der Gedanke hat für sie nichts von seinem Schrecken verloren; zu unserem Schreck fanden wir die Tür offen stehend; ach du [lieber] Schreck!, [ach] du mein Schreck!; (ugs.; Ausrufe des Erschreckens); Schreck, lass nach! (ugs. scherzh.; *auch das noch!);* Ⓡ das war ein Schreck in der Abendstunde/Morgenstunde!;
2. (geh.) ⟨Plural⟩ *das Schreckenerregende:* die Schrecken des Krieges; die Antibiotika haben vielen Krankheiten ihre[n] Schrecken genommen. **3.** *jmd., der allgemein gefürchtet ist:* dieser Vorgesetzte war der Schrecken der Soldaten.

schrecklich: 1. a) *furchtbar:* eine schreckliche Nachricht, Entdeckung; eine schreckliche Krankheit, Plage; schreckliche Qualen; ein schreckliches Unglück, Erlebnis; die Unglücksstelle bot einen schrecklichen Anblick; er stieß schreckliche Drohungen aus; es gab ein schreckliches Erwachen; es waren schreckliche Tage; es nahm ein schreckliches Ende; er kam auf schreckliche Weise ums Leben; der Anblick war s.; er war s. in seinem Zorn (geh.; *furchterregend);* das ist ja s.!; oh wie s.!; subst.: sie haben Schreckliches erlebt; **b)** (ugs. abwertend) *unausstehlich, unerträglich:* ein schrecklicher Mensch; sie hat schreckliche Launen; du bist s.; es ist s. mit dir, immer hast du etwas auszusetzen!; das, es ist mir s. *(sehr unangenehm),* ihm das sagen zu müssen.
2. (ugs.) **a)** *sehr groß:* eine schreckliche Hitze, Kälte; sie hatte schreckliche Furcht; draußen ist ein schrecklicher Lärm; **b)** ⟨verstärkend bei Adjektiven und Verben⟩ *sehr:* es ist s. heiß, kalt; sie

war s. traurig, allein, müde; er ist s. eitel; sie hat sich s. gelangweilt, gefreut; es dauerte s. lange.
Schrei, der: ein lauter, gellender, schriller, erstickter, lang gezogener, klagender S.; die Schreie der Verletzten; die heiseren Schreie der Möwen; ein S. der Überraschung, des Entsetzens; ein S. war zu hören; furchtbare Schreie zerrissen die Stille; einen S. ausstoßen, unterdrücken; mit einem S. brach er zusammen; übertr.: der S. *(das heftige Verlangen, die Forderung)* nach Brot, nach Rache;
★ **der letzte Schrei** (ugs.; *die neueste Mode).*
schreiben: 1. a) ⟨etw.] s.⟩ *mit einem Schreibgerät hervorbringen:* schön, ordentlich, wie gestochen, [un]leserlich, [un]deutlich, orthographisch richtig, groß, klein, schnell, unsauber, über den Rand s.;»Stängel« schreibt man jetzt mit ä und nicht mit e; die Kinder lernen s.; er kann weder lesen noch s.; auf blauem/blaues Papier, mit dem Bleistift, mit dem Kugelschreiber s.; sie hat [den Brief] mit der Hand, mit der Maschine, mit dem/am Computer geschrieben; könntest du mir/für mich etwas s.?; [etw.] auf ein Blatt Papier s.; der Brief wurde nach Diktat geschrieben; Buchstaben, Noten s.; sie schreibt 280 Silben in der/pro Minute; er kann nicht einmal seinen Namen s.; subst.: jmdm. das Schreiben beibringen; **b)** ⟨irgendwie s.⟩ *bestimmte Schreibeigenschaften haben:* der Bleistift schreibt weich, hart, gut; der Kugelschreiber, der Filzstift schreibt viel zu dick; die Feder schreibt zu breit; **c)** ⟨es schreibt sich irgendwie; mit Umstandsangabe⟩ *es lässt sich in bestimmter Weise schreiben:* es schreibt sich gut mit diesem Stift, auf diesem Papier, auf dieser Unterlage.
2. a) ⟨etw. s.⟩ *abfassen:* einen Brief, Wunschzettel, eine Karte, eine Beschwerde, ein Rezept, ein Gesuch, ein Protokoll s.; er schreibt Fernsehspiele, Krimis, Romane, Gedichte; wir haben heute einen Aufsatz geschrieben; das Buch ist in einer verständlichen Sprache, in einem guten Stil geschrieben; sie hat einen Bericht, ein Buch, ein Feature über Afrika, eine Dissertation über Goethe geschrieben; er hat mehrere Opern, die Musik zu einem Film geschrieben *(komponiert);* **b)** ⟨an etw. (Dat.) s.⟩ *mit der Abfassung von etw. beschäftigt sein:* an einem Roman, an seinen Memoiren s.; sie schreibt schon lange an ihrer Examensarbeit.
3. a) ⟨irgendwie s.⟩ *schriftlich formulieren:* er schreibt gut, brillant, lebendig, anschaulich, interessant, flüssig, spannend, ziemlich langweilig; er schreibt englisch, in gutem Deutsch; **b)** ⟨etw. s.⟩ *einen bestimmten Schreibstil haben:* einen guten, persönlichen Stil s.; er schreibt gutes, schlechtes Deutsch.
4. ⟨etw. s.⟩ *schriftlich verbreiten:* sie hat die Wahrheit, lauter Lügen, nichts als Unsinn geschrieben.
5. *schriftstellerisch tätig sein:* mein Freund

S

schreibt [für eine Zeitung, für den Rundfunk, in einem Magazin]; sie schreibt über die Luftverschmutzung, über die Antike *(behandelt diese Themen)*; er hat gegen den Krieg geschrieben; SUBST.: er hat [kein] großes Talent zum Schreiben. **6. a)** ⟨etw. [von jmdm., etw./über jmdm., etw.] s.⟩ *eine Nachricht senden:* die Verwandten haben [aus dem Urlaub] einen Brief, eine Ansichtskarte geschrieben; er hat nichts von dem/über den Vorfall geschrieben; sie hat geschrieben, es gehe ihr gut; ⟨auch ohne Akk. und ohne Präpositionalobjekt⟩ er hat postlagernd, anonym, lange nicht, unter einer Deckadresse geschrieben; ⟨jmdm., an jmdn./etw. [etw.] s.⟩ sie hat mir [einen Brief] geschrieben; er hat an das Finanzamt [einen Beschwerdebrief] geschrieben; du hast lange nicht an deine Eltern geschrieben; die Freunde schreiben sich/(geh.:) einander von Zeit zu Zeit; ⟨jmdm. [etw.] über jmdn., etw./von jmdm., etw. s.⟩ sie hat mir nur wenig von dir, von der Sache geschrieben; er schrieb mir über dich, über deine Pläne; **b)** *berichten:* ⟨[etw.] über jmdn., etw. s.⟩ die Zeitungen haben nichts über den Vorfall, haben ausführlich darüber geschrieben. **7.** (ugs.) ⟨sich mit jmdm. s.⟩ *in brieflicher Verbindung stehen:* ich schreibe mich mit ihm seit vielen Jahren. **8.** ⟨jmdn. irgendwie s.⟩ *jmdm. einen bestimmten Gesundheitszustand bescheinigen:* der Arzt hat ihn dienstfähig, arbeits[un]fähig, [un]tauglich geschrieben. **9.** (ugs.) ⟨sich irgendwie s.⟩ *geschrieben werden:* er, sein Name, das Wort Thron schreibt sich mit »th«; wie schreibt sich das? **10.** (veraltend) ⟨etw. s.⟩ *als Datum haben:* man schrieb das Jahr 1812. **11.** ⟨etw. auf etw. (Akk.) s.⟩ *verbuchen:* einen Betrag auf die Rechnung, auf ein Konto s.; den Betrag haben wir zu Ihren Lasten geschrieben.

Schreiben, das: ein amtliches, vertrauliches, dienstliches, persönliches, förmliches S.; ein S. abfassen, verfassen, aufsetzen; wir bestätigen Ihnen den Eingang Ihres Schreibens vom 17.01.2001; auf Ihr S. vom 20.03.2001 teilen wir Ihnen mit ...; wir danken für Ihr [freundliches] S.; ein S. an eine Behörde richten.

schreien /vgl. schreiend/: **1. a)** *Schreie ausstoßen:* laut, durchdringend, hysterisch, schrill, lange, anhaltend s.; das Baby hat [stundenlang, die ganze Nacht] geschrien *(laut geweint)*; sie schrien vor Angst, vor Schmerz, vor Freude, vor Begeisterung; die Zuhörer schrien vor Lachen (ugs.; *lachten unbändig*); wie am Spieß (ugs., *sehr laut*) s.; laut schreiend liefen die Kinder davon; SUBST.: man hörte lautes Schreien, das Schreien der Möwen; **b)** ⟨sich irgendwie s.⟩ *sich durch Schreien in einen bestimmten Zustand bringen:* sie haben sich auf dem Fußballplatz heiser, müde geschrien.

2. a) *laut sprechen:* wütend, laut, mit erregter Stimme s.; du brauchst nicht so zu s., ich kann gut hören; er schreit *(schimpft)* immer mit seinen Kindern; ⟨jmdm. etw. irgendwohin s.⟩ jmdm. etw. ins Ohr s.; sie schrie ihm ins Gesicht, er sei ein Lügner; **b)** ⟨nach jmdm., etw. s.⟩ *laut rufend verlangen:* das Kind schrie nach der Mutter; das Baby schreit nach der Flasche; die Tiere schreien nach Wasser, nach Futter; ⟨auch: um etw. s.⟩ sie haben um Hilfe geschrien; ÜBERTR.: das Volk schreit nach (geh.; *fordert*) Rache. **3.** ⟨etw. s.⟩ *ausrufen:* Hilfe, Hurra s.; entsetzt schrie er: »Halt!«; * **zum Schreien sein** (ugs.; *sehr komisch, zum Lachen sein*).

schreiend: 1. *krass:* ein schreiendes Unrecht, Missverhältnis.
2. *grell:* schreiende Farben, Stoffe; die Plakate sind s. bunt.

schreiten (geh.): **1.** *in gemessenen Schritten:* würdevoll, feierlich s.; langsam schritt er zum Ausgang; durch den Saal, über den Teppich, über die Bühne s.; sie schritten zu Tisch; hinter dem Sarg s. **2.** ⟨zu etw. s.⟩ *mit etw. beginnen:* zur Wahl, zur Verlosung s.; jetzt müssen wir zur Tat s.

Schrift, die: **1.** *Schriftzeichen, Lettern:* die arabische, deutsche, lateinische, griechische S.; etw. ist in kyrillischer S. gedruckt; beim Druck dieses Buches wurden verschiedene Schriften *(Schriftarten)* verwendet.
2. *Handschrift:* eine [un]leserliche, schöne, große, kleine, steile, schräge, krakelige S.; ihre S. ist schwer zu lesen, zu entziffern; jmds. S. begutachten, beurteilen; jmds. S. verstellen; er versuchte, die S. zu deuten; eine Sprache in Wort und S. *(mündlich und schriftlich)* beherrschen.
3. *etwas Geschriebenes:* die bunten Schriften der Leuchtreklame; die S. auf der Münze, auf dem Grabstein ist kaum noch lesbar, ist unleserlich geworden.
4. *Schreiben, Eingabe:* eine S. abfassen, aufsetzen, überreichen, weiterleiten.
5. *Abhandlung:* eine umfangreiche, berühmte S.; naturwissenschaftliche, kunsthistorische Schriften; sämtliche, die gesammelten Schriften des Verfassers; Schriften philosophischen, religiösen Inhalts; eine S. über alternative Energien; Schriften zur Kunst des Mittelalters; eine S. herausgeben, veröffentlichen, publizieren, drucken; * **die [Heilige] Schrift** *(die Bibel):* die [Heilige] S. auslegen, erläutern, zitieren; das steht in der [Heiligen] S.

schriftlich: eine schriftliche Erklärung, Mitteilung, Prüfung, Nachricht, Einladung; schriftliche Anträge, Quellen, Unterlagen; sein schriftliches Einverständnis [zu etw.] geben; die Kündigung muss in schriftlicher Form erfolgen; hast du das s.? (ugs.; *hast du dafür eine schriftliche Bestätigung?*); etw. s. niederlegen, aufzeichnen, festhalten, beantworten; jmdm. etw. s. mitteilen;

SUBST.: haben Sie etwas Schriftliches darüber in der Hand? (ugs.; *haben Sie darüber eine schriftliche Bestätigung o. Ä.?*); im Schriftlichen (Schulw.; *in ihren schriftlichen Leistungen*) ist sie besser als im Mündlichen; Ⓡ das kann ich dir s. geben (ugs.; *dessen kannst du sicher sein*).

schrill: 1. *durchdringend:* ein schriller Ton, Laut; eine schrille Stimme; ein schrilles Lachen, Kreischen; die Klingel ist sehr s.; sie lachte s. **2.** *ausgefallen:* schrille Kleider, Ohrringe; schrille Farben.

schrillen: die Klingel, der Wecker, die Alarmglocke, das Telefon schrillt [durch das Haus].

Schritt, der: 1. große, kleine, lange, ausgreifende, leichte, schwere, trippelnde, schnelle, polternde, federnde, leise, kräftige, schlurfende, schleppende, rasche Schritte; die ersten, noch unsicheren Schritte eines Kindes; eilige Schritte wurden hörbar, näherten sich; sein S. stockte (geh.; *er blieb stehen*); sie hat einen raschen S. *(sie geht rasch);* er verlangsamte, beschleunigte seinen S., seine Schritte; einen S. zurücktreten; bitte treten Sie einen S. näher; ein paar Schritte gehen (ugs.; *einen kleinen Spaziergang machen*); (geh.:) sie lenkte ihre Schritte zum Bahnhof; er machte, tat einen S. zur Seite; (geh.:) Freude beflügelte seine Schritte; das Kind hat die ersten Schrittchen gemacht *(es beginnt zu laufen);* (geh.:) er kam zaghaften, beschwingten Schrittes herbei; mit forschen, zügigen, schwankenden Schritten gehen; mit feierlichen Schritten durchmaß er den Saal; mit wenigen Schritten war sie an der Tür; nach einigen Schritten blieb sie stehen; S. vor S. setzen *(behutsam, zaghaft gehen);* jmdn. am S. *(an der Gangart)* erkennen; den S. wechseln; aus dem S. *(Gleichschritt)* kommen, im S. bleiben; ÜBERTR.: sie ging sogar noch einen S. weiter *(tat noch mehr).* **2.** *Schritttempo:* S. fahren *(langsam fahren);* im S. fahren, reiten; das Pferd geht im S. **3.** *Maßnahme:* ein entscheidender, leichtfertiger, bedeutsamer, gewagter, kühner, unüberlegter S.; er hat sich weitere, rechtliche Schritte vorbehalten; Schritte [gegen jmdn., etw.] unternehmen, einleiten, veranlassen; diesen S. hätte er nicht tun sollen; sie hat sich nach langem Überlegen zu diesem gewöhnlichen S. entschlossen. **4.** *Schrittlänge:* sie stand nur ein paar, wenige Schritte von uns entfernt; in hundert Schritten [Entfernung]/in hundert S. Entfernung; auf hundert Schritte [Entfernung]/auf hundert S. Entfernung; der Graben ist drei S./(seltener:) Schritte breit. **5.** *Hosenschritt:* der S. der Hose ist zu kurz, hängt zu tief; die Hose ist im S. zu lang, spannt im S.;
★ Schritt in die richtige Richtung *(angebrachte, aber allein noch nicht ausreichende Maßnahme)* · der erste Schritt *(der Anfang)* · den ersten Schritt tun *(den Anfang machen)* · den zweiten Schritt vor dem ersten tun *(nicht folgerichtig*

handeln) · einen Schritt zu weit gehen *(die Grenze des Erlaubten, des Möglichen überschreiten)* · mit jmdm. Schritt halten (1. *mit jmdm. im gleichen Tempo gehen.* 2. *sich von jmdm. nicht überrunden lassen*) · mit etw. Schritt halten *(nicht hinter etw. zurückbleiben)* · jmdm. drei Schritte vom Leib bleiben (ugs.; *jmdm. nicht zu nahe kommen*) · Schritt um Schritt *(immer mehr)* · Schritt für Schritt *(allmählich)* · auf Schritt und Tritt *(ständig [u. überall]).*

schroff: 1. *steil und zerklüftet:* schroffe Felsen, Klippen; die Felswand stürzt s. in die Tiefe, ragt s. auf. **2. a)** *barsch:* ein schroffes Wesen, Benehmen, Verhalten; eine schroffe Antwort; er war sehr s.; jmdn. s. begegnen; jmdn. s. behandeln, abweisen; etw. s. ablehnen; **b)** *jäh:* die Übergänge sind zu s.; seine Aussage steht in schroffem *(krassem)* Gegensatz zu der seines Bruders; er wandte sich s. ab.

Schrot, das: 1. *Gewehrmunition:* mit S. schießen; er hat den Hasen mit einer Ladung S. erlegt. **2.** *Getreideschrot:* Getreide zu S. mahlen; das Brot ist aus S. hergestellt; das Vieh wird mit S. gefüttert;
★ von altem, echtem o. ä. Schrot und Korn *(1. anständig, fleißig und solide. 2. der typischen, charakteristischen Art).*

Schrott, der: S. sammeln, verkaufen; er handelt mit S.; Berge von S.; ÜBERTR.: ich gebe den ganzen S. (ugs. abwertend; *das unbrauchbare Zeug*) zum Sperrmüll; er redet viel, lauter S. (salopp abwertend; *Unsinn*).
★ etw. zu Schrott fahren *(ein Fahrzeug bei einem Unfall so beschädigen, dass es schrottreif ist).*

schrubben (ugs.): **a)** ⟨etw., sich s.⟩: *durch kräftiges Reiben, Bürsten säubern:* den Boden, den Flur, die Küche s.; sich von oben bis unten s.; ⟨jmdn., sich etw. s.⟩ sie hat dem Kind den Rücken geschrubbt; ⟨auch Akk.⟩ sie schrubbt und wischt den ganzen Tag; **b)** ⟨etw. irgendwie s.⟩ *durch Schrubben in einen bestimmten Zustand bringen:* den Boden sauber s.; **c)** ⟨etw. von etw. s.⟩ *durch Schrubben entfernen:* den Schmutz vom Boden s.

Schrulle, die (ugs.): **1.** *Marotte:* merkwürdige Schrullen haben; er hat die S., ...; er hat den Kopf voller Schrullen, nichts als Schrullen *(närrische Einfälle)* im Kopf. **2.** (ugs. abwertend) *ältere Frau* /oft als Schimpfwort/: die alte S. spinnt doch!

schrumpfen: a) *sich zusammenziehen:* das Obst schrumpft; die Kartoffeln schrumpfen im Frühjahr; das Gewebe ist geschrumpft; **b)** *weniger werden, zurückgehen:* der Vorrat, das Kapital schrumpft; die Umsätze sind stark geschrumpft; die verfügbare Summe ist auf 8 000 DM, ist um 600 DM geschrumpft; schrumpfende Märkte.

Schub, der: 1. (selten) *das Schieben:* ein kräftiger S. beförderte die Kiste in den Laderaum; das Triebwerk erzeugt einen gewaltigen S.; die Rakete wird durch S. *(Schubkraft)* angetrieben. **2.** *Krankheitsschub:* ein depressiver S.; das Fieber kam in Schüben; die Krankheit tritt in Schüben auf. **3.** *[Personen]gruppe:* ein neuer S. von Besuchern wird eingelassen; die Gäste kamen in Schüben; immer neue Schübe von Flüchtlingen, Deportierten kamen an S.

Schublade, die: die S. klemmt; die S. aufziehen; etw. aus der S. nehmen/holen, in die S. legen; BILDL.: in Schubladen (ugs. abwertend; *starren Einteilungsprinzipien)* denken; in keine S. (ugs.; *Kategorie)* passen; er hat einen Plan, ein Projekt, einen Roman in der S.

Schubs, der (ugs.): jmdn. einen S. geben; jmdn., etw. mit einem kräftigen S. beiseite schieben.

schubsen (ugs.): a) ⟨jmdn., etw. s.⟩ *einen Schubs geben:* die Kinder schubsten sich; der dumme Kerl hat mich geschubst!; ⟨auch ohne Akk.⟩ sie drängelten und schubsten; b) ⟨jmdn., etw. irgendwohin s.⟩ *schubsend fortbewegen:* jmdn. aus dem Zimmer, durch die Tür, ins Wasser, zur Seite s.

schüchtern: a) *scheu, zurückhaltend:* ein schüchternes Kind; ein schüchterner Liebhaber; eine schüchterne Geste; mit schüchterner Stimme; der Junge ist, wirkt sehr s.; sie lächelte, fragte s.; b) *zaghaft:* ein schüchterner Versuch; ein s. geäußerter Wunsch; er wagte sich nur s. hervor.

Schuft, der (abwertend): der S. hat ihn übervorteilt; er ist ein gemeiner, elender S.; ich halte ihn für einen S.; /oft als Schimpfwort/: dieser S.!; du S.!

schuften (ugs.): auf dem Bau, in der Fabrik s.; für einen Hungerlohn s.; er hat sein Leben lang, schwer, für seine Familie geschuftet; wir haben ganz schön geschuftet, um den Termin einzuhalten; ⟨sich irgendwie s.⟩ er hat sich müde, zu Tode geschuftet.

Schuh, der: der rechte, linke S.; ein schöner S.; neue, modische, elegante, derbe, schwere, bequeme, flache, warme, gefütterte, (ugs.:) hochhackige, ausgetretene Schuhe; Schuhe aus Leder, mit hohen Absätzen; ein Paar Schuhe für den Abend; die Schuhe sind [mir] zu groß/zu eng, passen mir nicht, drücken [mich]; Schuhe kaufen, anprobieren, ausziehen, tragen, (ugs.:) anhaben, putzen, besohlen, flicken, reparieren; sich andere Schuhe anziehen; in die Schuhe schlüpfen; in alten Schuhen herumlaufen; das zieht einem [ja] die Schuhe aus! (ugs.; Ausruf der Entrüstung); Ⓡ umgekehrt wird ein S. draus! *(es ist gerade umgekehrt!);* ⋆ **zwei Paar Schuhe sein** (ugs.; *zwei verschiedene Dinge, Sachverhalte o. Ä. sein)* · **wissen, wo jmdn. der Schuh drückt** (ugs.; *wissen, was jmdn. bedrückt)* · **jmdm. etw. an den Schuhen abgelaufen haben** (ugs.; *eine Erfahrung längst gemacht haben)* · **jmdm. etw. in die Schuhe schieben** (ugs.; *jmdm. die Schuld für etw. zuschieben).*

Schuhsohle, die: ↑ Sohle.

Schulbank, die: in dem Klassenraum standen Schulbänke; ÜBERTR.: er wurde von der S. [weg] (ugs.; *unmittelbar nach dem Ende der Schulzeit)* zur Bundeswehr eingezogen; ⋆ **die Schulbank drücken** (ugs.; *zur Schule gehen)* · **miteinander die Schulbank/die gleiche Schulbank gedrückt haben; [miteinander] auf einer S. gesessen haben** (ugs.; *in derselben Klasse gewesen sein).*

Schuld, die: **1.** eine schwere, moralische S.; eine persönliche, kollektive S.; ein Gefühl tiefer S.; die S. liegt bei ihm, fällt auf ihn; es ist meine S., dass ...; seine S. leugnen, bestreiten, eingestehen, sühnen, einsehen, bekennen, zugeben; die S. auf sich nehmen; die S. auf andere schieben, abwälzen; er sucht die S. immer bei anderen; ihn trifft keine S. *(er ist nicht schuldig);* jmdm. die S. [für etw.] geben *(jmdn. [für etw.] verantwortlich machen);* jmdm. die S. [für etw.] zuschreiben, zuschieben; er hat, (geh.:) trägt die S. an dem Zerwürfnis; (geh.:) sie hat eine schwere S. auf sich geladen; (geh.:) er häufte mit seinen Taten S. auf S.; man konnte ihm seine S. nicht nachweisen; sie war sich keiner S. bewusst; ein Gefühl der S. belastete sie; mit S. beladen sein; sich von seiner S. reinwaschen; sich frei von S. fühlen; sie wurde von aller S. freigesprochen; niemand glaubte an seine S. **2.** ⟨meist Plural⟩ *Zahlungsverpflichtung:* eine alte, vergessene, verjährte S.; eine S. anerkennen, löschen, tilgen; Schulden haben, machen, eintreiben, einklagen, einziehen, einfordern; auf dem Haus liegt eine S. von umgerechnet 80 000 Euro; jmdm. seine Schulden erlassen; seine Schulden begleichen, bezahlen, abzahlen, abtragen; er ist in Schulden *(Verschuldung)* geraten; sie hat sich in Schulden gestürzt *(große Schulden gemacht);* für jmds. Schulden bürgen; das Haus ist frei von Schulden; ⋆ **[an etw. (Dat.)] schuld sein** *([an etw.] Schuld haben)* · **[an etw. (Dat.)] Schuld haben** *([an etw.] die Schuld haben [für etw.] verantwortlich sein)* · **jmdm., etw. [an etw. (Dat.)] Schuld geben** *(jmdn., etw. [für etw.] verantwortlich machen)* · **mehr Schulden als Haare auf dem Kopf haben** (ugs.; *sehr viele Schulden haben)* · **[tief] in jmds. Schuld stehen** (geh.; *jmdm. sehr zu Dank verpflichtet sein)* · **sich etw. zu Schulden kommen lassen** (↑ zuschulden).

schulden ⟨jmdm. etw. s.⟩: a) *zu zahlen haben:* jmdm. Geld, eine größere Summe, einen Betrag von hundert Mark s.; was schulde ich Ihnen für die Reparatur?; die Firma schuldet ihm noch das Honorar; b) *jmdm. etw. schuldig sein:* jmdm. Dank, eine Antwort, eine Erklärung s.; er schuldet uns Rechenschaft; er schuldet (selten; *verdankt)* dir sein Leben.

schuldig: 1. die schuldige Person; der schuldige Teil; sie ist nicht s.; die Angeklagte ist [des Mordes] s.; er bekannte sich, fühlte sich s.; sie hat

sich des Betrugs s. gemacht (geh.; *einen Betrug begangen*); er wurde des Totschlags s./für s. befunden; er ist an seinem Bruder s. geworden (geh.; *hat gegenüber seinem Bruder Schuld auf sich geladen*); sie ist, wurde s. *(als schuldiger Teil)* geschieden; auf s. erkennen (Rechtsw.; *einen Schuldspruch fällen*); SUBST.: wer ist der/die Schuldige?
2. a) *zu zahlen verpflichtet:* er ist ihm noch Geld, 50 Mark, eine Monatsmiete s.; sie sind ihm das Geld s. geblieben *(haben es ihm nicht bezahlt)*; was bin ich Ihnen s.? *(was habe ich zu bezahlen?)*; ÜBERTR.: jmdm. Dank, Respekt, Achtung, eine Antwort s. sein; sie ist ihm den Beweis für ihre Behauptung s. geblieben; er ist dieser Erwartungen *nicht erfüllt); das ist er seiner Stellung s.; **b)** *gebührend, geziemend:* die schuldige Rücksicht, Achtung; der schuldige Dank; dem schuldigen Respekt; den schuldigen Gehorsam leisten; ∗ jmdm. **nichts schuldig bleiben** *(auf jmds. Angriff mit gleicher Schärfe reagieren)* · **jmdn. schuldig sprechen** *(jmdn. gerichtlich verurteilen).*
Schuldigkeit, die: ⟨nur in bestimmten Wendungen⟩ **seine Schuldigkeit tun** *(seine Pflicht tun)* · **seine Schuldigkeit getan haben** (ugs.; *seinen Zweck erfüllt haben, ausgedient haben, nicht mehr gebraucht werden*).
schuldlos: sie war s.; man hat ihn s. *(unschuldig)* verurteilt; sich s. fühlen; sie war s. *(als schuldloser Teil)* geschieden.
Schule, die: **1.** *Schulgebäude:* eine große, neue, moderne S.; die S. ist alt, ist zu klein; eine neue S. bauen; die S. betreten, verlassen.
2. a) *Lehranstalt:* eine höhere, öffentliche, private, staatliche, katholische, konfessionelle S.; eine S. für behinderte Kinder; die S. besuchen, wechseln, verlassen; die S. durchlaufen, absolvieren; er hat die S. nicht zu Ende gemacht (ugs.; *nicht bis zum Abschluss besucht*); sie ist in einer privaten S.; in/auf die höhere S. gehen; einen Schüler in die S. aufnehmen; aus der S. ausschließen; sie kommt in diesem Jahr in die, zur S.; sie kommt nächstes Jahr aus der S. (ugs.; *hat die Schule abgeschlossen*); er ist vor dem Abitur von der S. abgegangen; er hat seine Kinder in/auf eine exklusive S. geschickt; er wurde der S. verwiesen; er ist Lehrer an einer S.; sie ist an die/zur S. gegangen (ugs.; *ist Lehrerin geworden*); er geht noch in die/zur S., (ugs.:) auf die S. *(ist noch Schüler);* er ist mit ihm in die S. gegangen (ugs.; *war sein Schulkamerad*); wir sind zusammen in die S. gegangen (ugs.; *wir waren in der gleichen Schulklasse*); jmdn. von der S. weisen; sie ist von der S. geflogen; **b)** *Lehrer- und Schülerschaft einer Schule:* die ganze S. nahm an der Feier teil.
3. *Unterricht:* die S. beginnt um acht Uhr, fängt um acht Uhr an, (ugs.:) ist um ein Uhr aus; heute haben wir, ist keine S.; morgen fällt die S. aus; er

hat die S. geschwänzt; er ist noch bei diesem Lehrer in die S. gegangen *(war sein Schüler);* nach/vor der S.; die Kinder sind [noch] in der S., sind in die S./zur S. gegangen; ÜBERTR.: er ist bei den großen Tragikern in die S. gegangen *(hat von ihnen gelernt);* sie ist in eine harte S. gegangen, hat eine harte S. durchgemacht *(hat viel Schweres durchgemacht).*
4. *künstlerische, wissenschaftliche Richtung:* eine philosophische S.; die florentinische, flämische S. *(Malerschule);* die Mannheimer, die Frankfurter S.; er kommt aus der S. Dürers, ist aus der dürerschen S. hervorgegangen, gehört zur dürerschen S.
5. *Übungs-, Lehrbuch:* eine S. für Gitarre; eine S. des Flötenspiels;
∗ **Schule machen** *(viele Nachahmer finden)* · **[die] hohe Schule** (1. Reitsport; *bestimmte Dressurübungen:* hohe S. reiten. 2. *eine Disziplin in ihrer höchsten Vollendung:* die hohe Schule der Redekunst)* · **aus der Schule plaudern** *(interne Angelegenheiten Außenstehenden mitteilen).*
schulen: a) ⟨jmdn. s.⟩ *ausbilden:* jmdn. politisch, gründlich, systematisch s.; Funktionäre, Vertreter, das Personal s.; die Mitarbeiter müssen für ihre Aufgaben psychologisch geschult sein; es fehlt ihnen an geschultem Personal; ein gut geschultes Team; geschulte Fachkräfte; **b)** ⟨etw. s.⟩ *durch Üben vervollkommnen:* sein Gedächtnis durch Auswendiglernen s.; Blindenhunde s. *(abrichten);* ein geschultes *(geübtes)* Auge, Ohr; eine geschulte *(ausgebildete)* Stimme; sie hat die Mängel mit geschultem Blick sofort erkannt.
Schüler, der: **1.** *Junge, Jugendlicher, der eine Schule besucht:* ein guter, mittelmäßiger, schlechter, fleißiger, fauler S.; die S. der Abschlussklasse, der Hauptschule; er war sein bester S.; ein ehemaliger S. von ihr; einen S. tadeln, loben, aufrufen, nicht versetzen, drannehmen, motivieren, benachteiligen; sie unterrichtet S. der Oberstufe; das Verhältnis von Lehrer und S.
2. *jmd., der bei einem Meister, Professor o. Ä. studiert:* ein Schüler Raffaels, Max Plancks, von Röntgen; als Dramatiker ist er ein S. der alten Griechen *(hat er sich an den alten Griechen geschult);*
∗ **ein fahrender Schüler** *([im Mittelalter] Scholar).*
Schulgeld, das: das S. bezahlen, überweisen;
∗ **sich das Schulgeld zurückgeben lassen [können]** (ugs.; *nichts gelernt haben).*
Schulter, die: **1.** schmale, breite, runde, eckige, kräftige, abfallende, gerade, schiefe Schultern; die rechte, linke S.; ihre Schultern zuckten; die S. schmerzt mir/mich; bedauernd zog sie die Schultern hoch; die Schultern hängen lassen, heben; er zuckte fragend mit den Schultern; jmdm. auf die S. klopfen; jmdn. an den Schultern fassen, packen; den Arm um jmds. S. legen; er fasst sie um die S.; er stand da mit den hängenden Schultern; sie

nahm das Kind auf die Schultern; in der Begeisterung hoben sie den Sportler auf ihre Schultern; sie ist sehr schmal in den Schultern; der Junge reicht der Mutter schon bis zur, bis an die S.; [sich] die Tasche über die S. hängen; er beugte sich über ihre S., schaute über ihre S. auf die Landkarte; (Ringen:) er zwang ihn, legte ihn auf die Schulter[n]; BILDL.: die ganze Arbeitslast lag auf ihren Schultern. **2.** *Schulterteil eines Kleidungsstücks:* die linke S. sitzt nicht; das Jackett ist in den Schultern zu eng, zu weit; ein Mantel mit wattierten, gepolsterten Schultern. **3.** *Bugstück von Schlachttieren:* ein Stück Hammelfleisch von der S.; ⋆ **Schulter an Schulter** (1. *dicht gedrängt:* die Menschen standen S. an S. 2. *gemeinsam:* sie kämpften S. an S.) · **jmdm., etw. die kalte Schulter zeigen** (ugs.; *jmdn., etw. keine Beachtung [mehr] schenken*) · **auf jmds. Schultern stehen** *(sich auf jmds. Lehren, Forschungen stützen)* · **auf beiden Schultern [Wasser] tragen** *(zwei Parteien gerecht werden wollen)* · **etw. auf die leichte Schulter nehmen** *(etw. nicht genügend ernst nehmen)* · **jmdn. über die Schulter ansehen** *(auf jmdn. herabsehen).*

schultern ⟨etw. s.⟩: ein Gewehr, eine Last, einen Sack s.; er trug das Gepäck geschultert.

Schulung, die: **1.** *Ausbildung:* eine fachliche, systematische, politische S.; die Stimme verrät eine gute S.; er hat eine gründliche S. durchgemacht, erfahren. **2.** *Kurs, Lehrgang:* eine S. durchführen, leiten; an einer S. teilnehmen; auf einer S. sein.

Schund, der (abwertend): **a)** (ugs.) *minderwertige Ware:* das ist doch alles S.; er wollte uns S. verkaufen; **b)** *künstlerisch Wertloses, bes. Literatur:* der Film ist der größte S., den du dir vorstellen kannst; er liest nur S.

Schuppe, die: **a)** *Körperschuppe von Fischen, Reptilien u. a.:* die glänzenden Schuppen des Fisches; der Körper des Tiers ist mit Schuppen bedeckt; **b)** *Kopfschuppe:* trockene, fettige Schuppen; er hat Schuppen [auf dem Kopf, auf dem Jackett]; ein Haarwasser gegen Schuppen; ⋆ **es fällt jmdm. wie Schuppen von den Augen** *(jmdm. wird plötzlich etwas klar).*

schüren (geh.) ⟨etw. s.⟩: die Glut, das Feuer, den Brand s.; ÜBERTR.: jmds. Argwohn, Groll, Zorn, Hass, Angst, Aggressionen s. *(anstacheln);* einen Konflikt s.; Feindschaft [gegen jmdn.] s.

schürfen: **1.** (Bergbau) **a)** ⟨etw. s.⟩ *Bodenschätze fördern:* Kohle, Erz s.; **b)** ⟨[nach etw.] s.⟩ *nach Bodenschätzen graben:* hier wird nach Kohle, nach Uran, nach Erzen geschürft; hier wurde früher einmal geschürft; ÜBERTR.: wir müssen tiefer s., um die Zusammenhänge zu erkennen. **2. a)** ⟨sich (Dat.) etw. s.⟩ *durch Scheuern verletzen:* sie hat sich bei dem Sturz die Haut am Arm geschürft; **b)** ⟨sich irgendwie s.⟩ *durch Schürfen*

in einen bestimmten Zustand versetzen: ich habe mich blutig, wund geschürft.

Schurke, der (abwertend): ein gemeiner, ausgemachter S.; er spielt in dem Western die Rolle des Schurken.

Schürze, die: eine frische, saubere S.; [sich] eine S. umbinden, vorbinden; eine S. umtun, anziehen, ausziehen, tragen; das Kind klammerte sich an die S. der Mutter; sie wischte ihre Hände an der S. ab; eine S. voll Obst; ⋆ **hinter jeder Schürze herlaufen/her sein** o. ä. (salopp veraltend; *ein Schürzenjäger sein).*

schürzen ⟨etw. s.⟩: **1.** *raffen:* beim Treppensteigen schürzte sie den langen Rock; mit geschürztem Kleid watete sie durch das Wasser. **2.** *aufwerfen:* die Lippen s.; ein hochmütig geschürzter Mund. **3.** (geh.) *knüpfen, schlingen:* einen Knoten s.; ⟨etw. zu etw. s.⟩ er hat das Seil zu einem Knoten geschürzt.

Schuss, der: **1. a)** *das Schießen:* ein scharfer, gezielter S.; ein S. aus dem Hinterhalt; ein S. auf eine Scheibe, es fielen zwei Schüsse; jeder hat drei Schüsse *(darf dreimal schießen);* er traf das Tier auf den ersten S.; der Jäger kam nicht zum S.; es folgte S. auf S.; er brachte den Keiler mit einem S. zur Strecke; **b)** *Geschoss:* ein S. aus der Pistole; Schüsse peitschten über das Feld; der S. geht los, (ugs.:) ging daneben, traf [ins Schwarze], hat sein Ziel verfehlt, ist abgeprallt; ein S. löste sich [aus dem Jagdgewehr]; der S. traf ihn mitten ins Herz; einen S. [auf jmdn.] abgeben, abfeuern; er hat einen S. ab; *(eine Schusswunde)* im Knie; er ist unter den Schüssen der Attentäter zusammengebrochen; /bei Mengenangaben/ 10 S. Munition, Salut; sie hat noch 3 S. im Magazin; BILDL.: der S. ist nach hinten losgegangen (ugs.; *die Maßnahme hat sich unversehens gegen den Urheber gerichtet).* **2.** (Sport) **a)** *das Schießen eines Spielballs:* ein S. aufs Tor; er beförderte den Ball mit einem S. ins Netz; **b)** *der geschossene Ball:* der S. ging an die Latte, ins Tor, ins Aus; einen S. abwehren; einen S. nicht halten können. **3.** *kleine Menge:* einen S. Sahne in die Suppe tun; der Soße einen S. Rotwein zusetzen; Tee mit einem S. Rum, mit einem S. schottischem Whisky/ (geh.:) schottischen Whiskys; Weiße mit S. *(mit etwas Fruchtsaft);* die Beigabe eines Schusses Rum, eines S. Rums; ÜBERTR.: seine Rede war mit einem S. Humor gewürzt. **4.** (Jargon) *Injektion einer Droge:* der Stoff reicht für zwei Schüsse; sich einen S. [Heroin] kaufen; ⋆ **der goldene Schuss** (Jargon; *Injektion einer tödlichen Dosis Heroin o. Ä.)* · **ein Schuss in den Ofen** (ugs.; *ein Fehlschlag)* · **ein Schuss ins Schwarze** (ugs.; *eine genau zutreffende Bemerkung; eine vollkommen richtige Antwort, Lösung o. Ä.)* · **keinen Schuss Pulver wert sein** (ugs.; *charakterlich nichts taugen)* · **einen Schuss machen/tun** (ugs.; *[von Kindern] in kurzer Zeit ein* beträchtliches Stück wachsen) · jmdm., sich einen Schuss setzen/drücken/machen (Jargon; jmdm., sich eine Droge injizieren) · in/(seltener:) im Schuss (ugs.; in Ordnung; in einem guten [körperlichen] Zustand): das Auto ist noch gut in S.; sie hat ihre Sachen gut in S., müsste sie besser in S. halten; den Laden schon wieder in S. bringen/ kriegen; er ist momentan nicht gut im S. · weit/ weitab vom Schuss (ugs.; 1. in sicherer Entfernung. 2. fern vom Mittelpunkt des Geschehens) · zum Schuss kommen (ugs.; die Möglichkeit zum Handeln bekommen).

Schüssel, die: 1. eine flache, tiefe, silberne S.; eine S. aus Glas, aus Porzellan; eine S. dampfende/ (geh.:) dampfender Kartoffeln; eine S. mit Kartoffeln, voll Obst; ein Satz Schüsseln; die S. füllen, leeren; aus der S. essen; etw. in eine S. füllen. 2. (ugs.) Satellitenschüssel: eine S. auf dem Dach, vor dem Fenster. 3. (ugs.) Toilettenschüssel: die S. ist schmutzig; auf der S. sitzen; ∗ aus einer Schüssel essen (ugs.; zusammengehören und zusammenhalten) · vor leeren Schüsseln sitzen (ugs.; nichts zu essen haben).

Schuster, der: S. sein; seine Schuhe zum S. bringen; Ⓡ S., bleib bei deinem Leisten (bleib bei dem, wovon du etwas verstehst).

Schutt, der: einen Haufen, mehrere Kubikmeter S.; S. abladen verboten!; S. wegfahren, wegräumen; eine Grube mit S. auffüllen; ∗ etw. in Schutt und Asche legen (etw. zerstören und niederbrennen) · in Schutt und Asche liegen (zerstört und niedergebrannt sein) · in Schutt und Asche sinken (geh.; völlig zerstört u. niedergebrannt werden).

schütteln: a) ⟨jmdn., etw. s.⟩ heftig hin und her bewegen: jmdn. heftig, kräftig s.; er schüttelte ratlos, verwundert den Kopf; der Wind schüttelt die Zweige; der Löwe schüttelte seine Mähne; die Faust, die Fäuste gegen jmdn. s. (drohend gegen jmdn. erheben); Böen schüttelten das Flugzeug; wir haben die Äpfel geschüttelt (vom Baum heruntergeschüttelt); die Medizin vor Gebrauch s.; man hat ihn aus dem Schlaf geschüttelt; er war von Angst geschüttelt; er schüttelte ratlos den Kopf; ⟨auch ohne Akk.⟩ verwundert mit dem Kopf s.; ⟨jmdm. etw. s.⟩ er schüttelte ihm die Hand (begrüßte ihn mit Handschlag); b) ⟨etw. aus/von etw. s.⟩ abschütteln: die Äpfel vom Baum, den Staub aus der Matte s.; c) ⟨jmdn. s.⟩ in eine schüttelnde Bewegung versetzen: ein Hustenanfall schüttelte ihn; ein heftiges Weinen, Lachen schüttelte sie; ⟨es schüttelt jmdn.⟩ es schüttelt mich [bei dem Anblick, vor Angst]; d) ⟨sich s.⟩ eine schüttelnde Bewegung machen: der nasse Hund schüttelte sich; sich nach einem Schnaps, vor Ekel, vor Lachen s.

schütten: 1. ⟨etw. irgendwohin s.⟩ fließen, fallen lassen: die Milch aus der Kanne, Wasser in den Ausguss s.; Futter in den Trog s.; den ganzen Abfall auf einen Haufen s.; den Inhalt seiner Tasche auf den Tisch, in den Abfalleimer s.; aus Versehen Saft auf die Tischdecke s.; ⟨jmdm., sich etw. irgendwohin s.⟩ sie hat sich den Wein aufs, übers Kleid geschüttet. 2. (ugs.) ⟨es schüttet⟩ es regnet heftig: es schüttet seit Stunden.

Schutz, der: a) Beistand, Hilfe: militärischer S.; jmdm. S. bieten, gewähren, zusichern; die Kinder suchten S. bei der Mutter; ein S. suchender Flüchtling; jmds. S., den S. des Gesetzes genießen; sie befahlen, empfahlen die Kinder, sich dem S. (geh.; der Obhut) Gottes; sich jmds. S. anvertrauen; jmdn. um seinen S. bitten; sich in/unter jmds. S. begeben; der Flüchtling stellte sich unter polizeilichen S.; er wurde unter polizeilichem S. abgeführt; ÜBERTR.: die Täter entkamen dem, im S. der Dunkelheit; b) Sicherung, Sicherheit: Abhärtung ist ein sicherer, wirksamer S. gegen Erkältungen; die Bäume boten ihnen S. vor dem Regen; durch den Raubbau am Wald verlor die Insel ihren natürlichen S.; unter einem Baum S. suchen; ein Mittel zum S. gegen, vor Ansteckung; eine Brille zum S. der Augen gegen zu grelles Licht; es wurden Maßnahmen zum S. der Bevölkerung getroffen; er hat einen Leibwächter zu seinem persönlichen S.; ∗ jmdn. [vor jmdm./gegen jmdn.] in Schutz nehmen (jmdn. einem anderen gegenüber verteidigen).

schützen: 1. a) ⟨jmdn., sich, etw. [vor etw., gegen etw.] s.⟩ Schutz gewähren: die Bevölkerung, das Land, das Eigentum s.; das Gesetz schützt die Bürger; sich, die Augen vor der Sonne s.; sich [durch geeignete Maßnahmen, durch ein Kondom] gegen, vor Ansteckung s.; das Haus durch eine Alarmanlage s.; sich vor Betrug/Betrügern, gegen Betrug/Betrüger s.; etw. vor/gegen Nässe, vor/gegen Feuchtigkeit s.; etw. urheberrechtlich s. lassen; der Name des Fabrikats ist [gesetzlich] geschützt (darf nicht von anderen verwendet werden); ein schützendes Dach über dem Kopf haben; er stellte sich schützend vor ein Kind; ⟨vor, gegen Wind⟩ geschützter Platz; /Wunschformel/: Gott schütze dich!; b) ⟨vor etw., gegen etw. s.⟩ einen Schutz [ver]schaffen: das Medikament schützt vor Erkältung; der Mantel schützt gegen die Kälte; Unkenntnis schützt nicht vor Strafe. 2. ⟨etw. s.⟩ unter Naturschutz stellen: eine Landschaft s.; geschützte Arten, Pflanzen, Tiere; das Alpenhuhn ist ganzjährig geschützt.

schwach: 1. kraftlos; nicht widerstandsfähig: eine schwache Gesundheit, Konstitution haben; er hat schwache Augen, Nerven; sie konnte nur mit schwacher (leiser) Stimme sprechen; der Patient ist sehr s.; sie wird körperlich immer schwächer; er ist noch s. auf den Beinen (ugs.; noch nicht wieder bei Kräften); der Puls ist s.; alt und s., krank und s. sein; ÜBERTR.: eine schwache Opposition;

S

Regierung; er machte nur schwache Versuche, sich zu verteidigen; einen schwachen Willen haben; der Wind ist heute s. *(nicht lebhaft);* die Mutter ist zu s. *(nachgiebig),* um sich durchzusetzen; wenn ich daran denke, wird mir ganz s. (ugs.; *wird mir ganz flau);* jetzt nicht s. werden (ugs.; *nicht schwankend werden)!;* mach mich nicht s.! (ugs.; *reg mich nicht auf, mach mich nicht nervös!).*
2. *gering belastbar:* schwache Mauern; ein schwaches Brett, Seil; ein schwacher Draht; der Ast ist zu s.; das Eis, die Eisdecke ist noch zu s. zum Schlittschuhlaufen.
3. *gering, mäßig:* schwacher Beifall; nur eine schwache Hoffnung haben; der Bericht gibt nur einen schwachen Eindruck von den Vorgängen; das ist ein schwacher Trost; (ugs.; *hilft auch nur wenig);* ein schwaches Lob; es gibt nur schwache Anzeichen von Besserung; schwaches *(schlechtes)* Licht; er ist ein schwacher Schüler *(seine Leistungen sind schlecht);* die Nachfrage war s.; die Glühbirne ist zu s. *(hat eine zu geringe Wattzahl);* die Brillengläser sind zu s.; das Geschäft, die Börse ist zurzeit s. *(es herrscht eine geringe Nachfrage);* ein Land mit s. entwickelter Wirtschaft; das Herz schlägt, das Feuer brennt noch s.
4. *nicht zahlreich:* eine schwache Beteiligung; das Konzert, die Vorstellung war nur s. besucht; das Land ist nur s. bevölkert, besiedelt.
5. a) *keine hohe Konzentration aufweisend:* schwacher Kaffee, Tee; eine schwache Lauge, Salzlösung; ein schwaches Gift; die Dosis des Medikaments war zu s.; **b)** *(hinsichlich des Gehalts, der Leistung o. Ä.) unbefriedigend:* ein schwaches Buch, [Theater]stück; eine schwache Leistung; eines der schwächeren Werke des Malers; diese Argumente sind sehr s.; die Mannschaft hat s. gespielt, bot ein schwaches Bild (ugs.; *spielte enttäuschend).*
6. (Sprachw.) */Art der Beugung/:* ein schwaches Verb, Substantiv; die schwache Konjugation, Beugung; dieses Verb wird s. konjugiert, gebeugt.
Schwäche, die: **1.** *Kraftlosigkeit:* eine körperliche, geistige, allgemeine S.; eine S. der Nerven, der Augen; [eine] S. befällt, überkommt jmdn.; sie hat die S. überwunden; keine S. zeigen; er ist vor S. umgefallen, zusammengebrochen.
2. a) *charakterlicher Fehler:* eine charakterliche, menschliche, verzeihliche S.; jmds. S. ausnutzen; jeder Mensch hat seine [kleinen] Schwächen; jmdm. seine S. verzeihen; er kannte seine Schwächen; sie wusste, wo ihre Schwächen liegen; einer S. nachgeben, widerstehen, **b)** *Unzulänglichkeit:* die strategische, militärische S. eines Gegners; die Niederlage offenbarte die S. der Partei; seine S. auf dem Gebiet der Fremdsprachen, in Mathematik.
3. *Mangel:* inhaltliche Schwächen eines Werkes; eine entscheidende S. dieser Methode ist ihre

Kompliziertheit; das Buch hat, weist [einige] Schwächen auf.
4. *Vorliebe:* ihre S. für kostbaren Schmuck, für teure Kleidung, für alte Bücher ist bekannt; er hat eine S. für sie, für diesen Autor.
schwächen: a) ⟨jmdn., sich, etw. s.⟩ *schwach machen:* das Fieber, der Blutverlust schwächte ihn; die Krankheit hat seinen Körper geschwächt; seine Gesundheit ist geschwächt; er hat sich durch dauernde Überanstrengung geschwächt; ein geschwächtes Immunsystem; den Gegner durch fortgesetzte Angriffe s.; der geschwächte Körper hatte keine Widerstandskraft mehr; **b)** ⟨etw. s.⟩ *herabsetzen, mindern:* das wird ihr Ansehen, ihre Macht, ihr Prestige s.; dieser Fehlschlag schwächte seine Position.
Schwachheit, die: die S. seines Körpers, seiner Augen; die S. des Alters;
★ *sich Schwachheiten einbilden* (ugs.; *sich falsche, übertriebene Hoffnungen machen).*
schwächlich: ein schwächliches Kind; er ist, wirkt etwas s., hat eine schwächliche Konstitution.
Schwamm, der: **1. a)** *ein im Wasser lebendes niederes Tier:* nach Schwämmen tauchen; **b)** *Schwamm zum Säubern:* ein trockener, nasser, feuchter S.; der S. saugt sich voll; den S. ausdrücken, anfeuchten, ausspülen; die Tafel mit dem S. säubern; er wäscht sich mit einem S.; ⟨Ⓡ S. drüber! (ugs.; *reden wir nicht mehr davon!).*
2. (südd., österr.) */ein Pilz/:* essbare, giftige Schwämme; Schwämme suchen, sammeln, trocknen.
3. *Hausschwamm:* in dem Gebälk, in dem Haus ist, sitzt der S.; das Haus hat den S., ist vom S. befallen;
★ *sich mit dem Schwamm frisieren/kämmen können* (ugs. scherzh.; *eine Glatze haben).*
Schwan, der: ein stolzer S.; die Schwäne schwimmen auf dem Teich; Schwäne füttern; mein lieber S.! (salopp; Ausruf des Erstaunens, der Verwunderung oder als scherzhafte Drohung).
schwanen (ugs.) ⟨jmdm. s.⟩: ihm schwante nichts Gutes; mir schwant, es gibt Ärger.
Schwang, der: in den Wendungen) **im Schwange sein** *(sehr verbreitet, beliebt, in Mode sein):* diese Ausdrucksweise ist sehr im Schwange · **in Schwang kommen** *(große Verbreitung/Beliebtheit erlangen, in Mode kommen).*
schwanger: eine schwangere Frau; [von jmdm.] s. sein, werden; sie ist im vierten Monat, zum ersten, zum zweiten Mal s.; (geh.:) mit einem Kind s. gehen.
★ *mit etw. schwanger gehen* (ugs. scherzh.; *sich schon einige Zeit mit etw. im Geiste beschäftigen).*
schwängern: 1. ⟨jmdn. s.⟩ *schwanger machen:* eine Frau, ein Mädchen s.
2. ⟨etw. s.⟩ *erfüllen:* köstliche Aromen, Düfte schwängerten die Luft; die Atmosphäre war von Rauch geschwängert.
schwanken: 1. *wanken:* **a)** die Zweige, die Äste, die

Baumwipfel, die Boote schwanken leicht, heftig im Wind [hin und her]; der Boden hatte [unter seinen Füßen] geschwankt; der Esel schwankte unter seiner Last; sie ging mit schwankenden Schritten; ÜBERTR.: die Preise, die Kurse schwanken *(sind instabil);* die Temperatur schwankt zwischen 18 Grad [im Norden] und 25 Grad [im Süden]; die Ergebnisse schwanken um einen Mittelwert; **b)** ⟨irgendwohin s.⟩ der Betrunkene schwankte aus der Kneipe, über die Straße, zur Tür. **2.** *unschlüssig sein:* lange, einen Augenblick lang s.; sie schwankte, ob sie fahren oder zu Hause bleiben sollte; zwischen Hoffnung und Resignation, zwischen Zorn und Mitleid s.; er ist sehr schwankend in seinen Entschlüssen; der Vorfall machte ihn/ließ ihn s.; ein schwankender Charakter; SUBST.: ins Schwanken kommen, geraten; nach anfänglichem Schwanken.

Schwankung, die: vorübergehende, heftige, geringe Schwankungen; Schwankungen der Stimmung, der Laune; das Barometer zeigt keinerlei S.; die Kurse sind starken Schwankungen unterworfen, ausgesetzt.

Schwanz, der: **1.** ein langer, buschiger, gestutzter S.; der S. eines Vogels, eines Fischs, eines Affen; der Fasan hat einen prächtigen S.; dem Hund den S. kupieren; der Hund klemmt den S. ein, lässt den S. hängen, wedelt mit dem S.; der Junge fasst, packt, zieht die Katze am/beim S.; ÜBERTR.: der bunte S. eines Papierdrachens; der S. *(das Ende)* des Festzuges; das zog einen S. *(eine Reihe)* weiterer Prozesse nach sich. **2.** (derb) *Penis:* jmdm., sich an den S. greifen; ⋆ **kein Schwanz** (salopp; *niemand)* · **den Schwanz einziehen/einkneifen** (salopp; *sich einschüchtern lassen und nachgeben)* · **den Schwanz hängen lassen** (salopp; *bedrückt, traurig sein)* · *jmdm.* **auf den Schwanz treten** (salopp; *jmdn. beleidigen).*

schwänzen (ugs.) ⟨etw. s.⟩: den Unterricht, die Schule, die Vorlesung, eine Stunde, eine Klassenarbeit s.; ⟨auch ohne Akk.⟩ er hat heute wieder geschwänzt.

Schwarm, der: **1.** *Menge; Schar:* ein S. Bienen, Mücken, Krähen, Heuschrecken; ein S. junger/(seltener:) junge Heringe; Schwärme von Insekten; einen S. *(Bienenschwarm)* einfangen; Heringe leben in Schwärmen; ÜBERTR.: ein S. Kinder folgte/folgten dem Wagen; ein S. von Kindern. **2.** *Idol:* dieser Schauspieler ist der S. vieler Frauen; die neue Lehrerin ist der S. der Klasse; er ist mit seinem S. verabredet.

schwärmen: 1. *sich im Schwarm bewegen:* **a)** die Bienen schwärmen jetzt; Mücken schwärmten [im Sonnenschein]; **b)** ⟨irgendwohin s.⟩ Mücken schwärmten um die Lampe; ÜBERTR.: die Menschenmenge schwärmte in das neu eröffnete Kaufhaus. **2. a)** ⟨für jmdn., etw. s.⟩ *sich begeistern:* er

schwärmt für Blondinen, für schnelle Autos; die Kids schwärmen für diese Musik; **b)** ⟨[von jmdm., etw.] s.⟩ *begeistert reden:* er schwärmt wieder; sie schwärmten von dem Konzert, von dem guten Essen, von ihrem letzten Urlaub; von der Frau schwärmt er heute noch; SUBST.: er gerät leicht ins Schwärmen.

Schwarte, die: **1.** *Hautschwarte:* eine dicke, geräucherte, knusprig gebratene S.; ein Stück S.; die S. kann man nicht mitessen, kauen. **2.** (ugs., oft abwertend) *dickes Buch:* dicke, alte Schwarten; eine S. lesen, kaufen; ⋆ **dass [jmdm.] die Schwarte kracht** (salopp; *dass es [für jmdn.] kaum noch zu ertragen ist).*

schwarz: 1. schwarze Haare, Schuhe; ein schwarzes Kleid; sein Gesicht war s. von Ruß; s. wie die Nacht; sie ist s. gekleidet; ein Kleidungsstück s. färben; ein s. geränderter/umränderter Briefumschlag; der Stoff ist s. gemustert, gestreift; SUBST.: ein tiefes, glänzendes Schwarz; das kleine Schwarze *(knielanges, festliches schwarzes Kleid);* sie trägt gerne Schwarz *(schwarze Kleidung);* nach dem Tod ihres Mannes hat sie lange S. *(Trauerkleidung)* getragen; er war [ganz] in Schwarz gekleidet. **2. a)** *sehr dunkel:* schwarze Kirschen; schwarzer Pfeffer; schwarzes Brot *(Schwarzbrot);* schwarzer Tee *(Tee aus den Blättern des Teestrauchs);* eine schwarze (geh.; *sternlose)* Nacht; den Kaffee s. *(ohne Milch)* trinken; der Kuchen ist s. geworden (ugs.; *beim Backen verbrannt);* **b)** *negrid:* ein schwarzer Jazzmusiker; die unterdrückte schwarze Mehrheit; die Führer der schwarzen Minderheit; seine Hautfarbe ist s.; SUBST.: die Schwarzen des Landes; die Sopranistin ist eine Schwarze; sie ist mit einem Schwarzen verheiratet. **3.** (ugs.) *schmutzig:* schwarze Hände, Fingernägel; der Kragen ist ganz s.; du bist s. an der Nase; du hast dich s. gemacht. **4. a)** (ugs., oft abwertend) *katholisch:* hier sind alle Leute s.; **b)** (Politik) *konservativ:* ein schwarzer Wahlkreis; eine schwarze Partei, Regierung; s. wählen; SUBST.: die Schwarzen wählen. **5.** *unheilvoll:* schwarze Gedanken; dies war vielleicht der schwärzeste Tag in ihrem Leben, für die deutsche Geschichte; immer muss sie alles s. malen *(pessimistisch darstellen);* er sieht immer nur s. *(beurteilt die Aussichten pessimistisch; befürchtet Schlimmes);* für den Kandidaten, für das Gelingen der Arbeit, für deine Urlaubspläne sehe ich s. **6.** (ugs.) *illegal:* schwarze Geschäfte; etw. s. kaufen, exportieren; er ist s. eingereist, über die Grenze gegangen; s. *(ohne die Gebühren zu zahlen)* fernsehen; s. *(ohne Führerschein)* Auto fahren; s. gebrannter Schnaps; ⋆ **schwarz werden** (Skat ugs.; *keinen Stich bekommen)* · **jmd. kann warten, bis er/sie schwarz wird** (ugs.; *jmd. wird vergeblich warten)* ·

schwarz von jmdm., etw. sein *(gedrängt voll von jmdm., etw. sein):* der Saal war s. von Menschen · **schwarz auf weiß** (ugs.; *schriftlich):* das kann ich dir s. auf weiß geben; das habe ich s. auf weiß · **jmdm. nicht das Schwarze unter dem [Finger]nagel gönnen** (ugs.; *sehr neidisch auf jmdn. sein)* · **aus Schwarz Weiß machen [wollen]** *(durch seine Darstellung eine Sache in ihr Gegenteil verkehren [wollen])* · **ins Schwarze treffen** (1. *beim Schießen in den innersten schwarzen Kreis treffen.* 2. *genau das Richtige tun, sagen).*

schwarzarbeiten: *illegal arbeiten:* an den Samstagen arbeitet er häufig schwarz.

schwarzsehen (ugs.): *fernsehen, ohne sein Gerät angemeldet zu haben u. die fälligen Gebühren zu entrichten:* er sieht schwarz.

schwatzen, (bes. südd.:) **schwätzen: 1. a)** (oft abwertend) ⟨[über etw. (Akk.)/von etw.] s.⟩ *sich unterhalten:* laut, unaufhörlich, stundenlang s.; über die Regierung, über das Wetter, von einem Ereignis s.; er schwatzt über etwas, was er nicht versteht; sie schwatzen und stören den Unterricht; fröhlich schwatzend gingen sie weiter; **b)** (abwertend) ⟨etw. s.⟩ *reden:* Überflüssiges, Unverständliches, Unsinn, dummes Zeug s. **2.** (abwertend) *etw. weitererzählen:* da muss einer geschwatzt haben!

Schwebe, die: ⟨nur in bestimmten Wendungen⟩ **sich in der Schwebe halten** (1. *in einem Schwebezustand verharren:* die Waage hält sich in der S. 2. *unentschieden bleiben:* der Zustand des Kranken hält sich in der S.) · **etw. ist [noch], befindet sich [noch] in der Schwebe** *(etw. ist [noch] unentschieden)* · **in der Schwebe bleiben** *(offen, unentschieden bleiben)* · **etw. in der Schwebe lassen** *(etw. nicht entscheiden, etw. offen lassen).*

schweben: 1. a) *sich im Gleichgewicht halten ohne zu sinken:* sie hatten das Gefühl zu s.; der Adler schwebt hoch in der Luft; der Drachenflieger schwebte über dem Abgrund, zwischen Himmel und Erde; am Himmel schwebten kleine Wölkchen; ein Ballon schwebte über dem Meer; ÜBERTR.: in Angst, in tausend Ängsten s. *([große] Angst haben);* er schwebte *(schwankte)* zwischen Furcht und Hoffnung, schwebte *(befand sich)* in großer Gefahr, in Lebensgefahr; **b)** ⟨irgendwohin s.⟩ *gleiten:* durch die Luft, nach unten, in die Höhe s.; ein Ballon ist nach Osten, über die Stadt geschwebt; Bienen schweben von Blüte zu Blüte. **2.** *unentschieden, noch nicht abgeschlossen sein:* der Prozess schwebt noch; man wollte nicht in das schwebende Verfahren eingreifen.

Schweif, der (geh.): ein langer, buschiger, seidiger S.; der S. des Pferdes; ÜBERTR.: der S. des Kometen.

schweifen (geh.) ⟨irgendwohin s.⟩: durch die Stadt, durch Wiesen und Felder s.; in die Ferne s.; ÜBERTR.: seinen Blick, seine Gedanken s. lassen.

schweigen: lange, betroffen, ratlos, betreten, beschämt, verlegen, hartnäckig, beharrlich s.; kannst du s.? *(etwas für dich behalten?);* s. wie ein Grab *(absolut verschwiegen sein);* die Rednerin schwieg einen Augenblick; die Vögel schweigen; schweig! *(sag ja nichts mehr [dagegen]!);* aus Höflichkeit, aus Verlegenheit, aus Angst s.; schweigen vor Staunen, vor Schreck; der Angeklagte schweigt auf alle Fragen; sie schwieg über ihre Erfahrungen, von ihren Entdeckungen, zu den Vorwürfen; ÜBERTR.: das Radio, die Musik, der Lärm schweigt; seit heute schweigen die Waffen *(wird nicht mehr gekämpft);* die Presse hat zu dem Vorgang geschwiegen; es herrschte schweigende Zustimmung;

★ **ganz zu schweigen von ...** *(und in ganz besonderm Maße ...; und erst recht ...):* das Hotel war sehr schlecht, ganz zu s. vom Essen.

Schweigen, das: ein eisiges, betretenes, peinliches, verlegenes, betroffenes, beredtes S.; es herrschte tiefes S.; ein S. trat ein; S. bewahren, fordern; endlich hat sie das, ihr S. gebrochen *([wieder] zu sprechen begonnen);* jmdm. S. auferlegen; jmd. ist zum S. verurteilt *(darf, kann sich aus einem bestimmten Grund nicht äußern);* Ⓡ S. im Walde *(niemand wagt, etwas zu sagen);*

★ **sich in Schweigen hüllen** *(sich geheimnisvoll über etw. nicht äußern)* · **jmdn. zum Schweigen bringen** (1. *jmdn. mit Gewalt veranlassen, nichts mehr zu äußern.* 2. verhüll.: *jmdn. töten).*

schweigsam: ein schweigsamer Mensch; sie ist, wirkt sehr s.; warum so s.?; er saß s. in einer Ecke.

Schwein, das: **1.** ein fettes, dickes S.; das S. frisst, grunzt, schnüffelt, quiekt; sich wie ein S. *(sehr schlecht)* benehmen; Schweine mästen, füttern, züchten, schlachten, abstechen; Ⓡ wo haben wir denn nun zusammen Schweine gehütet? *(seit wann duzen wir uns denn?).*

2. a) (derb abwertend) *verwerflicher Mensch:* dieses S. hat mich betrogen; /oft als Schimpfwort/: musst du immer dreckige Witze erzählen, du S.!; **b)** (derb abwertend) *schmutziger Mensch* /oft als Schimpfwort/: welches S. hat denn hier gegessen?; **c)** (salopp) *bedauernswerter Mensch:* er, sie ist ein armes S.;

★ **kein Schwein** (salopp; *niemand):* das kapiert kein S. · **Schwein haben** (ugs.; *Glück haben).*

Schweinerei, die (ugs. abwertend): **a)** *Zustand großer Unsauberkeit:* wer hat diese S. hier hinterlassen?; **b)** *Gemeinheit:* was du gemacht hast, ist eine große S.; /Ausruf der Verärgerung/: S.!; **c)** *moralisch, sexuell Verwerfliches:* sie trieben es nach der anderen.

Schweiß, der: der kalte S. stand ihr auf der Stirn; der S. läuft ihm übers Gesicht, rinnt ihm von der Stirn; ihr brach der S. aus; der S. brach ihm aus allen Poren; S. strömt ihm über den Körper; sie trocknete, wischte sich den S. ab; sein Körper war mit S. bedeckt; ihr Haar war von S. verklebt; sein Gesicht glänzt vor/von S.; das Pferd war nass von S.; sie, ihre Kleider rochen nach S.; er war in

S. gebadet *(schwitzte sehr)*; ÜBERTR.: die Arbeit hat [ihn] viel S. *(Mühe)* gekostet; * im Schweiße seines Angesichts *(unter großer Anstrengung)*.

schweißen ⟨[etw.] s.⟩: Rohre, Schienen s.; in dieser Halle wird geschweißt.

schwelen: 1. *glimmend brennen:* der Brand, das Holz, das Feuer schwelt; schwelende Trümmer; ⟨es schwelt⟩ es schwelt unter der Asche; ÜBERTR.: Hass, Argwohn schwelt in ihm (geh.; *war unterschwellig in ihm wirksam*); der Konflikt, die Affäre schwelt schon länger; eine schwelende Feindschaft. **2.** (Technik) ⟨etw. s.⟩ *unter Luftabschluss erhitzen:* Koks, Kohlen s.; Rasen s. *(langsam verbrennen)*.

schwelgen: 1. *üppig essen und trinken:* die Gäste schwelgten und prassten. **2.** (geh.) ⟨in etw. (Dat.) s.⟩ *sich einem Gefühl hingeben:* in Gefühlen s.; sie schwelgten in Erinnerungen; in Farben s. *(sie im Übermaß verwenden)*.

Schwelle, die: 1. *Türschwelle:* eine hohe S.; über die S. treten, stolpern; sie blieb an/auf der S. stehen; auf der S. stehen; die Braut über die S. tragen; ÜBERTR.: er steht an der S. des Todes; an der S. *(zu Beginn)* des 19. Jahrhunderts; er darf uns nicht mehr über die S. kommen/unsere S. nicht mehr betreten (geh.; *unser Haus, unsere Wohnung nicht mehr betreten*); den/seinen Fuß nicht mehr über jmds. S. setzen (geh.; *jmds. Wohnung nicht mehr betreten*); etw. bleibt unterhalb der S. des Bewusstseins. **2.** *Eisenbahnschwelle:* hölzerne, eiserne Schwellen; Schwellen [ver]legen, erneuern, auswechseln; die Schienen liegen auf Schwellen. **3.** *leichte Erhebung:* eine S. im Boden.

¹schwellen, schwellte, geschwellt (geh.) ⟨etw. s.⟩: der Wind schwellt die Segel; ÜBERTR.: Mut, Freude, Stolz schwellte seine Brust.

²schwellen, schwoll, geschwollen /vgl. geschwollen/: **a)** *anschwellen:* die Beine, Füße, Adern schwellen; sein Hals ist stark geschwollen; sie hat geschwollene Mandeln, eine geschwollene Backe; ÜBERTR.: die Knospen beginnen zu s. (geh.; *prall zu werden*); schwellende *(üppige)* Formen, Lippen; ein schwellendes *(weiches, dickes)* Moospolster; **b)** (geh.) ⟨[zu etw.] s.⟩ *bedrohlich anwachsen:* die Flut schwoll immer mehr; der Bach schwoll zu einem reißenden Strom; der Wind schwoll *(steigerte sich)* zu einem Sturm; der Lärm schwoll zu einem Dröhnen.

schwenken: 1. ⟨etw. s.⟩ *hin und her schwingen:* Tücher, Fahnen, Fähnchen s.; er schwenkte seinen Hut [in der Hand]; winkend schwenkten sie die Arme über ihren Köpfen. **2. a)** ⟨irgendwohin s.⟩ *eine Schwenkung machen:* um die Ecke, in eine Seitenstraße, in eine andere Richtung s.; /militärisches Kommando/: rechts, links schwenkt – marsch!; ÜBERTR.: er ist in das andere Lager geschwenkt *(hat die Partei o. Ä. ge-*

wechselt); **b)** ⟨etw. s.⟩ *in eine andere Richtung bringen:* die Kamera, den Kran s.; der Hebel muss nach links geschwenkt werden. **3.** ⟨etw. s.⟩ *[aus]spülen:* Gläser, Geschirr s.; die Wäsche in klarem Wasser s. **4.** (Kochk.) ⟨etw. in etw. (Dat.) s.⟩ *leicht rütteln:* die Kartoffeln, das Gemüse in Butter s.

schwer: 1. a) *von großem Gewicht:* ein schwerer Korb, Koffer, Stein; eine schwere Last; schweres Gepäck; ein schwerer Schrank; ein schwerer *(dicker, dicht gewebter)* Stoff; die Kiste ist s. wie Blei (ugs.; *sehr schwer*); die Äste sind s. von Früchten *(tragen viele Früchte);* der Wagen hat s. geladen, ist s. beladen; seine Hand lag s. auf ihrer Schulter; er hat an seinem Gepäck s. zu tragen; du darfst nicht so s. heben, tragen; ÜBERTR.: schwere *(derbe)* Schuhe; ein schwerer *(nährstoffreicher)* Boden; eine schwere See *(Sturzwelle);* ein schweres *(intensives, stark duftendes)* Parfüm; ein schwerer (ugs.; *dicker*) Mann; ein schwerer *(stark motorisierter)* Wagen, LKW; schwere Panzer, Geschütze; schwere *(mit schweren Waffen ausgerüstete)* Artillerie, Kavallerie; schwere *(müde)* Beine haben; ein Armband aus schwerem *(massivem)* Gold; der Regen fiel in schweren *(großen)* Tropfen; die Bankräuber waren s. bewaffnet *(trugen mehrere Waffen bei sich);* sein Wort, Urteil, Rat wiegt s. *(hat großes Gewicht);* sie äußerte s. wiegende, noch schwerer wiegende Bedenken; **b)** *ein bestimmtes Gewicht habend:* ein 10 Pfund schwerer Fisch; der Sack ist einen Zentner s.; wie s. ist das Paket?; du bist zu s. (ugs.; *hast ein zu großes Gewicht);* wie s. bist du? *(wie viel wiegst du?);* der Korb ist schwerer als die Tasche; ÜBERTR.: ein mehrere Millionen schwerer (ugs.; *besitzender*) Geschäftsmann. **2.** *nicht gut verträglich:* schweres Essen; ein schwerer Wein; das fette Fleisch war ihm zu s.; die Speisen lagen ihm s. im Magen; s. verdauliche, s. verträgliche Speisen. **3.** *schwerfällig:* er hat einen schweren Gang; sie hörte seine schweren Schritte auf der Treppe; sie schrieb mit schwerer Hand; er sprach mit [vom Alkohol] schwerer Zunge; das Kind lernt, begreift s. *(langsam).* **4.** *beschwerlich, mühselig:* ein schwerer Dienst; ein schweres Amt; eine schwere Arbeit; sie hat schwere *(lastende)* Sorgen; ein schwerer Tod; sie haben schwere Zeiten durchgemacht; die Arbeit wurde ihr s.; sie hat es s. und er muss s. arbeiten; die kleine Schrift ist s. zu lesen; sie ist s. zu überzeugen; dieses Material ist s. zu verarbeiten; die Tür, der Deckel lässt sich nur s. öffnen, (ugs.:) geht nur s. auf; sie kann sich nur s. mit den Gedanken anfreunden; der Redner war nur s. zu verstehen; der Kranke atmet s.; die Arbeit fiel ihm ausgesprochen, sichtbar, reichlich s.; es ist ihm s. gefallen, dieses Urteil auszusprechen; macht sich und anderen das Leben s.; du tust dich/dir s. mit dem Lernen, mit dem neuen Leh-

S

rer (ugs.; *hast Schwierigkeiten damit, mit ihm*); die Partei wird sich in der Durchsetzung der Reformen s. tun; SUBST.: sie hat das Schwerste überstanden; sie hat Schweres durchgemacht. **5.** *groß heftig, stark:* eine schwere Krankheit; schwere Depressionen; ein schweres Verbrechen, Unrecht; schwere *(strenge)* Strafen; eine schwere Enttäuschung; ein schwerer Verdacht, Verlust, Unfall; eine schwere Beleidigung; ein schweres Gewitter, Unwetter; jmdm. schweren Schaden zufügen; eine schwere Schuld auf sich laden; er starb nach schwerem Leiden; das Auto ist bei dem Unfall s. beschädigt worden; s. stürzen, verunglücken; er ist s. krank, verwundet, verletzt, betrunken; (ugs.:) sie ist s. in Ordnung; s. *(scharf)* aufpassen; sich s. blamieren; (ugs.:) die Krankheit macht ihm s. zu schaffen; der Verlust traf sie s.; er wurde s. bestraft; sie nimmt alles viel zu s. *(nimmt alles zu ernst, nimmt es sich zu sehr zu Herzen);* das will ich s. hoffen (ugs.; *das erwarte ich auf jeden Fall).* **6.** *schwierig:* eine schwere Frage, Prüfung; ein schweres Problem; Deutsch ist eine schwere Sprache; ein s. erziehbares Kind; die Aufgabe, das Thema war zu s. für die Schüler; die Frage ist s. zu beantworten; das ist s. zu sagen; das kann man nur s. begreifen, verstehen, einschätzen; sich nur s. entschließen, trennen können; es wird s. halten *(schwierig sein),* Ersatz zu bekommen; sich eine Entscheidung s. machen.

schwerbehindert (Amtsspr.): ein schwerbehindertes Kind; er ist, gilt als s.; SUBST.: ein Ausweis für Schwerbehinderte.

schwerbeschädigt (Amtsspr.): ein schwerbeschädigter Kriegsteilnehmer; SUBST.: ein Platz für Schwerbeschädigte.

Schwere, die: **1.** (geh., auch Physik) die Partikel sinken aufgrund ihrer S. auf den Meeresboden; das Gesetz der S. *(Schwerkraft);* ÜBERTR.: er klagte über eine [bleierne] S. in den Gliedern. **2.** *Ausmaß:* die S. der Verantwortung, der Schuld, des Vergehens; das Gericht wandte das Gesetz in seiner ganzen S. *(Strenge)* an. **3.** *Intensität:* die S. des Parfums; ein Duft von betäubender S.; die S. der Luft *(hohe Luftfeuchtigkeit)* macht ihnen zu schaffen.

schwerfällig: schwerfällige Bewegungen; er ist ein etwas schwerfälliger Mensch; sie ist dick und s.; s. gehen, aufstehen; ÜBERTR.: ein schwerfälliger Beamtenapparat; er ist s. im Denken.

Schwergewicht, das: **1.** (Sport) */eine Gewichtsklasse/:* er wurde Weltmeister im S. **2.** *Hauptgewicht:* das S. der Arbeit verlagern; das S. liegt auf der Frage ...; man legde das S. auf eine gute Organisation.

schwerhörig: ein schwerhöriger alter Mann; sie ist [etwas, leicht] s.; bist du s.? (ugs.; *hör doch genau zu!; tu endlich, was ich dir sage!);* er stellte sich bei meinen Bitten s. *(er wollte sie nicht erfüllen).*

schwerlich: sie wird s. heute schon kommen; das wird ihm s. gelingen; das dürfte s. stimmen.

schwermütig: ein schwermütiger Mensch; eine schwermütige Stimmung; schwermütige Lieder, Melodien; nach dem Tod ihres Kindes wurde sie s.; s. singen.

Schwerpunkt, der: **1.** (Physik) *Massenmittelpunkt:* der S. der Kugel; den S. berechnen, bestimmen, verlagern; einen Gegenstand in seinem S. aufhängen, unterstützen. **2.** *Hauptgewicht:* der S. ihres Interesses, seiner Politik, dieser Arbeit; der S. ihres Schaffens lag in der Forschung, auf einem anderen Gebiet; den S. auf etw. legen; den S. *(das Zentrum)* seines Wirkens bildete die soziale Arbeit.

Schwert, das: ein blankes, rostiges, scharfes, schartiges, stumpfes, breites, zweischneidiges S.; ein S. tragen, führen, schwingen; das S. ziehen, zücken, in die Scheide stecken; der Ritter gürtete sein S.; sie kreuzten die Schwerter (geh.; *kämpften miteinander mit den Schwertern*); mit gezogenem S. auf jmdn. eindringen; er wurde mit dem S. geköpft, durch das S. hingerichtet; ⋆ **ein zweischneidiges Schwert** *(etw., was sowohl eine gute als auch eine schlechte, gefährliche Seite hat)* · **das Schwert des Damokles** (geh.; *Gefahr, vor der man jeden Augenblick die Vernichtung o. Ä. gewärtigen muss):* etw. hängt/schwebt wie das S. des Damokles über jmdm., über jmds. Haupt.

schwerwiegend: eine schwerwiegende Entscheidung; ein schwerwiegender Entschluss, Irrtum; schwerwiegende Mängel, Fehler; sie hatte noch schwerwiegendere Gründe vorzubringen.

Schwester, die: **1.** *weibliches Geschwister:* meine ältere, jüngere, große *(ältere),* kleine *(jüngere),* leibliche, verheiratete S.; sie ist seine S.; meine S. Rita; sie hat [noch] zwei Schwestern; Christian hat ein Schwesterchen bekommen; sie gleicht sehr ihrer S. **2.** (geh.) *Mitmensch weiblichen Geschlechts:* unsere schwarzen Brüder und Schwestern. **3.** *Krankenschwester:* S. werden, sein; S. Anna hat Nachtdienst; sie arbeitet als S.; der Patient ruft, verlangt nach der S. **4.** *Nonne:* die Schwestern eines bekannten Ordens; das Krankenhaus wird von geistlichen Schwestern geleitet; /in der Anrede/: S. Maria.

schwierig: **1.** *kompliziert:* eine schwierige Aufgabe, Arbeit; ein schwieriges Unternehmen, Problem, Thema; ein schwieriger Fall; eine schwierige Lektüre; die Verhandlungen waren, gestalteten sich s.; es war s., ihn zu überzeugen; die Situation wurde immer schwieriger; die Verhältnisse wurden sehr s. geworden. **2.** *schwer zu behandeln:* ein schwieriger Mensch, Charakter; ein schwieriges Kind; sie ist sehr s.; im Alter wurde er immer schwieriger.

Schwierigkeit, die: eine große, unlösbare, ernsthafte S.; ernstliche, unnötige, unüberwindliche, unerwartete, unvorhersehbare, erhebliche Schwierigkeiten; das ist, hierin liegt die S.; die Schwierigkeiten häuften sich, stellten sich erst im Verlauf der Arbeiten ein; dem Plan stehen beträchtliche Schwierigkeiten entgegen; die Durchführung bereitet [technische, ernstliche] Schwierigkeiten; jmdm. Schwierigkeiten machen, in den Weg legen; die Schwierigkeiten überwinden, beheben, aus dem Weg räumen; die Sache hat ihre S.; er hat geschäftliche, finanzielle Schwierigkeiten; es gab Schwierigkeiten mit dem Vermieter, mit der Behörde; darin sehe ich keine S.; sich [unnötige] Schwierigkeiten einhandeln; etw. ist mit Schwierigkeiten verbunden, verknüpft; er hat mit Schwierigkeiten zu kämpfen; in Schwierigkeiten kommen, geraten; jmdn. in Schwierigkeiten bringen.

schwimmen: 1. a) *sich im Wasser fortbewegen:* gut, schnell, viel, gerne s.; auf dem Rücken, im Schmetterlingsstil s.; sie ist/hat im vergangenen Sommer viel geschwommen; sie schwimmt wie ein Fisch *(sehr gut),* wie eine bleierne Ente (ugs., scherzh.; *kann sehr schlecht, gar nicht schwimmen);* stromabwärts, mit dem Strom, gegen den Strom s.; das Kind kann [noch nicht] s.; er ist heute s. gewesen.; in dem Becken schwimmen Goldfische; subst.: Schwimmen ist ein gesunder Sport; übertr.: die Schiffe dieses Reeders schwimmen *(fahren)* auf allen Weltmeeren; b) ⟨irgendwohin s.⟩ *schwimmend gelangen:* sie ist ans andere Ufer, durch den See, über den Fluss, zur Insel geschwommen.
2. ⟨etw. s.⟩ a) *schwimmend zurücklegen:* 100 m, einige Kilometer, zehn Bahnen s.; sie ist die Strecke in 48 Sekunden geschwommen; b) *in einem Wettschwimmen erzielen:* er hat/ist einen neuen Rekord, eine gute Zeit, seine Bestzeit geschwommen.
3. ⟨auf etw. (Dat.)/in etw. (Dat.) s.⟩ *auf, in einer Flüssigkeit treiben:* ein Toter schwamm im Wasser; Holz, Öl, Kork schwimmt auf Wasser; die Wrackteile waren/(selten:) hatten auf dem Wasser geschwommen; auf der Milch, in der Suppe schwimmt eine Fliege; die Kinder ließen Schiffchen auf dem Wasser s.; schwimmende Inseln; ein schwimmendes Hotel; schwimmende *(auf Seetransport befindliche)* Frachten; etw. in schwimmendem *(heißem, flüssigem)* Fett braten.
4. (ugs.) *ganz nass sein:* der Fußboden, das Bad schwimmt; der Boden schwamm vor Nässe, von vergossenem Öl; ihre Augen schwammen *(waren mit Tränen gefüllt).*
5. ⟨in etw. (Dat.) s.⟩ *etw. im Überfluss haben:* in Freude, in Glück s.; sie schwimmen im Geld, im Öl.
6. *verschwimmen:* die Zahlen, die Buchstaben begannen vor ihren Augen zu s.;
∗ **ins Schwimmen kommen/geraten** (ugs.; *unsicher werden*): bei der Prüfung wäre sie beinahe ins Schwimmen gekommen.

Schwindel, der: 1. *Gleichgewichtsstörung:* ein jäher, leichter, heftiger S.; ein plötzlicher S. erfasste ihn, packte ihn, überkam ihn; es war nur ein vorübergehender S.; von S. befallen werden; sie leidet zeitweise an, unter S.; Fensterputzer arbeiten oft in S. erregender Höhe.
2. (ugs. abwertend) *Betrug:* das ist der reinste S.; ein ausgemachter, aufgelegter, unerhörter S.; der S. mit dem angeblich gestohlenen Wagen; das ist alles S., nichts als S.!; so ein S.!; der S. kam heraus, flog auf; den S. aufdecken; den S. kenne ich! *(darauf falle ich nicht herein!);* er fällt auf jeden S. herein *(lässt sich leicht betrügen);*
∗ **der ganze Schwindel** (salopp abwertend; *alles zusammen*): was kostet der ganze S.?
schwind[e]lig: sie ist, wird leicht s.; ihm wurde [es] auf dem Karussell, in der Seilbahn richtig s.; sich s. fühlen; die Höhe macht ihn s.; ihr war, wurde ganz s. [vom Karussellfahren].
schwindeln: 1. a) ⟨jmdm./(selten:) jmdn. schwindelt [es]⟩ *jmdm. ist es schwindlig:* mir/mich schwindelt; bei dem Blick in die Tiefe schwindelte [es] ihm/ihn; es schwindelt mir vor den Augen; übertr.: ihm schwindelte bei dem Gedanken; der Gedanke machte ihn s.; b) *von Schwindel ergriffen sein:* mein Kopf schwindelt; ⟨jmdm. s.⟩ der Kopf schwindelt mir; in schwindelnder *(Schwindel erregender)* Höhe; in schwindelnde Tiefen, Abgründe.
2. (ugs.) *lügen:* a) ⟨da hast du doch [ein bisschen] geschwindelt; b) ⟨etw. s.⟩ das ist alles geschwindelt; das hast du doch geschwindelt.
3. ⟨jmdn., sich, etw. irgendwohin s.⟩ *durch eine Täuschung gelangen [lassen]:* etw. durch den Zoll s.; er schwindelte sich durch alle Kontrollen, in den Saal.

schwinden (geh.): a) *abnehmen:* die Vorräte, sein Vermögen, das Geld schwindet; sein Kräfte des Patienten schwanden sichtlich, immer mehr; der Mut, die Hoffnung, das politische Interesse schwindet; er spürte die Angst s.; b) *vergehen:* die Zeit schwindet; die Jahre schwinden; c) *verschwinden:* die Gestalt schwand in der Dämmerung; übertr.: die Erinnerung daran schwand allmählich [aus seinem Gedächtnis]; das Lächeln schwand aus ihrem Gesicht; subst.: sein Einfluss ist im Schwinden [begriffen].

schwingen /vgl. geschwungen/: 1. ⟨etw. s.⟩ *mit Schwung hin und her bewegen:* Fahnen, die Peitsche, einen Hammer s.; die Arme, die Beine s.; die Priester schwangen das Weihrauchgefäß über dem Altar.
2. a) *Schwingungen ausführen:* das Pendel, die Magnetnadel schwingt; subst.: der Anschlag der Taste bringt die Saite zum Schwingen; b) ⟨irgendwo[hin] s.⟩ *sich mit Schwung hin und her bewegen:* die Schaukel schwang durch die Luft; der Artist schwang am Trapez durch den Zirkuszelt; am Reck, an den Ringen s.; die Skiläuferin schwingt elegant zu Tal *(fährt mit großem*

Schwüngen ab); **c)** ⟨sich irgendwohin s.⟩ *sich mit einem Schwung begeben:* sich aufs Fahrrad, auf sein Pferd, auf den Fahrersitz, in den Sattel, über den Zaun s.; der Vogel schwang sich in die Luft, von Zweig zu Zweig; ÜBERTR.: die Brücke schwingt sich (geh.; *spannt sich*) über den Fluss. **3.** (geh.) ⟨irgendwo[hin] s.⟩ *[nach]klingen:* der Akkord schwang noch im Raum; der Orgelklang schwang noch durch die Kirche. **4.** ⟨irgendwo s.⟩ *zum Ausdruck kommen:* Kritik, ein Vorwurf schwang in seinen Worten; in ihrer Stimme schwang Freude, Bedauern.

Schwingung, die: elektromagnetische, mechanische Schwingungen; die S. einer Membrane; Schwingungen breiten sich aus; eine S. erzeugen, messen, berechnen; das Pendel in S. bringen, versetzen, halten; die Saite kommt, gerät in S.; ÜBERTR.: seelische Schwingungen (geh.; *Regungen*) wahrnehmen.

schwirren: 1. a) *ein vibrierendes Geräusch hervorbringen:* die Klinge des Degens, die Sehne des Bogens schwirrte; SUBST.: das leise Schwirren des Ventilators; **b)** ⟨irgendwohin s.⟩ *mit schwirrendem Geräusch fliegen:* Käfer schwirren durch die Luft; Pfeile sind um seinen Kopf geschwirrt; ÜBERTR.: Gerüchte schwirrten durch die Stadt; ⟨jmdm. irgendwohin s.⟩ Kugeln schwirrten ihm um die Ohren; ÜBERTR.: Namen, Gedanken schwirrten ihm durch den Kopf; **c)** ⟨irgendwohin s.⟩ *sich schnell bewegen:* Tänzerinnen schwirrten über die Bühne; durch den Saal, aus dem Haus s. **2. a)** ⟨von etw. s.⟩ *erfüllt sein:* die Stadt schwirrt von Gerüchten, von Nachrichten über den Vorfall; **b)** ⟨jmdm. s.⟩ *schwindeln:* der Kopf schwirrt ihm [von Zahlen, von den vielen Eindrücken].

schwitzen: 1. *Schweiß absondern:* leicht, stark s.; wie ein Affe (ugs.; *sehr heftig*), wie ein Schwein (derb; *sehr heftig*) s.; sie schwitzte vor Aufregung, vor Anstrengung; am ganzen Körper s.; er hat bei der Arbeit sehr geschwitzt; du musst einmal richtig s. *(eine Schwitzkur machen);* die Füße, die Hände schwitzen; schwitzende Menschen; SUBST.: ins Schwitzen kommen, geraten; ÜBERTR.: er schwitzt augenblicklich im Examen, über seinen Mathematikaufgaben (ugs.; *strengt sich dabei sehr an*). **2.** ⟨sich irgendwie s.⟩ *sich durch Schwitzen in einen bestimmten Zustand versetzen:* er hat sich ganz nass geschwitzt. **3.** *sich beschlagen:* die Wände, Mauern schwitzen; die Bäume schwitzen *(sondern Harz ab).* **4.** (Kochk.) ⟨etw. s.⟩ *in Fett bräunen:* Mehl [in Butter] s.

schwören /vgl. geschworen/: **1. a)** ⟨etw. s.⟩ *leisten, ablegen:* einen [feierlichen, falschen] Eid s.; den Amtseid, den Fahneneid s.; er hat einen Meineid geschworen; /Eidesformel/: ich schwöre es *(versichere es in einem Eid)* [so wahr mir Gott [helfe]; ich könnte/möchte s. (ugs.; *ich bin ganz sicher*), dass er es gewesen ist; **b)** *durch einen Schwur be-*

kräftigen: feierlich, öffentlich, falsch, leichtfertig, leichtsinnig s.; vor Gericht, mit erhobener Hand s.; er schwor auf die Bibel, auf die Verfassung. **2. a)** ⟨etw. s.⟩ *geloben:* Rache, ewige Treue s.; sie schwor, das nie wieder zu tun; ⟨jmdm., sich etw. s.⟩ jmdm. Rache, ewige Liebe, den Tod s.; sie schworen sich/(geh.:) einander ewige Treue; du wirst mir nicht entkommen, das schwör ich dir (ugs.; *darauf kannst du dich verlassen*); habe mir geschworen, das nie wieder zu tun; **b)** ⟨etw. s.⟩ *beteuern:* ich schwöre, dass ich nichts davon gewusst habe; er schwor bei Gott, bei allen Heiligen, bei seiner Ehre, unschuldig zu sein; ich schwöre bei allem, was mir heilig ist, dass ...; ⟨jmdm. etw. s.⟩ ich schwöre dir, dass ich den Scheck nicht weggenommen habe. **3.** ⟨auf jmdn., etw. s.⟩ *vertrauen:* auf einen bestimmten Arzt, auf ein bestimmtes Medikament s.; jeder hat seine Methode, auf die er schwört.

schwül: 1. *drückend heiß:* ein schwüler Tag; schwüles Wetter; eine schwüle Hitze; die Luft war s.; es ist sehr s. heute. **2.** *beklemmend:* eine schwüle Atmosphäre; die Stimmung war s.; ihm wurde s. zumute. **3.** *sinnlich:* schwüle Träume, Fantasien; ein schwüler Blick.

Schwüle, die: **1.** *drückende Hitze:* es herrschte eine drückende, lastende, dumpfe, gewittrige S.; die S. der Luft, des Tages. **2.** *sinnliche Atmosphäre:* die S. des Lokals, der Stimmung; Düfte von berauschender S.

schwülstig (abwertend): ein schwülstiger Stil, Ausdruck; ein schwülstiger *(schwülstig schreibender)* Schriftsteller; eine schwülstige Architektur, Redeweise, Sprache; s. reden.

Schwung, der: **1. a)** *schwingende Bewegung:* einen S. nach rechts machen; dem Pendel einen S. geben; ein Rad, eine Schaukel in S. setzen, in S. halten; einen Stein mit einem S. von sich schleudern; das Rad in seinem S. anhalten; die Skiläufer kommen in eleganten Schwüngen den Hang heruntergesaust; der Reiter setzt in kühnem S. *(Sprung)* über den Graben; **b)** *Elan:* rednerischer S.; ihm, seiner Rede fehlte aller S.; die Musik hat viel, keinen S.; er verstand der Sache S. zu geben; mit viel S. an die Arbeit gehen. **2.** *geschwungene Linienführung:* der S. ihrer Brauen; in, mit kühnem S. überspannt die Brücke das Tal. **3.** (ugs.) *Menge, Anzahl:* ein S. Bücher, Teller; er kam mit einem S. Zeitungen unterm Arm; ★ **Schwung holen** *(sich bes. auf einer Schaukel, an einem Turngerät durch Ausholen in schnelle Bewegung versetzen)* · **Schwung in etw.** (Akk.) **bringen; etw. in Schwung bringen** (ugs.; *etw. in Gang bringen):* sie hat S. in das Geschäft, in die Firma gebracht/hat das Geschäft, die Firma wieder in S. gebracht · **jmdn. in Schwung**/(auch:) **auf den Schwung bringen** (ugs.; *jmdn. veranlassen, aktiv zu werden, schneller zu arbeiten o. Ä.*) ·

in Schwung kommen (ugs.; 1. *munter werden, in Schwung, Fahrt kommen:* er kommt nur langsam in S. 2. *zu florieren beginnen:* die Geschäfte kamen in S.) · **in Schwung sein** (ugs.; 1. *lebhaft sein, in Fahrt sein.* 2. *florieren*) · **etw. in Schwung haben/halten** (ugs.; *dafür sorgen, dass etw. gut floriert, funktioniert*).

schwungvoll: schwungvolle Bewegungen; eine schwungvolle Handschrift, Unterschrift; schwungvolle Arabesken; ÜBERTR.: eine schwungvolle *(mitreißende)* Inszenierung, Rede; er sprach sehr s.

Schwur, der: ein feierlicher, heiliger S.; heiße Schwüre; einen S. auf die Verfassung leisten; einen S. halten, brechen, verletzen; er hat den S. getan *(hat geschworen),* nie mehr zu trinken; die Hand zum S. erheben, aufheben; eine Aussage durch einen S. bekräftigen.

sechs ‹Kardinalzahl; als Ziffer: 6›: sie waren zu sechsen *(zu sechst);* SUBST.: im Diktat eine Sechs *(die Note 6)* haben, schreiben; eine Sechs, zwei Sechsen würfeln; † acht.

sechste: † achte.
sechzig: † achtzig.

¹See, der: *Binnengewässer:* ein großer, kleiner, tiefer, blauer, klarer, stiller, künstlicher S.; der S. ist zugefroren; einen S. durchschwimmen; Finnland, das Land der tausend Seen; das Haus am S.; auf einem S. rudern, segeln; im S. schwimmen, baden; sie sind mit einem Boot, Dampfer über den S. gefahren.

²See, die: **1.** *Meer:* eine stürmische, tobende, aufgewühlte S.; die offene S. *(das Meer in größerer Entfernung von der nächstgelegenen Küste);* die S. war sehr bewegt, ging hoch, lag ruhig; im Urlaub waren sie an der, reisten sie an die S.; bei ruhiger S. baden; von S. *(aus Richtung der offenen See)* kommende Schiffe; der Handel zur S. *(Seehandel).* **2.** (Seemannsspr.) *[Sturz]welle:* schwere, grobe Seen gingen, schlugen über das Schiff; das Schiff nahm haushohe Seen über; von einer überkommenden S. von Bord gespült werden;
★ **auf See** *([an Bord eines Schiffes] auf dem Meer)* · **auf hoher See** *(weit draußen auf dem Meer)* · **auf See bleiben** (geh. verhüll.; *den Seemannstod sterben)* · **in See gehen/stechen** *(aufs Meer hinausfahren, den Hafen verlassen)* · **zur See fahren** *(auf einem Seeschiff beschäftigt sein, Dienst tun)* · **zur See gehen** (ugs.; *Seemann werden).*

Seegang, der: ein hoher S.; trotz starken, schweren Seegangs schlingerte das Schiff kaum.

Seele, die: **1.** *Psyche:* eine zarte, empfindliche, kindliche, unruhige, zerrissene S.; das fiel ihr schwer auf die S.; der Kummer, eine Schuld lag schwer auf seiner S.; in jmds. S. blicken, lesen können; tief in jmds. S. sehen; die Worte schnitten ihr [wie Schwerter] in die S.; sie ist ein Mensch mit viel S. *(mit starker Empfindung);* sie spielte ohne S. *(ohne innere Beteiligung);* ℝ (meist

scherzh.:) nun hat die liebe S. Ruh; zwei Seelen wohnen, ach, in meiner Brust. **2.** (Rel.) *unsterblicher Teil des Menschen:* die Seelen der Verstorbenen; die Seelen im Fegefeuer; seine S. retten, läutern; die S. erlösen; der Mensch besitzt, hat eine [unsterbliche] S.; die Unsterblichkeit der S.; meiner Seel[e]! (bes. südd., österr.; Ausruf des Erstaunens, Erschreckens, der Beteuerung); dabei wirst du keinen Schaden an deiner S. leiden; für die armen Seelen beten. **3.** *Mensch:* sie ist eine gute, treue S.; eine durstige S. sein (ugs.; *gern Alkohol trinken);* sie sind verwandte Seelen *(sind wesensverwandt);* die Gemeinde zählte nur einige tausend Seelen; ℝ zwei Seelen und ein Gedanke *(zwei Menschen denken dasselbe);*
★ **keine Seele** *(niemand)* · **die Seele baumeln lassen** (ugs.; *sich psychisch entspannen)* · **eine Seele von Mensch/von einem Menschen sein** *(sehr gütig, verständnisvoll sein)* · **die Seele einer Sache sein** *(1. die wichtigste Person für das Funktionieren von etw. sein. 2. wichtigster zentraler Teil; Ausgangspunkt)* · **seine Seele aushauchen** (geh. verhüll.; *sterben)* · **eine schwarze Seele haben** *(einen schlechten Charakter haben)* · **sich die Seele aus dem Leib reden** (ugs.; *mit Reden alles versuchen, um jmdn. von etw. zu überzeugen, zu etw. zu bewegen)* · **jmdm. die Seele aus dem Leib fragen** (ugs.; *jmdn. mit Penetranz alles Erdenkliche fragen)* · **sich die Seele aus dem Leib schreien** (ugs.; *sehr laut und anhaltend schreien)* · **jmdm. etw. auf die Seele binden** (ugs.; *jmdn. eindringlich bitten, etwas Bestimmtes zu tun)* · **aus ganzer/tiefster Seele; in tiefster Seele** *(zutiefst)* · **jmdm. aus der Seele sprechen/reden** (ugs.; *genau das sagen, was jmd. auch empfindet)* · **jmdm. in der Seele wehtun; in jmds. Seele/jmdm. in die Seele schneiden** (geh.; *jmdm. viel Kummer bereiten)* · **mit ganzer Seele** *(mit großem Engagement)* · **sich (Dat.) etw. von der Seele reden/schreiben** *(jmdm. sagen, schreiben, was einen bedrückt und sich dadurch erleichtern).*

seelisch: seelische Grausamkeit; seelische Spannungen, Leiden, Schmerzen, Belastungen; unter seelischem Druck stehen; das seelische Gleichgewicht verlieren, wieder finden; die Krankheit hatte seelische Ursachen, war s. bedingt; s. krank; sich s. auf etw. einstellen; etw. s. nicht verkraften; diese Erlebnisse haben das Kind s. stark beeinflusst.

Segel, das: volle, pralle, schlaffe S.; die S. klarmachen, aufziehen, setzen, hissen, reffen, einziehen, bergen, einholen, herunterholen; der Wind schwellt, bläht die S.; die S. streichen (Seemannsspr.; *einholen);* unter S. gehen (Seemannsspr.; *abfahren);* das Boot fuhr mit vollen Segeln über den See;
★ **[vor jmdm., etw.] die Segel streichen** (geh.; *seinen Widerstand [gegen jmdn., etw.] aufgeben)* · **mit vollen Segeln** (ugs.; *mit ganzem Einsatz).*

segeln: 1. a) *mithilfe eines Segels fahren:* das Schiff segelt schnell, gut, schlecht; langsam segelte das Schiff aus dem Hafen; gegen den, mit dem, vor dem, hart am Wind s.; unter italienischer Flagge s.; die Jacht segelte auf der Höhe von Dover; **b)** *mit einem Segelschiff fahren:* s. lernen, können, gehen; mit einer Jolle s.; wir haben/sind diesen Sommer viel gesegelt; sie sind stundenlang gesegelt; nach Westen, über den Atlantik s.; ÜBERTR.: die Regierung segelt weiter auf Erfolgskurs. **2.** ⟨etw. s.⟩ **a)** *segelnd zurücklegen:* eine bestimmte Route s.; 7 Knoten s.; wir sind über 400 Meilen gesegelt; **b)** *segelnd ausführen, erzielen:* einen anderen Kurs s.; einen neuen Rekord s.; eine Regatta s. *(sich an einer Regatta beteiligen);* ÜBERTR.: die Opposition wäre einen anderen Kurs gesegelt; **c)** *ein Segelschiff steuern:* eine Jacht [nach Kiel], einen Katamaran s. **3.** ⟨irgendwo[hin] s.⟩ *schweben:* Wolken segeln am Himmel; hoch in der Luft, über uns segelte ein Adler. **4.** (salopp) **a)** ⟨aus, von etw./irgendwohin s.⟩ *[hin]fallen:* er segelte auf den Boden, aus der Hängematte, in die Pfütze, von der Couch; das Auto segelte (ugs.; *flog*) aus der Kurve; ÜBERTR.: er ist von der Schule gesegelt *(verwiesen worden);* **b)** ⟨durch etw. s.⟩ *etw. nicht bestehen:* durchs Abi, durchs Examen s.
Segen, der: **1. a)** *erbetene, erteilte [göttliche] Gunst:* der göttliche, väterliche, päpstliche S.; jmdm. den S. geben, spenden, erteilen; über jmdn., etw. den S. sprechen; den S. erhalten, bekommen; der Priester gab den S. mit dem Allerheiligsten, mit der Monstranz; **b)** (ugs.) *Einwilligung:* meinen S. hast du!; ohne ihren S. geschieht hier nichts. **2.** *Glück; Wohltat:* diese Erfindung ist ein wahrer, kein reiner S.; neue Medien – Fluch oder S.?; eine fähige Haushaltshilfe wäre für sie der reinste S.; [es ist] ein S., dass es nicht regnet; auf seiner Arbeit ruht kein S.; ihre Lehrer wünschten ihnen Glück und S. *(Gedeihen, Gelingen gewährender göttlicher Schutz)* auf ihrem weiteren Lebensweg; eine S. bringende/spendende Erfindung; ® sich regen bringt S. **3.** *reicher Ertrag:* der S. der Arbeit, der Ernte; wir wussten nicht, wohin mit dem ganzen S.; ist das der ganze S.? (ugs. iron.; *ist das alles?*); ✶ **der ganze Segen** (ugs. iron.; *alles, was jmdm. gegen seinen Willen zuteil wird*): die Stricke rissen und der ganze S. kam herunter · **seinen Segen zu etw. geben** (ugs.; *in etw. einwilligen*).
segnen: ⟨jmdn., etw. s.⟩ der Pfarrer segnet die Gemeinde, das Brautpaar, das Haus, die Fluren; die Eltern segneten ihre Kinder; Gott segne dich, dein Werk!; segnend die Hände heben, die Arme ausbreiten; ÜBERTR.: ein gesegneter (geh.; *reicher, fruchtbarer*) Landstrich; einen gesegneten (ugs.; *gesunden, guten*) Schlaf, Appetit haben; er

starb im gesegneten (geh.; *hohen*) Alter von 85 Jahren; ✶ **mit etw., jmdm. gesegnet sein** (geh., oft spött.; *mit etw., jmdm. reich bedacht sein*): mit Talenten gesegnet sein; er ist mit geistigen Gaben nicht gerade gesegnet; die Ehe war mit Kindern gesegnet.
sehen: 1. a) ⟨[irgendwie] s.⟩ *mit dem Auge wahrnehmen:* gut, schlecht, scharf, weit s.; sie kann ohne Brille nicht mehr gut s.; er kann wieder s. *(ist nicht mehr blind);* sie sieht nur noch auf/mit einem Auge; /Ausruf der Überraschung/: sehe ich recht?; **b)** ⟨sich irgendwie s.⟩ *durch Sehen in einen bestimmten Zustand kommen:* sich müde s.; ÜBERTR.: sich an etw. nicht satt sehen können *(nicht genug davon sehen können).* **2.** ⟨irgendwohin s.⟩ *blicken:* auf den Bildschirm, auf die Uhr, aus dem Fenster, in die Sonne s.; in den Spiegel s. *(sich im Spiegel betrachten);* nach links, rechts, oben, unten, vorn, hinten s.; zu Boden s.; durch das Fernglas s.; /Verweise in einem Text/: siehe Seite 115, siehe oben, siehe unten; morgens kann er kaum aus den Augen s. *(kann er vor Müdigkeit kaum die Augen offen halten);* /Ausrufe des überraschten Erkennens/: sieh da!, und siehe da!, (ugs. scherzh.:) sieh mal [einer] sieh!; ÜBERTR.: alles sah auf den kommenden Präsidenten *(richtete sein Interesse, seine Erwartungen auf ihn);* gelassen, sorgenvoll in die Zukunft s. *(an die Zukunft denken);* man kann niemandem ins Herz s.; ⟨jmdm. irgendwohin s.⟩ jmdm. [tief] in die Augen s.; sie versuchte, beim Skat ihrem Nachbarn in die Karten zu s. **3.** ⟨jmdn., etw. s.⟩ *erblicken:* jmdn. schon von Weitem, nur flüchtig, vom Fenster aus s.; es war so neblig, dass man die Hand nicht vor den Augen s. konnte; wir haben sie gar nicht zu s. bekommen; niemand war zu s.; die Berge waren gut, kaum, nur verschwommen zu s.; ich sehe alles doppelt; ich sehe es [un]deutlich, verwundert, mit Staunen; wo hast du ihn gesehen?; man hat ihn zuletzt beim Verlassen seiner Wohnung gesehen; ich sah ihn kommen, habe ihn kommen s.; wann sehen *(treffen)* wir uns?; ich freue mich, Sie zu s.; wir sehen ihn häufig bei uns [als Gast]; ich sehe sie [in der Erinnerung] noch deutlich vor mir; den möchte ich sehen *(den gibt es nicht),* der das alles kann!; von mir war [weit und breit] nichts mehr zu s. *(sie war verschwunden);* der Libero sah die rote Karte (Fußball; *ihm wurde vom Schiedsrichter die rote Karte gezeigt*); sie war bei ihnen gern gesehen *(willkommen);* ein gern gesehener Gast · ⟨auch ohne Akk.⟩ lass [mich mal] s.! *(zeige es [mir mal]!).* **4.** ⟨etw. s.⟩ *sich ansehen:* ein Spiel, einen Film, eine Komödie s.; er hat die Welt, hat schon viel von der Welt gesehen; da gibt es nichts [Besonderes] zu s.; es gibt dort nicht viel zu s. *(kaum Sehenswürdigkeiten);* das muss man gesehen haben

(das ist sehenswert); das ist nur für Geld zu s. *(zu besichtigen).*
5. ⟨jmdn., etw. s.⟩ *erleben:* noch nie haben wir einen glücklicheren Gewinner gesehen; er hat schon bessere Zeiten gesehen; ⟨jmdn. s.; mit Umstandsangabe⟩ noch nie hat man sie so fröhlich, so guter Laune gesehen; ihr habt ihn in Not gesehen und habt ihm nicht geholfen.
6. ⟨jmdn., sich, etw. s.;⟩ mit Umstandsangabe⟩ *wähnen:* sie sah ihren Sohn schon als großen Künstler; er sah sich schon als der neue/(selten:) den neuen Chef; sie sah sich getäuscht; wir sahen *(fanden)* unsere Wünsche alle erfüllt, unsere Erwartungen enttäuscht.
7. ⟨sich s.; mit Umstandsangabe⟩ *sein:* wir sehen uns genötigt, gezwungen, das Haus zu verkaufen; dazu sehen wir uns nicht veranlasst; ich sah mich nicht in der Lage, ihm zu helfen.
8. a) ⟨etw. s.⟩ *feststellen:* überall nur Fehler s.; nur seinen Vorteil s.; von der einstigen Begeisterung war nichts mehr zu s.; der Arzt sah, dass er nicht mehr helfen konnte; ich sehe schon, so ist das nicht zu machen; wie ich sehe, ist hier alles in Ordnung; da sieht mans wieder!; ich möchte doch einmal s., ob ers wagt; ⟨auch ohne Akk.⟩ hast du gesehen?; siehst du [wohl]/(ugs.:) siehste? *(merkst du jetzt, dass ich Recht habe?);* wir werden ja s.; ihr werdet schon s.!; mal s. (ugs.; *warten wir einmal ab),* wie das Wetter morgen wird; b) ⟨etw. irgendwie s.⟩ *beurteilen:* alles negativ, falsch, verzerrt s.; (ugs.:) das darf man nicht so eng, muss man locker s.; sehe ich das richtig?; ich sehe das so, anders; wie siehst du das?; die Verhältnisse nüchtern s.; die Dinge s., wie sie sind; wir müssen diese Tat im richtigen Zusammenhang s.; menschlich gesehen *(in menschlicher Hinsicht)* ist das ausgesprochen enttäuschend; auf die Dauer gesehen *(für die Dauer)* ist das keine Lösung; c) ⟨jmdn., etw. s.⟩ *erkennen, erfassen:* das Wesen, den Kern einer Sache s.; sie sieht in ihm nur den Gegner; er sah darin nichts Befremdliches; er sieht die Zusammenhänge nicht; Sie sehen *(ersehen)* daraus, dass ...; daran können Sie s., wie ...; d) ⟨etw. s.⟩ *überlegen; prüfen:* s., ob es einen Ausweg gibt; ich will s., was sich tun, machen lässt.
9. ⟨nach jmdn., etw. s.⟩ *sich um jmdn., etw. kümmern:* nach den Kindern, nach dem Kranken s.; sieh bitte mal nach den Kartoffeln auf dem Herd!; wir müssen nach weiteren Absatzmöglichkeiten s. *(Ausschau halten).*
10. ⟨auf jmdn., sich, etw. s.⟩ *besonderen Wert legen:* auf Ordnung, auf Sauberkeit s.; du solltest mehr auf dich selbst s.; wir müssen auf unsere Wähler s.; er sieht nur aufs Geld; nicht auf den Preis s.; wir müssen s., dass die Bestimmungen eingehalten werden.
11. ⟨mit Nebensatz⟩ *zusehen:* sieh, dass du fertig wirst; er soll selbst s., wie er das Problem löst;

Ⓡ man muss s., wo man bleibt (ugs.; *man muss zusehen, dass man nicht zu kurz kommt);*
∗ etw. [nicht] gern sehen *(etw. [nicht] gern haben):* meine Eltern sahen diese Freundschaft nicht gern · **jmdn., etw. nicht mehr sehen können** (ugs.; *jmds., etw. überdrüssig sein)* · **sich [bei jmdm., irgendwo] sehen lassen** *([bei jmdm., irgendwo] erscheinen, einen Besuch machen):* lass dich mal wieder bei uns s.! · **sich sehen lassen [können]** *(beachtlich sein):* diese Leistung kann sich s. lassen · **sich mit jmdm., etw. sehen lassen können** *(stolz auf jmdn., etw. sein können)* · **[und] hast du nicht gesehen** (ugs.; *unversehens):* hast du nicht gesehen, war er verschwunden · **jmdn. vom Sehen kennen** *(jmdn. schon öfter begegnet sein, ihn aber nicht persönlich kennen).*
Sehne, die: 1. *Strang, der Muskeln und Knochen miteinander verbindet:* straffe, schlaffe Sehnen; die S. am Fuß liegt bloß, ist gerissen; ich habe mir eine S. gezerrt, überdehnt.
2. *Strang zum Spannen des Bogens:* die S. am Bogen, an der Armbrust; die S. straffen, spannen; der Pfeil schnellte von der S.
sehnen ⟨sich nach jmdm., etw. s.⟩: sich nach Ruhe, nach Geborgenheit, nach Liebe, nach Zärtlichkeit s.; ich sehnte mich im Stillen nach ihr; ich sehne mich danach, ich sehne mich danach, sie wiederzusehen; sehnendes Verlangen.
sehnig: 1. *mit Sehnen durchsetzt:* sehniges Fleisch; das Steak war zäh und s.
2. *durch Training kraftvoll:* sehnige Arme; eine sehnige Gestalt; sein Körper war straff und s.
sehnlich: *sehnsüchtig:* es ist mein sehnlicher, sehnlichster Wunsch; das hoffen wir s.; sie wünscht sich nichts sehnlicher als [eigene] Kinder.
sehnlichst: *mit größter Sehnsucht:* etw. s. verlangen, herbeiwünschen; wir haben dich s. erwartet.
Sehnsucht, die: eine brennende, verzehrende, glühende, unstillbare S.; heimliche, stille Sehnsüchte S. nach [jmds.] Liebe, nach [mehr] Zärtlichkeit, nach menschlicher Zuwendung; er hatte S. nach seiner Frau, nach der alten Umgebung; S. bekommen, empfinden; jmds. S. wecken; der Gedanke daran erfüllte sie mit S.; du wirst schon mit S. (ugs.; *sehr)* erwartet; sie wurde von S. ergriffen, gequält, verzehrt; sie verging, starb fast vor S.
sehnsüchtig: ein sehnsüchtiges Verlangen; sehnsüchtige Blicke; s. nach jmdm. ausschauen; etw. s. herbeiwünschen, erhoffen; er wurde s. erwartet.
sehr: s. arm, reich, schön, betrübt, traurig, erfreut, beschäftigt, angespannt sein; das ist s. freundlich, nett, liebenswürdig von Ihnen; s. schön!; s. gut!; sie hat die Prüfung mit [der Note] »sehr gut« bestanden; sie ist viel jünger als er; er ist s. wohl imstande gewesen, die Arbeit rechtzeitig zu beenden; er war mit seiner Zahlung s. im Rückstand; ich mag ihn s.; [ich] danke s.; tut es s. weh?; bitte s.!; /Briefanfang/: s. geehrte/verehrte

Frau Krause; /Anrede an ein Publikum/: s. verehrte Anwesende!; meine s. geehrten/verehrten Damen und Herren!

seicht: 1. *von geringer Tiefe:* ein seichter Bach; an einer seichten Stelle durch den Fluss waten; der Teich ist s. 2. (abwertend) *banal:* seichtes Gerede; ein seichter Roman; diese Lektüre ist mir zu s.; die Unterhaltung plätscherte s. dahin.

Seide, die: a) *Seidenstoff:* rohe, bedruckte, schillernde, matte, chinesische S.; die S. rauscht, knistert; ihr Haar ist weich wie S.; S. tragen; die Bluse ist aus [echter, reiner] S.; die Jacke ist mit/auf S. gefüttert; b) *seidenes Garn:* sie näht, strickt, häkelt mit S.

seiden: ein seidenes Kleid, Tuch, Kissen; eine seidene Bluse, Krawatte; sie trägt seidene Wäsche.

seidig: ein seidiger Pelz; seidiges Haar; das Fell ist weich und s.; s. glänzen; der Stoff schimmert s. *(wie Seide).*

Seife, die: milde, feine, flüssige, parfümierte, medizinische, rückfettende, desodorierende S.; ein Stück S.; grüne S. *(Schmierseife);* die S. schäumt, duftet stark/kaum; die S. gut abspülen; S. kochen, sieden; sie wusch sich gründlich mit Wasser und S.

Seifenblase, die: eine schillernde S.; die Kinder machen Seifenblasen, lassen Seifenblasen aufsteigen; die Gerüchte zerplatzen wie Seifenblasen; ÜBERTR.: das Versprechen der Regierung entpuppte sich als S. *(wurde nicht eingelöst).*

Seil, das: das S. [des Bergsteigers] ist gerissen; ein S. knoten, befestigen, drehen; Seile spannen; am S. gehen, einen Gletscher überqueren; sich an einem S. festhalten; etw. an, mit einem S. hochziehen; auf dem S. balancieren; der Boxer hing erschöpft in den Seilen *(Ringseilen);* mit Seilen klettern; die Kinder springen, hüpfen über das S.

¹**sein:** I. 1. a) ⟨irgendwie s.⟩ *sich in einem bestimmten Zustand befinden; eine bestimmte Eigenschaft haben:* sie war sehr freundlich; du bist wohl nicht gescheit?; er ist wieder gesund; wie alt bist du?; ich bin 15 [Jahre alt]; er ist in Gefahr, ohne Schuld, noch am Leben; wie ist der Wein?; die Rose ist schön; die Geschichte ist sehr merkwürdig; das ist unerhört!; gern für sich *(allein)* s.; nicht bei sich *(ohnmächtig)* s.; das kann doch nicht wahr s.!; das wird [wohl] so s.; ⟨es ist⟩ hier ist es kalt, dunkel; es war *(herrschte)* Krieg, Hochwasser, dichter Nebel; es ist besser so; es ist *(verhält sich)* nicht so, wie du meinst; b) ⟨jmdm. ist [es] irgendwie⟩ *jmd. fühlt sich in einer bestimmten Weise:* mir ist [es] übel, schlecht, kalt; ist dir wieder besser? 2. a) ⟨mit Gleichsetzungsnominativ; in Verbindung mit einem Possessiv- oder Interrogativpronomen⟩ *jmdm. gehören:* das ist mein Mantel, Auto, PC; ist der Schlüssel deiner?; das ist meiner; wessen Handtasche ist das?; ⟨ugs. landsch., standardspr. nicht korrekt: jmdm. s.⟩ wem ist die Handtasche, das Kind?; die Handtasche ist mir; ÜBERTR.: ich bin dein (geh. veraltend; *bin dir in Liebe verbunden*); b) ⟨mit Gleichsetzungsnominativ⟩ /drückt eine Identität, Zuordnung aus/: er ist Bäcker; sie ist [eine] Künstlerin; sie ist durch und durch Berlinerin; er ist ein Engel, ein mieser Schuft; die Katze ist ein Haustier; das ist eine Frechheit!; wir sind Kollegen; sie ist die Freundin meines Bruders; es war ein herrlicher Abend; und das wars dann (ugs.; *und damit ist es vorbei*); Ⓡ das wärs *(das ist alles);* c) *ergeben:* zwei mal zwei ist, (ugs.:) sind vier. 3. a) ⟨irgendwo[hin] s.⟩ *sich befinden; sich begeben haben:* in der Stadt, im Büro, zu Hause s.; sie ist zur Zeit in Hamburg, in Urlaub, zur Kur, unterwegs, [nicht] hier; das Geld ist auf seinem Platz, auf der Bank, auf meinem Konto; wo bist du?; das Bier ist im Kühlschrank; sie waren essen *(waren essen gegangen);* sie ist bei der Arbeit; b) ⟨irgendwoher s.⟩ *stammen:* er ist aus guter Familie, aus Österreich, aus Berlin; die Bilder sind aus der Mannheimer Kunsthalle; das Paket ist von zu Hause, von Mutter; die Milch ist von heute; c) ⟨s. ist; mit Zeitangabe od. Substantiven, die einen Zeitbegriff ausdrücken⟩ /gibt eine bestimmte Zeit an/: es ist sieben [Uhr], 19 Uhr; es war Abend, schon spät, noch früh am Morgen; es war Winter; es war im Frühling, [im Jahre] 1965; in sechs Wochen ist schon wieder Weihnachten. 4. a) ⟨meist im Infinitiv mit Modalverben⟩ *geschehen:* das darf, soll, muss nicht s.!; muss das s.?; es braucht nicht sofort zu s.; das kann doch nicht s.! *(das ist doch nicht möglich!);* wenn etwas ist (ugs.; *wenn sich etwas Wichtiges ereignet*), ruf mich an!; ⟨es ist irgendwie⟩ so seis denn! *(es möge, soll, kann so geschehen!);* seis drum *(es macht nichts);* Ⓡ was s. muss, muss s. *(es ist unvermeidbar);* b) ⟨irgendwann s.⟩ *sich ereignen:* das letzte große Erdbeben war dort im Sommer 1964; die Kapitulation war Anfang Mai 1945; die meisten Unfälle sind nachts, bei Nebel, im Winter, auf der Landstraße; ⟨es ist irgendwann⟩ es war im Sommer letzten Jahres, damals in Berlin; c) ⟨irgendwann/irgendwo s.⟩ *stattfinden:* die Premiere ist heute Abend, übermorgen, am 18. Mai, im großen Saal; das Konzert war abends im Freien. 5. *bestehen; existieren:* er ist *(lebt)* nicht mehr; die DDR ist nicht mehr; alles, was war, ist und s. wird; ist irgend[et]was? (ugs.; *gibt es etwas Besonderes, einen Grund zur Beunruhigung?*); das war einmal *(das ist längst vorbei);* /Märchenanfang/: es war einmal ein König ...; wenn er nicht gewesen wäre, wäre alles anders gekommen; unsere Freundschaft ist gewesen *(besteht nicht mehr);* Ⓡ was ist, kann nicht werden; ADJ. *gewesen;* SUBST. PART.: Karl Hansen, ein gewesener *(ehemaliger)* Kapitän; Gewesenem *(Vergangenem)* soll man nicht nachtrauern; SUBST.: das menschliche Sein; der Ursprung allen Seins.

6. ⟨mit Infinitiv mit *zu*⟩ **a)** ⟨entspricht einem mit *können* verbundenen Passiv⟩: er ist durch niemanden zu ersetzen *(kann durch niemanden ersetzt werden);* das ist nicht mit Geld zu bezahlen; der Schmerz ist kaum zu ertragen; die Arbeit war ohne weiteres zu schaffen; **b)** ⟨entspricht einem mit *müssen* verbundenen Passiv⟩: fehlerhafte Exemplare sind zu entfernen *(müssen entfernt werden);* am Eingang ist der Ausweis unaufgefordert vorzuzeigen.
II. ⟨mit einem 2. Part. als Hilfsverb⟩ **1.** /dient der Perfektumschreibung/: der Zug ist eingetroffen; er ist gestorben; wir sind [über den See] gerudert; sie ist in Urlaub gefahren; (ugs.) /mit Ellipse eines Verbs der Bewegung/: sie ist mal eben raus, gerade in den Supermarkt.
2. /dient der Bildung des Zustandspassivs/: das Fenster ist geöffnet; damit waren wir gerettet; ∗ **nicht sein** (ugs.; *nicht erlaubt, möglich o. ä.*
sein; nicht geduldet werden): Rauchen ist [bei mir] nicht · **sei es, wie es wolle; wie dem auch sei** *(gleichgültig, ob es sich so verhält)* · **dem ist** [nicht] so *(die Sache verhält sich [nicht] so)* · **jmdm. ist als [ob]** ... *(jmd. hat das [unbestimmte] Gefühl, den Eindruck als [ob] ...):* mir ist als hätte ich ein Geräusch gehört · **es sein** *(etw. getan haben; der, die Schuldige sein):* sie war es; nachher will es keiner gewesen s. · **nichts sein** (ugs.; *im Leben nichts erreicht haben*) · **mit etw. ist es nichts** (ugs.; *etw. läuft nicht so ab, findet nicht so statt, wie es geplant, beabsichtigt o. ä. war*): wenn du krank bist, dann ist es wohl heute nichts mit unserem Ausflug · **wer sein** (ugs.; *es zu etw. gebracht haben; Ansehen genießen*) · **mit jmdm. ist etw.** (ugs.; *jmdm. fehlt etw.*) · **es ist an jmdm., etw. zu tun** *(jmd. muss etw. tun):* es ist an ihm, sich um eine Verständigung zu bemühen · **jmdm. ist [nicht] nach etw.** (ugs.; *jmd. hat [keine] Lust auf, zu etw.*): mir ist heute nicht nach Feiern · **nicht so sein** (ugs.; *sich großzügig, nachsichtig zeigen*): eigentlich solltest du nicht erhalten, aber ich will mal nicht so s. · **es sei denn,** [dass] ... *(ausgenommen, außer wenn ...):* ich bin um acht da, es sei denn, dass etwas dazwischenkommt · **sei es ... sei es ... oder ... oder ...** *(entweder ... oder ...; ob ... oder [ob]...):* das Prinzip ist das gleiche, sei es in der Luft, sei es im Wasser; einer muss es tun, sei es Herr Müller oder [sei es] Frau Maier.
²sein: a) *[zu] ihm gehörend; von ihm ausgehend o. ä.:* s. Vater; der Hut meines Vaters (standardspr. nicht korrekt: meinem Vater s. Hut); einer seiner Brüder/von seinen Brüdern; seiner Meinung nach; sie geht in seine Klasse *(in die Klasse, die auch er besucht);* der Graben ist seine drei Meter (ugs.; *ist gut und gerne drei Meter*) breit; alles zu seiner *(zur passenden)* Zeit; /in Titeln/: Seine Exzellenz, Hoheit, Majestät; ⟨ohne Substantiv⟩ das ist nicht mein Buch, sondern seins/(geh.:) seines; **b)** (geh.) SUBST.: es war

nicht mein Wunsch, sondern der seine; er feierte Weihnachten bei den Seinen/(auch:) seinen *(seinen Angehörigen);* sie wurde die Seine/(auch:) seine (geh.; *seine Frau);* Ⓡ jedem das Seine/(auch:) seine *(jeder soll haben, was ihm zusteht);* den Seinen/(auch:) seinen gibts der Herr im Schlaf *(manche Leute haben so viel Glück, dass sie ohne Anstrengung viel erreichen);* **c)** *bei ihm zur Gewohnheit, Regel geworden; von ihm gewöhlich benutzt o. Ä.:* er hat wieder seine Tabletten vergessen; er hat seinen Bus verpasst.
seinerzeit: diese Vorschrift gab es s. noch nicht; von diesem Buch war s. viel die Rede.
seinesgleichen: nur mit s. verkehren; (abwertend:) von ihm und s. kann man nichts anderes erwarten;
∗ **etw. hat nicht/sucht seinesgleichen** *(etw. ist nicht zu überbieten):* dieses Ansinnen sucht s.
seinetwegen: 1. *um seinetwillen:* sie kommt nur s.; wir können s. nicht das ganze Programm ändern; s. *(durch sein Verhalten bedingt)* haben wir den Zug verpasst; s. *(um ihn)* mache ich mir keine Sorgen.
2. *von ihm aus:* s. könnten wir heute schon abreisen, können die Kinder mitkommen.
seit: I. ⟨Präp. mit Dat.⟩ *von einem Zeitpunkt, Ereignis an:* s. dem Zweiten Weltkrieg; s. Jahren, Tagen, vier Wochen, langer Zeit; s. kurzem, langem, heute, gestern; s. wann bist du wieder in Wien?; s. über s. zwei Stunden warte ich auf dich.
II. ⟨Konj.⟩ *seitdem:* sie fährt kein Auto mehr, s. sie den Unfall hatte; s. ich nicht mehr rauche, fühle ich mich wohler;
∗ **seit [eh und] je** *(schon immer; solange sich jmd. erinnern kann):* dieses Problem hat ihn schon s. eh und je beschäftigt.
seitdem: I. ⟨Konj.⟩ *seit:* s. ich das weiß, traue ich ihm nicht mehr; s. sie berühmt ist, kennt sie uns nicht mehr.
II. ⟨Adverb⟩ *von dem Zeitpunkt an:* ich habe ihn s. (seitdem) gesehen; nichts hat sich s. geändert.
Seite, die: **1. a)** *Grenzfläche, Oberfläche:* die vordere, hintere, obere, untere S. des Pakets; die Seiten eines Würfels; die der Erde abgewandte S. des Mondes; welche S. gehört nach oben?; **b)** *Teil eines Raumes, Körpers o. Ä.:* die vordere, der Straße zugewandte S. des Hauses; nur noch eine S. des Zimmers muss tapeziert werden; die Seiten wechseln (Sport; *die Spielfeldhälften tauschen*); das Schiff legte sich auf die S.; auf/zu beiden Seiten *(rechts und links neben dem)* des Bahnhofs; wir wohnen auf der anderen S. *(am anderen Ufer)* des Flusses; etw. auf die S. *(aus dem Weg)* stellen, räumen, schaffen; auf die, zur S. gehen; jmdn. auf die S. winken; jmdn. zur S. *(beiseite)* nehmen; ÜBERTR.: jmdn. zur S. schieben *([aus einer Position] verdrängen);*
2. *Richtung:* er, der Wagen wich nach der falschen S. aus; die Menschen gingen nach allen Seiten auseinander; von allen Seiten *(von überall-*

S

her) strömten die Leute zusammen; sie sah mich von der S. *(aus seitlicher Richtung)* an.
3. *rechte od. linke Körperpartie:* sie liefen, standen S. an S. *(nebeneinander);* sich im Schlaf auf die [linke, rechte] S. drehen; auf der S. liegen; die Hände in die Seiten *(Hüften)* stemmen; er hat Stiche in der S.; jmdn. von der S. fotografieren; ÜBERTR.: sich nicht gern an jmds. S. *(mit jmdm.)* zeigen.
4. a) *Fläche eines flachen Gegenstandes:* die S. der Münze mit der Zahl; er legte die erste, die zweite S. *(Schallplattenseite)* auf; der Stoff hat eine glänzende und eine matte S.; er untersuchte den Geldschein von beiden Seiten; Ⓡ das ist [nur] die eine/ist die andere S. der Medaille *(das ist [nur] die eine/ist die andere von zwei Erscheinungsformen ein und derselben Sache);* alles/jedes Ding hat [seine] zwei Seiten *(hat Vor- und Nachteile);* b) *Buch-, Heft-, Zeitungsseite o. Ä.:* die beiden Seiten eines Blattes; eine neue S. in der Zeitung aufschlagen; das Buch hat 150 Seiten, ist 150 Seiten stark; eine S. aus dem Notizbuch herausreißen; die Zeitung brachte die wichtige Nachricht gleich auf der ersten S.; die Anmerkung steht auf S. 215; siehe S. 11–15/die Seiten 11–15; mit 80 Seiten bunt bebilderten Angeboten/(selten:) bunt bebilderter Angebote; ein Lesezeichen zwischen die Seiten legen; c) (EDV) *Webseite:* die S. baut sich schnell, nur langsam auf; eine S. [erneut] aufrufen, abrufen, besuchen; eine S. laden, drucken, speichern; der Name, die Adresse einer S.; der Aufbau einer S. am Bildschirm; die S. wurde fehlerhaft, nur teilweise dargestellt; mithilfe des Browsers durch bereits besuchte Seiten blättern; zu einer S. springen, gelangen, zurückkehren, zurückblättern.
5. a) *Charakterzug:* jeder Mensch hat gute und schlechte Seiten; seine raue, unfreundliche S. herauskehren; ganz neue Seiten an jemandem entdecken; von dieser S. kannte ich ihn noch nicht; uns gegenüber zeigte sie sich stets von ihrer besten S.; b) *Aspekt:* die technische, juristische, ökologische S. des Problems; einer Sache eine neue, positive, komische S. abgewinnen [können]; dieser Vorfall hat auch seine guten Seiten; auf der einen S. ..., auf der anderen S. ... *(einerseits ..., andererseits ...);* etw. von allen Seiten *(gründlich)* untersuchen; man muss versuchen, die Dinge auch von der leichten, heiteren S. zu sehen.
6. a) *Partei in einem Konflikt:* die andere S. zeigte sich sehr unnachgiebig; beide Seiten sind an Verhandlungen, an einer politischen Lösung interessiert; b) *in einem Konflikt vertretener Standpunkt:* auf welcher S. stehen Sie eigentlich?; das Recht ist auf unserer S.; er schlug sich auf die S. der Aufständischen; jmdn. auf seine S. bringen/ziehen *(jmdn. für seine Absichten, Pläne gewinnen);* ÜBERTR.: auf der S. des Fortschritts stehen; c) *einen Standpunkt vertretende Gruppe, Instanz*

o. Ä.: von anderer, dritter, offizieller, unterrichteter S. erfahren wir, dass ...; von kirchlicher S. wurden keine Einwände erhoben; ich werde von meiner S. *(von mir aus)* nichts unternehmen; das kann von keiner S. *(von niemandem)* bestritten werden; von dieser S. ist nichts zu befürchten; als qualifizierter Informatiker erhielt er bei seiner Stellensuche mehrere Angebote von verschiedenen Seiten *(Arbeitgebern).*
7. (Math.) *Grenzlinie einer Fläche:* die Seiten eines Dreiecks berechnen.
8. *Abstammungslinie:* sie hat diese Begabung von der väterlichen, mütterlichen S.;
★ gelbe Seiten *(Branchenverzeichnis)* · an jmds. grüne Seite *(scherzh.; in jmds. unmittelbare Nähe):* setz dich, komm an meine grüne S.! · jmds. schwache Seite sein *(ugs.;* 1. *jmdm. schwer fallen):* Mathematik ist seine schwache S. 2. *eine Schwäche für etw. haben):* Rauchen ist ihre schwache S.) · jmds. starke Seite sein *(ugs.; jmdm. leicht fallen):* Zeichnen ist ihre starke S.; Offenheit ist nicht gerade seine stärkste S. (iron.; *er ist nicht immer offen und ehrlich)* · jmdn. jmdm./etw. einer Sache an die Seite stellen *(jmdn. jmdm./etw. einer Sache gleichstellen)* · etw. auf die Seite schaffen *(ugs.; etw. für eigene Bedürfnisse entwenden)* · jmdn. auf die Seite schaffen *(salopp; jmdn. ermorden)* · etw. auf die Seite legen *(etw. sparen)* · auf Seiten (↑ aufseiten) · von Seiten (↑ vonseiten) · jmdm. nicht von der Seite gehen/weichen *(ugs.; jmdn. keinen Augenblick allein lassen)* · jmdn. von der Seite ansehen *(jmdn. geringschätzig ansehen, behandeln)* · jmdm. zur Seite treten/springen *(jmdm. unterstützen)* · jmdm. [mit Rat und Tat] zur Seite stehen *(jmdm. helfen, beistehen).*
Seitenblick, der: jmdm. einen ironischen, prüfenden S. zuwerfen; jmdn. durch einen, mit einem S. etw. zu verstehen geben; mit einem kurzen S. auf die Kinder wechselten sie das Thema.
Seitenhieb, der: jmdm. einen S. versetzen; mit einem deutlichen S. auf die Opposition schloss er seine Rede.
seitens ⟨Präp. mit Gen.⟩: *vonseiten:* s. der Belegschaft, s. der Regierung wurden keine Einwände erhoben; s. meines Mandanten erkläre ich, dass ...
Seitensprung, der: ein [angeblich] harmloser S.; gelegentliche, häufige Seitensprünge; einen S. machen; jmdm. einen S. verzeihen.
seither: ich habe ihn im April zuletzt gesprochen, s. habe ich keine Verbindung mehr mit ihm.
seitlich: I. ⟨Adj.⟩ *auf, an der Seite [befindlich]:* die seitliche Begrenzung der Straße; bei seitlichem *(von der Seite kommendem)* Wind begann der Wagen zu schleudern; der Eingang ist s.; das Schild ist s. angebracht.
II. ⟨Präp. mit Gen.⟩ *neben:* er stand s. des Weges; sie sah s. des Vorhangs aus dem Fenster.
III. ⟨Adverb⟩ *an [der Seite von] etw., jmdm.:* die

S

Bahnstrecke verläuft hier s. vom Rhein; s. von mir stand ein Polizist.

seitwärts: I. ⟨Adverb⟩ *nach der Seite hin:* sich s. halten; einen Schritt s. machen; den Körper etwas s. wenden. **II.** (geh.) ⟨Präp. mit Gen.⟩ *neben:* s. des Weges.

Sektion, die: 1. (Med.) *Leichenöffnung:* eine S. vornehmen; durch die S. wurde die Todesursache festgestellt. **2.** *Abteilung:* die deutsche S. von Amnesty International.

Sekunde, die: 1. a) 10 Minuten und 15 Sekunden; das dauert höchstens 10 Sekunden; das passiert in/innerhalb von [wenigen] Sekunden; es ist auf die S. *(genau)* 12 Uhr; b) (ugs.) *Augenblick:* wir dürfen keine S. verlieren; es dauert nur eine S.; ich bin in einer S. wieder da; in der nächsten S. war er bereits verschwunden; eine S. [bitte]!, (ugs.:) S. [mal]! *(warten Sie [bitte] einen Augenblick!).* **2.** (Musik) *Sekundenintervall:* große, kleine S.; eine S. auf dem Klavier anschlagen; sie sang das Lied eine S. tiefer.

selbst: I. ⟨Demonstrativpron.⟩ (ugs. auch: **selber**) /drückt aus, dass keine andere Person, Sache gemeint ist als die im Bezugswort genannte/: der Wirt s. *(persönlich)* hat uns bedient; der Fahrer s. *(seinerseits)* blieb unverletzt; das muss ich s. tun, machen, sehen; sie muss sich s. entscheiden; das muss er s. wissen *(ist seine ganz persönliche Sache);* das weiß ich s. *(das braucht mir niemand zu sagen);* sie würde sich damit nur s. betrügen, belügen; erkenne dich selbst!; das Kind kann schon s. (ugs.; *allein*) laufen; mir war s. nicht wohl bei der Sache; ein s. gebackenes Brot; ein s. gebautes Modell; s. gemachte Marmelade; ein s. gestrickter Pullover; s. verdientes Geld; immer nur an sich s. denken *(sehr egoistisch sein);* du hast dich wohl mit dir selbst unterhalten?; von s. *(allein)* wäre er nie darauf gekommen; das versteht sich von s. *(ist selbstverständlich);* das kommt schon von s.; vor lauter Terminen komme ich gar nicht mehr zu mir s. *(finde ich keine Zeit mehr zur Selbstbesinnung);* SUBST.: mein besseres Selbst *(Ich);* sein wahres Selbst finden. **II.** ⟨Adverb⟩ *sogar:* s. Bitten konnten sie nicht umstimmen; s. mit Geld war er nicht dafür zu haben; ich tue das, s. *(auch dann)* wenn ich dafür Nachteile in Kauf nehmen muss; ⋆ *etw.* selbst sein (ugs.; *die Verkörperung einer Eigenschaft sein*): er ist die Zuverlässigkeit s.

Selbstbeherrschung, die: S. üben; [keine] S. haben, besitzen; seine S. bewahren; er hat seine S. verloren.

selbstbewusst: eine selbstbewusste Frau, Person; ein selbstbewusstes Auftreten; er, sein Benehmen war ziemlich s.; sie trat sehr s. auf.

Selbstbewusstsein, das: wenig, großes, kein sehr starkes, ein ausgeprägtes, ein übersteigertes S. haben; ihr S. schwand durch diese Misserfolge;

der Vorfall erschütterte sein S.; das gibt mir, stärkt mein S.; ÜBERTR.: das nationale S.; das S. des Bürgertums.

selbstgefällig: eine selbstgefällige Miene aufsetzen, zur Schau tragen; der junge Mann ist sehr s.; s. in den Spiegel blicken.

Selbstgespräch, das: er führt, hält oft lange Selbstgespräche.

selbstlos: selbstlose Liebe; jmdn. in selbstloser Weise unterstützen; sie ist sehr s.; sie hat s. gehandelt, verzichtet.

Selbstmord, der: ein versuchter S.; S. durch Erschießen, durch Erhängen; S. begehen, verüben, machen; die Zahl der Selbstmorde hat zugenommen; seinem Leben durch S. ein Ende machen; jmdn. zum S. treiben; mit S. drohen; ÜBERTR.: ein S. mit Messer und Gabel (scherzh.; *allmähliches Sich-zugrunde-Richten durch falsche bzw. übermäßige Ernährung);* das ist/wäre [reiner, glatter] S. *(das ist/wäre sehr riskant);* sein Verhalten grenzt an S. *(ist für ihn sehr gefährlich).*

selbstredend: das ist s. ein Irrtum; »Du kommst doch?« – »Selbstredend!«

selbstsicher: ein selbstsicherer Mensch; im selbstsicheres Auftreten; sie ist sehr s.; er tritt sehr s. auf.

selbstständig: a) *eigenständig:* ein selbstständiger Mensch; an selbstständiges Arbeiten gewöhnt sein; er ist für sein Alter schon sehr s.; sie kann hierbei s. handeln, entscheiden; er hatte nie gelernt, s. zu denken; b) *unabhängig:* ein selbstständiger Staat; eine selbstständige Stellung; eine [nicht] selbstständige Tätigkeit; die selbstständigen Berufe *(Berufe, in denen jmd. nicht als Arbeitnehmer arbeitet);* wann ist dieses Entwicklungsland s. geworden *(hat es seine staatliche Autonomie erhalten)?;* ⋆ **sich selbstständig machen** (1. *ein eigenes Unternehmen gründen.* 2. scherzh.: *abhanden kommen, weglaufen:* die Radkappe hat sich in der Kurve, das Kind hat sich unterwegs s. gemacht).

selbsttätig: a) *automatisch:* eine selbsttätige Absperrvorrichtung; die Türen schließen s.; die Maschine schaltet sich s. aus; b) (selten) *aktiv:* sie hat selbsttätigen Anteil an der Firma; die Schüler wollten s. bei der Beurteilung mitwirken.

selbstverständlich: I. ⟨Adj.⟩ *keiner besonderen Erklärung o. Ä. bedürfend:* eine selbstverständliche Hilfsbereitschaft, Liebenswürdigkeit, Pflicht; das ist doch die selbstverständlichste Sache von der Welt; etw. für s. halten; etw. s. finden, als s. hinnehmen, betrachten; für mich war es s., ihr zu helfen. **II.** ⟨Adverb⟩ *ohne Frage; natürlich:* s. hast du Recht; s. komme ich mit; »Hast du Zeit für mich?« – »Selbstverständlich!«

selig: 1. (Rel.) *des ewigen Lebens teilhaftig:* sie hat ein seliges Ende gehabt; ihr seliger (geh.; *verstorbener*) Vater; s. werden; die ist s. entschlafen; Gott hab ihn s.!; der Glaube allein macht s.; von

S

mir aus kann er s. werden mit seinem Geld (iron.; *ich kann sehr gut darauf verzichten*). **2.** ⟨s. [über etw. (Akk.)]⟩ *sehr glücklich:* selige Stunden, Zeiten; sie sanken in seligen Schlaf; sich s. in den Armen liegen; s. lächeln; sie war s. über das Geschenk; er war s., dass er die Prüfung bestanden hatte. **3.** (ugs.) *leicht betrunken:* nach dem dritten Glas war er schon ganz s.; ∗ **jmdn. selig sprechen** (kath. Rel.; *jmdn. durch päpstlichen Akt in den Stand begrenzter lokaler Verehrungswürdigkeit erheben*).

Seligkeit, die: 1. (Rel.) *das ewige Leben:* die ewige S. gewinnen, verlieren; in die ewige S. eingehen; ÜBERTR.: meine S. hängt davon gewiss nicht ab. **2.** *Glück, Freude:* alle Seligkeiten des Erdendaseins auskosten; in S. schwimmen (ugs.; *sehr selig sein*); voller S. sein.

selten: 1. *nicht häufig [vorkommend]:* seltene Vögel, Tiere, Pflanzen; ein seltenes Exemplar; ein seltener Gast; das ist ein ganz seltener Fall; das geht in den seltensten Fällen gut; ein Mensch von seltenen *(außergewöhnlichen)* Gaben; er besitzt die seltene Gabe des Zuhörens; wahre Freunde sind s.; Störche werden immer seltener; ihre Besuche bei uns sind s. geworden; sie kommt leider nur s. zu uns; wir sehen ihn s.; es kommt nicht s. vor, dass ...; ich habe s. so gelacht [wie in diesem Film]; s. so gelacht! (ugs. iron.; *das ist gar nicht komisch, witzig!*); ÜBERTR.: ein seltener Vogel (ugs.; *seltsamer Mensch*). **2.** (ugs.) ⟨verstärkend bei Adjektiven⟩ *besonders:* ein s. schönes Exemplar; ein s. preiswertes Angebot.

Seltenheit, die: a) *seltenes Vorkommen:* trotz der [relativen] S. solcher Fälle; diese Pflanzen stehen wegen ihrer S. unter Naturschutz; **b)** *etwas selten Vorkommendes:* so saubere Strände sind heute leider schon eine S.; das ist keine S. bei ihm, ist eine S. in solchen Fällen; sie hat in ihrer Sammlung viele Seltenheiten *(seltene Exemplare)*.

Seltenheitswert, der: ein Exemplar von, mit [großem] S.; (scherzh.:) gute Aktionen des Torwarts hatten S.

seltsam: ein seltsamer Mensch, Traum; seltsame Geschichten, Erlebnisse; ich hatte ein seltsames *(ungutes)* Gefühl bei dieser Sache; ihre Stimme klang s. weich; das ist s.; sie war alt und s. geworden; mir war s. zumute; sich s. benehmen; das kommt mir s. vor; sein Verhalten berührte mich s.; SUBST.: mir ist etwas Seltsames passiert.

Semester, das: a) *Studienhalbjahr:* das S. beginnt Anfang April, geht/ist zu Ende; vor seinem Medizinstudium hatte er drei S. Jura studiert; sie war zwei S. im Ausland; ein Studierender im dritten S.; sie ist, steht im achten S.; **b)** (Studentenspr.) ⟨in Verbindung mit bestimmten Adjektiven⟩ *jmd., der eine bestimmte Anzahl von Semestern studiert hat:* sie schon ein höheres, älteres S.; jüngere S.;

∗ **ein höheres/älteres Semester** (ugs. scherzh.; *eine ältere Person*).

senden: 1. (geh.) **a)** ⟨etw. jmdm./an jmdn., etw. s.⟩ *zuschicken:* jmdm. ein Paket, eine Ansichtskarte, Blumen s.; sie sandten/sendeten ihm Grüße; Glückwünsche an die ganze Familie, an jmds. Privatadresse s.; ⟨auch ohne Dat.⟩ ein Telegramm [nach Köln] s.; er hat den Brief per Eilboten gesandt/gesendet; ÜBERTR.: dich hat mir der Himmel gesandt *(du kommst im rechten Augenblick)*; **b)** ⟨jmdn., etw. [irgendwohin] s.⟩ *schicken:* eine Abordnung, einen Boten s.; ÜBERTR.: die Sonne sandte/(selten:) sendete ihre wärmenden Strahlen zur Erde. **2.** ⟨etw. s.⟩ *übertragen:* Notrufe, Hilferufe, SOS s.; das Fernsehen sendete ein Fußballspiel; im Radio wurden eben Reiserufe gesendet; ⟨auch ohne Akk.⟩ die Station sendet auf UKW, rund um die Uhr.

Sender, der: der S. ist gestört, wird von einem anderen S. überlagert, fällt wegen Reparaturarbeiten aus; ein anderer S. schlägt durch; auf welcher Frequenz arbeitet der S. von Norddeich?; die angeschlossenen S. kommen mit eigenem Programm wieder; einen überseeischen S. gut, schlecht empfangen; einen S. stören; einen anderen S. suchen, einstellen; auf einen anderen S. umschalten; die Meldung ging über alle S.; der Bundespräsident spricht über alle S.; der Boxkampf wird von allen Sendern übernommen, gebracht, ausgestrahlt.

Sendung, die: 1. *Warensendung:* eine postlagernde, zollpflichtige S.; eine neue S. [von] Orangen ist eingetroffen; eine S. empfangen, zurückschicken, zustellen; wir bestätigen den Empfang der S. **2.** (geh.) *Mission:* die politische S. einer Partei; er glaubte an seine S. als Retter der Menschheit. **3.** (Rundf., Ferns.) *Übertragung:* Achtung, S. läuft!; eine S. [in Farbe, in Stereo] ausstrahlen, empfangen; eine S. produzieren, hören, mitschneiden; die S. wird morgen wiederholt; der Schulfunk bringt eine S. für das 8. Schuljahr; morgen gibt es eine S. über das Leben in Afrika, zum 750-jährigen Jubiläum der Stadt; er merkte nicht, dass er schon auf S. war (ugs.; *dass die Sendung bereits begonnen hatte*).

Senf, der: 1. */eine Pflanze/:* der S. hat leuchtend gelbe Blüten; auf einigen Feldern wurde S. angebaut. **2.** *aus Senfsamen gewonnene Masse:* ein Glas, eine Tube S.; scharfer, milder, süßer, bayrischer, französischer S.; er aß ein Würstchen mit S.; ∗ **[überall] seinen Senf dazugeben** (ugs.; *[ungefragt zu allem] seine Meinung äußern*).

sengen: 1. ⟨etw. s.⟩ *absengen:* ein gerupftes Huhn s.; ADJ. PART.: er lag in der sengenden *(brennend heißen)* Sonne. **2.** ⟨[jmdm., sich] etw. irgendwohin s.⟩ *brennen:*

sie sengte [sich] mit der Zigarette ein Loch in die Bluse.
senken: 1. a) ⟨etw. s.⟩ *sinken lassen:* den Kopf, die Arme s.; sie senkten die Fahnen zur Ehrung der Gefallenen; er hielt den Kopf gesenkt; ÜBERTR.: den Blick, die Augen s. (geh.; *zu Boden blicken*); sie senkte die Stimme (geh.; *sprach leiser*); **b)** ⟨jmdn., etw. irgendwohin s.⟩ *hinabgleiten lassen:* den Sarg ins Grab, den Toten in die Erde, die Taucherglocke ins Wasser s.
2. ⟨etw. s.⟩ *niedriger machen:* die lange Trockenheit hat den Grundwasserspiegel gesenkt; den Blutdruck, die Preise, die Steuern, die Kosten s.; die Zahl der Arbeitslosen konnte leicht gesenkt werden.
3. ⟨sich s.⟩ *sich abwärts bewegen:* die Schranke, der Förderkorb senkt sich; der Brustkorb hebt und senkt sich; die Äste senkten sich unter der Last des Schnees; ÜBERTR.: die Nacht senkt sich auf die Erde (dichter.; *es wird dunkel*).
4. ⟨sich s.⟩ *absinken:* der Wasserspiegel hat sich [deutlich, kaum merklich] gesenkt; der Boden, das Haus, die Mauer hat sich um ein paar Zentimeter gesenkt.
senkrecht: eine senkrechte Wand, Linie; die beiden Schenkel des rechten Winkels stehen s. aufeinander; fast s. ragt der Felsen empor; der Rauch steigt s. in die Höhe; bleiben Sie s.! (ugs. scherzh.; *fallen Sie nicht hin!*); Ⓡ immer [schön] s. bleiben! (ugs.; *immer Haltung, Fassung bewahren!*); ∗ **das einzig Senkrechte** (ugs.; *das einzig Richtige*).
Sensation, die: eine technische, literarische S. [ersten Ranges]; die Rede war eine politische S.; ihre Hochzeit war die S. des Jahres; der Journalist witterte eine S.; das Publikum verlangt Sensationen, will Sensationen sehen; für eine S. sorgen; die Geschichte riecht nach S.; etw. zur S. machen.
sensationell: eine sensationelle Nachricht, Idee, Erfindung; ein sensationeller archäologischer Fund; der Prozess nahm eine sensationelle Wendung; seine Fähigkeiten sind s. (ugs.; *außergewöhnlich, hervorragend*); eine s. aufgemachte Story; s. hoch gewinnen.
sensibel: 1. *feinfühlig:* ein sensibles Kind; (Med.:) sensible Nerven; sie ist, wirkt, reagiert sehr s.; in diesem Bereich müssen Veränderungen sehr s. ausgeführt werden; ÜBERTR.: eine Creme für sensible Haut; die Instrumente reagieren s.
2. *heikel:* sensible Daten/Details wie ethnische Abstammung, politische Einstellung, Einkommen sind für Fremde tabu; in einem ökonomisch so sensiblen Bereich wie der Währung.
sentimental (oft abwertend): ein sentimentaler Film; sie ist, singt sehr s.
September, der: ein warmer, sonniger, milder S.; Anfang, Ende S.; im Laufe des Monats S./des September[s]; sie ist im S., am 3. S. geboren.
Serie, die: **a)** *Reihe gleichartiger Dinge, Ereignisse:* eine S. Briefmarken; eine ganze S. von Anschlä-

gen, von Überfällen, von Verbrechen; durch den Nebel gab es eine S. schwerer Unfälle, von Unfällen; sie kann auf eine lange S. von Erfolgen zurückblicken; **b)** *Produktserie:* die S. dieser Fernsehgeräte läuft aus; ein Wagen der gleichen S.; etw. in S. (*serienmäßig*) bauen, herstellen, fertigen, produzieren; **c)** *Fernseh-, Buchserie:* das Fernsehen, der Rundfunk, die Zeitschrift bringt eine sechsteilige S. zum Thema Umweltschutz; die Verfilmung des Romans ist als zwölfteilige S. geplant; diese Bildbände erscheinen als S., in einer S.; ∗ **in Serie gehen** *(erstmals serienmäßig hergestellt werden):* der neue Typ geht am 1. März in S.
seriös: a) *solide, gediegen:* ein seriöser älterer Herr; ein seriöses Hotel; ein s. gekleideter Besucher; sie war in seriöses Schwarz gekleidet; **b)** *vertrauenswürdig:* ein seriöser Geschäftspartner; ein seriöses Geschäftsgebaren; seriöse Praktiken; die Planung ist nicht s.; diese Firma ist, wirkt durchaus s.; **c)** *ernsthaft:* seriöse Käufer, Bewerber, Angebote, Bewerbungen; solche Anzeigen sind nicht s.; ein s. arbeitender Makler.
¹Service, das: *Geschirrsatz:* ein schlichtes, gemustertes, geblümtes, kostbares S.; eine Tasse des Service[s] ist kaputtgegangen; ein S. für zwölf Personen.
²Service, der, (auch:) das: **1.** *Kundendienst:* ein schlechter, hervorragender, reibungslos funktionierender S.; den S. für das Gerät übernimmt die Firma Schulze; dafür gibt es keinen S.; das Hotel ist bekannt für seinen guten S. *(die gute Gästebetreuung).*
2. (Tennis) *Aufschlag:* ein harter S.; sein erster S. ging ins Netz.
servieren: 1. a) *bedienen:* sie serviert nicht an diesem Tisch; beim Frühstück serviert ein anderer Kellner; **b)** ⟨etw. s.⟩ *auftragen:* Sie können die Suppe s.; ⟨jmdm. etw. s.⟩ man servierte ihnen Eis als Nachspeise.
2. a) (Tennis) *aufschlagen:* der Australier servierte stark, ziemlich schwach; **b)** (bes. Fußball) ⟨jmdm. etw. s.⟩ *genau zuspielen:* dem Linksaußen den Ball s.
Sessel, der: ein niedriger, tiefer, bequemer, drehbarer S.; ein S. mit, ohne Armlehnen; sich aus, von einem S. erheben; in einem S. sitzen; sich in einen S. setzen; sie machte es sich (Dat.) im S. bequem; ÜBERTR.: der Minister klebt an seinem S. (ugs. abwertend; *will nicht zurücktreten*).
sesshaft: a) *einen festen Wohnsitz habend:* sesshafte Stämme; viele sind zur sesshaften Lebensweise *(zu einem Leben mit festem Wohnsitz)* übergegangen; sie ist nach vielen Jahren endlich s. geworden; sie haben sich inzwischen s. *(ansässig)* gemacht; sie sind jetzt s. *(wohnen jetzt)* in Berlin; **b)** *bodenständig:* sie waren sesshafte Leute; sie war nicht sehr s. [veranlagt].
setzen /vgl. gesetzt/: **1.** ⟨sich [irgendwie/irgendwohin] s.⟩ *sich hinsetzen:* jmdn. auffordern, sich

S

zu s.; er hat sich gesetzt; setz dich!; sich bequem, aufrecht s.; sich an den Tisch, ans Fenster, auf einen Stuhl, auf seinen Platz, aufs Pferd, (ugs.:) auf seine vier Buchstaben, ins Gras, unter einen Baum, ins Licht, in die Sonne, in den Schatten, in die Ecke, in den Wagen s.; sich neben jmdn., zu jmdm. s.; auf diese Nachricht hin hat sie sich gleich in den Zug, ans Steuer gesetzt *(ist sie gleich mit dem Zug, Wagen losgefahren);* sie setzten sich zu Tisch *(zum Essen an den Tisch);* die Vögel setzten sich aufs Dach *(ließen sich darauf nieder);* ⟨sich jmdm. irgendwohin s.⟩ die Katze setzte sich ihm auf den Schoß; /verblasst/: der Wagen setzte sich auf die andere Fahrbahn *(wechselte die Fahrbahn),* setzte sich vor mich *(überholte mich und fuhr vor mir her).* **2. a)** ⟨sich s.⟩ *nach unten sinken:* der Niederschlag aus der Lösung hat sich gesetzt; der Kaffee muss sich erst s. *(der Kaffeegrund muss sich nach dem Brühen erst am Boden sammeln);* das Erdreich setzt *(senkt)* sich; **b)** ⟨sich irgendwohin s.⟩ *dringen:* die Giftstoffe setzen sich unter die Haut; Geruch setzt sich in die Kleider, in die Vorhänge; der Staub setzt sich in die Ritzen. **3.** ⟨jmdn., etw. irgendwohin s.⟩ *an einen Platz, eine Stelle bringen:* einen Stuhl an den Tisch, alles an Ort und Stelle s.; den Becher an den Mund s.; ein Kind auf einen Stuhl, aufs Töpfchen s.; einen Topf aufs Feuer, den Hut auf den Kopf s.; das Huhn [zum Brüten] auf die Eier s.; Karpfen in einen Teich s.; der Gast wurde neben die Dame des Hauses gesetzt *(es wurde ihm dort ein Platz zugewiesen);* vorsichtig einen Fuß vor den andern s.; (Brettspiele:) einen Stein s., ⟨auch ohne Akk.⟩ du musst s., er hat noch nicht gesetzt; /verblasst/: jmdn. auf schmale Kost s. *(jmdm. wenig zu essen geben).* **4.** ⟨etw. irgendwohin s.⟩ *schreiben:* einen Punkt, ein Komma s.; beim Schreiben überhaupt keine Satzzeichen s.; ein Wort in einem Text in Klammern s.; etw. auf den Spielplan s. *(etw. aufführen wollen).* **5.** ⟨jmdm., etw. etw. s.⟩ *auferlegen:* einem Missstand ein Ende s. *(dafür sorgen, dass er verschwindet);* seinem Benehmen sollte endlich eine Grenze gesetzt werden; jedem Tun sind Grenzen, Schranken gesetzt; jmdm. eine Frist s.; sich (Dat.) ein Ziel s. **6.** ⟨etw. s.⟩ *einpflanzen:* Salat, Tomaten, Kartoffeln s.; diese Bäume wurden vor 10 Jahren gesetzt. **7. a)** *aufstellen, lagern:* Getreide in Puppen s.; Holz, Briketts s. *(schichten, stapeln);* **b)** *[herstellen und] aufstellen:* einen Herd, einen Ofen s.; ⟨jmdm. etw. s.⟩ man hat ihm einen Grabstein, ein Denkmal gesetzt *(errichtet);* **c)** *an einem Mast aufziehen; aufstecken:* den diplomatischen Stander s.; Positionslaternen s.; vor der Ausfahrt werden die Segel gesetzt; ÜBERTR.: den linken, rech-

ten Blinker s. (Kfz.-W.; *das linke, rechte Blinklicht einschalten).* **8.** (Druckerspr.) *einen Schriftsatz von etw. herstellen:* Lettern, Schrift, ein Manuskript, ein Buch [mit der Hand, mit der Maschine] s. **9.** *als Einsatz geben:* ein Pfand s.; er setzte seine Uhr zum, als Pfand; beim letzten Rennen hatte sie ihr ganzes Geld auf ein Pferd gesetzt; ⟨auch ohne Akk.⟩ er setzt immer auf dasselbe Pferd; ÜBERTR.: ich setze auf ihn *(glaube an seinen Erfolg).* **10.** (Sport) ⟨jmdn. s.⟩ *einen Spieler, eine Mannschaft einstufen:* man setzte die deutsche Meisterin als Nummer zwei; er war nicht gesetzt worden und musste deshalb in die Ausscheidungskämpfe. **11.** ⟨über etw. (Akk.) s.⟩ *springen; etw. überqueren:* das Pferd setzt über den Graben, über ein Hindernis; er ist/(auch:) hat mit einem Sprung über den Zaun gesetzt; die Römer sind/haben über den Rhein gesetzt;

★ **es setzt etw.** (ugs.; *es gibt Schläge o. Ä.):* gleich setzt es Hiebe, Prügel; wenn du nicht sofort hörst, dann setzt es [et]was!

Seuche, die: eine verheerende S.; die S. forderte viele Todesopfer, griff rasch um sich, breitete sich aus, wütete; eine S. bekämpfen, eindämmen; in der belagerten Stadt drohten Seuchen auszubrechen; viele erkrankten, starben an der S., fielen der S. zum Opfer.

seufzen: schwer, erleichtert s.; sie seufzte tief, als sie an den Abschied dachte; er seufzte *(stöhnte)* über so viel Unverstand, über ihre Ungeduld; seufzend willigte sie ein.

Seufzer, der: ein lauter, tiefer, schwerer, befreiender, wohliger S.; einen tiefen S. tun; einen S. ausstoßen, unterdrücken; mit einem S. der Erleichterung ging er.

Sex, der (ugs.): außerehelicher S.; sicherer, ungeschützter S. *(mit, ohne Kondom);* das Einzige, was er von ihr will, ist S.; sie hat nichts als S. im Kopf; mit jmdm. S. haben; Lust auf S.; jmdn. beim S. [mit einer Minderjährigen] erwischen; die Ausübung von oralem S.; die Darstellung von S. *(Sexualität)* und Gewalt.

sexuell: sexuelle Kontakte, Tabus; sexuelle Belästigung am Arbeitsplatz; s. aktiv, erregt sein; jmdn. s. missbrauchen; mit jmdm. s. verkehren.

Show, die: die S. läuft noch bis Ende des Monats, erreicht sagenhafte Einschaltquoten; eine S. präsentieren; in einer S. auftreten; der Star stellte in seiner neuen S. prominente Gäste vor; mit einer S. auf Tournee gehen; das ist ja die S.! (ugs.; Ausruf der Bewunderung);

★ **eine Show abziehen** (ugs.; *sich in Szene setzen)* · **eine Show machen** (Jugendspr.; 1. *sich aufspielen.* 2. *sich zieren).*

sich: 1. /weist auf eine Person, Sache zurück/: sie versteckte s.; er schämte s. nicht; er/sie muss s., sie/Sie müssen s. noch gedulden; sie überließen die

beiden s. selbst; setzen Sie s. bitte!; am nächsten Tag rächte s. der Mann/rächte der Mann s./rächte er s. auf grausame Weise; ⟨in Verbindung mit einer Präp.⟩ die Schuld bei s. suchen, auf s. nehmen; Geld bei s. haben; das hat viel für s.; jmdn. zu s. bitten; sie lässt gern andere für s. arbeiten.
2. *einander:* sie begegneten s. vor dem Rathaus; sie küssten s.; sie teilten die Beute unter s.; sie halfen s. gegenseitig. Beachte: Der Gebrauch von »sich einander« gilt als nicht korrekt.

sicher: **I.** ⟨Adj.⟩ **1.** ⟨s. [vor etw. (Dat.)]⟩ *gefahrlos, geschützt:* ein sicherer Weg; eine sichere Technik, Methode; ein sicherer Arbeitsplatz; sich in sicherem Abstand halten; sie war nirgends s.; dort konnte er vor Überfällen, Diebstahl s. sein; sie fühlte sich nirgends s.; das Geld s. aufbewahren; am sichersten wäre es, wenn ...; SUBST.: das Sicherste wäre es, wenn ...; Ⓡ s. ist s. *(lieber zu viel Vorsicht als zu wenig)*. **2.** *zuverlässig:* ein sicherer Beweis; ein sicheres Ergebnis; das ist ein sicheres Zeichen dafür, dass ...; eine sichere *(gesicherte)* Stellung; sie hat ein sicheres *(festes)* Einkommen. **3.** *keine Fehler machend, treffsicher:* sie hat ein sicheres Urteil, einen sicheren Geschmack; er ist ein sicherer Schütze, Fahrer; der Zahnarzt hat eine sichere Hand *(hat seine Hand völlig unter Kontrolle);* sie war in der Prüfung vollkommen s. *(wusste auf alle Fragen richtig zu antworten);* er hatte das Musikstück sehr s. gespielt; sie fährt sehr s. **4.** *selbstbewusst:* sie hat ein sicheres Auftreten; er ist, wirkt sehr s. **5.** *gewiss:* wir rechnen mit einem sicheren Sieg des Favoriten; ein s. wirkendes Mittel gegen Husten; es ist [so gut wie] s./noch nicht [ganz] s., dass sie zustimmt; seine Wiederwahl gilt als s.; die Beförderung, eine empfindliche Strafe ist ihm s.; er war [sich] des Erfolgs, ihrer Zustimmung s.; du bist deiner Sache etwas zu s.; ich bin mir dessen gar nicht so s. **II.** ⟨Adverb⟩ *sicherlich:* sie hat es s. vergessen; s. ist das/das ist s. schwierig; da lässt sich s. etwas machen; er wird es s. tun; sie kommt ganz s.; Ⓡ »aber s.!«, sagte Blücher (scherzh.; Bekräftigungsformel).

Sicherheit, die: **1.** *das Sichersein:* soziale, militärische, wirtschaftliche S.; die öffentliche S. und Ordnung; die S. am Arbeitsplatz; die S. der Arbeitsplätze *(die Garantie für ihr Bestehenbleiben);* die innere S. *(das Sichersein des Staates gegenüber Terrorakten o. Ä.);* die äußere S.; unsere S. ist gefährdet, bedroht; ein Gefühl der S.; in S. sein, sich befinden; er brachte sich, die Menschen, das Vieh in S.; für die, für mehr S. sorgen; du solltest zur S. deinen Schreibtisch abschließen. **2.** *Gewissheit:* mit an S. grenzender Wahrscheinlichkeit; etw. mit S. erwarten; das lässt sich

[nicht] mit S. *(Bestimmtheit)* sagen; darauf kannst du mit ziemlicher S. rechnen. **3.** *das Freisein von Fehlern, Irrtümern; Zuverlässigkeit:* die S. seines Urteils; sie hat eine große S. in allen Fragen des Geschmacks; mit traumwandlerischer S. *(ohne den geringsten Fehler zu machen)* löste er alle Prüfungsaufgaben. **4.** *Gewandtheit:* er hat wenig S. in seinem Benehmen, Auftreten; sie hat an S. gewonnen; sie bewegt sich mit völliger S. in der neuen Umgebung. **5.** *hinterlegtes Geld o. Ä. als Bürgschaft:* die S. eines Schuldners, einer Forderung; Sicherheiten geben, leisten; eine S. für einen Kredit fordern; sein Gehalt diente der Bank als S.; etw. als S. hinterlegen; *** sich, jmdn. in Sicherheit wiegen *(irrtümlich glauben, jmdn. glauben machen, dass keine Gefahr besteht).*

sicherlich: du hast es s. gelesen; s. kannst du mir darüber Auskunft geben; s. ist das/das ist s. ein Versehen.

sichern: 1. **a)** ⟨jmdn., sich, etw. [vor etw. (Dat.)/gegen etw.]⟩ *sicher machen:* jmdn., sich gegen Verluste, vor Verlusten s.; sich gegen eine Gefahr, vor einer Gefahr s.; sich beim Bergsteigen [durch ein Seil, mit einem Seil] s.; das Gewehr s. *(den Abzug blockieren);* er hat sich nach allen Seiten [gegen mögliche Einwände] gesichert; die Arbeitsplätze s.; Daten, ein Dokument s. (EDV; speichern); das Land sichert *(befestigt)* seine Grenzen; **b)** ⟨etw. s.⟩ *garantieren:* das Gesetz soll die Rechte der Menschen s.; ADJ. PART.: in gesicherten *(wirtschaftlich nicht gefährdeten)* Verhältnissen; das Resultat war wissenschaftlich gesichert; seine Zukunft war [finanziell] gesichert. **2.** ⟨jmdn., sich etw.⟩ *verschaffen:* sich Karten für ein Konzert, das Vorkaufsrecht s.; er hat sich den Meistertitel, den Vorsprung gesichert; dieser Sprung sicherte ihr den Sieg; ⟨ohne Dat.⟩ die Polizei sichert Fingerabdrücke, die Spuren *(ermittelt diese als Beweismittel, solange sie noch erkennbar sind).*

sicherstellen: 1. ⟨etw. s.⟩ *beschlagnahmen:* Diebesgut, ein fahruntüchtiges Auto s.; etw. als Beweismittel s.; der Führerschein des Geisterfahrers wurde sichergestellt; das Fluchtfahrzeug, die Tatwaffe konnte inzwischen sichergestellt werden. **2.** ⟨jmdn., etw. s.⟩ *garantieren:* die Ölversorgung muss sichergestellt werden; wir müssen s., dass ...; jmdn. finanziell s. *(dafür sorgen, dass er finanziell gesichert ist).*

Sicherung, die: **1.** *das Sichern:* die S. der Arbeitsplätze; die S. der Nachfolge, der Rechte; das Netz sozialer Sicherungen *(gesetzlich verankerter sozialer Leistungen);* Maßnahmen zur S. des Friedens. **2. a)** *Schutzvorrichtung:* das Gewehr hat eine S.;

b) *Stromsicherung:* eine S. von 25 Ampere; die S. ist durchgebrannt, herausgesprungen.

Sicht, die: 1. *Möglichkeit, in die Ferne zu sehen:* eine gute, klare S.; eine S. von 100 Metern; die S. betrug bei starkem Nebel nur 20 Meter; die S. besserte sich, verschlechterte sich; wir hatten schlechte S.; Häuser versperrten die S.; ÜBERTR.: sie hat eine eigene S. *(Betrachtungsweise)* der Welt entwickelt; aus, in seiner S. *(wie er es sah)* war die Sache sehr schwierig. 2. a) *Sichtweite:* das Schiff ist jetzt außer S., kommt in S.; Land in S.!; sie segelten in S. der Küste; b) (Kaufmannsspr.) *Vorlage:* auf S.; Fälligkeit bei S.; zehn Tage nach S. zahlbar; ★ **auf lange/weite, kurze Sicht** *(für lange, kurze Zeit, Dauer):* etw. auf lange, weite S. planen.

sichtbar: a) *erkennbar:* die sichtbare Welt; eine weithin sichtbare Leuchtschrift; durch die Färbung wurden die Bazillen unterm Mikroskop s.; der Fleck auf dem Kleid war deutlich s.; b) *offenkundig:* sichtbare Fortschritte; sein Zustand hat sich s. gebessert; etw. s. machen *(verdeutlichen).*

sichten ⟨etw. s.⟩: 1. *in größerer Entfernung wahrnehmen:* Wale, einen Eisberg, ein Schiff am Horizont s.; sie hatten Flugzeuge am Himmel gesichtet. 2. *durchsehen:* Papiere, jmds. Nachlass s.; sie sichtete das Material für ihre Arbeit.

sichtlich: sie hatte sichtliche Schwierigkeiten mit der Aussprache; die Arbeit bereitete ihm sichtliche Freude/bereitete ihm s. Freude; sie war s. erleichtert; er war s. erfreut über diese Mitteilung.

sickern ⟨irgendwohin s.⟩: das Regenwasser sickert in die Erde; das Blut ist durch den Verband gesickert; ÜBERTR.: die Sache ist in die Presse gesickert *(heimlich dorthin gelangt).*

sie: 1. ⟨3. Pers. Sing. Nom. und Akk.⟩: s. liest gerade die Zeitung; ich werde s. fragen; eine schöne Jacke – wo hast du s. gekauft?; s. *(die [modebewusste] Frau)* trägt in diesem Sommer Hosen; SUBST.: eine Sie (ugs.; *Person, Tier weiblichen Geschlechts*); charmante, sportliche Sie sucht Reisegefährten. 2. ⟨3. Pers. Plural Nom. und Akk.⟩ s. beide; s. gehen spazieren; die Blumen sind schön. Hast du s. selbst gepflückt?; s. haben (ugs.; *man hat*) mir meine Uhr gestohlen.

Sie ⟨3. Pers. Plural als Höflichkeitsanrede für eine od. mehrere Personen⟩: nehmen S. doch bitte Platz, Herr Krause/meine Herren!; die beiden sagen S. zueinander; SUBST.: das förmliche S.

Sieb, das: ein feines, grobes S.; Sand, Kies auf ein S. schaufeln; Kartoffeln durch ein S. rühren, streichen, schlagen; sie goss den Tee durch ein S.; das S. *(die siebähnliche Vorrichtung)* an der Benzinpumpe reinigen.

¹sieben: 1. ⟨etw. s.⟩ *durchsieben:* Kies, Sand s.; das Mehl in eine Schüssel s. 2. (ugs.) ⟨jmdn., etw. s.⟩ *aussondern:* Kandidaten, Bewerber s.; die Redaktion siebt das Material;

⟨auch ohne Akk.⟩ bei der Prüfung/Auswahl, unter den Bewerbern wurde ziemlich, schwer gesiebt.

²sieben ⟨Kardinalzahl; als Ziffer: 7⟩: die s. Wochentage; die s. Bitten des Vaterunsers; die s. Worte Jesu am Kreuz; die s. Todsünden; wir sind zu s. *(zu siebt);* SUBST.: die böse Sieben *(die Unglückszahl 7);* ↑ acht.

siebente, siebte: ↑ achte.

siebzig: ↑ achtzig.

siedeln ⟨[irgendwo] s.⟩: hier haben schon die Kelten gesiedelt; viele Bauern haben in der fruchtbaren Gegend gesiedelt.

sieden: 1. *kochen:* das Wasser siedet bei 100°C; die Eier haben 5 Minuten gesiedet/gesotten *(in siedendem Wasser gelegen);* die Suppe ist siedend heiß; sie verbrühte sich mit siedend heißem Wasser; ÜBERTR.: in ihm siedete es, er siedete vor Wut *(er war äußerst wütend).* 2. (bes. südd., österr.) ⟨etw. [irgendwie] s.⟩ *in kochendem Wasser garen:* Kartoffeln, Fische s.; sie sotten/siedeten Krebse; die Eier hart s.; etw. gar s.; ⟨auch ohne Akk. und ohne Artangabe⟩ in der Küche wurde gebraten und gesotten; gesottener Fisch; SUBST.: es gab jeden Tag Gesottenes und Gebratenes.

Siedlung, die: 1. *Ansiedlung:* eine ländliche, städtische, alte, römische S.; hier gab es schon in früherer Zeit menschliche Siedlungen; eine S. gründen, aufgeben; sie besichtigten die Siedlungen der Indianer. 2. a) *Wohnsiedlung:* eine S. planen, bauen; sie wohnt in einer modernen S. am Stadtrand; b) *Bewohner einer Wohnsiedlung:* die ganze S. protestierte.

Sieg, der: ein glorreicher, glücklicher, leichter, schwer errungener, knapper, deutlicher S.; ein diplomatischer, politischer, militärischer S.; der S. war schwer erkämpft, teuer erkauft; ein S. über den Gegner, über die Mitbewerber, im Wahlkampf; einen S. erringen, davontragen; jmdm. den S. entreißen; auf S. spielen (Sport Jargon; *alles daransetzen, das Spiel zu gewinnen);* das Spiel endete mit einem hohen S. der Heimmannschaft; seine sportliche Laufbahn mit einem S. krönen; um den S. kämpfen; ÜBERTR.: ein moralischer S.; der S. der Freiheit; einen S. über sich selbst erringen; der Wahrheit, der Vernunft zum S. verhelfen.

Siegel, das: a) *Siegelstempel:* das S. auf etw. drücken; einem Brief das S. aufdrücken; b) *Abdruck eines Siegels:* das S. der Stadt, der Universität; ein S. fälschen, anbringen, aufbrechen; eine Urkunde mit dem päpstlichen S.;

★ **unter dem Siegel der Verschwiegenheit, strengster Vertraulichkeit** o. Ä. *(streng vertraulich).*

siegen ⟨[über jmdn., etw.] s.⟩: im Kampf, im Streit, im sportlichen Wettkampf s.; die alte Partei hat gesiegt *(die Wahl gewonnen);* die Außenseiterin

siegte überraschend über die Favoritin; unsere Mannschaft hat diesmal [hoch, knapp, mit 2:0] gesiegt; ÜBERTR.: meistens siegt doch nur das Geld; bei ihr siegte das Gefühl über den Verstand. **Sieger,** der: der strahlende S.; wer ist [der] S.?; aus einer Wahl, aus einem Prozess als S. hervorgehen; S. im Endspiel wurde die kanadische Mannschaft; die S. ehren; die Zuschauer jubelten dem S. zu; er wurde zum S. nach Punkten erklärt.
Signal, das: a) *Warnsignal:* optische, akustische, militärische Signale; das S. bedeutet freie Fahrt; ein S. blasen, blinken, funken; das S. zum Angriff, zur Abfahrt geben; ein S. empfangen, aussenden, beachten, übersehen, überhören; ÜBERTR.: ein S. des Neuanfangs; das sind hoffnungsvolle Signale *(Anzeichen);* b) *Eisenbahnverkehrszeichen:* das S. steht auf »Halt«, auf »Freie Fahrt«; bei dem Unglück hatte der Zugführer das S. übersehen, überfahren *(nicht beachtet);* ÜBERTR.: alle Signale stehen auf Veränderung; ⋆ [mit etw.] ein Signal für etw. setzen *([mit etw.] eine Haltung gegenüber etw. kundtun):* mit dem neuen Gesetzesentwurf will die Regierung ein S. für die Gleichstellung der ausländischen Mitbürger setzen · Signale setzen (bildungsspr.; *etw. tun, was richtungsweisend ist; Anstöße geben).*
signalisieren: a) ⟨[jmdm.] etw. s.⟩ *anzeigen:* jmdm. [mithilfe von Blinkzeichen] eine Warnung, einen Befehl s.; b) ⟨etw. s.⟩ *deutlich machen:* das Wahlergebnis signalisiert eine Tendenzwende; grünes Licht signalisierte freie Fahrt; Angst signalisiert eine Gefahr; c) (bildungsspr.) ⟨etw. s.⟩ *andeuten:* die andere Seite hat bereits Kompromissbereitschaft, Verhandlungsbereitschaft, Unterstützung, Zustimmung signalisiert; die Fragen dieses Journalisten signalisieren selten Kompetenz.
Silbe, die: eine offene *(auf einen Vokal endende),* geschlossene *(auf einen Konsonanten endende),* kurze, lange, [un]betonte S.; die Silben zählen, trennen; S. für S. buchstabieren; Silben verschlucken (ugs.; *nicht deutlich sprechen);* man konnte jede S. deutlich verstehen; das Wort wird auf der vorletzten S. betont; er hat das Vorkommnis mit keiner S. *(überhaupt nicht)* erwähnt; ein Wort nach Silben trennen.
Silber, das: **1.** /ein Edelmetall/: reines, glänzendes, mattes, legiertes S.; olympisches S. *(Silbermedaille);* Becher, Schalen aus getriebenem S.; der Leuchter wurde mit S. überzogen; ÜBERTR.: das S. (dichter.; *der Schimmer)* des Mondlichts. **2.** *Silbergeschirr, -bestecke o. Ä.:* das S. muss geputzt werden; von S. speisen.
silbern: 1. *aus Silber bestehend:* silberne Gabeln, Löffel, Münzen, Ringe.
2. *silberfarben:* ein silberner Farbton; das silberne Licht des Mondes; ihr Haar war s. (geh.) *[silber]grau* geworden; etw. schimmert s.;

ÜBERTR.: ein silbernes (geh.; *helles, wohltönendes)* Lachen.
Silberstreifen, der: ⟨in der Wendung⟩ ein Silberstreifen am Horizont *(Zeichen beginnender Besserung):* in der Stahlkrise zeichnete sich ein S. am Horizont ab.
Silhouette, die: das Denkmal ragt als dunkle S. in den Abendhimmel; man sah in der Ferne die S. der Berge; eine S. (bildende Kunst; *einen Schattenriss)* zeichnen, schneiden, einrahmen; ÜBERTR.: ein Mantel mit modischer, schmaler S. *(Form).*
simpel: a) *einfach:* eine simple Konstruktion, Methode, These; der Lehrer stellte ganz simple Fragen; die Lösung ist s., aber genial; b) (oft abwertend) *anspruchslos:* eine simple Tätigkeit; der Preis für dieses simple Kleid ist einfach zu hoch; es fehlt an den simpelsten Dingen; diese Erklärung ist zu s.; die Wohnung war für ihren Geschmack zu s. eingerichtet.
simulieren ⟨etw. s.⟩: **1.** *vortäuschen:* Gedächtnisschwund, eine Krankheit, eine Ohnmacht s.; ⟨ohne Akk.⟩ er simuliert nur.
2. (Fachspr., bildungsspr.) *modellhaft nachahmen:* einen Raumflug, die Bedingungen eines Raumflugs, einen Angriff s.; einen chirurgischen Eingriff mithilfe eines Computerprogramms s.; ökonomische Prozesse mithilfe eines Modells s.; etw. auf dem Bildschirm, am Computer s.
singen: 1. a) *einen Gesang ertönen lassen:* gut, rein, [un]sauber, zu hoch/tief, falsch, zweistimmig, mehrstimmig, gemeinsam, nach Noten, vom Blatt, auswendig, wie eine Nachtigall, mit/ohne Ausdruck, zur Gitarre s.; er singt solo, in einem Chor; ich kann in dieser Tonlage nicht s.; ÜBERTR.: auf dem Dach singt eine Amsel; sie spricht mit singendem *(stark modulierendem)* Tonfall; b) ⟨etw. s.⟩ *singend hören lassen, vortragen:* einen Ton, eine Arie, ein Solo, ein Duett s.; ein Lied im Chor *(gemeinsam)* s.; wer singt den Bass *(die Basspartie)?;* die Melodie ist leicht, nicht schwer zu s.; ÜBERTR.: die Nachtigall singt ihr Lied; c) ⟨etw. s.⟩ *als Stimmlage haben:* Sopran, Alt, Bass s.
2. a) ⟨jmdn., sich irgendwie s.⟩ *durch Singen in einen bestimmten Zustand versetzen:* ich habe mich ganz heiser gesungen; sie hat das Kind in den Schlaf, Schlummer gesungen; b) ⟨sich irgendwie s.⟩ *sich singen lassen:* dieses Lied singt sich leicht; ⟨es singt sich irgendwie⟩ mit trockener Kehle singt es sich schlecht; für manche singt es sich schön in der Badewanne.
3. (salopp) *belastende Aussagen machen:* er hat bei der Polizei, im Verhör, vor Gericht gesungen; SUBST.: jmdn. zum Singen bringen.
sinken: 1. a) *sich abwärts bewegen:* die Waagschale, der Ballon sinkt; gegen Mittag sank der Nebel; sie sanken und mussten Ballast abwerfen; das Schiff, das U-Boot, die Fähre ist gesunken *(untergegangen);* das Wrack eines gesunkenen

Schiffes; ÜBERTR.: er ist [moralisch] tief gesunken *(verkommen);* im Glanz der sinkenden Sonne; b) ⟨irgendwohin s.⟩ *absinken:* das Schiff sank auf den Grund des Meeres; auf den Boden s.; langsam sinken *(fallen)* die Blätter, die Schneeflocken zur Erde; c) ⟨[irgendwohin] s.⟩ *niedersinken:* die Arme, die Zeitung s. lassen; den Kopf auf die Brust, die Hände in den Schoß s. lassen; an jmds. Brust, auf/in die Knie, auf die/zur Erde, auf den/zu Boden, nach vorn s.; sie sanken *(fielen)* sich/einander in die Arme; ⟨jmdm. irgendwohin s.⟩ jmdm. an die Brust, zu Füßen s.; der Kopf sank ihm auf die Brust; d) ⟨in etw. (Akk.) s.⟩ *einsinken:* sie, ihre Füße sanken in den tiefen Schnee; er wäre am liebsten in die Erde gesunken; ÜBERTR.: todmüde ins Bett, in einen Sessel s.; in Schlaf s. (geh.; *einschlafen);* in Ohnmacht s. (geh.; *ohnmächtig werden).* **2.** a) *abnehmen:* das Hochwasser beginnt zu s.; die Quecksilbersäule ist gesunken; der Wasserspiegel sank um 5 Meter; b) *weniger werden, sich verringern:* der Blutdruck, das Fieber ist gesunken; das Thermometer, das Barometer sinkt *(zeigt niedriger werdende Werte an);* das Thermometer ist auf/unter null gesunken; bei sinkenden Temperaturen. **3.** *an Wert verlieren:* die Preise, die Kurse, die Aktien sind gesunken; der Wert des Grundstücks ist gesunken; im Kurs, im Preis, im Wert s.; das Pfund drohte unter 1,40 Euro zu s.; ÜBERTR.: jmds. Hoffnung, jmds. Einfluss sinkt *(schwindet);* er ist in der Gunst des Publikums, in ihrem Ansehen gesunken.

Sinn, der: **1.** a) *Sinnesorgan:* die fünf Sinne; wache, empfindsame, verfeinerte, stumpfe Sinne; etw. schärft die Sinne, stumpft die Sinne ab; Tiere haben oft schärfere Sinne als der Mensch; jmdm. vergehen, schwinden die Sinne *(jmd. verliert das Bewusstsein);* jmds. Sinne verwirren sich *(jmd. kann nicht mehr klar denken);* der Alkohol umnebelte seine Sinne; er war seiner Sinne nicht mehr mächtig, nicht mehr Herr seiner Sinne (geh.; *konnte sich nicht mehr beherrschen);* etw. mit den Sinnen wahrnehmen, aufnehmen; b) (geh.) ⟨Plural⟩ *geschlechtliches Empfinden:* jmds. Sinne erwachen; ihr Anblick erregte seine Sinne. **2.** *Verständnis:* der S. für Humor, für Tradition, für Pünktlichkeit fehlte ihm völlig; sie hat einen ausgeprägten ästhetischen S.; er hat wenig S. für Familienfeste. **3.** ⟨ohne Plural⟩ a) *jmds. Denken, innere Einstellung:* seinen S. ändern; anderen Sinnes werden (geh.; *seine Meinung ändern);* ich bin mit ihm eines Sinnes (geh.; *gleicher Meinung);* offenen Sinnes *(aufgeschlossen)* alles in sich aufnehmen; bei der Besetzung der Stelle hatte man ihn im S. *(an ihn gedacht);* in dem, in diesem Sinn[e] habe ich an ihn geschrieben; sie hat ganz in meinem S. gehandelt *(ich stimme mit ihrer Handlungsweise überein);* sie hat den Gesetz in jedem Sinn[e] *(in*

jeder Hinsicht) genügt; das ist nicht in ihrem, ist ganz nach ihrem S. *(das ist nicht so, wie sie es möchte, ist ganz so, wie sie es möchte);* b) (geh.) *Denkungsart:* einen stolzen, edlen S. haben; sie war frohen Sinnes. **4.** *Sinngehalt; Bedeutung:* der geheime, verborgene, tiefere, wahre S. einer Sache; der S. seiner Worte, der eigentliche S. der Handlung blieb mir verborgen; einen S. in eine Textstelle hineinlegen; den S. von etw. erkennen, ahnen, begreifen; sie hat den S. seiner Worte nicht erfasst, hat über den S. seiner Worte nachgedacht; er hat meinen Worten einen anderen S. untergeschoben; die Worte haben alle einen doppelten S.; das ergibt, (ugs.:) macht keinen/wenig S.; im wahrsten, tiefsten, besten, eigentlichen, weiteren, eigenen Sinn[e] des Wortes; Kritik im weitesten Sinn[e]; sie hat sich in einem ähnlichen S. geäußert; etw. in einem ganz bestimmten Sinn[e] meinen, sagen, verstehen; er zitierte dem Sinn[e] nach; dem Sinn[e] nach kann das nur heißen, dass ... **5.** *Ziel und Zweck:* etw. hat einen guten S. *(ist sehr sinnvoll);* den S. von etw. nicht erkennen, sehen; hat es überhaupt einen S., das zu tun?; etw. hat seinen S. verloren; es hat keinen, wenig, nicht viel S., damit zu beginnen; etw. hat, (ugs.:) macht keinen/wenig S.; nach dem S. des Lebens fragen; etw. ist ohne S.;

★ der sechste/ein sechster Sinn *(besonderer Instinkt, etw. richtig einzuschätzen)* · **jmdm. steht der Sinn [nicht] nach etw.** *(jmd. ist [nicht] zu etw. aufgelegt, hat [keine] Lust zu etw.)* · **seine fünf Sinne zusammennehmen/zusammenhalten** (ugs.; *aufpassen, sich konzentrieren)* · **seine fünf Sinne nicht beisammenhaben** (ugs.; *nicht recht bei Verstand sein)* · **jmdm. aus dem Sinn kommen** *(von jmdm. vergessen werden)* · **jmdm. nicht aus dem Sinn gehen** *(jmdm. ständig beschäftigen, nicht loslassen)* · **[nicht] bei Sinnen sein** *([nicht] bei klarem Verstand sein)* · **jmdm. durch den Sinn gehen/fahren** *(jmdm. plötzlich einfallen)* · **jmdm. in den Sinn kommen** *(jmdm. einfallen)* · **etw. im Sinn haben** *(etw. vorhaben)* · **ohne Sinn und Verstand** *(ohne Überlegung; sinnlos)* · **[wie] von Sinnen sein** *(überaus erregt sein; außer sich sein).*

sinnen (geh.): a) ⟨[über etw. (Akk.)] s.⟩ *nachdenken:* darüber s., wie man jmdm. helfen kann; er sann und sann, aber es fiel ihm kein Ausweg ein; sinnend stand er am Fenster; SUBST.: alles Sinnen und Grübeln nützt nichts mehr; b) ⟨auf etw. (Akk.) s.⟩ *nach etw. trachten:* auf Abhilfe, auf neue Mittel und Wege, auf eine List s.; sie sann auf Rache; SUBST.: all ihr Sinnen und Trachten ging dahin, an das Geld heranzukommen;

★ **gesonnen sein, etw. zu tun** *(gewillt sein, etw. zu tun):* ich bin nicht gesonnen nachzugeben.

sinnig (meist spött. od. iron.): ein sinniger Vers, Spruch; sein Geschenk war wieder sehr s. [ausgedacht].

sinnlich: 1. *mit den Sinnen wahrnehmbar:* ein sinnlicher Eindruck, Reiz; eine sinnliche Wahrnehmung, Empfindung, Darstellung; bestimmte Strahlen sind s. nicht wahrnehmbar; etw. s. erfassen. **2.** *auf den [geschlechtlichen] Sinnengenuss ausgerichtet:* den sinnlichen Freuden zugetan sein; sinnliche Bewegungen, Begierden; sinnliche Liebe; sinnliches Verlangen; er ist ein ausgesprochen sinnlicher Mensch, Typ; ihr Mund ist sehr s. *(sexuell ansprechend);* jmdn. s. erregen.

sinnlos: ein sinnloser Streit, Krieg; ein sinnloses Geschwätz; eine völlig sinnlose Handlung, Zerstörung; er hat das Kind in sinnloser *(maßloser)* Wut geschlagen; der Versuch ist völlig s.; es ist s., auf ihn zu hoffen; er war s. *(völlig)* betrunken.

sinnvoll: eine sinnvolle Einrichtung, Aufgabe, Arbeit: eine sinnvollen Gebrauch von etw. machen; es ist nicht/wenig s., so zu handeln; diese Entscheidung ist nicht sehr s.; der Raum war s. aufgeteilt; die Wartezeit s. nutzen.

Sippe, die: **1.** *Gruppe der Blutsverwandten:* in Sippen leben; der Stamm gliedert sich in Sippen. **2.** (meist scherzh. od. abwertend) *Familie, Verwandtschaft:* die ganze S. versammelte sich, kam bei dem Jubiläum zusammen; er kommt sicher wieder mit der ganzen S.

Sippschaft, die (abwertend): **1.** *Verwandtschaft:* sie brachte wieder ihre ganze S. mit, reiste mit ihrer ganzen S. an. **2.** *üble Gesellschaft:* diese verlogene S.

Sirene, die: die S. der Feuerwehr, des Unfallwagens, eines Schiffes, einer Fabrik; die Sirenen ertönten, heulten; der Fahrer des Krankenwagens schaltete die S. ein, aus; mit heulenden Sirenen.

Sitte, die: **1.** *Brauch:* heimatliche, althergebrachte, uralte, überlieferte Sitten; dort herrschen ziemlich raue, wilde Sitten *(dort geht es ziemlich rau zu);* das ist bei ihnen [so] S. *(üblich);* die Sitten und Gebräuche eines Volkes; eine S. achten, verletzen; mit einer S. brechen. **2.** *ethische, moralische Normen:* die guten Sitten pflegen; Anstand und S. bewahren, verletzen; Verfall und Verrohung der Sitten; das lockert die Sitten, verstößt gegen alle [guten] Sitten/die [gute] S. **3.** ⟨Plural⟩ *Manieren:* sie achten, sehen bei ihren Kindern auf gute Sitten; er war ein Mensch mit/von sonderbaren, vornehmen, feinen, guten, schlechten Sitten. **4.** (Jargon) *Sittenpolizei:* bei der S. arbeiten; zur S. versetzt werden.

sittlich: ein sittlicher Mensch; sittliches Verhalten; ein sittliches Leben führen; sittliche Bedenken, Vorurteile, Forderungen, Maßstäbe; der sittliche Verfall eines Volkes; der sittliche Wert eines Kunstwerks; ihm fehlt die sittliche Reife; seine sittliche Entrüstung war groß; ein Mensch ohne jeden sittlichen Halt.

Situation, die: eine schwierige, gefährliche, verfah-

rene, heikle, peinliche, fürchterliche S.; die gegenwärtige, geistige, politische, wirtschaftliche S.; die S. ist verzweifelt, kritisch, brenzlig; es ergab sich eine neue, gespannte S.; die S. spitzt sich immer mehr zu; die S. hat sich zugespitzt, verändert, entspannt; die S. erfassen, beherrschen, überblicken, klären, meistern; die psychologische S. berücksichtigen; zum Glück hat sie die S. gerettet *(hat verhindert, dass sie peinlich o. ä. wurde);* man muss sich der veränderten S. anpassen; sie fühlte/zeigte sich, war der S. gewachsen; einen Ausweg aus einer komplizierten S. suchen, finden; jmdn. in eine peinliche S. bringen; er hat sich selbst in eine ausweglose S. manövriert, begeben; sie wurden in einer verfänglichen S. überrascht, ertappt; so etwas wäre in der heutigen S. nicht mehr möglich; sie wurde mit dieser neuen S. nicht [auf Anhieb] fertig.

Sitz, der: **1. a)** *Sitzplatz:* bequeme, gepolsterte, harte, sehr schmale Sitze; ein ausklappbarer, höhenverstellbarer S.; ein S. ist noch frei; sein S. ist leer [geblieben]; zwei Sitze belegen, freihalten; er hat sich einen Stein als S. ausgesucht; eine Arena mit ansteigenden Sitzen; **b)** *Sitzfläche:* ein durchgesessener S.; S. und Lehne des Sessels sind gepolstert; die Sitze müssen neu bezogen werden; er legte seinen Mantel auf den S. im Auto. **2.** *Platz mit Stimmberechtigung:* er hatte S. und Stimme im Rat, in der Hauptversammlung; die Partei erhielt, hatte 40 Sitze im Parlament; sie verloren 5 Sitze an die Opposition. **3.** *Ort, an dem sich eine Institution o. Ä. dauernd befindet:* diese Stadt ist S. der Regierung, eines Bischofs; ein internationales Unternehmen mit S. in Mailand; die UNESCO hat ihren S. in Paris; am S. der Vereinten Nationen in New York. **4.** *sitzende Haltung:* ein aufrechter, steifer S.; der Reiter hat einen guten, schlechten S. **5.** *Passform:* der S. musste noch korrigiert werden; der S. der Brille ist noch nicht befriedigend; der Anzug hat einen guten, schlechten, keinen [guten] S.; ein Kostüm von tadellosem S.; **★ auf einen Sitz** (ugs.; *ohne Unterbrechung; in einem Zug)* · **jmdn. [nicht] vom Sitz reißen/hauen** (ugs.; *jmdn. [nicht] in Begeisterung, Erstaunen versetzen).*

sitzen: 1. (gewöhnlich mit Umstandsangabe) **a)** *auf einem Sitz niedergelassen haben:* möchtest du s.?; [auf einem Stuhl] weich, bequem, schlecht s.; mit gekreuzten, übereinander geschlagenen Beinen s.; vor Schmerzen nicht s. und nicht liegen können; sie kann nicht still, ruhig s.; ich habe/(südd., österr., schweiz.:) bin den ganzen Tag gesessen; am Tisch, am Kamin, am Fenster, auf einer Bank, in einem Sessel, im Zimmer, im Gras, in der vierten Reihe, zu mehreren um den Tisch, unter einem Baum unter dem Fernsehapparat, zu jmds. Füßen, zwischen lauter Fremden s.; du sollst auf deinem Platz s. bleiben; im Sattel s.; Fliegen sitzen auf der Lampe *(haben* *sich darauf niedergelassen);* die Henne sitzt auf den Eiern *(bebrütet sie);* /verblasst/: sie saßen beim Kaffee *(tranken gerade Kaffee),* bei Tisch *(waren beim Essen),* beim Kartenspiel *(spielten Karten);* sie sitzen im Café, Wirtshaus, Wartesaal *(halten sich dort auf);* er saß über seiner Examensarbeit; sie hat den ganzen Tag am Steuer gesessen *(ist Auto gefahren);* abends will er nur vor dem Fernseher s. *(fernsehen);* sie sitzt den ganzen Tag zu Hause *(begibt sich sehr selten unter Menschen);* er hat eine sitzende Tätigkeit *(muss bei seiner Tätigkeit sitzen);* SUBST.: ich bin den ganzen Tag noch nicht zum Sitzen gekommen; ÜBERTR.: er sitzt auf seinem Geld (ugs.; *will es nicht hergeben);* er hat sie schwanger gemacht und dann s. lassen/(seltener:) s. gelassen (ugs.; *im Stich gelassen);* sie hat Mann und Kinder s. lassen/(seltener:) s. gelassen; wir wollten uns treffen, aber er hat mich s. (ugs.; *vergeblich warten)* lassen/(seltener:) s. gelassen; man hat sie zwei Jahre vor dem Abitur s. lassen/(seltener:) s. gelassen *(nicht in die nächste Schulklasse versetzt);* er war so faul, dass er zweimal s. blieb (ugs.; *nicht in die nächste Schulklasse versetzt wurde);* sie haben die Bauern dieses Jahr auf ihren Kartoffeln s. lassen/(seltener:) s. gelassen (ugs.; *haben sie ihnen nicht wie erwartet abgekauft);* der Kaufmann ist auf seiner Ware s. geblieben (ugs.; *hat dafür keinen Käufer gefunden);* **b)** ⟨jmdm. s.⟩ *Modell sitzen:* für ihr Porträt hat sie dem Maler mehrere Wochen gesessen. **2.** ⟨irgendwo s.⟩ *sich befinden:* der Knopf sitzt an der falschen Stelle; den Zweig sitzen mehrere Blüten; im Kopf des Schneemannes saßen zwei Kohlestückchen als Augen; ⟨jmdm. irgendwo s.⟩ der Hut saß ihm schief auf dem Kopf; ÜBERTR.: der Schreck, die Angst saß ihm noch in den Gliedern *(hatte ihn noch nicht verlassen).* **3. a)** ⟨irgendwo s.⟩ *an einem [entfernten, entlegenen] Ort leben:* sie sitzt zurzeit in Afrika, in einem kleinen Dorf bei Kiel; die Firma sitzt *(hat ihren Sitz)* jetzt in Berlin; **b)** (ugs.) ⟨[irgendwo] s.⟩ *sich in Haft befinden:* seit drei Jahren sitzt er im Gefängnis, hinter schwedischen Gardinen; er hat drei Jahre gesessen; **c)** ⟨irgendwo s.⟩ *Mitglied in einem Gremium o. Ä. sein:* er sitzt im Parlament, Ausschuss, Aufsichtsrat, Vorstand. **4.** ⟨irgendwie s.⟩ *passen:* der Anzug sitzt gut, tadellos; das Kleid sitzt wie angegossen *(sehr gut);* das Kostüm sitzt nicht; ADJ. PART.: eine schlecht sitzende Brille, Frisur, Krawatte. **5.** (ugs.) **a)** *perfekt beherrscht werden:* jeder Handgriff sitzt [bei ihm]; was sie gelernt hat, sitzt; **b)** *die gewünschte Wirkung erzielen:* die Ohrfeige saß; das, der Hieb, der Schuss hat gesessen; ★ **etw. nicht auf sich** (Dat.) **sitzen lassen [können/wollen]** *(etw. nicht unwidersprochen lassen [können/wollen])* · **auf jmdm. sitzen bleiben** *(an*

jmdm. hängen bleiben): der Vorwurf blieb auf ihr s. · **einen sitzen haben** (salopp; *betrunken sein).* **Sitzung, die: 1. a)** *Versammlung:* eine öffentliche, geheime, wichtige, entscheidende, außerordentliche, lange, ausgedehnte S.; die S. zieht sich in die Länge, dauert zwei Stunden, fällt aus, ist geschlossen, ist zu Ende; die S. findet am Mittwoch, dem 25. Juni[,] in Berlin statt; der Vorstand hat morgen S.; eine S. anberaumen, ansetzen, abhalten, eröffnen, unterbrechen, schließen, vertagen; sie hatte nicht an der letzten S. teilgenommen; sie ist in einer S.; etw. in, während einer S. beschließen; zu einer S. zusammentreten; **b)** (ugs.) *Karnevalssitzung:* die S. wird im Fernsehen übertragen. **2. a)** *das Sitzen für ein Porträt:* er gewährte dem Künstler zwei Sitzungen; **b)** *zahnärztliche, psychotherapeutische o. ä. Behandlung:* die Behandlung erforderte mehrere Sitzungen. **Skandal, der:** ein öffentlicher S.; es gibt einen S., wenn er das erfährt!; einen S. machen, heraufbeschwören, verursachen, provozieren, vertuschen, vermeiden, aufdecken; es gibt einen S. *(ist unerhört),* wie man ihn behandelt hat; er war in einen S. verwickelt; es kam zu einem hässlichen S.; etw. wächst sich zu einem [richtigen] S. aus. **skandalös:** skandalöse Zustände; die Behandlung hier ist s.; sie hat sich s. benommen. **Skat, der: 1.** /*ein Kartenspiel*/: [eine Runde, einen zünftigen] S. spielen; sie droschen/klopften (salopp; *spielten)* S. **2.** *(zur Seite gelegte) Karten:* den S. aufnehmen, zur Seite legen; den S. liegen lassen *(aus der Hand spielen);* im S. lag ein Ass. **Skelett, das: 1.** *Knochengerüst:* ein menschliches S.; das S. eines Säugetieres; er ist das reinste S., ist zum S. abgemagert. **2.** *tragende Konstruktion, Gerüst:* das S. des Hochhauses steht schon. **Skepsis, die:** ihre S. sollte sich als unbegründet erweisen; sie erhält ihre S. aufrecht, gibt ihre S. auf; sie betrachteten die Entwicklung mit einiger, großer, berechtigter, begründeter, gesunder S.; [einer Sache gegenüber] voller S. sein; etw. gibt Anlass zur S. **skeptisch:** ein skeptischer Mensch, Kunde; eine skeptische Einstellung, Haltung; er machte ein skeptisches Gesicht; da bin ich noch s. *(zweifle ich noch);* er stand unseren Plänen s. gegenüber; sie betrachteten, beurteilten die Entwicklung äußerst s.; etw. s. äußern. **Ski, Schi, der:** ein Paar S.; er fährt, läuft S.; die Skier/(auch:) Ski, die Schier/(auch:) Schi anschnallen, abschnallen, schultern, wachsen; auf den Skiern/(auch:) Schiern stehen. **Skizze, die: 1.** *auf das Wesentliche beschränkte Zeichnung:* eine flüchtige S.; die S. einer Landschaft, eines Tieres; eine S. anfertigen, machen, entwerfen, [leicht] hinwerfen; sie machte eine S. von dem Gebäude.

S

2. a) *stichwortartiger Entwurf:* die S. einer Rede; für den zweiten Teil seines Romans hatte er nur Skizzen hinterlassen; **b)** *kurze [literarische] Aufzeichnung:* eine S. schreiben; er hielt die wichtigsten Eindrücke seiner Reise in einer S. fest. **skizzieren** ⟨etw. s.⟩: **1.** *mit wenigen Strichen zeichnen:* unterwegs skizzierte er mehrere Gebäude. **2. a)** *umreißen:* sie skizzierte das Thema des Vortrags, den Inhalt des Buches; **b)** *stichwortartig entwerfen:* er skizzierte den Text für seine Ansprache.

Sklave, der (bes. früher): ein afrikanischer, griechischer S.; viele Schwarze wurden als Sklaven verkauft; Sklaven halten, kaufen, befreien, freilassen; jmdn. wie einen Sklaven behandeln; einem Sklaven die Freiheit geben; mit Sklaven handeln; sie haben ihn zum Sklaven gemacht; ÜBERTR.: er ist [der] S. seiner Leidenschaften (oft abwertend; *ist ihnen völlig unterworfen*).

Skrupel, der: es kamen ihm S.; ihn quälten [keine] S.; seine S. waren rasch verflogen; sie hatte, kannte [überhaupt] keine S.; sich mit [moralischen, religiösen] Skrupeln quälen; er hat es ohne jeden S. getan; sie waren voller S.

so: **I.** ⟨Adverb⟩ **1.** *auf diese Weise, in dieser Form:* so habe ich es gewollt; so ist es richtig, ist es gewesen; recht so!; so [und nicht anders] muss man das machen; dem ist nicht so; so ist es!; so meinte sie das auch; ach, so ist das!; ach so, das wusste ich nicht; das ist nun einmal so; sie spricht einmal so, einmal so/bald so, bald so; es ist mir so *(ich habe den Eindruck),* als wäre ...; die so genannten Schwellenländer; (spött.:) wo sind denn deine so genannten Freunde?; er hat sich so verhalten, wie man es von ihm erwartet hatte; ⟨als Korrelat zu *dass*⟩ er spricht so, dass ihn jeder verstehen kann; das habe ich nicht so (ugs.; *ohne etwas Besonderes damit zu meinen*) gesagt; es hat nur so (ugs.; *sehr stark*) geschüttet; der Wagen sauste nur so (ugs.; *sehr schnell*) dahin; er ist so (ugs.; *ohne zu bezahlen*) ins Kino gekommen; wir haben auch so (ugs.; *ohnehin*) schon genug zu tun. **2.** *in solchem Maße; derartig:* einen so hohen Turm hatte sie noch nie gesehen; ich wusste nicht, dass er so krank war; ich bin nicht so dumm, das zu glauben; das ist nicht so schlimm; es war nicht so leicht, sein Vertrauen zu gewinnen; die Preise sind so niedrig, dass jeder die Ware bezahlen kann; warum kommt er so spät?; er wird nicht so bald wiederkommen; sei doch bitte so gut und hilf mir tragen; er kam so schnell wie/als möglich; es geht ihm so weit gut; ich bin so weit einverstanden; wir sind so weit (*im Großen und Ganzen*) zufrieden; ⟨als Korrelat zu *dass*⟩ sie war so erschrocken, dass sie nicht sprechen konnte. **3.** ⟨im Vergleich in Verbindung mit *wie* und *als*⟩ *ebenso, genauso:* er hat [halb, doppelt, noch einmal] so viel gearbeitet wie du; du musst ihm so

viel als möglich helfen; nimm so viel, wie du willst; er hat so viel bekommen wie sie; er kann es so wenig wie du; etw. ist so hart wie Stein *(sehr hart),* so weiß wie Schnee *(schneeweiß).* **4.** (ugs.) ⟨pronominal⟩ *solch:* so ein Haus hätte ich auch gerne; so ein schönes Lied!; so ein Angebot kann man doch nicht einfach ausschlagen!; was soll man mit so einem Kerl anfangen?; das ist auch so einer! *(Menschen dieser Art kennen wir schon!);* so etwas [Schönes] habe ich noch nie gesehen. **5.** (ugs.) ⟨oft in Verbindung mit einem bedeutungsgleichen Adverb⟩ *etwa, ungefähr:* es war so gegen/um Mitternacht; es waren so an/um die hundert Personen; ich mache mir so meine Gedanken darüber; er hat es so ziemlich *(in etwa)* verstanden; er hat sich noch so leidlich *(einigermaßen gut)* aus der Affäre gezogen. **6.** ⟨nachgestellt in Verbindung mit *und* oder *oder⟩ Ähnliche[s]:* jedes Jahr kommen viele Touristen in den Ort, Deutsche und so; eine Stunde oder so kann das schon dauern. **7.** ⟨allein stehend⟩ /als Frage, die Erstaunen ausdrückt oder als abschließende Bemerkung/: »Er will nächste Woche verreisen.« – »So *(wirklich)?*«; so, das wäre geschafft; so, ich gehe jetzt. **II.** ⟨Konj.⟩ **a)** in der Fügung **so dass** ↑ sodass; **b)** *obwohl:* so Leid es mir tut, ich muss absagen; **c)** /vergleichend/: so jung sie ist, so unerfahren ist sie; **d)** (geh.) *falls:* wir sehen uns bald wieder, so Gott will. **III.** ⟨Partikel⟩ **1.** /drückt eine Bekräftigung aus/ *wirklich:* das will mir gar nicht einleuchten. **2.** /drückt eine Unbestimmtheit aus, verleiht dem Gesagten oft den Charakter der Beiläufigkeit/: er hat so seine Pläne; wie geht es euch denn so?; was man so sagt. **3.** ⟨oft in Verbindung mit *doch*⟩ /nachdrücklich in Aufforderungssätzen/: so hör doch endlich auf!; so glaub mir doch!; * **so oder so** *(in jedem Fall):* er muss das Geld so oder so zurückzahlen · **so und so** (ugs.; *ohnehin*): er muss das Geld so und so zurückzahlen · **so weit sein** (ugs.; 1. *fertig, bereit sein:* gib mir Bescheid, wenn du so weit bist. 2. ⟨es ist so weit⟩ *ein bestimmter Zeitpunkt ist gekommen:* es ist bald, noch nicht, fast so weit).

sobald: er will anrufen, s. er zu Hause angekommen ist.

Socke, die: [ein Paar] wollene, dicke Socken; die Socken sind zerrissen; Socken stricken, waschen, stopfen; Socken anziehen, tragen; du hast ein Loch in der [linken] S.; * **rote Socke** (Politik Jargon; *jmd. der in der DDR, bes. als Funktionär der SED, dem herrschenden Regime gedient hat)* · **jmdm. qualmen die Socken** (ugs.; *jmd. hat sich sehr beeilt)* · **jmdm. die Socken ausziehen** (ugs.; *unerträglich sein)* · **sich auf die Socken machen** (ugs.; *schnell aufbrechen)* · **jmdm. auf den Socken sein** (ugs.; *jmdn.*

S

verfolgen) · **[ganz] von den Socken sein** (ugs.; *sehr überrascht, erstaunt sein).*

sodass, so dass: sie war krank, s. sie absagen musste.

soeben: a) *in diesem Augenblick:* s. schlägt die Uhr 12; **b)** *vor ganz kurzer Zeit:* das Buch ist s. erschienen; wie wir s. erfahren ...

sofern: wir werden kommen, s. es euch passt; s. es nicht in Strömen regnet, fahre ich mit dem Fahrrad.

sofort: a) *unverzüglich:* das muss s. erledigt werden; die Regelung gilt ab s.; komm s. her!; **b)** *unmittelbar danach:* er war s. tot; sie hat die Bedeutung der Nachricht s. begriffen; **c)** *innerhalb kürzester Frist:* ich bin s. fertig; sie kommt s.

sofortig: mit sofortiger Wirkung; die sofortige Abreise war unumgänglich.

Software, die: eine aktuelle, aufwendige, beschädigte, fehlerhafte S.; die neue Version dieser S. ist bereits auf dem Markt; ein Fehler in der S.; die Anbieter, die Hersteller von S.; eine S. entwickeln; die neue S. kann leicht, problemlos installiert werden.

Sog, der: der S. des Wassers riss das Boot fort; in den S. der Propeller, einer Schiffsschraube geraten; er wurde vom S. der Maschine erfasst; ÜBERTR.: sie geriet in den S. *(Einflussbereich)* der Großstadt.

sogar: **1.** *obendrein, auch überdies:* sie hat uns s. mit dem Auto abgeholt; er kam s. selbst mit; s. *(selbst)* er hat sich darüber gewundert.
2. /zur steigernden Anreihung von Satzteilen/ *mehr noch; um nicht zu sagen:* sie sind vermögend, s. sehr vermögend/sehr vermögend s.

sogleich: als die Gäste ankamen, wurden sie s. in ihre Zimmer geführt.

Sohle, die: **1.** a) *Schuh-, Strumpfsohle:* dicke, dünne, haltbare Sohlen; Sohlen aus Leder, aus Gummi; die Sohlen sind durchgelaufen, haben Löcher, sind zerrissen; neue Sohlen auf die Schuhe machen lassen, nageln, kleben; **b)** *Fußsohle:* die Sohlen voller Blasen haben; sie lief mit nackten Sohlen durchs Gras.
2. *Tal-, Flusssohle o. Ä.:* die S. eines Flusses, Grabens, Kanals; die S. des Tals ist mehrere Kilometer breit;
★ **eine kesse Sohle aufs Parkett legen** (ugs.; *auffallend flott tanzen*) · **sich die Sohlen [nach etw.] ablaufen/wund laufen** (ugs.; *viele Gänge machen, um etwas Bestimmtes zu finden, zu erreichen*) · **sich an jmds. Sohlen heften** (ugs.; *jmdm. hartnäckig folgen*) · **sich (Dat.) etw. [längst] an den Sohlen abgelaufen haben** (ugs.; *eine bestimmte Erfahrung längst gemacht haben*) · **auf leisen Sohlen** *(leise, unbemerkt).*

Sohn, der: ein unehelicher, legitimer, ungeratener S.; der älteste, jüngste, einzige, erstgeborene S.; sein S. Andreas; einer unserer Söhne; sie liebte ihn wie ihren eigenen S.; sie haben einen erwachsenen S.; Firma Hans Maier und S./und Söhne;

der S. des Hauses *(der erwachsene Sohn einer Familie);* er ist der S. Hans Maiers/ist Hans Maiers S./ist der S. von Hans Maier; Vater und S. sehen sich sehr ähnlich; er ist ganz der S. seines Vaters *(ist seinem Vater sehr ähnlich);* sie haben einen S. bekommen; ÜBERTR.: die Söhne (geh.; *Bewohner)* der Berge; er ist der größte S. *(der berühmteste Einwohner)* seiner Stadt.

solang[e]: **I.** ⟨Konj.⟩ *für die Dauer, während:* s. du Fieber hast, musst du im Bett bleiben; du kannst bleiben, s. du willst; /verneint mit konditionaler Nebenvorstellung/: s. du nicht aufgeräumt hast, darfst du nicht spielen gehen.
II. ⟨Adverb⟩ *währenddessen:* mach das ruhig erst fertig, ich lese s. die Zeitung.

solch ⟨solcher, solche, solches; solche; unflektiert: solch⟩: *so geartet; so groß:* [ein] solcher Glaube; [eine] solche Handlungsweise; [ein] solches Vertrauen; solche Taten; ein solcher Tag/s. ein Tag; ich habe solchen Hunger!; bei solchem Herzklopfen; mit solchen Leuten verkehrst du?; die Taten eines solchen Helden/(selten:) die Taten solches Helden; die Wirkung solchen/(seltener:) solches Sachverhalts; alle solche Anweisungen; all solcher Spuk; solcher feine/(selten:) feiner Stoff; ein solcher feiner Stoff/s. ein feiner Stoff; solches herrliche Wetter; bei solchem herrlichen Wetter/ (selten:) herrlichem Wetter; bei einem solchen herrlichen Wetter; bei s. herrlichem Wetter, bei s. einem herrlichen Wetter; solche prachtvollen/ (auch:) prachtvolle Bauten; s. prachtvolle Bauten; der Wert solcher alten/(auch:) alter Bücher; der Wert s. alter Bücher; solches Schöne/s. Schönes; mit solchem Schönen, mit s. Schönem; solche Armen/(auch:) Arme; die Hütten solcher Armen; zwei solche Fehler, (selten:) zwei solcher Fehler; mit zwei solchen Fehlern; es kamen Musikkenner und solche, die sich dafür hielten; die Sache als solche *(an sich)* wäre nicht so schlimm, aber ...; Ⓡ es gibt solche und solche/(ugs.:) sone und solche *(die Menschen sind verschieden).*

Sold, der: der S. auszahlen, zahlen, empfangen; heute gibt es S.;
★ **in jmds. Sold [stehen]** (geh.; *in jmds. Dienst [stehen]).*

Soldat, der: ein einfacher, aktiver S.; die alliierten, die deutschen Soldaten; weibliche Soldaten; S. [auf Zeit] werden; er war [im Krieg] 5 Jahre S.; viele Soldaten fielen, wurden verwundet; Soldaten einberufen, einziehen, ausbilden; das Grab[mal] eines unbekannten Soldaten *(Gedenkstätte für gefallene Soldaten);* er ist bei den Soldaten (ugs.; *beim Militär*).

solidarisch: eine solidarische Haltung; ein wenig solidarisches Verhalten zeigen, an den Tag legen; s. handeln; sie fühlte sich, erklärte sich s. mit uns.

solid[e]: **1.** *gediegen:* der Schrank ist eine solide Arbeit; solide Möbel; eine solide Verarbeitung; ein solider Bau; ein solides (ugs.; *kräftiges)* Mittagessen; die Möbel sind s. gearbeitet.

2. *fundiert:* eine solide Finanzierung, finanzielle Grundlage; die Firma ist s., macht keinen soliden Eindruck; eine solide Ausbildung; solide Kenntnisse haben.

3. *maßvoll, anständig:* ein solider Mensch; ein solider Lebenswandel; sie ist, lebt sehr s.

Soll, das: 1. *Arbeitssoll:* das S. ist zu hoch, ist schwer zu erreichen, liegt bei 100 Stück am Tag; ein S. von 500 Stück; das S. wurde erhöht, beträgt 500 Stück pro Tag; er hat sein S. nicht erfüllt, [mit 10 Prozent] übererfüllt. **2.** (Kaufmannsspr.) *Schuldseite eines Kontos:* etw. im S. buchen, ins S. eintragen; S. und Haben *(Ausgaben und Einnahmen)* gegenüberstellen; das Konto ist im S. *(weist einen negativen Betrag aus).*

sollen: I. ⟨Modalverb; mit Infinitiv⟩ **1. a)** *verpflichtet, gehalten sein:* du sollst sofort nach Hause kommen; wir hätten daran denken s.; ich hätte zur Post gehen s.; er sagte, ich solle nicht auf ihn warten; es hat so sein s.; so soll es sein; was soll ich hier tun?; du sollst *(darfst)* doch nicht mit ihm sprechen!; das hättest du nicht tun s.; ich soll dir sagen, dass du kommen kannst; was soll man denn da antworten?; und da soll ich nicht grob werden! (ugs.; *da habe ich doch Grund genug, grob zu werden!);* der soll mir nur kommen! *(dem werde ich es zeigen!);* »Er wusste es nicht.« – »Wie sollte er [auch]!«; **b)** /drückt einen Wunsch, eine Absicht aus/ *mögen:* damit sollt alles vergessen sein; die Bitte soll dir gewährt sein; sie soll mir willkommen sein; es soll *(wird)* nicht wieder vorkommen; du sollst es haben *(wirst es bekommen);* was soll denn das bedeuten?; wozu soll denn das gut sein?; was solls? (ugs.; Ausdruck der Gleichgültigkeit); »Sie wird fahren.« – »Soll sie doch!« (ugs. abwertend; *meinetwegen).* **2.** ⟨im 2. Konjunktiv⟩ *eigentlich müssen:* das sollte sie doch wissen; er sollte sich schämen; man sollte meinen, sie hätte es nun verstanden; es sollte mich wundern, wenn …; das sollte man *(dürfte man eigentlich)* nie tun; dieses Buch sollte man gelesen haben. **3.** *jmdm. beschieden sein:* er sollte die Heimat nicht wiedersehen; es sollte ganz anders kommen; /Ausdruck des Bedauerns, der Resignation/: es hat nicht sein s./hat nicht s. sein; sie sollte an der Aufgabe scheitern *(ist daran gescheitert).* **4.** ⟨im 2. Konjunktiv⟩ *für den Fall, dass:* sollte es regnen, dann bleiben wir zu Hause; sollte der Fall eintreten, dass der Plan misslingt, dann … **5.** ⟨im 2. Konjunktiv⟩ /dient in einer Frage dem Ausdruck eines Zweifels/: sollte das wahr sein?; sollte sie doch Recht haben?; sollte das sein Ernst sein? **6.** *es heißt, dass …; man sagt …:* das Konzert soll sehr schön gewesen sein; laut Wetterbericht soll es heute regnen; er soll Diabetiker, sehr reich sein; sie soll geheiratet haben. **II.** ⟨Vollverb; etw. s.⟩ *beauftragt sein, etw. zu tun:* ich soll nicht, habe das nicht gesollt; was soll

ich denn da, damit?; was soll denn das? *(welchen Zweck hat das denn?).*

somit: er war nicht dabei, s. konnte er/er konnte s. nicht darüber berichten; sie war sehr intelligent und s. *(darum)* bestens für den Posten geeignet; er war 16 und s. *(damit)* der Jüngste von uns.

Sommer, der: ein langer, kurzer, schöner, heißer, trockener, verregneter, nasser S.; in diesem Jahr will es überhaupt nicht S. werden; über Nacht ist es S. geworden; der S. kommt, beginnt, geht zu Ende, neigt sich seinem Ende zu; wir verbringen schon den zweiten S. an der See; diesen, nächsten S.; im S. des Jahres 1988; seit dem letzten/seit letztem S.; den [ganzen] S. über; einen [ganzen] S. lang; sie fährt im S. in Urlaub; er geht im S. und im Winter/S. wie Winter *(das ganze Jahr über)* schwimmen; ÜBERTR.: der S. (geh.; *Höhepunkt)* des Lebens.

sommerlich: sommerliches Wetter; sommerliche Hitze, Kleidung; bei sommerlichen Temperaturen; es ist schon s. warm; sie war s. *(leicht)* gekleidet.

Sonde, die: 1. (Med.) *Magen-, Darmsonde:* die S. in den Magen einführen; er wurde mit der S. ernährt. **2.** *Raum-, Radiosonde:* die S. ist in eine Umlaufbahn um den Mars eingeschwenkt; eine S. zum Mond, zur Venus schicken; eine S. aufsteigen lassen; etw. mithilfe einer S. erkunden, erforschen.

sonderbar: *merkwürdig:* ein sonderbarer Mensch, Gast, (ugs.:) Kauz; ein sonderbares Erlebnis, Ereignis, Gefühl; sein Benehmen war s.; das ist sehr, höchst, mehr als s.; sie ist heute, manchmal so s.; er benahm sich so s.

sonderlich ⟨in Verbindung mit einer Verneinung⟩ **a)** *besonders groß:* die Arbeit machte ihm keine sonderliche Freude; seine Mahnungen blieben ohne sonderliche Wirkung; sonderliches Vertrauen zu diesem Menschen hatte sie nicht; **b)** ⟨verstärkend bei Adjektiven und Verben⟩ *sehr, besonders:* er ist nicht s. klug, geschickt; sie hat sich nicht s. gefreut; ich fühle mich heute nicht s. (ugs.; *nicht besonders gut).*

¹sondern: sie zahlte nicht sofort, s. überwies den Betrag durch die Bank; das ist nicht grün, s. blau; er hat es getan, s. sie; /in Wortpaaren/: nicht [nur] …, sondern [auch] …: das Wetter war nicht nur sonnig, s. auch warm.

²sondern (geh.) ⟨jmdn., etw. von jmdm., etw. s.⟩: die kranken Tiere von den gesunden s.; sie sonderte die faulen Früchte von den guten; ADJ. PART.: die Frage müssen wir gesondert *(einzeln)* behandeln.

sondieren (bildungsspr.) ⟨etw. s.⟩: das Gelände, die Lage, die Stimmung in der Öffentlichkeit, den Markt s.; sondierende Gespräche *(Sondierungsgespräche)* führen.

Sonnabend, der (regional, bes. nordd., md.): an

[den] Sonnabenden ist das Haus geschlossen; ↑ Dienstag.

Sonne, die: 1. die helle, leuchtende, strahlende, goldene S.; die aufgehende, untergehende S.; S., Mond und Sterne; die S. geht [im Osten] auf, steht hoch [am Himmel], steht im Zenit/im Westen, hat ihren höchsten Stand erreicht, geht [blutrot] unter, sinkt, versinkt im Meer, versinkt hinter dem/am Horizont; die S. scheint, strahlt, wärmt, brennt [unbarmherzig vom Himmel herab], sticht, glüht; die S. durchdringt den Nebel, bricht durch die Wolken, kommt heute nicht heraus *(bleibt hinter einer Wolkendecke verborgen),* kommt hinter den Häusern hervor, spiegelt sich im Wasser; die S. blendet mich; das Licht, der Stand der S.; in die S. blinzeln; mit der S. im Rücken, gegen die S. fahren; (geh.:) er ist der glücklichste Mensch unter der S.; sie leben unter südlicher S. (geh.; *im Süden);* Ⓡ die S. bringt es an den Tag; BILDL.: Frau S.; die S. lacht *(scheint vom wolkenlosen Himmel),* blickt durch die Wolken; heute meint es die S. gut (ugs.; *heute ist es sehr sonnig);* die S. des Glücks leuchtet ihr. 2. *Licht und Wärme, Sonnenschein:* die S. hat ihn gebräunt, hat sein Haar gebleicht; Wind und S., Regen und S. haben ihre Haut gegerbt; sie kann viel, keine S. vertragen; der Balkon hat keine, wenig, viel, den ganzen Tag S.; Tomaten brauchen viel S.; sie kommt wenig an die S. *(kommt wenig hinaus ins Freie);* die Masse schmilzt wie Butter, Schnee an der S. *(sehr schnell);* sie ließ sich die S. auf den Rücken, ins Gesicht scheinen; sich die S. auf den Pelz brennen lassen (ugs.; *sich sonnen);* geh mir aus der S.! *(geh mir aus dem Licht!);* in der heißen, glühenden, gleißenden, brennenden, sengenden S. sitzen, liegen; wir setzen, legen uns in die S.; er ließ sich in der, von der S. braten (ugs.; *sonnte sich).*

sonnen: 1. ⟨sich [irgendwo] s.⟩ *ein Sonnenbad nehmen:* wir haben uns auf der Wiese, auf dem Balkon, am Strand gesonnt; ⟨schweiz. auch ohne *sich*⟩ wir sonnten im Badeanzug. 2. ⟨sich in etw. (Dat.) s.⟩ etw. *selbstzufrieden genießen:* er sonnte sich in seinem Glück, Erfolg, Ruhm.

Sonnenschein, der: der S. lockte die Menschen ins Freie; draußen ist, herrscht strahlender/schönster S.; sie gingen bei S. spazieren; sie lagen, saßen im hellen, warmen S.; ÜBERTR.: nach der Versöhnung herrscht bei ihnen wieder eitel S. *(sind sie in bester Stimmung);* das Kind war ihr S. *(ihr großes Glück);* mein kleiner S.! (fam.; *mein geliebtes Kind!).*

sonnig: ein sonniges Zimmer, ein sonniger Tag; diese Pflanze braucht einen sonnigen Standort; im sonnigen Süden; das Wetter war s.; hier ist es mir zu s.; ÜBERTR.: ein sonniges *(heiteres)* Naturell, Wesen haben; er ist ein sonniger *(fröhlicher)* Mensch; du hast ja ein sonniges Gemüt (iron.; *bist sehr naiv).*

Sonntag, der: ein erholsamer, ruhiger S.; eines [schönen] Sonntags; das Lokal ist an Sonn- und Feiertagen geöffnet; ⋆ Weißer Sonntag *(Sonntag nach Ostern).* ↑ Dienstag.

sonst: a) *außerdem; darüber hinaus:* haben sie s. noch Fragen?; das weiß s. niemand; war s. noch jemand, noch (ugs.:) wer da?; wer s. hätte das/ wer hätte das s. tun können?; was willst du s. machen?; wie, wo [denn] s.?; Ⓡ s. noch was! (ugs.; drückt empörte Ablehnung aus); c) *bei anderen Gelegenheiten; für gewöhnlich:* der s. so freundliche Mann war heute mürrisch; du bist doch s. nicht so empfindlich; es ist s. viel kälter hier; hier ist noch alles wie s. *(wie immer);* ich musste ihr helfen, weil sie s. zu spät gekommen wäre/s. wäre sie zu spät gekommen; tu es gleich, s. vergisst du es.

Sopran, der (Musik): 1. *hohe Frauen-, Knabenstimme:* ein heller, klarer, weicher S.; die Sängerin hat einen sehr hohen S.; sie singt S. 2. *Chorstimme:* sie singt im S. [mit]. 3. *Sopranistin:* der S. war indisponiert.

Sorge, die: 1. *Besorgnis, Kummer:* große, schwere, drückende, finanzielle, berufliche Sorgen; Sorgen quälen, plagen, drücken ihn, lasten auf ihm, lassen ihm keine Ruhe; die S. um das kranke Kind, um den Arbeitsplatz war groß; ihre S. war unnötig; seine größte S. war, dass ...; Sorgen haben; die Sorgen vergessen, vertreiben, abschütteln; diese S. bin, wäre ich los (ugs.; *das ist glücklicherweise erledigt);* er versuchte, seine Sorgen im Alkohol zu ertränken; sein Zustand machte, bereitete ihr Sorgen; du machst dir unnötige Sorgen; ich teile deine Sorgen *(Bedenken)* nicht; ich habe keine S. *(ich bin zuversichtlich),* dass sie das Examen besteht; keine S. *(nur ruhig),* das schaffen wir schon; sie macht sich Sorgen um ihn, um seine Zukunft; mach dir darum, darüber, deswegen keine Sorgen!; dieser Sorgen bin ich nun (geh.:) enthoben/ledig; voller S., frei von Sorgen in die Zukunft blicken; sie war in S. um ihn; sein Zustand erfüllte sie mit [großer] S.; Ⓡ der, die hat [vielleicht] Sorgen! (ugs. iron.; *er, sie regt sich über belanglose Dinge auf!);* deine Sorgen möchte ich haben! (ugs. iron.; *deine Sorgen sind doch geringfügig!).* 2. *Fürsorge:* die gegenseitige S.; die S. füreinander, für ihre Familie, um das tägliche Brot; man sollte ihr diese S., die S. dafür abnehmen; das lass nur meine S. sein! *(dafür werde ich sorgen!);* das ist meine erste, größte S. *(darum werde ich mich in erster Linie kümmern);* das ist seine S. *(darum muss er sich kümmern);* ⋆ für jmdn., etw. Sorge tragen (geh.; *für jmdn., etw. sorgen).*

sorgen: 1. ⟨sich um jmdn., etw./(seltener auch:) jmds. wegen, wegen etw. s.⟩ *sich Sorgen machen:* sie sorgt sich sehr um ihn, um seine Zukunft, um seine Gesundheit; du brauchst dich deswegen/

seinetwegen nicht zu s.; sie will dafür s., dass alles rechtzeitig fertig ist; ⟨auch ohne Präpositionalobjekt⟩ du brauchst dich nicht zu s. **2.** ⟨für jmdn., etw. s.⟩ *sich um jmdn., etw. kümmern:* gut, vorbildlich, schlecht für jmdn. s.; für seine Familie, für die Erziehung s.; für Essen und Trinken s.; wer sorgt während deiner Abwesenheit für den Hund, für den Garten?; es ist gut für sie gesorgt *(sie braucht sich um ihre Zukunft keine Sorgen zu machen).* **3.** ⟨für etw. s.⟩ *etw. bewirken:* für Ruhe und Ordnung s.; sein Erscheinen hat für Aufregung, für Schlagzeilen gesorgt; er hat wieder einmal für Stimmung, für Überraschungen gesorgt; diese Artikel haben für deutliche Umsatzsteigerungen gesorgt.

Sorgfalt, die: auf etw. S. verwenden; es an der nötigen S. fehlen lassen; ohne, mit mehr, mit aller, mit größter S. vorgehen.

sorgfältig: sie ist ein sorgfältiger Mensch; eine sorgfältige Arbeit, Schrift; er ist, arbeitet sehr s.; etw. s. vorbereiten, prüfen; etw. s. behandeln; er geht nicht sehr s. mit seinen Sachen um.

sorgsam (geh.): die sorgsame Betreuung, Pflege des Kranken; etw. s. auswählen; mit etw. s. umgehen; er hat das Geheimnis s. *(streng)* gehütet.

Sorte, die: die teuerste, beste, billigste S.; eine gute, besonders schmackhafte S. Äpfel; davon gibt es feinere und gröbere Sorten, Sorten in allen Preislagen; verschiedene Sorten von Birnen; Stoffe aller Sorten/in allen Sorten; ÜBERTR.: mit dieser S. (abwertend; *Art* /o) Mensch möchte ich nichts zu tun haben; zwei von deiner S. (ugs.; *zwei Personen deiner Art*) wären zu viel; er war ein Betrüger übelster S. (ugs.; *Art*).

sortieren ⟨etw. s.⟩: Waren, Papiere s.; etw. nach der Größe, nach Qualität s.; etw. alphabetisch, maschinell s.; ⟨etw. irgendwohin s.⟩ die Mutter sortiert die Wäsche in den Schrank; ADJ. PART.: ein gut sortiertes Lager, Angebot; das Geschäft ist in Weinen gut sortiert *(hat eine gute Auswahl an Weinen).*

soundso (ugs.) **I.** ⟨Adverb⟩: *in nicht näher bezeichneter Weise:* er war s. lange nicht mehr da; das habe ich dir schon s. *(sehr)* oft gesagt; s. viel, lange, breit, groß. **II.** ⟨Adj.⟩ /steht anstelle einer genaueren Bezeichnung/: Paragraph s.; SUBST.: ein Herr Soundso.

souverän: 1. *selbstständig, unabhängig:* ein souveräner Staat; ein souveräner *(unumschränkter)* Herrscher; das Land ist, wurde s.; er regierte, herrschte s. *(unumschränkt).* **2.** (geh.) *überlegen und sicher:* ein souveräner Spieler; eine souveräne Beherrschung der Sprache; sie war, wirkte sehr s.; er beherrschte sein Gebiet, seinen Stoff s.; sie hat die Aufgabe s. gelöst.

soviel ⟨Konj.⟩: **a)** *nach dem, was:* s. ich weiß, kommt sie morgen; es geht gut voran, s. ich sehe; **b)** *in wie großem Maße auch immer:* s. er auch arbeitete, er wurde nie fertig.

soweit ⟨Konj.⟩: **a)** *nach dem, was:* s. ich weiß, ist sie verreist; **b)** *in dem Maße wie:* s. ich es beurteilen kann, geht es ihr gut.

sowie ⟨Konj.⟩: **1.** *und auch:* wissenschaftliche und technische Werke s. schöne Literatur; er s. seine Frau war/waren da. **2.** *sobald:* s. sie ihn erblickte, lief sie ihm entgegen.

sowieso I. ⟨Adverb⟩: *ohnehin:* den Brief kann ich mitnehmen, ich gehe s. zur Post; wir brauchen uns nicht zu beeilen, wir kommen s. zu spät; das s.! (ugs.; *das versteht sich von selbst!).* **II.** ⟨Adj.⟩ /steht anstelle einer genauen Bezeichnung/ *soundso:* Paragraph s.; SUBST.: ein Herr Sowieso.

sowohl: ⟨in der Verbindung⟩ **sowohl ... als/wie [auch]** ... *(nicht nur ... sondern auch ...;* betont nachdrücklich das gleichzeitige Vorhandensein, Tun o. Ä.): er spricht s. Englisch als [auch] Deutsch als [auch] Rumänisch; s. er wie [auch] sie waren/ (seltener:) war dort.

sozial: 1. *auf das Zusammenleben in der Gesellschaft bezogen:* die soziale Entwicklung; soziale Lasten; der soziale Frieden war gefährdet; soziale Fragen diskutieren; Kritik an den sozialen Verhältnissen üben; in einem gesunden sozialen Umfeld leben. **2.** *die gesellschaftliche Struktur, die gesellschaftlichen Unterschiede betreffend:* die soziale Ordnung; der soziale Fortschritt; das soziale Gefälle; soziale Schichten, Schranken, Unterschiede, Konflikte; die sozialen Gegensätze verstärken; ein sozialer Wandel hat stattgefunden; mehr soziale Gerechtigkeit fordern; mit sozialen Missständen aufräumen; s. aufsteigen; s. ausgewogen kann man die Steuerreform nicht nennen. **3.** *das Gemeinwohl betreffend:* das soziale Netz ausbauen, abbauen; die soziale Marktwirtschaft; soziale Berufe, Leistungen; sie macht ein soziales Jahr; die sozialen *(gemeinnützigen)* Einrichtungen; eine soziale Einstellung haben; jmd. empfindet, denkt, handelt s.; s. gesinnt sein; eine sowohl s. wie auch ökonomisch verträgliche Lösung.

Sozialismus, der: wissenschaftlicher, praktischer, nationaler, real existierender S.; der utopische S.; für den S. arbeiten; im S. leben.

sozusagen: *gewissermaßen:* es geschah s. offiziell; das Problem hat sich s. von selbst gelöst.

spähen: 1. ⟨irgendwohin s.⟩ *suchend blicken:* durch die Gardine, in die Ferne, um die Ecke s.; sie spähte aus dem Fenster. **2.** ⟨nach jmdm., etw. s.⟩ *Ausschau halten:* er spähte nach verspäteten Gästen, nach dem Postboten, nach einem Taxi.

Spalier, das: **1.** *Lattengerüst:* er zieht Obstbäume am S.; die Rosen, die Weinreben ranken an einem S. **2.** *Menschenreihen zu beiden Seiten einer Straße o. Ä.:* ein S. Fähnchen schwenkender Kinder, von winkenden Kindern; zu jmds. Ehren ein S. bilden; er ging, schritt, fuhr durch ein S. jubelnder Fans;

* **Spalier stehen** (*sich zu einem Spalier aufge-stellt haben*).

Spalt, der: in dem Holzblock klaffte ein S., klafften mehrere Spalte; durch die Mauer ging ein tiefer S.; ein S. im Fels, im Gletschereis; die Tür einen S. offen lassen, öffnen; die Augen einen S. weit öffnen.

Spalte, die: **1.** *Riss, Spalt:* im Boden, in dem Mauerwerk zeigten sich tiefe, breite Spalten; aus den Spalten der Erde drang Dampf. **2.** *Druckspalte:* die Buchseite hat zwei Spalten; der Artikel war eine S. lang, ging über, umfasste drei Spalten; das Wörterbuch ist in drei Spalten *(dreispaltig)* gesetzt.

spalten: **1.** a) ⟨etw. s.⟩ *zerteilen:* das Holz, die Klötze mit einem Beil, mit einer Axt s.; Frost und Hitze haben den Fels gespalten/gespaltet; ein vom Blitz gespaltener Baum; (Physik:) Atomkerne s.; Nahrungsstoffe werden im Darm durch Enzyme gespalten (Chemie; *zersetzt*); ADJ. PART.: ein gespaltener Gaumen *(Wolfsrachen),* eine gespaltene Oberlippe *(Hasenscharte);* ⟨jmdm. etw. s.⟩ ein Säbelhieb hatte ihm den Schädel gespalten; b) ⟨sich irgendwie s.⟩ *sich in bestimmter Weise spalten lassen:* dieses Holz spaltet sich leicht, schwer, schlecht; c) ⟨sich s.⟩ *sich teilen:* durch den Frost hat sich das Mauerwerk gespalten/gespaltet; ihre Haare, Fingernägel spalten sich. **2.** a) ⟨etw. s.⟩ *die Einheit von etw. zerstören:* er versuchte die Partei zu s.; das Land war in mehrere Lager gespalten; b) ⟨sich s.⟩ *uneinig werden u. sich teilen:* seine Anhängerschaft hat sich in verschiedene Gruppen gespalten.

Spaltung, die: eine unversöhnliche, irreparable S.; die S. des Landes; eine S. des Bewusstseins (Med.; *Schizophrenie*); es kam zu einer S. der Partei.

Span, der: feine, dünne, grobe Späne; sie haben gearbeitet, dass die Späne flogen *(haben tüchtig gearbeitet);* die Späne wegfegen, wegpusten; Ⓡ wo gehobelt wird, da fallen Späne.

spanisch: † deutsch, Deutsch;
* jmdm. spanisch vorkommen (ugs.; *jmdm. seltsam vorkommen*).

Spanne, die: **1.** *Zeitspanne;* eine kurze S.; dazwischen lag eine S. von 12 Tagen. **2.** *Preisspanne:* die S. zwischen Einkaufs- und Verkaufspreis. **3.** */ein altes Längenmaß/:* eine S. hoch, lang, breit.

spannen /vgl. spannend, gespannt/: **1.** a) ⟨etw. s.⟩ *straff ziehen:* die Saiten einer Geige, einer Gitarre s.; den Geigenbogen *(die Haare des Geigenbogens)* s.; das Fell der Pauke, der Trommel s.; einen Bogen, eine Armbrust s.; du musst das Seil, die Sehne des Bogens fester s.; Gardinen s. *(durch Straffziehen in die richtige Form bringen);* ÜBERTR.: ihre Nerven waren zum Zerreißen gespannt *(sie war im Zustand höchster Anspannung);* du darfst deine Erwartungen nicht zu

hoch s. *(darfst nicht zu viel erwarten);* b) ⟨etw. s.⟩ *straff befestigen:* ein Seil, eine Wäscheleine s.; eine Plane über einen Wagen s.; der Maler spannt die Leinwand auf den Rahmen; c) ⟨sich s.⟩ *straff, fest werden:* ihre Muskeln spannten sich; sein Gesicht spannte sich *(bekam einen wachsamen Gesichtsausdruck);* d) ⟨etw. in etw. (Akk.) s.⟩ *einspannen:* einen Bogen Papier in die Schreibmaschine s.; er hat das Werkstück in den Schraubstock gespannt; e) ⟨etw. s.⟩ *bereit zum Auslösen machen:* das Gewehr, die Pistole s.; den Hahn eines Revolvers, den Abzug s.; der Fotoapparat war nicht gespannt. **2.** ⟨[irgendwo] s.⟩ *zu eng sein:* das Gummiband, der Rock spannt [ein wenig]; die Jacke spannt über dem Rücken, unter den Armen; ÜBERTR.: nach dem Sonnenbaden spannte die Haut. **3.** ⟨ein Tier irgendwohin s.⟩ *anspannen:* ein Pferd an/vor den Wagen s.; er spannte den Ochsen vor den Pflug. **4.** (geh.) ⟨sich über jmdn., etw. s.⟩ *sich wölben:* ein blauer Himmel spannte sich über uns; eine Brücke spannt sich über den Fluss, über das Tal.

spannend: *Spannung erregend:* eine spannende Geschichte, Wahl; der Roman ist s. [geschrieben]; ein spannender Augenblick; er erzählte sehr s.; Ⓡ machs nicht so s.! (ugs.; *halt uns nicht so lange in Spannung!*); der, die machts aber s.! (ugs.; *macht, erzählt etwas sehr umständlich*).

Spannung, die: **1.** *das Gespannt-, Straffsein:* die S. der Saiten hatte nachgelassen; das Seil hielt die S. nicht aus und riss. **2.** a) *gespannte Erwartung:* im Saal herrschte eine große, atemlose, ungeheure S.; die S. stieg [aufs Höchste], wuchs, erreichte den Höhepunkt, war auf dem Höhepunkt; allmählich ließ die S. nach; etw. erzeugt S., erregt S., erhöht die S.; er versetzte, hielt die Leute in S.; sie saßen in erwartungsvoller S. auf ihren Plätzen; sie verfolgte das Spiel mit wachsender S.; ein Fußballspiel voller S., ohne jede S.; b) *innere Anspannung:* psychische, seelische Spannungen; die [innere] S. war unerträglich, löste sich allmählich, ließ nach; sie befand sich in einem Zustand innerer S. **3.** *Unstimmigkeit:* politische, soziale, wirtschaftliche Spannungen; in letzter Zeit bestand, herrschte eine gewisse S. zwischen ihnen; die Spannungen zwischen den beiden Staaten konnten überwunden, vermindert werden; der Streit der Brüder führte zu [starken, empfindlichen] Spannungen innerhalb der Familie. **4.** *Stromstärke:* die elektrische S. sinkt, steigt, lässt nach, fällt ab; die S. messen, erhöhen, herabsetzen, verändern, regeln; die Leitung hat eine S. von 220 Volt; die Leitung steht unter S. **5.** (Physik) *Spannungsdruck:* die S. eines Gewölbes, einer Brücke; die Scheibe ist gesprungen, weil die S. zu groß war.

sparen: 1. a) ⟨[auf (Akk.)/für etw.] s.⟩ *Ersparnisse machen:* eifrig, fleißig, viel, wenig s.; bei einer Bank, bei einer Bausparkasse s.; er spart auf, für ein Haus; sie spart für ihre Kinder; SUBST.: jmdn. zum Sparen anhalten; **b)** ⟨etw. s.⟩ *zurücklegen:* er hat jetzt 5000 Mark, eine größere Summe gespart; wenn er genug Geld [dafür] gespart hat, will er sich ein Auto kaufen; **c)** *sparsam sein:* er kann nicht s.; ⟨mit etw. s.⟩ mit den Vorräten müssen wir s.; er spart mit jedem Pfennig (ugs.; *ist übertrieben sparsam*); ÜBERTR.: er sparte nicht mit Lob *(lobte viel).* **2. a)** ⟨etw. s.⟩ *einsparen:* sie hat dabei eine ganze Menge Geld gespart; Energie, Strom, Gas, Trinkwasser, Material s.; wenn wir zu Fuß gehen, sparen wir das Fahrgeld; ÜBERTR.: dadurch hat er Zeit, Mühe, Arbeit, Kraft gespart; **b)** ⟨an etw. (Dat.) s.⟩ *von etw. möglichst wenig verbrauchen:* sie spart am falschen Ende; sie versuchte am Haushaltsgeld zu s.; sie spart sogar am Essen; bei dem Essen war an nichts gespart worden *(es war sehr üppig).* **3.** ⟨sich (Dat.) etw. s.⟩ **a)** *ersparen:* du sparst dir viel Ärger/Stress, wenn du ihm aus dem Weg gehst; die Mühe, den Weg hätten wir uns s. können; **b)** *etw. unterlassen:* spar dir deine Bemerkungen!; deine Erklärungen, deine Ratschläge kannst du dir s.

spärlich: spärlicher Beifall; ein spärliches Einkommen; eine spärliche Ausbeute; spärliche Reste; es gab nur spärliche Nachrichten; einen spärlichen Haarwuchs haben; die Vegetation war sehr s.; die Geldmittel kamen, flossen nur sehr s.; der Raum war s. beleuchtet; der Vortrag war recht s. besucht; sie war nur s. *(wenig)* bekleidet; s. *(kärglich)* leben.

sparsam: **a)** *nicht verschwenderisch:* eine sparsame Hausfrau; eine sparsame Verwendung von Rohstoffen; sie ist, lebt, wirtschaftet sehr s.; wir müssen s. mit dem Heizöl, den Vorräten umgehen; etw. [nur] s. *(nicht viel von etw.)* verwenden; ÜBERTR.: er machte davon nur s. *(wenig)* Gebrauch; **b)** *wenig Energie o. Ä. verbrauchend:* ein besonders sparsames Auto; der Motor ist sehr s.; das Waschmittel ist s. *(ergiebig)* [im Verbrauch]; eine im Wasserverbrauch sparsame Waschmaschine; **c)** *wenig:* es gab nur sparsamen Applaus; der Raum war nur s. möbliert *(mit wenigen Möbeln ausgestattet).*

spartanisch: eine spartanische Erziehung, Einrichtung; ein spartanischer Lebensstil; sie leben s. [einfach]; er wurde s. erzogen.

Spaß, der: **1.** *Scherz:* ein gelungener, harmloser, alberner, derber, schlechter S.; die Späße des Clowns; es war doch nur [ein] S.; ist das S. oder Ernst?; das ist kein S. mehr; der S. geht zu weit; hier, da hört [für mich] der S. auf *(das geht [mir] zu weit);* sie macht gern einen S., Späße; er hat doch nur S. gemacht (ugs.; *hat es nicht ernst gemeint*); sie lässt sich gern einen S. gefallen; er hat

sich einen S. mit dir erlaubt; er versteht [keinen] S. *(hat [keinen] Humor);* in diesen Dingen versteht sie keinen S. *(lässt sie nicht mit sich spaßen);* etw. aus, im, zum S. sagen *(nicht ernst meinen);* er ist heute nicht zu Späßen aufgelegt; ⟨R⟩ S. muss sein!; mach keinen S., keine Späße! (ugs.; Ausruf des Erstaunens); S. beiseite!; ohne S.! *(im Ernst!).* **2.** *Vergnügen:* der S. mit dem neuen Spielzeug dauerte nicht lange; mir ist der S. vergangen *(ich habe keine Lust mehr);* er hatte seinen S., fand keinen S. an dem Spiel; etw. macht [großen, richtigen, viel, keinen] S.; das Singen machte ihm S.; lass ihm doch den S.!; [ich wünsche dir für heute Abend] viel S.!; was kostet der S.? (ugs.; *wie viel kostet das?);* etw. ist ein teurer S. *(verursacht übermäßige Ausgaben);* sie hat ihnen den S. verdorben; es macht ihm offenbar S./er machte sich einen S. daraus, sie zu ärgern; * aus Spaß an der Freud[e] (scherzh.; *zum Spaß).*

spaßen: ich spaße nicht *(ich meine es ernst);* Sie spaßen wohl! *(das kann nicht Ihr Ernst sein!);* * mit jmdm. ist nicht zu spaßen; jmd. lässt nicht mit sich spaßen *(bei jmdm. muss man sich vorsehen)* · mit etw. ist nicht zu spaßen, darf man nicht spaßen *(etw. muss ernst genommen werden).*

spaßig: eine spaßige Geschichte, ein spaßiges Erlebnis; das ist sehr s.; er ist, erzählt sehr s.

spät /vgl. später/: **a)** *in der Zeit schon weit fortgeschritten:* am späten Abend; bis in die späte Nacht; zu später Stunde (geh.; *spät abends);* im späten Sommer; im späten Mittelalter; in den späten Neunzigerjahren; die Werke des späten Goethe *(Goethes Spätwerk);* es ist schon s. am Abend, schon ziemlich s.; es ist gestern ziemlich s. geworden; bis s. in den Herbst [hinein]; wie s. ist es? *(wie viel Uhr ist es?);* **b)** *verspätet:* ein spätes Frühjahr; eine späte *(spät reifende)* Sorte Äpfel; ein spätes *(einige Generationen später geborener)* Nachkomme des letzten Kaisers; ein spätes Glück; späte Reue, Einsicht, Besinnung; wir werden mit einem späteren Zug fahren *(mit einem Zug, der erst nach dem eigentlich geplanten fährt);* Minuten später *(kurz darauf);* wir sind heute s. dran (ugs.; *wir haben uns verspätet, sind im Rückstand);* dazu ist es jetzt zu s. *(der richtige Augenblick dazu ist verpasst worden);* Ostern ist, liegt, fällt dieses Jahr zu s.; s., später aufstehen; du kommst s., später als sonst, zu s.; er kam ein paar Minuten später.

später: **I.** ⟨Adj.⟩ **a)** *zukünftig:* in späteren Zeiten, Jahren; spätere Generationen; der spätere *(danach kommende)* Eigentümer hat das Haus umgebaut; **b)** *künftig:* damals lernte er seine spätere Frau kennen. **II.** ⟨Adverb⟩ *zu einem auf die Zukunft liegenden Zeitpunkt:* er soll s. [einmal] die Firma übernehmen; das wirst du s. noch lernen; wir sehen uns s.

noch; sie vertröstete ihn auf s.; das hat Zeit bis s.; /Abschiedsformel/: bis s.!

spätestens: sie kommt s. [am] Freitag zurück; die Arbeit muss [bis] s. 12 Uhr fertig sein; wir sehen uns s. morgen, s. [am] Freitag, s. in einer Woche/in s. einer Woche; das wusste er s. seit dem Tag, als ...; das merkt er s. [dann], wenn ...

Spatz, der: **1.** *Sperling:* ein junger, frecher, dreister S.; die Spatzen lärmen, tschilpen, plustern sich auf; Ⓡ der hat wohl Spatzen unterm Hut *(er nimmt unhöflicherweise den Hut beim Grüßen nicht ab);* besser ein S. in der Hand als eine Taube auf dem Dach. **2.** (fam.) /Kosewort, bes. für Kinder; häufig als Anrede/: komm her, mein [kleiner] S.!; ⋆ **das pfeifen die Spatzen von den Dächern** (ugs.; *das weiß längst jeder).*

spazieren ⟨[irgendwo] s.⟩: auf und ab, durch die Straßen, durch die Ausstellung s.; ⋆ **spazieren gehen** *(einen Spaziergang machen):* sie geht gerne, viel, oft, jeden Tag s.; sie sind im Wald s. gegangen · **spazieren fahren** *(eine Spazierfahrt machen):* mit dem Auto/Fahrrad, in einer Kutsche, am Wochenende, in der näheren Umgebung s. fahren · **jmdn. spazieren fahren** *(jmdn. ausfahren):* ein Baby, die Gäste s. fahren · **jmdn. spazieren führen** *(mit jmdm. spazieren gehen und ihn dabei leiten):* einen Kranken, seinen Hund s. führen · **etw. spazieren führen/tragen** (ugs. scherzh.; *etw. ausführen):* ein neues Kleid, einen neuen Hut s. führen.

Spaziergang, der: unser sonntäglicher S.; der tägliche S. bekommt ihm gut; wir haben einen langen, ausgedehnten, weiten S. gemacht; von seinen Spaziergängen kennt er die Gegend recht gut.

Speck, der: frischer, gebratener, geräucherter, gesalzener, grüner S.; fetter, magerer, durchwachsener S.; S. räuchern, braten, ausbraten, auslassen; das Schwein setzt S. an; du hast ganz schön S. angesetzt (ugs. scherzh.; *hast ziemlich zugenommen);* Eier, Bohnen mit S.; Ⓡ ran an den S.! (ugs.; *an die Arbeit!);* mit S. fängt man Mäuse.

Speiche, die: **1.** /Teil des Rades/: eine S. des Vorderrades, des Lenkrades ist gebrochen, verbogen; eine neue S. einsetzen, einziehen. **2.** *einer der beiden Unterarmknochen:* Elle und S.; sich die S. brechen.

Speichel, der: S. absondern; der S. lief, rann ihm aus dem Mund.

speichern ⟨etw. s.⟩: **a)** *lagern:* Getreide, Lebensmittel, Vorräte [in Lagerhäusern] s.; Trinkwasser in einem Reservoir, elektrische Energie s.; Fett wird in den Leberzellen gespeichert; der Kachelofen speichert Wärme für viele Stunden *(gibt sie nur langsam ab);* **b)** (EDV) *memorisieren:* Daten, eine Datei s.; etw. auf Magnetband, auf Diskette, auf der Festplatte s.; zentral gespeicherte Informationen.

speien (geh.): **1.** ⟨irgendwohin s.⟩ *spucken:* er hat auf den Boden, nach ihr gespie[e]n; ⟨jmdm. irgendwohin s.⟩ jemandem ins Gesicht s. **2. a)** *sich übergeben:* in der Nacht musste er heftig s.; ⟨etw. s.⟩ *erbrechen:* Blut s.; ÜBERTR.: der Artist speit Feuer; der Vulkan hat Feuer und Lava gespie[e]n.

Speise, die: köstliche, leckere, erlesene Speisen; warme und kalte Speisen; Speisen und Getränke waren im Preis inbegriffen; die Speisen anrichten, auftragen; sie kostete von allen Speisen; ⋆ **Speis und Trank** (geh.; *Essen und Trinken):* sie bedankten sich für S. und Trank.

Speisekarte, (auch:) **Speisenkarte,** die: eine reichhaltige S. hing aus; die S. verlangen, (ugs.;) studieren; etw. auf die S. setzen; das Gericht steht nicht auf der S., wurde auf der/von der S. gestrichen; wollen Sie nach der S. *(à la carte)* essen?

speisen: **1.** (geh.) *essen:* üppig, ausgiebig, gut, à la carte, nach der Karte s.; sie speisten gemeinsam, auswärts, in einem feinen Restaurant; zu Mittag, zu Abend s.; ich wünsche wohl zu s., wohl gespeist zu haben! (veraltend; Wunschformel vor, nach dem Essen). **2.** (geh.) ⟨jmdn. s.⟩ *verpflegen:* Hungrige, Arme s.; in dem Lager mussten täglich etwa 300 Personen gespeist werden. **3.** ⟨etw. s.⟩ *versorgen:* die Taschenlampe wird aus, von Batterien gespeist; das Wasserwerk wird mit Wasser aus dem Rhein gespeist; der See wird aus einem, durch einen, von einem Fluss gespeist.

Spektakel, das: die Sonnenfinsternis, der Start der Rakete, die Fußballmeisterschaft, war ein beeindruckendes S.; das S. an den Bildschirmen verfolgen.

Spekulation, die: **1.** (Wirtsch.) *Geldgeschäft:* eine verfehlte, geglückte, glückliche S.; die S. mit Aktien, mit Grundstücken, mit Devisen; er hat sein Vermögen durch waghalsige, gewagte Spekulationen verloren. **2.** *Mutmaßung:* das ist alles nur, reine S. *(es behirrt der realen Grundlage);* seine S. ging dahin, dass ...; man stellte wilde, unhaltbare Spekulationen darüber an, ob er zurücktreten würde; er verliert sich in Spekulationen; etw. ist, bleibt S.; es gab Spekulationen um den Rücktritt des Ministers; man erging sich darüber in Spekulationen.

spekulieren: **1.** (Wirtsch.) *spekulative Geschäfte machen:* er spekuliert an der Börse, auf Baisse/Hausse, auf einen baldigen Kursanstieg; mit seinem Vermögen, mit/(Wirtsch. Jargon:) in Kaffee s. **2.** (ugs.) ⟨auf etw. (Akk.) s.⟩ *mit etw. rechnen:* auf ein Amt, auf eine Erbschaft, auf einen Posten s.; bei diesen Plänen spekulierte man auf die Instinkte der Masse. **3.** ⟨über etw. (Akk.) s.⟩ *Vermutungen anstellen:* über den Ausgang der Sache lässt sich, kann man nur s.; es lohnt sich nicht, darüber zu s.

Spende, die: eine große, großzügige, kleine S.; Spenden an Geld, an Medikamenten, für wohltätige Zwecke; es gingen viele Spenden ein; Spenden sammeln, geben, empfangen, erteilen, austeilen; um eine S. bitten.

spenden ⟨etw. s.⟩: a) *als Spende geben:* Geld, eine größere Summe [für die Erdbebenopfer] s.; Blut s. *(sich Blut für Bluttransfusionen abnehmen lassen);* ein Organ s. *(zu einer Organspende bereit sein);* ⟨auch ohne Akk.⟩ es wurde reichlich, großzügig gespendet; b) *als Wohltat geben:* jmdm. Beifall, Anerkennung, Freude, Trost, [ein] Lob s.; der Kamin spendete eine behagliche Wärme; die Bäume spenden Kühle, Schatten; ein Wasser spendender Brunnen; c) *austeilen:* das Abendmahl, die Sakramente, den Segen s.

spendieren (ugs.) ⟨etw. s.⟩: *für andere bezahlen:* eine Runde Schnaps s.; den Wein hat er spendiert; ⟨jmdm. etw. s.⟩ er spendierte ihr ein Eis; sie hat uns noch nie etwas spendiert.

Sperre, die: 1. a) *Absperrung:* in den Straßen wurden Sperren errichtet, gebaut; die Sperren mussten wieder entfernt, weggeräumt werden; **b)** *Bahnsteigsperre:* die S. öffnen, schließen; durch die S. gehen. **2. a)** *Sperrmaßnahme:* über die Einfuhr dieser Ware ist eine S. verhängt worden; die S. für Portugal, für britisches Rindfleisch ist inzwischen [wieder] aufgehoben worden; **b)** (Sport) *Spielverbot:* einen Spieler mit einer S. [von 3 Monaten] belegen; eine S. über jmdn. verhängen; jmds. S. wieder aufheben.

sperren: 1. a) ⟨etw. s.⟩ *ab-, versperren:* eine Brücke, eine Straße wegen eines Unfalls, wegen einer Baustelle, einen Pass für den Verkehr s.; die Grenzen sind gesperrt; der Hafen, der Fluss ist für größere Schiffe gesperrt; **b)** ⟨etw. s.⟩ *unterbinden:* die Einfuhr, den Handel s.; die Ausfuhr dieser Ware ist gesperrt; ⟨jmdm. etw. s.⟩ jmdm. den Urlaub, das Taschengeld s. *(nicht gewähren);* **c)** ⟨[jmdm.] etw. s.⟩ *die Benutzung von etw. verhindern:* die Bank hat sein Konto gesperrt; einen gestohlenen Scheck, eine verlorene Kreditkarte sofort s. lassen; dem Mieter wurde das Gas, der Strom, das Wasser, das Telefon gesperrt; ihm wurde der Kredit gesperrt; **d)** (Sport) ⟨jmdn. s.⟩ *mit Spielverbot belegen:* der Verband hat den Spieler für ein ganzes Jahr gesperrt. **2.** ⟨ein Tier, jmdn. in etw. s.⟩ *einsperren:* den Vogel in den Käfig, die Tiere in den Stall s.; er wurde ins Gefängnis, in eine Einzelzelle gesperrt. **3.** ⟨sich [gegen etw.] s.⟩ *sich sträuben:* er sperrte sich gegen diese Idee, diesen Vorschlag; sie sperrt sich gegen alles; warum musst du dich immer s.? **4.** (ugs. landsch.) *nicht richtig schließen:* die Tür, das Fenster sperrt. **5.** (Druckerspr.) ⟨etw. s.⟩ *spationieren:* Wörter s.; der Text ist gesperrt gedruckt.

Spesen, die ⟨Plural⟩: hohe, geringe S.; S. machen, haben, abrechnen; die S. tragen, zahlen, übernehmen; die S. bekommt er vom Betrieb ersetzt; nach Abzug der S. verbleiben noch circa hundert

---

Mark; [R] außer S. nichts gewesen (scherzh.; *außer den Unkosten ist bei der Sache nichts herausgekommen).*

spezialisieren ⟨sich [auf etw. (Akk.)] s.⟩: nach dem Studium will er sich s.; die Buchhandlung hat sich auf das Sachbuch spezialisiert; wir sind darauf spezialisiert, Sonderaufträge auszuführen.

speziell: I. ⟨Adj.⟩ *von besonderer, eigener Art:* spezielle Wünsche, Fragen, Interessen, Kenntnisse haben; in diesem speziellen Falle; (iron.:) er ist sein [ganz] spezieller Freund; SUBST.: auf Ihr Spezielles! (ugs.; *auf Ihr Wohl!).* **II.** ⟨Adverb⟩ *besonders, vor allem:* s. für Kinder angefertigte Möbel; wir wollen s. dieses Problem behandeln; du s./s. du (ugs.; *gerade du)* solltest das wissen.

Sphäre, die: die politische, private, geistige S.; aus seiner S. herausstreten; in seiner S. bleiben; ⋆ **in höheren Sphären schweben** (scherzh.; *in einer Traum-, Fantasiewelt leben).*

spicken: 1. ⟨etw. s.⟩ *mit Speckstreifen versehen:* der Koch spickte den Braten [mit kleinen Speckstreifen]; ein mit Trüffeln gespickter Rehrücken. **2.** ⟨etw. mit etw. s.⟩ *reichlich versehen:* er spickte seine Rede mit Zitaten; das Diktat war mit Fehlern gespickt; er hatte eine gespickte (ugs.; *mit viel Geld gefüllte)* Brieftasche eingesteckt. **3.** (ugs.) ⟨jmdn. s.⟩ *bestechen:* er hatte den Beamten vorher ordentlich gespickt. **4.** (Schülerspr. landsch.) ⟨bei/von jmdm. s.⟩ *heimlich abschreiben:* sie hat mal wieder gespickt, versucht zu s.; SUBST.: jmdn. beim Spicken erwischen.

Spiegel, der: 1. ein ovaler, runder, rechteckiger, geschliffener, gerahmter S.; ein blinder, trüber, beschlagener S.; der S. ist zerbrochen, hat einen Sprung; einen S. aufhängen, aufstellen; sie zog einen kleinen S. aus der Tasche; sich [prüfend] im S. betrachten, in den S. schauen, sehen, blicken; sie stand vor dem S., trat vor den S. s.; sie steht ständig vorm S. *(betrachtet sich aus Eitelkeit häufig im Spiegel);* ÜBERTR.: das Werk ist ein S. seiner Zeit. **2.** *Wasserspiegel:* der S. des Sees glänzte in der Sonne, kräuselte sich im Wind; ⋆ **jmdm. den Spiegel vorhalten** *(jmdn. deutlich auf seine Fehler hinweisen)* · **sich** (Dat.) **etw. hinter den Spiegel stecken können** (ugs.; 1. *etw. behalten können.* 2. *etw. beherzigen müssen)* · **sich** (Dat.) **etw. nicht hinter den Spiegel stecken** (ugs.; *durch eine scharfe Kritik o. Ä. beschämt werden).*

spiegeln: a) ⟨sich in etw. (Dat.) s.⟩ *als Spiegelbild erscheinen:* die Vorübergehenden spiegelten sich in den Fensterscheiben; die Sonne spiegelt sich im Wasser; ÜBERTR.: in ihrem Gesicht spiegelt sich Freude; in seinen Briefen spiegelt sich der Geist der Zeit; **b)** ⟨etw. s.⟩ *reflektieren:* die Fensterscheibe spiegelt das Bild, die vorüberfahrenden Autos; ÜBERTR.: seine Bücher spiegelten die

Not des Krieges; c) *glänzen:* der Fußboden in allen Zimmern spiegelte [vor Sauberkeit]; spiegelnde Scheiben; die spiegelnde Fläche des Sees; d) *störende Reflexe verursachen:* die Brille, der Bildschirm s.; das Bild war schlecht zu erkennen, weil das Glas zu sehr spiegelte.

Spiel, das: **1.** a) *Unterhaltungsspiel:* ein lustiges, unterhaltsames, lehrreiches S.; die Spiele der Kinder; Spiele für Erwachsene; das S. macht viel Spaß; ein S. anregen, machen, spielen; dieses S. *(diese Partie)* habe ich gewonnen, verloren; er hat das S. gemacht (ugs.; *gewonnen*); ich gebe das S. auf; sich an einem S. beteiligen; an einem S. teilnehmen; bei einem S. mitmachen, zuschauen; das Kind war ganz in sein S. *(ins Spielen)* vertieft; wer ist noch im S. *(ist noch nicht ausgeschieden)?;* die Arbeit wird ihm zum S. *(fällt ihm sehr leicht);* b) *Glücksspiel:* ein betrügerisches, hohes, gewagtes S.; machen Sie Ihr S.! (Roulette; *machen Sie Ihren Einsatz!);* dem S. verfallen sein; sie hat ihr Geld beim S. verloren, hat kein Glück im S.; Ⓡ das S. ist aus *(die Sache ist verloren).* **2.** *sportlicher Wettkampf:* ein faires, spannendes, hartes, tolles S.; das S. ist noch nicht entschieden, steht 3:1, endete unentschieden, wurde abgebrochen; das S. findet heute Abend statt, wird in München ausgetragen; die Mannschaft muss noch zwei Spiele machen, absolvieren; einem S. zusehen; Zuschauer bei einem S. sein. **3.** *einzelner Spielabschnitt:* er hat trotz mäßiger Karten alle drei Spiele gewonnen; im Doppel gewannen die Tennisdamen die ersten beiden Spiele des ersten Satzes. **4.** *Spielweise:* ein defensives, offensives, verzögertes, schnelles S.; allmählich zu seinem S. finden; er zwang dem Gegner das eigene S. auf. **5.** *Gesamtheit der Gegenstände eines [Gesellschafts]spiels:* das S. ist nicht mehr vollständig; sie stellte das S. auf dem Tisch auf; ich habe euch ein paar neue Spiele mitgebracht; er kaufte ein S. Karten; ÜBERTR.: ein S. *(Satz)* Stricknadeln, Saiten. **6.** *künstlerische Darbietung:* das gute, schlechte, natürliche, manierierte S. eines Schauspielers; das brillante, temperamentvolle S. des Pianisten; dem S. des Geigers, der Geige lauschen; sie begeisterte die Zuhörer durch ihr S., mit ihrem S. **7.** *Bühnenspiel:* ein mittelalterliches S.; geistliche Spiele; ein S. für Laien; ein S. einstudieren, proben, aufführen. **8.** *Bewegung:* das S. ihrer Hände, ihrer Finger; das S. seiner Muskeln; das S. der Wellen, der Blätter im Wind; ÜBERTR.: das S. der Gedanken; das freie S. *(Zusammenwirken)* der Kräfte. **9.** *unverbindliches Treiben:* das ist doch alles nur S., ist für ihn nur ein S.; ein S. mit der Liebe; das war ein S. mit dem Tod *(war lebensgefährlich);* ein abgekartetes S.; ein falsches, doppeltes S. *(eine unehrliche Vorgehensweise);* ein offenes S. spielen *(ehrlich handeln, aufrichtig sein);* jmds. S. durch-

schauen; du hast ihm das, sein S. verdorben *(seine Pläne vereitelt);* du darfst das S. nicht zu weit treiben; sie treibt/spielt ein gefährliches, ein gewagtes S.; er treibt nur sein S. mit ihr *(meint es nicht ernst mit ihr);* Ⓡ genug des grausamen Spiels! (scherzh.; *hören wir auf damit!);* ÜBERTR.: ein S. des Schicksals, des Zufalls *(ein vom Schicksal, vom Zufall bestimmtes Geschehen);* ein seltsames S. der Natur *(etwas, was von der Norm abweicht).* **10.** *Spielraum bei Maschinenteilen o. Ä.:* das Pedal, die Lenkung hat zu viel, zu wenig S.; **✱ ein Spiel mit dem Feuer** (1. *gewagtes, riskantes Tun.* 2. *unverbindliches Flirten)* · **[bei jmdm.] gewonnenes Spiel haben** *(schon im Voraus wissen, dass man etw. erreichen wird)* · **mit jmdm., etw. leichtes Spiel haben** *(mit jmdm., etw. leicht fertig werden)* · **das Spiel verloren geben** *(eine Sache als aussichtslos aufgeben)* · **etw. aufs Spiel setzen** *(etw. [leichtfertig] riskieren, einer Gefahr aussetzen)* · **auf dem Spiel stehen** *(in Gefahr sein verloren zu gehen)* · **jmdn., etw. aus dem Spiel lassen** *(jmdn., etw. nicht in eine Angelegenheit hineinziehen)* · **aus dem Spiel bleiben** *(nicht einbezogen werden)* · **[mit] im Spiel sein** *(mitwirken)* · **jmdn., etw. ins Spiel bringen** *(jmdn., etw. in etw. mit einbeziehen)* · **ins Spiel kommen** *(wirksam werden):* bei der Sache kam noch ein anderer Aspekt [mit] ins S.

spielen /vgl. spielend/: **1.** a) 〈etw. s.〉 *ein Gesellschaftsspiel o. Ä. machen:* die Kinder spielen Ball, Blindekuh, Versteck[en]; Skat, Halma, Dame, Karten s.; [mit jmdm., gegen jmdn.] Schach s.; wollen wir noch eine Partie spielen?; Trumpf, eine andere Farbe s. (Kartenspiel; *ausspielen);* b) 〈[mit etw.] s.〉 *sich aus Vergnügen beschäftigen:* mit Puppen, mit Bauklötzen, mit dem Ball, mit der elektrischen Eisenbahn s.; die Kinder spielen miteinander; im Sandkasten, am Computer s.; ihr dürft noch eine Weile s.; geht noch ein wenig s.!; die Katze spielt mit dem Wollknäuel; spielende Kinder; c) 〈sich irgendwie s.〉 *durch Spielen in einen bestimmten Zustand gelangen:* die Kinder haben sich müde, hungrig gespielt; d) 〈an/mit etw. s.〉 *an etw. herumspielen:* sie spielte an/mit ihrem Ohrring/Armband; das Kind spielt mit den Zehen; ÜBERTR.: der Wind spielt mit ihren Haaren. **2.** *sich bei Glücksspielen beteiligen:* niedrig, hoch, riskant, mit hohem Einsatz, um Geld s.; in der Lotterie, im Lotto, in einer Spielbank s.; wir haben erfahren, dass er spielt *(Spieler ist);* 〈auch mit Akk.〉 Lotto, Toto, Roulett s. **3.** (Sport) a) 〈etw. s.〉 *(als Sport) betreiben:* er spielt hervorragend Golf, Tennis; Fußball, Handball, Eishockey s.; mittwochs spiele ich immer Volleyball s.; b) 〈gewöhnlich mit Umstandsangabe〉 *einen Wettkampf austragen:* spielt ihr heute?; die Mannschaft hat enttäuschend gespielt; man hat ihn selten so hervorragend gesehen; man punktete, um einen Pokal s.; sie müssen gegen eine der stärksten Mannschaften s.; sie haben heute 1:0, unentschieden gespielt; **c)** ⟨es spielt sich irgendwie; mit Umstandsangabe⟩ *es lässt sich in bestimmter Weise spielen:* auf nassem Boden, bei solchem Wetter spielt es sich schlecht; **d)** ⟨etw. irgendwie/irgendwohin s.⟩ *einen Ball o. Ä. im Spiel bewegen, gelangen lassen:* den Ball hoch, flach, vors Tor s.; die schwarze Kugel ins Loch s.; **e)** ⟨mit Umstandsangabe⟩ *als Spieler einen bestimmten Posten einnehmen:* er spielt halblinks, in der Verteidigung, als Stürmer; ⟨auch: jmdn. s.⟩ er spielt Libero, Verteidiger. **4. a)** ⟨etw. s.⟩ *ein Musikinstrument beherrschen:* sie spielt gut, nur mittelmäßig, recht und schlecht Klavier; Flöte, Gitarre s.; das Kind soll ein Instrument s. lernen; **b)** ⟨etw. s.⟩ *auf einem Musikinstrument hervorbringen:* eine Etüde, eine Sonate [auf dem Klavier] s.; sie spielt am liebsten Jazz; sie spielten [Werke von] Bach und Mozart; die Kapelle spielte einen Marsch; ÜBERTR.: spiel doch mal deine neue CD (ugs.; *leg sie ein*); das Radio spielte *(im Radio hörte man)* beliebte Melodien; **c)** ⟨mit Umstandsangabe⟩ *musizieren:* auswendig, vierhändig, vom Blatt, ohne Noten, nach dem Gehör s.; sie spielten auf der Geige, an zwei Flügeln; sie spielt in einer Rockband; zur Unterhaltung, zum Tanz s.; das Orchester spielt *(konzertiert)* morgen in München; ÜBERTR.: bei ihm spielt (ugs.; *läuft*) den ganzen Tag das Radio. **5. a)** ⟨jmdn., etw. [irgendwie] s.⟩ *schauspielerisch darstellen:* in einem Stück eine kleine Rolle, die Hauptrolle, den jugendlichen Liebhaber s.; sie spielte die Ophelia überzeugend, sehr differenziert; ⟨auch ohne Akk.: irgendwie s.⟩ sie spielte gut, eindringlich; **b)** ⟨etw. s.⟩ *auf-, vorführen:* ein Drama, eine Oper s.; was wird heute im Kino, im Theater gespielt?; das Stadttheater spielt heute »Hamlet«; ÜBERTR.: ich möchte wissen, was hier eigentlich gespielt wird (ugs.; *vor sich geht*); **c)** ⟨mit Umstandsangabe⟩ *als Darsteller auftreten:* jeden Abend s. müssen; er spielt am Burgtheater, nur noch an großen Bühnen. **6.** ⟨sich irgendwohin s.⟩ *durch seine sportliche, künstlerische Leistung aufsteigen:* dieser Schauspieler hat sich in letzter Zeit [ganz] nach vorne, in die erste Reihe gespielt; die Mannschaft hat sich in die Endrunde, an/in die Weltspitze gespielt. **7.** ⟨mit Umstandsangabe⟩ *sich zutragen:* der Roman, der Film, die Oper spielt um die Jahrhundertwende, in Spanien. **8. a)** ⟨jmdn., etw. s.⟩ *vortäuschen:* er spielt immer den großen Herrn, den Überlegenen; sie spielt gern die Naive, die große Dame; er spielte den Beleidigten *(war [scheinbar] beleidigt)*, den Unschuldigen *(will es nicht gewesen sein)*; sie spielte ihre Anteilnahme stets überzeugend; ⟨häufig im 2. Part.⟩ gespieltes Interesse; seine Überlegenheit war nur gespielt; mit gespielter Gleichgültigkeit; **b)** ⟨etw. s.⟩ *eine Funktion übernehmen:* könntest

du mal [die] Dolmetscherin, [den] Chauffeur s.?; er musste mal wieder den Schiedsrichter/sollte mal wieder den Sündenbock s.; sie hat es satt, den ganzen Tag Hausfrau zu s. **9. a)** ⟨irgendwo s.⟩ *sich leicht [hin u. her] bewegen:* der Wind spielt in den Zweigen; das Sonnenlicht spielte auf dem Waldboden; das Wasser spielt um seine Füße; ÜBERTR.: ein Lächeln spielte um ihre Lippen; **b)** ⟨in etw. (Akk.) s.⟩ *in einen anderen Farbton übergehen:* ihr Haar spielt ins Rötliche; das Blau ihres Kleides spielt ins Grünliche; der Diamant spielt *(glitzert)* in allen Farben. **10.** ⟨mit jmdm., etw. s.⟩ *sein Spiel treiben:* sie spielte [nur] mit ihm, mit seinen Gefühlen, mit der Liebe; er hat mit dem Leben gespielt *(hat es aufs Spiel gesetzt);* er spielt gern mit Worten *(liebt das Wortspiel);*

★ etw. **spielen lassen** *(etw. wirksam werden lassen; etw. einsetzen):* seine Beziehungen, sein Geld s. lassen; sie ließ alle ihre Künste, ihre Reize, ihren ganzen Charme s.

spielend: *mühelos:* eine Aufgabe s. bewältigen; s. mit einer Arbeit fertig werden; das Auto nahm die Steigung s.; das schafft er s.; der Apparat ist s. leicht *(sehr leicht)* zu handhaben.

Spieler, der: **1.** *Teilnehmer an einem [sportlichen] Spiel:* ein guter, fairer, schlechter S.; der S. wurde gesperrt; die besten Spieler kamen in die Auswahlmannschaft.

2. *jmd., der sich an Glücksspielen beteiligt:* ein leidenschaftlicher, hemmungsloser S.; er ist als S. bekannt, zum S. geworden.

Spielerei, die: **1.** (abwertend) *dauerndes Spielen:* lass doch die S. [an dem Apparat, an der Telefonstrippe]!

2. *Kleinigkeit:* das Tragen dieser Last war für ihn [nur] eine S.

3. (oft abwertend) *entbehrliches Extra:* die technischen Neuerungen an diesem Wagen sind doch nur Spielereien.

Spielraum, der: *ausreichenden, keinen, genügend S. haben; mehr S. brauchen; jmdm. genügend S. lassen, gewähren, einräumen, zugestehen.*

Spielregel, die: die S. einhalten; gegen die Spielregeln verstoßen; sich nicht an die S. halten; ÜBERTR.: die politischen Spielregeln kennen.

Spieß, der: **1. a)** *Bratspieß:* den S., den Braten am S. drehen; wir haben ein Ferkel am S. gebraten; **b)** (ugs.) *Fleischstücke am Spieß:* einen S. bestellen, essen; dort gibt es gute Spieße.

2. *Stoßwaffe:* die Landsknechte waren mit Spießen bewaffnet;

★ **den Spieß umdrehen/umkehren** (ugs.; *seinerseits mit derselben Methode vorgehen*) · **brüllen/ schreien wie am Spieß** (ugs.; *sehr laut brüllen, schreien*).

spießig (ugs. abwertend): ein spießiger Typ; spießige Ansichten, Vorurteile; er ist mir zu s.; s. angezogen, eingerichtet sein.

Spinne, die: eine große, giftige S.; die S. spinnt,

webt ihr Netz, sitzt, lauert im Netz; die S. zieht ihre Fäden, lässt sich an einem Faden herab; pfui S.! (ugs.; Ausruf des Ekels).

spinnen: 1. ⟨etw. s.⟩ a) *Fasern zu Fäden drehen:* [etw.] grob, fein s.; Garn, Flachs s.; ⟨auch ohne Akk.⟩ am Spinnrad, mit der Hand, maschinell s.; b) *aus Fäden erzeugen:* die Seidenraupe spinnt einen Kokon; die Spinne hat ihr Netz gesponnen; ⟨auch ohne Akk.⟩ die Spinne spinnt *(baut)* an ihrem Netz; BILDL.: Intrigen, ein Lügengewebe, ein Netz von Lügen s.; c) *Chemiefasern erzeugen:* Perlon s. 2. (ugs. abwertend) a) *nicht recht gescheit sein:* du darfst ihn nicht ernst nehmen, der spinnt; du spinnst wohl!; b) ⟨etw. s.⟩ *Unwahres behaupten:* das ist doch alles gesponnen!

Spion, der: als S. für ein westliches Land tätig sein, arbeiten; einen S. enttarnen, überführen, [gegen jmdn.] austauschen; man hat ihn als S. verdächtigt, entlarvt; ÜBERTR.: der Trainer hatte im Stadion überall seine Spione *(Spitzel)* sitzen.

Spionage, die: er trieb S. für den Geheimdienst, im Auftrag eines westlichen Landes; beide wurden unter dem Verdacht der S. verhaftet, standen unter dem Verdacht der S.; der Offizier wurde der S. überführt, wegen S. bestraft.

spionieren: a) *Spionage treiben:* sie hat für einen Geheimdienst, gegen eine Großmacht spioniert; b) (abwertend) *heimlich nachforschen:* er spioniert im Betrieb, in allen Schreibtischen.

spitz: 1. a) *mit einer Spitze versehen:* spitze Nadeln, Nägel, Pfeile, Dornen; ein spitzes Messer; die Zähne dieser Tiere sind sehr s.; der Bleistift ist nicht s. genug; b) *schmal zulaufend:* spitze Türme, Giebel; sie trug spitze Schuhe, ein Kleid mit einem spitzen Ausschnitt; sie hat eine spitze Nase, ein spitzes Kinn; ein spitzer Winkel (Geom.; *ein Winkel von weniger als 90 Grad);* der Turm ist s., läuft [oben] s. zu. 2. *boshaft:* spitze Bemerkungen; sie führt gern spitze Reden; eine spitze Feder *(kritisch und angriffslustig)* schreiben; sie kann sehr s. sein; er wurde sehr s., antwortete s. 3. (ugs.) *schmal, abgezehrt:* er hat ein ganz spitzes Gesicht bekommen; sie ist nach der Krankheit recht s. geworden; du siehst aber s. aus.

Spitze, die: 1. a) *spitzes Ende:* die S. eines Messers, eines Pfeils, eines Speers, einer Nadel; die S. des Bleistifts ist abgebrochen; b) *Ende eines spitz zulaufenden Teils:* die S. eines Turmes, Giebels; die S. eines Dreiecks; c) *Ende, vorderster Teil von etw. Langgestrecktem, Länglichem o. Ä.:* die Spitzen der Finger; an den Schuhsohlen die Spitzen erneuern lassen; die S. der Zigarre abschneiden; d) *das obere Ende:* die S. des Mastes; endlich erreichten sie die S. *(den Gipfel)* des Berges. 2. a) *vorderster Teil:* die S. der Kolonne, des Zuges; b) (Ballspiele) *in vorderster Position spielender Stürmer:* er soll S. spielen; die Mannschaft spielte mit zwei Spitzen, praktisch ohne S.;

c) *führende Position:* das deutsche Boot hat die S. übernommen, hat die S. abgeben müssen, liegt an der S.; der Verein steht, liegt jetzt an der S. [der Tabelle]; das junge Pferd setzte sich an die S., konnte sich lange an der S. behaupten, halten; sich an die S. setzen. 3. a) *führende Gruppe:* die [gesamte] S. des Konzerns, der Partei ist zurückgetreten; diese drei Personen bilden die S.; b) ⟨Plural⟩ *führende Persönlichkeiten:* die Spitzen der Gesellschaft, der Partei, von Kunst und Wissenschaft. 4. *boshafte Bemerkung:* das war eine S. gegen dich; seine Rede enthielt einige Spitzen. 5. a) *Höchstwert, -maß:* die Verkaufszahlen erreichten die absolute S.; die S. *(Höchstgeschwindigkeit)* dieses Wagens liegt bei 180 km/h; dieses Auto fährt, schafft 220 km/h S.; in der S. *(Zeit der Höchstbelastung)* brach die Stromversorgung zusammen; b) (ugs.) *höchste Güte, Qualität:* der Sänger, sein Spiel ist wirklich S.; etw. ist einsame, absolute S. 6. (Wirtsch.) *übrig bleibender Betrag:* die Spitzen beim Umtausch von Aktien; es bleibt eine S. von zwanzig Mark. 7. *kunstvolles Gewebe:* eine kostbare, echte, geklöppelte S.; Brüsseler Spitzen; Spitzen knüpfen, weben, wirken, häkeln, stricken; das Kleid ist mit Spitzen besetzt; ★ **die Spitze des Eisbergs** *(der weitaus kleinere erkennbare Teil einer üblen, misslichen Sache großen Ausmaßes)* · **etw.** (Dat.) **die Spitze nehmen/ abbrechen** *(einer Sache die Gefährlichkeit, Schärfe nehmen)* · **an der Spitze einer Sache stehen** *(die höchste Position in einem Bereich innehaben):* an der S. des Staates, einer Verschwörung stehen · **etw. auf die Spitze treiben** *(etw. zum Äußersten treiben).*

spitzen: 1. ⟨etw. s.⟩ *anspitzen:* den Bleistift, die Farbstifte s.; ÜBERTR.: sie spitzte die Lippen, den Mund; der Hund spitzte die Ohren *(stellte sie auf).* 2. (ugs.) a) *vorsichtig spähen:* hast du gespitzt?; durch den Türspalt, um die Ecke s.; b) *aufmerken:* da hat er plötzlich gespitzt; jetzt spitzt du aber; c) ⟨[sich] auf etw. (Akk.) s.⟩ *etw. ungeduldig erwarten:* sie spitzten sich alle auf eine Einladung; darauf hatte er schon lange gespitzt.

spitzfindig: spitzfindige Unterschiede machen; spitzfindige Untersuchungen, Betrachtungen anstellen; er, diese Erklärung ist mir zu s.

spitzkriegen (ugs.) ⟨etw. s.⟩: ich habe den Schwindel gleich spitzgekriegt; er hatte längst spitzgekriegt, dass man ihn hereinlegen wollte.

Splitter, der: ein S. aus Glas, Holz, Metall; die S. einer Bombe, eines zertrümmerten Knochens; sich einen S. *(Holzsplitter)* einreißen; er hat einen S. im Fuß; sie versuchte den S. herauszuziehen, zu entfernen; das Glas zerbrach in viele [kleine] S. [und Scherben].

splittern: a) *Splitter bilden:* das Holz splittert; das

Sperrholz hat zu sehr gesplittert; **b)** *in Splitter zerspringen:* die Scheibe ist bei dem Aufprall gesplittert.

spontan: a) *aus einem plötzlichen Impuls heraus:* ein spontaner Entschluss; ein spontanes Feedback; eine spontane politische Aktion, Demonstration; sie ist [in allem ihrem Tun] sehr s.; s. zustimmen, seine Hilfe anbieten, reagieren; **b)** (bildungsspr., Fachspr.) *von selbst [ausgelöst]:* eine spontane Entwicklung, Heilung; sich s. entwickeln; s. entstehen, verschwinden; der Virus ist s. aufgetreten.
Sport, der: **1. a)** [mehr, zu wenig] S. treiben; die Wettkämpfe boten, brachten, zeigten guten S. *(gute sportliche Leistungen);* den S. fördern; das Sponsoring im S.; zum S. gehen; S. *(körperliche Ertüchtigung als Fachbereich, Unterrichtsfach)* studieren, unterrichten; das Fernsehen bringt zu viel S. *(Sportsendungen);* **b)** *Sportart:* Boxen ist ein harter, anstrengender S.; Schwimmen ist ein gesunder S.; einen S. ausüben, betreiben, pflegen. **2.** (ugs.) *Hobby:* Fotografieren ist ein teurer S.; jeder hat so seinen S.; das macht er nur als, zum S. *(Spaß);*
★ **sich einen Sport daraus machen, etw. zu tun** (ugs.; *etw. aus Übermut, mit einer gewissen Boshaftigkeit tun*).
sportlich: 1. a) *den Sport betreffend:* sportliche Wettkämpfe, Leistungen, Neigungen, Interessen; sie hat ihre sportliche Laufbahn beendet; sich s. betätigen; **b)** *durchtrainiert:* eine sportliche Erscheinung, eine sportliche Figur; sie sieht s. aus, wirkt sehr s.; **c)** *ziemlich flott:* ein sportliches Tempo, Auto; er fährt s. **2.** *fair:* eine sportliche Haltung; ein sportliches Benehmen; sie haben hart, aber s. gespielt. **3.** *einfach und zweckmäßig:* sportliche Kleidung; sportliche Schuhe; eine sportliche Armbanduhr, Tasche; ein s. geschnittener Rock; s. gekleidet sein.
Spott, der: gutmütiger, leichter, scharfer, beißender S.; [seinen] S. mit jmdm., etw. treiben; sie erntete nur Hohn und S.; zum Schaden hatte er auch noch den S.; Gegenstand des Spottes sein; er war dem S. preisgegeben.
spötteln ⟨über jmdn., etw. s.⟩: witzeln: er spöttelte über den Eifer der anderen.
spotten: 1. ⟨[über jmdn., etw.] s.⟩ *sich mit Spott äußern:* er spottet gern, ist immer bereit zu s.; du hast leicht s.; sie spotteten über ihn, über seine Angst. **2.** (geh.) ⟨etw. (Gen.) s.⟩ **a)** *etw. nicht ernst nehmen:* die Bergsteiger spotteten der drohenden Gefahr; **b)** *von Sachen, Vorgängen) sich entziehen:* diese Vorgänge spotten jeder Vorstellung, aller rationalen Erklärung; diese Zustände spotten jeder Beschreibung.
spöttisch: ein spöttisches Lächeln; spöttische Bemerkungen; ein spöttisches Gesicht machen; ein

spöttischer Blick; ein spöttischer *(gern spottender)* Mensch; s. lächeln.
Sprache, die: **1.** *Fähigkeit zu sprechen:* die menschliche S.; sie hat durch den Schock die S. verloren; sie hat nach dem Unfall die S. nur langsam wiedererlangt; ℝ heraus mit der S.! *(nun sprich schon!; nun sag es schon!; nun gib es schon zu!).* **2. a)** *Redeweise:* eine flüssige, schnelle, unbeholfene S.; ihre S. war, klang rau; seiner S. nach ist er Norddeutscher; man erkennt ihn an der S.; **b)** *Ausdrucksweise, Stil:* eine einfache, nüchterne, natürliche, schlichte, kunstlose, bilderreiche, gehobene, gewählte, gepflegte, gekünstelte, gezierte S.; die S. der Poesie, des Alltags, der Werbung, der Politik, einer Epoche; er ist ein Meister der S.; seine S. ist ungelenk, ungehobelt, ordinär; ein Wort aus der S. der Jäger. **3.** *Sprachsystem:* die deutsche, englische, lateinische S.; germanische, afrikanische Sprachen; verwandte Sprachen; alte, neuere Sprachen; eine tote *(heute nicht mehr gesprochene)* S.; eine lebende *(heute noch gesprochene)* S.; Deutsch gilt als schwere, schwierige S.; diese S. ist nicht so leicht zu erlernen; eine S., mehrere Sprachen beherrschen, sprechen, (ugs.:) können, lernen, studieren, verstehen; der Wortschatz, die Grammatik einer S.; einen Text von einer S. in die andere übersetzen; in einer fremden S. sprechen; sie unterhielten sich in japanischer S.; ÜBERTR.: die S. des Herzens, der Liebe, der Leidenschaft; die S. der Musik; die S. *(Zeichensprache)* der Taubstummen; die Sprache der Bienen, der Buckelwale;
★ **jmdm. bleibt die Sprache weg; jmdm. verschlägt es die Sprache** *(jmd. ist sehr überrascht, weiß nicht, was er sagen soll)* · **jmdm. die Sprache verschlagen/**(geh.:) **rauben** *(jmdn. sehr überraschen; für jmdn. kaum zu fassen sein)* · **die Sprache auf etw.** (Akk.) **bringen** *(das Gespräch auf etw. lenken)* · **dieselbe/die gleiche Sprache sprechen, reden** *(die gleiche Grundeinstellung haben und sich daher gut verstehen)* · **eine andere Sprache sprechen/reden** *(etw. ganz anderes, Gegensätzliches ausdrücken)* · **eine deutliche, unmissverständliche Sprache [mit jmdm.] sprechen/reden** *([jmdm.] unverblümt, energisch seine Meinung sagen)* · **eine deutliche Sprache sprechen** *(den wahren, meist negativen Sachverhalt sehr deutlich ausdrücken, zeigen)*: diese armseligen Hütten sprechen eine deutliche S. · **in sieben Sprachen schweigen** (scherzh.; *sich überhaupt nicht äußern)* · **mit der Sprache [nicht] herausrücken** *(etw. gar nicht, nur zögernd erzählen, eingestehen)* · **etw. zur Sprache bringen** *(von etw. zu sprechen beginnen)* · **zur Sprache kommen** *(erwähnt, besprochen werden).*
sprachlich: sprachliche Kenntnisse, Fähigkeiten, Feinheiten; ein sprachlicher Fehler; das ist s. falsch, richtig, hervorragend; der Aufsatz ist s. gut.

S

sprachlos ⟨s. [über etw., vor etw.]⟩: in ihrem Gesicht spiegelte sich sprachloses Erstaunen; ich bin einfach s. *(ich finde keine Worte mehr)*; sie sah ihn s. an; über jmds. Unverfrorenheit, über jmds. Naivität s. sein; er war s. vor Staunen, vor Entsetzen, vor Schreck[en].

Sprachrohr, das: er rief das Boot durch das S. an; ÜBERTR.: dieses Blatt ist das S. der Partei *(vertritt ihre Meinung)*; er hat sich zum S. dieser Sache gemacht *(ist öffentlich für sie eingetreten)*; sie ist nur das S. ihres Vorgesetzten (abwertend; *gibt kritiklos seine Meinung wieder)*.

sprechen: 1. *sich mit Worten äußern:* leise, laut, deutlich, langsam, schnell, hoch, tief, heiser, fließend, stockend, stammelnd, unartikuliert, mit zitternder/verstellter Stimme, durch die Nase s.; sie spricht mit französischem Akzent; gewandt, überlegt s.; sie sprach sehr gewählt, gepflegt, geziert, in ernstem Ton; er spricht viel, wenig, oft, selten; in einer fremden Sprache s.; schlecht Französisch s.; das Kind lernt s., kann schon s.; er spricht, wie ihm der Schnabel gewachsen ist (ugs.; *freiheraus)*; einen Papagei s. lehren; vor Schreck konnte sie nicht s.; er hat ins Mikrofon, vor sich hin, wie im Fieber, im Schlaf gesprochen; darauf kommen wir noch zu s.; sie weiß, wovon sie spricht (ugs.; *sie kennt das aus eigener Erfahrung)*; er hat ihnen sehr wenig, sprich *(genauer gesagt)* gar nichts hinterlassen; ganz allgemein gesprochen, ...; ins Unreine gesprochen *(noch nicht genau formuliert)*; SUBST.: das lange Sprechen strengt ihn an; jmdn. zum Sprechen bringen. 2. ⟨mit jmdm. [über jmdn., etw.] s.⟩ *sich unterhalten:* sie spricht gerade mit ihrem Chef; die Frauen sprachen lange miteinander; ich habe mit ihm noch nicht darüber, über dich, über diesen Vorfall s. können; wegen der Wohnung sollten wir noch einmal mit ihm s.; ich habe noch mit dir zu s. *(etwas zu besprechen)*; so *(in diesem Ton)* kannst du mit mir nicht s.; sie sprach mit sich selbst *(führte Selbstgespräche)*; mit diesem Menschen kann man nicht s. *(er ist eigensinnig)*; ⟨ohne Präpositionalobjekte⟩ sie spricht gerade (Fernspr.; *ihr Apparat ist gerade besetzt)*. 3. ⟨über jmdn., etw./von jmdn., etw. s.⟩ *berichten, erzählen:* sie hat schon oft, noch nie darüber gesprochen; er sprach davon, dass er verreisen wolle; sprechen wir nicht mehr davon! *(die Sache soll erledigt sein!)*; ⟨jmdm. von jmdn., etw. s.⟩ man hat mir von Ihnen bereits gesprochen. 4. a) ⟨über jmdn., etw./von jmdn., etw. irgendwie s.⟩ *urteilen:* gut, schlecht über jmdn./etw., von jmdn./etw. s.; er hat nachteilig, sehr anerkennend, in lobenden Worten über deine Arbeit gesprochen; b) ⟨für/gegen jmdn., etw. s.⟩ *sich aussprechen:* er hat für den jungen Bewerber, für die neue Maßnahme gesprochen; einige sprechen für den Vorschlag, andere dagegen. 5. ⟨gewöhnlich mit Umstandsangabe⟩ *einen Vor-*

trag, eine Rede halten: öffentlich, frei s.; der Redner hat gut, schlecht, lange, nur kurz gesprochen; er spricht im Fernsehen, im Rundfunk, über den Rundfunk; er sprach vor einer großen Zuhörerschaft, zu den Studenten, über ein interessantes Thema. 6. ⟨etw. s.⟩ a) *äußern, sagen:* sie sprach ein paar Sätze, einige einführende Worte, ein Schlusswort; er hat noch kein Wort gesprochen; ein deutliches, offenes Wort s.; das Kind kann schon ganze Sätze s.; b) (geh.) *vortragen:* ein Gebet, den Segen, ein Gedicht, einen Kommentar s.; c) *eine Sprache beherrschen:* er spricht gut, fließend, perfekt Englisch; sie spricht ein gutes Französisch, mehrere Sprachen akzentfrei; er spricht Dialekt, Slang, Platt. 7. ⟨jmdn. s.⟩ *mit jmdm. zusammenkommen und mit ihm Worte wechseln:* jmdn. privat, geschäftlich, telefonisch s. wollen; ich habe sie heute noch nicht gesprochen; wann kann ich Sie s.?; ich bin heute nicht [für ihn] zu s.; wir sprechen uns noch! *(die Angelegenheit zwischen uns ist noch nicht erledigt!)*. 8. (geh.) a) *sich bemerkbar machen:* da hat sein Gewissen gesprochen; sie ließ ihr Herz s. *(ließ sich in ihrer Haltung von ihrem Gefühl leiten)*; b) ⟨aus etw. s.⟩ *erkennbar werden:* aus ihren Augen, aus ihren Zügen sprach Angst; aus seinen Worten sprach Stolz; ★ **für/gegen jmdn., etw. sprechen** *(sich auf die Beurteilung o. Ä. jmds., einer Sache günstig/ungünstig auswirken):* die Umstände sprechen für, gegen den Angeklagten; vieles spricht gegen diesen Bewerber, gegen diesen Plan · **für/gegen etw. sprechen** *(ein Indiz für, gegen die Richtigkeit von etw. sein):* diese Tatsache spricht für seine Annahme · **für sich [selbst] sprechen** *(keiner weiteren Erklärung mehr bedürfen)* · **auf jmdn. schlecht/nicht gut zu sprechen sein** *(jmdn., etw. nicht mögen; über jmdn., etw. verärgert sein).*

Sprechstunde, die: der Arzt, der Dozent hat heute keine S.; [zu jmdm.] in die S. gehen; zur S. kommen.

spreizen /vgl. gespreizt/: 1. ⟨etw. s.⟩ *auseinander strecken:* die Beine, die Arme, die Finger, die Zehen s.; der Vogel spreizte die Flügel *(breitete sie aus)*; mit gespreizten Beinen dastehen. 2. ⟨sich s.⟩ *sich sträuben:* sie spreizte sich eine Weile, bevor sie zusagte.

sprengen: 1. ⟨etw. s.⟩ a) *mit Sprengstoff zerstören:* eine Brücke, ein Gebäude, einen Turm s.; man hat das Schiff in die Luft gesprengt; der Felsen musste gesprengt werden; die Entführer drohten das Flugzeug in die Luft zu s.; ⟨auch ohne Akk.⟩ im Steinbruch wird heute gesprengt; b) *durch Sprengen erzeugen:* ein Loch in die Felswand s.; c) *gewaltsam öffnen:* einen Tresor, ein Schloss s.; sie haben das Tor mit Beilhieben gesprengt; d) *auseinander reißen:* seine Fesseln, Ketten s.; das Eis sprengt den Felsen; ÜBERTR.: eine Ver-

sammlung s. *(gewaltsam auflösen);* der Spieler hat die [Spiel]bank gesprengt *(zahlungsunfähig gemacht);* einen Spionagering, einen Rauschgiftring s. *(zerschlagen).*
2. a) ⟨etw. irgendwohin s.⟩ *über etw. spritzen:* sie hat Wasser auf die Wäsche, über die Blumen gesprengt; **b)** ⟨etw. s.⟩ *besprengen:* die Wäsche, den Rasen, die Beete s.
3. (geh.) ⟨irgendwohin s.⟩ *scharf reiten:* die Reiter sind vom Hof, über die Brücke gesprengt.
Spreu, die: die S. wurde in Säcke gefüllt; verweht werden wie [die] S. im Wind;
* **die Spreu vom Weizen trennen, sondern** (geh.; das *Wertlose vom Wertvollen trennen).*
sprichwörtlich: a) *zu einer Floskel geworden:* sprichwörtliche Redensarten, Wendungen; **b)** *allgemein bekannt, häufig zitiert:* die sprichwörtliche Gastfreundschaft der Orientalen; seine Freigebigkeit, seine Unpünktlichkeit ist schon s. [geworden].
sprießen (geh.): die Saat, die ersten Schneeglöckchen, die Knospen s.; Blumen sprießen aus der Erde; der Bart beginnt zu s.; ÜBERTR.: immer neue Vereine sprießen aus dem Boden.
springen: 1. a) *vom Boden wegschnellen:* sie ist hoch, weit, aus dem Stand, mit Anlauf, in die Höhe gesprungen; die Fische springen *(schnellen aus dem Wasser);* **b)** ⟨irgendwohin/von etw. s.⟩ *sich springend [weg]bewegen:* er ist hin und her, zur Seite, über ein Hindernis, über einen Graben, auf den fahrenden Zug, ins Boot, ans Land gesprungen; aus dem Fenster, [mit dem Fallschirm] aus dem Flugzeug, über Bord, vom Zehnmeterturm, in die Tiefe s.; die Katze sprang vom Dach; auf die Beine/Füße s. *(mit einer raschen Bewegung aufstehen);* sie sprang aus dem Bett *(stand mit einer schwungvollen Bewegung aus dem Bett auf);* ⟨jmdm. irgendwohin s.⟩ die Katze sprang ihr auf den Schoß; der Hund wollte ihm an die Kehle s.; ÜBERTR.: der Ball sprang *(schnellte)* über das Tor, in den Nachbargarten; der Zeiger der Uhr sprang *(rückte)* gerade auf zwölf; die Ampel ist gerade [von Gelb] auf Rot gesprungen; sie springt von einem Thema zum andern *(wechselt oft unvermittelt das Thema).*
2. a) ⟨etw. s.⟩ *einen bestimmten Sprung ausführen:* er springt den Fosburyflop; er ist/hat einen Salto gesprungen; **b)** (Sport) ⟨etw. s.⟩ *mit einem Sprung erzielen:* eine große Weite, einen neuen Rekord s.; er ist/hat in diesem Jahr die 5,80 m schon zweimal gesprungen.
3. ⟨[irgendwohin] s.⟩ **a)** *sich rasch in großen Sprüngen fortbewegen:* dort springt ein Hase; die Kinder sprangen über die Wiese, durch den Garten; ein Reh ist über die Lichtung gesprungen; **b)** (landsch.) *irgendwohin eilen:* sie ist schnell ins Haus gesprungen; spring doch mal rasch zum Bäcker!; (südd., schweiz.:) wenn wir den Zug noch kriegen wollen, müssen wir aber s.
4. a) ⟨von etw. s.⟩ *sich plötzlich ablösen:* der

Knopf sprang von der Jacke; ⟨jmdm. von etw. s.⟩ der Ball ist ihm vom Fuß, vom Schläger gesprungen; **b)** ⟨aus etw. s.⟩ *sich ruckartig herauslösen:* aus der Halterung s.; die Achse ist aus dem Lager gesprungen; der letzte Wagen sprang aus den Schienen.
5. (geh.) ⟨aus etw. s.⟩ *hervorspritzen:* hier springt eine Quelle aus dem Boden; aus dem Stein sind Funken gesprungen.
6. a) *Sprünge, einen Sprung bekommen:* Porzellan springt leicht; die Schüssel, die Glasscheibe ist gesprungen; die Saite auf der Geige ist gesprungen *(zerrissen);* **b)** (geh.) *aufbrechen:* die Knospen, die Samenkapseln des Mohns sind gesprungen; gesprungene *(aufgeplatzte)* Lippen;
* **etw. springen lassen** (ugs.; *etw. spendieren).*
Spritze, die: **1. a)** *Spritzgerät:* der Feuerwehrmann steht bei der S.; die Feuerwehr rückte mit drei Spritzen aus; **b)** *Injektionsspritze:* eine S. auskochen, reinigen, desinfizieren.
2. *Injektion:* der Arzt gab, machte ihm eine S.; die S. *(das injizierte Präparat)* wirkt schon; sie bekam ein S. gegen Tetanus; der Fixer hat sich (Dat.) eine S. gesetzt; ÜBERTR.: das Unternehmen braucht eine S. (ugs.; *finanzielle Unterstützung).*
spritzen: 1. *in Form von Spritzern gelangen [lassen]:* **a)** mit Wasser s.; spritz doch nicht so!; **b)** ⟨etw. irgendwohin s.⟩ Sahne auf eine Torte s.; Beton in die Verschalung s.; [versehentlich] Farbe auf den Boden s.; die Feuerwehrleute spritzten Wasser und Schaum auf das brennende Haus, ins Feuer; ⟨jmdm. etw. irgendwohin s.⟩ die Kinder spritzten uns Wasser ins Gesicht.
2. a) ⟨jmdn., etw. s.⟩ *sprengen:* den Rasen, den Hof s.; er spritzte *(besprizte)* die Vorübergehenden [mit Wasser]; der Bauer hat die Bäume [gegen Schädlinge] gespritzt *(mit einem Schädlingsbekämpfungsmittel besprüht);* er ließ sein Auto [neu] s. *(lackieren);* **b)** ⟨jmdn., etw. irgendwie s.⟩ *durch Bespritzen in einen bestimmten Zustand versetzen:* du hast mich, die Wand ganz nass gespritzt; du hast alles voll Farbe gespritzt.
3. ⟨[irgendwohin] s.⟩ *sich spritzend verteilen:* das Fett hat gespritzt; das Wasser ist nach allen Seiten gespritzt; ⟨unpers.:⟩ Vorsicht, es spritzt!; ⟨jmdm. irgendwohin s.⟩ das Wasser ist ihm ins Gesicht gespritzt.
4. a) ⟨etw. s.⟩ *injizieren:* der Arzt hat Morphium, ein Kontrastmittel gespritzt; ⟨auch ohne Akk.⟩ diese Schwester spritzt gut; der Chefarzt spritzte selbst; ⟨jmdm., sich etw. s.⟩ der Arzt spritzte ihm ein Schmerzmittel [in die Vene]; **b)** (ugs.) ⟨jmdm., sich s.⟩ *eine Injektion geben:* Diabetiker müssen sich jeden Tag s. ⟨auch ohne Akk.⟩ er hatte gespritzt *(sich Rauschgift injiziert).*
5. ⟨etw. s.⟩ *mit Mineralwasser versetzen:* Apfelsaft s.; gespritzter Wein.
6. (ugs.) ⟨[irgendwohin] s.⟩ *sich sehr beeilen:*

S

wenn der Chef winkt, spritzt er [nur so]; sie ist zur Seite, um die Ecke, zum Bahnhof gespritzt *(gelaufen)*.

Spritzer, der: ein paar S. [Farbe] abbekommen; ich habe einen S. auf die Brille gekriegt; ein paar S. Spülmittel ins Wasser geben; Whisky mit einem S. *(Schuss)* Soda.

spritzig: a) *schwungvoll:* ein spritziges Theaterstück; die Musik war sehr s.; eine s. geschriebene Reportage; b) *prickelnd:* ein spritziger Wein; c) *schnell:* ein spritziges Auto; der Motor ist sehr s.; ein spritziger *(agiler, wendiger)* Stürmer.

spröde, (seltener:) spröd: **1.** a) *brüchig:* ein sprödes Metall, Material; ein spröder Stoff; ihre Haut, ihr Haar ist von der Sonne ganz s. geworden; ÜBERTR.: der Stoff erwies sich für eine Bühnenfassung als zu s. *(als zu schwer zu gestalten);* b) *rau, hart klingend:* eine spröde Stimme. **2.** *herb, abweisend:* eine spröde Schönheit, Landschaft; ein sprödes Wesen; sie war, zeigte/gab sich [ziemlich] s.

Sprosse, die: a) *Leiterstufe:* an der Leiter fehlen ein paar Sprossen, ist eine S. gebrochen; BILDL.: sie stand auf der ersten, der höchsten S. ihrer Laufbahn; b) *Querholz:* die Sprossen mit Ölfarbe streichen.

Spruch, der: **1.** *kurzer lehrhafter Satz:* ein alter, frommer, kluger, schöner, bekannter, weiser S.; Sprüche *(Zitate)* aus der Bibel lernen, aufsagen, hersagen; einen S. beherzigen; die Wände waren mit anarchistischen Sprüchen (ugs.; *Parolen)* bedeckt. **2.** a) ⟨meist Plural⟩ (ugs. abwertend) *Phrase:* lass doch endlich diese [dummen, albernen] Sprüche!; b) (ugs.) *Ausspruch:* der Vertreter leierte an jeder Tür seinen S. herunter; sie hat immer irgendeinen S., einen guten S. auf Lager; nun sag schon deinen S., dein Sprüchlein. **3.** *Urteilsspruch:* der S. des Gerichts, der Geschworenen; einen S. fällen. * **Sprüche machen/klopfen** (ugs. abwertend; *hochtrabend reden).*

spruchreif: die Sache, der Plan ist [noch nicht] s.; diese Angelegenheit ist jetzt endlich s. [geworden].

sprudeln: a) *in wallender Bewegung sein:* das Wasser begann im Topf zu s.; der Sekt hat im Glas gesprudelt; an einigen Stellen sprudeln heiße Quellen; ÜBERTR.: vor guter Laune s.; b) ⟨aus etw./irgendwohin s.⟩ *sprudelnd fließen:* aus der Flasche s.; der Sekt sprudelt schäumend ins Glas; ein Bach sprudelt über das Geröll; der Quell ist aus dem Felsen gesprudelt; BILDL.: die Worte sprudelten nur so aus seinem Mund, über seine Lippen.

sprühen: 1. a) ⟨etw. irgendwohin s.⟩ *in zerstäubter Form gelangen lassen:* Wasser über die Pflanzen/auf die Blätter, Öl ins Gewinde s.; ⟨jmdm., sich etw. irgendwohin s.⟩ sie sprühte sich Spray aufs Haar; b) ⟨etw. [irgendwohin] s.⟩ *durch Sprühen*

entstehen lassen: Graffiti s.; Parolen an die Wände s. **2.** a) *auseinander stieben:* die Funken haben gesprüht; die Brandung tobte, dass die Gischt nur so sprühte; ⟨es sprüht⟩ es sprüht (ugs.; *es nieselt)* nur ein bisschen; b) ⟨irgendwohin s.⟩ *in Tröpfchen fliegen:* der Regen ist gegen die Scheiben gesprüht; die Gischt sprühte über das Deck; c) ⟨etw. s.⟩ *[heraus]schleudern:* das Feuer, der Krater sprüht Funken, ÜBERTR.: seine Augen sprühten Feuer, Blitze (geh.; *blitzten, funkelten),* Hass, Verachtung; ein sprühendes *(lebhaftes)* Temperament; ein sprühender *(reger)* Geist; ⟨auch ohne Akk.⟩ seine Augen sprühten [vor Freude]; der Redner sprühte vor Ideen, vor Geist.

Sprung, der: **1.** ein hoher, weiter, gewaltiger, zu kurzer S.; zweifache, dreifache Sprünge (beim Eiskunstlauf); ein S. aus dem Stand, mit Anlauf, über einen Graben, aus dem Fenster, in die Tiefe, vom 5-Meter-Brett; einen S. machen; er tat einen kleinen S. zur Seite; das Pferd, der Hund vollführte wilde Sprünge; die Katze schnappte den Vogel im S.; sie eilte in, in großen Sprüngen davon; mit einem S. war er auf der anderen Seite; die Raubkatze duckte sich zum S., setzte zum S. an; ÜBERTR.: von dort ist es nur ein [kleiner] S. (ugs.; *eine geringe Entfernung)* bis zur Grenze; die neue Stelle bedeutet für ihn einen großen S. nach vorn *(eine große Verbesserung);* den Sprüngen *(Gedankensprüngen)* in seiner Argumentation konnte sie nicht folgen. **2.** *Riss:* in der Scheibe war ein S.; die Tasse, das Glas hat einen S., hat einen S. bekommen; * **ein Sprung ins Dunkle/Ungewisse** *(ein Wagnis)* · **ein Sprung ins kalte Wasser** (ugs.; *die Auseinandersetzung mit etwas völlig Unvertrautem)* · **den Sprung wagen** *(sich zu etwas Riskantem entschließen)* · **keine großen Sprünge machen können** (ugs.; *sich bes. finanziell nicht viel leisten können)* · **einen Sprung in der Schüssel haben** (salopp; *nicht recht bei Verstand sein)* · **auf dem Sprung sein** (ugs.; *in Eile sein)* · **auf dem Sprung sein/**(selten:)**stehen** (ugs.; *im Begriff sein, etw. zu tun)* · **sich auf die Sprünge machen** (ugs.; *[eilig] aufbrechen)* · **jmdm. auf die Sprünge helfen** (ugs.; *jmdm. [durch Hinweise] weiterhelfen)* · **auf einen Sprung** (ugs.; *für kurze Zeit):* ich komme auf einen S. vorbei · **jmdm. auf die Sprünge kommen** (ugs.; *jmds. Absichten durchschauen, jmds. heimliches Tun entdecken).*

sprunghaft: 1. *unstet:* ein sprunghaftes Wesen; sein sprunghaftes *(nicht folgerichtiges)* Denken erschwert die Verständlichkeit seiner Ausführungen; er ist zu s. **2.** *abrupt:* sprunghafte Veränderungen; ein sprunghafter Anstieg der Preise; seine Leistung hat sich s. gesteigert.

Spucke, die (ugs.): er hat die Briefmarke mit etwas S. angefeuchtet;

٭ **jmdm. bleibt die Spucke weg** (ugs.;*jmd. ist vor Überraschung, vor Staunen sprachlos*).
spucken: 1. a) ⟨[irgendwohin] s.⟩ *Speichel auswerfen:* häufig s.; auf den Boden s.; ⟨jmdm. irgendwohin s.⟩ sie spuckte ihm ins Gesicht; ÜBERTR.: der Motor spuckt (*funktioniert nicht mehr ordnungsgemäß*); der hat vielleicht gespuckt (ugs.; *geschimpft*), als er das hörte; **b)** ⟨etw. [irgendwohin] s.⟩ *auswerfen:* Blut, Schleim s.; einen Kern auf den Boden s.; ⟨jmdm. etw. irgendwohin s.⟩ er spuckte ihm den Kirschkern ins Gesicht. **2.** (landsch.) *erbrechen:* das Baby spuckt; bei der Überfahrt mussten viele s. **3.** (salopp) ⟨auf jmdn., etw. s.⟩ *jmdn., etw. voller Verachtung zurückweisen:* auf den, auf sein Geld spucke ich!
Spuk, der: der S. begann Schlag Mitternacht; nicht an S. glauben; ÜBERTR.: die Polizei kam und machte dem ganzen S. (abwertend; *dem schlimmen Treiben*) ein Ende.
spuken: a) ⟨irgendwo s.⟩ *als Geist sein Unwesen treiben:* der Geist des Schlossherrn soll hier s., gespukt haben; ⟨unpers.:⟩ in diesem Haus spukt es (*gibt es Geistererscheinungen*); ÜBERTR.: dieser Aberglaube spukt (*hält sich*) noch immer unter den Leuten, in den Köpfen vieler Menschen; **b)** ⟨irgendwohin s.⟩ *sich als Geist bewegen:* früher soll hier ein Gespenst durch die Gänge gespukt sein.
spülen: 1. a) ⟨etw. s.⟩ *mit Wasser reinigen:* die Gläser, das Geschirr [von Hand, mit der Spülmaschine] s.; ⟨auch ohne Akk.⟩ nach dem Essen spült sie immer gleich (*wäscht sie das Geschirr ab;* **b)** ⟨etw. s.⟩ *ausspülen:* den Pullover nach dem Waschen gut, mit viel Wasser, lauwarm s.; ⟨jmdm., sich etw. s.⟩ sich den Mund mit [Mund]wasser s.; **c)** ⟨[jmdm., sich] etw. aus etw. s.⟩ *herausspülen:* sie spülte die Seife aus der Wäsche; sie spülte sich das Shampoo aus den Haaren; **d)** *die Wasserspülung betätigen:* du hast vergessen zu s. **2.** ⟨jmdn., etw. irgendwohin s.⟩ *[an]schwemmen:* die Wogen haben die Wrackteile, die Leiche an Land gespült; er wurde ins Meer, über Bord gespült.
Spur, die: **1. a)** *Abdruck im Boden:* eine deutliche, tiefe, frische, kaum erkennbare S.; die breite, schmale S. eines Reifens, eines Schlittens; die Spuren eines Tieres, von Hasen; die Spuren führten aufs Feld, in den Wald; der Hund witterte eine S., nahm die S. des Wildes auf; der Wind hat die Spuren verweht; der Regen hat die Spuren verwischt; einer S. [im Schnee] folgen, nachgehen; ÜBERTR.: von dem Vermissten, von den gestohlenen Gegenständen fehlt jede S.; seine Spuren führten nach Frankreich, haben sich verloren; die richtige S. verfolgen, aufnehmen; eine S. suchen, finden, entdecken, haben; **b)** *Loipe:* die S. legen; aus der S. treten, in die S. gehen; in der S.

2. *[An]zeichen:* die Spuren des Krieges; die Spuren (*Überreste*) vergangener Kulturen; die Polizei sicherte die Spuren am Tatort; keine Spuren hinterlassen; alle Spuren [einer Tat, eines Verbrechens] verwischen, beseitigen; der Hinweis führte auf die S. des Täters; ÜBERTR.: die Spuren ehemaliger Schönheit, des Alters; ihr Gesicht zeigte deutliche Spuren der Anstrengung; die Sorgen hatten ihre Spuren bei ihm hinterlassen, waren nicht ohne Spuren an ihm vorübergegangen. **3.** *sehr kleine Menge:* sie fanden Spuren von Zyankali; an der Suppe fehlt noch eine S. Salz, Pfeffer; die Soße ist [um] eine S. zu salzig; Jod benötigt der Körper nur in Spuren. **4. a)** *Fahrspur:* die S. wechseln; auf der mittleren S. fahren; in der S. bleiben; die Straße hat drei Spuren; **b)** (Technik) *Spurweite:* in diesem Land hat die Eisenbahn eine breitere S.; Autos mit breiter S.; **c)** (Kfz.-T.) *korrekter Geradeauslauf eines Wagens:* die S. des Autos ist nicht in Ordnung, stimmt nicht; die S. kontrollieren; der Wagen hält nicht die S.; beim Bremsen gerät der Wagen aus der S. **5.** *Magnetband-, Tonbandspur:* das Bandgerät arbeitet mit vier Spuren; ٭ **heiße Spur** (*ein für die Aufklärung eines Verbrechens wichtiger Anhaltspunkt*) · **keine Spur/ nicht die Spur** (ugs.; *überhaupt nicht[s]*) · **jmdn. auf die [richtige] Spur bringen** (*jmdm. [durch Hinweise] helfen, etw. zu finden*) · **jmdm., etw. auf die Spur kommen** (*jmds. [verbotenes] Tun, eine Angelegenheit aufdecken*) · **jmdm., etw. auf der Spur sein/bleiben** (*aufgrund sicherer Anhaltspunkte jmdn., die Aufdeckung einer Angelegenheit [weiterhin] verfolgen*) · **auf der richtigen/falschen Spur sein** (*etwas Richtiges/Falsches vermuten*) · **in jmds. Spuren treten/auf jmds. Spuren wandeln** (*jmds. Vorbild folgen*).
spuren: 1. (ugs.) *tun, was befohlen wird:* wenn er nicht spurt, wird er entlassen. **2.** (Ski, Bergsteigen) ⟨etw. s.⟩ *mit einer Spur versehen:* eine Piste s.; gespurte Loipen.
spüren: 1. ⟨etw. s.⟩ *verspüren, fühlen:* Müdigkeit, einen leichten Schmerz, keinen Hunger s.; ich spüre noch gar nichts, keine Wirkung; ich spüre den Alkohol (*die Wirkung des Alkohols*); sie spürte, dass jemand hinter ihr stand; ich spürte, wie/dass der Boden unter meinen Füßen nachgab; er spürte eine Erregung in sich aufsteigen; sie spürte seine Enttäuschung; die lange Bahnfahrt (*war davon ermüdet, angegriffen*); er hat sie seine Verärgerung nicht s. lassen (*zeigte sie nicht*); von Teamgeist war dort nicht viel zu s.; das wirst du noch am eigenen Leib[e] s., zu s. bekommen.
2. (Jägerspr.) ⟨ein Tier s.⟩ *die Spur eines Tieres suchen, aufnehmen:* die Hunde spüren einen Fuchs; ⟨nach etw. s.⟩ die Hunde spüren nach Wild.
spurlos: sein spurloses Verschwinden erregte Auf-

sehen; diese Erlebnisse sind nicht s. *(ohne Auswirkungen)* an ihr vorübergegangen; mein Schirm ist s. verschwunden.

Staat, der: **1.** ein selbstständiger, unabhängiger, souveräner, neutraler, demokratischer, sozialistischer S.; benachbarte Staaten; einen S. im Staate bilden; einen neuen S. gründen, aufbauen; den S. schützen, verteidigen; einen S. anerkennen; im Interesse, zum Wohl des Staates; er war eine Stütze des Staates; das höchste Amt im Staate; die Trennung von S. und Kirche. **2.** (Zool.) *Insektenstaat:* der S. der Bienen, der Ameisen; Staaten bildende Insekten; ★ **die Staaten** (ugs.; *die Vereinigten Staaten von Amerika)* · **mit jmdm., etw.** [nicht viel/keinen] **Staat machen können** *(mit jmdm., etw. [nicht viel/keinen] Eindruck machen können)* · **von Staats wegen** *(auf Veranlassung einer Institution des Staates).*

staatlich: a) *den Staat betreffend:* staatliche Souveränität, Unabhängigkeit; die staatlichen Interessen vertreten, durchsetzen; die staatliche Anerkennung *(Anerkennung als Staat)* erlangen; **b)** *dem Staat gehörend:* staatliche Museen; etw. mit staatlichen Mitteln subventionieren; der Betrieb ist s.; **c)** *vom Staat veranlasst:* staatliche Maßnahmen; etw. s. subventionieren; ein s. geprüfter, anerkannter Sachverständiger.

Stab, der: **1.** *Stange, Stock:* ein S. aus Eisen, aus Holz; die Stäbe des Gitters, am Käfig sind verbogen; der Dirigent hob den S. (geh.; *Taktstock);* (Stabhochsprung:) er hatte beim ersten Sprung mit dem S. die Latte gerissen. **2.** *Mitarbeiterstab:* der wissenschaftliche, technische S. eines Betriebes; einen S. von Experten mit einer Aufgabe betrauen. **3.** (Milit.) *Offiziersstab:* der General kam mit seinem ganzen S.; ein Offizier vom S.; er wurde zum S. [des Regiments] versetzt; ★ **den Stab über jmdn., etw. brechen** (geh.; *jmdn., etw. moralisch verurteilen).*

stabil: a) *haltbar:* ein stabiler Schrank; die Stühle sind sehr s.; das Haus ist s. gebaut; **b)** *robust:* eine stabile Gesundheit, Konstitution; ein stabiler Kreislauf; sie ist nicht sehr s.; **c)** *dauerhaft:* eine stabile Regierung, Wirtschaft; die Währung, die Wetterlage ist s.; die Preise s. halten.

Stachel, der: die Stacheln des Brombeerstrauchs, der Kakteen, der Rosen; die Stacheln des Igels; der S. *(das Stechorgan)* einer Biene, einer Wespe; der S. war tief eingedrungen; er versuchte den S. herauszuziehen, zu entfernen; ÜBERTR.: der S. (geh.; *treibende Kraft)* des Ehrgeizes; den S. (geh.; *die Qual)* der Reue, des Zweifels, des erlittenen Unrechts spüren; einer Sache den S. (geh.; *das Schmerzende, Verletzende)* nehmen.

stach[e]lig: ein stacheliger Kaktus, Zweig; eine stachelige Frucht; ein stacheliges Tier; sein Bart war ganz s.; ÜBERTR.: stachelige (geh.; *boshafte)* Reden.

Stadium, das: ein frühes, fortgeschrittenes, spätes S.; alle Stadien einer Entwicklung durchlaufen; die Verhandlungen haben ein neues S. erreicht, sind in ein neues S. getreten; er hatte Krebs im letzten S.

Stadt, die: **a)** eine kleine, große, schöne, malerische, hässliche, verkehrsreiche S.; die S. Köln; die S. der Mode; eine S. von, mit 30000 Einwohnern; der Rat der S.; eine S. besuchen, besichtigen; eine S. gründen, zerstören, wieder aufbauen; im Zentrum, am Rande einer S. wohnen; die Bürger, die Einwohner, die Bewohner einer S.; sie kommt, stammt aus der S.; die Leute aus der S. *(die Städter);* in die S. ziehen; in der S. leben, wohnen, arbeiten; in die S. (ugs.; *in den Innenstadt)* gehen, um einzukaufen; (früher:) in den Mauern, vor den Toren der S.; **b)** *die Einwohner der Stadt:* die S. hat hohen Besuch; die ganze S. war auf den Beinen; **c)** (ugs.) *Stadtverwaltung:* das Gebäude gehört der S.; er ist bei der S. angestellt; ★ **die Ewige Stadt** *(Rom)* · **die Goldene Stadt** *(Prag).*

städtisch: a) *die Stadt[verwaltung] betreffend:* städtische Beamte, Behörden, Verkehrsmittel, Bauten, Anlagen, Einrichtungen; die Schule ist s.; das Altenheim wird s. verwaltet; **b)** *urban:* die städtische Lebensweise; ihre Kleidung war s.; sie kleidet sich s.

staffeln: 1. a) *(etw. [nach etw.] s.) abstufen:* Preise, Gebühren, Steuern s.; die Zuschüsse werden nach dem Einkommen gestaffelt; die Gehälter der Beamten sind nach Dienstjahren gestaffelt; **b)** ⟨sich s.⟩ *sich abstufen:* die Telefongebühren staffeln sich in der Regel nach der Entfernung. **2.** ⟨etw. s.⟩ *stufenweise anordnen:* die Armee, die Abwehr (der Mannschaft) war gut, klug, tief gestaffelt.

Stahl, der: legierter, rostfreier, hochwertiger S.; S. ausglühen, härten, walzen, schmieden, anlassen (Fachspr.; *elastisch, zäh machen),* vergüten (Fachspr.; *härten und zäh machen);* die Masse ist hart wie S.; moderne Bauten aus S. und Beton; mit S. armierter Beton; den S. erzeugende, S. verarbeitende Industrie; Muskeln, Arme, Wille wie S., wie S. *(hat gute Nerven).*

stählern: stählerne Waffen, Ketten; das stählerne Gerüst des Hochbaues; ÜBERTR.: stählerne *(sehr harte)* Muskeln, Arme; ein stählerner *(unbeugsamer)* Wille.

Stall, der: **1.** *Tier-, Viehstall:* große, geräumige, moderne Ställe; aus dem Haus gehören mehrere Ställe [für Kühe, Pferde]; einen S. für die Kaninchen zimmern; einen S. anbauen; den S. säubern, ausmisten; die Pferde aus dem S. holen; die Kühe in den S. treiben; die Tiere bleiben den Winter über im S.; die Wohnung sah aus wie ein S. (ugs.; *war sehr schmutzig);* BILDL.: den S. müssen wir mal tüchtig ausmisten (ugs.; *hier müssen wir Ordnung schaffen);* sie kommt aus einem guten S. (ugs. scherzh.; *aus guter Familie).*

2. (Reiten, Motorsport Jargon) *Rennstall:* dieser S. nimmt an dem Rennen nicht teil; die drei ersten Rennwagen kommen alle aus demselben S. *(von derselben Firma);* ∗ **ein [ganzer] Stall voll von etw.** (ugs.; *sehr viele).*

Stamm, der: **1.** *Baumstamm:* ein schlanker, dicker, knorriger S.; der S. der Eiche war hohl; die Stämme schälen, zersägen, ins Sägewerk transportieren; eine Hütte aus rohen Stämmen. **2.** *Volksstamm:* nomadisierende, sesshafte, rivalisierende Stämme; er war der Letzte seines Stammes *(Geschlechts).* **3.** (Landw.) *bestimmter Tierbestand:* ein S. Bienen; er verkaufte einen S. Hühner *(Hahn und Hennen).* **4.** ⟨ohne Plural⟩ *fester Bestand:* der S. einer Belegschaft; das Haus hat einen [festen] S. von Gästen, Besuchern; der Spieler gehört zum S. der Mannschaft. **5.** (Sprachw.) *Wortstamm:* S. und Flexionsendung eines Wortes, eines Verbs; ∗ **vom Stamme Nimm sein** (ugs. scherzh.; *immer auf seinen Vorteil, auf Gewinn bedacht sein).*

stammeln: **1.** ⟨etw. s.⟩ *stockend hervorbringen:* er stammelte verlegen eine Entschuldigung, ein paar Worte; ⟨auch ohne Akk.⟩ sie stammelte vor Verlegenheit. **2.** (Med.) *bestimmte Laute fehlerhaft sprechen:* das Kind, der Patient stammelt.

stammen ⟨aus etw./ von jmdm., etw. s⟩: a) *ab-, herstammen:* die Tomaten stammen aus Italien; die Kiwi stammt ursprünglich aus China; er, die Familie stammt aus Bayern; diese Urkunde, Münze stammt aus dem 9. Jahrhundert, aus Spanien, aus Familienbesitz; aus einer Akademikerfamilie, aus einfachen Verhältnissen, aus einem alten [Adels]geschlecht s.; das Wort stammt aus dem Arabischen; die Nachricht stammt aus zuverlässiger Quelle; b) *auf jmdn., etw. [als Urheber, Ursache] zurückgehen:* der Ausspruch stammt aus ihrer Feder, von Goethe; die Plastik stammt nicht aus ihrer Hand, von der gleichen Künstlerin; von wem stammt diese Idee?; der Stich stammt von einer Wespe; das Geld stammt aus einem Einbruch; c) *genommen o. ä. worden sein:* die Milch, das Fell stammt von einer Ziege; das Zitat stammt aus der Bibel; der Schmuck stammt von ihrer Mutter.

stämmig: ein stämmiger Junge, Körper, Wuchs; sie ist sehr s., ist s. gebaut.

stampfen: **1.** a) ⟨mit etw. s.⟩ *heftig auftreten:* er stampfte [vor Zorn, vor Ungeduld] mit dem Fuß auf den Boden; das Pferd stampfte mit seinen Hufen; b) ⟨irgendwohin s.⟩ *sich stampfend fortbewegen:* durch den Schnee, übers Feld s.; er stampfte durchs Zimmer; c) ⟨etw. von etw. s.⟩ *durch Aufstampfen entfernen:* den Schnee von den Schuhen s.; ⟨sich (Dat.) etw. von etw. s.⟩ sich

den Schnee von den Schuhen s.; d) ⟨etw. s.⟩ *durch Stampfen angeben:* den Takt [mit dem Fuß] s. **2.** a) *mit regelmäßigen, wuchtigen Stößen arbeiten:* die Maschinen, die Motoren stampften; SUBST.: er hörte das Stampfen der Maschinen; b) (Seemannsspr.) *sich in der Längsrichtung auf und nieder bewegen:* das Schiff stampfte. **3.** ⟨etw. [zu etw.] s.⟩ a) *mit einem Gerät zerkleinern:* Kartoffeln s.; etw. zu Pulver s.; sie stampfte die Gewürze in einem Mörser; b) *feststampfen:* Lehm, Sand [mit den Füßen] s.

Stand, der: **1.** *das Stehen:* er hatte auf dem schmalen Gerüst keinen guten, sicheren S.; aus dem S. *(ohne Anlauf)* springen; (Turnen:) vom Reck in den S. springen; ÜBERTR.: er hat bei seinem/gegen seinen Vorgesetzten einen schweren, harten, keinen leichten S. (ugs.; *kann sich bei ihm nur schwer durchsetzen, behaupten).* **2.** a) *Standplatz:* der S. des Jägers, des Schützen, des Beobachters; die Pferde waren noch in ihren Ständen *(Boxen);* ein S. für 10 Taxen; b) *Verkaufs-, Messestand:* einen S. aufbauen, abbauen; jeder Händler hat [in der Halle, auf dem Markt] seinen festen S.; sie besuchte auf der Messe die Stände verschiedener Firmen, Verlage. **3.** *erreichter Wert; Höhe o. Ä.:* der S. des Mondes, der Sterne [am Himmel]; der augenblickliche S. der Aktienkurse, des Euro[s]; der letzte, neue, derzeitige S. des Kontos; er prüfte den S. des Wassers [im Dampfkessel], des Thermometers; der S. des Wettkampfs, des Spiels; er richtete sich nach dem S. der Sonne; das Hochwasser hatte bei 6,50 m seinen höchsten S. erreicht. **4.** *Entwicklungsstand:* etw. auf den neuen/ neu[e]sten S. bringen; noch auf dem alten S. sein; bei diesem S. der Dinge, beim gegenwärtigen S. der Verhandlungen würde ich das nicht empfehlen; das setzt mich in den S. (geh.; *ermöglicht es mir),* die Reise doch noch zu machen; nach, gemäß dem vom 1. 1. 2001; hier wurde nach dem heutigen, neu[e]sten S. der Forschung verfahren. **5.** (veraltend) *Berufsstand, Gesellschaftsschicht:* der geistliche, weltliche S.; der S. der Arbeiter; bitte Name und S. *(Familienstand)* angeben; er hat unter seinem S. *(jmdn. aus einer unteren Gesellschaftsschicht)* geheiratet; ∗ **aus dem Stand [heraus]** (ugs.; *ohne Vorbereitung; improvisiert):* kann ich so aus dem S. nicht sagen · **außer Stand[e]** (↑außerstand[e]) · **in Stand halten, setzen** (↑instand) · **im Stand[e] sein** (↑imstande) · **in den [heiligen] Stand der Ehe treten** (geh.; *heiraten).*

Standard, der: verbindliche, international festgelegte Standards; ein hoher S. der Technik/in der Technik, der Bildung/in der Bildung; der soziale, technische S. der Industriegesellschaft/in der Industriegesellschaft; einen höheren S. erreichen; ein Kühlschrank gehört heute zum S. *(zur Grundausstattung)* eines Haushalts.

standhaft: ein standhafter Mensch; sie war, blieb s.

S

trotz aller Versuchungen; sie trug s. ihr Unglück; sich s. weigern mitzukommen.

standhalten ⟨etw. (Dat.) s.⟩: **1.** *etw. aushalten:* die Brücke hat den Belastungen nicht standgehalten; der Deich hielt dem Aufprall des Wassers, der Sturmflut stand; ÜBERTR.; etw. hält der Kritik stand; den seelischen Belastungen nicht s. können; diese Behauptungen halten einer näheren Prüfung nicht stand. **2.** *erfolgreich widerstehen:* den Angriffen des Gegners [nur mühsam] s.; er konnte ihrem Blick nicht s.; ⟨auch ohne Dat.⟩ die Truppen hielten stand, bis die Verstärkung kam.

ständig: sein ständiger Aufenthalt, Wohnsitz; jmds. ständige Wohnung, Anschrift, ständiges Einkommen; ein ständiger Ausschuss; ihre ständige Nörgelei; eine ständige Ausstellung; sie ist [ein] ständiges Mitglied der Gesellschaft, Körperschaft; er stand unter ständigem Druck; sie leben in ständiger Angst, Sorge, Feindschaft; wir haben s. Ärger mit ihm; der Straßenverkehr wächst s., nimmt s. zu; sein Konto ist s. überzogen.

Standort, der: **1.** der S. eines Betriebes; die Pflanze braucht einen sonnigen S.; seinen S. wechseln; den S. eines Buches in der Bibliothek ermitteln; ÜBERTR.: jmds. politischen S. kennen. **2.** (Wirtsch.) *Wirtschaftsstandort:* die Firma will den S. Frankfurt aufgeben, sucht einen neuen S. für ihr Lager; die Produktion an einen anderen S. verlegen; im Zuge der Globalisierung wird die Frage nach dem S. immer dringlicher; der S. Deutschland *(Deutschland als Wirtschaftsnation)* wird bei Investoren immer unbeliebter.

Standpunkt, der: ein richtiger, vernünftiger, falscher, überholter S.; jmdm. seinen S. darlegen, erklären; du vertrittst einen S., den ich nicht teile; sie hat sich (Dat.) seinen S. zu Eigen gemacht; er steht auf dem S./stellt sich auf den S., dass ...; sie beharrt auf ihrem S., geht von ihrem S. nicht ab, ist von ihrem S. nicht abzubringen; vom wissenschaftlichen, politischen S. aus, vom S. der Arbeitnehmer aus ist diese Forderung verständlich; * jmdm. den Standpunkt klarmachen (ugs.; jmdm. nachdrücklich die Meinung sagen).

Stange, die: **1.** *Holz-, Metallstab:* eine lange S.; die Würste hingen an, auf einer S.; die Tänzerinnen übten an der S.; sie saßen da wie Hühner auf der S.; er stieß den Kahn mit der S. vom Ufer ab. **2.** *stangenförmiges Gebilde:* eine S. Zimt, Lakritz; eine S. *(mehrere stangenförmig verpackte Schachteln)* Zigaretten; Schwefel in Stangen; * eine [ganze, hübsche] Stange (ugs.; *sehr viel)* · jmdm. die Stange halten *(jmdn. in Schutz nehmen, für ihn eintreten)* · jmdn. bei der Stange halten *(jmdn. veranlassen, etwas Bestimmtes zu Ende zu führen)* · bei der Stange bleiben *(eine Unternehmung nicht aufgeben, sie zu Ende führen)* · von der Stange (ugs.; *nicht nach Maß gear-*

beitet, sondern als Konfektion): ein Anzug von der S.

Stängel, der: ein schlanker, dünner, dicker, biegsamer S.; die Blüten sitzen auf langen Stängeln; ÜBERTR.: fall [mir] nicht vom S. (ugs.; *fall nicht um, hin);* * fast vom Stängel fallen (ugs.; *sehr überrascht sein).*

stänkern (ugs. abwertend): er stänkert im Betrieb, gegen seine Kollegen, gegen jede Neuerung; er hat immer etwas zu s.

Stapel, der: ein S. Holz, Wäsche, Bücher; einen S. [auf]schichten; * (ein Schiff) auf Stapel legen (Seemannsspr.; *mit dem Bau eines Schiffes beginnen)* · vom Stapel laufen (Seemannsspr.; *[von Schiffen] nach Fertigstellung ins Wasser gleiten)* · etw. vom Stapel lassen (1. Seemannsspr.; *[ein neu gebautes Schiff] ins Wasser gleiten lassen.* 2. ugs. abwertend; *etw. äußern, was auf [spöttische] Ablehnung stößt:* er ließ eine Ansprache vom S.).

stapeln: 1. ⟨etw. s.⟩: *zu einem Stapel aufschichten:* Bücher, Wäsche, Waren im Lager s.; er stapelte die Kisten auf einen Haufen. **2.** ⟨sich s.⟩ *sich anhäufen:* die unerledigte Post stapelte sich auf ihrem Schreibtisch, liegt auf ihrem Schreibtisch gestapelt.

stapfen ⟨irgendwohin s.⟩: durch den hohen Schnee, durch die Dünen, durch das nasse Gras, querfeldein s.

¹Star, der: a) *Film-, Bühnenstar:* ein S. der Stummfilmzeit; sie ist ein S. geworden; sie hat die Allüren eines Stars; ÜBERTR.: sie war der S. *(Mittelpunkt)* des Abends; b) (ugs.) *berühmte Person:* er ist der S. seiner Partei, unter den Chirurgen.

²Star, der: /*eine Augenkrankheit/:* grauer S. *(Katarakt);* grüner S. *(Glaukom);* er hat den S., jmdn. am S. operieren.

stark: 1. *viel Kraft besitzend, kräftig:* ein starker Mann, Bursche; er hat starke Muskeln; er rief mit starker *(lauter)* Stimme; er ist sehr, ungeheuer, (ugs.:) unheimlich s., s. wie ein Bär; der Junge ist groß und s. geworden; er ist am stärksten; SUBST.: das Recht des Stärkeren; ÜBERTR.: er hat einen starken *(unerschütterlichen)* Willen, Glauben; er ist s. *(charakterfest, willensstark)* genug, mit diesem Schlag fertig zu werden; jetzt heißt es s. bleiben *(nicht schwankend werden).* **2.** a) *zahlenmäßig groß:* eine starke Partei; ein starkes Aufgebot, Gefolge; die Beteiligung war sehr s.; beide Vorstellungen waren s. besucht; b) *beträchtlich; sehr intensiv:* in starkem Maße: starker Regen, Frost, Wind; starke Kälte, Hitze; starke Schneefälle; ein starker Druck; starkes Licht; eine starke Erkältung; ein starker Eindruck, Einfluss; etw. findet starken Beifall; er hatte starke Schmerzen, einen starken Schnupfen; auf den Straßen herrschte starker Verkehr; er ist ein starker Raucher, Esser, Trinker *(raucht, isst, trinkt viel);* die Nachfrage war diesmal be-

sonders s.; s. beschäftigt, in Anspruch genommen, verschuldet sein; ein s. wirkendes Mittel; das Land ist s. besiedelt; die Blumen duften s.; es hat s. geregnet; er trinkt, raucht s.; ich habe dich s. im Verdacht; das ist s. übertrieben; das war ja wohl s.! (ugs.; *das war unerhört!*); er ist s. in den Vierzigern (ugs.; *weit über vierzig Jahre alt*); c) *eine bestimmte Anzahl aufweisend:* eine etwa 50 Mann starke Bande; wie s. ist die Auflage des Buches?
3. *sehr gut, ausgezeichnet:* ein starker Gegner, Spieler; die Mannschaft bot eine starke Leistung; dieser Roman ist sein stärkstes Buch; er spielte heute besonders s.; in Deutsch ist sie nicht sehr s.
4. a) *stabil; belastbar:* starke Mauern, Bretter, Sohlen; starkes Papier, Garn; starke Äste; diese Pappe ist zu s.; Kleider für stärkere (verhüll.; *beleibte*) Damen; er ist in letzter Zeit etwas s. (verhüll.; *dick*) geworden; b) *eine bestimmte Dicke aufweisend:* eine 20 cm starke Wand, Mauer; das Buch ist 500 Seiten s.; eine 150 Seiten starke Abhandlung.
5. *sehr gehaltvoll:* starker Kaffee, Tee; starke Zigarren; ein starkes Gift; der Kaffee ist ziemlich s., ist mir zu s.
6. *leistungsstark:* eine starke Glühbirne; ein starker Motor; eine starke Brille; eine Brille mit starken Gläsern.
7. (ugs., Jugendspr.) *sehr gut:* ein starker Typ, Film; jmdn., etw. s. finden; s. aussehen, singen; /Ausruf der Bewunderung/ das ist echt s.!
8. (Sprachw.) /Art der Beugung/: ein starkes Verb, Substantiv; die starke Beugung; ein Verb s. konjugieren;
★ *sich für jmdn., etw.* **stark machen** (ugs.; *sich für jmdn., etw. sehr einsetzen*).
Stärke, die: 1. *Kraft:* die S. eines Bären; die S. seiner Muskeln, Arme, Fäuste; ÜBERTR.: jmds. charakterliche S.; die S. *(Unerschütterlichkeit)* ihres Glaubens hat ihr geholfen.
2. a) *Macht:* die wirtschaftliche, militärische S. eines Landes; die S. einer Partei, der Gewerkschaft; b) *zahlenmäßige Größe; Anzahl:* die S. der Truppe; der Flotte wurde verringert; die Klasse hat eine S. von 30 Schülern.
3. *Intensität, Heftigkeit:* die S. des Sturmes, des Regens; die S. der Schmerzen, der Empfindung; die S. des Verkehrs nahm zu; der Lärm nahm an S. zu; es war ein Orkan von ungeheurer S.
4. *besondere Fähigkeit:* die S. dieses Spielers ist seine Schnelligkeit; Mathematik ist nicht, war noch nie seine S. *(in Mathematik ist er nicht, war er noch nie besonders begabt);* darin zeigt sich, liegt seine große S.; jmd., etw. hat Stärken und Schwächen.
5. *Dicke, Durchmesser:* die S. der Mauern, der Balken; die S. des Papiers, des Leders; die S. eines Seiles, eines Kabels; die S. eines mittleren Baumes; die S. der Scheibe beträgt etwa 2 cm; Fäden

in verschiedener S., in verschiedenen Stärken; Bretter von verschiedener S.
6. a) *Konzentration:* die S. des Kaffees, des Alkohols, des Giftes; die S. von etw. feststellen, messen; b) *hoher Grad an Leistungskraft:* die S. des Motors, der Maschine, einer Glühbirne; Gläser, eine Brille mittlerer S.
7. *Stärkemehl:* S. aus Kartoffeln, Reis, Weizen; die S. wird durch Gärung in Zucker verwandelt; Wäsche, Hemdkragen mit S. *(Wäschestärke)* behandeln.
stärken: 1. ⟨jmdn., etw. s.⟩ *stark machen, kräftigen:* der Schlaf, die Gebirgsluft hat ihn gestärkt; das Training stärkte ihren Körper; sie nahm ein stärkendes Mittel; ÜBERTR.: der Erfolg hat sein Selbstgefühl, seine Position gestärkt; etw. stärkt jmdn. in seinem Glauben.
2. ⟨sich s.⟩ *sich durch Essen, Trinken erquicken:* nach dem langen Marsch stärkten sie sich [durch einen/mit einem Imbiss].
3. ⟨etw. s.⟩ *mit Stärke steif machen:* Wäsche, Kragen und Manschetten s.; das Hemd ist gestärkt.
starr: 1. *steif; wie erstarrt:* der starre Körper des Toten; sie war s. vor Kälte; sie stand s. vor Schreck, vor Entsetzen.
2. *regungs- und bewegungslos:* mit starrem Blick, mit s. geöffneten Augen; er blickte s. vor sich hin; ihr Lächeln war s.
3. *nicht flexibel:* starre Gesetze, Regeln, Strukturen; ein starres Prinzip; s. *(unnachgiebig)* an etw. festhalten.
4. *unbeweglich, fest:* die Teile sind s. miteinander verbunden.
starren: 1. ⟨irgendwohin s.⟩ *starr blicken:* in die Luft, ins Wasser, ins Dunkle s.; alle starrten erstaunt, [wie] gebannt auf den Fremden; ihre Augen starrten ins Leere; ⟨jmdm. irgendwohin s.⟩ er starrte ihr ins Gesicht; ÜBERTR.: die kahlen Äste starrten *(ragten)* in den Himmel.
2. ⟨vor/von etw. s.⟩ *ganz bedeckt, voll sein:* er, seine Kleidung, das Zimmer starrte vor Schmutz; das Land starrte von Waffen.
starrsinnig (abwertend): ein starrsinniger alter Mann; sein Vater war sehr s.; s. beharrte sie auf ihrer Meinung.
Start, der: 1. a) (Sport) *das Starten:* ein gelungener, geglückter, missglückter S.; sein S. war nicht besonders gut, glücklich; erst der dritte S. gelang, klappte; sie hatte einen guten S.; den S. üben, trainieren; den S. freigeben *(einen Wettkampf beginnen lassen);* nach, vor dem S. s. an/weg führen; er gab mit seiner Pistole das Zeichen zum S.; ÜBERTR.: sie hatte bei ihrer Arbeit einen schlechten S. *(Anfang);* ein S. in den Urlaub; jmdm. den S. ins Berufsleben erleichtern; der S. einer neuen Fernsehserie; b) *Startlinie:* die Läufer versammelten sich am S., gingen an den/zum S.; der Titelverteidiger war nicht am S. *(nahm nicht am Wettkampf teil).*
2. a) *Abflug:* der S. des Flugzeugs verzögerte sich;

der S. der Rakete glückte, war missglückt; den S. verzögern, verschieben, verbieten, untersagen, freigeben; S. und Landung der Flugzeuge beobachten; **b)** *Startplatz:* das Flugzeug rollte zum S. **3.** *das In-Gang-Setzen:* der S. einer Anlage, eines Computers; beim S. des Programms; ∗ **fliegender Start** (Motor-, Radsport; *Start aus der Bewegung heraus*) · **stehender Start** (Motor-, Radsport; *Start aus dem Stehen heraus*). **starten:** **1.** (Sport) *(einen Wettkampf) beginnen; antreten:* zur letzten Etappe s.; die Läufer, Pferde, Rennwagen starten [zur gleichen Zeit]; der Titelverteidiger wird morgen nicht s.; ÜBERTR.: wir starten morgen in den Urlaub, zu einer Expedition; die Tournee startet in Hamburg. **2.** *abfliegen:* unser Flugzeug startet um 11 Uhr, ist pünktlich gestartet; wir konnten wegen des Nebels nicht s. **3.** ⟨etw. s.⟩ *in Gang setzen:* eine Rakete, einen Satelliten, die Maschine s.; ein Fahrzeug, ein Auto, einen Computer s.; du kannst den Motor schon s. *(anlassen);* ÜBERTR.: eine Expedition s.; eine neue Karriere, einen neuen Versuch, eine große Aktion s.

Station, die: **1.** *Haltestelle; Bahnstation:* wie heißt die nächste S.?; wie viel Stationen sind es noch, müssen wir noch fahren?; der Zug hält nicht an jeder S.; an der nächsten S. müssen wir aussteigen, umsteigen; die wichtigsten Stationen *(Aufenthalte)* seiner Reise waren Rom und Athen; die vierzehn Stationen (kath. Rel.; *Haltepunkte*) des Kreuzweges; ÜBERTR.: die wichtigsten Stationen *(Abschnitte)* seines Lebens, seiner Laufbahn. **2.** *Krankenhausabteilung:* die chirurgische, innere S. *(die Station für Chirurgie, für innere Medizin);* die S. für Endokrinologie; auf welcher S. liegt der Patient?; sie wurde auf S. 3 verlegt; der Arzt ist auf S. *(tut Dienst).* **3.** *Beobachtungs-, Sendestelle:* eine meteorologische S.; eine S. am Nordpol errichten; das Programm wird von einer anderen S. gesendet; ∗ **Station machen** *(eine Fahrt, Reise für kurze Zeit unterbrechen):* er hat auf seiner Reise bei uns, in München S. gemacht.

¹statt: **I.** ⟨Konj.⟩ *anstatt; anstelle von:* sie faulenzte, s. zu arbeiten/(veraltend:) s. dass s. arbeite; er gab das Geld mir s. ihm. **II.** ⟨Präp. mit Gen.⟩ *anstelle:* s. seines Freundes kam sie mit Bruder; er trug eine Fliege s. eines Schlipses; ⟨mit Dat., wenn der Gen. nicht erkennbar ist⟩ s. Worten mit er Taten sehen.

²statt: ⟨nur in der Wendung⟩ **an jmds. statt** *(anstelle von jmdm.):* mein Bruder kommt an meiner s.

stattdessen ⟨Konj.⟩: ich dachte, er würde arbeiten, s. lag er im Bett.

Stätte, die (geh.): eine geweihte, heilige, historische, denkwürdige S.; eine S. des Grauens, der Verwüstung; er musste die lieb gewordene S., die

S. seines Wirkens verlassen; sie besuchte die Stätten ihrer Kindheit.

stattfinden ⟨irgendwo/irgendwann s.⟩: die Aufführung findet heute Abend, erst morgen, in der Aula statt; die Versammlung hat stattgefunden. Beachte: Die attributive Verwendung von *stattfinden,* zum Beispiel: die stattgefundene Versammlung, ist nicht korrekt.

stattgeben (Amtsdt.) ⟨etw. (Dat.) s.⟩: *bewilligen:* man hat dem Antrag, der Klage, dem Gesuch stattgegeben.

stattlich: **a)** *hoch gewachsen, kräftig:* ein stattlicher Mann; er ist eine stattliche Erscheinung; ist, wirkt s.; **b)** *imponierend, bemerkenswert:* ein stattliches Gebäude, Haus; er besitzt eine stattliche Sammlung von Gemälden, von Briefmarken; sie hat eine stattliche Summe im Lotto gewonnen.

Statur, die: eine untersetzte, mittlere, kleine, große S. haben; er hat die S. seines Vaters; sie ist von kräftiger S., ist zierlich von S.

Staub, der: feiner, dichter S.; radioaktive Stäube; überall lag S. [auf den Sachen]; der Wind wirbelt den S. auf; wir mussten viel S. einatmen, schlucken; S. [von den Möbeln] wischen, saugen; du musst noch S. saugen; hast du schon S. gesaugt, gewischt?; die Sachen waren dick mit S. bedeckt; eine Wolke von S.; die Pflanzen waren grau von S.; ∗ **den Staub** (einer Stadt o. Ä.) **von den Füßen schütteln** (geh.; *einen Ort [für immer] verlassen*) · **Staub aufwirbeln** (ugs.; *Aufregung verursachen sowie Kritik und Empörung hervorrufen*) · **sich aus dem Staub[e] machen** (ugs.; *sich rasch und heimlich entfernen*) · **jmdn., etw. in den Staub/durch den Staub ziehen, zerren** (geh.; *jmdn., etw. verunglimpfen*) · **[wieder] zu Staub werden** (geh. verhüll.; *gestorben sein).*

stauben: die Straße staubte, ⟨es staubt⟩ bei dieser Trockenheit staubt es sehr.

stäuben: **a)** *wie Staub umherwirbeln:* sie fuhren so rasch, dass der Schnee stäubte; **b)** ⟨etw. irgendwohin s.⟩ *etwas Pulveriges fein verteilen:* Mehl auf das Kuchenblech, Puderzucker über den Kuchen s.

staubig: die staubigen Schuhe, Kleider abbürsten; sie mieden die staubige Straße; hier ist es sehr s.

stauen: **1. a)** ⟨etw. s.⟩ *am Weiterfließen hindern:* das Wasser des Flusses, einen Fluss s.; (Med.:) der Arzt hat das Blut durch Abbinden der Vene gestaut; **b)** ⟨sich s.⟩ *sich ansammeln:* überall staute sich das Wasser; an den Brückenpfeilern hat sich das Eis gestaut; die Menschenmenge staute sich in den Straßen, vor dem Tor, die Autos haben sich an der Unfallstelle gestaut; ÜBERTR.: Zorn, Ärger hatte sich in ihm gestaut. **2.** (Seemannsspr.) ⟨etw. s.⟩ *seefest verladen:* Ladung, Warenballen s.; Vorräte in die Kajüte s.

staunen ⟨[über jmdn., etw.] s.⟩: man kann über sie, über ihre Leistung nur s.; er staunte, dass sie schon da war; ich staune, wie du das schaffst; da staunst du [wohl]! *(das hättest du nicht gedacht, erwartet!);* er staunte nicht schlecht (ugs.; *war höchst erstaunt),* als sein Jugendfreund plötzlich vor ihm stand; man höre und staune!; die staunenden Zuschauer; SUBST.: aus dem Staunen nicht herauskommen; etw. mit Staunen erkennen.

stechen: 1. *spitz sein und bei Berührung unangenehm sein:* Dornen, Disteln stechen; dein Bart sticht *(kratzt).* 2. ⟨jmdn., sich [mit etw.] s.⟩ *mit einem spitzen Gegenstand verletzen:* jmdn. mit einer Stecknadel s.; ⟨sich an etw. (Dat.) s.⟩ sich an den Dornen der Rosen s.; ⟨jmdm./(seltener:) jmdn., sich (Dat./ seltener: Akk.) irgendwohin s.⟩ ich habe mir/ mich [mit der Stecknadel] in den Finger gestochen. 3. *durch Stiche, einen Stich verletzen [können]:* a) Wespen, Schnaken stechen; b) ⟨jmdn., ein Tier s.⟩ die Wespe hat ihn gestochen; sie ist von einer Biene gestochen worden; ⟨jmdm./(seltener:) jmdn. irgendwohin s.⟩ das Insekt hat ihm/ ihn ins Bein gestochen. 4. a) ⟨[jmdm.] etw. irgendwohin s.⟩ *(einen spitzen Gegenstand) hineinstoßen:* die Nadel in die Vene s.; den Spaten in die Erde s.; jmdm. das Messer in den Bauch s.; b) ⟨[mit etw.] irgendwohin s.⟩ *einen Stich ausführen:* mit einer Nadel durch das Leder, in den Stoff s.; ⟨[mit etw.] jmdm./jmdn. irgendwohin s.⟩ er hatte ihm/ihn mit dem Messer in die Brust gestochen. 5. ⟨etw. in etw. (Akk.) s.⟩ *durch Einstechen erzeugen:* Löcher in das Leder, in die Ohrläppchen s. 6. (Fischerei) ⟨ein Tier s.⟩ *mit einem gabelähnlichen Gerät fangen:* Aale s. 7. ⟨ein Tier s.⟩ *(bestimmte Schlachttiere) durch Abstechen töten:* Schweine s. 8. ⟨etw. s.⟩ *mit einem entsprechenden Gerät ab-, herauslösen:* Torf, Rasen s. 9. ⟨etw. s.⟩ *durch Abschneiden über der Wurzel ernten:* Feldsalat, Spargel s. 10. ⟨es sticht jmdn.⟩ *es schmerzt ähnlich wie Nadelstiche:* es sticht mich [im Rücken]; ein stechender Schmerz. 11. ⟨etw. in etw. (Akk.) s.⟩ *gravieren:* etw. in Kupfer, in Stahl s. 12. (Kartenspiel) a) *(von einer Farbe) die anderen Farben übertreffen:* Herz sticht; b) ⟨[etw.] s.⟩ *(eine Karte) mithilfe einer höherwertigen Karte an sich bringen:* [einen König] mit dem Buben s. 13. (Sport, bes. Reiten) *(bei Punktegleichheit) durch Wiederholung eine Entscheidung herbeiführen:* beim Jagdspringen wird gestochen; SUBST.: drei Reiter kamen ins Stechen. 14. *die Stechuhr betätigen:* sie hat vergessen zu s. 15. /von der Sonne/ *unangenehm heiß sein:* die Sonne stach fürchterlich. 16. ⟨jmdn. s.⟩ *sehr reizen:* die Neugier sticht ihn. 17. *durchdringend sein:* seine Augen stechen; ein stechender Blick.

18. ⟨in etw. (Akk.) s.⟩ /von Farben/ *übergehen:* ihr Haar sticht ins Rötliche.

¹stecken, steckte, gesteckt: 1. ⟨jmdn. etw. irgendwohin s.⟩ *an eine bestimmte Stelle tun:* die Kerze auf den Leuchter, den Schlüssel ins Schloss, ins Schlüsselloch, den Stecker in die Steckdose, einen Brief in den Umschlag, in den Briefkasten s.; die Hände in die Tasche s.; er steckte den Kopf ins Wasser; ⟨jmdn., sich etw. irgendwohin s.⟩ er steckte ihr den Ring an den Finger; ich musste mir Watte in die Ohren s.; sich eine Blume ins Haar, ins Knopfloch s.; der Raum war gesteckt (ugs.; *sehr)* voll; ÜBERTR.: sie steckte den Jungen ins Bett (fam.; *brachte ihn zu Bett*); die Kinder ins Internat, in ein Heim s. *(in einem Internat, Heim unterbringen);* er wurde ins Gefängnis gesteckt (ugs.; *eingesperrt);* sie hat ihr ganzes Vermögen in dieses Unternehmen gesteckt. 2. a) ⟨etw. s.⟩ *mit Nadeln zusammenhalten:* den Saum s.; der Ärmel ist nur gesteckt; sie hat ihr Haar zu einem Knoten gesteckt; b) ⟨etw. an etw. (Akk.) s.⟩ *mit einer Nadel o. Ä. befestigen:* sie steckte die Brosche an das Kleid; ein Abzeichen ans Revers s.; ⟨jmdm., sich etw. an etw. (Akk.) s.⟩ er hat sich das Edelweiß an den Hut gesteckt. 3. ⟨etw. s.⟩ *zum Keimen in die Erde bringen:* Erbsen, Bohnen, Rüben, Kartoffeln s. 4. (ugs.) ⟨jmdm. etw. s.⟩ *zutragen:* etw. der Polizei, dem Vorgesetzten s.; ∗ es jmdm. stecken (ugs.; *jmdm. unverblümt die Meinung sagen).*

²stecken, steckte/(geh.:) stak, gesteckt; ⟨irgendwo s.⟩: *sich befinden:* der Ring steckt am Finger; der Schlüssel steckt im Schloss; das Buch hat hinter dem Schrank gesteckt; die Kugel steckte/stak noch in der Wunde; der Pfahl steckt [fest] in der Erde; er hat, lässt immer die Hände in den Taschen s.; die Kinder steckten/staken in dicken Anoraks; seine Füße steckten/staken in Pantoffeln; das Kind steckt (ugs.; *liegt)* schon im Bett; die Zeichnung hat zwischen den Büchern gesteckt; der Wagen ist [im Schnee, im Schlamm] s. geblieben; Gräten bleiben leicht im Hals s.; das Kleid steckt noch voller Nadeln *(in dem Kleid stecken viele Nadeln);* ⟨auch ohne Raumangabe⟩ der Schlüssel steckt *(ist nicht abgezogen);* sie ließ den Schlüssel s.; lass dein Geld nur s.! (ugs.; *ich bezahle für dich mit);* wir sind unterwegs s. geblieben; ÜBERTR.: wo steckt (ugs.; *ist*) denn der Junge schon wieder?; in dem Aufsatz steckt viel Arbeit *(es wurde viel Arbeit darauf verwendet);* in der Arbeit stecken *(sind)* viele Fehler; die Arbeit steckt voller Fehler; in ihm scheint eine Krankheit zu s. *(er scheint krank zu werden);* er steckt augenblicklich in einer Krise; sie steckt voller Bosheit, Einfälle *(sie ist sehr boshaft, einfallsreich);* die Verhandlungen blieben s. *(kamen ins Stocken);* (ugs.:) er ist [beim Gedichtaufsagen, bei seinem Vortrag] einige Male s. geblieben;

* **hinter etw.** (Dat.) **stecken** (ugs.; *die Triebfeder einer bestimmten Handlung sein*) · **in jmdm. steckt etwas** (ugs.; *jmd. ist begabt, befähigt*). **Steckenpferd,** das: **1.** *Hobby:* sein S. ist Briefmarkensammeln. **2.** /*ein Kinderspielzeug*/: die Kinder reiten auf dem S.; * **sein Steckenpferd reiten** (scherzh.; 1. *seiner Lieblingsbeschäftigung nachgehen.* **2.** *über sein Lieblingsthema sprechen*). **Stecknadel,** die: die S. ins Nadelkissen stecken; eine Schleife mit Stecknadeln anheften, befestigen; es war so still, dass man eine S. fallen hören konnte; * **jmdn., etw. wie eine Stecknadel suchen** (ugs.; *jmdn., etw. lange überall suchen*) · **eine Stecknadel im Heuhaufen/im Heuschober suchen** (ugs.; *etw. ohne oder nur mit geringen Erfolgsaussichten suchen*). **Steg,** der: **1.** *schmale Brücke:* über den Bach führte ein S.; das Boot legte am S. *(Landungssteg)* an. **2.** /*Teil eines Saiteninstruments*/: die Saiten des Cellos laufen über den S. **Stegreif,** der: ⟨in der Verbindung⟩ **aus dem Stegreif** (*ohne Vorbereitung, improvisiert*): er hielt seine Rede aus dem S.; das kann ich nicht aus dem S. sagen, beantworten, übersetzen. **stehen: 1.** *sich [in aufrechter Haltung] befinden:* **a)** ⟨irgendwo⟩ s.: gerade, aufrecht, krumm, schief, gebückt, breitbeinig, [stock]steif, auf den Zehenspitzen s.; er blieb erstaunt, unschlüssig, regungslos, wie angewurzelt s.; sie standen dicht gedrängt, in Reih und Glied, wie eine Mauer; sie stand etwas abseits; der Stürmer stand abseits; (Sport: *in Abseitsstellung*); die Straßenbahn war so voll, dass wir s. mussten; sie konnte vor Müdigkeit kaum noch [auf den Füßen] s.; das Kind kann schon [allein] s.; nach dem Sturz kam er glücklich wieder auf die Füße zu s.; **b)** ⟨irgendwo⟩ s.⟩ /von Personen/: sie standen am Ufer; wir standen lange im Regen; an jeder Ecke, vor dem Schaufenster blieb er s.; sie war froh, wieder auf festem Boden, auf sicherem Grund zu s.; er hat/(südd., österr., schweiz.:) ist auf der Leiter gestanden; viele Neugierige standen um den Verunglückten; ⟨jmdm., sich irgendwo s.⟩ du stehst mir im Weg; du stehst dir [selbst] im Licht; **subst.**: das lange Stehen ermüdet; er muss seine Arbeit im Stehen verrichten; /verblasst/: sie steht unter der Dusche *(duscht);* er steht den ganzen Tag an der Maschine *(arbeitet im Stehen an der Maschine);* sie hat ihn einfach s. lassen *(nicht weiter beachtet);* in der Entwicklung s. bleiben; wo sind wir gestern s. geblieben? *(an welcher Stelle haben wir gestern das Gespräch, die Unterrichtsstunde o. Ä. unterbrochen?);* auf dem Boden der Tatsachen s. *(realistisch sein);* er steht auf der Höhe seines Ruhms, im Rang über ihm; im dritten Dienstjahr, im Rentenalter s.; er glaubt über allen andern zu s. *(glaubt mehr zu sein als die an-*

dern); sie steht vor großen Aufgaben, Schwierigkeiten. **2.** ⟨irgendwie/irgendwo s.⟩ /von Sachen/: das Haus steht schon lange; das Gebäude steht leer, steht unbenutzt; bei den Bombenangriffen sind nur wenige Gebäude s. geblieben *(der Zerstörung entgangen);* sie mussten alles s. und liegen lassen; im letzten Jahr standen hier noch Bäume; das Unkraut, die Bäume s. lassen *(nicht entfernen);* der Teller, das Glas, das Essen, der Wein steht auf dem Tisch; sie hat die Tassen auf dem Tisch s. lassen/(seltener:) s. gelassen; die Suppe, den Nachtisch s. lassen *(nicht essen);* für eine Portion Eis lässt er alles andere s. (ugs.; *eine Portion Eis isst er am allerliebsten);* er hat zwei Computer im Zimmer stehen; die Flaschen stehen im Schrank; der Schrank steht an der Wand, soll hier s. bleiben; er hat seinen Schirm s. lassen/(seltener:) s. gelassen *(vergessen);* hier ist ein Koffer s. geblieben *(vergessen worden);* der Wagen steht geschützt, unter einem Baum/Dach; wenn die Bank noch unter dem Baum stünde/(auch:) stände …; /verblasst/: die Flut steht hoch; das Wasser stand sehr niedrig; die Rauchfahne stand senkrecht in die Höhe; die Sonne steht [hoch] am Himmel; auf den Straßen, im Keller stand das Wasser; weite Gebiete standen unter Wasser *(waren überflutet);* in ihren Augen standen Tränen; er will sich einen Bart s. lassen (ugs.; *wachsen lassen);* ⟨jmdm. irgendwo s.⟩ Schweißtropfen standen ihm auf der Stirn; Schaum stand ihm vor dem Mund. **3.** *nicht in Betrieb sein; stillstehen:* die Uhr steht ja; die Uhr ist s. geblieben; sie wartete, bis die Maschine stand; plötzlich blieb der Wagen, die Maschine s.; auf einen stehenden Zug auffahren; stehendes Wasser, Gewässer; **subst.**: endlich konnte das Pferd, das Auto zum Stehen gebracht werden; **übertr.**: das Herz war ihr fast s. geblieben; die Zeit blieb s., schien s. geblieben zu sein. **4.** ⟨irgendwo s.⟩ *geschrieben, gedruckt sein:* der Artikel steht auf der ersten Seite, in der Zeitung; davon steht nichts in dem Vertrag; zu viele Fehler sind s. geblieben; den Text lassen wir so an der Tafel s.; den Satz kannst du so nicht s. lassen; **übertr.**: diese Behauptung kann so nicht s. bleiben; /verblasst/: was steht auf dem Programm?; das Gericht steht nicht mehr auf der Speisekarte; hast du noch etwas [Geld] auf deinem Konto s.?; die Mannschaft steht jetzt [in der Tabelle] auf dem zweiten Platz; der Akkusativ steht *(folgt)* auf die Frage »wohin?«. **5. a)** ⟨irgendwie/irgendwo s.⟩ *einen bestimmten Stand aufweisen:* das Fußballspiel steht 2:1, unentschieden; der Dollar, die Aktie steht hoch; der Euro steht bei 1,95 DM; das Barometer steht heute auf »veränderlich«; der Zeiger steht auf zwölf; **übertr.**: der Wind steht nach Norden; **b)** ⟨irgendwie s.⟩ *in einem bestimmten Zustand sein:* die Sache steht nicht gut; die Chancen ste-

hen fünfzig zu fünfzig; ⟨es steht irgendwie⟩ [wie gehts,] wie stehts? (ugs.: *wie geht es dir, Ihnen usw. ?*); ⟨mit jmdm./etw., um jmdn./etw.⟩ *steht es irgendwie⟩* mit ihr, mit ihrer Gesundheit steht es nicht zum Besten; es steht schlecht um ihn, um seine Geschäfte. **6.** ⟨jmdm. [irgendwie] s.⟩ *jmdn. kleiden:* das Kleid steht dir gut, nicht schlecht, nicht besonders gut; das Kleid steht dir *(kleidet dich gut).* **7.** ⟨bei jmdm. s.⟩ *von jmdm. abhängen:* die Entscheidung darüber steht [ganz] bei Ihnen; es steht bei dir, anzunehmen oder abzulehnen; ob wir fahren oder noch warten, steht bei dir. **8.** ⟨auf etw. (Akk.) s.⟩ *mit etw. geahndet, bestraft werden:* auf Mord steht in vielen Ländern die Todesstrafe; auf ein solches Verbrechen steht Gefängnis. **9.** ⟨für etw. s.⟩ *einstehen; stellvertretend sein:* sein Name steht für Erfolg; die Firma, die Marke steht für Qualität; Y2K steht für das Jahr 2000; seine Worte stehen stellvertretend für die Meinung vieler; hier müssen alle für einen s. **10. a)** ⟨hinter jmdm., zu jmdm. s.⟩ *jmdn. beistehen:* in Notzeiten zu jmdm. s.; sie steht auch jetzt trotz der Affäre noch hinter ihm; **b)** ⟨zu etw. [irgendwie] s.⟩ *etw. einhalten:* du musst zu deinem Versprechen, zu deinem Wort s.; sie steht fest zu dem, was sie gesagt/getan hat. **11. a)** ⟨zu jmdm., etw. irgendwie s.⟩ *eine bestimmte Einstellung haben:* wie stehst du denn zu ihm, zu dieser Sache?; **b)** ⟨mit jmdm. irgendwie s.⟩ *ein bestimmte Beziehung zu jmdm. haben:* er steht nicht besonders gut mit seinen Kollegen/ Vorgesetzten. **12.** (ugs.) ⟨sich irgendwie s.⟩ *in bestimmten Verhältnissen sein:* er steht sich gut, besser als vorher. **13.** (ugs.) ⟨auf jmdn., etw. s.⟩ *jmdn., etw. besonders mögen:* er steht besonders auf Jazz, auf dunkelhaarige Frauen, auf Blond. **14.** (ugs.) *fertig sein:* der Plan, die Rede, das Konzept steht; die Aufführung muss bis morgen s. **15.** (geh.) ⟨es steht; mit Infinitiv mit zu und abhängigem Nebensatz⟩ *man muss, kann, darf mit etw. rechnen:* es steht zu fürchten, dass er nicht überlebt; es steht zu hoffen, dass alles planmäßig verläuft. **16.** (Skispringen) ⟨etw. s.⟩ *(einen Sprung) stehend zu Ende bringen:* der beste Springer stand [einen Sprung von] 96 Meter[n]; er konnte den Sprung nicht [sicher] s.; ⋆ **mit jmdm., etw. stehen und fallen** *(von jmdm., etw. entscheidend abhängig sein).*
stehlen: **1.** ⟨[etw.] s.⟩ *fremdes Eigentum in sich bringen:* man sagt von ihm, dass er stiehlt; sie stiehlt wie ein Rabe/wie eine Elster; Geld, Waren, Schmuck s.; die Diebe haben Bilder im Wert von mehreren Millionen Dollar gestohlen; die gestohlenen Gegenstände wurden wiedergefunden; ⟨jmdm. etw. s.⟩ man hat ihm seine

Uhr, seine Papiere gestohlen; ÜBERTR.: diese Ideen, Gedanken hat er [bei einem anderen] gestohlen; die Zeit s.; jmdm. die Zeit s. *(jmdn. aufhalten);* die Zeit dafür mussten wir uns geradezu s. *(nehmen, obwohl wir sie eigentlich nicht hatten);* das hat mir den Schlaf gestohlen *(mich um den Schlaf gebracht).* **2.** ⟨sich irgendwohin s.⟩ *sich unbemerkt [fort]begeben:* er stahl sich aus dem Zimmer, in das Haus; ⋆ **jmdm. gestohlen bleiben können** (ugs.; *jmdm. gleichgültig sein).*
steif: 1. *nicht weich, wenig biegsam:* ein steifer Hut, Karton; ein steifer *(gestärkter)* Kragen; das Papier, die Pappe ist s.; die Wäsche war s. gefroren. **2.** *unbeweglich:* ein steifes Bein; ein steifes *(erigiertes)* Glied; durch den Zug bekam sie einen steifen Hals, Nacken; er hat einen steifen *(unelastischen)* Gang; ihre Finger waren s. vor Kälte; der alte Mann ist völlig s. *(kann sich kaum noch bewegen);* vom langen Sitzen waren sie ganz s. geworden; er ist s. wie ein Stock, wie ein Besenstiel (ugs.; *ist völlig ungelenk);* sich s. *(ungelenk)* bewegen. **3.** *fest:* Gelee, den Pudding s. werden lassen; die Sahne, das Eiweiß s. schlagen. **4.** (Seemannsspr.) *stark:* es herrschte ein steifer Wind, eine steife Brise; eine steife *(stark bewegte)* See; ÜBERTR.: ein steifer Grog. **5.** *förmlich:* eine steife Begrüßung, Unterhaltung; ein steifes Benehmen; ein steifer Empfang; sie ist sehr s., begrüßte uns s.; ⋆ **steif und fest** (ugs.; *hartnäckig);* etw. s. und fest behaupten, glauben.
steigen: 1. a) ⟨irgendwohin s.⟩ *sich steigend begeben:* auf einen Berg, auf die Leiter, auf einen Stuhl s.; aufs Fahrrad, aufs Pferd s.; er stieg durchs Fenster; er ist über den Zaun gestiegen; ins Auto, in den Zug s.; in den Keller s.; in die Badewanne, ins Bett s. (fam.; *gehen);* die Passagiere stiegen an Land; ÜBERTR.: auf die Bremse s. (ugs.; *scharf bremsen);* in die Kleider s. (ugs.; *sich anziehen);* ins Examen, ins Abitur s. (ugs.; *das Examen, das Abitur machen);* **b)** ⟨aus/von etw. s.⟩ *aus-, ab-, heruntersteigen:* aus dem Auto, dem Zug s.; (fam.:) aus der Badewanne, aus dem Bett s.; sie stiegen aus dem Boot, vom Pferd, vom Baum, von der Leiter s. **2.** ⟨[irgendwohin/irgendwie] s.⟩ *sich aufwärts bewegen:* schnell, hoch, in große Höhen s.; der Ballon, die Rakete steigt; der Nebel steigt; die Lerchen steigen in die Luft; das Flugzeug steigt bis auf 10 000 Meter; die Kinder lassen Drachen s.; der Saft steigt [in den Bäumen]; ⟨jmdm. irgendwohin s.⟩ [Scham]röte stieg ihr ins Gesicht; der Duft stieg ihm in die Nase. **3. a)** *ansteigen:* die Temperatur, das Fieber steigt [auf 40°]; das Barometer ist gestiegen; das [Hoch]wasser, die Flut, der Fluss steigt langsam, stündlich um 20 cm; ÜBERTR.: die Unruhe, Span-

nung, das Vertrauen steigt; die Aussichten, seine Chancen steigen; **b)** *sich erhöhen:* der Wert der Bilder steigt; der Umsatz, das Einkommen steigt; die Preise, sind [um 2%] gestiegen; die Aktien steigen *(ihr Wert erhöht sich);* die Zahl der Toten stieg auf 96; ÜBERTR.: die Ansprüche der Menschen steigen zunehmend; **c)** ⟨in etw. (Dat.) s.⟩ *an etw. zunehmen:* die Bilder stiegen im Wert, im Preis.
4. (ugs.) *stattfinden:* die große Abschiedsparty steigt nächsten Samstag.
steigern: 1. ⟨etw. s.⟩ *erhöhen:* die Leistungen, das Tempo, die Produktion s.; die Erträge wurden [um 10 Prozent] gesteigert; die Auflage der Zeitung wurde auf 100 000 gesteigert; der Erfolg steigerte sein Selbstbewusstsein; ein Adjektiv s. (Sprachw.; *die Vergleichsformen bilden);* eine gesteigerte Nachfrage.
2. a) ⟨sich s.⟩ *zunehmen:* die Angst, seine Wut, ihre Unruhe steigerte sich; die Schmerzen steigerten sich ins Unerträgliche, bis zur Unerträglichkeit; der Sturm steigerte sich zum Orkan; seine Leistungen steigerten sich *(wurden besser);* **b)** ⟨sich [in etw. (Dat.)] s.⟩ *besser werden:* die Mannschaft steigerte sich in ihren Leistungen; der Sänger steigerte sich im Laufe des Abends; **c)** ⟨sich in etw. (Akk.) s.⟩ *hineinsteigern:* er steigerte sich immer mehr in Wut.
steil: 1. a) *stark ansteigend oder abfallend:* steile Felswände; ein steiler Weg, Anstieg; eine steile Abfahrt; die Treppe ist sehr s.; der Weg führt s. aufwärts, s. in die Höhe; die Hänge fallen s. ab; ÜBERTR.: eine steile Karriere; **b)** *senkrecht:* eine steile [Hand]schrift; sie richtete sich s. auf.
2. (Ballspiele) *nach vorn gespielt:* eine steile Vorlage; der Ball, der Pass war zu s.; ihr müsst s. spielen.
Stein, der: **1.** ein runder, spitzer, flacher S.; roher, [un]behauener S.; das Brot ist hart wie S.; einen S. werfen, schleudern; ich habe einen S. im Schuh; Steine sammeln, behauen; eine Figur aus S.; etw. in S. meißeln, hauen; ÜBERTR.: er hat ein Herz aus S. (geh.; *ist hartherzig);* ihr Gesicht war zu S. geworden, zu S. erstarrt *(hatte einen starren Ausdruck angenommen);* ⓡ man könnte ebenso gut Steinen predigen (geh.; *alle Worte, Ermahnungen treffen auf taube Ohren).*
2. *Baustein:* gebrannte Steine; Häuser, Brücken aus S.; Steine abladen, aufschichten; Steine *(Ziegelsteine)* brennen; /als Maßangabe/: eine zwei S. starke Mauer.
3. *Edel-, Schmuckstein:* echte, synthetische, geschliffene Steine; geschnittene Steine *(Gemmen);* imitierte, künstliche Steine; der S. funkelt; die Uhr läuft auf 12 Steinen *(Rubinen in den Lagern);* eine Uhr mit 12 Steinen.
4. *Obstkern:* Pflaumen, Pfirsiche haben Steine.
5. *Brettspielstein:* die Steine des Mühlespiels; er hat die weißen, sie die schwarzen Steine.
6. *Gallen-, Nierensteine o. Ä.:* Steine bilden sich,

gehen ab; er hat Steine, leidet an Steinen [in der Galle];
∗ der Stein der Weisen (geh.; *die Lösung aller Rätsel)* · der Stein des Anstoßes (geh.; *Ursache der Verärgerung)* · jmdm. fällt ein Stein vom Herzen *(jmd. ist über etw. sehr erleichtert)* · jmdm. fällt kein Stein aus der Krone *(jmd. vergibt sich [bei etw.] nichts)* · es friert Stein und Bein (ugs.; *es herrscht starker Frost)* · Stein und Bein schwören (ugs.; *etw. nachdrücklich versichern)* · den ersten Stein auf jmdn. werfen *(damit beginnen, einen anderen öffentlich anzuklagen, ihn zu beschuldigen)* · den Stein ins Rollen bringen (ugs.; *eine Angelegenheit in Gang bringen)* · jmdm. [die] Steine aus dem Weg räumen *(für jmdn. die Schwierigkeiten beseitigen)* · jmdm. Steine in den Weg legen *(jmdm. bei einem Vorhaben Schwierigkeiten machen)* · bei jmdm. einen Stein im Brett haben (ugs.; *jmds. besondere Gunst genießen)* · kein Stein bleibt auf dem anderen *(es wird alles völlig zerstört)* · keinen Stein auf dem anderen lassen *(etw. völlig zerstören).*
steinern: *aus Stein:* ein steinernes Portal; ÜBERTR.: er hat ein steinernes *(mitleidloses)* Herz; mit steinerner *(unbewegter)* Miene.
steinig: *mit vielen Steinen bedeckt:* ein steiniger Weg, Acker; die Küste ist sehr s.
Stelle, die: **1.** *Ort, Platz, Bereich:* eine S., wo Pilze wachsen; das ist die beste S. zum Campen; eine kahle S. am Kopf; eine raue, entzündete S. der Haut; eine schadhafte S. im Gewebe; diese S. muss ausgebessert werden; sich an der vereinbarten S. treffen; er hat die Sachen an die falsche S. gestellt; sie blieb unentwegt auf der gleichen S. stehen; er rührte sich nicht von der S.; ÜBERTR.: das ist ihre empfindliche, verwundbare S. *(in dieser Beziehung ist sie empfindlich, verwundbar);* der mangelnde Ausdauer ist seine schwache S. *(hierin liegt seine Schwäche);* ihre Argumentation hat eine schwache S. *(ist in einem Punkt nicht stichhaltig);* er ist an die S. seines erkrankten Kollegen getreten *(hat seinen Platz eingenommen);* etw. an passender, unpassender S. *(im rechten, falschen Augenblick)* bemerken; ich an deiner S. hätte das anders gemacht; ich möchte jetzt nicht an seiner S. sein/stehen *(nicht in seiner Lage sein);* sich an jmds. S. setzen *(etw. von jmds. Lage aus betrachten);* etw. an die Stelle von etw. setzen *(etw. durch etw. anderes ersetzen).*
2. *Platz innerhalb einer Rangordnung, Reihenfolge:* etw. kommt, steht an oberster, vorderster S.; sie liegt mit 3 211 Punkten an dritter S.; er sitzt an führender, verantwortlicher, einflussreicher S.
3. a) *Arbeitsstelle:* eine freie, offene, halbe, ganze S.; in diesem Betrieb ist eine S. [als Sekretärin] frei; sich (Dat.) eine S. suchen; eine S. finden, antreten, verlieren, ausschreiben; er hat seine S. gekündigt, [häufig] gewechselt; sie hat eine gut

bezahlte S.; für eine bestimmte S. [un]geeignet sein; sich nach einer anderen, neuen, passenden S. umsehen; sich um eine S. bemühen, bewerben; b) *Amt, Behörde:* die amtliche, maßgebende S.; eine staatliche S.; sich an höchster S. erkundigen, beschweren; sich an die zuständige S. wenden.
4. *Textstelle, Passage:* eine spannende, wichtige S.; sie las die entscheidende S. aus dem Brief vor; eine S. herausschreiben, zitieren; sie spielt diese Stelle [der Sonate] zu laut, zu schnell; auf eine andere S. verweisen.
5. (Math.) *Platz einer Zahl in einer Zahlenreihe:* die erste S. hinter dem Komma; die Zahl 1 000 hat 4 Stellen;
★ **an Stelle** (↑ anstelle) · **auf der Stelle** *(sofort)* · **auf der Stelle treten** (ugs.; *nicht vorankommen)* · **nicht von der Stelle kommen** (ugs.; *nicht vorwärts kommen)* · **zur Stelle sein** *(im rechten Moment da sein)* · **sich zur Stelle melden** (Milit.; *seine Anwesenheit melden)*.

stellen: 1. ⟨sich [irgendwohin] s.⟩ *sich aufrecht hinstellen:* sich ans Fenster, vor die Tür, unter einen Baum, neben den Stuhl, auf die Leiter, in eine Ecke s.; stell dich neben mich, ans Ende der Schlange, in die Reihe!; sich auf die Zehenspitzen s. *(sich auf den Zehenspitzen in die Höhe recken);* ich stell mich (landsch.; *ich stehe*) lieber, sonst kann ich nichts sehen; ÜBERTR.: sich gegen jmdn., etw. s. *(gegen jmds. Tun, Vorhaben, gegen etw. angehen);* sich hinter jmdn., etw. s. *(jmdn., etw. unterstützen);* sich schützend vor jmdn. s. *(für jmdn. eintreten).*
2. *hinstellen:* a) ⟨jmdn. irgendwohin s.⟩ das Baby ins Laufgitter s.; die Kleine wieder auf die Füße s.; ÜBERTR.: jmdn. vor eine Entscheidung, ein Problem s.; b) ⟨etw. [irgendwohin] s.⟩ eine Vase auf den Tisch, einen Schrank an die Wand, ins Zimmer s.; die Stühle um den Tisch, die Pantoffeln unters Bett, Blumen in die Vase s.; sie hat den Topf auf den Herd gestellt; man soll diese Flaschen legen, nicht s.; ⟨jmdm., sich etw. irgendwohin s.⟩ sie stellte ihm einen Teller mit Obst auf den Tisch; ÜBERTR.: eine Frage in den Mittelpunkt der Diskussion s.; eine Sache über eine andere s. *(sie bevorzugen);* /verblasst/: Strafantrag s. *(jmdn. verklagen);* jmdm. eine Aufgabe s.
3. ⟨etw. [irgendwo] s.⟩ *aufstellen:* Fallen, im seichten Wasser Netze s.
4. ⟨jmdn., etw. s.⟩ *bereitstellen:* Pferde, einen Ersatzmann s.; einen Bürgen, eine Kaution s.; sie stellte *(stiftete)* den Wein für die Feier; ⟨jmdm. jmdn., etw. s.⟩ die Firma stellte ihm Wagen und Chauffeur.
5. a) ⟨etw. irgendwie s.⟩ *einstellen:* das Radio lauter, leiser s.; den Schalter nach links s.; den Wecker auf 5 Uhr s.; die Heizung höher, niedriger s.; den Hebel schräg s.; b) ⟨etw. s.⟩ *regulieren:* die Uhr s.; die Weichen s.; die Waage muss gestellt werden; ⟨jmdm., sich etw. s.⟩ wir müssen uns für

morgen den Wecker s. *(ihn so einstellen, dass er klingelt).*
6. ⟨etw. s.⟩ *erstellen:* eine Diagnose, eine Prognose s.; ⟨jmdm. etw. s.⟩ man hat ihm ein Horoskop gestellt.
7. ⟨sich irgendwie s.⟩ *einen Zustand vortäuschen:* sich krank, taub, schlafend, schwerhörig s.; sie stellte sich dumm (ugs.; *tat, als ob sie von nichts wüsste).*
8. ⟨etw. irgendwie s.⟩ *einer bestimmten Temperatur aussetzen:* den Wein kalt, das Essen warm s.
9. ⟨jmdn. s.⟩ *ergreifen:* die Polizei stellte den Verbrecher; der Hund hat den Hasen gestellt.
10. a) ⟨sich [jmdm., zu etw.] s.⟩ *sich selbst ausliefern:* er hat sich der Polizei gestellt; der Dieb hat sich [freiwillig] gestellt; er muss sich zur Musterung s. *(melden),* muss sich am 1. Januar s. *(wird einberufen);* b) ⟨sich jmdm., etw. s.⟩ *(einer Herausforderung o. Ä.)* *nicht ausweichen:* sich einer Diskussion, den Reportern, der Presse s.; der Boxer stellte sich seinem Konkurrenten [zu einem Titelkampf].
11. ⟨sich [zu jmdm., etw.] irgendwie s.⟩ *sich verhalten:* wie stellst du dich zu dem neuen Kollegen, zu ihrer Kandidatur, zu dem Problem?; sich positiv, negativ zu jmdn., etw. s.; mit einer Änderung ist nicht zu rechnen, die Betriebsleitung stellt sich stur.
12. ⟨jmdn. irgendwie s.⟩ *jmdm. ein bestimmtes Auskommen verschaffen:* die Firma hat sich geweigert, ihn anders zu s.; ⟨meist im 2. Part.⟩ gut, schlecht gestellt sein *(sich in guten, schlechten finanziellen Verhältnissen befinden).*
13. ⟨etw. s.⟩ *(von Tieren) aufrichten:* der Hund, das Pferd stellt die Ohren; die Katze stellt den Schwanz.
14. ⟨etw. s.⟩ *arrangieren:* eine Szene s.; das Ballett nach der Musik s.; gestellte Bilder; das Foto wirkt gestellt *(unnatürlich);*
★ **auf sich [selbst] gestellt sein** *([finanziell] auf sich selbst angewiesen sein)* · **sich gut mit jmdm. stellen** (ugs.; *mit jmdm. gut auszukommen suchen):* sie waren von ihm abhängig und versuchten sich gut mit ihm zu stellen.

Stellung, die: **1.** a) *Körperhaltung:* eine natürliche, [un]bequeme S.; eine hockende, kauernde S. einnehmen; das Modell wechselte mehrmals seine S.; in gebückter, kniender S. verharren; b) *Körperhaltung beim Geschlechtsverkehr:* eine S. ausprobieren, kennen; jmdm. eine neue S. beibringen.
2. *Stand:* die S. der Sterne; die S. der Planeten zur Sonne; die S. eines Wortes im Satz; die S. der Weichen ändern.
3. a) *Amt, Posten:* eine schlechte, gut bezahlte, einflussreiche S.; diese S. sagt ihm nicht zu; eine S. suchen, finden, annehmen, aufgeben, antreten, verlieren; eine hohe S. bekleiden, innehaben; er ist schon einige Zeit ohne S., in führender S.; b) *Rang, Position:* seine soziale S. verbot es ihm,

an dieser Veranstaltung teilzunehmen; die S. der Stadt als zentraler Handelsplatz/(geh.:) als eines zentralen Handelsplatzes; sie muss auf ihre gesellschaftliche S. Rücksicht nehmen; er befindet sich in [un]abhängiger, exponierter S. **4.** (Milit.) *Frontabschnitt:* eine befestigte, [un]gedeckte, gut getarnte S.; die eigenen, feindlichen Stellungen; die S. besetzen, halten, verlassen, wechseln, stürmen, nehmen; sie haben ihre S. behauptet, verteidigt; neue Stellungen beziehen; in S. gehen *(sich postieren);* ÜBERTR.: geh nur, ich halte inzwischen die S. *(ich bleibe hier und passe auf);* ∗ **zu etw. Stellung nehmen** *(zu etw. seine Meinung äußern)* · **für jmdn., etw./gegen jmdn., etw. Stellung nehmen** *(sich für, gegen jmdn./etw. aussprechen)* · **Stellung beziehen** *(einen bestimmten Standpunkt einnehmen).*

Stellungnahme, die: zu, gegen etw. eine klare, eindeutige S. abgeben; sich eine S. vorbehalten; sich einer S. enthalten; jmdn. um [eine, seine] S. bitten.

stemmen: 1. ⟨etw. s.⟩ *in die Höhe heben:* Gewichte, Hanteln [in die Höhe] s.; er hat 100 Kilo gestemmt. **2.** ⟨sich, etw. irgendwohin s.⟩ *fest gegen etw. drücken:* sich [mit dem Rücken] gegen die Wand, gegen die Tür s.; sich gegen den Sturm s.; die Füße gegen die Wand s.; sie stemmte die Arme in die Seite; die Ell[en]bogen auf den Tisch s. *(aufstützen).* **3.** ⟨etw. s.⟩ *mit einem Stemmeisen o. Ä. hervorbringen:* ein Loch [in die Wand] s. **4.** ⟨sich gegen etw. s.⟩ *sich wehren:* er stemmte sich gegen alle Pläne; sich [mit aller Macht] gegen ein Vorgehen, eine Maßnahme s.

Stempel, der: **a)** einen S. anfertigen, herstellen, schneiden [lassen]; den S. auf den Briefumschlag drücken; **b)** *Stempelabdruck:* ein runder S.; der S. der Firma, einer Behörde; der Brief trägt den S. vom 1. Januar, des heutigen Tages; Briefmarken durch einen S. entwerten; das Dokument ist mit Unterschrift und S. versehen.; ∗ **den Stempel von jmdm., etw. tragen** *(von jmdm., etw. geprägt sein)* · **jmdm., etw. seinen/ den Stempel aufdrücken** *(jmdm., etw. sein eigenes charakteristisches Gepräge verleihen).*

stempeln: 1. a) ⟨etw. s.⟩ *abstempeln:* Briefe, Postkarten, Formulare, Goldwaren, einen Pass s.; die Briefmarken sind gestempelt; die Bestecke sind 800 gestempelt *(tragen den Silberstempel 800);* **b)** ⟨etw. [auf etw.] s.⟩ *durch Stempeln erscheinen lassen:* das Datum s.; Name und Anschrift auf den Umschlag s. **2.** ⟨jmdn. zu jmdm. s.⟩ *als jmdn. kennzeichnen:* jmdn. zum Lügner, zum Verbrecher s.

sterben: a) *aufhören zu leben:* plötzlich, unerwartet, jung, in hohem Alter, ruhig, eines (geh.:) unnatürlichen/gewaltsamen Todes s.; sie musste früh, jung s.; er starb als guter Christ, an einem

Herzschlag, an Krebs, an den Folgen eines Unfalls; sie starb aus Gram über den Tod ihres Kindes; im Krankenhaus, zu Hause, auf dem Schlachtfeld *(im Kampf),* in den Armen seiner Frau s.; das Kind ist bei der Geburt gestorben; sie ist mit 80 Jahren/im Alter von 80 Jahren gestorben; er starb über seiner Arbeit; /formelhafter Schluss von Märchen/: und wenn sie nicht gestorben sind, dann leben sie noch heute; ⟨jmdm. s.⟩ ihm ist die Frau gestorben; SUBST.: im Sterben liegen *(mit dem Tode ringen);* ÜBERTR.: vor Angst, vor Langeweile, vor Neugier s. (ugs.: *sich sehr ängstigen usw.);* der Wald stirbt *(geht zugrunde);* die sterbende Natur; ®daran, davon stirbt man nicht (ugs.: *das ist nicht so schlimm);* ⟨für etw. etw. s.⟩ *sein Leben hingeben:* für das Vaterland, für eine Idee, für seinen Glauben s.; **c)** ⟨etw. s.⟩ *in bestimmter Weise sterben:* einen leichten, schweren, qualvollen Tod s.; ∗ **für jmdn. gestorben sein** *(für jmdn. nicht mehr existieren, weil man seine Erwartungen völlig enttäuscht hat)* · **gestorben [sein]** (1. salopp: *nicht zustande gekommen [sein]:* das Projekt ist gestorben. 2. Film, Ferns. Jargon: *abgeschlossen, abgebrochen:* »Okay, gestorben!«, rief der Regisseur) · **zum Sterben langweilig, müde, einsam** o. ä. (ugs.: *sehr langweilig usw.):* manchmal fühlte sie sich zum S. einsam.

Sterbenswörtchen, das: ⟨in der Fügung⟩ **kein/ nicht ein Sterbenswörtchen** (ugs.; *überhaupt nichts):* er hat kein S. [von seinem Vorhaben] gesagt, verraten, erzählt.

sterblich: 1. *vergänglich:* der sterbliche Leib; alle Lebewesen sind s.; SUBST.: die Sterblichen (dichter.; *die Menschen);* ein gewöhnlicher Sterblicher *(ein Durchschnittsmensch).* **2.** (ugs.) *sehr:* sich s. blamieren.

Sterblichkeit, die: *Anzahl der Sterbefälle:* die S. bei Kreislauferkrankungen, bei Krebskranken; die S. nimmt zu, ab.

Stern, der: **1.** ein heller, leuchtender, kleiner, blasser S.; (Astron.:) ein S. erster, zweiter, dritter Größe; die Sterne des nördlichen, südlichen Himmels; die Sterne stehen am Himmel, funkeln, glänzen, glitzern, leuchten, strahlen, verlöschen, gehen auf/unter; die Sterne beobachten; (geh.:) ein mit Sternen übersäter Himmel; auf diesem S. (dichter.; *auf der Erde);* er benahm sich wie ein Mensch von einem anderen S. *(ganz und gar andersartig);* ÜBERTR.: er ist ein aufgehender, der neue S. am Filmhimmel; mit ihm geht ein neuer S. auf *(sie tritt als großes Talent auf ihrem Gebiet hervor).* **2.** (Astrol.) *Schicksal:* ein glücklicher S., sein guter S. hat ihn geleitet; jmds. S. geht auf, ist im Aufgehen, sinkt, ist im Sinken *(jmd. ist zunehmend erfolgreich, erfolglos);* die Sterne stehen günstig *(die Konstellation kündet für jmdn. Glück an);* sie befragt die Sterne, liest in den Sternen *(sucht durch Sterndeutung die Zukunft zu erfor-*

schen); jmd. ist unter einem guten, glücklichen S. geboren *(hat Glück im Leben).* **3.** a) *sternförmiges [Rang]abzeichen:* silberne, goldene Sterne auf den Schulterstücken; **b)** *sternförmige Figur o. Ä.:* ein sechszackiger S.; am Christbaum hängen silberne Sterne; Sterne aus Marzipan, aus Stroh; Sterne aus Teig ausstechen; das Pferd hat einen S. *(eine sternförmige Blesse);* ein Hotel mit drei Sternen *(Gütezeichen in Sternform);* ein S., Sternchen verweist auf eine Fußnote; ★ **Sterne sehen** (ugs.; *durch einen Schlag o. Ä. ein Flimmern vor den Augen haben)* · **die Sterne vom Himmel holen wollen** (geh.; *Unmögliches erreichen wollen)* · **jmdm./für jmdn. die Sterne vom Himmel holen** *(alles für jmdn. tun)* · **in den Sternen [geschrieben] stehen** *(noch völlig ungewiss sein)* · **nach den Sternen greifen** (geh.; *nach etwas Unerreichbarem streben)* · **unter einem guten/glücklichen/[un]günstigen** o. ä. **Stern stehen** (geh.; *einen guten/glücklichen/[un]günstigen o. ä. Verlauf nehmen)* · **unter fremden Sternen** (geh.; *in der Fremde).*

stetig: *konstant:* eine stetige Entwicklung; eine s. steigende Bedeutung; er arbeitet sehr s.; etw. nimmt s. zu, ab.

stets: *immer:* sie ist s. guter Laune; er kommt s. pünktlich.

¹**Steuer,** die: *Steuerabgabe:* [in]direkte, staatliche, städtische S.; hohe, harte, drückende, aufgelaufene Steuern; vom Gehalt wird die S. abgezogen, geht die S. ab; den Bürgern werden immer neue Steuern auferlegt; die S. wurde einbehalten; Steuern [be]zahlen, entrichten, abführen, hinterziehen, ermäßigen, erhöhen, senken, einziehen, eintreiben; der Staat erhebt dafür eine S.; eine S. auf etw. legen; er kann die Steuern nicht aufbringen; Steuern nachzahlen müssen; das Auto kostet fast 300 Mark S. im Jahr; etw. unterliegt der S.; nach Abzug der Steuern bleibt ...; etw. mit einer S. belegen; er kann die Kosten von der S. absetzen.

²**Steuer,** das: *Vorrichtung zum Steuern, Lenkrad:* das S. des Schiffes, des Autos; das S. führen, ergreifen, herumwerfen, -reißen; der Beifahrer hat das S. übernommen *(hat den Fahrer beim Fahren abgelöst);* sie hat den ganzen Tag am/(ugs.:) hinterm S. gesessen *(ist gefahren);* jmdn. ans S. lassen (ugs.; *jmdm. erlauben zu fahren);* jmdn. ins S. greifen; ÜBERTR.: er hat das S. *(die Führung)* übernommen; hat er das Steuer in der Hand; ★ **das Steuer herumreißen/herumwerfen** *(den Gang, die Richtung einer Entwicklung ändern).*

steuern: 1. a) 〈jmdn., etw. [irgendwohin] s.〉 *lenken:* ein Schiff, ein Auto, ein Flugzeug s.; einen Ferrari s. *([im Rennen] fahren);* er hat das Boot sicher in den Hafen, durch die Klippen, zur Insel gesteuert; er hat das Motorrad mit einer Hand gesteuert; 〈auch ohne Akk.〉 er kann nicht s.; wer hat gesteuert?; mehr nach rechts s.; ÜBERTR.: ein

Gespräch in die gewünschte Richtung s.; **b)** 〈irgendwohin s.〉 *Kurs nehmen:* das Schiff steuert aufs Meer, zur Insel, nach Norden; ÜBERTR.: wohin steuert unsere Politik?; **c)** 〈etw. s.〉 *(einen) Kurs einhalten:* einen geraden, einen mittleren Kurs s.; ÜBERTR.: einen falschen Kurs s. *(das Falsche tun).* **2.** (ugs.) 〈irgendwohin s.〉 *sich in eine bestimmte Richtung bewegen:* sie steuerte durch die Tischreihen, an die Theke, nach vorn; ÜBERTR.: er steuert in sein Unglück. **3.** (bes. Biol., Technik) 〈etw. s.〉 *regulieren:* die Geschwindigkeit des Fließbands, den Produktionsprozess s.; automatisch gesteuerte Heizungen; Hormone steuern die Tätigkeit der Keimdrüsen; ÜBERTR.: die öffentliche Meinung s.; eine staatlich gesteuerte Wirtschaftspolitik. **4.** (geh.) 〈etw. (Dat.) s.〉 *entgegenwirken:* einem Unheil, der Not, dem Unfug, dem Übel zu s. suchen.

Stich, der: **1.** a) *das Stechen:* ein tödlicher S. mit dem Messer; der S. traf sie mitten ins Herz; der [schmerzhafte] S. einer Wespe, Biene; **b)** *Stichverletzung:* S. schmerzt, ist angeschwollen, juckt; jmdm. Stiche mit dem Messer beibringen; er bekam mehrere Stiche. **2.** *stechender Schmerz:* heftige Stiche in der Seite, am Herz haben, verspüren, bekommen; ÜBERTR.: bei diesem Namen ging ihm ein S. durchs Herz; die Nachricht, die Bemerkung gab mir einen S. *(traf mich sehr).* **3.** *Nähstich:* enge Stiche machen; die Maschine näht große, exakte Stiche; etw. mit ein paar schnellen Stichen anheften. **4.** *Stahl-, Kupferstich:* ein alter, wertvoller, farbiger S.; Stiche eines alten Meisters. **5.** *leichter Farbschimmer:* das Dia hat einen [leichten] S. ins Blaue; ÜBERTR.: er war einen S. *(ein bisschen)* zu korrekt gekleidet; sie hat einen S. ins Ordinäre. **6.** (Kartenspiel) *Karten, die ein Spieler durch Stechen an sich bringt:* [k]einen S. bekommen, abgeben; er hat keinen S. gemacht; ÜBERTR.: er machte, bekam gegen den Verteidiger keinen S. mehr; ★ **Stich halten** *(der Nachprüfung standhalten, sich als richtig erweisen)* · **einen [leichten] Stich haben** (1. ugs.; *[leicht] verdorben sein.* 2. salopp; *nicht recht bei Verstand sein)* · **jmdn. im Stich lassen** (1. *jmdm. in einer Notlage nicht helfen.* 2. *jmdn. verlassen.* 3. ugs.; *jmdm. den Dienst versagen:* das Gedächtnis lässt ihn manchmal im S.) · **etw. im Stich lassen** *(etw. aufgeben, zurücklassen).*

Stichelei, die: sie lässt doch die S.!; sie konnte ihre ständigen, dauernden, ewigen Sticheleien nicht mehr ertragen.

sticheln: 1. *hetzen:* musst du immerzu s.?; er stichelt gern gegen seine Vorgesetzten. **2.** *nähen, sticken:* sie stichelt am Saum des Kleides.

stichhaltig: ein stichhaltiger Grund, Beweis, Einwand; seine Gründe waren, erwiesen sich als nicht s.

Stichwort, das: 1. *in einem Lexikon o. Ä. behandeltes Wort:* das Lexikon, das Wörterbuch hat, behandelt 50 000 Stichwörter; ein S. suchen, vermissen; unter dem entsprechenden S. suchen, nachschlagen. 2. *Einsatzzeichen für einen Schauspieler:* das S. fällt; jmdm. das S. geben; das S. verpassen; ÜBERTR.: er gab das S. für unseren Aufbruch, zu Reformen. 3. ⟨Plural⟩ *kurze Notiz:* Stichworte notieren, aufschreiben; sich [für einen Vortrag] Stichworte machen; sie hat die Rede in Stichworten festgehalten.

sticken: 1. *eine Stickerei ausführen:* gerne, zum Zeitvertreib s.; sie stickt mit buntem Garn an einer Decke. 2. ⟨etw. s.⟩ a) *durch Sticken erzeugen:* Muster s.; ein Monogramm in Tischdecken, auf Taschentücher s.; b) *mit einer Stickerei versehen:* eine Decke s.; eine gestickte Bluse.

stickig: stickige Luft; ein stickiger Raum; im Saal war es furchtbar s.

Stiefel, der: 1. *enge, weite, hohe, gefütterte S.;* S. mit hohen Absätzen, Schäften; ein Paar S.; die S. putzen, wichsen, besohlen [lassen]; ℝ das sind zwei Paar/zwei verschiedene/zweierlei S. (ugs.; *ganz verschiedene Dinge*). 2. *stiefelförmiges Trinkgefäß:* einen S. Bier bestellen, trinken, leeren; ⋆ einen [tüchtigen/gehörigen/guten o. ä.] Stiefel vertragen [können] (ugs.; *viel Alkohol vertragen [können]*) · seinen/den alten Stiefel weitermachen (ugs.; *immer in der gewohnten Weise vor sich hin arbeiten*) · einen Stiefel zusammenreden, zusammenschreiben usw. (ugs.; *viel und unqualifiziert reden, schreiben usw.*) · einen Stiefel fahren, spielen usw. (ugs. abwertend; *schlecht fahren, spielen usw.*).

stiefeln (ugs.) ⟨irgendwohin s.⟩: die Kinder stiefelten durch den Schnee, zum Bahnhof, in Richtung Würstchenbude.

Stiefkind, das: sie behandelt die Stiefkinder wie ihre eigenen; man behandelte ihn ein wenig als S. (*vernachlässigte, benachteiligte ihn*); ÜBERTR.: er ist ein S. des Glücks; zu den Stiefkindern innerhalb unserer Gesellschaft gehören Behinderte, Kinder, Alte.

stiefmütterlich: eine stiefmütterliche Behandlung erfahren; du hast ihn sehr s. behandelt.

Stiel, der: 1. a) *Pflanzenstängel:* ein kurzer, dünner, kräftiger S.; die Stiele der Blüten, der Blätter; Rosen mit langen Stielen; b) *Fruchtstiel:* die Stiele der Äpfel entfernen; Kirschen haben lange Stiele. 2. *stielförmiger Griff:* ein hölzerner S.; der S. der Pfanne, des Hammers, des Besens; der S. ist abgebrochen, hat sich gelockert; das Glas hat einen

kurzen, langen, schlanken S. *(Verbindungsstück zwischen Fuß und Schale);* Eis am S.

Stielaugen, die: ⟨meist in den Wendungen⟩ Stielaugen machen, bekommen, kriegen (ugs. scherzh.; *auf etw. begehrlich, überrascht, neugierig blicken*).

Stier, der: 1. *männliches Rind:* ein gereizter, wütender S.; der S. lief in die Arena ein, riss sich los, nahm ihn auf die Hörner; er ging wie ein S. auf seinen Gegner los (ugs.; *griff ihn wild an*); der Matador besiegte, tötete den S. 2. (Astrol.) a) */ein Tierkreiszeichen/:* sie ist im Zeichen S., im Zeichen des Stiers geboren; b) *im Zeichen Stier Geborene[r]:* er ist [ein] S.; ⋆ den Stier bei den Hörnern packen/fassen *(eine Aufgabe mutig anpacken).*

stieren ⟨irgendwohin s.⟩: in eine Ecke, zu Boden, auf einen Fleck s.; der Kranke stierte an die Decke des Zimmers.

¹Stift, der: 1. *Schreib-, Malstift:* ein dicker, dünner, harter, weicher, langer, farbiger S.; der S. ist abgebrochen; den S. [an]spitzen. 2. *Metall-, Holzstift:* ein kurzer, langer S. aus Holz; etw. mit Stiften anheften, befestigen. 3. (ugs.) *Lehrling:* diese Arbeiten muss der S. machen.

²Stift, das: *kirchliche Stiftung:* im Mittelalter entstanden viele Stifte/(selten:) Stifter; ein S. gründen, errichten; in einem S. wohnen, leben.

stiften 1. ⟨etw. [für etw.] s.⟩: a) *Geld bereitstellen:* Klöster, Kirchen, einen Orden s.; die Stadt stiftete einen Preis [für Nachwuchsforscher]; b) *spenden:* Geld, eine größere Summe, einen Teil des Erlöses für einen wohltätigen Zweck s.; c) *spendieren:* er hat den Wein, einen Kasten Bier [für die Feier] gestiftet. 2. ⟨etw. s.⟩ *bewirken:* Unheil, Schaden, Verwirrung, Unruhe s.; er suchte vergebens, Frieden zwischen den Parteien zu s.

Stiftung, die: 1. *das Stiften:* die S. des Klosters, des Ordens. 2. (Rechtsw.) *Schenkung:* eine kirchliche, staatliche, private, wohltätige S.; die Bilder sind eine S. des Malers; eine S. *(durch eine Schenkung finanzierte Institution)* errichten, verwalten; eine S. aus jmdm. machen; Geld aus einer S. erhalten.

Stil, der: 1. *Art des sprachlichen Ausdrucks:* ein gewandter, flüssiger, gepflegter, schlechter, schwerfälliger, holpriger, hölzerner S.; sein S. ist steif, gespreizt, trocken; der S. seiner Briefe ist knapp, lebendig; sie hat, schreibt ihren eigenen, einen eigenwilligen, einen unbeholfenen S.; das Buch ist in einem heiteren S. geschrieben. 2. *(in der [Bau]kunst o. Ä.) typische Ausdrucksform, Gestaltungsweise:* romanischer, gotischer S.; der S. des Barocks; dieses Kleid ist schön, aber nicht mein S.; die Räume haben S.; seinen eigenen, persönlichen S. finden, entwickeln; ein Gebäude neuen Stils; dieses Haus ist im S. der Gründerzeit gebaut.

3. *sportliche Technik:* ihr S. lässt zu wünschen übrig; sie läuft, schwimmt einen/in einem ausgezeichneten, eleganten S.; er muss seinen S. noch verbessern.
4. *Format; Manier:* das ist schlechter politischer S.; das ist nicht mein S. *(so etwas mache ich nicht);* »Mist, Scheiße ...«, und in diesem S. ging es weiter; ★ **im großen Stil; großen Stils** *(in großem Ausmaß; großen Ausmaßes):* er betreibt den Handel im großen S.; ein Betrug großen Stils.
still: 1. *frei von Lärm, Unruhe:* ein stiller Platz, Ort; ein stilles Dorf, Tal; sie wohnen in einer stillen Gegend; ein stilles Gebet; ein stilles *(geruhsames)* Leben führen; überleg dir das in einer stillen Stunde *(in einem ruhigen Augenblick);* es war s. wie in einer Kirche; ihr müsst jetzt s. sein, euch s. *(leise)* verhalten; sei doch endlich s.! *(hör auf zu reden!);* auf das Klopfen hin blieb es s. in der Wohnung.
2. a) *nicht gesprächig:* ein stilles Kind; du bist ja heute so s.; sie saß den ganzen Abend s. in der Ecke; er arbeitet s. vor sich hin; **b)** *sich nicht äußernd; wortlos:* ein stilles Glück; ein stiller Vorwurf; sie ist seine stille *(heimliche)* Liebe; sie verharrten in stillem Gedenken; /Formeln in Todesanzeigen/: in stiller Trauer, in stillem Schmerz; s. trauern.
3. *unbewegt:* ein stilles Wasser, Gewässer; die Luft war ganz s.; s. daliegen; halte bitte die Hände, die Füße s.!;
★ **es wird still um jmdn., etw.** *(jmd., etw. verliert an öffentlichem Interesse)* · **im Stillen** (1. *bei sich selbst:* im Stillen fluchte er; im Stillen erhofft.
2. *unbemerkt, heimlich:* sie hatte im Stillen alle Vorbereitungen für die Abreise getroffen).
Stille, die: eine tiefe, feierliche, friedliche, abendliche S.; die S. des Waldes; S. verbreitete sich, breitete sich aus; eine peinliche S. entstand, trat ein; es herrschte eine lähmende, eine erwartungsvolle S.; S. umgab ihn; eine S. lag über dem Land; kein Laut durchbrach, unterbrach die S.; ein Schrei zerriss die S.; das Haus lag in tiefer S.; in der S. der Nacht;
★ **in aller Stille** *(unbemerkt, ohne alles Aufheben):* in aller S. heiraten.
stillen: 1. ⟨jmdn. s.⟩ *an der Brust trinken lassen:* sie stillt ihr Baby; ⟨auch ohne Akk.⟩ sie stillt; stillende Mütter.
3. ⟨etw. s.⟩ *ein Bedürfnis befriedigen:* den Hunger s.; seinen Durst mit einem Glas Bier s.; seine Neugier, ein Verlangen s.
2. ⟨etw. s.⟩ *zum Stillstand bringen:* jmds. Tränen, das Blut, den Husten s.; Schmerzen [durch eine Injektion, mit Tabletten] s.
stilllegen ⟨etw. s.⟩: eine Eisenbahnlinie, eine Zeche s.; die Fabrik wurde stillgelegt.
Stillschweigen, das: sie versprachen, [darüber] strengstes S. zu bewahren; S. vereinbaren, geloben; etw. mit S. übergehen.

Stillstand, der: in der Entwicklung, in den Verhandlungen ist ein S. eingetreten; einen Motor, eine Entzündung zum S. bringen; die Gespräche sind zum S. gekommen.
stillstehen: die Mühle steht seit einiger Zeit still; während des Streiks standen die Maschinen, alle Räder still *(es wurde nicht gearbeitet);* der Verkehr steht still; die Zeit schien stillzustehen; sein Herz stand still vor Schreck *(er war vor Schreck wie gelähmt);* ihr Mundwerk steht nie still *(sie spricht fortwährend).*
Stimme, die: **1. a)** *Sprechstimme:* eine laute, leise, wohlklingende, [un]angenehme, weiche, harte, raue, sonore, heisere, klare, fremde, vertraute S.; ein feines, zartes Stimmchen; die S. des Menschen; ihre S. ist schlecht zu hören, zu verstehen; die S. wurde immer schwächer; die S. klang ruhig; seine S. trägt, überschlägt sich, schnappt über; die Stimmen verstummten, (geh.:) erstarben; die S. versagte ihm; ihre S. zitterte, wurde unsicher; seine S. heben *(lauter sprechen),* senken *(leiser sprechen),* dämpfen; sie suchte ihre S. zu verstellen; jmds. S. hören, vernehmen; Stimmen hören *(akustische Wahnvorstellungen haben);* sie erkannte ihn an der S.; mit erhobener *(lauter),* fester, erregter, bewegter, deutlicher, stockender, erstickter S. sprechen; Ungeduld klang, schwang in seiner S. mit; ÜBERTR.: eine innere S. *(ein Gefühl, eine Vorahnung)* warnte sie; der S. des Herzens, des Gewissens, der Vernunft folgen, gehorchen; **b)** *Singstimme:* eine hohe, tiefe, gewaltige, tragfähige, schöne S.; ihre S. hat einen großen Umfang; er ließ seine S. ausbilden; seine S. schonen; er hat seine S. verloren; der Sänger war an diesem Abend nicht, gut bei S. *(nicht, gut disponiert);* sie sang mit lauter, mit unsauberer S.; ÜBERTR.: die Stimmen der Orgel, der Glocken.
2. *Gesangs-, Instrumentalpart:* die erste, zweite S. singen; die S. aus der Partitur abschreiben, mitlesen; ein Chor für vier [gemischte] Stimmen.
3. *Meinung, Urteil:* eine gewichtige S.; die S. *(der Wille)* des Volkes; die Stimmen des Protestes mehren sich; seine S. gilt viel; es wurden Stimmen laut, die ...; warnende Stimmen erhoben sich.
4. *Wählerstimme:* eine [un]gültige S.; jede S. zählt; ist wichtig; [k]eine S. haben *([nicht] wahlberechtigt sein);* Stimmen sammeln, [aus]zählen; einem Kandidaten seine S. geben; die Partei hat bei der letzten Wahl Stimmen gewonnen, verloren; sie konnte viele Stimmen auf sich vereinigen; seine S. abgeben *(wählen);* sich der Versammlung Sitz und S. haben; sich der S. enthalten; über eine oder mehrere Stimmen verfügen.
stimmen: 1. *zutreffend sein:* ihre Angabe, die Behauptung, die Information stimmt; meine Vermutungen stimmten nicht; die Adresse stimmt nicht mehr; die Rechnung, die Kasse hat nicht gestimmt; der Preis muss s. *(im angemessenen Verhältnis zum Erworbenen stehen);* mit meinen

Nieren muss etwas nicht s.; stimmt es, dass du wegfährst?; das kann doch nicht, kann unmöglich s.!; [das] stimmt! *(das ist wahr!); etwas stimmt hier, in dieser Ehe, zwischen den beiden nicht; bei ihm stimmt etwas nicht (salopp; er ist nicht ganz bei Verstand); /Aufforderung, das Wechselgeld zu behalten/:* stimmt so!; stimmt auffallend! (iron.; *da hast du wirklich Recht!*); Ⓡ stimmts, oder hab ich recht? (ugs. scherzh.; *verhält es sich etwa nicht so, wie ich behaupte?*); ÜBERTR.: bei diesem Auto, (ugs.:) bei dieser Frau stimmt einfach alles *(entspricht alles den Erwartungen, Vorstellungen).* **2.** (seltener) ⟨auf jmdn., zu jmdm., etw.⟩ *passen:* die Beschreibung stimmt auf die Vermisste; seine Aussage stimmt zu der des anderen Zeugen. **3.** ⟨jmdn. irgendwie s.⟩ *in eine Stimmung versetzen:* etw. stimmt jmdn. freudig, traurig, wehmütig; deine Worte stimmen mich nachdenklich, zuversichtlich; sie hat ihn [mit ihren Worten, durch ihre Worte] wieder versöhnlich gestimmt; zum Feiern gestimmt sein; er war sehr feindlich [gegen uns] gestimmt. **4.** ⟨für jmdn., etw./gegen jmdn., etw. s.⟩ *seine Stimme abgeben:* er hat für diesen Kandidaten gestimmt; viele stimmten gegen den Vorschlag; ⟨auch ohne Präpositionalobjekt⟩ sie hat mit Ja, mit Nein gestimmt. **5.** ⟨etw. s.⟩ *auf die richtige Tonhöhe bringen:* die Geige s.; den Flügel s. lassen; das Instrument höher, tiefer s.; ⟨auch ohne Akk.⟩ das Orchester stimmt.

Stimmung, die: 1. *Stimmungslage:* es herrschte eine ausgelassene, gelockerte, tolle, gedrückte, feierliche, feindselige S.; die S. war gedämpft; seine miese Stimmung an jmdm. auslassen; die S. schlug plötzlich um, sank; die S. aufhellen; etw. trübt jmds. S.; etw. beeinträchtigt die S.; jmdm. [mit/durch etw.] die S. *(die gute Laune)* verderben; sie waren bester S. *(Laune);* Stimmungen *(Schwankungen des seelischen Gleichgewichts)* unterworfen sein; in versöhnlicher, gereizter S. sein; die Gesellschaft war, kam in S. *(war, wurde fröhlich);* sie war nicht in der richtigen S. für diese Unternehmung; eine Kapelle sorgte für S. *(Fröhlichkeit);* die Nachricht versetzte mich in eine heitere/depressive S.; die Musik brachte die Leute in S. *(in fröhliche Laune);* er bemühte sich, die Gäste, das Publikum in S. *(bei guter Laune)* zu halten. **2.** *Atmosphäre:* die merkwürdige S. vor einem Gewitter; die S. einer Landschaft, eines Sonnenuntergangs einfangen; das Bild strahlt S. aus. **3.** *Meinung:* die allgemeine, herrschende S. war gegen ihn, war feindselig, freundlich; die S. des Volkes erkunden wollen; für jmdn., für etw. S. machen *(werben);* gegen jmdn., gegen etw. S. machen *(versuchen, eine ablehnende Haltung hervorzurufen).*

4. (Musik) **a)** *das Stimmen eines Instrumentes:* eine S. vornehmen; **b)** *das Gestimmtsein eines Instruments:* eine reine, temperierte S.; die S. auf Kammerton; die S. der Geige ist unsauber, zu hoch.

stinken: 1. (abwertend) ⟨[irgendwie] s.⟩ *unangenehm riechen:* die faulen Eier stanken schrecklich; aus dem Hals/Mund, wie die Pest, wie ein Bock (derb; *sehr*) s.; stinkende Abgase; ⟨nach etw. s.⟩ er stinkt nach Knoblauch; ⟨es stinkt irgendwie/nach etw.⟩ es stinkt fürchterlich, abscheulich, nach Benzin; ÜBERTR.: nach Geld s. *(allem Anschein sehr reich sein).* **2.** (ugs.) ⟨[nach etw.] s.⟩ *verdächtig sein:* das stinkt nach Verrat; an dieser Sache stinkt etwas; die Sache stinkt; ⟨es stinkt [nach etw.]⟩ es stinkt gewaltig [nach Betrug]. **3.** (salopp) ⟨jmdm. s.⟩ *lästig werden:* die Schule stank ihr gewaltig; der Kerl, die Arbeit stinkt mir schon lange; ⟨es stinkt jmdm.⟩ mir stinkts [langsam]!

Stirn, (geh.:) **Stirne,** die: eine hohe, niedrige, breite, glatte, zerfurchte, gewölbte S.; seine S. umwölkte sich, verfinsterte sich; sie zog ihre S. in Falten; sich die S. trocknen, kühlen, reiben; die S. runzeln; sich (Dat./Akk.) an die S. tippen, greifen; sie hat eine Beule an der S.; er schlug sich (Dat./Akk.) vor Überraschung an die S.; Schweißtropfen standen ihm auf der S.; sie kämmt sich das Haar aus der S., in die S.; man sah ihm an, was hinter seiner S. vorging *(was er dachte);* den Hut in die S. drücken; sich den Schweiß von der S. wischen; Schweiß rann, lief ihm von der S.;

★ jmdm., etw. die Stirn bieten *(jmdm., etw. furchtlos entgegentreten)* · über jmdn., etw. die Stirn runzeln *(etw., jmds. Tun o. Ä. missbilligen)* · die Stirn haben, etw. zu tun *(die Dreistigkeit besitzen, etw. zu tun)* · sich (Dat.) an die Stirn fassen/greifen *(eine Handlung nicht begreifen können)* · jmdm. etw. an der Stirn ablesen *(an seinem Gesicht merken, was in ihm vorgeht)* · jmdm. auf der Stirn geschrieben stehen *(in jmds. Gesichtszügen deutlich erkennbar sein)* · mit eiserner Stirn *(1. unerschütterlich: mit eiserner S. standhalten. 2. unverschämt: mit eiserner S. leugnen).*

stochern ⟨in etw. (Dat.) s.⟩: [mit dem Schürhaken, mit einem Stock] in der Glut, im Feuer, im Ofen s.; [mit etw., nach Speiseresten] in den Zähnen s.; die Kinder stocherten lustlos im Essen.

¹Stock, der: **1. a)** *Stab:* ein langer, dünner, dicker, knotiger S.; mit einem S. auf jmdn., etw. einschlagen; etw. mit einem S. *(Zeigestock)* auf der Landkarte zeigen; er geht, als ob er einen S. verschluckt hätte (scherzh.; *er hat einen sehr aufrechten und steifen Gang);* **b)** *Spazier-, Krückstock:* ein S. mit Silberknauf; sie braucht zum Gehen einen S.; seit seinem Unfall geht er am S.; auf einen S. gestützt gehen.

2. *Blumen-, Rebstock:* die Stöcke blühen; viele der Stöcke waren erfroren. **3.** *Baumstumpf:* Stöcke ausgraben, roden. **4.** *Bienenstock:* die Bienen haben den S. verlassen *(sind ausgeschwärmt);* ⋆ **am Stock gehen** (ugs.; *in einer schlechten gesundheitlichen Verfassung oder schlechten finanziellen Lage sein)* · **über Stock und Stein** *(über alle Hindernisse hinweg).*

²**Stock,** der: *Stockwerk:* der zweite, der oberste S.; das Gebäude hat vier S., ist vier S. hoch; einen S. aufsetzen; sie wohnen einen S. tiefer, im ersten S.; in welchem S. wohnt ihr?

stocken: 1. a) *stillstehen:* sein Herz, sein Puls, sein Atem hat gestockt; ⟨jmdm. s.⟩ das Blut stockte ihm in den Adern; vor Entsetzen stockte ihr der Atem; **b)** *nicht vorangehen:* der Absatz, der Verkehr, die Produktion, die Unterhaltung stockt; seine Antwort kam stockend *(zögernd);* ⟨jmdm. s.⟩ die Feder stockte ihm *(er konnte nicht weiterschreiben);* SUBST.: das Gespräch, die Arbeit geriet ins Stocken. **2.** *innehalten:* er stockte in seiner Erzählung, bei seinem Bericht; sie hat einen Augenblick gestockt; stockend *(nicht flüssig)* sprechen. **3.** (bes. südd., österr., schweiz.) *dickflüssig, sauer werden:* die Milch hat/ist gestockt.

Stockung, die: eine S. des Verkehrs, der Arbeit; eine S. im Arbeitsablauf; in der Unterhaltung trat eine S. ein; die Tagung lief ohne S. ab.

Stockwerk, das: die oberen Stockwerke des Gebäudes wurden durch Feuer zerstört; das Haus hat fünf Stockwerke.

Stoff, der: **1.** *Gewebe:* ein seidener, wollener, leichter, schwerer, dünner, feiner, glatter, strapazierfähiger, knitterfreier, hochwertiger, gemusterter S.; ein S. aus Baumwolle; der S. liegt einfach, doppelt breit; der S. lässt sich gut verarbeiten; S. weben, wirken, zuschneiden; S. für ein Kleid, (seltener:) zu einem Kostüm kaufen; ein Anzug aus einem teuren S.; etw. mit S. auskleiden, ausschlagen, bespannen. **2.** *Substanz:* ein synthetischer, pflanzlicher, wasserlöslicher, radioaktiver, körpereigener S.; ÜBERTR.: aus einem anderen, aus dem gleichen, aus härterem, aus edlerem S. sein *(von anderer usw. Art sein).* **3.** (salopp) **a)** *Alkohol:* unser S. ist ausgegangen; neuen S. aus dem Keller holen; **b)** *Rauschgift:* er hat sich neuen S. besorgt; sich mit S. vollpumpen. **4.** *thematische Grundlage:* ein erzählerischer, dramatischer, frei erfundener, wissenschaftlicher S.; ein S. für einen/(selten:) zu einem Roman; als S. für eine Komödie dienen; der S. ist reizvoll, interessiert ihn; schon bald ging ihnen der S. aus; *(Gesprächsstoff)* aus; S. für eine Abhandlung sammeln, zusammentragen; einen S. gestalten, bearbeiten, verfilmen; den neuen S. *(Unterrichtsstoff)* durchnehmen; aus diesem S. lässt sich etwas machen.

stöhnen: laut, leise, wohlig, vor Lust, vor Schmerz, vor Anstrengung s.; sie seufzte und stöhnte; sich stöhnend aufrichten; SUBST.: das Stöhnen der Verletzten; ÜBERTR.: sie stöhnte über die viele Arbeit; alle stöhnen unter der Hitze.

Stollen, der: **1.** (seltener auch: Stolle, die) *Christstollen:* einen S. backen, kaufen; ein Stück S. essen. **2.** *[Gruben]gang:* einen S. anlegen, vortreiben; sie trieben einen S. in den Fels. **3.** *Zapfen an Sportschuhen, Hufeisen:* er hat einen S. von seinem Schuh verloren; Fußballschuhe mit S.; in die Hufeisen S. einschrauben.

stolpern: 1. a) ⟨[über etw. (Akk.)] s.⟩ *mit dem Fuß anstoßen und dabei [fast] hinfallen:* das Kind stolperte und fiel hin; er ist über die Schwelle, über eine Baumwurzel gestolpert; sie stolpert über die eigenen Füße, Beine *(geht unbeholfen);* ÜBERTR.: über diese Affäre ist er gestolpert *(durch sie zu Fall gekommen);* die Mannschaft ist bereits in der ersten Runde gestolpert *(hat verloren);* **b)** ⟨irgendwohin s.⟩ *stolpernd gehen:* er stolperte durch die Dunkelheit, zum Ausgang; der Betrunkene ist über die Straße gestolpert; ÜBERTR.: er stolpert von einer Katastrophe in die andere. **2. a)** ⟨über etw. (Akk.) s.⟩ *etw. nicht verstehen:* über einen Fachausdruck, über jede Kleinigkeit s.; **b)** (ugs.) ⟨über jmdn. s.⟩ *unvermutet treffen:* bei der Tagung ist er über mehrere Fachkollegen gestolpert.

stolz: 1. a) ⟨s. [auf jmdn., etw.]⟩ *von Stolz erfüllt:* der stolze Vater; die stolzen Eltern; mit stolzer Freude; sie ist s. auf ihre Tochter, auf ihren Erfolg; darauf kannst du s. sein; ich bin s. darauf, dass ...; **b)** *hochmütig, eingebildet:* eine stolze Person; ein stolzer Gang, Blick; er ist, wirkt sehr s.; s. wie ein Pfau schritt er einher; warum so s.? (ugs.; *warum grüßen Sie nicht?*). **2.** *imposant:* ein stolzes Schloss, Schiff. **3.** (ugs.) *beträchtlich; beeindruckend:* ein stolzer Preis; die stolze Summe von einer Million Euro; eine stolze Leistung.

Stolz, der: *natürlicher, übertriebener, mütterlicher* S.; der S. der Eltern; er ist [männlicher] S. verbietet ihm das; sein S. auf diese Erfolge ist berechtigt; in ihm regte sich väterlicher S.; jmds. S. verletzen; man versuchte, ihren S. zu brechen, zu beugen; seinen [ganzen] S. in etw. setzen *(sich sehr um etw. bemühen);* sie hat eben [auch] ihren Stolz *(sie ist sich für bestimmte Dinge zu schade);* er hat, besitzt überhaupt keinen S. *(er nimmt alles hin, lässt alles mit sich machen);* sie hat aus verletztem S. so gehandelt; aus falschem S. *(Stolz am falschen Platz)* hat er unsere Hilfe abgelehnt; sie fühlte sich in ihrem S. tief gekränkt; sein Erfolg erfüllt ihn mit S.; er war voller S.;

⋆ **jmds. [ganzer] Stolz sein** *(das sein, worauf jmd. sehr stolz ist).*

stolzieren ⟨irgendwohin s.⟩: er stolzierte feierlich

durch das Restaurant, in den Saal, über die Promenade.

stopfen: 1. ⟨etw. s.⟩ *mit Garn flicken:* die Strümpfe, die Socken [mit Wolle] s.; sie versuchte, das Loch in der Hose zu s.; er trug gestopfte Strümpfe. **2.** ⟨etw. in etw. (Akk.) s.⟩ *hineintun:* das Baby stopft alles in den Mund; sie stopfte die Sachen eilig in die Tasche, in den Koffer; er stopfte das Hemd in die Hose; ⟨jmdm., sich etw. in etw. (Akk.) s.⟩ er stopfte sich Watte in die Ohren; ÜBERTR.: die Kinder ins Auto s. und wegfahren. **3.** ⟨etw. [mit etw.] s.⟩ *füllen:* Strohsäcke, Betten s.; sie stopften die Kissen mit Daunen; die Matratzen waren mit Seegras gestopft; er stopfte seine Pfeife; ⟨jmdm., sich etw. s.⟩ sich ein Pfeifchen s.; ÜBERTR.: der Saal war gestopft voll (ugs.; *bis zum letzten Platz gefüllt).* **4.** ⟨etw. s.⟩ *zustopfen:* eine Lücke im Zaun s.; sie haben das Leck mit Werg gestopft; ÜBERTR.: ein Loch im Etat s. *(ein Defizit beseitigen).* **5.** ⟨ein Tier s.⟩ *mästen:* Gänse s.; ÜBERTR.: stopf doch das Kind nicht so! **6.** (fam.) *tüchtig essen:* die Kinder haben ganz schön gestopft. **7.** (ugs.) *sättigen:* der Brei stopft. **8.** *die Verdauung hemmen:* Kakao stopft; jmdm. ein stopfendes Mittel verordnen.

stoppen: 1. a) ⟨jmdn., etw. s.⟩ *anhalten:* den Fahrer, ein Auto, eine Wagenkolonne, ein Schiff s.; wir wurden kurz vor der Grenze gestoppt; die Maschinen wurden gestoppt *(abgestellt);* (Fußball, Eishockey:) den Ball, die Scheibe s.; den Spieler s. (Sport; *am Angreifen, Durchbrechen hindern);* ÜBERTR.: er war nicht zu s. *(in seinem Redefluss zu bremsen);* **b)** ⟨etw. s.⟩ *aufhalten:* den Verkehr, die Produktion s.; seine Zahlungen, die Auslieferung eines Buches s.; sie konnte die verhängnisvolle Entwicklung nicht mehr s. **2.** *[inne]halten, stehen bleiben:* der Wagen, das Auto stoppte plötzlich [an der Kreuzung]; der Fahrer konnte nicht mehr s.; stopp!, stopp mal! (ugs.; als Aufforderung). **3.** *[die Geschwindigkeit von jmdm., etw.] mit der Stoppuhr messen:* **a)** ⟨jmdn., etw. s.⟩ der Läufer, sein Lauf wurde gestoppt; **b)** ⟨etw. s.⟩ die Zeit s.; ich habe knapp 11 Sekunden, 192 km/h gestoppt. **Stöpsel,** der: **1.** *Pfropfen:* der S. einer Karaffe; der S. sitzt fest; den S. aus dem Waschbecken herausziehen; den S. ins Abflussloch stecken; die Flasche ist mit einem S. verschlossen. **2.** (ugs. scherzh.) *kleiner Junge:* ein frecher S. **Storch,** der: ein langer, schwarzer, weißer S.; Störche nisten auf dem Dach; der S. klappert mit dem Schnabel; der S. *(Klapperstorch)* bringt die Kinder; bei ihnen war der S. (fam. scherzh.; *ist ein Baby geboren);* da brat mir einer einen S.! (ugs.; Ausdruck der Verwunderung);

★ **wie ein Storch im Salat [gehen** o. ä.] (ugs. scherzh.; *steif, staksig [gehen o. ä.]).*

stören: 1. ⟨jmdn. s.⟩ *belästigen:* die Arbeitenden,

die Schlafenden s.; du störst mich; der Lärm störte sie sehr; die Kinder störten ihn dauernd bei der Arbeit, in seiner Ruhe; lassen Sie sich nicht s.! *(kümmern Sie sich nicht um meine Anwesenheit!);* es stört mich nicht, wenn du rauchst; ⟨auch ohne Akk.⟩ darf ich einen Augenblick s.?; bitte nicht s.!; störe ich?; entschuldigen Sie bitte, dass/wenn ich störe!; das dauernde Kommen und Gehen ist sehr störend; etw. als störend empfinden; sich durch jmdn., etw. gestört fühlen. **2.** ⟨jmdn. s.⟩ *jmdm. missfallen:* die niedrigen Decken stören mich; es störte sie, dass nach dem Vortrag keine Diskussion stattfand; das soll uns nicht weiter s. *(kümmern).* **3.** ⟨etw. s.⟩ *behindern, beeinträchtigen:* die Vorlesung, die Feier, den Unterricht s.; die Ruhe, den Friede, die öffentliche Ordnung ist gestört; die Leitung, einen Sender, den Empfang s.; ein gestörtes Gleichgewicht, Gefühlsleben; gestörte Familienverhältnisse, Beziehungen. **4.** (ugs.) ⟨sich an jmdm., etw. s.⟩ *Anstoß nehmen:* sie stört sich an seinem Äußeren, an ihrer Anwesenheit.

störrisch: ein störrisches Kind; ein störrischer Esel; eine störrische Art haben; er war s. wie ein Maulesel (ugs.; *sehr störrisch);* sie schwieg s.

Störung, die: **1. a)** *das Stören, Gestörtwerden:* eine kurze, kleine, vorübergehende, nächtliche S.; eine S. des ökologischen Gleichgewichts; Störungen im Ablauf; häufige Störungen bei der Arbeit; die S. von Ruhe und Ordnung; in der Leitung ist eine S.; eine S. trat auf; bitte entschuldigen Sie die S.!; sie verbat sich jede S.; er entschuldigte sich für die S.; man muss mit Störungen rechnen; die Sache verlief ohne S.; **b)** *das Gestörtsein:* gesundheitliche, nervöse Störungen haben; es liegt eine technische S. vor; eine S. hervorrufen, feststellen, beseitigen. **2.** (Met.) *Tiefdruckgebiet:* atmosphärische Störungen; die Störungen greifen auf Westeuropa über und gestalten das Wetter veränderlich.

Stoß, der: **1. a)** *das Stoßen; Anstoß:* ein leichter, heftiger, kräftiger S.; ein S. mit den Ellenbogen, mit dem Fuß; den S. warf ihn zu Boden, brachte ihn zu Fall; sie konnte dem S. ausweichen; er gab ihm einen S. in die Seite; sie bekam einen S. in den Rücken; das Tier versetzte ihm mit den Hörnern; **b)** *Stoßen der Kugel:* er hat noch zwei Stöße, tritt zu seinem letzten S. an. **2.** *Schlag, Stich mit einer Waffe:* ein sicherer S.; einen S. parieren, abwehren, auffangen; den ersten, den entscheidenden S. führen; er ficht auf [Hieb und] S.; sie kam nicht zum S. **3. a)** *stoßartige, rhythmische Bewegung:* die Stöße der Wellen; ein paar kräftige S. rudern, schwimmen; in tiefen, flachen, keuchenden Stößen atmen; er schwamm mit langen, kräftigen Stößen; **b)** *Erdstoß:* mehrere schwache Stöße; der Boden wurde von einem gewaltigen S. erschüttert.

4. *Stapel:* ein dicker, großer S.; ein S. Zeitungen, Bücher, Wäsche; Brennholz zu einem S. aufschichten;
∗ **jmdm. einen Stoß versetzen** *(jmdn. erschüttern und unsicher machen).*
stoßen: 1. a) ⟨sich [an etw. (Dat.)] s.⟩ *anstoßen:* pass auf, dass du dich nicht stößt!; sich an der Tischkante s.; ich habe mich heftig [am Kopf] gestoßen; ⟨sich (Dat.) etw. [an etw. (Dat.)] s.⟩ er hat sich [im Dunkeln] an der Tür den Kopf, den Ellenbogen gestoßen; b) ⟨jmdn. [mit etw.] s.⟩ *jmdm. einen Stoß versetzen:* er stieß ihn mit dem Schirm, mit dem Fuß; ⟨jmdn./jmdm. irgendwohin s.⟩ er stieß ihn/ihm in die Seite; c) ⟨jmdm., sich etw. irgendwohin s.⟩ *stechen:* dem Rivalen ein Messer in die Rippen s.; er stieß sich einen Dolch ins Herz, durch die Brust; d) ⟨etw. in etw. (Akk.) s.⟩ *durch Stoßen erzeugen:* er hat mit der Stange ein Loch in die Scheibe gestoßen; e) ⟨jmdn., etw. irgendwohin s.⟩ *mit einem Stoß [fort]bewegen:* jmdn. aus dem Zug, ins Wasser, von sich, von der Leiter, zur Seite s.; Bohnenstangen in die Erde s.; (Sport:) er hat die Kugel 10 Meter [weit] gestoßen; BILDL.: den Herrscher vom Thron s. *(ihn absetzen);* ÜBERTR.: man hat ihn aus der Gemeinschaft gestoßen (geh.; *verstoßen);* die Eltern haben ihren Sohn von sich gestoßen (geh.; *haben ihn verstoßen);* f) ⟨irgendwohin s.⟩ *[an]prallen:* im Dunkeln gegen eine Mauer s.; er ist/hat mit dem Fuß an die Vase gestoßen, sodass sie umfiel; der Wagen stieß gegen einen Baum; er stieß mit dem Kopf an die Decke.
2. ⟨etw. [zu etw.] s.⟩ *zerkleinern:* Zimt, Zucker zu Pulver s.; gestoßener Pfeffer.
3. ⟨[nach jmdm., etw.] s.⟩ *(von Tieren) zustoßen:* die Kuh, der Ziegenbock stößt [mit den Hörnern] nach ihm.
4. ⟨auf jmdn., etw. s.⟩ *unvermutet treffen:* bei der Bohrung stieß man auf Erdöl; wir stießen plötzlich auf alte Bekannte; die Polizei stieß auf eine heiße Spur; ÜBERTR.: sie stießen [mit ihrem Plan] auf Widerstand, auf Ablehnung, auf Kritik.
5. a) ⟨zu jmdm., etw. s.⟩ *sich jmdm. anschließen:* nach dem Abstecher werden wir wieder zu euch, zur Gruppe s.; b) ⟨auf etw. (Akk.) s.⟩ *zuführen:* die Straße stößt auf den Marktplatz; c) ⟨an etw. (Akk.) s.⟩ *angrenzen:* das Grundstück stößt an den Wald.
6. ⟨sich an etw. (Dat.) s.⟩ *Anstoß nehmen:* sie stießen sich an seinem Benehmen, an seiner ordinären Sprache.
7. (ugs.) ⟨jmdm. etw. s.⟩ *zu verstehen geben:* ich habe ihm das gestern gestoßen; das musst du ihr unbedingt s.;
∗ **jmdn. auf etw. (Akk.) stoßen** *(jmdn. auf etw. deutlich hinweisen).*
stottern: a) *stockend sprechen:* sie stottert [ein wenig]; vor Aufregung, Verlegenheit s.; ÜBERTR.: der Motor stottert (ugs.; *läuft ungleichmäßig);*

b) ⟨etw. s.⟩ *stammeln:* sie stotterte eine Entschuldigung; er stotterte, er wisse es nicht;
∗ **auf Stottern** (ugs.; *auf Ratenzahlung).*
strafbar: eine strafbare Handlung; ein Missbrauch ist s.; damit hast du dich s. gemacht.
Strafe, die: 1. *Bestrafung:* eine harte, schwere, abschreckende, [un]gerechte, [un]verdiente, milde, empfindliche, grausame S.; eine gerichtliche, disziplinarische S.; eine körperliche S. *(Züchtigung);* eine zeitliche, ewige S. (kath. Rel.; *im Fegefeuer, in der Hölle abzubüßende Strafe);* die S. war [noch] glimpflich; auf dieses Delikt steht eine hohe S. *(es wird hart bestraft);* die S. blieb nicht aus; jmdm. eine S. androhen, auferlegen, (ugs.:) aufbrummen; man hat ihm die S. [ganz, teilweise] erlassen, geschenkt; eine S. [über jmdn.] verhängen; eine S. aussprechen, aufheben, verschärfen, mildern, vollstrecken, vollziehen; er hat seine S. bekommen (ugs.; *ist für seine Tat bestraft worden);* er wird [noch] seine S. finden *(wird eines Tages wegen seiner Tat bestraft werden);* sie empfand diese Arbeit als S. *(sie war ihr sehr lästig, fiel ihr schwer);* das Betreten der Baustelle ist bei S. verboten *(wird bestraft);* eine Tat mit einer S. belegen; etw. unter S. stellen *(mit einer Strafe bedrohen);* diese Tat steht unter S. *(wird bestraft);* er wurde zu einer S. von zehn Jahren Haft verurteilt; zur S. darfst du nicht mit!; [R]S. muss sein!; das ist die S. [dafür]!; ÜBERTR.: die S. *(eine negative Folge)* folgte auf dem Fuß; das ist die S. für deinen Leichtsinn; es ist eine S. *(ist schwer zu ertragen),* mit ihm arbeiten zu müssen. 2. a) *Haftstrafe:* eine S. antreten, verbüßen, absitzen, (ugs.:) abbrummen; das Gericht hat die S. [zur Bewährung] ausgesetzt; b) *Geldbuße:* [eine] S. zahlen, bezahlen [müssen]; sie erhoben, kassierten von den Parksündern 30 DM S./eine S. von 30 DM; zu schnelles Fahren kostet S.;
∗ **jmdn. in Strafe nehmen** (Rechtsw.; *jmdn. bestrafen).*
strafen ⟨jmdn. [für etw.] s.⟩ *bestrafen:* jmdn. hart, schwer s.; jmdn. körperlich s. *(züchtigen);* ein strafender Blick traf ihn; sie sah ihn strafend an; ÜBERTR.: das Schicksal hat sie schwer gestraft *(sie hat ein schweres Schicksal zu ertragen);* er ist gestraft genug (ugs.; *er braucht deswegen nicht noch eine Strafe);* jmdn. mit Verachtung s. *(jmdn. seine Verachtung fühlen lassen);*
∗ **mit jmdm., etw. gestraft sein** *(mit jmdm., etw. großen Kummer, ein schweres Los haben):* mit diesem Mann, mit diesem Leben ist sie wirklich gestraft.
straff: 1. *fest gespannt:* ein straffes Seil; eine straffe Haut; eine straffe Haltung; das Gummiband ist s.; die Saiten sind s. gespannt; du musst die Decke s. ziehen; die Hose sitzt zu s.; sie trägt das Haar s. zurückgekämmt; eine straffe Brust. 2. *gut durchorganisiert, streng:* eine straffe Organisation, Ordnung, Leitung; die Führung ist sehr s.; der Betrieb ist s. organisiert.

S

straffen: 1. a) ⟨etw. s.⟩ *spannen:* das Seil, die Leine s.; der Wind straffte die Segel; seinen Körper, seine Muskeln s.; die Creme strafft die Haut *(macht die Haut straff);* b) ⟨sich s.⟩ *straff werden:* die Haut strafft sich; seine Züge strafften sich wieder. 2. ⟨etw. s.⟩ *straff gestalten:* die Produktion, das Programm, die Organisation s.; einen Text s. *(auf das Wesentliche reduzieren).*

straffrei: er ist bei der Sache s. ausgegangen, davongekommen.

sträflich: *unverantwortlich:* ein sträflicher Leichtsinn; es ist s., in diesem Zustand zu fahren; du hast ihn, die Arbeit s. vernachlässigt.

Strafpredigt, die (ugs.): eine S. über sich ergehen lassen; ich musste mir seine S. anhören; sie hat den Kindern [wegen des Zuspätkommens] eine S. gehalten.

Strahl, der: 1. *Lichtstrahl:* die sengenden, glühenden, warmen Strahlen der Sonne; die ersten Strahlen des Lichts (geh.; *das erste Morgenlicht);* ein S. fiel auf sein Gesicht, durch den Türspalt; die Sonne sendet ihre Strahlen auf die Erde; den S. der Taschenlampe nach unten richten; ÜBERTR.: ein S. von Hoffnung lag auf ihrem Gesicht. 2. ⟨Plural⟩ *elektromagnetische Wellen:* radioaktive, ultraviolette, kosmische Strahlen; die Strahlen brechen sich, werden reflektiert, absorbiert, zurückgeworfen; Radium, Uran sendet Strahlen aus; sich gegen schädliche/vor schädlichen Strahlen schützen. 3. *Flüssigkeitsstrahl:* ein dicker, dünner, kräftiger S.; den S. des Schlauchs auf das Beet richten; das Wasser schoss in einem mächtigen S. aus der schadhaften Leitung.

strahlen: 1. *Strahlen aussenden:* die Sonne strahlt am, vom Himmel; die Sterne strahlen; das Licht strahlt [hell]; radioaktive Stoffe strahlen; ADJ. PART.: strahlendes *(sonniges)* Frühlingswetter; bei strahlender Sonne wanderten wir los; sie ist eine strahlende Erscheinung, Schönheit; ÜBERTR.: das Haus strahlt in neuem Glanz; alles strahlt vor Sauberkeit. 2. *glücklich aussehen:* sie strahlte [übers ganze Gesicht]; er strahlte vor Freude, Glück, Stolz; sein Gesicht strahlte; ein strahlendes Lachen; sie sah ihn strahlend an.

Strähne, die: 1. *Haarsträhne:* eine blonde, schwarze, glatte, lockige S.; eine S. fiel ihr in die Stirn; wirre Strähnen hingen ihr ins Gesicht; sie lässt sich beim, vom Friseur Strähnen *(getönte, gefärbte Strähnen)* machen. 2. *Phase:* er hat derzeit eine gute, glückliche, unglückliche S.

stramm: 1. *stark gespannt:* ein strammer Gummizug; der Gürtel, die Hose sitzt [zu] s. 2. *kräftig [gebaut]:* ein strammer Junge; sie hat stramme Beine, Waden; er ist s. *(dick)* geworden; den Gürtel s. ziehen. 3. *gerade aufgerichtet:* eine stramme Haltung annehmen; er hält sich s. 4. *energisch und streng:* eine stramme Disziplin; ein strammer (ugs.; *linientreuer)* Marxist; ein strammer (ugs.; *strenggläubiger)* Katholik; s. links, rechts, konservativ sein. 5. (ugs.) *tüchtig, viel:* strammen Hunger haben; s. wandern, marschieren; sie mussten s. arbeiten.

strampeln: 1. *mit den Beinen heftige Bewegungen machen:* im Schlaf s.; das Baby strampelt schon [in ihrem Bauch], strampelt [vor Vergnügen]. 2. (ugs.) a) ⟨irgendwohin s.⟩ *mit dem Rad fahren:* durch die Gegend, in Richtung Burgdorf, gegen den Wind, nach Süden s.; er strampelt mit dem Fahrrad zur Arbeit; bergauf mussten sie ganz schön s.; b) ⟨etw. s.⟩ *auf dem Fahrrad zurücklegen:* wir sind heute fünfzig Kilometer gestrampelt. 3. (ugs.) ⟨mit Umstandsangabe⟩ *hart arbeiten:* sie haben etliche Jahre s. müssen, um es so weit zu bringen; der deutsche Meister musste noch ganz schön s., bis er den Sieg sicher hatte.

Strand, der: ein breiter, schmaler, steiniger S.; südliche, überfüllte, verschmutzte Strände; der S. der Ostsee; sie gehen an den S. *(Badestrand),* liegen am S. in der Sonne; die Boote liegen am, auf dem S.; ein Schiff ist auf [den] S. gelaufen, geraten; (Seemannsspr.:) der Kapitän setzte das leck gewordene Schiff auf [den] S.

stranden: 1. ⟨irgendwo s.⟩ *auf Grund laufen:* das Schiff ist [auf der Sandbank, vor der Küste] gestrandet; ein gestrandeter Wal; gestrandete *(an den Strand gespülte)* Waren; SUBST.: ein Schiff nahm die Gestrandeten auf; ÜBERTR.: schließlich strandete sie in einem Café in München. 2. (geh.) *scheitern:* er ist [in seinem Beruf, mit seiner Politik] gestrandet; ein gestrandeter Mensch.

Strang, der: 1. *Seil:* die Glocke wird noch mit einem S. geläutet; die Pferde legten sich mächtig in die Stränge *(begannen kräftig zu ziehen);* jmdn. zum Tode durch den S. (geh.; *durch Erhängen)* verurteilen. 2. *Garn-, Wollbündel:* einen S. Wolle kaufen; sie hat 4 Stränge von diesem Garn gebraucht. 3. *Faserstrang:* verschiedene Stränge der Muskeln, Sehnen, Nerven waren zerstört. 4. *Schienenstrang:* ein S. der U-Bahn; ein toter S. *(nicht befahrenes Gleis);* ÜBERTR.: ein S. des Dramas, des Romans; die Handlung des Films besteht aus mehreren Strängen.

∗ **wenn alle Stränge reißen** (ugs.; *im Notfall)* · **an einem/am gleichen/am selben Strang ziehen** *(das gleiche Ziel verfolgen)* · **über die Stränge schlagen/hauen** (ugs.; *übermütig werden).*

Strapaze, die: die Reise war eine große, eine einzige S.; es ist eine S. *(ist anstrengend),* ihm zuhören zu müssen; Strapazen aushalten, auf sich nehmen, überstehen; keine S. scheuen; man kann ihm die Strapazen der Reise nicht zumuten; sich von den Strapazen erholen.

strapazieren: 1. ⟨etw. s.⟩ *stark beanspruchen:* ein Kleidungsstück, die Schuhe sehr s.; die tägliche Rasur strapaziert die Haut; die Autos werden bei dieser Rallye stark strapaziert; ÜBERTR.: diese Ausrede, Redensart ist schon zu oft strapaziert *(benutzt)* worden.
2. ⟨jmdn., sich, etw. s.⟩ *überanstrengen:* die Kinder strapazierten die Mutter, die Nerven der Mutter; er hat sich bei dieser Arbeit sehr strapaziert; sie sahen sehr strapaziert aus; ÜBERTR.: jmds. Geduld, jmds. Langmut s. (ugs.; *auf eine harte Probe stellen).*

Straße, die: 1. a) *Verkehrsweg:* eine schmale, breite, belebte, regennasse, kurvenreiche, ansteigende, abschüssige, vereiste, wenig befahrene S.; die Berliner S.; eine S. erster, zweiter Ordnung; die Straßen waren menschenleer, waren schwarz vor Menschen; die S. ist frei *(es ist kein Fahrzeug auf der Straße);* die S. [führt] über den Pass, [direkt] zum Strand, zum Bahnhof, nach Köln; die S. biegt links ab; die S. vom Bahnhof zum Hotel; zwei Straßen kreuzen sich; eine S. bauen, ausbessern, verbreitern; eine S. überqueren, befahren, benutzen, [wegen Bauarbeiten für den Durchgangsverkehr] sperren, freigeben; die S. entlanggehen; Banden machen die Straßen unsicher; er notierte sich S. und Hausnummer; rechts, links der S. standen Bäume; das Hotel steht an der S.; die Kinder spielen auf der S.; sie traten aus dem Haus auf die S.; bei Dunkelheit trauten sie sich nicht mehr auf die S. *(nach draußen);* sie ist ihm auf der S. *(unterwegs)* begegnet; sie haben sich den ganzen Tag auf der S. *(draußen)* herumgetrieben; du darfst heute nicht auf die S. gehen *(das Haus nicht verlassen);* die Fenster, die Zimmer gehen auf die/zur S. *(liegen auf der Straßenseite);* durch die Straßen bummeln, schlendern; die Demonstranten zogen durch die Straßen; sie wohnen in einer lauten, ruhigen S.; er ist bei Rot über die S. gegangen; etw. über die S. *(zum Verzehr außerhalb des Lokals)* verkaufen; jmdn. von der S. weg *(nicht über eine Agentur, nicht im Rahmen eines Castings o. Ä.)* engagieren; Jugendliche von der S. holen *(arbeitslosen Jugendlichen eine sinnvolle berufliche Perspektive bieten);* das Wort hat er auf der S. *(hat er von Leuten, die sich derb ausdrücken)* aufgeschnappt; die Regierung darf dem Druck der S. *(der Demonstrationen, Protestaktionen)* nicht nachgeben; ÜBERTR.: auf der S. des Glücks, des Erfolgs; b) *Bewohner der Straße:* die ganze S. nahm an dem Ereignis teil.
2. *Meerenge:* die S. von Gibraltar, von Dover.
* **mit jmdm., etw. die Straße pflastern können** (ugs.; *in viel zu großer Zahl vorhanden sein)* · **auf offener Straße** *(mitten auf der Straße, in aller Öffentlichkeit)* · **jmdn. auf die Straße werfen/setzen** (ugs.; 1. *jmdn. entlassen.* 2. *jmdm. seine Wohnung o. Ä. kündigen)* · **auf der Straße liegen/sitzen/stehen** (ugs.; 1. *arbeitslos sein.* 2. *ohne Woh-*

nung, Bleibe sein) · **auf die Straße gehen** *(demonstrieren).*

Straßenbahn, die: ↑ Bahn.

Strategie, die: die richtige, falsche S. anwenden; eine alternative, neue, erfolgreiche S.; die politische, wirtschaftliche, militärische S. eines Landes; eine gemeinsame S. gegen Rassismus, gegen Fremdenfeindlichkeit, gegen Gewalt ausarbeiten, erarbeiten, entwickeln, umsetzen; sich auf eine bestimmte S. einigen; auf Erfolg ausgerichtete Strategien; etw. führt zu einer neuen S.

strategisch: strategische Fragen, Probleme; strategische (Wirtsch.; *langfristige)* Planung; eine strategische Allianz, Partnerschaft mit jmdm. eingehen; die strategische Balance zwischen den Großmächten; etw. unter strategischen Gesichtspunkten betrachten; eine s. wichtige Brücke; s. handeln.

sträuben: 1. a) ⟨etw. s.⟩ *aufstellen, aufplustern:* der Federn s.; der Hund sträubt das Fell; b) ⟨sich s.⟩ *sich plustern:* das Fell, das Gefieder sträubte sich; ⟨sich jmdm. s.⟩ der Katze sträubt sich das Fell; vor Angst, vor Entsetzen sträubten sich ihm die Haare.
2. ⟨sich [gegen etw.] s.⟩ *sich widersetzen:* sich lange, heftig, mit allen Mitteln, mit Händen und Füßen gegen etw. s.; er sträubte sich, Militärdienst zu leisten; sie hat sich innerlich gegen diesen Plan gesträubt; SUBST.: schließlich half ihm kein Sträuben.

Strauch, der: ein blühender, dürrer, belaubter, dorniger S.; Sträucher pflanzen, abernten, [be]schneiden.

straucheln: 1. (geh.) *stolpern:* der Mann, das Pferd strauchelte; SUBST.: sie kam ins Straucheln.
2. a) *scheitern:* er ist als Wissenschaftler gestrauchelt; die Mannschaft ist gegen einen Außenseiter gestrauchelt; ein gestrauchelter Mensch; b) *auf die schiefe Bahn geraten:* schon mit 17, in der Großstadt s.; die meisten der aus dem Gefängnis Entlassenen straucheln wieder; SUBST. PART.: den Gestrauchelten helfen.

Strauß, der: *Blumenstrauß:* ein duftender, bunter, großer, schöner S.; ein Sträußchen Veilchen, zwei Sträuße Tulpen; ein S. weißer Flieder/ (geh.:) weißen Flieders; der S. ist verwelkt; einen S. pflücken, binden, zusammenstellen, in die Vase stellen; jmdm. einen S. Rosen schicken, überreichen.

streben: 1. ⟨irgendwohin s.⟩ *sich auf etw. zu bewegen:* die Besucher strebten zum Ausgang, zur Tür; die Pflanzen streben (geh.; *strecken sich)* nach dem/zum Licht; der Fluss strebt zum (geh.; *fließt ins)* Meer; ÜBERTR.: die zum Himmel strebenden (geh.; *ragenden)* Türme des Doms; diese Partei strebt mit aller Energie an die Macht/zur Macht *(erstrebt sie heftig).*
2. ⟨nach etw. s.⟩ *trachten:* nach Macht, nach Erfolg, nach Glück, nach Reichtum, nach Selbstständigkeit s.; SUBST.: das Streben des Men-

schen, sich zu vervollkommnen; ihr Streben geht dahin/ist darauf gerichtet, die Zustände zu verbessern.

strebsam: ein strebsamer Schüler, junger Mann; sie ist sehr s.

Strecke, die: **1.** a) *Wegstrecke; Entfernung:* eine kurze, lange, weite, übersichtliche, ebene, gefährliche S.; eine bestimmte S. fahren, gehen, laufen; sie hatten eine ziemliche, beträchtliche, schwierige S., eine S. von 20 km zurückzulegen, zu bewältigen; sie haben noch eine große S. vor sich; jmdm. eine S. [Weges] begleiten; die S. bis zur Grenze schaffen wir in zwei Stunden; er fliegt diese S. *(Route)* öfter; viele Wagen sind auf der S. *(Rennstrecke)* liegen geblieben; das Land war über weite Strecken [hin] überschwemmt; ÜBERTR.: weite Strecken *(Passagen)* des Buches sind sehr schwer verständlich; eine S. (Math.; *durch zwei Punkte begrenzte Gerade*) auf einer Geraden abtragen; b) (Sport) *festgelegte Entfernung für ein Rennen o. Ä.:* er läuft, schwimmt besonders die langen/kurzen Strecken; viele Zuschauer räumten die S.; auf die S. gehen *(starten);* die Läufer sind noch auf der S. *(unterwegs);* ein riesiges Teilnehmerfeld ging über diese S. *(nahm an diesem Rennen teil).*
2. a) *Bahnlinie:* eine stark befahrene S.; die S. nach Frankfurt ist vorübergehend gesperrt; sie fährt häufig die S. Berlin–Frankfurt, zwischen Berlin und Frankfurt; eine S. ausbauen; der Ort liegt an der S. Frankfurt–Mainz; dieser Zug verkehrt auf der S. Basel–Dortmund; der Zug hielt auf freier/auf offener S. *(außerhalb des Bahnhofs);* b) *Gleisabschnitt:* eine S. begehen, abgehen, kontrollieren; er arbeitet auf der S.;
★ **auf der Strecke bleiben** (ugs.: 1. *scheitern, unterliegen:* bei dem scharfen Konkurrenzkampf ist er auf der S. geblieben. 2. *zunichte werden:* alle Reformprogramme sind auf der S. geblieben) ·
ein Tier, jmdn. zur Strecke bringen (1. *ein Tier erlegen.* 2. *jmdn. überwältigen, verhaften*).
strecken: 1. a) ⟨etw. s.⟩ *in gerade Haltung bringen:* die Beine, die Arme, die Knie, den Körper s.; das gebrochene Bein wurde gestreckt *(in einen Streckverband gelegt);* den Finger s. (ugs.; *sich durch Fingerheben melden);* ADJ. PART.: ein gestreckter Galopp *(ein schneller Galopp);* ein gestreckter (Math.; *180 Grad aufweisender*) Winkel; b) ⟨sich, etw. s.⟩ *ausstrecken, dehnen:* die Glieder s.; sich dehnen und s.; die Kinder reckten und streckten sich, ehe sie sich erhoben; sie streckten die Hälse, um etwas zu sehen; der Torwart musste sich gewaltig s. *(musste einen Hechtsprung machen);* ÜBERTR.: der Weg streckt sich (fam.; *ist länger als erwartet);* c) ⟨etw. irgendwohin s.⟩ *recken:* sie streckte den Kopf aus dem Fenster, durch den Türspalt, nach vorn; er streckte die Füße unter den Tisch, von sich; d) (fam.) ⟨sich s.⟩ *wachsen:* der Junge hat sich mächtig gestreckt; e) ⟨sich irgendwohin s.⟩ *sich*

ausgestreckt hinlegen: er streckte sich behaglich aufs Sofa, ins Gras, unter die Decke.
2. ⟨etw. s.⟩ a) *ergiebiger machen:* die Soße, die Suppe [mit Wasser] s.; b) *rationieren:* die Vorräte, die Lebensmittel s.
3. ⟨etw. s.⟩ *durch Bearbeitung vergrößern, verlängern o. ä.:* Eisenblech durch Hämmern, durch Walzen s.; die Schuhe ein wenig s. lassen;
ÜBERTR.: das Muster des Kleides streckt ihre Figur *(lässt sie schlanker und größer erscheinen).*
Streich, der: ein dummer, lustiger, schlimmer S.; Streiche aushecken, machen; sie denkt sich immer neue Streiche aus; zu Streichen aufgelegt sein;
★ jmdm. einen Streich spielen (1. *jmdn. mit einem Streich hereinlegen.* 2. *jmdn. übel mitspielen, jmdn. im Stich lassen)* · **auf einen Streich** (veraltend; *auf einmal, gleichzeitig).*
streicheln ⟨jmdn., etw. s.⟩: jmds. Gesicht, jmds. Hände, jmds. Haar s.; er streichelte seinen Hund [am Kopf]; läßt sich der Hund s.?; ⟨jmdm. etw. s.⟩ er streichelt ihr das Haar; ⟨auch: jmdm. über etw. (Akk.) s.⟩ er streichelte ihr übers Haar; ÜBERTR.: der Wind streichelte ihr Haar.
streichen: 1. ⟨etw. s.⟩ *anstreichen:* die Decke, die Wände s.; sie hat die Türen mit Ölfarbe gestrichen; weiß gestrichene Möbel; Vorsicht, frisch gestrichen!
2. a) ⟨etw. irgendwohin s.⟩ *auftragen:* Butter, Marmelade, Nutella aufs Brot s.; der Arzt strich Salbe auf die Wunde; ⟨jmdm., sich etw. irgendwohin s.⟩ sie hat sich (Dat.) die Butter dick aufs Brot gestrichen; b) ⟨etw. s.⟩ *bestreichen:* Brötchen [mit Käse], ein Brot s.; die Mutter hat dem Kind ein Frühstücksbrot gestrichen.
3. a) ⟨irgendwohin s.⟩ *leicht darüber hinfahren:* sie hat [mit der Hand] über den Stoff, über das Kissen gestrichen; ⟨jmdm., sich irgendwohin s.⟩ die Mutter strich dem Kind zärtlich über den Kopf, durchs Haar; er strich sich bedächtig über den Bart; ⟨auch: sich (Dat.) etw. s.⟩ er strich sich bedächtig den Bart; ADJ. PART.: das Maß sollte gestrichen voll *(bis zum Rand gefüllt)* sein; ein gestrichener *(bis zum Rand gefüllter)* Esslöffel Mehl; ÜBERTR.: kühle Luft strich über sein Gesicht; b) ⟨etw. irgendwohin s.⟩ *mit streichender Bewegung befördern:* mit einer raschen Bewegung strich sie die Krümel beiseite, vom Tisch; er hat mit einem Spachtel Kitt in die Fugen gestrichen; gekochte Tomaten durch ein Sieb s. *(passieren);* ⟨jmdm., sich etw. irgendwohin s.⟩ dem Kind, sich das Haar aus der Stirn s. *(schieben).*
4. ⟨irgendwohin s.⟩ *[ziellos] umherstreifen:* er ist tagelang durch die Wälder gestrichen; jmd. streicht ums Haus; ⟨jmdm. irgendwohin s.⟩ die Katze strich ihm um die Beine.
5. ⟨etw. s.⟩ *ausstreichen, tilgen:* ein Wort, einen Satz s.; hast du ihn, seinen Namen aus der Liste gestrichen?; Nichtzutreffendes bitte s.!;
ÜBERTR.: du musst die Sache aus deinem Ge-

dächtnis s. *(sie vergessen);* Zuschüsse, Subventionen s. *(nicht mehr gewähren);* deine Pläne, deinen Urlaub kannst du s. (ugs.; *aufgeben).*

Streife, die: a) *Polizeistreife:* eine S. ist unterwegs, patrouilliert auf der Straße; der Dieb wurde von der S. gestellt; b) *Kontrollgang:* die Polizei macht eine S.; sie sind, gehen auf S.

streifen /vgl. gestreift/: 1. ⟨jmdn., etw. s.⟩ *leicht berühren:* jmdn. am Arm, an der Schulter s.; sie streifte die Wand [mit ihrem Kleid]; der Schuss hat ihn nur gestreift *(oberflächlich verletzt);* der Fußgänger wurde von dem Lastwagen gestreift *(angefahren);* ÜBERTR.: ein Windhauch streifte sie; ein verstohlener Blick streifte ihn; Rom haben wir bei dieser Reise nur gestreift *(nur flüchtig gesehen, besucht).* 2. ⟨etw. s.⟩ *nur oberflächlich, am Rande behandeln:* sie hat diese Frage, dieses Problem [in ihrem Vortrag] nur gestreift. 3. a) ⟨etw. von etw. s.⟩ *abstreifen:* die Handschuhe von der Hand, den Ring vom Finger s.; er hat die Asche von der Zigarre gestreift; Beeren von den Rispen s.; ⟨jmdm., sich etw. von etw. s.⟩ sie streifte sich die Badekappe vom Kopf; b) ⟨etw. irgendwohin s.⟩ *durch eine streifende Bewegung an eine bestimmte Stelle bringen:* den Ring auf den Finger s.; sie streifte den Ärmel in die Höhe, die Handschuhe über die Hand; das Hemd über den Kopf s. *(ziehen);* ⟨jmdm., sich etw. irgendwohin s.⟩ sie hatte sich die Kapuze über den Kopf gestreift. 4. ⟨durch etw. s.⟩ *wandern:* durch die Wälder, durch die Gegend, durch die Straßen s.; er ist wochenlang durch das Land gestreift.

Streifen, der: 1. a) *schmales, langes Stück:* ein schmaler, breiter, langer S.; ein S. Stoff, Papier, ein S. Land/(geh.:) Landes; Speck, Fleisch in Streifen schneiden; b) *Farbstreifen:* feine, breite, schwarze, weiße Streifen; am Horizont zeichnet sich ein heller S. ab; er hat den weißen S. auf der Fahrbahn überfahren; ein Rock mit bunten Streifen. 2. (ugs.) *Film:* ein alter, neuer, interessanter, amüsanter S.; das Kino zeigt einen S. von ...

Streik, der: ein langer, ein spontaner, wilder *(von der Gewerkschaft nicht geplanter)* S.; ein S. für höhere Löhne, gegen die Beschlüsse der Arbeitgeber; der S. verschärft sich, lähmt die Wirtschaft, ist beendet, war erfolgreich, ist zusammengebrochen; einen S. ausrufen, organisieren, durchhalten, abbrechen, (ugs.:) abblasen, fortsetzen, unterstützen, niederschlagen; die Metallarbeiter haben sich dem S. angeschlossen; das Recht auf S.; etw. durch S. erzwingen; für, gegen den S. stimmen; die Arbeiter wollen in [den] S. treten, stehen im S.; mit S. drohen; zu einem S. aufrufen.

streiken: 1. *die Arbeit niederlegen:* wochenlang s.; die Arbeiter wollen s.; sie streiken für höhere Löhne, gegen die Beschlüsse der Arbeitgeber; SUBST. PART.: die Streikenden wurden ausge-

sperrt; ÜBERTR.: ich streike (ugs.; *ich mache nicht mehr mit).* 2. (ugs.) *versagen:* der Motor, die Maschine streikte plötzlich; bei dem hohen Wellengang streikte ihr Magen (ugs.; *wurde ihr übel).*

Streit, der: ein heftiger, erbitterter, alter S.; ein gelehrter, wissenschaftlicher S. *(ein Streit unter Gelehrten);* [zwischen ihnen] entbrannte ein blutiger S.; ein S. um Nichtigkeiten, um Worte; ein S. unter den Kindern; der S. zwischen zwei Parteien, den Eheleuten; bei ihnen herrscht immer Zank und S.; ein S. entsteht, bricht aus; die beiden haben S. [miteinander]; sie hat S. mit ihm bekommen, (ugs.:) gekriegt; es gab [einen] fürchterlichen S.; den S. schlichten, beilegen, beenden, begraben; einen S. (geh.:) entfachen, anzetteln, anfangen, austragen; er sucht gern S. *(ist streitsüchtig);* sie sind in S. geraten; sie liegen im S.; sie sind im S. auseinander gegangen, leben in S. miteinander;

★ ein Streit um des Kaisers Bart *(überflüssiger Streit um Nichtigkeiten)* · einen Streit vom Zaun brechen *(einen Streit beginnen).*

streitbar (geh.): ein streitbarer Mann; sie ist, gilt als sehr s.

streiten: 1. *sich zanken* a) ⟨sich [um etw./wegen jmds., etw.] s.⟩ musst du immer s.?; ich habe keine Lust zu s.; warum streitet ihr den ganzen Tag?; sie stritten um das Erbe, wegen ihrer Eltern; ADJ. PART.: die streitenden Parteien; SUBST.: sie versuchte die Streitenden zu beruhigen; b) ⟨sich mit jmdm. [um etw./wegen jmds., etw.] s.⟩ sie stritt mit seiner Frau s.; er hat sich mit seinem Bruder das Erbteil, wegen des Mädchens gestritten; ⟨auch ohne Präpositionalobjekt⟩ streitet ihr euch schon wieder?; sie streiten sich den ganzen Tag [um nichts und wieder nichts, wegen jeder Kleinigkeit]; Ⓡ wenn zwei sich streiten, freut sich der Dritte. 2. ⟨über etw. (Akk.) s.⟩ *heftig diskutieren:* sie stritten über die Gleichberechtigung; sie haben [miteinander] darüber gestritten, ob die Sache vertretbar sei; darüber kann man/lässt sich s. *(kann man verschiedener Meinung sein);* ⟨auch: sich über etw. (Akk.) s.⟩ sie stritten sich über die Auslegung einer Bibelstelle. 3. (geh.) a) ⟨für etw. s.⟩ *sich mit allen Kräften einsetzen:* für Recht und Freiheit, für eine Idee s.; b) ⟨gegen etw. s.⟩ *angehen:* gegen das Unrecht s.

streitig (Rechtsw.): streitige Tatsachen, Ansprüche;

★ jmdm. etw. streitig machen *(jmdm. das Anrecht auf etw. bestreiten):* jmdm. ein Recht, einen Rang, die Vorherrschaft, den Meistertitel s. machen.

streng: 1. a) *unerbittlich, unnachsichtig:* ein strenger Vater, Lehrer, Richter; eine strenge Strafe, Maßnahme; ein strenges Urteil, Verbot; strenge Vorschriften; hier herrscht eine strenge Ordnung; mit strenger Miene; mit strengem Blick;

die Mutter ist sehr s. [mit, zu den Kindern]; er sieht s. aus, wirkt sehr s.; er urteilt, zensiert sehr, zu s.; jmdn. s. zurechtweisen, erziehen, bestrafen; jmdn. s. ansehen; etw. strengstens untersagen; SUBST.: etw. aufs Strengste bestrafen; **b)** (bes. südd., schweiz.) *anstrengend, hart:* ein strenger Dienst, eine strenge Arbeit, Tätigkeit; sie musste s. arbeiten. **2. a)** *genau, strikt:* etw. ist ein strenges Geheimnis; strengste Diskretion wahren; strenges Stillschweigen bewahren; er hatte die strenge Weisung, niemanden einzulassen; strenge Sitten; eine strenge Diät; im strengen Sinne sind wir alle schuld daran; die Anweisungen müssen s. befolgt/beachtet werden; bei etw. ganz s. verfahren; sich s. an die Regeln halten; s. genommen dürfte sie an dem Spiel nicht teilnehmen; das ist s., strengstens verboten; die beiden Bereiche sind s. voneinander zu trennen; er geht s. methodisch, wissenschaftlich vor; **b)** *ein bestimmtes Prinzip konsequent befolgend:* der strenge Aufbau eines Dramas, einer Fuge; der strenge Stil eines romanischen Bauwerks; der s. Schnitt *(die nicht verspielte Form)* eines Kostüms; ein s. geschnittenes Kleid. **3.** *sehr kalt:* ein strenger Winter; strenger *(sehr starker)* Frost; der Winter war sehr s. **4.** *leicht bitter:* ein strenger Geschmack, Geruch; das Wild riecht s.; das Fleisch ist etwas s. im Geschmack. **5.** *nicht lieblich:* strenge Züge; ihr Gesicht ist etwas s.; die Frisur macht ihr Gesicht noch strenger.

Strenge, die: 1. *Unerbittlichkeit:* große, übertriebene, eiserne S.; die S. zu weit treiben; S. walten lassen, üben; sie wurde mit übergroßer S. erzogen; mit unnachsichtiger, drakonischer S. vorgehen. **2.** *große Kälte:* die S. des Frostes; der Winter kommt mit großer S. **3.** *leichte Bitterkeit:* die S. des Geschmacks; ein Geruch von beißender S. **4.** *fehlende Lieblichkeit:* die S. ihrer Züge, ihres Mundes. **5.** *Straffheit der Gestaltung:* die S. der Formen, des Bauwerks.

Stress, der: 1. *Belastung:* körperlicher, seelischer S.; der S. eines Arbeitstages, beim Autofahren; der S. des Lebens in der Großstadt; S. erzeugen; jmdm. S. ersparen; im S. sein, stehen; unter S. stehen. **2.** (ugs.) *Ärger:* sie hat ständig S. mit ihren Eltern; [jmdm.] S. machen.

stressen (ugs.) ⟨jmdn. s.⟩: das Gespräch, die Dikussion stresst mich; diese Arbeit hat ihn zu sehr gestresst; sie ist total gestresst von der Arbeit nach Hause gekommen; vom Lärm gestresste Großstädter.

stressig (ugs.): eine stressige Woche; die Fahrt war sehr s.; dieser Mann ist wirklich s.

streuen: 1. ⟨etw. irgendwohin s.⟩ **a)** *über etw. verteilen, hinstreuen:* Blumen, Torf, Sand s.; Salz auf das Fleisch s.; bei Glatteis muss man Asche, Salz auf den Gehweg s.; ⟨jmdm., einem Tier etw. irgendwohin s.⟩ den Vögeln Futter aufs Fensterbrett s.; ÜBERTR.: Gerüchte unter die Leute s.; ein breit gestreutes Aktienportfolio; ⟨auch ohne Akk.⟩ die Geschäftsleitung ließ s. (ugs.; *verbreiten*), das Unternehmen stehe kurz vor dem Konkurs; **b)** *gegen Glätte bestreuen:* bei Glatteis muss die Straße [mit Salz] gestreut werden; ⟨auch ohne Akk.⟩ die Hausbesitzer sind verpflichtet zu s. **2.** *etw. herausrinnen lassen:* das Salzfass streut gut, nicht mehr richtig; der Mehlsack, die Tüte streut *(hat ein Loch, ist undicht).* **3.** (Fachspr.) **a)** *von der eigentlichen Richtung abweichen:* die Lichtstrahlen, die Röntgenstrahlen streuen; die Linse streut; das Gewehr streut stark *(trifft ungenau);* **b)** *von einem Wert abweichen:* die statistischen Messwerte sollten nicht allzu sehr s.

Strich, der: 1. *gezogene Linie:* ein dicker, dünner, feiner, sauberer S.; der S. ist nicht gerade; sie hat in dem Buch viele Striche an den Rand gemacht; Striche [mit dem Lineal] ziehen; die Striche *(Stricheinteilung)* auf der Skala einer Waage, eines Thermometers; der Maler hat einen feinen, eleganten S. *(eine feine, elegante Mal-, Zeichentechnik);* der Zeichner hat ihn mit wenigen schnellen Strichen skizziert; die Fehler waren mit dicken roten Strichen unterstrichen; ÜBERTR.: er ist nur noch ein S. (ugs.; *ist sehr dünn geworden*); in einigen groben, in wenigen, in knappen Strichen umriss er seine Vorstellungen. **2.** *das Streichen:* der S. mit dem Pinsel, mit dem Bogen, mit der Bürste; der kräftige, weiche S. *(die Bogenführung)* des Geigers. **3.** (meist Plural) *Streichung:* er hat im Drehbuch, im Text einige Striche vorgenommen. **4.** *Wachstumsrichtung des Haars, Fells; Fadenverlauf des Gewebes:* bei der Verarbeitung des Stoffes muss der S. beachtet werden; die Haare, das Fell, den Samt gegen den S., mit dem S. bürsten. **5.** (salopp) **a)** *Straßenprostitution:* der S. hat sie kaputtgemacht; man hat vergeblich versucht, ihn vom S. und von den Drogen wegzubringen; **b)** *Gegend in der Prostitution angeboten wird:* im Bahnhofsviertel ist der S.; **⋆ einen Strich unter etw.** (Akk.) **machen/ziehen** *(etw. als beendet, als erledigt betrachten)* · **keinen Strich tun/machen** (ugs.; *überhaupt nichts tun*) · **jmdm. einen Strich durch die Rechnung machen** (ugs.; *jmds. Pläne durchkreuzen*) · **jmdm. einen Strich durch etw. machen** (ugs.; *jmdm. etw. unmöglich machen*) · **auf den Strich gehen** (salopp; *der Prostitution auf der Straße nachgehen*) · **jmdn. auf den Strich schicken** (ugs.; *jmdn. zwingen, der Prostitution auf der Straße nachzugehen*) · **noch auf dem Strich gehen kön-**

nen *(noch nicht so sehr betrunken sein, dass man nicht mehr geradeaus gehen kann)* · **jmdm. gegen den Strich gehen** (ugs.; *jmdm. nicht passen, missfallen)* · **nach Strich und Faden** (ugs.; *gehörig, gründlich)* · **unter dem Strich** *(als Ergebnis)* · **unter dem Strich sein** (ugs.; *sehr schlecht sein)* · **unter dem Strich stehen** (Jargon; *im Unterhaltungsteil, im Feuilleton der Zeitung stehen).*

Strick, der: **1.** *dickere Schnur:* ein dicker, langer S.; der S. reißt, hält, löst sich; sie hat den Korb an einem S. heruntergelassen; das Pferd war mit einem S. an den Baum angebunden. **2.** (fam., wohlwollend) *Bursche:* so ein S.!; dieser S. hat mich doch angeführt!;
* **wenn alle Stricke reißen** (ugs.; *wenn es keine andere Möglichkeit mehr gibt)* · **den, einen Strick nehmen/**(geh.:) **zum Strick greifen** *(sich erhängen)* · **jmdm. aus etw. einen Strick drehen** (ugs.; *jmds. Äußerung, Handlung so auslegen, dass sie ihm schadet).*

stricken: a) *eine Strickarbeit ausführen:* zwei links, zwei rechts, glatt rechts, glatt links s.; viel, gerne, zum Zeitvertreib s.; sie hat lange an dem Pullover gestrickt; **b)** ⟨etw. s.⟩ *durch Stricken anfertigen:* Strümpfe s.; die Mutter hat [ihm/für ihn] einen Schal gestrickt; ÜBERTR.: die Geschichte ist nach klassischem Muster gestrickt; eine grob gestrickte Theorie.

strikt: ein strikter Befehl; strikter Gehorsam; etw. s. einhalten, befolgen.

Strippe, die: **1.** (berlin.) *Schnur:* die S. durchschneiden, aufknoten.
2. (ugs.) *Telefonleitung:* jmdn. an der S. haben *(mit jmdm. telefonieren);* sie hängt den ganzen Tag an der S. *(telefoniert ununterbrochen);* jmdn. an die S. bekommen, kriegen *(jmdn. als Gesprächspartner ans Telefon bekommen);* wer war denn an der S.? *(wer hat angerufen?).*

strittig: eine strittige Angelegenheit, Frage; ein strittiges Problem; die Sache ist noch s.

Stroh, das: frisches, nasses, faules S.; ein Bund, ein Ballen S.; etw. brennt wie S. *(lichterloh),* wie nasses S. *(schlecht);* das Brot schmeckt wie S. (ugs.; *trocken und ohne Würze);* S. ausbreiten, aufschütteln, streuen; auf/im S. schlafen; das Dach ist mit S. gedeckt;
* **Stroh im Kopf haben** (ugs.; *dumm sein)* · **leeres Stroh dreschen** (ugs.; *viel Unnötiges, Unsinniges reden).*

Strohhalm, der: der Sturm knickte die Bäume wie Strohhalme; sie tranken die Limonade mit dem S. *(Trinkhalm);*
* **sich [wie ein Ertrinkender] an einen Strohhalm klammern** *(in der kleinsten sich bietenden Möglichkeit noch einen Hoffnungsschimmer sehen)* · **nach dem rettenden Strohhalm greifen** *(die letzte Rettungsmöglichkeit ergreifen)* · **über einen Strohhalm stolpern** (ugs.; *an einer geringfügigen Kleinigkeit scheitern).*

Strom, der: **1. a)** *großer Fluss:* ein breiter, langer,

schiffbarer S.; der S. führt Hochwasser, tritt über die Ufer, fließt durch eine fruchtbare Ebene, mündet ins Meer; einen S. regulieren, befahren; die Bäche wurden durch den Regen in reißende, wilde Ströme verwandelt; ÜBERTR.: ein S. von Menschen, von Autos, von Besuchern, von Flüchtlingen; ein S. von Verwünschungen ergoss sich über ihn; er ließ sich vom S. der Menge treiben; der S. der Rede versiegte; der S. der Zeit, der Ereignisse; **b)** *Strömung:* der S. trieb ihn vom Ufer ab; gegen den S. anschwimmen; mit dem S. schwimmen.
2. *Elektrizität:* schwacher, elektrischer S.; der S. hat eine Spannung von 220 Volt; ein S. von 12 Ampere; die Batterie gibt kaum noch S. ab; den S. einschalten, abschalten, unterbrechen; man hat ihm den S. gesperrt; sie verbrauchen viel, wenig S.; eine S. führende Leitung; Wasserkraft in S. verwandeln; mit S. heizen; das Gerät, das Gehäuse stand unter S.;
* **gegen den Strom schwimmen** *(sich der herrschenden Meinung entgegenstellen)* · **in Strömen** *(in großen Mengen, sehr heftig):* es regnete in Strömen; auf dem Fest floss der Champagner in Strömen · **mit dem Strom schwimmen** *(sich der herrschenden Meinung anschließen).*

strömen: 1. ⟨irgendwoher, irgendwohin⟩ s.⟩ *fließen:* Wasser strömte aus der Leitung, in das Becken; frische Luft strömte ins Zimmer; aus der defekten Leitung strömte das Gas; Blut strömt aus der Wunde; Regen strömte unablässig vom Himmel; ADJ. PART.: bei in strömendem *(heftigem)* Regen kamen sie an.
2. ⟨[irgendwoher, irgendwohin] s.⟩ *sich in großer Anzahl bewegen:* die Menschen strömten auf die Straße, aus dem Saal, durch die Straßen, in die Ausstellung, zum Festzelt; das Publikum strömte *(kam in Scharen).*

Strömung, die: **1.** *das Strömen:* eine starke, schwache, reißende, gefährliche S.; die Strömungen der Luft; warme, kalte Strömungen des Meeres; die S. hat das Boot erfasst, abgetrieben, mitgerissen; der Fluss hat eine tückische S.; der Schwimmer muss gegen die S. ankämpfen; in die S. geraten.
2. *geistige Bewegung, Tendenz:* revolutionäre, politische, geistige, literarische Strömungen des 20. Jahrhunderts; nostalgische Strömungen der Mode; die herrschende S. der Zeit.

Strophe, die: kunstvoll gebaute Strophen; die erste S.; sie sangen alle drei Strophen des Liedes; wir singen S. 1, 4 und 5/die Strophen 1, 4 und 5; ein Gedicht mit vier Strophen.

strotzen ⟨von/vor etw. s.⟩: er strotzt vor/von Energie, Kraft, Gesundheit; der Aufsatz strotzte vor/von Fehlern; der Junge strotzte *(starrte)* vor Dreck; strotzende *(fruchtbare)* Wiesen.

Strudel, der: **1.** *Wasserwirbel:* ein gefährlicher S.; ein S. zog den Schwimmer in die Tiefe; das Boot geriet in einen S., wurde von einem S. erfasst;

S

ÜBERTR.: sie wurde in den S. der Ereignisse hineingerissen, hineingezogen; sie stürzten sich in den S. der Vergnügungen. **2.** *Gebäck:* ein S. mit Äpfeln, mit Kirschen.

Struktur, die: **1.** *Aufbau, Gefüge:* die S. der Kristalle, eines Atoms, einer Zelle; die S. der deutschen Sprache; die politische, soziale, wirtschaftliche S. eines Landes; Strukturen wandeln sich, werden sichtbar; etw. in seiner S. verändern. **2.** *reliefartig gestaltete Oberfläche:* die S. eines Kleiderstoffes; eine Tapete mit S.

Strumpf, der: kurze, lange, warme, seidene Strümpfe; Strümpfe mit Naht; ein Paar neue/ (geh.:) neuer Strümpfe; Strümpfe stopfen, stricken, waschen; die Strümpfe anziehen, ausziehen; keine Strümpfe tragen; die Kinder liefen auf Strümpfen *(ohne Schuhe)* umher; du hast ein Loch, eine Laufmasche im S.; sein Geld in den S. *(Sparstrumpf)* stecken.

struppig: struppige Haare; ein struppiger Bart; ein struppiges Fell; ihre Haare waren s.; er sah s. aus; ÜBERTR.: struppiges Gebüsch.

Stück, das: **1.** ein großes, kleines, dickes, langes, kurzes, schmales, breites S.; ein winziges Stückchen; ein S. Brot, Schokolade; ein S. Stoff, Holz; ein S. Land, Garten; ein S. weißes Papier/(geh.:) weißen Papiers; einen S./(seltener:) Stücke Kuchen essen; der Preis eines Stücks Kuchen/eines S. Kuchens; ein S. [von etw.] abschneiden, abbrechen; das größte, beste S. bekommen, erwischen; er las ein S. aus seinem Buch vor; ich begleite dich ein S.; das letzte S. [des Weges] fuhren sie mit der Bahn; das Kleid ist aus einem S. gearbeitet; etw. in Stücke reißen; der Teller ist in tausend Stücke zersprungen; sie hat das Fleisch in große Stücke geschnitten, ÜBERTR.: der Vortrag behandelte ein S. Zeitgeschichte; die Möbel bedeuten ihm ein S. Heimat; das war ein hartes S. *(viel)* Arbeit; wir sind ein gutes S. *(sehr, ziemlich gut)* vorangekommen; die Sache hat ein schönes S. *(viel)* Geld gekostet. **2.** *Einzelteil, einzelner Gegenstand:* ein seltenes, wertvolles S.; das kostbarste S. der Sammlung; Seife, zwei Mark das S./das S. [für] zwei Mark; es waren Stücker (ugs.; *ungefähr*) zehn; sie nahmen drei S. Zucker in den Kaffee; die Bilder wurden S. für S. nummeriert; diese Arbeit wird nach S. bezahlt; die Produktion wurde um 10 000 S. erhöht; /bei Mengenangaben/: er hat zehn S. Vieh im Stall; bitte zehn S. von diesen Apfelsinen; ÜBERTR.: sie ist [und bleibt] unser bestes S. (ugs. scherzh.; *der liebste, beste o. ä. Mensch für uns*). **3.** (ugs. abwertend) *Person:* sie ist ein freches, faules, mieses S. **4.** *Theater-, Musikstück:* ein modernes, bekanntes, erfolgreiches S.; ein S. von Brecht; er spielt, übt Stücke von Schumann; sie spielten Stücke für Geige und Klavier; ein S. schreiben, aufführen, spielen, proben, absetzen; das S. ist durchgefallen, steht auf dem Spielplan;

* ein starkes o. ä. Stück sein (ugs.; *eine Unverschämtheit, unerhört sein)* · ein Stück aus dem Tollhaus *(ein unglaubliches, groteskes Geschehen, Vorkommnis)* · nur ein Stück Papier sein *(zwar schriftlich fixiert, aber nichts wert sein)* · große Stücke auf jmdn. halten (ugs.; *jmdn. sehr schätzen*) · an/in einem Stück (ugs.; *ununterbrochen*) · aus freien Stücken *(unaufgefordert)* · sich für jmdn. in Stücke reißen lassen (ugs.; *alles für jmdn. tun)* · im/am Stück (landsch.; *nicht aufgeschnitten):* Käse am S. · in vielen/in allen Stücken *(in vieler, in jeder Hinsicht).*

Stückwerk, das: ‹in der Verbindung› [nur] Stückwerk bleiben *(unvollkommen und daher unbefriedigend bleiben):* die Arbeit, alles ist S.

studieren: 1. a) ‹[irgendwo] s.› *eine Hochschule besuchen:* seine Kinder s. lassen; er hat lange, zehn Semester studiert; er studiert an der Technischen Hochschule Darmstadt; SUBST.: die Studierenden *(Studenten u. Studentinnen)*; b) ‹etw. [irgendwo] s.› *ein bestimmtes Studium absolvieren:* Medizin s.; sie studiert im zweiten Semester Malerei. **2.** ‹etw.› a) *einüben:* ein Lied, seine Rolle, einen Gesangspart s.; b) *sich mit etw. befassen:* eine Frage, ein Problem s.; er studiert die Akten, die Landkarte; die Verhältnisse an Ort und Stelle s.; sie studierten eingehend die Speisekarte (ugs.; *lasen sie genau durch).*

Studium, das: **1.** *Hochschulstudium:* ein langes, schwieriges S.; das S. der Medizin; dieses S. dauert fünf Jahre; das S. aufnehmen, abbrechen, beenden; das S. mit dem Diplom abschließen; sie hat das S. erfolgreich absolviert; sie ist noch [mitten] im S. studiert; sie ist noch [mitten] im S.; sie beginnen. **2.** a) *Einstudierung:* das S. dieser Rolle machte ihm Mühe; das S. des Gesangsparts nahm sie nur wenig Zeit; b) *eingehende [wissenschaftliche] Beschäftigung:* umfangreiche, gründliche, eingehende Studien; Studien betreiben; dabei kann man so seine Studien *(Beobachtungen)* machen; sich seinen Studien, dem Studium *(der Erforschung)* antiker Münzen widmen; (ugs.:) sie waren ganz in das S. der Speisekarte vertieft; (ugs.:) er ist mit dem S. der Zeitung beschäftigt.

Stufe, die: **1.** *Treppenstufe o. Ä.:* eine breite, schmale, hohe, niedrige, ausgetretene, steinerne S.; die erste, unterste, oberste S.; /warnende Hinweise/: Vorsicht, S.!, Achtung, S., Stufen!; die S. knarrt; die Stufen des Altars; die Treppe hat zehn Stufen; die Stufen hinuntergehen, hinuntersteigen, hinaufgehen, emporsteigen, hinaufsteigen; sie nimmt immer mehrere Stufen auf einmal; Stufen ins Eis, in den Gletscher schlagen; ÜBERTR.: die Stufen zum Erfolg erklimmen. **2.** *Niveau; Grad:* die Industrieproduktion dieses Landes steht auf einer hohen S.; die tiefste S. menschlicher Erniedrigung; er ist auf einer bestimmten S. der Entwicklung stehen geblieben.

3. (Technik) (bei Apparaten o. Ä.) Arbeitsphase: die verschiedenen Stufen eines Schalters; die zweite S. der Heizplatte einstellen; etw. in drei Stufen abwickeln; ÜBERTR.: die Reformvorschläge sehen zwei Stufen vor; * auf einer Stufe [mit jmdm., etw.]/auf der gleichen Stufe [wie jmd., etw.] stehen (den gleichen Rang [wie jmd.] haben, [jmdm.] gleichwertig sein) · jmdn., etw. auf eine S. [mit jmdm., etw.]/auf die gleiche Stufe [wie jmd., etw.] stellen (jmdn., etw. im Rang einander gleichstellen) · sich mit jmdm. auf eine/auf die gleiche Stufe stellen (sich jmdm. gleichstellen).

Stuhl, der: **1.** ein harter, gepolsterter, drehbarer, wackliger, hoher, niedriger S.; der gynäkologische S. (Behandlungsstuhl); ein S. mit hoher Lehne, mit Armlehnen; Stühle stehen um den Tisch; Stühle aufstellen, rücken; sie hat dem Besuch keinen S. angeboten (ihn nicht zum Sitzen aufgefordert); den S. heran-, herbeiziehen; auf einem S. sitzen, (ugs.:) hocken; sich auf einen S. setzen, auf einen/einem S. niederlassen. **2.** Stuhlgang: harter, weicher, blutiger S.; er hatte mehrere Tage keinen S.; den S. untersuchen lassen; * elektrischer Stuhl (einem Stuhl ähnliche Vorrichtung, auf der zum Tode Verurteilte mit Starkstrom hingerichtet werden) · der Apostolische, Heilige, Päpstliche Stuhl (kath. Rel.; das Amt des Papstes, der Papst als Amtsträger u. die päpstlichen Behörden) · jmdm. den Stuhl vor die Tür stellen (1. jmdn. aus dem Haus weisen. 2. jmdm. kündigen) · [fast] vom Stuhl fallen (ugs.; sehr überrascht sein) · jmdn. [nicht] vom Stuhl reißen/hauen (ugs.; jmdn. [nicht] sehr erstaunen, begeistern) · sich zwischen zwei Stühle setzen (sich zwei Möglichkeiten o. Ä. verscherzen) · zwischen zwei Stühlen sitzen (sich zwei Möglichkeiten o. Ä. verscherzt haben).

Stuhlgang, der: harter, weicher S.; [keinen, regelmäßig] S. haben.

stumm: a) unfähig zu sprechen: ein stummes Kind; er ist [von Geburt an] s.; sie war s. vor Schreck, vor Staunen, ÜBERTR.: Trümmer als stumme Zeugen des Krieges; **b)** wortlos: eine stumme Bewegung, Klage; stummer Zorn, Schmerz; ein stummer Blick traf ihn; er hat eine stumme Rolle (Rolle, in der er nichts zu sprechen hat); eine stumme Szene (in der nicht gesprochen wird); sie war s. wie ein Fisch (sprach kein Wort); auf die Frage blieb er s. (sagte er nichts); s. zuhören; seine Worte machten sie s. (ließen sie verstummen); ÜBERTR.: ein stummer Laut (Sprachw.; Buchstabe, der nicht gesprochen wird); * jmdn. stumm machen (salopp; jmdn. töten).

Stümper, der (abwertend): ein S. in rechter, (ugs.:) elender S.; diese Arbeit hat ein S. ausgeführt; hier war ein S. am Werk.

stumpf: 1. a) nicht scharf: ein stumpfes Messer, Beil, Schwert; stumpfe Zähne; die Schere, die Schneide, die Klinge ist s. [geworden]; **b)** nicht spitz: eine stumpfe Nadel; ein stumpfer (Math.; zwischen 90 und 180 Grad betragender) Winkel; ein stumpfer Kegel; eine stumpfe Pyramide; sie hat eine stumpfe Nase; der Bleistift ist s. [geworden]. **2.** teilnahmslos; abgestumpft: ein stumpfer Mensch, Blick; s. vor sich hin starren, brüten; er ist gegen alle Einflüsse, gegenüber allen Einflüssen s. geworden. **3.** matt, glanzlos: stumpfe Seide; die Farbe ist s. geworden; die Oberfläche des Holzes ist s.; der Schnee ist zu s. (ist ohne die erwünschte Glätte); ihr Haar war von der Sonne s. geworden.

Stumpf, der: der S. eines Baumes; seine Zähne waren nur noch Stümpfe; die Kerze war bis auf einen S. heruntergebrannt; * mit Stumpf und Stiel (ganz und gar).

stumpfsinnig: a) teilnahmslos: ein stumpfsinniges Leben; er starrte s. vor sich hin; bei dieser langweiligen Arbeit kann man s. werden; **b)** eintönig, geisttötend: eine stumpfsinnige Arbeit; diese Tätigkeit ist furchtbar s.

Stunde, die: **1.** Zeitraum von sechzig Minuten: eine ganze, halbe, viertel, volle, gute, knappe S.; anderthalb Stunden; in drei viertel Stunden; alle halbe[n] Stunden; die Bahn geht jede S.; es dauerte eine geschlagene (ugs.; ganze) S.; es ist noch keine S. vergangen; sie hat eine S. [lang] telefoniert; eine s. früher, später; eine S. vor Tagesanbruch; zu Fuß, mit dem Auto ist es eine S. bis dorthin; der Ort liegt eine S. (Weg-, Autostunde) entfernt; er verbringt [ganze] Stunden mit seinem Hobby; er hat Stunden und Stunden/ Stunden und Tage (sehr lange) dazu gebraucht; sie zählten die Stunden (warteten voller Ungeduld) bis zum Aufbruch; die Uhr schlägt nur jede volle S.; sie bekommt etwa zwanzig Mark [für] die S., in der S., pro S. (Arbeitsstunde); er kam auf/für eine S. zu uns herüber; sie wird in einer S. kommen; der Zug fährt 160 km in der S.; er hatte die Arbeit innerhalb einer S. erledigt; es muss um diese S. passiert sein; S. um S. verging; von einer S. zur anderen veränderte sich die Lage; von S. zu S. (zunehmend im Ablauf der Stunden) wurden sie unruhiger; im Abstand von zwei Stunden; sie ist vor einer S. heimgekommen. **2.** (geh.) Zeit[punkt], Augenblick: es waren frohe, glückliche, schwere, traurige, einsame, verlorene Stunden; die morgendlichen Stunden; S. der Rache, des Todes; Stunden des Glücks; sie verlebten an diesem Ort die schönsten Stunden ihres Lebens; du musst die richtige, geeignete S. abwarten; er hatte heute seine große S. (einen großen Auftritt); da hatte sie eine schwache S. (ugs.; einen Augenblick, in dem sie keine, nicht genug Widerstandskraft hatte); sie hat keine ruhige S. mehr, seit die Kinder fort sind; wir erlebten eine historische S.; das Krankenhaus ist jede S. (immer) in Bereitschaft; die Gunst der S. nutzen, versäumen; Besonnenheit ist ein/das Gebot der S.; in der S. der Gefahr, der Not hielten sie zusammen; von dieser S. an; sie kommt zu gewohnter/ zur gewohnten S.; zu später S. *(spätabends);* zu nächtlicher S. *(nachts);* zur selben, zur gleichen S.; zu vorgerückter S. *(am späten Abend);* zur S. *(im Augenblick)* wissen wir noch nichts Näheres; sie können zu jeder S. kommen; bis zur/bis zu dieser S. *(bis jetzt)* sind keine Einzelheiten bekannt. 3. *Unterrichtsstunde:* die erste, nächste, letzte S. fällt aus; wir haben heute fünf Stunden; sie haben sechs Stunden Latein in der Woche; eine S. vorbereiten; Stunden *(Privat-, Nachhilfestunden)* [in Englisch, in Physik] erteilen, geben, nehmen; in der zweiten S. haben wir Deutsch; ∗ **jmds. schwere Stunde** (dichter.; *Zeitpunkt der Entbindung)* · **die Stunde X** *(der erwartete, noch unbekannte Zeitpunkt, an dem etwas Entscheidendes geschehen wird)* · **die Stunde null** *(durch ein einschneidendes [historisches] Ereignis bedingter Zeitpunkt, an dem [aus dem Nichts] etwas völlig neu beginnt)* · **jmds. letzte Stunde/letztes Stündlein hat geschlagen, ist gekommen** (veraltend, noch scherzh.; *jmds. Tod, Ende steht bevor)* · **wissen, was die Stunde geschlagen hat** *(wissen, wie die Lage wirklich ist).*

stunden ⟨jmdm. etw. s.⟩: jmdm. die fälligen Raten, die Miete s.; man hat ihm die Schuld einen Monat gestundet; ⟨auch ohne Dat.⟩ das Finanzamt war nicht bereit, den Betrag zu s.

stündlich: a) *jede Stunde:* ein stündlicher Wechsel; der Rundfunk bringt s. Nachrichten; der Zug verkehrt s. zwischen beiden Städten; die Lage ändert sich s. *(von Stunde zu Stunde);* b) *jeden Augenblick; bald:* mit seiner Rückkehr ist s. zu rechnen; wir erwarten s. seine Ankunft.

stur (ugs. abwertend): a) *starrsinnig:* ein sturer Beamter; er ist s. wie ein Panzer, wie ein Bock (ugs.; *sehr stur);* s. an etw. festhalten, auf etw. bestehen; sie bleibt s. bei ihrer Meinung; er arbeitet s. nach Vorschrift; wenn sie etwas nicht tun will, schaltet sie auf s. *(lässt sie sich nicht beeinflussen);* b) *stumpfsinnig:* eine sture Arbeit; die Tätigkeit ist sehr s.

Sturm, der: 1. *überaus starker Wind:* ein starker, heftiger, verheerender, eisiger S.; der S. bricht los, wütet, tobt, tost, legt sich, flaut ab, richtet große Verwüstungen an; der S. heult, pfeift ums Haus, jagt/fegt übers Wasser; der S. entwurzelt Bäume, wühlt das Meer auf, deckt Dächer ab; der S. erreichte Orkanstärke; das Schiff kämpfte gegen den S., mit dem S.; im dichter.: der S. geraten; ÜBERTR.: die Stürme des Lebens; ein S. der Entrüstung, des Protestes brach los.

2. a) *heftiger Angriff:* eine Festung im S. nehmen; den Befehl zum S. [auf die Stadt] geben; zum S. blasen; ÜBERTR.: beim Schlussverkauf setzte der S. auf die Geschäfte ein; b) (Sport) *Gesamtheit der Stürmer:* der S. der Mannschaft; im S. *(An-*

griffsspiel) war, spielte, agierte die Mannschaft zu drucklos; auf S. *(offensiv)* spielen; ∗ **ein Sturm im Wasserglas** *(große Aufregung um eine geringfügige Sache)* · **gegen etw. Sturm laufen** *(gegen etwas Geplantes heftig protestieren und agieren)* · **Sturm läuten/klingeln** *(heftig läuten).*

stürmen: 1. ⟨irgendwohin s.⟩ *heftig wehen:* der Wind ist über die Felder gestürmt; ⟨unpers.:⟩ es stürmt seit Stunden; heute nacht hat es gestürmt.

2. ⟨irgendwohin s.⟩ *eilen:* aus dem Haus, auf die Straße s.; die Zuschauer stürmten aufs Spielfeld; die Kinder sind nach Hause gestürmt.

3. a) ⟨etw. s.⟩ *im Sturmangriff erobern:* eine Festung, eine Stadt s.; die Soldaten haben die feindlichen Stellungen gestürmt; ÜBERTR.: die Zuschauer stürmten die Bühne; b) *einen Sturmangriff führen:* die Infanterie hat gestürmt; c) (Sport) *als Stürmer spielen:* er stürmt bei Real Madrid; die Mannschaft stürmt *(spielt offensiv).*

stürmisch: 1. *sehr windig:* stürmisches Wetter; ein stürmischer Herbst; sie fuhren bei stürmischer *(vom Sturm aufgepeitschter)* See hinaus; die Überfahrt war sehr s.; ÜBERTR.: stürmische *(ereignisreiche, turbulente)* Tage, Zeiten.

2. *leidenschaftlich:* stürmischer Jubel, Beifall; ein stürmisches Temperament; er ist ein stürmischer Liebhaber; eine stürmische Begrüßung; nicht so s.! *(nicht so ungeduldig, heftig!);* die Debatte war, verlief sehr s.; sie wurde s. gefeiert, begrüßt, umarmt; s. protestieren.

3. *rasant:* eine stürmische Entwicklung; der Aufschwung war, vollzog sich sehr s.; die Technik hat sich s. entwickelt.

Sturz, der: 1. *Stürzen:* ein schwerer, tödlicher S.; ein S. auf dem Eis; ein S. auf die Straße, aus dem Fenster, in die Tiefe; ein S. mit dem Fahrrad, vom Pferd; er hat den S. überlebt; sie konnte den S. gerade noch abfangen; er hat sich bei dem S. schwer verletzt; ÜBERTR.: man rechnete mit einem S. *(jähen Absinken)* der [Börsen]kurse, der Preise.

2. *erzwungenes Abtreten:* der S. des Ministers, der Regierung; jmds. S. vorbereiten, herbeiführen; den S. *(die Abschaffung)* der Monarchie erzwingen; das hat zum S. des Regimes geführt.

stürzen: 1. a) *hinfallen:* schwer, unglücklich s.; das Pferd ist gestürzt (geh.; *umgefallen);* die Mauern, die Säulen sind gestürzt (geh.; *umgefallen);* die Frau stürzte und brach sich ein Bein; beim Skilaufen, mit dem Fahrrad s.; b) ⟨irgendwoher, irgendwohin s.⟩ *in die Tiefe fallen:* aus dem Fenster, in eine Schlucht s.; das Flugzeug stürzte ins Meer; von der Leiter, vom Pferd s.; er ist tot zu Boden gestürzt; ÜBERTR.: die Felsen stürzen steil (geh.; *fallen steil ab)* ins Meer; der Regen stürzte vom Himmel *(es regnete heftig);* das Wasser stürzt *(fließt mit Vehemenz)* über die Felsen zu Tal; ⟨jmdm. irgendwohin s.⟩ Tränen stürzten ihr aus den Augen (geh.; *sie weinte heftig).*

2. a) ⟨jmdn., sich irgendwohin s.⟩ *hinunterstürzen:* jmdn., sich aus dem Fenster, aus dem Zug s.; er hat sich von der Brücke in den Fluss gestürzt; ÜBERTR.: sich ins Verderben, ins Unglück s.; ein Land in einen Bürgerkrieg s.; **b)** ⟨sich auf jmdn., etw. s.⟩ *über jmdn., etw. herfallen:* der Löwe stürzt sich auf das Zebra; er stürzte sich auf den Passanten; ÜBERTR.: sich auf das Essen s.; sie stürzten sich neugierig auf die Post; die Fotografen stürzten sich auf den Star.
3. ⟨irgendwohin s.⟩ *ungestüm eilen:* er stürzte an die Tür, aus dem Haus, ins Zimmer, zum Fenster.
4. ⟨etw. s.⟩ *umkippen, umdrehen:* die Form, den Topf s.; die Mutter stürzt den Pudding, den Kuchen *(löst ihn durch Umkippen des Gefäßes heraus)* [auf eine Platte]; ⟨auch ohne Akk.⟩ /Aufschrift auf Kisten mit zerbrechlichen Transportgütern/: bitte nicht s.!
5. a) ⟨jmdn. s.⟩ *seines Amtes entheben:* einen Minister, die Regierung s.; **b)** (selten) ⟨[über etw., wegen etw.] s.⟩ *seines Amtes enthoben werden:* der Minister ist [über diesen Fall, wegen dieser Sache] gestürzt.
6. ⟨sich in etw. (Akk.) s.⟩ *sich intensiv einer Sache widmen:* sich in die Arbeit, ins Vergnügen, in eine Gefahr s.; er hat sich in Unkosten gestürzt *(große Ausgaben gemacht).*

Stütze, die: **1.** *stützender Gegenstand:* eine S. für Kopf und Füße; die Stützen der Wäscheleine; der Baum braucht eine S.; der Pfeiler dient der Mauer als S., zur S.; ÜBERTR.: die Stützen des Staates; er ist eine große S. *(Hilfe)* für seinen Vater; die Notizen dienen ihm als S. *(Unterstützung)* für sein Gedächtnis.
2. (ugs.) *Arbeitslosengeld:* S. bekommen; seine S. abholen; von der/(selten:) auf S. leben;
★ **die Stützen der Gesellschaft** (meist iron.; *die einflussreichen Persönlichkeiten innerhalb eines Staates, Gemeinwesens).*

¹**stutzen** ⟨etw. s.⟩: *kürzer schneiden, beschneiden:* die Hecken, Bäume müssen gestutzt werden; (scherzh.:) den Bart, die Haare s.; ⟨jmdm., sich etw. s.⟩ dem Hund die Ohren und den Schwanz s. *(kupieren);* den Hühnern die Flügel s.

²**stutzen:** *misstrauisch werden, aufhorchen:* kurz, einen Augenblick s.; als er den Namen hörte, stutzte er.

stützen: **1. a)** ⟨jmdn., sich, etw. s.⟩ *durch eine Stütze Halt geben:* einen Baum, einen Ast, eine Mauer s.; das baufällige Haus muss gestützt werden; das Gewölbe wird von Säulen gestützt; zwei Leute stützten den Verletzten; ÜBERTR.: ein Regime s.; die Partei stützt ihren Minister *(gibt ihm Rückendeckung);* die Kurse, eine Währung s. (Wirtsch.); *einen Wertverlust verhindern);* **b)** ⟨etw. s.⟩ *untermauern:* einen Verdacht, eine Annahme, eine Vermutung s.; sie stützte ihre Behauptung durch Beweise.
2. ⟨sich, etw. irgendwohin s.⟩ *aufstützen:* er stützte den Kopf in die Hände, die Arme in die

Seiten, die Ellenbogen auf den Tisch; er muss sich beim Gehen auf einen Stock s.; ÜBERTR.: die Partei stützt sich auf die Arbeiterschaft *(wird von ihr getragen).*
3. ⟨sich auf etw. (Akk.) s.⟩ *sich berufen:* die Anklage stützt sich auf Zeugenaussagen; er stützt sich lediglich auf Vermutungen.

stutzig: ⟨in den Verbindungen⟩ **jmdn. stutzig machen** *(jmdn. befremden; jmdn. Verdacht schöpfen lassen)* · **stutzig werden** *(Verdacht schöpfen, misstrauisch werden).*

Subjekt, das: **1. a)** (Philos.) *Individuum:* das erkennende, denkende S.; **b)** (abwertend) *Person:* kriminelle Subjekte; er ist ein ganz gemeines, verkommenes, übles, trauriges S.
2. (Sprachw.) *Satzgegenstand:* das grammatische, logische S.; das S. eines Satzes bestimmen.

Substanz, die: **1.** *Stoff, Materie:* eine chemische, flüssige, gasförmige, wasserlösliche S.; eine neue S. entdecken; verschiedene Substanzen mischen.
2. (bildungsspr.) *Gehalt:* die geistige, menschliche S.; dem Buch, dem Vortrag mangelt es an S., fehlt die S.; in die S. eingreifende Veränderungen.
3. *als Bestand Vorhandenes:* die S. angreifen, aufbrauchen; die Erhaltung der baulichen S.; die Firma lebt von der S. *(Kapital, Vermögen);*
★ **etw. geht [jmdm.] an die Substanz** (ugs.; *etw. zehrt an jmds. körperlichen, seelischen Kräften).*

Suche, die: eine erfolglose, ergebnislose, vergebliche S.; die polizeiliche S. war erfolgreich; die S. beginnen, abbrechen, aufgeben; sie beteiligte sich an der S. nach den Vermissten; er ist, befindet sich auf der S. *(er sucht)* nach einer Stelle; sich auf die S. machen, begeben *(zu suchen beginnen);* nach etw. auf die S. gehen *(sich daranmachen, etw. zu suchen);* jmdn. auf die S. schicken; etw. nach langer S. wieder finden.

suchen /vgl. gesucht/: **1. a)** ⟨jmdn., etw./nach jmdm., etw. s.⟩ *zu finden trachten:* etw. lange, verzweifelt, vergebens, händeringend, wie eine Nadel im Heuhaufen s.; ich habe dich überall gesucht; jmdn. polizeilich, steckbrieflich, fieberhaft s. [lassen]; sie sucht ihre Brille, ihre Schlüssel; eine Stelle in einem Buch, einen Ort auf der Landkarte s.; Pilze, Beeren s. *(sammeln);* den Täter/nach dem Täter, Spuren/nach Spuren s.; (ugs.:) die Mutter ist das Kind s. gegangen; einen Ersatz für jmdn. s.; solche Leute muss man schon s. (ugs.; *sind sehr selten);* was sucht denn der Kerl hier? (ugs.; *was will, macht er hier, warum ist er hier?);* ⟨jmdm., sich jmdn., etw. s.⟩ sich Arbeit, einen Partner s.; ich werde dir eine Frau s.; ⟨auch ohne Akk. oder ohne Präpositionalobjekt⟩ ich habe stundenlang ohne Erfolg gesucht; da kannst du lange s. (ugs.; *dein Suchen ist völlig zwecklos);* sich suchend, mit suchendem Blick umsehen; /an einen Hund gerichtete Aufforderung/: such, such!; Ⓡ wer sucht, der findet; ÜBERTR.: er, seine Hand suchte den Schalter/nach dem Schalter *(tastete danach);* /verblasst/: sein Glück, Frie-

S

den, Versöhnung s.; ein Gespräch s. *(gerne mit jmdm. sprechen wollen);* Schutz s.; b) ⟨jmdn., etw. s.⟩ *zu erlangen, zu erwerben trachten:* eine Wohnung, ein Zimmer, einen Job, einen Partner s.; /in Stellenanzeigen/: Verkäuferin gesucht; diese Fachleute sind sehr gesucht; Pflanzen suchen stets das Licht *(wenden sich ihm zu);* ein sehr gesuchter *(rarer)* Rohstoff; ℝ da haben sich zwei gesucht und gefunden (ugs.; *die beiden passen zueinander*); c) ⟨jmdn., etw./nach jmdm., etw. s.⟩ *herauszufinden, zu erkennen trachten:* einen Ausweg s.; nach Gründen s.; nach dem Sinn des Lebens s.; sie suchte nach Worten *(nach der richtigen Weise, etw. auszudrücken);* er sucht *(argwöhnt)* hinter allem etwas Schlechtes; die Gründe dafür sind in seiner Vergangenheit zu s. *(liegen dort).* **2.** (geh.) ⟨mit Infinitiv mit *zu*⟩ *versuchen, bemüht sein:* etw. zu kaufen, zu mieten s.; jmdm. zu gefallen, zu helfen, zu schaden s.; etw. zu vergessen s.; *⋆ irgendwo nichts zu suchen haben* (ugs.; *irgendwo nicht hingehören, nicht sein dürfen).*

Sucht, die: a) *krankhafte Abhängigkeit:* die S. nach Alkohol, nach Nikotin, nach Rauschgiften; eine S. bekämpfen; an einer krankhaften S. leiden; jmdn. von einer S. heilen; das Tablettenschlucken ist bei ihm zur S. geworden; b) *übersteigerte Neigung:* die S., alles zu kritisieren, herabzusetzen; das Verleumden ist eine wahre S. bei ihm; ihn trieb die S. nach Vergnügen, nach Geld.

süchtig: 1. *an einer krankhaften Abhängigkeit leidend:* ein süchtiger Patient; er ist s.; durch Tablettenmissbrauch ist er s. geworden; von etw. s. werden. **2.** ⟨s. [nach etw.]⟩ *ein starkes Verlangen habend:* s. sein nach Süßigkeiten; Übertr.: ein nach Sensationen süchtiges Publikum.

Süd, der: **1.** a) *Süden:* Nord und S.; der Wind kommt aus S., dreht nach S.; Menschen aus Nord und S.; die Straße verläuft von Nord nach S.; das Gefälle zwischen Nord und S.; b) /Bezeichnung des südlichen Stadtteils/ Kennzeichnung der südlichen Lage, Richtung/: sie wohnt in Frankfurt (S.)/Frankfurt-S.; Fabriktor S. **2.** (Seemannsspr. dichter.) *Südwind:* es wehte ein warmer S.

Süden, der: **1.** *Himmelsrichtung:* der Wind weht aus S., kommt aus/von S.; im S. kommen Wolken auf; die Sonne steht im S.; das Zimmer geht, liegt nach S. *(nach der Südseite);* die Straße verläuft von S. nach Norden. **2.** *im Süden liegendes Gebiet; Länder Südeuropas:* der warme, sonnige S.; der S. des Landes; die Einwanderer aus dem Süden; das Klima, die Fauna des Südens; eine Reise in den S.; er wohnt im S. der Stadt, im S. Münchens/von München; die Vögel fliegen nach S.

südlich: I. ⟨Adj.⟩ **1.** a) *in südlicher Himmelsrichtung befindlich:* die südliche Halbkugel; am südlichen Himmel; 50 Grad südlicher Breite; b) *im Süden liegend; im südeuropäischen Raum befind-* lich: die südliche Grenze; der südliche Teil des Landes; die südlichen Länder, Völker; die Stadt liegt weiter s.; (geh., meist scherzh.:) den Winter in südlichen Gefilden verbringen; c) *für den südlichen Raum, seine Bevölkerung charakteristisch:* ein südliches Temperament; eine südliche Landschaft. **2.** *von Süden kommend; nach Süden gerichtet:* ein südlicher Wind; der Gebirgszug verläuft in südlicher Richtung; sie steuerten südlichen Kurs. **II.** ⟨Präp. mit Gen.⟩ *im Süden:* s. der Alpen, der Elbe; s. der Stadt; (selten:) s. Münchens. **III.** ⟨Adverb⟩ *im Süden:* s. von München; s. von Formentera; s. vom Main.

Suff, der (salopp): der S. hat ihn ruiniert; er hat sich dem S. ergeben, ist dem S. verfallen; das hat er im S. *(im Zustand der Trunkenheit)* gesagt.

Sühne, die (geh.): [von jmdm.] S. fordern, verlangen, erhalten; jmdm. eine S. auferlegen; jmdm. S. für etw. [an]bieten, geben, leisten; das Verbrechen fand seine S.; [für etw.] S. leisten.

sühnen (geh.) ⟨etw. s.⟩: ein Verbrechen, Unrecht, die Schuld s.; er hat die, seine Tat mit dem Leben, dem Tode gesühnt; ⟨auch ohne Akk.⟩ er hat für seine Tat gesühnt.

Summe, die: **1.** *Ergebnis einer Addition:* die S. von 20 und 4 ist, beträgt 24; eine S. errechnen, herausbekommen; die Zahlenreihe ergibt die folgende S. *(Endzahl);* Übertr.: die S. seiner Erfahrungen, unseres Wissens. **2.** *Geldbetrag:* eine größere, erhebliche, beträchtliche, stattliche, (ugs.:) riesige, bescheidene S.; eine große S. Geld/(geh.:) Geldes; die runde S. von 1000 Euro; (ugs.:) etw. kostet eine hübsche S., ein hübsches Sümmchen; das Projekt hat immense Summen verschlungen; eine bestimmte S. bereitstellen; die ganze S. muss sofort bezahlt werden!; er musste die volle S. zahlen; die notwendige S. beschaffen, zusammenbekommen; eine S. von 10000 Euro fordern; große Summen aufwenden, aufbringen müssen, ausgeben, verbrauchen, verschleudern.

summen: 1. a) *einen Summton erzeugen:* die Bienen, Fliegen s.; der Motor, die Kamera, der Wasserkessel summt; ⟨unpers.:⟩ es summt im Hörer, im Apparat; subst.: das Summen der Insekten; b) ⟨irgendwohin s.⟩ *summend fliegen:* ein Käfer summt um die Lampe; die Bienen waren von Blüte zu Blüte gesummt. **2.** ⟨etw. s.⟩ *mit geschlossenen Lippen singen:* ein Lied, eine Melodie, einen Ton s.; ⟨auch ohne Akk.⟩ sie summte leise [vor sich hin].

Sumpf, der: ausgedehnte Sümpfe; einen S. entwässern, trockenlegen, austrocknen; in einen S. geraten; das Auto, der Wagen ist im S. (ugs.; im Schlamm) stecken geblieben; Übertr.: ein S. von Korruption; er ist im S. der Großstadt versunken, untergegangen.

sumpfig: eine sumpfige Wiese; sumpfiger Boden; das Ufer, das Gebiet ist sehr s.

Sünde, die: eine schwere, lässliche S.; eine S. begehen; [die, seine] Sünden beichten, bekennen, bereuen; jmdm. seine Sünden vergeben; von seinen Sünden erlöst werden; ÜBERTR.: architektonische Sünden *(Fehler);* die Sünden der früheren Bildungspolitik; sie hat ihm seine Sünden *(Fehltritte)* verziehen; es wäre eine [wahre] S. *(wäre wirklich töricht),* wenn du dieses Angebot ausschlügest;
* etw. **wie die Sünde meiden/fliehen** (geh.; ängstlich meiden).
Sündenbock, der (ugs.): sie sucht, braucht immer einen S.; er ruht nicht, bis er einen S. gefunden hat;
* jmdn. **zum Sündenbock machen** (ugs.; *jmdm. unbegründet die Schuld an etw. geben).*
sündhaft: 1. (geh.) *mit Sünde behaftet:* ein sündhaftes Leben; sündhafte Gedanken; er hat s. *(sündig)* gehandelt.
2. (ugs.) **a)** *überaus hoch, viel:* das ist ein sündhafter Preis; [ein] sündhaftes Geld kosten, für etw. ausgeben; **b)** ⟨verstärkend bei Adjektiven⟩ *überaus, sehr:* der Pelz war s. teuer.
Suppe, die: eine dicke, dünne, klare, kräftige, fade, schmackhafte, versalzene, gute S.; eine S. mit Einlage; ein Teller S.; du musst die S. aufessen; eine S. kochen; die S. abschmecken, servieren; Grieß in die S. rühren; ÜBERTR.: draußen ist eine furchtbare S. (ugs.; *starker Nebel);* mir läuft die S. (ugs.; *der Schweiß)* am Körper herunter;
* **die Suppe auslöffeln [die man sich eingebrockt hat]** (ugs.; *die Folgen seines Tuns selbst tragen)* · jmdm., *jmdm.* die schöne Suppe einbrocken (ugs.; *jmdm., sich in eine unangenehme Lage bringen)* · jmdm. **die Suppe versalzen** (ugs.; *jmdm. die Freude verderben)* · sein eigenes Süppchen kochen (ugs.; *in einer Gemeinschaft nur für sich leben, seine eigenen Ziele verfolgen)* · **sein Süppchen am Feuer anderer kochen** (ugs.; *sich auf Kosten anderer Vorteile verschaffen)* · jmdm. in die Suppe spucken (salopp; *jmdm. eine Sache verderben)* · **jmdm. in die Suppe fallen** (salopp; *jmdm. besuchen, während er gerade beim Essen ist).*
surfen: 1. (EDV) **a)** *Webseiten aufrufen:* im Netz, im Cyberspace s.; privat s.; er hat stundenlang am Computer gesurft; in der Bibliothek kann kostenlos gesurft werden; im Internet surfende Nutzer; SUBST.: das Surfen im Web; das private Surfen am Arbeitsplatz; ÜBERTR.: auf der Erfolgswelle s. (ugs.; *Erfolg haben);* **b)** ⟨irgendwohin s.⟩ *sich surfend bewegen:* durchs Netz, durchs Internet, durch die einzelnen Webseiten s.; zu jmds. Hompepage s.; ÜBERTR.: durch den Stau s. (ugs.; *den Stau umgehen).*
2. (Sport) **a)** *[Wind]surfing betreiben:* sie lernt s.; er surft schon seit Jahren; **b)** ⟨irgendwohin s.⟩ *surfend gelangen:* über den See s.
surren: a) *ein surrendes Geräusch erzeugen:* Maschinen, Räder surren; SUBST.: das Surren der

Kameras; **b)** ⟨irgendwohin s.⟩ *surrend fliegen:* Käfer surrten durch die Luft.
süß: 1. *nach Zucker schmeckend:* süße Speisen; süße Trauben, Kirschen, Mandeln; süße *(nicht gesäuerte)* Milch; süßer Wein; ein süßer *(lieblicher)* Duft entströmt den Blüten; er isst gern süße Sachen *(Süßigkeiten);* die Marmelade ist, schmeckt zu/reichlich/widerlich s.; er isst gern Süßes; ÜBERTR.: süße (geh.; *zart, lieblich klingende)* Melodien, Töne, Klänge; süßes *(angenehmes)* Nichtstun; träum s. *(von angenehmen Dingen).*
2. *niedlich, reizend:* ein süßes Kind; ein süßes Gesicht; ein süßes Kleid; das Mädchen ist sehr s.; s. aussehen.
süßen ⟨etw. s.⟩: Speisen, Getränke s.; der Saft ist gesüßt *(ist mit Zucker versetzt);* sie süßen den Tee mit Kandis; ⟨auch ohne Akk.⟩ Süßstoff süßt stärker als Zucker.
Süßigkeit, die: **1.** ⟨Plural⟩ *etwas Süßes; Schokolade o. Ä.:* er isst gerne, zu viel Süßigkeiten; Süßigkeiten knabbern.
2. (selten) *Süße:* die S. der Früchte, des Honigs; ÜBERTR.: die S. (geh.; *Wohlgefühl)* des Glücks.
süßlich: 1. *leicht süß:* ein süßlicher Beigeschmack, Geruch; das Parfüm ist mir zu s.; die erfrorenen Kartoffeln schmecken s.
2. *sentimental:* süßliche Gedichte; sein Stil ist reichlich s.
3. (abwertend) *geheuchelt freundlich:* ein süßliches Lächeln; mit süßlicher Miene.
Symbol, das: **1.** *Sinnbild:* ein religiöses, christliches S.; die Taube ist ein S. des Friedens; etw. ist ein S. für etw.
2. *Zeichen:* ein mathematisches, chemisches, logisches S.
symbolisch: eine symbolische Geste; Handlung; diese Zeremonie hat symbolische Bedeutung; er erwarb das Grundstück für einen symbolischen *(nur pro forma gezahlten)* Betrag von einer Mark; diese Worte sind s. zu verstehen.
Sympathie, die: seine S. gehört dieser Partei; viel, wenig, große, geringe S. für jmdn./etw. haben, zeigen, empfinden; dieser Plan hat meine volle S. *(hat meine Zustimmung);* dein Verhalten hat dir keine Sympathien eingetragen; sich alle S., alle Sympathien verscherzen; jmdm., einer Sache S. entgegenbringen; S. für etw. bekunden; jmds. S. gewinnen, genießen; er hat sich die Sympathien vieler erobert; bei aller S. *(bei allem Wohlwollen),* das ist falsch.
sympathisch: ein sympathischer Mensch; eine sympathische Erscheinung, Stimme; er hat ein sympathisches Äußeres, Aussehen; sie wirkt sehr, ausgesprochen s.; seine Bescheidenheit macht ihn s.; sie ist mir nicht s.; ÜBERTR.: dieser Plan, diese Sache ist mir nicht s. *(sagt mir nicht zu, ist mir nicht geheuer).*
Symptom, das: ein S. für Gelbsucht; klinische Symptome; die Symptome einer Krankheit;

Symptome mehren sich; bei dem Patienten zeigen sich die Symptome von Diphterie; die Symptome von etw. erkennen, für etw. beschreiben; bestimmte Symptome aufweisen.

System, das: **1.** ein biologisches, ökologisches, ökonomisches S.; ein theoretisches, ideologisches, philosophisches S.; das aristotelische, hegelsche S.; sprachliche Systeme; Systeme von Lauten und Zeichen; das S. der Notenschrift, des Alphabets; Erkenntnisse in ein S. bringen.
2. *Funktionseinheit:* ein S. von Röhren, von Kanälen, von Straßen; ein S. *(einheitliches Gefüge)* von Strebebogen und Pfeilern.
3. *Ordnungsprinzip:* ein durchdachtes, fehlerhaftes, ausgeklügeltes, raffiniertes S.; hinter dieser Sache steckt S. *(dahinter verbirgt sich eine bestimmte Absicht);* ein S. haben; S. in etw. bringen; *(etw. nach einem Ordnungsprinzip einrichten, ablaufen o. ä. lassen);* man arbeitet hier nach einem bestimmten S.
4. *Gesellschaftsordnung:* ein kapitalistisches, marxistisches, totalitäres, faschistisches, parlamentarisches, korruptes S.; das bestehende gesellschaftliche S.; das [herrschende] S. bekämpfen, unterstützen, ablehnen, ablösen, beseitigen, verändern.

systematisch: eine systematische Darstellung, Ordnung; etw. s. ordnen; er betreibt s. Sport; das Gebiet wurde s. abgesucht; die Daten müssen systematisch erfasst werden; er hat seinen Gegner s. zugrunde gerichtet.

Szene, die: **1.** *kleinere Einheit eines Bühnenaktes, Films:* eine gestellte S.; erster Akt, dritte S.; diese S. spielt auf dem Marktplatz, ist abgedreht, muss noch einmal aufgenommen werden; eine S. aus einem Stück von Brecht proben, spielen, filmen, drehen, wiederholen.
2. *Schauplatz eines Bühnenauftritts:* die S. stellt eine ärmliche Wohnung dar; die Schauspieler warten hinter der S. auf ihren Auftritt; Beifall auf offener S. *(Szenenbeifall);* ÜBERTR.: der Parteivorsitzende betrat nun die S. *(erschien nun).*
3. *Vorgang, Vorfall:* eine rührende, unwürdige S.; furchtbare Szenen spielten sich ab; er wurde Zeuge einer merkwürdigen S.; es kam zwischen ihnen zu einer hässlichen S. *(Auseinandersetzung).*
4. *Bereich für bestimmte Aktivitäten:* die weltpolitische, literarische S.; er ist in der Kölner S. zu Hause; Kontakte zur rechten, linken S. haben; sie kennt sich aus in der S. *(Scene);*
★ **die Szene beherrschen** *(dominieren, im Mittelpunkt stehen)* · **jmdm. Szenen/eine Szene machen** *(jmdm. heftige Vorwürfe machen)* · **in Szene gehen** *(zur Aufführung gelangen)* · **etw. in Szene setzen** (1. *etw. inszenieren, aufführen.* 2.*etw. arrangieren)* · **sich in Szene setzen** *(die eigene Person effektvoll zur Geltung bringen).*

Tabak, der: **1.** a) *Tabakpflanze:* der T. blüht; T. bauen, säen, ernten; b) *Tabakblätter:* T. fermentieren, beizen; mit T. handeln; die T. verarbeitende Industrie.
2. *Produkt zum Rauchen:* schwerer, leichter, milder T.; T. rauchen; er raucht eine Pfeife T., eine Zigarre aus einheimischen, überseeischen Tabaken; er kaut, schnupft T. *(Kau-, Schnupftabak).*

Tablette, die: dreimal täglich eine T. nehmen; Tabletten gegen Kopfschmerzen; eine T. einnehmen, schlucken, im Mund zergehen lassen, in Wasser auflösen; sich mit Tabletten vergiften.

Tadel, der: ein scharfer, [un]berechtigter T.; dieser T. ist [un]verdient; ihn trifft kein T. *(er hat keine Schuld);* einen T. aussprechen; jmdm. einen T. erteilen; einen T. erhalten; seine Worte enthielten einen versteckten, leisen T.

tadellos: ein tadelloses Benehmen; tadellose Kleidung; die Verständigung [am Telefon] war, klappte, funktionierte t.; t.! (ugs.; *großartig);* der Anzug sitzt t.

tadeln ⟨jmdn., etw. t.⟩: einen Schüler scharf, streng t.; jmds. Verhalten t.; ich musste ihn wegen seines Verhaltens/für sein Verhalten t.; an allem fand er etwas zu t.; ⟨auch ohne Akk.⟩ ich tadle nicht gern; tadelnde Worte; ein tadelnder Blick.

Tafel, die: **1.** a) *[größere] Platte:* eine steinerne, bronzene, viereckige, ovale T.; eine T. am Rathaus erinnert an den Besuch Maria Theresias; eine T. aus Holz, mit Hinweisen anbringen, aufstellen; die Nummern, die Namen standen auf hölzernen Täfelchen; b) *Schul[wand]tafel:* die T. abwischen, umdrehen; einen Satz an die T. schreiben; die Formel steht an der T.
2. *plattenförmiges Stück:* eine T. Schokolade; die Tafeln der Wandverkleidung; Wachs, Plastilin in Tafeln.
3. *Tabelle; Übersichtstafel:* mathematische, genealogische Tafeln; diese Statistik ist auf T. 18 dargestellt.
4. (geh.) *gedeckter Tisch:* eine festliche T.; die T. decken, schmücken; sich an der T. niederlassen, von der T. erheben; jmdn. zur T. bitten, laden; vor, während, nach der T. *(dem Essen);*
★ **die Tafel aufheben** *(das Zeichen zur offiziellen Beendigung der Mahlzeit geben).*

tafeln (geh.): wir haben gestern festlich getafelt.

Tag, der: **1.** *Zeit zwischen Auf- und Untergang der Sonne:* ein sonniger, trüber, nebliger T.; der längste, der kürzeste T. des Jahres; /Grußformel/:

guten T./(ugs.:) T.!; [zu] jmdm. guten T. sagen; jmdm. [einen] guten T. wünschen; der T. war regnerisch, heiß, schwül; es wird, ist schon T.; der T. beginnt, dämmert; der T. bricht an, zieht herauf, naht, erwacht (geh.; *es dämmert*); der T. geht zu Ende, (geh.:) neigt sich; wir müssen fertig werden, solange es noch T. *(hell)* ist; das ist ein Unterschied wie T. und Nacht; die Tage werden länger, kürzer, nehmen zu, nehmen ab; er redet viel, wenn der T. lang ist (ugs.; *auf seine Worte kann man nicht viel geben*); wir haben T. und Nacht *(ständig)* geöffnet; wir verbrachten den T. im Grünen, auf dem Wasser; des Tag[e]s (geh.; *tags*); bei Tag[e] *(bei Tageslicht);* es ist noch früh am Tag[e]; er schlief bis in den [hellen] T. hinein; Ⓡ es ist noch nicht aller Tage Abend *(es kann sich noch einiges ändern);* man soll den T. nicht vor dem Abend loben *(man soll nicht voreilig etw. beurteilen).*
2. *Kalendertag:* ein ruhiger, ausgefüllter, denkwürdiger, bedeutender, wichtiger T.; ein verlorener T.; der T. X *(noch unbestimmter Tag, an dem etwas Entscheidendes geschehen wird, durchgeführt werden soll);* der T. der Abreise naht; heute ist sein großer T. *(ein bedeutender Tag für ihn);* der T. hat 24 Stunden; der T. *(Gedenktag o. Ä.)* jährt sich heute [zum dritten Mal]; es war ein schwarzer T. *(Unglückstag)* für ihn, für die Börse; sie verbrachte einen T. in Frankfurt; sie hat den T. nutzlos herumgebracht, den T. (ugs.:) totgeschlagen; er weiß nicht, was er den lieben langen Tag *(während des ganzen Tages)* machen soll; wir vereinbarten T. und Stunde unseres Wiedersehens; heute habe ich meinen freien *(arbeitsfreien)* T., einen T. Urlaub; ich mache mir jetzt ein paar schöne Tage [an der See]; sie machte sich (Dat.) einen guten, faulen T. (ugs.; *ließ es sich gut gehen, faulenzte);* seitdem hatte er keinen guten T. mehr bei seinem Meister *(er wurde ständig zurechtgewiesen);* er hat heute [k]einen guten T. [erwischt] *(ist [nicht] in Form, hat [kein] Glück);* 〈Akk. als Zeitangabe〉 ich habe den ganzen Tag, drei Tage gewartet; ich erwarte ihn jeden Tag zurück; der Brief kann, muss jeden T. ankommen; sie kam jeden T., alle [vierzehn] Tage, einen T. um den anderen, jeden dritten Tag; den T. über *(tagsüber);* er kam einen T. eher, früher, später; sie blieb einige, nur wenige Tage; er fährt ein paar Tage in Urlaub; ewig und drei Tage (ugs. scherzh.; *sehr lange);* 〈Gen. als Zeitangabe〉 eines [schönen] Tages *(an einem nicht näher bestimmten Tag);* sie war dieser Tage *(neulich)* hier; sie wird dieser Tage *(in den nächsten Tagen)* operiert; im Laufe, während dieses Tages; an diesem, am gleichen, an einem beliebigen Tage; am folgenden, am nächsten Tage; dreimal am T. *(dreimal täglich);* es ist noch früh am Tag[e]; am Tage davor, danach; das Geschenk kam auf den T. *(pünktlich)* an; es sind heute auf den T. *(genau)* drei Jahre; die beiden Veranstaltungen fallen auf den gleichen T., auf

einen T.; er ist auf/für drei Tage verreist; sie verschwand von einem T. auf den anderen *(plötzlich);* jmdn. von einem T. auf den andern *(fortlaufend)* vertrösten; T. für T. *(täglich);* sie fliegt in zwei Tagen hin und zurück; heute in acht Tagen, über acht Tage; heute vor vierzehn Tagen; sie hielt ihm die Treue in guten und bösen Tagen *(allezeit);* es geht ihm von T. zu T. *(in steter Entwicklung)* besser; bis zum heutigen T.; Ⓡ morgen ist auch [noch] ein T.
3. a) 〈Plural〉 (geh.) *Zeit:* die Tage der Jugend; es kommen auch wieder bessere Tage *(Zeiten);* er hat schon bessere Tage gesehen *(früher ging es ihm besser);* seine Tage *(sein Leben)* in Muße verbringen; noch bis in unsere Tage *(b) Ehren-, Gedenktag:* T. der Deutschen Einheit; T. des Kindes;
4. 〈Plural〉 (ugs. verhüll.) *Menstruation:* sie hat, bekommt ihre Tage;
★ der Jüngste Tag (Rel.; *Tag des Jüngsten Gerichts*) · **Tag der offenen Tür** *(Tag, an dem öffentliche Einrichtungen o. Ä. von Bürgern besichtigt werden können)* · **[bei] jmdm. guten Tag sagen** *(jmdm. einen kurzen Besuch abstatten)* · **jmds. Tage sind gezählt** *(jmd. wird bald sterben)* · **jmds. Tage als etw./irgendwo sind gezählt** *(jmd. wird etw./irgendwo nicht mehr lange sein/bleiben können)* · **die Tage von etw. sind gezählt** *(etw. wird nicht mehr lange andauern, existieren)* · **auf meine, deine usw. alten Tage** *(in meinem, deinem usw. Alter noch)* · **an den Tag kommen** *(bekannt werden, sich herausstellen)* · **etw. an den Tag bringen/ziehen** *(etw. aufdecken, enthüllen)* · **etw. an den Tag legen** *(etw. überraschend erkennen lassen)*: er legte einen verdächtigen Eifer an den T. · **bei Tage besehen** *(genauer betrachtet)* · **in den Tag hinein leben** *(sorglos dahinleben)* · **über, unter Tag[e]** (Bergmannsspr.; *über, unter der Erdoberfläche)* · **unter Tags** *(tagsüber)* · **zu Tage** (↑ zutage).

tagaus: 〈in der Verbindung〉 **tagaus, tagein** *(jeden Tag, immer):* t., tagein fährt er zwei Stunden zur Arbeit; t., tagein die gleichen Handgriffe.

tagen: 1. *eine Tagung abhalten:* öffentlich, geheim t.; das Gericht, das Parlament tagt; die Konferenz tagt bereits seit Wochen; der Ausschuss tagt im kleinen Saal; sie tagten über Probleme des Umweltschutzes; ÜBERTR.: wir tagten (scherzh.; *waren fröhlich beisammen*) bis zum frühen Morgen.
2. (geh.) 〈unpers.〉 *Tag werden:* es tagt bereits; im Osten begann es zu t.

Tagesgespräch, das: etw. ist [das], bildet das T.; dieser Einbruch war das T. im Büro.

Tageslicht, das: helles, künstliches T.; durch das Kellerfenster fiel, kam etwas T. herein; das Zimmer hat kein T.; Neonröhren ersetzen das T.; bei T. arbeiten.
★ das Tageslicht scheuen (geh.; *etwas zu verbergen haben*) · **etw. ans Tageslicht bringen, ziehen, zerren, holen** *(etw. an die Öffentlichkeit*

T

bringen) · **ans Tageslicht kommen** *(bekannt, entdeckt werden).*

Tagesordnung, die: die T. aufstellen, einhalten; etw. auf die T. setzen; dieser Punkt steht nicht auf der T., wird von der T. gestrichen, abgesetzt; zur T. übergehen *(die Beratung beginnen);* /mahnender Zuruf bei Sitzungen/: zur T.!; ★ **an der Tagesordnung sein** *(immer wieder vorkommen)* · **über etw.** (Akk.) **zur Tagesordnung übergehen** *(über etw. hinweggehen, es nicht weiter beachten).*

täglich: der tägliche Bedarf, Gebrauch; die tägliche Arbeit; t. trainieren; eine Medizin dreimal t. einnehmen; wir sehen uns t.

Tagung, die: die T. dieser Gesellschaft findet im Herbst statt; eine T. abhalten, veranstalten; sich zu einer T. anmelden; an einer T. über das/zum Thema Verbraucherschutz teilnehmen; auf dieser T. hielt er ein Referat.

Taille, die: eine schlanke, schmale T.; ein Kleid in der T. enger/weiter machen, in der T. betonen; sie hat keine T.; die Mode betont die T., deutet die T. nur an; einen Anzug, ein Kleid auf T. *(mit betonter Taille)* arbeiten; der Anzug sitzt in der T. hervorragend; er fasste sie um die T.; sie hat T. 70, hat 70 cm T. *(Taillenweite).*

Takt, der: **1.** a) *Einheit im Aufbau eines Musikstücks:* die Takte eines Walzers; ein halber, ganzer T. [Pause]; ein paar Takte singen; wir spielen jetzt die Takte 24 bis 80; das Stück besteht nur aus wenigen Takten; die Musik brach mitten im T. ab; ÜBERTR.: dazu möchte ich auch ein paar Takte (ugs.; *etwas*) sagen; mit dem muss man ein paar Takte *(ein ernstes Wort)* reden; b) *Zeitmaß:* den T. angeben, schlagen, wechseln; er kann nicht, keinen T. halten; aus dem T. kommen, jmdn. aus dem T. bringen; im T., nach dem T. singen, tanzen, rudern; du musst im T. bleiben; die Hämmer klangen im T.; ÜBERTR.: jmdn. aus dem T. bringen *(aus dem Konzept bringen, ihn stören, verwirren);* aus dem T. kommen *(gestört werden, den Faden verlieren).*
2. *Gefühl für Anstand, Höflichkeit:* sie hat viel, wenig, keinen T.; den T. verletzen; gegen den T. verstoßen; es fehlt ihm an T.; man muss ihm Mangel an T. vorwerfen; sie hat die Sache mit großem T. behandelt.

taktlos: ein taktloser Mensch; eine taktlose Frage; taktloses Benehmen; sein Verhalten war ziemlich t.; es war t. von ihm, mir das zu sagen; sich t. verhalten.

Tal, das: ein enges, dunkles, weites, langes, breites, fruchtbares T.; das T. öffnet sich, verengt sich; wir sehen vom Berg ins T. hinein, hinab; das Vieh ins/zu T. treiben; über Berg und T. wandern; im Herbst fahren die Sennen von den Almen zu T.; ÜBERTR.: die Wirtschaft befindet sich in einem T. *(hat schlechte Konjunktur).*

Talent, das: **a)** *besondere Begabung:* sie besitzt ein ungewöhnliches musikalisches T., ein T. für

Sprachen; er hat T. zum Singen, zum Fußballspielen, zum Schauspieler; sie hat besonderes T. zur/in der/für Leichtathletik; sie zeigt, entfaltet, entwickelt viel T.; er überschätzt sein T.; jmds. T. entdecken, fördern; (iron.:) ich habe nicht das geringste T. zum Lügen; er hat ein besonderes, seltenes T., die Leute vor den Kopf zu stoßen; sein T. verkümmern, brachliegen lassen; diese Arbeit verrät T.; er ist nicht ohne T.; ein Gitarrist von überragendem T.; Ⓡ da steh ich, stehen wir da mit unserem T. (ugs.; *nun sind wir ratlos*); **b)** *talentierter Mensch:* er ist ein großes, starkes, aufstrebendes, viel versprechendes T.; ein neues T. aus der Jugendmannschaft, im deutschen Fußball; junge Talente fördern, testen.

tanken ⟨etw. t.⟩: Benzin, Öl t.; ich habe nur 10 Liter getankt; den Wagen t. (seltener; *auftanken*); ⟨auch ohne Akk.⟩ ich muss heute noch t.; ÜBERTR.: er hat zu viel getankt (salopp; *getrunken*); frische Luft, Sonne, Schlaf t. *(sein Bedürfnis danach befriedigen);* jetzt habe ich neue Kräfte getankt.

Tante, die: **1.** *Schwester, Schwägerin der Mutter, des Vaters:* meine T. Maria; er wohnt bei seiner T.
2. a) (Kinderspr.) *[bekannte] weibliche Person:* gib der T. die Hand!; **b)** (ugs. abwertend) was will die T.?; zwei alte Tanten.

Tanz, der: **1.** ein kultischer, zeremonieller, magischer T.; alte, moderne, langsame, schnelle, wilde, lateinamerikanische, afrikanische Tänze; Tänze aus den Alpen; heute ist T. *(eine Tanzveranstaltung);* einen T. einüben, vor-, aufführen; einen T. hinlegen, aufs Parkett legen (ugs.; *schwungvoll tanzen*); ein Tänzchen wagen (scherzh.; *sich aufschwingen zu tanzen*); keinen T. auslassen; jmdm. einen T. abschlagen; beim nächsten T. ist Damenwahl; im Tanz[e] drehen; um einen, um den nächsten T. bitten; jmdn. zum T. auffordern; die Kapelle spielt zum T. auf; BILDL.: der T. der Mücken, der Schneeflocken.
2. (Musik) *tanzartiges Stück:* einen T. komponieren; sie spielten die Deutschen Tänze von Beethoven.
3. (ugs.) *Streit:* jetzt kann der T. beginnen, losgehen; einen T. mit jmdm. haben;
★ **einen Tanz aufführen** (ugs.; *übertrieben heftig protestieren*) · **ein Tanz auf dem Vulkan** *(ausgelassene Lustigkeit in gefahrvoller Situation)* · **der Tanz ums Goldene Kalb** *(die allgemeine Gier nach Geld, Besitz).*

Tanzbein, das: (in der Verbindung) **das Tanzbein schwingen** (ugs. scherzh.; *tanzen).*

tanzen: **1. a)** ⟨[mit jmdm.] t.⟩ *Tänze, einen Tanz aufführen:* die Paare tanzen; lass uns t.!; möchten Sie t.?; mit wem tanzt sie?; wir haben schon lange nicht mehr miteinander getanzt; es wurde getanzt; man tanzte zu, nach den Klängen einer Zigeunerkapelle; wir haben die ganze Nacht getanzt; t. *(zum Tanzen)* gehen; es tanzt das Ballett der Staatsoper; ⟨irgendwie t.⟩ ich kann nicht t.; sie tanzt gut, leicht, schwer, beschwingt, leidenschaftlich gern; BILDL.: die Mücken tanzen über dem Wasser; der Kahn tanzt auf den Wellen; er tanzte *(sprang umher)* vor Schmerz, vor Freude; **b)** ⟨irgendwo t.⟩ *Berufstänzer[in] sein:* sie tanzt an der Scala, in der Truppe von Barischnikow; **c)** ⟨irgendwohin t.⟩ *sich tanzend, hüpfend [fort]bewegen:* aus dem Saal, auf die Terrasse, durch die Halle t.; sie sind ins Freie getanzt. **2.** ⟨jmdn., etw. t.⟩ *tanzend ausführen, darstellen:* Walzer, Tango t.; einen Tanz t.; Ballett t.; sie hat die klassischen Rollen, die Giselle getanzt. **3.** ⟨sich irgendwie t.⟩ *sich durch Tanzen in einen Zustand versetzen:* sich in Ekstase t.; wir haben uns heiß, müde getanzt.

Tapet, das: ⟨nur in den Wendungen⟩ etw. aufs Tapet bringen (ugs.; *etw. zur Sprache bringen):* er brachte auch diese Frage aufs T. · aufs Tapet kommen (ugs.; *zur Sprache kommen).*

Tapete, die: eine einfarbige, gemusterte, bunte T.; diese T. ist lichtecht, abwaschbar, vergilbt; zwei Rollen T./Tapeten; diese T. passt gut ins Schlafzimmer; die T. erneuern, herunterreißen; ✳ **die Tapeten wechseln** (ugs.; 1. *umziehen.* 2. *den Arbeitsplatz wechseln.* 3. *Urlaub machen).*

tapfer: a) *mutig:* ein tapferer Soldat; eine tapfere Frau; tapferen Widerstand leisten; er war t.; die Mannschaft kämpfte, wehrte sich t.; **b)** *beherrscht:* eine tapfere Haltung; Sie müssen jetzt ganz t. sein; etw. t. aushalten; t. unterdrückte sie die Tränen.

tappen ⟨irgendwohin t.⟩: durchs Zimmer, in eine Pfütze t.; wir tappten im Finstern, im Dunkeln über den Hof; tappende Schritte; ÜBERTR.: in eine Falle t.

Tarantel, die: ⟨in der Verbindung⟩ wie von der Tarantel gestochen (ugs.; *sich in plötzlicher Erregung wild gebärdend; wie besessen):* er sprang auf wie von der T. gestochen.

Tarif, der: die Tarife der Bahn, der Post; ein besonderer, verbilligter T. für Großkunden; ab 1.Januar gelten neue Tarife; einen T. aufstellen, ändern; die Gewerkschaft hat die Tarife gekündigt, will mit dem Unternehmern neue Tarife vereinbaren, aushandeln; die Arbeiter werden nach T., über/unter T. bezahlt; sie verdient laut T. 2648,26 Euro.

tarnen ⟨jmdn., sich, etw. [mit etw./gegen etw.] t.⟩: Geschütze, Truppen t.; die Stellung wurde gegen Fliegersicht getarnt; der Spion hatte sich als Arbeiter getarnt; eine gut getarnte Radarfalle; eine mit Ballonmütze getarnte Gestalt; ÜBERTR.: seine Absichten, Maßnahmen t. *(verschleiern).*

Tasche, die: **1.** *Mantel-, Hosentasche u.Ä.:* große, tiefe, zugenähte, ausgebeulte Taschen; die Taschen umkehren, (ugs.:) umkrempeln; sich die Taschen mit Bonbons füllen, voll stopfen; er hatte alle Taschen voll[er] Nüsse; die Hand aus der T. nehmen, in die T. stecken; die Hände in die

Taschen vergraben; sie zog, holte die Schlüssel aus der T.; ich habe ein Loch in der T.; er suchte, kramte in seinen Taschen. **2.** *Akten-, Hand-, Einkaufstasche u.Ä.:* eine kleine, schwere, lederne T.; eine T. aus Kunststoff, für Einkäufe, zum Umhängen; die T. ist voll, leer; jmdm. die T. tragen; etw. in die T. legen, packen, füllen, stopfen; die Flaschen bekomme ich nicht mehr in die T.; ✳ **sich die eigenen Taschen füllen** (ugs.; *sich bereichern)* · jmdm. auf der Tasche liegen (ugs.; *von jmdm. ernährt, unterhalten werden)* · jmdm. etw. aus der Tasche ziehen (ugs.; *jmdm. etw. auf hinterhältige Weise abnehmen)* · etw. aus der eigenen/aus eigener Tasche bezahlen *(etw. selbst bezahlen)* · etw. [schon] in der Tasche haben (ugs.; *im festen Besitz von etw. sein):* er hat seine Anstellung, sein Examen in der T. · jmdn. in der Tasche haben (ugs.; *jmdn. vorschreiben, was er tun soll)* · [für etw. tief] in die Tasche greifen [müssen] ([für etw. viel] zahlen [müssen]) · etw. in die eigene Tasche stecken (ugs.; *etw. für sich behalten, unterschlagen)* · jmdm. in die/in jmds. Tasche arbeiten, wirtschaften (ugs.; *jmdm. in betrügerischer Weise materielle Güter zukommen lassen)* · in die eigene Tasche arbeiten/wirtschaften *(in betrügerischer Weise Profit machen)* · in jmds. Tasche/Taschen wandern/fließen (ugs.; *jmdm. als Profit zufließen)* · sich selbst in die/sich in die (eigene) Tasche lügen (ugs.; *sich etw. vormachen)* · jmdn. in die Tasche stecken (ugs.; *jmdm. weit überlegen sein).*

Tasse, die: *[Porzellan]gefäß zum Trinken:* eine chinesische T.; eine T. aus Kunststoff; eine T. Kaffee, zwei Tassen Tee trinken; die T. ausspülen, umstoßen, zerbrechen; trink deine T. aus!; die Kanne fasst sechs Tassen; eine T. *(einer Tasse entsprechende Menge)* Reis, voll Reis; nehmen Sie noch ein Tässchen? *(darf ich Ihnen noch einmal einschenken?)*; aus der T. trinken; Kaffee, Tee, Milch in die Tassen gießen; darf ich Sie zu einer T. Kaffee einladen?; 🅁 hoch die Tassen! (ugs.; *lasst uns trinken, anstoßen!);* ✳ **trübe Tasse** (ugs. abwertend; *eine langweilige, temperamentlose Person)* · nicht alle Tassen im Schrank haben (ugs.; *nicht recht bei Verstand sein).*

Taste, die: eine T. klemmt, ist entzwei; eine T. [auf der Schreibmaschine] [nieder]drücken; eine T. bedienen; die T. des Morseapparats drücken; die schwarzen, weißen Tasten am Klavier; eine T. anschlagen, greifen; auf die T. drücken; er hämmert, (ugs.:) haut auf die Tasten; ✳ **[mächtig o.ä.] in die Tasten greifen** *(mit viel Schwung, Temperament o.Ä. ein Tasteninstrument spielen).*

tasten: 1. a) ⟨mit Umstandsangabe⟩ *suchende Bewegungen mit den Händen ausführen:* sie tastete im Dunkeln; der Blinde tastete mit seinem Stock; er tastete mit den Fingern über ihr Gesicht; sie bewegte sich tastend zur Tür; ÜBERTR.: ein erster tastender Versuch; tastende *(vorfühlende)* Fragen; b) ⟨nach jmdm., etw. t.⟩ *tastend suchen:* nach dem Lichtschalter t.; mit dem Stock nach dem Weg t.; c) ⟨sich irgendwohin t.⟩ *sich tastend bewegen:* wir tasteten uns durch das Dunkel, zur Tür. 2. ⟨etw. t.⟩ a) *abtasten:* der Arzt tastet die Geschwulst; b) (bes. Fachspr.) *mithilfe von Tasten übertragen, eingeben:* einen Funkspruch t.; ein Manuskript auf der Setzmaschine t.; eine Telefonnummer t.

Tat, die: 1. *Handlung:* eine gute, selbstlose, kühne, große, tapfere, kluge T.; eine feige, ruchlose, grauenvolle, verbrecherische T.; eine geschichtliche T.; eine T. der Verzweiflung; Taten der Nächstenliebe; das ist die T. eines Wahnsinnigen; eine [gute] T. vollbringen; eine [böse] Tat begehen; er ist ein Mann der T. *(er handelt, ohne zu zögern);* einen Entschluss, seinen Willen in die T. umsetzen; jmdm. mit Wort und T. beistehen; zu seiner T. stehen; sich zu einer T. aufraffen, hinreißen lassen; sie hatte keinen Mut zu dieser T.; zur T. schreiten. 2. *Straftat:* eine T. begehen; eine lange geplante T. ausführen; der Angeklagte hat seine T. gestanden, zugegeben; sie bereut die T. sehr; er ist der T. verdächtig, überführt; ✶ jmdn. **auf frischer Tat ertappen** *(jmdn. bei einem Vergehen überraschen)* · **in der Tat** *(tatsächlich):* in der T., du hast Recht!; das ist in der T. schwer.

Täter, der: der heimliche, unbekannte, wirkliche, vermeintliche T.; wer ist der T.?; die T. kamen nachts; der T. ist etwa 1,80 m groß, ca. 20 Jahre alt ...; der T. hat gestanden; den T. ermitteln, ausfindig machen, ergreifen, festnehmen, bestrafen; als T. kam nur er ernstlich infrage; die Polizei sucht, fahndet noch nach dem T., hat noch keine Spur von den Tätern.

tätig: a) *aktiv:* seine tätige Mitarbeit, Mitwirkung, Anteilnahme, Unterstützung; tätige *(sich in Taten ausdrückende)* Nächstenliebe; unentwegt t. sein; b) *sich betätigend:* Mutter ist noch in der Küche t.; ÜBERTR.: der Vulkan ist noch t. *(in Tätigkeit);* c) *beruflich arbeitend:* als Pädagoge, als Künstler t. sein; er ist bei der Gemeinde, für eine ausländische Firma, in einer Bank t.; sie ist geheimdienstlich t. gewesen; ⟨auch attributiv⟩ der in unserer Firma tätige Herr Meier; ✶ **in etw.** (Dat.) **tätig werden** (bes. Amtsspr.; *in Aktion treten; eingreifen*): da nichts geschehen ist, soll nun unser Abgeordneter, der Betriebsrat, der Elternbeirat t. werden.

tätigen (Kaufmannsspr., Papierdt.) ⟨etw. t.⟩: ein Geschäft, einen Abschluss, eine Bestellung, eine Buchung t.; Investitionen t.; sie tätigte einige Einkäufe, Arbeiten, Anrufe.

Tätigkeit, die: a) *Beschäftigung:* körperliche, geistige, schriftstellerische T.; eine angenehme, aufreibende T.; eine T., die er in seiner Freizeit aus-

übt; sie entwickelte eine rastlose, fieberhafte T.; die Firma entfaltete eine rege T. *(wurde geschäftlich aktiv);* bei dieser T. muss man sich sehr konzentrieren; das gehört zu den Tätigkeiten *(Aufgaben)* eines Hausmeisters; b) *Arbeit:* seine langjährige T. als Verwalter, im Ausland, für die Partei; die aufreibende T. eines Managers; eine T. ausüben; sich eine neue T. suchen; seine T. aufnehmen; einer geregelten T. nachgehen; mit meiner derzeitigen T. bin ich zufrieden; c) *In-Funktion-Sein:* die T. des Herzens; eine Maschine in T. setzen; die Anlage ist in voller T.; der Vulkan ist in T. getreten *(ausgebrochen);* das Notstromaggregat tritt automatisch in T.

tätlich: eine tätliche Auseinandersetzung; tätlichen Widerstand leisten; er hat mich t. angegriffen; der Betrunkene wurde [gegen den Fremden] t.

Tätlichkeiten, die ⟨Plural⟩: der Zank artete in T. aus, endete mit T.; die Streitenden gingen zu T. über; er ließ sich zu T. hinreißen; es kam zu T.

Tatsache, die: das ist eine unbestrittene, unleugbare, unwiderlegbare, unabänderliche, bedauernswerte, entscheidende, gänzlich belanglose T.; eine historische T.; das sind die Tatsachen! (ugs.; *es ist so!*); die Tatsachen sprechen dagegen; die Tatsachen entstellen, verdrehen, verfälschen; eine T. unterschlagen; ich berichte nur Tatsachen, lasse die Tatsachen sprechen; seine Behauptung entspricht nicht den Tatsachen; wir mussten der T. Rechnung tragen, dass ...; sie hält sich an die Tatsachen; man beruft sich auf die T., dass ...; er hat sich mit den Tatsachen abgefunden; ✶ **nackte Tatsachen** (1. *Tatsachen ohne Beschönigung.* 2. scherzh.; *ein nackter Körper[teil]*) · **vollendete Tatsachen schaffen** *(nicht mehr rückgängig zu machende Umstände, Geschehnisse herbeiführen)* · **den Tatsachen ins Auge sehen** *(realistisch denken und handeln)* · **vor vollendeten Tatsachen stehen** *(mit einem Sachverhalt konfrontiert sein, den ein anderer eigenmächtig geschaffen hat)* · **jmdn. vor die vollendete Tatsache/vor vollendete Tatsachen stellen** *(jmdn. mit einem eigenmächtig geschaffenen Sachverhalt konfrontieren).*

tatsächlich: I. ⟨Adj.⟩ *den Tatsachen entsprechend, wirklich:* vermeintliche und tatsächliche Vorzüge; die tatsächlichen Gegebenheiten, Zustände, Umstände; der tatsächliche Hergang des Unfalls; das ist der tatsächliche Grund für seine Entlassung; sein tatsächlicher (ugs.; *richtiger*) Name ist Gregorowitsch. II. ⟨Adverb⟩ *wirklich, in der Tat:* er war t. ein großer Gangster; so etwas gibt es t.; ist das t. wahr?; t.? *(ist das wirklich wahr?);* das ist t. besser; er ist es t.; da habe ich mich doch t. geirrt.

¹Tau, der: *perliger Niederschlag auf Pflanzen o. Ä.:* in der Nacht ist T. gefallen; am Morgen lag [der] T. auf den Wiesen; der T. funkelt, glitzert.

²Tau, das: *Schiffsseil:* ein steifes, geteertes, dickes, starkes T.; ein T. auswerfen, kappen, aufrollen; etw. mit Tauen befestigen; (Turnen:) am T. klettern.

taub: 1. a) *gehörlos:* eine taube alte Rentnerin; er ist auf einem Ohr, auf beiden Ohren t.; sie ist t. geboren, im Alter t. geworden; (ugs.:) schrei nicht so, ich bin doch nicht t.!; denkst du vielleicht, ich bin t.?; ÜBERTR.: sich t. stellen *(sich weigern, etw. zur Kenntnis zu nehmen);* er ist t. für, gegen alle Bitten, Ratschläge, Warnungen *(geht nicht auf sie ein);* auf diesem/(ugs.:) dem Ohr ist er t. *(in dieser Angelegenheit ist er unzugänglich);* b) *wie abgestorben:* ein taubes Gefühl in den Armen haben; die Fingerspitzen wurden [mir], waren ganz t. vor Kälte.
2. *leer, ohne nutzbaren Inhalt:* eine taube Nuss, Ähre; ein taubes *(unbefruchtetes)* taubes Gestein (Bergmannsspr.; *ohne Erzgehalt);* der Pfeffer ist, schmeckt t. *(hat kein Aroma);* der Kürbis blüht t. *(ohne Fruchtansatz).*

Taube, die: eine T. nistet unterm Dach; die Tauben girren, gurren, rucksen, schnäbeln [sich]; Tauben züchten, halten, füttern; sanft wie eine T. *(sehr sanft, friedfertig);* /als Kosewort/: mein Täubchen!; Ⓡ die gebratenen Tauben fliegen einem nicht ins Maul (ugs.; *es fällt einem nichts ohne Mühe zu).*

tauchen: 1. a) *sich unter Wasser begeben:* die Ente, der Delphin, das U-Boot taucht; der Schwimmer tauchte im Meer, 5 Minuten [lang]; ⟨irgendwohin t.⟩ der Schwimmer tauchte bis auf den Grund, 10 Meter [tief], in die eisigen Fluten t.; an die Oberfläche t. *(auftauchen);* ÜBERTR.: die Sonne taucht ins Meer, ist unter den Horizont getaucht *(ist untergegangen);* ins Dunkel t.; b) ⟨aus etw. t.⟩ *auftauchen:* aus dem Wasser t.; ÜBERTR.: eine Insel tauchte aus dem Meer; c) ⟨nach etw. t.⟩ *tauchend suchen:* der Taucher ist/hat nach Perlen, nach Schwämmen getaucht.
2. a) ⟨etw. irgendwohin t.⟩ *in eine Flüssigkeit senken:* den Pinsel in die Farbe t.; er hat die Hand ins Wasser getaucht; ÜBERTR.: der Raum war in gleißendes Licht getaucht (geh.; *von gleißendem Licht erfüllt);* b) ⟨jmdn. [irgendwohin] t.⟩ *gewaltsam unter Wasser bringen:* sie haben ihn ins, unter Wasser getaucht; wir haben ihn ordentlich getaucht.

¹tauen (seltener) ⟨unpers.⟩: *sich als Tau niederschlagen:* heute Nacht hat es getaut.

²tauen: 1. a) ⟨unpers.⟩ *Tauwetter geben:* es hat getaut; b) *zu Wasser werden:* das Eis ist getaut; der Schnee taut von den Dächern.
2. ⟨etw. t.⟩ *schmelzen lassen:* die Sonne hat das Eis getaut.

Taufe, die: 1. (christl. Rel.) a) *Taufsakrament:* die [heilige] T. empfangen, spenden; das Sakrament der T.; eine T. vornehmen; an jmdm. die T. vollziehen; ein Kind zur T. bringen, tragen; das Kind erhielt in der T. den Namen Christian; b) *Famili-*

enfest bei der Kindtaufe: am Sonntag haben wir, feiern wir T.; eine T. mitmachen; zur T. eingeladen sein.
2. *festliche Namengebung:* die T. eines Schiffes, Flugzeuges; die T. einer Glocke;
★ jmdn. **über die Taufe halten** *(bei jmds. Taufe Pate sein)* · etw. **aus der Taufe heben** (ugs.; *etw. [be]gründen, ins Leben rufen).*

taufen: 1. ⟨jmdn. t.⟩ *jmdm. die Taufe spenden:* sie hat sich t. lassen; das Kind ist schon, noch nicht getauft; katholisch, evangelisch getauft sein; ÜBERTR.: der Wirt hat den Wein getauft (ugs. scherzh.; *mit Wasser verdünnt).*
2. ⟨jmdn., etw. t.⟩ *jmdm., etw. [feierlich] einen Namen geben:* ein Schiff, eine Glocke t.; das Kind wurde [nach der Patin auf den Namen] Ute getauft; wir haben unseren Dackel Waldi getauft.

taugen: 1. ⟨etw. t.⟩ *wert sein:* der Mann, der Film, dieses Mittel taugt nichts, wenig, nicht viel; im Sport, in der Küche taugt sie nichts.
2. ⟨zu jmdm., etw., für jmdn., etw. t.⟩ *geeignet sein:* er taugt nicht zu schwerer, für schwere Arbeit; das Messer taugt nicht zum Brotschneiden; er taugt nicht zum Lehrer; dieses Buch taugt nicht für Kinder.

tauglich: taugliches Material; eine taugliche Personenbeschreibung; er ist als Pilot, zu schwerer körperlicher Arbeit, für diese Aufgabe nicht t.; er ist beschränkt, voll t. *(wehrdiensttauglich);* er wurde zum/für den Wehrdienst t. geschrieben.

Taumel, der: a) *Schwindelgefühl:* ein [leichter] T. überkam/befiel ihn; ich bin noch wie im T. *(ganz benommen);* b) *Rausch:* ein T. der Begeisterung, der Freude packte, ergriff die Menge; im wilden T. der Wut, der Lust; er geriet in einen wahren T. des Entzückens, des Glücks; der Erfolg hatte sie in einen T. versetzt.

taumeln: a) *[wie benommen] hin und her schwanken:* vor Müdigkeit, Schwäche t.; der Kranke ist/hat getaumelt; das Flugzeug begann zu t.; b) ⟨irgendwohin t.⟩ *sich taumelnd [fort]bewegen:* sie ist gegen die Wand, vom Stuhl zum Bett getaumelt; der Falter taumelt von Blüte zu Blüte.

Tausch, der: ein vorteilhafter, guter T.; damit hast du einen schlechten T. gemacht; etw. durch T. erwerben; etw. [für etw.] in T. geben, nehmen *(als Tauschobjekt weggeben, erhalten);* das Buch habe ich im T. für einen anderen erhalten; seine Wohnung zum T. anbieten.

tauschen: a) ⟨jmdn., etw. t.⟩ *geben, um jmd. anderen, etw. anderes dafür zu bekommen:* Waren, Münzen t.; sie tauschten die Kleider, die Partner; er tauschte sein Grundstück gegen ein größeres; wir tauschten unsere Plätze, unsere Rollen; er hat das Zimmer mit seinem Bruder getauscht; ⟨auch ohne Akk.⟩ wollen wir t. *(einen Tausch machen)?;* er tauscht gern *(macht gern Tauschgeschäfte);* ÜBERTR.: sie tauschten Blicke; ich tauschte einen schnellen Blick mit ihm; sie tauschten Zärtlichkeiten, Küsse *(liebkosten sich);*

T

wir tauschten einen Händedruck *(drückten uns die Hände);* b) ⟨mit jmdm., etw. t.⟩ *jmdn., etw. austauschen:* sie tauschten mit den Plätzen, mit den Partnern; c) ⟨mit jmdm. t.⟩ *im Wechsel an jmds. Stelle treten:* die Nachtschwester hat mit einer Kollegin getauscht; Ⓡ ich möchte nicht mit ihm t. *(ich möchte nicht in seiner Lage sein).*

täuschen: 1. a) ⟨jmdn., etw. t.⟩ *irreführen:* er hat mich mit seinen Behauptungen, durch sein Verhalten getäuscht; sie lässt sich leicht t.; der Schein täuscht uns oft; jmds. Hoffnungen t. *(nicht erfüllen);* wenn mich mein Gedächtnis nicht täuscht *(wenn ich mich richtig erinnere);* wenn mich nicht alles täuscht *(wenn ich mich nicht sehr irre);* ⟨auch ohne Akk.⟩ der Schüler hat versucht zu t. *(wollte unerlaubterweise abschreiben o. ä.);* eine täuschende Nachahmung des echten Rings; sie sieht dir täuschend ähnlich; ich sah mich in meinen Erwartungen getäuscht; b) *einen falschen Eindruck vermitteln:* das Neonlicht täuscht; der Turm ist nicht sehr hoch, das täuscht [nur]; c) (bes. Sport) *den Gegner irreleiten:* er täuschte geschickt und schoss den Ball ins Tor. 2. a) ⟨sich t.⟩ *sich irren:* du täuschst dich [gewaltig], wenn du das glaubst; wenn ich mich nicht täusche, dann ist er es; ich kann mich natürlich t.; darin täuscht er sich; täuschen wir uns nicht über den Ernst der Lage!; b) ⟨sich in jmdm. t.⟩ *von jmdm. enttäuscht werden:* ich habe mich sehr in ihm getäuscht.

Täuschung, die: a) *das Täuschen:* eine arglistige, plumpe, raffinierte, böswillige T.; optische T. *(optische Wahrnehmung, die mit der Wirklichkeit nicht übereinstimmt);* die T. gelang ihm nicht; sie ist einer T. zum Opfer gefallen, auf eine T. hereingefallen; b) *das Getäuschtwerden:* es war alles nur [eine schöne] T.; man erlag, unterlag beinah der T., dass es echte Blumen seien; man gebe sich darüber keiner T. hin! (geh.; *man täusche sich darüber nicht!).*

tausend: a) ⟨Kardinalzahl; in Ziffern: 1000⟩: t. Mann, t. Personen; es waren an die t. Menschen da; bis t. zählen; b) ⟨Plural⟩ /in unbestimmten, nicht durch eine Ziffer darstellbaren Mengenangaben/: die paar t./(auch:) Tausend Mark; einige t./(auch:) Tausend Zigarren; viele, mehrere, ein paar t./(auch:) Tausend Familien; viele t./(auch:) Tausend/(auch:) tausende/(auch:) Tausende standen vor den Toren; tausende/(auch:) Tausende von Mark; den Tod tausender/(auch:) Tausender Kinder verursacht; die Verluste gehen in die tausende/(auch:) Tausende; sie starben zu tausenden/(auch:) Tausenden; t. und abertausend/(auch:) Tausend und Abertausend Briefe; c) (ugs.) *sehr viele, unzählige:* er hat t. Gründe, Entschuldigungen, Ausreden, Wünsche; ich muss noch t. Sachen erledigen; t. Ängste ausstehen *(sich sehr ängstigen);* /Grußformel im Brief/: t. Grüße, Küsse!

Tausend, das:a) *Menge, Einheit von tausend Stück:* ein halbes T.; das erste bis fünfte T. der Auflage; eine Packung mit einem T. Büroklammern; fünf vom T. *(5 Promille);* b) ⟨Plural⟩ /in unbestimmten Mengenangaben/: ↑ tausend (b).

tausendmal, (bei besonderer Betonung:) **tausend Mal** ⟨in Ziffern: 1000-mal⟩: ↑ hundertmal.

tausendste ⟨Ordinalzahl; in Ziffern: 1000.⟩: ↑ achte und hundertste.

Team, das: 1. *Arbeitsgruppe:* ein bewährtes, unschlagbares, junges, gut eingespieltes T.; ein T. von Fachleuten, von Ärztinnen; ein T. bilden; in einem T. arbeiten; zu einem T. gehören. 2. *Mannschaft:* das englische T.; die Teams aus Südamerika; er spielt in unserem T.

Technik, die:1. die moderne T.; die T. der Neuzeit, der Antike; die T. erleichtert dem Menschen die Arbeit; ein Wunder der T.; auf dem neuesten Stand der T. sein; im Zeitalter der T. leben. 2. *Ausführungsart:* handwerkliche, künstlerische Techniken; die T. des Eislaufs, des Geigenspiels; die T. des Dramas *(Kunst, ein Drama aufzubauen);* neue Techniken für den DNS-Analyse; eine neue, ausgefeilte T. erlernen, erarbeiten, anwenden; der Schwimmer hat seine T. verbessert; man bewunderte die brillante, saubere, virtuose T. des Pianisten; er beherrscht alle Techniken; sie bediente sich verschiedener Techniken. 3. *technische Ausrüstung, Einrichtung:* einen Lehrling in die T. einer Klimaanlage einweisen; das Büro ist mit modernster T. ausgestattet; mit der T. der Apparatur vertraut sein.

technisch: 1. *die Technik betreffend:* das technische Zeitalter; der technische Fortschritt; technische Berufe, Fächer, Kenntnisse; technische Ausdrücke; eine technische Fachschule, Hochschule; die Technische Hochschule Darmstadt; sie ist technische Zeichnerin; ein T. begabter Mensch. 2. *die Ausführungsarten betreffend:* technisches Können; sie spielt mit hoher technischer Vollendung; er ist T. hervorragender Boxer; eine technische Störung; technisches Versagen; die Ausführung des Planes stößt auf technische *(die Planung, Organisation betreffende)* Schwierigkeiten; das ist t. unmöglich; das war t. einwandfrei.

Tee, der: 1. *Teestrauch:* T. anbauen, [an]pflanzen. 2. a) *Blätter des Teestrauchs:* schwarzer, grüner, aromatisierter, chinesischer, russischer T.; ein Päckchen, eine Dose T.; b) *Getränk aus Teeblättern:* starker, dünner T.; mit Rum, mit Zitrone, mit Milch; T. kochen, aufbrühen, aufgießen; den T. ziehen lassen; der T. muss drei Minuten ziehen; ich mache uns schnell einen T.; eine Tasse, ein Glas T. trinken; wir nahmen (geh.; *tranken*) den T. auf der Terrasse; einen T. *(Einladung zum Tee)* geben; zum T. wurde Gebäck gereicht; jmdn. zum T. einladen; Ⓡ abwarten und T. trinken (ugs.; *warten wir erst einmal ab).*

T

3. *Getränk aus getrockneten Pflanzenteilen:* ein T. aus Heilkräutern, aus Lindenblüten.

Teich, der: ein fischreicher, verschlammter, flacher, tiefer T.; einen T. anlegen, ablassen, [mit Fischen] besetzen; auf dem T. rudern; im T. baden; ∗ **der große Teich** (ugs. scherzh.; *der Atlantische Ozean).*

Teig, der: ein zäher, dünner T.; der T. geht; den T. [an]rühren, mit Hefe ansetzen, gehen lassen, kneten; den T. ausrollen, zu Brezeln formen, [in einer Form] backen.

Teil, der oder das: **1.** ⟨der T.⟩ *Glied, Abschnitt eines Ganzen:* der obere, untere, vordere, hintere T. [eines Möbels, eines Kleidungsstücks]; weite Teile des Landes waren verwüstet; gleiche, ungleiche Teile; der erste, zweite T. des Romans; beide Teile in einem Band; ein wesentlicher T. fehlt; der schwierigste, (ugs.:) größte T. der Arbeit steht noch aus, kommt erst noch; dieser Saal war früher T. der Bibliothek *(gehörte zur B.);* der fünfte T. von fünfzig ist zehn; er nahm sich von den besten, den schlechtesten T. des Bratens; der Cocktail besteht aus zwei Teilen *(zwei Dritteln)* Gin und einem T. Saft; wir wohnen im schönsten T. der Stadt; eine. in drei, vier Teile teilen; das Buch gliedert sich, zerfällt in zehn Teile *(Kapitel);* zum gemütlichen T. des Abends übergehen; das war zum T. *(teils)* Missgeschick, zum T. *(teils)* eigene Schuld; es waren zum T. *(teilweise)* sehr schöne Pferde; ich habe das Buch zum großen/größten T. gelesen.

2. ⟨der T.⟩ *Partei:* der klagende, schuldige T.; sie war in dieser Ehe immer der gebende T.; man muss beide Teile hören, um gerecht urteilen zu können; diese Auseinandersetzung ist für alle Teile peinlich.

3. ⟨der/das T.⟩ *Anteil:* ich will gern mein[en] T. dazu beitragen, beisteuern; mein Vetter hat auf sein[en] T. *(Erbteil)* verzichtet; ich für mein[en] T. *(was mich betrifft, ich)* bin zufrieden; die Geschwister erbten zu gleichen Teilen; wir sind zu gleichen Teilen daran beteiligt; sein[en] T. [zu etw.] tun; jeder muss zu seinem T. mithelfen.

4. ⟨das T.⟩ *einzelnes Stück:* die einzelnen Teile des Motors; ein defektes T. auswechseln, ersetzen; er prüft jedes T. sorgfältig; das Gerät, den Motor in seine Teile *(Einzelteile)* zerlegen;

∗ **ein gut Teil** *(ein nicht geringes Maß):* dazu gehört ein gut T. Frechheit · **sein[en] Teil zu tragen haben** *(sich mit den Widrigkeiten des Lebens auseinander setzen müssen)* · **sich sein Teil denken** *(seine eigenen Gedanken zu etw. haben, ohne sie jedoch als Kritik laut werden zu lassen)* · **das bessere/**(selten:) **den besseren Teil gewählt, erwählt haben** *(es besser haben als ein anderer)* · **sein[en] Teil abhaben/bekommen haben/weghaben** (1. *keinen Anspruch mehr haben.* 2. *einen [gesundheitlichen] Schaden erlitten haben)* · **jmdm. sein[en] Teil geben** (ugs.; *jmdm. deutlich die Wahrheit sagen).*

teilen: **1. a)** ⟨jmdn., etw. t.⟩ *zerlegen; zerteilen:* ein Land, ein Gebiet t.; etwas in zwei, in viele, in gleiche Teile t.; einen Apfel in vier Stücke t.; der Lehrer teilt *(trennt)* die Schüler in zwei Gruppen; ein Vorhang teilt das Zimmer *(gliedert es in zwei Bereiche);* das Schiff teilt (geh.; *durchschneidet)* die Wellen; eine Strecke im Verhältnis 3:4 t.; 15 durch 3 t. (Math.; *dividieren);* 15 geteilt durch 3 ist 5; **b)** ⟨sich t.⟩ *auseinander gehen:* der Vorhang teilt sich; der Weg teilt *(gabelt)* sich; ÜBERTR.: hier, in diesem Punkt teilen sich die Meinungen, Ansichten; wir waren geteilter Meinung; die Urteile, die Meinungen darüber sind sehr geteilt *(unterschiedlich).*

2. ⟨etw. t.⟩ *aufteilen:* die Beute t.; wir teilten den Gewinn unter uns [Geschwistern], untereinander; ⟨auch ohne Akk.⟩ wir haben redlich geteilt.

3. ⟨etw. [mit jmdm.] t.⟩ *jmdn. zu einem Teil überlassen:* das Zimmer, die Wohnung mit jmdm. t.; er teilt sein Brot, seine Zigaretten mit mir; ⟨auch ohne Akk.⟩ sie will mit niemandem t.; ⟨auch ohne Akk. und ohne Präpositionalobjekt⟩ er teilt nicht gern *(er ist habgierig);* ⟨sich (Dat.) etw. [mit jmdm.] t.⟩ ich teilte mir die Kirschen mit meinem Bruder; wir teilten uns die Reste; ÜBERTR.: sie wollte ihn mit keiner anderen Frau t.

4. ⟨etw. [mit jmdm.] t.⟩ *gleichfalls vertreten:* ich kann diese Ansicht, Auffassung, diesen Optimismus nicht t.; sie teilte meine Überzeugung, meine Bedenken; sie haben Freude und Leid, Kummer und Schmerz miteinander geteilt *(gleichermaßen empfunden);* er teilte das Schicksal aller verkannten Genies.

5. (geh.) ⟨sich mit jmdm., etw. in etw. (Akk.) t.⟩ *zu gleichen Teilen sich an etw. beteiligen:* ich teile mich mit ihm in die Arbeit, in den Besitz dieses Gartens; wir teilten uns in die Kosten, den Gewinn.

Teilnahme, die: **1.** *das Teilnehmen:* die T. an diesem Kurs ist freiwillig; er wurde wegen seiner T. am Aufstand verurteilt.

2. a) *Interesse:* ehrliche T. an etw. zeigen; sie hörte ohne besondere T. zu; **b)** (geh.) *Mitgefühl:* jmds. T. wecken; ich möchte Ihnen meine herzliche, aufrichtige T. *(mein Beileid)* aussprechen.

teilnahmslos: teilnahmslose Gesichter, Augen; im Unterricht t. dasitzen; er starrte mich t. an. *(apathisch)* an.

teilnehmen ⟨an etw. t.⟩: **1.** *sich beteiligen:* an einer Veranstaltung, an einer Gesellschaft, an einem Gespräch, an einem Seminar t.; er nimmt am Unterricht teil; alle teilnehmenden Personen.

2. *Teilnahme zeigen:* sie nahm an meiner Freude, an meinem Schmerz teil; ein teilnehmender *(mitfühlender)* Mensch; sie fand, sprach [einige] teilnehmende Worte; er erkundigte sich teilnehmend nach meiner Verletzung.

Telefon, das: **1.** *Telefonapparat:* ein schnurloses, tragbares, mobiles T.; T. (ugs.; *ein Anruf)* für dich!; das T. läutet, klingelt, ist gestört; gibt es hier ein T.?; darf ich Ihr T. benutzen?; das T. um-

stellen, abstellen, aushängen; [nicht] ans T. gehen; jmdn. ans T. rufen; Sie werden am T. gewünscht, verlangt; am T. hängen, sich ans T. hängen (ugs.; *telefonieren*); ins T. *(in die Sprechmuschel)* schreien.
2. *Telefonanschluss:* T. beantragen, haben; ich habe mir T. legen lassen.
telefonieren ⟨[mit jmdm.] t.⟩: t. müssen; er telefoniert gerade mit seinem Vater, mit dem Büro; nach Rom, nach einem Arzt, nach einem Taxi t.
Teller, der: ein flacher, vorgewärmter, irdener, zinnerner, silberner T.; ein bunter T. *(besonders zu Weihnachten mit Äpfeln, Nüssen, Süßigkeiten o. Ä.);* ein T. aus Porzellan, Steingut; der T. steht auf dem Tisch, ist einen Sprung, ist angeschlagen; die Teller füllen, leer essen, spülen, abwaschen, abtrocknen; sie nahm die gebrauchten, schmutzigen T. weg und stellte/setzte saubere auf den Tisch; einen T. [voll] Suppe essen; aus tiefen Tellern *(Suppentellern),* von alten Meißner Tellern essen.
Tempel, der: 1. ein heidnischer, griechischer, römischer, indischer, jüdischer T.; ein T. des Zeus, der Artemis; ÜBERTR.: ein T. Gottes (geh.; *eine Kirche*); ein T. der Kunst (geh.; *ein Theater*); ein T. des Konsums *(Warenhaus o. Ä.).*
2. *Pavillon:* im Park wurde ein kleiner T. errichtet;
* jmdn. **zum Tempel hinauswerfen/hinausjagen** (ugs.; *jmdn. empört aus dem Haus, Zimmer o. Ä. weisen).*
Temperament, das: 1. *Gemütsart:* die vier Temperamente; er hat ein cholerisches, sanguinisches, phlegmatisches, melancholisches T., ein aufbrausendes, lebhaftes, schwermütiges, kühles T.; wie man darüber urteilt, ist Sache des Temperaments.
2. *lebhafte Wesensart:* sein T. ging mit ihm durch; sie besitzt, hat [viel] T. *(ist lebhaft),* kein, wenig T. *(ist langweilig);* sein T. zügeln; seinem T. die Zügel schießen lassen.
Temperatur, die: a) *messbarer Wärmezustand:* eine hohe, tiefe, mittlere, gleich bleibende T.; hier herrscht eine milde, gemäßigte, angenehme, schwüle, unerträgliche T., eine T. von 20 Grad; die höchste, die niedrigste T.; die T. steigt, fällt, sinkt [unter Null, unter den Nullpunkt]; die T. im Schmelzofen liegt bei, beträgt 3 000 Grad; wir hatten im Winter Temperaturen bis zu −20°C; der Wein hat die richtige T.; die T. messen, kontrollieren; b) (ugs.) *leichtes Fieber:* T. haben, bekommen; sie hat etwas T.
Tempo, das: 1. *Geschwindigkeit:* ein langsames, gemächliches, gemäßigtes, schnelles, scharfes, rasendes, (ugs.:) wahnsinniges T.; das T. ist nur T. 50 (ugs.; *50 km/h*) erlaubt; auf Landstraßen gilt T. 100 (ugs.; *sind als Höchstgeschwindigkeit 100 km/h erlaubt);* das T. erhöhen, steigern, beschleunigen, einhalten, vermindern, herabsetzen; ein mörderisches T. anschlagen; zügiges T. vorle-

gen (ugs.; *zügig fahren);* hat der ein T. drauf! (ugs.; *fährt, arbeitet o. ä. der aber schnell!);* T., [T.]! (ugs.; *los, beeil dich, beeilt euch!);* der Läufer an der Spitze machte T., ging ein hohes T.; aufs T. drücken (ugs.; *die Geschwindigkeit erhöhen);* im T. zulegen, nachlassen, zurückgehen; er fuhr in vollem T. gegen eine Mauer; er nahm die Kurve in/mit hohem T.
2. (Musik) *Zeitmaß:* das T. angeben, genau einhalten; der Dirigent nahm das T., die Tempi zu rasch; der Sänger fiel aus dem T.
Tendenz, die: 1. *Hang, Neigung:* sie hat die T., alles negativ zu beurteilen; er hat, zeigt eine starke T. zum Dogmatismus; diese Zeitung verfolgt eine bestimmte T.; er sagte dies mit der deutlichen T., die Gegensätze zu überbrücken.
2. *Entwicklungsrichtung:* neue Tendenzen in der Musik; eine T. zeichnet sich ab, hält an, ist deutlich erkennbar, setzt sich fort, ist rückläufig; die T. geht dahin ...; die T. an der Börse ist steigend, fallend; die Preise zeigen [eine] steigende, fallende T.
tendieren: 1. a) ⟨zu etw. t.⟩ *neigen:* zum Zweiparteiensystem t.; sie tendiert dazu, den Vertrag abzuschließen; b) ⟨irgendwohin t.⟩ die Partei tendiert stark nach links, in Richtung Liberalismus; unsere Gewinne tendieren gegen Null.
2. (Börsenw.) ⟨irgendwie t.⟩ *sich im Kurs entwickeln:* die Aktien tendieren schwächer, rückläufig, uneinheitlich.
Teppich, der: ein echter, alter, wertvoller, orientalischer, persischer, chinesischer T.; der T. ist abgetreten; schwere, dicke Teppiche dämpften den Schritt; für den Staatsbesuch wurde ein roter T. ausgerollt; einen T. weben, knüpfen; den T. abbürsten, [ab]saugen, klopfen, zusammenrollen; der ganze Fußboden ist mit Teppichen belegt, bedeckt, ausgelegt; das Märchen vom fliegenden T.; ÜBERTR.: ein T. von Moos; der grüne T. der Wiesen;
* **auf dem Teppich bleiben** (ugs.; *sachlich, im angemessenen Rahmen bleiben)* · **etw. unter den Teppich kehren** (ugs.; *etw. vertuschen, nicht offen austragen).*
Termin, der: 1. *festgelegter Zeitpunkt:* ein dringender T.; der letzte, äußerste T. für die Einzahlung; T. ist ungünstig, passt mir nicht; einen T. festsetzen, vereinbaren, bestimmen, einhalten, überschreiten, versäumen; können Sie mir schon einen festen T. nennen?; der Masseur hat noch Termine frei; mein T. geben lassen; keinen festen T. bekommen; ich bin an diesen T. gebunden, auf diesen T. festgelegt; die Sitzung wurde auf einen späteren T. verschoben, verlegt; sie zahlte pünktlich zum vereinbarten T.
2. a) *zeitlich festgesetztes Treffen o. Ä.:* ich habe heute mehrere Termine, einen T. beim Arzt; den T. absagen müssen; er hetzt von T. zu T.; b) (Rechtsw.) *zeitlich festgesetzte Verhandlung:* heute ist T. in Sachen ...; der Anwalt hat morgen

T.; einen gerichtlichen T. anberaumen, wahrnehmen, versäumen, vertagen, absetzen, aufheben; etw. im ersten T. verhandeln; der Prozess zieht sich von T. zu T.

Terrain, das: unbebautes, offenes, unwegsames T.; das T. erkunden; die Truppen gewannen, verloren [an] T., mussten T. aufgeben; ÜBERTR.: das ist ihr bevorzugtes T., ein unbekanntes T. für sie; das T. für Verhandlungen vorbereiten; ∗ **das Terrain sondieren** (bildungsspr.; *in einer Sache vorfühlen*).

Terror, der: in dieser Region regiert der T., herrscht blutiger, nackter T.; die Geheimpolizei übt blanken T. aus; T. *(große Angst)* verbreiten; wir mussten dem T. weichen; das ganze Land stand unter diesem T.; ÜBERTR.: mach nicht so 'nen T. (ugs.; *großes Aufheben*) wegen jeder Kleinigkeit.

Test, der: ein psychologischer, sportlicher T.; an dem Patienten wurden mehrere klinische Tests/ (selten:) Teste durchgeführt; der T. hat ergeben, dass ...; das Pokalspiel war ein harter T. *(eine schwere Prüfung)* für die Mannschaft; einen T. ausarbeiten, erarbeiten, bestehen; jmdn., etw. einem T. unterziehen.

Testament, das: ein handgeschriebenes, [un]gültiges T.; sein T. machen; ein T. aufsetzen, widerrufen, ändern, anfechten; sie starb ohne T., ohne ein T. zu hinterlassen; etw. in seinem T. verfügen; er hat dich in seinem T. bedacht; das T. wurde eröffnet; ÜBERTR.: das politische T. *(Vermächtnis)* des großen Staatsmannes; ∗ **sein Testament machen können** (ugs.; *sich auf Übles gefasst machen müssen*).

testamentarisch: eine testamentarische Verfügung; das ist t. bestimmt, festgelegt; sie hat ihm das Haus t. vermacht.

testen ⟨jmdn., etw. [auf etw. (Akk.)] t.⟩: das neue Modell muss noch getestet werden; einen Werkstoff auf Säurefestigkeit t.; jmds. Konzentrationsfähigkeit t.; die Probanden wurden zwei Stunden lang getestet; die Bewerber wurden auf ihr Allgemeinwissen getestet.

teuer: 1. a) *einen hohen Preis habend:* ein teures Auto; sie trägt teuren Schmuck; diese Ware ist [viel] zu t.; ihr ist nichts zu t.; er hat zu t. gekauft; sie verkauft ihre Waren viel zu t.; er lässt sich alles t. bezahlen; Benzin ist wieder [etwas] teurer geworden; wie teuer ist t. *(was kostet)* dieser Stoff?; das Kleid war sündhaft t.; ÜBERTR.: er hat seinen Leichtsinn t. bezahlt *(hat dafür schwer gebüßt);* der Sieg ist t. *(mit großen Opfern)* erkauft; b) *hohe Ausgaben verursachend:* ein teures Restaurant, Geschäft; der Wagen ist t. im Unterhalt; es sind teure Zeiten; er hat die Waren zu teuren (ugs.; *hohen)* Preisen eingekauft; eine teure *(hohe)* Miete; das hat teures (ugs.; *viel)* Geld gekostet; sie wollte das teure Porto sparen. 2. (geh.) *sehr geschätzt:* ein teurer Freund; mit diesem Ring verbinden sich teure Erinnerungen; dieses Buch ist mir lieb und t.; er schwor bei al-

lem, was ihm lieb und t. war; SUBST.: meine Teure, Teuerste (scherzh. Anrede; *meine Liebe*); ∗ jmdn./(seltener:) **jmdm. teuer zu stehen kommen** *(üble Folgen für jmdn. haben).*

Teufel, der: der hinkende, leibhaftige T.; der T. mit dem Pferdefuß; des Teufels Großmutter; in dich ist wohl der T. gefahren! (ugs.; *du bist wohl nicht recht bei Verstand?*); den T. austreiben, bannen, verjagen; Faust hat sich, seine Seele dem T. verschrieben; scher dich/geh zum T.! (salopp; *verschwinde!*); hol mich der T./der T. soll mich holen, wenn ich lüge!; /Flüche/: T. noch mal!, [den] T. auch!, zum T. [mit dir]!: T., T.!, pfui T.!, hols der T.!, hol dich der T.!, der T. soll dich holen! (salopp; Ausrufe der Verwünschung); ⓇⓀ der T. steckt im Detail *(die Kleinigkeiten bereiten bei der Durchführung von etw. die meisten Schwierigkeiten);* es/das müsste doch mit dem T. zugehen, wenn ... (ugs.; *es ist ganz unwahrscheinlich, dass ...*); gibt man dem T. den kleinen Finger, so nimmt er die ganze Hand; wenn man vom T. spricht, ist er nicht weit (Ausruf des Erstaunens, dass jemand gerade dann erscheint, wenn man von ihm spricht); ÜBERTR.: der Kleine ist ein richtiger T. (ugs.; *sehr wild*); er ist ein T. [in Menschengestalt] *(ist höchst bösartig);* er ist ein armer T. *(ein bedauernswerter Mensch);* ∗ **weiß der Teufel!** (salopp; *ich weiß es nicht*): weiß der T., wer alles da war! · **kein Teufel** (salopp; *niemand*) · **jmdn. reitet der Teufel** (ugs.; *jmd. treibt Unfug*) · **der Teufel ist los** (ugs.; *es gibt Aufregung, Streit*) · **den Teufel** (salopp; *gar nicht, nicht im Geringsten*): ich schere mich den T. darum; den T. werde ich tun! · **sich den Teufel auf den Hals laden** (ugs.; *sich in große Schwierigkeiten bringen*) · **den Teufel im Leib haben** (ugs.; *unbeherrscht, wild, sehr temperamentvoll sein*) · **den Teufel an die Wand malen** (ugs.; *Unheil dadurch heraufbeschwören, dass man darüber spricht*) · **in [des] Teufels Küche kommen** (ugs.; *in eine schlimme Situation geraten*) · **jmdn. in [des] Teufels Küche bringen** (ugs.; *jmdn. in eine schlimme Situation bringen*) · **des Teufels sein** (ugs.; *etwas völlig Unvernünftiges tun, im Sinn haben*) · **auf Teufel komm raus** (ugs.; *mit allen Kräften, so heftig wie möglich*) · **zum Teufel sein** (salopp; *verloren, defekt o. ä. sein*) · **jmdn. zum Teufel wünschen** (salopp; *jmdn. weit fort wünschen*) · **jmdn. zum Teufel jagen/schicken** (salopp; *jmdn. davonjagen*).

teuflisch: 1. *heimtückisch, verrucht:* ein teuflischer Plan; er hatte eine teuflische Freude an Quälereien; was sie sich ausgedacht hatte, war t.; er grinste t. 2. (ugs.) a) *sehr groß:* eine teuflische Ähnlichkeit; ein teuflischer Durst; b) ⟨verstärkend vor Adjektiven und Verben⟩ *sehr, überaus:* es ist kalt; man muss t. aufpassen.

Text, der: ein fremdsprachiger, literarischer T.; der genaue, authentische, ursprüngliche T. [einer Rede, eines Gedichts]; der T. der Urkunde ist unvollständig, (fachspr.:) verderbt, unleserlich; wie lautet der T. des Liedes?; den T. ändern, verfälschen, ergänzen, entstellen, (ugs. abwertend:) verhunzen, einen T. einsehen, [über]lesen, (fachspr.:) redigieren, korrigieren, interpretieren, deuten, erklären, kommentieren; einen T. entwerfen, abfassen, übersetzen; er hat den T. zu einer Oper verfasst; den vollen T. (Wortlaut) der Erklärung [ab]drucken; er schrieb die Texte (Erläuterungen) zu den Abbildungen; sie gibt fremdsprachige Texte für die Schule heraus; ein Wort, einen Absatz nachträglich in den T. einfügen; weiter im T.! (ugs.; fahr fort!); er predigte über einen T. aus dem Alten Testament; ⋆ aus dem Text kommen (ugs.; vom Thema abkommen, den Faden verlieren) · jmdn. aus dem Text bringen (ugs.; jmdn. so verwirren, dass er den Faden verliert).

Theater, das: 1. a) Gebäude, in dem Bühnenstücke aufgeführt werden: in unserer Stadt wurde ein neues, modernes T. gebaut; das T. (der Zuschauerraum) füllte sich schnell; im August ist das T. geschlossen; wir treffen uns vor dem T.; das ganze T. (Theaterpublikum) lachte; ℝ demnächst in diesem T. (ugs.; etwas wird bald geschehen, sich ereignen); b) Theater als Institution: wir haben hier ein privates, staatliches, städtisches T.; wir sind im, beim T. abonniert; sie ist am/beim T. [beschäftigt]; er will zum T. [gehen] (ugs.; Schauspieler werden); c) Vorstellung, Aufführung: heute ist kein T.; das T. beginnt um 20 Uhr; das T. ist ausverkauft; die Kinder spielen T. (sie führen ein Stück o. Ä. auf); sie machen T. für Kinder; heute Abend gehen wir ins T.; nach dem T. treffen wir uns im Ratskeller. 2. (ugs. abwertend) Aufregung: es gab viel T. in, wegen dieser Sache; das ist doch alles nur T.!; war das ein T., bis wir ihn so weit hatten!; so ein T.!; das reine T.! (unnötige Aufregung!); lass das T.!; viel T. um einen Vorfall, um eine Kleinigkeit machen; sie machte ein wahres T. auf (erregte sich sehr); hör auf mit dem T.!; ⋆ Theater spielen (ugs.; etw., bes. ein Leiden vortäuschen) · jmdm. Theater vormachen (ugs.; jmdm. etw. aufbauschend darstellen, um einen besonderen Eindruck zu machen).

Thema, das: 1. ein interessantes, ergiebiges, beliebtes, unterhaltsames, aktuelles, reizvolles, heikles, leidiges, schwieriges, unerschöpfliches T.; das T. Rechtschreibreform; das T. des Vortrags heißt, lautet ...; das T. der Diskussion, des Romans, des Films; dieses T. ist tabu; das ist für uns kein T. (steht nicht zur Diskussion); die Themen der Referate ergänzten sich gut; dieses T. interessiert, fesselt ihn sehr; ein T. aufgreifen, berühren, anschneiden, fallen lassen; ein T. [endgültig] begraben, abhaken; ein T. [erschöpfend, oberflächlich, eingehend] behandeln; wechseln wir das T.; der Schüler hat in seinem Aufsatz das T. verfehlt; sich einem anderen T. zuwenden; auf ein T. ein-

gehen; sie kamen immer wieder auf das alte T. zurück; beim T. bleiben; über ein T. sprechen, diskutieren; vom T. abschweifen, abkommen; zu einem neuen T. übergehen; zu seinem eigentlichen T. zurückkehren; das gehört nicht zum T.; was hast du zu diesem T. zu sagen? 2. (Musik) Tonfolge, die einer Komposition zugrunde liegt: das T. einer Fuge, einer Sonate, eines Satzes; ein T. aufgreifen, variieren; er spielte ein frei erfundenes T.; ⋆ Thema [Nummer] eins (ugs.; 1. wichtigstes Thema. 2. Erotik, Sexualität).

theoretisch: 1. die Theorie betreffend: ein großes theoretisches Wissen besitzen; theoretischer Unterricht; theoretische Physik, Chemie; etw. t. begründen. 2. gedanklich: theoretische Fälle, Möglichkeiten; was du sagst ist t. richtig, aber in der Praxis kaum durchzuführen; das ist mir alles zu t.; nehmen wir rein theoretisch an, es war so, wie er sagte.

Theorie, die: 1. wissenschaftlich begründete Anschauung: das ist eine unbeweisbare, richtige, falsche, kühne T.; die zahlreichen Theorien über die Entstehung der Erde; eine T. aufstellen, entwickeln, vertreten, begründen, ausbauen, beweisen. 2. abstrakte Betrachtung[sweise]: die Praxis ist ganz anders als die T.; er beherrscht die T.; eine T. praktisch anwenden, in die Praxis umsetzen; in der T. mag das richtig sein. 3. Vorstellung; Vermutung: das ist doch alles [reine, bloße, blanke] T.; der Kommissar hatte sich schon eine einleuchtende T. über den Hergang der Tat gebildet; er verstieg sich in Theorien; ⋆ graue Theorie sein (bildungsspr.; nicht der Wirklichkeit entsprechen, sich in der Praxis nicht durchführen lassen).

Therapie, die (Med., Psych.): eine gezielte, erfolgreiche, stationäre T; neue medikamentöse Therapien; eine T. gegen leichte Depressionen; eine T. anwenden, verordnen; er ist bei einem Analytiker in T.; eine T. machen; zu einer T. greifen.

Thermometer, das: das T. zeigt 23 Grad im Schatten, über null, 10 Grad unter null; das T. (die Quecksilbersäule) fällt, klettert, steigt [auf 20 Grad].

These, die: eine kühne, überzeugende, fragwürdige, wissenschaftliche, politische T.; eine T. aufstellen, entwickeln, formulieren, verfechten, widerlegen; der Autor vertritt die T., dass ...; das erhärtet ihre T.

Thron, der: 1. ein prächtiger, goldener T.; der König saß auf dem T. 2. monarchische Herrschaft, Regierung: den T. besteigen (die monarchische Herrschaft antreten); sie sitzt seit über 40 Jahren auf dem T. (regiert seit über 40 Jahren als Monarchin); auf den T. verzichten; jmdm. auf dem T. folgen (jmds. Nachfolge als Monarch[in] antreten); jmdm. auf den T. erheben (geh.; zum Herrscher, zur Herr-

scherin machen); jmdn. vom T. stoßen *(entthronen); das Bündnis von T. und Altar (von Herrscherhaus und Kirche);* ⋆ **jmds. Thron wackelt** (ugs.; *jmds. Stellung ist bedroht*) · **jmdn., etw. auf den Thron heben** *(jmdm. eine erstrangige Stellung, einer Sache eine große Bedeutung zuerkennen)* · **jmdn., etw. vom Thron stoßen** *(jmdn., etw. die Vorrangstellung nehmen).*

thronen ⟨irgendwo t.⟩: er thront am oberen Ende der Tafel, hinter seinem Schreibtisch; ÜBERTR.: das Schloss thront auf der Höhe.

Tick, der: 1. (Med.) *Muskelzuckung:* einen T. haben.
2. (ugs.) *Marotte:* das ist auch so ein T. von ihm; einen kleinen T. haben.
3. (ugs.) *Nuance:* einen T. besser, schneller; alles war einen T. zu künstlich.

ticken 1. *ein tickendes Geräusch erzeugen:* die Uhr, der Fernschreiber tickt; in der Kommode tickt der Holzwurm; ÜBERTR.: eine Zeitbombe tickt *(eine große Gefahr droht sich zu entwickeln).*
2. (ugs.) ⟨irgendwie t.⟩ *denken und handeln:* Frauen ticken anders als Männer; du tickst wohl/ bei dir tickt es wohl nicht ganz richtig *(du bist wohl nicht recht bei Verstand).*

tief: 1. a) *weit nach unten reichend, gerichtet:* tiefe Schluchten, Täler, Abgründe; tiefes Wasser; tiefe Meere, Seen, Ströme; ein tiefer Teller *(Suppenteller);* die Pflanze schlägt tiefe Wurzeln; tiefer Schnee *(in den man einsinkt);* ein tiefer Sturz; eine tiefe Verbeugung; der Brunnen, der Abgrund ist t.; man musste t. graben, bohren, bis man Wasser fand; das Flugzeug fliegt t. *(in geringer Entfernung vom Boden);* t. in den Schlamm, in den Schnee einsinken; der Wald war t. verschneit; ich bückte mich t.; ein t. ausgeschnittenes Kleid; die t. stehende Sonne; t. hängende Wolken, Zweige; t. unten liegt das Dorf; ÜBERTR.: t. in Gedanken [versunken] sein; er steckt t. in Schulden, sitzt t. (ugs.:) in der Patsche; er ist t. gefallen, gesunken *(moralisch verkommen);* **b)** *weit ins Innere reichend:* eine tiefe Wunde; aus tiefer Brust aufatmen, seufzen; ein tiefer Atemzug, Seufzer; im tiefsten Innern Afrikas; im tiefen Walde *(mitten im Walde);* die Bühne ist sehr t.; er wohnt t. im Walde; der Feind drang t. in das Land ein; die Höhle erstreckte sich [bis] t. in den Berg hinein; t. einatmen, ausatmen; er hat ihr t. in die Augen geschaut; ÜBERTR.: aus tiefster Seele, tiefstem Herzen; mitten im tiefsten Frieden; tiefe Blicke, Einblicke in etw. tun; Ⓡ das lässt t. blicken (ugs.; *das ist aufschlussreich*); **c)** *eine bestimmte Tiefe aufweisend:* ein 3 m tiefes Loch; wie t. ist der Stich?; der Schrank war nur 30 cm t., nicht t. genug für Kleider.
2. a) *auf einer Skala o. Ä. im unteren Bereich befindlich; niedrig:* tiefe Temperaturen; dieses Metall hat einen tiefen Schmelzpunkt; das Barome-

ter, das Thermometer steht t., ist t. gefallen; die Kosten sind zu t. veranschlagt; sie wohnt ein Stockwerk tiefer; das Haus liegt tiefer als die Straße; **b)** *zeitlich weit fortgeschritten:* in tiefster Nacht; im tiefen Winter; bis t. in den Herbst, in das 18. Jahrhundert hinein; sie arbeitete bis t. in die Nacht.
3. *tiefgründig; gründlich:* er zeigte eine tiefe Einsicht; eine t. dringende, blickende Analyse; in diesen Worten liegt, steckt ein tiefer Sinn; was ist der tiefere *(eigentliche)* Sinn dieser Maßnahmen?; wir müssen den Grund, die Ursache tiefer suchen; er hat t. *(gründlich)* nachgedacht; eine t. greifende Meinungsverschiedenheit.
4. a) *sehr groß, sehr stark:* tiefer Schmerz; tiefe Schwermut; eine tiefe Freude, Ohnmacht; ein tiefer Schlaf, Glaube; ein tiefer Groll erfüllte ihn; ihr Ausdruck zeigte tiefste Andacht, Ergriffenheit; in tiefer Trauer, in tiefer Wehmut; Worte tiefsten Mitgefühls; **b)** ⟨verstärkend bei Adjektiven u. Verben⟩ *sehr:* jmdn. t. bedauern, beschämen, beleidigen; ich beklage diese Fehlentscheidung t.; über etw. t. betrübt sein; von etw. t. beeindruckt, t. ergriffen sein; ein t. empfundenes Mitleid; t. empfinden, fühlen.
5. a) *dunkel klingend:* ein tiefer Ton, eine tiefe Stimme; er sang im tiefsten Bass; eine Terz tiefer spielen, singen; **b)** *kräftig, dunkel gefärbt:* ein tiefes Rot; tiefe [Farb]töne;
⋆ **bei jmdm. tief gehen** *(jmdn. nur wenig beeindrucken).*

Tief, das: 1. (Meteor.) *Tiefdruckgebiet:* über Island lagert ein ausgedehntes T.; das T. rückt näher, naht sich, weicht aus, zieht vorbei, zieht ab; Deutschland liegt am Rande eines Tiefs; ÜBERTR.: die Partei hat ihr T. überwunden; der Februar brachte das absolute T. für die Branche; sie steckte in einem [seelischen] T.
2. (Seemannsspr.) *Fahrwasser:* das Haff ist durch T. mit der See verbunden.

Tiefe, die: 1. a) *Ausdehnung nach unten, innen:* eine unergründliche, Schwindel erregende T.; die T. des Wassers, des Grabens, des Schachtes, des Abgrunds; die T. des Fahrwassers ausloten, peilen; das U-Boot ging auf T.; in die T. versinken, in die T. blicken, steigen, springen, stürzen, fallen; in die T. des Urwaldes eindringen; ÜBERTR.: die T. *(das Abgründige)* der menschlichen Seele; die verborgensten Tiefen des Herzens; er kennt alle Höhen und Tiefen des Lebens; /in Verbindung mit Maßangaben/: die T. der Rille beträgt 2 mm; das Gebäude hat eine T. von zehn Metern; ein Schrank von 60 cm T.; **b)** *tief gelegene Stelle:* dieser Fisch lebt in großen Tiefen.
2. *Tiefgründigkeit:* die T. seiner Gedanken, seiner Einsicht; ein Ausspruch von großer T.
3. *Stärke:* die T. ihres Schmerzes, Leides, seines Gefühls, seiner Empfindung.
4. a) *dunkler Klang:* ein Bass von erstaunlicher

T

T.; b) *sehr kräftige, dunkle Tönung:* die T. des Blaus.

tiefgründig: tiefgründige Fragen, Betrachtungen; eine tiefgründige wissenschaftliche Arbeit.

Tiefpunkt, der: ich hatte einen seelischen T. *(war sehr deprimiert);* dies war ein T. in meiner Karriere; an diesem Tage hatte die Konjunktur, hatte seine Laune ihren T. erreicht.

Tier, das: ein männliches, verschnittenes, weibliches T.; wilde, zahme, gezähmte, anhängliche, einheimische, exotische Tiere; ein zierliches, munteres, zutrauliches Tierchen; er benahm sich wie ein wildes T.; ein T. in der Wohnung halten; Tiere halten, pflegen, warten, züchten, dressieren, abrichten, zur Schau stellen, vorführen; Tiere beobachten; ein T. darf man nicht quälen; der Löwe, der König der Tiere; sie kann gut mit Tieren umgehen; ÜBERTR.: das T. *(das triebhafte Wesen)* brach in ihm durch; er ist ein richtiges T. *(ist roh, brutal);* sie ist ein gutes T. (salopp; *ist gutmütig und ein bisschen beschränkt);* Ⓡ jedem Tierchen sein Pläsierchen (ugs. scherzh.; *jeder muss leben, wie er es für richtig hält);*

* **ein hohes/großes Tier** (ugs.; *eine Person von großem Ansehen, hohem Rang).*

tierisch: 1. *zum Tier gehörend, vom Tier stammend:* tierische Organismen, Parasiten; tierisches Fett; tierisches Eiweiß; die Erfassung des tierischen Verhaltens.

2. (oft abwertend) *triebhaft, roh:* tierische Gier; tierisches Verlangen; tierische Grausamkeit; sein Benehmen war einfach t.; ÜBERTR.: hier geht es immer so t. ernst (ugs.; *humorlos)* zu.

3. (salopp) a) *sehr groß, stark:* eine tierische Kälte, Zumutung; sie hatte tierische Angst um ihn; b) *(verstärkend bei Adjektiven und Verben) sehr, ungeheuer:* es tut t. weh; hier zieht es t.; sie hat sich t. gefreut.

tilgen ⟨etw. t.⟩: 1. (Wirtsch.) *durch Zurückzahlen aufheben:* eine Schuld t.; ein Darlehen durch Ratenzahlungen t.

2. (geh.) *[aus]löschen:* eine Aktennotiz t.; die Spuren eines Verbrechens t.; ÜBERTR.: die Erinnerung an etw. aus seinem Gedächtnis t.

Tinte, die: schwarze, rote, blaue, grüne T.; unsichtbare T. *(Geheimtinte, die durch bestimmte Mittel sichtbar gemacht werden kann);* die T. fließt gut, kleckst, ist noch nicht trocken; mit T. schreiben; Ⓡ über dieses Thema ist schon viel T. verspritzt *(viel geschrieben)* worden;

* **in der Tinte sitzen** (ugs.; *in einer misslichen, ausweglosen Situation sein)* · **in die Tinte geraten** (ugs.; *in eine missliche, ausweglose Situation geraten).*

Tipp, der: 1. (ugs.) *Hinweis:* das war ein guter, nützlicher, brauchbarer, wertvoller T.; jmdm. einen T., ein paar Tipps geben; ich hatte einen sicheren T. für die Börse.

2. *Vorhersage bei Lotto, in Wettbüros o. Ä.:* wie

sieht dein T. aus?; hast du deinen T. (ugs.; *Tippschein)* schon abgegeben?

tippen: 1. ⟨irgendwohin t.⟩ *leicht und kurz berühren:* auf, gegen eine Glasscheibe t.; er tippte kurz aufs Gaspedal; an den Hut t. *(flüchtig grüßen);* ⟨jmdm./jmdn. irgendwohin t.⟩ er hat mir/mich auf die Schulter getippt; ich tippte mir an die Stirn; ÜBERTR.: im Gespräch an etw. t. (ugs.; *kurz, vorsichtig auf etw. zu sprechen kommen);* daran ist nicht zu t. (ugs.; *das ist einwandfrei).*

2. (ugs.) a) ⟨etw. t.⟩ *auf der Maschine schreiben:* einen Brief, ein Manuskript t.; ein sauber getippter Brief; b) *Maschine schreiben:* schnell, gut t. können; mit zwei Fingern t.; ich habe zwei Stunden lang getippt.

3. (ugs.) ⟨auf jmdn., etw. t.⟩ *etw. vermuten:* auf den Falschen t.; auf jmds. Sieg t.; der Arzt tippte auf Krebs; ich tippe darauf, dass er morgen kommt; ⟨irgendwie t.⟩ du hast richtig, gut, falsch getippt.

4. a) *im Lotto o. Ä. wetten:* er tippt jede Woche; b) ⟨etw. t.⟩ *beim Lotto bestimmte Zahlen wählen:* sechs Richtige t.; welche Zahlen hast du getippt?

Tisch, der: 1. ein kleiner, großer, runder, viereckiger, schwerer, ausziehbarer, eichener T.; in der Ecke stand ein gedeckter T.; der T. war reich gedeckt *(es gab viel zu essen);* der T. wackelt; den T. decken, abdecken, abwischen; [jmdm.] einen T. [im Restaurant] reservieren; der Ober wies ihnen einen T. an; am T. sitzen, arbeiten; die Kinder durften mit an den T. essen; er zahlte bar auf den T.; etw. auf den T. stellen, legen; die Arme auf den T. stützen; die Suppe steht auf dem T.; wir saßen um den T.; vom T. aufstehen; die Ell[en]bogen vom T. nehmen; der ganze T. *(die Tischgesellschaft)* brach in Gelächter aus;

2. ⟨in Verbindung mit bestimmten Präpositionen⟩ *Mahlzeit:* bei, nach, vor T.; vom T. aufstehen *(die Mahlzeit beenden);* darf ich zu T. bitten?; /Aufforderung, Platz zu nehmen/: bitte zu T.!; sich zu T. setzen; eine Dame zu T. führen;

* **runder Tisch** *(Kreis gleichberechtigter Partner):* etw. am runden T. verhandeln · **[mit etw.] reinen Tisch machen** (ugs.; *[mit etw.] klare Verhältnisse schaffen; etw. in Ordnung bringen)* · **etw. auf den Tisch [des Hauses] legen** (ugs.; *etw. [offiziell] zur Kenntnis bringen, vorlegen)* · **jmdn. an einen Tisch bringen** *(verschiedene Personen zu Verhandlungen zusammenführen)* · **sich mit jmdm. an einen Tisch setzen** *(mit jmdm. Verhandlungen führen, reden)* · **am grünen Tisch/vom grünen Tisch aus** *(ganz theoretisch, ohne Kenntnis der wirklichen Sachlage):* das ist am grünen T. entschieden worden · **unter den Tisch fallen** (ugs.; *nicht berücksichtigt, getan werden; nicht stattfinden)* · **etw. unter den Tisch fallen lassen** (ugs.; *etw. nicht berücksichtigen, nicht durchführen, stattfinden lassen)* · **jmdn. unter den Tisch trinken**/(derb:) **saufen** (ugs.; *bei gemeinsamen Trinken mehr Alkohol als andere/die*

anderen vertragen) · **von Tisch und Bett getrennt sein/leben** *(nicht mehr in ehelicher Gemeinschaft leben)* · **vom Tisch sein** (ugs.; *erledigt, bewerkstelligt sein)* · **vom Tisch müssen**
(ugs.; *dringend erledigt werden müssen)* · **etw.
vom Tisch wischen/fegen** (ugs.; *etw. als unwichtig abtun, als unangenehm beiseite schieben)* ·
zum Tisch des Herrn gehen (geh.; *am Abendmahl teilnehmen; zur Kommunion gehen).*
Tischtuch, das: ein weißes T. aus Damast; zum Essen ein frisches T. auflegen;
∗ **das Tischtuch [zwischen sich und einem anderen, zwischen uns, zwischen zwei Personen
usw.] zerschneiden** *(eine Freundschaft, Beziehung o. Ä. endgültig beenden).*
Titel, der: 1. a) *Amts-, Rangbezeichnung:* einen T.
erlangen, erwerben, führen; jmdm. einen T. verleihen, aberkennen; sich einen [falschen] T. beilegen, anmaßen; er hat den T. eines Sekretärs; er
hat den T. Professor; sie hat/führt [k]einen akademischen T.; jmdn. mit seinem T., ohne seinen
T. anreden/ansprechen; sie macht von ihrem T.
keinen Gebrauch; b) (Sport) *errungene Rangbezeichnung:* er hält, trägt den T. des Weltmeisters
seit 1985; er konnte seinen T. im Schwergewicht
erfolgreich verteidigen; seinen T. verlieren, abgeben müssen; mit dieser Übung hat sie sich den T.
im Bodenturnen geholt, gesichert.
2. a) *Name eines Buches, Kunstwerks o. Ä.:* ein
langer, kurzer, prägnanter, reißerischer, treffender T.; wie lautet der genaue T. der Zeitschrift?;
das Buch trägt einen verlockenden, viel verhei-
ßenden T.; welchen T. soll der neue Film haben,
bekommen?; einen T. im Katalog nachsehen, anführen, zitieren; wir müssen einen besseren T. für
das Buch finden; der Film läuft unter dem T. ...;
b) *unter einem bestimmten Titel erschienenes
Buch o. Ä.:* der letzte T. des Sängers wurde ein
Hit; dieser T. ist bereits vergriffen.
3. *Titelblatt:* den T. künstlerisch gestalten.
4. (Rechtsw.) *Abschnitt eines Gesetzes o. Ä.:* der
achte T. enthält ...; diese Mittel sind unter der T. 5
des Haushaltsplans ausgewiesen.
Toast, der: 1. *geröstete Brotschnitte:* T. machen, essen; der Kellner servierte Toaste/Toasts mit Sar-
dellen, und Käse; Spiegeleier auf T.
2. *Trinkspruch:* einen T. auf jmdn. ausbringen;
der hohe Gast wurde mit mehreren Toasten/
Toasts geehrt.
toben: 1. *außer sich sein:* er tobt vor Schmerz, vor
Wut; sie hat getobt, als sie das erfuhr; er tobt wie
ein Berserker.
2. a) *herumtollen:* die Kinder haben den ganzen
Nachmittag am Strand, im Garten getobt; tobt
nicht so!; b) ⟨irgendwohin t.⟩ *sich lärmend fortbewegen:* die Kinder sind durch den Garten getobt.
3. a) *in wilder Bewegung, entfesselt sein:* das Meer
tobt; die Wellen, Winde toben; hier hat ein Unwetter getobt; der Kampf tobte bis in die Nacht

hinein; ÜBERTR.: die Leidenschaften tobten; die
Verzweiflung tobte in ihm; b) ⟨irgendwohin t.⟩
sich tobend bewegen: der Krieg ist durchs Land
getobt.
Tochter, die: 1. eine uneheliche, legitime T.; die älteste, jüngste, einzige T.; seine kleine T.; seine T.
Lisa; das Ehepaar hat zwei Töchter; sie ist ganz
die T. ihres Vaters *(ist ihrem Vater sehr ähnlich);*
sie ist nicht seine leibliche T.; die T. des Hauses
(die erwachsene Tochter der Familie); ÜBERTR.: sie
ist eine große T. *(berühmte Bewohnerin)* unserer
Stadt; er sah sich unter den Töchtern des Landes
(scherzh.; *den jungen Frauen in der Gegend)* um.
2. (Jargon) *Tochtergesellschaft:* diese Firma ist
eine hundertprozentige T. des US-Konzerns.
Tod, der: 1. *Ende des Lebens:* ein ruhiger, schmerz-
loser, langsamer, qualvoller, früher, plötzlicher
T.; der klinische T. war bereits eingetreten; der T.
auf dem Schafott, am Galgen, durch den Strang;
der T. auf dem Schlachtfeld; der T. ist durch Ertrinken, durch Erfrieren, durch Entkräftung,
durch Altersschwäche eingetreten; der T. kam
schnell, nahte schnell, trat um 18 Uhr ein; das
wird noch einmal sein T. sein *(wird ihn einmal töten);* den T. fürchten, nicht scheuen; den T. suchen, herbeiwünschen, ersehnen; jmds. T. be-
trauern, beweinen, beklagen; jmds. T. wünschen,
wollen; jmdm. den T. wünschen; einen sanften,
schweren T. haben; den T. eines Helden; des Gerechten sterben; zieh dich warm an, bei dieser
Kälte holst du dir noch den T. (ugs.; *wirst noch
todkrank);* die Schrecken, die Bitterkeit des Todes; eines gewaltsamen, [k]eines natürlichen Todes sterben; jmdn., sich dem Tode weihen; dem
Tod nahe sein; ein Kampf auf Leben und T; für
jmdm. die Treue halten bis zum/bis in den T.; für
jmdn., für eine Überzeugung in den T. gehen
(geh.; *sein Leben opfern);* freiwillig in den T. gehen (geh.; *sich das Leben nehmen);* sie folgte ihrem Mann in den T.; jmdn. in den T. treiben; das
Leben nach dem Tod[e]; jmdn. über den T. hinaus
lieben; sie kam über seinen T. nicht hinweg; es
geht hier um T. oder Leben; jmdn. vom Tode erretten; zu Tode *(tödlich)* erkrankt sein; diese
Krankheit führt zum T.; jmdn., ein Tier zu Tode
hetzen, prügeln, quälen, schinden; das Gericht
verurteilte ihn zum Tode; ⓇRumsonst ist [nur] der
T. [und der kostet das Leben] *(es gibt nichts umsonst);* ÜBERTR.: mangelndes Vertrauen ist der T.
(bedeutet das Ende) jeder näheren menschlichen
Beziehung.
2. (oft dichter. od. geh.) *Gestalt, die den Tod verkörpert:* der T. mit Stundenglas und Hippe/
Sense; der T. als Sensenmann; auf der Straße lauert der T.; der [grimmige, unerbittliche] T. klopft
an, steht vor der Tür, ruft, holt jmdn., winkt
jmdm.; der T. schickte seine Boten; der T. schloss
ihr die Augen; eine Beute des Todes sein, werden;
jmdn. den Klauen des Todes entreißen; dem T.
entgehen, entrinnen, entfliehen; er ist dem T.

T

von der Schippe gesprungen (scherzh.; *ist einer tödlichen Gefahr entronnen, hat eine lebensgefährliche Krankheit überstanden*); sie hat dem T. ins Auge gesehen *(war in Lebensgefahr);* mit dem T. ringen *(lebensgefährlich erkrankt sein);* er sieht aus wie der leibhaftige T., ist blass/bleich wie der T.;
* **der schwarze Tod** *(die Pest)* · **der weiße Tod** *(Tod durch Lawinen, Erfrieren im Schnee)* · **Tod und Teufel!** (Fluch) · **weder Tod noch Teufel fürchten** *(sich vor nichts fürchten)* · **den Tod finden** (geh.; *umkommen)* · **tausend Tode sterben** *(voller Angst, Zweifel, Unruhe sein)* · **auf den Tod** (geh.; *in einer Weise, die lebensgefährlich ist*): auf den T. krank sein · **auf/**(seltener:)**für den Tod** (ugs.; *in äußerstem Maße, ganz und gar, überhaupt*): so ein Verhalten ist mir auf den T. zuwider; sie konnte ihn auf den/für den T. nicht ausstehen · **zu Tode** *(sehr, aufs Äußerste):* zu Tode betrübt sein; sich zu Tode schuften, ärgern, schämen, langweilen; ich bin zu Tode erschrocken · **zu Tode kommen** (geh.; *umkommen)* · etw. **zu Tode reiten** *(etw. bis zum Überdruss wiederholen; so oft behandeln o. Ä., dass es seiner Wirkung beraubt wird).*
Todesstoß, der: einem verletzten Tier den T. geben/versetzen; ÜBERTR.: diese Fehlkalkulation hat dem Unternehmen endgültig den T. gegeben/versetzt *(hat es ruiniert).*
tödlich: 1. *den Tod herbeiführend:* ein tödlicher Schlag, Schuss, Unfall; ein tödliches Gift; eine tödliche Krankheit, Wunde, Verletzung; (bes. Rechtsw.:) Körperverletzung mit tödlichem Ausgang; eine tödliche *(lebensbedrohende)* Gefahr; der dritte Stich war t.; das Gift wirkt in dieser Dosis t.; er ist t. verunglückt; ÜBERTR.: solche Äußerungen in seiner Gegenwart können t. sein (ugs.; *können sehr gefährlich, üble Folgen haben).*
2. a) *sehr groß:* tödlicher Ernst; tödliche Langeweile; tödlicher *(unversöhnlicher)* Hass; b) ⟨verstärkend bei Verben und Adjektiven⟩ *sehr, in höchstem Maße:* jmdn. t. beleidigen; sich t. langweilen; eine t. banale Geschichte.
Toilette, die: 1. a) *Klosettbecken:* die T. ist verstopft; etw. in die T. werfen; b) *Raum mit Klosettbecken [und Waschgelegenheit]:* öffentliche Toiletten; die T. benutzen; auf/in die T. gehen.
2. (geh.) *das Sichankleiden, Zurechtmachen:* die morgendliche, abendliche T.; hast du deine T. bald beendet?; Toilette machen *(sich anziehen, zurechtmachen).*
3. *festliche Damenkleidung:* man sah bei dem Ball viele kostbare Toiletten; in großer T. sein, erscheinen.
tolerant ⟨t. [gegen jmdn., etw./jmdm. gegenüber jmdm.]⟩: eine tolerante Gesinnung, Einstellung; ein toleranter Mensch; er hat sich Minderheiten gegenüber immer t. gezeigt, ist gegen Andersdenkende immer t. gewesen.
toll: 1. *ungewöhnlich, unglaublich:* ein toller Zu-

fall; eine tolle Geschichte; sie kam auf tolle Gedanken; pass auf, es kommt noch toller; SUBST.: das ist das Tollste, was mir je begegnet ist; das Tollste an der Sache ist, dass ...
2. (ugs.) *großartig, prächtig:* eine tolle Idee; eine tolle Sache; ein tolles Fest; eine tolle Frau; ein toller Wagen; die Reise war einfach t.; das ist ja t.; er singt einfach t.; t. aussehen; t. eingerichtet sein; die Mannschaft hat t. gespielt.
3. (ugs.) *schlimm:* ein toller Lärm; sie trieben tolle Streiche; das Zimmer war in einem tollen Zustand; wenn es gar zu t. wird, gehe ich weg; die Sache wird immer toller.
4. (ugs.) *ausgelassen, übermütig:* die Kinder sind ja heute ganz t.; er treibt es zu t.
5. (ugs.) a) *sehr groß, stark:* eine tolle Überraschung, Hitze; im Kaufhaus herrschte toller Betrieb; b) ⟨verstärkend bei Adjektiven und Verben⟩ *sehr:* sich ganz t. freuen; t. verliebt sein; sie ist im Urlaub t. braun geworden.
¹Ton, der: *lockeres, feinkörniges Sediment:* grober, feiner T.; T. bearbeiten, kneten, mischen; etw. aus T. formen, in T. modellieren; eine Schale aus gebranntem T.
²Ton, der: 1. a) *hörbare Luftschwingung; Klang:* ein lauter, leiser, hoher, tiefer, heller, dunkler, lang gezogener, anschwellender, abschwellender, [un]reiner T.; grelle, schrille, klagende, wimmernde Töne; ein eigentümlicher, geheimnisvoller T. war zu hören; der T. [er]klingt, klingt auf, verklingt; der Apparat lässt einen surrenden T. hören, gibt einen surrenden T. von sich; das Instrument hat einen guten, vollen, schönen, weichen T.; b) (Musik) *Einheit eines Tonsystems:* einen ganzen, halben T. höher, tiefer singen; einen T., den T. a *(die Tonstufe a)* auf dem Klavier anschlagen; den Sängern den T. angeben; den T. [lange genug] halten; den richtigen, falschen T. spielen; ÜBERTR.: ich spürte die falschen Töne *(die Unaufrichtigkeit)* in seinem Brief; Ⓡ der T. macht die Musik *(die Art, wie etwas vorgebracht wird, ist entscheidend);* c) (Rundf., Filmw., Ferns.) *Tonaufnahme:* den T. steuern, aussteuern, überwachen; einen Film T. unterlegen; /Kommandos bei der Aufnahmearbeit/: T. ab!, T. läuft!
2. a) *Sprech-, Rede-, Schreibweise:* der T. ihres Briefes ist überheblich, arrogant; sein spöttischer T. ärgert mich; bei uns herrscht ein freier, ungezwungener, ein rauer T. *(Umgangston);* was ist das für ein T.? *(wie redest du denn mit mir?);* sich einen anderen T. ausbitten; ich verbitte mir diesen Ton!; sie fand nicht den richtigen T.; er sprach in scharfem, barschem, sanftem, energischem T. mit uns; etw. in freundlichem, ernstem, ruhigem Tone sagen; sie schlug [mir gegenüber] einen frechen, ungehörigen, polemischen T. an; diesen T. kenne ich bei ihm; sie hat sich im T. vergriffen; b) (ugs.) *Wort; Äußerung:* er brachte vor Heiserkeit, vor Aufregung keinen T. hervor, heraus; sie sagte keinen T., gab keinen T. von sich;

er hätte nur einen T. zu sagen brauchen; jetzt möchte ich keinen T. mehr hören! (ugs.; Aufforderung, bes. an Kinder, nicht mehr zu widersprechen); er lässt keinen T. von sich hören *(er gibt gar keine Nachricht)*; darüber hat sie keinen T. verlauten lassen; hast du/haste/hat der Mensch Töne? (salopp; Ausdruck des Erstaunens).

3. *Betonung:* der T. liegt auf der zweiten Silbe; dieses Wort, diese Silbe trägt den T.; du musst den T. mehr auf dieses Wort legen.

4. *Farbton:* kräftige, warme, matte, düstere, lebhafte Töne; dieser Maler bevorzugt volle, satte Töne; die Farbe ist einen T. (ugs.; *eine Nuance)* zu hell; die Fotografie war in rotbraunem T. ausgeführt; ∗ **der gute/**(seltener:) **feine Ton** *(Regeln des Umgangs im gesellschaftlichen Leben):* das gehört zum guten T. · **Ton in Ton** *([in Bezug auf Farbtöne] nur in Nuancen voneinander abweichend):* Polstermöbel und Vorhänge sind T. in T. gehalten · **den Ton angeben** *(tonangebend sein)* · **einen anderen, schärferen** o. ä. **Ton anschlagen** *(größere Strenge walten lassen)* · **große/dicke Töne reden/schwingen/spucken** (ugs. abwertend; *sich aufspielen, großspurig reden)* · **einen [furchtbaren** o. ä.] **Ton am Leib haben** (ugs. abwertend; *sich in ungebührlicher Weise äußern)* · **jmdn., etw. in den höchsten Tönen loben** *(jmdn., etwas überschwänglich loben).*

Tonart, die: die T. C-Dur, a-Moll; in welcher T. steht das Lied?; eine Melodie in eine andere T. umschreiben, aus einer T. in die andere transponieren; ÜBERTR.: eine respektlose, ungehörige T. *(ein respektloser, ungehöriger Tonfall);* das kann ich in jeder T. singen (ugs.; *das kenne ich schon in- und auswendig);* er redet in allen Tonarten *(auf jede erdenkliche Weise)* auf sie ein; ∗ **eine andere, schärfere** o. ä. **Tonart anschlagen** *(größere Strenge walten lassen).*

Tonband, das: das T. läuft ab; ein T. einspannen, bespielen, besprechen, abspielen, löschen; ein T. abhören, auswerten; Musik, eine Rede auf T. aufnehmen; etw. auf T. sprechen.

tönen: **1.** *als Ton, Schall hörbar sein:* a) ⟨irgendwoher t.⟩ aus der Bar, vom Strand her tönte Musik; ⟨[irgendwohin] t.⟩ die Glocke, ein Lautsprecher tönt; seine Stimme tönte [laut] über den Hof; b) ⟨irgendwie t.⟩ hell, schrill, dumpf t. **2.** (ugs. abwertend) a) ⟨etw. t.⟩ *großspurig verkünden: »*… und wir werden siegen«, tönte der Trainer; b) ⟨von etw. t.⟩ *angeberisch reden:* von seinen Erfolgen t.; sie tönt gern, viel von Gleichberechtigung; ⟨auch ohne Präpositionalobjekt⟩ er tönt mal wieder; tönende *(nichts sagende)* Worte. **3.** ⟨etw. t.⟩ *in der Färbung abschattieren:* sie hat ihr Haar [rötlich] getönt; die Wand wurde grau getönt; getönte Brillengläser, Scheiben.

Tonne, die: **1.** a) *[größeres] Fass:* eine T. aus Holz, Eisen; eine T. mit Öl, Benzin, Teer; mit einer T.

gesalzener Heringe/gesalzene Heringe/(seltener:) gesalzenen Heringen; etw. in Tonnen transportieren; die Tonnen *(Mülltonnen)* entleeren; ÜBERTR.: : er ist eine richtige T. (ugs. scherzh.; *sehr dick)* geworden; b) *schwimmendes Seezeichen:* eine T. sichten, ansteuern; das Fahrwasser ist mit Tonnen markiert. **2.** */eine Gewichtseinheit/:* eine T. hat 1000 kg; mit 10 000 Tonnen kanadischem Weizen/(geh.:) kanadischen Weizens; mit einem Gewicht von 5 Tonnen.

Tönung, die: eine leichte, helle, dunkle T.; ein Glas mit/von grüner T.; ÜBERTR.: einem Bericht eine bestimmte T. geben.

Topf, der: **1.** a) *Kochtopf:* ein eiserner, emaillierter, verbeulter T.; ein T. aus Aluminium, aus Edelstahl; ein T. Suppe; der T. läuft über, (ugs.:) ist übergekocht; der T. ist zerbrochen; einen T. auf den Herd, aufs Feuer setzen, stellen; (ugs.:) den T. am Kochen halten; einen T. Kartoffeln *(Menge Kartoffeln, die in einen Topf geht)* schälen; alles in einem T. kochen; Ⓡ jeder T. findet seinen Deckel *(jeder, alles findet das zu ihm passende Gegenstück);* b) *höheres zylindrisches od. bauchiges Gefäß:* ein T. aus Steingut; ein T. [mit, voll] Milch; ein irdener T. [mit] Schmalz; der T. ist zerbrochen, hat einen Sprung; ÜBERTR.: die Einkünfte gingen alle in den großen T. *(wurden Gemeinschaftseigentum).* **2.** (ugs.) *Nachttopf:* der Kleine sitzt auf dem T., auf dem Töpfchen; auf den T. (ugs. scherzh.; *auf die Toilette gehen)* müssen. **3.** *Blumentopf:* Pflanzen in Töpfe setzen, in Töpfen ziehen; ∗ **wie Topf und Deckel zusammenpassen** (ugs.; *sehr gut zusammenpassen)* · **alles in einen Topf werfen** (ugs.; *alles, alle ohne Rücksicht auf Unterschiede gleich [schlecht] beurteilen)* · **seine Nase in alle Töpfe stecken** (ugs. abwertend; *sehr neugierig sein).*

Tor, das: **1.** a) *breiter Eingang, breite Einfahrt:* der Hof hat zwei Tore; durch das T. fahren; zum T. hinausfahren, hinausreiten; b) *Vorrichtung zum Verschließen einer Einfahrt* o. Ä.*:* ein hölzernes, eisernes T.; das T. ist, steht offen; die Tore der Schleuse öffnen/schließen sich; das T. öffnen, aufmachen; an/aufstoßen, offen halten, verriegeln, verrammeln, bewachen; ans T. klopfen; ÜBERTR.: er öffnete mir das T. zu einer neuen Welt; c) /in Verbindung mit Namen/ *selbstständiger Torbau mit Durchgang:* das Brandenburger Tor. **2.** (Sport) a) *bes. Fußball-, Handballtor:* das T. verfehlen; am T. vorbeischießen; aufs T. schießen; der Torwart läuft aus dem T.; der Ball landet im T.; er steht heute im T., hütet das T. *(ist Torwart);* den Ball über das T. köpfen, vor das T. flanken; b) *Treffer:* das goldene *(spielentscheidende)* T.; bisher sind zwei Tore gefallen; ein T. schießen, [ein]köpfen, erzielen, verhindern; die Mannschaft siegte mit 4:2 Toren; c) (Ski) *markierter*

T

Durchgang, bes. *beim Slalom:* eng, schwer gesteckte Tore; Tore abstecken, ausflaggen; am
dritten T. ist er bereits gescheitert, (ugs.:) hat er
eingefädelt;
* **vor den Toren** (geh.; *außerhalb, in unmittelbarer Nähe*): vor den Toren der Stadt entsteht ein
neues Einkaufszentrum.
Torf, der: T. stechen, graben; wir brennen T., heizen mit T.; den T. trocknen, pressen, auf die Beete
streuen; Erde mit T. vermischen.
töricht (abwertend): ein törichter Mensch; törichte Hoffnungen; das war eine törichte Bemerkung, Frage; es wäre t., auf seine Hilfe zu warten;
t. handeln; t. lächeln, fragen.
torkeln: a) *stark taumeln:* der Betrunkene hat/ist
getorkelt; du torkelst ja! *(du bist ja betrunken!);*
b) ⟨irgendwohin t.⟩ *sich taumelnd [fort]bewegen:*
der Betrunkene ist aus der Kneipe, über die
Straße, nach Hause getorkelt.
torpedieren ⟨etw. t.⟩: **1.** *mit Torpedos beschießen:*
ein Schiff t.; der Tanker wurde von einem U-Boot
torpediert.
2. (abwertend) *vereiteln:* einen Plan t.; man hat
das Vorhaben durch eine gezielte Indiskretion
torpediert.
Torschlusspanik, die: eine T. erfasste, ergriff ihn,
brach bei ihm aus; aus T. heiraten; in T. geraten.
Tortur, die: die Behandlung beim Zahnarzt war
eine T.; der weite Weg wurde ihr zur T.
tosen: der Sturm, der Wasserfall tost; die Wellen
tosen; tosender Lärm, Beifall erfüllte den Saal;
SUBST.: das Tosen der Brandung war weithin zu
hören.
tot: **1.** a) *gestorben, nicht mehr am Leben seiend:*
ein toter Mensch; ein toter Körper; tote Tiere; ein
toter *(abgestorbener)* Baum, Ast; totes *(abgestor-
benes)* Gewebe; ein totes *(nicht mehr belebtes)*
Gewässer; sie hat ein totes Kind geboren; ein t.
geborenes Baby; er ist t.; klinisch t. sein; sie fiel t.
hin, war auf der Stelle t.; die ganze Familie ist
nun t. *(existiert nicht mehr);* sie lag t. im Bett; als
t. gelten; jmdn., einen Vermissten für t. erklären;
wie t. daliegen; er konnte nur noch t. geborgen
werden; ÜBERTR.: eine tote *(nicht mehr gesprochene)* Sprache; ihre Liebe war t. *(erloschen);* die
Leitung des Telefons ist t. *(funktioniert nicht
mehr);* b) *anorganisch:* tote Materie; totes Gestein; die tote Natur.
2. a) *leblos:* tote (geh.; *erblindete)* Augen; tote
(glanzlose) Farben; ein totes Grau; der tote *(un-
wirksame)* Buchstabe; b) *ausgestorben:* eine tote
Stadt; der Hochsommer ist eine tote *(stille)* Zeit
in diesem Geschäft; diese Gegend wirkt t.;
c) *nicht nutzbar, nicht genutzt:* ein toter Flussarm
(ohne Strömung); einen Zug auf dem toten *(blind
endenden)* Gleis abstellen; die Strecke ist t. *(stillgelegt);* totes Kapital *(das keinen Ertrag abwirft);*
ein totes *(unentschiedenes)* Rennen;
* **mehr tot als lebendig [sein]** *(am Ende seiner*

Kräfte, übel zugerichtet [sein]) · **tot und begraben** (ugs.; *längst in Vergessenheit geraten).*
total: a) *vollständig:* ein totaler Misserfolg; eine
totale Sonnenfinsternis; die totale Zerstörung
der Stadt; bis zur totalen Erschöpfung; die Stadt
wurde t. zerstört; b) (ugs.) ⟨verstärkend bei Adjektiven und Verben⟩ *völlig:* er ist t. erschöpft, betrunken, übermüdet, überarbeitet; das war t. verkehrt; das ist t. danebengegangen.
Tote, der u. die: bei dem Verkehrsunfall gab es zwei
Tote; einen Toten aussegnen, beerdigen, begraben, (geh.:) zu Grabe tragen; die Toten ehren; der
Toten gedenken; um einen Toten trauern; er
schlief wie ein Toter *([lange und] fest);* es war ein
Lärm, um Tote aufzuwecken *(ein fürchterlicher
Lärm);* na, bist du von den Toten auferstanden?
*(lässt du dich auch mal wieder blicken?, lebst du
noch?);* Ⓡ die Toten soll man ruhen lassen *(man
soll nichts Nachteiliges über sie sagen).*
töten ⟨jmdn., sich t.⟩: jmdn. vorsätzlich, heimtückisch, durch Genickschuss, mit Gift t.; einen
Menschen, ein Tier t.; er hat sich [selbst] getötet
(sich das Leben genommen); durch die Explosion
wurden zwei Arbeiter getötet; ⟨auch ohne Akk.⟩
du sollst nicht t.; ÜBERTR.: den Nerv eines Zahns
t. (ugs.; *abtöten);* die Glut der Zigarette t. (ugs.;
zum Verlöschen bringen); die Zeit t. (ugs.; *nutzlos
verbringen).*
totlachen (ugs.) ⟨sich t.⟩: er hat sich [fast, halb] tot-
gelacht, als er das sah; ich hätte mich t. können;
SUBST.: es ist zum Totlachen *(das ist komisch,
lustig, drollig).*
totlaufen (ugs.) ⟨sich t.⟩: die Diskussion hatte sich
bald totgelaufen; die Verhandlungen liefen sich t.
Totschlag, der: T. im Affekt; einen T. begehen, verüben; auf T. steht Freiheitsstrafe; wegen Totschlags verurteilt werden.
totschlagen ⟨jmdn. t.⟩: eine Maus, eine Fliege t.; er
hat im Rausch einen Menschen totgeschlagen; Ⓡ
dafür lasse ich mich t. (ugs.; *das ist ganz
sicher);* du kannst mich t./und wenn du mich
totschlägst (ugs.; *du kannst machen, was du
willst, es hilft alles nichts),* ich weiß es nicht
mehr; ÜBERTR.: die Zeit, den Tag t. *(nutzlos verbringen).*
totschweigen ⟨jmdn., etw. t.⟩: eine Angelegenheit
t.; die Presse hat seine Erfolge totgeschwiegen.
Tour, die: **1.** a) *Ausflug:* eine T. unternehmen; eine
T. an den Königssee, auf der Feldberg, durch Europa, in die Berge machen; auf einer T. sein;
b) *bestimmte Strecke:* er macht, fährt heute die T.
Mainz–Mannheim; sie musste die ganze T. wieder zurückfahren; eine T. mit dem Bus fahren.
2. a) (ugs., oft abwertend) ⟨Trick, Täuschungsmanöver:⟩ die T. zieht bei mir nicht [mehr]; das ist
eine billige T.; es ist immer dieselbe T. *(immer
das Gleiche);* auf diese T. falle ich nicht herein; sie
versuchte, machte es auf die sanfte, naive, gemütliche T.; sie versuchte es mit einer anderen T.;
b) (ugs.) *Vorhaben:* die T. ist schief gegangen;

krumme Touren reiten, sich auf krumme Touren einlassen; jmdm. die T. vermasseln.

3. (Technik) *Umdrehung einer Welle:* die Maschine macht 5000–7000 Touren in der Minute; der Motor läuft auf vollen/höchsten Touren, kommt schnell auf Touren; ∗ **auf Tour sein, gehen** (ugs.; *[geschäftlich, dienstlich] unterwegs sein, sich auf eine Fahrt, Tournee o. Ä. begeben)* · **auf die dumme** o. ä. **Tour reisen, reiten** *(etw. auf scheinbar naive, dummdreiste o. ä. Weise zu erreichen suchen)* · **auf Touren kommen, sein** (ugs.; 1. *in Erregung, Stimmung, Schwung geraten, sein.* 2. *wütend werden, sein.* 3. *in Gang kommen, zu funktionieren beginnen)* · **jmdn. auf Touren bringen** (ugs.; 1. *jmdn. erregen; in Schwung, Stimmung bringen.* 2. *jmdn. wütend machen)* · **auf vollen/höchsten Touren laufen** (ugs.; *äußerst intensiv betrieben werden)* · **in einer Tour** (ugs.; *ohne Unterbrechung, ständig*): er schwatzt, quasselt in einer T.

Trab, der: T. reiten; im T., in lockerem, leichtem, starkem, hartem, scharfem T. reiten; das Pferd fiel in T., wurde in T. gesetzt; ÜBERTR.: er setzte sich in T. (ugs.; *begann zu laufen);* [nun aber] ein bisschen T.! (ugs.; *beeil dich!);* ∗ **jmdn. auf Trab bringen** (ugs.; *jmdn. zu schnellerem Handeln, Arbeiten antreiben)* · **jmdn. auf/in Trab halten** (ugs.; *jmdn. nicht zur Ruhe kommen lassen)* · **auf Trab sein** (ugs.; *in Eile sein; viel zu tun haben*): ich war die ganze Woche auf T.

traben: 1. a) *im Trab laufen, reiten:* das Pferd trabt; er hat englisch, deutsch getrabt; b) ⟨irgendwohin t.⟩ *sich im Trab bewegen:* er, das Pferd ist durch die Koppel getrabt.

2. (ugs.) ⟨irgendwohin t.⟩ *eilig gehen:* er ist nach Hause, zur Schule getrabt.

Tracht, die: bunte, ländliche, bäuerliche Trachten; die bayerische, die Spreewälder T.; die T. des Bergmanns; die T. anlegen; ein Mädchen in T.; ∗ **eine Tracht Prügel** (ugs.; *Schläge)*: er hat eine gehörige T. Prügel bekommen.

trachten (geh.) ⟨nach etw. t.⟩: nach Reichtum t.; er trachtete [danach], so schnell wie möglich wegzukommen; einen Plan zu verhindern t.; SUBST.: sein ganzes/all sein Sinnen und Trachten ging auf Gelderwerb aus.

Tradition, die: eine alte, eheiligte, feste T.; demokratische Traditionen pflegen; es war T., dass ...; eine T. bewahren, wieder aufnehmen, fortsetzen, weitergeben; dieses Land hat eine große musikalische T.; an einer T. festhalten; in einer T. verwurzelt sein; mit der T. brechen; dieses Fest ist bei uns bereits T., zur T. geworden *(es findet regelmäßig statt).*

traditionell: die traditionelle Familienstruktur; der traditionelle Karpfen zu Silvester; der traditionelle Schleier für die Braut; traditionelle Methoden, Materialien, Baustoffe; einen traditionellen Beruf ergreifen; etw. nach einem traditionellen Rezept, Verfahren herstellen; etw. ist

schon t. geworden; t. denken; in dem Restaurant wird noch t. gekocht.

tragbar: 1. *so beschaffen, dass man es tragen kann:* ein tragbares Fernsehgerät.

2. *(von Kleidung) gut zu tragen:* ein durchaus tragbares Kleid; diese Mode ist nicht t.

3. *erträglich:* finanziell, wirtschaftlich, ökologisch gerade noch t. sein; die Mieten sind kaum noch t.; ÜBERTR.: ihr Verhalten, dieser Zustand ist kaum noch t.; der Minister ist für seine Partei nicht mehr t. *(entspricht nicht mehr ihren Anforderungen).*

träg[e]: ein träger Mensch; träge Bewegungen; er ist geistig, körperlich t.; die Bürger sind politisch t. geworden; sie war zu t. *(faul),* um mitzuspielen; die Hitze macht einen ganz t.

tragen /vgl. getragen/: 1. a) ⟨jmdn., etw. t.⟩ *halten, stützen und mit sich führen:* ein Kind auf dem Arm, in den Armen, huckepack t.; einen Koffer t.; eine Last in der Hand, auf dem Rücken, auf dem Kopf t.; der Hund trug eine Ratte im Maul; Steine, Holz, Kartoffeln t.; den Arm in der Binde, in einer Schiene t.; ÜBERTR.: die Füße, die Knie tragen mich kaum noch, nicht mehr, nicht weiter *(ich bin sehr müde);* er eilte davon, so schnell ihn die Füße trugen; ⟨auch ohne Akk.⟩ t. helfen; b) ⟨jmdn., etw. irgendwohin t.⟩ *tragend bringen:* ein Kind ins Bett t.; die Sanitäter trugen den Verletzten [auf einer Bahre] zum Krankenwagen; jmdm./für jmdn. den Koffer zum Bahnhof t.; das Essen aus der Küche ins Zimmer t.; etwas an Bord, in den Keller t.; ÜBERTR.: das Auto wurde aus der Kurve getragen *(kam in der Kurve von der Fahrbahn ab);* Klatsch von Haus zu Haus t.; c) ⟨an etw. (Dat.) t.⟩: in Verbindung mit *schwer) sich mit einer Last abmühen:* sie trägt schwer an ihren zwei Koffern, hat schwer daran zu t.; ⟨auch ohne Präpositionalobjekt⟩ wir hatten schwer zu t. *(waren sehr bepackt);* ÜBERTR.: er trägt schwer an *(leidet schwer unter)* seiner Schuld; d) ⟨sich irgendwie t.⟩ *sich in bestimmter Weise tragen lassen:* der Koffer trägt sich leicht, bequem; das Paket trägt sich schlecht; diese Last trägt sich am besten auf dem Rücken; e) ⟨etw. t.⟩ *von unten stützen:* Säulen tragen das Dach; der Turm trägt eine Aussichtsplattform; tragende Balken, Konstruktionen; ÜBERTR.: die Regierung wird vom Vertrauen des Volkes getragen; das Unternehmen trägt sich selbst *(braucht keine Zuschüsse);* die tragende *(grundlegende)* Idee eines Werkes; eine tragende Rolle *(Hauptrolle)* spielen; f) ⟨jmdn., etw. t.⟩ *(ein Gewicht) aushalten:* die Brücke trägt auch schwerste Lasten; der Magnet trägt fünf Zentner; die Eisdecke trägt einen Erwachsenen; das Salzwasser trug ihn *(er ging darin nicht unter);* sich von den Wellen t. lassen; ⟨auch ohne Akk.⟩ das Eis trägt noch nicht.

2. a) ⟨etw. t.⟩ *mit sich führen:* eine Waffe t.; einen Pass bei sich t.; b) ⟨etw. t.⟩ *mit etw. bekleidet sein:* hohe Stiefel, Jeans, ein neues Kleid, ein Kostüm,

[eine] Tracht, [eine] Uniform, eine Mütze t.; sie trägt Trauer *(Trauerkleidung);* das trägt man heute nicht mehr *(das ist nicht mehr modern);* sie trägt die Röcke gern lang, kurz; ⟨auch ohne Akk.⟩ man trägt wieder kurz, lang *(kurze, lange Röcke sind wieder modern);* ADJ. PART.: getragene *(gebrauchte)* Sachen, Kleider, Schuhe; **c)** *etw. an sich haben:* Einlagen im Schuh, ein Bruchband t.; Kontaktlinsen, eine Brille t.; er trägt eine Perücke, ein Toupet, einen Bart; sie trägt Ohrringe, einen Brillantring, viel/wenig/keinen Schmuck; sie trug eine Blume im Haar; Orden, eine Krone t.; **d)** ⟨etw. irgendwie t.⟩ *in bestimmter Weise halten:* er trägt den Kopf immer etwas schief, gesenkt; der Hund trug seinen Schwanz hoch *(streckte ihn nach oben);* **e)** *in bestimmter Weise frisiert sein:* sie trägt das Haar glatt, gewellt, kurz, in Locken, im Knoten; **f)** ⟨sich irgendwie t.⟩ *bestimmte Trageigenschaften haben:* dieser Stoff trägt sich schlecht; das Hemd trägt sich sehr angenehm.
3. ⟨etw. t.⟩ *hervorbringen:* der Baum trägt Früchte; der Acker trägt Roggen, Klee; ⟨auch ohne Akk.⟩ die Bäume tragen in diesem Jahr schlecht, gut, zum ersten Mal; BILDL.: seine Bemühungen haben [reiche] Früchte getragen *(Erfolg gebracht);* ÜBERTR.: das Kapital trägt Zinsen.
4. ⟨ein Tier t.⟩ *trächtig sein:* die Kuh trägt ein Kalb; ⟨auch ohne Akk.⟩ die Kuh, die Stute trägt; tragende Muttertiere.
5. ⟨etw. [irgendwie] t.⟩ *ertragen:* er trägt sein Unglück tapfer; sie trug ihr Schicksal mit Geduld, mit Würde; er hat ein schweres Los zu tragen; sie hat ihr Leiden stets schweigend, mit Fassung getragen.
6. ⟨etw. t.⟩ *übernehmen:* die Kosten t.; die Verluste trägt die Versicherung; das Risiko tragen wir; er musste die Folgen seines Tuns t.; die Verantwortung für etwas, die Schuld an etw. nicht t. wollen.
7. (geh.) ⟨etw. t.⟩ **a)** *haben:* einen berühmten Namen t.; er trägt den Ehrentitel mit Stolz; **b)** *mit etw. versehen sein:* der Grabstein trägt eine Inschrift; das Buch trägt den Titel ...; das Paket trägt die Aufschrift ...
8. ⟨sich mit etw. t.; mit Infinitiv mit zu⟩ *etw. in Erwägung ziehen:* er trägt sich mit dem Gedanken, mit dem Plan, mit der Absicht, sein Haus zu verkaufen.
9. ⟨irgendwie t.⟩ *eine gewisse Reichweite haben:* das Geschütz trägt *(schießt)* weit; ADJ. PART.: eine tragende *(weit hörbare)* Stimme haben; ⋆ **zum Tragen kommen** *(wirksam werden).*
Träger, der: **1.** *Lastenträger:* für die Expedition wurden Träger angeworben; auf dem Bahnsteig nahm sie einen T. *(Gepäckträger);* der Sarg wurde von sechs Trägern ins Grab herabgelassen;
2. a) *jmd., der etwas innehat, ausübt:* der T. eines Ordens, eines adligen Namens; die Träger der Staatsgewalt, der Kultur; der T. *(die leitende*

Kraft) einer Entwicklung sein; **b)** *Körperschaft, Einrichtung:* T. des Kindergartens ist die Kirche.
3. *tragendes Bauteil:* eiserne, hölzerne Träger; einen T. [in die Decke] einziehen.
4. *Band o. Ä. an einem Kleidungsstück:* ein Kleid mit [breiten, schmalen] Trägern; der T. ist [über die/von der Schulter] gerutscht.
tragisch: 1. a) *schicksalhaft, erschütternd:* eine tragische Verkettung der Umstände; ein tragisches Ereignis; tragische Ironie; ein tragisches Schicksal; sein Bruder fand ein tragisches Ende, kam auf tragische Weise ums Leben; der Film endete t.; **b)** (ugs.) *schlimm, ernst:* das ist alles nicht so t., nur halb so t.; nimm doch nicht alles gleich so t.!
2. *die Tragödie betreffend, zu ihr gehörend:* eine tragische Rolle spielen; die tragische Heldin eines Dramas; ein tragischer Dichter.
Tragödie, die: **1.** *Trauerspiel:* die antike, die klassische T.; eine T. in/mit fünf Akten; eine T. schreiben, dichten, spielen, aufführen.
2. a) *schrecklicher Vorfall:* in diesem Hause hat sich eine furchtbare T. abgespielt; welch eine T.!; **b)** (ugs.) *etwas Schlimmes:* diese Niederlage ist keine T.; mach doch keine T. daraus! *(mach es nicht schlimmer, als es ist!).*
trainieren, (bes. Sport): **1. a)** *Training betreiben:* im Schwimmbad, auf dem Fußballplatz t.; sie hat wochenlang, täglich drei Stunden trainiert; ⟨irgendwie t.⟩ hart, eisern t.; SUBST.: sie hat wenig Zeit zum Trainieren; **b)** ⟨jmdn., ein Tier, etw. t.⟩ *in gute Kondition bringen:* einen Boxer, eine Mannschaft, ein Pferd t.; seinen Körper, seine Muskeln t.; ein [gut] trainierter Körper; **c)** ⟨jmdn., ein Tier in etw. (Dat.) t.⟩ *in einer Disziplin o. Ä. ausbilden:* jmdn. im Eiskunstlauf, die Pferde im Trab t.; **d)** (ugs.) ⟨etw. t.⟩ *sich in einer Disziplin o. Ä. üben:* [mit den Sportlern] Laufen, Diskuswerfen, Hochsprung, Rollschuhfahren t.; mit den Kindern den Weg zur Schule, das Verhalten gegenüber Fremden t. *(einüben).*
2. a) ⟨etw. t.⟩ *technisch vervollkommnen:* bestimmte Fertigkeiten, einen Sprung, verschiedene Techniken der Ballabgabe t.; zurzeit trainiert er besonders den dreifachen Axel; ÜBERTR.: sein Gedächtnis, seine Stimme, sein Gehör t.; **b)** ⟨jmdn., etw. auf etw. (Akk.) t.⟩ *etw. in jmdm., etw. herausbilden:* er hat seine Leute besonders auf Ausdauer trainiert; ihr Gehör ist darauf trainiert, minimale Tonunterschiede wahrzunehmen; **c)** ⟨jmdn., ein Tier, etw. für etw./auf etw. (Akk.) t.⟩ *vorbereiten:* einen Fahrer für das Rennen, ein Pferd für das Hindernisspringen t.; einen Spieler, eine Mannschaft auf/für die Meisterschaft, auf/für die Olympischen Spiele t.; ÜBERTR.: jmdn. für einen Job t.
Training, das: **a)** *Durchführung eines Übungsprogramms:* ein hartes, strenges, spezielles, regelmäßiges T.; er leitet das T. der Weitspringer, im Weitsprung; wir haben heute Abend T.; ein T. ab-

solvieren, abbrechen, aufnehmen; sich einem T. unterziehen, unterwerfen; am T. teilnehmen; zum T. gehen; **b)** *gezieltes Üben: körperliches, geistiges T.*; autogenes T.; das ist ein gutes T. für das Gedächtnis; nicht mehr im T. *(nicht mehr in der Übung)* sein.

traktieren ⟨etw., etw. [mit etw.] t.⟩: jmdn. mit Schlägen, mit Fußtritten, mit dem Stock t.; er traktierte *(plagte)* mich stundenlang mit Schulaufgaben; jmdn. mit Vorwürfen t.

trällern ⟨etw. t.⟩: ein Liedchen, eine Melodie t.; ⟨auch ohne Akk.⟩ sie trällert gern bei der Arbeit.

trampeln: 1. a) *mehrmals aufstampfen:* die Zuschauer fingen an, vor Ungeduld, vor Begeisterung zu t.; Beifall t.; trampelnde Hufe; **b)** ⟨jmdn., etw. irgendwie t.⟩ *durch Trampeln in einen bestimmten Zustand bringen:* sie haben das Gras platt getrampelt; er wurde von der Menge zu Tode getrampelt; **c)** ⟨etw. t.⟩ *trampelnd herstellen:* einen Pfad [durch den Schnee] t. **2.** (abwertend) ⟨irgendwohin t.⟩ *sich schwerfällig [fort]bewegen:* warum seid ihr auf das frische Beet getrampelt?; die Kinder sind durch das Gras getrampelt.

Träne, die: eine dicke, heimliche, verstohlene T.; salzige Tränen; Tränen der Rührung, der Freude; jmdm. treten [die] Tränen in die Augen, stehen Tränen in den Augen; Tränen liefen, rollten ihm über die Wange; jmdm. kommen leicht [die] Tränen; Tränen vergießen; sie hat keine T. vergossen; als der Kleine hinfiel, gab es Tränen *(weinte er);* Tränen in den Augen haben; eine T. zerdrücken *(ein wenig vor Rührung weinen);* sich (Dat.) die Tränen aus den Augen wischen; bittere/heiße Tränen weinen; sie trocknete ihre Tränen; der Rauch trieb ihm die Tränen in die Augen; wir haben bei dem komischen Auftritt Tränen gelacht *(haben sehr gelacht);* jmd., etwas ist keine T. wert *(ist nicht wert, sich wegen dem/des Betreffenden Kummer zu machen);* sie war den Tränen nahe *(hätte fast geweint);* sie brach in Tränen aus; sie schwamm, zerfloss in Tränen, war in Tränen aufgelöst *(weinte sehr heftig);* er kämpfte mit den Tränen, lächelte unter Tränen; unter Tränen gestand er seine Schuld; die Augen voll Tränen haben; ihre Augen standen voll Tränen; sie war zu Tränen gerührt; diese Verse rührten sie zu Tränen; ∗ **jmdm., etw. keine Tränen nachweinen** *(jmdm., etw. nicht nachtrauern)* · **mit einer Träne im Knopfloch** (ugs. scherzh.; gerührt).

Trank, der (geh.): ein süßer, bitterer, edler, köstlicher T.; jmdn. mit Speis und T. erfrischen.

tränken: 1. ⟨ein Tier t.⟩ *zu trinken geben:* das Kalb t.; die Pferde füttern und t.; ÜBERTR.: der Regen tränkt die Erde. **2.** ⟨etw. in etw. (Dat.)/mit etw. t.⟩ *sich mit etw. voll saugen lassen:* einen Lappen in/mit Öl, in/mit Benzin t.; ÜBERTR.: der Boden war mit/von Blut getränkt.

Transport, der: **1.** *das Transportieren:* der T. von Vieh; der T. von Gütern auf der Straße, mit der Bahn, mit/auf Lastwagen, auf dem Schienenweg, per Schiff, per Flugzeug; der Verletzte hat den T. ins Krankenhaus gut überstanden, nicht überlebt; die Kisten wurden auf dem, beim T. beschädigt. **2.** *transportierte Waren, Tiere, Personen:* ein T. Pferde, Autos, Soldaten; es ist ein T. mit Lebensmitteln angekommen; dieser T. ist für die ehemaligen Kriegsgebiete bestimmt; einen T. von Gefangenen zusammenstellen, überwachen.

transportieren: a) ⟨jmdn., etw. t.⟩ *befördern:* Güter auf Lastwagen, mit der [Eisen]bahn, per Schiff, im Flugzeug, mit Flugzeugen t.; Truppen an die Front t.; ÜBERTR.: das Blut transportiert den Sauerstoff zu den einzelnen Organen; **b)** (Technik) ⟨etw. t.⟩ *mechanisch weiterbewegen:* ein kleines Zahnrad transportiert den Film im Apparat; ⟨auch ohne Akk.⟩ die Kamera, das Förderband transportiert nicht mehr.

Trara, das (ugs. abwertend): es gab wieder allerhand T.; jeder Gast wurde mit großem T. empfangen; mach doch nicht solches, so viel T. um diese Geschichte!; er ist ohne großes T. abgereist.

Tratsch, der (ugs. abwertend): Klatsch und T. verbreiten, weitertragen.

Traube, die: **1.** *Beeren-, Blütentraube:* eine volle, schöne T.; die Trauben des Goldregens; die Johannisbeeren hingen in roten Trauben am Strauch; ÜBERTR.: eine T. summender/(seltener:) summende Bienen; eine Traube von Wartenden/von Schaulustigen stand vor dem Eingang, versperrte den Weg. **2.** *Weintraube:* süße, grüne, blaue Trauben; Trauben schneiden *(ernten);* ein Kilo Trauben kaufen; ∗ **jmdm. hängen die Trauben zu hoch/sind die Trauben zu sauer** *(jmd. tut so, als wolle er etwas eigentlich Begehrenswertes nicht haben, weil er es nicht erreichen kann).*

trauen: 1. a) ⟨jmdm., etw. t.⟩ *zu jmdm., etw. Vertrauen haben:* du kannst ihm t.; ich traue seinen Worten, seinem Versprechen; ich traue dem Frieden, der Sache, seinen Angaben nicht [recht] *(ich habe Bedenken);* Ⓡ trau, schau, wem!; **b)** ⟨sich t.; mit Infinitiv mit zu⟩ *sich getrauen:* ich traue mich nicht, ins Wasser zu steigen, von der Mauer zu springen; traust du dich ihn anzusprechen?; ⟨auch ohne Infinitiv⟩ du traust dich nur nicht (ugs.; *du hast keinen Mut);* **c)** ⟨sich irgendwohin t.⟩ *sich zu gehen wagen:* ich traue mich nicht ins Wasser, aus dem Hause; sie traute sich nicht mehr allein auf die Straße. **2.** ⟨jmdn. t.⟩ *ehelich verbinden:* der Geistliche, der Standesbeamte hat das Paar gestern getraut; sie sind kirchlich, standesamtlich, in der Kirche, auf dem Standesamt getraut worden.

Trauer, die: **1. a)** *seelischer Schmerz:* [tiefe] Trauer erfüllte, überkam ihn; ein Gefühl wehmutsvoller T.; er ist voll[er] T. über das Unglück, um den verstorbenen Freund; sie hat T., ist in T. *(trauert um einen Toten);* die Nachricht erfüllte mich mit T.; /Formeln in Todesanzeigen/: in tiefer T., in stiller T.; b) *Trauerzeit:* es wurden drei Tage T. angeordnet; sie besucht während der T. keine Gesellschaften; er hat vor Ablauf der T. *(des Trauerjahres)* wieder geheiratet. 2. *Trauerkleidung:* T. tragen, anlegen; die T. ablegen; eine Dame in T.

trauern: 1. ⟨um jmdn., etw./über etw. (Akk.) t.⟩ *seelischen Schmerz empfinden:* um einen Verstorbenen, um den Tod der Mutter t.; über den Verlust seines Freundes t.; die trauernden Hinterbliebenen. 2. *Trauerkleidung tragen:* die Witwe trauerte ein ganzes Jahr.

Trauerspiel, das: 1. *Schauspiel mit tragischem Ausgang:* ein T. in fünf Akten; »Emilia Galotti« ist ein bürgerliches T.; ein T. inszenieren.

2. (ugs.) *etwas Schlimmes:* es ist wirklich ein T., wie dort gewirtschaftet wird.

träufeln ⟨etw. irgendwohin t.⟩: ein Mittel in/auf eine Wunde, ins Ohr t.; er hat Benzin in sein Feuerzeug, Zitrone auf die Muscheln geträufelt.

traulich: ein trauliches Zimmer; ein trauliches Beisammensein; wir saßen in traulicher Runde, beim traulichen Schein der Lampe; t. beisammensitzen, miteinander plaudern.

Traum, der: 1. *in schöner, süßer, wilder, beängstigender, seltsamer, schrecklicher, wirrer T.;* es war nur ein T.; ich habe einen [sonderbaren, merkwürdigen] T. gehabt; Träume deuten, auslegen, analysieren; aus einem T. erwachen, aufschrecken, auffahren; aus einem T. gerissen werden; jmdn., etw. im Traum sehen; oft erschien ihm sein Vater im T.; im T. erlebte er alles noch einmal; sie redet im T.; es ist mir wie ein T., wenn ich daran zurückdenke; Ⓡ Träume sind Schäume.

2. a) *sehnlicher Wunsch:* der T. vom Glück; der T. einer/von einer Weltreise; das war der T. meines Lebens *(mein sehnlichster Wunsch);* (scherzh.:) meiner schlaflosen Nächte; es war immer sein T., Pilot zu werden; damit ist ein T. in Erfüllung gegangen; ein langjähriger T. hat sich endlich erfüllt; der T. [vom eigenen Haus] ist ausgeträumt, ist aus; aus ist der T.! (ugs.; *es besteht keine Hoffnung mehr, dass der Wunsch sich erfüllt);* ist jetzt die Frau seiner Träume (ugs.; *seiner Wunschvorstellungen);* in seinen kühnsten Träumen hatte er sich das nicht so schön vorgestellt; b) (ugs.) *etwas traumhaft Schönes:* diese Landschaft ist ein T.; es war ein T. von einem Haus; die Braut erschien in einem T. *(wunderschönen Kleid)* aus weißer Seide;

★ nicht im Traum *(nicht im Entferntesten):* das wäre mir nicht im T. eingefallen; sie denkt nicht im T. daran.

träumen: 1. a) ⟨[von jmdm., etw.] t.⟩ *einen Traum haben:* jede Nacht, oft, nie t.; ich habe schlecht,

unruhig, herrlich geträumt; sie träumte von ihrem Vater; sie träumte davon, reich zu sein; /Gutenachtwunsch/: träum süß!; b) ⟨etw. t.⟩ *im Traum erleben:* etwas Schönes, etwas Schreckliches t.; einen bösen Traum t.; ich träumte, ich sei gestorben; das hast du nur geträumt; c) (geh.) ⟨jmdm. von etw. t.⟩ *etw. im Traum erleben:* mir träumte von einer Reise; ihm träumte [davon], er müsse sterben.

2. a) *seine Gedanken schweifen lassen:* mit offenen Augen, am hellen Tag, ins Blaue hinein t.; der Fahrer hat geträumt *(nicht aufgepasst);* er saß träumend am Schreibtisch; du träumst (ugs.; *fantasierst)* wohl?; b) ⟨von etw. t.⟩ *etw. erhoffen:* von einer großen Zukunft t.; er träumt davon, Rennfahrer zu werden;

★ sich (Dat.) etw. nicht/nie träumen lassen *(mit einer Möglichkeit überhaupt nicht rechnen):* das hätte ich mir nie t. lassen.

träumerisch: *in Träumen versunken:* träumerische Augen; jmdm. t. zunicken; t. in die Ferne blicken.

traumhaft: a) *wie in einem Traum:* traumhafte Vorstellungen; er ging seinen Weg mit traumhafter Sicherheit; b) (ugs.) *wunderbar:* eine traumhafte Insel; das Essen war t.; eine t. schöne Lage, Landschaft.

traurig: 1. ⟨t. [über etw. (Akk.)/wegen etw.]⟩ *von Trauer erfüllt:* ein trauriges Kind; ein trauriges Gesicht machen; er hat uns einen traurigen Brief geschrieben; jmdn. mit traurigen Augen anblicken; das macht mich ganz t.; sie war t. über den Verlust ihres Ringes; sei nicht t. deswegen!; sie ist, wirkt t.; er wurde t., als sie ging; t. aussehen; jmdn. t. ansehen; t. sagte er ...

2. a) *schmerzlich; bedauerlich:* eine traurige Nachricht; die traurige Wahrheit; ein trauriges Kapitel, Ereignis; wir müssen die traurige Pflicht, den Tod unseres Mitarbeiters ... anzuzeigen; ich kenne einen traurigen Fall aus unserer Stadt; sie kam zu der traurigen Erkenntnis, dass ...; sie hatten eine traurige *(freudlose)* Jugend, ein trauriges Leben gehabt; ein trauriges *(beklagenswertes)* Zeichen der Zeit; es ist t., dass wir das nicht ändern können; t., aber wahr; t. genug, wenn/dass du das nicht begreifst!; b) *armselig, erbärmlich:* ein trauriger Rest; ein trauriges Ergebnis; dort herrschen traurige Zustände; sie lebt in recht traurigen Verhältnissen; er hat eine traurige Berühmtheit erlangt.

Traurigkeit, die: eine tiefe, große, dumpfe T. befiel, überkam sie, erfüllte ihr Herz.

Trauung, die: eine standesamtliche, kirchliche, evangelische, ökumenische T.; eine T. vollziehen, vornehmen; an einer T. teilnehmen; bei einer T. Trauzeuge sein.

treffen: 1. *mit einem Schlag, Schuss o. Ä. erreichen:* a) ⟨jmdn., etw. [irgendwie/irgendwo(hin)] t.⟩ das Ziel, die Scheibe t.; die Kugel hat das Wild, den Treiber getroffen; er traf ihn zweimal mit der Faust ins Gesicht, am Kinn; das Geschoss, der

Hieb traf ihn an der Schulter; er wurde von einem Stein tödlich getroffen; der Blitz hat die Scheune getroffen; er traf nur die Latte *(der Torschuss ging nur an die Latte);* ⟨auch ohne Akk.⟩ der Schuss traf [nicht]; ÜBERTR.: ihn trifft keine Schuld *(er ist unschuldig);* sie fühlt sich von den Vorwürfen nicht getroffen *(bezieht sie nicht auf sich);* die Verantwortung trifft allein den Zugführer; b) ⟨irgendwie/irgendwohin t.⟩ er hat gut, schlecht, ins Tor, ins Schwarze getroffen; der Torschuss traf genau in die lange Ecke.
2. ⟨jmdn., etw. t.⟩ *richtig erfassen, herausfinden:* den richtigen Ton, jmds. Geschmack t.; mit dieser Wahl haben Sie sicher das Richtige getroffen; [du hast es] getroffen! (ugs.; *richtig gesagt!);* der Fotograf hat dich [nicht] gut getroffen *(das Bild zeigt dich [nicht] so, wie man dich kennt);* ADJ. PART.: ein treffendes *(genau passendes)* Wort; ein treffender Ausdruck; er verstand es, ihn treffend/SUBST.: aufs Treffendste nachzuahmen.
3. a) ⟨jmdn., etw. t.⟩ *jmdm. begegnen:* unterwegs einen Freund, alte Bekannte t.; ich traf ihn zufällig im Hotel, auf der Post, im Schwimmbad; sie trafen sich zufällig auf der Straße; ÜBERTR.: ihre Blicke trafen sich; b) ⟨auf jmdn., etw. t.⟩ *auf jmdn., etw. stoßen:* am Bahnhof traf sie auf einen alten Bekannten; die Archäologen trafen auf neue Funde; in den Finalkämpfen trifft er auf einen kubanischen Boxer (Sport; *hat ihn als Gegner);* die Mannschaft trifft bei diesem Spiel auf einen starken Gegner (Sport; *hat einen starken Gegner);* ÜBERTR.: auf Widerstand, auf Ablehnung, auf Schwierigkeiten t.; c) ⟨jmdn. [irgendwo/irgendwann] t.⟩ *aufgrund einer Verabredung mit jmdm. zusammenkommen:* ich treffe sie morgen im Theater; wann, wo wollen wir uns t.?; wir müssen uns einmal wieder t.; wir treffen uns jeden Dienstag auf ein Bier, zum Mittagessen; ⟨sich mit jmdm. [irgendwo/irgendwann] t.⟩ er traf sich mit ihr im Schlosspark; ich treffe mich heute mit ihm zum Skat; sie hat sich heimlich mit ihm getroffen.
4. a) ⟨es trifft sich [irgendwie]; mit abhängigem dass-Satz⟩ *es fügt sich in bestimmter Weise:* es traf sich [zufällig], dass der Minister abwesend war; es trifft sich gut, schlecht, ausgezeichnet, dass du heute gekommen bist; ℝ wie es sich so trifft *(wie es der Zufall will);* b) ⟨es irgendwie t.⟩ *in bestimmter Weise vorfinden:* wir haben es im Urlaub mit dem Wetter, mit dem Hotel gut getroffen; du trifftst es heute gut, schlecht *(die Gelegenheit ist günstig, ungünstig).*
5. a) ⟨jmdn. irgendwie/irgendwo[hin] t.⟩ *innerlich verletzen:* dieser Vorwurf traf sie tief, schwer, im Innersten, bis ins Innerste; deine Bemerkung hat ihn an seiner empfindlichsten Stelle getroffen; du hast sie in ihrem Stolz getroffen; b) ⟨jmdn., etw. t.⟩ *jmdm., etw. schaden:* mit dem Boykott versucht man die Wirtschaft des Landes zu t.; die große Dürre hat die Bauern hart getrof-

fen; ein schweres Unglück hat die Stadt getroffen; ⟨es trifft jmdn., etw.⟩ es trifft immer die Besten; weshalb muss es immer mich t.? *(warum muss ich es immer sein?).*
Treffen, das: **1.** *Zusammenkunft, Begegnung:* regelmäßige, seltene T.; ein T. der Abiturienten, der Außenminister; ein T. verabreden, veranstalten; an einem T. teilnehmen; zu einem T. kommen.
2. (Sport) *Wettkampf:* ein faires, spannendes T.; das T. endete unentschieden; sie konnte das T. für sich entscheiden;
★ etw. **ins Treffen führen** (geh.; *etw. als Argument vorbringen).*
Treffer, der: **1.** a) *ins Ziel gelangter Schuss u. Ä.:* einen T. erzielen; das Schiff erhielt einen T. im Maschinenraum; auf 10 Schüsse 8 T. haben; b) (Boxen, Fechten) *Schlag o. Ä., der den Gegner trifft:* ein sauberer, ungültiger T.; der Boxer musste mehrere T. einstecken; einen T. landen, erzielen, markieren, anbringen; c) (Ballspiele) *erzieltes Tor:* drei T. sind inzwischen gefallen; der Torwart verhinderte einen sicheren T.
2. *gewinnendes Lotterielos:* jedes zehnte Los ist ein T.; auf einen T. kommen viele Nieten; ÜBERTR.: einen T. (ugs.; *Glück)* haben.
treiben: **1.** a) ⟨jmdn., etw. [irgendwohin] t.⟩ *vor sich her drängen, jagen:* das Vieh auf die Weide, zur Tränke, aus dem Stall t.; der Stürmer treibt den Ball (dribbelt mit dem Ball) bis vors Tor; der Wind treibt das welke Laub durch die Straßen; Vieh, Schafe t.; Wild, Hasen t. *(eine Treibjagd veranstalten);* die Kinder treiben den Kreisel, den Reifen; die Ladung treibt das Geschoss; der Schwimmer ließ sich von der Strömung t.; ⟨jmdm. etw. irgendwohin t.⟩ der Sturm trieb mir den Schnee ins Gesicht; ÜBERTR.: die Preise in die Höhe t. *(hochtreiben);* die Kinder aus dem Haus t. *(sie zum Verlassen des Elternhauses veranlassen);* ÜBERTR.: diese Bemerkung trieb ihm das Blut, die Schamröte ins Gesicht; b) ⟨jmdn. etw. (Akk.)/zu etw. t.⟩ *in einen Zustand versetzen:* jmdn. in den Tod, in den Wahnsinn t.; er hat sie zum Äußersten, zur Verzweiflung, zum Selbstmord getrieben; die Not trieb ihn zum Diebstahl; ÜBERTR.: seine Eifersucht hat ihn zu dieser Tat getrieben; c) ⟨jmdn. [zu etw.] t.⟩ *antreiben:* jmdn. zur Eile, zur Arbeit t.; lass dich nicht t.!; jmdn. ständig t.; d) ⟨etw. t.⟩ *in Gang halten:* das Wasser treibt das Mühlrad; das Rad treibt die Mühle; der Motor treibt zwei Maschinen; ÜBERTR.: er ist die treibende Kraft bei diesen Reformen.
2. a) ⟨etw. irgendwohin t.⟩ *hineintreiben:* Nägel ins Holz, einen Keil zwischen die Balken t.; einen Stollen/Schacht in die Erde t., einen Tunnel durch den Berg t.; der Goldschmied treibt *(hämmert)* ein Muster in Gold, in Silber; b) ⟨etw. t.⟩ *durch Schlagen formen:* Kupfer und den Hammer t.; eine Schale, eine Brosche t.; eine getriebene Schale; Beschläge aus getriebenem Messing.

T

3. (ugs.) *harn-, schweißtreibend sein:* Bier, Lindenblütentee treibt; treibende Medikamente. **4. a)** ⟨etw. t.⟩ *sich mit etw. beschäftigen:* Handel, Schifffahrt, ein Handwerk, ein Gewerbe t.; dunkle Geschäfte t.; Studien, Musik, Sport, Gymnastik t.; **b)** (ugs.) *tun:* Unsinn, allerhand Unfug t.; was treibt sie so den ganzen Tag?; was treibst du denn? *(wie geht es dir, was machst du?);* **c)** ⟨etw. mit jmdm., etw. t.⟩ *in bestimmter Weise verfahren:* mit etw. Handel t.; seinen Spaß mit jmdm. t.; er treibt ein falsches, unehrliches Spiel mit uns *(betrügt uns);* **d)** (ugs. abwertend) ⟨es irgendwie t.⟩ *sich verhalten:* er treibt es schlimm, arg, gar zu toll; sie trieb es ganz schön bunt *(wild);* er treibt es noch so weit, dass er entlassen wird; ÜBERTR.: er wird es nicht mehr lange t. *(man wird seine Machenschaften aufdecken;* auch salopp., verhüll.: *er wird bald sterben).* **5.** ⟨irgendwo[hin] t.⟩ *von einer Strömung fortbewegt werden:* das Eis treibt auf dem Fluss; der Ballon ist südwärts, über die Grenze getrieben; das Schiff treibt steuerlos auf dem Meer; wir treiben vor dem Wind, ans Land; eine Leiche trieb auf dem/im Wasser; Nebelschwaden treiben in der Luft; treibende Wolken; ⟨auch ohne Raumangabe⟩ das Boot trieb kieloben; ÜBERTR.: er lässt sich zu sehr t. *(verhält sich zu passiv);* man weiß nicht, wohin die Dinge treiben *(wie sie sich entwickeln).* **6.** ⟨etw. t.⟩ *im Treibhaus heranziehen:* Tulpen, Maiglöckchen, Paprika [im Treibhaus] t.; im Frühbeet getriebener Salat. **7.** *austreiben:* **a)** die Knospen treiben; die Saat fängt an zu t.; **b)** ⟨etw. t.⟩ der Baum treibt Knospen, Blüten, Blätter; der Roggen treibt Ähren. **8.** (seltener) **a)** *aufgehen:* die Hefe, der Teig muss noch t.; **b)** ⟨etw. t.⟩ *aufgehen lassen:* das Backpulver treibt den Teig;
∗ **es [mit jmdm.] treiben** (ugs. verhüll.; *[mit jmdm.] geschlechtlich verkehren).*
Treiben, das: **1. a)** *geschäftiges Durcheinanderlaufen:* das ausgelassene T. der Kinder; es herrschte ein lebhaftes, geschäftiges, buntes T.; dann stürzte ich mich in das närrische T. *(in den Karnevalstrubel);* **b)** *jmds. Tun, Handeln:* jmds. heimliches, korruptes, schändliches, wüstes T.; seinem T. *(seinen Machenschaften)* ein Ende machen. **2. a)** *Treibjagd:* das T. war um 17 Uhr beendet; ein T. abhalten, veranstalten; **b)** *Geländeabschnitt, in dem eine Treibjagd stattfindet:* im ersten, zweiten T. wurden 10 Hasen erlegt.
Trend, der: der vorherrschende T.; ein starker, deutlicher T.; der allgemeine T. zum Eigenheim, zum Outsourcing, zur Dezentralisierung; der T. in der Autoindustrie geht [hin] zu Autos mit mehr PS; es lässt sich ein positiver T. beobachten, feststellen; es zeichnet sich ein neuer T. ab; die Statistik bestätigt den T.; einem T. folgen; dieses neue Modell liegt voll im T. [der Zeit];

∗ **Genosse Trend** (Jargon; *der Trend als Helfer bei politischen, wirtschaftlichen o. ä. Zielvorstellungen).*
trennen: 1. a) ⟨jmdn., sich, etw. von jmdm., etw./ aus etw. t.⟩ *entfernen, abtrennen:* eine Borte vom Kleid, das Futter aus dem Mantel t.; den Kopf vom Rumpf t. *(abschlagen);* das Erz vom Gestein t.; das Eigelb vom Eiweiß t.; **b)** ⟨jmdn., etw. t.⟩ *auseinander bringen:* Eigelb und Eiweiß t.; Sauerstoff und Wasserstoff t.; die Bestandteile einer Mischung sorgfältig t.; die Streitenden mussten getrennt werden; ⟨etw. t.⟩ *in seine Bestandteile zerlegen:* ein Kleid t. *(auftrennen);* ein Stoffgemisch chemisch, durch Kondensation t.; die Abfälle t. *(je nach Abfallart in verschiedene Behälter entsorgen);* ein Wort [nach Silben] t.; **d)** ⟨jmdn. t.⟩ *auseinander reißen:* die beiden Geschwister sollten nicht getrennt werden; der Krieg hat viele Familien getrennt; nichts konnte die Liebenden t.; **e)** ⟨jmdn., ein Tier von jmdm., einem Tier t.⟩ *absondern:* das Kind von seiner Mutter, von seiner Familie t.; ein Tier von der Herde t.; die kranken Tiere müssen getrennt voneinander gehalten werden. **2.** *unterscheiden:* **a)** ⟨jmdn., etw. t.⟩ die Begriffe klar, sauber t.; wir müssen Person und Sache strikt t.; **b)** ⟨jmdn., etw. von etw. t.⟩ wir müssen die Person streng von der Sache t.; mein Beruf kann von meiner Freizeit nicht streng getrennt werden. **3.** ⟨sich t.⟩ *auseinander gehen:* wir trennten uns am Bahnhof, vor der Haustür; unsere Wege trennen sich hier *(jeder nimmt einen anderen Weg);* nach drei Stunden Diskussion trennte man sich; (Sport:) die beiden Mannschaften trennten sich 0:0. **4. a)** ⟨sich [von jmdm.] t.⟩ *eine Partnerschaft, Gemeinschaft auflösen:* wir haben beschlossen, uns zu t.; wir haben uns [endlich, nach zwei Jahren, vor zwei Monaten, freundschaftlich, im Guten] getrennt; die beiden Teilhaber haben sich getrennt; die Eheleute leben getrennt; **b)** ⟨sich von jmdm. t.⟩ *sich loslösen:* sie hat sich von ihrem Mann, von ihrem Gesangspartner getrennt; die Autorin hat sich endgültig von ihrem Verlag getrennt *(sie läßt ihre Bücher dort nicht mehr erscheinen);* die Firma hat sich von diesem Mitarbeiter getrennt (verhüll.; *hat ihn entlassen);* getrennt leben, schlafen, wohnen; getrennte Schlafzimmer haben. **5.** ⟨sich von etw. t.⟩ *etw. hergeben:* sich von Erinnerungsstücken nur schwer t. können; sich von jeglichem Besitz t.; ÜBERTR.: sich von einem Gedanken, einem Wunsch, einer Vorstellung t. müssen; sich einem Anblick nicht t. können. **6. a)** ⟨etw. t.⟩ *eine Grenze bilden:* eine Hecke trennt die Grundstücke; ein Zaun trennt die Gärten; ÜBERTR.: uns trennen Welten *(wir sind äußerst verschieden);* die verschiedene Herkunft

T

trennte sie; SUBST.: zwischen ihnen gibt es mehr Trennendes als Verbindendes; **b)** ⟨jmdn., etw. von jmdm., etw. t.⟩ *abgrenzen:* der Kanal trennt England vom Kontinent; nur ein Graben trennt die Zoobesucher von den Elefanten; eine Glaswand trennt ihn von seinem Verteidiger; ⟨auch ohne Präpositionalobjekt⟩ ein Gebirgszug trennt das Land [in zwei Regionen]; die Grenze trennt das Dorf [in zwei ungleiche Teile]; ÜBERTR.: nur noch wenige Tage trennen uns von den Wahlen. **7.** (Rundf.) ⟨[etw.] irgendwie t.⟩ *eine bestimmte Trennschärfe besitzen:* das Radio trennt [die Sender] gut, scharf, nicht richtig, genügend. **8.** ⟨jmdn., etw. t.⟩ *(eine telefonische Verbindung) unterbrechen:* die Verbindung wurde getrennt; man hat uns getrennt.

Trennung, die: **a)** *das Trennen, Getrenntwerden:* die T. der Familie war nicht zu verantworten; es war eine T. für immer; sie konnte die T. von ihren Freunden nicht überwinden; **b)** *das Getrenntsein:* die lange T. hatte unsere Beziehung erkalten lassen; die T. von Staat und Kirche *(von politischer und kirchlicher Macht);* **c)** *Trennung vom Lebenspartner:* die T. wünschen, wollen; die Kinder leiden an/unter der T. der Eltern; [seit zwei Jahren] in T. leben; nach der T. zog sie in eine andere Stadt.

Treppe, die: eine breite, enge, schmale, steile, steinerne T.; eine T. aus Holz, Marmor; die T. zum oberen Stock, zur Terrasse; die alte T. knarrt; die T. ist ausgetreten, ist frisch gebohnert; die T. führt in den Keller; die T. hinaufgehen, hinuntergehen, herunterkommen; möglichst die T., nicht den Fahrstuhl benutzen; sie kann nicht mehr gut Treppen steigen, laufen; das Kind ist die T. hinuntergestürzt, hinuntergefallen; er hat ihn die T. hinuntergeworfen; wir müssen diese Woche die T. putzen, reinigen; sie macht (ugs.; *reinigt)* gerade die T.; er wohnt vier Treppen hoch *(im 4. Stock).* eine T. höher, tiefer; auf halber T. *(auf dem Treppenabsatz)* zum ersten Stock; ✴ **die Treppe hinauffallen/rauffallen/hochfallen** (ugs.; *[überraschenderweise] beruflich aufsteigen).*

Treppenwitz, der: ⟨in der Wendung⟩ **das ist ein Treppenwitz [der Weltgeschichte]** *(das ist ein Vorfall, der wie ein schlechter Scherz wirkt).*

Tresor, der: Wertpapiere, wichtige Unterlagen, wertvollen Schmuck in den T. legen, im T. aufbewahren; einen T. aufschweißen, knacken, aufbrechen.

treten: 1. ⟨irgendwohin t.⟩ *einen Schritt, ein paar Schritte in eine bestimmte Richtung machen:* nach vorn, nach hinten, neben jmdn., zur Seite t.; in den Vordergrund t.; ans Fenster, an die Rampe, auf den Balkon, auf die Straße t.; aus dem Haus t.; aus dem Dunkel, in die Sonne t.; durch die Tür, ins Zimmer, ins Freie t.; vor den Spiegel t.; der Regisseur trat vor den Vorhang; er trat zwischen die Streithähne, mitten unter die Leute; die Wa-

che tritt ins Gewehr (Milit.; *präsentiert);* bitte treten Sie näher; ÜBERTR.: an jmds. Stelle t. *(jmdn. ersetzen);* der Mond trat aus den Wolken, hinter die Wolken *(kam hervor, verschwand);* die Sonne tritt *(wechselt)* in das Zeichen des Krebses; der Saft tritt *(steigt)* in die Bäume; der Fluss ist über die Ufer getreten *(hat sie überschwemmt);* alle erlittnen Demütigungen traten wieder in sein Bewusstsein *(wurden ihm wieder bewusst);* ⟨jmdm. irgendwohin t.⟩ der Schweiß trat ihm auf die Stirn; Tränen traten ihr in die Augen. **2. a)** ⟨irgendwohin t.⟩ *den Fuß an eine Stelle setzen:* in ein Loch, in eine Pfütze t.; du bist/hast in etwas (verhüll.; *in Kot)* getreten; nicht auf den Rasen, auf die Beete t.!; er ist auf eine Schnecke, auf seine Brille, auf eine Mine getreten; er tritt vor Ungeduld von einem Fuß auf den anderen *(setzt die Füße abwechselnd auf);* **b)** ⟨irgendwohin t.⟩ *mit dem Fuß stoßen:* das Kind hat nach mir getreten; er trat gegen die Tür, in die Glasscheibe; **c)** ⟨jmdm., ein Tier t.⟩ *einen Tritt versetzen:* jmdm. mit Füßen t.; er hat den Hund, das Pferd hat mich getreten; ich habe ihn versehentlich getreten; den Ball, das Leder t. (Fußball Jargon; *Fußball spielen);* ⟨auch ohne Akk.⟩ Vorsicht, das Pferd tritt!; ⟨jmdm./jmdn. irgendwohin t.⟩ du hast/bist mir, hast mich auf den Fuß getreten; er trat ihm/ihn gegen das Schienbein; er trat seinem Vordermann auf die Hacken; ÜBERTR.: man muss ihn immer t. (ugs.; *ihn drängen),* damit er etwas tut; nach unten t. (ugs. abwertend; *Frustrationen an Abhängigen abreagieren).* **3. a)** ⟨etw. t.⟩ *mit dem Fuß betätigen:* den Webstuhl, den Blasebalg der Orgel t.; sie hat sofort die Bremse, die Kupplung getreten; ⟨irgendwohin t.⟩ der Radrennfahrer trat kräftig in die Pedale; sie trat [voll] auf das Gas[pedal], auf die Kupplung, auf die Bremse; **b)** ⟨etw. t.⟩ *durch Treten erzeugen:* einen Pfad [durch den Schnee] t.; Wege zwischen den Beeten t.; ⟨jmdm. etw. irgendwohin t.⟩ jmdm. eine Delle ins Auto t.; **c)** ⟨etw. irgendwohin t.⟩ *mit dem Fuß befördern:* die Brennnesseln zur Seite t.; (Fußball:) den Ball ins Tor, ins Aus t.; ⟨sich (Dat.) etw. in etw. (Akk.) t.⟩ ich habe mir einen Nagel in den Fuß, in den Schuh getreten; **d)** (Fußball) ⟨etw. t.⟩ *durch einen Schuss ausführen:* eine Ecke, einen Freistoß, einen Elfmeter t. **4.** ⟨etw. irgendwie t.⟩ *durch Betreten, Darauftreten in einen bestimmten Zustand versetzen:* ihr tretet ja die Beete platt; ein zu Matsch getretener fauler Apfel. **5.** ⟨ein Tier t.⟩ *begatten:* der Hahn tritt die Henne. **6.** ⟨in etw. (Akk.) t.⟩ *mit etw. beginnen /*häufig verblasst/: in den Staatsdienst, in ein Angestelltenverhältnis t.; in den Ehestand t. *(heiraten);* er tritt heute ins sein 50. Lebensjahr.

treu: 1. *beständig gesinnt:* eine treue, eine gesinnte Freundin; ein treuer Gefährte; ein t. sorgender Familienvater; sie ist eine treue Seele (fam.; *ein*

T

anhänglicher Mensch); er hat ein treues Herz; ein treues (verlässliches) Gedächtnis; /Briefschlüsse/: in treuem Gedenken, in treuer Freundschaft/ Liebe dein[e] ...; jmdm. t. ergeben sein; sie war t. bis in den Tod; sie hat ihn t. geliebt; t. zu jmdm. stehen; ÜBERTR.: er blieb seinem Vorsatz, seiner Überzeugung, seinem Glauben [bis zum Letzten] t.; der Erfolg blieb ihm t. (er hatte immer Erfolg); sie ist sich [selbst] (ihrem Wesen) immer t. geblieben. **2.** a) keine anderen Sexualpartner(innen) habend: ein treuer Ehemann; eine treue Ehefrau; er ist nicht t., kann nicht t. sein; jmdm. t. sein, bleiben; **b)** zuverlässig, beständig: ein treuer Mitarbeiter, Partner, Diener; er wurde für dreißig Jahre treue/treuer Mitarbeit geehrt; jmdm. t. dienen; t. seine Pflicht erfüllen; sie dient der Firma t. seit zwanzig Jahren. **3.** (ugs.) unbeirrt, unerschütterlich: ein treuer Anhänger der Monarchie; eine treue Kundin; das sind seine treuesten Fans. **4.** (ugs.) treuherzig: mit treuer Miene, treuem Blick; jmdm. t. ansehen; t. und brav tat er seine Pflicht.

Treue, die: 1. das Treusein; Beständigkeit: ewige, unverbrüchliche, unwandelbare T.; sexuelle T.; er nimmt es mit der ehelichen T. nicht so genau; jmdm. T. geloben, schwören; jmdm. [die] T. halten, bewahren, die T. brechen; er kann sich auf die T. seiner Fans verlassen; sie dankten der Kundschaft für die langjährige T.; in T. zu jmdm. stehen, halten; /Briefschluss/: in alter T. dein[e] ... **2.** Genauigkeit, Zuverlässigkeit: historische T.; die T. seines Gedächtnisses; ein Film von dokumentarischer T.;

★ auf/(seltener:) in Treu und Glauben (ugs.; im Vertrauen auf die Redlichkeit, Richtigkeit o. Ä.).

treuherzig: ein treuherziges Gesicht haben, machen; seine Augen blicken t.; er sah mich t. an.

treulos: treulose Freunde; ein treuloser Liebhaber; er hat sein Versprechen t. gebrochen; sie hat t. an dir gehandelt.

Tribut, der: den Besiegten einen T. auferlegen; einen T. fordern, nehmen, leisten, zahlen, aufbringen, entrichten; den T. verweigern; ÜBERTR.: diese Autobahnstrecke fordert einen zu hohen T. [an Menschenleben] (viele Opfer);

★ etw. [seinen] Tribut zollen (etw. berücksichtigen; sich einer Sache beugen): dem Alter T., öffentlichen Meinung, der Mode [den] T. zollen; einer Leistung den nötigen, schuldigen T. (Respekt) zollen.

Trichter, der: 1. Einfülltrichter: ein T. aus Glas, Blech, Kunststoff; Milch, Saft durch einen T. gießen, mit einem T. einfüllen. **2.** trichterförmige Öffnung: der T. der Trompete, des Horns. **3.** Einschlagloch einer Granate, Bombe: er sprang in den T., nahm im T. Deckung;

★ auf den [richtigen] Trichter kommen (ugs.;

die Lösung eines Problems finden; etw. herausfinden) · jmdn. auf den [richtigen] Trichter bringen (ugs.; jmdn. auf die Lösung eines Problems bringen).

Trick, der: a) Kniff: technische Tricks; es gibt einen einfachen/simplen T., diese Bestimmung zu umgehen; einen T. anwenden, beherrschen; jmdm. einen T. zeigen, verraten; er kennt jede Menge Tricks; b) unerlaubtes Vorgehen: sie ist auf einen üblen, raffinierten, billigen, gemeinen T. hereingefallen; jmdn. mit schmutzigen Tricks reinlegen; mit diesem T. hat er viele betrogen; ich bin bald hinter seinen T. gekommen; c) Kunstgriff: der T. des Zauberers, des Akrobaten; sensationelle Tricks zeigen, vorführen; ÜBERTR.: das ist der ganze T. (das ganze Kunststück) dabei.

Trieb, der: 1. vom Instinkt geleiteter Drang: der sexuelle T.; ein heftiger, unbezähmbarer, unwiderstehlicher T.; edle, sinnliche Triebe; einen T. (starken Hang) zum Verbrechen haben; seinen T. befriedigen, beherrschen, zügeln; seinen Trieben nachgeben, freien Lauf lassen. **2.** Pflanzensproß: die Bäume zeigen frische Triebe; der Nachtfrost hat die jungen Triebe vernichtet.

Triebfeder, die: die T. des Uhrwerks; ÜBERTR.: Hass, Neid war die T. seines Handelns; Neugier ist die T. für alles, was sie tut; bei dieser Sache war pures Gewinnstreben die T.; die eigentliche T. zu dieser Tat war Eifersucht.

triebhaft: ein triebhafter Mensch; triebhafte Handlungen; triebhafte Sinnlichkeit; sie handelt t.

triefen: a) ⟨aus/von etw., irgendwohin t.⟩ in kleinen Rinnsalen fließen: der Regen trieft vom Dach; das Blut ist aus der Wunde getrieft; ⟨jmdm. irgendwohin t.⟩ der Schweiß trieft ihm von der Stirn; b) ⟨von etw./vor etw. t.⟩ tropfend nass sein: die Wurst trieft von/vor Fett; wir trieften vom Regen; sein Mantel hat von/vor Nässe getrieft; ⟨auch ohne Präpositionalobjekt⟩ seine Augen triefen (sondern Flüssigkeit ab); mit triefenden Kleidern, Haaren, triefend nass sein; ÜBERTR.: er trieft nur so von/vor Arroganz, von/vor Mitleid; seine Filme triefen von/vor Sentimentalität.

triftig: ein triftiger Grund, Einwand; ein triftiges Argument, Motiv; er hatte eine triftige Entschuldigung; etw. t. begründen.

trinken: 1. a) Flüssigkeit zu sich nehmen: genussvoll, schnell, langsam, hastig, gierig, aus der Flasche, in/mit kleinen Schlucken, in großen Zügen t.; du darfst nicht so kalt (ugs.; nicht so etwas Kaltes) t.; sie isst und trinkt gerne; lass mich mal [aus deinem Glas, von deinem Bier] t.; die Mutter gibt dem Kind zu t.; SUBST.: du darfst über der Arbeit das Essen und Trinken nicht vergessen; b) ⟨sich irgendwie t.⟩ sich in bestimmter Weise trinken lassen: der Wein trinkt sich gut (schmeckt *gut);* ⟨es trinkt sich irgendwie⟩ aus diesen Gläsern trinkt es sich gut, schlecht. **2.** ⟨etw. t.⟩ *(als Getränk) zu sich nehmen:* Kaffee, Milch, Tee, Wasser t.; er trinkt gerne Bier, alkoholische Getränke; sie hat viel, nur wenig getrunken; er trank sein Bier in einem Zug; einen Schluck Wasser, eine Tasse Kaffee, eine Flasche Limonade t.; trinkst du noch ein Glas?; diesen Wein musst du mit Verstand, mit Andacht t.; der Wein lässt sich t./ist zu t.; den Wein kann man t. (ugs.; *der Wein schmeckt gut*); übertr.: die Schönheit, das Leben t. (dichter.: *voll in sich aufnehmen*). **3.** ⟨sich, etw. irgendwie t.⟩ *durch Trinken in einen bestimmten Zustand bringen:* das Baby hat sich satt getrunken; hast du dein Glas noch nicht leer getrunken? *(hast du noch nicht ausgetrunken?).* **4. a)** ⟨[etw.] t.⟩ *Alkohol trinken:* mäßig, viel t.; aus Einsamkeit, aus Kummer begann sie zu t.; er raucht und trinkt nicht; der Fahrer hatte getrunken *(stand unter Alkoholeinfluss);* ich habe (ugs.:) was getrunken und nehme deshalb ein Taxi; **b)** ⟨sich irgendwie t.⟩ *sich durch Alkoholtrinken in einen bestimmten Zustand bringen:* er hat sich voll, arm, um den Verstand getrunken. **5.** ⟨auf jmdn., etw. t.⟩ *ein Hoch ausbringen:* auf das Hochzeitspaar t.; sie tranken auf ein gutes Gelingen, auf seine Gesundheit; ∗ **einen trinken** (ugs.; *ein alkoholisches Getränk zu sich nehmen*): lass uns einen t. gehen!

Trinkgeld, das: ein hohes, kleines, großes, mageres, anständiges, nobles, reichliches, fürstliches T.; [kein] T. geben; wenig, kein T. bekommen, erhalten; dem Portier ein T. zustecken, in die Hand drücken; kein T. [an]nehmen; die Trinkgelder musste sie abliefern.

Trip, der: **1.** (ugs.) *Fahrt; Ausflug:* einen kleinen, kurzen, längeren T. unternehmen; einen T. nach Venedig machen; (oft untertreibend:) er ist von seinem T. in die Staaten wieder zurück. **2.** (Jargon) *Rauschzustand:* der T. war vorbei; auf dem T. *(im Rauschzustand)* sein; einen T. [ein]werfen, [ein]schmeißen *(eine Drogendosis nehmen);* übertr.: zurzeit ist sie auf dem religiösen, esoterischen T. (oft abwertend: *beschäftigt sie sich intensiv mit Religion, Esoterik).*

Tritt, der: **1.** *das Auftreten:* einen leisen, schweren, festen, kräftigen, leichten, federnden T. haben; er hörte, vernahm Tritte auf dem Flur; er hat einen falschen T. gemacht und sich dabei den Knöchel verstaucht; man erkennt ihn an T. *(an seinem Gang);* bei jedem T., unter seinen Tritten knarrten die Dielen. **2.** *Gleichschritt:* den T. angeben, halten; den falschen T. haben; jmdn. aus dem T. bringen; aus dem T. kommen, geraten; die Soldaten marschieren im T.; /militärisches Kommando/: ohne T., marsch!; übertr.: durch den Feldverweis kam, geriet die Mannschaft völlig aus dem T. *(verlor ihren Spielrhythmus).*

3. *Fußtritt:* jmdm. einen T. [ans Schienbein, in den Hintern] geben, versetzen; er gab dem Ball einen T., dass er in die Ecke flog; durch den T. eines Pferdes verletzt werden; er wurde mit Tritten misshandelt. **4.** *Fußspur, Fährte:* der T. des Wildes; man erkannte, sah Tritte im Schnee. **5.** *Trittbrett, kleine Trittleiter:* auf einem T. stehen; auf einen T. steigen. ∗ **Tritt fassen** (1. bes. Soldatenspr.; *den Gleichschritt aufnehmen.* 2. *wieder in geregelte, feste Bahnen kommen)* · **einen Tritt bekommen/ kriegen** (ugs.; *entlassen, fortgejagt werden).*

Triumph, der: **a)** *großer Erfolg, Sieg:* ein großer, beispielloser, unerhörter T.; ein T. der Technik, der Wissenschaft; einen T. erringen, erleben; sie genoss den T.; dies ist ein neuer T. für ihn; der Tenor feierte einen großen T., feierte Triumphe *(hatte sehr große Erfolg);* **b)** *Genugtuung; Siegesfreude:* der Abschluss dieses Unternehmens war für ihn ein großer T.; T. spiegelte sich in ihrer Miene, klang/schwang in ihrer Stimme [mit]; sie hörte den T. in seiner Stimme; der Sieger wurde im T. *(mit großem Jubel)* durch die Straßen geleitet.

triumphieren: a) *frohlocken:* [innerlich, im Stillen] triumphierte er, als er von dem Misserfolg seines Konkurrenten hörte; er hätte nicht zu früh t. sollen; heimlich triumphierte sie wegen seiner Schlappe; er sah sie triumphierend an; **b)** ⟨über jmdn., etw.⟩ *den Sieg davontragen:* über seine Feinde, Gegner, Rivalen t.; der Mensch hat über diese Krankheit triumphiert; übertr.: sein Geist triumphierte über die Natur; schließlich triumphierte die Angst über die Neugier, die Wahrheit über die Lüge.

trivial: triviale Worte, Thesen, Bemerkungen, Gedanken; die Handlung des Films ist sehr t.; etw. t. finden; diese Formulierungen klingen sehr t.

trocken: 1. a) *frei von Feuchtigkeit:* trockene Kleider, Wäsche, Schuhe; trockener Boden, trockene Luft, Kälte; trockene Bohrungen (Jargon; *ergebnislose Bohrungen nach Erdöl);* trockene Sachen anziehen; die Straße ist wieder t. *(abgetrocknet);* die Farbe ist noch nicht t. *(getrocknet);* etw. t. *(in trockenem Zustand)* bügeln, reinigen; sich t. *(mit einem elektrischen Rasierapparat)* rasieren; wir sind noch t. *(bevor es zu regnen begann)* heimgekommen; subst.: sie war froh, als sie wieder auf dem Trock[e]nen *(an Land)* war; es regnete in Strömen; aber wir waren, saßen im Trockenen *(an einem regengeschützten Platz);* **b)** *regenarm:* ein trockener Herbst, Sommer; trockenes Wetter, Klima, in dieser Jahreszeit ist es hier heiß und t.; das Frühjahr war zu t.; **c)** *ausgetrocknet, ausgedörrt:* trockenes Brot, Holz, Heu, Laub; trockene Zweige; er hat trockene Lippen, einen trockenen Hals/Mund; das Brot ist leider t. geworden; **d)** *feuchtigkeits-, fettarm:* eine trockene Haut haben; trockenes *(sprödes)* Haar; das

Fleisch dieser Tiere ist im Allgemeinen ziemlich t.; der Braten ist fast zu t. geworden.

2. *ohne Belag, ohne Beilage:* sie bekamen nur trockenes Brot zu essen; es gibt bei diesem Menü nur trockene Kartoffeln (ugs.; *Kartoffeln ohne Soße*); das trockene Gedeck *(Gedeck ohne Wein)* kostet zehn Mark.

3. (Jargon) *(als Alkoholabhängige[r]) keinen Alkohol mehr trinkend:* trockene Alkoholiker; er ist seit 20 Jahren t.; sie hat es geschafft, t. zu bleiben/werden.

4. *herb:* ein trockener Wein, Sekt; der Sherry ist mir zu t., ist extra t.

5. a) *sachlich, nüchtern:* ein trockener *(langweiliger)* Mensch; eine trockene Abhandlung; die trockenen Zahlen einer Statistik; ein trockener Ton; dieses Thema, diese Arbeit war ihm zu t.; seine Vortragsweise ist sehr t.; etw. t. feststellen, mitteilen; sie hat es ihm ganz t. *(ohne Umschweife)* ins Gesicht gesagt; b) *witzig:* eine trockene Bemerkung, Antwort; er hat einen trockenen Humor.

6. *(vom Klang) spröde, hart:* der trockene Knall eines Gewehres; ein trockenes Lachen; ein trockener Husten; der Ton des Instruments ist, klingt t.

7. (Sport Jargon) *krachend:* ein trockener Schuss aus 17 Metern; er landete eine trockene Rechte am Kinn des Gegners;

★ *auf dem Trock[e]nen sitzen* (ugs.; 1. *nicht mehr weiterkommen; festsitzen und keine Lösung finden.* 2. *bes. aus finanziellen Gründen in Verlegenheit sein.* 3. scherzh.; *nichts mehr zu trinken haben).*

trockenlegen: 1. ⟨jmdn. t.⟩ *mit frischen Windeln versehen:* ein Baby t.

2. ⟨etw. t.⟩ *entwässern:* Land, ein Moor, einen Sumpf, einen Teich t.

3. (Jargon) ⟨jmdn. t.⟩ *von der Alkoholabhängigkeit befreien:* man habe ihn trockengelegt.

trocknen: 1. ⟨[irgendwie/irgendwo] t.⟩ *trocken werden:* etw. trocknet gut, schlecht, schnell, leicht; die Wäsche ist/hat schon getrocknet; etw. trocknet am Ofen, auf der Leine, an der Luft, im Wind; er ließ sich in der Sonne trocknen; SUBST.: die Wäsche zum Trocknen aufhängen.

2. a) ⟨jmdn., sich, etw. t.⟩ *trocken werden lassen; abtrocknen:* die Wäsche auf dem Balkon t.; die Haare mit dem Föhn t.; seine Augen, seine Stirn, den Schweiß [mit einem Taschentuch] t.; der Wind hat ihre Kleider getrocknet; ⟨jmdm., sich etw. t.⟩ sich die Hände an der Schürze t.; sie trocknete dem Kind die Tränen; b) ⟨etw. t.⟩ *dörren:* Äpfel, Pilze, Pflaumen t.; getrocknete Bananen; an der Luft getrocknetes Fleisch.

trödeln: a) (ugs., oft abwertend) *langsam sein:* trödle doch nicht so!; wenn ihr weiter so trödelt, verpassen wir den Zug; er hat oft auf dem Nachhauseweg, bei der Arbeit getrödelt; **b)** (ugs.) ⟨ir-

gendwohin t.⟩ *sich langsam begeben:* durch die Straßen, nach Hause t.

Trommel, die: **1.** /*ein Schlaginstrument/*: eine kleine, große T.; die Trommeln rasseln, wirbeln, dröhnen dumpf; die T. schlagen, rühren.

2. *trommelförmiger Behälter, Gegenstand:* die T. der Waschmaschine, des Revolvers; das Kabel, das Seil über eine T. wickeln; Lose aus einer T. ziehen;

★ *die Trommel für jmdn., etw. rühren* (ugs.; *eifrig für jmdn., etw. Reklame machen*).

trommeln: 1. a) *die Trommel schlagen:* laut, leise, gedämpft t.; der Schlagzeuger trommelt; **b)** ⟨etw. t.⟩ *auf der Trommel schlagen:* der Spielmannszug trommelt einen Marsch.

2. a) ⟨irgendwohin t.⟩ *in kurzen Abständen [heftig] klopfen, schlagen:* er trommelte [mit den Fäusten] an/gegen die Tür, auf die Theke; nervös mit den Fingern auf den Tisch/(selten:) auf dem Tisch t.; Regen trommelt *(prasselt)* auf das Dach, gegen die Fensterscheiben; **b)** ⟨jmdn. aus etw. t.⟩ *(durch heftiges Klopfen) erreichen, dass jmd. aufsteht:* jmdn. aus dem Schlaf, aus dem Bett t.; **c)** den Takt, den Rhythmus [auf den Tisch] t.

Trompete, die: eine gestopfte T.; die Trompeten schmettern; er bläst [die] T., auf der T.; die T. an die Lippen setzen; ein Konzert für T. und Horn.

trompeten: a) *Trompete blasen:* der Straßenmusikant trompetet; ÜBERTR.: er trompetet (ugs. scherzh; *schnäuzt sich laut*); die Elefanten trompeten *(brachten trompetende Laute hervor)*; **b)** ⟨etw. t.⟩ *auf der Trompete blasen:* einen Tusch, einen Marsch t.; ÜBERTR.: sie trompetete *(verkündete)* die Neuigkeit [durch das ganze Quartier].

tröpfeln: 1. a) ⟨aus/von etw., irgendwohin t.⟩ *in kleinen Tropfen herabrinnen:* Blut tröpfelt aus der Wunde, auf die Erde; der Regen tröpfelt von den Blättern der Bäume; **b)** ⟨etw. irgendwohin t.⟩ *träufeln:* das Mittel auf ein Stück Zucker, auf den Löffel, in Wasser t.

2. (ugs.) ⟨es tröpfelt⟩ *es regnet schwach:* eben fängt es an zu t.; es tröpfelt nur.

tropfen: 1. a) ⟨aus/von etw., irgendwohin t.⟩ *in einzelnen Tropfen herabrinnen:* der Regen tropft vom Dach; Blut tropfte auf die Erde, aus der Wunde; ⟨es tropft aus/von etw., irgendwohin⟩ es tropft durch die Decke, von den Bäumen; ⟨jmdm. irgendwohin t.⟩ der Schweiß tropft ihm von der Stirn; **b)** *einzelne Tropfen abgeben:* der Wasserhahn, das Gefäß tropft; diese Kerzen tropfen [nicht]; ⟨jmdm. t.⟩ ihm tropfte die Nase.

2. ⟨etw. irgendwohin t.⟩ *träufeln:* eine Tinktur auf die Wunde, in die Augen t.; ⟨jmdm. etw. irgendwohin t.⟩ er tropfte ihm eine Lösung ins Ohr.

3. ⟨es tropft⟩ *es regnet leicht:* es hat ein wenig getropft.

Tropfen, der: **1.** ein großer, kleiner, dicker T.; ein T. Wasser, Öl, Blut; T. laufen an den [Fenster]scheiben herunter; die ersten T. fallen *(es beginnt zu*

regnen); es regnet dicke T.; dreimal täglich 15 T. einnehmen; der Schweiß stand ihm in T. auf der Stirn; Ⓡ steter T. höhlt den Stein; BILDL.: ein bitterer T., ein T. Wermut fiel in den Becher der Freude. **2.** *sehr kleine Menge:* ein paar T. Parfum, Sonnenöl; es ist kein T. Milch mehr im Hause; er hat keinen T. [Alkohol] getrunken; sie haben ihre Gläser bis auf den letzten T. *(vollkommen)* geleert. **3.** ⟨Plural⟩ *in Tropfen einzunehmendes Medikament:* jmdm. T. verschreiben; hast du deine T. genommen?;
* **ein guter, edler Tropfen** *(guter Wein, Branntwein)* · **ein Tropfen auf den heißen Stein sein** (ugs.; *völlig unzureichend und daher nutzlos sein).*
Trost, der: ein kleiner, wahrer, geringer, magerer, süßer T.; die Kinder sind ihr ganzer, einziger T.; ihre Worte waren ihm ein T.; es war ihr ein gewisser T., dass ...; das ist ein schwacher T. (iron.; *das hilft wenig);* ein T. *(nur gut),* dass es bald vorüber ist; jmdm. T. spenden, zusprechen, bringen; T. bringende Worte; etw. gibt jmdm. T.; T. suchen, finden; aus etw. T. schöpfen; sie fand T. bei/in ihrer Arbeit, im Glauben; als T. *(Trostpflaster)* bekommst du eine Tafel Schokolade; zum T. kann ich Ihnen sagen, dass ...;
* **nicht [ganz, recht] bei Trost/**(auch:) **Troste sein** (ugs.; *nicht recht bei Verstand sein).*
trösten: **1.** ⟨jmdn. t.⟩ *jmdm. Trost zusprechen:* jmdn. [in seinem Leid, Kummer, Schmerz, Unglück] t.; jmdn. mit teilnehmenden Worten [über einen Verlust] t.; er wollte sich nicht t. lassen; nach diesem Zuspruch fühlten sie sich getröstet; die Hoffnung auf Besserung tröstete ihn *(machte ihm Mut);* es tröstete mich (ugs.; *war für mich ein Trost),* dass es anderen auch nicht besser ging; tröstende Worte; tröstender Zuspruch; tröstend den Arm um jmdn. legen. **2.** **a)** ⟨sich [mit etw.] t.⟩ *sich beruhigen:* sich rasch, schnell, nur schwer t.; sich mit einem guten Glas Wein t.; sie tröstete sich mit dem Gedanken/damit, dass ...; tröste dich, auch ich bin durchgefallen!; **b)** ⟨sich [über etw.] mit jmdm., etw. t.⟩ *hinwegkommen:* er tröstete sich über den Verlust, über die Niederlage mit einer Flasche Champagner; er hat sich schnell mit einer anderen [Frau] getröstet (ugs.; *hat nach dem Bruch o. Ä. mit seiner Partnerin schnell eine neue Partnerin gefunden).*
tröstlich: tröstliche Worte; ein tröstlicher Gedanke; ein tröstliches Gefühl; es ist t. zu wissen, dass ...; seine Worte klangen wenig t.
trostlos: **a)** *schlecht, verzweifelt:* sie leben in trostlosen Verhältnissen; er ist in einer trostlosen Lage, Verfassung; das Wetter war t.; jmdm. ist ganz t. zumute; **b)** *öde:* eine trostlose Gegend; trostlose Fassaden; einen trostlosen Eindruck machen; der Anblick war t.

Trott, der: **1.** *Gangart von Pferden:* die Pferde gehen im T. **2.** (leicht abwertend) *eintöniger Ablauf:* der alltägliche T.; es geht alles den alten/im alten, gewohnten T. weiter; aus dem täglichen T. rauskommen wollen; sie sind wieder in den alten T. verfallen, zurückgefallen.
trotz ⟨Präp. mit dem Gen., seltener auch mit dem Dat.⟩: t. aller Bemühungen, Versuche; t. heftiger Schmerzen; sie fuhren t. dichten Nebels/t. dichtem Nebel; t. Regens/t. Regen; t. Schnee und Kälte; t. Beweisen; t. allem; t. alledem blieben sie Freunde.
Trotz, der: unbändiger, hartnäckiger, kindlicher, kindischer T.; sein T. richtete sich gegen alle Erziehungsversuche; jmdm. T. bieten; sie tat das alles aus T., mit stillem/bewusstem T.; in wütendem T. stampfte er mit den Füßen auf;
* **jmdm., etw. zum Trotz** *(trotz, entgegen):* er tat es aller Vernunft, allen Warnungen zum T.
trotzdem: **I.** ⟨Adverb⟩ *dennoch:* er wusste, dass es verboten war, aber er tat es t.; es ging ihr schlecht, t. raffte sie sich auf. **II.** (ugs.) ⟨Konj.⟩ *obwohl:* t. es regnete, gingen sie spazieren.
trotzen: **1.** (geh.) ⟨jmdm., etw. t.⟩ *entgegentreten:* den Gefahren, allen Versuchungen, den Unbilden der Witterung t.; er trotzte allen seinen Gegnern; **2.** diese Krankheit schien bisher jeder Behandlung zu t.; diese Bäume trotzen dem Klima in großen Höhen. **2.** *trotzig sein:* das Kind trotzt.
trotzig: sie machte ein trotziges Gesicht, gab eine trotzige Antwort; das Kind ist t.; t. schweigen.
trüb[e]: **1.** **a)** *getrübt, milchig:* trübes Wasser; das Glas enthält eine trübe Flüssigkeit; trübes Glas; trübe Fensterscheiben; der Kranke hat trübe *(glanzlose)* Augen; der Spiegel ist t.; der Wein, der Saft ist t. geworden; **b)** *nicht hell; matt:* trübes Licht; eine trübe Lichtschein; ein trübes Gelb; die Lampe brannte t.; **c)** *regnerisch, bedeckt:* trübes Wetter; ein trüber Tag; der Himmel, das Wetter ist t.; heute ist es t.
2. a) *betrübt; betrüblich:* trübe Gedanken; er war in trüber Stimmung; es waren trübe Zeiten, Tage; t. hing sie ihren Gedanken nach; **b)** *schlecht:* trübe Erfahrungen machen; das sind trübe Aussichten; die Meldung stammt aus trüben *(fragwürdigen)* Quellen; die Sache sieht t./mit der Sache sieht es t. aus;
* **im Trüben fischen** (ugs.; *unklare Zustände zum eigenen Vorteil ausnutzen).*
Trubel, der: es herrschte [ein] großer, ungeheurer T.; in dem T. der Festtage zu entgehen versuchen; sie kamen aus dem T. nicht heraus *(kamen nicht zur Ruhe);* sie stürzten sich in den dicksten T., in den T. auf der Tanzfläche; T. waren die Kinder verloren gegangen.
trüben: **1. a)** ⟨etw. t.⟩ *trübe machen:* der chemische Zusatz trübt die Flüssigkeit; der Tintenfisch

T

trübt das Wasser; die Fensterscheibe war getrübt; b) ⟨sich t.⟩ *trübe werden:* die Flüssigkeit, der Saft, das Wasser trübt sich; der Himmel hat sich getrübt *(bewölkt);* seine Augen haben sich getrübt *(sind glanzlos, matt).* **2.** a) ⟨etw. t.⟩ *beeinträchtigen:* etw. trübt die gute Stimmung, jmds. Glück, jmds. Freude; seit dem Zwischenfall ist das gute Einvernehmen/Verhältnis zwischen ihnen getrübt; eine durch nichts getrübte Eintracht; ⟨jmdm. etw. t.⟩ seine Traurigkeit trübte allen die Freude; b) ⟨sich t.⟩ *sich verschlechtern:* ihr gutes Verhältnis hatte sich getrübt. **3.** a) ⟨etw. t.⟩ *verwirren:* etw. trübt jmds. Blick für etw., jmds. Urteil; sein Bewusstsein, sein Erinnerungsvermögen war getrübt; b) ⟨sich t.⟩ *sich verwirren, unklar werden:* im hohen Alter hatte sich sein Bewusstsein getrübt.

Trübsal, die (geh.): a) *Drangsal:* viel, große T. erdulden, erleiden müssen; b) *Betrübnis:* sie waren voller T.; jmdn. in seiner T. trösten;

⋆ **Trübsal blasen** (ugs.; *betrübt sein und seinem Kummer nachhängen).*

trübselig: a) *betrübt:* trübselige Gedanken; eine trübselige Stimmung; sie machte ein trübseliges Gesicht; er ging den ganzen Tag t. umher; sie blickten t. vor sich hin; b) *öde:* eine trübselige Behausung, Gegend; ein trübseliges Nest *(Dorf);* es war eine trübselige Zeit; ein trübseliges Wetter; der Winter ist hier t.

trübsinnig: er war ganz t.; hier kann man t. werden; t. saß sie da.

Trübung, die: a) *das Getrübtsein:* eine leichte, starke, schwache T.; die T. der Flüssigkeit; es wurde eine T. der Augen, der Linse festgestellt; eine T. ist eingetreten, vergeht, verschwindet wieder; b) *Beeinträchtigung:* eine T. der Freundschaft, des guten Einvernehmens; c) *Störung:* eine T. des Bewusstseins tritt ein.

trudeln: **1.** ⟨[irgendwohin] t.⟩ a) *langsam, allmählich ausrollen:* der Ball, die Kugel trudelt; b) *sich um sich selbst drehend niederfallen:* die welken Blätter trudeln auf die Erde; das Flugzeug hat plötzlich angefangen zu t.; subst.: die Maschine kam ins Trudeln. **2.** (ugs. scherzh.) ⟨irgendwohin t.⟩ *langsam gehen, fahren:* durch die Gegend t.; wir trudelten südwärts; in ihrem kleinen Wagen trudelte sie auf den Parkplatz.

trügen: a) ⟨jmdn. t.⟩ *täuschen:* das Gedächtnis, die Hoffnung trog ihn; das Gefühl, seine Ahnung hatte ihn nicht getrogen; wenn mich nicht alles trügt, wird es bald ein Gewitter geben; b) *irreführend sein:* oft trügt der Schein, das Äußere; das Erscheinungsbild, das Gefühl trog.

trügerisch (geh.): a) *irreführend:* ein trügerisches Gefühl [der Sicherheit]; trügerischer Schein, Glanz; sich in trügerischen Sicherheiten wiegen; die augenblickliche Ruhe ist t.; der Moorboden, das Eis war t. *(nicht tragfähig);* b) (veraltend)

gaukterisch: er spielt ein trügerisches Spiel; ihre Behauptungen, seine Versprechungen erwiesen sich als t.

Trugschluss, der: diese Annahme war ein verhängnisvoller T.; einem T. erliegen.

Trümmer, die ⟨Plural⟩: rauchende, umherliegende, verstreut liegende T.; die T. eines Flugzeuges; es blieben nur T. übrig; die T. beseitigen, aus dem Weg räumen; er fand [nach dem Luftangriff] von seinem Haus nur noch T. vor; viele Tote wurden aus den Trümmern geborgen; etw. in T. legen *(völlig zerstören);* die Stadt lag in Trümmern *(war völlig zerstört);* der Betrunkene hat alles in T. geschlagen *(alles zerschlagen);* bei der Explosion sind alle Fensterscheiben in T. gegangen *(zerstört worden);* viele waren unter den Trümmern begraben; übertr.: er stand vor den Trümmern seiner Existenz, seines Glücks.

Trumpf, der: ein hoher, niederer T.; was ist T.?; Herz, Pik ist T.; beim Grand sind die Buben T.; er hat lauter T./lauter Trümpfe; nur noch T. auf/in der Hand haben; [einen] T. ausspielen, spielen, ziehen, bedienen; seinen T. behalten;

⋆ **Trumpf sein** *(zur Zeit sehr gefragt, von größter Wichtigkeit sein)* · **einen Trumpf in der [Hinter]hand/im Ärmel haben** *(ein Erfolg versprechendes Mittel in Reserve haben)* · **einen Trumpf aus dem Ärmel ziehen** *(ein Erfolg versprechendes Mittel zum Einsatz bringen)* · **alle Trümpfe in der Hand/in [den] Händen haben** *(die stärkere Position innehaben)* · **jmdm. die Trümpfe aus den Händen nehmen** *(jmds. Vorteil zunichte machen)* · **einen Trumpf/alle Trümpfe aus der Hand geben** *(auf einen Vorteil/alle Vorteile verzichten)* · **einen Trumpf ausspielen** *(ein Erfolg versprechendes Mittel zum Einsatz bringen; auftrumpfend vorbringen).*

Trupp, der: *Schar:* ein kleiner, versprengter T.; ein T. Reiter, Arbeiter; ein T. berittener (seltener:) berittene Polizisten; sie marschierten in einzelnen Trupps.

Truppe, die: **1.** a) *militärischer Verband:* eine motorisierte, stark dezimierte T.; feindliche, alliierte, reguläre, eigene, flüchtende, geschlagene, meuternde Truppen; die T. war angetreten; die Truppen verstärken, an die Front werfen, in Marsch setzen, irgendwo stationieren, zusammenziehen, zurückziehen, abziehen; b) *kämpfende Streitkräfte:* eine schlecht ausgerüstete, schlagkräftige T.; die kämpfende T.; die Schlagkraft, die Moral der T. verbessern; er tut Dienst bei der T.; er wurde wegen Entfernung von der T. bestraft; jmdn. zur T. zurückversetzen; zur T. zurückkehren.

2. *zusammen auftretende Gruppe:* eine berühmte, bekannte T.; die T. des Bundestrainers; eine T. von Schauspielern, Artisten, Künstlern;

⋆ **[nicht] von der schnellen Truppe sein** (ugs.; *etw. [nicht] sehr, allzu schnell erledigen).*

Tube, die: T. Zahnpasta, Creme, Senf; eine T.

aufschrauben, zusammendrücken, verschließen; zudrehen; etw. aus der T. herausdrücken; * **auf die Tube drücken** (salopp; 1. *Gas geben.* 2. *etw. beschleunigen).*

Tuch, das: 1. */eine Stoffart/:* feines, weiches T.; dieses Geschäft führt, verarbeitet nur englische Tuche; T. weben, rauen, walken, scheren; ein Stück, ein Ballen T.
2. *[viereckiges, gesäumtes] Stück Stoff:* ein wollenes, seidenes, buntes, dickes, warmes T.; ein T. auf dem Kopf tragen, um den Kopf binden; sie legte ein T. *(Umschlagtuch)* um die Schultern; ein T. umbinden; ein T. im Halsausschnitt, unter dem Mantel tragen; etw. in ein T. wickeln, einschlagen; etw. mit einem T. zudecken, mit Tüchern abdecken; ein T. über den Patienten decken; beim Abschied schwenkten sie farbige Tücher; * **ein rotes Tuch/das rote Tuch für jmdn. sein; wie ein rotes Tuch auf jmdn. wirken** (ugs.; *durch sein Vorhandensein, seiner Art von vorneherein jmds. Widerwille u. Zorn hervorrufen).*

Tuchfühlung, die (scherzh.): zu jmdm. T. halten; mit jmdm. T. haben; beim Tanzen auf T. gehen *(sich anschmiegen);* mit jmdm. auf T. sein, sitzen; ÜBERTR.: mit jmdm. keine T. *(keinen Kontakt)* mehr haben; wir bleiben auf T. *(in Verbindung);* sie kamen schnell auf T. *(kamen sich schnell näher).*

tüchtig: 1. *fähig:* ein tüchtiger Mann, Mitarbeiter, Handwerker; sie ist eine tüchtige Kraft; der Arzt ist, gilt als sehr t.
2. *beachtlich:* das ist eine tüchtige Arbeit, Leistung; (iron.:) t., t.!
3. (ugs.) a) *beträchtlich:* das war ein tüchtiges Stück Arbeit; sie nahm einen tüchtigen Schluck; für dieses Vorhaben braucht man eine tüchtige Portion Optimismus; b) ⟨verstärkend vor Adjektiven und Verben⟩ *sehr, viel, sehr [stark]:* es war t. kalt; es hat t. geschneit; du musst t. essen; man hat ihn t. hereingelegt.

Tücke, die: 1. *Hinterhältigkeit:* er ist, steckt voller [List und] T.; er ist der Tücken seines Rivalen nicht gewachsen.
2. *verborgene Eigenschaft:* die Tücken der Software; der Motor hat seine Tücken; er war den Tücken des Meeres ausgesetzt; * **die Tücke des Objekts** *(Schwierigkeit, die sich unvermutet beim Gebrauch eines Gegenstandes zeigt).*

tückisch: 1. *hinterhältig:* ein tückischer Mensch, Plan; sie sah ihn mit tückischen Augen an; t. lächeln.
2. *gefährlich:* ein tückisches Klima; eine tückische *(bösartige)* Krankheit; die Kurve ist bei diesem Wetter besonders t.; die Strömung ist an dieser Stelle sehr t.

Tugend, die: a) *sittliche Grundhaltung:* T. üben; niemand zweifelt an seiner T.; sie ist ein Ausbund an/von T.; nach T. streben; b) *sittlich wertvolle Eigenschaft:* hohe, politische, christliche, weibliche

Tugenden; weit verbreitete Tugenden; typisch deutsche Tugenden wie Fleiß, Strebsamkeit, Pünktlichkeit; die T. der Bescheidenheit, der Aufrichtigkeit; er ist ein Muster demokratischer Tugenden.

tummeln: 1. ⟨sich irgendwo t.⟩ *herumtollen:* die Kinder tummelten sich den ganzen Tag auf der Wiese, im Wasser, im Freien.
2. (landsch.) ⟨sich t.⟩ *sich beeilen:* ihr müsst euch t., sonst kommt ihr zu spät.

tun: I. 1. ⟨etw. t.⟩ a) *machen, ausführen:* etw. [un]gern, freiwillig, selbst, allein t.; ich möchte einmal gar nichts t. *(faulenzen);* das wird er nicht, niemals t.; was tust du denn da?; so etwas tut man nicht *(gehört sich nicht);* so tu doch endlich was! *(greif doch einmal zu!);* tu, was du willst *(es ist mir gleichgültig, wie du handelst, dich verhältst);* tus doch! *(mach deine Drohung doch wahr!);* du tust ja da doch nicht; was sollte sie in dieser Lage t.?; da lässt sich viel t.; was t.?; sie konnte dort t. und lassen, was sie wollte; diese Arbeit wäre getan; ich tue, was in meinen Kräften steht, wie mir befohlen; sein Möglichstes, sein Bestes, ein Übriges t.; sie hat genau das Falsche, das Richtige getan; sie hat getan, was sie konnte *(sich nach Kräften bemüht);* da hast du des Guten zu viel getan; tu, was du nicht lassen kannst!; was hat er denn getan? *(was hat er angestellt?);* wer hat das getan? *(wer ist der, die Schuldige?);* das tut nichts *(ist unerheblich);* man sollte in diesem Fall das eine t. und das andere nicht lassen *(beides tun);* er tut nichts als faulenzen; sie hatte nichts Besseres/nichts Eiligeres zu t., als ...; hast du nichts anderes zu t., als zu nörgeln? *(musst du immerzu nörgeln?);* etw. auf eigene Gefahr, aus Überzeugung, aus reiner Bosheit, aus eigenem Antrieb, mit Vergnügen, von sich aus *(unaufgefordert)* t.; etw. für die Gesundheit, für die Rentner t.; dagegen muss man etwas t.; was tust du *(hast du vor)* mit dem Messer?; eine Arbeit t.; er hat viel Gutes getan; sie hat viel an den Kindern getan (ugs.; *hat ihnen viel Gutes zukommen lassen);* kann ich etwas für Sie t.? *(kann ich Ihnen helfen?);* ℝ man tut, was man kann *(man bemüht sich nach Kräften);* SUBST.: ein sinnvolles, verhängnisvolles, verräterisches Tun; b) /verblasst/: einen Schrei, einen Fehltritt, einen Fall t.; er tat einen Schritt zur Seite; jmds., etw. Erwähnung t. (Papierdt.; *jmdn., etw. erwähnen)* ⟨es tut etw.⟩ es tat einen furchtbaren Knall.
2. ⟨jmdm. etw. t.⟩ *zuteil werden lassen; antun:* was hat er ihr denn getan?; jmdm. etwas Böses, Gutes, Liebes t.; jmdm. einen Gefallen t.; du brauchst dich nicht zu fürchten, der Hund tut [dir] nichts *(beißt [dich] nicht);* ⟨mit etw. jmdm. etw. t.⟩ mit dieser Behauptung tust du ihr Unrecht; ℝ was du nicht willst, dass man dir tu, das füg auch keinem andern zu.
3. (ugs.) ⟨jmdn., etw. irgendwohin t.⟩ *an eine be-*

T

stimmte Stelle bringen: etw. an seinen Platz t.; du musst noch etwas Salz an, in die Suppe t.; Holz aufs Feuer t.; sein Geld auf die Bank t.; Geld ins Portemonnaie, die Bücher in die Mappe t.; sie will die Kinder in den Kindergarten t. *(schicken),* zur Oma t. *(in deren Obhut geben).* 4. ⟨irgendwie t.⟩ *sich verhalten:* überrascht, freundlich, vornehm t.; er tat sehr wichtig; tu doch nicht so! (ugs.: *verstell dich doch nicht!*); er tut bloß so (ugs.; *er meint es in Wirklichkeit nicht so*); sie tat so, als wäre nichts gewesen; er tat, als ob/als wenn/wie wenn er nichts wüsste, als wüsste er nichts. 5. ⟨etw. t.⟩ *arbeiten:* wenig, nichts t.; der Maler hat viel zu t. *(viele Aufträge);* ich habe keine Zeit, ich muss noch etwas für die Schule t.; ⟨auch ohne Akk.⟩ ich habe noch zu t.; sie hatte dort geschäftlich zu t. 6. (ugs.) a) ⟨es tut sich etw.⟩ *es geschieht etw.:* es hat sich einiges, viel, nichts getan; b) ⟨sich t.; mit Umstandsangabe⟩ *geschehen:* hier tut sich einiges in der letzten Zeit, in diesem Land; heute hat sich endlich etwas getan. II. ⟨mit Infinitiv⟩ 1. ⟨Infinitiv vorangestellt, ugs. auch nachgestellt⟩ /dient zur Betonung des Vollverbs/: t. tut keiner was; kennen tue ich sie nicht; (ugs.:) ich tue gern kochen. 2. (ugs.) /dient zur Umschreibung des Konjunktivs/: das täte *(würde)* mich schon interessieren; * es tun (1. ugs.; *genügen, ausreichen:* dieses einfache Papier tut es [auch]; der Mantel tut es noch diesen Winter; Worte allein tun es nicht. 2. *funktionieren:* das Auto tut es nicht mehr so recht. 3. ugs. verhüll.; *Geschlechtsverkehr haben)* · es nicht unter etw. tun (ugs.; *etw. als Mindestbetrag fordern)* · mit jmdm., etw. zu tun haben *(mit jmdm., etw. in Berührung kommen; sich mit jmdm., etw. befassen, auseinander setzen müssen)* · mit jmdm., etw. nichts zu tun haben wollen *(jmdm., etw. meiden)* · mit etw. nichts zu tun haben (1. *für etw. nicht zuständig, verantwortlich sein; mit etw. nicht befasst sein.* 2. *nicht als [Mit]schuldige[r] für etw. verantwortlich sein)* · es mit jmdm., etw. zu tun haben *(jmdm., etw. von bestimmter Art vor sich haben):* wir haben es mit einem ganz gefährlichen Täter zu tun · mit etw. ist es [nicht] getan *(etw. genügt [nicht])* · [es] mit etw. zu tun haben (ugs.; *an etw. leiden)* · [es] mit jmdm., etw. zu tun bekommen/(ugs.:) kriegen *(von jmdm. zur Rechenschaft gezogen werden)* · mit sich [selbst] zu tun haben (ugs.; *genug eigene Probleme haben)* · jmdm. ist um jmdn., etw. zu tun *(jmdm. ist an jmdm., etw. gelegen)* · mit etw. zu tun haben (1. *mit etw. zusammenhängen.* 2. ugs.; *etwas Bestimmtes darstellen; als etw. Bestimmtes bezeichnet werden können)* · jmds. Tun und Lassen; jmds. Tun und Treiben (geh.; *alles, was jmd. tut).* **tünchen** ⟨etw. [irgendwie] t.⟩: die Decken, die

Wände weiß, farbig t.; ⟨auch ohne Akk.⟩ Vorsicht, frisch getüncht!
tupfen: a) ⟨[jmdm., sich] etw. auf etw. (Akk.) t.⟩ *tupfend auftragen:* Salbe, Jod auf die verletzte Stelle t.; sich einige Tropfen Parfum hinters Ohr t.; b) ⟨etw. [mit etw.] von etw. t.⟩ *tupfend entfernen:* das Blut mit einem Tuch von der Schläfe t.; ⟨jmdm., sich etw. [mit etw.] von etw. t.⟩ er tupfte sich mit einem Tuch den Schweiß von der Stirn; c) ⟨sich (Dat.) etw. [mit etw.] t.⟩ *abtupfen:* sich mit einer Serviette den Mund t.
Tür, die: a) *Vorrichtung zum Verschließen eines Eingang, einer Öffnung:* eine verglaste T.; die T. des Schrankes, des Ofens, des Autos; die T. knarrt, quietscht, klemmt, hat sich verzogen, fällt zu, öffnet sich, schließt sich, schließt nicht richtig, klappert, schlägt zu, springt auf, fällt ins Schloss, ist angelehnt; die T. ging [nicht] auf; plötzlich ging die T. auf *(öffnete sich die Tür);* sie hörte, wie die T. ging *(geöffnet, geschlossen wurde);* die T. öffnen, aufmachen, aufklinken, aufbrechen, zuschlagen, (ugs.:) zuknallen, abschließen, absperren (südd., österr.; *abschließen),* verriegeln, verschließen, aufstoßen, aufreißen, zuwerfen; T. zu, es zieht!; er hat die T. ausgehängt, geölt; der Schreiner hat eine neue T. eingesetzt; sie machte die T. hinter sich zu; du hast ihm die Tür vor der Nase zugeschlagen; jmdm. die Tür aufhalten; sie wohnt eine T. weiter, die nächste T. links; der Schrank, das Auto hat vier Türen; an die T./an der T. *(Haus-, Wohnungstür)* klopfen; sie wohnen T. an T. *(in unmittelbarer Nachbarschaft);* er ging an die T., um zu öffnen; wer war an der T.?; jmdn. [bis] an die T. begleiten, bringen; einen Brief unter der T. durchschieben; sie gingen von T. zu T. und baten um Spenden; sie standen vor verschlossener T. *(es öffnete ihnen niemand);* du kriegst die T. nicht zu! (ugs.; *ach du meine Güte!);* ℝ jeder kehre/fege vor seiner eigenen T.; b) *Türöffnung:* eine schmale, breite, niedrige, offene, geschlossene, geheime T.; das ist die falsche, richtige T.; die nächste T. verbindet die beiden Räume; diese T. geht auf den Hof, ins Bad, zur Küche; er trat aus der T.; sie steckte den Kopf durch die T. *(guckte zur Tür herein);* der Schrank geht nicht durch die T.; sie stand in der T.; er trat vor die T., ging vor die T.; sie steckte neugierig den Kopf zur T. herein; * jmdm. stehen alle Türen offen *(jmd. hat vielfältige berufliche Möglichkeiten);* die Tür für etw. offen halten; die Tür nicht zuschlagen *(die Möglichkeit für Verhandlungen, sich zu einigen, aufrechterhalten);* eine Tür offen halten *(sich eine Möglichkeit, einen Ausweg erhalten)* · etw. (Dat.) Tür und Tor öffnen *(einer Sache Vorschub leisten; etw. unbeschränkt ermöglichen)* · [bei jmdm.] offene Türen einrennen (ugs.; *bei jmdm. mit großem Engagement für etw. eintreten, was dieser ohnehin befürwortet)* · überall verschlossene Türen finden *(überall auf Ablehnung*

stoßen; von niemandem unterstützt werden) · hinter verschlossenen Türen (ohne die Anwesenheit von Außenstehenden) · mit der Tür ins Haus fallen (ugs.; *sein Anliegen ohne Umschweife, [allzu] unvermittelt vorbringen*) · **jmdn. vor die Tür setzen** (ugs.; 1. *jmdn. hinausweisen.* 2. *jmdn. entlassen; jmdm.* **kündigen**) · **vor der Tür stehen** (*unmittelbar bevorstehen*) · **zwischen Tür und Angel** (ugs.; *in Eile; im Weggehen*).

turbulent: eine turbulente Diskussion, Mitgliederversammlung; turbulente Szenen spielten sich im Gerichtssaal ab; die Sitzung verlief sehr t.; an der Börse, in der Wahlversammlung ging es t. zu.

Turm, der: **1.** ein hoher, schlanker, runder, eckiger, spitzer T.; über der Vierung erhebt sich ein T.; sie bestiegen den T. des Münsters; auf einen T. steigen.

2. turmartiger Aufbau: der T. des Panzers, des U-Bootes.

3. /Figur im Schachspiel/: den T. verlieren, ziehen; jmdm. den T. wegnehmen.

türmen: **1.** a) ⟨etw. auf etw. (Akk.) t.⟩ *häufen:* er türmte alle Pakete auf den Tisch; **b)** ⟨sich irgendwo t.⟩ *sich häufen:* der Abfall, der Müll türmte sich in den Straßen; auf dem Schreibtisch türmen sich die Akten; ÜBERTR.: die Arbeit türmt sich zur Zeit (*wächst sehr an*).

2. (salopp) ⟨aus etw./irgendwohin t.⟩ *flüchten:* die Einbrecher sind getürmt; aus dem Knast t.; sie wollen ins Ausland, über die Grenze t.

turnen: **1.** *Leibesübungen ausführen:* jeden Tag am offenen/bei offenem Fenster t.; sie turnen am Barren, an den Ringen, auf der Matte; SUBST.: heute haben wir Turnen (*Turnunterricht*); er ist vom Turnen befreit.

2. ⟨etw. t.⟩ **a)** *turnend ausführen:* eine Übung t.; seine Kür t.; **b)** *an einem Turngerät turnen:* Barren, Reck t.

3. ⟨irgendwo[hin] t.⟩ *herumklettern:* die Kinder turnten am Geländer, über die Tische und Bänke.

Tusch, der: ein kräftiger T.; einen T. blasen, spielen, er wurde mit einem T. begrüßt, empfangen.

tuscheln (oft abwertend): **a)** *leise und heimlich reden:* mit jmdm. t.; die Leute begannen zu t.; es wurde viel hinter seinem Rücken über ihn getuschelt; **b)** ⟨jmdm. etw. irgendwohin t.⟩ *leise sagen:* sie tuschelte ihm etwas ins Ohr.

Tüte, die: **1.** eine T. [voll/mit] Zucker, Bonbons; die T. ist kaputtgegangen, [auf]geplatzt; etw. in eine T. füllen, stecken.

2. (salopp) *Person, die man abschätzig, verwundert betrachtet:* eine langweilige, lustige T.; /auch als Schimpfwort:/ verschwinde, du T.!;

* **Tüten kleben** (ugs.; *als Häftling einsitzen*) · **nicht in die Tüte kommen** (ugs.; *nicht infrage kommen*).

tuten: der Dampfer, die Schiffssirene tutet; SUBST.: das Tuten vieler Autos war zu hören;

* **von Tuten und Blasen keine Ahnung haben** (salopp; *von etw. nicht das Geringste verstehen*).

Typ, der: **1.** *Modell, Form:* der T. ist (*die Wagen dieses Typs sind*) serienmäßig mit Gürtelreifen ausgestattet; verschiedene Typen entwickeln, produzieren; ein Fertighaus älteren Typs; es handelt sich um eine Maschine des Typs/vom T. Boeing 707.

2. **a)** *Menschentyp:* ein südländischer T.; er ist ein athletischer, hagerer, untersetzter, ruhiger, femininer, ängstlicher, cholerischer, blonder T.; er ist ein ganz anderer T. als sein Bruder; die beiden sind ganz verschiedene Typen; diese Frau ist mein T. (ugs.; *gefällt mir*); Blond ist nicht sein T. (ugs.; *Blondhaarige mag er nicht besonders*); ein Mädchen von slawischem T.; diese Farbe passt nicht zu deinem T.; **b)** *typischer Vertreter:* er gilt als der T. des erfolgreichen Mannes; sie ist ein seltsamer, eigenwilliger T. Mensch; er verkörpert den T. des bürgerlichen Intellektuellen; sie ist nicht der T. dafür/dazu; er ist nicht der T., so etwas zu tun/der so etwas tut (*es ist nicht seine Art*); dein T. wird verlangt (salopp; *jmd. möchte dich sprechen*); dein T. ist hier nicht gefragt (salopp; *du bist hier unerwünscht*); **c)** (ugs.) *männliche Person:* ein toller, dufter, netter, beknackter, cooler, attraktiver, interessanter, heißer, wildfremder, mieser, kaputter T.; einen T./Typen kennen lernen; der T. vom Nebentisch quatschte uns an.

typisch ⟨t. [für jmdn., etw.]⟩: ein typisches Beispiel; eine typische Reaktion; er ist ein typischer, der typische Berliner; typische Merkmale, Symptome; ein typischer Fall von Leichtsinn; diese Äußerung ist t. Frau Meier (ugs.; *ist ganz bezeichnend für sie*); t. Frau, Mann (ugs., oft leicht abwertend; *typisch für Frauen, Männer*); [das war mal wieder] t.! (ugs.; *es war nichts anderes zu erwarten!*); dieses Verhalten ist t. für ihn; sie hat ganz t. reagiert.

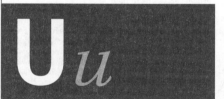

übel: **1.** *moralisch, charakterlich schlecht:* ein übler Bursche; eine üble Person; in üblem Ruf stehen; in eine üble Gesellschaft geraten; jmdn. auf üble/übelste Weise, in übler/in der übelsten Weise hereinlegen; sein Verhalten war recht ü.; jmdm. ü. mitspielen (*Böses antun*).

2. *ungünstig, schlimm:* übles Wetter; eine üble Geschichte; ein übles Ende; sich in einer üblen Lage befinden; das kann üble Folgen haben; die Situation ist zurzeit ü.; jmd. ist wirklich ü. dran (*befindet sich in einer misslichen Lage*); ihm geht es zurzeit ü.; ein ü. gesinnter Nachbar; er hat deine Bemerkung sehr, ernstlich ü. genommen *(war deswegen sehr gekränkt);* nimm es mir bitte nicht übel, aber ich bin damit nicht einverstanden; man kann es ihm nicht ü. nehmen, wenn er jetzt absagt; jmdm. ü. mitspielen; er hat es ü. vermerkt *(war ärgerlich, böse),* dass ...; jmdn. ü. zurichten; es steht ü. um ihn, um seine Gesundheit; etw. lässt sich nicht ü. an *(verläuft bis jetzt günstig);* das hätte für dich ü. ausgehen können; das kann dir ü. bekommen *(für dich nachteilig werden);* er hat mir schon immer ü. gewollt *(war mir noch nie wohlgesonnen);* SUBST.: jmdm. Übles [an]tun.

3. *unangenehm; unwohl:* ein übler Geruch; üble [An]gewohnheiten; üble Laune haben; einen üblen Geschmack im Mund, auf der Zunge haben; das Essen ist nicht ü. *(eigentlich ganz gut);* etw. schmeckt, riecht ü.; ihm ist ü.; bei dem Anblick ist ihr ü. geworden; es kann einem ü. werden, wenn man das liest.

Übel, das: **1.** *schlimmer Zustand:* ein Ü. sehen, erkennen, bekämpfen, abstellen; der Grund allen Übels.
2. (meist geh.) *Leiden:* ein chronisches Ü.; sein altes Ü. plagt ihn wieder; der Arzt will dem Ü. abhelfen;
* **ein notwendiges Übel** *(etwas Unangenehmes, Lästiges, was sich jedoch nicht umgehen lässt)* · **das kleinere Übel/das kleinere von zwei Übeln** *(etw., was weniger unangenehme Folgen hat, weniger Nachteile mit sich bringt als etw. Vergleichbares)* · **von Übel sein** *(schlecht, schlimm sein, sich unheilvoll auswirken)* · **zu allem Übel** *(noch obendrein [zu allen unglücklichen Umständen]):* zu allem Ü. begann es noch zu regnen.
Übelkeit, die: eine plötzliche Ü. verspüren; etw. verursacht jmdm./bei jmdm. Ü., erregt in jmdm. Ü.; gegen Ü. ankämpfen.
Übelstand, der: die Übelstände endlich beseitigen; einem Ü. abhelfen.
üben: 1. a) *proben, trainieren:* täglich, mehrere Stunden [lang], fleißig, bis zur Erschöpfung ü.; auf dem Klavier, am Reck ü.; der Lehrer übte zwei Stunden mit den Schülern; b) ⟨etw. ü.⟩ *durch ständiges Wiederholen lernen:* eine Sonate auf dem Klavier, seine Rolle, eine Szene, einen Handgriff ü.; die Kapelle übt einen Marsch; wir üben heute einparken/[das] Einparken; mit einigen geübten Griffen; c) ⟨etw. ü.⟩ *(ein Instrument) spielen lernen:* Klavier ü.; du musst täglich mehrere Stunden Geige ü.; d) ⟨sich in etw. (Dat.) ü.⟩ *Geschicklichkeit erwerben:* sich im Schwimmen, im freien Sprechen ü.; ÜBERTR.: sich in Geduld, in Nachsicht ü.
2. ⟨jmdn., etw. ü.⟩ *schulen:* sein Auge, sein Gedächtnis ü.; mit geübten Händen zupacken; in etw. geübt sein.
3. ⟨etw. ü.⟩ *erweisen* /verblasst/: Barmherzigkeit, Gerechtigkeit, Gnade, Großmut, Milde, Geduld,

Langmut, Nachsicht, Solidarität ü.; er hat scharfe Kritik an dem Stück geübt.
über: I. ⟨Präp. mit Dat. oder Akk.⟩ **1.** ⟨mit Dat.⟩ a) /kennzeichnet die Lage oberhalb von jmdm., etw./: die Lampe hängt ü. dem Tisch; ü. der Stadt liegt dichter Nebel; sie wohnt ü. uns *(ein Stockwerk höher);* ÜBERTR.: der Preis, die Leistung liegt ü. dem Durchschnitt; b) /drückt aus, dass sich etw. unmittelbar auf etw. befindet und es ganz, teilweise bedeckt/: einen Mantel ü. dem Kleid tragen; c) *bei:* ü. der Arbeit einschlafen; d) *infolge:* ü. dem Streit ging ihre Freundschaft in die Brüche; ich bin ü. dem Lärm aufgewacht.
2. ⟨mit Akk.⟩ a) /kennzeichnet die Richtung auf eine Stelle oberhalb von jmdm., etw./: sie hängt das Bild ü. das Sofa; b) /kennzeichnet die Bewegung, Erstreckung oberhalb von jmdm., etw. od. oben auf etw./: ü. die Alpen fliegen; ü. den See schwimmen; eine Brücke führt ü. den Fluss; ü. die Straße gehen; der Fluss tritt ü. die Ufer; der Rock reicht ü. das Knie; c) /drückt aus, dass ein Ort, Bereich passiert wird/: wir sind über die Dörfer gefahren; dieser Zug fährt nicht über Rostock; d) /drückt aus, dass etw. unmittelbar auf, um etw. zu liegen kommt und es dann ganz oder teilweise bedeckt/: er legte die Decke ü. den Sarg, das Kleid ü. den Stuhl; den Mantel ü. die Schulter werfen; e) /bezeichnet das Thema, den Gegenstand einer Äußerung, eines Textes o. Ä./: ein Buch ü. die Verfassungsgeschichte; er hält einen Vortrag ü. moderne Architektur; wie denken Sie ü. diese Angelegenheit? f) /drückt das Überschreiten einer [An]zahl aus/: Kinder ü. 10 Jahre zahlen den vollen Preis; Städte ü. 300 000 Einwohner; g) /drückt eine zeitliche Erstreckung aus/: ü. Tag, Nacht; er kommt ü. Mittag nach Hause; ü. das Wochenende verreisen; das Heizöl reicht ü. den Winter; h) /drückt die höchste Stufe einer Rangordnung aus/: Musik geht ihr ü. alles; es geht nichts ü. ein gutes Essen; i) /drückt das Überschreiten einer bestimmten Grenze aus/: das geht ü. seine Kraft, ü. seinen Verstand; sie wurde ü. Gebühr gelobt; j) /bezeichnet das Mittel/: einen Aufruf ü. alle Sender bringen; die Telefonnummer hat er ü. einen Freund, die Auskunft, über das/übers Internet in Erfahrung gebracht; k) /verstärkend, in Verbindung mit zwei gleichen Substantiven⟩ /als Ausdruck einer Häufung o. Ä./: es wurden Fehler ü. Fehler, Schulden ü. Schulden gemacht; Blumen ü. Blumen standen auf dem Tisch; l) /in Abhängigkeit von bestimmten Wörtern/: etw. spotten, weinen, lachen ; ü. etw. traurig, froh sein; der Sieg ü. jmdn.; ü. etw. Herr sein; sich ü. etw. freuen, aufregen; ü. jmdn., etw. verärgert sein.
II. ⟨Adverb⟩ **1.** *mehr als:* ü. die Hälfte der Mitglieder war aus dem Verein ausgetreten; Gemeinden von ü. 100 000 Einwohnern; der Wagen ist ü. ein Meter lang; ü. ein Jahr; ü. einem Jahr.
2. /drückt eine zeitliche Erstreckung aus/: das Wochenende, die ganze Woche, den Winter ü.
3. /imperativisch und elliptisch/: Segel ü.!; Gewehr ü.!

III. ⟨Adj.⟩ (ugs.) **1.** *übrig:* vier Mark sind noch ü.; es ist noch Kaffee ü. **2. a)** *überlegen:* kräftemäßig ist er mir ü.; **b)** *zu viel, sodass jmd. einer Sache überdrüssig ist:* das ist mir jetzt ü.; * **über und über** *(völlig):* der Wagen ist ü. und ü. mit Schmutz bedeckt · **es nicht über sich bekommen/bringen/kriegen** *(sich zu etw. nicht entschließen können).*
überall: so etwas findet man nicht ü.; ü. Bescheid wissen; sich ü. auskennen; er ist ü. beliebt; sich ü. vordrängen; ü. auf der Erde; ü. [und nirgends] zu Hause sein.
überanstrengen ⟨jmdn., sich, etw. ü.⟩: sein Herz, seine Nerven, seine Kräfte ü.; sie hat sich bei dieser Arbeit überanstrengt.
überarbeiten: 1. ⟨etw. ü.⟩ *bearbeiten:* einen Text, das Manuskript ü.; das Theaterstück ist vom Autor noch einmal überarbeitet worden; eine völlig überarbeitete Fassung. **2.** ⟨sich ü.⟩ *sich durch Arbeit überanstrengen:* sie hat sich überarbeitet; völlig überarbeitet sein.
überaus: sie ist ü. geschickt; das hat mir ü. gut gefallen.
überbieten: a) ⟨jmdn., etw. ü.⟩ *durch Mehrbieten übertreffen:* jmdn. beträchtlich, um einige Tausend Mark bei einer Auktion ü.; **b)** ⟨jmdn., sich an etw. (Dat.) ü.⟩ *übertreffen:* er überbot alle an Charme, an Raffinesse; sie überboten einander, sich [gegenseitig] an Höflichkeit, an Zuvorkommenheit; ⟨jmdn., etw. um etw. ü.⟩ den Rekord [beim Kugelstoßen] um zwei Zentimeter ü.; diese Frechheit, diese Arroganz ist kaum noch zu ü.
Überblick, der: **1.** *Übersicht:* von hier aus hat man einen guten Ü. über das Tal, über das Spielfeld, über die Menschenmenge; ÜBERTR.: es fehlt ihm noch der Ü.; sie hat völlig den Ü. verloren; sich einen Ü. [über ein Thema] verschaffen; einen genauen Ü. haben. **2.** *kurz gefasste Darstellung:* einen kurzen, gedrängten Ü. über etw. geben; die Geschichte des Deutschen Reiches im Ü.
überblicken ⟨etw. [irgendwie] ü.⟩: **a)** *übersehen:* von hier aus kann man das Spielfeld vollständig, gut ü.; **b)** *im Zusammenhang sehen:* ein Thema, das Arbeitsgebiet noch nicht ganz ü.; sie hatte die Lage schnell überblickt.
überbringen ⟨[jmdm.] etw. ü.⟩: Geld, einen Brief ü.; jmds. Glückwünsche/von jmdm. Glückwünsche ü. *(in jmds. Namen gratulieren);* er hat ihm die Nachricht persönlich überbracht.
überbrücken ⟨etw. ü.⟩: **1.** *überwinden:* den augenblicklichen Geldmangel mit einem/durch einen Kredit ü.; ÜBERTR.: Gegensätze, Klassenunterschiede ü. *(ausgleichen).* **2.** (selten) *eine Brücke über etw. schlagen:* den Fluss, die Elbe ü.
überdies: ich habe daran kein Interesse, ü. habe

ich zurzeit kein Geld dafür; die Siegerin über 400 m war ü. Zweite über 800 m geworden.
Überdruss, der: die monotone Arbeit bereitete ihr Ü.; in jmdm. kommt Ü. auf; sich aus Ü. am Leben selbst töten; etw. bis zum Ü. kennen, gehört/getan haben.
überdrüssig: ⟨in der Verbindung⟩ **jmds., etw./**(seltener:) **jmdn., etw. überdrüssig sein, werden** *(allmählich Widerwillen gegen jmdn., etw. empfinden):* ich bin dieses Themas, dieser Probleme/(seltener:) dieses Thema, diese Probleme ü.; wir sind seiner/(seltener:) ihn ü.
übereilen: **a)** ⟨etw. ü.⟩ *überhastet tun:* eine Entscheidung, seine Abreise ü.; ⟨häufig im 2. Partizip⟩ der Entschluss war wohl etwas übereilt; eine übereilte Heirat, Flucht, Tat; **b)** ⟨sich [mit etw.] ü.⟩ *zu schnell vorgehen:* übereile dich damit nicht!
übereinander: a) /räumlich/ *eines über dem anderen:* die Dosen ü. aufstellen; die Bretter ü. legen; ü. wohnen; **b)** *über sich gegenseitig:* die beiden ü. geschimpft; sich ü. ärgern. Beachte: Nach neuer Rechtschreibung wird *übereinander* vom folgenden Verb immer getrennt geschrieben.
übereinkommen (geh.) ⟨mit jmdm.; meist mit Infinitiv mit *zu*⟩: ich bin mit ihm übereingekommen, den Vertrag ruhen zu lassen; er kam mit ihr überein, nichts verlauten zu lassen/(auch:) dass man nichts verlauten ließ; ⟨auch ohne Präpositionalobjekt⟩ die Regierungen sind übereingekommen, Verhandlungen zu führen.
Übereinkommen, das: ein stillschweigendes Ü.; das Ü. sieht vor, dass ...; ein Ü. treffen, erzielen; zu einem Ü. gelangen.
Übereinkunft, die: ↑ Übereinkommen.
übereinstimmen: a) ⟨[mit jmdm.] in etw. (Dat.) ü.⟩ *gleicher Meinung sein:* in diesem Punkt stimmt er mit mir überein; ich stimme mit Ihnen darin überein, dass etwas geändert werden muss; in der Gesamtbeurteilung stimmen die Sachverständigen völlig überein; **b)** ⟨mit etw. ü.⟩ *zueinander passen:* der Teppich stimmt in der Farbe mit dem Vorhang überein; ⟨auch ohne Präpositionalobjekt⟩ die Zeugenaussagen stimmen überein; nach übereinstimmender Meinung der Fachleute; etw. übereinstimmend feststellen.
Übereinstimmung, die: **a)** *gleiche Meinung:* es herrscht, besteht volle/völlige Ü. darüber, dass ...; in beiderseitiger Ü. *(Einvernehmen)* den Vertrag lösen; wir sind zu keiner Ü. gekommen; **b)** *Einklang, Gleichheit:* die Ü. der Zeugenaussagen; die mangelnde Ü. von Idee und Wirklichkeit, zwischen Theorie und Praxis; etw. mit etw. in Ü. bringen; in Ü. mit jmdm. handeln.
¹überfahren: 1. ⟨jmdn., etw. ü.⟩ *von einem Ufer ans andere befördern:* der Fährmann hat uns übergefahren. **2.** *von einem Ufer ans andere fahren:* wir sind mit der Fähre übergefahren.
²überfahren: 1. ⟨jmdn. ü.⟩ *über jmdn. fahren und*

ihn [tödlich] verletzen: einen Fußgänger, einen Hund ü.; der Radfahrer ist von einem LKW überfahren worden; ÜBERTR.: der Absteiger wurde mit 5:0 überfahren (Sport Jargon; *besiegt*). **2.** ⟨etw. ü.⟩ **a)** *über etw. darüber fahren:* eine Kreuzung, eine Markierung ü.; die Straßenbahn hat eine falsch gestellte Weiche überfahren und ist entgleist; **b)** *als Fahrer übersehen:* die Ampel bei Rot, ein Stoppschild ü. **3.** (ugs.) ⟨jmdn. ü.⟩ *überrumpeln:* ich werde mich bei den Verhandlungen nicht ü. lassen; sich [von jmdm.] überfahren fühlen.

Überfall, der: ein feindlicher, plötzlicher, dreister, nächtlicher, räuberischer Ü.; ein Ü. auf ein Liebespaar, auf einen Fußgänger, auf eine Bank, auf einen Supermarkt; einen Ü. planen, vereiteln; der Ü. wurde am helllichten Tage verübt, ausgeführt; die Täter trugen bei dem Ü. Masken; ÜBERTR.: verzeihen Sie den [plötzlichen] Ü. (ugs. scherzh.; *überraschenden Besuch*).

überfallen: 1. ⟨jmdn., etw. ü.⟩ *einen Überfall ausüben:* jmdn. auf der Straße, nachts, hinterrücks, von hinten ü.; eine Bank, einen Geldboten ü.; die Rebellen haben das Dorf überfallen. **2.** (ugs.) **a)** ⟨jmdn. ü.⟩ *überraschend aufsuchen:* es tut mir Leid, wenn ich Sie so überfalle, aber ich muss Sie unbedingt sprechen; er hat mich mitten in der Arbeit überfallen; **b)** ⟨jmdn. mit etw. ü.⟩ *bestürmen:* die Kinder überfielen mich mit ihren Wünschen; er wurde von den Journalisten schon im Flughafen mit Fragen überfallen. **3.** ⟨jmdn. ü.⟩ *überkommen:* ein Schauder, ein gewaltiger Schreck, das Heimweh überfiel uns; plötzlich hat mich eine furchtbare Müdigkeit überfallen.

überfällig: a) *zur erwarteten Zeit nicht eingetroffen:* ein überfälliges Flugzeug; die Maschine ist seit zwei Stunden ü./als ü. gemeldet; **b)** *längst fällig:* ein [längst] überfälliger Besuch; die Gesetzesänderung war ü.; ein überfälliger (Kaufmannsspr.; *nicht eingelöster*) Wechsel.

überfliegen: 1. ⟨jmdn., etw. ü.⟩ *über jmdn., etw. hinwegfliegen:* den Ozean, die Alpen [in 10 000 m Höhe] ü.; der Wettersatellit überfliegt Europa zweimal täglich. **2.** (ugs.) ⟨etw. ü.⟩ *flüchtig lesen:* ich habe den Brief, den Vertragsentwurf nur [kurz, schnell] überflogen. **3.** ⟨etw. ü.⟩ *überziehen:* ein zartes Rot überflog ihr Gesicht.

überfließen: 1. (geh.) *überlaufen:* ⟨[aus etw.] ü.⟩ das Wasser, das Benzin ist aus dem Tank übergeflossen; **b)** die Wanne, der Tank ist übergeflossen; ÜBERTR.: er, sein Herz fließt vor Begeisterung über. **2.** ⟨in etw. (Akk.) ü.⟩ *sich mit etw. vermischen:* die Farben fließen ineinander über.

überflügeln ⟨jmdn. [in etw. (Dat.)] ü.⟩: er hat die Konkurrenz, seinen Lehrmeister, alle anderen in

der Leistung weit überflügelt; sie haben Angst, überflügelt zu werden.

Überfluss, der: Ü. an Nahrungsmitteln, an Versorgungsgütern; etw. ist in/im Ü. vorhanden, steht in/im Ü. zur Verfügung; im Ü. leben; zum Ü./zu allem Ü. (*obendrein*) hatten wir noch eine Panne.

überflüssig: eine überflüssige Anschaffung; überflüssige Worte machen; mach dir keine überflüssigen Sorgen; die Arbeit ist, war [völlig] ü.; etw. für ü. halten; ich komme mir hier [ziemlich, recht] ü. vor.

überfluten ⟨etw. ü.⟩: der Strom hat die Ebene überflutet; das linke Ufer war in Sekundenschnelle überflutet; ÜBERTR.: Licht überflutete die Menge; die Menschenmenge überflutete den Platz; der Markt ist, wird mit billigen Erzeugnissen, mit Neuheiten überflutet; ein Glücksgefühl überflutete sie.

überfragt: (in der Verbindung) **überfragt sein** (*etw. auf eine Frage hin nicht wissen*): in dieser Sache bin ich leider [auch] ü.; damit war er [sichtlich] ü.

¹**überführen,** (auch:) **überführen: 1.** ⟨jmdn., etw. [irgendwohin] ü.⟩ *transportieren:* man führte ihn in ein Krankenhaus über/(auch:) überführte ihn in ein Krankenhaus; um ihn dorthin überzuführen/(auch:) zu ü.; man hat die Leiche in die Heimat, nach Deutschland übergeführt/(auch:) überführt. **2.** ⟨etw. in etw. (Akk.) ü.⟩ *umwandeln:* die Idee wurde in die Praxis überführt; die Flüssigkeit wurde in einen gasförmigen Zustand übergeführt/überführt.

²**überführen: 1.** ⟨jmdn. etw. (Gen.) ü.⟩ *jmds. Tat beweisen:* die beiden Festgenommenen konnten der Tat, des Einbruchs überführt werden; ⟨auch ohne Gen.⟩ er wurde schließlich aufgrund von Indizien überführt. **2.** ⟨etw. ü.⟩ *mit einer Brücke überspannen:* beim Autobahnbau mussten drei Bahnlinien überführt werden.

Überführung, die: **1.** *Brücke über eine Verkehrslinie:* die Ü. der Bahn, über den Kanal ist gesperrt; zum Überqueren der Schienen die Ü. benutzen; unter der Ü. hindurchfahren. **2.** *das Überführen von jmdm.:* die Indizien reichen zur Ü. des Verdächtigen nicht aus. **3.** *das Transportieren:* die Ü. des Toten, der Leiche beantragen; die Kosten für die Ü. des Verletzten in die Klinik übernehmen.

überfüllt: überfüllte Schulen, Straßenbahnen; der Saal, die Bahn, das Stadion war [restlos, total] ü.

Übergang, der: **1.** *das Hinübergehen:* der Ü. der Truppen über den Rhein. **2.** *Stelle zum Überqueren, Passieren:* hier ist ein Ü. für Fußgänger; einen neuen Ü. über die Grenze anlegen, eröffnen; Truppen bewachten alle Übergänge (*Grenzübergänge*). **3.** *Wechsel:* ein abrupter Ü.; der Ü. vom Schlafen zum Wachzustand, von einer Tonart in die an-

dere, von der Schule zum Berufsleben; eine Farbkomposition mit zarten Übergängen *(Abstufungen);* ohne jeden Ü. *(ganz unvermittelt, abrupt).* **4.** *vorübergehende Lösung:* das kleine Apartment ist für ihn nur ein Ü., dient ihm nur als Ü.; für den/als Ü. genügt ein Gebrauchtwagen.
übergeben: **1.** a) ⟨jmdm., etw. jmdn., etw. ü.⟩ *überlassen:* sie wollte die Angelegenheit einem Anwalt ü.; der Täter wurde der Polizei übergeben; alle Akten und Beweisstücke wurden der Staatsanwaltschaft übergeben; ÜBERTR.: etw. den Flammen ü. (geh.; *verbrennen*); b) ⟨jmdm./an jmdn. etw. ü.⟩ *aushändigen:* jmdm. einen Brief ü.; dem Besitzer die Schlüssel, das Geld ü.; den Staffelstab an den nächsten Läufer, sein Amt dem Nachfolger ü.; das [Telefon]gespräch an die zuständige Person ü.; er hat sein Geschäft dem Sohn übergeben *(übertragen);* jmdm. etw. zu treuen Händen ü. *(anvertrauen);* die Stadt dem Feind/an den Feind ü. *(nach Kapitulation die Verfügungsgewalt übertragen);* ⟨auch ohne Dat. oder Präpositionalobjekt⟩ der Brief muss persönlich übergeben werden; die Wache ü.; c) ⟨etw. (Dat.) etw. ü.⟩ *für etw. freigeben:* eine Brücke, eine Autobahn dem Verkehr ü.; das neue Gemeindezentrum wurde seiner Bestimmung ü. **2.** ⟨sich ü.⟩ *erbrechen:* er musste sich mehrmals ü.
¹übergehen: **1.** ⟨irgendwohin ü.⟩ *überlaufen:* sie sind ins feindliche Lager, zu einer anderen Partei, zur anderen Seite übergegangen. **2.** ⟨auf jmdn., in etw. (Akk.) ü.⟩ *in anderen Besitz kommen:* das Geschäft ist auf den Sohn übergegangen; das Grundstück wird in den Besitz der Gemeinde, in fremde Hände ü. **3.** ⟨zu etw. ü.⟩ *überwechseln:* zur Tagesordnung, zu einem anderen Thema/Punkt ü.; man ist dazu übergegangen, Kunststoffe zu verwenden; zum Angriff ü.; endlich von Reden zu Taten ü. **4.** ⟨in etw. (Akk.) ü.⟩ a) *in einen anderen Zustand kommen:* in Fäulnis, in Gärung ü.; der Regen ging in Schnee über; die Leiche ist in Verwesung übergegangen; b) *sich ohne sichtbare Grenze vermischen:* das Rosa ging in Rot über; das Meer schien in den Himmel, Himmel und Meer schienen ineinander überzugehen.
²übergehen: **1.** ⟨jmdn., etw. ü.⟩ *nicht beachten:* eine Anordnung, ein Gesetz ü.; er überging unsere Einwände, die frechen Fragen; jmds. Fehler stillschweigend ü.; jmdn. bei der Begrüßung, bei der Beförderung, im Testament ü.; sich übergangen fühlen. **2.** ⟨etw. ü.⟩ *auslassen:* ich werde dieses Kapitel, diesen Punkt zunächst ü.
Übergewicht, das: **1.** a) *das Normalgewicht übersteigende Gewicht:* er hat [beträchtliches] Ü.; sie macht sich Sorgen wegen ihres Übergewichts; b) *höheres Gewicht als zugelassen:* das Paket, der Brief hat 50 g Ü.; das Fluggepäck darf kein Ü. haben. **2.** *Übermacht:* das militärische, wirtschaftliche

Ü. [über jmdn.] gewinnen, erhalten, haben; im Unterricht haben die naturwissenschaftlichen Fächer ein klares Ü. *(sehr viel größere Bedeutung);* ∗ [das] Übergewicht bekommen (ugs.; *das Gleichgewicht verlieren und überkippen).*
¹übergießen: **1.** ⟨jmdm. etw. ü.⟩ *über jmdn. gießen:* man hatte ihm einen Eimer kaltes Wasser übergegossen. **2.** ⟨etw. ü.⟩ *verschütten:* sie zitterte und goss den Wein über.
²übergießen ⟨jmdn., sich, etw. ü.⟩: *begießen:* der Braten muss ständig mit Soße übergossen werden; sie haben die Leiche mit Benzin übergossen und verbrannt.
übergreifen: **1.** *mit der einen Hand über die andere greifen:* bei dieser Passage der Etüde muss man mehrfach ü.; am Reck in den Kreuzgriff, zum Kreuzgriff ü. **2.** ⟨auf etw. (Akk.) ü.⟩ *sich ausdehnen:* das Feuer griff schnell auf die umliegenden Gebäude über; der wilde Streik hat auf andere Branchen, Städte übergegriffen.
Übergriff, der: militärische Übergriffe; ein neuer Ü. der Rebellen auf fremdes Gebiet; er hat sich manchen Ü. erlaubt, zuschulden kommen lassen; die Zahl der Übergriffe nimmt zu; sich gegen feindliche Übergriffe schützen.
überhaben (ugs.): **1.** ⟨etw. ü.⟩ *über etw. angezogen haben:* zum Glück hatte sie bei dem kalten Wind noch einen Mantel über. **2.** ⟨jmdn., etw. ü.⟩ *nicht mehr ertragen können:* das lange Warten, jmds. dauernde Nörgelei ü.; ich habe ihn allmählich über. **3.** (landsch.) ⟨etw. ü.⟩ *übrig haben:* nur noch ein paar Mark [von dem großen Gewinn] ü.
überhand: ⟨in der Verbindung⟩ **überhand nehmen** *(in übermächtiger Weise an Zahl, Stärke zunehmen):* die Überfälle, die Unfälle haben ü. genommen; der Verkehrslärm, das Unkraut nahm allmählich ü.; die Ratten nehmen hier ü.
¹überhängen: *über eine Fläche hinausragen:* die Zweige des Baumes hängen über; große Schneemassen hingen an den Dächern über; das überhängende Geschoss eines Fachwerkhauses; unter einem überhängenden Felsen Schutz suchen; eine überhängende Wand.
²überhängen ⟨jmdm., sich, etw. ü.⟩: *umhängen:* jmdm. einen Mantel, eine Decke ü.; sich das Gewehr ü.; ⟨auch ohne Dat.⟩ er hängte den Rucksack über.
überhäufen: a) ⟨jmdn. mit etw. ü.⟩ *jmdm. übermäßig zuteil werden lassen:* den Gewinner mit Blumen, mit Geld, mit Ehrungen ü.; er überhäufte ihn mit Lob, mit Vorwürfen, mit Arbeit, mit guten Ratschlägen; b) (selten) ⟨etw. mit etw. ü.⟩ *voll belegen:* den Schreibtisch mit Büchern, mit Akten ü.; die Kommode ist mit Nippes überhäuft.
überhaupt: I. ⟨Adverb⟩ **1.** *insgesamt [gesehen]:* ich habe sie gestern nicht angetroffen, sie ist ü. sel-

ten zu Hause; mir gefällt es in Madrid, ü. in Spanien; das macht ihn zu einem der erfolgreichsten Autoren ü.
2. ⟨verstärkend bei Verneinungen⟩ *[ganz und]* gar: das ist ü. nicht möglich, nicht wahr; davon kann ü. keine Rede sein; sie hat heute ü. noch nichts gegessen; das geht ihn ü. nichts an.
3. ⟨in Verbindung mit *und*⟩ *abgesehen davon, überdies:* du kannst einmal nachfragen, und ü. solltest du dich/und ü., du solltest dich mehr darum kümmern.
4. *besonders:* wir gehen gerne im Wald spazieren, ü. im Herbst; man wird, ü. im Alter, nachlässiger.
II. ⟨Partikel⟩ *eigentlich:* was willst du ü. hier?; wie ist das ü. passiert?; er könnte ü. *(ruhig)* etwas freundlicher sein.
überheblich: ein überheblicher Mensch; in überheblichem Ton reden; er, sein Benehmen ist ü.; sich ü. zeigen.
überhitzen ⟨etw. ü.⟩: das Wasser, einen Dampfkessel, eine Pfanne ü.; ⟨sich ü.⟩ der Motor könnte sich dadurch ü.; überhitzter Dampf; überhitzte Bremsen; ÜBERTR.: überhitzte *(erregte)* Gemüter; die überhitzte *(übersteigerte)* Konjunktur dämpfen.
¹überholen: 1. ⟨jmdn., etw. ü.⟩ *hinter sich lassen:* einen Radfahrer, einen Bus ü.; er hat ihn rechts, in der Kurve, mit 140 km in der Stunde überholt; die norwegische Läuferin hat sie kurz vor dem Ziel überholt; ⟨auch ohne Akk.⟩ man darf nur links ü.; er hat falsch überholt; SUBST.: an Zebrastreifen ist das Überholen streng verboten; zum Überholen ansetzen.
2. ⟨jmdn. [in etw. (Akk.)] ü.⟩ *überflügeln:* er hat seine Mitschüler in ihren Leistungen schnell, längst, weit überholt.
3. ⟨etw. [irgendwie] ü.⟩ *überprüfen:* einen Wagen gründlich ü.; die Anlage muss total überholt werden; SUBST.: das Schiff muss zum Überholen in die Werft.
²überholen: 1. ⟨jmdn., etw. ü.⟩ *ans andere Ufer befördern:* er hat uns, das Gepäck mit seinem Motorboot übergeholt.
2. (Seemannsspr.) *sich auf die Seite legen:* das Schiff holte über, hat [nach Backbord] übergeholt.
überholt: *veraltet:* überholte Ansichten haben; diese Technik, diese Nachricht, seine Theorie ist längst ü.; eine technisch längst überholte Anlage.
überhören ⟨etw. ü.⟩: a) *nicht hören:* das Klingeln, eine Frage ü.; b) *auf etw. nicht reagieren:* eine Mahnung ü.; das möchte ich [lieber] überhört haben!
überkochen: die Milch kocht gleich über, ist übergekocht; ÜBERTR.: er kocht leicht, schnell über (ugs.: *erregt sich schnell*).
¹überkommen ⟨jmdn. ü.⟩: *erfassen:* Angst, Ekel, Zorn, Mitleid, ein Gefühl des Neides überkam ihn bei diesem Anblick, als er das sah; ⟨es über-

kommt jmdn. irgendwie⟩ bei diesem Gedanken überkam es uns *(wurde uns plötzlich)* heiß, kalt.
²überkommen ⟨Adj.⟩: überkommene Bräuche, Sitten, Traditionen; sich von überkommenen Vorstellungen lösen; SUBST.: sich gegen Überkommenes wehren.
überladen ⟨etw. ü.⟩: einen Wagen, einen Aufzug, ein Flugzeug ü.; einen Akku ü. *(übermäßig aufladen);* ÜBERTR.: sich den Magen ü. *(zu viel essen);* wir sind zurzeit mit Aufträgen total überladen; ADJ. PART.: eine überladene *(überreich verzierte)* Fassade; der Raum wirkt ü. *(hat zu viel aufdringlichen Zierrat);* sein Stil ist viel zu überladen.
überlassen: 1. ⟨jmdm. etw. ü.⟩ *zur Verfügung stellen:* jmdm. den Wagen freiwillig, kostenlos ü.; jmdm. einen Ring als Pfand, zur Erinnerung ü.; sie hat mir ihre Wohnung während ihres Urlaubs, das Auto übers Wochenende überlassen; sie hat mir den Coputer billig überlassen *(verkauft).*
2. ⟨jmdm., etw. etw. ü.⟩ *jmdn. etw. entscheiden lassen:* die Erziehung der Kinder den Eltern ü.; überlass das bitte mir! *(misch dich hier nicht ein!);* jmdm. die Initiative ü. *(einen anderen aktiv werden lassen);* jmdm. die Wahl, die Entscheidung, alle Arbeit ü.; sie überlässt alles, nichts dem Zufall.
3. a) ⟨jmdn./etw. jmdn./etw. ü.⟩ *anvertrauen:* den Hund, das Haus während der Urlaubszeit den Nachbarn ü.; sie überlässt die Kinder der Fürsorge der Großmutter; jmdn. sich selbst ü. *(ohne Aufsicht, allein lassen);* b) ⟨jmdn. etw. (Dat.) ü.⟩ *preisgeben:* jmdn. dem Elend ü.; er überließ sie ihrer Verzweiflung; c) ⟨sich etw. (Dat.) ü.⟩ *sich hingeben:* sich seinen Gedanken, der Freude, seinem Zorn, dem Schmerz, der Trauer ü.
überlasten ⟨etw. ü.⟩: a) *zu sehr belasten:* ein Fahrzeug, eine Regal, ein Dach, eine Fähre ü.; b) *zu stark beanspruchen:* ein Telefonnetz ü.; seinen Magen, das Herz, den Kreislauf ü.; die Straßen waren überlastet; beruflich überlastet sein; wir sind zurzeit mit Arbeit total überlastet.
¹überlaufen: 1. *zum Gegner übergehen:* Hunderte von Soldaten sind [zu den Rebellen] übergelaufen.
2. *überfließen:* a) /von Flüssigkeiten/: die Milch ist übergelaufen; das Benzin ist [aus dem Tank] übergelaufen; b) die Badewanne, der Tank, der Eimer ist übergelaufen.
²überlaufen: 1. ⟨jmdn. ü.⟩ *überkommen:* Angst, ein Schauder, ein Zittern überlief ihn; ⟨es überläuft jmdn. irgendwie⟩ es überläuft mich *(mir wird)* [eis]kalt, heiß und kalt, wenn ich nur daran denke.
2. ⟨jmdn., etw. ü.⟩ *häufig aufsuchen, stark besuchen:* wir gehen hier von Vertretern überlaufen ⟨meist im 2. Part.⟩ die Praxis, das Geschäft, der Sprachkurs ist sehr überlaufen; ein überlaufener Kurort.
3. (bes. Sport) a) ⟨jmdn., etw. ü.⟩ *im Laufen über-*

winden: er hat die ganze Abwehr überlaufen und das Siegestor geschossen; b) ⟨jmdn., etw. ü.⟩ *über jmdn., etw. hinaus laufen:* der Staffelläufer hat beim Wechsel die Markierung überlaufen; c) ⟨etw. ü.⟩ *über etw. laufen:* sie überlief die Hürden, die Hindernisse technisch perfekt.

überleben: 1. a) ⟨etw. ü.⟩ *lebend überstehen:* eine Katastrophe, einen Unfall, den Krieg ü.; der Arzt glaubt nicht, dass der Patient die Nacht noch überlebt; du wirst schon ü.! (ugs., oft iron.; *es ist alles nicht so schlimm!*); ⟨auch ohne Akk.⟩ die Soldaten wollten nur noch ü.; in Gefangenschaft ü.; ÜBERTR. SUBST.: dem Verein geht es nur ums Überleben (Sport; *um den Erhalt der Spielklasse*); die Firma kämpft ums Überleben; b) ⟨jmdn. ü.⟩ *länger als jmd. leben:* sie überlebte ihn um ein Jahr; seine Lehre hat ihn überlebt *(ist über seinen Tod hinaus wirksam geblieben);* der überlebende Teil (Rechtsw.; *der länger lebende Ehepartner*). 2. ⟨sich ü.⟩ *veraltet sein:* diese Mode wird sich schnell überleben; überlebte Vorstellungen.

¹überlegen: 1. ⟨jmdm., sich etw. ü.⟩ *über jmdn., etw. legen:* sie hat sich, dem Kind eine Decke übergelegt. 2. ⟨sich irgendwie ü.⟩ *sich über etw. beugen; sich neigen:* sie hat sich zu weit übergelegt; das Schiff hat sich weit, hart nach Steuerbord übergelegt.

²überlegen ⟨etw. ü.⟩: *durchdenken:* eine Angelegenheit gründlich, reiflich, genau, von allen Seiten, in Ruhe ü.; das muss alles gut überlegt sein, werden; es ist, wäre zu ü., ob ...; das wäre zu ü. *(das könnte man erwägen);* ⟨auch ohne Akk.⟩ überleg nicht lange [und komm einfach mit]; sie hat [lange] hin und her überlegt; SUBST.: nach langem, reiflichem Überlegen sagte er zu; ⟨sich (Dat.) etw. ü.⟩ ich werde/muss es mir noch einmal ü.; das muss ich mir noch sehr ü. *(es ist fraglich),* ob ich annehme; sie hat es sich anders überlegt *(hat ihre Meinung geändert);* überleg dir alles gut, bevor du dich entscheidest; ich habe mir meine Worte, meine Antwort gut, genau überlegt.

³überlegen ⟨Adj.⟩: a) *andere erheblich übertreffend:* ein überlegener Geist; ein überlegener *(klarer)* Sieg; an Intelligenz, an Ausdauer ist er uns allen [weit] ü.; jmdm. kräftemäßig, zahlenmäßig ü. sein; sich [in etw.] ü. zeigen; die Mannschaft war [dem Gegner] haushoch ü., hat ü. *(deutlich)* 6:0 gewonnen; b) *überheblich:* eine überlegene Miene aufsetzen; er lächelte ü.

Überlegenheit, die: geistige, körperliche Ü.; die wirtschaftliche, militärische Ü. eines Staates; die zahlenmäßige Ü. des Gegners fürchten; seine Ü. nutzen, [gegenüber] jmdm. ausspielen; im Gefühl der Ü. leichtsinnig werden.

Überlegung, die: a) *das Überlegen:* Überlegungen anstellen; etw. ist einer [kurzen] Ü. wert; bei näherer, ruhiger, sorgfältiger Ü. sieht die Sache anders aus; ohne, mit [wenig] Ü. handeln; nach ei-

niger, reiflicher Ü. sagte er zu; b) *Gedankenfolge:* er schloss seine Überlegungen mit der Feststellung ab ...; es gibt bereits Überlegungen in dieser Richtung *(man hat sich in dieser Hinsicht bereits Gedanken gemacht);* einen Gesichtspunkt in seine Überlegungen [mit] einbeziehen.

überlesen ⟨etw. ü.⟩: 1. *beim Lesen übersehen:* einen Fehler ü. 2. *flüchtig lesen:* ich habe den Brief nur schnell überlesen.

überliefern ⟨etw. ü.⟩: er wollte dieses Werk der Nachwelt ü.; ⟨oft im 2. Part.⟩ die Dichtung ist nur in einer Handschrift, als Fragment überliefert; etw. ist mündlich, schriftlich überliefert; überlieferte *(traditionelle)* Bräuche, Sitten; sich an die überlieferten Formen halten.

Überlieferung, die: a) *das Überliefern:* die mündliche, schriftliche Ü.; die Ü. der Nibelungensage; nach einer alten Ü. soll es in dem Schloss spuken; b) *Tradition:* alte Überlieferungen pflegen, bewahren; an der Überlieferung festhalten.

überlisten ⟨jmdn. ü.⟩: seine Gegner ü.; es gelang mir, ihn zu ü.

Übermacht, die: die militärische Ü. eines Landes; eine erdrückende Ü.; jmdn. seine Ü. spüren lassen; der gewaltigen Ü. erliegen; in der Ü. sein; mit großer Ü. angreifen; von der Ü. erdrückt werden; vor der feindlichen Ü. zurückweichen.

Übermaß, das: ein Ü. an Arbeit, an Belastungen; ein Ü. an/von Freude, an/von Leid; etw. im Ü. genießen; alles im Ü. haben, besitzen; im Ü. des Schmerzes, der Trauer; er ist bis zum Ü. beschäftigt.

übermäßig: a) *über das Normale hinausgehend:* eine übermäßige Belastung, Hitze; übermäßiger Alkoholgenuss schadet nur; ü. essen, trinken; b) ⟨verstärkend vor Adjektiven und Verben⟩ *über die Maßen, sehr:* ü. hohe Kosten, die Ware ist ü. teuer; sich ü. anstrengen.

übermenschlich: eine [geradezu] übermenschliche Leistung; es gehört eine übermenschliche Anstrengung dazu, so etwas auszuhalten.

übermitteln ⟨jmdm. etw. ü.⟩: jmdm. [seine] Grüße ü.; er übermittelte dem Verein die Glückwünsche der Stadt; jmdm. eine Nachricht, einen Text [telefonisch, per E-Mail] ü.; ⟨auch ohne Dat.⟩ die Meldung wurde telefonisch übermittelt.

übermorgen: wir fahren ü. in Urlaub; wir treffen uns ü. [Abend, um acht Uhr]; ü. habe ich frei.

Übermut, der: jmds. Ü. dämpfen; etw. aus [lauter, purem] Ü. tun; das hat er in seinem Ü. getan; die Kinder wussten vor Ü. nicht, was sie tun sollten; ⓇⒼ Ü. tut selten gut.

übermütig: ein übermütiger Streich; die Kinder waren ganz ü., tobten ü. durchs Haus; ü. lachen.

übernachten ⟨irgendwo ü.⟩: im Hotel, im Auto, im Freien, im Zelt, in einer Jugendherberge, unter freiem Himmel ü.

übernächtigt: einen übernächtigten Eindruck machen; wir waren alle völlig ü.; ü. aussehen.

U

übernatürlich: übernatürliche Erscheinungen; die Angst verlieh ihm übernatürliche Kräfte.
übernehmen: 1. a) ⟨etw. ü.⟩ *entgegennehmen:* das Staffelholz ü.; eine Warensendung ü.; er übernahm den Pokal aus den Händen des Präsidenten; jetzt übernehme ich ein Stück die Koffer; b) ⟨etw. ü.⟩ *weiterführen, in Besitz nehmen:* jmds. alte Möbel ü.; sie hat den Wagen von der Firma, das Geschäft von ihrem Vater, die Küche vom Vormieter übernommen; er hat den Hof in eigene Bewirtschaftung übernommen; das Gebäude wurde von der Stadt übernommen; etw. billig ü. *(kaufen;* c) ⟨jmdn., etw. ü.⟩ *annehmen u. ausführen:* eine Arbeit freiwillig, notgedrungen, gezwungenermaßen, nur ungern ü.; ein Amt, einen Auftrag, eine Aufgabe, die Kontrolle, die Aufsicht [über etw.], die Führung, die Leitung einer Abteilung ü.; die Verteidigung des Angeklagten, die Titelrolle in einem Film ü.; er übernahm die Kosten für ihren Aufenthalt *(kam dafür auf);* sie wollte es ü., Karten zu besorgen; die volle Verantwortung/Garantie/Gewähr [für etw.], eine Bürgschaft, eine Patenschaft ü.; die übernommene Verpflichtung erfüllen.
2. ⟨etw. ü.⟩ *von jmd. anderem verwenden:* eine Formulierung, eine Textstelle wörtlich/in Auszügen ü.; Ideen, Methoden [von jmdm.] ü.; das deutsche Fernsehen hat die Sendung vom französischen Fernsehen übernommen.
3. a) ⟨jmdn. ü.⟩ *zu sich nehmen:* die Firma übernahm die Angestellten der aufgelösten Tochterfirma; b) ⟨jmdn., etw. ü.⟩ *an Bord nehmen:* Passagiere, eine Ladung ü.; c) ⟨sich ü.⟩ *sich zu viel zumuten:* sich gesundheitlich, finanziell ü.; sich beim/im Essen, beim Arbeiten, beim Umzug ü.; er hat sich mit dem Haus[bau] übernommen.
überprüfen ⟨jmdn., etw. ü.⟩: eine Rechnung, eine Liste, die Richtigkeit von etw. ü.; jmds. Angaben kritisch ü.; eine Anlage auf ihre Funktionstüchtigkeit [hin] ü.; alle Personen wurden überprüft worden; eine Entscheidung ü. *(noch einmal überdenken).*
überquellen: a) *sich über etw. hinaus ausdehnen:* der Teig ist übergequollen; b) *übervoll sein:* der Papierkorb quillt über; ein überquellender Briefkasten; ÜBERTR.: von/vor Freude ü.; eine überquellende Dankbarkeit.
überqueren ⟨etw. ü.⟩: den Fluss, die Straße, die Kreuzung ü.; SUBST.: beim Überqueren der Straße vorsichtig sein.
¹**überragen:** 1. ⟨jmdn., etw. ü.⟩ *größer als jmd., etw. sein:* der Fernsehturm überragt alle Hochhäuser; er überragt seinen Vater um einen ganzen Kopf.
2. ⟨jmdn., etw. [an etw. (Dat.)] ü.⟩ *übertreffen:* er hat alle anderen an Intelligenz, an Ausdauer [weit] überragt; ADJ. PART.: er ist von überragender *(hochintelligenter)* Kopf; der Libero war der überragende Mann auf dem Platz; eine überragende *(großartige)* Leistung, Arbeit; eine Frage

von überragender *(besonderer)* Bedeutung; ü. spielen.
²**überragen:** *hinausragen:* hier ragt ein Balken über; ein überragender *(vorspringender)* Giebel.
überraschen: 1. a) ⟨jmdn. ü.⟩ *in Erstaunen versetzen:* ihre Absage hatte alle überrascht; die Nachricht, die Entscheidung hat mich wenig, nicht im Geringsten, nicht weiter überrascht; wir waren über den herzlichen Empfang überrascht; von etw. [un]angenehm überrascht sein; sich von etw. überrascht zeigen; die Sache nahm eine überraschende *(unerwartete)* Wendung; das Angebot kam [völlig] überraschend; es ging überraschend *(sehr)* schnell; b) ⟨jmdn. mit etw. ü.⟩ *jmdm. eine unerwartete Freude machen:* jmdn. mit einem Geschenk, mit einem Besuch ü.; Ⓡ lassen wir uns ü. *(warten wir es ab).*
2. ⟨jmdn. ü.⟩ a) *ertappen:* die Täter wurden beim Einbruch [von der Polizei] überrascht; er hat die beiden in einer eindeutigen Situation überrascht; b) *unvorbereitet treffen:* ein Gewitter überraschte uns am Abend; sie wurden von dem Erdbeben im Schlaf überrascht.
Überraschung, die: 1. a) *das Überraschtsein:* für eine [freudige] Ü. sorgen; in der ersten Ü. konnte sie nicht antworten; zu meiner größten, nicht geringen Ü. musste ich hören, dass .../wie ...; vor lauter Ü. ließ er die Gabel fallen; zur allgemeinen Ü. nahm er das Angebot nicht an; b) *das Überraschen:* diese Ü. ist dir geglückt; jmdm. eine Ü. bereiten.
2. a) *überraschendes Ereignis:* das war eine schöne, böse, [un]angenehme, erfreuliche Ü.; eine Ü. erleben; b) *unerwartete Freude:* das ist aber eine Ü.!; es soll eine Ü. sein; für jmdn. eine kleine Ü. *(ein kleines Geschenk)* kaufen, haben.
überreden ⟨jmdn. [zu etw.] ü.⟩: jmdn. zum Mitkommen, zum Kauf, zu einem Konzertbesuch ü.; ich ließ mich nicht ü., den Vertrag zu unterschreiben; hast du mich ü. können?
überreichen ⟨jmdm. etw. ü.⟩: jmdm. eine Urkunde, ein Geschenk, den Pokal ü.; der Architekt überreichte dem Hausherrn die Schlüssel; ⟨auch ohne Dat.⟩ ich bin beauftragt, die Auszeichnung zu ü.
überreizen: 1. ⟨jmdn., etw. ü.⟩ *stark reizen:* die Nerven, die Einbildungskraft ü.; ⟨meist im 2. Part.⟩ er ist durch ununterbrochenes Studium überreizt; meine Augen sind stark überreizt; in völlig überreiztem Zustand sein.
2. (Kartenspiel) ⟨sich, etw. ü.⟩ *zu viel bieten:* ich habe mich [bei diesem Spiel] überreizt; er hat seine Karte, sein Blatt überreizt.
Überrest, der: nur in trauriger, kläglicher Ü. war noch vorhanden; die Überreste einer alten Festung;
★ die sterblichen Überreste (geh. verhüll., der Leichnam).
überrumpeln ⟨jmdn. ü.⟩: das feindliche Lager, die gegnerische Mannschaft wurde überrumpelt; sie ließ sich durch diese Frage nicht von ihm ü.

U

überrunden ⟨jmdn., etw. ü.⟩: einige Läufer nach 8000 m ü.; es folgen noch einige Wagen, die schon mehrmals überrundet worden sind; ÜBERTR.: die Konkurrenz ü. *(übertreffen).*

übersättigt ⟨ü. [mit/von etw.]⟩: übersättigte Wohlstandsbürger; wir sind mit Informationen, von Luxus ü.

überschatten ⟨etw. ü.⟩: Lindenbäume überschatten den Platz; ÜBERTR.: ein Unglück, ein Unfall überschattete *(trübte)* das Rennen.

überschätzen ⟨jmdn., sich, etw. ü.⟩: einen Dichter, jmds. Talent, seine Kräfte ü.; sich [selbst] ü.

überschauen: ↑ überblicken.

überschäumen: a) *schäumend überlaufen:* der Sekt, das Bier schäumt über; b) *überfließen:* die Sektgläser schäumten über; ÜBERTR.: er schäumt vor Temperament geradezu über; überschäumende *(unbändige)* Freude, Begeisterung.

Überschlag, der: **1.** *ungefähre Berechnung:* wir müssen einen Ü. der Ausgaben, einen Ü. über die voraussichtlichen Kosten machen; einen Ü. machen, wie viel Geld benötigt wird. **2.** *Drehung um die horizontale Achse:* einen Ü. am Barren, am Schwebebalken machen; der Sportflieger machte zwei Überschläge *(Loopings).*

¹überschlagen: 1. ⟨etw. ü.⟩ *auslassen:* ein Kapitel, mehrere Seiten in einem Buch ü. **2.** ⟨etw. ü.⟩ *ungefähr berechnen:* die Kosten, den Gewinn, die Zahl der Teilnehmer ü.; sie überschlug, was die Reise kosten würde, ob ihr Geld dafür noch reichen würde. **3.** ⟨sich ü.⟩ *sich beim Fallen um die eigene Achse drehen:* sich beim Sturz ü.; der Wagen hat sich mehrmals überschlagen; ÜBERTR.: der Verkäufer überschlug sich fast (ugs.; *war überaus beflissen*); sich vor Liebenswürdigkeit förmlich ü. (ugs.; *sehr liebenswürdig sein*). **4.** ⟨sich ü.⟩ a) *hell und schrill werden:* in der Aufregung, vor Wut hat sich seine Stimme überschlagen; b) *dicht aufeinander folgen:* die Meldungen, die Nachrichten haben sich förmlich überschlagen.

²überschlagen ⟨sich ü.⟩: a) *übereinander legen:* sie hat die Beine übergeschlagen; mit übergeschlagenen Beinen dasitzen. **2.** *überströmen:* die Wellen schlugen über; Funken sind über geschlagen *(übergesprungen).* **3.** ⟨in etw. (Akk.) ü.⟩ *sich zu etw. verändern:* seine Begeisterung ist in Fanatismus übergeschlagen.

überschnappen: 1. (ugs.) *den Verstand verlieren:* wenn er so weitermacht, schnappt er noch über; du bist wohl [total] übergeschnappt! **2.** (ugs.) *sich überschlagen:* ihre Stimme schnappte über; die überschnappende Stimme des Reporters. **3.** *über die Zuhaltung schnappen:* der Riegel, das Schloss ist/(auch:) hat übergeschnappt.

überschneiden ⟨sich ü.⟩: a) *sich teilweise bedecken:* die Kreisflächen überschneiden sich; die beiden Linien überschneiden *(kreuzen)* sich [an zwei Stellen, in mehreren Punkten]; ÜBERTR.: die beiden Themenbereiche, Arbeitsbereiche überschneiden sich; b) *gleichzeitig stattfinden:* die beiden Veranstaltungen, Sendungen überschneiden sich [um eine halbe Stunde].

überschreiben: 1. ⟨jmdm./auf jmdn. etw. ü.⟩: *vermachen:* er hat das Geschäft seinem Sohn/auf seinen Sohn überschrieben. **2.** ⟨etw. irgendwie/mit etw. ü.⟩ *betiteln:* er hat den Kommentar »Nie wieder« überschrieben; das Kapitel, das Gedicht ist mit den Worten überschrieben ...

überschreiten ⟨etw. ü.⟩: **1.** *über etw. hinweggehen:* die Schwelle eines Hauses, die Grenze ü.; ÜBERTR.: [das] Überschreiten der Gleise [ist] verboten; ÜBERTR.: etw. überschreitet jmds. Fähigkeiten, jmds. Denkvermögen; er hat die siebzig bereits überschritten *(er ist über siebzig Jahre alt);* das Hochwasser, die Reisewelle hat den Höhepunkt bereits überschritten *(geht wieder zurück);* Ausgaben überschreiten *(sind größer als)* die Einnahmen. **2.** *über das Erlaubte hinausgehen:* ein Gesetz, die vorgeschriebene Höchstgeschwindigkeit, seine Befugnisse, seine Kompetenzen, die Grenzen des Erlaubten ü.; das überschreitet jedes zulässige Maß *(ist unverschämt);* die zulässigen Grenzwerte sind um 20 %, um ein Vielfaches überschritten worden.

Überschrift, die: eine kurze, fett gedruckte, reißerische, missverständliche Ü.; wie lautet die Ü. des Artikels?; das Kapitel trägt eine irreführende Ü.; etw. mit einer Ü. versehen.

Überschuss, der: a) *Gewinn:* hohe Überschüsse erzielen, haben; b) *über ein Maß hinausgehende Menge:* ein Ü. an Geburten *(mehr Geburten als Sterbefälle);* er hat einen Ü. an Kraft; Überschüsse produzieren; es besteht ein Ü. an Frauen, an Getreide, an Früchten.

überschüssig: überschüssige Wärme, Energie; überschüssige Gelder, Ware[n]; ÜBERTR.: seine überschüssigen Kräfte austoben.

¹überschütten ⟨jmdn., etw. mit etw. ü.⟩: *etw. über jmdn., etw. schütten:* etw. mit Erde, mit Sand, mit Asche ü.; ÜBERTR.: jmdn. mit Geld, mit Blumen, mit Beifall, mit Lob, mit Geschenken ü.; sie hat uns mit Vorwürfen, mit Kritik überschüttet.

²überschütten ⟨jmdm. etw. ü.⟩: *übergießen:* man hat ihm einen Eimer kaltes Wasser übergeschüttet.

Überschwang, der: der Ü. der Freude, der Gefühle; voll, voller Ü. sein; etw. in seinem jugendlichen Ü., im ersten Ü., im Ü. der Jugend sagen.

überschwänglich: eine überschwängliche Begeisterung, Freude; jmdn. mit überschwänglichen Worten, in überschwänglicher Weise, ü. feiern/loben; er war hier [in seinen Äußerungen] zu ü.; jmdm. ü. danken.

überschwemmen: a) ⟨etw. ü.⟩ *überfluten:* der Fluss

U

hat weite Landstriche, die Uferstraße überschwemmt; die Auen werden bei Hochwasser regelmäßig überschwemmt; ÜBERTR.: Touristen überschwemmen das Land; b) ⟨jmdn., etw. mit etw. ü.⟩ *überreichlich versehen:* den Markt mit Billigprodukten ü.; mit Informationen aller Art überschwemmt werden.

Überschwemmung, die: die Ü. des Rheins, am Oberrhein; die Ü. weiter Gebiete, der Altstadt hat große Schäden angerichtet, geht langsam zurück; es kam zu Überschwemmungen; tagelange Wolkenbrüche führten zu verheerenden Überschwemmungen; ÜBERTR.: du hast im Bad eine Ü. angerichtet (ugs. scherzh.; *sehr viel Wasser verspritzt*).

¹übersehen: 1. ⟨etw. ü.⟩ a) *überblicken:* von hier aus kann man das Tal, das ganze Spielfeld gut ü.; b) *in den Zusammenhängen erfassen:* die Folgen, das Ausmaß von etw., die Verhältnisse, die Lage ü.; ob das möglich ist, lässt sich noch nicht ü. 2. ⟨jmdn., etw. ü.⟩ a) *versehentlich nicht sehen:* einen Fehler, ein Verkehrsschild, einen Hinweis ü.; bei dieser Größe kann man dich nicht ü.; der Defekt war bei der Inspektion übersehen worden; b) *ignorieren:* jmds. Fauxpas taktvoll ü.; jmdn. geflissentlich, hochmütig ü.

²übersehen (ugs.) ⟨sich (Dat.) etw. ü.⟩: *einer Sache überdrüssig werden:* ich habe mir dieses Kleid, diese Tapete übergesehen; man sieht sich so etwas schnell, leicht über.

übersenden ⟨jmdm. etw. ü.⟩: jmdm. ein Schreiben, eine Nachricht, ein Dokument, eine Datei ü.; er hat mir zum Jubiläum Glückwünsche übersandt/(auch:) übersendet; anbei, beiliegend, als Anlage, in der Anlage übersende ich Ihnen ...

¹übersetzen: 1. a) ⟨jmdn., etw. ü.⟩ *ans andere Ufer befördern:* er hat uns ans andere Ufer, zum anderen Ufer, auf die Insel übergesetzt; wir ließen uns mit/von der Fähre ü.; b) *hinüberfahren:* wir sind/haben [mit der Fähre] übergesetzt; den Truppen gelang es, ans/aufs Festland, zum südlichen Ufer überzusetzen. 2. ⟨etw. ü.⟩ *über etw. hinwegführen:* bei diesem Tanz muss der Fuß übergesetzt werden; SUBST.: das Übersetzen *(beim Klavierspielen das Greifen mit dem Finger über den Daumen)* üben.

²übersetzen: a) ⟨etw. ü.⟩ a) *in eine andere Sprache übertragen:* einen Satz wörtlich, Wort für Wort, frei, richtig, genau, sinngemäß ü.; einen Text aus dem/vom Französischen ins Deutsche ü.; können Sie mir diesen Brief ü.?; ein in mehreren Sprachen übersetzter Roman; ⟨auch ohne Akk.⟩ sie kann hervorragend, gut, überhaupt nicht ü.; b) ⟨etw. in etw. (Akk.) ü.⟩ *umgestalten:* eine Szene, ein Thema ins Dramatische ü.; der Künstler hat diese sagenhafte Gedankenwelt großartig in [die] Musik übersetzt.

Übersetzung, die: 1. a) *das Übersetzen:* für die Ü. des Textes [aus dem/vom Französischen ins Deutsche] brauchte sie drei Stunden; die deut-

sche Ü. ist, stammt von ...; die Ü. ist nicht gut, voller Fehler; eine Ü. *(den übersetzten Text)* von etw. machen, anfertigen, liefern; b) *übersetzter Text:* die wörtliche, freie, wortgetreue, werktreue, autorisierte, neue Ü. eines Textes; von diesem Buch ist jetzt eine Ü. erschienen; der Autor *(sein Buch)* ist in deutscher Ü./in einer deutschen Ü. erschienen, liegt jetzt in der Ü. vor; ein Werk nur in der Ü. kennen, in der Ü. lesen. 2. (Technik) *Stufe der Bewegungsübertragung:* das Fahrrad hat eine große, kleine Ü.; das Getriebe hat eine Ü. von 1: 5,6; mit einer größeren Ü. fahren.

Übersicht, die: 1. *Überblick:* jmdm. fehlt die Ü.; die Ü. ist durch viele Nebensächlichkeiten erschwert; eine klare Ü., die nötige Ü., keine Ü. [über etw.] haben; die Ü. gewinnen, bekommen, verlieren; sich eine Ü. [über die Lage] verschaffen. 2. *übersichtliche Darstellung:* eine vergleichende Ü.; eine Ü. über die deutsche Geschichte des 19. und 20. Jahrhunderts; sie gab eine Ü. über die anstehenden Fragen.

übersichtlich: 1. *gut zu überblicken:* ein übersichtliches Gelände; die Straßenkreuzung ist ü. [angelegt]. 2. *gut erfassbar:* eine übersichtliche Darstellung; die Tabellen sind ü. angeordnet; die Arbeit, das Buch ist ü. angelegt, gegliedert.

übersiedeln, (auch:) **übersiedeln** ⟨irgendwohin ü.⟩: von Stuttgart nach München ü.; die Firma siedelte hierher über/(auch:) übersiedelte hierher, ist hierher übergesiedelt/(auch:) ist hierher übersiedelt.

überspannen: 1. a) ⟨etw. mit etw. ü.⟩ *bespannen:* etw. mit Leinwand, mit einem Tuch ü.; b) ⟨etw. ü.⟩ *über etw. hinwegführen:* eine Hängebrücke überspannt [in 50 m Höhe] den Fluss, die Bucht, das Tal; der Kirchenraum wird von einem Tonnengewölbe überspannt. 2. ⟨etw. ü.⟩ *zu stark spannen:* eine Saite, die Feder, den Bogen ü.

überspannt: *übertrieben:* überspannte Ideen, Ansichten, Grundsätze; überspannte *(zu hohe)* Forderungen; er ist ein etwas überspannter *(exaltierter)* Mensch; sie ist ü.; etw. für ü. halten.

überspielen: 1. ⟨etw. [irgendwie] ü.⟩ *nicht merken lassen:* seine Unsicherheit, seine Nervosität, seine Verlegenheit, eine peinliche Situation [geschickt, mit Humor] ü. 2. a) ⟨etw. [auf etw. (Akk.)] ü.⟩ *übertragen:* eine CD auf [ein] Tonband, eine Fernsehsendung auf Video, Daten auf einen Rechner ü.; sich eine Kassette, einen Film ü.; b) ⟨etw. ü.⟩ *durch erneutes Bespielen löschen:* den Film überspiele ich wieder, wenn ich ihn mir angesehen habe; c) ⟨jmdm. etw. irgendwoher/irgendwohin ü.⟩ *übermitteln:* die Aufzeichnung wurde uns aus dem Studio in Wien überspielt. 3. (Sport) ⟨jmdn. ü.⟩ *ausspielen:* der Stürmer überspielte seinen Gegenspieler, die gesamte gegnerische Abwehr; ADJ. PART.: er hat zu viele Turniere bestritten, ist/wirkt ausgelaugt und überspielt *(überanstrengt)*; ÜBERTR.: man hat ihn bei den Verhandlungen überspielt; er hat sich von seinen Partnern ü. lassen.

überspitzen ⟨etw. ü.⟩: er soll die Angelegenheit, die Forderung nicht ü.; das ist leicht, etwas überspitzt ausgedrückt; eine überspitzte Formulierung.

¹überspringen ⟨etw. ü.⟩: **1.** *mit einem Sprung überwinden:* einen Graben, einen Zaun ü.; das Pferd hat die Hindernisse fehlerfrei übersprungen; er hat im Weitsprung die 8-Meter-Grenze, im Stabhochsprung 5,80 m übersprungen. **2.** *auslassen:* eine [Schul]klasse, eine Entwicklungsstufe ü.; wir haben dieses Kapitel, einige Seiten übersprungen.

²überspringen: **1.** *sich an eine andere Stelle bewegen:* der [elektrische] Funke ist übergesprungen; ÜBERTR.: ihre Fröhlichkeit sprang auf die andern über. **2.** ⟨auf etw. (Akk.) ü.⟩ *zu etw. übergehen:* der Redner ist auf ein anderes Thema übergesprungen.

übersprudeln: a) *sprudelnd überlaufen:* die Limonade, das kochende Wasser ist übergesprudelt; ÜBERTR.: ihr Temperament sprudelt über; er ist vor/von guten Einfällen, Ideen nur so übergesprudelt; übersprudelnde Lebenslust, Schaffenskraft; **b)** *überfließen:* die Flasche ist beim Öffnen übergesprudelt.

¹überstehen: *hinaus-, hervorragen:* das oberste Geschoss steht [um] einen halben Meter über; der Balken hat am Dach übergestanden; den überstehenden Papierstreifen abschneiden.

²überstehen ⟨etw. [irgendwie] ü.⟩: *durchstehen:* eine Gefahr, eine Operation, eine Krankheit gut ü.; die Firma hat die Krise ohne großen Schaden überstanden; das Schlimmste ist jetzt überstanden; er hat es überstanden (verhüll.; *ist gestorben*); sich von der gerade überstandenen Krankheit erholen.

¹übersteigen: **1.** ⟨etw. ü.⟩ *kletternd o. ä. überwinden:* eine Mauer, einen Zaun ü. **2.** ⟨etw. ü.⟩ *über etw. hinausgehen:* die Nachfrage übersteigt das Angebot, unsere Erwartungen [bei weitem]; ich hoffe, dass die Kosten den Voranschlag nicht wesentlich ü.; das übersteigt meine finanziellen Möglichkeiten, meine Kräfte; sein Verhalten hat die Grenze des Erlaubten überstiegen.

²übersteigen: *hinüberklettern:* die Diebe sind vom Nachbarhaus [aus] auf unser Dach übergestiegen.

übersteigern: 1. ⟨etw. ü.⟩ *über das Normalmaß steigern:* eine Forderungen, die Preise ü.; ADJ. PART.: ein übersteigertes Geltungsbedürfnis, Selbstbewusstsein haben. **2.** ⟨sich ü.⟩ *sich übermäßig steigern:* er übersteigerte sich in seinem Zorn.

überstimmen: a) ⟨jmdn. ü.⟩ *durch Stimmenmehrheit besiegen:* den Vorsitzenden, die Gegner eines Gesetzes knapp ü.; du bist überstimmt! (ugs.; *die meisten sind nicht für das, wofür du bist!*); **b)** ⟨etw. ü.⟩ *mit Stimmenmehrheit ablehnen:* der Gegenantrag, ihr Vorschlag wurde überstimmt.

¹überströmen (geh.): **1.** *über den Rand fließen:* das Wasser ist übergeströmt; ÜBERTR.: sein Gefühl strömte über; vor Glück, vor Seligkeit ü.; überströmende *(sehr große)* Dankbarkeit, Herzlichkeit. **2.** ⟨auf jmdn. ü.⟩ *übergehen:* seine Begeisterung, seine gute Laune ist auf uns alle übergeströmt.

²überströmen ⟨etw. ü.⟩: *sich strömend auf etw. ausbreiten:* der Fluss trat über die Ufer und hat die Wiesen, die Ebene überströmt; sein Gesicht war von Tränen, von Blut überströmt.

Überstunde, die: bezahlte, unbezahlte Überstunden; Überstunden machen, leisten, (salopp:) schieben; seine Überstunden abfeiern.

überstürzen: 1. ⟨etw. ü.⟩ *übereilt tun:* etw., eine Entscheidung, seine Abreise ü.; man soll nichts ü.; überstürzt handeln, abreisen, reagieren; eine überstürzte Flucht. **2.** ⟨sich ü.⟩ *rasch aufeinander folgen:* die Ereignisse, die Nachrichten, die Berichte, seine Worte überstürzten sich.

übertönen ⟨jmdn., etw. ü.⟩: jeder versuchte, den anderen zu ü.; das Orchester übertönte den Chor; die Lautsprecher übertönten alles.

übertragen: 1. a) ⟨etw. ü.⟩ *als Übertragung senden:* etw. original, direkt, live [im Fernsehen] ü.; das Konzert wird von allen Sendern übertragen; **b)** ⟨etw. irgendwohin ü.⟩ *überspielen:* eine Aufnahme auf Band, auf Video ü.; **c)** (Nachrichtent., EDV) ⟨etw. ü.⟩ *auf einen anderen Datenträger o. Ä. transportieren:* Daten, Dateien, Bilder [per Datenleitung, übers Internet, über Satellit] ü.; Signale digital ü. **2.** ⟨etw. ü.⟩ **a)** *übersetzen:* ein Buch ü.; einen Text aus dem/vom Lateinischen ins Deutsche ü.; **b)** ⟨etw. in etw. (Akk.) ü.⟩ *umwandeln, umformen:* etw. vom Stenogramm in Langschrift ü.; eine Erzählung in Verse ü.; sie hat das Stück in eine andere Tonart übertragen. **3.** ⟨etw. irgendwohin ü.⟩ *nochmals schreiben, zeichnen o. ä.:* etw. ins Reine, in die Reinschrift, in ein Heft, auf die nächste Seite ü.; ein Muster auf einen Stoff ü.; die Abschlussrechnung wird ins Hauptbuch übertragen. **4.** ⟨etw. auf etw. (Akk.) ü.⟩ *anwenden:* man kann das System nicht einfach auf die dortigen Verhältnisse ü.; ADJ. PART.: die übertragene *(sinnbildliche)* Bedeutung einer Formulierung; ein Wort ü., in übertragener Bedeutung gebrauchen. **5. a)** (bes. Technik) ⟨etw. ü.⟩ *Kräfte o. Ä. weitergeben:* die Antriebswelle überträgt die Kraft des Motors auf die Räder; **b)** ⟨jmdm. etw. ü.⟩ *übergeben:* jmdm. eine schwierige Aufgabe, ein hohes Amt ü.; dem Sohn wurde die Leitung des Be-

U

triebs übertragen; c) ⟨etw. irgendwohin ü.⟩ *abtreten:* die Anteile dieser Firma wurden an die Tochtergesellschaft übertragen; er ließ sein Guthaben auf ein Auslandskonto ü. *(transferieren);* d) (bes. Med.) ⟨etw. irgendwohin ü.⟩ *anderswohin bringen:* ein fremdes Gen auf/in eine befruchtete Eizelle ü.; ein im Labor erzeugtes Embryo in die Gebärmutter ü.; ⟨jmdm. etw. ü.⟩ einer Frau den Samen des Ehepartners ü. **6.** a) ⟨etw. [auf jmdn.] ü.⟩ *eine Krankheit weitergeben:* diese Insekten übertragen die Krankheit auf den Menschen; es besteht die Gefahr, dass die Krankheit auf andere Personen übertragen wird; der Virus wird durch Geschlechtsverkehr übertragen; b) ⟨sich auf jmdn. ü.⟩ *jmdn. erfassen:* die Krankheit überträgt sich auf andere Personen; seine Heiterkeit hat sich auf uns alle übertragen. **Übertragung,** die: **1.** a) *Übermittlung in Ton [und Bild]:* eine zeitverschobene Ü. der zweiten Halbzeit; die Ü. des Konzerts ist beendet, war [qualitativ] schlecht, war oft gestört/unterbrochen; die Ü. beginnt, läuft, (ugs.:) kommt im zweiten Programm; die Ü. im Rundfunk hören; das Fernsehen sendet, bringt eine Ü. von der Fußballweltmeisterschaft; b) (Nachrichten., EDV) *Datenübermittlung:* die Ü. der Daten erfolgt übers Internet. **2.** a) *Übersetzung:* die Ü. des Romanes, des Buches [aus dem Französischen] ins Deutsche ist, stammt von ...; b) *Umwandlung:* die Ü. der Melodie in eine andere Tonart, der Verse in Prosa. **3.** ⟨o. Pl.⟩ a) *das Weitergeben von Kräften o. Ä.:* die Ü. der Kraft auf die Räder; b) *das Übergeben:* die Ü. aller Funktionen an den Nachfolger. **4.** *Verbreitung:* die Ü. der Krankheit verhindern. **übertreffen:** a) ⟨jmdn., sich ü.⟩ *überflügeln:* jmdn. in der Leistung ü.; am Reck, im Tennis, im Schach ist er nicht zu ü.; er hat sich selbst übertroffen *(hat mehr geleistet, als man von ihm erwartet hatte);* ⟨jmdn., sich an etw. (Dat.) ü.⟩ jmdn. an Ausdauer, an Fleiß, an Intelligenz, an Geschicklichkeit; b) ⟨etw. ü.⟩ *übersteigen:* die Chancen übertreffen das Risiko bei weitem; die Nachfrage, das Ergebnis hat alle Erwartungen weit übertroffen; das übertrifft jede Vorstellung, die kühnsten Hoffnungen, meine schlimmsten Befürchtungen; das übertrifft alles, was ich je erwartet habe; die Investitionen übertrafen das Vorjahresniveau um 15 Prozent; durch diese Maßnahmen konnte der Umsatz gegenüber dem Vorjahr deutlich übertroffen werden. **übertreiben:** a) *in aufbauschender Weise darstellen:* sie übertreibt maßlos, furchtbar; du sollst nicht immer so ü.; ich übertreibe nicht/es ist nicht übertrieben, wenn ich sage, dass ...; b) ⟨etw. ü.⟩ *zu weit treiben:* Ansprüche, die Sauberkeit ü.; man kann alles ü.; übertreibe es nicht mit dem Training; übertriebene Höflichkeit, Vorsicht, Genauigkeit; übertriebenes Misstrauen, Pathos; übertriebene Hoffnungen hegen; ist das nicht et-

was, reichlich übertrieben?; übertrieben vorsichtig, misstrauisch, sparsam sein. **¹übertreten:** **1.** (Sport) *über eine Markierung treten:* der Sprung ist ungültig, weil sie übergetreten ist/hat. **2.** *das Ufer überfluten:* der Fluss ist nach dem langen Regen übergetreten. **3.** ⟨zu etw. ü.⟩ *sich anschließen:* zu einer anderen Partei ü.; er ist zum Islam, zum katholischen Glauben übergetreten. **²übertreten:** **1.** ⟨etw. ü.⟩ *gegen etw. verstoßen:* ein Gebot, ein Gesetz, eine Vorschrift ü. **2.** (seltener) ⟨sich (Dat.) etw. ü.⟩ *verstauchen:* ich habe mir den Fuß übertreten. **Übertritt,** der: der Ü. zum Islam; der Ü. von einer Partei zu einer anderen, aus einem Beruf in einen anderen; die Zahl der Übertritte [zu dieser neuen Partei] nimmt zu. **übertrumpfen** ⟨jmdn., etw. ü.⟩: **1.** *weit übertreffen:* mit dieser Leistung hat sie alle übertrumpft; jmds. Leistung ü. **2.** (Kartenspiel) *durch Ausspielen eines Trumpfs besiegen:* er hat ihn, seine Karte übertrumpft. **übervorteilen** ⟨jmdn. ü.⟩: man hat ihn bei dem Kauf, bei dem Vertrag übervorteilt; sich übervorteilt fühlen. **überwachen:** *kontrollieren:* a) ⟨jmdn. ü.⟩: einen Verdächtigen auf Schritt und Tritt ü. [lassen]; vom Verfassungsschutz überwacht werden; jmdn. ständig, scharf ü.; b) ⟨etw. ü.⟩: jmds. Wohnung, jmds. Telefon ü.; die Ausführung einer Arbeit, eines Befehls ü.; eine technische Anlage, den Produktionsablauf ü.; die Polizei überwacht den Verkehr; die Schalterhalle wird mit Videos überwacht. **überwältigen:** **1.** ⟨jmdn. ü.⟩ *bezwingen:* nach kurzem Handgemenge hatte man den Angreifer überwältigt. **2.** ⟨jmdn. ü.⟩ *erfassen:* Angst, Wehmut, Neugier überwältigte ihn; er wurde vom Schlaf überwältigt *(übermannt);* die dramatische Wucht des Stückes überwältigte das Publikum *(beeindruckte es tief);* ⟨oft im 2. Part.⟩ sie war von dem Erlebnis ganz überwältigt; sie war so überwältigt, dass ... **überwältigend:** a) *großartig:* einen überwältigenden Eindruck auf jmdn. machen; der Anblick war ü.; von überwältigender Schönheit, Intensität sein; b) *sehr groß:* die überwältigende Mehrheit der Bevölkerung; ein überwältigender Sieg; mit überwältigender Mehrheit gewählt werden; seine Leistungen sind nicht gerade ü. (oft spött.; *sind mittelmäßig).* **überweisen:** **1.** ⟨etw. [auf etw. (Akk.)] ü.⟩ *(auf jmds. Konto einzahlen:* die Miete [per Dauerauftrag] ü.; die Bank hat das Geld überwiesen *(hat den Überweisungsauftrag ausgeführt);* das Gehalt, das Stipendium bekommt er auf sein Girokonto überwiesen; ⟨jmdm. etw. [auf etw. (Akk.)] ü.⟩ sie lässt sich das Geld, den Betrag auf ihr Konto ü.;

wir werden Ihnen den Betrag ü.; ⟨etw. an jmdn. ü.⟩ das Honorar ist bereits an Sie überwiesen worden.
2. ⟨jmdn. an jmdn., zu jmdm., irgendwohin ü.⟩ *zur Behandlung zuleiten:* einen Pateienten an einen Facharzt, zu einem Facharzt, in die Klinik ü.
3. ⟨etw. jmdm., etw./an etw. (Dat.) ü.⟩ *zur Bearbeitung zuleiten:* der Fall, die Akte wurde einer anderen/an eine andere Behörde, an den Ausschuss überwiesen.

¹überwerfen ⟨jmdm., sich etw. ü.⟩: *mit einer schnellen Bewegung umhängen:* sich rasch seinen Mantel ü.; sie hat dem Kind eine Decke übergeworfen.
²überwerfen ⟨sich [mit jmdm.] ü.⟩: *in Streit geraten:* ich habe mich mit ihm wegen der Finanzierung überworfen; die beiden haben sich wegen einer Kleinigkeit [völlig] überworfen.

überwiegen: **a)** *vorherrschen:* im Süden des Landes überwiegen noch Laubwälder; es überwog die Meinung, dass ...; sein Einfluss hat letztlich überwogen; ADJ. PART.: die überwiegende Mehrheit *(der größere Teil)* der Bevölkerung; jmdn. mit überwiegender *(mehr als der einfachen)* Mehrheit wählen; sich überwiegend *(hauptsächlich)* mit sozialen Fragen befassen; morgen wird es überwiegend *(meistens)* heiter sein; **b)** ⟨etw. ü.⟩ *übertreffen:* bei ihm überwog das Gefühl der Vernunft; das Interesse hat die Vorbehalte überwogen.

überwinden: 1. (geh.) ⟨jmdn., etw. ü.⟩ *besiegen:* er hat seinen Gegner nach hartem Kampf überwunden; in der letzten Minute konnte er schließlich den gegnerischen Torhüter ü. (Ballspiele Jargon; *ein Tor gegen ihn erzielen).*
2. ⟨etw. ü.⟩ **a)** *bewältigen:* Hindernisse, eine Hürde, eine Mauer ü.; er hat die Steigung mit dem Mountainbike mühelos überwunden; ÜBERTR.: Probleme, Schwierigkeiten, die Angst, alle Bedenken, alle Vorbehalte, seine innere Abneigung, seine Scheu, sein Misstrauen ü.; **b)** *bekämpfen u. abschaffen;* ein überlebtes System, die Apartheid ü.; die Krise dürfte jetzt überwunden sein; ein längst überwundener Standpunkt; **c)** *verkraften:* sie musste erst einmal diese Enttäuschung, diesen Schock ü.; er hat ihren Tod nie ganz überwunden.
3. ⟨sich ü.⟩ *etw. schließlich doch tun:* er hat sich schließlich überwunden und seine Zustimmung gegeben; sie konnte sich nur sehr schwer ü., sich zu entschuldigen.

Überwindung, die: es hat mich viel, einige Ü. gekostet, das zu tun; etw. nur mit großer Ü. tun.

überzeugen: 1. **a)** ⟨jmdn. [von etw.] ü.⟩ *in seiner Meinung umstimmen:* jmdn. von der Richtigkeit einer Handlungsweise, [durch Beweise] von einem Irrtum ü.; er hat mich von seiner Unschuld überzeugt; wir konnten ihn nicht ü.; sie ließ sich nicht ü.; er war nur schwer [davon] zu ü., dass ...; **b)** *den Erwartungen entsprechen:* die Mannschaft wusste im Rückspiel zu ü.; sie überzeugte durch

Kompetenz und sicheres Auftreten; solche Beweise überzeugen nicht; überzeugende Gründe, Argumente vorbringen; seine Rolle überzeugend spielen, verkörpern; was sie sagt, klingt [für mich] eigentlich [recht, nicht ganz] überzeugend.
2. ⟨sich von etw. ü.⟩ *sich vergewissern:* er hat sich persönlich, mit eigenen Augen davon überzeugt, dass ...; sie kann sich jederzeit [selbst] davon ü., dass es so ist.

überzeugt: 1. ⟨ü. [von jmdm., etw.]⟩ *sicher:* ich bin davon ü., dass sie Recht hat, dass er lügt, dass er der Täter ist, dass sie es schaffen wird; von etw. felsenfest, hundertprozentig ü. sein; ich bin von ihm, von seinen Fähigkeiten, von seinen Leistungen nicht ü. *(habe keine allzu gute Meinung von ihm, davon);* sie ist sehr von sich selbst ü. *(ist allzu selbstbewusst).*
2. *fest an etw. glaubend:* eine überzeugte Christin, Marxistin; ein überzeugter Gegner der Atomenergie, von Atomkraftwerken sein.

Überzeugung, die: jmds. religiöse, weltanschauliche, politische Ü.; es war seine ehrliche Ü., dass ...; seine Ü. klar, fest vertreten; die Ü. gewinnen/haben, dass ...; [nicht] gegen seine Ü. handeln [können]; etw. im Brustton der Ü. *(in fester Überzeugung)* sagen; der [festen, felsenfesten] Ü. sein, dass ...; etw. aus innerer Ü. tun; in/mit der festen Ü., dass ...; meiner Ü. nach/nach meiner Ü.; sich von seiner Ü. nicht abbringen lassen; sich [offen] zu seiner Ü., zu seinen Überzeugungen bekennen; sie war zu der Ü. gekommen/gelangt, dass er unschuldig ist.

¹überziehen ⟨etw. ü.⟩: *über etw. anziehen:* sie zog einen warmen Mantel ü.; Sie können den Rock auch gerne mal ü.; ⟨jmdm., sich etw. ü.⟩ sie hat sich eine Jacke übergezogen, weil es kühl wurde; ⋆ jmdm. eins, ein paar überziehen (ugs.; *jmdm. Schläge, einen Schlag versetzen).*
²überziehen: 1. **a)** ⟨etw. [mit etw.] ü.⟩ *bedecken; beziehen:* etw. mit [Kunst]stoff, mit einem Schutzfilm, mit Lack, mit einer Isolierung ü.; der Kuchen wird mit einem Zuckerguss überzogen; ⟨etw. irgendwie ü.⟩ die Polstersessel neu ü.; die Betten sind frisch überzogen; **b)** ⟨sich [mit etw.] ü.⟩ *sich bedecken:* der Himmel hat sich mit Wolken überzogen.
2. ⟨etw. ü.⟩ *übermäßig beanspruchen:* den Etat ü.; er hat sein Konto [um 400 DM] überzogen *([400 DM] mehr vom Konto abgehoben, als darauf gutgeschrieben war).*
3. ⟨etw. ü.⟩ *(zugemessene Zeit) überschreiten:* die Sendezeit [um] 18 Minuten ü.; er überzieht häufig die Pause; ⟨auch ohne Akk.⟩ bei einer Lifeshow ü.; sie hat schon wieder überzogen.
4. ⟨etw. ü.⟩ *mit etw. zu weit gehen:* seine Kritik ü.; eine überzogene Reaktion; überzogene Forderungen, Vorstellungen.
5. ⟨jmdn., etw. mit etw. ü.⟩ *heimsuchen:* jmdn.

U

mit Drohungen ü.; das Land wurde mit Krieg überzogen.

üblich: die übliche Ausrede, Entschuldigung; das übliche Gerede; wir verfahren nach den üblichen Methode; etw. zu den üblichen Bedingungen kaufen; zur üblichen Zeit; das ist hier so, ist längst nicht mehr, ist allgemein ü.; es ist nicht/ durchaus ü., die Besucher zu kontrollieren/dass die Besucher kontrolliert werden; er kam wie ü. *(wie gewohnt)* zu spät.

übrig: die übrigen Teile, Sachen; alle übrigen *(anderen)* Gäste sind bereits gegangen; von dem Material, von dem Essen ist noch etwas ü.; ich habe [davon] noch etwas ü.; von der Torte ist nichts ü. geblieben; wie viel Geld ist ü. geblieben?; SUBST.: das, alles Übrige *(andere)* erzähle ich dir später; alle Übrigen *(anderen)* waren einverstanden; ∗ für jmdn. etwas/nichts o. Ä. **übrig haben** *(für jmdn. Sympathie/keine Sympathie empfinden)* · **für etw. etwas/nichts** o. Ä. **übrig haben** *(etw. mögen/nicht mögen)* · **jmdm. bleibt nichts [anderes/weiter] übrig [als ...]** *(jmd. kann nichts anderes tun, hat keine andere Wahl als ...)* · **ein Übriges tun** *(etwas Zusätzliches tun)* · **im Übrigen** *(ansonsten, außerdem).*

übrigens: ü. könntest du mir einen Gefallen tun; ich habe ü. ganz vergessen, dir zu gratulieren; ü., habe ich dir schon gesagt, dass ...?

Übung, die: 1. *das Üben; durch Wiederholung erworbene Fähigkeit:* das ist alles nur Ü., eine Sache der Ü.; das macht die Ü.; ihm fehlt die Ü.; keine, nicht genügend Ü. haben; etw. erfordert Ü.; aus der Ü. kommen; außer Ü., in [der] Ü. sein/bleiben; wieder in Ü. kommen; Ⓡ Ü. macht den Meister. 2. *Übungsstück, -aufgabe:* Übungen für Flöte, zur Rechtschreibung; eine Grammatik mit Übungen; eine Ü. noch einmal spielen, wiederholen, (ugs.:) noch einmal machen. 3. *Turnübung:* eine schwierige, leichte Ü.; eine Ü. am Stufenbarren; eine gymnastische Ü. zur Entspannung der Wirbelsäule; am Reck eine Ü. turnen. 4. *probeweise durchgeführte Aktion:* Übungen abhalten; an einer militärischen Ü. teilnehmen; die Feuerwehr rückt zur Ü. aus. 5. *Lehrveranstaltung an einer Hochschule:* eine zweistündige mittelhochdeutsche Ü.; Übungen für Fortgeschrittene, in Althochdeutsch, über Goethes Lyrik; eine Ü. abhalten. 6. (kath. Rel.) *Teil der Exerzitien:* sich geistlichen Übungen unterziehen.

Ufer, das: ein hohes, steiles, felsiges, sanft abfallendes, schilfbewachsenes U.; das gesamte U. des Sees ist bewaldet, befindet sich in Privatbesitz; das U., die U. befestigen; das [sichere] U. erreichen; das linke, westliche U. des Rheins; am rechten, diesseitigen, anderen U. [des Flusses]; am U. anlegen; ans U. kommen, gelangen, rudern, schwimmen, treiben; sich ans U. retten; die Lei-

che wurde ans U. gespült; (geh.:) an den Ufern des Rheins; der Fluss tritt über die U.; sich vom U. abstoßen, immer weiter entfernen; ∗ **vom anderen Ufer sein** (ugs.; *homosexuell sein)* · **zu neuen Ufern** (geh.; *neuen Zielen, einem neuen Leben entgegen).*

Uhr, die: a) *Zeitmesser:* eine goldene, moderne, genau gehende, wasserdichte, automatische, elektrische, mechanische, quarzgesteuerte U.; die U. tickt, geht vor/nach, steht, ist stehen geblieben, ist abgelaufen, zeigt halb zehn, schlägt elf; die U. [richtig] stellen, aufziehen, anhalten, reparieren; eine U. tragen; auf die/nach der U. sehen, blicken, schauen; nach meiner U. ist es bereits fünf; ÜBERTR.: jmds. biologische Uhr *(jmds. Biorhythmus);* jmds. innere U. (ugs.; *jmds. ziemlich genaues Zeitgefühl);* b) *Uhrzeit:* es ist genau, Punkt, (ugs.:) Schlag acht U.; wie viel U. ist es?; der Zug fährt [um] fünf U. vier/5.04 U.; um wie viel U. seid ihr verabredet?; die Sprechstunde geht von acht bis zwölf U.;

∗ **jmds. Uhr ist abgelaufen** (1. *jmd. muss sterben.* 2. *jmd. muss abtreten)* · **irgendwo gehen/ticken die Uhren anders** *(irgendwo gelten andere Maßstäbe, ist das [öffentliche] Leben anders geregelt)* · **wissen, was die Uhr geschlagen hat** *(wissen, wie die Lage wirklich ist)* · **rund um die Uhr** (ugs.; *durchgehend im 24-Stunden-Betrieb, Tag und Nacht):* rund um die U. erreichbar sein.

Ulk, der: ein köstlicher U.; [einen] U. machen; sich einen U. erlauben, aus etw. machen; er machte, trieb seinen U. mit ihm.

ulkig (ugs.): er ist ein ulkiger Mensch, Vogel; die Sache war sehr u.; mit der Pappnase sah er wirklich u. aus; er kann so u. erzählen; sein Verhalten war irgendwie u. *(sonderbar).*

Ultimatum, das: das U. ist abgelaufen; [jmdm.] ein U. stellen; ein U. annehmen, zurückweisen, ablehnen; die Aufforderung gleicht einem U., kommt einem U. gleich.

um: I. ⟨Präp. mit Akk.⟩ 1. /räumlich/ a) /kennzeichnet die Lage, Bewegung im Hinblick auf einen Bezugspunkt in der Mitte/: um die Erde segeln; um die Sonne kreisen; um die Ecke biegen, fahren; sich um die eigene Achse drehen; sie saßen um den Kamin; der Zaun um den Garten; sie trug eine Kette um den Hals; ⟨oft in Korrelation mit *herum*⟩ um das Haus [herum]gehen; alle standen um ihn [herum]; die Gegend um Kiel [herum]; ÜBERTR.: alles dreht sich nur um das Kind; die Clique um seinen Bruder Klaus; b) ⟨in Verbindung mit *hervor*⟩ /bezeichnet ein von einem Mittelpunkt ausgehendes Tun, Denken/: sie schlug wie wild um sich; die Seuche hat immer weiter um sich gegriffen.

2. a) /kennzeichnet einen genauen Zeitpunkt/: die Veranstaltung beginnt um 20 Uhr; b) ⟨oft in Korrelation mit *herum*⟩ /kennzeichnet einen ungefähren Zeitpunkt, Wert o. Ä./: um Weihnachten, Ostern [herum]; um den 15. Juli; um die Mittagszeit; um diese Zeit [herum] muss es geschehen sein; das

Haus dürfte um eine Million [herum] wert sein; c) *vorüber:* die Pause, die Zeit ist um. **3.** /drückt einen regelmäßigen Wechsel aus/: einen Tag um den anderen. **4.** /drückt in Verbindung mit zwei gleichen Substantiven eine kontinuierliche Folge aus/: es verging Woche um Woche, Stunde um Stunde; Seite um Seite schreiben; er fuhr Runde um Runde. **5.** ⟨in Verbindung mit dem Komparativ⟩ /bezeichnet einen Differenzbetrag o. Ä./: er ist um einen Kopf größer als ich; hier kauft man um die Hälfte billiger; etw. ist um nichts, um vieles besser; sie hat sich um 10 Minuten verspätet; der Rock wurde um 5 cm gekürzt. **6.** ⟨in Abhängigkeit von bestimmten Wörtern⟩ Gerüchte, Spekulationen um die Firma, um bestimmte Personen; um jmdn. trauern, werben; um Geld spielen; um Hilfe rufen; um Nachsicht bitten. **II.** ⟨Konj.⟩; in Verbindung mit dem Infinitiv mit *zu*⟩ a) /drückt einen Zweck, eine Folge aus/: er kam, um mir zu gratulieren; sie trug einen Sonnenbrille, um nicht erkannt zu werden; um gewählt zu werden, braucht er mindestens 247 Stimmen; /drückt eine Eignung aus/: ich kenne nur eine Methode, um das Problem zu lösen; b) /in weiterführend-abschließender Funktion/: das Licht wurde schwächer, um schließlich ganz zu erlöschen. Beachte: Standardsprachlich nicht korrekt, wenn *um zu* als final missdeutet werden kann: er hat mit Novellen angefangen, um erst im Alter Romane zu schreiben. **III.** ⟨Adverb⟩ *ungefähr:* der Schrank wird [so] um achttausend Mark wert sein; ⟨oft mit folgendem *die*⟩ es waren um die 50 Personen da; ★ **um und um** (landsch.; *ganz, rundherum*): der Platz war u. und u. geschmückt.

umarbeiten ⟨etw. u.⟩: einen Anzug [nach neuestem Schnitt] u.; er hat den Roman in ein Drama, zu einem Drehbuch umgearbeitet.

umarmen ⟨jmdn., sich u.⟩: bei der Begrüßung, beim Wiedersehen umarmte er sie; zum Abschied haben sie sich/⟨geh.:⟩ einander liebevoll, zärtlich, leidenschaftlich u.

Umbau der: **1.** a) *bauliche Umgestaltung:* der U. des Hauses; der U. des Geschäftes hat über eine Million Mark gekostet; der U. der Kulissen geschieht innerhalb weniger Minuten; alle Umbauten müssen genehmigt werden; unser Geschäft bleibt wegen U./Umbaus bis zum 10. Mai geschlossen; ÜBERTR.: den U. der Verwaltung, der Wirtschaft vornehmen; b) *das Umgebaute:* der U. ist sehr schön geworden. **2.** *Umkleidung:* ein U. aus Holz, Kunststoff.

¹**umbauen** ⟨etw. [zu etw.] u.⟩: *baulich verändern:* ein Haus, einen Bahnhof, ein Bürogebäude u.; der Saal wurde zu einem Kino umgebaut; ⟨auch ohne Akk. und ohne Präpositionalobjekt⟩ wir wollen u.; ÜBERTR.: die Verwaltung, eine Mannschaft u.

²**umbauen** ⟨etw. u.⟩: *ein-, umfassen:* etw. mit einer Mauer u.; der Platz soll umbaut werden; 20 000

m³ umbauter (Fachspr.; *von Wänden, Decken u. a. eines Gebäudes umschlossener*) Raum.

umbilden: 1. ⟨etw. u.⟩ *umändern:* die Regierung, das Kabinett u.; die Parteispitze soll umgebildet werden. **2.** ⟨sich u.⟩ *sich verändern:* die chemische Zusammensetzung bildet sich beim Erhitzen um.

umbinden ⟨jmdm., sich etw. u.⟩: dem Kind ein Lätzchen, einen Schal u.; er hat sich eine Krawatte, sie hat sich eine Schürze/ein Tuch umgebunden.

umblicken ⟨sich u.⟩: sich nach etw. u.; er blickte sich mehrmals nach dem Mädchen um; sich in der Runde u.; sie ging, ohne sich noch einmal umzublicken *(ohne zurückzuschauen).*

umbringen ⟨jmdn., sich u.⟩: jmdn. mit Gift, aus Eifersucht u.; er hat sich [selbst] umgebracht; ÜBERTR.: die Arbeit bringt mich noch um; das Material ist nicht umzubringen (ugs.; *ist unverwüstlich*); er brachte sich [fast, beinahe] um vor Hilfsbereitschaft (ugs.; *war sehr hilfsbereit*).

umdrehen: a) ⟨etw. u.⟩ *herumdrehen; auf die entgegengesetzte Seite drehen:* den Schlüssel im Schloss u.; ein Blatt Papier, ein Geldstück, die Matratze u.; könntest du bitte mal die Kassette u.?; ⟨jmdm. etw. u.⟩ jmdm. den Arm u.; ÜBERTR.: eine Entwicklung u. *(eine neue, der ursprünglichen entgegengesetzte Richtung geben);* einen Befehl u. *(so deuten, als besage er das Gegenteil);* ein Verhältnis u. *(umkehren);* einen Agenten u. *(für die andere Seite gewinnen);* b) ⟨sich u.⟩ *eine Drehung machen:* als sie sich umdrehte, erkannte sie sie; kannst du dich einmal u.?; er drehte sich nach den drei Mädchen um *(wendete den Kopf und blickte ihnen nach);* c) *nach außen wenden:* die Hose vor der Wäsche, die Taschen u.; d) *umkehren:* das Boot, der Wagen dreht um; die Bergsteiger mussten kurz vor dem Ziel u.

umfallen: a) *zur Seite fallen:* die Vase, das Fahrrad ist umgefallen; die Lampe fällt leicht um; sie ist mit ihrem Stuhl umgefallen; viele Bäume sind bei dem Sturm umgefallen; ein umgefallenes Verkehrsschild lag quer auf der Fahrbahn; b) *zusammenbrechen:* ohnmächtig, tot, vor Erschöpfung, vor Hunger u.; bei der Hitze sind einige Teilnehmer umgefallen; SUBST.: zum Umfallen *(sehr)* müde sein; ÜBERTR.: bei den Verhandlungen ist er doch noch umgefallen (abwertend; *hat er seinen bis dahin festen Standpunkt aufgegeben).*

Umfang, der: **1.** (bes. Math.) *Länge der Begrenzungslinie:* ein Kugel, der Erde; der Baumstamm hat einen U. von 5,30 m; den U. eines Kreises berechnen; den U. von etw. messen; BILDL.: er hat einen ganz schönen U. (ugs. scherzh.; *ist ziemlich dick).* **2.** *Ausmaß, Größe:* der relativ große, kleine U. des Gebäudes; der U. der Bibliothek wird auf 200 000 Bände geschätzt; jeder Band hat 800 Seiten U., hat einen U. von 800 Seiten; der U. einer Arbeit,

U

einer Untersuchung; der U. der Schäden lässt sich noch nicht überblicken/beziffern; etw. nimmt einen immer größeren, ungeahnten, ungeheuren U. an; etw. in seinem wirklichen U. übersehen.
3. *Erstreckungsbereich:* ihre Stimme hat einen erstaunlichen U., einen U. von drei Oktaven; die Kosten werden in vollem U. *(vollständig)* erstattet; der Angeklagte war in vollem Umfang geständig *(hat alles gestanden).*

umfangen (geh.) ⟨jmdn. u.⟩: sie hielt das Kind mit beiden Armen umfangen; ÜBERTR.: Dunkelheit, eine angenehme Kühle umfing uns.

umfänglich: *umfangreich:* umfängliche Vorbereitungen, Sicherheitsmaßnahmen; ein umfänglicher Brief[wechsel]; die Arbeit erwies sich als sehr u.

umfangreich: *umfassend:* umfangreiche Berechnungen, Nachforschungen anstellen; ein umfangreicher Katalog, Index; er hat ein umfangreiches Wissen; die Bibliothek ist sehr u.

umfassen: 1. (Milit.) ⟨jmdn., etw. u.⟩ *mit den Armen umschließen:* jmds. Knie, jmds. Arme, jmds. Taille u.; er umfasste mich, hielt mich umfasst.
2. ⟨etw. u.⟩ *umzingeln:* die gegnerischen Stellungen von Norden her u.
3. ⟨etw. u.⟩ *enthalten; aus etw. bestehen:* diese Ausgabe umfasst die frühen Werke des Dichters; sein Arbeitsgebiet umfasst Planung und Organisation.

umfassend: *vielseitig:* eine umfassende Bildung haben; eine umfassende Reform; umfassende Kenntnisse besitzen; umfassende Vorbereitungen treffen; ein umfassendes *(volles)* Geständnis ablegen; seine Kenntnisse sind u.; jmdn. u. informieren; sich u. orientieren.

Umfrage, die: die U. ist nicht repräsentativ; die U. hat ergeben, dass ...; eine U. [zur/über die Hochschulreform] machen, durchführen; eine U. unter der Teilnehmern veranstalten; etw. durch eine U. ermitteln.

umfunktionieren ⟨etw. [in etw. (Akk.)/zu etw.] u.⟩: einen alten Fabrikbau zu einem Jugendzentrum u.; die Veranstaltung wurde in eine Demonstration/zu einer Demonstration umfunktioniert; ⟨ugs. auch: jmdn. zu jmdm. u.⟩ der Spieler wurde zum Stürmer umfunktioniert *(ihm wurde die Funktion des Stürmers übertragen).*

Umgang, der: a) *gesellschaftlicher Verkehr:* ein angenehmer U.; mit jmdm. freundschaftlichen, intimen, vertrauten U. haben/pflegen; jmds. U. meiden; guten, schlechten U. haben *(mit Menschen verkehren, die einen guten, schlechten Einfluss auf einen haben);* durch den [dauernden, häufigen, regelmäßigen, täglichen] U., im U. mit Franzosen hat sie sehr gut Französisch gelernt; b) *das Umgehen:* der U. mit Geld, mit Büchern; den U. mit jmdm., etw. erst lernen müssen; der ständige U. mit Jugendlichen hat ihn aufgeschlossener gemacht; durch den U. mit Behinder-

ten hat sie vieles gelernt; sich im U. mit Tieren auskennen; ein sparsamer, verantwortungsvoller U. mit Energie, mit Wasser ist angezeigt; ⋆ **für jmdn. kein Umgang sein** (ugs.; *zu jmdm. gesellschaftlich nicht passen)* · **für jmdn. der richtige** o. ä. **Umgang sein** (ugs.; *zu jmdm. gesellschaftlich gut passen).*

umgänglich: er ist ein umgänglicher Mensch; ein umgängliches Wesen, eine umgängliche Art haben; du musst etwas umgänglicher sein; er hat sich sehr u. gezeigt.

Umgangsformen, die ⟨Plural⟩: gute, schlechte, keine U. haben, besitzen; jmdm. [gute] U. beibringen; er fiel durch seine guten U. auf.

umgeben: a) ⟨jmdn., sich, etw. mit jmdm., etw. u.⟩ *einfassen; jmdn. herum sein lassen:* das Grundstück mit einem Zaun u.; er hat sich mit einem großen Mitarbeiterstab, mit Experten umgeben; der Sänger war von seinen Fans umgeben; ÜBERTR.: jmdn. mit viel Liebe u. *(sie ihm zuteil werden lassen);* sich mit einem Heiligenschein u. *(sich idealisieren);* b) ⟨jmdn., etw. u.⟩ *um-, einschließen:* eine Hecke umgibt den Garten, die Stadt, der See ist ringsum von Wald umgeben; von Spitzeln umgeben sein.

Umgebung, die: 1. *umliegendes Gebiet:* eine gebirgige, waldreiche U.; die unmittelbare, nächste U. der Stadt; die U. Berlins/von Berlin; die Stadt hat eine schöne, waldreiche, hügelige, reizvolle U.; er sucht eine schöne Wohnung in Stuttgart oder U.; wo gibt es hier in der U. *(Gegend)* ein Schwimmbad?; Ausflüge in die nähere, in die weitere U. machen. 2. *Umfeld:* seine nähere U. versuchte, ihm den Vorfall zu verheimlichen; sich an eine neue U. erst gewöhnen müssen; aus der U. des Kanzlers war zu hören, dass ...; zur näheren, unmittelbaren U. von jmdm. gehören; in fremder, vertrauter U. leben; sie fühlt sich wohl in dieser U.

¹umgehen ⟨etw. u.⟩: 1. *in einem Bogen um etw. herumgehen, -fahren:* die Innenstadt, den Ort [auf einer Schnellstraße, auf der Autobahn] u.; die Straße umgeht westlich den Gebirgszug; ein Hindernis u.
2. *nicht beachten:* Vertragsbestimmungen, ein Gesetz, eine Vorschrift u.; sie umging in ihrer Rede diesen kritischen Punkt; es ließ sich nicht u. *(vermeiden),* ihn zu begrüßen; der Anleger gehen ins Ausland, um die Kapitalertragsteuer zu u. *(nicht bezahlen zu müssen).*

²umgehen: 1. ⟨irgendwo u.⟩ a) *in Umlauf sein; sich ausbreiten:* im Betrieb geht das Gerücht um, dass ...; im Kindergarten gehen die Masern um; bei uns geht die Grippe um; in der Bevölkerung geht die Angst um; b) *erscheinen:* hier im Schloss sollen Gespenster u.
2. ⟨mit jmdm., etw. [irgendwie] u.⟩ *jmdn., etw. behandeln:* mit jmdm. behutsam, vorsichtig, sehr grob, hart u.; sie geht mit ihren Sachen sehr nachlässig um; sparsam, leichtsinnig, verschwenderisch mit dem Geld u.; freundlich mit-

einander u.; er kann [gut] mit Kindern u.; ÜBERTR.: mit seinen Gefühlen, mit seiner Angst um[zu]gehen lernen.
3. ⟨mit etw. u.⟩ *etw. vorhaben:* mit einem Plan, mit einem Vorhaben u.; sie geht mit dem Gedanken um, ein Haus zu kaufen.
umgehend: *prompt:* eine umgehende Antwort, Information; um umgehende Antwort, Erledigung, Zahlung wird gebeten; bitte informieren Sie mich u.; jmdm. u. antworten; etw. u. erledigen.
umgekehrt: etw. verläuft umgekehrt, in umgekehrter Reihenfolge/Richtung; im umgekehrten Falle, Verhältnis; die Sache ist, verhält sich genau u.; u.! *(im Gegenteil!).*
umgestalten ⟨etw. [in etw. (Akk.)/zu etw.] u.⟩: einen Raum, ein Schaufenster, einen Platz u.; der Garten ist in eine öffentliche Anlage, zu einer öffentlichen Anlage umgestaltet worden.
umhängen: 1. ⟨etw. u.⟩ *an eine andere Stelle hängen:* Bilder, die Wäsche u.
2. ⟨jmdm., sich etw. u.⟩ *umlegen:* sie hat dem Kind, sich den Mantel umgehängt.
umher ⟨meist zusammengesetzt mit Verben⟩ (meist geh.): die Wrackteile waren weit u. verstreut.
umhinkönnen ⟨meist verneint und mit Infinitiv mit *zu*⟩: sie wird kaum u., den Vorfall zu melden; wir haben nicht umhingekonnt, auch die anderen einzuladen.
umkehren /vgl. umgekehrt/: **1.** *kehrtmachen:* wir sind auf halbem Wege [wieder] umgekehrt, weil es anfing zu regnen.
2. ⟨etw. u.⟩ *umstülpen:* Taschen, Hemden, Strümpfe, Kleidungsstücke u.; ÜBERTR.: sie haben das ganze Haus umgekehrt (ugs.; *durchsucht*), aber nichts gefunden.
3. ⟨etw. u.⟩ *ins Gegenteil verkehren:* ein Verhältnis u.; ⟨sich u.⟩ die Entwicklung, die Tendenz, der Trend hat sich umgekehrt.
umkippen: 1. a) *umfallen:* die Vase, die Flasche kippt um; die Leiter droht umzukippen; er ist mit dem Stuhl, mit dem Boot umgekippt; b) (ugs.) *ohnmächtig geworden:* sie ist bei der Hitze umgekippt; ÜBERTR.: bei den Verhandlungen ist er doch noch umgekippt (abwertend; *hat er seinen bis dahin festen Standpunkt geändert*); die Stimmung kippte plötzlich [in Panik] um (ugs.; *schlug [in Panik] um*); c) (ugs.) *(von Wein) ungenießbar werden:* der Wein ist umgekippt.
2. ⟨etw. u.⟩ *umwerfen:* den Tisch u.; sie hat versehentlich den Eimer umgekippt.
3. (Jargon) *biologisch absterben:* der See, das Meer droht umzukippen.
umklammern ⟨jmdn., etw. [mit etw.] u.⟩: **1.** *fest umfassen:* jmdn., etw. [mit beiden Armen, mit Armen und Beinen] u.; er hielt ihren Arm umklammert.
2. *umzingeln:* die Truppen haben am Feind, eine ganze Division umklammert.
¹umkleiden (geh.) ⟨jmdn., sich u.⟩: *umziehen:* sich

zum Ausgehen, für das Theater u.; sie hat noch rasch das Kind umgekleidet; SUBST.: jmdn. beim Umkleiden behilflich sein.
²umkleiden ⟨etw. mit etw. u.⟩: *umgeben:* das Rednerpult mit einem Fahnentuch, mit Girlanden u.
umkommen: 1. *ums Leben kommen:* im Krieg, in den Flammen u.; unzählige Seevögel kamen durch die/bei der Ölpest um; seine Angehörigen sind bei einem Erdbeben, durch einen Autounfall umgekommen; ÜBERTR.: davon wirst du nicht u. (ugs.; *das wird dir nicht schaden*); (ugs.:) vor Hitze, Hunger, Langeweile fast u.
2. *verderben:* Lebensmittel, nichts u. lassen; alles verbrauchen, damit nichts umkommt.
Umkreis, der: die Menschen, die im U. der Stadt wohnen; die Explosion war achtzig Kilometer im U./im U. von achtzig Kilometern zu hören; im engen, größeren, weiteren, ganzen U. war kein Haus zu finden.
Umlauf, der: **1.** a) *das Umlaufen:* der U. der Erde um die Sonne dauert ein Jahr; der U. *(Kreislauf)* des Blutes im Gefäßsystem; b) *das Kursieren:* der U. von Bargeld, von falschen Fünfmarkstücken, von Zeitschriften; der U. stockt, ist gehemmt; etw. aus dem U. ziehen; diese Münze ist seit zwanzig Jahren in/im U.; Falschgeld in U. bringen, geben, setzen; in U. kommen; ÜBERTR.: ein Gerücht in U. bringen *(dafür sorgen, dass es weitergegeben wird);* Nachrichten in U. bringen *(verbreiten).*
2. *Rundschreiben:* einen U. erhalten, abzeichnen, weitergeben; etw. durch [einen] U., in/mit einem U. bekannt machen.
¹umlaufen ⟨etw. u.⟩: a) *um etw. herumlaufen:* das Spielfeld, den Platz, den See u.; b) *sich im Kreis o. Ä. bewegen, kreisförmig um etw. erstrecken:* der Planet umläuft die Sonne in ungefähr 11 Jahren; eine Art Galerie umläuft die Halle.
²umlaufen: 1. ⟨jmdn., etw. u.⟩ *umstoßen:* er hätte den Schiedsrichter, den Papierkorb beinahe umgelaufen.
2. *kursieren:* ein Rundschreiben u. lassen; es läuft das Gerücht um, dass ...; in die umlaufende Liste eintragen; das im Gefäßsystem umlaufende (Med.; *zirkulierende*) Blut.
umlaufend: *ringsherum verlaufend:* ein umlaufender Balkon.
¹umlegen: 1. ⟨jmdn., sich etw. u.⟩ *umhängen:* sich den Mantel u.; ⟨auch ohne Dat.⟩ sie hatte eine Pelzstola umgelegt.
2. a) ⟨jmdn. u.⟩ *verlegen:* der Patient ist in eine andere Abteilung umgelegt worden; b) ⟨etw. u.⟩ *verschieben:* einen Termin, eine Veranstaltung u.; c) *an eine andere Stelle legen:* eine Leitung, ein Kabel u.; ein Telefongespräch u. *(auf einen anderen Apparat legen).*
3. a) ⟨etw. u.⟩ *der Länge nach auf den Boden, auf die Seite legen:* eine Mauer, einen Schornstein u.; Bäume u. *(fällen);* der Regen, der Wind hat das Getreide umgelegt *(niedergedrückt);* b) ⟨etw. u.⟩

U

umklappen: den Kragen, die Manschetten u.; einen Hebel u.; die Lehne der Rückbank lässt sich [nach vorn] u.; c) (salopp) ⟨jmdn. u.⟩ *töten:* die Einbrecher haben den Komplizen einfach umgelegt; d) (ugs.) ⟨jmdn. u.⟩ *zu Boden werfen:* er hatte seinen Gegner mit einem Boxhieb umgelegt. 4. ⟨etw. u.⟩ *anteilmäßig verteilen:* die Heizkosten werden nach einem Schlüssel auf alle Mieter [anteilmäßig] umgelegt.

²**umlegen** ⟨etw. mit etw. u.⟩: *umgeben:* den Braten mit verschiedenen Gemüsen, Salaten u.

umleiten ⟨etw. [irgendwohin] u.⟩: der gesamte Verkehr musste wegen eines Unfalls über Nebenstraßen umgeleitet werden; die Anrufe werden automatisch auf einen anderen Apparat umgeleitet; das Flugzeug wurde entführt und nach Kuba umgeleitet; ÜBERTR.: Geld in die Privatkasse u.

umrahmen ⟨etw. u.⟩: ein Bart umrahmt sein Gesicht; ÜBERTR.: eine Feier musikalisch u.; die Veranstaltung war von verschiedenen Darbietungen umrahmt.

¹**umreißen** ⟨jmdn., etw. u.⟩: *zu Boden reißen:* der Sturm hat das Verkehrsschild, das Gerüst umgerissen; er riss mich vor Freude fast um.

²**umreißen** ⟨etw. u.⟩: *skizzieren:* etw. kurz, mit wenigen Worten, in groben Zügen u.; eine Situation, die Geschäftslage u.; der Tatbestand ist rasch umrissen; fest, scharf umrissene *(präzise)* Vorstellungen von einem Projekt haben.

umrennen ⟨jmdn., etw. u.⟩: fast hätte ich die Leiter umgerannt; er hat eine alte Frau umgerannt.

umringen ⟨jmdn., etw. u.⟩: neugierige Besucher umringten den Messestand; der Sieger war ständig von Journalisten, von Fans umringt.

Umriss, der: der U. einer Figur; nur die Umrisse der Häuser waren zu erkennen; im Nebel wurden die Umrisse eines Schiffes sichtbar; ÜBERTR.: etw. nimmt allmählich feste Umrisse *(feste Gestalt)* an; etw. in großen Umrissen *(skizzenhaft)* darstellen.

umrühren ⟨etw. u.⟩: die Suppe u.; SUBST.: etw. unter ständigem Umrühren langsam kochen lassen.

ums: *um das:* mehrmals u. Haus gehen; /nicht auflösbar in festen Fügungen/: bei einem Unfall u. Leben kommen.

umsatteln (ugs.) ⟨[auf etw. (Akk.)] u.⟩: er hat auf Pharmareferent umgesattelt; er hat von Medizin auf Soziologie umgesattelt.

Umsatz, der: einen großen, guten U. [an, (seltener:) von/in etw.] haben; der U. stagniert; der U. ist gegenüber dem Vorjahr um 3,5 % gestiegen, gesunken, zurückgegangen; den U. halten können, steigern, erhöhen; die Kneipe macht am Abend circa 3 000 Mark U., einen U. von circa 3 000 Mark; U. machen (Jargon; *großen Umsatz haben);* sie ist mit 5 % am U. beteiligt; das Unternehmen erwartet bei einem U. von 2 Milliarden Euro einen Gewinn von 40 Millionen.

umschalten: 1. a) ⟨etw. [auf etw. (Akk.)] u.⟩ *anders einstellen:* a) die Kamera auf manuelle Fokussie-

ren, den Herd auf Stufe zwei, den Apparat auf einen anderen Sender u.; ⟨etw. von etw. auf etw. (Akk.)⟩ das Netz von Gleichstrom auf Wechselstrom u.; ⟨auch ohne Akk.⟩ auf Abblendlicht, auf Batteriebetrieb u.; von Heck- auf Allradantrieb u.; vom ersten aufs dritte [Fernseh]programm u.; ⟨ohne Akk. und Präpositionalobjekt⟩ schalt doch mal um! (bes. Ferns.; *wähle ein anderes Programm!);* b) ⟨[von etw.] auf etw. (Akk.) u.⟩ *eingestellt werden:* die Ampel hatte schon von Gelb auf Rot u.; ⟨sich [von etw.] auf etw. (Akk.)⟩ das Gerät schaltet sich bei einem Stromausfall [automatisch] auf Akkubetrieb um; c) (bes. Ferns.) ⟨irgendwohin u.⟩ *eine andere Verbindung herstellen:* direkt ins Stadion u.; zur Tagesschau schalten wir um nach Hamburg. **2.** (ugs.) ⟨[auf etw. (Akk.)] u.⟩ *sich umstellen:* nach dem Urlaub erst wieder auf Arbeit u. müssen.

umschiffen ⟨etw. u.⟩: wir haben das Kap der Guten Hoffnung umschifft; BILDL.: sie hat bei den Verhandlungen alle Klippen umschifft *(alle Schwierigkeiten überwunden).*

Umschlag, der: **1.** a) *Schutzumschlag:* ein farbiger U.; der U. ist beschädigt, zerrissen; einen U. um das Buch legen; b) *Briefumschlag:* ein gefütterter U.; ein Umschlag aus recyceltem Papier; der U. ist aufgerissen; einen frankierten U. beilegen; den U. zukleben, öffnen; eine Briefmarke auf den U. kleben; den Brief in einen U. stecken. **2.** *Wickel:* ein warmer, kalter U. [mit essigsaurer Tonerde]; die Umschläge haben etwas geholfen; der Arzt hat mir feuchtwarme Umschläge verordnet; jmdm. Umschläge, einen U. machen; den U. wechseln, erneuern. **3.** *umgeschlagener Rand an Hosenbeinen, Ärmeln:* die Umschläge ausbürsten, erneuern; Ärmel, eine Hose mit/ohne U. **4.** *plötzliche Veränderung:* der U. seiner Stimmung, ihres Verhaltens war uns unerklärlich; den U. des Wetters [in den Gliedern] spüren. **5.** *das Umladen; umgeschlagene Menge:* der U. der Waren, von Gütern; der U. vom Schiff auf die Bahn; der U. hat sich erhöht, ging zurück; der Hafen hat 10 Mio. Tonnen U. im Monat.

umschlagen: 1. ⟨etw. u.⟩ *fällen:* Bäume u. **2.** ⟨etw. u.⟩ *auf die andere Seite wenden:* den Kragen, den Teppich u.; er hatte die Hosenbeine, die Ärmel umgeschlagen *(hochgekrempelt);* eine Seite *(Buchseite)* u. **3.** ⟨jmdm., sich etw. u.⟩ *umlegen:* sich ein Tuch u. **4.** *umkippen:* der Kahn, das Boot ist umgeschlagen. **5.** *sich plötzlich ändern:* das Wetter, der Wind wird bald u.; plötzlich ist seine gute Laune, die Stimmung [ins Gegenteil] umgeschlagen; Sympathie schlug in Hass um. **6.** ⟨etw. u.⟩ *umladen:* hier werden Waren aller Art umgeschlagen.

umschließen: a) ⟨jmdn., etw. u.⟩ *umfassen:* jmdn.

mit beiden Armen fest u.; er hielt ihre Hand fest umschlossen; **b)** ⟨etw. u.⟩ *umgeben:* eine hohe Mauer umschließt das Haus; der Kragen umschließt locker den Hals; ÜBERTR.: ihr Vorschlag umschließt *(enthält)* auch diese Möglichkeit.

¹umschreiben: 1. ⟨etw. u.⟩ *neu schreiben:* einen Text, einen Artikel, ein Drehbuch u.; er hat das Stück völlig umgeschrieben; ein Programm u. (EDV; *abändern*). **2.** ⟨etw. auf jmdn., etw. u.⟩ *übertragen:* die Hypothek auf einen anderen Inhaber u.; sie hat das Haus auf ihren Sohn umgeschrieben, u. lassen; einen Betrag auf ein anderes Konto u.

²umschreiben ⟨etw. u.⟩: **1.** *beschreiben, abgrenzen:* jmds. Rechte, jmds. Pflichten, jmds. Befugnisse [genau, kurz] u.; der Tatbestand lässt sich nicht mit wenigen Worten, lässt sich am besten mit dem Wort »verfehlt« u. **2.** *verhüllend ausdrücken:* eine unangenehme Sache [geschickt] u.; (Sprachw.:) den Genitiv durch eine präpositionale/mit einer präpositionalen Fügung u.

umschulen: 1. ⟨jmdn. u.⟩ *in eine andere Schule schicken:* wegen des Umzugs mussten die Kinder umgeschult werden; ein Kind von der Grund- in die Realschule u. **2.** ⟨jmdn. [zu jmdm./auf etw. (Akk.)] u.⟩ *in einem anderen Beruf ausbilden:* die Bergleute werden zu Bauarbeitern umgeschult; einen Piloten auf einen neuen Flugzeugtyp u.; sich u. lassen. **3.** ⟨[auf jmdn.] u.⟩ *eine Umschulung mitmachen:* er schult auf Maurer um.

Umschweife ⟨Plural⟩: ⟨gewöhnlich in der Verbindung⟩ **ohne Umschweife** *(geradeheraus, ohne Zögern):* etw. ohne U. sagen, tun, zugeben.

Umschwung, der: **1.** *Veränderung ins Gegenteil:* ein plötzlicher U. der Stimmung, in der Stimmung; in der öffentlichen Meinung trat ein U. ein; einen U. verursachen, auslösen, veranlassen, herbeiführen; etw. führt zu einem U. **2.** (Turnen) *kreisförmiger Schwung:* drei Umschwünge am Reck, an den Ringen machen.

umsehen: 1. a) ⟨sich u.⟩ *nach allen Seiten sehen:* sich neugierig, verwundert im Zimmer u.; sich nach allen Seiten u.; Sie können sich ruhig u. *(dürfen sich alles anschauen),* Sie brauchen nichts zu kaufen; bei mir darfst du dich nicht u. *(es ist nicht aufgeräumt);* Ⓡ du wirst dich noch u. (ugs.; *wirst sehen, dass du dir Illusionen gemacht hast);* **b)** ⟨sich [nach jmdm., etw.] u.⟩ *sich umdrehen, um jmdn., etw. zu sehen:* sie sah sich mehrmals nach dem Haus, nach ihrem Hintermann u.; der Reiter sah sich um, ob die Stange gefallen war. **2. a)** ⟨sich nach jmdm., etw. u.⟩ *suchen:* sich nach neuen Mitarbeitern, nach einem Partner, nach einem passenden Geschenk, nach einem anderen Arbeitsplatz, nach einer neuen Wohnung u.; **b)** ⟨sich irgendwo u.⟩ *Erfahrungen sammeln:* sich in der Welt u.; sie will sich im Verlagswesen u.

umsetzen: 1. ⟨jmdn., sich, etw. u.⟩ *an eine andere Stelle, an einen anderen Platz setzen:* Bäume, Randsteine u.; der Lehrer hat die Schüler in der Klasse umgesetzt; wir haben uns umgesetzt; ⟨etw. in etw. (Akk.) u.⟩ Fische in einen anderen Teich, eine Pflanze in einen größeren Topf u. **2.** ⟨etw. [in etw. (Akk.)] u.⟩ *umwandeln:* einen Stoff filmisch u.; ein Musikstück in eine andere Tonart, Prosa in Verse, Wasserenergie in Strom u.; Stärkemehl wird in Zucker umgesetzt; er hat sein ganzes Geld in Bücher umgesetzt (ugs.; *dafür ausgegeben);* Projekte, Konzepte u. *(verwirklichen);* einen Plan in die Tat u. *(einen Plan realisieren);* jetzt gilt es, die Theorie in die Praxis umzusetzen. **3.** ⟨etw. u.⟩ *verkaufen:* Waren [für 50 000 Euro, im Wert von 100 000 Euro] u.; gestern hat er viel, nichts umgesetzt.

Umsicht, die: in dieser Situation bewies/zeigte sie große U., eine erstaunliche U.; etw. mit viel U. tun, erledigen.

umsichtig: ein umsichtiger Leiter; er ist sehr u.; u. handeln, vorgehen; sich [bei, in etw.] u. zeigen.

umso: a) ⟨in Verbindung mit *je* und Komparativ⟩ /drückt eine proportionale Verstärkung aus/: je früher [wir es tun], u. besser [ist es]; je schneller der Wagen [ist], u. größer [ist] die Gefahr; **b)** /drückt eine Verstärkung aus/: die Zeit ist knapp, u. besser muss man sie nützen; diese Klarstellung ist u. dringlicher, als/weil es bisher nur Gerüchte gab; dazu hat er kein Recht, u. weniger als er selbst keine weiße Weste hat.

umsonst: 1. *vergeblich:* es war alles u.; sich u. anstrengen, bemühen; alle Versuche waren, alle Mühe war u.; er hat den Weg völlig u. gemacht; nicht u. *(nicht ohne Grund)* hält sie sich im Hintergrund. **2.** *ohne Bezahlung:* etw. u. tun, bekommen; er hat die Arbeit sogar u. gemacht; hier gibt es etwas u.

¹umspringen ⟨jmdn., etw. u.⟩: *um jmdn., etw. herumspringen:* die Kinder und der Hund umsprangen den heimkehrenden Vater.

²umspringen: 1. *unvermittelt wechseln:* der Wind ist [nach Norden] umgesprungen; die Ampel ist [auf Rot, von Grün auf Rot] umgesprungen. **2.** ⟨mit jmdm., etw. irgendwie u.⟩ *rücksichtslos o. ä. behandeln:* mit jmdm. grob, rücksichtslos, übel u.; so können Sie mit mir nicht u.!

Umstand, der: ein wichtiger, entscheidender, unvorhergesehener, glücklicher, wesentlicher U.; die Umstände erlauben, gestatten mir das nicht; die äußeren Umstände waren denkbar ungünstig; die Umstände bringen das mit sich; erschwerende Umstände kamen, traten hinzu; dieser U. darf nicht außer Acht gelassen werden; mach viel, keine Umstände machen *(schnell entschlossen handeln);* macht [euch] bitte [meinetwegen] keine Umstände *(trefft bitte keine großen Vorbereitungen);* gewisser Umstände wegen nicht mitfahren können; einem Angeklagten mildernde

Umstände zubilligen (Rechtsw.; *Umstände, die das Strafmaß herabsetzen*); dem Patienten geht es den Umständen entsprechend gut; bei den gegebenen Umständen ist das nicht möglich; der Unfall geschah durch eine Verkettung unglücklicher Umstände; etw. richtet sich nach den näheren Umständen; unter diesen/gewissen, den besonderen, den derzeitigen, den gegenwärtigen Umständen bin ich nicht dazu bereit; unter keinen Umständen *(auf keinen Fall)* erlaube ich das; er muss unter allen Umständen *(unbedingt)* sofort zurückkommen; ∗ **in anderen Umständen sein** (verhüll.; *schwanger sein*) · **unter Umständen** *(vielleicht, möglicherweise)*.

umständlich ⟨u. [in etw. (Akk.)]⟩: a) *schwerfällig:* er ist ein umständlicher Mensch; sie ist [in allem] sehr, furchtbar u.; etw. u. machen, erzählen; er ist sehr u. in seiner Arbeitsweise; b) *aufwendig:* umständliche Erläuterungen, Vorbereitungen; diese Methode ist [mir] zu u.; das ist [mir] alles viel zu u.; das Gerät ist sehr u. [in der Bedienung, zu bedienen].

umstehen ⟨jmdn., etw. u.⟩: Neugierige umstanden den Verletzten, das Auto; ein von hohen Weiden umstandener Teich.

umstehend: *umseitig:* auf der umstehenden Seite finden Sie die Auflösung; die Abbildung wird u. erläutert.

umsteigen: 1. ⟨[in etw. (Akk.)] u.⟩ *in eine andere Bahn o. Ä. steigen:* nach Passau muss man u.; ich muss in München in den ICE u.; von der Linie 4 in die Linie 7 u.; SUBST.: sich beim Umsteigen beeilen müssen.
2. (ugs.) ⟨[von etw.] auf etw. (Akk.) u.⟩ *zu etw. anderem überwechseln:* vom Auto aufs Fahrrad, auf öffentliche Verkehrsmittel u.; er war von weichen auf harte Drogen umgestiegen; sie wollen auf Erdgas u.

¹**umstellen: 1.** ⟨etw. u.⟩ *an einen anderen Platz stellen:* Möbel, Tische, Bücher u.; ich habe die Schränke wieder umgestellt; der Trainer hat die Mannschaft nicht umgestellt (Sport; *die Mannschaftsaufstellung beibehalten).*
2. ⟨etw. [auf etw. (Akk.)] u.⟩ *umschalten:* einen Hebel, die Weiche u.; sie hat vergessen, das Telefon umzustellen; die Uhr auf Sommerzeit u.; ⟨auch ohne Akk.⟩ sie wollen auf Erdgas u.; ⟨etw. von etw. auf etw. (Akk.) u.⟩ die Heizung von Öl auf Erdgas u.
3. ⟨etw. [auf etw. (Akk.)] u.⟩ *zu etw. anderem übergehen:* sie hat ihre Ernährung [völlig] umgestellt; der Betrieb stellt demnächst die Buchhaltung auf Euro um; die Produktion wurde auf Notebooks umgestellt; ⟨auch ohne Akk.⟩ auf Selbstbedienung, auf Rohkost, auf Computer u.
4. ⟨sich, [auf etw. (Akk.)] u.⟩ *sich anpassen:* sich schnell auf ein anderes Klima u. können; er will sich in seinem Alter nicht mehr u.

²**umstellen** ⟨jmdn., etw. u.⟩: *umzingeln:* die Polizei hat das Haus, das Gelände umstellt; das Gebäude war von Scharfschützen umstellt.

umstoßen: 1. ⟨jmdn., etw. u.⟩ *umwerfen:* den Eimer, die Leiter u.; er hat ihn mit dem Ellenbogen umgestoßen.
2. ⟨etw. u.⟩ *rückgängig machen:* eine Entscheidung, einen Plan, ein Testament, eine Bestimmung u.; er hat jetzt alles wieder umgestoßen.

Umsturz, der: ein politischer U.; der U. ist gescheitert, ist geglückt, wurde vorzeitig entdeckt, wurde aufgedeckt; einen U. planen, vorbereiten, herbeiführen, vereiteln; an einem U. beteiligt sein; durch einen U. an die Macht gelangen.

umstürzen: 1. ⟨etw. u.⟩ *umwerfen:* Tische, Stühle u.; die Demonstranten haben mehrere Fahrzeuge umgestürzt.
2. *umfallen:* er war mit dem Stuhl umgestürzt; bei dem Sturm sind Kräne, Gerüste umgestürzt; umstürzende Bäume; die Fahrbahn war durch einen umgestürzten Lastwagen stundenlang blockiert.
3. ⟨etw. u.⟩ *völlig verändern:* die Ereignisse haben ihre Pläne total umgestürzt.

Umtausch, der: [der] U. ist innerhalb einer Woche möglich, nach dieser Frist nicht mehr möglich; sich den U. vorbehalten; reduzierte Artikel ist vom U. ausgeschlossen.

umtauschen: a) ⟨etw. u.⟩ *Ware zurückgeben und eine andere dafür erhalten:* ein Geschenk u.; was nicht gefällt, kann einfach umgetauscht werden; b) ⟨[jmdm.] etw. u.⟩ *Ware zurücknehmen und eine andere dafür geben:* das Geschäft hat mir die Ware ohne weiteres, anstandslos umgetauscht; c) ⟨etw. [in etw. (Akk.)] u.⟩ *wechseln:* vor der Reise Geld u.; Mark in Dollar, in Lire, in Peseten u.; Vorzugsaktien in Stammaktien, in stimmberechtigte Aktien u.

umtun (ugs.): **1.** ⟨jmdm., sich etw. u.⟩ *umlegen:* sich eine Schürze, eine Decke u.
2. a) ⟨sich nach jmdm., etw. u.⟩ *suchen:* sich nach einer Aushilfe, nach einem geeigneten Partner, nach einer neuen Stelle, nach einer Wohnung u.; b) ⟨sich u.⟩ *Erfahrungen sammeln:* du musst dich ein wenig u.; sich in einer Branche, in einer Stadt, in der Welt u.

umwandeln ⟨etw. in etw. (Akk.) u.⟩: Wasser in Energie, Mietwohnungen in Eigentumswohnungen, eine GmbH in eine KG, eine Freiheitsstrafe in eine Geldstrafe u.; bei der Gärung wird der Zucker in Stärke umgewandelt; seit dem Unfall ist er wie umgewandelt *(völlig verändert).*

Umweg, der: ein kleiner, weiter, beträchtlicher U.; das war aber ein gewaltiger U.; einen U. machen, fahren; auf Umwegen ans Ziel kommen; ÜBERTR.: etw. auf einem U./auf Umwegen erreichen; etw. auf Umwegen, auf dem U. *(über Dritte)* erfahren.

Umwelt, die: die soziale, kulturelle, geistige, technische U.; die U. verschmutzen, belasten; die U. prägt den Menschen; die Belastung, die Verschmutzung, die Zerstörung, der Schutz der U.; der U. schaden; den Einflüssen der U. ausgesetzt sein; die Schadstoffe gelangen in die U.

umwenden: 1. ⟨sich [nach] jmdm., etw.⟩ u.⟩ *sich umdrehen:* er wandte/wendete sich um und sah uns nach; sich mehrmals nach einer Frau u. **2.** ⟨etw. u.⟩: *umschlagen:* die Seiten eines Buches, das Notenblatt u.

umwerfen: 1. ⟨etw. u.⟩ *durch Anstoßen zum Umfallen bringen:* eine Vase, einen Stuhl u. **2.** ⟨jmdm., sich etw. u.⟩ *umlegen:* man warf dem erschöpften Läufer eine Decke um; er hat sich schnell einen Mantel umgeworfen. **3. a)** ⟨etw. u.⟩ *grundlegend ändern:* seine Entscheidung wirft den ganzen Plan um; er hat alles wieder umgeworfen; **b)** (ugs.) ⟨jmdn. u.⟩ *erschüttern:* die Nachricht hat ihn sichtlich umgeworfen; das eine Glas Wein wird dich nicht [gleich] u. *(betrunken machen);* eine umwerfende Komik; das Ergebnis, der Erfolg war umwerfend *(außergewöhnlich);* die Hauptdarstellerin hat umwerfend gespielt.

¹umziehen: 1. ⟨[irgendwohin] u.⟩ *in eine andere Wohnung ziehen:* in eine größere Wohnung, von Hamburg nach München u.; wir sind vorigen Monat umgezogen; ÜBERTR.: er musste vorübergehend zum Arbeiten in ein anderes Zimmer u. **2.** ⟨jmdn., sich u.⟩ *umkleiden:* sich schnell, für das Konzert, zum Abendessen u.; ich habe mich umgezogen/bin schon umgezogen.

²umziehen: 1. ⟨etw. u.⟩ *um etw. verlaufen:* ein Wall umzieht die Burg. **2. a)** ⟨etw. u.⟩ *bedecken:* schwarze Wolken umzogen den Himmel; **b)** ⟨sich u.⟩ *sich bewölken:* der Himmel hat sich umzogen.

Umzug, der: **1.** *Wohnungswechsel:* der U. ist am 30. Juni; der U. in eine neue Wohnung, von Berlin nach München; die Spedition Meyer übernimmt, macht den U.; jmdm. beim U. helfen. **2.** *Fest-, Demonstrationszug:* ein festlicher U. der Trachtenvereine [durch die Straßen]; einen politischen U. veranstalten, machen, verbieten; bei/in einem U. mitgehen.

unabhängig: a) ⟨u. [von jmdm., etw.]⟩ eine unabhängige Frau, Kontrollinstanz; unabhängige Richter, Gutachter, Wissenschaftler; eine unabhängige *(überparteiliche)* Zeitung; wirtschaftlich, finanziell, vom Geld u. sein; sich von jmdm., etw. u. machen; **b)** *souverän:* ein unabhängiger Staat; das Land ist erst vor 10 Jahren u. geworden. **2.** ⟨u. [von jmdm., etw.]⟩ **a)** *losgelöst:* eine vom Motor unabhängige Standheizung; die Tiere leben hier u. vom Menschen; **b)** *nicht beeinflusst:* zwei voneinander völlig unabhängige Ereignisse; die Wissenschaftler haben das Virus u. voneinander entdeckt.

unablässig: unablässige Wiederholungen; es regnete u.; jmdn. u. beobachten; u. reden, lachen; sie hat u. davor gewarnt, sich u. dafür eingesetzt.

unangebracht: unangebrachte Bescheidenheit, Sparsamkeit; diese Bemerkung, diese Frage war [hier] völlig u.; das scheint mir ganz und gar u. zu sein.

unangenehm: a) *unpassend:* ein unangenehmer Geruch; sie hat eine unangenehme Stimme; eine unangenehme Erinnerung an etw. haben; er ist ein unangenehmer *(unsympathischer)* Mensch, Typ; sie ist schon mehrmals u. aufgefallen *(hat Missfallen erregt);* **b)** *unerfreulich:* eine unangenehme Überraschung; ein unangenehmer Auftrag; ein unangenehmes Erlebnis, Wetter; eine unangenehme Erfahrung mit jmdm. machen; in dem Fall wären die Folgen noch unangenehmer; das kann sehr u. [für ihn] werden; es ist mir sehr u. *(peinlich),* dass ...; die Begegnung war ihr ausgesprochen, höchst, ziemlich u.; von einer Frage u. berührt sein; es war u. kalt; etw. u. zu spüren bekommen;
★ **unangenehm werden [können]** *(aus Ärger böse werden [können]).*

Unannehmlichkeit, die ⟨meist Plural⟩: Unannehmlichkeiten bekommen; (sich Unannehmlichkeiten ersparen; jmdm. Unannehmlichkeiten bereiten, machen; mit etw. nur Unannehmlichkeiten haben.

unauffällig: a) eine unauffällige Kleidung; ein unauffälliges Benehmen, Grau; sozial u. bleiben *(nicht durch unangepasstes Verhalten auffallen);* u. *(unbemerkt)* verschwinden; jmdm. etw. u. zustecken; **b)** (Med.) *nicht auf eine Krankheit hindeutend:* ein unauffälliger Befund; die Testwerte waren u.

unaufhaltsam: ein unaufhaltsamer Verfall, Aufstieg; der technische Fortschritt ist u., schreitet u. voran.

unauslöschlich (geh.): einen unauslöschlichen Eindruck hinterlassen; dieses Erlebnis ist u., wird mir u. bleiben.

unausstehlich: ein unausstehlicher Mensch; ich finde diese Leute, seine Art u.

unbändig: ein unbändiges Verlangen; eine unbändige Wut erfasste ihn; unbändige Kraft, unbändigen Hunger, eine unbändiges *(ungestümes)* Temperament haben; sein Hass, sein Zorn war u.; wir haben uns u. gefreut.

unbedacht: eine unbedachte Äußerung; ein unbedachtes Wort; er hat sehr u. gehandelt.

unbedingt: I. ⟨Adj.⟩ *ohne Einschränkung, absolut:* sie verlangt unbedingte Zuverlässigkeit; unbedingte Verschwiegenheit ist für diese Stelle Voraussetzung. **II.** ⟨Adverb⟩ *auf jeden Fall:* du musst u. kommen; das ist u. nötig, wäre nicht u. nötig gewesen; das hättest du tun müssen, u.; er wollte u. dabei sein.

unbegreiflich: eine unbegreifliche Sorglosigkeit; es ist u., dass/wie so etwas passieren konnte; das Buch ist auf unbegreifliche Weise verschwunden; sein Verhalten, der Unfall ist uns allen u.

unbegrenzt: unbegrenztes Vertrauen zu jmdm. haben; jmdm. unbegrenzte Vollmacht[en] geben; meine Mittel sind [nicht] u.; jmdm. u. vertrauen können.

Unbehagen, das: ein leichtes, großes, wachsendes U. empfinden; U. hervorrufen; ein Gedanke bereitet jmdm. U., löst bei/in jmdm. [ein] U. aus; etw. mit U. verfolgen.

unbeholfen: eine unbeholfene Bewegung; er ist/ wirkt sehr u.; sich etwas u. bewegen, ausdrücken.

unbekannt: ein unbekannter Täter; eine nicht ganz unbekannte Autorin; Reste einer bisher unbekannten Kultur; (Math.:) eine unbekannte Größe; aus unbekannter Ursache ist ein Brand ausgebrochen; in unbekannter Umgebung; ich bin hier [völlig] u. *(kenne mich hier nicht aus);* Empfänger, Adresse u.; wie sich dieser Vorfall abspielte, blieb weitgehend u.; er ist u. verzogen; Angst ist ihm u. *(kennt er nicht); das ist mir nicht u. (weiß ich sehr wohl);* Strafanzeige gegen u. (Rechtsw.; *gegen den, die nicht bekannten Täter)* erstatten; subst.: der große Unbekannte; der Komponist ist kein Unbekannter; (Math.:) eine Gleichung mit zwei Unbekannten.

unbenommen: 〈mit Infinitiv mit *zu* in der Verbindung〉 jmdm. unbenommen sein *(jmdm. überlassen sein):* es ist, bleibt Ihnen u., Widerspruch einzulegen.

unbequem: a) *ungemütlich:* ein unbequemer Stuhl; die Schuhe, die Autositze sind u.; auf dem Sofa sitzt, liegt man sehr u.; b) *für andere lästig:* eine unbequeme Meinung; er ist ein unbequemer Schriftsteller, Journalist, Kritiker; unbequeme Fragen stellen; sie ist ihm u. geworden.

unberechenbar: ein unberechenbarer Gegner; ein unberechenbarer Faktor im Wirtschaftsgeschehen; diese Tiere sind immer u.; sich u. verhalten.

unbeschadet: I. 〈Präp. mit Gen.〉 *ohne Rücksicht auf:* u. aller Rückschläge sein Ziel verfolgen; u. der Tatsache, dass ...; u. seines Ansehens/(seltener:) seines Ansehens u. trat er für sie ein. II. 〈Adverb〉 *ohne Schaden zu nehmen:* die Pflanze hatte die kalte Jahreszeit u. überdauert.

unbeschreiblich: a) *unsagbar, sehr groß:* eine unbeschreibliche Frechheit; ein unbeschreibliches Gefühl der Erleichterung; eine unbeschreibliche Angst erfasste ihn; die Begeisterung, der Jubel war u.; b) 〈verstärkend bei Adjektiven und Verben〉 *sehr:* sie war u. glücklich; die Unfälle haben u. zugenommen; sich u. freuen.

unbesehen: etw. nicht u. übernehmen, kaufen; das glaube ich dir u.

unbestreitbar: unbestreitbare Fähigkeiten besitzen; er hat sich unbestreitbare Verdienste erworben; das ist eine unbestreitbare Tatsache; es ist u., dass ...

Unbilden, die (geh.): den U. des Wetters ausgesetzt sein; unter den U. der Witterung, des Winters leiden.

und: 1. /drückt eine Anreihung, Beiordnung aus/: er u. sie; essen u. trinken; Tag u. Nacht; Vater u. Mut-

ter gingen spazieren; es ging ihm besser u. er konnte wieder arbeiten; (ugs.:) ich war erkältet, u. wie!; /in formelhaften Verknüpfungen/: u. Ähnliches; u. [viele] andere [mehr]; u. dergleichen; u. so weiter/fort; u., u., u. (ugs.; *und dergleichen mehr);* /elliptisch, in ironischen Anknüpfungen/: du u. arbeiten!; er u. ein guter Tänzer! 2. a) /drückt Unbestimmtheit aus/: er sagte, er sei der u. der; aus dem u. dem Grund; dies u. das; da u. dort; so u. so; b) /drückt in Wortpaaren eine Steigerung, Verstärkung aus/: sie arbeitete u. arbeitete; es regnete u. regnete; es wurde schlimmer u. schlimmer; nach u. nach; c) /zur Verstärkung einer selbstverständlichen Bejahung/: u. ob [ich komme, ich das kenne]! 3. /drückt einen Gegensatz aus/: alle verreisen u. *(aber)* er muss zu Hause bleiben; er will sich durchsetzen, u. *(selbst)* wenn alle geschlossen dagegen sind.

Undank, der: für etw. nur U. ernten; jmdm. etw. mit U. vergelten; Ⓡ U. ist der Welt Lohn.

Unding, das: 〈in der Verbindung〉 **ein Unding sein** *(unsinnig, völlig unangebracht sein):* das ist doch ein U.!; es ist ein U., so etwas zu verlangen.

unendlich: 1. a) *unermesslich:* das unendliche Meer; die unendliche Weite des Ozeans; (Math.:) eine unendliche Größe, Reihe; der Weg, die Zeit schien ihr u.; (Fot.:) das Objektiv auf »u.« einstellen *(auf eine nicht begrenzte Entfernung);* subst.: die beiden Parallelen schneiden sich im Unendlichen; b) *überaus groß:* unendliche Mühe; unendliche Geduld haben; etw. mit unendlicher Sorgfalt behandeln. 2. 〈verstärkend bei Adjektiven und Verben〉 *sehr:* die Freude, die Enttäuschung war u. groß; sich über etw. u. freuen.

unentbehrlich: ein unentbehrliches Hilfsmittel, Werkzeug; ein unentbehrlicher Helfer; der Computer ist mir, für mich, für meine Arbeit u.; sich u. machen; etw. für u. halten;

★ **sich unentbehrlich machen** *(sich in solch einer Weise in seinem Aufgabenbereich betätigen, dass man unbedingt gebraucht wird):* er versteht es, sich hier u. zu machen.

unentgeltlich: eine unentgeltliche Dienstleistung, Reparatur; alle Auskünfte sind u.; die Arbeit u. machen.

unentschieden: a) *nicht entschieden:* unentschiedene Fälle, Fragen; die Angelegenheit ist noch u.; etw. u. lassen; b) (Sport) *ohne einen Sieger ausgehend:* die unentschiedene Ausgang eines Spiels; sich u. trennen; der Kampf endete u.; subst.: ein Unentschieden erreichen, erzielen; c) (seltener) *unentschlossen:* ein unentschiedener Mensch, Charakter; er ist noch u.

unentwegt: sein unentwegter Einsatz; er war ein unentwegter *(unermüdlicher)* Kämpfer; u. weitermachen; an etw. festhalten; das Telefon klingelte u. *(ununterbrochen);* subst.: nur ein paar Unentwegte waren noch da.

unerhört: a) *sehr groß:* eine unerhörte Summe, Leistung; ihre Ausdauer ist u.; b) (abwertend) *empörend:* eine unerhörte Beleidigung, Frechheit; [das ist doch] u.!; sein Verhalten, sein Vorgehen war [einfach] u.; sich u. benehmen, aufführen; c) ⟨verstärkend bei Adjektiven und Verben⟩ *sehr, überaus:* eine u. beeindruckende Leistung; eine u. spannende, interessante Sache; sie hat sich u. angestrengt.

unersättlich: ein unersättliches Sehnen, Verlangen; ihre Neugier ist u.; er ist in seinem Wissensdrang u.

unerschwinglich: eine unerschwingliche Uhr; unerschwingliche Preise; die Mieten sind u., u. *(zu)* teuer; das Haus, das Grundstück ist für uns u.

unfähig: ein unfähiger Mitarbeiter, Politiker; sie ist einfach, völlig u.; ⋆ zu etw./(geh.:) etw. (Gen.) **unfähig sein** *(zu etw. nicht imstande sein):* sie ist zu einer solchen Handlung/(geh.:) einer solchen Handlung u.; er war u., einen klaren Gedanken zu fassen; ⟨auch attributiv⟩ ein zu solchen Aufgaben unfähiger Mann.

Unfall, der: ein leichter, schwerer, selbstverschuldeter U.; ein U. mit tödlichem Ausgang; ein U. mit dem Auto, im Betrieb, auf der Baustelle; heute ereigneten sich drei Unfälle; der U. forderte ein Menschenleben, drei Todesopfer; die Unfälle mehren sich; einen U. haben; einen tödlichen U. erleiden; einen U. verursachen, (ugs.:) bauen, aufnehmen; Unfälle verhüten, vermeiden; Unfällen vorbeugen; der Verletzte ist an den Folgen des Unfalls gestorben; bei einem U. verletzt werden; bei einem/durch einen U. ums Leben kommen; gegen Unfälle versichert sein; in einen U. verwickelt werden.

unfertig: a) *noch nicht fertig gestellt:* eine unfertige Arbeit, Zeichnung; noch in unfertigem Zustand sein; etw. u. zurücklassen; b) *noch nicht reif:* ein unfertiger Künstler; er ist noch sehr u.

unfreundlich ⟨u. [zu jmdm./(seltener:) gegen jmdm.]⟩: 1. *unhöflich:* ein unfreundlicher Kellner; unfreundliches Personal; ein unfreundliches Gesicht machen; ein unfreundlicher Empfang; sie war sehr u. zu mir/(seltener:) gegen mich; jmdm. u. antworten; jmdn. sehr u. behandeln. 2. *unangenehm:* eine unfreundliche Gegend; das Wetter war u.

unfruchtbar: a) *keinen Ertrag bringend:* unfruchtbares Land; der Boden, der Baum ist u.; ÜBERTR.: eine unfruchtbare *(sinnlose)* Diskussion, Polemik; b) *nicht fortpflanzungsfähig:* eine unfruchtbare Frau; ein unfruchtbarer Mann; die unfruchtbaren Tage der Frau *(Tage, an denen eine Empfängnis nicht möglich ist);* die Stute ist u.

Unfug, der: 1. *ungehöriges Benehmen:* ein dummer U.; grober U. (Rechtsw.; *die Allgemeinheit belästigendes, die öffentliche Ordnung störendes Verhalten);* was soll dieser U.!; lass diesen U.; U. machen, treiben, anstellen.

2. *Unsinn:* das ist doch alles U.!; rede keinen U.!

ungeachtet ⟨Präp. mit Gen.⟩: u. wiederholter Mahnungen unternahm er nichts; u. ihrer Verdienste wurde sie entlassen; u. der Tatsache/(seltener:) der Tatsache u., dass ...; u. dessen, dass ...

ungeahnt: das Museum birgt ungeahnte Schätze, Kostbarkeiten; es gab ungeahnte Schwierigkeiten; ungeahnte Kräfte entwickeln; dort bieten sich ungeahnte Möglichkeiten.

ungebeten: ein ungebetener Gast, Besucher; sie hat sich u. eingemischt; er kam, erschien u.

ungebrochen: 1. *gerade weiterverlaufend:* ein ungebrochener Lichtstrahl; eine ungebrochene Linie; ungebrochene *(leuchtkräftige)* Farben. 2. *anhaltend:* mit ungebrochenem Mut, mit ungebrochener Energie weiterarbeiten; ein ungebrochener *(trotz aller Schicksalsschläge zuversichtlicher)* Mann; die Nachfrage, die Begeisterung, ihre Kraft ist u.; der Besucheransturm auf die Ausstellung hält seit Wochen u. an.

ungebührlich: a) *ungehörig:* ein ungebührliches Benehmen, Betragen; er hat sich ihr gegenüber u. benommen, aufgeführt; b) *unangemessen:* ungebührliche Forderungen; ein u. hoher Preis; u. lange warten müssen.

Ungeduld, die: eine große, wachsende U.; voll[er] U. sein; ihre innere U. wächst; U. befiel, ergriff ihn; seine U. bezähmen, zügeln; etw. in, mit großer U. erwarten; von U. erfüllt sein; vor U. fast vergehen.

ungefähr: I. ⟨Adverb⟩ *nicht ganz genau, etwa:* sie ist u. 40 Jahre alt; u. 200 Personen waren anwesend; das ist u. die Hälfte; es war u. neun Uhr, als ...; u. in drei Wochen/in u. drei Wochen/in drei Wochen u.; so u. habe ich mir das vorgestellt; u. *(im Großen und Ganzen)* Bescheid wissen. II. ⟨Adj.⟩ *annähernd:* eine ungefähre Zahl; ungefähre Kosten berechnen; nur eine ungefähre Ahnung, Vorstellung von etw. haben; ⋆ **von ungefähr** *(ganz zufällig):* etw. von u. erwähnen ⋆ **nicht von ungefähr** *(aus gutem Grund):* nicht von u. hat sie sich über ihn beschwert.

ungehalten ⟨u. [über jmdn./etw., wegen etw.]⟩: sie war über die Verspätung, über seine Absage, wegen dieser Angelegenheit sehr, äußerst, sichtlich u.; u. auf eine Störung, auf einen Vorwurf reagieren.

ungeheuer: 1. *gewaltig, außerordentlich:* eine ungeheure Höhe, Weite, Größe; eine ungeheure Anstrengung; er hat ungeheure Schmerzen, ein ungeheures Wissen; der Aufprall, der Druck, das Risiko, ihre Enttäuschung, der Aufwand war u. 2. ⟨verstärkend vor Adjektiven und Verben⟩ *sehr, überaus:* u. groß, schwer, heiß; ein u. wertvoller Schmuck; das ist u. wichtig; sich u. freuen; ⋆ **ins Ungeheure** *(sehr, überaus, außerordentlich stark):* die Kosten stiegen ins Ungeheure.

Ungeheuer, das: 1. *Furcht erregendes Sagentier:* ein siebenköpfiges, drachenartiges, fauchendes,

U

Feuer speiendes U.; ÜBERTR.: er ist ein wahres, richtiges U. *(Scheusal);* er ist ja kein U. *(Unmensch).* 2. (ugs.) *Ungetüm:* sie hatte ein U. von [einem] Hut auf dem Kopf.

ungeheuerlich: a) (abwertend) *unerhört:* eine ungeheuerliche Anschuldigung; dieses Vorgehen, diese Behauptung ist u.; so eine ungeheuerliche Frechheit!; b) (seltener) *außerordentlich, gewaltig:* eine ungeheuerliche Menge, Anstrengung; die Folgen des Krieges waren u.; das hat ihm u. geschadet.

ungehobelt: 1. a) (abwertend) *unkultiviert:* ein ungehobelter Kerl; sein Benehmen ist sehr u.; sich u. aufführen; b) *unbeholfen:* eine ungehobelte Ausdrucksweise; er war ein bisschen linkisch und u. 2. *nicht gehobelt:* ein ungehobeltes Brett.

ungehörig: ein ungehöriges Benehmen; eine ungehörige Antwort; das war sehr u. von dir; sich u. aufführen.

ungelegen: ungelegener Besuch; ungelegene Gäste; zu ungelegener Zeit kommen; komme ich u.? *(störe ich?);* die Einladung ist, kommt mir u.

ungelogen (ugs.): u., die Sache ist so; ich habe u. fast zwanzig Stunden geschlafen.

ungemein: a) *außerordentlich:* ungemeine Fortschritte machen; b) ⟨verstärkend vor Adjektiven und Verben⟩ *sehr:* u. groß, teuer, schwierig; sie ist u. fleißig; das freut mich u.; ein u. beruhigendes Gefühl.

ungemütlich: 1. *nicht gemütlich:* eine ungemütliche Wohnung; eine ungemütliche Stimmung, Atmosphäre; die Kneipe ist furchtbar u.; im Zelt, auf dem Fest war es ziemlich u.; in diesem Restaurant sitzt man u.; hier ist es u. *(unangenehm)* kalt. 2. *unfreundlich:* ein ungemütlicher Mensch; in eine ungemütliche Lage geraten; ∗ **ungemütlich werden** (ugs.; *grob werden; unwirsch reagieren).*

ungeniert: ein ungeniertes Auftreten, Benehmen; etw. u. sagen, bemerken, tun; sich u. benehmen; er griff u. zu.

ungenießbar: 1. a) *nicht essbar:* ungenießbare Beeren; diese Pilze sind u.; b) *in nicht [mehr] genießbarem Zustand:* ungenießbare Speisen; die Wurst war u.; der Wein ist u. geworden. 2. (ugs., oft scherzh.) *unausstehlich:* der Chef war heute wieder einmal u.

ungenutzt, ungenützt: ungenutztes Gelände; ungenutzte Naturschätze, Energien; etw. ist u., liegt u. da; eine Chance u. [vorübergehen] lassen.

ungerecht ⟨u. [gegen jmdn./jmdm. gegenüber]⟩: eine ungerechte Behandlung, Bevorzugung, Strafe; das Urteil ist sehr u.; du bist aber u.!; das war u. von dir; er war gegen seine Kinder/seinen Kindern gegenüber sehr u.; jmdn. u. behandeln.

Ungerechtigkeit, die: eine große, himmelschreiende U.; diese U. schreit zum Himmel! (ugs.; *ist*

unglaublich!); die U. der sozialen Verhältnisse; soziale Ungerechtigkeit abschaffen; jmds. U. *(ungerechtes Verhalten)* missbilligen, kritisieren.

ungereimt: a) *sich nicht reimend:* ungereimte Verse; b) *verworren:* ungereimte Vorschläge; ungereimtes Zeug reden; das kommt mir alles ziemlich u. vor.

ungern: etw. u. tun, sehen; sie ist sehr u. von hier weggezogen.

ungeschehen: ⟨in der Verbindung⟩ etw. **ungeschehen machen** *(etwas Geschehenes rückgängig machen):* er hätte diese Tat am liebsten u. gemacht; ich wollte, ich könnte das u. machen.

Ungeschick, das: es war mein U.; es ist durch mein U. passiert; etw. mit U. anfassen, anpacken.

ungeschickt ⟨u. [in etw. (Dat.)]⟩: ein ungeschickter Mensch; ungeschickte Hände, Finger haben; eine ungeschickte Formulierung; technisch, handwerklich u. sein; er ist sehr u. in diesen Dingen; wie kann man nur so u. sein!; etw. u. anfangen, anpacken, machen, ausführen; sich u. ausdrücken, anstellen.

ungeschlacht (abwertend): ein ungeschlachter *(unförmiger)* Kerl; das Äußere, sein Auftreten ist etwas u.; das Gebäude wirkt u. *(klobig);* sich u. bewegen.

ungeschminkt: 1. *nicht geschminkt:* ein ungeschminktes Gesicht; ungeschminkte Lippen; sie war noch u.; u. bleiben. 2. *offen, ohne Beschönigung:* ungeschminkte Kritik; das ist die ungeschminkte Wahrheit; jmdm. u. seine Meinung sagen.

ungeschoren ⟨meist in den Verbindungen⟩ **jmdn. [mit etw.] ungeschoren lassen** *(jmdn. [mit etw.] in Ruhe lassen)* · **ungeschoren bleiben/davonkommen** *(keinen Nachteil erleiden).*

ungestört: ein ungestörtes Beisammensein; eine ungestörte Entwicklung; ein ungestörter [Rundfunk]empfang; hier sind wir u.; ich möchte [für] die nächsten Stunden u. bleiben; u. arbeiten können.

ungestüm: eine ungestüme Bewegung, Umarmung; ein ungestümes Vorgehen; ein ungestümer Angriff; ungestüme Worte; er ist ein sehr ungestümer junger Mann; er ist im ungestümen Wesen; sie ist immer recht u.; jmdn. u. umarmen, begrüßen, küssen.

ungesund: a) *der Gesundheit schadend:* ein ungesundes Klima; ungesunde Kleidung, Lebensweise, Ernährung; Rauchen, fettreiches Essen ist [für jeden] u.; er ernährt sich u.; b) *krank:* eine ungesunde Gesichtsfarbe haben; einen ungesunden Eindruck machen; er sieht u. aus; ÜBERTR.: ein ungesunder Ehrgeiz; ungesunde wirtschaftliche Verhältnisse.

ungeteilt: a) *nicht geteilt:* das ungeteilte Deutschland; das Grundstück geht u. in seinen Besitz über; b) *allgemein, gesamt:* ungeteilten Beifall, ungeteilte Zustimmung/Anerkennung finden;

U

sich ungeteilter Aufmerksamkeit erfreuen; die Freude war u.

Ungetüm, das: der Wagen ist ein wahres U.; ein U. von einem Schrank.

ungewiss: 1. *fraglich; unbestimmt:* eine ungewisse Zukunft erwartete sie; der Ausgang des Spiels ist noch u.; seine Absichten waren, blieben u.; es ist noch u., ob sie kommt; SUBST.: er ließ seine Absichten im Ungewissen *(äußerte nichts Genaues darüber);* eine Fahrt ins Ungewisse. 2. *unentschieden:* ich war mir über die weitere Entwicklung u.; SUBST.: sie war sich im Ungewissen, was sie tun sollte; er war sich über sein weiteres Vorgehen noch im Ungewissen; sie haben uns über ihre Pläne im Ungewissen gelassen *(nichts Genaues darüber gesagt).*

ungewöhnlich: 1. *vom Üblichen abweichend:* eine ungewöhnliche Form; ein ungewöhnlicher Vorfall; sie ist eine ungewöhnliche Frau; eine solche Entwicklung ist sehr, ziemlich u.; das Haus sieht u. aus; SUBST.: diese Methode ist nichts Ungewöhnliches. 2. a) *das gewohnte Maß übersteigend:* ungewöhnliche Leistungen, Erfolge; b) ⟨verstärkend vor Adjektiven und Verben⟩ *sehr:* u. groß, kalt, streng; er isst u. viel; ein u. hoher Stromverbrauch; sie ist u. vielseitig.

ungewohnt: *nicht vertraut:* ein ungewohnter Anblick; mit ungewohnter Heftigkeit widersprechen; zu ungewohnter Stunde heimkommen; diese Vorgehensweise war für alle u.; die Arbeit, die Umgebung ist noch u.

ungezwungen: ein ungezwungenes Benehmen; eine ungezwungene Unterhaltung; er redete/ plauderte frei und u.; sich u. benehmen, bewegen.

unglaublich: 1. a) *unwahrscheinlich:* eine unglaubliche Geschichte; sie hat die unglaublichsten Dinge erlebt; das ist doch u.!; das klingt u., ist aber wahr; SUBST.: das grenzt ans Unglaubliche; b) *unerhört:* eine unglaubliche Frechheit, Zumutung; die Zustände hier sind u.; es ist u., was er sich alles erlaubt. 2. (ugs.) a) *sehr groß:* eine unglaubliche Menge; ein unglaubliches Tempo fahren; b) (ugs.) ⟨verstärkend vor Adjektiven und Verben⟩ *sehr:* u. groß, schwer, dick; sie sieht noch u. jung aus; er hat sich u. aufgeregt.

ungleich: 1. *nicht gleich; verschieden:* ungleicher Lohn, Besitz, Wert; ungleiche Kräfte; ungleiche Charaktere; ein ungleiches Paar; ungleiche Gegner; ein ungleicher Kampf; mit ungleichen Mitteln, Waffen kämpfen; zwei Schränke von ungleicher Größe; die beiden Brüder sind sehr u.; u. groß, gut, breit sein. 2. ⟨verstärkend vor dem Komparativ⟩ *viel:* eine u. schwerere Aufgabe; das neue Gebäude ist u. besser, größer als das alte; dafür hast du u. mehr Zeit als ich; er arbeitet u. genauer als sein Vorgänger.

Unglück, das: 1. *unheilvolles Ereignis:* ein großes,

schreckliches U.; der Krieg brachte U. *(Elend)* über das Land; ein schweres U. ist geschehen, ist passiert, hat sich ereignet; lass nur, das ist kein U. *(ist nicht so schlimm);* pass auf, sonst gibt es noch ein U.!; die beiden Unglücke *(Unfälle)* forderten fünf Todesopfer; ein U. gerade noch verhindern, verhüten können; ein U. verursachen, verschulden; hoffentlich richtet er kein U. *(nichts Schlimmes)* an; bei dem U. gab es Tote und Verletzte; Ⓡ ein U. kommt selten allein. 2. *Missgeschick:* ein geschäftliches, berufliches U.; U. im Beruf, in der Liebe haben; ihm widerfuhr ein U.; ein U. hat die Familie getroffen; das bringt U.; das U. gepachtet haben *(häufig von Missgeschicken betroffen sein);* das U. wollte es, dass ich krank wurde *(unglücklicherweise wurde ich krank);* ✶ jmdn. ins Unglück bringen, stoßen, stürzen *(jmdm. Schaden zufügen)* · in sein Unglück rennen (ugs.; *sich in eine schlimme Lage bringen, ohne es selbst zu merken)* · zu allem Unglück *(um die Sache noch schlimmer zu machen, obendrein).*

unglücklich: a) ⟨u. [über etw. (Akk.)]⟩ *nicht glücklich:* unglückliche Menschen; einen unglücklichen Eindruck, ein unglückliches Gesicht machen; ganz u. sein; u. aussehen, dreinschauen; wir sind sehr u. über diese Entscheidung; ich bin u. darüber, dass ...; b) *bedauerlich:* ein unglücklicher Zufall; eine unglückliche Niederlage; ein unglückliches Zusammentreffen der Ereignisse; eine unglückliche *(nicht erwiderte)* Liebe; die Sache nahm einen unglücklichen Verlauf, Ausgang; die Angelegenheit endete u.; c) *ungeschickt:* eine unglückliche Bewegung; eine unglückliche Hand haben; eine unglückliche Figur *(keinen guten Eindruck)* machen; er stürzte u. und brach sich das Bein.

unglücklicherweise: u. wurde er noch krank.

Ungnade, die: ⟨in den Wendungen⟩ **[bei jmdm.] in Ungnade fallen, sein** (oft spött.: *jmds. Gunst verlieren, verloren haben)* · **sich jmds. Ungnade zuziehen** (oft spött.: *jmds. Gunst verlieren).*

ungültig: eine ungültige Fahrkarte; ungültige Banknoten; der Pass, der Vertrag ist u.; bei der Wahl gab es viele ungültige Stimmen; eine Ehe für u. erklären.

Ungunst, die (geh.): die U. der Witterung; die U. der Verhältnisse brachte es mit sich, dass ...; ✶ **zu jmds. Ungunsten** *(zu jmds. Nachteil):* das Kräfteverhältnis hat sich stark zu unseren Ungunsten verschoben.

ungünstig: ungünstiges Wetter; ein ungünstiger Zeitpunkt, Termin, Vertrag; im ungünstigsten Falle müssen wir zahlen; unter ungünstigen Bedingungen arbeiten; die Voraussetzungen sind denkbar u.; der Prozess steht zurzeit für sie u.

ungut: ein ungutes Verhältnis; ungute Erinnerungen, Erfahrungen; sie hatte bei der Sache ein ungutes Gefühl; es sind ungute Worte gefallen; in unguter Verfassung sein;

U

⋆ nichts für ungut *(es ist nicht böse gemeint).*
unhaltbar: **1.** a) *unerträglich:* unhaltbare Zustände; die äußeren Verhältnisse sind u. [geworden]; b) *nicht zutreffend:* unhaltbare Vorwürfe; die Behauptung, die Theorie war u.; sich als u. erweisen, herausstellen. **2.** (Sport) *nicht haltbar:* ein unhaltbarer Schuss; der Ball war [für den Torwart] u.; der Ball landete u. im Netz.
Unheil, das (geh.): viel, schreckliches U.; jmdm. droht U.; das U. brach plötzlich herein; großes U. anrichten, bringen, stiften, verursachen, abwenden, verhindern, verhüten; er hat das U. geahnt, vorausgesehen, kommen sehen.
unheilbar: *nicht heilbar:* ein unheilbares Leiden; an einer unheilbaren Krankheit leiden; u. krank sein; ÜBERTR.: [einen] unheilbaren Schaden anrichten; ein unheilbarer *(unverbesserlicher)* Pessimist; u. geizig sein.
unheilvoll (geh.): *Unheil mit sich bringend:* einen unheilvollen Verlauf nehmen; eine unheilvolle Botschaft entgegennehmen; die Entwicklung ist u.
unheimlich: **1.** *leichtes Grauen erregend:* eine unheimliche Gestalt, Erscheinung, Dunkelheit; ein unheimlicher Gast, Ort; ein unheimliches Gefühl haben; die Atmosphäre in diesem Haus war u.; uns allen war [es] u. [zumute]; im Dunkeln wurde [es] mir u.; mir kam das u. vor. **2.** (ugs.) a) *sehr groß, sehr viel:* eine unheimliche Angst; einen unheimlichen Willen, Hunger, Appetit haben; b) ⟨verstärkend vor Adjektiven und Verben⟩ *überaus, sehr:* u. groß, schnell, dick; u. viel Geld brauchen, ausgeben; sie hat u. viel gearbeitet, gespart; etw. macht u. Spaß.
Uniform, die: eine blaue U.; die grüne U. der Polizei; die U. sieht elegant aus; U. tragen; die U. anlegen, ablegen; in U. sein, gehen; er kam in voller U. *(in seiner Uniform mit allem Zubehör).*
uninteressant: **1.** *nicht interessant:* ein uninteressanter Bericht, Fall, Vortrag; das Buch, die Sache, die Stadt ist u.; es ist für uns völlig u. *(gleichgültig),* welche Pläne er hat. **2.** (Kaufmannsspr.) *unvorteilhaft:* ein uninteressantes Angebot; das ist für uns preislich u.
uninteressiert ⟨u. [an jmdm., etw.]⟩: ein uninteressiertes Gesicht machen; sie war, zeigte sich bei der Diskussion völlig u.; er war an ihren Ausführungen völlig u.
Universität, die: **1.** *Hochschule:* eine altehrwürdige U.; die U. [in] München; die Technische U. Hannover; die Universitäten sind überfüllt; die U. besuchen; an der U. immatrikuliert sein; als Professorin an eine U. berufen werden; einen Ruf an eine U. erhalten; Dozent an der U. sein; auf die U. gehen *(studieren);* die ganze U. *(die Gesamtheit der Dozenten, Dozentinnen u. Studierenden)* versammelte sich in der Aula. **2.** *Universitätsgebäude, -gelände:* die U. liegt außerhalb der Stadt.

unken ⟨etw. u.⟩: »Bald wird es regnen«, unkte er; ihr könnt u., was ihr wollt; ⟨auch ohne Akk.⟩ er unkt ständig, dauernd.
unkenntlich: ⟨gewöhnlich in den Verbindungen⟩ **unkenntlich werden** *(entstellt werden, nicht mehr erkennbar sein):* der Text ist u. geworden · **sich, etw. unkenntlich machen** *(sich, etw. so verändern, dass man, es nicht mehr erkennbar ist):* er hatte sich durch Bart und Brille u. gemacht.
Unkenntlichkeit, die: ⟨gewöhnlich in der Verbindung⟩ **bis zur Unkenntlichkeit** *(bis zu dem Zustand, in dem nichts mehr zu erkennen ist):* die Leiche war bis zur U. verstümmelt.
Unkenntnis, die: seine völlige U. der Zusammenhänge, auf diesem Gebiet führte dazu, dass ...; U. schützt nicht vor Strafe; etw. aus U. falsch machen; (ugs. iron.:) durch U. glänzen; [über etw.] in U. *(im Unklaren)* sein; jmdn. in U. lassen; in U. der Tatsachen.
unklar: **1.** a) *unverständlich:* unklare Ausführungen; der Bericht, dieser Satz ist u.; sich u. ausdrücken; ihm war u., was sie gemeint hatte; es ist mir völlig u., wie das geschehen konnte; b) *ungeklärt:* eine unklare Situation; es herrschen völlig unklare Verhältnisse; es ist noch völlig u., ob die Verhandlungen zustande kommen; SUBST.: sie hat uns [darüber] im Unklaren *(im Ungewissen)* gelassen; sich über etw. im Unklaren sein. **2.** *verschwommen:* ein unklares Bild; etw. ist in der Ferne nur u. zu erkennen; ÜBERTR.: unklare *(vage)* Empfindungen, Erinnerungen.
unklug: *nicht klug:* ein unkluges Verhalten, Vorgehen; es war sehr u. von ihm, das zu sagen; wie kann man nur so u. handeln!
Unkosten, die ⟨Plural⟩: die U. sind [zu] hoch; die U. belaufen sich auf 798 Mark; die Einnahmen decken nicht einmal die U. (ugs.; *Ausgaben);* ihm sind hohe, gar keine U. entstanden; große U. haben; die U. [für etw.] tragen, bestreiten; sich unnötige U. machen; etw. ist mit U. verbunden. **⋆ sich in Unkosten stürzen** *([hohe] Ausgaben auf sich nehmen):* bei der Hochzeit für seine Tochter hat er sich ganz schön in U. gestürzt · **sich in geistige Unkosten stürzen** (scherzh.): *sich geistig anstrengen; intellektuellen Aufwand treiben).*
Unkraut, das: das U. wuchert; U. jäten, rupfen, ausreißen, ziehen, hacken, unterpflügen, abbrennen, vertilgen, ℝ U. vergeht/verdirbt nicht (scherzh.; *einem Menschen wie mir, dir* usw. *passiert nichts).*
unkündbar: ein unkündbares Darlehen; eine unkündbare Stelle; als Beamter, als Betriebsrat ist er u.
unlängst: er hat u. besucht; an dieser Stelle stand u. noch ein Kiosk.
unlauter: ein unlauteres Verhalten; das Gesetz gegen den unlauteren Wettbewerb; etw. nur mit

unlauteren Mitteln, Methoden erreichen; das Vorgehen ist u.

unleugbar: unleugbare Tatsachen, Nachteile; der Aufstieg, Verfall ist u.

unlieb: ⟨meist in der Wendung⟩ jmdm. nicht unlieb sein *(jmdm. gelegen kommen):* sein Besuch zu diesem Zeitpunkt ist mir nicht u.; es ist mir nicht u., dass/wenn du dableibst.

unliebsam: unliebsame Vorkommnisse, Überraschungen, Folgen, Verzögerungen; unliebsames Aufsehen erregen; es kam zu unliebsamen Streitereien; u. auffallen.

unlösbar: 1. *untrennbar:* eine unlösbare Verbindung; ein unlösbarer Zusammenhang; u. miteinander verbunden sein. **2.** *nicht lösbar:* eine unlösbare Aufgabe; ein unlösbares Rätsel; ein unlösbarer Konflikt, Widerspruch; das Problem ist [für alle] u.

unlöslich: *sich nicht auflösend:* ein [in Flüssigkeit] unlöslicher Stoff; etw. ist in Wasser u.

Unlust, die: an der Börse herrschte heute ausgesprochene U. beim Aktienkauf; große U. verspüren; seine U. überwinden; mit U. an die Arbeit gehen.

unmaßgeblich: sein Urteil, sein Entschluss ist [für uns] völlig u.; /Floskel der Bescheidenheit/: nach meiner unmaßgeblichen Meinung.

unmäßig: a) ⟨u. [in etw. (Dat.)]⟩ *maßlos:* ein unmäßiges Verlangen; unmäßige Angst haben; unmäßiger Alkoholkonsum; er ist in seinen Forderungen, im Essen u.; u. essen, trinken; das Projekt hat u. viel Geld verschlungen; b) ⟨verstärkend vor Adjektiven⟩ *sehr:* u. dick, langweilig; sein Hunger ist u. groß.

Unmenge, die: eine U. Bücher, eine U. von/an Büchern brauchen; eine U. Bilder, eine U. von/an Bildern lagert/(seltener:) lagern hier; er trinkt Unmengen [von] Tee; er hat eine U. Geld ausgeben; eine U. Besucher, eine U. von Besuchern; eine U. *(sehr vieles)* gelernt haben; es gab Bier in Unmengen.

Unmensch, der (abwertend): wer seine Kinder so verprügelt, ist ein U.; Ⓡ ich bin/man ist ja schließlich kein U.! (ugs., oft scherzh.; *ich lasse doch mit mir reden!).*

unmenschlich: 1. *grausam:* unmenschliche Grausamkeit, Härte, Behandlung; jmdn. u. behandeln; ein unmenschliches *(menschenfeindliches)* Gesellschaftssystem; unmenschliche *(menschenunwürdige)* Verhältnisse. **2.** a) *unerträglich:* eine unmenschliche Hitze, Kälte; unmenschliches Leid; unmenschliche Strapazen; die Schmerzen sind schon u.; SUBST.: Unmenschliches *(menschliche Kräfte fast Übersteigendes)* leisten; b) (ugs.) ⟨verstärkend vor Adjektiven und Verben⟩ *sehr:* es war u. heiß, schwül; u. viel arbeiten müssen; wir haben u. gefroren.

unmerklich: eine unmerkliche Veränderung; u. war es dunkel geworden.

unmissverständlich: eine unmissverständliche

Antwort, Absage, Ablehnung; der Satz, der Text, der Vertrag ist u.; etw. u. ausdrücken; u. seine Meinung sagen; jmdm. etw. u. zu verstehen geben.

unmittelbar: 1. a) *ohne Umweg:* die Straße führt u. zum Bahnhof; die Tür führt u. in den Garten; b) *in kurzem zeitlichen, räumlichen Abstand:* sich in unmittelbarer Nähe des Tatorts befinden; u. neben, vor jmdm. sitzen; sie betrat u. nach mir den Raum; ich fahre u. nach dem Essen los; der Vertragsabschluss, die Entscheidung steht u. bevor. **2.** *direkt:* ihr unmittelbarer Vorgesetzter, Nachkomme; eine unmittelbare Folge von etw. sein; unmittelbaren Einfluss ausüben; es besteht unmittelbare *(akute)* Lebensgefahr; in unmittelbarer Verbindung miteinander stehen; ein u. vom Volk gewähltes Staatsoberhaupt; er hat sich u. an die Herstellerfirma gewandt; der Gedanke leuchtet mir u. ein.

unmöglich: I. ⟨Adj.⟩ **1.** *nicht möglich, nicht denkbar:* ein unmögliches Verlangen, Unterfangen; die Herstellung, die Erledigung in so kurzer Zeit ist u.; es ist absolut u., so etwas zu verlangen; dass ein Mörder sein soll, ist ganz u./halte ich für u.; es ist mir u./dieser Umstand macht es mir u., daran teilzunehmen; SUBST.: das Unmögliche möglich machen; damit verlange ich nichts Unmögliches; sie hat fast Unmögliches geleistet. **2.** (ugs., meist abwertend) *nicht akzeptabel; unpassend:* eine unmögliche Ausdrucksweise; er trägt einen [für die Veranstaltung, für den Anlass] unmöglichen Anzug; alle möglichen und unmögliche *(die verschiedensten, kuriosesten o. ä.)* Gegenstände; dieser Hut ist u.; in dieser Aufmachung sieht er u. aus; sich u. benehmen, verhalten. **II.** ⟨Adverb⟩ (ugs.) ⟨meist in Verbindung mit *können*⟩ *keinesfalls:* etw. u. annehmen können; ich kann u. darauf eingehen, verzichten; die Rechnung kann u. stimmen; ★ jmdn., sich unmöglich machen *(jmdn., sich bloßstellen, in Misskredit bringen).*

unmündig: a) *minderjährig:* er hinterlässt drei unmündige Kinder; seine Tochter ist noch u.; jmdn. für u. erklären; b) *unselbstständig:* unmündige Untertanen.

Unmut, der: voller U. sein; ihr U. darüber stieg mehr und mehr; seinen U. nicht verbergen können; seinem U. Luft machen; seinen U. offen artikulieren; das hat er in seinem ersten U. gesagt.

unnachahmlich: er hat eine unnachahmliche Gabe, Geschichten zu erzählen; sich mit unnachahmlicher Anmut, Eleganz, Gewandtheit bewegen; sein Spiel, seine Mimik, ihre Art ist u.

unnachgiebig ⟨u. [in etw. (Dat.)]⟩: eine unnachgiebige Haltung einnehmen; er war, zeigte sich, blieb in diesem Punkt u.

unnachsichtig: jmdn. mit unnachsichtiger Strenge behandeln; er hat die Schüler u. bestraft.

U

unnahbar: eine unnahbare Würde, Haltung; ein unnahbarer Vorgesetzter; sie ist, gibt sich, zeigt sich u.

unnötig: sich unnötigen Ärger ersparen; sich unnötige Sorgen machen; unnötiges Warten vermeiden; das sind unnötige Ausgaben; die ganze Arbeit ist u.; es war alles u.; es ist u., sich darüber Gedanken zu machen; sich u. beeilen, aufregen; u. zu sagen, dass ...

unnütz: unnütze Ausgaben; sich über etw. unnütze Gedanken machen; unnützes Zeug kaufen; es ist u. *(zwecklos)*, darüber zu streiten; die Zeit u. vertun.

Unordnung, die: hier herrscht [eine] große, unbeschreibliche, schreckliche U.; eine fürchterliche U. hinterlassen; die U. beseitigen; etw. in U. bringen; die Akten sind in U. geraten; vor (ugs.:) lauter U. nichts mehr finden; ÜBERTR.: ihr seelisches Gleichgewicht war in U. geraten.

unparteiisch: ein unparteiisches Urteil; ein unparteiischer Dritter; eine unparteiische Haltung einnehmen; sie bemühte sich, u. zu bleiben; das Recht u. handhaben; u. urteilen; SUBST.: der Unparteiische (Sport Jargon; *Schiedsrichter*) leitete das Spiel souverän.

unpassend: eine unpassende Bemerkung machen; bei unpassender Gelegenheit, im unpassendsten Augenblick kommen; ich fand ihr Benehmen sehr, höchst u.; sich u. ausdrücken, benehmen; etw. als u. empfinden.

unpersönlich: a) *nüchtern:* hier herrscht eine unpersönliche Atmosphäre; in einem unpersönlichen Stil schreiben; er war sehr u.; der Brief ist u. [gehalten, abgefasst]; b) (Sprachw.) *nicht auf eine Person zu beziehen:* u. gebrauchte Verben.

unpraktisch: 1. *nicht zweckmäßig; nicht sinnvoll:* ein sehr unpraktisches Gerät, Verfahren; die Möbel stehen alle u.; das ist aber sehr u., ist mir zu u.; es ist u., so vorzugehen; die Bücher sind u. angeordnet.
2. *ungeschickt:* ein unpraktischer Mensch; er ist sehr u.

Unrat, der (geh.): stinkender U.; den U. zusammenkehren, beseitigen;
★ Unrat wittern *(Schlimmes ahnen, befürchten).*

unrecht: a) (geh.) *verwerflich:* eine unrechte Handlung, Maßnahme, Tat; auf unrechte *(schlechte)* Gedanken kommen; es ist u., so etwas zu tun; b) *verkehrt:* zu unrechter Zeit kommen; auf dem unrechten Weg sein; der Brief ist in unrechte Hände gekommen; c) *unpassend:* das ist der unrechte Ort, Zeitpunkt für so ein Gespräch; Sparsamkeit am unrechten Patz; im unrechten Augenblick kommen;
★ unrecht daran tun *(unrecht handeln, sich falsch verhalten)* · jmdm. unrecht tun *(jmdn. ungerecht beurteilen).*

Unrecht, das: ein schweres, bitteres, himmelschreiendes U.; jmdm. geschieht, widerfährt [ein] U.; jmdn. trifft ein U.; ein U. begehen, wieder gutmachen, bekämpfen, beseitigen; jmdm. ein U. [an]tun, zufügen; da ist er aber im U. *(hat er Unrecht);* besser U. leiden als U. tun;
★ Unrecht bekommen *(nicht Recht bekommen)* · jmdm. Unrecht geben *(jmds. Auffassung als falsch bezeichnen)* · Unrecht haben *(nicht Recht haben)* · jmdn., sich ins Unrecht setzen *(bewirken, dass jmd., man nicht im Recht ist)* · zu Unrecht *(fälschlich, irrtümlich; ohne Berechtigung).*

Unregelmäßigkeit, die: 1. *Ungleichmäßigkeit:* die U. des Herzschlags; die Kontrolluhr zeigt Unregelmäßigkeiten im Triebwerk an.
2. ⟨meist Plural⟩ *Verstoß:* keine Unregelmäßigkeiten dulden; bei der Stimmenauszählung sind Unregelmäßigkeiten vorgekommen; man hat Unregelmäßigkeiten festgestellt, entdeckt, aufgedeckt; jmdm. eine U. nachweisen; sich einige Unregelmäßigkeiten zuschulden kommen lassen.

unrein: unreine Luft; ein unreiner Kragen; eine unreine *(mit Pickeln o. Ä. bedeckte)* Haut; unreiner Atem *(Mundgeruch);* das Wasser ist u.; ÜBERTR.: ein unreiner *(nicht klar klingender)* Ton; unreine *(nicht klar leuchtende)* Farben; u. *(nicht sauber)* singen, spielen;
★ etw. ins Unreine schreiben *(etw. in vorläufiger, noch nicht ausgearbeiteter Form niederschreiben)* · ins Unreine sprechen, reden (ugs. scherzh.; *einen noch nicht ganz durchdachten Gedankengang vortragen).*

Unruhe, die: 1. a) *Unrast:* nervöse, krankhafte, quälende U.; seine U. ist begreiflich; U. ergreift, erfasst, überfällt, erfüllt, überkommt jmdn.; jmdm. U. bereiten, verursachen, bringen; jmdn. in U. versetzen; b) *Besorgnis:* ihre U. ist mir unerklärlich; U. wuchs in ihr, als die Kinder nicht kamen; in U. sein.
2. *unruhiges Treiben:* die U. der Großstadt, auf der Straße; im Saal, unter den Zuschauern entstand U.; in der Klasse herrscht dauernde U.; bei der U. kann ich nicht arbeiten, kann man sich nicht konzentrieren; U. *(Unzufriedenheit)* stiften; seine Finger sind in ständiger U. *(in ständiger Bewegung).*
3. ⟨meist Plural⟩ *Aufruhr:* soziale, politische, religiöse Unruhen; die Unruhen in den Betrieben, in der Arbeiterschaft, unter den Studenten, unter der Bevölkerung; nach dem Regierungsbeschluss sind Unruhen ausgebrochen; die Unruhen halten an, weiten sich aus; die Unruhen unterdrücken, im Keim ersticken; bei den Unruhen kamen drei Menschen ums Leben; der Staat wird von Unruhen heimgesucht, erschüttert; es kam zu schweren Unruhen.

unruhig: 1. *ständig in Bewegung seiend:* ein unruhiges Hin und Her; die Kinder sind u.; die See war sehr u.; er rutschte u. hin und her; eine u. flackernde Kerze; ÜBERTR.: das Bild, das Muster ist mir zu u.
2. *laut:* eine unruhige Straße, Wohngegend; die Wohnung ist sehr u., ist mir zu u.

3. a) *gestört:* einen unruhigen Schlaf haben; der Motor läuft u. *(nicht gleichmäßig);* ÜBERTR.: unruhige *(unsichere)* Zeiten; ein unruhiges *(unstetes)* Leben führen; **b)** *nervös:* ein unruhiger Mensch; sie wurde langsam u.; sie blickte u. um sich.

unsagbar: a) *unbeschreiblich:* unsagbares Leid, Elend; unsagbare Schmerzen leiden; **b)** ⟨verstärkend vor Adjektiven und Verben⟩ *sehr:* sie war u. glücklich, traurig; sich u. freuen; jmdn. u. lieben.

unsäglich (geh.): ↑ unsagbar.

unschädlich: unschädliche Insekten; dieses Mittel ist für das Herz, die Leber u.; * jmdn., etw. unschädlich machen *(dafür sorgen, dass jmd., etw. keinen Schaden mehr anrichtet):* einen Spion, einen Krankheitserreger u. machen.

unschätzbar: einen unschätzbaren Wert haben; jmdm. einen unschätzbaren Dienst erweisen; er hat sich unschätzbare Verdienste erworben; ein unschätzbares *(einen außerordentlich großen Wert habendes)* literarisches Zeugnis; deine Hilfe ist für uns alle u.

unscheinbar: graue, unscheinbare Häuser; ein unscheinbares Auftreten; er ist klein und u.; u. gekleidet sein.

unschlüssig: eine unschlüssige Haltung einnehmen; er blieb u. stehen; ich bin mir über mein weiteres Vorgehen noch u.; sie war sich u. [darüber], was sie tun sollte.

unschön: a) *hässlich:* ein unschöner Klang; ein unschönes Aussehen haben; **b)** *unerfreulich:* ein unschöner Zwischenfall; es kam zu unschönen Szenen; es war sehr u. *(unfreundlich)* von dir, ihn so zu behandeln.

Unschuld, die: **1.** *Schuldlosigkeit:* ihre U. stellte sich bald heraus; seine U. beteuern, beweisen, nachweisen; einen Angeklagten wegen erwiesener U. freisprechen. **2.** *Jungfräulichkeit:* die U. verlieren; einem Mädchen die U. nehmen (geh.; *ein Mädchen entjungfern).* **3.** *Harmlosigkeit:* in kindlicher U. alles glauben; etw. in aller U. sagen, tun; * Unschuld vom Lande (scherzh., meist spött.; **1.** *unverdorbenes, naives Mädchen vom Land.* **2.** *jmd., den keine Schuld trifft).*

unschuldig: 1. a) *nicht schuldig:* der Angeklagte ist u., wurde für u. erklärt; u. im Gefängnis sitzen; jmdn. u. verurteilen; SUBST.: die Unschuldige/ den Unschuldigen spielen; eine Unschuldige/einen Unschuldigen bestrafen; **b)** ⟨u. an etw.⟩ *für etw. nicht verantwortlich:* an diesem Zustand bin ich vollkommen u.; daran ist sie nicht ganz u.; an seinem Erfolg ist er selbst völlig u. (iron.; *er hat nichts dazu beigetragen).* **2.** *unverdorben:* unschuldige Kinder; u. wie ein neugeborenes Kind; sie ist noch u. (veraltend; *unberührt).*

3. *harmlos:* ein unschuldiges Vergnügen; er hat nur ganz u. gefragt.

unschwer: die Auflösung ließ sich u. erraten; man konnte u. feststellen, was er wirklich wollte.

unselig: ein unseliges Erbe; ein unseliger *(Unheil bringender)* Gedanke, Entschluss; sie hatte diese unselige Zeit fast vergessen.

unsicher: 1. a) *gefährlich:* unsichere Zeiten; ein unsicheres Fahrzeug; dieser Weg, diese Gegend ist mir zu u.; Einbrecher machen seit Wochen die Gegend u.; **b)** *gefährdet:* unsichere Arbeitsplätze; der Friede in dieser Region ist u. geworden. **2. a)** *ohne Sicherheit:* einen unsicheren Eindruck machen; eine unsichere *(zittrige)* Hand haben; mit unsicheren Schritten; der neue Mitarbeiter ist noch etwas u.; sie ist in ihrem Urteil sehr u.; das Kind ist noch u. auf den Beinen; sich [auf den Schlittschuhen] u. bewegen; sich [in dem Haus] u. fühlen; jmdn. u. machen *(verwirren);* sich u. im Kreise umblicken; **b)** *nicht selbstsicher:* ein unsicheres Auftreten; er wurde zusehends unsicherer; ihre kokette Art machte ihn u. **3.** *zweifelhaft; ungewiss:* eine unsichere Sache, Methode; bei etw. ein unsicheres Gefühl haben; eine unsichere Zukunft haben; ein Unternehmen mit unsicherem Ausgang; es ist noch u., ob er kommt; ich bin u. *(weiß nicht),* ob das stimmt; ich bin mir noch u. *(bin noch unentschieden),* ob ich mitkommen soll; * etw. unsicher machen (ugs., oft scherzh.; *sich an einem bestimmten Ort aufhalten [um sich dort zu vergnügen]):* Pfingsten werde ich Paris u. machen.

Unsinn, der: **1.** *Fehlen von Sinn:* sie diskutieren über Sinn und U. solcher Maßnahmen. **2.** *etwas Unsinniges:* großer, barer, reiner, glatter, blanker, völliger, blühender, vollkommener U.; das ist doch alles U.!; es ist U., so etwas zu behaupten; viel U. schreiben, schwatzen, (ugs.:) verzapfen; er redet lauter U.; diesen U. glaube ich nicht; »Macht es dir etwas aus?« – »U.!« (ugs.; *Keineswegs!).* **3.** *Unfug:* U. machen, treiben; lass den U.!; der Junge hat nichts als U. im Kopf.

unsinnig: 1. *sinnlos, unvernünftig:* unsinniges Gerede, Geschwätz; eine unsinnige Entscheidung; unsinnige Gedanken, Pläne; es ist doch u., so etwas machen zu wollen; SUBST.: etwas Unsinniges tun. **2.** (ugs.) **a)** *sehr groß, übertrieben:* unsinnige Kosten, Preise, Forderungen; **b)** ⟨verstärkend vor Adjektiven und Verben⟩: *sehr:* u. schnell fahren; u. hohe Preise, Mieten; sie hat sich u. gefreut.

Unsitte, die: die U. des Parkens im Halteverbot; das ist eine grobe, hässliche U. [von ihm]; eine U. ablegen.

unsterblich: 1. *nicht sterblich:* die unsterblichen Götter; die Seele ist nach christlichen Glaubensvorstellungen un-

U

2. *unvergesslich, unvergänglich:* ein unsterbliches Meisterwerk; die unsterblichen Klassiker; seine Schöpfungen sind, bleiben u.
3. (ugs.) ⟨verstärkend vor Verben⟩ *sehr:* mit dieser Äußerung hat sie sich u. blamiert; er war u. verliebt.

unstet: ein unstetes Wesen haben; ein unstetes Leben führen; ein unsteter *(innere Unruhe ausdrückender)* Blick; u. umherreisen.

Unstimmigkeit, die: 1. *Fehler:* eine kleine U. feststellen; bei der Überprüfung der Rechnung stieß sie auf Unstimmigkeiten. 2. *Meinungsverschiedenheit:* eine unbedeutende U.; es bestehen große Unstimmigkeiten zwischen den Parteien; bei seinem Besuch kam es zu Unstimmigkeiten; wegen Unstimmigkeiten mit dem Trainer wollte er den Verein wechseln.

Unsumme, die: der Bau des Hauses hat Unsummen verschlungen; diese U. von 100 000 DM werden wir nicht zahlen; Unsummen an Produktionskosten sparen können; für sein Hobby Unsummen ausgeben.

untad[e]lig: eine untadelige Haltung, Amtsführung, Gesinnung; u. gekleidet sein; sich u. benehmen.

untätig: er sah u. zu, wie wir uns abplagten; wir mussten u. *(ohne eingreifen zu können)* zusehen, wie unser Haus abbrannte; u. herumsitzen; sie blieb nicht u. *(unternahm etwas);* die Hände u. in den Schoß legen.

untauglich: ein Versuch am untauglichen Objekt, mit untauglichen Mitteln; er ist für diese Arbeit, für diesen Posten, zu schwerer körperlicher Arbeit, als Pilot u.; jmdn. u. *(wehrdienstuntauglich)* schreiben.

unten: a) *an einer tiefer gelegenen Stelle; unter jmdm., etw.:* sie steht u. auf der Treppe; der Fluss fließt u. im Tal; die Wäsche liegt u. im Schrank; der Fahrstuhl ist u. *(im Erdgeschoss)* angekommen; u. und oben *(Unterseite und Oberseite)* verwechseln; das Buch steht u. links/links u. im Regal; der Pfeil zeigt nach u.; der Rost frisst sich von u. nach oben, siehe S. 153 u. *(im unteren Teil der Seite);* b) *an einer untergeordneten Stelle in einer Hierarchie:* ganz u. anfangen müssen, sein; sie hat sich von u. hochgearbeitet; c) (ugs.) *im Süden:* er lebt u. in Bayern; wir waren schon mehrmals [dort] u.; d) *weiter hinten im Text:* siehe u.!; wie u. angeführt; die u. erwähnte, stehende Summe; das weiter u. Erwähnte, Genannte, Stehende.

Untenerwähnte, Untengenannte: ↑Untenstehende.

Untenstehende, das: bitte auch Untenstehendes beachten; im Untenstehenden.

unter: I. ⟨Präp. mit Dat. und Akk.⟩ 1. ⟨mit Dat.⟩ a) /kennzeichnet die Lage unterhalb von jmdm., etw./: etw. liegt u. dem Tisch; u. der Dusche stehen *(duschen);* u. uns *(ein Stockwerk tiefer)* wohnt eine Sängerin; u. dem Mikroskop *(mithilfe des Mikroskops)* betrachten; ⟨in Korrelation mit *hindurch⟩* /kennzeichnet eine Bewegung unter Nennung eines festen Bezugspunkts/: der Zug fährt u. der Brücke hindurch; ÜBERTR.: der Preis liegt u. dem Durchschnitt; etw. u. Preis verkaufen; b) /drückt aus, dass sich etw., von etw. ganz oder teilweise bedeckt, irgendwo befindet/: eine Pistole u. dem Mantel, eine Bluse u. dem Pullover tragen; c) /nennt Art, Begleitumstände/: u. Tränen, Schmerzen; u. dem Beifall der Menge; u. einem Vorwand die Versammlung verlassen; u. großen Schwierigkeiten eine Arbeit beenden; d) *mit:* u. Zwang, u. Lebensgefahr, u. Vorspiegelung falscher Tatsachen; e) /kennzeichnet eine Bedingung/: u. der Voraussetzung, u. der Bedingung, u. dem Vorbehalt, dass ... 2. ⟨mit Akk.⟩ /kennzeichnet die Richtung auf eine Stelle unterhalb von jmdm., etw./: den Schemel u. den Tisch schieben; sich ein Kissen u. den Kopf legen; die Scheune ist bis u. das Dach gefüllt; sich u. die Dusche stellen. 3. a) ⟨mit Dat.⟩ /kennzeichnet ein Vorhanden-, Anwesendsein/: der Brief lag u. den Akten; u. den Zuschauern sitzen; b) ⟨mit Akk.⟩ /kennzeichnet das Sichhineinbegeben in eine Menge o. Ä./: sich u. das Publikum mischen. 4. (südd.) ⟨mit Dat.⟩ *während:* u. der Woche hat er keine Zeit; u. Mittag *(in der Mittagszeit);* u. Tags *(tagsüber).* 5. ⟨mit Dat. und Akk.⟩ /drückt eine Abhängigkeit, Unterordnung aus/: u. jmds. Leitung, Führung, Schutz; jmdn. u. Aufsicht stellen; eine Kur u. ärztlicher Kontrolle machen; u. der Regierung Kaiser Karls IV. 6. ⟨mit Dat.⟩ a) /drückt das Unterschreiten einer [An]zahl aus/: Kinder u. 10 Jahren (aber: Kinder über 10 Jahre); der Preis liegt u. 100 Mark; b) /kennzeichnet einen Einzelnen, eine Anzahl einer Menge/: nur einer u. vielen, u. 40 Bewerbern sein. 7. a) ⟨mit Dat. und Akk.⟩ /kennzeichnet eine Zuordnung/: etw. steht u. einem Motto; etw. u. ein Thema stellen; b) ⟨mit Dat.⟩ /kennzeichnet eine Zugehörigkeit/: u. falschem Namen reisen; u. einem Pseudonym publizieren; u. dänischer Flagge segeln; du erreichst mich unter der Nummer ... 8. ⟨mit Dat.⟩ *zwischen:* u. Freunden, Männern; es gab Streit u. den Erben; sie wollten u. sich *(ungestört)* bleiben; u. uns *(im Vertrauen)* gesagt. 9. ⟨mit Dat. und Akk.⟩ /kennzeichnet einen Zustand, in dem etw. befindet, in den etw. gebracht wird/: der Kessel steht u. Druck, Dampf; etw. u. Strom setzen. 10. ⟨mit Dat. und Akk.; in Abhängigkeit von bestimmten Wörtern⟩ jmdm. leiden; u. einer Arbeit stöhnen; Unterwerfung u. jmdn. II. ⟨Adverb⟩ *weniger als:* die Bewerber waren alle u. 30 [Jahre alt]; ein Kind von u. 4 Jahren; Gemeinden von u. 100 000 Einwohnern.

unterbieten: a) ⟨jmdn., sich, etw. u.⟩ *für etw. weniger verlangen als andere:* einen Preis [beträchtlich, um fast hundert Mark] u.; er hatte u. den Kon-

U

kurrenten unterboten; ÜBERTR.: etw. ist [im Niveau] kaum noch zu u.; b) (Sport) ⟨sich, etw. u.⟩ *für etw. weniger Zeit brauchen:* den Rekord, eine bestimmte Zeit um eine Zehntelsekunde u.
unterbinden ⟨etw. u.⟩: den Handelsverkehr, jede weitere Diskussion/Störung u.; die Kontakte zwischen den Delegationen u.
unterbleiben: das hat künftig zu u.; jede Störung ist unterblieben.
unterbrechen: a) ⟨etw. u.⟩ *aufheben:* eine Bahnlinie, eine Pipeline u.; die Stromversorgung war mehrere Stunden lang unterbrochen; eine Schwangerschaft u. *(abtreiben);* ÜBERTR.: der Gebirgszug wird von mehreren tiefen Tälern unterbrochen; b) ⟨etw. u.⟩ *nicht weiterführen:* die Arbeit, den Urlaub u.; seine Reise [in München, für zwei Tage] u.; eine Sendung, ein Spiel u.; er musste das Studium u.; die unterbrochene Vorstellung fortsetzen; ÜBERTR.: dieses Ereignis unterbrach die Eintönigkeit in seinem Leben; c) ⟨jmdn., etw. u.⟩ *bewirken, dass jmd. nicht weiterspricht, etw. abbricht:* er unterbrach sie, ihren Redestrom mit Fragen; die Rede des Ministers wurde mehrfach durch Zwischenrufe unterbrochen; unterbrich mich nicht dauernd!; das Gespräch ist, wir sind *(unser [Telefon]gespräch ist)* unterbrochen worden; die Stille wurde gelegentlich von einem vorbeifahrenden Auto unterbrochen.
unterbreiten ⟨jmdm. etw. [zu etw.] u.⟩: jmdm. ein Angebot, sein Programm, zu einem Projekt Vorschläge u.; er hat mir seine Pläne unterbreitet.
unterbringen 1. ⟨etw. bei jmdm., irgendwo u.⟩ *verstauen:* Waren im Lager, alles Gepäck im Kofferraum u.; die Möbel vorübergehend bei Freunden u.; ÜBERTR.: er wusste nicht, wo er dieses Gesicht u. sollte *(woher er es kannte).* 2. ⟨jmdn. bei jmdm., irgendwo u.⟩ *jmdm. eine Unterkunft verschaffen:* die Gäste im Hotel, bei Verwandten u.; Flüchtlinge in Aufnahmelager u.; die Kinder sind sehr gut bei den Großeltern untergebracht. 3. (ugs.) ⟨jmdn. u.⟩ *jmdm. eine Stelle verschaffen:* jmdn. bei einer Firma, bei einer Behörde u.; er hat seinen Sohn auf diesem Posten untergebracht. 4. (ugs.) ⟨etw. u.⟩ *erreichen, dass etw. angenommen wird:* er hat sein Manuskript bei einer Zeitung, bei einem Verlag untergebracht.
unterdessen: die beiden haben u. geheiratet; ich gehe einkaufen, u. kannst du/du kannst u. aufräumen.
unterdrücken 1. ⟨etw. u.⟩ *zurückhalten:* seine Aggressionen, eine [bissige] Bemerkung, seinen Unwillen u.; er konnte seine Erregung, seinen Zorn, das Lachen nur mit Mühe u.; bestimmte [politische] Meldungen, Nachrichten, Tatsachen u. *(nicht bekannt werden lassen);* ein unterdrücktes Kichern, Niesen, Schluchzen war zu hören. 2. ⟨jmdn., etw. u.⟩ *stark behindern:* Minderheiten u.; jmdn. psychisch, sexuell u.; der Aufstand

wurde grausam unterdrückt *(im Keim erstickt);* ein unterdrücktes Volk.
untere: a) *sich unten befindend:* die unteren Schichten, Lagen; den unteren Knopf drücken; im unteren Fach; die Städte an der unteren Elbe *(am Unterlauf der Elbe);* b) *in einer Hierarchie o. Ä. unter anderen stehend:* die unteren Schulklassen, Ränge, Instanzen.
untereinander: a) *eines unter dem anderen, unter das andere:* die Bilder u. aufhängen; beide Texte sollen u. stehen; b) *miteinander:* etw. u. ausmachen, regeln; sich u. helfen; sie tauschen ihre Erfahrungen u. aus. Beachte: Nach neuer Rechtschreibung wird *untereinander* vom folgenden Verb immer getrennt geschrieben.
Unterfangen, das: ein aussichtsloses, hoffnungsloses, kühnes, gefährliches, löbliches U.; die Expedition erwies sich als überaus schwieriges U.
Untergang, der: **1.** a) *das Versinken:* der U. eines Schiffes; b) *das Untergehen:* der U. des Mondes; den U. der Sonne beobachten. **2.** *das Zugrundegehen:* der U. des Römischen Reiches, einer Kultur, eines Volkes; der U. ist unaufhaltsam; dem Volk droht der U.; der Alkohol ist [noch] sein U. (ugs.; *Verderben);* (geh.:) etw. ist dem U. geweiht; vom U. bedroht sein; jmdn., etw. vor dem U. bewahren.
untergehen: **1.** a) *versinken:* das gekenterte Boot ist innerhalb kurzer Zeit untergegangen; er fiel über Bord und ging unter; ÜBERTR.: die letzten Sätze des Redners gingen im Applaus unter; b) *hinter etw. verschwinden:* der Mond geht unter; die Sonne geht am Horizont langsam, geht heute um 19.23 Uhr unter; BILDL. SUBST.: jmds. Stern ist im Untergehen [begriffen] *(jmds. Ruhm verblasst).* **2.** *zugrunde gehen:* dieses Reich, diese Volk, diese Dynastie ist vor über tausend Jahren untergegangen; es ist so dunkel, als ob die Welt u. wollte; untergegangene Kulturen.
¹**untergraben** ⟨etw. u.⟩: *unterpflügen:* Dung, Mist u.; das nicht geerntete Gemüse wird einfach untergegraben.
²**untergraben** ⟨etw. u.⟩: *unauffällig zerstören:* die staatliche Ordnung, das Vertrauen in den Staat zu u. versuchen; die Gerüchte untergraben sein Ansehen, seine Stellung, seinen Ruf, seine Autorität.
unterhalb: **I.** ⟨Präp. mit Gen.⟩ *unter; tiefer als etw. gelegen:* u. der Fensterbrüstung; die Frostgrenze liegt u. 2 000 Meter; der Schiffsunfall ereignete sich u. der Neckarmündung, u. Heidelbergs. **II.** ⟨Adverb in Verbindung mit *von*⟩ *unter etw., tiefer als etw. gelegen:* die Altstadt liegt u. vom Schloss.
Unterhalt, der: **1.** a) *Lebensunterhalt:* ein sicherer, kümmerlicher, kärglicher, dürftiger U.; seinen U. haben, verdienen, sich bestreiten; für jmds. U. sorgen, aufkommen [müssen]; zu jmds. U. beitragen; b) *Unterhaltszahlung:* den U. verweigern; er

U

muss ihr U. leisten, zahlen; jmdn. auf U. verklagen. **2.** *Instandhaltung:* der U. elektronischer Spezialgeräte; das Auto ist günstig im U. **¹unterhạlten: 1.** ⟨jmdn. u.⟩ *für jmdn. sorgen:* eine Familie, seine Eltern u.; er muss zwei Kinder aus erster Ehe u. **2.** ⟨etw. u.⟩ **a)** *betreiben:* ein Geschäft, einen Rennstall u.; der Betrieb unterhält eine Kindertagesstätte; der Verein wird von einem Sponsor unterhalten; **b)** *instand halten:* Gebäude, Gleisanlagen u.; das Auto muss unterhalten werden, will unterhalten sein (ugs.; *kostet Geld);* das Feuer im Kamin u. *(am Brennen halten).* **3.** ⟨etw. [mit/zu jmdm.] u.⟩ *lebendig erhalten:* gute Kontakte, enge freundschaftliche Beziehungen mit/zu jmdm. u.; die beiden Staaten unterhalten gutnachbarliche Beziehungen. **4.** ⟨jmdn., sich u.⟩ *die Zeit vertreiben:* seine Gäste mit Anekdoten u.; die Musik hat uns gut unterhalten; sich auf einer Party bestens, blendend, prächtig u.; ein unterhaltendes Buch; der Film war sehr unterhaltend. **5.** ⟨sich mit jmdm. [über jmdn., etw.] u.⟩ *plaudern:* sich mit jmdm. laut, leise, flüsternd, angeregt, lebhaft, unter vier Augen, privat u.; sich mit jmdm. über ein Problem, Thema, über bestimmte Fragen u.; wir haben uns darüber unterhalten, wie wir verfahren wollen; ⟨auch ohne Präpositionalobjekte⟩ sich italienisch, auf Englisch u.

²unterhạlten (ugs.) ⟨etw. u.⟩: *darunter halten:* einen Eimer u.; er hat die Hand untergehalten.

unterhaltsam: a) *kurzweilig:* ein unterhaltsamer Abend; eine unterhaltsame Veranstaltung; es war in der Gesellschaft recht u.; **b)** *für Unterhaltung sorgend:* ein unterhaltsamer Gesellschafter, Plauderer.

Unterhaltung, die: **1.** *Instandhaltung:* die U. der Gebäude, von Gleisanlagen; das Auto ist in der U. sehr teuer. **2.** *Plauderei:* eine anregende, geistreiche U.; die U. war lebhaft, stockte; es kam keine vernünftige U. zustande; mit jmdm. [über etw.] eine U. führen; die U. allein bestreiten *(fast allein reden);* sich an der U. beteiligen; etw. in einer U. erfahren. **3.** *Zeitvertreib:* sich etwas U. suchen, verschaffen; jmdm. gute, angenehme U. wünschen; für U. sorgen; zur U. der Gäste beitragen.

unterirdisch: ein unterirdischer Gang; unterirdische Atomversuche; die Ölleitung verläuft, liegt u.

unterjochen ⟨jmdn. u.⟩: jmdn., ein Volk u.; unterjochte Minderheiten.

unterkommen: 1. a) ⟨bei jmdm., irgendwo u.⟩ *Unterkunft finden:* bei Freunden, in einer Pension u.; privat u.; wo kann man billig u.?; die alten Leute sind in einem Heim untergekommen; **b)** (ugs.) ⟨[irgendwo] u.⟩ *eine Stelle finden:* als Kö-

chin, in einem Verlag, bei einer Firma u.; er ist endlich untergekommen. **2.** (ugs.) ⟨jmdm. u.⟩ *begegnen:* ein solcher Fall ist mir in 30 Jahren noch nicht untergekommen; das größte mathematische Talent, das mir je untergekommen ist.

unterkriegen (ugs.) ⟨jmdn. u.⟩: ich werde ihn schon u.; er ist nicht unterzukriegen; sich nicht u. lassen *(nicht den Mut verlieren).*

Unterkunft, die: eine einfache, menschenwürdige, billige U.; eine U. für eine Nacht; [sich] eine U. suchen; [k]eine U. finden, haben; jmdm. U. gewähren, freie U. anbieten; für U. und Frühstück 95 Mark bezahlen; die Soldaten sind in ihre Unterkünfte *(Kasernen)* zurückgekehrt.

Unterlage, die: **1.** *das Untergelegte:* eine dicke, weiche, harte U.; eine U. aus Gummi, Holz, Metall, Pappe; eine U. zum Schreiben; etw. dient als U.; etw. als U. benutzen; etw. auf eine U. stellen; ÜBERTR.: eine gute finanzielle U. (selten; *Grundlage);* eine gute U. haben (ugs.; *etwas Kräftiges gegessen haben).* **2.** ⟨Plural⟩ *Akten:* die originalen Unterlagen; die Unterlagen sind verschwunden; sämtliche Unterlagen anfordern, beibringen, vernichten; die Unterlagen nicht herausgeben; jmdm., dem Gericht die Unterlagen übergeben, zuleiten; etw. geht aus den Unterlagen hervor; jmdm. Einblick in die Unterlagen gewähren.

unterlassen ⟨etw. u.⟩: ein Vorhaben, eine Reise u.; sie will das Rauchen künftig u.; unterlass das bitte!; aus Angst vor den Folgen, vor der Wahrheit hat er eine Befragung unterlassen; ich habe es u. *(versäumt),* danach zu fragen; jmdn. wegen unterlassener Hilfeleistung bestrafen.

unterlaufen: 1. (Sport) ⟨jmdn. u.⟩ *in jmdn. hineinlaufen:* einen Spieler, den Gegner u. **2.** ⟨jmdm. u.⟩ *passieren:* ihr sind in der Eile einige Fehler unterlaufen; manchmal unterläuft einem ein Versehen, ein Missgeschick, eine Unaufmerksamkeit, ein Irrtum. **3.** ⟨etw. u.⟩ *umgehen:* eine Vorschrift, eine Bestimmung, ein Gesetz, ein Verbot u.; manche Initiative wird durch die Bürokratie unterlaufen.

¹unterlegen ⟨etw. u.⟩: *darunterlegen:* eine feste Platte, eine Filzmatte u.; ⟨jmdm., sich etw. u.⟩ ich habe mir ein Kissen untergelegt; der Henne Eier zum Brüten u.; ÜBERTR.: sie hat meiner Antwort einen falschen Sinn untergelegt.

²unterlegen ⟨etw. u.⟩: *mit einer Unterlage versehen:* eine Glasplatte mit Filz u.; mit Seide unterlegte Spitzen; ÜBERTR.: einem Film Musik u.; er hat der Melodie einen anderen Text unterlegt.

³unterlegen: *schwächer als ein anderer:* er kommt sich auf einem Gebiet u. vor; dem Gegner an Zahl, an Kondition [weit] u. sein; er ist seiner Frau geistig u.

unterliegen: 1. *besiegt werden:* in einem Kampf, in einem Wettbewerb u.; sie unterlagen [mit] 1:2; sie unterlag knapp, nach Punkten; die unterlegene Mannschaft war technisch besser; ⟨jmdn. u.⟩ er ist seinem Gegner bei der Wahl unterlegen; ÜBERTR.: den ständigen Verlockungen u. **2.** ⟨etw. (Dat.) u.⟩ *unterworfen sein:* jeder Besucher unterliegt scharfen Kontrollen; bestimmten Zwängen, strenger Geheimhaltung, der Zensur, der Schweigepflicht u.; /verblasst/: es unterliegt keinem Zweifel, dass ...; einer Täuschung u. *(sich täuschen, getäuscht werden);* der Bearbeitung u. *(bearbeitet werden).*

Untermiete, die: in/zur Untermiete *(als Untermieter[in])* wohnen; jmdn. in, zur U. nehmen.

unterminieren ⟨etw. u.⟩: den Staat, die Staatsordnung u.; man hat ihre Stellung, ihr Ansehen, ihre Autorität unterminiert.

unternehmen ⟨etw. u.⟩: **1.** *aus-, durchführen:* eine Reise, einen Ausflug, einen Spaziergang u.; mit hundert Mark kann man/lässt sich nicht viel u.; der Minister will geeignete Schritte, einen neuen Versuch/Vorstoß u.; große Anstrengungen, einen neuen Anlauf u.; wollen wir heute Abend etwas u.? *(wollen wir ausgehen?).* **2.** ⟨etw. [gegen jmdn., etw.] u.⟩ *Maßnahmen ergreifen:* sie wird nichts u.; was haben Sie nun unternommen?; er hatte es unternommen, die Sache aufzuklären; etwas gegen einen Störenfried, gegen die vielen Arbeitslosen u.; wir müssen etwas gegen die Maulwürfe, gegen diese Missstände, gegen diesen Zustand u.

Unternehmen, das: **1.** *Vorhaben:* ein kühnes, schwieriges, gewagtes U.; das U. gelang, scheiterte, ist misslungen; ein U. planen, vorbereiten. **2.** *Betrieb:* ein kleines, mittleres, großes, finanzstarkes, privates, junges U.; ein U. der Stahlindustrie; ein U. gründen, leiten, auflösen, liquidieren; (ugs.:) in ein U. einsteigen.

unterordnen: a) ⟨etw. (Dat.) etw. u.⟩ *zugunsten einer Sache zurückstellen:* die eigenen Interessen dem Gemeinwohl u.; die Qualität spielt leider nur eine untergeordnete *(zweitrangige)* Rolle; das ist von untergeordneter Bedeutung; b) ⟨sich jmdm. u.⟩ *sich anpassen:* sich seinem Vorgesetzten, der Gemeinschaft u.; ⟨auch ohne Dat.⟩ es fällt ihm schwer, sich unterzuordnen; c) ⟨jmdm. jmdn. u.; meist im 2. Part.⟩ *unterstellen:* sie ist ihm, dem Ministerium untergeordnet; untergeordnete staatliche Organe.

Unterredung, die: eine lange, wichtige U.; eine U. im engsten Kreise, unter vier Augen; die U. dauerte zwei Stunden, ist auf/für 9 Uhr angesetzt, findet nicht statt, ist beendet; eine U. verlangen; mit jmdm. eine U. vereinbaren, haben, führen; um eine U. bitten.

Unterricht, der: theoretischer, praktischer U.; ein lebendiger, langweiliger, interessanter, moderner U.; U. in Deutsch; der U. dauert von 8 bis 12 Uhr, beginnt erst um 9 Uhr, fällt heute aus, ist beendet/(ugs.:) aus; U. [in etw.] erteilen, geben, nehmen; den U. stören, versäumen, schwänzen; täglich drei Stunden U. haben; dem U. fernbleiben;

am U. teilnehmen; sie ist im U. unaufmerksam; vom U. befreit, freigestellt werden.

unterrichten: 1. a) *Unterricht abhalten:* täglich fünf Stunden u.; er unterrichtet an einem Gymnasium, in der Oberstufe, in Heidelberg; b) ⟨etw. u.⟩ *lehren:* sie unterrichtet Englisch, Mathematik; c) ⟨jmdn. [in etw. (Dat.)] u.⟩ *jmdm. Unterricht erteilen:* die Oberstufe u.; er unterrichtet diese Klasse schon seit drei Jahren in Deutsch *(im Fach Deutsch).* **2.** a) ⟨jmdn. über etw. (Akk.)/von etw. u.⟩ *informieren:* jmdn. sofort, umfassend, nur mangelhaft über einen/von einem Vorgang u.; der Katalog unterrichtet über alle Einzelheiten; ⟨auch ohne Präpositionalobjekt⟩ er unterrichtete seinen Vorgesetzten; falsch, genau unterrichtet sein; soweit ich unterrichtet bin ...; wie aus gut unterrichteten Kreisen zu erfahren war ...; b) ⟨sich über etw. (Akk.) u.⟩ *sich Kenntnis verschaffen:* sich an Ort und Stelle über einen Vorfall u.; ich muss mich erst über den Stand der Dinge u.; ⟨auch ohne Präpositionalobjekt⟩ ich werde mich sehr genau, möglichst rasch u.

untersagen ⟨jmdm. etw. u.⟩: jmdm. das Betreten eines Geländes u.; der Arzt hat ihm das Rauchen strengstens untersagt; er hat ihm untersagt, Alkohol zu trinken; das Spielen im Garten war uns untersagt; ⟨auch ohne Dat.⟩ das ist bei Strafe untersagt.

unterschätzen ⟨jmdn., etw. u.⟩: einen Gegner, die Kraft, das Können des Gegners gewaltig u.; eine Gefahr, eine Aufgabe, das Risiko, die Schwierigkeit einer Sache u.; seine Erfahrung sollte nicht zu u. *(sind sehr beachtlich).*

unterscheiden: 1. ⟨jmdn., etw. von jmdm., etw. u.⟩ *auseinander halten:* eine Tanne von einer Fichte, Echtes von Unechtem, Wesentliches von Unwesentlichem u.; man kann ihn kaum von seinem Zwillingsbruder u.; die Dinge nicht voneinander u. können; ⟨auch ohne Präpositionalobjekt⟩ Einzelheiten u. [können]; in der Einleitung unterscheidet der Verfasser vier Gesichtspunkte; zweierlei ist zu u.; die Zwillinge, die Begriffe sind schwer zu u. **2.** a) ⟨jmdn., etw. u.⟩ *einteilen:* etw. nach Güte, nach Qualität u.; die Probanden nach vier Typen u.; b) ⟨zwischen jmdm., etw. u.⟩ *einen Unterschied machen:* zwischen heimischen Wörtern und Fremdwörtern nicht u.; zwischen altem und neuem Mittelstand u.; er unterscheidet genau zwischen den Leuten. **3.** a) ⟨sich von jmdm., etw. durch etw./in etw. (Dat.) u.⟩ *sich abheben:* er unterscheidet sich von seinem Bruder durch größere Zielstrebigkeit, im Charakter, in nichts; ⟨auch mit nur einem Präpositionalobjekt⟩ sie unterscheidet sich deutlich, klar, grundlegend, kaum von ihrer Vorgängerin u.; in diesem Punkt unterscheiden sich die Parteien überhaupt nicht; b) ⟨jmdn. von jmdm. u.⟩

abheben: Kollegialität, Zuverlässigkeit unterscheidet ihn von den übrigen Mitarbeitern.
4. a) ⟨jmdn., etw. u.⟩ *wahrnehmen:* sie konnte bei der Dunkelheit keine Einzelheiten u.; **b)** ⟨jmdn., etw. an etw. (Dat.) u.⟩ *erkennen:* man kann die Zwillinge am Gang u.; er kann die Schnäpse am Geruch u.

¹unterschieben ⟨etw. u.⟩: *darunter schieben:* eine Platte, eine Unterlage u.; ⟨jmdm., sich etw. u.⟩ sie schob ihm ein Kissen unter; ÜBERTR.: ein untergeschobenes *(heimlich vertauschtes, jmdm. gegenüber als dessen eigenes ausgegebenes)* Kind, Testament.

²unterschieben ⟨jmdm. etw. u.⟩: **a)** *heimlich zuschieben:* jmdm. einen Brief u.; **b)** *unterstellen:* man unterschiebt mir diese Äußerung; er hat mir unlautere Motive, einen falschen Beweggrund unterschoben.

Unterschied, der: ein geringer, großer, gewaltiger, ins Auge fallender, augenfälliger, himmelweiter U.; ein U. wie Tag und Nacht; erhebliche soziale, klimatische Unterschiede; der U. zwischen Mensch und Tier; Unterschiede in der Farbe, in der Qualität; der U. ist beträchtlich, auffallend; die Unterschiede verwischen sich allmählich; zwischen den beiden Formulierungen besteht ein feiner U.; zwischen Arbeit und Arbeit ist noch ein U. (ugs.; *es kommt auf die Leistung, Qualität an*); es ist ein U., ob du es sagst oder ob du es machst; darin liegt der U.; das macht [k]einen U. (ugs.; *das ist [un]erheblich*); keinen U. *(Abgrenzung)* machen zwischen dem eigenen Kind und dem der Schwester; einen U. erkennen, feststellen; jmdm. einen U. klarmachen; im U. zu ihm interessiere ich mich dafür sehr; bei der Beurteilung der Schülerinnen Unterschiede, keine Unterschiede machen *(sie ungleich, gleich behandeln);* jmdn., etw. ohne U. *(gleich)* behandeln;
★ **der kleine Unterschied** (ugs. scherzh.; **1.** *Geschlechtsunterschied zwischen Mann und Frau.* **2.** *Geschlechtsmerkmal, bes. Penis*).

unterschiedlich: unterschiedliche Größe, Qualität; das ist recht u., ist u. geregelt; Schüler u. behandeln.

¹unterschlagen ⟨etw. u.⟩: **a)** *veruntreuen:* Geld, einen Brief, einen Wechsel u.; er hat größere Summen unterschlagen; **b)** *verheimlichen:* eine Nachricht u.; er hat entscheidende Tatsachen, die Hauptsache einfach unterschlagen.

²unterschlagen ⟨etw. u.⟩: *kreuzen:* sie hat ihre Beine untergeschlagen; mit untergeschlagenen Beinen dasitzen.

Unterschlagung, die: U. begehen; jmds. U. aufdecken; wegen U. verurteilt sein.

unterschreiben: 1. a) *seine Unterschrift hinsetzen:* links, rechts, mit Tinte, mit vollem Namen u.; **b)** ⟨etw. u.⟩ *mit seiner Unterschrift versehen:* einen Brief, einen Vertrag, eine Quittung, sein Testament u.; das Abkommen ist noch nicht unterschrieben; diese Resolution kann man mit gutem

Gewissen u.; einen Scheck blanko u.; einen Kaufvertrag blind *(ohne ihn zu lesen)* u.
2. (ugs.) ⟨etw. u.⟩ *gleichfalls vertreten:* das, diese Behauptung kann ich nicht u.

unterschreiten ⟨etw. [um etw.] u.⟩: einen Wert, ein Niveau u.; die Kosten haben den Voranschlag um 5 %, um mehrere Tausend Mark unterschritten.

Unterschrift, die: eine unleserliche U.; die U. verweigern, nachahmen, fälschen, nicht lesen können; seine U. unter etw. setzen; die U. leisten (Papierdt.; *unterschreiben*); der Brief trägt seine U.; seine U. für etw. geben; eine U. beglaubigen lassen, einholen; Unterschriften sammeln; etw. durch seine U. beglaubigen; etw. ist ohne U. nicht gültig; jmdm. einen Brief, einen Vertrag zur U. vorlegen.

untersetzt: ein untersetzter Typ; ein Mann von untersetzter Figur, Gestalt; er ist etwas u.

unterste: a) *sich ganz unten befindend:* das u. Stockwerk; das Buch steht im untersten Fach; **b)** *in einer Hierarchie o. Ä. am niedrigsten stehend:* die untersten Offiziersränge; die untersten Klassen;
★ **das Unterste zuoberst kehren** (ugs.; *alles durchwühlen, durcheinander bringen).*

unterstehen: 1. a) ⟨jmdm., etw. u.⟩ *untergeordnet sein:* die Behörde untersteht dem Innenminister[ium]; als Abteilungsleiter untersteht er unmittelbar dem Vorstand; **b)** ⟨etw. (Dat.) u.⟩ *unterliegen:* ständiger Kontrolle u.; diese Fälle unterstehen dem Verwaltungsgericht; es untersteht keinem Zweifel *(es besteht kein Zweifel),* dass ...
2. ⟨sich u.⟩ *sich erlauben:* sie soll sich nicht unterstanden, ihm zu widersprechen; untersteh dich nicht, darüber zu sprechen; untersteh dich! *(unterlass das!;* als Warnung oder Drohung).

¹unterstellen: a) ⟨sich [irgendwo] u.⟩ *Schutz suchen:* ich habe mich während des Gewitters in der Toreinfahrt untergestellt; **b)** ⟨etw. bei jmdm., irgendwo u.⟩ *abstellen:* du kannst das Fahrrad, den Wagen bei mir, in meiner Garage u.

²unterstellen: 1. ⟨jmdm., etw. jmdn., etw. u.⟩ *unterordnen:* eine Abteilung direkt dem Vorstand u.; die Behörde dem Innenminister[ium] unterstellt; jmdm. der Aufsicht, der Kontrolle von u.
2. a) ⟨jmdm. etw. u.⟩ *unterschieben:* jmdm. eine Tat, eine üble Absicht u.; es wird mir unterstellt, dass ich so etwas gewollt habe; **b)** ⟨etw. u.⟩ *annehmen:* unterstellen wir das Bestehen solcher Pläne; ich unterstelle einmal, dass alles so gewesen sein ist.

unterstreichen ⟨etw. u.⟩: **a)** *einen Strich unter etw. ziehen:* alle Namen, die Fachwörter in einem Text u.; die Fehler sind dick, rot, mit Filzstift, mit roter Tinte unterstrichen; etw. durch Unterstreichen hervorheben; **b)** *betonen:* jmds. Verdienste, die Bedeutung eines Vertrages u.; sie unterstrich ihre Ausführungen durch eine lebhafte Gestik.

U

unterstützen: 1. ⟨jmdn., etw. u.⟩ a) *jmdm. helfen:* jmdn. tatkräftig, moralisch, bei seiner Arbeit u.; die Hilfsorganisationen mit Geld u.; sie wird von den Eltern finanziell unterstützt; b) *fördern:* jmds. Bestrebungen/jmdn. in seinen Bestrebungen voll und ganz u.; den Kandidaten einer Partei, ein Gesuch, ein Projekt u.; das Mittel unterstützt den Heilungsprozess. 2. (EDV) ⟨etw. u.⟩ *mit etw. kompatibel sein:* ein Browser, der Frames und Tabels unterstützt.
Unterstützung, die: a) *Hilfe:* öffentliche, private, gesetzliche U.; eine angemessene, regelmäßige, monatliche U.; die U. der Armen, der Bedürftigen; die U. beträgt 400 Mark monatlich; U. beantragen, bekommen, erhalten, beziehen; jmdm. die U. kürzen, herabsetzen, entziehen, streichen; jmdm. U. gewähren; auf die U. angewiesen sein; b) *Beistand:* uneingeschränkte, bedingungslose U.; jmdm. seine U. zusagen, zusichern, angedeihen lassen, zuteil werden lassen, versagen; bei jmdm. U. finden; Sie können auf meine U./mit meiner U. rechnen; um U. werben, bitten.
untersuchen: 1. ⟨etw. [auf etw. (Akk.)] u.⟩ a) *genau zu erkennen suchen:* etw. gründlich, eingehend, sorgfältig, sehr genau u.; die klimatischen Bedingungen, die Beschaffenheit des Bodens, die gesellschaftlichen Verhältnisse u. *(analysieren);* ein Thema, ein Problem [wissenschaftlich] u. *(erforschen);* b) (Chemie) *die Bestandteile zu bestimmen suchen:* das Blut auf Zucker, den Wein auf seine Reinheit u.; etw. chemisch, unter dem Mikroskop u. 2. a) ⟨jmdn. [auf etw. (Akk.)] u.⟩ *jmds. Gesundheitszustand festzustellen suchen:* einen Patienten nur flüchtig, oberflächlich u.; sich ärztlich u. lassen; jmdn. auf seinen psychischen Zustand [hin] u.; b) ⟨etw. u.⟩ *den Zustand eines Organs festzustellen suchen:* den Hals, die Wunde, die Lunge, den ganzen Körper sorgfältig u. 3. ⟨etw. u.⟩ *aufzuklären suchen:* einen Unfall, den Tathergang u.; einen Fall gerichtlich u. 4. ⟨etw. [auf etw. (Akk.)/nach etw.] u.⟩ *durchsuchen:* jmdn., jmds. Gepäck u.; die Fahrzeuge auf/nach Waffen u. 5. ⟨etw. [auf etw. (Akk.)] u.⟩ *überprüfen:* das Auto auf seine Fahrtüchtigkeit [hin], den Lack auf Kratzspuren u.
Untersuchung, die: 1. a) *das Untersuchen; Prüfung:* eine genaue, sorgfältige, eingehende, chemische U.; statistische, wissenschaftliche Untersuchungen; der U. *(Analyse)* des Blutes; die U. hat Folgendes ergeben; das Ergebnis der U. abwarten; b) *Feststellung des Gesundheitszustands:* die U. des Patienten; das ergab die ärztliche U.; sich einer gründlichen U. unterziehen; bei der U. wurde ein Tumor festgestellt. 2. *Aufklärung:* die polizeiliche U. eines Unfalls, der Unfallursache, des Tathergangs; die U. läuft noch, ist noch im Gange, ist abgeschlossen, verlief ergebnislos; eine U. fordern, beantragen, ein-

leiten, durchführen, niederschlagen, einstellen; eine strenge U. anordnen; der U. nicht vorgreifen [wollen]; gegen den Abgeordneten wurde eine U. eingeleitet; jmdn. mit der U. des Falles beauftragen.
3. *Durchsuchung:* die U. des Gepäcks.
4. *wissenschaftliche Arbeit:* eine wertvolle, tief greifende, interessante, bahnbrechende U.; eine U. über Umweltschäden; eine U. anstellen, anfertigen, veröffentlichen.
untertauchen: 1. a) *im Wasser verschwinden:* der Schwimmer ist untergetaucht; b) ⟨jmdn. u.⟩ *unter Wasser drücken:* er hat mich aus Spaß mehrmals untergetaucht. 2. *verschwinden:* der Verbrecher ist in der Menschenmenge, in der Großstadt, in Südamerika untergetaucht.
unterwegs: den ganzen Tag u. *(nicht zu Hause)* sein; ich war gerade u., als der Anruf kam; sie ist den ganzen Tag u. *(ist wenig zu Hause);* der Brief war lange u.; wir haben u. viel Neues gesehen; die ganze Stadt war u. *(draußen auf den Straßen);* ÜBERTR.: bei seiner Frau ist etwas, ein Kind, etwas Kleines u. (ugs.; *sie ist schwanger).*
unterweisen (geh.) ⟨jmdn. in etw. (Dat.)⟩: er hat uns in Geschichte, im Gebrauch von Waffen unterwiesen; sie unterwies *(instruierte)* das Personal, wie es sich verhalten sollte.
unterwerfen: 1. a) ⟨jmdn., etw. u.⟩ *untertan machen:* ein Land, einen Staat u.; das Volk ließ sich nicht bedingungslos u.; b) ⟨sich jmdm., etw. u.⟩ *sich beugen:* sich jmds. Befehlen, jmds. Willkür, jmds. Bedingungen u.; sich einem Urteil u.; die Indianer unterwarfen sich den Eroberern; ⟨auch ohne Dat.⟩ die Germanen wollten sich nicht u. 2. ⟨jmdn., sich, etw. etw. (Dat.)⟩ /verblasst/ *unterziehen:* die Grenzgänger strengen Kontrollen u.; jmdn. einem Verhör u.; sich einer Prüfung u.; * **jmdn., etw. unterworfen sein** *(einer Sache ausgesetzt sein; von jmdm., etw. abhängig sein):* Schwankungen, Veränderungen unterworfen sein.
unterwürfig ein unterwürfiger Charakter; eine unterwürfige Haltung; er ist gegenüber seinem Vorgesetzten immer sehr u.; u. lächeln; sich u. zeigen, verhalten.
unterzeichnen: a) *seine Unterschrift geben:* links, rechts, mit Tinte, mit vollem Namen u.; b) ⟨etw. u.⟩ *mit einer Unterschrift versehen:* ein Protokoll, ein Abkommen, den Friedensvertrag u.; der Aufruf ist vom Parteivorsitzenden unterzeichnet.
¹unterziehen ⟨etw. u.⟩: a) *darunter anziehen:* warme Wäsche u.; ⟨jmdm., sich etw. u.⟩ ich habe mir noch einen Pullover untergezogen; b) *einziehen:* sie haben einen Träger, einen Balken unter die Decke untergezogen; c) *vorsichtig vermengen:* den Teig glatt rühren und danach den Eischnee u.
²unterziehen ⟨jmdn., sich, etw. etw. (Dat.) u.⟩: *mit jmdm., sich, etw. geschehen lassen:* er unterzog

sich dieser Aufgabe nur ungern; sich einer Kur u.; /häufig verblasst/: jmdn. einer Untersuchung, einer Prüfung u.; das Haus wird einer gründlichen Renovierung unterzogen; ich habe mich der Mühe unterzogen, den ganzen Text zu lesen. **Untiefe,** die: **1.** *seichte Stelle:* Baken zeigen die U. an; das Schiff geriet in eine U. **2.** *große Tiefe:* Untiefen unweit des Ufers machen das Baden gefährlich. **untröstlich** ⟨u. [über etw. (Akk.)]⟩: sie waren u. darüber, dass ...; ich bin u. (oft übertreibend; *es tut mir sehr Leid*), dass ich die Sache vergessen habe. **unübersehbar: 1.** *nicht zu übersehen:* unübersehbare Mängel, Materialfehler; ein solches Vorgehen kann unübersehbare Folgen haben. **2. a)** *sehr groß:* im Stadion hatte sich eine unübersehbare Menschenmenge versammelt; das Gewitter hat unübersehbare Schäden angerichtet; **b)** ⟨verstärkend vor Adjektiven und Verben⟩ *ungeheuer:* das Gelände war u. groß. **unumgänglich:** eine unumgängliche Operation; diese Maßnahmen, Preiserhöhungen sind u.; es ist u., hier Abhilfe zu schaffen. **unumwunden:** etw. u. sagen, zugeben; jmdm. u. seine Meinung sagen. **ununterbrochen:** in ununterbrochener Reihenfolge; es regnete u.; er raucht, redet u. **unverantwortlich:** ein unverantwortlicher Leichtsinn; ihr Verhalten war u.; etw. für u. halten; u. handeln. **unverbesserlich:** ein unverbesserlicher Mensch; er ist ein unverbesserlicher Optimist; du bist doch u.! **unverblümt:** eine unverblümte Drohung; unverblümte Kritik; jmdm. u. die Wahrheit, seine Meinung sagen; etw. u. fordern, sagen. **unverfänglich:** eine ganz unverfängliche Situation; unverfängliche Fragen stellen; die Sache schien u. zu sein. **unverfroren:** unverfrorene Antworten geben; du bist u.!; jmdn. u. nach etw. fragen. **unvergesslich:** unvergessliche Eindrücke; unvergessliche Stunden erlebt haben; diese Begegnung wird mir immer u. bleiben. **unvergleichlich: a)** *einzigartig:* eine unvergleichliche Tat, Leistung; der Liebreiz der Landschaft ist u.; es schmeckte u.; **b)** ⟨verstärkend vor Adjektiven⟩ *sehr:* jmd., etw. ist u. schön; es geht ihm heute u. *(viel)* besser als vor Jahren. **unverhofft:** ein unverhofftes Wiedersehen; ein u. freundlicher Empfang; ich traf ihn gestern ganz u.; Ⓡ u. kommt oft. **unvermeidlich:** eine unvermeidliche Auseinandersetzung; ein unvermeidliches Übel; Preiserhöhungen werden u. sein; es wird u. sein, die Produktion zu drosseln; SUBST.: sich in das Unvermeidliche fügen. **unvermittelt:** eine unvermittelte Frage; u. stehen bleiben; sie reiste u. ab. **unvermutet:** unvermutete Schwierigkeiten; sein

unvermutetes Erscheinen stiftete Verwirrung; jmdn. u. besuchen. **unverschämt: a)** *sehr frech:* eine unverschämte Person; er ist, wurde u.; der Bursche grinste u.; **b)** (ugs.) *übertrieben:* unverschämte Preise; er hatte ein unverschämtes Glück; die Mieten sind u. [hoch]; **c)** (ugs.) ⟨verstärkend vor Adjektiven⟩ *sehr:* er ist u. reich; sie sieht u. gut aus. **unversehens:** u. abreisen; er trat u. ins Zimmer. **unverstanden:** ein unverstandener Künstler; sich [von jmdm.] u. fühlen. **unverständlich: a)** *undeutlich:* unverständliche Worte murmeln; sie redete leise und u.; **b)** *unbegreiflich:* seine Rede war, blieb uns allen u.; es ist mir einfach u., wie das passieren konnte. **unversucht** ⟨in der Verbindung⟩ **nichts unversucht lassen** *(alles Mögliche versuchen, unternehmen):* sie ließ nichts u., um in den Besitz der Dokumente zu gelangen. **unverwandt:** jmdn. mit unverwandtem Blick ansehen; jmdn., etw. u. anstarren. **unverwüstlich:** ein unverwüstliches Material; dieser Stoff, Anzug ist u.; ÜBERTR.: ein unverwüstlicher Forscher; eine unverwüstliche Gesundheit, Energie haben; sein Humor, sein Optimismus ist u. **unverzeihlich:** ein unverzeihlicher Fehler; dieser Leichtsinn ist u.; es ist u., dass man das versäumt hat. **unverzüglich:** unverzügliche Hilfsmaßnahmen; etw. u. beginnen; u. abreisen. **unvorhergesehen:** unvorhergesehene Ereignisse, Zwischenfälle; es traten unvorhergesehene Schwierigkeiten auf. **unwahrscheinlich: 1.** *nicht zu erwarten:* eine solche Möglichkeit ist doch sehr u.; eine solche Entwicklung halte ich für u.; es ist u., dass so etwas eintritt; **b)** *unglaublich:* die unwahrscheinliche Geschichte; seine Darstellung ist, klingt recht/äußerst u. **2.** (ugs.) **a)** *sehr groß, sehr viel:* unwahrscheinliches Glück haben; ein unwahrscheinliches Interesse war festzustellen; **b)** ⟨verstärkend vor Adjektiven und Verben⟩ *sehr:* u. heiß, dick; er spielt u. gut; sich u. freuen; wir froren u. **unweigerlich:** eine unweigerliche Folge; eine Preiserhöhung wird u. auf uns zukommen; das setzt u. voraus, dass ... **unweit: I.** ⟨Präp. mit Gen.⟩ *nicht weit von:* u. Berlins; u. des Bahnhofs ereignete sich ein Unfall. **II.** ⟨Adverb⟩ *nicht weit:* u. von Berlin, vom Bahnhof. **Unwesen,** das: ⟨meist in der Verbindung⟩ **irgendwo sein Unwesen treiben** *(schädigend, zerstörerisch tätig sein):* in dieser Gegend treibt ein Einbrecher sein U. **Unwetter,** das: ein schweres U. richtete großen Schaden an; bei heftigen Unwettern sind weite Landstriche zerstört worden; die Gegend wurde von einem U. heimgesucht.

U

unwiderruflich: ein unwiderruflicher Beschluss; die Entscheidung, das Urteil ist u.; zum u. letzten Male.

unwiderstehlich: ein unwiderstehlicher Typ; ein unwiderstehliches Verlangen; einen unwiderstehlichen Drang zum Stehlen haben; mit unwiderstehlichem Charme; sie ist einfach u.; er hält sich bei den Frauen für u.

unwiederbringlich (geh.): ein unwiederbringlicher Verlust; etw. ist u. verloren.

Unwille[n], der: sein U. richtet sich gegen den Minister; seinen Unwillen nicht zurückhalten [können], unverhohlen äußern; jmds. Unwillen erregen, hervorrufen, beschwichtigen; seinem Unwillen Luft machen.

unwillkürlich: eine unwillkürliche Reaktion, Bewegung; als er die Stimme hörte, drehte er sich u. um; u. lachen müssen.

Unwissenheit, die: eine weit verbreitete, allgemeine, erschreckende U.; es besteht, herrscht U. darüber, ob ...; aus U. falsch handeln; jmdn. bewusst in U. halten, lassen.

unwohl: sie ist heute etwas u.; er fühlt sich hier sehr u.; nach der Fahrt war mir u.; bei diesem Gedanken wird [es] mir u. *(unbehaglich).*

unzulänglich: unzulängliche Vorbereitungen, Leistungen, Kenntnisse; die Bezahlung, die Ausrüstung ist völlig u.; die Straßen sind u. abgesichert; man hat ihre Arbeit nur u. unterstützt.

üppig: a) *überreich:* eine üppige Vegetation, Blütenpracht; üppige Zuwachsraten; ein üppiges Mahl; sie haben es nicht ü. *(haben nicht viel Geld);* ü. gefüllte Regale; zu ü. leben; b) *von rundlichen Formen:* ein üppiger Körperbau, Busen; eine üppige Blondine; ihre Formen sind ü.

urbar: ⟨in der Verbindung⟩ etw. **urbar machen** *(etw. landwirtschaftlich nutzbar machen):* ein Stück Land, ein Moor u. machen.

Urheber, der: die Urheber dieses Gesetzes; es wurden drei mutmaßliche U. des Anschlags festgenommen; zum geistigen U. einer neuen Kunstrichtung werden.

Urkunde, die: eine alte, wichtige, öffentliche *(von einer Behörde ausgestellte),* notarielle U.; die U. des Standesbeamten; eine U. ausfertigen, ausstellen, beglaubigen, hinterlegen, versiegeln; jmdm. eine U. überreichen.

Urlaub, der: ein langer, mehrwöchiger, [un]bezahlter, tariflich festgelegter, erholsamer, wohlverdienter U.; U. (Milit.: *Ausgang)* bis zum Wecken; ein U. [von drei Wochen] im Süden, am Mittelmeer, an der See; der U. war völlig verregnet; mir steht noch U. zu; U. beantragen, bekommen, erhalten; keinen U. mehr, noch 6 Tage U. haben; seinen U. antreten, unterbrechen, abbrechen, vorzeitig beenden; den U. ganz, auf einmal nehmen; seinen U. auf Mallorca verbringen; [irgendwo] auf/im/in U. sein; jmdn. aus dem U. zurückrufen; in U. gehen, fahren; sich im U. [gut] erholen; aus dem/vom U. zurück sein;

⋆ **von jmdm., etw. Urlaub machen** *(sich für eine gewisse Zeit von jmdm., etw. trennen, um wieder zu sich zu kommen, seine Kräfte zu regenerieren):* U. von der Familie, vom Alltag machen.

Ursache, die: die unmittelbare, eigentliche, wirkliche U.; innere und äußere Ursachen; die U. eines Streites/für einen Streit; was ist die U.?; die U. ist noch nicht bekannt, geklärt; keine U.! *(bitte!;* Antwortfloskel auf einen Dank); diese Äußerungen waren die U. meiner/für meine Verärgerung; die U. für etw. bilden; die U. ermitteln, herausfinden, erkennen, beseitigen; du hast alle U. *(allen Grund),* dich zu freuen; einer U. nachgehen, auf den Grund gehen/kommen; aus bisher ungeklärter U. ist ...; das Gesetz von U. und Wirkung; Ⓡkleine Ursachen, große Wirkung.

Ursprung, der: der U. der Menschheit, des Lebens, des Christentums; etw. verdankt seinen U. einem bestimmten Ereignis; etw. hat in etw. seinen U.; den Ursprüngen nachgehen; das Gestein ist vulkanischen Ursprungs; ein Wort germanischen Ursprungs; etw. auf seinen U. zurückführen; etw. vom U. her betrachten; eine Entwicklung bis zu ihren Ursprüngen zurückverfolgen; einen Fluss bis zu seinem U. *(bis zur Quelle)* hinaufwandern.

ursprünglich: 1. *anfänglich:* die ursprüngliche Form; der ursprüngliche Plan, Gesetzesentwurf ist geändert worden; die Landschaft ist hier noch ganz u.; u. wollte ich daran teilnehmen; sie hatte u. Ärztin werden wollen. 2. *unverfälscht:* ursprüngliche Sitten; einfach u. leben.

Urteil, das: 1. *Gerichtsentscheid:* ein mildes, hartes, gerechtes U.; ein U. des höchsten Gerichts; das U. ist ergangen, ist rechtskräftig, wird schriftlich zugestellt; das U. lautet auf Freispruch; ein U. fällen, verkünden, begründen, bestätigen, annehmen, anfechten, aufheben, vollstrecken; über jmdn. das U. sprechen; die Verkündung des Urteils; gegen das U. Berufung einlegen; ÜBERTR.: du hast dir selbst dein U. gesprochen. 2. *Beurteilung:* ein sachliches, [un]parteiisches, objektives, fachmännisches, vorschnelles, abgewogenes, vernichtendes, abfälliges U.; das U. eines Laien; ihr U. steht bereits fest; sich [über etw.] ein U. bilden; das U. eines Fachmannes einholen; kein U. abgeben; ich maße mir darüber kein U. an; jmds. U. viel, nichts geben; sich auf jmds. U. verlassen [können]; er enthielt sich eines Urteils; das bestärkt mich in meinem U.; zu einem anderen U. kommen.

urteilen: a) *ein Urteil abgeben:* milde, hart, streng, fachmännisch, [un]parteiisch, [un]sachlich, abfällig, vorschnell u.; ohne Ansehen der Person u.; nach den verschiedenen Berichten zu u.; man soll nicht nach dem ersten Eindruck u.; b) ⟨über jmdn., etw. u.⟩ *jmdn., etw. beurteilen:* wie urteilst Sie darüber?; sie hat über ihn, über diesen Fall ganz richtig geurteilt.

U

urwüchsig: eine urwüchsige Gestalt, Kraft; ein urwüchsiger Kerl; er hat eine urwüchsige *(ungekünstelte)* Sprache; die Landschaft ist noch ganz u.

Usus, der: ⟨gewöhnlich in der Verbindung⟩ **[nicht] Usus sein** *([nicht] üblich sein):* das ist bei uns so U.

vag[e]: ein vager Verdacht; nur eine vage Vermutung haben; eine vage Andeutung machen; vage Anhaltspunkte, Versprechungen; seine Vorstellungen waren sehr v.; dieser Gedanke wurde in dem Artikel nur v. angedeutet, formuliert; es waren nur vage Umrisse zu erkennen.

Vakuum, das: ein V. erzeugen; ÜBERTR.: ein machtpolitisches, soziales V.; nach seinem plötzlichen Tod entstand zunächst ein V.

Variante, die (bildungspr.): eine französische V. des Kochrezepts; die seltene V. eines Erregers; verschiedene Varianten eines Modells; regionale Varianten in der Sprache.

variieren: a) ⟨[nach etw.] v.⟩ *unterschiedlich sein:* die Höhe der Einnahmen variiert; die Ausstattung der Boote variiert nach Größe und Preis; ⟨oft in Verbindung mit *je*⟩ die Beiträge variieren je nach Einkommen; b) ⟨etw. v.⟩ *leicht abwandeln:* ein Thema, ein Volkslied v.; ein Kochrezept v.

Vase, die: eine große, runde, bunte, moderne, hohe, schlanke, bauchige, chinesische, kostbare, kitschige V.; eine V. mit Rosen stand auf dem Tisch; einen Strauß in eine V. stellen.

Vater, der: **1.** ein liebevoller, besorgter, treu sorgender, strenger V.; der eigene V.; ein allein erziehender V.; mein leiblicher V.; er ist V. geworden; er ist dreifacher V., V. von drei Kindern, V. eines unehelichen Kindes; ein werdender V. (scherzh.; *Mann, der im Begriff ist, Vater zu werden);* ihm fehlt der V.; er war immer wie ein V. zu mir *(war mir immer ein väterlicher Freund);* er ist ganz der V. *(ist seinem Vater sehr ähnlich);* sie haben V. und Mutter verloren; grüßen Sie bitte Ihren [Herrn] V.!; das hat sie vom V. (ugs.; *diese Eigenschaft hat sie von ihrem Vater geerbt);* ÜBERTR.: die geistigen Väter *(Urheber)* des europäischen Gedankens; die Väter *(Schöpfer)* des Grundgesetzes.
2. (Rel.) Gott: der himmlische V.; der V. im Himmel; Gott V.;
★ **Vater Staat** *(der Staat, bes. im Zusammenhang mit Finanzen, Steuern o. Ä.)* · **Vater Rhein** (dich-

ter., oft scherzh.; *der Rhein in der Personifizierung eines Vaters)* · **Heiliger Vater** (kath. Rel.; Ehrentitel u. Anrede des Papstes).

Vaterland, das: ein geeintes, geteiltes, politisch zerrissenes V.; das deutsche V.; das V. der Franzosen; sein V. lieben; dem V. dienen.

väterlich: 1. *dem Vater zugehörend:* das väterliche Geschäft, Erbe; väterliche Ermahnungen; in der väterlichen Linie; von väterlicher Seite; sie ist dem väterlichen Rat gefolgt.
2. *liebevoll u. fürsorglich:* ein väterlicher Freund; etw. im väterlichen Ton sagen; jmdm. v. zureden; jmdn. v. beraten, betreuen.

Vaterschaft, die: die V. feststellen, bestimmen, nachweisen, ablehnen, leugnen, bestreiten, anerkennen; die gerichtliche Feststellung der V.

Veilchen, das: **1.** */eine Blume/:* duftende, wilde V.; die Kinder pflücken V.
2. (ugs. scherzh.) *Bluterguss um ein Auge:* er hat ein V.; jmdm. ein V. schlagen;
★ **wie ein Veilchen im Verborgenen blühen** *(irgendwo zurückgezogen leben, unauffällig wirken)* · **blau wie ein Veilchen** (ugs. scherzh.; *sehr betrunken).*

Ventil, das: das V. eines Fahrradreifens, einer Luftmatratze, an einem Wasserhahn; das V. ist undicht, verstopft, schließt nicht; ein V. öffnen, schließen; die Ventile reinigen; ÜBERTR.: er braucht ein V. für seinen Ärger *(jmdn., etw., um seinen Ärger abzureagieren).*

verabreden: a) ⟨etw. [mit jmdm.] v.⟩ *festlegen:* er hat eine Zusammenkunft, eine Besprechung mit ihm verabredet; ich habe mit ihr verabredet, dass wir gemeinsam vorgehen; wir verabredeten ein Treffen für das nächste Wochenende; er kam zum verabredeten Zeitpunkt; es geschah alles wie verabredet; b) ⟨sich [mit jmdm.] v.⟩ *ein Treffen vereinbaren:* ich verabredete mich mit ihr am Hauptbahnhof, auf ein Glas Wein, im Park, zum Tennis; sie haben sich für morgen verabredet; ich bin [heute Abend] schon verabredet.

Verabredung, die: **1.** *Vereinbarung:* eine kurze V. genügt; eine V. treffen *(etw. verabreden);* eine V. nicht einhalten; das entspricht nicht unserer V.; sich an eine V. halten; das verstößt gegen unsere V.
2. *vereinbartes Treffen:* eine geschäftliche, private V.; eine V. [mit jmdm.] haben; eine V. absagen.

verabreichen ⟨jmdm. etw. v.⟩: einem Kranken ein Medikament, das Essen v.; ⟨auch ohne Dat.⟩ ein Medikament intravenös v. *(in eine Vene injizieren).*

verabscheuen ⟨jmdn., etw. v.⟩: er verabscheut derartige Massenveranstaltungen, jede Art von Schmeichelei.

verabschieden: 1. ⟨sich v.⟩ *zum Abschied einige formelhafte Worte an jmdn. richten:* sich höflich, eilig, umständlich, mit einem Händedruck, mit einem Kuss v.; wir verabschiedeten uns etwa gegen

12; ich muss mich leider schon v. *(muss leider gehen);* sie verabschiedet sich gerade von der Gastgeberin; ÜBERTR.: wir müssen uns von dieser Vorstellung v. (ugs.; *müssen sie aufgeben);* die Mannschaft verabschiedete sich (ugs.; *schied aus)* mit einer deprimierenden Niederlage; man kann sich nicht so leicht von seinen Bindungen v. *(lösen).*
2. ⟨jmdn. v.⟩ a) *zum Abschied grüßen:* der Staatsgast wurde auf dem Flughafen verabschiedet; b) *aus dem Amt entlassen:* einen Offizier, einen hohen Beamten v.; unsere Direktorin wird morgen in den Ruhestand verabschiedet.
3. ⟨etw. v.⟩ *annehmen:* ein Gesetz, den Haushaltsentwurf v.

verachten ⟨jmdn., etw. v.⟩: sie verachtete ihn wegen seiner mangelnden Courage; jmds. Gesinnung v.; ÜBERTR.: er hat den Tod, die Gefahr stets verachtet *(hat sich davon nie beeindrucken lassen);*
* nicht zu verachten sein (ugs.; *erstrebenswert o. ä. sein):* ein Urlaub im Süden ist nicht zu v.

verächtlich: 1. *Verachtung ausdrückend:* verächtliche Blicke, Worte; ihr Lachen war, klang v.; du darfst von ihm nicht [so] v. sprechen.
2. *Verachtung verdienend:* eine verächtliche Gesinnung; er suchte ihn überall v. zu machen.

Verachtung, die: seine V. für, gegen den Verräter; jmdn. der allgemeinen V. preisgeben; sie ließen ihn ihre V. deutlich spüren; sie strafte ihn mit V. *(beachtete ihn nicht);* sie sah ihn mit, voll V. an; er blickte mit, voll V. auf uns herab.

verallgemeinern ⟨etw. v.⟩: eine Feststellung, eine Erfahrung, eine Beobachtung v.; diese Entwicklung lässt sich nicht v.; ⟨auch ohne Akk.⟩ du verallgemeinerst!

veralten: Computer, Waffensysteme veralten schnell; technisch v.; ein veralteter Ausdruck, Stil; [total] veraltete Methoden, Ansichten; die Ausgabe des Buches wird völlig veraltet.

veränderlich: er hat ein veränderliches Wesen; das Wetter bleibt v.; das Barometer steht auf »veränderlich«.

verändern: 1. ⟨jmdn., etw. v.⟩ *jmdm., etw. ein anderes Aussehen geben:* einen Raum v.; an der Fassade wurde einiges verändert; die Welt v. wollen; die Erlebnisse der letzten Zeit haben ihn völlig verändert; die Brille, der Bart verändert ihn stark; eine veränderte Haltung; ein verändertes Wesen; seit dem Unglück ist er vollkommen verändert.
2. ⟨sich v.⟩ a) *anders werden:* sein Gesicht veränderte sich schlagartig; bei uns hat sich vieles verändert; du hast dich zu deinem Vorteil/Nachteil, zu deinen Ungunsten verändert; die Situation hat sich seither grundlegend verändert; wir müssen der veränderten Lage Rechnung tragen; das Gewebe ist krankhaft verändert; b) *die berufliche Stellung wechseln:* nach zehn Jahren in derselben Firma will er sich [beruflich] v.

Veränderung, die: **1.** *das Verändern:* nicht jede V. ist, bedeutet eine Verbesserung; keine V. gestatten, erlauben, dulden; an etw. eine V. vornehmen *(etw. verändern).*
2. *das Anderswerden, -sein:* eine starke, tief gehende, entscheidende, einschneidende V.; eine V. [an] der Oberfläche, im Hormonhaushalt; eine V. zeigt sich in jmds. Wesen, geht in jmdm. vor; an jmdm. ist eine V. festzustellen, wahrzunehmen, zu bemerken, zu spüren; bei uns ist eine V. eingetreten *(hat sich etwas verändert);* seine Nähe bewirkte bei ihr eine vollständige V.; er liebt V. *(den Wechsel).*

verankern ⟨etw. [irgendwo] v.⟩: **1.** *durch einen Anker befestigen:* das Schiff wurde im Hafen verankert.
2. *fest mit einer Unterlage verbinden:* Masten mit Stricken fest im Boden v.; die Pfähle sind in einer Betonplatte verankert; ÜBERTR.: dieses Bewusstsein war seit Jahrhunderten im Volk verankert; dieses Recht ist im Gesetz verankert *(durch das Gesetz gesichert).*

veranlagen (Steuerwesen) ⟨jmdn., etw. v.⟩: eine Firma v.; er wurde vom Finanzamt mit 120 000 DM jährlich veranlagt; die Ehegatten werden gemeinsam zur Einkommensteuer veranlagt.

veranlagt: ⟨in der Verbindung⟩ irgendwie veranlagt sein *(bestimmte Anlagen, Fähigkeiten besitzen):* er ist künstlerisch, praktisch, romantisch v.; sie ist etwas sentimental v.; ⟨auch attributiv⟩ ein musikalisch veranlagtes Kind.

veranlassen: 1. ⟨etw. v.⟩ *anordnen:* eine Maßnahme, eine Nachprüfung v.; wir werden dann das Nötige, alles Weitere v.
2. ⟨jmdn. zu etw. v.⟩ *dazu bringen, etw. zu tun:* sie hat mich durch ihre Handlungsweise, ihr Verhalten zu diesem Schritt veranlasst; was veranlasste dich zu diesem Entschluss, zu dieser Bemerkung?; sie sah mich [dazu] veranlasst, meinen Antrag zurückzuziehen; ich fühle/sehe mich veranlasst einzugreifen.

Veranlassung, die: dazu liegt keine V. vor; dazu besteht keine V.; unmittelbare V. dazu war ...; die V. zu etw. geben *(etw. veranlassen, verursachen, verschulden);* du hast keine V., unzufrieden zu sein; die Maßnahmen wurden auf V. der Regierung durchgeführt.

veranschlagen ⟨etw. v.⟩: die Kosten des Projekts wurden zu gering, mit 3,5 Millionen Euro veranschlagt; Grund und Boden wurden falsch veranschlagt; der Raum ist auf 2 000 Menschen veranschlagt worden; für die Fahrt veranschlage ich etwa 5 Stunden; ÜBERTR.: dieser Vorteil kann nicht hoch genug veranschlagt *(bewertet)* werden.

veranstalten ⟨etw. v.⟩: **1.** *organisieren:* Festspiele, ein Fest, eine Aufführung, ein Konzert, eine Demonstration, eine Tagung, eine Auktion, eine Party, eine Ausstellung, einen Umzug, ein Tur-

V

nier, ein Rennen v.; das Meinungsforschungsinstitut veranstaltete eine Umfrage.
2. (ugs.) *machen:* Lärm v.; veranstalte bloß keinen Zirkus!

Veranstaltung, die: **1.** *das Veranstalten:* die V. einer Tournee, einer Umfrage, von Turnieren; die V. der Olympischen Spiele, der Festspiele erforderte riesige Summen. **2.** *etw.,* *was veranstaltet wird:* kulturelle, sportliche, karnevalistische, mehrtägige Veranstaltungen; eine [öffentliche] V. des Rundfunks, des Fernsehens; die V. findet um 20 Uhr, im Freien statt; eine V. ankündigen, organisieren, durchführen; den Abschluss der V. bildet ...; auf, bei einer V. auftreten.

verantworten: 1. ⟨etw. v.⟩ *für etw. einstehen:* eine Maßnahme, eine Entscheidung v.; das kann niemand v.; er wird sein Tun selbst v. müssen; das muss sie vor Gott, vor ihrem Gewissen, vor sich selbst v.; sie kann [es] nicht v., dass du allein nach London fährst. **2.** ⟨sich v.⟩ *sich rechtfertigen:* er hatte sich für seine Tat, wegen seiner Äußerung vor Gericht zu v.; du wirst dich vor dem Chef v. müssen.

verantwortlich: 1. a) ⟨v. [für jmdn./etw., jmdm. gegenüber]⟩ *die Verantwortung tragend:* der verantwortliche Ingenieur, Redakteur; ich fühle mich nicht v.; die Eltern sind für ihre Kinder v.; ich bin dafür v., dass ...; der für den Einkauf verantwortliche Mitarbeiter; sie zeichnet v. für das Manuskript der Sendung; er ist nur dem Chef, dem Vorstand [gegenüber] v. *(schuldet ihm Rechenschaft);* **b)** ⟨v. [für etw.]⟩ *an etw. schuld seiend:* wer ist hier v.?; subst.: die Verantwortlichen wurden bestraft; er ist für die Tat, für den Unfall allein, voll v.; du kannst den Arzt nicht für ihren Tod v. machen; er machte das schlechte Wetter für den Unfall v.; wenn ihr etwas passiert, mache ich dich v. *(ziehe ich dich zur Rechenschaft).* **2.** *mit Verantwortung verbunden:* eine verantwortliche Tätigkeit, Stellung; ein verantwortliches Amt.

Verantwortung, die: eine große, schwere, ungeheure V.; die V. lastet schwer auf ihm; für etw. die V. ablehnen, auf sich nehmen, von sich weisen, auf andere abwälzen; die Eltern haben, tragen die V. für ihre Kinder; er trägt die alleinige, die volle V. für den Unfall, für die Folgen; ich übernehme die V. für den reibungslosen Ablauf; eine rechtsextremistische Gruppe hat die V. für den Anschlag übernommen *(hat sich zu ihm bekannt);* jmdm. die V. aufbürden, auferlegen, zuschieben, [nicht] abnehmen; das alles enthebt dich nicht der V.; du entziehst dich der V.; sich seiner V. bewusst sein; ich tue es auf deine V. *(du trägst die Verantwortung),* auf eigene V. *(auf eigenes Risiko);* aus dieser V. kann dich niemand entlassen; in der V. stehen *(Verantwortung tragen);* etw. in eigener V. *(auf eigenes Risiko)* durchführen; jmdn. [für

etw.] zur V. ziehen *(jmdn. [für etw.] zur Rechenschaft ziehen).*

verarbeiten: 1. a) ⟨etw. v.⟩ *als Material verwenden:* ausländische Rohstoffe v.; bei uns werden nur hochwertige Materialien, feinste Tabake verarbeitet; die verarbeitende Industrie (Wirtsch.; *Industrie, in der Rohstoffe verarbeitet, Zwischenprodukte weiterverarbeitet werden);* übertr.: er hat in seinem Roman viele Motive aus der Mythologie verarbeitet; die aufgenommenen Reize werden im, vom Gehirn verarbeitet; **b)** ⟨etw. zu etw. v.⟩ *zu etw. machen:* Leder zu Taschen, Fleisch zu Wurst, Gold zu Schmuck v.; übertr.: einen historischen Stoff zu einem Roman v. **2.** ⟨etw. v.⟩ *verdauen:* so schwere Nahrung konnte der Kranke, sein Magen nicht v. **3.** ⟨etw. v.⟩ *geistig bewältigen:* Erlebnisse, neue Eindrücke, eine Erfahrung, eine Enttäuschung erst einmal v. müssen.

verärgern ⟨jmdn. v.⟩: durch euer Verhalten, durch eure spöttischen Bemerkungen habt ihr ihn verärgert; wir dürfen die Kunden nicht v.; sie war äußerst, sehr verärgert; verärgert wandte sie sich ab.

verausgaben: a) (Papierdt.) ⟨etw. [für etw.] v.⟩ *ausgeben:* viel Geld v.; für den Bau des Kongresszentrums wurden riesige Summen verausgabt; übertr.: er hat seine Kräfte verausgabt *(erschöpft);* **b)** ⟨sich v.⟩ *sich bis zur Erschöpfung anstrengen:* die Läufer haben sich völlig verausgabt; bei dem Rennen hatte er sich verausgabt.

veräußern (bes. Rechtsw.) ⟨etw. v.⟩: sie war gezwungen, ihren Schmuck zu v.; ehe er auswanderte, veräußerte er seine ganze Habe.

Verband, der: **I.** *Schutzbinde:* der V. verschiebt sich, rutscht, ist zu fest, ist angeklebt; einen V. machen, anlegen, abnehmen, erneuern; einen dicken V. um den Kopf haben; die Schwester wechselt die Verbände. **II. 1.** *größere Vereinigung:* kulturelle, politische, karitative Verbände; einen V. bilden, gründen; einem V. angehören, beitreten; jmdn. in einen V. aufnehmen; in einem V. organisiert sein; sich zu einem V. zusammenschließen. **2.** (Milit.) *größere Einheit:* ein V. von achtzehn Flugzeugen; der Feind ersetzte seine Verluste durch neue Verbände; sie exerzierten, flogen im V. **3.** *eine Einheit bildende Gruppe:* die erwachsenen Kinder verlassen den V. der Familie; das einzelne Tier findet Schutz im V. der Herde.

verbannen ⟨jmdn. v.⟩: jmdn. aus seinem Vaterland v.; er wurde [für zehn Jahre] auf eine Insel verbannt; übertr.: einen Mitarbeiter in den Außendienst v.; er wurde auf die Reservebank, aus der Nationalmannschaft verbannt.

Verbannung, die: **1.** *das Verbannen:* die V. politischer Gegner. **2. a)** *das Verbanntsein:* eine lebenslängliche V.; die V. aufheben; in der Zeit seiner V.; **b)** *Ort, an den jmd. verbannt ist:* aus der V. zurückkehren;

jmdn. in die V. schicken; in die V. gehen müssen; er lebt seit Jahren in der V. **verbauen:** 1. a) ⟨jmdm. etw. [durch etw.] v.⟩ *durch Bauen versperren:* jmdm. durch einen Neubau die Aussicht, den Blick aufs Meer v.; ÜBERTR.: jmdm., sich die Zukunft, alle Möglichkeiten v. *(ein Fortkommen unmöglich machen);* durch ihr Verhalten ist jede Verständigung verbaut; b) (abwertend) ⟨etw. [mit etw.] v.⟩ *durch Bauen verunstalten:* die Innenstadt v.; die Landschaft mit Autobahnen v. 2. ⟨etw. v.⟩ *zum, beim Bauen verwenden:* Holz, Steine v.; er hat sein ganzes Geld verbaut. 3. (abwertend) ⟨etw. v.⟩ *unzweckmäßig bauen:* der Architekt hat das Haus völlig verbaut; eine verbaute Villa.
verbeißen /vgl. verbissen/: 1. ⟨sich in jmdn., etw. v.⟩ *(von Tieren) sich an jmdm., etw. festbeißen:* die Hunde hatten sich ineinander verbissen. 2. ⟨sich in etw. (Akk.) v.⟩ *sich hartnäckig mit etw. beschäftigen:* er hat sich in seine Aufgabe, in die Arbeit verbissen. 3. ⟨sich (Dat.) etw. v.⟩ *unterdrücken:* ich verbiss mir die Schmerzen, eine Antwort; ich konnte mir das Lachen nicht v.; ⟨auch ohne Dat.⟩ seinen Ärger, seine Tränen v.
verbergen /vgl. verborgen/: 1. ⟨jmdn., sich, etw. v.⟩ *verstecken:* einen Flüchtling bei sich, vor der Polizei v.; etw. hinter seinem Rücken, unter seinem Mantel v.; der Täter verbarg sich im Treppenhaus; sich hinter einem Strauch v.; sein Gesicht in den/hinter den Händen v.; sie konnte die Tränen, den Schmerz, den Ärger, die Erregung, das Lachen nicht v. *(unterdrücken);* ÜBERTR.: sie versuchte ihre Unwissenheit hinter Gemeinplätzen, hinter leeren Phrasen zu v.; seine Unsicherheit durch forsches Auftreten v. 2. ⟨jmdm./vor jmdm. etw. v.⟩ *verheimlichen:* seine Meinung vor jmdm. v.; sie verbirgt uns etwas/etwas vor uns!; ich hatte das Gefühl, sie verberge mir den wahren Grund; ich will dir nicht v. *(will dir ganz offen sagen),* dass ...; ⟨auch ohne Dat. oder Präpositionalobjekt⟩ sie hat offenbar etwas zu v. *(etwas Unrechtes getan);* ich habe nichts zu v. *(habe nichts getan, was ich verheimlichen müsste).*
verbessern: 1. a) ⟨etw. v.⟩ *besser machen:* eine Methode, die Qualität eines Produkts, seine finanzielle Lage v.; sie konnte ihre Zeit, den Weltrekord [um zwei hundertstel Sekunden] v.; die vierte, verbesserte Auflage des Buches ist soeben erschienen; b) ⟨sich v.⟩ *in eine bessere Lage kommen:* wenn du die Stelle bekäme, würde er sich erheblich v.; durch den Erwerb eines Eigenheims haben sie sich verbessert; c) ⟨sich v.⟩ *besser werden:* die Verhältnisse haben sich entscheidend verbessert; der Schüler hat sich deutlich verbessert; die Schwimmerin hat sich zeitlich stark verbessert. 2. a) ⟨etw. v.⟩ *berichtigen:* einen Fehler, ein Diktat

v.; b) ⟨jmdn., sich v.⟩ *jmds., seine Worte korrigieren:* du sollst mich nicht immer v.!; der Interviewer verbesserte sich ständig.
verbeugen ⟨sich v.⟩: sich kurz, steif, tief, ehrfurchtsvoll, höflich, nach allen Seiten, vor jmdm. v.
Verbeugung, die: eine kleine, tiefe V. vor jmdm. machen; eine V. andeuten; er bedankte sich mit einer stummen, höflichen V.
verbieten: 1. a) ⟨jmdm. etw. v.⟩ *untersagen:* die Eltern haben ihr den Besuch dieser Diskothek verboten; ich habe euch verboten, auf der Straße zu spielen; du hast mir gar nichts zu v.; der Arzt hat ihr den [Genuss von] Alkohol verboten; man hat ihm das Haus verboten *(er darf dieses Haus nicht betreten);* Unbefugten ist der Zutritt verboten!; ⟨auch ohne Dat.⟩ Vater hat es ausdrücklich verboten; das Betreten dieses Grundstücks ist bei Strafe verboten; /in formelhaften Aufschriften/: Betreten [des Rasens] v.! Rauchen, Durchgang verboten!; ÜBERTR.: das müsste ihm schon sein Ehrgefühl v. *(verwehren);* das verbietet mir mein Geldbeutel (scherzh.; *das übersteigt meine finanziellen Möglichkeiten*); ADJ. PART.: er sieht [in, mit diesem Hemd] einfach verboten (ugs.; *unmöglich*) aus; b) ⟨etw. v.⟩ *für unzulässig erklären:* eine Demonstration, eine Kundgebung, eine Partei v.; dieses Medikament soll demnächst verboten werden; so viel Ignoranz müsste verboten werden (scherzh.; *ist kaum noch zu tolerieren*). 2. ⟨sich v.⟩ *ausgeschlossen sein:* ein solches Handeln/Vorgehen, eine solche Maßnahme verbietet sich von selbst; es verbietet sich, dass ...
verbinden: 1. ⟨jmdn., sich, etw. v.⟩ *mit einem Verband versehen:* eine Wunde, eine verletzten Arm v.; die Verwundeten mussten verbunden werden; mit verbundener Hand; ⟨jmdm., sich etw. v.⟩ sie verbanden ihm die Augen. 2. a) ⟨etw. [mit etw.] v.⟩ *zusammenbringen:* zwei Punkte durch eine Linie, zwei Orte durch eine Straße miteinander v.; die beiden Städte werden durch eine Eisenbahnlinie miteinander verbunden; der Kanal verbindet die Nordsee mit der Ostsee; die Insel ist mit dem Festland durch einen Damm verbunden; ein Kabel verbindet das Gerät mit dem Netz; ein Tunnel verbindet die beiden Flussufer; ein Kabel verbindet Mikrofon und Lautsprecher; ÜBERTR.: einige verbindende *(überleitende)* Worte sprechen; b) ⟨etw. mit etw. v.⟩ *zusammenhalten:* eine Schraube verbindet den oberen mit dem unteren Teil; der Leim verbindet die beiden Stücke [fest miteinander]; c) ⟨sich mit etw. [zu etw.] v.⟩ *sich vereinigen, reagieren:* Chlor verbindet sich mit Natrium zu Kochsalz; diese Stoffe verbinden sich [chemisch] miteinander. 3. a) ⟨etw. mit etw. v.⟩ *verknüpfen:* Großzügigkeit mit einer gewissen Strenge, das Angenehme mit dem Nützlichen v.; sie wusste Charme mit Intel-

ligenz zu v.; ich weiß nicht, ob er mit diesen Worten eine genaue Vorstellung verband; der Ausflug ist mit einem Museumsbesuch verbunden; **b)** ⟨sich mit etw. v.⟩ *zusammen auftreten:* bei ihr verbindet sich Mut mit kühler Besonnenheit; ⟨auch ohne Präpositionalobjekt⟩ Rationalität und Romantik verbinden sich hier auf angenehme Weise; damit sind große Probleme verbunden; dieser Posten ist mit viel Ärger, mit erheblicher Arbeit verbunden; die damit verbundenen Kosten, Schwierigkeiten; **c)** ⟨sich mit etw. v.⟩ *ein einem Zusammenhang stehen:* mit dieser Stadt, mit dieser Melodie verbinden sich schöne Erinnerungen für mich; der Aufstieg der Firma ist eng mit seinem Namen verbunden. **4.** ⟨jmdn. mit jmdm. v.⟩ *eine Beziehung zu jmdm. schaffen:* mit ihm verbindet mich eine jahrelange Freundschaft; sie verbindet nichts mehr miteinander; sich mit jmdm. verbunden fühlen; ⟨auch ohne Präpositionalobjekt⟩ die beiden verband mehr als eine Freundschaft; uns verbinden gemeinsame Interessen; ⟨auch ohne Akk. und ohne Präpositionalobjekt⟩ gemeinsame Erlebnisse verbinden; ADJ. PART: er war ihr freundschaftlich, in Liebe verbunden; ÜBERTR.: seine Arbeit als Intendant verband ihn aufs Engste mit der Kulturszene. **5.** ⟨sich mit jmdm. v.⟩ *sich zusammentun:* die Studenten wollten sich mit den Arbeitern v.; die Sozialisten haben sich mit den Kommunisten [zu einer Koalition] verbunden; ⟨auch ohne Präpositionalobjekt⟩ wir sollten uns zu einer Bürgerinitiative v. **6.** (geh.) /in Höflichkeitsformeln/: ich bin Ihnen [dafür, deswegen] sehr verbunden *(dankbar).* **7.** ⟨jmdn. mit jmdm., etw. v.⟩ *eine Telefonverbindung herstellen:* würden Sie mich bitte mit Herrn Schmidt, mit Ihrer Filiale v.?; ⟨auch ohne Präpositionalobjekt⟩ ich werde Sie gleich v.; ⟨auch ohne Akk. und ohne Präpositionalobjekt⟩ bleiben Sie am Apparat, ich verbinde; falsch verbunden!

verbindlich: 1. *entgegenkommend:* eine verbindliche Geste; einige verbindliche Worte sprechen; verbindlich[st]en Dank; er, seine Art war sehr v.; v. lächeln. **2.** ⟨v. [für jmdn.]⟩ *verpflichtend:* eine verbindliche Zusage, Abmachung, Norm; das Abkommen war v., wurde für v. erklärt; der Schiedsspruch war für alle v.

Verbindlichkeit, die: **1.** ⟨meist Plural⟩ *Schulden:* Verbindlichkeiten eingehen, erfüllen; Verbindlichkeiten aus Warenbezügen; Verbindlichkeiten in Höhe von ...; gegen jmdn. Verbindlichkeiten haben; die Erledigung, die Abwicklung von Verbindlichkeiten. **2.** *bindender Zwang:* die V. eines Schiedsspruchs, eines Abkommens; das hat für mich keine V. **3.** *Höflichkeit:* jmdm. Verbindlichkeiten sagen; sie tauschten nur Verbindlichkeiten aus.

Verbindung, die: **1.** *das Verbinden:* die V. zweier

Orte durch die Eisenbahn, durch Brücken; die V. der Neubausiedlung mit dem Stadtzentrum durch die Straßenbahn; man hat eine V. der beiden Flüsse durch einen Kanal in Erwägung gezogen; die V. von Metallteilen durch Schweißen. **2.** *Beziehung; Zusammenhang:* eine enge, lose, feste, ständige, briefliche, geschäftliche V.; die V. ging im Krieg verloren; eine V. eingehen, lösen, abbrechen; [einflussreiche] Verbindungen zum Ministerium haben; die V. mit jmdm., zu jmdm. suchen, aufnehmen, anknüpfen; die V. nicht abreißen lassen; er hält die V. zwischen ihnen aufrecht; man suchte eine V. zwischen den Ereignissen herzustellen; in V. mit jmdm. treten, stehen; wir wollen miteinander in V. bleiben; wegen dieser Sache werde ich mich sofort mit ihm in V. setzen; er wollte nicht, dass man ihn/seinen Namen mit diesem Ereignis in V. bringe. **3. a)** *Verkehrsverbindung; Strecke:* die Brücke ist die einzige V. zwischen beiden Städten; eine Gerade ist die kürzeste V. zwischen zwei Punkten; durch die Katastrophe war die V. zur Außenwelt, zwischen den einzelnen Orten unterbrochen; er suchte eine günstige V. nach Heidelberg; nach Hamburg gibt es von hier eine direkte V.; **b)** *Fernsprechverbindung:* eine schlechte V.; die V. ist sehr gut, ist nicht zustande gekommen; eine V. herstellen, unterbrechen; er hat keine V. erhalten, bekommen. **4.** *Studentenverbindung:* eine studentische, Farben tragende, [nicht] schlagende V.; er trat in eine V. ein. **5.** (Chemie) *durch Sichverbinden entstandener Stoff:* Wasser ist eine V. aus Wasserstoff und Sauerstoff; die beiden Stoffe gehen eine [chemische] V. ein. ★ **in Verbindung [mit jmdm., etw.]** (1. *zusammen, kombiniert [mit etw.]:* die ermäßigte Fahrkarte gilt nur in V. mit dem Berechtigungsausweis. 2. *in Zusammenarbeit, gemeinsam [mit jmdm.]).*

verbissen: *hartnäckig und zäh:* ein verbissener Gegner; er blieb mit verbissener Hartnäckigkeit dabei; sein Gesichtsausdruck war v. *(zeugte von Verbissenheit);* v. geführte Verhandlungen; v. schweigen; die Mannschaft kämpfte v. um den Sieg; das darf man nicht so v. (ugs.; *engstirnig)* sehen, nehmen.

verbitten ⟨sich (Dat.) etw. v.⟩: ich verbitte mir jede Einmischung, diesen Ton!; das möchte ich mir verbeten haben! *(das bitte ich zu unterlassen!).*

verbittern ⟨jmdn. v.⟩: Kummer und Sorgen, schwere Erlebnisse hatten ihn verbittert; eine verbitterte Frau; er hatte ein verbittertes Gesicht; er war sehr verbittert.

verblassen: a) *blass werden:* der Stoff, der Bucheinband, die Farbe verblasst mit der Zeit; die Tapeten sind schon etwas verblasst; ein altes, verblasstes Foto; **b)** (geh.) *schwinden:* neben seinem Erfolg verblassten die Leistungen der anderen;

V

die Erinnerungen an die Kindheit verblassten immer mehr.
verbleiben: 1. ⟨irgendwie v.⟩ *sich einigen:* sie verblieben folgendermaßen; sie waren so verblieben, dass ...; wie waren wir verblieben? **2.** (geh.) **a)** ⟨irgendwo v.⟩ *bleiben, sich aufhalten:* der Sohn verblieb freiwillig im Elternhaus; die Durchschrift verbleibt beim Aussteller; niemand wusste, wo sie verblieben waren *(wo sie sich aufhielten);* ÜBERTR.: im Amt, an seinem Arbeitsplatz v.; SUBST.: ein Verbleiben des Ministers in seinem Amt war unmöglich; **b)** ⟨mit Gleichsetzungsnominativ⟩ *sein, bleiben:* er verblieb zeit seines Lebens ein Träumer; /Briefschluss/: in Erwartung Ihrer Antwort verbleibe ich Ihr ...; ich verbleibe mit freundlichen Grüßen Ihre ... **3.** (geh.) ⟨jmdn. v.⟩ *übrig bleiben:* von sieben Kindern waren ihr nur noch drei verblieben; ⟨auch ohne Dat.⟩ nach Abzug der Zinsen verbleiben noch 3 522 Euro; die verbleibenden Ferientage; das [ihr] verbliebene Geld.
verblüffen ⟨jmdn. v.⟩: er verblüffte uns mit seinem Wissen, mit seinen Kenntnissen; mancher Käufer lässt sich durch die niedrigen Preise, von den niedrigen Preisen v.; ⟨auch ohne Akk.⟩ seine Offenheit verblüfft; eine verblüffende Argumentation, Reaktion; verblüffende Erfolge erzielen; eine verblüffende Ähnlichkeit mit jmdm. haben; zu verblüffenden Ergebnissen kommen; sie war über seine Antwort etwas verblüfft.
verblühen: diese Blumen verblühen schnell; die Rosen sind verblüht; ÜBERTR.: ihre Schönheit ist verblüht.
verbluten: er ist an der Unfallstelle verblutet; ⟨auch: sich v.⟩ er hätte sich fast verblutet.
verbohren (ugs.) ⟨sich in etw. (Akk.) v.⟩: er verbohrte sich in diese Idee; er hat sich in seinen Entschluss verbohrt; ADJ. PART.: ein verbohrter (abwertend) *starrköpfiger)* Mensch.
verborgen: a) *abgelegen:* ein verborgenes Tal; **b)** *versteckt:* eine verborgenen Falltür, Gefahr; verborgene Talente; es wird ihm nicht v. bleiben *(er wird es erfahren);* sich v. halten;
★ im Verborgenen (1. *geheim.* 2. *von anderen, von der Öffentlichkeit unbemerkt).*
Verbot, das: ein strenges, vorläufiges, behördliches, polizeiliches V.; das gesetzliche V. der Kinderarbeit; das V. einer Partei; ein V. befolgen, einhalten, erlassen, übertreten, aufheben; sich an ein V. halten; sie verstießen gegen das ausdrückliche V. zu rauchen; sie gab ihm trotz des ärztlichen Verbotes etwas zu trinken.
verboten: ↑ verbieten.
Verbrauch, der: hohe, niedrige Verbräuche; der V. an/von Butter ist gestiegen, hat sich erhöht, hat zugenommen; den V. drosseln, vermindern; sie haben einen großen V. an *(verbrauchen viel)* Energie; die Seife ist sehr sparsam im V.; etw. ist zum baldigen V. bestimmt.
verbrauchen: 1. ⟨etw. v.⟩ **a)** *verwenden:* viel Strom,

Gas, Geld v.; fürs Duschen zu viel Wasser v.; der Wagen verbraucht 5,5 Liter Benzin [auf 100 km]; **b)** *aufbrauchen:* sie hatten alle ihre Vorräte verbraucht; das letzte Stück Seife war inzwischen verbraucht; verbrauchte Batterien; verbrauchte *(sauerstoffarme)* Luft; ÜBERTR.: seine Kräfte, seine Energien völlig v.; der Verein hat in kurzer Zeit mehrere Trainer verbraucht. **2.** ⟨sich v.⟩ *sich abarbeiten:* sich im Beruf v.; alt und verbraucht aussehen; verbrauchte Fabrikarbeiterinnen; ÜBERTR.: der Schauplatz des Spiels hat sich schnell verbraucht; verbrauchte *(abgenutzte)* Nerven.
verbrechen (ugs. scherzh.) ⟨etw. v.⟩ /meist nur im Perfekt und Plusquamperfekt gebräuchlich/: sie hat nichts verbrochen; was soll ich denn schon wieder verbrochen haben?; er hat wieder ein neues Gedicht verbrochen *(geschrieben).*
Verbrechen, das: **a)** *Straftat:* ein brutales, schweres, grauenvolles, gemeines V.; das V. des Mordes, des Landesverrats; der Schauplatz des Verbrechens; das V. ist unaufgeklärt geblieben, gesühnt worden; [an jmdm.] ein V. begehen, verüben; ein V. anzeigen, untersuchen, aufdecken, aufklären, bestrafen, ahnden; er wurde mehrerer Verbrechen angeklagt, für schuldig befunden; **b)** *(abwertend) verwerfliche Handlung:* Kriege sind ein V. an der Menschheit; ein V. gegen die Menschlichkeit; es ist wohl noch kein V., wenn ich einmal etwas später nach Hause komme; **c)** *Verbrechertum:* das organisierte V. bekämpfen.
verbreiten: 1. ⟨etw. v.⟩ **a)** *in weitem Umkreis bekannt machen:* ein Gerücht, eine Nachricht v.; die Meldung wurde durch die Presse, über Rundfunk und Fernsehen verbreitet; er ließ überall v., dass ...; eine weit verbreitete Ansicht; diese Meinung ist leider weit verbreitet; **b)** *in weitem Umkreis gelangen lassen:* diese Tiere können Krankheiten v.; der Wind verbreitet den Samen der Bäume; die Lampe verbreitete ein angenehmes Licht; **c)** *in einem weiten Umkreis erregen, erwecken:* die Bande verbreitete überall Furcht und Schrecken. **2.** ⟨sich v.; meist mit Umstandsangabe⟩ *sich ausbreiten:* die Nachricht von dem Unglück verbreitete sich mit Windeseile, wie ein Lauffeuer; sein Ruf verbreitete sich auch in Ausland; die Seuche verbreitete sich im ganzen Land, innerhalb kürzester Zeit; das Hoch verbreitete sich über Osteuropa; der Duft verbreitete sich im ganzen Haus; es wird verbreitet *(in weiten Gebieten)* Schneefälle geben. **3.** (häufig abwertend) ⟨sich über etw. (Akk.) v.⟩ *ausführlich erörtern:* sich über eine Frage, über ein Thema, über ein Problem v.
verbreitern: 1. ⟨etw. v.⟩ *breiter machen:* eine Straße, einen Weg v. **2.** ⟨sich v.⟩ *breiter werden:* nach vorne hin verbreitert sich die Bühne.
Verbreitung, die: die Presse sorgte für eine rasche V. der Ereignisse; diesem ausgezeichneten Buch

ist eine weite V. zu wünschen; diese Methode hat weite V. gefunden *(hat sich weit verbreitet).*

verbrennen: 1. a) *durch Feuer vernichtet werden:* Papier verbrennt schnell; die Dokumente sind zu Asche verbrannt; drei kleine Kinder sind in der Wohnung verbrannt; die Insassen des Wagens sind in den Flammen, bei lebendigem Leib verbrannt; es riecht verbrannt (ugs.; *es herrscht ein Brandgeruch*); **b)** *durch zu starke Hitze unbrauchbar, ungenießbar werden:* der Kuchen ist total verbrannt, schmeckt verbrannt; sie ließ den Braten v. **2.** ⟨jmdn., etw. v.⟩ *vom Feuer vernichten lassen:* Holz, Papier, eine Leiche v.; sie wurden als Hexen, als Ketzer auf dem Scheiterhaufen verbrannt; er wollte sich (nach seinem Tode) v. (ugs.; *einäschern*) lassen; ⟨auch: sich v.⟩ er hat sich aus Protest selbst verbrannt *(den Verbrennungstod gesucht);* ÜBERTR.: die Sonne hat ihn verbrannt *(stark gebräunt);* die Vegetation ist von den glühenden Hitze völlig verbrannt *(ausgedorrt).* **3.** *durch Berührung mit einem heißen Gegenstand, Stoff verletzen:* a) ⟨sich [an etw. (Dat.)] v.⟩ ich habe mich [am Bügeleisen, an der Hand] verbrannt; b) ⟨jmdm., sich etw. [mit etw.] v.⟩ mit dem heißen Wasser habe ich mir, dem Kind die Hand verbrannt; mit der Brühe kannst du dir die Zunge v. **4.** (ugs.) ⟨etw. v.⟩ *als Energie verbrauchen:* viel Öl, Strom, Gas v.

verbringen: 1. ⟨etw. [irgendwo/irgendwie] v.⟩ *verleben:* sie verbringen ihren Urlaub an der See; auf diese Weise verbrachten sie ihr Leben, ihre Tage; der Kranke hatte eine ruhige Nacht verbracht; er hatte die Zeit mit Warten, sein Leben in Einsamkeit verbracht; wir verbrachten den Abend mit Freunden, zu Hause, im Theater, in angenehmer Gesellschaft. **2.** (Amtsdt.) ⟨jmdn., etw. irgendwohin v.⟩ *bringen, schaffen:* jmdn. in ein Krankenhaus, sein Vermögen ins Ausland, Abfälle auf eine Deponie v.

verbummeln (ugs., meist abwertend): **1.** ⟨etw. v.⟩ a) *nutzlos verbringen:* die Zeit, den Abend, ein Semester v.; b) *verlieren:* Akten, den Ausweis, seine Schlüssel v.; c) *vergessen:* unsere Verabredung, den Termin hatte ich ganz verbummelt. **2.** *durch Nichtstun herunterkommen:* er verbummelt immer mehr; ein verbummelter Student.

verbünden ⟨sich mit jmdm. v.⟩: die Armee verbündete sich mit den Aufständischen; er hat sich mit ihm verbündet, war mit ihm verbündet; ⟨auch ohne Präpositionalobjekt⟩ Russland und Österreich hatten sich verbündet; verbündete Staaten, SUBST.: die Verbündeten im Zweiten Weltkrieg.

verbürgen: a) ⟨sich für jmdn., etw. v.⟩ *bürgen:* für die Richtigkeit, für die Wahrheit [der Aussage] kann ich mich v.; ich verbürge mich dafür, dass das stimmt; sie wollte sich für ihn, für seine Zuverlässigkeit v.; b) ⟨etw. v.⟩ *garantieren:* das Ge-

setz verbürgt bestimmte Rechte; dieses Mittel verbürgt den Erfolg; diese Meldung ist verbürgt *(ist amtlich).*

verbüßen ⟨etw. v.⟩: eine Gefängnisstrafe v.; er verbüßte seine Strafe in Berlin; ein Teil der Strafe ist durch die Untersuchungshaft verbüßt.

Verdacht, der: ein hinreichender, [un]begründeter, schwerer V.; es besteht der dringende V./nicht der geringste V., dass er der Täter war; der V. fiel auf sie, richtete sich gegen sie; einen bestimmten, nicht den leisesten V. haben, hegen; V. schöpfen; etw. erregt/erweckt V., ruft jmds. V. wach; den V. auf jmdn. lenken; im V./in V./unter dem V. stehen *(verdächtig werden),* einen Mord begangen zu haben; jmdn. im V./in V. haben *(verdächtigen);* in V. geraten, kommen *(sich verdächtig machen);* sein Verhalten brachte ihn in den V. der Untreue; (ugs.:) sie war über allen V. erhaben; jmdn. wegen Verdacht[s] auf Steuerhinterziehung verhaften; ÜBERTR.: die Diagnose ergab V. auf Gehirnerschütterung; bei der Patientin besteht V. auf Krebs;
★ **auf Verdacht** (ugs.; *ohne es genau zu wissen; in der Annahme, dass es richtig, sinnvoll o. ä. ist).*

verdächtig: a) *suspekt:* eine verdächtige Person; verdächtige Vorgänge; das klingt sehr v.; seine Redereien machten ihn v.; durch sein Verhalten hat er sich v. gemacht; die Angelegenheit kommt mir sehr v. vor, sieht v. aus; er ist der Tat, des Mordes dringend v.; b) *fragwürdig:* ein verdächtiger Geruch, Geschmack; es war v. still; die Sache ist mir höchst v.

verdächtigen ⟨jmdn. etw. (Gen.) v.⟩: jmdn. eines Verbrechens, des Mordes, des Diebstahls v.; er hat mich verdächtigt, das Geld entwendet zu haben; ⟨auch ohne Gen.⟩ sie haben ihn zu Unrecht verdächtigt; ich will niemanden v.

Verdächtigung, die: falsche Verdächtigungen; sie war den schlimmsten Verdächtigungen ausgesetzt; er litt unter den fortgesetzten Verdächtigungen.

verdammt: 1. (salopp abwertend) *gemein, übel:* ein verdammter Kerl!; diese verdammten Lügen; /in Flüchen/: v. [noch mal]!; v. und zugenäht!; verdammter Mist! **2.** (ugs.) a) *sehr groß:* eine verdammte Kälte; wir hatten alle einen verdammten Hunger; b) ⟨verstärkend bei Adjektiven und Verben⟩ *sehr, äußerst:* es war v. kalt; das ist v. wenig, v. schwer; sie ist v. hübsch; sie mussten sich v. anstrengen.

verdanken: a) ⟨jmdm., etw. etw. v.⟩ *für etw. Dank schulden:* jmdm. wertvolle Anregungen, seine Rettung v.; er hatte ihr alles v.; ich verdanke meinen Lehrern sehr viel; die Erhaltung der Statue ist einem besonderen Glücksfall zu v. *(zuzuschreiben);* wir verdanken unsere Rettung nur dem Umstand, dass ...; das habe ich allein dir zu v.! (iron.; *es ist allein deine Schuld!*); b) (seltener) ⟨sich etw. (Dat.) v.⟩ *auf etw. beruhen:* der glückliche Ausgang verdankt sich seinem Mut.

verdauen ⟨etw. v.⟩: sie hatte das Essen noch nicht verdaut; Erbsen sind schwer zu v.; ⟨auch ohne Akk.⟩ der Kranke verdaut schlecht; ÜBERTR.: solche Lektüre ist schwer zu v. (ugs.; *geistig zu verarbeiten*); diese Nachricht, diesen Schock, diese Erlebnisse musste ich erst einmal v. *(damit innerlich fertig werden)*.

Verdauung, die: seine V. ist gestört, ist nicht in Ordnung; eine gute V. haben; er leidet an schlechter V.

verdecken ⟨jmdn., etw. v.⟩: bei einer Sonnenfinsternis verdeckt der Mond die Sonne; der Hut verdeckte halb ihr Gesicht; seine Augen waren von einer dunklen Brille verdeckt; auf dem Klassenbild wurde er von einem anderen Schüler fast ganz verdeckt; er verdeckte die Spielkarte mit der Hand; ⟨jmdm. etw. v.⟩ der Vordermann, der Baum verdeckte *(nahm)* ihm die Sicht; ÜBERTR.: seine wahren Absichten v. *(verbergen)*; verdeckter Ermittler *(Polizeibeamter, der unter falscher Identität ermittelt)*.

verdenken (geh.) ⟨jmdm. etw. v.; meist verneint und in Verbindung mit *können*⟩: man kann es ihm nicht v., wenn er sich wehrt; sein langes Zögern wurde ihm sehr verdacht.

verderben: 1. a) *durch Gärung, Fäulnis ungenießbar werden:* das Obst verdirbt, wenn es nicht gegessen wird; die Wurst ist verdorben; sie lässt viel v.; verdorbenes Fleisch; b) ⟨etw. v.⟩ *unbrauchbar, ungenießbar machen:* sie hat den Kuchen, das Essen [mit zu viel Salz] verdorben; die Reinigung hat den Mantel verdorben; ÜBERTR.: mit Billigangeboten die Preise v. *(drücken)*.
2. ⟨jmdn., sich etw. v.⟩ a) *schädigen:* du wirst dir bei der schlechten Beleuchtung die Augen v.; ich habe mir den Magen verdorben *(habe mir eine Magenverstimmung zugezogen)*; ein verdorbener Magen; b) *zunichte machen:* jmdm. den Spaß, die Lust, das Vergnügen, die Stimmung v.; ich hatte mir selbst die Freude daran verdorben; ein verdorbenes Fest.
3. (geh.) ⟨jmdn. v.⟩ *auf jmdn. einen schlechten Einfluss ausüben:* die schlechte Gesellschaft hat ihn verdorben;
★ **es [sich] mit jmdm. verderben** *(sich jmds. Gunst verscherzen)* · **an etw. ist nichts mehr zu verderben** *(etw. ist bereits in schlechtem Zustand, man braucht es nicht mehr zu schonen)*.

Verderben, das: **1.** *das Verderben:* Lebensmittel vor dem V. schützen.
2. (geh.) *Unheil:* der Alkohol, dieser Umgang ist sein V.; dem V. entrinnen; (geh.:) jmdn. seinem V. preisgeben; an jmds. V. Schuld haben, schuld sein; ins/in sein V. rennen, laufen; jmdn. ins V. stürzen.

verdeutlichen ⟨etw. v.⟩: er versuchte seinen Standpunkt an einem Beispiel, durch Beispiele, anhand von Beispielen zu v.; etw. grafisch v.

verdichten: 1. ⟨etw. [zu etw.] v.⟩ *zusammendrängen:* Luft, Flüssigkeiten, ein Gas v.; ÜBERTR.:

seine Erlebnisse verdichtete *(gestaltete)* er zu einem Roman.
2. ⟨sich [zu etw.] v.⟩ *dichter werden:* der Nebel, der Rauch, die Dunkelheit verdichtet sich; ÜBERTR.: die Gerüchte verdichteten sich *(nahmen zu)*; der Eindruck, der Verdacht verdichtet sich *(wird)* immer mehr zur Gewissheit.

verdienen: 1. a) ⟨etw. v.⟩ *als Lohn erhalten:* Geld v.; viel, wenig, kaum etwas, (ugs.:) eine Menge, nebenbei ein paar Mark v.; wie viel verdienst du im Monat, pro/in der Stunde?; er verdient *(erwirbt das Geld für)* seinen Lebensunterhalt durch Übersetzen; sauer, schwer, redlich, ehrlich verdientes Geld; ⟨sich (Dat.) etw. v.⟩ ich habe mir das Studium, das Taschengeld selbst verdient; ⟨auch ohne Akk.⟩ in ihrer Familie verdienen drei Personen *(sind drei Personen erwerbstätig)*; er verdient prima, gut, schlecht; b) ⟨etw. an etw. (Dat.) v.⟩ *als Gewinn erzielen:* an einigen Waren verdient der Händler 50% *(macht er 50% Gewinn)*; ⟨etw. bei/mit etw. v.⟩ bei diesem Geschäft ist nicht viel zu v.
2. ⟨etw. v.⟩ *beanspruchen dürfen:* das verdient Anerkennung, Lob, eine Belohnung; eine Prämie, einen Tadel, eine Strafe v.; er verdient kein Vertrauen; sie hätte ein besseres Schicksal verdient; er hat nichts Besseres, hat es nicht besser, nicht anders verdient *(es geschieht ihm recht)*; das habe ich nicht [um dich] verdient *(ich könnte eine bessere Behandlung von dir erwarten)*; eine verdiente *(gerechte)* Strafe; ein verdienter Mitarbeiter *(ein Mitarbeiter, der sich Verdienste erworben hat)*; sie haben verdient *(verdientermaßen)* gewonnen;
★ **sich um etw. verdient machen** *(Bedeutendes für etw. die Allgemeinheit Betreffendes leisten)*: sich um den Staat verdient machen · **es nicht besser/anders verdienen** *(sein Missgeschick zu Recht erleiden)*.

¹Verdienst, der: *Lohn, Gehalt:* ein zusätzlicher V.; einen guten, geringen, hohen, ausreichenden V. haben; einen Teil seines Verdienstes abgeben, sparen; von meinem V. allein hätten wir uns diese Wohnung nicht leisten können; er ist ohne V.

²Verdienst, das: *verdienstvolle Tat, Leistung:* seine Verdienste als Kommunalpolitiker sind unbestritten; sein V. um die Stadt ist groß; es ist das V. dieses Arztes, dass wir die schwere Krankheit überstanden hat; das V. der Erfindung gebührt ihm allein; du rechnest dir das ganz allein als V./ (selten auch:) zum V. an; er hat bedeutende Verdienste um die Verbesserung der sozialen Bedingungen; sie hat sich große Verdienste um die Stadt erworben *(hat sich um die Stadt sehr verdient gemacht)*; sie, ihre Tat wurde nach V. belohnt (geh.; *wurde belohnt, wie sie es verdient hatte*); jmdn. in Anerkennung seiner Verdienste ehren.

verdienstvoll: 1. *anerkennenswert:* eine verdienstvolle Tat; es wäre nett v., wenn du dich um diese Angelegenheit kümmern würdest; v. handeln.

2. *verdient:* ein verdienstvoller Helfer, Bürger.

verdonnern (ugs.) ⟨jmdn. zu etw. v.⟩: **a)** *verurteilen:* er wurde zu zehn Monaten Gefängnis, zu Unterhaltszahlungen verdonnert; ⟨auch ohne Präpositionalobjekt⟩ er ist [wegen Betrugs] verdonnert worden; **b)** *jmdn. einen unliebsamen Auftrag erteilen:* jmdn. zum Staubsaugen v.; ich wurde dazu verdonnert, alle Fenster zu putzen.

verdoppeln: 1. ⟨etw. v.⟩ **a)** *auf das Doppelte erhöhen:* den Einsatz, die Geschwindigkeit v.; die Zahl der Mitarbeiter/der Sitzplätze wurde verdoppelt; ÜBERTR.: er verdoppelte *(beschleunigte)* seine Schritte; **b)** *intensivieren:* wir müssen unsere Kräfte, Anstrengungen v. **2.** ⟨sich v.⟩ *doppelt so groß werden:* der Ertrag, der Wasserverbrauch hat sich mehr als verdoppelt.

verdorben: ↑ verderben.

verdorren: die Sträucher verdorren; die Felder sind in der Hitze verdorrt; verdorrte Blumen, Zweige.

verdrängen: 1. ⟨jmdn., etw. v.⟩ *wegdrängen:* sich nicht von seinem Platz v. lassen; ÜBERTR.: jmdn. aus seiner Position v.; synthetische Stoffe haben das Holz weitgehend verdrängt *(ersetzt).* **2.** ⟨etw. v.⟩ **a)** (Psych.) *unbewusst abwehren:* schmerzhafte Erlebnisse v.; verdrängte Triebe, Wünsche; **b)** (ugs.) *unterdrücken:* er versuchte, seine Frustrationen, seine Probleme, das schlechte Gewissen zu v.

verdrehen ⟨etw. v.⟩: **1.** *zu weit herausdrehen:* er verdreht die Augen/den Kopf/den Hals, um alles zu sehen; ⟨jmdm., sich etw. v.⟩ er hat mir die Arme, das Handgelenk verdreht. **2.** (ugs. abwertend) *unrichtig darstellen:* die Wahrheit, die Worte, den Sinn, einen Sachverhalt, einen Tatbestand v.; das Recht v. *(beugen).* **3.** (ugs.) *Filmmaterial verbrauchen:* 120 000 Meter Film für eine Serie v.

verdreht (ugs. abwertend): *verrückt:* ein ganz verdrehter Kerl; sie hat total verdrehte Ansichten; sie ist ganz v.

verdrießen (geh.) ⟨jmdn. v.⟩: seine Ablehnung hat mich sehr verdrossen; er hat sich durch nichts v. lassen; es verdrießt mich, dass ...;
★ **es sich nicht verdrießen lassen** (geh.; *sich nicht entmutigen lassen; sich nicht die gute Laune verderben lassen).*

verdrießlich: *mürrisch:* sie machte ein verdrießliches Gesicht; seine Miene war sehr v.; v. aussehen, dreinschauen.

verdrossen: *missmutig:* ein verdrossenes Schweigen, Gesicht; er war sehr v.; v. machte sich wieder an die Arbeit.

verdrücken (ugs.): **1.** ⟨etw. v.⟩ *essen:* Unmengen, eine große Portion v.; er hat gestern Abend fast ein ganzes Hähnchen verdrückt. **2.** ⟨sich v.⟩ *sich unauffällig entfernen:* sich in ein Nebenzimmer v.; sich heimlich, schnell v.; sie hätte sich am liebsten, hat sich bald wieder verdrückt.

Verdruss, der: V. empfinden, haben; jmdm. V. er-

sparen, bereiten; die Arbeit machte/brachte ihm viel, großen, nichts als V.; das gibt, erregt, erweckt nur V.; er tat alles mit, ohne, voll V.; zu meinem V. sagte er den Termin ab.

verduften: 1. *seinen Duft verlieren:* der Kaffee ist in dem offenen Gefäß verduftet. **2.** (ugs.) *sich schnell entfernen:* der Täter ist längst [ins Ausland] verduftet; verdufte! *(mach, dass du wegkommst!).*

verdunkeln: 1. ⟨etw. v.⟩ *dunkel machen:* einen Raum v.; die Fenster wurden verdunkelt *(verhängt),* damit kein Licht nach außen drang. **2.** ⟨etw. v.⟩ *die Spuren verwischen:* er versuchte, die Tat, den Tatbestand zu v. **3.** ⟨sich v.⟩ *dunkel werden:* vor dem Gewitter verdunkelte sich der Himmel; bei der Sonnenfinsternis verdunkelt sich die Sonne; ÜBERTR.: ihre Mienen verdunkelten (geh. *trübten)* sich. **4.** ⟨etw. v.⟩ *dunkel machen:* schwarze Wolken verdunkeln den Himmel; ÜBERTR.: die Ereignisse verdunkelten (geh. *trübten)* ihr Glück.

verdüstern: 1. ⟨etw. v.⟩ *düster machen:* Wolken verdüstern den Himmel; ÜBERTR.: schweres Leid verdüsterte seinen Lebensabend. **2.** ⟨sich v.⟩ *düster werden:* der Himmel verdüstert sich; ÜBERTR.: seine Miene verdüsterte sich (geh.; *hat einen gedrückten Ausdruck bekommen);* ihre Stimmung verdüsterte sich (geh.; *sank).*

verdutzt: sie machte ein verdutztes Gesicht; er war ganz v.; v. blickte er auf; v. dreinschauen.

verebben (geh.): die Aufregung, die Empörung, der Lärm verebbte schließlich; der Beifall war verebbt *(verklungen).*

verehren: 1. ⟨jmdn. v.⟩ **a)** (geh.) *sehr hoch schätzen:* einen Lehrer, einen Künstler v.; er verehrte ihn wie einen Vater; /in [Brief]anreden, Ansprachen o. Ä./: unser hoch zu verehrender Jubilar; sehr verehrte gnädige Frau!; verehrte Anwesende!; verehrtes Publikum!(ugs. iron.:) mein Verehrtester!; **b)** *als höheres Wesen ehren:* die Jungfrau Maria v.; die Griechen verehrten viele Götter; sie wird als Heilige, als Märtyrerin verehrt. **2.** (leicht scherzh.) ⟨jmdm. etw. v.⟩ *schenken:* er hat ihr eine goldene Kette, einen Blumenstrauß verehrt.

Verehrung, die: **1.** *das Verehren als Kult:* die V. der Jungfrau Maria; die V. einer Gottheit, eines Gottes. **2.** *bewundernde Hochachtung:* eine hohe, abgöttische V.; seine V. für ihn ist aufrichtig; allgemeine V. genießen; V. für jmdn. empfinden; jmdm. V. entgegenbringen; in/mit tiefster V. zu jmdm. aufsehen; er war voll V. für den großen Meister.

vereidigen ⟨jmdn. v.⟩: Beamte v.; der Zeuge wurde vereidigt; der Präsident wurde auf die Verfassung vereidigt; ein vereidigter Sachverständiger.

Verein, der: ein eingetragener V.; der V. Deutscher Ingenieure; der V. zur Förderung der Denkmal-

V

pflege; ein V. zur Bekämpfung des Alkoholismus; einen V. gründen; den Verein wechseln *(einem anderen [Sport]verein beitreten);* einem V. beitreten, angehören; aus einem V. austreten, ausgeschlossen werden; in einem V. eintreten; sich in einem/zu einem V. zusammenschließen; die Mitglieder, die Satzungen des Vereins; ÜBERTR.: so ein lahmer, langweiliger, seltsamer V.! (ugs. abwertend; *so eine lahme* usw. *Gruppe von Leuten!);* ∗ im **Verein [mit jmdm., etw.]** *(gemeinsam, zusammen [mit jmdm., etw.]):* im V. mit dem Roten Kreuz linderte man die Not der Bevölkerung · **in trautem Verein [mit jmdm., etw.]** (scherzh. od. iron.; *gemeinsam, zusammen [mit jmdm., etw.]):* er saß da in trautem V. mit seinen politischen Gegnern.

vereinbaren: 1. ⟨etw. [mit jmdm.] v.⟩ *verabreden:* ein Treffen, einen Termin, einen Preis v.; ich hatte für heute eine Zusammenkunft mit ihm vereinbart; das hatten wir so [unter uns, untereinander] vereinbart; zwischen beiden Parteien war vereinbart worden, dass ...; etw. vertraglich v.; der Vertrag wurde zu den vereinbarten Bedingungen geschlossen; eine vertraglich vereinbarte Verpflichtung. **2.** ⟨etw. mit etw. v.; meist verneint⟩ *in Übereinstimmung bringen:* ein solches Verhalten konnte sie mit ihrem Gewissen, mit ihrer politischen Überzeugung nicht v.; beide Ziele lassen sich nicht miteinander v.

Vereinbarung, die: a) *das Vereinbaren:* eine V., Vereinbarungen mit jmdm. treffen (nachdrücklich; *etw. mit jmdm. vereinbaren);* sie verhandelten lange, ohne dass es zu einer ausdrücklichen V. gekommen wäre; b) *Abmachung:* die V. einhalten, verletzen, aufheben, für ungültig erklären; sie hielt sich nicht an unsere V.; Sprechstunde, Preis nach V. *(nach vorheriger Absprache).*

vereinen (geh.):1. ⟨jmdn., etw. [zu etw.] v.⟩ *zusammenschließen:* Unternehmen zu einem Konzern v.; verschiedene Branchen unter einen Dachverband v.; das Schicksal hatte sie wieder vereint; ein vereintes Europa; vereint *(gemeinsam)* werden wir die Arbeit schon schaffen; ⟨sich [zu etw.] v.⟩ sich zu einer Partei, zu gemeinsamem Handeln/Vorgehen v. **2.** ⟨etw. mit etw. v.⟩ *in Übereinstimmung bringen:* etw. nicht mit seinen Prinzipien, mit seinem Gewissen v. können; beide Auffassungen lassen sich nicht miteinander v. **3.** a) ⟨sich in jmdm., etw. v.⟩ *gemeinsam vorhanden sein:* in ihr vereinen sich Geist und Anmut; Schönheit und Zweckmäßigkeit haben sich in diesem Bauwerk vereint; b) ⟨etw. in sich, etw. v.⟩ *zugleich besitzen:* er vereint alle Kompetenzen in seiner Hand, alle Machtbefugnisse in sich.

vereinfachen ⟨etw. v.⟩: eine Methode, ein Herstellungsverfahren, die Verwaltung v.; er hat das Pro-

blem in unzulässiger Weise vereinfacht; ein vereinfachtes Verfahren; etw. vereinfacht darstellen.

vereinigen: 1. a) ⟨etw. v.⟩ *zusammenfassen:* dadurch sollte die Macht, sollten mehrere Aufgabenbereiche in einer Hand, in einer Person, in ihm vereinigt werden; er konnte alle Stimmen auf sich v. *(für sich gewinnen);*b) ⟨jmdn., etw. [zu etw.] v.⟩ *zusammenschließen:* Mitarbeiter aus verschiedenen Abteilungen zu einem Team v.; verschiedene Unternehmen zu einem Konzern, zu einem Werk v.; Teile zu einem Ganzen v.; ⟨sich [zu etw.] v.⟩ beide Verbände haben sich vereinigt; im Roman vereinigen sich verschiedene Stilelemente; sich zu einer Arbeitsgruppe, zu einem Zirkel v.; ihre Stimmen vereinigten sich zum Duett; hier vereinigen sich Fulda und Werra zur Weser; c) ⟨sich mit jmdm., etw. v.⟩ *sich verbinden:* auch ausländische Widerstandskämpfer vereinigten sich mit dieser Gruppe. **2.** a) ⟨etw. in sich v.⟩ *zugleich besitzen:* mehrere Vorzüge in sich v.; er vereinigt in sich sehr gegensätzliche Eigenschaften; b) ⟨sich in jmdm., etw. v.⟩ *gemeinsam vorhanden sein:* Verstand und praktische Begabung hatten sich gleichermaßen in ihm vereinigt. **3.** (seltener) ⟨etw. mit etw. v.⟩ *in Übereinstimmung bringen:* sein Handeln lässt sich mit den von ihm vertretenen Grundsätzen nicht v. **4.** (geh.) *sich paaren:* sich geschlechtlich, körperlich v.

vereinzelt: in vereinzelten Fällen kam es zu Streiks; es fielen nur noch vereinzelte Schüsse; es gab nur noch v. Regenschauer.

vereiteln ⟨etw. v.⟩: einen Plan, ein Unternehmen, ein Attentat v.

verenden: /von Tieren/: das Reh war der Schlinge verendet; im harten Winter, durch die Seuche sind viele Tiere verendet.

vererben: 1. ⟨jmdm./an jmdn. etw. v.⟩ *als Erbe überlassen:* er hat dem Neffen sein ganzes Vermögen vererbt; jmdm. seinen Schmuck testamentarisch v.; ÜBERTR.: sie hat mir ihren alten Pelzmantel vererbt (ugs. scherzh.; *geschenkt).* **2.** ⟨jmdm./auf jmdn. etw. v.⟩ *als Veranlagung übertragen:* sie hat ihren Kindern ihre blonden Haare, ihre Begabung vererbt; ⟨sich v.⟩ eine vererbte Eigenschaft, Neigung. **3.** ⟨sich v.⟩ *als Veranlagung übergehen:* die Begabung für Musik hat sich in der Familie, seit Generationen [vom Vater] auf die Tochter vererbt.

verewigen:1. ⟨sich, etw. v.; mit Umstandsangabe⟩ *unvergesslich machen:* in diesem Werk hat er sich einen Namen verewigt; ÜBERTR.: viele Besucher der Burg hatten sich an den Wänden (ugs.; *hinterließen ihren Namenszug)* verewigt; da hat sich wieder ein Hund verewigt (scherzh.; *seine Notdurft verrichtet).* **2.** ⟨etw. v.⟩ *lange andauern lassen:* sie wollten anscheinend die augenblicklichen Verhältnisse v.

¹verfahren: 1. ⟨irgendwie v.⟩ *vorgehen:* schonend,

V

eigenmächtig, rücksichtslos v.; er ist mit ihm, gegen ihn, in dieser Angelegenheit ohne jede Schonung verfahren; er verfährt immer nach demselben Schema; wir werden folgendermaßen v.: ... **2.** ⟨etw. v.⟩ *durch Fahren verbrauchen:* wir haben in der letzten Zeit viel Geld, eine Menge Benzin verfahren. **3.** ⟨sich v.⟩ *in eine falsche Richtung fahren:* ich hatte mich bei dem Nebel verfahren. **²verfahren** ⟨Adj.⟩: *in eine falsche Bahn geraten:* eine verfahrene Lage; die Angelegenheit ist völlig v. **Verfahren,** das: **1.** *Methode:* ein neues, vereinfachtes V. [zur Feststellung von ...] entwickeln, anwenden; sich an ein erprobtes V. halten; unsere Techniker arbeiten nach dem neuesten, modernsten Verfahren. **2.** *gerichtliche Untersuchung:* ein gerichtliches, geheimes V.; das V. wurde ausgesetzt; ein V. einstellen, ruhen lassen, niederschlagen, abtrennen; ein V. gegen jmdn. einleiten, eröffnen, anhängig machen; gegen ihn läuft ein V. wegen ...; man wollte nicht in das schwebende V. eingreifen. **Verfall,** der: **1. a)** *das Zerstört-, Baufälligwerden:* der schnelle, langsame V. eines Bauwerks; der V. des alten Schlosses war nicht mehr aufzuhalten; ein Gebäude dem V. preisgeben *(verfallen lassen);* das Haus geriet immer mehr in V. *(verfiel immer mehr);* **b)** *Abnahme der körperlichen, geistigen Kräfte:* ein schneller körperlicher V.; der V. des Körpers, der Kräfte; die Ärzte versuchten vergeblich, seinem raschen V. entgegenzuwirken; **c)** *Niedergang:* kultureller, sittlicher, moralischer V.; der V. des Römischen Reiches, der Kunst. **2.** (Bankw.) *Fälligkeit:* der V. eines Wechsels, eines Pfandes; Gutscheine vor dem V. *(Ungültigwerden)* einlösen. **verfallen: 1. a)** *zusammenfallen, baufällig werden:* das Haus, das Bauwerk verfällt, war ziemlich verfallen; sie ließen das Gebäude v.; ein verfallenes Schloss; **b)** *körperlich, geistig an Kraft verlieren:* der Kranke verfiel zusehends; ADJ. PART.: verfallene Gesichtszüge; er, sein Gesicht sah ganz verfallen aus; **c)** *sich auflösen:* die Sitten verfielen; die Kultur war mehr und mehr verfallen; seine Autorität verfiel. **2.** *wertlos, ungültig werden:* ein Wechsel, ein Pfand, eine Briefmarke verfällt; die Eintrittskarten, die Gutscheine waren inzwischen verfallen; das Medikament, die Konserve ist verfallen *(das Haltbarkeitsdatum ist überschritten).* **3. a)** ⟨in etw. (Akk.) v.⟩ *in einen bestimmten Zustand hineingeraten:* in tiefen Schlaf, in einen leichten Schlummer v.; in Schweigen, in Schwermut, in Trübsinn v.; er verfiel wieder in den alten Fehler, Ton; unversehens verfiel er in seinen Dialekt *(begann er Dialekt zu sprechen);* **b)** ⟨jmdm., etw. v.⟩ *von jmdm., etw. abhängig werden:* einer Leidenschaft, dem Alkohol, den Verlockungen der Großstadt v.; dem Zauber dieser Musik/ Landschaft v.; er ist dieser Frau verfallen *(ihr hö-*

rig geworden); er ist dem Tode verfallen (geh.; er muss sterben). **4.** ⟨auf jmdn., etw. v.⟩ *etw. ersinnen:* auf einen absonderlichen Gedanken, auf ein neues Projekt, auf eine seltsame Idee v.; wie konntest du nur darauf v., ausgerechnet ihn um Rat zu fragen!; wie konntest du nur auf ihn verfallen *(ihn auswählen)?* **5.** ⟨jmdm., etw. v.⟩ *zufallen:* die Schmuggelware, der Besitz, das Vermögen verfällt dem Staat. **6.** *zurückgehen:* die Preise für Erdöl verfielen. **verfangen: 1.** ⟨sich irgendwo v.⟩ *hängen bleiben:* ich verfing mich in einem Netz; das Seil verfing sich im Geäst, an einem Felsvorsprung; ÜBERTR.: er verfing *(verstrickte)* sich in Lügen, in Widersprüche[n]. **2.** ⟨meist verneint⟩ *nützen:* dieser Trost, dieser Trick verfängt nicht; Versprechungen, Ratschläge, solche Argumente, solche Bitten, diese Mittel verfangen bei ihm nicht. **verfänglich:** *so geartet, dass man dabei leicht in Verlegenheit kommt:* eine verfängliche Situation; verfängliche Blicke, Worte, Reden; die Frage war, klang v.; der Brief könnte v. für sie werden. **verfärben: 1.** ⟨etw. v.⟩ *durch Färben verderben:* das rote Hemd hat die ganze Wäsche verfärbt; verfärbte Handtücher. **2.** ⟨sich v.⟩ *die Farbe wechseln:* der Stoff, die Tapete hat sich verfärbt; sein Gesicht, er verfärbte sich vor Wut. **verfassen** ⟨etw. v.⟩: einen Brief, eine Rede, eine Schrift, einen Artikel für eine Zeitung v.; er hat einige Dramen verfasst. **Verfassung,** die: **1.** *Zustand:* seine geistige, seelische, körperliche V. lässt das nicht zu; ich befand mich/war in schlechter, in einer guten, in einer unbeschreiblichen, in bester V.; er fühlte sich nicht in der V. *(Stimmung),* das Fest mitzumachen. **2.** *Grundordnung; Grundgesetz:* die V. eines Staates; die V. tritt in, außer Kraft; die V. beraten, [ab]ändern, in Kraft setzen, auslegen, brechen; diese Bestimmung der V. wird aufgehoben; auf die V. schwören, vereidigt werden; das verstößt gegen die V. **verfaulen:** die Kartoffeln verfaulen; die Äpfel sind [am Baum] verfault; verfaultes Obst, Holz. **verfechten** ⟨etw. v.⟩: eine Meinung, eine Ansicht, eine Theorie, eine Lehre v.; diese Partei verficht nach wie vor den politischen Führungsanspruch. **verfehlen: 1. a)** ⟨jmdn., etw. v.⟩ *verpassen:* den Anschluss [um wenige Minuten] v.; ich fürchtete schon, dich zu v.; wir hatten uns verfehlt; **b)** ⟨etw. v.⟩ *nicht erreichen:* den Weg, die Ausfahrt, die richtige Tür v.; der Schuss verfehlte das Ziel; ÜBERTR.: seine Rede hatte ihre Wirkung nicht verfehlt; er hat das Thema verfehlt; im Rekord verfehlt *(nicht eingestellt);* du hast deinen Beruf verfehlt scherzh. als Lob für außerberufliche Fähigkeiten); ADJ. PART.: ein verfehltes *(falsch*

V

angelegtes) Leben; ein verfehlter *(falscher)* Beruf; eine verfehlte *(falsche)* Politik; es wäre völlig v., ich hielte es für völlig verfehlt *(verkehrt)*, wollte man ihn gewaltsam zurückhalten. **2.** (geh.) ⟨etw. v.⟩ *versäumen:* eine Chance, eine Gelegenheit v.; er hätte es nicht v. dürfen, ihn einzuladen.
Verfehlung, die: eine geringe, moralische V.; eine V. eingestehen; der Minister hatte sich keine Verfehlungen zuschulden kommen lassen; er wurde wegen seiner Verfehlungen entlassen.
verfeinden ⟨sich [mit jmdm.] v.⟩: er hat sich mit allen Leuten verfeindet; die beiden Nachbarn hatten sich wegen der Grenze ihrer Grundstücke verfeindet; sie waren seit langem ·[miteinander] verfeindet; verfeindete Gruppen.
verfeinern: a) ⟨etw. [mit etw.] v.⟩ *feiner machen, verbessern:* eine Soße mit saurer Sahne, mit Rotwein v.; die Methoden sind inzwischen verfeinert worden; ein verfeinerter Stil, Geschmack; b) ⟨sich v.⟩ *feiner, besser werden:* ihre Umgangsformen, die Methoden haben sich verfeinert.
verfestigen: a) ⟨etw. v.⟩ *fester machen:* einen Klebstoff, einen Werkstoff [chemisch] v.; b) ⟨sich v.⟩ *fester werden:* der Lack hatte sich verfestigt; ÜBERTR.: sein Eindruck, seine Position verfestigte sich; die Vorurteile, diese Strukturen haben sich im Laufe der Zeit eher verfestigt; der Yen hat sich gegenüber dem Dollar verfestigt.
verfinstern: a) ⟨etw. v.⟩ *dunkel machen:* schwarze Wolken verfinsterten den Himmel; b) ⟨sich v.⟩ *dunkel werden:* der Himmel verfinsterte sich; ÜBERTR.: sein Gesicht, seine Miene verfinsterte sich.
verfliegen: 1. a) *sich verflüchtigen:* der Geruch, der Duft wird bald v.; der Nebel, der Dunst ist verflogen; b) *schnell vorübergehen:* die Zeit, eine Stunde verfliegt im Nu; die Wochen, die Monate sind schnell verflogen; der Ärger, das Interesse war bald verflogen.
2. (ugs.) ⟨sich v.⟩ *in die falsche Richtung fliegen:* der Pilot, das Flugzeug, der Jungvogel hatte sich verflogen.
verfließen: 1. *verschwimmen:* in ihren Bildern verfließen die Farben; ÜBERTR.: die Grenzen zwischen Novelle und Erzählung, die Begriffe beginnen hier zu v.
2. (geh.) *vergehen:* Wochen, Monate verflossen; die Zeit hier ist viel zu schnell verflossen; ADJ. PART.: eine Erinnerung aus verflossenen Tagen; in längst verflossenen Zeiten; SUBST. PART.: ihr Verflossener, seine Verflossene (ugs.; *ehemaliger [Ehe]partner, ehemalige [Ehe]partnerin).*
verflixt (ugs.): **1.** *unangenehm:* eine verflixte Geschichte; ein verflixter Kerl; dieses verflixte Auto ist schon wieder kaputt; /in Flüchen/: v. [noch mal]!; v. und zugenäht!
2. a) *sehr groß:* er hat bei dem Unfall verflixtes Glück gehabt; b) ⟨verstärkend bei Adjektiven

und Verben⟩ *sehr, äußerst:* es ging v. schnell; wir mussten uns v. anstrengen.
verfluchen: a) ⟨jmdn. v.⟩ *den Zorn Gottes auf jmdn. herabwünschen:* die Anhänger der Sekte verfluchten ihn; b) ⟨etw. v.⟩ *verwünschen:* seinen Leichtsinn v.; wie oft ich dieses [nicht funktionierende] Schloss schon verflucht habe!; er hat es schon öfter verflucht, damals eingewilligt zu haben.
verflucht (salopp): **1.** (abwertend) *verdammt:* das verfluchte Spiel; das ist eine ganz verfluchte Geschichte, Sache; so ein verfluchter Idiot!; /in Flüchen/: v. [noch mal]!; v. noch eins!
2. a) *sehr groß:* wir haben verfluchtes Glück gehabt; b) ⟨verstärkend bei Adjektiven und Verben⟩ *sehr, äußerst:* das ist v. teuer; das sieht v. nach Betrug aus.
verflüchtigen: 1. a) ⟨etw. v.⟩ *in gasförmigen Zustand überführen:* Salzsäure v.; b) ⟨sich v.⟩ *in gasförmigen Zustand übergehen:* Äther, Alkohol verflüchtigt sich leicht; c) ⟨sich v.⟩ *verschwinden:* der Nebel, der Benzingeruch hatte sich verflüchtigt; ÜBERTR.: seine Heiterheit, sein Schrecken verflüchtigte sich rasch; der Schmuck hatte sich verflüchtigt (scherzh.; *ist nicht auffindbar).*
2. (ugs. scherzh.) ⟨sich v.⟩ *sich davonmachen:* er hat sich inzwischen verflüchtigt.
verfolgen: 1. a) ⟨jmdn. v.⟩ *einzufangen suchen:* einen flüchtigen Häftling, den Täter v.; Jäger, Hunde verfolgen das Wild; er wurde von der Polizei verfolgt; sich überall verfolgt fühlen; er verfolgt seinen Konkurrenten (Sport; *ist ihm dicht auf der Spur);* der Filmstar wurde von Reportern verfolgt; ÜBERTR.: eine dunkle/trübe Ahnung, der Gedanke daran verfolgte ihn *(ließ ihn nicht los);* er ist vom Schicksal, vom Unglück, vom Pech verfolgt; jmdn. mit Blicken v. *(unablässig beobachten);* sie verfolgte ihn mit ihren Bitten, mit Vorwürfen, mit ihrem Hass, mit ihrer Eifersucht *(bedrängte ihn damit);* jmdn. aus politischen, ethnischen, religiösen Gründen v. *(jmds. Freiheit einengen, ihm nach dem Leben trachten);* oppositionelle Kräfte erbarmungslos v.; SUBST. PART.: sie waren Verfolgte des Naziregimes; die politisch Verfolgten baten um Asyl; b) ⟨etw. v.⟩ *jmds. Spur o. Ä. nachgehen:* einen weg, eine Spur, einen Hinweis v.; die Polizei verfolgte die falsche Fährte; c) (bes. Rechtsw.) ⟨etw. irgendwie v.⟩ *gegen etw. gerichtlich vorgehen:* Zuwiderhandlungen werden strafrechtlich, polizeilich verfolgt.
2. ⟨etw. v.⟩ *zu verwirklichen suchen:* ein Ziel, eine Absicht, einen Zweck, einen Plan, einen Gedanken, einen Grundsatz v.; sie verfolgt nur ihre eigenen Interessen; dieses Thema wurde nicht weiter verfolgt.
3. ⟨etw. v.⟩ *genau beobachten:* eine Angelegenheit, die politische Entwicklung aufmerksam v.; er verfolgte den Prozess, die Ereignisse in der Zeitung und im Fernsehen; eine Sache nicht weiter v. *(sich nicht mehr länger dafür interessieren);* die Szene neugierig, aufmerksam, schweigend v.

Verfolger, der: ein hartnäckiger V.; die V. waren ihm dicht auf den Fersen; sie hat die V. getäuscht, abgeschüttelt; er ist seinen Verfolgern entkommen.

Verfolgung, die: die V. des Wilds, des Täters aufnehmen; ÜBERTR.: die strafrechtliche V. von Ordnungswidrigkeiten; eine V. aus politischen, religiösen Gründen; die V. der Juden, der Christen; Verfolgungen erdulden, erleiden; sie waren Verfolgungen ausgesetzt; (Rechtsw.:) jmdn. außer V. setzen.

verfügbar: alle verfügbaren Vorräte, Reserven, Einsatzwagen; etw. mit allen verfügbaren Möglichkeiten, Mitteln zu erreichen suchen; das Buch ist zurzeit nicht v.; etw. v. machen.

verfügen: 1. ⟨etw. v.⟩ *anordnen:* etw. durch Gesetz v.; die Schließung eines Lokals, die Räumung v.; der Minister verfügte den Bau der Talsperre; das Gericht verfügte die Einweisung in eine Anstalt; er verfügte [letztwillig, in seinem Testament], dass ...; die verfügten Änderungen. **2.** ⟨über jmdn., etw. v.⟩ a) *bestimmen, was mit jmdm., etw. geschehen soll:* über sein Geld, über seine Zeit [frei] v. können; man verfügt über mich, als ob ich ein Kind sei; /Höflichkeitsformel/: bitte verfügen Sie über mich! *(ich stehe zu Ihren Diensten!);* b) *besitzen, einsetzen können:* über Reserven, über gute Beziehungen, über Menschenkenntnis, über geheimnisvolle/übernatürliche Kräfte, über mehrere ausgezeichnete Mitarbeiter v.; er verfügt über umfassende Kenntnisse auf diesem Gebiet. **3.** (Papierdt., auch scherzh.) ⟨sich irgendwohin v.⟩ *sich begeben:* er verfügte sich eilig nach Hause, in die Kanzlei.

Verfügung, die: 1. *Anordnung:* eine einstweilige V. erwirken; eine letztwillige V. *(ein Testament);* eine V. erlassen, aufheben; der V. gemäß; laut V.; einer V. nachkommen. **2.** *das Verfügen* ⟨meist in bestimmten Verwendungen⟩: ich überlasse dir die V. darüber; etw. zu seiner, zur V. haben; sein Know-how, seine Erfahrung, sein Wissen zur V. stellen; jmdm. sein Auto, seine Wohnung, seinen Chauffeur zur V. stellen; sein Amt zur V. stellen *(seinen Rücktritt anbieten);* jmdm. zur V. stehen *(für jmdn. da sein);* er erklärte, dass er für das Amt, als Minister nicht mehr zur V. stehe *(nicht mehr bereit sei, das Amt, den Ministerposten zu übernehmen);* es standen ihm nur wenig Mittel für sein Forschungsvorhaben zur V.; halte dich zur V.! *(halte dich bereit!).*

verführen: a) ⟨jmdn. zu etw. v.⟩ *verleiten:* jmdn. zum Trinken v.; darf ich Sie zu einem Stück Torte v. (ugs. scherzh.; *einladen)*?; ⟨auch ohne Akk.⟩ der niedrige Preis verführt *(verlockt zum Kauf);* b) ⟨jmdn. v.⟩ *zum Geschlechtsverkehr verleiten:* er hat das Mädchen verführt.

verführerisch: a) *verlockend:* ein verführerisches Angebot; der Anblick war äußerst v.; die Torte sieht v. aus; b) *sehr attraktiv:* sie sieht v. aus.

Vergangenheit, die: a) *die vergangene Zeit:* die jüngste V.; /bes. in Bezug auf die Verbrechen des Nationalsozialismus/: die unbewältigte V.; V., Gegenwart und Zukunft; die V. lebendig werden lassen, heraufbeschwören, enthüllen, wachrufen; das gehört der V. an *(ist vergessen, nicht mehr üblich);* die Gespenster der V.; ich konnte mich nur schwer in die V. zurückversetzen; sie hat mit der V. gebrochen *(will davon nichts mehr wissen);* einen Strich unter die V. ziehen; b) *der Gegenwart vorangegangene Lebenszeit eines Menschen:* seine politische, kriminelle V.; eine zweifelhafte V. haben; sie hat eine bewegte V. hinter sich; er sucht seine braune (ugs.; *nationalsozialistische)* V. zu verbergen; die Stadt ist stolz auf ihre [große] V. *(Geschichte);* eine Frau mit V. *(eine Frau, die schon mehrere Liebschaften hatte);* c) (Grammatik) *Vergangenheitsform:* ein Verb in die V. setzen; das Verb steht in der V.

vergänglich: leicht vergängliche Stoffe, Substanzen; vergänglicher Ruhm; alles ist v.

vergeben: 1. (geh.) ⟨jmdm. etw. v.⟩ *verzeihen:* er hat ihm die Kränkung, das Unrecht [nicht, längst] vergeben; deine Sünden sind dir vergeben; ⟨auch ohne Akk.⟩ vergib mir!; ⟨auch von Dat.⟩ die Sache ist vergeben und vergessen. **2.** ⟨etw. [an jmdn.] v.⟩ *übertragen, zuteilen:* einen Posten v., zu v. haben; die Stelle ist schon vergeben; es waren noch einige Eintrittskarten zu v. *(übrig);* ich habe den Tanz bereits vergeben *(jmdm. versprochen);* an jmdn. einen Auftrag, ein Stipendium v.; der Friedensnobelpreis wurde an eine Amerikanerin vergeben (scherzh.; *hat heute schon etwas anderes vor);* seine Töchter sind alle vergeben *(verlobt od. verheiratet).* **3.** ⟨etw. v.⟩ *nicht nutzen:* eine Chance v.; (Sport:) ein Tor, einen Elfmeter v.; ⟨auch ohne Akk.⟩ er vergab kläglich (Sport; *konnte den Ball nicht im Tor unterbringen).* **4.** (Kartenspiel) ⟨sich, etw. v.⟩ *falsch geben:* du hast dich, die Karten vergeben. ★ **sich** (Dat.) **etwas/nichts vergeben** *(seinem Ansehen durch ein Tun [nicht] schaden).*

vergebens ⟨Adverb⟩: *umsonst, erfolglos:* alle Mühe war v.; ich habe ihn mehrfach gewarnt, es war alles v.; ich hat v. gewartet.

vergeblich: *erfolglos:* eine vergebliche Anstrengung, alle Bemühungen waren, blieben v.; er hat sich bisher v. bemüht, beworben; sie hat v. auf ihn gewartet.

vergegenwärtigen ⟨sich (Dat.) etw. v.⟩: man muss sich die damalige Situation einmal v.

vergehen: 1. a) *dahingehen:* die Jahre vergehen; [wie schnell, rasch] die Zeit vergeht!; es werden noch Monate v., bis alles wieder in Ordnung ist; über dieser Arbeit vergingen Wochen; es vergeht kein Tag, ohne dass wir miteinander telefonieren; es waren noch keine fünf Minuten vergangen, als ...; ⟨jmdm. vergehen⟩ die Tage vergingen mir wie

im Flug; längst vergangene Tage; im vergangenen *(letzten)* Jahr; **b)** *nachlassen, vorübergehen:* die Schmerzen sind vergangen; das vergeht wieder!; ⟨jmdm. v.⟩ bei diesem Anblick ist ihm der Appetit, der Mut vergangen; das Lachen wird dir bald vergehen; ihr war der Spaß an dieser Arbeit, die Freude am Fest vergangen.
2. ⟨vor etw. v.⟩ *unter etw. sehr leiden:* vor Angst, vor Scham, vor Sehnsucht [fast] v.; sie glaubte, vor Heimweh v. zu müssen.
3. a) ⟨sich gegen etw. v.⟩ *verstoßen:* sich gegen die guten Sitten, gegen das Gesetz v.; **b)** ⟨sich an etw. (Dat.) v.⟩ *eine strafbare Handlung vornehmen:* sich an der Umwelt v.; er hat sich öfter an fremdem Eigentum vergangen (geh.; *gestohlen*); **c)** ⟨sich an jmdm. v.⟩ *ein Sexualverbrechen begehen:* er hat sich an dem Mädchen, an Kindern vergangen.
Vergehen, das: **1.** *das Dahinschwinden:* Werden und V. in der Natur.
2. *strafbare Handlung:* ein leichtes, schweres V.; du hast dich eines Vergehens schuldig gemacht; er wurde für sein V. bestraft; sie mussten für ihre V. büßen.
vergelten: **1.** ⟨etw. mit etw. v.⟩: *auf etw. reagieren:* man soll mit Böses mit Bösem vergelten; Gleiches mit Gleichem, eine Wohltat mit Undank v.
2. ⟨jmdm. etw. irgendwie v.⟩ *danken, lohnen:* wie soll ich dir das v.?; jmdm. etw. schlecht v.; /Dankesformel/: vergelts Gott!
Vergeltung, die: blutige V. üben *(sich für etw. rächen);* er sann auf V.; das war die V. für sein Verhalten.
vergessen: **1.** ⟨etw. v.⟩ *aus dem Gedächtnis verlieren:* die Hausnummer, jmds. Adresse, eine Jahreszahl, die Vokabeln wieder v.; er hatte den Namen der Straße vergessen; ich habe vergessen, was ich sagen wollte; ⟨auch ohne Akk.⟩ ich vergesse sehr leicht *(bin vergesslich).*
2. *an jmdn., etw. nicht mehr denken:* **a)** ⟨jmdn., etw. v.⟩ seinen Ärger, seine guten Vorsätze v.; den Schlüssel [mitzunehmen] v.; ich habe meinen Schirm bei euch, im Zug, zu Hause vergessen *(liegen lassen);* sie hatten ihn längst vergessen; jmdn., etw. ein Leben lang, sein Lebtag nicht v. [können]; Weihnachten ist längst vergessen *(es liegt schon weit zurück);* ich habe [es] vergessen, ihm zu schreiben; sie hatte völlig vergessen, mich zu wecken; wir besuchten auf unserer Italienreise Venedig, Florenz und Rom, Neapel nicht zu v.; das war ein Ereignis, das man nicht so leicht vergisst; es soll alles vergessen sein *(wir wollen nicht mehr davon sprechen);* das solltest du schnell wieder v. *(du solltest dich nicht mehr damit befassen);* man darf nicht v. *(muss im Bewusstsein behalten),* dass ...; dass ich es nicht vergesse, ...; bevor ich es vergesse, ...; es darf niemals, nicht einen Augenblick vergessen werden *(aus dem Gedächtnis verschwinden),* dass ...; der Kummer war bald vergessen; dieses Erlebnis ließ uns viele unangenehme

Erinnerungen v.; vergiss es!; das kannst du v.! (ugs.; *das ist nicht mehr aktuell!; daraus wird nichts!);* sie hatten über dem Erzählen ganz die Arbeit vergessen; ⟨auch ohne Akk.⟩ Kinder vergessen schnell; du musst versuchen, zu v.; ADJ. PART.: eine vergessene *(heute unbekannte)* Schriftstellerin; **b)** (südd., österr.) ⟨auf jmdn., etw./(seltener:) an jmdn., etw. v.⟩ *nicht gratulieren:* er hatte völlig auf/an ihn, auf/an seinen Geburtstag v.
3. ⟨sich v.⟩ *die Beherrschung verlieren:* in seinem Zorn vergaß er sich völlig; wie konntest du dich so weit v., ihn zu schlagen?;
* **jmdm. etw. nicht, nie vergessen** *(jmdm. für etw. dankbar bzw. böse sein):* ich werde dir nie v., dass du uns geholfen hast.
Vergessenheit, die: diese Ereignisse sind der V. anheim gefallen (geh.; *vergessen worden);* (geh.:) den Namen eines Komponisten der V. entreißen; in V. geraten.
vergesslich: ein vergesslicher Mensch; er ist im Alter sehr v. [geworden].
vergeuden ⟨etw. v.⟩: sein Geld, sein Vermögen, seine Kräfte v.; mit dieser Arbeit, mit dieser Diskussion wurde nur Zeit vergeudet.
vergewaltigen: **1.** ⟨jmdn. v.⟩ *zum Geschlechtsverkehr zwingen:* eine Frau überfallen und v.
2. ⟨etw. v.⟩ *seinen Wünschen unterwerfen:* das Recht, die Sprache v.; ein Volk [wirtschaftlich, kulturell] v.
vergewissern ⟨sich jmds., etw./(selten:) über jmdn., etw. v.⟩: ich musste mich erst seiner Sympathie, der Zuverlässigkeit des Berichtes v.; sie wollte sich v., ob der Zug tatsächlich fuhr; er war noch einmal zurückgegangen, um sich zu v., dass die Fenster geschlossen waren.
vergießen ⟨etw. v.⟩: beim Eingießen vergoss sie etwas Kaffee, Wein; das Kind hat seine Milch vergossen.
vergiften: **1.** ⟨etw. v.⟩ **a)** *giftig machen:* Speisen v.; das Essen, der Wein war vergiftet; ein vergifteter Pfeil; ÜBERTR.: die Atmosphäre durch boshafte Bemerkungen v.; durch solche Eindrücke kann die Seele eines Kindes vergiftet werden; **b)** *durch Schadstoffe beeinträchtigen:* Autogase vergiften die Luft; durch Abwässer vergiftete Flüsse und Seen.
2. ⟨sich v.⟩ *sich eine Vergiftung zuziehen:* sie hatten sich an Pilzen, durch schlechtes Fleisch vergiftet.
3. ⟨jmdn., sich v.⟩ *mit Gift töten:* Ratten v.; sie hat ihren Mann aus Eifersucht vergiftet; er hatte sich mit Tabletten vergiftet.
vergilben: das Papier vergilbt mit der Zeit; vergilbte Briefe, Fotos, Tapeten; vergilbtes Laub.
Vergleich, der: **1.** *das Vergleichen:* ein [un]passender, treffender, gewagter V.; dieser V. hinkt, ist weit hergeholt, drängt sich einem geradezu auf; die feuchte Kälte im Norden und der warme, sonnige Süden – das ist doch gar kein V.! *(das ist doch viel besser!);* der V. zwischen beiden Versio-

nen fällt zugunsten der älteren aus; Vergleiche anstellen, ziehen *(etw. vergleichen);* dieser Roman hält keinen V. mit den früheren Werken des Schriftstellers aus; das ist nichts im V. zu früheren Vorgängen; im V. zu/(auch:) mit seinem Bruder ist er unbegabt; etwas zum V. heranziehen. **2.** (Rechtsw.) *gütlicher Ausgleich:* ein außergerichtlicher, gütlicher V.; einen V. vorschlagen, anbieten, anbahnen, schließen, zustande bringen; auf einen V. eingehen; einen Streit durch einen V. aus der Welt schaffen; etw. endet mit einem V.; zwischen beiden Parteien kam es zu einem V. **vergleichen: 1. a)** ⟨jmdn., etw. [mit jmdm., etw.] v.⟩ *gegeneinander abwägen:* eine Kopie, eine Reproduktion mit dem Original v.; man kann diese Dinge nicht miteinander v.; er verglich ihn mit seinem Bruder; verglichen mit Berlin ist diese Stadt hinterste Provinz; Bilder, Gedichte v.; sie haben die Preise verglichen; können wir einmal die Zeit, die Uhren, die Uhrzeit v.; das ist doch gar nicht zu v.! *(ist doch viel besser/schlechter o. ä.!);* /Verweis in Texten/: vergleiche Seite 124; vergleichende Anatomie, Sprachwissenschaft; **b)** ⟨jmdn., etw. mit jmdm., etw./(geh.:) jmdm., etw. v.⟩ *durch einen Vergleich in Beziehung setzen:* der Dichter verglich sie mit einer Blume/(geh.:) verglich sie einer Rose. **2.** ⟨sich mit jmdm. v.⟩ *sich messen:* ich kann, darf mich nicht mit ihm v. **3.** (Rechtsw.) ⟨sich [mit jmdm.] v.⟩ *sich gütlich einigen:* er hat sich mit seinem Gegner verglichen; die streitenden Parteien haben sich verglichen.
vergnügen /vgl. vergnügt/: ⟨sich v.; mit Umstandsangabe⟩ sich auf einem Fest, auf dem Jahrmarkt v.; die Kinder vergnügten sich mit ihren Geschenken, mit dem Hund.
Vergnügen, das: **a)** *Freude:* ein seltenes V.; bei etw. ein kindliches V. empfinden; an etw. sein V. haben, finden; jmdm. sein V. gönnen; etw. macht jmdm. [großes] V.; er machte sich ein V. daraus, uns zu begleiten; mit seinem Besuch bereitete er uns ein großes V.; das Spiel macht, bereitet ihr ein diebisches V.; ich wünsche euch im Theater viel V.!; (ugs. iron.:) [na, dann] viel V.!; etw. mit V. lesen; ich schriftstellere aus reinem/nur zum/zu meinem [eigenen] V.; ich höre zu meinem V. *(meiner Freude),* dass ...; /in Höflichkeitsformeln/: es ist, war mir ein V. *(ich tue es sehr gern, habe es sehr gern getan);* das V. ist ganz meinerseits/auf meiner Seite; mit [dem größten] V.! *(selbstverständlich, sehr gern!);* **b)** *Amüsement:* mit ihm zu arbeiten, ist kein reines V.; es war ein zweifelhaftes V. *(war nicht gerade angenehm);* das war ein teures V. *(hat viel Geld gekostet);* nur seinem V. nachgehen; jeden Abend stürzten sie sich ins V. *(vergnügten sich);* ℝimmer hinein ins V. (iron.; *immer weiter so, ohne zu überlegen).*
vergnügt: eine vergnügte Gesellschaft; ein vergnügter Abend; sie haben sich einen vergnügten

(vergnüglichen) Tag gemacht; sie ist immer v.; er lächelte v. vor sich hin.
vergolden: 1. ⟨etw. v.⟩ *mit einer Goldschicht überziehen:* Nüsse, eine Statue, einen Bilderrahmen v.; eine vergoldete Kette, Uhr; BILDL.: die Abendsonne vergoldete die Dächer. **2.** (geh.) ⟨etw. v.⟩ *verschönen:* die Erinnerung vergoldete die schweren Jahre. **3.** (ugs.) ⟨jmdm. etw. v.⟩ *jmdm. etw., was er für einen getan hat, teuer bezahlen:* sie hat ihm sein Schweigen vergoldet; ⟨meist in Verbindung mit *lassen*⟩ er hat sich sein Schweigen v. lassen.
vergönnen (geh.): mögen Ihnen noch viele Jahre vergönnt sein; ⟨in unpersönlicher Verwendung⟩ es war ihm [vom Schicksal] nicht vergönnt, diesen Tag zu erleben; es war ihm vergönnt, eine Weltreise zu machen.
vergöttern ⟨jmdn. v.⟩: die Schüler vergötterten ihren Lehrer; er vergötterte seine Frau, seine beiden Töchter.
vergraben: 1. a) ⟨etw. [irgendwo] v.⟩ *durch Eingraben verbergen:* Wertsachen, einen Schatz, eine Leiche v.; das tote Tier wurde in der Erde, im Garten vergraben; **b)** ⟨sich [irgendwo/irgendwohin] v.⟩ *sich in der Erde verbergen* /von Tieren/: der Regenwurm, der Maulwurf hat sich in der/in die Erde vergraben; ÜBERTR.: er vergräbt sich immer mehr *(zieht sich immer mehr zurück).* **2.** ⟨etw. in etw. (Akk./Dat.) v.⟩ **a)** *verbergen:* sie vergrub ihr Gesicht in beide Hände/in beiden Händen; **b)** *hineinstecken:* er vergrub die Hände in die/in den Hosentaschen. **3.** ⟨sich in etw. (Akk.) v.⟩ *sich intensiv mit etw. beschäftigen:* sich in die Arbeit v.; ich vergrub mich ganz in meine Bücher.
vergreifen: 1. ⟨sich v.⟩ *falsch greifen:* der Pianist, die Flötistin hat sich mehrmals vergriffen; **b)** ⟨sich in etw. (Dat.) v.⟩ *etwas Falsches wählen:* sich im Ton[fall], im Ausdruck v.; wir haben uns in der Wahl unserer Mittel vergriffen. **2.** ⟨sich an etw. (Dat.) v.⟩ *sich aneignen:* du darfst dich nicht an fremdem Eigentum, Besitz, Gut v.; er hat sich an der Kasse vergriffen *(hat widerrechtlich Geld aus ihr entnommen).* **3.** ⟨sich an jmdm. v.⟩ *jmdm. Gewalt antun:* sich an Schwächeren v.; sich an einem Kind v. *(es sexuell missbrauchen);* ÜBERTR.: ich will mich lieber nicht an dem Computer v. *(will mich aus Angst vor unsachgemäßer Behandlung nicht damit befassen);* sich an einem Thema v.
vergriffen: *nicht lieferbar:* ein vergriffenes Buch; seine Werke sind [beim Verlag] vergriffen.
vergrößern: 1. a) ⟨etw. [um etw./auf etw. (Akk.)] v.⟩ *größer machen:* einen Raum, den Abstand, den Vorsprung um das Doppelte v.; sein Kapital, die Zahl der Mitarbeiter v.; durch den Umbau konnte das Geschäft, die Wohnfläche auf 130 Quadratmeter vergrößert werden; die Firma hat ihren Marktanteil um 25 Prozent, auf 35 Prozent vergrößert; diese Maßnahme hatte das Übel

noch vergrößert *(verschlimmert)*; **b)** ⟨etw. v.⟩ *eine größere Reproduktion herstellen:* eine Fotografie v.; das Bild ist vierfach, auf das Vierfache vergrößert. **2. a)** (ugs.) ⟨sich v.⟩ *den Wohn-, Geschäftsbereich ausdehen:* der Betrieb, das Geschäft hat sich wesentlich vergrößert; wir sind umgezogen und haben uns vergrößert; **b)** ⟨sich [um etw./auf etw. (Akk.)] v.⟩ *[an Umfang] zunehmen:* der Leberfleck, die Schilddrüse hat sich vergrößert; der Geldumlauf vergrößert sich ständig; die Zahl der Mitarbeiter hatte sich inzwischen um 10 Prozent, auf 500 vergrößert; eine krankhaft vergrößerte Leber. **3.** *größer erscheinen lassen:* das Glas vergrößert; die Lupe vergrößert stark, nur schwach.

vergucken (ugs.): **1.** ⟨sich v.⟩ *falsch sehen:* du hast dich wahrscheinlich verguckt; da muss er sich verguckt haben. **2.** ⟨sich in jmdn. v.⟩ *sich verlieben:* er hat sich in das Mädchen verguckt.

Vergünstigung, die: soziale Vergünstigungen; es ist eine ganz besondere V.; dass ...; die bisherigen Vergünstigungen fielen weg, wurden ihm entzogen; die Bahn bietet, gewährt Vergünstigungen aller Art; für sich selbst hätte er nie um eine V. gebeten.

vergüten: **1.** ⟨jmdm. etw. v.⟩ **a)** *einen finanziellen Ausgleich zahlen:* jmdm. eine Steuer, seine Auslagen, seine Kosten v.; **b)** *bezahlen:* jmdm. eine Arbeit, eine Tätigkeit v.; ich ließ mir dafür etwas v.; ⟨auch ohne Dat.⟩ die Leistungen werden nach einheitlichen Sätzen vergütet. **2.** (Fachspr.) ⟨etw. v.⟩ *verbessern:* ein Metall v.; eine vergütete Linse.

verhaften ⟨jmdn. v.⟩: die Polizei hat den Mörder, hat ihn unter dem Verdacht des Mordes verhaftet; sie ist unschuldig verhaftet worden.

verhaftet: ⟨in der Verbindung⟩ etw. (Dat.) **verhaftet sein** (geh.; *mit etw. eng verbunden sein*): er ist [in] der Tradition zutiefst v.; ⟨auch attributiv⟩ ein seiner Zeit verhafteter Autor.

Verhaftung, die: die V. ist irrtümlich erfolgt; eine V. veranlassen, anordnen, rückgängig machen, aufheben; die Polizei nahm viele Verhaftungen vor; sie ist der V. entgangen; der Täter entzog sich der V. durch die Flucht; eine Welle von Verhaftungen.

verhallen: ein Ton, ein Geräusch verhallt; die Glockenschläge, die Schritte verhallten; ÜBERTR.: ihre Bitten sind ungehört verhallt *(sind unbeachtet geblieben)*.

verhalten: 1. a) ⟨sich irgendwie v.⟩ *sich benehmen:* sich still, ruhig, passiv, abwartend, vorsichtig, abweisend, uauffälig, fair v.; sie hat sich uns gegenüber immer korrekt verhalten; sich im V. falsch, richtig v.; sie wollte von mir wissen, wie sie sich in diesem Falle v. solle; **b)** ⟨sich irgendwie v.⟩ *einen bestimmten Sachverhalt haben:* die Sache, Angelegenheit verhält sich nämlich so, in Wirk-

lichkeit ganz anders; ⟨es verhält sich irgendwie⟩ mit der Sache verhält es sich folgendermaßen: ...; wie verhält es sich eigentlich damit?; **c)** ⟨sich zu etw. irgendwie v.⟩ *in einem bestimmten Verhältnis stehen:* die beiden Größen/Gewichte verhalten sich zueinander wie 1 zu 2. **2.** (geh.) ⟨etw. v.⟩ *zurückhalten:* die Tränen, das Lachen, den Schmerz v.; er verhielt den Atem; sie verhielten den Schritt *(hielten im Schritt inne)*; ⟨auch ohne Akk.⟩ an der Kreuzung verhielt er einen Augenblick *(blieb er stehen)*; ADJ. PART.: verhaltener Trotz, Ärger, Spott, Zorn; eine verhaltene *(vorsichtige)* Fahrweise; verhaltene *(dezente)* Farbtöne, Dessins; der Pianist spielte sehr verhalten; sie sprach mit verhaltener *(gedämpfter)* Stimme; v. lächeln, nicken; sich verhalten optimistisch geben.

Verhalten, das: ein anständiges, tadelloses, seltsames, anstößiges, taktisch kluges, fahrlässiges, aggressives, provozierendes V.; das V. in Notsituationen; sein V. änderte sich; das gewohnte, übliche V. zeigen; sein V. [gegen jmdn., jmdm. gegenüber] ändern; ich kann ihr V. nicht verstehen, mir ihr V. nicht erklären; in seinem V. anderen gegenüber hat sich nichts geändert; Tiere mit geselligem V.; ÜBERTR.: das V. eines Gases, von Viren untersuchen.

Verhältnis, das: **1.** *Beziehung, Relation:* ein arithmetisches, geometrisches V.; das entspricht einem V. von 3 zu 1; im V. zu früher ist er jetzt viel häufiger krank; im V. zu der Arbeit ist der Lohn zu gering; der Lohn steht in keinem, nicht im V. zur Arbeit *(ist zu gering, gemessen an der Arbeit)*; der Gewinn wird nach dem V. der eingezahlten Beträge verteilt. **2.** *persönliche Beziehung:* sein V. zu seinen Eltern, zur Umwelt war gestört; er hat, findet kein rechtes V. zu diesen Dingen; ich stehe in einem engen, freundschaftlichen, gespannten V. zu ihm; zwischen uns herrscht ein gutes, vertrautes V.; ÜBERTR.: er hat ein gestörtes V. zur Wahrheit *(nimmt es mit der Wahrheit nicht so genau)*. **3.** (ugs.) **a)** *Liebesverhältnis:* ein V. mit einer verheirateten Frau haben, anfangen, beenden; die beiden haben ein V. [miteinander]; sie mit jmdm./zu jmdm. unterhalten; **b)** *jmd., mit dem man ein Liebesverhältnis unterhält:* er ist ihr neuestes V. **4.** ⟨Plural⟩ **a)** *soziale Lage:* seine häuslichen Verhältnisse sind mir unbekannt; meine Verhältnisse *(finanziellen Möglichkeiten)* erlauben mir das, solche Ausgaben nicht; sie kommen beide aus kleinen Verhältnissen *(aus kleinbürgerlichem Milieu)*; sie leben in dürftigen, ärmlichen, bescheidenen, guten, gesicherten Verhältnissen; er lebt über seine Verhältnisse *(gibt mehr Geld aus, als es ihm seine finanzielle Situation erlaubt)*; **b)** *Umstände, Zustände:* wie sind die akustischen, architektonischen Verhältnisse in diesem Raum?; unter dem Zwang/Druck der Verhält-

V

nisse; er ist ein Opfer der politischen Verhältnisse; dies alles geschah unter den schwierigsten Verhältnissen; unter normalen Verhältnissen wäre das nicht möglich gewesen; ich bin für klare Verhältnisse *(für eine klare Regelung).*
verhandeln: 1. a) ⟨mit jmdm. über etw. (Akk)/(seltener auch:) um etw. v.⟩ *Unterredungen führen:* mit dem Vertragspartner über die Beilegung des Streits v.; ⟨auch mit nur einem Präpositionalobjekt⟩ der deutsche Außenminister verhandelte mit seinem französischen Kollegen; sie verhandelten über den Friedensvertrag, über den Truppenabzug; ⟨auch ohne Präpositionalobjekte⟩ die Vertreter der Regierungen wollen erneut v.; SUBST: nach langem Verhandeln sind die Minister endlich zu einer Einigung gekommen; b) ⟨etw. mit jmdm. v.⟩ *eingehend besprechen:* eine für alle akzeptable Lösung muss mit den Betroffenen erst noch verhandelt werden; ⟨auch ohne Präpositionalobjekt⟩ es wurden immer die gleichen Fragen verhandelt.
2. a) ⟨etw. v.⟩ *gerichtlich untersuchen:* der Fall wurde in der dritten Instanz v.; b) ⟨gegen jmdn. v.⟩ *eine Gerichtsverhandlung durchführen:* das Gericht verhandelte gegen ihn wegen Körperverletzung, gegen die Terroristen; gegen ihn wurde vor dem Oberlandesgericht verhandelt.
Verhandlung, die: eine geheime, öffentliche V.; diplomatische, parlamentarische Verhandlungen; eine V. *(Gerichtsverhandlung)* unter Ausschluss der Öffentlichkeit, vor der zweiten Strafkammer; die Verhandlungen zogen sich hin, nahmen einen schnellen Fortgang, führten zu keinem Ergebnis, verliefen ergebnislos; Verhandlungen einleiten, aufnehmen; die V. führen, leiten, unterbrechen, vertagen, fortführen, beenden, abschließen, abbrechen; der Zwischenfall an der Grenze hat die Verhandlungen erschwert; nach dem Abbruch/ Scheitern der Verhandlungen; sie ließen sich in Verhandlungen, auf keine Verhandlungen ein; mit jmdm. in V. stehen; Unternehmer und Gewerkschaften waren in Verhandlungen zusammengetreten; der Gegner war jetzt zu Verhandlungen bereit.
verhangen: 1. *bedeckt:* ein verhangener Himmel; der Himmel ist v.
2. *zugehängt:* verhangene Fenster.
verhängen ⟨etw. v.⟩: 1. *verdecken:* die Fenster v.; sie verhängte den Spiegel mit einem schwarzen Tuch.
2. *verordnen:* Hausarrest, über jmdn. eine Strafe, einen Einreisestopp, den Belagerungszustand, den Ausnahmezustand v.; (Sport:) der Schiedsrichter verhängte einen Elfmeter.
Verhängnis, das: das V. brach über ihn herein, ließ sich [nicht] abwenden; er entging seinem V. nicht; seine Spielleidenschaft, diese Frau wurde ihm zum V.
verhängnisvoll: ein verhängnisvoller Irrtum, Fehler; diese Entscheidung, diese Nachlässigkeit war

v.; sein Eingreifen, seine Politik hat sich als v. erwiesen.
verharren (geh.): a) ⟨irgendwo v.⟩ *bleiben:* er konnte nicht lange in dieser Stellung v.; sie verharrte eine Zeit lang regungslos, unschlüssig an der Tür; ÜBERTR.: die Zinsen werden auch in den nächsten Monaten auf diesem niedrigen Niveau v.; b) ⟨in etw. (Dat.) v.⟩ *bei etw. bleiben:* sie verharrte in ihrem Entschluss, in Schweigen, im Zweifel.
verhasst: ein verhasster Dikator; ein verhasstes Regime; eine verhasste Pflicht; überall v. *(unbeliebt)* sein; sich bei jmdm. v. *(unbeliebt)* machen; diese Arbeit ist mir v. *(ich verabscheue sie).*
verhauen (ugs.): 1. *verprügeln:* a) ⟨jmdm. v.⟩ sie verhauten ihren Mitschüler; b) ⟨jmdm. etw. v.⟩ er hat ihm ordentlich den Hintern verhauen.
2. ⟨etw. v.⟩ *viele Fehler machen:* er hat seine Klassenarbeit gründlich verhauen.
3. ⟨sich v.⟩ *sich irren:* mit deiner Berechnung, in dieser Sache hast du dich gehörig verhauen.
verheddern (ugs.) ⟨sich v.⟩: a) *sich verfangen:* er verhedderte sich im Stacheldraht, im Netz; die Wolle, der Film hat sich beim Aufwickeln verheddert; b) *stecken bleiben:* er verhedderte sich mehrmals [in seiner Rede].
verheerend: ein verheerender Wirbelsturm; verheerende Überschwemmungen; verheerende Folgen, eine verheerende Wirkung haben; die Zustände, die Schäden waren v.; solche Verhältnisse müssen sich auf den Schulbetrieb v. auswirken; diese hässliche Betonmauer sieht ja wirklich v. (ugs.; *scheußlich*) aus.
verhehlen ⟨jmdm. etw. v.⟩: jmdm. die Wahrheit, seine wahre Meinung, seine Neugier, seinen Kummer v.; ich will dir nicht v., dass ...; ⟨auch ohne Dat.⟩ er hat seine Enttäuschung nicht [vor mir] verhehlt.
verheilen: seine Wunden verheilten schlecht; die Wunde war noch nicht ganz verheilt.
verheimlichen ⟨jmdm. etw. v.⟩: jmdm. eine Entdeckung, einen Fund v.; ihr verheimlichst mir etwas!; der Arzt verheimlichte ihr, wie schlecht es um ihrem Mann stand; ⟨auch ohne Dat.⟩ sie hat den wirklichen Sachverhalt [vor ihm] verheimlicht; da gibt es doch nichts zu v.!
verheiraten ⟨sich [mit jmdm.] v.⟩: sie hat sich in Amerika verheiratet; du willst dich mit ihm v.?; ⟨meist im 2. Part.⟩ ein verheirateter junger Mann; sie ist seit langem, seit 10 Jahren, [un]glücklich verheiratet; ÜBERTR.: ich bin doch nicht mit der Firma verheiratet (ugs. scherzh.; *kann die Firma doch jederzeit verlassen).*
verheißungsvoll: ein verheißungsvoller Anfang; ein verheißungsvolles Talent; ihre Leistungen waren nicht v.; seine Worte klangen [nicht] sehr v.
verhelfen ⟨jmdm. zu jmdm., etw. v.⟩: jmdm. zu seinem Recht, zu einer Anstellung, zur Flucht v.; ei-

ner Sache zum Durchbruch, zum Erfolg v. *(dazu beitragen, dass sich etw. durchsetzt).*

verhexen ⟨jmdn. v.⟩: im Märchen hatte die alte Zauberin den Prinzen [in einen Vogel] verhext; sie starrte ihn wie verhext an; das ist [doch] wie verhext! (ugs.; *es will einfach nicht gelingen!).*

verhindern ⟨etw. v.⟩: ein Attentat, einen Unfall, einen Überfall v.; den Krieg mit allen Mitteln zu v. suchen; das muss ich unter allen Umständen v.; das Schlimmste konnte gerade noch verhindert werden; ADJ. PART.: dienstlich, durch Krankheit, umständehalber verhindert sein *(nicht kommen können);* er war an der Teilnahme verhindert; ein verhinderter Dichter (ugs.; *jmd. mit dichterischen Ambitionen).*

Verhör, das: ein strenges, brutales V.; nächtliche, polizeiliche Verhöre; das V. dauerte mehrere Stunden; ein V. vornehmen, durchführen; mit jmdm. ein V. anstellen; jmdn. einem V. unterziehen *(verhören);* er wurde ins V. genommen *(verhört).*

verhören: 1. ⟨jmdn. v.⟩ *vernehmen:* den Angeklagten, die Zeugen v.; er wurde verhaftet und noch am gleichen Tag verhört. 2. ⟨sich v.⟩ *etw. falsch hören:* du musst dich verhört haben, sie hat »zwei«, nicht »drei« gesagt; hat es eben geklingelt oder habe ich mich verhört?

verhüllen: ⟨jmdn., etw. v.⟩: ein Schleier verhüllte sie, ihre Gestalt bis zu den Füßen; Wolken verhüllten die Bergspitzen; ⟨jmdn., sich, etw. [mit etw.] v.⟩ sich mit einem Tuch, das Gesicht mit einem Schleier v.; sie war tief verhüllt; ÜBERTR.: eine verhüllte *(versteckte)* Drohung; ein verhüllender (Sprachw.; *euphemistischer)* Ausdruck.

verhungern: Gefangene v. lassen; täglich verhungern in den Entwicklungsländern Millionen Menschen; wir haben gerade so viel, dass wir nicht verhungern; er sah halb, ganz verhungert *(sehr elend und abgemagert)* aus; SUBST.: sie sind schon am Verhungern (ugs.; *haben großen Hunger).*

verhüten: ⟨etw. v.⟩: Schaden, ein Unglück, eine Katastrophe, einen Unfall v.; eine Empfängnis v.; eine weitere Ausbreitung der Seuche konnte verhütet werden; er konnte das Schlimmste gerade noch v.; ⟨auch ohne Akk.:⟩ sie haben nicht verhütet *(kein Verhütungsmittel angewandt, genommen).*

verirren ⟨sich v.⟩: einige Spaziergänger verirrten sich [im Wald, im Nebel]; er hatte sich in den Sperrbezirk verirrt *(war versehentlich dorthin geraten).*

verjagen ⟨jmdn. v.⟩: Vögel, Hühner, einen Hund v.; jmdn. von Haus und Hof v.; ÜBERTR.: dieser Wein verjagt alle Sorgen.

verjüngen: 1. ⟨jmdn., sich, etw. v.⟩ *ein jüngeres Aussehen geben:* regelmäßiger Sport hat sie deutlich verjüngt; die Liebe hat ihn verjüngt *(vitaler*

gemacht); einen Betrieb v. *(jüngere Kräfte einstellen).* 2. ⟨sich v.⟩ *allmählich schmaler, dünner o. ä. werden:* die Säule verjüngt sich [nach oben]; der Schacht verjüngt sich.

verkalken: 1. *durch Kalk verhärten:* Knochen, Arterien verkalken; die Gewebsteile verkalken. 2. (ugs.) *geistig abbauen:* in diesem Alter beginnt man bereits zu v.; er ist völlig, total verkalkt. 3. *durch Kalkablagerung die Funktionsfähigkeit verlieren:* die Kaffeemaschine verkalkt leicht bei diesem Wasser; die Heizstäbe sind verkalkt.

Verkauf, der: der illegale, verbilligte V. von Waren [ins Ausland]; der V. von Eintrittskarten übers Internet; die Verkäufe gingen stark zurück; ein V. mit Gewinn/Verlust; /Hinweis an Cafés o. Ä./: V. auch außer Haus, über die Straße; einen V. rückgängig machen; vom V. zurücktreten; etw. zum V. anbieten; etw. zum V. bringen (Papierdt.; *etw. verkaufen);* das Grundstück kommt, steht zum V. *(ist zu verkaufen);* sie arbeitet im V. *(in der Verkaufsabteilung).*

verkaufen: 1. a) ⟨jmdn., etw. v.⟩ *gegen Zahlung an jmdn. abgeben:* etw. teuer, billig, preisgünstig, für wenig Geld, für hundert Mark, unter seinem Wert v.; Antiquitäten, Grundbesitz, Verlagsrechte v.; Bier, Eis über die Straße *(zum Mitnehmen)* v.; Autos v. *(mit Autos handeln);* sie mussten ihr Haus v.; das Kleid war schon verkauft; sie wurden als Sklaven in fremde Länder verkauft; der Verein musste einen Spieler v. (Sport: *transferieren);* diese Mädchen verkaufen ihren Körper *(gehen der Prostitution nach)* *(auch ohne Akk.)* wir haben in letzter Zeit gut verkauft; ⟨jmdm./an jmdn. etw. v.⟩ sie haben uns ihr Auto verkauft; der Besitz wurde an den Staat verkauft; b) ⟨sich irgendwie v.⟩ *in bestimmter Weise verkäuflich sein:* diese Ware, dieser Artikel verkauft sich gut, schlecht, leicht, schwer. 2. (ugs.) *sich bei/mit etw. v.⟩ *einen unbefriedigenden Kauf tätigen:* bei, mit diesem Kleid habe ich mich verkauft; bei dieser Ware verkaufen Sie bestimmt nicht. 3. ⟨sich [jmdm., an jmdn.] v.⟩ *gegen Geld seine Dienste zur Verfügung stellen:* wie kann man sich nur so v.!; er hat sich dem Feind, an die Konkurrenz verkauft. 4. ⟨jmdn., sich, etw. irgendwie v.⟩ *dafür sorgen, dass jmd., etw. erfolgreich ist:* er weiß, wie man eine Story gut, richtig verkauft; der kleine Verlag verkauft seine Autoren recht geschickt; die Sängerin, die Filmschauspielerin hat sich teuer verkauft; die Parteien wollen diese Reform als große Leistung v.; ⟨jmdm. etw. v.⟩ den Lesern eine Story [richtig] v.

Verkehr, der: 1. *Beförderung, Bewegung von Personen, Sachen, Fahrzeugen:* grenzüberschreitender V.; fließender V. *(Bewegung der Fahrzeuge im Straßenverkehr);* ruhender V. *(das Halten, Parken von Fahrzeugen auf Straßen und Plätzen);* der V.

V

19 D2

auf den Straßen, auf der Autobahn, auf den Flüssen und Kanälen; es herrscht starker, lebhafter, reger V.; der V. stockt, hat stark zugenommen, wächst ständig, ruht fast gänzlich, bricht zusammen, kommt zum Erliegen, staut sich an der Kreuzung; den V. drosseln, lenken, regeln, umleiten; solche Fahrzeuge behindern den V.; die Brücke wurde dem [öffentlichen] V. übergeben, wurde für den V. gesperrt; das Auto wurde aus dem V. gezogen, zum V. zugelassen. **2.** *Kontakt:* den V. mit jmdm. abbrechen; mit jmdm. in gesellschaftlichem, mündlichem, brieflichem V. stehen; den V. mit jmdm. einschränken, abbrechen, wieder aufnehmen; sie ist kein V. für dich *(du solltest den Umgang mit ihr meiden);* sich im V. mit Behörden nicht auskennen. **3.** *Geschlechtsverkehr:* vorehelicher, außerehelicher V.; V. haben; ungeschützter *(ohne Präservativ ausgeübter)* V.; nach, vor dem V.; * etw. **aus dem Verkehr ziehen** *(etw. nicht mehr für den Gebrauch zulassen):* die Banknoten wurden aus dem V. gezogen · jmdn. **aus dem Verkehr ziehen** (ugs. scherzh.; *jmdn. nicht mehr in einer Sache tätig sein lassen*): diesen Minister hätte man aus dem V. ziehen müssen · etw. **in [den] Verkehr bringen** *(etw. in den Handel, in Umlauf bringen).*
verkehren: 1. ⟨mit Umstandsangabe⟩ *auf einer Strecke fahren o.ä.:* der Omnibus, die Straßenbahn verkehrt alle 15 Minuten; dieser Zug verkehrt nur an Sonn- und Feiertagen; der Dampfer hat/ist früher zwischen Hamburg und Helgoland verkehrt. **2. a)** ⟨mit jmdm. v.⟩ *Kontakt pflegen:* mit jmdm. viel, oft, wenig, brieflich, mündlich v.; intim, geschlechtlich mit jmdm. v. (verhüll.; *mit jmdm. Geschlechtsverkehr haben);* **b)** ⟨in etw. (Dat.) v.⟩ *regelmäßig zu Gast sein:* sie verkehrte viel in dieser Familie; sie verkehrten in den besten Kreisen, in zweifelhafter Gesellschaft; in diesem Restaurant verkehren hauptsächlich Künstler. **3. a)** ⟨etw. in etw. (Akk.) v.⟩ *ins Gegenteil verwandeln:* Recht in Unrecht v.; eine solche Auslegung hieße den Sinn der Worte ins Gegenteil v.; **b)** ⟨sich in etw. (Akk.) v.⟩ *sich ins Gegenteil verwandeln:* die Vorzüge verkehrten sich in Schwächen; seine Gleichgültigkeit verkehrte sich in Mitgefühl.
verkehrt: *falsch:* die Zigarette am verkehrten Ende anzünden; eine verkehrte Erziehung; du hast eine verkehrte Einstellung; das ist ganz, total v.; das ist gar nicht v. *(das ist ganz richtig);* etw. v. machen; das Buch steht v. herum *(auf dem Kopf)* im Regal; den Pullover v. herum *(mit der Innenseite nach außen)* anziehen.
verkeilen: 1. ⟨etw. v.⟩ *mit Keilen festmachen:* einen Mast, einen Balken v.; ÜBERTR.: die Eingänge waren verkeilt *(von Menschen verstopft).* **2.** ⟨etw. verkeilt sich in etw.⟩ *sich fest in etw. schie-*

ben: bei dem Unfall hatten sich vier Wagen, beide Lokomotiven ineinander verkeilt.
verkennen ⟨jmdn., etw. v.⟩: jmds. Worte, den Ernst der Lage, die wirkliche Situation v.; ihre Absicht war nicht zu v.; er wird von allen verkannt; ich will nicht v. *(will zugeben),* dass ...
verklagen ⟨jmdn. v.⟩: jmdn. bei, vor Gericht v.; die Firma auf Schadenersatz v.; er wurde wegen Körperverletzung verklagt.
verklären: 1. ⟨etw. v.⟩ *einen glücklichen Ausdruck verleihen:* die Freude verklärte sein Gesicht; ein verklärtes Gesicht; verklärte Blicke; ÜBERTR.: die Erinnerung verklärte die Kindheit. **2.** ⟨sich v.⟩ *einen glücklichen Ausdruck bekommen:* ihre Augen verklärten sich; ÜBERTR.: die Vergangenheit verklärt sich in der Erinnerung. **3.** (Rel.) ⟨jmdn., etw. v.⟩ *ins Überirdische erhöhen:* er, sein Leib wurde verklärt.
verkleiden: 1. ⟨jmdn., sich v.⟩ *kostümieren:* sie verkleideten ihn als Seemann; ich habe mich als Harlekin verkleidet. **2.** ⟨etw. v.⟩ *verhüllen:* Heizkörper v.; Wände mit Fliesen, mit Kunststoffplatten v.; das Zimmer wurde ringsum mit Holztäfelung verkleidet; ÜBERTR.: Tatsachen mit schönen Worten v.
verkleinern: 1. a) ⟨etw. [um etw./auf etw. (Akk.)] v.⟩ *kleiner machen:* einen Raum, den Abstand um die Hälfte v.; einen Betrieb v.; durch diese Maßnahme wurde sein Kapital erheblich verkleinert; die Zahl der Teilnehmer an der Exkursion musste auf 20 verkleinert werden; die Fläche wurde auf 30 Quadratmeter verkleinert; **b)** ⟨etw. v.⟩ *eine kleinere Reproduktion herstellen:* ein Bild, eine Fotografie v. **2. a)** (ugs.) ⟨sich v.⟩ *sich auf weniger Raum beschränken:* der Betrieb hat sich sehr verkleinert; wir sind umgezogen und haben uns etwas verkleinert; **b)** ⟨sich [um etw./auf etw. (Akk.)] v.⟩ *sich verringern:* die Stellfläche, sein Bekanntenkreis hat sich verkleinert; die Zahl der Mitarbeiter hat sich auf 300, um ein Drittel verkleinert. **3.** *schmälern:* sie versuchten seine Leistungen, seine Verdienste, seine Bedeutung zu v. **4.** *kleiner erscheinen lassen:* diese Linse verkleinert stark, sehr.
verklingen: die Melodie, der Beifall verklang; man hörte seine Worte v.; dann verklang das Geräusch.
verknallen: 1. (ugs.) ⟨etw. v.⟩ *verschießen:* zu Silvester wurden 800 Tonnen Feuerwerkskörper, mehrere Millionen Mark verknallt. **2.** (salopp) ⟨sich in jmdn. v.⟩ *sich verlieben:* er hatte sich sofort in das Mädchen verknallt; sie ist ganz verknallt in ihn.
verkneifen (ugs.) ⟨sich (Dat.) etw. v.⟩: **1.** *nicht offen zeigen:* sich den Schmerz v.; ich konnte mir das Lachen nicht, kaum v. **2.** *sich versagen:* den Preisen haben wir uns das verkniffen.
verkniffen (abwertend): *durch Erbitterung verhär-*

tet: ein verkniffenes Gesicht; verkniffene Augen; sein Mund ist v.; sie sieht v. aus; SUBST.: er hat etwas Verkniffenes.

verknöchern: er verknöchert immer mehr; ein verknöcherter Bürokrat, Gelehrter; er ist alt und verknöchert; ÜBERTR.: eine verknöcherte *(starre)* Institution, Gesellschaft.

verknüpfen: 1. ⟨etw. [mit etw.] v.⟩ *durch einen Knoten verbinden:* die Enden einer Schnur miteinander v.; du musst die Fäden v.; ÜBERTR.: die Reform ist mit erheblichen Ausgaben verknüpft. **2.** ⟨etw. mit etw. v.⟩ *verbinden:* er verknüpfte die Urlaubsreise mit einem Besuch bei seinen Eltern. **3. a)** ⟨etw. [mit etw.] v.⟩ *in Zusammenhang bringen:* wir verknüpfen mit seinem Namen bedeutende Bauten des Klassizismus; zwei Gedankengänge miteinander v.; mit dem Vertrag sind folgende Bedingungen verknüpft; etw. logisch v.; sein Name ist mit der Nachkriegsliteratur eng verknüpft; **b)** ⟨sich mit etw. v.⟩ *in einem Zusammenhang stehen:* mit diesem Begriff verknüpfen sich bestimmte Vorstellungen.

verkohlen: 1. *zu einer kohleähnlichen Substanz werden:* Papier, Holz verkohlt; die Wände waren total verkohlt; die Ofer des Unfalls waren bis zur Unkenntlichkeit verkohlt; eine völlig verkohlte Leiche. **2.** (ugs.) ⟨jmdn. v.⟩ *anführen:* glaub bloß nicht, du könntest mich v.; sich verkohlt fühlen.

verkommen: 1. *moralisch tiefer sinken:* nach dem Tod ihrer Eltern verkam sie immer mehr; in dieser Gesellschaft wird er bestimmt v. **2. a)** *verfallen, verwahrlosen:* es wäre schade, wenn das Anwesen verkäme; sie lassen den Hof, den Garten völlig v.; der Park ist zu einer Wildnis verkommen; **b)** *verderben:* das Obst wird v.; iss, damit nichts verkommt!

verkorksen (ugs.) ⟨etw. v.⟩: er hat den Aufsatz verkorkst; der Schneider hat das Kleid völlig verkorkst; ⟨jmdm., sich etw. v.⟩ jmdm. den Abend, den Urlaub v.; sich den Magen v.

verkörpern (geh.): **1.** ⟨jmdn., etw. v.⟩ *darstellen:* die Schauspielerin hat ihre Rolle, die Iphigenie vorbildlich verkörpert. **2.** ⟨sich in jmdm., etw. v.⟩ *zum Ausdruck kommen:* in ihm hat sich ein Stück Moderne verkörpert.

verkrachen (ugs.): **1.** ⟨sich [mit jmdm.] v.⟩ *sich entzweien:* er verkrachte sich mit seinem Kollegen; wir haben uns verkracht; sie ist mit ihrer Freundin verkracht. **2.** *bankrott gehen:* das Unternehmen ist schon bald nach seiner Gründung verkracht; ADJ. PART.: eine verkrachte *(gescheiterte)* Existenz; ein verkrachter Jurist.

verkraften ⟨etw. v.⟩: einen Schock v.; höhere Belastungen, Kosten kaum v. können; sie hat dieses Erlebnis seelisch überhaupt nicht verkraftet; kannst du noch ein Eis v. (scherzh.; *essen*)?

verkriechen ⟨sich [irgendwo/irgendwohin] v.⟩: der Dachs hat sich in seinen Bau verkrochen; sich in einen Winkel, unter die/unter der Bank, hinter einem Pfeiler v.; der Igel hat sich im Gebüsch verkrochen; ich werde mich jetzt ins Bett v. (ugs.; *ins Bett gehen*); am liebsten hätte ich mich [in den hintersten Winkel] verkrochen; BILDL.: die Sonne verkriecht sich [hinter den Wolken]; ÜBERTR.: du brauchst dich nicht vor ihm zu v. *(kannst durchaus neben ihm bestehen).*

verkümmern: a) *allmählich eingehen:* durch mangelnde Pflege, durch die lange Trockenheit sind die Pflanzen verkümmert; in der Gefangenschaft verkümmern diese Tiere; ein verkümmerter Baum; verkümmerte Muskeln, Organe; ÜBERTR.: in der neuen Umgebung verkümmerte sie allmählich; seelisch v.; **b)** *ungenutzt bleiben:* du darfst dein Talent nicht v. lassen; das Rechtsgefühl war verkümmert.

verkünden ⟨etw. v.⟩: **a)** *öffentlich bekannt geben:* ein Urteil, die Entscheidung des Landgerichts v.; im Radio wurde das Ergebnis der Bundestagswahl verkündet; sie verkündeten *(predigten)* das Evangelium; **b)** *erklären:* freudestrahlend/stolz verkündete er, dass er gewonnen habe.

verkürzen: 1. a) ⟨etw. [um etw.] v.⟩ *kürzer machen:* eine Schnur, ein Brett um 10 cm v.; das Bein ist durch eine Operation verkürzt worden; durch die Brücke ist der Transportweg um 160 Kilometer verkürzt worden; den Urlaub, einen Aufenthalt, eine Frist v.; eine Rede verkürzt abdrucken; ⟨etw. von etw. auf etw. v.⟩ die Wochenarbeitszeit von 37 auf 36 Stunden v.; ⟨jmdm., sich etw. v.⟩ um uns die lange Wartezeit zu v. *(kurzweiliger zu gestalten),* machten wir ein langes Spaziergang; verkürzte Arbeitszeit; der Arm erscheint auf dem Bild stark verkürzt *(perspektivisch verkleinert);* **b)** ⟨sich v.⟩ *kürzer werden:* die Schatten haben sich verkürzt. **2.** (Ballspiele) ⟨auf etw. (Akk.) v.⟩ *einen Rückstand verringern:* lange führte die heimische Mannschaft mit 3:1, bis der Gegner auf 3:2 verkürzte.

verladen: 1. ⟨jmdn., etw. v.⟩ *auf, in ein Fahrzeug bringen:* Güter, Waren, Vieh v.; die Truppen wurden auf Schiffe verladen. **2.** (ugs.) ⟨jmdn. v.⟩ *hintergehen:* die Wähler v.; jmdn. mit falschen Versprechungen v.

Verlag, der: ein belletristischer, wissenschaftlicher V.; einen V. für sein Buch, für seinen Roman suchen; für einen, im V. arbeiten; seine Werke sind alle im selben V. erschienen.

verlagern: 1. ⟨etw. [auf etw. (Akk.)] v.⟩ *an eine andere Stelle bringen:* den Schwerpunkt v.; sie verlagerte das Gewicht aufs andere Bein; ÜBERTR.: den Schwerpunkt der Arbeit auf die Forschung v. **2. a)** ⟨sich [auf etw. (Akk.)] v.⟩ *sich bewegen:* das Hoch verlagert sich langsam [von Westen] nach Osten; ÜBERTR.: sein Interesse hatte sich allmählich auf das Gebiet der Kardiologie verlagert; **b)** ⟨etw. irgendwohin v.⟩ *an einem anderen Ort la-*

gern: die wertvollsten Stücke der Sammlung wurden während des Krieges aufs Land verlagert; **c)** ⟨etw. [irgendwohin] v.⟩ *verlegen:* Aktivitäten, Unternehmensteile v.; die Produktion wurde [von Köln] ins Ausland verlagert; ⟨auch ohne Akk.⟩ die Firmen verlagern immer mehr in Billiglohnländer.

verlangen: 1. ⟨etw. v.⟩ *fordern:* Genugtuung, Rechenschaft, Unmögliches, eine Erklärung, eine gewisse Rücksicht v.; es wird von jedem Pünktlichkeit verlangt; die Rechnung v. *(um die Rechnung bitten);* wie viel verlangen Sie für das Pfund?; er hat für die Reparatur nichts *(keine Bezahlung)* verlangt; der Beamte verlangte einen Ausweis von ihr *(forderte sie auf, einen Ausweis zu zeigen);* du kannst von ihm nicht gut v., dass er alles bezahlt; mehr kann man wirklich nicht v.; sie verlangt, vorgelassen zu werden; sie verlangte ihn zu sprechen; das ist zu viel verlangt *(das geht über das erträgliche Maß hinaus).* **2.** ⟨jmdn., etw. v.⟩ *erfordern:* diese Arbeit verlangt Geduld; eine solche Aufgabe verlangt den ganzen Menschen; wir mussten das tun, was die Situation [von uns] verlangte. **3.** ⟨jmdn., etw. v.⟩ *zu sprechen wünschen:* Sie werden am Telefon, am Apparat verlangt; bei Kartenbestellungen verlangen Sie bitte die Kasse. **4.** (geh.) **a)** ⟨nach jmdm. v.⟩ *wünschen, dass jmd. zu einem kommt:* nach dem Arzt v.; sie verlangte nach ihren Enkelkindern; **b)** ⟨nach etw. v.⟩ *etw. zu erhalten wünschen:* der Kranke verlangte nach einem Schluck Wasser; wir verlangen nach größerer Selbstständigkeit; **c)** ⟨nach jmdm., etw. v.⟩ *sich sehnen:* er verlangte nach einem Menschen, dem er sich anvertrauen konnte; verlangend die Hände ausstrecken; ⟨es verlangt jmdn. nach etw.⟩ mich verlangt es nach einem tröstenden Wort.

Verlangen, das (geh.): ein dringendes, großes, heftiges, sehnsüchtiges, heißes, leidenschaftliches, unstillbares V.; ein starkes V. nach etw. haben, spüren; ein V. erfüllen, befriedigen, stillen; er zeigte kein V. sie wiederzusehen; etw. erweckte, erregte ihr V.; auf V. *(Wunsch)* des Patienten, auf sein V. [hin] wurde noch ein anderer Arzt konsultiert; der Ausweis ist auf V. *(auf eine Aufforderung hin)* vorzuzeigen; sie schaute mit, voll V. nach ihm aus.

verlängern: 1. ⟨etw. [um etw.] v.⟩ **a)** *länger machen:* eine Schnur, ein Rohr, eine Strecke v.; ein Kleid, einen Rock, die Ärmel um 3 cm v.; **b)** *länger dauern, gültig sein lassen:* eine Frist, einen Aufenthalt, seinen Urlaub, einen Wechsel v.; er ließ seinen Pass, seinen Ausweis v.; der Vertrag wurde um 3 Jahre verlängert; das Spiel musste verlängert werden (Sport); *es musste eine vorgeschriebene Zeit weitergespielt werden);* ein verlängertes *(durch einen Urlaubs-, Feiertag erweitertes)* Wochenende. **2.** ⟨sich [um etw.] v.⟩ **a)** *länger werden:* die Kolonne verlängerte sich immer mehr; **b)** *länger*

gültig bleiben: der Abonnement verlängert sich automatisch um ein Jahr. **3.** ⟨etw. v.⟩ *verdünnen:* die Soße, die Suppe v. **4.** (Ballspiele) ⟨[etw.] irgendwohin/zu jmdm. v.⟩ den Ball direkt weiterleiten: er verlängerte den Ball, die Flanke ins Tor; er verlängerte mit dem Kopf zum frei stehenden Libero.

Verlass, der: ⟨in der Verbindung⟩ **auf jmdn., etw. ist Verlass** *(man kann sich auf jmdn., etw. verlassen):* auf ihn ist kein V.; es war V. darauf, dass ...

verlassen: 1. a) ⟨jmdn., etw. v.⟩ *von jmdm., etw. fortgehen:* seine Eltern, seinen Arbeitsplatz, ein Land, die Heimat v.; eine Party früh v.; die Autobahn v.; er verließ fluchtartig das Lokal; er hat das Haus, die Firma gegen 18 Uhr verlassen; die Besatzung hat das Schiff verlassen; sie darf heute erstmals das Bett v. *(aufstehen);* die ersten Autos der neuen Serie haben das Werk verlassen *(wurden ausgeliefert);* das Haus war verlassen *(stand leer);* ein verlassenes *(herrenloses)* Fahrzeug; ÜBERTR.: wir wollen dieses Thema, diesen Punkt jetzt v.; **b)** ⟨jmdn. v.⟩ *sich von jmdm. trennen:* jmdn. in der Not v.; er hat seine Frau, seine Familie verlassen; sie hat uns für immer verlassen (verhüll.; *ist gestorben);* ich fühlte mich verlassen, kam mir ganz verlassen vor; er war von Gott und aller Welt, von allen Freunden verlassen; das Dorf lag verlassen *(einsam)* da; Ⓡ und da verließen sie ihn (ugs.; *jmd. weiß mit etw. nicht mehr weiter);* ÜBERTR.: alle Kräfte verließen ihn; den Mut, alle Hoffnung hatte sie verlassen. **2.** ⟨sich auf jmdn., etw. v.⟩ *auf jmdn., etw. vertrauen:* sich [hundertprozentig] auf jmdn v. können; man kann sich auf ihn, sie v. sagt, nicht immer v.; kann ich mich darauf v.? *(ist es sicher?);* sie verlässt sich darauf, dass du ihr hilfst; darauf kannst du dich v., worauf du dich v. kannst! *(da kannst du sicher sein!).*

verlässlich: *zuverlässig:* ein verlässlicher Mensch; verlässliche Daten, Informationen; aus verlässlicher Quelle haben wir erfahren, dass ...; er gilt als unbedingt v.

Verlaub: ⟨in der Wendung⟩ **mit Verlaub** (geh.; *wenn es gestattet, erlaubt ist):* ihr seid mir, mit V. [gesagt, zu sagen], allzu frech.

Verlauf, der: 1. *Ablauf:* den V. einer Feier, eines Krieges, einer Krankheit schildern; die Sache nahm einen guten, normalen, katastrophalen, verhängnisvollen V.; im V. *(innerhalb)* eines Jahres, von einem Jahr hat sich manches geändert; im V. *(während)* der Diskussion, der Debatte, der Polizeiaktion geschah Folgendes: ...; jmdn. über den V. der Verhandlungen unterrichten. **2.** *Richtung, in der etw. verläuft:* der V. einer Kurve, einer Straße; den V. einer Linie, einer Grenze bestimmen/festlegen.

verlaufen: 1. ⟨sich [irgendwo] v.⟩ **a)** *sich verirren:* die Kinder haben sich im Wald verlaufen; der Park war so groß, dass man sich darin v. konnte; **b)** *auseinander gehen:* die Menschenansamlung verlief sich langsam; während das Geschäft geschlossen war, hatte sich die Kundschaft verlaufen *(auf andere Geschäfte verteilt);* ÜBERTR.: das Hochwasser, die Überschwemmung hat sich wieder verlaufen *(ist abgeflossen).*

2. ⟨irgendwie/irgendwohin v.⟩ *sich erstrecken:* der Weg verläuft schnurgerade; die Linien verlaufen parallel; die Straße verläuft entlang der Grenze, den Bach entlang.

3. ⟨irgendwie v.⟩ *ablaufen:* die Feier, der Abend verlief sehr harmonisch; die Generalprobe, die Prüfung ist glänzend verlaufen; die nächsten Tage verliefen langweilig; die Untersuchung verlief ergebnislos; es verlief alles nach Wunsch, ohne Zwischenfall; die Krankheit ist normal, tödlich verlaufen; es ist alles glatt, gut, glücklich verlaufen.

4. a) *auseinander fließen:* die Tinte, die Farbe verläuft auf dem schlechten Papier; die Schminke, die Winperntusche ist verlaufen; **b)** *zerlaufen:* der Käse verläuft, wenn er überbacken wird; die Butter in der Pfanne v. lassen.

6. ⟨irgendwo[hin] v.⟩ *sich verlieren:* die Spur verlief im Sand; ⟨sich irgendwo[hin] v.⟩ der Weg verläuft sich ins/im Gestrüpp.

verlautbaren: a) ⟨etw. [über etw. (Akk.)] v.⟩ *bekannt geben:* über den Stand der Untersuchungen wurde noch nichts verlautbart; er hat v. lassen, dass er nicht mehr kandidieren werde; **b)** ⟨geh.⟩ ⟨über etw. (Akk.) v.⟩ *bekannt werden:* ein Vorkommnis, worüber nie etwas verlautbart ist; ⟨es verlautbart etw.⟩ es verlautbarte *(hieß),* der Staatschef sei erkrankt.

verlauten a) ⟨etw. [von etw.] v.⟩ *bekannt geben:* er hatte von seinem Auftrag nichts, kein Wort v. lassen; **b)** ⟨irgendwie/irgendwoher v.⟩ *bekannt werden:* wie verlautet, ist es zu Zwischenfällen gekommen; aus amtlicher Quelle verlautet, dass ...; ⟨es verlautet etw.⟩ es verlautete *(hieß),* sie sei verunglückt.

verleben /vgl. verlebt/ ⟨etw. [bei jmdm., irgendwo] v.⟩: **1.** *verbringen:* seine Kindheit auf dem Lande, bei den Großeltern v.; wir haben viele frohe Stunden [miteinander] verlebt; wir haben unseren Urlaub gemeinsam verlebt; die in Rom verlebten Jahre. **2.** (ugs.) *zum Lebensunterhalt verbrauchen:* die Erbschaft, das Geld hat er schnell verlebt.

verlebt: *vorzeitig gealtert und verbraucht:* sie hat ein verlebtes Gesicht; er sah schon sehr v. aus.

¹verlegen: 1. a) ⟨etw. [irgendwohin] v.⟩ *an einen anderen Ort legen:* die Haltestelle v.; er hat seinen Wohnsitz nach Frankfurt verlegt; die Universität, der Sitz der Regierung wurde in eine andere Stadt verlegt; sie verlegten den Betrieb in größere Räume; ÜBERTR.: er verlegte die Handlung seines Romans nach Mailand, ins Mittelalter; **b)** ⟨etw. [auf etw. (Akk.)] v.⟩ *verschieben:* eine Veranstaltung, einen Termin v.; die Tagung ist auf die nächste Woche verlegt worden.

2. ⟨etw. v.⟩ *an den falschen Platz legen:* ich habe meine Brille, den Schlüssel, die Quittung verlegt. **3.** ⟨etw. v.⟩ *über eine bestimmte Strecke hin legen:* Gleise, Rohre, Kabel, Leitungen v.; der Teppichboden muss noch verlegt werden; SUBST.: das Verlegen einer Pipeline. **4.** ⟨etw. v.⟩ *herausbringen, veröffentlichen:* dieser Verlag verlegt Bücher, Noten, Zeitungen; seine Werke werden bei Faber & Faber verlegt. **5.** ⟨jmdm. etw. v.⟩ *versperren:* jmdm. den Weg, den Zugang v.; den Truppen war der Rückzug verlegt. **6.** ⟨sich auf etw. (Akk.) v.⟩ *es mit etw. anderem versuchen:* er verlegte sich auf ein bestimmtes Fachgebiet; aufs Bitten, aufs Leugnen v.; sie hat sich auf den Handel mit Antiquitäten verlegt.

²verlegen: *verwirrt:* ein verlegenes Kind; eine verlegene Antwort; ein verlegener Blick; verlegenes Schweigen; er war, wurde [ganz] v.; sie ist doch sonst nicht so v.; v. lächeln, antworten, dastehen; ∗ **nicht/nie um etw. verlegen sein** *(immer etw. als Entgegnung bereit haben):* sie war nie um eine Antwort, um eine Ausrede v.

Verlegenheit, die: a) *Verwirrtheit:* seine V. zeigen, verraten, verbergen, überwinden; sie brachte ihn durch ihre bloße Anwesenheit in V.; er steckte sich vor V. eine Zigarette an; **b)** *unangenehme Situation:* jmdm. Verlegenheiten bereiten; jmdm. aus der [ersten] V. helfen; sich mit etw. aus der V. ziehen; in großer V. sein; in V. geraten, kommen.

verleiden ⟨jmdm. etw. v.⟩: du hast mir mit deinem Kritisieren an der Arbeit, die Freude daran verleidet; durch den Zwischenfall wurde mir der Urlaub, der ganze Abend verleidet.

verleihen: 1. ⟨etw. v.⟩ *jmdm. etw. leihen:* Geld, Masken, Anzüge, Autos, Boote, Videokassetten v.; die Bank verleiht Geld an ihre Kunden; er verleiht nicht gern Bücher an andere. **2.** ⟨jmdm. etw. v.⟩ *jmdn. mit etw. auszeichnen:* jmdm. einen Orden, einen Titel, einen Rang, ein Amt v.; dem Schriftsteller wurden die Ehrenbürgerrechte seiner Heimatstadt verliehen. **3.** ⟨jmdm., etw. etw. v.⟩ *geben:* ihre Anwesenheit verlieh dem Fest einen gewissen Glanz; die Wut verlieh ihr neue Kräfte; seinen Worten Nachdruck v.; mit seinen Worten hatte er der Meinung aller Ausdruck verliehen.

verleiten ⟨jmdn. etw. v.⟩: jmdn. zum Trinken, zum Spiel v.; ich ließ mich durch ihn zu einer unvorsichtigen Äußerung v.; ⟨auch ohne Akk.⟩ der äußere Anschein verleitet zu diesem Irrtum.

verlernen ⟨etw. v.⟩: ich habe mein Latein noch nicht verlernt; Radfahren verlernt man nicht; ÜBERTR.: er hat das Lachen verlernt *(ist sehr ernst geworden).*

¹verlesen: 1. ⟨etw. v.⟩ *zur Kenntnisnahme vorlesen:* einen Text, eine Anordnung v.; die Namen der Gewinner, der Preisträger wurden verlesen; SUBST.: das Verlesen der Nachrichten.

V

2. ⟨sich v.⟩ *falsch lesen:* du musst dich verlesen haben.

²verlesen ⟨etw. v.⟩ *die schlechten Früchte o. Ä. aussondern:* Erbsen, Beeren, Kartoffeln v.; schlecht verlesene Früchte.

verletzen: 1. ⟨jmdn., sich v.⟩ *jmdn., sich eine Verletzung o. Ä. beibringen:* jmdn., sich mit dem Messer, mit der Schere v.; ich habe mich [an der Hand, beim Holzhacken] verletzt; an dem rostigen Draht kann man sich leicht v.; bei dem Unfall wurde er lebensgefährlich verletzt; ⟨jmdm., sich etw. v.⟩ ich habe mir das Knie verletzt; er war leicht, schwer verletzt; SUBST.: es gab bei dem Zugunglück 2 Tote und über 30 Verletzte. **2. a)** ⟨etw. v.⟩ *gegen etw. verstoßen:* ein Gesetz, ein Abkommen, das Briefgeheimnis v.; mit seinem Verhalten den Anstand v.; dieses Bild verletzt den guten Geschmack, meinen Schönheitssinn; die Grenzen eines Landes v. *(illegal überschreiten);* **b)** ⟨jmdn., etw. v.⟩ *kränken:* jmds. Gefühle v.; diese Äußerung musste ihn v.; mit dieser Bemerkung hast du ihn verletzt; ein verletzendes Auftreten; ihre Worte waren geradezu verletzend; verletzter Stolz, verletzte Ehre; verletzt schweigen; ich fühlte mich verletzt.

Verletzung, die: **1.** *verletzte Stelle am Körper:* er hat bei dem Unfall schwere [innere], geringfügige, nur leichte Verletzungen erlitten/davongetragen; sie hat eine V. am Kopf; der Verunglückte ist seinen Verletzungen erlegen; sie kamen mit schweren Verletzungen ins Krankenhaus. **2.** *das Nichtbeachten:* die V. einer Vorschrift, einer Pflicht, eines Gesetzes, eines Abkommens.

verleugnen ⟨jmdn., sich, etw. v.⟩: *die Wahrheit, seinen Glauben, seine Herkunft, seine Freunde v.; er kann seine Erziehung nicht v.; das lässt sich nicht v. (das ist eine Tatsache);* wenn ich so handelte, müsste ich mich selbst v. *(würde ich gegen mein wahres Wesen handeln);* er hat sich [am Telefon] v. lassen *(hat sagen, ausrichten lassen, er sei nicht anwesend).*

verleumden ⟨jmdn. v.⟩: jmdn. aus Neid, aus Hass v.; er ist von seinen Nachbarn böswillig verleumdet worden.

verlieben ⟨sich [in jmdn., etw.] v.⟩: sich oft v.; er hat sich hoffnungslos, unsterblich in das Mädchen verliebt; ein verliebtes Mädchen, Pärchen; jmdm. verliebte Blicke zuwerfen; sie war bis über beide Ohren (ugs.; *heftig*) verliebt; er ist sehr in sie, in ihre Augen verliebt *(liebt sie, ihre Augen sehr);* ÜBERTR.: ich bin in das Bild ganz verliebt *(es gefällt mir sehr);* er ist in seine Idee verliebt *(ist davon begeistert).*

verlieren /vgl. verloren/: **1.** ⟨jmdn., etw. v.⟩ *abhanden kommen [lassen]:* Geld, die Brieftasche, einen Ring, seinen Schirm v.; ich muss auf dem Weg zum Bahnhof mein Armband verloren haben; der Brief, der Koffer ist verloren gegangen; das Kind hat im Gedränge seine Mutter verloren; ADJ. PART.: er saß ganz verloren *(verlassen)* da; in

der Großstadt kam sie sich zunächst ganz verloren *(einsam)* vor; ÜBERTR.: damit geht doch nur unnötig Zeit verloren. **2. a)** ⟨jmdn. v.⟩ *durch Trennung, Tod nicht mehr haben:* sie hat ihren Mann im Krieg, durch einen Autounfall verloren; wir verlieren in ihm, in ihm einen geschätzten Kollegen; **b)** ⟨etw. v.⟩ *einbüßen:* die Zähne, die Haare v.; das Augenlicht v. *(blind werden);* die Sprache, die Stimme v. *(stumm werden);* er hat im Krieg ein Bein verloren; ÜBERTR.: ich habe dadurch einen ganzen Tag verloren; du darfst keine Zeit v. *(musst dich beeilen);* es ist keine Zeit zu v. *(es ist eilig);* **c)** ⟨etw. v.⟩ *abwerfen:* der Baum verliert seine Blätter. **3.** ⟨etw. v.⟩ *nicht halten, bewahren können:* seine Ersparnisse v.; er hat beim Spiel viel Geld, 200 Mark verloren; die Kundschaft, mehrere Patienten v.; jmdn. als Kunden, als Patienten v.; sein Amt, seinen Posten, seine Stelle v.; in dem Betrieb sind 2000 Arbeitsplätze verloren gegangen; sein Ansehen, seinen Einfluss, seine Macht, jmds. Gunst v.; er war vor Schreck die Sprache verloren *(konnte vor Schreck nicht sprechen);* sie hat die Lust, den Mut, die Hoffnung, den Glauben verloren; das Leben hat seinen Sinn verloren. **4.** ⟨etw. v.⟩ *bei etw. besiegt werden:* einen Prozess, eine Partie, eine Wette, einen Krieg v.; die Partei hat die Wahlen verloren; sie haben das Spiel [mit] 1 : 3 verloren; der Krieg ist verloren gegangen; sie hoch nicht alles verloren *(aussichtslos);* ⟨auch ohne Akk.⟩ wir haben [nach Punkten] verloren; eine verlorene Schlacht, Schachpartie. **5. a)** ⟨an etw. (Dat.) v.⟩ *in Bezug auf etw. weniger werden:* an Ansehen, an Einfluss, an Kredit v.; die Sache hat dadurch an Wert verloren; das Flugzeug verlor an Höhe; das Spiel hat für mich an Reiz verloren; ⟨auch ohne Präpositionalobjekt⟩ sie hat in letzter Zeit sehr verloren *(ist nicht mehr so schön wie früher);* er verliert *(wirkt weniger günstig)* bei näherer Bekanntschaft; **b)** ⟨etw. v.⟩ *in seiner Intensität abnehmen o. Ä.:* der Stoff verliert seine Farbe; das Fleisch verliert seinen Geschmack; das Gewürz, der Kaffee verliert sein Aroma. **6. a)** ⟨sich v.⟩ *vergehen:* die Angst, die Furcht, die Unsicherheit verliert sich nach und nach; seine Begeisterung, ihr Interesse wird sich schnell v.; der Geruch, der Duft verliert sich; **b)** ⟨sich irgendwo v.⟩ *nicht mehr wahrnehmbar sein:* er verliert sich in/unter der Menge, zwischen den Bäumen; der Pfad verliert sich im Nebel, im Wald; **c)** ⟨sich irgendwohin v.⟩ *sich verirren:* in unsere Gegend verliert sich selten jemand; **d)** ⟨sich in etw. (Akk.) v.⟩ *ganz aufgehen:* sie verlor sich in Träumen, in Hirngespinsten; sich in Einzelheiten v.; er war ganz in Gedanken, in den Anblick des Sonnenuntergangs verloren *(versunken);*
★ nichts [mehr] zu verlieren haben *(alles riskieren können)* · irgendwo nichts verloren haben (ugs.; *irgendwo stören, nicht hingehören)* · jmdn.,

V

etw. verloren geben *(sich nicht mehr um jmdn., etw. bemühen)* · **an/bei jmdm. verloren sein** *(bei jmdm. wirkungslos sein):* alle ärztliche Kunst war an ihm, bei ihm verloren · **für jmdn., etw. verloren sein** *(für jmdn., etw. nicht mehr zur Verfügung stehen):* er trat einem anderen Verein bei und war damit für uns, für unsere Mannschaft verloren · **an jmdm. ist etw. verloren gegangen** (ugs.; *jmd. hätte seiner Begabung nach gut etw. anderes werden können*): an ihm ist ein Arzt verloren gegangen.

verloben ⟨sich mit jmdm. v.⟩: ich habe mich mit meinem Jugendfreund verlobt; sie haben sich offiziell, zu Pfingsten miteinander verlobt; ⟨auch ohne Präpositionalobjekt⟩ sie haben sich heimlich verlobt; sie waren so gut wie verlobt; SUBST.: seine [frühere] Verlobte; ihr Verlobter; /Formel in Verlobungsanzeigen/: als Verlobte grüßen ...

Verlobung, die: die, seine V. auflösen, rückgängig machen; V. *(ein Fest zur Verlobung)* feiern; /Formel in Verlobungsanzeigen/: wir geben die V. unserer Tochter bekannt; die V. ihrer Tochter geben bekannt ...

verlocken ⟨jmdn. zu etw. v.⟩: jmdn. zu einem Abenteuer v.; die Werbung hat mich verlockt, das neue Produkt zu kaufen; ⟨auch ohne Akk.⟩ der See verlockte zum Baden; ein verlockendes Angebot; das Wetter ist heute nicht sehr verlockend *(nicht besonders schön)*.

verlogen: ein verlogener Mensch; verlogene Reden; eine verlogene Moral; er ist durch und durch v.

verloren ⟨Adj.⟩: *nicht mehr zu retten:* er ist ein verlorener Mann; die Eingeschlossenen waren alle v.; sie ist unrettbar, rettungslos, hoffnungslos v.

verlöschen: das Licht, das Feuer, die Kerze verlischt; die Lampen sind verloschen; ÜBERTR.: sein Andenken wird nicht v.

Verlust, der: **a)** *das Verlieren; Einbuße:* der V. des gesamten Vermögens, der Brieftasche; wir beklagen den V. *(Tod)* unseres Autors; bei V. kann kein Ersatz geleistet werden; das Dokument ist in V. geraten *(Papierdt.; ist verloren gegangen)*; **b)** *durch Verlieren erlittener Schaden:* hohe finanzielle Verluste; sein Tod ist ein großer, unersetzlicher, schmerzlicher V.; einen schweren, empfindlichen V. erleiden; einen V. ersetzen; dieses Geschäft brachte fast 1000 Euro V. *(Defizit);* hohe Verluste machen; mit V. *(mit einem Defizit)* arbeiten; etw. mit V. verkaufen; die Feinde erlitten schwere Verluste *(hatten viele Tote und Verwundete)*.

verlustig: ⟨meist in der Verbindung⟩ **etw. (Gen.) verlustig gehen** (Amtsdt.; *etw. einbüßen, verlieren*): er ist seiner Vorrechte, seiner Stellung v. gegangen.

vermachen ⟨jmdm. etw. v.⟩: er hat ihnen sein Haus, seinen Besitz vermacht; sie haben einander gegenseitig ihr Vermögen vermacht; ÜBERTR.: sie hat mir diese Handtasche vermacht (scherzh.; *geschenkt)*.

vermählen (geh.) ⟨sich v.⟩: sie hat sich [mit einem Arzt] vermählt; sie haben sich zu Weihnachten vermählt; sie sind jung vermählt; SUBST.: den Vermählten gratulieren.

Vermählung, die (geh.): V. feiern; seine V. mit jmdm. anzeigen; sie dankten für die Glückwünsche anlässlich, zu ihrer V.; /Formel in Vermählungsanzeigen/: wir geben unsere V. bekannt; ihre V. geben bekannt ...

vermehren ⟨etw. [um etw.] v.⟩ *größer machen:* seinen Besitz v.; seltene Pflanzen, Bakterien [durch Züchtung] v.; die Flotte wurde um sechzig Schiffe vermehrt; eine vermehrte und verbesserte Auflage; diese Aufgabe erfordert vermehrte Anstrengungen. **2.** ⟨sich v.⟩ *größer werden:* die Zahl der Grippeerkrankungen, der Unfälle hat sich von Jahr zu Jahr vermehrt; die Menschen haben sich in den letzten Jahrzehnten sprunghaft vermehrt; man hört jetzt vermehrt *(zunehmend)* von solchen Vorgängen. **3.** ⟨sich irgendwie v.⟩ *sich fortpflanzen:* Schnecken vermehren sich durch Eier; sich [un]geschlechtlich v.

vermeiden ⟨etw. v.⟩: Fehler, Zusammenstöße, einen Skandal v.; Härten ließen sich nicht v.; wenn ich es hätte v. können, hätte ich euch nicht belästigt; ich möchte gern v., dass ...; ich vermied es [peinlich, sorgfältig], mit ihm zusammenzutreffen.

vermengen: 1. ⟨etw. [mit etw.] v.⟩ *mischen:* Butter und Zucker werden mit einem Pfund Mehl vermengt; alle Zutaten müssen gut miteinander vermengt werden; die Zutaten v. **2.** ⟨etw. [mit etw.] v.⟩ *durcheinander bringen:* zwei völlig verschiedene Begriffe miteinander v.; er vermengt alles. **3.** ⟨sich mit etw. [zu etw.] v.⟩ *sich mischen:* das Regenwasser vermengte sich mit der Farbe zu einer trüben Flüssigkeit.

vermerken: a) ⟨etw. irgendwo v.⟩ *notieren:* einen Termin im Kalender v.; er hat das Eingangsdatum auf dem Brief vermerkt; ⟨sich (Dat.) etw. v.⟩ ich habe mir das am Rand des Schriftstücks vermerkt; ÜBERTR.: das sei nur am Rande vermerkt *(nur nebenbei gesagt);* **b)** ⟨etw. irgendwie v.⟩ *zur Kenntnis nehmen:* etw. missfällig, mit Dankbarkeit, als Besonderheit v.; der Vorfall war peinlich vermerkt worden; ⟨jmdm. etw. irgendwie v.⟩ das wurde mir übel vermerkt *(wurde mir übel genommen)*.

¹vermessen: 1. ⟨etw. v.⟩ *genau [ab]messen:* Land, ein Feld, einen Bauplatz v. **2.** ⟨sich v.⟩ *falsch messen:* ich habe mich wahrscheinlich vermessen. **3.** (geh.) ⟨sich v.; mit Infinitiv mit zu⟩ *sich anmaßen:* du willst dich v., ihn zu kritisieren, so etwas zu fordern?

²**vermessen:** *anmaßend:* ein vermessener Wunsch; das war zu v.

vermieten ⟨etw. v.⟩: Autos, Tretboote, eine Wohnung v.; Zimmer [mit Frühstück] zu v.!; ⟨jmdm./an jmdn. etw. v.⟩ sie haben das Haus Freunden/an Freunde vermietet.

vermindern: a) ⟨etw. um etw./auf etw. (Akk.) v.⟩ *geringer machen:* die Geschwindigkeit, die Steuerlast v.; etw. um die Hälfte v.; die Forderung wurde [von 1500] auf 1000 Euro vermindert; die Maßnahmen sollen die Unfallhäufigkeit v.; ADJ. PART.: dem Angeklagten wurde verminderte Zurechnungsfähigkeit zugebilligt; eine verminderte (Musik; *um einen Halbton verringerte*) Terz, Quart, Quint; b) ⟨sich v.⟩ *geringer werden:* Einnahmen, Ausgaben vermindern sich; sein Einfluss verminderte sich.

vermischen: 1. ⟨etw. [mit etw.] v.⟩ *gründlich mischen:* die Zutaten miteinander v.; alle Zutaten gut v.; mit Wasser vermischter Wein; ÜBERTR.: vermischte Schriften *(Schriften verschiedenen Inhalts).* 2. ⟨sich [mit etw.] v.⟩ *sich verbinden:* Wasser vermischt sich nicht mit Öl; ÜBERTR.: die beiden Volksstämme haben sich vermischt. 3. ⟨etw. v.⟩ *nicht auseinander halten:* Begriffe, Fakten v.

vermissen ⟨jmdn., etw. v.⟩: a) *sich nach jmdm., etw. sehnen:* ich vermisse dich sehr; sie vermisst ihre Kinder, die verstorbenen Eltern schmerzlich; wir haben dich gestern vermisst *(bedauert, dass du nicht da warst);* b) *als fehlend registrieren:* fünf der Verunglückten wurden geborgen, drei werden noch vermisst; ich vermisse seit gestern meine Brieftasche; ÜBERTR.: ihre Einrichtung lässt jeden Geschmack v.; vermisste Soldaten; er ist seit 1945 vermisst; er wurde im Krieg als vermisst *(verschollen)* gemeldet; SUBST. PART.: die Liste der Vermissten.

vermitteln: 1. a) *zwischen Gegnern eine Einigung erzielen:* in einem Streit, in dem Tarifkonflikt v.; sie vermittelte zwischen den streitenden Parteien; er war bereit zu v. *(eine Schlichtung zu versuchen);* vermittelnde Schritte unternehmen; er hat vermittelnd in die Auseinandersetzung eingegriffen; b) ⟨etw. v.⟩ *herbeiführen:* ein Treffen, eine Heirat v. 2. ⟨jmdm. jmdn., etw. v.⟩ *verschaffen:* jmdm. Arbeitskräfte, Mitarbeiter, eine Wohnung, ein Zimmer, einen Posten, eine Arbeit v.; jmdm. eine Stellung bei der Firma X v. 3. ⟨jmdn. v.⟩ *weiterleiten:* Arbeitskräfte an eine Firma, ins Ausland v.; schwer zu vermittelnde Arbeitslose. 4. ⟨etw. v.⟩ *weitergeben:* er kann sein Wissen nicht v.; der Bericht vermittelt einen guten Einblick in die Vorgänge, einen ersten Eindruck/eine Vorstellung von der Sache; ⟨jmdm. etw. v.⟩ er vermittelt uns ein Gefühl von Fremdheit.

Vermittlung, die: 1. *das Vermitteln zwischen Geg-*nern: jmdm. seine V. anbieten; jmds. V. annehmen, begrüßen, ablehnen. 2. *Beschaffung:* die V. von Aufträgen, von Stellen, von Arbeitskräften; ich habe die Wohnung durch ihre V. bekommen, erhalten.

vermöge (geh.) ⟨Präp. mit Gen.⟩: v. seiner Beziehungen, seiner Sprachkenntnisse hat er einen guten Posten bekommen.

vermögen (geh.) a) ⟨mit Infinitiv mit *zu*⟩ *können:* er vermag nicht, niemand hätte [es] vermocht, ihn zu überzeugen; nur wenige vermochten sich zu retten; wir werden alles tun, was wir zu tun vermögen; b) ⟨etw. v.⟩ *erreichen:* sie vermag bei ihm viel, alles; Vertrauen vermag viel.

Vermögen, das: 1. *größerer Besitz:* ein V. von einer Million; ein großes V. erben, erwerben; sein V. verlieren, verspielen, verprassen, durchbringen; viel V. haben *(reich sein);* jmdm. ein kleines V. hinterlassen, vermachen; ein V. für etw. geben, bekommen; sein V. zusammenhalten; das Bild war ein V. *(sehr viel Geld)* wert; das kostet ja ein V.!; er ist durch Erbschaft zu V. gekommen. 2. (geh.) *Fähigkeit, Kraft:* sein V., auf sie einzuwirken, ist groß; soviel in meinem V. *(meiner Macht)* liegt, will ich mich dafür einsetzen; nach bestem V. helfen.

vermögend: *reich:* in dieser Gegend wohnen nur vermögende Leute; er hat eine vermögende Frau geheiratet; sie ist sehr, keineswegs v.

vermuten ⟨etw. v.⟩: es wird Brandstiftung vermutet; das ist/steht [ernsthaft] zu v., lässt sich nur v.; die bisherige Untersuchung lässt v., dass ...; ich vermute, sie kommt nicht wieder; ⟨jmdn. v.⟩ mit Umstandsangabe⟩ ich vermute ihn in der Bibliothek *(vermute, dass er in der Bibliothek ist);* ich hatte euch noch gar nicht so früh vermutet *(hatte mit euch noch gar nicht so früh gerechnet);* das vermutete Versteck; nichts Böses vermutend, drehte ich mich um.

vermutlich: I. ⟨Adj.⟩ *für möglich, wahrscheinlich gehalten:* das v. *(mutmaßliche)* Ergebnis der Wahl. II. ⟨Adverb⟩ *vielleicht:* er wird v. morgen kommen; sie sind v. ins Kino gegangen.

Vermutung, die: meine V., dass er krank ist, war [doch] richtig; die V. liegt nahe, dass er schuld ist; eine V. haben, (geh.:) hegen, äußern; eine V. fallen lassen; wir sind auf Vermutungen angewiesen; (geh.:) sich in Vermutungen erschöpfen; das führt zu der V., dass ...

vernachlässigen: 1. ⟨jmdn., etw. v.⟩: *sich nicht genügend um jmdn., etw. kümmern:* Frau und Kinder, seine Familie, seine Arbeit, seine Kleidung v.; in seinen späteren Werken hat der Autor den Stil, die Sprache ziemlich vernachlässigt; sie fühlte sich [von ihrem Mann] vernachlässigt; das Haus, die Wohnung sieht vernachlässigt *(ungepflegt)* aus. 2. ⟨etw. v.⟩ *unberücksichtigt lassen:* diese Frage haben wir vernachlässigt, können wir zu vernachlässigende Größe.

vernarren: a) ⟨sich in jmdn., etw. v.⟩ *eine heftige Zuneigung entwickeln:* die Großeltern vernarrten sich regelrecht in das Kind; sie hatte sich in eine Idee v.; sie war in das Bild, den Wagen ganz vernarrt; b) ⟨sich in jmdn. v.⟩ *sich verlieben:* er hatte sich in das Mädchen vernarrt; er schien ganz vernarrt in sie [zu sein].

vernehmbar: 1. *hörbar:* sie sprach mit [kaum, weithin] vernehmbarer Stimme; nichts als ein dünnes Pfeifen war v. 2. (selten) *vernehmungsfähig:* der Verletzte ist noch nicht v.

vernehmen: 1. (geh.) ⟨etw. v.⟩ a) *akustisch wahrnehmen:* Schritte auf dem Flur, Hilferufe, ein Geräusch v.; die Worte des Kranken waren kaum zu v.; von ihrem Gespräch vernahm er nur Bruchstücke; b) *erfahren:* wir vernahmen, dass sie kommen werde; wie wir vernahmen, ist er noch nicht zurückgekehrt. 2. ⟨jmdn. v.⟩ *gerichtlich befragen:* den Angeklagten, die Zeugen v.; er wurde zur Sache vernommen;

★ **dem/allem/gutem/sicherem Vernehmen nach** *(nach dem, was aus guter, sicherer Quelle zu erfahren ist).*

vernehmlich: *deutlich hörbar:* mit vernehmlicher Stimme; sie räusperte sich v.

Vernehmung, die: *Befragung:* die [polizeiliche, richterliche] V. durchführen, abbrechen; die V. der Zeugen, zur Sache.

verneigen (geh.) ⟨sich v.⟩: sich tief, leicht v.; sich vor dem Publikum, nach allen Seiten v.; ÜBERTR.: wir verneigen uns [in Ehrfurcht, in Dankbarkeit] vor dem Toten.

verneinen ⟨etw. v.⟩: eine Frage [energisch, heftig, ohne zu zögern, mit großer Bestimmtheit] v.; eine verneinende Antwort; verneinend den Kopf schütteln; ÜBERTR.: den Sinn des Lebens v. *(leugnen);* Gewaltanwendung v. *(ablehnen).*

vernichten ⟨jmdn., etw. v.⟩: Briefe, Akten, Unterlagen, eine Urkunde v.; Unkraut, Schädlinge v.; das Feuer vernichtete einen großen Teil des Schlosses; der Gegner erlitt eine vernichtende Niederlage; den Feind, das feindliche Heer vernichtend schlagen; ÜBERTR.: jmds. Hoffnungen v.; ein vernichtendes Urteil; eine vernichtende *(absolut negative)* Kritik; ein vernichtender Blick *(ein Blick voller Verachtung, Tadel o. Ä.)*

Vernunft, die: die menschliche V.; das gebietet die V.; keine V. haben; V. walten lassen *(vernünftig handeln);* V. annehmen *(vernünftig werden);* jmdm. V. predigen *(jmdn. zu einem vernünftigen Handeln zu bewegen suchen);* er hat gegen alle [Regeln der] V. darauf bestanden; der Mensch ist mit V. begabt; er handelt ohne V. *(ohne Überlegung);* das ist ein Gebot der V.;

★ **Vernunft annehmen/zur Vernunft kommen** *(einsichtig, vernünftig werden)* · **jmdn. zur Vernunft bringen** *(durch geeignete Maßnahmen erreichen, dass jmd. zur Einsicht kommt).*

vernünftig: 1. a) *einsichtig, besonnen:* ein vernünftiger Mensch; ein vernünftiger Politiker; er ist sonst ganz v.; sei doch v.!; sie haben sehr v. geurteilt, gehandelt; b) *sinnvoll:* eine vernünftige Frage, Antwort, Methode, Ansicht, Lösung; eine vernünftige Lebensweise; ein vernünftiges Verhalten; ein vernünftiger Rat, Vorschlag; seine Argumente, seine Einwände waren/klangen sehr v.; SUBST.: es wäre das Vernünftigste gewesen, gleich abzureisen. 2. (ugs.) *akzeptabel:* ein vernünftiges Essen; eine vernünftige Wohnung; vernünftige Preise; endlich mal wieder vernünftiges Wetter; ein vernünftiges *(gutes)* Buch lesen; bei dem Lärm kann man nicht v. arbeiten; SUBST.: endlich bekamen sie etwas Vernünftiges zu essen; er soll erst etwas Vernünftiges lernen.

veröffentlichen ⟨etw. v.⟩: ein Buch, einen Roman bei einem Verlag/in zwei Sprachen v.; die Rede eines Politikers in den Medien v.; der Text wurde im vollen Wortlaut veröffentlicht; über dieses Problem ist schon viel, noch nichts [in den Zeitungen] veröffentlicht worden.

verordnen ⟨etw. v.⟩: 1. *als Therapie verschreiben:* Bäder, Massagen, ein Medikament, eine Kur v.; /Gebrauchsanweisung bei Medikamenten/: wenn vom Arzt nicht anders verordnet, dreimal täglich ...; ⟨jmdm. etw. v.⟩ der Arzt verordnete ihm eine Brille, strenge Bettruhe. 2. (selten) *anordnen:* jmdm. Stillschweigen v.; der Stadtrat verordnete, dass ...; es wird hiermit verordnet, dass ...

verpacken: a) ⟨etw. v.⟩ *einpacken:* Bücher, Porzellan v.; soll ich Ihnen die Schale als Geschenk v.?; etw. luftdicht, wasserdicht, steril v.; die Waren werden maschinell verpackt; das Geschenk war liebevoll verpackt; ÜBERTR.: er hatte seine Kritik diplomatisch verpackt; b) ⟨etw. in etw. (Dat./Akk.) v.⟩ *unterbringen:* Ersatzteile in Kästen v.; die Schuhe wurden in einem/in einen Campingbeutel verpackt.

verpassen: 1. ⟨jmdn., etw. [um etw.] v.⟩ *versäumen:* einen Zug, die Straßenbahn, den Anschluss um wenige Minuten v.; eine Chance v. *(ungenutzt lassen);* einen Rekord v. (Sport; *die Chance, ihn zu brechen, nicht nutzen);* er hat immer Angst, er könnte etwas v.; wir haben uns neulich leider verpasst; eine verpasste Gelegenheit. 2. (ugs.) ⟨jmdm. etw. v.⟩ *geben:* jmdm. eine Spritze v.; jmdm. drei Jahre Gefängnis v.; jmdm. einen Denkzettel, eine Ohrfeige v.; jmdm. einen Rüffel v. *(jmdn. tadeln);* wer hat dir denn den Haarschnitt verpasst? (scherzh.; *wer hat dir denn die Haare so schlecht o. ä. geschnitten?);* ÜBERTR.: das Sofa hat einen neuen Bezug verpasst bekommen;

★ **jmdm. eins/eine verpassen** (ugs.; *jmdm. eine Ohrfeige, eine Tracht Prügel geben).*

verpesten (abwertend) ⟨etw. v.⟩: Autos, Abgase verpesten die Luft, die Umwelt; die verpestete

Luft einatmen; ÜBERTR.: die politische Atmosphäre v.

verpfänden ⟨etw. v.⟩: er hat sein Haus, seine Uhr verpfändet; ÜBERTR.: sein Wort v. (geh.; *sein Ehrenwort geben*).

verpflegen ⟨jmdn., sich v.⟩: die Gäste wurden bei ihnen gut verpflegt; wir haben uns im Urlaub selbst verpflegt *(selbst mit Essen versorgt);* nur kalt verpflegt werden *(nur kaltes Essen bekommen).*

verpflichten: 1. a) ⟨jmdn. [auf etw. (Akk.)] v.⟩ *durch ein Versprechen o. Ä. binden:* Beamte auf die Verfassung v.; jmdn. feierlich, durch Eid, durch Handschlag v.; jmdn. eidlich v. *(vereidigen);* b) ⟨jmdn. v.⟩ *engagieren:* einen Fußballspieler, einen Trainer v.; jmdn. für ein Amt v.; der Schauspieler ist nach Berlin, an das Burgtheater, als Don Carlos, auf drei Jahre verpflichtet worden; c) ⟨jmdn. zu etw. v.⟩ *jmdm. als Pflicht auferlegen:* sein Versprechen, sein Eid verpflichtet ihn zum Gehorsam; das verpflichtet Sie zu nichts; zu etw. gesetzlich, moralisch, vertraglich verpflichtet sein; ich bin zum Stillschweigen verpflichtet; bin ich verpflichtet zu kommen?; verpflichtende Grundsätze; ich bin ihm zu Dank verpflichtet *(schulde ihm Dank);* ⟨auch ohne Präpositionalobjekt⟩ ich fühle mich ihm gegenüber verpflichtet; ÜBERTR.: der Tradition, nur seinem Gewissen verpflichtet sein. **2.** a) ⟨sich zu etw. v.⟩ *fest zusagen:* er hat sich verpflichtet, diese Aufgabe zu übernehmen; ich kann mich nicht [vertraglich] dazu v.; b) ⟨sich auf etw. (Akk.)/für etw. v.⟩ *sich vertraglich binden:* sich für vier Jahre beim Bund v.; der Sänger hat sich auf, für zwei Jahre [an die Staatsoper] verpflichtet.

Verpflichtung, die: **1.** a) *das Verpflichten:* die V. der Beamten auf die Verfassung, auf den Staat; b) *das Engagieren:* die V. neuer Künstler für eine Spielzeit, ans Stadttheater, an die Deutsche Oper Berlin; er hat eine V. *(ein Engagement)* als Dramaturg. **2.** *etw., wozu man verpflichtet ist:* dienstliche, berufliche, soziale, familiäre Verpflichtungen; keine [bindenden] Verpflichtungen eingehen, übernehmen; keine anderweitigen Verpflichtungen haben; etw. erlegt jmdm. hohe/schwere Verpflichtungen, eine moralische V. auf; sie hat viele gesellschaftliche Verpflichtungen; er hat alle seine Verpflichtungen gewissenhaft erfüllt; sie waren dieser V. enthoben; er konnte seinen [finanziellen] Verpflichtungen gegenüber der Bank nicht mehr nachkommen *(seine Schulden nicht bezahlen).*

verpfuschen (ugs.) ⟨etw. v.⟩: die Schneiderin hat das Kleid völlig verpfuscht; eine verpfuschtes Foto; ÜBERTR.: seine Karriere v.; ein verpfuschtes Leben.

verpönt (geh.): eine verpönte Erziehungsmethode;

ein solcher Standpunkt ist heutzutage v., gilt als v., ist bei vielen als undemokratisch v.

verprassen ⟨etw. v.⟩: sein Vermögen, sein Geld, sein ganzes Hab und Gut, alles sinnlos v.

verprügeln ⟨jmdn. v.⟩: er verprügelte seinen Klassenkameraden; sie haben sich ordentlich verprügelt; in seiner Wut verprügelte er seinen Hund.

verpuffen: 1. *schwach explodieren:* die chemische Substanz ist verpufft. **2.** *wirkungslos bleiben:* die ganze Aktion ist verpufft; die Wirkung, der Elan verpuffte.

verpulvern (ugs.) ⟨etw. v.⟩: sein Geld, sein Vermögen für eine verlorene Sache v.

verputzen ⟨etw. v.⟩: **1.** *mit Putz versehen:* eine Mauer, ein Haus v.; der Maurer verputzt die Decke, die Wände; die Fassade muss neu verputzt werden; ein frisch verputztes Gebäude. **2.** (ugs.) *aufessen:* Unmengen, viel v. können; die Torte hat er auch noch restlos verputzt *(aufgegessen).*

verquicken ⟨etw. [mit etw.] v.⟩: zwei verschiedene Behauptungen/Probleme miteinander v.; das Abkommen ist mit der Grenzfrage verquickt; hier werden verschiedene Interessen verquickt.

Verrat, der: ein gemeiner, schändlicher V.; V. üben *(jmdn., etw. verraten);* V. an jmdm., an der guten Sache begehen, üben; auf V. sinnen; sie wurden wegen Verrats militärischer Geheimnisse vor Gericht gestellt.

verraten: 1. a) ⟨etw. v.⟩ *preisgeben:* ein Geheimnis, seine Absicht, einen Plan v.; ⟨jmdm./an jmdn. etw. v.⟩ jmdm. ein Versteck v.; er hat die Formel für einen hohen Preis an die Konkurrenz verraten; b) ⟨sich durch etw. v.⟩ *ungewollt preisgeben:* durch dieses eine Wort, durch eine Geste hat sie sich verraten; c) (ugs., oft scherzh. od. iron.) *mitteilen:* ich will dir v., wohin ich fahre; aber ihr dürft noch nichts v.!; können Sie mir vielleicht v., wie ich das in der kurzen Zeit schaffen soll?; durch sein Verhalten verriet er sich als Täter. **2.** ⟨jmdn., etw. v.⟩ *das Vertrauen durch Täuschung o. Ä. zerstören:* seinen Freund, sein Vaterland, die gemeinsame Sache v.; seine Ideale, seine Überzeugungen v. *(aufgeben);* er hat die Wahrheit verraten *(durch Lügen missachtet).* **3.** ⟨etw. v. v.⟩ *erkennen lassen:* seine Miene, sein Gesicht verriet Angst, Unbehagen, Misstrauen, tiefe Bestürzung; seine Sprache verriet seine Herkunft; ★ verraten und verkauft sein/sich verraten und verkauft fühlen *(hilflos ausgeliefert, preisgegeben sein).*

verräterisch: a) *auf Verrat zielend:* verräterische Pläne; verräterische Beziehungen zu einer fremden Macht anknüpfen, unterhalten; in verräterischer Absicht handeln; er hat v. *(wie ein Verräter)* an ihnen gehandelt; b) *etw. verratend:* eine verräterische Geste, Bewegung machen; verräterische Anspielungen; ihr Lachen war sehr v.

V

verrauchen: 1. ⟨etw.⟩ *durch Rauchen verbrauchen:* er verraucht sein ganzes Geld. **2.** *sich auflösen:* der Qualm verrauchte nur langsam; ÜBERTR.: sein Ärger, sein Zorn war schnell verraucht. **3.** *mit Rauch erfüllen:* ein gänzlich verrauchter Raum; das Zimmer, die Kantine war total verraucht.

verrechnen: 1. ⟨etw. [mit etw.] v.⟩ *ausgleichen:* eine Forderung mit einer Gegenforderung v.; einen Scheck v. *(einem Konto gutschreiben);* würden Sie den Gutschein bitte mit verrechnen? **2.** ⟨sich [um etw.] v.⟩ *falsch rechnen:* du hast dich bei dieser Aufgabe verrechnet; da muss ich mich verrechnet haben; er hat sich um fast 50 Mark verrechnet. **3.** (ugs.) ⟨sich [in jmdn., etw.] v.⟩ *sich täuschen:* da hast du dich aber sehr, ganz gewaltig verrechnet!; ich hatte mich in der Wirkung nicht verrechnet; er hatte sich in diesem Menschen sehr verrechnet.

verreisen: dienstlich, geschäftlich, privat, allein, mit seiner Frau, mit einem Freund, für ein paar Tage v.; wir können dieses Jahr [im Urlaub] nicht v.; er ist zurzeit verreist.

verrenken: a) ⟨jmdm., sich etw. v.⟩ *aus der normalen Lage drehen:* ich habe mir den Fuß, den Knöchel verrenkt; du hast dem Kind den Arm verrenkt; ÜBERTR.: bei diesem Wort kann man sich die Zunge v. (ugs.; *es ist schwer auszusprechen);* **b)** ⟨sich, etw. v.⟩ *in eine unnatürliche Stellung bringen:* die Tänzer verrenkten sich; Arme und Beine, die Gliedmaßen v.; er musste sich v., um etwas sehen zu können.

verrennen: 1. ⟨sich in etw. (Akk.) v.⟩ *sich verbeißen:* sich in eine fixe Idee, in eine Sackgasse v.; du hast dich in dieses Problem verrannt. **2.** ⟨sich [mit etw.] v.⟩ *falsch vorgehen:* er merkt nicht, wie er sich mit diesem Projekt verrannt hat; du verrennst dich immer mehr.

verrichten ⟨etw. v.⟩: eine Arbeit, seinen Dienst v.; eine Andacht v.; still ein Gebet v. *(beten);* sie haben die Arbeiten zu unserer vollen Zufriedenheit verrichtet.

verringern: a) ⟨etw. [um etw./auf etw. (Akk.)] v.⟩ *geringer machen:* den Abstand, die Entfernung, das Tempo, die Geschwindigkeit, das Gewicht v.; ein Risiko, eine Belastung, den Aufwand, ein Defizit im Haushalt, den Anteil an Schadstoffemissionen v.; die Zahl der Arbeitslosen, der Langzeitstudenten, der Mitarbeiter v.; die Kosten um 3 Prozent, auf ein akzeptables Niveau v.; die Ausgaben konnten durch entsprechende Maßnahmen deutlich, drastisch, erheblich, stark verringert werden; **b)** ⟨sich [um etw./auf etw. (Akk.)] v.⟩ *geringer werden:* die Gewinne, die Umsätze, die Einnahmen haben sich in diesem Jahr um 8 Prozent auf 8,7 Millionen Euro verringert; es bestehen nur noch verringerte Aussichten auf eine Lohnerhöhung; ⟨sich von etw. auf etw. (Akk.) v.⟩

die offenen Stellen verringerten sich von 965 im Oktober auf 926 im November.

verrinnen: a) *versickern:* Wasser verrinnt im Boden, im Sand; **b)** (geh.) *vergehen:* die Zeit verrinnt [schnell, im Nu]; schon wieder ist ein Jahr verronnen.

verrosten: das Geländer, das Fahrrad verrostet; das Auto war an einigen Stellen ganz verrostet; ein verrosteter Nagel.

verrücken ⟨etw. v.⟩: *an eine andere Stelle rücken:* Möbel, einen Schrank, eine Lampe v.; ÜBERTR.: die Grenzen dürfen nicht verrückt werden.

verrückt: 1. (salopp) *geistesgestört:* du benimmst dich, als wärst du v.; wenn ich das mache, würden mich alle für v. erklären; sie waren ganz v. *(ganz außer sich)* vor Freude; /oft übertreibend/: bei dem Lärm kann man ja v. werden *(der Lärm ist unerträglich);* mit deiner Fragerei machst du mich noch v. *(bringst du mich noch vollständig durcheinander);* Ⓡ ich werde v.! *(das ist aber überraschend, erstaunlich!);* bist du v. [geworden]? *(weißt du überhaupt, was du da sagst, tust?);* SUBST.: er lief wie ein Verrückter davon. **2.** (ugs.) *ungewöhnlich:* eine verrückte Idee, Mode; so ein verrückter Kerl!; das war ein verrückter Tag; sie hatte sich geradezu v. angezogen; SUBST.: so etwas Verrücktes!; sie hat wieder etwas ganz Verrücktes angestellt; ★ **wie verrückt** (ugs.; *außerordentlich viel, gut, stark, schnell)* · **verrückt spielen** (ugs.; 1. *die Beherrschung verlieren und sich ungewöhnlich benehmen:* der Chef spielt heute wieder mal v. 2. *nicht mehr richtig funktionieren, vom normalen Ablauf abweichen:* plötzlich spielte das Auto v.; das Wetter hat heute v. gespielt) · **auf etw.** (Akk.)/**nach etw. verrückt sein** (ugs.; *auf etw. versessen):* die Kinder sind ganz v. auf Gummibärchen · **auf jmdn./nach jmdm. verrückt sein** (ugs.; *in jmdn. sehr verliebt sein, mit jmdm. geschlechtlich verkehren wollen).*

Verruf, der: ⟨in den Verbindungen⟩ **in Verruf kommen/geraten** *(einen schlechten o. ä. Ruf bekommen, als etw. ins Gerede kommen)* · **jmdn., etw. in Verruf bringen** *(bewirken, dass jmd., etw. einen schlechten o. ä. Ruf bekommt, als etw. ins Gerede kommt):* die Affäre hat ihn, das Haus in V. gebracht.

verrufen: eine verrufene Gegend, Kneipe; eine verrufene Gesellschaft; dieses Lokal, diese Familie ist in der ganzen Nachbarschaft v.

Vers, der: **1. a)** *Dichtung in gebundener Rede:* ein gereimter, reimloser, holpriger, schlechter V.; Verse von Brentano; Verse vortragen, deklamieren, dichten, niederschreiben, (scherzh.:) schmieden; etw. in Verse setzen, in Versen abfassen, schreiben; **b)** *Zeile eines Gedichts, einer Strophe:* erster und dritter, zweiter und vierter V. reimen sich; das Gedicht hat drei Strophen zu je vier Versen.

2. a) *Strophe:* das Gedicht hat drei Verse; **b)** *kleinster Textabschnitt der Bibel:* er las die Weihnachtsgeschichte nach Lukas 2, V. 1 bis 20; die Verse 1 bis 20 vorlesen; ∗ **sich einen/keinen Vers auf etw.** (Akk.)/**aus etw. machen können** (ugs.; *sich etw. [nicht] erklären können).*

versacken (ugs.): **1. a)** *untergehen:* das Boot versackte; **b)** 〈in etw. (Dat.) v.〉 *einsinken:* die Räder versackten im Schlamm, im Schnee; ÜBERTR.: wir versackten hier in Arbeit. **2.** *sich senken:* das Fundament versackte. **3.** *moralisch o. ä. herunterkommen:* sie hat keine Arbeit und versackt immer mehr; er ist gestern Abend wieder einmal versackt *(hat lange gefeiert und viel getrunken).*

versagen: 1. (geh.) **a)** 〈jmdm., etw. etw. v.〉 *nicht gewähren:* jmdm. eine Bitte, einen Wunsch, seine Unterstützung, den Gehorsam v.; ich konnte ihm meine Bewunderung nicht v.; dem Plan seine Zustimmung v.; die Erfüllung ihres sehnlichsten Wunsches blieb ihr versagt.; 〈es ist jmdm. versagt〉 es war ihnen versagt *(nicht erlaubt),* diesen Raum zu betreten; **b)** 〈sich (Dat.) etw. v.〉 *auf etw. verzichten:* er versagt sich vieles; ich kann [es] mir nicht v., darauf hinzuweisen *(ich muss darauf hinweisen);* **c)** 〈sich jmdm. v.〉 *sich für jmdn. nicht zur Verfügung stellen:* die Armee versagte sich dem Diktator; sie hat sich ihm versagt *(sich ihm nicht hingegeben).* **2. a)** *das Erwartete nicht leisten:* völlig, kläglich, total v.; sie hat im Examen versagt; die Regierung, die Schule, das Elternhaus hat versagt; da versagt die ärztliche Kunst; SUBST.: das Unglück ist auf menschliches Versagen zurückzuführen; **b)** *nicht mehr funktionieren:* plötzlich versagte der Motor; in der Kurve versagten die Bremsen; seine Beine versagten *(er konnte sie nicht mehr bewegen);* ihre Stimme versagte vor Aufregung *(sie konnte vor Aufregung nicht sprechen).*

versalzen: 1. 〈etw. v.〉 *zu stark salzen:* sie versalzte die Kartoffeln, hat die Suppe versalzen; ein versalzenes Essen; das Fleisch ist versalzen. **2.** (Fachspr.) *mit Salzen angereichert werden:* durch Verdunstung versalzt der See; der Boden ist versalzt; viele Flüsse sind durch die Einleitung von Abwässern versalzt. **3.** (ugs.) 〈jmdm. etw. v.〉 *verderben:* jmdm. seine Pläne v.; er hat mir die ganze Freude, das Vergnügen versalzen.

versammeln: 1. 〈jmdn. irgendwo v.〉 *zusammenkommen lassen:* die Schüler in der Aula, die Belegschaft in der Kantine v. **2.** 〈sich v.〉 *zusammenkommen:* sich in der Aula, in der Kirche, zur Andacht v.; die Familie versammelte sich [um den Esstisch, am Bett des Kranken]; er erklärte vor versammelter Zuhörerschaft, Mannschaft, dass ... **3.** (Reitsport) 〈ein Tier v.〉 *zu gespannter Auf-*

merksamkeit zwingen: vor dem Hindernis versammelte der Reiter sein Pferd.

Versammlung, die: eine öffentliche, politische V.; die V. war gut, schlecht besucht; eine V. einberufen, abhalten, leiten, verbieten, auflösen, stören; ich erkläre hiermit die V. für eröffnet, geschlossen; sie nahmen an der V. teil; er sprach auf einer V.; in einer V. sein; von einer V. kommen, zu einer V. gehen.

versanden 1. *sich allmählich mit Sand füllen:* der Hafen, der Fluss, die Mündung, der See versandet immer mehr; die Spuren der Räder waren schon versandet. **2.** (ugs.) *nachlassen:* das Gespräch, die Unterhaltung versandete; die Verhandlungen sind versandet.

versäumen 〈etw. v.〉: **a)** *ungenutzt vorübergehen lassen:* eine gute Gelegenheit v.; wir haben schon genug Zeit versäumt *(verloren);* es ist keine Zeit zu v. *(die Zeit drängt);* ich habe nichts zu v. *(ich habe keine Eile);* bei dem Film/Vortrag hast du wirklich etwas, hast du nicht viel versäumt! *(da hast du dir etwas, nicht viel entgehen lassen!);* er wollte nachholen, was er in seiner Jugend versäumt hatte; **b)** *nicht wahrnehmen; verpassen:* den Zug, die Bahn, das Flugzeug v.; einen wichtigen Termin, ein Treffen, eine Verabredung, den Unterricht v.; sie hat den richtigen Zeitpunkt versäumt; SUBST. PART.: das (im Unterricht) Versäumte bald nachholen; **c)** *nicht tun; unterlassen:* seine Pflicht v.; ich darf nicht v. zu gratulieren; sie wollten nichts v., um ihm zu helfen; es ist versäumt worden, die nötigen Reparaturen vorzunehmen.

Versäumnis, das: die Versäumnisse der Regierung, der Eltern gegenüber den Kindern; dem Beschuldigten waren Versäumnisse nicht nachzuweisen; ein V. wieder gutmachen; du hast dir ein schweres V. zuschulden kommen lassen.

verschaffen 〈jmdm., sich etw. v.〉: jmdm., sich Arbeit, das benötigte Geld, eine Stelle, eine Unterkunft v.; sich Geltung, Recht, Respekt, ein Alibi, einen Vorteil v.; sich Zutritt zu etw. v.; sich etw. auf [un]rechtmäßige Weise v.; ich wollte mir erst Gewissheit darüber v.; das Medikament verschaffte ihm etwas Erleichterung *(linderte seine Schmerzen etwas);* was verschafft mir die Ehre Ihres Besuches? (oft scherzh.; *was ist der Grund Ihres Kommens?).*

verschanzen: a) (Milit. früher) 〈etw. v.〉 *durch Schanzen befestigen:* ein Lager, eine Stellung v.; **b)** 〈sich irgendwo v.〉 *sich durch eine befestigte Stellung schützen:* die Truppen verschanzten sich hinter dem Fluss, auf dem Berg; ÜBERTR.: er verschanzte *(versteckte)* sich hinter seiner Zeitung; sich hinter seinen Vorschriften, hinter Ausreden v. *(sie als Ausflucht benutzen).*

verschärfen: a) 〈etw. v.〉 *stärker, strenger machen:* Vorschriften, Anforderungen v.; das Tempo [der Arbeit], eine Strafe v.; dieser Umstand hat die

Krise erheblich verschärft *(zugespitzt);* die Zeitungszensur wurde verschärft; verschärfte Kontrollen durchführen; **b)** ⟨sich v.⟩: *größer werden, sich steigern:* die Gegensätze, die politischen Spannungen verschärften sich immer mehr; die Lage, der Konflikt hat sich verschärft *(ist schwieriger, ernster geworden).*

verschenken ⟨etw. [an jmdn.] v.⟩: er hat seine Bücher, seine Münzsammlung verschenkt; sie verschenkte allen Schmuck an ihre Töchter; ich habe nichts zu v. *(besitze selbst nicht viel);* ÜBERTR.: seine Gunst an jmdn. v.; den Sieg v. *(die gute Gelegenheit dazu nicht nutzen);* einen Elfmeter, ein Tor v. *(die Möglichkeit, ein Tor, einen Elfmeter zu schießen, nicht nutzen);* er hat beim Weitsprung 40 cm verschenkt *(ist 40 cm zu früh abgesprungen).*

verscherzen ⟨sich (Dat.) etw. v.⟩: sich jmds. Sympathien, Wohlwollen, Zuneigung, Freundschaft v.; das hast du dir ein für alle Mal verscherzt.

verscheuchen: a) ⟨jmdn., ein Tier v.⟩ *vertreiben:* Fliegen, Vögel, Wild v.; der Lärm muss die Einbrecher verscheucht haben; **b)** ⟨etw. v.⟩ *zum Verschwinden bringen:* die Sorgen, einen Gedanken, die Müdigkeit v.

verschicken: 1. ⟨etw. v.⟩ *versenden:* Waren[muster], Prospekte, Anzeigen, Werbebriefe, ein Rundschreiben v.; es waren über 200 Einladungen verschickt worden. **2.** ⟨jmdn. v.⟩ *zur Erholung schicken:* Erholungsbedürftige, einen Kranken v.; die Kinder wurden vom Sozialamt zur Kur, aufs Land, an die See verschickt.

verschieben: 1. a) ⟨etw. v.⟩ *an eine andere Stelle schieben:* einen Schrank, die Möbel v.; Eisenbahnwagen auf ein anderes Gleis v.; ÜBERTR.: die Grenzen nach Westen v.; das verschiebt *(ändert)* die Perspektive; **b)** ⟨sich v.⟩ *verrutschen:* der Teppich, die Tischdecke, ihr Hut, das Kopftuch hat sich verschoben; ÜBERTR.: die Betonung, der Akzent hat sich bei diesem Wort verschoben; die Besitzverhältnisse, die Kräfteverhältnisse hatten sich auf eine ungesunde Art verschoben. **2. a)** ⟨etw. v.⟩ *aufschieben:* seine Abreise, den Urlaub, einen Termin, eine Reise v.; eine Arbeit immer wieder, von einem Tag auf den anderen v.; eine Sitzung auf die nächste Woche, auf unbestimmte Zeit, auf einen späteren Zeitpunkt, um ein paar Tage v.; etw. lässt sich nicht länger v.; **b)** ⟨sich v.⟩ *aufgeschoben werden:* der Termin, die Abreise hat sich verschoben; der Beginn der Vorstellung verschiebt sich um einige Minuten/ Tage. **3.** (ugs.) ⟨etw. [irgendwo/irgendwohin] v.⟩ *unerlaubt verkaufen:* Waren, Devisen ins Ausland v.; Kaffee, Zigaretten auf dem Schwarzmarkt v.

verschieden: 1. *unterschiedlich:* verschiedener Ansicht, Meinung, Auffassung sein; verschiedene/die verschiedensten Interessen haben; zwei ganz verschiedene Farben, Stoffe; die beiden Brü-

der sind völlig v.; sie sind v. wie Tag und Nacht; die beiden Gläser sind in/nach Form, Farbe und Größe v.; das ist [von Fall zu Fall] v. *(wird [von Fall zu Fall] unterschiedlich beurteilt);* v. groß, schwer, lang sein; das kann man v. beurteilen; SUBST.: die Annonce stand unter der Rubrik »Verschiedenes«. **2.** ⟨dem Indefinitpronomen und unbestimmten Zahlwort nahe stehend⟩ *mehrere, manche, einige:* verschiedene Leute haben daran Kritik geübt; ich habe verschiedene Gründe dafür; ich habe schon an den verschiedensten Stellen *(überall)* gesucht; durch den Einspruch verschiedener Delegierter/(seltener:) Delegierten; er war Vorsitzender verschiedener einflussreicher Organisationen; nach der Umorganisation kündigten verschiedene Angestellte; sie hatte verschiedene Mal[e] versucht anzurufen; SUBST.: Verschiedenes *(einiges)* war mir unklar, war noch zu besprechen.

verschiedentlich: sie hat v. Bedenken gegen dieses Projekt geäußert; er ist v. dort gesehen worden.

verschießen: 1. ⟨etw. v.⟩ *durch Schießen aufbrauchen:* sie hatten alle Munition, alle Patronen verschossen. **2.** (Sport) ⟨etw. v.⟩ *nicht zu einem Tor nutzen:* einen Elfmeter, einen Freistoß v. **3.** *ausbleichen:* der Stoff, die Farbe verschießt in der Sonne; verschossene Gardinen. **4.** (ugs.) ⟨sich in jmdn. v.⟩ *sich verlieben:* er ist unheimlich in sie verschossen. **5.** ⟨etw. v.⟩ *verknipsen:* mehrere Farbfilme v.

verschimmeln: der Käse ist schon ganz verschimmelt; verschimmeltes Brot; ÜBERTR.: hier, bei dieser Arbeit muss man ja v. *(geistig abstumpfen).*

¹verschlafen: 1. *nicht rechtzeitig aufwachen:* du hast wohl heute früh verschlafen? **2.** ⟨etw. v.⟩ **a)** *schlafend verbringen:* den ganzen Vormittag, das halbe Leben v.; **b)** (ugs.) *schlafend versäumen:* den Zug, die Straßenbahn, eine Verabredung, einen Termin v.; **c)** *im Schlaf überwinden:* seine Kopfschmerzen, einen Kummer, seine Sorgen v.

²verschlafen ⟨Adj.⟩: *noch vom Schlaf benommen:* die noch ganz verschlafenen Kinder; er war noch ganz v.; v. öffnete er die Tür; ÜBERTR.: ein verschlafenes *(ruhig-langweiliges)* Städtchen; der Junge ist, wirkt so v. *(geistig träge).*

¹verschlagen: 1. ⟨etw. v.⟩ *(mit angenagelten Brettern) versperren:* Fässer, Kisten v.; einen Raum, eine Öffnung mit Brettern v. **2.** ⟨etw. v.⟩ *verblättern:* jetzt hast du [mir] die Seite, die Stelle verschlagen. **3.** (Ballspiele) ⟨etw. v.⟩ *an die falsche Stelle schlagen:* den Ball v. **4.** ⟨jmdn. etw. v.⟩ *rauben:* der Geruch, die Kälte, der Schreck verschlug ihr den Atem; der Anblick, die Nachricht hatte uns den Appetit verschlagen; ⟨es verschlägt jmdn. etw.⟩ als er das hörte, ver-

V

schlug es ihm die Sprache, die Rede; hat es dir die Stimme verschlagen? **5.** ⟨jmdn., etw. irgendwohin v.⟩ *geraten lassen:* der Sturm verschlug das Schiff an eine unbekannte Küste, die Schiffbrüchigen auf eine einsame Insel; der Zufall verschlug den Arzt in ein kleines Dorf; sie wurden als Flüchtlinge nach Süddeutschland verschlagen; ⟨es verschlägt jmdn. irgendwohin⟩ wie hat es euch an diesen Ort verschlagen?

²verschlagen ⟨Adj.⟩ (abwertend): *unaufrichtig und schlau:* ein verschlagener Bursche, Blick; er ist durch und durch v.; in seiner Antwort wich er v. aus.

verschlechtern: a) ⟨etw. v.⟩ *schlechter machen:* durch dein Eingreifen, durch dein Verhalten hast du deine Position, deine Chancen nur noch verschlechtert; diese Rede hat seine Aussicht, wieder gewählt zu werden, stark verschlechtert *(verringert);* **b)** ⟨sich v.⟩ *in eine schlechtere Lage kommen:* er hat sich finanziell verschlechtert; **c)** ⟨sich v.⟩ *schlechter, schlimmer werden:* ihr Befinden, ihre Gesundheit hat sich zusehends verschlechtert; die Qualität, das Wetter, die politische Lage, seine Position verschlechterte sich; der Schüler hat sich in seiner Leistung verschlechtert.

verschleiern: 1. ⟨sich, etw. v.⟩ *mit einem Schleier verhüllen:* die Frau verschleiert sich, ihr Gesicht; die Witwe war, ging tief verschleiert; ⟨sich (Dat.) etw. v.⟩ ich verschleierte mir das Gesicht; BILDL.: der Himmel verschleierte sich *(bedeckte sich mit einer dünnen Wolkenschicht);* sein Blick verschleierte sich *(wurde verschwommen);* von Tränen verschleierte Augen; er sprach mit verschleierter *(belegter)* Stimme; ich sehe die Berge nur verschleiert *(undeutlich, unscharf).* **2.** ⟨etw. v.⟩ *verbergen:* Missstände, Versäumnisse, seine wahre[n] Absicht[en], einen Bankrott, einen Skandal v.; hier lässt sich nichts mehr v.

Verschleiß, der: ein starker, hoher V.; der V. der Bandscheiben; den V. mindern; der menschliche Körper unterliegt einem natürlichen V.; einem starken V. unterliegen; ÜBERTR.: der Sportverein hat einen enormen V. an Trainern.

verschleißen: 1. ⟨etw. v.⟩ **a)** *stark abnutzen:* bei dieser Fahrweise verschleißt man die Reifen schneller; der Junge verschleißt alle zwei Monate mindestens eine Hose, ein Paar Schuhe; ÜBERTR.: in einer Saison hatte die Mannschaft bereits vier Trainer verschlissen; **b)** *aufreiben, zerrütten:* seine Kräfte, seine Gesundheit, die Nerven v.; ⟨sich v.⟩ sie verschleißt sich im Beruf, durch zu viel Arbeit. **2.** *abgenutzt werden:* bei starker Beanspruchung verschleißen diese Maschinen schnell; das Material verschleißt mit der Zeit; die Bezüge waren verschlissen; ein verschlissener Anorak; verschlissene Teppiche, Tapeten, Vorhänge; verschlissene Gelenke.

verschleppen: 1. ⟨jmdn., etw. v.⟩ *gewaltsam an ei-*

nen fremden Ort bringen: Dissidenten in Lager v.; die Einwohner des Ortes wurden im Krieg verschleppt; man verschleppte sie als Geiseln an einen unbekannten Ort; SUBST. PART.: einen Verschleppten befreien. **2.** ⟨etw. v.⟩ *weiterverbreiten:* durch mangelnde Hygiene Krankheitserreger v.; die Ratten verschleppten die Seuche. **3.** ⟨etw. v.⟩ *hinauszögern:* Verhandlungen, einen Prozess, die Bearbeitung eines Antrages v. **4.** ⟨etw. v.⟩ *(eine Krankheit) nicht rechtzeitig behandeln:* er hat die Lungenentzündung verschleppt; eine verschleppte Grippe.

verschließen: 1. a) ⟨etw. [mit etw.] v.⟩ *abschließen:* ein Zimmer, einen Schrank, eine Schublade, den Zugang zu etw., das Haus v.; die Tür war mit einem Riegel, mit einem Vorhängeschloss fest verschlossen; eine verschlossene Kassette; etw. im verschlossenen Umschlag übergeben; sie standen vor verschlossener Tür, kamen vor verschlossene Türen *(niemand öffnete ihnen);* ÜBERTR.: aufgrund seiner mangelnden Schulbildung, seines schlechten Zeugnisses blieben ihm manche berufliche Möglichkeiten verschlossen; **b)** ⟨etw. in etw. (Dat./Akk.) v.⟩ *einschließen:* Vorräte, sein Geld v.; er verschloss die Mappe sorgfältig in seinem Schreibtisch/in seinen Schreibtisch; ÜBERTR.: seine Gedanken, seine Gefühle, ein Geheimnis in sich v. *(für sich behalten);* **c)** ⟨etw. [mit etw.] v.⟩ *bedecken:* den Topf mit einem Deckel, die Flasche mit einem Korken v.; etw. sofort wieder v.; etw. [luftdicht] verschlossen aufbewahren. **2. a)** ⟨sich jmdm. v.⟩ *sich nicht mitteilen:* er verschließt sich seinen Freunden; ⟨auch ohne Dat.⟩ sie verschloss sich mehr und mehr; ÜBERTR.: das Land verschloss sich dem fremden Beobachter; das Buch, ihr Charakter bleibt mir verschlossen; verschlossene Gesichter; ein verschlossener *(in sich gekehrter)* Mensch; **b)** ⟨sich etw. (Dat.) v.⟩ *nicht zugänglich sein:* sich jmds. Argumenten, jmds. Wünschen, einer Erkenntnis v.; sie konnte sich dieser Überlegung nicht v. *(musste ihre Richtigkeit einsehen);* sich der Tatsache nicht v. können, dass ... *([an]erkennen müssen, dass ...).*

verschlimmern: a) ⟨etw. v.⟩ *verschlechtern:* durch dein Verhalten verschlimmerst du die Sache nur; eine Erkältung verschlimmerte seinen Zustand; **b)** ⟨sich v.⟩ *schlimmer werden:* ihr Zustand, das Übel verschlimmerte sich.

¹verschlingen ⟨etw. [zu etw.] v.⟩ *umeinander, ineinander schlingen:* die Hände, die Arme v.; sie hatte die Fäden zu einem Knäuel verschlungen; ADJ. PART.: verschlungene *(in Windungen verlaufende)* Wege.

²verschlingen: 1. ⟨jmdn., etw. v.⟩: *[hastig] essen, fressen:* der Hund verschlang das Fleisch; gierig, voll Heißhunger hatten sie das Essen verschlungen; BILDL.: der Lärm verschlang seine Worte; die Dunkelheit hatte ihn plötzlich verschlun-

ÜBERTR.: jmdn. mit Blicken, mit den Augen v.; sie haben seine Worte geradezu verschlungen; ich habe das Buch in einer Nacht verschlungen *(in einem Zug gelesen)*. **2.** ⟨etw. v.⟩ *kosten:* der Bau hat Millionen, viel Geld, Unsummen verschlungen; seine Reisen haben große Summen verschlungen.

verschlucken: 1. ⟨etw. v.⟩ *hinunterschlucken:* [aus Versehen] einen Kern, eine Gräte v.; ÜBERTR.: die Endsilben, ein Wort v. *(undeutlich aussprechen);* eine Bemerkung, eine Frage, eine Kritik v. *(nicht aussprechen);* die Bauten haben Millionen verschluckt *(gekostet);* die dicken Wände, die Teppiche verschlucken den Schall *(absorbieren ihn);* das Dunkel der Nacht hatte ihn verschluckt (geh.; *er war in der Dunkelheit verschwunden*). **2.** ⟨sich v.⟩ *etw. in die Luftröhre bekommen:* sich beim Essen, an der Suppe v.

Verschluss, der: **1.** *Gegenstand zum Verschließen:* ein unpraktischer V.; der V. der Perlenkette ist kaputt; wo ist der V. dieser Flasche?; einen V. öffnen, schließen, aufdrehen, zudrehen. **2.** *Zustand der Aufbewahrung:* etw. unter V. aufbewahren; etw. befindet sich unter V.; die Akten stehen unter V., wurden lange unter V. gehalten.

verschlüsseln ⟨etw. v.⟩: Daten, einen Text, eine Meldung v.; eine Datei sicher v.; eine verschlüsselte Nachricht, E-Mail; SUBST.: ein Programm zum Verschlüsseln von E-Mails.

verschmähen (geh.) ⟨etw. v.⟩: jmds. Hilfe, jmds. Liebe, jmds. Freundschaft v.; ÜBERTR.: er verschmäht den guten Kuchen (scherzh.; *mag ihn nicht essen*); er hat sie aus verschmähter *(nicht erwiderter)* Liebe getötet.

verschmerzen ⟨etw. v.⟩: er wird diesen Verlust nur schwer v.; ich verschmerze es leicht, dass ich zu Hause bleiben muss; ich kann es v.!

verschmitzt: ein verschmitzter Junge; ein verschmitztes Gesicht, Lächeln; er lächelte v.

verschnupft: 1. *Schnupfen habend:* er ist stark v.; ganz v. sprechen. **2.** ⟨v. [über etw. (Dat.)/wegen etw.]⟩ *verärgert:* sie ist immer schnell, sofort v.; über diese Bemerkung, wegen unserer Absage war er ganz schön v.; sie reagierte total v.

verschnüren ⟨etw. v.⟩: ein Paket, ein Bündel alter Zeitungen v.; ein fest verschnürter Karton.

verschollen: ihr im Krieg verschollener Sohn; das Schiff, das Flugzeug war/blieb v.; ÜBERTR.: das Buch war lange Zeit einfach v. (ugs. scherzh.; *unauffindbar*); du warst lange v. (ugs. scherzh.; *verschwunden*).

verschonen: a) ⟨jmdn., etw. v.⟩ *jmdm., etw. keinen Schaden zufügen:* der Krieg verschonte niemanden, hat diese Gegend verschont; sie waren von der Seuche, von dem Erdbeben verschont geblieben; er blieb von allen neugierigen Fragen verschont; **b)** ⟨jmdn. mit etw. v.⟩ *nicht behelligen:* verschone mich mit deinen Fragen, mit deiner Kritik.

verschreiben: 1. ⟨jmdm. etw. v.⟩ **a)** *verordnen:* der Arzt hat ihm Bäder, Bestrahlungen, verschiedene Medikamente, eine vierwöchige Kur verschrieben; du solltest dir [vom Arzt] etwas für den Kreislauf, gegen deine Schmerzen v. lassen; **b)** *übereignen:* er hat das Haus, den Hof seinem Sohn verschrieben; BILDL.: Faust hat seine Seele dem Teufel verschrieben. **2.** ⟨etw. v.⟩ *durch Schreiben verbrauchen:* viel Papier v.; er hat den ganzen Block, die ganze Tinte verschrieben. **3.** ⟨sich etw. (Dat.) v.⟩ *sich widmen:* sie hat sich [mit Leib und Seele, ganz und gar] dem Theater, der Musik, der Forschung verschrieben. **4.** ⟨sich v.⟩ *einen Fehler machen:* er hat sich in diesem Brief zweimal verschrieben.

verschrien: diese Gegend ist wegen zahlreicher Überfälle v.; er war bei ihnen als Geizhals v. *(stand in dem Ruf, geizig zu sein).*

verschulden: 1. ⟨etw. v.⟩: *schuldhaft verursachen:* einen Unfall v.; sie hat ihr Unglück selbst verschuldet *(ist selbst schuld daran);* SUBST.: das war mein Verschulden; ihn trifft kein Verschulden; sie gerieten durch [ihr] eigenes, ohne eigenes Verschulden in diese Situation. **2.** ⟨sich v.⟩ *Schulden machen:* für den Bau des Hauses hat er sich hoch verschuldet; er ist sehr, (ugs.:) bis über die Ohren verschuldet.

verschütten: 1. a) ⟨jmdn., etw. v.⟩ *völlig bedecken:* die Erdmassen verschütteten mehrere Arbeiter *(begruben mehrere Arbeiter unter sich);* bei dem Vulkanausbruch, bei dem Erdrutsch, bei der Explosion sind mehrere Orte, viele Einwohner verschüttet worden; von einer Lawine verschüttet werden; er ist im Krieg verschüttet gewesen; SUBST. PART.: die Verschütteten konnten nur noch tot geborgen werden, konnten gerettet werden; BILDL.: seine Begabung war, blieb verschüttet; **b)** ⟨etw. [mit etw.] v.⟩ *zuschütten:* einen Brunnen, einen Graben [mit Kies] v. **2.** ⟨etw. v.⟩ *unabsichtlich ausschütten:* Wasser, Zucker v.; er schenkte ein, ohne einen Tropfen zu v.

verschweigen /vgl. verschwiegen/ ⟨jmdm. etw., jmdn. v.⟩: jmdm. die Wahrheit, den wahren Sachverhalt v.; du verschweigst mir etwas!; er verschwieg ihr, dass er vorbestraft war; er hatte ihr seinen Sohn verschwiegen/hatte ihr verschwiegen, dass er einen Sohn hat; ⟨auch ohne Dat.⟩ seine Fehler v.; ich habe nichts zu v.; jmdn., etw. vor jmdm. v.⟩ er hatte seine Krankheit vor ihr verschwiegen.

verschwenden ⟨etw. v.⟩: sein Geld, seine Zeit v.; Energie, Rohstoffe v.; seine Kraft, seine Mühe an, für, mit etw. v.; sie hat ihre Liebe an ihn verschwendet; ich werde keinen einzigen Gedanken mehr daran v.

verschwenderisch: 1. *allzu großzügig:* ein verschwenderischer Mensch; ein verschwenderi-

sches *(luxuriöses)* Leben führen; er ist von Natur aus v.; sie geht mit ihrem Geld v. um.
2. *üppig:* eine verschwenderische Pracht, Fülle.

verschwiegen: ein verschwiegener Mensch; sie ist v. [wie ein Grab]; ÜBERTR.: sie trafen sich an einem verschwiegenen *(geheimen)* Ort; ein verschwiegenes *(verborgenes)* Plätzchen; eine verschwiegene *(einsame)* Bucht.

Verschwiegenheit, die: er ist die V. selbst; strengste V. bewahren; zu unbedingter V. verpflichtet sein; ÜBERTR.: in der V. *(Verborgenheit)* des Klosters.

verschwimmen: die Farben verschwimmen ineinander; die Berge verschwimmen im Dunst; das Foto ist verschwommen; nur verschwommene Umrisse erkennen können; ⟨jmdm. irgendwo v.⟩ die Buchstaben verschwimmen mir vor den Augen; ÜBERTR.: verschwommene *(unbestimmte)* Ausdrücke, Begriffe, Vorstellungen; die Erinnerung daran ist verschwommen; sich verschwommen *(unklar)* ausdrücken.

verschwinden: a) *sich entfernen:* schnell, unauffällig, im Gewühl v.; sie ist gleich nach der Besprechung verschwunden (ugs.; *gegangen*); sie verschwand im/ins Haus (ugs.; *ging ins Haus*); die Sonne verschwand hinter den Wolken; der Zug verschwand in der Ferne; der Zauberer ließ allerlei Gegenstände v.; ich muss mal v. (ugs. verhüll.; *die Toilette aufsuchen*); die Kassette, ihre Brille war spurlos verschwunden *(war nirgends auffindbar);* verschwinde! (ugs.; *geh weg!*); du musst hier v. *(es wird hier gefährlich für dich);* SUBST.: sein Verschwinden wurde nicht bemerkt; ÜBERTR.: diese Mode verschwindet schnell wieder *(überlebt sich schnell);* verschwindet völlig neben ihm *(ist im Vergleich zu ihm sehr klein);* verschwindend klein, wenig *(ganz klein, ganz wenig);* ein verschwindender *(äußerst geringer)* Bruchteil; eine verschwindende *(ganz geringe)* Minderheit; b) *gestohlen werden:* in unserem Betrieb verschwindet immer wieder Geld; er hat Geld v. lassen *(unterschlagen).*

verschwitzen ⟨etw. v.⟩: 1. *durchschwitzen; nass schwitzen:* ein Hemd, den Kragen v.; verschwitzte Haare; ich war ganz verschwitzt.
2. (ugs.) *vergessen:* den Termin, unsere Verabredung habe ich völlig verschwitzt; ich habe [es] verschwitzt, ihn anzurufen.

verschwören: 1. ⟨sich mit jmdm. v.⟩ *sich heimlich verbünden:* er hatte sich mit anderen Offizieren [gegen die Regierung, zu einem Attentat] verschworen; ⟨auch ohne Präpositionalobjekt⟩ verschworen sich gegen den Diktator; unsere Organisation war ein verschworener Haufen; ÜBERTR.: alles scheint sich gegen uns verschworen zu haben *(nichts verläuft wie erhofft).*
2. ⟨sich etw. (Dat.) v.⟩ *sich ganz für etw. einsetzen:* sich seinem Beruf, einem politischen Ziel v.

Verschwörung, die: eine V. gegen den neuen Staatschef, gegen die Regierung; eine V. anstif-

ten, anzetteln, organisieren, aufdecken, entdecken, im Keime ersticken, niederwerfen; sie waren an der V. nicht beteiligt, hatten mit der V. nichts zu tun.

versehen: 1. ⟨etw. v.⟩ *ausüben:* seinen Posten, seinen Dienst, seine Stelle, seine Pflichten gewissenhaft v.; sie versieht *(besorgt)* bei ihm den Haushalt.
2. ⟨jmdn., sich, etw. mit etw. v.⟩ *ausstatten:* jmdn. mit Büchern, mit Geld v.; sich mit Proviant, einen Text mit Anmerkungen v.; er ist gut, schlecht, reichlich, [un]genügend damit versehen; das Haus wurde mit Blitzableitern versehen; der Geistliche hat den Kranken mit den Sterbesakramenten versehen; wir waren mit allem Nötigen wohl versehen.
3. ⟨sich v.⟩ *etwas Falsches sehen:* ich habe mich versehen; versieh dich nicht bei der Preisangabe, mit dem Gewicht, beim Wiegen!; ⟨sich in etw. (Dat.) v.⟩ er hatte sich in der Größe versehen *(beim Hinsehen geirrt).*

Versehen, das: es war nur ein V.; ihm ist ein V. unterlaufen, passiert; ein V. kann dabei schon einmal vorkommen; sein V. erkennen, bedauern; wir bitten dieses V. zu entschuldigen; aus V. habe ich den Brief nicht eingesteckt; durch ein V. ist Ihr Antrag noch nicht bearbeitet worden.

versehentlich: *aus Versehen:* die versehentliche Preisgabe eines Geheimnisses; v. fremde Post öffnen; sie war v. in den falschen Zug gestiegen.

versenden ⟨etw. v.⟩: Briefe, Waren, Verlobungsanzeigen, ein Rundschreiben v.; die Warenproben sind gestern versandt(seltener:) versendet worden.

versengen ⟨etw. v.⟩: sie hat beim Bügeln die Bluse versengt; die Sonnenhitze versengt Wiesen und Felder *(dörrt sie aus);* ⟨jmdm., sich etw. v.⟩ du hast dir die Haare [an der Kerze] versengt.

versenken: 1. ⟨etw. v.⟩ a) *bewirken, dass etwas versinkt:* [feindliche] Schiffe v.; b) *in die Tiefe senken:* einen Schatz im Meer v.; der Öltank wird in die Erde versenkt; er versenkte *(steckte)* die Hände in die Taschen; eine versenkte *(nicht über die Oberfläche des Gegenstandes herausragende)* Schraube.
2. ⟨sich in etw. (Akk.) v.⟩ *sich vertiefen:* sich ins Gebet, in seine Bücher, in die Arbeit, in den Anblick eines Bildes v.

Versenkung, die: 1. *das Versenken:* die V. feindlicher Schiffe; die V. eines Sarges, einer Leiche ins Meer.
2. *das Sichversenken:* mystische V.; die V. ins eigene Selbst.
3. *versenkbarer Teil der Bühne:* der Schauspieler, die Dekoration verschwand in der V.;
★ aus der Versenkung auftauchen (ugs.; *unerwartet wieder in Erscheinung treten)* · in der Versenkung verschwinden (ugs.; *aus der Öffentlichkeit verschwinden).*

versessen ⟨in der Verbindung⟩ **auf jmdn., etw.**

versessen sein *(jmdn., etw. sehr gern haben; etw. unbedingt haben wollen):* auf Geld, auf Süßigkeiten v. sein; sie waren v. darauf, etwas Neues zu erfahren; er ist auf die Kinder ganz v.
versetzen: 1. a) ⟨etw. v.⟩ *an eine andere Stelle setzen:* Grenzsteine, Bäume, Sträucher, eine Wand v.; die Knöpfe an einem Mantel v.; die Mauer wurde [um] mehrere Meter versetzt; die Steine sind versetzt *(bei jeder neuen Reihe um einen halben Stein verschoben)* angeordnet; beim Betrachten des Films fühlt man sich ins vorige Jahrhundert versetzt; ÜBERTR.: einen Beamten in den Ruhestand v. *(pensionieren);* b) ⟨jmdn. [irgendwohin] v.⟩ *an eine andere Dienststelle beordern:* jmdn. in eine andere Abteilung, in eine andere Stadt v.; sie will sich v. lassen; er wurde nach Frankfurt versetzt; c) ⟨jmdn. v.⟩ *in die nächste Klasse aufnehmen:* einen Schüler v.; wegen schlechter Leistungen wurde sie nicht versetzt. 2. a) ⟨jmdn., etw. in etw. (Akk.) v.⟩ *in einen bestimmten Zustand bringen:* etw. in Bewegung v.; jmdn. in eine frohe Stimmung, in Aufregung, in Begeisterung, in Erstaunen, in Wut, in Angst [und Schrecken] v.; das Stipendium hat mich in die Lage versetzt, meine Ausbildung abzuschließen; b) ⟨sich in jmdn., etw. v.⟩ *sich hineindenken:* versuch dich doch einmal in meine Lage zu v.; er kann sich nur schwer in einen anderen v. 3. ⟨jmdm. etw. v.⟩ *unversehens geben* /verblasst/: jmdm. einen Stoß, einen [Fuß]tritt, einen Stich v. *(jmdn. stoßen, treten, stechen).* 4. ⟨etw. [mit etw.] v.⟩ *[ver]mischen:* eine Lösung mit einer anderen v.; Wein und Wasser wurden versetzt; mit Kohlensäure versetztes Mineralwasser. 5. (ugs.) ⟨etw. v.⟩ a) *verpfänden:* seine Uhr, seine Kleider [im Leihhaus] v.; sie haben die versetzten Sachen wieder eingelöst; b) *zu Geld machen:* er hat seine Bildersammlung versetzt; ehe sie auswanderten, haben sie ihre ganze Habe versetzt. 6. (ugs.) ⟨jmdn. v.⟩ *vergeblich warten lassen:* sie hat mich versetzt. 7. ⟨etw. v.⟩ *energisch antworten:* auf meine Frage versetzte trocken er, er komme nicht mit; »Niemals«, versetzte sie;
★ jmdm. eine/eins versetzen (ugs.; *jmdm. einen Schlag versetzen).*
versichern: 1. ⟨jmdn. etw. v.⟩ *beteuern:* das kann ich dir v.; er versicherte mir das Gegenteil; sie versicherte ihm bei seiner Freundschaft, dass dies nicht wahr sei; mir ist wiederholt versichert worden, dass alles in Ordnung sei; ⟨auch ohne Dat.⟩ etw. hoch und heilig *(ganz fest)* v.; eidesstattlich v.; er versicherte, dass er nicht der Täter sei. 2. (geh.) a) ⟨jmdn. etw. (Gen.) v.⟩ *jmdm. Gewissheit über etw. geben:* jmdn. seines Schutzes, seiner Freundschaft v.; seien Sie unserer Teilnahme versichert; seid versichert, Sie dürfen versichert sein, dass die Sache sich so verhält; b) ⟨sich jmds., etw. v.⟩ *sich vergewissern:* sie wollte sich

seiner, seiner Hilfe v.; ich habe mich ihrer Zustimmung versichert *(habe sie vorher eingeholt).* 3. a) ⟨jmdn., sich, etw. [gegen etw.] v.⟩ *für jmdn., sich, etw. eine Versicherung abschließen:* sich, seine Familie gegen Krankheit, gegen Unfall v.; sein Haus, Eigentum, Gepäck gegen Diebstahl v.; sie waren hoch, zu niedrig, nicht gegen Feuer versichert; b) ⟨jmdn., etw. v.⟩ *jmdm. Versicherungsschutz bieten:* wir versichern Sie gegen Unfall, gegen Einbruch, gegen Feuer.
Versicherung, die: 1. *Beteuerung:* die schriftliche V.; eine V. an Eides statt; eine eidesstattliche, feierliche V. abgeben; jmdm. die V. geben/von jmdm. die V. erhalten, dass nichts geschehen werde. 2. a) *Versicherungsvertrag:* eine V. über 50 000 Euro, gegen Diebstahl, gegen Feuer, gegen Einbruch; meine V. läuft noch; eine V. abschließen, erneuern, kündigen; die V. ist abgelaufen; b) *Versicherungsgebühr:* die V. beträgt 250 Mark monatlich; die V. erhöhen, herabsetzen; c) *Versicherungsgesellschaft:* die V. kommt für den Schaden auf; in solchen Fällen zahlt die V. nicht; d) *das Versichern:* die V. des Reisegepäcks kostet pro Stück 20 DM.
versiegeln ⟨etw. v.⟩: 1. *mit einem Siegel verschließen:* einen Brief, ein Wertpaket, ein Testament v. 2. *durch Auftragen einer Schutzschicht widerstandsfähiger machen:* das Parkett, den Parkettboden v.
versiegen (geh.): Quellen, Brunnen versiegen; ihre Tränen sind versiegt; BILDL.: ihre Geldquelle ist versiegt; ÜBERTR.: seine schöpferische Kraft war versiegt; ihre Kräfte versiegten; das Gespräch, die Unterhaltung versiegte *(verstummte allmählich);* er besitzt einen nie versiegenden Humor.
versiert: ein versierter [Versicherungs]kaufmann; sie ist auf diesem Gebiet, in Währungsfragen sehr v. *(bewandert).*
versilbern ⟨etw. v.⟩: 1. *mit einer Silberschicht überziehen:* Essbesteck, eine Gabel, einen Becher, einen Knopf v.; ein versilberter Leuchter. 2. (ugs.) *zu Geld machen:* Kleider, seine Armbanduhr, ein Grundstück v.
versinken 1. a) ⟨[irgendwo, irgendwohin] v.⟩: *unter der Oberfläche verschwinden:* das Boot brach in zwei Teile auseinander und versank; das Schiff versank in den Wellen, im Meer; die Sonne versank hinter dem/den Horizont; vor Scham wäre er am liebsten im Erdboden versunken; eine versunkene Stadt; b) ⟨irgendwo v.⟩ im Sumpf, im Schlamm, im Morast v.; er versank bis an die Knöchel im Schnee. 2. ⟨in sich, in etw. (Dat.) v.⟩ *sich überlassen:* in Schmerz, in Trauer, in Lethargie, in Schweigen v.; sie versank in ihren Erinnerungen; er war ganz in sich selbst, in seine Arbeit, in ihren Anblick versunken; ganz in Gedanken versunken, nickte sie.
Version, die: 1. *Darstellungsart; Fassung:* die amt-

liche, offizielle V. eines Vorfalls; das ist eine neue, andere, abweichende V.; die ältere V. eines Gedichts; die englische V. eines Romans; diese V. kenne ich noch nicht; über diese Geschichte, über den Hergang sind verschiedene Versionen im Umlauf, verbreitet; an seiner V. festhalten. **2.** *Ausführung:* die neue V. eines Fernsehgerätes; dieses Gerät gibt es auch noch in einer anderen, moderneren, größeren V.

versöhnen: a) ⟨sich mit jmdm. v.⟩ *Frieden schließen:* ich habe mich entschlossen, mich mit ihm zu v.; ⟨auch ohne Präpositionalobjekt⟩ habt ihr euch inzwischen versöhnt?; sie sind wieder versöhnt; **b)** ⟨jmdn. [mit jmdm.] v.⟩ *einen Streit beilegen:* er hat sie mit ihrer Mutter versöhnt; wir haben die Streitenden versöhnt; sie sind wieder versöhnt; ich musste ihn v. *(besänftigen, versöhnlich stimmen)* und lud ihn zum Essen ein; sie hat das versöhnende Wort endlich gesprochen; ÜBERTR.: die schöne Umgebung versöhnt mich mit der langweiligen Stadt *(ist ein Ausgleich dafür);* das versöhnt mich mit meinem Schicksal *(das lässt mich mein Schicksal ertragen).*

versöhnlich: ein versöhnlicher Mensch; versöhnliche Worte sprechen, finden; die Stimmung war recht v.; in versöhnlichem Ton reden; sie waren v. gestimmt; das Buch hat einen versöhnlichen Schluss, endet v. *(hat einen tröstlichen, ermutigenden Schluss).*

Versöhnung, die: die V. [der beiden, zwischen ihnen] ist durch seine Vermittlung zustande gekommen; eine V. anbahnen, ablehnen, zurückweisen; V. feiern; es war ein großes Fest der allgemeinen V.; eine Konferenz zur nationalen V.; zur V. bereit sein; jmdm. die Hand zur V. bieten, reichen.

versonnen: ein versonnener Mensch, Blick; in versonnener *(träumerischer)* Stimmung sein; sie war ganz v.; v. lächeln; er blickte v. in sein Glas.

versorgen: 1. ⟨jmdn., etw. v.⟩ *für jmdn., etw. sorgen:* einen Kranken, die Kinder, das Haus, den Garten v.; einen Verletzten ärztlich v.; er hat eine Familie zu v. *(zu ernähren);* der Hausmeister versorgt den Fahrstuhl, die Zentralheizung *(ist dafür verantwortlich);* ⟨jmdm. etw. v.⟩ sie versorgt ihm den Haushalt. **2.** ⟨jmdn., sich mit etw. v.⟩ *jmdm., sich etw. zukommen lassen:* jmdn. mit Nahrung, mit Kleidung, mit Geld v.; die Stadt mit Trinkwasser, mit Strom, mit Gas, mit Informationen v.; hast du die Tiere mit Futter versorgt *(ihnen zu fressen gegeben)?;* ich habe mich mit allem Nötigen versorgt; ich muss mich mit Lesestoff v. *(muss ihn mir besorgen);* ⟨auch ohne Präpositionalobjekt⟩ seine Kinder sind alle versorgt *(sie leben in auskömmlichen Verhältnissen);* ÜBERTR.: ein Gerät mit Strom v.; das Gehirn ist nicht ausreichend mit Blut versorgt.

Versorgung, die: **1.** *das Versorgen, Versorgtwerden:* die V. eines Kranken, der Kinder, der Tiere; die

ambulante, stationäre V. der Patienten; die ärztliche V. der Flüchtlinge; die V. der Bevölkerung mit Lebensmitteln, der Wirtschaft mit Rohstoffen; die V. des Hauses mit Strom, mit Fernwärme, mit Wasser war mangelhaft, gefährdet, unterbrochen; eine ausreichende, flächendeckende V. mit etw. sicherstellen, gewährleisten. **2.** *Sicherung des Lebensunterhalts:* die V. der Rentner; die V. der Beamten ist gesetzlich geregelt.

verspäten ⟨sich v.⟩: ich habe mich leider verspätet; seine Ankunft, der Zug hat sich etwas, [um] 10 Minuten verspätet; verspätete Glückwünsche; ein verspäteter *(zu dieser Jahreszeit sonst nicht mehr anzutreffender)* Schmetterling; der Zug, das Schiff, das Flugzeug traf verspätet ein, kam verspätet [an]; der Roman erschien verspätet.

Verspätung, die: der Zug hat eine Stunde V., hat die V. [wieder] aufgeholt; wir hatten V.; entschuldigen Sie bitte die V.; das Flugzeug wird voraussichtlich mit einer V. von 20 Minuten, mit einer halbstündigen V. eintreffen.

verspeisen (geh.) ⟨etw. v.⟩: Obst, einen Braten mit Appetit v.; er hat ein ganzes Hähnchen verspeist.

versperren ⟨etw. [mit etw.] v.⟩: **1.** *unzugänglich machen:* den Eingang, den Zugang mit Kisten v.; ein parkendes Auto versperrte die Einfahrt; die Straße ist durch die umgestürzten Bäume versperrt; ⟨jmdm. etw. v.⟩ sie versperrten ihm den Weg *(ließen ihn nicht weitergehen);* du versperrst mir die Aussicht; ein Neubau versperrt *(nimmt)* uns jetzt den Blick auf den See. **2.** (südd., österr.) *ab-, verschließen:* die [Wohnungs]tür, einen Schrank, ein Zimmer v.

verspielen: 1. ⟨etw. v.⟩ **a)** *beim Spielen verlieren:* Hab und Gut, Haus und Hof, sein Geld, ein Vermögen, den letzten Heller v.; **b)** *als Spieleinsatz verbrauchen:* er verspielt [beim Lotto] jede Woche zehn Mark. **2.** ⟨etw. v.⟩ *durch eigenes Verschulden verlieren:* sein Glück, sein Recht, seine Ansprüche v.; eine Chance leichtfertig v.; ⟨auch ohne Akk.⟩ nun hast du verspielt, gib auf; der Gegner hatte endgültig verspielt. **3.** ⟨sich v.⟩ *versehentlich falsch spielen:* der Pianist verspielte sich einige Male;
★ bei jmdm. verspielt haben (ugs.; *jmds. Wohlwollen verloren, verscherzt haben).*

verspielt: 1. *nur immer zum Spielen aufgelegt:* ein verspieltes Kind; er ist noch sehr v. **2.** *heiter:* eine verspielte Melodie; in etwas zu verspielter Baustil; das Kleid wirkt v.

verspotten ⟨jmdn., etw. [wegen etw.] v.⟩: den politischen Gegner v.; sie verspotteten seine Ungeschicklichkeit; man verspottet ihn wegen seiner Gutgläubigkeit.

versprechen: 1. ⟨jmdm. etw. v.⟩ *zusichern:* jmdm. etw. mit Handschlag, in die Hand, fest, hoch und heilig *(ganz fest, feierlich)* v.; jmdm. Geld, Hilfe, seine Unterstützung, eine Belohnung, eine An-

V

stellung v.; er hat uns wer weiß was (ugs.; *alles Mögliche*) versprochen; sie hat mir versprochen, pünktlich zu sein, mit ihm zu reden; versprich mir, dass du dich vorsiehst; ⟨auch ohne Dat.⟩ versprich, vorsichtig zu fahren; was man verspricht, muss man halten; der Vater konnte den versprochenen Zuschuss nicht mehr zahlen; ÜBERTR.: die Werbung verspricht [dem Verbraucher] zu viel.
2. b) ⟨in Verbindung mit Infinitiv und *zu*⟩ *Veranlassung zu einer bestimmten Hoffnung geben:* der Junge verspricht ein guter Arzt zu werden; das Wetter verspricht schön zu werden; das Buch verspricht ein Bestseller zu werden; **b)** ⟨etw. v.⟩ *erwarten lassen:* das Barometer verspricht gutes Wetter; die Obstbäume versprechen eine gute Ernte; diese Methode verspricht den meisten Erfolg; seine Miene versprach nichts Gutes.
3. ⟨sich (Dat.) etw. von jmdm., etw. v.⟩ *erwarten:* ich hatte mir von dem neuen Mitarbeiter eigentlich mehr versprochen; hiervon verspreche ich mir viel, wenig, (ugs.:) eine ganze Menge, ein positives Ergebnis; was versprichst du dir davon?
4. ⟨sich v.⟩ *beim Reden einzelne Laute, Wörter verwechseln:* er versprach sich häufig, ständig; ich habe mich nur versprochen.
Versprechen, das: ein V. [ein]halten, einlösen, erfüllen; sie hat ihm auf dem Sterbebett das V. abgenommen, für ihre Kinder zu sorgen; ich habe ihm das V. gegeben, mich in Zukunft mehr um diese Angelegenheit zu kümmern; er hat mich an mein V. erinnert; auf dein V. hin habe ich es getan; sie hat ihn von seinem V. entbunden.
Versprechung, die ⟨meist Plural⟩ *großartige Zusicherung:* das sind alles leere Versprechungen; Versprechungen halten, [nicht] erfüllen, brechen; den Wählern wurden große Versprechungen gemacht.
verspritzen: 1. ⟨etw. v.⟩ *spritzend verteilen:* Wasser, Farbe v.
2. ⟨jmdn., etw. v.⟩ *spritzend beschmutzen:* der LKW hat uns, die Windschutzscheibe völlig verspritzt; ⟨jmdm. etw. v.⟩ du hast mir, dir mit dem Fett die Bluse verspritzt.
verspüren ⟨etw. v.⟩: Schmerz, Hunger, Durst, [nicht die geringste] Müdigkeit v.; er verspürte einen heftigen Brechreiz, die lindernde Wirkung der Medizin; Angst, Sehnsucht, zu etw. [keine] Lust, nach etw. [kein] Verlangen v.; er verspürte keine Lust zu tanzen.
Verstand, der: ein scharfer, kluger, nüchterner, stets wacher V.; der menschliche V.; dazu reicht mein V. nicht aus, fehlt mir der V.; den V. schärfen, ausbilden; wenig, kein Fünkchen V. haben; ich hätte ihm mehr V. zugetraut; für die schwierige Rechenaufgabe musste er all seinen V. zusammennehmen; man muss an seinem V. zweifeln *(sein Verhalten ist unerklärlich);* er ist bei vollem V. *(Bewusstsein);* bei klarem V. *(klarer Überlegung)* kann man nicht so urteilen; er

macht alles mit seinem V. (ugs.; *ist ein reiner Verstandesmensch*); das geht über meinen V. (ugs.; *das kann ich nicht begreifen*); der Schmerz hat sie um ihren V. gebracht *(hat sie wahnsinnig werden lassen);* das brachte sie wieder zu V. (geh.; *zur Vernunft*); ⋆ jmdm. steht der Verstand still/bleibt der Verstand stehen (ugs.; *etw. ist für jmdn. unbegreiflich*) · den Verstand verlieren *(um seinen klaren Verstand gebracht werden)* · nicht bei Verstand sein *(nicht normal, nicht vernünftig sein):* du bist wohl nicht ganz bei V., mich so anzuschreien! · etw. mit Verstand essen/trinken/rauchen o. ä. (ugs.; *etw. wegen seiner Qualität ganz bewusst genießen*).
verständig: er wird schon einlenken, er ist doch ein verständiger Mensch; verständige Worte; das Kind ist für sein Alter schon sehr v.; sie zeigten sich sehr v.
verständigen: 1. ⟨jmdn. [über etw. (Akk.)/von etw.] v.⟩ *von etw. in Kenntnis setzen:* er verständigte die Polizei über diesen Unfall, von diesem Vorfall; die Feuerwehr, der Arzt ist bereits verständigt.
2. ⟨sich mit jmdm. v.⟩ **a)** *sich verständlich machen:* ich konnte mich mit dem Engländer gut, nur über den Dolmetscher v.; ⟨auch ohne Präpositionalobjekt⟩ wir verständigten uns auf Englisch, durch Zeichen; sie mussten schreien, um sich zu v.; **b)** *sich einigen:* ich konnte mich mit ihm über alle strittigen Punkte v.; ⟨auch ohne Präpositionalobjekt⟩ die beiden Parteien/Gegner sollten sich v.
Verständigung, die: **1.** *Benachrichtigung:* die V. der Angehörigen, der Polizei, des Arbeitgebers.
2. a) *das Sich-verständlich-Machen:* die V. [am Telefon, mit ihm] war sehr schwierig; der Lärm machte jede V. unmöglich; **b)** *Einigung:* eine friedliche V.; eine V. suchen, erzielen; für die V. der Völker wirken; über diesen Punkt kam es zu keiner V., konnte keine V. erreicht/erzielt werden.
verständlich: 1. *gut hörbar, gut zu verstehen:* eine verständliche Sprache; der Redner sprach mit leiser, aber verständlicher Stimme; er murmelte einige kaum verständliche Worte; er spricht sehr klar und v.; ich musste schreien, um mich v. zu machen *(damit man mich hörte, verstand).*
2. *leicht zu begreifen:* ein leicht verständliches Buch; ein verständlicher Wink; der Vortrag ist schwer, kaum v.; eine Theorie v. darstellen; er versuchte, den Kindern das Gedicht v. zu machen *(zu erklären);* er machte ihr v. *(verdeutlichte ihr),* dass er aus Italien kommt.
3. *begreiflich:* ein verständlicher Wunsch; eine verständliche Reaktion, Sorge; eine verständliche *(plausible)* Erklärung; sein Verhalten ist durchaus v.; es ist v., wenn du nach diesem Vorfall nicht mehr kommst; seine Verärgerung ist mir durchaus v.
Verständnis, das: **1.** *das Begreifen:* man muss dem

Leser das V. eines so schweren Textes erleichtern; dies ist für das V. der weiteren Handlung/Entwicklung äußerst, sehr wichtig; im juristischen V. *(juristisch gesehen)* ist er kein Kind mehr. **2.** *Einfühlungsvermögen:* ihm geht jedes V. für Kunst ab; es fehlt ihm jedes V. für die Probleme der Studierenden; sie hat [durchaus] volles V., [absolut] kein V. für meine Entscheidung; das rechte V. für jmdn., etw. aufbringen; bei jmdm. V. finden; V. für etw. wecken; er zeigte viel, großes V. für die Sorgen der Bauern; die Lehrerin brachte ihren Schülern viel V. entgegen; bei jmdm. [mit etw.] auf kein V. stoßen; du kannst bei ihm auf V. rechnen; mit V. von seiner Seite ist hier nicht zu rechnen; wir bitten um V. [für die Verzögerung]; das Buch trägt zum V. unserer Kultur bei.

verstärken: 1. a) ⟨etw. v.⟩ *stärker, stabiler machen:* eine Mauer, einen Wall, einen Pfeiler, einen Träger v.; die Socken sind an den Fersen verstärkt; **b)** ⟨etw. [um etw.] v.⟩ *erweitern:* Polizeieinheiten, die Besatzung, die Wache, die Garnison v.; die Truppe wird auf 1 500 Mann verstärkt; ⟨etw. von etw. auf etw. v.⟩ das Team wird von zwölf auf fünfzehn verstärkt; ein verstärkter Chor. **2. a)** ⟨etw. v.⟩ *intensivieren:* den elektrischen Strom, die Spannung, den Druck v.; der Ton, seine Stimme wird durch die Lautsprecheranlage verstärkt; eine elektrisch verstärkte Gitarre; ÜBERTR.: seine Anstrengungen v.; der Eindruck wurde durch die Tatsache verstärkt, dass ...; diese Mitteilung verstärkte seine Vermutung zur Gewissheit; **b)** ⟨sich v.⟩ *stärker, intensiver werden:* der Druck verstärkt sich, wenn man das Ventil schließt; der Lärm hat sich verstärkt; ÜBERTR.: meine Zweifel haben sich verstärkt; ihr Eigensinn, ihr Misstrauen hat sich eher verstärkt als verringert; er will sich jetzt in verstärktem Maße darum kümmern; es herrscht eine verstärkte Nachfrage nach Neuwagen. **3.** (bes. Sport) **a)** ⟨etw. v.⟩ *leistungsfähiger machen:* eine Mannschaft, ein Team v.; der neue Spieler soll besonders die Abwehr v.; **b)** ⟨sich v.⟩ *leistungsfähiger werden:* die Mannschaft hat sich für die kommende Meisterschaft durch zwei neue Stürmer verstärkt.

Verstärkung, die: **1.** *das Stabilermachen:* die V. einer Mauer, der Fundamente; die Sturmschäden machten eine V. des Deiches notwendig; eine Säule zur, als V. aufstellen. **2. a)** *Erweiterung:* eine V. der Truppen, der Polizei ist dringend nötig; **b)** *Person, durch die etw. verstärkt wird:* die V. kam zu spät, traf rechtzeitig ein; V. anfordern, verlangen, heranziehen; die Wache rief V., erhielt keine V.; um V. bitten. **3.** *Erhöhung der Intensität:* die V. des Stroms, der Spannung; eine V. des Tons; ÜBERTR.: die V. der Zusammenarbeit zwischen beiden Ländern; man befürchtete eine V. seines Einflusses.

verstauben /vgl. verstaubt/: Bücher und Zeitschriften verstauben im Regal; ein verstaubtes

Aktenbündel; BILDL.: seine Romane verstauben in den Bibliotheken *(werden von niemandem gelesen).*

verstaubt: *überholt:* leicht verstaubte Ansichten; eine verstaubte Anschauung; seine Parolen sind, wirken schon sehr v.

verstauchen ⟨sich (Dat.) etw. v.⟩: sich den Fuß, das Bein, die Hand v.

verstauen ⟨jmdn., etw. irgendwo[hin] v.⟩: Bücher in Kisten, die Koffer im Wagen v.; die Schüler verstauen ihre Bücher in der/(seltener:) in die Schultasche; ⟨auch ohne Raumangabe⟩ habt ihr das Gepäck schon verstaut?; (scherzh.:) die Familie, die Kinder im Auto v.

verstecken ⟨jmdn., sich, etw. irgendwo v.⟩: wo hast du den Schlüssel versteckt?; sich hinter einem Baum, im Gebüsch v.; das Kind hat sich vor ihm versteckt; das Geld im Schreibtisch v.; er versteckte seine Hände auf dem Rücken; ⟨auch ohne Raumgabe⟩ die Beute sicher v.; das Eichhörnchen versteckt die Nüsse; Ostereier [für die Kinder] v.; ⟨jmdm. etw. v.⟩ sie versteckte ihm die Brille; ÜBERTR.: der gesuchte Brief hatte sich, war zwischen anderen Schriften versteckt *(war dort hingeraten);* er versteckte sich hinter den Vorschriften *(benutzte sie als Vorwand);* er versteckte seine Verlegenheit hinter einem Lächeln; ich hielt mich vor ihnen, die Beute im Wald versteckt; eine versteckte *(nicht leicht erkennbare)* Drohung, Gefahr; versteckte *(geheime)* Aktivitäten, Umtriebe; versteckte *(nicht offen ausgesprochene, heimliche)* Vorwürfe, Angriffe; SUBST.: die Kinder spielen Verstecken. ★ sich vor/(seltener:) neben jmdm. verstecken müssen, können (ugs.; *jmdm. in den Leistungen weit unterlegen sein)* · sich vor/neben jmdm. nicht zu verstecken brauchen (ugs.; *jmdm. ebenbürtig sein).*

verstehen: 1. ⟨jmdn., etw. v.⟩ *deutlich hören:* ich konnte alles, kein Wort, keine Silbe v.; die Rednerin war gut, schlecht, schwer zu v.; verstehst du, was er sagt?; du musst deutlicher sprechen, ich verstehe dich sonst nicht. **2. a)** ⟨jmdn., etw. v.⟩ *begreifen:* einen Gedankengang, einen Zusammenhang, eine Geste v.; hast du ihn, seine Ausführungen *(das, was er gesagt, vorgetragen hat)* verstanden?; ich kann ihn, sein Benehmen nicht v.; es ist schwer zu v. *(schwer begreiflich),* weshalb das gerade so sein soll; das verstehst du noch nicht; er hat nicht verstanden, worum es geht; das versteht doch kein Mensch *(das ist zu unklar, verworren o. ä.);* das verstehe [nun] einer!; ich verstehe Englisch, kann es aber kaum sprechen; ⟨auch ohne Akk.⟩ ja, ich verstehe!; /als barsche Aufforderung/: du bleibst hier, verstanden!/verstehst du!; **b)** ⟨jmdn., etw. irgendwie v.⟩ *auslegen:* hast du das richtig verstanden?; er hat deine Worte, dich anders/falsch verstanden; versteh mich bitte richtig, nicht falsch!; das ist symbolisch, als Aufforderung, als Kritik,

als Drohung zu v.; das ist in dem Sinne/so zu v., dass ...; wie soll ich das v.? *(wie ist das gemeint?)*; was verstehst du darunter?; unter Freiheit versteht jeder etwas anderes *(jeder legt den Begriff anders aus)*; das ist falsch verstandene *(hier nicht angebrachte)* Loyalität; ⟨auch ohne Akk.⟩ wenn ich recht verstehe, willst du nicht länger bleiben. **3. a)** ⟨jmdn., etw. v.⟩ *Verständnis für jmdn., etw. haben:* Fehler und Schwächen der anderen v.; keiner versteht mich, will mich v.; ich kann deinen Ärger, deine Reaktion sehr gut v.; sie verstand seinen Entschluss, nicht zu fliegen; dass er Angst hat, kann ich gut v.; ich verstehe nicht, wie man so leichtsinnig sein kann; eine Ausnahme gibt es nicht, das müssen Sie [schon] v. *(einsehen);* die Frau fühlt sich nicht verstanden; **b)** ⟨sich mit jmdm. [irgendwie] v.⟩ *[gut] auskommen:* ich verstehe mich sehr gut mit ihm; in dieser Frage verstehe ich mich [nicht] mit ihm; ⟨auch ohne Präpositionalobjekt⟩ die beiden verstehen sich prächtig, ausgezeichnet, nicht besonders, überhaupt nicht. **4. a)** ⟨etw. v.⟩ *gut können:* seinen Beruf, sein Handwerk, sein Fach, sein Geschäft, seine Kunst, seine Sache [gründlich] v.; eine Sprache v. *(beherrschen);* so viel Latein, so viel Französisch verstehen wir noch; sie versteht *(hat die Gabe)* zu genießen; ⟨etw. irgendwie v.⟩ der Vertreter versteht es meisterhaft, andere zu überzeugen; er hat es so gut gemacht, wie er es versteht; sie versteht es eben nicht besser (ugs.; *sie tut es nur aus Unbeholfenheit);* **b)** ⟨etw. von etw. v.⟩ *sich mit etw. auskennen:* er versteht viel, allerhand, (ugs.:) eine ganze Menge von Musik, von Literatur, von Politik; verstehst du etwas von Wein?; davon verstehst du nichts!; **c)** ⟨sich auf etw. (Akk.) v.⟩ *mit etw. Bescheid wissen; mit etw. gut umgehen können:* er versteht sich aufs Geschäftemachen, aufs Kochen, aufs Schreinern, auf diese Technik, auf Computer, auf Pferde. **5. a)** ⟨sich als jmdn. v.⟩ *sich als jmd. Bestimmtes sehen:* er versteht sich als Revolutionär; er will sich als Liberaler verstanden wissen; **b)** ⟨Kaufmannsspr.⟩ ⟨sich irgendwie v.⟩ *gemeint sein:* der Preis versteht sich mit/ohne Verpackung, mit Flasche, ab Werk;
★ **jmdm. etw. zu verstehen geben** *(jmdm. etw. aus bestimmten Gründen nicht direkt sagen, sondern nur andeuten)* · **sich [von selbst] verstehen** *(keiner ausdrücklichen Erwähnung bedürfen; selbstverständlich sein):* das tut er hilfe, versteht sich von selbst; /als verstärkende, bestätigende Formel/: sie fährt im eigenen Wagen − mit Chauffeur, versteht sich.
versteifen: **1.** ⟨etw. [durch etw./mit etw.] v.⟩ **a)** *steif, fest machen:* einen Kragen [mit einer Einlage] v.; **b)** *abstützen:* eine Mauer, eine Hängebrücke, eine Decke v.; einen Zaun durch/mit Latten v.
2. ⟨sich v.⟩ *steif werden:* das Gelenk, das Bein hat

sich vom langen Liegen versteift; ADJ. PART.: versteifte Glieder. **3.** ⟨sich v.⟩ *sich verstärken; unnachgiebiger werden:* der Widerstand der Rebellen versteifte sich; die Fronten haben sich noch mehr versteift. **4.** ⟨sich auf etw. (Akk.) v.⟩ *hartnäckig an etw. festhalten:* sich auf sein Recht v.; sich darauf v., Jura zu studieren.
versteigen /vgl. verstiegen/: **1.** ⟨sich [irgendwo] v.⟩ *sich beim Klettern verirren:* ich hatte mich in der Wand verstiegen. **2.** (geh.) ⟨sich zu etw. v.⟩ *sich etw. zu tun, zu denken erlauben:* sich zu übertriebenen Forderungen v.; er verstieg sich zu der Behauptung, dass ...
versteigern ⟨etw. an jmdn./irgendwie v.⟩: *durch Versteigerung verkaufen:* Kunstgegenstände, Gemälde, eine Bibliothek, einen Hof v.; Fundsachen öffentlich v.; die Sammlung wird nicht als Ganzes verkauft, sondern meistbietend/an den Meistbietenden versteigert.
Versteigerung, die: eine freiwillige, öffentliche V.; die V. eines Nachlasses ausschreiben, ansetzen, bekannt geben; auf, bei einer V. [mit]bieten; etw. auf/bei einer V. ersteigern; etw. durch V. verkaufen, zur V. geben; das Haus kam zur V. *(wurde versteigert).*
versteinern: **1.** *zu Stein werden:* Pflanzen, Tiere v.; das Holz ist im Laufe der Jahrtausende versteinert. **2.** (geh.) **a)** ⟨etw. v.⟩ *starr, unbewegt machen:* die Verzweiflung versteinerte seine Züge; **b)** ⟨sich v.⟩ *starr, unbewegt werden:* sein Lachen, seine Miene versteinert sich.
★ **wie versteinert [da]stehen, [da]sitzen, sein** o. ä. *(starr vor Schrecken, Entsetzen, Erstaunen o. Ä. stehen, sitzen, sein).*
verstellen: **1.** ⟨etw. [mit etw.] v.⟩ *versperren:* die Tür, einen Eingang v.; der Durchgang war mit Fahrrädern, die Einfahrt mit Kisten verstellt; der Wagen verstellt die Ausfahrt; ein Haus verstellt *(nimmt)* den Blick auf das Meer; ⟨jmdm. etw. v.⟩ er verstellte mir den Weg *(ließ mich nicht weitergehen).* **2. a)** ⟨etw. v.⟩ *an den falschen Platz stellen:* eine Uhr, die Zeiger v.; beim Abstauben waren die Bücher verstellt worden; **b)** ⟨etw. v.⟩ *die [Ein]stellung von etw. verändern:* einen Hebel, den Sitz, den Rückspiegel, die Blende, den Gürtel, das Notenpult v.; den Liegestuhl, die Höhe des Liegestuhls kann man v.; **c)** ⟨sich v.⟩ *eine andere Einstellung bekommen:* die Zündung hat sich verstellt. **3. a)** ⟨etw. v.⟩ *ändern, um zu täuschen:* die [Hand]schrift, die Stimme v.; **b)** ⟨sich v.⟩ *sich anders geben, als man ist:* du schläfst ja gar nicht, du verstellst dich nur; warum verstellt er sich dauernd?
verstiegen: ein verstiegener Idealist; verstiegene Ansichten, Erwartungen; seine Pläne sind viel zu

v., als dass sie Anklang finden könnten; das klingt alles etwas v.

verstimmen: 1. *die richtige Stimmung verlieren:* **a)** ⟨sich v.⟩ das Klavier verstimmt sich leicht bei Temperaturwechsel; eine verstimmte Gitarre; das Instrument ist verstimmt; **b)** (selten) der Flügel, die Geige verstimmt bei dieser Feuchtigkeit leicht. **2.** ⟨etw. v.⟩ *bewirken, dass etw. die richtige Stimmung verliert:* du hast an den Wirbeln gedreht und die Geige verstimmt. **3.** ⟨jmdn. v.⟩ *verärgern:* du hast ihn mit dieser Äußerung, mit dieser Bemerkung sichtlich verstimmt; seine Ablehnung verstimmte uns; sie war über die Absage, über den Vorfall etwas verstimmt; verstimmt verließ er die Versammlung; ÜBERTR.: ein verstimmter *(leicht verdorbener)* Magen; die Börse ist verstimmt (Börsenw. Jargon; *reagiert negativ auf ein Ereignis).*

verstockt (abwertend): ein verstockter Mensch; der Angeklagte war, zeigte sich v.; sei nicht so v.!; sie blieb, schwieg v.

verstohlen: ein verstohlenes Lächeln; er warf ihr verstohlene Blicke zu; jmdn. v. ansehen, betrachten, mustern; er steckte ihm v. etwas zu.

verstopfen 1. a) ⟨etw. [mit etw.] v.⟩ *zustopfen:* ein Loch, eine Öffnung v.; die Fugen, die Ritzen mit Papier v.; die Toilette mit Abfällen v.; ⟨sich (Dat.) etw. [mit etw.] v.⟩ ich musste mir bei dem Lärm die Ohren mit Watte v.; **b)** ⟨etw. v.⟩ *unpassierbar machen:* Küchenabfälle hatten den Ausguss verstopft; die Autos verstopfen die Straßen; eine verstopfte Düse; die Leitung ist verstopft; meine Nase ist verstopft *(voller Nasenschleim);* verstopft sein (ugs.; *keinen Stuhlgang haben);* ÜBERTR.: die Straßen sind [von Fahrzeugen] verstopft; enge, von Müllsäcken verstopfte Gassen. **2.** *unpassierbar werden:* die Toilette verstopft leicht; ÜBERTR.: die Straßen verstopfen immer mehr.

verstört: ein durch diese schrecklichen Erlebnisse völlig verstörter Mensch; verstörte Blicke; verstörte Reden führen; sie war von dem plötzlichen Tod ihres Mannes ganz, tief, völlig v.; v. antworten.

Verstoß, der: ein grober, schwerer, leichter, kleiner V.; ein V. gegen die Ordnung, gegen das Gesetz, gegen die öffentliche Moral, gegen die Regeln des Anstandes; ein V. gegen die grammatischen Regeln; die Verstöße gegen die Verkehrsordnung häufen sich; der geringste, kleinste V. wird geahndet, bestraft.

verstoßen: 1. ⟨jmdn. v.⟩ *ausstoßen:* er hat seine Tochter [aus dem Elternhaus], den Sohn wegen seiner politischen Einstellung verstoßen. **2.** ⟨gegen etw. v.⟩ *etw. übertreten:* gegen das Gesetz, gegen die Vorschrift, gegen die Disziplin, gegen die Gebote v.; sie hat mit diesem Vorgehen gegen die Spielregeln, gegen alle Tabus verstoßen; das verstößt gegen den guten Geschmack.

verstreichen: 1. ⟨etw. [mit etw.] v.⟩ **a)** *zustreichen:* einen Riss, eine Fuge v.; das Loch in der Wand mit Gips v.; **b)** ⟨etw. [irgendwo] v.⟩: *streichend verteilen:* die Butter auf dem Brot v.; die Farbe mit dem Pinsel v.; **c)** ⟨etw. v.⟩ *streichend verbrauchen:* wir haben viel Farbe verstrichen. **2.** (geh.) *vergehen:* die Zeit verstreicht schnell; Stunden waren ungenutzt verstrichen; wir dürfen die Frist nicht v. lassen; sie ließ noch eine Weile v., ehe sie antwortete.

verstreuen: 1. ⟨etw. [irgendwo] v.⟩ **a)** *unabsichtlich ausstreuen:* Salz, Mehl v.; sie hat die Streichhölzer auf dem Boden verstreut; **b)** *streuend verteilen:* Asche auf dem vereisten Fußweg v.; eine Hand voll Körner für die Vögel v. **2.** *streuend verbrauchen:* im Winter einen Zentner Vogelfutter v. **3.** ⟨etw. irgendwo v.⟩ *da und dort verteilen:* er hat seine Kleider, die Kinder haben die Spielsachen im ganzen Zimmer verstreut; Papiere lagen verstreut auf dem Boden; ÜBERTR.: verstreute *(weit auseinander liegende)* Gehöfte, Ortschaften; in verschiedenen Zeitschriften verstreute Aufsätze.

verstricken: 1. a) ⟨sich v.⟩ *beim Stricken einen Fehler machen:* bei diesem Muster habe ich mich immer wieder, nicht ein einziges Mal verstrickt. **b)** ⟨etw. [zu etw.] v.⟩ *beim Stricken verbrauchen:* ich habe schon fast die ganze Wolle verstrickt; die Wolle wurde zu Pullovern verstrickt; **c)** ⟨sich irgendwie v.⟩ *beim Stricken aufgebraucht werden:* diese Wolle verstrickt sich gut, schnell. **2.** (geh.) ⟨jmdn., sich in etw. (Akk.) v.⟩ *verwickeln:* jmdn. in ein Gespräch v.; er hat sich in Widersprüche, in Lügen verstrickt; er ist in Schuld verstrickt.

verstümmeln: 1. ⟨jmdn. v.⟩ *schwer verletzen und entstellen:* der Mörder hatte sein Opfer [mit dem Messer] verstümmelt; bei dem Unfall wurden mehrere Fahrgäste entsetzlich, bis zur Unkenntlichkeit verstümmelt; eine verstümmelte Hand, Leiche. **2.** ⟨etw. v.⟩ *in [sinn]entstellender Wise verkürzen:* einen Text, eine Meldung, jmds. Namen v.

verstummen (geh.): *aufhören zu sprechen, zu singen o. ä.:* vor Entsetzen v.; das Gespräch, sein Gesang, die Musik verstummte; die Glocken, die Vögel verstummten; der Motor, der Lautsprecher verstummte plötzlich; ÜBERTR.: der Dichter ist verstummt *(hat aufgehört zu schreiben);* der Klatsch ist endlich verstummt *(hat aufgehört);* SUBST.: jmdn. zum Verstummen bringen.

Versuch, der: **a)** *Bemühen:* ein kühner, aussichtsloser, verzweifelter, missglückter, kostspieliger V.; seine ersten lyrischen Versuche *(Gedichte);* der erste, letzte V.; es war ein gewagter V., aus dem Gefängnis zu entfliehen; dieses Gedicht ist nur ein bescheidener V.; der V. einer strafbaren Handlung; der V. ist gelungen, misslungen, gescheitert, fehlgeschlagen; niemand weiß, wie der

V. ausgeht; alle Versuche blieben erfolglos; ich will noch einen V. mit ihm, mit dem Gerät machen *(ich will es mit ihm, mit dem Gerät noch einmal versuchen)*; ich machte den vergeblichen V., ihn umzustimmen; es käme auf einen V. an *(man müsste es nur einmal probieren)*; beim Weitsprung hat jeder Teilnehmer sechs Versuche (Sport; *sechsmal die Möglichkeit, die Übung auszuführen*); beim dritten V. erreichte er seine neue Bestleistung im Hochsprung; **b)** *Experiment:* ein chemischer, physikalischer V.; ein V. im Labor, am lebenden, toten, ungeeigneten Objekt; einen V. vorbereiten, anstellen, abbrechen, auswerten; er macht Versuche an Tieren; aus einem V. lernen; das Vorhaben ist in den Versuchen stecken geblieben; die Versuche mit Kernwaffen einstellen, stoppen. **versuchen: 1. a)** ⟨etw. v.⟩ *wagen:* sein Bestes, das Letzte, das Äußerste, das Unmögliche v.; wenn es dort nicht zu haben ist, dann versuchen Sie es doch in einem Fachgeschäft; ich versuchte zu fliehen, zu leugnen, mich herauszureden, mich zu befreien; zu fliehen, zu leugnen, sich zu befreien v.; er versuchte, sie bei den Händen zu fassen; sie versuchte vergeblich, ihn auf diese Weise zu trösten; lass mich mal v. *(ausprobieren),* ob der Schlüssel passt, ob ich es schaffe; etw. immer wieder, von neuem v.; wenn das nicht hilft, versuch es doch einmal mit Kamillentee!; er hat es mit allen Mitteln versucht; wir wollen es noch einmal v. *(wollen noch einmal versuchen, miteinander auszukommen);* der Chef will es mit ihm [noch einmal] v. *(will ihm die Gelegenheit geben, sich zu bewähren);* **b)** ⟨etw. v.⟩ *sich um etw. bemühen:* sie versuchte, das Klavierspielen zu erlernen, die Schrift zu entziffern; **c)** ⟨sich an, auf, in etw. (Dat.) v.⟩ *sich an etw. heranwagen:* verschiedene Schriftsteller haben sich schon an diesem Thema versucht; sie versuchte sich an einem Roman, auf der Flöte, in diesem Beruf, in der Malerei. **2.** ⟨etw. v.⟩ *kosten:* eine Vorspeise, den Wein v.; hast du schon den Kuchen versucht?; ⟨auch ohne Akk.⟩ willst du mal [davon] v.?; ✶ versucht sein/sich versucht fühlen, etw. zu tun *(die starke Neigung verspüren, etw. zu tun).* **Versuchung,** die: dieses Angebot war eine große V. für ihn; den Versuchungen nachgeben, erliegen, unterliegen; er war dort vielen Versuchungen ausgesetzt; ich konnte der V. nicht widerstehen, das Kleid zu kaufen; ich war schon in V., dich anzurufen *(ich hätte dich fast angerufen);* jmdn. in [die] V. bringen, etw. zu tun; sie kam, geriet, fiel in [die] V., den Schmuck zu behalten; man soll niemanden in V. führen *(in die Versuchung bringen, etwas Unrechtes zu tun);* mit der V. kämpfen. **versumpfen: 1.** *sumpfig werden:* der Teich versumpft immer mehr; das Ufer, der Boden ist völlig versumpft; ÜBERTR.: sie wollten in dem Kaff nicht v. *(geistig verkümmern).* **2.** (ugs.) *unsolide werden:* in der Großstadt v.;

letzte Nacht sind wir völlig versumpft *(haben lange gefeiert und viel getrunken).* **versüßen** ⟨jmdm., sich etw. v.⟩: sich das Leben v.; er wollte ihm mit dieser Abfindung die Entlassung v. **vertagen: a)** ⟨etw. v.⟩ *aufschieben:* eine [Gerichts]verhandlung, eine Sitzung, eine Konferenz v.; die Beratungen auf die kommende Woche, bis auf weiteres, wegen Terminschwierigkeiten v.; eine Aktion v.; **b)** ⟨sich v.⟩ *beschließen, eine Sitzung o. Ä. zu verschieben:* der Landtag, das Gericht hat sich [auf einen späteren Termin] vertagt. **vertauschen: a)** ⟨etw. v.⟩ *irrtümlich mitnehmen:* jmds. Hut v.; wir haben unsere Mäntel vertauscht; die Schirme wurden im Restaurant vertauscht; **b)** ⟨etw. mit etw. v.⟩ *auswechseln:* er hat seinen Platz mit meinem vertauscht; der Maler vertauschte den Pinsel mit der Feder *(wurde Schriftsteller);* Köln mit Bonn v. *(von Köln nach Bonn ziehen);* ⟨auch ohne Präpositionalobjekt⟩ in dem Theaterstück vertauschen Herr und Diener ihre Rollen. **verteidigen: 1.** ⟨jmdn., sich, etw. v.⟩ *vor Angriffen schützen:* eine Stadt, eine Festung, eine Stellung, die Grenze, das Land, das Eigentum v.; sein Leben, seine Freiheit, die Demokratie v.; du hast dich tapfer, bis aufs Äußerste verteidigt; die Dorfbewohner verteidigten sich gegen die plündernden Soldaten; er hat sich mit bloßen Fäusten verteidigt; (Sport:) das Tor, den Strafraum v.; ⟨auch Akk.⟩ wer verteidigt *(spielt als Verteidiger)* im Spiel gegen England?; die Mannschaft musste in den letzten Minuten mit aller Kraft v. **2. a)** ⟨jmdn., sich, etw. v.⟩ *für jmdn., etw. eintreten:* seine Thesen, seinen Standpunkt hartnäckig v.; der Abgeordnete verteidigte die Politik der Regierung; der Minister verteidigte sich in seiner Rede geschickt gegen die Angriffe der Opposition; er verteidigte lebhaft seine Frau; **b)** ⟨jmdn. v.⟩ *vor Gericht vertreten:* er wurde von einer guten Anwältin verteidigt. **3.** (Sport) ⟨etw. v.⟩ *sich bemühen, einen Titel zu behalten:* seinen Titel v.; die Mannschaft konnte den Vorsprung bis zum Ende v. **Verteidigung,** die: **1.** *das Verteidigen:* eine wirksame, nukleare V.; die V. einer Stadt, der Grenzen, des Luftraums; zur V. der Heimat bereit sein; der Minister für V.; (Sport:) die Mannschaft konzentrierte sich ganz auf die V. **2. a)** *das Sichverteidigen; Rechtfertigung:* eine geschickte, kluge, schwache, kraftlose, wortreiche V.; er ist in der V., wurde immer mehr in die V. gedrängt; zu seiner V. brachte sie vor, machte sie geltend, dass ...; **b)** *Vertretung vor Gericht:* die V. des Angeklagten liegt in den Händen eines guten Anwalts; die Anwältin übernahm die V., lehnte die V. ab, ist mit der V. des Angeklagten beauftragt; das Recht auf V.; **c)** *Verteidiger bei Gericht:* was hat die V. dazu zu sagen?; die V. zog ihren Antrag

zurück; auf Antrag der V. wurden neue Zeugen vorgeladen.
3. (Sport) *Abwehr:* die V. konnte den gegnerischen Sturm nicht halten, war sehr unsicher; er spielt jetzt in der V.
verteilen: 1. ⟨etw. v.⟩ *austeilen:* Vorräte, die Lebensmittel, die Geschenke v.; er verteilte Flugblätter an die Passanten; der Spielleiter verteilt die Rollen; ein Stück in verteilten Rollen lesen; Lob und Tadel v.
2. ⟨jmdn., etw. irgendwo[hin] v.⟩ *aufteilen:* die Ladung gleichmäßig auf beide Achsen v.; der Wirt verteilte die Portionen auf die einzelnen Tische; die Flüchtlinge wurden auf drei Lager verteilt; die Salbe gleichmäßig auf der/auf die Haut v.; ⟨auch ohne Raumangabe⟩ der Maler verteilt Licht und Schatten im richtigen Verhältnis.
3. ⟨sich irgendwo[hin] v.⟩ *sich verbreiten:* die Gäste verteilten sich auf die verschiedenen Räume, an die einzelnen Tische; die Polizei hatte sich über den Platz verteilt; man muss gut rühren, damit sich der Farbstoff in der gesamten Masse verteilt; b) *verbreitet sein:* die Hälfte der Bevölkerung lebt in Großstädten, der Rest verteilt sich auf das übrige Land; die Filialen der Bank sind in der ganzen Stadt verteilt.
Verteilung, die: 1. *das Aus-, Verteilen:* eine gerechte V. der Subventionen, der Spenden, der Lebensmittel, der Hilfsgüter; die V. der Aufgaben, der Befugnisse; er wurde bei der V. verbotener Schriften ertappt.
2. *Art und Weise, in der sich etw. verteilt o. ä.:* die V. von Land und Wasser auf der Erdkugel.
3. *Art und Weise, in der etw. verteilt o. ä. ist:* der Stoff findet sich darin in feinster V.;
⋆ **etw. zur Verteilung bringen** (nachdrücklich; *etw. verteilen, austeilen*) · **zur Verteilung kommen/gelangen** (nachdrücklich; *verteilt, ausgeteilt werden*).
verteuern: a) ⟨etw. v.⟩: *teurer machen:* die steigenden Transportkosten verteuern die Waren um 2 Prozent; b) ⟨sich [um etw.] v.⟩ *teurer werden:* die Lebensmittel verteuern sich durch den Transport, haben sich um durchschnittlich 3 Prozent verteuert.
verteufelt (ugs.): a) *unangenehm:* eine verteufelte Angelegenheit; /oft mit dem Unterton [widerstrebender] Anerkennung/: ein verteufelter *(toller)* Kerl; b) ⟨verstärkend bei Adjektiven und Verben⟩ *sehr, überaus:* eine v. schwierige Aufgabe; das ist v. wenig; sie spielt v. gut; es riecht ganz v. nach Benzin.
vertiefen: 1. a) ⟨etw. [um etw.] v.⟩ *tiefer machen:* ein Loch, einen Graben um einen halben Meter v.; (Musik:) Ces ist das um einen Halbton vertiefte C.; b) ⟨sich v.⟩ *tiefer werden:* die Falten in ihrem Gesicht haben sich vertieft; ÜBERTR.: die Kluft zwischen den Parteien hat sich immer mehr vertieft.
2. a) ⟨etw. v.⟩ *verstärken:* dieser Vorfall vertiefte ihre Abneigung gegen ihn; der Präsident wollte

durch seinen Besuch die Freundschaft zwischen den beiden Völkern v.; er suchte seine Kenntnisse, sein Wissen zu v.; zu einem vertieften Verständnis von etw. gelangen; b) ⟨etw. v.⟩ *intensiver behandeln:* das will ich jetzt nicht weiter v.; den Lehrstoff, das bereits Gelernte noch v.; c) ⟨sich v.⟩ *sich intensivieren:* sein Hass, ihre Freundschaft vertiefte sich; alle Zeichen deuten auf eine sich rasch vertiefende Konjunkturschwäche.
3. ⟨sich in etw. (Akk.) v.⟩ *sich mit etw. intensiv beschäftigen:* sich in seine Zeitung, in ein Buch, in die Lektüre eines Buches v.; er war in Gedanken, in den Anblick des Bildes, in ein Gespräch mit einem Freund vertieft; ich war so in meine Arbeit vertieft, dass ich ihn nicht bemerkte.
vertilgen ⟨etw. v.⟩: a) *beseitigen:* Ungeziefer, Insekten, Unkraut v.; b) (ugs. scherzh.) *ganz aufessen:* die Kinder haben den Kuchen restlos vertilgt.
Vertrag, der: ein langfristiger, [un]gültiger, befristeter, fester, mehrjähriger V.; ein V. auf drei Jahre, zwischen den beiden Partnern; der V. ist amtlich beglaubigt, rechtskräftig, null und nichtig; die Verträge sind, treten in Kraft; am Ende der Saison läuft der V. aus; einen V. mit jmdm. [ab]schließen, machen; einen V. annehmen, unterschreiben, unterzeichnen, einhalten, brechen, verletzen; sie haben einen V. über die Nutzung der Ölvorkommen abgeschlossen; ich halte mich an den Wortlaut des Vertrages; kraft des Vertrags; er ist an den V. gebunden; auf einem V. bestehen; ich berief mich auf den V.; jmdn. aus seinem V. entlassen; ein V. aufnehmen, machen; ich sind das dazu verpflichtet; einen Künstler unter V. nehmen (Jargon; *mit ihm einen Arbeits-, Produktionsvertrag abschließen*); die Schauspielerin steht, ist bei der Filmgesellschaft unter V. (Jargon; *hat einen Vertrag mit der Filmgesellschaft*); jmdn. unter V. haben (Jargon; *jmdn. vertraglich an sich gebunden haben*); von einem V. zurücktreten.
vertragen: 1. a) ⟨etw. v.⟩ *ertragen:* diese Pflanze verträgt viel Nässe, kann [keine] Sonne v.; sie kann viel v.; ich vertrage dieses Klima nicht; Rauch, Lärm, Aufregungen schlecht v.; ein Medikament gut, nicht v.; mein Magen verträgt, ich vertrage keine fetten Speisen *(sie bekommen mir nicht);* sie verträgt nichts, keinen Alkohol (ugs.; *bereits eine kleine Menge Alkohol macht sie betrunken);* ÜBERTR.: jetzt könnte ich einen Schnaps v. (ugs.; *würde gerne einen Schnaps trinken, hätte einen nötig);* b) (ugs.) *hinnehmen:* [keinen] Widerspruch, [keine] Kritik v. [können]; er kann diese ständigen Streitereien, Nörgeleien nicht v. *(sie sind mir zuwider);* er verträgt keinen Spaß *(ist leicht gekränkt);* er vertrug es nicht, dass sie immer das letzte Wort haben wollte.
2. a) ⟨sich mit jmdm. v.⟩ *gut auskommen:* ich habe mich mit meinem Bruder immer [gut] vertragen; sich mit keinem v. *(über kurz oder lang Streit bekommen);* ⟨auch ohne Präpositionalob-

V

jekt⟩ könnt ihr euch denn nicht v.?; [Kinder,] vertragt euch [wieder]; ÜBERTR.: die beiden Farben vertragen sich nicht (ugs.; *passen nicht zueinander*); b) ⟨sich mit etw. v.⟩ *vereinbar sein:* das verträgt sich nicht mit seiner Stellung; damit verträgt sich aber die Tatsache schlecht, dass …
vertraglich: *durch Vertrag geregelt:* die vertragliche Kündigungsfrist beträgt sechs Wochen; etw. v. vereinbaren, festsetzen, abmachen, regeln, zusichern, garantieren; sich v. an einen Anbieter, an einen Zulieferer binden; v. gebunden sein; zu etw. v. verpflichtet sein.
verträglich: 1. *bekömmlich:* eine gut verträgliche Kost; das Essen/der Wein ist leicht, das Medikament ist schwer v. 2. *umgänglich:* ein verträglicher Mensch; die Jugend ist heute ganz v. 3. *vereinbar:* eine ökologisch, sozial verträgliche Maßnahme; wirtschaftlich v. sein.
vertrauen /vgl. vertraut/ ⟨jmdm., etw./auf jmdn., etw. v.⟩: *sich verlassen:* seinem Freund, auf seinen Freund [blind, blindlings] v.; habe ihr rückhaltlos, in jeder Weise vertraut; jmds. Worten, jmds. Zusagen v.; auf Gott, auf sein Glück v.; er vertraute seinem Können/auf sein Können, seinem Gefühl/auf sein Gefühl v.
Vertrauen, das: ein festes, gegenseitiges, starkes, unerschütterliches, unbegrenztes, grenzenloses, blindes V.; das V. ist erschüttert, zerstört, geschwunden; ich habe großes V. zu ihm, zu seinen Fähigkeiten; auf/in jmdn. großes V. setzen *(jmdm. vertrauen);* er hat das [in ihn gesetzte] V. gerechtfertigt; jmdm. V. schenken, entgegenbringen; wir danken Ihnen für das uns erwiesene, bewiesene V.; dem Kanzler, der Regierung das V. aussprechen, entziehen *(ein Misstrauens-, Vertrauensvotum abgeben);* zu jmdm. V. fassen; jmds. V. gewinnen, besitzen, genießen, täuschen, missbrauchen; ich muss v. mir erst noch V. erwerben; wir wollen sein V. nicht enttäuschen; der neue Mitarbeiter erweckt V., verdient unser V.; nach diesem Vorfall hat sie das V. zu ihm verloren, hat sie ihm das V. entzogen; sie haben mein vollstes V.; er hat wenig V. zu sich selbst; jmdm. einen Beweis seines Vertrauens geben; jmdn. seines Vertrauens würdigen (geh.; *jmdm. vertrauen*); er ist ein Mann seines Vertrauens *(dem er voll vertraut);* ein Wort im V.; jmdm. etw. im V. sagen *(vertraulich mitteilen);* im V. gesagt, ich halte nicht viel davon; jmdn. ins V. ziehen *(jmdm. etw. anvertrauen);* etw. voll V. beginnen; Ⓡ V. gegen V.; V. ist gut, Kontrolle ist besser.
vertraulich: 1. *geheim:* eine vertrauliche Information, Mitteilung, Unterredung, Besprechung; ein Brief mit vertraulichem Inhalt; was ich Ihnen jetzt sage, ist streng v.; etw. auf Wunsch v. behandeln *(nicht weitererzählen);* jmdm. etw. v. sagen, mitteilen. 2. *freundschaftlich; intim:* ein vertrauliches Gespräch führen; das vertrauliche Du; in vertrauli-

chem Ton miteinander sprechen; v. miteinander umgehen; er wandte sich v. an sie.
Vertraulichkeit, die: 1. *Diskretion:* wir können Ihnen V. zusichern; der Anspruch des Kunden auf V. 2. *Vertrautheit:* die V. der Liebenden. 3. ⟨meist Plural⟩ *Zudringlichkeit:* sich plumpe, ungehörige, dreiste Vertraulichkeiten erlauben, herausnehmen; bitte keine Vertraulichkeiten!
verträumt: a) *lebensfremd:* ein verträumtes Kind; er ist zu v., um sich durchzusetzen; v. lächeln; b) *idyllisch:* ein verträumtes Dörfchen; der Ort ist noch ganz v., liegt v. in einem Tal.
vertraut: a) *eng befreundet:* ein vertrauter Freund; etw. im vertrauten Kreis aussprechen; mit jmdm. vertrauten Umgang haben, auf vertrautem Fuß leben; sie sind, tun sehr v. miteinander; SUBST.: der Vertraute des Kanzlers; er ist sein Vertrauter; b) *gut bekannt:* eine vertraute Erscheinung; er fühlte sich wohl in der vertrauten Umgebung; ein vertrautes Gesicht *(ein Bekannter);* diese Lieder sind mir seit meiner Kindheit v.; sie ist mit der Materie gut v. *(kennt sie gut);* sich mit der Arbeit v. machen *(sich einarbeiten);* ich muss mich erst mit dem Computer, mit den neuen Gerät v. machen *(damit umzugehen lernen);* mit diesem Gedanken musst du dich v. machen *(du musst dich daran gewöhnen).*
vertreiben: 1. a) ⟨jmdn., etw. v.⟩ *zum Verlassen eines Ortes zwingen:* die Menschen aus ihren Häusern, aus der Heimat, von Haus und Hof v.; ich wollte Sie nicht von Ihrem Platz v. *(ich wollte Sie nicht veranlassen wegzugehen, aufzustehen);* hoffentlich habe ich Sie jetzt nicht vertrieben *(gehen Sie jetzt nicht meinetwegen weg)?*; ÜBERTR.: sie hat mit ihrer Unfreundlichkeit die Kundschaft vertrieben; b) ⟨ein Tier v.⟩ *wegjagen, verscheuchen:* Fliegen v.; der Lärm hat das Wild vertrieben; die Hühner aus dem Garten v.; ÜBERTR.: der Wind vertreibt die Wolken *(treibt sie weg);* das Fieber, den Husten, den Schnupfen v.; der Kaffee wird deine Müdigkeit v.; ihre Fröhlichkeit hat seine Sorgen, seine schlechte Laune v. 2. ⟨etw. v.⟩ *im Großen verkaufen:* Waren, Bücher [massenhaft] v.; er vertreibt seine Produkte auf Jahrmärkten, auf Messen, in Warenhäusern; der Verlag vertreibt die Zeitungen in alle Länder/in allen Ländern der Erde; dieser Artikel wird nur vom Fachhandel, vom Versandhandel vertrieben.
vertreten: 1. a) ⟨jmdn. v.⟩ *jmds. Stelle einnehmen:* eine erkrankte Kollegin v.; er vertritt den Minister in seinem Amt; die beiden Ärzte vertreten sich/(geh.:) einander während ihres Urlaubs; während, in seiner Abwesenheit wird er von einem Kollegen vertreten; der Minister lässt sich von seinem Staatssekretär v. *(schickt ihn an seiner Stelle);* b) ⟨jmdn., etw. v.⟩ *jmds. Interessen, Rechte wahrnehmen:* ein Unternehmen, eine Firma, eine Institution v.; die Interessen der Ar-

beiter, der Belegschaft, der Studierenden v.; ein bekannter Rechtsanwalt vertritt ihn [im Prozess, vor Gericht]; er vertritt sein Land als Diplomat bei der UNO; die Sportlerin vertritt ihr Land bei der Weltmeisterschaft; die Abgeordneten vertreten ihren Wahlkreis im Parlament; ÜBERTR.: Professorin Maier vertritt *(lehrt)* an der Universität das Fach Anorganische Chemie; **c)** ⟨etw. v.⟩ *für eine Firma Waren vertreiben:* eine Firma, ein Geschäftshaus v.; er vertritt mehrere Verlage im süddeutschen Raum; unsere Produkte werden in Italien durch eine Tochtergesellschaft, von einer Tochtergesellschaft vertreten. **2.** ⟨nur in einer zusammengesetzten Zeitform in Verbindung mit *sein*⟩: es waren einige Repräsentanten des Staates vertreten *(anwesend);* die Anhänger der Partei waren bei der Versammlung [zahlenmäßig] stark, schwach vertreten *(viele, wenige Anhänger waren anwesend);* die Singvögel sind hier vor allem durch die Finken vertreten *(von den Singvögeln gibt es hier besonders die Finken);* von den Lyrikern ist in dieser Anthologie nur Rilke vertreten; mehr als 30 Künstler sind bei dem Festival, bei/in der Ausstellung mit ihren Arbeiten vertreten; diese Bilder sind in mehreren Ausstellungen vertreten *(sind dort ausgestellt).* **3.** ⟨etw. v.⟩ *für etw. eintreten:* einen Grundsatz, eine These, eine Ansicht, eine Meinung v.; er vertrat die Auffassung, man müsse jetzt handeln; eine Richtung in der Kunst v. *(zu einer Richtung gehören);* er vertritt eine Politik der Mäßigung; kannst du das [wirklich, mit ganzem Herzen, mit gutem Gewissen] v.? *(kannst du dafür wirklich einstehen?);* seine Sache selbst v.; diese hohen Ausgaben sind nicht zu v. *(kann man nicht verantworten);* wer hat diese Anordnung zu v.? *(wer ist dafür verantwortlich?).* **4.** ⟨sich (Dat.) etw. v.⟩ *verstauchen:* ich habe mir den Fuß vertreten.

Vertreter, der: **1. a)** *Stellvertreter:* er kommt als V. des Präsidenten; bei Kankheit, im Urlaub ist er sein V. [im Amt]; einen V. suchen, stellen; zum V. bestimmt werden; **b)** *Interessenvertreter; Repräsentant:* die Abgeordneten als gewählte V. des Volkes; V. des Staates, der Kirche, der Wissenschaft, von Parteien und anderen Organisationen; der V. des Klägers, der Anklage; der diplomatische V. *(Diplomaten);* er ist ein V. des Expressionismus; er sprach mit führenden Vertretern der Wirtschaft; einen V. bestellen, beauftragen. **2. a)** *Handelsvertreter:* ein guter, glänzender, gewandter, schlechter V.; er ist V. einer Versicherung, für Waschmaschinen; **b)** *Anhänger:* er ist ein konsequenter, eifriger, fanatischer V. seiner Lehre; **c)** (ugs. abwertend) *nicht vertrauenswürdiger Mensch:* das ist ein übler, (iron.:) feiner, (iron.:) sauberer V.!

Vertretung, die: **1. a)** *Stellvertretung:* die V. eines erkrankten Kollegen übernehmen; er nahm in V. des Chefs an der Sitzung teil; /bei Unterschriften/: in

V.; jmdn. mit der V. beauftragen, betrauen; der Anwalt übernahm die V. des Angeklagten bei, vor Gericht *(vertrat ihn vor Gericht);* **b)** *Person, die jmdn. vertritt:* der Arzt hat zurzeit eine V.; wir suchen für vier Wochen eine V.; er ist die V. für den Hausmeister. **2.** *Delegation; Interessenvertretung:* die Vertretungen der einzelnen Staaten bei der UNO; eine konsularische, ständige, offizielle V.; eine diplomatische V. *(Mission)* im Ausland. **3.** (Sport) *delegierte Mannschaft:* die deutsche V. bei den Weltmeisterschaften konnte sich sehen lassen. **4. a)** *Handelsvertretung:* er übernimmt, hat eine V. für Staubsauger; **b)** *Handelsniederlassung:* eine V. im süddeutschen Raum eröffnen.

vertrinken ⟨etw. v.⟩: er hat seinen Lohn, sein ganzes Geld vertrunken.

vertrocknen: der Baum vertrocknet; die Quelle, der Brunnen, das Flussbett ist vertrocknet *(hat kein Wasser mehr);* vertrocknetes Gras; vertrocknetes Brot; ÜBERTR.: ein vertrockneter *(unlebendiger, fantasieloser)* Mensch.

vertrödeln (ugs. abwertend) ⟨etw. v.⟩: wir vertrödeln die Zeit [mit Plaudern].

vertrösten ⟨jmdn. v.⟩: er hat den Gläubiger noch einmal vertröstet; sie wurde auf später, auf unbestimmte Zeit vertröstet; jmdn. von einem Tag zum anderen v.

vertun: 1. ⟨etw. v.⟩ *vergeuden:* er hat sein ganzes Geld, seine Zeit vertan; all ihre Mühe war vertan *(vergeblich);* eine vertane *(nicht genutzte)* Gelegenheit. **2.** (ugs.) ⟨sich v.⟩ *sich irren:* sich beim Rechnen, beim Eintippen v.

vertuschen ⟨etw. v.⟩: der Betrug, der Schwindel ließ sich nicht v.; der Minister wollte den Skandal v.

verübeln ⟨jmdm. etw. v.⟩: *übel nehmen:* man hat ihm sein Verhalten [oft, mit Recht] sehr verübelt; du darfst es mir nicht verübeln, dass ich so gehe; ihr wurde sehr verübelt, dass sie ihn öffentlich angegriffen hat.

verüben ⟨etw. v.⟩: *ausführen:* einen Mord, einen Anschlag, ein Attentat, einen Einbruch v.; Selbstmord v.; er hat an seinem Partner Betrug verübt.

verunglücken: 1. *einen Unfall erleiden:* auf dem Weg zur Arbeit, bei der Arbeit, im Betrieb, mit dem Auto, schwer, lebensgefährlich, tödlich v.; beim Aufstieg aufs Matterhorn verunglückten vier Bergsteiger; der Zug ist verunglückt; der verunglückte Fahrer; SUBST. PART.: die Verunglückten wurden sofort ins Krankenhaus eingeliefert. **2.** (ugs. scherzh.) *misslingen:* das Bild ist etwas verunglückt; ⟨jmdm. v.⟩ die Torte ist ihr völlig verunglückt; eine verunglückte Rede, Feier.

verunreinigen ⟨etw. v.⟩: **a)** (geh.) *beschmutzen:* den Fußboden, seine Kleider v.; **b)** *verschmutzen:* Abwässer verunreinigen die Seen, das Grundwasser; die Luft wird durch die Emissionen der Fabriken verunreinigt; verunreinigtes Trinkwasser.

V

verunstalten ⟨jmdn., etw. v.⟩: mit dieser Frisur verunstaltest du ihn, dich; der Anbau hat das Schloss verunstaltet; die Narbe verunstaltet sie, ihr Gesicht.

veruntreuen (Rechtsw.) ⟨etw. v.⟩: der Angestellte hat Gelder, Wertpapiere veruntreut; veruntreutes Geld, Gut.

verursachen ⟨etw. v.⟩: das Unwetter verursachte große Schäden; Kosten, einen Unfall, viel Arbeit, erheblichen Lärm v.; er verursachte durch seine Bemerkung großen Ärger; durch Unachtsamkeit einen Unfall v.; ⟨jmdm. etw. v.⟩ dieses Problem hat mir manches Kopfzerbrechen verursacht.

verurteilen: 1. ⟨jmdn. zu etw. v.⟩ *gerichtlich für schuldig erklären und bestrafen:* jmdn. zu einer Geldstrafe, zu Gefängnis, zu einem Jahr/zu drei Monaten [Gefängnis], zu einer dreimonatigen Haftstrafe v.; er wurde in Abwesenheit zum Tod verurteilt; ⟨auch ohne Präpositionalobjekt⟩ man hat ihn wegen Fahrerflucht verurteilt; ÜBERTR.: das Unternehmen war zum Scheitern verurteilt *(musste zwangsläufig misslingen);* er war zum Schweigen verurteilt *(musste schweigen);* zur Bedeutungslosigkeit verurteilt sein. **2.** ⟨jmdn., etw. v.⟩ *vollständig ablehnen:* ein Benehmen, jmds. Methoden aufs Schärfste v.

vervielfachen: 1. a) ⟨etw. v.⟩ *um das Vielfache vermehren:* das Angebot, die Produktionsmenge, der Umsatz ist in den letzten Jahren vervielfacht worden; **b)** ⟨sich v.⟩ *sich um das Vielfache vermehren:* der Gewinn, die Anzahl der Bewerber hat sich vervielfacht. **2.** ⟨etw. mit etw. v.⟩ *multiplizieren:* drei mit fünf v.

vervielfältigen: 1. ⟨etw. v.⟩ *kopieren:* einen Text, ein Dokument, ein Flugblatt, einen Brief, eine Skizze v.; Gene, das Erbmaterial v. **2.** (geh.) ⟨etw. v.⟩ *vermehren:* seine Anstrengungen, seine Bemühungen v. **3.** ⟨sich v.⟩ *sich vermehren:* die Anforderungen hatten sich vervielfältigt.

vervollkommnen: a) ⟨etw. v.⟩ *besser, vollkommen machen:* das Verfahren ist weiter vervollkommnet worden; sie ist ständig bemüht ihr Wissen, ihre Kenntnisse durch Kurse/in Kursen zu v.; **b)** ⟨sich v.⟩ *sich verbessern, vollkommen werden:* sie will sich in den Fremdsprachen, im Gesang v.; die Methode, sein Geschmack hat sich mit der Zeit vervollkommnet.

vervollständigen: a) ⟨etw. v.⟩ *vollständig machen:* er konnte seine Sammlung v.; ein neuer Schreibtisch vervollständigte die Zimmereinrichtung; diese Aussage vervollständigt das Bild von den Vorgängen *(rundet es ab);* **b)** ⟨sich v.⟩ *vollständig werden:* die Sammlung vervollständigt sich langsam.

¹verwachsen: 1. *zuwachsen:* **a)** die Wunde ist gut, leicht, schnell verwachsen; Risse in der Baumrinde verwachsen; **b)** ⟨sich v.⟩ die Narbe hat sich verwachsen. **2.** ⟨mit etw./(selten:) in etw. (Dat.), zu etw. v.⟩ zu-

sammenwachsen: ein Organ, ein Blatt ist mit dem anderen v.; die Kelchblätter verwachsen langsam miteinander; die Blätter sind zu einem Kelch verwachsen; ÜBERTR.: er ist mit dem Unternehmen, mit dem Geschäft, mit seiner Arbeit, mit seiner Familie, mit dieser Materie sehr verwachsen; sie sind zu einer Gemeinschaft verwachsen. **3.** (landsch.) ⟨etw. v.⟩: *aus etw. herauswachsen:* die Kinder haben ihre Kleider schon wieder verwachsen.

²verwachsen: 1. *schief gewachsen:* ein verwachsener Mensch; er hat ein verwachsenes Bein. **2.** *überwuchert:* ein verwachsener Garten; der Weg ist völlig v.

³verwachsen (Skisport): *falsches Wachs auftragen:* **a)** beim Abfahrtsrennen hatten alle Läufer unserer Mannschaft verwachst; **b)** ⟨sich v.⟩ er verlor, weil er sich verwachst hatte.

verwackeln (ugs.) ⟨etw. v.⟩: eine Aufnahme v.; verwackeltes Bild; das Foto ist verwackelt.

verwahren (geh.): **1.** ⟨etw. [irgendwo] v.⟩ *sicher aufbewahren:* Schriften, Zeichnungen, Papiere im Safe v.; die kostbaren Gegenstände werden im Museum hinter Glas verwahrt; die Dokumente müssen sorgfältig verwahrt werden. **2.** ⟨sich gegen etw. v.⟩ *protestieren:* ich verwahre mich entschieden gegen diese Verdächtigungen, Anschuldigungen.

verwahrlosen: *sittlich v.;* die Jugendlichen verwahrlosen in diesem Milieu; er lässt sein Haus, seinen Garten völlig v.; verwahrloste Jugendliche; sie wurde in völlig verwahrlostem Zustand aufgegriffen; ihre Wohnung ist total verwahrlost.

Verwahrung, die: **1.** *das Verwahren:* er übernahm die V. der kostbaren Stücke nur ungern; jmdm. etw. in V. geben *(von jmdm. aufbewahren lassen);* Wertsachen in V. nehmen, in V. halten/haben. **2.** (Rechtsw.) *zwangsweise Unterbringung einer Person an einem Ort:* die V. einer Jugendlichen anordnen. **3.** *Protest:* gegen eine Anschuldigung V. einlegen.

verwalten ⟨etw. v.⟩: gut, schlecht, geschickt, treulich v.; Gelder, einen Nachlass, die Kasse, ein Haus v.; eine Gemeinde, ein Gut v.; die Jugendlichen verwalten ihr Jugendzentrum selbst; die Geschäfte v. *(versehen);* ein Amt v. *(innehaben).*

Verwaltung, die: **1.** *das Verwalten:* die V. eines Vermögens; er übernimmt die V. des Hauses; jmdm. mit der V. eines Nachlasses, einer Stiftung betrauen; er hat die Kasse in eigener V.; unter staatlicher V. stehen. **2.** *Verwaltungsapparat:* die öffentliche, staatliche V.; die V. arbeitet unrationell; er ist in der V. tätig.

verwandeln: 1. a) ⟨jmdn., etw. v.⟩ *völlig ändern:* der Tod ihrer Eltern, das Erlebnis verwandelte sie völlig; ich fühle mich wie verwandelt; der Schnee hat die ganze Landschaft verwandelt; **b)** ⟨sich v.⟩ *sich völlig ändern:* seit dem Tod ihres Vaters hat sie sich sehr verwandt; die Szene verwandelt sich *(das Bühnenbild wird umgebaut).* **2. a)** ⟨jmdn., etw. in jmdn., etw. v.⟩ *zu jmd., etw. anderem werden lassen:* die Hexe hat den Prinzen im Märchen in ein Tier, in einen Stein verwandelt; die Wohnung in ein Büro v.; das Erdbeben verwandelte die Stadt in einen Trümmerhaufen; Wasser in Dampf, Energie in Bewegung v.; ÜBERTR.: sie haben die drohende Niederlage noch in einen Sieg verwandelt; **b)** ⟨sich in jmdn., etw. v.⟩ *zu jmd., etw. anderem werden:* das Mädchen hat sich inzwischen in eine junge Dame verwandelt; der Frosch verwandelte sich im Märchen in einen Prinzen; der Detektiv verwandelte sich in einen *(verkleidete sich als)* Anstreicher; die Bäche hatten sich in reißende Ströme verwandelt; seine Zuneigung verwandelte sich in Hass. **3.** (Sport) ⟨etw. v.⟩ *zu einem Tor, Erfolg, Sieg nutzen:* einen Freistoß, einen Matchball v.; er verwandelte den Elfmeter [zum 1:0]; ⟨auch ohne Akk.⟩ der eingewechselte Spieler verwandelte zum 2:0.

verwandt: 1. *zur gleichen Familie gehörend; von gleicher Abstammung:* verwandte Personen, Tierarten, Pflanzen; ⟨v. mit jmdn.⟩ mit jmdm. nahe, entfernt, weitläufig, durch Heirat, im dritten/ vierten Grad, um mehrere Ecken, um drei Ecken v. sein; die beiden sind [nicht] miteinander v.; ÜBERTR.: verwandte *(auf gemeinsamen Ursprung zurückgehende)* Völker, Sprachen; die Wörter sind etymologisch v.; ÜBERTR.: SUBST.: eine nahe, entfernte Verwandte meiner Familie, von mir; keine Verwandten haben; die Verwandten besuchen, einladen. **2.** *ähnlich, gleichartig:* verwandte Bestrebungen, Anschauungen, Erscheinungen; seine Ideen, seine Vorstellungen sind denen der Antike v.; er ist ihm geistig, sie sind sich wesensmäßig v.; ⟨v. mit etw.⟩ diese Wissenschaften, diese Fachgebiete sind miteinander v.

Verwandtschaft, die: **1. a)** *das Verwandtsein, gleiche Abstammung:* zwischen ihnen bestand keine V.; jmds. V. feststellen; **b)** *alle Verwandten:* zur Hochzeit hatten wir die ganze V. eingeladen; wir haben eine große V.; zur V. gehören. **2.** *Ähnlichkeit, Gleichartigkeit:* die V. des Geistes, der Seele; zwischen den beiden Plänen, Problemen besteht eine gewisse V.

verwaschen: a) *durch häufiges Waschen verblichen:* ein verwaschenes Hemd; verwaschene Jeans; das Kleid ist schon sehr v., sieht v. aus; **b)** *verwischt, blass:* verwaschene Muster, Inschriften; die Farben, die Linien sind ganz v.; das Rot sieht sehr v. aus; ÜBERTR.: verwaschene *(unklare)* Vorstellungen, Formulierungen.

verwässern ⟨etw. v.⟩: **1.** *mit zu viel Wasser vermischen:* Milch, Wein v.; du hast den Whisky ganz verwässert; etw. schmeckt verwässert. **2.** *die Wirkung, Aussagekraft abschwächen:* eine philosophische Lehre v.; der Film wurde durch unnötige Einschübe verwässert; die Rede wurde verwässert wiedergegeben.

verwechseln: a) ⟨jmdn., etw. [mit jmdm., etw.] v.⟩ *für jmd. anderen, etw. anderes halten:* mit wem verwechseln Sie mich?; sie verwechselte ihn mit seinem Zwillingsbruder, mit einem früheren Kollegen; das Salzfass mit dem Zuckerstreuer v.; die Telefonnummer v.; SUBST.: sich zum Verwechseln ähnlich sehen; **b)** ⟨jmdn., etw. v.⟩ *irrtümlich mitnehmen, verwenden:* die Namen v.; Begriffe, Daten, verschiedene Dinge v.; »mir« und »mich«, »scheinbar« und »anscheinend« v.; er hat die beiden Mäntel verwechselt; die beiden kann man doch gar nicht v.

verwegen: *ein verwegener Bursche; ein verwegener (tollkühner) Gedanke; sein Plan ist äußerst v.; v. reiten.*

verwehen: 1. ⟨etw. v.⟩ **a)** *wegwehen:* der Sturm hat die Blätter, den Rauch verweht; **b)** *zuwehen:* der Wind hat die Spur im Sand verweht; mit/vom Schnee verwehte Wege. **2.** (dichter.) *sich verlieren:* seine Worte, die Melodien, die Klänge der Glocken sind verweht; ÜBERTR.: sein Zorn, seine Trauer verwehte.

verwehren (geh.) ⟨jmdm. etw. v.⟩: jmdm. den Eintritt zu etw., die Benutzung von etw. v.; man kann ihm die Teilnahme an der Feier nicht v.; man kann ihm nicht v., an der Feier teilzunehmen; ÜBERTR.: die Häuser haben ihm den Ausblick, die Sicht verwehrt *(hat den Ausblick, die Sicht behindert).*

verweigern: 1. a) ⟨etw. v.⟩ *ablehnen:* vor Gericht die Aussage v.; der Soldat verweigerte den Gehorsam, den Dienst, den Befehl; eine Antwort v.; der Kranke verweigerte zwei Tage die Nahrung[saufnahme] *(aß nichts);* er hat den Wehrdienst verweigert; die Annahme einer Sendung v.; /Vermerk auf Postsendungen/: Annahme verweigert; **b)** ⟨jmdm. etw. v.⟩ *nicht gewähren:* jmdm. eine Auskunft, eine Unterredung, die Zahlung, die Zulassung, die Genehmigung v.; die Behörden verweigerten die Ausreise, das Visum; man hat ihm verweigert, das Haus zu betreten. **2.** (Reitsport) *(von Pferden) vor einem Hindernis scheuen:* das Pferd hat zweimal am Rick verweigert.

verweilen (geh.): **1.** ⟨bei jmdm., irgendwo v.⟩ *bleiben:* an jmds. Krankenbett, bei jmdm. als Gast v.; nur kurze Zeit an einem Ort, in einer Stadt v.; er verweilte kurz an der Tür und horchte; SUBST.: jmdn. zum Verweilen auffordern; ÜBERTR.: ihr Blick verweilte lange auf seinem Gesicht; bei einem Thema, bei einem Gedanken v.; **b)** ⟨sich v.⟩ *sich aufhalten:* ich will mich nicht länger, nicht lange v.; sich ein paar Tage bei Freunden v.

Verweis, der: **1.** *Tadel:* ein milder, strenger, schwerer V.; jmdm. einen V. geben, erteilen; einen V. bekommen, erhalten, (ugs.:) einstecken müssen; das trug mir einen V. ein. **2.** *Textverweis:* ein V. auf ein anderes Buch, Kapitel, Stichwort; der V. stimmt nicht; zahlreiche Verweise anbringen.

verweisen: 1. (geh.) ⟨jmdm. etw. v.⟩ *verbieten:* die Mutter verwies dem Mädchen seine Verhaltensweise. **2. a)** ⟨jmdn. auf etw. (Akk.) v.⟩ *auf etw. hinweisen:* den Leser auf eine frühere Stelle, auf eine Seite des Buches v.; der Beamte verwies mich auf die gesetzlichen Bestimmungen, auf die Vorschriften; das Schild verweist auf eine Einfahrt; **b)** ⟨jmdn., etw. an jmdn., etw. v.⟩ *veranlassen, sich an jmdn., etw. zu wenden:* als ich mich beschwerte, verwies man mich an den Abteilungsleiter; der Kunde wurde an die Geschäftsleitung verwiesen; den Fall an die zuständige Instanz v. (Rechtsw.; *übergeben).* **3.** ⟨jmdn. etw. (Gen.)/aus etw., von etw. v.⟩ *hinausweisen:* jmdn. der Schule/von der Schule, des Saales/aus dem Saal v.; der Spieler wurde des Platzes/vom Platz verwiesen *(bekam einen Platzverweis);* der Verurteilte wurde des Landes verwiesen. **4.** (Sport) ⟨jmdn. auf etw. (Akk.) v.⟩ *veranlassen, dass jmd. hinter einem selbst platziert wird:* sie hat ihre Konkurrentin auf den zweiten Platz verwiesen.

verwelken: die Blumen verwelken schon; verwelkte Rosen; ÜBERTR.: ein verwelktes Gesicht; verwelkte Schönheit; ihr Ruhm ist verwelkt.

verwenden: 1. a) ⟨etw. [für etw., zu etw.] v.⟩ *benutzen, anwenden:* seine Mittel gut, sinnvoll, schlecht v.; er verwendete/verwandte das Lehrbuch im Unterricht; er hat in seinem Text schon viele Fremdwörter verwendet/verwandt; wir verwenden für die Zubereitung der Speisen nur beste Zutaten; davon ist nichts [mehr] zu v.; **b)** ⟨etw. auf etw. (Akk.)/für, zu etw. v.⟩ *aufwenden:* seine Energie auf etw. v.; er hat viel Zeit, Mühe, Sorgfalt auf diese Arbeit verwendet/verwandt; sein Geld zu/für etw. v.; **c)** ⟨etw. v.⟩ *nutzen, verwerten:* hier kann sie ihr Englisch gut v.; etw. zu seinem Nutzen v. **2.** (geh.) ⟨sich für jmdn., etw. v.⟩ *sich einsetzen:* er verwandte/(seltener:) verwendete sich beim Direktor für ihn; ich werde mich dafür v., dass er befördert wird.

Verwendung, die: **1.** *Gebrauch:* die sinnvolle, zweckmäßige, nutzbringende, regelmäßige, einseitige, zwecklose V. eines Mittels, von Geldern; ich habe für ihn, dafür keine V. *(kann ihn, es nicht gebrauchen);* ich habe für alles V. *(ugs.; kann alles brauchen);* V. finden *(verwendet werden).* **2.** *Fürsprache:* ich bekam das auf seine V. hin.

verwerfen /vgl. verworfen/: **1.** ⟨etw. v.⟩ *aufgeben:* eine Lehre, eine Theorie, einen Vorschlag v.; der Schriftsteller verwarf den Plan, den Entwurf, die Erzählung wieder; das Gericht verwarf die Klage, die Berufung, die Revision, die Beschwerde, den Antrag (Rechtsw.; *lehnte die Klage usw. als unbe-*

rechtigt *ab);* eine Handlungsweise v. (geh.; *als verwerflich ablehnen).* **2.** ⟨sich v.⟩ *eine Spielkarte falsch ausgeben:* du hast dich beim Geben verworfen. **3.** ⟨sich v.⟩ *sich verziehen:* die Bretter, die Türen, die Rahmen haben sich verworfen; die Gesteinsschichten verwerfen sich (Geol.; *werden gegeneinander verschoben).*

verwerflich (geh.): *eine verwerfliche Handlung, Tat;* solche Mittel sind äußerst v.

verwerten ⟨etw. v.⟩: *eine Erfindung nutzbringend, praktisch, kommerziell v.;* Anregungen, Erfahrungen, Ideen v.; den Stoff dramatisch v.; Reste, Abfälle [noch zu etw.] v. können; davon lässt sich/ist nichts [mehr] zu v.

verwesen: /von toten Körpern/: *der Kadaver verwest;* die Leichen begannen zu v., waren schon stark verwest.

Verwesung, die: die V. war schon eingetreten, weit fortgeschritten; der Körper ist bereits in V. übergegangen.

verwickeln: 1. a) ⟨etw. v.⟩ *durcheinander bringen, verwirren:* du hast die Schnur, die Leine verwickelt; das Garnknäuel ist verwickelt; **b)** ⟨sich v.⟩ *durcheinander kommen, sich verfangen:* die Fäden haben sich verwickelt; das Seil des Ballons hatte sich in Geäst verwickelt; ÜBERTR.: sie hatte sich bei ihren Aussagen in Widersprüche verwickelt. **2.** ⟨jmdn. in etw. (Akk.) v.⟩ *hineinziehen:* er wurde, war in eine Affäre, in eine Schlägerei, in einen Streit, in einen Skandal, in einen Prozess verwickelt; die Truppen waren in schwere Kämpfe verwickelt; jmdn. in ein Gespräch v. *(ein Gespräch mit jmdm. anknüpfen).*

verwickelt: *kompliziert:* ein verwickeltes Verfahren; diese Geschichte ist sehr v.; der Fall liegt recht v.

verwildern: 1. *als Wildtier leben; zur Wildnis werden:* Hunde verwildern leicht; Pflanzen verwildern; der Park verwildert völlig; ein verwildertes Haustier; eine verwilderte Wiese. **2.** (geh.) *in einen unkultivierten Zustand zurückfallen:* die jungen Burschen verwilderten immer mehr; eine verwilderte Sprache; verwilderte Sitten.

verwinden ⟨etw. v.⟩: *eine Enttäuschung, einen Verlust, eine Kränkung nicht v. können;* er hat es noch nicht verwunden, dass er übergangen wurde/dass sie ihn verlassen hat.

verwirken (geh.) ⟨etw. v.⟩: *seine Freiheit, seine Rechte v.;* er hat sein Leben verwirkt *(muss eine Schuld durch den Tod sühnen);* er hat ihre Gunst, ihre Sympathie, ihr Vertrauen verwirkt.

verwirklichen: 1. ⟨etw. v.⟩ *in die Wirklichkeit umsetzen:* einen Plan, eine Absicht, eine Idee, einen Traum v.; der Politiker konnte die Ziele der Partei v.; das Projekt lässt sich nicht v. **2. a)** ⟨sich v.⟩ *Wirklichkeit werden:* seine Träume, seine Hoffnungen haben sich nicht verwirklicht;

V

b) ⟨sich in etw. (Dat.) v.⟩ *seine Erfüllung finden:* der Mensch verwirklicht sich in seiner Arbeit; ⟨auch ohne Präpositionalobjekt⟩ jetzt habe ich die Möglichkeit, mich selbst zu v.

verwirren /vgl. verworren/: **1. a)** ⟨etw. v.⟩ *in Unordnung bringen:* die Fäden v.; der Wind verwirrt das Haar; verwirrte Haare; **b)** ⟨sich v.⟩ *in Unordnung kommen:* das Garn verwirrt sich. **2. a)** ⟨jmdn., etw. v.⟩ *unsicher machen:* die Fragen, die Zwischenrufe verwirrten den Redner; diese Meldung hat mich ganz verwirrt; seine Gegenwart verwirrte sie; ⟨jmdn. etw. v.⟩ die schrecklichen Erlebnisse haben ihm die Sinne, den Geist verwirrt *(haben ihn verstört);* eine verwirrende Fülle von Waren, von Eindrücken; verwirrend für jmdn. sein; er war von ihrem Anblick ganz verwirrt; **b)** ⟨sich v.⟩ *in Unordnung geraten:* seine Gedanken verwirrten sich.

Verwirrung, die: **1.** *Durcheinander:* es entstand, herrschte eine allgemeine V.; [mit etw.] große V. anrichten, stiften, hervorrufen; sich in einem Zustand geistiger V. *(Verstörtheit)* befinden. **2.** *Unsicherheit:* jmdn. in V. bringen; sie geriet durch diese Bemerkung vollkommen in V.; in seiner V. vergaß er alles.

verwischen: a) ⟨etw. v.⟩ *verschmieren:* die Tinte, die Farben v.; die Unterschrift war verwischt; **b)** ⟨etw. v.⟩ *beseitigen:* die Spuren eines Verbrechens v.; der unangenehme Eindruck wurde wieder verwischt; **c)** ⟨sich v.⟩ *undeutlich werden:* die Konturen, die Grenzen, die sozialen Unterschiede verwischen sich.

verwittern: das Gestein, der Baum, das Gebäude verwittert; die Mauern der Burg sind schon stark verwittert; BILDL.: ein verwittertes *(zerfurchtes)* Gesicht.

verwöhnen /vgl. verwöhnt/⟨jmdn. v.⟩: **a)** *zu nachgiebig erziehen:* ein Kind v.; der Sohn ist sehr, maßlos verwöhnt; **b)** *jmdm. jeden Wunsch erfüllen:* er hat seine Frau [mit Geschenken] verwöhnt; ich lasse mich gerne v.; ÜBERTR.: das Schicksal hat uns nicht verwöhnt.

verwöhnt: *anspruchsvoll:* ein verwöhntes Kind; ein verwöhnter Gaumen, Geschmack; die Zigarre für den verwöhnten Kenner; ich bin im Essen nicht sehr verwöhnt.

verworfen (geh.): *charakterlich verkommen:* ein verworfener Tyrann; v. handeln.

verworren: *wirr und unklar:* verworrene Ausführungen; die Rede, die politische Lage war reichlich v.; seine Aussage hörte sich recht v. an.

verwunden ⟨jmdn. v.⟩: jmdn. leicht, schwer, tödlich v.; am Arm verwundet werden; er wurde an der Front, bei einem Angriff, im Krieg verwundet; die verwundeten Soldaten wurden weggebracht; SUBST.: die Verwundeten pflegen; ÜBERTR.: jmdn. mit Worten [schwer, zutiefst] v.

verwunderlich: das ist sehr v.; was ist daran so v.?; die Sache schien mir höchst v.; ich finde es nicht weiter v., wenn/dass er heute nicht kommt.

verwundern: a) ⟨sich über etw. (Akk.) v.⟩ *sich wundern:* er verwunderte sich über ihr Benehmen, über seine Entscheidung; **b)** ⟨jmdn. v.⟩ *wundern:* das verwundert mich gar nicht, nicht im Geringsten; es verwundert ihn, dass sie gar nichts dazu sagte; dass er weggeht, ist nicht zu v. *(ist nicht verwunderlich);* mit verwunderten Blicken; verwundert den Kopf schütteln.

verwünschen ⟨jmdn., etw. v.⟩: sein Schicksal, sein Geschick v.; sie verwünschte den Tag, an dem sie ihm begegnet war; dieses verwünschte *(unerfreuliche)* Zusammentreffen!; /Ausruf des Unwillens/: verwünscht, dass ich ihm begegnen musste!

Verwünschung, die: laute Verwünschungen ausstoßen; er brach in heftige Verwünschungen aus.

verwurzelt: ⟨in der Verbindung⟩ **in etw. (Dat.)/irgendwo verwurzelt sein** *(eine feste Bindung an etw. haben):* sie war tief im christlichen Glauben, in der Tradition, in dieser Gegend v.

verwüsten ⟨etw. v.⟩: der Sturm, das Erdbeben, die Überschwemmung hat weite Teile des Landes verwüstet; Hooligans haben mehrere Geschäfte verwüstet; die Stadt wurde im Krieg verwüstet.

verzagen (geh.): er wollte schon v., als er endlich ein Angebot erhielt; der Kranke war völlig verzagt.

verzapfen ⟨etw. v.⟩: **1.** (Fachspr.) *durch Zapfen verbinden:* Balken, Bretter v. **2.** (ugs. abwertend) *reden:* wer hat diesen Unsinn, Schwachsinn, Blödsinn, Quatsch, Mist verzapft?

verzaubern: 1. ⟨jmdn. [in jmdn., etw.] v.⟩ *durch Zauber verwandeln:* die Hexe verzauberte die Kinder in Vögel. **2.** ⟨jmdn. v.⟩ *der Wirklichkeit entrücken:* der Anblick, die Musik hat uns alle verzaubert; er hatte sie mit seinem Spiel verzaubert.

verzehren: 1. (geh. od. Fachspr.) ⟨etw. v.⟩ *[auf]essen:* seine Brote, das Mittagessen v.; der Gast hat nichts, viel verzehrt. **2.** (geh.) ⟨jmdn., etw. v.⟩ *völlig verbrauchen:* der Kummer, der Gram verzehrt sie; diese Arbeit, die Krankheit hat ihre Kräfte völlig verzehrt; das verzehrende Feuer der Liebe; verzehrende Leidenschaften. **3.** (geh.) ⟨sich v.; mit Umstandsangabe⟩ *innerlich sehr an etw. leiden:* sich vor Sehnsucht v.; er verzehrt sich in Liebe zu ihr.

verzeichnen: 1. ⟨etw. v.⟩ *notieren:* die Wäsche, das Inventar, die Preise v.; die Namen sind in der Liste verzeichnet; ÜBERTR.: Fortschritte wurden nicht verzeichnet *(wurden nicht erzielt);* er hatte große Erfolge zu v. *(hatte viel Erfolg);* es sind drei Todesfälle zu v. (be·klagen). **2. a)** ⟨etw. v.⟩ *falsch zeichnen:* auf diesem Bild ist die Hand völlig verzeichnet; **b)** ⟨jmdn., etw. v.⟩ *entstellt darstellen:* der Autor hat in seinem Roman die historischen Persönlichkeiten, die sozialen Verhältnisse verzeichnet.

Verzeichnis, das: ein [un]vollständiges, lückenhaftes, alphabetisches, amtliches V.; ein V. aufstellen, führen, vorlegen; sie legte ein V. der neu eingegangenen Bücher, von allen Büchern an; dieser Gegenstand ist in dem V. enthalten, aufgeführt, wurde nicht ins V. aufgenommen; etw. in ein V. eintragen.

verzeihen ⟨etw. v.⟩: ein Unrecht v.; so etwas ist nicht zu v.; /Höflichkeitsformeln/: verzeihen Sie bitte die Störung!; verzeihen Sie, dass/wenn ich störe; ⟨auch ohne Akk.⟩ verzeihen Sie bitte! *(ich bitte um Entschuldigung);* verzeihen Sie bitte, können Sie mir sagen, wie spät es ist?; ⟨jmdm., sich etw. v.⟩ jmdm. eine Kränkung v.; diese Äußerung wird sie mir nie verzeihen; das sei dir [noch einmal] verziehen; ich kann es mir nicht v., dass ... **Verzeihung,** die: (geh.:) jmds. V. erlangen; (geh.:) jmdm. V. gewähren; jmdn. um V. bitten; /Höflichkeitsformel/: V.!; V., ich habe mich geirrt. **verzerren: 1. a)** ⟨etw. v.⟩ *entstellen:* das Gesicht, den Mund [vor Schmerz] v.; Schreck, Angst verzerrte ihre Züge; die Linse, der Spiegel verzerrte ihre Figur; die Stimmen auf dem Tonband klangen sehr verzerrt *(auf unangenehme Weise verändert);* **b)** ⟨sich v.⟩ *sich verziehen:* das Gesicht verzerrte sich vor Wut, zu einer Grimasse. **2.** ⟨sich (Dat.) etw. v.⟩ *durch zu starkes Dehnen verletzen:* ich habe mir eine Sehne, einen Muskel verzerrt. **3.** ⟨etw. v.⟩: **a)** *nach der Länge, Breite überdehnen:* dieser Spiegel verzerrt die Gestalt; das Fernsehbild war merkwürdig verzerrt; **b)** *verfälschen:* er verzerrte in seinem Artikel die tatsächlichen Verhältnisse völlig; sie gab ein verzerrtes Bild, eine verzerrte Darstellung von den Vorfällen. **verzetteln: 1.** ⟨etw. v.⟩ *auf einzelne Zettel schreiben:* Wörter v.; die neuen Bücher müssen genau verzettelt werden. **2. a)** ⟨etw. [an etw. (Akk.)/mit etw.] v.⟩ *für unwichtige o. ä. Dinge verbrauchen:* er verzettelte sein Geld, seine Arbeitskraft an unbedeutende Projekte, mit unnützen Dingen; **b)** ⟨sich in etw. (Akk.)/mit etw. v.⟩ *wegen Nebensächlichkeiten zu nichts Wichtigem kommen:* du verzettelst dich mit deinen Hobbys, in Einzelheiten. **Verzicht,** der: ein freiwilliger V.; der V. auf diese Reise fällt mir schwer; einen V. fordern; seinen V. auf etw. erklären; V. leisten, üben *(verzichten);* er ist bereit zum V. **verzichten** ⟨auf jmdn., etw. v.⟩: auf sein Recht, auf seinen Anteil, auf eine Belohnung, auf die Teilnahme v.; auf ein Amt v.; ich verzichte auf deine Hilfe *(brauche sie nicht;* als Ausdruck der Ablehnung); darauf kann ich gut und gerne v.; auf die Anwendung von Gewalt v. *(Gewalt nicht anwenden wollen);* auf ihre Mitarbeit können wir nicht v.; auf ihre Gesellschaft müssen wir heute v.; Sie müssen leider auf mich v.; ⟨auch ohne Präpositionalobjekt⟩ ich verzichte freiwillig. **verziehen: 1. a)** ⟨etw. v.⟩ *verzerren:* den Mund angewidert, zynisch, schmerzlich v.; sie verzog das

Gesicht vor Schmerz, zu einer Grimasse; die Männer verzogen keine Miene; **b)** ⟨sich v.⟩ *sich verzerren:* sein Gesicht verzog sich schmerzlich, zu einem Lächeln, zu einem breiten Grinsen, zu einer Grimasse. **2. a)** (selten) ⟨etw. v.⟩ *aus der Form bringen:* die Feuchtigkeit hat die Türrahmen verzogen; das Kleid ist ganz verzogen; **b)** ⟨sich v.⟩ *die ursprüngliche Form verlieren:* der Pullover, das Kleid hat sich [beim Waschen] verzogen; die Tür, das Holz hat sich durch die Feuchtigkeit verzogen. **3. a)** *umziehen:* er ist in eine andere Stadt, nach Zürich, schon vor sechs Jahren verzogen; /Vermerk auf unzustellbaren Postsendungen/: Empfänger, Adressat verzogen; **b)** ⟨sich v.⟩ *allmählich verschwinden:* der Nebel, das Gewitter verzieht sich; der Schmerz hat sich verzogen *(ist abgeklungen);* **c)** (ugs.) ⟨sich v.⟩ *sich entfernen:* ich verzieh mich, wenn die Tante kommt; sie verzog sich ins Badezimmer; verzieh dich! (salopp; *verschwinde!).* **4.** ⟨jmdn. v.⟩ *falsch erziehen:* sie hat ihre Kinder verzogen. **5.** (Landw.) ⟨etw. v.⟩ *vereinzeln:* junge Pflanzen, Rüben v. **verzieren** ⟨etw. v.⟩: eine Decke mit Stickereien, einen Schrank mit Schnitzereien v.; eine Torte v. **verzinsen: a)** ⟨etw. irgendwie v.⟩ *Zinsen für etw. zahlen:* die Bank verzinst das Geld mit 3 Prozent; **b)** ⟨sich irgendwie v.⟩ *Zinsen bringen:* das Kapital verzinst sich gut, mit/zu 6 Prozent. **verzögern: a)** ⟨etw. [um etw.] v.⟩ *hinausschieben:* die Unterrichtung der Presse v.; er hat seine Abreise verzögert; der strenge Winter hat die Baumblüte um drei Wochen verzögert; **b)** ⟨etw. v.⟩ *verlangsamen:* er verzögerte den Schritt; die Mannschaft versuchte, das Spiel zu v.; durch Arbeitskräftemangel wurde der Bau des Werkes verzögert; **c)** ⟨sich [um etw.] v.⟩ *später als vorgesehen geschehen:* die Fertigstellung des Manuskripts verzögert sich; seine Ankunft hat sich um zwei Stunden verzögert. **Verzug,** der: die Sache duldet keinen V. *(ist dringend);* bei V. der Zahlung werden Zinsen berechnet; mit etw. im V. *(zeitlich im Rückstand)* sein; es ist Gefahr im V./Gefahr ist im V. *(es droht unmittelbar Gefahr);* er ist mit den Steuern in V. *(zeitlich in Rückstand)* geraten, gekommen; das wird ohne V. *(sofort)* ausgeführt. **verzweifeln:** er wollte schon v., als sich schließlich doch kein Ausweg zeigte; nur nicht v.!; es besteht kein Grund zu v.; sie war ganz verzweifelt, machte ein verzweifeltes Gesicht; SUBST.: mit ihm, mit seiner Faulheit ist es [schier, wirklich] zum Verzweifeln *(er, seine Faulheit ist unerträglich);* ⟨an etw. (Dat.) v.⟩ am Leben, an den Menschen, am Gelingen des Plans, an seinem Talent, an einer Arbeit v.; ⟨über etw. (Akk.) v.⟩ man könnte v. über so viel Ignoranz, über so viel Unverstand!

V

verzweifelt: 1. *hoffnungslos:* er war in einer verzweifelten Lage.
2. a) *von äußerstem Einsatz zeugend:* ein verzweifelter Kampf ums Überleben; sie machte verzweifelte Anstrengungen; b) (ugs.) ⟨verstärkend bei Adjektiven und Verben⟩ *sehr, überaus:* die Situation ist verzweifelt ernst.
Verzweiflung, die: eine tiefe, plötzliche V. kam über ihn, überkam/erfüllte/packte ihn; daraus spricht die reine V.; ich überließ mich der V.; mit dem Mut der V. kämpfen; das war eine Tat der V.; er tat es aus, in, vor [grenzenloser, unsäglicher, äußerster] V.; [über jmdn., etw.] in V. geraten; jmdn. in die, zur V. treiben; es ist, besteht kein Grund zur V.; du bringst mich [mit deiner ewigen Nörgelei] noch zur V.
verzwickt (ugs.): eine verzwickte Geschichte, Angelegenheit, Situation; das Problem ist ganz v.
Vesper, die: **1.** (kath. Rel.) *Gottesdienst am späten Nachmittag:* der V. beiwohnen; in die, zur V. gehen; zur V. läuten.
2. (auch: das; bes. südd.) *kleinere Mahlzeit [am Nachmittag]:* V. essen, machen; etw. zur, zum V. essen; als V. gab es ...; eine Viertelstunde V. *(Frühstückspause).*
Veto, das: a) *Einspruch:* [gegen eine Entscheidung, gegen einen Beschluss] ein/sein V. einlegen; sein V. zurückziehen; b) *Vetorecht:* ein absolutes *(endgültiges und unwiderrufliches),* aufschiebendes V.; auf sein V. verzichten; von seinem V. Gebrauch machen.
Vetter, der: er ist nicht mein V., ist ein V. ersten Grades; sie sind Vettern zweiten Grades; ÜBERTR.: der Hirsch und seine Vettern, das Rentier und der Elch.
Vetternwirtschaft, die: in dieser Firma herrscht üble V.; die V. beseitigen, abschaffen; diese V. muss aufhören!
via ⟨Präp. mit Akk.; gewöhnlich nur in Verbindung mit Namen oder allein stehenden Substantiven im Singular⟩: a) *(auf dem Wege) über:* nach Berlin v. Frankfurt fliegen, fahren; b) *mittels:* v. Telefon, v. EDV; Filme v. Internet in alle Welt vermarkten; sie wurden v. Verwaltungsgericht zur sofortigen Zahlung aufgefordert.
vibrieren: die Stimmgabel, die Saite vibriert; der Fußboden, die Wand vibrierte durch den Lärm, von dem Lärm; seine Stimme vibrierte leicht, leise.
Vieh, das: **1.** a) *Tiere, die zu einem landwirtschaftlichen Betrieb gehören:* V. halten, züchten; das V. füttern, versorgen; der Landwirt musste all sein V. verkaufen; wie das liebe V.! (iron.; *nicht so, wie es einen Menschen eigentlich entspräche*); jmdn. wie ein Stück V. *(rücksichtslos)* behandeln; b) *Rindvieh:* das V. brüllt; das V. in den Stall, aus dem Stall, auf die Weide treiben; das V. weiden, hüten, zur Tränke führen, schlachten; mit V. handeln.
2. a) (ugs.) *Tier:* dieses V. hat mir wieder den Sa-

lat abgefressen!; b) (derb abwertend) *roher Mensch:* dieses V. hat sein Kind gequält.
viehisch (abwertend): a) *menschenunwürdig:* viehisches Vegetieren; so ein Leben ist v.; v. hausen; ÜBERTR.: viehische *(fast unerträgliche)* Schmerzen; b) *äußerst grausam:* ein viehischer Mörder, ein viehisches Verbrechen; sich v. benehmen; jmdn. v. behandeln, ermorden.
viel: I. ⟨Indefinitpronomen und unbestimmtes Zahlwort⟩ **1.** ⟨Singular: vieler, viele, vieles; unflektiert: viel⟩ *eine große Menge:* der Verletzte hat v. Blut verloren; schade um das viele Geld; vieles Erfreuliche, v. Erfreuliches stand in dem Brief; viel[er] schöner Schmuck; v. Vergnügen, v. Spaß [wünschen wir]!; v. Glück [und Segen]!; [haben Sie] vielen Dank!; v. Zeit auf etw. verwenden; er trinkt v. Milch; das hat mich viel Mühe gekostet; in vieler Beziehung/Hinsicht; mit v. gutem Willen begann sie ihre Arbeit; mit vielem unnötigen Ärger; mit vielem guten Willen; mit v. Geld kann man leicht einkaufen; trotz vielem Angenehmen; das kommt vom vielen Schwitzen; das ist [nicht, sehr, recht, ziemlich] v.; ein v. sagendes Lächeln; ein v. versprechender, verheißender Sänger; ein v. versprechender Anfang; das ist ein bisschen v. (untertreibend: *das ist zu viel)* auf einmal!; er ist nicht v. über fünfzig [Jahre]; sie kann nicht v. vertragen *(wird schnell betrunken);* das hat nicht v. zu besagen, zu bedeuten; das macht v. aus; sie erbeitete so v., dass sie krank wurde; er weiß v., ja zu v. davon; dazu ist nicht v. zu sagen; sich v. auf etw. einbilden, v. auf jmdn., etw. geben; v. aus etw. machen; mit ihm ist nicht v. los; sie fragt nicht v. danach, ob es erlaubt ist oder nicht; er hat v. von seinem Vater *(ähnelt seinem Vater sehr);* vieles, was ich gesehen habe, hat mich nachdenklich gestimmt; sie hat viel[es] erlebt; in vielem/mit vielem hat er Recht; er ist in seinem Leben um vieles gekommen *(hat vieles nicht genießen können);* sie ist um vieles *(viele Jahre)* jünger als er.
2. ⟨Plural: viele, unflektiert: viel⟩ *eine große Anzahl einzelner Personen, Sachen:* viel[e] hohe Häuser; viele solche Vergleiche; viel[e], wie viele Menschen! ⟨die vielen Sorgen, viele Angehörige/ (selten:) Angehörigen; er war viele Wochen krank; beide Beamten haben gleich viel[e] Dienstjahre; das Ergebnis vieler geheimer/(selten:) geheimen Verhandlungen; die Angaben vieler Befragten/(auch:) Befragter waren ungenau; die Eigentümer vieler alter Mietshäuser; in vielen Fällen; in vielen dieser Fälle; mit viel[en] Hundert Fahnen; der Bewerber wurde unter vielen ausgewählt. Beachte: In Einzelfällen kann *viel* auch großgeschrieben werden: das Lob der Vielen *(der breiten Masse).*
II. ⟨Adverb⟩ **1.** a) *oft:* v. lesen, fernsehen, ins Kino gehen; eine v. befahrene Straße; ein v. besprochenes, gelesenes, gekauftes, zitiertes Buch; v. allein, an der frischen Luft sein; b) *sehr:* ein v. geliebtes

Kind; ein v. gelobter, gescholtener Autor; eine v. umstrittene Theorie.

2. ⟨verstärkend bei Adjektiven im Komparativ, bei verneintem *anders* oder vor *zu* + Adjektiv⟩ *in hohem Maße, weitaus:* er weiß v. mehr, weniger als ich; sie ist v. wohlhabender, als man denkt; ich bleibe v. lieber zu Hause; ihm geht es jetzt [sehr] v. besser; hier ist es auch nicht v. anders als bei uns; das ist v. zu viel, v. zu wenig.

vielerlei: v. Sorten Brot; v. Gründe; v. interessante Beobachtungen; das hat sich in v. Hinsicht geändert; sie hat v. zu erzählen.

vielfach: a) *viele Male so groß:* die vielfache Menge von etw.; SUBST.: das Vielfache, ein Vielfaches an Unkosten haben; b) *mehrfach:* ein vielfacher Millionär; er ist vielfacher Meister in der Dressur; die Sendung wurde auf vielfachen Wunsch wiederholt; er hat ihm den Schaden v. ersetzt; ein v. gefaltetes Papier; c) (ugs.) *recht oft, häufig:* man kann dieser Meinung v. begegnen; die Gefahr ist größer als v. angenommen wird; das trifft nicht, wie v. angenommen, zu.

Vielfalt, die: eine bunte, unübersichtliche, verwirrende V.; die V. des Lebens, der Möglichkeiten; eine erstaunliche V. an, von Mustern aufweisen.

vielfältig: *in vielen Arten, Formen vorkommend:* das vielfältige Schaffen eines Künstlers; ein vielfältiges Freizeitangebot; vielfältige Funktionen wahrnehmen; vielfältige Einsatzmöglichkeiten bieten, etw. hat vielfältige Gründe, Ursachen; die Probleme, die Anregungen sind zahlreich und v.; etw. ist v. einsetzbar.

vielleicht: I. ⟨Adverb⟩ a) *eventuell:* er kommt v. morgen; v. hast du dich geirrt; v. *(es kann sein),* dass alles nur ein Missverständnis war; es ist v. besser, wenn ich jetzt gehe; b) *ungefähr:* es waren v. dreißig Leute da; ein Mann von v. fünfzig Jahren. II. ⟨Partikel; unbetont⟩ a) *wirklich, in der Tat:* ich war v. aufgeregt!; du bist v. ein Spinner!; b) /als Aufforderung mit unwilligem, drohendem Unterton/: v. wartest du, bis du an der Reihe bist!; c) *etwa:* ist das v. eine Lösung?; wollen Sie mir v. erzählen, dass ...?

vielmals: jmdm. v. danken; er lässt v. grüßen, v. um Entschuldigung bitten; verzeihen Sie bitte v., dass wir nicht früher geantwortet haben; danke v.!

vielmehr: nicht das Geld ist wichtig, entscheidend ist v. die Freude an der Arbeit; er ist dick, v. *(oder genauer)* korpulent; ich kann nur darin nicht zustimmen, v. bin ich der Meinung/ich bin v. der Meinung, dass er im Recht war; das ist kein Spaß, sondern v. bitterer Ernst.

vielschichtig: *vielfältig:* eine vielschichtige Handlung, Thematik, Symbolik; vielschichtige Probleme, Hintergründe, Gründe, Ursachen; der Roman zeichnet ein vielschichtiges Bild der damaligen Zeit; die Ursachen für die Krise sind v.

vielseitig: a) *an vielen Dingen interessiert:* ein viel-

seitiger Künstler, Wissenschaftler; sie ist sehr v.; b) *viele Gebiete umfassend:* eine vielseitige Ausbildung, Verwendungsmöglichkeit; v. begabt, gebildet, interessiert sein; die Arbeit, das Programm, das Angebot ist recht v.; dieses Gerät lässt sich v. verwenden; c) *von vielen [geäußert]:* einem vielseitigen Wunsch nachkommen; dieses Lied wurde v. gewünscht.

vielversprechend: dieses Programm ist v.; das Spiel hatte für die deutsche Mannschaft v. begonnen; das sieht v. aus, klingt v.

vier ⟨Kardinalzahl; als Ziffer: 4⟩: die v. Jahreszeiten, Himmelsrichtungen, Temperamente; die v. Elemente; die v. Evangelisten; wir sind zu vieren *(zu viert);* ein Grand mit vier[en] (Skat; *mit vier Buben);* SUBST.: Gespräche der großen Vier *(der vier Großmächte USA, UdSSR, Großbritannien, Frankreich;* nach dem Zweiten Weltkrieg); in Latein eine Vier *(die Note 4)* schreiben, haben; die Prüfung mit [der Note] »Vier« bestehen; eine Vier, zwei Vieren würfeln;
★ **alle viere von sich strecken** (ugs.; *sich ausstrecken und entspannen)* · **auf allen vieren** (ugs.; *auf Händen und Füßen);* ↑ acht.

vierte: ↑ achte.

viertel: eine v. Million; wir treffen uns in drei v. Stunden *(in 45 Minuten),* um v. acht (landsch.; *um viertel nach sieben),* um v. acht (landsch.; *um viertel vor acht);* die Turmuhr hat gerade v. geschlagen; es hat v. zwei (landsch.; *ein Viertel nach eins)* geschlagen.

Viertel, das: 1. *der vierte Teil eines Ganzen:* drei V. des Weges liegen hinter uns; ein V. *(Viertelliter)* Wein; ein V. *(Viertelpfund)* Leberwurst; es ist ein V. nach eins; es ist drei V. *(es fehlen noch fünfzehn Minuten bis zur vollen Stunde);* im ersten V. des Jahres; ein abnehmender Mond im letzten V. 2. *Stadtteil:* sie wohnen in einem alten, ruhigen, vornehmen, verrufenen V.; viele neue V. sind am Stadtrand entstanden.

vierzig: ↑ achtzig.

Visage, die (salopp abwertend): eine ekelhafte, schreckliche V.; ich kann seine V. nicht sehen *(ich kann ihn ganz und gar nicht leiden);* ich hau dir eins, eine in die V.!

Visier, das: 1. *Teil des Helmes:* das V. herunterlassen, herunterschlagen, herunterklappen, schließen, aufschlagen; der Ritter öffnete nach dem Zweikampf das V. 2. *Zielvorrichtung an Feuerwaffen:* ein verstellbares V.; der Jäger bekam ein Bock ins V., hatte einen Bock im V.;
★ **das Visier herunterlassen** *(sich zu bestimmten Fragen nicht äußern)* · **etw. ins Visier fassen** *(seinen Blick genau auf etw. richten)* · **jmdn., etw. ins Visier nehmen** (1. *sein Augenmerk auf jmdn., etw. richten.* 2. *jmdn., etw. kritisieren)* · **mit offenem Visier kämpfen** *(seine Absichten klar zu erkennen geben).*

Visum, das: ein V. beantragen; jmdm. ein V. erteilen, verweigern; sich ein V. beschaffen; ein V. nach Amerika bekommen; für Reisen in dieses Land braucht man kein V. mehr; die Visa sind abgelaufen.

Vogel, der: **1.** ein bunter, zahmer, kleiner, fremdartiger, exotischer V.; sie hockte wie ein kranker V. in der Ecke; der V. fliegt, flattert, schlägt mit den Flügeln, schwingt sich in die Lüfte, schwebt in der Luft, hüpft von Ast zu Ast, singt, zwitschert, pfeift, wird flügge, nistet, brütet, mausert sich, hat die/ist in der Mauser, füttert seine Jungen; jmdm. ist ein V. zugeflogen; viele Vögel sitzen auf den Telegrafendrähten; die Vögel ziehen im Herbst nach dem Süden; einen V. fangen, fliegen lassen; die Vögel füttern; der V. (ugs. scherzh.; *die gebratene Gans, Ente o. Ä.*) brutzelt schon im Ofen, hat gut geschmeckt; ÜBERTR.: der V. ist ausgeflogen (ugs.; *jmd. ist nicht anzutreffen, hat sich davongemacht*); der V. (Fliegerspr.; *das Flugzeug*) hebt ab, setzt ab; der Pilot riss den V. wieder hoch; Ⓡ friss, V., oder stirb! (ugs.; *es bleibt keine andere Wahl*). **2.** (salopp, oft scherzh.) *durch seine Art auffallender Mensch:* er ist ein lustiger, ulkiger, schräger, linker, seltener, seltsamer, komischer V.; ihr seid vielleicht zwei Vögel!; ★ **[mit etw.] den Vogel abschießen** *([mit etw.] alle anderen, alles andere übertreffen)* · **einen Vogel haben** (salopp; *nicht recht bei Verstand sein, seltsame Ideen haben*) · **jmdm. den/einen Vogel zeigen** *(indem man mit dem Finger an die Stirn tippt, jmdm. zu verstehen geben, dass er nicht recht bei Verstand ist).*

Volk, das: **1. a)** *Nation:* ein freies, entrechtetes, geknechtetes, unterdrücktes V.; das deutsche, englische, französische V.; die europäischen, orientalischen Völker; die Völker Afrikas, Europas, Amerikas; er ist ein großer Sohn seines Volkes; **b)** *Masse der Angehörigen einer Gesellschaft, eines Staates:* das arbeitende, werktätige, unwissende V.; das V. auf seiner Seite haben; das V. steht hinter der Regierung, empörte sich gegen die Gewaltherrschaft; das V. jubelte ihm zu; das V. fordert sein Recht; das V. (in einer, durch Volksabstimmung) befragen; das V. aufwiegeln, aufhetzen; die Abgeordneten sind die gewählten Vertreter des Volkes; V. begann es zu gären; die Macht geht vom V. aus; zum V. sprechen; Ⓡ jedes V. hat die Regierung, die es verdient; **c)** *untere Bevölkerungsschicht:* das einfache, ungebildete, niedere V.; ein Mann aus dem Volke. **2.** (ugs.) *Menschenmenge:* das versammelte, neugierige, leichtlebige V.; /Ausdruck des Ärgers/: so ein blödes V.!; auf dem Platz drängte sich das aufgeregte V.; das junge V. (scherzh.; *die Jugend*); viel V. war unterwegs; dieses verlogene V. *(Pack);* das kleine V. stürmte (scherzh.; *die Kinder stürmten*) herein; etw. unters V. bringen *(bekannt machen);* sich unters V. mischen; ÜBERTR.: dieses freche V. [von Spatzen]!

3. (Fachspr.) *Schwarm:* ein V. Bienen, Tauben, Rebhühner; ★ **das Volk der Dichter und Denker** (meist scherzh. od. spött.; *das deutsche Volk, die Deutschen*) · **das auserwählte Volk** (jüdische Rel.; *das Volk Israel, die Juden*) · **dem Volk aufs Maul schauen** *(beobachten, wie sich die einfachen Leute ausdrücken u. von ihnen lernen).*

voll: 1. a) *ganz gefüllt:* ein voller Eimer; ein volles Fass, Glas; mit vollem Mund spricht man nicht; mit vollen Backen kauen; wir haben immer ein volles Haus *(haben immer viele Gäste);* sie spielten vor vollem (ausverkauftem) Haus; ein Teller v. Suppe; eine Brieftasche v. Geldscheine[n], der V. neuer Geldscheine, voller neuer Geldscheine; der Schrank ist v. Kleider/v. von Kleidern/voller Kleider; der Tisch lag v./voller Zeitungen; die Finger sind v./voller (bedeckt von) Tinte; ein Netz v. mit Fischen; er war v. des süßen Weines/des süßen Weines v. (geh.; *betrunken);* das Glas ist halb, bis zum Rand v.; die Kanne ist v. Kaffee; ich bin v. [bis obenhin] (fam scherzh.; *völlig satt);* der Koffer ist v. *(es passt nichts mehr hinein);* die Läden sind v. davon; der Bus war ziemlich v., war v. besetzt; vor Weihnachten ist er immer sehr v. [in den Geschäften]; der Saal war gedrängt v., war v. von Menschen; die Straßenbahn war zum Brechen, brechend, gerammelt (ugs.), gestopft v. *(sehr voll);* ich habe gerade beide Hände v. *(in beiden Händen etw. zu halten, tragen);* das Geld mit vollen Händen *(ohne zu sparen, großzügig)* ausgeben; etw. v. laden, packen, pumpen; er hat den ganzen Raum mit Möbeln v. gestellt; v. tanken müssen; die Wanne ganz v. laufen lassen; jmdn. v. quatschen (ugs. abwertend; *unaufhörlich auf jmdn. einreden);* **b)** *erfüllt, durchdrungen:* voller Spannung; v. dankbarer Zuversicht; des Lobes v./v. des Lobes über jmdn. sein (geh.; *jmdn. sehr loben);* sie schaute ihn v./voller Angst *(ängstlich)* an; er steckt voller Dummheiten; v. innigster Anteilnahme; v. staunender Bewunderung; den Kopf v. haben (ugs.; *an vieles zu denken haben);* **c)** (salopp) *betrunken:* Mensch, ist der v.!; der Fahrer war voll v.; ÜBERTR.: mit vollen Segeln *(mit aller Kraft)* einem Ziel zusteuern; mit voller Wucht *(sehr heftig).* **2.** *ganz, völlig, vollständig:* ein volles Dutzend; ein voller Erfolg; eine volle *(runde)* Zahl, Summe; ein volles Jahr, volle drei Jahre im eigenen Buch schreiben; volle Gewissheit über etw. haben; bei vollem Lohnausgleich; etw. in vollem Maße billigen; mit vollen Namen unterschreiben; die Manege liegt im vollen Licht; in voller Uniform erscheinen; etw. in vollen Zügen genießen; er besitzt mein volles Vertrauen; in voller Fahrt *(bei hoher Geschwindigkeit);* in vollem Lauf, Galopp (ugs.; *schnell)* herbeikommen; die Untersuchungen sind schon in vollem Gange; fünf Minuten vor, nach v. (ugs.; *vor, nach der vollen Stunde);* die

Uhr schlägt nur die volle Stunde; man kann mit vollem Recht behaupt, dass ...; das ist mein voller Ernst; das ist die volle Wahrheit; die volle Bedeutung dieser Worte verstand er erst später; plötzlich stand er in voller Größe vor mir, richtete er sich zu seiner vollen Größe auf; die Maschine arbeitet mit voller *(unverminderter)* Kraft, läuft auf vollen Touren; die Zahl ist nun wieder v. *(alle sind wieder vollzählig anwesend);* jmdn. v. ansehen *(mit freiem Blick ins Gesicht sehen);* das Gehalt v. *(ohne Abzüge)* auszahlen; jmds. Ansprüche v. anerkennen; sich v. für etw. einsetzen; er arbeitet v. *(ganztags);* v. einsatzfähig sein; er ist v. geständig, verantwortlich; der Abfahrtsläufer ist nicht v. *(mit vollem Einsatz)* gefahren; man muss für ein Kind nicht v. *(den vollen Fahrpreis)* bezahlen; die Kosten v. *(ganz)* übernehmen; ich stehe v. [und ganz] hinter dir; ich billige dein Verhalten v. [und ganz]; ich muss morgen v. da sein (ugs.; *leistungsfähig sein*); das liegt v. im Trend; volle Kraft voraus, zurück! (Seemannsspr.; Kommandos); SUBST.: jeder hat drei Wurf in die Vollen (Kegeln; *in die aufgestellten neun Kegel*). **3. a)** *rundlich, füllig:* ein volles Gesicht; ein voller Busen; volle Schultern, Lippen; ihr Mund war v.; sie ist in letzter Zeit etwas voller geworden; **b)** *in kräftiger, reicher Entfaltung:* volle Töne, Farben; der volle Geschmack; der Duft des Parfums ist v. und frisch; **c)** *dicht:* volles Haar; voller Flieder, volle Nelken *(mit mehr als den üblichen Blüten-blättern)*; ★ jmdn. für voll ansehen *(jmdn. ernst nehmen, als vollwertig ansehen)* · aus dem Vollen schöpfen *(alles reichlich zur Verfügung haben u. davon großzügig Gebrauch machen)* · aus dem Vollen leben/wirtschaften *(leben, wirtschaften, ohne sich einzuschränken)* · in die Vollen gehen (ugs.; *die verfügbaren Kräfte, Mittel verschwenderisch einsetzen).*
vollauf: *in jeder Hinsicht:* sie hat diese Auszeichnung v. verdient; das erfüllt v. seinen Zweck; das genügt v.; er ist mit dieser Arbeit v. beschäftigt.
vollbringen (geh.) ⟨etw. v.⟩: große Taten, etwas Großes, Leistungen, ein Meisterstück, ein gutes Werk v.
Volldampf, der: ⟨gewöhnlich in der Verbindung⟩ **mit Volldampf** (ugs.; *mit aller Kraft*): mit V. arbeiten, an die Arbeit gehen; /Kommando/: [mit] V. voraus!
vollenden: 1. ⟨etw. v.⟩ *zum Abschluss bringen, fertig machen:* einen Bau, ein Werk, einen Satz, einen Gedankengang v.; er hatte keine Lust mehr, das Begonnene zu v.; vollendete Gegenwart (Sprachw.; *Perfekt);* vollendete Vergangenheit (Sprachw.; *Plusquamperfekt);* ÜBERTR.: heute vollendet sie ihr dreißigstes Lebensjahr *(wird sie 30 Jahre alt);* sein Leben v. (geh. verhüllend; *sterben).* **2.** (geh.) ⟨sich v.⟩ *zum Abschluss gelangen:* in die-

ser Stadt hatte sich das Drama des Krieges vollendet.
vollendet: *unübertrefflich:* ein vollendeter Gastgeber; eine vollendete Tänzerin, Dame, Schönheit; er hat das Konzert [technisch] v. *(virtuos)* gespielt; sie ist v. schön.
vollends: diese Nachricht verwirrte ihn v.; er ist auf dem Wege, seine Sehkraft v. zu verlieren; sie richtete sich v. auf.
vollführen ⟨etw. v.⟩: große Taten, ein Kunststück v.; eine Bewegung, einen Freudentanz, einen Höllenlärm v.; das Schiff vollführte das Manöver bei stürmischer See.
völlig: *gänzlich, vollständig:* völlige Einigung, Übereinstimmung erzielen; es herrschte völlige Windstille; er ließ ihm völlige Freiheit in der Entscheidung; das ist mein völliger Ernst; für die völlige Gleichberechtigung kämpfen; sie wurde in völliger Unkenntnis gelassen; ist ein völliges Kind *(er ist naiv und harmlos);* v. erschöpft, gesund sein; der Baum ist v. kahl; das ist v. ausgeschlossen, sinnlos, belanglos; er war v. am Ende, verrückt, betrunken; das genügt v.; beim Erdbeben wurde die Stadt v. zerstört; das verhält sich v. anders.
volljährig: alle volljährigen männlichen Personen wurden eingezogen; mit 18 v. werden; [noch nicht] v. sein; jmdn. für v. erklären.
vollkommen: 1. *ohne jeden Fehler; unübertrefflich:* ein vollkommenes Kunstwerk; sie ist eine vollkommene *(klassische)* Schönheit; kein Mensch ist v. **2.** *völlig:* eine vollkommene Niederlage; vollkommene Sicherheit ist nicht zu erreichen; ein v. gesunder Mensch; jmdm. v. vertrauen; du hast v. recht; das genügt v.; das Wörterbuch ist v. veraltet.
Vollkommenheit, die: nach V. streben; es zur V. bringen.
Vollmacht, die: ihre Vollmachten reichten dafür nicht aus; uneingeschränkte V. haben; jmdm. [die] V. für, zu etw. geben, erteilen; von jmdm. V. bekommen, erhalten, etw. zu tun; die V. auf einen anderen übertragen; jmdm. die V. entziehen; seine Vollmachten überschreiten; jmdn. mit weit reichenden Vollmachten ausstatten, ausrüsten; jmds. Vollmachten beschneiden; eine V. *(Schriftstück über die Vollmacht)* unterschreiben, vorlegen; jmd. eine V. ausstellen.
vollständig: 1. *komplett:* ein vollständiges Verzeichnis; eine vollständige Ausgabe der Werke Brechts; die Briefmarkensammlung ist [nicht] v.; einen Text v. abdrucken. **2.** (ugs.) *völlig:* eine vollständige Finsternis; er lässt ihm die vollständige Freiheit; die Verabredung hatte ich v. vergessen; das genügt [mir] v.; die Stadt wurde fast v. zerstört.
Vollständigkeit, die: Ansprüche v. halber, aus V. bringen; V. anstreben, erreichen, vermissen; der V. halber; Anspruch auf V. erheben; auf V. Wert legen.

vollstrecken ⟨etw. v.⟩: **1.** (Rechtsw.) *vollziehen:* [an jmdm.] ein Urteil, die Todesstrafe v.; ein Testament v.; die vollstreckende Gewalt *(Exekutive).* **2.** (Sport Jargon) *ausführen und dabei ein Tor erzielen:* einen Strafstoß v.; ⟨auch ohne Akk.⟩ er vollstreckte blitzschnell.

vollzählig: die Mannschaft, das Team ist jetzt v.; die Familie ist v. erschienen, versammelt.

vollziehen: 1. ⟨etw. v.⟩ *ausführen, umsetzen:* eine [Amts]handlung v.; eine Trennung v.; einen Befehl, jmds. Willen v.; [an jmdm.] ein Urteil, eine Strafe, die Todesstrafe v.; den Bruch mit der Tradition v.; der Bürgermeister vollzog die traditionellen Hammerschläge bei der Grundsteinlegung; eine Trauung, ein Opfer v. *(vornehmen);* die vollziehende Gewalt *(Exekutive).* **2.** ⟨sich v.⟩ *geschehen:* eine große Wandlung hat sich in ihm vollzogen; die Umstellung vollzog sich reibungslos; diese Veränderung, dieser Vorgang, der Umschwung hat sich in aller Stille, im Geheimen, nur langsam, rasch, mit großer Geschwindigkeit vollzogen; diese Entwicklung war bereits im 9. Jahrhundert vollzogen.

vom: *von dem:* v. Lande; v. Morgen bis zum Abend; das kommt v. vielen Trinken; /nicht auflösbar in bestimmten Verbindungen/: vom Fach sein; vom Fleisch fallen.

von ⟨Präp. mit Dat.⟩: **1. a)** /gibt einen räumlichen Ausgangspunkt an/: v. Berlin, Frankreich, Norden, der Küste; v. vorn, hinten, oben, unten, drüben, rechts, links; v. wo?; v. woher?; ⟨in bestimmten Korrelationen⟩ v. ... an: v. dieser Stelle an; v. ... bis [zu]: v. Frankfurt bis Hamburg, v. hier bis zum Bahnhof.; v. ... her: die Blumen wurden v. unten her angestrahlt; v. ... nach: v. Luxemburg nach Bangkok fliegen; v. ... zu: v. Ast zu Ast hüpfen; ⟨in der Verbindung⟩ v. ... aus: v. Mannheim aus sind es bis Heidelberg ungefähr zwanzig Kilometer; **b)** /gibt den Vorgang, Zustand einer Loslösung, Trennung an/: Wäsche v. der Leine nehmen; sich den Schweiß v. der Stirn wischen; ⟨mit Betonung auf *von*⟩ allen Ballast v. sich werfen; keinen Ton mehr v. sich geben; ein lieber Freund ist v. uns gegangen (verhüll.; *gestorben).* **2.** /gibt einen zeitlichen Ausgangspunkt an/: das Brot ist v. heute, gestern; ich kenne ihn v. früher; ⟨meist in bestimmten Korrelationen⟩ v. ... an: v. diesem Zeitpunkt an; v. heute an; v. ... auf: v. Jugend auf; v. Freitag auf Sonnabend; v. ... bis: v. Dienstag bis Freitag; von ... zu: von Jahr zu Jahr. **3.** /als Teil des Präpositionalattributes/: **a)** /stellt eine Beziehung her; nennt Ursache, Urheberschaft; vertritt ein Genitivattribut/: Post v. einem Freund bekommen; von der Sonne gebräunt sein; müde v. der Arbeit; v. selbst; die Umgebung v. Berlin; die Belagerung v. Paris; die Trauer v. Millionen; ein Gedicht v. Brecht; die Königin v. England; er ist Vater v. vier Söhnen; **b)** /nennt im Passiv das eigentliche Subjekt des Handelns/: er wurde v. seinem Chef gelobt; der Baum ist v. dem Traktor umgerissen worden;

c) (ugs.) /nennt als Ersatz für ein Genitivattribut oder Possessivpronomen, den Besitzer einer Sache/: der Hut v. meinem Vater (besser: meines Vaters); das Gefieder v. dem Vogel (besser: des Vogels); **d)** /gibt die Art, Eigenschaft an/: ein Mann v. Charakter; ein Kleid v. besonderer Machart; eine Sache v. Wichtigkeit; ein Fall v. Menschenraub; **e)** /gibt Maße, Größenordnungen o. Ä. an/: eine Entfernung v. drei Metern; ein Tisch v. drei Meter Länge; eine Fahrt v. fünf Stunden; eine Summe v. 1000 Mark; eine Gans v. ungefähr vier Kilo; eine Stadt v. [über] 300 000 Einwohnern; Kinder v. [unter] zehn Jahren. **4. a)** /nennt die Menge, das Ganze, von dem der Teil stammt/: einer v. ihnen war der Täter; keins von diesen Bildern gefällt mir; v. zehn Angestellten sind drei krank; die Hälfte v. der Summe, v. der Torte; der Größte v. den Brüdern; eine Art v. Roman; (ugs.:) ich weiß v. nichts; **b)** /gibt anstelle eines Gleichsetzungssatzes das Typische einer Person, Sache an/: ein Teufel v. einem Vorgesetzten; dieses Wunderwerk v. Brücke; eine Seele v. Mensch (ugs.; *ein gutherziger Mensch);* **c)** /gibt den Bereich an, für den das Gesagte gilt/ *hinsichtlich, in Bezug auf:* er ist Lehrer v. Beruf; er ist schwer v. Begriff; v. Natur aus ist sie gutmütig. **5.** /als Adelsprädikat/: Otto v. Bismarck. **6.** /in Abhängigkeit von bestimmten Wörtern; in bestimmten Verbindungen/: jenseits v.; unterhalb v.; infolge v.; v. etw. sprechen, berichten;»Ist alles gut verlaufen?« − »Von wegen!« (ugs.; *keinesfalls!*); ✶ **von mir aus** (ugs.; *meinetwegen*) · **von sich aus** *(aus eigenem Antrieb):* sie kam v. sich aus darauf zu sprechen.

vonseiten, von Seiten ⟨Präp. mit Gen.⟩: v. der Arbeitnehmerschaft bestehen noch keine Bedenken mehr.

vor: I. ⟨Präp. mit Dat. und Akk.⟩ **1.** ⟨mit Dat.⟩ /räumlich/ **a)** /zur Angabe der Lage/ *an der vorderen Seite:* v. dem Haus ist ein kleiner Garten; sie wartet v. dem Eingang, v. dem Café; zwei Kilometer v. *(außerhalb)* der Stadt; v. ... her: er trug die Fahne v. ihnen her; ⟨mit Betonung auf *vor*⟩ er hat das Buch v. sich liegen; **b)** /zur Angabe der Rangordnung/: er wurde Sieger v. seinem Landsmann; bin ich v. dir an der Reihe?; er ist reich v. (geh.; *am reichsten von*) allen; **c)** *gegenüber:* dem Spiegel stehen; plötzlich stand er v. mir; v. dem Fernsehgerät sitzen *(fernsehen);* ÜBERTR.: v. Gericht, v. dem Richter stehen (geh.; *angeklagt sein);* **d)** *in jmds. Gegenwart, Beisein:* v. vielen Zuschauern, etw. v. Zeugen bestätigen, erklären; er spielte sich v. den Mädchen immer sehr auf. **2.** ⟨mit Akk.⟩ /räumlich; zur Angabe der Richtung/ *an die vordere Seite:* sich v. die Tür stellen; v. das Haus treten; Blumen v. das Fenster stellen; v. »aber« muss ein Komma gesetzt werden; ⟨mit Betonung auf *vor*⟩ setz dich bitte v. mich;

V

ÜBERTR.: jmdn. v. ein Ultimatum stellen; sich v. jmdn. stellen (*jmdn. in Schutz nehmen*). **3. a)** ⟨mit Dat.⟩ /zur Angabe der Zeit/ *früher als; bevor das Genannte erreicht ist:* die Verhältnisse v. 1990, vor der Krise; v. dem Unfall; v. Sonnenaufgang; ein Tag v. der Abreise; v. einigen Jahren; heute v. einem Jahr; v. Christi Geburt; die Party beginnt nicht v. 21 Uhr; v. zwei Stunden wird er nicht zurückkommen; es ist zwei Minuten v. sieben [Uhr]; sie ging schon v. acht [Uhr]; in dieser Stadt hatte der Dichter v. über dreihundert Jahren gelebt; das war noch v. meiner Zeit *(das habe ich nicht mehr miterlebt);* sie hatte v. mir *(bevor ich sie kennen lernte)* noch einen anderen Freund; **b)** ⟨mit Dat.; mit Betonung auf *vor*⟩ /zeitlich; weist auf etwas Kommendes hin/: etw. noch v. sich haben; die Prüfung liegt noch v. ihr. **4.** ⟨mit Dat.; ohne Artikel; nur in festen Verbindungen⟩ *aufgrund, bewirkt durch:* v. übergroßer Freude weinen; v. Kälte zittern; v. Neugier fast platzen; v. Schmerzen schreien; v. Neid erblassen; starr v. Schreck; keuchend v. Anstrengung; es strahlte v. Sauberkeit; v. lauter Arbeit vergaß er ihren Geburtstag. **5.** ⟨mit Dat.; in Abhängigkeit von bestimmten Wörtern⟩ sich v. etw. schützen; jmdn. v. etw. bewahren, warnen; v. jmdm. Angst haben. **6.** (veraltet) *anstatt:* Gnade v. Recht ergehen lassen. **II.** ⟨Adverb; elliptisch⟩ *nach vorn:* v. auf den Platz; Freiwillige v.!; drei Schritte v. und zwei zurück; ✶ **vor sich hin** *(ganz für sich u. in gleichmäßiger Fortdauer):* v. sich hin schimpfen, weinen.

voran: a) *vorn, an der Spitze:* der Vater v., die Kinder hinterher; sie wanderten los, [allen] v. der Lehrer/der Lehrer v.; er fiel − mit dem Kopf v. − die Treppe hinunter; **b)** *vorwärts:* immer langsam v.!

vorangehen: 1. ⟨[jmdm., etw.] v.⟩ *an der Spitze gehen:* jmdn. v. lassen; der Lehrer geht voran; der Pfarrer ging der Prozession voran; ÜBERTR.: mit gutem Beispiel v. **2. a)** *Fortschritte machen:* die Arbeit, die Entwicklung geht [gut] voran; ⟨es geht voran⟩ in der Schule, mit der Arbeit geht es gut voran; **b)** ⟨etw. (Dat.) v.⟩ *zeitlich vorausgehen:* dem Beschluss gingen lange Diskussionen voran; an den vorangegangenen Tagen hatte es viel geschneit.

vorankommen: 1. *eine Strecke zurücklegen:* er war schwer auf den verstopften Straßen vorangekommen. **2.** *Fortschritte machen:* die Arbeit kommt gut voran; er kommt mit seiner Arbeit [nicht, gut] voran; im Leben v.; SUBST.: etw. für sein berufliches Vorankommen tun.

voraus: a) *vor den anderen, an der Spitze:* er immer v., die anderen hinterher; sie war schon weit v.; ÜBERTR.: im Rechnen ist sie ihm v. *(ist sie besser als er);* er war ihm immer um eine Nasenlänge v.; sie war ihrer Zeit weit v.; **b)** (Seemannsspr.) *vor-*

wärts: mit halber Kraft v.!; Volldampf *(mit aller Kraft)* v.!; ✶ **im**/(bes. schweiz.:) **zum Voraus** *(schon vorher).*

vorauseilen: 1. *eilig vorausgehen:* er eilte voraus, um Plätze freizuhalten; ÜBERTR.: seine Gedanken eilten schon voraus. **2.** ⟨Dat.⟩ *vorwegnehmen:* diese Meldung eilte den Tatsachen weit voraus; er eilte mit seinen Ideen seiner Zeit voraus; im vorauseilenden Gehorsam (abwertend; *ohne [bislang] eine entsprechende Weisung erhalten zu haben).*

vorausgehen: 1. ⟨[jmdm.] v.⟩ *früher als ein anderer irgendwohin gehen:* sie ging voraus, um einen Tisch zu bekommen; du kannst v., wir kommen nach; ÜBERTR.: jmdm. in den Tod v.; ihm ging der Ruf voraus, ... **2.** ⟨etw. (Dat.) v.⟩ *sich vorher ereignen:* ihrem Tod ist ein jahrelanges Leiden vorausgegangen.

voraushaben: ⟨in der Wendung⟩ **jmdm./vor jmdm. etw. voraushaben** *(im Unterschied zu jmdn., der etw. nicht darüber verfügt, etwas Bestimmtes haben):* er hat ihm die Erfahrung voraus; sie hatten vor uns die Geschicklichkeit voraus.

Voraussage, die: Voraussagen machen; die V. hat sich erfüllt, ist eingetroffen, war richtig; die V. machen, dass ein Unwetter kommen wird.

vorausschicken: 1. ⟨jmdn., etw. v.⟩ *vorausgehen, -fahren lassen:* einen Boten v.; er hat die Kinder [zu den Großeltern] vorausgeschickt; einige Abteilungen wurden vorausgeschickt. **2.** ⟨etw. v.⟩ *vorher mitteilen:* er hat einige allgemeine Bemerkungen vorausgeschickt; ich muss noch v., dass ...; ⟨etw. (Dat.) etw. v.⟩ der Diskussion wird eine kurze Einführung vorausgeschickt.

voraussehen ⟨etw. v.⟩: eine Entwicklung v.; etw. lässt sich nicht v.; niemand konnte v., dass die Sache so enden würde; es war vorauszusehen, dass er mit seinem Vorhaben scheitern würde.

voraussetzen ⟨etw. v.⟩: **1.** *als selbstverständlich annehmen:* etw. stillschweigend, als bekannt v.; ihre Zustimmung lässt sich nicht mit Sicherheit v.; bei seiner Planung hatte er ihr Einverständnis vorausgesetzt. **2.** *bedingen:* eine Verständigung setzt guten Willen auf beiden Seiten voraus; das Unternehmen wird gelingen, vorausgesetzt, dass alle mitmachen.

Voraussetzung, die: **1.** *Bedingung:* das ist eine wichtige, selbstverständliche, notwendige, unabdingbare, unerlässliche, unmögliche V.; die Voraussetzungen dafür fehlen, sind [nicht] erfüllt/gegeben, sind Voraussetzungen für etw. schaffen; die V. für etw. sein/bilden; ein abgeschlossenes Studium ist die V. für diese Position; etw. an bestimmte Voraussetzungen geknüpft; unter der [stillschweigenden] V., dass ...; sie machte zur V., dass ... **2.** *Annahme:* diese Vorstellung beruht auf völlig

falschen Voraussetzungen; von falschen Voraussetzungen ausgehen.
Voraussicht, die: menschliche, kluge, mangelnde V.;
⋆ **aller Voraussicht nach/nach menschlicher Voraussicht** *(höchstwahrscheinlich)* · in weiser Voraussicht (scherzh.; *in dem Gefühl, dass die Entwicklung es nötig machen werde).*
voraussichtlich: die voraussichtliche Ankunft des Zuges; er wird v. morgen kommen; wir fahren v. am 20. Mai; v. werden alle zustimmen.
vorbauen: 1. a) *vorsorgen:* sie haben für ihr Alter [gut] vorgebaut; er baut schon vor, falls er nicht kommt; **b)** (selten) ⟨etw. (Dat.) v.⟩ *vorbeugen:* Missverständnissen v.
2. ⟨etw. v.⟩ *vorn anbauen:* eine Veranda v.; ⟨etw. (Dat.) v.⟩ dem Hotel wird eine Eingangshalle vorgebaut; ein Haus mit vorgebauter Terrasse.
Vorbedacht, der: ⟨in den Verbindungen⟩ **aus/mit/voll Vorbedacht** *(nach genauer Überlegung und in bestimmter Absicht)* · **ohne Vorbedacht** *(ohne Überlegung).*
Vorbehalt, der: ein stiller, versteckter, innerer V.; meine Vorbehalte sind nicht unbegründet; einige Vorbehalte gegen den Plan haben, anmelden; etw. ohne V. bejahen, anerkennen; etw. nur unter/mit V. annehmen; ich stimme zu unter dem V., dass keine Überstunden nötig werden.
vorbehalten ⟨sich etw. v.⟩: sich gerichtliche Schritte, die letzte Entscheidung, das Recht auf Änderung v.; er behielt sich die Möglichkeit vor, vom Vertrag zurückzutreten; [wir haben uns] alle Rechte vorbehalten;
⋆ **jmdm. vorbehalten sein/bleiben** *(ausschließlich für jmdn., etw. bestimmt, ausersehen sein).*
vorbehaltlich (Papierdt.) ⟨Präp. mit Gen.⟩: v. der Genehmigung des Vorstandes, durch den Präsidenten.
vorbei: 1. /räumlich/ *vorüber:* der Zug ist hier schon v.; an zwei Gegenspielern ist er v., am dritten bleibt er hängen; ÜBERTR.: er schleuste die Gelder am Finanzamt v. ins Ausland; Maßnahmen wurden ergriffen, leider am Bedarf v. *(nicht am Bedarf orientiert).*
2. /zeitlich/ *vergangen; zu Ende:* es ist acht Uhr v.; als wir kamen, war alles schon v.; der Sommer, die Pause, der Krieg war schnell v.; mit meiner Geduld ist es nun v.; ÜBERTR.: mit uns (ugs.; *mit unserer Freundschaft)* ist es v.; Ⓡ [es ist] aus und v.; v. ist v.;
⋆ **mit jmdm. ist es vorbei** (ugs.; 1. *jmd. ist tot.* 2. *jmd. ist am Ende seiner Kräfte, seiner Existenz).*
vorbeigehen: 1. a) *entlang- und weitergehen:* sie ging gruß los, in einiger Entfernung vorbei; wir haben ihn gerade v. sehen; ohne sie eines Blickes zu würdigen, ging er an ihr vorbei; achtlos an einem Gemälde v.; sie muss unter unserem Fenster v.; der Schuss ging haarscharf [am Tor] vorbei *(hat nicht [ins Tor] getroffen);* SUBST.: beim, im Vorbeigehen rief sie uns einen Gruß zu;

ÜBERTR.: an der Wirklichkeit, am Leben v.; SUBST.: im Vorbeigehen *(nur flüchtig)* etwas bemerken; **b)** ⟨bei jmdm./irgendwo v.⟩ *jmdn., etw. kurz aufsuchen:* noch kurz zu Hause, im Supermarkt v.; beim Einkaufen werde ich bei ihr, bei der Post v.; bei dieser Gelegenheit kannst du dort v. und die Rechnung bezahlen.
2. *vergehen:* das Gewitter geht schnell vorbei; die Schmerzen werden wieder v.; ÜBERTR.: keine Gelegenheit, Chance ungenutzt v. lassen.
vorbeireden ⟨an etw. (Dat.) v.⟩: er hat dauernd an den Dingen, am eigentlichen Problem, am Thema vorbeigeredet;
⋆ **aneinander vorbeireden** *(miteinander [über etw.] sprechen, wobei jeder etwas anderes meint u. keiner den anderen versteht).*
vorbereiten: 1. ⟨jmdn., sich, etw. auf etw. (Akk.)/für etw. v.⟩ *auf etw. einstellen:* eine Patientin für die Operation, ein Manuskript für den Satz v.; sich lange, intensiv, schlecht auf/für eine Prüfung v.; der Trainer hat die Mannschaft auf/für das Spiel sehr gut vorbereitet; er versuchte, seine Eltern schonend darauf vorzubereiten *(seinen Eltern etwas schonend mitzuteilen);* auf etw. nicht vorbereitet *(gefasst)* sein; ⟨auch ohne Präpositionalobjekt⟩ er hatte sich gut vorbereitet, war nicht vorbereitet.
2. ⟨etw. v.⟩ *die notwendige Vorarbeit für etw. leisten:* ein Fest, eine Reise, eine Operation, den Parteitag v.; er hatte seine Rede, seinen Auftritt gut, in allen Einzelheiten vorbereitet; vorbereitende Maßnahmen treffen.
Vorbereitung, die: eine lange, intensive, ausgedehnte V.; die V. des Parteitages; die V. auf/für die Prüfung; die Vorbereitungen laufen auf vollen Touren, auf Hochtouren; Vorbereitungen [für etw.] treffen; die Vorbereitungen unterbrechen, beenden, abschließen; jmdm. bei den Vorbereitungen helfen; das Buch ist, befindet sich in V.; mit den Vorbereitungen beginnen; nach gründlicher V.; ohne jede V. hat sie 30 Punkte geschafft.
vorbeugen: 1. ⟨sich, etw. v.⟩ *nach vorn beugen:* er hat sich, den Kopf zu weit vorgebeugt; ich musste mich v., um etw. zu sehen.
2. ⟨etw. (Dat.) v.⟩ *zu verhindern suchen:* einer Gefahr, einer Krankheit v.; um Missverständnissen vorzubeugen; ein vorbeugendes Mittel gegen etw.; vorbeugende Maßnahmen; Ⓡ v. ist besser als heilen; SUBST.: V. ist besser als Heilen.
Vorbild, das: ein gutes, schlechtes, leuchtendes V. für jmdn. sein; er ist der Jugend/für die Jugend ein echtes V.; [sich] ein V. suchen; jmdm. ein V. geben; in jmdm. ein V. haben, sehen; einem großen V. nacheifern, nachstreben, folgen; dem V. von ...; etw. zum V. nehmen, wählen.
vorbildlich: ein vorbildlicher Autofahrer; ein vorbildliches Verhalten; eine vorbildliche Ordnung; er ist ein vorbildlicher Lehrer; ihre Arbeit ist v.; sich v. benehmen, verhalten.
vorbringen ⟨etw. v.⟩: **1.** *äußern:* seine Wünsche,

seine Forderungen, ein Anliegen, eine Frage v.; er muss Gründe, Beweise, Argumente v.; was hast du noch zu deiner Verteidigung vorzubringen?; gegen diese Theorie lässt sich v., dass ... **2.** *nach vorn bringen:* etw. von hinten, aus dem Lager v.

vordere: der v. Teil des Hauses; in der vorderen Reihe sitzen.

Vordergrund, der: ein heller, dunkler V.; der V. der Bühne; die Personen im V. des Bildes; * im Vordergrund stehen *(Mittelpunkt, sehr wichtig sein)* · etw. in den Vordergrund stellen, rücken, schieben *(etw. als besonders wichtig herausstellen)* · in den Vordergrund treten, rücken *(auffallen, an Bedeutung gewinnen)* · jmdn., sich in den Vordergrund spielen, rücken, drängen, schieben *(jmdn., sich in den Mittelpunkt stellen)*.

vordergründig: ein vordergründiges Verhalten; vordergründige Fragen, Aspekte, Argumente; etw. v. behandeln, darstellen.

Vordermann, der: der Vordermann versperrte ihm die Sicht; sich dem Schritt des Vordermanns anpassen; * jmdn. auf Vordermann bringen (ugs.; *jmdn. dazu bringen, Ordnung und Disziplin zu halten)* · etw. auf Vordermann bringen (ugs.; *wieder in Ordnung bringen; neu herrichten)*.

vorderste: die v. Tür; in der vordersten Reihe sitzen; ÜBERTR.: an vorderster Front; in der vordersten Front, Linie, Reihe *(im Brennpunkt des Geschehens)* stehen.

vordrängen ⟨sich v.⟩: *sich vor andere drängen:* er hat sich an der Kasse, in der Schlange vorgedrängt.

vordringen: a) ⟨irgendwohin v.⟩ *vorwärts dringen:* in große Höhen, in unbekanntes Gelände, in den Weltraum v.; ÜBERTR.: er ist mit seinem Plan bis zum Minister, mit seinem Anliegen bis zur Geschäftsleitung vorgedrungen; in unerforschte Gebiete, Bereiche v.; **b)** *sich ausbreiten:* diese Mode dringt [immer mehr] vor.

vordringlich: *besonders dringend:* vordringliche Aufgaben, Fragen; dieses Wohnungsgesuch, dieser Fall ist v.; etw. v. behandeln.

voreinander: a) *einer vor dem andern:* sich v. hinstellen; v. auf dem Boden sitzen; **b)** *gegenseitig:* sich v. verneigen; sich v. fürchten; etw. v. verbergen. Beachte: Nach neuer Rechtschreibung wird *voreinander* vom folgenden Verb immer getrennt geschrieben.

voreingenommen ⟨v. [gegen jmdn., etw./jmdm., etw. gegenüber]⟩ eine voreingenommene Haltung; du bist doch v. gegen diesen Verein/gegenüber diesem Verein.

vorenthalten ⟨jmdm. etw. v.⟩: jmdm. sein Geld, sein Erbe, seinen Lohn, ein Recht, eine Nachricht, eine Information v.; diese Neuigkeit hat sie uns vorenthalten; den Lesern nichts v. *(die Leser über alles informieren)*.

vorerst: ich möchte v. nichts unternehmen; v. müssen wir warten.

Vorfahr[e], der: die väterlichen Vorfahren; seine Vorfahren stammen aus Frankreich; er ist ein V. von uns, ein V. mütterlicherseits.

vorfahren: 1. *weiter nach vorn fahren:* **a)** der Zug fährt [ein Stück] vor; ich werde noch ein paar Meter v.; **b)** ⟨etw. v.⟩ fahren Sie Ihren Wagen noch etwas, ein Stückchen weiter vor. **2.** *vors Haus, vor den Eingang fahren:* **a)** ⟨[irgendwo] v.⟩ das Taxi, der Chauffeur ist unten, am Eingang, vor dem Theater vorgefahren; in/mit einem Rolls-Royce, zum Empfang v.; **b)** ⟨etw. [irgendwo] v.⟩ lassen Sie den Wagen v.; den Wagen beim TÜV v. **3.** (ugs.) *vorausfahren:* wir fahren schon mal vor.

Vorfall, der: ein eigenartiger, seltsamer, rätselhafter, merkwürdiger, unangenehmer, peinlicher V.; ein V. von großer, allgemeiner Bedeutung; keine besonderen Vorfälle; die Vorfälle häuften sich; der V. ereignete sich auf dem Marktplatz; einen V. geheim halten, verschweigen, sehr ernst nehmen, beobachten, miterleben; von dem V. nichts gemerkt haben.

vorfallen: 1. *sich zutragen:* irgendetwas muss zwischen ihnen vorgefallen sein; ist während meiner Abwesenheit etwas Besonderes vorgefallen? **2.** *nach vorn, vor etw. fallen:* eine vorgefallene Haarsträhne.

Vorfeld, das: ⟨meist in der Verbindung⟩ **im Vorfeld** *(vor dem eigentlichen Beginn, im Anfangsstadium eines Projekts o. Ä.):* politische Aktionen im V. der Wahlen; im V. bereits alle Probleme ausschließen.

vorfinden: a) *antreffen:* bessere Bedingungen, eine veränderte Lage v.; die Tür verschlossen v.; **b)** ⟨sich v.⟩ *sich befinden:* sich an einem unbekannten Ort v.

vorführen: 1. ⟨jmdm. jmdn. v.⟩ *vor jmdn. hinführen:* dem Häftling dem Untersuchungsrichter, dem Haftrichter v.; der Patient wurde dem Arzt vorgeführt; ⟨auch ohne Dat.⟩ die Gefangenen wurden vorgeführt. **2. a)** ⟨etw. v.⟩ *zeigen, vorstellen:* Tiere, Pferde v.; neue Kleider, die neue Mode v.; das Auto beim TÜV v.; ⟨jmdm. etw. v.⟩ die Firma führt den Messebesuchern morgen ihre neuen Automodelle vor; seinen Freunden das neue Haus/Auto v.; **b)** ⟨etw. v.⟩ *darbieten:* einen Film, sein neuestes Programm, einen Zaubertrick v.; ⟨jmdm. etw. v.⟩ er führte dem Publikum einen dreifachen Salto am Trapez vor. **3.** (ugs.) ⟨jmdn., etw. v.⟩ *blamieren:* die Opposition versuchte, den Staatssekretär vorzuführen; vor allen Leuten wurde sie vorgeführt; die Gastmannschaft wurde mit 6:0 regelrecht vorgeführt.

Vorgang, der: **1.** *Geschehen:* ein natürlicher, psychischer, chemischer, komplizierter, skandalöser V.; ein wichtiger, entscheidender V.; die Vorgänge um den Rücktritt des Ministers; diese Vorgänge kamen nicht zur Sprache, wiederholten sich; die Vorgänge genau verfolgen; einen V. melden, in allen Einzelheiten schildern; sich an den V. nicht mehr genau erinnern können. **2.** (Amtsspr.) *Gesamtheit der eine bestimmte Person, Sache betreffenden Akten:* den V. XY anfordern; bitte suchen Sie mir den V. zu diesem Tagesordnungspunkt heraus.

vorgeben: **1.** (ugs.) ⟨etw. v.⟩ *nach vorn geben:* die Hefte v.; ⟨jmdm. etw. v.⟩ geben Sie mir bitte einmal alle Muster vor. **2.** ⟨etw. v.⟩ *zum Vorwand nehmen:* er gab vor, krank gewesen zu sein; sie gab dringende Geschäfte vor. **3.** (bes. Sport) ⟨jmdm. etw. v.⟩ *einen Vorsprung geben:* den Amateuren eine Runde v.; ich gebe Ihnen 15 Punkte, 30 Meter vor; (beim Schach:) seinem Gegner einen Turm, einen Bauern v. **4.** ⟨etw. v.⟩ *festlegen, bestimmen:* ein Limit, eine bestimmte Zeit v.; die vorgegebene Flugbahn erreichen; ⟨jmdm. etw. v.⟩ ihnen wurden bestimmte Normen vorgegeben.

vorgehen: **1.** a) *nach vorn gehen:* an die Tafel, zur Bühne, zum Altar v.; (Milit.:) der Feind ging [zum Angriff] vor; b) *vorausgehen:* ich bin vorgegangen, weil ich den Weg kannte; du kannst schon v.; c) *etw. zu früh anzeigen:* die Uhr geht [zehn Minuten] vor. **2.** ⟨irgendwo v.⟩ *geschehen:* was geht hier, hinter meinem Rücken, zwischen den beiden vor?; große Veränderungen gehen in der Welt, mit ihm vor; nicht wissen, was in jmdm. vorgeht. **3.** *Vorrang haben:* die Schulaufgaben gehen vor; das Alter geht vor *(alte Leute haben Vorrang);* die Gesundheit, meine Mutter geht [mir] vor; ⟨jmdm., etw. v.⟩ das geht allem anderen vor. **4.** ⟨irgendwie v.⟩ *verfahren; einschreiten:* streng, entschieden, unnachsichtig, rücksichtslos, brutal, mit Gewalt v.; die Schülerin ging bei dieser Aufgabe sehr geschickt, methodisch, systematisch vor; ⟨gegen jmdn., etw. irgendwie v.⟩ gegen die Schuldigen, gegen Verleumdungen mit aller Schärfe, gerichtlich v.; die Polizei ging gegen die Demonstranten mit Wasserwerfern vor; SUBST.: ein überstürztes Vorgehen führt zu nichts.

Vorgeschmack, der: das war nur ein kleiner V. auf die morgige, von der morgigen Sendung; wir haben einen V. des Frühlings bekommen.

Vorgesetzte, der und die: eine angenehme Vorgesetzte; sich an seinen unmittelbaren, direkten, nächsten Vorgesetzten wenden.

vorgestern: ich habe ihn v. getroffen; ⋆ von vorgestern (ugs., oft abwertend; *sehr rückständig, überholt).*

vorgreifen ⟨jmdm., etw. v.⟩: dem Minister, seiner Stellungnahme, der Entscheidung des Gerichts nicht v.; ⟨auch ohne Dat.⟩ ich wollte nicht v.

Vorhaben, das: ein gefährliches V.; wissenschaftliche V. *(Projekte);* das V. ist geglückt, scheiterte; jmds. V. vereiteln; ein V. billigen, ausführen,

durchführen, unterstützen, in die Tat umsetzen; jmdm. sein V. ausreden; jmdn. von seinem V. abbringen; von einem V. ablassen.

vorhalten: **1.** ⟨etw. v.⟩ *davor halten:* ein Taschentuch, die Hand beim Husten v.; mit vorgehaltener Pistole Geld fordern; ⟨jmdm., sich etw. v.⟩ sich einen Spiegel v.; ÜBERTR.: jmdm. jmdn. als Vorbild, als Muster v. **2.** ⟨jmdm. etw. v.⟩ *wegen etw. Vorhaltungen machen:* jmdm. seine Fehler, seine Schwächen, seine Äußerungen, sein Verhalten v.; er hielt ihr vor, dass sie zu viel Geld ausgäbe. **3.** *reichen:* die Vorräte werden [noch vier Wochen] v.; das Essen hält nicht vor *(war nicht gehaltvoll);* ÜBERTR.: die Freude, die gute Stimmung hielt nicht lange vor.

Vorhaltung, die: ⟨gewöhnlich in der Verbindung⟩ jmdm. [wegen etw.] Vorhaltungen machen *(jmdm. etw. vorwerfen).*

Vorhang, der: a) einfarbige, bunte, schwere, samtene Vorhänge an den Fenstern, an den Türen; der V. fällt nicht gleichmäßig, hält das Licht ab; den V. aufziehen, zuziehen, zurückschieben, zum Waschen abnehmen, öffnen, schließen; den V. nähen, waschen, spannen; die Sonne fällt, dringt durch den V.; sich hinter dem V. verstecken; b) *Bühnenvorhang:* ein schwerer, dunkelroter V.; der V. geht auf/hoch, geht zu, fällt, hebt sich, senkt sich, teilt sich; den V. herunterlassen; in zehn Minuten ist V. (Theater Jargon; *ist die Vorstellung zu Ende);* der Künstler hatte zwölf Vorhänge (Theater Jargon; *musste sich beim Applaus zwölfmal zeigen);* vor den V. treten; ⋆ der eiserne Vorhang (Theater; *feuersicherer Abschluss der Bühne gegen den Zuschauerraum)* · der Eiserne Vorhang (die frühere weltanschaulich-politische Grenze zwischen dem Ostblock und den Ländern Westeuropas und den USA).

vorher: wollen wir gleich zum Essen gehen oder v. noch einen Aperitif nehmen?; einige Tage v.; warum hast du mir das nicht v. gesagt?; wie schon v. erwähnt ...; v. sah alles anders aus.

vorherrschen: eine Mode, ein Stil herrscht vor; in dem Gemälde herrschen rote Farbtöne vor; es herrscht allgemein die Ansicht vor, dass ...; die vorherrschende Meinung.

Vorhersage, die: langfristige, optimistische Vorhersagen; die V. eines Gewitters, von Vulkanausbrüchen; die Vorhersagen über den Ausgang der Wahlen, über den Rückgang der Arbeitslosigkeit haben sich [nicht] bestätigt, erfüllt; nach mittelfristigen Vorhersagen des Wetterdienstes wird das sommerliche Wetter noch eine Woche andauern.

vorhersagen ⟨[jmdm.] etw. v.⟩ das Wetter, ein Gewitter, ein Erdbeben v.; derartige Katastrophen lassen sich nicht v.; ich kann dir die Folgen v.; etw. zuverlässig, genau v.; niemand vermochte vorherzusagen, wie sich der Trend entwickeln würde.

vorhin: er war v. da; v. sprachen wir noch davon.

vorige: voriges Jahr; vorigen Monat; am vorigen Dienstag; in der vorigen Woche; dieser Versuch war erfolgreicher als der vorige; SUBST.: aus dem Vorigen *(aus den voranstehenden Ausführungen)* geht hervor, dass …; die Vorigen (in Bühnenanweisungen; *die bereits in der vorhergehenden Szene vorkommenden Personen*).

Vorkehrung, die ⟨meist Plural⟩: geeignete, ausreichende Vorkehrungen; die Vorkehrungen waren ausreichend, nutzten nichts; Vorkehrungen treffen.

Vorkenntnisse, die ⟨Plural⟩: für diese Tätigkeit sind keine besonderen, sind keinerlei V., sind spezielle V. erforderlich; besondere V. in der englischen Sprache sind nicht vonnöten; ihm fehlen die einfachsten, elementarsten V.; gute, ausreichende V. haben, besitzen, mitbringen.

vorknöpfen (ugs.) ⟨sich (Dat.) jmdn. v.⟩: den werde ich mir gründlich v.!; ÜBERTR.: das neue Programm muss ich mir heute Nachmittag mal v.

vorkommen: **1.** *nach vorn kommen:* die Zuschauer kamen langsam, immer weiter vor; der Schüler musste v. *(an die Tafel kommen).* **2. a)** *geschehen:* etw. kommt selten, nie, oft, häufig, kaum, überall vor; so ein Irrtum, so ein Fehler kommt schon mal vor, kann v., darf nicht wieder v.; das kommt nur im Film vor; etw. kommt alle Jubeljahre einmal (ugs.; *sehr selten*) vor; ⟨jmdm. v.⟩ so etwas ist mir noch nicht vorgekommen; **b)** ⟨irgendwo v.⟩ *vorhanden sein:* das Wort kommt im Text insgesamt fünfmal vor; das Tier kommt nur noch am Amazonas, in Afrika vor; in diesem Land kommen wertvolle Bodenschätze vor; SUBST.: reiche Vorkommen an Eisenerz, von Erdöl. **3.** ⟨jmdm., sich irgendwie v.⟩ *einen bestimmten Eindruck auf jmdn. machen:* die Sache kommt mir komisch, merkwürdig, eigenartig, verdächtig, seltsam v.; er, das Bild kommt mir bekannt vor; mir kommt alles so vor, als ob …; das kommt dir nur so vor *(das ist eine Täuschung);* wie kommst du mir eigentlich vor? (ugs.; *was erlaubst du dir?*); neben ihr komme ich mir klein und hässlich vor; hier komme ich mir ausgenutzt, überflüssig, ziemlich wertlos, wie ausgestoßen vor; sich sehr klug, wichtig v. **4.** ⟨irgendwo v.⟩ *hervorkommen:* hinter dem Vorhang, unter dem Sofa v.

Vorlage, die: **a)** *das Vorlegen:* der Betrag ist zahlbar bei V. des Schecks; die Karten werden nur gegen V. des Personalausweises ausgehändigt; eine Bescheinigung zur V. beim Finanzamt; **b)** *Muster:* [für, zu etw.] keine V. haben; eine V. zum Stricken; eine V. benutzen; die V. kopieren; sich genau an die V. halten; etw. nach einer V./ohne V. zeichnen, malen, anfertigen; **c)** *Gesetzesvorlage:* eine V. für ein neues Gesetz ausarbeiten, beraten; eine V. einbringen, (ugs.:) durchbringen, annehmen, abändern, ablehnen; einer V. zustimmen,

d) (bes. Fußball) *Ballvorlage:* eine weite, steile, genaue, präzise, maßgerechte V.; eine V. geben, aufnehmen; die V. verpassen, direkt verwandeln, nicht mehr erreichen; auf V. des Linksaußen schoss er das Führungstor.

vorlassen: 1. (ugs.) ⟨jmdn. v.⟩ *vorgehen lassen:* jmdn. an der Kasse, auf der Treppe v.; einen schnellen Läufer v.; ich habe die ältere Dame am Schalter vorgelassen. **2.** ⟨jmdn. v.⟩ *jmdm. eine Unterredung gewähren:* er wurde beim Minister nicht vorgelassen; die Sekretärin durfte niemanden v.

vorläufig: eine vorläufige Regelung, Lösung, Genehmigung; das vorläufige amtliche Endergebnis der Wahl; dieser Zustand ist nur v.; v. wird sich daran nichts ändern; das reicht v.; v. *(vorerst)* wohne ich im Hotel.

vorlaut: ein vorlauter Junge; ein vorlautes Mundwerk; vorlaute Bemerkungen machen; sei nicht so v.!; v. antworten, dazwischenreden.

vorlegen: 1. ⟨jmdm. etw. zu etw. v.⟩ *präsentieren:* jmdn. einige Bücher zur Ansicht, zur Begutachtung v.; dem Chef einen Brief, den Vertrag zur Unterschrift v.; ⟨auch ohne Präpositionalobjekt⟩ die Verteidigung legte dem Gericht neues Beweismaterial vor; jemandem mehrere Muster, Stoffe v.; sich (Dat.) ein Protokoll v. lassen; ⟨auch ohne Dat. und ohne Präpositionalobjekt⟩ seinen Ausweis, sein Zeugnis v. müssen. **2.** ⟨etw. v.⟩ *veröffentlichen, unterbreiten:* einen Gesetzesentwurf, den Geschäftsbericht v.; der Autor, der Verlag hat ein neues Buch vorgelegt; ⟨jmdm. etw. v.⟩ die Pläne werden jetzt dem Ausschuss, der Öffentlichkeit vorgelegt. **3. a)** (geh.) ⟨jmdm. etw. v.⟩ *auf den Teller legen:* darf ich Ihnen noch etwas v.?; **b)** ⟨einem Tier etw. v.⟩ *als Futter hinlegen:* den Tieren Futter, Klee v. **4.** ⟨etw. v.⟩ *vor etw. hinlegen:* einen Stein, einen Bremsklotz, einen Balken v.; eine Kette, einen Riegel v. *(die Tür mit einer Sicherheitskette, einem Riegel schließen).* **5.** ⟨sich v.⟩ *sich vorbeugen:* du darfst dich nicht [so, zu weit] v. **6.** (Ballspiele) *eine Vorlage geben:* den Ball, den Puck vor. **7.** ⟨etw. v.⟩ *gleich zu Beginn erzielen:* eine gute Zeit, 20 Punkte v.; sie legten ein hohes Tempo vor *(liefen, fuhren sehr schnell).* **8.** ⟨etw. v.⟩ *vorläufig bezahlen:* eine Summe, 400 Mark v.; ⟨auch ohne Akk.⟩ kannst du für mich v.?

vorlesen ⟨jmdm. etw. v.⟩: den Kindern Geschichten v.; soll ich dir den Brief v.?; ⟨auch ohne Dat.⟩ er hat einige Abschnitte aus seinem Buch vorgelesen; lies mal vor, was auf dem Zettel steht; einen Text laut v.

Vorlesung, die: literaturwissenschaftliche, mathematische Vorlesungen; Vorlesungen in Archäologie; eine V. halten, hören, besuchen; die V. bei Professor X; eine V. über Lyrik belegen; in die V. gehen.

V

vorlieb: ⟨in der Wendung⟩ **vorlieb nehmen** *(sich mit dem begnügen, was gerade zur Verfügung steht):* ich nehme statt des Bettes mit dem Sofa vorlieb; Sie werden heute mit mir v. nehmen müssen.

Vorliebe, die: seine V. gilt der alten Musik; für etw. eine geheime, ausgesprochene, besondere V. haben, zeigen, verraten, an den Tag legen; sie liest mit V. Krimis.

vorliegen: a) ⟨jmdm. v.⟩ *vorgelegt sein:* der Antrag liegt dem Ausschuss zur Begutachtung vor; der Fall liegt bereits dem Richter, dem Gericht vor; ⟨auch ohne Dat.⟩ es liegen noch nicht alle Unterlagen vor; sein neuer Roman liegt jetzt vor *(ist jetzt erschienen);* im vorliegenden/in vorliegendem *(in diesem)* Fall; b) *bestehen:* ein Verschulden des Fahrers liegt nicht vor; offenkundig liegt hier ein Irrtum vor; es liegen Gründe zu der Annahme vor, dass ...; gegen ihn liegt nichts vor; es liegt noch nichts vor *(es ist noch keine Arbeit da).*

vormachen: 1. ⟨etw. v.⟩ *vorlegen:* den Riegel, die Sicherheitskette v. 2. ⟨jmdm. etw. v.⟩ a) *zeigen:* jmdm. einen Tanzschritt, eine Turnübung v.; man muss ihm alles, jeden Handgriff v.; kannst du mir das noch einmal v.?; b) *vortäuschen:* mir kannst du [so leicht] nichts v.; auf diesem Gebiet, in diesen Dingen macht mir keiner etwas vor *(habe ich selbst genaue Kenntnisse);* wir wollen uns doch nichts v.

vormerken: ⟨jmdn., sich, etw. [für etw.] v.⟩ jmdn. [als Teilnehmer] für einen Kurs, einen Termin für ein Gespräch v.; die Baugesellschaft hat zahlreiche Bewerber für die neuen Wohnungen vorgemerkt; den ersten Auftritt in Deutschland hat die Band bereits vorgemerkt *(eingeplant);* sämtliche Kunstwerke können für die Versteigerung vorgemerkt werden; Interessenten können sich für die Angebote v. lassen; ⟨jmdm., sich etw. v.⟩ sich einen Termin im Kalender v.; ich habe mir seinen Besuch für 10 Uhr vorgemerkt; sich v. lassen *(sich ein Zimmer auf die Warteliste setzen lassen);* sich ein Zimmer v. *(reservieren)* lassen.

Vormittag: gestern, heute, morgen V.; sie hat heute ihren freien V.; er verbringt seine Vormittage im Büro; ⟨Akk. als Zeitangabe⟩ jeden V.; er hat den ganzen V. verschlafen; ⟨Gen. als Zeitangabe⟩ eines [schönen] Vormittags *(an einem Vormittag);* er kommt [früh, zeitig, spät] am V.; am heutigen, nächsten, späten V.; bis in den V. hinein schlafen; von morgen V. an ist das Büro geschlossen; während, im Laufe des Vormittags.

vormittags: v. um zehn; v. um 9 Uhr/um 9 Uhr v.; sie trafen sich immer montags v.; das Amt hat/ist v. geschlossen; v. zwischen 10 und 11 Uhr.

Vormund, der: einen V. [für jmdn.] einsetzen, bestellen, berufen; jmdm. einen V. geben; jmdn. zum V. berufen, bestellen, bestimmen; ÜBERTR.: ich brauche keinen V. *(ich kann für mich selbst sprechen).*

Vormundschaft, die: über/(seltener:) für jmdn. die

V. übernehmen, führen; jmdm. die V. übertragen; jmdn. unter V. stellen; unter jmds. V. stehen.

vorn[e]: da, rechts, ganz, weiter v.; der Eingang ist v.; er sitzt v. in der zweiten Reihe; bitte v. einsteigen; v. *(an der Spitze)* marschieren; alle Zimmer liegen nach v. (ugs.; *auf der Straßenseite);* etw. von v. betrachten; * **von vorn[e]** *(von Anfang an):* nach dem Krieg mussten wir wieder von v. anfangen; er wollte noch einmal ganz von v. anfangen *(sein Leben neu aufbauen)* · **von vorn[e] bis hinten** (ugs.; *ganz und gar; vollständig, ohne Ausnahme).*

vornehm: 1. *fein:* eine vornehme Dame, Gesinnung; ein vornehmes Wesen haben. 2. b) *der Oberschicht angehörend:* dort trifft sich die vornehme Gesellschaft; aus einer vornehmen Familie stammen; in vornehmen Kreisen; b) *der Art der Oberschicht entsprechend:* eine vornehme [Wohn]gegend; vornehme Seebäder, Kurorte; ein vornehmes Internat besuchen; das Hotel ist mir zu v.; sein Benehmen ist immer sehr v.; er tut immer so v.; auf v. machen. 3. *elegant:* eine vornehme Wohnungseinrichtung, Kleidung; v. eingerichtet, gekleidet sein; die Ausstattung des Wagens ist, wirkt ausgesprochen v. 4. (geh.) *vorrangig:* unsere vornehmste Aufgabe, Pflicht besteht darin ...

vornehmen: 1. ⟨etw. v.⟩ a) *nach vorn bewegen:* die Stühle v.; die linke Schulter, das linke Bein v.; b) *davor tun:* die Hand, ein Taschentuch v. *(vor den Mund nehmen);* ich habe eine Schürze vorgenommen *(vorgebunden).* 2. a) ⟨sich (Dat.) etw. v.⟩ *zu tun beabsichtigen:* sich einiges, zu viel, allerhand, etwas anderes v.; ich habe mir heute diese Arbeit vorgenommen; sie hat sich fest vorgenommen, künftig nicht mehr daran teilzunehmen; b) (ugs.) ⟨sich (Dat.) etw. v.⟩ *sich mit etw. zu beschäftigen beginnen:* nehmt euch die Landkarte, das Buch, die unregelmäßigen Verben noch einmal vor!; c) (ugs.) ⟨sich (Dat.) jmdn. v.⟩ *vorknöpfen:* den werde ich mir mal v.! 3. ⟨etw. v.⟩ *durchführen:* eine Prüfung, eine genaue Untersuchung, eine Beratung, eine Investition v.; ⟨etw. bei jmdm./an jmdm., etw. v.⟩ an/bei jmdm. eine Operation v.; an dem Text sollen noch einige Änderungen vorgenommen werden.

vornherein: ⟨in der Verbindung⟩ **von vornherein** *(von Anfang an):* etw. steht von v. fest; er hat den Plan von v. abgelehnt.

vorprogrammieren (EDV) ⟨etw. v.⟩: einen Rechner, einen Videorekorder v.; eine Telefonnummer v.; ÜBERTR.: der nächste Konflikt, Krach, Ärger ist schon vorprogrammiert *(ist unvermeidlich);* nach Abschluss des Studiums ist sein Leben vorprogrammiert *(man weiß schon, wie es verläuft).*

Vorrang, der: [den] V. vor jmdm., etw. haben; diese Sache hat absoluten V.; jmdm. den V. geben, streitig machen, einräumen, lassen; den V. behalten, behaupten.

vorrangig: das vorrangige Ziel unserer Politik; die vorrangige Bearbeitung von etw. fordern; etw. zur vorrangigen Aufgabe erklären; etw. v. behandeln, erörtern.

Vorrat, der: ein großer, reichlicher V.; ein V. an Lebensmitteln, an Trinkwasser, an Heizöl, an Munition; die Vorräte sind ausreichend, werden knapp, sind aufgebraucht/aufgezehrt, gehen zur Neige, reichen noch eine Weile; solange der V. reicht; [sich] einen V. anlegen; Vorräte ansammeln, (ugs.:) hamstern; seine Vorräte aufstocken, wieder auffüllen; etw. als/auf V. kaufen, anschaffen; etw. in V. haben, halten; ÜBERTR.: er hat einen unerschöpflichen V. an Witzen auf Lager; auf V. arbeiten, schlafen.

vorrätig: vorrätige Waren; davon ist nichts mehr v.; das Buch ist nicht mehr v.; einen Artikel v. haben, halten.

Vorrecht, das: ein traditionelles V.; das ist das V. der Jugend; jmdm. steht ein V. zu; ein V. haben, genießen, verlieren; ein V. für sich beanspruchen, in Anspruch nehmen; sich ein V. verschaffen; jmds. Vorrechte aufheben; jmdm. das V. entziehen; auf sein V. verzichten; von seinem V. Gebrauch machen; mit bestimmten [politischen, gesellschaftlichen] Vorrechten ausgestattet sein.

Vorrichtung, die: eine praktische, einfache, zweckmäßige, sinnvolle V.; eine V. zum Belüften; die V. arbeitet automatisch.

vorrücken: 1. a) ⟨etw. v.⟩ *nach vorn rücken:* den Schrank v.; ich werde den Schreibtisch noch ein Stück v.; **b)** *sich nach vorn bewegen:* wenn Sie [mit Ihrem Stuhl] vorrücken, habe ich auch noch Platz; mit dem Turm zwei Felder v.; die Zeiger der Uhr rücken vor; unsere Mannschaft ist auf den zweiten Tabellenplatz vorgerückt. **2.** (Milit.) *vordringen:* die feindlichen Truppen rücken immer weiter, sehr schnell vor. **3.** *unaufhaltsam auf einen späteren Zeitpunkt zugehen:* die Zeit rückt [schnell] vor, ist schon ziemlich vorgerückt; zu vorgerückter Stunde (geh.; *ziemlich spät am Abend*); ÜBERTR.: ein Mann in vorgerücktem (geh.; *höherem*) Alter.

Vorsatz, der: gute, löbliche Vorsätze haben; unser fester V. ist, seine Absetzung zu erreichen; einen V. fassen, aufgeben, fallen lassen, vergessen; etw. macht jmds. Vorsätze zunichte; seinem V. treu bleiben; an seinem V. festhalten; bei seinem V. bleiben; jmdn. in seinem V. bestärken; er kam mit dem V., Streit zu beginnen; von seinem V. nicht abgehen.

vorsätzlich: vorsätzliche Brandstiftung, Körperverletzung; etw. geschah v.; jmdn. v. beleidigen.

Vorschein, der: ⟨in den Wendungen⟩ **etw. zum Vorschein bringen** *(etw. zum Vorschein kommen lassen)* · **zum Vorschein kommen** *(aus der Verborgenheit hervorkommen).*

vorschieben: 1. a) ⟨etw. v.⟩ *vor etw. schieben:* den

Riegel v.; **b)** ⟨etw. v.⟩ *nach vorn schieben:* den Tisch, den Wagen [etwas, ein Stück] v.; den Kopf, das Kinn, die Schultern v.; er schob verlegen die Unterlippe vor; eine Grenze v. *(vorverlegen);* Truppen v. *(vorrücken lassen);* auf vorgeschobenem Posten stehen; **c)** ⟨jmdn., sich, etw. v.⟩ *nach vorn bewegen:* er schob sich in der Menge allmählich immer weiter vor; die kalten Luftmassen schieben sich nach Süden vor. **2. a)** ⟨jmdn. v.⟩ *für die eigenen Interessen tätig werden lassen:* er sucht noch einen, den er v. kann; man schob einige Strohmänner vor; **b)** ⟨etw. v.⟩ *zum Vorwand nehmen:* Unwohlsein, eine Krankheit, eine wichtige Besprechung als Grund für sein Fernbleiben v.; ein vorgeschobener Grund.

vorschießen: 1. *sich schnell vorbewegen:* plötzlich, aus dem Hintergrund v.; der Ferrari ist plötzlich vorgeschossen und hat die Führung übernommen. **2.** (ugs.) ⟨jmdm. etw. v.⟩ *Geld leihen:* meine Eltern haben mir das Geld, 1 000 Mark vorgeschossen.

Vorschlag, der: ein guter, brauchbarer, akzeptabler, kluger, vernünftiger, undurchführbarer, unsinniger V.; praktische Vorschläge; ein V. zur Lösung des Problems; ein V. zur Güte (scherzh.: *zur gütlichen Einigung*); der V. ist indiskutabel, [un]annehmbar, nicht praktikabel; na, ist das ein V.? (ugs.: *ist das nicht ein guter Gedanke?*); [jmdm.] einen V. machen, unterbreiten; einen V. akzeptieren, billigen, ablehnen, verwerfen; ich erlaube mir den V. ...; sich jmds. Vorschlägen anschließen; auf jmds. V. eingehen; auf meinen V. [hin], auf V. von Frau Meier wurde der Text geändert; (ugs.:) Sie müssen mit konkreten Vorschlägen kommen; über einen V. abstimmen; er hielt nichts von diesem V.;

∗ **jmdn., etw. in Vorschlag bringen** (Papierdt.; *jmdn., etw. vorschlagen).*

vorschlagen: a) ⟨jmdm. etw. v.⟩: *einen Vorschlag machen:* jmdm. eine andere Lösung, einen Kompromiss v.; ⟨häufig ohne Dat.⟩ ich schlage vor, wir gehen zuerst essen/dass wir zuerst essen gehen; **b)** ⟨jmdn. [für etw.] v.⟩ *empfehlen:* jmdn. für ein Amt, für einen Posten, für den Nobelpreis v.; sie wurde auf der Versammlung als Kandidatin vorgeschlagen.

vorschnell: ein vorschneller Entschluss; v. urteilen, handeln.

vorschreiben: 1. ⟨jmdm. etw. v.⟩ *als Vorlage niederschreiben:* den Kindern, den Schülern die Buchstaben, der Wörter deutlich v. **2.** ⟨jmdm. etw. v.⟩ *von jmdm. fordern:* jmdm. die Arbeit, die Bedingungen v.; ich lasse mir von dir nichts v.; er hat mir vorgeschrieben, wie ich mich verhalten soll; die vorgeschriebene Anzahl, Menge, Dosis; etw. ist so vorgeschrieben *(festgelegt).* **3.** ⟨etw. v.⟩ *bestimmen:* das Gesetz, die Strafprozessordnung, die Verordnung schreibt [in diesen Fällen] vor, dass ...

vorschreiten: die Bauarbeiten schreiten zügig vor; die Arbeit ist schon weit vorgeschritten; in vorgeschrittenem Stadium; trotz seines vorgeschrittenen *(hohen)* Alters wandert er viel.

Vorschrift, die: neue, strenge, genaue, religiöse, sittliche Vorschriften; die einschlägigen Vorschriften der Verfassung; eine V. für die Bedienung der Anlage; die V. besagt, dass ...; eine V. erlassen, umgehen, verletzen; er hat die dienstlichen, geltenden, gesetzlichen Vorschriften nicht beachtet, nicht befolgt, nicht eingehalten; jmdm. Vorschriften machen *(jmdm. etw. vorschreiben);* laut polizeilicher V.; sich [genau] an die Vorschriften halten; das verstößt gegen die V.; Dienst nach V. machen *(peinlich genau die Dienstvorschriften einhalten, sodass Verzögerungen entstehen);* nach V. des Arztes.

vorschriftsgemäß, vorschriftsmäßig: die vorschriftsgemäße/vorschriftsmäßige Durchführung der Arbeiten; eine vorschriftsgemäße/vorschriftsmäßige Ausrüstung; die technische Einrichtung ist nicht v.; sich v. verhalten; v. rechts fahren.

Vorschub, der: ⟨in der Wendung⟩ jmdm., etw. Vorschub leisten/(geh.:) tun *(jmdn., etw. [nicht Gutzuheißendes] begünstigen).*

Vorschuss, der: ein V. auf das Gehalt, auf das Honorar; einen V. beantragen, erhalten; V. nehmen; jmdm. einen V. gewähren, bewilligen; sich einen V. geben, auszahlen lassen; um [einen] V. nachsuchen, bitten.

vorschützen ⟨etw. v.⟩: Müdigkeit, eine Krankheit v.; eine wichtige Besprechung [als Grund] für sein Fehlen v.

vorschweben ⟨jmdm. v.⟩: mir schwebt eine andere Lösung, etwas ganz Neues vor; diese Position schwebte ihm schon immer vor.

vorsehen: 1. a) *sichtbar sein:* der lange Rock sieht [unter dem Mantel] vor; **b)** ⟨hinter etw. v.⟩ *hervorsehen:* die Kinder sahen hinter einer Hecke vor.
2. a) ⟨etw. v.⟩ *planen:* eine Erhöhung der Produktion v.; die Neuauflage ist für nächstes Jahr vorgesehen; es ist vorgesehen, einige Bestimmungen zu ändern; das vorgesehene Gastspiel fiel aus; **b)** ⟨jmdn., etw. für etw. v.⟩ *einplanen:* er ist für dieses Amt, für andere Aufgaben vorgesehen; wir haben das Geld für Möbelkäufe vorgesehen; etw. an die [dafür] vorgesehene Stelle montieren; **c)** ⟨jmdn. als jmdn., etw. v.⟩ *für jmdn., etw. bestimmen:* er ist als Nachfolger des Präsidenten vorgesehen; diesen Betrag haben wir als erste Planungsrate im Etat vorgesehen. **3.** ⟨etw. [für etw.] v.⟩ *festlegen:* für diese Fälle sieht das Gesetz keine Unterstützung, eine hohe Strafe vor; der neueste Plan sieht vor, dass ...; das ist im Vertrag nicht vorgesehen. **4.** ⟨sich v.⟩ *vorsichtig sein:* sich beim Überqueren

der Straße v.; sieh dich vor, dass/damit du nicht hereingelegt wirst; vor ihm muss man sich sehr v.

vorsetzen: 1. a) ⟨etw. v.⟩ *vor etw. setzen:* eine Blende v.; ein Kreuz v. *(vor eine Note setzen);* (Dat.) etw. v.⟩ er hat seinem Namen ein »von« vorgesetzt; **b)** ⟨etw. v.⟩ *nach vorn tun:* den rechten Fuß v.; das Verkehrsschild, der Pfosten wurde noch etwas vorgesetzt; **c)** ⟨jmdn., sich v.⟩ *weiter nach vorn hinsetzen:* den Schüler v.; nach der Pause haben wir uns vorgesetzt. **2.** ⟨jmdm. etw. v.⟩ *servieren:* seinen Gästen einen kleinen Imbiss, einen guten Wein v.; ÜBERTR.: es ist unverschämt, einem ein solches Programm vorzusetzen.

Vorsicht, die: große, äußerste, unnötige, übertriebene V.; hier ist V. geboten, nötig, am Platze; V.!; V., Hochspannung!; V., Stufe[n]!; V., zerbrechlich!; V., frisch gestrichen!; V. walten lassen, üben; alle V. außer Acht lassen; etw. erfordert, verlangt, gebietet größte V.; etw. aus V. tun; etw. mit großer V. beginnen, tun; mit der nötigen V. vorgehen, zu Werke gehen; jmdn. zur V. mahnen; sie riet [mir] zur V.; ich nehme zur V. *(sicherheitshalber)* einen Schirm mit; V. ist die Mutter der Weisheit/(ugs. scherzh.:) der Porzellankiste; (scherzh.:) V. ist besser als Nachsicht;

★ **[nur] mit Vorsicht zu genießen sein** (ugs.; **1.** *nicht sehr umgänglich, leicht reizbar [und dann unangenehm gegenüber] anderen sein.* **2.** *nicht sehr zuverlässig, eher fragwürdig sein).*

vorsichtig ⟨v. [mit etw.]⟩: eine vorsichtige Autofahrerin; ein vorsichtiges Vorgehen; vorsichtiger Optimismus; mit vorsichtigen Schritten; nach vorsichtigen Schätzungen; nach meiner Krankheit war ich die erste Zeit sehr v.; man kann nicht v. genug sein; beim Kauf von etw., mit seinen Äußerungen v. sein; bitte sei v., damit dir nichts passiert!; wir müssen mit Sport, mit unserem Urteil v. sein *(müssen uns damit zurückhalten);* etw. v. anfassen, behandeln, andeuten; v. bremsen, fahren; sich v. ausdrücken.

vorsintflutlich (ugs.): ein vorsintflutlicher PC; eine vorsintflutliche Kamera; vorsintflutliche Anschauungen, Methoden; die Ausrüstung ist v.; etw. sieht v. aus.

Vorsitz, der: den V. übernehmen, abgeben, niederlegen; in einer Kommission, in einem Gremium, im Aufsichtsrat den V. haben; bei einer Versammlung den V. führen; jmdm. den V. übergeben, übertragen; unter V. des Institutsleiters, von Herrn Müller.

Vorsitzende, der: die Ausschusses, des Betriebsrats, des Vereins, der Partei; er ist erster, zweiter, stellvertretender Vorsitzender des Aufsichtsrats; einen neuen Vorsitzenden wählen; jmdn. zum/zur Vorsitzenden wählen.

Vorsorge, die: die V. für die Zukunft, fürs Alter, für den Fall der Erwerbsunfähigkeit, gegen Berufskrankheiten; finanzielle, medizinische V.; V. durch Früherkennung treffen; tragen

(Papierdt.; *für etw. sorgen*); es ist V. getroffen [worden], dass ...; trotz aller V. ...
vorsorgen ⟨[für etw.] v.⟩: für schlechte Zeiten, fürs Alter, für den Notfall, für Katastrophenfälle v.; vorsorgende Maßnahmen treffen; eine vorsorgende Sicherheitspolitik betreiben; nicht ausreichend vorgesorgt haben.
vorsorglich: vorsorgliche Sicherheitsmaßnahmen; v. Einspruch erheben, eine Rechtsbeschwerde einlegen; ich habe v. mehr Geld mitgenommen; sich v. mit etw. eindecken; er ist sehr v. *(auf Vorsorge bedacht).*
vorspiegeln ⟨jmdm. etw. v.⟩: jmdm. Bedürftigkeit, gute Absichten, eine Idylle v.
Vorspiegelung, die: ⟨meist in der Wendung⟩ **Vorspiegelung falscher Tatsachen** *(bewusste Irreführung):* jmdn. wegen V. falscher Tatsachen belangen.
vorsprechen: 1. ⟨[etw.] v.⟩ *rezitieren:* einen Text, einen Monolog v.; jmdn. v. lassen; sie hat im Theater vorgesprochen.
2. ⟨jmdm. etw. v.⟩ *vorsagen:* dem Kind immer wieder die gleichen Wörter v.
3. ⟨irgendwo/bei jmdm. v.⟩ *jmdn. aufsuchen:* ich soll [wegen des Antrags, wegen der Bewerbung] in drei Wochen noch einmal bei ihm, im Büro, auf der Dienststelle v.
vorspringen: 1. *herausragen:* das Gesims, der Balken springt an der Fassade [zu weit] vor; schroff vorspringende Felsen; er hat stark vorspringende Backenknochen.
2. a) ⟨irgendwo[her] v.⟩ *hervorspringen:* hinter einem Auto, aus seinem Versteck v.; **b)** *sich ruckartig weiterbewegen:* der Zeiger der Uhr sprang [auf die 10] vor.
Vorsprung, der: **1.** *vorspringender Teil:* auf dem V. eines Felsens, einer Mauer, einer Fassade stehen; an einem V. hängen bleiben.
2. *Abstand gegenüber Konkurrenten:* ein großer, nicht mehr aufzuholender, knapper, winziger, deutlicher V.; ein V. von zwei Sekunden, von 50 Metern; der V. wächst, vergrößert sich, schmilzt, wird geringer; der V. beträgt 30 Punkte; den V. vergrößern, halten, verteidigen, verlieren, einbüßen, ins Ziel retten; einen V. gegenüber/vor den Verfolgern haben, herausholen; jmdm. einen V. geben; an V. gewinnen; mit großem, riesigem V. gewinnen, durchs Ziel fahren/gehen; ÜBERTR.: einen V. an Know-how haben.
Vorstand, der: **a)** *Führungsgremium:* die Firma, die Gesellschaft hat einen neuen, dreiköpfigen V.; der V. tagt, tritt zusammen; den V. bilden, [neu] wählen, erweitern, umbilden, verkleinern, umbesetzen, zusammenrufen; den V. entlasten (Kaufmannsspr.; *eine Geschäftsführung nach Prüfung gutheißen*); dem V. angehören; die Mitglieder des Vorstands, die Damen und Herren des Vorstands/vom V.; aus dem V. ausscheiden; in den V. gewählt, berufen werden; **b)** *Vorstandsmitglied:* er ist V. geworden, zum V. berufen worden.

vorstehen: 1. *nach vorn, nach außen stehen:* das Haus steht etwas weiter vor als die benachbarten; vorstehende Zähne, Backenknochen haben.
2. ⟨jmdm., etw. v.⟩ *die Führung haben:* einem Amt, einer Behörde, einer Organisation, einer Gemeinde, einer Schule, einem Institut v.; sie hat drei Jahre lang der Abteilung vorgestanden.
vorstellen: 1. ⟨etw. v.⟩ **a)** *vor etw. stellen:* einen Schirm, eine spanische Wand v.; **b)** *weiter vor stellen:* das rechte Bein v.; den Tisch, die Stühle noch etwas v.; den Zeiger v. *(vorwärts drehen):* die Uhr [um eine Stunde] v. *(ihre Zeiger vorwärts drehen).*
2. a) ⟨jmdn. jmdm. v.⟩ *mit jmdm. bekannt machen:* er hat uns seine Begleiterin vorgestellt; sie hat ihn uns als ihren Verlobten vorgestellt; darf ich Ihnen meinen Bruder v.?; ⟨auch ohne Dat.⟩ heute wurde der neue Abteilungsleiter vorgestellt; ÜBERTR.: wir stellen Ihnen heute eine junge Künstlerin vor ...; die Firma stellt auf der Messe ihr neuestes Modell vor *(zeigt es der Öffentlichkeit);* **b)** ⟨sich v.⟩ *sich bekannt machen:* der junge Mann stellte sich [mit Meyer, mit vollem Namen] vor; wir haben uns [gegenseitig] vorgestellt; er stellte sich als Vertreter der Firma ... vor; ⟨sich jmdm. v.⟩ sie hat sich mir immer noch nicht vorgestellt; ÜBERTR.: heute stellt sich noch eine Bewerberin in der Firma, beim Personalchef vor *(spricht wegen einer Anstellung vor);* sich den Wählern v.; die Band stellt sich mit diesem Konzert in neuer Besetzung vor.
3. ⟨sich (Dat.) jmdn., etw. v.⟩ *sich ein Bild von jmdm., etw. machen:* ich kann mir v., dass er ein guter Lehrer ist/ich kann ihn mir als guten Lehrer v.; stellen Sie sich einmal vor, die Lage würde sich verschlechtern; stell dir meine Überraschung vor!; so stelle ich mir mein künftiges Leben vor; das kann ich mir nicht v. *(das halte ich für nicht möglich);* sich alles anders, einfacher, schlimmer, komplizierter v.; darunter kann ich mir nichts v.; ich kann mir gut, lebhaft v., dass .../wie ...; was haben Sie sich als Gehalt, als Preis so vorgestellt? (ugs.; *an welches Gehalt, an welchen Preis haben Sie gedacht?*); was hast du dir eigentlich vorgestellt? (ugs.; *was erlaubst du dir eigentlich?*); wie stellst du dir das vor? *(wie soll das vor sich gehen?);* stell dir vor (ugs.; *du wirst überrascht sein*), er hat sein Geschäft aufgegeben; du kannst dir gar nicht v., wie glücklich ich bin (ich *bin sehr glücklich;* als Verstärkung).
4. ⟨etw. v.⟩ *darstellen:* was soll dieses Bild, diese Plastik eigentlich v.?; sie stellt etwas vor *(ist eine Persönlichkeit).*
vorstellig: ⟨in der Wendung⟩ **[bei jmdm./irgendwo] vorstellig werden** (Papierdt.; *sich an jmdn., etw. wenden*): wegen eines Zuschusses v. werden; er ist in dieser Angelegenheit beim Bürgermeister, auf dem Amt, im Ministerium v. geworden.
Vorstellung, die: **1.** *das [Sich]vorstellen:* die V.

V

neuen Modelle, der Kandidaten, eines neuen Mitarbeiters; würden Sie bitte die V. übernehmen?; einen Bewerber zu einer persönlichen V. einladen. **2. a)** *Aufführung:* eine V. für Schüler, für wohltätige Zwecke; die V. beginnt um 20 Uhr, dauert [einschließlich Pause] drei Stunden, fällt aus, ist gerade/um 22 Uhr zu Ende; eine V. besuchen, stören, absagen, abbrechen; der Zirkus gibt täglich zwei Vorstellungen; Ende der V.; in die V. am Nachmittag gehen; nach der V. noch essen gehen; kurz vor der V.; zu spät zur V. kommen; **b)** *Auftritt:* der Künstler gibt hier eine einmalige V.; das war eine kurze V.; der Kollege gab hier nur eine kurze V. (scherzh.; *war nur kurze Zeit hier beschäftigt*); die Mannschaft gab eine starke, schwache V. (Sport; *spielte gut, schlecht*). **3. a)** *Überlegung, Gedanke:* die bloße V. begeistert mich schon; falsche, vage, nebelhafte, naive, abwegige Vorstellungen; düstere Vorstellungen bedrücken ihn; deutliche, feste, ungenaue, keine klaren Vorstellungen von etw. haben; sich noch keine rechte, richtige V. machen können; sein Bericht hat mir eine [ungefähre] V. gegeben, wie die Lage wirklich ist; Sie machen sich keine Vorstellungen/Sie haben keine V. *(Sie ahnen nicht),* wie es hier zugeht; die V. *(Überzeugung)* gewonnen haben, dass ...; gewisse, bestimmte Vorstellungen in jmdm. [er]wecken; das entspricht nicht meinen Vorstellungen; er entspricht der landläufigen V. des Unternehmers/von einem Unternehmer; du musst dich endlich von der V. *(von dem Glauben)* frei machen, dass ...; **b)** *Fantasie:* das existiert alles nur in deiner V.; das geht über alle V. *(alles Vorstellungsvermögen)* hinaus. **4.** (geh.) 〈meist Plural〉 *Vorhaltungen:* alle Vorstellungen nutzten nichts; jmdm. [wegen etw.] Vorstellungen machen.

Vorstoß, der: ein V. in feindliches Gebiet, in den Weltraum, zum Gipfel; der V. kam zum Stillstand, scheiterte, misslang; einen V. wagen, unternehmen, starten; den V. abwehren; ÜBERTR.: einen V. [in dieser Angelegenheit, bei der Geschäftsleitung] war erfolglos; einen V. bei jmdm. machen, versuchen.

vorstrecken: 1. a) 〈etw. v.〉 *nach vorn strecken:* den Kopf, die Arme, den Oberkörper [weit] v.; **b)** 〈sich v.〉 *sich nach vorn beugen:* sich weit v. müssen, um etw. zu sehen. **2.** (ugs.) 〈jmdm. etw. v.〉 *leihen:* jmdm. Geld, hundert Mark [bis zum Monatsende] v.; 〈auch ohne Dat.〉 er wollte die Kosten für die Fahrt nicht v.

Vorstufe, die: die V. einer Entwicklung, einer Krankheit; die Planung ist noch in der V.; ÜBERTR.: seine jetzige Stellung ist die V. zu einem Ministeramt.

vortäuschen 〈etw. v.〉: tiefe Betroffenheit, lebhaftes Interesse v.; eine Krankheit v. *(simulieren);* der Einbruch war vorgetäuscht *(fingiert);* 〈jmdm.

etw. v.〉 er hat ihr solche Gefühle nur vorgetäuscht.

Vorteil, der: ein großer, entscheidender V.; finanzielle, materielle Vorteile; dieser V. brachte ihm nichts ein; der V. liegt darin, dass ...; dieser Umstand ist nicht unbedingt ein V.; dabei springt mancher V. heraus; seinen V. erkennen, haben, finden, [aus]nutzen; er kennt, sucht nur seinen eigenen V., hat nur den eigenen V. im Auge; er hat dadurch/davon viele Vorteile; das Verfahren bietet allerhand Vorteile; diese Methode hat den V., dass ...; Vor- und Nachteile bedenken, [gegeneinander] abwägen; sich von etw. Vorteile versprechen; sich Vorteile verschaffen; einen V. aus etw. ziehen; etw. bringt jmdm. Vorteile; ei nen persönlichen V. für sich herausholen, herausschlagen; sich auf unlautere Weise Vorteile, einen V. zu verschaffen suchen; sehr auf seinen V. bedacht sein, aus sein; gegenüber jmdm. [weit] im V. *(in einer günstigen Lage)* sein; dies ist von V. *(vorteilhaft);* etw. dient, geschieht zu jmds. V.; jmd. hat sich zu seinem V. *(zu seinen Gunsten)* verändert; der Schiedsrichter ließ V. gelten (Sport; *unterbrach das Spiel trotz eines Fouls am ballführenden Spieler nicht);* V. Aufschläger (Tennis; *nach Einstand Möglichkeit, den nächsten Punkt zu machen).*

vorteilhaft: ein vorteilhaftes Geschäft, Angebot; eine für beide Seiten vorteilhafte Beziehung, Lösung; sie hat ein vorteilhaftes Äußeres; sich v. kleiden; etw. v. [ver]kaufen; diese Farbe ist für dich v. *(steht dir gut).*

Vortrag, der: **1.** *Rede:* ein langer, interessanter, langweiliger V.; ein V. mit Lichtbildern, über moderne Malerei; der V. war kurz, dauerte über eine Stunde, fand großen Beifall; einen V. halten, absagen; den V. ablesen, frei halten; jmdm. für einen V. gewinnen; jmdm. zu einem öffentlichen V. einladen; in einen/zu einem V. gehen. **2.** *Vortragsart:* ein klarer, flüssiger V.; sein V. des Gedichtes war nicht fließend genug; das Eislaufpaar bot einen ausgezeichneten V. seiner Kür; etw. zum Vortrag bringen (Papierdt.; *etw. vortragen).*

vortragen: 1. 〈etw. v.〉 *nach vorne tragen:* Stühle v.; die Hefte zum Lehrer v. **2.** 〈etw. v.〉 *darbieten:* ein Gedicht, ein Lied v.; eine ausgezeichnet vorgetragene Kür; 〈auch ohne Akk.〉 die Schülerin kann gut v. *(rezitieren).* **3.** 〈jmdm. etw. v.〉 *darlegen:* jmdm. seine Wünsche, seine Beschwerden, eine Bitte v.; ich habe ihm meine Gründe vorgetragen; 〈auch ohne Dat.〉 den Plan in einem Brief, brieflich, schriftlich v.

vortrefflich: eine vortreffliche Arbeit, Leistung; er ist ein vortrefflicher Koch, Lehrer; das Essen war heute v.; [das ist] v.!; sie spielt v.; sich v. auf etw. verstehen.

Vortritt, der: jmdm. den V. lassen, einräumen, zugestehen; ÜBERTR.: in dieser Sache lasse ich Ihnen den V. *(die Gelegenheit, zuerst zu handeln).*

vorüber: 1. /räumlich/ *vorbei:* kaum war der erste Wagen v. ...
2. /zeitlich/ *vergangen:* das Gewitter ist v.; jmds. große Zeit ist v.
vorübergehen: 1. ⟨an jmdm., etw. v.⟩ *vorbeigehen:* an jmdm. grußlos v.; an einem Bild achtlos v.; SUBST.: jmdm. im Vorübergehen etwas zurufen; ÜBERTR.: an dieser Tatsache kann man nicht mehr v.; die Krankheit ist nicht spurlos an ihm vorübergegangen; eine Chance ungenutzt v. *(verstreichen)* lassen.
2. *vergehen:* das Gewitter geht vorüber; die Schmerzen werden v.; der Urlaub ist viel zu schnell vorübergegangen.
vorübergehend: *nur eine gewisse Zeit dauernd:* eine [nur] vorübergehende Wetterbesserung; ein vorübergehender Kälteeinbruch; das ist eine vorübergehende Erscheinung; das Geschäft ist v. geschlossen.
Vorurteil, das: überholte, landläufige, unbegründete, weit verbreitete Vorurteile; Vorurteile gegen Ausländer, gegen den Islam; das ist nur ein V., ein reines V.; ein V. gegen jmdn., etw. haben, hegen; Vorurteile bekämpfen, abbauen, ablegen, nähren; Vorurteilen entgegentreten, entgegenwirken; in Vorurteilen befangen sein; jmdn. in seinen Vorurteilen bestärken; sich von seinen Vorurteilen befreien, frei machen.
Vorwand, der: ein fadenscheiniger, leicht zu durchschauender, willkommener V.; etw. dient jmdm. nur als, zum V.; etw. als V. benutzen; einen V. für etw. brauchen, suchen; sie findet immer einen V., um nicht mithelfen zu müssen; unter dem V., verreisen zu müssen, sagte er ab; etw. zum V. nehmen.
vorwärts: 1. a) *nach vorn:* drei Schritte v. machen, tun; bitte v. gehen; [immer] v.!; /militärisches Kommando/: v. marsch!; ÜBERTR.: nun mach mal v.! (ugs.; *beeil dich!*); **b)** *mit der Vorderseite voran:* den Wagen v. einparken.
2. a) *von vorne nach hinten:* das Band v. laufen lassen; das Einmaleins v. und rückwärts aufsagen können; **b)** *in die Zukunft voran, in Richtung einer bestimmten Entwicklung:* das ist ein großer Schritt v. *(ein Fortschritt);* jmdn., eine Firma v. bringen; die Sache will nicht recht v. gehen; mit dem Projekt geht es [gut, rasch, langsam] v.; im Beruf, im Leben v. kommen; mit/in einer Arbeit nur langsam, rasch v. kommen; eine [nach] v. orientierte Sicht; v. weisende Ideen, Perspektiven.
vorweg: 1. *zuvor:* etw. v. klären; um es gleich v. zu sagen/gleich v. [gesagt]; die gute Nachricht v.: verletzt wurde niemand; v. gab es eine Suppe, einen Aperitif; das lässt sich v. *(im Voraus)* schlecht sagen, beurteilen, beantworten.
2. *jmdm., etw. ein Stück voraus:* immer ein paar Schritte v. sein; v. *(an der Spitze)* marschieren.
3. *besonders:* alle waren begeistert, v. die Kinder.
vorwegnehmen ⟨etw. v.⟩: etw. nehmen, in Gedanken ge-

danklich, in der Fantasie v.; eine Entscheidung, einen Einwand v.; die Pointe v.
vorweisen ⟨etw. v.⟩: **a)** *vorzeigen:* den Pass, eine Vollmacht, die Fahrzeugpapiere v.; ⟨jmdm. etw. v.⟩ er hat uns gute Zeugnisse vorgewiesen;**b)** *aufweisen, bieten:* hervorragende Kenntnisse in einem Fach v. [können]; sie hat als Autorin schon einige Erfolge vorzuweisen; du musst etwas vorzuweisen haben.
vorwerfen: 1. ⟨etw. v.⟩ *nach vorn werfen:* den Ball weit v.; den Kopf, die Beine v.; neue Truppen, Verbände v. (Milit.; *ins Kampfgebiet schicken).*
2. ⟨jmdm., einem Tier etw. v.⟩ *vor jmdn., ein Tier hinwerfen:* den Tieren Futter v.; er hat den Löwen ein großes Stück Fleisch vorgeworfen.
3. ⟨jmdm., sich etw. v.⟩ *zum Vorwurf machen:* jmdm. Unsachlichkeit, Mangel an Arbeitseifer v.; er warf ihr vor, zu viel Geld auszugeben/dass sie zu viel Geld ausgebe; sich nichts vorzuwerfen haben.
vorwiegend: morgen ist es v. heiter; die v. jugendlichen Zuschauerinnen und Zuschauer; diese Tierart ernährt sich v. von Pflanzen.
Vorwurf, der: ein versteckter, offener, leiser, ernster V.; der V. der Vertragsbrüchigkeit, der Untreue; der V. ist [un]berechtigt, trifft mich nicht; ihr Blick war ein einziger, stummer V.; schwere Vorwürfe gegen jmdn., etw. erheben; die Vorwürfe [energisch] zurückweisen; jmdm. wegen etw. einen V., [bittere, heftige] Vorwürfe machen; daraus will ich dir keinen V. machen; sie macht sich deswegen Vorwürfe; diesen V. kann ich dir leider nicht ersparen; den V. lasse ich nicht auf mir sitzen; etw. als V. auffassen; sich gegen solche Vorwürfe verwahren, wehren, zur Wehr setzen; jmdn. mit Vorwürfen überhäufen, überschütten; man kann ihm sein Verhalten nicht zum V. machen.
Vorzeichen, das: **1.** *Anzeichen, Omen:* ein böses, schlechtes, schlimmes, untrügliches V.; das ist [k]ein gutes V. für unseren Plan; etw. als ein günstiges V. ansehen.
2. a) (Math.) *einer Zahl vorausgestelltes Zeichen:* ein positives, negatives V.; dieser Posten kommt mit umgekehrtem V. auf die andere Seite der Gleichung; ÜBERTR.: das Ereignis steht unter negativem V.; es begann alles noch einmal, aber mit umgekehrtem V. *(unter entgegengesetzten Bedingungen);* **b)** (Musik) *Versetzungszeichen:* das V. auflösen; eine Etüde mit drei Vorzeichen.
vorzeichnen ⟨etw. v.⟩: **1.** *als Vorlage aufzeichnen:* das Muster, das Modell, die Umrisse v.; ein Bild mit Bleistift v. und dann mit Wasserfarben ausmalen; jmdm., sich den Grundriss des Hauses v.
2. *im Voraus festlegen:* damit ist bereits die Richtung vorgezeichnet; die die Entwicklung führen wird; jmdm. seinen [beruflichen] Weg v.; eine streng, genau vorgezeichnete Laufbahn.

V

vorzeigen ⟨etw. v.⟩: die Eintrittskarte, seinen Ausweis v.; bitte die Fahrkarten [zur Kontrolle] v.; ⟨jmdm. etw. v.⟩ sie konnte ihm ein Attest v.; ÜBERTR.: sie hat einen Freund, den man v. kann *(mit dem man Eindruck machen kann).*

vorzeitig: eine vorzeitige Bekanntgabe; ein vorzeitiger Wintereinbruch; seine vorzeitige Abreise löste Spekulationen aus; er ist v. *(zu früh)* gealtert; jmd. scheidet v. aus der Firma aus; sich v. pensionieren lassen.

vorziehen: **1.** ⟨etw. v.⟩ **a)** *vor etw. ziehen:* den Vorhang, die Gardinen v.; **b)** *nach vorn ziehen:* den Tisch noch etwas, um einen Meter v.; ein Heft aus der Tasche, ein Blatt hinter dem Schrank, eine Säge unter dem Gerümpel v. (ugs.; *hervorbringen).* **2.** ⟨jmdn., etw. v.⟩ *früher ansetzen:* einen Termin [um eine Stunde] v.; die Betriebsversammlung wurde vorgezogen; die Altersgrenze v.; diese Arbeit müssen wir v.; der Arzt hat mich vorgezogen (ugs.; *zuerst an die Reihe genommen);* wir müssen die Erledigung dieses Auftrages v.; vorgezogene Wahlen. **3. a)** ⟨jmdn., etw. v.⟩ *lieber mögen:* ich ziehe moderne Möbel, das Leben in der Großstadt vor; er hat es vorgezogen, zu Hause zu bleiben *(er ist lieber zu Hause geblieben);* ziehen Sie Wein oder Bier vor?; ⟨jmdn., etw. jmdn., etw. v.⟩ ich ziehe ihn seinem Bruder vor; einen Urlaub im Hotel dem Camping v.; ein gutes Buch ziehe ich jedem Film vor; **b)** ⟨jmdn. v.⟩ *begünstigen:* der Lehrer zieht die beiden Schüler [den anderen gegenüber] vor; das jüngste Kind wird [von den Eltern] oft vorgezogen; **c)** ⟨[jmdn., etw.] jmdn., etw. v.⟩ *wählen:* wir sollten die sicherere Methode der kostengünstigeren v.; ich hätte sie den anderen Bewerberinnen vorgezogen; sie zog es vor zu schweigen.

Vorzug, der: **a)** *gute Eigenschaft:* jmd. hat [gegenüber anderen] einige, viele Vorzüge; angeborene, geistige, charakterliche Vorzüge; sein größter V. ist die Verlässlichkeit; das ist ein besonderer V. an/von ihm; ich kenne die Vorzüge dieser Mitarbeiterin; immer wieder neue Vorzüge an/bei jmdm. entdecken; das Verfahren hat den V., dass es sofort einsetzbar ist; **b)** *Vorteil:* der V. liegt darin, dass …; etw. hat den großen V., dass …; dieser Stoff weist alle Vorzüge von reiner Wolle auf; **c)** *Vergünstigung; eingeräumter Vorrang:* jmdm., etw. gebührt der V.; den V. vor jmdm., etw. erhalten; diese Methode verdient [gegenüber anderen] den V.; ich gebe seinen Ideen, ihm den V. vor anderen; ich räume seinen Ideen, ihm den V. ein; ich habe, genieße mit V., in zu kennen; jmdn., etw. mit V. *(bevorzugt)* behandeln.

vorzüglich: *ausgezeichnet:* sie ist eine vorzügliche Rednerin, Schauspielerin; ein vorzüglicher Aufsatz, Wein; das Essen war heute v.; es hat mir v. geschmeckt; die Arbeit ist v. gelungen.

Vulkan, der: ein [noch] tätiger, Feuer speiender, er-

loschener V.; unterirdische Vulkane; der V. ist wieder ausgebrochen, in Tätigkeit geraten, aktiv; ÜBERTR.: sie ist ein V. *(ist sehr temperamentvoll);* auf einem V. leben *(sich in gefahrvoller Lage befinden).*

W *w*

Waage, die: **1.** *Gerät zum Bestimmen des Gewichts:* eine genaue, zuverlässige, exakt anzeigende W.; die W. *(der Zeiger der Waage)* schlägt aus; diese W. ist, wiegt nicht genau; eine W. eichen; etw. auf die W. legen; sich auf der W. wiegen; etw. auf, mit der W. wiegen; er bringt immerhin zwei Zentner auf die W. (ugs.; *wiegt zwei Zentner).* **2.** (Astrol.) **a)** */ein Tierkreiszeichen/:* sie ist im Zeichen [der] W. geboren; **b)** *im Zeichen Waage Geborene[r]:* er ist [eine] W.; ★ sich/(geh.:) **einander die Waage halten** *(gleich sein, sich in Qualität, Quantität entsprechen):* Vor- und Nachteile hielten sich die W.

waag[e]recht: eine waag[e]rechte Linie, Fläche; ein waagerechter Balken; das Brett liegt [genau] w.; ein Seil w. spannen.

Waagschale, die: die W. steigt, hebt sich, sinkt, senkt sich; die Waagschalen halten sich das Gleichgewicht, halten sich, sind im Gleichgewicht; ★ **etw. in die Waagschale werfen** *(etw. als Mittel zur Erreichung von etw. einsetzen):* er warf seine ganze Autorität in die W. · **[nicht] in die Waagschale fallen** *([nicht] entscheidend wichtig, [nicht] von großer Bedeutung sein).*

wach: **1.** *nicht schlafend:* wache und schlafende Säuglinge; w. sein, bleiben; von einem Geräusch w. werden; ich teilt mich die halbe Nacht mühsam, mit Kaffee w.; sie hat lange, die ganze Nacht w. gelegen; sie rüttelte ihn w. *(rüttelte ihn, bis er wach wurde);* der Lärm hat mich w. gemacht *(aufgeweckt);* er ist kaum, nicht w. zu kriegen (ugs.; *schwer zu wecken);* ÜBERTR.: das Interesse an etw. w. halten; wir wollen die Erinnerungen an diesen Tag stets w. halten. **2.** *aufgeweckt:* wache Sinne, Augen; ein wacher Geist; mit wachem Verstand; mit wacher Intelligenz; etw. wach w. verfolgen.

Wache, die: **1.** *Wachdienst:* die W. beginnt um 6 Uhr; W. haben, halten, die W. übernehmen, [dem Nächsten, an den Nächsten] übergeben; (Milit.:) auf W. sein, ziehen. **2.** *Wachposten:* die W. zieht auf, präsentiert; Wa-

chen ausstellen; die Wachen einziehen, verstärken, ablösen.
3. *Wachgebäude; Wachlokal:* er wurde auf die, zur W. mitgenommen; man forderte ihn auf, mit zur W. zu kommen;
* **Wache stehen/**(ugs., bes. Soldatenspr.:) **schieben** *(Wachdienst haben)* · **Wache gehen** *(patrouillieren).*
wachen: 1. (geh.) *wach sein:* w. und schlafen; w. und träumen; sie hat die ganze Nacht [hindurch] gewacht; SUBST.: zwischen Wachen und Träumen.
2. ⟨irgendwo w.⟩ *aufpassen:* sie hat die ganze Nacht an seinem Bett, bei ihm gewacht; sie wachen an den Grenzen des Landes.
3. ⟨über jmdn., etw. w.⟩ *auf jmdn., etw. achten:* sorgsam, sorgfältig, streng, eifrig, mit Eifersucht über etw. w.; sie wacht über die Kinder; sie wacht darüber, dass die Kinder nichts anstellen.
wachhalten: a) ⟨sich [mit etw.] w.⟩ *nicht einschlafen:* ich habe mich die halbe Nacht mit Kaffee wachgehalten; b) ⟨etw. w.⟩ *erhalten:* das Interesse an etw. w.; wir wollen die Erinnerungen an diesen Tag stets w.
wachrufen ⟨etw. [in/bei jmdm.] w.⟩: Gefühle, Empfindungen, eine Vorstellung w.; das Foto hat in/bei ihm alte Erinnerungen wachgerufen.
wachrütteln ⟨jmdn., etw. w.⟩: diese Nachricht hat ihn [aus seinen Träumen] wachgerüttelt; das Elend, das sie dort sahen, rüttelte ihr Gewissen wach.
Wachs, das: weiches, flüssiges W.; das W. schmilzt; W. gießen, formen, kneten, ziehen; Kerzen, künstliche Blumen aus W.; etw. in W. abdrücken; etw. mit W. überziehen, glätten, verkleben, dichten; die Skier mit falschem W. *(Skiwachs)* behandeln; den Boden mit W. *(Bohnerwachs)* einreiben; er hat das Auto mit W. behandelt, poliert;
* **Wachs in jmds. Händen/Hand sein** *(jmdm. gegenüber sehr nachgiebig sein).*
wachsam: ein wachsamer Hund; ein wachsamer Hüter der Demokratie; ein wachsames Auge auf jmdn., etw. haben *(auf jmdn., etw. genau aufpassen);* seinem wachsamen Blick entging nichts; angesichts dieser Gefahr gilt es, w. zu sein; sie verfolgte die Entwicklung, die Vorgänge sehr w.
¹**wachsen** /vgl. gewachsen/: 1. a) *größer, länger werden:* schnell, übermäßig w.; dieser Baum wächst nicht mehr; das Gras wächst üppig; der Junge ist ein ganzes Stück, enorm gewachsen; der Tumor wächst; ihre Haare, ihre Fingernägel sind gewachsen; er lässt sich einen Bart, lange Haare w.; ÜBERTR.: der Neubau wächst Meter um Meter *(wird Meter um Meter höher);* die Schatten wuchsen (geh.; *wurden länger);* er ist mit seinen Aufgaben gewachsen *(hat durch sie an innerer Größe gewonnen);* die Stadt, die Kultur ist in Jahrtausenden gewachsen *(allmählich entstanden);* gewachsene Traditionen, Strukturen, Ordnungen;
b) ⟨irgendwo/irgendwie w.⟩ *sich entwickeln:* hier,

auf diesem Boden, auf sandigen Böden, an schattigen Standorten, in diesem Klima wächst die Pflanze gut; überall wächst Unkraut; im Wald wachsen viele Pilze; der Baum wächst krumm, gerade; der Busch wächst zu sehr in die Breite; sie ist gut gewachsen *(hat eine gute Figur);* c) ⟨irgendwohin w.⟩ *sich wachsend ausdehnen:* die Kletterpflanze wächst an der Mauer in die Höhe; der Baum wächst in den Garten des Nachbarn; ⟨jmdm. irgendwohin w.⟩ die Haare wachsen ihm in die Stirn.
2. a) *sich vermehren, größer werden:* die Stadt, die Gemeinde, die Einwohnerzahl wächst von Jahr zu Jahr; unsere Familie ist inzwischen gewachsen; sein Reichtum, sein Vermögen wächst ständig; die Flut wächst *(steigt);* die Ansprüche, die Anforderungen sind gewachsen; die wachsende Arbeitslosigkeit; wachsende Teilnehmerzahlen; b) *intensiver werden, zunehmen:* der Sturm wächst [zum Orkan]; seine Erregung, seine Aufregung, seine Erbitterung wuchs [immer mehr]; der Lärm, der Schmerz, die Spannung wuchs ins Unerträgliche; ihr Selbstbewusstsein wächst mit dem Erfolg; der wachsende Wohlstand des Landes; mit wachsenden Schwierigkeiten kämpfen; sie hörte es mit wachsendem Erstaunen/Interesse, mit wachsendem Vergnügen; sie spielen mit wachsender Begeisterung (ugs.; *sehr gern)* Skat.
²**wachsen** ⟨etw. w.⟩: *mit Wachs behandeln:* den Fußboden, die Treppe w.; ich habe meine Skier noch nicht gewachst; ⟨auch ohne Akk.⟩ er hat falsch gewachst *(das falsche Skiwachs benutzt).*
Wachstum, das: 1. *das Wachsen:* das geistige, körperliche W. eines Kindes; das W. der Pflanzen fördern, beschleunigen, hemmen, stören, beeinträchtigen; im W. begriffen sein; das Kind ist im W. zurückgeblieben; ÜBERTR.: wir tranken eine Flasche eigenes W. *(Wein aus dem eigenen Weinberg)* des Winzers; dieses Gemüse ist eigenes W. *(stammt aus dem eigenen Garten).*
2. *das Größerwerden; Sichentwickeln:* das rasche W. einer Stadt, der Bevölkerung; ein jährliches W. von mehr als 2 Prozent; das W. der Wirtschaft fördern; die Grenzen des wirtschaftlichen Wachstums.
wack[e]lig: ein wackeliger Stuhl, Tisch; wackelige Zähne; wackeliges *(nicht mehr stabiles)* Mobiliar; die Leiter ist ziemlich w.; sieht recht w. aus; ÜBERTR.: nach der Krankheit war er ziemlich w. (ugs.; *schwach, kraftlos)* [auf den Beinen]; wackelige *(gefährdete)* Arbeitsplätze; um die Firma steht es recht w. *(sie ist vom Bankrott bedroht).*
wackeln: a) *nicht festsitzen:* der Tisch, der Stuhl hat schon gewackelt; sein Zahn wackelt *(ist locker);* wenn ein Lastwagen vorbeifährt, wackelt (ugs.; *bebt)* das ganze Haus; ÜBERTR.: seine Stelle wackelte schon lange (ugs.; *war gefährdet);* bei ihm, bei der Firma soll es auch w. (ugs.; *geschäftlich schlecht stehen);* b) ⟨mit etw. w.⟩ *etw. hin und*

her bewegen: mit dem Kopf, mit den Hüften, mit dem Hintern w.; er kann mit den Ohren w.; ⟨auch ohne Präpositionalobjekt⟩ beim Fotografieren hat sie gewackelt; **c)** (ugs.) ⟨irgendwohin w.⟩ *sich mit unsicheren Schritten bewegen:* der Alte ist über die Straße gewackelt.

Wade, die: dicke, stramme, dünne Waden; ihre Waden sind etwas zu kräftig; er hat Waden wie ein Storch (ugs. scherzh.; *sehr dünne Waden*); er hat einen Krampf in der W.

Waffe, die: eine gefährliche, tödliche W.; taktische, strategische, leichte, schwere Waffen; primitive, veraltete, herkömmliche, konventionelle, biologische, atomare, nukleare Waffen einsetzen; die Waffen ruhen (geh.; *die Kampfhandlungen sind unterbrochen*); eine W. besitzen, bei sich führen; Waffen tragen, führen, einsetzen; jmdm. die W. entreißen, aus der Hand schlagen; die/ seine W. laden, ziehen, entsichern, auf jmdn. richten; die Waffen niederlegen, schweigen lassen (geh.; *nicht weiterkämpfen*); den Umgang mit der W. lernen; jmdn., sich, etw. mit der W. verteidigen; nach Waffen suchen; jmdn. nach Waffen durchsuchen; von seiner W. Gebrauch machen; sie starrten von Waffen (geh.; *waren schwer bewaffnet*); zu den Waffen greifen (zu kämpfen beginnen); ÜBERTR.: eine scharfe politische, publizistische, juristische W.; seine Schlagfertigkeit ist seine stärkste, beste W.; einem Gegner selbst die Waffen in die Hand geben (*ihm selbst die Argumente liefern);* mit einem politischen Gegner die Waffen kreuzen (geh.; *sich mit ihm auseinander setzen);* jmdn. mit seinen eigenen Waffen (geh.; *Argumenten*) schlagen; mit geistigen Waffen, mit [den] Waffen des Geistes (geh.; *mit Argumenten, Überzeugungskraft*) kämpfen;
⋆ **die Waffen strecken** (geh.; 1. *kapitulieren.* 2. *sich geschlagen geben*) · **unter [den] Waffen sein/stehen** (geh.; *in kampfbereitem Zustand sein*).

wagen: 1. ⟨etw. w.⟩ **a)** *aufs Spiel setzen:* viel, wenig, nichts, alles, einen hohen Einsatz, seine Stellung, sein Leben, seinen guten Ruf w.; er hat für ihn, für die Sache sein Leben gewagt; **b)** *riskieren:* einen Versuch, ein Experiment, den Angriff, den Kampf w.; einen Sprung, ein Spiel, eine Wette w.; eine Bitte, ein Wort w.; kann, soll man es w.?; keiner wagt [es], ihm zu widersprechen; er wagte kaum aufzublicken; ich wage nicht zu behaupten (*bin durchaus nicht sicher),* dass dies alles richtig ist; Ⓡ wer nicht wagt, der nicht gewinnt; frisch gewagt ist halb gewonnen; adj. PART.: ein gewagtes *(riskantes)* Unternehmen, Spiel; diese Behauptung, der Scherz war ziemlich gewagt (*gefährlich);* es erscheint mir recht gewagt (*kühn),* das zu behaupten.
2. ⟨sich irgendwohin w.⟩ *sich getrauen:* sich abends nicht mehr aus dem Haus, auf die Straße, durch den Wald w.; ÜBERTR.: sich an ein schwie-

riges Thema, an eine schwierige Aufgabe, auf ein prekäres Gebiet w.

wägen (geh.) ⟨etw. w.⟩: er wog/(seltener auch:) wägte jedes ihrer Worte; Ⓡ erst w., dann wagen!

Wagen, der: **1.** *Fahrzeug mit Rädern:* ein kleiner, leichter, schwerer, zweirädriger, vierrädriger, geschlossener, offener W.; der W. holperte durch die Schlaglöcher, rumpelte über den holprigen Weg; einen W. ziehen, schieben; den W. bespannen, lenken, fahren; die Pferde an den, vor den W. spannen; auf dem, im W. sitzen; in den, auf den W. steigen; sie stiegen, kletterten alle vom W.
2. *Eisenbahn-, Straßenbahnwagen:* ein langer, vierachsiger W.; ein W. der Linie 5; der letzte W. des Zuges ist entgleist; einen W. ankuppeln, anhängen, abkuppeln, abhängen; aus dem W. steigen.
3. *Auto:* ein offener, schnittiger, sportlicher, eleganter, schwerer, alter, gebrauchter, geräumiger W.; der W. läuft ruhig, liegt gut auf der Straße; der W. gerät ins Schleudern, überschlägt sich; einen großen W. fahren, haben; jmdm. einen W. kostenlos zur Verfügung stellen; seinen W. überholen lassen, zur Inspektion bringen; was für einen W. fahren Sie?; aus dem W., in den W. steigen; am W. sitzen; im eigenen W. anreisen; er ist viel mit dem W. unterwegs;
⋆ **sehen, abwarten** o. ä., **wie der Wagen läuft** (ugs.; *abwarten, wie sich eine Sache entwickelt)* · **jmdm. an den Wagen fahren/**(salopp:) **pinkeln/** (derb:) **pissen** (ugs.; *massive Kritik an jmdm. üben; grob gegen jmdn. vorgehen).*

Wagnis, das: ein gefährliches, kühnes, unerhörtes W.; ein W. unternehmen, versuchen; etw. als [ein] W. ansehen; er nahm das W. auf sich; auf ein solches W. lasse ich mich nicht ein.

Wahl, die: **1.** *das Auswählen; Entscheidungsmöglichkeit:* die freie W. des Wohnorts, des Arztes, des Berufs; das war ihm eine schwere, schwierige, einfache W.; die W. ist nicht leicht, fällt ihr schwer; die W. steht ihm frei; eine gute, richtige, kluge, schlechte W. treffen; endlich hat er seine W. getroffen *(hat er sich entschieden);* ich habe, mir bleibt, es gibt keine andere W.; du hast die W.; sie hat ihm die W. gelassen; er heiratete die Frau seiner W. (geh.; *die Frau, die er ausgesucht hatte);* er ist geschickt, nicht zimperlich in der W. seiner Mittel; dieses Kleid, diese Bewerberin kam in die engere W., wurde in die engere W. gezogen *(kam nach einer ersten Auswahl noch infrage);* Sie gewinnen eine Reise nach Ihrer, nach eigener W.; er stand vor der W., wurde vor die W. gestellt, mitzufahren oder zu Hause zu arbeiten; es stehen jetzt nur noch drei Dinge zur W. *(nur noch unter ihnen kann ausgewählt werden);* Ⓡ wer die W. hat, hat die Qual.
2. *das Wählen; Abstimmung:* eine direkte, indirekte, geheime, demokratische W.; freie Wahlen; eine W. durch Stimmzettel, durch Handaufheben; die W. eines neuen Präsidenten, des Papstes,

der Elternvertreter, der Abgeordneten, des Parlaments; die Wahlen zum neuen Landtag; wie ist die W. ausgegangen?; die Wahlen verliefen ruhig; die W. ist ungültig; eine W. vornehmen [lassen], durchführen; Wahlen ausschreiben; die W. anfechten, für ungültig erklären; die W., die Wahlen gewinnen, verlieren; der Ausgang, das Ergebnis der Wahlen ist noch ungewiss, steht noch nicht fest, war überraschend; sich an, bei einer W. beteiligen; zur W. gehen; er ist zur W. berechtigt; wir schreiten jetzt zur W. (geh.; *wir führen die Wahl jetzt durch*). **3.** *das Gewähltwerden:* die W. dieses Mannes war ein Missgriff; seine W. gilt als sicher, ist bestätigt worden; die W. ist auf ihn gefallen *(er wurde gewählt);* er hat die W. zum Vertrauensmann angenommen, abgelehnt; ich nehme die W. an; sie kam in die engere W. *(sie gehört zu den aussichtsreichen Bewerbern);* jmdn. zur W. vorschlagen; du musst dich zur W. stellen; er hat sich zur W. aufstellen lassen;
* **erste, zweite, dritte Wahl** (bes. Kaufmannsspr.; *erste, zweite, dritte Güteklasse*): die Socken, die Tassen sind zweite W.; Waren erster W.

wählen /vgl. gewählt/: **1.** a) ⟨jmdn., etw. w.⟩ *auswählen:* einen Stoff für ein Kleid, ein Geschenk für einen Freund w.; als Geschenk ein Buch w.; ein Gericht auf der Speisekarte w.; welchen Beruf hat er gewählt?; du hast das Beste gewählt; hast du auch die richtige Telefonnummer gewählt *(durch Drücken der Tasten die richtige Telefonnummer zusammengesetzt)?;* du darfst dir/für dich etwas w.; er hat ihn sich zum Freund, zum Vorbild gewählt; das kleinere Übel w.; du hast den falschen Augenblick, den günstigsten Zeitpunkt gewählt; sie konnte w., ob sie gleich oder erst am nächsten Tag fahren wollte; er wählte seine Worte mit Bedacht *(überlegte sich genau, was er sagte);* b) *sich für etw. entscheiden:* gut, klug, überlegt, sorgfältig w.; er wählte lange, bis er sich schließlich zu einem Kauf entschloss; sie konnte unter mehreren, nur zwischen zwei Möglichkeiten w.; der Ober fragte, ob wir schon gewählt *(uns für ein Gericht entschieden)* hätten; erst w. *(die Telefonnummer wählen),* wenn das Zeichen ertönt. **2.** a) ⟨jmdn., etw. w.⟩ *für jmdn., etw. seine Stimme abgeben:* einen Präsidenten, den Landtag, ein neues Parlament w.; wen, welche Partei, was hast du gewählt? *(wem, welcher Partei hast du deine Stimme gegeben?);* jmdn. in einen Ausschuss, zur Vorsitzenden, zum Klassensprecher w.; ein demokratisch gewählter Volksvertreter; b) *zur Wahl gehen:* geheim w.; hast du schon gewählt?; er darf [noch] nicht w.; morgen gehen wir alle w.; in Frankreich wird gewählt *(finden Wahlen statt);* er wählt konservativ *(gibt seine Stimme einer konservativen Partei).*

wählerisch: *anspruchsvoll:* wählerische Kunden;

ein wählerisches Publikum; ein wählerischer Geschmack; er ist im Essen sehr w.; sie ist in ihrem Umgang nicht sehr w.; er war in seiner Wortwahl nicht gerade w. *(drückte sich ziemlich derb aus).*

Wahn, der (geh.): a) ein schöner, kurzer, eitler W.; ein religiöser W.; jmds. W. zerstören; sie war in einem W. befangen; er lebte ständig in dem W., man wolle ihn bespitzeln.

wähnen (geh.): a) ⟨jmdn., sich, etw. w.; mit Umstandsangabe⟩ *glauben, vermuten:* er wähnte sich unbeobachtet; sie wähnten sich in Sicherheit, gerettet; wir wähnten dich bereits in Berlin; b) ⟨etw. w.⟩ *irrigerweise annehmen:* er wähnte, die Sache sei längst erledigt.

Wahnsinn, der (ugs.): **1.** *psychische Störung:* dem W. verfallen sein; (geh.:) die Nacht des Wahnsinns hatte ihn umfangen; in W. verfallen; von W. befallen sein.
2. *Unsinn:* es ist heller, reiner W., so etw. zu tun; das ist ja W.!; schon der Gedanke daran wäre W.; einen solchen W. mach ich nicht mit.

wahnsinnig (ugs.): **1.** *an einer psychischen Störung leidend:* ein wahnsinniger Mensch; er ist w., ist w. geworden; subst.: er schrie wie ein Wahnsinniger; übertr.: du bist ja w. *(nicht recht bei Verstand);* bei diesem Lärm kann man ja w. werden *(der Lärm ist unerträglich);* du machst mich noch w. *(bringst mich noch um den Verstand).*
2. *unsinnig:* ein wahnsinniger Plan; ein wahnsinniges Unternehmen, Unterfangen.
3. (ugs.) a) *sehr groß, sehr heftig:* eine wahnsinnige Summe; sie bekam wahnsinnige Schmerzen, eine wahnsinnige Angst, einen wahnsinnigen Schreck; ich habe wahnsinnigen Hunger, Durst; in einem wahnsinnigen Tempo fahren; b) ⟨verstärkend bei Adjektiven und Verben⟩ *sehr:* er forderte eine wahnsinnig hohe Summe; w. reich, nett sein; ich habe noch w. viel zu tun; sie liebte ihn w.;
* **wie wahnsinnig** (ugs.; *sehr stark, viel, schnell*): sie rannte davon wie w.

wahr: **1.** *der Wahrheit entsprechend; wirklich:* der wahre Sachverhalt, Grund; eine wahre Geschichte, Begebenheit; der wahre Täter wurde nie gefasst; er ließ seine wahren Gefühle nicht erkennen lassen; endlich kam seine wahre Gesinnung zum Vorschein, zeigte er sein wahres Gesicht *(wurde erkennbar, wie er wirklich war);* daran ist kein wahres Wort *(das ist alles gelogen);* von dem ganzen Bericht ist kein Wort, keine Silbe w.; das ist [wirklich] w., scheint w. zu sein, kann nicht w. sein; das ist nur zu w. *(ist leider nicht erfunden);* ihr Traum wurde w. *(wurde Wirklichkeit);* sie hat ihre Drohung, ihr Versprechen w. gemacht *(in die Tat umgesetzt);* etw. für w. halten; das sind und bleibt w.; /in bekräftigenden Ausrufen!: wie w.!; sehr w.!; so w. ich hier stehe!; so w. ich lebe!; /in einer bekräftigenden Frageformel/: nicht w., du kommst doch mit?; /in einem Ausruf des höchsten Erstaunens, der Entrüstung/: das kann/darf [doch] nicht w. sein!;

Ⓡ was w. ist, muss w. bleiben; das ist schon gar nicht mehr w. (ugs.; *ist schon sehr lange her*); SUBST.: etwas Wahres wird schon an der Sache sein; (ugs.:) da ist was Wahres dran.
2. (geh.) *aufrichtig:* wahre Freundschaft, Liebe; ein wahrer Freund, Demokrat.
3. *richtig, regelrecht:* ein wahrer Beifallssturm, eine wahre Flut von Zuschriften; diese Ruhe ist ein wahrer Segen; das ist wahre Kunst; es setzte ein wahrer Sturm auf die Geschäfte ein; diese Kinder sind eine wahre Plage; SUBST.: jetzt ein kühles Bad, das wäre das einzig Wahre (ugs.; *das einzig Richtige);* das ist nicht das Wahre (ugs.; *nicht das Richtige).*

wahren (geh.) ⟨etw. w.⟩: a) *bewahren, erhalten:* seine Würde, seine Unabhängigkeit w.; die Form w. *(nicht gegen die Umgangsformen verstoßen);* das Briefgeheimnis w. *(respektieren);* Stillschweigen w. *(nicht über etw. sprechen);* den Schein w. *(eine Täuschung aufrechterhalten);* er war stets darauf bedacht, eine gewisse Distanz zu w.; b) *wahrnehmen:* seine Rechte, seinen Vorteil w.; er suchte seine Interessen, die Interessen seiner Familie zu w.

währen (geh.) ⟨mit Zeitangabe⟩: *eine bestimmte Zeit dauern:* ihre Freundschaft währte nicht lange; das Fest währte drei Tage, bis tief in die Nacht; das wird auch nicht ewig w.; ein Jahrhunderte, lange währender Prozess; ⟨es währt; mit Zeitangabe⟩ es währte nur einen Augenblick, dann war alles vorbei; Ⓡ was lange währt, wird endlich gut; ehrlich währt am längsten.

während: 1. ⟨Präp. mit Gen.⟩ *im Verlauf von:* w. der Vorstellung, des Spiels, des Krieges; es hat w. des ganzen Urlaubs geregnet; w. dreier Jahre; ⟨mit Dat., wenn der Gen. nicht erkennbar ist oder wenn ein weiteres stark gebeugtes Substantiv im Gen. Sing. hinzutritt⟩ w. fünf Jahren *(fünf Jahre lang);* w. des Ministers aufschlussreichem Bericht.
2. ⟨Konj.⟩ a) *in der Zeit als:* w. ich schrieb, las er; w. sie verreist waren, hat man bei ihnen eingebrochen; b) *wohingegen, indes:* w. er sich freute, waren die anderen eher enttäuscht.

wahrhaben: ⟨in der Wendung⟩ etw. [nicht] wahrhaben wollen *(sich etw. [nicht] eingestehen, etw. [nicht] zugeben wollen):* er wollte [es] nicht w., dass er sich getäuscht hatte; sie will ihre Fehler nie w.

wahrhaft (geh.): wahrhafte Bescheidenheit, Tugend; ein w. glücklicher Mensch; ein w. großer Künstler; sein Spiel ist w. gekonnt.

wahrhaftig: I. (geh.) ⟨Adj.⟩ *aufrichtig, wahr:* ein wahrhaftiger Mensch; er ist immer w. gewesen.
II. ⟨Adverb⟩ *wirklich, tatsächlich:* daran habe ich w. nicht gedacht; ich hat es w. geschafft; das habe ich doch [wirklich und] w. vergessen; w., das hätte ich nicht gedacht!; er dachte doch w. *(allen Ernstes),* es wäre so.

Wahrheit, die: die reine, volle, ganze, lautere,

nackte, ungeschminkte, harte, grausame W.; eine bittere, traurige, unangenehme W.; das ist nur die halbe W.; allgemein gültige, absolute Wahrheiten *(Erkenntnisse);* die W. *(das Wahrsein)* dieser Behauptung ist nicht bewiesen; was er gesagt hat, ist die W., entspricht der W. *(ist wahr);* an der Sache ist ein Körnchen W. (geh.; *sie hat einen wahren Kern);* die W. ist oft unbequem; immer die W. sagen; wenn ich die W. sagen soll *(wenn ich ehrlich bin),* muss ich gestehen, dass mir das Kleid nicht gefällt; jmdm. die W. ins Gesicht sagen, schleudern; jmdm. unverblümt, schonungslos die W. sagen; die W. verschweigen, verschleiern, erfahren; die W. suchen, finden, erkennen; die W. *(das Wahrsein)* einer Aussage bezweifeln, anzweifeln, beweisen; diese Aussage kommt der W. einigermaßen nahe; etw. beruht auf W.; bei der W. bleiben *(nichts Unwahres sagen);* wir werden schon noch hinter die W. kommen (ugs.; *werden sie erfahren);* er nimmt es mit der W. nicht so genau; von der W. abweichen; Ⓡ die W. liegt in der Mitte *(liegt zwischen zwei [extremen] Aussagen, Urteilen);*
★ in Wahrheit *(eigentlich, in Wirklichkeit):* in W. verhielt sich das ganz anders.

wahrnehmen ⟨etw. w.⟩: **1.** *erfassen; bemerken:* einen Geruch, ein Geräusch, einen Lichtschein [in der Ferne] w.; seine Umwelt in einer bestimmten Weise w.; er nahm von den Vorgängen um sich her, von alledem nichts mehr wahr *(merkte, spürte davon nichts mehr);* etw. an jmdm. w. *(feststellen).*
2. *[aus]nutzen:* eine günstige Gelegenheit, eine Möglichkeit, eine Chance, seinen Vorteil w.; er nimmt die Angelegenheiten, die Interessen der Belegschaft/seiner Firma wahr *(vertritt sie);* eine Frist w. (Amtsdt.; *einhalten);* einen Termin [bei Gericht] w. (bes. Rechtsw.; *zu einem Termin erscheinen).*

Wahrnehmung, die: **1.** *das Wahrnehmen:* die sinnliche W.; optische, akustische Wahrnehmungen; die W. eines Tones, eines Geräusches, von Gerüchen; das ist eine häufige W. *(häufig festzustellende Tatsache);* die W. machen *(wahrnehmen, bemerken),* ...
2. (bes. Amtsdt.) *Nutzen; Erledigung:* die W. einer Aufgabe, einer Chance, eines Angebots; die W. *(Vertretung)* berechtigter Interessen; die W. *(Einhaltung)* eines Termins; jmdn. mit der W. seiner Geschäfte betrauen.

wahrsagen: *mithilfe bestimmter Praktiken Zukünftiges vorhersagen:* a) aus Karten, aus dem Kaffeesatz, aus den Handlinien w.; ⟨jmdm.⟩ die Zigeunerin hat ihm wahrgesagt/gewahrsagt; b) ⟨etw. w.⟩ Schlimmes, die Zukunft w.; ⟨jmdm. etw. w.⟩ sie hat wahrsagte ihm, dass er eine große Reise machen werde.

wahrscheinlich: I. ⟨Adj.⟩ *ziemlich gewiss:* die wahrscheinliche Folge dieses Ereignisses ist ...; die wahrscheinliche Todesursache; der wahrschein-

liche Täter; es ist nicht w., dass er heute noch kommt; ich halte das nicht für w.
II. ⟨Adverb⟩ *voraussichtlich:* w. kommt er morgen; sie hat sehr w. *(mit großer Sicherheit)* Recht.
Wahrscheinlichkeit, die: die W., dass es noch Überlebende gibt, ist gering, verringert sich immer mehr; etw. wird mit hoher, großer W. eintreffen; etw. mit größter W., mit an Gewissheit grenzender W. annehmen;
∗ **aller Wahrscheinlichkeit nach** *(sehr wahrscheinlich):* aller W. nach fährt er mit.
Wahrung, die: *das Wahren, Wahrnehmen:* die W. berechtigter Interessen; unter W., zur W. seiner Selbstständigkeit.
Währung, die: *Zahlungsmittel:* eine stabile, feste, frei konvertierbare W.; eine harte *(stabile),* weiche W.; die W. stützen, stabil halten; den Geldwert einer W. bestimmen; eine europäische W. schaffen; die Einführung einer neuen W.; einen Betrag in Dollar in eine andere W. umrechnen; sie zahlten in deutscher, fremder *(ausländischer)* W.; sie hatten nur deutsche W. *(deutsches Geld)* bei sich.
Waisenknabe, der: ⟨in der Wendung⟩ **gegen jmdn. ein/der reine, der reinste Waisenknabe sein** (ugs.; *an jmdn. nicht heranreichen).*
Wald, der: ein dichter, dunkler, düsterer, lichter W.; undurchdringliche, verschneite, endlose, herbstliche Wälder; einen W. anpflanzen, forstlich nutzen, roden; den W. schützen; für den Bau der Straße müssen 30 Hektar W. abgeholzt werden; den W. durchwandern, durchstreifen; dort gibt es viel, kaum noch W.; die Tiere des Waldes; durch den W. gehen, wandern; im tiefen/kühlen W.; sich im W. verirren; im W. Pilze suchen; Ⓡ wie man in den W. hineinruft, so schallt es heraus; ich denk, ich steh im W. (ugs.; *Ausdruck der Verwunderung, Entrüstung);*
∗ **ein Wald von etw.**/(seltener:) **aus etw.** *(eine dichte Menge von etw.):* ein W. von Fahnen, von Masten, von Säulen · **den Wald vor [lauter] Bäumen nicht sehen** *(scherzh.; weil es so viel Möglichkeiten gibt, das nahe Liegende nicht erkennen).*
Wall, der: einen hohen W. errichten, aufschütten, abtragen; W. und Graben, Wälle und Mauern schützen die Burg; die Festung war durch einen W. geschützt, von einem W. umgeben; ÜBERTR.: das Bündnis sollte einen W. *(Schutz)* gegen die drohende Gefahr bilden.
wallen: **1.** *sprudelnd kochen:* das Wasser, die Milch wallt, hat schon gewallt; die Soße kurz w. lassen; ÜBERTR.: die See wallte [und brauste] (geh.; *war in heftiger Bewegung);* der Nebel wallte im Tal.
2. (geh.) *in langen Falten, Locken o. Ä. herabfallen:* die langen Locken wallten über ihre Schultern; wallendes Haar; sie trug ein wallendes Gewand.
Wallung, die: ⟨meist in bestimmten Wendungen⟩ jmd./jmds. **Blut/Gemüt gerät in Wallung** *(jmd.*

wird erregt, zornig) · jmdn./etw. in **Wallung bringen** *(jmdn., etw. heftig erregen):* die Bilder brachten seine Fantasie in W.
walten (geh.).: bei ihnen, in diesem Haus waltet ein guter Geist; hier haben rohe Kräfte gewaltet; er hat Gnade, Milde, Gerechtigkeit w. lassen; es wäre besser gewesen, Vernunft/Vorsicht w. zu lassen; SUBST.: das Walten einer höheren Macht;
∗ **das walte Gott!** *(das gebe Gott!).*
Walze, die: a) *walzenförmiger Teil eines Geräts o. Ä.:* die W. einer Druckmaschine, einer Spieluhr; b) *Straßen-, Ackerwalze:* die W. glättet den Asphalt; den Acker nach dem Säen mit der W. bearbeiten.
walzen ⟨etw. w.⟩: a) *im Walzwerk bearbeiten:* Metall, Blech w.; b) *mit der Walze glätten:* den Acker, die Straße, den Asphalt w.; der Tennisplatz muss regelmäßig gewalzt werden.
wälzen: 1. a) ⟨jmdn., etw. irgendwohin w.⟩ *rollend fortbewegen:* einen Stein, einen Felsbrocken zur Seite w.; den Verletzten auf den Bauch w. *(drehen);* ÜBERTR.: du darfst nicht die Schuld, die Verantwortung, die Arbeit auf andere w.; b) ⟨sich irgendwohin w.⟩ *sich rollend fortbewegen:* sich über den Boden w.; sich hin und her, auf die Seite, aufs Gesicht w.; c) ⟨etw. in etw. (Dat.) w.⟩ *hin und her wenden:* das Schnitzel in Paniermehl, die Leber in Mehl w.; etw. in Eigelb, in Öl, in Puderzucker w.
2. a) ⟨sich [irgendwo] w.⟩ *sich hin und her bewegen:* sich im Schlamm, im Dreck, im Schnee w.; sich die ganze Nacht schlaflos im Bett w.; er hat sich vor Schmerzen [am Boden] gewälzt; ÜBERTR.: sie wälzten sich vor Lachen (ugs.; *mussten sehr lachen);* b) ⟨sich irgendwohin w.⟩ *sich bewegen:* die Lava, die Lawine wälzte sich zu Tal; die Menschenmenge wälzte sich durch die Straßen.
3. (ugs.) ⟨etw. w.⟩ *in etw. nachschlagen:* Bücher, Akten, Kataloge, Kursbücher w.; er wälzte eine ganze Reihe von Wörterbüchern, konnte aber das Wort nicht finden.
4. (ugs.) ⟨etw. w.⟩ *sich mit etw. beschäftigen:* Gedanken, Pläne w.; was wälzt ihr denn wieder für Probleme?
Wand, die: **1.** *seitliche Begrenzung eines Raumes:* eine dünne, dicke, massive, [nicht] tragende, 15 cm starke, schalldichte, gemauerte, hölzerne W.; der Raum hatte gekachelte, getäfelte, gekalkte, schmucklose, schräge Wände; eine W. mauern, errichten, aufrichten, hochziehen, einziehen, durchbrechen, einreißen, niederreißen; die Wände tünchen, streichen, weißen, tapezieren, verputzen; etw. an die W. rücken, lehnen; ein Bild an die W. hängen; dicht an der W. entlanggehen; die Leiter lehnt an der W.; sie wohnen W. an W. *(sind Zimmernachbarn);* einen Nagel in die W. schlagen; er nahm das Bild wieder von der W.; er drehte sich im Schlaf zur W. *(Wandseite);* Ⓡ da wackelt die W.! (ugs.; *da ist et-*

was los, da geht es hoch her!); die Wände haben Ohren *(hier gibt es Leute, die lauschen)*; wenn die Wände reden könnten! *(in diesen Räumen hat sich manches abgespielt!)*; ÜBERTR.: er hat eine W. zwischen sich und den anderen errichtet *(hat Distanz geschaffen)*; sie musste gegen eine W. von Vorurteilen *(gegen viele Vorurteile)* ankämpfen; am Himmel zieht eine schwarze, graue W. *(Wolkenwand)* herauf. **2.** *Berg-, Felswand:* eine senkrechte, steile, überhängende W.; eine W. erklettern, ersteigen, bezwingen; die Bergsteiger sind in die W. eingestiegen, haben sich in der W. verstiegen; in der W. hängen; ★ spanische Wand *(Wandschirm)* · die [eigenen] vier Wände (ugs.; *jmds. Zuhause, in das er sich zurückziehen kann)* · ... dass die Wände wackeln (ugs.; *sehr heftig*): er lachte, schrie, schimpfte, dass die Wände wackelten · das/es ist, um die Wände/an den Wänden hochzugehen; da kann man [doch] die Wände/an den Wänden hochgehen! (ugs.; *das ist [doch] unglaublich, empörend!)* · jmdn. an die Wand drücken (ugs.; *jmdn. rücksichtslos beiseite, in den Hintergrund drängen)* · jmdn. an die Wand spielen (1. *jmdn. durch größeres Können [bes. Schauspieler, Sportler] weit übertreffen. 2. jmdn. durch geschicktes Manöver ausschalten)* · jmdn. an die Wand stellen (ugs.; *jmdn. [standrechtlich] erschießen)* · gegen eine Wand reden (*jmdn. von etw. zu überzeugen suchen)*.

Wandel, der: ein allmählicher, schneller, plötzlicher, grundlegender, durchgreifender W.; ein innenpolitischer, gesellschaftlicher W.; ein W. der Ansichten, der Gesinnung/in den Ansichten, in der Gesinnung; ein W. vollzieht sich, tritt ein; hier muss W. geschaffen werden; etw. erfährt einen entscheidenden W.; einen W. herbeiführen, eintreten lassen; die Mode unterliegt dem W., ist dem W. unterworfen; die Kirche im W. *(im Verlauf)* der Zeiten, der Jahrhunderte.

wandeln (geh.): **1. a)** ⟨jmdn., etw. w.⟩ *ändern:* seine Gesinnung w.; die Zeit wandelt den Geschmack; das Ereignis hat ihn völlig gewandelt; **b)** ⟨etw. in etw. (Akk.) w.⟩ *verwandeln:* Zwietracht in Frieden, das Chaos in Ordnung w. **2. a)** ⟨sich w.⟩ *sich ändern:* der Geschmack, die Mode wandelt sich schnell; das Bild hatte sich plötzlich gewandelt; die Verhältnisse, die Zeiten haben sich seitdem sehr gewandelt; in seinem Leben hat sich vieles gewandelt; er hat sich nicht gewandelt; den wandelnden Bedürfnissen gerecht werden; **b)** ⟨sich in etw. (Akk.)/zu etw. w.⟩ *zu etw. anderem werden:* seine Angst hat sich in Zuversicht, ihr Hass hat sich in/zu Liebe gewandelt. **3.** ⟨irgendwo w.⟩ *sich ergehen:* sie wandelten durch den Park; er ist vor dem Kurhaus auf und ab gewandelt; ★ ein wandelnder, eine wandelnde ... (scherzh.; *die Verkörperung eines, einer ...*): sie war ein wandelnder Vorwurf; er ist ein wandelndes Lexikon *(weiß auf vielen Gebieten Bescheid)*.

wandern: 1. a) *eine Wanderung machen:* allein, oft, viel w.; einen ganzen Tag in den Bergen w.; morgen wollen, gehen wir wieder einmal w.; SUBST.: zum Wandern in die Alpen fahren; **b)** ⟨irgendwo[hin] w.⟩ *sich ergehen:* er wanderte ruhelos durch die Zimmer, durch die Stadt; ÜBERTR.: die Lachse wandern *(ziehen)* zu ihren Laichplätzen; die Dünen wandern *(verschieben sich)* landeinwärts; die Wolken wandern am Himmel *(ziehen am Himmel dahin)*; seine Blicke, seine Augen wanderten *(schweiften)* von einem zum andern; ihre Gedanken wanderten *(schweiften)* in die Ferne, in die Zukunft; die Kugel ist im Körper gewandert *(hat ihre Lage verändert)*; der Brief war von Hand zu Hand gewandert *(war immer weitergegeben worden)*; eine wandernde *(umherziehende)* Schauspielertruppe. **2.** (ugs.) ⟨irgendwohin w.⟩ *gebracht werden:* die Sachen wandern auf den Speicher, zum Müll; er wanderte für drei Jahre ins Gefängnis *(wurde mit drei Jahren Gefängnis bestraft)*; der Brief ist längst in den Papierkorb gewandert.

Wanderung, die: eine lange, ausgedehnte, weite, ganztägige, beschwerliche, mühselige W.; eine W. von sechs Stunden; es war eine schöne, herrliche W. durch den Wald, durch das Watt, über den Gletscher; eine W. unternehmen, machen; nach einer kurzen Rast setzten sie ihre W. fort; endlich waren sie am Ziel der W.; an einer W. teilnehmen; ÜBERTR.: die Wanderung der Nomaden, der Zugvögel; er unterbrach plötzlich seine ruhelose W. *(sein ruheloses Umhergehen)* durch die Stadt; die Lachse sind auf der W. nach ihren Laichplätzen.

Wandlung, die: **1.** *das Sichwandeln; Gewandeltwerden:* eine innere, grundlegende, gründliche, äußere, allmähliche, seelische W.; in diesem Land hat sich eine gesellschaftliche W. vollzogen; in ihm, mit ihm ist eine seltsame W. vor sich gegangen; ihre religiöse Haltung hat sich W. durchgemacht, erfahren, erlitten; die Dinge sind einer steten W. unterworfen, sind in steter W. begriffen. **2.** (kath. Rel.) *Hauptteil der Messe:* bei der W. knieten sie nieder; zur W. läuten.

Wange, die (geh.): runde, frische, rote, blasse, zarte, glatte Wangen; ihre Wangen röteten sich; er streichelte ihr die Wangen; sie tanzten W. an W.; sie gab ihm einen Kuss auf die W.; das Blut stieg ihr in die Wangen.

wanken: 1. *sich schwankend bewegen:* **a)** der Turm wankte und stürzte ein; er wankte unter der Last und brach zusammen; der Boden unter seinen Füßen wankte *(bebte)*; ⟨jmdm. w.⟩ die Knie wankten (geh.; *zitterten)* ihr; **b)** ⟨irgendwohin w.⟩ aus dem Haus, über die Straße, zur Tür w. **2.** *unsicher sein:* die Monarchie, sein Mut begann zu w.; in seinem Glauben, in seinen Entschlüssen wankend werden; der Vorfall machte ihn wankend; SUBST.: jmds. Entschluss ins Wanken bringen; seine Sicherheit geriet ins Wanken; * nicht wanken und [nicht] weichen (geh.; nicht von der Stelle weichen).

wann: 1./zeitlich/ zu welchem Zeitpunkt; w. kommst du?; w. ist sie geboren?; frage ihn doch, w. es ihm passt; er kommt, aber er weiß noch nicht, w. [er kommt]; bis w. ist die Arbeit fertig?; seit w. weißt du es?; von w. an kann ich mit deiner Hilfe rechnen?; ⟨mit besonderem Nachdruck auch ohne Inversion in Fragesätzen⟩ du bist w. mit ihm verabredet?; ⟨leitet einen Relativsatz ein⟩ der Termin, w. die Wahlen stattfinden, liegt noch nicht fest; ⟨in Verbindung mit immer, auch, auch immer⟩ du kannst kommen, w. immer du Lust hast/w. immer du willst (jederzeit); er ist immer bereit, w. [immer] es auch sei. 2./konditional/ unter welcher Bedingung?: w. ist ein Wagen vorschriftsmäßig geparkt?; er weiß nie genau, w. man rechts überholen darf.

Wanne, die: 1. Badewanne: eine eingebaute W.; eine W. aus Plastik, aus Zink; die W. voll Wasser laufen lassen, ablaufen lassen, reinigen; Wasser in die W. einlassen; in die W. steigen; er sitzt gerade in der W. (ugs.; badet gerade). 2. wannenartiges Gefäß: der Ölbehälter muss in einer W. liegen; der verletzte Skiläufer wurde in einer W. ins Tal gebracht.

Wanst, der: (derb:) sich den W. voll schlagen, voll fressen; er rannte ihm das Messer in den W.

Wappen, das: ein fürstliches, gräfliches W.; das Berliner W.; das W. der Habsburger, einer Stadt, von Hamburg; er darf ein W. führen; diese Stadt führt einen Löwen im W. (das Wappentier ist ein Löwe).

wappnen (geh.): a) ⟨sich gegen/für etw. w.⟩ sich auf etw. gefasst machen: er wappnete sich gegen eine Gefahr, gegen Anfeindungen; sich für eine bevorstehende Auseinandersetzung, für alle Eventualitäten w.; ⟨auch ohne Präpositionalobjekt⟩ er hatte sich, war gewappnet; b) ⟨sich mit etw. w.⟩ etw. aufbieten: sich mit Geduld, mit neuem Mut w.

Ware, die: eine gute, erstklassige, hochwertige, teure, preiswerte, billige, schlechte, minderwertige, leicht verderbliche W.; unverzollte, steuerfreie Waren; das ist eine gängige W.; reduzierte W. ist vom Umtausch ausgeschlossen; diese W. findet reißenden Absatz, ist ausgegangen, ausverkauft, ist augenblicklich nicht am Lager, kommt bald wieder herein, führen wir nicht; diese Waren sind im Preis stark herabgesetzt; Waren herstellen, bestellen, bekommen, produzieren, exportieren, lagern, anbieten, verkaufen, absetzen, liefern, anfordern, bezahlen; Waren austauschen, einführen, ausführen; * heiße Ware (Jargon; illegale Ware).

warm: 1. a) eine verhältnismäßig hohe Temperatur habend: warmes Wasser, ein warmes Getränk,

warme Suppe, warme Speisen; ein warmes Essen (etwas Gekochtes); ein warmer Ofen, Herd; ein warmes (geheiztes) Zimmer; das Lokal hat warme und kalte Küche (führt warme und kalte Speisen); ein warmes Bad nehmen; warme Hände, Füße haben; warmes Wetter, ein warmer Regen, Wind; ein warmes Lüftchen; die warmen Sommermonate; in der warmen Jahreszeit (im Sommer); wärmere Länder, Gegenden, Zonen; eine warme Quelle; es waren die ersten warmen Tage des Jahres; hier ist es sehr, zu w.; hier drinnen muss es w. bleiben; das Essen w. halten, stellen; die Speise muss w. gegessen werden; sie hat die Suppe noch einmal w. gemacht (aufgewärmt); heute Abend wollen wir w. (ugs.; warme Speisen) essen; die Sonne schien sehr w.; der Mantel hält, gibt w.; das Zimmer kostet w. (ugs.; einschließlich Heizungskosten) 600 Mark [Miete]; er hat sich w. (mit warmem Wasser) geduscht; der Sportler läuft sich w. (erwärmt sich durch Laufen); der Motor muss sich erst noch w. laufen; die Heizung auf »warm« stellen; ich habe w. (ugs.; ich friere nicht); mir ist [es] w.; langsam wurde [es] uns w.; SUBST.: sie sitzen im Warmen (in einem geheizten Raum); er hat heute noch nichts Warmes (kein warmes Essen) gegessen; ÜBERTR.: ein warmes (behaglich wirkendes) Licht; der Raum wirkte hell und w. (behaglich); bei diesem Anblick wurde es ihm [ganz] w. ums Herz (empfand er ein Glücksgefühl); b) vor Kälte schützend: warme Kleidung, Wäsche; sie band sich ein warmes Tuch um den Hals; dieser Mantel ist sehr w.; du musst dich bei diesem Wetter w., wärmer anziehen; SUBST.: zieh dir lieber etwas Warmes an. 2. a) nachdrücklich: er ist ein warmer Befürworter, Förderer dieses Plans; warmes Interesse für etw. hegen; sie wurde uns warm (ugs.:) wärmstens empfohlen; b) herzlich: warme Anteilnahme; ein warmes Gefühl der Dankbarkeit; ein warmes (gütiges) Herz; * weder warm noch kalt, nicht warm und nicht kalt sein (ugs.; gleichgültig, uninteressiert sein) · [mit jmdm.] warm werden (eine nähere Beziehung [zu jmdm.] entwickeln) · mit etw., irgendwo warm werden (ugs.; Gefallen an etw. finden; sich einleben, wohl zu fühlen beginnen) · sich warm anziehen (ugs.; sich auf eine schwere Auseinandersetzung, eine unangenehme Erfahrung einstellen) · sich jmdn. warm halten (ugs.; sich jmds. Wohlwollen erhalten).

Wärme, die: 1. a) Zustand des Warmseins: eine angenehme, milde, wohlige, trockene, feuchte, sommerliche, unangenehme W.; es ist das heute eine W.!; wir haben heute, das Wasser hat 20 Grad W.; der Ofen strahlt eine angenehme W. aus; sie spürte die W. seines Körpers; komm doch herein in die W. (ugs.; ins warme Zimmer). b) (Physik) Wärmeenergie: gebundene, strah-

W

lende, latente *(aufgespeicherte)* W.; die spezifische W. eines Stoffes; bei diesem Vorgang/durch Reibung wird W. frei, entsteht W., wird W. erzeugt. **2.** *Herzlichkeit:* menschliche, persönliche, innere W.; W. des Gefühls; ihren Worten fehlte die W.; er trat mit W. für sie ein, sprach mit [wachsender] W. von ihr.

wärmen: a) ⟨jmdn., sich, etw. w.⟩ *warm machen, aufwärmen:* die Suppe w.; jmdm./für jmdn. das Essen w.; er wärmte sich am Ofen, sich mit einem Schnaps; ⟨jmdm., sich etw. w.⟩ du kannst dir die Hände am Feuer w.; b) *Wärme abgeben, warm halten:* Wolle wärmt; der Mantel, der Kachelofen wärmt gut.

warmhalten: ⟨in der Verbindung⟩ **sich** (Dat.) **jmdn. warmhalten** (ugs.; *sich jmds. Wohlwollen erhalten*): diesen Mann musst, solltest du dir w.

warnen: a) ⟨jmdn. vor etw. w.⟩ *auf eine Gefahr hinweisen:* jmdn. nachdrücklich, rechtzeitig, heimlich vor etw. w.; jmdn. vor einer Gefahr, vor einem Anschlag, vor einem Betrüger w.; er warnte sie [davor], zu nahe ans Ufer zu treten (nicht korrekt: ..., nicht zu nahe ans Ufer zu treten); ⟨auch ohne Akk.⟩ die Polizei warnt vor Glatteis, vor Taschendieben; ⟨auch ohne Präpositionalobjekt⟩ er hatte ihn zu spät gewarnt; seine warnende Stimme erheben; ÜBERTR.: sein Gefühl, sein Instinkt, eine innere Stimme warnte ihn, es zu tun; b) ⟨jmdn. w.⟩ *nachdrücklich auffordern, etw. zu tun od. zu lassen:* ich habe dich oft genug gewarnt; du bist gewarnt!; ich warne dich, du machst einen Fehler; er drohte warnend mit dem Finger; ein warnendes *(abschreckendes)* Beispiel.

Warnung, die: eine nachdrückliche, eindringliche, ernste W.; eine W. vor Sturm, vor Glatteis; seine W. war berechtigt; das ist meine letzte W. *(wenn du jetzt nicht auf mich hörst, werde ich meine Drohung wahr machen);* das soll mir eine W. *(eine Lehre für die Zukunft)* sein!; eine W. missachten, in den Wind schlagen; eine W. vor jmdn. aussprechen; er hörte, achtete nicht auf ihre Warnungen; ein Schild mit einer W. anbringen.

Warte, die: ⟨nur in bestimmten Wendungen⟩ **von jmds. Warte aus** *(von jmds. Standpunkt aus, von jmds. Blickwinkel her):* von seiner W. aus [betrachtet], sieht das Problem anders aus · **auf einer höheren Warte stehen** *(an Übersicht, Einsicht andere übertreffen).*

¹warten ⟨auf jmdn., etw. w.⟩: *dem Eintreffen einer Person, Sache entgegensehen:* [un]geduldig, sehnsüchtig, nervös, lange, eine Weile, einen Augenblick, eine Stunde lang, stundenlang auf jmdn. w.; wir haben vergebens, vergeblich, gespannt, seit Wochen auf eine Nachricht gewartet; auf eine Antwort, auf eine günstige Gelegenheit, auf besseres Wetter, auf den Zug, auf die Abfahrt w.; [an der Ampel stehen und] auf Grün w.; sie warteten auf Einlass/sie warteten darauf, eingelassen zu werden; auf einen Studienplatz *(auf die*

Zuteilung eines Studienplatzes) w.; der Schauspieler wartete auf sein Stichwort; sie warteten *(lauerten)* nur darauf, dass sie einen Fehler machte; wir warten mit dem Essen auf ihn; du hast lange auf dich w. lassen; darauf habe ich schon lange gewartet *(das habe ich vorausgesehen);* worauf warten wir eigentlich noch? *(lasst uns handeln!);* auf dich haben wir gerade noch gewartet (salopp iron.; *dich brauchen wir gar nicht*); ⟨auch ohne Präpositionalobjekt⟩ wir haben lange w. müssen; du konntest wohl nicht w.?; der soll ruhig/kann w. (ugs.; *ihn können wir warten lassen*); sollen wir mit dem Essen w.?; damit wollen wir noch w. *(das schieben wir noch auf);* beeil dich, die Mutter wartet schon; du hast mich aber w. lassen!; warten Sie bitte einen Augenblick!; ich warte an der Ecke; er hat so lange gewartet *(gezögert),* bis es zu spät war; warten Sie, bis Sie aufgerufen werden; der kann w., bis ich die Rechnung bezahle (ugs.; *die Rechnung bezahle ich so schnell nicht*); da kannst du lange w.! (ugs.; *da wartest du umsonst*); ich kann w. (ugs.; *ich habe Zeit*); warte mal *(einen Augenblick Geduld bitte)* /oft in [scherzhaften] Drohungen/: warte nur!, na warte!; SUBST.: das lange Warten hatte sie müde gemacht; ÜBERTR.: beeil dich, der Zug wartet nicht auf dich; das Essen kann w. *(damit ist es nicht so eilig);* zu Hause wartete eine Überraschung [auf uns]; der Erfolg, die Kritik ließ nicht lange auf sich w.

²warten (Technik) ⟨etw. w.⟩: *regelmäßig überprüfen:* das Auto, die Anlage, die Maschine muss regelmäßig gewartet werden.

warum: w. bist du nicht gekommen?; w. nicht gleich [so]? (ugs.; *das hätte man doch gleich so machen können*); w. nicht? *(ja, es spricht doch nichts dagegen!);* w. eigentlich nicht? *(was spricht eigentlich dagegen?);* er will wissen, w. das getan hat; ich weiß nicht, w., aber ich hat abgesagt; w. das denn?; w. denn das?; /leitet einen Relativsatz ein/: der Grund, w. das getan hat, ist uns unbekannt; SUBST.: sie fragte nach dem Warum und Weshalb *(Grund).*

was: I. ⟨Interrogativpronomen⟩ /dient der Frage nach etw./: w. ist das?; w. bedeutet das?; w. kostet etw./; w. soll denn das [bedeuten]?; w. hast du da?; w. gibt es Neues?; was ist ein Modul?; w. ist [denn hier] los?; w. willst du denn damit?; w. willst du denn schon wieder?; w. denkst du dir denn eigentlich?; w. kann ich für Sie tun?; w. sagst du da?; w. soll man dazu sagen?; w. ist er [von Beruf]?; w. will er denn werden?; w. sind denn das für Geschichten?; w. für Wein, was für einen Wein trinkst du am liebsten?; er hat Bilder, Bücher und w. alles sonst noch (ugs.; *und noch vieles andere*) gekauft; da staunst du, w. *(nicht wahr)?*; w.? (salopp; *[wie] bitte?*); /häufig in Ausrufen der Überraschung, der Ablehnung, des Zweifels o. Ä./: w. denn, das weißt du nicht?; was es [nicht] alles gibt!; was der alles weiß!; ach w.! (salopp; *keines-*

wegs!, Unsinn!); an w. (ugs.; woran) denkst du?; auf w. (ugs. worauf) wartest du noch?; für w. (ugs.; wofür) ist das gut?; in w. (ugs.; worin) soll ich es aufbewahren?; mit w. (ugs.; womit) ist er beschäftigt?; um w. (ugs.; worum) handelt es sich?; vor w. (ugs.; wovor) hast du Angst?; von w. (ugs.; wovon) lebt er denn?; zu w. (ugs.; wozu) taugt das?; ⟨in Verbindung mit immer, auch, auch immer⟩ was du auch [immer] tust (gleichgültig, was du tust), denk an dein Versprechen; SUBST.: nicht das Was, sondern das Wie ist entscheidend. **II.** ⟨Relativpronomen⟩ /bezeichnet in Relativsätzen dasjenige, worüber im Relativsatz etw. ausgesagt ist/: etwas, manches, einiges, vieles, alles, w. ich hier gesehen habe; das ist das Beste, w. du tun kannst; das, w. du gesagt hast, ist nicht richtig; du kannst machen, w. du willst; sie wusste nicht, w. sie sagen sollte; w. ich noch sagen wollte ...; w. ihn betrifft, so ist er ganz zufrieden; ⟨in Verbindung mit immer, auch, auch immer⟩ was sie auch [immer] (alles, was sie) anfing, wurde ein Erfolg. **III.** (ugs.) ⟨Indefinitpronomen⟩ [irgend]etwas: ich weiß w.; du kannst w. erleben!; das ist w. anderes; es ist kaum noch was übrig; da haben wir uns w. [Schönes] eingebrockt! **IV.** ⟨Adverb⟩ (ugs.): **1.** warum: w. regst du dich so auf!; w. stehst du hier herum?; w. musstest du das auch sagen! **2. a)** wie [sehr]: w. hat er sich verändert!; w. ist das doch so schwer!; lauf, was (so schnell wie) du kannst!; **b)** inwiefern: w. stört dich das?; ★ und was nicht alles (ugs.; und alles Mögliche) · so was (ugs.; 1. so etwas: so w. Dummes! 2. abwertend; so jemand: so was schimpft sich Experte!) · [so] was wie ... (ugs.; [so] was wie ...): er ist so w. wie ein Schriftsteller.

Wäsche, die: **1.** Gesamtheit der Textilien, die zu waschen sind: weiße, bunte, saubere, schmutzige, stark verschmutzte W.; W. aus Leinen, aus Baumwolle, aus Kunstfaser; die W. in die Maschine stecken; die W. trocknet schnell, ist schon trocken; die kleine W. (die kleinen Teile) selbst waschen; die große W. (die großen Teile) in die Wäscherei geben, außer Haus geben; die W. einweichen, kochen, spülen, schleudern, auswringen, stärken, bleichen, aufhängen, trocknen, bügeln, mangeln, sortieren; W. ausbessern, flicken, nähen; sie hat ihr Geld unter der W., zwischen der W. versteckt. **2.** Unterwäsche: feine, duftige, seidene, warme W.; frische W. anziehen; die W. wechseln. **3.** Vorgang des Waschens: wir haben heute große W. (Waschtag); die kleine W. (das Waschen der kleineren Wäschestücke) erledigt sie selbst; das Hemd ist bei, in der W. eingelaufen; die Bluse ist [gerade] in der W. (wird gerade gewaschen); die Handtücher in die W., zur W. tun; ★ [seine] schmutzige Wäsche [vor anderen Leuten] waschen (abwertend; unerfreuliche pri-vate, interne Angelegenheiten vor Außenstehenden ausbreiten) · dumm, blöd o. ä. aus der Wäsche gucken (salopp; einfältig, verdutzt dreinschauen) · jmdm. an die Wäsche gehen, wollen (ugs.; 1. jmdn. tätlich angreifen. 2. jmdn. [im Intimbereich] betasten).

waschecht: **1.** sich beim Waschen nicht verändernd: waschechte Stoffe, Tücher; die Farben sind [garantiert] w. **2.** (ugs.) typisch: er ist ein waschechter Berliner; er spricht waschechtes Sächsisch.

waschen: **1. a)** ⟨jmdn., sich, etw. w.⟩ mit Wasser, Seife o. Ä. reinigen: sich mit Wasser und Seife, kalt, von Kopf bis Fuß w.; seine Hände w.; sich beim Friseur die Haare w. lassen; das Gemüse putzen und w.; das Auto w.; das Obst vor dem Verzehr gründlich w.; ⟨jmdn., sich etw. w.⟩ sich das Gesicht, die Haare w.; jmdm. den Kopf, den Rücken w.; ⟨[sich, jmdm.] etw. aus/von etw. w.⟩ sich den Schmutz von den Händen, den Schmutz aus der Wunde w.; **b)** ⟨etw. w.⟩ in einem bestimmten Waschvorgang von Schmutz befreien: die Socken mit Seife w.; sie wäscht ihre Wäsche in der Waschmaschine, mit der Hand; etw. kalt, separat w.; das Kleidungsstück kann man nicht w.; ein frisch gewaschenes Hemd; (auch ohne Akk.) sie wäscht jede Woche; SUBST.: das Hemd ist beim Waschen eingegangen; **c)** ⟨etw. irgendwie w.⟩ durch Waschen in einen bestimmten Zustand bringen: dieses Waschmittel wäscht Ihre Wäsche absolut sauber. **2.** ⟨etw. w.⟩ durch Ausschwemmen o. Ä. von anderen Bestandteilen trennen: Erze, Gold, Rauchgase w. **3.** ⟨irgendwohin w.⟩ spülen: die Insektizide werden vom Regen in den Boden, ins Grundwasser gewaschen. **4.** (Jargon) ⟨etw. w.⟩ wieder in den normalen Geldumlauf bringen: Lösegelder, Spendengelder, Erlöse aus dem Drogenhandel w.; ★ sich gewaschen haben (ugs.; von äußerst beeindruckender [u. unangenehmer] Art sein): die Aufgabe hat sich gewaschen; eine Ohrfeige, die sich gewaschen hat (eine heftige Ohrfeige).

Wasser, das: **1. a)** klares, reines, sauberes, frisches, kaltes, lauwarmes, heißes, abgestandenes, trübes, schmutziges, fauliges, salziges, brackiges, mineralhaltiges, kalkhaltiges, hartes (sehr kalkhaltiges), weiches (kalkarmes) enthärtetes W.; stilles W. (Mineralwasser ohne Kohlensäure); geweihtes W.; fließendes W.; W. zum Waschen; ein Glas, ein Eimer W.; W. aus der Leitung; eine Flasche W. (ugs.; Mineralwasser); W. verdunstet, gefriert; das W. kocht, siedet, wallt [auf]; das W. tropft, fließt aus dem Hahn; W. in die Badewanne laufen lassen; W. holen, schöpfen, filtern, aufbereiten, destillieren; W. für den Kaffee aufsetzen; er hat beim Schwimmen W. geschluckt; die Frucht besteht zu 90 Prozent aus W.; die Blumen ins W. (in eine Vase mit Wasser) stellen; seinen

Durst mit W. löschen; dort wird nach W. gebohrt; der Keller steht unter W. *(im Keller steht Wasser);* etw. unter W. setzen *(überfluten);* Ⓡ das wäscht kein W. ab *(diese Schande o. Ä. ist durch nichts zu tilgen);* da, dort wird auch nur mit W. gekocht; ÜBERTR.: der Schmerz trieb ihr das W. *(die Tränen)* in die Augen; das W. (ugs.; *der Schweiß*) lief, tropfte ihm von der Stirn; W. (verhüll.; *Urin*) lassen; das W. (verhüll.; *den Urin*) nicht halten können; W. (ugs.; *die Wassersucht)* [in den Beinen] haben; b) (Kosmetik) *wässrige Flüssigkeit:* wohlriechende, duftende Wässer; Kölnisch[es] W. **2.** *Gewässer:* ein stehendes, fließendes, tiefes W.; offenes *(eisfreies)* W.; auflaufendes W. *(Flut);* ablaufendes W. *(Ebbe);* das W. ist an dieser Stelle flach, seicht, sehr tief; das W. fließt, strömt, rauscht, rinnt, plätschert, gurgelt, versickert, verläuft sich; das W. steigt [an], tritt über die Ufer, durchbricht die Dämme, überschwemmt das Land, wird abgeleitet; das W. treibt eine Turbine; der Transport auf dem W. *(mit Schiffen);* das Haus steht direkt am W. *(am Ufer, Strand);* etw. schwimmt, treibt auf dem W.; diese Tiere leben im W.; sie tummelten sich, planschten im W.; die Häuser spiegelten sich im W.; ins W. springen, fallen, stürzen; etw. ins W. werfen, tauchen; sie konnte sich kaum über W. halten *(drohte unterzugehen);* unter W. *(unter der Wasseroberfläche)* schwimmen; die Boote wurden zu W. gelassen; man kann diesen Ort zu W. oder zu Land *(auf dem Wasserweg oder auf dem Landweg)* erreichen; Ⓡ bis dahin fließt noch viel W. den Berg, den Bach, den Rhein o. Ä. hinunter; W. hat keine Balken *(im Wasser kann man leicht umkommen);* ⋆ **ein stilles Wasser** (ugs. scherzh.; *ein ruhiger, zurückhaltender Mensch)* · **stille Wasser sind tief** *(äußerlich zurückhaltende, ruhige Menschen haben oft überraschende [Charakter]eigenschaften)* · **reinsten Wassers/von reinstem Wasser** *(ohne Einschränkung, durch und durch)* · jmdm. **steht das Wasser bis zum Hals** (ugs.; *jmd. ist in großen [finanziellen] Schwierigkeiten)* · jmdm. **läuft das Wasser im Mund zusammen** (ugs.; *jmd. bekommt großen Appetit auf etw.)* · **Wasser auf jmds. Mühle sein** *(jmdn. unterstützen, beflügeln)* · **[jmdm.] Wasser in den Wein gießen** (geh.; *jmds. Begeisterung dämpfen)* · **jmdm. das Wasser abgraben** (ugs.; *jmds. Existenzgrundlage gefährden, jmdn. seiner Wirkungsmöglichkeiten berauben)* · jmdm. **[nicht] das Wasser reichen können** (ugs.; *jmdn. an Fähigkeiten, Leistungen o. Ä. [nicht] gleichkommen)* · **kein Wässerchen trüben können** (ugs.; *ganz harmlos sein)* · **nahe am/ans Wasser gebaut haben** (ugs.; *sehr leicht in Tränen ausbrechen)* · **bei Wasser und Brot sitzen** *(im Gefängnis sein)* · **ins Wasser gehen** (verhüll.; *sich durch Ertränken das Leben nehmen)* · **ins Wasser fallen** (ugs.; *ausfallen, nicht stattfinden können)* · **ins kalte Wasser springen/geworfen werden** (ugs.; *sich in ungewohnter Situa-*

tion, bei einer völlig neuen Aufgabe bewähren müssen) · **mit allen Wassern gewaschen sein** (ugs.; *gerissen sein; alle Tricks kennen)* · jmdn., **sich über Wasser halten** *(sein Leben fristen, seine Existenz [in wirtschaftlicher Hinsicht] erhalten)* · **zu Wasser werden** (ugs.; *nicht verwirklicht werden können).*

wäss[e]rig: eine wässrige Suppe; wässrige Kartoffeln; eine wässrige Lösung; das Eis war w. und viel zu süß; die Erdbeeren sind, schmecken w.; ÜBERTR.: er sah ihn mit wässrigen *(farblosen, hellen)* Augen an; ein wässriges *(helles, blasses)* Blau.

waten ⟨irgendwo[hin] w.⟩: ans Ufer, durch den Bach, im Wasser w.

Watte, die: weiche, sterilisierte W.; er steckte, stopfte sich W. in die Ohren; etw. in W. [ver]packen; er tupfte die Wunde vorsichtig mit W. ab; ⋆ **Watte in den Ohren haben** (ugs.; *nicht hören wollen)* · jmdn. **in Watte packen** (ugs.; *jmdn. übertrieben vorsichtig behandeln).*

weben: a) *Webarbeit ausführen:* sie webt gerne; an diesem Teppich hat sie lange gewebt; b) ⟨etw. w.⟩ *durch Weben herstellen:* Tuch, Spitzen, Seide w.; Teppiche w.; der Stoff wurde auf, mit der Maschine gewebt; ÜBERTR.: die Spinne webt ihr Netz.

Webseite: ↑ Seite (3 c).

Wechsel, der: **1.** a) *Änderung; Wandel:* ein dauernder, regelmäßiger, unaufhörlicher, allmählicher, langsamer, schneller W.; der W. der Ereignisse, der Jahreszeiten; ein W. der Lebensweise, in der Lebensweise; ein W. in der Leitung eines Geschäftes, an der Spitze des Unternehmens; der W. von Tag und Nacht, von Hitze und Kälte, von Hell und Dunkel, zwischen Arbeit und Ruhe; in der Politik des Landes trat ein entscheidender W. ein; sie liebt den W. *(die Abwechslung);* alles ist dem W. unterworfen; im W. der Zeiten; die Darbietungen folgten einander im bunten/in buntem W.; b) *das Wechseln;* der W. der Reifen, der Filmspule, der Wäsche, des Motoröls, des Arbeitsplatzes, der Schule, der Konfession, des Partners; der W. von einem Betrieb zum andern, von einem Platz zu einem anderen; beim W. *(Seitenwechsel)* stand der Spiel 1:1; c) (bes. Ballspiele) *das Auswechseln:* der W. eines Spielers; der W. der Pferde; fliegender W. *(Wechsel der Spieler während des Spiels).*

2. (Bankw.) *schriftliche, befristete Zahlungsverpflichtung:* ein ungedeckter W.; Wechsel auf lange/kurze Sicht; der W. ist fällig, verfällt; der W. ist geplatzt, ging zu Protest (ugs.; *ist nicht eingelöst worden);* einen W. ausstellen, unterschreiben, akzeptieren, begeben *(verkaufen),* diskontieren *(vor Fälligkeit gegen Zinsabzug kaufen),* überreichen, präsentieren, vorlegen, prolongieren *(verlängern),* einlösen, protestieren *(zurückweisen),* querschreiben; einen W. auf jmdn. ziehen

(als Zahlungsanweisung ausstellen); er bezahlte mit einem W.
3. (Jägerspr.) *Wildwechsel:* hier hat das Wild seinen W.
wechseln: 1. a) ⟨jmdn., etw. w.⟩ *durch jmd. anderen, durch etwas Neues ersetzen:* die Wohnung, den Wohnsitz, die Schule, den Platz, die Fahrspur w.; er hat die Stelle, den Beruf gewechselt; du musst [bei deinem Auto] die Reifen, das Öl w. lassen; er musste unterwegs ein Rad w.; die Wäsche, die Schuhe, die Strümpfe w. *(andere anziehen);* er hat die Zigarettenmarke gewechselt; den Friseur, den Arzt, den Partner w. *(sich einen anderen Friseur, Arzt, Partner suchen);* die Pferde w.; ⟨jmdn. etw. w.⟩ der Arzt hat mir den Verband gewechselt; **b)** ⟨etw. w.⟩ *ändern:* seine Ansichten, seine Meinung, die Gesinnung, den Glauben w.; plötzlich wechselte er den Ton; wollen wir nicht lieber das Thema w.? **2. a)** ⟨etw. [mit jmdm.] w.⟩ *austauschen:* mit jmdm. Briefe, Blicke, Komplimente, einen Händedruck, den Platz w.; wir wechselten nur wenige Worte *(sprachen nur kurz miteinander);* **b)** ⟨etw. w.⟩ *umtauschen:* fünfzig Mark w.; an der Grenze müssen wir noch etwas Geld w.; ⟨[jmdm.] etw. in etw. (Akk.)/gegen etw. w.⟩ Mark gegen Dollar, gegen Franc w.; kannst du mir einen Hundertmarkschein in zwei Fünfziger w.?; ⟨auch ohne Dat. und ohne Akk.⟩ ich kann leider nicht w. **3.** *sich verändern:* das Wetter wechselt [zwischen Regen und Schnee]; die Ampel wechselte von Grün auf Gelb; seine Stimmung, der Ausdruck seines Gesichtes konnte sehr schnell w.; Regen und Sonne wechselten *(lösten einander ab);* mit wechselndem Erfolg, Glück; es, der Himmel ist wechselnd *(zeitweilig)* bewölkt. **4.** ⟨irgendwohin w.⟩ *überwechseln:* auf eine andere Schule, zu einer anderen Partei w.; der Minister ist ins Auswärtige Amt gewechselt; über die Grenze w. *(heimlich ins Ausland fliehen).*
wechselseitig: eine wechselseitige Abhängigkeit; die wechselseitige Beziehung zwischen den Staaten Europas; sich w. bedingen; Kunst und Wissenschaft haben sich w. befruchtet.
wecken: 1. ⟨jmdn. w.⟩ *wach machen:* jmdn. um sechs Uhr, mitten in der Nacht, aus tiefem Schlaf, mit Musik, unsanft w.; mit seinem Geschrei hat er die Kinder geweckt; durch den Lärm, von einem lauten Knall geweckt werden; er lässt sich telefonisch w.; SUBST.: um acht Uhr ist Wecken; ÜBERTR.: der Kaffee hat seine Lebensgeister geweckt. **2.** ⟨etw. w.⟩ *hervorrufen:* die niedrigsten Triebe w.; jmds. Neugier, Verdacht, Misstrauen w.; [bei jmdm.] Erwartungen, Hoffnungen, neue Bedürfnisse w.; in jmdm. Unbehagen, einen Wunsch w.; sein Interesse wurde geweckt; seine Worte hatten alte Erinnerungen in ihr geweckt.
Wecker, der: ein elektrischer W.; der W. tickt, klingelt, schrillt, geht; der W. hat nicht geweckt; den

W. [auf sechs] stellen; den W. abstellen; sie hat den W. nicht gehört;
⋆ jmdm. **auf den Wecker gehen/fallen** (ugs.; *jmdm. äußerst lästig werden).*
wedeln ⟨mit etw. w.⟩: der Hund wedelte freudig mit dem Schwanz; mit der Hand, mit dem Taschentuch w.; ⟨auch ohne Präpositionsobjekt⟩ der Hund wedelt, begrüßt wedelnd sein Herrchen; ⟨etw. irgendwohin w.⟩ er wedelte mit einer Zeitung die Krümel vom Tisch *(entfernte sie durch Wedeln).*
weder: ⟨nur in der Verbindung⟩ **weder ... noch ...** *(nicht ... und auch nicht ...):* dafür habe ich w. Zeit noch Geld, [noch Lust]; sein Verhalten war w. klug noch hilfreich; w. ihm noch mir ist es gelungen, sie zu überzeugen; er hat ihr w. beruflich geholfen, noch hat er ihre künstlerischen Anlagen gefördert; er w. noch sie wusste/(auch:) wussten Bescheid; »Kommst du heute oder morgen?« – »Weder noch.« (ugs.; als Antwort auf eine Entscheidungsfrage, bei der beide Möglichkeiten verneint werden).
weg (ugs.): die Kinder sind schon w. *(weggegangen);* er ist schon lange von zu Hause w.; zur Tür hinaus, und w. war er; der Zug ist w. *(abgefahren);* die Ware war schnell w. *(verkauft, vergriffen);* das ist ziemlich weit von der Stadt w. *(entfernt);* das Gewitter ist noch ziemlich weit w.; drei Nächte hintereinander war er w. *(abwesend);* die Schlüssel sind w. *(nicht zu finden);* der Reiz ist w. *(dahin);* w. damit!; w. da!; schnell w.!; Finger w.!; ⋆ **weg sein** (ugs.; 1. *in einem Zustand sein, in dem von dem, was um einen herum vorgeht, nichts mehr wahrgenommen wird:* nach dem dritten Glas Wein war er völlig w.; kaum lag sie im Bett, da war sie schon w. *[eingeschlafen].* 2. *überaus begeistert sein)* · **über etw. (Akk.) weg sein** (ugs.; *etw. überwunden haben).*
Weg, der: **1.** *Geh-, Fahrweg:* ein unbefestigter, geteerter, geschotterter, steiniger, schlechter, schmaler, abschüssiger, steiler W.; ein öffentlicher, privater W.; Wege und Straßen; der W. durch den Wald, zum Strand; der W. ist gesperrt, ist hier zu Ende; hier ist, geht kein W.; die Wege sind aufgeweicht; der W. geht steil aufwärts, steigt an, biegt nach links ab; wohin geht, führt dieser W.?; der W. kreuzt eine Straße, gabelt sich, führt am Fluss entlang; hier trennen sich unsere Wege; einen W. anlegen, befestigen; die Wege mit Kies bestreuen, asphaltieren, verbreitern; einen W. sperren; wir gehen, nehmen lieber diesen W.; sie sind den eingeschlagenen W. weitergegangen, haben diesen W. verlassen; er bahnte sich einen W. *(Durchgang)* durch das Gestrüpp; auf einem W. weitergehen, weiterfahren; bleiben; wenn du rechtzeitig ankommen willst, musst du dich auf den W. machen *(losgehen, aufbrechen);* ein Hase sprang über den W.; ihr dürft nicht von diesem W. abweichen; BILDL.: unsere Wege *(Lebenswege)* kreuzten sich mehrmals; hier trennen sich un-

sere Wege, gehen unsere Wege auseinander *(hier hört unsere bisherige Zusammenarbeit, die Übereinstimmung unserer Ansichten auf);* dunkle, krumme Wege gehen *(Unrechtes tun);* seinen geraden W. gehen *(sich nicht beirren lassen);* Ⓡ der gerade W. ist der kürzeste; der W. zur Hölle ist mit guten Vorsätzen gepflastert; daran führt kein W. vorbei *(das ist unvermeidlich).* 2. *Wegstrecke:* das ist ein weiter, langer W.; der nähere, nächste, kürzeste, direkte W. zur Stadt; der W. [dahin] war länger, als er gedacht hatte, wollte kein Ende nehmen; bis dorthin sind es noch fünf Kilometer W., ist es noch eine Stunde W. *(zu laufen, zu fahren);* wir haben noch einen langen W., einen W. von einer Stunde zurückzulegen; einen bestimmten W. suchen, wählen, nehmen, einschlagen; einen W. abkürzen, abschneiden; jmdm. den W. zeigen, versperren, verlegen *(sich so vor jmdn. stellen, dass er nicht vorbeigehen, nicht weitergehen kann),* freigeben *(zur Seite treten, um jmdn. vorbeizulassen);* den W. verfehlen, verlieren; wir haben denselben, den gleichen W.; wir haben noch ein gutes Stück W./ (geh.:) Weg[e]s vor uns; das liegt an/auf meinem W. *(ich komme daran vorbei);* auf halbem W. wieder umkehren; wir kamen uns auf halbem W. entgegen; du bist/stehst mir im W. *(hinderst mich am Weitergehen, nimmst mir den Platz, den ich zum Hantieren o. Ä. brauche);* er stellte sich ihr in den W. *(hinderte sie am Weitergehen);* er fragte mich nach dem W. zum Bahnhof; im Nebel sind wir vom [richtigen] W. abgekommen; ÜBERTR.: jmds. W. nach oben; das ist der schnellste, nicht der richtige W. zum Erfolg; bis dahin ist [es] noch ein weiter W. *(dauert es noch lange);* neue Wege gehen, einschlagen *(neue Methoden anwenden);* jmdm. etw. mit auf den W. geben *(als Lehre zuteil werden lassen);* hast du die Sache endlich auf den W. gebracht *(in Gang gesetzt)?;* er ist auf dem W. der Besserung, zur Genesung; auf dem falschen, richtigen W. sein *(das Falsche, Richtige tun);* jmdm. einen W. aus dem Dilemma zeigen; sich nicht vom rechten W. abbringen lassen *(nicht unmoralisch, ungesetzlich handeln);* Ⓡ alle, viele Wege führen nach Rom; es führen viele Wege in die Hölle, aber keiner heraus. 3. a) *Gang, Fahrt:* dies war ein schwerer W. für sie; mein erster W. führte mich zu ihm; er ist, befindet sich auf dem W. *(ist unterwegs)* nach Berlin; auf dem W. zum Bahnhof; ich traf sie auf dem W. zur Arbeit; BILDL.: der W. der Sonne, der Gestirne; jmdm. gute Lehren mit auf den W. *(Lebensweg)* geben; jmdn. auf seinem letzten W. begleiten (geh. verhüll.; *an seinem Begräbnis teilnehmen);* b) (ugs.) *Besorgung:* einen W. vorhaben; für jmdn. Wege machen, erledigen; er hat mir den W. abgenommen. 4. *Art und Weise, Methode:* neue, andere, bessere Wege eröffnen sich jmdm.; dieser W. steht ihm

noch offen, scheidet für ihn aus; das ist der einzig gangbare W.; der W. war bereits vorgezeichnet; einen anderen, besseren W. suchen, finden, gehen; jmdm. einen W. [auf]zeigen, weisen; ich sehe nur diesen einen, keinen anderen W.; sie hat mir diesen W. verlegt; etw. auf direktem, privatem, gesetzlichem, diplomatischem W. regeln; etw. auf dem schnellsten, kürzesten W. erledigen; sich auf gütlichem Weg[e] einigen; etw. auf legalem W. erreichen; auf diesem W. können wir das Problem nicht lösen; auf diesem W. danken wir allen, die uns geholfen haben; etw. auf dem W. des Prozesses entscheiden; wir wollen uns im Wege von *(durch)* Verhandlungen einigen; ∗ seinen Weg machen *(im Leben vorwärts kommen)* · jmdm., etw. den Weg/die Wege ebnen *(jmdm. Schwierigkeiten aus dem Weg räumen; jmdn., etw. fördern)* · den Weg allen/(auch:) alles Fleisches gehen (geh.; *sterben)* · den Weg alles Irdischen gehen (scherzh.; *defekt und unbrauchbar werden)* · den Weg des geringsten Widerstandes gehen *(allen Schwierigkeiten ausweichen, auszuweichen suchen)* · seinen [eigenen] Weg/seine eigenen Wege gehen *(unberirrt nach seiner eigenen Überzeugung entscheiden, handeln, leben)* · seines Weges, seiner Wege gehen (geh.; *weitergehen, fortgehen [ohne sich um das, was um einen herum geschieht, zu kümmern])* · jmdm. auf den rechten/richtigen Weg führen (geh.: *jmdn. vor Fehlern, Verfehlungen bewahren)* · auf dem besten Weg[e] [zu etw.] sein (oft iron.; *durch sein Verhalten einen bestimmten [nicht wünschenswerten] Zustand bald erreicht haben):* er ist auf dem besten Wege, sich zu ruinieren · sich auf halbem Weg[e] treffen *(sich durch beiderseitige Nachgeben einigen)* · jmdm. auf halbem Weg[e] entgegenkommen *(jmds. Forderungen o. Ä. teilweise nachgeben)* · auf halbem Weg[e] stehen bleiben/umkehren *(etw. nicht abschließen)* · auf halbem Wege stecken bleiben *(etw. nicht abschließen können)* · auf kaltem Weg[e] (ugs.; *skrupellos)* · jmdn./etw. aus dem Weg gehen *(jmdn., etw. meiden)* · jmdn. aus dem Weg räumen (salopp; *jmdn. ausschalten, umbringen)* · etw. aus dem Weg räumen *(etw., was einem bei der Verwirklichung eines Ziels o. Ä. hinderlich ist, durch entsprechende Maßnahmen beseitigen)* · jmdm. in den Weg treten; sich jmdm. in den Weg stellen *(jmdm. Widerstand leisten; sich jmdm. entgegenstellen)* · etw. in die Wege leiten *(etw. anbahnen)* · jmdm. im Weg sein/stehen *(jmdm. [durch seine bloße Existenz] an der Verwirklichung seiner Pläne o. Ä. hindern)* · sich selbst im Weg stehen *(sich selbst behindern)* · etw. (Dat.) im Weg stehen *(etw. verhindern)* · jmdm., sich über den Weg laufen *(jmdm., sich begegnen)* · jmdm. nicht über den Weg trauen *(jmdm. nicht vertrauen)* · etw. zu Wege bringen *(↑ zuwege)* · mit etw. zu Wege

kommen (↑ zuwege) · **gut/schlecht zu Wege sein** (↑ zu Wege).

wegbleiben (ugs.): **1.** *fernbleiben:* auf einmal, von da an blieb er weg; er ist lange, über Nacht weggeblieben; dieser Absatz kann, soll w. *(wird weggelassen);* ⟨jmdm. w.⟩ wenn wir zu teuer sind, bleiben uns die Kunden weg. **2.** *plötzlich aussetzen:* der Motor, der Strom, der Sprit blieb weg; ⟨jmdm. w.⟩ ihm blieb die Luft weg *(er bekam keine Luft mehr).*

wegen ⟨Präp. mit Gen.; bei allein stehendem starkem Substantiv im Singular auch mit ungebeugter Form bzw. im Plural mit Dat.; sonst nicht standardsprachl. mit Dat.⟩: **a)** *aufgrund von:* w. des schlechten Wetters/(geh.:) des schlechten Wetters w. konnten wir nicht weiterfahren; er wurde w. Mangels an Beweisen freigesprochen; w. der großen Kälte/(geh.:) der großen Kälte w. blieben wir zu Hause; w. Umbau[s] geschlossen; w. Geschäften war er drei Tage verreist; er musste w. gesundheitlicher Gründe zurücktreten; sie stritten sich w. ihres Bruders neuem Auto/w. des neuen Autos ihres Bruders; er wurde w. Diebstahl[s] angezeigt, angeklagt; **b)** *bezüglich:* w. dieser Angelegenheit müssen Sie sich direkt an die Geschäftsleitung wenden; **c)** *um ... willen:* er hat es w. des Geldes/(geh.:) des Geldes w. getan; w. der Kinder/(geh.:) der Kinder w. blieben sie zu Hause; Karins w.; w. mir (ugs.; w. *meinetwegen)* brauchst du nicht zu warten; das haben sie nur w. uns (ugs.; *unsertwegen)* getan; ★ **von ... wegen** *(aufgrund od. auf Veranlassung, Anordnung von ...):* etw. von Berufs w. tun; etw. von Amts w. bekannt geben.

wegfallen: dieser Grund fällt jetzt weg; mehrere Hundert Arbeitsplätze fielen weg; die letzten Programmpunkte mussten w.; etw. w. lassen.

weggehen: 1. a) *fortgehen:* schnell, heimlich, leise, grußlos, ohne Abschied, im Zorn w.; er ging weg, ohne ein Wort zu sagen; Ⓡ geh mir [bloß, ja] weg damit! (ugs.; *verschone mich damit!;* Ausruf des Unwillens); SUBST.: er sagte es im, beim Weggehen; **b)** *ausgehen:* oft, selten w.; heute gehe ich nicht mehr weg; wollt ihr so spät noch w.? **2.** (ugs.) **a)** *sich entfernen lassen:* der Fleck geht leicht, nicht mehr, nur schwer weg; die Farbe ist wieder weggegangen; **b)** *verschwinden:* die Kopfschmerzen sind weggegangen; das Fieber ist von selbst weggegangen. **3. a)** (ugs.) *sich verkaufen:* die Ware geht schnell, leicht, reißend weg; der Artikel geht weg wie warme Semmeln; die letzten Exemplare sind gerade weggegangen; **b)** *verbraucht werden:* ein Drittel des Gehalts geht für die Miete weg. **4.** (ugs.) ⟨über jmdn., etw. w.⟩ *etw. übergehen:* du kannst nicht einfach über ihn, über seinen Vorschlag w.

weghaben (ugs.): **1.** ⟨jmdn., etw. w.⟩ *entfernt haben:* den Fleck w.; man wollte ihn [von dem Posten] w. *(ihn davon entfernt sehen).*

2. ⟨etw. w.⟩ *bekommen haben:* er hat seine Strafe, seinen Anteil schon weg. **3.** ⟨etw. w.⟩ *begreifen, gut können:* er hatte sofort, gleich weg, wie es gemacht werden muss; hast du es endlich weg?; ★ **einen weghaben** (ugs.; **1.** *betrunken sein.* **2.** *nicht recht bei Verstand sein).*

wegkommen (ugs.): **1.** *fortkommen:* wir müssen sehen, dass wir hier w.; es ist so viel zu tun, dass ich nicht vor sechs [vom Büro] wegkomme; machen Sie, dass Sie wegkommen!; sie kommt wenig weg *(kann selten das Haus verlassen).* **2.** *abhanden kommen:* wie viel Geld ist weggekommen?; hier kommt nichts weg, ist noch nie etwas weggekommen; ⟨jmdm. w.⟩ mir ist meine Uhr weggekommen. **3.** ⟨über etw. (Akk.) w.⟩ *hinwegkommen:* sie ist über den Verlust leicht, kaum, lange Zeit nicht weggekommen. **4.** ⟨[bei jmdm., etw.] irgendwie w.⟩ *bedacht werden:* er ist bei dem Geschäft gut weggekommen; der Kleinste ist bei der Verteilung gut, am schlechtesten weggekommen; bei diesem Prüfer wärst du besser weggekommen *(hättest du besser abgeschnitten);* glimpflich, mit einem Bußgeld, mit einem Jahr Gefängnis w. **5.** ⟨von etw. w.⟩ *sich befreien:* vom Alkohol, vom Rauchen, von den Drogen w.; vom Öl als einziger Energiequelle w. wollen.

weglassen: 1. ⟨etw. w.⟩ *fortlassen:* die Anrede, den Vornamen, den Titel, ein Komma w.; er hat in seinem Bericht einige Namen weggelassen; diese Szene lassen wir weg. **2.** (ugs.) ⟨jmdn. w.⟩ *weggehen lassen:* die Kinder wollten die Mutter nicht w.

weglaufen: die Kinder sind vor dem Hund weggelaufen; der Junge ist [schon zweimal] von zu Hause weggelaufen (ugs.; *hat das Elternhaus heimlich, ohne Abschied verlassen);* ⟨jmdm. w.⟩ sie ist ihrem Mann, ihrem Freund weggelaufen; ★ **jmdm. nicht weglaufen** (ugs.; *auch später noch erledigt werden können, nicht eilen):* die Arbeit läuft nicht weg.

wegnehmen: a) ⟨etw. w.⟩ *entfernen:* nimm doch bitte die Sachen weg!; die Zeitungen, das Glas vom Tisch, den Fuß vom Gas[pedal] w.; [das] Gas w. *(aufhören, Gas zu geben);* ÜBERTR.: der Schrank nimmt viel Platz weg *(beansprucht viel Platz);* der Vorhang nimmt viel Licht weg *(hält das Licht ab);* **b)** ⟨jmdm. jmdn., etw. w.⟩ *abnehmen:* er nahm dem Kind das Spielzeug weg; einem Vogel die Jungen/die Eier, einem Land ein Gebiet w.; er hat ihm [heimlich] die Uhr weggenommen *(gestohlen);* ich will Ihnen den Platz nicht w. *(ihn nicht für mich in Anspruch nehmen);* jmdm. den Partner w. *(abspenstig machen);* Angst, dass andere die Arbeitsplätze w.

wegräumen ⟨etw. w.⟩: Schutt, Schnee, Hindernisse, das Geschirr, das Werkzeug w.; räumen Sie doch bitte Ihre Sachen weg!

wegstehlen ⟨sich [aus etw.] w.⟩: *heimlich verschwinden:* er hat sich aus der Gesellschaft weggestohlen.

wegwerfen: ⟨etw. w.⟩: **1.** *von sich werfen; zum Abfall tun:* Papier, Zigarettenstummel, alte Zeitungen w.; die alten Sachen kannst du w.; die Quittung, den Kassenbon habe ich längst weggeworfen; ÜBERTR.: sein Leben w. *(sich das Leben nehmen);* das ist doch weggeworfenes *(unnütz ausgegebenes)* Geld. **2.** (abwertend) ⟨sich w.⟩ *sich entwürdigen:* wie konnte sie sich nur an einen solchen Menschen w.!

wegwerfend: *geringschätzig:* eine wegwerfende Handbewegung, Geste, Antwort; jmdn. w. behandeln.

wegziehen: 1. ⟨etw. w.⟩ *beiseite ziehen, durch Ziehen entfernen:* den Vorhang, die Gardinen, das Tischtuch w.; ⟨jmdm. etw. w.⟩ sie zog ihm die Bettdecke weg. **2.** ⟨[aus/von etw.] w.⟩ *seinen Wohnsitz verlegen:* sie sind letztes Jahr aus Berlin, von hier weggezogen; ÜBERTR.: im Herbst ziehen die Vögel weg *(fliegen die Vögel nach dem Süden).*

weh: a) (ugs.) *schmerzend:* er hat einen wehen Finger, Fuß; **b)** (geh.) *schmerzlich:* eine wehe Empfindung; mit einem wehen Blick sah sie ihn an; es war ihm [ganz] w. zumute, ums Herz.

weh[e]: oh weh!; w. mir!; wehe dem, der zu spät kommt!; w. [uns], wenn wir nicht rechtzeitig fertig werden!

wehen: 1. a) *in spürbarer Bewegung sein:* der Wind weht kühl, rau, aus Norden, vom Wasser her; es weht ein Lüftchen, eine steife Brise; ⟨es weht⟩ vom Meer her wehte es ziemlich kühl; **b)** ⟨irgendwohin w.⟩ *von der Luft, vom Wind getragen werden:* ein Blumenduft wehte ins Zimmer; Schneeflocken wehten durch das geöffnete Fenster; ⟨jmdm. irgendwohin w.⟩ Schneeflocken wehten uns ins Gesicht; **c)** ⟨etw. w./irgendwohin w.⟩ *fortbewegen:* der Wind wehte den Schnee vom Dach, die Blätter auf einen Haufen; ein Lufthauch wehte die Papiere vom Schreibtisch, auf den Boden; ⟨jmdm. etw. irgendwohin w.⟩ der Wind wehte ihm den Rauch ins Gesicht. **2.** *flattern:* ihre Haare wehten im Wind; sie ließen die Tücher im Wind w.; die Flagge wehte auf Halbmast; wehende Fahnen.

wehleidig (abwertend): ein wehleidiger Patient; ein wehleidiger Gesichtsausdruck; er sprach mit wehleidiger *(jammernder)* Stimme; sei nicht so w.!

Wehmut, die (geh.): leise, tiefe W. erfasste, befiel ihn; W. empfinden; mit W. dachte sie daran zurück.

wehmütig: ein wehmütiger Blick; wehmütige Gedanken; ein wehmütiges Lied; sie lächelte w., blickte w. in die Ferne.

Wehr, die: ⟨in der Verbindung⟩ **sich [gegen jmdn., etw.] zur Wehr setzen** *(sich verteidigen):* gegen diese Angriffe/Anschuldigungen hättest du dich energisch, nachdrücklich zur W. setzen müssen.

wehren: 1. ⟨sich w.⟩ *sich widersetzen:* sich [gegen etw.] heftig, tapfer, verzweifelt, erbittert, mit Händen und Füßen, mit allen Kräften, mit aller Macht w.; du musst lernen, dich zu w.; er wehrte sich lange gegen die Einsicht, dass …; sie wehrte sich *(protestierte)* gegen die [ungerechtfertigten] Vorwürfe, Unterstellungen, Anschuldigungen; er wehrte sich, diese Arbeit zu übernehmen. **2.** (geh.) ⟨etw. (Dat.) w.⟩ *Einhalt gebieten:* feindlichen Umtrieben, einer Gefahr, dem Bösen w.; niemand hatte versucht, dem Unheil zu w.; Ⓡ wehret den Anfängen!

wehtun (ugs.) ⟨[jmdm., etw.] w.⟩: mein Fuß tut mir w.; wo tut es dir denn w.?: grelles Licht tut den Augen weh; ⟨sich (Dat.) [irgendwo] w.⟩ ich habe mir an der scharfen Kante, am Kopf wehgetan; ÜBERTR.: das Bußgeld wird ihm nicht w. *(es zu bezahlen wird ihm nichts ausmachen);* ich wollte dir mit dieser Bemerkung nicht w. *(dich damit nicht kränken).*

Weibchen, das: 1. *weibliches Tier:* das W. baut das Nest, legt die Eier, hat ein unauffälliges Gefieder. **2.** (abwertend) *Frau als Geschlechtswesen:* sich W. halten.

weiblich: 1. *dem weiblichen Geschlecht angehörend:* ein Kind weiblichen Geschlechts; eine weibliche Person; weibliche Angestellte, Mitarbeiter; das weibliche Geschlecht *(die Frauen);* ein weiblicher *(eine Frau darstellender)* Akt; ein weibliches Tier; die weibliche Brust; eine weibliche Stimme *(Frauenstimme)* meldete sich am Telefon; weibliche [Körper]formen; ein weiblicher Vorname; (Bot.:) weibliche Blüten; (Sprachw.:) ein weibliches Substantiv. **2.** *für die Frauen charakteristisch:* weibliche Anmut, Grazie; eine angeblich [typisch] weibliche Eigenschaft; weibliche Kleidung; weibliche Berufe; diese Mode ist sehr w.; SUBST.: sie hat wenig Weibliches.

weich: 1. a) *nicht hart, nicht fest:* weiche Kissen, Polster; ein weiches Bett, Lager; weiches Holz; weiche Birnen; weiche, weich gekochte Eier; ein weicher Bleistift *(Bleistift mit weicher Mine);* der weiche Gaumen *(das Gaumensegel);* das Bett ist mir zu w.; die Butter ist in der Sonne w. geworden; etw. ist wie Wachs, wie Butter; das Fleisch ist noch nicht w. *(gar);* w. gepolstert sein; die Eier w. kochen; w. sitzen, liegen; ÜBERTR.: weiche *(zitternde)* Knie haben; **b)** *zart, geschmeidig:* weiche Haut; weiche Hände; ein weicher Pelz, Pullover; ein weiches Fell; eine weiche Zahnbürste; die Wolle, der Stoff, das Leder ist sehr w.; dieses Shampoo macht ihr Haar w. [wie Seide]. **2.** *behutsam, sanft:* eine weiche Landung; das Raumschiff ist w. gelandet; bei glatter Straße muss man möglichst w. bremsen; ÜBERTR.: weiche *(umweltschonende)* Techniken; weiche *(umweltfreundliche)* Energien, Energiequellen.

3. a) *empfindsam; nachgiebig:* ein weiches Gemüt, Herz haben; er ist ein sehr weicher Mensch; für diesen Beruf ist er viel zu w.; das Spiel der Mannschaft war zu w. (Sport Jargon; *nicht energisch, aggressiv genug*); lass dich nicht von ihm w. machen; es wurde ihnen w. ums Herz *(sie wurden gerührt);* die Bitten der Kinder stimmten sie w. *(rührten sie);* b) *nicht scharf, nicht streng:* weiche [Gesichts]züge; ein weicher Mund; ihr Gesichtsausdruck ist w.; c) *keine scharfen Konturen, Kanten o. Ä. aufweisend:* weiche Linien, Umrisse, Übergänge; weiche Körperformen.
4. a) *nicht schrill; nicht hart:* ein weicher Ton, Klang, Laut; sie hat eine weiche, wohlklingende Stimme, einen weichen Anschlag; weiche (Sprachw.; *stimmhafte*) Konsonanten; w. klingen; b) *nicht grell:* weiches Licht; ein Kleid in weichen Brauntönen.
5. *nicht stabil:* eine weiche Währung; weiche Preise.
6. *(vom Wasser) kalkarm:* weiches Wasser; Wasser w. machen.
7. *(von Drogen) keine physische Abhängigkeit hervorrufend:* Marihuana gilt als weiche Droge; ★ **weich werden** (ugs.; *seinen Widerstand, Einspruch aufgeben*).
Weiche, die: die Weichen waren vereist, funktionierten nicht; eine W. stellen; der Waggon war aus der W. gesprungen; ★ **die Weichen [für etw.] stellen** *(die Entwicklung [auf etw. hin] im Voraus festlegen).*
¹weichen: a) ⟨etw. w.⟩ *einweichen:* Brötchen in Milch w.; die Wäsche über Nacht w.; b) *in Flüssigkeit weich werden:* Wäsche w. lassen; die Erbsen, die Linsen müssen einige Stunden, über Nacht w.
²weichen: 1. (geh.) *allmählich verschwinden:* die Spannung, der Druck, die Angst wich nach und nach; ⟨von jmdm., aus etw. w.⟩ die Unruhe ist von ihr gewichen; alle Farbe war aus seinem Gesicht gewichen.
2. ⟨jmdm., etw./vor jmdm., etw. w.⟩ *das Feld räumen:* sie mussten der Übermacht, der Gewalt, vor dem Feind w.; er musste dem Stärkeren w.; die Hitze ist einer empfindlichen Kühle gewichen; ÜBERTR.: dem moralischen Druck w.; die alten Häuser mussten einem Neubau w.; die anfängliche Begeisterung wich einer großen Bestürzung.
3. ⟨von etw. w.⟩ *sich entfernen:* sie wich nicht vom Krankenbett, von seiner Seite; keinen Fingerbreit, keinen Schritt vom Wege w.
weichlich: ein weichlicher Mensch, Mann; ein weichlicher *(allzu nachgiebiger)* Charakter; er ist sehr w.
¹Weide, die: /ein Baum/: eine alte, hohle W.; den Fluss säumten knorrige Weiden; Körbe aus W. *(Weidenzweigen)* flechten.
²Weide, die: *Viehweide:* eine fette, saftige, grüne W.; die Tiere grasen, bleiben den ganzen Sommer auf der W.; Vieh auf die W., zur W. treiben.

weiden: 1. a) *(von Tieren) auf der Weide sein:* Schafe, Kühe, Rinder weiden; die Tiere weiden am Hang, auf der Wiese *(fressen dort Gras);* die Tiere haben den ganzen Sommer über geweidet; weidende Herden; b) (geh.) ⟨ein Tier w.⟩ *hüten:* das Vieh, die Kühe, die Ziegen w.; die Hirten weiden ihre Herden auf den Bergwiesen.
2. ⟨sich an etw. (Dat.) w.⟩ a) *sich an einem Anblick erfreuen:* die Menschen, ihre Augen, ihre Blicke weideten sich an dem herrlichen Anblick; b) (abwertend) *etw. hämisch, sadistisch beobachten:* er weidete sich an ihrer Angst.
weigern ⟨sich w.; mit Infinitiv mit zu⟩: sich beharrlich, standhaft, hartnäckig, entschieden, lange [Zeit] w., einen Befehl auszuführen; ⟨auch ohne Infinitiv mit zu⟩ du kannst dich nicht länger w.; er hat sich glatt geweigert.
Weigerung, die: eine standhafte, hartnäckige W.; er hielt an seiner W. fest; auf seiner W. beharren.
Weihe, die: **1.** a) (Rel.) *feierliche Einweihung:* die W. der Glocken, der Kirche vornehmen; dem Altar die kirchliche W. erteilen; b) (kath. Rel.) *Priesterweihe:* die niederen, höheren, vorbereitenden Weihen; der Priester erhielt, empfing die W.; [jmdm.] die W. erteilen.
2. (geh.) *Feierlichkeit:* die W. der Stunde, des Tages empfinden; die Musik verlieh, gab der Feierstunde [die rechte] W.
weihen: 1. (kath. Rel.) a) ⟨etw. w.⟩ *etw. für den gottesdienstlichen Gebrauch bestimmen:* Kerzen, Glocken, den Altar, einen Friedhof w.; die Kirche wurde im Jahre 1140 geweiht; geweihtes Wasser; ein geweihter Rosenkranz, Raum; b) ⟨jmdn. zu etw. w.⟩ *jmdn. ein kirchliches Amt übertragen:* jmdn. zum Priester, zum Bischof, zum Papst w.
2. (geh.) ⟨jmdn., sich, etw. jmdm./etw. w.⟩ *widmen:* sich, sein Leben, seine ganze Kraft, seine Arbeit der Wissenschaft w.; den Toten ein Gedenken w.; das Denkmal ist den Gefallenen des Krieges geweiht.
3. (geh.) ⟨jmdn., etw. etw. (Dat.) w.⟩ *preisgeben:* etw. dem Verderben, dem Untergang w.; die Gefangenen waren dem Tod geweiht.
Weihnachten, das und (als Plural:) die: diese W./ (auch:) dieses W.; nächste, kommende, letzte W.; gesegnete W.!; fröhliche, frohe, schöne W.!; dieses Jahr hatten wir weiße, grüne W. *(Weihnachten mit, ohne Schnee).* W. steht vor der Tür; bald ist W.; W. feiern; die Kinder freuen sich auf W.; bis W. sind es noch drei Wochen; nach W., über W. verreisen; vor, nach W.; einer Freundin zu W. ein Buch schenken; er will uns (bes. nordd.:) zu W./(bes. südd., österr., schweiz.:) an W. besuchen; er weiß W. (ugs. scherzh.; *es war eine große Überraschung, war sehr schön*)
weihnachtlich: weihnachtlicher Tannenschmuck; weihnachtliche Stimmung; die Räume waren w. geschmückt.
Weihnachtsbaum, der: W. mit echten, elektrischen Kerzen; einen W. besorgen, kaufen, auf

W

stellen; den W. schmücken; jmdm. etw. unter den W. legen *(zu Weihnachten schenken)*.

weil: 1. *da; aus dem Grunde, dass:* sie konnte nicht kommen, w. sie krank war; w. er eine Panne hatte, kam er zu spät; sie hat gute Zensuren, w. sie fleißig ist; ich werde nochmals anrufen, w. er sich nicht gemeldet hat; ⟨auch vor verkürzten Gliedsätzen, begründenden Attributen o. Ä.⟩ er ist, w. Fachmann, auf diesem Gebiet versiert; eine überflüssige, w. unbeantwortbare Frage; »Warum kommst du nicht?« – »Weil ich keine Zeit habe.« 2. *jetzt, da:* w. wir gerade davon sprechen, möchte ich auch meinen Standpunkt erläutern.

Weile, die: eine kurze, geraume W. war vergangen; es dauerte eine W., bis die Tür geöffnet wurde; mit der Sache hat es gute W. (geh.; *sie eilt nicht*); eine W., ein Weilchen bleiben, rasten; ich muss dich eine W. allein lassen; für eine W. Pause machen; nach einer W. wurde es still; seit einer W. *(seit einiger Zeit)* fühlt er sich nicht wohl; sie ist schon vor einer W. gegangen; Ⓡeile mit W.!

weilen (geh.) ⟨irgendwo w.⟩: am Bett des Kranken, zur Erholung auf dem Land w.; die Gäste weilten einige Tage in unserer Stadt; er weilt nicht mehr unter uns/unter den Lebenden (verhüll.; *ist verstorben*); in Gedanken weilte er schon zu Hause.

Wein, der: 1. a) *Weinstöcke:* der W. blüht; in dieser Gegend gedeiht der W. sehr gut; W. bauen, anbauen, anpflanzen; b) *Weintrauben:* der W. reift; den W. ernten, lesen, keltern. 2. *Getränk aus Weintrauben:* weißer, roter, süßer, saurer, herber, schwerer, leichter, süffiger, neuer, feuriger, spritziger, lieblicher, gezuckerter, heuriger W.; junger W. (landsch.; *Federweißer*); ein guter, schlechter, teurer W.; offener W.; in- und ausländische Weine; hier wächst ein guter W. *(in dieser Gegend gibt es guten Wein)*; eine Flasche, ein Schoppen, ein Fass W.; eine Kiste W. *(Kiste mit Wein in Flaschen)*; ein Glas funkelnder W./(geh.:) funkelnden Weins; der W. ist zu kalt, ist zu warm, ist sauer, moussiert, ist ihm zu Kopf gestiegen; dieser W. lässt sich trinken *(ist gut)*; das Bukett, die Blume, der Duft, der Geschmack des Wein[e]s; W. vom Fass; W. trinken; den W. abfüllen, auf Flaschen ziehen, kalt stellen, probieren, kosten; er hat W. gepanscht; W. verschneiden, zuckern; (geh.:) dem W. zusprechen; gemütlich bei einem Glas W. zusammensitzen; jmdn. auf ein/zu einem Glas W. einladen; vom W. berauscht sein; Ⓡim W. ist, liegt Wahrheit; ⋆ **neuen Wein in alte Schläuche füllen** *(etwas nur halbherzig, nicht grundlegend ändern)* · **jmdm. reinen/klaren Wein einschenken** *(jmdm. die volle [unangenehme] Wahrheit sagen)*.

weinen: 1. *Tränen vergießen:* laut, leise, lautlos, heftig, bitterlich, herzzerreißend, (ugs.:) jämmerlich w.; warum weinst du denn?; du brauchst doch nicht zu w.; er weinte wie ein Kind; sie weinten um den Toten; er weinte vor Wut, vor

Freude; das Kind weinte still vor sich hin, weinte zum Steinerweichen (ugs.; *sehr heftig*); er wusste nicht, ob er lachen oder w. sollte *(war von zwiespältigen Gefühlen bewegt)*; man könnte w., wenn man das sieht!; SUBST.: sie war dem Weinen nahe; es ist zum Weinen *(es ist schrecklich anzusehen)*, wie hier alles verfällt. 2. ⟨sich irgendwie w.⟩ *sich durch Weinen in einen bestimmten Zustand bringen:* das Kind hat sich müde, hat sich in den Schlaf geweint; ⟨sich (Dat.) etw. irgendwie w.⟩ sich die Augen rot w. 3. ⟨etw. w.⟩ *weinend hervorbringen:* dicke, heiße Tränen w.; sie weinten Freudentränen; ⋆ **leise weinend** (ugs.; *kleinlaut, beschämt*).

weinerlich: ein übermüdetes, weinerliches Kind; ein weinerliches Gesicht machen; in weinerlichem Ton, mit weinerlicher Stimme sprechen; ihre Stimme war, klang w.; jmdm. ist w. zumute.

weise: eine weise Antwort; weise Reden, Ratschläge, Lehren; ein weiser Richter, Richterspruch; es wäre weiser gewesen, anders zu handeln; er hat w. geurteilt, gehandelt, entschieden.

Weise, die: 1. *Form, Art:* die [Art und] W., wie man ihn behandelt, war nicht schön; das ist doch keine Art und W.! *(das gehört sich nicht!);* auf irgendeine, jede, keine, diese, verschiedene, andere, vielerlei W.; er betrog ihn auf heimtückische W.; die Akten sind auf geheimnisvolle W. verschwunden; in gleicher, derselben, ähnlicher/ einer ähnlichen, anderer/einer anderen, gewohnter/der gewohnten W.; das geschieht in der W. *(so),* dass ...; man half ihm in großzügiger, vorbildlicher, selbstloser W.; in gewisser W. hat sie Recht; er hat sich in auffallender W. verändert; das ist in keiner/(ugs. scherzh:) in keinster W. *(ganz und gar nicht)* gerechtfertigt. 2. *Melodie, Lied:* fröhliche, heitere, lustige, schwermütige, bekannte Weisen singen, spielen.

weisen: 1. a) ⟨jmdm. etw. w.⟩ *zeigen:* jmdm. den Weg, die Richtung w.; b) ⟨irgendwohin w.⟩ *deuten:* er wies mit der Hand zur Tür; seine Hand wies auf mich; die Magnetnadel weist nach Norden; c) (schweiz.) ⟨sich w.⟩ *sich herausstellen:* ob er Recht behält, wird sich w., muss sich erst noch w. 2. ⟨jmdn., etw. aus/von etw. w.⟩ *schicken, verweisen:* jmdn. aus dem Haus[e], aus dem Land, von der Schule w.; ÜBERTR.: einen Gedanken, eine Vermutung empört weit von sich w. *(zurückweisen).*

Weisheit, die: die eine alte chinesische W.; göttliche W.; das ist eine traurige W.; die W. des Alters; all seine W. aus Büchern geschöpft haben; das Buch enthält viele Weisheiten; ⋆ **der Weisheit letzter Schluss** (1. *die höchste Weisheit, Erkenntnis.* 2. ugs.; *die ideale Lösung, die Lösung aller Probleme)* · **seine Weisheit für sich behalten** (ugs.; *sich nicht [mit Kommentaren] einmischen)* · **die Weisheit [auch] mit Löffeln gegessen/gefressen haben** (ugs.; *nicht*

besonders intelligent sein) · glauben, die Weisheit [alleine] gepachtet zu haben (ugs.; *sich für besonders klug halten)* · mit seiner Weisheit am Ende sein *(nicht mehr weiterwissen)*.
weismachen (ugs.) ⟨jmdm. etw. w.⟩: das kannst du mir nicht w.!; er wollte mir w., er habe mich nicht gesehen.
weiß: **1.** weiße Lilien, Wolken; strahlend, blendend weiße Zähne; ein weißes Kleid; eine weiße Wand; weiße Haare; ein Strauß weißer Rosen; weiße Blutkörperchen (Med.; *Leukozyten*); weiße Felder auf dem Spielbrett; weiße Weihnachten, Ostern *(Weihnachten, Ostern mit Schnee);* weißes *(unbeschriebenes)* Papier; sie hissten die weiße Fahne *(zeigten eine weiße Fahne als Zeichen der Kapitulation);* ein weißer Fleck auf der Landkarte *(unerforschtes Gebiet);* der weiße Sport *(Tennis);* weiße Kohle *(Elektrizität);* die Farbe des Kleides ist w.; er war ganz w. *(blass)* im Gesicht; etw. ist w. wie Schnee; du bist ja w. *(bleich)* wie die Wand; sein Gesicht war w. von Kalk; w. *(in Weiß)* gekleidet sein; er ist w. geworden *(hat weiße Haare bekommen);* das Kleid war rot und w. gestreift; etw. w. streichen, lackieren; der Wand w. kalken, tünchen; du hast dich an der Wand w. gemacht (ugs.; *mit weißer Farbe beschmutzt*); die Wäsche w. waschen; SUBST.: das Weiße im Ei/des Eis *(Eiweiß);* ein grelles, strahlendes Weiß; die Farbe Weiß; ihre Lieblingsfarbe ist Weiß; Weiß *(der Spieler, der die weißen Figuren hat)* eröffnet das Spiel; sie waren alle in Weiß gekleidet; sie trägt W. *(ein weißes Kleid).*
2. a) *sehr hell:* weißer Pfeffer; weiße Bohnen; weißes Fleisch; weißes Mehl; weißer Wein *(Weißwein);* weißes *(fahles)* Licht; SUBST.: ein Glas von dem Weißen (ugs.; *Weißwein);* **b)** *europid:* ein weißer Amerikaner; die weiße Minderheit; sie hat eine weiße Mutter und einen schwarzen Vater; Menschen weißer Hautfarbe; der Vater ist w.; SUBST.: hier leben vorwiegend Weiße;
★ jmdm. nicht das Weiße im Auge gönnen (ugs.; *jmdm. gegenüber sehr missgünstig sein*).
Weißglut, die: Eisen bis zur W. erhitzen;
★ jmdn. bis zur Weißglut bringen, treiben, reizen (ugs.; *jmdn. in äußerste Wut versetzen*).
Weisung, die (geh.): eine W. erhalten, empfangen, bekommen, befolgen, erteilen, ergehen lassen; man hat ihnen klare Weisungen gegeben; er hatte W., niemanden einzulassen; jmds. W. folgen, nachkommen; an eine W. gebunden sein; sie handelten auf direkte W. hin; gemäß, nach der W. handeln.
weit: 1. a) *eine beträchtliche Weite habend:* ein weiter Schacht, Rock; eine weite Öffnung; weite Ärmel, Hosenbeine; die Schuhe sind ihm zu w.; die Tür, die Fenster w. öffnen; du musst den Mund weiter, ganz w. aufmachen; das Kleid weiter machen lassen; **b)** ⟨wird Maßangaben o. Ä. nachgestellt⟩ *eine bestimmte Weite habend:* ein drei Zoll weites Rohr; die Tür stand einen Spalt

w. offen; den Stollen einige Fuß, den Hosenbund einige Zentimeter weiter machen. **2. a)** *streckenmäßig ausgedehnt, entfernt:* ein weiter Weg; eine weite Reise; eine w. gereiste Forscherin; weiten Abstand halten; über weite Strecken; der Weg ist w.; wie w. ist es bis zur nächsten Stadt?; w. hinter dem nächsten Dorf; er kommt von w. her; die beiden Ortschaften liegen w. auseinander; er wohnt nicht w. von uns [entfernt]; sie hatten w. zu gehen, zu laufen; w. hinausschwimmen; sich nicht zu w. hinüberbeugen; er hat w. geworfen; die Marmelade steht weiter rechts; die Bücher liegen weiter vorn, hinten, oben, unten; ÜBERTR.: es würde zu w. führen, den Vorgang in allen Einzelheiten darzustellen; mit dieser Methode wirst du nicht w. kommen; mit Höflichkeit kommt man am weitesten; die Meinungen gingen w. auseinander; er ist zu w. gegangen *(über das Zumutbare hinausgegangen);* das war weit unter ihrem Niveau; er ist seiner Zeit w. voraus; sie ist w. davon entfernt, das zu glauben; er war mit seinen Gedanken w. weg *(war abwesend);* sie hatten w., weiter gehende Vollmachten; der Fall ist w. gehend gelöst; w., weiter reichende Entscheidungen treffen; das ist ein Beschluss von w. tragender Bedeutung; Ⓡ so w., so gut *(bis hierhin [ist alles] in Ordnung);* **b)** ⟨wird Maßangaben o. Ä. vorangestellt⟩ *eine streckenmäßige Ausdehnung, Entfernung habend:* er sprang 5 Meter w.; die Stadt ist zehn Kilometer w. von hier entfernt; er wohnt ein paar Häuser weiter. **3.** *über eine Fläche hin ausgedehnt:* weite Felder, Wälder, Ebenen, Räume, Täler; das weite Meer; der weite Himmel, Horizont; man hat von dort aus einen weiten Blick; in die weite Welt ziehen; in weiter Ferne *(in großer Entfernung)* sahen sie ein Schiff; in weitem Umkreis war kein Mensch zu sehen; die Landschaft hier ist w. und eben; eine w. *(weithin)* reichende Persönlichkeit; ein w., weiter tragendes Geschütz; ÜBERTR.: er hat einen weiten *(nicht beschränkten)* Horizont, Gesichtskreis; etw. findet weite Verbreitung; weite *(große)* Teile, Kreise der Bevölkerung waren betroffen; etw. w. *(bei vielen anzutreffende Meinung)* verbreitete Ansicht; dieser Irrtum ist w. verbreitet. **4.** *Spielraum lassend, ausnutzend:* er hat ein weites Gewissen, Herz; im weitesten *(umfassendsten)* Sinne des Wortes; eine Vorschrift w. auslegen. **5.** *zeitlich entfernt:* bis Weihnachten ist es nicht mehr w.; der Vorfall liegt w., weiter zurück; w. nach Mitternacht. **6.** *bis zu einem Maß, Grad, Stadium o. Ä. gelangt:* warum hast du es so w. kommen lassen?; wie w. *(in welchem Stadium)* seid ihr mit dem Projekt? **7.** ⟨verstärkend; bes. bei Adjektiven im Komparativ und bei Verben⟩ *weitaus, in hohem Maße:* etw. ist w. besser, schöner, größer, mehr; es sind w. über tausend; das ist w. unter seinem Niveau, über dem Durchschnitt; er ist seinem Bruder w. überlegen; ∗ **weit und breit** *(ringsum, überall)* · **so weit sein** (ugs.; *fertig sein, zu etw. bereit sein*) · **mit jmdm.**, **etw. ist es nicht weit her** (ugs.; *jmd. lässt in seinen Leistungen o. Ä. zu wünschen übrig; etw. ist nicht besonders gut, ist unzureichend*) · **auf weit hinaus** *(auf lange Zeit)* · **bei weitem** *(weitaus)*: der ist bei weitem besser · **bei weitem nicht** *(längst nicht)*: sie singt bei w. nicht so gut wie er · **von weitem** *(aus großer Entfernung)* · **das Weite suchen** *(fliehen, sich eilig entfernen)* · **das Weite gewinnen** *(entkommen)*.

weitaus ⟨bes. in Verbindung mit einem Komparativ, Superlativ⟩: etw. ist w. schöner, besser; diese Maschine arbeitet w. schneller als die alte; sein Spiel war w. am besten; der w. beste/(auch:) w. der beste Reiter; jmdn. w. übertreffen.

Weite, die: 1. a) *große Ausdehnung:* die unendliche, endlose W. des Landes; die W. des Meeres; (geh.:) sie durchmaßen die W. des unendlichen Raumes; b) *Ferne:* in die W. blicken. 2. *Umfang; Durchmesser:* eine geringe, große W.; die W. des Kragens, der Taille messen; die lichte W. der Öffnung; das Kleidungsstück muss in der W. geändert werden. 3. (bes. Sport) *Entfernung, Strecke:* der beste Springer erreichte eine W. von 7,50 m; eine große W. springen.

weiten: 1. ⟨etw. w.⟩ *weiter machen:* Schuhe w. 2. ⟨sich w.⟩ *weit werden:* das Tal weitet sich hier [zu einer Ebene]; ihre Augen weiteten sich *(öffneten sich weit)*; ÜBERTR.: sein Blick hat sich durch viele Reisen geweitet *(er hat viele Dinge kennen gelernt)*.

weiter: a) *außerdem, sonst:* w. weiß ich nichts von der Sache/ich weiß nichts w. von der Sache; er wollte w. nichts, als sich verabschieden; das ist nichts w. als eine Ausrede; kein Wort w.!; in der Stadt gibt es einen Zoo, w. gibt es einen botanischen Garten und ein Freigehege; das ist nicht w. (ugs.; *im Übrigen nicht so*) schlimm, verwunderlich; was ist da w. (ugs.; *denn schon*) dabei?; Ⓡ wenn es w. nichts ist! *(das geht ohne Schwierigkeiten, das ist eine Kleinigkeit!)*; b) *weiterhin:* er will sich w. mit der Sache beschäftigen; die Probleme werden w. bestehen; und was geschah w.?; ich werde mich dann w. darum kümmern; halt, nicht w.! *(nicht weiterhin so fortfahren!)*.

weiterbestehen: die Probleme werden w.

weitere: haben Sie noch weitere Fragen?; weitere Informationen finden Sie in einem Merkblatt; sie mussten weitere zwei Jahre warten; weitere Nachrichten; jedes weitere Wort ist überflüssig; sie hat ohne weitere Umstände gezahlt; die weitere *(sich nach und nach ergebende)* Entwicklung abwarten; dies zeigte sich im weiteren *(späteren)* Verlauf der Verhandlungen; SUBST.: Weiteres erfahren Sie morgen; alles Weitere wird sich finden; ∗ **bis auf weiteres** *(vorerst, vorläufig)* · **ohne weiteres** (1. *ohne dass es Schwierigkeiten macht.* 2. *ohne Bedenken)* · **des Weiteren** (geh.)/ (schweiz.:) **im Weiteren** *(darüber hinaus, im Übrigen, außerdem)*.

weitergehen: 1. a) *einen Weg fortsetzen:* schnell, langsam w.; sie sind auf diesem Weg, zu Fuß weitergegangen; bitte w.!; b) ⟨etw. w.⟩ *weitergehend durchmessen:* ein Stück, keinen Schritt mehr w.; sie gingen den eingeschlagenen Weg weiter *(setzten ihn fort)*. 2. *sich fortsetzen:* etw. geht pausenlos, unaufhaltsam, stundenlang weiter; die Sitzung ging ohne Unterbrechung weiter; es geht alles im alten Trott weiter; so konnte es nicht mehr w. *(der Zustand war unhaltbar)*; keiner wusste, wie es w. sollte; wie geht die Geschichte weiter?; wann geht es, die Fahrt w.?; hier geht es nicht weiter *(der Weg ist hier zu Ende)*.

weiterhin: 1. *immer noch; auch in Zukunft:* sie arbeitet w. in ihrem Beruf; sie leben w. getrennt; er ist w. skeptisch; wir haben sie trotz allem w. unterstützt; [auch] w. alles Gute! 2. *außerdem:* sie verlangen mehr Urlaub, w. fordern sie eine bessere Bezahlung; w. ist Folgendes zu bedenken.

weiterkommen: von da an kommt man nur mit dem Taxi weiter; ÜBERTR.: sie will im Beruf w.; so, auf diesem Weg kommen wir in der Sache nicht w.; wir sind mit der Arbeit ein gutes Stück weitergekommen; die Ermittler sind seit Tagen kein Stück weitergekommen; ∗ **[zu]sehen/machen, dass man weiterkommt** (ugs.; *zusehen, dass man sich schnell entfernt; schleunigst weggehen)*.

weitersagen ⟨etw. w.⟩: er hat es weitergesagt; sagen Sie es bitte nicht weiter!

weitgehend: a) *umfangreich:* jmdm. weitgehende, weitgehendere Unterstützung zusichern; seine Befugnisse, Möglichkeiten, Vollmachten sind sehr w.; das ist w. bekannt; die Verpackung entfällt weitestgehend/weitgehendst; b) *fast vollständig:* weitgehende Übereinstimmung erzielen; ein w. menschenleerer Strand; die früheren Beschränkungen waren w. aufgehoben; die Umstände haben sich weitestgehend/weitgehendst gebessert.

weithin: 1. a) *bis in große Entfernung:* der Lärm, der Schuss war w. zu hören; etw. ist w. sichtbar; b) *allgemein, bei vielen:* dieser Künstler, dieser Ort ist noch w. unbekannt. 2. *in hohem Maße, in großem Umfang:* es ist w. sein Verdienst.

weitläufig: 1. *großzügig angelegt:* ein weitläufiges Gebäude, Haus; eine weitläufige Terrasse; weitläufige Baulichkeiten, Grünanlagen; der Garten ist sehr w., ist w. angelegt. 2. *sehr ausführlich:* eine weitläufige Erklärung, Darstellung; etw. w. erklären, beschreiben, schildern.

3. *entfernt:* eine weitläufige Verwandtschaft; sie sind w. verwandt.

weiträumig: 1. *eine große Fläche betreffend:* ein weiträumiges Land, Gebiet; die Polizei hat die Unglücksstelle w. abgesperrt; der Verkehr wird w. umgeleitet. **2.** *viel Raum, Platz bietend:* eine weiträumige Halle; ein weiträumiges Zimmer; eine Wohnung von weiträumigem Zuschnitt. **3.** (bes. Fußball) *den Platz in hohem Maße nutzend:* weiträumige Pässe; w. spielen.

weitschweifig: ein weitschweifiger Bericht, Roman, Vortrag; ein weitschweifiger *(weitschweifig schreibender)* Autor; er ist in seinen Ausführungen immer sehr w.; w. erzählen.

weitsichtig: a) *nur entfernte Dinge gut erkennend:* er hat weitsichtige Augen; er ist [hochgradig] w.; **b)** *vorausschauend:* ein weitsichtiger Politiker; eine weitsichtige Politik, Planung; weitsichtige Maßnahmen; es war sehr w. von ihr, so zu entscheiden; er hat nicht sehr w. gehandelt.

weittragend: a) *von großer Reichweite:* weittragende Geschütze, Raketen; **b)** *bedeutsam:* weittragende Entscheidungen, Maßnahmen; das ist ein Beschluss von weittragender Bedeutung.

Weizen, der: der W. steht gut, ist reif; W. anbauen, importieren;

⋆ jmds. **Weizen blüht** (*jmds. Sache, Geschäft geht sehr gut*).

welch, welcher, welche, welches; welche; unflektiert: welch: **1.** ⟨Interrogativpronomen⟩ /dient der Frage nach einer Person, Sache/: welchen Mann, welche Frau, welches Kind meinst du?; die politischen Verhältnisse welches/welchen Staates?; die Aussagen welches Zeugen?; welches/(seltener:) welcher ist dein Hut?; der Hut welches jungen/(auch:) welchen jungen Mannes?; welches der Bücher/welches von den Büchern gehört dir?; an welchem Tag kommt er?; hast du gemerkt, welche *(wie viel)* Mühe ihm das gemacht hat?; sie fragte mich, welcher Teilnehmer diese Frage gestellt habe; welcher Verantwortliche auch [immer] *(gleichgültig, welcher Verantwortliche)* zugestimmt hat, es war nicht recht; /in emphatischen Ausrufen/: w. (geh.; *was für*) ein großer Künstler er ist!; w. (geh.; *was für ein*) trauriges Los war ihm beschieden! **2.** (stilistisch unschön) ⟨Relativpronomen⟩ *der, die, das; die:* der Mann, welcher die Tür öffnete, war mir unbekannt; dies sind Bücher, welche er sich ausgesucht hat; (Papierdt.:) Äpfel, Birnen, Pfirsiche, w. Letztere er besonders liebte; (Papierdt.:) er nickte, welche Geste/welches er als Zustimmung auffasste. **3.** ⟨Indefinitpronomen⟩ /steht bes. stellvertretend für ein vorher genanntes Substantiv; bezeichnet eine unbestimmte Menge, Anzahl/: ich habe keine Lust, hast du welche?; ich möchte ein Stück Brot haben, ist noch welches da?; (auf Personen bezogen ugs.:)

es gab welche *(einige Leute),* die glaubten alles, was man ihnen erzählte.

welk: 1. *verdorrt:* welke Blätter, Blumen; welkes Laub; die Rosen sind w. [geworden]. **2.** *nicht mehr straff und glatt:* welke Haut; welke Hände; ihr Gesicht ist w. geworden, sieht w. aus.

welken: 1. *welk werden:* die Blumen, die Blüten welken rasch; der Blumenstrauß ist schon gewelkt; ÜBERTR.: Ruhm welkt schnell. **2.** *altern:* die Haut ist gewelkt; diese Frau ist früh gewelkt.

Welle, die: **1.** *Woge:* große, hohe, schäumende Wellen; die Wellen gehen hoch, rollen, schlagen, klatschen ans Ufer, rauschen; die Wellen brechen sich, branden gegen die Küste; Wind und Wellen; der Kamm einer W.; das Boot treibt, schaukelt auf den Wellen; in den Wellen ertrinken, umkommen; sich von den Wellen tragen lassen; von den Wellen fortgerissen, verschlungen werden; ÜBERTR.: die Wellen der Begeisterung gingen hoch; eine W. des Mitgefühls schlug ihnen entgegen; es gab eine W. von Protesten; die Wellen [der Erregung] haben sich wieder geglättet. **2.** a) *Haarwelle:* sorgfältig gelegte Wellen; sie ließ sich das Haar in Wellen legen; **b)** *wellenförmige Erhebung:* Wellen im Gelände; die Wellen im Teppichboden entfernen. **3.** *Kurbelwelle:* die W. einer Maschine, eines Motors; die W. ist gebrochen, wird ausgewechselt; das Aggregat wird über eine W. angetrieben. **4.** (Physik) *Schwingung:* lange, kurze, elektromagnetische Wellen; die Wellen des Lichtes, des Schalls; der Sender sendet auf einer neuen, anderen W. (Rundf.; *Frequenz*). **5.** *geistige, kulturelle o. ä. Richtung:* eine künstlerische, revolutionäre W.; ein Film der neuen W.; die weiche W. (ugs.; *allgemein vorherrschende Nachgiebigkeit, Konzilianz*) in der Politik, im Strafvollzug. **6.** /eine Turnübung/: eine W. am Reck ausführen, (ugs.:) machen;

⋆ **grüne Welle** *(zeitlich aufeinander abgestimmte Verkehrsampeln mit Grünlicht in einer Verkehrsstraße)* · **hohe Wellen schlagen** *(große Erregung auslösen)* · **Wellen schlagen** *(Auswirkungen haben; Erregung, Aufsehen verursachen).*

wellig: welliges Gelände; w. gewordene Pappe; welliges *(gewelltes)* Haar; das Gelände ist w.

Welt, die: **1.** a) *Universum:* Theorien über die Entstehung der W.; b) *Stern-, Planetensystem:* ferne Welten; ÜBERTR.: dazwischen liegen Welten; zwischen uns liegen, uns trennen Welten *(wir haben nichts gemeinsam).* **2.** *Erde, Lebensraum des Menschen:* die große, weite W. (die [gesamte] damals bekannte W.; die W. erobern, beherrschen wollen; er kennt die W. *(ist viel gereist);* er hat keinen Menschen, ist ganz allein auf der W. *(hat keine Freunde, Verwandten);* er ist viel, weit in der W. herumgekommen; in der ganzen W. bekannt sein; eine Reise um die

W

W. machen; die Nachricht ging, die Bilder gingen um die W.; nicht um die W. *(um keinen Preis)* gebe ich das her; von der W. etwas gesehen haben; Ⓡ die W. ist klein/ist ein Dorf *(so trifft man sich hier an einem Ort, wo das nicht zu erwarten war)*; davon geht die W. nicht unter (ugs.; *das ist nicht so schlimm*); was kostet die W.? (scherzh.; *was sollte einen zurückhalten?*); hier, da ist die W. mit Brettern zugenagelt/vernagelt (ugs.; *hier, da endet der Weg o. Ä.; hier ist ein sehr langweiliger Ort*). **3.** *Leben, Verhältnisse [auf der Erde]:* die antike, mittelalterliche W.; die Welt der Antike, des Mittelalters; die W. von morgen; die reale, sinnliche W.; eine bessere, schönere W.; eine fiktive, von Computern beherrschte W.; imaginäre Welten; jmdm. eine heile W. vorgaukeln; verkehrte W. *(Verkehrung der normalen Verhältnisse);* die W., in der wir leben; er lebt in einer anderen W. *(er ist ein Träumer o. Ä.);* die W. verändern wollen; mit offenen Augen durch die W. gehen; das Beste, Dümmste in der W. (ugs.; *überhaupt);* Ⓡ es ist nichts vollkommen auf dieser W. **4.** *Bereich:* die geistige, christliche, bürgerliche, kapitalistische, zivilisierte W.; die religiöse W. [des Islams]; die westliche, östliche W. (Politik; *der Westen, der Osten zur Zeit des Kalten Krieges);* die freie W. (Politik; *Länder mit einem freiheitlichen politischen System);* die W. des Kindes, der Technik, des Theaters; völlig neue Welten taten sich, eine völlig neue W. tat sich ihm auf; etw. ist für jmdn. eine neue, fremde W.; eine W. brach für ihn zusammen; seine Sammlungen, seine Bücher sind seine W. *(sein Lebensinhalt).* **5.** *Gesellschaft; die Menschen:* die, eine feindliche W.; die vornehme W. (geh.; *die Vornehmen);* Repräsentanten der großen W. (geh.; *einflussreiche, prominente Persönlichkeiten);* die [ganze] W. hielt den Atem an, war davon betroffen; die halbe W. hat (ugs. übertreibend; *sehr viele haben*) nach dir gefragt; er hat sich von der W. zurückgezogen, lebt ganz von der W. abgeschieden; Ⓡ die W. ist schlecht; (ugs.:) so etwas hat die W. noch nicht gesehen; vornehm/nobel geht die W. zugrunde (ugs. scherzh. od. spött.; Ausspruch bei großer Verschwendung); ⋆ die **Alte Welt** *(Europa)* · die **Neue Welt** *(Amerika)* · die **Dritte Welt** (Politik, Wirtsch.; *die Entwicklungsländer;* oft als abwertend empfunden) · die **Vierte Welt** (Politik, Wirtsch.; *die ärmsten Entwicklungsländer;* oft als abwertend empfunden) · **alle Welt** (ugs.; *jedermann, alle):* er hat sich vor aller W. blamiert · **nicht die Welt sein** (ugs.; *nicht viel ausmachen, nicht viel Geld sein*) · **nicht die Welt kosten** (ugs.; *nicht viel kosten*) · **die Welt nicht mehr verstehen** *(nicht begreifen können, dass es so etw. geben, dass etw. so geschehen kann)* · **auf die Welt/zur Welt kommen** *(geboren werden)* · **etw. mit auf die Welt bringen** *(mit einer bestimmten Veranlagung o. Ä. geboren werden)* ·

etw. aus der Welt schaffen *(etw. bereinigen, endgültig beseitigen)* · **nicht aus der Welt sein** (ugs.; *nicht sehr weit entfernt, leicht erreichbar sein)* · **aus aller Welt** *(von überall her):* Teilnehmer, Briefmarken, Nachrichten aus aller W. · **jmdn. in die Welt setzen** (ugs.; *zeugen, gebären)* · **etw. in die Welt setzen** (ugs.; *etw. verbreiten)* · **um nichts in der Welt/nicht um alles in der Welt** *(auf keinen Fall)* · **um alles in der Welt** (ugs.; *Bekräftigungsformel)* · **in aller Welt** (ugs.; *denn überhaupt;* in Fragesätzen): wie in aller W. konnte das [nur] geschehen? · **nicht von dieser Welt sein** *(völlig weltfremd sein)* · **jmdn. zur Welt bringen** *(jmdn. gebären).*
weltlich: **1.** *irdisch:* weltliche Freuden, Genüsse; w. eingestellt sein.
2. *nicht kirchlich, nicht geistlich:* weltliche Kunst, Musik; weltliche Lieder, Schulen; weltliche und geistliche Fürsten.
Wende, die: **1.** *entscheidende Veränderung:* eine radikale, dramatische, schicksalhafte, historische, weltgeschichtliche, ökologische W.; eine W. zum Guten, zum Schlecht[er]en sein; eine W. trat ein, zeichnet sich ab; in seinem Leben vollzog sich eine W.; Ereignisse, die eine W. der Verhandlungen einleiteten; an einer W. stehen.
2. *Übergang:* die W. [vom 15.] zum 16. Jahrhundert, zur Neuzeit; an der W. zu einem neuen Zeitalter, zu einer neuen Zeit stehen; an der, seit der, um die, bis zur W. des Jahrzehnts, des Jahrtausends.
3. a) (Schwimmen) *das Wenden:* eine gekonnte W.; die W. trainieren; **b)** */eine Turnübung/:* eine W. am Pferd;
⋆ die **Wende** *(der politische, gesellschaftliche Umbruch des Jahres 1989 in der DDR):* das Leben vor, nach der W.; die Ereignisse, die zur W. geführt haben.
wenden: **1. a)** ⟨etw. w.⟩ *auf die andere Seite drehen:* den Braten, die Gans im Ofen, die Pfannkuchen w.; der Schneider hat den Mantel, das Kostüm gewendet *(zertrennt und die linke Seite nach außen gedreht);* das Heu muss gewendet *(mit dem Rechen umgedreht)* werden; ⟨auch ohne Akk.⟩ /Aufforderung zum Umwenden des Blattes/: bitte w.!; **b)** ⟨etw. in etw. (Dat.) w.⟩ *wälzen:* den Fisch/das Fleisch in Mehl, die Plätzchen in Puderzucker w.
2. a) ⟨sich, etw. [irgendwohin, zu jmdm.] w.⟩ *in eine bestimmte Richtung drehen:* den Rücken zum Fenster w.; sich, den Kopf zur Seite w.; den Blick nach oben, zum Himmel w.; er wendete/wandte plötzlich, langsam den Kopf; sie wendete/wandte ihre Blicke hin und her; zu ihrer Nachbarin gewendet/gewandt, sagte sie ...; er wendete/wandte sich, seine Schritte nach links zum Ausgang; **b)** (geh.) ⟨sich zu etw. w.⟩ *anschicken:* er wendete/wandte sich zum Gehen; sie wendeten/wandten sich zur Flucht.
3. a) ⟨etw. w.⟩ *in die entgegengesetzte Richtung bringen:* die Pferde, den Wagen, das Auto w.;

W

b) *die entgegengesetzte Richtung einschlagen:* der Wagen, das Auto, das Schiff wendete; hier kannst du [mit dem großen Wagen] schlecht w.; der Schwimmer dieses Vereins wendete als erster. **4. a)** ⟨sich w.⟩ *sich wandeln:* das Wetter hat sich gewendet; das Glück wendete sich; plötzlich wendete sich das Gespräch (geh.; *es nahm einen anderen Verlauf*); **b)** ⟨sich zu etw. w.⟩ *sich in etw. verkehren:* die Sache hat sich zum Bösen, der Zustand des Kranken hat sich zum Besseren gewendet. **5.** ⟨etw. auf jmdn., etw. w.⟩ *richten:* seine Aufmerksamkeit auf den Verkehr w.; er wandte/ wendete sein Augenmerk, all seine Gedanken auf sie. **6. a)** ⟨sich an jmdn., etw. w.⟩ *etw. an jmdn. richten:* sich vertrauensvoll, schriftlich, mündlich, Hilfe suchend an jmdn. w.; er hat sich mit einer Bitte, mit einem Anliegen, mit einer Frage an mich gewendet/gewandt; ÜBERTR.: dieses Buch wendet sich an ein breit gefächertes Publikum, nur an Fachleute; **b)** ⟨sich gegen jmdn., etw. w.⟩ *jmdn., etw. entgegenwirken:* er wendete/wandte sich in einem Zeitungsartikel gegen den Redner, gegen die Vorwürfe der Opposition; der Aufruf wendet sich gegen rechtsextremistische Tendenzen, Aktivitäten; **c)** (geh.) ⟨sich, etw. von jmdm., etw. w.⟩ *abwenden:* sie wendete/wandte keinen Blick von dem Kind; er hat sich mit Abscheu von ihnen gewendet/gewandt; er wendete/wandte sein Herz von ihr; ÜBERTR.: er konnte das Unheil von uns w. **7.** ⟨etw. an/auf jmdn., etw. w.⟩ *auf-, verwenden:* viel Zeit, Geld, Mühe, Kraft, Fleiß, Sorgfalt auf etw. w.; er wollte keinen Pfennig mehr an dieses Projekt w.; sie wendeten/wandten all ihre Ersparnisse, alles an ihre Kinder.

wendig: a) *sich leicht zu steuern lassend:* ein wendiges Boot, Auto, Fahrzeug; ein wendiges *(gut zugerittenes)* Pferd; dieser Wagen ist w.; **b)** *schnell erfassend:* ein wendiger Verkäufer; er ist w., hat sich als sehr w. erwiesen; w. reagieren.

Wendung, die: 1. *Drehung:* eine leichte, scharfe, schnelle W.; eine W. nach rechts, um hundertachtzig Grad; eine W. des Kopfes; der Wagen machte eine W. **2.** *Wende:* eine glückliche, günstige, entscheidende, plötzliche W.; die Angelegenheit nahm eine überraschende W.; in seinem Denken hatte sich eine W. vollzogen; das Auftreten dieses Zeugen gab dem Prozess eine sensationelle W. **3.** *Redewendung:* eine bildliche, feste W.

wenig: I. ⟨Indefinitpronomen und unbestimmtes Zahlwort⟩: **1.** ⟨Singular: weniger, wenige, weniges; unflektiert: wenig⟩ *eine geringe Menge; nicht viel:* weniger, aber echter Schmuck; weniges erlesenes Silber; sie besitzt nur wenig[en] Schmuck, nur wenig[en] echten Schmuck; mit weniger, konzentrierter Kraft; mit wenigem[,] guten

Wein; das wenige Geld muss lange reichen; ich fand nur w. Gutes; er hat nur w. Geld, w. Zeit; heute habe ich noch weniger Zeit als gestern; wir haben w. Hoffnung, ihn zu sehen; der wenige, heftige Regen; nach wenigem kurzen Üben; sie hat nicht w. *(ziemlich viel)* Mühe damit gehabt; das macht weniger, die wenigste Arbeit; das ist [ziemlich, sehr, erschreckend] w.; w. fehlte, und sie wäre abgestürzt; weniger wäre mehr gewesen; dazu lässt sich w. sagen; er besitzt w., weniger als du, am wenigsten von uns; ich habe genauso w. verstanden wie du; es gibt w., was er nicht weiß; das Geld wird immer weniger (ugs.; *nimmt ab*); sie wird immer weniger (ugs.; *sie magert ab*); das wenige, was ich habe, genügt nicht; das wenigste[, was er hätte tun sollen,] wäre gewesen, sich zu entschuldigen; sie hat nicht weniges *(ziemlich viel)* erlebt; aus wenigem mehr machen; er gibt sich mit wenigem zufrieden. **2.** ⟨Plural; wenige, unflektiert: wenig⟩ *eine geringe Anzahl einzelner Personen, Sachen:* wenige Beamte; es gibt nur wenig[e] Bücher, nur wenig[e] solche Steine; er hat nur wenige treue Freunde; die Hilfe weniger guter Menschen, weniger Kollegen, weniger Angestellter; ich muss nicht weniger als zehn Leute verpflegen; in wenigen Tagen; mit wenig[en] Worten; wie wenige wissen das!; wenige, die wenigsten *(nur ganz wenige)* haben den Vortrag verstanden; es ist nur wenigen, den wenigsten bekannt, dass ...; der Reichtum weniger, von wenigen; einige waren gekommen. Beachte: In Einzelfällen kann *wenig* auch großgeschrieben werden: das Lob der Wenigen *(der Minderheit).* **II.** ⟨Adverb⟩ **1.** ⟨bei Verben⟩ *selten, in geringem Maße:* w. essen, trinken; die Medizin hilft w.; du hast dich zu w. darum gekümmert. **2.** ⟨bei Adjektiven, Adverbien, Verben⟩ *nicht sehr, unwesentlich:* eine w. bekannte, w. ergiebige Quelle; das ist weniger *(nicht so)* schön, angenehm; ich habe nur w. mehr getrunken als er; er ärgerte, freute sich nicht w. *(sehr);* es geht ihr [nur] w. besser; er möchte darüber nicht reden, viel weniger schreiben; je mehr u. redet, umso/ desto weniger glaube ich ihm; es kommt weniger auf die Menge als [vielmehr] auf die Güte an; sie kam, als er am wenigsten erwartete; sie war nichts weniger als erfreut *(ganz und gar nicht erfreut);* ★ **ein wenig** *(etwas):* mit ein w. gutem Willen wird es gehen; ich habe ein w. geschlafen; (ugs.:) hast du nicht ein [ganz] klein w. Zeit für mich?

weniger: *minus:* fünf w. drei ist, macht, gibt zwei.

wenigstens: a) *zumindest; immerhin:* sie sollte sich w. entschuldigen; man hat ihr w. eine Rente gewährt; w. regnet es nicht mehr; jetzt weiß man w., woran man ist: bei uns w. *(jedenfalls)* ist das so; **b)** *mindestens:* ich habe w. dreimal angerufen; es dauert w. eine Woche.

wenn ⟨Konj.⟩ **1.** /konditional/ *unter der Vorausset-*

zung, Bedingung, dass ...; falls: w. du willst, kannst du mit uns fahren; w. das wahr ist, [dann] trete ich sofort zurück; was würdest du machen, w. du es wärst?; ich könnte nicht, selbst w. ich wollte; w. nötig, komme ich sofort; ℝ w. das Wörtchen w. nicht wär [wär mein Vater Millionär].
2. /zeitlich/ **a)** *sobald:* w. die Ferien kommen, [dann, so] verreisen wir; na, warte, w. ich dich erwische!; **b)** *sooft:* [immer, jedes Mal] w. er dieses Lied hört, muss er an seine Kinderzeit denken.
3. /konzessiv/ ⟨in Verbindung mit *auch, schon* u. a.⟩ *obwohl:* er gehorchte, auch w. es ihm/w. es ihm auch schwer fiel; [und] w. auch! ⟨ugs.; *das ist kein Grund, keine Entschuldigung!*⟩; und w. schon! (ugs.; *was spielt das für eine Rolle?*⟩; w. er schon *(da er)* nichts weiß, sollte er wenigstens schweigen.
4. ⟨in Verbindung mit *doch, nur*⟩ *ich wünschte, dass:* w. sie doch/nur käme!; w. ich nur wüsste, ob sie es wirklich war!
5. ⟨in Verbindung mit *als, wie*⟩ *als ob:* es ist so, als w. sie es geahnt hätte; er sah aus, wie w. er krank wäre;
* Wenn und Aber *(Einwände, Vorbehalte, Zweifel):* das viele, (ugs.:) ewige Wenn und Aber.
wennschon (ugs.): ⟨in bestimmten Verbindungen⟩ **[na] wennschon!** *(das macht nichts, stört weiter nicht!)* · **wennschon, dennschon** *(wenn es schon getan wird, geschieht, dann aber auch richtig).*
wer: 1. ⟨Interrogativpronomen⟩ /fragt nach einer, mehreren Personen/: w. ist der Fremde?; w. hat das getan?; w. ist da?; /Ruf eines Postens/: halt, w. da?; w. alles war *(wie viele Leute waren)* dabei? /in Ausrufen, rhetorischen Fragen, Beteuerungsformeln/: w. hat das nicht schon einmal erlebt!; w. das doch könnte!; w. anders als du kann das gewesen sein!; ich habe es ihm schon w. weiß wie oft (ugs.; *sehr oft*) gesagt; das ist w. weiß wie lange (ugs.; *sehr lange*) her; was glaubt er eigentlich, w. er ist?
2. ⟨Relativpronomen⟩ *derjenige, der:* w. das tut, hat die Folgen zu tragen; w. auch immer *(jeder, der)* kommt, er soll Hilfe finden; /zur Hervorhebung eines Satzteils/ w. nicht kam, war sie.
3. (ugs.) ⟨Indefinitpronomen⟩ *[irgend]jemand:* da vorn ist w. ins Wasser gesprungen; hat w. nach mir gefragt?; in der Firma ist er w. *(hat er eine wichtige o. ä. Stellung).*
werben: 1. ⟨für etw. w.⟩ *Reklame machen:* für ein Waschmittel, für eine Partei w.; er warb im Fernsehen, durch Plakate für diese Zeitung; ⟨auch ohne Präpositionalobjekt⟩ wir müssen mehr w.
2. ⟨jmdn., etw. w.⟩ *anwerben:* Freiwillige, [neue] Kunden w.; sie konnte fünf neue Abonnenten w.
3. (geh.) ⟨um jmdn., etw. w.⟩ *jmdn., etw. zu gewinnen suchen:* um jmds. Vertrauen w.; um eine Frau w.; der Verein hat sehr um diesen Spieler geworben; mit werbenden Worten.
Werbetrommel, die: ⟨in der Wendung⟩ **[für jmdn.,**

etw.] die Werbetrommel rühren/schlagen (ugs.; *Reklame machen*).
Werbung, die: **1.** *das Werben:* die W. neuer Mit glieder, Abonnenten, Kunden verstärken; die W. (geh.; *das Bemühen um die Gunst*) um eine Frau.
2. a) *Reklame:* gute, geschickte, auffällige, aufdringliche, störende W.; die W. für ein Produkt [im Fernsehen], durch Wort und Bild; unsere W. hat Erfolg, kommt [nicht] an, erreicht nicht alle Käuferschichten; der Fußballstar macht W. für schnelle Autos (ugs.; *tritt in Werbespots, Werbeanzeigen für schnelle Autos auf*); das Unternehmen betreibt gezielte W. für seine Erzeugnisse; **b)** *Werbeabteilung:* in der W. arbeiten.
werden: I. 1. a) ⟨irgendwie w.⟩ *in einen bestimmten Zustand kommen; eine bestimmte Eigenschaft bekommen:* arm, reich, gesund, krank, blind, alt, müde, böse, zornig, frech, übermütig, traurig w.; der Lack wurde schnell hart; die Milch ist sauer geworden; wie wird die Ernte?; das Wetter wird schön, besser; die Tage werden länger; wir wurden bald handelseinig; das muss anders w.; ⟨jmdm. irgendwie w.⟩ die Zeit wird mir lang; ⟨es wird irgendwie⟩ es wird heiß heute; es wird jetzt früh dunkel; gestern war es spät geworden; es wurde still um ihn; **b)** ⟨jmdm. wird [es] irgendwie⟩ *jmd. bekommt ein bestimmtes Gefühl:* mir wird [es] warm, heiß, schlecht; es wurde ihm/ ihm wurde übel bei dem Gedanken, dass ...
2. a) ⟨mit Gleichsetzungsnominativ⟩ *eine Entwicklung durchmachen:* er will Rechtsanwalt, Arzt, Koch w.; er ist nichts [Richtiges] geworden *(hat keinen richtigen Beruf erlernt);* sie wurde seine Frau; er wurde Vater; sie ist eine berühmte Wissenschaftlerin geworden; etw. wird Mode; das Buch wurde ein großer Erfolg; ein Traum ist Wirklichkeit geworden; eine werdende Mutter; **b)** ⟨zu etw. w.⟩ *sich entwickeln:* das Kind ist zum Mann geworden; über Nacht wurde das Wasser zu Eis; das ist bei ihm zur fixen Idee geworden; ⟨jmdm. zu etw. w.⟩ das Kind wird mir zur Last; **c)** ⟨aus jmdm., etw. w.⟩ *aus ihrer Freundschaft wurde Liebe;* was soll aus dir w.?; daraus kann nichts w. *(das geht nicht).*
3. ⟨es wird; mit Zeitangabe oder Substantiven, die einen Zeitbegriff ausdrücken⟩ *man nähert sich einem Zeitpunkt, -abschnitt:* es wurde 10 Uhr, es ist kam; es wird Abend, Nacht, Frühling; morgen wird es ein Jahr, dass ...; es wird [höchste] Zeit, dass ich gehe.
4. a) (ugs.) *fertig werden:* der Kuchen, das Haus wird allmählich; das wird schon noch; sind die Fotos etwas geworden *(gut geworden)*?; die Pflanze wird nicht wieder *(geht ein)*; die Zeichnung ist nichts geworden *(ist misslungen);* mit den beiden scheint es etwas zu w. *(sie scheinen ein Paar zu werden);* /energische Aufforderung, sich zu beeilen/: wirds bald?; **b)** *entstehen:* werdendes Leben; **subst. Part.:** die Sprache ist etwas Gewor-

denes; SUBST.: das Buch ist noch im Werden; Werden und Vergehen. **5.** (geh.) (jmdm.) *zuteil werden:* jedem Mitbürger soll sein Recht w. **II. 1.** (mit einem Infinitiv; zur Bildung des Futurs): wir werden nächste Woche in Urlaub fahren; er wird bald gehen; bis du zurückkommst, werde ich meine Arbeit beendet haben; /drückt eine Annahme aus/: sie werden sich [wohl] kennen; sie wird schon wissen, was sie tut; sie wird den Brief inzwischen bekommen haben. **2.** (mit einem 2. Part.; zur Bildung des Passivs): gerufen w.; der Antrag ist abgelehnt worden; der Künstler wurde um eine Zugabe gebeten; (es wird; mit einem 2. Part.; zur Bildung des Passivs) es wurde gemunkelt *(man munkelte)*, dass ...; /energische Aufforderung/: jetzt wird aber geschlafen! **3.** (Konjunktivform *würde* mit einem Infinitiv) **a)** (dient der Umschreibung des Konjunktivs in bestimmten Fällen) wenn Sie mich rufen würden, käme ich sofort; ich würde kommen, wenn das Wetter besser wäre; sonst würden wir dort nicht wohnen; /in höflicher Aufforderung/: würdest du das bitte erledigen?; /als Floskel, die eine Äußerung entgegenkommender erscheinen lässt/: ich würde sagen, meinen ...; **b)** /zur Umschreibung des Futurischen/: er sagte, dass er morgen zum Arzt gehen würde; **✶ nicht mehr werden** (salopp; *fassungslos sein*). **werfen: 1. a)** (jmdn., etw. w.) *durch die Luft schleudern:* Handgranaten, einen Ball, einen Stein w.; das Schiff warf Anker; (auch ohne Akk.) lass mich auch [ein]mal w.!; er wirft sehr gut, [50 m] weit; SUBST.: im Werfen ist er sehr gut; **b)** (mit etw. w.) *etw. als Wurfgeschoss benutzen:* mit Steinen, mit faulen Eiern, mit Tomaten w.; er hat mit dem Kissen nach ihr geworfen; **c)** (etw. w.) *durch Werfen erzielen:* eine Sechs w. (würfeln); (Sport:) ein Tor w.; er hat [einen] Weltrekord geworfen (Sport; *einen Weltrekord im Werfen aufgestellt*). **2. a)** (jmdn., etw. irgendwohin w.) *mit Schwung befördern:* den Ball in die Höhe, gegen die Wand, ins Tor w.; Abfälle auf einen Haufen w.; jmdn. auf den Boden, ins Wasser, über Bord w.; das Pferd warf ihn aus dem Sattel; die Tür ins Schloss w. *(zuschlagen);* die Kleider von sich w. *(schnell ablegen);* ÜBERTR.: jmdn. auf die Straße w. (ugs.; *entlassen);* einen Gast aus dem Lokal w. (ugs.; *hinausweisen, zum Verlassen des Lokals auffordern);* Ware, billigen Schund auf den Markt w. *(in den Handel bringen);* eine Frage in die Debatte w. *(zur Sprache bringen);* alle Bedenken, Sorgen von sich, hinter sich w. *(sich davon frei machen);* Bilder an die Wand w. (ugs.; *projizieren);* die Laterne wirft ihren Schein in das Zimmer; (geh.:) eine schwere Infektion warf sie aufs Krankenlager; sie warf einen Blick in den Saal, in den Spiegel, in die Zeitung *(sah kurz hinein);* eine Frage in die Debatte w. *(in der Debatte aufwerfen);* **b)** (sich ir-

gendwohin w.) *sich fallen lassen:* sich in einen Sessel, auf einen Stuhl w.; sich [vor jmdm.] auf die Knie, zu Boden w.; sich vor den Zug w.; sich aufs Pferd w.; die Polizisten warfen sich auf/über den Verbrecher; der Kranke warf sich vor Schmerzen hin und her; (sich jmdm. irgendwohin w.) er warf sich ihm zu Füßen; sie hat sich ihm an den Hals, an die Brust geworfen; ÜBERTR.: sich in seinen besten Anzug w. (ugs.; *ihn anlegen);* sich auf eine neue Aufgabe w. *(sich eifrig damit beschäftigen);* **c)** (Ringen, Budo) (jmdn. w.) *niederwerfen:* es gelang ihm, seinen Gegner zu w.; **d)** (etw. irgendwohin w.) *ruckartig bewegen:* den Kopf in den Nacken w.; die Arme in die Höhe w.; (auch ohne Raumangabe) die Tänzer warfen die Beine. **3.** (etw. w.) *bilden:* der Brei, das kochende Wasser wirft Blasen; der Vorhang wirft [schwere] Falten; die Bäume werfen lange Schatten. **4.** (sich w.) *sich verziehen:* das Holz, der Belag hat sich geworfen. **5.** ([ein Tier] w.) *Junge, ein Junges zur Welt bringen:* die Katze, der Hund hat [drei] Junge geworfen; **✶ mit etw. [nur so] um sich werfen** (ugs.; *etw. im Übermaß verwenden; etw. verschwenden):* er wirft mit dem Geld um sich.

Werk, das: **1.** *Arbeit, Tätigkeit:* das ist ein schwieriges, mühevolles, undankbares W.; das W. macht Fortschritte, kommt gut voran, bleibt liegen, ruht; ein W. beginnen, fördern, zu Ende führen, abbrechen, liegen lassen; der Helfer haben ihr W. beendet, getan; entschlossen ans W. gehen *(damit beginnen);* ich will mich gleich ans W. machen; wir sind [bereits] am Werk *(haben damit begonnen);* ÜBERTR.: hier waren zerstörerische Kräfte am W. **2.** *Handlung, Tat:* ein verdienstvolles, Gott wohlgefälliges W.; Werke der christlichen Nächstenliebe; die Zerstörung war das W. weniger Sekunden; die Verschwörung war sein W.; damit hat er ein großes W. vollbracht; gute Werke tun; du tätest ein gutes Werk (ugs.; *würdest mir einen Gefallen tun),* wenn du ... **3.** *Produkt schöpferischer Arbeit:* wertvolle, seltene, überragende Werke; die Werke Gottes (geh.; *die Schöpfung);* ein klassisches W. der italienischen Malerei; die großen, bekannten Werke der Weltliteratur; das [musikalische] W. *(Gesamtwerk)* Johann Sebastian Bachs; ein W. seines Fleißes, (geh.:) seiner Hände; Goethes sämtliche, gesammelte Werke *(Schriften);* seine Werke sind unvergänglich; ein W. schaffen, vollenden, abschließen, vernichten; sein W. *(Schaffen)* [durch einen großartigen Abschluss] krönen; ein wissenschaftliches W., ein W. über die Raumfahrt schreiben, herausgeben, publizieren; an einem neuen W. arbeiten. **4. a)** *technische Anlage; Fabrik:* ein chemisches W., ein W. der Metallindustrie; das W. produziert

Lastwagen; ein W. [im Ausland] errichten; ausbauen, stilllegen; der Wagen kostet ab W. *(wenn er beim Werk abgeholt wird, ohne Überführungskosten o. Ä.)* etwa 15 000 Euro; b) *Belegschaft eines Betriebs o. Ä.:* das [gesamte] W. macht im Juli Urlaub.
5. *Mechanismus:* das W. [der Uhr, der Maschine] ist verschmutzt; das W. auseinander nehmen, reinigen, reparieren; die Orgel hat noch ein mechanisches W.;
⋆ **etw. ins Werk setzen** (geh.; *etw. verwirklichen, ausführen*) · **zu Werke gehen** (geh.; *verfahren, vorgehen*): wir sollten in dieser Angelegenheit sehr vorsichtig, umsichtig, behutsam zu Werke gehen.
Werkzeug, das: a) *Arbeitsgerät:* dazu braucht man sehr feine Werkzeuge; ÜBERTR.: er war ihr willenloses, gefügiges W.; er ist nur das W. seiner Geldgeber; b) *Gesamtheit von Werkzeugen:* sein W. mitbringen.
wert (veraltend): mein werter Freund; wie war doch ihr werter Name?;
⋆ **etwas wert sein** *(einen bestimmten Wert haben):* das ist viel, wenig, kaum etwas w.; der Apparat ist nichts w.; der alte Schmuck ist ihr viel, einiges, einige Tausende w.; deine Hilfe, dein Urteil ist mir viel w.; wie viel sind Ihnen diese Bilder w.? *(wie viel bieten Sie dafür?)* · **jmds., etw.**/(seltener:) **jmdn., etw. wert sein** *(jmds., etw. würdig sein; jmdn., etw. verdienen; eine Mühe lohnen):* er ist deiner nicht w.; das wäre einer näheren Untersuchung, eine nähere Untersuchung w.; er ist diese Frau nicht w.; Berlin ist eine Reise w.; er ist [es *(dessen)*] nicht w., dass ...
Wert, der: 1. *[Kauf]preis; Marktwert:* der W. des Schmuckes ist gering, sehr hoch; der W. des Geldes *(der Geldwert, die Kaufkraft)* schwankt; das Haus hat einen W. von 500 000 Euro; den W. einer Handelsware festsetzen; etw. behält seinen W., bekommt wieder W., gewinnt, verliert an W.; die Aktien fallen, steigen im W.; eine Uhr im W. von 600 Euro; sie hat den Wagen über, unter [seinem] W. verkauft.
2. ⟨Plural⟩ *Dinge, Besitz von großem Wert:* bleibende, dauernde Werte; Werte schaffen, erhalten, vernichten; der Krieg hat kulturelle Werte zerstört; ÜBERTR.: geistige, sittliche, menschliche, ewige Werte.
3. *Bedeutung, Wichtigkeit:* der sachliche, ideelle, psychologische W. einer Maßnahme; der W. des Abkommens liegt darin, dass ...; das hat wenig, nur geringen, keinen [praktischen] W., nur bedingten W.; das hat doch keinen W. (ugs.; *das nützt gar nichts);* diese Einrichtung behält ihren W., bekommt später wieder W.; der Ring hat [für seinen Besitzer] nur [einen] persönlichen W.; sie legte der Sache keinen großen W. bei; sie ist sich ihres eigenen Wertes [voll] bewusst; das ist eine Umkehrung der Werte; seine Erfindung ist in ihrem vollen W. kaum abzuschätzen; über W. oder

Unwert dieses Vertrages kann man streiten; diese Feststellung ist ohne W., von großem W. für uns.
4. (Fachspr.) *Zahlenwert:* mathematische, meteorologische, technische Werte; die mittleren Werte des Wasserstandes; der gemessene W. stimmt mit dem errechneten überein; die Werte schwanken, bleiben konstant; er liest die Werte von einer Skala ab; die Messung ergab den W. 7,5; eine Gleichung auf den W. null bringen;
⋆ **auf etw.** (Akk.) **Wert legen** *(etw. für sehr wichtig halten; einer Sache für sich selbst Bedeutung beimessen):* er legt [viel, wenig, großen, keinen] Wert auf Kontakte, auf modische Kleidung.
werten ⟨jmdn., etw. [irgendwie] w.⟩: seine Leistung wurde zu hoch, nicht genügend gewertet; ich werte es als besonderen Erfolg, dass ...; die Punktrichter werten (Sport; *benoten)* sehr unterschiedlich; nur der beste Sprung wird gewertet (Sport; *für gültig erklärt).*
wertlos: wertloses Geld; wertlose Banknoten; eine wertlose Nachahmung eines Gemäldes; diese Angaben sind für mich w. *(nützen mir nichts);* die Briefmarke ist durch die Beschädigung w. geworden.
Wertschätzung, die (geh.): er genießt keine besondere W. bei seinen Kollegen; sie erfreut sich allgemeiner W.
wertvoll: a) *kostbar:* wertvoller Schmuck; dies ist das wertvollste Stück der Sammlung; wertvolle Aufbaustoffe, Vitamine; der Film ist künstlerisch w.; diese Möbel sind sehr w.; b) *sehr nützlich:* ein wertvoller Hinweis; wertvolle Ratschläge; seine Hilfe war uns sehr w.
Wesen, das: 1. *charakterliche Eigenart:* sein W. gewinnt ihm viel Sympathie; sein ganzes W. strahlt Freude, Zuversicht aus; sie hat ein freundliches, ansprechendes, sonniges, [un]angenehmes, aufdringliches W. (*er ist ein einnehmendes W.* (*er ist sympathisch;* scherzh. auch: *er nimmt alles, was für ihn erreichbar ist);* das entspricht nicht seinem W.; ihrem W. nach sie ist scheu und zurückhaltend; sie von liebenswürdigem W.
2. *das Kennzeichnende einer Sache, Erscheinung:* er will das W. der Dinge ergründen, nach dem W. der Dinge forschen; das liegt im W. der Demokratie, der Kunst.
3. a) *Lebewesen:* fantastische, irdische, körperliche, übernatürliche W.; das höchste W. *(Gott);* der Mensch ist ein geselliges, vernunftbegabtes W.; weit und breit war kein menschliches W. *(kein Mensch)* zu sehen; b) *Mensch:* sie ist ein freundliches, liebes, zartes, ängstliches, stilles W.; das arme W. wusste nicht aus noch ein; das kleine W. *(das Kind)* weinte still vor sich hin; auf der Treppe begegnete mir ein weibliches W. (ugs.; *eine Frau);*
⋆ **viel Wesens/kein Wesen [aus, um, von etw.] machen** *(einer Sache [keine] große Bedeutung beimessen)* · **sein Wesen treiben** *(sich herumtrei-*

ben, Unfug treiben): er hat lange Zeit in unserer Stadt sein W. getrieben.

wesentlich: a) *grundlegend:* wesentliche Aufgaben, Merkmale, Beweisgründe; wesentliche Teile der Einrichtung fehlen noch; ein wesentlicher Bestandteil von etw. sein; das ist kein wesentlicher Unterschied; wesentliche Mängel aufweisen; für den weiteren Verlauf der Arbeit war dies sehr w.; das Programm enthält nichts w. Neues; SUBST.: das Wesentliche erfassen, herausarbeiten; du hast nichts Wesentliches verpasst; b) ⟨verstärkend bei Adjektiven im Komparativ und Verben⟩ *um vieles, sehr:* sie ist w. größer als er; ich habe w. mehr erwartet; dieser Umstand trägt w. dazu bei, dass ...; er hat sich nicht w. verändert;

★ im Wesentlichen (1. *aufs Ganze gesehen; ohne ins Einzelne zu gehen.* 2. *in erster Linie, in der Hauptsache).*

weshalb: w. hast du das getan?; w. nicht?; ich weiß nicht, w. sie nicht gekommen ist; ⟨leitet einen Relativsatz ein⟩ das war der Grund, w. er entlassen wurde; SUBST.: das Warum und Weshalb blieb unklar.

Wespennest, das: ein W. ausräumen;

★ in ein Wespennest stechen/greifen (ugs.; *eine heikle Angelegenheit berühren und dadurch große Aufregung verursachen)* · sich in ein Wespennest setzen (ugs.; *sich durch sein Verhalten unversehens Gegner schaffen, viele gegen sich aufbringen).*

West, der: 1. a) *Westen:* Ost und W.; der Wind kommt aus W., dreht nach W.; Menschen aus Ost und W.; von Ost nach W.; der Konflikt zwischen Ost und W. *(zwischen den [ehemals] sozialistischen Staaten Osteuropas und Asiens und den kapitalistischen Ländern der westlichen Welt);* b) /Bezeichnung des westlichen Stadtteils; Kennzeichnung der westlichen Lage, Richtung/: sie wohnt in Essen (W.)/Essen-W.; Fabriktor W. 2. (Seemannsspr. dichter.) *Westwind:* ein lauer, feuchter W.

Weste, die: /ein Kleidungsstück/: eine graue, seidene, gestrickte W.; ein Anzug mit W.;

★ eine saubere/reine/weiße Weste haben (ugs.; *nichts Unehrenhaftes, Unrechtmäßiges getan haben)* · jmdm. etw. unter die Weste jubeln (ugs.; *erreichen, dass jmd. gegen seinen Willen etw. bekommt, hat, machen muss).*

Westen, der: 1. *Himmelsrichtung:* der Wind weht aus W., kommt aus/von W.; im W. geht die Sonne unter; das Zimmer geht, liegt nach W. *(nach der Westseite);* die Straße führt nach W. 2. a) *im Westen liegendes Gebiet:* der W. des Landes; er wohnt im W. der Stadt, im W. Frankfurts/von Frankfurt; b) (bes. Politik) *Länder Westeuropas und die USA:* die Kultur, die Demokratien des Westens; die Wirtschaft in den Ländern des Westens; die Türkei gehört zum W.; c) *Westdeutschland:* die Pakete sind im W. waren da-

mals begehrt; aus dem W. sein, kommen; in den W. gehen; die Arbeitslosigkeit ist im Osten höher als im W.;

★ der Wilde Westen *(Gebiet im Westen Nordamerikas zur Zeit der Kolonisation im 19. Jahrhundert).*

westlich: I. ⟨Adj.⟩ 1. a) *in westlicher Himmelsrichtung befindlich:* der westliche Himmel; 60 Grad westlicher Länge; b) *im Westen liegend:* die westliche Grenze; der westliche Teil der Stadt; der See liegt weiter w.; c) (bes. Politik) *für den westeuropäischen Raum [und die USA], die dortige Bevölkerung charakteristisch:* westliches Denken; westliche Kunst; die westliche Kultur; die westlichen Demokratien; die westlichen Überlieferungen; ein w. orientiertes Land. 2. *von Westen kommend, nach Westen gerichtet:* westliche Winde; sie steuerten westlichen Kurs, die Straße verläuft in westlicher Richtung. II. ⟨Präp. mit Gen.⟩ *im Westen:* w. des Flusses, des Rheins; w. der Bahnlinie; w. der Stadt; (selten:) w. Mannheims. III. ⟨Adverb⟩ *im Westen:* w. von Mannheim; die Hebriden liegen w. von Schottland.

Wettbewerb, der: a) *Wettstreit:* ein internationaler W.; einen W. für junge Musiker ausschreiben; einen W. gewinnen; aus einem W. ausscheiden; gut im W. liegen; in einem W. siegen; b) (Wirtsch.) *Kampf um möglichst viele Machtanteile:* unter den Firmen herrscht ein harter, heftiger W.; unlauterer W. (Rechtsw.); *Wettbewerb mit unrechtmäßigen Mitteln;* w. mit jmdm. treten; die Firmen stehen im [freien]/in [freiem] W. miteinander.

Wette, die: eine gewagte, eine alberne W.; die W. ging um hundert Mark; was gilt die W.? *(was bekomme ich, wenn ich Recht habe?);* eine W. eingehen, abschließen, annehmen, gewinnen, verlieren; jmdm. eine W. anbieten; ich gehe jede W. ein/(ugs.:) ich mache jede W. *(bin fest davon überzeugt),* dass er kommt;

★ um die Wette (mit großer Anstrengung, Hingabe o. Ä., einander überbieten wollend): sie liefen, sangen um die W.

wetten: 1. a) ⟨mit jmdm. [um etw.] w.⟩ *eine Wette abschließen:* ich wette mit dir um eine Flasche Sekt, dass er gewinnt; sie wetteten, wer zuerst fertig sein würde; worum, um wie viel wetten wir?; es ist, wie ich dir sage, [wollen wir] w.? *(davon bin ich überzeugt);* ich wette/(ugs.:) wetten, dass er nichts merkt? *(er merkt bestimmt nichts);* ich wette hundert zu eins *(ich bin ganz sicher),* dass ...; Ⓡ so habe ich nicht gewettet (ugs.; *so war es nicht vereinbart, so geht es nicht);* b) ⟨etw.⟩ *als Wettpreis einsetzen:* hundert Mark, ein Fass Bier w. 2. ⟨mit jmdm., etw. w.⟩ *einen Tipp abgeben:* auf ein Pferd, einen Boxer w.; auf Sieg, auf Platz w.; ⟨auch ohne Präpositionalobjekt⟩ er hat hoch gewettet; sie hat gewettet und verloren.

Wetter, das: **1.** *Zustand der Atmosphäre:* es herrscht/wir haben gutes, heiteres, [un]freundliches, strahlendes, schönes, warmes, hochsommerliches, nebliges, schlechtes, nasses, kaltes, kühles, raues, diesiges, veränderliches, unsicheres, scheußliches, stürmisches W.; das W. ist beständig, hält sich, ändert sich, schlägt um, hat sich gebessert, wird schlechter; es ist herrliches W. draußen; nach und nach setzt mildes W. ein; das W. voraussagen; wir bekommen anderes W.; was werden wir morgen für W. haben?; bei klarem W. kann man von hier aus die Alpen sehen; er ist bei jedem W. unterwegs; wir redeten vom W.; ob wir morgen schwimmen gehen, hängt vom W. ab; ℞ bei solchem W. jagt man keinen Hund vor die Tür. **2.** *Unwetter, Gewitter:* ein W. braut sich, zieht sich zusammen, zieht herauf, bricht los, entlädt sich; das W. tobt [sich aus], zieht ab; alle W. (ugs.; Ausruf des Erstaunens, der Bewunderung); * bei jmdm. gut Wetter machen (ugs.; *jmdn. günstig stimmen*) · um gut[es]/schön[es] Wetter bitten (ugs.; *um Wohlwollen, Verständnis bitten*).

wettern (ugs.): über die Unordnung, auf die schlechten Zeiten, gegen den Staat, über alles Neue w.; er wetterte ganz fürchterlich.

wetterwendisch: ein wetterwendischer Mensch; sie ist sehr w.

wettmachen (ugs.) ⟨etw. w.⟩: **1.** *ausgleichen:* eine Niederlage, das Versäumte wieder w.; er machte seine geringere Begabung durch großen Fleiß wett; einen Fehler w. *(wieder gutmachen).* **2.** *sich für etw. erkenntlich zeigen:* wir müssen seine Hilfeleistungen bald w.

wetzen: **1.** ⟨etw. w.⟩: *schärfen:* das Messer, die Sense [mit einem Stein] w.; der Vogel wetzt seinen Schnabel an einem Ast. **2.** (ugs.) *rennen:* der kann aber w.!; um die Ecke, zur Post w.

wichtig: wichtige Gründe, Beschlüsse, Entscheidungen, Neuigkeiten, Veränderungen; eine wichtige Meldung, Mitteilung; er ist ein ganz wichtiger Mann; wichtige Persönlichkeiten des öffentlichen Lebens; sie sprach mit wichtiger (spött.; *die eigene Bedeutsamkeit übertrieben erkennen lassend*) Miene; dieser Brief ist sehr w.; das ist nicht, ist halb so w.; Vitamine sind für die Ernährung sehr w.; es ist mir/ist für mich äußerst w., was du davon hältst; ich halte es für w., dass du sofort hingehst; du nimmst die Sache, das alles [viel] zu w.; am wichtigsten ist, dass er bald wieder gesund wird; SUBST.: das Wichtigste ist, dass er bald wieder gesund wird; ich habe noch etwas Wichtiges zu erledigen; * sich [mit jmdm., etw.] wichtig machen/tun/haben; sich wichtig vorkommen; wichtig tun (ugs., oft abwertend; *sich [mit jmdm., etw.] aufspielen*): sie kam sich ungemein, ungeheuer w. vor; er tat sehr w. mit dem Brief · sich [zu] wich-

tig nehmen (ugs.; *sich, seine Probleme, Schwierigkeiten o. Ä. in ihrer Bedeutung überschätzen*).

Wichtigkeit, die: einer Angelegenheit besondere W. beimessen, beilegen; das ist von größter W., wird später von großer W. für dich; er ist von seiner W. ganz erfüllt.

Wickel, der: dem Kranken einen kalten, heißen W. machen; * jmdn. am/beim Wickel packen/kriegen/haben/nehmen (ugs.; **1.** *jmdn. fassen und festhalten.* **2.** *jmdn. zur Rede stellen, ausschelten*).

wickeln: **1.** a) ⟨etw. [zu etw.] w.⟩ *umeinander drehen, schlingen:* Wolle zu einem Knäuel w.; b) ⟨etw. um etw./auf etw. (Akk.) w.⟩ *herumwinden:* Garn auf eine Rolle w.; eine Binde um den Arm w.; ⟨sich (Dat.) etw. um etw. w.⟩ ich wickelte mir einen Schal um den Hals, ein Tuch um die verletzte Hand; c) ⟨etw. w.⟩ *auf Lockenwickel aufdrehen:* sie wickelt regelmäßig ihr Haar; d) ⟨etw. w.⟩ *durch Wickeln herstellen:* Zigarren, einen Turban w.; ⟨Elektrotechnik:⟩ eine Spule w. **2.** a) ⟨jmdn., sich, etw. [in etw. (Akk.)] w.⟩ *einwickeln:* ein Geschenk in Papier w.; ein Kind in Windeln w.; er wickelte sich in eine Decke; das Baby muss noch gewickelt *(es muss ihm noch die Windel angelegt)* werden; b) ⟨etw. w.⟩ *mit einer Bandage versehen:* das Bein muss gewickelt werden. **3.** a) ⟨jmdn., sich, etw. aus etw. w.⟩ *auswickeln:* das Buch aus dem Papier w.; sie wickelte sich, das Kind aus der Decke; b) ⟨etw. von etw. w.⟩ *etw., was auf, um etw. gewickelt ist, entfernen:* das Tau vom Pflock, den Draht von der Spule w.

wider (geh.) ⟨Präp. mit Akk.⟩: das war w. seinen ausdrücklichen Willen; w. Erwarten kam sie doch, wurde sie früher fertig; etw. w. Willen tun; sie handelte w. besseres Wissen; er hat w. die Ordnung, die Gesetze gehandelt, hat Anklage w. ihn erhoben.

widerfahren (geh.) ⟨jmdm. w.⟩: mir ist etwas Seltsames, Merkwürdiges widerfahren; ihm ist in seinem Leben viel Leid widerfahren; dir soll Gerechtigkeit w.

Widerhall, der: der W. eines Donners, eines Schusses, eines Rufes; man hörte im W. seiner Schritte in dem Gewölbe; ÜBERTR.: der W. *(die Resonanz)* auf seine Schriften war gering; * Widerhall finden *(auf Interesse, Zustimmung stoßen)*: ihr Vorschlag fand, sie fand mit ihrem Vorschlag nur wenig W.

widerhallen: a) *zurückschallen:* der Schuss, der Donner hallte [von den Bergwänden] wider/(seltener:) widerhallte von den Bergwänden; Schritte haben [auf dem Pflaster] widergehallt; b) ⟨von etw. w.⟩ *von Widerhall erfüllt sein:* der Raum hallte von Gelächter wider, hallte wider/(seltener:) widerhallte von Geschrei.

widerlegen ⟨jmdn., etw. w.⟩: eine Ansicht, eine Behauptung, eine Hypothese, jmds. Einwände, sich selbst w.; es war nicht schwer, den Zeugen zu w.

widerlich (abwertend): **1. a)** *Ekel erregend:* ein widerlicher Geruch, Anblick, Geschmack; diese Insekten, die unsauberen Räume sind [mir] w.; das schmeckt w.; **b)** *unerträglich:* ein widerlicher Typ, Schmeichler; er, sein Benehmen ist mir w. **2.** ⟨verstärkend bei Adjektiven⟩ *sehr, überaus:* der Kuchen ist w. süß; ein w. feuchtes Klima.

Widerrede, die: *Widerspruch:* Rede und W.; ich dulde keine W.; keine W.!; er tat alles ohne [ein Wort der] W.

Widerruf, der: *Zurücknahme einer Aussage:* er hat öffentlich W. geleistet; der Durchgang ist [bis] auf W. gestattet.

widerrufen ⟨etw. w.⟩: einen Befehl, eine Anordnung, eine Erlaubnis, eine Behauptung, eine Zusicherung w.; der Angeklagte hat sein Geständnis widerrufen.

widersetzen ⟨sich jmdm., etw. w.⟩: sich einer Maßnahme, einem Beschluss w.; er hat sich mir offen widersetzt; sich einer Bitte, einem Wunsch nicht w. können; sie hatten sich [hartnäckig] der Aufforderung, ihren Ausweis vorzuzeigen, widersetzt.

widerspenstig: ein widerspenstiges Kind; ein widerspenstiges Verhalten an den Tag legen; das Pferd ist sehr w., zeigte sich w.; ÜBERTR.: widerspenstiges Haar.

widerspiegeln: a) ⟨jmdn., etw. w.⟩ *im Spiegelbild zeigen:* das Wasser spiegelt die Bäume, die Spaziergänger wider/(seltener:) widerspiegelt die Bäume, die Spaziergänger; ÜBERTR.: sein Gesicht spiegelte seinen Zorn wider/(seltener:) widerspiegelte seinen Zorn; **b)** ⟨sich in etw. (Dat.) w.⟩ *als Spiegelbild erscheinen:* die Sonne hat sich im Wasser widergespiegelt; ÜBERTR.: in dem Roman spiegeln sich die Sitten der Zeit wider/(seltener:) widerspiegeln sich die Sitten der Zeit.

widersprechen: a) ⟨jmdm., sich, etw. w.⟩ *eine entgegengesetzte Meinung vertreten:* jmdm. heftig, energisch, bestimmt, höflich, sachlich w.; einer Behauptung mit Nachdruck w.; dem muss ich w.; du widersprichst dir selbst; der Betriebsrat hat der Entlassung [nicht] widersprochen *(hat dagegen [keinen] Widerspruch eingelegt);* ⟨auch ohne Dat.⟩ »So geht das nicht«, widersprach er sofort; **b)** ⟨etw. (Dat.) w.⟩ *nicht mit etw. übereinstimmen:* diese Entwicklung widerspricht unseren Erfahrungen; die Berichte, ihre Aussagen widersprechen sich/(geh.:) einander; nachzugeben widersprach seinen Grundsätzen; eine Taktik, die jeder Vernunft zu w. schien; die widersprechendsten *(gegensätzlichsten)* Nachrichten trafen ein.

Widerspruch, der: **1.** *Einspruch:* sein W. war berechtigt; gegen diese Ansicht erhob sich allgemeiner W.; keinen, nicht den geringsten W. dulden, vertragen, aufkommen lassen; jeden W. zurückweisen; ich muss W. dagegen einlegen, dass ...; der Redner, der Vorschlag erfuhr allseits W.; seine Gedanken stießen überall auf [scharfen, heftigen, entrüsteten] W.; der Vorschlag wurde

ohne W. angenommen; das reizt geradezu zum W. **2.** *Gegensatz, Unvereinbarkeit:* das ist ein unüberbrückbarer, entscheidender, nicht zu übersehender W.; das ist ein W. in sich; der offensichtliche W. liegt darin, dass ...; einen W. aufklären; kannst du dir diesen seltsamen W. erklären?; sich in W. zu jmdm., etw. setzen; das steht, ist im/(auch:) in W. zum Gesetz *(widerspricht dem Gesetz);* seine Taten stehen mit seinen Reden in auffälligem W.; sie verwickelte sich in Widersprüche *(machte widersprüchliche Aussagen).*

widersprüchlich: widersprüchliche Aussagen, Meldungen; das Formulieren, sein Verhalten ist w.; ihr Bericht war recht w.

Widerstand, der: **1.** *Abwehr:* ein zäher, tapferer, hartnäckiger, verbissener, leidenschaftlicher, aussichtsloser W.; hinhaltender, aktiver, passiver W.; organisierter, antifaschistischer W.; (Rechtsw.:) W. gegen die Staatsgewalt; der W. der Bevölkerung gegen das Regime wächst; der W. der Rebellen lässt nach, hat sich erschöpft, erlahmt, erlischt allmählich; den W. organisieren, aufgeben, brechen; jmdm. W. entgegensetzen; offenen W. leisten *(sich auflehnen);* einige Truppenteile leisteten noch W. *(Gegenwehr);* nicht bereit sein, irgendwelchen W./irgendwelche Widerstände zu dulden; er stieß mit seinem Vorschlag auf [unerwarteten] W. bei seinen Kollegen; sie ließen sich ohne W. festnehmen; die Reform scheiterte am W. der Opposition; zum bewaffneten W. aufrufen. **2.** *Widerstandsbewegung:* im Krieg gehörte er dem W. an, war er im W.; in den W. gehen. **3.** *Hindernis:* beim geringsten W. aufgeben; sie schaffte es allen Widerständen zum Trotz. **4. a)** (Physik) *entgegenwirkende Kraft:* der magnetische, elektrische W.; der W. beträgt 500 Ohm; gegen den W. der Strömung kämpfen; **b)** (Elektrotechnik) *Schaltelement:* ein W. von 2 000 Ohm; der W. ist überlastet, durchgebrannt; einen W. einbauen, einschalten, auswechseln.

widerstehen: 1. ⟨jmdm., etw. w.⟩ *standhalten; nicht nachgeben:* dem Gegner, einem feindlichen Angriff w.; das Material widerstand allen Belastungen; er widerstand allen Versuchungen; sie konnte ihm, seinem Verlangen nicht w.; sie verbreitete einen Optimismus, dem niemand w. konnte; wer hätte da w. können? **2.** ⟨jmdm. w.⟩ *jmdn. ekeln:* süße Speisen widerstehen mir leicht.

widerstreben: 1. ⟨jmdm., etw. w.⟩ *zuwider sein:* die Einführung dieses Systems widerstrebt unseren Wünschen; es widerstrebt mir, so etwas zu tun. **2.** (geh.) ⟨jmdm., etw. w.⟩ *sich widersetzen:* ich widerstrebe dir, deinen Absichten nicht; ADJ. PART.: widerstrebende Elemente; er tat die Arbeit nur widerstrebend, mit widerstrebenden Gefühlen *(ungern).*

Widerstreit, der: der W. der Meinungen, der An-

W

sichten, der Interessen; er lebte in einem W. zwischen Pflicht und Neigung.

widerwärtig: *widerlich:* eine widerwärtige Person; ein widerwärtiger Geruch; eine widerwärtige Verleumdung; diese Sache war ihm w.; etw. schmeckt w.

Widerwille, der: ein heftiger, heimlicher W.; ihr W. wuchs; W. erfasste ihn, stieg in ihr auf; Widerwillen [bei etw.] empfinden, gegen jmdn., etw. haben/hegen; das erweckte, erregte seinen Widerwillen; seinen W. überwinden; er betrachtete die Szene mit Widerwillen.

widerwillig: *ungern:* mit widerwilliger Zustimmung; eine widerwillige *(Widerwillen ausdrückende)* Antwort; er kam nur w. mit.

widmen: 1. ⟨jmdm. etw. w.⟩ *zueignen:* jmdm. ein Buch, ein Gedicht, eine Sinfonie w.; er widmete der Sängerin ein Lied. 2. a) ⟨jmdm., etw. etw. w.⟩ *für jmdn., etw. verwenden:* sein Leben einer Aufgabe w.; seine Freizeit der Politik w.; /verblasst/: die Presse widmete dem Ereignis begeisterte Leitartikel; einer Angelegenheit nicht die richtige, nötige Aufmerksamkeit w.; würden Sie mir noch einen Augenblick w.?; b) ⟨sich jmdm., etw. w.⟩ *sich intensiv mit jmdm., etw. beschäftigen:* sich wissenschaftlichen Arbeiten, seinem Hobby, der Erziehung seiner Kinder w.; heute kann ich mich dir ganz w.; du musst dich jetzt den Gästen w.

Widmung, die: in dem Buch stand eine W. des Verfassers; in ein Buch eine W. [hinein]schreiben; ich besitze ein Foto mit persönlicher W.

widrig: widrige Umstände, Verhältnisse, Ereignisse, Bedingungen; eine widrige Lage; widrige Witterungsverhältnisse verhinderten die Landung.

wie: I. ⟨Adverb⟩ 1. a) *auf welche Art und Weise?:* w. machst du das?; w. wird das Wetter?; w. geht es dir?; w. heißt du?; w. kommt man von hier aus zum Bahnhof?; w. kann ich es am besten erklären?; ich weiß nicht, w. das möglich war; w. [bitte]? *(ich habe dich/Sie nicht verstanden);* w., Sie sind noch da?; (ugs.:) gewusst w.!; wir müssen es schaffen, ich frage mich nur noch w.; w. kommt es *(was sind die Ursachen dafür),* dass ...; w. *(woher)* soll ich das wissen?; w. das? (ugs.; *was sind die näheren Umstände, Gründe, Ursachen o. Ä.);* w. war das? (ugs.; *würdest du das noch einmal wiederholen?);* w. wärs mit einem Schnaps (ugs.; *trinken Sie einen Schnaps?);* subst.: das Wie und Warum bleibt unklar; b) *in welchem Grade?:* w. groß ist er?; w. alt bist du?; w. spät ist es?; ich frage mich, w. teuer das wird; w. viel Geld brauchst du?; w. viel Einwohner hat die Stadt?; w. viel Uhr ist es?; w. viel wiegst du?; w. viel bin ich dir schuldig?; ich weiß nicht, w. viel das kostet; w. viel an euch *(gleichgültig, wie viel er)* verdient, er ist nie zufrieden; w. viel schöner ist das Leben, wenn ... 2. /in Ausrufen des Erstaunens, Bedauerns, der Freude

o. Ä./: w. schade!; w. schön ist es hier!; w. groß du bist!; w. du wieder aussiehst! (ugs.; *du siehst unmöglich aus!);* w. doch [manchmal] der Zufall spielt!; er ist hingefallen, und/aber w.! 3. /dient als relativer Anschluss/: die Art, w. er spricht; mich stört, w. sie es macht; w. dem auch sei, ich mache mit. II. ⟨Konj.⟩ 1. ⟨Vergleichspartikel⟩ sie weinte w. ein Kind; ich bin, fühle mich w. gerädert; er ging w. immer früh zu Bett; w. gesagt[,] habe ich keine Zeit; w. du siehst, ist er noch da; klug w. er war, fand er sich bald zurecht. ein Mann w. er; in einer Zeit w. der unsrigen/w. die unsrige; Menschen wie du und ich; ⟨oft in Korrelation mit *so*⟩ er ist [eben]so groß w. du, doppelt so schnell w. du; sie ist jetzt so alt, w. du damals warst; [so] weiß w. Schnee; das ist so gut w. sicher; so, w. ich war, lief ich mit; komm so schnell, so bald w. möglich; ⟨in Korrelation mit *wenn*⟩ es sieht aus, wie wenn *(als ob)* es regnen wollte. 2. /schließt zur Veranschaulichung ein od. mehrere Beispiele an/: ein Haustier w. Pferd, Schwein, Rind; Entwicklungsländer w. [zum Beispiel, beispielsweise, etwa, meinetwegen] Somalia und Tansania. 3. *sowie, und:* Männer w. Frauen nahmen teil; das Haus ist außen w. innen renoviert. 4. /in Aussagesätzen nach Verben der Wahrnehmung/: sie spürte, w. sie errötete; er sah, w. sie aus dem Haus kam. 5. /zeitlich/: w. ich an seinem Fenster vorbeigehe, höre ich ihn singen; das sah ich sofort, w. (ugs., landsch.; *als)* ich ins Haus kam.

wieder: 1. *erneut; noch einmal:* nicht, bald, immer [und immer] w.; ich habe ihn w. und w. (geh.; *immer wieder)* ermahnt; nie w. Krieg!; schon w.?; da wären wir w. [einmal]; wir wollten w. mal/mal w. ins Kino w. ist ein Jahr vergangen; die Arbeit, das Studium, ein Gespräch, (Rechtsw.:) ein Verfahren w. aufnehmen; einen Gedanken w. aufnehmen; *(darauf zurückkommen):* die abgebrochenen Verhandlungen wurden w. aufgenommen; er versuchte den Ertrunkenen [durch künstliche Atmung] w. zu beleben; alte Bräuche w. beleben; er hat w. nach dir gefragt; jmdn. nach langer Zeit w. treffen; ich möchte meine Heimat, meine Eltern einmal w. sehen; wann sehen wir uns wieder?; wie heißt er w. (ugs.; *noch)?;* er wäre gern mitgegangen, aber auch w. *(andererseits aber auch)* nicht. 2. /drückt die Rückkehr in den früheren Zustand o. Ä. aus/: einen Ertrunkenen [durch künstliche Atmung], alte Bräuche w. beleben; er hat sich w. erholt, ist w. gesund; der Name ist mir endlich w. eingefallen; er wurde bald w. freigelassen; die barocke Fassade ein Kunstwerk w. herstellen; das ausgebrannte Rathaus wurde im ursprünglichen Stil w. hergestellt; Kontakte, Ruhe und Ordnung, die Sicherheit des Staates, die alten Beziehungen w. herstellen; jmds. Gesundheit, die Sehkraft der

Augen w. herstellen; (ugs. auch in pleonastischen Verbindungen:) willst du schon w. *(schon jetzt)* gehen?; gibt es ihm w. zurück! *(gib es ihm zurück!)*. **Wiederaufnahme,** die: die W. der Arbeit; die W. der Verhandlungen, von diplomatischen Beziehungen; (Rechtsw.:) er hat W. des Verfahrens beantragt. **wiederbeleben** ⟨jmdn. w.⟩: einen Ertrunkenen [durch künstliche Atmung] w.; ÜBERTR.: alte Bräuche w. **Wiedergabe,** die: a) *Darstellung, Bericht:* eine genaue, detaillierte, verzerrte, unvollständige W. der Vorgänge; die wörtliche W. einer Rede; b) *Darbietung:* der Künstler bot eine ausgezeichnete, vollendete W. des Klavierkonzerts; c) *das Wiedergeben:* eine genaue, originalgetreue W. des Gemäldes, von Gemälden; eine einwandfreie W. der Musik durch das Tonbandgerät. **wiedergeben:** 1. ⟨jmdm. etw. w.⟩ *zurückgeben:* jmdm. ein [geliehenes] Buch, sein Geld w.; ÜBERTR.: jmdm. die Freiheit w. 2. ⟨etw. w.⟩ a) *wiederholen:* jmds. Rede, jmds. Äußerung [un]genau, nur bruchstückhaft w.; einen Vortrag falsch, richtig, wahrheitsgetreu, entstellt w.; einen alten Text buchstabengetreu w. *(zitieren, abdrucken);* w., was vorgefallen ist; das lässt sich mit Worten gar nicht w. *(ausdrücken);* dieser Ausdruck lässt sich im Deutschen nur mit einem Nebensatz w. *(übersetzen);* b) *darbieten:* ein Lied eindrucksvoll w.; seine Erlebnisse in einem Reisebericht lebendig w.; dem Maler ist es gelungen, die idyllische Stimmung wiederzugeben. **wiederherstellen** ⟨etw. w.⟩: a) *wieder aufbauen, restaurieren:* die barocke Fassade, ein Kunstwerk w.; das ausgebrannte Rathaus wurde im ursprünglichen Stil wiederhergestellt; b) *wieder in Ordnung bringen:* Kontakte, Ruhe und Ordnung, die Sicherheit des Staates, die alten Beziehungen w.; jmds. Gesundheit, die Sehkraft der Augen w.; ÜBERTR.: er ist von seiner Krankheit noch nicht ganz wiederhergestellt *(genesen).* **¹wiederholen** ⟨sich (Dat.) etw. w.⟩: *sich zurückholen:* sich verliehene Bücher, Gegenstände w.; ⟨auch ohne Dat.⟩ er sprang über den Zaun, um den Ball wiederzuholen; ÜBERTR.: er wird sich den Titel w. **²wiederholen:** 1. a) ⟨etw. w.⟩ *nochmals sagen:* etw. kurz, Wort für Wort, deutlich, mit Nachdruck w.; eine Frage, eine Antwort, ein Angebot w.; ich kann nur w., was ich bereits gesagt habe; ich kann nur w., dass ich nichts davon weiß; b) ⟨sich w.⟩ *bereits Gesagtes noch einmal sagen:* der Redner wiederholte sich mehrmals; du wiederholst dich. 2. ⟨etw. w.⟩ *dem Gedächtnis von neuem einprägen:* eine Lektion, eine Übung w.; die Schüler wiederholen Vokabeln. 3. ⟨etw. w.⟩ *etwas Geschehenes nochmals geschehen lassen:* eine Sendung, ein Experiment w.; das Spiel, die Wahl muss wiederholt werden; die

Firma konnte ihren Vorjahreserfolg w.; der Schüler muss die Klasse w. *(nochmals durchlaufen);* ⟨auch ohne Akk.⟩ der Schüler hat schon einmal wiederholt. 4. ⟨sich w.⟩ a) *wiederkehren:* das Muster wiederholt sich; die Figuren wiederholen sich; b) *nochmals geschehen:* der Vorgang wiederholt sich ständig; das kann sich täglich, jederzeit w.; so eine Katastrophe darf sich niemals w. **wiederholt:** *mehrmalig; immer wieder:* auch wiederholte Beschwerden nutzten nichts; trotz wiederholter Aufforderung zahlte er nicht; ich habe w., zum wiederholten Mal darauf hingewiesen, dass … **wiederkehren** (geh.): a) ⟨aus, von etw. w.⟩ *zurückkehren:* von einer Reise, aus dem Urlaub w.; er ist [von der Expedition, aus dem Krieg] nicht mehr wiedergekehrt; b) *sich wiederholen:* so eine günstige Gelegenheit kehrt nicht wieder; ein ständig wiederkehrender Vorwurf. **wiederkommen:** a) *zurückkehren:* ich werde morgen w.; du brauchst nicht mehr wiederzukommen; ÜBERTR.: die Erinnerung kommt allmählich w.; der Ausschlag kommt immer wieder; b) *noch einmal auftreten:* die gute alte Zeit, so eine Gelegenheit kommt nicht wieder. **wiedersehen** ⟨jmdn., etw. w.⟩: jmdn. nach langer Zeit w.; ich möchte meine Heimat, meine Eltern einmal w.; wann sehen wir uns wieder?; das Geld wirst du nicht mehr w. (ugs.; *zurückbekommen);* SUBST.: ein frohes Wiedersehen feiern; jmdm. auf Wiedersehen sagen; /Grußformel/: auf Wiedersehen! **Wiege,** die: *Kinderbett:* eine W. für das Baby; das Kind in die W. legen; ÜBERTR.: die W. der Menschheit, der abendländischen Kultur; Mainz ist die W. *(Geburtsstätte)* der Buchdruckerkunst; ★ jmdm. **nicht an der Wiege gesungen worden sein** *(für jmdn. eine unerwartete Entwicklung, Veränderung seines Lebens bedeuten)* · **jmdm. in die Wiege gelegt worden sein** *(jmdm. angeboren sein)* · **von der Wiege bis zur Bahre** (meist scherzh.; *das ganze Leben hindurch).* **¹wiegen:** 1. ⟨jmdn., sich, etw. w.⟩ *das Gewicht bestimmen:* Kartoffeln, Zutaten, das Fleisch, das Gepäck w.; jeder Boxer wird vor dem Kampf gewogen; sich regelmäßig w.; ⟨auch ohne Akk.⟩ die Verkäuferin hat knapp, kleinlich, großzügig gewogen. 2. ⟨etw. w.⟩ *ein bestimmtes Gewicht haben:* etw. wiegt viel, [mindestens] drei Pfund; sie wiegt zu viel, zu wenig *(hat Über-, Untergewicht);* wie viel wiegst du?; er wog damals fast zwei Zentner; ⟨irgendwie w.⟩ die Tasche wog (geh.; *war)* schwer, leicht; ÜBERTR.: diese Einwände, seine Worte wiegen schwer *(haben großes Gewicht).* **²wiegen:** 1. a) ⟨jmdn., etw. in etw. (Dat.) w.⟩ *schwingend hin und her bewegen:* das Kind in der Wiege, im Armen w.; b) ⟨etw. w.⟩ *in schwin-*

W

gende Bewegung bringen: der Wind wiegt die Ähren; skeptisch wiegte er den Kopf hin und her. **2.** ⟨sich w.; mit Umstandsangabe⟩ *schwingende Bewegungen ausführen:* sie wiegte sich in den Hüften, im Rhythmus der Musik, im Tanz, zu den Klängen der Musik; die Boote wiegen sich auf den Wellen; die Halme wiegten sich im Wind; ⟨auch ohne *sich*⟩ die Äste wiegen im Wind; einen wiegenden Gang haben; ÜBERTR.: sich in Sicherheit w.; sich in der Hoffnung w. (geh.; *zuversichtlich hoffen*), dass ... **3.** ⟨etw. w.⟩ *zerkleinern:* Petersilie [fein] w.; fein gewiegte Kräuter, Zwiebeln.

wiehern: die Pferde wieherten; ÜBERTR.: er wieherte [laut] (ugs.; *lachte sehr laut*) vor Vergnügen; es gab ein wieherndes (ugs.; *schallendes*) Gelächter.

Wiese, die: eine grüne, saftige, blühende, sumpfige, schattige W.; Wiesen und Wälder; die W. ist feucht, nass; eine W. mähen; auf einer W. liegen, spielen;
★ **auf der grünen Wiese** *(vor der Stadt; in freiem, noch unbebautem Gelände):* es entstehen immer mehr Supermärkte auf der grünen W.

wieso: w. geht das Licht aus?; ich weiß nicht, w. er nicht nachgibt; w. [denn]?; ⟨leitet einen Relativsatz ein⟩ nenne mir den Grund, w. es so gekommen ist.

wievielte: der wievielte Besucher, Kunde war er?; beim wievielten Mal hat es geklappt?; zum wievielten Mal?; am wievielten Juli?; SUBST.: der Wievielte *(wievielte Tag des Monats)* ist heute?

wild: **1.** **a)** *im Naturzustand [vorkommend]:* wilde, w. lebende Tiere; wilde Tauben; wilder Wein; die wilden *(nicht veredelten)* Triebe abschneiden; eine wilde Schlucht; ein wilder Gebirgsbach; die Himbeeren wachsen hier w.; **b)** *unkontrolliert [sich entwickelnd]:* eine wilde Mähne; das Haar hängt ihr w. ins Gesicht; w. wucherndes Unkraut. **2.** *offiziell nicht gestattet:* eine wilde *(durch wildes Ablagen von Müll entstandene)* Deponie; wilde Streiks; wilde *(nicht lizensierte)* Taxis; wildes Parken; w. zelten, bauen, baden. **3. a)** *ungebändigt, stürmisch:* eine wilde Schlacht, Verfolgungsjagd; ein wilder Kampf; eine wilde Fantasie, Leidenschaft; in wildem Zorn; w. entschlossen; w. drauflosstürmen; es ging alles w. *(heftig)* durcheinander; die Sachen w. *(wüst)* durcheinander werfen; **b)** *wütend:* eine wilde Auseinandersetzung, Debatte; mit wilden Blicken; wenn du ihm das sagst, wird er sicher ganz w.; eine solche Ausrede macht mich [total] w.; SUBST.: wie ein Wilder toben, schreien; **c)** *äußerst lebhaft:* eine wilde Rasselbande; ein wildes Kind; seid nicht so w.!; **d)** (ugs.) *äußerst bewegt:* eine wilde Jugend hinter sich haben; wilde Partys feiern; das waren damals wilde Zeiten. **4.** *maßlos:* wilde Verwünschungen, Drohungen, Flüche ausstoßen; es kursieren wilde, die wildes-

ten Gerüchte, Anschuldigungen; es wurde w. spekuliert;
★ **halb/nicht so wild** (ugs.; *nicht so schlimm*) · **wie wild** (ugs.; *mit äußerster Heftigkeit, Intensität o. Ä.*): sie tanzte, fotografierte, schrie wie w. · **wild auf jmdn., etw. sein** *(ganz versessen auf jmdn., etw. sein).*

Wild, das: **a)** *Gesamtheit der jagdbaren Tiere:* ein Stück W.; das W. sucht Futter, wechselt das Revier; das W. schonen, füttern, jagen, locken, beschleichen, erlegen; auf W. schießen; **b)** *zum Wild gehörendes Tier:* scheues W.; wie ein gehetztes W. davonlaufen; **c)** *Fleisch vom Wild:* heute gibt es W. [zu essen]; gerne W. essen.

Wildnis, die: eine unberührte W.; die undurchdringliche W. des Dschungels; Tiere, die in der W. leben; der Garten ist die reinste W. *(ist verwahrlost).*

Wille, der: ein fester, eiserner, starker, unbändiger, unbeugsamer, entschlossener, schwacher, schwankender W.; der W. des Volkes zum Frieden; der W. zur Macht *(Machtwille)*; es war der W. des Verstorbenen; das ist Gottes unerforschlicher W.; der gute W. allein reicht nicht aus; es war mein freier W., diese Arbeit zu machen; es ist kein böser W. von ihr, wenn ...; guten Willen zeigen, mitbringen; er hat seinen eigenen Willen *(ist sehr willensstark)*; jmds. Willen beeinflussen, lenken, lähmen, brechen, beugen; lass ihm seinen Willen; er soll seinen Willen haben *(soll das tun, haben, was er unbedingt will)*; seinen Willen durchsetzen wollen; jmdm. seinen Willen aufzwingen [wollen]; sie hat den festen Willen *(ist fest entschlossen)*, sich zu ändern; einem fremden Willen gehorchen; sich dem Willen der Eltern beugen; die Festigkeit, die Stärke, die Schwäche des Willens; [voll] guten Willens sein *(bemüht sein, die Erwartungen zu erfüllen)*; an gutem Willen *(an der Bereitschaft, dem Sichbemühen)* hat es nicht gefehlt; auf seinem Willen bestehen, beharren; etw. aus freiem Willen tun; das ist beim besten Willen nicht möglich; bei/mit einigem guten Willen geht es; das geschah gegen/(geh.:) wider meinen Willen, ohne [Wissen und] Willen seines Vaters; es steht in deinem Willen, das zu tun; nach dem Willen der Mehrheit; Ⓡ wenn es nach W. ist, ist auch ein Weg, (scherzh.:) ein Gebüsch;
★ **der letzte Wille** *(Testament)* · **den guten Willen für die Tat nehmen** *(annehmen, dass sich jmd. bemüht hat, auch wenn es ohne Erfolg blieb)* · **wider Willen** *(ungewollt, unbeabsichtigt).*

willen: ⟨in der Verbindung⟩ **um jmds., etw. willen** *(jmdn., etw. zuliebe; mit Rücksicht auf jmdn., etw.; im Interesse einer Person, Sache):* um der Kinder, um des [lieben] Friedens w.; etw. nicht um seiner selbst w. tun.

willenlos: ein willenloses Geschöpf; völlig w. sein; etw. w. über sich ergehen lassen; jmdm. w. ausgeliefert sein.

willens: ⟨in der Verbindung⟩ **willens sein, etw. zu**

tun (geh.; *bereit, entschlossen sein, etw. zu tun):* er war durchaus w., sich zu ändern; ich bin nicht w. mitzukommen.

willkommen: ein willkommener Gast; ein willkommener Anlass zum Feiern; eine willkommene Gelegenheit, Abwechslung; das Angebot war [ihr] sehr w.; Sie sind uns jederzeit w.; /Begrüßungsformeln/: [seid] w.!; herzlich w.!; w. bei uns, zu Hause!; ✶ **jmdn. willkommen heißen** *(jmdn. zum Empfang begrüßen).*

Willkür, die: absolutistische, brutale W.; das ist reine W.; überall herrscht W.; die W. bekämpfen; der W. des Vorgesetzten ausgeliefert, preisgegeben sein; hier ist der W. Tür und Tor geöffnet; von der W. anderer abhängig sein.

willkürlich: 1. *eigenmächtig:* willkürliche Maßnahmen, Änderungen; die Auswahl war ganz w. *(nicht systematisch);* jmdn. w. benachteiligen; etw. w. festlegen, anordnen. 2. *bewusst erfolgend:* willkürliche Bewegungen; bestimmte Muskeln lassen sich nicht w. in Bewegung setzen.

wimmeln ⟨von jmdm., etw. w.⟩: die Straße wimmelt von Menschen; ⟨es wimmelt von jmdm., etw.⟩ auf der Straße wimmelt es von Menschen; hier wimmelt es von Ameisen; ÜBERTR.: die Arbeit wimmelt von Fehlern.

wimmern: vor Schmerzen w.; das kranke Kind wimmerte jämmerlich, kläglich vor sich hin; SUBST.: man hörte ein leises Wimmern.

Wimper, die: lange, gebogene, seidige, dichte, helle, künstliche, falsche Wimpern; die Wimpern senken; die Wimpern bürsten, schwärzen; die Wimpern färben lassen; sich die Wimpern [mit Mascara] tuschen; mit den Wimpern klimpern (ugs.; *blinzeln*); mir ist eine W. ins Auge geraten; ✶ **nicht mit der Wimper zucken** *(keine Reaktion, Betroffenheit zeigen)* · **ohne mit der Wimper zu zucken** *(ungerührt, ohne Bedenken).*

Wind, der: 1. ein heftiger, stürmischer, starker, kühler, eisiger, kalter, lauer, warmer, sanfter, (nordd.:) steifer, schneidender, böiger W.; [un]günstige, widrige Winde; (Meteor.:) auffrischende Winde aus Ost; W. und Wasser, W. und Wellen/Wogen; der W. weht, bläst, braust, pfeift, heult ums Haus, kommt von Osten; ein leichter W. kommt auf; der W. dreht sich, legt sich, flaut ab; der W. bringt Regen, verjagt die Wolken; auf günstigen W. warten; gegen den W. ankämpfen; gegen den W. segeln, kreuzen; die Mannschaft spielt mit dem W., hat den W. im Rücken; (Segelsport:) [hart] am W., mit halbem, vollem W., vor dem W. segeln; ℝ daher weht [also] der W.; wer W. sät, wird Sturm ernten. 2. *Blähung:* ihm ging ein W. ab; er ließ einen W. entweichen, (ugs.:) fahren; ✶ **irgendwo weht [jetzt] ein anderer/scharfer/schärferer Wind** (ugs.; *irgendwo werden [jetzt]*

andere, strengere Methoden angewandt, Maßstäbe angelegt) · **wissen/merken** o. ä., **woher der Wind weht** (ugs.; *wissen/merken* o. ä., *wie sich etwas [unerfreulicherweise] wirklich verhält)* · **wie der Wind** *(sehr schnell)* · **Wind machen** (ugs.; *sehr übertreiben; angeben)* · **viel Wind um etw. machen** (ugs.; *großes Aufheben von etw. machen)* · **Wind von etw. bekommen/kriegen/haben** (ugs.; *etw., was man eigentlich nicht wissen sollte, doch erfahren)* · **jmdm. den Wind aus den Segeln nehmen** (ugs.; *jmdm. den Grund für sein Vorgehen, die Voraussetzungen für seine Argumente nehmen)* · **sich den Wind um die Nase wehen, um die Ohren wehen/pfeifen lassen** (ugs.; *die Welt, das Leben kennen lernen)* · **bei/(seltener:)in Wind und Wetter** *(auch bei schlechtem Wetter)* · **etw. in den Wind schlagen** *(dem [gut gemeinten] Rat eines anderen keine Beachtung schenken)* · **in den Wind reden, sprechen** *(reden, sprechen, ohne dass man Gehör findet)* · **etw. in den Wind schreiben** *(etw. als verloren ansehen)* · **in alle Winde** *(überallhin).*

Windel, die: weiche, frische, nasse Windeln; eine W. aus Stoff; eine Packung Windeln; [dem Baby] die Windeln wechseln; [die] Windeln waschen; das Kind in Windeln legen, wickeln; damals lagst du noch in [den] Windeln *(warst du noch ein Baby);* ✶ **noch in den Windeln stecken/liegen/sein** *(sich noch im Anfangsstadium befinden).*

winden: 1. (geh.) a) ⟨etw. irgendwohin w.⟩ *durch Flechten befestigen:* Blumen in einen Kranz, zwischen die Zweige w.; ⟨jmdm., sich etw. irgendwohin w.⟩ dem Mädchen Schleifen ins Haar w.; b) ⟨etw. zu etw. w.⟩ *durch Flechten machen:* Blumen zu Kränzen w.; c) ⟨etw. w.⟩ *durch Flechten herstellen:* bunte Girlanden w.; aus Blumen Kränze w. 2. (geh.) a) ⟨etw. um jmdn., etw. w.⟩ *binden, schlingen:* ein Band um das Buch w.; die Arme um die Mutter w.; ⟨jmdm., sich etw. um etw. w.⟩ er wand sich eine Schärpe um den Bauch; b) ⟨jmdm., etw. aus etw. w.⟩ *wegnehmen:* dem Angreifer den Stock, die Waffe aus den Händen w.; sie wanden der weinenden Mutter das Kind aus den Armen. 3. a) ⟨sich irgendwo[hin] w.⟩ *sich schlangenartig fortbewegen:* der Wurm windet sich in den Sand; die Schlange windet sich im Sand; b) ⟨sich w.⟩ *sich krümmen:* er windet sich wie ein Aal, wie eine Schlange; sich in Krämpfen w.; er wand sich vor Lachen, vor Magenschmerzen; ÜBERTR.: er windet sich *(sucht nach Ausflüchten)* und erfindet ständig neue Ausreden; gewundene *(umständlich formulierte)* Sätze; sich gewunden *(umständlich, gekünstelt)* ausdrücken; c) ⟨sich irgendwohin w.⟩ *sich schlängeln:* er wand sich durch die Menge; ein Pfad windet sich in die Höhe; ein gewundener Flusslauf.

W

Windeseile, die: ⟨in der Verbindung⟩ in/mit Windeseile *(sehr schnell):* das Gerücht hatte sich in/ mit W. verbreitet.

windig: 1. *voll Wind:* ein windiger Tag; eine windige Ecke; es ist heute ziemlich w. 2. (ugs. abwertend) *unzuverlässig:* ein windiger Bursche; eine windige Firma; das ist eine windige *(haltlose)* Ausrede; damit sieht es sehr w. aus.

Windmühle, die: eine alte, holländische W.; * **gegen/mit Windmühlen kämpfen** *(einen aussichtslosen, sinnlosen Kampf führen).*

Wink, der: ein heimlicher, kurzer, kleiner, deutlicher, unmissverständlicher, stummer W.; ein W. mit den Augen, mit dem Kopf; jmdm. einen leisen W. geben, etw. zu tun; jmds. W. verstehen, befolgen, nicht bemerken; er bekam einen W. von oben *(eine Andeutung von höherer Stelle);* auf ihren W. hin kam der Kellner herbeigeeilt; ÜBERTR.: ein W. des Schicksals *(ein Ereignis o. Ä., das als Warnung aufgefasst wird);* * **ein Wink mit dem Zaunpfahl** (scherzh.; *ein sehr deutlicher Hinweis; eine überaus deutliche Anspielung).*

Winkel, der: 1. (Math.) *geometrisches Gebilde aus zwei sich schneidenden Geraden:* ein spitzer *(weniger als 90° betragender),* rechter *(90° betragender),* stumpfer *(zwischen 90° und 180° liegender)* W.; der Scheitel[punkt], die Schenkel eines Winkels; die beiden Linien bilden einen W. von 75°, schneiden sich in einem W. von 75°; an dieser Stelle zweigt/biegt die Straße in scharfem W. nach Norden ab. 2. *Ecke in einem Raum:* in einem W. des Zimmers stand ein Sessel; etw. in allen Ecken und Winkeln suchen. 3. *abgelegene Gegend:* ein stiller, malerischer, verträumter, romantischer W. der Stadt; er kannte die entlegensten W. des Landes; ÜBERTR.: im verborgensten, tiefsten, letzten W. des Herzens. * **toter Winkel** *(Gesichtswinkel, aus dem heraus etwas Bestimmtes nicht wahrgenommen werden kann).*

wink[e]lig: winkelige Dörfer, Gassen; das Atelier war schräg und w.; die Altstadt ist furchtbar w.

winken: 1. a) *mit der Hand ein Zeichen geben:* freundlich, mit der Hand, zum Abschied w.; die Kinder standen am Straßenrand und winkten mit Fähnchen; ⟨jmdm. w.⟩ sie winkte ihm mit einem Taschentuch; b) ⟨jmdm. etw. w.⟩ *durch Winken befehlen:* er winkte ihr, sie solle schweigen, c) ⟨jmdn., etw. w.⟩ *winkend herbeirufen:* dem Kellner, einem Taxi w.; d) ⟨jmdn. irgendwohin/zu jmdn. w.⟩ *durch Winken veranlassen zu gehen:* er winkte ihn zu sich; der Polizist winkte den Wagen zur Seite; e) ⟨etw. w.⟩ *durch Winken anzeigen:* auf Wiedersehen w.; der Linienrichter winkte Abseits. 2. ⟨jmdm. w.⟩ *für jmdn. in Aussicht stehen:* dem Sieger winken wertvolle Preise; dort winkt ihm ein höheres Einkommen, ein großer Gewinn, ein Abenteuer; ihm winkt *(droht)* eine Freiheitsstrafe bis zu drei Jahren; ⟨ohne Dat.⟩ es winken 30 % Gewinn.

winseln: 1. *leise klagende Laute von sich geben:* der Hund winselte vor der Tür. 2. (abwertend) ⟨um etw. w.⟩ *flehen:* um Gnade, um Hilfe, um sein Leben w.

Winter, der: ein kalter, harter, strenger, eisiger, rauer, langer, schneereicher, milder W.; es wird, ist W.; der W. kommt, dauert lange; sie geht im Sommer und im W./Sommer wie W. *(das ganze Jahr über)* schwimmen; ich bin schon den dritten W. hier; W. für W. *(jedes Jahr im Winter)* fliegt er nach Mallorca; gut durch den W. kommen; im W. verreisen wir; im W. des Jahres 1988, mitten im W.; ich bleibe im W., den W. über, über den W., während des Winters da.

winterlich: eine winterliche *(verschneite)* Landschaft; heute herrschen winterliche Temperaturen; winterliche *(warme)* Kleidung anziehen; es ist, wird schon sehr w.; w. gekleidet sein.

winzig: ein winziges Zimmer; eine winzige Menge; ein winziger Bruchteil; ein w. *(sehr)* kleines Tier; es ist w. wie ein Staubteilchen; aus der Ferne sieht die Kirche w. aus.

Wipfel, der: hohe, spitze, noch unbelaubte, schwankende W.; der Wind rauscht in den Wipfeln.

wippen: a) ⟨[auf etw. (Dat.)] w.⟩ *auf einer Wippe o. Ä. auf und ab schwingen:* das Baby auf seinen Knien w. lassen; die Kinder wippen auf dem überstehenden Brett; b) ⟨[auf etw. (Dat.)] w.⟩ *in wippende Bewegung geraten:* ihre Locken, die Federn auf dem Hut wippten; c) ⟨mit etw. w.⟩ *etw. auf und ab, hin und her bewegen lassen:* mit dem Fuß, mit der Schuhspitze w.; der Vogel wippt mit dem Schwanz; d) ⟨mit Umstandsangabe⟩ *sich federnd auf und ab bewegen:* auf den Zehen, in den Knien w.; er wippte auf und nieder.

wir: 1. w. essen gerade; w. bleiben zu Hause; w. beide; w. Deutschen; wir Älteren/Jüngeren. 2. (fam.) /in vertraulicher Anrede, bes. gegenüber Kindern/ du, ihr, Sie: was haben w. denn da?; das wollen w. schön sein lassen.

Wirbel, der: 1. a) *schnelle Drehbewegung:* der Strom hat starke, gefährliche W.; der Rauch stieg in dichten Wirbeln auf; sie beendete den Tanz mit einem wilden W.; ÜBERTR.: sich nicht im W. der Gefühle, der Leidenschaften fortreißen lassen; b) *Aufsehen:* seine Äußerung verursachte einen großen W.; es wird einen furchtbaren W. geben, wenn das bekannt wird; um jmdn., etw. [einen] W. machen; er hat sich ohne großen W. aus der Öffentlichkeit zurückgezogen. 2. *Knochen der Wirbelsäule:* der fünfte W. ist gebrochen, beschädigt; ich habe mir den W. verletzt. 3. *Haarwirbel:* er hat, das Haar bildet einen starken W.

4. *Trommelwirbel:* auf einer Pauke, auf einer Trommel einen W. schlagen; sie empfingen ihn mit einem dumpfen W.
5. *drehbarer Griff:* den W. anziehen, lockern; zum Stimmen der Geige dreht man den W.
wirbeln: 1. a) ⟨[irgendwoher, irgendwohin] w.⟩: *sich schnell in kreisender Bewegung bewegen:* die Schiffsschraube begann zu w.; die Schneeflocken wirbelten immer dichter; die Absätze der Tänzerin wirbelten; die Flocken wirbeln durch die Luft; der Rauch wirbelt aus dem Schornstein; die Tänzer wirbeln über die Bühne; **b)** ⟨jmdn., etw. irgendwohin w.⟩ *in schneller Drehung bewegen:* der Wind wirbelte die trockenen Blätter in, durch die Luft; er wirbelte seine Partnerin über die Tanzfläche.
2. *einen Wirbel ertönen lassen:* die Trommler begannen zu w.; die Trommel wirbelt.
wirken: 1. a) *tätig sein, arbeiten:* der Arzt hat lange in diesem Dorf gewirkt; ⟨als etw. w.⟩ an einer Schule als Lehrer, in einer Gemeinde als Pfarrer w.; ⟨für/gegen jmdn., etw. w.⟩ für die Armen, für den Frieden, für ein bestimmtes Ziel, gegen Hunger und Unterdrückung w.; **SUBST.**: auf ein langes, segensreiches Wirken zurückblicken; **b)** (geh.) ⟨etw. w.⟩ *zustande bringen:* sie hat in ihrem Leben viel Gutes gewirkt.
2. ⟨[irgendwie] w.⟩ *eine Wirkung haben:* die Arznei wirkt gut, schlecht, gar nicht; das Getränk wirkte berauschend; sein Zuspruch wirkte beruhigend, ermunternd [auf ihn]; ich habe das Bild auf mich w. lassen; es hat gewirkt! *(es war wirkungsvoll!);* diese Ankündigung hat bei ihm nicht gewirkt *(hat keine Verhaltensänderung bewirkt).*
3. ⟨irgendwie w.⟩ *einen bestimmten Eindruck machen:* er wirkt fröhlich, müde, traurig, unausgeglichen, unzufrieden; neben jmdm. klein, zierlich w.; dieses Vorgehen wirkte rücksichtslos, primitiv; das wirkt geradezu lächerlich; ein südländisch, sympathisch wirkender Mann.
4. ⟨irgendwo w.⟩ *zur Geltung kommen:* die Farbe, das Bild wirkt in diesem Zimmer nicht; das Muster wirkt nur aus der Nähe.
5. (Handw.) ⟨etw. w.⟩ *aus Fäden herstellen; weben:* Pullover, Unterwäsche w.; mit der Hand gewirkte Teppiche, Stoffe.
wirklich: I. ⟨Adj.⟩ **a)** *tatsächlich:* eine wirkliche Begebenheit; Szenen aus dem wirklichen Leben; ist das der wirkliche *(richtige)* Name?; was empfindet, denkt, will er w. *(in Wirklichkeit)*?; sich nicht w. dafür interessieren; Geschichten, die sich w. zugetragen haben; **b)** *echt:* wirkliche Freunde sind selten; ihr fehlt eine wirkliche Aufgabe; das war für mich eine wirkliche *(spürbare)* Hilfe; er versteht w. etwas von der Sache.
II. ⟨Adverb⟩ *in der Tat:* ich bin w. zufrieden; ich weiß w. nicht, wo er ist; nein, w.? *(ist es so?)*; sie tut mir w. und wahrhaftig leid; er ist es w. *(jetzt*

erkenne ich ihn); /Ausdruck der Kritik, Entrüstung/: also w.!
Wirklichkeit, die: die raue, harte, nackte, unabänderliche, heutige, soziale, gesellschaftliche, politische W.; die graue W. des Alltags; der Traum wird W.; die W. übertraf alles, sieht ganz anders aus; die W. verklären, verfälschen, entstellen; kehren wir in die W. zurück; in W. *(wie sich die Dinge verhalten)* liegt die Sache so; sich mit der W. auseinander setzen; keinen Bezug zur W. haben, den Bezug zur W. verloren haben.
wirksam: ein wirksames Medikament; wirksame Maßnahmen, Kontrollen; ein wirksamer Schutz, Vertrag; das Mittel ist sehr w.; alle Möglichkeiten w. ausschöpfen; jmds. Interessen w. vertreten; die neuen Bestimmungen werden mit 1. Juli w. (Amtsspr.; *gelten ab 1. Juli).*
Wirkung, die: eine nachhaltige, wohltuende, schnelle W.; die W. der Explosion war entsetzlich; die erhoffte W. blieb aus; er tat dies, ohne die gewünschte W. zu erzielen; die W. noch erhöhen; seine Ermahnungen hatten keine W., übten keine W. aus, verfehlten ihre W., ließen keine W. erkennen; das Medikament tat seine W.; [keine] W. erkennen *([nicht] erkennen lassen, dass etwas Auswirkungen hat);* diese Verfügung wird mit W. vom (Amtsspr.; *ab)* 1. Oktober, mit sofortiger W. ungültig; ohne W. bleiben; ich war über die W., von der W. seiner Worte überrascht; das Mittel kam dadurch verstärkt zur W. *(wirkte dadurch besonders stark);* zwischen Ursache und W. unterscheiden.
wirr: 1. *ungeordnet:* ein wirres Geflecht von Baumwurzeln; es herrschte ein wirres Durcheinander von Büchern und Zeitungen; die Haare hingen ihm w. ins Gesicht.
2. a) *unklar:* wirre Gerüchte, Gedanken; ein wirrer Traum; wirres Gekritzel; wirres Zeug reden; er sprach ziemlich w.; **b)** *verwirrt:* der Brief machte ihn ganz w.; mir ist ganz w. im Kopf *(ich bin ganz konfus).*
Wirren, die ⟨Plural⟩: politische W.; durch die inneren W. ist das Land schwer bedroht; in den W. der Nachkriegszeit.
Wirrwarr, der: ein W. von Vorschriften; der W. *(die chaotischen Zustände)* im Ministerium war unbeschreiblich; es gab einen heillosen W.; in dem W. von Stimmen war er kaum zu verstehen.
Wirt, der: ein aufmerksamer, tüchtiger W.; der W. kocht hier selbst; der W. begrüßte, bediente seine Gäste persönlich; der W. des, vom »Goldenen Löwen«; [den] W. spielen; beim W. bestellen, bezahlen.
Wirtschaft, die: **1.** *Volkswirtschaft:* die kapitalistische, sozialistische, einheimische, mittelständische W.; eine hoch entwickelte, florierende, expandierende, stagnierende W.; die W. wird von Krisen erschüttert; die W. ankurbeln, [staatlich] lenken, modernisieren; in der freien *(auf freiem*

Wettbewerb und privater Aktivität beruhenden)
W. tätig sein; Sponsoren in der W. finden.
2. *Gaststätte:* er saß in der W.; in die W. gehen; in
einer W. einkehren.
3. *kleines Gut:* er hat nur eine kleine W.; die Frau
führt allein die W.; in der väterlichen W. arbeiten.
4. *Haushalt, Hauswirtschaft:* sie führt ihrem
Sohn die W.; eine eigene W. gründen.
5. (ugs. abwertend) *Unordnung:* das ist ja eine
schöne W.!; was ist denn das für eine W.?; mir
passt diese W. sowieso nicht; diese W. muss aufhören.
wirtschaften: **1. a)** ⟨[irgendwie] w.⟩ *die gegebenen
Mittel einteilen:* gut, schlecht, zweckmäßig, sparsam, aus dem Vollen, mit Gewinn w.; seine Frau
muss mit dem Geld sehr genau w., um auszukommen; sie versteht zu w.; **b)** (selten) ⟨etw. w.;
mit Umstandsangabe⟩ *durch Wirtschaften in einen bestimmten Zustand bringen:* eine Firma
konkursreif, in den Ruin w.; er hat den Hof zugrunde gewirtschaftet.
2. ⟨mit Umstandsangabe⟩ *im Haushalt tätig sein:*
in der Küche, im Keller, im Haus, auf dem Speicher w.; sie wirtschaftet mit großem Eifer.
wirtschaftlich: **1. a)** *die Wirtschaft betreffend:* die
wirtschaftliche, soziale Lage der Angestellten;
wirtschaftliche Interessen, Erfolge, Probleme,
Maßnahmen; die wirtschaftlichen Verhältnisse
eines Landes; du lässt dich nur von wirtschaftlichen Erwägungen leiten; **b)** *geldlich, finanziell:*
sich in einer wirtschaftlichen Notlage befinden;
es geht ihm w. gut, schlecht, ausgezeichnet; w.
von jmdm. abhängig sein.
2. *sparsam:* ein wirtschaftliches Auto; eine wirtschaftliche Hausfrau; das Spülmittel ist im Verbrauch sehr w.; das ist nicht w. gedacht, gehandelt.
wischen: **1. a)** ⟨etw. aus/von etw. [mit etw.] w.⟩
durch Abwischen entfernen: die Krümel vom
Tisch, den Staub von der Glasplatte w.; sie
wischte das Blut mit einem Tuch von seinem Gesicht; ⟨jmdm., sich etw. aus, von etw. [mit etw.]
w.⟩ ich wischte mir mit dem Handtuch den
Schweiß von der Stirn, die Tränen aus den Augen; BILDL.: er wischte ihre Bedenken, ihre Sorgen einfach vom Tisch; **b)** ⟨sich (Dat.) etw. [mit
etw.] w.⟩ *säubern:* er wischte sich mit der Serviette den Mund, mit dem Taschentuch die Nase;
sie wischte sich verstohlen die Augen.
2. ⟨[mit etw.] über etw. (Akk.) w.⟩ *eine Bewegung
[mit der Hand] machen:* mit der Hand über den
Stirn, aus Versehen mit dem Ärmel über den
Tisch w.; ⟨sich (Dat.) [mit etw.] über etw. (Akk.)
w.⟩ er wischte sich mit dem Ärmel über die Stirn.
3. ⟨etw. w.⟩ **a)** *mit feuchtem Tuch säubern:* den
Boden, die Treppen w.; **b)** *mit trockenem Tuch
entfernen:* Staub w.
4. ⟨irgendwohin w.⟩ *sich schnell bewegen:* der
Hund wischte um die Ecke;

⋆ jmdm. eine wischen (ugs.; *jmdm. eine Ohrfeige
geben*).
wispern: **a)** *flüstern:* die Kinder wisperten; **b)** ⟨etw.
w.⟩ *leise sagen:* ich habe nicht verstanden, was er
wisperte; ⟨jmdm. etw. irgendwohin w.⟩ er verstand nicht, was sie ihm ins Ohr wisperte.
wissen: **1.** ⟨etw. w.⟩: *Wissen, Kenntnisse haben:* etw.
genau, sicher, mit Sicherheit, bestimmt, nur ungefähr, im Voraus, in allen Einzelheiten w.; das
weiß ich auswendig; den Weg, die Lösung, jmds.
Namen, jmds. Adresse w.; wissen Sie schon das
Neueste?; das Schlimmste, (iron.:) das Beste/
Schönste weiß er noch gar nicht; viel, nichts von
dem Vorfall w.; woher soll ich das w.?; was ich alles w. soll! *(ich soll immer alles wissen!);* dass/da-
mit du es nur weißt, mit uns ist es aus!; das hätte
ich w. sollen, müssen; wenn ich das gewusst
hätte ...; etw. aus zuverlässiger Quelle w.; in die-
sem/für diesen Beruf muss man viel w.; ich weiß
ein gutes Lokal; sie weiß es nicht anders *(sie hat
es nicht anders gelernt);* soviel ich weiß, wollte er
kommen; ich weiß [mir] keinen anderen Rat als
...; ich weiß, was ich weiß *(ich bleibe bei meinem
Standpunkt);* sie weiß alles [besser]; er weiß, was
er will *(er geht mit einem festen Willen auf sein
Ziel zu);* ihr wisst [auch] nicht, was ihr wollt *(ihr
seid so unentschlossen);* was weiß denn der! *(der
weiß doch gar nichts!);* du musst wissen *(dir im
Klaren sein),* was du zu tun hast; nicht w. *(unsicher, unentschlossen sein),* was man tun soll; ich
wüsste nicht *(mir ist nicht bekannt),* dass er sich
anders entschieden hätte; ich weiß, wovon ich
rede *(ich kann mich bei dem, was ich sage auf Tatsachen stützen);* wenn ich nur wüsste, ob ich die
Prüfung bestanden habe; jmdn. etw. w. lassen
(jmdm. etw. mitteilen); ich möchte nicht w., wie
viel Geld das alles gekostet hat *(das war alles sicher sehr teuer);* was weiß ich (ugs.; *das weiß ich
nicht und das interessiert mich nicht);* weißt du
was *(ich schlage vor),* wir fahren einfach dorthin;
man kann nie w. *(kann nicht voraussehen),* wozu
das gut ist; sie wollte w. *(sie wusste angeblich),*
dass alles bereits entschieden sei; wer weiß, ob
wir uns wiedersehen; ⟨auch ohne Akk.⟩ nicht,
dass ich wüsste *(mir ist nichts bekannt);* bei ihr
weiß man nie (ugs.; *man kann nie voraussagen,
wie sie reagieren wird, was sie vorhat);* weißt du
noch? *(erinnerst du dich noch daran?);* »Kommt
sie?« – »Wer weiß?« *(vielleicht);* »Wie ist es gelaufen?« – »Ich weiß nicht so recht.«; Ⓡ was ich nicht
weiß, macht mich nicht heiß.
2. ⟨von/um etw. w.⟩ *über etw. unterrichtet sein:*
ich weiß von seiner schwierigen Situation, um
seine Nöte; von dieser/um diese Angelegenheit
w.
3. (geh.) **a)** ⟨jmdn., etw. ... mit Umstandsan-
gabe⟩ *wähnen:* jmdn. zu Hause, in guten Händen
w.; Haus und Garten in guter Obhut w.; jmdn. gut
versorgt, glücklich w.; **b)** ⟨etw. w.; mit 2. Part.⟩ *sicher sein, dass etw. in bestimmter Weise behan-*

delt wird: eine Angelegenheit endlich erledigt w.; ich will diese Frage in der Weise, nur so verstanden w., dass ... **4.** ⟨mit Infinitiv mit *zu*⟩ *in der Lage sein, etw. zu tun:* sich zu benehmen, zu behaupten w.; etw. zu schätzen w.; er wusste wohl, das Leben zu genießen; sich zu helfen w.; mit jmdm. nichts anzufangen w.; er wusste manches zu berichten; er weiß etwas aus sich zu machen. **5.** (ugs.) /in verstärkenden floskelhaften Einschüben/: so tun, als ob die Angelegenheit wer weiß wie *(als ob sie äußerst)* wichtig sei; er erzählte dies und was weiß ich/ich weiß nicht was noch alles; * *von jmdm., etw.* **nichts [mehr] wissen wollen** *(an jmdm., etw.* **kein Interesse** *[mehr] haben)* · **es wissen wollen** (ugs.; *bei etw.* **seine Fähigkeiten energisch unter Beweis stellen wollen)** · **sich mit jmdm. eins wissen** (geh.; *sich mit jmdm. einig sein).*

Wissen, das: ein gründliches, reiches, umfangreiches, umfassendes W.; sein W. ist unerschöpflich, reicht dafür nicht aus; ihr W. um diese Dinge; ein großes, gesichertes W. haben, besitzen; aus dem Reichtum, aus dem Schatz seines Wissens schöpfen; meines Wissens *(soviel ich weiß)* ist er verreist; jmdn. mit W. *(bewusst)* benachteiligen; sie tat es mit W. ihrer Eltern *(ihre Eltern wussten, dass sie es tat);* er tat es wider besseres/(seltener:) gegen [sein] besseres W. *(obwohl er wusste, dass es falsch ist);* etw. nach bestem W. und Gewissen tun; das geschah ohne mein W.; Ⓡ W. ist Macht

Wissenschaft, die: reine, angewandte Wissenschaft[en]; exakte Wissenschaften *(Wissenschaften, deren Ergebnisse auf Messungen, mathematischen Beweisen beruhen);* die W. der Medizin, von den Fischen; Kunst und W.; die W. fördern, pflegen; der W. dienen; sein Leben der W. widmen; in der W. tätig sein; Prominenz aus W. und Politik war vertreten; die W. ist *(die Wissenschaftler[innen] sind)* anderer Ansicht; ÜBERTR.: die tägliche Ernährung ist fast schon eine W., ist eine W. für sich (ugs.; *sehr kompliziert).*

wissenschaftlich: wissenschaftliches Denken, Arbeiten; wissenschaftliche Methoden, Untersuchungen, Forschungen, Ergebnisse, Bücher, Vorträge, Tagungen; der wissenschaftliche Nachwuchs; sie ist wissenschaftliche *(mit wissenschaftlichen Arbeiten beauftragte)* Hilfskraft; ein wissenschaftlicher Beirat; wissenschaftliche Literatur; der Zweck ist rein w.; w. arbeiten, tätig sein, geschult sein; diese Theorie ist w. nicht haltbar; das ist w. erwiesen; etw. w. untersuchen.

wissentlich: eine wissentliche Falschmeldung, Kränkung; w. in sein Unglück rennen; eine w. falsche Aussage machen; w. gegen etw. verstoßen.

wittern: **1.** (Jägerspr.) ⟨[etw.] w.⟩ *[etw.] mit dem Geruchssinn wahrnehmen:* das Reh wittert; der Hund wittert Wild. **2. a)** ⟨etw. w.⟩ *ahnen:* Gefahr, Unheil, Verrat, eine

Falle w.; eine Möglichkeit, eine Chance, eine Sensation, ein Geschäft w.; **b)** (ugs.) ⟨jmdn. in jmdm. w.⟩ *vermuten:* in jmdm. einen möglichen Kunden, einen Konkurrenten, einen Feind w.

Witterung, die: **1.** *Wetterlage:* eine kühle, warme, angenehme, feuchte, nasskalte, wechselnde W.; die W. schlägt um; allen Unbilden der W. trotzen; der W. ausgesetzt sein; bei jeder W. joggen; das hängt von der W. ab. **2.** (Jägerspr.) **a)** *Geruchs-, Spürsinn:* das Tier, der Hund hat eine feine W.; **b)** *Geruchsspur:* W. nehmen, die W. aufnehmen; dem Hund W. geben; ÜBERTR.: er bekam W. von ihren Absichten. **3.** *Spürsinn:* eine W. für Stimmungsumschwünge; eine sichere W. für etw. haben.

Witz, der: **1.** *Äußerung mit besonderer Pointe:* ein guter, schlechter, fauler, alberner, geistreicher, platter, politischer, zweideutiger, unanständiger, dreckiger W.; jüdische Witze; Witze über die Bayern; der W. ist [ur]alt; und was, wo ist jetzt der W. *(das eigentlich Witzige)* [dabei]?; sie kann keine Witze erzählen; hast du den W. verstanden?; kennst du schon den neuesten W.?; sie machten ihre Witze mit dem alten Lehrer *(amüsierten sich auf seine Kosten);* über seine eigenen Witze lachen; ÜBERTR.: das ist der [ganze] W. [bei der Sache] (ugs.; *darauf allein kommt es an);* das ist [ja] gerade der W. (ugs.; *darauf kommt es an);* der W. *(das Komische, Erstaunliche, Wichtige)* daran ist, dass ...; der W. *(der Kern der Sache)* ist nämlich der, dass ...; das ist doch [wohl nur] ein [schlechter] W., soll wohl ein W. sein *(das ist doch nicht wahr, möglich);* das ist *(das ist wirklich wahr);* das Urteil war ein W. *(in keiner Weise angemessen);* ihr Aufzug war ein W. *(sehr seltsam, lächerlich);* etw. geradezu als W. (ugs.; *paradox)* empfinden; sich mit jmdm. einen W. *(Scherz)* erlauben; mach keine Witze! (ugs.; *das ist nicht möglich!).* **2.** *geistreiche Art:* ein sprühender, beißender, scharfer W.; das hat viel W. *(Esprit);* jmdm., etw. fehlt es an W.; sein W. *(Spott)* macht vor niemandem, vor nichts halt; eine mit W. und Laune, mit Geist und W. vorgetragene Erzählung. * **Witze reißen** (ugs.; *[derbe] Witze erzählen).*

witzig: **1.** *geistreich; humorvoll:* ein witziger Moderator, Erzähler, Kabarettist; eine witzige Rede, Bemerkung; witzige Einfälle, Ideen; die Kabarettistin, der Vortrag war recht, sehr w.; deine Äußerung war alles andere als w.; etw. w. formulieren. **2.** (ugs.) **a)** *merkwürdig:* eine witzige Sache; ein witziges Gefühl; das ist ja w.; **b)** *einfallsreich:* witzige Musik; witzige Hosen.

wo: **I.** ⟨Adverb⟩ *an welcher Stelle:* **1.** ⟨interrogativ⟩ wo warst du heute?; wo wohnt sie?; wo ist sie geboren?; wo können wir uns treffen?; wo [denn] sonst?; von wo ist er gekommen?; ich weiß nicht, wo er steckt; wo gibts denn so was! (ugs.; *das ist ja unglaublich!).* **2.** ⟨relativ⟩ **a)** /räumlich/: die Stelle, wo es passiert ist; überall, wo Menschen wohnen; bleib [da], wo du bist; pass auf, wo sie hingeht! *(ugs.: wohin sie geht)*; wo immer er auch sein mag, ich werde ihn finden; **b)** *(zeitlich)* in dem Augenblick, zu dem Zeitpunkt, wo er hier ankam; es kommt noch der Tag, wo sie mich braucht. **3.** *(ugs.)* *(indefinit)* *irgendwo:* der Schlüssel wird doch wo liegen; das Geschäft soll, muss hier wo sein. **II.** *(Konjunktion)* **1.** (veraltend) *(konditional)* *wenn:* bei seinem Fleiß wird er dich erreichen, wo nicht übertreffen. **2. a)** *(kausal)* *zumal da:* was wollt ihr verreisen, wo ihr es [doch] zu Hause so schön habt; **b)** *(konzessiv)* *obwohl, während:* sie erklärte sich außerstande, wo sie [doch] nur keine Lust hatte.

woanders: sie wohnen inzwischen w.; versuchen Sie es w.; mit seinen Gedanken w. *(nicht bei der Sache)* sein.

Woche, die: diese, die letzte, [über]nächste, vergangene, kommende W.; die dritte W. des Monats; die W. vor, nach Pfingsten; die W. war sehr ruhig; Wochen und Monate vergingen; das Kind ist drei Wochen alt; *(Akk. als Zeitangabe)* drei Wochen [lang], vorige W. war sie krank; alle drei Wochen, jede dritte W. besuchte er sie; vor, nach drei Wochen; die W. über; während/(südd.:) unter der W. *(von montags bis zum Wochenende)*; Mitte der W.; am Anfang der W.; zweimal die W./in der W. geht sie putzen; auf Wochen hinaus ausgebucht sein; heute vor/in drei Wochen; die Arbeit muss noch in dieser W. fertig werden; er wurde zu sechs Wochen Arrest verurteilt;
★ **englische Woche** *(Fußball; Zeitraum von acht Tagen, in dem eine Mannschaft drei Punktspiele austragen muss)*.

Wochenende, das: ein langes, verlängertes W. *(Wochenende mit zusätzlicher Freizeit, meist Feiertagen)*; das W. in den Bergen verbringen; ich wünsche Ihnen ein angenehmes W.; an den Wochenenden fortfahren; über das W. verreist sein.

wöchentlich: wöchentliche Lieferung; die Zeitschrift erscheint w.; w. zweimal/zweimal w. zur Massage gehen.

Woge, die *(geh.):* haushohe, schäumende Wogen; Wind und Wogen; in den Wogen verschwinden; BILDL.: die Wogen der Begeisterung gingen hoch, schlugen immer höher;
★ **die Wogen glätten** *([bei einer Auseinandersetzung] vermittelnd, ausgleichend auf die Kontrahenten einwirken)* · **die Wogen glätten sich** *(die Erregung, Empörung klingt ab, es kehrt wieder Ruhe ein)*.

wogen (geh.): das Meer wogt; die Fluten wogen; die wogende See; wogende Wellen; BILDL.: die Ähren wogten im Wind; wogende Menschenmassen; mit wogendem Busen stürmte sie herein; zurzeit wogt noch ein heftiger Kampf [hin und her]; es wogte in ihr *(sie war innerlich bewegt, erregt)* vor Empörung und Scham.

woher: w. kommst, stammst du?; ich weiß nicht, w. er das hat; [aber] ach w. denn! *(ugs.; keineswegs!)*; *(leitet einen Relativsatz ein)* er soll wieder dorthin gehen, w. er gekommen ist; SUBST.: jmdn. nach dem Woher und Wohin fragen *(geh.; ihn hinsichtlich seiner Vergangenheit und seiner Pläne für die Zukunft befragen)*.

wohin: w. gehst du?; ich weiß noch nicht, w. ich im Urlaub fahren soll; w. damit, mit den alten Sachen? *(ugs.; was soll ich damit, mit den alten Sachen machen?)*; er muss noch w. *(ugs.; hat noch irgendeine Besorgung zu machen; auch ugs. verhüll.; muss noch zur Toilette)*; *(leitet einen Relativsatz ein)* ihr könnt gehen, w. ihr wollt.

wohl I. *(Adverb):* **1. a)** *(körperlich)* gut, angenehm: mir ist nicht w.; sich nicht ganz w. fühlen; am wohlsten fühle ich mich zu Hause; die Wärme tut mir sehr w.; lass dirs w. schmecken, w. ergehen; es sich w. sein lassen; jmdm. ist es w. ums Herz; mir ist nicht w. [zumute] bei dem Gedanken *(ich habe ein ungutes Gefühl dabei)*; /in bestimmten formelhaften Verbindungen/: leben Sie/lebe w.!; schlaf w.!; w. bekomms!; **b)** (geh.) *gut:* es ist alles w. geordnet; er lebt in w. geordneten Verhältnissen; etw. w. *(sorgfältig)* überlegen; ein w. abgewogenes Urteil; eine w. bedachte Handlung; ich weiß [sehr] w., bin mir w. *(durchaus)* bewusst, dass ...; er tat es, w. wissend, dass es nicht erlaubt ist. **2.** *(in Verbindung mit aber)* *jedoch:* in Mitteleuropa kommen diese Tiere nicht w. aber in wärmeren Ländern. **3.** *zwar:* er sagte w., er wolle das tun, aber ich glaube ihm nicht; das wird w. gesagt, aber ... **4.** *etwa:* es waren w. 50 Personen anwesend. **5.** (geh. veraltend) /als Ausruf des Glücklichpreisens/: w. dem, der dies gesund überstanden hat! **II.** *(Partikel; unbetont)* **1.** *vermutlich:* das wird w. so sein; es wird w. kaum kommen; du hast w. zu viel Geld!; das wird w. das Beste sein. **2.** /drückt eine Bekräftigung, Verstärkung aus/: siehst du w.!; man wird doch w. fragen dürfen!; willst du w. hören!;
★ **wohl oder übel** *(notgedrungen)*.

Wohl, das: das seelische, körperliche, leibliche W.; das öffentliche, allgemeine W. *(das Wohlergehen der Menschen)*; das W. seiner Familie liegt am Herzen; das W. des Staates liegt in seinen Händen; auf sein W. bedacht sein; auf jmds. W. trinken, das Glas leeren; für das leibliche W. *(Essen und Trinken)* der Gäste sorgen; das geschah nur zu meinem W.; /Trinksprüche/: auf dein/Ihr W.!; zum W.!;
★ **Wohl und Wehe** *(Schicksal)*.

Wohlgefallen, das: sein W. an jmdm., etw. finden, haben; etw. erregt, findet jmds. W.; etw. mit W. betrachten;
★ **sich in Wohlgefallen auflösen** *(ugs.; 1. zur allgemeinen Zufriedenheit ausgehen, überwunden werden. 2. [von Gegenständen] auseinander fal-*

W

len, entzweigehen. 3. *[von Gegenständen] verschwinden; nicht mehr aufzufinden sein).*
wohlhabend: ein wohlhabender Bürger; sie stammt aus einer wohlhabenden Familie; er ist sehr w.
Wohltat, die: jmdm. eine [große] W. erweisen; von jmdm. eine W. annehmen; Wohltaten empfangen, genießen, austeilen; auf die Wohltaten anderer angewiesen sein; ÜBERTR.: die W. eines Bades genießen; etw. als W. *(als wohltuend)* empfinden; bei der Hitze ist der Regen ein wahre W. für alle Lebewesen.
wohltätig: 1. *karitativ:* wohltätige Einrichtungen; eine wohltätige Veranstaltung; eine Sammlung für wohltätige Zwecke; w. sein, wirken. 2. *wohltuend:* einen wohltätigen Einfluss, eine wohltätige Wirkung auf jmdn. ausüben.
wohltuend: eine wohltuende Stille, Kühle, Wärme; etw. als w. empfinden; es ist w. ruhig hier.
wohlweislich: etw. w. tun, unterlassen; das haben sie ihm w. verschwiegen.
Wohlwollen, das: väterliches W.; W. zeigen; jmds. W. genießen; jmdm. W. entgegenbringen; sich jmds. W. erwerben, erobern, verscherzen; W. für jmdn. empfinden; jmdn., etw. mit W. behandeln, betrachten; auf jmds. W. angewiesen sein.
wohlwollend: wohlwollende Freundlichkeit, Gesinnung; wohlwollende Neutralität üben; eine Aufführung w. besprechen; jmdm. w. auf die Schulter klopfen; einer Sache w. gegenüberstehen; etw. w. prüfen.
wohnen ⟨mit Umstandsangabe⟩: in der/außerhalb der Stadt, auf dem Land, im Grünen, am Waldrand, in einer vornehmen Gegend, in einem Neubau, im Nachbarhaus, in der Rheinstraße wohnen; wo wohnst du?; parterre, zwei Treppen höher, im vierten Stock, bei den Eltern, zur Miete, in Untermiete, möbliert, billig, primitiv, menschenunwürdig, komfortabel, schön w.; er wohnt nur drei Kilometer, nur zehn Minuten vom Büro entfernt; Tür an Tür, über/unter jmdm. w.; nur vorübergehend, für 14 Tage dort w.; hier lässt es sich gut, angenehm w.; in diesem Hotel wohnt man gut *(ist man gut untergebracht).*
Wohnsitz, der: erster, zweiter W.; sein ständiger W. ist München; er hat, nimmt seinen W. in München; den W. wechseln; keinen festen W. haben; ohne festen W. sein; seinen W. nach Köln verlegen.
Wohnung, die: die elterliche W.; eine komfortable, winzige, billige, teure, sonnige, helle, moderne, leer stehende, kalte, feuchte W.; eine W. mit drei Zimmern, Küche, Bad; eine W. in einem Neubau, mit allem Komfort; die W. ist für uns zu klein, ist verwohnt; die W. wird zum Jahresende frei, ist am 1. Juli beziehbar; die W. kostet 1200 Mark monatlich; die W. liegt in der Innenstadt, weit draußen, im 3. Stock, zur Straße; die W. hat Südlage; eine W. suchen, finden, vermitteln, tauschen, [ver]mieten, beziehen, aufgeben, räumen, kündi-

gen, übernehmen, wechseln, kaufen, verkaufen; eine W. observieren, durchsuchen; jmdm. eine W. zuweisen; Wohnungen [für kinderreiche Familien] bauen; aus seiner W. ausziehen, (ugs.:) rausmüssen; sich nach einer größeren W. umsehen.
wölben: a) ⟨etw. w.⟩ *bogenförmig anlegen:* die Saaldecke leicht w.; die Kuppel ist stark gewölbt; eine gewölbte Decke, Halle; er hat eine hohe, gewölbte Stirn; b) ⟨sich irgendwohin w.⟩ *sich erstrecken:* sich nach außen w.; eine Steinbrücke wölbt sich über den Fluss; ein prachtvoller Sternenhimmel wölbt sich über uns.
Wolf, der: 1. */ein Raubtier/:* ein reißender W.; ein Rudel Wölfe; die Wölfe heulen; ein W. hat mehrere Schafe gerissen. 2. *Fleischwolf:* Fleisch, Gemüse durch den W. drehen, im W. zerkleinern; ∗ ein Wolf im Schafspelz sein *(sich harmlos geben, freundlich tun, aber dabei böse Absichten hegen und sehr gefährlich sein)* · jmdn. durch den Wolf drehen (salopp; *jmdm. hart zusetzen*) · mit den Wölfen heulen *(sich aus Opportunismus im Reden und Handeln dem Tun anderer anschließen)* · unter die Wölfe geraten [sein] *(brutal behandelt, ausgebeutet werden).*
Wolke, die: helle, graue, schwarze, tief hängende, dunkle, schwere Wolken; aus Westen ziehen dicke Wolken auf; die Wolken ballen sich, türmen sich, ziehen sich [am Horizont] zusammen, bringen Regen, regnen sich ab; die Wolken ziehen, zerteilen sich, jagen, rasen am Himmel; die Wolken haben sich wieder verzogen; der Wind [ver]jagt die Wolken; die Sonne brach durch die Wolken; die Bergspitzen verschwinden in den Wolken, sind in Wolken [gehüllt]; über den Wolken fliegen; der Himmel ist mit/von Wolken verhangen, ist mit/von Wolken bedeckt; BILDL.: eine W. von Staub, von Schnee aufwirbeln; eine W. von Parfüm hinter sich herziehen; Wolken von Heuschrecken überfielen das Land; er qualmte dicke Wolken (ugs.; *er rauchte sehr stark*); sie war in Wolken von Tüll (scherzh.; *in eine bauschig drapierte Menge Tüll*) gehüllt; dunkle Wolken (geh.; *unheilvolle Ereignisse*) ziehen am politischen Horizont herauf; die Stimmung war von keinem Wölkchen getrübt; ∗ auf Wolken/in den Wolken/über den Wolken schweben (geh.; *unrealistisch, ein Träumer sein*); sie schwebt meistens über den Wolken · aus allen Wolken fallen (ugs.; *sehr überrascht, enttäuscht sein).*
Wolle, die: a) *Haare bestimmter Tiere:* W. von Schafen, von Ziegen; Wollen *(Wollsorten)* von verschiedener Qualität; die W. scheren, spinnen; b) *aus Wolle gesponnenes Garn:* feine, dicke, rote, melierte, reine W.; ein Strang, ein Knäuel W.; die W. kratzt; ein Pullover aus W.; die W. läuft weit, ist ergiebig; c) *aus Wolle hergestelltes Gewebe:* ein Mantel aus W.; der Stoff ist reine W., besteht aus reiner W.;

W

★ in der Wolle gefärbt [sein] *(ein überzeugter Vertreter von etw. [sein]):* er ist ein in der W. gefärbter Linker · in die Wolle kommen/geraten (ugs.; *wütend werden)* · sich in der Wolle haben/ liegen (ugs.; *sich heftig streiten)* · sich in die Wolle kriegen (ugs.; *Streit miteinander bekommen).*
wollen: I. ⟨Vollverb⟩ **a)** ⟨etw. w.⟩ *wünschen, erstreben:* klare Verhältnisse w.; er will nur dein Bestes, dein Glück; sie weiß, was sie will; was wollen Sie eigentlich [von mir]?; bei ihm, dagegen ist nichts zu w. (ugs.; *nichts zu machen);* sie will, dass ich mitfahre; er wollte etwas von ihr (ugs.; *wollte intime Beziehungen mit ihr);* diese Pflanzen wollen *(brauchen)* feuchten Boden; ich weiß nicht, was du willst (ugs.; *warum du dich so aufregst),* es ist doch alles in Ordnung; ⟨auch ohne Akk.⟩ du musst nur w. *(den festen Willen haben);* das ist, wenn man so will *(man könnte es so einschätzen),* ein einmaliger Vorgang; wie du willst; es geht los, ob du willst oder nicht; er kann, wenn er will; Ⓡ wer nicht will, der hat schon; b) (ugs.) *die Absicht, den Wunsch haben, etw.* zu tun: wir wollen ans Meer, ins Gebirge *(dorthin fahren);* sie will zum Film *(will Filmschauspielerin werden);* nach Hause w. *(dorthin gehen, fahren wollen);* wollen Sie zu mir?; c) ⟨im 2. Konjunktiv als Ausdruck eines irrealen Wunsches⟩ ich wollte, es wäre alles schon vorbei!

II. ⟨Modalverb; mit Infinitiv⟩ **1. a)** *beabsichtigen, mögen:* teilnehmen, fahren, anrufen w.; alles allein machen, besser wissen w.; wohin willst du gehen?; na, dann wollen wir mal anfangen, an die Arbeit gehen; das will ich dir [denn doch] geraten haben! *(lass dir das gesagt sein!);* ich will endgültig wissen, was hier gespielt wird; er will Ingenieur werden; nichts mit jmdm., etw. zu tun haben w.; nichts von jmdm. wissen w.; er wollte mich nicht mehr kennen; niemand will es jetzt gewesen sein; ich will nichts gesagt haben; er will das gehört, gesehen haben *(er behauptet, das gehört, gesehen zu haben);* /als Warnung/: das will ich nicht gehört, gesehen haben; /in Aufforderungen mit drohendem Unterton/: wollt ihr wohl [endlich] still sein?; ich wollte *(möchte)* Sie bitten, ob Sie ...; diese Sendung will aufklären *(dient der Aufklärung);* **b)** (veraltend) ⟨im 1. Konjunktiv⟩ /drückt einen Wunsch, eine höfliche Aufforderung aus/: wenn Sie das bitte beachten wollen; Sie wollen sich bitte morgen bei mir melden. **2.** /verblasst/: es will mir scheinen *(es scheint mir),* dass ...; das will nicht viel sagen, bedeuten *(das sagt, bedeutet nicht viel);* das will ihr nicht gefallen *(das gefällt ihr nicht);* /Ausdruck der Zustimmung/: das will ich meinen, glauben; es will mir nicht in den Kopf, Sinn *(ich kann nicht glauben),* dass ...; es will und will nicht regnen *(es besteht keine Aussicht auf den ersehnten Regen).* **3.** ⟨in Verbindung mit dem 2. Partizip *sein* oder *werden*⟩ müssen: dieser Schritt, diese Ent-

scheidung will gut überlegt, nicht übereilt sein; so eine Sache will vorsichtig angefasst, behandelt werden; Autofahren will gelernt sein; ★ jmdm. etwas wollen (ugs.; *etwas Übles gegen jmdn. im Sinn haben).*
Wonne, die: die Wonnen der Liebe, des Glücks; das ist eine wahre W.; es ist eine W., ihn spielen zu sehen; es wäre mir eine W., ihm gehörig die Meinung zu sagen; etw. mit W. *(mit großem Vergnügen)* tun; die Kinder kreischten vor W.
Wort, das: **1.** ein kurzes, einsilbiges, einfaches, zusammengesetztes, deutsches, fremdsprachiges, fachsprachliches, veraltetes, schwieriges, unbekanntes, mehrdeutiges W.; ein W. aus dem Englischen; das W. »Haus«; das W. ist ein Substantiv, ist aus dem Französischen entlehnt; ein W. buchstabieren, richtig schreiben, aussprechen, übersetzen, gebrauchen; die letzten Wörter verschlucken (ugs.; *unverständlich aussprechen);* Wörter herleiten, ableiten, [neu] prägen, lernen; bestimmte Wörter anstreichen, durchstreichen, unterstreichen; ein anderes W. dafür einsetzen, verwenden; die Bedeutung eines Wortes; einen Text W. für W. abschreiben; das ist im wahrsten Sinne des Wortes/im Wortes wahrster Bedeutung *(das ist wirklich)* wunderbar; im eigentlichen Sinne des Wortes; 2000 Euro, in Worten: zweitausend; mit einem W.: nein!; nach dem passenden, treffenden W. suchen.
2. *Äußerung, Ausspruch:* freundliche, freimütige, grobe, harte, scharfe, aufmunternde, überschwängliche, zündende, zu Herzen gehende, höfliche, unvorsichtige, salbungsvolle, aufreizende, beschwichtigende, markige, hohle, hochtrabende, große, geistreiche, goldene *(beherzigenswerte),* erhebende, witzige, treffende, zärtliche Worte; das gedruckte W.; ein weises, viel zitiertes W.; Worte des Glaubens, des Trostes, des Dankes; jmdm. fehlen die Worte *(jmd. ist völlig überrascht);* dieses W. ist, stammt von Goethe; das waren Ihre Worte; das ist das erste W., das ich davon höre *(das ist mir ganz neu);* bei ihm ist jedes zweite W.»Geld« *(er spricht sehr häufig von Geld);* kein W. ist darüber gefallen *(darüber wurde überhaupt nicht gesprochen);* ein W. gab das andere *(sie gerieten in Streit);* zwischen uns ist kein böses W. gefallen; daran/davon ist kein W. wahr; daran ist kein wahres W.; jedes W. von ihm traf, saß (ugs.; *hatte Wirkung);* ein unbedachtes W. ist ihm entschlüpft, (ugs.:) herausgerutscht; diese Worte galten ihm, der Opposition; mit jmdm. ein W. [unter vier Augen] sprechen; sag doch ein W.! *(sag doch etwas!);* die Worte gut zu setzen wissen *(zu reden verstehen);* einige Worte an die Eltern, an die Angehörigen richten; kein W. fallen lassen (ugs.; *sagen);* er hat mir davon kein [einziges] W. *(nichts)* gesagt; kein W. davon wissen; vor Angst, vor Schreck kein W. herausbringen (ugs.; *sagen können),* über die Lippen bringen; keine Worte *(kein Verständnis)* da-

für haben, finden; spar dir deine Worte!; mit jmdm. ein ernstes, offenes, deutliches W. reden; mit jmdm. ein paar freundliche Worte wechseln; viele Worte machen *(unnötig viel reden);* er wollte nur ein paar Worte sprechen *(eine kleine Ansprache halten);* jmds. Worte beherzigen; dein W. in Ehren, aber ...; er pflegt seine Worte genau zu wählen; die richtigen, passenden Worte für etw. finden; bei dem Lärm sein eigenes W. nicht mehr verstehen; ein W., ein Wörtchen mitzureden haben; Sie haben jetzt das W. *(Sie sind an der Reihe zu sprechen);* jmdm. das W. geben, erteilen, entziehen, abschneiden; sich an seinen eigenen Worten berauschen; auf jmds. W./Worte *(Rat)* hören; [nicht] viel auf jmds. W./Worte geben; er hört, gehorcht aufs W. *(auf der Stelle);* jmdm. etw. aufs W. *(ohne Einschränkungen)* glauben; auf ein W.! *(ich habe dir/Ihnen etwas zu sagen);* etw. in wohlgesetzten Worten darlegen; in seinen Worten lag ein Vorwurf, eine Drohung; etw. in dürren, schlichten, wenigen Worten beschreiben; eine Sprache in W. und Schrift *(mündlich und schriftlich)* beherrschen; in/mit W. und Tat *(in [jmds.] Reden und Handeln);* jmdn., etw. mit keinem W. erwähnen; mit anderen Worten *(anders ausgedrückt);* mit einem W. *(kurz gesagt),* es war skandalös; etw. in Worte fassen, kleiden *(etw. ausdrücken);* davon war mit keinem W. *(überhaupt nicht)* die Rede; jmdn. mit leeren, schönen Worten abspeisen *(jmdm. nichts Verbindliches sagen);* mit diesen Worten *(indem er das sagte)* verließ er das Zimmer; das lässt sich nicht mit zwei Worten sagen *(bedarf einer längeren Ausführung);* nach Worten suchen, ringen; ohne viel, große Worte *(ohne darüber zu reden)* zustimmen; ums W. bitten *(in einer Versammlung bitten, öffentlich etwas sagen zu dürfen);* sich zu W. melden; jmdn. [nicht] zu W. kommen lassen *(jmdm. [keine] Gelegenheit geben, sich zu äußern);* Ⓡ dein W. in Gottes Ohr *(möge eintreffen, was du sagst);* du sprichst ein großes W. gelassen aus; hast du [da noch] Worte? *(das ist doch unglaublich!).* **3.** (geh.) *Text; Wortlaut:* die Worte zu dieser Musik schrieb ...; etw. in W. und Bild darlegen; nach den Worten der Heiligen Schrift; Lieder ohne Worte. **4.** *Versprechen; Zusage:* das ist ein W.; sein W. geben, halten, einlösen, brechen; ich habe sein W.; ich gebe Ihnen mein W. darauf; jmdm. das W. abnehmen zu schweigen; sein W. zurücknehmen, zurückziehen; auf mein W.! *(dafür verbürge ich mich!);* jmdn. beim W. nehmen; ∗ **geflügelte Worte** *(oft zitierte Aussprüche, Sätze)* · **das/jmds. letztes Wort** *(die/jmds. endgültige Entscheidung):* das letzte W. ist [in einer Angelegenheit] noch nicht gesprochen; das letzte W. hat der Präsident · **das Wort ergreifen/nehmen** *(in einer Versammlung o. Ä. zu sprechen beginnen)* · **das Wort führen** *(im Namen mehrerer als Sprecher[in] auftreten)* · **jmdn. das Wort**

verbieten *(jmdm. untersagen, sich zu äußern)* · **jmdn., etw. das Wort reden** (geh.; *sich sehr für jmdn., etw. aussprechen)* · **noch ein Wörtchen mit jmdm. zu reden haben** (ugs.; *jmdn. wegen einer Angelegenheit zur Rechenschaft ziehen müssen)* · **das große Wort haben/führen** *(großsprecherisch reden)* · **für jmdn. ein [gutes] Wort einlegen** *(für jmdn. als Fürsprecher[in] auftreten)* · **[immer] das letzte Wort haben/behalten wollen, müssen** *(um Recht zu behalten, immer noch ein Gegenargument vorbringen)* · **kein Wort über etw. verlieren** *(etw. nicht erwähnen; über etw. nicht mehr sprechen)* · **jmdm. das Wort aus dem Mund nehmen** *(vorbringen, was ein anderer auch gerade sagen wollte)* · **jmdm. das Wort im Mund [her]umdrehen** *(jmds. Aussage absichtlich falsch, gegenteilig wiedergeben)* · **jmdm. ins Wort fallen** *(jmdn. in seiner Rede unterbrechen)* · **[bei, gegenüber jmdm.] im Wort sein, stehen** *(jmdm. durch ein Versprechen verpflichtet sein).*
wörtlich: **a)** *dem Wortlaut entsprechend:* die wörtliche Wiedergabe, Übersetzung eines Textes; (Sprachw.:) die wörtliche Rede; etw. w. zitieren, wiederholen; er hat das w. [so] gesagt; das ist w. abgeschrieben; **b)** *in der eigentlichen Bedeutung des Wortes:* nicht [so] w. nehmen.
Wortwechsel, der: in einen heftigen W. [mit jmdm.] geraten; es kam zu einem kurzen, scharfen W. zwischen den beiden.
Wrack, das: das W. des Schiffes heben, verschrotten, sprengen; ÜBERTR.: ein menschliches W.; er ist nur noch ein W. *(ein gebrochener Mensch).*
Wucher, der (abwertend): das ist W.; dem W. Einhalt gebieten; mit etw. W. treiben.
wuchern: 1. *unkontrolliert wachsen:* das Unkraut wuchert; die Pflanzen wuchern über den Zaun; eine wuchernde Geschwulst; ÜBERTR.: der Medienmarkt wuchert immer mehr. **2.** ⟨mit etw. w.⟩ *Wucher treiben:* mit seinem Geld, mit seinem Vermögen w.
Wuchs, der: **1.** *Wachstum:* die Bäume stehen in vollem, bestem W.; Pflanzen mit raschem, von schnellem W. **2.** *Gestalt; Statur:* der schlanke, hohe W. der Zypresse; klein v. W.; er ist von kräftigem, schmalem, stattlichem W.
Wucht, die: eine ungeheure W. steckt hinter den Schlägen des Boxers; die W. des Stoßes dämpfen; der Hieb traf ihn mit voller W. [am Kinn]; mit ganzer, aller W. zuschlagen; unter der W. des gegnerischen Angriffs brach die Front zusammen; ∗ **eine Wucht sein** (salopp; *beeindruckend, großartig sein).*
wuchtig: a) *kraft-, schwungvoll:* ein wuchtiger Schlag, Gang, Sprung; die Bewegungen des Turners sind w.; **b)** *massig:* eine wuchtige Gestalt, Statur; der Schreibtisch ist, wirkt [für das Zimmer] viel zu w.
wühlen: 1. a) *mit Händen, Pfoten oder Schnauze graben:* Mäuse, Maulwürfe wühlen; die Wild-

schweine wühlen mit dem Rüssel im Schlamm; die Kinder haben im Sand gewühlt; ÜBERTR.: der Schmerz wühlte *(rumore)* in seiner Brust; b) ⟨nach etw. w.⟩ *wühlend etw. suchen:* in der Erde nach Wurzeln, nach Trüffeln w.; c) (ugs.) ⟨in etw. (Dat.) w.⟩ *stöbern:* in der Tasche, in der Schublade, im Koffer w.; er wühlte in alten Papieren. **2.** ⟨etw. in etw. (Akk.) w.⟩ *wühlend hervorbringen:* Löcher, Gänge in die Erde w.; ⟨sich (Dat.) etw. [in etw. (Akk.)] w.⟩ *das Tier hat sich einen Gang in den Erdboden gewühlt.* **3.** a) ⟨sich, etw. irgendwohin w.⟩ *hineingraben:* der Maulwurf wühlt sich in die Erde; die Kinder wühlten sich lachend ins Heu; b) ⟨sich durch etw. w.⟩ *sich durcharbeiten:* das Gespann wühlte sich durch den aufgeweichten Boden; ÜBERTR.: er hat sich mühsam durch die Akten, durch die Aktenstöße gewühlt. **4.** (abwertend) ⟨gegen jmdn., etw. w.⟩ *dagegen arbeiten:* er hat gegen die Regierung, gegen seine Konkurrenten gewühlt.

wund: wunde Füße, Hände; die wunden Stellen der Haut mit Puder bestreuen; die Fersen sind ganz w.; das Kind ist w.; er hat sich w. gelaufen, geritten; sich (Dat.) die Finger w. schreiben (ugs. übertreibend; *sehr viele Briefe o. Ä. geschrieben [ohne etw. zu erreichen]).*

Wunde, die: eine frische, offene, leichte, tiefe, klaffende, blutende, eiternde, gefährliche, tödliche W.; die W. eitert, nässt, vernarbt, verharscht, blutet, heilt, klafft, schmerzt, tut weh, brennt; die W. ist wieder aufgebrochen, hat eine große Narbe hinterlassen; eine W. untersuchen, behandeln, verbinden, klammern, nähen, kühlen, reinigen, desinfizieren; jmdm., sich eine W. beibringen; der Verletzte hatte Wunden an Arm und Kopf; der Verletzte blutete aus vielen Wunden; aus der W. drang Blut; er, sein Körper war mit Wunden bedeckt; ÜBERTR.: er hat durch seine Worte alte Wunden wieder aufgerissen *(altes Leid wieder aufgefrischt);* der Krieg hat dem Land viele Wunden geschlagen (geh.; *schweren Schaden zugefügt);* du hast damit an eine alte W. gerührt *(et-was Unangenehmes berührt).*

Wunder, das: **1.** *durch die Naturgesetze nicht er-klärbares Ereignis:* ein großes W.; ein W. geschieht, ereignet sich; das klingt wie ein W.; nur ein W. kann sie retten; es war wirklich ein W., dass sie unverletzt blieben; wenn nicht ein W. geschieht, sind sie verloren; (bibl.:) W. tun, wirken; sie glaubten an ein W.; das grenzt fast an ein W.; auf ein W. hoffen, warten; wie durch ein W. hat sie überlebt; ℝ oh W.!, W. über W.! *(wer hätte das gedacht!).* **2.** *große Leistung:* die W. der Natur, der Technik; diese Brücke ist ein technisches W.; dieser Apparat ist ein W. an Präzision. **3.** ⟨in Verbindung mit bestimmten Fragewörtern als Substantiv verblasst⟩: er meint, W. was *(etwas ganz Besonderes)* geleistet zu haben; sie bildet

sich ein, sie sei W. wie *(ganz besonders)* klug/W. wer *(jmd. ganz Besonderes);* ✴ ein/kein Wunder sein (ugs.; *[nicht] verwunderlich sein)* · **was Wunder?** *(wen sollte das schon wundern?)* · **Wunder wirken**/(auch:) **tun** (ugs.; *erstaunlich gut wirken)* · **sein blaues Wunder erleben** (ugs.; *eine böse Überraschung erleben).*

wunderbar: 1. (seltener) *wie durch ein Wunder be-wirkt:* eine wunderbare Fügung, Begebenheit; sie wurden w. errettet; SUBST.: etw. grenzt ans Wunderbare. **2.** a) *überaus schön, gut:* ein wunderbarer Mensch, Künstler; ein wunderbarer Abend, Tag; wunderbares Wetter; die Fahrt war w.; sie war w. in dieser Rolle; das hast du w. gemacht, gesagt; es hat w. geklappt; ich finde es w., dass ...; b) (ugs.) ⟨verstärkend bei Adjektiven⟩ *sehr:* der Sessel ist w. bequem; die Wolle ist w. weich.

wunderlich: ein wunderlicher Mensch, Kauz; wun-derliche Einfälle, Dinge; er ist ein wenig w.; im Alter ist er w. geworden; er hat sich recht w. be-nommen.

wundern: 1. ⟨jmdn. w.⟩ *in Erstaunen setzen:* das wundert mich sehr, gar nicht, nicht im Geringsten, (geh.:) über die Maßen; seine Einstellung, sein Verhalten wunderte sie; es sollte mich w., wenn die Sache nicht doch so wäre; mich wun-dert, dass du das nicht erkennst. **2.** ⟨sich über jmdn., etw. w.⟩ *erstaunt, verwundert sein:* ich habe mich sehr über ihn, über sein Ver-halten gewundert; ich wundere mich über gar nichts mehr; ich muss mich wirklich/doch sehr über sie w. *(hätte ihr Verhalten nicht für möglich gehalten);* ⟨in Verbindung mit einem Nebensatz⟩ sie wunderte sich, dass er noch nicht da war; du wirst dich wundern, wenn du das Haus jetzt siehst.

Wunsch, der: **1.** *Begehren:* ein glühender, heftiger, unstillbarer, lebhafter, brennender, bescheide-ner, törichter, kindlicher, naiver, unerfüllbarer, geheimer, heimlicher, unbewusster W.; das ist ein begreiflicher W.; ihr sehnlichster W. war end-lich in Erfüllung gegangen; es war sein letzter, sein ausdrücklicher W., sein W. und Wille, dort begraben zu werden; der W., das Land näher ken-nen zu lernen, regte sich in ihm; der W. nach Ruhe war übermächtig; einen W. äußern, aus-sprechen, zu erkennen geben, laut werden lassen, unterdrücken, zurückstellen, haben, hegen; jmds. Wünsche respektieren, erraten, verbergen, achten, befriedigen, erhören, erfüllen; etw. ruft einen W. in jmdm. wach, erweckt einen W. in jmdm.; sich einen W. erfüllen, versagen; haben Sie sonst noch einen W.? *(darf ich Ihnen außer-dem noch etw. servieren, verkaufen?);* du hast noch einen W. frei *(darfst dir noch etwas wün-schen);* jmds. Wünschen nachkommen, entge-genkommen, entsprechen, folgen; er widerstand dem W., sich ein neues Auto zu kaufen; es wurde

auf eignen W. versetzt; wir richten uns ganz nach Ihren Wünschen; es [ver]lief alles ganz nach W. *(ganz so, wie man es sich vorgestellt hatte);* Ⓡ (scherzh.:) Ihr W. ist/sei mir Befehl; der W. ist hier der Vater des Gedankens.
2. *Glückwunsch:* meine besten, innigsten Wünsche begleiten Sie; beste, herzliche, alle guten Wünsche zum Geburtstag, zum Jahreswechsel; /in Briefschlussformeln/: mit den besten Wünschen Ihr …;
★ **ein frommer Wunsch** *(ein Wunsch nach etwas durchaus Wünschenswertem, aber keinesfalls Erreichbarem).*
wünschen: 1. ⟨jmdm., etw. jmdn., etw. w.⟩ *für jmdn., etw. erhoffen:* jmdm. von Herzen alles Gute w.; jmdm. Erfolg, gute Besserung, guten Morgen, guten Appetit, ein glückliches neues Jahr, [eine] gute Reise, [viel] Glück w.; jmdm. Hals- und Beinbruch (ugs.; *alles Gute)* w.; wir wünschen dem Unternehmen gutes Gelingen; ⟨auch ohne Dat.⟩ ich wünsche gute Fahrt; [ich] wünsche, wohl zu speisen, wohl geruht zu haben. **2.** *gerne haben wollen:* a) ⟨sich (Dat.) jmdn., etw. w.⟩ sich etw. sehnlich, sehnsüchtig, brennend w.; was wünschst du dir?; er hat sich von seinen Eltern Skier zu Weihnachten gewünscht; sie wünschen sich ein Baby; b) ⟨sich (Dat.) jmdn. als jmdn./zu jmdn. w.⟩ sich jmdn. als Freund, als Lehrer w.; ein Mann, den sich jede Mutter zum Schwiegersohn wünscht; c) ⟨jmdn., etw. w.⟩ gewisse Garantien, eine Änderung w.; sie wünschte ein Zimmer, eine Antwort; er wünschte eine Stunde zu ruhen; es wünscht Sie jemand zu sprechen; was wünschen Sie, bitte?; er wünscht, dass man sich an die Vorschrift hält; ich wünsche das nicht *(möchte das nicht haben);* es bleibt zu w./es wäre zu w., dass …; seine Mitwirkung wurde nicht gewünscht; ⟨auch ohne Akk.⟩ Sie wünschen bitte?; ganz wie Sie wünschen; ⟨im 2. Konjunktiv als Ausdruck eines irrealen Wunsches⟩ ich wünschte, es wäre schon Feierabend/ich hätte das nicht gesagt.
3. ⟨jmdn., sich irgendwohin w.⟩ *jmdn., sich an einem anderen Ort haben wollen:* jmdn. weit fort w.; sich auf eine einsame Insel w.;
★ **etw. lässt [sehr, viel]/etw. lässt nichts zu wünschen übrig** *(etw. ist durchaus nicht/ist durchaus hinreichend):* die Unterbringung im Hotel ließ nichts zu w. übrig.
Würde, die: **1.** a) *Menschenwürde:* die menschliche, persönliche W.; die W. des Menschen, der Person; jmds. W. angreifen, antasten, verletzen, respektieren, achten; jmdn. in seiner W. verletzen; b) *Wertgefühl:* W., eine natürliche/schlichte W. ausstrahlen; die Teilnehmer trugen eine feierliche, gemessene W. zur Schau; die W. wahren, verlieren; auf W. bedacht sein; etw. mit W. tragen; ohne alle W./(geh.:) bar aller W. sein; c) *Achtung gebietende Erhabenheit:* die W. des Alters, des Gerichts respektieren.

2. *mit Titel, bestimmten Ehren verbundenes Amt:* akademische Würden erwerben; die höchste W. erreichen, erlangen; man verlieh ihm die W. eines Doktors ehrenhalber; jmdn. in eine W. einsetzen; mit einer W. bekleidet sein; zu hohen Würden emporsteigen, gelangen; Ⓡ W. bringt Bürde;
★ **unter aller Würde** *(nicht zumutbar):* der Zustand der Räume war unter aller W. · **unter jmds. Würde** *(eine Zumutung für jmdn.).*
würdig: a) *würdevoll:* eine würdige Feier; ein würdiges Begräbnis, Aussehen; ein würdiger alter Herr; jmdn. w. empfangen; w. einherschreiten; b) *wert:* ein würdiger Gegner, Nachfolger; jmdn. w. vertreten; er war, zeigte sich, erwies sich seines Vertrauens [nicht] w.; man hat ihn des Preises nicht für w. befunden, gehalten; sie fühlte sich seiner nicht w.; die Szene wäre eines Shakespeare w. gewesen *(hätte von Shakespeare geschrieben sein können);* er ist nicht w., so bedauert zu werden/dass man ihn so bedauert.
würdigen: **1.** ⟨jmdn., etw. w.⟩ *anerkennen:* eine Leistung gebührend, nach Gebühr, nach Verdienst, [nicht] richtig w.; die Wissenschaftlerin, ihre Arbeit wurde nicht so gewürdigt, wie sie es verdient hat; er weiß die Hilfe seiner Freunde zu w. *(zu schätzen);* diesen Punkt hat die Forschung bisher nicht genügend gewürdigt *(beachtet);* jmds. Gründe für seine Entscheidung w. *(gelten lassen).*
2. ⟨jmdn., etw. etw. (Gen.) w.⟩ *für würdig befinden:* jmdn. seines Vertrauens, seines Umgangs w.; sie hat mich keines Grußes, keines Wortes gewürdigt; er würdigte ihn keines Blickes *(beachtete ihn nicht).*
Würdigung, die: eine kritische W. ihrer Verdienste, ihrer Leistungen; in W. *(Anerkennung)* seiner Arbeit wurde ihm ein Preis zuerkannt.
Wurf, der: **1.** *das Werfen:* ein guter, schlechter, kraftvoller W.; ein W. mit dem Ball, mit dem Speer; der erste W. ist nicht geglückt, ist misslungen, ergab einen neuen Rekord; der erste W. ging ins Ziel; ein W. von 60 Metern; jeder hat drei Würfe; bei diesem W. ist er übergetreten; er hat mit einem W. alle Kegel, alle neune getroffen; zu einem W. ansetzen, ausholen.
2. *gelungenes Werk:* der Roman ist ein großer, glücklicher W.; damit ist ihm ein W. gelungen.
3. *Faltenbildung:* der W. der Falten, der Vorhänge.
4. *die auf einmal geborenen Jungen bestimmter Tiere:* ein W. Katzen, Hunde, Kaninchen.
Würfel, der: **1.** */ein geometrischer Körper/:* ein gläserner W.; einen W. zeichnen; das Gefäß, der Bauklotz hat die Form eines Würfels; die Oberfläche des Würfels berechnen.
2. *in Würfelform Gebrachtes:* einige W. Zucker; sie kocht Suppe aus einem W. (ugs.; *Suppenwürfel);* Speck, Schinken, Fleisch in W. schneiden.
3. *Spielwürfel:* ein Satz W.; der W. rollt, zeigt eine

Sechs; Ⓡ die W. sind gefallen *(die Sache ist entschieden)*.

würfeln: 1. a) *mit Würfeln spielen:* die Kinder, die Männer am Stammtisch würfelten; er hat mit ihm um Geld gewürfelt; b) ⟨etw. w.⟩ *mit dem Würfel werfen:* er hat die höchste Zahl, eine Sechs gewürfelt; wir würfelten, wer fahren darf/muss. **2.** ⟨etw. w.⟩ *in Würfel schneiden:* Speck, Fleisch, Tomaten w.; [fein, grob] gewürfelte Zwiebeln.

würgen: 1. ⟨jmdn. w.⟩ *die Kehle zusammendrücken:* jmdn. am Hals, bis zur Bewusstlosigkeit w.; der Mörder hatte sein Opfer gewürgt; ÜBERTR.: der Husten, die Angst, der Ekel würgte ihn; eine würgende Angst stieg in ihm auf. **2.** *Brechreiz haben:* er musste w.

¹Wurm, der: */ein Tier/:* ein langer, dünner, fetter W.; in dem Apfel war, saß ein W.; den Kadaver fressen die Würmer; der W. windet sich, kriecht über das Gras; im Möbeln ist der W. *(Holzwurm);* das Kind hat Würmer *(Spulwürmer);* der Hund ist von Würmern befallen; einen W. auf den Angelhaken machen; von Würmern befallen sein;

★ in etw. (Dat.) ist/sitzt der Wurm drin (ugs.; *etw. ist nicht in Ordnung)* · Würmer/den Wurm baden (ugs. scherzh.; *angeln)* · jmdm. die Würmer aus der Nase ziehen (ugs.; *durch geschicktes Fragen etwas von jmdm. zu erfahren suchen).*

²Wurm, das (fam.): *Kind:* das kleine W., die armen Würmer/Würmchen hatten nichts zu essen.

wurmen (ugs.) ⟨jmdn. w.⟩: *sehr ärgern:* die Niederlage wurmt ihn mächtig, ziemlich, sehr, heftig; es wurmte ihn, dass man ihn übergangen hatte.

Wurst, die: **1.** */ein Nahrungsmittel/:* frische, geräucherte, hausgemachte, grobe, feine W.; eine große, kleine, pralle W.; Frankfurter, Wiener Würstchen; heiße Würstchen mit Senf; aus Schweinefleich hergestellte W.; eine Scheibe, ein Stück, ein Ende W.; die W. stopfen, füllen; W. herstellen, machen; die W. aufschneiden, in Scheiben schneiden, abpellen; W. am/im Stück kaufen; ein Brot mit W. belegen, bestreichen; Fleisch zu W. verarbeiten; Ⓡ es geht um die W.! (ugs.; *es geht um die Entscheidung!);* W. wider W. (ugs.; *so wird Gleiches mit Gleichem vergolten);* ÜBERTR.: was will dieses Würstchen (ugs., oft abwertend; *dieser völlig unbedeutende Mensch)* von mir? **2.** *Rolle:* den Teig zu einer W. formen;

★ jmdm. Wurst/Wurscht sein (ugs.; *jmdm. gleichgültig sein)* · mit der Wurst nach dem Schinken/nach der Speckseite werfen (ugs.; *mit kleinem Einsatz Großes zu gewinnen, zu erreichen suchen).*

Wurzel, die: **1.** *Pflanzenwurzel:* starke, kräftige, dicke, lange, verholzte, weit verzweigte Wurzeln; die Wurzeln verzweigen sich, breiten sich aus, verdorren, faulen; die Pflanzen haben neue Wurzeln getrieben, ausgebildet, bekommen; BILDL.:

die Axt an die W. legen *(ein Übel gründlich beseitigen).* **2.** *Ursache:* geistige, historische Wurzeln; der Streit hat seine Wurzeln in einem lange zurückliegenden Vorfall; das Übel an der W. fassen, packen, mit der W. ausrotten. **3.** *Zahnwurzel:* eine verfaulte, gesunde W.; die W. ist vereitert; die W. des Zahns muss behandelt, gezogen werden. **4.** (Math.) *Grundzahl einer Potenz:* die dritte W. aus 27 ist 3; die W. *(Quadratwurzel)* aus einer Zahl ziehen. **5.** (Sprachw.) *Wortwurzel:* die indogermanische W. von *lieben* ist ** leubh-;*

★ Wurzeln schlagen (1. *[von Pflanzen] Wurzeln ausbilden, anwachsen.* 2. ugs.; *[von Personen] allzu lange stehend warten müssen:* willst du hier Wurzeln schlagen? 3. *[von Personen] sich einleben, eingewöhnen:* es dauert lange, bis er Wurzeln schlägt).

wurzeln ⟨in etw. (Dat.) w.⟩: **1.** *Wurzeln geschlagen haben:* die Eiche wurzelt tief im Boden; Fichten wurzeln flach. **2.** *seinen Ursprung haben:* diese Gedanken wurzeln im demokratischen Sozialismus; diese Krise wurzelt in den wirtschaftlichen Schwierigkeiten.

würzen ⟨etw. [mit etw., irgendwie] w.⟩: die Suppe kräftig, pikant, leicht, stark, scharf w.; sie hat das Fleisch mit Muskat, mit Kräutern, mit Curry gewürzt; ÜBERTR.: er hatte seinen Vortrag mit Anekdoten gewürzt.

würzig: würziges Bier; ein würziger Duft, Geruch; würzige Landluft; würzige Speisen; ein Parfüm mit einer würzigen Note; der Wein ist, schmeckt sehr w.

wüst: 1. *öde:* eine wüste Gegend, Landschaft. **2.** *unordentlich:* es herrschte ein wüstes Durcheinander, eine wüste Unordnung; in seinem Zimmer sah es w. aus. **3.** (abwertend) a) *wild; ausschweifend:* ein wüstes Gelage, Fest; eine wüste Schlägerei; er führt ein wüstes Leben; ein wüster Kerl; wüste Szenen spielten sich ab; sie haben es w. getrieben; b) *rüde:* wüste Schimpfwörter, Flüche; wüste Lieder singen; w. fluchen; er hat ihn w. beschimpft; c) *abscheulich:* ein wüstes Wetter; wüste Schmerzen haben; du siehst ja w. *(stark mitgenommen o. ä.)* aus.

Wust, der (abwertend): sich durch einen W. von Papieren durcharbeiten; er erstickte förmlich in dem W. von Akten; ÜBERTR.: ein W. von Vorurteilen.

Wüste, die: die heißen Wüsten der Tropen und Subtropen; über 60 Prozent des Landes sind W.; mit Kamelen die W. durchqueren; eine W. überfliegen, urbar machen, bewässern; in fruchtbares Land verwandeln; die Expedition führte durch die W.; sie waren in der W. verdurstet; weite Teile

der Steppe sind schon zu W. geworden; ÜBERTR.: ein Gebiet zur W. *(zu einer trostlosen Gegend o. Ä.)* machen;
⋆ **jmdn. in die Wüste schicken** (ugs.; *jmdn. entlassen).*

Wut, die: ohnmächtige, grenzenlose, verhaltene, unsägliche, verbissene, maßlose, große W.; eine blinde, kalte W. packte ihn, stieg in ihm auf, überkam ihn, erfüllte ihn, erwachte in ihm; eine jähe W. erfasste ihn; die W. des Volkes richtete sich gegen den Diktator, gegen solche Ungerechtigkeiten; die W. der Menge schüren; seine W. an jmdm. auslassen; er hatte, bekam eine fürchterliche W. auf seinen Bruder (ugs.; *war sehr wütend über ihn*); sie fraß ihre W. in sich hinein; aus W. hatte er den Teller an die Wand geworfen; in W. kommen, geraten; sich in W. reden, [hinein]steigern; das Geschwätz brachte ihn in W.; in plötzlicher W. schlug er auf den Mann ein; voller W. ging sie weg; er schäumte, bebte, platzte, schnaubte, kochte vor W.; sie war blass, rot vor W.; mit W. *(Arbeitswut)* machten sie sich ans Werk;
⋆ **[eine] Wut im Bauch haben** (ugs.; *sehr wütend sein*).

wüten: schrecklich, furchtbar, wie ein Stier, wie ein Berserker w.; er wütete gegen sich, gegen seine Widersacher; er wütete vor Zorn, vor Schmerzen; ÜBERTR.: der Sturm, das Feuer, das Meer wütet; der Krieg, eine Seuche wütete im Land, unter den Menschen.

wütend: a) ⟨w. [auf/über jmdn., etw.]⟩ *sehr zornig:* ein wütender Blick; sie wurde richtig w.; er sah sie w. an; diese Frage machte ihn w.; sie ist sehr w. auf/über dich; b) *erbittert:* ein wütender Schmerz; mit wütendem Hass, Eifer.

x, X, das: **1.** /*ein Buchstabe*/: ein kleines x, ein großes X schreiben.
2. /Zeichen für einen unbekannten Namen, eine unbekannte Größe/: Herr X; die Stadt X; Unternehmen X; eine Reform auf den Tag X verschieben.
3. a) (Math.) /Zeichen für eine Unbekannte in einer Gleichung/: $3x = 15$; eine Gleichung nach x auflösen; b) (ugs.) /Zeichen für eine unbestimmte, aber ziemlich hoch angesehene Zahl/: das Stück hat x Aufführungen erlebt; sie hat doch x Kleider;
⋆ **jmdm. ein X für ein U vormachen** (ugs.; *jmdn. auf plumpe, grobe Weise täuschen*).

x-mal (ugs.): etw. x-mal wiederholen; das habe ich dir doch schon x-mal gesagt!; wir haben schon x-mal darüber gesprochen.

zackig: 1. *gezackt:* ein zackiger Rand; die Felsgipfel waren z., ragten z. in den Himmel.
2. (ugs.) *schneidig:* ein zackiger Soldat; zackige Musik; z. salutieren, grüßen.
zaghaft: zaghafte Schritte, Annäherungsversuche; ihr Lächeln war, wirkte sehr z.; sie öffnete z. die Tür; sie antwortete z.
zäh: 1. a) *kaum dehnbar:* zähes Leder; der Kunststoff ist extrem z.; ÜBERTR.: das Schnitzel war z. wie Leder; b) *zähflüssig:* ein zäher Teig, Morast, Lehmboden; eine zähe Konsistenz haben; die Masse war z. und klebrig, tropfte z. aus dem Fass; z. fließendes Öl.
2. a) *widerstandsfähig:* ein zäher Bursche; eine besonders genügsame und zähe Pferderasse; ein Mensch von zäher Gesundheit; Katzen haben ein zähes Leben; b) *beharrlich:* zäher Widerstand; etw. mit zähem Fleiß erreichen; z. an seinen Forderungen festhalten; c) *nur langsam vorankommend:* zähe Verhandlungen; eine furchtbar zähe Unterhaltung; die Arbeit geht nur z. voran.
Zahl, die: **1.** eine hohe, niedrige, runde, dreistellige Z.; arabische, römische Zahlen; (Math.:) ganze, gebrochene, [un]gerade, endliche, gemischte, natürliche, komplexe Zahlen; die Zahlen von 1 bis 100; die angegebene Z. scheint mir zu hoch zu liegen; die Sieben galt als heilige Z.; die Z. Dreizehn gilt als Unglückszahl; genaue Zahlen *(Zahlenangaben)* liegen nicht vor; Zahlen zusammenzählen, addieren, [voneinander] abziehen, subtrahieren, multiplizieren, teilen, dividieren; eine Z. aufrunden, abrunden; der Unternehmer versprach, Zahlen zu nennen *(Zahlenangaben zu machen)*; sie hat ein gutes Gedächtnis für Zahlen; etw. in nüchternen Zahlen ausdrücken; den Wert einer Sendung in Zahlen angeben; mit großen Zahlen rechnen.
2. *Anzahl, Menge:* eine gewisse, [un]bestimmte, große, unübersehbare, beträchtliche, ausreichende, begrenzte, beschränkte, kleine, verschwindende Z.; eine große Z. Besucher war/ (auch:) waren gekommen; die Z. unserer Mitglieder, die Z. der Unfälle steigt ständig, ist gewachsen, hat überhand genommen; die Z. der Anwesenden schätzen; der Z. nach waren es nur wenige; sie waren sieben an der Z.; die Mitglieder

sind in voller Z. erschienen; diese Bäume wachsen dort in großer Z.; Leiden ohne Z. *(unzählige, zahllose Leiden).*

3. (Sprachw.) *Numerus:* das Eigenschaftswort richtet sich in Geschlecht und Z. nach dem Hauptwort;

* **rote Zahlen schreiben** *(Verluste machen)* · **schwarze Zahlen schreiben** *(Gewinne machen)* · **aus den roten Zahlen [heraus]kommen, [heraus] sein** *(aus der Verlustzone herauskommen, heraus sein; Gewinne machen)* · **in die roten Zahlen kommen, geraten, rutschen** *(anfangen, Verluste zu machen)* · **in die schwarzen Zahlen kommen, sich in die schwarzen Zahlen vorarbeiten** *(anfangen, Gewinne zu machen)* · **in den roten Zahlen sein, stecken** *(Verluste machen)* · **in den schwarzen Zahlen sein** *(Gewinne machen).*

zahlen: 1. a) ⟨etw. z.⟩ *als Gegenleistung geben:* eine Summe auf einmal, in Raten, [in] bar, bargeldlos, durch einen/mit einem Scheck, mit einer Kreditkarte, per Überweisung, im Voraus, in/mit Schweizer Franken z.; [für etw.] viel Geld, einen hohen Preis, 100 Mark z.; Bestechungsgelder, Schmiergelder z.; wie viel hast du z. müssen?; du musst das Geld an ihn, direkt an die Firma z.; ⟨jmdm. etw. z.⟩ er hat ihm noch 20 Mark für das Buch zu z.; ÜBERTR.: für seinen Leichtsinn musste er mit einem gebrochenen Bein z.; b) ⟨etw. z.⟩ *eine Schuld tilgen:* seine Miete [pünktlich] z.; die Zeche, eine Runde z.; Raten, Reparationen, Beiträge, Zoll, Steuern z.; er musste Strafe z.; ⟨auch ohne Akk.⟩ die Versicherung will nicht z.; er kann nicht mehr z. *(ist bankrott);* sie haben immer noch an dem Auto zu z.; c) *seine Rechnung begleichen:* Herr Ober, bitte z.!; sie zahlten und gingen; er zahlte mit einem Hundertmarkschein; er wollte nicht z.; d) ⟨jmdm., etw. z.⟩ *eine Ware, Dienstleistung bezahlen:* das Taxi, die Reparatur z.; wir haben den Elektriker noch nicht gezahlt; ⟨jmdm. etw. z.⟩ kannst du mir das Bier z.?

2. a) ⟨etw. z.⟩ *auszahlen:* Gehälter, Prämien z.; ⟨jmdm. etw. z.⟩ die Firma hat ihm eine hohe Abfindung gezahlt; b) ⟨irgendwie z.⟩ *entlohnen:* er, die Firma zahlt gut, schlecht, miserabel, recht ordentlich, über Tarif.

zählen: 1. a) *eine Zahlenfolge hersagen:* vorwärts, rückwärts, von 1 bis 100 z.; das Kind kann schon [bis 20] z.; b) ⟨etw. z.⟩ *die Anzahl feststellen:* die Anwesenden, sein Geld, die Wäschestücke z.; ⟨auch ohne Akk.⟩ du hast falsch gezählt; ⟨jmdm. etw. irgendwohin z.⟩ sie zählte dem Kind das Geld auf/in die Hand; ÜBERTR.: sie zählte die Tage, die Stunden bis zum Tag seiner Ankunft; unsre Tage, Stunden hier sind gezählt *(wir müssen bald abreisen).*

2. (geh.) a) ⟨jmdn., etw. z.⟩ *haben, aufweisen:* er zählte gerade, etwa, um, ungefähr, nicht mehr als 40 Jahre; die Stadt, das Land zählt knapp 5 Mil-

lionen Einwohner; b) ⟨nach etw. z.⟩ *etw. betragen:* die Opfer der Katastrophe zählten nach Tausenden; seine Fehler zählten nach Dutzenden; eine nach Millionen zählende Fangemeinde.

3. a) ⟨jmdn., sich, etw. zu jmdm., etw., (seltener:) unter jmdn., etw. z.⟩ *zu jmdm., etw. rechnen:* ich zähle ihn zu meinen Freunden; er kann sich zu den reichsten Männern des Landes z.; sie zählte diese Zeit zu den glücklichsten in ihrem Leben; b) ⟨zu jmdm., etw. z.⟩ *gehören:* er zählt zu den bedeutendsten Dirigenten seiner Zeit; die Menschenaffen zählen zu den Primaten; diese Tage zählten zu den schönsten des Sommers.

4. a) *Bedeutung haben:* bei ihm, für ihn zählt nur die Leistung; das zählt nicht; die Dauer der Betriebszugehörigkeit zählt, nicht das Alter; b) ⟨etw. z.⟩ *den Wert von etw. haben:* die roten Spielmarken zählen fünf Punkte, die blauen zehn.

5. ⟨auf jmdn., etw. z.⟩ *sich verlassen:* auf ihn, auf seine Hilfe, auf ihre Verschwiegenheit kannst du z.; sich auf dich; können wir heute auf dich z. *(mit dir rechnen)?*

Zähler, der: 1. (Math.) *Zahl über dem Bruchstrich:* Z. und Nenner eines Bruches.

2. *Strom-, Gaszähler:* den Z. ablesen; den Stand des Zählers prüfen.

zahllos: zahllose Besucher; der Krieg forderte zahllose Opfer; er hat ihm zahllose Male geholfen; dafür gibt es zahllose Beispiele; eine zahllose *(sehr große)* Menge von Büchern.

zahlreich: a) *viele:* zahlreiche Mitarbeiter, Mitglieder, Bewerber, Bewerbungen, Briefe, Geschenke, schwere Unfälle; er hat in zahlreichen Fällen geholfen; die Entlassung zahlreicher Angestellter/ (selten:) Angestellten; solche Fälle sind nicht sehr z.; b) *aus vielen Personen, Teilen bestehend; groß:* eine zahlreiche Familie, Gesellschaft; er musste die zahlreiche Post beantworten; der Besuch war sehr z.; er bedankte sich für z. *(in großer Menge)* eingegangene Glückwunschschreiben; die Interessenten waren z. *(in großer Zahl)* erschienen.

Zahlung, die: die Z. [der Miete] erfolgt monatlich, [in] bar; die Z. blieb aus, steht noch aus; eine Z. leisten, einstellen, entgegennehmen, erhalten, verzögern; für eine Z. haften, bürgen; sich gegen eine Z. sträuben; gegen Z. von 5 Mark erhalten Sie ausführliches Prospektmaterial;

* **etw. in Zahlung geben** *(beim Kauf eines neuen Gegenstandes einen entsprechenden alten vom Verkäufer verrechnen lassen)* · **etw. in Zahlung nehmen** *(1. etw. als Zahlungsmittel akzeptieren. 2. beim Verkauf eines neuen Gegenstandes einen entsprechenden älteren Käufer übernehmen und seinen Wert auf den Kaufpreis anrechnen).*

zahm: ein zahmes Reh, Tier; die Eichhörnchen im Park sind ganz z.; ÜBERTR.: eine zahme (ugs.: milde) Kritik; jmdn. nur z. (ugs.: mäßig) zurechtweisen.

zähmen: 1. ⟨ein Tier z.⟩ *an den Menschen gewöhnen:* einen Löwen, einen Tiger z.; gezähmte Raubtiere vorführen; ÜBERTR.: die Naturgewalten z. **2.** (geh.) ⟨sich, etw. z.⟩ *zügeln:* seine Leidenschaften, seine Ungeduld z.; er wusste sich kaum noch zu z.

Zahn, der: **1.** gute, schöne, regelmäßige, strahlend weiße, vorstehende, schlechte, falsche *(künstliche)* Zähne; ein hohler, plombierter, abgebrochener, kariöser Z.; die Zähne kommen durch, brechen durch; der Zahn wackelt, ist locker, tut weh; mir ist ein Z. abgebrochen; vor Kälte klapperten ihnen die Zähne; die Zähne putzen; das Kind bekommt Zähne, hat noch die ersten Zähne, hat schon die zweiten Zähne; der Hund zeigte, fletschte, bleckte die Zähne; ihm fallen die Zähne aus; du musst dir die Zähne richten lassen; einen Z. plombieren, füllen, ziehen; er hat ihm die Zähne eingeschlagen; durch die Zähne pfeifen; in den Zähnen stochern; er hat eine Lücke in, zwischen den Zähnen; er knirschte vor Wut mit den Zähnen; sie klapperte mit den Zähnen; er murmelte etwas zwischen den Zähnen. **2.** Zacke: die Zähne einer Briefmarke, einer Säge, eines Zahnrades; bei meinem Kamm sind ein paar Zähne ausgebrochen; ∗ **dritte Zähne** *(künstliches Gebiss)* · **der Zahn der Zeit** (ugs.; *die zerstörende Kraft der Zeit)* · **die Zähne zusammenbeißen** (ugs.; *bei Schmerzen, in einer schwierigen Lage o. Ä. tapfer sein)* · **[jmdm.] die Zähne zeigen** (ugs.; *[jmdm.] drohen, Widerstand leisten)* · **jmdm. den Zahn ziehen** (ugs.; *jmdm. eine Illusion, Hoffnung nehmen)* · **sich (Dat.) an etw. die Zähne ausbeißen** (ugs.; *an einer schwierigen Aufgabe trotz größter Anstrengungen scheitern)* · **sich (Dat.) an jmdm. die Zähne ausbeißen** (ugs.; *mit jmdm. nicht fertig werden; sich vergeblich bemühen, jmdn. zu etwas Bestimmtem zu veranlassen)* · **lange Zähne machen; mit langen Zähnen essen** (ugs.; *etw. ungern, mit Widerwillen essen)* · **einen Zahn draufhaben** (ugs.; 1. *mit hoher Geschwindigkeit fahren.* 2. *schnell arbeiten)* · **einen Zahn zulegen** (ugs.; 1. *die Fahrgeschwindigkeit steigern.* 2. *schneller arbeiten)* · **die Zähne nicht auseinander kriegen** (ugs.; *sich nicht äußern, nichts sagen, schweigen)* · **jmdm. auf den Zahn fühlen** (ugs.; *jmdn. ausforschen; jmdn. einer kritischen Prüfung unterziehen)* · **bis an die Zähne bewaffnet** *(schwer bewaffnet)* · **nur für den/einen hohlen Zahn sein/reichen** (salopp; *[von Essbarem] bei weitem nicht ausreichen, zu wenig sein)* · **etw. mit Zähnen und Klauen verteidigen** (ugs.; *etw. mit allen zur Verfügung stehenden Mitteln verteidigen).*

Zange, die: die Z. ansetzen; den Draht mit der Z. biegen, abkneifen; er zog den Nagel mithilfe einer Z. heraus; das Kind musste mit der Z. *(Geburtszange)* geholt werden;

∗ **jmdn. in die Zange nehmen** (1. *jmdn. unter Druck setzen, ihm mit Fragen zusetzen.* 2. Fußball; *einen gegnerischen Spieler von zwei Seiten her heftig bedrängen)* · **jmdn. in der Zange haben** (ugs.; *jmdn. in der Gewalt haben, zu etw. zwingen können)* · **jmdn./etw. nicht mit der Zange anfassen mögen** (ugs.; *vor jmdm., etw. Widerwillen empfinden).*

zanken: 1. ⟨sich mit jmdm. z.⟩ *sich streiten:* er hat sich mit seinem Bruder, mit seiner Frau heftig gezankt; er zankt sich mit allen Leuten; ⟨sich um etw. z.⟩ sie zanken sich den ganzen Tag ums Geld, um nichts und wieder nichts; ⟨auch ohne *sich*⟩ hört endlich auf zu z.! **2.** (landsch.) ⟨mit jmdm. z.⟩ *schimpfen:* der Vater hat tüchtig, gehörig mit ihm gezankt; ⟨auch ohne Präpositionalobjekt⟩ muss ich schon wieder z.?

zappeln: er zappelte mit Händen und Füßen; der Fisch zappelt am Angelhaken, im Netz; sie zappelte vor Nervosität, vor Ungeduld *(war vor Nervosität, Ungeduld sehr unruhig);* ∗ **jmdn. zappeln lassen** (ugs.; *jmdn. warten, im Ungewissen lassen).*

zappen ⟨irgendwohin z.⟩: auf einen anderen Kanal z.; ständig zwischen zwei Programmen hin und her z.; ⟨sich durch etw. z.⟩ sie hat sich durch die Kanäle gezappt.

zart: 1. a) *weich; nicht rau:* zarte Haut; zarte Hände, Finger; ein zarter Flaum; dieses Leder ist sehr z., fühlt sich z. an; **b)** *fein; nicht grob:* ein zartes Gebilde; zarte Blüten; zartes Porzellan; überall zeigte sich zartes Grün; ein Tuch aus zarter Seide; die Blätter der Pflanzen waren noch sehr z.; **c)** *mürbe; nicht zäh:* zartes Fleisch, Gemüse, Gebäck; Pralinen mit zarter Cremefüllung; der Braten, das Schnitzel war sehr z. **2. a)** *hell; nicht kräftig [gefärbt]:* zarte Farben; ein zartes Rosa, Lila, Grün; sie hat einen zarten Teint; sie zeichnete mit zarten *(dünnen, nicht kräftigen)* Strichen; die Seide war z. getönt; **b)** *leise, lieblich:* zarte Töne, Klänge, Melodien; ihre Stimme ist z., klingt sehr z. **3. a)** *sanft; kaum spürbar:* ein zarter Windhauch; eine zarte Berührung, Geste; ihre Hände waren z., strichen z. über sein Haar; man ging nicht gerade z. mit ihnen um; **b)** *empfindsam; zärtlich:* ein zartes, besaitetes, fühlendes Gemüt; zarte Gefühle; er deutete es nur z. an. **4.** *empfindlich; nicht widerstandsfähig:* eine zarte Gesundheit, Konstitution; es starb im zarten *(frühen)* Alter von drei Jahren; sie ist ein wenig z., von zarter Gesundheit; sie ist immer sehr z.

zärtlich ⟨z. [mit, zu jmdm.]⟩: zärtliche Worte, Blicke, Gefühle; zärtliches Geflüster; ein zärtlicher Vater, Ehemann; jmdm. z. in die Augen sehen; jmdn. z. streicheln, umarmen; sie waren z. *(innig)* zueinander; sie war sehr z. mit, zu den Kindern; sie wurden z. (verhüll.; *intim)* miteinander.

Zärtlichkeit, die: a) *das Zärtlichsein:* sie umsorgte ihn mit großer Z.; es gab wenig, keine Z. zwi-

Z

schen ihnen; **b)** *Liebkosung:* Zärtlichkeiten austauschen; jmdn. mit Zärtlichkeiten überhäufen, überschütten.

Zauber, der: **1.** *magische Kraft:* geheimnisvoller, magischer Z.; Z. treiben; einen Z. anwenden; den Z. bannen, lösen; etw. wie durch Z. bewirken; wie durch Z. war plötzlich alles verändert. **2.** (geh.) *Faszination:* ein besonderer, seltsamer, merkwürdiger Z. ging von ihr aus; ihr Z., der Z. ihres Wesens nahm ihn gefangen; sie übte einen großen Z. auf andere Menschen aus; er erlag ihrem Z.; er liebte den Z. der Landschaft/Musik. **3.** (ugs. abwertend) **a)** *großes Aufheben:* um etw. einen mächtigen Z. veranstalten; ich halte nichts von dem ganzen Z.; den Z. kenne ich!; **b)** *wertloses Zeug:* was kostet der ganze Z.?; wohin soll denn der ganze Z.?;
∗ **fauler Zauber** (ugs. abwertend; *Schwindel).*

zaubern: a) *Zauberei treiben:* die alte Hexe kann z.; Ⓡ ich kann doch nicht z.! (ugs.; *ich kann nichts Unmögliches leisten!);* ÜBERTR.: in der zweiten Halbzeit begannen die Brasilianer zu z. (Sport Jargon; *mit großem Können, Tricks zu spielen);* **b)** (etw. z.) *durch Zauber entstehen lassen:* die Fee zauberte für sie die herrlichsten Gewänder; ÜBERTR.: sie hatte in kurzer Zeit einen Kuchen gezaubert *(gebacken);* **c)** (jmdn., sich, etw. aus etw./irgendwohin z.) *durch einen Zauber[trick] verschwinden lassen, hervorbringen:* der Geist zauberte ihn in eine Flasche; er zauberte ein Kaninchen aus seinem Hut; ÜBERTR.: er zauberte herrliche Töne aus dem Instrument.

zaudern: *zögern:* nur kurz, zu lange, einen Augenblick z.; sie zauderten mit der Ausführung des Plans; er hatte gezaudert, den Plan auszuführen; sie tat es, ohne zu z.; er hielt zaudernd inne; SUBST.: da hilft kein Zaudern!; ohne Zaudern willigte sie ein.

Zaum, der: einem Pferd den Z. anlegen; ein Pferd an den Z. gewöhnen, es fest, gut im Zaum halten;
∗ **jmdn., sich, etw. im/in Zaum/**(geh.:) **im Zaume halten** *(jmdn., sich, etw. zügeln, unter Kontrolle halten):* er kann seine Leidenschaften, seine Gefühle nicht im Z. halten; die rebellierenden Massen im Z. halten.

Zaun, der: ein hoher, niedriger, elektrischer Z.; ein Z. aus Maschendraht, aus Latten; der Z. um den Garten, zwischen den beiden Grundstücken muss repariert werden; einen Z. erneuern, errichten; die Kinder schlüpften durch den Z., kletterten über den Z.;
∗ **ein lebender Zaun** (Hecke) · **etw. vom Zaun brechen** *(unvermittelt mit etw. beginnen):* einen Streit, einen Krieg vom Z. brechen.

Zaunpfahl, der: (in der Wendung) **jmdm. mit dem Zaunpfahl winken** *(jmdm. etw. indirekt, aber sehr deutlich zu verstehen geben).*

¹Zeche, die: *Gasthausrechnung:* eine kleine, teure Z.; eine hohe, große Z. machen; eine Z. von fast

200 Mark; seine Z. nicht bezahlen; er hat den Wirt um die Z. geprellt;
∗ **die Zeche prellen** (ugs.; *eine Gasthausrechnung nicht bezahlen)* · **die Zeche bezahlen müssen** (ugs.; *die Folgen tragen müssen).*

²Zeche, die: *Bergwerk:* eine Z. stilllegen; er arbeitet jetzt auf einer anderen Z.

zechen (veraltend, noch scherzh.): fröhlich, die Nacht hindurch, bis zum frühen Morgen z.

Zeh, der, **Zehe,** die: der große, kleine Zeh; seine Zehen waren verkrüppelt; er hat sich (Dat.) einen Zeh, eine Zehe gebrochen, die Zehen erfroren; er stellte sich auf die Zehen, schlich auf [den] Zehen durchs Zimmer;
∗ **jmdm. auf die Zehen treten** (1. ugs.; *jmdn. zu nahe treten, beleidigen.* 2. *jmdn. unter Druck setzen).*

zehn (Kardinalzahl; als Ziffer: 10): die zehn Finger der beiden Hände; die Zehn Gebote; wir waren zu zehnen *(zu zehnt);* ich wette z. zu eins *(bin ganz sicher),* dass sie kommt; ↑ acht.

zehnte: ↑ achte.

zehren: 1. (von etw. z.) *etw. aufbrauchen:* von den Vorräten, von seinen Ersparnissen z.; ÜBERTR.: sie zehrte von ihren Erinnerungen.
2. a) *schwächen:* das Fieber, die Seeluft, die See zehrt; eine zehrende Krankheit; ÜBERTR.: eine zehrende (geh.; *verzehrende)* Leidenschaft; **b)** (an jmdm., etw. z.) *jmdn., etw. sehr zusetzen:* das Fieber, die Krankheit zehrte an seinen Kräften; der Stress zehrt an ihrer Gesundheit; die Sorge, der Kummer, die Ungewissheit hat sehr an ihr, an ihren Nerven gezehrt.

Zeichen, das: **1. a)** *sichtbarer, hörbarer Hinweis:* ein deutliches, unverständliches, heimliches Z.; dieses Z. war verabredet; das Z. zum Anfang, zum Angriff, zum Einsatz wurde gegeben; das Z. zum Aufbruch ertönte; jmdm. mit der Taschenlampe ein Z. geben, machen; sich durch Z. miteinander verständigen; jmdn. durch ein Z. warnen; er nickte zum Z., dass er mich verstanden habe; als Z., zum Z. *(als Ausdruck)* der Versöhnung reichten sie sich die Hand; **b)** *Kennzeichen, Merkzeichen:* ein kreisförmiges, rätselhaftes Z.; die Zeichen am Rand konnte er nicht deuten; er machte sich (Dat.) ein Z. auf die betreffende Seite, legte sich ein Blatt Papier als Z. in das Buch; geben Sie bei Rückfragen bitte unser Z. *(Diktatzeichen)* an; er kerbte ein Z. in den Baum, brannte den Rindern Zeichen ein.
2. *Vorzeichen, Symptom:* ein sicheres, eindeutiges, klares, deutliches, untrügliches, bedenkliches, schlechtes, böses, alarmierendes Z.; die ersten Z. einer Krankheit; das ist kein gutes Z.; das ist ein Z. dafür, dass das Wetter ändert; die Z. des Verfalls waren nicht zu übersehen; das war ein Z. des Himmels; etw. als ein günstiges Z. nehmen; etw. mit allen Z. der Verachtung zurückweisen; er gab Z. der Ungeduld, des Unmuts von sich; sie warteten auf ein Z.; er hielt es für ein Z.

von Schwäche; ⓡes geschehen noch Z. und Wunder! (oft scherzh.; Ausruf des Erstaunens, der Überraschung).
3. *Symbol:* ein mathematisches, chemisches Z.; die Z. der chinesischen Schrift; das Zeichen des Kreuzes; das Z. *(Verkehrszeichen)* für Überholverbot; mit der Tastatur kann man 80 verschiedene Z. schreiben; beim Klavierspielen die Z. *(Vorzeichen, Vortragszeichen)* beachten; du musst in verschiedenen Sätzen die Z. *(Satzzeichen)* richtig setzen; die Sprache ist ein System von Z.
4. *Tierkreiszeichen:* aufsteigende, absteigende Z.; die Z. des Tierkreises; die Sonne steht im Z. des Widders, der Jungfrau; er ist im Z. des Löwen geboren; ⋆ **die Zeichen der Zeit** *(die augenblickliche, bestimmte zukünftige Entwicklungen betreffende Situation)* · **die Zeichen stehen auf Sturm** *(es deutet alles darauf hin, dass es zu einem offen ausgetragenen Konflikt o. ä. kommen wird)* · **Zeichen, ein Zeichen setzen** (geh.; *etwas Richtungweisendes tun; Anstöße, einen Anstoß geben)* · **im/unter dem Zeichen von etw. stehen, geschehen, leben** o. ä. (geh.; *von etw. geprägt, beeinflusst werden)*: die Stadt stand im Z. der Olympischen Spiele · **unter einem guten/ [un]günstigen/glücklichen** o. ä. **Zeichen stehen** (geh.; *gute/[un]günstige Voraussetzungen haben, einen guten/[un]günstigen/glücklichen Verlauf nehmen)*.
zeichnen: 1. *eine Zeichnung anfertigen:* sie kann gut z.; mit Bleistift, mit Kohle, auf dunklem Papier, nach der Natur z.; an diesem Plan hat er lange gezeichnet; SUBST.: er ist sehr geschickt im Zeichnen.
2. **a)** ⟨etw. z.⟩ *zeichnend herstellen:* eine Skizze, ein Porträt, ein Muster, einen Grundriss z.; die Pläne für einen Neubau z.; **b)** ⟨jmdn., etw. z.⟩ *abzeichnen:* jmdn., etw. mit Kohle, in Tusche, mit ein paar Strichen, in knappen Umrissen z.; sie mussten eine Landschaft z.; ÜBERTR.: der Schriftsteller zeichnet seine Charaktere nach dem Leben; die Figuren des Romans sind sehr realistisch gezeichnet.
3. ⟨etw., ein Tier z.⟩ *kennzeichnen:* Waren z.; Wäsche [mit dem Monogramm] z.; Bäume zum Fällen z.; das Vieh wurde gezeichnet; der Hund, das Fell ist schön gezeichnet *(weist eine schöne Musterung auf);* ÜBERTR.: die Krankheit hatte ihn gezeichnet (geh.; *hatte deutliche Spuren bei ihm hinterlassen);* er war bereits vom Tod gezeichnet (geh.; *er war deutlich erkennbar dem Tod nahe);* SUBST. PART.: ein vom Schicksal Gezeichneter (geh.; *ein vom Schicksal getroffener Mensch).*
4. (Kaufmannsspr.) **a)** ⟨etw. z.⟩ *durch Unterschrift übernehmen:* Aktien, eine Anleihe z.; er zeichnete bei der Sammlung einen Betrag von 20 Mark *(trug sich mit diesem Betrag in die Sammelliste ein);* **b)** *unterzeichnen:* gezeichnet H. Meier

(Abk.: gez.; vor dem nicht handschriftlichen Namen unter einem Schriftstück).
5. (Amtsdt.) ⟨für etw. z.⟩ *verantwortlich sein:* für diesen Artikel zeichnet der Chefredakteur [verantwortlich]; wer zeichnet *(ist)* für diese Sendung verantwortlich?
Zeichnung, die: 1. *gezeichnete Darstellung:* eine naturgetreue, künstlerische, maßstabgetreue, flüchtige Z.; eine Z. anfertigen, ausführen, entwerfen; der Schrank wurde nach einer Z. angefertigt; ÜBERTR.: die Z. der einzelnen Charaktere ist dem Schriftsteller nicht gelungen.
2. *Musterung:* eine farbenfrohe, auffallende Z.; das Fell hat eine schöne Z.
3. (Kaufmannsspr.) *Kaufverpflichtung durch Unterschrift:* die Z. der Anleihe beginnt, wird geschlossen; eine Aktie zur Z. auflegen.
zeigen: 1. ⟨irgendwohin z.⟩ *deuten, weisen:* mit dem Finger, mit dem Stock auf etw. z.; er zeigte nach oben, in diese Richtung; sie zeigte auf den Täter; ÜBERTR.: der Zeiger zeigt auf zwölf; der Wegweiser, die Magnetnadel zeigt nach Norden.
2. **a)** ⟨jmdm. jmdn., etw. z.⟩ *vorzeigen, vorführen:* er hat mir den Brief, sein Haus gezeigt; ich kann es dir schwarz auf weiß z.; er ließ sich sein Zimmer z.; er wollte mir die Stadt z.; ⟨auch ohne Dat.⟩ wir mussten unsere Pässe z.; ÜBERTR.: das Foto zeigte ihn in jungen Jahren; **b)** ⟨jmdm. etw. z.⟩ *angeben, erklären:* jmdm. den [richtigen] Weg z.; er zeigte uns, an welcher Stelle das Unglück geschehen war; zeige mir doch bitte, wie es gemacht wird/wie das Gerät funktioniert; **c)** ⟨sich z.⟩ *sich sehen lassen:* sich in der Öffentlichkeit, am Fenster z.; so kann ich mich nicht auf der Straße z.; ⟨sich jmdm. z.⟩ die Königin zeigte sich der Menge; ÜBERTR.: die Stadt zeigte sich *(präsentierte)* sich im Festglanz; am Himmel zeigten sich die ersten Sterne *(wurden die ersten Sterne sichtbar);* auf ihrem Gesicht zeigte sich ein schwaches Lächeln.
3. ⟨etw. z.⟩ *zum Ausdruck bringen:* [für jmdn., etw.] wenig, gar/überhaupt kein Verständnis z.; [keine] Angst, Reue, Einsicht, Interesse z.; seine Macht, seine Überlegenheit z.; er ist nicht in der Lage, Gefühle zu z.; er zeigte *(bewahrte)* Haltung; sie zeigten keine Lust dazu; die Arbeit zeigt Fleiß, Talent; jetzt kannst du z. *(beweisen),* was du kannst; die Erfahrung hat gezeigt, dass ...; die Maßnahme hat Wirkung gezeigt *(war wirksam);* ⟨jmdm. etw. z.⟩ jmdm. seine Liebe, sein Missfallen z.; seine Frage, seine Antwort zeigt ein Verhalten zeigt mir, dass er es nicht begriffen hat; das musst du mir erst einmal z. *(beweisen)!*
4. **a)** ⟨sich irgendwie z.⟩ *sich erweisen:* sich freundlich, dankbar, großzügig z.; sich jeder Lage gewachsen z.; sie hat sich klug/tapfer, über das erreichte Ergebnis zufrieden gezeigt; er hat sich als guter Freund gezeigt; uns gegenüber zeigte sie sich nur von ihrer besten Seite; **b)** ⟨sich z.⟩ *sich herausstellen:* die Folgen zeigen sich später;

es wird sich ja z., ob du Recht hast; dass deine Entscheidung falsch war, zeigt sich jetzt. 5. ⟨etw. z.⟩ *anzeigen:* das Thermometer zeigt 15 Grad unter null; die Uhr zeigt zwölf; **∗ es jmdm. zeigen** (ugs.; 1. *jmdm. gründlich die Meinung sagen, seinen Standpunkt klarmachen.* 2. *jmdn. von sich, von seinem wahren Können überzeugen).* **Zeiger,** der: der große, kleine Z. der Uhr; der Z. steht, zeigt auf zwölf; der Z. der Waage blieb bei fünf Kilo stehen; der Z. schlug [nach links] aus; den Z. vorstellen, zurückstellen, anhalten. **zeihen** (geh.) ⟨jmdn., sich etw. (Gen.) z.⟩: jmdn. des Verrates, des Meineides, der Heuchelei, einer Lüge z.; er hat sich selbst eines Vergehens geziehen. **Zeile,** die: 1. *Schrift-, Druckzeile:* die erste Z., die drei ersten Zeilen eines Gedichtes; eine neue Z. beginnen; die Anzeige kostet pro angefangene Z. 20 Mark; jeweils die erste Z. einrücken, ausrücken; am Anfang, am Ende der Z.; beim Lesen eine Z. überspringen; er hat davon sicher noch keine einzige Z. *(noch gar nichts)* gelesen; jmdm. ein paar Zeilen *(eine kurze Mitteilung)* schicken, schreiben; Ihre [freundlichen] Zeilen *(Ihren Brief)* habe ich erhalten; etw. Z. für Z. durchgehen, prüfen; in/auf der fünften Z. von oben; etw. [auf der Schreibmaschine] mit zwei Zeilen Abstand schreiben. 2. *Reihe:* mehrere Zeilen junger Bäume; eine lange Z. von unscheinbaren Häusern; **∗ zwischen den Zeilen lesen** *(in einem Text auch das nicht ausdrücklich Gesagte erkennen, verstehen):* bei dieser Nachricht muss man zwischen den Zeilen lesen können · **zwischen den Zeilen stehen** *(in einem Text auf eine indirekte, nicht jedem Leser ohne weiteres verständliche Weise zum Ausdruck kommen).* **zeit:** ⟨in der Verbindung⟩ **zeit meines, deines** usw. **Lebens** *(mein, dein usw. Leben lang; solange ich lebe, du lebst usw.):* ich werde dir z. meines Lebens dankbar sein. **Zeit,** die: 1. *Zeitablauf:* die Z. vergeht [schnell, wie im Fluge], verstreicht, scheint stillzustehen; die Z. lässt sich nicht festhalten, nicht zurückdrehen; er möchte den Gang der Z. aufhalten; Ⓡ die Z. heilt alle Wunden; kommt Z., kommt Rat; die Z. arbeitet für uns *(die Entwicklung dient unseren Zwecken).* 2. *Zeitraum; Zeitspanne:* lange, kurze Z.; dafür ist die Z. zu knapp, steht viel/wenig Z. zur Verfügung; jmds. freie Z. ist knapp bemessen; die Z. drängt, ist abgelaufen; es ist Z. genug, wenn wir um 8 Uhr abfahren; dafür bleibt keine Z. mehr, bleibt noch genug Z.; die Z. wurde ihm lang; dafür fehlt uns jetzt die Z.; es ist schon eine geraume Z. her, liegt schon einige Z. zurück; wie viel Z. ist seitdem vergangen?; viel, keine, noch eine Stunde Z. haben; etw. erfordert, braucht, kostet [viel] Z., braucht seine Z.; Z. und Gelegen-

heit haben, etwas Bestimmtes zu tun; etw. dauert eine lange Z.; ich gebe Ihnen dazu drei Wochen Z. *(Frist); Z.* sparen, gewinnen, für etw. finden; die [freie] Z. ausnutzen, für etw. nutzen; die [kostbare] Z. ungenutzt verstreichen lassen; Z. [mit etw.] verschwenden, vertrödeln; seine Z. [mit etw.] verbringen; an etw. viel Z. [und Mühe] wenden; sich (Dat.) die/seine Z. [gut] einteilen; einige Z., eine Z. lang warten, krank sein; die ganze Z. [hindurch, über] war er damit beschäftigt; lange Z., die längste Z. seines Lebens hat er dort gewohnt; jmdm. die Z. stehlen *(jmdn. unnötig aufhalten);* wir dürfen keine Z. verlieren *(müssen uns beeilen);* damit hat es noch Z. *(das eilt nicht);* (Sport:) er hat, ist die beste Z. gelaufen; (Sport:) die Z. nehmen, stoppen; sie sind schon längere Z. verheiratet; er hat die ganze Z. telefoniert; das Auto steht die meiste Z. in der Garage; das ist nur eine Frage der Z. *(es wird über kurz oder lang so kommen);* er ist auf unbestimmte Z., für längere Z. verreist; ich habe ihn in letzter, in der ganzen Z., in all der Z. nicht gesehen; nach kurzer Z. war er wieder zurück; er wohnt schon seit einiger Z. hier; er kann über seine Z. [frei] verfügen; das ist vor langer Z., während der Z. deiner Abwesenheit geschehen; Ⓡ Z. ist Geld; spare in der Z., so hast du in der Not. 3. *Zeitabschnitt:* schöne, goldene, harte, schlimme, böse, teure Zeiten; die gute alte Z.; unsere, die heutige, eine neue Z.; kommende, künftige, spätere, vergangene Zeiten; die Z. der Reformation, des Zweiten Weltkriegs; die Z. vor/ nach dem Krieg; das waren herrliche, unsichere Zeiten; das war eine glückliche Z.; das waren noch Zeiten! *(damals ging es uns noch gut!);* die Zeiten sind schlecht, haben sich geändert; diese Zeiten sind vorbei, kommen nie wieder; Z. und Umstände erfordern es; dafür ist die Z. noch nicht reif; sie haben eine schwere Z. durchgemacht; sie hat [auch] bessere Zeiten gekannt, gesehen *(hat in besseren Verhältnissen gelebt als heute);* [ach] du liebe Z.! (ugs.; Ausruf der Verwunderung, Bestürzung, des Bedauerns); er hat seine Z. (ugs.; *seine Gefängnisstrafe)* abgesessen; ein Haus im Geschmack der Z.; sie ist nicht auf der Höhe der Z. *(ist nicht modern);* er gab seiner Z. das Gepräge; er hofft auf bessere Zeiten; eine Sage aus vergangener Z.; das stammt noch aus der Z. unserer Großeltern, aus der Z., als ...; für kommende Zeiten ist gesorgt; er hat genug für alle Z., für alle Zeiten *(für immer);* in alter Z., in alten Zeiten; zur Z. der Not; es geschah in der ersten Z. des Kriegs, nach dem Krieg; das war in seinen besten Zeiten *(als es ihm gesundheitlich, finanziell o. ä. am besten ging);* er geht immer mit der Z. *(ist modern, fortschrittlich);* das muss vor meiner Z. (ugs.; *vor meinem Hiersein)* geschehen sein; zu Luthers Zeiten; das gab es zu allen Zeiten; Ⓡ die Zeiten ändern sich, [und wir ändern uns mit ihnen].

4. *Zeitpunkt:* dafür ist jetzt nicht die richtige, rechte Z.; die Z. für den Besuch ist jetzt ungünstig; dafür ist die Z. jetzt gekommen; die Z. steht bevor, wird kommen, in der .../wo ...; seine Z. war gekommen (geh. verhüllend; *er musste sterben*); Ort und Z. für etw. bestimmen, festsetzen, vereinbaren, ausmachen; die [richtige, rechte] Z. versäumen, verschlafen; du hast die Z. nicht eingehalten; er hielt seine Z. *(den für sein Handeln günstigen Zeitpunkt)* für gekommen; hast du [die] genaue Z. *(Uhrzeit)?*; es geschah um 6 Uhr mitteleuropäischer Z. *(Zeitrechnung);* er kam erst nach der festgesetzten Z.; ich habe ihn seit dieser Z. nicht mehr gesehen; es war schon zwei Tage über die Z.; um diese Z. ist er sonst immer hier; wir sehen uns morgen um diese, um dieselbe, um die gleiche Z.; von der/dieser Z. an blieb er verschwunden; das Kind kam vor der Z. *(wurde zu früh geboren);* zu jeder, zu passender, zu günstiger, zu gegebener Z.; das war zu der Z., als/(geh.:) da hier noch niemand wohnte; zu der Z. *(damals)* konnte er nicht verreisen; sie kamen zur gleichen Z. an; er kam zur rechten Z.; Ⓡ alles zu seiner *(zu passender)* Z. **5.** (Sprachw.) *Tempus:* einfache, zusammengesetzte Zeiten; in welcher Z. steht das Verb?; ✴ **die längste Zeit** (ugs.; *künftig nicht mehr*) · **es ist, wird Zeit** *(der Zeitpunkt ist gekommen, kommt, etw. zu tun):* für uns wird es langsam Z. · **es ist [aller]höchste Zeit** *(es ist dringend [notwendig], eilt sehr)* · **jmdm. Zeit lassen** *(jmdm. Gelegenheit lassen, etw. in Ruhe zu tun, zu erwägen)* · **sich** (Dat.) **[für jmdn., etw.] Zeit nehmen** *(sich ohne Übereilung, Überstürzung [mit jmdm., etw.] beschäftigen)* · **jmdn., sich [mit etw.] die Zeit vertreiben** *(jmdn., sich [mit etw.] für eine bestimmte Zeit unterhalten)* · **die Zeit totschlagen** (ugs. abwertend; *seine Zeit nutzlos verbringen)* · **es ist an der Zeit** *(es ist so weit, der Zeitpunkt ist gekommen)* · **auf Zeit** *(für eine befristete Zeit):* einen Vertrag auf Z. abschließen; er ist Soldat, Beamter auf Z. · **mit der Zeit** *(allmählich):* mit der Z. gewöhnt man sich an alles · **von Zeit zu Zeit** *(gelegentlich, ab und zu)* · **zu/(selten:) bei nachtschlafender Zeit** (ugs.; *nachts*) · **zur Zeit** *(zu einer Zeit):* zur Z. Karls des Großen · **zu Zeiten einer Person/Sache** *(in der Zeit, als es eine bestimmte Person, Sache noch gab).*

zeitig: ein zeitiger *(früh einsetzender)* Winter; am zeitigen Nachmittag; diese Blumen blühen im zeitigen Frühjahr; z. aufstehen, zu Bett gehen; es wird jetzt schon z. dunkel.

zeitigen (geh.) ⟨etw. z.⟩: Wirkungen, schlimme Folgen z.; unsere Bemühungen haben ein gutes Ergebnis, gute Erfolge gezeitigt.

zeitlich: **1.** *die Zeit betreffend:* die zeitliche Reihenfolge von etw.; ein zeitliches Nebeneinander; in großem, kurzem zeitlichen Abstand; den zeitlichen Ablauf festlegen; der Besuch des Museums war z. nicht möglich; etw. ist z. begrenzt.

2. *vergänglich, irdisch:* zeitliche und ewige Werte; die zeitlichen Güter; ✴ **das Zeitliche segnen** (scherzh.; *entzweigehen*).

Zeitpunkt, der: der Z. seines Todes; der entscheidende Z. war gekommen; [für etw.] den richtigen, günstigen Z. wählen, abwarten, verpassen, versäumen; zu diesem Z.; zum jetzigen Z.; zu einem späteren Z.; einen Z. *(Termin)* vereinbaren, festsetzen.

Zeitung, die: a) *Druckschrift mit aktuellen Nachrichten, Berichten:* eine führende, angesehene, unabhängige, überregionale, italienische Z.; die heutige Z.; die Z. von gestern; die Z. erscheint täglich, jeden Freitag, in Zürich; die Z. musste ihr Erscheinen einstellen, (ugs.:) ist eingegangen; die Z. berichtet, schreibt, tritt dafür ein, dass ...; alle Zeitungen haben sich mit dem Fall beschäftigt; eine Z. gestalten, machen, drucken, herausgeben, verlegen, redigieren; eine Z. halten, lesen, bestellen, abonnieren; die Z. abbestellen; Zeitungen austragen; welche Z. lesen Sie?; er sitzt im Sessel und liest [die] Z.; diese Nachricht habe ich erst aus der Z. erfahren; etw. durch die Z. *(mit einer Zeitungsanzeige)* suchen, finden; das ging durch alle Zeitungen; etw. in die Z. lesen, bekannt geben, veröffentlichen; das hat in der Z. gestanden; eine Anzeige in die Z. setzen, [ein]rücken; sein Aufsatz war in der Z. abgedruckt; **b)** *Presseunternehmen:* eine Mitarbeiterin der Z.; sie ist bei einer Z. [beschäftigt]; sie berichtet, schreibt für eine ausländische Z.; **c)** *Zeitungsexemplar, -blatt:* die Z. aufschlagen, zusammenfalten; etw. in eine Z. einschlagen, in Z. *(in Zeitungspapier)* einwickeln.

zeitweilig: *vorübergehend:* eine zeitweilige Verzögerung, Abwesenheit; die Straße ist z. gesperrt; er musste z. aussetzen.

zeitweise: 1. *hin und wieder:* z. anwesend sein; z. schien auch die Sonne.

2. *eine Zeit lang:* die Autobahn war z. *(vorübergehend)* gesperrt; ⟨auch attributiv⟩ ein zeitweiser Rückgang.

Zelle, die: **1. a)** *Mönchs-, Gefängniszelle o. Ä.:* eine schlichte, kahle, dunkle Z.; die Mönche wohnen in Zellen; der Gefangene sitzt in Z. 134; jmdn. in eine Z. einschließen, wieder in seine Z. bringen; **b)** *kleiner Hohlraum:* die Zellen der Bienenwabe, des Akkumulators. **2.** *kleinste Einheit in einem Organismus:* lebende, tote Zellen; die Zellen wachsen, verschmelzen, teilen sich, sterben ab. **3.** *[politische] Gruppe:* kommunistische Zellen; die Partei bildete, gründete Zellen in den Fabriken; ✴ **die [kleinen] grauen Zellen** (ugs. scherzh.; *das Gehirn, das Denkvermögen).*

Zelt, das: die Zelte der Nomaden; ein Z. aufschlagen, aufbauen, aufstellen, abbauen, abbrechen; ein Zirkus errichtet sein Z. auf dem Festplatz;

aus dem Z. treten; in Zelten wohnen, leben; im Z. übernachten, schlafen;

* **die/seine Zelte abbrechen** (meist scherzh.; *den Aufenthaltsort, den bisherigen Lebenskreis aufgeben*) · **irgendwo seine Zelte aufschlagen** (meist scherzh.; *irgendwo wohnen, sich niederlassen*): sie wollen in München ihre Zelte aufschlagen.

zelten: im Ferienlager, auf einem Campingplatz, am Waldrand, am See z.; im Urlaub z.

Zensur, die: **1.** *Leistungsnote:* der Schüler hat schlechte Zensuren; eine gute Z. für den Aufsatz, in Deutsch bekommen; der Lehrer gibt, erteilt eine Z.; die Zensuren stehen schon fest; ÜBERTR.: Zensuren austeilen (abwertend; *in der Rolle einer Autorität Lob und Tadel aussprechen*). **2. a)** *Kontrolle von Büchern, Filmen u. Ä.:* eine politische Z.; die Z. der Presse; eine Z. ausüben; die Z. streng, tolerant, nachlässig handhaben; die Post der Gefangenen unterliegt einer scharfen, strengen Z.; mehrere Passagen sind der Z. zum Opfer gefallen; **b)** *Prüfstelle:* die Z. hat das Buch, die Aufführung verboten, beanstandet, zugelassen, freigegeben; der Brief durfte die Z. passieren, ging durch die Z.

Zentner, der: zehn Z. Kartoffeln, Kohlen; ein Schwein von 3 Zentner[n] Lebendgewicht, mit einem Lebendgewicht von 3 Zentnern; ein Z. Kartoffeln kostet/(seltener:) kosten 60 Mark; ein Z. neue Kartoffeln/(geh.:) neuer Kartoffeln; er wiegt anderthalb Z.

zentral: 1. a) *in der Mitte gelegen:* ein zentraler Ort; Büros in zentraler Lage; seine Wohnung, das Hotel ist z. gelegen, liegt sehr z.; **b)** *im Mittelpunkt stehend:* die zentrale Figur in diesem Drama; ein zentrales Thema, Problem, Anliegen; diese Frage ist von zentraler Bedeutung. **2.** *von einer übergeordneten Stelle ausgehend:* eine zentrale Lenkung, Planung; die zentralen Staatsorgane; eine z. geleitete Industrie; z. erfasste Daten; (Med.:) das zentrale Nervensystem.

Zentrum, das: **1.** *Mittelpunkt:* das Z. eines Kreises, einer Kugel; das Z. des Erdbebens; die Stadt ist ein kulturelles, wirtschaftliches Z.; im Z. *(in der Mitte)* des Platzes steht ein Denkmal; im Z. *(Stadtzentrum)* wohnen; im Geschäft im Z.; ÜBERTR.: er, diese Frage stand im Z. des Interesses, der Diskussion. **2.** *zentrale Stelle, Gruppe:* das industrielle Z. des Landes; die Stadt ist ein bedeutendes geistiges, kulturelles, wirtschaftliches Z.; das Zentren der Macht; sie bildeten das Z. des Widerstandes. **3.** *Einrichtung:* ein Z. für die Jugend, für Gentechnologie, für Behindertensport.

Zepter, der: ein goldenes Z.; ÜBERTR.: unter dem Z. *(unter der Regentschaft)* dieses Königs blühte das Land auf; das Z. übernehmen, abgeben *(ein Amt übernehmen, abgeben)*;

* **das Zepter führen/schwingen** (scherzh.; *die Herrschaft, Führung haben*).

zerbrechen: 1. ⟨etw. z.⟩ *in Stücke brechen:* ein Glas z.; sie hat ihre Brille zerbrochen. **2.** *entzweibrechen:* die Platte zerbrach; bei der Explosion zerbrachen viele Fensterscheiben; zerbrochenes Geschirr; das Spielzeug lag zerbrochen in einer Ecke; ⟨jmdm. z.⟩ der Teller ist mir [in der Hand, beim Abwaschen] zerbrochen; BILDL.: ihre Ehe, ihre Liebe, seine Hoffnung zerbrach; das Bündnis, die Koalition ist endgültig zerbrochen. **3.** (geh.) ⟨an etw. (Dat.) z.⟩ *scheitern:* er ist am Leben, an den Verhältnissen zerbrochen.

zerdrücken: 1. ⟨etw. z.⟩ *durch Druck zerstören:* ein Glas [in der Hand] z.; die Kartoffeln [mit der Gabel] z.; er zerdrückte die Spinne; mehrere Häuser wurden von den Erdmassen zerdrückt. **2.** (ugs.) ⟨etw. z.⟩ *zerknittern:* die Bluse, der Hut ist ganz zerdrückt; eine zerdrückte *(aus der Form geratene)* Frisur.

Zeremonie, die: eine feierliche, umständliche, prunkvolle Z.; die Z. der Taufe; der Präsident wurde in/mit einer schlichten Z. in sein Amt eingeführt; die Z. (scherzh.; *das Ritual*) des abendlichen Waschens.

zerfahren: *unkonzentriert:* er machte einen zerfahrenen Eindruck; du bist heute so z.

Zerfall, der: **a)** *das Zerfallen:* den Z. eines Hauses aufhalten, verhindern; der Frost beschleunigte den Z. der Ruine; (Physik:) der radioaktive Z. von Atomkernen; ÜBERTR.: ein Z. von Moral und Kultur; **b)** *Untergang:* der Z. des Römischen Reiches; der langsame Z. der Partei; den Z. nicht aufhalten können.

zerfallen: 1. a) *auseinander brechen; sich auflösen:* das alte Gebäude zerfällt [immer mehr]; in/zu Staub, in/zu Asche z.; in nichts, in seine Bestandteile z.; die Tablette in Wasser z. lassen; (Kernphysik:) ein Element zerfällt; Atomkerne zerfallen (Kernphysik; *spalten sich*); zerfallende Ruinen; **b)** *zugrunde gehen:* nach Alexanders Tod zerfiel sein Reich. **2.** ⟨in etw. (Akk.) z.⟩ *sich gliedern:* die Abhandlung zerfällt in mehrere Kapitel, Teile; der Ablauf zerfällt in mehrere Phasen;

* **mit jmdm., etw. zerfallen sein** *(mit jmdm., etw. verfeindet, zerstritten sein):* er ist mit seiner Familie zerfallen · **mit sich selbst zerfallen sein** *(mit sich selbst unzufrieden, unglücklich sein).*

zerfetzen: 1. ⟨jmdn., etw. z.⟩: *in Stücke reißen:* Papier, einen Brief z.; der Sturm zerfetzte das Zelt; eine Granate hat ihn zerfetzt; ⟨jmdn. etw. z.⟩ das Granate hatte ihm ein Bein zerfetzt; zerfetzte Körper. **2.** ⟨etw. z.⟩ *verreißen:* die Kritik hat die Aufführung zerfetzt.

zerfleischen: 1. ⟨jmdn., ein Tier z.⟩ *mit den Zähnen in Stücke reißen:* die Wölfe zerfleischten die Schafe. **2.** (geh.) ⟨sich z.⟩ *sich quälen:* du zerfleischt dich in Selbstvorwürfen.

Z

zerfließen: a) *sich auflösen, sich verflüssigen:* der Schnee, das Eis, die Butter zerfließt in der Sonne; ÜBERTR.: in/vor Mitleid z. *(ein Übermaß an Mitleid zeigen);* **b)** *auseinander laufen:* die Tinte, die Farbe war auf dem Papier zerflossen; ÜBERTR.: in der Dämmerung zerflossen *(verschwammen)* die Umrisse, die Formen; zerfließende Konturen.

zerfressen: 1. ⟨etw. z.⟩ *durch Fraß zerstören, beschädigen:* Motten haben den Stoff, den Pelz zerfressen; der Schrank war von Holzwürmern zerfressen. **2.** ⟨etw. z.⟩ *zersetzen:* der Rost, die Säure zerfrisst das Metall; der Eiter hat den Knochen zerfressen; BILDL.: Kummer, Gram zerfraß ihr das Herz *(quälte sie);* die Eifersucht zerfraß ihn.

zergehen ⟨irgendwo z.⟩: Butter in der Pfanne, eine Tablette im Wasser/im Mund z. lassen; das Fleisch ist so zart, dass es auf der Zunge zergeht.

zerknirscht: ein zerknirschtes Gesicht; z. dreinschauen; über etw. [völlig] z. sein.

zerknittern ⟨etw. z.⟩: du hast beim Sitzen deinen Anzug zerknittert; ein zerknittertes Hemd; die Zeitung ist ganz zerknittert; BILDL.: ein zerknittertes *(sehr faltiges)* Gesicht; ÜBERTR.: nach dieser Standpauke war er ganz zerknittert (ugs.; *niedergeschlagen).*

zerlegen: a) ⟨etw. [in etw. (Akk.)] z.⟩: *auseinander nehmen:* einen Motor, eine Maschine z.; der Kleiderschrank lässt sich z.; in seine Bestandteile z.; **b)** ⟨ein Tier z.⟩ *zerteilen:* erlegtes Wild z.; die Gans [kunstgerecht] z. *(tranchieren);* die Forelle auf dem Teller z.

zermalmen ⟨jmdn., etw. z.⟩: herabstürzende Felsmassen zermalmten drei Menschen; seine Hand wurde in der Maschine zermalmt.

zermartern ⟨sich (Dat.) etw. z.⟩: er zermarterte sich den Kopf, das Hirn, aber der Name fiel ihm nicht ein.

zermürben ⟨jmdn., etw. z.⟩: die Sorgen zermürbten sie; sie zermürbten den Angeklagten im/durch ein Kreuzverhör; ⟨auch ohne Akk.⟩ eine zermürbende Ungewissheit; ein vom Leid, von Sorgen zermürbter Mensch.

zerpflücken ⟨etw. z.⟩: **1.** *auseinander zupfen:* eine Rose z.; den Salat z. und waschen. **2.** (ugs.) *in kleinlicher Weise kritisieren:* eine Rede Satz für Satz, jmds. Argumente z.; der Kritiker hat das Buch, den Film zerpflückt.

zerreißen: 1. a) ⟨jmdn., etw. z.⟩ *in Stücke, auseinander reißen:* Papier, einen Brief, einen Faden z.; ein Tuch in schmale Streifen z.; das Raubtier hat die Beute mit den Zähnen zerrissen; eine Granate hatte ihn zerrissen; ich kann mich doch nicht z. (ugs. scherzh.; *kann doch nicht zwei Dinge auf einmal tun o. ä.*); ich könnte mich [vor Wut] z. (ugs.; *bin sehr wütend*); sie hat sich für uns förmlich zerrissen (ugs.; *hat alles Erdenkliche für uns getan*); ÜBERTR.: der Sturm hat die Wolkendecke zerrissen; ein Schrei, ein Schuss zerriss die Stille; **b)** ⟨jmdn., sich etw. z.⟩ *ein Loch*

in etw. reißen: der Hund hat ihm die Hose zerrissen; ich habe mir an dem Stuhl die Strümpfe zerrissen; ⟨auch ohne Dat.⟩ der Junge zerreißt viel. **2.** *auseinander gehen:* das Garn zerreißt leicht; das Seil, die Schnur, die Saite zerriss; zerrissene Kleider, Schuhe; ÜBERTR.: der Nebel zerreißt (geh.; *löst sich auf*); die Bande zwischen ihnen waren zerrissen; SUBST.: die Atmosphäre war zum Zerreißen *(aufs Äußerste)* gespannt.

zerren: 1. ⟨jmdn., etw. irgendwohin z.⟩ *gewaltsam, mühsam ziehen:* jmdn. aus dem Bett, auf die Straße, in ein Auto z.; einen Sack hinter sich her z.; ÜBERTR.: jmdn. vor Gericht, etw. an die Öffentlichkeit z. **2.** ⟨sich (Dat.) etw. z.⟩ *zu stark dehnen:* ich habe mir einen Muskel gezerrt; die Bänder sind bei der Verstauchung glücklicherweise nur leicht gezerrt worden. **3.** ⟨an jmdm., etw. z.⟩ *heftig, ruckartig ziehen:* an der Glocke, an den Schuhbändern z.; der Hund zerrt an der Kette, an der Leine; ÜBERTR.: der Lärm, der Stress zerrt an meinen Nerven.

zerrinnen (geh.): der Schnee zerrinnt [an der Sonne]; BILDL.: die Zeit zerrann; seine Pläne, seine Träume sind [in nichts] zerronnen.

zerrütten: 1. ⟨jmdn., etw. z.⟩ *erschöpfen:* der Alkoholkonsum hatte ihn, seine Gesundheit zerrüttet *(ruiniert);* zerrüttete Nerven; jmdn. körperlich, geistig, nervlich z. **2.** ⟨etw. z.⟩ *in seinem Gefüge zerstören:* die Misswirtschaft zerrüttete die Finanzen des Staates; eine zerrüttete Ehe; er lebt in völlig zerrütteten Verhältnissen.

zerschellen ⟨[an etw. (Dat.)] z.⟩: das Schiff zerschellte an einer Klippe; das Flugzeug ist an einer Bergwand zerschellt; die Maschine lag zerschellt am Boden; ÜBERTR.: an seinem Widerstand zerschellten *(scheiterten)* alle Pläne.

¹zerschlagen: 1. ⟨etw. z.⟩: **a)** *durch Fallenlassen o. Ä. zerbrechen:* Porzellan, Geschirr, einen Teller z.; **b)** *in Stücke schlagen:* in seiner Wut das Mobiliar z.; ein Stein hat die Windschutzscheibe, der Hagel hatte die Ernte zerschlagen; ÜBERTR.: eine feindliche Division z. *(vernichtend schlagen);* ein Besitztum z. *(aufteilen);* jmds. Macht, einen Spionagering, ein Kartell z.; jmds. Hoffungen z. *(zunichte machen).* **2.** ⟨sich z.⟩ *sich nicht erfüllen:* meine Hoffnungen, meine Pläne zerschlugen sich; die Sache hat sich leider zerschlagen.

²zerschlagen: *erschöpft:* sie fühlte sich [an allen Gliedern] wie zerschlagen; sie war nach dem anstrengenden Tag ganz zerschlagen.

zerschmettern ⟨etw. z.⟩: eine Vase auf dem Fußboden z.; herabfallende Gesteinsbrocken hatten sein Bein zerschmettert; er lag mit zerschmetterten Gliedern auf der Straße; ⟨jmdm. etw. z.⟩ die Kugel zerschmetterte ihm das Bein; ÜBERTR.: die Feinde, seinen Gegner z. *(vernichten).*

zerschneiden: 1. ⟨etw. [mit etw.] z.⟩: *auseinander*

Z

schneiden: Stoff, Papier [mit einer Schere] z.; sie zerschnitt die Torte in zwölf Stücke; die Maschine zerschnitt dicke Stahlplatten; ÜBERTR.: eine Straße zerschneidet den früheren Park; das Schiff zerschneidet (geh.; *zerfurcht*) die Wellen. **2.** ⟨jmdm. etw. z.⟩ *durch Schnitte verletzen:* die Scherben zerschnitten ihm die Hand.
zersetzen: **1. a)** ⟨etw. z.⟩ *auflösen:* der elektrische Strom zersetzt Säure; Mikroben, Bakterien zersetzen organische Verbindungen; die Fäulnis hatte den Körper schon zersetzt; **b)** ⟨sich z.⟩ *sich auflösen:* die pflanzlichen Abfälle zersetzen sich bei der Kompostierung; das Holz hat sich im Boden zersetzt. **2.** ⟨etw. z.⟩ *in seinem Bestand untergraben:* sie zersetzten mit ihrer Propaganda die Moral, die Widerstandskraft; die feindliche Propaganda zersetzte das Heer; zersetzende Schriften, Reden; etw. wirkt zersetzend.
zersplittern: **1.** ⟨etw. z.⟩ *in Splitter zerschlagen:* der Sturm, der Blitz zersplitterte den Mast; ÜBERTR.: er zersplitterte *(verzettelte)* seine Kräfte, seine Zeit. **2.** *in Splitter zerfallen:* das Fenster zersplitterte; bei dem Aufprall war die Windschutzscheibe zersplittert; ein zersplitterter Knochen; zersplittertes Holz; ÜBERTR.: das Land war [in viele Kleinstaaten] zersplittert.
zerspringen: das Glas fiel zu Boden und zersprang [in tausend Stücke]; zersprungene Scheiben; ÜBERTR.: der Kopf wollte mir z. [vor Schmerzen] (geh.; *ich hatte heftigste Kopfschmerzen*).
zerstören ⟨etw. z.⟩: etw. mutwillig, sinnlos, vollständig, restlos z.; technische Anlagen, eine Stadt, eine Brücke z.; dieses Haus wurde im Krieg, durch Bomben, durch Feuer, durch ein/bei einem Erdbeben zerstört; die zerstörende Kraft des Feuers; ÜBERTR.: die Natur, die Landschaft, die Umwelt z.; jmds. Hoffnungen z. *(zunichte machen);* jmds. Ehe, jmds. Existenz, jmds. Glück z.; zerstörte Illusionen; der Alkohol hat seine Gesundheit zerstört.
zerstreuen: **1.** ⟨etw. z.⟩ *verstreuen:* der Wind zerstreut die Blätter über den ganzen Hof; die Kleider lagen auf dem Boden, im ganzen Raum zerstreut; die Linse zerstreut das Licht (Optik; *lenkt es in alle Richtungen*); ÜBERTR.: die Häuser liegen [über das Tal] zerstreut; die Freunde waren in alle Winde zerstreut. **2. a)** ⟨jmdn., etw. z.⟩ *auseinander treiben:* die Polizei versuchte die Demonstranten, die Menge [mit Wasserwerfern] zu z.; **b)** ⟨sich z.⟩ *auseinander gehen:* die Menge zerstreute sich [in die umliegenden Straßen]. **3.** ⟨jmdn., sich z.⟩ *ablenken:* sich durch ein Spiel, mit einem Krimi, beim Fernsehen z.; ich versuchte ihn mit allerlei Scherzen zu z. **4.** ⟨etw. z.⟩ *beseitigen:* jmds. Bedenken, jmds. Zweifel z.; es gelang ihm, jeden Verdacht zu z.
zerstreut: *unaufmerksam:* ein zerstreuter Fußgän-

ger; er ist ein zerstreuter Professor (scherzh.; *ein sehr zerstreuter Mensch*); sie ist oft z. und vergisst dann alles; sie sah z. auf die Uhr.
Zerstreuung, die: **1. a)** *Zeitvertreib:* kleine, harmlose Zerstreuungen; die Zerstreuungen der Großstadt; in etw. Z. suchen, finden; seinen Gästen allerlei Zerstreuungen bieten; **b)** *Unaufmerksamkeit:* ich habe in der Z. meine Tasche liegen lassen. **2.** *Auseinandertreiben:* die Z. der Ansammlung, der Demonstranten.
zerteilen: **1.** ⟨etw. z.⟩ *in Teile zerlegen:* Geflügel, einen Braten, ein Stück Stoff z.; ÜBERTR.: der Wind zerteilt die Wolken; (geh.:) das Boot zerteilte die Wellen; ich kann mich doch nicht z. (ugs. scherzh.; *mehrere Dinge zugleich tun*). **2.** ⟨sich z.⟩ *sich auflösen:* der Nebel zerteilt sich; die Wolken haben sich zerteilt.
zertreten ⟨etw. z.⟩: eine Blume, eine Kirsche z.; einen Käfer, eine Zigarettenkippe z.; die Kinder haben den Rasen zertreten *(niedergetreten).*
zertrümmern ⟨etw. z.⟩: einen Spiegel z.; bei dem Streit wurde die ganze Einrichtung zertrümmert; Nierensteine z. (Med.; *fein zerkleinern*); (Kernphysik:) die Atomkerne werden zertrümmert; ⟨jmdm. etw. z.⟩ bei dem Sturz wurde ihm der Schädel zertrümmert.
zerzausen ⟨jmdm. etw. z.⟩: zerzaustes Haar; der Wind hatte ihre Frisur zerzaust; ihre Haare sind zerzaust; BILDL.: vom Sturm zerzauste Bäume.
zetern (ugs.) ⟨[wegen etw./über etw. (Akk.)] z.⟩: sie zetert den ganzen Tag; laut z.
Zettel, der: ein leerer, beschriebener Z.; an der Tür hing, klebte ein Z. mit ihrem Namen; ich habe den Z. verloren, verlegt; etw. auf einen Z. schreiben, auf einem Z. notieren; ein Z. mit Notizen.
Zeug, das (ugs., oft abwertend): **a)** *Sache:* wie teuer ist das Z.?; das Z. hat furchtbar geschmeckt, gerochen, ausgesehen; der Händler ist sein Z. *(seine Ware)* nicht losgeworden; was soll ich nur mit dem Z. anfangen?; weg mit dem Zeug[s]!; **b)** *Unsinn:* [das ist] dummes Z.!; dummes, albernes Z. reden, träumen; der Kranke redet wirres, ungereimtes Z.; die Kinder treiben nur dummes Z.; glaub doch nicht all das Z.!;
* jmd. hat das Zeug/in jmdm. steckt das Zeug zu jmdm., etw. (ugs.; *jmd. ist zu etw. befähigt, hat die Begabung, etwas Bestimmtes zu werden*): in ihm steckt das Z. zu einem tüchtigen Ingenieur; sie hat nicht das Z. dazu · was das Zeug hält (ugs.; *kräftig, heftig, intensiv*): sie arbeitete/rannte, was das Z. hielt · jmdm. etw. am Zeug flicken (ugs.; *jmdn. tadeln, kritisieren*) · sich [mächtig/richtig o. ä.] ins Zeug legen (ugs.; *sich sehr anstrengen, mit großem Einsatz etwas Bestimmtes tun*) · sich für jmdn., etw. [mächtig/richtig o. ä.] ins Zeug legen (ugs.; *sich für jmdn., etw. einsetzen*).
Zeuge, der: ein vertrauenswürdiger, falscher Z.; er

war Z. des Unfalls, der Tat; es waren keine Zeugen dabei; wir alle waren Z./Zeugen dieses Gesprächs; er wurde [unfreiwilliger] Z. ihres Streites; Zeugen werden gesucht, mögen sich melden; [für etw.] Zeugen haben; einen Zeugen benennen, beibringen, stellen, vernehmen, verhören, befragen, vereidigen, zwangsweise vorführen; als Z. [vor Gericht] auftreten, erscheinen, [vor]geladen werden, [gegen jmdn.] aussagen; jmdn. als Zeugen für etw. anführen; etw. im Beisein von Zeugen tun, sagen; das Testament wurde vor Zeugen geöffnet; Gott ist, sei mein Z.! (geh.; Beteuerungsformel); ÜBERTR.: diese Ruinen sind [stumme] Zeugen, die letzten Zeugen *(Zeichen)* der Vergangenheit;
* **jmdn. als Zeugen/zum Zeugen anrufen** *(sich auf jmdn. berufen).*

¹zeugen (geh.) ⟨für/gegen jmdn. z.⟩: *als Zeuge aussagen:* in einem Prozess für, gegen jmdn. z.; ÜBERTR.: das zeugt *(spricht)* nicht gerade für seine Wahrheitsliebe;
* **von etw. zeugen** *(aufgrund von Beschaffenheit, Art etw. erkennen lassen, zeigen):* ihre Arbeit zeugt von großem Können; sein Verhalten zeugt nicht von Geschmack.

²zeugen ⟨jmdn. z.⟩: *durch Befruchtung ein Kind entstehen lassen:* er hat [mit ihr], sie haben [zusammen] ein Kind, eine Tochter gezeugt.

Zeugnis, das: **1.** (geh.) **a)** *Beweis:* etw. ist ein untrügliches Z. für etw.; diese Aussage ist Z. seiner Unbestechlichkeit; er hat damit ein glänzendes Z. seiner Intelligenz, von seiner Intelligenz gegeben; **b)** *Gegenstand, der als Beweis dient:* der Roman ist ein literarisches Z. dieser Zeit; diese Funde sind Zeugnisse einer frühen Kulturstufe. **2. a)** *Schulzeugnis:* ein gutes, schlechtes, mäßiges, glänzendes Z.; das Z. der Reife (veraltend; *Abiturzeugnis*); am Ende des Schuljahres gibt es Zeugnisse; (ugs.:) der Junge hat ein gutes Z. mit nach Hause gebracht; **b)** *Gutachten:* ein amtliches, behördliches, ärztliches Z.; ein Z. ausstellen, vorlegen, beibringen, fordern, verlangen, fälschen; **c)** *Arbeitszeugnis:* ein erstklassiges, ausgezeichnetes Z.; ein Z. verlangen; der Koch hat die besten Zeugnisse vorzuweisen; ÜBERTR.: alle konnten ihm nur das beste Z. ausstellen *(sich nur positiv über ihn äußern).* **3.** (veraltend) *Zeugenaussage:* das Z. verweigern; [falsches] Z. [für jmdn., gegen jmdn.] ablegen; ÜBERTR.: Z. für seinen Glauben ablegen *(seinen Glauben bekennen);*
* **von etw. Zeugnis ablegen/geben** (geh.; *etw. erkennen lassen, zeigen).*

Ziege, die: **1.** */ein Haustier/:* die Z. meckert, gibt Milch; sie ist mager, neugierig wie eine Z. (ugs.; *sehr mager, sehr neugierig*); Ziegen halten, hüten, melken; Ⓡ die Z. ist die Kuh des kleinen Mannes. **2.** (ugs. abwertend) *weibliche Person:* sie ist eine dumme, alte, alberne Z.; /als Schimpfwort/: blöde, doofe Z.!

Ziegel, der: **1.** *Dachziegel:* der Sturm hat die Z. vom Dach gefegt; das Haus ist mit roten Ziegeln gedeckt. **2.** *Ziegelstein:* Z. formen, brennen; das Haus ist aus Ziegeln gebaut.

ziehen: 1. ⟨jmdn., etw. z.⟩ *durch Zugkraft fortbewegen:* einen Handwagen z.; Pferde haben den Heuwagen gezogen; der Schlitten wurde von Hunden gezogen; ÜBERTR.: hoffentlich wird das nichts Böses nach sich z. *(keine üblen Folgen haben).* **2. a)** ⟨jmdn., etw. aus etw./irgendwohin z.⟩ *durch Ziehen bewegen:* den Stuhl an den Tisch z.; das Boot an Land z.; den Verunglückten aus dem Auto z.; die Mutter zog das Kind an sich, an ihre Brust; jmdn. auf die Seite z.; die Tür leise ins Schloss z.; sie zogen ihn mit Gewalt ins Auto; er zog sie neben sich aufs Sofa; ÜBERTR.: der Fürst zog viele Künstler an seinen Hof; **b)** ⟨etw. irgendwohin z.⟩ *energisch steuern:* er zog den Wagen in letzter Sekunde in die Kurve, scharf nach links; der Pilot hat die Maschine wieder nach oben gezogen. **3.** *zupfen, zerren:* **a)** ⟨an etw. (Dat.) z.⟩ heftig, fest, ungeduldig an der Klingelschnur z.; der Hund zieht an der Leine; ⟨auch ohne Präpositionalobjekt⟩ der Hund zieht *(drängt vorwärts);* **b)** ⟨jmdn. an etw. (Dat.) z.⟩ jmdn. an den Ohren z.; er hat ihn am Ärmel gezogen. **4. a)** ⟨etw. z.⟩ *durch Ziehen in Tätigkeit setzen:* die Klingel, die Notbremse z.; das Orgelregister z.; **b)** ⟨etw. [irgendwo] z.⟩ *herausziehen und entnehmen:* Süßigkeiten, Blumen, Tickets, eine Schachtel Zigaretten am Automaten z. **5. a)** ⟨jmdn., etw. irgendwohin z.⟩ *in eine bestimmte Richtung, Lage, o.Ä. bringen:* Perlen auf eine Schnur z.; er hat die Knie bis unters Kinn gezogen; einen Faden durch das Nadelöhr z.; die Mütze ins Gesicht z.; die Schultern in die Höhe z.; der Sog zog ihn in die Tiefe; er wurde in den Strudel gezogen; sie zog eine Schürze über das Kleid, eine Bluse unter den Pullover; eine Schutzbrille über die Augen z.; eine Decke fest um sich z.; die Gardine vors Fenster z.; die Last zog ihn zu Boden z.; ÜBERTR.: jmdn. ins Gespräch z. *(jmdn. an einem Gespräch beteiligen);* jmdn. ins Vertrauen z. *(jmdn. ins Verderben z.;* er hat die Sache ins Lächerliche gezogen; es zog ihm in die Ferne, zu ihr; **b)** (EDV) ⟨etw. irgendwohin z.⟩ *(mit der Maus) befördern:* den Mauszeiger, den markierten Text auf eine neue Position z.; markierte Daten an die gewünschte Stelle im Zieldokument z.; ⟨jmdn., etw. irgendwohin z.⟩ sich Dateien auf Diskette, [aus dem Internet] auf die Festplatte z.; SUBST.: durch Ziehen mit der Maus können die Symbole an eine x-beliebige Stelle verschoben werden; **c)** ⟨etw. irgendwohin z.⟩ *eine Spielfigur rücken:* einen Stein, den Springer [auf ein anderes Feld] z.; ⟨auch ohne Akk.⟩ du musst z.; **d)** ⟨etw. [aus/von etw.] z.⟩ *durch Weg-, Herausziehen entfernen:* einen Nagel aus dem Brett, den

Korken aus der Flasche z.; den Ring vom Finger, den Stiefel vom Fuß z.; den Hut [zum Gruß] z. *(leicht anheben, lüften)*; einen Zahn, die Wurzel z.; ⟨jmdm. etw. [aus/von etw.] z.⟩ er hat ihm den Splitter aus dem Fuß gezogen; gestern wurden ihm die Fäden gezogen; ÜBERTR.: Banknoten aus dem Verkehr z. **6.** a) ⟨etw. [aus etw.] z.⟩ *heraus-, hervorziehen:* die Brieftasche z.; die Pistole, den Degen z.; blitzschnell hatte er das Messer aus der Tasche gezogen; jmdn. mit gezogener Waffe bedrohen; b) ⟨etw. z.⟩ *auswählen und herausholen:* ein Los z.; sie hat einen Gewinn, eine Niete gezogen. **7.** ⟨irgendwohin, zu jmdm. z.⟩ *den Wohnsitz wechseln:* sie sind an einen anderen Ort, aufs Land, in die Stadt, nach Berlin, zu den Eltern gezogen. **8.** ⟨etw. auf sich z.⟩ *lenken:* alle Blicke, die Aufmerksamkeit, jmds. Unwillen, jmds. Unmut, jmds. Zorn auf sich z. **9.** ⟨etw. aus etw. z.⟩ *herausziehen, gewinnen:* die Pflanzen ziehen die Nahrung aus dem Boden, aus der Nährlösung; Öl aus bestimmten Pflanzen z.; ÜBERTR.: er zieht viel Geld, großen Gewinn aus dem Geschäft; eine Lehre, einen Vorteil, einen Nutzen aus etw. z.; aus seinem Verhalten kann man den Schluss z. *(schließen),* dass ... **10.** ⟨etw. z.⟩ a) *durch Ziehen, Dehnen herstellen:* Draht, Röhren z.; Kerzen werden gezogen; ÜBERTR.: der Leim zieht Fäden; bei der Hitze zog *(bildete)* das Pflaster Blasen; b) *durch Ziehen, Dehnen länger machen, in eine andere Form bringen:* die Bettlaken [in Form] z.; Kaugummi lässt sich gut z.; ÜBERTR.: du darfst die Töne nicht so sehr z. **11.** ⟨etw. z.⟩ a) *ausführen, beschreiben:* einen Strich, einen Kreis, eine Linie [mit dem Lineal], eine Parallele z.; mit dem Flugzeug eine Schleife z.; ⟨jmdm., sich etw. z.⟩ sie zog sich einen Scheitel; b) *herstellen, errichten:* einen Graben, eine Mauer, eine Grenze z.; sie haben Zäune um die Parks gezogen; der Pflug zieht Furchen in das Erdreich; ⟨etw. [Akk.) z.⟩ Saiten auf eine Geige z.; das Bild auf Pappe z. **12.** a) ⟨etw. z.⟩ *eine bestimmte Miene machen:* ein Gesicht, eine Fratze, eine Grimasse z.; b) ⟨etw. ir- gendwohin z.⟩ *durch Mienenspiel in eine bestimmte Richtung bewegen:* den Mund in die Breite, die Stirn in Falten z.; er hat die Mundwinkel nach unten, die Augenbrauen nach oben gezogen. **13.** ⟨sich irgendwohin z.⟩ *verlaufen, erstrecken:* die Grenze zieht sich quer durch das Land; ein Stacheldrahtzaun zog sich rund um das Gelände; der Gebirgszug zieht sich westwärts; der Weg zieht sich bis zur Küste; ⟨auch ohne Raumangabe⟩ der Weg zieht sich aber (ugs.; *ist ziemlich lang)*; ÜBERTR.: der Schmerz zog [sich] bis in die

Fingerspitzen, durch den ganzen Körper; ein ziehender Schmerz; SUBST.: sie verspürte ein leichtes, starkes Ziehen im Bein. **14.** ⟨irgendwohin z.⟩ *sich stetig fortbewegen:* heimwärts, von dannen z.; in die Welt, in die Ferne, durch die Lande, in den Krieg, in den Kampf z.; Demonstranten zogen durch die Straßen; die Schwalben sind nach Süden gezogen; die Lachse sind flussaufwärts, zu ihren Laichplätzen gezogen; der Nebel zieht über die Wiesen; der Qualm zieht durchs ganze Haus, ins Zimmer; die Feuchtigkeit ist in die Wände gezogen *(eingedrungen);* ⟨auch ohne Raumangabe⟩ der Nebel zieht; lass ihn z.! (ugs.; *lass ihn seiner Wege gehen!*); ÜBERTR.: die verschiedensten Gedanken zogen durch ihren/ihr durch den Kopf. **15.** ⟨es zieht jmdn. zu jmdm./irgendwohin⟩ *es verlangt jmdn. nach jmdm., etw.:* es hat ihm heim, in die Ferne, nach Hause gezogen; es zog mich nicht zu diesen Leuten. **16.** *im heißen Wasser liegen:* die Klöße sollen nicht kochen, sondern nur z.; den Tee drei Minuten z. lassen. **17.** ⟨an etw. (Dat.) z.⟩ *saugen:* an der Zigarette, an der Zigarre z.; sie hat an meinem Strohhalm gezogen. **18.** ⟨etw. irgendwohin z.⟩ *einatmend aufnehmen:* den Duft, die frische Luft durch die Nase z.; er hat den Rauch tief in die Lunge gezogen. **19.** ⟨es zieht⟩ *als Luftzug in Erscheinung treten:* wenn die Tür offen steht, ziehts; es zieht an die Beine, vom Fenster her; es zieht mir [an den Beinen]. **20.** *Luftzug haben:* der Kamin, der Ofen, der Schornstein zieht [gut, schlecht]; die Pfeife zieht nicht mehr. **21.** (ugs.) *die gewünschte Wirkung haben:* dieser Buchtitel, diese Reklame zieht enorm; diese Masche zieht immer noch; das Angebot zog nicht bei ihm; seine Tricks, seine Ausreden haben in letzter Zeit nicht mehr gezogen. **22.** ⟨ein Tier, etw. z.⟩ *aufziehen, züchten:* Blumen, Pflanzen [aus Samen, aus Stecklingen] z.; er zieht Rosen in seinem Garten; sie haben früher Schweine, Gänse gezogen. **23.** ⟨jmdn. irgendwie z.⟩ *erziehen:* sie haben ihre Kinder gut, schlecht gezogen; ⟨sich (Dat.) jmdn. z.⟩ den Jungen werde ich mir noch z. (ugs.; *so erziehen, dass er meinen Vorstellungen entspricht).* **24.** (ugs.) ⟨jmdm. etw. über etw. (Akk.) z.⟩ *jmdm. mit etw. irgendwohin schlagen:* er zog ihm in seiner Wut eine Flasche über den Kopf, eine Latte über den Rücken. **Ziel,** das: **1.** a) *Zielort:* das Z. einer Reise, der Wanderung; unser heutiges Z. ist Kaiserslautern, ist der Eiswoog; ans Z. kommen, gelangen; am Z. sein; die Flotte lief mit unbekanntem Z. aus; kurz vor dem Z. umkehren; ÜBERTR.: auf diese Weise kommen wir nie zum Z. *(erreichen wir nichts, nie etwas);* b) (Sport) *Ende einer Wettkampfstrecke:*

Z

das Z. passieren; sie erreichte als Erste das Z., ging als Erste durchs Z.; als nächster Läufer kam der Franzose ins Z.; c) *Stelle beim Schießen, Werfen o. Ä.:* ein Z. anvisieren, treffen, verfehlen; eine Blechbüchse diente ihm als Z.; er schoss mehr als einmal am Z. vorbei; Raketen ins Z. schießen, bringen; ÜBERTR.: er war das Z. ihres Spottes.

2. *Zielvorhaben:* weit gesteckte, hohe, kühne, ferne, unerreichbare Ziele; die politischen Ziele eines Landes; dies ist erklärtes Z., das vordringlichste Z.; das Z. von Wünschen werden; alle seine Gefühle hatten nur dies eine Z.; sein Z. erreichen; sich ein Z. setzen, stecken; ein Z. ins Auge fassen; ein Z. im Auge haben; das Z. im Auge behalten; ein klares, festes Z. vor Augen haben; seine Ziele verschleiern; sein Z. beharrlich verfolgen; Ziele verwirklichen; bestimmten Zielen dienen; einem Z. zustreben; sich einem Z. nähern; sie ist am Z. ihrer Wünsche [angelangt]; auf sein Z. losgehen, (ugs.:) lossteuern; jmdn. für seine Ziele einspannen; sie studiert mit dem Z. *(mit der Absicht),* in die Forschung zu gehen; sich von seinem Z. nicht abbringen lassen; sich etw. zum Z. setzen; diese Aktionen führen nicht zum Z.; auf diese Weise kommst, gelangst du nicht zum Z.;

★ [weit] über das Ziel [hinaus]schießen (ugs.; *die Grenze des Vernünftigen, Zulässigen [weit] überschreiten*): in ihrem Eifer sind sie weit über das Z. hinausgeschossen.

zielbewusst: ein zielbewusster junger Mann; seine Frau ist sehr z.; z. vorgehen, handeln; z. auf etw. zusteuern.

zielen: 1. *etw. auf ein Ziel richten:* gut, genau z.; er zielte und schoss; über Kimme und Korn z.; mit der Schleuder auf Spatzen, auf die Scheibe, in die Ecke nach jmdm. z.; ein gut gezielter Schuss, Wurf; ÜBERTR.: die Störversuche zielten in diese Richtung; sie zielte mit ihrer Frage, mit ihrer Kritik auf die Missstände im Verein *(wies darauf hin).*

2. ⟨auf etw. (Akk.) z.⟩ *einen Zweck verfolgen:* seine Bemühungen zielten auf eine Änderung der politischen Verhältnisse; sein Plan zielt auf eine schnelle Lösung; ADJ. PART.: gezielte Hilfe; gezielte politische Äußerungen, Maßnahmen; man sollte gezielter gegen Missstände vorgehen.

Zielscheibe, die: eine Z. aufstellen; auf eine, nach einer Z. schießen; ÜBERTR.: jmdn., etw. als Z. benutzen; er war Z., wurde zur Z. ihres Spottes.

zielstrebig: ein zielstrebiger Mensch; etw. z. betreiben; er verfolgt die Sache z.

ziemlich: I. ⟨Adj.⟩ (ugs.) *beträchtlich:* sie hat ein ziemliches Vermögen; sie unterhielten sich mit ziemlicher Lautstärke *(recht laut);* ich weiß mit ziemlicher Sicherheit *(so gut wie sicher),* wer das gemacht hat.

II. ⟨Adverb⟩ a) *sehr, aber nicht übermäßig; recht:* es ist z. kalt; ich kenne ihn z. gut; du kommst z. spät; b) (ugs.) *fast; ungefähr:* das Haus ist z. neu;

sie ist so z. in meinem Alter; das kommt so z. auf dasselbe heraus; er hat so z. alles falsch gemacht.

Zierde, die: sich etw. als Z. anstecken; zur Z. *(als Schmuck)* Blumen auf den Tisch stellen; ÜBERTR.: der alte Dom ist eine Z. der Stadt.

zieren: 1. *schmücken:* a) (geh.) ⟨sich, etw. mit etw. z.⟩ die gedeckte Tafel mit Blumen z.; seine Hände waren mit Brillanten geziert; b) ⟨etw. z.⟩ Orden zierten seine Brust; bekannte Namen zierten den Briefkopf; das Denkmal ziert den Platz.

2. (abwertend) ⟨sich z.⟩ *aus Schüchternheit o. Ä. etw. nicht gleich annehmen:* sich beim Essen z.; zier dich doch nicht so!; er nannte die Dinge beim Namen, ohne sich zu z. *(ohne Umschweife).*

zierlich: eine zierliche junge Frau; eine zierliche Figur; ihre Hände sind sehr z.; z. schreiben.

Ziffer, die: arabische, römische Ziffern; eine Zahl mit drei Ziffern; eine Zahl in Ziffern schreiben; das steht unter Z. 4, in Z. 4 *(im Abschnitt mit der Ziffer 4).*

Zigarette, die: deutsche, amerikanische, selbstgedrehte Zigaretten; Zigaretten mit Filter, ohne Mundstück; eine Stange, Packung, Schachtel Zigaretten; sich eine Z. drehen, anstecken, anbrennen; eine Z. rauchen; die Z. [im Aschenbecher] ausdrücken, [auf dem Boden] austreten; jmdm. eine Z. anbieten; er raucht eine Z. nach der andern *(raucht pausenlos, ist Kettenraucher);* an der Z. ziehen; zur Z. greifen.

Zigarre, die: 1. */eine Tabakware/:* eine leichte, milde, schwere, starke, dunkle, helle Z.; eine Z. mit Bauchbinde (ugs.; *mit Streifband);* die Z. zieht nicht, hat keine Luft; eine Kiste Zigarren; die [Spitze der] Z. abschneiden, abbeißen; sich eine Z. anstecken, anbrennen; eine Z. rauchen; jmdm. eine Z. anbieten; das Deckblatt der Z. ist beschädigt.

2. (ugs.) *Rüge:* eine fürchterliche Z. bekommen; er hat ihm eine Z. verpasst; er musste eine dicke Z. einstecken.

Zimmer, das: ein großes, geräumiges, helles, freundliches, gemütliches, kleines, schmales, sonniges, kaltes, überheiztes Z.; Z. frei!; ein Z. mit Balkon, mit Bad, mit fließend warm[em] und kalt[em] Wasser; die Z. gehen ineinander über *(sind durch eine Tür verbunden);* das Z. geht nach vorn, nach hinten *(liegt im vorderen, hinteren Teil des Hauses),* geht auf den Hof; ein möbliertes Z. mieten, vermieten; ein Z. kündigen, betreten; jedes Kind hat ein eigenes Z.; ein Z. *(Hotelzimmer)* bestellen; ich habe mir ein Z. im Hotel genommen; das Z. heizen, lüften, aufräumen, tapezieren lassen; auf dem Z. sein; ich lasse mir das Frühstück aufs Z. *(Hotelzimmer)* bringen; im Z. sitzen, sein; auf/in sein Z. gehen; eine Wohnung mit drei Zimmern, Küche und Bad; eine Flucht von Zimmern.

zimmern: 1. ⟨etw. z.⟩ *aus Holz herstellen:* ein Vogelhäuschen, einen Tisch, einen Sarg z.; eine grob gezimmerte Bank.

Z

2. ⟨[an etw. (Dat.)] z.⟩ *an einer Holzkonstruktion arbeiten:* er hat den ganzen Tag an dem Regal gezimmert; in seiner Freizeit zimmert er gern.

zimperlich (abwertend): ein zimperliches Kind; sei nicht so z., es tut doch gar nicht weh!; er ist nicht z. *(hat keine Hemmungen),* wenn es um die Durchsetzung seiner Interessen geht.

Zimt, der: **1.** */ein Gewürz/:* gestoßener Z.; Milchreis mit Zucker und Z. **2.** (ugs. abwertend) *Unsinn:* was soll der ganze Z.?; das ist ja alles Z.

Zins, der: **1.** *Vergütung für leihweise überlassenes Geld:* hohe, niedrige Zinsen; 8,5 % Zinsen; Zinsen für etw. nehmen, berechnen; die Zinsen senken, heraufsetzen, bezahlen; die Zinsen sind gestiegen, gefallen; etw. kostet Zinsen; das gut angelegte Geld brachte, trug viel Zinsen; für etw. nur wenig Zinsen bekommen; Geld und Zinsen zurückzahlen; von den Zinsen seines Vermögens leben. **2.** (bes. südd., österr., schweiz.) *Abgabe; Miete:* der Z. für die Wohnung ist nicht hoch; ⋆ jmdm. etw. mit Zinsen/mit Zins und Zinseszins zurückzahlen *(sich für etw. gehörig an jmdm. rächen).*

Zipfel, der: der Z. eines Tuches, einer Decke, der Schürze, des Kissens; ein Z. der Wurst ist noch übrig; ÜBERTR.: der Ort liegt am äußersten Z. des Sees; das ist erst ein kleiner Z. der ganzen Wahrheit.

zirka: ↑ circa.

Zirkel, der: **1.** *Gerät zum Zeichnen eines Kreises:* den Z. öffnen, schließen; einen Kreis mit dem Z. ziehen, schlagen; Entfernungen mit dem Z. auf der Karte abstecken. **2.** *Klub, Kreis:* ein literarischer, schöngeistiger Z.; der engste Z. war versammelt; einen Z. besuchen; an einem Z. teilnehmen; in dem Z. Intellektueller fühlte er sich wohl. **3. a)** (seltener) *kreisförmige Gruppierung:* sie standen in einem Z. um das Feuer, um ihn herum; **b)** (Reitsport) *Kreisfigur:* dieser Weg eignet sich gut zum Reiten auf dem Z.

zirkulieren: a) *kreisen:* die Luft zirkuliert im Raum; das im Körper zirkulierende Blut; **b)** *in Umlauf sein:* über ihn zirkulieren allerlei Gerüchte; eine Zeitschrift z. lassen.

zischen: 1. a) *ein zischendes Geräusch hervorbringen:* die Schlange, die Gans hat gezischt; das Wasser zischte auf der heißen Kochplatte; das Publikum zischte *(zeigte durch Zischen sein Missfallen);* **b)** ⟨etw. z.⟩ *in verhalten-scharfem Ton sagen:* einen Fluch [durch die Zähne, gegen jmdn.] z.; »Verschwinde hier!«, zischte sie. **2.** ⟨irgendwohin z.⟩ *sich sehr schnell [mit einem zischenden Geräusch] fortbewegen:* der Dampf ist aus dem Kessel gezischt; der Ball war durch die Luft gezischt; ÜBERTR.: sie zischte (ugs.; *lief, rannte)* um die Ecke.

Zitat, das: **a)** *zitierte Textstelle:* ein längeres Z. aus

einer Rede des Präsidenten; ein Z. anführen; etw. durch ein Z., mit einem Z. belegen; etw. mithilfe von Zitaten andeuten; **b)** *Ausspruch:* ein bekanntes Z. aus Goethes »Faust«; klassische Zitate auswendig können.

zitieren: 1. ⟨etw. z.⟩ **a)** *wörtlich wiedergeben:* etw. falsch, ungenau, auswendig z.; Verse aus einer Dichtung, eine Stelle aus einem Buch z.; Brecht *(eine Stelle aus Brechts Werk)* z.; er zitiert öfter seinen alten Lehrer *(das, was dieser immer sagte);* einen Paragraphen z.; ein oft zitierter Satz, Autor; ⟨auch ohne Akk.⟩ aus einer Rede z.; **b)** *anführen:* eine Quelle z.; dieses Beispiel wird oft zitiert. **2.** ⟨jmdn. irgendwohin/zu sich z.⟩ *auffordern zu kommen:* jmdn. zu sich, vor Gericht, aufs Rathaus, ins Ministerium z.

Zitrone, die: eine Z. auspressen; heiße Z. *(ein heißes Getränk mit Zitrone)* trinken; Tee mit Z.; ⋆ jmdn. auspressen/ausquetschen wie eine Zitrone (ugs.; 1. *jmdn. in aufdringlicher Weise ausfragen.* 2. *jmdm. viel Geld aus der Tasche ziehen)* · mit Zitronen gehandelt haben (ugs.; *mit einer Unternehmung o. Ä. Pech gehabt haben).*

zitt[e]rig: zittrige Hände; er sprach mit zittriger Stimme; eine zittrige *(unregelmäßige)* Handschrift; z. schreiben; er fühlt sich noch recht z. *(schwach)* [auf den Beinen].

zittern: 1. *sich in kurzer, schneller Abfolge hin und her bewegen:* sie zittert [vor Kälte, vor Wut], wie Espenlaub *(sehr),* am ganzen Körper; an allen Gliedern; seine Stimme zitterte [vor Erregung]; bei der Detonation zitterten *(vibrierten)* die Wände; die Nadel des Kompasses zitterte; ⟨jmdm. z.⟩ ihm zittern [vor Angst, von der Anstrengung] die Hände, die Beine, die Knie; mit zitternder *(brüchiger, rasch in der Tonhöhe wechselnder)* Stimme berichtete er den Vorfall; SUBST.: ein Zittern ging durch seinen Körper. **2.** ⟨vor jmdm., etw. z.⟩ *große Angst haben:* er zitterte vor dem jähzornigen Vater, vor der nächsten Prüfung; ⟨auch ohne Präpositionalobjekt⟩ wir haben ganz schön gezittert, als das Boot kenterte; zitternd und bebend *(voller Angst)* kam er angelaufen. **3.** ⟨um/für jmdn., etw. z.⟩ *sich Sorgen machen:* er zitterte um sein Vermögen; ich habe an seinem Prüfungstag für ihn gezittert; ⋆ mit Zittern und Zagen *(voller Furcht).*

zivil: 1. *nicht militärisch:* die zivile Luftfahrt; die zivile *(nicht zum Militär gehörende)* Bevölkerung; ziviler Ungehorsam *(gegen eine als ungerecht empfundene Politik bzw. deren Gesetze gerichteter Widerstand, der in gewaltlosen öffentlichen Handlungen besteht);* im zivilen Leben, Beruf ist er Maurer; Angriffe auf zivile Ziele. **2.** *anständig, annehmbar:* ein ziviler Chef; zivile Bedingungen; das Lokal hat zivile Preise; jmdn. z. behandeln.

Zivil, das: Z. anziehen, anlegen, tragen; in Z. sein, gehen; er erschien zum Ball in Z.

zögern: einen Augenblick, einen Moment, eine Sekunde, zu lange z.; er nahm den Auftrag an, ohne zu z.; sie zögerte mit der Antwort; sie zögerte, der Aufforderung nachzukommen; ADJ. PART.: zögernde Zustimmung; mit zögernden Schritten kam er näher; zögernd einwilligen; der Erfolg setzte nur zögernd ein; SUBST.: sie nahm ohne Zögern an; nach anfänglichem, einigem Zögern stimmte er zu.

Zoll, der: a) *Zollabgabe:* hoher Z.; Z. erheben, verlangen, zahlen; auf bestimmten Waren liegt Z.; die Zölle senken, abschaffen; b) *Zollbehörde:* er ist beim Z. beschäftigt; das Paket liegt beim Z.

zollen (geh.) ⟨jmdm., etw. etw. z.⟩: jmdm. Anerkennung, Achtung, Bewunderung, Lob, Beifall, Dank, den schuldigen Respekt z.

Zone, die: **1.** a) *abgegrenztes geographisches Gebiet:* die kalte, warme, heiße, gemäßigte, tropische, subtropische, arktische Z.; die baumlose Z. im Hochgebirge; eine entmilitarisierte Z.; b) *Gebühren-, Preiszone:* der Bereich der öffentlichen Verkehrsmittel ist hier in unterschiedliche Zonen aufgeteilt; c) *Bereich:* die erogenen Zonen des Körpers; ÜBERTR.: eine Z. des Schweigens, des Misstrauens. **2.** *Besatzungszone (bes. in Deutschland nach dem Zweiten Weltkrieg):* die amerikanische, französische Z.; die ursprünglich sowjetisch besetzte Z.; die Truppen verließen die neutrale Z.

Zopf, der: **1.** *geflochtenes Haar:* dicke, abstehende Zöpfe; einen Z. flechten; sie trägt einen [falschen] Z.; ich habe mir die Zöpfe abschneiden lassen. **2.** *Kuchen in Form eines Zopfes:* einen Z. backen; ★ **ein alter Zopf** (ugs.; *eine längst überholte Ansicht, überlebter Brauch*) · **den alten Zopf/die alten Zöpfe abschneiden** (ugs.; *Überholtes abschaffen*)

Zorn, der: heller, heißer, flammender, heiliger, ohnmächtiger Z.; Z. ergriff, packte ihn; jmds. Z. erregen; sein Z. kannte keine Grenzen, verebbte, verrauchte; einen großen Z. auf jmdn. haben; sein Z. richtete sich gegen die Vorgesetzten, gegen diese Bestimmungen; etw. aus, im Z. tun; in Z. geraten, ausbrechen; sich in Z. reden; jmdn. in Z. bringen, versetzen; in Z. kommen; von Z. erfüllt sein; vor Z. weinen, rot werden.

zornig ⟨z. [auf/über jmdn., über etw. z.]⟩: ein zorniger Ausruf, Mensch; zornige Blicke, Worte; sie war, wurde wegen dieser Sache sehr z.; die Augen blitzten z.; sie fauchte ihn z. an, stampfte z. auf; das machte ihn sehr z.; er war, wurde sehr z. auf/über mich, über meine Bemerkung.

zu /vgl. zum, zur/: **I.** ⟨Präp. mit Dat.⟩ **1.** a) /drückt eine Bewegung bis an ein Ziel aus/: sie kommt zu mir; das Kind geht zur Mutter; sich zu jmdm. beugen, wenden; etw. zu (ins) Tal befördern; zu Boden stürzen (geh.; *umfallen*); das Blut stieg ihm zu

(geh.; *in den*) Kopf; Grüße von Haus zu Haus; von hier bis zu ihm sind es zehn Meter; **b)** /gibt einen Ort, eine Lage an/: zu ebener Erde wohnen; zu Wasser und zu Lande *(auf dem Wasser- und auf dem Landweg);* zu Hause *(in seiner Wohnung)* sein; jmdm. zu Füßen sitzen; zu beiden Seiten der Bahnhofs; was da an Menschen zu den Türen hereinkam, war unvorstellbar; ⟨in Verbindung mit *hin*⟩ zu den Dünen hin war nicht sehr viel Betrieb; /in Namen von Gaststätten/: Gasthaus zu den drei Eichen; /als Teil eines Eigennamens/: Graf zu Mansfeld. **2.** /bezeichnet einen Zeitpunkt, eine Zeitspanne/: zu Anfang des Jahres, zu Mittag, zu früher Morgenstunde, zu Lebzeiten, zu Zeiten Adenauers/zu Adenauers Zeiten; zu meiner Zeit; zu Weihnachten, Silvester, Neujahr, Ostern, Pfingsten; von gestern zu *(auf)* heute; von Tag zu Tag wurde es schlimmer. **3.** /drückt aus, dass etw. durch etw. erweitert, dass etw. hinzugefügt o. ä. wird/: zu dem Essen gab es einen herben Wein; zu Bier passt dies nicht; die Schuhe kannst du zu diesem Kleid nicht tragen; Pfennig zu Pfennig legen, um zu sparen. **4.** a) /kennzeichnet die Art und Weise, in der etw. geschieht, sich darbietet o. ä./: sie verkauft alles zu kleinen Preisen; er wohnt im Souterrain, zu deutsch *(das heißt übersetzt; in deutscher Sprache ausgedrückt)* »im Kellergeschoss«; er erledigte alles zu meiner Zufriedenheit; **b)** /kennzeichnet die Art und Weise einer Fortbewegung/: sie kamen zu Pferd; zu Fuß gehen. **5.** /drückt Zweck, Grund, Ergebnis, Ziel einer Tätigkeit aus/: eine Feier zu Ehren des Jubilars; sie kaufte Stoff zu einem *(für ein)* Kleid; er sagte das zu ihrer Beruhigung; sie spielten zu ihrer Unterhaltung; das ist zu seinem Besten; jmdn. zu einem Spaziergang, zu einer Party einladen; jmdm. zu Weihnachten schenken; er rüstet sich zu einer Reise; ich stehe zu Ihrer Verfügung! **6.** ⟨in Verbindung mit Zahl-, Mengenangaben⟩ **a)** /kennzeichnet die Menge, Anzahl, Häufigkeit o. Ä./: zu [knapp] einem Drittel war alles verkauft; die Wasserkraft ist erst zu 2 % genutzt; zu Dutzenden strömten sie in den Saal; sie lagen zu dritt/dreien, zu vieren in einem Zimmer; die Waren sind zu einem großen Teil verdorben; **b)** /kennzeichnet ein in Zahlen ausgedrücktes Verhältnis/: eine Mischung im Verhältnis 2 zu 1; das Spiel stand 3 zu 0; sie haben jetzt schon wieder zu null gespielt (Sport Jargon; *kein Tor hinnehmen müssen*); **c)** /steht bei der Nennung eines Preises/: das Pfund wurde zu einer Mark angeboten; fünf Briefmarken zu 80 [Pfennig]; eine Zigarre zu vier Mark achtzig; **d)** /steht bei Angaben, die ein Maß, Gewicht o. Ä. nennen/: ein Fass zu zehn Litern; Portionen zu je einem Pfund. **7.** /bezeichnet das Ergebnis eines Vorgangs, einer Veränderung, die Folge einer Entwicklung, Veränderung o. Ä./: die Äpfel zu Brei verarbeiten; zu Staub zerfallen; das Eiweiß zu Schaum schlagen.

Z

8. /kennzeichnet in Abhängigkeit von bestimmten Wörtern unterschiedlicher Wortart eine Beziehung/: der Auftakt zu etw.; jmdm. zu einer Stelle verhelfen; zu jmdm., etw. gehören; zu diesem Thema wollte sie sich nicht äußern; er war sehr freundlich zu uns. **II.** ⟨Adverb⟩ **1.** /kennzeichnet ein (hohes, geringes) Maß, das nicht mehr angemessen, akzeptabel erscheint/: die Wohnung ist zu groß, zu teuer; sie kam zu spät; das ist zu allgemein ausgedrückt; ⟨in Verbindung mit *für, um* oder *als dass*⟩ sie ist zu gut für diesen Job; er ist zu alt, um das nicht zu wissen *(in seinem Alter muss man das wissen);* zu viel wissen; das ist viel zu viel; du darfst dir nicht zu viel zumuten; im Kaffee ist zu viel Milch; das wäre zu viel verlangt; Angst und Kummer waren zu viel für sie; diese Nachricht war zu viel für ihn; Garten ist zu viel gesagt, es ist nur ein Stück Rasen; einen, ein Glas zu viel getrunken haben (ugs.; *betrunken sein*); das ist zu viel des Guten/ des Guten zu viel (iron.; *das geht über das erträgliche Maß hinaus*); er ist zu vorsichtig, als dass er sich auf dieses Risiko einließe; zu wenig Erfahrung, zu wenig Leute; sie isst zu wenig [Obst]; Ⓡ was zu viel ist, ist zu viel *(meine Geduld ist am Ende);* besser/lieber zu viel als zu wenig. **2.** (ugs.) ⟨imperativisch oder elliptisch⟩ **a)** *weiter [so]!, vorwärts!:* nur zu!; immer zu!; dann man zu!; **b)** *schließen!, zumachen!:* Tür zu!; Mund auf, Augen zu!; **c)** *geschlossen:* eine Flasche, noch fest zu, stand auf dem Tisch; das Fenster, die Tür, der Laden ist zu; ÜBERTR.: die Autobahn ist in beiden Richtungen zu *(durch Staus blockiert);* sie war zu (Jargon; *emotional blockiert*). **3. a)** /stellt die Bewegung auf ein Ziel hin dar/: sie bewegten sich langsam dem Ausgang zu; zur Grenze zu vermehrten sich die Kontrollen; ⟨in Verbindung mit *auf* ⟩ er geht auf den Turm zu; der Baum stürzte auf den Waldarbeiter zu; **b)** /gibt eine Lage durch Nennung eines Bezugspunkts an/: neben ihm, der Tür zu, stand seine Mutter; ⟨in Verbindung mit *nach*⟩ das Zimmer liegt nach dem Hof zu. **III.** ⟨Konj.⟩ **1.** ⟨beim Infinitiv und abhängig von Wörtern unterschiedlicher Wortart, bes. von Verben⟩: das Haus ist zu verkaufen; sie hofft kommen zu können; er ist heute nicht zu sprechen; ich habe viel zu tun; die Fähigkeit, zuzuhören und zu erzählen; die Möglichkeit, sich zu verändern; sie stand nur da, anstatt zu helfen; er nahm das Buch, ohne zu fragen; sie besuchte ihn, um sich nach seinem Befinden zu erkundigen. **2.** ⟨beim 1. Partizip⟩ /bezeichnet ein Können, Sollen, Müssen/: die zu gewinnenden Preise; der zu zahlende Betrag; trotz zu erwartender Konkurrenz; ✶ **zu sein** (ugs.; *betrunken sein*).

Zubehör, das: das Z. einer Küche, einer Werkstatt; das Z. eines Staubsaugers, einer Bohrmaschine; Fotoapparat mit allem Z. zu verkaufen.

zubekommen (ugs.) ⟨etw. z.⟩: etw. schwer, kaum z.; sie hat den Koffer, die Tür nicht zubekommen.

zubereiten ⟨etw. z.⟩: etw. gut, lieblos, mit Liebe, mit

Sorgfalt z.; das Essen, die Mahlzeiten, einen Salat z.; die Salbe muss zubereitet werden; ⟨jmdm./für jmdn. etw. z.⟩ den Kindern/für die Kinder eine Suppe z.

zubilligen ⟨jmdm. etw. z.⟩: jmdm. Erleichterungen, mildernde Umstände, ein Recht, eine Vergünstigung z.

zubinden ⟨etw. [mit etw.] z.⟩: einen Sack mit einer Schnur z.; ⟨jmdm., sich etw. z.⟩ sich die Schuhe z.

zubringen: **1.** ⟨etw. irgendwo, irgendwie z.⟩ *verbringen:* längere Zeit auf Reisen, eine Nacht im Freien z.; er musste einige Wochen im Bett z. *(aus Krankheitsgründen im Bett liegen);* er hatte Stunden mit Warten zugebracht. **2.** (ugs.) ⟨etw. z.⟩ *schließen können:* sie brachte den Schrank, die Tür, den Deckel nicht zu; (scherzh.:) vor Staunen brachte er den Mund nicht mehr zu.

Zucht, die: **1.** *das Ziehen, Aufzucht:* die Z. von Rosen, von Orchideen; er beschäftigt sich mit der Z. von Pudeln. **2.** *Ergebnis des Züchtens:* Zuchten von Bakterien; die Hunde aus dieser Z. sind besonders schöne Tiere. **3.** (geh., oft abwertend) *das Gewöhntsein an strenge Disziplin:* eine straffe, preußische, eiserne Z.; in dieser Klasse, herrscht [wenig] Z.; hier herrscht Z. und Ordnung; (iron.:) was ist das für eine Z. hier?; man muss sie an Z. gewöhnen.

züchten ⟨ein Tier, etw. z.⟩: *ziehen, aufziehen:* Blumen [aus Samen], Rosen, Hühner, Fische, Bienen z.; Bakterien auf Nährböden z. *(heranziehen);* ÜBERTR.: dort wird systematisch Hass gezüchtet *(in den Menschen geweckt).*

zucken: **1. a)** *eine unwillkürliche, schnelle Bewegung machen:* der Patient, sein Arm zuckte beim Einstechen der Nadel; seine Lippen, Mundwinkel zuckten; sie ertrug den Schmerz, ohne zu z.; ⟨auch unpers.:⟩ in seinem Gesicht zuckte es; es zuckte schmerzlich in ihrem Mund, um ihre Mundwinkel; SUBST.: ein Zucken ging durch seinen Körper; er hat ein nervöses Zucken; ÜBERTR.: bei solchen Klängen zuckte es ihr in den Füßen, in den Beinen *(hätte sie tanzen mögen);* es hatte ihm in den Händen gezuckt *(er hätte am liebsten zugeschlagen),* als er das sah; **b)** *für kurze Zeit sichtbar sein:* Blitze zuckten am Himmel; an der Wand zuckte der Widerschein des Kaminfeuers; ein zuckender Lichtschein. **2.** ⟨aus etw./irgendwohin z.⟩ *sich in kurzen, schnellen Bewegungen bewegen:* die Flammen zuckten aus dem Dach; Blitze sind über den Himmel gezuckt; ÜBERTR.: plötzlich zuckte ein Gedanke durch seinen Kopf.

zücken ⟨etw. z.⟩: **1.** (geh.) *zum Kämpfen rasch hervorziehen:* den Dolch, den Degen z.; er ging mit gezücktem Messer auf ihn los. **2.** (scherzh.) *rasch hervorholen:* an jeder Ecke zückten seine Fotoapparate; er zückte sofort seine Brieftasche, seinen Ausweis, sein Scheckbuch, seine Kreditkarte, sein Handy; sie zückte einen Notizblock, um alle Wünsche aufzuschreiben.

Zucker, der: **1.** *Rohr-, Rübenzucker:* brauner, weißer, gestoßener, gemahlener Z.; ein Stück Z. *(Würfelzucker);* ein Pfund Z., ein Esslöffel [voll] Z.; Z. herstellen, gewinnen, raffinieren; nehmen Sie Z. zum Tee?; etw. mit Z. süßen; sie tranken Kaffee mit Milch und Z.; sie trinkt den Tee ohne Z. **2.** (ugs.) *Zuckerkrankheit:* der Patient hat [hochgradig] Z.; er leidet an Z., ist an Z. erkrankt, ist an Z. gestorben; den Z. (Med. Jargon; *Blutzuckerspiegel)* bestimmen; ∗ **Zucker sein** (salopp; *hervorragend, schön, gut sein):* sie, diese Idee ist Z.

zudecken ⟨jmdn., sich, etw. [mit etw.] z.⟩: das Kind [mit einer Decke] z.; er deckte sich mit seinem Mantel zu; den Topf z. *(den Deckel darauflegen);* die Beete im Winter mit Zweigen z.; bist du auch gut, warm zugedeckt?; ÜBERTR.: Missstände, Unzulänglichkeiten, Inkompetenz zuzudecken versuchen; man hat ihn mit Vorwürfen, mit Fragen, mit Arbeit förmlich zugedeckt *(überschüttet).*

zudem: es war kalt, z. regnete es.

zudrehen: 1. ⟨etw. z.⟩ **a)** *durch Drehen schließen:* etw. fest, (ugs.:) richtig z.; den [Wasser]hahn, den Gashahn, die [Wasser]leitung, das Ventil z.; **b)** (ugs.) *abstellen:* die Heizung, den Heizkörper z.; er hat vergessen, das Wasser zuzudrehen; **c)** *anziehen:* die Muttern, die Schrauben fest z. **2.** ⟨jmdm./etw. sich, etw. z.⟩ *zuwenden:* jmdm. den Rücken, den Kopf z.; er drehte sich seinem Nachbarn zu.

zudringlich: ein zudringlicher Kerl; er hat eine zudringliche Art; der Vertreter war sehr z.; z. werden.

zudrücken: 1. ⟨etw. z.⟩ *durch Druck schließen:* den Deckel, die Tür, den Verschluss z.; ⟨jmdm. etw. z.⟩ dem Toten die Augen z.; der Verbrecher hat seinem Opfer die Kehle zugedrückt *(hat es erwürgt).* **2.** *kräftig drücken:* du musst [stärker] z., sonst geht der Koffer nie zu; er drückt ganz ordentlich zu, wenn er einem die Hand gibt.

zuerkennen ⟨jmdm. jmdn., etw. z.⟩: jmdm. ein Recht, eine hohe Strafe, die Doktorwürde, eine Entschädigung, einen Preis z.; das Kind wurde der Mutter zuerkannt.

zuerst: a) *zunächst, als Erstes:* z. wollen wir etwas essen; z. war ich am Bahnhof und dann auf der Post; was wollen wir z. machen?; **b)** *als Erster, Erste, Erstes:* wer war z. da?; wer z. kommt, wird z. bedient; **c)** *zum ersten Mal:* diese Theorie findet sich z. in der Antike; wann habt Ihr euch z. gesehen?; **d)** *anfangs:* z. hatte er Schwierigkeiten bei der Arbeit; sie wollte es z. nicht glauben.

zufahren: 1. ⟨auf jmdn., etw. z.⟩ *sich zubewegen:* auf die Stadt, auf die Grenze z. **2.** ⟨auf jmdn., etw. z.⟩ *zuspringen:* wütend auf jmdn. z.; der Hund war auf ihn zugefahren.

3. (ugs.) *schneller fahren:* fahr zu, es ist schon spät!

Zufahrt, die: **1.** *das Zufahren:* die Z. zum Stadion erfolgt am besten über die neue Brücke; das Hochwasser erschwerte die Z., machte die Z. zu den Häusern unmöglich. **2.** *Zufahrtsweg:* die Z. zum Grundstück war gesperrt.

Zufall, der: ein merkwürdiger, seltsamer, großer, [un]glücklicher, blinder, freundlicher, lächerlicher, seltener, peinlicher Z.; es war der bloße, reine, pure Z./es war bloßer, reiner, purer Z., dass wir uns getroffen haben; das ist aber ein Z. *(eine freudige Überraschung)*!; der Z. wollte es, dass er an diesem Tag später nach Hause kam; wie es der Z. manchmal will ...; dass sie überlebt hat, ist nichts als ein Z.; der Z. hat uns hierhin geführt; es ist kein Z. *(es hat schon seinen Grund),* dass ihm das passiert ist; die Sache war ein Spiel des Zufalls; sie wollte die Sache nicht dem Z. überlassen; das verdankst du nur einem Z.; durch einen Z. hat sie nichts davon erfahren; durch Z./(ugs.:) per Z. *(zufällig)* hörte ich, dass ...

zufallen: 1. *sich mit Heftigkeit von selbst schließen:* die Tür, der Deckel ist [krachend] zugefallen; ⟨jmdm. z.⟩ vor Müdigkeit sind ihm die Augen zugefallen *(ist er eingeschlafen).* **2.** ⟨jmdm. z.⟩ *zuteil, übertragen werden:* jmdm. fällt ein Gewinn, ein Preis, eine bestimmte Rolle, eine Aufgabe zu; der größte Teil des Erbes, des Vermögens ist den Kindern zugefallen; ihm ist immer alles zugefallen *(er war, ohne sich anstrengen zu müssen, sehr erfolgreich).*

zufällig: *durch Zufall:* eine zufällige Begegnung, Bekanntschaft; Ähnlichkeiten mit lebenden Personen sind rein z.; es ist z. noch ein Platz frei; es ist nicht z. *(es hat seinen ganz bestimmten Grund),* dass er danach fragt; jmdn. z. treffen, kennen; sie drehte sich wie z. *(so, als ob es unabsichtigt sei)* um; haben Sie z. (ugs.; *vielleicht)* gesehen, wo ich die Schlüssel hingelegt habe?

zufliegen: 1. *sich fliegend auf jmdn., etw. zubewegen:* **a)** ⟨auf jmdn., etw. z.⟩ wir fliegen jetzt auf Berlin, auf Mallorca zu; der Ball flog auf mich zu, kam auf mich zugeflogen; **b)** ⟨etw. (Dat.) z.⟩ das Flugzeug fliegt dem offenen Meer zu. **2.** (ugs.) *sich mit Heftigkeit schließen:* die Tür, das Fenster flog [krachend, durch einen Windstoß] zu. **3.** ⟨jmdm. z.⟩ *zu jmdm. hinfliegen:* uns ist ein Wellensittich zugeflogen; ÜBERTR.: alle Herzen flogen ihm zu *(er war sehr beliebt);* die Ideen, die Gedanken flogen ihm nur so zu *(er hatte eine Fülle von Ideen, Gedanken);* dem Jungen ist in der Schule alles zugeflogen *(er lernte sehr leicht).*

zufließen ⟨etw. (Dat.) z.⟩: **1.** *sich fließend auf etw. zubewegen:* der Fluss fließt dem Meer zu. **2.** *in etw. hineinfließen:* dem Bassin fließt ständig frisches Wasser zu; ÜBERTR.: dem Verein sind zahlreiche Spenden, dem Fonds sind weitere

Mittel zugeflossen; der Erlös fließt einer Hilfsorganisation zu.

Zuflucht, die: er suchte [bei Freunden] vor den Verfolgern Z.; sie fanden in einer Scheune Z. vor dem Unwetter; sie hat vielen Verfolgten Z., eine Z. geboten/gewährt; sein Bruder war für ihn die letzte, die einzige Z.; er suchte und fand Z. in seinem Glauben; * **seine Zuflucht zu etw. nehmen** *(etw. als letzte Möglichkeit ansehen, in seiner Not von etw. Gebrauch machen):* er nahm seine Z. zu einer Lüge.

zufolge ⟨Präp. mit Gen. und Dat.⟩: letzten Meldungen, einem Bericht z. ist er verunglückt; seinem Wunsch z./(seltener vorangestellt mit Gen.:) z. seines Wunsches.

zufrieden ⟨z. [mit jmdm., etw.]⟩: er ist ein zufriedener Mensch; ein zufriedenes *(Zufriedenheit ausdrückendes)* Gesicht machen; bist du jetzt endlich z.?; er ist immer, gar nicht, außerordentlich z.; wir können z. sein; damit musst du z. sein *(mehr kannst du nicht verlangen);* sie ist mit nichts, mit sehr wenig z.; sie ist mit ihren Mitarbeitern, mit dem neuen Auto sehr z. *(hat nichts an ihnen, daran auszusetzen);* solange sie ihre Arbeit machen kann, ist sie z.; mit diesem geringen Honorar wollte sie sich nicht z. geben; endlich gab er sich z.; sie lebten glücklich und z.; z. lächeln, aussehen; lass mich doch endlich mit deinem Gejammer z.! *(behellige mich nicht damit!);* seine Kunden in jeder Weise z. stellen *(ihre Wünsche, Ansprüche erfüllen);* ein z. stellendes Ergebnis; z. stellende Leistungen; er ist leicht, schwer z. zu stellen.

Zufriedenheit, die: sie strahlt Z. aus; das alles konnte ihm keine Z. geben, bringen; die Anerkennung erfüllte ihn mit [tiefer, innerer] Z.; sie hat die Arbeit zu unser aller Z. ausgeführt; die Ware ist nicht ganz zu unserer Z. ausgefallen.

zufriedenstellend: ein zufriedenstellenderes Ergebnis; sein Befinden ist z.

zufügen: 1. (seltener) ⟨etw. (Dat.) etw. z.⟩ *hinzufügen:* sie fügte der Suppe noch einen Schuss Wein zu.
2. ⟨jmdm. etw. z.⟩ *antun:* jmdm. Schmerzen, großen Schaden, einen schweren Verlust, [ein] Leid, [ein] Unrecht z.

Zufuhr, die: die Z. von Lebensmitteln, von Hilfsgütern kam ins Stocken; die Z. [von Benzin] zum Vergaser ist unterbrochen; durch das atlantische Tief wird die Z. kalter Festlandluft unterbunden.

zuführen: 1. a) ⟨jmdm., etw. jmdn., etw. z.⟩ *zu jmdm., etw. bringen, hinführen:* dem Kaufmann Kunden, der Partei neue Mitglieder/Anhänger z.; dem Hengst die Stute z.; /verblasst/: der Verbrecher wurde seiner verdienten Strafe zugeführt *(es wurde veranlasst, dass der Verbrecher seine verdiente Strafe erhielt);* etw. einem Zweck, einer Verwendung z. *(für einen Zweck verwenden [lassen]);* ein Problem einer Lösung z. *(dafür sorgen, dass es gelöst wird);* b) ⟨jmdm., etw. etw. z.⟩

jmdn., etw. mit etw. versorgen: einem Patienten künstliche Nahrung, einem Verletzten Sauerstoff z.; einem Motor Benzin, einer Maschine Strom z.
2. ⟨auf etw. (Akk.) z.⟩ *hinführen:* die Straße führt auf den Wald zu; ÜBERTR.: diese Entwicklung führt auf eine Katastrophe zu.

Zug, der: 1. *Eisenbahn-, Straßenbahnzug o. Ä.:* ein voll besetzter, überfüllter, voller, fahrplanmäßiger, verspäteter Z.; der Z. Rom–Amsterdam; der Z. nach/von München läuft auf Gleis 12 ein; der Z. kommt [viel, eine halbe Stunde] Verspätung, kommt voraussichtlich zehn Minuten später an; der Zug fährt ab, rast vorüber, donnert vorbei, rattert heran, bremst, hält [auf freier Strecke, nicht auf allen Bahnhöfen], fährt ein, läuft ein, ist entgleist, verkehrt nur werktags, hat in Frankfurt 20 Minuten Aufenthalt, endet hier, hat keinen Speisewagen, hat/führt die 1. und 2. Klasse, war fast leer; dieser Z. hat keinen Anschluss *(es fährt kein Anschlusszug in die gewünschte Richtung);* mein Z. geht in einer Stunde; bei diesem Wetter nehme ich lieber den Z. *(fahre ich lieber mit der Bahn statt mit dem Auto);* den Z. benutzen, verpassen, versäumen, nicht mehr erreichen, bekommen, gerade noch erwischen; den Z. [durch Ziehen der Notbremse] zum Stehen bringen; Vorsicht bei der Abfahrt des Zuges!; jmdn. an den Z. bringen; meine Schwester war am Z., um mich abzuholen; auf den fahrenden Z. aufspringen; sie stiegen in den [falschen] Z. ein; wir saßen im [falschen, verkehrten] Z.; er fuhr, kam erst mit dem letzten Z.; sich nach den Zügen *(dem Fahrplan der Züge)* erkundigen; ein Kind war unter den Z. geraten; wir holen dich vom Z. ab; sie brachten ihn zum Z.; wir kommen zu spät zum Z., wenn ihr euch nicht beeilt; ⟨R⟩der Z. ist abgefahren (ugs.; es ist zu spät, es ist nichts mehr zu ändern).
2. **a)** *sich fortbewegende Gruppe, Schar, Kolonne:* ein langer, endloser Z. von Demonstranten, von Trauernden; endlose Züge von Flüchtlingen; ein Z. Vögel, Fische; ein Z. Infanterie; der Z. bewegte sich langsam durch die Stadt, zum Botschaftsgebäude; sich zu einem Z. formieren; **b)** *Gespann:* ein Z. Schlittenhunde, Ochsen.
3. *das Sichfortbewegen:* der Z. der Wolken; der Z. der Vögel nach dem Süden; der Z. *(Kriegszug)* Alexanders nach Indien; ÜBERTR.: im Zuge (Papierdt.; im Zusammenhang mit) der Entwicklung.
4. *Zugluft:* hier ist, herrscht [ein] furchtbarer Z.; keinen Z. vertragen; der Ofen hat keinen Z. *(nicht den nötigen Luftzug, um gut zu brennen);* er war während der Fahrt dem Z. ausgesetzt; bei dem starken Z. hat er sich erkältet; die Fenster müssen abgedichtet werden; ihr sitzt, steht dort im Z.; ab und in den Z. gekommen und habe mich erkältet; ich muss mich vor Z. schützen.
5. (Brettspiel) *Weiterrücken einer Figur:* ein starker, genialer, verkehrter, falscher, unüberlegter Z. im Schachspiel; das war der entscheidende Z.; ei-

nen Z., den ersten Z. tun/machen; einen Z. zurücknehmen, wiederholen; ich bin am Zug *(bin
an der Reihe, einen Zug zu machen)*; matt in drei
Zügen; ÜBERTR.: jetzt ist die andere Seite am Z.
(muss ich handeln); etw. Z. um Z. *(ohne Verzug)*
erledigen; die Auszahlung der Beträge erfolgte Z.
um Z.; er hat die Argumente seiner Gegner Z. um
Z. *(eins nach dem anderen)* widerlegt.
6. a) *Schluck:* einen kräftigen Z. aus dem Glas,
aus der Flasche tun; er hat einen guten Z. *(trinkt
viel auf einmal)*; er leerte das Glas auf einen/in einem Z. *(ohne abzusetzen)*; sie trank in langen,
gierigen, bedächtigen Zügen; **b)** *das Einatmen
der Luft, das Einziehen des Rauches:* einen Z. aus
der Pfeife tun; er machte nur ein paar Züge und
warf die Zigarette weg; sie rauchte in schnellen,
hastigen Zügen; sie atmeten die würzige Luft in
vollen Zügen ein.
7. *Linie[nführung]:* die Züge der Schrift können
etwas über den Charakter des Schreibers aussagen; er unterschreibt mit einem Z. *(ohne abzusetzen)*.
8. *typische Linie des Gesichts:* regelmäßige, jun-
genhafte, grobe, brutale Züge; die Züge eines Gesichts, eines alten Menschen; ein herber Z. in
dem jugendlichen Gesicht; ein strenger, weicher,
energischer Z. um den Mund; ein Z. von Strenge,
von Härte; seine Züge haben sich vollständig verändert; sie hat scharf geschnittene Züge.
9. *Wesenszug:* das ist ein charakteristischer, eigenartiger, angenehmer, sympathischer Z. an
ihm; ein schwermütiger Z. liegt über seinem Wesen; das ist kein schöner Z. von ihr *(ist nicht sehr
nett)*.
10. *das Ziehen:* ein starker Z. nach unten, nach
der Seite; Z. ausüben; einen Z. an der Glocke tun
(die Glocke, an der Glocke ziehen); die Fischer taten einen guten Z. *(Fang)*; mit ein paar kräftigen
Zügen *(Schwimmbewegungen, Ruderschlägen)*
erreichten sie das Ufer; das Seil wird auf Z. *(Zugkraft)* beansprucht; ÜBERTR.: das ist der Z. *(die
Tendenz)* der Zeit; diese Plastik hat einen Z. ins
Monumentale *(wirkt in gewisser Hinsicht monu-
mental)*.
11. *Vorrichtung zum Ziehen:* der Z. an der Kapuze, am Anorak; der Z. am Rollladen ist gerissen; der Z. *(ausziehbarer Mittelteil)* der Posaune.
12. (ugs.) *Disziplin:* der Trainer hat Z. in die
Mannschaft gebracht; hier ist kein richtiger Z.
drin.
13. *kleinste militärische Abteilung:* ein Z. Infanterie; drei Züge der Pioniere halfen bei den
Löscharbeiten.
14. *Fachrichtung:* der altsprachliche, neusprach-
liche, musische Z. eines Gymnasiums.
15. a) *Vertiefung im Innern des Laufes einer Feu-
erwaffe:* die Züge eines Gewehrlaufs, eines Ge-
schützrohrs; **b)** *Kanal für Luft-, Rauchgase:* der
Ofen hat zu enge Züge;
∗ **einen Zug durch die Gemeinde machen** (ugs.;

von Lokal zu Lokal ziehen) · **in großen, groben
Zügen** *(nur in Umrissen, skizzenhaft, ohne auf
Einzelheiten einzugehen):* er versuchte die Begebenheit in großen, groben Zügen darzustellen;
zu umreißen · **in den letzten Zügen liegen** (ugs.;
im Sterben liegen) · etw. **in vollen Zügen genießen** *(etw. voll und ganz genießen, auskosten):* die
Ferien, seine Jugend in vollen Zügen genießen ·
im falschen Zug sitzen (ugs.; *sich nicht richtig
entschieden haben)* · **in einem Zug** *(ohne Unterbrechung)* · **jmdn. gut im Zug haben** *(jmdn. gut
erzogen haben)* · **zum Zuge kommen** *(entscheidend aktiv werden können, die Möglichkeit zum
Handeln bekommen).*
Zugabe, die: a) *zusätzlich Gegebenes:* beim Einkauf etw. als Z. bekommen; **b)** *zusätzliche Darbietung:* der Künstler gab drei Zugaben; etw. als
Z. singen, spielen; die Zuhörer erzwangen eine
Z.; **c)** *das Hinzufügen:* das Gemüse unter Z. von
wenig Wasser dünsten.
Zugang, der: **1.** a) *Eingang, Einfahrt:* ein unterirdischer Z. zur Burg; der Z. zu dem Grundstück,
zum Schloss ist gesperrt; das Haus hat nur einen
Z.; den Z. bewachen, besetzen; **b)** *Zutritt:*
[freien, keinen] Z. zu etw. haben; jmdm. den Z.
verwehren; den Z. zu etw. fordern, erzwingen;
jmdm. Z. gewähren; sich Z. zu einem Raum, zu
jmdm. verschaffen; ÜBERTR.: zur modernen Malerei, zu diesem Menschen habe ich keinen
[rechten] Z.; der Spion hatte keinen Z. zu Ge-
heimakten; Z. zu einem Konto haben *(darüber
verfügen können).*
2. *das Hinzukommen:* Z. an offenen Stellen, an Personen registrieren; die Klinik hatte
gestern vier Zugänge; es gab viele Zugänge; unter
den Zugängen waren einige Kinder.
zugange: ⟨in den Verbindungen⟩ **mit jmdm., etw.
zugange sein** (ugs.; *sich mit jmdm., etw. befassen;
mit jmdm., etw. beschäftigt sein)* · **irgendwo zugange sein** (ugs.; *irgendwo eine bestimmte Tätigkeit o. Ä. ausüben, mit etw. beschäftigt sein).*
zugänglich: 1. a) *Zugang bietend, betretbar:* ein
schwer zugängliches Dorf im Gebirge; die Ortschaft ist, liegt für den Verkehr schwer z.; ist nur
von Norden her z.; **b)** *zur Verfügung stehend:* die
Bibliothek, die Sammlung, die Datenbank ist jedem, für jeden z.; das Schloss wurde der Öffentlichkeit z. gemacht; diese Informationen sollten
jedem/für jeden z. sein.
2. *aufgeschlossen:* ein zugänglicher Mensch; für
alles Schöne z. sein; nach dem dritten Glas wurde
er etwas zugänglicher; meinen Wünschen, für
meine Überlegungen war er immer z.
zugeben ⟨etw. z.⟩: **1.** a) *gestehen:* eine Tat, seine
Schuld z.; der Junge gab zu, die Fensterscheibe
eingeworfen zu haben; **b)** *eingestehen:* sie gab offen, nur ungern, unumwunden zu, dass sie sich
geirrt habe; gibs doch endlich zu, du weißt es
nicht!; Sie müssen doch z., dass ...; ich gebe zu,
dass sich die Verhältnisse inzwischen geändert

haben, aber ...; zugegeben, er hat nicht Unrecht, aber ...; es war, zugegeben, viel Glück dabei; ⟨jmdm. etw. z.⟩ ich gebe Ihnen zu, dass ...; **c)** *erlauben:* ich werde es nie zugeben, dass sie das tut; er durfte das nicht z. **2.** *als Zugabe geben:* ein Probefläschchen Parfüm z.; der Sänger gab drei Lieder zu.

zugegen: ⟨in der Verbindung⟩ **zugegen sein** (geh.; *anwesend sein*): er war bei der Feier z.

zugehen: 1. a) ⟨auf jmdn., etw. z.⟩ *in Richtung auf jmdn., etw. gehen:* er ging auf ihn, auf das Haus, auf die Stelle zu; ÜBERTR.: sie hat die Fähigkeit, auf die Menschen zuzugehen; sie sollten aufeinander z. *(sich versöhnen);* sie ging geradewegs auf ihr Ziel zu; er geht schon auf die achtzig zu *(wird bald 80 Jahre alt);* es geht auf Weihnachten zu *(es wird bald Weihnachten);* **b)** (ugs.) *vorangehen:* ihr müsst tüchtig, ordentlich z., wenn ihr die Straßenbahn noch erreichen wollt; geh zu! *(beeil dich!).* **2.** (Amtsspr.) ⟨jmdm. z.⟩ *zugestellt werden:* jmdm. geht eine Nachricht, eine Mitteilung zu; die Sendung, der Brief geht Ihnen noch heute, in den nächsten Tagen mit der/per Post zu. **3.** ⟨irgendwie z.⟩ *in einer bestimmten Form auslaufen:* der Obelisk, die Pyramide geht [nach oben] spitz zu; das Rohr geht eng zu. **4.** ⟨es geht irgendwie zu; meist auch mit Raumangabe⟩ *verlaufen:* alles ging völlig harmonisch, natürlich zu; dort ging es nicht immer fein zu; auf dem Fest ging es sehr lustig, fröhlich zu; bei ihnen ging es zu wie in einem Taubenschlag *(es war ein dauerndes Kommen und Gehen);* Ⓡ so geht es nun einmal zu in der Welt! **5.** (ugs.) *sich schließen:* die Tür, das Fenster, der Schrank geht nicht, geht schwer zu; die Tür geht von allein zu (ugs.; *schließt selbsttätig*); ich weiß nicht, ob der Koffer auch zugeht.

zugeknöpft ⟨z. [gegenüber jmdm., etw.]⟩: *reserviert:* ein zugeknöpftes Wesen; er war, zeigte sich den Journalisten gegenüber sehr zugeknöpft.

Zügel, der: die Z. halten, schleifen lassen, straff anziehen; das Pferd gut am Z. haben, am [kurzen, langen] Z. führen; dem Pferd die Z. anlegen; ein Pferd am Z. führen; das Pferd geht gegen den Z. *(gibt im Genick nicht nach und lässt sich nicht lenken);* dem [durchgehenden] Pferd in die Z. fallen *(das [durchgehende] Pferd energisch am Zügel packen, um es zum Stehen zu bringen);* er ritt mit verhängten Zügeln *(mit locker hängenden Zügeln);*
★ **die Zügel [fest] in der Hand haben** *(die Führung innehaben; für straffe Ordnung sorgen)* · **die Zügel straffer anziehen** *(energischer auftreten, Gehorsam fordern)* · **die Zügel schleifen lassen/lockern** *(weniger streng sein, nicht jede Kleinigkeit bestimmen und regeln)* · **jmdm., etw. Zügel anlegen** *(jmdn. in seinen Aktivitäten einschränken; etw. einer gewissen einschränkenden Ordnung unterwerfen)* · **[jmdm., etw.] die Zügel**

schießen lassen *(den Dingen freien Lauf lassen)* · **jmdn. am langen Zügel führen** *(jmdn. so leiten, dass ihm Raum zu seiner Entfaltung bleibt)* · **die Zügel aus der Hand geben, legen** *(eine Aufgabe abgeben, in andere Hände geben).*

zügellos: ein zügelloses Treiben; ein zügelloser Mensch; sie ist, benimmt sich z.

zügeln: a) ⟨ein Tier z.⟩ *durch Anziehen des Zügels zurückhalten:* ein Pferd z.; **b)** ⟨jmdn., sich, etw. z.⟩ *beherrschen:* seine Neugier, seine Ungeduld, seinen Zorn [nicht] z. können; ich konnte mich nicht mehr z. und musste meine Meinung sagen; die Jugendlichen waren kaum, nicht zu z. *(zurückzuhalten).*

Zugeständnis, das: gegenseitige Zugeständnisse; er verlangte keine Zugeständnisse in dieser Sache; ich kann Ihnen keine weiteren Zugeständnisse machen, anbieten; wir müssen seiner Jugend Zugeständnisse machen *(ihr manches zugute halten);* Zugeständnisse an die Mode machen *(sich nach der jeweiligen Mode richten).*

zugestehen ⟨jmdm. etw. z.⟩: **a)** *jmds. Anspruch auf etw. stattgeben:* jmdm. ein Recht, einen Platz, eine Provision, mehr Freiraum z.; dem Käufer Rabatt z.; **b)** *anerkennen:* ich muss dir z., Geschmack hast du; wir mussten ihm z., dass er korrekt gehandelt hatte; ⟨auch ohne Dat.⟩ ich muss z., etwas in Verzug geraten zu sein.

zugetan: ⟨in der Verbindung⟩ **jmdm. zugetan sein** (geh.; *Zuneigung, Sympathie für jmdn. empfinden*): jmdm. von Herzen, in Liebe, ehrlich z. sein · etw. (Dat.) **zugetan sein** (oft spöttisch; *etw. mögen, gern haben*): er war dem Essen und Trinken sehr z.

zugig: *der Zugluft ausgesetzt:* ein zugiger Gang; das ist eine zugige Ecke; hier ist es mir zu z.

zügig: *schnell und stetig:* ein zügiges Tempo; die Vorbereitungen gehen, schreiten z. voran; z. arbeiten, fahren.

zugreifen: a) *nach etw. greifen und es festhalten:* nicht richtig z. können; sie hat mit beiden Händen zugegriffen; **b)** *nach etw. greifen und es an sich nehmen:* bitte greifen Sie zu! *(essen Sie reichlich!);* ÜBERTR.: bei diesen Preisen sollten Sie z. *(kaufen);* man bot ihr eine Stelle als Pressesprecherin, und sie griff zu *(nahm das Angebot an);* die Polizei hat zugegriffen *(hat jmdn. plötzlich verhaftet);* die Staatsanwaltschaft griff zu *(schritt ein);* (EDV:) auf Daten z.

Zugriff, der: der Z. auf Daten, auf Dateien, auf ein Konto; er hat sich das billige Grundstück durch raschen Z. gesichert; dem behördlichen Z. *(Einschreiten)* ausgeliefert, unterworfen sein; jmdm. den Z. auf etw. verwehren; sich dem Z. der Polizei entziehen; vor jmds. Z. sicher sein; jmds. Z. entzogen sein.

zugrunde, zu Grunde: ⟨in den Wendungen⟩ **zugrunde, zu Grunde gehen** *(vernichtet, zerstört werden; sterben):* elend z. gehen; sie, ihre Ehe wird daran noch z. gehen · *jmdn., etw.* zugrunde, zu Grunde richten *(jmdn., etw. ruinieren, vernichten, ins Verderben stürzen)* · etw. (Dat.) etw. zugrunde, zu Grunde legen *(etw. für etw. als Grundlage nehmen):* er legte seiner Predigt einen Text aus dem Johannesevangelium z. · etw. (Dat.) zugrunde, zu Grunde liegen *(die Grundlage für etw. bilden):* das diesem Urteil z. liegende Gesetz.

zugunsten, zu Gunsten: I. ⟨Präp.; bei Voranstellung mit Gen., seltener auch nachgestellt mit Dat.⟩ z. ihres Sohnes hat sie auf das Erbe verzichtet; er hat sich z. seines Kunden verrechnet; ein Bazar z. der Welthungerhilfe; ihm z. hättest du dich anders entscheiden müssen. II. ⟨Adverb; in Verbindung mit *von*⟩ z. von einem anderen hat er nicht kandidiert.

zugute: ⟨in den Wendungen⟩ **jmdm. etw. zugute halten** (geh.; *etw. zu jmds. Entschuldigung berücksichtigen):* man muss ihm seine Jugend z. halten · sich (Dat.) etw. auf etw. (Akk.) zugute tun/halten (geh.; *auf etw. stolz sein; sich etw. auf etw. einbilden):* er tat sich auf seine Beziehungen viel z. · **jmdm., etw. zugute kommen** *(sich für jmdn., etw. positiv auswirken):* seine langjährige Erfahrung kommt ihm nun z. · **jmdm. etw. zugute kommen lassen** *(jmdn. von etw. Nutzen haben lassen)* · **sich** (Dat.) **etw. zugute tun** *(sich einen Genuss gönnen).*

zuhalten: 1. ⟨etw. z.⟩ **a)** *[mit der Hand] verschließen:* eine Öffnung z.; ⟨jmdm., sich etw. z.⟩ sie hielt ihm den Mund zu; sich die Ohren, die Nase z.; **b)** *geschlossen halten:* die Türen, die Fenster z.; bei der kalten Luft den Mund z.; **c)** *fest-, zusammenhalten:* die Tür von außen, von innen z. 2. ⟨auf etw. (Akk.) z.⟩ *zufahren:* der Kapitän, das Schiff hielt auf die Landungsbrücke zu.

zuhause (österr., schweiz.): zu Hause (↑ Haus 1).

zuhören ⟨bei etw./irgendwie z.⟩: schweigend, höflich, mit Interesse z.; er hörte bei dem Gespräch, bei der Rundfunkübertragung zu; du hast nicht [richtig] zugehört; sie kann gut, nicht z.; ⟨jmdm., etw. [irgendwie] z.⟩ dem Vortragenden, der Musik, der Unterhaltung aufmerksam z.; jetzt hör mir mal gut zu! (ugs.; leicht drohende Aufforderung, etwas Bestimmtes zu beherzigen).

zuknöpfen ⟨etw. z.⟩: den Mantel, die Hose z.; ⟨jmdm., sich etw. z.⟩ ich knöpfte mir das Kleid zu.

zukommen: 1. ⟨auf jmdn., etw. z.⟩ *sich jmdm., etw. nähern:* er kam [direkt, geradewegs, freudestrahlend, mit schnellen Schritten] auf unser Haus zu; ich sah im Dunkeln eine Gestalt auf mich z.; ÜBERTR.: sie ahnte nicht, was mit dieser Arbeit auf sie zukam; man muss die Dinge, alles auf sich z. lassen *(sich in einer Sache abwartend verhalten);* wir werden gegebenenfalls auf Sie z. *(uns mit Ihnen in Verbindung setzen).* 2. (geh.) ⟨jmdm. etw. z.⟩ **a)** *zuteil werden:* ihm war eine Erbschaft zugekommen; jmdm. eine beträchtliche Summe z. lassen (geben, schenken);

jmdm. eine Behandlung z. lassen; **b)** *zugestellt werden:* es war ihr die Nachricht zugekommen, dass ...; jmdm. eine Mitteilung, einen Bericht, eine Botschaft z. lassen. 3. (geh.) **a)** ⟨jmdm. z.⟩ *zustehen:* das Geld, der Urlaub kommt Ihnen zu; dieser Titel, dieser Rang, diese Rolle kommt ihm nicht zu; **b)** ⟨jmdm. z.⟩ *sich für jmdn. gehören:* ein Urteil kommt dir nicht zu; es kommt dir nicht zu, so zu fragen, dich einzumischen; **c)** ⟨etw. (Dat.) z.⟩ *beizumessen sein:* dem Bau neuer Straßen kommt eine wirtschaftlich wachsende Bedeutung zu; dieser Entscheidung, dieser Entdeckung kommt eine besondere Bedeutung zu.

Zukunft, die: 1. **a)** *die kommende, spätere Zeit:* eine unsichere, ungewisse Z.; die Z. gehört der Jugend; das Fortbewegungsmittel der Z. *(der kommenden Zeit);* wir wissen nicht, was uns die Z. bringen wird; beruhigt, unruhig der Z. entgegensehen; auf eine bessere Z. hoffen; auf die Z. bauen, vertrauen; auf eine glückliche Z. anstoßen; für die, für alle Z. *(für alle Zeit);* in naher, in nächster, in absehbarer Z.; in ferner Z. *(in einer noch weit entfernten Zukunft);* er lebt mit seinen Gedanken immer in der Z.; du kannst ruhig in die Z. blicken, brauchst keine Angst vor der Z. zu haben; sich vor der Z. fürchten; **b)** *jmds. späteres Leben:* unsere gemeinsame Z.; von seiner Entscheidung hängt meine Z. ab; wie denkst du dir denn [nun] deine Z.?; sie hat eine große, glänzende Z. *(eine große Karriere)* vor sich; du hast dir damit die Z. verbaut; du musst an deine Z. denken; Vorsorge für die/seine Z. treffen; um eine Z. braucht er sich keine Sorgen zu machen. 2. (Grammatik) *Futur:* ein Verb in die Z. setzen; das Verb steht in der Z.; ★ [keine] Zukunft haben *(eine, keine günstige Entwicklung zu erwarten haben):* dieser Beruf, diese veraltete Technologie hat keine Z. · etw. (Dat.) gehört die Zukunft *(etw. wird eine bedeutende Entwicklung nehmen):* den Mikroprozessoren gehört die Z. · in Zukunft *(von jetzt an; künftig)* · mit/ohne Zukunft *(mit/ohne Zukunftsperspektive).*

zukünftig: I. ⟨Adj.⟩ *künftig, später:* ihr zukünftiger Schwiegersohn; die zukünftige Entwicklung; zukünftige Zeiten; die Verantwortung für zukünftige Generationen; SUBST.: ihr Zukünftiger (ugs.; *Mann, den sie heiraten wird).* II. ⟨Adverb⟩ *künftig:* z. frag bitte mich und nicht ihn!; ich bitte, dies z. zu unterlassen!; jetzt und z. besteht die wichtigste Aufgabe darin ...

Zulage, die: eine Z. von 500 Mark bekommen, gewähren; Zulagen für Schwerarbeiter, für Nachtarbeit.

zulangen: a) (ugs.) *nach etw. greifen und an sich nehmen:* der Dieb langte schnell zu; die Gäste haben [bei der Mahlzeit] tüchtig zugelangt *(vom Angebotenen reichlich genommen);* ÜBERTR.: die Unternehmen langen kräftig zu *(fordern hohe*

Preise); **b)** *(bei der Arbeit) kräftig zupacken:* sie langt zu, kann z.; **c)** *zuschlagen:* in seiner Wut hatte er zugelangt.

zulassen: 1. a) ⟨jmdn. zu etw. z.⟩ *jmdm. Zugang gewähren:* es wurden keine Journalisten zu der Veranstaltung zugelassen; **b)** ⟨jmdn., etw. z.⟩ *in einer Funktion anerkennen:* ein Auto [zum Verkehr] z.; ein Medikament z.; Tiere zur Zucht z.; ein Wertpapier an der Börse, zum Börsenhandel z.; er wurde [nicht] zur Prüfung, zum Abitur, zum/für das Studium zugelassen; als Zeugen, als Prozessbeobachter z.; jmdn. als Arzt, als Apotheker z. *(approbieren);* ⟨im 2. Part. in Verbindung mit *sein*⟩ er ist als Anwalt [beim Bundesgerichtshof] zugelassen; der Kraftwagen ist noch nicht zugelassen. **2.** ⟨etw. z.⟩ **a)** *erlauben:* ich werde das auf keinen Fall z.; ich kann [es] nicht z., dass ...; wie konntest du das z.!; Gefühle z. (Psych.; *sie nicht verdrängen*); **b)** *die Möglichkeit zu etw. bieten:* das Gesetz lässt keine Ausnahme, mehrere Interpretationen zu; diese Worte lassen keinen Zweifel zu; das lässt die Vermutung, den Schluss zu *(lässt erwarten),* dass ...; etw. lässt keinen Aufschub zu; das lässt sein Eigensinn nicht zu; wenn es meine Zeit zulässt, komme ich. **3.** (ugs.) ⟨etw. z.⟩ *geschlossen lassen:* den Laden, die Tür, die Augen, den Mantel z.; lass das Päckchen zu!

zulässig: *erlaubt:* die zulässige Geschwindigkeit, Menge; diese Hilfsmittel, diese Zusatzstoffe sind nicht z.; ein Verfahren für z. erklären.

Zulauf, der: dieser Arzt, das neue Kaufhaus, das Lokal, sein Vortrag hatte großen Z.; sie kann sich nicht über mangelnden Z. beschweren.

zulaufen: 1. a) ⟨auf jmdn., etw. z.⟩ *in Richtung auf jmdn., etw. laufen:* die Kinder liefen auf ihn zu, kamen auf ihn zugelaufen; der Weg läuft auf den Wald zu; ⟨auch: etw. (Dat.) z.⟩ sie liefen dem Dorf zu; ÜBERTR.: die Straße läuft direkt auf das Haus zu *(verläuft in Richtung auf das Haus);* **b)** (ugs.) *schnell weiterlaufen:* lauf zu, sonst ist der Zug weg!; ihr müsst z., wenn ihr nicht zu spät kommen wollt. **2. a)** ⟨jmdm. z.⟩ *(von Tieren) zu jmdm. kommen:* uns ist ein Hund, eine Katze zugelaufen; ein zugelaufener Pudel; **b)** ⟨jmdm., etw. z.⟩ *sich anschließen:* Kunden, Patienten, Schüler laufen ihm [in hellen Scharen] zu; der Sekte laufen immer mehr Jugendliche zu. **3.** *(irgendwie z.) in einer bestimmten Form auslaufen:* die Pyramide läuft spitz, in einer Spitze zu; der Bolzen lief konisch zu; Hosen mit schmal, eng zulaufenden *(nach unten schmal, eng werdenden)* Beinen. **4.** *hinzufließen:* lass noch kaltes Wasser z.

zulegen: 1. (ugs.) ⟨sich (Dat.) etw. z.⟩ *sich kaufen:* sich ein Auto, einen Hund z.; ÜBERTR.: er hat sich eine Freundin, sie haben sich zwei Kinder zuge-

legt; sich einen Bauch, einen Bart z. (scherzh.; *einen Bauch bekommen, einen Bart tragen).* **2.** (ugs.) *sein Tempo steigern:* der Läufer hat tüchtig zugelegt; noch etwas z. **3.** (ugs.) *sich [zahlenmäßig] vergrößern:* die Branche hat erheblich, kräftig zugelegt *(ihren Umsatz erheblich, deutlich gesteigert);* die Partei hat bei der letzten Wahl kaum zugelegt. **4.** (ugs.) *dicker werden:* du hast in der letzten Zeit ganz schön zugelegt. **5.** *einen finanziellen Verlust haben; zusetzen:* bei dem Geschäft habe ich noch zugelegt.

zuleid[e], zu Leid[e]: ⟨in der Verbindung⟩ jmdm. etw. zuleid[e], zu Leid[e] tun *(jmdm. einen Schaden, eine Verletzung zufügen):* sie kann niemandem, (ugs.:) keiner Fliege etwas z. tun; ich habe ihm nichts z. getan.

zuletzt: a) *als Letzter, Letzter, Letztes:* ich kam z. an die Reihe; daran habe ich erst z. gedacht; das z. geborene Kind; er war z. Major; diese Arbeit werde ich z. machen; **b)** (ugs.) *zum letzten Mal:* wann sahen Sie ihn z.?; er war z. vor 5 Jahren hier; **c)** *schließlich; zum Schluss:* z. sahen wir uns genötigt einzugreifen; wir mussten z. doch umkehren;
★ **bis zuletzt** (ugs.; 1. *bis zu seinem, ihrem Tode:* er arbeitete bis z. 2. *bis zum Ende:* er ist bis z. geblieben) · **nicht zuletzt** *(ganz besonders auch):* alle Leute und nicht z. die Kinder hatten ihn gern.

zuliebe: ⟨in der Fügung⟩ jmdm., etw. zuliebe *(um jmdm. einen Gefallen zu tun; mit Rücksicht auf jmdn., etw.):* das tue ich nur meinem Vater z.; tu es mir z.!; der Wahrheit z.

zum: *zu dem:* die Tür z. Wohnzimmer; sie lief z. Telefon; /nicht auflösbar in festen Verbindungen und in Verbindung mit einem substantivierten Infinitiv/: z. Spaß; z. letzten Mal; es ist z. Weinen; etw. z. Liebhaben.

zumachen (ugs.): **1.** ⟨etw. z.⟩ **a)** *schließen:* die Tür, das Fenster, den Koffer z.; den Rock, seine Hose, die Jacke z.; einen Brief z. *(zukleben);* eine Flasche z. *(mit einem Verschluss versehen);* mach den Mund zu!; ich konnte kein Auge z. *(konnte keinen Schlaf finden);* ⟨im Part.⟩ z. kannst du mir bitte den Reißverschluss z.?; **b)** *den Betrieb einstellen:* er musste sein Geschäft, seinen Laden z.; ⟨auch ohne Akk.⟩ er musste z. **2.** *zeitweilig schließen:* wann, um wie viel Uhr machen Sie zu? **3.** *sich beeilen:* mach zu!; du musst z., damit du fertig wirst.

zumal: I. ⟨Adverb⟩ *besonders, vor allem:* alle, z. die Neuen, waren begeistert/alle waren begeistert, z. die Neuen; sie nimmt die Einladung gern an, z. die Neuen. **II.** ⟨Konj.⟩ *besonders da, weil:* ich kann es ihm nicht abschlagen, z. er immer so entgegenkommend ist.

zumessen: 1. ⟨jmdm. etw. z.⟩ *nach einem bestimmten Maß genau zuteilen:* die Mutter maß jedem

der Kinder seinen Teil zu; ein reichlich zugemessenes Taschengeld; ÜBERTR.: jmdm. die Schuld [an einem Unglück] z.
2. ⟨jmdm., etw. etw. z.⟩ *beimessen:* diesem Vorfall misst er keine, große Bedeutung zu; einer Sache Wert, Gewicht z.
zumindest: a) *zum Mindesten:* es ist keine schwere, z. keine bedrohliche Krise; sie war verloren, so schien es z.; **b)** *wenigstens:* ich kann z. verlangen, dass er mich anhört.
zumute, zu Mute: ⟨in den Verbindungen⟩ **jmdm. irgendwie zumute, zu Mute sein/werden** *(jmdn. in einer bestimmten Gemütsverfassung sein lassen, jmdn. in eine bestimmte Gemütsverfassung kommen lassen):* mir war, wurde ganz sonderbar, seltsam, feierlich z.; ihr war dabei gar nicht wohl z. *(sie hatte Bedenken dabei);* ihm war nicht nach Scherzen, zum Lachen z.
zumuten ⟨jmdm., sich etw. z.⟩: den Anblick, den Lärm wollte er uns nicht z.; ich kann ihm nicht z. zu kommen; du mutest dir zu viel zu *(du überanstrengst dich);* diese Arbeit kann niemandem zugemutet werden.
Zumutung, die: der Lärm ist eine Z.; es ist eine Z. [für die Nachbarn], so spät noch zu klingeln; eine Z. an jmdn. stellen *(jmdm. etw. zumuten);* eine Z. zurückweisen; ich verwahre mich gegen eine solche Z., gegen derartige Zumutungen; das ist eine Z.! *(das ist unerhört!).*
zunächst: I. ⟨Adverb⟩ **a)** *anfangs; als Erstes:* die Sache war z. nicht aufgefallen; z. einmal werde ich mir die Unterlagen ansehen; **b)** *vorerst:* daran denke ich z. noch nicht.
II. (geh.) ⟨Präp. mit Dat.⟩ *neben, ganz nahe:* diese Plastik steht z. dem Pfeiler; das Haus ist dem See z. gelegen.
Zunahme, die: eine beträchtliche, geringfügige, starke Z. des Gewichts, des Umfangs, der Bevölkerungsdichte, an Geburten; eine rasche, plötzliche, merkliche Z. des Reiseverkehrs; die Z. beträgt 5 %; eine Z. um, von 10 %; es ließ sich eine geringe Z. der Ausfuhr feststellen.
zünden: 1. ⟨etw. z.⟩ *zur Explosion bringen:* eine Mine, eine Rakete, eine Sprengladung, einen Knallkörper z.
2. *Begeisterung hervorrufen:* die Idee, der Vorschlag zündete sofort; ÜBERTR.: eine zündende Rede, Ansprache.
★ **bei jmdm. hat es gezündet** (ugs. scherzh.; *jmd. hat etw. [endlich] verstanden).*
Zunder, der: mit Z. Feuer machen;
★ *jmdm.* **Zunder geben** (ugs.; 1. *jmdn. zu größerer Eile antreiben.* 2. *jmdn. schlagen, prügeln.* 3. *jmdn. beschimpfen, zurechtweisen)* · **Zunder bekommen/kriegen** (ugs.; 1. *Schläge, Prügel bekommen.* 2. *beschimpft, zurechtgewiesen werden).*
zunehmen: 1. a) *größer, stärker werden, sich vermehren:* seine Kräfte nehmen wieder, rasch zu; die Tage nehmen zu *(werden länger);* der Wind hat zugenommen; der Mond nimmt zu *(seine*

Lichtscheibe *wird größer);* die Kälte hatte um einige Grade zugenommen; ADJ. PART.: zunehmender Mond; mit zunehmenden Jahren, bei zunehmendem Alter verbieten sich solche Dinge von selbst; in zunehmendem Maße; mit zunehmender Geschwindigkeit; zunehmend *(immer mehr)* an Einfluss gewinnen; es wird zunehmend *(stetig)* wärmer; **b)** ⟨an etw. (Dat.) z.⟩ *etw. in verstärktem Maße erhalten, aufweisen:* mit den Jahren hat er an Erfahrung, an Macht, an Ansehen zugenommen; der Wind nimmt an Heftigkeit zu; **c)** *sein Gewicht vergrößern:* er hat tüchtig, beträchtlich, stark, etwas, drei Kilogramm, ein paar Pfunde zugenommen; bei diesem Essen kannst du nicht z. *(das Essen ist nicht gehaltvoll).*
2. (Stricken, Häkeln) ⟨[etw.] z.⟩ *die Anzahl der Maschen vergrößern:* fünf Maschen z.; von der 20. Reihe an muss man z.
zuneigen (geh.): **1.** ⟨sich jmdm., etw. z.⟩ *sich in Richtung auf jmdn., etw. neigen:* er neigte sich seiner Nachbarin zu; ÜBERTR.: das Jahr, die Arbeit neigt sich dem Ende zu *(nähert sich dem Ende);* jmdm. zugeneigt sein *(Zuneigung für jmdn. empfinden).*
2. ⟨etw. (Dat.) z.⟩ *sich für etw. entscheiden:* einer Ansicht, keiner bestimmten Partei z.
Zuneigung, die: eine zärtliche, stürmische, herzliche Z.; ihre Z. wuchs rasch; jmdm. seine Z. schenken, bewahren, beweisen; jmds. Z. gewinnen; bei jmdm. Z. erwecken; für jmdn. keine Z. aufbringen können; zu jmdm. Z. haben, empfinden, hegen; das Kind fasste schnell Z. zu uns; er erfreute sich ihrer wachsenden Z.
Zunge, die: **1.** eine belegte, pelzige Z.; vor Durst klebt mir die Z. am Gaumen; jmdm. die Z. herausstrecken; zeig mal die, deine Z.; der Hund lässt die Z. aus dem Maul hängen; ich habe mir mit der heißen Suppe die Z. verbrannt; er hat eine feine, verwöhnte Z. *(ist ein Feinschmecker);* der Pfeffer brennt auf der Z.; ich habe mir auf die Z. gebissen; das Fleisch ist so zart, dass es auf der Z. zergeht; er fuhr sich (Dat.) mit der Z. über die Lippen; mit der Z. schnalzen; sie stößt mit der Z. an *(lispelt);* ÜBERTR.: eine spitze, scharfe, lose, böse Z. haben *(zu spitzen, frechen usw. Äußerungen neigen);* sie hat eine flinke Z. *(ist oft voreilig in ihrem Urteil);* eine schwere Z. haben (geh.; *[nach übermäßigem Alkoholgenuss] schlecht artikulieren können);* sie redet mit doppelter/gespaltener Z. (geh.; *sie ist unaufrichtig, doppelzüngig);* sie kamen mit [heraus]hängender Z. (ugs.; *völlig außer Atem)* auf dem Bahnsteig an; die Z. hing uns aus dem Hals (ugs.; *wir waren sehr durstig);* sich bei einem Wort die Z. abbrechen (ugs.; *ein schwieriges Wort fast nicht aussprechen können);* er ließ sich die Worte auf der Z. zergehen *(sprach sie genüsslich aus).*
2. *Gericht aus Rinder-, Kalbszunge:* gepökelte, geräucherte Z.; es gab Z.

Z

3. *tonbildendes Metallplättchen; Rohrblatt:* die Z. bei, in Blasinstrumenten; ∗ **böse Zungen** *(boshafte Menschen, Lästerer)* · **das Zünglein an der Waage sein** *(als Person, Sache bei etw. den Ausschlag geben)* · **seine Zunge hüten, im Zaum halten** *(in seinen Äußerungen vorsichtig sein)* · **seine Zunge an etw.** (Dat.) **wetzen** *(abwertend; gehässig über etw. reden)* · **jmdm. die Zunge lösen** *(jmdn. zum Reden bringen):* der Wein löste ihm die Z. · **sich lieber die Zunge abbeißen [als etw.** zu sagen] *(unter keinen Umständen bereit sein, eine bestimmte Information preiszugeben)* · **sich auf die Zunge beißen** *(an sich halten, um etwas Bestimmtes nicht zu sagen)* · **jmdm. auf der Zunge liegen/ schweben** (1. *jmdm.* **beinahe, aber doch nicht wirklich wieder einfallen:** das Wort liegt mir auf der Z. 2. *beinahe von jmdm. ausgesprochen, geäußert werden:* es lag mir auf der Z., das zu sagen) · **jmdm. auf der Zunge brennen** *(jmdn. heftig drängen, etw. zu sagen, zu äußern)* · **etw. mit tausend Zungen predigen** (geh.; *nachdrücklich auf etw. hinweisen)* · **jmdm. leicht/glatt, schwer** o. ä. **von der Zunge gehen** *(von jmdm. ganz leicht, nur schwer ausgesprochen, geäußert werden können)* · **jmdm. das Wort von der Zunge nehmen** *(vorbringen, was ein anderer auch gerade sagen wollte).*

züngeln: die Schlange züngelt; BILDL.: das Feuer züngelt; Flammen züngelten aus dem Fenster.

zunichte: ⟨in den Verbindungen⟩ **etw. zunichte machen** *(etw. vereiteln, vernichten)* · **zunichte sein/werden** *(vereitelt, zerstört sein/werden).*

zunutze, zu Nutze: ⟨in der Verbindung⟩ **sich** (Dat.) **etw. zunutze, zu Nutze machen** *(Nutzen aus etw. ziehen, etw. ausnutzen):* sich jmds. Unwissenheit z. machen.

zupacken: a) *schnell und fest zugreifen:* schnell, mit beiden Händen z.; ÜBERTR.: er, sie hat eine zupackende Art *(fasst eine Aufgabe energisch, tatkräftig an);* b) *tüchtig arbeiten:* sie kann z.; bei dieser Arbeit müssen alle kräftig z.

zupass: ⟨in der Verbindung⟩ **jmdm. zupass kommen** (geh.; *jmdm. gelegen, gerade recht kommen):* er, sein Angebot, dieses Geld kam uns sehr, gut z.

zupfen: 1. ⟨an etw. (Dat.) z.⟩ *mehrmals kurz und leicht ziehen:* er zupfte nervös an seiner Krawatte. ⟨jmdn., sich an etw. (Dat.) z.⟩ jmdn. am Ärmel z.
2. ⟨etw. z.⟩ *lockern und herausziehen:* Fäden [aus einem Gewebe], Unkraut z.; Baumwolle z. *(auseinander zupfen);* ⟨jmdm., sich etw. z.⟩ sich die Augenbrauen z.
3. (Musik) ⟨etw. z.⟩ *zupfend spielen:* die Gitarre *(die Saiten der Gitarre)* z.; beim Pizzicato werden die Saiten nur gezupft.

zur: *zu der:* z. Post gehen; /nicht auflösbar in festen Verbindungen/: z. Vorsicht einen Schirm mitnehmen; z. Vernunft kommen.

zurande, zu Rande: ⟨in den Verbindungen⟩ **mit**

etw. zurande, zu Rande kommen (ugs.; *etw. schaffen, meistern, bewerkstelligen)* · **mit jmdm. zurande, zu Rande kommen** (ugs.; *mit jmdm. zurechtkommen).*

zurate, zu Rate: ⟨in den Verbindungen⟩ **jmdn. zurate, zu Rate ziehen** *(jmdn. um Rat fragen)* · **etw. zurate, zu Rate ziehen** *(in einem Buch o. Ä. nachschlagen).*

zurechtfinden ⟨sich z.; gewöhnlich mit Umstandsangabe⟩: sich irgendwo, mit etw., in seiner Rolle, in der Dunkelheit, langsam, mit der Zeit, schnell z.; ich finde mich schon zurecht; ÜBERTR.: in dieser Abrechnung finde ich mich nicht zurecht *(ich verstehe sie nicht);* er konnte sich im Leben nicht mehr z.

zurechtkommen: 1. a) ⟨mit jmdm., etw. z.⟩ *umgehen können:* mit der Schule, mit den Lehrern, mit den Kollegen gut, nicht z.; ⟨auch ohne Präpositionalobjekt⟩ kommen Sie zurecht?; ich komme finanziell ganz gut zurecht; b) ⟨ohne jmdn., etw. z.⟩ *jmdn., etw. entbehren können:* ich komme gut ohne ihn, ohne Waschmaschine zurecht. 2. (seltener) *rechtzeitig kommen:* zum Zug z.; er kam gerade noch zurecht, bevor das Spiel begann.

zurechtlegen: 1. ⟨etw. z.⟩ *bereitlegen:* seine Reiseutensilien z.; ⟨sich (Dat.) etw. z.⟩ ich legte mir die Unterlagen, mein Schreibzeug zurecht. 2. ⟨sich (Dat.) etw. z.⟩ *ausdenken:* ich habe mir den Fall folgendermaßen zurechtgelegt; sich einen Plan, eine Ausrede, eine Antwort z.

zurechtmachen (ugs.): 1. ⟨etw. z.⟩ *für den Gebrauch vorbereiten:* das Essen, den Salat z.; ⟨jmdm. etw. z.⟩ sie machte den Besuch das Bett zurecht. 2. ⟨sich z.⟩ *sich herrichten, verschönern:* sich schön, geschickt z.; sich fürs Theater, zum Tanzen z.; sie ist immer gut zurechtgemacht.

zurechtrücken ⟨etw. z.⟩: Stühle, die Mütze, seine Brille z.; ⟨jmdm. etw. z.⟩ ich rückte mir den Sessel zurecht; ÜBERTR.: du musst die Sache wieder z. (ugs.; *in Ordnung bringen).*

zurechtweisen ⟨jmdn. z.⟩: er hat ihn [streng, barsch, scharf] zurechtgewiesen; jmdn. wegen etw. z.

zureden ⟨jmdm. irgendwie z.⟩: jmdm. gut, eindringlich, lange, mit ernsten Worten z.; er redete ihm zu (ugs.:) wie einem kranken Kind, (ugs.:) wie einem lahmen Gaul; ich redete ihr zu, den Mantel zu kaufen; SUBST.: er tat es endlich auf unser Zureden [hin]; alles Zureden half nichts.

zureichen: 1. ⟨jmdm. etw. z.⟩ *hinhalten:* dem Arzt bei der Operation die Instrumente z. 2. (landsch.) *ausreichen:* bei ihm reicht das Geld nie zu; der Stoff reicht gerade [für das Kleid] zu; ADJ. PART.: ein zureichender Grund; etw. zureichend begründen.

zurichten: 1. (landsch., Fachspr.) ⟨etw. z.⟩ *aufbereiten, vorbereiten:* Leder, Pelze, Holz, Stoff z.; die Bretter für die Regale z. 2. a) ⟨jmdn. irgendwie z.⟩ *in einen üblen Zustand*

bringen: er war bei der Schlägerei arg, schlimm, schrecklich, übel zugerichtet worden; wie hat man dich denn zugerichtet?; **b)** ⟨etw. irgendwie z.⟩ *beschädigen:* die Kinder haben die Möbel, die Schuhe schon ziemlich zugerichtet.
zurück: 1. *wieder hier, am Ausgangspunkt:* ich bin um 8 Uhr, von der Reise z.; die Fahrt [von Paris] z. war etwas strapaziös; ich bin in 10 Minuten z. *(wieder da);* eine Stunde hin und eine Stunde z. *(für den Rückweg);* hin sind wir gefahren, z. *(auf dem Rückweg)* gelaufen; mit vielem Dank z. **2.** (landsch.) *vorher:* zehn Jahre z. sah die Sache noch ganz anders aus. **3.** *nach hinten:* [zwei Schritte, einen Meter] z.!; SUBST.: es gibt kein Zurück [mehr] *(keine Möglichkeit zur Umkehr).* **4.** (ugs.) *im Rückstand:* die Ernte, die Natur ist dieses Jahr noch weit z.; er ist in seinen Leistungen, mit seinem Arbeitspensum sehr z.
zurückbleiben: 1. a) ⟨meist mit Umstandsangabe⟩ *an einer Stelle bleiben:* das Gepäck muss im Hotel z.; er blieb als Einziger, als Wache zurück; ÜBERTR.: er blieb nach ihrem Tod mit 3 Kindern, als Witwer zurück; **b)** ⟨irgendwo z.⟩ *weiter hinten bleiben, gehen:* zwei Schritte, ein wenig [hinter den anderen] z.; wir blieben hinter den anderen zurück, um ungestört reden zu können; ÜBERTR.: die Stadt blieb hinter uns zurück. **2. a)** *übrig bleiben:* nach der Verbrennung bleibt Asche zurück; **b)** *als Folge von etw. bestehen bleiben:* nach, von seiner Krankheit blieb [bei ihm] ein dauernder Leberschaden zurück; vom Rotwein war ein hässlicher Flecken auf dem Kleid zurückgeblieben. **3. a)** *langsamer werden, sein als andere:* er bleibt im Wettlauf zurück; meine Uhr bleibt zurück *(geht nach);* ÜBERTR.: mit seiner Arbeit, mit seinem Arbeitspensum z.; seine Leistungen blieben hinter den Erwartungen zurück; die Einnahmen blieben hinter denen des Vorjahrs [weit] zurück; **b)** *sich nicht wie erwartet entwickeln:* das Kind ist körperlich, in der Entwicklung zurückgeblieben; er ist in der Schule sehr zurückgeblieben.
zurückblicken: 1. *nach hinten blicken:* er drehte sich noch einmal um und blickte [auf die Stadt] zurück; sie hat, ohne zurückzublicken, die Spur gewechselt. **2.** ⟨auf etw. (Akk.) z.⟩ *sich Vergangenes vor Augen führen:* auf die letzten Lebensjahre, auf die Studienzeit z.; ★ **auf etw.** (Akk.) **zurückblicken können** *(etw., was Anerkennung, Bewunderung o. Ä. verdient, hinter sich, erlebt haben):* sie kann auf ein reiches Leben, der Verein kann auf eine lange Tradition z.
zurückfahren: 1. a) *wieder zum Ausgangspunkt fahren:* noch am gleichen Tag, mit der Bahn z. **b)** ⟨jmdn., etw. z.⟩ *an den Ausgangsort zurückbringen:* ich fahre dich [mit dem Wagen] zurück; den Wagen [in die Garage] z.

2. *zurückprallen:* vor Schreck z.; er fuhr entsetzt [mit dem Kopf] zurück, als er sie sah. **3.** (Technik) ⟨etw. z.⟩ *eine technische Anlage auf geringere Leistung einstellen:* das Kraftwerk z.; die Produktion wurde zurückgefahren *(reduziert).*
zurückfallen: 1. *nach hinten fallen:* aufs Bett z.; ich ließ mich [auf den Stuhl, in den Sitz] z. **2.** *auf ein niedrigeres Leistungsniveau o. Ä. sinken:* weit, auf den Stand des Vorjahres z.; der Läufer ist [zwei Runden] zurückgefallen; durch diese Niederlage fiel die Mannschaft auf den letzten Platz zurück. **3.** ⟨in etw. (Akk.) z.⟩ *wieder verfallen:* [wieder] in den alten Fehler, in den alten Trott, in eine alte Gewohnheit, in die Bedeutungslosigkeit z. **4.** ⟨auf jmdn. z.⟩ *jmdm. als Fehler angelastet werden:* seine schlechten Manieren fallen auf seine Eltern zurück; der Vorwurf fällt auf ihn [selbst] zurück. **5.** ⟨an jmdn. z.⟩ *wieder in jmds. Besitz übergehen:* das Grundstück fällt [wieder] an uns, an den Staat zurück.
zurückfinden: 1. *den Weg zum Ausgangspunkt finden:* du kannst jetzt umkehren, ich finde schon allein [zum Bahnhof] zurück. **2.** (geh.) ⟨irgendwohin z.⟩ *zurückkehren:* er fand in die Heimat, nach Hause, zu ihr zurück; ÜBERTR.: zu sich selbst z. *(eine innere Krise überwinden).*
zurückführen: 1. a) ⟨jmdn. irgendwohin z.⟩ *wieder an den Ausgangspunkt bringen:* ich führte ihn nach Hause, auf seinen Platz zurück; ÜBERTR.: Flüchtlinge in ihre Heimat, einen Menschen in die Gemeinschaft, Arbeitslose ins Berufsleben z.; **b)** ⟨aus/von etw. z.⟩ *zum Ausgangspunkt bringen:* aus diesem Labyrinth, von dort führt kein Weg zurück. **2.** ⟨auf etw. (Akk.) z.⟩ *als Ursache haben:* der Unfall, das Unglück ist auf Fahrlässigkeit, auf einen Reifendefekt, auf menschliches Versagen zurückzuführen; die Sache ist darauf zurückzuführen, dass … **3.** ⟨auf etw. (Akk.) z.⟩ *von etw. ableiten:* etw. auf seinen Ursprung, auf seinen wahren Wert z. **4.** ⟨etw. auf etw. (Akk.) z.⟩ *auf eine bestimmte Stufe bringen:* etw. auf ein erträgliches Niveau z.; die Binnenzölle sind auf null zurückgeführt.
zurückgeben: 1. ⟨jmdm. etw. z.⟩ *dem Eigentümer wiedergeben:* er hat mir das geliehene Buch [noch nicht] zurückgegeben; der Lehrer gibt den Schülern die Hefte zurück; den Chef Parteiteibuch z. *(aus der Partei austreten);* das Geld, die gestohlenen Sachen z.; den Führerschein z. müssen; nicht benutzte Fahrkarten wieder z. *(den Kauf der Fahrkarten rückgängig machen);* etw. freiwillig z.; ÜBERTR.: einem Tier die Freiheit z.; jmdm. sein Wort, sein Versprechen z. *(jmdn. von einem Versprechen lösen);* dieser Erfolg gab ihm sein Selbstbewusstsein zurück; er hat sein Man-

Z

zurückgehen

968

dat [an die Partei], den Vorsitz in einem Gremium zurückgegeben.
2. ⟨etw. z.⟩ *auf die gleiche Art beantworten:* einen Blick, einen Gruß z.; »Das ist nicht wahr!«, gab er zurück *(antwortete er)*.
zurückgehen: 1. a) *wieder zum Ausgangspunkt gehen:* ich habe etwas vergessen, ich muss noch einmal z.; der Schüler ging auf seinen Platz zurück; der Hebel geht automatisch in seine Ausgangslage z.; nach Deutschland, in seine alte Heimat z. *(sich wieder dort ansiedeln);* unser Bus geht um 11 Uhr z.; ÜBERTR.: der Fahrer ging auf 80 zurück *(verlangsamte das Tempo auf 80 km/h);* auf den Ursprung, bis in die Frühzeit z.; man muss schon weit in die Geschichte z., um Ähnliches zu finden; **b)** ⟨etw. z.⟩ *als Rückweg nehmen:* wir gingen denselben Weg zurück; **c)** ⟨etw. z.⟩ *nach hinten gehen:* geh bitte ein Stück, zwei Schritte z.; **d)** ⟨[an jmdn., etw.] z.⟩ *zurückgeschickt werden:* der Brief geht als unzustellbar an den Absender, die Unterlagen gehen an den Bewerber zurück; die beschädigten Bücher an den Verlag z. lassen; er hat im Restaurant die Suppe z. lassen *(sie nicht gegessen).*
2. *abnehmen; geringer, kleiner werden:* die Flut, das Hochwasser, das Fieber geht zurück; die Besucherzahlen, die Fischbestände gehen zurück; die Einnahmen, die Preise, die Kurse gingen immer mehr zurück; die Schwellung ist zurückgegangen; der Umsatz, die Produktion ist stark, spürbar, deutlich zurückgegangen.
3. ⟨auf jmdn., etw. z.⟩ *seinen Ursprung bei jmdm., in etw. haben:* die Sache geht auf seine Initiative zurück; die Verordnung geht noch auf Napoleon zurück.
zurückhalten: 1. ⟨jmdn., etw. z.⟩ *festhalten:* er konnte das Kind gerade noch am Arm z.; Kriegsgefangene widerrechtlich z.; wer gehen will, den soll man nicht z.; die Polizei versuchte die Demonstranten, die Ordner versuchten die Menge zurückzuhalten *(aufzuhalten);* Nachrichten z. *(nicht weitergeben);* die Sendung, das Auto wird vom Zoll zurückgehalten *(nicht herausgegeben).*
2. ⟨jmdn. von etw. z.⟩ *abhalten:* jmdn. von einem überlegten Schritt z.; er war durch nichts davon zurückzuhalten.
3. a) ⟨etw./mit etw. z.⟩ *nicht äußern, merken lassen:* er hielt sein Urteil/mit seinem Urteil, seine Vorwürfe/mit seinen Vorwürfen, seine Gefühle/mit seinen Gefühlen, seine Meinung/mit seiner Meinung nicht länger zurück; **b)** ⟨mit etw. z.⟩ *zögern:* sie hält mit dem Verkauf der Aktien noch zurück.
4. ⟨sich z.⟩ **a)** *im Hintergrund bleiben:* er hielt sich in der Diskussion zurück; sich mit Rückschlägen z.; **b)** *sich beherrschen:* sich beim Trinken, mit dem Essen z.; ich musste mich z., um nicht ...
zurückhaltend: *reserviert:* ein zurückhaltender Mensch; eine zurückhaltende Art; er ist sehr z.; der Beifall war recht z. *(mäßig);* auf etw. z. reagie-

ren; sich z. äußern; ÜBERTR.: ein zurückhaltendes *(unaufdringliches)* Grün; eine zurückhaltende *(schwache)* Nachfrage; er war mit Lob immer sehr z. *(lobte selten).*
Zurückhaltung, die: auf dem Aktienmarkt herrschte noch große Z.; du musst dir mehr, äußerste Z. auferlegen; die Kritik nahm das neue Stück mit größter Z. auf.
zurückkehren: 1. *zurückkommen:* [reumütig] nach Hause z.; aus dem Urlaub, aus dem Exil, von einem Spaziergang, von einer Reise z.; der Zeiger kehrt in die Nullstellung z.; er ist aus dem Krieg nicht mehr zurückgekehrt *(im Krieg gefallen);* ÜBERTR.: zum Thema, zum Ausgangspunkt der Diskussion z.; zum gewohnten Leben, zum Glauben z.; er ist zu seiner Frau zurückgekehrt.
2. *sich wieder einstellen:* langsam, allmählich kehrte die Erinnerung, sein Bewusstsein zurück.
zurückkommen: 1. *wieder zum Ausgangspunkt kommen:* unverrichteter Dinge, mit leeren Händen z.; wann wirst du von der Reise, aus dem Urlaub z.?; und wie soll ich dann [von da] ohne Auto z.?; der Brief ist als unzustellbar zurückgekommen; nach einer Weile kamen die Zahnschmerzen zurück *(stellten sich wieder ein).*
2. ⟨auf jmdn., etw. z.⟩ *Bezug nehmen:* er kam in seiner Rede immer wieder auf diesen Gedanken zurück; ich werde eventuell auf sie, auf ihr Angebot, auf ihre Bewerbung z.
zurücklassen: 1. ⟨jmdn., etw. z.⟩ *an einem Ort lassen und sich entfernen:* das Gepäck im Hotel z.; ich lasse dir/für dich eine Nachricht zurück *(hinterlasse eine Nachricht);* sie mussten ihre ganze Habe z.; ÜBERTR.: eine Spur z.; der Verstorbene ließ drei Kinder zurück; die Wunde ließ keine Narbe zurück.
2. ⟨jmdn. z.⟩ *zurückkehren lassen:* sie wollten ihn nicht [nach Hause] z.
zurücklegen: 1. a) ⟨etw. z.⟩ *wieder an den alten Platz legen:* das Werkzeug [an seinen Platz, in die Schublade] z.; **b)** ⟨etw. z.⟩ *zurückbeugen:* er legte den Kopf zurück; **c)** ⟨sich [in etw. (Dat.)] z.⟩ *sich nach hinten legen; hinlegen:* ich legte mich im Bett, im Lehnstuhl zurück.
2. a) ⟨[jmdm.] etw. z.⟩ *reservieren:* eine Eintrittskarte z.; würden Sie mir dieses Buch bis morgen z.?; **b)** ⟨etw. z.⟩ *sparen:* Geld für eine Reise, eine schöne Summe z.
3. ⟨etw. z.⟩ *eine Strecke hinter sich bringen:* den Schulweg, den Heimweg [rasch, zu Fuß, mit dem Auto] z.; wir legten auf unserer Wanderung täglich 15 km zurück.
zurücknehmen: 1. ⟨etw. z.⟩ *wieder an sich nehmen:* der Händler hat das defekte Gerät anstandslos zurückgenommen; Ware aus dem Schlussverkauf wird nicht zurückgenommen *(kann vom Käufer nicht zurückgegeben werden).*
2. ⟨jmdn., etw. z.⟩ *nach hinten verlegen:* Truppen [aus vorgeschobener Stellung] z.; der Trainer

nahm den Spieler zurück *(beorderte ihn in die Hintermannschaft).*
3. ⟨etw. z.⟩ **a)** *rückgängig machen:* sein Versprechen, ein Verbot, eine Entscheidung z.; eine Klage z. *(zurückziehen);* **b)** *widerrufen:* er wollte von dem, was er gesagt hatte, kein Wort z.; Ⓡ (scherzh.:) ich nehme alles zurück [und behaupte das Gegenteil].
4. ⟨etw. z.⟩ *reduzieren:* das Gas, die Lautstärke [etwas] z.
5. *Zurückhaltung üben:* sich bewusst z.; er wirkte sehr zurückgenommen *(zurückhaltend).*
zurückprallen: 1. *zurückspringen:* der Ball prallt [von der Bande] zurück.
2. *zurückschrecken:* ich prallte [vor Schreck] zurück.
zurückrufen: 1. a) ⟨jmdn. z.⟩ *durch Rufen zum Umkehren veranlassen:* jmdn. noch einmal [zu sich, ins Zimmer] z.; ÜBERTR.: jmdn. ins Leben z. *(wieder beleben);* ein fehlerhaftes Produkt z. *(aus dem Handel nehmen);* **b)** ⟨jmdn. z.⟩ *zurückbeordern:* den Botschafter [nach Bonn] z.; er wurde aus dem Urlaub zurückgerufen; **c)** ⟨etw. z.⟩ *im Weggehen rufen:* er hat noch zurückgerufen, dass er auf mich warten würde; **d)** *einen Anrufer seinerseits anrufen:* ich rufe gleich zurück; (Bürow. Jargon:) ⟨auch mit Akk.⟩ ich rufe Sie zurück.
2. ⟨jmdm., sich etw. in etw. (Akk.) z.⟩ *in Erinnerung rufen:* sich die Vergangenheit, die Ereignisse in die Erinnerung z.; ich konnte mir das Erlebnis nicht mehr ins Gedächtnis, ins Bewusstsein z.
zurückschaudern: bei diesem Anblick, vor dieser furchtbaren Tat schauderte er zurück; ÜBERTR.: vor einem Gedanken z.
zurückschlagen: 1. a) ⟨etw. [irgendwohin] z.⟩ *wieder an den Ausgangspunkt schlagen, werfen:* den Ball ins Spielfeld, zum Torwart z.; **b)** ⟨jmdn., etw. z.⟩ *abwehren:* den Feind, den Angriff z.
2. *Schläge zurückgeben:* als sie ihn verprügeln wollten, hat er kräftig zurückgeschlagen; ÜBERTR.: er schlägt sofort zurück.
3. ⟨etw. z.⟩ *nach hinten, zur Seite bewegen:* den Mantel, den Kragen, die Bettdecke, das Verdeck z.
4. *sich mit kräftigem Schwung in die Gegenrichtung bewegen:* das Pendel schlägt zurück; der Rauch schlägt ins Zimmer zurück.
5. ⟨auf jmdn., etw. z.⟩ *sich nachteilig auswirken:* das schlägt auf uns, auf unser Verhältnis, auf die ganze Firma zurück.
zurückschrecken: 1. *vor Schreck zurückfahren:* er schreckt/schrak zurück, ist [vor ihm] zurückgeschreckt, als er sein entstelltes Gesicht sah.
2. ⟨vor etw. z.⟩ *nicht den Mut zu etw. haben:* vor einem Verbrechen [nicht] z.; er schreckt, schreckte vor nichts zurück; er ist vor Gewaltmaßnahmen nicht zurückgeschreckt.
3. (seltener) ⟨jmdn. z.⟩ *jmdn. abhalten:* seine Drohung hat mich nicht zurückgeschreckt.
zurücksetzen: 1. a) ⟨jmdn., sich z.⟩ *weiter hinten*

Platz nehmen [lassen]: ich setze mich, setze dich etwas weiter, einige Reihen zurück; **b)** ⟨etw. z.⟩ *nach hinten versetzen:* den Grenzstein, die Hecke z.; **c)** ⟨etw. z.⟩ *wieder an den früheren Platz bringen:* einen Fisch ins Wasser z.; **d)** ⟨sich z.⟩ *sich wieder an seinen Platz setzen:* setz dich wieder auf die Bank zurück.
2. (landsch.) ⟨etw. z.⟩ *herabsetzen:* die Preise z.; zurückgesetzte Waren.
3. ⟨jmdn. z.⟩ *benachteiligen, kränken:* ich kann ihn nicht vor dir/dir gegenüber so z.; sie fühlt sich [in unseren Augen] zurückgesetzt.
4. a) ⟨etw. z.⟩ *ein Fahrzeug rückwärts bewegen:* du musst den Wagen z.; **b)** *rückwärts fahren:* der LKW, der Fahrer setzte [fünf Meter, mit seinem Wagen] zurück.
zurückstecken: 1. ⟨etw. z.⟩ **a)** *wieder an den alten Platz stecken:* den Kugelschreiber, die Brille [ins Etui] z.; **b)** *nach hinten versetzen:* einen Pfosten, die Stange ein wenig z.
2. (ugs.) *in seinen Forderungen bescheidener werden:* bei den Verhandlungen mussten beide Seiten z.
zurückstehen: 1. *weiter hinten stehen:* die Häuser stehen etwas zurück.
2. ⟨hinter jmdm., etw. z.⟩ *an Wert und Leistung geringer sein:* er steht [in seinen Leistungen] nicht weit hinter den Konkurrenten zurück; die Qualität steht weit hinter der der Konkurrenz zurück; ⟨auch ohne Präpositionalobjekt⟩ ich wollte da nicht z.
3. *anderen den Vortritt lassen:* wir werden wohl z. müssen; er will nicht hinter einem jüngeren Kollegen z.; ÜBERTR.: ein Problem, hinter dem alle anderen z. müssen.
zurückstellen: 1. a) ⟨etw. [irgendwohin] z.⟩ *an den ursprünglichen Platz stellen:* die Stühle an ihren Platz z.; die Bücher ins Regal z.; **b)** ⟨etw. z.⟩ *nach hinten stellen:* du kannst den Schrank noch ein wenig, ein paar Zentimeter z.; **c)** ⟨etw. z.⟩ *reservieren:* Waren [einem Kunden/für einen Kunden] z.; sich etwas z. lassen; **d)** ⟨etw. z.⟩ *niedriger einstellen:* die Heizung z.; mit der Winterzeit die Uhr eine Stunde z.
2. ⟨etw. z.⟩ *aufschieben; vorerst nicht geltend machen:* seine Bedenken, alle Sonderwünsche z.; der Neubau der Schule wird wegen der angespannten Finanzlage zurückgestellt; die Beschäftigten haben ihre Forderungen zurückgestellt.
3. ⟨jmdn. [von etw.] z.⟩ *vorläufig von etw. befreien:* einen schwachen Schüler z.; er wurde wegen des Herzfehlers vom Wehrdienst zurückgestellt.
zurücktreten: 1. ⟨[von etw.] z.⟩ *nach hinten treten:* zwei Schritte z.; von der Bahnsteigkante z.!
2. ⟨[von etw.] z.⟩ *sein Amt niederlegen:* die Regierung ist zurückgetreten; der Präsident trat von seinem Amt, von seinem Posten als Vorsitzender zurück.

3. ⟨von etw. z.⟩ **a)** *etw. rückgängig machen:* von einem Kauf z.; von dem Vertrag innerhalb einer Woche z. können; **b)** *auf etw. verzichten:* er ist von seiner Forderung, von seinem Recht, von seinem Anspruch zurückgetreten.

4. *geringer, unbedeutender werden:* sein Einfluss tritt immer mehr zurück; der Vorfall tritt hinter/ gegenüber anderem zurück.

zurückweichen: vor etw. langsam, instinktiv, erschrocken, ängstlich, unwillkürlich z.; die Menge wich ehrfürchtig zurück; unter dem Druck, vor der Übermacht wich der Feind zurück; ÜBERTR.: die Vegetation weicht immer mehr [nach Norden] zurück.

zurückweisen: 1. ⟨jmdn. z.⟩ *wieder an den früheren Platz verweisen:* jmdn. an seinen Platz z.; mehrere Reisende wurden an der Grenze zurückgewiesen *(durften nicht einreisen).*
2. ⟨jmdn. z.⟩ *nicht einlassen:* einen Besucher z.
3. ⟨jmdn., etw. z.⟩ *entschieden ablehnen:* etw. empört, entrüstet, mit Nachdruck, entschieden z.; ein Geschenk, einen Einspruch, eine Beschwerde, einen Vorwurf, ein Ansinnen, jede Einmischung z.; die Klage wurde vom Gericht zurückgewiesen; eine Bewerberin z.

zurückwerfen: 1. a) ⟨jmdn., etw. [irgendwohin] z.⟩ *wieder an den Ausgangspunkt werfen:* den Ball ins Spielfeld z.; die Brandung warf den Schwimmer zurück; **b)** ⟨etw. z.⟩ *ruckartig nach hinten bewegen:* die Haare, den Kopf z.; **c)** ⟨sich z.⟩ *sich schnell nach hinten legen, setzen:* er warf sich in den Sessel, auf das Bett zurück.
2. ⟨etw. z.⟩ *reflektieren:* der Spiegel wirft die Lichtstrahlen, die Wand den Schall zurück.
3. ⟨jmdn., etw. z.⟩ *abwehren:* den Feind, das Heer z.
4. ⟨jmdn., etw. z.⟩ *in Rückstand bringen:* eine Reifenpanne warf den Europameister auf den fünften Platz zurück; das Projekt wurde dadurch um, auf Jahre zurückgeworfen; die Krankheit hat ihn beruflich, in der Schule weit zurückgeworfen.

zurückzahlen: 1. ⟨etw. z.⟩ *erhaltenes Geld zurückgeben:* Schulden, einen Betrag [mit Zinsen], ein Darlehen [an die Bank] z.; ⟨jmdm. etw. z.⟩ hast du ihm das geliehene Geld endlich zurückgezahlt?
2. (ugs.) ⟨jmdm. etw. z.⟩ *heimzahlen:* ich werde ihm das z.!

zurückziehen: 1. *wieder zum Ausgangspunkt ziehen:* **a)** ⟨jmdn., etw. [irgendwohin] z.⟩ den Karren in den Schuppen z.; sie zog mich aufs Sofa zurück; **b)** ⟨etw. z.⟩ *nach hinten, zur Seite ziehen:* den Vorhang, den Riegel z.; sie zog ihre Hand zurück.
2. ⟨jmdn. irgendwohin/zu jmdn. z.⟩ *für jmdn. ein Grund sein zurückzukehren:* das Klima zieht ihn immer wieder nach Italien zurück; ⟨es zieht jmdn. zu jmdm/irgendwohin zurück⟩ es zieht ihn zu ihr, dorthin zurück.
3. ⟨jmdn., etw. [aus etw.] z.⟩ *zurückbeordern:* die Truppen, die Soldaten z.; der Einsatzleiter zog

die Wasserwerfer zurück; einen Botschafter aus einem Land z.; der vorgeschobene Posten wurde zurückgezogen; der Hersteller hat das Medikament wieder zurückgezogen *(aus dem Handel gezogen).*
4. ⟨etw. z.⟩ *von etw. absehen:* eine Klage, eine Anzeige, eine Bewerbung, sein Angebot, seine Zusage, einen Antrag, seine Kandidatur z.; Geld z. *(geliehenes Geld kündigen).*
5. ⟨sich [irgendwohin] z.⟩ **a)** *sich begeben:* er zog sich [für kurze Zeit] in sein Zimmer zurück; das Gericht zieht sich zur Beratung zurück; (scherzh.:) ich ziehe mich in meine Gemächer zurück; sich von seinen Freunden, von seinen Eltern z. *(den Verkehr mit ihnen abbrechen);* ÜBERTR.: sich ins Privatleben, in die Einsamkeit z.; ADJ. PART.: wir führen ein zurückgezogenes Leben, leben sehr zurückgezogen; **b)** *zurückweichen:* der Gegner zog sich auf eigenes Territorium, in die Berge zurück. ÜBERTR.: du kannst dich nicht auf den Standpunkt z., dass ...; **c)** *eine Tätigkeit, Stellung aufgeben:* sich von den Geschäften, von der Lehrtätigkeit, aus der Politik, aus dem Showgeschäft z.
6. *wieder an den früheren Wohn-, Herkunftsort ziehen:* er will wieder nach München z.; die Zugvögel ziehen schon zurück.

Zuruf, der: anfeuernde, aufmunternde, höhnische Zurufe; die Wahl des Vorstandes erfolgte durch Z. *(Akklamation).*

zurufen ⟨jmdm. etw. z.⟩: jmdm. einen Befehl, eine Warnung, etwas auf Französisch z.; ich rief ihm zu, er solle warten.

zurzeit: *im Augenblick; gegenwärtig:* z. haben wir Ferien; er ist z. außer Haus; Abk.: zz., zzt.

zusagen: 1. a) ⟨jmdm., etw. etw. z.⟩ *versprechen:* er hat mir schnelle Hilfe, diese Lieferung zugesagt; einem Staat Kredite z.; **b)** ⟨etw. z.⟩ *eine Einladung annehmen:* er hat sein Kommen, seine Teilnahme fest zugesagt; sie hat zugesagt zu kommen; ⟨jmdm. etw. z.⟩ er sagte mir seinen Besuch zu; ⟨auch ohne Akk. und ohne Dat.⟩ er wird z.
2. ⟨jmdm. z.⟩ *jmds. Vorstellungen entsprechen:* diese Wohnung, diese Arbeit, dieses Buch, dieser Wein sagt mir [nicht, mehr] zu; die letzte Bewerberin hat mir am meisten zugesagt.

zusammen: 1. *gemeinsam, miteinander:* wir spielen, musizieren, verreisen z.; die beiden haben z., er hat z. mit ihm ein Buch geschrieben; wir werden den ganzen Tag z. sein; vier Jahre lang war sie mit ihm z. *(hat sie mit ihm eine Beziehung geführt).*
2. *insgesamt:* die beiden besitzen z. ein Vermögen von fünfzigtausend Mark; er weiß mehr als die anderen z.; alles z. kostet 100 Mark.

Zusammenarbeit, die: wirtschaftliche, internationale, weltweite Z.; das Buch ist in Z. mit verschiedenen Fachleuten entstanden; die Z. mit dem Betriebsrat, von Bund und Ländern, zwischen den beiden Staaten.

Z

zusammenballen: 1. ⟨etw. z.⟩ *zu einem Klumpen o. Ä. ballen:* Schnee, Papier, die Fäuste z. **2.** ⟨sich irgendwo/zu etw. z.⟩ *sich ballen:* die Gewitterwolken ballen sich zusammen; auf dem Platz ballten sich die Menschenmassen zusammen; sie ballten sich zu großen Gruppen zusammen.

zusammenbeißen ⟨etw. z.⟩: die Zähne [vor Schmerz, trotzig] z.

zusammenbrauen: 1. (ugs.) ⟨etw. z.⟩ *brauen, mischen:* ein Getränk z.; was hast du da für ein scheußliches Zeug zusammengebraut? **2.** *im Entstehen sein:* ein Gewitter, ein Unwetter braut sich zusammen; es scheint sich etwas zusammenzubrauen.

zusammenbrechen: 1. *einstürzen:* das Gerüst, die Brücke ist zusammengebrochen; ÜBERTR.: das Lügengebäude brach zusammen; das ganze Unglück brach über ihr zusammen. **2.** *hinfallen, ohnmächtig werden:* vor Erschöpfung, ohnmächtig, tödlich getroffen z.; ÜBERTR.: der Vater ist bei der Todesnachricht zusammengebrochen *(war völlig gebrochen);* unter der Last der Beweise brach er zusammen. **3.** *zum Erliegen kommen:* der Angriff ist zusammengebrochen; die Firma ist zusammengebrochen *(hat Bankrott gemacht);* der Verkehr in der Innenstadt, der Immobilienmarkt, das Telefonnetz, der Terminplan brach zusammen; jmds. Kreislauf, jmds. Widerstandskraft bricht zusammen; für ihn brach eine Welt zusammen *(er sah sich getäuscht).*

zusammenbringen: 1. a) ⟨etw. z.⟩ *anhäufen:* er hat ein Vermögen damit zusammengebracht; wie viel habt ihr bei der Sammlung zusammengebracht?; **b)** (ugs.) ⟨etw. z.⟩ *zustande bringen:* er brachte keine drei Sätze/Worte zusammen *(konnte vor Erregung nichts sagen);* sie brachte das Gedicht nicht mehr zusammen *(konnte es nicht mehr aufsagen).* **2. a)** ⟨jmdn. mit jmdm. z.⟩ *jmds. Bekanntschaft herbeiführen:* ich brachte ihn mit einem Kollegen zusammen; ⟨auch ohne Präpositionalobjekt⟩ er hat die beiden [in seiner Wohnung] zusammengebracht; **b)** ⟨etw. mit etw. z.⟩ *in Verbindung bringen:* er brachte ihr Verhalten nicht mehr mit seiner weit zurückliegenden Kränkung zusammen; ⟨auch ohne Präpositionalobjekt⟩ zwei verschiedene Dinge z.

Zusammenbruch, der: a) *Ruin:* der wirtschaftliche, politische, geschäftliche Z.; der Z. der Bank, des Betriebs war nicht aufzuhalten; **b)** *Nervenzusammenbruch:* einen Z. erleiden; die vielen Aufregungen führten zum Z.

zusammenfahren: 1. a) ⟨mit jmdm., etw. z.⟩ *zusammenstoßen:* er ist mit dem Lastwagen zusammengefahren; ⟨auch ohne Präpositionalobjekt⟩ zwei Züge sind zusammengefahren. **b)** ⟨jmdn., etw. z.⟩ *kaputtfahren:* den Wagen des Freundes z.

2. *zusammenzucken:* bei dem Knall fuhr er [heftig] zusammen.

zusammenfallen: 1. a) *einstürzen:* das Gebäude fiel zusammen; die Dekoration ist wie ein Kartenhaus zusammengefallen; ÜBERTR.: damit fällt seine Beweisführung in sich zusammen; **b)** *zusammensinken:* der Ballon, der Teig ist zusammengefallen. **2.** *körperlich schwächer werden:* er ist [durch seine Krankheit] sehr zusammengefallen. **3.** ⟨mit etw. z.⟩ *gleichzeitig stattfinden:* sein Geburtstag fällt dieses Jahr mit Ostern zusammen; die Blütezeit der Dichtung fiel mit der Zeit der größten politischen Machtentfaltung zusammen; ⟨auch ohne Präpositionalobjekt⟩ die beiden Veranstaltungen/Termine fallen zeitlich zusammen; in eins z. *(identisch sein).*

zusammenfassen: 1. ⟨jmdn., etw. z.⟩ *vereinigen:* die Teilnehmer in/zu Gruppen von 10 Personen z.; verschiedene Dinge unter einen Oberbegriff z.; die Sportverbände wurden in einem Dachverband z. **2.** ⟨etw. z.⟩ *als Resümee formulieren:* die Ergebnisse einer Untersuchung, den Lehrstoff [in Regeln] z.; er fasste seine Eindrücke in einem Bericht, in Stichworten, in einem/(auch:) in einen Satz zusammen; zusammenfassend stellte sie fest/lässt sich feststellen, dass ...

zusammenfügen: a) ⟨etw. [zu etw.] z.⟩ *zusammensetzen:* ein Mosaik z.; Werkstücke, Teile, Scherben z.; **b)** ⟨sich z.⟩ *sich zu einem Ganzen verbinden:* die Teile fügen sich schön, nahtlos zusammen.

Zusammenhalt, der: a) *feste Verbindung:* der Z. der einzelnen Teile, des Gewebes; **b)** *innere Verbundenheit:* der enge, feste Z. der Gruppe, der Familie; der Z. im Gemeinschaft lockert sich, geht verloren; die Mannschaft hat keinen Z.

zusammenhalten: 1. a) *aneinander haften:* die geleimten Bretter halten gut zusammen; **b)** ⟨etw. z.⟩ *in einer festen Verbindung halten:* eine Schnur hält das Bündel zusammen; ÜBERTR.: die Gruppe wird von gemeinsamen Interessen zusammengehalten. **2.** ⟨etw. z.⟩ *vergleichend nebeneinander halten:* zwei Gegenstände z., um sie zu vergleichen. **3.** ⟨jmdn., etw. z.⟩ *geschlossen in einer Gruppe halten:* die Schafherde z.; der Lehrer konnte die Klasse, die Schüler kaum z.; ÜBERTR.: seine Gedanken, sein Vermögen, sein Geld z. **4.** *einander beistehen:* die beiden Freunde haben immer [eng, treu, wie Pech und Schwefel] zusammengehalten; wir müssen in diesen schweren Zeiten fest z.

Zusammenhang, der: die inneren, historischen, wirtschaftlichen Zusammenhänge; die Zusammenhänge durchschauen; einen Z. herstellen; die Geschichte hat wenig Z.; es besteht kein [ursächlicher, direkter], nur ein loser Z. zwischen diesen Vorfällen. Ich finde, es gibt keinen Z. zwischen ...;

Z

einen Satz, ein Zitat aus dem Z. *(aus dem dazugehörigen Text)* reißen, herauslösen; sie wurde in/im Z. mit diesem Vorfall genannt; Ereignisse [miteinander] in Z. bringen; sein Tod steht in keinem Z. mit dem Unfall.

zusammenhängen ⟨mit etw. z.⟩: a) *fest verbunden sein:* die Insel hing früher mit dem Festland zusammen; ⟨auch ohne Präpositionalobjekt⟩ die beiden Teile hängen nur lose zusammen; ÜBERTR.: die beiden hängen zusammen wie die Kletten *(sind unzertrennlich);* etw. zusammenhängend *(im Zusammenhang)* darstellen, erzählen; b) *in Beziehung stehen:* seine Gelenkschmerzen hängen mit einer Erkältung zusammen; dass er so spät kam, hing mit dem schlechten Wetter zusammen; alles, was damit zusammenhängt; sein Schicksal hing eng, aufs Engste damit zusammen; alle mit der Angelegenheit zusammenhängenden Fragen.

zusammenklappen: 1. ⟨etw. z.⟩ a) *zusammenlegen:* einen Campingtisch, ein Taschenmesser, einen Fächer z.; b) *aneinander schlagen:* die Hacken z. 2. (ugs.) *einen Schwächeanfall erleiden:* vor Erschöpfung, nach der Anstrengung z.; er klappte zusammen wie ein Taschenmesser.

zusammenkommen: 1. a) ⟨mit jmdm. z.⟩ *sich treffen:* ich bin gestern mit ihm zusammengekommen; ⟨auch ohne Präpositionalobjekt⟩ die Mitglieder kamen [im Klub] zusammen; er ist mit vielen Leuten zusammengekommen; ÜBERTR.: zwei Menschen, die nicht z. können; b) *sich versammeln:* zu einer Kundgebung z.; wir sind hier zusammengekommen, um ... 2. a) *sich ansammeln:* bei der Sammlung ist viel Geld, einiges [an Spenden, an Geschenken] zusammengekommen; b) *sich gleichzeitig ereignen:* heute ist aber auch alles zusammengekommen; verschiedene Ursachen kamen zusammen.

zusammenlaufen: 1. a) *von verschiedenen Seiten herbeilaufen:* die Menschen liefen [neugierig, auf dem Platz] zusammen; b) *zusammenfließen:* das Wasser läuft in der Mulde zusammen; ÜBERTR.: bei ihm laufen alle Daten über gestohlene Autos zusammen. 2. ⟨irgendwo z.⟩ *sich treffen, vereinigen:* an diesem Punkt laufen die Linien zusammen. 3. (ugs.) *ineinander übergehen:* die Farben laufen zusammen. 4. (ugs.) *einlaufen:* der Stoff ist beim Waschen zusammengelaufen.

zusammenlegen: 1. ⟨etw. z.⟩ *falten:* die Zeitung, das Tischtuch, die Wäsche, die Zeitung z.; ihr müsst die Kleider ordentlich z. 2. ⟨etw. z.⟩ *zusammentragen und an eine bestimmte Stelle legen:* die Spielsachen, die Reiseutensilien z. 3. *gemeinsam Geld geben:* wir haben z. müssen; wir legten für ein Geschenk zusammen; ⟨auch mit Akk.⟩ sie legten Geld zusammen.

4. ⟨etw. z.⟩ *zusammenfassen:* zwei Abteilungen, Schulklassen, Veranstaltungen z. 5. ⟨jmdn. z.⟩ *in einem Raum unterbringen:* Kranke z.

zusammennehmen: 1. ⟨etw. z.⟩ *anstrengen:* all seine Kräfte, seinen ganzen Mut/Verstand z. 2. ⟨sich z.⟩ *sich beherrschen:* er hat sich heute sehr zusammengenommen; nimm dich gefälligst zusammen! 3. ⟨etw. z.⟩ *zusammenfassen:* wenn wir alle Ergebnisse zusammennehmen, dann ...; alles zusammengenommen *(alles in allem)* hat die Arbeit drei Monate, über ein Jahr gedauert.

zusammenreißen (ugs.): 1. ⟨sich z.⟩ *sich zusammennehmen:* reiß dich zusammen!; er riss sich zusammen. 2. (Soldatenspr.) ⟨etw. z.⟩ *energisch zusammenschlagen:* reißen Sie die Knochen zusammen! *(stehen Sie stramm!).*

zusammensacken (ugs.): er sackte langsam auf dem Sitz, über dem Steuer, unter der Last zusammen; das Gebäude war in sich zusammengesackt.

zusammenschlagen: 1. ⟨etw. z.⟩ *kräftig gegeneinander schlagen:* die Absätze, die Hacken z.; der Musiker schlägt die Becken zusammen. 2. (ugs.) a) ⟨jmdn. z.⟩ *zu Boden schlagen:* er wurde von drei Männern zusammengeschlagen und beraubt; b) ⟨etw. z.⟩ *zertrümmern:* in seiner Wut schlug er die Möbel zusammen. 3. ⟨etw. z.⟩ *falten:* die Zeitung, die Fahne z. 4. ⟨über jmdm., etw. z.⟩ *hinweggehen:* die Wellen schlugen über dem Schwimmer, über den sinkenden Schiff zusammen.

zusammenschließen: 1. ⟨etw. z.⟩ *aneinander ketten:* die Fahrräder z.; die Gefangenen waren mit Handschellen zusammengeschlossen. 2. ⟨sich mit jmdm. z.⟩ *sich vereinigen:* wir schließen uns mit euch [in einem Verein, zu einer Mannschaft] zusammen; ⟨auch ohne Präpositionalobjekt⟩ sich im Kampf für, gegen etw. z.; die beiden Firmen haben sich zusammengeschlossen.

zusammenschmelzen: Metalle zu einer Legierung z.; der Schnee ist an der Sonne zusammengeschmolzen; ÜBERTR.: der Vorrat, das Geld ist bis auf einen kleinen Rest zusammengeschmolzen.

zusammensetzen: 1. ⟨etw. [zu etw.] z.⟩ a) *aneinander fügen:* die Puzzleteile z.; Steine zu einem Mosaik z.; Garben zu Hocken, zu Puppen z.; b) *durch Zusammenfügen herstellen:* eine Maschine [aus einzelnen Teilen] z. 2. ⟨sich aus jmdm., etw. z.⟩ *aus jmdm., etw. bestehen:* die Uhr setzt sich aus vielen Teilen zusammen; die Besucher setzten sich aus allen Kreisen der Bevölkerung zusammen; die Kommission setzt sich aus zwölf Mitgliedern zusammen; ein zusammengesetztes *(aus zwei oder mehr Wörtern gebildetes)* Wort. 3. ⟨sich mit jmdm. z.⟩ *sich zueinander setzen:* ich wollte mich mit ihm an einem Tisch z.; ⟨auch ohne Präpositionalobjekt⟩ in der Schule saßen sie zusammen; wir müssen uns einmal z. und ein Glas trinken; sich zu Verhandlungen z. *(treffen)*. **zusammenstecken:** **1.** ⟨etw. z.⟩ *zusammenfügen:* den Stoff [mit Nadeln] z.; ÜBERTR.: sie steckten die Köpfe zusammen *(tuschelten)*. **2.** (ugs.) ⟨mit jmdm. z.⟩ *häufig zusammen sein:* er steckt oft mit meinem Bruder zusammen; ⟨auch ohne Präpositionalobjekt⟩ die beiden stecken immer zusammen. **zusammenstellen:** **1.** ⟨jmdn., sich, etw. z.⟩ *nebeneinander, an den gleichen Platz stellen:* Stühle, Tische, die Betten z.; stellt euch näher zusammen! **2.** ⟨etw. z.⟩ *aus mehreren Teilen gestalten:* ein Programm, eine Sendung, eine Übersicht, die Speisekarte, ein Menü, eine Liste, eine Bilanz z.; der Trainer stellt die Mannschaft zusammen; die Delegation ist noch nicht zusammengestellt worden. **zusammenstoßen:** **1.** ⟨mit jmdm., etw. z.⟩ *zusammenprallen:* mit den Köpfen z.; auf der Treppe wäre ich fast mit ihr zusammengestoßen; die Straßenbahn ist mit dem Bus zusammengestoßen; ⟨auch ohne Präpositionalobjekt⟩ zwei Autos sind zusammengestoßen; ÜBERTR.: ich bin heute mit ihm heftig zusammengestoßen *(habe eine Auseinandersetzung mit ihm gehabt)*. **2.** *aneinander grenzen:* die beiden Grundstücke stoßen zusammen. **zusammentragen** ⟨etw. z.⟩: Holz für ein Feuer, Vorräte für den Winter z.; ÜBERTR.: Material [für eine Dokumentation], die Fakten [zu einem Vortrag] z.; die zusammengetragenen Daten müssen jetzt ausgewertet werden. **zusammentreffen:** **1.** ⟨mit jmdm. z.⟩ *jmdn. treffen:* ich traf im Theater mit alten Bekannten zusammen; ⟨auch ohne Präpositionalobjekt⟩ wir trafen im Winter in Kitzbühel zusammen. **2.** *gleichzeitig vorkommen, geschehen:* günstige Umstände trafen zusammen; SUBST.: es war ein unglückliches Zusammentreffen verschiedener Umstände. **zusammenziehen:** **1.** a) ⟨etw. [mit etw.] z.⟩ *[durch Ziehen] enger machen:* eine Schlinge z.; ein Loch im Strumpf mit einem Faden z.; ⟨auch ohne Präpositionalobjekt⟩ die Augenbrauen nachdenklich z.; die Säure zieht den Mund zusammen; **b)** ⟨sich z.⟩ *enger, kleiner werden:* die Wunde hat sich zusammengezogen; bei Kälte ziehen sich die Körper zusammen. **2.** ⟨jmdn., etw. z.⟩ *konzentrieren:* Truppen, Polizei z.; die Referendare wurden an einem Ort zusammengezogen. **3.** ⟨etw. z.⟩ *addieren:* Zahlen, die einzelnen Posten z. **4.** ⟨sich z.⟩ *zusammenbrauen:* ein Gewitter zog sich [über den Bergen] zusammen; ÜBERTR.: ein Unheil zieht sich [über mir] zusammen. **5.** ⟨mit jmdm. z.⟩ *gemeinsam eine Wohnung be-*

ziehen: sie ist mit ihrem Freund zusammengezogen; ⟨auch ohne Präpositionalobjekt⟩ die beiden sind zusammengezogen. **zusätzlich:** zusätzliche Informationen, Kosten, Belastungen; er zahlte ihm z. eine Prämie; ich möchte dich nicht z. belasten. **zuschanden, zu Schanden:** ⟨gewöhnlich in den Verbindungen⟩ etw. **zuschanden, zu Schanden machen** (geh.; *vereiteln, zerstören, vernichten*): jmds. Hoffnung, jmds. Erwartung z. machen · **zuschanden, zu Schanden werden** (geh.; *vereitelt werden*): alle seine Pläne wurden z. · **jmdn., ein Tier, etw. zuschanden, zu Schanden fahren, reiten, schlagen** usw. (geh.; *schlagen, fahren, reiten usw., bis jmd., ein Tier, etw. zugrunde gerichtet, völlig entkräftet ist*). **zuschieben:** **1.** ⟨etw. z.⟩ *durch Schieben schließen:* die Schublade, die Abteiltür z. **2.** ⟨jmdm. etw. z.⟩ **a)** *zu jmdm. hinschieben:* sie schob ihm das Glas zu; **b)** *etwas Unangenehmes anlasten:* jmdm. die Schuld, die Verantwortung z. **zuschießen:** **1.** (ugs.) ⟨auf jmdn., etw. z.⟩ *sich schnell und geradewegs zubewegen:* sie schoss plötzlich auf mich, auf den Ausgang zu; der Wagen schoss auf den Abgrund zu. **2.** (ugs.) ⟨etw. [zu etw.] z.⟩ *[Geld] beisteuern:* sie hat zu dem Fest, zu dem Unternehmen eine Menge Geld zugeschossen; die Regierung lehnte es ab, weitere Millionen zuzuschießen. **Zuschlag,** der: **1.** a) *Betrag, um den ein Preis erhöht wird:* die Ware wurde mit einem Z. von 110 Mark, von 10 % verkauft; **b)** *zusätzlich zu zahlende Gebühr o. Ä.:* für Nachtarbeit werden Zuschläge gezahlt; der Intercity kostet [zehn Mark] Z. **2.** (Eisenbahn) *zusätzliche Fahrkarte:* der Z. kann im Zug gelöst werden. **3.** a) *das Zusprechen:* der Z. (bei der Versteigerung) erfolgte an Herrn ..., wurde mir erteilt; bei der Auktion ein Gebot von 2 500 Mark für die Uhr den Z.; **b)** *Auftrag, der jmdm. bei einer Ausschreibung erteilt wird:* jmdm. den Z. für etw. geben, erteilen; dieser Architekt erhielt, bekam den Z. **zuschlagen:** **1.** a) ⟨etw. z.⟩ *laut und heftig schließen:* die [Wagen]tür, das Buch z.; **b)** *laut und heftig zufallen:* bei dem Wind schlug das Fenster, die Tür [mit einem Knall] zu. **2.** ⟨etw. z.⟩ *zunageln:* eine Kiste, ein Fass z. **3.** ⟨jmdm. etw. z.⟩ *zu jmdm. schlagen:* dem Partner den Ball z. **4.** a) *drauflosschlagen:* hart, rücksichtslos, erbarmungslos, mit geballter Faust, mit einem Stock z.; schlag zu!; ÜBERTR.: die Armee, die Polizei schlug zu; das Schicksal, der Tod hat zugeschlagen; **b)** *in Aktion treten:* der Mörder hat wieder zugeschlagen; die Erben haben wieder zugeschlagen und die Aufführung des Stückes verboten; **c)** (ugs.) *essen:* wir haben nachts noch mal zugeschlagen; nach der Diät wieder [richtig, voll] z. können; ÜBERTR.: die Stadt will jetzt bei den

Z

Parkgebühren kräftig z. *(will sie kräftig erhöhen);*
d) (ugs.) *ein Angebot wahrnehmen:* bei diesen
Sonderangeboten musste ich einfach z.; die
Wohnung war noch frei, und da haben wir sofort
zugeschlagen.
5. a) ⟨jmdm. etw. z.⟩ *zusprechen:* das Grundstück
wurde dem Meistbietenden zugeschlagen; das
Gemälde wurde dem Käufer mit 200 000 Mark
zugeschlagen; **b)** ⟨jmdm., etw. etw. z.⟩ *als Auftrag
erteilen:* einem Architekten, der Baufirma X den
Auftrag z.
6. ⟨etw. z.⟩ *aufschlagen:* [zu] dem/auf den Preis
noch 10 % z.
zuschneiden ⟨etw. z.⟩: **a)** *in eine bestimmte Form
schneiden:* Bretter, Latten für einen Zaun z.; den
Stoff für ein/zu einem Kostüm z.; ÜBERTR.: der
ganze Kurs ist auf die Prüfung zugeschnitten
(ausgerichtet); die Sendung ist auf den Geschmack des breiten Publikums zugeschnitten;
b) *durch Zuschneiden zum Nähen vorbereiten:* einen Rock, ein Kleid [nach einem Schnittmuster]
z.
zuschnüren ⟨etw. z.⟩: das Paket z.; ⟨jmdm., etw. z.⟩
seinem Opfer [mit einer Schnur] die Kehle z.
(jmdn. erdrosseln); ÜBERTR.: die Angst schnürte
ihr fast die Kehle zu.
zuschreiben: 1. ⟨jmdm., sich, etw. etw. z.⟩ *zuweisen:* dieses Bild wird Leonardo da Vinci zuge-
schrieben; jmdm. das Verdienst, den Erfolg, die
Schuld, den Fehlschlag z.; die Folgen hast du dir
selbst zuzuschreiben; diese Tat ist nur seiner
Dummheit zuzuschreiben; jmdm. bestimmte Eigenschaften, Fähigkeiten, Neigungen z.; der
Quelle wird eine wundertätige Wirkung zuge-
schrieben.
2. (ugs.) ⟨etw. z.⟩ *dazuschreiben:* noch einige
Worte z.
Zuschrift, die: anonyme, ablehnende, empörte, begeisterte Zuschriften; die meisten Zuschriften
aus dem Leserkreis waren positiv; wir haben unzählige Zuschriften [auf das Inserat, zu der Sen-
dung] erhalten.
zuschulden, zu Schulden: ⟨in der Verbindung⟩ *sich
etw. zuschulden, zu Schulden kommen lassen
(etwas Unrechtes tun, ein Unrecht begehen, eine
Schuld auf sich laden):* sie hat sich nie etwas z.
kommen lassen.
Zuschuss, der: ein geringer, hoher Z.; verlorene Zuschüsse; einen Z. erhalten, beantragen, bewilligen, gewähren, zahlen; der Staat leistet einen be-
trächtlichen Z. für den Bau, zu den Baukosten;
um einen Z. bitten.
zusehen: 1. *zuschauen:* aus sicherer Entfernung,
untätig z.; bei den Bauarbeiten, bei einem Spiel
z.; ich will z., wie du das machst; ⟨jmdm., etw. z.⟩
jmdm. beim Arbeiten z.; einem Fußballspiel, den
Tanzenden z.; SUBST.: etw. vom bloßen Zusehen
lernen; ÜBERTR.: ich kann nicht ruhig, tatenlos z.
(mit ansehen), wenn man so ungerecht verfährt.
2. ⟨mit Nebensatz⟩ *sich bemühen:* sieh zu, dass

nichts passiert; sieh zu, wo du bleibst; ich will z.,
dass ich kommen kann.
zusetzen: 1. a) ⟨etw. (Dat.) etw. z.⟩ *hinzufügen:*
dem Wein Wasser, Zucker z.; ich habe dem Kühl-
wasser ein Frostschutzmittel zugesetzt; **b)** ⟨etw.
z.⟩ *für etw. aufwenden:* bei einer Sache Geld z.;
⟨auch ohne Akk.⟩ bei dem Geschäft musste er bis
jetzt nur z.; ÜBERTR.: wenn du krank wirst, hast
du nichts zuzusetzen (ugs.; *keine Kraftreserven).*
2. ⟨jmdm. z.⟩ **a)** *jmdn. bedrängen:* jmdm. [wegen
etw.] hart z.; man hat ihm so lange mit Fragen zugesetzt, bis er alles zugegeben hat; **b)** *sich negativ
auf jmdn. auswirken:* die Hitze, ihr Tod hat ihm
ziemlich, sehr zugesetzt.
zuspitzen: 1. a) ⟨etw. z.⟩ *spitz machen:* ein [Stück]
Holz an einem Ende z.; **b)** ⟨sich z.⟩ *spitz werden:*
der Obelisk spitzt sich [nach oben] zu.
2. ⟨sich z.⟩ *sich verschärfen:* die Krise, den Konflikt, die politische Lage spitzt sich gefährlich,
bedrohlich zu; die Probleme werden sich z.
zusprechen: 1. a) ⟨jmdm., sich etw. z.⟩ *mit Worten
geben:* jmdm., sich selbst Mut, Trost [in einer
Krise] z.; **b)** ⟨jmdm. irgendwie z.⟩ *auf jmdn.
einwirken:* jmdm. besänftigend, ermutigend,
freundlich, tröstend, begütigend z.
2. a) ⟨jmdm. jmdn., etw. z.⟩ *zuerkennen:* das Gericht sprach ihm den Nachlass, das Erbe zu; bei
der Scheidung wurde das Kind der Mutter zugesprochen; **b)** ⟨jmdm., einer Pflanze z.⟩ *zuschreiben:* einer Pflanze Heilkräfte z.; Verdienste, die man
ihm z. muss.
3. (geh.) ⟨etw. (Dat.) z.⟩ *etw. reichlich genießen:*
dem Wein z.; er hat dem Alkohol, dem Essen
reichlich, kräftig, tüchtig, übermäßig zugesprochen.
Zuspruch, der: **1.** *aufmunterndes Zureden:* ein
tröstender, freundlicher, besänftigender Z.;
geistlichen Z. suchen; auf jmds. Z. hören.
2. a) *Interesse; Besuch:* die Veranstaltung, die
Ausstellung, das Konzert fand guten, regen Z.,
erfreute sich eines großen Zuspruchs; wir rechnen mit starkem Z.; über mangelnden Z. können
wir uns nicht beklagen; **b)** *Anklang, Zustimmung:* die Ware erfreut sich eines allgemein großen Zuspruchs; das kalte Buffet hat bei den Gästen großen Z. gefunden.
Zustand, der: **a)** *Beschaffenheit, Verfassung:* jmds.
körperlicher, seelischer, psychischer, geistiger Z.;
ein nervöser, krankhafter, normaler, ungewohnter Z.; der bauliche Z. des Hauses ist einwandfrei;
der feste, flüssige, gasförmige Z. eines Stoffs; der
Z. *(Gesundheitszustand)* des Patienten ist bedenklich, ist schlimmer geworden, ist sehr gebessert; die Wohnung befindet sich in einem ver-
wahrlosten Z.; sie befand sich im Z. der Nieder-
geschlagenheit/der Panik, im Z. geistiger Verwirrung; im Z. der Trunkenheit Auto fahren; jmdn.
in den Z. der Verzweiflung, in einen desola-
ten, üblen, trostlosen Z. vorfinden; in äußerst
kritischem Z. *(Gesundheitszustand)* operiert

Z

werden; in diesem Z. *(in dieser Kleidung; in dieser Verfassung)* kannst du unmöglich auf die Straße gehen; in Ihrem Z. (ugs.; *fortgeschrittenem Stadium der Schwangerschaft)* wollen Sie noch verreisen?; b) ⟨meist Plural⟩ *Lage, Gegebenheit:* die politischen, wirtschaftlichen, sozialen, gesellschaftlichen Zustände eines Landes; in dem Seniorenheim herrschen unerträgliche, unmögliche, unglaubliche Zustände; das ist ein unhaltbarer Z.!; die Zustände in den Krankenhäusern ändern, verbessern; Ⓡ Zustände wie im alten Rom (ugs.; *schlimme, unmögliche Verhältnisse)*; das ist doch kein Z.! (ugs.; *so kann es nicht bleiben!*); * **Zustände bekommen/kriegen** (ugs.; *sich sehr aufregen, ärgern).*
zustande, zu Stande ⟨in den Verbindungen⟩ etw. **zustande, zu Stande bringen** *(etw. [trotz Schwierigkeiten] bewerkstelligen, fertig bringen)* · **zustande, zu Stande kommen** *([trotz gewisser Schwierigkeiten] verwirklicht werden).*
zustecken: 1. ⟨etw. z.⟩ *mithilfe von etw. schließen:* sie hat die Bluse, den tiefen Ausschnitt mit einer Nadel zugesteckt. 2. ⟨jmdm. etw. z.⟩ *unauffällig geben:* dem Enkel fünf Mark, dem Friseur ein Trinkgeld z.; man hat ihm unauffällig, heimlich einen Zettel zugesteckt.
zustehen: 1. ⟨jmdm., etw. z.⟩ *gebühren:* dieses Geld, dieses Recht, dieser Anteil steht mir zu; mehr Mandate stehen der Partei nicht zu. 2. ⟨jmdm. z.⟩ *zukommen:* ein Urteil darüber steht dir nicht zu; es steht mir nicht zu, dir Vorwürfe zu machen.
zustimmen: a) ⟨jmdm. z.⟩ *mit jmdm. der gleichen Meinung sein:* ich stimme Ihnen zu; in diesem Punkt kann ich dir nicht z.; er nickte zustimmend; b) ⟨etw. (Dat.) z.⟩ *etw. billigen:* einem Plan voll und ganz, bedingungslos, ohne Vorbehalte z.; das Parlament hat dem Gesetzentwurf mit großer Mehrheit zugestimmt; ⟨auch ohne Dat.⟩ wird sie z.?
Zustimmung, die: sein Vorschlag fand lebhafte, uneingeschränkte, allgemeine Z.; einem Plan seine Z. versagen, verweigern; die Maßnahme fand nicht ihre Z.; zu etw. seine Z. geben; dafür brauchen wir die Z. der Eltern, des Betriebsrats; jmds. Z. einholen müssen.
zustoßen: 1. ⟨etw. z.⟩ *mit einem Stoß schließen:* die Tür [mit dem Fuß] z. 2. *Stoßbewegungen ausführen:* der Bock stieß mit den Hörnern zu; er hat mit dem Degen, mit dem Messer mehrmals zugestoßen; stoß zu! 3. ⟨jmdm. z.⟩ *passieren:* gib Acht, dass dir nichts zustößt; hoffentlich ist den beiden nichts [Schlimmes], kein Unglück zugestoßen; für die Kinder ist vorgesorgt, falls mir etwas zustößt (verhüll.; *falls ich sterben sollte).*
Zustrom, der: der Z. frischen Wassers; der Z. warmer Meeresluft nach Europa hält an; ÜBERTR.: der Z. von Flüchtlingen [nach Westeuropa] hält an, nimmt zu; infolge des nie endenden Zustroms von Menschen.
zutage, zu Tage ⟨in den Verbindungen⟩ etw. **zutage, zu Tage bringen/fördern** *(etw. zum Vorschein bringen)* · **zutage, zu Tage treten/kommen** (1. *an der [Erd]oberfläche sichtbar werden.* 2. *offenkundig werden)* · **[offen, klar o. ä.] zutage, zu Tage liegen** *(deutlich erkennbar sein).*
zuteil ⟨in der Wendung⟩ **jmdm., etw. zuteil werden** (geh.; *jmdm., etw. gewährt, auferlegt werden; jmdm. zugeteilt werden*): ihm ist eine große Ehre, ein schweres Schicksal, eine hohe Auszeichnung z. geworden; den Kindern eine gute Ausbildung z. werden lassen; dem Buch wurde wenig Beachtung z.
zuteilen: a) ⟨jmdm. etw. z.⟩ *[als Anteil] geben:* den Kindern das Essen, ihre Portionen z.; den Parteien werden die Mandate nach der Zahl der Stimmen zugeteilt; ⟨auch ohne Dat.⟩ im Krieg wurden die Lebensmittel zugeteilt *(rationiert);* b) ⟨jmdm., etw. jmdm., etw. z.⟩ *zuweisen:* jmdm. eine Wohnung, eine Arbeit, eine Aufgabe, eine Rolle z.; er ist einer anderen Abteilung zugeteilt worden.
zutragen: 1. ⟨jmdm. etw. z.⟩ *zu jmdm. tragen:* das Tier trägt seinen Jungen Futter zu; der Wind trug uns den Duft der Linden zu; ÜBERTR.: jmdm. Nachrichten, böswillige Gerüchte z. 2. (geh.) ⟨sich z.⟩ *geschehen:* was hat sich denn hier zugetragen?; der Vorfall trug sich gestern zu.
zutrauen: a) ⟨jmdm., sich, etw. etw. z.⟩ *an jmds. Fähigkeiten o. Ä. glauben:* jmdm. Talent, Ausdauer z.; er traut sich zu wenig, nichts zu; traust du dir zu, das Auto selbst zu reparieren?; er hat sich, seiner Gesundheit zu viel zugetraut; b) ⟨jmdm. etw. z.⟩ *von jmdm. erwarten:* jmdm. einen Mord, keine Lüge, ein besseres Ergebnis z.; ich traue ihm alles *(alles Negative)* zu; das hätte ich ihr nie zugetraut!; dem ist doch alles *(alles Negative)* zuzutrauen!
Zutrauen, das: kein rechtes Z. mehr zu jmdm. haben; er gewann das Z. seiner Vorgesetzten; ich habe alles Z. zu ihm verloren.
zutreffen: a) *stimmen:* seine Angabe, die Beschreibung, die Behauptung, die Feststellung, der Vorwurf traf zu; das dürfte [wohl] nicht ganz z.; es trifft zu, dass ...; eine zutreffende Bemerkung, Behauptung, Darstellung; b) ⟨für/auf jmdn., etw. z.⟩ *anwendbar sein:* das Gesetz, die Regel trifft für/auf diesen Fall nicht zu; die Beschreibung trifft auf ihn nicht zu; SUBST.: Zutreffendes bitte ankreuzen.
Zutritt, der: kein Z.!; Z. nur für Personal, nur mit Sondergenehmigung; [Unbefugten ist der] Z. verboten!; freien Z. zu etw. haben; Z. bei Hofe, in höchsten Gesellschaftskreisen haben; jmdm. den Z. zu etw. verweigern, verwehren; ungehinderten Z. verlangen, erlangen, erwirken; sich Z. verschaffen; Phosphor entzündet sich beim Z. *(Hinzukommen)* von Luft.

Z

Zutun, das: ⟨in der Verbindung⟩ **ohne jmds. Zutun** *(ohne jmds. Mitwirkung).*

zuverlässig: ein zuverlässiger Mitarbeiter, Freund, Verbündeter; ein zuverlässiger *(glaubwürdiger)* Zeuge; ein zuverlässiges Auto; über zuverlässige Informationen, Daten, Messergebnisse verfügen; etw. aus zuverlässiger Quelle erfahren; die Angaben sind z.; das Lexikon ist sehr z.; das kann ich z. *(sicher)* bestätigen; sich als z. erweisen.

Zuversicht, die: große, ruhige, gelassene, heitere Z. erfüllte ihn; voll, voller Z. sein; ich habe die feste Z., dass ...; seine Ruhe verbreitete Z.; ich teile ihre Z.; Z. ausstrahlen; etw. in/mit der Z. tun, dass ...; dem Rückspiel mit Z. entgegensehen.

zuversichtlich: es herrscht zuversichtliche Stimmung; ich bin ganz, sehr z.; sie ist z., dass es ihr gelingen wird, die Arbeit rechtzeitig fertig zu stellen; er sprach z. von der weiteren Entwicklung; sich z. geben.

zuvor: im Jahr, in der Woche, drei Tage, am Abend z.; wir haben ihn nie z. gesehen; ich hatte mich z. erkundigt, ob ...; kurz z. hatte es geschneit; sie war glücklicher als je z.

zuvorkommen ⟨jmdm., etw. z.⟩: einem Angriff z.; jmdm. bei einem Kauf, mit seinem Angebot z.; sie wollte zahlen, aber ich bin ihr zuvorgekommen; er ist meinem Wunsch zuvorgekommen *(hat ihn erfüllt, ehe ich ihn ausgesprochen habe).*

zuvorkommend: *liebenswürdig:* ein zuvorkommender Mensch, Verkäufer; ein zuvorkommendes Wesen haben; jmdm. gegenüber, zu jmdm. sehr z. sein; jmdn. z. behandeln.

Zuwachs, der: ein Z. an Besitz, an Vermögen, an Macht; ein dreiprozentiger Z. im Bausektor; der Z. fiel deutlicher aus als erwartet; der Verein hat einen großen Z. an/von Mitgliedern zu verzeichnen; dieses Jahr brachte einen hohen wirtschaftlichen Z., einen Z. von 1,5 %; man erwartet ähnliche Zuwächse in den nächsten Jahren; die Familie hat Z. (scherzh.; *hat Nachwuchs)* bekommen; ⋆ **auf Zuwachs** *(absichtlich etwas zu groß gearbeitet o. ä., weil man damit rechnen muss, dass die größere Form, das größere Modell künftig benötigt wird):* ich habe dem Jungen einen Anzug auf Z. gekauft.

zuwege, zu Wege ⟨in den Verbindungen⟩ **etw. zuwege, zu Wege bringen** *(etw. zustande bringen)* · **mit etw. zuwege, zu Wege kommen** *(mit etw. fertig werden)* · **gut/schlecht** o. ä. **zuwege, zu Wege sein** *(ugs.; in guter/schlechter o. ä. gesundheitlicher Verfassung sein).*

zuweisen ⟨jmdm., etw. etw. z.⟩: jmdm. eine Arbeit, eine Rolle, einen Platz, eine Wohnung z.; das Arbeitsamt hat ihm einen Arbeitsplatz zugewiesen; ihr wurden drei Hilfskräfte zugewiesen; einer Institution Gelder, Mittel z.; ÜBERTR.: jmdm. Schuld [an etw.] z. *(geben).*

zuwenden ⟨jmdm., etw. sich, etw. z.⟩ *zu jmdm., etw. wenden:* sich der Sonne z.; er wandte/wendete sich seinem Nebenmann zu; jmdm. den Rü-

cken, das Gesicht z.; ÜBERTR.: das Glück hat sich ihr zugewandt/zugewendet; jmdm. seine Aufmerksamkeit, sein Interesse z. **2.** ⟨sich etw. (Dat.) z.⟩ *sich mit etw. befassen:* sich dem Studium der Chemie, einer neuen Aufgabe, einem Problem, einem Thema z.; wir wandten/wendeten uns dann der Frage zu, ob ...; ÜBERTR.: die Mode hat sich neuen Formen zugewandt. **3.** ⟨etw. (Dat.) etw. z.⟩ *zukommen lassen:* dem Institut wurden Gelder, große Summen zugewandt/zugewendet.

Zuwendung, die: **1.** *Finanzbeihilfe:* eine finanzielle, einmalige Z.; eine Z. in Höhe von ...; von jmdm. Zuwendungen erhalten; jmdm. Zuwendungen machen; wir freuen uns über die Zuwendungen an, für unser Institut. **2.** *liebevolle Aufmerksamkeit:* menschliche Z.; Kinder brauchen Z.; das Bedürfnis nach menschlicher Z.

zuwerfen: 1. ⟨etw. z.⟩ *zuschütten:* einen Graben, eine Grube mit Sand, mit Schutt [wieder] z. **2.** ⟨etw. z.⟩ *laut und heftig schließen:* die Tür [hinter sich], den [Wagen]schlag, den Deckel z. **3.** ⟨jmdm. etw. z.⟩ *zu jmdm. hinwerfen:* jmdm. den Ball, den Schlüssel z.; ÜBERTR.: jmdm. einen Blick, eine Kusshand, ein Lächeln z.

zuwider: ⟨in den Verbindungen⟩ **jmdm., etw. zuwider sein** *(jmdm., etw. entgegenstehend sein; mit etw. unvereinbar sein):* die Umstände waren seinen Plänen, seinem Vorhaben z. · **jmdm. zuwider sein** *(jmdm. widerwärtig sein):* er, dieses Essen ist mir z.

zuwiderhandeln ⟨etw. (Dat.) z.⟩: dem Gesetz, einer Anordnung, einer Vorschrift, einem Verbot z.

zuziehen: 1. ⟨etw. z.⟩ **a)** *durch Heran-, Zusammenziehen schließen:* die Vorhänge, die Tür [hinter sich], einen Reißverschluss z.; **b)** *festziehen:* eine Schleife, einen Knoten, einen Beutel z. **2.** ⟨jmdn. z.⟩ *hinzuziehen:* einen Arzt, einen Gutachter, eine Dolmetscherin, einige Fachberater zu den Verhandlungen z. **3.** *hierherziehen:* er ist [hier] neu zugezogen; wir sind erst vor kurzem [aus der Großstadt, vom Nachbardorf] zugezogen; SUBST. PART.: hier wohnen fast nur Zugezogene. **4.** ⟨sich (Dat.) etw. z.⟩ *bekommen, erleiden:* sich eine Erkältung, eine Infektion, einige Rippenbrüche z.; ÜBERTR.: sich den Zorn des Publikums, [mit etw.] heftige Vorwürfe z.

zuzüglich (bes. Kaufmannsspr.) ⟨Präp. mit Gen.⟩: das Apartment kostet 1200 Mark z. der Heizkosten; ⟨ein folgendes allein stehendes, stark gebeugtes Substantiv im Singular bleibt gewöhnlich ungebeugt⟩ der Preis z. Porto; ⟨im Plural mit dem Dat., wenn der Gen. nicht erkennbar ist⟩ z. Beträgen für Verpackung und Versand.

Zwang, der: **1.** *zwingende Notwendigkeit; Pflicht:* wirtschaftliche, politische, bürgerliche, soziale, gesellschaftliche Zwänge; der Z. des Gesetzes;

der Z. zur Kürze; die Teilnahme ist Z.; es besteht kein Z., etwas zu kaufen; der Z. zum Kaufen; etw. nur aus Z. tun; den Zwängen der Konvention, der Mode, der Zivilisation unterliegen. **2.** *psychologischer Druck; Belastung:* ein äußerer, innerer, sanfter, moralischer Z.; der Z. der Pflicht; allen Z. ablegen; einen Z. auf jemanden ausüben; seinen Gefühlen, Empfindungen Z. antun, auferlegen; unter einem Z., aus einem gewissen Z. heraus handeln; ⓡ tu dir keinen Z. an! (oft scherzh.; *lass dich durch nichts zurückhalten!*). **3.** (Psych.) *willentlich nicht kontrollierbarer Impuls:* neurotische Zwänge; unter einem Z. leiden.

zwanglos: a) *ungezwungen:* ein zwangloses Beisammensein; sich z. benehmen, unterhalten; z. plaudern; z. zusammenkommen; hier geht es ganz z. zu; **b)** *unregelmäßig:* die Zeitschrift erscheint in zwangloser Folge.

zwangsläufig: eine zwangsläufige Entwicklung; dadurch verbraucht man z. mehr Energie; das ist eine zwangsläufige Folge; die Nachricht bedeutete z. eine Verschlechterung der Lage; das führt z. dazu, dass ...

zwanzig: ↑ achtzig.

zwar: 1. ⟨in Verbindung mit *aber*⟩ /leitet eine Feststellung ein, der eine Einschränkung folgt/: z. war er dabei, aber er hat nichts gesehen; der Wagen ist z. gut gepflegt, hat aber einige Roststellen.
2. ⟨in Verbindung mit voranstehendem *und*⟩ /leitet eine Erläuterung zu dem zuvor Gesagten ein/: die Feier findet nun doch statt, und z. am Mittwoch; er soll mich anrufen, und z. sofort; sie hat sich verletzt, und z. so stark, dass ...

Zweck, der: **1.** *Ziel einer Handlung; Absicht:* ein politischer, erzieherischer Z.; der Z. dieser Sache ist der, dass .../liegt darin, dass ...; der Z. der Übung (ugs., oft scherzh.; *das Ziel*) war ...; einen bestimmten, doppelten Z. verfolgen, erreichen; die Sache hat ihren Z. verfehlt, erfüllt; etw. seinen Zwecken dienstbar machen (geh.; *für seine Ziele nutzen*); die Form ist dem Z. angepasst; einem guten, vernünftigen Z. dienen; etw. ist für private, wohltätige Zwecke bestimmt, vorgesehen; etw. für seine Zwecke nutzen; etw. zu bestimmten Zwecken benutzen; zu welchem Z.?; ⓡ der Z. heiligt die Mittel.
2. *Sinn:* der Z. des Ganzen ist nicht ersichtlich; es hat wenig Z., dort anzurufen; das hat doch alles keinen/hat ja doch keinen Z.; die ganze Angelegenheit ist ohne Z. und Sinn.

zwecks (Amtsspr.) ⟨Präp. mit Gen.⟩: er wurde z. Feststellung der Personalien auf die Wache gebracht.

zwei ⟨Kardinalzahl; als Ziffer: 2⟩: wir z.; die ersten z.; z. Bücher; das Leben zweier Menschen/von z. Menschen steht auf dem Spiel; sie gehen [je] z. und z. nebeneinander; sie gingen zu zweien (*je zwei und zwei*) die Treppe hinauf; wir waren zu zweien (*zu zweit*); viele Grüße von uns zweien; SUBST.: in Latein eine Zwei (*die Note 2*) schrei-

ben, haben; sie hat die Prüfung mit [der Note] »Zwei« bestanden; eine Zwei, zwei Zweien würfeln; ⓡ das ist so sicher, wie z. mal z. vier ist (ugs.; *das ist absolut sicher*);
★ für zwei (*über das übliche Maß hinausgehend, sehr viel*): er arbeitet, isst, quatscht für z.; ↑ acht.

zweideutig: 1. *doppeldeutig:* eine zweideutige Frage; der Satz, der Text ist z.
2. *unanständig:* eine zweideutige Bemerkung; zweideutige Witze erzählen.

zweierlei: z. Sorten, Arten; z. Schuhe anhaben; mit z. Garn nähen; das ist z. (*das sind zwei [völlig] verschiedene Dinge*); wir sollten z. tun; das Wort kann z. bedeuten; daraus kann man z. schließen.

Zweifel, der: ein quälender, nagender, bohrender, lähmender Z.; an etw. begründete Z. haben; dein Z. ist nicht berechtigt; darüber kann kein Z., nicht der geringste, leiseste, mindeste Z. bestehen; es ist, besteht, herrscht kein Z. an seinem guten Willen; kein Z., er war hier; ein Z. war jetzt nicht mehr möglich; Z. an der Wahrheit seiner Worte stiegen in ihr auf, regten sich in ihr, quälten sie; es kamen ihm Z., ob er richtig gehandelt habe; seine Z. sind geschwunden, gewichen, ausgeräumt; die ersten Z. [über die Echtheit des Gemäldes] waren schon vor einigen Jahren aufgetaucht; Z. bekommen, hegen; etw. weckt jmds. Z., hinterlässt bei jmdm. einen Z.; seinen Z. äußern; etw. in keinen Z. lassen; über etw. keinen Z. aufkommen lassen; jmds. Z. zerstreuen, vertreiben, verscheuchen; die letzten Z. beseitigen; man wird dabei gewisse Zweifel nicht los; jmdm. den Z. nehmen; er hat sie über seine Meinung nicht im Z. gelassen (*hat ihr gegenüber seine Meinung deutlich geäußert*); er geriet in Z.;
★ außer [allem] Zweifel stehen (*ganz sicher feststehen, nicht bezweifelt werden können*) · Zweifel in etw. (Akk.) setzen/etw. in Zweifel ziehen (*etw. bezweifeln*) · [über etw. (Akk.)] im Zweifel sein (1. *nicht ganz genau wissen.* 2. *sich noch nicht entschieden haben [etwas Bestimmtes zu tun]*) · ohne Zweifel (*bestimmt, ganz gewiss*).

zweifelhaft: 1. *unsicher, fraglich:* ein Werk von zweifelhaftem Wert; es ist noch sehr z., ob er kommt; der Erfolg ist noch [recht, höchst] z.; das scheint mir z.
2. *anrüchig:* eine zweifelhafte Person; zweifelhafte Geschäfte machen; man hat ihn in recht zweifelhafter Gesellschaft gesehen; ein Mensch von zweifelhaftem Aussehen, Charakter, Ruf; das ist ein [ziemlich] zweifelhaftes Vergnügen (*kein [reines] Vergnügen*); seine Geschäfte erscheinen mir etwas z.

zweifeln ⟨an jmdm., sich, etw. z.⟩: ich zweifle nicht an dir, an deinem guten Willen, am Gelingen des Planes; an der Richtigkeit seiner Aussage war nicht zu z.; das lässt mich an deinem Verstand z.; langsam begann sie an sich selbst zu z.; er zweifelte daran/ob ...; ich zweifle, dass er kommt.

Z

Zweig, der: ein dünner, dürrer, geknickter, grüner, blühender Z.; kahle, belaubte, überhängende Zweige; die Zweige eines Baumes; der Z. ist abgestorben; die Zweige grünen, knospen; Zweige, einen Z. in die Vase stellen, von einem Strauch brechen; die Vögel sitzen auf den Zweigen, singen in den Zweigen, hüpfen von Z. zu Z.; ÜBERTR.: das ist ein anderer Z. *(eine andere Seitenlinie)* dieser Familie; die einzelnen Zweige *(Untergruppen, -abteilungen)* der Wissenschaft, der Industrie, der Verwaltung; ∗ **auf keinen/**(auch:) **einen grünen Zweig kommen** (ugs.; *keinen Erfolg haben; es zu nichts/zu etwas bringen).*

zweite ⟨Ordinalzahl; als Ziffer: 2.⟩: das z. Schuljahr; er singt die z. Stimme, spielt z. Geige; sie fuhren zweiter Klasse; Waren zweiter Wahl *(minderer Güte);* im zweiten Stock; er hat den Prozess in zweiter Instanz verloren; zum zweiten Mal; Verbrennungen zweiten Grades; er spielt in der zweiten Mannschaft; er gehört zur zweiten Garnitur (ugs.; *zu einer Gruppe mit minderem Leistungsniveau);* SUBST.: der Z. von rechts; du bist schon der Zweite, der das sagt; er ist der Zweite *(der Leistung nach)* in der Klasse; am Zweiten des Monats; /Ruf des Auktionators/: zum Ersten, zum Zweiten, zum Dritten!

Zwickmühle, die: er macht, hat eine Z.; ÜBERTR.: wie kommen wir aus dieser Z. (ugs.; *verzwickten Lage)* wieder heraus?; er befand sich, saß in einer Z.

zwielichtig: eine zwielichtige Gestalt; ein zwielichtiger Charakter, Geschäftemacher; seine Haltung in dieser Auseinandersetzung war ziemlich z.

Zwiespalt, der: der Z. zwischen Geist und Natur, zwischen Gefühl und Verstand; sie versuchte vergeblich, aus dem Z. herauszukommen; im Z. der Empfindungen; sich in einem inneren Z. befinden; er war in einem Z., geriet in einen Z.

zwiespältig: ein zwiespältiger Charakter; ein zwiespältiges Wesen; ihre Empfindungen waren sehr z.; zwiespältige Gefühle bewegten ihn.

Zwietracht, die (geh.): unter, zwischen ihnen war, herrschte Z.; Z. stiften, säen.

Zwilling, der: 1. *eines von zwei zugleich geborenen Geschwistern:* eineiige, zweieiige Zwillinge; die beiden sind Zwillinge; der eine Z., einer der [beiden] Zwillinge ist nach der Geburt gestorben. 2. (Astrol.) **a)** ⟨Plural⟩ /ein Tierkreiszeichen/: sie ist im Zeichen Zwillinge geboren; **b)** *im Zeichen Zwillinge Geborene[r]:* er ist [ein] Z.; ∗ **siamesische Zwillinge** *(miteinander verwachsene eineiige Zwillinge).*

zwingen: 1. **a)** ⟨jmdn., sich, etw. zu etw. z.⟩ *nötigen:* jmdn. zu einem Geständnis, zum Rücktritt, zum Sprechen z.; es zwingt dich niemand, das zu tun; das Flugzeug wurde zur Landung gezwungen; man muss ihn zu seinem Glück z. *(muss ihn ein wenig zum Handeln antreiben);* sie musste sich zu einem Lächeln, zur Ruhe, zum Arbeiten z.; ⟨auch ohne Präpositionalobjekt⟩ er lässt sich nicht z.; ich will dich ja nicht z., aber ...; **b)** ⟨jmdn. zu etw. z.⟩ *von jmdm. fordern:* die Situation zwang ihn zu raschem Handeln/rasch zu handeln; die Gefährlichkeit der Situation zwang uns zur Eile; wir sehen uns gezwungen, gerichtlich dagegen vorzugehen; ⟨auch ohne Akk.⟩ die wirtschaftliche Lage zwingt zu Einsparungen; ADJ. PART.: eine zwingende Notwendigkeit; er hatte zwingende *(stichhaltige)* Gründe; dieser Schluss ist nicht zwingend; er lächelte gezwungen *(unnatürlich).* 2. (geh.) ⟨jmdn. irgendwohin z.⟩ *mit Gewalt befördern:* den Gefesselten auf einen Stuhl, zu Boden z.; man zwang die Gefangenen in einen engen Raum; ÜBERTR.: etw. in seine Gewalt, unter seine Kontrolle z. 3. (landsch.) ⟨etw. z.⟩ *schaffen, bewältigen:* er wird die Arbeit schon zwingen; zwingst du das noch? *(kannst du das noch aufessen?).*

zwischen: I. ⟨Präp. mit Dat. und Akk.⟩: 1. /räumlich/ **a)** ⟨mit Dat.⟩ /zur Angabe der Lage/ *ungefähr in der Mitte von; mitten in; mitten unter:* unser Haus steht z. einer Tankstelle und einem Supermarkt; der Abstand z. den Punkten A und B; z. Eiffelturm und Trocadero (nicht korrekt: z. Eiffelturm und z. Trocadero) fließt die Seine; ich saß z. zwei Gästen; er fand das Foto z. den Papieren; ÜBERTR.: z. den Parteien stehen *(keiner Partei[linie] folgen);* er schwebt, schwankt z. Furcht und Hoffnung; **b)** ⟨mit Akk.⟩ /zur Angabe der Richtung/ *ungefähr in die Mitte von; mitten hinein; mitten unter:* sie stellte den Wagen z. die [beiden] Bäume; sie setzte sich z. die beiden Kontrahenten; sie pflanzt Salat z. die Tomaten; ÜBERTR.: z. die Streitenden treten *(in einem Streit vermitteln).* 2. /zeitlich/ *innerhalb eines Zeitraums:* **a)** ⟨mit Dat.⟩ z. dem 1. und 6. Januar, z. Weihnachten und Neujahr arbeiten wir nicht; komm bitte z. 17 und 18 Uhr bei mir vorbei; **b)** ⟨mit Akk.⟩ mein Urlaub fällt z. die Feiertage. 3. ⟨mit Dat.⟩ /kennzeichnet eine Mittelstellung/: eine Farbe z. Grau und Blau; das Gebäude ist ein Mittelding z. Villa und Palast. 4. ⟨mit Dat.⟩ /zur Angabe einer Beziehung/: eine Diskussion z. *(unter)* den Teilnehmern; es ist zum Bruch z. ihnen gekommen; z. ihnen ist es aus (ugs.; *ihre Freundschaft, Beziehung ist zerbrochen);* der Unterschied z. Theorie und Praxis; z. Wein und Wein ist ein großer Unterschied (ugs. scherzh.; *nicht alle Weine sind von gleicher Qualität).* II. ⟨Adverb⟩ /bei Maß- und Mengenangaben/ *innerhalb der angegebenen Grenzwerte:* die Bäume sind z. 15 und 20 Meter hoch; sie ist z. 30 und 40 [Jahre alt]; der Preis liegt z. 80 und 100 Mark.

zwischendurch: 1. /zeitlich/ **a)** *von Zeit zu Zeit:* sie las und sah z. nach dem Baby, auf die Uhr; z. eine

Pause machen; **b)** *inzwischen:* er hatte z. mehrmals die Stellung gewechselt; **c)** *zwischen zwei Zeitpunkten:* du darfst nicht so viel z. essen.

2. /räumlich/ *vereinzelt:* ein Parkplatz voller Autos und z. ein paar Motorräder.

3. *zwischen etw. hindurch:* z. fallen; z. verlaufen.

Zwischenfall, der: **a)** *unerwartetes Ereignis:* ein peinlicher, unerwarteter, bedauerlicher, dramatischer, folgenschwerer, belangloser Z.; ein Z. in einem Kernkraftwerk; ein Z. ereignet sich, spielt sich ab; einen Z. hervorrufen, inszenieren, provozieren, bereinigen; die Feier, die Reise verlief ohne [jeden] Z., ohne Zwischenfälle; es kam zu einem Z. an der Grenze; **b)** ⟨Plural⟩ *Unruhen:* die Zwischenfälle häuften sich; es kam zu blutigen, schweren Zwischenfällen.

Zwist, der (geh.): ein Z. in der Familie, zwischen den Brüdern; einen Z. mit jmdm. haben; einen Z. beilegen, beenden, endgültig begraben; er lebt in/im Z. mit seiner Schwester, ist mit ihr in Z. geraten.

zwitschern: a) *trillernde Töne von sich geben:* die Vögel zwitschern im Garten; **b)** ⟨etw. z.⟩ *zwitschernd hören lassen:* der Vogel zwitschert sein

Liedchen; ÜBERTR.: sie zwitscherten fröhliche Volkslieder;

* **einen zwitschern** (ugs.; *etw. Alkoholisches trinken*).

zwölf ⟨Kardinalzahl; als Ziffer: 12⟩: die z. Apostel; die z. Monate des Jahres; wir sind zu zwölfen *(zu zwölft);* Ⓡ es ist fünf [Minuten] vor z. *(allerhöchste Zeit);* ↑ acht.

Zyklus, der: **1.** *Folge zusammengehörender Vorgänge:* der Z. der Jahreszeiten; einem Z. unterliegen; in einem Z. ablaufen.

2. *Reihe zusammengehörender Werke:* ein Z. von Gedichten, von Vorträgen, von Liedern.

Zylinder, der: **1.** *hoher Herrenhut:* einen Z. tragen; er kam in Frack und Z.

2. *röhrenförmiger Hohlkörper:* der Z. der Petroleumlampe ist verrußt; (Technik:) der Motor hat vier, sechs Z.; einen Z. bohren, schleifen.

3. (Geom.) /ein Körper/: einen Z. konstruieren; den Inhalt eines Zylinders berechnen.

zynisch: ein zynischer Mensch, Charakter; zynische Bemerkungen machen; er hatte nur ein zynisches Lächeln, Grinsen dafür übrig; sei doch nicht so z.!; jmdn. z. behandeln; z. handeln.

Z

Duden, Band 1-12

Duden, Band 1:
Die deutsche Rechtschreibung

Das umfassende Standardwerk zu allen Fragen der Rechtschreibung auf der Grundlage der neuen amtlichen Regeln. Mehr als 120 000 Stichwörter mit über 500 000 Bedeutungserklärungen und Angaben zur Worttrennung, Aussprache, Grammatik und Etymologie. Zahlreiche Infokästen mit Beispielen und Erklärungen für schwierige Zweifelsfälle. 1152 Seiten.

Duden, Band 2:
Das Stilwörterbuch

Die deutsche Sprache ist vielfältig – ihre umfassenden Ausdrucksmöglichkeiten stellt das Stilwörterbuch mit mehr als 100 000 Satzbeispielen, Wendungen, Redensarten und Sprichwörtern dar. 984 Seiten.

Duden, Band 3:
Das Bildwörterbuch

Wörter und vor allem Termini aus den Fachsprachen lassen sich oft nur mit einem Bild erklären. Im Bildwörterbuch beschreiben deshalb 384 zum Teil farbige Bildtafeln – nach Sachgebieten gegliedert –, was womit gemeint ist. Register mit 27 500 Stichwörtern. 784 Seiten.

Duden, Band 4:
Die Grammatik

Die Grammatik ist die vollständige Beschreibung der deutschen Gegenwartssprache. Von den Grundeinheiten Wort und Satz ausgehend, stellt sie alle sprachlichen Erscheinungen wissenschaftlich exakt und übersichtlich dar. 912 Seiten.

Duden, Band 5:
Das Fremdwörterbuch

Das unentbehrliches Nachschlagewerk für jeden, der wissen will, was Fremdwörter bedeuten und wie sie korrekt benutzt werden. Rund 500 000 Fremdwörter, mehr als 400 000 Angaben zu Bedeutung, Aussprache, Herkunft, Grammatik, Schreibvarianten und Worttrennungen. 864 Seiten.

Duden, Band 6:
Das Aussprachewörterbuch

Das Wörterbuch der deutschen Standardaussprache. Unterrichtet umfassend über Betonung und Aussprache sowohl der heimischen als auch der fremden Wörter. Rund 130 000 Stichwörter. 799 Seiten.

Dudenverlag
Mannheim · Leipzig · Wien · Zürich

Duden, Band 7: Das Herkunftswörterbuch

Stellt die Geschichte der Wörter von ihrem Ursprung bis zur Gegenwart dar und gibt Antwort auf die Frage, woher ein Wort kommt und was es eigentlich bedeutet.
844 Seiten.

Duden, Band 8: Die sinn- und sachverwandten Wörter

In diesem Synonymwörterbuch sind die sinn- und sachverwandten Wörter in Gruppen zusammengestellt. Für alle, die den passenden Ausdruck suchen oder Texte lebendig gestalten wollen.
801 Seiten.

Duden, Band 9: Richtiges und gutes Deutsch

Behandelt Zweifelsfälle der deutschen Sprache von A bis Z. Dieser Band bietet Antworten auf grammatische und stilistische Fragen, Formulierungshilfen und Erläuterungen zum Sprachgebrauch sowie zur neuen Rechtschreibung.
864 Seiten.

Duden, Band 10: Das Bedeutungswörterbuch

Die Grundbausteine unseres Wortschatzes. Der Duden 10 vermittelt Zusammenhänge, ist wichtig für den Spracherwerb und fördert den schöpferischen Umgang mit der deutschen Sprache.
797 Seiten.

Duden, Band 11: Redewendungen und sprichwörtliche Redensarten

Die geläufigen Redewendungen der deutschen Sprache. Alle Einträge werden in ihrer Bedeutung, Herkunft und Anwendung genau und leicht verständlich erklärt.
864 Seiten.

Duden, Band 12: Zitate und Aussprüche

Vom Klassiker bis zum modernden Zitat aus Film, Fernsehen oder Werbung werden hier die Herkunft und der aktuelle Gebrauch der im Deutschen geläufigen Zitate erläutert. Mit einer umfangreichen Sammlung vieler Aussprüche, Bonmots und Aphorismen.
832 Seiten.

Dudenverlag
Mannheim · Leipzig · Wien · Zürich

Praxisnahe Helfer zu vielen Themen
die **Taschenbücher von Duden**

Ob Zeichensetzung, Abkürzungen oder Vornamen, die breite Palette der Duden-Taschenbücher bietet zuverlässige Antworten auf die verschiedensten Fragen. Alle Bände sind kartoniert.

Wie schreibt man gutes Deutsch
Diese Stilfibel ist eine Anleitung zum angemessenen Umgang mit der deutschen Sprache für alle, die aus beruflichen und privaten Gründen viel schreiben.
252 Seiten.

Komma, Punkt und alle anderen Satzzeichen
Die Zeichensetzung auf der Grundlage der neuen Rechtschreibung. Leicht verständliche Erläuterungen, Faustregeln und Tipps für die tägliche Schreibpraxis. Mit umfangreicher Beispielsammlung.
220 Seiten.

Wörterbuch der Abkürzungen
Dieses Wörterbuch enthält rund 40 000 nationale und internationale Abkürzungen aus allen Bereichen des täglichen Lebens.
334 Seiten.

Redensarten
Die Herkunft und Bedeutung von über 1 000 bekannten Redensarten wie z. B. „die Feuerprobe bestehen", „in die Flitterwochen fahren" und „eine lange Leitung haben".
256 Seiten.

Lexikon der Vornamen
Herkunft, Bedeutung und Gebrauch von mehreren Tausend Vornamen.
329 Seiten.

Geographische Namen in Deutschland
Herkunft und Bedeutung der Namen von Ländern, Städten, Bergen und Gewässern.
318 Seiten.

Schriftliche Arbeiten im technisch-naturwissenschaftlichen Studium
Ein Leitfaden zur effektiven Erstellung schriftlicher Arbeiten und zum Einsatz moderner Arbeitsmethoden. Von der Seminar- über die Examensarbeit bis zur Diplom- bzw. Doktorarbeit.
176 Seiten.

Jiddisches Wörterbuch
Mit Hinweisen zur Schreibung, Grammatik und Aussprache.
204 Seiten.

Weitere Bände sind in Vorbereitung

Dudenverlag
Mannheim · Leipzig · Wien · Zürich

Die universellen Seiten der deutschen Sprache
Duden –
Deutsches Universalwörterbuch

Umfassend, aktuell und in fundierter Dudenqualität. Rund 140 000 Wörter und Wendungen sowie zahlreiche Neueinträge, ausführliche Worterklärungen und viele Verwendungsbeispiele dokumentieren auf 1892 Seiten topaktuell und besonders authentisch den deutschen Wortschatz in seiner ganzen Vielschichtigkeit. Mit einer Vielzahl aktueller Neuwörter aus allen Lebensbereichen und mehreren Hunderttausend Angaben zu Rechtschreibung, Aussprache, Herkunft, Grammatik und Stil.

Dudenverlag
Mannheim · Leipzig · Wien · Zürich

Ein Buch mit mehr als 85 000 Fremdwörtern
Duden –
Das große Fremdwörterbuch

Ein umfangreiches und aktuelles Fremdwörterbuch mit ausführlichen Herkunftsangaben und exakten Definitionen. Mehr als 85 000 Fremdwörter aus dem Allgemeinwortschatz und der Fachsprache mit Hinweisen zu Rechtschreibung, Worttrennung, Betonung, Aussprache und Grammatik. In einem eigenständigen Teil ist ein umgekehrtes Wörterbuch enthalten. Der Benutzer findet hier für über 15 000 deutsche Wörter den passenden fremdsprachigen Ausdruck. 1552 Seiten.

Dudenverlag
Mannheim · Leipzig · Wien · Zürich